Historisches Wörterbuch
der Rhetorik

Historisches Wörterbuch der Rhetorik

Herausgegeben von Gert Ueding

Mitbegründet von Walter Jens

In Verbindung mit

Wilfried Barner, Albrecht Beutel, Dietrich Briesemeister,
Joachim Dyck, Ekkehard Eggs, Ludwig Finscher, Manfred Fuhrmann,
Fritjof Haft, Konrad Hoffmann, Joachim Knape, Josef Kopperschmidt,
Friedrich Wilhelm Korff, Egidius Schmalzriedt, Konrad Vollmann, Rolf Zerfaß

Unter Mitwirkung von mehr als 300 Fachgelehrten

Max Niemeyer Verlag
Tübingen

Historisches Wörterbuch der Rhetorik

Herausgegeben von Gert Ueding

Redaktion:

Gregor Kalivoda
Lavinia Keinath
Franz-Hubert Robling
Thomas Zinsmaier

Band 5: L–Musi

Max Niemeyer Verlag
Tübingen 2001

Die Redaktion wird mit Mitteln der Deutschen Forschungsgemeinschaft
und der Universität Tübingen gefördert.

Wissenschaftliche Mitarbeiter des Herausgebers:

Bernd Steinbrink (bis 1987)
Peter Weit (seit 1985)
Andreas Hettiger (seit 2000)

Mitarbeiter der Redaktion:

Käthe Bildstein, Peter Brandt,
Philipp Ostrowicz, Heike Stiller,
Ursula Wörz

Anschrift der Redaktion:

Historisches Wörterbuch der Rhetorik
Wilhelmstraße 50
D-72074 Tübingen

Die Deutsche Bibliothek – CIP-Einheitsaufnahme

Historisches Wörterbuch der Rhetorik / hrsg. von Gert Ueding. Mitbegr. von Walter Jens. In
Verbindung mit Wilfried Barner ... Unter Mitw. von mehr als 300 Fachgelehrten. – Tübingen :
Niemeyer.
  ISBN 3-484-68100-4

Bd. 5. L–Musi / Red.: Gregor Kalivoda ... – 2001
  ISBN 3-484-68105-5

© Max Niemeyer Verlag GmbH, Tübingen 2001
Das Werk einschließlich aller seiner Teile ist urheberrechtlich geschützt. Jede Verwertung außerhalb der engen Grenzen des
Urheberrechtsgesetzes ist ohne Zustimmung des Verlages unzulässig und strafbar. Das gilt insbesondere für Vervielfältigungen,
Übersetzungen, Mikroverfilmungen und die Einspeicherung und Verarbeitung in elektronischen Systemen.
Printed in Germany.
Satz und Druck: Gulde-Druck GmbH, Tübingen.
Einband: Buchbinderei Heinr. Koch GmbH & Co. KG, Tübingen.

Vorbemerkung

Herausgeber, Redaktion und Verlag freuen sich, daß das *Historische Wörterbuch der Rhetorik* mit diesem fünften Band seine Halbzeit überschritten hat – ein, im Vergleich zu anderen ähnlich umfassend angelegten Lexikonunternehmen, immer noch uneingeholtes Ergebnis, wie wir mit leichtem Stolz feststellen dürfen. Die Zielgerade ist zwar noch nicht erreicht, liegt aber auch nicht mehr in so weiter Ferne, daß nicht neben der laufenden Arbeit schon über den Ergänzungsband nachgedacht werden müßte. Dieser wird vor allem die Artikel enthalten, die nicht rechtzeitig fertiggestellt werden konnten oder deren Stichwort erst im Zuge der ständigen Lemmaprüfung virulent wurde. Das Rhetorik-Lexikon, wie es inzwischen oft kurz genannt wird, hat sein Publikum gefunden; Kritik und Benutzer haben nicht mit Lob und fruchtbarer Anregung gespart, wenn dabei auch hier und da die realen Produktionsbedingungen eines solchen Werkes aus dem Blick geraten sind.

Wie immer gilt mein Dank besonders den Beiträgern, die sich in den meisten Fällen immer noch vor die ausführlich erörterten Forschungsprobleme gestellt sehen, auch wenn hier und da die Lücken geschlossen wurden. Um die ausgesprochen empfindlichen Forschungsdesiderata auszumessen und auf einigen Teilfeldern auch aufzuheben, haben Herausgeber und Redakteure sowie das Seminar für Allgemeine Rhetorik eine eigene Tagungsreihe im Heinrich-Fabri-Institut der Universität Tübingen in Blaubeuren ins Leben gerufen. Der umfangreiche Sammelband zum Thema der letzten Tagung (Topik und Rhetorik) ist im Jahre 2000 im Niemeyer-Verlag erschienen. Die Deutsche Forschungsgemeinschaft finanziert diese Symposien. Ihr ist dafür und natürlich für die großzügige Weiterförderung unseres Lexikonprojekts zuallererst zu danken.

Darüber hinaus gilt unser Dank dem Niemeyer-Verlag und der Universität, die beide auch in den für Universitäten und deren Forschung schwierigen Zeiten uns unsere Arbeit zu erleichtern suchen, wo dies möglich ist.

Ganz besonders danken aber möchten wir auch diesmal unseren Fachberatern, deren Hilfe für die sachliche und organisatorische Projektarbeit unschätzbar, selbstlos und unverzichtbar ist. Aus ihrem Kreis ausgeschieden ist Volker Drehsen, dem wir für sein Engagement verpflichtet bleiben werden; an seine Stelle tritt Albrecht Beutel, den ich hiermit herzlich begrüßen möchte. Mein Dank gilt auch Lavinia Keinath, die im Juni 2000 auf eigenen Wunsch aus der Redaktion ausgeschieden ist. Ihre Nachfolge hat Andreas Hettiger angetreten.

Tübingen, im Herbst 2000   Gert Ueding

L

Lachen, das Lächerliche (griech. γέλως, γελοῖον, gélōs, geloíon; lat. risus, ridiculum; engl. laughter, ridiculous; frz. rire, ridicule; ital. riso, ridicolo)

A. Der Begriff ‹Lachen› (gélōs, *risus*) fand kaum je eine explizite Definition und bedarf wohl auch keiner. Es genügt der exemplifizierende Hinweis auf das allgemein bekannte körperliche Phänomen: das charakteristische Verziehen des Gesichts, das spasmodische Ausstoßen der Luft mit den begleitenden Lauten und – bei schwerem Lachen – das vom Zwerchfell her kommende Schütteln des ganzen Körpers. Außer in Grenzfällen – dem Lachen der Verzweiflung oder dem Lachen der Ausgelassenheit z.B. – ist Lachen stets eine unwillkürliche oder halb willkürliche Reaktion auf einen vorausgehenden Reiz, im einfachsten Fall auf einen sensorischen, motorischen oder visuellen Reiz: ein Kitzeln z.B., übertriebene und ungewohnte Körperbewegungen bei Kindern[1] oder das plötzliche Verschwinden- und Auftauchenlassen von Gegenständen. Im sowohl theoretisch wie terminologisch komplexeren Fall erfolgt das Lachen aus einem bestimmten Anlaß oder Grund, der in Gegenständen, Wörtern oder Handlungen, Personen oder Situationen liegen kann. Das Lachen dieser komplexeren Art ist darum immer ein Lachen über etwas, ein intentionales Lachen. Für das, worüber gelacht wird (quae risum movere possit; that moveth laughter), gibt es unterschiedliche Bezeichnungen: Der allgemeinste und älteste Begriff ist der des Lächerlichen (to geloíon; *ridiculum*). Dieser beginnt sich allerdings seit dem 17. Jh. mehr und mehr mit dem des Komischen zu vermischen und gerät im Verlaufe des 19. Jh. in den Bannkreis jenes Begriffs, der das weite Feld des Lachens abzudecken beansprucht: den Begriff des ‹Humors› resp. des ‹Humoristischen›. Der Vorteil des Begriffs ‹Humor› mag darin liegen, daß er gerade nicht umfassend genug ist, sondern all das, was mit dem intentionalen Lachen zusammenhängt, von den übrigen Formen des Lachens abzugrenzen erlaubt. Die entscheidenden Fragen aber sind geblieben und mit ihnen das Bedürfnis nach weiteren terminologischen Unterscheidungen: Zur Diskussion stehen die Qualität, welche das Lächerliche zu etwas Lächerlichem macht, sowie die subjektiven Bedingungen dafür, daß man über etwas lachen kann. Gefragt wird außerdem, ob diese Bedingungen ein spezieller Sinn für das Lächerliche sind und ob es überhaupt so etwas wie das Lächerliche an sich gibt – unabhängig davon, daß jemand darüber lacht.

Diese Fragen führen unweigerlich zurück zu den klassischen Theorien des Lächerlichen: Die Überlegenheitstheorie, die das Lachen einem plötzlich aufkommenden Gefühl der Überlegenheit über Andere oder über unser früheres Selbst entspringen läßt, die überaus populäre Inkongruenztheorie, welche die formalen Eigenschaften des Lächerlichen in irgendeiner Form des Kontrastes sucht zwischen den Erwartungen, die das Lächerliche weckt oder die an es herangetragen werden, und dem, was dieses de facto ist, und schließlich die auf Spencer und Freud zurückgehende Abflußtheorie, für die das Lachen die abrupte Entladung einer plötzlich freiwerdenden seelischen Energie ist.

B. *Bereiche und Disziplinen.* Mit den um Lachen und Lächerliches kreisenden Fragen ist jedoch das Feld der theoretischen Auseinandersetzung mit dem Lachen nicht erschöpft. Dieses Feld öffnet sich sowohl auf die subjektive wie auf die objektive, auf das Lächerliche bezogene Seite hin. Lächerliches ergibt sich nicht nur zufällig und unwillkürlich, es wird bewußt, durch Handlungen oder Worte, immer auch erzeugt. Die Frage, woher man den Stoff zum Lachen nehmen, auf welche verschiedenen Weisen man es hervorrufen kann und welche unterschiedlichen Wirkungen und Funktionen das sprachlich oder mimetisch erzeugte Lächerliche hat, führt unmittelbar in das Feld der Poetik und der Rhetorik. Die Poetik thematisiert das Lächerliche vor allem im Zusammenhang mit der Komödie und den verschiedenen Spielformen der komischen Dichtung: von der Parodie über die Posse und Satire bis hin zum Schwank und zur Farce. Für die Rhetorik ist die Erzeugung von Lachen eines der stärksten rednerischen Mittel, wie etwa die immer wieder zitierte Grundregel des Gorgias bezeugt, daß man dem Ernst des Gegners mit Gelächter, und seinem Gelächter mit Ernst begegnen müsse. Eine der Hauptaufgaben der Rhetorik war es darum, die Orte und die Arten des Lächerlichen zu benennen, über die jeder urbane Redner verfügen sollte.[2] Die naheliegende Frage, ob in der Rede und im geselligen Verkehr jede Art des Lachens zulässig sei, oder ob es in seinem Gebrauch Grenzen gebe, hat nicht nur eine ästhetische, sondern immer auch eine moralische und soziale Dimension. Die Domestizierung des unbotmäßigen, unanständigen, aggressiven Lachens ist darum das Grundthema in den meisten Theorien des Lächerlichen: von Platons Zähmungsversuchen im ‹Staat› über die christliche Verdammung des Lächerlichen bis hin zu Rousseaus Polemik gegen die Komödie und zur Empfindlichkeit totalitärer Diktaturen des 20. Jh. gegenüber der Waffe des Witzes. Die Hauptunterscheidungen im Dienste dieser Domestizierung sind etwa die zwischen Lachen und Verlachen, liberalem und illiberalem Lächerlichen, zwischen *ridicule* und *risible*, *ridiculous* und *ludicrous*, zwischen dem ungereimten und schädlichen Lächerlichen auf der einen und dem wahren, harmlosen oder erbaulichen Lächerlichen auf der anderen Seite. Die Frage nach der gesellschaftlichen Funktion des Lachens leitet unmittelbar über in Gesellschaftskritik und Gesellschaftstheorie und eröffnet, zumindest in deskriptiver Hinsicht und im Kulturvergleich, ein Aufgabenfeld auch der Ethnologie und der sozialen Anthropologie.

Mit der Thematisierung der Gefühlswirkungen des Lächerlichen richtete schon die antike Rhetorik ihre Aufmerksamkeit auf die subjektive Seite des Lachens: Wer andere verlacht, kann ihren Zorn wecken. Das dem urbanen Redner allein angemessene Lächerliche hat umgekehrt die besänftigende Gefühlswirkung des Ethos; es steht im Gegensatz[3] und ist Gegenmittel zu allem, was Pathos hat und starke Affekte wie Furcht, Haß, Zorn, Abscheu und Empörung hervorruft. Das Lachen kann sich offensichtlich mit verschiedensten Affekten verbinden: es gibt ein höhnisches, bitteres, kaltes etc. Lachen. Kann man ihm darum überhaupt einen bestimmten Affekt zuordnen oder ist der mentale Zustand, den das Lächerliche hervorruft, wie Quintilian vermutet, letztlich nicht definierbar?[4] Begriffe wie Heiterkeit, Vergnügen, Spiel[5], Amüsement werden jedoch immer wieder mit Lachen in Verbindung gebracht. Die von diesen Begriffen eingefangene Gefühlslage scheint sich von anderen Affekten darin zu unterscheiden, daß sie weder dazu antreibt, in die Welt einzugreifen, noch dazu, sie besser zu verstehen – da ja, auf einen Schlag, alles Wesentliche schon verstanden ist.[6]

Was es mit diesem Gefühlszustand auch immer auf sich haben mag: er erklärt noch keineswegs, warum es zu dem körperlichen Phänomen des Lachens kommt. Die Entladungstheorie von SPENCER und FREUD leitet die Erklärungsversuche der in dieser Frage geforderten Psychologie des Lachens ein, die ihrerseits wieder der Ergänzung durch physiologische, biologische und ethnologische Theorien bedarf, und nicht zuletzt nach einer anthropologischen Deutung des Lachens ruft: Was sagt der Umstand, daß der Mensch, wie man seit ARISTOTELES immer wieder betont [7], das lachende Tier ist, über ihn selbst und seine Beschaffenheit aus? Lachen und Weinen, so die noch immer nicht überholte Antwort von PLESSNER, enthüllen die exzentrische Position des Menschen im Banne seines Körpers: daß er weder Leib ist noch bloß einen Leib hat. Im Lachen sowohl wie im Weinen antwortet der Mensch nicht vermittels seines Körpers, sondern als Körper – weil er keine andere Antwort mehr weiß. [8]

C. I. *Antike.* Der erste Anstoß zur Beschäftigung mit dem Lachen gilt offenbar der Frage, wie man ihm beikommen kann – oder jedenfalls seiner maliziösen Form, dem Verspotten und Verlachen anderer. Seine Zunge zu zügeln (KLEOBULOS) [9], andere mit seinem Lachen nicht einzuschüchtern [10], nicht über Freunde (SOLON) [11] und Unglückliche (CHILON) [12] zu lachen, sind die entsprechenden Ratschläge, die sich schon in den Sentenzen der Sieben Weisen finden. Maß zu halten im Lachen, raten sowohl PYTHAGORAS wie KRITIAS. [13] Selbst DEMOKRIT VON ABDERA, als der «lachende Philosoph» apostrophiert, der über alles und jedes lacht [14], stimmt in diesen Chor der warnenden Stimmen mit ein. [15] PLATON und ARISTOTELES haben diese kritische Haltung mit ihren Theorien des L. und des Lächerlichen untermauert und verstärkt. Platon, der erstmals vom Lächerlichen in substantivierter Form spricht (to geloíon), sieht im Lächerlichen eine Abart des Schlechten und Unvernünftigen, wenn auch eher von der harmlosen Sorte: Lächerlich sind z.B. die Schwachen, die, im Unterschied zu den Mächtigen, mit ihren Schwächen niemandem schaden können [16], oder jene, die sich für reicher, schöner und besser halten als sie in Wahrheit sind. [17] Das Lachen, das sie auslösen, ist sowohl lustvoll wie auch, da es einem Übel gilt, auf gleiche Art schmerzlich wie der Neid (φϑόνος, phthónos), der sich am Unglück des Nachbarn weidet. Das Lächerliche, mit einem Wort, verschafft uns ein aus Neid und Lust gemischtes Vergnügen. [18]

Gerechtfertigt ist das Lächerliche insofern, als es – ein später des öfteren wiederholtes Argument – der Erholung des Geistes dient [19] und, durch den Kontrast, gerade das Gegenteil, den Ernst, um so besser erkennen läßt. [20] «Wer nur einigermaßen tugendhaft sich bewähren» und nicht selbst Lächerliches tun oder sagen wolle, müsse deshalb nicht nur das Ernste, sondern auch das Lächerliche kennenlernen, wie es die Komödie mit ihren «Nachbildungen häßlicher Gestalten und Gesinnungen» und zum Lachen reizender «Scherzgebilde» in «Worten, Gesang und Tanz darstellt». [21] Exzessives Lachen aber gilt es ebenso zu zügeln wie exzessives Weinen [22], am wenigsten steht es den Wächtern des Idealstaates an und ganz und gar nicht – entgegen den unwahren Reden des Homer – den Göttern. [23] Wie schon HERAKLIT [24] so warnt uns auch PLATON davor, uns selber lächerlich zu machen, wenn wir Lächerliches von uns geben. [25] Das Lächerlichmachen anderer aber sollte ohnehin – jedenfalls im Idealstaat – unter Strafe gestellt werden, gleichgültig ob es nun im Zorn erfolgt oder nicht. Andere verspotten dürfen nur jene, die dazu eine Erlaubnis haben, und auch diese nur, wenn es ohne Schmerz und ohne Zorn geschieht. [26] Platon zielt hier auf eine Unterscheidung ab, welche die Theorie des Lächerlichen bis in die Gegenwart bestimmen wird: die Unterscheidung zwischen einem gerechtfertigten gutartigen und einem unerlaubten bösartigen Lachen, zwischen einem Lachen, das, wie sein Zeitgenosse XENOPHON es charakterisiert, weder auf den eigenen Vorteil ausgeht, noch auf den Nachteil und Schaden anderer, weder unanständig in der Sache noch obszön in den Worten ist, und einem Lachen, das diese Bedingungen nicht erfüllt. [27]

Diese Unterscheidung hat wohl auch ARISTOTELES im Auge bei seiner über Jahrhunderte hinweg immer wieder zitierten Definition des Lächerlichen in der Komödie: Die Komödie ist Nachahmung des Lächerlichen als einer besonderen Art des Häßlichen und Gemeinen: Es «ist ein Mangel und etwas Schimpfliches, das aber weder schmerzt noch ins Verderben bringt». [28] Nicht an diese Bestimmung des Lächerlichen halten sich offenbar die von Aristoteles verurteilte Alte Komödie und insbesondere die Jambischen Dichter, die in ihrer Darstellung der Verrücktheiten der Menschen das Lachen mißbrauchen, die nicht belachen, sondern verlachen. [29]

Die Frage des richtigen Umgangs mit dem Lachen ist für Aristoteles nicht nur eine ästhetische, sondern vor allem eine ethische Frage und als solche eine Frage der Mitte zwischen einem Übermaß und einem Mangel. Wer es mit dem Lachen übertreibt, ist ein Possenreißer, der um jeden Preis – wie unschicklich und verletzend es auch sein mag – Lachen zu erregen sucht; wer selber nie scherzt und sich über Scherzende ärgert, gehört zum anderen Extrem, er ist der Ungebildete und Steife. Die Mitte ist der sichere Anstand des vornehmen oder freien Mannes, des *homo liberalis*, wie die Lateiner sagen werden, der weiß, was sich ziemt, und der sich darum beim Scherzen alle Beleidigungen versagt. [30]

Die Konkretisierung dieses Gedankens führt unmittelbar über zu der Disziplin, die – neben der Poetik – den zweiten Hauptanstoß zur Beschäftigung mit dem Lachen gegeben hat, zu der von Aristoteles ebenfalls zur Entfaltung gebrachten Rhetorik. Zu wissen, wie man Lachen hervorruft oder vermeidet, ist nach Aristoteles «im Kampf der Geister» von Nutzen, denn wie Gorgias richtig gesehen habe, müsse man den Ernst des Gegners durch Gelächter zunichte machen, sein Gelächter durch eifrigen Ernst. [31] Die Regeln, die beim rhetorischen Umgang mit dem Lachen zu beachten sind, hat Aristoteles allerdings nur beiläufig thematisiert, so etwa wenn er darauf hinweist, daß man sich im Zorn allzu leicht dazu hinreißen läßt, andere lächerlich zu machen oder zu verspotten [32], daß Scherz eher bei jenen angebracht ist, die selber zu scherzen wissen [33], oder daß man den Zorn der anderen herausfordert, wenn man ihrem Ernst nicht auch mit Ernst, sondern ironisch begegnet. [34] Gepriesen wird von Aristoteles die Ironie, die sich gegen den Sprechenden selber richtet: diese allein sei eines freien Mannes würdig. [35]

Ausführlich dargestellt werden die von Aristoteles nur angedeuteten Regeln des liberalen Gebrauchs des Lächerlichen in den ‹Quaestiones convivales› von PLUTARCH. Der Scherz, so lautet seine Hauptmaxime, soll Vergnügen bereiten, nicht Schmerz. [36] Er soll nicht forciert sein und angepaßt an Ort, Zeit und Zuhörerschaft. [37] Zulässig gegenüber den anderen sei jene Art von Ironie, die andere nicht direkt lobt, sondern einem, der offensichtlich ohne Fehler ist, große Fehler zuschreibt oder seine offensichtlich guten Qualitäten mit unvorteilhaften Begriffen versieht.[38] Lächerlich machen dürfe man eher unschuldige Schwachheiten als ernstliche Fehler[39] und eher kleine als große körperliche Defekte[40], man solle eher über sich selbst lachen als über andere[41] und das Scherzen besser lassen, wenn man es nicht beherrscht.[42]

Die einzigen, die sich – aus Prinzip – an solche Regeln nicht halten wollten, waren die Kyniker. Im Zeichen des von ihnen heroisierten Ironikers Sokrates[43] machten sie es zu ihrem Anliegen, Scherz und Ernst zu verbinden und lachend die Wahrheit zu sagen[44] – σπουδαιογέλοιον, spoudaiogéloion[45], wie sie ihre Methode benannten. Nicht unbeeinflußt von den von Aristoteles abgelehnten Jambischen Dichtern und der Alten Komödie übten sie sich in der Kunst, insbesondere und vor allem ihre Freunde mit bitterem Spott moralisch aufzurütteln[46] – gemäß dem bekannten Wort von Diogenes: «Andere Hunde beißen ihre Feinde, ich meine Freunde, um sie zu retten».[47]

Ihre volle Entfaltung hat die in den griechischen Quellen angelegte Theorie des Lächerlichen in den rhetorischen Schriften von CICERO gefunden. Höchste Funktion der Rede ist nach Cicero Pathos (*concitatio*)[48]: das Vermögen, mit leidenschaftlicher Rede[49] die Gefühle der Hörer zu erregen (*inflammare, incendere, incitare, ardere*). Aber die Rede benötigt, als Gegenkraft, auch die entgegengesetzte Funktion: die des Ethos, der *commendatio*[50], durch die der Redner die Hörer zu besänftigen (*conciliare, lenire*) und für sich zu gewinnen versucht.[51] Lachen zu erregen, ist das beste Mittel im Dienste des Ethos: um den – vom Gegner aufgeschürten – Affekten[52] entgegenzuwirken und vor allem auch, um damit als Redner seine eigene Menschlichkeit und Urbanität auszudrücken.[53] Dieses Ziel bestimmt auch die von Cicero aus der griechischen Rhetorik[54] übernommenen Prinzipien für den Gebrauch des Lächerlichen. Das Lächerliche ist per definitionem einzuschränken auf das Häßliche und Gemeine der geringen Art: «Locus autem et regio quasi ridiculi – nam id proxime quaeritur – turpitudine et deformitate quadam continetur; haec enim ridentur vel sola vel maxime quae notant et designant turpitudinem aliquam non turpiter» (Der Ort und gleichsam das Gebiet des Lächerlichen – denn darauf bezieht sich die nächste Frage – ist wesentlich bestimmt von einer gewissen Häßlichkeit und Mißgestalt. Denn man lacht ja ausschließlich oder ganz besonders über das, was etwas Häßliches auf eine Weise bezeichnet und beschreibt, die nicht häßlich ist).[55] Eine Reihe von Personen sollte darum überhaupt nicht zum Gegenstand des Lachens gemacht werden: Freunde[56], Höherstehende[57] und Richter[58], Unglückliche[59] und Verbrecher[60], denen gegenüber Lachen nicht angemessen wäre. Den Gegner dagegen darf man durchaus mit der Waffe des Witzes attackieren (*notare, figere, lacessere*)[61], vor allem wenn er sich als besonders stupid zeigt.[62] Allerdings gilt auch hier: «nec [...] semper, nec omnes nec omni modo» (nicht immer, nicht jeden, nicht in jeder Form)[63] – und nicht aus verwerflichen oder eigennützigen Motiven (*iocus petulans*).[64] Mit der verwendeten Sprache soll man jedoch immer den Anstand wahren – selbst dort, wo an sich Unanständiges zur Sprache kommen muß[65], und zu beachten seien in jedem Fall Ort und Zeit der Rede: ob auf dem Forum z.B. oder bei einem Gastmahl.[66] Das Entscheidende aber sei, daß der Witz im Einklang stehe mit dem Charakter des Sprechenden. Einem vornehmen Mann (*homo nobilis* oder *liberalis*) ist allein die liberale Form des Witzes angemessen, jener Umgang mit dem Lächerlichen, der all diesen Regeln entspricht. Illiberal aber ist das Lächerliche, wenn bereits eine dieser Regeln verletzt wird.[67]

In Bezug auf die Frage nach den möglichen *genera* des Lächerlichen antwortet Cicero mit einer rhapsodischen Aufzählung der möglichen Fundorte des Lächerlichen, kunterbunt gemischt wie seine Witzesammlung. Man erregt Lachen, indem man «die Charaktere anderer verspottet, seinen eigenen von einer lächerlichen Seite zeigt, Häßliches mit noch Häßlicherem vergleicht, Verstellung anwendet, etwas ungereimte Äußerungen tut, Torheiten rügt».[68] An die Spitze dieser Liste stellt er eine Bestimmung des Lächerlichen, die sich später als die erfolgreichste erwiesen hat: das Lächerliche, das aus enttäuschter Erwartung (*exspectationibus decipiendis*)[69] oder, wie Horaz es formuliert, aus dem Gegensatz von hoher Erwartung und geringem Resultat entspringt.[70]

QUINTILIAN, der sich in allen wesentlichen Punkten eng an Cicero hält, versucht die Liste der *genera* des Lächerlichen noch etwas zu systematisieren. Gleich wie Cicero unterscheidet er zunächst grundsätzlich zwischen den Hauptkategorien: dem «ridiculum [...] positum in rebus ac verbis» (Lächerlichen, welches auf Sachen und Worten beruht)[71] und geht dann zu den für den Redner wichtigen Anwendungsformen des Lächerlichen[72] über: Entweder sucht man das Lächerliche bei den anderen (*ex aliis*) – in ihrer äußeren Gestalt, ihren Eigenschaften, Aussagen oder Handlungen[73] – oder dann bei sich selbst (*ex nobis*), indem man sich selbst in ein lächerliches Licht setzt und absichtlich halbtörichte Dinge sagt, oder schließlich in etwas Drittem, enttäuschten Erwartungen, dem Spiel mit der Doppeldeutigkeit von Wörtern und anderem mehr, was zu keiner der übrigen Klassen gehört.[74]

Anmerkungen:
1 vgl. Aristoteles, De partibus animalium 672 b 10ff., bes. 637a 2ff. – **2** Quint. VI, 3, 105. – **3** ders. VI, 3, 1ff. – **4** ders. VI, 3, 7f. – **5** Arist. EN 1176 b 27. – **6** J. Morreall (Hg.): The Philosophy of Laughter and Humor (New York 1987) 188–207. – **7** Aristoteles [1] 673 a 8, a 28. – **8** H. Plessner: Philos. Anthropologie (1970) 45, 74f. – **9** VS 520, 13. – **10** ebd. 521, 25. – **11** ebd. 521, 15. – **12** ebd. 521, 24. – **13** Pythagoras, Gnomol. Monac. lat. I, 19 (Caecil. Balb. Wölfflin, S. 18); Kritias, in: VS 615,20ff. – **14** vgl. Hippolytas, in: VS 360,20; Lukian, Vitarum auctio 13. – **15** VS 427, 12; 399,18; 405,19. – **16** Platon, Philebos 49 b/c. – **17** ebd. 48 d/c. – **18** ebd. 50 a/b. – **19** ebd. 30 e; vgl. Arist. EN 1177 a 1ff., 1128 b 1. – **20** Platon, Leges 816 e. – **21** ebd. 816 d/e. – **22** ebd. 732 c. – **23** Plat. Pol. 388 c/389 a. – **24** Heraklit, Gnomol. Monac. lat. I,19 (Caecil. Balb. Wölfflin, S. 18). – **25** Plat. Pol. 606 c. – **26** ders., Leges 935 d/e. – **27** Xenophon, Cyropaedia II, 2,12–14 V, 218; vgl. dazu später: Plutarch, Quaestiones Convivales II, 1,1. – **28** Arist. Poet. 1449 a 31–33. – **29** ebd. 1448 b 25ff. – **30** Arist. EN 1128 a–b 4. – **31** Arist. Rhet. 1419 b 2ff. – **32** ebd. 1179 a. – **33** ebd. 1181 a. – **34** ebd. 1380 a. – **35** ebd. 1419 b 5ff. – **36** Plutarch [27] 1,1; vgl. auch 4,11; 5,1–7; 6,1; 7, 1; 8,1–2. – **37** ebd. 10, 1: 13,1; 13,2. – **38** ebd. 6. – **39** ebd. 8. – **40** ebd. 9. – **41** Arist. Rhet. III, 18, 7, 1419 ff. – **42** Plutarch [27] 4, 1. – **43** Xenophon, Symposion 4, 34. – **44** vgl. Horaz, Saturae sermones I, 1,23f. – **45** vgl. Plat. Gorg. 481 b; Phaidr. 234 d; Apologia 20 d. – **46** Diogenes Laertius VI, 4: über Antisthenes, VI, 69: über Diogenes. – **47** vgl. Stobaeus, Florilegium III, 13, 44. – **48** Cic. Or. 128; Cic. De or. II, 201. – **49** Cic. Or. 132; Cic. De or. II, 189ff.; vgl. auch Quint. VI, 2,26. – **50** Cic. De or. II, 201. – **51** ebd. II, 236; Cic. Or. 132. – **52** Cic. De or. II, 236; vgl. auch Quint. VI, 3,1. – **53** Cic. De or. II, 236. – **54** Arist. Rhet. III, 7, 1408 a. – **55** Cic. De or. II, 236. – **56** ebd. 237; vgl. auch Quint. VI, 3,28. – **57** Cic. Or. 89. – **58** Cic. De or. II, 245; vgl. auch II, 238; 239; 248; 264; 266. – **59** ebd. II, 238; vgl. auch Quint. VI, 3,28. – **60** Cic. Or. 88; Cic. De or. II, 237; Quint. VI, 3,29; 31. – **61** Cic. Or. 73. –

62 Cic. De or. II, 229. – 63 Cic. Or. 89. – 64 Cic. Or. 88; ders., De officiis I, 103; vgl. auch Quint. VI, 3,33. – 65 Cicero, De officiis I, 128. – 66 ders., Epistulae ad Atticum II, 18, 2; ders., De officiis I, 144; vgl. auch Quint. VI, 3,28; 33. – 67 Cicero, De officiis I, 103f.; Cic. De or. II, 242. – 68 Cic. De or. II, 289. – 69 ebd. – 70 Hor. Ars 139. – 71 Quint. VI, 3, 22. – 72 ders. VI, 3, 23. – 73 ders. VI, 3, 37. – 74 ders. VI, 3, 24.

II. *Mittelalter und Renaissance.* Der schon von den Kirchenvätern festgestellte und seither immer wieder hervorgehobene Umstand, daß Christus – seiner menschlichen Natur und mithin seiner Fähigkeit zum Lachen zum Trotz [1] – niemals gelacht [2] und das Lachen auch nicht gutgeheißen habe [3], war von fundamentaler Bedeutung für die Einstellung der Kirche und des Kirchenrechts gegenüber dem Lachen: Das körperliche Lachen (*risus integer, risus corporis*) gehört zum sündhaften *gaudium carnalis et vanitatis*, zu der jedem Mönch, aber letztlich auch jedem Christenmenschen verbotenen *laetitia inepta*. [4] Die einzige wirkliche Freude, die es gibt, ist das *gaudium spirituale*, die Glückseligkeit der Auserwählten. [5] Als Abglanz oder Vorschein der wahren Freude kann sich der Mönch allenfalls ein maßvolles leises Lächeln – ein «Lachen des Herzens» [6] gönnen, wobei selbst dieses Lachen von einzelnen Autoren noch als zweideutig angesehen und der *laetitia inepta* zugeschlagen werden kann. [7] Witze, Scherze und Possen jedenfalls, *verba vana aut risui apta* [8], sind – von den Klerikern zumindest [9] – ganz und gar zu unterlassen, und ebenso ist jeder Kontakt zu Sängern, Spaßmachern und Gauklern (*joculatores, histriones, scurrae*), diesen, wie sie gelegentlich bezeichnet werden, «Werkzeugen des Teufels» [10] (*ministri Satanae*), zu meiden. [11]

Der Gegensatz zu den antiken Theorien des Lächerlichen hätte nicht größer sein können, und wo immer die mittelalterlichen Theologen an den antiken Autoren anknüpften, gerieten sie in Schwierigkeiten, denen sie sich auf höchst unterschiedliche Weise zu entziehen versuchten: sei es, wie etwa CLEMENS VON ALEXANDRIEN, durch Umdeutung des von der Antike gepriesenen gemäßigten Lachens, der aristotelischen εὐτραπελία, eutrapelía, im Sinne einer christlichen Ethik [12], sei es, wie AMBROSIUS, durch strikte Verurteilung der antiken Lehren [13] zumindest für den geistlichen Bereich [14], oder sei es, wie in den ‹Formula vitae honestae› von MARTIN VON BRACARA [15] und im ‹Moralium Dogma Philosophorum› [16], durch Entwicklung einer spezifischen, das gemäßigte Lachen nicht ausschließenden natürlichen Laienmoral. Häufig aber stehen beide Auffassungen unvermittelt nebeneinander und nicht selten sogar – ein sprechendes Beispiel dafür ist JOHANNES VON SALISBURY [17] – bei ein und demselben Autor. Der erste, der die Wende brachte und sich, unter Berufung auf die Antike, der traditionellen Verdammung des Lächerlichen entgegenstellte, war THOMAS VON AQUIN. Thomas stimmt der aus der Antike übernommenen These des Augustinus [18] zu, daß der Mensch Lachen, Scherz und Spiel zu seiner Erholung brauche. [19] In Bezug auf den Umgang mit dem Lächerlichen ist nach der Ansicht des Aquinaten die aristotelische eutrapelía (*iocunditas*) eine auch dem Christen geziemende Tugend. [20] Seine Position signalisiert den nun auch auf theoretischem Gebiet erfolgenden Durchbruch hin zu der im Spätmittelalter blühenden Literatur und Kultur des Komischen.

Die Humanisten haben das Lachen wieder ganz in sein Recht gesetzt: Es ist das Proprium des Menschen, und darum ist es für ihn am besten, wenn er lacht, mit Rabelais ausgedrückt: «Mieulx est de ris que de larmes escripre, Pource que rire est le propre de l'homme» (Es ist besser vom Lachen als vom Weinen zu handeln, denn das Lachen gehört zu den wesentlichen Eigenschaften des Menschen.) [21] Das Augenmerk richtet sich dabei erstmals auch auf die mysteriöse physische und medizinische Seite des Lachens: die Frage nach seinem Sitz im Körper, ob im Herz (Aristoteles), Gehirn (Hippokrates, Platon) oder in der Milz, und nach den das Lachen erregenden und durch das Lachen ausgelösten körperlichen Mechanismen. [22] Exemplarisch dafür ist etwa L. JOUBERTS ‹Traité du Ris› von 1579 [23], mit zahlreichen Referenzen auf den damaligen Diskussionskontext. Die aristotelische Definition und Theorie des Lächerlichen bleibt unverzichtbarer Ausgangspunkt, aber man wirft Aristoteles vor, daß er das Alltägliche zu sehr vergißt: das Lachen der Kinder und der Eltern über ihr Kind z.B. oder das Lachen der Freunde und Verliebten, das ja keineswegs dem Häßlichen und Gemeinen gilt. [24] Auf der anderen Seite aber ist den Humanisten ebenso klar: Reine Freude allein ruft offensichtlich kein Lachen hervor. Was hinzukommen muß, ist das wohl zuerst von J.L. VIVES [25] mit besonderem Nachdruck hervorgehobene Moment der Verwunderung (*admiratio*) über ein unerwartet auftauchendes Neues. Die Verwunderung erzeugt eine Spannung, die sich dann körperlich in Form des Lachens entlädt. Dieser Hinweis auf das Überraschungsmoment in allem Lächerlichen ist auch rhetorisch von Bedeutung: Wer als *homo urbanus* in der witzigen Rede brillieren will [26], muß die Technik der Überraschung beherrschen und mit Dingen spielen können, die «gegen die Erwartung» (*fuor d'opinione*) sind. [27]

Die in jedem Lächerlichen enthaltene Gegensätzlichkeit drückt sich, wie insbesondere Joubert betont, in zwei gegenläufigen Affekten aus, die sich gegenseitig in der Balance halten: Vergnügen nämlich und Traurigkeit. [28] Für eine etwas andere Mischung plädiert dann DESCARTES: Wenn das Lachen natürlich ist, scheint es von der Freude zu kommen, welche die Wahrnehmung der Tatsache hervorruft, daß wir nicht verletzt werden können durch das Üble, über welches wir uns entrüsten und, verbunden damit, daß wir selber überrascht sind durch die Neuheit und Unerwartetheit dieses Übels. Auf diese Weise tragen Freude, Haß und Verwunderung das Ihre bei. [29]

Die *civilitas* der Humanisten kommt auch in ihrer Haltung gegenüber dem Lachen zum Ausdruck. Es gilt – im Sinne der aristotelischen eutrapelía – das richtige Maß und den richtigen Takt zu finden, zu wissen, wann und wo und über wen man lachen darf [30], und sich zu hüten vor dem absurden und exzessiven Lachen [31], dem Lachen der Grobianisten (*rire grobianiste*) und Karnevalisten und dem Absturz in die fratzenhafte Animalität. [32] Gepriesen wird – nicht nur aus moralischer, sondern auch aus ästhetischen Gründen – das stille Lachen, das Lachen «mit kleinem Mund» (à petite bouche). [33]

Anmerkungen:
1 vgl. Thomas von Aquin, Summa theologiae III^a, q. 16, art. 5; zur Sache vgl. Augustinus, Contra Faustum Manichaeum, lib. 26, cap. 8, ML 42, col. 484; Anselm von Canterbury, Cur Deus homo, ML 158, col. 359ff; Abaelard, Sic et non, cap. 66, 75, 78, 80, ML 178, col. 1330ff; Petrus Lombardus, Sententiae, lib. III, dist. 2, ML 192, S. 759f.; dist. 6, col. 767ff.; dist. 15, col. 785ff; vgl. auch Anonymus, Predigt zu Mariae Himmelfahrt, ML 39, 2133; 'Una regola monastica' di incerto autore, hg. C. Ottaviano, in: Testi medioevali inediti (Florenz 1933) 222. – **2** vgl. S. Basilii Magni Regulae fusius tractatae, Interrogatio XVII, MG 31, col. 962; Johannes Chrysostomus, In Matth. homil. VI, MG 57,

S. 69; Egbert von Lüttich, Fecunda ratis, hg. E. Voigt (1889) 155, 935f.; Bernhard von Clairvaux, De adventu Domini sermo, ML 183, col. 50; Petrus Cantor, Verbum abbreviatum, cap. 67, ML 205, col. 203. – **3** Johannes von Sailsbury, Policraticus, lib. V, cap. 6, hg. C.C.J. Webb (Oxford 1909) Bd. I, S. 305; vgl. auch Curtius 422, Anm. 7; vgl. dagegen J. Suchomski, 'Delectatio' und 'Utilitas'. Ein Beitr. zum Verständnis ma. komischer Lit. (1975) 258, Anm. 26. – **4** Bernhard von Clairvaux, De gradibus humilitatis et superbiae, cap. XII, ML 182, col. 963f.; vgl. auch ders., Liber de modo bene vivendi, cap. 65, ML 184, S. 1295; Petrus Cantor [2] col. 202f. – **5** Gregor der Große, Moralia in Job VIII, 52, ML 75, col. 856; Petrus Cantor [2] Prov. XV, 13, col. 203. – **6** Gregor der Große [5] col. 856: *risus cordis*. – **7** Hugo von St. Viktor, In Ecclesiasten homilia VIII, ML 175, col. 164ff. – **8** Benedikt von Nursia, Sancti Benedicti Regula Monasteriorum, cap. IV bzw. VI, hg. von D.C. Butler (³1935) 24 bzw. 29. – **9** H. Wasserschleben: Die irische Kanonensammlung (1874) 34; vgl. etwa auch Hibernensis lib. LX, cap. 3, in: Wasserschleben, 257; Regino von Prüm, De synodalibus causis et disciplinis ecclesiasticis, hg. von F.G.A. Wasserschleben (1840) 85, c. 153 u. 154; ML 132, col. 220, c. 151 u. 152; Burchard von Worms, Decretum, lib. II, 171, ML 140, col. 654 (= Regino, c. 153); Decretum, lib. II, 172 (= Regino, c. 154); Ivo von Chartres, Panormia, lib. 3, c. 172, ML 161, col. 1171; Decretum, p. 6, c. 263, ML 161, col. 501; Decretum p. 11, c. 79, ML 161, col. 773 (= Les statuta ecclesiae antiqua, hg. Ch. Munier, Paris 1960, c. 73); Corpus Iuris Canonici, hg. von E. Friedberg, Bd. I (1879) 168 (= Decretum Gratiani, pars I, dist. XLVI, c. VI); Liber Sextus Decretalium D. Bonaficii Papae VIII, lib. III, tit. I, cap. 1 (Corp. Iur. Can., hg. von E. Friedberg, Bd. II, S. 1019; vgl. Konzil Salzburg (1310), Sacrorum conciliorum nova et amplissima collectio ... quae I.D. Mansi ... evulgavit. Editio novissima ... (Florenz 1759–98) XXV, 227, c. 3; Konzil Eichstätt (1354), Concilia Germaniae quae ... I.F. Schannat ... collegit, dein I. Hartzheim ... auxit, continuavit, notis ... illustravit, t. I–II. Col Aug. Agripp. (1759–90) IV, 371; Prager Konzil (1355) Mansi XXVI, 390, c. 26. – **10** Honorius Augustodunensis, Elucidarium, II, 18, ML 172, S. 1148. – **11** vgl. dazu etwa folgende Erlasse: Konzil Laodicea (315) Mansi II, 573; Canones-Sammlung Hadrians I., Mansi (vgl.[9]) XII, 868; Konzil Aachen (816), c. 83, Mansi XIV, 202; Konzil Mainz (813), Mansi XIV, 67, c. 10; Anton von Verceil, cap. 42, ML 134, S. 37. – **12** vgl. Clemens von Alexandrien, Paidagogus II, 7, 56, 3. – **13** Ambrosius, De officiis ministrorum, lib. I, cap. 23, hg. von G. Krabinger (1857); zu den antiken Lehren vgl. etwa Arist. EN II, 7, 1108 a; IV, 1128 a und b; Aristoteles, Ethica Eudemia III, 7, 1234 a; zu Aristoteles vgl. L. Radermacher: Weinen und Lachen. Stud. über antikes Lebensgefühl (Wien 1947); E. Walser: Theorie des Witzes und der Novelle nach dem de sermone des Jovianus Pontanus (1908); Macrobius, Saturnalia VII, hg. von J. Willis (²1970) S. 396ff.; vgl. auch Curtius 420f.; Cicero, De amicitia 66; De officiis I, 134; zum Begriff der eutrapelía vgl. H. Rahner: Eutrapelie, eine vergessene Tugend. Geist und Leben, in: Zs. für Aszese und Mystik 27 (1954) 346–353. – **14** vgl. dazu Thomas von Aquin [1] II^a II^ae, q. 168, art. 2, ad 1. – **15** Martin von Bracara, Opera omnia, hg. von C.W. Barlow (New Haven 1950); die altfrz. Version des Textes wurde von E. Irmer als Dissertation (Halle 1890) herausgegeben. – **16** Wilhelm von Conches, Moralium dogma philosophorum, hg. von J. Holmberg (Paris/Uppsala/Leipzig 1929). – **17** vgl. einerseits Johannes von Sailsbury [3] lib. VIII, cap. 10, Bd. II, S. 289, 5–290 und andererseits lib. V, cap. 6, Bd. I., S. 305, 5–14. – **18** Augustinus, La musique/De musica, II, 14, texte de l'édition bénédictine I, 7 (Paris 1947) 150–152. – **19** Thomas von Aquin [1] II^a II^ae, q. 168, art. 2, sed contra. – **20** ebd., resp. ad fin./vgl. ebd., Ia 2ae q. 60 a. 5 und 2a 2ae q. 160 a. 2. – **21** F. Rabelais: Gargantua, Œuvres complètes, hg. von M. Huchon (Paris 1994) 3. – **22** vgl. etwa D. Ménager: La Renaissance et le rire (Paris 1995) 7ff., bes. 20; L. Joubert: Traité du Ris (1579; ND Paris 1979). – **23** Joubert [22]; engl. Treatise on Laughter, übers. von G.D. de Rocher (Alabama 1980). – **24** vgl. etwa F. Valleriola: Enarrationum medicinalium libri sex (Lyon 1554) 218; C. Mancinius: De risu ac ridiculis (1591; Frankfurt/M. 1603) (Bibliothèque Nationale, R, 18159–18162) 103; Castelvetro: Poetica d'Aristotele vulgarizzata (1576) 91–98. – **25** J.L. Vives: De Anima et vita libri tres (1538), in: Opera omnia (1553) Bd. II, 571; G. Fracastoro: De Sympathia et antipathia rerum (Lyon 1550) 185; Mancinius [24] 106; R. Goclenius: Physica commentatio de Risu et Lacrymis (1597) 11. – **26** vgl. etwa J.J. Pontanus: De Sermone (1509) I 12, hg. von S. Lupi u. A. Risicato (Lucani 1954) 17ff. – **27** B. Castiglione: Il libro del Cortegiano, II 58, hg. von G. Carnazzi (Mailand 1987) 170. – **28** Joubert [22] 88. – **29** R. Descartes: Passions de l'Ame, Art. 127, Œuvres XI, hg. von Ch. Adam u. P. Tannery (Paris 1909) 422. – **30** Castiglione [27] II, 46, S. 160. – **31** vgl. Erasmus: Civilitas Morum oder Anweisung zu öffentlichen Sitten, der Tugend zum besten, Sectio I, § 31 (Goslar 1733) 24. – **32** Joubert [22] 211. – **33** Le Facet en Françoys, hg. von J. Morawski (Posen 1923) 114; vgl. F. Rabelais [21] 43.

III. *Neuzeit.* Mit HOBBES wird die Psychologie des Lachens zum Hauptthema: Er fragt, worin genau denn jene als vergnüglich erlebte *passion of laughter* besteht, die zu jedem Lachen gehört? Die Antwort, die ihm seine antagonistische Sicht des Menschen nahelegt, führt zu der neuen, im englischen Sprachraum lange Zeit dominierenden Überlegenheitstheorie: «[...] the passion of laughter is nothing else but sudden glory arising from some sudden conception of some eminency in ourselves, by comparison with the infirmity of others» ([...] die Leidenschaft des Lachens ist nichts anderes als ein plötzliches Glücksgefühl, das durch die plötzliche Erkenntnis von der eigenen Überlegenheit im Vergleich zur Schwäche anderer entsteht)[1] – mit den Worten von MONBODDO ausgedrückt: Das Lachen ist das «Vergnügen», entstanden «aus unserer Meynung, dass wir von dem Flecken oder der Hässlichkeit, worüber wir an anderen lachen, frey, und deshalb insofern über sie erhoben sind». [2] C. MORRIS' Versuch, etwas Ordnung in die verschiedenen Arten des Lächerlichen zu bringen, indem er *Wit, Humour, Raillery, Satire* und *Ridicule* von einander abzugrenzen versucht, steht noch ganz im Bann der Hobbesschen Theorie: Ziel des *Ridicule* sei es, «to set an Object in a mean ludicrous Light, so as to expose it to your Derision and Contempt, [...] to degrade the Person attack'd» (eine Sache in ein gemeines, lächerliches Licht zu rücken, um sie dem Spott und der Verachtung auszusetzen [...] und die angegriffene Person zu erniedrigen). Dies geschieht durch die Waffe des Witzes oder durch den Humor allein: indem eine Person ihre «Foibles and Queerness [...] in its full Strength and Vigor» (Schwäche und Wunderlichkeit [...] in aller Schärfe und mit Nachdruck) [3] selber zur Geltung bringt.

Der Allgemeinheitsanspruch der Hobbesschen Erklärung für alle Formen des Lachens bleibt jedoch nicht unangefochten. F. HUTCHESON weist anhand zahlreicher Gegenbeispiele zu Recht darauf hin, daß es durchaus Lachen geben kann ohne Gefühl der Überlegenheit und daß nicht jedes Gefühl der Überlegenheit gleich Lachen hervorrufen muß [4], und J. BEATTIE erinnert an die alte Unterscheidung zwischen Lachen und Verlachen und versucht, die ihnen entsprechenden zwei Arten des Lächerlichen von einander genauer abzugrenzen: Jene Dinge, die das reine Lachen hervorrufen, bezeichnet er als «ridiculous», und jene, welche «excite laughter mixed with disapprobation or contempt» (ein Lachen gemischt mit Mißbilligung oder Verachtung hervorrufen) als «ludicrous» [5] – eine Unterscheidung, die sich unter der Bezeichnung *le ridicule, le risible* im Französischen bis heute erhalten hat [6] und die mit der Gegenüberstellung von «ungereimtem» und «abentheuerlichem» Lachen [7] oder «bloß Lächerlichem» und «Belachenswerthem» [8] auch für die deutsche Sprache vorgeschlagen wurde.

Im Schatten der Hobbesschen Überlegenheitstheorie wächst jedoch die weit erfolgreichere Gegentheorie, die

Inkongruenztheorie heran. Nicht vom Gefühl, sondern vom Objekt her ist das Lachen zu erklären. Es ist, wie HUTCHESON sagt, eine «Perception in the Mind»[9], und das, was wahrgenommen wird, ist, nach der Erläuterung von SHAFTESBURY, der bereits von Cicero und Horaz hervorgehobene innere Kontrast im lächerlichen Objekt selbst zwischen dem, was es ist, und dem, was es verheißt. [10] C. MORRIS verhalf dieser Kontrast- oder Inkongruenzbestimmung mit seiner Definition des Lächerlichen zum Durchbruch: «Ridicule is a free Attack of any Motly Composition, wherein a real or affectet Excellence and Defect both jointly appear, glaring together, and mocking each other, in the same Subject» (Spott ist ein dreister Angriff auf jedwede lächerliche Zusammensetzung, in der eine reale oder vorgetäuschte Auszeichnung und ein Mangel gemeinsam auftreten, sich in derselben Person grell unterscheidend und gegenseitig verspottend).[11] Durch KANT wurde sie zur Standarddefinition des Lächerlichen auch in Deutschland. In allem, was Lachen erregt, muß, sagt Kant, «etwas Widersinniges sein [...] Das Lachen ist ein Affekt aus der plötzlichen Verwandlung einer gespannten Erwartung in nichts.» In der nachgeschobenen Erläuterung gibt Kant auch eine erhellende Erklärung der Wirkung dieses Überraschungseffekts auf den Körper und auf das «Gemüth»: Diese Verwandlung erfreut, obwohl sie – als «getäuschte Erwartung» – für den Verstand nicht erfreulich ist und zwar dadurch, daß sie «als bloßes Spiel der Vorstellungen ein Gleichgewicht der Lebenskräfte im Körper hervorbringt».[12]

Der Kern dieser Erklärung, der Kontrasteffekt selbst, fehlt nunmehr in keiner Deutung des Lächerlichen mehr. Er findet sich bei LESSING: «Jede Ungereimtheit, jeder Kontrast von Mangel und Realität ist lächerlich»[13], ebenso wie bei GOETHE: «Das Lächerliche entspringt aus einem sittlichen Contrast, der auf eine unschädliche Weise für die Sinne in Verbindung gebracht wird»[14], F.J. RIEDEL: «Ein lächerliches Objekt ist ein solches, was uns die Vorstellung einer unbeträchtlichen, uninteressanten und nicht allzu gewöhnlichen Ungereimtheit darbietet»[15], A. Gérard: «Les objets nous paroient ridicules toutes les fois que nous appercevons dans eux de l'incongruité» (Die Dinge erscheinen immer dann lächerlich, wenn wir Unvereinbares in ihnen entdecken)[16] und auch bei Hegel: «Lächerlich kann jeder Kontrast des Wesentlichen und seiner Erscheinung, des Zwecks und der Mittel werden, ein Widerspruch, durch den sich die Erscheinung in sich selber aufhebt und der Zweck in seiner Realisation sich selbst um sein Ziel bringt».[17]

Die Kontrasttheorie setzt voraus, daß der Kontrast im lächerlichen Objekt selbst liegt; aber eine entscheidende Quelle des Kontrastes, die an das Objekt herangetragenen normativen Erwartungen des Lachenden, sind damit nicht erfaßt. Genau dies jedoch ist der Aspekt, unter dem im späten 17. und 18. Jh., der Zeit des Ancien Régime in Frankreich, das Lachen praktisch eingesetzt und theoretisch zum Gegenstand der Analyse gemacht wurde. In einer sozialen Welt, in der die Regeln des gesellschaftlichen Umgangs verbindlich festgelegt, richtig und falsch klar definiert sind, muß jede Abweichung von diesen anerkannten Regeln als lächerlich erscheinen[18] – so lange zumindest, als sie, wie das Laster, nicht einem moralischen Defekt («une dépravation du coeur»), sondern einem intellektuellen Mangel («un défaut d'esprit») entspringen.[19] Der Inbegriff einer lächerlichen Person ist darum der Ungebildete, der Dummkopf.[20] Wer lacht, beweist dadurch allerdings nicht schon Klugheit, denn oft besteht das Lächerliche nur «in der Einbildung jener, die es zu sehen glauben, wo es nicht ist und nicht sein kann».[21]

Auch für das Lächerliche selbst muß es darum feste Regeln geben, die sagen, wann und worüber gelacht werden darf. Mit Blick auf die an Molières Komödien sich entzündende Diskussion, welche Formen des Lächerlichen literarisch zulässig seien – ob nur das *ridicule délicat* oder auch das *ridicule bas et grossier* von der Art des Rabelais und der Farcendichter –, stellt SAINT-EVREMOND fest, daß diese Regeln als zeitabhängig zu betrachten seien: «Unsere Torheiten sind keinesfalls diejenigen, über die Horaz sich lustig machte, unsere Laster sind niemals diejenigen, die Juvenal tadelte: Wir müssen eine andere Form des Lächerlichen anwenden.»[22]

In der äußeren Formulierung allerdings, in die man das für die Komödie allein zuträgliche Lächerliche zu fassen versucht, ist wenig Wandel spürbar. Man hält sich an die Aristotelische Definition des Lächerlichen als eines Mangels oder einer Häßlichkeit, die weder Schmerz noch Verderben bringt, wie die zahlreichen Variationen dieser Definition sowohl im 18. wie im 19. Jh. beweisen. Das auf der Bühne dargestellte Lächerliche soll «décente et instructive»[23] sein und von der Art, daß es die «Weisen und Tugendhaften»[24] lachen macht (LA BRUYÈRE), und dies bedeutet nach CHAMFORT: Es ist stets «agréable, délicat, et ne nous cause aucune inquiétude secrète» (gefällig, feinfühlig und berührt uns innerlich nicht unangenehm)[25], nach GOTTSCHED: Es belustigt und erbaut zugleich[26] und nach CH. BATTEUX: Es erweckt «Scham», «ohne Schmerz zu verursachen».[27] Mit der ursprünglich von POPE[28] eingeführten Unterscheidung zwischen Lachen und Verlachen behilft sich LESSING: «Die Komödie will durch Lachen bessern; aber nicht eben durch Verlachen»[29], und sie tue dies, indem sie eine an sich durchaus tugendhafte und unserer Hochachtung würdige Person in eine lächerliche Situation setzt oder Lächerliches tun läßt.[30] Wo diese Voraussetzung erfüllt ist, dürfte auch die später von Hegel erhobene Forderung erfüllt sein, die «Torheit und Einseitigkeit der handelnden Personen» müsse nicht nur dem Zuschauer, sondern auch ihnen selbst lächerlich erscheinen.[31]

Was den gesellschaftlichen Bereich betrifft, wurde die These von der Zeitabhängigkeit des Lächerlichen im 18. Jh. zum allgemeinen Topos. Was als lächerlich gilt, ist, wie CHAMFORT behauptet, abhängig von der jeweils bestehenden Ordnung, der *décence établie*[32]; es entspringt aus dem Widerspruch «des pensées de quelque homme, de ses sentiments, de ses moeurs, de son air, de sa façon de faire, avec la nature, avec les lois reçues, avec les usages» (der Denkweise eines Menschen, seinen Gefühlen, seinen Sitten, seinem Aussehen, seiner Handlungsweise und der Natur, den überkommenen Gesetzen und Gebräuchen).[33] DUCLOS nimmt allerdings auch hier die bekannte Einschränkung vor: Nicht jede Art der Abweichung von den etablierten Normen ist lächerlich, denn: «Ce qui est contre la raison est sottise ou folie; contre l'équité c'est crime» (Was sich gegen die Vernunft richtet, ist töricht oder verrückt, das gegen die Rechtschaffenheit Gerichtete ist ein Verbrechen).[34] Er beschränkt das Lächerliche deshalb auf den Bereich des Sittlich-Neutralen, der Mode.[35] Die Mode freilich bestimmt nach Duclos' Verständnis beinahe unser ganzes Verhalten: «Nous jugeons des actions, des idées et des sentiments sur leur rapport avec le mode. Tout ce qui n'y est pas conforme est trouvé ridicule» (Wir beurteilen Handlungen, Denkweisen und Empfindungen nach ihrer Beziehung zu gesellschaftlichen Standards. Alles was damit nicht übereinstimmt, wird als lächerlich empfunden).[36] Diese Macht der Mode ist nach Duclos ein stehender Beweis dafür, daß die Furcht, sich lächerlich zu machen oder lächerlich gemacht zu werden, größer ist als die Furcht, sein Glück oder seine Ehre zu verlieren[37] – eine Beobachtung, die schon LA ROCHE-FOUCAULD gemacht hatte:» Le ridicule déshonore plus que le déshonneur» (Das Lächerliche ist schändlicher als das Unehrenhafte)[38], und die ABBÉ DE BELLEGARDE aus der sozialen Natur des Menschen zu erklären versucht: Weil wir für die Gesellschaft geboren seien, müßten wir uns vor nichts mehr hüten als vor dem Lächerlichen.[39]

Daß eine Gesellschaft, in der die Furcht vor dem Urteil der anderen zum herrschenden Motiv geworden ist, alles andere als erfreulich sein kann, blieb jedoch nicht unbemerkt, wie eine der französischen Akademie vorgeschlagene Preisaufgabe von 1751 verrät – ihr Thema: «Si la crainte puérile du ridicule étouffe plus de talens & de vertus, qu'elle ne corrige de vices & et de défauts» (Ob die kindische Angst vor dem Lächerlichen mehr Talente und Tugenden erstickt als sie Laster und Mängel heilt).[40] Die Antwort auf diese Frage hat Duclos gegeben: «La crainte puérile du ridicule étouffe les idées, rétrécit les esprits et les forme sur un seul modèle» (Die kindische Angst vor dem Lächerlichen erstickt die Gedanken, beengt die Geister und formt sie nach einem einzigen Muster.[41] Die Folge davon sei Uniformität, Lethargie und die Langeweile der immer wiederkehrenden Ideen, Meinungen, Stilarten und Themen.[42]

Im deutschsprachigen Raum scheint dieses Problem der allgegenwärtigen Angst vor dem sich Lächerlichmachen kaum virulent geworden zu sein. Die der Kontrasttheorie verpflichtete poetologische Literatur des beginnenden 19. Jh. jedenfalls sucht das Lächerliche weiterhin in seinem Gegenstand, unter Berücksichtigung allerdings auch der subjektiven Seite.

Den neuen Ausgangspunkt markiert JEAN PAUL mit der – schon bei Fontenelle nachweisbaren[43] – Gegenüberstellung des Lächerlichen und des Erhabenen. Das Lächerliche ist der «Erbfeind des Erhabenen» und «folglich [...] das unendliche Kleine»[44], das, weil «zur Verachtung [...] zu unwichtig und zum Haße zu gut»[45], nur der Gegensatz zum Großen des Verstandes, d.h. das «Unverständige» sein kann. Dieses «Unverständige» nun weist nach Jean Paul drei «Bestandteile» auf: den «sinnlichen» Kontrast, der anschaulich wird in einer Handlung oder Situation, den «objektiven» Kontrast, d.h. den «Widerspruch, worin das Bestreben oder Sein des lächerlichen Wesens mit dem sinnlich angeschauten Verhältnis steht», und den «subjektiven Kontrast», der den objektiven erst erzeugt, weil wir dem Bestreben des lächerlichen Wesens «unsere Einsicht und Ansicht» leihen.[46] Jean Pauls Bestimmung des Lächerlichen beherrscht für einige Jahrzehnte die Diskussion fast völlig. Die einen – F. BOUTERWEK[47] etwa oder CH. WEISSE[48] – schieben zwar mehr das objektive Moment in den Vordergrund, andere – wie etwa A. RUGE – betonen eher das subjektive Moment: Das Lächerliche «hat nur Dasein in dem Augenblicke, wo es der lachenden Person zum Bewußtsein kommt».[49] Aber auch für Ruge steht fest, «daß die Bewegung, von der das Lächerliche ist, der Form der unvollkommenen Erscheinung ausgeht».[50] Er wendet sich, wie er sagt, bloß gegen den voreiligen Gedanken, «daß denn nur die unvollkomme Erscheinung als solche, die Caricatur als Außending, ohne weiteren Vorgang das Lächerliche sei.»[51]

F. TH. VISCHER knüpft explizit wieder an Jean Pauls Definition an, glaubt jedoch, sie ins Metaphysische ausweiten zu müssen, weil «das Erhabene und diese Winzigkeit des Zufalls, der es stört», nur dann als lächerlicher Kontrast verstanden werden könnten, wenn sie beide als vom selben Subjekt ausgehend, d.h. als «zweckwidriges Handeln des Weltgeistes» vorgestellt werden.[52] – SCHOPENHAUER, der die Unrichtigkeit von Jean Pauls Theorie des Lächerlichen für augenscheinlich hält[53], beweist durch seine eigene Definition, wie sehr er ihr verpflichtet bleibt: denn auch für ihn entsteht das Lächerliche aus einem «Konflikt zwischen dem Gedachten und dem Angeschauten»[54], aus der «plötzlichen Wahrnehmung einer Inkongruenz zwischen einem [...] Begriff und dem durch denselben gedachten realen Gegenstand» oder, wie seine Grundformel lautet: aus der «paradoxe[n] und daher unerwartete[n] Subsumtion eines Gegenstandes unter einen ihm übrigens heterogenen Begriff».[55] «Je größer und unerwarteter, in der Auffassung des Lachenden, diese Inkongruenz ist, desto heftiger wird sein Lachen ausfallen.»[56]

Die entscheidende Frage allerdings bleibt, was zu dieser Subsumtion des lächerlichen Gegenstandes unter einen Begriff veranlaßt, und auf sie antwortet NIETZSCHE mit einer Ironisierung aller Versuche, das Lächerliche von seinen objektiven Eigenschaften her zu bestimmen. Ein Lächerliches an sich gibt es ebenso wenig wie ein Ding an sich oder Gutes, Schönes, Erhabenes, Böses an sich, es gibt nur «Seelenzustände, in denen wir die Dinge ausser uns und in uns mit solchen Worten belegen».[57] Bemerkenswert am Lachen erscheint Nietzsche seine heilsame und seine subversive Kraft: Heilsam nicht in dem immer wieder beobachteten medizinischen Sinn, als einer jener Affekte, «durch welche die Natur die Gesundheit mechanisch befördert»[58], sondern als das schon von Kant mit erwähnte «Gegengewicht gegen die vielen Mühseligkeiten des Lebens»[59] (neben den von Voltaire genannten zwei, Hoffnung und Schlaf). Für den jungen Nietzsche steht das Lachen im Dienste der «rettenden, heilkundigen Zauberin» Kunst, die allein die «Ekelgedanken über das Entsetzliche und das Absurde des Daseins in Vorstellungen umzuwandeln» vermag, «mit denen sich leben läßt: [...] das Erhabene als die künstlerische Bändigung des Entsetzlichen und das Lächerliche als die künstlerische Entladung vom Ekel des Absurden».[60] Das Subversive des Lachens klingt schon bei Schopenhauer an, wenn er feststellt, daß im Lachen die «strenge, unermüdliche Hofmeisterin Vernunft» der «Unzulänglichkeit überführt» werde[61], und Nietzsche preist das Lachen als das Mittel, mit dem man sich die ewige Wahrheiten vom Leib halten kann: Wer genug «Genie» und «Wahrheitssinn» hat, vermag auch, «sich aus der ganzen Wahrheit heraus zu lachen»[62], und es kennzeichnet das «olympische Laster» der Götter, daß sie «selbst bei heiligen Handlungen das Lachen nicht lassen können».[63]

Wo sich die subjektivistische Sicht des Lachens mit der sozialen verbindet, führt dies wieder zu der bekannten Theorie von Chamfort und Duclos, die BERGSON in seiner Theorie des Lachens erneuert hat mit der These: «Notre rire est toujours le rire d'un groupe.» (Unser Lachen ist immer das Lachen einer Gruppe.)[64] Das Lachen gehört zu den instinktiven Methoden der Anpassung, die jede Gesellschaft oder Gruppe ausbildet. Diese findet ihr Opfer, wo immer ein Mechanismus am Werk ist, der die

Anpassung an das Lebendige verstellt.[65] Prototyp ist der zufällig Stolpernde, «der seine Muskeln im gleichen Rhythmus weiterbewegt, auch als die Umstände schon längst etwas anderes von ihm verlangten».[66] Noch zuverlässigere Gegenstände des Lachens sind die dauerhaften Schwächen der Menschen, Gebrechen, Laster, Versteifungen, Wiederholungen, kurz: jede Abnormität, die eine «gewisse mechanisch wirkende Steifheit» zu erkennen gibt.[67]

Diese wohl am meisten zitierte Theorie des Lachen im 20. Jh. erwies sich in verschiedener Hinsicht als anschlußfähig. Die von Bergson hervorgehobene Gefühllosigkeit und Boshaftigkeit des Lachens, das vor allem die unschuldigen Opfer von Lebenswidrigkeiten trifft, faszinierte einen Autor wie BATAILLE, der sich bei der Lektüre Bergsons an Nietzsches Lacherfahrungen erinnert fühlt: Das Lachen macht vor nichts halt, bietet keinen «Widerstand gegen Zerstörung»[68], je mehr Bedeutung das Belachte habe, desto größer sei der Absturz in das Lächerliche. Was uns im Lachen vor Freude taumeln läßt, ist die Erkenntnis, daß die «ganze Welt außerhalb unserer Reichweite»[69], unserer Sicherheiten liegt.

An Bergsons Grundformel knüpft auch J. RITTER an. Er will allerdings die Lachgemeinschaft nicht auf die «verständige Weltansicht» mit dem Mechanischen als dem ihr entgegenstehenden Lächerlichen beschränken.[70] Das Lachen bestimmt sich nach Ritter «selbst je aus dem Daseinssinn [...], in dem der Lachende seinem Wesen und seiner Lage nach sich hält»[71], und was «mit dem Lachen ausgespielt und ergriffen wird», sei die dem Ernst nicht zugängliche geheime Zugehörigkeit des Entgegengesetzten und Nichtigen zu der jeweiligen, historisch, sozial und landschaftlich variierenden «Lebens- und Weltordnung»[72], oder, wie die griffige Formel von O. MARQUARD lautet: «Komisch ist und zum Lachen reizt, was im offiziell Geltenden das Nichtige und im offiziell Nichtigen das Geltende sichtbar werden läßt».[73]

In diesem Ansatz von Ritter liegt möglicherweise auch eine Antwort auf die Frage, die sich einer Begriffsgeschichte des Lachens immer wieder in den Weg stellt: das «Problem der Grenzziehung zwischen dem Lächerlichen und dem Komischen».[74] ‹Lächerlich› und ‹komisch› werden zumeist synonym gebraucht, und über lange Strecken fällt die Geschichte dieser beiden Begriffe völlig zusammen. Diese Gleichsetzung scheint jedoch nicht zu rechtfertigen zu sein, und es gab auch verschiedene Versuche einer genaueren Abgrenzung. Nach E. SOURIAU fällt die Grenze zwischen dem Komischen und dem Lächerlichen mit der Grenze zwischen Leben und Kunst zusammen: das Lächerliche gehöre der Lebenswelt zu, das Komische der Kunst – als die ästhetische Verfeinerung und Sublimierung des rohen, aggressiven, über die Schranken des Anstands, der Moral und des Geschmacks hinweggehenden Lachens im Alltag.[75] Dieser Vorschlag scheitert aber begriffsgeschichtlich gesehen schon daran, daß die von Souriau dem Komischen zugeschriebene kathartische Wirkung durchaus auch als Funktion des Lächerlichen angesehen werden kann, und auf der anderen Seite gehören, worauf H.R. JAUSS hinweist, der sogenannte Sinn für Komik und das befreiende Lachen durchaus auch zu unserer Lebenswelt.[76] Wenn man der Grundformel von Ritter und Marquard folgt, könnte der Unterschied jedoch auch darin liegen, auf welche Seite des lächerlichen Kontrastes sich der Lachende jeweils stellt: ob auf die Seite des «offiziell Nichtigen», das dann eben bloß als komisch erscheinen muß, oder auf die Seite des «offiziell Geltenden», vor dem das Nichtige als das mit dem Hobbeschen Überlegenheitsgefühl quittierte Lächerliche erscheinen wird.

Anmerkungen:
1 Th. Hobbes: Human nature, Works 4, hg. von Molesworth (London 1848) 46. – **2** Monboddo: Des Lord Monboddo Werk von dem Ursprung und Fortgange der Sprache, übers. und abgek. von E.A. Schmid (1785) Bd.2, 394. – **3** C. Morris: An essay towards fixing the true standards of wit, humour, raillery, satire, and ridicule (1744), in: Augustan Reprint Soc. Publ. Ser. 1: Essay on wit Nr.4 (New York 1947) 37. – **4** F. Hutcheson: Reflections upon laughter (1729) No. 10f., in: Hibernicus' letters, Collected Works, hg. von B. Fabian 7 (1971) 101. – **5** J. Beattie: Essay on laughter and ludicrous composition (1776) 587; vgl. dazu bes. K. Kloth: J. Beatties ästhetische Theorien (Diss. 1972) 101ff. – **6** vgl. P. Robert: Dictionnaire alphabétique et analogique de la langue française 6 (Paris 1964) Bd.30, 41. – **7** Sulzer, Bd.3, 133f. – **8** F.J. Riedel: Theorie der schönen Künste und Wiss. (^{2}1774) 105. – **9** Hutcheson [4] 96. – **10** A. Shaftesbury: An essay on the freedom of wit and humour (1709), in: Characteristicks of men, manners, opinions, times (1714) 1, 150. – **11** Morris [3] 37. – **12** Kant KU 332f. – **13** G.E. Lessing: Hamburgische Dramaturgie 1, St. 28; Sämtl. Schriften, hg. von K. Lachmann (^{3}1893) 9, 302. – **14** J.W. Goethe: Die Wahlverwandtschaften (1809) T.2, Kap.4, Werke (Weimar 1892) Bd.20, 240. – **15** Riedel [8] 105. – **16** A. Gérard: Essai sur le gout (Paris/Dijon 1766) 82. – **17** G.W.F. Hegel: Ästhetik, hg. von F. Bassenge (1955) Bd.2, 552. – **18** vgl. dazu F. Schalk: Das Lächerliche in der frz. Lit. des Ancien Régime, in: Arbeitsgemeinschaft des Landes NRW, Abt. Geisteswiss., H. 19 (1954) 5–30. – **19** J. La Bruyère: Les caractères ou les moeurs de ce siècle (1688), Des jugements Nr. 47. Œuvres (Monaco 1962) 358. – **20** ebd. – **21** ebd. 359, Übers. Verf.; vgl. auch 256. – **22** Ch. De Saint-Evremond: Œuvres 1, hg. R. De Planhol (Paris 1927) 244. – **23** La Bruyère [19] 82. – **24** ebd. 6. – **25** N. Chamfort: Maximes et pensées III. Œuvres 4, hg. P.R. Anguis (Paris 1824) 212. – **26** Gottsched Dichtk. 634. – **27** Batteux' Einschränkung der schönen Künste auf einen einzigen Grundsatz 1. Teil übers. von J.A. Schlegel (^{3}1770; ND 1976) 337. – **28** vgl. S.M. Tave: The amiable humorist. A study in the comic theory and criticism of the 18th and early 19th centuries (Chicago 1960) 54. – **29** Lessing [13] 303. – **30** ebd. 302f. – **31** Hegel [17] 583. – **32** Chamfort [25] 4, 211. – **33** ebd. – **34** C.P. Duclos: Considérations sur les moeurs de ce siècle, ch. 9: Sur le ridicule, la singularité, et l'affectation. Œuvres 1, hg. von M. Auger (Paris 1820–21) 111. – **35** ebd. – **36** ebd. 111f. – **37** ebd. 112. – **38** F. La Rochefoucauld: Maximes 326. Œuvres (Paris 1957) 451. – **39** H. De Bellegarde: Réflexions sur le ridicule (Paris 1669) 4. – **40** Diderot Encycl., Bd.29, 210f. – **41** Duclos [34] 114. – **42** ebd. 116. – **43** vgl. B. De Fontenelle: Œuvres, Nouv. Éd. (Paris 1766) 1, 136. – **44** Jean Paul (Richter): Vorschule der Ästh. 1, 6. Programm (Ueber das Lächerliche). Sämtl. Werke 1/11, hg. von der Preuss. Akad. (1935) 92f. – **45** ebd. 97. – **46** ebd. 102 und 97. – **47** F. Bouterwek: Ästhetik (1806, ND 1976) 143. – **48** Ch. Weisse: System der Ästhetik als Wiss. Von der Idee der Schönheit (1830, ND 1966) 229. – **49** A. Ruge: Sechs lächerliche Briefe über das Lächerliche, Sämtl. Werke 9 (^{2}1848) 12. – **50** ders.: Die Ästhetik des Komischen, in: Sämtl. Werke 10 (^{2}1848) 206. – **51** ebd. – **52** F. Th. Vischer: Kritische Gänge, hg. von R. Vischer (1922) 4, 126. – **53** A. Schopenhauer: Die Welt als Wille und Vorstellung (1819) Bd.2, Sämtl. Werke 3, hg. von A. Hübscher (^{2}1949) 99. – **54** ebd. 100. – **55** ebd. 99. – **56** ebd. 99f. – **57** F. Nietzsche: Morgenröthe, KGA V/1, hg. von C. Colli, M. Montinari (1971) 191f. – **58** Kant KU 334. – **59** ebd. – **60** F. Nietzsche: Die dionysische Weltanschauung (Nachlass), KGA III/2, hg. von G. Colli, M. Montinari (1973) 59. – **61** Schopenhauer [53] 108. – **62** Nietzsche [57] V/2, 44. – **63** ders.: Jenseits von Gut und Böse, Nr.294, KGA VI/2, hg. von G. Colli, M. Montinari (1968) 246. – **64** H. Bergson: Le rire (Paris 1900) 6. – **65** dt. Übers. von H. Bergson: Das Lachen (1988) 17ff., 27. – **66** ebd. 15. – **67** ebd. 5. – **68** G. Bataille: Conférences sur le Non-Savoir, in: TelQuel 10 (1962) 6. – **69** ebd. 4. – **70** J. Ritter: Über das Lachen, in: Blätter für Dt. Philos. 14 (1940/41) 6. – **71** ebd. 7. – **72** ebd. 12. – **73** O. Marquard: Exile der Heiterkeit, in: Das Komische, hg. von W. Preisendanz, R. Warning. Poetik und Hermeneutik 7 (1976) 142. – **74** vgl. den Titel von H.R. Jauss: Zum Problem der Grenzziehung zwischen dem

Lächerlichen und dem Komischen, in: Preisendanz, Warning [73] 361–372. – **75** E. Souriau: Le risible et le comique, in: Journal de Psychol. normale et pathol. 41 (1948) 145–183. – **76** vgl. Jauss [74] bes. 366ff.

Literaturhinweise:
H. Spencer: Physiology of Laughter (1860), in: ders.: Essays, Scientific, Political and Speculative, Vol. II, The Works of H. Spencer, XVI (1891; ND 1966). – W. Hazlitt: Lectures on the English Comic Writers (London 1885) Lecture I. – J. Sully: An Essay on Laughter (London 1902).– E. Arndt: De ridiculi doctrina rhetorica (1904). – M.A. Grant: The ancient rhetorical theories of the laughable (Madison 1924). – J.-J. Rousseau: Lettre à d'Alembert sur les spectacles, hg. von L. Flandrin (Paris 1935). – D.H. Monro: Argument of Laughter (Melbourne 1951). – R. Piddington: The Psychology of Laughter. A Study in Social Adaption (New York 1963). – F. Stearns: Laughing: Physiology, Pathophysiology, Psychology. Pathopsychology and Development (Springfield, Ill. 1972). – S. Freud: Der Witz und seine Beziehung zum Unbewußten, GW VI (1973). – R. Boston: An Anatomy of Laughter (London 1974). – M. Grotjahn: Vom Sinn des Lachens. Psychoanalytische Betrachtungen über den Witz, das Komische und den Humor (1974). – J. Suchomski: Delectatio und utilitas (Bern 1975). – Ch.P. Wilson: Jokes. Form, Content, Use and Function (London/New York 1979). – T. Kunnas: Nietzsches Lachen (1982). – M.L. Apte: Humor and Laughter (Ithaca/London 1985). – J. Morreall (Hg.): The Philosophy of Laughter and Humor (New York 1987). – G. Ueding: Rhet. des Lachens, in: ders.: Aufklärung über Rhet. (1992) 3–18. – D. Menager: La Renaissance et le rire (Paris 1995).

A. Hügli

→ Asteismus → Delectare → Facetiae → Farce → Groteske → Humor → Ironie → Karikatur → Komik, das Komische → Parodie → Pointe → Satire → Scherz → Urbanitas → Witz → Zote

Lakonismus (griech. λακωνισμός, lakōnismós; dt. Lakonismus; engl. laconism; frz. laconisme; ital. laconismo)
A. Eine den Bewohnern der peloponnesischen Landschaft Lakonien als eigentümlich zugeschriebene und nach ihnen benannte extrem knappe, verdichtete Ausdrucksweise, die besonders glänzend in schlagfertigen, treffsicheren Antworten hervortritt. Das im L. zum Ausdruck kommende militärische Ethos verlangt einen schmucklosen, zupackenden und auf das sachlich Notwendige beschränkten Stil, der auf Erläuterungen verzichtet (Kommandosprache). Im rhetorischen System erscheint der L. zum einen i.w. S. als Steigerungsform der *brevitas*, zum anderen i.e.S. als Charakteristikum von Sentenzen und Aussprüchen (Apophthegmata). Der Begriff steht daher sowohl für die lakonische Art des Ausdrucks wie für den lakonischen Ausdruck, die lakonische Aussage.[1] Das Griechische verwandte für die Bewohner Lakoniens, soweit ihr Wesen gemeint war, nicht die Bezeichnung Lakedaimonier oder (nach der Hauptstadt) Spartaner, sondern Λάκωνες (Lákōnes, Lakonier).[2] Der hierzu gehörige Begriff λακωνισμός (lakōnismós) leitet sich ab von dem Verb λακωνίζειν (lakōnízein): lakonische Sitten, Lebensart, Kleidung, Sprache nachahmen – lakonisch gesinnt sein, es mit den Lakoniern halten, war jedoch ursprünglich eingeschränkt auf die Bedeutung ‹Parteinahme für die Spartaner›. Erst CICERO benutzte ‹L.› (in der heute geläufigen Weise) für das sprachliche Phänomen.[3] Die den Spartanern zugeschriebene Eigenart des Sprechens nannte man βραχυλογία (brachylogía, kurze Redeweise) oder prägnant βραχυλογία Λακωνική (brachylogía lakōnikḗ, lakonische Kürze).[4]
B.I. *Antike*. Ein Zeugnis für die lakonische Redeweise findet sich bereits bei HOMER in einer Bemerkung über den Spartaner Menelaos: «Siehe, da sprach Menelaos nur fliegende Worte voll Inhalts,/wenige, doch eindringender Kraft; denn er liebte nicht Wortschwall,/nicht abschweifende Rede, wiewohl noch jüngeres Alters».[5] QUINTILIAN nimmt diese Stelle als Beispiel für das *genus subtile* (feingearbeitet; griech. ἰσχνόν, ischnón: mager, schlicht)[6] und charakterisiert den Stil als «brevem quidem cum iucunditate et propriam (id enim est non deerrare verbis) et carentem supervacuis eloquentiam» (Beredsamkeit, die, in ihrer Kürze angenehm und im Ausdruck treffend – das nämlich bedeutet das ‹nicht in den Worten abirrend›, – nichts Überflüssiges kennt).[7] PLATON gebrauchet den Ausdruck βραχυλογία τις Λακωνική (brachylogía tis lakōnikḗ, eine Art lakonischer Kürze)[8] für die kurze, treffende Bemerkung in philosophischen Gesprächen. In einer pseudo-historischen Konstruktion läßt Platon die griechische Philosophie von Sparta ausgehen.[9] Einst hätten sich sieben weise Männer getroffen, unter denen auch der Spartaner CHILON gewesen sei, und Sprüche wie Γνῶθι σαυτόν (Erkenne dich selbst), Μηδὲν ἄγαν (Nichts im Übermaß), Χαλεπὸν ἐσθλὸν ἔμμεναι (Es ist schwer edel zu sein) niedergeschrieben.[10] Sentenzen dieser Art blieben mit den sog. Sieben Weisen und Chilon verbunden.[11] ARISTOTELES[12] hat Μηδὲν ἄγαν dem Chilon zugeschrieben, der in der Biographie bei DIOGENES LAERTIOS[13] ausdrücklich βραχυλόγος (brachylógos, kurz redend) genannt wird.

Es war allgemeine Ansicht der Hellenen, daß man in Sparta wenig Worte machte,[14] die Brachylogie galt als Wesenszug der Spartaner, ja sogar als angeboren.[15] Die Wortkargheit wurde gefördert durch die staatlich verordnete Einfachheit des Lebens und die Abschottung nach außen. Höchste Tugenden waren militärische Disziplin und Gehorsamkeit. Die Praxis des Lesens und Schreibens war wenig verbreitet.[16] Nach PLUTARCH[17] setzte kein Redelehrer seinen Fuß nach Sparta, Cicero[18] weiß bis zu seiner Zeit keinen einzigen Redner aus Sparta zu nennen. TACITUS[19] erklärt richtig das Fehlen der politischen Rede mit der strengen spartanischen Herrschaftsform. In der Volksversammlung wurde nicht debattiert.[20] Die Unfreiheit in Sparta war also nicht geeignet, eine ausgebildete Rhetorik zur Geltung zu bringen. Reflexe der (natürlichen) lakonischen Kürze finden sich in Reden von Spartanern, die in Geschichtswerke eingelegt sind.[21] Beispiele finden sich bei Herodot[22] und Diodor[23], der den spartanischen Gesandten Endios in Athen συντόμως καὶ λακωνικῶς (lakonisch knapp) sprechen läßt. PLUTARCH[24] zitiert eine Botschaft, die nach der verlorenen Schlacht bei Kyzikos nach Sparta gehen sollte und «in lakonischem Stil» abgefaßt war: «Verloren sind die Schiffe. Mindaros ist tot. Die Männer hungern. Wir wissen nicht, was tun.» Ob authentisch oder nicht, das Beispiel zeigt, wie man in der Antike die spartanische Ausdrucksweise einschätzte.

PSEUDO-DEMETRIOS[25] beschreibt lakonische Brachylogie folgendermaßen: sie ist zu verwenden 1) in Passagen, wo etwas mit δεινότης (deinótēs, Nachdruck) gesagt werden soll, 2) sie ist eine Art Befehlsstil, passend 3) auch für Apophthegmata und 4) für Gnomen. Die δεινότης versteht Ps.-Demetrios[26] dabei als Kennzeichen einer vierten Stilart (zusätzlich zu den drei in anderen Systemen üblichen)[27], die er χαρακτὴρ δεινός (nachdrücklicher Stil) nennt. Vorbild sind die Spartaner, die aufgrund ihres Wesens zu der kurzen, befehlsmäßigen Ausdrucksweise tendieren.[28] Angewendet findet

Ps.-Demetrios[29] sie bei DEMOSTHENES. Die typischen kurzen Phrasen werden in der Kompositionstheorie als Komma (griech. κόμμα, abgehauenes Stück) bezeichnet.[30] Ein Beispiel bei Ps.-Demetrios: In einem Schreiben an Philipp melden die Spartaner, daß der einst mächtige Tyrann Dionysios sich nun als Privatmann in Korinth aufhält. Der Wortlaut beschränkt sich auf die drei Wörter Διονύσιος ἐν Κορίνθῳ (Dionysios in Korinth).[31] Brachylogie kann, wie hier, mit einer Ellipse oder mit einem Asyndeton gekoppelt sein.[32] In der ps.-Aristotelischen ‹Rhetorik an Alexander›[33] heißt es, Brachylogie entspringe dem Wunsch, das Ganze einer Sache mit einem Wort zu umfassen, dem kürzesten der Sache angemessenen. Der damit verbundene Befehlston (*imperatoria brevitas*) eignet sich gut für (auffordernde) Sentenzen wie Γνῶθι σαυτόν (Erkenne dich selbst) und ἕπου θεῷ (Folge Gott)[34], zuweilen auch paradox formuliert wie σπεῦδε βραδέως (lat. *festina lente*, Eile mit Weile).[35]

Besonders wichtig und kennzeichnend sind die beschriebenen Charakteristika des L. für Apophthegmata (Aussprüche, bon mots). Plutarch[36] schreibt ihre Ausprägung in Sparta der Aversion gegen lange Reden zu. Ein Musterbeispiel ist der legendäre Gesetzgeber Lykurg, der beschrieben wird als βραχυλόγος und ἀποφθεγματικός zugleich (kurz redend und treffend in seinen Aussprüchen).[37] Unter den Schriften Plutarchs findet sich eine Sammlung von spartanischen Apophthegmata, deren Echtheit bestritten wurde, die jedoch sehr wahrscheinlich als Materialsammlung und Vorarbeit zu den Biographien angelegt wurde. Vom antiken Herausgeber wurde sie aus dem Nachlaß veröffentlicht, in der Stephanus-Ausgabe in drei eigenständige Schriften aufgeteilt: ‹Apophthegmata Laconica› (Aussprüche von Spartanern), ‹Instituta Laconica› (Einrichtungen der Spartaner), ‹Lacaenarum Apophthegmata› (Aussprüche von Spartanerinnen).[38] Zu den hier rund 500 Aussprüchen kommen noch einige, die in der Schrift ‹Regum et Imperatorum Apophthegmata› (Aussprüche von Königen und Feldherren) Spartanern zugeschrieben sind.[39] Daß Plutarch auf ältere Sammlungen zurückgegriffen hat, so etwa auf eine Anthologie, aus der bereits Platon und Aristoteles schöpften, ist offensichtlich.[40] Durchaus Authentisches mag enthalten sein, doch handelt es sich in der Mehrzahl um Erfundenes und Legendäres, ganz in der Tradition der antiken Biographie. Als Stilmittel empfiehlt Aristoteles[41] die lakonischen Aussprüche reiferen Personen bei Angelegenheiten, in denen sie Erfahrung aufweisen. Wir können daraus schließen, daß die Sprüche früh zu Topoi geworden sind. Sie gehörten zum Bildungsgut der Rhetoren.

Wir finden dies auch in Rom, das der griechischen Rhetorik nacheiferte und sich im griechischen Osten ausbilden ließ. Der vielseitig gebildete Redner und Schriftsteller M. IUNIUS BRUTUS (der spätere Cäsarmörder) übte nach dem Zeugnis Plutarchs, wenn er sich des Griechischen bediente, eine ἀποφθεγματικὴν καὶ Λακωνικὴν βραχυλογίαν (Kürze, die für lakonische Aussprüche kennzeichnend ist)[42], so in seinen griechischen Briefen. Wenn Mithridates in der Einleitung zur Sammlung der Brutus-Briefe sagt, er bewundere Brutus δεινότητος καὶ συντομίας χάριν (wegen der Kraft und Kürze)[43], so sind dies die oben beschriebenen Charakteristika des lakonischen Stils. Nun ist die Echtheit der Briefe zwar umstritten[44], doch berechtigt das nicht, die Zeugnisse über den Stil des Brutus in Frage zu stellen. Denn sie passen zu dem, was wir aus anderen Quellen über ihn wissen:

Er war ein Bewunderer des alten Sparta (nannte sein Landgut in Lanuvium Lakedaimon und einen Fluß darin Eurotas)[45], und überzeugter Attizist; Quintilian erkennt seinen Reden *gravitas* (Würde)[46] zu und sagt an einer Stelle über seine philosophischen Schriften: «scias eum sentire quae dicit» (man weiß gleich, daß er das auch wirklich denkt, was er sagt).[47] Es war denn auch ein Römer, der, soweit ersichtlich, den Begriff ‹L.› zum ersten Mal für die kurze Ausdrucksweise verwandte. In Briefen an D. IUNIUS BRUTUS (Legat Caesars und Statthalter von Gallia Cisalpina) spricht Cicero wiederholt von dessen *brevitas*[48] und gemahnt sich schließlich selbst in einer Antwort, um sie damit abzukürzen, an Brutus' λακωνισμός.[49] Daß sich Brutus eines lakonischen Stils befleißigt hätte, läßt sich in seinen erhaltenen Briefen indes nicht erkennen.[50] Vielmehr schrieb er «als Militär sachlich in der gewöhnlichen Umgangssprache».[51] Ciceros Äußerung ist also eher scherzhaft zu nehmen. Ob er bewußt oder unbewußt über den Bedeutungsinhalt des griechischen Wortes hinausging, sei dahingestellt. Wenn er den Begriff als Fremdwort (in griechischer Schrift) benutzt, so deutet dies auf die bildungssprachliche Verwendung von ‹L.› voraus. Von Cicero vielleicht beeinflußt[52], doch mit lateinischem Ausdruck, und das ist wohl Zeichen dafür, daß Ciceros Verwendung ohne Nachwirkung blieb, spricht SYMMACHUS[53] im 4. Jh. von der *Laconica brevitas*, an die er sich halten möchte. In der Spätantike war die aus Sparta stammende, längst zum rhetorischen Repertoire gehörige Redeweise den Gebildeten geläufig. Das zeigen BASILIUS[54], LIBANIOS[55] und GREGOR VON NAZIANZ, der einen (kurzen) Brief[56] der Definition von λακωνίζειν widmet: es heiße nicht, wenige Silben zu schreiben, sondern über sehr vieles nur wenige.

II. *Mittelalter.* Im Westen schwindet die Kenntnis von griechischer Sprache und Literatur fast völlig[57] oder wird doch auf wenige Zentren zurückgedrängt.[58] Der Ausdruck ‹L.› oder lateinische Entsprechungen scheinen nicht mehr gebraucht worden zu sein. Im byzantinischen Osten bleibt das antike Bildungsgut präsent. Der Begriff L. erscheint bei PHOTIOS[59] im 8. Jh. im traditionellen Sinn für die politische Unterstützung Spartas, während EUSTATHIOS ihn im 12. Jh. – in einem Kommentar zu der eingangs zitierten Homerstelle über Menelaos[60] – als rhetorischen Terminus für die kurze Ausdrucksweise benutzt. Das Wort hat nun jene Bedeutungserweiterung erfahren, die seine ursprüngliche Bedeutung völlig verdrängen sollte.

III. *Neuzeit.* Plutarchs Schriften erfreuen sich in der Renaissance großer Beliebtheit.[61] Die Apophthegmata werden mehrfach, zuerst von F. FILELFO im 15. Jh., ins Lateinische übersetzt. ERASMUS, der Plutarch höchstes Lob zollte[62], stellt sie in ihrer Bedeutung die Fürstenerziehung neben biblische Texte wie die Sprüche Salomons und das Evangelium.[63] Seine eigene 1532 herausgegebene Sammlung ‹Apophthegmata›, deren erste zwei Bücher lakonische Sprüche enthalten, knüpft an Plutarch an.[64] Die Wiederentdeckung Spartas und der den Spartanern zugeschriebenen Redeweise führt bereits im 16. Jh. zum Eindringen des Begriffes ‹L.› und etymologisch verwandter Ausdrücke ins Italienische[65], Französische[66] und Englische.[67]

Zu großer Bedeutung gelangt der L. in der Stillehre des 16. Jh., die von der Auseinandersetzung um Attizismus und Asianismus geprägt ist.[68] Die Aufwertung des L. wurde als symptomatisch für den Wandel vom humanistischen zum barocken Stil bezeichnet[69], wobei die

Grenze freilich fließend ist. Denn einerseits lassen sich aus dem 16. Jh. zahlreiche Belege für die Kritik, ja Verurteilung des L. anführen, so bei L. CARBO, der den L. als Stilfehler «ad genera obscuri» (zu den Unterarten der Dunkelheit) zählt[70], findet sich aber auch noch im 17. Jh. Kritik, so bei J. H. ALSTED, der den L. als Extremform genauso ablehnt wie den Asianismus und das «atticum dicendi genus» (attische Stilart) als die Mitte empfiehlt[71], und anderseits wertet bereits Erasmus den L. überaus positiv. In einer wenig beachteten Passage seines ‹Ciceronianus› (1528) stellt er dem radikalen Ciceronianismus den Stil W. GROCYNS gegenüber, von dem es heißt: «Ad epistularum argutiam appositus Laconismum amabat et sermonis proprietatem» (Seine besondere Stärke war der knappe, treffende Briefstil, er liebte lakonische Kürze und Prägnanz des Ausdrucks).[72] Er sei als Attizist zu bezeichnen und habe, wenn er Cicero einmal las, die Wortfülle nicht ertragen können. Was hier angedeutet ist, nämlich die Erhebung des L. zum Stiltyp, gleichberechtigt neben asianischem und attischem Stil oder mit diesem identifiziert, und gleichzeitig die Ablösung des seit dem 14. Jh. dominierenden Ciceronianismus[73], wird durch Lipsius – noch im 16. Jh. – zum Programm.[74] Ciceros Reden werden als asianisch abqualifiziert, der Kanon musterhafter Autoren erweitert, vor allem um SALLUST, TACITUS und SENECA wegen ihrer sentenzenhaften Kürze und Prägnanz der Aussage, Charakteristika auch von Lipsius' eigenem Stil, den man mit Recht lipsianischen L. genannt hat.[75] Seine Wirkung ist nicht zu überschätzen, besonders evident in zwei Bereichen: der Sprache bei Hof und der sog. argutia-Bewegung.

Ende des 16. Jh. wird der L. zum Instrument des Herrschers, der Befehlston setzt sich gegen gelehrte humanistische Prunkrhetorik durch. Der Militärstaat Sparta wird zum Vorbild, lakonische Kürze zum Attribut des Herrschers und fürstlichen Beamten, der scharfsinnig auf jede Situation reagieren soll.[76] Lipsius' Schüler und Nachfolger in Löwen E. PUTEANUS[77] formuliert es so: «Etiam Reges Principesque, qui Deo proximi, in terris Deum repraesentant, sermone parci, sed arguti, majestatem suam Laconismo commendant, Apophthegmate Diadema» (Auch Könige und Fürsten, die, Gott am nächsten, Gott auf Erden repräsentieren, empfehlen, sparsam, aber scharfsinnig in ihrer Sprache, ihre Majestät durch Lakonismus, die Krone durch ein Apophthegma).[78] Nach B. KECKERMANN ist der L. Sprachstil des gereiften Mannes, besonders aber des Herrschers, und angemessen für politische Erörterungen, in denen die wichtigsten Argumente Schlag auf Schlag vorgebracht werden sollen.[79]

Als ingeniöse, scharfsinnige Sprache, als *stilus argutus concisus*, wird der L. in das Programm der sog. argutia-Bewegung integriert.[80] Bei B. GRACIÎN, der «den Scharfsinn zu der Kategorie einer höchsten Norm des Denkens, Sprechens, Schreibens und Handelns» erhebt[81], wird der L. («estilo conciso») das Gegenstück zum Asianismus («estilo redundante»), nimmt also die Stelle des attischen Stils ein.[82] E. TESAURO rechnet zu den Mitteln der «argutezza verbale» u. a. «sentenze argute», belegt durch einen Spruch von Chilon, und «apoftemmi laconici & succinti».[83] Unter den acht Metaphern, die der Erkenntnis dienen, erscheint der L. als «metafora sesta».[84]

Durch die Vertreter der argutia-Bewegung in Deutschland, vor allem J. MASEN – Jesuit wie Gracián und Tesauro –, findet seit der Mitte des 17. Jh. der L. auch in die deutsche Stillehre Eingang.[85] CHR. WEISES ‹Politischer Redner› (1677) enthält ein Kapitel zur *argutia*-Lehre, in der ausdrücklich auf Tesauro und Masen Bezug genommen wird, die rhetorische Schrift ‹De poesi hodiernorum politicorum› (1678) ist ganz dem «stylus argutus» gewidmet, dessen Beherrschung Voraussetzung für politischen Erfolg sei.[86] In den ‹Curiösen Gedancken von Deutschen Brieffen› (1691) behandelt Weise den L. unter der Bezeichnung «stylus sententiosus», wofür ihm Seneca, Curtius Rufus und Lipsius als Muster gelten.[87] Von ihm beeinflußt ist eine ganze Anzahl von Theoretikern des beginnenden 18. Jh.[88] Vom Eindringen des L. in die deutschsprachige Prosa des 17. Jh. zeugt das Werk PHILIPP VON ZESENS, der sich selbst zu «der sonderbahren Lakonischen das ist gantz kurtzbündigen oder kurtzsinnigen» Art bekennt.[89] J. CHR. ADELUNG bestimmt im ausgehenden 18. Jh. den L. als auf die Spitze getriebene Präzision: «Gehet die Präcision so weit, daß auch nothwendige Bestimmungen und Umstände abgeschnitten, und nur die Hauptbegriffe, oft ohne Verbindung, dargestellet werden, so heißt die *lakonische Kürze*».[90] Das Substantiv L. erscheint im Deutschen erst gegen Ende des 18. Jh., wohl entlehnt vom französischen ‹laconisme›.[91] GOETHE verwendet es bereits zur Charakterisierung der schlichten Dichtart der Volkslieder: «Hiebei aber haben jene [die Volkslieder] immer das voraus, daß natürliche Menschen sich besser auf den L. verstehen als eigentliche Gebildete.»[92]

Anmerkungen:
1 Duden (1994) 2050, s. v. L. – **2** vgl. F. Bölte in: RE 3A2 (1929) 1288ff. – **3** LSJ 1025, s. v. λακωνίζω. – **4** Platon, Protagoras 343b; Iulian, Ep. 31. – **5** Ilias III, 213–215b. Übers. Voss. – **6** Quint. XII,10,58. – **7** ebd. 64. – **8** Platon, Protagoras 343b. – **9** vgl. D. Fehling: Die sieben Weisen und die frühgriech. Chronologie (1985) 12ff. – **10** Platon, Protagoras 342aff. – **11** vgl. B. Snell: Leben und Meinungen der Sieben Weisen (1938). – **12** Arist. Rhet. 1389b2ff. – **13** Diogenes Laertios I,72. – **14** Platon, Nomoi 641e. – **15** Ps.-Demetr. Eloc. 242. – **16** Plutarch, Instituta Laconica 237A; vgl. J.T. Hooker: The Ancient Spartans (1980) 132ff. – **17** Plutarch, Lykurg 9.3. – **18** Cic. Brut. 50. – **19** Tac. Dial. 40. – **20** vgl. Jaeger Bd. 1, 119. – **21** vgl. J. Burckardt: Griech. Kulturgesch., Bd. 1 (⁴1908) 121; F. Jacoby in: RE Suppl. 2 (1913) 493. – **22** Herodot III,46; V,49f. – **23** Diodor XIII,52,2. – **24** Plutarch, Alkibiades 28. – **25** Ps.-Demetr. Eloc. 7ff.; 240ff. – **26** ebd. 36; 240ff.; vgl. Volkmann 462ff.; Lausberg Hb. § 1079.3f. – **27** Quint. XII,10,58. – **28** Ps.-Demetr. Eloc. 7; 242. – **29** ebd. 246; 248; 253 u. ö. – **30** ebd. 9; vgl. Lausberg Hb. § 935ff. – **31** Ps.-Demetr. Eloc. 8; 9. – **32** Quint. IX,3,50. – **33** Anax. Rhet. 1434b12ff. – **34** Ps.-Demetr. Eloc. 9. – **35** vgl. Lausberg El. § 398.2; 408. – **36** Plutarch, Lykurg 20. – **37** ebd. 19.3. – **38** ders., Moralia 208bff.; 236fff.; 240cff.; vgl. K. Ziegler in: RE 21,1 (1951) 865–867. – **39** Plutarch, Moralia 189eff. – **40** vgl. Ziegler[38] 866. – **41** Arist. Rhet. 1394b34ff. – **42** Brutus II,4. – **43** Epistolographi Graeci, ed R. Hercher (Paris 1873) p. 177. – **44** vgl. M. Schanz, C. Hosius: Gesch. der röm. Lit., 1 T., (⁴1927) 397; Epistolographi latini minores, coll. P. Cugusi, Bd. 2 (Turin 1979) 182ff. – **45** Cicero, Ep. ad Atticum XV,9. – **46** Quint. XII,10,11. – **47** Quint. X,1,123; vgl. Tac. Dial. 25. – **48** Cicero Ep. ad familiares XI,15; 24; 25. – **49** ebd. XI,25,2. – **50** ebd. XI,1,4; 9–11; 13 usw. – **51** F. Münzer in: RE Suppl. 5 (1931) 385; vgl. E. Gerhard: De D. Iunii Bruti genere dicendi (Diss. Jena 1891). – **52** vgl. A. Forcellini: Totius Latinitatis Lexicon (1865) 673, s. v. L. – **53** Symmachus, Ep. I,14,1. – **54** Basilius Ep. XII. – **55** Libanios, Declamatio XXIV,1,3. – **56** Gregor von Nazianz, Ep. LIV. – **57** vgl. B. Bischoff: Das griech. Element in der abendländischen Bildung des MA, in: Byz. Zs 44 (1951) 27ff.; M.L.W. Laistner: Thought and Letters in Western Europe (London ²1957) 238 ff. – **58** W. Berschin: Griech.-Lat. MA (1980). – **59** Photios, Bibliotheke, p. 120b, 21 Bekker. – **60** Eustathios, Comm. ad Homerum, vol. I, p. 640, 26 van der Valk. – **61** vgl. R. Hirzel: Plutarch (1912) 102ff. – **62** vgl. M.M. Phillips: Erasmus and the Classics, in: T.A.

Dorey (Hg.): Erasmus (London 1970) 9f. – **63** Erasmus, Institutio Principis Christiani, in: Ausgew. Schriften, Bd. 5, hg. von W. Welzig (1968) 242. – **64** vgl. Hirzel [61] 117; Ziegler [38] 954. – **65** Grande Dizionario della Lingua Italiana, Bd. 8 (1973) 674f. – **66** Trésor de la Langue Française, Bd. 10 (1983) 900f. – **67** The Oxford English Dictionary, Bd. 8 (^{2}1989) 573f. – **68** vgl. H.-J. Lange: Aemulatio Veterum sive de optimo genere dicendi (1974) 63ff. – **69** ebd. 71f. – **70** Carbo, De elocutione oratoria libri IV (Venedig 1592) 434; vgl. Lange [68] 67f. – **71** Alsted Bd. 1, 489a. – **72** Erasmus, Ausgew. Schriften, Bd. 7 (1972), hg. von W. Welzig, übers., eingel. u. mit Anm. vers. von Th. Payr, 267ff. – **73** vgl. A. Buck: Die Rezeption der Antike in den romanischen Literaturen der Renaissance (1976) 140ff.; W. Kühlmann: Gelehrtenrepublik und Fürstenstaat (1982) 189ff. – **74** vgl. ebd. 204ff. – **75** ebd. 220f. – **76** vgl. ebd. 235ff.; G. Braungart: Hofberedsamkeit (1988) 64ff. – **77** vgl. M.W. Croll: 'Attic Prose' in the Seventeenth Century, in: Studies in Philology 18 (1921) 98f.; A. Scaglione: The Classical Theory of Composition (Chapel Hill 1972) 190f.; M. Fumaroli: L'âge d'eloquence (Genf 1980) 159ff. – **78** E. Puteanus, De Laconismo Syntagma (1609), in: Opera omnia, tom. II (Amoenitatum Humanarum Diatribae XII) (Löwen 1615) Nr. VII, 393; Übers. Kühlmann. – **79** B. Keckermann, Systema Rhetoricae (1608) 608ff. – **80** vgl. Barner 44ff.; Lange [68] 69ff.; Kühlmann [73] 229ff.; M. Blanco: Les rhétoriques de la pointe (Genf 1992). – **81** E. Hidalgo-Serna: Das ingeniöse Denken bei Baltasar Gracián (1985) 51. – **82** B. Gracian: Agudeza y arte de ingenio (1648), Discurso 61. – **83** E. Tesauro: Il Canocchiale Aristotelico (1655), ND, hg. v. A. Buck (1968) 10. – **84** ebd. 434ff.; vgl. Blanco [80] 384ff. – **85** vgl. Barner 44ff.; 357ff.; Lange [68] 70f.; Kühlmann [73] 229. – **86** vgl. Barner 185f. – **87** vgl. Lange [68] 71. – **88** vgl. ebd. – **89** vgl. W.V. Meid: Zesens Romankunst (Diss. Frankfurt 1966) 80ff. – **90** J.Chr. Adelung: Über den dt. Styl (1785; ND Hildesheim/New York 1974) 207. – **91** vgl. H. Paul: Dt. Wtb. (^{9}1992) 503, s.v. lakonisch. – **92** Goethe: Maximen und Reflexionen 2.23.2, in: Frankfurter Ausg., I. Abt., Bd. 13, 141; vgl. auch seine Rez. von ‹Des Knaben Wunderhorn› (1806), in: WA Bd. 40 (1901) 356: «Der Drang einer tiefen Anschauung fordert L.».

Literaturhinweise:
J.G. Hauptmann: De Laconismo (Diss. Leipzig 1736). – N.L. Sörström: De Laconismo Lipsiano (Diss. Uppsala 1739). – G.W. af Gadolin: De eloquentia Laconica (Diss. Turku 1823). – F.L. Lucas: Style (London 1955) 91–109. – H. Rüdiger: Pura et illustris brevitas. Über Kürze als Stilideal, in: Konkrete Vernunft – FS E. Rothacker, hg. von G. Funke (1958) 345–372. – Style, Rhetoric, and Rhythm. Essays by M.W. Croll, ed. by J.M. Patrick, R.O. Evans (Princeton, N.J. 1966) – E. Rawson: The Spartan Tradition in European Thought (1969).

R. Bees

→ Apophthegma → Argutia-Bewegung → Asianismus → Attizismus → Brachylogie → Brevitas → Ellipse → Lapidarstil → Manierismus → Obscuritas

Lalia, Prolalia (griech. λαλιά, προλαλιά; lat. praefatio, praelocutio; dt. Vorrede, Freie Rede; engl. introduction; frz. prolalie, introduction; ital. prolusione, introduzione)
A. Def.: Rhetorische Lalia. – B. Geschichte: I. Außerrhetorische Ursprünge. – Lalia als Form epideiktischer Rede in der Zweiten Sophistik. – II. Theorie der Lalia. – III. Lukian. – IV. Dialexis.

A. 1. *Wortbedeutung.* λαλιά (laliá) ist nomen rei actae zu λαλέω (laléō), welches als onomatopoetische Wortbildung (vgl. lat. *lallo*: ein Kind in den Schlaf singen) ursprünglich ‹schwätzen› bedeutet. Die pejorative Konnotation ist schon in der Alten Komödie geläufig, wo das Verbum in Opposition zur vernünftigen Rede kommt: «λαλεῖν ἄριστος ἀδύνατος λέγειν» (im Schwätzen der beste, Nunfähig, etwas zu sagen). [1] Im Laufe seiner Bedeutungsveränderung legt es den pejorativen Gehalt immer mehr ab und nähert sich einem bloßen ‹sprechen›, ‹reden›, so daß es sich von λέγειν (légein) nicht mehr deutlich abhebt. [2]

2. *Rhetorische Lalia.* ‹Lalia› und das Kompositum ‹προλαλιά› (prolaliá) begegnen als rhetorische Begriffe in der Zweiten Sophistik neben προαγών (proagṓn), πρόλογος (prólogos), διάλεξις (diálexis), sind aber von προθεωρία (protheōría) und προοίμιον (prooímion) deutlich zu unterscheiden; als lateinische Übersetzungen finden sich ‹praefatio› und ‹praeloqui/praelocutio›. [3] ‹Prolalia/Lalia› ist die ‹Vorrede›, in der der Redner vor seiner Hauptrede z.B. über Ort und Umstände seines Auftretens spricht, woran sich Digressionen in verschiedener Form anschließen, z.B. Mythenerzählung, Bericht, Ekphrasis (*descriptio*, Beschreibung), ehe der Redner sich, zum Zwecke der *captatio benevolentiae*, zur eigenen Person äußert [4]; diese Teile können immer wieder durch selbstreferentielle Äußerungen unterbrochen werden. Die Prolalia hat daher die Funktion, den Zuhörer geneigt zu machen und dessen Interesse zu wecken, wie dies die Exordialtopik vorsieht. Angesichts dieser Form kann es nicht wunder nehmen, daß – trotz der klaren Funktion der Prolalia/Lalia – diese auch eine Eigenständigkeit entwickeln konnte, und zwar um so mehr, als sie nicht wie die Protheoria bzw. das *prooemium* thematisch in die Hauptrede einführt, sondern den Kontakt mit dem Auditorium sucht, das der Redner gleichsam okkupieren will. Dabei ist auch bemerkenswert, daß man zwischen der Qualität einer Vorrede und der danach folgenden ‹agonalen› Hauptrede [5] unterschied: So berichtet Seneca d.Ä., daß «man Silo Pompeius für beredt gehalten hätte, wenn er nur von der prolocutio abgelassen hätte» (si a prolocutione dimitteret). [6]

Die Lalia ist eine typische Form epideiktischer Rede in der Zweiten Sophistik: sie ist knapp gehalten, informell und unterhaltsam; ihr ist im differenzierten literarischen Betrieb der Zweiten Sophistik ein fester Platz im *genus demonstrativum* und *deliberativum* zugewiesen, und in der scheinbar zufälligen Anordnung des Stoffes kann der Redner auf eine *Topologie* zurückgreifen. Es lassen sich jedoch nicht nur bestimmte Muster erkennen, denen der Redner folgt, sondern ein Moment der Lalia ist auch, daß ihr ein tieferer Sinn zugrunde liegen kann, den der Redner nur verschlüsselt zum Ausdruck bringt.

Anmerkungen:
1 Eupolis fr. 95 Kock = 116 Kassel-Austin; Platon, Euthydemos 287d; Demosthenes 21,118; offenbar proverbial mit der Schwalbe verglichen bei Philemon 208 Kock = 154 Kassel-Austin. – **2** vgl. Theophrast, Charaktere, hg. v. P. Steinmetz (1962) Bd. 2, 102ff. – **3** Plinius, Epistulae I,13,2; Aulus Gellius, Noctes Atticae IX, 15,4. – **4** so etwa der ‹Olympikos› = or. 12 des Dion Chrysostomos; vgl. L. Pernot: La rhétorique de l'éloge dans le monde gréco-romain (Paris 1993) 560. – **5** in späterer Zeit nur ‹Prologos›: Libanius, ed. R. Foerster (Leipzig 1929), or. 1, 55; 88; 2, 24; 4, 8; fr. 37. Chorikios, edd. Foerster-Richtsteig, p. 197,22; 224,11 281,13; ‹Proagṓn›: Libanios or. 34, 3; ep. 1183,3; 1536,3; vgl. Pernot [4] 559 Anm. 337. – **6** Sen. Contr. III, praef. 11; Philostrat, Vitae sophistarum 623.

R. Pohl

B. I. Entsprechend ihrer Herkunft aus der Zweiten Sophistik gehört die Lalia noch nicht zum terminologischen Bestand der Rhetorik im 5./4. Jh. v.Chr. THEOPHRAST zeichnet im Charakter der Lalia [1] den Typus dessen, der sich beim Sprechen nicht beherrschen kann, sondern das Wort an sich reißt, wann immer ihm etwas einfällt: es ist eine ἀκρασία τοῦ λόγου (Unbeherrschtheit (in) der Rede). Anders als bei Charakter III, dem ἀδολέσχης (adoléschēs, der Geschwätzige), steht hier eine gewisse Aggressivität im Vordergrund, die in ihrem Anspruch, belehren zu wollen, sich nicht an ein Thema hält, sondern durch wahllosen Wechsel und durch Unterbrechungen den kommunikativen Prozeß schließlich zum Erliegen bringt: Die militärische Metaphorik evoziert das Bild eines unverhofften Übergriffes, dem man nicht standhalten kann. Die vom Redewütigen vorgebrachte Entschuldigung, daß es ihm schwer falle zu schweigen, da ihm die Zunge geradezu geölt sei [2], wird – positiv gewendet – zum Programm der rhetorischen Lalia, durch ein assoziativ erscheinendes Aneinanderreihen narrativer und beschreibender Passagen den Zuhörer zu unterhalten. Aus der Unbeherrschtheit, die der Peripatetiker tadelt, wird so die zwanglose Unterhaltung, die aus dem gesamten antiken Bildungsgut schöpft. Angesichts der Präsenz der klassischen Philosophie auch in der Zweiten Sophistik ist eine bewußte Aufnahme und Umdeutung des Theophrastischen Charakter VII keineswegs auszuschließen, obwohl dies in der Forschung noch nicht erwogen ist. Der nicht zu unterbindende Redefluß, den Theophrast dem Redewütigen attestiert («selbst wenn man ihm den Mund zuhielte, könnte man sein ununterbrochenes Schwätzen nicht beenden»), korrespondiert mit der Schwatzsucht, die sich LUKIAN in einer Prolalia ironisch selbst bescheinigt. [3] MENANDER RHETOR empfiehlt als Beispiel dafür, wie sich der Redner moderat beim Publikum einführen könne, das Bild der Zikade, die dem Gesang der Vögel nacheifere; diese *captatio* kann man auf einer Linie mit der Entschuldigung der Redewut bei Lukian (und Theophrast) sehen. Sie dient in der Lalia dazu, durch eine suggerierte Inferiorität des Redenden einen gleichsam unbeschwerten Genuß des Vortrages zu versprechen, indem das Informelle dem Publikum zugemutet wird, obwohl diesem ein höheres Niveau zugestanden ist. Der Genuß der leichten Kost soll nicht mit dem Nachgeschmack des Vulgären verbunden sein, dem man sich ausgesetzt hätte, sondern sorglos im Divertissement aufgehen.

II. Eine theoretische Erörterung in rhetorischem Kontext ist durch MENANDER RHETOR aus dem 3./4. nachchristlichen Jahrhundert erhalten: [4] «Die Form der Lalia ist für den Sophisten die allernützlichste», denn sowohl im *genus demonstrativum* als auch *deliberativum* kann der Redner mit ergötzlichen Erzählungen aufwarten, die er aus dem Mythos oder den Ruhmesblättern der griechischen Geschichte entnimmt, überhaupt kann er mit seiner ganzen Bildung glänzen: Künstlergeschichten und Geographika dürfen bei einem kultivierten Publikum vorausgesetzt werden, mit dem man sich durch pointierte Anspielungen ins Einvernehmen einer etablierten Bildungsgesellschaft setzt. [5] Sehr geschickt erreicht dies Lukian z.B. in seiner Prolalia ‹Zeuxis›, in welcher er darlegt, daß nur, wer sich auf die τέχνη (téchnē, Kunst) verstehe, über angemessene ästhetische Kriterien zur Beurteilung eines Vortrages verfüge. [6] Nach Menander will die Lalia durchaus keine feste Ordnung einhalten. Der Charakter der vom Zufall geleiteten Improvisation soll offenbar durch seine Unmittelbarkeit das Publikum in Bann schlagen – angesichts der ausgearbeiteten Topik hatte der Redner natürlich eine Palette von Motiven zur Hand, wie auch ausdrücklich auf Herodot, Xenophon und Plutarch verwiesen wird, deren literarischer Stil sich durch zahlreiche Digressionen und Einschübe auszeichnet und sich daher sowohl als stilistisches Vorbild wie als Materialsammlung verwenden ließ. [7] Der Stil der Lalia ist einfach (ἁπλοῦν, haplún), schlicht (ἀφελές, aphelés), ungekünstelt (ἀκατάσκευον, akatáskeuon) und entspricht damit dem der ἀφέλεια (aphéleia): Verzicht auf Perioden und kompliziertere Argumentationen (Enthymeme). [8] Natürlich darf die Lalia auch nicht zu lang sein, es sei denn, sie selbst soll die ganze Epideixis werden. [9] Dem widerspricht keinesfalls, auch außerordentliches Lob und Tadel in einer Lalia zu formulieren. Obwohl thematisch gebundener, rechnet Menander auch Rückkehr- und Abschiedsreden unter deren Themen. [10]

III. Menanders Charakterisierung der Lalia weist Parallelen besonders zu LUKIANS Prolalien auf, obwohl dessen Name nicht erwähnt wird. [11] Im Zerrbild des ‹Rhetorum Praeceptor› läßt Lukian den Rhetoriker folgendes ironisch zur Regel erheben: «Was Dir zuerst einfällt, das soll zuerst gesagt werden [...] vor allem dränge zusammen und reihe aneinander und verstumme ja nicht». [12] So naheliegend es sein mag, diese Äußerung als programmatisch für die Lalia/Prolalia anzusehen, gerade für Lukian und APULEIUS trifft dies nicht zu. Denn beide folgen einem Muster von bis zu zwei narrativen oder beschreibenden Passagen, an die sich eine Hinwendung zum Publikum zum Zwecke der *captatio benevolentiae* anschließt. Hinzu kommt, daß zu unterscheiden ist zwischen einer freien Bewegung durch die Topoi und einem chaotischen Reden im Sinne der Theophrastischen Charakterbeschreibung. [13] Auch im ‹Bacchus› scheint sich Lukian selbstironisch auf die Lalia zu beziehen; denn diese Form ‹verblümter Rede› nennt Menander gleich zu Beginn: «[...] es ist auch möglich, die gesamte Absicht verstellt zum Ausdruck zu bringen, sei es, daß man seinen Spott treibt, sich in einem komischen Charakter versucht oder die Lebensform kritisiert». [14] Lukian stellt seine Vorrede so als Form göttlicher Berauschtheit dar (‹Bacchus›) oder er gibt die Beredtheit als Geschenk des Alters aus (‹Hercules›); damit ist freilich zugleich die Lalia als wirkungsmächtige Rede bestimmt. Wie Menander betont, dienen die eingesetzten rhetorischen Mittel vor allem der angenehmen Unterhaltung (*delectare*).

Die daraus sich ergebende Selbständigkeit der Textsorte, die sich auch darin vom Prooemium unterscheidet, steht im weiteren Kontext mit der Tatsache, daß es neben der Bezeichnung ‹Lalia› auch die ‹Prolalia› gibt: Nachdem Stock behauptet hatte, die Bezeichnung ‹Prolalia›, die sich in den Handschriften von Lukians ‹Hercules› und ‹Bacchus› findet, gehe auf byzantinische Abschreiber zurück, ist in der jüngsten Forschung die Echtheit vertreten worden, wofür sowohl ein dem TIBERIUS zugeschriebener Titel περὶ προλαλιῶν (perí prolaliṓn) spricht als auch die zeitgenössischen lateinischen Übersetzungen ‹praefatio›, ‹praelocutio›. [15] Menander Rhetor differenziert hier nicht weiter, sondern versteht Lalia gleichermaßen als ‹Vorrede› wie auch als eigenständige Epideixis. [16]

Die für Lukian und Apuleius aufweisbare Struktur ist allem Anschein nach erst Ergebnis eines rhetorischen Kunstwillens, denn für DION CHRYSOSTOMOS gilt dieses Muster nicht: «[...] während die lukianischen prolaliai streng einheitlich sind, ist für die dionischen Berührung einer Mehrheit von Gegenständen charakteristisch»; Dion selbst hat dafür die Formulierung des «Umherschweifens in den Reden» (πλανᾶσθαι ἐν τοῖς λόγοις) geprägt. [17] Auf den erzählenden Teil wird von Dion verzichtet, statt dessen findet sich im ‹Nestor› [18] die Auslegung einer Homerstelle. Die Prolalien Dions sind nicht von der Hauptrede zu trennen [19]; hierin beweist sich die Herkunft der Prolalia/Lalia aus dem *prooemium*, so daß man Dion als Vorläufer Lukians und Apuleius' ansehen kann.[20] Es ist daher sehr wahrscheinlich, daß – entgegen ihrem extemporalen Anspruch – Prolalien von Lukian und Apuleius auch mehrfach verwendet wurden.[21] Durch Apuleius ist – das einzige Mal in der lateinischen antiken Literatur – eine Lalia mitsamt der dazugehörigen Rede überliefert.[22] In späterer Zeit schreiben noch HIMERIOS und CHORIKIOS Lalien[23], während für LIBANIUS und THEMISTIOS keine nachweisbar sind.[24]

IV. Bei Dion Chrysostomos findet sich auch ‹Dialexis› im Sinne von Prolalia[25]; dieses festzuhalten ist deshalb wichtig, weil damit auch explizit eine Verbindung mit philosophischen Textsorten besteht, wie etwa zu einigen der ‹Moralia› Plutarchs, die auch als Dialexeis bezeichnet wurden;[26] auch an die adressatenorientierte *Diatribe* (im Sinne des moralischen Traktates) darf erinnert werden, wie etwa die Entscheidungssituation des ‹SomFnium› Lukians[27] an den von Prodikos geschaffenen Mythos von Herakles am Scheideweg anzuspielen scheint, der beliebtes heroisches *exemplum* in der Diatribe war.[28]

Anmerkungen:
1 Theophrast, Characteres, ed. Diels (Oxford 1909) VII. – **2** vgl. Theophrast, Charaktere, hg. v. P. Steinmetz (1962) Bd.2, 102ff. – **3** vgl. Lukian, Hercules, §8 von H.G. Nesselrath, Lucians Introductions, in: Antonine Literature, hg. von D.A. Russell (Oxford 1990) 138f. als letzte Lalia datiert. – **4** vgl. D.A. Russell, N.G. Wilson: Menander Rhetor (Oxford 1981) xi. – **5** vgl. Menander 389,9 ff. 392,18 ff. – **6** vgl. auch Lukian, Rhetorum Praeceptor, § 12. – **7** vgl. Menander 389,27; 392,29; 391,15 (extemporierte Rede). – **8** vgl. ders. 393,22ff.; vgl. Art. ‹Apheleia›, in: HWRh, Bd.1, Sp.769ff. – **9** Menander 393,25. – **10** ders. 393,17ff.; 395,2ff.; 394,13ff. – **11** Aus der Zweiten Sophistik werden nur Dion Chrysostomos, Nikostratos und Philostrat als Vertreter für den ‹einfachen Stil› genannt. Als Lalien des Lukian werden jetzt angesehen: Bacchus, Hercules, Electrum, Dipsades, Herodotus, Zeuxis, Harmonides, Scytha; G. Anderson: Patterns in Lucianus' Prolaliai, in: Philologus 121 (1977) 314 Anm.5 rechnet auch Somnium dazu; vgl. Nesselrath [3] 115 Anm.9. – **12** vgl. Rhetorum Praeceptor, § 18 (Übers. Verf.) freilich ohne expliziten Bezug zur Lalia. – **13** vgl. L. Pernot: La rhétorique de l'éloge dans le monde gréco-romain (Paris 1993) 562. – **14** Menander 388,28. – **15** A. Stock: De prolaliarum usu rhetorico (Königsberg 1911) 10, 18; ebenso Nesselrath [3] 111; dagegen Pernot [13] 558 Anm. 334 mit Verweis auf Suda (ed. A. Adler) T 550. – **16** Menander 393,25ff. – **17** H. v. Arnim: Leben und Werk des Dio v. Prusa (1898) 438–439; Dion Chrysostomos or. 12 § 16; als Lalien gelten allgemein or. 42 und 57. – **18** ders. or. 57. – **19** ders. or. 12; Pernot [13] 560. – **20** Stock [15] 41. – **21** Nesselrath [3] 114. – **22** Apuleius, Florida 16; möglicherweise gehört Florida 5 zu De deo Socratis: vgl. K.Mras, Österr. Akd. Anzeiger 86 (1949) 205–223; Anderson [11] 313–315. – **23** vgl. K. Mras: Die Prolalien bei den griech. Schriftstellern, in: Wiener Studien 64 (1949) 77f.: Himerios Or. 4–13, 15–22, 24 [Duebner]; Chorikios Or. 5,7,18–21 [nach Boissonade 1846]; siehe vor allem die Aufstellung in der Chorikios-Edition von R. Förster S. 17. Mras [23] wertet or. 21 bis or. 33 des Themistios als philos. Dialexeis, wofür die Länge von 21 spricht (33 ist nicht vollständig erhalten); Libanius decl. 6, 24, 46 (ed. Förster) haben echte Protheorien; vgl. Stock [15] 96; R. Förster Arch. Jb. (1894) 167, 3; RE XII, 2, 2509ff. – **25** z.B. Dion Chrysostomos or. 42. – **26** Den Begriff im rhetorischen Kontext Plutarch, Moralia 778 B; als Bezeichnung eigener Vorträge 826 B; 522 E; vgl. R. Jeuckens: Plutarch v. Chaironea und die Rhet. (Straßburg 1907) 105 Anm.1. – **27** Als Prolalia gedeutet von Stock [15] 25, verteidigt von Anderson [11] 314 Anm.5; dagegen Nesselrath [3] 115. – **28** vgl. Xenophon, Memorabilien II, 1,22–24.

Literaturhinweise:
E. Rohde: Der griech. Roman und seine Vorläufer (²1900) 288ff. – J. Bompaire: Lucien écrivain: Imitation et création (Paris 1958). – R.B. Branham: Introducing a Sophist: Lucians Prologues, in: Transactions a. Proceedings of the Amer. Philol. Assoc. 115 (1985) 237–243. – R.B. Branham: Unruly Eloquence (Cambridge 1989).

Th. Schirren

→ Apheleia → Captatio benevolentiae → Diatribe → Einleitung → Epideiktische Beredsamkeit → Prooemium → Sophistik → Vorrede

Lapidarstil (auch lapidarer oder lapidarischer Stil; engl. lapidary style; frz. style lapidaire; ital. stile lapidario)

A. Der Begriff leitet sich her von der Lapidarschrift (lat. lapis, Stein), also von in Stein gehauenen lateinischen Inschriften in römischer Kapital- oder Monumentalschrift, und bezeichnet einen entsprechenden Stiltyp, der in Wörterbüchern mit Attributen wie ‹knapp›, ‹bündig›, ‹treffend›, ‹prägnant› oder ‹wuchtig› paraphrasiert wird. Anders als der Lakonismus rekurriert der L. entsprechend seiner Etymologie noch vor seinem figurativen Bedeutungspotential auf materiale Aspekte. Daher eignet er besonders Epitaphien und Portalinschriften[1] oder Versen, die inhaltlich und stilistisch antiken Statuen oder Skulpturen nachempfunden sind.[2] Ein benachbarter materialbezogener Terminus ist der ‹sculptural style›.[3] Typische Textsorten sind das Epigramm[4] und der Aphorismus. In der Pointe entdeckt sich die dem L. eigene Tendenz zu Zugespitztem und Komischem, bisweilen auch zum Manierismus (‹Pointenstil›).[5] Neben dem materialen Aspekt evoziert das lateinische Fremdwort die der lateinischen Sprache immer wieder in besonderem Maße zugesprochene Fähigkeit zu Knappheit und Präzision, mithin ihre besondere Eignung für den L.[6]

Obwohl ‹L.› kein Terminus technicus rhetorischer Lehrbücher geworden ist, lehnt sich die Mehrzahl der Äußerungen über ihn in populären Stillehren und literarischen Schriften zumindest implizit an die Kategorien des antiken rhetorischen Systems an. In gelungener Anwendung realisiert er danach die Stiltugend (*virtus elocutionis*) der Kürze (*brevitas*); mißlungen unterliegt er dem Fehler (*vitium elocutionis*) der Unverständlichkeit (*obscuritas*). Daher gelte es beim L. ganz besonders, erstrebte Prägnanz und notwendige Wortfülle (*copia*) miteinander auszubalancieren. Kommunikationspsychologische Untersuchungen haben empirisch (durch ‹Ratingverfahren›) nachgewiesen, daß die größte Verständlichkeit eines Textes nicht unbedingt durch die maximal erreichbare Kürze realisiert wird, sondern auf der Skala zwischen Prägnanz und Weitschweifigkeit eine Mittelposition mit Tendenz zur Kürze am günstigsten ist.[7] Durch Ökonomie des Ausdrucks wird ein wirkungsintentionales, auf Überzeugen (*persuadere*) ausgerichtetes Schreiben angestrebt.[8] Zwar fällt der Redeschmuck (*ornatus*) dementsprechend und charakteristischerweise dürftig aus; das heißt aber nicht, daß der L. auf rhetorische Techniken verzichten könnte. Entweder wird er durch den Kontext realisiert – «Der kurze Satz [...] wirkt dann besonders lapidar, wenn er in der Umgebung längerer Sätze steht, sie ablöst oder unterbricht»[9] – oder durch Figuren, die mehr oder weniger auf einer sprachlich-gedanklichen Verkürzung (*detractio*) basieren: Abkürzung, Ellipse, asyndetische Reihung etc.

B.I. Für *Antike, Mittelalter und frühe Neuzeit* ist die Verwendung des Adjektivs ‹lapidarius› im Sinne einer Stileigenschaft nicht nachweisbar. Immerhin bringt schon PETRONIUS ARBITERS († 66 n.Chr.) ‹Cena Trimalchionis› die *lapidariae litterae* (die Buchstaben auf den Steinen) als Inbegriff des Lebenspraktischen und Nützlichen in Antithese zur Rhetorik, die hier polemisch in die Nähe des Nutzlosen gerückt wird. [10] Antike und mittelalterliche Steinbücher, sogenannte *Lapidarien*, lassen die Steine selbst 'sprechen'; sie explizieren Theorien über einen «linguaggio lapidario delle pietre» (eine lapidare Sprache der Edelsteine). [11] In Umkehrung des Verhältnisses beim L., wo der Sprache eine materiale, von den Steinen herrührende Eigenschaft zugeordnet wird, wird hier den Steinen eine quasi-sprachliche Fähigkeit zuerkannt. Die symbolische Entsprechung der Edelsteine zu verschiedenen Tugenden (zurückgehend auf Ez 28, 13–17 und Off 21,18–21) findet einen Höhepunkt in HILDEGARDS VON BINGEN ‹De Lapidibus› (zwischen 1150 und 1158), wo den Gemmen magische und medizinische Wirkungen zugesprochen werden – beispielsweise dem Chalzedon die Fähigkeit zur Verbesserung der Beredsamkeit: der Redner lecke «mit seiner Zunge an ihm; er wird mit größerer Sicherheit zu den Menschen sprechen können.» [12] Das Phänomen des Lapidaren als Stilbegriff wird in den genannten Epochen durch andere Begriffe umschrieben, etwa durch die «inculcatio [...] partium sibi ipsis instantium ac subeuntium» (das Einhämmern einander bedrängender und aufeinanderfolgender Teile) in den ‹Poetices libri septem› (1561) SCALIGERS. [13]

II. *18. und 19. Jh.* Der in Wörterbüchern regelmäßig aufgeführte ‹stilus lapidarius› scheint eine nachträgliche Begriffsbildung des 18. Jh. zu sein, in gleichzeitiger Verwendung mit seinen nationalsprachlichen Ausprägungen als ‹lapidarischer Stil› [14], ‹lapidary style› [15] oder ‹style lapidaire›. [16] Das Lapidare avanciert im genannten Zeitraum zu einem antirhetorischen Schlagwort. [17] Diese begriffsgeschichtliche Entwicklung hängt zusammen mit dem gesamteuropäischen, in der zweiten Hälfte des 18. Jh. anzusetzenden Prestigeverlust der Rhetorik. Im 19. Jh. löst sich die Stilistik gänzlich von der Rhetorik ab und etabliert sich als eigenständige Disziplin. [18] Die rhetorische, elokutionäre Stilistik wird nun als ‹unnatürlich› abgelehnt, das vorgeblich Nicht-Regelhafte und Schlichte, mithin auch der kurze einfache Satz, werden in bewußter Abgrenzung zu barocker Überladenheit und einem erstarrten Figurensystem aufgewertet.

Dieser Prozess deutet sich bereits in K. PH. MORITZ' ‹Vorlesungen über den Stil› (1793/94) an. Danach wird «ein Gedanke, in die wenigsten Worte zusammengefaßt, gerade am *vollständigsten* mitgeteilt [...], weil er sich in einer kürzern Dauer auf einmal der Seele darstellt.» [19] In diesem Kontext müssen auch SCHOPENHAUERS Ausführungen gelesen werden, der im L. geradezu den «Ahnherr jeden Schriftstils» sieht: ein Vorbild für alles Geschriebene, das mit dem negativ besetzten «style empesé» (preziöser Stil) positiv kontrastiere. «Wer ‹preziös› schreibt, gleicht dem, der sich herausputzt, um nicht mit dem Pöbel verwechselt und vermengt zu werden – eine Gefahr, welche der Gentleman auch im schlechtesten Anzug nicht läuft. Wie man daher an einer gewissen Kleiderpracht [...] den Plebejer erkennt, so am preziösen Stil den Alltagskopf.» [20] Trotz des referierten ästhetischen Wertewandels bleibt das Wissen um das bewußt steuerbare Funktionieren von Sprache und mithin auch um die persuasiven Möglichkeiten des L. erhalten. [21] TACITUS figuriert als Gewährsmann: Sein L. «repräsentiert den römischen Charakter [...]. Sein ganzes Werk ist ein Epitaphium seines Volkes» [22], er schreibe «in kurzen Hammer- und Meißelsätzen, als grabe er in Stein.» [23]

III. *20. Jh.* Daß der mit dem Prestigeverlust der Rhetorik einsetzende Paradigmenwechsel bis heute fortwirkt, belegen Sätze P. HANDKES, der Poesie als einen «sozusagen [...] aus der Natur» abgelesenen «Urtext» begreift. In diesem Verständnis erscheint Rhetorik als das im negativen Sinne ‹Gemachte›: «René Char ist halt in keinem Moment rhetorisch, er ist immer lakonisch [...] Ich meine, das ist ja immer ein Ehrgeiz, daß man das so schafft, diese Lapidarität und zugleich dieses Sanfte; lapidar allein, das ist tricky.» [24] In Handkes Roman ‹Die Wiederholung› (1986) ist das Lapidare gleichsam poetisches Programm des Protagonisten Filip Kobal: Vorbild für sein Schreiben und ein sowohl der Tradition verpflichtetes wie auch zu modifizierendes Verbindungsglied zu denen, die vor ihm schrieben. «Letter um Letter, Wort für Wort, soll auf dem Blatt die Inschrift erscheinen, in den Stein gemeißelt seit altersher, doch erkennbar und weitergegeben erst durch mein leichtes Schraffieren. Ja, meine weiche Bleistiftspur soll sich verbinden mit dem Harten, dem Lapidaren, nach dem Vorbild der Sprache meiner Vorfahren.» [25]

Für die eingangs erörterten Stileigenschaften werden heute freilich gern andere, neuzeitlichen Entwicklungen angepaßte Termini verwendet, z.B. der *Telegrammstil*. [26] Dieser Begriff zeigt exemplarisch den Einfluß von Technologien auf rhetorische Formen; er weist ferner auf die Korrelation von finanziellem Aufwand und Information, auf die «Beziehung zwischen Bits und Bucks [...] [Deshalb] zählen wir unsere Wörter schon, während sie noch erzählen.» [27] Im Zeitalter binärer Datenströme und eines damit einhergehenden Bedeutungsschwunds des Parameters Material („Stein") verwundert der relativ seltene zeitgenössische Gebrauch des ‹L.› als Stilterminus nicht.

Der Begriff des L. begegnet auch in Diskursen, deren Objekt nicht die geschriebene Sprache ist. Für die gesprochene, zumal die Alltags-Sprache, finden sich Beispiele in großer Zahl („antwortete X lapidar", ein „lapidarer Kommentar", etc.). Als Attribut der Ton-Sprache verwendet das Lapidare etwa ADORNO, wenn er sagt, das Hauptthema von A. BERGS Klaviersonate op. 1 stehe zu Beginn der Exposition «lapidar geschlossen als Motto». [28] Diese Prädizierung gilt freilich nur kontrastiv zur variierenden und amplifizierenden Wiederaufnahme des Themas in der musikalischen Durchführung (Takt 57ff.), ist also wie beim literarischen Pendant eine kontextuell abhängige Variable (vgl. Anm. 9). Allerdings begegnet auch in der Musikwissenschaft das Lapidare nicht als eigentlicher, etablierter Fachterminus.

Seine eher beiläufige Verwendung in den verschiedensten Bereichen weist ihn als einen fächerübergreifenden, sozusagen vorwissenschaftlich verankerten (dabei durchaus wissenschaftlich verwendbaren) Begriff aus, der in ein allgemeinsprachlich-topisches Verständnis eingegangen ist.

Anmerkungen:
1 z.B. Goethes Inschriften für das Portal des botanischen Gartens in München im Brief vom 31.1.1812 an Schlichtegroll (mit Anm.), in: Goethes Werke, WA IV. Abt., 22. Bd. (1901) 254; 478. – **2** vgl. R.W. Ketton-Cremer: Lapidary Verse. Warton Lecture on English Poetry, in: Proceedings of the British Academy 45 (1959) 237–253. – **3** vgl. S.A. Larrabee: English Bards and Grecian Marbles. The Relationship between Sculpture and Poetry especially in the Romantic Period (Port Washington, N.Y. 1964). – **4** zu seiner engen Verwandtschaft mit dem Epitaph vgl. Th. Verweyen, G. Witting: Art. ‹Epigramm›, in: HWRh Bd. 2 (1994) 1273–1283. – **5** vgl. Curtius 295ff. (Kap. „Epigramm und

Pointenstil") – **6** vgl. B. Lamy: La Rhétorique ou l'Art de Parler (Paris ³1688) 275 und É. Littré: Dictionnaire de la langue française. Tome 4 (o. O. 1962) 1450. – **7** vgl. F. Schulz von Thun: Miteinander reden: Störungen und Klärungen. Psychol. der zwischenmenschlichen Kommunikation (1981) 150ff. und I. Langer et al.: Sich verständlich ausdrücken (²1981) – **8** vgl. W. Schneider: Deutsch für Kenner. Die neue Stilkunde (1987) 129f. – **9** Wilhelm Schneider: Stilistische Dt. Grammatik. Die Stilwerte der Wortarten, der Wortstellung und des Satzes (Freiburg/Basel/Wien ⁴1967) 437. – **10** Petronius Arbiter: Cena Trimalchionis, mit dt. Übers. und erkl. Anm. von L. Friedlaender (Amsterdam ²1960) 154f. – **11** U. Eco: Il nome della rosa (Mailand 1980) 450. – **12** Hildegard von Bingen: Das Buch von den Steinen. Übers. und erl. v. P. Riethe (Salzburg 1979) 54f. – **13** Scaliger Bd. III (1995) 272f. (Hervorh. vom Verf.). – **14** z. B. bei W. L. Wekhrlin (Anselmus Rabiosus): Reise durch Oberdeutschland (erläut. u. m. e. Nachw. vers. von J. Mondot, Textbearb. von H. Hollmer [1778; ND 1988] 39f.); vgl. auch Art. ‹lapidar› in: W. Pfeifer (Hg.): Etymolog. Wtb. des Dt. (²1993). – **15** vgl. Art. ‹lapidary› in: The Oxford English Dictionary. Second Edition (Oxford 1989). – **16** vgl. Art. ‹lapidaire› in: Dictionnaire étymologique de la langue francaise. Par O. Bloch, W. v. Wartburg (Paris 1960). – **17** für weitere Belege vgl. auch Art. ‹Sculpture and Poetry›, Preminger 1134 und den Art. ‹Parnassians› in: J. Myers, M. Simms: Longmann Dictionary and Handbook of Poetry (New York/London 1985) 224f. – **18** vgl. C. Ottmers: Aus der Gesch. der rhet. Stiltheorie, in: ders.: Rhetorik (1996) 205–211. – **19** K. Ph. Moritz: Vorlesungen über den Stil, in: Werke, hg. von H. Günther, 3. Bd. (1981) 585–756; 621f. – **20** A. Schopenhauer: Über Schriftstellerei und Stil, § 283, in: Parerga und Paralipomena. Kleine philos. Schr. II, Bd. 5 (1994) 614. – **21** vgl. z. B. K. Gutzkow: Die Ritter vom Geiste, 3. Bd. (²1852) 234. – **22** E. Frh. v. Feuchtersleben (1806–1849): Aphorismen, in: ders.: Ausgew. Werke. Fünf Teile in einem Bd., hg. v. R. Guttmann (o. J.) 109f. – **23** E. Engel: Dt. Stilkunst (Wien/Leipzig 1919; zuerst 1912) 272; vgl. auch L. Reiners: Stilkunst: ein Lehrbuch dt. Prosa. Völlig überarb. Ausg. (1991) 248 und E. Hagenbichler: Art. ‹Brachylogie›, in: HWRh II (1994) 50–53. – **24** P. Handke: Aber ich lebe nur von den Zwischenräumen. Ein Gespräch, geführt von Herbert Gamper (Zürich 1987) 197 und 218f. – **25** ders.: Die Wiederholung (1992; zuerst 1986) 219. – **26** so z. B. bei Reiners [19]. – **27** F. Kittler: Im Telegrammstil, in: H. U. Gumbrecht, K. L. Pfeifer (Hg.): Stil. Geschichten und Funktionen eines kulturwissenschaftlichen Diskurselements (1986) 360–367. – **28** Th. W. Adorno: Berg. Der Meister des kleinsten Übergangs, in ders.: Die musikalischen Monographien, hg. v. G. Adorno u. R. Tiedemann (³1994) 382.

A. Hettiger

→ Aphorismus → Brachylogie → Brevitas → Ellipse → Epigramm → Epitaph → Lakonismus → Motto → Parataxe/Hypotaxe → Pointe → Sentenz → Stil

Lasswell-Formel

A. Im Rahmen seiner Studien zur Distribution von Aufmerksamkeit, zur Propaganda und zur Diffusion politischer Ideen in einer Gesellschaft entwickelte H. D. LASSWELL, Politikwissenschaftler und Soziologe, ein fünfgliedriges heuristisches Frageschema (Fragenkatalog), das unter der Bezeichnung ‹Lasswell-Formel› in kommunikationswissenschaftliche Forschungen und Diskurse einging. Mit der Beantwortung der Schemafragen lassen sich – nach Lasswell – einige Eigenschaften des Kommunikationsprozesses beschreiben.

Die Vorbereitung und Beschreibung von kommunikativen Abläufen, Eigenschaften, Strukturen und Inhalten mit dem heuristischen Mittel eines Frageschemas ist in der Tradition der Rhetorik fest verankert. Wenn auch auf theoretisch-systematischer und fachlicher Ebene gewichtige Unterschiede zwischen L. und antiker Rhetorik bestehen, so sind solche Frageschemata in ihrer inventorischen Funktion durchaus vergleichbar. Neben der äußeren Ähnlichkeit kann auch eine innere Verwandtschaft angenommen werden.

Den rhetorischen Schemata nahe sind auch die sechs W – Fragen der modernen Publizistik (wer, wann, was, wo, warum, wie), die strukturierende Funktion für alle gut formulierten Berichte besitzen.

Die Fragen der Rhetorik nach Umständen und Merkmalen von Sachverhalten (*circumstantia*/περίστασις, perístasis; *quaestio, causa*), nach Redner, Thema und Publikum sind der Statuslehre und Topik zuzuordnen und dienen der *inventio, dispositio* und *divisio* der *materia*. So findet sich ein Kanon von Bestandteilen für die ordentliche Schilderung von Geschehnisabläufen (*elementa narrationis*) bei QUINTILIAN [1] und in seinem Kommentar zu Ciceros Rhetorik entwirft M. VICTORINUS ein Schaubild zu den Fragen der *narratio*. [2] Formelfragen treten auch in BOETHIUS' Kommentar zu Ciceros Topik auf sowie in der ‹Ars versificatoria› des MATTHAEUS VON VENDÔME. [3]

Anmerkungen:
1 Quint. IV, 2, 55. – **2** Victorinus I, 21, in: Rhet. Lat. min. 206ff. – **3** Matth. v. Vend. I, 116.

G. Kalivoda

B. Nach der Arbeit ‹Prussian Schoolbooks and International Amity› [1] promovierte H. D. LASSWELL (1902–1978) mit ‹Propaganda Techniques in the World War› [2]. Er lehrte an der Universität Chicago und leitete während des 2. Weltkrieges zwei Untersuchungen zur Kriegspublizistik (Library of Congress und Stanford University). Zuletzt war er Professor an der ‹School of Law› der Yale-Universität. [3]

In Europa wurde Lasswell v. a. wegen einer Formel zur Kenntnis genommen, mit der er den Projektaufsatz ‹The structure and function of communication in society› einleitete: «A convenient way to describe an act of communication is to answer the following questions: Who, says what, in which channel, to whom, with what effect?» (Ein geeignetes Beschreibungsverfahren für kommunikative Akte ist die Beantwortung folgender Fragen: Wer, sagt was, in welchem Kanal, zu wem, mit welcher Wirkung?). [4] Diese kommunikationstheoretischen Fragen zu Kommunikator, Aussage, Medium, Rezipient und Effekt wurden als L. bekannt und sind nach ihrem systematischen Stellenwert, nach ihrer wissenschaftsgeschichtlichen Bedeutung und nach ihren rhetorischen Implikationen zu befragen.

I. Systematik und Funktion. Die von Lasswell nie so bezeichnete fünfgliedrige Inventionsformel kann die Erforschung von Kommunikationsprozessen leiten, d. h. die Untersuchungsfelder der *control analysis* (wer), der *content analysis* (was), der *media analysis* (Kanal), der *audience analysis* (zu wem) und der *effect analysis* (Wirkung) erschließen. [5] Allerdings ist Lasswell weniger daran interessiert, «den Kommunikationsakt zu unterteilen, als ihn als ganzen in Beziehung zu sehen zum gesamten sozialen Prozeß» und seinen Funktionen: Physikalische und soziale Umwelt, Reaktion gesellschaftlicher Gruppen auf die Umwelt, Tradierung des sozialen Erbes. [6] Diese Funktionen sind jedoch mit der L. nicht zureichend analysierbar. Zum besseren Verständnis der L. verweist Lasswell auf die von ihm zusammen mit anderen erarbeitete Bibliographie ‹Propaganda, Communication, and Public Opinion›. [7] Dort schreibt der Co-Autor B. L. SMITH, es seien Titel ausgewählt, die Antwort gäben auf eine Frage, «die für das wissenschaftliche Studium des Kommunikationsprozesses von zentraler Bedeutung ist: *Welche Resultate* liegen vor, wenn *wer, was, über welchen Kommunikationskanal* (Medium) zu *wem* sagt und wie kann *gemessen* werden, was gesagt wurde und welche Ergebnisse vorliegen?»[8]

Außer diesem Vorläufer wird von einem weiteren berichtet: Lasswell selbst habe den kleinen Fragekatalog 1947 in einem Vortrag benutzt, woraus zu schließen sei, daß das Schema «[...] zur Formel erstarrt, inzwischen einen gewissen Modellcharakter angenommen [...]» habe.[9] Während Prakke meint, die Formel habe es zu «[...] einer gewissen Berühmtheit gebracht [...]»[10], nennt Luthe sie eine «Zauberformel, die nicht oft genug nachgebetet und zitiert werden kann.»[11]

Lasswell ersetzt schon in einer Fassung von 1952 den ‹Weg der Kommunikation› *(channel)* durch das ‹Wie› *(how)* [12], eine wohl keineswegs «geringfügige Umformulierung».[13] In dieser vierten Formel fehlt also der Medien-Kanal bereits wieder, den es auch in den beiden ersten Fassungen nicht gab. 1934 heißt es: «Politikwissenschaft ist das Studium des: *wer, bekommt was, wann und wie?*»[14] und 1936: «Politische Analyse ist z.T. beschäftigt mit der Erforschung des: *wer, handelt wie, unter welchen Umständen, mit welchem Erfolg?*»[15] (Hervorh. H. G.) Die Untersuchung, in der dieser Gedanke systematisch entwickelt wurde, trägt den bezeichnenden Titel ‹Politics: Who gets what, when, how›.

Als L. etabliert hat sich die dritte Variante des Frageschemas, mit der jedoch weder die Situation der Kommunikation, noch die Einstellung der Hörenden oder gar Feedback-Prozesse erfaßt werden können und in der die Summenkategorie *effect* als selbständige insinuiert wird.[16]

II. *Wissenschaftsgeschichte.* Es ist anzunehmen, daß die in jener Zeit beginnende Medienwirkungsforschung von der Kanal-Metapher fasziniert wurde, die es erlaubte, die L. dem behavioristischen *stimulus-response*-Modell einzuverleiben. Die aus der allgemeinen Rhetorik hervorgegangene Publizistik sah sich damals nicht mehr nur den Erzeugnissen der Print-Medien gegenüber, sondern in zunehmendem Maße denen der elektronischen Medien: Rundfunk, Fernsehen, Tonfilm. Damals bewies zudem C. Shannon in ‹The Mathematical Theory of Communication›[17] die Funktion eines rauschfreien, ungestörten Kanals für die Übertragung von Impulsen zwischen Sender und Empfänger *(receiver)*. «Kanal» heißt eine «[...] Nachrichtenübertragungsstrecke [...], die in der Lage ist, in jeder Sekunde eine bestimmte Anzahl von Ja-Nein- (Ein-Aus-) Impulsen zu übertragen [...]»[18] Dieses mathematische Modell, verstärkt durch die zeitgleiche ‹Kybernetik› N. Wieners[19], führte zu einem informationstheoretischen Modell, das in der Publizistik ebenso widerstandslos adaptiert wurde wie in der Linguistik, obwohl darin die übermittelten Bedeutungen so bedeutungslos waren wie die zu Sender und Empfänger funktionalisierten Menschen in ihrer lebensweltlichen Beziehung. Die depersonalisierten *receiver* wurden zu ‹Rezipienten›, der Unterschied zwischen *perception* (Trägerinformation) und Apperzeption (mentale Verarbeitung der Sekundärinformationen) wurde ausgeschaltet. Bei H. Prakke finden sich Lasswellsche Analyseschritte in folgender Version wieder: *control analysis* wird zu «Kommunikatorforschung», *content analysis* zu «Aussageforschung», *media analysis* bleibt «Medienforschung», *audience analysis* wird zur «Rezipientenforschung» und *effect analysis* zur «Wirkungsforschung».[20]

Für Lasswell war jedoch *channel* keineswegs eingeschränkt auf die Massen-Medien. Als mit Freud vertrauter Politologe[21] beschreibt er «libidinal channels» und «ego channels»[22]. Revolutionäre Ideen würden durch die «vertrauten Kanäle» geleitet: «Kinderschwester, Lehrer, Pfleger und Eltern entlang der akzeptierten Ausdruckskanäle».[23] Propaganda suche immer «die zur Auslösung der gewünschten gemeinsamen Handlung geeigneten symbols and channels»[24], z.B. auch «public discussion [...] debate [...] oratorical technique».[25] Sogar bei den massenmedialen Kanälen interessiert ihn nicht der Transport, sondern der Inhalt: durch sie mache «die Aufklärung Fortschritte», lieferten sie doch vielfältige «Formen psychologischer und sozialer Erklärung menschlichen Verhaltens [...] und spornten das einzelne Mitglied des Publikums (audience-member) an zu größerer und klarerer Selbsterkenntnis.»[26] Bei Lasswell finden sich weder reduzierte Auffassungen von ‹Kanal› oder *audience*, es gibt auch die in der ‹Formel› vermißte Auseinandersetzung mit der ‹Situation›, die er bestimmt als «a pattern of actors-in-an-environment» (Verhaltensmuster von Handelnden in einer sozialen Umgebung).[27] Er fordert, daß Situationen nach Kultur, sozialer Schicht, Krisenanfälligkeit und innerhalb des gesamten Bezugsrahmens untersucht werden müssen.[28]

Aus all dem ist zu folgern, daß für Lasswell das Frageschema schon gar nicht in seiner *Kanal*-Fassung von entscheidender Bedeutung war. In der Kommunikationsforschung fehlen seither auch L. bei der Darstellung verschiedener Modelle[29], sie werden durch das von Gerbner[30] oder das von Hymes ersetzt[31], das «limited model» Lasswells wird erweitert[32] oder das «popular concept»[33] wird explizit zurückbezogen auf die Beziehung der Kommunizierenden in ihren situativen Kontexten: «Kontextfaktoren werden zu den wichtigsten Determinanten der Hörerreaktion, nicht die Bedeutungen.»[34] Nicht einmal in der Festschrift für Lasswell (1969) wird die Formel erwähnt.[35] «Daß die adopter der L.-Formel die eigentliche Intention – [″Abkehr von der deskriptiven Beschreibung und Hinwendung zur funktionalen Analyse″] – so vollkommen und so lange erfolgreich vernachlässigen konnten, mag [...] auf eine Art der Irrationalität damaliger (und heutiger?) Kommunikationsforschung hinweisen [...].»[36] K. Merten erklärt die Adaption der 48er-Formel mit «Ideologie in der Kommunikationsforschung»: Neben der wissenschaftlichen Reputation des Autors sei ausschlaggebend «die Affinität der Formel zum praktischen Journalismus»[37], der schon lange «Folgen von Fragepronomina als Ordnungsschemata» verwende, der «Stand der Kommunikationswissenschaft in den USA», vor allem aber weniger das theoretische als das «vermarktungsorientierte Erkenntnisinteresse».[38] Gerade diesem sei die L. «dienlich gewesen. Hier wird die massive ideologische Einfärbung damaliger Kommunikationsforschung manifest.»[39] Entsprechendes gilt übrigens für das politische Vermarktungsinteresse der Wirkungsforschung z.B. in der ehemaligen DDR.[40]

Die in Mertens Kritik genannten Gründe für die Rezeption der L. sind zeittypisch bis auf die journalistischen Frageschemata. Während von Rhetorischem bislang eher implizit die Rede war, bieten diese Schemata explizit einen rhetorischen Zugriff.

III. *L. und Rhetorik.* Wird «[...] in der sophistischen Rhetorik des fünften vorchristlichen Jahrhunderts die erste wissenschaftliche Kommunikationstheorie [...]»

gesehen [41], in der «Redner, Gegenredner und Zuhörer, Thema und Rede [...] als System betrachtet» wurden [42] und wird versucht, die Faktoren des Systems mit Hilfe von Fragepronomen zu erschließen (Wer zu Wem, Was, Wie), dann ist das erste rhetorische Frageschema gebildet. Hundert Jahre später kommt bei Aristoteles zu Redner, Rede und Hörer noch das Ziel (τέλος, télos) hinzu, von dem er in wiederholender Verstärkung sagt: «und das Telos liegt bei diesem – ich sage [ausdrücklich] beim Hörer». [43] Da Telos nicht nur Ende, Ziel bedeutet, sondern auch Hauptzweck, Erfüllung, Vollendung, läßt es sich ohne semantische Überanstrengung auch als *kommunikative Wirkung* umschreiben, als *Kommunikationseffekt*, von dem Aristoteles bekanntlich die drei Redegattungen ableitete. [44] Freilich scheint folgende Meinung fragwürdig: «Der traditionelle Standpunkt von Aristoteles enthält den Kern von Lasswells häufig zitierter Formulierung der Hauptelemente von Kommunikation.» [45] Lasswell hat sich um die ‹rhetorischen Ahnen› seiner Formeln nicht gekümmert. Prakke (1965) und Merten (1974) lassen die Ahnenreihe erst mit QUINTILIAN beginnen, der bei der Ausarbeitung der *inventio* für *probatio* und *narratio* zu beachten fordert: «*personam, causam, locum, tempus, instrumentum, occasionem*, d.h. «Person, Sache, Ort, Zeit, Werkzeug und Gelegenheit». [46]

Im 4. Jh. faßt VICTORINUS die Kategorien in eine Frageformel und veranschaulicht den Zusammenhang graphisch [47]:

quis	quid	cur	ubi
I	I	I	I
persona	factum	causa	locus
quando	quemadmodum	quibus adminiculis	
I	I	I	
tempus	modus	facultas	

Abb. 1

Schließlich prägt MATTHAEUS VON VENDÔME 1170 den durch die Schulrhetorik überlieferten ‹Inventionshexameter›: «quis, quid, ubi, quibus auxiliis, cur, quomodo, quando». [48]

Zu Beginn des 20. Jh. breiten sich dann im Journalismus unterschiedliche Frageformeln aus für Recherche und Formulierung von Nachrichten, z.B. «Who, What, When, Where, Why» (Warren 1934) [49] oder «Who communicates what by what medium under what conditions with what effect» (Waples 1942). [50] Bei der Entwicklung der *hard news* aus militärischen Funktionen ist eine Frageformel für die Meldung üblich: «Wer, was, wann, wo und was tue ich weiter». [51]

In dieser Reihe tauchen dann zwischen 1934 und 1952 die Lasswellschen Formeln auf, die z.T. in der Folgezeit ergänzt werden (z.B. Braddock 1958) [52]; es gibt aber auch Frageschemata ohne jeden Bezug auf Lasswell (z.B. Davison 1952, Ruesch 1953, Gerbner 1956). [53] Merten stellt die Reihe von Quintilian bis Prakke zunächst fortlaufend dar [54], gibt dann aber eine Synopse (vgl. Abb. 2). [55]

Es fehlen nicht nur die Anfänge bei den Sophisten und Aristoteles, sondern auch Weiterentwicklungen, die weder mit Lasswell etwas zu tun haben noch mit Publizistik. In der ‹Ethnography of speaking› sagt z.B. DELL HYMES (1962): «[...] Die systematischen Fragen "Wer sagte es?", "Zu wem sagte er es?", "Welche Wörter benutzte er?", "Telefonierte oder schrieb er?", "Äußerte er sich in Englisch?", "Worüber sprach er?" und "Wo sagte er es?" scheinen mir sämtlich auf derselben Theorie- und Beschreibungsebene zu liegen.» [56] Bei GEISSNER (1971) wurden die neun Fragewörter eines Situationsmodells zu «Konstitutionsfaktoren» von Sprechen und Verstehen: «Wer spricht/liest Was, Wo und Wann, Wie (sprecherisch und sprachlich), Warum und Wozu, auf welche Weise (direkt oder medial), mit oder zu Wem, bzw. für Wen. [...] Im Sinnverstehen kommen aber zugleich formal reziproke, konkret jedoch veränderte Konstituentien zur Geltung: Wer versteht Was, Wo und Wann, Wie (sprecherisch und sprachlich), Warum und Wozu, auf welche Weise (direkt oder medial), mit oder von Wem.» [57] VARWIG (1982) schlägt für den Argumentationsprozeß folgende Fragekette vor: «Wer? Was? Wo? Wann? Wie? Wodurch? Warum? Wieviel jeweils?» [58]

Lasswell hat die neue Rhetorik beeinflußt, wenn auch nicht durch seine Formeln. «Die rhetorische Tradition wurde in den Vereinigten Staaten im 20. Jh. dreimal wiedergeboren.» [59] Die erste Phase, im 1. Weltkrieg, war ein Neo-Aristotelismus, geprägt von C. WOOLBERT [60], die zweite, in den zwanziger Jahren, prägte H. WICHELNS. [61] Die dritte Phase führt im 2. Weltkrieg mit

Element der Analyse	Quintilian (35–86 n. Chr.)	Victorinus (4. Jh.)	Mathieu de Vendôme (1170)	Warren (1934)	Weples (1942)	Lasswell (1948)	Back-Festinger (1950)	Davison (1952)	Ruesch (1953)	Gerbner (1956)	Braddock (1958)	Thayer (1962)	Prakke (1968)
Kommunikator	Persona	Quis	Quis	Who	Who	Who	Who	Who	Who	Someone	Who	Who	Quis
Situation	Locus, Tempus	Ubi, Quando	Ubi, Quando	When, Where	What Conditions	–	What are the Determinants	What Circumstances	Context, Limitations	In a Situation and a context	What Circumstances	When, What Circumstances	Ubi, Quando
Motivation	Occasio	Cur	Cur	Why	–	–	–	What Purpose	–	–	What Purpose	–	Cur
Wahrnehmung	–	–	–	–	–	–	–	–	–	Perceives an event	–	–	–
Kanal	Instrumentum	Quibus Adminiculis	Quibus Auxiliis	How	By What Medium	In Which Channel	–	What Medium	What Media of Communication	Through some Means	What Medium	In What Way	Quibus Auxiliis
Aussage a) Form b) Inhalt	Factum	Quid, Quemadmodum	Quid, Quo Modo	What	Communicates What	Says What	Communicates What	Says What	Saying What, How	Communication in some Forms conveying Content	Says What	Says (or does not say) What	Quid, Quo Modo
Rezipient	–	–	–	–	To Whom	To Whom	To Whom	To Whom	To Whom	(Someone)	To Whom	To Whom	Ad Quem
Wirkung	–	–	–	–	With What Effects	With What Effect	–	With What Effects	What Result	With Some Consequences	With What Effect	With What Effect	Quo Effectu

Abb. 2

dem Schwerpunkt *communication* Psychologen, Soziologen und Politologen zusammen – u. a. LEWIN, LAZARSFELD, HOVLAND, BERELSON, LASSWELL – deren Untersuchungen die *New rhetoric* prägen.[62] Als einer der Väter der *content analysis* und der Propagandaforschung[63] hat Lasswell in der Rhetorikforschung der ‹Speech communication departments› gewirkt; denn für ihn gehörten zu einer freien Gesellschaft – der Kontrast zu dem von ihm beschriebenen ‹Garrison State›[64] – «notwendigerweise Debatte und Differenz»[65]: «Politik muß verhandelbar sein.» [66] «In demokratischen Gesellschaften beruht rationale Wahl auf Aufklärung, die wiederum auf Kommunikation basiert.»[67]

Anmerkungen:
1 H. D. Lasswell: Prussian Schoolbooks ..., in: Social Forces (1925) 718–22. – 2 ders.: Propaganda Techniques ... (New York 1927). – 3 vgl. W. Schramm: ‹Harold Lasswell›, in: Internat. Encyclopedia of Communications 2 (New York/Oxford 1989) 404f. – 4 H. D. Lasswell: The Structure and Function of Communication in Society, in: L. Bryson (ed.): The communication of Ideas (New York/London 1948) 37–51; 37. – 5 ebd. 37. – 6 ebd. 38. – 7 ders.: Propaganda, Communication ... (Princeton 1946). – 8 ebd. 121, Übers. Red. – 9 H. Prakke: Die L. und ihre rhet. Ahnen; in: Publizistik (1965) 10, 285–91; 287. – 10 ebd. 289. – 11 H-O. Luthe: Interpersonale Kommunikation und Beeinflussung (1968) 20. – 12 H. Lasswell, D. Lerner, I. de Sola Pool: The comparative study of Symbols (Stanford 1952) 12; H. Lasswell: Zeichen, Signale, Symbole, in: O. W. Haseloff (Hg.): Kommunikation (1969) 54–62. – 13 K. Merten: Vom Nutzen der L. oder Ideologie in der Kommunikationsforschung, in: Rundfunk und Fernsehen 2 (1974) 143–165; 143 Anm. 1. – 14 H. D. Lasswell: World Politics and Personal Insecurity (New York 1934) 3 (Übers. Red.). – 15 ders.: Politics: Who gets what, when, how (New York [1936] 1950) 214 (Übers. Red.). – 16 Zur Kritik vgl. Merten [13] passim; R. Burkart: Kommunikationswiss. (1995) 464ff. – 17 C. Shannon, W. Weaver: The mathematical theory of communication (Urbana 1949). – 18 J. R. Pierce: Phänomene der Kommunikation (1961, dt. 1965) 120. – 19 N. Wiener: Kybernetik (1948; dt. 1963); ders.: Mensch und Menschmaschine (1950; dt. 1952). – 20 Prakke [9] 285. – 21 vgl. H. D. Lasswell: Psycho-pathology and Politics (Chicago 1930). – 22 ders. [15] 193. – 23 ders. [15] 38. – 24 ders. [15] 38; vgl. D. Breuer: Einf. in die pragmatische Texttheorie (1974) 210ff. – 25 H. D. Lasswell: Power and Personality (New York 1948) 18; 126; 145. – 26 ebd. 199. – 27 ders., A. Kaplan: Power and Society (1950) 4. – 28 Lasswell [25] 107. – 29 R. S. Ross: Fundamental Processes and Principles of Communication, in: K. Brooks (Hg.): The communicative Arts and Sciences of Speech (Columbus 1967) 107–128; H. Paschen: Kommunikation (1974). – 30 Ross [29] 119. – 31 D. Baacke: Kommunikation und Kompetenz (1973) 94f. – 32 J. D. McCroskey: An Introduction to Rhetorical Communication (Englewood Cliffs 1968) 8. – 33 ebd. – 34 W. C. Fotheringham: The study of persuasion, in: Brooks [29] 149–165; 159. – 35 A. A. Rogow (ed): Politics, Personality, and Social Science in the Twentieth Century. Essays in Honor of H. D. Lasswell (Chicago 1969). – 36 Merten [13] 160. – 37 ebd. 161. – 38 ebd. 162. – 39 ebd. 163. – 40 E. M. Krech u.a.: Sprechwirkung (1991), vgl. Rez. H. Geißner, in: Rhet. 12 (1993) 152–155. – 41 O. A. Baumhauer: Die sophistische Rhet. (1986) 11. – 42 ebd. 205. – 43 Arist. Rhet. 1358b 1–2. – 44 ders. 1358a 36–37. – 45 E. P. Bettinghaus: Communication Models, in: J. Ball, F. C. Byrnes: Research, Principles, and Practices in Visual Communication (Washington 1960) 17 (Übers. Red.). – 46 Quint. IV, 2, 55. – 47 Victorinus I, 21; in: Rhet. Lat. min. p. 207; Lausberg Hb. 183. – 48 vgl. Matth. v. Vend. I, 116. – 49 Merten [13] 146. – 50 ebd. 146. – 51 vgl. H. Geißner: Art. ‹Fünfsatz›, in: HWRh 3 (1996) 486. – 52 R. Braddock: An Extension of the Lasswell Formula, in: J. of Communication (1958) 8, 88–93. – 53 Merten [13] 146. – 54 ebd. 146, Anm. 6. – 55 ebd. 144. – 56 D. Hymes: Ethnography of Speaking [1962] (dt. 1979) 94, Anm. 7. – 57 H. Geißner: Anpassung oder Aufklärung. Zur Theorie der rhet. Kommunikation [1971], zuletzt in: J. Kopperschmidt (Hg.): Rhet. (1991) 2, 202f. – 58 F. R. Varwig: Der Gebrauch von Toulmins Schema, in: SuS 8 (1982) 126. – 59 W. B. Pearce: Communication and Human Condition (Carbondale 1989) XIX (Übers. Red.). – 60 ebd.; vgl. H. Cohen: The History of Speech Communication (Annandale 1994) 49ff. – 61 Pearce [59]; vgl. Cohen [60] 161ff. – 62 N. Maccoby: Die neue „wissenschaftliche" Rhet., in: W. Schramm: Grundfragen der Kommunikationsforschung (1963; dt. 1964) 55–70. – 63 H. Reimann: Kommunikations-Systeme (1968) 25; K. Merten: Inhaltsanalyse als Werkzeug der Erforschung politischer Kommunikation, in: U. Saxer (Hg.): Politik und Kommunikation (1983) 117–128; J. Volmert: Politikerrede als kommunikatives Handlungsspiel (1989) 15, Anm. 6. – 64 H.D. Lasswell: The Garrison State, ed. and introduction by J. Stanley (1996). – 65 Lasswell, Kaplan [27] 126. – 66 Lasswell [4] 49. – 67 ebd. 51 (Übers. Red.).

Literaturhinweise:
H. D. Lasswell: The Psychology of Hitlerism; in: Political Quarterly 4 (1933) 373–384. – H. D. Lasswell, R. D. Casey, B. L. Smith: Propaganda and Promotional Activities. An Annotated Bibliography (Minneapolis 1935). – A. A. Rogow (Hg.): Politics, Personality, and Social Sciences in the Twentieth Century. Essays in Honor of Harold D. Lasswell (Chicago 1969). – D. Marvick (Hg.): Harold D. Lasswell on Political Sociology (Chicago/London 1977).

H. Geißner

Feedback → Inventio → Journalismus → Kommunikationstheorie → Massenkommunikation → Presse → Publizistik → Statuslehre → Suchformel → Wirkungsforschung

Latinismus (engl. latinism; frz. latinisme; ital. latinismo)
A. L. nennt man eine vom Lateinischen beeinflußte Ausdrucksweise innerhalb einer nichtlateinischen Sprache. Ein L. entsteht durch Übernahme (Transferenz) von lateinischen Wörtern oder Imitation syntaktischer oder stilistischer Eigenheiten des Lateinischen, die der nichtlateinischen Sprache ursprünglich fremd sind.
B. 1. Als Verstoß gegen die rhetorische *virtus* der Sprachreinheit (*puritas*) ist der L. nach strengen Maßstäben ein *vitium*, es sei denn, daß er bereits in das nichtlateinische Sprachsystem integriert oder durch Bezeichnungsnot oder Lizenz entschuldigt ist.[1] FONTANIER behandelt den L. unter *imitation*; GAYNOR und DUPRIEZ subsumieren ihn einerseits als Normwidrigkeit unter *barbarism* bzw. *barbarisme*, andererseits als fremdsprachliches Element unter *foreignism* bzw. *pérégrinisme*.[2]
2. Linguistisch ist der L. als Interferenzphänomen deutbar.[3] Viele L., die zunächst im System der Empfängersprache ein fremdes Element darstellten, wurden freilich mit der Zeit vollständig in das Sprachsystem integriert und verloren dadurch das Definitionsmerkmal der Normabweichung (so die Lehnwörter, viele Fremdwörter und Syntagmen wie «zu lesend» als Übersetzungsäquivalent des lat. Gerundivs). Hier ist die Klassifizierung als L. nur mit Bezug auf das Sprachsystem zum Zeitpunkt der Entlehnung berechtigt. Dagegen ist die vom lat. Partizip beeinflußte Wendung «nach gestillter Blutung» (Carossa) auch nach der Norm der heutigen Standardsprache eindeutig als L. zu werten. – Zitate lateinischer Sentenzen (z.B. der Rechtsregel: *in dubio pro reo*) und lateinische Passagen in Texten mit lateinisch-deutscher Sprachmischung sind linguistisch gesehen keine L., da sie kein Element des nichtlateinischen Sprachsystems bilden; hierfür ist die Erklärung als ‹Kode-Umschaltung› (*code switching*) angemessener.[4]
3. Im L. manifestiert sich der Einfluß, den das Latein zunächst im direkten Sprachkontakt mit Römern bzw. romanisierten Galliern (horizontaler oder arealer Trans-

fer), dann als Sprache von Kirche und Verwaltung, Wissenschaft und Technik über die lateinsprechenden Bildungsträger und höheren Schichten (vertikaler Transfer) auf das Deutsche ausgeübt hat. Hinzu kommt indirekter Transfer über das Französische und Englische.[5] – Im Bereich des Wortschatzes tritt der L. auf als lexikalische (Fremd-, Lehnwort) oder als semantische Entlehnung (Lehnübersetzung, Lehnbedeutung); selten sind Kombinationen deutscher Wörter mit lateinischen Morphemen (z.B. *Sammelsurium, Schwulität*). Auch Mehrfachentlehnungen kommen vor: auf lat. *palatium* gehen zurück *Pfalz* (durch direkten Transfer), *Palast* (über die ma. Ritterkultur) und *Palais* (über das Frz. im 17. Jh.). – Syntaktisch-stilistische L. begegnen oft in Übersetzungen aus dem Latein infolge unbewußter Übernahme, aber auch bewußter Nachahmung des als vorbildlich empfundenen Lateins (‹Humanistendeutsch›). NIKLAS VON WYLE überträgt (von 1461 an publizierte) genuin lateinische Syntaxstrukturen ins Deutsche, weil er überzeugt ist, «daz ein yetklich tütsch, daz usz gůtem zierlichen vnd wol gesatzten latine gezogen vnd recht vnd wol getransferyeret wer, ouch gůt zierlich tütsche vnd lobes wirdig haissen vnd sin müste vnd nit wol verbessert werden möcht».[6] ICKELSAMER rät mit Blick auf das Latein zu häufigerer Verwendung von Partizipien im Deutschen wegen der «feinen lieblichen kürtze».[7] Infolgedessen begegnen syntaktische L. bis ins 17. Jh., z.B. der A.c.I. («ich red on spot, mich gewesen sein in großer Not»; THEUERDANK) oder die relative Verschränkung («Der Name der mir folgt ist meiner sorgen Lohn. Welchen namen wenn die Poeten nicht zue gewarten hetten, würden viel derselben [...] abgeschreckt werden»; OPITZ). [8] – Die soziale Markiertheit von Latein und Volkssprache kann freilich im 16. Jh. in satirischer oder polemischer Absicht auch dazu benutzt werden, um lateinische *elegantia* gegen deutsche *barbaries* oder umgekehrt volkssprachliche Gemeinverständlichkeit gegen lateinische Esoterik auszuspielen; Beispiele liefern der KARSTHANS oder die Polemik zwischen den Verfassern lateinischer und volkssprachlicher medizinischer Fachbücher.[9] – Das Latein beeinflußt auch die Anfänge der deutschen Grammatik, indem deutsche Übersetzungsäquivalente zu genuin lateinischen Formen von den ersten Grammatiken als ‹Ablative› (*von dem Hause*), ‹Optative› (gebildet mit *wolt Gott das, o das* u.ä.), ‹Supina› (*zu loben*) und ‹Gerundia› (*im loben, vom loben, zum loben*) in die deutschen Flexionsparadigmen übernommen werden.[10]

4. Soziolinguistisch betrachtet sind L., soweit sie nicht in die Gemeinsprache eingegangen sind, charakteristisch für gruppenspezifische Soziolekte: Als Elemente des Fachwortschatzes sind sie konstitutiv für die Sprache bestimmter Berufsgruppen; als Bestandteil des Bildungswortschatzes sind sie symptomhafte Signale für die Zugehörigkeit zu einer bestimmten Schicht und können so dazu dienen, das soziale Prestige des Sprechers zu unterstreichen.

5. Für die sprachpflegerische Bewertung des L. ist wie für die des Fremdworts überhaupt eine synchronische Betrachtung am angemessensten, die darauf achtet, «von wem ein Wort benutzt wird, gegenüber welchem anderen Sprachteilhaber, in welcher Sprech- oder Schreibsituation, mit welchem Sachbezug, in welchem Kontext, mit welcher Stilfärbung und vor allem mit welcher Bedeutung im Verhältnis zu den Bedeutungen der anderen Wörter des Wortfelds, in dem das entlehnte Wort seinen Platz gefunden hat». Zu kritisieren ist nur der Mißbrauch, wenn «sich ein Sprecher solcher Wörter nur bedient, um Anderen mit Wortklängen zu imponieren, sie zu täuschen oder sie zu verführen».[11]

Anmerkungen:
1 Quint. I, 5, 12. 55–64. – **2** Fontanier 288; M.A. Pei, F. Gaynor: A Dictionary of Linguistics (New York 1954) 26. 75; Dupriez 89f., 336f. – **3** J. Juhász: Interferenzlinguistik, in: LGL² 646–652; E. Oksaar: Prinzipien u. Methoden d. sprachlichen Interferenz- u. Transferenzforschung, in: W. Besch, O. Reichmann, S. Sonderegger (Hg.): Sprachgesch. Ein Hb. zur Gesch. d. dt. Sprache u. ihrer Erforschung (1984) 662–669. – **4** Oksaar [3] 663. – **5** vgl. H.-F. Rosenfeld: Klass. Sprachen u. dt. Gesamtsprache, in LGL² 653–660; R. Drux: Lateinisch/Deutsch, in: Besch u.a. [3] 854–861 mit weiterer Lit.; F. Blatt: Latin influence on European syntax, in: CeM 18 (1957) 133–178. – **6** Translationen von Niclas von Wyle, hg. von A.v. Keller (1861, ND 1967) 9. – **7** V. Ickelsamer: Teütsche Grammatica [um 1534], hg. von H. Fechner: Vier seltene Schriften des 16. Jh. (1882, ND 1921) S. Aij; vgl. M. Rössing-Hager: Konzeption u. Ausführung der ersten dt. Grammatik, in: L. Grenzmann, K. Schackmann (Hg.): Lit. u. Laienbildung im Spätmittelalter u. in der Reformationszeit (1984) 534–556. – **8** Opitz, Kap. III. – **9** G. Objartel: Dt. Literatursprachen in der frühen Neuzeit. Latinität und Volkssprache, in: LGL² 713; H. Kästner: Der Arzt u. die Kosmographie, in: Grenzmann, Schackmann [7] 515; N. Henkel, N. F. Palmer: Lat. u. Volkssprache im dt. MA 1100–1500, in: dies.: (Hg.): Lat. u. Volkssprache im dt. MA 1100–1500 (1992) 1–18; M. Rössing-Hager: «Küchenlatein» u. Sprachpurismus im frühen 16.Jh., ebd. 360–386. – **10** vgl. M. Jellinek: Gesch. d. nhd. Grammatik, Bd.1 (1913) 21. 36ff.; Bd.2 (1914), 191. 313. 322ff. 339. 412ff. 414. – **11** P.v. Polenz: Fremdwort u. Lehnwort sprachwiss. betrachtet, in: Mu 77 (1967) 72. 80.

Literaturhinweis:
B. Kytzler, L. Redemund: Unser tägliches Latein: Lex. des lat. Spracherbes (1992).

K. Schöpsdau

→ Barbarismus → Etymologie → Fremdwort → Gräzismus → Neologismus → Perspicuitas → Purismus → Sprachkritik → Sprachrichtigkeit → Wortschatz.

Latinität, Goldene und Silberne
A. Def. – B. Begrenzung der Epochen, politisch-sozialgeschichtlicher Hintergrund und Hauptvertreter und – charakterzüge. – I. Goldene L. – II. Silberne L.

A. Mit den Begriffen ‹Goldene› und ‹Silberne L.› bezeichnet man über Jahrhunderte hinweg die beiden hervorragendsten Epochen der lateinischen Kunstsprache. Heute versteht man unter ‹Goldener L.› in der Regel die Literatur der späten Republik (ca. 80 v.Chr.) bis zum Ende der Regierung des Augustus (14 n.Chr.); die ‹Silberne L.› umfaßt das Prinzipat vom Regierungsantritt des Tiberius bis etwa 120 n.Chr.

Der Ursprung des klassizistischen Verfallsmodells – Silber sei von geringerem Wert als Gold – ist unbekannt, doch muß es sich um eine nachantike Setzung handeln, die die lateinisch schreibende Antike schon in der Retrospektive sehen konnte. Der früheste Beleg für diese Vorstellung stammt – mangels Gegenbeweisen – aus der Humanistenzeit: Es handelt sich dabei um eine noch nicht terminologische Äußerung des ERASMUS im Vorwort zu seiner Ausgabe der Werke Senecas von 1529, wo er dessen stilistische Eigenheiten, die auch andere Autoren des 1.Jh.s zeigten, denen Ciceros gegenüberstellt: «Proinde fortasse non ab re fuerit, si studiosae iuventuti paucis indicem, quae sint in hoc auctore fugienda, quae sequenda. Primum habet voces suas, velut in hoc illi affectatas, ut dissimilis sit Ciceroni: quamquam hoc illi cum Quintiliano Pliniisque communis, et haud scio an cum toto illo seculo, quod Ciceronis, velut argenteum aureo successit» (Es wird daher vielleicht nicht unpassend sein, wenn ich die lernbegierige Jugend darauf hinweise, was an diesem Schriftsteller zu vermeiden und was nachzuahmen ist. Zunächst wählt er eigentümliche Wörter, die gleichsam in der Absicht gesucht sind, dem Cicero unähnlich zu sein: Freilich hat er dies mit Quintilian und den beiden Plinius gemein, vielleicht sogar mit jener ganzen Epoche, die auf diejenige Ciceros folgte wie die silberne auf die goldene). Schon in dieser Aussage ist der pädagogische Anspruch erkennbar, mit dem die Metapher der Metallskala – aber auch das damit konkurrierende Modell von den Lebensaltern der Lateinischen Sprache[1] – besonders in der Antibarbarus-Literatur des 17. und 18.Jh. verwendet wurde, die bestimmte Autoren sowohl der lateinischen Prosa als auch der Dichtung zur stilistischen Nachahmung empfahl.[2] Dies hatte auch eine Auswirkung auf die Stilmodelle der modernen Sprachen.

Die Popularität der Begriffe ‹Goldene› und ‹Silberne L.› speist sich aus der Verdichtung verschiedener Bedeutungsebenen, die aus der Junktur von ‹Metall› und ‹Latinität› resultieren. Mit ‹Latinität› (*latinitas*) bezeichnet man einen Purismus der lateinischen Sprache, der sich am entsprechenden Phänomen der griechischen, dem Hellenismos[3], orientierte und gerade den Autoren der Goldenen L. als Vorbild diente. Seine Referenzpunkte sind die obersten Stilqualitäten Sprachrichtigkeit (*puritas*), Deutlichkeit (*perspicuitas*), Angemessenheit an Inhalt und Zweck der Rede (*aptum, decorum*), der Redeschmuck (*ornatus*) und die Vermeidung alles Überflüssigen (*brevitas*).[4] Schon in der Antike, etwa im zehnten Buch von Quintilians ‹Institutio Oratoria›, wurden die Werke bestimmter Autoren als geradezu kanonische, gleichwohl nach subjektiven Vorlieben und Geschmackskriterien ausgewählte Stilmodelle empfohlen. Es dürfte kein Zufall sein, daß es sich hierbei gerade um die Autoren handelt, die später als *exempla* für die Goldene und Silberne L. propagiert wurden.

Das Idealbild der *latinitas* wird in der Vorstellung einer Silbernen und Goldenen L. mit dem seit Hesiod in zahlreichen Versionen[5] überlieferten Mythos von den Weltaltern verbunden, in dem die Entwicklung der Menschheit als beständige Deteriorisierung vom Goldenen zum Eisernen Zeitalter beschrieben wird. Die Verbindung zwischen Metall und Sprache könnte durch die Assoziation von Worten mit Münzen, deren stilistischer Wert mit Metallen bezeichnet wird, gestiftet sein.[6] Dazu könnte die Tatsache treten, daß die berühmteste Ausformung des Zeitaltermythos, die ‹Metamorphosen› Ovids[7], gerade aus der Zeit stammt, die gemeinhin – und zwar schon von den zeitgenössischen Autoren, als Wiederkehr des Goldenen Zeitalters galt: die friedliche Regierungszeit des Augustus nach Jahrzehnten des Bürgerkriegs.[8] Auch in der kaiserzeitlichen Literatur des ersten nachchristlichen Jh. lassen sich mit einem Herrscher in Verbindung zu bringende Evokationen des Goldenen Zeitalters finden, wenngleich schon mit der Konnotation des nicht erreichbaren Wunschbildes[9] – auch hier ein deutlicher Abstieg. Es bot sich deshalb an, diese Vorstellung von der graduellen Verschlechterung auch auf die Sprache der Epochen zu übertragen. Auch hierfür gibt es antike Gewährsleute, denn in der nachantiken Junktur des Mythos der Zeitalter mit dem Begriff der L. sind die bei Tacitus, Seneca und Valerius Maximus faßbaren Klagen über den stetigen Verfall der Redekunst nach dem Ende der römischen Republik[10] und die Unvollkommenheit des zeitgenössischen Redestils lediglich in eine metaphorische Ausdrucksweise gebracht. In der Humanistenzeit wird das Verfallsmodell – wie es das Weltaltermodell anbietet – um weitere, meist nicht besonders aussagekräftige Stufen der Verschlechterung erweitert. Man findet vielfach eine viergliedrige Metallskala[11], die dem Gold und Silber noch die Bronze und das Eisen hinzufügt.

Betrachtet man insbesondere die reichhaltige Literatur und Kultur der Silbernen L. so scheint es, daß die nachantiken Kritiker die Aussagen der antiken Gewährsleute in unreflektierter Weise zu ernst genommen haben[12]: Klagen über die Dekadenz der eigenen Zeit sind nämlich Topoi, wie man sie in der römischen Literatur schon vor dem Prinzipat finden kann, ja möglicherweise tauchen sie in jeder Generation in unterschiedlicher Weise auf. Dies heißt allerdings nicht, daß diese Zeiten nicht doch bedeutende Kunstwerke hervorgebracht oder in anderer Hinsicht innovativ gewirkt hätten.[13]

Obwohl die Begriffe ‹Silberne› und ‹Goldene L.› sich ursprünglich nur auf eine Bewertung des in diesen Zeiten prävalenten, als nachahmenswert geltenden Stils bezogen, setzten sie sich in den Jahrhunderten nach dem Humanismus auch in der prinzipiellen Kanonisierung der lateinischen Literatur durch. Als Konsequenz dieser Bewertung fielen bestimmte Autoren der Silbernen L. auch in der literaturgeschichtlichen Betrachtung der *damnatio* als «schwülstig», «unklassisch», ja – Gipfel der Verurteilung – als «rhetorisch» anheim. Aufgrund dieser intrikaten Bedeutungsebenen kann man nicht von einer Rezeption der Goldenen und Silbernen L. in dem Sinne sprechen, sondern nur von einer höchst komplexen Tradierung klassizistischer Normen, die in den Prädikaten ‹Silbern› und ‹Golden› eine einprägsame Formel fanden. Diese Kanonisierung wirkte im Laufe der Zeit einengend, da Autoren, die nicht dem Stilideal entsprachen, nur begrenzt als Schulautoren gelesen wurden und eine entsprechend geringere Verbreitung erfuhren. Dies manifestiert sich etwa im Lateinunterricht der verschiedenen Jahrhunderte und in den Stilübungen des universitären Lateinstudiums, in denen weiterhin Cicero und Caesar die überragenden Stilmodelle bleiben.[14]

Verschiedene Insuffizienzen des klassizistischen Verfallsmodells führen jedoch dazu, daß man heute in der Regel «sogenannt» vor die entsprechenden Begriffe setzt, auch wenn man wegen ihrer Griffigkeit offensichtlich nicht gerne auf sie verzichten mag: Zum einen ist ganz allgemein die Legitimität solcher mit einer Wertung verbundenen Periodisierungen fragwürdig, zum anderen stellt sich die Frage, ob speziell diese Epochensetzung überhaupt geeignet ist, die stilistischen Eigenheiten und Qualitäten der einzelnen Autoren in angemessener Weise zu beschreiben, ja ob der Stil als Epochenkriterium überhaupt ausreicht. Legte man etwa – möglicherweise mit größerer Legitimation – die politischen und gesellschaftlichen Verhältnisse oder gar die literarische Gattung als Maßstab an, so würden Cicero und Vergil nicht in dieselbe Kategorie der Goldenen Latinität fallen.[15] Gleichwohl zeigen sich in der Prosa Ciceros und in der Dichtung Vergils ähnliche Sprachphänomene. Andererseits zeichnen sich die beiden zweifellos differenten Epochenstile in bezug auf die Sprachsubstanz, den Wortschatz und die Grammatik durch eine erstaunliche Kontinuität aus.[16] Die Silberne L. unterscheidet sich von der Goldenen eher auf der inhaltlichen Ebene, durch den Kulturpessimismus und das fast durchweg vermittelte endzeitliche Lebensgefühl, wozu ein abweichendes, aber keineswegs als minderwertig zu klassifizierendes Literaturverständnis tritt. Die Manierismus-Debatte konnte in dieser Hinsicht klärend wirken.[17] Zudem scheint es wenig sinnreich, die sehr heterogene Literatur des ersten Prinzipatsjahrhunderts als Einheit aufzufassen, obwohl sich ähnliche Schwierigkeiten selbst für die relativ homogenere Goldene L. stellen. Dazu tritt die Tatsache, daß das geschriebene Latein als Kunstsprache ein Eigenleben jenseits der Epochengrenzen führt: AUGUSTINUS und LACTANZ etwa schreiben ein an Cicero orientiertes, klassizistisches Latein, würden aber in diesem epochenfixierten Schema entweder nicht oder im falschen Raster berücksichtigt. Dieses Phänomen wird statt mit ‹Goldener L.› o.ä. treffender mit ‹Ciceronianismus› bezeichnet. Zunehmend beginnt man, die Begriffe ‹Goldene und Silberne L.› auch in literaturgeschichtlicher Hinsicht aufzugeben und an deren Stelle eine nach Möglichkeit nicht normative Beschreibung zu setzen, in der auf die Klassik Ciceros und Vergils die manieristische, barocke Epoche der Nachklassik folgte. Dies geht mit einer Rehabilitierung der sog. Silbernen Latinität Hand in Hand, in der jenseits eines starren Klassizismus neue Ausdrucksformen und sprachliche Potentiale, etwa der Umgangssprache, erschlossen wurden.

B. Die große Bedeutung der Sprache sowie des vollendeten sprachlichen Ausdrucks und Vortrags, und das daraus resultierende hohe stilistische Niveau in beiden Epochen ist nur aus dem politischen und sozialgeschichtlichen Hintergrund verständlich.

I. *Goldene L.* Die Zeit, in der die *aurea latinitas* zur Blüte kam, kann man geschichtlich gesehen in zwei Phasen aufteilen. Die erste Phase (ca. 80–43) ist geprägt von starken innenpolitischen Auseinandersetzungen, die nicht nur in heftigen Redegefechten im Senat, sondern auch in Straßenschlachten oder gar Bürgerkriegen kulminierten.[18] Trotz dieser Eskalationen ist eine hohe, vielleicht nie wieder erreichte Kultur des politischen (Meinungs-)Streits zu beobachten, die Redegewandtheit und Differenziertheit des Denkens und der Argumentation fordert. Die Zeit der späten Republik sieht deshalb nicht zufällig das Aufkommen der Rhetorik und des Berufspolitikers. Über die privat- und staatsrechtlichen *causes célèbres* auf dem Forum kann man zu Bekanntheit und politischem Einfluß gelangen. Jeder, der sich auf der Bühne der Politik behaupten will, muß Routine in der schnellen Abfassung größerer, sprachlich beeindruckender und argumentativ wirksamer Textmengen haben. Dies rückt freilich die Sprache als Mittel der Demagogie ins Zwielicht. So stößt denn die Einbürgerung der Rhetorik in Rom als unseriöse Kunst zunächst auf erbosten Widerstand bestimmter konservativer Kreise [19], erlangt dann aber schnell eine zentrale Position im Pflichtkanon der Ausbildung. Im Vordergrund steht zur Zeit Ciceros die Ausrichtung auf die Praxis auf dem Forum und bei Gericht. Die Sprachkompetenz eröffnet ungeahnte Möglichkeiten: Bildung, insbesondere das ‹Gut sprechen›, wird zum Schlüssel gesellschaftlichen Aufstiegs. Die soziale Mobilität weicht langsam die starre Verkrustung der staatstragenden Adelsschicht auf. Cicero, die exemplarische Gestalt des Redners und Stilisten, ist als *homo novus* aus Arpinum hierfür das beste Beispiel. Insgesamt läßt sich in dieser Zeit ein hohes Bewußtsein für die eigene Sprache beobachten. Die Entwicklung, die schließlich im Klassizismus der lateinischen Sprache kulminiert, wird von einer intensiven Auseinandersetzung mit der griechischen Sprache und ihren bevorzugten Stilmodellen, die man schlagwortartig mit ‹Asianismus› versus ‹Attizismus› charakterisieren kann, vorangetrieben. In dieser Aneignung, die auch eine Überwindung der kulturellen Minderwertigkeitsgefühle der Römer gegenüber den Griechen war, vollzog sich eine strikte Trennung von Kunstsprache und gesprochener Sprache, von der Sprache der Stadt Rom, in der sich diese Entwicklung konzentriert vollzog, und dem Land, der ‹Provinz›.[20] Angestrebt wird im Geiste des Attizismus eine größtmögliche Eleganz der Sprache und des Stils, *latinitas* und *urbanitas*: Dies bedeutet eine Ausmusterung von umgangssprachlichen Worten, eine Reglementierung der Flexionsformen, Normierungen der Aussprache; ferner eine Vermeidung von Gräzismen, die durch treffende lateinische Worte ersetzt werden, bei gleichzeitiger Verurteilung von wilden Neologismen. Die Autoren, die später Inbegriff des Stilideals der Goldenen L. werden sollten, aber auch schon in der Antike vielgelobte Stilmodelle repräsentierten, Caesar, Cicero und Sallust, sind alle drei, wenngleich auf unterschiedliche Weise, sowohl in die Politik der Zeit als auch in die stiltheoretische Diskussion verwickelt. An dem Gegensatzpaar CAESAR – CICERO, die auch in politischer Hinsicht Opponenten waren, läßt sich beobachten, wie sich der Wille zu einer virtuosen Sprachbeherrschung in ganz unterschiedlichen Phänotypen niederschlagen konnte.

CAESAR (100–45 v.Chr.[21]) kam – wie Cicero – früh in Kontakt mit Männern, die sich um den genauen sprachlichen Ausdruck bemühten. Unter diesen waren neben seinem Onkel IULIUS CAESAR STRABO der Grammatiker M. ANTONIUS GNIPHO, dessen Schüler auch Cicero war. Caesar war in der Antike eher als Redner denn als Schriftsteller geschätzt. Trotz seiner starken Belastung als Berufspolitiker zeigt er ein großes theoretisches Interesse an der aktuellen Sprachdiskussion: 55 oder 54 v. Chr. verfaßt er während eines Alpenübergangs die stilprogrammatische Schrift ‹De analogia›, von der Fragmente erhalten sind.[22]

Die Hochschätzung der ‹Commentarii›[23] ist ein nachantikes Phänomen, mag auch Cicero ihnen das Lob nicht versagen, der sie als nudi («nackt», i.e. im höchsten Maße schmucklos) bezeichnet.[24] Sie zeichnen sich in der Tat durch scheinbar emotionslose Schlichtheit aus, die durch die nur vorgetäuschte Objektivität (etwa Erzählung in der dritten Person) letztlich aber um so stärker im Sinne ihrer Intention – Selbstdarstellung und -rechtfertigung – manipulieren kann. In ihnen ist ein am griechischen Attizismus orientierter Purismus als oberstes Stilprinzip erkenntlich, und zwar sowohl hinsichtlich der grammatikalischen Konstruktionen und des Redeschmucks als auch der Wortwahl.[25] Dies ist die von Quintilian – wenn auch bezug auf die Reden – viel gelobte κυριολογία, kȳriología, die *elegantia Caesaris*[26]. Dennoch bleibt das Verhältnis von Schrift- und Umgangssprache ungeklärt. Caesar verwendet einen Wortschatz von ca. 1300 Wörtern. Dieser *delectus verborum*[27] steht in Übereinstimmung mit seinem in seiner Schrift ‹De analogia› formulierten Rat, ein nicht gebräuchliches Wort wie eine Klippe zu meiden.[28] Caesar vermeidet Variation um der Variation willen: Selbst wenn Synonyma zur Verfügung stehen, wählt er nur ein Wort dafür (z.B. *flumen*, aber nicht *fluvius* oder *amnis*). Caesars Purismus führt keineswegs zu einer Minderung der sprachlichen Ausdruckskraft. Gerade die gezielte Verwendung von Ablativus Absolutus-Konstruktionen, die an Stelle von komplizierteren Perioden treten, ermöglicht es, Nebenumstände in größtmöglicher Kürze in den Satz zu integrieren.[29]

CICERO (106–43 v. Chr. [30]), der als überzeugter Anhänger einer gemäßigten Senatsherrschaft in der Tagespolitik – etwa im Falle der Catilinarischen Verschwörung – meist ein Gegner Caesars war, ist auch in stilistischer Hinsicht ein Gegenmodell. Seine Werke sind das unübertroffene Stilmodell der Goldenen L., um das kleinere Trabanten wie der Geschichtsschreiber LIVIUS kreisen; schon in der Antike gilt er als *exemplar* von Sprachbeherrschung und Ausdruckskraft, was zu einem regelrechten Ciceronianismus führte. Von Cicero ist bei weitem das größte Œuvre eines römischen Autors überliefert: Reden, philosophische Werke, rhetorische Abhandlungen, ein wenig Dichtung und zahlreiche Privatbriefe [31], die ein wichtiges Zeugnis für die Sprachdiskussion der Zeit sind. Der Stil all dieser heterogenen Werke zeigt zwar unverkennbar die Handschrift Ciceros, aber auch die meisterhafte Anpassung an die unterschiedlichen *genera dicendi* und Gattungen. Aufgrund dieser Heterogenität wird man kaum von einem Stil des Cicero schlechthin sprechen können, zumal sich auch eine stilistische Entwicklung vom Früh- zum Alterswerk ausmachen läßt.

Auch wenn Cicero einen Mittelweg zwischen der asianischen Beeindruckungsrhetorik und der attizistischen Sachlichkeit gefunden hat, ist bei ihm der Sprachpurismus – etwa durch die konsequente Schöpfung einer lateinischen Terminologie der Philosophie und Rhetorik – nicht minder ausgeprägt, freilich mit gattungsbedingten Unterschieden. Zweifellos ließen ihn sein Temperament und seine angeborene Redegabe eine größere Affinität zum Asianismus mit seiner affektiven Rhythmisierung entwickeln. Cicero liebt lange, hypotaktische, konzinne Perioden, denen er den Vorzug vor den knappen Partizipialkonstruktionen gibt. Dazu tritt der gezielte, nie exuberante Einsatz von Redeschmuck und eine Vorliebe für Personifikationen und metaphorische Redeweise. Auch in der Dichtung bahnt Cicero den Weg in der kunstvolleren, flexibleren Handhabung des Hexameters. Nicht minder prägend wirkte er in der Evokation eines Rednerideals, in dem die Rhetorik und die Philosophie eine enge Symbiose eingehen, so daß zum stilistischen Ideal auch das persönliche Vorbild tritt.

Die Werke des SALLUST (86-35/34 v. Chr. [32]) stellen das dritte große Stilmodell der Kunstprosa der Goldenen L. dar. Wenngleich auf niederer Ebene war auch Sallust als Parteigänger Caesars in die politischen Auseinandersetzungen der Zeit verwickelt. Aber er überlebte durch seinen Rückzug aus der Politik nach dem Tode des Caesar – anders als Cicero – noch den Kollaps der römischen Republik. Die überlieferten historischen Schriften stammen aus der Zeit des Rückzugs: ‹Coniuratio Catilinae› (ca. 42 v. Chr.): ‹Bellum Iugurthinum› (ca. 40 v. Chr); ‹Historien› (in den letzten Lebensjahren). Auch er war als Redner hervorgetreten; seine Reden las Seneca d. Ä. aber nur noch um der Geschichtswerke willen. [33] In Stil und Inhalt hat sich Sallust an THUKYDIDES orientiert. Dazu treten aber als zweites, römisches Modell die Geschichtswerke des älteren CATO, was sich u. a. in der Sentenzenhaftigkeit, der Vorliebe für Alliterationen und der archaischen, oft poetischen Tönung der Sprache [34] niederschlägt. Dies darf aber nicht mit Alltagslatein verwechselt werden: Sallusts Sprache ist die Manifestation eines bewußten, hart erkämpften Stilwillens. [35] Anders als bei Caesar ist seine *brevitas* mit einer großen *varietas* des sprachlichen Ausdrucks verbunden; von Cicero hingegen trennt ihn die Vorliebe für Inkonnzinität und Parataxe. [36]

Die *zweite Phase* der Goldenen L. bis 14 n. Chr. ist die von Octavian-Augustus geprägte Zeit, in der unter dem Deckmantel des Alten die römische Republik demontiert wurde. Trotz dieser auch schmerzlichen politischen Veränderungen, die zu einer kaschierten Alleinherrschaft führten, war diese Zeit, nachdem mit der Schlacht bei Actium (29 v. Chr.) die Bürgerkriege beendet waren, von einem Gefühl der Dankbarkeit getragen. In diesen Jahren erfolgt phasenverschoben zur Prosa eine von den früheren Dichtern LUKREZ und CATULL vorbereitete Hochzeit der Dichtung, die von einem teils privaten, teils kaiserlichen Mäzenatentum gefördert wird. Sie orientiert sich einerseits verstärkt an Modellen der frühgriechischen Dichtung (so insbesondere HORAZ), kann aber – etwa im Epos – schon an die eigene römische Tradition anknüpfen. In der Elegie, die ein Lebensideal jenseits des Staates propagiert (GALLUS, PROPERZ, TIBULL, OVID), und der gesellschaftskritischen Satire werden zwei von den römischen Literatur eigene Gattungen etabliert.

VERGIL schafft in der ‹Aeneis› das römische Nationalepos, das von den Zeitgenossen keineswegs schon als das große klassische Vorbild anerkannt wird. [37] Insgesamt lassen sich in den Werken Vergils ähnliche stilistische Phänomene wie in der Prosa der Goldenen L. beobachten: eine Erhöhung der Alltagssprache im einfachen und würdevollen Sprechen, Vermeidung griechischer Wörter und allzu auffällig eingesetzter Archaismen, einfache Grammatikkonstruktionen, realisiert in einem gleichmäßigem Fluß des Hexameters.

HORAZ gelingt in seinen ‹Oden› und ‹Epoden› die höchste Integration von Form und Inhalt. Er schafft in den Satiren, den ‹Sermones›, aber auch ein Modell des *sermo cotidianus*. OVID hingegen, bei dem der lateinische Hexameter die höchste Perfektion erreicht, zeigt stilistisch und inhaltlich Merkmale der Goldenen und der Silbernen L.

II. *Silberne L. (14 bis 120 n. Chr.).* Die Zeit der Silbernen Latinität sieht die endgültige Etablierung des Prinzipats, zuerst unter dem julisch-claudischen (27–68), dann unter dem flavischen Kaiserhaus (69–96) und schließlich unter den Adoptivkaisern (ab 96). Obwohl Rom das kulturelle und politische Zentrum bleibt, erreichen auch die Provinzen des Reiches einen hohen Kulturstandard. Trotz der geänderten politischen Verhältnisse bleiben Praxis und Theorie der Rhetorik das Kernstück in der Ausbildung der jungen Römer, mag sich auch das praktische Betätigungsfeld geändert haben. Wichtigster Bezugspunkt sind nicht mehr die lebenden Vorbilder auf dem zur politischen Schaubühne entwerteten Forum, sondern es gewinnen die Rhetorenschulen an gesellschaftlicher Bedeutung. Trotz eines relativen Verlustes der Redefreiheit, für die das Forum in der Republik stand, gibt es im Beamtenapparat der Reichsverwaltung weiterhin ein großes Betätigungsfeld für die rhetorisch geschulten Funktionseliten, die nicht mehr selbstverständlich Angehörige der Mittel- und Oberschicht, sondern auch gebildete Freigelassene sind: die Nähe zum Princeps wird für jeden individuell definiert. Es ist insofern bezeichnend, daß als einzige Rede aus dieser Zeit nur der ‹Panegyricus› PLINIUS' d. J. auf Kaiser Trajan überliefert ist. Der von den Autoren der Zeit immer beklagte Verfall der Redekunst zugleich mit dem der *res publica* führt dazu, daß man das weiterhin hohe Niveau und Ansehen der Rhetorikausbildung auch heute übersieht oder negativ bewertet. Zudem erlangt das Reden eine neue gesellschaftliche, vordergründig zweifelhafte Position: Anders als noch zur Lebenszeit Ciceros entwikkelt sich etwa mit dem Beginn der augusteischen Zeit das Deklamieren [38] von der reinen Schulübung zum öffentlichen oder doch halböffentlichen Freizeitvergnügen von erwachsenen Männern der gebildeten Mittel- und Oberschicht. Dieser entpolitisierte Gebrauch der Sprache befreite die Redner vom Zwang einer stichhaltigen Argumentation; virtuose, affektbezogene Beeindruckungsrhetorik und Pointenstil beherrschten das Feld – eine ausgezeichnete Vorübung für literarische Betätigung. In der Tat hat sich durch diese keineswegs geistlose Vorschule, die der Vorstellung des nüchternen Römers geradezu widerspricht, der Charakter der römischen Literatur gegenüber der späten Republik und der augusteischen Zeit verändert: OVID, der von SENECA D. Ä. als hoffnungsvoller Schüler der rhetorischen Ausbildung beschrieben wird [39], könnte man in dieser Hinsicht als Autor des Übergangs bezeichnen, der Charakteristika beider Zeitstile zeigt: Pointenzwang und *latinitas*.

Mag sich das römische Imperium dieser Zeit für seine Bürger als Garant des Friedens und Wohlstands darstellen, so herrscht im unmittelbaren Umfeld des Hofes, zu dem auch die unter dem Patronat der Kaiser stehenden, vielfach schon aus den Provinzen stammenden Literaten gehörten, Dekadenz, Willkür und Machtmißbrauch. Zwar gibt es insgesamt ein – nicht zuletzt durch das private Interesse der Kaiser, besonders Neros und Domitians – eher literaturfreundliches Klima, doch schlägt das Mäzenatentum häufig in das Gegenteil um, wie etwa das Beispiel des Dichters LUCAN zeigt, der von Nero mit einem Veröffentlichungsverbot belegt wurde. Diese Fragilität der intellektuellen Existenz schlägt sich in der neronischen Literatur in einem fast durchweg pessimistischen, ja zynischen Ton der Literatur, der sich auch als Resignation und Duldsamkeit tarnen kann, und in einem sprachlichen und inhaltlichen Manierismus [40] nieder, einem vom *indignatio* und Apostrophen geprägten Affektstil, der sich in einem ständigen Gestus der Überbietung [41] gerade von den später als klassisch empfundenen Sprachkunstwerken abzuheben sucht. Sicher kann man dies auch als kalt und blutleer empfinden, aber es ist genaugenommen das Gegenteil der Fall, nämlich der Versuch, den Überschwang des Gefühls und des Affekts auch sprachlich zu vermitteln. Auch verwundert es nicht, daß in dieser Zeit die Literaten bevorzugt zu Formen jenseits der großen Gattungen, nämlich zur Satire (IUVENAL und PERSIUS), Fabel (PHAEDRUS), dem Schelmenroman (PETRON), dem Epigramm (MARTIAL) oder dem Brief (SENECA, PLINIUS) griffen.

Doch läßt sich auch die Gegenbewegung, ein Klassizismus, der hinsichtlich Stil, Form und Gehalt in epigonaler Anbetung der Tradition verharrt, beobachten (z. B. der Epiker SILIUS ITALICUS oder im gewissen Sinne auch PLINIUS). Der Rhetoriklehrer QUINTILIAN, ein gemäßigt konservativer Kritiker des Zeitstils, stellt die Werke der späten Republik, allen voran Cicero, als weiterhin gültige Stilmodelle für den römischen Nachwuchs vor, ohne selbst diesen Kriterien völlig zu entsprechen. Insbesondere die Schriftsteller, die aus der spanischen Familie der Annaei stammen und vornehmlich zur Zeit Neros wirken, Seneca d. J., selbst Sohn eines an Rhetorik interessierten Polyhistors, und sein Neffe, der Epiker Lucan, finden bei Quintilian nur beschränkte Zustimmung.

Der Vergleich der Stile von L. ANNAEUS SENECA (ca. 4–65 n. Chr.) [42] und etwa Cicero ist deshalb schwierig, weil von Seneca – außer den Tragödien – vornehmlich philosophische Schriften, aber z. B. keine Reden, überliefert sind. [43] Seneca vertritt, insoweit der Vergleich mit Cicero, über den er sich kritisch, ja spottend äußert [44], trägt, ein geradezu antiklassisches Stilmodell. Während Quintilian seinen Stil tadelt [45], wird er heute gar als Vorläufer eines modernen Prosastils gesehen: kurze Sätze, kunstvoller Prosarhythmus, formal und inhaltlich pointiert, mit großer Liebe zur Sentenzenhaftigkeit, die manchmal den Vorrang vor einer stringenten Argumentation hat. Umgangssprachliche Elemente, zu denen auch hie und da Poetismen treten, entsprechen dem persönlichen Ton der Werke, aber bezüglich des Wortschatzes ist Senecas Latein aufs Ganze gesehen überraschend rein, ja konservativ. [46] In dieser Hinsicht unterscheiden sich auch die Tragödien nicht eklatant von der Prosa, worüber aber der Inhalt und die evozierte Atmosphäre des Grauens hinwegtäuschen können. Auch in ihnen hält er sich weitgehend an den Wortschatz der augusteischen Dichter. Prosa und Dichtung können jedoch nur auf dem Hintergrund der rhetorischen Praxis, die den Zeitgeschmack prägt, verstanden werden.

Etwas anders verhält es sich mit dem Epos seines Neffen M. ANNAEUS LUCANUS (39–65 n. Chr. [47]), dem ‹Bellum civile›, dessen Stil man mit gutem Recht als manieristisch bezeichnen kann. Nicht nur in dieser Hinsicht ist er ein Kontrapost zur klassischen ‹Aeneis› Vergils, der er ein hyperbolisches, fast expressionistisch zu nennendes Gemälde der römischen Dekadenz entgegensetzt. Dies zeigt sich auch auf der stilistischen Ebene, etwa in seinem Mut zu kunstvollen Wortneuschöpfungen, zur gehäuften Verwendung von Stilmitteln (die aber niemals um ihrer selbst willen verwendet werden), in der Sentenzenhaftigkeit und pointierten, oft seziermesserscharfen Zuspitzung von Sätzen, strategisch eingesetzten Wortwiederholungen und Apostrophen, bewußten, von Vergil gemiedenen Phasenverschiebungen von Satz- und Versende, die bei Lucan zur «Herstellung eines ununterbrochenen Stroms des dichterischen Bewußtseins» [48] führt, der das Zerfallen der Darstellung in einzelne, brillante Sätze vermeidet und dem Text lyrische Qualitäten verleiht.

Man schätzte als erlesenes Stilmodell der Silbernen L. auch die urbane Prosa der Briefe des zur Zeit des Domitian und Trajan schreibenden jüngeren PLINIUS (C. Plinius Secundus, ca. 61– vor 117 [49]), der einerseits dem zur Grandiosität neigenden Asianismus huldigte, diesen aber mit einer knappen (attizistischen) *brevitas*, die seine Briefe zu Epigrammen in Prosa werden läßt, verbinden konnte. Dies – wie auch die Tendenz zu umgangssprachlichen Ausdrücken – ist zum Teil aber auf die Gattungsgepflogenheiten des literarischen Briefes zurückzuführen. Sein ‹Panegyricus›, eine epideiktische Rede, ist hingegen ganz der asianischen Beeindruckungsrhetorik, der Fülle und dem Affektüberschwang, verpflichtet. Plinius' Episteln sind eines der wichtigsten Zeugnisse über den Literaturbetrieb der Zeit und die immer noch virulente Sprachkritik, über die er insbesondere mit seinem Freund P. CORNELIUS TACITUS (ca. 55–ca. 117/120 n. Chr. [50]) – wie er der politischen Elite angehörig – diskutierte, der zwar als Historiker Ruhm erlangte, aber von Haus aus Redner war. [51] Dessen ‹Dialogus› ist selbst eines der hervorragendsten Dokumente über den ‹Verfall der Beredsamkeit› nach dem Ende der Republik, der – den Gattungsgepflogenheiten des von Cicero geprägten rhetorischen Dialogs verpflichtet – im Œuvre des Tacitus durch seinen eher ciceronischen Stil hervorsticht. In seinen Geschichtswerken, den ‹Annalen› und den ‹Historien›, und in geringerem Maße in den kleinen Schriften ‹Agricola› und ‹Germania› manifestiert sich jedoch der für Tacitus als typisch empfundene, manchmal bis zur Verrätselung knappe Stil. Dazu tritt ein exquisiter Wortschatz, in dem Gräzismen (oder auch Germanismen, die es aufgrund des Inhalts in der ‹Germania› durchaus geben könnte) fehlen, worin er Affinitäten zum strengen Purismus etwa Caesars und Sallusts zeigt. Tacitus vermeidet geläufige Wort- und Satzverbindungen (mit einer Vorliebe für Zeugmen, Inkonnzinität und Ellipsen), so wie er seine Leser durch ungewöhnliche Wortstellung und die Verlagerung der Hauptgedanken auf Nachträge (etwa in Form hintangestellter Ablativi absoluti) fordert. Trotz der relativen Kontinuität des Wortschatzes mit dem der Autoren der Goldenen L. unterscheidet sich Tacitus von diesen durch die völlig andere Darstellungsform, in der er gerade durch das, was er nicht offen, sagt, sondern nur nahelegt, eine komplexe Interaktion mit dem Leser aufbaut, ja eine psychologische Strategie zu verfolgen scheint. Es dürfte die Mischung aus sprachlicher Knappheit, Suggestivität der Schilderung und psychologischer Demagogie sein, die Tacitus bis in die Neuzeit zum stilistischen Vorbild vieler Historiker und Essayisten hat werden lassen. [52]

Abschließend ist festzuhalten, daß die Begriffe ‹Goldene› und ‹Silberne L.› in einer deskriptiven und denominativen Verwendung durchaus taugen, bezeichnen sie doch in der Tat Literaturepochen mit differenten stilistischen Merkmalen und einem markant gewandelten soziopolitischen Hintergrund. Ihr normativer Einsatz allerdings erscheint nicht länger als legitim.

Anmerkungen:
1 dazu S. Döpp: Nec omnia apud priores meliora, in: Rheinisches Museum 132 (1989) 77ff. – 2 Beispiele bei U. Klein: ‹Gold›- und ‹Silber›-Latein, in: Arcadia 2 (1967) 248–256; W. Ax, Quattuor linguae Latinae aetates. Neue Forsch. zur Gesch. der Begriffe ‹Goldene› und ‹Silberne› Latinität, in: Hermes 124 (1996) 220–240. – 3 dazu Norden, Bd. 1. – 4 dazu Ueding/Steinbrink 213–226, 283–286. – 5 dazu B. Gatz: Weltalter, goldene Zeit und sinnverwandte Vorstellungen (1967); K. Kubusch: Aurea Saecula. Mythos und Gesch., Unters. eines Motivs der antiken Lit. bis Ovid (1986). – 6 vgl. H. Weinrich: Münze und Wort. Unters. an einem Bildfeld, in: H. Lausberg, H. Weinrich (Hg.): Romanica. FS G. Rohlfs (Halle 1958) 508–521. – 7 Ovid, Metam. I,5ff. – 8 z.B. Verg. Aen. I,292–296; VI, 791–974; Horaz, Carmina IV,5; Carmen saeculare. – 9 Döpp[1] 76f. – 10 K. Heldmann: Antike Theorien über Entwicklung und Verfall der Redekunst (1982). – 11 dazu Ax[2] 223ff. – 12 etwa F. Arnaldi: La crisi morale dell'et < argentea, in: Vichiana N.S.1 (1972) 3–67. – 13 vgl. zu diesem Phänomen Döpp[1]. – 14 vgl. etwa G. Maurach: Lateinische Stilübungen. Ein Lehrbuch zum Selbstunterricht (1997) 1–4. – 15 zu diesem Problem insgesamt: M. Fuhrmann: Die Epochen der griech. und der röm. Lit., in: B. Cerquiglini, H.U. Gumbrecht: Der Diskurs der Lit.- und Sprachhistorie. Wissenschaftsgesch. als Innovationsvorgabe (1983) 537–556; M. Fuhrmann: Die Gesch. der Literaturgeschichtsschreibung von den Anfängen bis zum 19. Jh., ebd., 49–72. – 16 dazu M. Landfester: Einf. in die Stilistik der griech. und lat. Literatursprachen (1997) 45f. – 17 vgl. etwa E. Burck: Vom römischen Manierismus (1971). – 18 R. Syme: The Roman Revolution (Oxford ²1951; dt. die römische Revolution 1957); Ch. Meier: Res publica amissa. Eine Studie zu Verfassung und Gesch. der späten Republik (1980). – 19 zu diesem Prozess insgesamt Heldmann [10]. – 20 vgl. Cic. De or. III, 42ff. – 21 Ch. Meier: Caesar (1982). – 22 H. Dahlmann: Caesars Schrift über die Analogie, in: Rheinisches Museum N.F. 84 (1935) 258–275; G.L. Henderson: The De analogia of Julius Caesar. Its Occasion, Nature and Date, with Additional Fragments, in: Classical Philology 1 (1906) 97–120. – 23 Commentarii de bello Gallico (ca. 52/51 v.Chr.) und das vielleicht unvollendete Bellum Civile (47 v.Chr.); Übersicht über die anderen Werke: M. v. Albrecht: Gesch. der röm. Lit. (²1994) Bd.1, 328–331. – 24 Cic. Brut. 262. – 25 E. Mensching: Caesars Bellum Gal-

licum. Eine Einf. (1988) 79–85. – 26 Quint. X,1,114. – 27 vgl. Cic, Brut. 253. – 28 Aulus Gellius I, 10, 4 bzw. Grammaticae Romanae Fragmenta, hg. von H. Funaioli (1907) I, 146. – 29 v. Albrecht[23] Bd.1, 335. – 30 M. Fuhrmann: Cicero und die römische Republik (München/Zürich ³1991). – 31 Werkübersicht bei v. Albrecht[23] Bd.1, 416–427. – 32 K. Büchner: Sallust (²1982); R. Syme: Sallust (Berkeley 1964; dt. 1975); v. Albrecht[23] Bd. I, 347–370. – 33 Sen. contr. III praef. 8. – 34 W.L. Lebek: Verba prisca. Die Anfänge des Archaisierens in der lat. Beredsamkeit und Geschichtsschreibung (1970). – 35 Quint. X,3,8. – 36 ebd. X, 1, 102; zur Nachwirkung in der Antike A.D. Leeman: Orationis ratio (Amsterdam 1963) Bd.1, 204. – 37 vgl. die Kritik des Asinius Pollio in der Vergilvita des Aelius Donatus, 185. – 38 vgl. Sen. Contr. I praef. 12. – 39 ebd. II, 2, 8. – 40 dazu: Burck [17] und M. Fuhrmann: Die Darstellung grausiger und ekelhafter Motive in der lat. Dichtung, in: Die nicht mehr schönen Künste. Grenzphänomene des Ästhetischen, Poetik und Hermeneutik Bd. 3 (1968) 23–66. – 41 Kritik daran z.B. schon bei Petron, Satyricon 1–4 und auch vom Kaiser Caligula (Sueton, Gaius 34,2; 53, 3). – 42 A. Setaioli: Seneca e lo stile, in: ANRW II 32.2. (1985) 776–858; A. Traina: Lo stile ‹drammatico› del filosofo Seneca (Bologna ²1978); A. Setaioli: Elementi di sermo cotidianus nella lingua di Seneca prosatore, in: Studi italiani di filologia classica 52 (1980) 5–47; M. Fuhrmann: Seneca und Kaiser Nero (1997). – 43 Werkübersicht bei v. Albrecht[23] Bd.2, 921–930. – 44 vgl. aber Seneca, Ep. 100, 7. – 45 Quint. X, 1, 125. – 46 v. Albrecht [23] Bd.2, 938–939. – 47 ebd. 723–737, zum Stil bes. 729f; U. Hübner: Stud. zur Pointentechnik in Lucans Pharsalia, in: Hermes 103 (1975) 200–211. – 48 v. Albrecht[23] Bd.2, 729. – 49 ebd. 909–917. – 50 R. Syme: Tacitus, 2 Bde. (Oxford 1958). – 51 vgl. etwa Plinius, Ep. I, 20 und V, 8. – 52 von Albrecht[23] Bd.2, 904–905.

Chr. Walde

→ Antike → Deklamation → Dichtung → Enkyklios paideia → Geschichtsschreibung → Hellenismus → Kanon → Klassik, Klassizismus → Kunstprosa → Manierismus → Poeta → Poetik → Politische Rede → Schulrhetorik → Verfall der Beredsamkeit

Laudatio (dt. Lobrede; engl. eulogy, laudations; frz. éloge; ital. elogio)
A. Def. – B.I. Röm. Antike. – II. Mittelalter. – III. Renaissance bis 18. Jh.

A. In den rhetorischen Lehrbüchern bezeichnet die L. meist die Gesamtheit der epideiktischen Redegattung (*genus demonstrativum*)[1], obwohl auch die Tadelrede (*vituperatio*) dazugehört. Der spezielle Terminus ‹L.› vertritt also den Oberbegriff, was bereits CICERO bemerkt hat. [2] Um die Aufgabe des Lobes zu benennen, wird meist *laus* oder *laudare* benutzt. Nicht von ungefähr wird die Redegattung von da an als ‹Lobrede› (*genus laudativum*) bezeichnet. [3]

Wesen und Zwecke des Lobes (*laus*) lassen sich besonders gut nach den Hinweisen QUINTILIANS und nach dem Abschnitt ‹De laude› aus PRISCIANS ‹Praeexercitamina› rekonstruieren. [4] Gegenstand des Lobes können Götter, Menschen, belebte Wesen, Dinge (z.B. Orte, Städte, Sachen) sein. Das Lob auf Menschen wird – aufgrund der Angaben Quintilians – nach einem chronologischen Schema vorgetragen, das zunächst Informationen aus der vorgeburtlichen Zeit umfaßt (Geburtsort bzw. Vaterland, Familie), dann die Lebenszeit selbst (Charaktermerkmale, Tugenden) und schließlich (gegebenenfalls) die Zeit nach dem Tod (Schicksal, Hinterlassenschaft). Diese Angaben finden sich auch schon in den griechischen Traktaten über die Lobrede (ἐγκώμιον, enkōmion). [5]

Interessant ist, daß bereits die griechische Rhetorik neben dem sozusagen 'vollgültigen' Lob auf bedeutende Menschen und Dinge auch das 'uneigentliche' Lob auf

Geringfügiges und Unwertes kannte. ARISTOTELES etwa unterschied das ernsthafte vom 'uneigentlichen' Lob (ἐγκώμιον μετὰ bzw. χωρὶς σπουδῆς, enkómion metá bzw. chōrís spūdḗs).[6] Nach diesen beiden Möglichkeiten entwarf MENANDER RHETOR eine vollständige Theorie des Lobes und unterschied ernsthafte (ἔνδοξα, éndoxa), uneigentliche bzw. unwürdige (ἄδοξα, ádoxa), ambivalente (ἀμφίδοξα, amphídoxa) und paradoxe (παράδοξα, parádoxa) Lobreden. Die entsprechende Stelle seines Werks ist allerdings nicht gesichert nach Wortlaut und Aussage, so daß die Typen der Lobrede auch manchmal auf drei reduziert sind (éndoxa, amphídoxa, parádoxa).[7] Das 'uneigentliche' Lob spielte vor allem in der griechischen Rhetorik, etwa in der ersten und zweiten Sophistik, eine Rolle, wenn es dem Redner darum ging, seine Kunst zu zeigen. Es taucht auch in den lateinischen Lobreden des Mittelalters und der Renaissance wieder auf.

B. I. *Römische Antike.* Ein im römischen Strafrecht gut belegter Brauch ist die *laudatio iudicialis*, eine mündliche oder schriftliche, zusätzlich zu den Zeugenaussagen abgegebene Erklärung zugunsten des Angeklagten, die dessen vorbildliches Verhalten, seinen untadeligen Charakter und seine Verdienste unterstreichen soll.[8] In der rednerischen Praxis tritt als einzige römische Form der Epideiktik die *laudatio funebris* auf, die eine Urform darstellt, wie bereits POLYBIOS und DIONYSIOS VON HALIKARNASSOS betonen.[9] Die *laudatio funebris* ist die Lobrede auf einen Verstorbenen, der fast immer einer adeligen Familie (*gens*) angehört. Sie wird auf der Tribüne des Forums, *pro rostris*, seltener am Grab selbst, *ad sepulchrum*, gehalten, und zwar vom Sohn oder einem engen Familienangehörigen bei der Bestattung im Familienkreis, bzw. von einer Persönlichkeit des öffentlichen Lebens beim Staatsbegräbnis.[10] Darin zeigt sich deutlich der Unterschied zur griechischen Redeform, dem λόγος ἐπιτάφιος, *lógos epitáphios*, der von einem offiziellen Redner während der jährlich von der Stadt veranstalteten kollektiven Feier für die Kriegsgefallenen gehalten wird.[11]

In der ‹Rhetorica ad Herennium› ist dem in *laus* und *vituperatio* unterteilten *genus demonstrativum* trotz seiner Nennung an erster Stelle der vorhergehenden Dreigliederung der Redegattungen[12] nur ein ziemlich beschränkter Raum im dritten Buch am Ende der Abhandlung über die *inventio* bemessen: die *laus* kann Äußerlichkeiten sowie physische oder moralische Eigenschaften, *res externae, corpus* und *animus*[13], einbeziehen. In einer ähnlich kurzen Bemerkung zählt CICERO die Topoi der Lob- und Tadelreden in ‹De inventione› in analoger Gliederung auf.[14] Wenig mehr Raum gewährt er schließlich dem *genus laudationum* in ‹De oratore›[15], nachdem er diese Redegattung, die er als vielleicht nützlich, aber nicht unbedingt notwendig beurteilt, zu Beginn nahezu ausgeschlossen hatte.[16] Wesentlich positiver fällt sein Urteil in den ‹Partitiones oratoriae› aus: die Lobrede auf berühmte Männer ist zusammen mit dem Tadel der Unfähigen die fruchtbarste und dem Staat dienlichste Redeform, in der die Kenntnis der Tugenden und Laster am besten zum Ausdruck kommt.[17] Es folgen die Regeln für die Lobrede, die nicht nur im Hinblick auf eine gute Rede, sondern auch für ein tadeloses Leben zu beachten sind.[18] Schließlich kommt Cicero in ‹Orator› auf das *genus laudationum* zurück, wo er dessen Umfeld definiert und die Anwendung bei den Griechen umreißt.[19] Trotz der relativen Kürze bietet das Kapitel, das QUINTILIAN dem *genus demonstrativum* widmet, Einzelheiten, die davon zeugen, wie gebräuchlich diese Redegattung nunmehr in Rom geworden ist.[20] In der Tat betrachtet und lehrt Quintilian verschiedene Formen der Lobrede: in erster Linie solche auf Götter und Menschen, aber dann auch auf Städte, Orte und Sachen.[21] Seine Abhandlung beginnt mit einer Gegenüberstellung, die den Unterschied zwischen der griechischen und der römischen Lobrede verstehen hilft.[22] In Griechenland war diese Redegattung unabhängig von jedem praktischen Bezug und diente allein der Unterhaltung der Zuhörer. In Rom dagegen fällt auch der epideiktischen Rede eine konkrete Rolle im öffentlichen Leben zu, im Justizbereich und vor allem in Form der *laudatio funebris*, die Quintilian an die oberste Stelle setzt.[23]

Die wichtigste Darstellung zum konkreten Kontext der *laudatio funebris* und ihrer ermahnenden, erzieherischen Funktion liefert uns in der Mitte des 2. Jh.v.Chr. POLYBIOS mit seiner berühmten Beschreibung des eindrucksvollen römischen Adelsbegräbnisses.[24] Der meistens in aufrechter Haltung getragene Verstorbene wird vom Trauerzug, dessen Hauptteilnehmer Wachsmasken und die Insignien der Vorfahren tragen, bis zum Forum bei der Rednerbühne (*rostra*) begleitet. Dort lassen sich die Verwandten in einer Reihe auf elfenbeinernen Sesseln nieder, und während das Volk sich um die sterbliche Hülle schart, steigt der Sohn oder der nächste Verwandte auf die Tribüne und beschreibt zunächst die Tugenden des Verstorbenen und die von ihm vollbrachten Taten, danach, mit dem Stammvater beginnend, die Erfolge und Unternehmungen der Vorfahren.[25]

In der Frage der Ursprünge der *laudatio funebris* stellt die Forschung den Zusammenhang mit der Grablitanei, der *nenia*, und mit dem Trauergesang, den die *praefica* (Klageweib) anstimmt, heraus.[26] Man neigt jedoch dazu, den Zeugnissen, die die *laudatio funebris* mit dem Beginn der Republik zusammenfallen lassen, keinen unbedingten Glauben zu schenken.[27] Dionysios von Halikarnassos erwähnt die Grabrede von Konsul P. Valerius Publicola für seinen Kollegen L. Iunius Brutus schon im ersten Jahr der Republik[28], und TITUS LIVIUS erinnert an jene des Konsuls M. Fabius Vibulanus für seinen Bruder Quintus und seinen Kollegen Cn. Manlius im Jahre 480 v.Chr.[29]

Die erste *laudatio funebris*, die zuverlässig bezeugt ist, wurde im Jahre 221 v.Chr. für L. Caecilius Metellus von dessen Sohn QUINTUS CAECILIUS METELLUS gehalten.[30] PLINIUS gibt daraus einen langen Ausschnitt zwar in indirekter Rede, aber sicherlich wortgetreu wieder.[31] An erster Stelle steht die Aufzählung der öffentlichen Ämter, *honores*, mit der anschaulichen Darstellung der im prunkvollen Triumphzug geführten Elefanten, dann folgt in zehn Punkten die Schilderung der vollbrachten Leistungen, *res gestae*: der Verstorbene war ein ausgezeichneter Soldat, ein hervorragender Redner, ein vollkommener General, der die größten militärischen Erfolge errungen hat, mit den höchsten Ehren ausgezeichnet wurde, mit übergroßer Weisheit begabt war, den höchsten Rang im Senat innehatte, auf ehrliche Weise ein stattliches Vermögen verdient hatte, mit einer zahlreichen Nachkommenschaft gesegnet ist, kurzum er war der erste Mann in der Stadt. Dieser Abschnitt ist mit seinem schmucklosen, aber gelehrten Stil sehr wirkungsvoll[32] und berücksichtigt gleichzeitig das ethische und lebenspraktische Ideal des vollkommenen römischen Bürgers.[33] Dank Polybios' Bericht, der Plinius-Stelle sowie anderer dürftiger Belege ist es möglich, die *lauda-*

tiones funebres der ersten Zeit zu charakterisieren. Sie waren sich wohl untereinander mit ihrer Gliederung in *honores* und *res gestae* ähnlich, wie bereits Cicero feststellt[34], aber sie unterschieden sich sicher in inhaltlichen Einzelheiten und im Stil.[35]

Ein chronologischer Sprung über eine Epoche hinweg, die nur teilweise Belege wie den Hinweis auf die *laudatio funebris* aus dem Jahre 152 v.Chr. von M. CATO NEPOS für seinen Vater Licinianus[36] und das Fragment der Grabrede für Scipio Aemilianus von seinem Neffen Q. FABIUS MAXIMUS nach einem Text von Laelius aus dem Jahre 129 v.Chr.[37] aufweist, führt uns zu den *laudationes funebres* der Zeit zwischen dem 1. Jh.v.Chr. und dem 1. Jh.n.Chr. Die Angaben sind zahlreich, aber bis auf wenige Ausnahmen sind uns die Reden nur in Form von spärlichen Fragmenten erhalten. Sie werden nun nicht mehr nur auf Bestattungen im Familienkreis gehalten, sondern vor allem auf Staatsbegräbnissen oder für verstorbene Mitglieder der kaiserlichen Familie[38], und sie sind nun auch Frauen gewidmet.

Die für berühmte Männer gehaltenen *laudationes funebres* reichen von der Grabrede für Sulla im Jahre 78 v.Chr.[39] bis zu jener für L. Verginius Rufus von TACITUS, *laudator eloquentissimus* und wohl zu der Zeit Konsul[40], aus dem Jahre 97 n.Chr. Daneben gibt es die geschriebenen, aber nie gehaltenen *laudationes funebres* von CICERO[41] und BRUTUS[42] und, nicht zu vergessen, die berühmte Grabrede des Konsuls M. ANTONIUS im März des Jahres 44 v.Chr. für Julius Cäsar.[43] Die zahlreichen Trauerfälle in der kaiserlichen Familie veranlaßten deren Mitglieder ebenfalls häufig zu einer *laudatio funebris*. AUGUSTUS hielt außer auf seine Großmutter und seine Schwester auch eine Lobrede auf seinen Neffen Marcellus im Jahre 23 v.Chr.[44], auf seinen Schwiegersohn Agrippa im April des Jahres 12 v.Chr.[45], und auf den Sohn Livias, Drusus, im Jahre 9 v.Chr.[46] Aber auch TIBERIUS mußte seinem Vater im Jahre 33 v.Chr. die Ehre erweisen[47], später vielleicht dem Drusus zusammen mit Augustus im Jahre 9 v.Chr.[48], schließlich dem Augustus im Jahre 14 n.Chr. zusammen mit seinem Sohn DRUSUS[49] und dem Drusus selbst im Jahre 23 n.Chr.[50]. CALIGULA hielt 37 n.Chr. die *laudatio funebris* für Tiberius[51], NERO im Jahre 54 n.Chr. diejenige für Claudius nach einem Text von Seneca[52], DOMITIAN im Jahre 81 n.Chr. die Grabrede für Titus.[53] Auch in der Folgezeit ist dieser Brauch belegt, so z.B. im Jahre 161 n.Chr., als MARK AUREL mit LUCIUS VERUS die Lobrede auf den verstorbenen Vorgänger Antoninus Pius hält[54], bis ins Jahr 193 mit der *laudatio funebris* von SEPTIMIUS SEVERUS für Pertinax.[55] Aber der einzige uns überlieferte Text von größerem Umfang ist das Fragment einer griechischen Übersetzung der *laudatio funebris* des Augustus für Agrippa, das auf einem Papyrus entdeckt wurde.[56] Augustus wendet sich darin in direkter Form an den Verstorbenen[57] und zählt, nach der alten Tradition, dessen Ämter und errungene Erfolge in lobendem Stil auf.

Die erste *laudatio funebris* für eine Frau ist, wie Cicero erwähnt[58], jene von Q. LUTATIUS CATULUS für seine Mutter Popilia, die er wahrscheinlich im Jahre 102 v.Chr., dem Jahre seines Konsulats, gehalten hat.[59] Im Jahre 69 v.Chr. verfaßt dann JULIUS CÄSAR selbst eine Leichenrede für seine Tante väterlicherseits, Julia, die Witwe von Marius, aus der ein berühmter Abschnitt erhalten ist[60], und eine weitere für seine Gemahlin Cornelia.[61] Auch für seine Tochter Julia und seine Schwester gleichen Namens werden in den Jahren 54 v.Chr.[62] bzw. 51 v.Chr. ebensolche Reden gehalten, die zweite von seinem noch sehr jungen Adoptivsohn Octavian, dem späteren Augustus[63]. Nach Cäcilia, die vielleicht von ihrem Sohn T. POMPONIUS ATTICUS im Jahre 42 v.Chr. geehrt wurde[64], setzt sich die Reihe der berühmten Verstorbenen, an deren *laudationes funebres* die Geschichtsschreiber zumindest das Andenken bewahren, noch lange fort. Es folgen Leichenreden im Jahre 11 v.Chr. für Octavia von Augustus und von Drusus[65], dann im Jahre 22 n.Chr. für Junia, die Schwester des Brutus und Gemahlin des Cassius[66], im Jahre 29 n.Chr. für Livia, die Witwe des Augustus, von dem späteren Kaiser Caligula[67], im Jahre 38 n.Chr. für Julia Drusilla, die Schwester des Caligula, von ihrem Gatten ÄMILIUS LEPIDUS[68], im Jahre 66 n.Chr. für Poppäa Sabina von ihrem Gatten Nero[69], und schließlich für Plotina, die Gemahlin Trajans, die möglicherweise im Jahre 121 n.Chr. durch HADRIAN geehrt wurde.[70] Aber umfangreichere Fragmente sind nur auf epigraphischem Wege überliefert. So sind etwa dreißig Zeilen der *laudatio funebris* für Murdia überliefert, die ihr Sohn in augusteischer Zeit gehalten hat[71], nicht ganz vierzig meist stark beschädigte Zeilen der *laudatio funebris* für Matidia, die Nichte Trajans, die ihr Schwiegersohn Hadrian im Jahre 119 n.Chr. verfaßte.[72] Vor allem konnte ungefähr die Hälfte der sogenannten ‹L. Turiae›[73] aufgrund eines wahren Inschriftenpuzzles wiederhergestellt werden, die nicht später als 9 v.Chr. zu datieren ist.[74] Es handelt sich hier um die Rede eines Ehemannes auf seine Frau[75], die in den verschiedenen Abschnitten eines nicht leichten Lebens zunächst ihren Gatten aus großer Gefahr gerettet, dann die Mörder der Eltern verfolgt, das Familienerbe verteidigt und alles in allem eine lange Reihe von Tugenden unter Beweis gestellt hat, von der Scham bis zum Gehorsam, vom Fleiß im Herstellen der Wolle bis hin zur *pietas* und zur Großzügigkeit.[76] Aufgrund der überlieferten Zeugnisse und Fragmente läßt sich behaupten, daß die *laudatio funebris* für eine Frau trotz des ihr eigenen und ganz selbstverständlichen Fehlens von *honores* und *res gestae* im engeren Sinne doch einen narrativen Abschnitt bewahrt hat, der auf unterschiedliche Weise das Bild zumindest teilweise traditioneller weiblicher Tugenden malt.[77]

Erst im 4. Jh.n.Chr. entstehen mit dem Sieg der Kirche die großen *christlichen* Grabreden. Ein herausragender Vertreter derselben ist AMBROSIUS, Bischof von Mailand, von dem wir die umfangreichen Grabreden für seinen Bruder Satyrus besitzen, sowie für die Kaiser Valentinian II. und Theodosius.[78] Auch AUGUSTINUS, Bischof von Hippo Regius, ehrte die Bischöfe von Karthago Cyrus und Restitutus sowie den Bischof Florentius in Leichenreden.[79]

Dem Urteil Ciceros folgend[80] wurden der *laudatio funebris* lange literarische Qualitäten und Spuren rhetorischer Gelehrsamkeit abgestritten.[81] Zwar ignorierten die lateinischen Lehrwerke, abgesehen von einigen gelegentlichen kursorischen Hinweisen, größtenteils die *laudatio funebris*, wahrscheinlich weil sie nicht Teil der griechischen Tradition war, auf der solche Lehrwerke aufbauten.[82] Aber auf der Grundlage einer aufmerksameren Bewertung ist die Kritik heute zu der Erkenntnis gelangt, daß auch die *laudatio funebris* eine Entwicklung durchlief und daß sie vom 1. Jh. v.Chr. an, was den Stil, die Themen und den Aufbau angeht, immer stärker von den Regeln der rhetorischen Lobrede beeinflußt wurde[83], in Verbindung mit verwandten literarischen Erzeugnissen wie der Grabinschrift in Versen (*elogium*) bzw. der Trostschrift (*consolatio*), der panegyrischen Dichtung in Prosa oder Versen, der Dankrede der Konsuln (*gratiarum actio*) oder der Biographie. [84]

Anmerkungen:
1 z.B. Cic. Top. 91 f.; De or. I, 141 und III, 109. – **2** Cic. Part. 3, 10; s. auch 20, 70; zur L. bei Tacitus (Dial. 31, 2) s. L. Pernot: La rhétorique de l'éloge dans le monde gréco-romain (Paris 1993) 106 sowie D. Bo: Le principali problematiche del ‹Dialogus de oratoribus› (Hildesheim/Zürich/New York 1993) 295. – **3** s. z.B. zu *laus* Auct. ad Her. I, 2, 2 und III, 6, 10; Cic. De inv. I, 5, 7; Quint. II, 4, 21; II, 21, 18; III, 4, 4 und III, 4, 11; zu *laudare* Cic. De or. I, 141; Quint. III, 4, 3 und III, 4, 7. – **4** Quint. III 7, 6–22; vgl. J. Adamietz: M.F. Quintiliani Institutionis oratoriae Liber III (1966) 154–169; Priscianus, Praeexercitamina 7, p. 556, 10–557, 18, Rhet. Lat. Min.; vgl. auch Hermog. Prog. 7, p. 14, 17–18, 14 Rabe. Zum *genus laudativum* s. Quint. III, 4, 12–13 und Emporius L. 567, 4, Rhet. Lat. min.; vgl. L. Calboli-Montefusco: Consulti Fortunatiani Ars rhetorica (Bologna 1979) 261 f. – **5** vgl. M. Vallozza: Art. ‹Enkomion›, in: HWRh, Bd. 3. – **6** Arist. Rhet. I, 9, 1366 a 23–32. – **7** Menander Rhetor, Peri epideiktikon, in: Rhet. Graec. Sp., Bd. 3, p. 346, 9–19; dazu D.A. Russell, N.G. Wilson: Menander Rhetor (Oxford 1981) 248 f., anders Pernot [2] 539; eher zustimmend M. van der Poel: Paradoxon et adoxon chez Ménandre le Rhéteur et chez les humanistes du début du XVIe siècle, in: R. Landheer, P.J. Smith: Le paradoxe en linguistique et en littérature (Genève 1996) 199–220, bes. 203–211. – **8** Th. Mommsen: Röm. Strafrecht (1899) 411, 441 f.; G. Lafaye: Art. ‹L.›, in: Daremberg-Saglio (Hg.): Dictionnaire des antiquités grecques et romaines III 2 (Paris 1904) 995–998, bes. 995 f.; E. Weiss: Art. ‹L.›, in: RE XII 1, Sp. 992. – **9** Polybios VI, 53, 1; Dionysios von Halikarnassos, Antiquitates Romanae V, 17, 12. – **10** s. F. Vollmer: Laudationum funebrium Romanorum historia et reliquiarum editio, in: Neues Jb. f. Philol., Suppl. 18 (1891) 445–528; O. C. Crawford: L. funebris, in: Class. J. 37 (1941/42) 17–27; M. Durry: L. funebris et rhétorique, in: Revue Philologique 16 (1942) 105–114, erneut in: Éloge funèbre d'une matrone romaine (Paris 1950, ND 1992); W. Kierdorf: L. funebris. Interpret. und Unters. zur Entwicklung der röm. Leichenrede (1980); H. I. Flower: Ancestor Masks and Aristocratic Power in Roman Culture (Oxford 1996) 128–158. – **11** s. F. Vollmer: Art. ‹L. funebris›, in: RE XII 1, Sp. 992–994, bes. 992; M. von Albrecht, Art. ‹Ἐπιτάφιος›, in: KlP, Bd. 2, Sp. 329; N. Loraux: L'invention d'Athènes (Paris/La Haye/New York 1981) 42–44. – **12** Auct. ad Her. I, 2, 2. – **13** Auct. ad Her. III, 6, 10 – 8, 15. – **14** Cic. De inv. II, 177 f.; s. auch I, 34–36 und II, 28–31; s. dazu G. Calboli: Cornifici Rhetorica ad C. Herennium (Bologna ²1993) 65 f., 209 f., 257–261. – **15** Cic. De or. II, 341 – 349. – **16** Cic. De or. II, 43–47. – **17** Cic. Part. 69. – **18** Cic. Part. 70–82. – **19** Cic. Or. 37–42 und 65. – **20** Quint. III, 7, 1–28; s. auch Adamietz [4] 154–169; Pernot [2] 106 f. – **21** Quint. III, 7, 7 – 9; III, 7, 10–25, mit dem Tadel; III, 7, 26–28. – **22** Quint. III, 7, 1–2. – **23** s. Cic. De or. II, 43–44 und II, 341. – **24** Polybios VI 53, 1–54, 3; s. F. W. Walbank: A Historical Commentary on Polybius, Bd. 1 (Oxford 1957) 737–740. – **25** vgl. J. M. C. Toynbee: Death and Burial in the Roman World (London 1971, ND 1996) 43–48. – **26** vgl. Kierdorf [10] 96–105, dagegen W. Eisenhut: Einf. in die antike Rhet. und ihre Gesch. (⁵1994) 47; vgl. auch E. De Martino: Morte e pianto rituale nel mondo antico: dal lamento pagano al pianto di Maria (Turin ²1977) 289–315, bes. 314 f. – **27** Eisenhut [26] 47 f.; Kierdorf [10] 94 f. – **28** Dionysios von Halikarnassos, Antiquitates Romanae V, 17, 2. – **29** Livius II, 47, 11; vgl. F. Münzer: Art. ‹Manlius 19›, in: RE XIV 1, Sp. 1157. – **30** bzgl. der Identität des Redners s. E. Malcovati: Per una nuova edizione degli Oratorum Romanorum Fragmenta (ORF) in: Athenaeum NF 43 (1965) 209–216, bes. 211–213 und Addenda in ³ORF 535. – **31** Plinius, Naturalis historia VII, 139 f. = 6 I 2/3 ⁴ORF; s. Durry [10] XLI f.; Eisenhut [26] 49; Kierdorf [10] 10–21; Flower [10] 136–142. – **32** Malcovati [30] 212; Durry [10] XLII. – **33** W. Steidle: Sueton und die antike Biogr. (1951) 121 f.; vgl. A. Dihle: Die Entstehung der hist. Biogr. (1987) 22–27. – **34** Cic. Brut. 61. – **35** Kierdorf [10] 106–111. – **36** vgl. E. Malcovati: Una laudatio funebris recuperata (Addendum zu ORF⁴ Nr. 41), in: Athenaeum NF 69 (1981) 185–187, ND in: E. Malcovati: Florilegio critico di filologia e storia (Como 1990) 149–154; anders W. Kierdorf: Art. ‹Laudatio funebris›, in: DNP VI, Sp. 1186. – **37** 20 V 22 ⁴ORF; vgl. E. Malcovati: Tre frammenti di oratori romani, in: Athenaeum NF 63 (1975) 364–367, ND in: Malcovati: Florilegio [36] 135–139; Kierdorf [10] 21–33. – **38** Toynbee [25] 55–61; G. Wesch-Klein: Funus publicum (1993) 6–38 und 91–101. – **39** Appianus, Bella Civilia I, 500. – **40** Plinius, Ep. II, 1, 6; vgl. Kierdorf [10] 147. – **41** Cicero Frg. G und H² Puccioni. – **42** 158 IV 23 ⁴ORF 6; 158 VI 27–28 ⁴ORF. – **43** Kierdorf [10] 150–158. – **44** Augustus, Or. XI–XIV Malcovati. – **45** ders., Or. 7 XV Malcovati. – **46** ders., Or. 9 XVII–XIX Malcovati. – **47** Sueton, Tiberius 6, 4. – **48** Cassius Dio LV, 2, 2. – **49** Sueton, Augustus 100, 3; vgl. Kierdorf [10] 154–158. – **50** Tacitus, Annales IV, 12, 1. – **51** Sueton, Caligula 15, 1; Cassius Dio LVIII, 28, 25 und 59, 3, 8. – **52** Tacitus, Annales XIII, 3, 1; Sueton, Nero 9. – **53** Cassius Dio LXVII, 2, 6. – **54** Scriptores Historiae Augustae, M. Ant. phil. 7, 11. – **55** Cassius Dio LXXIV, 5, 1. – **56** veröffentlicht nach L. Koenen: Die *laudatio funebris* des Augustus für Agrippa auf einem neuen Papyrus, in: Zs. f. Papyrol. und Epigraphik 5 (1970) 217–283 durch B. Kramer, PKöln I 10, mit Bibliogr. – **57** N. Horsfall: Some Problems in the ‹Laudatio Turiae›, in: Bull. Inst. Class. St. Univ. London 30 (1983) 85–98 und Tafeln 9–15, bes. 89. – **58** 63 I 5 ⁴ORF. – **59** s. Vollmer [11] 993. – **60** 121 IV 29 ⁴ORF = Caes. Or. 5 fr. 7 Klotz; s. Durry [10] XVIII; Kierdorf [10] 114 f.; M. von Albrecht: Meister röm. Prosa (²1983) 75–80. – **61** 121 V 30 und 31 ⁴ORF = Caes. Or. 6 test. 1–2 Klotz; s. Durry [10] XVIII. – **62** Cassius Dio XXXIX, 64; s. Kierdorf [10] 138. – **63** Augustus, Or. 1 I Malcovati; vgl. auch Quint. XII, 6, 1; Nicolaus Damascenus, Vit. Aug. 3, FGrHist 90 F 127. – **64** auf der Grundlage von Cornelius Nepos, Atticus 17, 1; s. Vollmer [10] 483. – **65** Augustus, Or. 8 XVI Malcovati. – **66** Tacitus, Annales III, 76, 2. – **67** ebd. V, 1, 4; Sueton, Caligula 10, 1. – **68** Cassius Dio LIX, 11, 1. – **69** Tacitus, Annales XVI, 6, 2. – **70** Cassius Dio LXIX, 10, 3a. – **71** Corpus Inscriptionum Latinarum (CIL) VI 10230; vgl. D. Flach: Die sogenannte L. Turiae (1991) 15 u. Fußn. 38. – **72** CIL XIV 3579. – **73** CIL VI 1527, 31670 u. 37053. – **74** vgl. Flach [71] 5 f. – **75** vgl. ebd. 1–4. – **76** s. L. Peppe: Posizione giuridica e ruolo sociale della donna romana in età repubblicana (Mailand 1984) 70–78 sowie P. Cutolo: Sugli aspetti letterari, poetici e culturali della cosiddetta Laudatio Turiae, in: Ann. Lettere Univ. Napoli 26, NF 14 (1983/84) 33–65, bes. 60–65. – **77** Kierdorf [10] 112–116. – **78** Ambrosius, De excessu fratris I–II CSEL Bd. 73, 209–325), de obitu Valentiniani (ebd., 329–367) und de obitu Theodosii (ebd., 371–401); s. auch.: M. Biermann: Die Leichenreden des Ambrosius von Mailand: Rhet., Predigt, Politik (1995). – **79** vgl. A. Wilmart (Hg.): Possidius, Indiculus operum Augustini 32 (De depositione Cyri, episcopi Carthaginiensis), 52 (De depositione episcopi Restituti Carthaginiensis) und 143 (De ordinatione diei et depositione episcopi Florenti), in: Miscellanea Agostiniana 2 (Rom 1931) 193, 195 u. 203. – **80** Cic. De or. II, 341; vgl. Cic. Brut. 61 f. und Livius VIII, 40, 4. – **81** vgl. Vollmer [10] 475 f. und Crawford [10] 22 f., vor allem Durry [10] XXXV–XLIII und jetzt Kennedy Rom. 23, 285 und Eisenhut [26] 46. – **82** s. Durry [10] XXXVII. – **83** vgl. Kierdorf [10] 49–93, 133 f.; Horsfall [57] 90; Cutolo [76] 35–54; Pernot [2] 107 f.; Flach [71] 37–43; Flower [10] 133–136 – **84** s. A. Momigliano: The Development of Greek Biography (Cambridge Mass. 1971) 94–100; Dihle [33] 27–64.

M. Vallozza/A. K.

II. *Mittelalter.* In den Poetiken des 12. und 13. Jh. ist die L. ein zentrales Element der Beschreibung (*ekphrasis, descriptio*). Am ausführlichsten wird sie im ersten Abschnitt der ‹Ars versificatoria› des MATTHAEUS VON VENDÔME behandelt. Danach soll eine Beschreibung die lobenswerten Eigenschaften des darzustellenden Objekts herausstellen. Diese solle man umformulieren, um die besonderen Merkmale zu betonen, die man als Autor zeigen wolle; dadurch werde der Idealtypus klar und wirkungsvoll gezeichnet, den die Person repräsentiere und den die Beschreibung lobe. [1] So «soll man bei der Beschreibung eines Kirchenpastors dessen unerschütterlichen Glauben, sein Streben nach Tugend, seine religiöse Hingabe, seine mildtätigen Werke herausstellen; über seine Gerechtigkeitsliebe solle man sich nicht genauer äußern, da eine zu starke Betonung der rigorosen Gerechtigkeit des Pastors ihn als Tyrannen erscheinen lassen könnte» (in ecclesiastico pastore fidei constantia, virtutis appetitus, illibata religio et blandimentum pietatis debent ampliari, iustitia siquidem debet restringi, ne ex rigore iustitie pastor ecclesiasticus in tyrannidem videatur emigrare).[2] Bei einem Fürsten oder Kaiser dagegen «solle ein strenger Gerechtigkeitssinn ausführlich behandelt werden; denn wenn auch nur ein leiser Zweifel an seiner Gerechtigkeit angedeutet würde, wäre dies zu seinem Nachteil» (rigor iustitie assignandus est cum augmento, tepor siquidem iustitie aliquantulum cum detrimento).[3]

Matthaeus von Vendôme nennt für verschiedene Menschentypen Beispiele charakteristischer lobender Eigenschaften, die deren idealen Charakter bzw. Typ deutlich zum Vorschein bringen und im besten Licht erscheinen lassen. Dazu zählen: der Papst, «Cäsar» als Beispiel für einen Kaiser, «Cartula» als Dichter, usw. Matthaeus zeigt deutlich, daß ihm Lob lieber ist als Tadel: wie er selbst sagt, befassen sich fünf seiner Musterbeschreibungen mit dem Lob, dagegen nur zwei mit dem Tadel.[4] Im Vergleich zu anderen Poetiken sind die Instruktionen des Matthaeus von Vendôme zur Beschreibung die ausführlichsten, gleichzeitig sind sie typisch für die Art von topischen Anweisungen, wie man sie in CICEROS ‹De inventione› und auch in der ‹Ars poetica› des HORAZ findet. Neben den Schriften dieser antiken Autoren haben die Anleitungen zum *laus* in Priscians ‹Praeexercitamina› und in anderen Abhandlungen dazu beigetragen, die L., zum Beispiel als Übungsform im Schulunterricht oder als *praeexercitamen* in der Aufsatzlehre, zu etablieren.[5] Nachahmung und Nachdichtung von Muster-*laudes* sind bei der Weitergabe der *ars* sogar einflußreicher als die mittelalterlichen Abhandlungen, da letztere erst im späten 12. und 13. Jh. verfaßt wurden.[6] *Laudes* dieser Art hatten sich sowohl als Unterrichtsübungen wie auch im Rahmen anspruchsvollerer dichterischer Texte bis in das Mittelalter erhalten.[7]

Ciceros ‹De inventione›, die ‹Ars poetica› des Horaz und Priscians ‹Praeexercitamina›[8] räumen den Topoi der Umstände für die Lobrede eine wichtige Rolle ein.[9] Diese Topoi werden nicht nur in den Poetiken, sondern auch in der im Mittelalter neu entstandenen Brief- und Predigtlehre vermittelt.[10] Sie ermöglichen es dem Redner bzw. Autor, eine lobende Beschreibung auszuwählen und den betreffenden Eigenschaften anzupassen, die als lobenswert – das heißt bei bestimmten Gruppen von Menschen, Sachen oder Handlungen für erwünscht bzw. angemessen – erachtet werden. Mit der Aufteilung der Topoi in solche, die sich auf Personen (*personae*), und solche, die sich auf Sachen und Handlungen (*negotia*) beziehen, folgt Matthaeus von Vendôme Ciceros ‹De inventione›. Topoi, die Personen betreffen, sind: Name (*nomen*), Wesen (*natura*), Lebenswandel (*convictus*), Schicksal (*fortuna*), Charakter (*habitus*), Ziele (*studium*), Neigungen (*affectio*), Urteilsvermögen (*consilium*), Glück (*casus*), Taten (*facta*) und Beredsamkeit (*orationes*). Einige dieser Topoi haben noch Untergliederungen wie äußerliche (*extrinsecus*) und innerliche (*intrinsecus*) Eigenschaften, die die Nationalität, bestimmt durch Sprache und durch Vaterland bzw. Geburtsort, umfassen, dazu auch Alter, Familie und Geschlecht.[11] Für Sachen und Handlungen nennt Matthaeus von Vendôme: die zusammenfassende Darstellung der Sache bzw. der Handlung (*summa facti*), deren willkürliche oder rationale und logische Ursache (*causa facti*), was der Beschreibung der Handlung oder Sache vorausgeht (*ante rem*), was die Handlung oder Sache begleitet (*cum re*), was der Handlung oder Sache folgt (*post rem*), Fähigkeiten oder Mittel, die die Sache oder Handlung ermöglichen (*facultas faciendi*), deren Qualitäten (*qualitas facti*), deren Zeit oder meteorologische Umstände (*tempus*) und deren Platz (*locus*).[12] Diese Topoi werden unter Verwendung von Figuren oder Tropen amplifiziert oder verkürzt, wobei man manche von ihnen für den speziellen Einsatz bei der Amplifikation und Verkürzung herausgreift.[13] Die dazu gewählten Topoi sollen dem Beschreibungsgegenstand angemessen sein.[14]

Die Art, wie Horaz manche dieser Topoi in seiner ‹Ars poetica› erwähnt, haben mittelalterliche Kommentatoren und Verfasser von Poetiken genutzt, um ihre eigenen Lehren zu legitimieren.[15] Die auf topischer *inventio* beruhende L. geht über den gesellschaftlichen Bereich hinaus; sie befaßt sich besonders im Rahmen von Dichtung und Predigt auch mit Gott, der Jungfrau Maria, den Heiligen und mit Reliquien von Heiligen sowie anderen übernatürlichen Wesen und Gegenständen.[16] Die Kommentartradition zu Ciceros Schriften und der ‹Ars Poetica› des Horaz aus dem 11. und 12. Jh. bereitet geradezu den Weg für spätere Adaptionen der antiken Abhandlungen in die mittelalterliche Aufsatzlehre. Mittelalterliche Neuerungen der Rhetorik wie die Lehrbücher über das Briefeschreiben[17] und das Predigen[18] nehmen entsprechende Anpassungen für ihre spezifische Art des Schreibens vor.

Die Rhetorik wurde von der Antike auch als Epideiktik an das Mittelalter weitergegeben.[19] Matthaeus von Vendôme legt großen Wert darauf, daß die Beschreibung (*ekphrasis, descriptio*) eine epideiktische Funktion habe. Alle Beschreibungen, so behauptet er, «werden entweder zu Lob oder Tadel vorgebracht (ad laudem vel ad vituperium exprimuntur)»[20], wobei die Schmährede als umgekehrtes Lob gelten kann: ein Lob des Häßlichen, Bösen, Abartigen, Verunstalteten oder Lächerlichen. In der Tat sind sowohl eine Fülle an lobenden Attributen wie auch Hyperbeln zur Klarheit und Betonung wünschenswert[21]; ebenso verpflichtet bei der brieflichen Anrede die *captatio benevolentiae* den Schreibenden, den Adressaten mit angemessenen lobenden Epitheta anzusprechen.[22] Denn: «Salutatio est limen epistole, debita ordinatione tam nomina quam merita personarum cum mittentis affectione declarans» (die Begrüßung ist die Schwelle des Briefes; sie nennt in der geforderten Reihenfolge Namen und Verdienste der angesprochenen Personen und drückt zugleich die Zuneigung des Absenders aus).[23] Gegenstand der L. sind die Verdienste (*merita*). Des weiteren ist Lob dem Tadel auch wegen seiner Vorbild-Funktion vorzuziehen.[24] In der Predigt werden die rhetorischen Prinzipien der neuen Zuhörerschaft angepaßt; dies geschieht unter dem Einfluß der Abhandlungen des AUGUSTINUS, vor allem der ‹Doctrina christiana›. Diese Schrift bezeichnet den mittleren Stil als für das Lob angemessen und betont gleichzeitig, daß christliche Prediger die Panegyrik nicht um ihrer selbst willen einsetzen sollten, sondern zum Lob Gottes und zur moralischen Besserung.[25] Die Volkssprachen übernehmen die Kunst der Lobrede von lateinischen Vorbildern.[26]

Es gibt allerdings auch Beschränkungen für die L. Dazu gehört die Tendenz, das Objekt des Lobes einem Typus zuzuordnen. Zum Beispiel soll das Lob eines Kaisers oder Papstes die Charakteristika des Idealtyps und nicht empirische Kennzeichen herausstellen: «Igitur quod dictum est de summo pontifice vel de Cesare vel de aliis personis que sequuntur, ne nomen proprium preponderet, ceteris personis eiusdem conditionis vel etatis vel dignitatis vel officii vel sexus intelligatur attributum, ut nomen speciale generalis nominis vicarium ad maneriem rei, non ad rem maneriei reducatur.» (Daher sollen jene Merkmale, die dem Papst oder Cäsar oder anderen beschriebenen Personen zugesprochen werden, nicht als die besonderen Eigenschaften jener betreffenden Personen, sondern als Charakteristika verstanden werden, die auch für andere Menschen mit demselben sozialen Status, Alter, Rang, Amt oder Geschlecht gelten können. Namen bestimmter Personen werden daher verwendet, um eine ganze Gruppe von Personen zu repräsentieren und nicht, um spezifische Qualitäten lediglich der angeführten Personen anzugeben.)[27] Beschreiben meint daher loben, indem man ins Exemplarische geht: eine schöne Frau ist eine Helena, ein kluger Mann ein Odysseus, usw.

Eine weitere Beschränkung bildet das *decorum*. Ein Lob muß auch der Wahrheit entsprechen; die Wahrheitstreue bestimmt sich allerdings dadurch, daß die Beschreibung dem Idealtypus entspricht. JOHANNES VON GARLANDIA veranschaulicht, wie sich diese Beschränkung auf die Auswahl der Epitheta auswirkt. Karl der Große dürfe gelobt werden als «ecclesie custos, protectio plebis / iusticie cultor, pacis amator» (Hüter der Kirche, Beschützer des Volkes, Förderer der Gerechtigkeit, Freund des Friedens), nicht jedoch als «blandus amator / Vxoris» (zärtlicher Geliebter seiner Frau).[28] Diese Beispiele veranschaulichen die verschiedenen Ebenen des *decorum* der Beschreibung; manche Eigenschaften sind dem Lob, das ausgeteilt wird, angemessen, während andere reduziert oder gar eliminiert werden sollten.[29] «Dieser logisch-schematische Vorgang macht deutlich, daß mittelalterliche Charakterisierung nicht ohne weiteres als historischer Realität verpflichtet aufgefaßt werden kann, sondern aus einem präformierten Darstellungsverfahren herrührt.»[30] Er umfaßt die lobende Intention der Beschreibung, wobei die Lobrede selbst durch die Intention des Autors bzw. Redners determiniert ist und durch dessen Auffassung, was ein Lob darstellt, durch das *decorum* und – natürlich bis zu einem gewissen Grad – durch die Eigenschaften, die diejenigen Personen, die der Beschreibungsgegenstand direkt betrifft – zum Beispiel einen Gönner – erfreuen werden.

Sprachlich gesehen befolgt die L. das materielle Stilprinzip des Mittelalters. Bestimmend ist der soziale oder moralische Typus bzw. die Ordnung, dem bzw. der das zu beschreibende Objekt angehört; danach richtet sich das Lob.[31] Entsprechend sollten die für die lobende Amplifikation gewählten Topoi jeden Typus innerhalb dreier weitgefaßter *genera* – Klerus, Adel und Bauernschaft – und darüberhinaus auch in sozialen Untergruppen dieser drei Schichten ansiedeln.[32] Hier gibt es im Laufe der Zeit für bestimmte Arten der L. Spielraum in der Vielfalt und Abwandlung der stereotypen Muster. Besonders auffällig ist dies bei der brieflichen Anrede, wenn der Adressat sowohl im Sinne der Merkmale angesprochen wird, die für seine Rolle bzw. seinen Rang in der Beziehung zum Absender typisch sind, als auch in der Weise, daß seine Umsetzung jener Merkmale gelobt wird. Eine solche Anrede im Brief ist dem Anliegen des Briefeschreibers zuträglich und nennt auf angemessen lobende Art und Weise die Stellung, die der Adressat im Leben innehat. Johannes von Garlandia überträgt die dichterischen Prinzipien der Lobrede auf die briefliche Anrede, indem er Beispiele für ein Lob angibt, das, wie durch das materielle Stilprinzip festgelegt, den verschiedenen Schichten angemessen ist. «Item imperatori et regi dicimus 'illustrissimo', 'potentissimo', 'iustissimo', 'nobilissimo'. Comiti uel duci dicimus 'strenuissimo', 'generosissimo'.» (Wenn wir wiederum einen Kaiser oder König anreden, sagen wir 'erlaucht', 'hochmächtigster', 'gerechtester', 'edelster'. Gegenüber einem Grafen oder Herzog sagen wir 'tüchtigster', 'großzügister'.)[33] In diesem Zusammenhang ordnet er den Kirchenfürsten andere Epitheta zu; zum Beispiel nenne man einen Bischof «sanctissimus pater ac Dominus, reverendus», oder «reverentissimus» (heiligster Vater und Herr, ehrwürdiger, hochehrwürdigster), einen Diakon «vir prudens» (kluger Mann), einen Abt «vir deuotus» oder «religiosus» (frommer, religiöser Mann) und einen Gelehrten «vir studiosus» oder «socius» (gewissenhafter Mann oder Kollege). Ähnliche Unterscheidungen im Lob gelten auch für die anderen Schichten: ein Bauer ist «laboriosus» (hart arbeitend) oder «lacertosus» (muskulös), eine Frau bzw. Ehefrau «carissima» oder «piissima» (die geliebteste, ergebenste), eine Kurtisane oder Prostituierte «curialis», «formosa» oder «faceta» (höflich, schön, geistreich). Beschreibungen passen die Person in das idealisierte Bild des Typs ein, den sie repräsentiert; sie können auf biblischen, literarischen oder historischen Vorbildern beruhen, die wiederum selbst in das Lob einbezogen werden.[34] Dies ist ein Charakteristikum der Nachahmung, ein außerordentlich wichtiger Faktor der mittelalterlichen *inventio* und damit auch der L.[35] Echte Briefe sind oft Dokumente aus dem praktischen Leben, die beim Lob das *decorum* wahren müssen, während die literarische L. von derartigen sozialen Zwängen weniger stark bestimmt ist und sich so mithilfe von Ironie, Satire und Parodie dem Lob spielerischer widmen kann.

Die L. umfaßt daher die vier schon in der Spätantike unterschiedenen traditionellen Gegenstände des Lobes: positive bzw. eindeutig lobenswerte Themen (*endoxa*), zwiespältige Themen, die nicht eindeutig gut oder schlecht sind (*amphidoxa*), paradoxe, minderwertige oder ungewöhnliche Themen (*paradoxa*) und niedere oder unwürdige Themen (*adoxa*).[36] Die Ekphrasis ist zwar bei unabhängigen Texten und bei der beschreibenden Amplifikation in mittelalterlichen Meisterwerken einer der Hauptmodi[37], doch manches sind paradoxe oder unwürdige Gegenstände für ein Lob. Zum Beispiel verfaßt MARBOD VON RENNES ein Lobgedicht auf den Tod, HUCBALD VON ST.-AMAND preist die Kahlheit und ein anonymes Werk die Bärte.[38] Ein Lob kann auch subtile Ironie enthalten. Bei der ‹Ecloga de calvis› HUCBALDS VON ST.-AMAND handelt es sich um ein paradoxes Enkomion, das zweifellos zum Ziel hat, eine tonsurtragende Zuhörerschaft zu erheitern; und doch schreibt er MILOS VON ST.-AMAND ‹De sobrietate› um, worin Karl der Kahle gelobt wird, und unterminiert den Text auf humorvolle Weise.[39] Die Scheinlaudatio kommt gelegentlich auch in Briefen vor.[40]

Im Laufe des Mittelalters werden die unterschiedlichsten topischen Themen eingesetzt, um tatsächlich zu loben – zum Beispiel Jahreszeiten, Blumen, Vögel, Tiere, Prophezeiungen, menschliche Sitten und Umgebungen wie Gebäude, Landschaften oder Städte sowie die Verstorbenen. Sogar Akrostichen wurden zum Loben eingesetzt.[41] Solche Beschreibungen werden als ‹Purpurlappen› in viele Werke eingearbeitet. Diese Purpurlappen haben sich von ihrer negativen Konnotation in der Poetik des Horaz gelöst und eine positivere Bedeutung als erfolgreiche Beschreibungen gewonnen, wobei sie allerdings voll und ganz in das neue Werk eingepaßt werden müssen.[42] Eine solche Integration erfordert Souveränität in der Wahl der lobenden Epitheta für die Beschreibung; sie müssen sozusagen in der korrekten Beziehung zum dargestellten Typus stehen. Wie Johannes de Garlandia es formuliert: Karl der Große ist als König ein hervorragender Herrscher, kein liebevoller Ehemann. Gedichte, die kirchliche und weltliche Fürsten und Adlige loben, findet man natürlich überall. Sie sind dem Lob von Helden und Heldinnen aus der Vergangenheit in den Chroniken und Werken der Dichtung verwandt.

Die neueste Forschung hat gezeigt, daß es sich bei der L. der mittelalterlichen Texte nicht allein um Panegyrik handelt. Die Lobrede dient politischen Absichten oder der moralischen Belehrung, indem ein Herrscher oder mächtiger Geistlicher auf die Implikationen seiner Stellung für die politischen und kirchlichen Gegebenheiten seiner Zeit hingewiesen wird. Ambivalente Themen tauchen gelegentlich im Streitgedicht auf, das zum Beispiel verschiedene Arten von Frauen[43], Liebende oder sexuelle Vorlieben[44] beschreibt; es kommt vor, daß Texte, die scheinbar ein Lob aussprechen, in Wirklichkeit einen Rivalen kritisieren oder eine mächtige Person durch Scheinlob ermahnen.[45] Paradoxes Lob kann in Liebesbriefen vorkommen, nicht nur in Abhandlungen, wenn sie Brief- und Streitmodi enthalten, wie zum Beispiel ANDREAS CAPELLANUS' ‹De amore›.[46] Negatives Lob grenzt an die Schmähung, wenn etwa die häßlichen oder abnormen Merkmale einer Person gelobt werden.

Es gibt daher eine wechselseitige Beziehung zwischen demjenigen, der gelobt wird, und dem Enkomiasten, die in verschiedenen, an Gönner gewandten Formen der L. ihren Ausdruck fand. Die Lobrede ist öffentliche Dichtung.[47] Sie dient sozialen Zwecken und nicht der persönlichen Äußerung. Sie kann zum Beispiel die vorgeschlagenen Themen in *praeexercitamina* nutzen, sie kann aber auch um der Kritik willen ironische Wirkung anstreben und durch Inversion, die zur Satire führt, das Große klein und das Kleine groß machen.[48] Auch im Mittelalter verwirklicht die L. also ein tradiertes rhetorisch-poetisches Ziel: Unterhaltung und Belehrung.

Anmerkungen:
1 Matth. v. Vend. I, 44, 59, 63. – **2** ebd. I, 65. – **3** ebd. I, 66; vgl. E. Kleinschmidt: Herrscherdarstellung (1974) 50ff. – **4** ebd. I, 59. – **5** Faral 99–103; H. Brinkmann: Zu Wesen und Form ma. Dichtung (1928) 40–42; A. Georgi: Das lat. und dt. Preisgedicht des MA (1969); P. Klopsch: Einf. in die Dichtungslehren des lat. MA (1980) 40–47; E.C. Lutz: Rhetorica divina (1984); M.C. Leff: The Topics of Argumentative Invention in Latin Rhetorical Theory from Cicero to Boethius, in: Rhetorica 1 (1983) 23–44. – **6** Georgi [5]; A. Cizek: Imitatio et tractatio (1994) 208–210, 212f., 250f.; vgl. P. von Moos: Zwischen Schriftlichkeit und Mündlichkeit, in: Frühma. Stud. 25 (1991) 305–307. – **7** B. Harbert (Hg.): Thirteenth-Century Anthology of Rhetorical Poems (Toronto 1975); für Bsp. s. die Gedichte 11–13, 23, 27, 34, 40 und 44; C. Ratkowitsch: Descriptio picturae (Wien 1991). – **8** R. Copeland: Rhetoric, Hermeneutics, and Translation in the Middle Ages (Cambridge 1991); M. Camargo: A Twelfth-Century Treatise on ‹Dictamen› and Metaphor, in: Traditio 47 (1992) 161f.; J.O. Ward: Ciceronian Rhetoric in Treatise, Scholion and Commentary (Turnhout 1995); C. Villa: Per una tipologia del commento mediolatino: l'Ars poetica di Orazio, in: O. Besomi, C. Caruso (Hg.): Il commento ai testi (Basel/Boston/Berlin 1992) 19–43; K. Friis-Jensen: Horace and the Early Writers of Arts of Poetry, in: S. Ebbesen (Hg.): Sprachtheorien in Spätantike und MA (1995) 360–401; A. Cizek: Der ‹Charakterismos› in der ‹Vita Adalhardi› des Radbert von Corbie, in: Rhetorica 7 (1989) 191–193. – **9** siehe Faral 77–79; Cizek [6] 294–315. – **10** Murphy RM 237f., 276, 323; M.G. Briscoe: Artes praedicandi (Turnhout 1992) 47; C.B. Faulhaber: The ‹Summa dictaminis› of Guido Faba; M. Jennings: The ‹Ars componendi sermones› of Ranulph Higden, jeweils in: Murphy ME 106 und 111, bzw. 123; Lutz [5]. – **11** Matth. v. Vend. I, 77–92; zur weiteren Illustration s. Cizek [8] 195–204; vgl. C.D. Lanham: Salutatio Formulas in Latin Letters to 1200 (1975) 90. – **12** Matth. v. Vend. I, 93–113. – **13** D. Kelly: Arts of Poetry and Prose (Turnhout 1991) 76–78. – **14** Matth. v. Vend. I, 64–71. – **15** siehe Galfrid von Vinsauf, Documentum de modo et arte dictandi et versificandi II, 3, 138–139 [Kurzfassung] in Faral II, 138, und allg. die Poetria nova V. 1842–1852 in Faral; Friis-Jensen [8] 375–78; zu ihrem Gebrauch als Topoi der L. in der Langfassung des Documentum siehe M. Camargo: Toward a Comprehensive Art of Written Discourse: Geoffrey of Vinsauf and the Ars Dictaminis, in: Rhetorica 6 (1988) 187–189. – **16** Cizek [6] 207; s. z.B., wie Matthäus von Vendôme Gott preist (Matth v. Vend. IV, 51); vgl. auch B.H. Jaye: Artes orandi (Turnhout 1992) 85; Lutz [5]. – **17** M. Camargo: Ars dictaminis, ars dictandi (Turnhout 1991) 19; Faulhaber [10] 95f.; Camargo [15] 167–194; Camargo: «Si dictare velis»: Versified Artes dictandi and Late Medieval Writing Pedagogy, in: Rhetorica 14 (1996) 265–288; Lutz [5] 28–44. – **18** Briscoe [10] 27; Lutz [5] 69–75; W.M. Purcell: Eberhard the German and the Labyrinth of Learning, in: Rhetorica 11 (1993) 107–114. – **19** Curtius 78, 164–168, 184–186; Ward [8] 52–56. – **20** Matth. v. Vend. I, 74; Galfrid von Vinsauf versteht seine Bsp. für Beschr. als L., siehe seine Poetria nova V, 554–667, in: Faral. – **21** Matth. v. Vend. I, 63, 114. – **22** Lanham [11] 109–118; vgl. G.A. Kennedy: Classical Rhetoric and Its Christian and Secular Tradition (Chapel Hill 1980) 187. – **23** G.C. Alessio (Hg.): Bene of Florence: Candelabrum (Padua 1983) 95. – **24** Matth. v. Vend. I, 59; vgl. Georgi [5] 30. – **25** Aug. Doctr. IV, 38 und 54–57; s. Copeland [8] 59–61; F.J. Tovar Paz: La teoría retórica de Agustín de Hippone y su producción homilética, in: Rhetorica 14 (1996) 1–13. – **26** Brinkmann [5], Georgi [5], Kleinschmidt [3], Lutz [5], C. Croizy-Naquet: Thèbes, Troie et Carthage (Paris 1994). – **27** Matth. v. Vend. I, 60; I, 69. – **28** Joh. v. Garl. 86; für weitere Bsp. s. P. Godman: Poets and Emperors (Oxford 1987) Kap.2 u. H. Brinkmann: Wege der epischen Dichtung im MA, in: Archiv für das Studium der neueren Sprachen und Lit. 200 (1964) 404f.; Faulhaber [10] 95. – **29** Matth. v. Vend. I, 64. – **30** Kleinschmidt [3] 13; zum Kontrast zw. idealisierter Lobrede und individueller Realität s. T. Latzke: Der Fürstinnenpreis, in: MlatJb 14 (1979) 25–30. – **31** Zum materiellen Stilbegriff s. F. Quadlbauer: Antike Theorie der genera dicendi im lat. MA (Graz/Wien 1962); für Bsp. für die Abwandlung u. Adaption von Stereotypen s. A. Cizek: Das Bild von der idealen Schönheit in der lat. Dichtung des Frühma., in: MlatJb 26 (1991) 4–35. – **32** Joh. v. Garl. 10; vgl. 36–50; zum Verhältnis von Stillage und Ges. siehe G. Duby: Les trois ordres ou l'imaginaire du féodalisme (Paris 1978); Siehe auch F. Quadlbauer: Optimus Orator/Perfecte Eloquens: zu Ciceros formalem Redner ideal und seiner Nachwirkung, in: Rhetorica 2 (1984) 111–119. – **33** Joh. v. Garl. 62; vgl. Camargo [8] 201–208. – **34** P. von Moos: Gesch. als Topik (1988); außerdem K.M. Wilson: Antonomasia as Means of Character-Definition in the Works of Hrotsvit of Gandersheim, in: Rhetorica 2 (1984) 45–53. – **35** Kleinschmidt [3] 23; für antike und biblische Vorbilder siehe Joh. v. Garl. 42; für Vorbilder für die Briefkunst siehe Camargo [17] 36f. – **36** Cizek [6] 198–202. – **37** s. Ratkowitsch [7]. – **38** Cizek [6] 213. – **39** Godman [28] 179–81. – **40** Camargo [17] 44. – **41** vgl. Godman [28] 56–58. – **42** Quadlbauer: Purpureus pannus, in: Mlat Jb 15 (1980) 1–32; vgl. Cizek [8] 190. – **43** Latzke [28] 22–65; Georgi [5] 74–86; Cizek [6] 216f.; Cizek [31] 31–34. – **44** Cizek [6] 217. – **45** Godman [28] 52–55, 68–70, 78–82; zum paradoxen Gegenstand im Streitgedicht siehe Cizek [6] 212, 220–25; Curtius 423–425. – **46** vgl. Cizek [6] 201f.; E. Ruhe: De amasio ad amasium (1975); Faulhaber [10] 96f.; J. Purkart: Boncompagno of Signa and the Rhetoric of Love, in: Murphy ME 319–331; Lutz [5] 42–46. – **47** Godman [28] 11f. zu *carmina publica*, und Cizek [6] passim zu *publica materies*. – **48** Cizek [6] 202–204, 213–221.

D. Kelly/L.G.

III. *Renaissance bis 18. Jh.* Die L. (oder *laus*) spielt eine bedeutende Rolle in der neulateinischen Literatur und Kultur. Sie nimmt einen wichtigen Platz als Übungsstoff im rhetorischen Unterricht an der lateinischen Schule ein. Außerdem fällt die L. größtenteils mit der in der Regel zum *genus demonstrativum* (*laus* und *vituperatio*) gehörenden Gelegenheitsrede zusammen, die ein charakteristisches Phänomen der lateinischen Kultur der Neuzeit ist. Daneben hat die L. ihren Platz in der neulateinischen Prosaliteratur und Dichtung. Zusammen mit ihrer praktischen Rolle im Unterricht sowie in der Literatur und Kultur wird die L. ausführlich in den rhetorischen Lehrbüchern behandelt, und zwar in den traditionellen allgemeinen Theorien der Beredsamkeit, den Künsten des Briefeschreibens, den Predigtlehren und den Dichtkünsten. Im Zeitalter des Barocks tritt sie stärker in den Vordergrund als in der Renaissance, besonders in der Literatur (‹joco-seria›). Tatsächlich gibt es jetzt Rhetoriklehrbücher, die nur die L. behandeln, zum Beispiel das Werk von F.A. POMEY, S.J.: ‹Dissertatio de nobilissimo dicendi genere, hoc est, de panegyrico seu laudatione›, 3. Teil des ‹Candidatus rhetoricae› (Erstausg. 1655; mehrere Editionen und zahlreiche Drucke bis um 1755).

1. *Theorie.* Die neulateinischen Theoretiker greifen auf die antike Theorie des *genus demonstrativum* zurück, und zwar sowohl auf Gesamtrhetoriken, wie die von ARISTOTELES und QUINTILIAN, in denen die Epideiktik im Rahmen des ganzen Bereiches der Rhetorik besprochen wird, als auch auf praktische Kompendien mit einführenden Übungen (die ‹Progymnasmata› oder ‹Praeexercitamenta› des HERMOGENES, THEON und APHTHONIUS), in denen die L. ebenfalls behandelt wird. Obwohl inzwischen einige nützliche bibliographische Verzeichnisse von Rhetoriklehrbüchern dieser Periode vorhanden sind [1], ist eine umfassende Übersicht der neulateinischen Theorie des *genus demonstrativum* nicht möglich, weil es weder eine kritische Gesamtbibliographie der zahllosen lateinischen Rhetoriklehrbücher dieser Periode gibt noch repräsentative Gesamtstudien oder gar eine repräsentative Anzahl von Einzeluntersuchungen. Die folgende Übersicht basiert auf einer kleinen Anzahl von Lehrbüchern, und zwar traditionellen Rhetorikübersichten wie auch Handbüchern des Briefeschreibens, Predigtlehren und dazu Lehrbüchern, die eine Kombination traditioneller und neuzeitlicher Elemente bieten. Die ausgewählten Lehrbücher sind chronologisch verteilt über die ganze Epoche; ihre Bedeutsamkeit wird belegt durch zahlreiche Auflagen. Außerdem werden einige dieser Lehrbücher von D.G. MORHOF im ‹Polyhistor literarius› als besonders wichtig hervorgehoben. [2] Dies gilt besonders für G.J. VOSSIUS, den Morhof für den wichtigsten neuzeitlichen Theoretiker der Beredsamkeit überhaupt hält. Außerdem wird J.C. SCALIGER berücksichtigt, der außer den Hymnen (Lobpreisung auf Götter und Halbgötter: Buch 3, Kap. 111–116) auch die L. (die übrigen Lobpreisungen, Kap. 117–120) bespricht.

Im Einklang mit dem fragmentarisch überlieferten Exposé zur Lobpreisung von Alexander, Sohn des Numenius [3], und den Progymnasmata des Hermogenes [4] behandeln einige Theoretiker, zum Beispiel SCALIGER [5] und Vossius [6], auch die verschiedenen griechischen Termini für die L., nämlich ἔπαινος, épainos oder πανηγυρικόν, panēgyrikón auf der einen Seite und ἐγκώμιον, enkōmion auf der anderen Seite. Die Reihenfolge der drei *genera causarum* ist in den neuzeitlichen Rhetoriklehrbüchern anders als in denen der Antike.

Nur GEORG VON TRAPEZUNT (‹Rhetoricorum libri V›, 1433/34) setzt wie die antiken Theoretiker das *genus iudiciale* voran und behandelt das *genus demonstrativum* zuletzt. Die übrigen Theoretiker setzen entweder das *genus deliberativum* an die erste Stelle, wie ERASMUS (‹De conscribendis epistolis›, 1522) und Vossius (‹Commentarii rhetorici sive Oratoriae institutiones› ³1630) oder das *genus demonstrativum*, wie A. ‘LIPPO’ BRANDOLINI (‹De ratione scribendi libri tres›, 1498) [7], L.G. TRAVERSAGNI (‹In novam rhetoricam›, 1478) [8], MELANCHTHON (‹Elementa rhetorica›, 1519), C. VALERIUS (‹In universam bene dicendi rationem tabula›, 1556, in späteren Ausgaben mit dem Titel ‹Rhetorica›), Vossius (‹Rhetorica contracta›, 1621 und ‹Elementa rhetorica›, 1626), N. CAUSSIN, S.J. (‹De eloquentia sacra et humana›, 1619), M. RADAU, S.J. (‹Orator extemporaneus›, 1650; Ausg. 1650 und 1651 publ. auf den Namen von G. Becker), J.A. ERNESTI (‹Initia rhetorica›, 1750). Georg von Trapezunt [9] und Erasmus [10] betonen im Geiste Ciceros und Quintilians [11], daß das *genus demonstrativum* gewöhnlich nicht für sich gebraucht, sondern zusammen mit dem *genus deliberativum* bzw. *iudiciale* verwendet wird.

Die Bedeutung des *genus demonstrativum* für die Rhetorik hängt auf der einen Seite mit der Leichtigkeit dieses *genus* zusammen, wie Vossius betont [12], auf der anderen Seite mit der Tatsache, daß die praktische Rolle des *genus demonstrativum* infolge der Wichtigkeit der Gelegenheitsrede größer war als diejenige der zwei anderen *genera*, wie Erasmus im ‹Ciceronianus› (1528) hervorhebt. [13] In diesem Passus tadelt Erasmus den Brauch, häufig Gelegenheitsreden zu halten, namentlich am päpstlichen Hof, weil sie keine wesentliche Dinge berührten. In einer anderen Schrift treibt Erasmus seinen Spaß mit offiziellen Gelegenheitsreden an Fürstenhöfen, weil die Sprecher einander nur schwer wegen des muttersprachlichen Akzents verstehen könnten, mit dem jeder Redner Lateinisch spreche, und weil der Fürst oder Würdenträger kein oder nur wenig Latein könnte. [14] Im Zeitalter des Barock ist, vor allem unter dem Einfluß der Jesuiten, die Periode der zweiten Sophistik eine wichtige Quelle der Inspiration; entsprechend gewinnt das *genus demonstrativum* an Bedeutsamkeit. N. Caussin bezeichnet es in typischer Weise als Gipfel der Redekunst. [15] Aus dieser Periode stammt die erste, fundamentale Studie über die antike Sophistik, das ‹Theatrum veterum rhetorum› (1620) von L. DE CRESSOLLES. [16] Tatsächlich scheint der Brauch, Gelegenheitsreden zu halten, im 17. und 18. Jh. eher zuzunehmen als abzuflauen. Die Rhetorik wird in dieser Epoche nicht vornehmlich als *ars persuadendi*, sondern als Theorie der Belletristik benutzt. Der Jesuit M. Radau zum Beispiel weist auf die Allgegenwart der Gelegenheitsrede [17] hin und J.A. Ernesti bemerkt in seinen ‹Initia rhetorica›, einem Werk, das lange Zeit eines der wichtigsten Lehrbücher auf Schulen und Universitäten war, daß die Beredsamkeit seiner Zeit mehr auf Unterhaltung als auf Überzeugung zielt. [18]

Im aristotelischen System der *genera causarum* ist die Position des *genus demonstrativum* ziemlich problematisch, weil das Ziel nicht das *persuadere* (mit der Kraft der Argumente die Gültigkeit oder Wahrheit einer These begründen und die des Gegners widerlegen), sondern ausschließlich das *delectare* ist. Einige Theoretiker der Renaissance haben sich im Rahmen der *inventio*-Lehre mit diesem Problem beschäftigt. Georg von Trapezunt akzentuiert in seinen ‹Rhetoricorum libri V› den speziellen Ort des *genus demonstrativum*, indem er ausführlich darlegt, daß der L. in ihrer reinen Form keine Streitfrage zugrunde liegt und daß sie deshalb auch keine wirkliche *confirmatio* und *confutatio* enthält. Er behauptet, daß die *loci* (Beweisgründe) allein aus der Betrachtung des Themas zum Vorschein kämen; Einwände gegen die Lobpreisung könnten zwar vom Redner besprochen werden, aber nur in kurzgefaßter Form, weil die L. sonst eine Gerichtsrede würde.[19] In gleicher Weise behauptet Melanchthon, daß die Beweisführung im *genus demonstrativum* in einer fortgesetzten *narratio* bestehe, in der dennoch Passagen auftreten können, in denen mit Argumenten und Gegenargumenten disputiert wird.[20] Der Jesuit F. A. Pomey stellt fest, daß in einer reinen Lobpreisung keine *propositio* nötig sei, und daß die *confirmatio* lediglich aus einer Aufzählung von Argumenten bestehe, ohne Anwendung von Beweismitteln, daß das Behauptete tatsächlich wahr sei.[21] R. AGRICOLA dagegen widerlegt in seiner ‹De inventione dialectica› (1479) die Ansicht derjenigen, die annehmen, daß es in Lobpreisungen keine Streitfrage gebe; vielleicht hat er hier Georg von Trapezunt im Auge.[22] In seiner eigenen Behandlung des *genus demonstrativum* erkennt Agricola an, daß das Ziel dieses *genus* nur das *delectare*, also das unterhalten (nicht das *fidem facere*, überzeugen) sei, betont aber dennoch, daß die Teile der Lobpreisung so präsentiert werden müssen, daß der Glaubwürdigkeit gedient ist.[23]

Dabei ist es wichtig, daß Melanchthon das *genus demonstrativum* mit dem von ihm definierten γένος διδασκαλικόν (Lehrrede) in Beziehung bringt, den Bereich des *status definitivus* umfaßt und vor allem zur religiösen Unterweisung eingesetzt wird. Er bezeichnet den Hauptteil der epideiktischen Rede als eine «historica narratio» (historische Erzählung), in der die besonderen Auszeichnungen steigernd ausgestaltet werden, um zur Bewunderung und Nachahmung anzuregen[24], und bestimmt, sich an eine alte Tradition anschließend[25], das *genus demonstrativum* als «definitio, sed amplificata ornamentis oratoriis» (Definition, amplifiziert mittels stilistischen Verschönerungen).[26] Auch andere Theoretiker betonen, daß die *amplificatio* im Rahmen der dritten Aufgabe des Redners (des *movere*) zwar ein allgemeines rhetorisches Mittel sei, aber doch als eine Wirkungsweise *par excellence* für das *genus demonstrativum* anzusehen ist: Georg von Trapezunt definiert das *genus demonstrativum* als «Lobpreisung oder Tadel einer Person, durch Amplifikation»[27]; Agricola unterstreicht die Wichtigkeit der *amplificatio* für dieses *genus*[28]; Valerius bemerkt, daß die Argumente darin mehr zum stilistischen Schmuck und zum Amplifizieren als zum Beweisen dienen[29]; Vossius nennt die *amplificatio* das wichtigste Instrument des *genus demonstrativum*[30]; C. SOAREZ S.J. bezeichnet sie als *exornatio* wie Valerius, daß seine Argumente mehr auf Schmuck und Amplifikation als auf den Beweis zielen.[31] Manche Theoretiker wie Agricola, Erasmus, Caussin, Vossius und Ernesti besprechen die *amplificatio* als Teil der *inventio* oder im Rahmen der Behandlung der Argumente[32]; L. DE GRANADA behandelt sie in seiner ‹Rhetorica ecclesiastica› (1576) sogar neben *argumentatio* und *expositio* als separate Redegattung.[33] Vossius unterscheidet acht Sorten von *amplificatio*: (1) das Besprechen der *thesis* im Rahmen der *hypothesis*, (2) das Besprechen eines generellen Themas durch ein oder mehrere Beispiele, (3) die Beschreibung eines Gegenstandes, (4) die Behandlung der Spezies eines *genus* oder Teile eines Ganzen, (5) die Besprechung der *causae*, *effecta* oder *accidentia*, (6) die Vergleichung *a simili*, *dissimili*, *pari* oder *impari*, (7) die Ausweitung des Themas durch die Behandlung der *opposita* oder (8) das *testimonium*.[34] Erasmus unterscheidet im ‹Ecclesiastes› (1535) eine *amplificatio* aufgrund der Worte (nach Quint. VIII, 4, 1–29), und aufgrund der Sachen.[35]

In den Predigtlehren steht das *genus demonstrativum* neben dem *genus deliberativum* und dem *genus didacticum* oder διδασκαλικόν, aber eine uniforme Theorie gibt es nicht. Erasmus, dessen ‹Ecclesiastes› Morhof als die wichtigste moderne Predigtlehre empfiehlt[36], ist der Ansicht, daß das *genus demonstrativum* (für die Doxologie, die Danksagung und das Heiligenleben) wie das *genus iudiciale* nur eine sekundäre Rolle spielte.[37] Seines Erachtens gehört jede Predigt zu dem *genus deliberativum*. L. de Granada unterscheidet außer der rein deliberativen Predigt noch verschiedene andere Sorten von Predigten, darunter die zum *genus demonstrativum* gehörende Lobpreisung von Heiligen, in der berühmte Taten und Äußerungen amplifiziert und die Zuhörer zur Nachahmung angehalten werden.[38] Schon Aurelio 'Lippo' Brandolini hatte die spezielle Bedeutung des *genus demonstrativum* für die Predigt hervorgehoben.[39] Melanchthon dagegen verwirft es für die Predigt vollkommen.[40]

Die Autoren der Lehrbücher stellen in ihren Betrachtungen über das *genus demonstrativum* dessen *materia* und im Zusammenhang damit auch die Topik dar. Agricola[41], Scaliger[42] und Vossius[43] betonen, daß seine Materie im Prinzip unbeschränkt sei. Vossius[44] und Caussin[45] definieren auf traditionelle Art und Weise das Ziel bzw. das spezifische *argumentum* des *genus demonstrativum* als das *honestum*. Caussin unterstreicht dabei dessen Würde mit der Behauptung, daß dieses *genus* die Beredsamkeit an die Weisheit und das ehrenhafte Vergnügen koppele, während die zwei anderen *genera* sie mit dem Streit des Forums verbinden.[46] Vossius präzisiert, daß das Ehrenhafte eines Gegenstandes auf drei Weisen belegt werden könne, weil der Gegenstand selbst eine ‹virtus› (Tugend) sei, weil er eine Ursache oder weil er eine Folge der ‹virtus› sei.[47] Ernesti unterscheidet mit dem selben Zweck die folgenden allgemeinen Beweisgründe: 1. die *virtus* selbst, 2. die Sachen, die geeignet sind, um die Tugend zu bewirken, zu behalten oder zu vermehren, 3. die Sachen, ohne die die Tugend nicht erfaßt werden kann, und weiter 4. seltsame oder schwierige Sachen, die gemeinhin für wertvoll gehalten werden; Sachen, für die man Belohnungen festzustellen oder zu geben pflegt; Zeichen von ehrenvollen und löblichen Sachen, schließlich 5. gute und nützliche Sachen, die mehr wünschenswert als lobenswert sind.[48] Regelmäßig wird hervorgehoben, daß eine breite Ausarbeitung der epideiktischen Rede erforderlich ist, unter Anwendung von ‹loci communes› (allgemeine Betrachtungen).[49] Die Gegenstände der Lobpreisung werden meistens in Kategorien aufgegliedert; anschließend wird für jede Kategorie erklärt, aus welchen loci die Argumente bzw. einzelnen Teile der Lobpreisung geholt werden können. Dies geschieht auf verschiedene Weise.

Georg von Trapezunt stellt die Lobpreisung und den Tadel des Menschen ins Zentrum. Im zweiten Buch seiner Rhetorik, das eine globale Besprechung des *genus demonstrativum* enthält, folgt er Cicero, der für die loci auf die im Rahmen des *genus iudiciale* belegten ‹loci a persona› zurückverweist, ‹natura› (Geburt), ‹victus› (Lebensweise), ‹fortuna› (Geschick), ‹habitus› (Naturanlage), ‹affectio› (Gesinnung), ‹studia› (Neigungen), ‹consilia› (Intentionen), ‹facta› (Taten), ‹casus› (Schicksale), ‹orationes› (Reden).[50] Die detaillierte Besprechung der *loci* im vierten Buch folgt Ciceros ‹De inventione› II, 177–178 auf folgende Weise: ‹loci ab animo› wie ‹prudentia› (Vernunft), ‹fortitudo› (Tapferkeit), ‹iustitia› (Gerechtigkeit), ‹temperantia› (Selbstbeherrschung); ‹loci a corpore› wie ‹velocitas› (Behendigkeit), ‹robur› (Kraft), ‹dignitas› (Achtung), ‹valetudo› (Gesundheit und ihre Gegenteile) und ‹loci a rebus externis›, wie ‹genus› (Geburt), ‹educatio› (Erziehung), ‹divitiae› (Reichtum), ‹potestas› (Befugnis), ‹gloria› (Ruhm), ‹affinitas› (Verwandtschaft und ihre Gegenteile).[51] Georg von Trapezunt behauptet, daß diese Topik auch auf die anderen möglichen Gegenstände einer lobenden oder tadelnden Rede angewandt werden könne, wie Pflanzen, Häuser und dergleichen.[52]

Agricola bespricht das *genus demonstrativum* in seiner Dialektik im Rahmen der *dispositio*.[53] Er unterteilt die Gegenstände in zwei Kategorien: 1. Menschliches (wie Georg von Trapezunt folgt auch Agricola der Einteilung der loci in ‹De inventione› II, 177–178). 2. Nichtmenschliches (Gott, das Schicksal, Lebewesen, unbeseelte Dinge wie Städte, Häfen, Gegenden, Bäume, Pflanzen und Steine), das gelobt wird aufgrund seines Nutzens für den Menschen (zum Beispiel: Gott wird gelobt als unserer Schirmherr und als Bringer von allem, was unser Glück fördert; Pferde werden gelobt wegen ihres Nutzens als Transportmittel oder Arbeitskraft).

Melanchthon[54] und G.B. Vico[55] betonen, daß es wichtig sei, ob Personen, Handlungen oder Sachen gelobt oder getadelt werden, weil für jeden dieser Bereiche eigene *loci* gelten. Für das Personenlob empfiehlt Melanchthon eine chronologische statt einer thematischen Behandlung und die Verwendung der folgenden Beweisgründe: ‹patria› (Herkunftsland), ‹sexus› (Geschlecht), ‹natales› (Geburt), ‹ingenium› (Befähigung), ‹educatio› (Schulbildung), ‹disciplina› (Beruf), ‹doctrina› (Kenntnisse), ‹res gestae› (Taten), ‹praemia rerum gestarum› (Auszeichnungen), ‹vitae exitus› (Lebensende), ‹opinio post mortem› (Nachleben). Für die Lobpreisung von Taten (zum Beispiel Lob eines Fürsten) und Sachen (zum Beispiel Lob der Freien Künste, der Philosophie, der Eloquenz, der Gesetze, der Medizin, des Friedens) verweist Melanchthon auf die Topik oder die Zielsetzung des *genus deliberativum*, nämlich das ‹honestum› (Ehrenhafte), ‹utile› (Nützliche), ‹facile› (Einfache) oder ‹difficile› (Schwierige). Die individuellen Argumente werden bestimmt aufgrund der Betrachtung der Person oder allgemeiner Argumente wie Ursache oder Ziel.

Vossius bespricht zwei Einteilungen, einerseits die aristotelische Einteilung (Aristoteles, Rhetorik I, 9, 2) in vier Kategorien: Götter, Menschen, Tiere, Sachen, und andererseits die oben schon erwähnte Einteilung von Melanchthon in Personen, Handlungen und Sachen.[56] Er nennt die Werte jeder Einteilung und fügt eine große Anzahl von Beispielen (teilweise bezogen aus den antiken Schriftstellern) von Lobpreisungen und Tadeln in jeder Kategorie an[57]: Lobpreisung heidnischer Götter und des wahren Gottes (Kap. 6), Lobpreisung von Engeln (Kap. 7), Lobpreisung und Tadel des Menschen, sowohl im allgemeinen als auch verschiedener Arten von Menschen. Mancherlei Beweisgründe nach der Gliederung in Cicero, ‹De Inventione II, 177–178 werden hier besprochen (Kap. 8–31), die Lobpreisung von Tieren (Kap. 32), von Tieren oder Dingen, die einem Gott geweiht sind (Kap. 33), von fingierten Personen (Kap. 34), von Handlungen (Kap. 35–36), von Pflanzen (Kap. 37), dann Lobpreisungen des Meeres, eines Flusses, einer Quelle, eines Hafens (Kap. 38), einer Gegend, einer Stadt, eines Viertels, eines Hauses, eines Schulgebäudes, eines Bades, eines Gartens, eines Landgutes, eines Berges, einer Brücke (Kap. 39), schließlich die Lobpreisung von Teilen von Sachen (zum Beispiel die Hand als Teil des Körpers) und von kollektiven Sachen (zum Beispiel die Welt), Lobpreisung abstrakter Begriffe (zum Beispiel die Künste und Wissenschaften, die Tugenden, der Landbau) und deren Accidentien (Kap. 40). In der ‹Rhetorica contracta› (1621) und den ‹Elementa rhetorica› (1626) benutzt Vossius nur die zweite Einteilung. In der ‹Rhetorica contracta› fügt er Detailliertes über die Art der Gegenstände, die möglichen Behandlungsweisen und die Wahl von Argumenten zu. Das Kapitel über die Lobpreisung von Personen gliedert die Argumente chronologisch, thematisch oder auf kombinierte Weise. Die *loci* der Lobpreisung von Handlungen sind: ‹honestum› (das Ehrenhafte; aufgeteilt in ‹decorum›, ‹legitimum›, ‹iustum› und ‹gloriosum›), ‹utile› (das Nützliche) und ‹difficile› (das Schwierige); die Lobpreisung von Sachen betrifft ‹loca naturalia› bzw. ‹artificialia› (natürliche und artifizielle Gegenstände) einerseits und ‹virtutes dianoëticae› bzw. ‹morales› (intellektuelle und moralische Tugenden) andererseits.[58] Detaillierte Hinweise zur Lobpreisung bestimmter Gegenstände mit Beispielen aus der klassischen Literatur und den Kirchenvätern findet man auch bei Caussin[59], bei Pomey[60] und bei Radau.[61]

2. *Gelegenheitsrede*. Die Gelegenheitsrede, gekennzeichnet durch große stilistische Sorgfalt, erfüllt eine wichtige zeremonielle Rolle während der ganzen Blütezeit der neulateinischen Kultur.[62] Förmliche Reden werden bei mancherlei Gelegenheiten gehalten; die Themen variieren dementsprechend. Zeitgenössische Theoretiker unterscheiden verschiedene Arten von Gelegenheitsreden. Caussin[63], Radau[64] und Ernesti[65] nennen die folgenden: 1. Reden bei Verlobung, Heirat, Geburtstag[66] (Ernesti faßt diese unter die Kategorie der Gratulationsrede[67]), 2. Dankreden und Gratulationsreden[68], 3. Reden bei Gesandtschaften und dergleichen[69] sowie 4. Grabreden.[70] Radau nennt weiter die Begrüßungs- und Abschiedsrede, die Antrags-, Empfehlungs- und Förderungsrede, die Rede bei der Wahl von Magistratspersonen und die eigentlich zum *genus deliberativum* gehörende Beratungsrede (‹modus ferendi votum seu consultatio›).[71] Besondere Erwähnung verdient außerdem die Gelegenheitsrede im religiösen[72] und im akademischen Kontext, zum Beispiel bei Gelegenheit der Eröffnung des akademischen Jahres, zum Anfang eines Kurses oder bei der Erteilung eines Diploms in einer der Fakultäten. Gewöhnlich bildet die Lobpreisung aller oder einer der Künste und Wissenschaften oder eines prominenten klassischen Autors das Thema einer solchen Rede.[73] Zudem ist in der Lateinschule und in der Artisten-Fakultät die *declamatio* eine Standard-Übung im Schreiben und Vortragen einer Rede sowohl öffentlich als auch im Schulzimmer.[74] Schließlich soll hier ebenfalls die durch Kaiser, Fürst oder Universität organisierte Zeremonie der Dichterkrönung genannt werden. Der Brauch, einen Dichter auf diese Weise zu ehren, kommt seit dem Mittelalter vor und ist in Italien und Deutschland bis ca. 1800 üblich. Paradigmatisch ist die Krönung von PETRARCA auf dem Kapitol zu Rom, am 8. April 1341. Die von Petrarca zu diesem

Anlaß vorgetragene Rede über die Natur und Würde der Dichtung wurde später oft imitiert.[75]

Nach dem Vortrag werden die Gelegenheitsreden oft, einzeln oder gebündelt, als Lektüre und Schreibmuster für Studenten und das gelehrte Publikum publiziert. In Bibliotheken und Archiven befinden sich noch unzählige nicht publizierte, in Manuskripten erhaltene Gelegenheitsreden. Diese Kategorie lateinischer Schriften ist äußerst umfangreich und von der Literaturgeschichte noch nicht im Überblick präsentiert und evaluiert worden. Einige zeitgenössische Übersichten könnten einen Ausgangspunkt für eine solche Studie bieten. So gibt Erasmus im ‹Ciceronianus› (1528) eine Aufzählung von prominenten Latinisten seiner Zeit (einschließlich des 15. Jh. und einige des 14. Jh.), von denen zwanzig aus Italien und elf aus Frankreich, Spanien, Deutschland und den Niederlanden stammen. Ein Anzahl von ihnen waren berühmte Autoren wie Petrarca und Melanchthon, deren Schriften bis ins 18., teilweise sogar ins 19. Jh., häufig gedruckt wurden. Eine gleichartige Übersicht bietet D.G. Morhof in seinem ‹Polyhistor literarius›. Er behandelt zuerst die wichtigsten säkularen Redner des 16. und 17. Jh., z.B. J.C. Scaliger, C. Barlaeus, E. Puteanus, J. Vincentius Gravina[76], und anschließend die Kanzelredner.[77] Sammelbände mit lateinischen Gelegenheitsreden werden als Stilmuster bis ins 19. Jh. veröffentlicht, z.B. 1561 in Italien[78] und im 17.[79] und 19. Jh.[80] in Deutschland.

3. *Joco-seria.* Die (par)adoxale Lobrede bezieht sich auf unerwartete Gegenstände, d.h. schlechte oder nichtswürdige Sachen oder Personen. Der Begriff ‹paradox› definiert das Genre aufgrund der Erwartung des Publikums, der Begriff ‹adox› definiert es aufgrund der Natur des Themas.[81] Die (par)adoxale Lobrede bildet ein beliebtes Genre in der neulateinischen Literatur, vor allem am Ende der Renaissance und in der Barockzeit. Es ist ein sehr heterogenes Genre, in dem der Scharfsinn im Argumentieren geübt bzw. demonstriert und die Kenntnis des Altertums gezeigt wird, zeitgenössische Sitten herausgestrichen oder berühmte Zeitgenossen gelobt werden. Ebenso wie die (par)adoxale Lobrede im Altertum[82] kann dieses Genre in der neulateinischen Literatur sehr verschiedene Funktionen haben; es umfaßt sowohl seriöse Abhandlungen mit philosophischem oder konsolatorischem (tröstendem) Inhalt als auch rein sophistische, das heißt nichtseriöse Prosatexte oder Gedichte. Obendrein verwenden Theologen und Philosophen der Renaissance im Anschluß an die mittelalterliche Tradition den Begriff ‹paradox› zur Andeutung rational unergründlicher Glaubenswahrheiten oder Gedanken (siehe zum Beispiel S. Francks ‹Paradoxorum ducenta octoginta›).[83] Das philosophische und theologische Paradox muß unabhängig von dem Genre der (par)adoxalen Lobrede gesehen werden, aber die Trennungslinie wird in der Forschung nicht immer klar gezogen. Die berühmteste (par)adoxale Lobpreisung der neulateinischen Literatur ist Erasmus' ‹Lob der Torheit› (1511), ein komplexer Text, dessen komische Außenschicht eine Darlegung mit tief religiöser und philosophischer Tendenz verbirgt.[84] Andere bekannte (par)adoxale Lobpreisungen des 16. Jh. sind W. Pirckheimers ‹Lob der Gicht› (1522), eine philosophisch-konsolatorische Darlegung in der Form einer Gerichtsrede[85], und G. Cardanos ‹Lob des Nero› (1562).[86] Im ersten Teil dieser staatsmännischen Abhandlung stellt Cardano die Kriterien dar, wonach seines Erachtens Machthaber beurteilt werden sollten; der zweite Teil enthält eine Verteidigung Neros, in der Cardano aufgrund der im ersten Teil dargestellten Kriterien anführt, daß Nero der beste denkbare Fürst für seine Epoche war. Häufig werden die bekannten Deklamationen H.C. Agrippas von Nettesheim ‹Über die Noblesse und Vorzüglichkeit der Frau› und ‹Über die Ungewißheit und Eitelkeit der Wissenschaften und Künste, und über die Größe des Wortes Gottes› als sophistische, nicht-seriöse Aufsätze betrachtet. In Wirklichkeit handelt es sich um theologische Traktate in rhetorischer Form, in denen der Autor den Leser zu überzeugen versucht.[87]

Im Lateinunterricht wurden (par)adoxale Themen manchmal als Übungsstoff gewählt[88], aber einige Humanisten des 16. Jh. wie J.L. Vives und Scaliger meinten, daß diese Themen beiseite gelassen werden sollten.[89] Das Genre der ‹joco-seria› hat seine größte Blüte erst in der Barockzeit.[90] In dieser Epoche dient es auch als Erholungslektüre, wie Radau darlegt: «Wenn jemand dergleichen Themen seriös behandelt, wird er von vernünftigen Leuten ausgelacht und gebrandmarkt wegen seiner Kindlichkeit.»[91] Ähnlich bemerkt Morhof über den Sammelband mit ‹joco-seria› von C. Dornavius' ‹Amphitheatrum sapientiae Socraticae joco-seriae› (1619): «Es gibt vieles hier, das zur anständigen Erholung und mit Vergnügen gelesen werden kann».[92] Verschiedene Sammelbände mit scherzhaften Texten und (par)adoxalen Lobpreisungen erscheinen im Laufe des 17. Jh.[93] Der berühmteste und vollständigste dieser Sammelbände ist der soeben erwähnte des C. Dornavius.[94] Er schreibt selber u.a. ein Lob des Käfers, der Lilie, der Eiche, des Obstbaumes und des Heiratskranzes. Der erste Teil seines ‹Amphitheatrum› enthält Lobpreisungen von Tieren, Pflanzen und nichtswürdigen Sachen (zum Beispiel Haar, Bart, Kot, Schatten usw.), der zweite Teil die Lobpreisungen der berüchtigten Personen und schädlichen Sachen.[95] Die Übersetzungen wichtiger lateinischer Texte[96] bescheren der (para)doxalen Lobpreisung später auch eine Blütezeit in den volkssprachlichen Literaturen des Barockzeitalters.

Anmerkungen:
1 H. Schanze (Hg.): Rhetorik. Beitr. zu ihrer Gesch. in Deutschland vom 16.–20. Jh. (1974) 221–292; J.J. Murphy: Renaissance Rhetoric. A Short-Title Catalogue of Works on Rhetorical Theory from the Beginning of Printing to A.D. 1700, with Special Attention to the Holdings of the Bodleian Library (New York/London 1981). – **2** D.G. Morhof: Polyhistor litterarius, B. 6, Kap. 1 (De scriptoribus rhetoricis), in: Polyhistor litterarius, philosophicus et practicus (⁴1747; ND 1970), Bd. 1, 941–956. – **3** Rhet. Graec. Sp., Bd. 2, 556–558; Bd. 3, 2–4. – **4** Rhet. Graec. Sp., Bd. 2, 11–12. – **5** Bd. 3, 140–142. – **6** Rhetorica contracta sive partitiones oratoriae (Leiden ³1640), B. 1, Kap. 4, 21. –**7** J. O'Malley: Praise and Blame in Renaissance Rome. Rhetoric, Doctrine and Reform in the Sacred Orators of the Papal Court, c. 1450–1521 (Durham 1979) 45–46. – **8** ebd. 45–46. – **9** Rhetoricorum libri V (Venedig o.J.) [UB Leiden 715 A 10], fol. 48^v–49^r. – **10** Erasmus Conscr. ep., 513. – **11** Cic. De or. II, 341; Quint. III, 7, 2. – **12** Vossius B. 1, Kap. 4, 1, 27. – **13** Erasmus Ciceron., 654–655. – **14** De recta pronuntiatione latini graecique sermonis, in: Amsterdamer Ausg., I-4 (1973) 100–101, Z. 913–941, über eine Gesandtschaft am Hofe Maximilians I. – **15** De eloquentia sacra et humana, B. 10, Kap. 1 (Paris 1623) 576–577. – **16** s. für Cressolles und die lit. Kultur des Barock im allg. das grundlegende Werk von M. Fumaroli: L'âge de l'éloquence. Rhétorique et ‹res literaria› de la Renaissance au seuil de l'époque classique (Genf 1980; ND Paris 1994). – **17** Orator extemporaneus (Amsterdam 1651) 145–146. – **18** Initia rhetorica (Leipzig 1784) 21–23. – **19** Rhetoricorum libri V [9] 49^v–50^r. – **20** Melanchthon Sp. 449. – **21** Novus Candidatus rhetoricae (Maastricht 1755) 391. – **22** Agricola B. 2, Kap. 16, 306, Z. 76ff. – **23** Agricola B. 3, Kap. 13, 526–

527; 528–530. – **24**Melanchthon Sp. 449. – **25**W.J. Ong, S.J.: Ramus, Method and the Decay of Dialogue (Cambridge/London 1958; ND 1983) 156. – **26**Melanchthon, Sp. 421; so auch C. Valerius: In universam bene dicendi rationem tabula (Antwerpen 1568) 29–30. – **27**Rhetoricorum libri V [9], fol. 1^v. – **28**Agricola B. 3, Kap. 13, 526–532. – **29**Valerius [26] 35. – **30**Vossius B. 1, Kap. 5, 5, 50. – **31**De arte rhetorica libri III (1560, Ausg. Antwerpen 1722) 38–39. – **32**Agricola B. 3, Kap. 3, 444–454; Erasmus Copia, 32; Caussin [15] B. 4–5, 181–302; Vossius, B. 2, Kap. 15, 5, 317–320 und B. 3, Kap. 5, 7, 378–379; Ernesti [18] 19–21. – **33**Rhetorica ecclesiastica (1576) B. 2, Kap. 3, Ausg. Paris 1635, 58–59; siehe auch B. 3, Kap. 1, 138–139, wo Granada nach dem Vorbild Agricolas die *amplificatio* zu der *inventio* rechnet. – **34**Vossius B. 1, Kap. 5, 36, 99–100 und B. 2, Kap. 15, 5, 317–319. – **35**Erasmus Eccl., 48, Z. 882 – 98, Z. 902, so auch in ‹De Copia›. – **36**Morhof [2] B. 6, Kap. 4, 984–985. – **37**Erasmus Eccl. 268–274, Z. 484–594; s. auch 316, Z. 720 – 328, Z. 20. – **38**Granada [33], Ausg. Paris 1635, B. 4, Kap. 3, 250–261. – **39**O'Malley [7] 47–48. – **40**De officiis concionatoris (1529), in: Supplementa Melanchthoniana, hg. v. P. Drews, F. Cohrs, Bd. 2 (1929, ND 1968) xxi. – **41**Agricola B. 3, Kap. 13, 528. – **42**Scaliger B. 3, Kap. 110; Bd. 3, 146–149. – **43**Rhetorica contracta [6] 21. – **44**Vossius B. 1, Kap. 5, 4, 49. – **45**Caussin [15] 576. – **46**ebd. – **47**Vossius B. 1, Kap. 5, 4, 49–50. – **48**Ernesti [18] 34ff. – **49**z. B. Georg von Trapezunt [9] fol. 51^r. – **50**Cic. Inv. II, 176–177; I, 34–36 und II, 28–37für die ‹loci a persona›; Georg von Trapezunt [9] 14^r. – **51**ebd. fol. 51^r. – **52**ebd. fol. 50^v. – **53**Agricola B. 3, Kap. 13, 526–532. – **54**Melanchthon, Sp. 448–449. – **55**Inst. Or., 102–109. – **56**Vossius B. 1, Kap. 5, 2, 46–49. – **57**ebd. B. 1, Kap. 5, 6–40, 51–111. – **58**Rhetorica contracta [6] 20–40. – **59**Caussin [15] B. 10, Ausg. Paris 1623, 576–641. – **60**Novus candidatus rhetoricae [21] T. 3: Dissertatio de nobilissimo dicendi genere, hoc est, de panegyrico seu laudatione, 330–399. – **61**Radau [17] 146–149. – **62**C. S. Baldwin: Renaissance Literary Theory and Practice. Classicism in the Rhetoric and Poetic of Italy, France and England 1400–1600 (New York 1939) 39–41; D.A. Larusso: Rhetoric in the Italian Renaissance, in: Murphy RE 50 und Anm. 39; J.W. Binns: Intellectual Culture in Elizabethan and Jacobean England. The Latin Writings of the Age (Leeds 1990) 172–173. – **63**Caussin [15] B. 10, Kap. 8–14, 602–614. – **64**Radau [17] 189–473. – **65**Ernesti [18] 118–131. – **66**Caussin [15] B. 10, Kap. 9–11, 605–611; Radau [17] 189–296, 362–379. – **67**Ernesti [18] 123–130. – **68**Caussin [15] B. 10, Kap. 13 (Dankrede), 612–613; Radau [17] 394–427; Ernesti ebd. 123–130 (Gratulationsrede, bei Gelegenheit von Heiraten, Geburtstagen, Amtseinführungen, Regierungs-Antritten, der Ankunft des Fürsten, der Eröffnung von Schul- oder Kirchengebäuden, und sonstigen feierlichen Gelegenheiten). – **69**Caussin [15] B. 10, Kap. 14, 614; Radau [17] 470–472. – **70**Caussin [15] B. 10, Kap. 12, 611–612; Radau [17] 296–362; Ernesti [18] 130–131; s. J. McManamon: The Ideal Renaissance Pope: Funeral Oratory from the Papal Court, in: Archivum Historiae Pontificiae 14 (1976) 9–70. – **71**Radau [17] 379–394; 428–439; 440–460; 461–469. – **72**vgl. O'Malley [7]. – **73**s. M. Campanelli: l'*Oratio* e il 'genere' delle orazioni inaugurali dell'anno accademico in: S. Rizzo (Hg.): Lorenzo Valla. Orazione per l'inaugurazione dell'anno accademico 1455–1456. Atti di un seminario di filologia umanistica (Rom 1994) 25–61, mit zahlreichen Verweisen auf Quellen und Sekundärlit.; C. Trinkaus: A Humanist's Image of Humanism: The Inaugural Orations of Bartolommeo della Fonte, in: Studies in the Renaissance 7 (1960) 90–147. – **74**s. eine Übersicht für das 16. Jh. in: M. van der Poel: De declamatio bij de humanisten (Nieuwkoop 1987) 344–350 (English summary). – **75**s. J.B. Trapp: Dichterkrönung, in: LMA, Bd. 3 (1986). – **76**Morhof [2] B. 6, Kap. 3, 973–983. – **77**ders. [2] B. 6, Kap. 4, 983–1000. – **78**Baldwin [62] 40. – **79**Morhof [2] B. 6, Kap. 3 (‹de oratoribus recentioribus›), 978–979. – **80**A. Matthias (Hg.): Eloquentiae Latinae exempla (Leipzig ^{2}1832), mit 18 Reden von M.-A. Muretus (1526–1585), 9 von I.A. Ernesti (1707–1781), 2 von D. Ruhnken (1723–1798) und 5 von Paolino di San Giuseppe (1681–1754). – **81**M. van der Poel: *Paradoxon* et *adoxon* chez Ménandre le rhéteur et chez les humanistes du XVIe siècle. A propos du ‹De incertitudine et vanitate scientiarum› d'Agrippa de Nettesheim, in: R. Landheer, P.J. Smith (Hg.): Le paradoxe en linguistique et en littérature (Genf 1996) 203–211. – **82**siehe A.S. Pease: Things without Honor, in: Classical Philology 21 (1926) 27–42. – **83**van der Poel [81] 214. – **84**siehe M.A. Screech: Erasmus: Ecstasy and the Praise of Folly (London 1980); M. Geraldine, C.S.J.: Erasmus and the Tradition of Paradox, in: Studies in Philology 61 (1964) 41–63 bespricht die wichtigsten Tendenzen und einige Bsp. meist lat. Paradoxien im 16. Jh. – **85**W.P. Eckert, C. v. Imhoff: W. Pirckheimer, Dürers Freund im Spiegel seines Lebens, seiner Werke und seiner Umwelt (1971) 184–218, mit Übers. – **86**Ausg. mit Komm. und Übers. v. N. Eberl (1994). Cardano schrieb auch ein Lob der Gicht, der Geometrie und der Medizin. – **87**s. zum Interpretationsproblem der Deklamationen Agrippas: M. van der Poel: Cornelius Agrippa, The Humanist Theologian and His Declamations (Leiden 1997). – **88**s. z.B.: M. Junius: Methodus eloquentiae comparandae (1591), Ausg. 1609, 160–161. – **89**J.L. Vives: De causis corruptarum artium (1531), in: Opera omnia, Bd. 6 (Valencia 1785; ND London 1962) 359; Scaliger, B. 3, Kap. 117; Bd. 3, 168–169. – **90**s. E.P. Kirk: Menippean Satire. An Annotated Catalogue of Texts and Criticism (New York/London 1980) 93–110. – **91**Radau [17] 4. – **92**Morhof [2] B. 1, Kap. 21, par. 45, 246. – **93**z.B.: Facetiae facetiarum, hoc est ioco-seriorum fasciculum (Leizpig 1600; Frankfurt 1605); Argumentorum ludicrorum et amoenitatum scriptores varii (Leiden 1623); Dissertationum ludicrarum et amoenitatum scriptores varii (Leiden 1638, erweiterte Aufl. 1644); Admiranda rerum admirabilium encomia› (Nijmegen 1666). – **94**Amphitheatrum sapientiae Socraticae joco-seriae, etc., 2 Bde. (Hanau 1619). – **95**s. die Übersicht in: A. Hauffen: Zur Lit. der ironischen Enkomien, in: Vierteljahrsschrift für Literaturgesch. 6 (1893) 161–185. – **96**E.N.S. Thompson: The Seventeenth-Century English Essay (Iowa 1926), Kap. 8: paradoxes and problems, 94–105; A.E. Malloch: The Techniques and Function of the Renaissance Paradox, in: Studies in Philology 53 (1956) 191–203; H.K. Miller: The Paradoxical Encomium with Special Reference to its Vogue in England, 1600–1800, in: Modern Philology 53 (1956) 145–177; Ch.O. McDonald: The Rhetoric of Tragedy. Form in Stuart Drama (Boston 1966) 89–92; Kirk [90]; Th. Verweyen: Apophthegma und Scherzrede. Die Gesch. einer einfachen Gattungsform und ihrer Entfaltung im 17. Jh. (1970).

Literaturhinweise:

K. Müllner: Reden und Briefe ital. Humanisten (Wien 1899; ND 1970). – B. Gibert: Jugemens des savans sur les auteurs qui ont traité de la rhétorique, avec un précis de la doctrine de ces auteurs (1725; = A. Baillet, Jugemens des savans sur les principaux ouvrages des auteurs, Bd. 8; ND Hildesheim/New York 1971), Bd. 4, 160–391. – J.-D. Müller: Dt.-lat. Panegyrik am Kaiserhof und die Entstehung eines neuen höfischen Publikums in Deutschland, in: A. Buck u.a. (Hg.): Europ. Hofkultur im 16. und 17. Jh. (1981) 133–140. – B. Bauer: Jesuit. ‹ars rhetorica› im Zeitalter der Glaubenskämpfe (1986). – J.M. McManamon: Funeral Oratory and the Cultural Ideals of Italian Humanism (Chapel Hill/London 1989). – F. Slits: Het Latijnse stededicht. Oorsprong en ontwikkeling tot in de zeventiende eeuw (Amsterdam 1990).

M. van der Poel

→ Amplificatio → Byzantinische Rhetorik → Descriptio → Enkomion → Epideiktische Beredsamkeit → Herrscherlob → Inauguralrede → Lobrede → Paradoxe, das → Scherz → Tadelrede

Lautmalerei (griech. ὀνοματοποιία, onomatopoiía; lat. fictio nominis, nominatio; dt. auch Klangmalerei, Onomatopöie; engl. onomatopoeia; frz. onomatopée; ital. onomatopea)

A. Def. – B.I. Antike. – II. Mittelalter. – III. Frühe Neuzeit. – IV. Moderne.

A. Der Begriff ‹L.› bezeichnet die sprachliche Nachahmung oder lautliche Nachbildung einer nicht-sprachlichen akustischen Sinneswahrnehmung. Er meint sowohl Schallwörter im engeren Sinne als auch die vielfältigen

Formen der sprachlichen Gestaltung von Geräusch- und Klangimitationen im weiteren Sinne. L. umfaßt einerseits Wörter und Wortteile, andererseits Reihen von Wörtern und Wortteilen (zum Beispiel in lautmalenden Alliterationen) und schließt Neuschöpfungen von Wörtern (Neologismen) ebenso ein wie fest lexikalisierte Einheiten. Das lautmalende Imitat stellt eine Nachbildung, nicht aber eine Reproduktion eines akustischen Eindruckes dar; es kann diesen Eindruck aufgrund der Grenzen der menschlichen Artikulationsmöglichkeiten nur bedingt und unvollständig wiedergeben. Insbesondere ist jede onomatopoetische Imitation als interpretativ zu verstehen, wie das berühmte Beispiel des in diversen Einzelsprachen und auf deren differenten Sprachstufen so unterschiedlich nachgebildeten Hahnenschreies belegt [1]; demnach sind lautmalende Nachbildungen abhängig von den sprachlichen und den kulturellen Konventionen und Standards bestimmter Sprechergemeinschaften. L. begegnet in allen Sprachen, allerdings mit stark variierender Häufigkeit je nach Sprechergemeinschaft, Kommunikationssituation, ästhetischen Implikationen und anderen Faktoren mehr. [2] Besonders ausgeprägt und häufig finden sich Formen der L. im frühkindlichen Sprechen, in bestimmten Dialekten und in den Texten spezifischer literarischer Strömungen (zum Beispiel im Dadaismus).

Die vielfältigen Formen der L. lassen sich grob und ohne feste Grenzen in drei Untergruppen aufteilen: 1. Die direkte Wiedergabe eines Geräusches oder Klanges durch eine Reihe von Lauten, die eben dieses Geräusch oder diesen Klang repräsentieren sollen. Hierunter ist beispielsweise die Nachahmung von Tierlauten in Alltagssituationen oder im Drama zu rechnen. 2. Die Benennung einer akustischen Sinneswahrnehmung durch ein Wort, das in seinen Lauten diese Sinneswahrnehmung teilweise oder vollständig imitiert, jedoch nach den sprachüblichen syntaktischen und grammatikalischen Regeln verwendet wird. Dazu zählen unter anderem Verben, die bestimmte Geräusche aus der Natur bezeichnen und gleichzeitig in ihrer Lautgestalt nachahmen. 3. Die vor allem in literarischen Texten praktizierte auffällige Häufung oder Wiederholung bestimmter Laute innerhalb einer Wortgruppe. Ziel der Verwendung dieses onomatopoetischen Verfahrens kann sowohl die Steigerung der Wirkung oder die Hervorhebung eines einzelnen lautmalenden Wortes als auch – eine spezifische Lautsymbolik vorausgesetzt – die Evozierung gewisser Emotionen, sinnlicher oder gar synästhetischer Effekte bei den Rezipienten sein. [3]

In der Rhetorik wird L., je nach begrifflichem Zuschnitt, an verschiedenen systematischen Orten erfaßt und diskutiert. 1. Sie gilt als Tropus, insofern sie das Verfahren benennt, Wörter durch Laute zu ersetzen, die einer akustischen Sinneswahrnehmung angepaßt sind. [4] 2. Ebenfalls im Rahmen des Redeschmucks in den Einzelwörtern wird L. auch als Neologismus kategorisiert, wenn es sich um die Neubildung eines Wortes handelt, mit dem ein akustischer Eindruck imitiert werden soll. [5] 3. Als Wortfigur (Figurenlehre) wird L. hingegen verstanden [6], wenn Geräusche oder Klänge durch Häufung oder Wiederholung bestimmter Laute innerhalb einer Wortgruppe nachgeahmt werden. 4. Gleichfalls im Kontext des Redeschmucks in den Wortverbindungen, und zwar der Wortfügung, wird L. außerdem als eine Form des Homoioprophoron, der häufigen Wiederholung eines Konsonanten oder einer Silbe in einer Wortgruppe, angesehen (Alliteration). [7] 5. Schließlich erfährt L. als Gestaltungsmittel des sprachlichen Ausdrucks innerhalb der *elocutionis virtutes et vitia* unterschiedliche Bewertung. So wird die Verwendung von Wortneuschöpfungen in der Rede gelegentlich eher zurückhaltend beurteilt [8], strikt abgelehnt [9] oder von der Angemessenheit innerhalb der jeweiligen Textgattung abhängig gemacht. [10]

Besonderen Stellenwert über ihre Bedeutung als rhetorisches und literarisches Stilmittel hinaus besitzt die L. in Diskussionen um den Ursprung der Sprache (Ursprachentheorie). 1. Seit der Antike postulieren Vertreter der sog. phýsei-Lehre immer wieder die Entstehung von Sprache aus der lautmalenden Nachahmung sinnlicher Wahrnehmungen. Zeichen und Bezeichnetes stehen somit in einer inneren, einer onomatopoetischen Beziehung. Die Vertreter der entgegengesetzten thései-Lehre gestehen vereinzelt lautmalende Wortbildungen zu, leugnen aber jenen prinzipiellen Zusammenhang. Die grundsätzlich arbiträr gedachte Beziehung zwischen Zeichen und Bezeichnetem beruht demgemäß auf Konvention. 2. In einer Modifikation der phýsei-Lehre wiederum wird nicht den ganzen Worten, sondern einzelnen ihrer Laute Signifikanz hinsichtlich des Bezeichneten beigemessen. Einzelne Wortbestandteile, etwa helle oder dunkle Vokale, harte oder weiche Konsonanten, werden – manchmal im Rahmen komplexer lautsymbolischer Systeme – in Zusammenhang mit akustischen oder sogar abstrakten Eigenschaften des Bezeichneten gebracht. [11] 3. Die offenkundigen Probleme der phýsei-Lehre wie auch lautsymbolischer Systeme mit der Empirie werden gelegentlich in einer christlich fundierten Natursprachentheorie aufgefangen: Die Kongruenz von Zeichen und Bezeichnetem war in der adamischen Ursprache noch garantiert, weil der erste Mensch die Sprache der von Gott geoffenbarten Natur verstand und in seinen Namengebungen vollständig reproduzierte; durch den Sündenfall jedoch wurde diese Beziehung zerrissen. [12]

B. I. *Antike*. Theoretische Äußerungen zur L. lassen sich, abgesehen von allgemeinen Forderungen nach wohlklingender Gestaltung einer Rede, in Lehrbüchern der Rhetorik nur bis in das 1. vorchristliche Jh. zurückverfolgen. Der Akzent liegt dabei vorwiegend auf onomatopoetischen Neologismen (*nominatio, fictio nominis*), deren sparsame Verwendung zur Benennung von Gegenständen und Vorgängen, für die keine oder keine zutreffende Bezeichnung existiert, unter anderem die ‹Rhetorica ad Herennium› [13] und QUINTILIAN [14] befürworten. Letzterer hält auch den häufigen Einsatz dieses rhetorischen Verfahrens in der griechischen im Gegensatz zur lateinischen Literatur fest. [15] HORAZ dagegen spricht sich explizit für einen maßvollen Einsatz von Wortschöpfungen auch in der lateinischen Literatur aus. [16] TRYPHON faßt unter dem Tropus ‹onomatopoiia› sieben verschiedene Formen der Neubildung von Wörtern, auch solche ohne lautmalende Komponente. [17] Seltener wird die L. als gehäufte onomatopoetische Wiederholung einzelner Laute verstanden und tendenziell als Fehler eingestuft. [18] In den ersten nachchristlichen Jahrhunderten verlagert sich das Schwergewicht der Bedeutung des Begriffs ‹onomatopoiia› sukzessive von der Wortneuschöpfung zur Klangmalerei. [19] Theoretische Äußerungen zur Lautsymbolik und entsprechende stilkritische Forderungen nach einer onomatopoetischen Übereinstimmung von Zeichen und Bezeichnetem finden sich unter anderem bei DIONYSIOS VON HALIKARNASSOS. [20]

In der griechischen und lateinischen Literatur wird die L. häufig als Stilmittel eingesetzt. Dies gilt sowohl für onomatopoetische Wortschöpfungen (beispielsweise bei Homer[21]) als auch für die lautliche Nachbildung oder sprachliche Nachahmung von Tierlauten (etwa der Frösche bei Aristophanes) und von Klängen und Geräuschen (zum Beispiel Fanfarenschall bei Ennius[22]). Die klangsymbolische Häufung und Wiederholung spezifischer Laute ist ebenfalls, etwa bei Ovid[23] und Vergil[24], gebräuchlich.

In der antiken Sprachphilosophie nehmen L. und Lautsymbolik als Erklärungen für den Ursprung der Sprache eine zentrale, jedoch höchst umstrittene Stellung ein. Platon erläutert, ausgehend von vorsokratischen Traditionen[25], in seinem Dialog ‹Kratylos› ausführlich die Konzepte des onomatopoetischen Sprachursprungs und der lautsymbolischen Entsprechung von Zeichen und Bezeichnetem, falsifiziert sie aber anhand konkreter Gegenbeispiele.[26] Doch auch in den folgenden Jahrhunderten wird die phýsei-Lehre immer wieder von wichtigen Gelehrten vertreten, unter anderem von vielen Stoikern[27] und von Nigidius Figulus.[28]

II. *Mittelalter.* Die Rhetorik- und Grammatiklehrbücher des Mittelalters übernehmen die spätantike Verengung des Begriffs ‹onomatopoiia› auf die lautmalende oder lautsymbolische Komposition von Wörtern oder Wortgruppen. Dementsprechend behandeln die meisten Autoren, unter anderem Isidor von Sevilla, Alkuin und Alexander von Villa Dei, die L. im Kontext der Tropen als den Einsatz klangimitierender Wörter.[29] Gervasius von Melkley nennt zwar das Verfahren der onomatopoetischen Wortschöpfung (*inventio nominis a sono*), stellt aber fest, daß es außer Gebrauch gekommen sei.[30] Beda erweitert die gängigen Belege für L. aus der antiken Literatur um Beispiele aus der Bibel und aus den verbreiteten Glossaren mit Sammlungen von Tierstimmen.[31]

Gelegentliche Verwendung findet die L. in der lateinwie volkssprachlichen Literatur. Auf klangmalende und lautsymbolische Gestaltungsformen greifen zum Beispiel Serlo von Wilton, Chrétien de Troyes und Gottfried von Strassburg zurück.[32] Oswald von Wolkenstein und Neidhart von Reuental imitieren Tierlaute in ihrer Lyrik.[33] Dante Alighieri reflektiert zu Beginn des 32. Gesanges des ‹Inferno› das Problem, die Schrecknisse des Höllengrundes in angemessener sprachlich-lautlicher Form zu beschreiben; theoretisch klassifiziert er verschiedene Kategorien der Entsprechung von Worten und Dingen in ‹De vulgari eloquentia›. Auf dem Feld der Sprachphilosophie bleibt die Onomatopöie in der mittelalterlichen Fachliteratur zwar präsent, büßt jedoch gegenüber anderen Sprachursprungstheorien an Bedeutung ein.[34]

III. *Frühe Neuzeit.* Die Rhetoriklehrbücher von Renaissance, Reformation und Barock übernehmen weitgehend die tradierte Einordnung und Definition der L. sowie die klassischen literarischen Beispiele dafür. Sturm und Vossius heben, deutlicher als dies bislang formuliert wurde, den Unterschied zwischen bloßen Schallwörtern (wie manchen Partikeln und Interjektionen) und Substantiven oder Verben, die das von ihnen Bezeichnete gleichzeitig klanglich imitieren, hervor. Auch die volkssprachlichen Poetiken des 17. Jh. empfehlen den mäßigen Einsatz des Tropus L. als Stilmittel.[35] Alexander Pope fordert in seinem ‹Essay on Criticism› die Übereinstimmung von Inhalt und Klang in lyrischen Texten und illustriert dies am Beispiel einer Darstellung des Westwindes durch eine Häufung von weichen Konsonanten.[36]

Eine Reihe von Autoren der frühen Neuzeit greift gerne auf die L. zur Imitation von Tierstimmen, Naturlauten und Musikinstrumenten zurück. Fischart bedient sich dieses rhetorischen Verfahrens so stark und differenziert wie kein anderer deutscher Schriftsteller seiner Zeit. Auch lautsymbolische Gestaltungsformen, vor allem die Häufung explosiver Konsonanten, verwendet beispielsweise Luther als sprachlichen Ausdruck für die absolute Allmacht Gottes. Spezifische poetologische Bedeutung jedoch erhält die L. bei einigen deutschen Barockautoren, unter anderem Harsdörffer, Schottelius und Zesen. Das Deutsche zeichnet sich ihrer Ansicht nach durch eine außerordentliche Nähe zur vollständig onomatopoetisch gedachten Ursprache aus. Lautgestalt und Bedeutung der Wörter der deutschen Sprache stehen daher in einem besonders engen Verhältnis, und ihr herausragendes Alter und ihre Würde sollen durch ungewöhnlich klangreiche literarische Texte belegt werden.[37]

IV. *Moderne.* Seit dem 18. Jh. werden klangmalende und lautsymbolische Verfahren vornehmlich innerhalb der Literatur thematisiert und aktualisiert. Im Sturm und Drang und in der Romantik, später auch im Expressionismus, steht die L. im Dienste der Intensivierung von Naturdarstellung einerseits und der Musikalisierung und synästhetischen Übersteigerung von Texten andererseits, so beispielsweise in Balladen Goethes und in Gedichten des Novalis. Eben diese Funktion soll die gesteigert eingesetzte L. bei Wagner im Rahmen des größeren Konzepts des Gesamtkunstwerks übernehmen. Auch mit lautsymbolischen Gestaltungsformen wird in der deutschsprachigen Literatur des 18. und 19. Jh. immer wieder, teils auf der Grundlage einer magischen oder mystischen Buchstabendeutung, gearbeitet, zum Beispiel von Heinse und Brentano.

Vorbereitet von Texten Poes und Baudelaires, in denen auffällige synästhetische und onomatopoetische Effekte eine Entrückung des Rezipienten aus der Alltagswirklichkeit initiieren sollen, bedient sich die symbolistische Dichtung in Frankreich seit den achtziger Jahren des 19. Jh. programmatisch der L. Die intensive Musikalisierung der Lyrik steht bei Mallarmé, Valery, Verlaine und anderen im Zeichen einer Aktivierung der suggestiven Kraft der Worte und der Freilegung ihrer irisierenden Vieldeutigkeit und Vielschichtigkeit sowie der Eröffnung einer geheimnisvollen Dimension der rationalistischen spätbürgerlichen Realität.[38] Im Zuge der außerordentlich breiten internationalen Wirkung des französischen Symbolismus wird L. während der folgenden Jahrzehnte zu einer zentralen literarischen Strategie.[39] Innerhalb des deutschsprachigen Raums nützen beispielsweise George, Hofmannsthal, Rilke und Trakl verstärkte Häufungen oder Kontrastierungen bestimmter Vokale oder massive Wiederholungen spezifischer Laute zur Herstellung eines Zusammenhangs zwischen Wortklang und Wortbedeutung.[40] Zu Beginn des 20. Jh. formuliert der Dadaismus die akustische Inszenierung von Texten abseits aller semantischen und syntaktischen Signifikanz sowie die Verabschiedung einer erstarrten und allzu oft mißbrauchten Schriftsprache als Programm.[41] Hier avanciert die L., etwa bei Ball und Schwitters, zu einer elementaren poetischen Strategie. Dieser hohe Stellenwert bleibt in der ‹Konkreten und Experimentellen Poesie›, die sich ebenfalls intensiv mit der Materialität sprachlicher Zeichen auseinandersetzt, erhalten. Akustische Inszenierungen von Texten durch ihre Autoren (etwa Jandl) werden bald auch über Tonträger vervielfältigt.[42] In der modernen Populärkultur schließlich findet die Lautmalerei als Mittel der Affekterregung, unter anderem in der Trivialliteratur[43] und im Comic Strip, breite Verwendung.[44]

In Sprachphilosophie und Sprachwissenschaft erhalten klangmalerische und lautsymbolische Konzepte im Rahmen von Sprachursprungstheorien durch HERDER und W. VON HUMBOLDT sowie die Anthroposophie wieder größere Beachtung.[45] Der Streit zwischen phýsei- und thései-Lehre wird dadurch neu belebt und bleibt bis weit in das 20. Jh. hinein in verschiedenen Modifikationen diskursiv präsent.[46] Seit der breiten Rezeption der These DE SAUSSURES allerdings, daß die Beziehung zwischen Zeichen und Bezeichnetem völlig arbiträr sei, gilt die Theorie des onomatopoetischen Sprachursprungs weithin als unhaltbar.

Anmerkungen:
1 vgl. G. Kahlo: Der Irrtum der Onomatopoetiker, in: Phonetica 5 (1960) 37f.; U. Gaier: Form und Information (1971) 20. – 2 vgl. Gaier [1] 23. – 3 vgl. W. Kayser: Die Klangmalerei bei Harsdörffer (1932) 7–11; H. Henzler: Art. ‹Laut- und Klangmalerei›, in: W. Killy (Hg.): Lit. Lex., Bd. 13 (1992) 502f. – 4 vgl. Quint. VIII, 6, 31; IX, 1, 5. – 5 vgl. Cic. De or. III, 38, 154. – 6 vgl. Quint. IX, 1, 3. – 7 vgl. Lausberg Hb., § 975. – 8 vgl. Auct. ad Her. IV, 42. – 9 vgl. Quint. I, 5, 72. – 10 vgl. Cic. Or. 68. – 11 vgl. E. Fenz: Laut, Wort, Sprache und ihre Deutung (Wien 1940) 85ff. – 12 vgl. Gaier [1] 20–22; W.P. Klein: Am Anfang war das Wort (1992) 204–216. – 13 vgl. Auct. ad Her. IV, 42. – 14 vgl. Quint. VIII, 6, 31–33. – 15 vgl. Quint. I, 5, 72; VIII, 6, 31. – 16 vgl. Hor. Ars 47–72. – 17 vgl. Tryphon, Perí trópn I, 8; Martin 269. – 18 vgl. Auct. ad Her. IV, 18. – 19 vgl. Kayser [3] 95–97. – 20 vgl. ders. 91–94. – 21 vgl. Homer, Ilias IV, 125; Odyssee IX, 394. – 22 vgl. Ennius, Annales 140. – 23 vgl. Ovid, Metamorphosen VI, 376. – 24 vgl. Vergil, Aeneis III, 570–576. – 25 vgl. M. Rubinyi: Das Problem der Lautnachahmung, in: GRM Bd. 5 (1913) 497f. – 26 vgl. Platon, Kratylos 422c–427d; 434c–437d; vgl. J. Derbolav: Der Dialog ‹Kratylos› im Rahmen der platonischen Sprach-und Erkenntnisphilos. (1953); R. Schrastetter: Die Sprachursprungsfrage in Platons ‹Kratylos›, in: J. Gessinger, W. v. Rahden (Hg.): Theorien vom Ursprung der Sprache, Bd. 1 (1989) 42–64. – 27 vgl. Rubinyi [25] 501f. – 28 vgl. Gellius, Noctes atticae X, 4. – 29 vgl. Kayser [3] 97–99; U. Krewitt: Metapher und tropische Rede in der Auffassung des MA (1971) passim. – 30 vgl. Krewitt [29] 377. – 31 vgl. Kayser [3] 98; 212–216. – 32 vgl. Kayser [3] 99; Arbusow 44; Gottfried von Straßburg, Tristan 1729–34; 1751–54. – 33 vgl. J. Goheen: Ma. Liebeslyrik von Neidhart von Reuental bis zu Oswald von Wolkenstein (1984) 81f. – 34 vgl. L. Kaczmarek: Aspekte scholastischer Sprachursprungstheorien, in: Gessinger, Rahden [26] Bd. 1, 69. – 35 vgl. Vossius Pars II, p. 241–244; Kayser [3] 99–114. – 36 vgl. A. Pope: An Essay on Criticism (1711/1972) V. 365–372. – 37 vgl. Kayser [3] passim. – 38 vgl. z.B. M. Müller: Musik und Sprache – zu ihrem Verhältnis im frz. Symbolismus (1983); P. Hoffmann: Symbolismus (1987) 121 u.ö. – 39 vgl. z.B. U.Fusen: Akustische Dimensionen und musikalische Parallelen in der Lyrik der Poeti-Musicisti Eugenio Montale und Giorgio Caproni (1995). – 40 vgl. z.B. H. Wetzel: Klang und Bild in den Dichtungen Georg Trakls (1968) 108–142; M. Melenk: Die Baudelaire-Übersetzungen Stefan Georges (1974) 68–83. – 41 vgl. E. Philipp: Dadaismus (1980) 184–197. – 42 vgl. C. Scholz: Unters. zur Gesch. und Typologie der Lautpoesie, Bd. 1 (1989) passim. – 43 vgl. G. Ueding: Aufklärung über Rhet. (1992) 90. – 44 vgl. F. Wienhöfer: Unters. zur semiotischen Ästhetik des Comic Strip unter bes. Berücksichtigung von Onomatopoesie und Typographie (1979); E.J. Havlik: Lex. der Onomatopöien, der lautmalenden Wörter im Comic (1981). – 45 vgl. Rubinyi [25] 504–506; A. Debrunner: Lautsymbolik in alter und neuester Zeit, in: GRM 14 (1926) 321–338. – 46 A. Wellek: Witz, Lyrik, Sprache (1970) 144–200.

Literaturhinweise:
J.-G. Kohl: Über Klangmalerei in der dt. Sprache (1873). – T. Curti: Die Entstehung der Sprache durch Nachahmung des Schalles (1885). – A. Stein: Structures of Sound in Milton's Verse, in: The Kenyon Review 15 (1953) 266–277. – H. Wissemann: Unters. zur Onomatopoiie, T. 1 (1954). – M. Groß: Zur linguistischen Problematisierung des Onomatopoetischen (1988). – J.F. Graham: Onomatopoetics (1992). – A. Piette: Remembering and the Sound of Words – Mallarmé, Proust, Joyce, Beckett (1996).

R.G. Bogner

→ Alliteration → Figurenlehre → Neologismus → Ornatus → Tropus → Ursprache → Wortschöpfungstheorien

Leerformel (engl. empty formula)

A. Mit dem Begriff ‹L.› werden im wissenschaftstheoretischen Herkunftskontext, dem sozialwissenschaftlichen Neopositivismus, Ausdrücke und sprachlich-gedankliche Schemata bezeichnet, deren Sinn sich empirischer Überprüfung oder eindeutiger Interpretation entzieht, deren philosophiegeschichtlicher oder politischer Erfolg aber gerade darauf beruht. Im allgemeinen Sprachgebrauch dient L. als meist abwertende Bezeichnung, um Schlagwörter, Redensarten, Parolen, Slogans und ähnliche formelhafte Ausdrücke als vage oder inhaltsleer zu charakterisieren.

B. Der Ausdruck L. gehört nicht zum traditionellen Repertoire der Rhetorik. Er wurde in den 50er Jahren des 20. Jh. vor allem durch den Wissenschaftstheoretiker E. TOPITSCH geprägt [1], der damit auf der Grundlage der Sprachkritik des ‹Wiener Kreises› explizit an ähnliche Formulierungen bei H. KELSEN («empty formula») und S. Weinberg («leere Worte») anknüpft. [2] Die sprachkritische Zielrichtung gilt vor allem zentralen Begriffen und Aussagen der Metaphysik, des Naturrechts und der aus diesen Traditionen gespeisten totalitären Ideologien des 20. Jh. Wörter wie «das Absolute»[3], Sätze wie «bonum est faciendum et malum vitandum» (Das Gute muß man tun und das Schlechte meiden)[4], auch Schemata der Organisation von Denkgebäuden wie die Dialektik[5] werden von Topitsch und anderen Neopositivisten als L. kritisiert – im Falle der Dialektik wird vor allem die grenzenlose Erweiterung des Begriffs der ‹Negation› für den Leerformelcharakter verantwortlich gemacht. [6]

‹Pseudoempirische L.›[7] haben meist die grammatische Form einer Aussage über die Wirklichkeit, sind aber aufgrund mangelnder Präzision oder auch aufgrund verdeckt tautologischen Charakters nicht empirisch überprüfbar und damit unwiderlegbar, aber ohne greifbaren Sachgehalt. So ist eine empirische Überprüfbarkeit des Satzes «Das Ganze ist mehr als die Summe seiner Teile» nicht gegeben, solange nicht geklärt ist, welche der vielen Bedeutungsvarianten des Ausdrucks «Summe»[8] zugrunde gelegt wird und in welchem Sinne die Ausdrücke «Ganzes» und «Teile» auf empirische Phänomene und deren interne Relationen unterschiedlichster Art bezogen werden. ‹Pseudonormative L.›[9] haben die Form einer Handlungsanweisung, entbehren aber der Eindeutigkeit und Konkretheit. So ist das naturrechtliche Prinzip «Suum cuique tribuere» (Jedem das Seine) eine pseudonormative L., weil in ihr kein Kriterium angegeben ist, was denn das Jeweilige eines Menschen ist. Mit Hilfe pseudonormativer L. kann nach Topitsch «jede beliebige, bestehende oder erwünschte politische Ordnung oder Einzelmaßnahme verteidigt oder bekämpft werden». [10] Der Neopositivismus sieht in den philosophiegeschichtlich bedeutenden L. Restbestände von Mythen (z.B. des gnostischen Erlösungsmythos im dialektischen Triadenschema) unter den Bedingungen neuzeitlicher Erkenntnismöglichkeiten und Rationalitätsansprüche: Wo Mythen in Form erfahrungswissenschaftlicher Sätze leicht widerlegbar geworden sind, biete sich Vertretern von Mythentraditionen als Ausweg eine Strategie der Immunisierung gegen Widerlegbarkeit an, indem zentrale Bestandteile durch Entkonkretisierung und Entpräzisierung in Formen transformiert werden, die trotz des grammatisch-formalen Anscheins von Aussagen über die Wirklichkeit empirisch nicht überprüfbar und damit nicht mehr widerlegbar seien.[11] Aus der Perspektive des Neopositivismus besteht der «Mißbrauch, der mit jenen Leerformeln getrieben wird, [...] nicht darin, daß man sie mit verschiedenen Gehalten füllt, sondern vielmehr darin, daß man sie überhaupt dazu verwendet, Werte und Normen – womöglich mit Anspruch auf Letztgültigkeit – zu begründen».[12]

Das Konzept ‹L.› stellt einen neopositivistischen Beitrag zur partiellen Lösung des *res-verba*-Problems dar: L. sind *verba*, die den Zugang zu den *res* versperren. Als akzeptables Verfahren zur Bestimmung von *res* wird im Prinzip nur die empirisch-wissenschaftliche Überprüfung zugelassen. Das impliziert die Zulässigkeit ausschließlich solcher *verba*, deren Struktur diese Überprüfbarkeit gewährleistet.

Der Ausdruck ‹L.› wurde sehr bald auch außerhalb wissenschaftstheoretischer und ideologiekritischer Kontexte als sprachkritisches Schlag- und Kampfwort in die Allgemeinsprache übernommen. Dabei tritt die empirische Überprüfbarkeit als Kriterium für Sachhaltigkeit bzw. ‹Leere› von Aussagen in den Hintergrund, so daß der Gebrauch des Ausdrucks selbst zur L. werden kann.

Unter rhetorischen Gesichtspunkten macht die breite Akzeptanz typischer L. sie vor allem in der politischen Kommunikation geeignet zur persuasiven Verwendung als *loci communes*, d.h. als Begründungspotentiale mit hohen Konsenschancen. L. mit emotional-normativem Potential dienen hier vor allem der Mobilisierung von Zustimmung und Handlungsbereitschaft. Dabei zeigt sich die ‹ideologische Polysemie› von L. in konkurrierenden Auslegungen.[13] Wo L. die Konnotation von Hochwertigkeit oder gar das «Pathos der 'Absolutheit'»[14] besitzen, ist ihre Verwendung oft Merkmal des hohen, pathetischen Stils.

Latente Vagheit und Mehrdeutigkeit gilt aus Sicht politischer Kommunikatoren vielfach als sprachliche Tugend, weil dadurch «breite Verständlichkeit» und «Anpassungsfähigkeit an Unvorhergesehenes» erleichtert[15], Dissens kaschiert und politische Integration gefördert werden können.[16] Im Hinblick auf die Berücksichtigung auch dieser Perspektive ist der Begriff L. keine angemessene Bezeichnung für den politischen Sprachgebrauch, weil er unter Vernachlässigungen wichtiger kommunikativer Funktionen von Sprache die empirisch-wissenschaftliche Überprüfbarkeit als Relevanz- und Bewertungskriterium verabsolutiert.

Anmerkungen:
1 E. Topitsch: Vom Ursprung u. Ende d. Metaphysik (Wien 1958); ders.: Über L. Zur Pragmatik d. Sprachgebrauchs in Philos. und politischer Theorie, in: ders. (Hg.): Probleme d. Wissenschaftstheorie (Wien 1960) 233–264. – 2 vgl. ders. [1] (1958) 240, 271 und (1960) 244. – 3 vgl. ders. [1] (1960) 244f. – 4 vgl. ders.: Sprachlog. Probleme d. sozialwiss. Theoriebildung, in: ders. (Hg.): Logik d. Sozialwiss. (⁵1968) 17–36, 28. – 5 vgl. ders. [1] (1960) 245ff.; M. Schmid: L. und Ideologiekritik (1972) 50ff. – 6 Topitsch [1] (1960) 251. – 7 ders. [1] (1958) 281. – 8 vgl. E. Nagel: Über d. Aussage: «Das Ganze ist mehr als die Summe seiner Teile», in: Topitsch (Hg.) [4] 225–235. – 9 Topitsch [1] (1958) 281. – 10 ders. [4] 28. – 11 vgl. ders. [1] (1960) 234ff. – 12 ebd. 263f. – 13 dazu auch: W. Dieckmann: Sprache in der Politik (1969) 70ff. – 14 Topitsch [1] (1960) 264. – 15 W. Bergsdorf: Über die Schwierigkeit des politischen Sprechens in der Demokratie, in: R. Wimmer (Hg.): Sprachkultur. Jb. 1984 des Inst. f. dt. Sprache (1985) 184–195, 189. – 16 J. Klein: Politische Rhet. Eine Theorieskizze in rhetorik-kritischer Absicht mit Analysen zu Reden von Goebbels, Herzog und Kohl, in: SuL 75/76 (1995) 62–99, 84ff.

J. Klein

→ Formel → Locus communis → Polysemie → Res-verba-Problem → Schlagwort → Stereotyp → Topos → Wissenschaftsrhetorik

Legende (mlat. legenda; engl. legend; frz. légende, ital. legenda).
A.I. Def. und Begriffsentwicklung. – A. II. Rhetor. Praxis und theoretische Aspekte. – B. Geschichte.

A.I. Der Begriff ‹L.› stammt vom lateinischen Gerundiv *legenda* – ‹das zu Lesende› (zunächst Neutrum Pl., später auch Fem. Sing.) und bedeutet: a) die Münz-, Medaillen-, Deviseninschrift bzw. die Zeichen-, Text- oder Bilderklärung; b) die Heiligenlegende: Beschreibung oder Erzählung des Lebens und Wirkens heiliger Personen; auf diese Bedeutung bezieht sich das Folgende. Im christlichen Mittelalter, in dem der Begriff ‹L.› aufkommt, ist diese noch identisch mit ‹Hagiographie›, die ihrerseits als Heiligenbiographie zur der weiten Textgattung der Biographie gehört; *legenda* als Synonym für *vita* scheint zum erstenmal für die ‹Vita Liutbirgae virginis› um 880[1] belegt zu sein.[2] Die häufig anzutreffende künstliche Abgrenzung von Hagiographie, wonach die Hagiographie als historiographische Textgattung eher die Historizität des dargestellten Lebens berücksichtige und eher berichtenden, beschreibenden Charakter habe, während die L. als literarische Textsorte mehr den fiktionalen Aspekt von Heiligenleben betone und in ihrer Darstellungsweise eher erzählend sei, ist, zumindest auf diesen Zeitraum bezogen, unhaltbar, da die historische Existenz eines Heiligen im Mittelalter und noch weit in die Neuzeit hinein keine Rolle spielt[3]; die Definition der L. von H. Günter als «erdichtete Heiligengeschichte»[4] kann in dieser Verallgemeinerung nicht aufrecht erhalten werden. Ebenso wie für die Hagiographie ist das Ziel der L. die geistliche Erbauung der Gläubigen (*aedificatio*) und die Nachahmung des exemplarischen Lebenswandels der Heiligen (*imitatio*). Infolgedessen gehört auch das Wunderbare, das sich in Wundererzählungen und -berichten äußert, zum Wesen der Hagiographie *und* der L. Erst im 16. Jh., beeinflußt von den Auseinandersetzungen der Reformation, nimmt der Begriff ‹L.› die auch heute noch geläufige, freie Bedeutung von unglaubhafter und unwahrscheinlicher Erzählung an; diese Entwicklung wird v.a. durch LUTHER gefördert, der im Kampf gegen den Heiligenkult die mittelalterliche L. durch volksetymologische Ableitung zur ‹Lügende› degradiert (1537).[5] Während im englischen und romanischen Sprachgebrauch *legend* bzw. *légende*, *legenda* auch die profane Volkssage umfaßt, bleibt in der deutschen Literaturwissenschaft der Begriff ‹L.› auf den sakralen Inhalt beschränkt in Abgrenzung zu verwandten Gattungen wie Märchen, Mirakelerzählung, Mythos und Sage. Gerade gegenüber der weltlichen Sage gilt die

L. als deren religiöses Gegenstück; gegenüber dem Mirakel, das allein auf das Wirken von Wundern transzenter Mächte ausgerichtet ist, hat in der L. das Wunderbare eher funktionale Bedeutung zur Illustration des exemplarischen Charakters des Heiligenlebens.

Unabhängig von der Frage nach Historizität und Fiktion versteht die Literaturwissenschaft weiterhin unter ‹L.› inhaltlich den Stoff, der den Heiligenleben zugrundeliegt, ausgehend von dem Phänomen, daß ein- und dasselbe Heiligenleben im Lauf der Jahrhunderte mehrfach umgearbeitet, ergänzt, gekürzt und in verschiedenen literarischen Formen, z.B. als Hymnus, als Sequenz, als Vita in prosaischer wie auch in metrischer und rhythmischer Gestalt, als vollständige Heiligenpredigt oder auch nur als Exempel bzw. als Predigtmärlein innerhalb einer Predigt, als Märchen, als Legendenepos, als Legendendrama und Legendenspiel, als Meisterlied, als Ballade, als Bestandteil weltlicher Dichtungen oder Prosatexte (Chroniken, Erzählsammlungen etc.) u.a., gattungsübergreifend und entsprechend in Stil und Rhetorik verschieden gestaltet werden kann.

Als Legendenstoffe eignen sich besonders die Lebensdarstellungen jener Heiligen, die durch die Bibel und die biblischen Apokryphen weithin bekannt waren und/oder deren Kult größte Verbreitung erlangte, so die Gestalten des AT (Tobias, Judith, Esther, Daniel und die Jünglinge im Feuerofen u.a.) und NT (besonders Jesus, Maria, die Apostel, Maria Magdalena), die frühchristlichen Märtyrer (Sebastian, Georg, Katharina, Barbara, Dorothea u.a.), ferner Eremiten und Asketen (Alexius), bekehrte Huren und Büßerinnen (Pelagia, Afra, Maria Aegyptiaca), Päpste (Silvester) und Bischöfe (Nikolaus), Ordensgründer (Franz von Assisi). Wie wenig historische Wirklichkeit zählt, zeigt die L. vom hl. Alexius, der nach der ältesten Überlieferung (einer syrischen Vita des 5. Jh.) ein anonymer Asket ist; erst in der lateinischen Vita des 10. Jh. erhält er den Symbolnamen Alexius.[6] Völlig fiktiv dagegen sind die Gestalten der hl. Crescentia oder des hl. Gregorius auf dem Stein[7], die auch keinerlei kultische Verehrung genießen. An der in der L. dargestellten Person zählt einzig die innere Glaubwürdigkeit, deren Akzente in den verschiedenen Epochen variieren.

II. Im Unterschied zu den für die Biographie und Hagiographie gebräuchlichen Begriffen *vita*, *passio* u.a. betont *legenda* ursprünglich deren rhetorische Anwendung im geistlichen Bereich: in liturgischer Funktion am Festtag (d.h. Todestag) des jeweiligen Heiligen während der Messe und in den drei Lesungen der Nokturn des Stundengebets der Mönche, für die die bereits vorhandenen und in der Regel umfangreichen Heiligenviten meistens zu liturgischen Kurzviten komprimiert und häufig nur auf wenige, anschauliche Lebensepisoden reduziert werden. Darüber hinaus werden L. im monastischen Bereich als Kapitel- und Tischlesung vorgelesen; von BONAVENTURA stammen z.B. zwei Versionen der Vita des hl. Franz von Assisi (ca. 1262) zur Erfüllung der unterschiedlichen liturgischen und paraliturgischen Bedürfnisse: die ‹Legenda maior S. Francisci› für den Chorgebrauch und die ‹Legenda minor S. Francisci› für die Tischlesung. Ferner finden L. in der religiösen Unterweisung von Laien in der Predigt Anwendung oder werden für Laien in den Volkssprachen öffentlich auf Plätzen oder auf Herrscher- und Adelssitzen vorgetragen, z.B. von fahrenden Sängern; von der altfranzösischen Vers-L. ‹Vie de saint Alexis› (ca. 1050)[8] etwa ist bekannt, daß sie um 1173 von einem Spielmann auf dem Marktplatz von Lyon vorgetragen wurde und bei diesem Anlaß bekehrende Wirkung auf Petrus Valdes, den Begründer der Waldenser, ausübte. Im Spätmittelalter tritt auch die Privatlektüre von L. als Form der Privatandacht des gebildeten Bürgertums hinzu; die mittelhochdeutsche Vers.-L. ‹Alexius› (ca. 1274) und ‹Pantaleon› (ca. 1277) KONRADS VON WÜRZBURG stellen z.B. Auftragsarbeiten für wohlhabende Basler Patrizier zum häuslichen Gebrauch dar. Im Spätmittelalter und im Jesuitendrama des 16.–18. Jh. erfreuen sich auch Legendenspiele (szenische Darstellungen von Heiligenleben) großer Beliebtheit.

In den mittelalterlichen Rhetoriklehren, die weitgehend an die antiken anknüpfen, ist die christliche L. nicht definiert. Von den zur Verfügung stehenden Einteilungsprinzipien der Gattungen wäre die L. nach CICERO [9] als Erzählung von Vorgängen (*narratio in negotiis*) zu klassifizieren. Nach ihrem Realitätsbezug befragt, den bereits die im Mittelalter kontinuierlich tradierte und studierte ‹Rhetorica ad Herennium› nach *fabula*, *historia* und *argumentum* unterscheidet[10], präsentiert sich die L. als Mischung aus *historia* und *argumentum*: als *historia* einerseits, da sie, v.a. im Mittelalter, als Erzählung einer wahren Begegebenheit und damit als Geschichtsschreibung verstanden wird, als *argumentum* andererseits, da nach christlichem Geschichtsverständnis der Wahrheitsanspruch jenseits historischer Fakten zu suchen ist, d.h. im Typischen und im heilsgeschichtlich ewig gültigen Gehalt.

Da die L. in ihrer formalen Ausgestaltung gattungsübergreifend ist, ist eine eindeutige Zuweisung zu einem der drei antiken *genera dicendi* mit ihren Wirkungsfunktionen von *docere*, *delectare* und *movere* (bzw. *flectere*) nicht möglich. Vielmehr gehen alle drei gleichberechtigt im Ziel der geistlichen und moralischen Erbauung (*aedificatio*) auf. Nach der mittelalterlichen Unterscheidung in nur noch zwei Stufen der rhetorischen Ausschmückung (‹Zwei-Stil-Lehre›) ist die L. mit ihrer im allgemeinen volkstümlichen, einfachen Form [11] dem leichten, einfachen Schmuck (*ornatus facilis*) zuzurechnen, d.h. sie zeichnet sich durch ein Zurücktreten der Tropen aus (bes. der Allegorie), während hingegen die Figuren (Variation, bes. Parallelismus; Gegensatz; Wortspiel, bes. Namensetymologie) betont werden.[12]

Das Typische des Heiligenlebens wird v.a. in der Topik zum Ausdruck gebracht. Bereits für das *exordium* stehen zahlreiche *loci* zur Verfügung, z.B. die Vermeidung von Langeweile und Widerwillen (*fastidium, taedium*)[13], die aufgeht in der allgemeinen Forderung nach Kürze (*brevitas*) in der *narratio* [14], oder die Klage über die Schlechtigkeit der erlösungsbedürftigen Welt. [15] Auch die Charakterisierung des Heiligen unterliegt der Topik: Beliebt sind z.B. der *puer-senex*-Topos, den für die L. GREGOR DER GROSSE in der Vita des hl. Benedikt von Nursia prägt[16], sowie die Schönheit des Heiligen.[17] Auch die Wunder der Heiligen-L. sind topisch; aus dem umfangreichen Wunderkatalog seien nur wenige genannt, z.B. Grabwunder, oft begleitet von wunderbarem Duft; Heilungswunder; Licht- und Kerzenwunder; Zähmung wilder Tiere; Unbeweglichkeit von Gegenständen; himmlische Stimmen etc. Schließlich gehört auch die Zahlensymbolik zur häufig in der L. angewandten Topik, sowohl strukturell (Kapitel- und Verseinteilung)[18] als auch inhaltlich, etwa für die Angabe von symbolischen Zeitspannen; beliebte Symbolzahlen sind z.B. 3, 4, 7, 17 (Zahl der Prüfung)[19], 33 bzw. 34 (Zahl der Lebensjahre Jesu) und 100.

B. I. *Antike Vorläufer.* Bedeutender als die Biographien von Herrschern und berühmten weltlichen Persönlichkeiten (CORNELIUS NEPOS, ‹De viris illustribus›; PLUTARCH, ‹Bioi paralleloi›; SUETON, ‹Vitae Caesarum›) sind für die Entwicklung der L. die christlichen Märtyrerakten der Spätantike, die in ihrer formalen Breite nicht nur nüchterne Prozeßakten darstellen können, sondern vielfach dramatische (z.B. die ‹Passio S. Laurentii› und die ‹Passio S. Agnetis›, beide um 380) und romanhafte Elemente (bes. in den apokryphen Apostelakten) aufweisen. Letztere setzen den hellenistischen Roman fort; besonders beliebt ist das Romanmotiv der Wiedererkennung (ἀναγνώρισις, anagnórisis; *recognitio*), das für die Alexius-L. bestimmend ist, aber auch in der Gregorius-L. begegnet. Von den apokryphen Evangelien ist das ‹Pseudo-Matthäus-Evangelium› für die L. besonders wichtig; es liefert den Stoff für die im Mittelalter zahlreichen L. zur Kindheit Jesu (z.B. KONRAD VON FUSSESBRUNNEN, ‹Kindheit Jesu› (ca. 1200–1210). Auch die antike Mythologie spielt in christlicher Umdeutung eine Rolle, z.B. greift die L. vom hl. Georg und dem Drachenkampf die Perseussage auf, die Inzestthematik der Judas- und Gregorius-L. hat ihr inhaltliches Vorbild in der Ödipussage. Formales Vorbild der für das Mittelalter charakteristischen Legendensammlungen sind die als rhetorische *exempla* nach Tugenden und Lastern geordneten ‹Facta et dicta memorabilia› des VALERIUS MAXIMUS (1. Jh. n.Chr.); das christliche Pendant sind die aphoristischen Spruchsammlungen (*apophthegmata*) der Mönchsväter mit moralisch-belehrendem und exemplarischem Anspruch.[20]

II. *Mittelalter.* Die ersten bedeutenden Legendensammlungen des Mittelalters mit Konzentration auf das Exemplarische sind die ‹Vitae patrum› GREGORS VON TOURS (580) und die ‹Dialogi› GREGORS DES GROSSEN (593/94). Sie führen zu den als Zyklus konzipierten L. und Dramen der HROTSVIT VON GANDERSHEIM (962), die jeweils einen bestimmten moralischen Aspekt zum Thema haben, aber auch zu den großangelegten hoch- und spätmittelalterlichen Legendaren, in denen die Heiligenviten nach dem Festtag der Heiligen angeordnet sind. Solche sind das ‹Stuttgarter Passional› aus Zwiefalten (frühes 12. Jh.), das ‹Magnum Legendarium Austriacum› (ältestes Exemplar von 1190) und das zwölfbändige, nach Monaten angelegte ‹Legendar von Böddcken› (1459), wobei für alle liturgische Vollständigkeit angestrebt ist. Die wohl bekannteste Legendensammlung ist die ‹Legenda aurea› des JACOBUS DE VORAGINE (1251–1260) mit Anordnung der L. nach dem Kirchenjahr.[21] Von den deutschsprachigen Legendaren war ‹Der Heiligen Leben› (ca. 1400)[22], gegliedert in einen Sommer- und einen Winterteil, am weitesten verbreitet. Auch in weltlichen Erzählsammlungen sind L. überliefert, z.B. in der ‹Kaiserchronik› oder in den ‹Gesta Romanorum›; letztere enthalten eine allegorische Auslegung (*moralisatio*) der L.

Der Anteil der Legendenliteratur an der lateinischen Gesamtliteratur des Mittelalters ist enorm. Seit dem 9. Jh. treten auch volkssprachliche L. hinzu: das althochdeutsche ‹Georgslied› (ca. 896), die altfranzösische ‹Vie de saint Léger› (10. Jh.) u.a. Zu den höfischen L. des 12. Jh. zählen v.a. aufgrund seiner geschliffenen Verse HARTMANNS VON AUE ‹Gregorius› (ca. 1190)[23], aber auch die L. KONRADS VON WÜRZBURG. Gerade in den mönchischen Ritterorden, aus denen das ‹Passional› und das ‹Väterbuch› (ca. 1300) hervorgehen, werden die L. als Ersatz für weltliche Epik gepflegt.

Neben antiker und biblischer Herkunft sind viele Legendenstoffe orientalischen Ursprungs: Die ‹Christophorus-L.›[24], die ‹Siebenschläfer-L.›,[25] und die auf die Buddha-L. zurückgehende ‹Barlaam und Josaphat-L.›.[26]

III. *Neuzeit bis Gegenwart.* Die Reformation bringt ein vorläufiges Ende der L.; nur noch in schwankhafter oder satirischer Form besteht sie fort, z.B. bei HANS SACHS. Zu den seltenen Ausnahmen, in denen die religiös-erbauliche Funktion weiterhin besteht, zählt MARTIN VON COCHEM mit seinem ‹Auserlesenen History-Buch› (1687). HERDER (1797–1801) erkennt durchaus den kulturhistorischen Wert der L., kann sie aber nur rationalistisch und säkularisiert akzeptieren. Erst bei GOETHE (‹L. vom Hufeisen›, 1798) ist der religiöse Grundzug wieder spürbar. Eine neue Blüte der L. bringt die Romantik mit ihrem Sinn für das Transzendentale, v.a. aber wird ihr poetischer Charakter gewürdigt. Die BRÜDER GRIMM verstehen die L. als fromme Märchen: Ihre Sammlung der ‹Kinder- und Hausmärchen› (1819) enthält auch 10 ‹Kinderlegenden›. Bei C.F. MEYER ersetzt die Psychologisierung die unreflektierte Haltung, während SELMA LAGERLÖF mit ihren ‹Christuslegenden› (1904) wieder zur mittelalterlichen Schlichtheit und Naivität zurückfindet. Eine Parodie der Gregorius-L. ist THOMAS MANNS ‹Der Erwählte› (1951), eine Anti-L., die den Nihilismus der menschlichen Existenz aufzeigen will, ist JOSEPH ROTHS ‹Legende vom heiligen Trinker› (1956), MICHEL TOURNIER versteht in dem Roman ‹Le roi des aulnes› (1970) die Christophorus-L. als Symbol für die Schrecken des deutschen Nationalsozialismus.

Anmerkungen:

1 Das Leben der Liutbirg, hg. von O. Menzel (1937) 45 (Kap. 36). – **2** W. Berschin: Biographie und Epochenstil im lat. MA, Bd. 3 (1991) 271. – **3** zum Problem des Verhältnisses von Hagiographie und L. u.a. H. Rosenfeld: L. (⁴1982) 30ff. – **4** H. Günter: Psychol. der L. (1949) 20. – **5** Die Lügend von St. Johanne Chrysostomo (1537), in: D.M. Luthers Werke. Kritische Gesamtausg. Bd. 50 (1914; ND 1967) 52–64. – **6** Berschin [2] Bd. 1 (1986) 166–173, bes. Anm. 173. – **7** zur Crescentia-L. in der Kaiserchronik (ca.1147) und Hartmann von Aue, Gregorius (ca. 1190): B. Lermen: Moderne L.ndichtung (1968) 22–49 mit neuerer Lit. – **8** Das Leben des heiligen Alexius, hg. von K. Berns (1968). – **9** Cic. Inv. I,19,27. – **10** Auct. ad Her. I,8,18; wiederholt z.B. im 12. Jh. von Johannes de Garlandia, Poetria (Poetria magistri Johannis Anglici de arte prosayca, metrica et rithmica, hg. von G. Mari, in: RF 13 (1902) 926). – **11** L. als ‹einfache Form› definiert von A. Jolles: Einfache Formen (⁵1974). – **12** Arbusow 17–20. – **13** z.B. Walahfrid Strabo, Vita S. Galli II,46 (833/34), hg. von B. Krusch, MGH Scriptores rerum Merovingicarum, Bd. 4, 336; Vita S. Magni, Kap. 28 (ca. 896), hg. von D. Walz (1989) 192. – **14** in der antiken Rhetorik z.B. Cic. Inv. I,15; Cic. De or. II, 80, 326; Hor. Ars 25 und 335; in der L. z.B.: anon. Vita S. Galli metrica, 1473 (9. Jh.), hg. von E. Dümmler, MGH Poet. Bd. 2, 465; Heiric von Auxerre, Vita S. Germani metrica, III,127 (ca.875), hg. von L. Traube, MGH Poet. Bd. 3, 464; Curtius 479–485; Arbusow 100–102. – **15** Prolog zur ‹Vie de saint Alexis› (ca. 1050), V. 1–10, hg. von K. Berns [8] 10. – **16** Gregor d. Gr., Dialogi II,1, hg. von A. de Vogüé, Bd. 2 (1979) 126; Curtius 110; ferner Tobias (Tb 1,4) und Hartmann von Aue, Gregorius, V. 1178. – **17** W. Berschin: Die Schönheit des Heiligen, in: Th. Stemmler (Hg.): Schöne Frauen – Schöne Männer.Lit. Schönheitsbeschreibungen (1988) 69–79. – **18** Curtius 491–498. – **19** z.B. Alexius-L. und Gregorius-L. – **20** Berschin [2] Bd. 1 (1986) 128–133. – **21** Jacobus de Voragine: Legenda aurea, hg. von Th. Graesse (³1890; ND 1969); R. Rhein: Die Legenda aurea des Jacobus de Voragine (1995). – **22** Der Heiligen Leben, Bd. 1: Sommerteil, hg. von M. Brand, K. Freienhagen-Baumgardt, R. Meyer und W. Williams-Krapp (1996); vgl. K. Kunze, in: VerfLex. Bd. 3 (²1981) 617–627. – **23** Hartmann von Aue, Gregorius, hg. von F. Neumann (1958). – **24** vgl. G. Benker: Christophorus, Patron der Schiffer, Fuhrleute und Kraftfahrer. L., Verehrung, Symbol (1975). – **25** vgl. Berschin [2] Bd. 1 (1986) 296f.

Literaturhinweise:
Th. Wolpers: Die engl. Heiligenl. des MA. Formgesch. des L.erzählens von der spätantiken lat. Tradition bis zur Mitte des 16. Jh. (1964). – R. Schulmeister: Aedificatio und imitatio. Studien zur intentionalen Poetik der L. und Kunstl. (1971). – U. Wyss: L., in: V. Mertens, U. Müller (Hg.): Epische Stoffe des MA (1984) 40–60. – U. Ernst: Studien zur altfrz. Versl. (10.–13. Jh.). Die L. im Spannungsfeld von Chanson de geste und Roman (1989). – C.M. Riehl: Kontinuität und Wandel von Erzählstrukturen am Beispiel der L. (1993). – E. Feistner: Historische Typologie der dt. Heiligenl. des MA (1995).

D. Walz-Dietzfelbinger

→ Ars praedicandi → Biographie → Chanson de geste → Christliche Rhetorik → Erbauungsliteratur → Exempelsammlungen → Exemplum → Hagiographie → Historia → Homiletik → Imitatio → Narratio → Predigt

Lehrbuch (griech. [διδασκαλικὸν] ὄργανον, [didaskalikón] órganon; τέχνη, téchnē; lat. organum, ars, institutio; engl. textbook, manual; franz. livre d'enseignement, cours, traité; ital. libro di testo, testo).
A. Def. – B. Geschichtl. Aspekte: I. Griechisch-römische Antike. – II. Spätantike und Mittelalter. – III. Humanismus und Reformation. – IV. Barock, Aufklärung. – V. 19. und 20. Jh.

A. Das L. ist eine Gattung der didaktischen Literatur, die dem Lehrenden und dem Lernenden in systematischer und methodischer Weise unter didaktisch-rhetorischer Aufarbeitung und Präsentation des Fachwissens einen Überblick mindestens über ein substantielles Teilgebiet eines Faches, im Regelfall aber über das gesamte Fach vermitteln und ihm die Aneignung bestimmter Fähigkeiten und Kenntnisse im schulischen und Hochschulunterricht, in der fachlichen Ausbildung oder im Selbststudium ermöglichen soll. Die systematisch in konzentrierter Darstellung fortschreitende Gliederung des Stoffes und die Bestimmung von fachtypischen Begriffsrelationen und griffigen Definitionen verbinden L. aus verschiedenen Fächern und unterschiedlichen Epochen. Die Methodologie des L. wird in den rhetorischen τέχναι, téchnai der griechischen Sophisten begründet, von dort zuerst auf philosophische und grammatische L. und dann auf einen immer größeren Kreis von Wissenschaften und Künsten übertragen. [1] Das *prodesse* überwiegt beim L. stets das *delectare*.

Durch die sorgfältige rhetorisch-didaktische Präsentation des Stoffes unterscheidet sich das L. vom wissenschaftlichen Handbuch für Fachleute oder Fachlexikon, mit denen es den Anspruch auf Zuverlässigkeit des vermittelten umfassenden Fachwissens teilt. Der das gesamte Fachwissen umfassende Anspruch trennt das L. von den *isagogischen* oder *protreptischen* Schriften, die den Leser nur in die Grundlagen des Faches einführen oder für eine Disziplin interessieren wollen. Große Ähnlichkeiten bestehen zwischen dem L. und ihm nahe verwandten Gattungen der didaktischen Literatur: dem Handbuch, der *summa*, den Enzyklopädien, Fachlexika oder den Schulbüchern. Formal als Dichtungen, Dialoge oder Epistelsammlungen verfaßt, gehören auch die Lehrgedichte, Lehrdialoge und Sammlungen von Sentenzen und Briefen inhaltlich zu den Formen des antiken und mittelalterlichen L. Als ein essentieller Teil der Buchgelehrsamkeit stehen L. in solchen Kulturen in besonders hoher Achtung, deren vorherrschende Religion «Heiligen Schriften» einen hohen Stellenwert einräumt, z.B. im Judentum, Islam und Christentum. L. unterschiedlicher Fächer und sogar des gleichen Faches unterscheiden sich in einzelnen historischen Perioden erheblich. Insbesondere neuzeitliche L. des gleichen Faches weichen nach den zugrundeliegenden konkurrierenden fachlichen und didaktischen Schulen und Richtungen deutlich voneinander ab.

Anmerkung:
1 vgl. M. Fuhrmann: Das systemat. Lehrbuch. Ein Beitr. zur Gesch. der Wiss. in der Antike (1960) 7–9; K.W. Döring: Lehr- und Lernmittel: zur Gesch. und Theorie unter besonderer Berücksichtigung der Arbeitsmittel (1969).

B. *Geschichtliche Aspekte.* **I.** *Griechisch-römische Antike.* Seit dem ausgehenden 5. und 4. Jh. v.Chr. entstehen in Griechenland τέχναι (téchnai, L.) zunächst für die neuartige sophistische Rhetorik [1], dann für philosophische Lehrsysteme, für die Grammatik, Poetik und schließlich fast alle Fachgebiete des antiken Unterrichtes. Dieser bleibt trotz der L., durch deren Lektüre man sich auch im Selbststudium Fachwissen aneignen kann, eine mündliche Unterweisung der Schüler durch ihre Lehrer. Von einer in der Antike vorliegenden großen Zahl von L. verschiedener Fächer ist heute nur noch ein Bruchteil erhalten: L. der Rhetorik (ANAXIMENES, ARISTOTELES, AUCTOR AD HERENNIUM, CICERO, QUINTILIAN), der Grammatik (AELIUS DONATUS, PRISCIANUS), der Dichtkunst (HORAZ), des Ackerbaus (COLUMELLA), der Architektur (VITRUV), der Medizin (CELSUS, GALENOS) oder der Rechtswissenschaft (GAIUS). Besonders einflußreich sind L. der einzelnen Fächer des Kanons der ἐγκύκλιος παιδεία, enkýklios paideía [2] und enzyklopädische L. aller dieser Fächer, z.B. VARROS ‹Disciplinarum Libri› oder die spätantiken Werke des MARTIANUS CAPELLA und CASSIODOR. L. der Rhetorik zeigen oft eine stärkere Stilisierung als die L. anderer Fächer, bei denen sich die rhetorische Ausschmückung meist auf die Proömien und überleitende Floskeln zwischen den nüchternen Sachkapiteln beschränkt. Im vorliegenden Artikel wird der Schwerpunkt auf L. der Rhetorik gelegt, weil diese als älteste antike L. mit ihrem systematisch-methodischen Aufbau und der typischen Unterteilung des Faches für andere Fächer vorbildlich werden. Zudem prägt die Rhetorik die sprachliche Gestaltung der L. auch anderer Fächer.

Aufgrund der fragmentarischen Überlieferungslage ist es umstritten, welcher der großen Sophisten und Redelehrer des ausgehenden 5. und 4. Jh. als erster ein rhetorisches L., eine schriftliche téchnē, verfaßte. Man vermutet dies für KORAX und TEISIAS zur Gerichtsrede [3], danach für GORGIAS. [4] Frühe rhetorische téchnai schreiben vermutlich auch über Teilbereiche des Faches THRASYMACHOS [5] und ANTIPHON [6], aber nicht ISOKRATES. [7] Mit Sicherheit sind in der zweiten Hälfte des 4. Jh. aber L. der gesamten Rhetorik mit dem Titel τέχνη ῥητορική (téchnē rhētorikē, L. der Rhetorik) für THEODEKTES VON PHASELIS [8] und PHILISKOS VON MILETOS bezeugt. [9] Das erste erhaltene Beispiel eines rhetorischen L., die ‹Rhetorica ad Alexandrum›, stammt von ANAXIMENES VON LAMPSAKOS. [10] Schon dieses Werk ordnet in typischer Weise den gesamten Stoff in eine geschlossene Begriffspyramide ein und verwendet wichtige Unterteilungen, Definitionen und für die Zukunft prägende Fachbegriffe. Wesentlich bedeutender wird jedoch die nur wenig jüngere ‹Rhetorik› des ARISTOTELES, die den Stand der bisher vorliegenden L. der Rhetorik zusammenfaßt und in der systematisierenden Darstellung, der begrifflichen Differenzierung sowie der komplizierten Einteilung des Stoffes einen wesentlichen Fortschritt darstellt.[11] Aristoteles begründet die Rhetorik als Theorie des Meinungswissens und der wahrscheinlichen Schlüsse, der glaubhaften Argumentation und des Überzeugens der Gefühlsgründe; er unterscheidet Gattungen und Arten der Rede, arbeitet ihre Unterschiede (διαφοραί, diaphoraí) heraus und grenzt ihnen allen gemeinsame und jeweils spezifische Merkmale sauber voneinander ab.[12]

Nachdem zunächst auch im römischen Rhetorikunterricht[13] ausschließlich griechische L. verwendet werden, verfaßt gegen 80 v.Chr. der AUCTOR AD HERENNIUM ein erstes erhaltenes lateinisches L. der Rhetorik, die ‹Rhetorica ad Herennium›.[14] Von den zentralen Begriffen der *ratio dicendi* und der *rhetorica ars* ausgehend wird die Theorie der Redekunst in vier Büchern in komplizierter Verästelung entfaltet. Dabei werden die historisch unabhängig voneinander entstandenen rhetorischen Einteilungsprinzipien der *officia oratoris*, der *genera causarum*, der *partes orationis* und die Status-Lehre miteinander verbunden. In der nächsten Generation folgen mehrere Werke CICEROS über Teilgebiete der Rhetorik, die seitdem zusammen mit dem großen L. QUINTILIANS bis zum Ende der klassischen Rhetorik als eigenständiges Schul- und Universitätsfach im ausgehenden 18. und frühen 19. Jh. eine Schlüsselrolle als rhetorische L. spielten: ‹De inventione›, ‹Partitiones oratoriae›, ‹Topica›, ‹Orator› und ‹De oratore›.[15] Die ‹Rhetorici libri II› (so von Quintilian zitiert) oder allgemein ‹De inventione› genannte Jugendschrift ist das bis zur Neuzeit einflußreichste L. Ciceros. Es behandelt nur einen Teil der rhetorischen Theorie, die Lehre von der (Er-)Findung (*inventio*). Der Definition des Gegenstandes folgt die Erörterung der Grundbegriffe der Rhetorik: *genus*, *officium*, *finis*, *materia* und *partes*. Die Lehren vom *status* und den *partes orationis* werden im ersten Buch auf das Problem der rhetorischen *inventio* angewandt und durch eine ausführliche Argumentationstopik im zweiten Buch ergänzt. [16] Diese Schriften Ciceros addieren sich zu einem Überblick über das gesamte Fach.

Das bedeutendste, systematischste und umfangreichste L. der lateinischen Rhetorik ist jedoch die ‹Institutio oratoria› des QUINTILIAN.[17] Dieses L. (95 n.Chr. veröffentlicht) faßt seine jahrelange praktische Erfahrung als Rhetoriklehrer in 12 Büchern zusammen. Die Bücher 1–2 behandeln Kindheit und erste Schulausbildung, 3–7 die Lehre der *inventio* und der *dispositio*, 8–10 Fragen des Stiles, 11 Ausdruck und Vortrag und 12 die allgemeine Bildung und die charakterliche Qualitäten des *perfectus orator*. Durch die pädagogischen Anleitungen zur Kindererziehung in den Einleitungsbüchern und umfangreiche Passagen zu Themen außerhalb des strengen Lehrgebäudes der griechisch-römischen Rhetorik, z.B. den berühmten Abriß der griechisch-römischen Literatur im 10. Buch als Hinweis zur Lektüre des künftigen Redners, geht die ‹Institutio oratoria› weit über den üblichen Inhalt antiker L. der Rhetorik hinaus.

Anmerkungen:
1 vgl. Kennedy Gr. – 2 vgl. F. Kühnert: Allgemeinbildung und Fachbildung in der Antike (1961). – 3 L. Radermacher: Artium Scriptores (Reste der voraristotelischen Rhet.), (Wien 1951) B II 7–12. – 4 ebd. B VII 1–6. – 5 vgl. Plat. Phaidr. 271a. – 6 Radermacher [3] B X 1–2 und 6–11. – 7 ebd. B XXIV 5 und 16. – 8 ebd. B XXXVII 2. – 9 ebd. B XXXII 1. – 10 Ausg.: M. Fuhrmann (1966); Lit: M. Fuhrmann: Das systemat. L. (1960) 11–28; 122–123. – 11 Ausg.: R. Kassel (Berlin und New York 1976); Übers.: F.G. Sieveke: Aristoteles, Rhet. (⁴1993); Komm.: W.M.A. Grimaldi: Aristotle Rhetoric I. A Commentary (New York 1980; ND 1988). – 12 Fuhrmann, L. [10] 138–142. – 13 vgl. Kennedy Rom.; M.L. Clarke: Rhetoric at Rome. A Historical Survey (London ³1996). – 14 Ausg.: Th. Nüßlein: Rhetorica ad Herennium (1994); Lit.: J. Adamietz: Ciceros De inventione und die Rhet. ad Herennium (1960); Fuhrmann, L. [10] 41–58. – 15 Ausg.: De inv. E. Stroebel (1915; ND 1977); Übers.: Th. Nüßlein (1998); Partitiones oratoriae – Rhet. in Frage und Antwort, hg. und übers. v. K. u. G. Bayer (1994); Topica – Die Kunst, richtig zu argumentieren, hg. und übers. v. K. Bayer (1993); Orator: B. Kytzler (³1988); De oratore, hg. v. A.S. Wilkins (Oxford 1892; ND Hildesheim ²1990); dt. Übers.: H. Merklin (1976); Lit.: A. Michel: Rhétorique et philosophie chez Cicéron (Paris 1960); K. Barwick: Das rednerische Bildungsideal Ciceros (1963). – 16 zum Aufbau: Fuhrmann, L. [10] 58–69. – 17 Ausg.: H. Rahn, 2 Bde., Texte zur Forschung 2–3 (1972–1975); Lit.: G. Kennedy: Quintilian (New York 1969); O. Seel: Quintilian oder die Kunst des Redens und Schweigens (1977; ND 1987).

II. *Spätantike und Mittelalter.* In der Spätantike entstehen neuartige L. des christlichen Glaubens, aber auch den Bedürfnissen der jungen Kirche angepaßte L. der christlichen Rhetorik. Diese dient als Waffe in der Auseinandersetzung mit der heidnischen Bildungselite, zur Darstellung der eigenen Lehren auf hohem sprachlichen Niveau und für die Zwecke der Predigt und der Mission. Christen brauchen religiöse L. in den Familien und Gemeinden für den Katechismusunterricht sowie die Klerikerausbildung, ferner – dies gilt vor allem für den Westen – grammatisch-sprachliche L. wegen der im Kult vorgeschriebenen lateinischen Sprache. Unter diesen ragen die ‹Ars minor› und ‹Ars maior› des AELIUS DONATUS[1] und die ‹Institutionum grammaticarum libri XVIII› des PRISCIANUS VON CAESAREA[2] hervor.

Die Heiligen Schriften des Alten und Neuen Testamentes sind keine systematischen L. des christlichen Glaubens. Sie bilden jedoch den dominierenden Unterrichtsstoff in den Klosterschulen auf der elementaren Ebene des Erlernens von Lesen und Schreiben. Nur im weiteren Sinne, in dem die meisten Gattungen der mittelalterlichen Literatur in gewissem Umfange lehrhafte Literatur sind[3], lassen sich auch Sammlungen von Heiligenviten und Predigten als religiöse L. auffassen. Der ‹Paidagogos› des CLEMENS VON ALEXANDREIA[4] hingegen ist das erste L. der christlichen Erziehung und Lebenshaltung. AUGUSTINUS verfaßt um 400 n.Chr. mit ‹De fide, spe, caritate sive enchiridion de catechizandis rudibus›[5] ein religiöses und mit dem vierten Buch von ‹De doctrina christiana›[6] ein rhetorisches L. aus christlichem Geiste, das eine große Wirkung auf die Ausbildung der *ars praedicandi* hat.[7] Das gesamte Gebiet der spätantiken *septem artes liberales* umfassen die einflußreichen Enzyklopädien des MARTIANUS CAPELLA ‹De nuptiis Philologiae et Mercurii›[8], CASSIODORS ‹Institutiones divinarum et humanarum litterarum›[9] und ISIDORS VON SEVILLA ‹Etymologiae›. [10] Zunächst werden im frühen und hohen Mittelalter in den Fächern der *artes liberales* weiterhin diese spätantiken L. und Enzyklopädien benutzt. Der praktische Unterricht in den meisten Fächern erfolgt jedoch sowohl innerhalb des Schul- und Hochschulsystems als auch in der fachlich-beruflichen Ausbildung auf einer überwiegend mündlichen Basis. An die Lehrer richten sich auch die vorhandenen mittelalterlichen L. in erster Linie. Denn sie vermitteln ihren Schülern den Stoff eines Faches. Erst auf einer höheren Unterrichtsstufe studiert man in gemeinsamer Lektüre die autoritativen *auctores* bestimmter Fächer. Neue L.

werden zunächst für die elementare Ausbildung der *clerici* verfaßt, z.B. von HRABANUS MAURUS das Werk ‹De institutione clericorum›. Frühe epochenspezifische L. befassen sich mit dem Kirchenrecht sowie in Italien, Frankreich und England der weltlichen Rechtswissenschaft. In lateinischer Sprache entstehen keine neuen systematischen L. der gesamten Rhetorik. Hinzuweisen ist aber auf ALKUINS ‹Dialogus de rhetorica et virtutibus› als ein karolingisches Werk, das sich einem systematischen L. in mancher Hinsicht annähert.

Erst ab dem ausgehenden 12. und 13. Jh. entstehen neue, den aktuellen Stand des Fachwissens zusammenfassende Überblicke über einzelne Fächer, die *summae* und *compendia*, verkürzende Darstellungen des gesamten Fachgebietes, oder *specula*, enzyklopädische Darstellungen des Wissens der wichtigsten Fächer. Diese erhalten schnell für ihre Disziplinen autoritativen Rang, z.B. das ‹Speculum maius› des VINCENZ VON BEAUVAIS oder die ‹Summa theologiae› des THOMAS VON AQUIN. Es entstehen auch neue systematische L. für die drei mittelalterlichen rhetorischen *genera* der *ars poetriae* [11], der *ars praedicandi* [12] und *ars dictaminis*. [13] Unter den L. der christlichen Predigt sei auf GUIBERT VON NOGENTS ‹Liber quo ordine sermo fieri debeat› (ca. 1084) und auf die ‹Ars praedicatoria› des ALANUS AB INSULIS (ca. 1200) verwiesen. Anweisungen zum rhetorisch-kunstmäßigen Abfassen von Briefen und Urkunden liegen in den italienischen *artes dictaminis* (*dictandi*) des ALBERICH VON MONTECASSINO und des Bolognesen ADALBERTUS SAMARITANUS vor. Unter den neuen *artes poetriae* ragen die ‹Ars versificatoria› des MATTHAEUS VON VENDÔME (vor 1175) und die ‹Poetria nova› des GALFRID VON VINSAUF (ca. 1210) hervor, die in bewußte *aemulatio* (Wetteifer) mit dem bisher führenden L. der Poetik, der ‹Ars poetica› des HORAZ, treten.

In der schulmäßigen Rhetorik bleibt die Bedeutung der antiken lateinischen L. überragend. Die ‹Rhetorica ad Herennium› wird im Mittelalter und frühen Humanismus als ‹Rhetorica nova› oder ‹Rhetorica secunda› bezeichnet und irrtümlich für ein Werk Ciceros gehalten. Man unterscheidet sie von dessen Traktat ‹De inventione›, den man als ‹Rhetorica vetus› oder ‹Rhetorica prima› benennt. [14] Diese beiden Werke sind die wichtigsten lateinischen L. der Rhetorik, bis ab dem 12. Jh. QUINTILIANS ‹Institutio oratoria› stärker hervortritt, deren vollständiger Text aber erst wieder Anfang des 15. Jh. entdeckt wird. [15] ONULFS VON SPEYER Traktat ‹Colores rhetorici› (1050) zur Figurenlehre wird viel gelesen. Während es zuvor nur indirekte Wirkungen der ‹Rhetorik› des ARISTOTELES über lateinische Vermittler gegeben hatte, erhält sie seit den lateinischen Übersetzungen des 13. Jh. durch HERMANNUS ALEMANNUS (der seiner Textversion den ‹Rhetorik›-Kommentar des al-Farabi zugrunde legt) und WILHELM VON MOERBEKE erneut eine große Bedeutung. In Byzanz stammen dagegen die im Mittelalter maßgeblichen L. noch aus dem 2.-4. Jh. n.Chr. Unter dem Stilgebot der μίμησις (mímēsis; Nachahmung) bleibt die byzantinisch-griechische Rhetorik den antiken Lehren noch stärker verpflichtet als die westlich-lateinische. Die wichtigsten L. samt Kommentaren werden zum ‹Corpus Hermogenianum› zusammengefaßt, das verschiedene Traktate des HERMOGENES selbst, des APHTHONIOS und des PSEUDO-MENANDROS enthält. [16]

Vom 13.–15. Jh. entstehen als Konkurrenz zu den lateinischen L. wichtige volkssprachliche Übersetzungen der rhetorischen L., insbesondere der ‹Rhetorica ad Herennium›, ins Italienische (BONO GIAMBONI), Französische (JEAN D'ANTIOCHE) und Kastilische (ENRIQUE DE VILLENA). BRUNETTO LATINI übersetzt in seiner ‹Rettorica› (ca. 1260) den größten Teil von CICEROS ‹De inventione›. Latinis einflußreiches enzyklopädisches L. ‹Li Livres dou Trésor› [17] steht in der Tradition der spätmittelalterlichen *summae* oder *specula* [18], sein ‹Tesoretto› setzt die Lehrgedichte fort. Die Rhetorik wird in Italien und Frankreich im späten 13. und 14. Jh. als ein Teil der Dichtungslehre und der neuen volkssprachlichen Grammatik behandelt. DANTES ‹De vulgari eloquentia› gilt als frühes L. der Poetik und Rhetorik im *volgare*. Ein gutes Beispiel ist auch JEAN MOLINETS ‹Art de rhétorique vulgaire› als eine der theoretischen Schriften der *Rhétoriqueurs* oder *Orateurs* am burgundischen Hof, in denen mit *première rhétorique* die Prosa und mit *seconde rhétorique* die Verskunst bezeichnet wird. In deutscher Sprache entstehen volkssprachliche L. der Rhetorik nicht vor dem späten 15. Jh. Ältere didaktische Reimversdichtungen oder Spruchsammlungen können nicht als systematische L. der Rhetorik bezeichnet werden. Die Schriften des FRIEDRICH VON NÜRNBERG (1450/60) und die ‹Translationes› (1478) des NIKLAS VON WYLE bereiten die frühesten vollständigen und systematischen deutschen L. der Rhetorik vor: FRIEDRICH RIEDERERS ‹Spiegel der waren Rhetoric› (1493) und HEINRICH GESSLERS eher praxisorientiertes Werk ‹New practiziert rhetoric und brieff formulary›. [19]

Anmerkungen:
1 Ausg.: H. Keil: Grammatici Latini 4 (1864; ND 1961). – **2** Ausg.: M. Hertz: Grammatici Latini 2,3 (1855–59; ND 1961). – **3** vgl. den Artikel: Lehrhafte Literatur I–XV, in: LMA Bd. 5 (München/Zürich 1991) 1827–1843. – **4** Ausg.: H. I. Marrou u. a.: SC 70, 108, 158 (Paris 1960–1970). – **5** Ausg.: A. Sizoo: Scriptores christiani primaevi III (Den Haag 1947). – **6** Ausg.: J. Martin: CChr. SL XXXII (Turnhout 1962). – **7** siehe Murphy RM 43–88; G. Klager: De doctrina christiana von Aurelius Augustinus: Die erste Anweisung zur christlichen Redekunst (Wien 1970); A. Hagendahl: Von Tertullian zu Cassiodor. Die profane lit. Tradition in dem lat. christlichen Schrifttum (Göteborg 1983). – **8** Ausg.: J. Willis (1983). – **9** Ausg.: R. A. B. Mynors (Oxford 1937). – **10** Ausg.: W. M. Lindsay (Oxford 1911; ND 1957). – **11** vgl. Murphy [7] 135–193. – **12** ebd. 269–355. – **13** ebd. 194–268. – **14** vgl. J. O. Ward: From Antiquity to the Renaissance: Glosses and Commentaries on Cicero's Rhetorica, in: Murphy ME 25–67. – **15** vgl. P. Lehmann: Die Institutio oratoria des Quintilian im MA (1934). – **16** vgl. H. Hunger: Aspekte der griechischen Rhet. von Gorgias bis zum Untergang von Byzanz (Wien 1972); G. L. Kustas: Studies in Byzantine Rhetoric, Analekta Blatadon 17 (Thessalonike 1973); Kennedy Christ. – **17** Ausg.: F. J. Carmody (Berkeley 1948). – **18** L. Olschki: Gesch. der neusprachlichen wiss. Lit., 3 Bde. (1919–1927; ND Vaduz 1965), insb. Bd. I, 16; vgl. auch R. Copeland: Rhetoric, Hermeneutics and Translation in the Middle Ages (Cambridge 1995). – **19** vgl. H. Rupprich: Vom späten MA bis zum Barock, in: H. De Boor, R. Newald: Gesch. der dt. Lit. IV,1 (1970) 570–573 zu Niklas v. Wyle; E. Kleinschmidt: Humanismus und urbane Zivilisation, F. Riederer (um 1450 – um 1510) und sein ‹Spiegel der waren Rhetoric›, in: ZDA 112 (1983) 296–313.

III. *Humanismus und Reformation*. Die Erfindung des Buchdruckes verändert die Bedingungen der Lehre auf schulisch-universitärem Niveau und in der fachlich-technischen Berufsausbildung mittelfristig gravierend. Denn gedruckte L. werden billiger und erlangen eine viel weitere Verbreitung als die handschriftlichen Kopien in der Antike oder im Mittelalter. Das L. spielt nun eine größere Rolle. Während sich die meisten antiken und mittelalterlichen L. primär an die Lehrenden gerichtet hatten, die den Stoff dann in mündlichen Formen der Wissensvermittlung weitergaben, werden nun die Lernenden als Lesende zur Hauptzielgruppe der L. Die Bedeutung des Selbststudiums mit Hilfe gedruckter L. steigt stetig.

Neue rhetorische L. werden von führenden Humanisten Europas verfaßt. Sie stützen sich auf QUINTILIANS ‹Institutio Oratoria› und die Werke CICEROS als Modelle der humanistischen *eloquentia*. Aus einer Vielzahl von Werken seien beispielhaft genannt: ‹Rhetoricorum libri V› des GEORG VON TRAPEZUNT (1433–34), die ‹Artis rhetoricae praecepta› des ENEA SILVIO (1456), LORENZO VALLAS ‹Disputationes dialecticae› (1439) und der ‹Ciceronianus› des ERASMUS (1528).[1]

Durch die Reformationsbewegung erhält der Katechismus, das religiöse L., eine besonders hohe Bedeutung. Für den religiösen Unterricht sei auf den ‹Großen Katechismus› und den ‹Kleinen Katechismus› LUTHERS (1529)[2] und auf die ‹Christianae religionis institutio› des JEAN CALVIN (1536) verwiesen, denen im katholischen Bereich der ‹Catechismus maior› (1555) und der viel weiter verbreitete ‹Catechismus minor› (1558) des Jesuiten PETRUS CANISIUS gegenüberstehen.[3] In der Vermittlung der elementaren Schreib- und Lesefähigkeit wird seit der Reformationszeit die Fibel als L. zur Erlernung der Muttersprache im Unterricht als Lehrmittel vorherrschend. Ihr zur Seite tritt als Sonderform des muttersprachlichen L. das Lesebuch.

Für die protestantischen Gelehrtenschulen und ihre Predigtlehre bilden MELANCHTHONS Rhetorikschriften grundlegende L., insbesondere ‹Elementorum rhetorices libri duo› (1531 und erweitert 1542)[4], ‹De officiis concionatoris›(1535) und ‹De Elementis Rhetorices›. M. Crusii Quaestionibus adjectis›(1563). Weite Verbreitung erlangen auch die rhetorischen L. des J. STURM, insbesondere seine kommentierte lateinische Übersetzung (1570) der *Stasis*-Lehre des HERMOGENES. Auch in der gegenreformatorischen katholischen Bildungswelt steigt die Wichtigkeit des rhetorischen L. wegen der großen Bedeutung der Predigt im späten 16.-18. Jh. Die jesuitische Rhetorik ist der scholastischen und humanistischen Tradition gleichermaßen verpflichtet. Dies illustrieren die L. des C. SOAREZ, vor allem ‹De Arte Rhetorica libri tres, ex Aristotele, Cicerone & Quinctiliano praecipue deprompti› (1577).

Anmerkungen:
1 vgl. G. Streckenbach: Stiltheorie und Rhet. der Römer als Gegenstand der imitatio im Bereich des deutschen Humanismus (1932); J. Seigel: Rhetoric and Philosophy in Renaissance Humanism (Princeton 1968); Plett. – 2 Ausg.: H.H. Borchert, G. Merz (Hg.): M.Luther, Ausg. Werke, Bd.3 (³1962) 167–185 ‹Der kleine Katechismus› und ebd. 186–291 ‹Der große Katechismus›. – 3 Ausg.: F. Streicher (Hg.): Sancti Petri Canisii Doctoris Ecclesiae Catechismi latini et germanici, 2 Bde. (Rom 1933–1936). – 4 Ausg.: Corpus Reformatorum, Vol. XIII (1846; ND 1963) Sp. 413–506; Lit: J. Knape: Ph. Melanchthons Rhet. (1993).

IV. *Barock, Aufklärung*. Die Barockzeit neigt zur systematischen Ordnung großer Mengen an Fachwissen. L. und umfassende Kompendien über bestimmte Fächer nehmen daher stark zu. Die modernen und nützlichen muttersprachlichen L. machen von nun an den traditionellen lateinischen L. immer schärfere Konkurrenz. Dies gilt sogar in einem so stark traditionsgebundenen Fach wie der Rhetorik.

Weit über Deutschland hinaus werden die L. des J. COMENIUS bekannt, der in seiner ‹Großen Didaktik›[1] der Pädagogik wegweisende Anstöße gibt und im ‹Orbis sensualium pictus› (1658)[2] systematisch Bilder als gleichwertiges Mittel des Unterrichtes neben dem Text und als umfangreiche Inhalte des L. aufnimmt.

Mit dem im 17.–18. Jh. deutlich größeren Lesepublikum kommt eine neue Gattung als Konkurrent des L. auf, das Sachbuch. Während sich das wissenschaftliche L. an Lehrende und Lernende des Faches richtet und immer ausschließlicher nur diese als Leser anspricht, wendet sich das Sachbuch in populärwissenschaftlicher Vereinfachung erfolgreich an den allgemein gebildeten und interessierten Leser.

Der Rhetorikunterricht wird im Barockzeitalter[3] an protestantischen Gelehrtenschulen, Jesuitengymnasien, Ritterakademien und Universitäten zunächst noch nach lateinischen L. erteilt. J.H. ALSTED orientiert sich in seiner einflußreichen Enzyklopädie ‹Sex libris informatus in Quorum I. Praecognita. II. Oratoria communis. III. Epistolica. IV. Methodus Eloquentiae. V. Critica. VI. Rhetorica Ecclesiastica. Accedit Consilium de Locis Communibus recte adornandis› (³1616) an klassischen Vorbildern. Vielleicht der wichtigste Verfasser eines rhetorischen L. dieser Epoche ist G.J. VOSSIUS mit seinen ‹Commentariorum Rhetoricorum, Sive Oratoriarum Institutionum Libri Sex› (1606/⁴1643)[4] und der Kurzfassung, den ‹Rhetorices Contractae, Sive Partitionum Oratoriarum Libri Quinque› (1621 und ²1660). Das erste deutschsprachige L. der Barockrhetorik schreibt J.M. MEYFART: ‹Teutsche Rhetorica oder Redekunst› (1634 und erneut 1653). Die neuartigen L. der Rhetorik behandeln keineswegs mehr ausschließlich die Gerichts-, Beratungs- oder Lobrede, sondern schließen die gesamte Poetik, Deklamatorik, Predigtlehre und Briefkomposition ein. Weite Verbreitung erlangen B. KINDERMANNS ‹Der Deutsche Redner› (1660) und CHR. WEISES ‹Neu-Erleuterter politischer Redner› (1684).[5] G.P. MÜLLER ‹Abriß einer gründlichen Oratorie, zum Academischen Gebrauch entworffen und mit Anmerckungen versehen› (1711) und J.C. MÄNNLINGS ‹Expediter Redner› (1718) [6] neigen in ihren L. zu einer übertriebenen Differenzierung der Gelegenheitsreden nach ihren verschiedenen Anlässen. Die Gefahr eines zu starren Schematismus droht dem rhetorischen L. schon seit seiner Entstehung, doch tritt sie verstärkt in L. des 18.Jh. auf. J.C. GOTTSCHED versucht Auswüchsen in seinem L. ‹Ausführliche Redekunst, nach Anleitung der alten Griechen und Römer, wie auch der neuern Ausländer; Geistlichen und weltlichen Rednern zu gut, in zweenen Theilen verfasset und mit Exempeln erläutert› (1736) entgegenzusteuern.[7]

Anmerkungen:
1 Ausg.: A. Flitner: J. Comenius ‹Die Große Didaktik› (⁷1982). – 2 Ausg.: H. Rosenfeld: Comenius ‹Orbis sensualium pictus› (1964). – 3 vgl. Barner; G.K. Braungart: Hofberedsamkeit. Stud. zur Praxis höfisch-politischer Rede im dt. Territorialabsolutismus, Stud. zur dt. Lit. 96 (1988). – 4 Ausg.: G.J. Vossius: Commentariorum Rhetoricorum ... (1630; ND 1974). – 5 Chr. Weise: Politischer Redner (1684; ND 1974). – 6 J.C. Männling: Expediter Redner (1718; ND 1974). – 7 Ausg.: J.Chr. Gottsched: Ausführliche Redekunst (1728; ⁵1759) in: P.M. Mitchell (Hg.): Werke Bd.7,1 (Berlin, New York 1975).

V. *19. und 20.Jh*. Nach dem Ende der traditionellen Rhetorik als Schul- und Universitätsfach werden zwar auch weiterhin im 19. und 20. Jh. sogenannte L. der Rhetorik verlegt, aber diese sind meistens nur als Handreichungen für die Praxis des Redenschreibens, weniger als systematische Übersichten über das gesamte Fach zu bezeichnen. Ausnahmen hiervon sind beispielsweise die verbreiteten Werke von H. LAUSBERG ‹Handbuch der literarischen Rhetorik› (1960; ³1990), J. DUBOIS u.a. ‹Rhétorique générale› (1970), C. PERELMAN ‹L'empire rhétorique. Rhétorique et argumentation› (1977) oder G. UEDING und B. STEINBRINK ‹Grundriß der Rhetorik: Geschichte, Technik, Methode› (1976; ³1994). Diese Autoren gehen aber von einem unterschiedlichen Verständnis der Rhetorik als moderner Wissenschaft aus. Ihre abweichenden Auffassungen illustrieren gut die methodischen Schwierigkeiten bei der Abfassung eines modernen L. der Rhetorik.

Während unter den Lehr- und Lernmitteln das L. von der Erfindung des Buchdruckes bis zum 20. Jh. dominiert, gewinnen in jüngerer Vergangenheit auch audiovisuelle Medien und alternative Lehr- und Lernmittel eine immer größere Bedeutung. Das L. versucht man dadurch zu modernisieren, daß in den meisten heutigen L. der Anteil der Photos, Skizzen, Tabellen und Zeichnungen gegenüber dem reinen Text deutlich ansteigt. Das enorme Wachstum des Fachwissens in immer kürzeren Abständen führt jedoch dazu, daß die Zeitspanne, in der ein L. einen aktuellen und kompetenten Überblick über sein Fach gibt, immer kürzer wird, in manchen Fächern schon weniger als fünf Jahre. Der Stellenwert des L. sinkt deswegen. Es gibt ferner kaum noch Disziplinen, in denen ein einziges L. seine Konkurrenten so weit und so lange überragt, wie es in der Rhetorik mit den Werken QUINTILIANS oder CICEROS bis zum späten 18. Jh. der Fall war. In der multimedialen Zukunft wird die Bedeutung des konventionellen L. gegenüber neuen Formen der Lehr- und Lernmittel, insbesondere der Unterrichtssoftware (z.B. CDs; pädagogische Nutzungsmöglichkeiten des Internet) wohl sinken. [1] Es stellt aber auch für die neue Unterrichtssoftware eine Herausforderung dar, in ihren unverzichtbaren Textpassagen den Stoff rhetorisch und didaktisch möglichst geschickt zu präsentieren.

Anmerkung:
1 vgl. K.W. Döring: Lehr- und Lernmittel: Zur Gesch. und Theorie unter besonderer Berücksichtigung der Arbeitsmittel; C. Seidel, A. Lipsmeier: Computerunterstütztes Lernen. Entwicklungen – Möglichkeiten – Perspektiven (1989); G.R. Hoelscher: Kind und Computer. Spielen und Lernen am PC (1994).

J. Engels

→ Ars → Artes liberales → Beispiel → Didaktik → Enkyklios paideia → Erziehung, rhetorische → Exercitatio → Isagogische Schriften → Kanon → Lehrgedicht → Officia oratoris → Personifikation → Studium

Lehrdichtung (lat. species didascalice; engl. didactic poetry; frz. poésie didactique; ital. poesia didascalica)

A. *Def.* Hinsichtlich der Definition von L./didaktischer Dichtung (Poesie)/lehrhafter Dichtung (Poesie)/Lehrgedicht besteht große Unsicherheit, wie schon ein Abriß der Begriffsgeschichte von ‹Lehrgedicht› zeigt. [1] Die *spezifische Gattungsproblematik* liegt darin, daß der Begriff ‹L.› zwar historisch, aber mit konventionellen Vorstellungen nicht systematisch zu rechtfertigen zu sein scheint, wie die unter dem Einfluß der aristotelischen Poetik stehenden Diskussionen der Theoretiker der italienischen Renaissance wie des 18. Jh. (paradigmatisch Gottsched, mit einer ausführlichen Liste «dogmatischer Gedichte» [2]), aber auch noch die Literaturkritik der ‹Chicago School› zeigen. [3] Theorie und Praxis kommen nicht überein – ein Zustand, der immer noch andauert. [4] Zwar hat im Zeichen der Aufwertung der Gebrauchstexte auch die L. verstärkt Interesse gefunden, aber «eine umfassende Gattungstypologie, die entschieden von den zweck- und wirkungsfunktionalen Vertextungsformen ausginge, liegt nicht vor.» [5]

Seine Grundlage hat das Dilemma bei ARISTOTELES, der in der ‹Poetik› die poetische Legitimität von L. bestreitet, da keine Mimesis – verstanden als ‹Nachahmung› menschlichen Handelns – vorliege, wobei die Anschauung, nach der das Versmaß als Kriterium zu gelten habe, ausdrücklich verworfen wird. Die Frage wird an dem naturwissenschaftlichen Lehrgedicht des EMPEDOKLES exemplifiziert. [6] Damit ist eine Dichotomie von Mimesis und L. geschaffen, Lernen beschränkt sich auf aktives Erkennen und Deuten des Nachgeahmten. [7]

Von der aristotelischen Konzeption setzt sich nicht nur die von ihm kritisierte, aber weiterhin in Geltung bleibende Orientierung am Metrum, sondern auch eine im wesentlichen im Hellenismus ausgebildete Theorie ab, die jedenfalls partiell bei HORAZ greifbar ist. Sie ist durch eine von Aristoteles selbst inaugurierte und die weitere Trad. bestimmende Rhetorisierung der Poetik gekennzeichnet, wodurch eine Legitimierung von L. grundsätzlich ermöglicht wird, ohne daß im allg. aber eine abgrenzende Definition erfolgte; es ist symptomatisch, daß Empedokles ohne Einschränkung als Dichter figuriert (Ars poetica 463ff.). Das hierbei in Erscheinung tretende gelehrte Dichtungsideal in materialer wie in poetischrhetorischer Hinsicht reicht freilich in seinen Wurzeln bis in die früheste griech. Zeit zurück.

Als eigene poetische Gattung kenntlich wird L. zunächst im ‹Tractatus Coislinianus› (viell. 1. Jh. v. Chr.) [8], bezeichnenderweise in Korrektur der Negativbestimmung des Aristoteles, indem der Verfasser innerhalb amimetischer Dichtung «erziehende» Dichtung mit einer weiteren Differenzierung in «anleitende» und «theoretische» Dichtung spezifiziert. Unter dem formalen Kriterium, daß ausschließlich der Autor spricht, kennt die (über ISIDOR und BEDA) wirkungsmächtige ‹Ars grammatica› des DIOMEDES (4. Jh. n. Chr.) ein *genus enarrativum vel enuntiativum*, in dem die in «philosophische», «astronomische» oder «georgische» Dichtung untergliederte L. (*species didascalice*) noch einmal gegen Spruchdichtung und Katalogdichtung abgesetzt wird. [9]

Zwischen diesen Polen bewegt sich die gattungstheoretische Diskussion der Folgezeit, mit wechselnden Akzentuierungen und Überkreuzungen. Eine Orientierung an der metrisch gebundenen Form macht die Annahme spezifischer inhaltlicher oder stilistischer Differenzierungsmerkmale erforderlich. Das aristotelische Mimesispostulat findet unterschiedliche Bewertung oder aber Umdeutung. Eine besondere Definitionsschwierigkeit ergibt sich aus der Herleitung gerade moralphilosophischer neuzeitlicher L. aus nicht integrierbaren antiken Quellen sowie aus der allgemeinen Kompatibilitätsproblematik. In der ‹Poetik› J.C. SCALIGERS macht es die Übernahme des metrischen Kriteriums, in Kombination mit der mit Annehmlichkeit verbundenen Belehrung als Endzweck der Dichtung sowie der Dichtungsmodi nach Diomedes, unter Außerkraftsetzung bzw. Relativierung des Mimesisprinzips möglich, das (lucrezische) Lehrgedicht sogar als repräsentativ für die monologische *narratio simplex* des Autors einzuführen. [10] In einem Alternativmodell (G. FRACASTORO) wird die ‹Mimesis› dagegen zu einem auch die L. umfassenden Prinzip erhoben unter dem Aspekt des Entwurfs einer idealen Welt und deren Vermittlung. An die damit verknüpfte Vorstellung vom Dichter als ‹zweitem Schöpfer› konnte die klassisch-romantische Zeit anschließen, unter Einbeziehung von Subjektivierung und Empfindung. Dem dichterischen Selbstbewußtsein korrespondiert nicht nur die Dignität der zu behandelnden Gegenstände, sondern es wird auch eine grundsätzliche Überlegenheit dichterischer Wahrheit über die diskursive Verstandeserkenntnis des Gelehrten behauptet. Damit verliert die L. ihre insbesondere in der Aufklärung[11] mühsam und nicht widerspruchsfrei angestrebte Berechtigung, denn alle Poesie ist im höheren Sinn lehrhaft. Dies spiegelt sich in dem bekannten Diktum GOETHES, wonach «alle Poesie [...] belehrend sein[soll]».[12] Goethes Zusatz («aber unmerklich») und die damit verbundene Klassifizierung der didaktischen Poesie als «Mittelgeschöpf zwischen Poesie und Rhetorik» ist der Vorstellung von der Autonomie des Kunstwerks verpflichtet. Ein angemessener Zugang zur L. läßt sich von da schwerlich finden; Quantifizierungsversuche sind die notwendige Folge[13] – oder aber der Rückgriff auf das Kriterium ‹bewußt/unbewußt›.[14] Eine mögliche Konsequenz ist, daß man sich zur Ansetzung zweier Formen von L. – einer L. «in der überkommenen, rhetorischen Bedeutung» und einer ‹modernen› L. mit dem «mündigen Leser» als Adressaten – gezwungen sieht.[15] Offen bleibt dann aber, welcher Erkenntniswert einer so gefaßten Definition von L. eignet: sie umfaßt nicht nur reflektierende Dichtung aller Art einschließlich HEISSENBÜTTELS ‹Lehrgedichten›, sondern letztlich jegliche dichterische Äußerung. Das sophistisch-sokratische Problem des Lehrens mit all seinen Ambivalenzen stellt sich in ungebrochener Virulenz.

Demgegenüber empfiehlt es sich, vom impliziten Rezipienten auszugehen: bei der L. ist dessen Freiheit auf ein Minimum reduziert. Damit ist eine Unterscheidung zwischen «direkter» und «indirekter» lehrhafter Dichtung[16] vermieden bzw. die rhetorische Dimension abgedeckt. Konstitutiv ist der Dialog, allerdings in der eigentümlichen Form des ‹Lehrgesprächs›. Als weiteres Kriterium tritt die Besonderheit auf der Referenzebene hinzu: Der Adressat soll in ein grundsätzlich systematisierbares Wissensgebiet eingewiesen werden (‹Objektreferenz›). Paränetische Literatur fällt daher nicht unter den Begriff.

Je nachdem, ob im Sinne einer Hierarchisierung das rezipienten- oder das darstellungsbezogene Interesse dominiert, ergeben sich verschiedene Typen von L. Grundlegend sind zwei Typen: Bei Typ A geht es primär um Vermittlung eines bestimmten Stoffs und das Poetische fungiert als ein den kognitiven Prozeß im weitesten Sinn (‹pragmatische Erkenntnis›) förderndes wirkungssuggestives Instrument. Das *delectare* dient dem *prodesse*, ein Verhältnis, wie es sinnfällig im Bild von dem mit Honig bestrichenen Becher dargestellt wird, der einen bitteren, aber heilsamen Trank enthält.[16a] Stilistisch-rhetorische Mittel dienen der Verdeutlichung des Gegenstands und der unmittelbaren Beeinflussung des Adressaten – «emotional» (J.G. Sulzer) oder erkenntnismäßig (für «mittelmäßige Köpfe», Gottsched). Auch die mnemotechnische Funktion des Verses hat hier ihren Ort. Beim Typ B steht die künstlerische Bewältigung eines schwierigen und sich gegen poetische Gestaltung sperrenden Stoffes im Vordergrund. In Analogie zur Erzähl- und Eposforschung ließe sich – wie auch bei polyvalenter L. (s.u.) – von ‹sekundärer› L. sprechen. Das Ästhetisch-Künstlerische wird zum Selbstzweck, die stilistisch-rhetorischen Mittel sind Bestandteil der Ästhetisierung des Stoffs und der Befriedigung künstlerischer Ansprüche. Dieser Typ ist seit dem Hellenismus bekannt, er setzt keine fundierte Sachkompetenz voraus. Sozialgeschichtliche Fragestellungen drängen sich hier auf. Zu berücksichtigen ist bei beiden Typen auch das mit der Poetisierung einhergehende, mannigfach variierende, ernsthafte oder parodische Moment auszeichnender Hervorhebung – im Sinne der Begeisterung des Autors, der ‹Würde› des Stoffs, der Bedeutsamkeit für den Rezipienten. Daß aufgrund divergierender Rezeptionshaltungen die Zuordnung einzelner Werke zu den Typen sich unterschiedlich darstellt, ist naheliegend.

Weitere Differenzierungen (z.B. hoher/niederer Gegenstand, eigene/überkommene Lehre, theoretisches/Handlungs-Wissen) sind demgegenüber sekundär. Misch- und Übergangsformen sind allenthalben anzutreffen, das gilt auch für die Abgrenzung gegenüber paränetischer, moralphilosophischer, epideiktischer, historischer, panegyrischer und deskriptiver Dichtung. Fraglich bleibt, ob es notwendig ist, einen weiteren eigenständigen Typ auszusondern[17], bei dem die praktische Wissensvermittlung auf ein generelleres, zumeist philosophisch-moralisches Wissen verweist. Hier handelt es sich genau genommen um die Unterscheidung verschiedener Bedeutungshorizonte – im Extremfall um Symbolik oder sogar Allegorie, wie es auf spätantiker Grundlage über das Mittelalter hinaus geläufig ist. Der Versuch[18], auf diesem Wege gar die L. als *Dichtung* zu rechtfertigen («der Dichter [...] lehrt vermittels seiner Lehre»), nivelliert nicht nur das Spezifische der L. bis zur Unkenntlichkeit durch Rückführung auf allgemeine, für Literatur schlechthin geltende Kategorien, sondern zeigt auch die Abhängigkeit von subjektiver Interpretation, wenn als Lehrgedichte allenfalls die Werke der Vorsokratiker, das des Lucrez und Popes ‹Essay on Man› Anerkennung finden können.

B.I. *Antike.* Antike L. umfaßt ein breites thematisches Spektrum: Kosmologie, Theologie und Religion, Philosophie, Medizin, Astronomie und Astrologie[19], Landbau, Tierhaltung und Bienenzucht, Schlangen und Vögel, Jagd und Fischfang, Vulkanismus, Geographie und Chronographie, aber auch Grammatik, Rhetorik, Poesie, Literaturgeschichte und Literaturkritik; selbst Gastronomie, Kosmetik und Erotik werden behandelt.

Eine Sonderstellung nimmt die Katalogdichtung ein, in der Wissensstoff mannigfachster Art gesammelt wird: Verwandlungssagen, Liebesgeschichten, Kataloge von Frauen, Dichtern und Philosophen, von Gelehrten und Heroen, von Städten, Konsuln und Kaisern, Wochentage, Monate, Feste etc.

Hier kann nur L. im engeren Sinn vorgestellt werden; vgl. zu angrenzenden ‹didaktischen› Formen (v.a. Epistel, Satire, Epigramm) die Einzelartikel. Ausgeschlossen bleiben neben paränetischer Dichtung (s.o.) versifizierte Spruchsammlungen, ätiologische Dichtung und (aretalogische) Hymnen, desgleichen lehrhafte Einlagen in anderen Werken.

In der *griechischen* L. ist eine erste Periode auszugrenzen, in der Dichtung im wesentlichen als konkurrenzlose Vermittlungsform zu gelten hat, da die wissenschaftliche Prosa sich erst im 5. Jh. v.Chr. fest etabliert. Der Archeget der Gattung ist HESIOD (ca. 700 v.Chr.). Bereits die ‹Theogonie› zeigt formal enge Anlehnung an Homer; der daktylische Hexameter ist seither das überwiegende Metrum der L. (soweit im folgenden metrische Angaben fehlen, handelt es sich um hexametrische Dichtungen). Hesiod intendiert in dem Bericht über die Entstehung der Welt und der Götter nicht Kosmogonie, sondern Kosmologie; «in einer Art von Linnéschem System» [20] gibt er in genealogischem Schema einen tendenziell systematischen Überblick über die Erscheinungen und die Ordnung der Welt und eine Deutung der condition humaine. Dem entspricht der erhobene Wahrheitsanspruch (v. 27f.), der realistisch die Ambivalenzen dieser Welt auf göttliche Kräfte und ein dualistisches Prinzip zurückführt.

In Hesiods ‹Erga› erfolgt ein direkterer Zugriff auf die Welt des Menschen, erneut wird «Wahrheit» beansprucht (v. 10), diesmal gegenüber Primäradressaten, dem Bruder Perses, mit dem Hesiod sich in einer Erbauseinandersetzung befindet, und den in dem Rechtsstreit entscheidenden Richtern, aber die Wahrheit ist allgemeingültig. Insbesondere Prometheus- und Weltaltermythos erläutern den Weltzustand, in dem unter dem Gesichtspunkt göttlichen Willens wie praktischen Nutzens ‹Recht› und ‹Arbeit› die einzig angezeigten Prinzipien sind. Das ist eine Frage der Einsicht, konkrete Anweisungen ergeben sich daraus: Lebensregeln (die Authentizität ist teilweise umstritten), deren Zentrum technische Regeln für die Landwirtschaft bilden. Es ist nicht ‹paränetische Rede›, die im Argumentieren über die Weltordnung und das erforderliche Verhalten der Menschen eine Begründung suchte, sondern Reflexion und Aufklärung sind strukturbestimmend: deshalb stehen am Anfang ein die Themastellung vertretender Hymnus auf Zeus, den Garanten und Inbegriff der Rechtsordnung, sowie geradezu sprachphilosophisches Nachdenken über den Begriff ‹Streit›, das in Korrektur der ‹Theogonie› zur Aussonderung eines ‹guten Streits› (‹Wettstreits›) führt. Das Werk zählt daher zu Recht zur L.

Hesiod kann als Vorläufer der griechischen Philosophie angesehen werden, auch die philosophische L. bezieht sich auf ihn. Hier kommen v. a. die Lehrgedichte des PARMENIDES (ca. 1. H. 5. Jh.) und des etwas jüngeren EMPEDOKLES in Betracht. Beide erheben bezüglich ihrer Lehre ebenfalls einen aboluten Wahrheitsanspruch. Parmenides begründet diesen mit der Inspiration durch die «Göttin», die aber rationale, im Logos gründende Nachvollziehbarkeit voraussetzt. Dabei spielen wieder sprachphilosophische Reflexionen eine Rolle. [21] Aus den erhaltenen Fragmenten geht hervor, daß die Offenbarungsrede der Göttin sich in zwei Teile gliedert: die Darstellung der ‹Wahrheit›, wonach es nur das eine ‹Seiende› gibt, das weder Bewegung noch Werden und Vergehen aufweist (Begründung der Ontologie), und die auf eine Kosmogonie hinauslaufende Erklärung der ‹Irrtümer› der Menschen, die wohl wegen der Radikalität des parmenideischen Standpunkts erforderlich ist. Parmenides bedient sich zur Verdeutlichung seiner Lehre einer bildhaften, an Homer und Hesiod orientierten Sprache [22] von die zentralen Gedanken und Begriffe ständig neu umkreisender Perseveranz.

An Parmenides schließt Empedokles in dem Lehrgedicht an, dem der Titel ‹Über die Natur› gegeben wurde und das ursprünglich ca. 2000 Verse umfaßte. Er versucht mit der Lehre HERAKLITS zu vermitteln, indem er den vier auch Götternamen tragenden unvergänglichen Elementen Erde, Wasser, Feuer und Luft eine als Mischung und Scheidung definierte Veränderung beilegt. Als bewegende Prinzipien werden ‹Liebe› und ‹Streit›. Unter ihrem Einfluß scheint die Welt einem periodischen Entstehen und Vergehen unterworfen. Empedokles gibt jedenfalls Kosmogonie und Zoogonie. Mit seiner Lehre wendet er sich an einen Schüler Pausanias, das Überlegenheitsgefühl des wissenden Lehrers ist bis zur Göttlichkeit gesteigert. Sprachreflexion als Mittel der Argumentation wird durch Wahrnehmung und auf Evidenz zielende Anschauung abgelöst. [23] Das weist auf Lucrez voraus, der sich programmatisch in die E.-Nachfolge stellt. Die von Seelenwanderung und Unsterblichkeit handelnden ‹Reinigungen› (Katharmoi) bilden zwar eine Ergänzung, doch sind sie eher paränetisch ausgerichtet: «'Wollt ihr nicht aufhören ...!', das ist die innere Geste». [24]

Mit ARAT VON SOLOI (1. H. 3. Jh. v. Chr.) wird die Kunstphase ‹sekundärer› L. eröffnet. Medizinische L., auch ein Lehrgedicht über die Planeten ist ihm vielleicht zu Unrecht zugeschrieben worden; bedeutsam sind seine ‹Phainomena› (‹Himmelserscheinungen›), die eine überaus starke Nachwirkung hatten (mehrfach ins Lateinische übertragen und umgestaltet, von Späteren benutzt, zahlreiche Kommentare, zitiert in Paulus' Areopagrede, Apg 17, 28). Das Werk ist streng gebaut: Zeushymnus, Gestirne, Wetterzeichen, die leicht verständlich und in einer glatten, von gesuchten Künstlichkeiten freilich nicht freien Sprache vorgestellt werden. Auf Mythen ist weitgehend verzichtet. Inhaltlich geht das Werk auf Prosavorlagen zurück. Arat ist ein Musterfall seit dem Altertum divergierenden Verständnisses und typenmäßiger Zuordnung. Der Auffassung, es handele sich um reine Artistik, steht die These entgegen [25], intendiert sei Belehrung, zwar nicht von Bauern und Seefahrern, wie A. unter Betonung des praktischen Nutzens vorgibt, sondern im Sinne einer Vermittlung stoischer Weltanschauung. Der Himmel wird zum Ort, an dem sich die Vorsehung der Gottheit manifestiert. Er repräsentiert damit Züge der Goldenen Zeit, wie sie dann für Vergils Landleben-Konzeption kennzeichnend sind. Die Frage bleibt, ob Philosophisch-Weltanschauliches primäres Anliegen ist, oder ob dieses die ermöglichende Bedingung für eine Ästhetik darstellt, die im Gedicht ihre angemessene Repräsentation finden soll.

NIKANDER VON KOLOPHON (vermutlich 2. Jh. v. Chr.) behandelt in meist nur durch Titel oder Fragmente überlieferten Werken Themen der Landwirtschaft und v.a. der Medizin; vollständig erhalten sind ‹Theriaka› (Behandlung von Bissen giftiger Tiere wie Schlangen, Spinnen, Skorpione) und ‹Alexipharmaka› (Gifte und Gegengifte). Die nachdrücklich hervorgehobene praktische Intention, verstärkt durch eine eintönige und schematische Stoffdarbietung, erweist sich als didaktische Chiffre, eindeutiges Ziel ist die formale Poetisierung eines – anders als bei Arat – ‹alltäglichen› Gegenstands, die sich in der künstlerischen Komposition und philologisch-gelehrtem Raffinement dokumentiert.

Thematisch reiht sich weitere medizinisch-pharmakologische L. an: ANDROMACHOS, Neros Leibarzt, beschreibt in 87 elegischen Distichen ein von ihm gefundenes Medikament gegen Gifte, v. a. dessen Herstellung und Zusammensetzung. Trotz Nikanderimitation steht hier die praktische Brauchbarkeit im Vordergrund, die dichterische Form ist wohl als Indiz der Euphorie über den Fund und seine Bedeutung zu verstehen, wenn auch der das Gedicht überliefernde Galen sie mit Gründen der Sicherung des Rezepts und der Mnemotechnik in Zusammenhang bringt. [25a] MARKELLOS VON SIDE (1. H. 2. Jh. n. Chr.), ebenfalls Arzt, verfaßt in 42 Büchern eine verloren gegangene enzyklopädische Darstellung über aus Tieren, Pflanzen und Steinen zu gewinnende Heilmittel; erhalten ist ein Fragment von 101 Versen über

Fische und die entsprechenden Heilmittel. Die Darstellung ist sachlich, z.T. katalogartig, vereinzelte poetische Mittel haben ornamentale Funktion; sie sollen den Stoff dem Leser offenbar schmackhaft machen.

An astrologischer L. ist neben dem berühmten, doch nahezu vollständig verlorenen Werk des DOROTHEOS VON SIDON (vermutlich 1.Jh. n.Chr.), von dem es auch eine Prosaversion gab (eine erweiterte arabische Fassung liegt vor), und dem ebenfalls nicht erhaltenen, in elegischen Distichen abgefaßten Gedicht des Anubion (auch hier Prosafassung; Relikte beider Fassungen vielleicht in der Kompilation) die 6 Bücher umfassende sog. MANETHON-Kompilation ‹Apotelesmatika› (‹Über den Einfluß der Gestirne›) ursprünglich selbständiger Gedichte faßbar (Datierung unsicher). Sie hat Sterne und Himmelskreise, die Konstellationen, den Einfluß auf den menschlichen Bereich, zumal auf die Neugeborenen zum Thema. Die zusammengehörigen Bücher II, III und VI sind durch Systematik und erschöpfende Behandlung charakterisiert. In den anderen Büchern zeigt sich eine entgegengesetzte Stiltendenz: bei sachlicher Konfusion z.T. ein unerbittliches Bemühen um poetische Stilisierung. Ebensowenig datierbar (eher kaiserzeitlich) ist das weitgehend erhaltene (vollständig erhalten eine Prosafassung) Gedicht eines MAXIMUS ‹Über die Anfänge›, das in diversen Lebensbereichen beim Beginn einer Unternehmung Erfolg oder Mißerfolg aus den Konstellationen der Gestirne zu bestimmen sucht. Die Poetisierung im Detail und in der Gesamtkomposition scheint Vorrang zu haben, gelegentlich zum Nachteil des Inhalts und seiner Praktikabilität.

Die geographische L. wird in erster Linie durch die ‹Erdbeschreibung› des Perihegeten DIONYSIOS aus Alexandrien (2.Jh. n.Chr.) vertreten. In 1186 Versen vermittelt der Autor (veraltetes) Handbuchwissen in leichtverständlicher Form, das weiter tradiert werden kann. Die ‹Perihegese› ist tatsächlich zum bis in die byzantinische Zeit und ins Mittelalter hineinwirkenden Schulbuch geworden (Kommentierungen, lateinische Bearbeitungen durch Avien und Priscian, s.u.). Stilistisch und kompositionell orientiert sich der Verfasser an seinen hellenistischen Vorgängern, bes. Arat. Vielleicht gehört ihm (oder Oppian?) auch das nur durch eine Prosaparaphrase bekannte Gedicht über ‹Vogelfang mit der Leimrute›.

Noch eindeutiger didaktisch und kompendienartig ausgerichtet ist die unvollständig (Europa und Asien) erhaltene ‹Perihegesis [an den König Nikomedes]› des Ps.-SKYMNOS (2.H. 2.Jh. v.Chr.) in jambischen Trimetern, deren metrische Form nach Angaben des Verfassers mnemotechnischen Gründen verdankt wird. Mit ihr vergleichbar ist die ebenfalls jambische ‹Beschreibung Griechenlands› eines weiteren DIONYSIOS (150 Verse erhalten; 1.Jh. v.Chr.?). Der Kallimachosschüler PERISTEPHANOS VON KYRENE schrieb ein Lehrgedicht ‹Über seltsame Flüsse› in elegischen Distichen.

Über Fische und Fischfang handelt das Lehrgedicht ‹Halieutika› des OPPIAN aus Kilikien (2.H. 2.Jh. n.Chr.) in 5 Büchern. Das Werk ist sorgfältig disponiert und bedient sich hellenistischer Verstechnik. Es zeigt Züge einer anthropomorphisierenden Beseelung der Natur, die über die nüchtern-realistische Stoffvermittlung hinausgehen (unvollständige Prosaparaphrase wohl aus dem 5.Jh.). Die ‹Kynegetika›, 4 Bücher über die Jagd (Anf. 3.Jh. n.Chr.), gehören einem anderen Verfasser (Ps.Oppian), der enge Beziehungen zu Oppian, aber auch zu Grattius (s.u.) aufweist. Er sucht artistisches Können angesichts eines schwierigen Stoffs unter Beweis zu stellen, was sich aber bei sprachlichen und kompositionellen Defiziten v. a. in künstlicher Rhetorisierung (zahlreiche Neologismen!) erschöpft.

Die reiche, im 6.Jh. v.Chr. einsetzende theogonisch-kosmogonische orphische L. ist nur spärlich und vorwiegend in neupythagoreischer Umgestaltung erhalten. Die meisten Fragmente entstammen einer sog. ‹rhapsodischen Theogonie› in 24 Gesängen über Weltentstehung und Anthropogonie. Sie tritt mit dieser Großform in Konkurrenz zu Homer; Anlehnung an Hesiod, orientalischen Mythos und frühgriechische Philosophie ist zu beobachten. Das erhaltene Lehrgedicht (774 Verse, vermutlich 4.Jh. n.Chr.; ebenfalls Prosaparaphrase) über die magische Kraft von Steinen wurde fälschlich mit dem Namen des Orpheus versehen (sog. ‹orphische Lithika›, Ps.Orpheus). Es gehört zu der bis ins Mittelalter beliebten literarischen Spezies der Steinbücher (Lapidarien). Bemerkenswert ist, daß hier mimetische (szenische Schilderung, Dialogform) und amimetische Dichtung eine Verbindung eingehen. Mysterienhaft-religiöse Momente lassen sich vielleicht in dem vom Verfasser gewählten Einweihungs- und Bekehrungshabitus ausmachen. Die Beglaubigungsstrategien greifen auf göttliche Autorität (u.a. erteilt Hermes den Auftrag zur Mitteilung der Lehre), menschliche Weisheit (insbes. die des Redeführers Theiodamas) sowie ‹empirische› mythisch-historische Exempla zurück. Der ästhetisch-literarische Wert wird hoch eingeschätzt.[26]

Im 4.Jh. n.Chr. hat HELLADIOS VON ANTINOUPOLIS in jambischen Trimetern eine ‹Chrestomathie› (Sammlung von Wissenswertem) verfaßt (Prosaauszug bei Photios) mit dem Schwergewicht auf sprachlich-grammatischen Eigentümlichkeiten (wohl auf lexikographischer Grundlage).

Die *römische* L. setzt im 2.Jh. v.Chr. ein: ENNIUS gibt unter dem Titel ‹Epicharmus› in einer Traumeinkleidung naturwissenschaftliche (v.a. pythagoreische und empedokleische) Lehre in trochäischen Septenaren und überträgt in den ‹Hedyphagetica› (‹Leckerbissen›) ein (parodisches) Lehrgedicht (mehr als 300 Verse erhalten) des ARCHESTRAT VON GELA (oder Syrakus; 2.H. 4.Jh. v.Chr.). Bei ACCIUS ist der didaktische Impuls unverkennbar – auch im dramatischen Werk; ob dies aber zu eigentlicher L. geführt hat (zu Fragen des griechischen und römischen Theaters, Kulturgeschichtlichem, vielleicht sogar Astrologischem) muß offen bleiben.

CICEROS Affinität zur L. dokumentieren die Übersetzungen von Arats ‹Phainomena› sowie die Parallelen zu Lucrez in seiner spärlich überlieferten epischen Dichtung. In der 2.H. des 1.Jh. v.Chr. legt VARRO ATACINUS eine Teilübertragung Arats über die Wetterzeichen (‹Ephemeris›?) vor, außerdem ein kosmologisch-geographisches Lehrgedicht (‹Chorographia›) in Anlehnung an die griechische Vorlage des ALEXANDER VON EPHESOS, vermutlich eines Zeitgenossen. Ebenfalls ins 1.Jh. v.Chr. gehört AEMILIUS MACER mit seiner ‹Ornithogonia› (Verwandlung von Menschen in Vögel, nach einem hellenistischen Lehrgedicht); die ‹Theriaca› (vielleicht auch ein gesondertes Werk über Heilkräuter) stehen in deutlicher Nikandernachfolge.[27]

Aus der bunten, durch die Rezeptionssituation der römischen Kultur bedingten Fülle der L. (ein Katalog artistischer L. über triviale Sujets bei Ovid, Tristien II, 471ff.) hebt sich das die weitere Gattungsgeschichte bis in die Neuzeit bestimmende Werk des LUCREZ ‹De rerum natura› heraus (60/50er Jahre d. 1.Jh. v.Chr.;

unvollendet). Zeitlich unmittelbare Nachfolge hat es in dem gleichnamigen Werk eines EGNATIUS gefunden, das Macrobius erwähnt und aus dem er 2 Fragmente zitiert; auch hören wir von der Darstellung empedokleischer Lehre durch einen Sallust. In 6 Büchern wird von Lucrez in Erneuerung der L. des Empedokles epikureische Physik gegeben (I/II: Atomlehre; III/IV: die Seele und ihre Funktionen; V/VI: Kosmologie – einschließlich Kulturentstehung – und Naturerscheinungen). Das Hauptinteresse liegt jedoch darin, von Todesangst und Götterfurcht durch Aufklärung zu befreien und damit ein sinnerfülltes Leben zu ermöglichen. Die Spannung zwischen philosophischer Rationalität, die sich u.a. in der stark argumentativen und mit Vorliebe konträre und kontradiktorische Positionen ad absurdum führenden Darstellung niederschlägt, und Dichtung löst sich in zweifacher Weise auf: die poetischen Mittel treten in den Dienst sowohl der Wissensvermittlung (Anschaulichkeit und Transparenz – Reiz und ‹Süße› der Poesie, s.o.) als auch der Wissenssicherung und des pädagogischen Enthusiasmus im Hinblick auf das übergeordnete Ziel der Lebensbewältigung. Dem ist der Einprägungsstil mit vielfachen Wiederholungen, die Ponderierung der Darstellung, Perspektivität, die realistische Herausarbeitung der Bedrohung durch Tod und Vergänglichkeit zu integrieren.[28]

Die diesen beiden Phänomenen korrelierenden Elemente ‹Schwierigkeit› und ‹Bedeutsamkeit› werden für das lucrezische Werk von VERGIL in den ‹Georgica› (30er Jahre d. 1. Jh. v.Chr. und kurz danach) eigens bestätigt (II, 475ff.). Die ‹Georgica›, das zweite prägende Muster der L., haben angeblich Leichteres und weniger Bedeutendes zum Thema (vgl. III, 289ff., auch 1ff.). Damit stellt sich Vergil nicht nur in Kontrast zu Lucrez, sondern auch in die Tradition der hellenistischen L. Entsprechend greift er auf landwirtschaftliche Fachliteratur (neben griechischen Quellen v.a. Cato und Varro) zurück. Die 4 Bücher behandeln Ackerbau (einschl. Wetterkunde), Baum-, Vieh- und Bienenzucht – das Thema Gartenbau wird ausgespart (IV, 116 ff.), so daß es später sowohl von Columella (s.u.) als auch von dem Neulateiner R. RAPIN im 17. Jh. nachgetragen werden kann. Sie sind so kunstvoll komponiert, daß das Werk als Vollendung lateinischer Poesie überhaupt galt. Trotz der Beteuerung, Bauern praktische Anweisungen geben zu wollen (z.B. I, 41f.), ist die eigentliche Thematik eine ethisch-philosophische (naturgemäßes Leben), aber auch eine politische (ebenfalls im Gegensatz zu Lucrez), wie sich in der Auswahl der behandelten Gegenstände, den Gleichnissen und bes. den zahlreichen Exkursen zeigt. Das Landleben, in dem sich Spuren der Goldenen Zeit erhalten haben, repräsentiert paradigmatisch eine sowohl individuelle als auch gesellschaftliche Lebensordnung. Indiz dafür ist die schon sprachlich sich manifestierende menschliche Beseelung der Natur. Die künstlerische Form (L. als Kleinform, der seit dem Hellenismus auch das *Ascraeum carmen* Hesiods zu subsumieren ist, im Gegensatz zum großen, panegyrischen Epos; streng ordnende Disposition; liebe- und hingebungsvolle Ausarbeitung des Details) ist nichts Äußerliches oder Artifizielles, sondern die sinnfällige Realisierung des inhaltlichen Programms.

Die sog. ‹Ars poetica› (zw. 14 u. 8 v.Chr.?) des HORAZ wird häufig kategorisch aus der L. ausgeschlossen. Doch gehört sie zumindest partiell in die Tradition der L. In der Versepistel (476 Verse) wird auf hellenistischer, ihrerseits ältere Theorien rezipierender Grundlage unter starker Betonung des technischen Aspekts Dichtungskritik und angewandte – das ist die Besonderheit – Dichtungstheorie geboten. Dem Stilgesetz des poetischen Briefs sind die scheinbar mangelnde Stringenz der Argumentation, die sprunghaften oder verdeckten Übergänge zu verdanken. Das Werk integriert sich in die übrige horazische Dichtung[29], daraus resultiert auch die Einbettung der Poetik in übergreifende ethisch-philosophische Zusammenhänge.

Zwei Gattungen kreuzen sich auch in der erotischen L. OVIDS: römische Liebeselegie und Lehrgedicht. Die Elegie weist bereits didaktische Elemente auf, so daß der Übergang zur erotischen L. konsequent ist. Die Einordnung der erotischen L. ist eng verflochten mit der Deutung der ovidischen (Liebes-)Dichtung insgesamt. Erkennt man darin ironisches Spiel mit der literarischen Tradition, führt das zur Parodie, worin dann das artistische Moment begründet wäre; ein Ansatz hingegen, der ihr ernsthafte Anliegen wie die Propagierung einer spezifischen, zivilisierten und humanen oder modern-aufklärerischen Liebesform oder aber die Konzeption von Liebe als Bestandteil menschlicher Kultur zuordnet, findet diese auch in der L. wieder. Die ‹Ars amatoria› (3 Bücher) und die ‹Remedia amoris› (‹Heilmittel gegen die Liebe›, 1 Buch), um die Zeitenwende entstanden, erteilen in eleg. Distichen zunächst Männern Lehren, wie Frauen methodisch zu suchen, zu gewinnen und festzuhalten seien, dann stellen sie für Frauen entsprechende Liebeslehren bereit, um schließlich über die Möglichkeiten zu unterrichten, wie man sich gegen die Liebe wehren oder von ihr befreien kann. Dabei ist die Nähe zur philosophischen Affekttherapie und insbes. zu Lucrez offensichtlich intendiert. Bei den ‹Medicamina faciei femineae› über kosmetische Mittel, von denen nur der Anfang erhalten ist (100 Verse im elegischen Metrum), läßt sich eher an ein Versifikationsexperiment denken, doch auch hier ist der Inhalt provozierend. Die ‹Halieutica› (etwas mehr als 100 Verse erhalten) – wohl doch ein Werk Ovids und der letzten Lebenszeit (gest. 18 n.Chr.) entstammend – dürften einen poetischen Zeitvertreib als Überlebensstrategie in der Verbannung darstellen. Höchst zweifelhaft ist, ob Ovid auch ‹Phainomena› verfaßt hat, aus denen ganz wenige Verse überliefert werden.

Als Kontrast zu Vergil kann COLUMELLA (1. Jh. n.Chr.) dienen, der in Befolgung der ausdrücklichen vergilischen Anweisung die thematische Lücke füllt und seinem landwirtschaftlichen Traktat ‹De re rustica› als 10. Buch ein ursprünglich als krönender Werkabschluß gedachtes Lehrgedicht über den Gartenbau einfügt. C. ist Fachmann, sein Anliegen wie im Prosawerk durchaus praktisch. Von der in Form einer *praeteritio* gegebenen vergilischen Skizzierung des stillen und gesicherten Glücks, das im Gartenbau zu finden sei, ist nichts geblieben. Die Versifizierung bedient sich des vergilischen Vorbilds zur Ausschmückung mit poetischen Versatzstücken. In der Nachfolge Columellas wiederum befindet sich PALLADIUS mit dem Lehrgedicht ‹De insitione› (‹Vom Pfropfen›; spätantik, viell. 5.Jh.; Zuweisung umstritten). Nach einem Prosabrief und einem Widmungsgedicht an den Adressaten Pasiphilus wird in elegischen Distichen (mit Widmungsgedicht 170 Verse) nüchtern und mit geringem poetischen Aufwand Sachwissen dargeboten, das Partien aus dem vermutlich eigenen Prosalehrbuch ‹De re rustica› rekapitulierend zusammenfaßt. Der Autor bezeichnet die Versifikation selbst als ‹Spielerei›, doch entspricht das einer in der Spätantike geläufigen Bescheidenheitstopik. Zu nennen ist hier auch die

5. Ecloge des CALPURNIUS SICULUS aus neronischer Zeit, in der ein alter Hirte einem jüngeren nach Vergils ‹Georgica› über das Teilgebiet der Ziegen- und Schafzucht in 121 Versen Lehren erteilt. Damit wird die L. in die bukolische Gattung eingeführt; im Lichte der anderen Gedichte des Calpurnius ist dies als poetologische Reflexion zu verstehen.

Das astronomisch-astrologische Gebiet wird durch die 5 Bücher ‹Astronomica› des MANILIUS (Name unsicher) vertreten (9 n.Chr. bis in die Zeit des Tiberius; unvollständig oder doch ursprünglich anders geplant). Das Werk ist systematisch und sachorientiert, in ihm wird der elitäre Wahrheits- und Ernsthaftigkeitsanspruch der frühen griechischen L. erneuert. Thema dieses ‹friedlichen Universalgedichts› sind die in den Himmelsphänomenen sich zeigende göttlich-rationale Ordnung der Welt, die Einwirkung der Gestirne auf die irdischen Verhältnisse und das menschliche Leben (einschließlich der Dichter), Vorsehung und Schicksalsbestimmung. Manilius setzt der epikureisch-atomistischen Aufklärung des Lucrez Pantheismus und stoisch geprägte *ratio* entgegen. Damit findet eine gewisse Erbaulichkeit Eingang (zuweilen auf Kosten der argumentativen Stringenz). Die poetische Form findet Rechtfertigung in der Sachangemessenheit, da nur sie «in erhabener Ordnung» (III, 93) der Struktur und Würde des Themenbereichs gerecht zu werden vermag – die «Stilfiguren entsprechen häufig auf geradezu ‹hermetische› Weise astrologischen Sachverhalten» [30] –, zugleich aber auch im Hinblick auf Vermittlung und Rezeption des nicht nur, wie hervorgehoben wird, schwierigen, sondern auch überaus bedeutenden Gegenstands. Hier haben wohl auch die bei Manilius zu beobachtenden poetisch-ornamentalen Elemente ihren Ort.

In der Tradition des Lucrez und des Manilius steht das geologische Lehrgedicht ‹Aetna› eines nicht bekannten Autors über den Vulkanismus, der v.a. durch Hohlräume in der Erde und Winde erklärt wird (646 Verse; vielleicht ca. 70 n.Chr.). Der Verfasser fühlt sich in Abgrenzung gegen Mythos und dichterische Phantasie der naturwissenschaftlichen Wahrheit verpflichtet, zeichnet zugleich seinen Gegenstand gegenüber anderen wissenschaftlichen Sujets als bes. ‹fruchtbar› und existenziell bedeutsam aus (222ff.). Argumentativ bedient er sich des Vergleichs mit typisch römischen Lebensbereichen, zumal dem von Krieg und Kampf, und der Evidenz der Sinneswahrnehmung. Die Faszination durch das bewunderungswürdige Naturschauspiel erlaubt aber auch ihm die Integration des Mythos. Epikureische Rationalität und stoisch-religiöser Enthusiasmus gehen bei ihm eine auffällige Verbindung ein.

Der medizinische ‹Liber medicinalis› des QUINTUS SERENUS (wohl 2.H. 4.Jh. n.Chr.), der eine umfangreiche, vermutlich vom Verfasser selbst nach Kapiteln eingeteilte Sammlung kostengünstiger Rezepte enthält, ist auf praktisch-belehrenden Nutzen abgestellt. Sachliche Hauptquelle ist Plinius d.Ä., die Poetisierung ist ausgesprochen zurückhaltend und hat untergeordnete Funktion. In den Rückgriffen auf Literatur bes. republikanischer Zeit zeigt sich ein zeittypischer Klassizismus. Die Wirkung auf die Neuzeit ist erstaunlich groß; auch WALAHFRID STRABO (‹De cultu hortorum›) dürfte das Werk benutzt haben.

Ein Spezialgebiet der Medizin, die Tiermedizin, hat u.a. auch in die L. über die Jagd Eingang gefunden (Hunde und Pferde). Kynegetische Lehrgedichte sind – unvollständig – von GRATTIUS und NEMESIAN erhalten. Das Gedicht des Grattius (Anf. 1.Jh. n.Chr.) bricht nach 541 Versen, nach Behandlung von Jagdgeräten, Jagdhunden und Pferden, ab. Der Verfasser gibt sachliche Anweisungen, erhebt aber zugleich den Anspruch, mit seinem Thema einen wichtigen Beitrag zur Existenzsicherung und Kultur des Menschen zu leisten, wobei die Jagd in der Nachfolge der zivilisatorischen Taten des Hercules gesehen wird. Damit rückt das Werk zwar deutlich in einen mit der Heilsbotschaft des Lucrez konkurrierenden Kontrast [31], doch entbehrt das Konzept nicht abgelegener Künstlichkeit. Der offensichtlichen formalen Vergilimitation korreliert dagegen in der moralisierenden Auffassung der Jagd (95ff., 307ff.) ein ernstzunehmender Wettstreit mit Wertkategorien der ‹Georgica›. Der Autor sucht formal wie im inhaltlichen Anspruch Anschluß an seine beiden großen Vorgänger. Die ‹Cynegetica› [32] Nemesians (ebenfalls nur 325 Verse überliefert; 2.H. 3.Jh. n.Chr.) stimmen der sachlichen Thematik nach mit Grattius überein, allerdings in variierender Abfolge (Hunde, Pferde, Jagdgeräte). Die klassizistische Vergilimitation ist wie auch in dem übrigen Werk des Nemesian ausgeprägt; vor allem diesem Impuls ist das Lehrgedicht offenbar entsprungen (das Thema ‹Jagdhunde› vervollständigt die vergilischen Andeutungen). Dabei hat Nemesian im Gegensatz zu Grattius nicht den *labor*- und *industria*-Aspekt der ‹Georgica› rezipiert, sondern die bukolisch-apolitische Seite des Stadt-Land-Gegensatzes auf seinen Gegenstand übertragen. Bei Nemesian steht das artistische Anliegen im Vordergrund, Dichtung wird zu einem Vehikel sozialer Anerkennung. Die ‹Cynegetica› dienten im Mittelalter als Schulbuch (Hinkmar von Reims) und haben auf die L. der Humanistenzeit gewirkt.

Als Bearbeiter griechischer L. tritt im 4.Jh. n.Chr. AVIEN hervor: Die ‹Descriptio orbis terrae› (Beschreibung des Erdkreises) hält sich relativ eng an die ‹Perihegese› des Dionysios – Priscian wird sie für seine einerseits vereinfachende, andererseits christianisierende Transformierung der ‹Perihegese› benutzen; für die jambische ‹Ora maritima› (Meeresküste) (713 Verse erhalten: Atlantikküste von der Nordsee bis Gibraltar, dann Mittelmeerküste bis Marseille; auf veralteter sachlicher Grundlage, viele Einzelheiten umstritten) ist vermutlich mit einem entsprechenden hellenistischen Lehrgedicht als Vorlage zu rechnen; die ‹Aratea› stellen eine selbständige, stark erweiternde und auch andere Quellen berücksichtigende Bearbeitung von Arats ‹Phainomena› dar (fast 1900 Verse), die als Synthese antiker Fachwissenschaft, aber auch religiös-philosophischen Wissens verstanden sein will, wie etwa die Einbeziehung des Pantheismus des Manilius zeigt. Vielleicht hat Avien in einem Werk didaktischen, Schulübungen nahestehenden Charakters auch vergilische Mythen in jambischer Form behandelt (wir hören in diesem Zusammenhang von Astrologischem). Avien ist damit typischer Repräsentant des spätantiken kulturellen Konservativismus.

Auf grammatisch-rhetorischem Gebiet liegen die drei, in der Überlieferung fälschlich zu einem zusammengefaßten Lehrgedichte des TERENTIANUS MAURUS (vermutl. 3.Jh., jedenfalls vor Mitte 4.Jh. n.Chr.) ‹De litteris›, ‹De syllabis›, ‹De metris› vor. Sie sind in wechselnden, teils der didaktisch einprägsamen Exemplifizierung, dann aber auch der Kurzweil von Autor und Leser dienenden Metren verfaßt. Der Verfasser gibt seinem Stolz Ausdruck, ‹siegreich› die Materie bewältigt zu haben. Hinzukommt ein anonymes ‹Carmen de figuris› (186 Verse; ca. 500 n.Chr.), das kompendienartig und schematisch in Aufbau und Durchführung Wortfiguren behandelt. [33]

Der Grammatiker Rufinus von Antiochia (Exzerpte) sowie vermutlich ein Albinus haben sich dichterisch ebenfalls in Metriklehre betätigt. Grammatikerprodukt ist auch die nicht vollständig erhaltene national-römisch gefärbte Lebensbeschreibung Vergils durch Phocas (Anf. 5. Jh. n. Chr.?), die von an die Muse Clio als Bewahrerin der Vergangenheit gerichteten sapphischen Strophen eingeleitet wird.

In die Zeit um 500 n. Chr. wird das ‹Carmen de ponderibus et mensuris› (‹Über Gewichte und Maße› und das spezifische Gewicht von Flüssigkeiten, Mischungsverhältnisse von Metallen; 208 Verse) gehören – mit klarer, auf nachvollziehbare Belehrung zielender Gliederung in gekonntem Stil.

Die Versifizierung diverser Wissensstoffe ist seit der Kaiserzeit, besonders in der Spätantike, ein viel geübtes Verfahren (auch Epigramme und inschriftliches Material zeugen davon). Diese Produkte bewegen sich auf der schwer bestimmbaren Grenze zwischen im Schulbetrieb verankerter Mnemotechnik, gelehrtenhaft eitler Artistik und Thesaurierung von Wissen und formalem Können im Dienste einer Kulturideologie. Ein Großteil der Dichtung des Ausonius (4. Jh.) kann hier als repräsentativ gelten [34], auch auf die Centonen-Praxis ist zu verweisen. Dabei handelt es sich um einen paganen Traditionalismus, der, dem Ideal des ‹gelehrten Dichters› verpflichtet, in der Kombination von praktischer Brauchbarkeit und identitätsstiftender Sebstvergewisserung überkommenes Wissen zu bewahren und in einer dem Kulturbewußtsein adäquaten ästhetischen Form zu präsentieren sucht. Das Bedürfnis nach Plakativität und leichter Handhabbarkeit kann dabei so weit gehen, daß sogar Philosophie und Ethik, wie sich etwa in den ‹Disticha Catonis› (und den ‹Monosticha›), den ‹Sprüchen der Sieben Weisen› oder einigen der ‹Eclogae› des Ausonius zeigt, zu einfachen Lebensregeln gerinnen oder zu einem dürren Gerüst schrumpfen; in diesen Fällen kann von L. schwerlich mehr gesprochen werden.

Mit der umfassenden Aneignung der wissenschaftlichen und poetischen Tradition tritt das Christentum in vereinnahmende Konkurrenz. Von der apologetischen Grundhaltung her eignet der christlichen Literatur von vornherein eine polemische, protreptische und didaktische Tendenz. Didaxe erhält einen neuen, auf das Mittelalter vorausweisenden Stellenwert, sie durchdringt alle literarischen Formen mit einem radikalen Wahrheitsanspruch, so daß eine Spezifizierung von L. kaum mehr sinnvoll bzw. das literarische Spektrum anders zu strukturieren ist. Das zeigt sich schon an der Transformierung von Ästhetik in ‹Erbauung› und dem auch die pagane Literatur umfassenden moralisch-didaktischen Literaturverständnis. Bezeichnend ist das Aufkommen der Hymnendichtung, die zugleich dogmatischer Selbstvergewisserung dient. Die Lehre wird bei strikt pragmatischer Abzweckung zu An- und Unterweisung. [35] Bekenntnis, Mahnung und Bekehrung sind die tragenden Pfeiler. Die gemeinhin als Vertreter von ‹paränetischer› oder ‹antihäretischer› christlicher Literatur eingestuften Autoren (z. B. Commodian, Orientius, Prosper Tiro von Aquitanien, v. a. aber Prudentius und der Anonymus des ‹Carmen adversus Marcionitas›) [36] zeigen zwar lehrhafte Züge – zumal in antihäretischem Zusammenhang, doch gelten bei Dominanz der paränetischen Intention die in Teil A. formulierten Einschränkungen. Das polemische Moment wiederum bedingt punktuelle (wenn auch nicht unbedingt aktuelle) und engagierte Gebundenheit. Auch kann der Rekurs auf persönliche Erfahrung im Sinne eines Bekehrungserlebnisses die Argumentation ersetzen (so auch in der christlichen Transformierung der Rinderheilkunde des Endelechius). Die stärkste Affinität zur konventionellen L. weisen vielleicht die ‹Apotheosis› (über die wahre Natur Christi) und die ‹Hamartigenia› (vom Ursprung der Sünde; jeweils mit jambischem Vorwort) des Prudentius (2. H. 4. Jh.) sowie das ‹Carmen adversus Marcionitas› (5 Bücher; vermutlich 1. H. 5. Jh.) [37] auf.

Anmerkungen:

1 L. L. Albertsen: Das Lehrgedicht (Aarhus 1967) 10ff. – 2 Gottsched Dichtk. I. Abschn. VIII. Hauptst. § 9. – 3 R. S. Crane (Hg.): Critics and Criticism (Chicago/London 1952 u. ö.). – 4 vgl. L. L. Albertsen: Zur Theorie u. Praxis der didaktischen Gattungen im dt. 18. Jh., in: DVjs 45 (1971) 181–192; s. auch die Grundsatzdiskussion zur Vorlage S. J. Schmidt: Ist ‹Fiktionalität› eine linguistische oder eine texttheoretische Kategorie?, in: E. Gülich, W. Raible (Hg.): Textsorten (1972) 72–80. – 5 H. Kallweit: Lehrhafte Texte, in: H. Brackert, J. Stückrath (Hg.): Literaturwiss. Grundkurs 2 (1981) 75–101, hier 97. – 6 Arist. Poet. 1447b. – 7 Arist. Poet. 1448b. – 8 Comicorum Graecorum Fragmenta I/1 50–53 Kaibel. – 9 Gramm. Lat. I, 482, 13ff. – 10 Scaliger lib. I, c. 3 = Bd. 1 (1994) 90. – 11 vgl. C. Siegrist: Das Lehrgedicht der Aufklärung (1974). – 12 J. W. v. Goethe: Über das Lehrgedicht (1827), in: E. Beutler (Hg.): Gedenkausg. Bd. 14, 370–372, hier 370. – 13 G. v. Wilpert: Sachwtb. d. Lit. ([7]1989) 504. – 14 vgl. W. Richter: Lehrhafte Dichtung, in: RDL[2], Bd. 2, 31–39, hier 36. – 15 U. Fülleborn: Um einen Goethe von außen bittend (1983) 14ff. – 16 Richter [14] 36. – 16a Lucrez I,936ff. = IV,1ff. – 17 vgl. B. Effe: Dichtung u. Lehre (1977). – 18 B. Fabian: Das Lehrgedicht als Problem der Poetik, in: H. R. Jauß (Hg.): Die nicht mehr schönen Künste (1968) 67–89, bes. 88f.; Diskussion 549–567. – 19 vgl. W. Hübner: Die Begriffe ‹Astrologie› u. ‹Astronomie› in der Antike (1990, Abh. der Akad. der Wiss. und Lit. Mainz, geistes- u. sozialwiss. Kl. 1989/7). – 20 B. Snell: Die Entdeckung des Geistes ([6]1986) 45–55, hier 49. – 21 W.-L. Liebermann: Sprachauffassungen im frühgriech. Epos und in der Mythologie, in: P. Schmitter (Hg.): Sprachtheorien der abendl. Antike ([2]1996) 26–53, hier 31. – 22 H. Pfeiffer: Die Stellung des parmenideischen Lehrgedichtes in der epischen Trad. (1975). – 23 Liebermann [21] 39f. – 24 U. Hölscher: Anfängliches Fragen (1968) 212. – 25 nach anderen Effe [17] 40ff. – 25a vgl. H. v. Staden: Gattung u. Gedächtnis: Galen über Wahrheit u. L., in: W. Kullmann, J. Althoff, M. Asper: Gattungen wiss. Lit. in der Antike (1998) 65–94. – 26 M. L. West: The Orphic Poems (Oxford 1983 u. ö.) 36. – 27 alle Frg. bei E. Courtney: The Fragmentary Latin Poets (Oxford 1993); W. Morel, K. Büchner, J. Blänsdorf: Fragmenta poetarum latinorum epicorum et lyricorum ([3]1995). – 28 vgl. F. Klingner: Philos. u. Dichtkunst am Ende des zweiten Buches des Lucrez (zuerst 1952), in: Stud. (1964) 126–155. – 29 C. O. Brink: Horace on Poetry (Cambridge 1971) 443ff.; vorzügl. Überblick bei Fuhrmann Dicht. 111ff. – 30 W. Hübner: Manilius als Astrologe u. Dichter, in: ANRW II 32.1 (1984) 126–320, hier 214. – 31 vgl. Effe [17] 155f. – 32 zum Titel H. J. Williams: The Eclogues and Cynegetica of Nemesianus (Leiden 1986) 161. – 33 M. Squillante (Hg.): De figuris vel schematibus (Text, Übers., Komm.; Rom 1993). – 34 W.-L. Liebermann, in: R. Herzog, P. L. Schmidt (Hg.): Hb. der lat. Lit. der Antike, Bd. 5 (1989; Turnhout [2]1993) § 554. – 35 anders K. Thraede: Epos, in: RAC Bd. 5, 983–1042. – 36 Materialüberblick bei M. Schanz, C. Hosius, G. Krüger: Gesch. d. röm. Lit. IV/2 (1920) 633 u. Thraede [35] 1014ff. – 37 K. Pollmann: Das Carmen adversus Marcionitas (Text, Übers., Komm.; 1991).

Literaturhinweise:

W. Kroll: Stud. zum Verständnis der röm. Lit. (1924; ND 1964) 185–201. – ders.: Lehrgedicht, in: RE Bd. 12.2, 1842–1857. – G. Luck: Didaktische Poesie, in: W. H. Friedrich, W. Killy (Hg.): Literatur 2/1 (1965) 151–162. – H. Erbse, W. Schmid: Lehrgedicht, in: LAW 1699–1703. – K. R. Scherpe: Gattungspoetik im 18. Jh. (1968) – W. V. Ruttkowski: Die lit. Gattungen (1968). – H.-W. Jäger: Zur Poetik der L. in Deutschland, in: DVjs 44 (1970) 544–576. – B. Sowinski: Lehrhafte Dicht. des MA (1971).

– E. Pöhlmann: Charakteristika des röm. Lehrgedichts, in: ANRW I 3 (1973) 813–901. – K.W. Hempfer: Gattungstheorie (1973). – C. Siegrist: L., in: R.-R. Wuthenow (Hg.): Dt. Lit. Eine Sozialgesch., Bd. 4 (1980) 218–233. – W. Hübner: Die Rezeption des astrolog. Lehrgedichts des Manilius in der ital. Renaissance, in: R. Schmitz, F. Krafft (Hg.): Humanismus u. Naturwissenschaften (1980) 39–67. – H.-W. Jäger: L., in: R. Grimminger (Hg.): Hausers Sozialgesch. d. dt. Lit., Bd. 3 (1980) 500–544. – E. Pöhlmann: Nützliche Weisheit: das antike Lehrgedicht, in: Propyläen Gesch. d. Lit., Bd. 1 (1981) 138–165. – W. Kirsch: Probleme der Gattungsentwicklung am Beispiel des Epos, in: Philologus 126 (1982) 265–288. – M. Lausberg: Epos u. Lehrgedicht, in: Würzburger Jb. f. d. Altertumswiss. N.F. 15 (1989) 173–203. – L.L. Albertsen: L., in: U. Ricklefs (Hg.): Fischer Lex. Lit., Bd. 2 (1996) 937–960. – A. Dalzell: The Criticism of Didactic Poetry (Toronto 1996). – G. Wöhrle: Bemerkungen zur lehrhaften Dicht. zw. Empedokles u. Arat, in: W. Kullmann, J. Althoff, M. Asper (Hg.): Gattungen wiss. Lit. in der Antike (1998) 279–286.

W.-L. Liebermann

II. Mittelalter. Im mittelalterlichen Literaturverständnis ist Lehrhaftigkeit als Vermittlung von Wissen und als Handlungsanleitung zum Lebensvollzug eine Grundanforderung, die sich auf den Ebenen der Textproduktion und -rezeption je neu stellt. Vorstellungen von ästhetischer Autonomie sind nur in Ansätzen faßbar, sie stellen die Funktionalität von Literatur nie in Frage; Gebrauchsliteratur und ‹schöne Literatur› werden nicht unterschieden. Anderseits finden sich in den mittelalterlichen Gattungspoetiken Termini zur Bezeichnung einer eigenen didaktischen Gattung, die aber systematisch verschieden eingebettet sind und die literarische Praxis nicht abdecken. [1] In diesem Feld mit unscharfen Übergängen kann man dennoch von rein pragmatischen Schrifttum die Lehrdichtung als literarisch-rhetorisch geformten Text in (stilisierter) Prosa oder in Versen abheben; sie erscheint zum einen als didaktische Dimension jeder mittelalterlichen Dichtung, dann im engeren Sinne in einer Fülle konkreter didaktischer Textsorten (Gattungen und Subgattungen; Mischformen, die sich gegen klare Systematisierung sperren). Als Wissensbereiche fließen die antiken Quellen mittelalterlicher Schriftkultur, jüdisch-christliche Traditionen sowie ein Fundus aus den jeweiligen Substratkulturen (z. B. Keltisches, Germanisches) zusammen.

Reflektiert wird die allgemeine Lehrhaftigkeit von Literatur vor allem in der Nachfolge des HORAZ (Stichwörter: *prodesse-delectare; utile-dulce*, ‹Ars poetica› 333; 343) und in der Kategorie *utilitas* der schulmäßigen Einführungen in die Autoren *(accessus ad auctores)*. [2] Einen christlichen Leitsatz formuliert PAULUS in Röm 15,4: «Quaecumque enim scripta sunt, ad nostram doctrinam scripta sunt» (Denn alles Geschriebene ist zu unserer Belehrung geschrieben). In den Dichtungen selbst finden sich Reflexe auf den Nutzen und die Lehrfunktion von Literatur, auf die diesbezüglichen Leistungen des Autors und Hörers bzw. Lesers vor allem in den Prologen oder an anderen Stellen, welche Lehre und Wissensvermittlung zum Thema machen. [3]

Zur allgemeinen, die Gattungen querenden Lehrhaftigkeit seien zunächst wichtige Formtypen festgehalten: Aus antiken, jüdischen und christlichen Wurzeln entwickelt sich die *Allegorie* mit ihrer semantischen Zwei- oder Mehrstufigkeit. Die allegorische Auslegung kann zu vorliegenden Texten interpretierend hinzutreten oder Texte von vornherein strukturieren, auf jeden Fall ermöglicht sie offene, ausbaufähige Räume lehrhafter Sinngewinnung in der Rezeption. So wird aus der Allegorisierung vor allem der Bibel und der antiken Klassiker (Vergil, Ovid u.a.) sowie aus dem Wissen um die ganze geschaffene Welt (versammelt z. B. in Lapidarien oder in Bestiarien wie dem ‹Physiologus›) ein immenses, je neu aktualisierbares und im einzelnen modifizierbares Traditionspotential an lehrhaften Gehalten aufgebaut, das über das allegorische Verfahren in Texten abgerufen werden kann. Das *exemplum* bezieht sich auf Ereignisse aus geschichtlichen und poetisch-fiktiven Quellen und wertet diese belehrend, oft im Sinne positiver oder negativer Nachfolge aus. [4]

Von der Belehrung mit allgemeingültigem, in der Schöpfungsordnung oder in der Tradition begründetem Wissen ist zu unterscheiden eine auf den geschichtlichen Moment zugespitzte Lehrhaftigkeit, wie sie in der propagandistischen Literatur verfolgt wird. Doch werden auch politisch aktuelle Forderungen durchweg an den verbindlichen *ordo* zurückgebunden. Politische Literatur entwickelt so diverse Formen der informierenden, mahnenden, warnenden Rede. Sie versucht Wirkungen zu erzielen durch Lob und Tadel, durch die Darstellung idealer oder kritisch angeprangerter Zustände (Utopie, Satire).

Die Auswahl der Lehrinhalte kann punktuell, in bestimmten Themengruppen, oder mit enzyklopädischem Anspruch erfolgen. Ihre Anordnung kann locker bis straff organisiert erscheinen; häufig bilden jahrhundertelang feste, an Symbolzahlen gebundene Reihen den Hintergrund (Septenare z. B. bei den freien Künsten; den Kardinaltugenden und -lastern); beliebt sind genealogische Ordnungsschemata. [5] Für den Aufbau didaktischer Texte kann ein beschreibender oder erzählender Rahmen gewählt werden, in welchen die Lehren literal eingelagert oder aus dem sie allegorisch entwickelt werden (etwa nach Mustern von Weg, Reise; Kampf und Versöhnung; modellbildend z. B. die ‹Psychomachia› des PRUDENTIUS, 4. Jh.). Als Darbietungsform ist der monologische Vortrag einer Lehrinstanz möglich (in Traktat, Predigt oder Brief). Häufig werden dialogische Formen gewählt wie Lehrgespräch (Lehrer-Schüler, Vater-Sohn, Mutter-Tochter), Streitgespräch (vgl. die romanischen *débats/contrasti*), Prozeß (vgl. die Satansprozesse [6] oder die Formmischung im ‹Ackermann› des JOHANNES VON TEPL, 1400/01). Die Norm kann dabei positiv aufgebaut oder auch in negativer Brechung vermittelt werden (Geißelung von Mißständen, parodistische Umkehrung der Ratschläge).

Wichtig ist der mittelalterlichen Didaxe die Legitimierung von Lehre: Einerseits sichert sich der Lehrende durch vorgeprägte Rollen ab (der Weise, der göttlich Inspirierte, der Bote usw.). Inhaltlich beruft er sich auf das alte, autoritativ verbürgte Wahre, das durch (tatsächliche oder fiktive) Quellenangaben, Wahrheitsbeteuerungen, Autoritätszitate, Exempel gestützt wird. Zum andern ist die rechte Aufnahme der Lehre und ihre Umsetzung in Taten vom Rezipienten zu leisten. Hier werden häufig bestimmte Zielgruppen (Stände, Geschlechter, Lebensalter, Berufe) angesprochen. Wie in der Bibelauslegung vorgezeichnet, werden Schichten der Anfänger und verschieden weit Fortgeschrittenen anvisiert, so daß sich ein Stufenweg des Erkennens auftut. Zahlreiche Werke sind für den Schulunterricht geschrieben. Die literarische Form hat dort vor allem pädagogisch ansprechende und mnemotechnische Funktion. Das ursprünglich intendierte Publikum modifiziert sich in der tatsächlichen Rezeption und ist aus der Überlieferungsgeschichte der Texte zu erfragen. In besonderen Fällen kann didaktische Literatur über ihre Funktion als

Wissensthesaurus hinaus auch an die Front theologisch, philosophisch, literarisch spekulierenden Erkennens vorstoßen (etwa in der platonistischen ‹Cosmographia› des BERNARDUS SILVESTRIS, DANTES ‹Commedia› oder der deutschen Mystik). Eine umfassende Darstellung der Poetik mittelalterlicher L., die einschließlich ihrer rhetorischen Mikrostrukturen zu erarbeiten wäre, existiert bislang nicht.

Im folgenden sind spezifische didaktische Textsorten in mittelalterlicher Literatur vorzustellen. Mit der Bibelexegese hängt zusammen die *Bibeldichtung*, die neben der (nach-)erzählenden Leistung immer auch einen bestimmten theologischen und frömmigkeitsgeschichtlichen Auslegungsstand festhält.[7] Das gilt auch für die *Hagiographie*, für Legende und Legendenepos.[8] Theologische Standards spiegeln sich in *geistlichen Gebrauchstexten*, z.B. *Gebeten* mit unterschiedlich dichter literarischer Stilisierung (so gibt es etwa mehr oder weniger reiche Paraphrasen und Poetisierungen des Vaterunsers[9]), im *Traktat* und im *Erbauungsschrifttum*. Jenseitsvorstellungen werden in der *Visionsliteratur* vermittelt, wo es bestimmte Stoffe zu einer gesamteuropäischen Verbreitung bringen (z.B. die ‹Visio S. Pauli›, die ‹Visio Tnugdali›).[10]

Weltliche Wissensliteratur ist aus dem geistlichen Kontext nicht herauslösbar, insofern sie auf dem Lebensweg des Einzelnen und im Gang der Menschheitsgeschichte zu einem jenseitigen Ziel ihren Ort hat. Auch hier kann der Stoff zwischen Prosa und Versform wechseln. «Es gibt im Mittelalter kaum ein Wissensgebiet, das nicht – oft in Anlehnung an ein prosaisches Lehrbuch – in Versen dargestellt worden wäre: Komputistik, Rechenkunst, Zahlentheorie, Metrologie, Geographie, Botanik, Zoologie, Medizin, Pharmazie, Grammatik, Literaturgeschichte, theologische und ethische Themen.»[11] So war eine versifizierte *Grammatik*, das ‹Doctrinale puerorum› des ALEXANDER VON VILLEDIEU (um 1200) als Schulbuch bis in den Humanismus verbreitet. [12] Die moderne *Poetik (Rhetorik)* des 12./13. Jh. wird teils in Prosa, teils in kunstvollen Versen formuliert.[13] Sogar spitzfindige Sprachlogik wird in metrischem Gewand gelehrt.[14] Auszüge aus der bedeutendsten frühmittelalterlichen *Enzyklopädie*, den ‹Etymologiae› des ISIDOR VON SEVILLA, werden versifiziert.[15] Der deutsche enzyklopädische Lehrdialog ‹Lucidarius› (letztes Drittel 12.Jh.) ist programmatisch in Prosa verfaßt und wird bis ins 19.Jh. bearbeitet (82 Drucke). Die wichtigste altfranzösische Versenzyklopädie ist der ‹Image du monde› des GOSSUIN DE METZ (1240); BRUNETTO LATINI verfaßt seinen ‹Tesoretto› (1260–66) in italienischen Versen, seine ‹Livres dou trésor› (ca. 1267/68) in französischer Prosa. Das europäische Spätmittelalter erschließt in einem gewaltigen Bildungsprojekt lateinisch gelehrtes Fachwissen für breite volkssprachliche Laienkreise, und dies häufig in poetischer Gestalt. Historische Kenntnisse transportiert in Prosa und in vielfältiger Poetisierung die *Geschichtsschreibung* bzw. *Geschichtsdichtung*; indes versteht sich die volkssprachliche *Heldenepik* als Medium eines kollektiven oralen Geschichtsgedächtnisses.[16]

Zu dem aus der Antike bekannten Typus des *philosophischen Lehrgedichts* finden sich Beispiele in den lateinischen kosmologischen Allegorien der sog. ‹Schule von Chartres›.[17] Zahlreiche Lehrgedichte widmen sich der *Moraldidaxe*. Wie aus einem lateinisch-gelehrten Florileg, das die Kardinaltugenden systematisiert (WILHELM VON CONCHES, ‹Moralium dogma philosophorum›), eine volkssprachliche Adelslehre in Reimpaaren werden kann, ist an der mittelhochdeutschen Bearbeitung durch WERNHER VON ELMENDORF zu verfolgen (um 1180).[18] Unter den Morallehren mit Summencharakter sind einige mittelhochdeutsche Dichtungen hervorzuheben: Auf vier zentrale Adelstugenden (im Hintergrund die klassischen Kardinaltugenden) ist ‹Der Welsche Gast› des Friauler Domherrn THOMASIN VON ZERCLAERE (1215/16) ausgerichtet. Dagegen ordnet die nächste deutsche Moralsumme, ‹Der Renner› des HUGO VON TRIMBERG (um 1300), ihren Stoff nach den sieben allegorisch exponierten Kardinallastern, denen komplementär Reue und Buße gegenüberstehen. Eine europäische Karriere treten von Italien aus an die lateinische, aus der Predigtpraxis erwachsene, die Stände symbolisierende Schachallegorie des JACOBUS DE CESSOLIS (2. Hälfte 13. Jh.) und die ‹Fiori di virtu› des TOMMASO DI GOZZADINI (Anfang 14. Jh.). Das aufgefächerte Ständeschema setzt sich in der spätmittelalterlichen Didaxe durch. Ursprünglich höfische Anstandslehren (z.B. *Tischzuchten*) rufen parodistische Varianten auf den Plan. Eine umfassende Lebenslehre im verzerrenden Kontext einer grotesken bäuerlichen Schwankhandlung entwirft ‹Der Ring› (gegen 1410) des Konstanzer bischöflichen Advokaten HEINRICH WITTENWILER. Lasterkritik und satirische Zeitschelte gestaltet das ‹Narrenschiff› des Basler Humanisten SEBASTIAN BRANT (Erstausgabe 1494), das eine gesamteuropäische Rezeption anstößt und für die Gattung der humanistischen *Narrenliteratur* bestimmend wird.

Eigene Kontinuitäten stiftet die Gattung der *Minneallegorie*, die nach höfischen Anfängen im Spätmittelalter vor allem von bürgerlich gelehrten Verfassern gepflegt wird. Exemplarisch ist dies am ‹Roman de la rose› des GUILLAUME DE LORRIS (ca. 1237) und seiner Fortsetzung durch JEAN DE MEUNG (1275–80) zu beobachten. Am Leitfaden der Minne werden hier umfassende Lebensentwürfe diskutiert. Didaktische Kleinformen repräsentieren *Fabel, Exempel, Dit, Reimrede* usw., Minimalformen *Sprichwort, Sentenz* (die ‹Disticha Catonis› erreichen wieder in gesamteuropäischer Verbreitung die Neuzeit; die virtuoseste und wirkungsvollste deutsche Spruchsammlung stammt von FREIDANK, gest. 1233?). Die Kurzformen tauchen auch als Einlagen in größeren Stücken auf.

Bestimmte didaktische Zweige bildet die gesamte mittelalterliche *Lyrik* aus (provenzalisches Ensehamen, Sirventes; mittelhochdeutsche Sangspruchdichtung mit breitem Themenspektrum und gelehrten Schwerpunkten). Germanische Dichtungslehre, Mythologie und Spruchweisheit bewahren die beiden ‹Edden› (aufgezeichnet 13. Jh.).

Die nicht grundsätzlich lehrhafte Gattung des *höfischen Romans* wird gleichwohl von didaktischen Elementen (z.B. in narrativen Belehrungsszenen) durchzogen; die auktoriale Belehrung erhält in der spätmittelalterlichen Gattungsentwicklung zunehmend Gewicht. Didaktisches dominiert auf weite Strecken die *Kleinepik*, wird dort aber konterkariert von nicht moralisierbaren Formen des Schwanks in der Gestaltung von vitalen Erfahrungen und von Absurdität. Didaxe prägt das mittelalterliche *Drama* im geistlichen und weltlichen Spiel *(Fastnachtspiel)* und wird, auch wo sie explizit zu Wort kommt, über die szenische Erfahrung vermittelt. Die Kombination von Wort- und Bildmedium, die für die Überlieferung von Lehrdichtung schon immer typisch ist, kennzeichnet den spätmittelalterlichen Totentanz.

Auf historisch-referierende Bestandsaufnahmen zur Lehrdichtung in den Einzelliteraturen des europäischen Mittelalters (spezifische Textsorten, exponierte Werke) kann hier verwiesen werden.[19]

Anmerkungen:
1 Diomedes (4. Jh.) in der ersten bekannten lat. Gattungsübersicht: ‹didascalice›; vgl. P. Klopsch: Einf. in die Dichtungslehren des lat. MA (1980) 45. Hugo von St. Victor in der Wissenschaftslehre ‹Didascalicon› (1. Hälfte 12. Jh.): Gattung ‹didascalicon› (ML 176, 768). In den ma. Poetiken erscheinen lehrhafte Gattungen bei Eberhard von Béthune (gest. ca. 1212), Johannes von Garlandia (gest. ca. 1272) und Johannes Balbus (gest. ca. 1298), vgl. B. Sowinski: Lehrhafte Dicht. des MA (1971) 15f.; Th. Haye: Das Lat. Lehrgedicht im MA. Analyse einer Gattung (1997) 39–44. – **2** Klopsch [1] zur Horaz-Rezeption 42f.; zu den Accessus 48–64. – **3** Eine Zusammenstellung des Materials liegt bislang nicht vor. – **4** vgl. Art. ‹Exempelsammlungen›, ‹Exemplum›, in: HWRh, Bd. 3 (1996) 55–70 – **5** R. H. Bloch: Etymologies and Genealogies (Chicago 1983). – **6** N. H. Ott: Rechtspraxis und Heilsgesch. Zu Überlieferung, Ikonographie und Gebrauchssituation des dt. ‹Belial› (1983). – **7** D. Kartschoke: Bibelepik, in: V. Mertens, U. Müller (Hg.): Epische Stoffe des MA (1984) 20–39. – **8** U. Wyss: Legenden, in: Mertens, Müller [7] 40–60: F. Barth: Legenden als L., in: H. G. Rötzer, H. Walz (Hg.): Europäische L. FS W. Naumann (1981) 61–73. – **9** B. Adam: Vaterunserauslegungen in der Volkssprache, in: Die dt. Lit. des MA, in: VerfLex. Bd. 10 (1996) 170–182. – **10** P. Dinzelbacher: Vision und Visionslit. im MA (1981). – **11** Klopsch [1] 76 mit weiterer Lit. – **12** vgl. auch den ‹Graecismus› (lat. Grammatik, erweitert durch Erklärung griech. Wörter) des Eberhard von Béthune (gest. ca. 1212); gegen beides polemisiert in Hexametern das ‹Compendium grammaticae› des Johannes von Garlandia (gest. ca. 1272). – **13** so die ‹Poetria nova› des Galfrid von Vinsauf (um 1210) mit über 1200 Hexametern, in: Faral 194–262; dort auch weitere Verspoetiken. – **14** Metrische ‹Modi significandi› von Johannes Mosse de Marvilla (1322); vgl. M. Grabmann: Die Entwicklung der ma. Sprachlogik (1926; ²1984) 127; ders.: Thomas von Erfurt (1943) 89f. – **15** ‹Isidorus versificatus›. Ein anon. Lehrgedicht über Monstra und Tiere aus dem 12. Jh., hg. u. erl. v. Chr. Hünemörder, in: Vivarium 13 (1975) 103–118. – **16** N. H. Ott: Chronistik, Geschichtsepik, historische Dichtung, in: Mertens, Müller [7] 182–204, zur Heldenepik ebd. 81 ff.; umfassend zur roman. Geschichtslit. U. Gumbrecht (Hg.): La littérature historiographique des origines à 1500. 4 Teilbde (1986–1993 = Grundriß der romanischen Literaturen des MA [GRLMA], Bd. 11. – **17** Bernardus Silvestris, ‹Cosmographia›; Alanus ab Insulis, ‹Planctus Naturae›, ‹Anticlaudianus›. – **18** J. Bumke: Die Auflösung des Tugendsystems bei Wernher von Elmendorf, in: ZDA 88 (1957/58) 39–54; vgl. die Umsetzungen des Ps.-Seneca-Traktats ‹De quattuor virtutibus cardinalibus› (6. Jh., auch ‹Formula honestae vitae›) in frz. Verse (12./13. Jh.); vier dt. Übers., auch eine Reimpaarbearbeitung (gedruckt bis 1516 in 18 Seneca-Ausgaben, vgl. N. Henkel: Dt. Übers. lat. Schultexte [1988] 308). – **19** vgl. Art. ‹Lehrhafte Literatur›, in: LMA Bd. 5 (1991) 1827–44 zu den lat., frz., provenzal., ital., span., katalan., portug., dt., mittelniederl., engl., skandinav., slav. Literaturen. – Ausführlicher zum Lat.: G. Gröber: Übersicht über die lat. Litteratur von der Mitte des VI. Jh. bis zur Mitte des XIV. Jh., in: Grundriß der roman. Philol. Bd. 2,1 (Straßburg 1902; ND 1963) 114–116, 169–172, 384–391. Zu den roman. Sprachen: H. R. Jauss: La littérature didactique, allégorique et satirique, 2 Bde. (1968/70 = GRLMA Bd. 6); D. Poirion (Hg.): La litterature francaise aux XIVe et XVe siècles (1988, = GRLMA Bd. 8, vgl. Inhaltsverz.); U. Ebel: Didakt. und allegor. Lit. der Dante-Zeit, in: Die ital. Lit. im Zeitalter Dantes u. am Übergang vom MA zur Renaissance, hg. v. A. Buck, 2 Bde (1987/89, GRLMA Bd. 10) 129–178. Zum Dt.: B. Boesch: Lehrhafte Lit. Lehre in der Dichtung und L. im dt. MA (1977); H. Rupprich: Didaktische Lit. Geistliches und weltliches Schrifttum, in: ders.: Die dt. Lit. vom späten MA bis zum Barock. Erster T. (²1994, neubearb. v. H. Heger) 290–372.

Literaturhinweise:
I. Glier: Allegorische, didaktische und satirische Lit., in: Europäisches Spätma., hg. v. W. Erzgräber (1978) 427–454. – E. Brüggen: Laienunterweisung. Unters. zur deutschspr. weltlichen L. des 12. u. 13. Jh. (Habilitationsschr., Köln msch. 1994). – Ch. Huber: *der werlde ring* und *was man tun und lassen schol*. Gattungskontinuität und Innovation in moraldidaktischen Summen: Thomasin von Zerklaere – Hugo von Trimberg – Heinrich Wittenwiler u.a., in: W. Haug (Hg.): Vom MA zur Frühen Neuzeit (im Druck).

Ch. Huber

III. *Humanismus bis Gegenwart.* In der *italienischen* Poetik des *16 Jh.* zeitgt die Diskussion um das aristotelische Mimesis-Prinzip und die horazische Zweckbestimmung der Dichtung unterschiedliche Meinungen über die Einstufung der L.[1] Infolge der klaren Trennung von Künsten und Wissenschaften lehnen strenge Aristoteliker L. als Nicht-Dichtung ab. Anerkennung findet sie bei Autoren, die einen Ausgleich neuplatonischen, horazischen und aristotelischen Gedankenguts anstreben. Früher Vertreter dieser Richtung ist M. G. Vida (‹Poeticorum libri tres›, 1527). G. Fracastoro und Scaliger verhelfen der L. – auch jenseits der Grenzen Italiens – zur Anerkennung. In seinem ‹Naugerius› (gedr. 1555) stellt Fracastoro die Poesie über die Einzelwissenschaften, sogar die Rhetorik ist ihr verpflichtet. Er will den «Dichter nicht nur zum Lehrer der Menschheit machen, sondern ihn zum höchsten Lehrer emporsteigern. [...] Dichter zu sein war für Fracastoro vor allem eine Sache der Erkenntnis.»[2] Der Dichter ahmt nicht so sehr die tatsächlichen Gegebenheiten der Welt nach, er bildet sie in ihrer «modellhaften Idealität» nach.[3] Fracastoros oft aufgelegtes Lehrgedicht ‹Syphilis, sive de morbo gallico› wird als mustergültiges Beispiel bewundert. Dem Umfeld der italienischen Spätrenaissance zuzuordnen sind Scaligers ‹Poetices libri septem› (1561). Seine Eigenständigkeit gegenüber Aristoteles zeigt sich darin, daß er «auf der Grundlage einer weit ausgreifenden Rhetorik den Vers zum Grundkriterium der Dichtung» wählt.[4] L. gehört damit zwangsläufig zur Poesie. In Italien setzt die L. um die Mitte des 15. Jh. ein, zunächst in Latein, gegen Ende des Jahrhunderts auch in der Volkssprache. Ihr Themenkatalog ist breit gefächert: Theologie (Dante-Nachfolger), Mensch und Universum, Landwirtschaft, Jagd- und Kriegskunst, Schachspiel u.a. Getreu ihrer pädagogischen Absicht streben die Autoren ein Gleichmaß von Sache und Wort an, wenngleich die *imitatio* römischer Verskunst nicht selten zu einer stärkeren Akzentuierung der sprachlichen Form führt. Die Glanzzeit lateinischer L. eröffnet G. Pontano mit drei umfangreichen Werken (‹Urania›, ‹Meteora›, ‹De hortis Hesperidum›). Mit Frascastoros ‹Syphilis› und Vidas Schach- bzw. Seidenraupengedicht beginnt der eigentliche Klassizismus. Als Erneuerer der didaktischen Gattung in italienischer Sprache gelten G. Rucellai und L. Alamanni. Gegen Ende des Jahrhunderts faßt G. Bruno die Summe seiner Lehrmeinungen in drei Lehrgedichten zusammen. B. Baldi bestreitet die Lehrmöglichkeit der didaktischen Gattung, gleichwohl verfaßt er Lehrgedichte über Feuerwaffen und über den Schiffskompaß.

Ein entscheidender Impuls für den Neubeginn der *französischen* L. um die Mitte des 16. Jh. geht von der an allseitigen Wissensfragen interessierten Lyoner Dichterschule aus.[5] Die *haute poésie scientifique* beginnt mit J. Peletiers ‹L'Amour des Amours›, dem sich Ronsard mit seinen kosmischen und philosophischen Hymnen thematisch anschließt. In einem enzyklopädischen, antilukrezischen Lehrgedicht behandelt M. Scève (‹Microcosme›) das Fortschreiten des menschlichen Geistes bis hin zum Mittelalter. Im letzten Drittel des 16. Jh. entwirft Lefévre de la Boderie ein von der Harmonie geprägtes System des Kosmos (‹L'Encyclie des secrets de l'éternité›), während Du Bartas stärker die Disharmonie betont (‹La Sepmaine›).

Die *deutschsprachige* L. des ausgehenden 15. und des 16. Jh. bevorzugt indirekt-didaktische Formen (Satire, Fabel). Reformhumanisten, wie S. Brant (‹Das Narrenschiff›, 1494) und Th. Murner (‹Narrenbeschwörung›, ‹Schelmenzunft›, 1512) sind der herkömmlichen Moralsatire verpflichtet. Das tendenziös-polemische Schrifttum der Reformationszeit läßt sich nur in einem weitgefaßten Sinn der L. zuordnen (Predigt, Dialog, Schauspiel, Parodie u.a.). Murner (‹Von dem großen Lutherischen Narren›) und Daniel von Soest (‹Ein gemeyne Bicht›) greifen mit ihren Versepen in die konfessionellen Auseinandersetzungen ein. In der zweiten Hälfte des 16. Jh. treten J. Fischart (‹Eulenspiegel Reimensweiß›, ‹Philosophisch Ehzuchtbüchlin›) und G. Rollenhagen (‹Der Froschmeuseler›) als lehrhafte Dichter hervor. Umfangreichere Lehrgedichte in lateinischer Sprache sind im Reformationszeitalter nur selten zustande gekommen. Eine Ausnahme machen die Werke zweier Neolatinisten um die Jahrhundertmitte: Th. Naogeorg (‹Agricultura sacra›, ‹Satyrarum libri quinque›, ‹Regnum papisticum›) und F. Dedekind (‹Grobianus›).

In der deutschen Literatur des *17. Jh.* dominieren höfisch-repräsentative Formen, die z.T. antihöfisch geartete L. fristet ein Außenseiterdasein. Ihr bedeutendster Vertreter, M. Opitz, ist zugleich der Begründer des klassizistischen Lehrgedichts. (Der deutsche Terminus kommt erst 1646 bei G. Ph. Harsdörffer vor.) Opitz erhebt die Antike (v.a. Vergil, Horaz) zur absoluten Norm, als Stilideal strebt er die Ausgewogenheit zwischen *res* und *verba* an. Seine Einteilung der Dichtung *(inventio, dispositio, elocutio)* ist ebenso wie ihr Zweck (Unterrichten, Überreden, Ergötzen) an der tradierten Rhetorik orientiert. Da die «Poeterey [...] alle andere künste vnd wissenschafften in sich helt»[6], nimmt das Lehrgedicht für ihn den höchsten Rang ein. Seine umfangreichste und meist beachtete L., die ‹Trostgedichte In Widerwertigkeit Deß Kriegs› deutet die Verheerungen des 30jährigen Kriegs als vom Menschen verschuldete Strafe Gottes und verheißt ewigen Frieden durch moralische Besserung in der Rückkehr zu christlich-stoischen Idealen. Auch im ‹Vesuvius› wertet er ein aktuelles Ereignis (Vesuvausbruch 1631) in erzieherischer Absicht. In den in Kleinform abgefaßten, vorwiegend deskriptiven Gedichten preist Opitz die Zurückgezogenheit in ländlicher Idylle (‹Lob des Feldlebens›, ‹Zlatna›, ‹Vielguet›). Ihr verbindendes Element ist das humanistische Motiv des Gegensatzes von Hof- und Landleben. In der Opitz-Nachfolge stehende Dichter (D. Czepko, J. von Rist, A. Tscherning oder E. Stockmann) liefern vereinzelte Beispiele lehrhafter Dichtung, ihr großes Vorbild erreichen sie nicht. Als Vorboten der klassizistischen L. des *18.Jh.* gelten Chr. Weise (‹Reiffe Gedancken, Das ist Allerhand Ehren- Lust-Trauer- und Lehr-Gedichte›) und insbesondere der Freiherr von Canitz, der mit seinen unter dem Eindruck Boileaus verfaßten Satiren vom Höfischen abrückt und das Leben im Mittelstande auf dem Lande idyllisch verklärt. Die schlichte Klarheit seiner Sprache in bewußter Abkehr vom rhetorischen Pathos des Barock wirkt stilbildend auf die Dichtkunst der Aufklärung. Dieser in ganz Europa um sich greifende Wandel der Formensprache geht auf Anregungen aus *Frankreich* zurück, vornehmlich auf Boileaus ‹L'art poétique› (1674) und die Horaz-Renaissance. Die Humanisten setzen die Tradition der lateinischen L. im 17. und 18. Jh. fort (D. Heinsius ‹De contemptu mortis›, R. Rapin ‹Hortorum libri IV›, J. Vanière ‹Praedium rusticum›).

Die in *England* im *18. Jh.* herrschende Theorie für das Lehrgedicht wird aus einem Ansatz herausentwickelt, der sich in F. Bacons ‹Advancement of Learning› (1605) findet[7], und der eine Neubewertung der Welt der Erfahrung und der Welt der Dichtung impliziert. War diese für die Renaissance-Theoretiker noch die eigentliche Welt, so wird sie bei Bacon «zu einer Phantasiewelt, deren höhere Vollkommenheit nur mehr ein psychologisches Bedürfnis des Menschen befriedigte».[8] Der von Bacon ausgelöste Prozeß – beschleunigt durch die ‹Querelle des anciens et des modernes›, die die aristotelische Autorität erschüttert –, endet mit der endgültigen Außerkraftsetzung des Mimesis-Prinzips in der zweiten Hälfte des 18. Jh. Theoretische Beiträge zu der im 17. Jh. einsetzenden Diskussion liefern Dryden, Addison, J. Trapp, S. Johnson, J. Aikin u.a. Neben Themen aus der alltäglichen Umwelt, wie *public virtue*, bürgerliche Freiheit, Handel, Erziehung, Jagd, Sport, Gewinnung von Wolle u.ä.[9], werden in der L. auch religiöse, philosophische und naturwissenschaftliche Fragen erörtert (R. Blackmore, M. Akenside, J. Ogilvie, E. Darwin). Mit dem ‹Essay on Criticism› (1711) etabliert Pope, unter dem Einfluß von Horaz und Boileau, die frühaufklärerisch-klassizistische Dichtungslehre in England. Die bedeutendste L. der Zeit ist sein ‹Essay on Man› (1733/34), der Entwurf eines ethischen Systems, das von der Annahme ausgeht, Gott habe die Welt zum Wohl der Menschen geschaffen. Die Überwindung der *self-love* schaffe die Voraussetzung für eine harmonische Gesellschaft, in der der Mensch das Endziel seines Strebens, das Glück in der Tugend, finden könne. Zwei weitere Autoren haben die L. auf dem Kontinent beeinflußt: J. Thomson mit den ‹Seasons›, Naturbeschreibungen im Wechsel mit Reflexionen, und E. Young mit ‹Night Thoughts›, melancholischen Betrachtungen über Leben, Tod und Unsterblichkeit.

In *Frankreich* fällt die Häufigkeit religiöser Lehrgedichte auf. Sie richten sich gegen Materialismus, Deismus und verteidigen die in Frage gestellte Offenbarungsreligion. L. Racine erstrebt eine Erneuerung des jansenistischen Weltbildes (‹La Grâce›, ‹La Religion›). Den katholischen Standpunkt vertreten M. de Polignac (‹Anti-Lucretius›) und Kardinal de Bernis (‹La religion vengée›). Als bedeutendster Vertreter der fachwissenschaftlichen L. (Malerei, Theater, Gartenkunst) gilt J. Delille (‹Les Jardins›). Moralphilosophische Themen werden nur selten abgehandelt (Voltaire: ‹Discours en vers sur l'homme›). Unter dem Einfluß Thomsons schreiben J.-F. Saint-Lambert (‹Les Saisons›) und J.-A. Roucher (‹Les Mois›).[10] Im Zeichen der französischen Klassik steht die um die Mitte des Jahrhunderts in *Rußland* aufkommende L.[11] Eine italienische Besonderheit sind Lehrgedichte über Essen und Mode.[12] In *Deutschland* berufen sich die Befürworter der L. auf Batteux, der sie als vierte Hauptgattung einführt (‹Einleitung in die schönen Wissenschaften›, 1756/58 von C. W. Ramler übersetzt). Gottsched räumt ihr keinen eigenen Status ein, aufgrund ihrer faktischen Existenz akzeptiert er sie jedoch. Als geeignetes Medium zur Verbreitung von Wissen schätzen Bodmer und Breitinger die L.

hoch ein. Die Vierteilung des Gattungssystems nach Batteux kehrt wieder bei J. G. Sulzer, J. J. Engel und Herder, stößt aber auf Ablehnung bei Lessing und Goethe. In der gemeinsam von Lessing und Mendelssohn verfaßten Schrift ‹Pope ein Metaphysiker!› (1755) zeichnet sich die Vorstellung von einem künftigen Lehrgedicht, wie es Herder vorschwebt, ab. Zwischen 1730 und 1760 erscheinen in Deutschland rund 250 Lehrgedichte.[13] L. wird von Bürgern für Bürger geschrieben, sie ist apolitisch, überwiegend privat. Leitbild des Lehrdichters ist die Figur des zurückgezogenen Weisen, der ein von der Vernunft gelenktes, tugendhaftes Leben führt und durch Bescheidung im Mittelstande Zufriedenheit und Glück findet. Die Inhalte der Gedichte sind vorgegeben, die Aufgabe des Autors besteht darin, die Gegenstände in ein poetisches Gewand zu kleiden. «Dafür aber bot die Rhetorik ein bewährtes Repertoire an. Das Lehrgedicht dokumentiert damit das Weiterleben der Rhetorik in der Aufklärungsdichtung».[14] Die erste bedeutende L. nach Opitz schuf Brockes mit seinem ‹Irdischen Vergnügen in Gott› (1721/48). Er gilt als Begründer der deskriptiven Naturdichtung (Thomsons ‹Seasons› übersetzt er erst 1745). Seine Lehre gründet auf der Leibnizschen Theodizee und dem Wolffschen Rationalismus: Die irdische Welt ist die beste aller Welten. Brockes' Beweisverfahren stützt sich auf die physikotheologische Auslegung, d.h. in der Anschauung des Geschaffenen erschließt sich dem Menschen der gütige Schöpfergott. In der Brockes-Nachfolge stehen: D. W. Triller, A. J. Zell, C. F. Drollinger; E. v. Kleists ‹Der Frühling› und F. W. Zachariaes ‹Tageszeiten› sind auch von Thomson beeinflußt, ebenso wie die lehrhaften Kleinformen bei N. D. Giseke und Gleim. Eine zentrale Stellung nimmt das moralphilosophische Lehrgedicht ein, für das Haller die Musterbeispiele liefert. In seinen ‹Alpen› (1729) wechseln sich noch rein didaktische und deskriptive Passagen ab. Hauptthema der seit 1734 in der Nachfolge von Popes ‹Essay on Man› erscheinenden Gedichte ist die Theodizee (‹Über den Ursprung des Übels› und 1736 ‹Unvollkommenes Gedicht über die Ewigkeit›). Die meisten Nachahmer Hallers geraten rasch in Vergessenheit (B. L. Tralles, Hagedorn, C. J. Sucro, J. J. Sucro, C. F. Zernitz, Gellert, J. P. L. Withof, M. C. Curtius, Uz u.a.). Lediglich J. J. Dusch kann mit einem größeren Leserkreis rechnen. Die seit den 40er Jahren in der Literatur aufkommende Empfindsamkeit erfaßt auch die L. Hauptvertreter des von Young inspirierten empfindsamen Lehrgedichts sind J. F. v. Cronegk (‹Einsamkeiten›) und F. C. C. v. Creutz (‹Die Gräber›). Auch fachwissenschaftliche Themen werden in der L. diskutiert: Astronomie (C. Mylius, A. G. Kästner), Meteorologie (G. E. Scheibel), Landwirtschaft (V. B. von Tscharner), Medizin (D. W. Triller), Rechtswesen (M. G. Lichtwer), Poetik (Bodmer, M. C. Curtius, Gottsched, Pyra, Zachariae). Um die Wende zum 19.Jh. erscheinen nur noch einige wenige Lehrgedichte (V.W. Neubecks ‹Die Gesundbrunnen›, 1798; C. A. Tiedges ‹Urania›, 1801). Neue Darbietungsformen erproben Wieland und Lessing, indem sie die Form des Lehrvortrags dialogisieren. Die frühe L. Wielands ist zwar noch dem alten Muster verpflichtet (‹Die Natur der Dinge›, ‹Anti-Ovid›, ‹Frühling›), in seiner ‹Musarion› (1768) dominiert die Gesprächsform. In Lessings ‹Nathan› (1779) tritt der belehrende Autor nicht mehr in Erscheinung. Goethe teilt Herders Vorstellung über die künftige L. ‹Die Metamorphose der Pflanzen› und ‹Metamorphose der Tiere› gelten als Fragmente eines in Großform geplanten Lehrgedichts über die Natur der Dinge. In dem Aufsatz ‹Über das Lehrgedicht› (1827) lehnt Goethe es ab, den drei Dichtarten noch die didaktische hinzuzufügen, denn: «Alle Poesie soll belehrend sein, aber unmerklich; sie soll den Menschen aufmerksam machen, wovon sich zu belehren wert wäre; er muß die Lehre selbst daraus ziehen wie aus dem Leben» und die «didaktische oder schulmeisterliche Poesie ist und bleibt ein Mittelgeschöpf zwischen Poesie und Rhetorik».[15] Schillers ‹Spaziergang› und Hölderlins ‹Archipelagus› sind mehr dem deskriptiven Lehrgedicht verpflichtet, während Schillers Gedichte ‹Die Künstler› oder ‹Das Ideal und das Leben› in der Tradition philosophischer L. stehen. Schellings Anregungen zu einem künftigen, absoluten Lehrgedicht (Vorlesungen ‹Zur Philosophie der Kunst›, 1802/03) bleiben unbeachtet.

Im *19. und 20. Jh.* tritt L. nur noch vereinzelt in Erscheinung. Ihre Autoren zählen nicht zu den bedeutenden Dichtern der Zeit, sie werden kaum noch zur Kenntnis genommen (L. Bechstein, G. Gardthausen, J. I. Gerning, W. Legeler, J. Minding, F. von Sallet, L. Schefer, T. Ullrich). Rückerts ‹Weisheit des Brahmanen› (1836/39) bleibt die Ausnahme. Die Anregung zu dieser Weisheitsdichtung, die Traditionen älterer Gnomensammlungen fortsetzt, verdankt er seinen Übersetzungen aus dem Arabischen, Indischen, Chinesischen und Persischen. Seine Lebensweisheiten trägt er in Form von Sprüchen, Gleichnissen oder Erzählungen vor. Erst Brecht versucht sich wieder an einem Lehrgedicht in Großform: ‹Über die Unnatur der bürgerlichen Verhältnisse› (auch: ‹Lehrgedicht von der Natur der Menschen›) und ‹Das Manifest› (1945), eine Versifizierung des ‹Kommunistischen Manifests›. Möglicherweise sind beide als *ein* – allerdings nur geplantes – Werk aufzufassen. Feuchtwanger gibt seine Mitarbeit an diesem Projekt rasch wieder auf. Einwände von Brechts Sohn und Eislers Hinweis, kaum einer der Hexameter sei korrekt, lassen das Vorhaben scheitern.[16] Nach russischem Vorbild (u.a. Tretjakow) schreibt Brecht Lehrstücke, in denen gesellschaftliche Mißstände anhand der marxistisch-leninistischen Lehre aufgedeckt werden sollen (‹Der Ozeanflug›, ‹Das Badener Lehrstück vom Einverständnis›, ‹Der Jasager und der Neinsager›, ‹Die Maßnahme›, ‹Die Ausnahme und die Regel›). Der Stil des Brechtschen Lehrstücks wirkt in den Dramen von P. Hacks und H. Müller nach.

Anmerkungen:
1 vgl. B. Fabian: Das Lehrgedicht als Problem der Poetik, in: H.R. Jauß (Hg.): Die nicht mehr schönen Künste (= Poetik und Hermeneutik Bd. 3, 1968) 74ff. – **2** ebd. 82. – **3** ebd. – **4** ebd. 78. – **5** vgl. A.-M. Schmidt: La poésie scientifique en France au 16e siècle (Paris 1938); L. Pollmann: Gesch. der frz. Lit., Bd. 2 (1975) 114ff. – **6** M. Opitz: Buch von der Deutschen Poeterey, neu hg. von R. Alewyn (^{2}1966) 10. – **7** vgl. Fabian [1] 84. – **8** ebd. 85. – **9** Ch. Siegrist: Das Lehrgedicht der Aufklärung (1974) 87. – **10** ebd. 86; Pollmann [5] Bd. 3 (1978) 222ff. – **11** vgl. U. Jekutsch: Das Lehrgedicht in der russ. Lit. des 18. Jh. (1981). – **12** Siegrist [9] 87. – **13** H.-W. Jäger: L., in: Hansers Sozialgesch. der dt. Lit., Bd. 3, hg. von R. Grimminger (1980) 504. – **14** Siegrist [9] 3f. – **15** Goethe: Schriften zur Lit., in: Gedenkausg. der Werke, Briefe und Gespräche, Bd. 14 (Zürich 1950) 370. – **16** vgl. J. Knopf: Brecht-Hb. Lyrik, Prosa, Schriften (1984) 155–164.

Literaturhinweise:
R. Eckart: Die L., ihr Wesen und ihre Vertreter (^{2}1909): – W. Vontobel: Von Brockes bis Herder. Stud. über die L. des 18.Jh. (Diss. 1942). – B. Fabian: Die didaktische Dichtung in der engl. Lit.theorie des 18. Jh., in: FS W. Fischer (1959) 65–92. –

W. Ulrich: Stud. zur Gesch. der dt. Lehrgedichte im 17. und 18. Jh. (Diss. 1961). – H. Nahler: Das Lehrgedicht bei Martin Opitz (Diss. 1961). – L. L. Albertsen: Das Lehrgedicht (Aarhus 1967). – K. R. Scherpe: Gattungspoetik im 18. Jh. (1968). – H.-W. Jäger: Zur Poetik der L. in Dt., in: DVjs 44 (1970) 544–576. – Albertsen: Zur Theorie und Praxis der didaktischen Gattungen im dt. 18. Jh., in DVjs 45 (1971) 181–192. – E. Leibfried: Philos. Lehrgedicht und Fabel, in: Neues Hb. der Lit.wiss., Bd. 11 (1974) 75–90. – G. Roellenbleck: Das epische Lehrgedicht Italiens im 15. und 16. Jh. (1975). – Ch. Siegrist: L., in: Dt. Lit. Eine Sozialgesch., Bd. 4, hg. von R.-R. Wuthenow (1980) 219–233. – H. G. Rötzer, H. Walz (Hg.): Europäische L. FS W. Naumann (1981). – U. Fülleborn: Um einen Goethe von außen bittend oder Goethe als Lehrdichter (1983).

H. Walz

→ Allegorie → Didaktik → Docere → Epigramm → Erbauungsliteratur → Fabel → Isagogische Schriften → Legende → Merkdichtung → Parabel → Priamel → Protreptik → Spruchdichtung

Lehrschreiben, kirchliche (auch Hirtenbrief, Enzyklika, Apostolisches Schreiben; engl. pastoral letter, encyclical letter; frz. lettre pastorale, encyclique; ital. lettera pastorale, enciclica)
A. Def. – B.I. Geschichte. – II. Rhetorik. – III. Theologie.

A. Der Gattungsbegriff ‹L.› ist kaum eindeutig zu definieren. In einem weiteren Verständnis sind L. alle in Briefform gehaltenen Schriften kirchlicher Autoritäten an gleichrangige oder untergeordnete Empfänger. Inhaltlich können solche Schreiben sich sowohl auf streng dogmatische wie auch ethisch-moralische und rechtliche Fragestellungen beziehen. In jedem Fall gehören L. in den Kontext der Ausübung einer kirchlichen Lehrfunktion, eines Lehramtes bzw. der theologischen Autorität eines christlich-kirchlichen Lehrers. Insofern gibt es die Gattung ‹L.› zu allen Zeiten und Phasen christlicher Lehrentwicklung von den Briefen des Neuen Testaments bis in die Gegenwart.

In einem engeren und aktuelleren Sinne sind L. heute vorwiegend Äußerungen der römisch-katholischen Kirche, insbesondere des Papstes, aber auch der Bischöfe, mit denen in Lehrfragen regulierend, klärend und definierend eingegriffen werden soll. Formen dieser Art lehramtlicher Schriften sind vorzugsweise die *Enzyklika* und das *Motuproprio*, aber auch allgemein das *Apostolische Schreiben*. Während das Motuproprio (aus eigenem Antrieb, aus persönlicher Motivation) heute im Wesentlichen ein Schreiben zu jurisdiktionellen Fragen ist, das der Papst als Inhaber des Jurisdiktionsprimats ausgehen läßt, reagiert die *Enzyklika* (aus griech. ἐν κύκλῳ, en kýklō; im Kreise, daher deutsch korrekt: Rundschreiben) auf Anstöße von außen und aktuelle Lehrdiskussionen. Der Begriff ‹Enzyklika› wird erst seit BENEDIKT XIV (18. Jh.) allgemein gebräuchlich, wenn er auch seit dem 7. Jh. gelegentlich verwendet wird. Die häufiger auftretende Unterscheidung, daß *Litterae encyclicae* an die ganze römisch-katholische Kirche gerichtet seien und *Epistolae encyclicae* an regionale Adressaten, trifft nicht durchgängig zu und sollte nicht definitorisch verwandt werden. Letztlich ist die Zuordnung von Inhalten an die so benannten Gattungen willkürlich vorgenommen, da natürlich das Motuproprio ebenso selbstverständlich auch ein ‹Rundschreiben› ist wie die Enzyklika aus eigenem Antrieb verfaßt sein kann. ‹Apostolische Schreiben› sind nach dem Selbstverständnis des römisch-katholischen Lehramtes beide Formen. Die Frage, ob und unter welchen Umständen ein L. auch ein Lehrentscheid sei, wird in der römisch-katholischen Kirche kontrovers beantwortet, was generell mit Fragen der Lehrautorität des Papstes zusammenhängt. Strittig ist auch die Bedeutung und Geltung von Übersetzungen aus dem Originaltext der Enzykliken, die meist lateinisch verfaßt sind, sich gelegentlich aber auch einer Volkssprache bedienen können. Entsprechend schwer ist eine klare Abgrenzung zu kirchlich-hierarchischen Gattungen wie *Bullen, Breven, Konstitutionen* etc. Auch *Hirtenbriefe* einzelner römisch-katholischer Bischöfe oder Bischofskonferenzen sind L., jedoch nicht eigenständig, sondern nur in Aufnahme der römischen Vorgaben.

B.I. *Geschichte.* Im Gefolge der neutestamentlichen Briefliteratur entsteht bereits in der frühen Kirche ein reger brieflicher Austausch zu Lehrfragen. Adressaten und Empfänger sind jeweils die einzelnen Gemeinden. Früheste Beispiele finden sich im Briefkorpus des IGNATIUS VON ANTIOCHIEN (gest. um 115): den ‹Ignatianen›. Schon im 4. Jh. wird der Begriff ἐγκύκλιοι ἐπιστολαί (enkýklioi epistolaí; Rundschreiben) verwendet und im 7. Jh. taucht ‹Enzyklika› erstmals als Bezeichnung für ein päpstliches Dokument auf: In einem Brief an die Kirche von Karthago spricht Martin I. vom *encyclicae litterae*.[1]

Als L. können diese Korrespondenzen von Anfang an gelten, da sie mit dem Anspruch auf Befolgung lehrend in das Leben der Adressaten eingreifen wollen, ohne daß dieser Anspruch Realität werden mußte: «So rufe ich euch nun zu, nicht ich, sondern die Liebe Jesu Christi».[2] Immerhin wird so der Meinungs- und Argumentationsaustausch innerhalb der Alten Kirche gewährleistet und vollzogen, wie z.B. im Ketzertaufstreit einen Osterterminstreit, an denen sich erstmals der Bischof von Rom erfolgreich mit L. beteiligt. Absenderschwerpunkte von kirchlichen L. sind stets die Orte verstärkter kirchlicher Lehrtätigkeit: bis zum 5. Jh. Alexandria, vom 3. Jh. an zunehmend Rom. Unter DAMASUS I. (366–384) erfahren die römischen L. eine Bedeutungssteigerung durch Verwendung des *pluralis majestatis*. Während im byzantinischen Christentum nach Abschluß der dogmatischen Lehrentwicklungen regelmäßige L. kaum noch vorkommen, wird in Rom mit der Einführung der päpstlichen Kanzlei und der Archivierung der Lehr- und Rundschreiben deren Bedeutung im Lehrentwicklungs- und Lehrentscheidungsprozeß gefördert. Im *Hoch- und Spätmittelalter* tritt freilich die Enzyklika als argumentatives L. hinter der Bulle als machtpolitischer Entfaltung des päpstlichen Willens in den Hintergrund. Die Lehrentwicklung wird hauptsächlich von den Universitäten getragen. Die Enzyklika ‹Romani Pontificis providis› (1477) von SIXTUS IV. zu Fragen der Ablaßpraxis ist hierfür ein Beispiel: «Deshalb [...] entscheiden Wir aus eigenem Antrieb [...] daß dieser Ablaß so gelte [...] wie die allgemeine Schulmeinung der Gelehrten einräumt.»[3]

Im *Zeitalter der Reformation* sind es vorwiegend die Reformatoren, die sich mit kirchlichen L. an die Christenheit wenden. So kann sich Luther universal ‹An den christlichen Adel deutscher Nation von des christlichen Standes Besserung› wenden (1520)[4], aber auch spezieller ‹Eine Epistel oder Unterricht von den Heiligen an die Kirche zu Erfurt› schicken (1522)[5] oder sich in einem ‹Sendbrief an den Papst Leo X.›[6] wenden, um so Adressaten und Absender im reformatorischen Sinne auszutauschen. Ähnlich wirkt PHILIPP MELANCHTHON mit der Schrift ‹An den Stadtrat zu Soest in Westphalen›.[7] Sein Einfluß auf die kirchliche und theologische Entwicklung in ganz Europa ist wesentlich auf seine Korrespondenz in Lehrfragen zurückzuführen. Wie in der Tradition der Ostkirchen endet auch in den Kirchen der

Reformation nach Abschluß ihrer dogmatischen Lehrentwicklung der Gebrauch des Instituts ‹L.› weitgehend. Lehrfragen werden statt dessen wieder universitär und synodal behandelt.

In der *Neuzeit* verbindet sich mit dem Kirchenjuristen PROSPER LAMBERTINI (BENEDIKT XIV.) und mit LEO XIII. die Form und Bedeutung heutiger L. der römisch-katholischen Kirche. Benedikt XIV. (1740–1758) führt als Neuerung das gedruckte Rundschreiben des Papstes zu Lehrfragen unter der Bezeichnung ‹Enzyklika› als seither gebräuchliche Form des L. der römisch-katholischen Kirche ein. Er leitet damit eine Phase direkter Beteiligung und Steuerung Roms an der innerkatholischen Lehrdiskussion ein, die die päpstlichen Lehrvorstellungen direkt an den Episkopat trägt und somit die im ersten Vatikanum dogmatisch besiegelte Autoritätssteigerung des Papstes mit vorbereitet. Die Enzyklika als bei aller dogmatischer Eindeutigkeit inhaltlich argumentierender Text löst somit die Bulle als vorwiegende Gattung päpstlicher Verlautbarungen ab, sicher ein Entgegenkommen an die Bedürfnisse des Absolutismus und der zunehmenden Trennung von Staat und Kirche. Entsprechend bekommt diese neue Form des L. ihre Autorität nicht durch den feudalistischen Akt der Siegelung verliehen, sondern durch den Verwaltungsakt des Abdrucks in entsprechenden offiziellen Organen (Bullarium Romanum, Acta Sanctae Sedis, seit 1909 die Acta Apostolicae Sedis). Größte Bedeutung erlangen die Enzykliken durch Leo XIII. (1878–1903), der im Lichte der Papstdogmen von 1870 die Enzyklika als Form seiner lehramtlichen Tätigkeit bevorzugt, was die Zahl von 49 Enzykliken zu den unterschiedlichsten Themen aus 25 Amtsjahren dokumentiert. Damit provoziert Leo XIII. auch die bis heute kontrovers diskutierte Frage nach dem lehramtlichen Stellenwert der Enzykliken. Denn die vom Vatikanum offen gelassene Frage, wie denn die *ex cathedra* unfehlbare Entscheidung eines Papstes formal aussehe, konnte nun unter Hinweis auf die L. beantwortet werden. Umgekehrt konnte die Wahl der Form des L. als bewußter Verzicht auf den Anspruch der Unfehlbarkeit gedeutet werden. Leos Nachfolger bis zu Johannes Paul II. bedienen sich weiterhin dieser Form lehramtlicher Verkündigung in der römisch-katholischen Kirche. Eine große Rolle im Lehrprozeß spielt hierbei die Rezeption der L. Beispiele für prominente Enzykliken der letzten Pontifikate sind: LEO XIII.: *Rerum novarum* (1891, soziale Frage); PIUS X.: *Pascendi* (1907, Antimodernismus), PIUS XI.: *Mit brennender Sorge* (1937, Lage im Dritten Reich); PIUS XII.: *Mystici corporis* (1943, Kirche als mystischer Leib Christi); PAUL VI.: *Humanae vitae* (1968, Empfängnisverhütung), JOHANNES PAUL II.: *Veritatis splendor* (1993 Morallehre), *Ut unum sint* (1995, Ökumenismus), *Fides et ratio* (1998, Glaube und Vernunft).

Auch in den evangelischen Kirchen gibt es L., so in Form von Denkschriften der Evangelischen Kirche in Deutschland oder Kundgebungen der Synode der Evangelischen Kirche in Deutschland, aber auch als Hirtenbriefe. So kann die Botschaft der ‹Barmer Theologischen Erklärung› von 1934 als L. gelten. In rhetorischer Hinsicht stehen aber die römisch-katholischen L. im Mittelpunkt, da sie insgesamt ein geschlosseneres Corpus abgeben und für die Lehrentscheide der römisch-katholischen Kirche von größerer Bedeutung sind als vergleichbare Texte in protestantischen Kirchen.

II. *Rhetorik.* Rhetorisch verdienen bereits die ersten Worte einer Enzyklika oder eines Motuproprios Beachtung. Sie geben dem entsprechenden L. als *arenga* den Namen und weisen oftmals auf Bedeutung oder Inhalt des L. hin, so etwa ‹Humanae vitae› (Empfängnisverhütung), ‹Fides et ratio› (Verhältnis von Philosophie und Christentum), ‹Mit brennender Sorge› (Katholizismus im Nationalsozialismus) usw. Das Auftauchen christologischer (*Redemptoris missio*, 1978) oder ekklesiologischer (*Mater et magistra*, 1961) Terminologie erhöht die Bedeutung des im L. entfalteten Inhalts. Das L. in Form der Enzyklika hat überwiegend eine konkrete Adresse, die in ihrer sprachlichen Gestalt bereits inhaltliche Aussagen machen kann. Engster Adressatenkreis sind die Bischöfe, entweder allgemein («An die Bischöfe der katholischen Kirche»[8]) oder in der seit 1751 früher fast durchgängig verwendeten hierarchischen Differenzierung: «Ad Venerabiles Fratres Patriarchas, Primates, Archiepiscopos, Episcopos aliosque locorum Ordinarios pacem et communionem cum Apostolica Sede habentes» (An die verehrungswürdigen Brüder Patriarchen, Primasse, Erzbischöfe, Bischöfe und anderen Ortsordinarien, die Frieden und Gemeinschaft mit dem Apostolischen Stuhl haben)[9]. Unter JOHANNES XXIII. erfolgt eine Erweiterung des Adressatenkreises auf Priester und Laien («[…] itemque ad universum clerum et christifideles catholici orbis»[10]) und schließlich auf «Menschen guten Willens» («[…] necnon bonae voluntatis hominibus»[11]). Enzykliken ohne Adresse sind selten. Im Fall der Ökumenismus-Enzyklika ‹Ut unum sint› (1995) könnte e silentio ein gesamtchristlicher Kreis der (im Text auch angesprochenen) Adressaten gefolgert werden. Die Rhetorik der Adresse läuft deutlich auf eine Berücksichtigung der ekklesiologischen Modifikationen des Zweiten Vatikanischen Konzils hinaus: die Betonung der *communio* des Bischofskollegiums mit dem Papst an der Spitze und des Volk-Gottes-Gedankens der Einbeziehung der Laien.

Der Papst als Absender bediente sich weitgehend des *pluralis majestatis*, erst JOHANNES PAUL II. leitet im Laufe seines Pontifikats zur Ichform der Enzyklika und des Motuproprios über. Der Plural kann freilich auch als Ausdruck der lehramtlichen Kollegialität der Bischöfe gelten, für die der Papst spricht. Im ‹Ich› drückt sich das Faktum aus, das letztlich ein Einzelner das Lehramt beansprucht.

Der Aufbau der L. ist nicht festgelegt. Anlaß, Problementfaltung und Darstellung des Lehrstandpunktes bzw. Aufgaben, Maßstäbe und Positionen sind aber meist Strukturelemente. Während die Enzykliken unter Benedikt XIV. eher kurz waren, sind sie heute zuweilen sehr umfangreich, und es gibt L. mit dem Informationsgehalt eines Buches. Die rhetorischen Stilmittel der L. sind variabel. Es gibt pastorale Passagen, die schlicht und bildreich formulieren und sich dabei gerne biblischer Bilder und Metaphern bedienen. Daneben finden sich biblische oder historische Argumentationen, aber auch polemische Anschuldigungen und schroffe Ablehnungsformeln. Der sprachliche Duktus der L. ist selten durchgehend, die Formen können sich innerhalb eines Textes wandeln. Wenn manche L. Redundanz aufweisen, indem sie längere Passagen enthalten, die über das eigentliche Thema hinaus Bekanntes mitteilen, dann dient dies u.a. dem theologisch-rhetorischen Zweck der Bekräftigung. Stets geht das L. auf seine eigenen Voraussetzungen ein, die Einbindung in die lehramtliche Tradition. Insofern ist das L. so formuliert, daß es immer für sich allein zu stehen vermag. Ein systematischer Zusammenhang des Gesamtkorpus der L. wird durch sprachliche Strategien vermieden (Ausnahme sind ‹Jubiläumsenzykliken›). Gleichzeitig sind die Formulierungen nicht immer eindeutig, vor allem abgelehnte Positionen werden nie unter Namensnennung kritisiert. Es finden sich Wendungen wie «gewisse Theologen», «einige Denker», mit denen der sprachliche Duktus des L. einerseits persönliche Gegner verschleiert, sie aber auch anonymisiert und somit schützt. Namentlich genannt werden nur «korrekte» Vertreter der Lehrtradition, voran das Subjekt des L. und seine Vorgänger. Ein besonderes Kennzeichen, vielleicht das theologische und rhetorische Zentrum der L., ist der Traditionsbeweis. In neueren L. wird er meistens durch Schriftzitate, in älteren noch überwiegend durch Autoritäten der römisch-katholischen Lehrtradition geführt. Dabei ist der Einbau der Zitate nicht nur argumentativ, sondern auch assoziativ und rein figurativ. Beispiel hierfür ist die Entfaltung der Glanz-Metaphorik in der Enzyklika ‹Veritatis Splendor›: «Durch den Glauben an Jesus Christus, "das wahre Licht, das jeden Menschen erleuchtet" (Joh 1,9), zum Heil berufen, werden die Menschen "Licht durch den Herrn" und "Kinder der Lichts" (Eph 5,8) und heiligen sich durch den "Gehorsam gegenüber der Wahrheit" (1 Petr. 1,22).» [12]

Während die Berufung auf biblische Texte durchgängig ist, wenngleich mit unterschiedlicher Dichte, können auch frühere Lehrentscheide und hier insbesondere Konzilserklärungen verstärkt verwendet werden, um bestehende eindeutige Positionen ins Gedächtnis zu rufen (so etwa in ‹Fides et ratio› über das Verhältnis von Glaube und Vernunft, 1998). Dies geschieht zuweilen in Form längerer Zitationen, die ein Thema beinahe sentenzenartig darlegen (Beispiel: ‹Satis cognitum›, Über die Einheit der Kirche, 1896). Weitere Formeln und Redewendungen stellen den Traditionsaspekt heraus: «seit jeher, ständige Vertiefung, es ist genugsam bekannt» (= arenga: ‹Satis cognitum›), «immer ist es Amtsgepflogenheit gewesen» etc. Zu diesem Aspekt der Gewohnheit kommen noch die der Verpflichtung und schließlich der Autorität. Der heutige Verfasser römisch-katholischer L. spricht nach eigenem Selbstverständnis im Namen und mit der Autorität Jesu Christi. Dieser Anspruch hebt sich von früheren L. ab. Damit wird zugleich eine Relativierung und Unterstreichung des lehramtlichen Machtanspruches vollzogen und die Abhängigkeit durch die Sendung herausgestellt. In den Zielrichtungen ihrer L. bezeugt die römisch-katholische Kirche «die Treue zu ihrer Sendung» und hebt ihre Verpflichtung zu bestimmten inhaltlichen Positionen hervor: «[…] die katholische Kirche beteuert, daß das Amt des Bischofs von Rom dem Willen Christi entspricht», sie verweist auf die «Bindung an das dreifache Liebesbekenntnis zu Petrus» und stellt fest: «die Kirche Gottes ist von Christus dazu berufen, einer im Gewirr ihrer Schuld und ihrer üblen Vorhaben verfangenen Welt kundzutun […]». [13] Durch solche Formulierungen kann das L. eigene Positionen und Entscheidungen als gottgegeben und durch das Subjekt des L. als nicht hinterfragbar verbreiten. Eine Variante im Zusammenhang der Vorgaben ‹Traditionsverhaftung› und ‹Aktualität› sind ‹Jubiläumsenzykliken› (etwa die Enzyklika ‹Centesimus annus›, 1991, zum 100jährigen Jubiläum der Enzyklika ‹Rerum novarum›), die sprachlich die Gelegenheit des Gedenkens an das Erscheinen eines L. wahrnehmen. Das doppelte Ziel der Anknüpfung und Fortführung tritt hier besonders deutlich zutage. Es kann aber hier in der Form der positiven Würdigung eine theologische Neubewertung vorgenommen werden – so im Fall der Enzyklika ‹Divino afflante spiritu› (1943), die eine größere Freiheit in der historisch-kritischen Bibelexegese eröffnete: «Die Exegeten […] sollen […] die Erklärungen des Lehramts […] berücksichtigen, wie Leo XIII. in der Enzyklika ‹Providentissimus Deus› sehr weise bemerkt hat […] Es bleibt […] vieles, und zwar äußerst Wichtiges, übrig, bei dessen Erörterung sich der Scharfsinn und Verstand der katholischen Exegeten frei betätigen kann und soll.» [14]

Anmerkungen:
1 s. dazu Athanasios, MG 25, 221, 537; Martin I., Epistola IV, ML 87, 147; A. Lindemann, H. Paulsen: Die apostolischen Väter (1992). – **2** Ignatius von Antiochien, An die Trallaner, in: Kirchen- und Theologiegesch. in Quellen, Bd. 1: Alte Kirche, hg. von A.M. Ritter (1977) 16. – **3** H. Denzinger, P. Hünermann: Enchiridion symbolorum (37 1991) Nr. 1407. – **4** Luther, Weimarer Ausg. 6 (ND 1966) 404–469. – **5** ebd. 10 II, 164–168. – **6** ebd. 7, 3–11. – **7** Corpus Reformatorum V, hg. von C.G. Bretschneider (1838) 125–137. – **8** Fides et Ratio, Verlautbarungen des Apostolischen Stuhls (VAS) 135 (1998). – **9** z.B. Divini Redemptoris, Acta Apostolicae Sedis (AAS) (1937) 65. – **10** Mater et Magistra, AAS 53 (1961) 401. – **11** Centesimus annus, AAS 83 (1991) 793. – **12** VAS 111, Nr. 1. – **13** Ut unum sint, VAS 121, Nr. 93. – **14** Denzinger, Hünermann [3] Nr. 3830f.

Literaturhinweise:
H. Getzung: Stil und Form der ältesten Papstbriefe bis auf Leo d. Gr. (1922). – A. Peiffer: Die Enzykliken und ihr formaler Wert für die dogmatische Methode (1968). – H. Grote: Was verlautbart Rom wie? (1995).

J. Haustein

III. *Theologie.* Die Lehrvollmacht (Lehrgewalt) schafft den institutionellen Rahmen für L. Sie entspringt nach heutigem, katholischen Verständnis der eigenen Vollmacht (*sacra potestas*) der Kirche, die in drei Ämter (*munera*) aufgegliedert ist, nämlich die Ämter des Heiligens, der Lehre und der Leitung (*munus sanctificandi, docendi* und *regendi*). Diese sind auf die drei Ämter Christi zurückzuführen. Die Lehrgewalt ist eine relativ junge Gewalt, die sich erst langsam zu einer eigenständigen entwickelt hat. Sehr bald besteht eine Verbindung zwischen Leiten und Lehren, so daß die Frage, wer Lehrgewalt hat, mit der Frage verbunden ist, wer Leitungsgewalt hat. Seit dem Mittelalter wird zwischen Weihe- und Jurisdiktionsgewalt unterschieden, wobei die Lehrgewalt Teil der Leitungsgewalt ist. Erst das 2. Vatikanische Konzil und ihm folgend der Codex Iuris Canonici (CIC) von 1983 haben die Lehrgewalt (*munus docendi*) eigens geregelt (vgl. 3. Buch des CIC von 1983). L. finden sich nicht nur in der katholischen, sondern auch in der anglikanischen Kirche (encyclical letters, veröffentlicht durch die Lambeth-Konferenzen der anglikanischen Bischöfe).

Es ist historisch und auch heute nicht immer leicht, L. von juristischen Schreiben zu unterscheiden. Dies hängt auch damit zusammen, daß die Kirche die Gewaltentrennung nicht kennt. Nicht auf alle Schreiben kann hier eingegangen werden. Heute gibt es verschiedene Typen päpstlicher Schreiben, die auch als L. bezeichnet werden können. Dazu gehören die Enzykliken, und zwar sowohl die *litterae encyclicae* als auch die *epistolae encyclicae*. Ferner gehören dazu die päpstlichen Exhortationen (*exhortatio*) wie jetzt auch die sogenannten nachsynodalen Apostolischen Schreiben, die im Anschluß an die immer häufiger abgehaltenen Bischofssynoden erlassen werden. Dogmatische Erklärungen erfolgen in der Form der ‹Dogmatischen Konstitutionen›. Bischöfliche Schreiben werden üblicherweise als Pastoralbriefe, Pastoralschreiben oder Hirtenbriefe bezeichnet. Vom einzelnen Schreiber und von der Wahl der Form hängt bis zu einem gewissen Grad die verpflichtende Qualität des jeweiligen Schreibens ab, d. h. Pastoralbriefe der Bischöfe können eine andere Qualität haben als päpstliche Enzykliken. Die Enzyklika ist vom Papst an die gesamte Christenheit gerichtet oder an alle Bischöfe bzw. an einen Teil der Bischöfe und enthält keine dogmatischen Definitionen wie die Dogmatischen Konstitutionen, aber auch keine Rechtsnormen wie die päpstlichen Dekrete, die in Form der ‹Bulle› oder des ‹Breve› expediert werden. Die Enzyklika ist also ein päpstlicher Brief, der sich von den anderen nur dadurch unterscheidet, daß er an die Patriarchen, Primasse, Erzbischöfe, Bischöfe und andere Ordinarien gerichtet ist, die sich in Frieden und Gemeinschaft mit dem Apostolischen Stuhl befinden. Ab dem Ende des 1. Drittels des 19. Jh. steigt die Zahl der Enzykliken der Päpste. Zu nennen sind Gregor XVI., Pius IX. und dann vor allem Leo XIII. Seit Leo XIII. wird zwischen *epistolae encyclicae* (an Einzelgruppen von Bischöfen) und *litterae encyclicae* (an die ganze Kirche) unterschieden.

Enzykliken sind normalerweise in lateinischer Sprache geschrieben, manchmal auch mit Übersetzungen (z. B. italienisch), manchmal auch in einer anderen Sprache (z. B. ‹Mit brennender Sorge› Pius' XI. in deutscher Sprache). Zitiert werden sie wie Bullen und Apostolische Briefe gemäß ihrer ersten Worte (*arenga*).

Eine nicht ganz unumstrittene Frage ist die nach der Autorität der Enzykliken. Sie sind sicher, wenn sie sich an die Gesamtkirche wenden, Ausdruck der obersten Lehrgewalt des Papstes, aber keine unfehlbaren Lehrentscheidungen – auch wenn behauptet wird, daß der Papst im Einzelfall eine Enzyklika zur Vorlage einer Kathedralentscheidung verwenden könnte (was manche Theologen von der Encyclica ‹Quanta cura› von Pius IX. vermuteten). Pius XII. hat die Verbindlichkeit von Enzykliken so umschrieben und begründet: Als Ausdruck des ordentlichen Lehramtes ist der Inhalt der Enzykliken, wo sie ein Urteil über bislang umstrittene Fragen aussprechen, der freien Erörterung der Theologen entzogen. Darüber besteht heute Diskussion. Dabei treten inhaltliche Kriterien gegenüber formalen in den Vordergrund (Priesterweihe von Frauen und Tradition). Die Päpste bedienen sich der Enzyklika oft, um Irrtümer zu verurteilen, Gefahren für Glaube und Moral anzuzeigen oder Handlungsanweisungen für die Kirche in Bezug auf ein bestimmtes Problem zu geben. Auch enthalten Enzykliken manchmal verpflichtende direktive Normen für alle Gläubigen, so z. B. wenn in einer Enzyklika ein Irrtum verurteilt wird oder wenn in ihr die Lehre der Kirche über eine bestimmte Frage erklärt und zusammengefaßt wird. Dies hat man z. B. für die Enzyklika Pius' XI. ‹Casti connubii› vom 31.12.1930 angenommen. Die Enzyklika bzw. das in ihr Gelehrte hat aber jedenfalls nicht den höchsten Verbindlichkeitsgrad. Ihr muß also wenn nicht Glaubenszustimmung so doch religiöse Zustimmung gegeben werden, die im Lehramt des Papstes ihren Grund und im Glauben ihre Wurzel hat, die aber vom eigentlichen Glaubensakt wohl zu unterscheiden ist.

Die Form der Apostolischen Exhortation wird oft von den Päpsten benützt, in jüngerer Zeit meist nach den Sitzungen der Bischofssynode, um die Fragen, die auf den Synoden diskutiert werden, voranzutreiben. Dies gilt z. B. für die Bischofssynoden 1983 über die Buße oder 1987 über die Laien. Seit letztgenanntem Schreiben hat sich für diese Exhortationen die Bezeichnung ‹Nachsynodales apostolisches Schreiben› eingebürgert. Damit verbunden ist ein nicht nur äußerlicher stärkerer Bezug des Schreibens zur Diskussion auf der Synode und zu deren Papieren.

Apostolische Schreiben (*epistolae apostolicae*) sind Schreiben, die im Gegensatz zur Enzyklika an eine bestimmte Kategorie von Personen, z. B. an eine Gruppe von Bischöfen gerichtet sind. Diese Dokumente, wie etwa ‹Octogesima adveniens› Pauls VI. an Kardinal Maurice Roy, enthalten soziale und pastorale Lehren, sind aber keine legislative Texte.

Auch die Behörden der römischen Kurie können L. erlassen. Dazu zählen z. B. Instruktionen und Deklarationen sowie Direktorien (vgl. z. B. die beiden ökumenischen Direktorien). Sie können sowohl Lehrinhalte haben als auch rechtliche Fragen behandeln.

Geschichtlich haben sich als besondere amtliche Schreiben ‹Synodalbriefe› entwickelt, die den bei Synoden nicht vertretenen Kirchen deren Beschlüsse mitteilten und gleichzeitig die Kirchengemeinschaft zum Ausdruck bringen. Solche Synodalschreiben sind heute nicht mehr üblich. Wohl aber gibt es Schreiben der Bischofssynoden selbst. So hat z. B. die Bischofssynode 1985 ein eigenes Papier über die *communio* mit Zustimmung des Papstes beschlossen und herausgegeben. Darüberhinaus ist es üblich, neben dem geheimen Dokument, das die Bischofssynode abschließt (Sammlung der Propositionen (Vorschläge)) eine Botschaft an das Volk Gottes zu richten. Hier ist allerdings die Grenze zwischen Lehr- und Pastoralschreiben fließend. Auch kontinentale Bischofsversammlungen und Bischofskonferenzen können L. erlassen – wie die Konferenzen von Puebla, Medellin und Santo Domingo (Befreiungstheologie) oder die Lateinamerikanische Bischofskonferenz CELAM.

Literaturhinweise:
H. Jordan: Gesch. der altchristl. Lit. (1911). – Art. ‹Encycliques›, in: Dictionnaire de théologie catholique, hg. von A. Vacant et al., Bd. 5 (Paris 1930ff.) 14ff. – Art. ‹Encyclique›, in: Dictionnaire de droit canonique, hg. von R. Naz, Bd. 5 (Paris 1935ff.) 338ff. – P. Nau: L'autorité doctrinale des encycliques, in: Pensée catholique 15 (1950) 47–63, 16 (1951) 42–59. – J. Bäumer: Sind päpstliche Enzykliken unfehlbar?, in: Theol. und Glaube 42 (1952) 262–269. – B. Brinkmann: Gibt es unfehlbare Äußerungen des «Magisterium Ordinarium» des Papstes?, in: Scholastik 28 (1953) 202–221. – F.M. Gallati: Wenn die Päpste sprechen (Wien 1960) insbes. 32ff. – A. Pfeiffer: Die Enzykliken und ihr formaler Wert für die dogmatische Methode. Ein Beitr. zur theol. Erkenntnislehre (1968). – Art. ‹Encyclica›, in: Novissimo Digesto Italiano (1979ff.) Bd. 5, 526. – F.G. Morrisey: Papal and Curial Pronouncements: Their Canonical Significance in the Light of the 1983 Code of Canon Law (Ottawa 1992). – H.R. Drobner: Lehrbuch der Patrologie (1994) bes. 140ff. (Der Brief in Antike und Christentum).

R. Puza

→ Arenga → Brief → Christliche Rhetorik → Docere

Leichenpredigt (engl. funeral sermon; frz. oraison funèbre)
A. I. Def. – II. Allg. Überlegungen. – 1. Kategorien und Funktionen. – 2. Das Gattungssystem als Funktionsverband rhet. officia. – 3. Die L. als homiletische Gattung. – 4. Die L. als Gedenkausgabe und Gedenkwerk. – B. Hist. Entwicklung. – I. Konfessionalisierung als Ausbildung des inneren aptum. – II. Barocke Thanatopraxis und Verschiebung auf das äußere aptum. – III. Pastorale Neudefinition der L. im 18. und 19. Jh. als Erneuerung des inneren aptum.

A. I. *Def.* ‹L.› bezeichnet (1) im engeren Sinn eine der Funeralrhetorik angehörende Gattung der neuzeitlichen geistlichen Beredsamkeit sowie (2) eine an das Medium des Buchdrucks gebundene, anthologische literarische Form.

(1) Als Untergattung der Predigt ist die L. nach homiletischen Richtlinien gebaut, von kirchlichen Amtsträgern verrichtet und im pastoralen Wirkungskreis angesiedelt. In rhetorischer Hinsicht unterliegt die L. den Angemessenheitsregeln der Gelegenheitspredigt sowie konfessionellen Differenzierungen.

(2) L. ist die Bezeichnung für eine in der frühen Neuzeit im Medium des Drucks entwickelte literarische Form kollektiver Gedächtnisstiftung, die als Gedenkausgabe oder höfisches Gedenkwerk L. wie Leichenrede nebst anderen Genera der Funeralrhetorik anthologisch umfaßt, im Akzidenzdruck fixiert und auf spezifischen Wegen inner- wie außerhalb des Buchmarktes verbreitet wird. Der Begriff ist metonymisch auf die homiletische Gattung L. bezogen, die in ihr enthalten ist und als Publikationsform der Einzelpredigt den historischen Kern der Gedenkausgabe bildete.

Während die Begriffe ‹L.›, ‹Leichenrede›, *oratio funebris* für das Mittelalter weitgehend synonym gebraucht werden, führte die Differenzierung des Bestattungsbrauchtums vom 16. zum 18. Jh. zu einem komplexen Gattungssystem, was sich in einer Begriffsvielfalt spiegelt, die bis in die neuere Forschung hineinreicht. [1] Die begrifflich weitesten Bezeichnungen des rhetorisch regelhaft geformten Sprechens über einen Toten binden das Genus durch Benennung von Redegegenstand und/oder Situation an Tod und Begräbnis: ‹Leich(en)abdankung›, ‹Grabrede›, ‹Totenrede›, ‹Leichvermahnung›, ‹Leich(en)rede›, ‹Standrede›, ‹Leich-Sermon› etc. An den Toten selbst sind Bezeichnungen wie ‹Nachruf› und ‹Nekrolog› geknüpft, die Wirkungsfunktionen der Gattung sind in Begriffen wie *laudatio funebris*, ‹Lob- und Trauerrede›, ‹Trostpredigt› benannt. Im Rückgriff auf antike Terminologie erscheinen ‹Parentation› und *oratio funebris*; entsprechend geistlichem oder nichtgeistlichem Sprecher werden – doch erst nachdem neben dem Geistlichen andere Redner auftreten – L. und Leichenrede unterschieden. Explizit nicht im Umfeld der Grablegung, sondern im Zusammenhang des Totengedenkens steht die ‹Gedächtnispredigt› («bei einer gedächtnisfeier»). [2]

Bei gleichbleibendem Überbegriff ‹L.› hat sich vom 16. zum 18. Jh. der historische Begriffsumfang gewandelt. Als sein tragendes Element gab die L. (1) dem Druckwerk (2) den Namen; die entsprechenden Lemmata in Grimms ‹Deutschem Wörterbuch› thematisieren ausschließlich die rhetorische Gattung im Sinne von (1), als gehaltene Rede. Angesichts dieses Sachverhalts spricht die Forschung bisweilen von der «eigentlichen, geistlichen» [3] oder der «christlichen» [4] L., um innerhalb des «Gesamtdruckwerks» L. [5] als deren Hauptbestandteil die homiletische Gattung zu bezeichnen. Gegenüber dem traditionellen Begriff haben sich Termini für die gehaltene L. wie ‹Nachrufpredigten› [6] oder ‹Gedächtnispredigt› [7] nicht durchgesetzt; die Sonderform der L. beim Fürsten- und Adelsbegräbnis ist präziser als ‹höfische L.› zu verstehen. Auch der Versuch, die rein rhetorisch und oratorisch dargebotenen Gattungen innerhalb der gedruckten L. unter dem Oberbegriff ‹Leichen- oder Totenrede (Grabrede)› zusammenzufassen und darin die L. (1) mitzuverstehen, verwischt deren Spezifika. [8]

Anmerkungen:
1 zum Forschungsstand vgl. den Forschungsbericht von S. Rusterholz: Leichenreden, in: IASL 4 (1979) 179–196; R. Lenz (Hg.): L. Eine Bestandsaufnahme (1980); ders.: De mortuis nil nisi bene? L. als multidisziplinäre Quelle (1990) 22–32; zur Arbeit der Forschungsstellen für Personalschriften in Marburg und Dresden vgl. R. Lenz: L. Quellen zur Erforschung der Frühen Neuzeit (1988, ²1990); sowie R. Lenz (Hg.): 1976–1996. 20 Jahre Forschungsstelle […] Marburg. 5 Jahre Forschungsstelle […] Dresden (1997); reichhaltiges Material ist dokumentiert in der von R. Lenz hg. Reihe der ‹Marburger Personalschriften-Forschungen› (erschienen: 19 Bde., in Vorbereitung Bd. 20–25), die vordringlich der Aufarbeitung von Quellenbeständen gewidmet ist und überdies einige unentbehrliche Monographien und Sammelwerke enthält. – **2** Grimm Bd. 4 Sp. 1938 – **3** F. Lerner: Frankfurter L. als Quellen für die Stadt- und Kulturgesch. des 16.–19. Jh., in: R. Lenz (Hg.): L. als Quelle hist. Wiss. (1975) 235. – **4** R. Lenz: Gedruckte L., in: Lenz [2] 36; Lenz; De mortuis [1] 7. – **5** ebd. passim; vgl. 145: «Gesamtdruckwerk Leichenpredigt». – **6** A. Brauer: Buchdrucker und Buchführer in L., in: Lenz [3] 330. – **7** H. Körner: L. der Fränkischen Reichsritterschaft als genealogische Quelle, in: Lenz [3] 315; U. Bredehorn, R. Lenz: Die Ausstellung ‹Leben aus L.›, in: Lenz [3] Nr. 5. – **8** Rusterholz [1] 181. – Zur «Begriffsverwirrung» vgl. G. Braungart: Hofberedsamkeit (1988) 219; P.R. Blum: L., in: ders. (Hg.): Stud. zur Thematik des Todes im 16. Jh. (1983) 113f.; K.-H. Habersetzer: Mors Vitae Testimonium, in: Lenz [3] 254f. Anm. 4; I. Bog: Die Generaldiskussion, in: Lenz [3] 421.

II. *Allgemeine Überlegungen.* **1.** *Kategorien und Funktionen.* In der Tat erweist sich die Komplexität des Gegenstandes in seinem Schwanken zwischen Predigtamt, Gelegenheitsschrift und eigengesetzlicher Gattungstradition. [1] Die Unklarheit der Begriffe wurzelt in der historisch höchst unterschiedlichen Realisierung von Redetypen und literarischen Formen im Funktionsverband der Funeralrhetorik, sie resultiert aus der Vermischung von Abgrenzungskriterien, die sich nach den Kategorien der rhetorischen Situationsbindung, der Autorschaft und der Medialität zwischen der L. (1) und (2) sowie gegenüber den Nachbargattungen ergeben.

a. *Rhetorische Situationsbindung.* Rede bei Gelegenheit des Begräbnisses ist formalisierte und situationsgebundene Rede. Homiletische Anweisungen, Kirchenordnungen, obrigkeitliche Vorschriften sowie die Drucke belegen eine mit der Ausfaltung des Begräbnisritus einhergehende Gattungsdifferenzierung der dabei situationsgebunden gesprochenen Texte, zunächst zwischen L. (1) und ‹Personalia›, sodann der ‹Leichabdankung› bzw. ‹Parentation› als Sonderformen der Leichenrede. Die Abgrenzung der Personalia von der L. setzt im 16. Jh. ein; im 17. sind sie als Gattung etabliert und im Begräbnisablauf verankert. Die hessischen Kirchenordnungen von 1566 und 1573 kennen nur die L., die von 1657 und 1748 sprechen bereits ganz selbstverständlich von den «Personalia, welche auffs allerkürtzeste abgefaßt» sein sollen [2] und stets unmittelbar nach der L. zum Vortrag kommen. Das nach Abwicklung dieses Zeremoniells erforderliche Wort des Dankes an die Trauergemeinde führte zur Form der ‹Abdankungsrede› (‹Parentation›), die bisweilen zur eigenen weltlichen Leichenrede anwuchs. Sie war die letzte Rede im Funeralzeremoniell. Die Vervielfältigung von Trauerzeremonien (Exequien) insbesondere im höfischen Bereich zog eine weitere Vervielfachung der diesbezüglichen Reden nach sich.

b. *Autorschaft.* Entsprechend diesen Redetypen differenzierte sich die Verfasserschaft. In der rhetorischen und homiletischen Anweisungsliteratur der frühen Neuzeit ist der Begriff L. (1) einzig für den geistlichen Redner im Kontext der Exequien reserviert. Durch den Bezug auf den Verstorbenen erfordert die rhetorische *inventio* die Suche nach Lebensfakten, der Prediger ist «im biographischen Teil weitgehend von den Angaben der Hinterbliebenen abhängig. Mitunter liegen jedoch auch autobiographische Aufzeichnungen vor.»[3] Die Ausdifferenzierung der Personalien ist damit zugleich Ausdifferenzierung fremder Autorschaft, wenn «die Angehörigen dem Prediger die Personalia zur Verlesung übergaben und ihn damit von der Verantwortung für das Gesagte entlasteten.»[4] Die Verantwortung für deren Text wird auch in Kirchenordnungen festgehalten; 1703 schreibt die Reichsstadt Eßlingen fest, daß der Beichtvater dem Prediger die Personalia einhändigt und dieser «etwas darinn zu ändern oder nach seinem Gefallen einzurichten durchaus keine Macht haben solle», wobei ihm freilich das Recht eingeräumt wird, daß übertriebene Titulaturen und andere «impertinentien [...] durchstrichen und pro cathedra nicht verleßen werden sollen.»[5] Die Formen weltlicher Leichenrede ergeben sich aus dem Dazutreten weiterer Redner zum Verfasser und Sprecher der L., deren *officia* jeweils unterschiedlich akzentuiert sind.

Die gedruckte L. (2) ist vollends ein kollektives Produkt, das nur in seinen zentralen Texten an die Exequien gebunden ist. Hier flossen auch Texte ein, die nachträglich verfaßt und nicht mehr rhetorisch dargeboten wurden[6], wobei die Entwicklung im 16. Jh. und in der Publikationsform der Predigtsammlung einsetzt – bereits in N. Selneckers großer Sammlung von 1591 sind einzelnen L. Lieder und Gedichte beigegeben.[7] Hier sind es noch die eigenen, dem Druck aufgegebenen Verse des Predigers, später treten Produkte weiterer Verfasser dazu. Nach den Erfahrungen der Marburger Forschungsgruppe ergab sich, «daß jede bibliographische Einheit ungefähr 10 bis 15 Verfasserschaften enthalten kann.»[8]

c. *Medialität.* Die Entwicklung der L. und ihrer Schwestergattungen hängt daher aufs Unmittelbarste mit Schrift und Druck zusammen. Für das Mittelalter werden die Begriffe L. und Leichenrede weitgehend synonym gebraucht, da nur der geistliche Redner das Wort ergreift. Die erste Abspaltung biographischer Sekundärtexte im Zeichen der Gedächtnisstiftung und in der Nähe zur Biographik ergibt sich im Medium der Schrift: «Die schriftlich festgehaltene, oft nur fiktive Leichenrede sollte darüber hinaus Verdienste des Verstorbenen vor dem Vergessen bewahren und das künftige Geschichtsbild prägen.»[9] Neben den in rhetorischer *actio* dargebotenen Reden entwickeln sich allein der Schriftlichkeit vorbehaltene Texte, wobei im Zuge der frühneuzeitlichen Begräbnisfeierlichkeiten zum Anhören und Lesen das Vorlesen als Darbietungsform tritt. Verlesen werden bisweilen, wie bereits 1580 bezeugt[10], vom Verstorbenen selbst verfaßte L., vor allem aber die Personalia.[11] Auch daraus resultiert die Forderung nach deren angemessener *brevitas*: «sind sie zu lang/ so fället dem Geistlichen beschwerlich/ wenn er nach abgelegter Leichen=Predigt noch eine neue Rede vom Papier lesen soll/ und die Anwesenden selbst bekommen endlich auch des übrigen Zuhörens satt.»[12] Die gedruckte L. (2) ist zur Gänze ins Medium des Buches und die ihm angemessenen Rezeptionsweisen übergetreten.

Anmerkungen:
1 P.R. Blum: L., in: ders. (Hg.): Stud. zur Thematik des Todes im 16. Jh. (1983) 111. – **2** A. Höck: Begräbnisbrauchtum und L. in ländlichen Bereichen Hessens, in: R. Lenz (Hg.): L. als Quelle hist. Wiss. (1975) 300f.; vgl. U. Bredehorn u. R. Lenz: Die Ausstellung ‹Leben aus L.› ebd., Nr. 92, 93, 94, 96; vgl. die Übersicht der Kirchenordnungen bei H. Grün: Die Leichenrede im Rahmen der kirchlichen Beerdigung im 16. Jh., in: Theol. Stud. u. Kritiken 96/97 (1925) 301ff. – **3** E. Winkler: Die L. im deutschen Luthertum bis Spener (1967) 190 über Carpzov und Geier. – **4** E. Winkler: Zur Motivation und Situationsbezogenheit der klassischen L., in: Lenz [2] 57. – **5** Bredehorn, Lenz [2] Nr. 98. – **6** vgl. C. Wiedemann: Vorspiel der Anthologie, in: J. Bark, D. Pforte: Die dt. Anthologie (1969/70) Bd. 2, 1–47. – **7** Winkler [3] 92ff. – **8** R. Lenz: De mortuis nil nisi bene? L. als multidisziplinäre Quelle (1990) 141. – **9** N. Ohler: Sterben u. Tod im MA (1990) 122. – **10** W. Zeller: L. und Erbauungslit., in: Lenz [2] 67. – **11** vgl. Höck [2] 301, Eintrag von 1657; J.C. Gottsched: Allg. Redekunst, hg. von P.M. Mitchell, Bd. VII/2 (1975): Besonderer Theil 294. – **12** C. Schröter: Gründliche Anweisung zur dt. Oratorie (1704, ND 1974) II, 169.

2. *Das Gattungssystem als Funktionsverband rhetorischer officia.* In rhetorischer Hinsicht gilt für den gesamten Begräbnisablauf, daß ungeachtet der Anzahl der Reden der funeralrhetorische Topos- und Wirkungskatalog der Trauer (*lamentatio*), des Trostes (*consolatio*), des Lobes (*laudatio*) und des Dankes (*gratiarum actio*) realisiert werden muß. Die Ausfaltung der Gattungen geht mit entsprechender Schwerpunktbildung einher, indem etwa die L. (1) geistlichen Trost spendet, die Abdankung die Dankfunktion übernimmt etc., doch nicht ausschließlich, sondern komplementär. Die Gattungen stehen in engem, stets situationsbezogenem Funktionsverband, der entsprechend dem äußeren *aptum* verschiedenartigste Ausprägungen kennt und eine allgemeine Definition der Einzelgattungen nahezu verunmöglicht. So muß man die Personalien ausführlicher und lobender ausführen, «wenn dem Defuncto entweder keine Leichenpredigt oder keine Parentation gehalten wird»[1], oder die Parentation und die Abdankung qualitativ aufeinander abstimmen und «den besten und stärksten Redner in der Kirche, den schwächsten aber im Trauerhause auftreten»[2] lassen. Die Parentation «ersetzte über ihre ursprüngliche Funktion hinaus in besonderen Fällen auch die Leichenpredigt [...]; sie denaturierte zu einem anachronistischen Panegyricus.»[3] Auch Personalien und Abdankung konnten gegenüber der L. ineins fallen, wie etwa in Frankfurt 1699.[4] Präzise Aussagen werden leichter möglich sein, wenn die gegenwärtig laufenden Katalogisierungsprojekte der L. (2) genauere Daten über die territorialen Ausprägungen des rhetorischen Begräbnisaufwandes erbracht haben werden.[5] Grundsätzlich gilt es bei Definition einzelner Gattungen den gesamten rhetorischen Aufwand anläßlich eines Todesfalles im Auge zu behalten, von der Verkündung des Begräbnisses bis zum gedruckten Gedächtnisschrifttum, und den Platz der einzelnen Texte innerhalb eines performativen Aktes zu fixieren, der mehrere Autoren und *officia* einbezieht, auf die Situation des Todesfalles bezogen ist und die Gesamtheit der jeweiligen historischen Medien benutzt.

Anmerkungen:
1 C. Schröter: Gründliche Anweisung zur dt. Oratorie (1704, ND 1974) II/169f. – **2** J.C. Gottsched: Allg. Redekunst, hg. von P.M. Mitchell, Bd. VII/2 (1975): Besonderer Theil 235. – **3** R. Lenz: De mortuis nil nisi bene? L. als multidisziplinäre Quelle (1990) 13. – **4** F. Lerner: Frankfurter L. als Quellen der Stadt- und Kulturgesch. des 16.–19. Jh., in: R. Lenz (Hg.): L. als Quelle hist. Wiss. (1975) 235f. – **5** R. Lenz (Hg.): 1976–1996. 20 Jahre Forschungsstelle [...] Marburg. 5 Jahre Forschungsstelle [...] Dresden (1997); vgl. ders.: Vorkommen, Aufkommen und Verteilung der L., in: ders. (Hg.): Stud. zur deutschsprachigen L. der frühen Neuzeit (1981) 223–248.

3. *Die L. als homiletische Gattung.* Die L. (1) teilt das Grundproblem mit dem Reden über den Tod darin, daß sie, «damit des Verstorbenen gedacht werden kann, vom Toten zugleich wegkommen muß», eine «Zweischneidigkeit, die der Tod dem Diskurs des Gedenkens oktroyiert».[1] Die fatale Dialektik zwischen dem Ansprechen der Überlebenden und dem Ansprechen des Toten wird in der L. durch ihre Anbindung an den homiletischen Grundgedanken der Wortverkündigung gelöst. Für alle Konfessionen gilt die paränetische Indienstnahme des Todesfalles: «Die Gültigkeit und Wahrheit des Absoluten, des heiligen Textes und des Dogmas, wird durch das Konkrete, den Lebenswandel eines bestimmten Menschen, illustriert und demonstriert [...]».[2]

Für die Trauergemeinde muß die L. den Trost biblisch begründen und mit der Vorbildhaftigkeit des Verstorbenen vermitteln, so daß der Tod als Bestandteil des göttlichen Heilsplans bekräftigt werden kann. Umgekehrt erscheint aus homiletischen Blickwinkel der Tod als nur eine unter vielen Gelegenheiten zur Predigt. Als ein den anderen Gegebenheiten des Lebens gleichgestellter Redegegenstand geistlichen Rhetorik ist der Tod klerikalisiert und gezähmt.[3] Die Synthese von *consolatio*, *lamentatio* und *laudatio* bleibt als Aufgabe der Gattung dennoch prekär, insbesondere weil die Traueräußerung ein Band um Redner und Zuhörer schlingt und Einigkeit herstellt, wo das geistliche Amt Unterscheidung und Verkündigung von Heilsbotschaft fordert. Stets droht die unangemessene Vermischung von geistlichen und weltlichen Funktionen, denn die L. ist «öffentliche memoria, die an die Stelle der individuellen Trauer gesetzt wird».[4] Die historische Entwicklung der L. in dieser Dialektik zwischen innerem und äußerem *aptum* zeigt konfessionell und epochenspezifisch ganz unterschiedliche Lösungen.

Während die L. des christlichen Mittelalters in Auftreten, Gestaltung und Theorie noch ununterscheidbar mit der Leichenrede in eins fällt, ist die L. als Untergattung der Predigt in Theorie und Praxis eine Entwicklung der Neuzeit. Entwicklungsmerkmal des 16. Jh. ist die Bindung an das innere *aptum* des Genus Predigt. In sozialhistorischer Hinsicht hat sie sich als deren Bestandteil mit den Exequien in den stratifizierten frühneuzeitlichen Gesellschaften verbreitet, als Teil des Christianisierungs- (J. Delumeau) und Konfessionalisierungsprozesses[5], in dem die Kirchen als diskursstiftende Organisationen[6] auch die Sinngebung des Todes mitformten. Dabei steht die L. im Brennpunkt konfessioneller Auseinandersetzungen, in ihrer Thematik wie in den Rahmenbedingungen der Konzilsvorschriften, Synodalbeschlüsse und Kirchenordnungen.

Mit der konfessionellen Verfestigung der Territorien unterliegt im Absolutismus des Barockjahrhunderts das Funeralbrauchtum als Moment repräsentativer Öffentlichkeit den ‹Policey-Ordnungen›, die im Detail den Begräbnisaufwand kodifizieren, Kleidungs-und Einladungsvorschriften erlassen und die erlaubte Zahl der Trauergäste ständisch abstufen.[7] Auch der rednerische Aufwand ist nach Ständen festgelegt, sodaß das gesellschaftliche äußere *aptum* ein Hauptmoment barocker Funeralrhetorik und damit auch der L. darstellt. Nach dem Epocheneinschnitt des Aufklärungszeitalters und den homiletischen Reformen, die innere *aptum* erneut ins Zentrum stellen, wird die L. im 19. Jh. zur Grabrede.

Die homiletische Entwicklung der *doctrina* ist in Bezug auf die L. noch nicht ausreichend erforscht. Die entsprechende Anpassung der Theorie an die Entfaltung der Thanatopraxis spiegelt sich erst in der Homiletik, als bereits entsprechende Muster kursieren, die im Wege der *imitatio* Neuentwicklungen verbreiten. Im Kräftespiel von *doctrina*, *imitatio* und *aptum* kommt ersterer die geringste Funktion zu; das äußere *aptum* spielt die überragende Rolle. Daher kann die Systematik erst im historischen Überblick entwickelt werden.

Anmerkungen:
1 C.L. Hart Nibbrig: Ästhetik der letzten Dinge (1989) 170; zur Leichenrede 170–176. – 2 R. Mohr: Prot. Theologie und Frömmigkeit im Angesicht des Todes während des Barockzeitalters (1964) 103. – 3 siehe den Art. ‹Funeralrhet.› in HWRh Bd. 3, Sp. 478–484. – 4 P.R. Blum: L., in: ders. (Hg.): Stud. zur Thematik des Todes im 16. Jh. (1983) 119. – 5 vgl. zur Debatte um die Konfessionalisierung W. Reinhard, H. Schilling (Hg.): Die kath. Konfessionalisierung (1995); M. Stolleis: Religion und Politik im Zeitalter des Barock, in: D. Breuer (Hg.): Religion und Religiosität im Zeitalter des Barock (1995) Bd. 1, 23–42. – 6 vgl. für Frankreich zuletzt H. Phillips: Church and Culture in Seventeenth-Century France (Cambridge 1996); für Deutschland H. Lehmann: Das Zeitalter des Absolutismus (1980), Kap. 2: Staatskirche, Gemeindekirche, Religionsfreiheit 23–104. – 7 vgl. R. Lenz: Gedruckte L., in: ders. (Hg.): L. als Quelle hist. Wiss. (1975) 42.

Literaturhinweise:
P. Ariès: Gesch. des Todes (1980). – R. Mohr: Der unverhoffte Tod (1982).

4. *Die L. als Gedenkausgabe und Gedenkwerk. a. Mündlichkeit, Schrift und Druck.* Zwischen Konzept bzw. Reinschrift, rhetorischer *actio*, Druckvorbereitung des Manuskripts, Drucklegung und Aus- und Abschreiben des Gedruckten bestehen, wie für die Predigt insgesamt, unterschiedliche Relationen und mediale Bruchstellen. Bei der L. wurde nicht alles schriftlich Überlieferte auch gedruckt, nicht alles Gedruckte auch gehalten. In Manuskriptform ist eine völlig unbekannte Zahl von L. überliefert.[1] Manche Handschriften tradieren aus dem Gedächtnis nachgeschriebene Predigten, etwa die (zumeist auf griechisch notierten) des M. Crusius.[2] Gedruckte L. wurden nicht selten ab- und ausgeschrieben, so daß der Druck wiederum in die Manuskriptform mündet. Die Forschung hat bislang allenfalls das Verhältnis der gedruckten Einzelpredigt zum gesprochenen Text diskutiert; sie geht bisweilen von einer (den Umfang aufschwellenden) Überarbeitung für die Publikation aus[3], bisweilen wird der Umfang des Druckes als verläßlicher Indikator für die Dauer der rhetorischen *actio* verstanden.[4] Die der Predigt insgesamt spezifischen komplexen Übergänge zwischen Oralität, Handschrift und Druck sind noch nicht systematisch dargestellt worden.

Predigt und L. sind die einzigen genuin oratorischen Gattungen, die in massenhafter Verbreitung eine eigene Druckgestalt hervorgebracht haben. Gerade die L. wird früh als (1) ‹Einzelpredigt› publiziert und bald mit weiteren Texten zu einem eigenständigen Druckprodukt, der ‹Gedenkausgabe›, ergänzt. Mit diesem Terminus vereint M. Fürstenwald Memorialfunktion und mediale Materialität[5], freilich unter Hintansetzung des oratorischen Gattungsaspekts. Treffend hat C. Wiedemann im Hinblick auf die kollektive Autorschaft dieses Produkt als «Vorspiel der Anthologie» bezeichnet. Davon abgeleitet bezeichnet der Terminus ‹Gedenkwerk› nach R. Lenz[6] ausschließlich die höfische Variante der Funeralschrift, die insgesamt ins Genus des literarischen Herrscherlobs gehört und vielfach mehrere L. enthält. Ebenso wie jener berücksichtigt der Oberbegriff ‹Funeralschrift› Medium und Anlaß, nicht jedoch die darunter vereinigten Gattungen und vor allem nicht das Vorhandensein der L. (1). Die Zugehörigkeit der L. (2) zu den ‹Personalschriften› markiert den Gehalt an personenbezogenen Informationen und damit den enorm hohen, jüngst verstärkt erschlossenen historischen Quellenwert der Gattung.

Neben der historisch bald weitaus überwiegenden Gestalt der Einzelpredigt und der Gedenkausgabe kommt die L. auch in anderen Publikationsformen zum Druck.[7] In der gedruckten (2) ‹Predigtsammlung› erscheint sie als ausschließlicher, überwiegender oder auch nur beigegebener Bestandteil, nicht selten den entsprechenden Gebrauchsfunktionen gemäß in Überarbeitung.[8] Zugleich demonstriert sie als Muster der Lobrede exemplarisch die rhetorische Fertigkeit eines Predigers. Zwischen Predigtsammlung und Anthologie steht das (3) ‹Gedenkwerk›, insofern es mehrere L. (und dazu meist noch weitere Texte) zu einem einzigen bedeutsamen Todesfall versammelt. Als Beispiel findet sich eine L. bisweilen in der (4) *ars-moriendi*-Literatur [9] sowie in (5) Anweisungsschriften von der Kirchenagende [10] bis zur Homiletik.

Anmerkungen:
1 vgl. R. Mohr: Prot. Theologie und Frömmigkeit im Angesicht des Todes während des Barockzeitalters (1964) 34f.; die dort (auch mit Tabelle abgebildete L. Ludolph Walthers ist Abschrift einer gedruckten L. (Hannover 1655, Herzog August Bibl. Wolfenbüttel); aus dem kath. Bereich vgl. oben; handschriftliche Bestände, die auch L. enthalten, finden sich in jeder Klosterbibl. – 2 P.R. Blum: L., in: ders. (Hg.): Stud. zur Thematik des Todes im 16. Jh. (1983) 115ff. – 3 Mohr [1] 28 Anm. 2. – 4 E. Winkler: Zur Motivation und Situationsbezogenheit der klass. L., in: R. Lenz (Hg.): L. als Quelle hist. Wiss. (1975) 63; siehe insgesamt H. Wolf: Parentationen des 16. Jh. in germanist. Sicht, ebd. 349; R. Lenz: De mortuis nil nisi bene? L. als multidisziplinäre Quelle (1990) 16f. – 5 vgl. M. Fürstenwald: A. Gryphius. Dissertationes funebres (1967) 3; 15–17; ders.: Zur Theorie und Funktion der Barockabdankung, in: Lenz [4] 372–389. – 6 R. Lenz: Vorkommen, Aufkommen und Verteilung der L., in: ders. (Hg.): Stud. zur deutschsprachigen L. der frühen Neuzeit (1981) 228 und 232. – 7 Wolf [4] 353ff.; Winkler [4] 52f. – 8 Wolf [4] 352; Lenz: De mortuis [4] 27; Winkler [4] 52f. – 9 zum «Zusammenhang der L. mit der prot. ars moriendi-Literatur» Mohr [1] 20–24. – 10 Wolf [4] 354.

Literaturhinweise:
C. Wiedemann: Vorspiel der Anthologie, in: J. Bark, D. Pforte: Die dt. Anthologie (1969/70) Bd. 2, 1–47. – R. Lenz (Hg.): L. Eine Bestandsaufnahme (1980).

b. *Funktionen der gedruckten L.* Die Funktionen der gedruckten L. liegen im rhetorischen, religiösen und gesellschaftlichen Bereich:

Rhetorische imitatio und copia rerum ac verborum. Wie die gedruckte Predigt insgesamt, dient auch die L. gemäß der frühneuzeitlichen Umgangsweise mit Gedrucktem der *imitatio* sowie der *copia rerum ac verborum*. Als vorbildliches Muster fungiert v.a. die L. auf Todesfälle und durch Prediger im unmittelbaren Umkreis des Fürsten, wie etwa E. FLÉCHIER und L. BOURDALOUE. Der Exzerpierkunst [1] gilt die L. wie jeder andere gedruckte Text quer durch die Konfessionen als Thesaurus und Steinbruch zur Gewinnung von Redegegenständen und Formulierungen. Eine Sammlung wie W. BERGMANNS ‹Tremenda mortis hora. Oder das böse Stündlein› (verm. Aufl. Wittenberg 1664, [4]1708) wurde «aus unzehlichen Leich=Predigten und andern Historien fleißig heraus gezogen» [2], das handschriftliche Exzerptenbuch eines Melker Mönchs enthält ausgedehnte Abschriften aus einer 1661 erschienenen (protestantischen) L. (2.). [3]

Religiöse Propaganda, Meditation und Erbaulichkeit. Die Thematik des Todes stiftet eine gegenüber der Predigt spezifische Gebrauchsform der Meditation und der Erbaulichkeit. [4] Die L. liefert als «Todes-Schule» dem Leser «Lehr und Unterricht/ wie er selig sterben soll» [5], Sie ist Anlaß fortwährender «Betrachtung der Sterbligkeit». [6] Die Toten dienen «den Lebendigen zu einem nachfolgigen Exempel» [7], damit sie «gleichsam mit Erinnerungs-Sporen/ zur Nachfolg […] möchten aufgemuntert/ angefrischet und gezogen werden». [8] BOSSUET sendet zwei L. an den ABBÉ DE RANCÉ, «die, weil sie das Nichts der Welt kenntlich machen, wohl einen Platz unter den Büchern eines Einsiedlers verdienen und die er jedenfalls als zwei hinlänglich rührende Totenköpfe betrachten mag». [9] Bis zur Umcodierung des Todes im Zuge der Aufklärung [10] bleibt der «häßliche», aber in den L. als überwindbar dargestellte Tod Anstoß zur Besinnung, ein Lesebedürfnis, das die zahlreichen Drucke und Formen auf je verschiedene Weise bedienen.

c. *Gesellschaftliche Gedächtnisstiftung.* Der Funktionsüberschuß der gedruckten L. (wie auch der Leichenrede) liegt darin, daß diese mit der Übernahme von Memorialfunktionen gesellschaftliche Bedürfnisse abdeckt, und zwar zusätzlich zur geläufigen Propaganda-, Vorbild- und Thesaurenfunktion gedruckter Reden bzw. Predigten sowie zur durch den einzelnen Leser meditativ rezipierten Todesthematik. Die L. wird zum wichtigen Darstellungsmittel innerhalb der symbolischen Zeichensprache im Horizont repräsentativer Öffentlichkeit (J. Habermas). Die schiere Masse dieser Drucke und die Redundanz ihrer Argumente und Bilder etablieren einen stabilisierenden Diskurs über die Fortdauer der Institutionen gegenüber dem Individuum, sodaß auch hier gilt, was auf die antike Leichenrede zutraf: «It also gained in authority what it lost in originality». [11] Nun transzendieren Glaubensgemeinschaft und die im konfessionell definierten Territorium verankerte ständische Gesellschaft die Toten und die Gegenwärtigen. Dabei geht der Gattungsverband gedruckter Funeralien mit den medialen Möglichkeiten des Buchdrucks eine diesen Hauptzweck ideal bedienende Verbindung ein: er benutzt Reichweite und Dauerhaftigkeit der «Denkmaale auf Papier erbauet» (M. Kazmaier). Dazu kommt die Mobilität des Druckwerks, sodaß das Denkmal «gleichsam flügel» bekommt und «durch die weite welt/ und mancherley Provintzen» wandert. [12]

Anmerkungen:
1 C. Meinel: Enzyklop. der Welt und Verzettelung des Wissens, in: F. Eybl, W. Harms, H.-H. Krummacher u. W. Welzig (Hg.): Enzyklop. der Frühen Neuzeit (1995) 169ff., 179ff. – 2 Weise 1, 561. – 3 F. Eybl: Lit. in Melk, in: 900 Jahre Benediktiner in Melk (1989) 427 und 431, Anm. 11. – 4 E. Winkler: Die L. im dt. Luthertum bis Spener (1967) 55; H. Wolf: Parentationen des 16. Jh. in germanist. Sicht, in: R. Lenz (Hg.): L. als Quelle hist. Wiss. (1975) 355ff.; P.R. Blum: L., in: ders. (Hg.), Stud. zur Thematik des Todes im 16. Jh. (1983) 119. – 5 J. Heermann: Schola Mortis: Todes-Schule (Leipzig 1628) Bd. 2, zit. Winkler [4] 144. – 6 M. Geier: Betrachtung der Sterbligkeit/ bey unterschiedlichen Leichbegängnissen ... angestellet (Leipzig 1670, 1687; 2 Bde. 1704); siehe S. Holtz: Theol. und Alltag (1993) 288ff.; zur Dialektik von Sterblichkeitsmahnung (*memento mori*) und Erlösungshoffnung W. Zeller: L. und Erbauungslit., in: Lenz [4] 67. – 7 G. Pistorius: Allgemeines Klag-Hauß Oder Catholische Leich-Pr. (Dillingen 1658, [2]1663, [3]1675 und [4]1693);

W. Welzig (Hg.): Katalog gedruckter deutschsprachiger kath. Predigtslg. (1984/87) I/206, Nr. 112/7. – **8** E. Eisenhuet OP: Letste Ehre/ Das ist: Leich- und Ehrn-Pr. (Augsburg 1692), in: Welzig [7] I/201, Nr. 108/6. – **9** P. Ariès: Gesch. des Todes (1980) 439. – **10** C.L. Hart Nibbrig: Ästhetik der letzten Dinge (1989) 213ff. – **11** N. Loraux: L' invention d'Athènes (Paris 1981, Nouv. éd. abrégée 1993), zit. Übers. The Invention of Athens (Cambridge/London 1986) 263. – **12** Geier [6]; L. Ponickau 1664, zit. G.-R. Koretzki: L. und ihre Druckherstellung, in: Lenz [4] 333f.; vgl. M. Kazmaier: Denkmaale von Papier erbauet, ebd. 390–407.

Literaturhinweise:
W. Brückner: Erbauung, Erbauungslit., in: Enzyklop. des Märchens, Bd. 4 (1984) 108–120. – H.E. Bödeker, G. Chaix u. P. Veit (Hg.): Le livre religieux et ses pratiques (1991).

B. *Historische Entwicklung.* Die Entwicklung der L. geht von der Antike bis ins Mittelalter einher mit der Entwicklung der Leichenrede. Mit dem Humanismus wird die L. wie die Predigt stärker an die antike Rhetorik gebunden, mit der Konfessionalisierung des Reformationsjahrhunderts an die zentralen Glaubensaussagen der Kirchen und somit an die Verkündigungsfunktion der Predigt insgesamt. Damit setzt ihre frühneuzeitliche Entfaltung ein, die als Auseinandersetzung mit der Kategorie des *aptum* periodisiert werden kann.

I. *Konfessionalisierung als Ausbildung des inneren aptum.* **1.** *Homiletische doctrina und Predigtpraxis.* Im Gefolge der Reformation gewinnt die Totenfeier als Erweis exemplarischen christlichen Lebens wichtige Bedeutung. Die Entwicklung setzt mit M. LUTHER ein, dessen früher ‹Sermon von der bereytung zum sterben› [1] als «frömmigkeitsgeschichtlicher Neuanfang» [2] gilt. Luther verwirft Zeremonien und Funeralpomp nicht, er verabschiedet vielmehr die Fürbitte für die Verstorbenen und akzentuiert den Tod als Mahnung an die Lebenden. [3] So konnte die L. und die ihr innewohnende Mahn- und Trostfunktion zum zentralen Moment des protestantischen Begräbnisses werden. [4]

Luther definiert die L. als Gottesdienst, sie besteht «im Lobpreis Gottes sowie in der Belehrung und Tröstung der Zuhörer» auf der Basis christozentrischer Schriftauslegung. [5] Die Gemeinde soll «etwas nützliches und heylsames darauß lernen und mit sich zu Hauß tragen». [6] Die protestantische Homiletik stellt damit – in theologischer Hinsicht – die *consolatio* über die *laudatio* und ist «auf das christliche Leben hin orientiert» [7], mithin der Predigt funktionsgleich. Die Lobfunktion erscheint nur insofern zulässig, als sie pastorale Wirkung tut und die Gemeinde zur christlichen *imitatio* anhält, und das historisch früh: bereits 1554 wird in Frankfurt die ‹commendatio defuncti› als Exempel gestattet. [8]

Mit der homiletischen Spezifikation ihrer Funktionen bildet sich gegenüber der terminologischen Vielfalt schon des 16. Jh. (‹Parentatio›, ‹Leichvermahnung›, ‹Trostpredigt›) der Begriff ‹L.› heraus. Die L. konnte bald geradezu «als dem Protestantismus eigene Art von Kasualrede» gelten [9], die den zentralen Akt der protestantischen Begräbniszeremonie bildet. Bereits 1543 kennt die evangelische Kirchenordnung für das Erzbistum Köln den Begriff sowie entsprechende Muster. [10] «Wahrscheinlich vollzog sich die Einbürgerung etappenweise in den einzelnen protestantischen Landeskirchen ausgehend von den mitteldeutschen Kernlanden der Reformation bis zur allgemeinen Durchsetzung gegen 1600.» [11]

Wenn A. PANCRATIUS im Titel seiner Sammlung eigens darauf hinweist, seine L. seien «nach Rhetorischer Disposition» gebaut [12], so entspricht das der generellen Rückbindung der protestantischen Predigt an die klassische rhetorische *doctrina* [13], die als «Rückführung der Rhetorik in die protestantische Homiletik» zu beschreiben ist. [14] Die «Gleichartigkeit dieser Predigtgattung mit anderen» besteht darin, «daß das Begräbnis zum Anlaß genommen wird, über dieses oder ein verwandtes Thema gute, dem Stil des Predigers angemessene Handwerksarbeit zu liefern». [15] Die L. bringt eine «*Auslegung* des biblischen Textes mit den im Zeitalter der Orthodoxie üblichen Mitteln und Methoden». [16] Die Auffassung der L. als Untergattung der Predigt kann für das 16. Jh. «als eindeutig belegt gelten und beruht auf einer klaren Trennung zwischen weltlichem Gedenken und christlicher Homiletik und Paränese bis ins 17. Jh. hinein». [17]

Dies auch im katholischen Bereich. Das Reformkonzil von Trient widmete sich der L. – wie überhaupt der Gelegenheitspredigt – nicht eigens. Die Exequien sind Redeanlaß wie alle sonstigen geistlichen Funktionen auch. So etwa 1582 in den Pastoralinstruktionen des C. BORROMEO. [18] Die L. ist 1591 gängige katholische Praxis am offenen Grab. [19] Einen offenbar durchaus verbreiteten Gebrauch [20] schränken noch im 16. Jh. mehrere Synoden ein, so daß die bereits allgemein verbreitete Gattung auf (gesellschaftlich) bedeutsame Todesfälle reduziert wird. Regionale Kirchenversammlungen (Rouen 1581, Toulouse 1590) binden die L. an die Würde des Verstorbenen bzw. an die *auctoritas* des Bischofs, der sie zu erlauben hatte. [21] Die homiletischen Abhandlungen des 16. Jh. gehen auf die L. im Sinne einer Gelegenheitspredigt allenfalls am Rande und nicht im Sinne eines eigenständigen Predigttypus ein. [22]

Im katholischen Bereich überwiegt bereits im 16. Jh. die Funktion der *laudatio* jene der *consolatio*, wobei Lobwürdigkeit über die kirchliche Autorität und damit das äußere *aptum* hergestellt werden muß. Bemerkenswert dabei ist die Strukturhomologie mit der sich zügig entfaltenden Heiligenpredigt, die – in gedruckter Form – das Parallelphänomen zur L. (2) abgeben wird; sie repräsentiert im Begriffssystem der katholischen Dogmatik kirchlich autorisierte Lobwürdigkeit schlechthin. [23]

Anmerkungen:
1 Luther, 1519, WA Bd. 2 (1884) 680–697. – **2** W. Zeller: L. und Erbauungslit., in: R. Lenz (Hg.): L. als Quelle hist. Wiss. (1975) 73; vgl. E. Winkler: Die L. im dt. Luthertum bis Spener (1967) 29ff. und 40f., R. Lenz: De mortuis nil nisi bene? L. als multidisziplinäre Quelle (1990) 9f. – **3** S. Wollgast: Zum Tod im späten MA und in der Frühen Neuzeit (1992) 34. – **4** vgl. Luther, Genesisvorles., Vorles. über 1. Mose Kap. 35, 18–21, in: WA Bd. 44 (1915) 203; zit. Wollgast [3] 54 Anm. 140. – **5** Winkler [2] 30 und 31. – **6** Pancratius 1592, zit. Winkler [2] 79. – **7** S. Holtz: Theol. und Alltag (1993) 148; ähnlich Zeller [2] 67; Winkler [2] 71; zur Betonung der Trostfunktion bei Pancratius vgl. Winkler [2] 82ff.; vgl. auch 47f., 66ff. – **8** vgl. Winkler [2] 48f., zit. 48. – **9** H. Wolf: Parentationes des 16. Jh. in germanist. Sicht, in: Lenz [2] 347. – **10** U. Bredehorn, R. Lenz: Die Ausstellung ‹Leben aus L.›, in: Lenz [2] 494; vgl. Nr. 91. – **11** Wolf [9] 348. – **12** A. Pancratius: Christliche L. (Frankfurt/M. 1592); Bredehorn, Lenz [10] Nr. 85. – **13** vgl. Winkler [2] 73. – **14** S. Rusterholz: Rostra, Sarg und Predigtstuhl (1974) 39 zur Wirkung Melanchthons. – **15** P.R. Blum: L., in: ders. (Hg.), Stud. zur Thematik des Todes im 16. Jh. (1983) 117 mit Hinweis auf Winkler [2] 58–64. – **16** R. Mohr: Prot. Theol. und Frömmigkeit im Angesicht des Todes während des Barockzeitalters (1964) 66. – **17** Blum [15] 120. – **18** C. Borromaeus: Pastorum instructiones, I c. 9: ‹Quibus temporibus concionandum est›, ed. Westhoff (1860) 34–38, zit. 37. – **19** J.S. Durant: De ritibvs ecclesiae catholicae lib. III (Rom 1591) 166f. – **20** F. Jürgensmeier: Die L. in der kath. Begräbnisfeier, in: Lenz

[2] 133. – **21** vgl. Lenz: De mortuis [2] 16. – **22** vgl. L. de Granada: Ecclesiasticae Rhetoricae, sive de ratione concionandi, libri sex (Köln 1575, 1582), lib. IV, c. 3. – **23** vgl. W. Welzig: Zur Amplifikation in der barocken Heiligenpredigt, in: ders. (Hg.): Lobrede (1989) 753–802.

2. *Die Entwicklung der gedruckten L.* Der Druck der L. setzt in der Gestalt der Predigtsammlung ein, die Einzelpredigt spielt demgegenüber noch eine geringere Rolle. Nach Neuauflagen spätmittelalterlicher Sammlungen [1] erschien bereits 1545 mit J. SPANGENBERGS (1484–1550) ‹Fünffzehen Leichpredigt› (Wittenberg 1545, ²1560) die erste protestantische Sammlung von L. [2], der Sammlungen von ‹Acht vnd zwenzig Leichpredigten› nach Matthäus und Markus (Wittenberg 1567) sowie ‹Vier vnd dreissig Leichpredigten› nach LUKAS (Wittenberg 1569) folgten. Der große Bedarf läßt sich etwa an J. MATHESIUS (1504–1565) ablesen, dessen 1559 erstmals veröffentlichte L. sieben Auflagen erlebten. [3] Neben den von Winkler ausgewerteten Werken von J. SPANGENBERG, J. MATHESIUS, A. PANCRATIUS und N. SELNECKER haben H. SALMUTH (Leipzig 1581 u.ö.) oder S. SACCUS L. in Sammlungsform publiziert, wobei dieser seine Sammlungen nach Ständen auf Domherren (Magdeburg 1592), «führneme […] Personen» (Magdeburg 1596) sowie «etlicher Bürgerlichen Mannes und Weibs Personen» ordnete. Die gegenreformatorische Position vertreten M. EISENGREINS ‹Sechs christliche Leichpredigen› (Ingolstadt 1565) und J. FEUCHTS ‹Vierzehen Catholische Leichpredigen› (Köln 1574, 1601; Neuausg. Breslau 1667).

Parallel dazu und die Publikationsform der Sammlung weit überflügelnd entwickelt sich die geradezu «als eigene Literaturgattung» [4] bezeichnete gedruckte L. in Gestalt der ‹Gedenkausgabe›. Ihre Entwicklung hängt aufs engste mit den konfessionsspezifischen thanatopraktischen Funktions- und damit Gattungssystemen zusammen. «Aufwertung der Predigt, Veränderung des Begräbnisritus und das soziale Interesse», drei Faktoren also, «der theologische, der institutionelle und der soziale, ermöglichen es, daß die Leichenpredigt im 16. Jh. als Publikationsgattung entsteht». [5] Der Druck, der zunächst als Einzelpredigt nur den Text der L. (1) enthielt, bald aber auch als Gedenkausgabe Lebensläufe, verbreitete sich vorwiegend in den lutherischen Teilen Deutschlands sowie im skandinavischen Raum, «in etwas vermindertem Ausmaß auch im katholischen Teil, während im Bereich der reformierten Kirche lange sehr große Zurückhaltung geübt wurde». [6] «Die ersten individuellen Leichenpredigtdrucke erschienen um 1535» [7], im «letzten Drittel des 16. Jahrhunderts wird der Druck vorherrschend». [8]

Anmerkungen:
1 vgl. U. Bredehorn, R. Lenz: Die Ausstellung ‹Leben aus L.›, in: R. Lenz (Hg.): L. als Quelle hist. Wiss. (1975) Nr. 81, 84. – **2** E. Winkler: Die L. im dt. Luthertum bis Spener (1967) 50. – **3** H. Wolf: Parentationen des 16. Jh. in germanist. Sicht, in: Lenz [1] 354. – **4** R. Mohr: Der Tote und das Bild des Todes in den L., in: Lenz [1] 82; S. Rusterholz: Leichenreden, in: IASL 4 (1979) 179–196. – **5** P.R. Blum: L., in: ders. (Hg.): Stud. zur Thematik des Todes im 16. Jh. (1983) 112. – **6** A. Brauer: Buchdrucker und Buchführer in L., in: Lenz [1] 323. – **7** F. Jürgensmeier: Die L. in der kath. Begräbnisfeier, in: Lenz [1] 132. – **8** R. Lenz: Gedruckte L., in: Lenz [1] 38; vgl. ders.: De mortuis nil nisi bene? L. als multidisziplinäre Quelle (1990) Fig. 1, 18.

Literaturhinweise:
J.H.M. MacManamon (Hg.): Dies illa. Death in the Middle Ages (Liverpool 1984) – J.M. Taylor: Funeral Oratory and the Cultural Ideals of Italian Humanism (Chapel Hill 1989).

II. *Barocke Thanatopraxis und Verschiebung auf das äußere aptum.* **1.** *Die Entwicklung der L. in doctrina und Predigtpraxis.* Die Verbindung von rhetorischer Regelrichtigkeit und Gemeindenutzen markiert den Ausgangspunkt, die Verschiebung zur *laudatio* und *memoria* die Dynamik der homiletischen Entwicklung.

Vom Typus und Stil her entwickelt sich die protestantische L. in völliger Parallele zur generellen Entfaltung der Predigt. LUTHERS mustergültige «Mischform von Homilie und Themapredigt» [1] gab eine *dispositio* vor, die etwa bei SPANGENBERG und SELNECKER noch wirkt. Spangenbergs L. «zeichnen sich […] durch ihre Beschränkung im Umfang, ihre klare Gliederung und ihre anschauliche, flüssige und einfache Sprache aus» [2], während MATHESIUS in lehrhafter Art, bei unklarer Disposition und dabei stark situationsbezogen Trost zu spenden sucht. [3] A. PANCRATIUS und N. SELNECKER reduzieren bei unterschiedlich genauer Gliederung die Bezüge auf den Verstorbenen und arbeiten in schlichter, anschaulicher Art die Verwurzelung im Gemeindeleben heraus. [4]

In Gleichklang mit der allgemeinen Entwicklung der Predigt setzt sich in der lutherischen Orthodoxie im frühen 17. Jh. die Themapredigt durch, wodurch die Bindung an die Perikope gelockert und der Bezug auf den Verstorbenen erleichtert wird. Spätestens mit M. HOE VON HOENEGGS ‹Viertzig Christliche Leich-Predigten› (Leipzig 1617) kündigt sich die Umgewichtung an: «Das Schwergewicht der Applicatio beginnt, sich von der Gemeinde auf den Verstorbenen zu verschieben». [5] J. HEERMANNS (1585–1643) Sammlung ‹Christliche Leich-Predigten› (5 Tle. mit unterschiedlichem Titel, 1628) sowie V. HERBERGERS ‹Geistliche Trawrbinden› (6 Tle., Leipzig 1618/19) waren in zahlreichen Auflagen verbreitet. Hier schwillt der Umfang der L. an, bereits bei Herberger, noch mehr bei Heermann. [6] Daneben stehen G. WEINRICHS Sammlungen ‹Speculum Humanae Mortalitatis› (Leipzig 1607) und ‹Christliche L.› (Leipzig 1615/25).

In orthodoxer Predigttradition, die noch SPENER einschließt, weist die protestantische L. des 17. Jahrhunderts ein doppeltes Exordium auf, deren erstes mit einem Schriftwort den Bezug zum «Leichentext» (WINKLER) und zum Verstorbenen herstellt [7], worauf erst ein zweites Exordium den Bibeltext enthält und auf die Auslegung hinführt. Der Hauptteil beachtet die Trennung von *explicatio* und *applicatio*, der Epilog mündet in einem Gebet. J.B. CARPZOVS D. J. (1639–1699) ‹Auserlesene Trost- und Leichensprüche› (6 Bde. Leipzig 1684/95) und M. GEIERS ‹Betrachtung der Sterbligkeit/ bey unterschiedenen Leichbegängnissen› (Leipzig 1670; 1687; 2 Bde. 1704) markieren diesen Standard der L., in dem sich auch «ein festgeprägter Typus des Lebenslaufes ausgebildet» [8] und also topisch verfestigt hatte. Wiederholt aufgelegte Sammlungen stammen von P.E. WIDER (1623–1684) (‹Evangelisches Sterb-Gedächtnüß oder Evangelische Leich-Postill›, Nürnberg 1660 u.ö.) und G. GÖZE, dessen ‹Leich-Abdankungen› (Jena 1663) in der Ausgabe ⁵1678 ‹nebenst einem Anhange ezzlicher Deutscher Reed=Ubungen› erschienen, was die Geltung der L. als rhetorisches Meisterstück unterstreicht.

An Predigt wie L. der Hochorthodoxie fällt in stilistischer Hinsicht die «barocke Weitschweifigkeit» und «orthodoxe Langatmigkeit» nebst einem «komplizierten Aufbau» und einer «pedantischen Gedankenführung» [9] ins Auge. Der Poetik des Okkasionalen gemäß, blüht als Exordialtopos oder Dispositionsfigur der *locus a nomine*, ein Hauptverfahren barocker Amplifikation auch in der Predigt.[10] Bedeutend bleibt die Rolle des Exempels.[11] Wiederum parallel zur Predigt spiegelt sich die Literarisierung der L. in den Sammlungen, die nicht mehr bloß mit Gattungsnamen oder Sachbezeichnung (‹Casus tragici›, J. EMDENIUS, Nordhausen 1634 u.ö.), sondern als ‹Amphitheatrum mortis› (R. BAKE, Magdeburg 1621/24), ‹Geistliches Klag-Haus› (J.M. DILHERR, Nürnberg 1655, G. PISTORIUS, Dillingen 1658 u.ö.) oder ‹Cypressen-Wäldlein› (M.C. LUDWIG, Jena 1665, 1670) allegorisiert werden.

H. MÜLLER (1631–1675) hält «durchweg Themapredigten, bei denen die Dreiteilung überwiegt».[12] In seiner Sammlung ‹Gräber der Heiligen› (Frankfurt/M. 1685) ist die Ausrichtung der L. auf den Verstorbenen bereits «gleichsam anima concionis funebris»[13], eine deutliche Verlagerung «von der Gemeindepredigt auf das Ehrengedächtnis, die sich im 17. Jh. zunehmend vollzog».[14]

Diese gattungsspezifische Spannung speist eine weitläufige Kritik an der protestantischen L.; es war die «Kombination der theologischen und sozialen Probleme, welche die Leichenpredigt belastet».[15] In theologischer Hinsicht verliert die L. gegen Ende des Barockjahrhunderts «den Charakter der Textauslegung. Der Text verschwindet sogar ganz. Aus der Predigt wird eine Rede. Die Elemente des Einleitungsteiles, Klage und Trost, verselbständigen sich und bestimmen den Charakter der Rede: sie ist Klage- und Trostrede» mit der «Aufgabe, den Toten zu ehren.»[16] Eine Gegenbewegung beginnt mit dem Pietismus; PH.J. SPENER (1635–1705) verzichtet auf überbordenden *ornatus* und auf *exempla* zugunsten stärkerer Betonung der Schriftexegese[17], ohne sich vom geläufigen Dispositionsmuster lösen zu können. Die pietistische Neuausrichtung des Predigtamtes bringt eine Auflockerung der starren Predigtnorm.[18] Dennoch produzierten und publizierten auch die Pietisten L., Spener seine mehrfach aufgelegten ‹Zwölff Christliche L.› (Frankfurt/M. 1677) oder A.H. FRANCKE (1663–1727) ‹Gedächtniß- u. L.› (Halle 1723).[19]

Die katholische L., obwohl «im 16. und 17. Jh. keine Seltenheit»[20], geht in der pastoralen Praxis des 17. Jh. eher zurück. Die Behandlung innerhalb der *doctrina* ist äußerst uneinheitlich, zwischen ausführlicher Erörterung[21] und völligem Verschweigen. Handschriftlich erhaltene Bestände gehaltener Predigten unterstreichen den Schwund der Gattung, zumindest im ländlichen Bereich. Eine Sammlung von 572 lat. notierten, aber dt. in Kremsmünster und Umgebung gehaltenen Predigten aus den Jahren 1642–1655 enthält nur fünf L., und unter 95 dörflichen Predigten um 1690–1700 findet sich eine einzige L., auf eine Adelige.[22] Im städtischen Bereich scheinen die Dinge ähnlich zu liegen. Aus Wien sind nur einige wenige L. auf Nichtadelige überliefert, in Frankfurt war es unter Katholiken bis ins 19. Jh. «nicht üblich, bei der Trauerfeier Ansprachen zu halten, vor allem gab es keine Würdigung des Verstorbenen bei dieser Gelegenheit.» Auch der Druck einer L. war bis ins 20. Jh. hinein nicht üblich.[23] Die L. hat im Ablauf der gegenreformatorischen katholischen Begräbnisfeierlichkeit selbst keinen festen Platz mehr, sodaß bis 1772 für die katholischen Territorien gilt: «die Standreden, in denen man beym Begräbnisse geringer Leute einen moralischen Satz kurz ausführet, oder ihren Lebenslauf erzählet, [...] sind in unsern Ländern ohnedieß kaum im Gebrauche».[24]

Anmerkungen:
1 E. Winkler: Die L. im dt. Luthertum bis Spener (1967) 29. – 2 ebd. 57; vgl. 59 und 90. – 3 ebd. 72. – 4 zu Pancratius ebd. 73ff., zu Selnecker 90ff. – 5 ebd. 131; zu Hoe 127–135. – 6 ebd. 135; zu Herberger 122–125, zu Heermann 135–158; vgl. auch W. Zeller: L. und Erbauungslit., in: R. Lenz (Hg.): L. als Quelle hist. Wiss. (1975) 68–71. – 7 zur Disposition der L. vgl. Winkler [1] 203. – 8 ebd. 221; zu Geier und Carpzov 175–201. – 9 R. Mohr: Der Tote und das Bild des Todes in den L., in: Lenz [6] 83. – 10 Winkler [1] 183; vgl. W. Welzig: Zur Amplifikation in der barocken Heiligenpredigt, in: ders. (Hg.): Lobrede (1989) 761–773. – 11 Winkler [1] 114f., 141f. – 12 ebd. 159; zu Müller 158–174. – 13 ebd. 158f. – 14 ebd. 171. – 15 ebd. 234; vgl. Exkurs III, 231–237. – 16 R. Mohr: Prot. Theol. und Frömmigkeit im Angesicht des Todes während des Barockzeitalters (1964) 62f. – 17 Winkler [1] 204f.; zu Spener 202–231. – 18 M. Kazmaier: Die dt. Grabrede im 19. Jh. (1977) 59ff.; vgl. E. Winkler: Zur Motivation und Situationsbezogenheit der klass. L., in: Lenz [6] 56. – 19 vgl. zu Speners Berliner L. J. Wallmann: Theol. und Frömmigkeit im Zeitalter des Barock (1995) 308. – 20 F. Jürgensmeier: Die L. in der kath. Begräbnisfeier, in: Lenz [6] 133; vgl. die Mainzer Agende 1599, U. Bredehorn, R. Lenz: Die Ausstellung ‹Leben aus L.›, in: Lenz [6] Nr. 97. – 21 T. Lohner: Instructio practica de munere concionandi, exhortandi, catechizandi (Dillingen 1679), Tl. 2, c. XI: ‹Quomodo Conciones funebres instituendae sint›, zit. Ausg. Ingolstadt 1722, 539–736, mit einer sehr ausführl. Erläut. von zwölf *fontes inventionis*. – 22 StB Kremsmünster, Laurenz Ver, CCn 653 567–624, auf einen lokalen Grundherren sowie auf vier Bürgerliche (Schreiber) bzw. deren Witwen; Martin Resch, CCn 480 45–68. – 23 F. Lerner: Frankfurter L. als Quellen der Stadt- und Kulturgesch. des 16.-19. Jh., in: Lenz [6] 257. – 24 I. Wurz: Anleitung zur geistlichen Beredsamkeit (1772) Bd. 2, 652.

Literaturhinweise:
W. Segebrecht: Das Gelegenheitsgedicht (1977). – A. Ranius: Biographica minora. Förteckning över personversar och likpredikningar tryckta i Linköping 1636–1970 (Linköping 1987). – A. Haizmann: Erbauung als Aufgabe der Seelsorge bei Ph. J. Spener (1997). – M. Gierl: Pietismus und Aufklärung (1997). – B. Boge, R. G. Bogner (Hg.): Oratio funebris. Die kath. L. der frühen Neuzeit (Amsterdam/Atlanta 1999).

2. Die Ausdifferenzierung der höfischen L. und der Trauerrede. In der katholischen Homiletik wird die L. je länger je mehr von der pastoralen Funktion der Gemeindepredigt abgekoppelt und an fürstliche und ständische Exequien gebunden mit jenen öffentlichen Funktionen, die im protestantischen Bereich vornehmlich der *oratio funebris* obliegen. Insbesondere die Homiletiker der fanzösischen Jesuitenrhetorik führen die weltlichen und geistlichen Funktionen der L. zusammen. Die bereits in N. CAUSSINS ‹Eloquentiae sacrae et humanae parallela› (Paris 1619; Drittauflage u.d.T. ‹De eloquentia sacra et humana›, Paris 1627) formulierten Grundlagen werden über GÉRARD DE PELLETIERS ‹Reginae Palatium Eloquentiae› (Paris 1641, Mainz 1652, 1669) verbindlich. Das zeigt N. VULCANOS ‹Sagata Pallas› (1688).

Die L. gilt Fürsten oder um den Staat verdienten Bürgern[1], es gelten die Gesetze des panegyrischen Genus mit dessen Personenbezug und darauf beruhender *inventio*[2], und als Affekt ruft der Redner Trauer und Schmerz hervor, «ita ut totus occupetur in deprecatione ac gemitibus» (so daß [der Zuhörer] ganz von Flehen und Seufzern überwältigt wird).[3] Neben dem Wirkungsziel des katholischen Totengedenkens steht die Vorbildhaftigkeit und das Gedenken des Verstorbenen in gleichem Recht, wenn es vom Schluß der L. mit Pelletier heißt, er habe entweder Fürbitten oder die Ermahnung zu ehrendem Gedächtnis und zur Nachfolge zu enthalten.[4] Maßgeblich ist die katholische Theorie der nun ‹Trauerrede› genannten L. auf Große noch für I. WURZ, der wie seine Vorgänger die «Gelegenheit der Todesfälle der

Könige, der Fürsten, der Personen aus der regierenden Familie, der Bischöfe, der Prälaten, der Kriegshelden und anderer Großen» aufzählt und feststellt: «Trauerreden sind eigentlich nichts als Lobreden».[5] «Eine majestätische Traurigkeit herrschet in der ganzen Rede, und verändert sich durch die Gemüthsbewegungen, und Figuren.»[6] Vom *ornatus* her gilt sie als Krone der Beredsamkeit: «Was eine Ode in der Poesie ist, das ist eine Trauerrede in der Beredsamkeit. Man muß ihr also in der Schreibart den höchsten Schwung geben, den eine geistliche Prose vertragen kann. Die erhabene Schreibart hat hier gleichsam ihren eigenen Aufenthalt. [...] Kein Gedanke, keine Figur, keine Wendung, ja sogar kein edlerer Ausdruck erscheine das zweytemal.»[7]

Die Abspaltung der katholischen L. im gewöhnlichen Begräbnisritual von der L. bei den Exequien der Bedeutenden, also die höfische Anbindung des Genus, resultiert aus der konfessionell unterschiedlichen Handhabung eines situativen Differenzierungszwangs. Die L. hatte sich an geänderte Begräbnisriten anzupassen und das *aptum* neu einzuschätzen. Im protestantischen Bereich blieb die Einheit des Bestattungsvorganges gewahrt, so daß sich die Leichenrede von der L. abspaltete, um verstärkt die Funktionen des Lobes zu übernehmen und darin die L. wie den Prediger zu entlasten. Im katholischen Bereich, wo der Prediger das Deutungsmonopol des Todesfalles behielt, oblag der Kanzelrede auch die panegyrische Funktion, v.a. bei den feierlichen Exequien. Somit übernahm die katholische L. alleine die repräsentative Verankerung der Verstorbenen in der öffentlichen Bedeutsamkeit. In den allermeisten Fällen sind diese Predigten in Gedenkwerken auch gedruckt verbreitet worden, was ihre Propagandafunktion unterstreicht.

Die L. bei Hofe hatte sich im Begräbniszeremoniell gegen die zunehmende Zahl weiterer oratorischer Akte zu behaupten, sie war – zuerst in Frankreich – Teil einer umfassenden «Triumphrhetorik»[8] geworden. Auch im deutschen Bereich gewinnt sie an Gewicht; nicht nur hatte die «in der Kirche vor versammeltem Volk gehaltene Trauerrede [...] mit der zugehörigen Leichpredigt zu konkurrieren»[9], sondern auch umgekehrt. Selbst am kaiserlichen Hofe, dessen Begräbnispomp sich weniger in rhetorischen denn in szenischen Wirkungsmitteln entfaltete, wachsen Gewicht wie Länge der L., wenn sie im 17. Jh. noch zweiteilig (1657), sodann dreiteilig an drei aufeinanderfolgenden Tagen dargeboten wird.[10] Der Typus des Adelsbegräbnisses[11] greift mit der höfischen Durchformung der Gesellschaft um sich, für die stilistische Entwicklung der L. wird die Ausstrahlung des französischen Absolutismus und seiner Beredsamkeit mit den Mustern BOSSUET, MASSILLON, BOURDALOUE und FLÉCHIER wichtig.

Ein Hauptkennzeichen des höfischen Begräbnisses ist die Trennung von Beisetzung und Trauerfeiern (‹Exequien›), die somit in zeitlich wie räumlich größerer Distanz zum Todesfall abgehalten werden und sich zu eigenen Redeanlässen ausdifferenzieren können. Sie «gleichen im Zeremoniell dem Herrscherbegräbnis»[12], werden im jeweiligen Machtbereich angeordnet und auswärts von den verwandten oder verbündeten Höfen ausgerichtet. Königliche Todesfälle ziehen die größte Zahl an Trauerfeiern nach sich. Bereits für KARL V. († 1558) sollen 3700 ‹Totenfeiern› stattgefunden haben, von denen sich aber nur ein Bruchteil historisch belegen läßt.[13] Als LUDWIG XIV. 1715 starb, errichtete man sogar in Mexico-Stadt anläßlich einer Leichenfeier (mit L.) einen Katafalk.[14] Entsprechend der propagandistischen Funktion dieser Akte wurden die Prediger eigens ausgewählt und mußten bisweilen ihr Manuskript einreichen.[15] Die L. ist «in allen Städten/ wo die Exeqvien feyerlich angestellet sind»[16], deren zentraler oratorischer Akt. Redegegenstand und Umstände gebieten daher, statt allgemein von einer «Gedächtnispredigt, wie sie auf obrigkeitliche Anordnung in allen Teilen des Reiches gehalten wurden»[17], konfessionsübergreifend von der ‹höfischen Form der L.› zu sprechen.

Mit der Aufklärung nahmen die Theoretiker die katholische Gattungsdifferenzierung als Abweichen von der pastoralen Aufgabe des Predigens wahr. B. GISBERT kritisiert bereits 1702 in seiner ‹Christlichen Beredsamkeit› den Stand der Entwicklung: «Die Leichenreden gehören eigentlich, und ihrer Natur nach nicht auf die Canzel». Die Prediger haben damit «eine so schöne Gelegenheit», die «Stärke ihrer Beredsamkeit» zu zeigen, obwohl sie der Dialektik der L. nicht entkommen: Der Prediger habe «allezeit dieses zweyes zu befürchten: daß er entweder seinem geistlichen Amte keine rechte Genüge thue; oder zur Ehre seines Heldens nicht genugsam beytrage».[18] Eine gegenläufige Bewegung beginnt sich abzuzeichnen, wenn die Homiletik schon früh im 18. Jh. die panegyrischen Funktionen wieder abzuschwächen und den Seelennutzen der Hörer zu betonen beginnt: «Die Absicht dieser Lobreden ist die Erbauung der Zuhörer; die Wahrheit ist ihre Richtschnur.»[19] Die panegyrische L. höfischer Prägung ist damit aus dem homiletischen Gattungsspektrum wiederum entlassen. In R. GRASERS Homiletik kommt sie 1766 nur mehr in passant vor, als Gelegenheitspredigt – auch hier müsse «praktisch», d.h. «durchgehends moralisch» gepredigt werden.[20]

Anmerkungen:
1 Siehe T. Feigenbutz, A. Reichensperger: Barockrhet. und Jesuitenpädagogik. Niccolò Vulcano: Sagata Pallas sive pugnatrix eloquentia (1997) 2: De dispositione, De elocutione 60 bzw. Übers. 61. – 2 zur Exordialtopik ebd. 66ff. = G. de Pelletier: Reginae Palatium Eloquentiae (Paris 1641, Mainz 1652 u.ö.), bei Reichensperger zit. Köln 1709 736a ff. – 3 ebd. 66. – 4 ebd. 136; vgl. Pelletier 741a. – 5 I. Wurz: Anleitung zur geistlichen Beredsamkeit (1772) II/652. – 6 J. Gaichies: Maximes sur le ministère de la chaire (Paris 1711), zit. Übers. Lehrsätze für das Predigtamt (Steyr 1772) § VII: ‹Von den Trauerreden› 115. – 7 Wurz [5] § 533, 2, 659. – 8 P. Burke: The Fabrication of Louis XIV (New Haven/London 1992), zit. Übers.: Ludwig XIV. Die Inszenierung des Sonnenkönigs (1993) 35. – 9 G. Braungart: Hofberedsamkeit (1988) 220. – 10 M. Hawlik van de Water: Der schöne Tod. Zeremonialstrukturen des Wiener Hofes (1989) 178–182. – 11 A. Aurnhammer, F. Däuble: Die Exequien für Kaiser Karl V. in Augsburg, Brüssel und Bologna, in: P.R. Blum (Hg.): Stud. zur Thematik des Todes im 16. Jh. (1983) 141. – 12 ebd. 142; zur Unterscheidung von Exequien und Staatsakt («in Anwesenheit eines Herrschaftsnachfolgers») 163 Anm. 10. – 13 ebd., ‹Katalog der Totenfeiern für Karl V.› 161f. – 14 Burke [8] 193. – 15 Aurnhammer, Däuble [11] 167, Anm. 38; zu parallelen Formen der Besetzung des Hofpredigeramts vgl. E. Kovács: Die Hofpredigerkonkurrenz des Jahres 1845 in der kaiserlichen Burg zu Wien, in: Sacerdos et pastor semper ubique. FS F. Loidl (1972) 325–332. – 16 Weise 1, 526. – 17 U. Bredehorn, R. Lenz: Die Ausstellung ‹Leben aus L.›, in: R. Lenz (Hg.): L. als Quelle hist. Wiss. (1975) Nr. 5: L.J. Mathesius auf Ferdinand I. 1564. – 18 B. Gisbert: Le bon goût de l'Éloquence Chrétienne (Lyon 1702; u.d.T.: L'éloquence chrétienne Lyon 1715), zit. Übers.: Die Christliche Beredsamkeit, nach ihrem innerlichen Wesen, wie auch in der Ausübung vorgestellt (Augsburg/Innsbruck ²1768) 430; vgl. insges. 425–445. – 19 Gaichies [6] 113. – 20 R. Graser: Vollständige Lehrart zu Predigen (Salzburg 1766, Augsburg 1768, ²1774), zit. EA 1766, 688.

Literaturhinweise:
H. Schobel: Die Trauerreden des grand siècle als Ausdruck ihrer Zeit (1950). – A. Bruschi: Delle orazioni in morte di SAR Gian Gastone de' Medici, VII granduca di Toscana (Florenz 1997).

3. *Die Repräsentationsfunktion der gedruckten L.* **a.** *Die L. als Medium der protestantischen Oberschichten.* Die rasche Verbreitung der gedruckten L. in den protestantischen Territorien scheint mit der frömmigkeitsgeschichtlichen Verschärfung vor dem und im Dreißigjährigen Krieg eng zu korrelieren. «Die lutherische Kirche des 17. Jahrhunderts erscheint als eine Kirche in der Defensive»[1], die ihre spezifischen Riten auch im Bereich der Funeralrhetorik verfestigt. Neueren statistischen Erhebungen zufolge lag eine erste Blütezeit des Druckes von Gedenkausgaben zwischen 1600–1619. Nun «nimmt die Quelle schließlich die uns heute vorliegende Gestalt an», indem der L. Titelblatt (und/oder Titelkupfer) sowie Dedikation vorangestellt werden und ein Lebenslauf, «die Abdankung (Parentation) und/oder die Standrede» sowie Epicedien in unterschiedlichem Ausmaß folgen.[2] Der Krieg selbst dämpfte die Produktion; dem Frieden von Osnabrück folgt eine zweite Blütezeit «in den Jahren zwischen 1650 und 1680. Die nach 1680 folgenden Jahre sind überdeutlich vom Rückgang geprägt».[3] Es bleibt zu fragen, wie die Beliebtheit der L. mit der Blüte der Hochorthodoxie zusammenhängt, während der Aufschwung des Pietismus mit einem Rückgang der gedruckten L. einherzugehen scheint. Auch ein möglicher Zusammenhang mit der irenischen «Stimmung religiöser Toleranz»[4] nach dem Friedensschluß bedürfte der Erforschung.

Der Druck der gehaltenen L. erfolgte in räumlicher und zeitlicher Nähe zu Tod und Grablegung.[5] Vielfach wurde die L. überarbeitet, weitere Bestandteile der Gedenkausgabe mußten z.T. zeitaufwendig eingefordert werden.[6] Um den Druckauftrag stritten sich bisweilen die ortsansässigen Offizinen, weil nach Bogen und daher besser bezahlt wurde.[7] Die Auflage lag im Normalfall um die 300 Exemplare, «bei höchstens 500 Abzügen» und einer Untergrenze von 100.[8] Das Format wechselt ins 18. Jh. hinein von Quart nach Folio, der Umfang schwillt auf bisweilen mehr als 100 Seiten an, «nur in kleineren Orten blieb man aus Kostengründen beim Oktavformat oder einem oktavähnlichen Format».[9] «Der Umfang der L. und der Epicedia war ein Statussymbol»[10], nicht zuletzt weil direkt mit den Druckkosten zusammenhängend.

Die gedruckte L. gehört zwar zum Akzidenzdruck, wird aber «in den Katalogen der Buchmessen geführt und gehandelt, und nicht nur in den – oft großen – Trauergemeinden verteilt».[11] Dennoch ist sie nicht hauptsächlich als marktgängige Buchhandelsware zu begreifen, sondern untersteht dem Prinzip der Patronage.[12] Die Hinterbliebenen sind Auftraggeber und Financiers der gehaltenen L. wie auch des Drucks[13], wobei die finanzielle Leistung symbolisches Kapital (P. Bourdieu) in Form von Reputation und Sozialprestige abwirft. Die einkommensstärkeren Gesellschaftsschichten haben sich in unterschiedlicher Weise der L. (2) als Prestigeobjekt bedient. Das führt zur sozialen Differenzierung. Im 16. Jh. erscheinen in den Sammlungen auch L. auf Bürgerliche, bei Einzeldruck und Gedenkausgabe überwiegt der Adel.[14] Im 17. Jh. tritt die Schicht der Gelehrten dazu; in Frankfurt/M. hat sich «der Brauch gedruckter Leichenpredigten für Angehörige des Patriziats allem Anschein nach in den ersten Jahrzehnten im Gegensatz etwa zu dem Hochadel und den Theologen nur allmählich ausgebreitet».[15]

Der Schwerpunkt der Druckproduktion liegt in den protestantischen Zentren Mitteldeutschlands von Straßburg bis Wittenberg und in den – bikonfessionellen – oberdeutschen Reichsstädten, wo die Ausprägung des Funeralbrauchtums eine «unsichtbare Grenze» (E. François) unterstrich; Niederdeutschland ist «nahezu unterrepräsentiert».[16] Angesichts dieses relativ eng umgrenzten Gebietes wird die Zahl von etwa 250000 erhaltenen Drucken[17] umso erstaunlicher. In den Kerngebieten ihrer Produktion stellen überwiegend die protestantischen Universitäten die Autoren wie die Anlaßfälle der gedruckten L., die somit als ein «Oberschichtphänomen mit einer ausgeprägten Überrepräsentanz der Akademiker»[18] zu begreifen ist.

Die Verbreitung der gedruckten L. als Symbol gesellschaftlichen Ranges und öffentlicher *memoria* erfolgte «an Verwandte, Freunde, Bekannte und Bedienstete»[19] sowie je nach der institutionellen und politischen Verflechtung des Hinterbliebenen an die entsprechenden Stellen des sozialen Netzes. Für den Leser ist die L. (2) auch Gedenk- wie Sammelobjekt, v.a. von Predigern und Adeligen.[20] Früh schon dient sie genealogischen und historiographischen Zwecken, wie etwa die im 18. Jh. angelegte Sammlung der ‹Vitae Pomeranorum› im Umfang von 173 Bänden und Boxen, die zum Großteil aus L. und sonstigem Personalschrifttum besteht.[21]
b. *Das höfische Gedenkwerk.* Je stärker die mediale Memorialfunktion des gedruckten Gedenkwerks, desto größer der Abstand zum oratorischen Akt – in zeitlicher, örtlicher und situativer Hinsicht. Zwischen Begräbnis, Trauerfeiern und Drucklegung verstreichen bisweilen mehrere Jahre. Variantenreich (und unerforscht) ist auch die Gestaltungsmöglichkeit des Gedenkwerks zwischen Gedenkausgabe und höfischer Festschrift. Gegenüber einer konventionellen Gedenkausgabe unterscheidet sich die ‹Leichpredigt› auf Herzog Heinrich d. J. von Braunschweig-Wolfenbüttel (1568) nur durch Beigabe einer Zeremonialordnung des Funeralablaufs, das ‹Monumentum Sepulchrale› auf Moriz Landgraf v. Hessen-Kassel († 1632) dagegen enthält auf fast 1000 Seiten insgesamt neben 18 L. einige Leichenreden, zahlreiche Epicedien und 63 Kupfertafeln; allein das Inhaltsverzeichnis umfaßt 8 Seiten.[22] Eine von A. PLIEML als Rektor herausgegebene ‹Oratio funebris› auf Kaiser Karl VI. (Wien 1741) umfaßt 5 deutsche und lateinische L. sowie die Beschreibung und Darstellung der von Universität und Stadt errichteten «Trauer= und Ehren=Gerüste». Die höfischen Gedenkwerke sind in europäischem Maßstab weder bibliographisch registriert noch ansatzweise erforscht – der L.-Forschung gelten sie als «atypisch», der historischen und kunstgeschichtlichen Forschung weitgehend als ephemer.[23] In noch größerem Ausmaß als die Gedenkausgabe dient das höfische Gedenkwerk repräsentativen und v.a. diplomatischen Zwecken, etwa beim Tod Karl V. (1559) im Bestreben, einen «Staatsakt bildlich und mit einem offiziösen Text in ganz Europa zu verbreiten».[24] Mit den anderen Propagandamedien der fürstlichen Zentralgewalt hat sie drei Zielgruppen gemeinsam, die Nachwelt, die Oberschicht in Hauptstadt und Provinz sowie das Ausland durch dessen Fürstenhöfe.[25]
c. *Die katholische gedruckte L.* Als Sammlungen sind im katholischen Bereich – und wohl in konfessioneller Konkurrenz – M. TYMPES ‹Catholische Leichpredigten› 1609 sowie seine Sammlung aus 1613[26] zu nennen. J. HES-

SELBACH hat eine ‹Leichpostill› (Würzburg 1628) und eine Sammlung ‹Tröstliche Leich-Pr.› (Salzburg 1666) veröffentlicht, PROKOP VON TEMPLIN ein – verallgemeinertes und nach Ständen geordnetes – ‹Funerale› (Salzburg 1670), L. LEMMER ‹Zehen Praedicamenta des Todes› (Nürnberg 1694). Sammlungen von G. PISTORIUS (s.o.), F. SCHILLING (1668, ²1676, ³1681) und E. EISENHUET (1692) [27] belegen eine kontinuierliche Nachfrage nach Buch- und Predigttyp auch im katholischen Bereich. Die Entwicklung der Gedenkausgabe dagegen setzt mit jener Verzögerung ein, mit der die kirchlichen Institutionen wiederhergestellt werden. Der Druck beginnt in nennenswertem Ausmaß nach der Mitte des 17. Jh. und dauert, erst im 18. Jh. zur Regel geworden, bis zum Jahrhundertende. [28] Die katholische L. (2) ist im Vergleich keine massenhafte Erscheinung, sondern ein eng auf die katholischen Funktionseliten zugeschnittenes Phänomen, das an bestehende kirchliche Kommunikationsformen sowie an der Form des höfischen Gedenkwerks anknüpft.

(1) Im klerikalen Bereich setzt die Drucklegung ältere Memorialtraditionen fort, die gemäß der katholischen Dogmatik das Gebet für die Verstorbenen befördern sollen. Die gedruckte L. geht nach gegenreformatorischer Erneuerung des Ordenswesens in das mittelalterliche System der Rotelbriefe ein und zirkuliert v.a. innerhalb eines klerikalen Kommunikationsnetzes. L. auf geistliche Würdenträger (Bischöfe, Prälaten, Pröpste) bilden das Gros des (bisher ungenügend erfaßten) katholischen Bestandes. [29]

(2) Die Modalitäten der Drucklegung, der Auflage, der Distribution (hier unter den Institutionen) scheinen überkonfessionell identisch zu sein. Die Einzelpredigt überwiegt, sie übernimmt auch die repräsentativen Funktionen der Leichenrede. Der katholische Typus der Gedenkausgabe gestaltet sich eher nach dem Muster des fürstlichen Gedenkwerks als nach jenem der protestantischen L. Anstelle der Epicedien finden sich die arguten Gattungen lateinischer ‹Chronosticha›, ‹Inscriptiones› und ‹Emblemata› – also Formen der ‹poesis artificiosa› (kunstreichen Poesie). [30] An gestochenen oder radierten Darstellungen enthält die katholische Gedenkausgabe häufig das Porträt des Verstorbenen, den Katafalk, Funeralwappen und Emblemata, an Texten lateinische ‹Epitaphien›, ‹Roteln› auf Ordensobere sowie nicht selten Beschreibungen des *Castrum doloris* («Trauergerüst», Katafalk). Als Quellenbestand für die angewandte Emblematik sowie für die funerale Ephemerarchitektur ist die Gattung noch weitestgehend unbemerkt geblieben.

Anmerkungen:
1 U. Sträter: Meditation und Kirchenreform in der lutherischen Kirche des 17. Jh. (1995) 31; gegen die ältere Konzeption einer «Frömmigkeitskrise» (W. Zeller) und zu den Krisentheorien insges. vgl. 13ff. – **2** R. Lenz: De mortuis nil nisi bene? L. als multidisziplinäre Quelle (1990) 12; R. Mohr: Prot. Theol. und Frömmigkeit im Angesicht des Todes während des Barockzeitalters (1964) 36–54. – **3** R. Lenz: Vorkommen, Aufkommen und Verteilung der L., in: ders. (Hg.): Stud. zur deutschsprachigen L. der frühen Neuzeit (1981) 240. – **4** W. Sommer: Die Stellung lutherischer Hofprediger im Herausbildungsprozeß frühmoderner Staatlichkeit und Gesellschaft, in: Zs für Kirchengesch. 106 (1995) 318f., zit. 319. – **5** Lenz [3] 228. – **6** M. Bircher: Johann Wilhelm von Stubenberg (1619–1663) sein Freundeskreis (1968) 171 nennt ein Beispiel aus 1656; vgl. C. Wiedemann: Vorspiel der Anthologie, in: J. Bark, D. Pforte: Die dt. Anthologie (1969/70) 21–47. – **7** insges. G.-R. Koretzki: L. und ihre Druckherstellung, in: R. Lenz (Hg.): L. als Quelle hist. Wiss. (1979) 352. – **8** ebd. 340ff. – **9** A. Brauer: Buchdrucker und Buchführer in L., in: Lenz [7] 328; F. Lerner: Ideologie und Mentalität Frankfurter L., in: Lenz [7] 149; vgl. C. Pieske: Die druckgraphische Ausgestaltung von L., in: Lenz [7] 3–19. – **10** E. Winkler: Zur Motivation und Situationsbezogenheit der klass. L., in: Lenz [7] 55; vgl. Mohr [2] 53. – **11** I. Bog: Die Generaldiskussion, in: Lenz [7] 424; Lenz [2] 17. – **12** zur Dichotomie von Markt und Patronage im Buchwesen der Frühneuzeit vgl. R. Chartier: L'ordre des livres (Aix-en-Provence 1992), zit. Übers.: The Order of Books (Oxford 1994) 46ff. – **13** Mohr [2] 33; ders.: Der Tote und das Bild des Todes in den L., in: Lenz [7] 88f.; H. Wolf: Parentationen des 16. Jh. in germanist. Sicht, in: Lenz [7] 351. – **14** Wolf [13] 359. – **15** Lerner [9] 138. – **16** Lenz [3] 228f., zit. 233; Lenz [2] 17 mit Karte 1, S. 19. – **17** Lenz [2] 21; Lenz hat die Zahl gegenüber 240000 (R. Lenz: Einf., in: ders.: L. Eine Bestandsaufnahme (1980) XI) nach oben korrigiert. – **18** Lenz [3] 241ff., zit. 248. – **19** H. Körner: L. der Fränkischen Reichsritterschaft als genealogische Quelle, in: Lenz [7] 324. – **20** Lenz [3] 230f.; vgl. die Stolberg'sche Sammlung in der HAB Wolfenbüttel. – **21** K. Garber: Das alte Buch im alten dt. Sprachraum des Ostens, in: Wolfenbütteler Barocknachrichten 24 (1997) 456ff.; heute sind noch 1253 L. vorhanden. – **22** U. Bredehorn, R. Lenz: Die Ausstellung ‹Leben aus L.› in: Lenz [7] Nr. 6 u. 20; zu kaiserlichen Gedenkwerken des 16. Jh. vgl. A. Aurnhammer, F. Däuble: Die Exequien für Kaiser Karl V. in Augsburg, Brüssel und Bologna, in: P.R. Blum (Hg.): Stud. zur Thematik des Todes im 16. Jh. (1983) 164, Anm. 14. – **23** Lenz [3] 228; ein wichtiger Ansatz bei Aurnhammer, Däuble [22], weiterf. Überleg. bei P. Burke: The Fabrication d Louis XIV. (New Haven/London 1992, dt. 1993). – **24** Aurnhammer, Däuble [22] 147; zur «propagandistische[n] Auswertung der Exequien» 142. – **25** Burke [23] 185. – **26** Bredehorn, Lenz [22] Nr. 88. – **27** W. Welzig (Hg.): Katalog gedruckter deutschsprachiger kath. Predigtslgg. (1984/87) Nr. 112, 42 u. 108. – **28** vgl. G. Schrott: Orden in der Defensive. Die Leichenrede für Abt Wigand von Waldsassen, in: Cistercienser Chronik 100 (1993) 11; vgl. die L. auf Waldsassener Äbte 1690–1757 19 Anm. 34–37. – **29** vgl. O. Pickl: Die österr. L. des 16. bis 18. Jh., in: Lenz [10] 166–199; Schrott [28] 11. – **30** J. Grub: Mons resplendens. ‹Poesis artificiosa› (1992).

Literaturhinweise:
E. François: Die unsichtbare Grenze. Protestanten und Katholiken in Augsburg 1648–1806 (1991). – R. Jacobsen: Religiosität und Herrschaftsrepräsentation in Funeralien sächsischer Fürsten, in: D. Breuer (Hg.): Religion und Religiosität im Zeitalter des Barock (1995) Bd. 1, 163–173. – L. Schorn-Schütte: Ev. Geistlichkeit in der Frühneuzeit (1996). – B. Boge, R. G. Bogner (Hg.): Oratio funebris. Die kath. L. der frühen Neuzeit (Amsterdam/Atlanta 1999)

III. *Pastorale Neudefinition der L. im 18. und 19. Jh. als Erneuerung des inneren aptum.* Mit einem Wandel der Todesauffassung und des Begräbnisbrauchtums und mit der homiletischen. Neubesinnung der aufgeklärten Pastoraltheologie ändern sich gesprochene und gedruckte L. um die Mitte des 18. Jh. [1] Die Predigt und damit auch die L. rückt von barocken Repräsentationsfunktionen ab. Die Gedenkausgabe beginnt rasch zu verschwinden, die Fortentwicklung und Säkularisierung der Leichenrede entlastete die L. von repräsentativen Funktionen. Eine im Diskurs der Empfindsamkeit entwickelte Subjektivität emotionaler Äußerung gewinnt Platz und verdrängt ältere Formen der Rede vom Toten und der Dokumentation des Gedenkens. Unter «Berufung auf die Spontaneität des Gefühls» sind «Rede und Bestattungsakt seit dem Anfang des 18. Jahrhunderts überall in neuer Art aufeinander angewiesen». [2] Der Tod selbst wird vom «häßlichen» zum «schönen» Tod. [3] Der mentalitätsgeschichtliche Wandel um die Mitte des 18. Jh. hat verschiedenste Ursachen, die von Dechristianisierung (M. Vovelle) bzw. Säkularisierung [4] und Verbürgerlichung [5] bis zum Einfluß des Jansenismus und des merkantilistischen Denkens im aufgeklärten Absolutismus (Josephinische Begräbnisreform) reichen.

Wenn die «Bewältigung der Angstabwehr [...] im traditionellen, kirchlich geschützten Erlebnishorizont, wie Ariès gezeigt hat, nicht mehr ohne weiteres abgedeckt werden kann»[6] und die Allegorien des Todes ihre gesellschaftliche Verbindlichkeit einbüßen[7], stehen die traditionellen Funktionen auch der L. zur Disposition. Sie tritt nun völlig in den homiletischen Wirkungsraum zurück und überläßt den weltlichen Formen der Leichenrede das Wort am Grab und den Druck. Vereinzelt lebt der Brauch des Drucks bedeutend länger, so in Basel bis heute[8], in der Regel jedoch verschwindet die L. aus der Gedenkausgabe und damit – im definierten Sinne – diese selbst.

Im Binnenraum der Kirchen bleibt die L. lebendig. Sie wird mit dem Ende der feierlichen Exequien und mit der Neuausrichtung der Funeralrhetorik zur Grabrede «in der uns heute noch geläufigen Form».[9] In ihrem rhetorischen Verfahren benutzt sie noch Reflexe der alten Funeraltopik, doch wurzelt sie nicht in der L. des konfessionellen Zeitalters, sondern in dessen Leichenrede[10], ohne diese völlig zu ersetzen; denn Abdankungsreden bleiben weiterhin üblich.[11] Auch im katholischen Bereich verfestigt sich unter ausgedehnten Debatten[12] die Gebräuchlichkeit der L. über das 19. Jh. bis zur Gegenwart. Gedruckt erfüllt die Grabrede eine Funktion als Andenken.[13]

Anmerkungen:
1 vgl. R. Mohr: Das Ende der L.; U. Bredehorn: Diskussionsbericht zum Arbeitsbereich Endphase der L., in: R. Lenz (Hg.): L. als Quelle hist. Wiss.. Forschungsgegenstand L. (1984). – **2** M. Kazmaier: Die dt. Grabrede im 19. Jh. (1977) 58. – **3** vgl. C.L. Hart Nibbrig: Ästhetik der letzten Dinge (1989) 213ff., nach Ph. Ariès. – **4** K. Böse: Das Thema ‹Tod› in der neueren Geschichtsschreibung, in: P.R. Blum (Hg.): Stud. zur Thematik des Todes im 16. Jh. (1983) 10f.; vgl. A. Croix: Des Testaments Français aux L.: Quand le seriel s'empare du culturel, in: Lenz [1]. – **5** vgl. B. Groethuysen: Die Entstehung der bürgerlichen Welt- und Lebensanschauung in Frankreich (1927), zit. 1978, Kap. ‹Der profane Tod› [im 18. Jh.] Bd. 2, 137–142. – **6** Hart Nibbrig [3] 213. – **7** P.H. Neumann: Die Sinngebung des Todes als Gründungsproblem der Ästhetik, in: Merkur 34 (1980) H. 11, 1073ff. – **8** R. Lenz: De mortuis nil nisi bene? L. als multidisziplinäre Quelle (1990) 14, nach R. Hartmann: Das Autobiographische in den Basler Leichenreden (1963) 90; vgl. ders.: Das Autobiographische in den Basler Leichenreden des 20. Jh., in: Lenz [1] 328–344. – **9** Kazmaier [2] 100. – **10** ebd. 102; vgl. 99ff. – **11** R. Mohr: Prot. Theol. und Frömmigkeit im Angesicht des Todes während des Barockzeitalters (1964) 49. – **12** F. Jürgensmeier: Die L. in der kath. Begräbnisfeier, in: Lenz, L. [8] 140f. – **13** Kazmaier [2] 303ff.

F.M. Eybl

→ Christliche Beredsamkeit → Erbauungsliteratur → Funeralrhetorik → Laudatio → Leichenrede → Predigt

Leichenrede (engl. funeral oration; frz. oraison funèbre; ital. orazione funebre, necrologio)
A. Def. – B.I. Die antike und frühchristl. L. – II. Die L. bzw. Leichenpredigt des MA. – III. Die Gattungsdifferenzierung der neuzeitlichen L. – IV. Das Erbe der barocken L.

A. Als Untergattung der weltlichen Beredsamkeit gehört die L. dem epideiktischen Genus der Lobrede an. Sie bezieht sich in zeitlichem, nicht zwingend auch räumlichem Zusammenhang auf einen Todesfall und erfüllt mit Lob (*laudatio, enkomion*), Klage (*lamentatio*) und Trost (*consolatio*) die Basisfunktionen der Funeralrhetorik. Im Mittelalter von Geistlichen verfertigt, wird sie erst von der Leichenpredigt unterschieden, als im Zuge der frühneuzeitlichen Entfaltung des Funeralzeremoniells eine Vervielfachung rhetorischer *officia* eintritt und auch Laien das Wort gibt. Als Überbegriff umschließt sie in der Neuzeit ein historisch differenziertes Gattungsspektrum, dessen Entwicklung der gesellschaftlichen Auffassung vom Tod analog verläuft.

B.I. *Die antike und frühchristliche L.* Der klassische Epitaphios[1] ist Staatsrede, die Lob, Klage und Trost in öffentlichem Rahmen ausspricht. Er kann geradezu als eine Schöpfung des Stadtstaates (Polis) von Athen verstanden werden, mit dessen Demokratie diese politische Gattung beginnt und endet.[2] So deutlich ihre Praxis mit der griechischen Polis verbunden ist, so wenig ist die Theorie der L. ausgeprägt; die Handbücher kennen sie bis auf die «doch nur vorbereitenden Bemerkungen in der ‹Rhetorik› des Aristoteles und in der ‹Rhetorik› des Anaximenes»[3] nicht als epideiktische Untergattung; erst die Sophistik des 2. Jh. n. Chr. entwickelt eine *doctrina* und einzelne Muster. Den griechischen Vorbildern entsprechend, kennt auch die römische Beredsamkeit lange keine spezifische Theorie der L., ja nicht einmal die Gattung. CICERO erwähnt (‹Brutus›) und schätzt (‹De oratore›) die L., die bei ihm und QUINTILIAN undifferenziert der *laudatio* untergeordnet bleibt, wogegen sie in der griechischen Rhetorik der römischen Kaiserzeit mit PS. DIONYSIOS VON HALIKARNASSOS als «eigenständige Spezies der epideiktischen Beredsamkeit»[4] hervortritt und in MENANDER ihren bedeutendsten antiken Theoretiker findet. Menander unterscheidet die Gattungen des privaten ‹Epitaphios› (als reines Enkomion), die ‹Monodie› als Trauerrede, die ‹Trostrede› sowie die ‹Grabrede›[5], d.h. er erhebt die Hauptfunktionen zu gattungsstiftenden Merkmalen. Eine eigene Enkomialtopik nach Zeitstufen (Vergangenheit, Gegenwart, Zukunft) ermöglicht die Auflockerung der jeweils zugrundeliegenden Redeabsicht, Lob und Klage erscheinen durchgängig gemischt. Ausgebildet ist im Epitaphios bereits Lob und Dank an die Trauergemeinde bzw. die Familie[6], was in den späteren Abdankungen weiterentwickelt werden sollte.

Die frühchristlichen Rhetoren setzen bei bekannt starker Rückbindung an die klassische *doctrina* die Umgewichtung der Topik unter christlichen Vorzeichen in Gang, wonach «einzig die virtutes des Verstorbenen wirklich erwähnenswert»[7] sind und die *consolatio* Raum gewinnt, der Tod also nun im christlichen Sinnhorizont erscheint. Die *doctrina* des Menander ist dabei unterschiedlich angewendet worden. Die L. des GREGOR VON NAZIANZ, der auf Klage und hohes Pathos verzichtet, und des CHORICIUS VON GAZA haben «nichts Menandrisches».[8] Die drei erhaltenen L. des GREGOR VON NYSSA dagegen «entsprechen genau den grundsätzlichen Forderungen der menandrischen Theorie für diesen Typ der Leichenrede: Der erste Hauptteil enthält das Lob, gegliedert nach den drei Zeiten und häufig mit Klagen vermischt, der zweite Hauptteil den Trost».[9] Wie in der Predigt wird in der L. AUGUSTINUS mustergültig, auch kennt man AMBROSIUS[10], wobei dieser auf die L. und ihre Entwicklung kaum Einfluß nahm: «Die Leichenrede des Mittelalters ist offenbar andere Wege gegangen».[11]

Anmerkungen:
1 J. Soffel: Die Regeln Menanders für die L. (1974) 6ff. – **2** N. Loraux: L' invention d'Athènes (Paris 1981, Nouv. éd. abrégée 1993), zit. Übers.: The Invention of Athens (Cambridge/London 1986) Kap. 5, 221ff. – **3** Soffel [1] 55; vgl. Arist. Rhet. Kap. I, 3 und I, 9. – **4** W. Kierdorf: Laudatio Funebris (1980) 54. – **5** Soffel

[1] 60, 126ff.; Kierdorf [4] 56f. – **6** Soffel [1] 69. – **7** Kierdorf [4] 127ff. – **8** Soffel [1] 79. – **9** ebd. 82. – **10** Kierdorf [4] 130. – **11** ebd. 131.

Literaturhinweise:
J.E. Ziolkowski: Thucydides and the Tradition of Funeral Speeches at Athens (New York 1981). – A. Sideras: Die byzantinischen Grabreden (1994). – M. Biermann: Die L. des Ambrosius von Mailand (1995). – K. Prinz: Epitaphios logos (1997).

II. *Die L. bzw. Leichenpredigt des Mittelalters.* Mit ihrer Verchristlichung vermischt sich im Mittelalter die L. mit der Leichenpredigt, was sein Echo auch im diesbezüglichen terminologischen Schwanken der Forschung findet. Im Begräbnisvorgang bleibt sie «aufs Ganze gesehen Randerscheinung»; dennoch «fehlte sie während des Mittelalters niemals ganz» und galt insbesondere Standespersonen [1] als soziales Distinktionsmerkmal. «Vor allem Bischöfe werden mit lateinischen und deutschen Leichenpredigten zu Grabe geleitet.» [2] In der höfischen Sphäre festigte sich die «Ansprache angesichts der Leiche» als Teil des Trauerzeremoniells und darüber hinaus die schriftlich fixierte L. [3], so daß bereits hier rhetorische *actio* und anschließende Verschriftlichung im Wechselverhältnis zwischen den rhetorischen Abschiedsfunktionen und der Arbeit an der kollektiven *memoria* stehen. In Italien und Frankreich werden Begräbnisreden zum allgemeinen Brauch. [4] «Gehalten wurde die Leichenpredigt fast ausschließlich in der Kirche und zwar nach der Totenmesse vor der sog. ‹Absolution›, die den liturgischen Übergang zur eigentlichen Bestattung bildete» [5], doch gelegentlich auch bei den Gräbern. Mit der «Klerikalisierung des Todes» (P. Ariès) war das Wort im Trauerritus für den Klerus reserviert, die L. endgültig zur Leichenpredigt geworden.

Anmerkungen:
1 F. Jürgensmeier: Die L. in der kath. Begräbnisfeier, in: R. Lenz (Hg.): Leichenpredigten als Quelle hist. Wiss. (1975) 128, vgl. 126–131. – **2** A.M. Haas: Todesbilder im MA (1989) 45, vgl. 67. – **3** N. Ohler: Sterben und Tod im MA (1990) 122. – **4** R. Lenz: Leichenpredigt, in: Hwtb. zur dt. Rechtsgesch. (1978) 2 1814–1818. – **5** Jürgensmeier [1] 131.

Literaturhinweise:
H. Grün: Das kirchliche Begräbniswesen im ausgehenden MA, in: Theol. Stud. und Kritiken 102 (1930) 341–381. – M. Vovelle: La mort et l'Occident de 1300 à nos jours (Paris 1983). – J.H.M. Taylor (Hg.): Dies illa. Death in the Middle Ages (Liverpool 1984).

III. *Die Gattungsdifferenzierung der neuzeitlichen L.* Die Repräsentationsaufgabe adeliger und fürstlicher Begräbnisse erheischte schon früh eine Vervielfachung der Formen höfischer Rede [1], und insbesondere das protestantische Leichenbegängnis führte zur Entwicklung eigener Formen der L. [2] Im Ablauf der Funeralzeremonien bilden sich die *officia* der Redner als Komplementärfunktionen der L. gegenüber der Leichenpredigt innerhalb eines Funktionsverbandes aus. Bis zur Epochenschwelle der Aufklärung erscheinen alle diese Gattungen in der Druckgestalt der Leichenpredigt (2.). [3]

1. *Leichabdankung, Abdankungsrede, Parentation (parentatio).* Aus informellen Dankesworten an die Trauergemeinde entwickelt sich ab dem späten 16. Jh. die eigenständige Abdankungsrede eines Laien. Gegenüber der Leichenpredigt stellt sie die öffentliche Bedeutsamkeit des Trauerfalles in den Vordergrund [4] und stiftet somit gesellschaftliche *memoria*. Dabei greift die Abdankung auf das traditionelle panegyrische rhetorische Arsenal der Lobrede zurück. [5] Sowohl in Verordnungen [6] wie in der Poetik [7] wird der Terminus ‹parentator› für den vom Prediger unterschiedenen Verfasser bzw. Darbieter geläufig. Diese weltliche L. neben der Leichenpredigt «entwickelte sich […] im Laufe der zweiten Hälfte des 17. und verstärkt in der ersten Hälfte des 18. Jh. zu einer eigenen Gattung» [8] und scheint dabei im konfessionell bestürmten Schlesien eine geringfügig andere Rolle gespielt zu haben als in den restlichen lutherischen Territorien, indem sie hier die Funktionen der *laudatio* (Lobrede), *lamentatio* (Wehklage) und *consolatio* (Tröstung) stärker heranzieht als die bloße Abdankung und bisweilen auch die Personalia aufnimmt. [9] Von Forschung wie Zeitgenossenschaft werden die Begriffe ‹Leichabdankung›, ‹Parentation› und ‹L.› bisweilen als Synonym für die Leichenpredigt in beiden Bedeutungen schlechthin verwendet. [10] Wird auch diese nicht allgemein gehalten, so geht doch kein Begräbnis ohne jeglichen oratorischen Akt vonstatten. Einem Regierungsbefehl in Hessen zufolge ist 1675 «das parentieren durchgehends ohne Unterschied, auch so gar bey verstorbenen kleinen Kindern gemein worden». [11]

Abdankung und/oder Parentation sind in der Barockrhetorik vielfältig behandelt worden. Bei Vossius ist die Funeralberedsamkeit, die wegen der Verbindung von Lob und Schmerzerregung als Gattungsmischung klassifiziert wird, noch völlig an das antike Modell «laus, lamentatio, ac consolatio» gebunden [12] und darin gewissermaßen akademisch. In den späteren, die rhetorische Praxis widerspiegelnden Lehrwerken nehmen Abdankung und/oder Parentation feste Plätze, ja umfangreiche Kapitel ein. [13] In Chr. Weises ‹Politischem Redner› geht es bei diesem Thema vor allem um die rhetorisch passende Verbindung von Ausführung und Danksagung; das gesamte Kapitel «Von Leich=Abdanckungen» schreibt gegen eine Praxis der «Daß aber»-Überleitung zur eigentlichen Danksagung an, mit der schlechte Redner («Aber-Männer») Unzusammengehöriges zu verbinden suchen.

Parallel zur Entwicklung der höfischen Leichenpredigt entfaltet die Abdankung bei fürstlichen Exequien besonderen Prunk in gehobener Stilebene, wobei die – bei Todesfällen von Regenten stets prekäre [14] – Kontinuität der Herrschaft hervorzustreichen ist: «Nur dieses wird hinzugesetzt/ daß man dem Successori Gelück wünschet/ und an statt der Abdanckung Gott bittet/ er wolle Gnade geben/ daß der künfftige Landes=Fürst wol regieren […] möge.» [15] «Die Gedancken und der Ausdruck müssen erhaben seyn» [16], sodaß die höfische L. als «ein rechtes Meisterstück» rhetorischer Kunst geschätzt wird. [17] Die politische Dimension der großen öffentlichen L. hat W. Shakespeare im ‹Julius Caesar› ästhetisch umgesetzt. [18] Die höfische L. wandert mit der Vervielfältigung der Trauerfeiern aus der Kirche in die Schule, sie wird zur (lange Zeit lateinisch abgehaltenen) akademischen Übung, zur Gymnasialrede: «Lobreden […] bey Todes=Fällen […] werden mehrentheils in Schulen gehalten», wobei neben die «Fürstlichen Personen» und «Krieges=Helden» auch die «grossen Gelehrten» treten können. [19]

Im frühen 18. Jh. ist die Parentation einerseits mit der Abdankung identisch, andererseits der Terminus für eine «kleine» L. im Gegensatz zum großen Panegyricus auf gekrönte Häupter oder besondere Zelebritäten. Mit jener hat sie den Zweck des Dankes gemeinsam: «Jn den Parentationen ist der Hauptzweck, den Leichen=Begleitern zu dancken. Man kann dabey auch wol den Verstorbenen loben, seinen frühzeitigen Tod beklagen, die Leidtragenden trösten.»[20] Wird sie dem Panegyricus, der «großen» Lobrede, gegenübergestellt, so gilt wiederum das äußere *aptum* als hierarchische Korrelierungsmöglichkeit von Gattung und Gesellschaft. Von den «großen» Lobreden sind «Trauerreden oder Parentationen» nur dadurch unterschieden, «daß sie viel kleiner seyn müssen; weil sie auf Personen von geringerem Stande gehalten werden, von denen bey weitem nicht so viel zu sagen ist»[21], und das auf geringerer Stilebene.

2. *Personalien (personalia, commendatio personae bzw. defuncti, curriculum vitae).* Biographische Einzelheiten bleiben lange Zeit Bestandteil der Leichenpredigt[22], doch entsprechend der homiletischen Entwicklung der protestantischen Leichenpredigt mit ihrem exemplarischen Bezug auf den Verstorbenen beginnt ein Verselbständigungsprozeß, der sich situativ wie gattungsbildend niederschlägt. Im 16. Jh. werden Personalien im Predigttext als eigener Abschnitt gekennzeichnet, bisweilen gegen Schluß der Leichenpredigt, manchmal in der Dispositionsfunktion der *applicatio* [23], auch als lateinische *vita*.[24] Allmählich erhalten «die Personalia im 17. Jh. ihren selbständigen Ort neben der Predigt»[25], sodaß aus dem «personal» bezogenen Redematerial im Sinne rhetorischer *inventio* [26] eine eigene Schwestergattung der protestantischen Leichenpredigt entstanden ist, die in der Folge als Personalia, «Ehrengedächtnis», «memoria» etc. bezeichnet wird. Der Prozeß ist binnen weniger Jahrzehnte und parallel zur Entwicklung der Leichenpredigt (2.)[27] abgeschlossen.

Verfaßt werden die Personalien nicht vom Prediger, es entwickelt sich vielmehr ein eigenes *officium*, das neben den Angehörigen (dies v.a. beim Adel) und den Beichtvätern bezahlte Schreibkundige, also Studenten und «Gymnasiallehrer [...], die auch sonst das Geschäft der Trauergedichte betreiben»[28], als Autoren kennt; in Ausnahmefällen auch den behandelnden Arzt.[29] Im 18. Jh. wird in manchen Gegenden der örtliche Schulmeister zum gewöhnlichen Autor, etwa in Lübeck und Bremen [30], aber auch im ländlichen Hessen.[31] Schon im Kontext der Volksaufklärung erscheint 1796 eine eigene Poetik der Personalia.[32]

3. *Kondolenzrede, Standrede.* Als weitere Form differenziert sich im höfischen Bereich die ‹Kondolenzrede›, die, «[s]ofern man Lünigs große Sammlung für die Verteilung der Häufigkeit einzelner Arten von Reden auch nur in etwa als repräsentativ ansehen darf, [...] neben der Parentation und der Abdankung mit die wichtigste Form der weltlichen Rede bei Trauerfällen in Fürstenhäusern und beim Adel» darstellt.[33] Die ‹Standrede› wird «nach einsenkung einer leiche bey dem grabe gehalten» (ADELUNG), bezeichnet bisweilen aber auch die erste Rede im eigentlichen Funeralzeremoniell.[34] Entgegen volksetymologischer Deutung auf Standespersonen [35] bezeichnet der Begriff einen eher improvisierten Charakter der Rede, geringeren Formalisationsgrad (sie erscheint in den Anweisungsschriften meist nur nebenher) und – im Unterschied zur Leichenpredigt – die stehende Körperhaltung der Zuhörerschaft. In den barocken Anweisungsschriften wie in der Leichenpredigt (2.) ist sie ebenfalls im 17. Jh. gewöhnlich.

Anmerkungen:
1 G. Braungart: Hofberedsamkeit (1988) 212ff.; A. Aurnhammer, F. Däuble: Die Exequien für Kaiser Karl V. in Augsburg, Brüssel und Bologna, in: P.R. Blum (Hg.): Stud. zur Thematik des Todes im 16. Jh. (1983) 141–190. – **2** Forschungsber. bieten S. Rusterholz: L., in: IASL 4 (1979) 179–196; R. Lenz: De mortuis nil nisi bene? Leichenpredigten als multidisziplinäre Quelle (1990) 143–146; zur humanistischen Theorie und Poetik auch der L. vgl. H.-H. Krummacher: Das barocke Epicedium, in: Jb. der Schiller-Ges. 18 (1974) 96ff. – **3** vgl. F. Eybl: Art. ‹Leichenpredigt›, in: HWRh, Bd. 5, Sp. 124–145. – **4** S. Rusterholz: Rostra, Sarg und Predigtstuhl (1974) 43. – **5** M. Fürstenwald: Zur Theorie und Funktion der Barockabdankung, in: R. Lenz (Hg.): Leichenpredigten als Quelle hist. Wiss. (1975) 377; vgl. P.R. Blum: Leichenpredigten, in: Blum [1] 49f. – **6** vgl. F. Lerner: Frankfurter Leichenpredigten als Quellen der Stadt- und Kulturgesch. des 16.–19. Jh., in: Lenz [5] 235. – **7** C. Schröter: Gründliche Anweisung zur dt. Oratorie (1704, ND 1974) II/19. – **8** Lenz [2] 13. – **9** ebd. [2] 144f.; vgl. M. Fürstenwald: Andreas Gryphius. Dissertationes funebres (1967) 24. – **10** «in Ausnahmefällen [ist] festzustellen, daß das Gesamtdruckwerk Leichenpredigt unter der Bezeichnung Parentation erscheint», Lenz [2] 144f. – **11** A. Höck: Begräbnisbrauchtum und Leichenpredigten in ländlichen Bereichen Hessens, in: Lenz [5] 301; die Quelle kann durchaus auch die Leichenpredigt (1.) meinen, vgl. Eybl [3]. – **12** Vossius 23f. und «De Fvnebri» (lib. III, De Disp.) 412f. – **13** Weise Kap. III/2, 439–722; Schröter [7] Kap. 8. – **14** Braungart [1] 203ff. – **15** Weise 527. – **16** Hallbauer Pol. Bered. 453. – **17** J.C. Gottsched: Ausführliche Redekunst, hg. von P.M. Mitchell, Bd. VII/2 (1975): Besonderer Theil 88. – **18** vgl. C.H. Hart Nibbrig: Ästhetik der letzten Dinge (1989) 171ff. – **19** Hallbauer [16] 453. – **20** ebd. 452. – **21** Gottsched [17] 234; vgl. 234–253. – **22** vgl. insgesamt H. Wolf: Parentationen des 16. Jh. in germanist. Sicht, in: Lenz [5] 351, 353, 367f.; E. Winkler: Die Leichenpredigt im dt. Luthertum bis Spener (1967) passim. – **23** Winkler ebd. 49 und 238; vgl. zu Selnecker 91 und 101f. – **24** Wolf [22] 368. – **25** E. Winkler: Zur Motivation und Situationsbezogenheit der klass. Leichenpredigt, in: Lenz [5] 52. – **26** so noch unscharf gebraucht etwa bei Winkler [22] 101, 122ff., 156f., 170ff., ebenso Wolf [22]. – **27** vgl. Anm. 3. – **28** P. Baumgart: Diskussionsber. zum Arbeitsbereich Geistes-, Sozial- und Wissenschaftsgesch., in: Lenz [5] 204. – **29** G. Keil: Die Fachsprache der Leichenpredigten, in: Lenz [5] 431. – **30** Lerner [6] 130. – **31** Höck [11] 301f. – **32** F.W. Beumelburg: Not- und Hülfsbüchlein für Schuldiener auf dem Lande, welche in Abfassung der gewöhnlichen Lebensläufe, so nach gehaltener Leichenpredigt pflegen abgelesen zu werden, nicht allzu geübt sind, zit. R. Lenz: Gedruckte Leichenpredigten, in: Lenz [5] 42 und Anm. 20, auch Lenz [2] 165. – **33** Braungart [1] 214. – **34** «Standrede bey Abführung einer Fürstlichen Leiche», Hallbauer [16] 366; vgl. die gleiche Reihenfolge bei Schröter [7] II/19f. – **35** M. Kazmaier: Die dt. Grabrede im 19. Jh. (1977) 44 Anm. 1, vgl. R. Mohr: Prot. Theol. und Frömmigkeit im Angesicht des Todes während des Barockzeitalters (1964) 49.

IV. *Das Erbe der barocken L.: Nekrolog, Biographie, Nachruf und Grabrede.* Mit den Änderungen im Begräbniszeremoniell und der damit verbundenen Funeralrhetorik entwickeln sich im 18. Jh. neue rhetorische Formen des Totengedenkens. «Aus verschiedenen Traditionen (weltliche Parentation; Übernahme der empfindsamen nächtlichen Freundesworte durch den Geistlichen, usw.), vor allem aber aus dem Bedürfnis, am Grabe selbst beim allerletzten Abschied den Verstorbenen durch eine Rede zu ehren, und seine Gedenkstelle dadurch zu weihen, entstand die Grabrede».[1] Nachruf, Nekrolog und Grabrede beruhen nicht mehr primär auf dem klassischen Funktionskatalog von Lob, Klage und Trost sowie Danksagung, sondern stellen eine Rhetorik des Gefühls in den Vordergrund und bevorzugen somit das *pathos* gegenüber dem *ethos*. Anstelle der Überhöhung des privaten Schmerzes in öffentliche Bedeutsamkeit und allgemeine christliche Todesmahnung greift eine «Parteilichkeit der Trauer»[2] Platz. Die Biographie hingegen übernimmt die personenbezogenen Partien von Leichenpredigt und L. «Die gedruckte Biographie trat die Nachfolge der gedruckten Leichenpredigt an. In dieser Perspektive wäre die Biographie die säkulare Version der gedruckten Leichenpredigt, oder anders gewendet: die Verselbständigung des biographischen Anhangs einer Leichenrede» [3], mithin der Personalien.

Anmerkungen:
1 M. Kazmaier: Denkmaale von Papier erbauet, in: R. Lenz (Hg.): Leichenpredigten als Quelle hist. Wiss. (1975) 403. – 2 G. v. Graevenitz: Gesch. aus dem Geist des Nekrologs, in: DVjs 54 (1980) 132f. – 3 M. Maurer: Die Biogr. des Bürgers (1996) 114.

Literaturhinweise:
R. Mohr: Das Ende der Leichenpredigten, in: R. Lenz (Hg.): Leichenpredigten als Quelle hist. Wiss. Forschungsgegenstand Leichenpredigten (1984). – V. Ackermann: Nationale Totenfeiern in Deutschland (1990).

F.M. Eybl

→ Abschiedsrede → Biographie → Christliche Beredsamkeit → Consolatio → Funeralrhetorik → Laudatio → Leichenpredigt → Panegyrik

Leidenschaft (griech. πάθος, páthos; lat. affectus; engl., frz. passion; ital. passione)
A. Def. – B. I. Antike. – II. Von der Spätantike zur frühen Neuzeit. – III. Lit. Leidenschaftsdarstellung in der frühen Neuzeit. – IV. Entrhetorisierung des Affektausdrucks in Aufklärung und Romantik.

A. Das Wort ‹L.› ist im Deutschen erstmals 1647 für das vor allem seit dem Mittelalter als Synonym für πάθος, páthos bzw. *affectus* geläufige *passio* nachgewiesen. Daher ist das hier zu behandelnde Gebiet des sprachlich-rhetorischen Leidenschaftsausdrucks mit dem Gegenstandsbereich der rhetorischen ‹Affektenlehre› zumindest teilidentisch. Entsprechend der im modernen Begriffsgebrauch dominierenden Vorstellung intensiver emotionaler Zustände wird der Akzent jedoch auf die heftige Affektstufe gelegt. Damit ergeben sich für die rhetorikgeschichtliche Behandlung folgende Zielsetzungen: 1. An die Stelle einer vollständigen Erfassung der affektrhetorischen Reflexion soll die Darstellung zentraler historischer Etappen und Entwicklungen treten. 2. Die Konzentration auf die heftigen Affekte gibt eine Perspektive vor, welche die grundsätzliche Problematik des rhetorischen Affektausdrucks, sowohl im Hinblick auf den moralischen Status der Rhetorik als auch im Hinblick auf die Grenzen rhetorischer Kunstregeln, in den Vordergrund rückt. 3. Da die L. einen primären Gegenstand literarischer Gestaltungen bilden, wird ein besonderes Augenmerk auf den Zusammenhang von Rhetorik und Poetik der Affekte gerichtet.

B. I. *Antike*. In der antiken Rhetorik bildet die Erregung von Gefühlen, vor allem leidenschaftlicher Affekte, einen zentralen Teil der Redekunst. Dies ergibt sich folgerichtig aus der rhetorischen Redekonzeption, da sie das Ziel der Rede vor allem darin sieht, den Adressaten zu einem Urteil über einen juristischen oder politischen Sachverhalt zu bewegen. Solche Urteile aber hängen, so die einstimmige Meinung der antiken Autoren, nicht nur von der Glaubwürdigkeit der Beweisführung, sondern in hohem Maß auch von der affektiven Beeinflussung des Adressaten ab. Die durch diese Voraussetzung motivierte Reflexion betrifft vor allem drei Fragen: (1) die theoretische Frage der Definition und typologischen Erfassung der Affekte, (2) die ethische Frage nach dem Verhältnis von Affekt, rationaler Einsicht und Tugend, (3) die praktische Frage nach den Verfahren der Affekterregung.

1. *Definition und Typologie der Affekte*. Die ‹Rhetorik› des ARISTOTELES hat vor allem für die theoretische Erfassung der Affekte Maßgebliches geleistet. Dies betrifft zunächst die Unterscheidung zwischen der vom Redner zur Schau getragenen guten Gesinnung (ἦθος, éthos), deren Funktion darin besteht, die Zuhörer günstig zu stimmen, und den bei den Zuhörern zu verursachenden heftigen Gemütsbewegungen (πάθη, páthē). [1] Diese Gegenüberstellung führt bei CICERO und QUINTILIAN zur Unterscheidung einer sanften und einer heftigen Affektstufe, wobei die enge Bindung des *éthos* an den zur Schau getragenen Charakter des Redners gelockert wird. [2] Aristoteles' Definition der *páthē* verbindet drei Momente: einen Zustand der Lust oder Unlust, einen diesen Zustand auslösenden vergangenen oder zukünftigen, erinnerten oder antizipierten Sachverhalt und einen vorzugsweise auf eine andere Person gerichteten Handlungsimpuls. Zorn etwa ist ein gleichzeitig schmerz- und lustvolles Verlangen nach Rache (lustvoll ist der Gedanke an das Gelingen der Rache), das aus einer Kränkung durch einen Menschen resultiert, von dem man dies nicht erwartet hätte (z.B. eine befreundete oder einen niedrigeren gesellschaftlichen Rang einnehmende Person). [3] Durch diese Konstruktion gewinnt Aristoteles die Möglichkeit einer differenzierten Klassifizierung, z.B. von Zorn, Haß und Neid, indem er jeweils nach typischen Sachverhalten und intersubjektiven Konstellationen fragt, welche diese Leidenschaften bedingen. Festzuhalten ist bei dieser Definition als erstes das aktive Moment der Affekte, die nicht nur erlitten werden, sondern vor allem auch Handlungsdispositionen darstellen, was im rhetorischen Redekontext bedeutet, daß sie entscheidende Impulse zu bestimmten juristischen und politischen Entscheidungen bilden. Dieser Funktion entspricht der Katalog der rhetorischen Hauptaffekte, wie er sich auf der Basis der etwas weiter gefaßten aristotelischen Ausführungen bei CICERO und QUINTILIAN herauskristallisiert – Liebe, Freundschaft, Wohlwollen und Mitleid auf der einen Seite; Zorn, Haß, Empörung, Mißgunst, Furcht auf der anderen –, die dann vor allem im Hinblick darauf besprochen werden, in welcher Weise sie als Einstellungen des Richters bzw. Entscheidungsträgers gegenüber den juristischen oder politischen Parteigegnern wirksam werden. Neben dem Mitleid erscheinen die feindseligen Affekte als die wichtigsten: einerseits weil die Gefühle der Zuneigung eher dem *éthos* bzw. der sanften Affektstufe zugerechnet werden [4], andererseits weil man sich von der negativen affektiven Einstellung des Richters gegenüber dem Anliegen der Gegenpartei den größten Erfolg erhofft. Ein zweites für die weitere Diskussion entscheidendes Moment des aristotelischen Vorgehens besteht in der engen Verknüpfung von Affekt und affektauslösendem Sachverhalt. Auf diese Weise nämlich wird die Affektenlehre zur Topik, die eine wichtige Rolle bei der *inventio* zukommt. Denn der Redner muß es sich zur Aufgabe machen, den Fall in einer Weise zu präsentieren, daß er den typischen Mitleid, Zorn, Haß etc. auslösenden Sachverhalten entspricht.

2. *Das Verhältnis von Affekt, Vernunft und Tugend*. Die Bestimmung dieses Verhältnisses betrifft nicht nur das Vorgehen des Redners, sondern darüber hinaus den moralischen Status der Rhetorik überhaupt. Da im antiken Denken zum einen die Vernunft eng mit dem Begriff der Tugend verknüpft ist und da zum anderen eine verbreitete Tendenz besteht – am prägnantesten repräsentiert durch die stoische Philosophie –, den Affekt als eine überwiegend irrationale, die Vernunft verwirrende und das Streben nach dem vernünftig erkannten Guten behindernde Seelenbewegung zu begreifen, liegt es nahe, in der rhetorischen Affekterregung vor allem eine Methode zu sehen, um in vernunftwidriger Weise der schlechten Sache zum Siege zu verhelfen. Mit dieser Hypothek ist die antike Diskussion rhetorischer Affekterregung von Anfang an belastet, wobei sich jeweils unterschiedliche Akzentuierungen ergeben. ARISTOTELES knüpft in der ‹Rhetorik› an die kritische Diskussion der effektorientierten sophistischen Rhetorik an, wie sie sich bereits in den platonischen Dialogen, insbesondere im ‹Gorgias› und im ‹Phaidros› findet.[5] Er nimmt daher in der Einleitung gegen eine vor allem auf Affekterregung abzielende Rhetorik Stellung, da sie den Richter nur zu verwirren suche, und setzt im folgenden zunächst den Akzent auf die Verfahren der logischen Argumentation. Bei der dann dennoch breiten Behandlung der Affekte im zweiten Buch bleiben diese Bedenken jedoch weitgehend ausgespart. Diese Integration der Affektrhetorik wird allerdings dadurch erleichtert, daß Aristoteles, wie vor allem aus der ‹Nikomachischen Ethik› ersichtlich ist, die stoische Position einer rigorosen Leidenschaftskritik nicht teilt, sondern auch die Möglichkeit vernunftgemäßer und zu einer dem gegebenen Sachverhalt angemessenen Handlungsweise führender Affekte vorsieht.[6]

Diese ambivalente, zwischen prinzipieller Ablehnung und pragmatischer Befürwortung schwankende Haltung prägt noch deutlicher die Abhandlungen Ciceros und Quintilians. In CICEROS ‹De Oratore› wird einerseits das Ideal eines umfassend, d.h. auch sittlich gebildeten Redners entworfen, der seine Kunst verantwortungsvoll handhabt – andernfalls sei sie eine gefährliche Waffe [7] –, andererseits wird im zweiten Buch die Affekterregung im Gegensatz zu Aristoteles zur Hauptsache der Rhetorik erklärt, da die Menschen weniger aufgrund sachlicher Gesichtspunkte (der tatsächlichen Umstände des Falls und der Rechtsnormen) urteilen als aufgrund ihrer Leidenschaften.[8] Das vom Redner angestrebte Affekturteil wird hier dem Vernunfturteil diametral gegenübergestellt, wobei ein unbefangener Richter («integer quietusque iudex»)[9] als besondere Herausforderung gewertet wird. Allerdings hat Cicero sich von dieser emphatischen Empfehlung der affektiven Einflußnahme, die vor allem durch den Ehrgeiz des Redners motiviert ist, auch in aussichtslosen Fällen zu triumphieren, durch die dialogische Anlage seiner Abhandlung distanziert: Während Crassus das Idealbild des Redners entwirft, fällt dem Pragmatiker Antonius die Aufgabe zu, die Funktion und die Verfahren der Affektrhetorik zu erläutern. Noch nachdrücklicher als Cicero (bzw. sein Sprachrohr Crassus) in ‹De oratore› fordert QUINTILIAN, daß nur ein «guter Mann» auch ein guter Redner sein könne, und formuliert kategorisch, daß die echte Rhetorik mit einem unrechten Anliegen gar nicht zu vereinbaren sei.[10] Dieser Forderung entspricht vor allem seine Konzeption des *ēthos* als sanfter Affektstufe, die nur zur Behandlung ehrenhafter und nützlicher Dinge dient und von einer gütigen Einstellung getragen wird.[11] Gleichwohl will auch Quintilian nicht auf die heftigen Affekte (neben Mitleid wieder vor allem feindselige Gefühle wie Haß, Mißgunst und Verachtung) verzichten, wobei er im Widerspruch zu seiner Eingangsvoraussetzung einer prinzipiell moralisch ausgerichteten Redekunst die Bedeutung der Affekterregung wie Ciceros Antonius vor allem darin sieht, auch bei schwierigen bzw. ‹schimpflichen› Fällen (*genus turpe*) eine Erfolgschance zu bieten.[12] Den Weg zu einer etwas anderen Einschätzung der Affektrhetorik, die vor allem in der Diskussion des 17. und 18. Jh. eine bedeutende Rolle spielen wird, weist die lange dem Longinos zugeschriebene Abhandlung ‹Vom Erhabenen› (PSEUDO-LONGINOS: Περὶ ὕψους, *Perí hýpsūs De sublimitate*). Ein wichtiger Grund hierfür liegt darin, daß das Pathos, das eine wichtige, wenn auch nicht ausschließliche Quelle des Erhabenen bildet, nun primär als Vermögen des Redners bestimmt wird. Während im normalen rhetorischen Verständnis die Appellfunktion der pathetischen Rede dominiert, wobei nicht nur edle Gefühle angesprochen werden, hat das Pathos hier nun die Funktion, die ekstatischen Zustände einer nach dem Hohen und Großen strebenden Seele zum Ausdruck zu bringen.[13]

3. *Verfahren der Affekterregung.* Zu dieser Frage findet sich bei ARISTOTELES zwar eine Reihe von Hinweisen, doch wird sie erst von seinen Nachfolgern ausführlicher behandelt. Dies kann in unterschiedlichen Kontexten erfolgen: vor allem bei der Lehre von den Redeteilen, da das Proömium und der Epilog als die wichtigsten, wenn auch nicht ausschließlichen Phasen für den Einsatz affektiver Überzeugungsmittel gelten, aber auch im Zusammenhang mit der Darlegung der Aufgaben des Redners, wobei *inventio* (affektgenerierende Umstände), *elocutio* (affektgenerierende Figuren) und vor allem *actio* (affektgenerierender Vortrag) betroffen sind. Aus dem Hauptanliegen der Affektrhetorik, den Entscheidungsträger in einen Zustand emotionaler Betroffenheit zu versetzen, werden zwei sich ergänzende methodische Richtlinien abgeleitet: Der Redner soll dem Adressaten die affektgenerierenden Umstände des zu beurteilenden Sachverhalts möglichst eindrucksvoll vor Augen führen und ihm darüber hinaus die intendierte affektive Haltung selbst vorleben, um ihn dadurch mitzureißen. Der Vergegenwärtigungsvorgang wird bei Aristoteles als ‹Vor-Augen-Führen› durch den Einsatz von den Gegenstand belebenden Bildern (ἐνέργεια, *enérgeia*) erwähnt, dann von CICERO als *illustratio* gefaßt und schließlich von QUINTILIAN unter dem Begriff der *evidentia* abgehandelt.[14] Die hierfür in Frage kommenden sprachlichen Mittel sind vor allem Metaphern, bildliche Vergleiche und Umschreibungen. Noch wichtiger ist, daß der Redner die Emotionen selbst zur Schau trägt, die er erwecken will. Wie Cicero und Quintilian eindringlich darstellen, gleicht der Redner darin dem Schauspieler, daß er in die Rolle eines von dem Fall Betroffenen (des Angeklagten, des Geschädigten, der jeweiligen Angehörigen) hineinzuschlüpfen hat.[15] Die sprachlichen Mittel, mit denen diese emotionale Erregtheit zur Darstellung gebracht werden kann, sind, wie vor allem bei Quintilian und PSEUDO-LONGINOS ausgeführt wird, Figuren wie Ausruf, Apostrophe, Prosopopöie, rhetorische Frage, Hyperbaton und Asyndeton.[16] Hinzu kommt der effektvolle Vortrag des Redners (*actio*), bei dem – wiederum in einer mit dem Schauspieler vergleichbaren Weise – Intonation, Mimik und Gestik den zu vermittelnden Affekten anzupassen sind. Wichtige Richtlinien für den angemessenen Einsatz der Verfahren der Affektrhetorik ergeben sich im Zusammenhang mit der Lehre von den unterschiedlichen Stillagen, wie sie in Ciceros ‹Orator› entworfen wird. Dort ordnet Cicero dem niederen Stil (*genus subtile*) das Beweisen (*probare*), dem mittleren Stil (*genus medium*) das Erfreuen (*delectare*) und dem hohen Stil (*genus vehemens*) das Bewegen (*flectere*) zu.[17] Zusammen mit der Konzeption des Erhabenen bei Pseudo-Longinos und der Stillehre des HERMOGENES von Tarsos spielen diese Zuordnungen für die affektrhe-

torische Diskussion in Renaissance und Barock eine wichtige Rolle.

Anmerkungen:
1 Arist. Rhet. I, 2, 1356a. – **2** Quint. VI, 2, 8f.; vgl. J. Wisse: Ethos and Pathos from Aristotle to Cicero (Amsterdam 1989). – **3** Arist. Rhet. II, 1–2, 1378a–1379b; vgl. W.W. Fortenbaugh: Aristotle on Emotion (London 1975) 12ff.; M.H. Wörner: ‹Pathos› als Überzeugungsmittel in der Rhet. des Aristoteles, in: I. Craemer-Ruegenberg (Hg.): Pathos, Affekt, Gefühl (1981) 53–78. – **4** Quint. VI, 2, 13; VI, 2, 17. – **5** Plat. Gorg. 463a ff.; Plat. Phaidr. 272d ff. – **6** Arist. EN II, 5, 1106b; vgl. M. Forschner: Die stoische Ethik (1981) 126ff.; Fortenbaugh [3] 23ff. – **7** Cic. De or. III, 15, 55. – **8** Cic. De or. II, 42, 178; – **9** Cic. De or. II, 44, 187. – **10** Quint. II, 16, 11ff.; II, 17, 31. – **11** Quint. VII, 2, 10; VII, 2, 13. – **12** Quint. IV, 1, 41. – **13** Ps.-Long. Subl. 9, 2; 35, 2ff. – **14** Arist. Rhet. III, 10–11, 1411b; Cic. Part. 6, 20; Quint. VI, 2, 32ff. – **15** Cic. De or. II, 45–46, 189–194; Quint. VI, 2, 26–36. – **16** Lausberg Hb. § 808ff. – **17** Cic. Or. 5, 20ff.; 21, 69ff.

II. *Von der Spätantike zur frühen Neuzeit.* Die wichtigsten Entwicklungen im Bereich der Rhetorik der heftigen Affekte (*movere*) ergeben sich im Mittelalter und in der frühen Neuzeit im Anschluß an die von Augustinus vollzogene christliche Adaption der antiken Rhetorik. Im Mittelalter, das aufgrund seiner geringfügigen Innovationen im folgenden nicht weiter behandelt werden soll, hat die Rhetorik vor allem im Hinblick auf die Gestaltung der Predigt praktische Bedeutung[1], wobei für die Affektkonzeption neben AUGUSTINUS die scholastische Systematisierung durch THOMAS VON AQUIN prägend wird.[2] Im Zuge der intensiven frühneuzeitlichen Rezeption der antiken Rhetorik kommt es zu einer die Affektrhetorik in besonderem Maße betreffenden Zweiteilung. Auf der einen Seite entwickelt sich eine weltlich-höfische Rhetorik, die sich vor allem am rhythmisierten, gefälligen Stil Ciceros orientiert. Ihr affektives Hauptziel des *delectare* entspricht in besonderer Weise der Rolle des Hofmanns und der für den höfischen Bereich geltenden Verpönung heftiger Affekte. Vor allem in Italien dringt dieser ciceronianische Stil auch in die religiöse Rhetorik ein. Demgegenüber wird im Kontext des nördlichen und – teilweise – protestantischen christlichen Humanismus die augustinische Tradition einer an einem christlichen Affektverständnis orientierten Redekunst fortgesetzt und findet dann auch im post-tridentinischen Katholizismus Eingang.[3]
1. *Augustinus.* Im vierten Buch von ‹De doctrina christiana› plädiert Augustinus dafür, die antike Rhetorik für die Ziele des christlichen Redners, d.h. vor allem des Predigers, nutzbar zu machen. Im Anschluß an Ciceros Ausführungen im ‹Orator› ordnet er die Überzeugungsformen des *docere*, *delectare* und *flectere* den drei Stillagen des niederen, mittleren und erhabenen Stils zu. Bezeichnenderweise empfiehlt Augustinus dem christlichen Redner neben dem *docere* vor allem den durch die heftige Affektstufe geprägten erhabenen Stil, während er den anmutigen mittleren Stil und das ihm entsprechende Wirkziel des *delectare* eher kritisch beurteilt.[4] Die zentrale Bedeutung des erhabenen Stils ergibt sich daraus, daß er besonders dazu geeignet ist, säumige Gläubige zum christlichen Handeln zu bewegen und die Ungläubigen zu bekehren. Auch wenn der christliche Redner durchaus nach Art der Gerichts- und Beratungsrede mit Affekten der Empörung (über die Verstockten) und der Furcht (vor der Verdammnis) operiert, so ist sein wichtigstes Ziel doch eine sich in Tränen manifestierende innere Rührung der Adressaten, in der sich die affektive Zuwendung zum christlichen Gott und zu den Inhalten der christlichen Lehre vollzieht.[5] Als Beispiele für diese religiöse Affektrhetorik werden vor allem die Paulus-Briefe und Texte der Kirchenväter herangezogen. Auf der Basis der Ausführungen in ‹De civitate Dei› läßt sich der bei Augustinus vorliegende Wandel des Affektverständnisses konkretisieren. Während in der klassischen Antike die Affekte überwiegend als Störungen des Seelenlebens angesehen wurden, deren rhetorische Stimulierung entweder einen rein funktionalen – im Hinblick auf die vom Redner herbeizuführenden Entscheidungen – oder aber ästhetischen Stellenwert besaß, sind sie nun ein wichtiger Bestandteil christlicher Frömmigkeit. So unterstreicht Augustinus im ‹Gottesstaat› im Zuge einer intensiven Auseinandersetzung mit der stoischen Affektenlehre, daß die Affekte einen fundamentalen Faktor des irdischen Lebens mit moralisch sowohl positiven als auch negativen Varianten darstellen. Unter den positiven und – da der göttlichen Liebe entspringenden – für ein christliches Leben unverzichtbaren Affekten nehmen der «amor boni» und die «sancta caritas» die Führungsrolle ein.[6]
2. *Nördlicher Humanismus.* Einen wichtigen Ausgangspunkt für die rhetorische Reflexion des christlichen Humanismus bilden die auf einem intensiven Studium von Aristoteles, Cicero und Quintilian beruhenden ‹De inventione dialectica libri tres› des Niederländers R. AGRICOLA (vollendet 1479; editio princeps 1515). Bei der Behandlung der Affekte tendiert Agricola zu zwei unterschiedlichen Lösungen. Einerseits plädiert er für die – u.a. bei Luther und Melanchthon wiederkehrende – Trennung von *docere* und *movere*, wobei das Belehren auf der Basis einer vor allem als topische *inventio* verstandenen Dialektik erfolgen soll und das *movere* einer auf die *elocutio* verengten Rhetorik zugeschlagen wird. Andererseits aber betont Agricola, daß auch das *movere* und das *delectare* zum großen Teil auf der *inventio* basieren.[7] Letzteres ist insofern bedeutsam, als Agricola damit im Gegensatz zum römischen Ciceronianismus eine nicht auf den *res* als auf den *verba* beruhende Affekterregung vorsieht, wie dies einer sich vor allem auf die Glaubensinhalte stützenden religiösen Rhetorik entspricht. Bei der Spezifizierung der Affekte legt Agricola zwar zunächst den Akzent auf die forensischen Emotionen, insbesondere *odium* und *misericordia*, doch hebt er später im Einklang mit den Bedürfnissen einer christlichen Rhetorik das besondere Affektpotential erhabener Gegenstände, u.a. auch der Religion hervor[8], wobei dies auch auf den Einfluß der von GEORG VON TRAPEZUNT aktualisierten Stillehre des Hermogenes zurückzuführen ist. Als spezifische rhetorische Verfahren der Affekterregung nennt Agricola in klassischer Manier die Figuren der bildlichen Vergegenwärtigung und der Dramatisierung. Wie Agricola geht auch PH. MELANCHTHON in seinen ‹Elementorum rhetorices libri duo› (1531) von einer Unterscheidung zwischen dem dialektischen *docere* und dem rhetorischen *movere* aus. Wenn er dabei das Beispiel der Buße (*poenitentia*) nennt, über die der Hörer einerseits belehrt, zu der er andererseits aber auch bewegt werden soll[9], so ist der christliche Bezugshorizont deutlich erkennbar. Aus diesem Grund wird der potentiell vernunftwidrige Einfluß der Affekterregung, der in den antiken Rhetoriken ein zentrales Problem bildet, bei Melanchthon gar nicht erst thematisch. Affekterregung tritt hier ganz selbstverständlich in den Dienst moralischer Unterweisung: Es ist die Aufgabe des Redners, die Liebe zur Tugend und den Haß auf das Laster zu

wecken.[10] Deutlicher noch bezeichnet Melanchthon in seinen Abhandlungen zur religiösen Rhetorik eine auf Furcht und Glauben («timorem Dei aut fidem») zielende Affekterregung als unverzichtbares Element jeder Predigt.[11] Das bedeutendste und einflußreichste Beispiel der Augustinus-Rezeption in der Rhetorik des christlichen Humanismus bildet ERASMUS VON ROTTERDAM. Im ‹Ciceronianus› (1517) greift er am Beispiel einer Predigt über die – ja besonders erhabene und affekthaltige – Passionsthematik die primär auf äußere Effekte ausgerichtete, letztlich aber affektiv wirkungslose römisch-ciceronianische Rhetorik polemisch an und stellt ihr mit Verweis auf Paulus einen durch echte innere Betroffenheit und Begeisterung getragenen Predigtstil entgegen.[12] Im ‹Ecclesiastes› (1535) unternimmt Erasmus dann eine systematische Ausarbeitung christlicher Redekunst, wobei die affektive Dimension eine zentrale Rolle spielt. Durch die eigene innere religiöse Glut motiviert soll der christliche Redner bei den Hörern Furcht und Hoffnung, Wehklagen über die menschliche Sündhaftigkeit und die Liebe zu Gott wecken.[13] Er bedient sich hierfür eines bildhaften und dramatischen Stils, der im Gegensatz zur ciceronianischen Gefälligkeit heftige Erschütterungen auszulösen vermag.[14] Nach Melanchthon und Erasmus findet diese von humanistischer Gelehrsamkeit und reformerischer Religiosität getragene, vernunftgestütztes *docere* und herzbewegendes *movere* verbindende Sicht der Rhetorik zu Beginn des 17. Jh. bei KECKERMANN und VOSSIUS ihre Fortsetzung.[15]

3. *Post-tridentinische Rhetorik.* Die katholische Rhetorik nach dem Konzil von Trient ist einerseits durch das Bemühen um die Vermittlung zwischen ciceronianischer und augustinischer Tradition geprägt, andererseits spielen die aus der hellenistischen Rhetorik (Hermogenes, Pseudo-Longinos) bezogenen Vorstellungen des Erhabenen eine zunehmende Rolle. In seinen ‹Ecclesiasticae rhetoricae, sive de ratione concionandi, libri sex› (1576?) orientiert sich der spanische Dominikaner LUIS DE GRANADA besonders stark an der augustinischen Rhetorik, indem er das affektive Wirkziel der «compunctio cordis» (Zerknirschung des Herzens) an die erste Stelle rückt und dafür ein harmonisches Zusammenwirken der Glut (*ardor*) des göttlichen Geistes und der rhetorischen Kunstregeln voraussetzt.[16] Für die rhetorische Reflexion der Jesuiten spielt die durch zwei Ausgaben des griechischen Texts (1553, 1554) dokumentierte Beschäftigung der italienischen Humanisten mit Pseudo-Longinos eine besondere Rolle, da sie nach der Augustinus-Rezeption des in Mißkredit geratenen Erasmus einen neuen Weg zu einem christlichen Erhabenen weist.[17] In der umfangreichen Abhandlung ‹De eloquentia sacra et humana, Libri XVI› (1617?), die in ihrem ersten Teil (Buch II) auf Longinos' Konzeption der Erhabenheit der großen Seele rekurriert, plädiert der französische Jesuit NICOLAS CAUSSIN für eine erhabene und kämpferische Affektrhetorik, die sich merklich von einem nur aus klassischen Quellen gespeisten schmuckvollen Stil unterscheidet.[18]

Anmerkungen:
1 vgl. Murphy RM; J.M. Miller, M.H. Prossner, Th.W. Benson (Hg.): Readings in Medieval Rhetoric (Bloomington 1973). – **2** vgl. Thomas von Aquin: Summa theologica, 24, 1–26, 4. – **3** vgl. M. Fumaroli: L'Âge de l'éloquence. Rhétorique et ‹res literaria› de la Renaissance au seuil de l'époque classique (Genf 1980); M. Hinz: Rhet. Strategien des Hofmanns. Stud. zu den italien. Hofmannstraktaten des 16. und 17. Jh. (1992); J. O'Malley: Content and Rhetorical Forms in Sixteenth-Century Treatises on Preaching, in: Murphy RE 238–252; H. Schanze: Problems and Trends in German Rhetoric to 1500, ebd. 105–125; D. Shuger: Sacred Rhetoric. The Christian Grand Style in the English Renaissance (Princeton 1988); dies.: Sacred Rhetoric in the Renaissance, in: Plett 121–142. – **4** Aug. Doctr. IV, 12, 27-IV, 14, 30. – **5** ebd. IV, 24, 53. – **6** Augustinus: Der Gottesstaat. De civitate Dei, hg. v. C.J. Perl (1979) Bd. 1, 928ff. (XIV, 8–9). – **7** Agricola 9ff.; 209f., 216ff. – **8** ebd. 438f., 444ff. – **9** J. Knape: Ph. Melanchthons Rhet. (1993) 65f., 122. – **10** ebd. 84f., 138f. – **11** Ph. Melanchthon: De modo et arte concionandi, in: Supplementa Melanchthoniana V, II, hg. v. D.P. Drews u. D.F. Cohrs (1929) 51; vgl. Shuger[3] 64ff. – **12** Erasmus von Rotterdam: Ausg. Schr., hg. v. W. Welzig (1968) Bd. 7, 139ff. – **13** Ecclesiastes, in: Desiderii Erasmi opera omnia (1704, ND 1962) Bd. 5, 790a, 976e–982a; vgl. Shuger[3] 63f. – **14** Ecclesiastes 985c–e. – **15** vgl. Th.M. Conley: Rhetoric in the European Tradition (New York 1990) 157ff.; Shuger[3] 83ff. – **16** vgl. Fumaroli[3] 146f; A. Ortega: Die Rhet. des Luis de Granada, in: G. Ueding (Hg.): Rhet. zwischen den Wiss. (1991) 119–123. – **17** vgl. M. Fumaroli: Rhétorique d'école et rhétorique adulte: La réception européenne du ‹Traité du sublime› au XVIe et au XVIIe siècle, in: ders.: Héros et orateurs. Rhétorique et dramaturgie cornéliennes (Genf 1990) 377–398. – **18** vgl. Fumaroli[3] 279–298; Shuger[10] 87ff.

III. *Literarische Leidenschaftsdarstellung in der frühen Neuzeit.* Seit der Antike ist der Zusammenhang zwischen Poetik und Rhetorik außerordentlich eng. Einerseits rekurrieren die Rhetoriktraktate immer wieder auf literarische Beispiele; andererseits wird die Poetik vor allem in den mittelalterlichen Einteilungen der Künste eng an die Rhetorik herangerückt. Unter den antiken Poetiken legt vor allem die ‹Ars poetica› von Horaz eine rhetorische Lesart nahe, da sie den Wirkungsgesichtspunkt besonders betont. Für die Frage der literarischen Dimension des rhetorischen Affektausdrucks haben neben Epos und Ode die dramatischen Gattungen, insbesondere die Tragödie, zentrale Bedeutung. Dies ist vor allem darin begründet, daß die schon in der Antike (insbesondere bei Cicero und Quintilian) betonte Affinität von rhetorischem und theatralischem Vortrag in der frühen Neuzeit dadurch aktualisiert wird, daß sich eine theatralische Konzeption des sozialen Lebens Bahn bricht. Wie die häufige Verwendung der Metapher vom Welttheater bzw. der Weltbühne zu verstehen gibt, erscheint die gesellschaftliche Existenz als affektiv bewegtes Gemenge rollenhafter Handlungsprogramme und Meinungen, für das die dramatischen Gattungen eine privilegierte Gestaltungsform darstellen.[1] Deutlicher als in der außerliterarischen Affektrhetorik findet hier der historische Wandel des Leidenschaftsverständnisses seinen Niederschlag. Im Gegensatz zu der in der Antike dominierenden, noch von Thomas von Aquin vertretenen Auffassung, dergemäß der Affekt eine primär objektorientierte, durch das zu erstrebende Gute oder das zu fliehende Übel ausgelöste Seelenbewegung darstellt, setzt sich nun die vor allem durch das Christentum beförderte Inferiorisierung der Affekte weiter durch. Die Leidenschaften werden zunehmend als seelenimmanente Trieb- und Willenskräfte begriffen, die dem Menschen einerseits Größe verleihen, andererseits aber auch Manifestationen seiner egoistischen Selbstbezogenheit darstellen.[2]

1. *Rhetorik und die tragischen Affekte.* Im Mittelalter und in der Renaissance trug die Horazische ‹Ars poetica› u.a. deshalb maßgeblich zu einem rhetorischen Verständnis der Dichtung bei, weil die Funktionsbestimmungen des *utile* und *dulce* leicht mit den rhetorischen Aufgaben des *docere* und *delectare* gleichzusetzen waren. Vor diesem Hintergrund wurde die Wiederentdeckung der aristotelischen Poetik für die Kommentatoren der italienischen Renaissance zu einer besonderen Herausforderung, denn Aristoteles sieht die Funktion der Tragödie in der Erregung und kathartischen Entladung heftiger Affekte. Zwar kam dies einer rhetorischen Dichtungskonzeption insofern entgegen, als die tragischen Hauptaffekte Furcht und Mitleid auch im Zusammenhang der forensischen Affekterregung eine wichtige Rolle spielen, doch ergab sich die Schwierigkeit, die heftige Affektstufe der Tragödie mit der Horazschen Forderung nach sanfter Belehrung zu vereinbaren.[3] Die von den italienischen Kommentatoren erarbeiteten Vermittlungsmöglichkeiten bestehen einerseits darin, daß das *delectare* im Sinne eines durch die *imitatio* – auch tragischer Gegenstände – ausgelösten Vergnügens begriffen wird, andererseits in der moralischen Auslegung der Katharsis. Letzteres bedeutet, daß der Erregung heftiger Affekte eine belehrende Funktion zugeordnet werden kann. Im Sinne dieser moralisierenden Funktionsbestimmung wird die kathartische ‹Reinigung› von einem Teil der Kommentatoren nicht, wie von Aristoteles vorgesehen, auf die für die Zuschauer spezifischen Affekte Furcht und Mitleid[4], sondern auf die von ihnen mitempfundenen Affekte der Bühnenfiguren, also auf die zur Katastrophe führenden und daher den Zuschauern auszutreibenden Affekte der Liebe, des Hasses, des Ehrgeizes, der Rachsucht usw. bezogen.[5] Doch auch dort, wo man Aristoteles korrekter interpretiert, versucht man, der Katharsis eine moralische Funktion zu verleihen.[6] CORNEILLE, der sich im Kontext der durch die italienischen Kommentatoren vermittelten französischen Aristoteles-Rezeption[7] am intensivsten mit der Frage der Katharsis auseinandergesetzt hat, übernimmt einerseits, allerdings nicht ohne Vorbehalte, die moralisierende Funktionsbestimmung[8], andererseits stellt er Furcht und Mitleid den Zuschaueraffekt der *admiration* (Bewunderung) zur Seite[9] und bringt damit auf den Begriff, was neuzeitliche Leidenschaftsdarstellung vor allem motiviert: das ästhetische Faszinosum heftiger und erhabener, d.h. als Triebkräfte einer großen Seele begriffener Leidenschaften. Die Frage nach der Funktion der tragischen Affekte prägt dann auch die deutsche Diskussion des 18. Jh., wobei LESSING und SCHILLER aus aufklärerischer Perspektive den moralischen Aspekt wieder stärker hervorheben.[10]

2. *Die neuzeitliche Leidenschaftstragödie*. In der theoretischen Diskussion um die Katharsis wird der wichtigste, die Affektdarstellung in zentraler Weise betreffende strukturelle Wandel in der Entwicklung der Tragödie nur unzureichend erfaßt. Es ist dies die bei SHAKESPEARE, LOPE DE VEGA und CALDERÓN, im Trauerspiel des deutschen Barock[11] und schließlich am deutlichsten in der französischen Klassik zu beobachtende Tendenz, den bei Aristoteles vorgesehenen Primat des tragischen Mythos durch den des von seinen Leidenschaften geprägten Charakters zu ersetzen. Damit tritt das für die antike Rhetorik typische situative Affektverständnis, für das der Affekt aus einem augenblicklichen, sachbezogenen Eindruck resultiert, gegenüber der Vorstellung dauerhafter interner Antriebskräfte, die durch die jeweilige Situation nur aktualisiert werden müssen, zurück. Wiederum liefert CORNEILLE aufgrund der ihm eigenen engen Verknüpfung von Theorie und Praxis die wohl genauesten Einsichten. So fordert er explizit, daß die Tragödienhandlung vor allem leidenschaftliche Konflikte im Inneren der Figuren und zwischen den Figuren in Gang setzen solle; und er wünscht im Gegensatz zu Aristoteles, der das gegenseitige Nicht-Erkennen der meist verwandtschaftlich verbundenen tragischen Antagonisten als besonders wirkungsvoll ansieht, daß seine Figuren ihre Auseinandersetzungen mit offenem Visier («à visage découvert») austragen sollen, da dann die Leidenschaftskonflikte den Hauptteil der Tragödie bilden können.[12] Während Corneille dabei den hohen, d.h. vor allem der aristokratischen Seele vorbehaltenen Leidenschaften wie Ehrgeiz, Ruhmsucht und dem Wunsch nach Rache den Vorzug vor der Liebe gibt[13], schafft RACINE den reinsten Typus der neuzeitlichen Liebestragödie, wobei er den grausamen und selbstbezogenen Charakter der erotischen Leidenschaften besonders akzentuiert.[14] Die somit ins Zentrum der Tragödie gerückte Leidenschaftsdarstellung ist durch und durch sprachlich und damit rhetorisch: Ihr Ziel ist, wie der ABBÉ D'AUBIGNAC in seiner Dramenpoetik ausführt, «faire parler l'amour, la haine, la douleur, la joie, & et le reste des passions humaines» (Liebe, Haß, Schmerz, Freude und die übrigen menschlichen Leidenschaften zum Sprechen zu bringen), wobei er den Dichter ausdrücklich auf das Studium der Rhetorik verweist.[15] So wird die tragische Bühne zum Experimentierfeld für das Durchspielen unterschiedlicher Affektrollen und darüber hinaus für die Entfaltung einer Subjektivität, die sich nicht nur wie in der Antike im mehr oder weniger gesicherten Herrschaftsverhältnis gegenüber den Affekten konstituiert, sondern auch durch ein Verhältnis der Identifikation mit der eigenen – partiell immer unverfügbaren – leidenschaftlichen Natur. Die besondere Bedeutung der Leidenschaftstragödie für die Entwicklung der Affektrhetorik besteht somit darin, daß sie eine fundamentale – in der literarischen Affektdarstellung natürlich auch früher schon angelegte – Funktionsverschiebung impliziert. Die primär appellative Funktion des Umstimmens der Hörer, die in den außerliterarischen Redesituationen vorherrscht und den Affektausdruck des Redners motiviert, ist im Drama nur auf der binnenfiktionalen Ebene im Dialog der Dramenfiguren gegeben. Der Zuschauer hingegen soll, auch wenn das moralisierende Katharsisverständnis dies nicht wahrhaben will, zu einem identifikatorischen Mitvollzug der affektiven dargestellten Zustände ohne Handlungskonsequenzen gebracht werden. Die Ausdrucksfunktion wird somit aus ihrer Bindung an die Appellfunktion gelöst, die Affektrhetorik wandelt sich vom Medium der Überzeugung zum Ausdrucksmedium psychischer Zustände.

Anmerkungen:
1 Barner 86ff.; M. Fumaroli: Héros et orateurs. Rhétorique et dramaturgie cornéliennes (Genf 1990) 288–322; H.F. Plett: Theatrum rhetoricum, in: Plett 328–368. – **2** vgl. Thomas von Aquin: Summa theologica 24, 1.; J. L. Vives: De anima, in: Obras completas, hg. v. L. Riber, Bd. 2 (Madrid 1948) 1246; E. Auerbach: Passio als L., in: ders.: Gesamm. Aufsätze zur romanischen Philol., hg. v. F. Schalk (1961) 161–175. – **3** vgl. B. Weinberg: A History of Literary Criticism in the Italian Renaissance (Chicago 1961) insbes. 71ff., 799ff. – **4** vgl. im Hinblick auf Tilgung oder Kultivierung der Affekte immer noch strittigen Auslegung der Katharsis siehe W.W. Fortenbaugh: Aristotle on Emotion (London 1975) 21ff.; A. Schmitt: Aristoteles und die Moral der Tragödie, in: A. Bierl, P.v. Möllendorf (Hg.): Orchestra. Drama – Mythos – Bühne (1994) 332–343. – **5** z.B. Giraldo Cintio, Minturno (vgl. Weinberg[3] 441, 739). – **6** z.B. Castelvetro, Riccoboni (vgl. ebd. 506, 605). – **7** vgl. R. Bray: La formation de la doctrine classique en France (Paris o.J.) 34ff. – **8** Corneille: Trois Discours sur le poème dramatique, in: Œuvres complètes, hg. v. G. Couton, Bd. 3 (Paris 1987) 142ff. – **9** Corneille: Examen zu ‹Nicomède›, Œuvres[8] Bd. 2 (Paris 1984) 641. – **10** Lessing:

Hamburgische Dramaturgie, 78. Stück; G. Ueding: Schillers Rhet. (1971) 148ff. – **11** R. Meyer-Kalkus: Wollust und Grausamkeit. Affektenlehre und Affektdarstellung in Lohensteins Dramatik am Beispiel von ‹Agrippina› (1986); E. Rotermund: Der Affekt als lit. Gegenstand: Zur Theorie und Darstellung der *passiones* im 17. Jh., in: H.R. Jauß (Hg.): Die nicht mehr schönen Künste (1968) 239–269. – **12** Corneille [8] 154. – **13** ebd. 124. – **14** vgl. E. Auerbach: Racine und die L., in: Gesammelte Aufsätze [2] 196–203. – **15** Abbé d'Aubignac: La pratique du théâtre, hg. v. H.-J. Neuschäfer (München 1971) 260ff., 298ff.

IV. *Entrhetorisierung des Affektausdrucks in Aufklärung und Romantik.* Aufklärung und Romantik stehen im Zeichen einer zunehmend kritischen Reflexion über die Möglichkeiten des rhetorischen Leidenschaftsausdrucks, die zu einer ästhetisch orientierten Umformulierung und darüber hinaus auch zur Ablehnung der Lehrinhalte einer nach wie vor besonders an der Antike orientierten Schulrhetorik führt. Drei – häufig miteinander verflochtene – Elemente dieser Reflexion sollen im folgenden unterschieden werden: (1) Die Erkenntnistheorie des Rationalismus impliziert eine auch die Rhetorik betreffende Aktualisierung der Affektkritik, indem sie den moralphilosophischen Vorwurf der Seelenverwirrung durch den erkenntnistheoretischen Vorwurf der Verzerrung der Wahrnehmungs- und Vorstellungsbildung ersetzt. (2) Das aufklärerische Natürlichkeitspostulat ist demgegenüber zwar geeignet, die Affekte aufzuwerten, führt aber zu einem Mißtrauen gegenüber den rhetorischen Kunstregeln. (3) Gegenüber der vor allem von Frankreich ausgehenden klassizistischen Verabsolutierung des gesellschaftlichen *decorum* bildet das Konzept des Erhabenen die rhetorische Basis für die Ausbildung einer Ästhetik der Intensität.

1. *Affektrhetorik und Einbildungskraft.* Die von DESCARTES eingeleitete Orientierung der philosophischen und psychologischen Reflexion am Ideal der ‹klaren und distinkten Ideen› hat zwei wichtige Konsequenzen: Einerseits wird die – natürlich seit der Antike schon thematisierte – Bindung der Affekte an Vorstellungsbilder akzentuiert, andererseits werden diese Affektbilder einer Einbildungskraft zugeordnet, welche die bewußtseinsmäßige Erfassung der Welt in verzerrender oder täuschender Weise beeinträchtigt. [1] Dieser Nexus von Affekt und Imagination erhält in der pessimistischen Anthropologie der französischen Moralistik (PASCAL, NICOLE, LA ROCHEFOUCAULD) dadurch eine zusätzliche Pointe, daß hier die Leidenschaften als Manifestationen einer sündigen Selbstliebe (*amour-propre*) gelten, die daher nur egoistische Selbsttäuschungen generieren. In seiner 1675 publizierten Rhetorik greift B. LAMY die in A. ARNAULDS und P. NICOLES ‹La logique ou l'art de penser› (1662) angelegte Kritik an der Affektrhetorik insofern auf, als er die Formen des rhetorischen Affektausdrucks zusätzlichen, nicht zur eigentlichen Sachbedeutung gehörenden Vorstellungen («idées accessoires») zuordnet. [2] Die genannten Prämissen dringen auch in die Reflexion der deutschen Aufklärung ein. So formuliert GOTTSCHED, daß die Leidenschaften aus der «verwirrten Vorstellung vieles Guten und Bösen» entstehen [3]; BREITINGER spricht vom «Betrug der Affecte» und sieht die Basis des Affektausdrucks in den «raschen Vorstellungen einer durch die Wuth der Leidenschaften auf einen gewissen Grad erhizten Phantasie» [4]; BAUMGARTEN gründet in seiner Ästhetik die Poetische in den «verworrenen Vorstellungen» [5] und gibt damit zu erkennen, daß die ontologische Abwertung des Affektausdrucks neue Chancen seiner ästhetischen Aufwertung freisetzt.

2. *Rhetorik als natürliche ‹Sprache der L.›.* Aus der postulierten genauen Abbildrelation zwischen dem Affektausdruck und einer erregten und daher ihre Gegenstände verzerrenden Vorstellungstätigkeit ergeben sich besondere Anschlußmöglichkeiten an das bürgerlich-aufklärerische Natürlichkeitsideal. Diese Verbindung wurde durch die vor allem vom englischen Sensualismus ausgehende Aufwertung der Affekte im Sinne einer moralkonformen Empfindsamkeit zusätzlich begünstigt. Schon LAMY stellt fest, daß sich die Affekte von selbst in der Rede und im Ausdruck darstellen («Les passions se peignent elles-mêmes dans les yeux, & et dans les paroles» [6]) und daß die rhetorischen Verfahren, insbesondere die Redefiguren, nichts anderes als diese natürlichen Ausdrucksformen seien. Noch dezidierter bezeichnet GOTTSCHED die rhetorischen Figuren als «Sprache der Leidenschaften», «weil alle Menschen, die im Affecte sind, von Natur, und ohne daran zu denken, Figuren machen». [7] Während Lamy und Gottsched dennoch für einen bewußten Gebrauch der rhetorischen Figuren plädieren, um der Natur im Bedarfsfall nachzuhelfen [8], sind F.A. HALLBAUER und J.J. BREITINGER beispielhaft dafür, wie das aufklärerische Natürlichkeitsgebot über die traditionelle rhetorische Konzeption eines kunstvollen, durch das Prinzip des *celare artem* bedingten Natürlichkeitseffekts hinausgeht und zu einer dezidierten Rhetorikkritik führt. Für Hallbauer ist aufgrund der Naturgegebenheit des Affektausdrucks «diese Lehre [der Figuren] nicht nöthig, weder zur Verfertigung eigener, noch zur Resolvirung anderer Schriften», und die Regeln des stimmlichen Ausdrucks sind sogar schädlich, da ihr bewußtes Befolgen nur eine «schändliche Affektation» nach sich zöge. [9] Breitinger hält in ähnlicher Weise die Auflistung und die Definition der Redefiguren für unsinnig, «weil sie uns von der Natur, welche die einzige Lehrmeisterin der Sprache der Leidenschaften ist, abführt». [10] Deutlich zeigt sich auch bei Breitinger die schon bei Lamy angelegte Konsequenz, daß die Rhetorik, wenn überhaupt, nur noch eine deskriptive Funktion übernehmen kann, indem sie die psychologische Funktionsweise des Affektausdrucks erforscht und beschreibt. Es entspricht dieser Konzeption einer vorreflexiven und ursprünglichen Affektrhetorik, wenn ROUSSEAU und HERDER vom primär affektiven und bildlichen Charakter früher Sprachstufen ausgehen. [11] Die Auseinandersetzung mit der rhetorischen Praxis der Affekterregung erhält schließlich – u.a. bei GOETHE, NOVALIS und HEGEL [12] – dadurch eine neue Qualität, daß neben dem Postulat der Natürlichkeit das der Interesselosigkeit der Kunst eine führende Position einnimmt und somit der rhetorischen Zweckorientierung die Basis entzieht.

3. *Das Erhabene zwischen klassischer Rhetorik und moderner Ästhetik.* Wenn das die Affekterregung besonders betreffende Phänomen des Erhabenen im 18. Jh. eine intensive Reflexion hervorrief, so erklärt sich das daraus, daß es sich hier immer schon um ein Grenzphänomen des Rhetorischen handelte. Zwar hat das Erhabene innerhalb der Lehre von den drei Stillagen einen festen Platz im rhetorischen Regelgebäude, doch weist bereits die die neuzeitliche Diskussion fundierende Abhandlung des PSEUDO-LONGINOS insofern über den klassischen Bereich der Schulrhetorik hinaus, als sie die Vorstellung einer affektiven Wirkung entwirft, die sich zumindest partiell dem rednerischen Affektkalkül entzieht. Das Konzept des Erhabenen ist bei Longinos vor allem mit dem der Größe assoziiert, sowohl im Hinblick auf die Seelengröße des Redners als auch auf die eine erhabene Wirkung ausübenden Redegegenstände. Letztere sind vor allem die Macht des Göttlichen, die Naturschauspiele, in denen sich diese Macht manifestiert, aber auch das Schreckliche einer großen Gefahr, wie aus dem Beispiel von Homers Beschreibung eines Seesturms ersichtlich wird. [13] Die für das Erhabene spezifischen Affekte sind daher Erstaunen und Erschütterung mit ekstatischer Intensität. Die Grenze des Rhetorischen wird somit einerseits durch den potentiell transzendenten Charakter der behandelten Gegenstände markiert, andererseits durch die Lösung der Affekte aus dem forensischen Funktionszusammenhang (Erregung von Mitleid oder Haß für den Angeklagten) und schließlich vor allem dadurch, daß die große, leidenschaftliche Natur des Redners den Primat gegenüber den – bei Longinos allerdings für notwendig erachteten – Kunstregeln erhält.

Nachdem das Konzept des Erhabenen nach der Wiederentdeckung des Pseudo-Longinos im 16. Jh. zunächst aufgrund seiner theologischen Konnotationen vor allem im Kontext der geistlichen Redekunst fruchtbar gemacht wurde, avanciert es ab dem Ende des 17. Jh. zum Schlüsselwort für eine das klassizistische Schönheitsideal durchbrechende Ästhetik der Intensität. Bezeichnenderweise ist es gerade BOILEAU, der Verfasser der kanonischen ‹Art poétique› der französischen Klassik, der mit seiner Übersetzung des Pseudo-Longinos ins Französische eine Alternative zur Verabsolutierung des Schicklichen (*bienséance*) eröffnet. Sein Kommentar enthält schon Elemente einer Genieästhetik, indem er den großen Dichter die Vernachlässigung der Kunstregeln zugesteht, und propagiert den einfachen und natürlichen Affektausdruck als eine Gipfelform des Sublimen. [14] In der Folge wird das Verhältnis des Erhabenen zu den poetischen Kunstregeln ein zentraler Gegenstand des Streits zwischen *Anciens* und *Modernes* (BOUHOURS, RAPIN, SAINT-EVREMOND, PERRAULT). [15] Bei DUBOS erreicht die Diskussion vor allem aufgrund englischer Einflüsse eine neue Stufe, da er auf emotionspsychologischer Basis nun die beim Rezipienten erzielte Affektintensität ganz in den Vordergrund rückt, wobei er die heftigsten Emotionen auf Schauspiele der Gewalt und die mit ihnen verbundene Lust auf das menschliche Grundbedürfnis nach Zerstreuung zurückführt. [16] Einer seiner Anreger ist J. DENNIS, der unter Berufung auf Longinos die besonderen Gefühlsqualitäten der heftigen Affektstufe («enthusiastick Passion») zu beschreiben sucht und dabei, wie dann auch DuBos, die Rolle des Schrecklichen für das Erhabene besonders hervorhebt. [17] Bei J. ADDISON und E. BURKE wird die bei Dennis bereits angelegte Unterscheidung zwischen dem Schönen und dem Erhabenen pointiert; darüber hinaus erfolgt eine weitere Entfernung vom rhetorischen Paradigma, da einerseits nun das Erhabene auch als ein unmittelbar im Schauspiel der Natur erfahrbares, also nicht mehr nur literarisch-rhetorisches Phänomen begriffen und andererseits – bei Burke – in einen explizit sensualistischen Bezugsrahmen eingerückt wird. [18] Auch im deutschen Sprachraum kommt es zu einer breiten Diskussion, die von BODMER und BREITINGER über BAUMGARTEN, M. MENDELSSOHN, SULZER und KLOPSTOCK zu KANT führt. [19] Die Verbindungslinien zwischen der Diskussion des 18. Jh. und der Romantik sind vielfältig. In England sind u.a. der Schauerroman und die Naturlyrik von WORDSWORTH nachhaltig durch das Konzept des Erhabenen geprägt [20]; in Deutschland knüpfen SCHILLER, F. SCHLEGEL, SCHELLING und A. MÜLLER daran an [21]; in Frankreich zeigt sich die Verbindung besonders klar in CHATEAUBRIANDS ‹Génie du christianisme›, wo die sensualistische Privilegierung einer gewaltigen Natur mit der Tradition eines durch die Größe Gottes bedingten christlichen Erhabenen zusammengebracht wird. Chateaubriands positive Bewertung der erhabenen, semantisch und klanglich voluminösen geistlichen Rhetorik Bossuets zeigt, wie ein rhetorisch geprägtes Stilideal in der französischen Romantik weiterwirkt. [22] Das Erhabene ist somit ein zentrales Beispiel für die ästhetische Neuformulierung rhetorischer Begriffe, welche die Rezeption der Schulrhetorik im 18. und 19. Jh. prägt.

Anmerkungen:
1 Descartes: Les passions de l'âme, in: Œuvres et lettres, hg. v. A. Bridoux (Paris 1953) 707ff., 794; vgl. W. Matzat: Diskursgesch. der L. Zur Affektmodellierung im frz. Roman von Rousseau bis Balzac (1990) 20ff. – **2** Lamy 88f.; vgl. R. Behrens: Problematische Rhet. (1982) 54ff., 148ff. – **3** Gottsched: Ausführliche Redekunst, in: Ausg. Werke, hg. v. P.M. Mitchell, VII/1 (1975) 227. – **4** Breitinger: Critische Dichtkunst (1740, ND 1966) Bd. 1, 310, Bd. 2, 354. – **5** Baumgarten: Meditationes philosophicae (1775) 9 (§ 15); vgl. W. Bender: Rhet. Trad. und Ästhetik im 18. Jh.: Baumgarten, Meier und Breitinger, in: ZDPh 99 (1980) 481–506. – **6** Lamy 109. – **7** Gottsched [3] 340. – **8** Lamy 79ff.; Gottsched [3] 340. – **9** Hallbauer Orat. 490, 558; vgl. U. Geitner: Die Sprache der Verstellung (1992) 171–191. – **10** Breitinger [4] 367. – **11** Rousseau: Essai sur l'origine des langues, hg. v. C. Porset (Paris 1970) 45ff.; Herder: Abh. über den Ursprung der Sprache, in: Werke in zehn Bd., Bd. 1 (1985), hg.v. U. Gaier, 697–810; ders.: Über die Wirkung der Dichtkunst auf die Sitten der Völker in alten und neuen Zeiten, Bd. 4 (1994) hg. v. J. Brummack u. M. Bollacher, 158ff. – **12** vgl. H. Schanze: Romantik und Rhet., in: ders. (Hg.): Rhetorik. Beitr. zu ihrer Gesch. in Deutschland vom 16.–20. Jh. (1974) 126–144. – **13** Ps.-Long. Subl. 9, 1–10, 7; 35, 1–4. – **14** Boileau: Œuvres complètes (Paris 1966) 340, 386. – **15** vgl. Th.A. Litman: Le sublime en France (1660–1714) (Paris 1971). – **16** Abbé J.-B. DuBos: Réflexions critiques sur la poésie et sur la peinture (⁷1770, ND Genf 1967) 12ff.; vgl. B. Munteano: L'Abbé Du Bos esthéticien de la persuasion passionnelle, in: Rev. de littérature comparée 30 (1956) 318–350. – **17** J. Dennis: The Grounds of Criticism in Poetry, in: The Critical Works of J. Dennis, hg. v. E.N. Hooker, Bd. 1 (Baltimore 1939) 339, 361; vgl. C. Zelle: Schönheit und Erhabenheit. Der Anfang doppelter Ästhetik bei Boileau, Dennis, Bodmer und Breitinger, in: Chr. Pries (Hg.): Das Erhabene. Zwischen Grenzerfahrung und Größenwahn (1989) 55–73. – **18** E. Burke: A Philosophical Enquiry into the Origin of our Ideas of the Sublime and Beautiful, hg. J.T. Boulton (Oxford 1987); vgl. S.H. Monk: The Sublime. A Study of Critical Theories in XVIII-Century England (Ann Arbor 1960) 45ff., 56ff., 84ff. – **19** Ch. Begemann: Erhabene Natur. Zur Übertragung des Begriffs des Erhabenen auf Gegenstände der äußeren Natur in der dt. Kunsttheorien des 18. Jh., in: DVjs 58 (1984) 74–110; K. Vietor: Die Idee des Erhabenen in der dt. Lit., in: Geist und Form. Aufsätze zur dt. Lit.gesch. (1952) 234–266. – **20** Monk [18] 204f., 217ff., 227ff. – **21** Vietor [19] 263ff; Schanze [12] 134f.; G. Ueding: Aufklärung über Rhet. Versuche über Beredsamkeit, ihre Theorie und praktische Bewährung (1992) 173ff. – **22** Chateaubriand: Essai sur les révolutions, Génie du christianisme, hg. v. M. Regard (Paris 1978) 717ff., 862ff.

W. Matzat

→ Affektenlehre → Erhabene, das → Ethik → Ethos → Gestik → Katharsis → Pathos → Temperamente → Tragödie → Vir bonus

Leitartikel (engl. editorial, auch leading article, leader; frz. éditorial; ital. editoriale)
A. Def. – B. Rhetorik u. Kommunikationswissenschaft. – C. Geschichtliche Entwicklung.

A. Die journalistische Gattung des L. (auch Editorial) ist Teil des öffentlichen politisch-publizistischen Diskurses in den Tages- und Wochenzeitungen. Der L. ist die klassische Form der Meinungsäußerung und ist zugleich auch dezidiert meinungsbildend angelegt.[1]

Als längerer Artikel oder Aufsatz steht er (typographisch hervorgehoben) meist an exponierter Stelle, oft auf der ersten Seite.

Er bespricht, interpretiert und kommentiert tagesaktuelle oder allgemeine Fragen, Themen oder Probleme des öffentlichen Lebens aus einer spezifischen persönlichen oder politischen Perspektive. Der L. hat dabei stofflich keine Begrenzung.

Geschrieben wird der L. oft vom Chefredakteur oder von den führenden, parteilich orientierten Journalisten einer Zeitung, den *opinion leaders*, die ihn als Forum für Aufklärung, Appell, Mahnung, Belehrung, Interpretationshilfe und Meinungsbildung nutzen. Obwohl so die Meinung von einzelnen wiedergebend, darf diese gleichwohl weitgehend als die repräsentative Meinung des Blattes angesehen werden: «Der Leitartikel leitet den Leser auf dem Weg, auf dem sich die Politik der Zeitung bewegt.»[2] Vor allem in der Zeit des klassischen Meinungsjournalismus konnte der L. gleichsam als Visitenkarte einer Zeitung gelten.[3]

Als Sonderform des Artikels ist der L. in texttypologischer Hinsicht mit den Sorten Kurzartikel (Entrefilet), Kolumne, Glosse, Kritik und Kommentar verwandt. Hierbei handelt es sich, im Unterschied zu den primär informierenden Darstellungsformen (wie z.B. Nachricht), um «Formen des selbständigen Räsonnements»[4], die sich durch eine «offen intendierte Subjektivität in der Behandlung bestimmter Sachverhalte»[5] auszeichnen und in denen deshalb argumentative Textstrukturen oft erscheinen.

Versucht man den L. vom Kommentar abzugrenzen, so ergibt sich eine Schwierigkeit dadurch, daß Kommentar einerseits die gesamte Gruppe der journalistischen Meinungsformen (im Unterschied zu den Nachrichtenformen) benennt: in dieser Hinsicht gehört der L. zu den Kommentar-Formen; andererseits ist davon der Kommentar selbst, als spezifisches Genre, zu unterscheiden, von dem sich der L. hauptsächlich durch seine allgemein interessierende Thematik, den meinungswerbenden Anspruch und seine Länge unterscheidet.[6] Zudem müssen Kommentare oder auch Kolumnen, als Meinungsbeiträge von einzelnen, nicht immer mit der Grundhaltung der jeweiligen Zeitung konform gehen, während dies vom L. durchaus erwartet wird.

Von der Glosse unterscheidet sich der L. vor allem durch die Stilmittel. Während die Glosse Argumente auf die Spitze treibt, ironisch übertreibt und entlarvt[7], bedient sich der L. im allgemeinen einer neutraleren und seriöseren Darstellungsweise.

Anmerkungen:
1 vgl. P. Brand, V. Schulze (Hg.): Medienkundliches Hb. Die Ztg. (⁴1995) 149. – **2** Verlag Frankfurter Allgemeine Ztg. (Hg): Alles über die Ztg. (1987) 21. – **3** vgl. L. Döhn, K. Klöckner: Medienlex. Kommunikation in Ges. und Staat (1979) 128. – **4** O. Groth: Die unerkannte Kulturmacht. Grundlegung der Zeitungswiss. (Periodik), Bd.2 (1961) 122. – **5** R.E. Marquardt: Politischer L. in frz. Prestigeztg. (1985) 8. – **6** K. Koszyk, K.H. Pruys: dtv Wtb. zur Publizistik (1969) 217. – **7** vgl. Groth [4] 124ff.

Literaturhinweise:
A. Ritter: Der politische L. in der dt. Presse (1923). – O. Groth: Die Ztg. Ein System der Zeitungskunde (Journalistik), Bd.1 (1928). – G. Blasche: Der L. (Wien 1953). – E. Dovifat (Hg.): Hb. der Publizistik, Bd.1 (1971). – E.K. Roloff (Hg.): Journalistische Textgattungen (1982). – H.H. Lüger: Pressesprache (1983). – E. Noelle-Neumann, W. Schulz, J. Wilke (Hg.): Das Fischer Lex. Publizistik Massenkommunikation (1989). – C. Mast (Hg.): ABC des Journalismus. Ein Leitfaden für die Redaktionsarbeit (⁷1994).

B. Der Verfasser von L. ist dem politischen Redner nahe verwandt, da er sich wie dieser, allerdings mittelbar über die Zeitung, an ein Publikum wendet, auf dessen Einsichten, Zielsetzungen und Stimmungen er Rücksicht nehmen muß, um dessen Meinung zu beeinflussen[1] oder ihm «Anhaltspunkte und Hilfe zur eigenen Meinungsbildung»[2] zu geben.

Gleich dem Redner setzt der Leitartikler so Sprache als Instrument ein, um seine persuasiven Intentionen zu verwirklichen.

Die Werbung um die Meinung des Lesers und die Rücksichtnahme auf ihn läßt den Verfasser ganz unterschiedliche stilistische und figürliche Mittel verwenden, so daß die Bandbreite der L. von erklärend-deskriptiv bis hin zu kämpferisch-polemisch reicht.[3]

Steht beim deskriptiven L. die «Darstellung und Problematisierung von Sachverhalten»[4] im Mittelpunkt, nicht ohne dabei jedoch eine politische Orientierung zu verleugnen, so verzichtet dieser Typus des L. auf die Aufforderung an die Leser, diese Haltung zu übernehmen und in entsprechendes politisches Handeln, z.B. bei einer Wahlentscheidung, umzusetzen.

Demgegenüber hat der kämpferische oder gar propagandistische L. eindeutig persuasive Absichten[5]: Er erwartet von seinen Rezipienten nicht nur die Übernahme der in ihm dargelegten Argumente, sondern darüber hinaus «die Realisierung einer Forderung, die in normativer Weise bestimmte Einstellungen oder Verhaltensweisen verlangt.»[6] Damit hat der L. eine Appellfunktion, die beispielsweise dort zu finden ist, wo Wahlempfehlungen für bestimmte politische Parteien ausgesprochen werden.

Eine appellative Wirkung kann durch eine Häufung von Schlag- und Reizwörtern erreicht werden (wie ‹Freiheit›, ‹Demokratie›) oder auch durch Leerformeln, die «emotionale Übereinstimmung zwischen Sprecher und Hörer herstellen»[7], weshalb sie auch als Identifikationsformeln zu bezeichnen sind.[8]

Während früher ein direkt auf die Meinungsbildung der Leser zielender Anspruch an den L. gestellt wurde, wird dies gegenwärtig immer mehr zugunsten einer Meinungen und Informationen ordnenden oder strukturierenden Funktion des L. zurückgenommen.[9]

Blickt man auf die Forschung zum L., so ist festzustellen, daß ältere publizistische Arbeiten meist stark normativ geprägt sind: In ihnen wird ein bestimmtes Verständnis von Form und Inhalt des L. anhand verbindlicher Regeln dargelegt. Auch wird in ihnen die angenommene Wirkung des L. auf die Leser kaum problematisiert.

Neuere linguistische Arbeiten zum L. bedienen sich, im Unterschied zu vielen normativ-publizistischen Untersuchungen, empirischer Methoden. Allerdings dient ihnen der L. lediglich als geeignetes Untersuchungsmaterial, um daran beispielhaft bestimmte Fragestellungen, z.B. in fachsprachlicher oder lexikalischer Hinsicht[10], zu entfalten.[11]

Aus kommunikationstheoretischer Perspektive wurde der L. u.a. im Zusammenhang mit der ‹Zeitungssprache› erforscht, wobei besonders auf die die öffentliche Meinung verändernde oder auch stabilisierende Funktion des L. hingewiesen wurde.[12]

Dabei wird der L. in den Rahmen der «persuasiven Kommunikation» [13] gestellt, und es wird auch danach gefragt, inwieweit er überhaupt in der Lage ist, beim Leser bzw. Rezipienten bestimmte Einstellungen hervorzurufen. Der Einfluß des L., z.B. bei der Bildung der politischen Überzeugung, wird von diesen Forschungen immer mehr relativiert [14], ja es wird generell der bislang zentrale Begriff der ‹Beeinflussung› von dem der ‹Orientierung› abgelöst.

Somit tritt hier die Betrachtung des persuasiven Moments in den Hintergrund; die Frage gilt jetzt vielmehr den Bedürfnissen der Leser, inwieweit L. für sie Orientierungshilfen sind, Informationen (bzw. Nachrichten) in ihr Weltbild, ihr «frame of reference» [15] (ihren Bezugsrahmen), zu integrieren.

Anmerkungen:
1 vgl. W. Hagemann: Die Ztg. als Organismus (1950) 58. – 2 Projektteam Lokaljournalisten (Hg): ABC des Journalismus (^{6}1990) 110. – 3 vgl. E. Dovifat: Zeitungslehre (^{4}1962) 128f. – 4 R.E. Marquardt: Politischer L. in frz. Prestigezeitungen (1985) 161. – 5 vgl. C. Kessemeier: Der Leitartikler Goebbels in den NS-Organen ‹Der Angriff› u. ‹Das Reich› (1967) 39–44. – 6 Marquardt [4] 128. – 7 H.-D. Zimmermann: Die politische Rede (^{2}1972) 164. – 8 vgl. Marquardt [4] 160. – 9 vgl. R. Rühmland, U. Rühmland: Handwtb. der Publizistik (1986) 103. – 10 vgl. z.B. R. Küster: Militärmetaphorik im Zeitungskommentar. Darstellung u. Dokumentation an L. der Tageszeitungen ‹Die Welt› u. ‹Süddeutsche Ztg.› (1978); I.T. Piirainen, M. Skog-Södersved: Unters. zur Sprache der L. in der ‹Frankfurter Allgemeinen Ztg.› (Vaasa 1982); M. Skog-Södersved: Wortschatz und Syntax des außenpolitischen L. (1993); J. Latsch: Die Bezeichnungen für Deutschland, seine Teile und die Deutschen. Eine lexikalische Analyse deutschlandpolitischer L. in bundesdeutschen Tagesztg. 1950–1991 (1994). – 11 vgl. H. Weinrich: Tempusprobleme eines L., in: Euph 60 (1966) 263–272 u. M. Pfeil: Zur sprachlichen Struktur des politischen L. in dt. Tagesztg. Eine quantitative Unters. (1977). – 12 vgl. R. Peters: Zeitungssprache. Unters. der Wirkungen von Massenkommunikation anhand ausgewählter Leitartikelausschnitte der ‹Düsseldorfer Nachrichten› (1984) 136. – 13 Marquardt [4] 1f. – 14 vgl. z.B. Pfeil [11] 5. – 15 L. Ekl: Kommentar und Persönlichkeit. Ein Beitr. zur Kommunikationsforschung (Wien 1975) 14 u. 26.

Literaturhinweise:
O. Groth: Die unerkannte Kulturmacht. Grundlegung der Zeitungswiss. (Periodik), Bd. 2, 5 u. 7 (1961, 1963 u. 1972). – W. Parth: Zur Psychol. des politischen L. (Innsbruck 1979).

C. Die geschichtliche Entwicklung des L. ist in enger Verknüpfung mit der Geschichte der Pressefreiheit und der Zeitungsgeschichte überhaupt zu sehen: Kann man in ‹Historischen Volksliedern› [1] und Flugschriften des 16. und 17. Jh. Formen der Meinungsäußerung und damit mögliche Vorläuferformen des L. erkennen, so beginnt seine eigentliche Geschichte jedoch erst im 18. Jh., als die Zeitungen durch eine Gliederung in bestimmte Gebiete (Sparten), wie sie heute etwa im Politik-, Wirtschafts-, Kultur- und Sportteil vorliegen, ihr modernes Gesicht erhielten.

Die Französische Revolution war für die Etablierung des L. das politische Ereignis schlechthin: Revolutionäre wie MIRABEAU (1749–1791), JEAN-PAUL MARAT (1743–1793), CAMILLE DESMOULINS (1760–1794) und SAINT-JUST (1767–1794) entwickelten den L. als politisch-publizistisches Kampfmittel. Diese Funktion hatte der L. in Frankreich auch noch rund hundert Jahre später: So erzielten die L. EMILE ZOLAS (1840–1902) zur ‹Dreyfus-Affäre› («J'accuse») in der Zeitung ‹Aurore› eine ungeheure Wirkung. [2]

In England schrieb JONATHAN SWIFT (1667–1745) in der politischen Wochenschrift ‹Examiner› satirische und polemische Abhandlungen über Politik, in denen Pressehistoriker eine frühe Form des L. sehen. [3]

Zwischen 1769 und 1772 erschienen im Londoner ‹Public Advertiser› eine Reihe von anonymen Briefen als L., die sogenannten Junius-Briefe, die gegen die Willkür der Krone und die Korruptheit des Parlaments gerichtet waren. [4] Diese Briefe können als ein erster Höhepunkt des englischen politischen Journalismus angesehen werden, die «den Weg zu einer freien Parlamentsberichterstattung» [5] bahnten.

Für eine solche Berichterstattung und darüber hinaus für eine umfassende Pressefreiheit überhaupt setzten sich in den USA bedeutende Publizisten und Politiker, wie z.B. THOMAS JEFFERSON (1743–1826) und ALEXANDER HAMILTON (1755–1804), ein.

Gleichwohl wurde in Teilen der amerikanischen Presse in der Neuzeit, etwa seit den 20er Jahren dieses Jahrhunderts, der L. immer mehr entpolitisiert und in Richtung der anekdotisch-erzieherischen ‹human interest Editorials› umgeformt (mit Themen wie z. B. Anklage gegen den Alkoholmißbrauch, Aufforderung an junge Leute zu heiraten), die besonders der bekannte Leitartikler ARTHUR BRISBANE (1864–1936), der vor allem für das ‹New York Journal› schrieb, aufzunehmen verstand. [6]

In verschiedenen pressehistorischen Darstellungen wird die Entstehung des L. in Deutschland mit ganz unterschiedlichen Artikeln und Verfassern in Verbindung gebracht: So werden z.B. als erste Formen des L. in Deutschland JUSTUS MÖSERS (1720–1794) Beilagen angesehen, die er den von ihm 1766 bis 1781 herausgegebenen ‹Wöchentlichen Osnabrückischen Anzeigen› beifügte, in denen er wichtige politische und gesellschaftliche Beiträge veröffentlichte. [7] Oder es werden die Artikel des MORITZ FLAVIUS TRENCK VON TONDER (1746–1810) in seiner Zeitschrift ‹Politische Gespräche im Reiche der Todten›, die als «Abwehr der Ideen der Französischen Revolution» [8] anzusehen sind, als erste Entsprechungen zum L. gewertet. [9]

Weitere bedeutende Leitartikler dieser Zeit waren ERNST LUDWIG POSSELT (1763–1804), der beim Tübinger Verleger J.F. COTTA als Redakteur eines von diesem herausgegebenen politischen Tageblatts arbeitete [10] und der Revolutionsgegner FRIEDRICH VON GENTZ (1764–1832), der u.a. in Berlin publizierte. [11]

Während des Krieges gegen Napoleon (1813–1815) flackerte eine freie politische Berichterstattung in Deutschland kurze Zeit auf, wurde aber schon 1819, im Zuge der Karlsbader Beschlüsse, wieder scharfen Zensurbestimmungen unterworfen. Insbesondere die Behandlung innenpolitischer Ereignisse wurde den Zeitungen weitgehend verboten. [12]

Einer der bedeutendsten Leitartikler zu Beginn des 19. Jh. in Deutschland war JOSEPH VON GÖRRES (1776–1848). In seinem von 1814 bis 1816 in Koblenz erschienenen ‹Rheinischen Merkur› verband er aktuelle Informationen mit intensiver Kommentierung. [13] Görres setzte sich in seinen Artikeln insbesondere für das Selbstbestimmungsrecht der Völker nach dem Sieg über Napoleon ein. In dieser Zeitung bildete sich, im ständigen Kampf gegen die staatliche Zensur, die politische Sparte heraus.

Erst mit der Proklamation der Pressefreiheit im Zusammenhang mit den revolutionären Ereignissen des Jahres 1848 setzte sich die Meinungspresse und mit ihr und als ihr Kennzeichen der politische L. durch. [14]

In dieser Zeit bürgerte sich auch erst das Wort ‹L.› (ursprünglich ‹leitender Artikel›) als Lehnübersetzung des «seit etwa 1807 in der angelsächsischen Sprache gebräuchlichen»[15] Wortes ‹leading article› in Deutschland ein.[16]

GEORG GOTTFRIED GERVINUS (1805–1871) leitete 1847 mit seinen Artikeln in der ‹Deutschen Zeitung›, die in Heidelberg erschien, «die Epoche der großen meinungsbildenden Presse ein»[17], in der die Persönlichkeit des Artikelschreibers immer mehr in den Vordergrund trat.

Neben dieser unabhängigen Meinungs- und Nachrichtenpresse entstand in dieser Zeit auch die ‹offiziöse Publizistik›, wie z.B. die von OTTO VON BISMARCK (1815–1898) kontrollierten nationalliberalen ‹Hamburger Nachrichten›, die ihm, nach seiner Entlassung als Kanzler (1890), als Forum für L. diente, mit denen er Deutschlands Innen- und Außenpolitik kommentierte.[18] Er arbeitete eng mit dem Journalisten MAXIMILIAN HARDEN (1861–1927) zusammen, der in der von ihm 1892 gegründeten Wochenschrift ‹Die Zukunft› Kritik an der Wilhelminischen Epoche übte.[19]

Im deutschen Kaiserreich und in der Weimarer Republik nahm die Bedeutung des L. als spezifische Äußerungsform des politischen Journalisten zu.[20]

Zu nennen wären hier vor allem die Artikel von THEODOR WOLFF (1868–1943), die in der ‹Berliner Zeitung› erschienen, deren Chefredakteur er von 1906 bis 1933 war. Sie galten als Gütesiegel eines liberalen Journalismus. Wolff gehörte zu den entschiedensten Kritikern des Wilhelminischen und dann des nationalsozialistischen Deutschland. Sein charakteristischer Stil, «die präzise Wahl von Substantiv und Adjektiv, die additive Reihung und die geschliffene Anschaulichkeit»[21], machen seine L. auch heute noch lesenswert.[22]

Gegenwärtig wird an der ‹Zeitungsinstitution› L. unter verschiedenen Gesichtspunkten Kritik geübt: Zum einen stelle der tägliche Zwang zur Kommentierung ‹großer Politik› oftmals eine Überforderung der Journalisten dar; zum anderen hätten Leitartikler nicht selten einen «Hang zum Offiziösen»[23], der sie eher zu Beratern der Mächtigen als zu außenstehenden Beobachtern mache.

Auch wurde im Laufe der pressegeschichtlichen Entwicklung den Nachrichten in den Zeitungen immer mehr Priorität gegenüber den Meinungsbeiträgen eingeräumt, was sich hinsichtlich des L. rein äußerlich daran zeigt, daß er bei einigen Zeitungen von seiner exponierten Plazierung auf der ersten Seite in den inneren Teil der Zeitung verdrängt oder durch einen Kurzkommentar ersetzt wurde (wie z.B. bei der ‹Süddeutschen Zeitung›).[24]

Der politische L. als Bindemittel zwischen Zeitung und Leser, so wie in der Epoche des Frühliberalismus, hat heute keine Bedeutung mehr: «Die Zeiten, in denen Zeitungen ausschließlich wegen der Leitartikel eines führenden Publizisten gekauft und gelesen wurden, sind unwiderruflich dahin [...].»[25]

Kleinere bis mittlere Zeitungen enthalten heute nur noch unregelmäßig einen eigenen L. In großen, überregionalen und Welt-Blättern (wie ‹Times›, ‹Observer›, ‹New York Times›, ‹Frankfurter Allgemeine Zeitung›, ‹Neue Züricher Zeitung›, ‹Die Zeit›) besitzt der L. allerdings weiterhin Geltung, wenn er aber auch sicherlich nicht mehr als «die Quintessenz der Zeitung»[26] angesehen werden kann.

Zwar werden L. primär für den Tag, die unmittelbare Wirkung geschrieben, doch können zumindest einige von ihnen für sich den Status eines repräsentativen Zeitdokuments beanspruchen. Sammlungen berühmter L. geben einen überaus lebendigen Einblick in geschichtliches Geschehen[27], sind «Geschichtsschreibung der Zeitgeschichte».[28]

Anmerkungen:
1 vgl. C. Gentner: Zur Gesch. des L., in: W.B. Lerg (u.a.) (Hg.): Publizistik im Dialog (1965) 62. – **2** vgl. K. Koszyk, K.H. Pruys: Hb. der Massenkommunikation (1981) 42. – **3** vgl. Gentner[1] 61. – **4** vgl. W. Schaber, W. Fabian: L. bewegen die Welt (1964) 237. – **5** K. Koszyk, K.H. Pruys: Wtb. zur Publizistik (1969) 177. – **6** vgl. E. Dovifat: Der amerik. Journalismus (1927) 151–168. – **7** vgl. M. Lindemann: Dt. Presse bis 1815, T. I (1969) 253; Institut f. Publizistik d. Univ. Münster unter Leitung von H. Prakke (u.a.) (Hg.): Hb. der Weltpresse, Bd. 1 (1970) 101. – **8** Koszyk, Pruys[2] 41. – **9** vgl. W. Haacke: Hb. des Feuilletons, Bd. I (1951) 185f. – **10** K. Koszyk: Dt. Presse im 19....9Jh. Gesch. der dt. Presse, Teil II (1966) 20. – **11** vgl. Lindemann[7] 272. – **12** vgl. Institut für Publizistik[7] 103. – **13** vgl. Koszyk, Pruys[2] 42. – **14** vgl. W. Haacke: Publizistik und Ges. (1970) 169f.; G. Hagelweide: ‹Inländische Zustände›. Zu den Anfängen des L. in der Presse des dt. Vormärz, in: Presse u. Gesch. II. Neue Beitr. zur hist. Kommunikationsforschung (1987) 329–348. – **15** Gentner[1] 60. – **16** vgl. F. Kluge: Etym. Wtb. d. dt. Sprache (^{22}1989) 438. – **17** Koszyk, Pruys[2] 42. – **18** vgl. Schaber, Fabian[4] 30. – **19** vgl. Koszyk[10] 251; M. Harden: Kaiserpanorama. Lit. u. pol. Publizistik, hg. v. R. Greuner (1983). – **20** vgl. E. Dombrowski: Der L., in: Dt. Presse. Z. für die gesamten Interessen des Zeitungswesens 15 (1927) 1–2. – **21** W. Köhler: Der Chef-Redakteur. Theodor Wolff. Ein Leben in Europa 1868–1943 (1978) 43. – **22** vgl. Th. Wolff: Vollendete Tatsachen. 1914–1917 (Berlin 1918); B. Sösemann (Hg.): Theodor Wolff. Der Journalist. Berichte u. L. (1993). – **23** J. Kraft: Mit dem Abstand wächst die Sicherheit. Eine Kritik der Zeitungsinstitution ‹L.›, in: Medium 15 (1985) 29. – **24** vgl. H. Pürer (Hg.): Praktischer Journalismus in Ztg., Radio u. Fernsehen (1991) 206. – **25** W. Hagemann: Die Ztg. als Organismus (1950) 58. – **26** J. Tern: Der krit. Zeitungsleser (1973) 26. – **27** vgl. Schaber, Fabian[4] 64 u. Klassischer Journalismus. Die Meisterwerke der Ztg. Ges. u. hg. v. Egon Erwin Kisch (1974). – **28** H. Weinrich: Tempusprobleme eines L., in: Euph 60 (1966) 272.

Literaturhinweise:
K. Schottenloher: Flugblatt u. Ztg. Ein Wegweiser durch das gedruckte Tagesschrifttum, Bd. 2 (1985).

Th. Pekar

→ Glosse → Information → Journalismus → Kolumne → Kommentar → Leser → Massenkommunikation → Meinung, Meinungsfreiheit → Öffentlichkeit → Presse → Publizistik → Zielgruppe

Leser (griech. ἀναγνώστης, anagnṓstēs; lat. lector; engl. reader; frz. lecteur; ital. lettore).
A.I. Allgemeine Charakteristika von Leseakt und Schriftlichkeit. – II. Einordnung ins rhetorische System. – III. Der reale L.: Leseformen, empirisch-soziologische L.-Typen, Lesemotivation. – IV. Rezeptionsforschung: reader-response-criticism, L.-Aktivität, literaturwissenschaftliche L.-Typen. – B.I. Historischer Überblick. – II. Antike. – III. Mittelalter. – IV. Renaissance und Barock. – V. Aufklärung. – VI. 19. und 20. Jh.

A.I. *Allgemeine Charakteristika von Leseakt und Schriftlichkeit.* Die vom L. ausgeübte Tätigkeit, das *Lesen,* ist die Erfassung von Schriftzeichen, deren Übersetzung in die von ihnen bezeichneten Lautwerte und in imaginierte oder gesprochene Worte und schließlich das Erkennen des mit ihrer Hilfe dargestellten Sinnzusammenhangs. Es basiert auf einem bestimmten, dem Zweck der Kommunikation dienenden Code, den der L. beherrschen und dessen er sich im Unterschied zum Hörvorgang willentlich bedienen muß. Der vom L. vollzogene scheinbare Automatismus des Leseaktes umfaßt zahlreiche bewußte und unbewußte Vorgänge und setzt eine komplexe geistige Technik voraus: Optisches Erkennen und Entschlüsseln der Schriftzeichen als zusammenhängender Symbolgestalten ermöglicht im Zusammenspiel von neurobiologischen und geistigen Prozessen die Konstitution von Bedeutung und das verstehende Verarbeiten des Gelesenen, das Nachvollziehen fremder Gedankengänge und die kritische Auseinandersetzung mit ihnen.[1] Die Informationsaufnahme und -verarbeitung durch den L. ist als aktiver und konstruktiver Vorgang zu werten, wobei verschiedene Grade von Aufmerksamkeit, von der entspannt-rezeptiven Haltung des Freizeit-L. bis zur angespannt-forschenden des Wissenschaftlers, möglich sind.

Zusammen mit dem Schreiben und Rechnen gehört das Lesen zu den fundamentalen *Kulturtechniken* unserer Gesellschaft und ist in der modernen Schriftkultur Voraussetzung für die Teilnahme am gesellschaftlichen Kommunikationsprozeß und am kulturellen Geschehen. Im Unterschied zum Erlernen der Muttersprache sind für den Erwerb von Lesefähigkeit und -kompetenz gezielte, meist gesellschaftlich institutionalisierte pädagogische Maßnahmen erforderlich. Während die Lesefähigkeit jahrhundertelang das Privileg weniger (z.B. Priester oder speziell ausgebildeter Schreiber) war, ist sie in der modernen Gesellschaft allgemein verbreitet. Technischer und wirtschaftlicher Fortschritt und demokratische Systeme setzen Bürger voraus, die der unabhängigen, selbständigen Informationsbeschaffung fähig sind. Die Alphabetisierungsrate eines Landes gilt daher als ein Maßstab seiner Entwicklung. Die gesellschaftliche Bewertung des Lesens spielt eine entscheidende Rolle bei der Verbreitung und Entwicklung der Lesefähigkeit. Als wichtigste Sozialisationsinstanzen sind dabei Schule und Familie anzusehen.[2]

Schrift ist auf die Revitalisierung durch die Lektüre angewiesen; daher ist die Existenz eines Textes bzw. seiner Bedeutung ohne ihre *Aktualisierung* durch das Lesen eine bloß potentielle. Erst der Lesevorgang macht den Inhalt eines Textes im Bewußtsein einer Zeit präsent. Lesen bedeutet somit Zugang zu einer unsichtbaren, in Latenz befindlichen virtuellen Welt, deren sichtbare, materiell begrenzte Verkörperung die Menge aller überlieferten schriftlichen Texte ist.[3] Der L. ist über die Lektüre mit der Öffentlichkeit der literarischen Welt verbunden; Lesen erlaubt durch *fiktiven Kontakt* orts- und zeitübergreifende Kommunikation mit Persönlichkeiten anderer Länder oder Epochen.[4] Die in der lebendigen Vergegenwärtigung durch die Lektüre erlebte imaginierte Welt steht in einem Spannungsverhältnis zur realen Erfahrungswelt. Die *Absorption* ('Gefesseltsein') durch intensive Lektüre führt zum Eindruck einer isolierten Situation des L. Da der L. für die Dauer der Lektüre die ihn sonst beherrschenden Ansichten suspendieren muß, zeigt Lesen die Struktur einer Erfahrung, die über bloßes Ersatzerleben hinaus durch imaginäre Entwicklung eigener Möglichkeiten und Aneignung fremder Perspektiven Bewußtsein und Leben des L. erweitert.[5]

Im Gegensatz zur unmittelbaren akustischen Wahrnehmung (vgl. den in oralen Kulturen vorherrschenden mündlichen Vortrag) erfolgt der Informationsaustausch über das Lesen von Texten raum- und zeitversetzt, ohne Unterstützung durch nonverbale Ausdrucksformen (Gestik) und ohne die Möglichkeit direkter Rückkoppelung (Nachfrage beim Redner). Die bei der schriftlichen Kommunikation zu überbrückende zeitliche Distanz von Reaktion und möglicher Antwort wird zwar durch die elektronischen Medien zunehmend verringert, kann aber wegen des erforderlichen Schreib- und Leseaktes der Kommunikationspartner nie ganz aufgelöst werden. Gegenüber anderen, eher passiven Rezeptionsformen, die zu unkritischer Übernahme des Vermittelten verleiten, fördert Lesen durch seine aktive Form der Informationsaufnahme die bewußte Auseinandersetzung mit den Inhalten und damit Kritikfähigkeit und Urteilskraft des L. Doch ist der L. durch seine Lesestoffe auch manipulierbar.[6]

Die Schriftlichkeit von Texten macht sie dem L. nahezu universal verfügbar: Frei von der zeitlichen Kontinuität eines mündlichen Redeflusses kann der L. bei der Lektüre innehalten, einzelne Textstellen wiederholen, die Lektüre zu beliebiger Zeit an beliebigem Ort fortsetzen und somit die Linearität des Textes durchbrechen. Die materielle Verdinglichung in Schrift und Papier macht den Text transportabel und den jeweiligen Inhalt unbegrenzt oft in identischer Form repetierbar. Binnenreferenzen und intertextuelle Bezüge sind in größerer Komplexität möglich. Der schriftliche Text gewinnt gegenüber dem mündlichen Vortrag an *Autonomie*; die Unabhängigkeit vom bedeutungseingrenzenden historischen, kulturellen und literarischen Kontext und die Unmöglichkeit unmittelbarer Nachfrage beim Urheber der Äußerungen bedeuten jedoch eine Zunahme an Polysemie. Daß der Autor an Verfügungsgewalt über die eigenen Aussagen verliert, da ein L. in einem Text Dinge wahrnehmen kann, die nicht in der Absicht des Verfassers lagen, hat schon Platon als Merkmal der Schriftlichkeit kritisiert.[7]

Lesen fand und findet in unterschiedlichen *Rezeptionssituationen* statt: Die Geschichte kennt das stille oder (halb-)laute individuelle Lesen des in Innenkonzentration versunkenen und von der Außenwelt entrückten einsamen L., aber auch das gesellige Vorlesen im schulischen, höfischen oder familiären Kreis. Veränderungen von Rezeptionssituationen bewirken auch solche der Textformen und umgekehrt.[8] Die Begrenztheit von menschlicher Lebenszeit und Lesefähigkeit macht eine Auswahl der Lektüre notwendig; Lesen wird exemplarisch.[9] Eine gesellschaftlich anerkannte Auslese von Autoren und Texten führt zur Kanonbildung, die wiederum auf die Zugänglichkeit der Texte, ihren Bekanntheitsgrad und die Nachfrage nach ihnen Einfluß nimmt. Das L.-Interesse kann sich nicht vollkommen frei der individuellen Neigung folgend entfalten, sondern jeder L. ist in seinen Selektionsentscheidungen auch dem stimulierenden Einfluß von Vermittlungsinstanzen unterworfen: Lehrer und Lehrpläne, Literaturkritiker und Rezensenten sowie das (der gesellschaftlichen Nachfrage folgende und diese wiederum prägende) Angebot von Bibliotheken, Buchhandel und Verlagen lenken seine Aufmerksamkeit ebenso wie äußere Zwänge (Berufsausbildung, politische oder religiöse Vorgaben) oder der Zufall. Abfolge und Zusammenhang der von einer Person gelesenen Bücher bilden eine *L.-Biographie*, die die Realbiographie begleitet. Dabei kehrt der *persistierende L.* immer wieder zu gewissen Büchern zurück, während der *fortschreitende L.* sich einem bereits gelesenen Text nicht noch einmal widmet.[10]

II. *Einordnung ins rhetorische System.* Eine systematische Beschäftigung mit dem L. findet erstmals in der antiken Rhetorik und Grammatik statt. Im rhetorischen System der Antike werden die Kompetenzen des Lesens neben denen des Schreibens und Redens *(legere, scri-*

bere, dicere) als Bildungsziele des Grammatik- und Rhetorikunterrichts und als Bestandteil der *exercitatio*, der praktischen Handhabung der rhetorischen Kunst, thematisiert. Im Anfangsunterricht beim Grammatiklehrer steht die Dichterlektüre im Mittelpunkt, beim Rhetor wird Redner- und Historikerlektüre betrieben; der Unterricht soll schließlich zu selbständiger Lektüre befähigen. Ziel der Lektüre (*lectio*) ist es, auf dem Weg der Nachahmung (*imitatio*) zu einem grammatisch und idiomatisch richtigen Sprachgebrauch *(Latinitas)*, zur Beherrschung eines reichen Wortschatzes *(copia verborum)*, zur Erweiterung des Wissens und der stofflichen Reichhaltigkeit *(copia rerum)* und so zu einer sicheren Geläufigkeit in der praktischen Handhabung der rhetorischen Technik *(firma facilitas)* zu gelangen. Die verfügbare Menge von sprachlichen Formulierungen und Gedanken ist das Kapital der rednerischen Fähigkeit.[11]

Die Funktionalisierung von Lektüre als exemplarischem Unterrichtsmaterial führt zur Kanonbildung: Es ergibt sich die Notwendigkeit der Auswahl des Lesestoffes, die sowohl nach literarischen als auch nach ethischen Kriterien vor sich geht[12]; als Generalkriterium gilt die *virtus*. Die literarische Kritik (*iudicium*) führt zu einer begründeten Auswahl (*ordo, numerus*) der besten Autoren, die in ihrer grammatischen Sprachrichtigkeit, ihrem Stil und ihrer literarischen Gestaltung als nachahmenswerte Modelle anerkannt werden, als Vorlagen der *imitatio* dienen und mit ihrer Autorität (*auctoritas*) normenbildend wirken.[13] Der Gegenstand der Lektüre kann nicht nur als stilistisches Vorbild, sondern auch als *exemplum* für das eigene Handeln dienen.[14] Hier stellt sich das Problem eines möglichen Konflikts zwischen künstlerischem und ethischem Kriterium. Im Rahmen des Unterrichts kann literarische *virtus* ethische Mängel nicht rechtfertigen, so daß ganze Literaturgattungen von der Schullektüre ausgeschlossen werden.[15] Die wiederholte intensive Lektüre der empfohlenen Autoren im Sinne einer aufmerksamen Rezeption vorbildhafter Mustertexte soll ohne Unterbrechung während des ganzen Lebens fortgesetzt werden, denn durch Wiederholung dringt die Lektüre in das Gedächtnis (*memoria*) und macht so erst aktive Nachahmung möglich.[16] Die *imitatio* ist jedoch für sich allein ungenügend; sie soll durch den Willen zur Überbietung des Vorbilds durch Entfaltung des eigenen *ingenium* bereichert werden.[17]

Die Antike thematisiert den L. nicht nur als Subjekt in der Person des sich zielgerichtet fortbildenden Rhetors, sondern auch als Adressaten, vor allem der Dichter. In dieser Funktion ist er Objekt von Bildung und Unterhaltung (*docere, delectare*).[18]

III. *Der reale L.: Leseformen, empirisch-soziologische L.-Typen, Lesemotivation.* Der *reale L.* als empirische historische Person, der ein bestimmtes literarisches Werk tatsächlich und auf seine individuelle Weise rezipiert oder rezipiert hat und somit Bestandteil des Literaturpublikums ist, bildet den Untersuchungsgegenstand der modernen L.-Soziologie, L.-Psychologie und historischen L.-Forschung. Die genannten Disziplinen befassen sich mit verschiedenen (sozialen, alters- oder geschlechtsspezifischen) L.-Gruppen, ihrer Rezeptionsfähigkeit und ihrem Bildungshintergrund, der Korrelation von L.-Gruppe, Lesestoff und Lesemotivation sowie dem Wandel des Leseverhaltens und seinen Steuermechanismen.[19]

Die neuere Forschung unterscheidet verschiedene Arten von Leseprozessen (*Leseformen*), die von einer begrenzten Anzahl von Kategorien abhängig gemacht werden.[20] Da unterschiedliche Texte unterschiedliche Lesearten erfordern, bestimmt zunächst der Lesestoff die Art der Lektüre, und zwar mit seiner Textform (Zeitungsartikel, Sachbuch, Roman usw.) und seinem Schwierigkeitsgrad. Vor allem aber stellt der L., der die inhaltliche Auswahl und den Verlauf seiner Lektüre individuell bestimmt, selbst eine die Leseform wesentlich prägende Kategorie dar. Auswirkungen haben hier der Persönlichkeitstypus des L. (aktiv oder passiv) und seine Entwicklungsstufe (Lebensalter, Bildungsgrad). Lesekompetenz ist keine konstante Fähigkeit, sondern ebenso steigerbar wie verlernbar; der Mensch wird nicht als L. geboren, sondern durchläuft eine lebenslange Entwicklung zum und als L.[21] Daher lassen sich aufgrund der unterschiedlichen Stufen der schließlich erreichten Lesekompetenz *L.-Typen* wie Analphabeten, Kurztext-L. und Buch-L. unterscheiden. Andere Einteilungen sind die von geübten und ungeübten, flüssigen und stockenden, guten und schlechten L., professionellen, informierten und Durchschnitts-L. Unter den Gesichtspunkten von Frequenz und Intensität unterscheidet man auch zwischen Normal-, Viel-, Wenig- und Nicht-L.[22] Bereits die antike Theorie kennt den aufmerksamen, die stilistischen Eigenarten des Textes in ruhiger Lektüre würdigenden L. (*otiosus lector*), stellt sein Leseverhalten allerdings dem flüchtigen Hörer (nicht L.) gegenüber.[23] Ziel jeder Erziehung ist das Stadium des reifen L., der sich nicht nur durch ein gewisses Lesetempo auszeichnet, sondern auch durch die Fähigkeit, über das Wort-für-Wort-Lesen hinaus die Bedeutung größerer Textzusammenhänge zu erkennen.

Da Lesen intentionsgeleitetes Verhalten ist, das der L. instrumentell zur Verwirklichung bestimmter Ziele einsetzen kann, wirkt auch die mit der Lektüre verfolgte Absicht des L. prägend auf den Leseprozeß ein. Nach der *Motivation des L.* durchgeführte Einteilungen des Lesens in verschiedene Hauptformen (z.B. hedonistisches, evasorisches, informatorisches, intellektuell-kognitives und ästhetisch-reflexives Lesen) sind in der Forschung divergent und umstritten, doch ist das Vorliegen unterschiedlicher Leseabsichten bei verschiedenen L. bzw. beim selben L. zu verschiedenen Zeiten unbestreitbar.[24] Zu solchen Motivationen zählen der Wunsch nach Information, der Zwang zu beruflicher Fortbildung, die Absicht, die eigene Allgemeinbildung zu erweitern, die bewußte Entscheidung zur Aneignung des kulturellen Erbes oder einfach das Bedürfnis nach Unterhaltung. Die Grundlage für eine allgemeine Lesemotivation legen Elternhaus und gesellschaftliches Umfeld durch ein positives Leseklima und eine die positive Einschätzung von Büchern fördernde Sozialisation.

IV. *Rezeptionsforschung: reader-response-criticism, L.-Aktivität, literaturwissenschaftliche L.-Typen.* Die mentalen Bilder, die ein L. bei der Lektüre empfängt, sind notwendig immer mitbestimmt durch das, was der L. an Erfahrungen, Wissen und eigenen Bildern an den Text heranträgt. Wirklichkeitserfahrung ist Voraussetzung für Lektüre, während letztere wiederum prägend auf die Wahrnehmung der Realität einwirkt (hermeneutische Interdependenz). Der Grad der bei der Lektüre stattfindenden Reflexion und des Textverständnisses steigt mit der vorhandenen literarischen Kompetenz, d.h. mit der Kenntnis der den Autor bindenden und von ihm angewandten Konventionen und Regeln. Der 'Widerstand der Texte' erfordert Kenntnisse und wiederholte Lektüre.[25] Die häufig unter der Bezeichnung *reader-*

response-criticism (auch *reader-response-theory*) zusammengefaßten literaturwissenschaftlichen Theorien richten gegenüber textorientierten Ansätzen ihr Augenmerk verstärkt auf den aktiven Beitrag des L. zum Lektüreprozeß. Ihnen gilt der Text nicht als autonom, sondern als durch den Rezeptionsprozeß mitdefiniert, das Lesen als gelenktes Schaffen und der L. als erweiterter Autor. Das Spektrum reicht von eher objektivistischen Richtungen, die die Unveränderlichkeit von Textstrukturen unterstreichen und für die die Rekonstruktion einer im Text inkodierten Bedeutung das Ziel des Lektüreaktes darstellt, zu subjektivistischen Ansätzen, die die Einzigartigkeit des jeweiligen L. und Lesekontextes hervorheben und die von seiner Individualität geprägte Bedeutungskonstruktion durch den L. stark betonen. Zwischen diesen beiden Polen liegen vermittelnde, beide Extreme ausbalancierende Positionen.[26]

Die vom L. in die Interaktion mit dem Text eingebrachte *L.-Aktivität* ist nicht zuletzt von der Art des Lesestoffes abhängig. Die Literaturtheorie unterscheidet zwischen geschlossenen Texten, die die L.-Reaktionen stark determinieren, und offenen, die viel aktive Mitarbeit des L. erfordern.[27] Literarische Texte enthalten Leerstellen, die vom L. in einem kreativen Akt gefüllt oder konkretisiert werden, indem er den Auslegungsspielraum des Textes nutzt. Bei der Lektüre entsteht eine produktive Spannung, die den L. zu einer vom Text implizierten Weltsicht treibt, auch wenn er ihn in einer von seiner Individualität bestimmten Weise aktualisiert. Die Offenheit des Textes mit der Möglichkeit freier Positionsnahme des L. einerseits und die Steuerung der L.-Reaktionen durch den Text andererseits bilden die Pole, zwischen denen sich die L.-Aktivität abspielt.[28]

Der *philosophischen Hermeneutik* zufolge ist Lesen niemals nur reproduktiv, sondern immer auch produktives Verhalten im Sinne einer Interpretation. Dem vermeintlichen Lesen dessen, was dasteht, geht die Vorstruktur eines vorurteilshaften Verstehens voraus: Jede Lektüre ist von Sinnerwartungen des L. geleitet. Der L. ist aufgerufen, sich die eigene hermeneutische Situation und die Produktivität des Zeitenabstandes bewußt zu machen. Da der Mensch sich nicht vollkommen in das Denken einer anderen Epoche oder überhaupt eines anderen Menschen (wie das der Entstehungszeit oder des Autors eines Textes) hineinversetzen kann, ohne die Perspektive und Prägung seiner eigenen Geschichtlichkeit mitzunehmen, entsteht bei der Lektüre durch Verschmelzung der Horizonte von Text und L. ein übergreifender Horizont.[29] Nach *psychoanalytischen Konzepten* reagiert der L. unbewußt mehr auf das, was er an den Text heranträgt, als auf diesen selbst; dessen Bedeutung macht ihm seine Triebphantasie bewußt.[30]

Die *L.-Typologie der Rezeptionsforschung* unterscheidet neben dem realen L. weitere, mehr textzentrierte L.-Typen[31]: Der von W. ISER geprägte Terminus ‹*Impliziter L.*› bezeichnet den L., insofern er samt seinen Reaktionen vom Text gesteuert, also impliziert ist; als vom Autor in die Werkstruktur eingeschriebener L. repräsentiert er die im Text enthaltene Norm für den adäquaten Lesevorgang. Der implizite L. hat keine reale Existenz, sondern ist eine Abstraktion: Er verkörpert die Vorstrukturierung der Bedeutung durch den Text, die Gesamtheit der Vororientierungen, die ein Text seinem L. als Rezeptionsbedingungen anbietet (Textstruktur); der Begriff beinhaltet jedoch gleichzeitig auch die Aktualisierung des im Text unausgedrückten, aber intendierten Potentials durch den L. während des Leseprozesses (Aktstruktur). Die in der Textstruktur angelegte L.-Rolle ist nur ein Angebot an den realen L., kein Zwang, so daß impliziter und realer L. erheblich voneinander abweichen können.[32] Ecos *Modell-L.*[33], definiert als ein Ensemble textimmanenter Instruktionen, die in Form von Signalen im Text erscheinen, unterscheidet sich vom impliziten L. durch einen begrenzteren Spielraum gegenüber dem Text. Der Modell-L. entsteht mit dem Text und hat nur soviel Freiheit, wie ihm dieser einräumt.

Nicht mit dem impliziten L. zu verwechseln ist der *fiktive L.*; mit diesem Begriff wird die auf der Textebene vom fiktiven Erzähler angesprochene Person bezeichnet. Bei dieser textimmanenten L.-Figuration handelt es sich um einen fakultativen Bestandteil der Erzählstrategien eines Autors. Der (fiktive) Erzähler ist nicht zwangsläufig Abbild des Autors (Texturhebers); ebensowenig muß der fiktive L. dem L. entsprechen, den ein adäquates Textverständnis erfordert, doch kann sich der Autor des fiktiven L. bedienen, um den realen L. in seinem Sinne zu lenken. Verwandt, aber nicht identisch mit dem fiktiven L. ist der *erzählte L.*[34]

Ebenfalls vom impliziten L. zu unterscheiden ist der *intendierte L.* (auch *imaginierter, konzeptioneller L.*). Dieser Terminus bezeichnet die L.-Idee des Autors, d.h. den vom Autor eines Textes oder literarischen Werkes während des Schaffensprozesses bewußt oder unbewußt antizipierten hypothetischen L. Da Kommunikation mehr als eine gemeinsame Sprache voraussetzt, muß ein Autor beim Verfassen seines Werkes gewisse Vorstellungen und Vermutungen über Konventionen und Kenntnisse des potentiellen realen L. entwickeln und beachten. Der Erfolg eines Buches beruht nicht zuletzt auf einer guten Einschätzung der wahrscheinlichen L.-Reaktionen durch den Autor, d.h. auf der Kongruenz zwischen intendiertem und realem L. Die Imagination der Leserschaft (intendierter L.) hilft dem Autor bei der Entscheidung hinsichtlich der strategischen Textkonstruktion, die dann in ihrer konkreten textlichen Ausformung wiederum bestimmte L.-Reaktionen hervorruft, d.h. impliziert (implizierter L.). Der implizite L. als das Spektrum der vom Text hervorgerufenen Reaktionen spiegelt die Autorintentionen wider, wie er sie mit Hilfe der Antizipation des potentiellen L. vermittelt zu haben glaubt. Intendierter und impliziter L. sind nur dann identisch, wenn der Autor den Text vollkommen seiner Intention gemäß formuliert hat.

Ein L., der die jeweilige Sprache des Textes hervorragend beherrscht und über diese Sprachkompetenz hinaus noch über literarische Kompetenz verfügt, kann als *informierter L.* gelten.[35] Verstehen erfordert die Internalisierung von literarischen Regeln oder Konventionen (z.B. der Gattungspoetik und der literarhistorischen Umgebung); unbefriedigendes Textverständnis beruht oft auf fehlendem Wissen. Ausbildungsgrad und Intelligenz sind entscheidende Faktoren für die Reaktion des L. auf die Charakteristika eines Textes; entsprechend kann die literarische Kompetenz bei verschiedenen L. graduell unterschiedlich sein. Es zeichnet den informierten L. aus, bei der Lektüre seine Reaktionen zu beobachten und zu kontrollieren, selbsterkannte Verständnisdefizite durch Informationsbeschaffung zu beheben und so seine Kompetenz zu steigern. Kompetenz bringt der L. von außen an den Text heran, sie kann aber auch vom Autor durch gezielt eingesetzte textliche Mittel und Hinweise im L. erzeugt werden.

Eine Steigerung des informierten L. stellt der *ideale L.* (auch *optimaler L.*) dar, der über sämtliche für das Maximum an Textverständnis nötigen Fähigkeiten, Erfahrungen und Kenntnisse verfügt, in seinen Reaktionen die Totalität der in einem Werk enthaltenen Bedeutung erschließt und somit die maximale Interpretation leistet. Unabhängig von irgendeiner historischen Bedingtheit ist er in der Lage, das Sinnpotential eines Textes vollständig zu aktualisieren. Der ideale L. ist eine Fiktion, der sich reale L. nur annähern können.

Der von Riffaterre entworfene *Archi-L.* (auch *Super-L.*) stellt ein Textkonzept dar, mit dem das Wirkungspotential eines Textes empirisch ermittelt werden kann. Es handelt sich um den Sammelbegriff für eine Gruppe von Testpersonen unterschiedlicher Kompetenz (Informatoren), die durch die Gemeinsamkeit ihrer Reaktionen die Existenz eines stilistischen Faktums bezeugen und damit garantieren sollen, daß der spätere Interpret sich mit der Gesamtheit der bedeutsamen Stilfakten befaßt.[36]

B.I. *Historischer Überblick.* Die durch den Übergang von der Mündlichkeit zur Schriftlichkeit in Gang gesetzte kulturelle Revolution vollzieht sich in mehreren Schritten. In der zunächst oralen Kultur der Antike beginnt Verschriftlichung durch skriptographische Zeichensysteme, die mit der Erfindung des Buchdrucks in der Neuzeit durch typographische Technik ersetzt bzw. ergänzt werden. Das 20. Jh. ist geprägt von der Ausbreitung der Telekommunikation, zunehmend auf der Basis elektronischer Medien. Veränderungen von Leseverhalten, Rezeptionssituationen, Textgattungen und Buchproduktion stehen zueinander in wechselseitiger Beziehung und Abhängigkeit. Technische Entwicklungen (Schreibmaterial und -werkzeug, Beleuchtung, Sehhilfen) und politische Umwälzungen mit ihren Auswirkungen auf das Bildungswesen (Aufklärung, Demokratisierung) bleiben für die Geschichte des Lesens nie ohne Folgen. Die Verlagerung von der Dominanz des Vorlesens im geselligen Kreis zu der einer Rezeptionssituation des individuellen, einsamen Lesens samt ihren einschneidenden literarischen Folgen wiederholt sich zwischen der Antike und dem 19. Jh. mehrfach.

II. *Antike.* In der *griechischen Antike* vollzieht sich die Entwicklung von der oralen Kultur zur Schriftkultur zwischen dem 6. und 4. Jh. v. Chr.[37] Die frühe Epik und Lyrik ist für den Vortrag vor einem hörenden Publikum bestimmt. Die im 6. Jh. aufkommende Prosaliteratur dient zunächst vor allem der Fixierung ursprünglich mündlich verbreiteter Erfahrungen und Erkenntnisse. Trotz zunehmender Etablierung der Schrift seit dem 5. Jh. bleibt öffentliche Rezitation vor allem für metrisch gebundene Texte die maßgebliche Rezeptionsform, die als gesellschaftliches Ereignis sowohl im großen öffentlichen Rahmen (Rhapsodenvorträge, Dramenaufführungen, Autorenlesungen) als auch im kleinen Kreis (Symposion) stattfinden kann. Dennoch ist bei einzelnen Gattungen wie Lehrbüchern oder wissenschaftlichen Traktaten früh mit einem lesenden Publikum zu rechnen; auch in der Rhetorik setzt im 5. Jh. mit Zunahme der kunstvollen Ausarbeitung Verschriftlichung ein.[38] Nachdem die seit dem 6. Jh. stark angewachsene Schreib- und Lesefähigkeit bereits im 5. Jh. breite Bevölkerungsschichten erreicht hat, ist die Schriftkultur im 4. Jh. vollständig etabliert; die Beherrschung des Alphabets gilt als selbstverständlich und banal. Parallel zur Ausbreitung der Lesefähigkeit ist eine gesteigerte Buchproduktion festzustellen; es entsteht ein systematischer Buchhandel, und die Zahl der Privatbibliotheken nimmt zu. Die Schrift wandelt sich von einer bloßen Fixierungshilfe und Memoriergrundlage zu einem selbständigen Kommunikationsmedium.

Die veränderte Situation findet auch im Bewußtsein der Autoren ihren Niederschlag, die ihre Produktion unter Berücksichtigung der erwarteten Rezipientenhaltung bewußt auf das Publikum auszurichten beginnen. Die Problematik der Prädisposition der Rezipienten, ihrer Interaktion mit dem Text und der Vor- und Nachteile der verschiedenen Rezeptionsarten werden in zunehmendem Maße reflektiert. Als Vorteile der auditiven Rezeption werden die durch den gemeinsamen Rezeptionsrahmen gegebenen Möglichkeiten von unmittelbaren Publikumsäußerungen und Spontanreaktionen des Vortragenden geschätzt. Für eine über das Hören hinausgehende Lektüre der Texte wird die Möglichkeit tieferer Durchdringung und intensiveren Textverständnisses angeführt; der L. wird im Unterschied zum Hörer als wach, zielgerichtet und rational, d.h. weniger von massenpsychologischen Verhaltenszwängen beeinflußbar gesehen.[39] Die vor allem von PLATON massiv vorgebrachte *Kritik der Schriftlichkeit* setzt angesichts ihres resümierend-retrospektiven Charakters eine bereits etablierte Schriftkultur voraus.[40] Platon sieht durch die Schriftlichkeit die dialogische Kommunikationsfähigkeit bedroht, da bei der Lektüre sowohl die Rezeptionssituation des L. als auch dessen Textverständnis dem Einfluß des Autors entzogen sind. Die durch die Schriftlichkeit aufgeworfenen Gefahren für die literarische Kommunikation werden im 4. Jh. vermutlich allgemein empfunden.

Analog zu der Herausbildung einer bewußten Autorschaft entwickelt sich das private, eigenständige Lesen, das durch das wissenschaftliche Interesse des Hellenismus an den überlieferten Texten gefördert wird. Dennoch bleiben viele Aspekte der oralen Tradition in der etablierten Schriftkultur lebendig. In der gesamten Antike wird meist laut artikuliert gelesen; das stille Lesen ist wenig verbreitet und wird noch von AUGUSTINUS als Besonderheit empfunden.[41] Üblich bis in die *römische Zeit* hinein ist auch das Vorlesen von Texten im privaten Rahmen durch eigens dafür ausgebildete Sklaven, das z.B. während des Essens oder Badens erfolgt.[42] Der Vorleser wird mit dem griechischen Fremdwort *anagnōstēs* oder wie der private L. *lector* genannt, während *recitator* den sein eigenes Werk vortragenden Autor bezeichnet.[43] Das einsame Lesen beschränkt sich auf alltägliche Lektüren wie Dokumente und Briefe, bestimmte Textgattungen oder den wissenschaftlichen Umgang mit der Literatur (Lernen, Rekapitulieren, Nachschlagen). Der antike L. war somit in den meisten Fällen ein Hörer schriftlich fixierten Textes. Diese Begrenzung hat neben kulturellen (orale Tradition) auch technische Gründe: für den Gebrauch der Papyrusrolle ist der Einsatz beider Hände erforderlich, und die *scriptio continua* (durchgehende Schreibweise) erschwert durch das Fehlen von Wortabständen und Satzzeichen das flüssige Lesen. Dennoch sind Schreiben und Lesen im römischen Reich zumindest für die Oberschicht selbstverständliche Fähigkeiten; es gibt ein relativ gut entwickeltes Verlags-, Buchhandels- und Bibliothekswesen. Das gebildete literarische Publikum ist vor allem seit dem Ende der Republik so weit ausgedehnt wie die Grenzen des römischen Reiches; literarische Werke erfahren innerhalb des Imperiums eine rasche Verbreitung.[44] Bei der römischen Dichtung bildet der Vortrag der Erstpublikationen im kleinen Kreis von Gönnern und Freunden die Vorstufe zur weiteren Verbreitung an die unüberschaubare Zahl der anonymen L. [45] In der Kaiserzeit ist das Rezitationswesen ein zentraler Aspekt des Kulturbetriebes und beeinflußt Stil und Struktur der Texte. [46]

III. *Mittelalter.* Der mit dem Untergang des römischen Reiches einhergehende Zusammenbruch des Erziehungs- und Bildungssystems läßt seit dem 6. Jh. das gebildete abendländische Publikum verschwinden und reduziert in weiten Teilen Europas für die folgenden Jahrhunderte die zuvor allgemein verbreitete Literalität zum Fachwissen einer kleinen Minderheit von Schriftkundigen. [47] Das europäische Mittelalter ist durch die beiden Pole der schriftlichen lateinischen *Klerikerkultur* und der mündlichen volkssprachigen *Laienkultur* geprägt: Bis ins 12. Jh. hinein verfügt allein die Geistlichkeit über Schreib- und Lesekompetenz, die sich zudem nur auf die lateinische Sprache (antike Autoren und theologische Texte) bezieht. Doch auch im Klerus finden sich noch im 14. Jh. Analphabeten oder Priester, die nur lesen, nicht aber schreiben können, da Schreiben als handwerkliche und sekundäre Tätigkeit gilt. [48] Dem zahlenmäßig geringen Personenkreis der kirchlichen Schrift-und Lateinkundigen *(litterati)* steht die große Gruppe der volkssprachigen Analphabeten *(illitterati, indocti, laici)* gegenüber. [49] Die Verbreitung der Lesefähigkeit wird nicht zuletzt durch ihre Beschränkung auf die lateinische Sprache behindert. Das Gesellschaftssystem ist jedoch auch ohne ausgeprägte Literalität funktionsfähig: die Ausübung einflußreicher Ämter ist nicht an die Schreib- und Lesefähigkeit gebunden, was zum Vergleich des *rex illiteratus* mit einem *asinus coronatus* führt (buchstabenunkundiger König – gekrönter Esel). Die notwendigen Schreibarbeiten übernehmen an den norditalienischen Universitäten ausgebildete Gelehrte (meist Juristen); jedoch wird spätestens im 14. Jh. auch von den Herrschern selbst Lese- und Schreibfähigkeit erwartet. [50]

Auch im Mittelalter ist das laute Lesen die Regel. Der Charakter der meisten Texte ist performativ, individuelle Lektüre ist zunächst Ausnahmeerscheinung, nimmt jedoch im 14. Jh. stark zu. Innerhalb der höfischen Kultur des Hochmittelalters ist die Produktion eng auf Publikum und Rezeptionssituation bezogen; die individuelle Leserin wird wichtigster Adressat der Literatur. [51] Im 13. und 14. Jh. gewinnt die Lese- und Schriftkultur eine zahlenmäßig breitere Bevölkerungsbasis, da durch das Aufkommen und die wachsende Bedeutung laienreligiöser Prosaliteratur in deutscher Sprache eine Ausdehnung der Schriftlichkeit auf volkssprachliche Texte erfolgt. Das Entstehen neuer, die Schriftlichkeit voraussetzender Tätigkeitsfelder in Verwaltung und Rechtsprechung, die Entwicklung von Handel und Gewerbe sowie das Aufblühen der Wissenschaften (Universitätsgründungen) machen den Erwerb der Lese- und Schreibkompetenz auch für Laien interessant. Das Lesemonopol des Klerus ist spätestens seit der Mitte des 14. Jh. endgültig gebrochen. Neben der lateinischen Lesekultur von Geistlichkeit und Gelehrtenstand entwickelt sich eine *volkssprachige Lesekultur* der Bürger und Adligen. Ihr Lesestoff umfaßt vorwiegend ein eng begrenztes Spektrum religiöser Literatur, daneben aber auch praktisch orientierte Sachtexte sowie solche literarischer Art. [52] Neben dem Hören und dem Lesen im eigentlichen Sinne bildet das Schauen eine wichtige weitere Rezeptionsform der Literatur: Viele Texte sind zum besseren Verständnis mit Illustrationen angereichert. [53]

IV. *Renaissance und Barock.* Die Erfindung des *Buchdrucks* in der frühen Neuzeit führt zu einer Revolutionierung des Kommunikationswesens. Das besonders in der mittelalterlichen Hofkultur deutliche enge Beziehungsgeflecht zwischen Auftraggeber, Produzent und Rezipient erfährt eine zunehmende Auflösung; indem der Produzent gezielt für den Markt schreibt, befreit er sich aus der Abhängigkeit von adligen Mäzenen. [54] Die Etablierung eines von Verlagsangebot und L.-Nachfrage bestimmten Buchmarktes führt zu einer Universalisierung der Gebrauchssituationen von geschriebenem Text und zu einer Anonymisierung der Autor-L.-Beziehung. Wegen der (bis ins 19. Jh. weit verbreiteten) Zensur kann sich der Markt jedoch nicht vollkommen frei entfalten. Die technische Vervielfältigungsmöglichkeit und damit einhergehende Verbilligung von Texten erleichtert den Buchzugang und erhöht die Zahl der L. [55] Für die Ausbreitung des Leseinteresses nicht zu unterschätzen ist zudem der Einfluß der Reformation, die in der Öffentlichkeit ein neues Informations- und Kommunikationsbedürfnis hervorruft. Der entstehende religiöse Pluralismus aktiviert durch die Rivalität der verschiedenen Glaubensrichtungen die Lesebereitschaft der Bevölkerung. [56]

Dennoch findet hinsichtlich von Lesefähigkeit und -häufigkeit keine völlige Demokratisierung der Gesellschaft statt. Bis ins 19. Jh. hinein ist die Lesefähigkeit eng an bestimmte soziale Positionen gekoppelt. Ihre Verbreitung divergiert je nach Schicht, Geschlecht, Lebensraum (Stadt-Land), Alter und Konfession, weshalb undifferenzierte Statistiken über den durchschnittlichen Alphabetisierungsgrad einer Bevölkerung nur geringe Aussagekraft besitzen. [57] Zudem ist Besitz von Lesefähigkeit nicht gleichbedeutend mit ihrer Praktizierung; es lesen stets weit weniger Menschen tatsächlich als potentiell lesen können, wobei neben den Buchpreisen oder der Arbeitszeit auch religiöse Vorbehalte zu den Hinderungsgründen zählen. Zu den regelmäßigen L. gehören noch um 1600 nur ca. 2–4% der Bevölkerung. [58] Privater Buchbesitz ist überwiegend in der Oberschicht anzutreffen; nennenswerte Privatbibliotheken finden sich nur im Besitz von gelehrten Humanisten und Adligen. Aus diesem Grund orientiert sich die Buchproduktion in erster Linie an den Themengebieten der großen universitären Fakultäten (Theologie, Jura, Medizin, Artes liberales); daneben existieren Kleinschriften wie wissenschaftliche Traktate und die neue Textform der politischen Flug- oder Streitschrift. Aus den unteren und mittleren Bevölkerungsschichten stammen vor allem L. von religiöser Literatur (Gebets- und Erbauungsbücher, Abdrucke von Predigten).

V. *Aufklärung.* Die Einführung der *Schulpflicht* in der zweiten Hälfte des 17. Jh. vermehrt das Publikum für deutschsprachige Literatur (Lieddichtung, Volks- und Schulbücher). [59] Im Zuge dieser Entwicklung wird die den Buchmarkt bisher dominierende lateinische Gelehrtensprache zunehmend von den *nationalen Hochsprachen* verdrängt. Das aufstrebende Bürgertum etabliert sich als neue Bildungsschicht, die sich von Beginn an in Zirkeln, Klubs und Gesellschaften organisiert. Aus dem emanzipatorischen Interesse dieses Standes heraus wächst ein Bedürfnis nach Informationen aus allen Bereichen des Wissens und gesellschaftlichen Lebens, das sich im Aufkommen gedruckter *Periodika* Ende des 17. Jh. und ihrer sprunghaften Verbreitung im 18. Jh. niederschlägt (vgl. auch das Projekt der Enzyklopädie in Frankreich). Der aufklärerische Glaube an den Fortschritt und die Erziehbarkeit des Menschen führt zu einer Betonung der didaktischen Funktion von Literatur, die als Instrument der Menschenbildung gezielt an breitere Bevölkerungsschichten herangetragen werden soll. Mit ihrer hohen Auflage und Aktualität kommen die Massenkommunikationsmittel Zeitung und Zeitschrift dem Interesse an tagespolitischem und literarischem Meinungsaustausch entgegen; den äußeren Rahmen für die gesellschaftliche Diskussion bilden die *Salons*. Zeitungen, Kalender, Flugschriften und religiöse Literatur machen den Lesestoff des größten Teils der Bevölkerung aus.[60]

Die in der zweiten Hälfte des 18. Jh. einsetzende sogenannte *erste Leserevolution* ist durch den Übergang von *intensiver* zu *extensiver Lektüre* gekennzeichnet.[61] War das Leseverhalten zuvor geprägt von der wiederholenden Lektüre einiger weniger Bücher, verlagert sich der Schwerpunkt nun auf das einmalige Lesen immer neuer, aktueller Schriften. Lesen ist nun nicht mehr berufliche Pflicht der akademisch Gebildeten, sondern wird zu einer täglichen Gewohnheit breiter Bevölkerungsschichten. Rezensionsorgane machen die Mehrzahl der Schriften in der Öffentlichkeit bekannt.[62] Ökonomisch oder religiös motivierte Kritik etikettiert die wachsende Begeisterung für das Lesen mit den Schlagwörtern *Lesewut* oder *Lesesucht*.[63] Dem Wechsel des Leseverhaltens entspricht eine Veränderung des Lektüregegenstandes im Sinne einer Säkularisierung, die die religiöse Erbauungsliteratur zugunsten der Unterhaltungsliteratur und allgemeinen Wissensvermittlung zurückdrängt.[64] Diese Entwicklung ist begleitet von einer Tendenz zur Auflösung der Standesschranken hinsichtlich des Lektüregegenstandes: Die Verbindung eines bestimmten Lesestoffes mit einer ihm entsprechenden sozialen Schicht ist nicht mehr zwingend; eine generelle Zuordnung von hoher Literatur zur gebildeten Schicht und trivialer Belletristik zu den unteren Bevölkerungsgruppen ist nicht haltbar. Stattdessen bildet sich als Reaktion auf das breitere Spektrum der angebotenen Literatur der Typus des *mobilen L.* heraus.[65]

Hinsichtlich der *Lesesituation* findet eine Verbürgerlichung statt: Es entstehen literarische Zirkel als neuer Rezeptionskontext; daneben kommt dem Rahmen der bürgerlichen Familie (Vorlesen im Familien- und engeren Freundeskreis) große Bedeutung zu. Dem Dilemma einer gesteigerten Nachfrage nach immer neuen Lesestoffen bei begrenztem finanziellen Spielraum des einzelnen kommt die Gründung von *Lesegesellschaften* und *Leihbibliotheken* entgegen.[66] Während sich in ersteren vorwiegend gebildete L. mit einem Schwerpunkt auf informativen Lesestoffen gesellschaftlich organisieren und auf Erwachsenen- und Weiterbildung abgezielt wird, ist das Angebot der Leihbibliotheken belletristisch orientiert.

VI. *19. und 20. Jh.* In der Tradition der Aufklärung kommt es im *19. Jh.* verstärkt zu *Lesepropaganda*; vor allem Frauen sind Adressaten der in Wochenschriften verbreiteten Leseempfehlungen und machen das Hauptpublikum von Romanen und Leihbibliotheken aus.[67] Verbesserungen des Volksschulwesens (vgl. die Diskussion um die Leselernmethoden)[68] und die praktische Durchsetzung der (zuvor oft nur in der Theorie bestehenden) Schulpflicht führen zu drastischem Absinken der Analphabetenrate bis zum Ende des 19. Jh.[69] Die Industrialisierung stellt gewisse Mindestanforderungen an die Ausbildung der Arbeiter; ihre Weiterbildung wird durch die Einrichtung von Gewerbe- und Industrievereinen gefördert. Durch die Verbreitung von Zeitungen und Zeitschriften sowie durch das Angebot auch für breite Schichten erschwinglicher Bücher (Gründung von Reclams Universalbibliothek, Romanheftchen) entsteht für Druckmedien bereits im 19. Jh. ein Massenpublikum (sogenannte *zweite Leserevolution*).

Die Revolutionierung des Kommunikationswesens durch die im 20. Jh. aufkommenden *elektronischen Medien* wird oft mit den Folgen der Erfindung des Buchdrucks verglichen. Film, Hörfunk und Fernsehen sowie die Bild- und Tonträger schaffen ein Massenpublikum für audiovisuelle Medien, zu denen das Buch in Konkurrenz steht. Die negativen und positiven Folgen dieser Entwicklung auf das Rezeptionsverhalten und die Stellung des Lesens in der veränderten Medienlandschaft werden zum Gegenstand empirischer Untersuchungen. Das durch die neuen Medien in Gang gesetzte Wiedererstarken von Hören und Sehen zu Lasten von Schreiben und Lesen kann als Reprimitivierung des Menschen auf seine flüchtigen Sinne hin gesehen werden, in deren Folge eine Entabstrahierung des Denkens droht.[70] Allerdings sind manche Vor- und Nachteile des Lesens gegenüber dem Hören keine die Schriftlichkeit auszeichnenden spezifischen Charakteristika mehr, da moderne Tonträger die identische Repetierbarkeit und Transportabilität auch des gesprochenen Wortes gewährleisten, während sich demgegenüber die Datenübertragungsgeschwindigkeit bei schriftlicher Telekommunikation durch den technischen Fortschritt immer weiter reduziert.

Da im Laufe der Menschheitsgeschichte jeder Wandel von Kulturtechniken mit politisch-sozialen Veränderungen verbunden war, ist auch beim sich gegenwärtig vollziehenden *Medienwandel* (PC, multimediale CD-Roms, Internet) mit gesellschaftlichen Folgen zu rechnen (Informationsgesellschaft). Die befürchtete Verdrängung des Buches durch die audiovisuellen Medien ist bisher nicht eingetreten; diese regen unter Umständen auch zur Lektüre an («das Buch zum Film»). Die moderne Telekommunikation (E-mail, Internet) setzt größtenteils Schreib- und Lesefähigkeit voraus. Alle elektronischen Medien können zu ebenso unterschiedlichen Zwecken genutzt werden wie die Lektüre und sowohl der Unterhaltung als auch der Wissenserweiterung dienen; die Art ihrer Nutzung hängt vom Anwender ab.[71] Anstelle einer Scheidung der Bevölkerung in L. und Nicht-L. ist möglicherweise eher mit einer Kluft zwischen Viel-Mediennutzern (incl. der L.) und Wenig-Mediennutzern zu rechnen, da die Verbreitung von PC und Internetanschluß wie in früheren Jh. die des Buches durch soziale und finanzielle Schranken limitiert ist (bisher haben erst 3% der Weltbevölkerung Zugang zu einem PC). Möglich ist auch eine Ersetzung bestimmter Leseformen, vor allem der zum Zweck des puren Zeitvertreibs betriebenen unterhaltenden Lektüre (Trivialliteratur und Belletristik), durch die hedonistische Rezeption anderer Medien (Fernsehserien, Computerspiele), zumal das Lesen gegenüber der passiven Rezeption des Fernsehens den Charakter von geistiger Arbeit und Anstrengung hat. Demgegenüber gehen die Gesellschaftswissenschaften jedoch von einer zunehmenden Bedeutung des Lesens für die Bereiche der Information und Weiterbildung und für die Teilnahme am gesellschaftlichen Kommunikationsprozeß aus.[72] Lesefähigkeit scheint auch in Zukunft eine Schlüsselqualifikation auf dem Arbeitsmarkt zu bleiben. Angesichts von über 20 Millionen erwachsenen Analphabeten in den Industriländern, 2–3 Millionen sekundären Analphabeten in Deutschland [73] und vermehrt beobachteten Sprachentwicklungsstörungen bei Kindern ist die *Leseförderung* durch Familie, Schule und andere Sozialisationsinstanzen sowie gezielte Maßnahmen und Aktionen (Lesewettbewerbe, Ausstellungen) weiterhin als zentrale gesellschaftliche Aufgabe anzusehen. [74]

Anmerkungen:
1 vgl. H. Aust: Lesen (1983) 1–139. – **2** vgl. L. Muth (Hg.): Der befragte L. (1993) 30–67. – **3** H.-G. Gadamer: Wahrheit und Methode ([6]1990) 169; U. Ricklefs: Lesen/L., in: ders. (Hg.): Das Fischer-Lex. Lit., Bd. 2 (1996) 961–1005, 964–967. – **4** Cicero, De re publica I, 27; R. Schenda: Volk ohne Buch (1977) 481f.; Gadamer [3] 169. – **5** D.W. Harding: Psychol. Prozesse beim Lesen fiktionaler Texte, in: H. Heuermann u.a. (Hg.): Lit. Rezeption (1975) 72–88, 85–86; W. Iser: Der Lesevorgang, in: R. Warning (Hg.): Rezeptionsästhetik: Theorie und Praxis ([4]1993) 253–276, 271. – **6** vgl. B. Lindner: Buch und Lesen in einer vielfältigen Medienkultur, in: H. Göhler u.a. (Hg.): Buch-Lektüre-L. (1989) 250–262; Schenda [4] 487–494. – **7** Plat. Phaidr. 275 d–e. – **8** M. Welke: Gemeinsame Lektüre und frühe Formen von Gruppenbildung im 17. und 18. Jh, in: O. Dann (Hg.): Leseges. und bürgerliche Emanzipation (1981) 29–53. – **9** W. Killy: Schreibweisen-Leseweisen (1982) 20f. – **10** R. Engelsing: Der Bürger als L. (1974) 1; A. Fritz, A. Suess: Lesen (1996) 62; Ricklefs [3] 968–970. – **11** Quint. VIII Prooem. 28–30; ebd. X, 1, 1–37; ebd. X, 2, 1. – **12** Quint. I, 8, 4. – **13** Quint. X, 1, 8; 20; 37–131; ebd. X, 2, 14. – **14** Quint. XII, 11, 17. – **15** Lausberg Hb. §§ 24–29. – **16** Quint. X, 1, 19f.; ebd. X, 5, 8; ebd. X, 7, 27; vgl. Lausberg Hb. §§ 1141–1143. – **17** Quint. X, 2, 3–10; vgl. Lausberg Hb. § 1144. – **18** Hor. Ars 333f.; vgl. Lausberg Hb. § 1079. – **19** vgl. B. Meier: Methoden der Leseforschung, in: A.C. Baumgärtner (Hg.): Literaturrezeption bei Kindern und Jugendlichen (1982) 10–47. – **20** Aust [1] 122–139; Fritz, Suess [10] 16–22. – **21** A. Beinlich: Lesealter?, in: K.E. Maier (Hg.): Kind und Jugendlicher als L. (1980) 13–85; ders.: Zu einer Theorie der 'Lit. Entwicklung', in: Baumgärtner [19] 48–115. – **22** H. Fischer: Typologie des jungen L., in: Maier [21] 86–109; Fritz, Suess [10] 19–21, 56–66. – **23** Quint. IV, 2, 45; vgl. Lausberg Hb. § 310. – **24** vgl. N. Groeben, P. Vorderer: Leserpsychol.: Lesemotivation-Lektürewirkung (1988) 1–190; H. Fischer: Ansätze einer lesertypologischen Rezeptionsforschung, in: Baumgärtner [19] 149–169. – **25** vgl. Killy [9] 10–42. – **26** W.V. Harris: Dictionary of Concepts in Literary Criticism and Theory (New York 1992) 318–323. – **27** U. Eco: Lector in fabula ([2]1994) 69–72. – **28** W. Iser: Die Appellstruktur der Texte, in: Warning [5] 228–252, 253. – **29** Gadamer [3] 164–166; J. Grondin: Einf. in die philos. Hermeneutik (1991) 144 f. – **30** vgl. T. Eagleton: Einf. in die Literaturtheorie ([3]1994) 138–186. – **31** vgl. G. Grimm: Einf. in die Rezeptionsforschung, in: ders.: Lit. und L. (1975) 11–84, 359–378; H. Link: Rezeptionsforschung (1976) 23–38. – **32** W. Iser: Der Akt des Lesens (1976) 60–67. – **33** Eco [27] 50–66, 247–278. – **34** vgl. H. Maybach: Der erzählte L. (1990) 9f. – **35** S. Fish: Lit. im L., in: Warning [5] 196–227, 214. – **36** M. Riffaterre: Kriterien für die Stilanalyse, in: Warning [5] 163–195, 175–181. – **37** S. Usener: Isokrates, Platon und ihr Publikum (1994) 1–11. – **38** vgl. Gorgias, Helena 21. – **39** Usener [37] 233; vgl. Quint. X, 1, 16–19. – **40** Plat. Phaidr. 274b–277a; vgl. Usener [37] 5. – **41** Augustinus, Confessiones VI, 3, 3. – **42** Plinius, Epistulae III, 5, 11–14; ebd. IX, 36, 4. – **43** ebd. I, 13, 2; Hor. Ars 472–476. – **44** ebd. 345; E. Auerbach: Literatursprache und Publikum in der lat. Spätantike und im MA (1958) 177f. – **45** Auerbach [44] 182. – **46** ebd. 182–186. – **47** ebd. 190–198. – **48** R. Engelsing: Analphabetentum und Lektüre (1973) 1f. – **49** B. Stock: The implication of literacy (Princeton 1983) 26f. – **50** Engelsing [48] 2. – **51** H.-M. Gauger: Die sechs Kulturen in der Gesch. des Lesens, in: P. Goetsch (Hg.): Lesen und Schreiben im 17. und 18. Jh. (1994) 27–47, 35f. – **52** Gauger [51] 36; Engelsing [48] 11–14. – **53** Engelsing [48] 22f. – **54** Goetsch: Einleitung, in: ders. [51] 1–23, 2. – **55** Engelsing [48] 15–20; R.A. Houston: Literacy in Early Modern Europe (London 1988) 155–165. – **56** Engelsing [48] 35–38. – **57** Houston [55] 131–150. – **58** E. Schön: Lesekultur, in: C. Rosebrock (Hg.): Lesen im Medienzeitalter (1995) 137–164, 143. – **59** Engelsing [48] 45. – **60** ebd. 42; O. Dann: Die Leseges. und die Herausbildung einer modernen bürgerlichen Ges. in Europa, in: ders. [8] 9–28, 9–15. – **61** Engelsing [10] 182–183; vgl. Welke [8] 29. – **62** Engelsing [48] 53. – **63** Schenda [4] 54–66. – **64** Engelsing [48] 8. – **65** Engelsing [48] 64f.; Schenda [4] 456. – **66** Schenda [4] 51–53; Dann [60] 16–18. – **67** vgl. W. Martens: Formen bürgerlichen Lesens im Spiegel der dt. Moralischen Wochenschriften, in: Dann [8] 55–70; H. Brandes: Die Entstehung eines weiblichen Lesepublikums im 18. Jh., in: Goetsch [51] 125–133. – **68** Engelsing [48] 77. – **69** ebd. 101. – **70** Fritz, Suess [10] 7–9, 94–96; N. Postman: Das Paradox der Informationsfreiheit, in: G.-K. Kaltenbrunner (Hg.): Der Mensch und das Buch (1985) 37–61. – **71** Fritz, Suess [10] 102; Groeben, Vorderer [24] 36–48. – **72** Fritz, Suess [10] 7–9; Gauger [51] 42f.; Schön [58] 163. – **73** nach Fritz, Suess [10] 7–9; M. Charlton: Zum Umgang kleiner Kinder mit Medien, in: Rosebrock [58] 65–80, 65. – **74** vgl. Muth [2] 213–217; J. Duclaud u.a. (Hg.): L. und Lesen in Gegenwart und Zukunft (1990) 384–527.

Literaturhinweise:
F. van Ingen u.a. (Hg.): Dichter und L. (1972). – O. Schober (Hg.): Text und L. (1979). – H.R. Jauß: Ästhetische Erfahrung und lit. Hermeneutik ([4]1984). – W. Brückner u.a. (Hg.): Lit. und Volk im 17. Jh. (1985). – R. Freiburg: Autoren und L. (1985). – A. Fritz: Lesen in der Medienges. (Wien 1989). – W. Kullmann, M. Reichel (Hg.): Der Übergang von der Mündlichkeit zur Lit. bei den Griechen (1990). – M. Giesecke: Der Buchdruck in der frühen Neuzeit (1991). – C. Berthold: Fiktion und Vieldeutigkeit (1993). – G. Jäger: L., Lesen, in: V. Meid (Hg.): Literaturlex.(1993) Bd. 14, 5–12. – G. Vogt-Spira (Hg.): Beitr. zur mündlichen Kultur der Römer (1993). – U. Eco: Im Wald der Fiktionen (1994). – H. Wenzel: Hören und Sehen, Schrift und Bild (1995).

I.-D. Otto

→ Exercitatio → Hörer → Kanon → Kommunikationstheorie → Lehrbuch → Lesung → Literatur → Literaturkritik → Produktionsästhetik → Rezeption, Rezeptionsästhetik → Schulautor → Sprachkompetenz → Text → Wirkungsästhetik

Lesung (griech. ἀνάγνωσις, anágnōsis; lat. legere, lectio, recitare; engl. reading; frz. lecture; ital. lettura)

A. Die L. als erklärender, interpretierender, erbauender, informierender Vortrag von Texten vor einem spezifischen Publikum in der Schule, am Hof, in der Kirche und anderen Institutionen läßt sich nach folgenden Bedeutungs-/Anwendungsbereichen unterscheiden: a) Dichterlesung als kulturell-erbauende Veranstaltung; b) L. für Analphabeten, Schüler, spezielle Hörerkreise (*praelectio*); c) Beratung von Anträgen/Gesetzen im Parlament; d) Vorlesen in der Rednerausbildung (Texte von Rednern, Dichtern, Historikern); e) L. im Rahmen der kirchlichen Liturgie. Von Bedeutung sind auch Vorlese-/Lesezirkel, Vorlesewettbewerbe und (benotetes) schulisches Vorlesen durch die Schüler (*exercitatio*). Hinsichtlich des Vorlesers /Lektors lassen sich der Ort, der Anlaß, das Publikum etc. des Vortrags als Kriterien nennen sowie die Textsorte, die Ausbildung/das Können und die Eigenschaften. Die Hinwendung zu den Hörern, die Gestaltungskraft und Stimmführung, die Betonung und Gestik sind weitere Aspekte dieses Feldes (*actio, pronuntiatio*). In religiöser Hinsicht handelt es sich bei der L. um die kultische Rezitation der hl. Texte bzw. um ein grundlegendes Element des Gottesdienstes. *Lectio continua /selecta* und Eklogadie sind Formen der L., Lektor, Lesepult, Leseton (Amt, Kenntnis, Gestus, Perikopenbuch) benennen weitere Konstituenten des liturgischen Vorlesens.

B.I. *Antike*. Schriftwerke sind zunächst für das «Hören und Genießen am Licht der Sonne» oder im Freundeskreis bestimmt. Das gilt für die Werke der Dichter und Historiker, aber auch für andere Schriftstellerei sowie für die Lehrvorträge der Philosophen und Grammatiker. [1]

Die ersten Ansätze, in Versammlungen, vor Freunden oder einem gemischten Publikum schriftstellerische Werke vorzulesen, gehen auf die älteste griechische Zeit zurück.[2] Die römische Antike knüpft an die Tradition des Vorlesens von Gedichten und Prosawerken in Griechenland an; L. in privaten Kreisen sind in Rom schon vorhanden, bevor sie öffentlich auftauchen.[3] Sie werden von der augusteischen Zeit bis zur Spätantike eingehend bezeugt[4] und werden unter vielfältigen Gesichtspunkten gepflegt, meistens aber, um bekannt zu werden[5], aber auch, um das Urteil der Hörer zu erproben. «Die L. als Art der Veröffentlichung hat sich [...] lange gehalten.»[6] VALERIUS CATO lehrt das Dichten, wobei auch Werke römischer Autoren vorgelesen werden. Verbreitet wird diese Unterrichtsmethode von KRATES VON MALLOS.[7] Durch seine L. lernen die Römer, Dichtungen öffentlich anzuhören, und die «Übung der Kritik an vorgelesenen Schriftstellern».[8] Unter Augustus bilden L. und Kritik der neuesten Schriften einen Mittelpunkt des geselligen Zusammenseins. Man pflegt die erste Veröffentlichung von Geistesprodukten vor berufenen Kunstrichtern zu machen.[9] Sind die L. für HORAZ und VERGIL eher eine Pflicht und ein Mittel der Selbstkritik[10], so tritt OVID gern als Vorleser vor Publikum auf, um seine Eitelkeit zu befriedigen.[11] Daß offiziell zu öffentlichen L. eigener Werke eingeladen wird, soll auf ASINIUS POLLIO zurückgehen.[12] Persönlicher Ehrgeiz ist die Triebfeder der L. Die Verfallserscheinungen gehen bis in die 2. Hälfte des 4. Jh.[13] zurück. Gegenstand der L. sind Lyrik, Prosaisches[14], aber auch Tragödien[15] und Komödien.[16] Den vorlesenden Dichtern stehen in Rom bis Hadrian keine speziellen Räume oder Gebäude zur Verfügung; es sind Orte des geselligen Verkehrs, öffentliche Plätze, Badeanstalten[17] oder Circusse[18]; meistens richtet man Auditorien in Privathäusern ein. Neben großen «Vortragsveranstaltungen war auch das gemeinsame Rezipieren im kleinen, privaten Kreis ein geläufiges Phänomen und eine Praxis, die sich nicht allein auf die Texte der Dichter beschränkte».[19] Man bedient sich häufig eines Vorlesers (*lector*).[20] «Sowohl zum Diktieren als auch zum Vorlesen wurden eigens Sklaven ausgebildet»[21], die bei Tisch, nach dem Essen[22], vor dem Einschlafen[23] oder im Bade[24] vortragen. PLINIUS D.J. verfügt über mehrere Sekretäre und Vorleser.[25] Auch bedient man sich eines Vorlesers, um öffentlich Dichterwerke vorzutragen.[26] Vorleser nennen sich ἀναγνώστης, anagnōstēs[27], während *recitator*[28] den Autor bezeichnet, der seine literarischen Erzeugnisse öffentlich vorliest. Im Gegensatz zur *declamatio* werden L. sitzend gehalten.[29] In der Rednerausbildung führt der *grammaticus* in die Lektüre von Dichtern und Prosaikern ein.[30] Wie die *praelectio* (das erklärende Vorlesen) durch den Lehrer, so geschieht auch die *lectio* durch den Schüler laut. Im Unterricht liest der Lehrer die Stücke absatzweise vor[31] und der Schüler hört zu (*audire*). Das Vorlesen soll das eigenständige Lesen der Knaben erleichtern. Die starke Betonung des Vortragsmoments gibt der Lesestunde zugleich den Charakter einer Rezitationsstunde. QUINTILIAN gibt dafür Regeln; er schließt in die *lectio* Atemphrasierung, Verslehre, sinngemäßes Lesen, Sprechmelodie, Stimm-Modulation, Sprechtempo und Affektton (*concitatius lenius*) mit ein.[32]

II. *Mittelalter.* Mit Ausnahme des Klerus kann nur eine Minderheit lesen und schreiben[33]; der Analphabetismus erstreckt sich aber nicht nur auf die unteren Gesellschaftsschichten, sondern auch auf den Adel. Deshalb ist das Lesen in der Regel ein «Vorlesen»[34], und bis zum Hochmittelalter wird laut und meistens in Gemeinschaft (vor)gelesen.[35] Lesen im Sinne von *legere*, *lectio* wird für stilles und lautes (Vor-)lesen ebenso gebraucht wie für das Hören eines Vortrags.[36] Die mittelalterliche *lectio* bezeichnet teils die L. eines Bibelabschnitts zur Erbauung, teils den Unterricht an einer gelehrten Schule.[37] Der Name *Vorlesung* stammt aus dem MA und ist die Übersetzung von *praelectio*. Ihre Aufgabe ist die fortlaufende Darstellung und Erklärung des Inhalts eines wissenschaftlichen Stoffes. Ein kanonischer Text wird vorgelesen und erklärt; dabei wird der Text bei den Hörern vorausgesetzt.[38] Neben Klerikern[39], Mönchen[40] und professionellen Vorlesern fungieren auch ungelehrte, lesekundige Personen[41], die Autoren selbst[42] und weibliche Angehörige des Hofes[43] als Vorleser oder Rezitatoren eines erzählenden Textes. Die Dichtungen des 12./13. Jh. setzen ein höfisch orientiertes, vorwiegend ritterliches Publikum[44] voraus, zu dem im Laufe des 13. Jh. die städtische Ober- und Mittelschicht tritt.[45] Ein Teil der höfischen Geselligkeit besteht darin, daß neben höfischen Romanen Helden-, Ritter- und Spielmannsepen sowie Texte mit Minnethematik vorgelesen werden.[46] In den unteren Gesellschaftsschichten wird volkssprachliche und erbauende Literatur vorgetragen[47]; auch Volksbücher sind eigentlich zum Vorlesen bestimmt.[48]

Liturgische L. ist die Bezeichnung für das Verlesen eines Textes aus der Hl. Schrift sowie für den Text selbst; L. bilden seit der apostolischen Zeit einen festen Bestandteil des christlichen Gottesdienstes.[49] Anzahl und Auswahl schwanken. Der anfängliche Brauch, die biblischen Bücher fortlaufend zu lesen (*lectio continua*; Bahnlesung) wird etwa seit dem 3. Jh. durchbrochen[50], indem mit der Ausbildung des Kirchenjahres für Feste entsprechende L. ausgewählt werden. In der abendländischen Tradition besteht die Schriftlesung aus Epistel und Evangelium[51], seit dem 12. Jh. heißt die erste L. in der Messe ‹Epistel›[52]; sie wird ursprünglich vom Lektor, seit dem 8./9. Jh. vom Subdiakon vorgetragen. Die L. erfolgt in einfachem Rezitationston von einem niedrigen Platz oder Ambo aus[53], während das Evangelium vom Diakon oder Priester in feierlichem Ton vorgelesen werden.[54] Der Lettner (*lectorium* = Vorleseort) ist ein bühnenähnlicher Aufbau zwischen Chorraum und Hauptschiff, von dem aus seit dem 12. Jh. die L. und Predigten vorgetragen werden.[55] Seit dem 4. Jh. sind tägliche L. ein fester Bestandteil des klösterlichen Lebens. Ordensregeln[56] schreiben Tischlesungen ausdrücklich vor. Die beständige L. wird nicht nur für die Hl. Schrift gefordert, sondern auch für Erbauungsschriften.[57] Daneben werden lateinische Werke, volkssprachliche, geistliche und weltliche Literatur vorgelesen.[58] Bischöfe lassen teilweise täglich im Stundengebet aus der Schrift lesen und Erklärungen dazu geben. Für sie ist diese tägliche L. in der Schrift, einzeln oder in kleinen privaten Gruppen, selbstverständlich. Der Zusammenschluß dieser Kreise zum gemeinsamen Leben im Kloster macht diese L. auch gemeinsam möglich. Es geht den Mönchen nicht um Verkündigung wie im gemeinsamen Gottesdienst, sondern um «geistliche L.» und «Interpretation»[59], wie in der *collatio*, der gemeinsamen monastischen Abendlesung.

III. *Neuzeit* Im 18./19. Jh. versuchen CLUDIUS[60], KERNDÖRFFER[61], ZELLER[62], FALKMANN[63], PALLESKE[64] u.a., Abgrenzungen, Unterscheidungen und den Wandel zwischen Vorlesekunst, Rezitation und

Deklamation vorzunehmen, während F.E. PETRI in seinem Werk ‹Rhetorisches Wörterbüchlein› (1831) unter den Stichwörtern ‹Lectio›, ‹Lektüre› und ‹Lesungen› nochmals die antike Konzeption (u.a. Quintilian) dokumentiert. Noch am Ende der Goethezeit unterscheidet man nach Goethes eigenem Beispiel [65] zwischen bloßer Rezitation, dem sinngemäßen schönen Vorlesen einer Dichtung, bei dem der Vorlesende sich distanziert, und der für höher erachteten Deklamation, bei der der Vortragende den Text in Stimme und Gebärde so zum Ausdruck bringt, «als wäre er persönlich durch ihn zu Empfindung und Pathos bewegt». [66] Es wird immer wieder die Zurückhaltung betont, die der Vorleser spielt. Während er auf die körperliche Beredsamkeit verzichten muß, «ahmt er nur mäßig den Ton nach, in welchem das Lesestück [...] von seinem Verfasser frei gesprochen werden müßte» [67], d.h. der Lesende ist nur ein Mittel, wodurch ein anderer spricht. DIESTERWEG und BENEDIX betonen den Verzicht des Vorlesers auf die Gebärdensprache. Benedix [68] erkennt in diesem Verzicht zugleich den Grund für die Grenze, die dem Vorleser beim Ausdruck seiner Gefühle gegenüber der Darstellungskunst des Deklamators gesetzt wird. Auch in der frühen Neuzeit werden nicht nur volkssprachliche Werke, sondern auch Bibel, Katechismus und geistliche Erbauungsschriften im gemeinschaftlichen Kreis rezipiert. [69] Bis zum Ende des 18. Jh. liest der Hausvater in seiner Hausgemeinschaft der Familie, dem Gesinde vor; um 1800 wird der Übergang zur «Familienunterhaltung» sichtbar [70], indem der Vater das Vorlesen z.B. an seine älteren Kinder delegiert. Das Vorlesen in der bürgerlichen Familie bleibt auch im 19. Jh. ein weitverbreiteter Brauch [71]; es dient der Unterhaltung, Belehrung, Erbauung, dem Zeitvertrieb, der Erhaltung häuslicher Ordnung und dem *decorum* des bürgerlichen Sonntags. Seit dem ausgehenden 17. Jh. werden als Mittelpunkt von privaten «Vorlesegesellschaften» auch Schulmeister genannt. [72] Im Laufe des 18. Jh. lädt der Landpfarrer interessierte Gemeindemitglieder zu sich ein, um ihnen vorzulesen und zu erklären; bevorzugter, oft alleiniger Lesestoff ist dabei die Zeitung. [73] «Das gleichzeitige Konsumieren der Zeitung durch Vorlesen in der Beziehergruppe [...] befähigte auch den Leseungeübten (und) [...] Analphabeten zur Teilnahme und erweiterte so den Kreis der Rezeptionsfähigen erheblich». [74] Im 18. Jh. ändern sich die Lesegewohnheiten; es ist der Übergang von der bisher üblichen wiederholenden zur einmaligen Lektüre. Es entstehen Lesegesellschaften und Lesezirkel [75], in denen sich vorwiegend das gehobene Bürgertum zum Gemeinschaftsbezug von Zeitungs-, Zeitschriften-, aber auch Buchliteratur (Handbücher, Reisebeschreibungen, Romane u.ä.) [76] zusammenschließt. Den Mitgliedern geht es nicht nur um das Vorlesen und die stille Lektüre, sondern auch um die Diskussion über die Lektüre. [77] Die L. als Rezitation von Lehrstoff oder von liturgischen und biblischen Texten in Kirche und Schule macht institutionell deutlich, daß nicht immer Unvermögen die Bevorzugung einer akustischen Vermittlung bestimmt hat. Das Zuhören entspricht rezeptiven Konventionen, hinter denen auch theoretische Überlegungen stehen. Der didaktische Vorteil einer intensiven Vermittlung, aber auch das Moment größerer Anziehungskraft vor dem Hintergrund geselliger Rezeption spielen eine Rolle. [78] Im 19. Jh. tritt in den Vorlesesituationen das gesellige Moment in den Vordergrund. Man trifft sich in den Lesezirkeln nicht zum Zweck des Vorlesens, sondern um der Geselligkeit willen. Es gibt eine Reihe literarischer Beschäftigungen, «zu denen der Übergang vom Vorlesen fließend war». [79] Es wird noch vorgelesen, aber nun reihum, und oft liegt die Wahl des Textes bei den wechselnden Vorlesern oder aber die Texte werden «von guten Lesern vorgelesen». [80] Ende des 19. Jh. gehört das Vorlesen bei der Arbeit zur «proletarischen Kultur»: Vorlesen als Gegenstand von «Arbeitsteilung». [81] «Die Zeitung ward über der Arbeit laut vorgelesen. Die Arbeiter lösten sich hinter dem Vorlesestuhl ab». [82]

Dichter haben in jeder Epoche – bis in die Gegenwart – die Form der Dichterlesung gepflegt. Von KLOPSTOCK, dem «Altmeister der Kunst, lyrische Dichtungen vorzulesen» [83], und J.H. Voss, der seine Idylle «Luise» [84] vortrug, über G.A. BÜRGER [85], der sich vor allem mit dem Vorlesen von Balladen beschäftigte, führt die Linie in der Romantik zur Dramenvorlesekunst, deren Hauptvertreter L. TIECK und C.V. HOLTEI sind. [86] Diese Dichter tragen ihre und fremde Werke im kleinen Kreis oder größeren Privatzirkeln vor [87], Goethe liest neben seinen gedruckten und ungedruckten Dichtungen und solchen, die gerade entstanden oder im Entstehen begriffen waren, auch fremde Dichtungen vor. [88] Gelesen wird im 18. Jh. u.a. in «Abendgesellschaften» [89], im Weimarer Gelehrtenverein [90], dem Freitags-Zirkel und an den «Mittwochabenden». [91] Schiller trägt dagegen nur im engen Freundeskreis seine Dichtungen mit unterschiedlichem Erfolg vor. [92] Schubart ist einer der ersten Dichter, die im 18. Jh. in der Öffentlichkeit «gegen Eintrittsgeld» vor Zuhörern lesen. [93] Diese Art des Lesens des Dichters, der in der Öffentlichkeit seine und fremde Werke vorträgt, wird im 19. Jh. von K. HOLTEI [94], K. IMMERMANN [95], A.W. SCHLEGEL [96] u.a. fortgeführt. Neben Deklamatoren und Rhapsoden treten diese Vorlesekünstler an die Öffentlichkeit als die Sprecher, deren Art die eigentlich dominierende in dieser Zeit ist. Als Hauptvertreter und zugleich als Gründer und Anreger dieser Art werden Tieck als Salonvorleser und Holtei als öffentlicher Vorleser genannt. Ihre Nachfolger sind u.a. PALLESKE und GENÉE. [97] In der 2. Hälfte des 19. Jh. sind Dichter, die in der Öffentlichkeit als Vorleser fungieren, seltener. Erst am Ende des Jahrhunderts treten sie wieder mit Lesungen vor die Öffentlichkeit. 1896 ist D. v. LILIENCRON der erste Schriftsteller, der eigene Werke «in einen Phonographen» liest. [98] Der aufkommende Rundfunk unterstützt diese L. mit sog. «Autorenstunden». Seit 1945 werden öffentliche Dichterlesungen verstärkt gepflegt. Da sie in der heutigen «Erlebnisgesellschaft» nur eine von vielen Freizeitangeboten sind, werden sie auch «vermarktet» durch wirksame Werbung und Öffentlichkeitsarbeit. [99]

Liturgische L. meint zunächst den Vorgang der Verlesung eines Textes im Gottesdienst, dann den verlesenen Text selbst. Im engeren Sinne nennt man so die Schrifttexte, die bei der Eucharistiefeier vor dem Evangelium verkündet werden. Auch die Texte der Lesehore im kirchlichen Stundengebet werden als L. bezeichnet. [100] Die Schriftlesung geschieht in der Regel im Gemeindegottesdienst. Bibelabschnitte, die im Gottesdienst ohne folgende Predigt vorgelesen werden, heißen herkömmlich L. (*lectio*, Lektion, ev.: Schriftlesung), während für die Schriftlesung, über die gepredigt wird, die Bezeichnung «Predigttext» üblich geworden ist. Das gottesdienstliche Buch, in dem die obligatorischen (Schrift)lesungen abgedruckt sind, nennt man Lektionar (liturgische Bücher). Bei der Verteilung der Perikopen auf den Ablauf des Jahres können die Abschnitte dem

Text des betreffenden Buches unmittelbar (*lectio continua*) oder unter Aussparung wichtiger Abschnitte (*lectio semi-continua*; «Bahnlesung») folgen. In der abendlichen Messe setzt sich die Zuordnung ausgewählter Perikopen zu den Sonn- und Feiertagen (*lectio selecta*) durch. Für die lutherischen Kirchen wird 1972 die «Ordnung der gottesdienstlichen L.» vorgelegt; in der katholischen Kirche ist die Leseordnung von 1570 durch die «Ordo Lectionem Missae» [101] (1970–72) abgelöst, in der die L. für die Sonn- und Feiertage sowie Wochentage zusammengefaßt sind. Mit dem Vorlesen der Perikopen im Gottesdienst werden Gemeindemitglieder (Lektoren) beauftragt. Der zunächst im Einzelfall geleistete Dienst verfestigt sich früh zu einem eigenen Amt, das allmählich zum Klerus gerechnet wird.[102] Lektoren können nach dem augenblicklichen Sprachgebrauch evangelischer Kirchen in Deutschland Vorleser im Gottesdienst, aber auch «Laienprediger» heißen.

Seit dem 18. Jh. wird auf die Notwendigkeit des guten Lesens und Vortragens in der Schule hingewiesen. «Je besser wir lesen, desto tiefer dringen wir in den Sinn des Gelesenen ein, und denselben Vortheil haben Die davon, denen wir vorlesen» heißt es 1792; deshalb müßte die Kunst «gut zu lesen» schon auf Schulen gelehrt werden.[103] HERDER forderte 1786, daß sich der Unterricht auf die «Methode des richtigen Lesens und Vorlesens» erstrecke, «woran es manchen Schullehrern so oft fehlet» [104] und TAMM [105] erläutert, wie Schüler zum guten Vorlesen erzogen werden können. Cludius stellt eine «Ordnung» auf, was und wie «zu lesen, recitiren und deklamiren» sei.[106] In der 1. Hälfte des 19. Jh. fordern Vertreter der Vorlesekunst, «die Zöglinge nichts lesen zu lassen, was sie nicht geistig beherrschen und mit Verständnis, Gefühl und Phantasie durchdringen».[107] Man sieht das «kunstgemäße Lesen und Vortragen als unerläßliche Forderung des höheren Unterrichts» [108] an und berichtet über Dichterabende, die unter gemeinsamer Mitwirkung von Lehrern und Schülern einen Gang durch die Literaturgeschichte an repräsentativen Beispielen lyrischer Proben bieten. Gemäß den Belangen der Schule ist es DIESTERWEGS Ziel, das sinnerfassende Lesen zu üben.[109] Dabei wird das Vorlesen des Lehrers – wie bei Quintilian – «als das kürzeste und sicherste Mittel» dort empfohlen, wo es sich darum handelt, «gewisse Stimmungen [...] zum Ausdruck zu bringen».[110] Auch STOCKMAYER stellt die Forderung nach einem «guten (oder schönen) Lesen» für Schüler auf; dabei meint er «ein solches Vorlesen, bei welchem einestheils das Schönheitsgefühl des Hörers nicht auf grobe Weise verletzt, anderntheils dem Hörer möglich wird, den Inhalt des Lesetücks richtig aufzufassen». Dafür muß «der Lehrer selbst ein Meister im guten Lesen sein».[111] In der heutigen Zeit bleibt das sinnerschließende Lesen eine ständige Aufgabe der Schule und darüber hinaus. Eine Möglichkeit der Sinnerschließung ist das «gestaltende laute Lesen», die «Erhellung der kommunikativen Wirkung, des Erkennens der Strukturen, des Erfassens der Satz- und Wortinhalte und der Kontrolle». Dazu formuliert STOLPE entsprechende Lernziele.[112] Der Leseunterricht schließt nun nicht mehr vorwiegend an Dichtung an, sondern erfaßt auch Trivialliteratur, Sachtexte, Zeitungen.[113] Nach WUDTKE versucht die moderne Literaturpädagogik, vom Stand der kindlichen Sprach- und Erzählkultur auszugehen (Kontinuität), um dann über die Stiftung einer schulischen Erzähl- und Vorlesekultur (Monatskreis, Leseecke, Vorstellen von Lieblingsbüchern) Kinder mit anderen Textsorten vertraut zu machen und so Anschlüsse an den Lesekanon zu sichern (Diskontinuität).[114]

Vorlesewettbewerbe werden seit 1959 jährlich veranstaltet; sie sind eine Aktion des Börsenvereins des Deutschen Buchhandels in Zusammenarbeit mit Schulen und anderen öffentlichen Einrichtungen zur Förderung der Leseerziehung und -kultur. Teilnahmeberechtigt sind Schüler des 6. Schuljahres. Vorgelesen wird ein Prosatext von 3–5 Minuten Vorlesedauer. Bewertet werden Technik des Vorlesens und Sinnerfassung des vorgelesenen Textes.[115] Schriftsteller, von denen noch keine Werke erschienen sind, können für den jährlich stattfindenden Ingeborg-Bachmann-Preis vorgeschlagen werden, bei dem sie aus ihren unveröffentlichten Manuskripten vortragen. Im Staatsrecht bedeutet L. die Beratung einer Vorlage oder eines Antrages, insbesondere eines Gesetzentwurfes im Parlament. Nach dem engl. *reading of a bill* wird L. als «technischer parlamentarischer ausdruck seit 1867 im norddeutschen, dann im deutschen reichstage aufgenommen».[116] Für Gesetzentwürfe sind drei L. vorgesehen. In der ersten L. werden Grundsatzdebatten geführt, die zweite L. dient der Detailberatung des Ausschußberichtes, die dritte L. der Vorbereitung der Schlußabstimmung.[117]

Anmerkungen:
1 Ausführl. Material bei E. Rohde: Der griech. Roman (³1914) 326f., Anm. 1 und Wiedeburg, in: Humanist. Magazin II, 307ff.; III, 228ff., IV, 279ff. – **2** vgl. Funaioli: Art. ‹Recitationes›, in RE 2. Reihe R–Z, 1. Halbbd., Sp. 435f. – **3** ebd., Sp. 437. – **4** vgl. Anm.[1]. – **5** G. Vogt-Spira (Hg.): Strukturen der Mündlichkeit in der röm. Lit. (1990) 12ff. – **6** F. G. Kenyon: Books and Readers in Ancient Greece and Rome (Oxford 1932) 24. – **7** Sueton, De grammaticis 2, 11. – **8** Funaioli [2] Sp. 437. – **9** Cicero, Epistulae ad Atticum XVI 2,5; vgl. Funaioli [2] Sp. 438; dort weitere Belege. – **10** Horaz, Epistulae I 4,1. – **11** Ovid, Tristia IV 10, 55–57. – **12** Sen. Contr. IV, praef. 2. – **13** Funaioli [2] Sp. 440f. – **14** vgl. Juvenal 7,82; auch 1.2.7ff. – **15** Plinius, Epistulae. VII 17,3; Juvenal 1.5. – **16** Horaz, Saturae sive sermones 1 4, 74; Plinius [15] IV 7,6. – **17** Horaz, Petron 91.92; Martial, Epigrammata III 44,12. – **18** Dio Chrysostomos II 264 M. – **19** S. Usener: Isokrates, Platon und ihr Publikum. Hörer und Leser von Lit. im 4.Jh. v. Chr. (1994) 7f. – **20** Plinius [15] I 15,2; III 5, 12 und VIII 1,2. – **21** Usener [19] 6. – **22** Cornelius Nepos Atticus 14, 1; Cicero [9] I 12,4; Plutarch, Alexandros 54; Plinius [15] III 1,8; IX 36; Gellius, Noctes Atticae III 19,1. – **23** Sueton, Divus Augustus 78. – **24** Plinius [15] III 5,14. – **25** ebd. VIII, 1; IX, 34ff. – **26** Gellius [22] XVIII 5,2. – **27** RE I, 2025. – **28** Plinius [15] I 13,2 – **29** ebd. II 19,3; VI 6,6; Juvenal 7, 172. – **30** A. Krummacher: Die Stimmbildung der Redner im Altertum bis auf die Zeit Quintilians (1920) 57ff. – **31** Quint. I 2, 14f.; I 8,8; Martial [17] I 35,2; VIII 3,15; Sueton [7] 16. – **32** Quint. I 8,1ff und I 8, 13. – **33** F.H.Bäuml: Lesefähigkeit und Analphabetismus als rezeptionsbestimmendes Element: Zur Problematik ma. Epik, in: Akten des V. Intern. Germanisten-Kongresses, 1975 (JbIG. Reihe A, Bd. 2.4, 13). – **34** H. Hajdu: Lesen und Schreiben im Spätmittelalter (1931) 47. – **35** LMA 4, 1909 (Lesen); J.F. Niermeyer: Mediae Latinitatis Lex. minus (Leiden/New York/Köln 1993) 591 s.v. lectio. – **36** J.Balogh: "Voces paginarum": Beitr. zur Gesch. des lauten Lesens und Schreibens (1927) 108f. – **37** Grimm 12, 488 (Lektion). – **38** F. Paulsen: Die dt. Universitäten und das Universitätsstudium (1902) 28 und 237. – **39** vgl. E. Auerbach: Literatursprache und Publikum in der latein. Spätantike u. im MA (1957) 152f. – **40** H. Grundmann: Litteratus–illiteratus, in: Archiv f.Kulturgesch. 40 (1958) 14. – **41** Hajdu [34] 46; M. G. Scholz: Hören und Lesen (1980) 17f. – **42** H. Schneider: Heldendichtung. Geistlichendichtung. Ritterdichtung (1943) 228. – **43** R. Crosby: Oral Delivery in the middle ages, in: Speculum 11 (1936) 97. – **44** Scholz [41] 202. – **45** ebd. 18f. – **46** F. Karg: Die Wandlungen des höf. Epos in Deutschland vom 13. zum 14. Jh, in: GRM 11 (1923) 332. – **47** Hajdu [34] 48. – **48** R. Renz: Die dt. Volksbü-

cher (1913) 27. – **49** Kirchl. Handlex., hg.von M. Buchberger (1912) Bd.2, Sp.637. – **50** vgl. TRE 1, 769 (Agende). – **51** Evang. Kirchenlex., hg. von E. Fahlbusch u. a. (1958) Bd.3, Sp.1124 (Perikopen) – **52** LMA, Bd.3, 2069. – **53** ebd.; A. Adam, R. Berger: Pastoralliturg. Handlex. (²1980) 21f. – **54** J.A. Jungmann: Missarum Sollemnia(⁵1962) II, 70–74. – **55** Adam, Berger[53] 309 (Lettner). – **56** H. Grundmann: Dt. Schrifttum im Dt. Orden, in: Altpreuß. Forschungen 18 (1941) 37. – **57** Monet: La Noble Lecon (Paris 1888) 19. – **58** Scholz [41] 16. – **59** Adam, Berger [53] 471 (Schriftlesung). – **60** H.H. Cludius: Grundriß der körperl. Beredsamkeit (1792) 207ff.; ders.: Abriß der Vortragskunst (1801) 77ff. – **61** H.A. Kerndörffer: Hb. der Declamation (1813) 137ff. – **62** C.A. Zeller: Anleitung zur Vorlesekunst (1834) 4f. – **63** C.F. Falkmann: Deklamatorik, 2 Bde. (1836) Bd. 1, 36f.; vgl. I. Weithase: Die Gesch. der dt. Vortragskunst im 19. Jh. (1940) 90ff. – **64** E. Palleske: Die Kunst des Vortrags (⁴1920) 110f. – **65** J.W. Goethe: Regeln für Schauspieler, in: G.: Werke, hg. i. A. der Großherzogin Sopie von Sachsen, Abt. 1, Bd. 40 (1901) 139–168. – **66** G. Häntzschel: Die häusliche Deklamationspraxis, in: Zur Sozialgesch. der dt. Lit. von der Aufklärung bis zur Jahrhundertwende, hg.von G. Häntzschel u.a. (1985) 213. – **67** F.A.W. Diesterweg: Beitr. zur Begründung einer höheren Leselehre (1839) 111. – **68** R. Benedix: Lehre vom mündlichen Vortrag (1852) 238; vgl. Weithase [63] 132ff. – **69** E. Kleinschmidt: Stadt und Lit. in der frühen Neuzeit (1982) 84. – **70** E. Schön: Der Verlust der Sinnlichkeit oder Die Verwandlungen des Lesers (1987) 179f. – **71** R. Schenda: Volk ohne Buch (1977) 465f. – **72** M. Welke: Gemeinsame Lektüre und frühe Formen von Gruppenbildungen, in: Leseges. und bürgerliche Emanzipation, hg. von O. Dann (1981) 37. – **73** ebd. – **74** ebd. 41. – **75** O. Dann: Leseges. des 18.Jh., in: Buch und Leser, hg. von H.G. Göpfert (1977) 160. – **76** H.G. Göpfert: Leseges. im 18.Jh., in: Aufklärung, Absolutismus und Bürgertum in Deutschland, hg. von F. Kopitzsch (1976) 407. – **77** ebd. 404. – **78** Kleinschmidt [69] 97. – **79** Schön [70] 185. – **80** G. Eilers: Meine Wanderung durchs Leben, 1856–61, zit. nach G. Hermann: Das Biedermeier im Spiegel seiner Zeit (1965) 53. – **81** Schön [70] 182. – **82** F. Bergg: Ein Proletarierleben (1913) 56. – **83** Palleske [64] 153. – **84** ebd. 187. – **85** ebd. 216. – **86** I. Weithase: Goethe als Sprecher und Sprecherzieher (1949) 16. – **87** dies.: Gesch. der gesprochenen Sprache (1961) 493. – **88** dies. [86] 59. – **89** H.H.Houben: Damals in Weimar. Erinnerungen und Briefe von und an Johanna Schopenhauer (1923); s.a. St. Schütze: Die Abendges. der Hofrätin Schopenhauer in Weimar 1806–1830, Weimarer Album (1840) 183–204. – **90** K.A. Böttiger: Literarische Zustände und Zeitgenossen, Bd. 1 (1838, ND 1972) 29ff. – **91** Weithase [86] – **92** F. Funke: Schiller im Gespräch und Vortrag. Sprechkundliche Arbeiten, hg. durch das Institut für Dt. Sprechkunde der Universität Frankfurt/M. von W. Wittsack (1959); E. Stock: F. Schiller als Sprecher. In. der Zeit der Karlsschule, Dipl.Arbeit (Masch.Schr.) an dem Institut für Sprechkunde der Universität Halle/Saale (1956). – **93** C.F.D. Schubart: Leben und Gesinnungen von ihm selbst im Kerker aufgesetzt (1791/93) 240ff.; vgl. Weithase [87] 491; dies. [63] 184–187. – **94** M. Weller: Die fünf großen Dramenvorleser (1939) 94–170. – **95** ebd. 171–210. – **96** ebd. 78–94; vgl. Weithase [63] 255–257. – **97** ebd. 90. – **98** Weithase [87] 492. – **99** P. Reifsteck: Hb. Lesungen und Literaturveranstaltungen (1994). – **100** Adam, Berger[53] 308 (Lesung). – **101** Ev. Kirchenlex. [51] Sp.1123ff. (Perikopen). – **102** Adam, Berger [53] 304 (Lektor). – **103** C.St.[= Demme, H.Chr.G.]: Ueber die Kunst gut zu lesen, in: Der Neue Teutsche Merkur vom Jahre 1792, Bd.1, 131, 132. – **104** J.G. Herder: Entwurf zu einem Schulmeister-Seminar (1786) in: J.G. Herder, Sämtl. Werke XXX, hg. von B. Suphan, 463. – **105** J.L. Tamm: Vom guten Vortrage beym Lesen, einige Bemerkungen und Regeln für Lehrer der Jugend, in: Gedanken Vorschläge und Wünsche zur Verbesserung der öffentl. Erziehung, hg. von F.G. Resewitz, Bd.4,1 (1783) 63–94. – **106** Cludius[60] XXXVIIIff. – **107** C.J. Blochmann: Ein Wort über die Bildung unserer Jugend zur Wohlredenheit und öffentlichen Beredsamkeit (1831) 38. – **108** vgl. den gleichlautenden Aufsatz von P. Mahn, in: Jahrbücher für Phil. u. Päd. 35 (1889) 571–580. – **109** F.A.W. Diesterweg: Anleitung zum Gebrauch des Schul-Lesebuchs (²1836) 9. – **110** Schulkunde, hg. von E. Bock (1884) 104. – **111** Stockmayer: Art.‹ Leseunterricht›, in: Encyklopädie des gesammten Erziehungs- und Unterrichtswesens, hg. von K.A. Schmid, Bd.4 (1865) 397. – **112** A. Stolpe: Sinnerschließendes Lesen, in: Taschenbuch des Deutschunterrichts, hg. E. Wolfrum (²1976) 346f. – **113** M. Hussong: Leseerziehung, in: Lex. der Kinder- und Jugendlit., Bd.2, hg. von K. Doderer (1977) 353. – **114** H. Wudtke: Kinderliteratur, in: Päd. Grundbegriffe, hg. D. Lenzen, Bd.2 (1989) 832. – **115** L. Siegling: Vorlese-Wettbewerb, in: Lex.der Kinder- und Jugendlit. [113] Bd.3 (1979) 729ff. – **116** Grimm, Bd.12, 790 (Lesung). – **117** Staatslex. hg. von der Görres-Ges. (⁶1958) 233f. (Bundesgesetzgebung).

Literaturhinweise:
Grimarest: Abh. vom Recitiren im Lesen, in öffentlichen Reden, aus dem Französ., in: Slg. vermischter Schr. zur Beförderung der schönen Wiss. und der freyen Künste, Bd.IV, 1 (1761) 223ff. – H.L. de Marées: Anleitung zur Lektüre (1806). – J.C.Wötzel: Grundriß eines allgemeinen und faßlichen Lehrgebäudes der Deklamatorik und der Musik nach Schochers Ideen (1814). – M. Hertz: Schriftsteller und Publikum in Rom (1853). – E. Schwarz: Die Kunst des dramatischen Vorlesens (1873). – C. Hartung: Methodische Richtlinien für den Leseunterricht in höheren Schulen in: Jb. des Vereins für wiss. Päd. 12 (1880). – R. v. Gottschall: Lit. Unterhaltungen. Die Vorlesung von Dichtwerken, in: Blätter für lit. Unterhaltung 45 (1881) 705ff. – W. Parow: Der Vortrag von Gedichten als Bildungsmittel und seine Bedeutung für den dt. Unterricht (1887). – P. Mahn: Kunstgemäßes Lesen und Vortragen als unerläßliche Forderung des höheren Unterrichts, in: Jahrbücher für Philol. und Päd. 35 (1889) 571–580. – B. Peine: Wie sind unsere Schülerinnen zu einem guten Vortrag dt. Poesie und Prosa anzuleiten?, in: Zs. für weibliche Bildung in Schule und Haus 20 (1892) 81–90. – K. Hessel: Vortrag, mündlicher, und seine Pflege im Schulunterricht, in: Encyklopäd. Hb. der Päd., hg. von W. Rein, Bd. 7 (1899) 481–506. – F. Gregori: Vom Vorlesen, in: Der Kunstwart 14 (1901) 2, 165–170. – F. Diederich: Vom häuslichen Vorlesen. (Dürer-Bund. 5. Flugschr. zur ästhetischen Kultur) (1907) 1–16. – M. Steiner: Aphoristisches zur Rezitationskunst (1922). – J. Deutsch: Erziehung zum ausdrucksvollen Sprechen (²1924). – W. Wittsack: Studien zur Sprechkultur der Goethezeit (1932). – W. Fechter: Das Publikum der mhd. Dichtung (1935). – G. Kunze: Die gottesdienstl. Schriftlesung (1947). – P. Brunner: Die Schriftlesung im Gottesdienst an Sonn- und Feiertagen, in: Unters. zur Kirchenagende I, 1 (1949) 113–204. – F. Trojan: Die Kunst der Rezitation (1954). – G. Kunze: Die L., in: Leiturgia 2 (1955) 87–180. – G.A. Zischka: Der Vorgang des Schreibens und Lesens im MA, in: Librarium 4 (1961) 138–141. – J.A. Jungmann: Missarum Sollemnia. Eine genetische Erklärung der röm. Messe, 2 Bde. (⁵1962). – G. Rohde: Über das Lesen im Alterum, in: ders.: Stud. und Interpretation zur antiken Lit., Religion und Gesch. (1963) 290–303. – K. Akai: Über das Vortragen dt. Lyrik, in: Doit. Bung 32 (1964) 78ff. – O. Stoll: Der Vorlese-Wettbewerb, eine wertvolle päd. Hilfe, in: Börsenblatt f. d. Dt. Buchhandel 24 (1968) 83, 2666–2668. – A.C. Baumgärtner (Hg.): Lesen. Ein Hb. (1973). – M. Prüsener: Leseges. im 18.Jh., in: AGB 13 (1973) Sp. 349–594. – W. Dehn: Erzählen und Zuhören, in: ders. (Hg.): Ästhetische Erfahrung und lit. Lernen (1974) 133ff. – R. Engelsing: Der Bürger als Leser. Lesergesch. in Deutschland 1500–1800 (1974). – F. Gerathewohl: Sprechen, Vortragen, Reden (1976). – W. Iser: Der Akt des Lesens (1976). – O. Dann: Die Ges. der dt. Spätaufklärung im Spiegel ihrer Leseges., in: Buchhandelsgesch. 10 (1977) 441–449. – R. Zerfaß: Lektorendienst. 15 Regeln für Lektoren und Vorbeter (⁵1979). – O. Dann: Leseges. und bürgerliche Emanziptation (1981). – E. Norden: Die antike Kunstprosa, Bd. 1 (⁸1981). – B. Schlieben-Lange: Traditionen des Sprechens (1983). – M. Curschmann: Hören – lesen – Sehen. Buch und Schriftlichkeit im Selbstverständnis der volkssprachlichen lit. Kultur Deutschlands um 1200, in: Beitr. zur Gesch. der dt. Sprache und Lit. (PBB) 106 (1984) 218–257. – R. und K.H.Jackstel: Die Vorlesung – akademische Lehrform und Rede (1985). – F. Marwinski: Lesen in Ges. Gelehrte, literarische und Leseges. in Thüringen vom Anfang des 18.Jh. bis in die dreißiger Jahre des 19.Jh., in: Jb. f. Religionsgesch. 12 (1985) 116–140. – G. Fuhrmann: Grenzgänger. Lektoren im Dienst der Verkündigung (1987). – D.H. Green: Über Mündlichkeit und Schriftlichkeit in der dt. Lit. des MA, in: Philol. als Kulturwiss.

Stud. zur Lit. und Gesch. des MA, hg. von L. Grenzmann (1987) 1–20. – P. Renz (Hg.): Dichterlesung. Vom Kampf des Autors mit dem Publikum (1988). – K. Grubmüller: Mündlichkeit, Schriftlichkeit und Unterricht. Zur Erforschung ihrer Interferenzen in der Kultur des MA, in: DU 41 (1989), 41–54. – P. Seibert: Der lit. Salon. Lit. und Geselligkeit zwischen Aufklärung und Vormärz (1993). – A. Solbach: Aufgaben und Probleme einer Erzählrhet. der frühen Neuzeit, in: Lili 25 (1995) H. 98, 80–93. – R. Tgahrt (Hg.): Dichter lesen, 3 Bde. (1984–1995). – G. Binder: Öffentliche Autorenlesung (1995). – Mainzer Vorlesekalender "vorlesen & erzählen in Mainz", hg. von der Stiftung Lesen (1996/97).

J. Sandstede

→ Deklamation → Hörer → Kanon → Leser → Liturgie → Perikope → Rezitation → Vorlesung → Vortrag

Lexikographie (engl. lexicography; frz. lexicographie; ital. lessicografia)
A. Def. – B. I. Griech. Antike. – 1. Etym. Hinweis. – 2. Griech. L. – II. Byzanz. – III. Lat. Antike. – IV. Lat. MA. – V. Neuzeit. – C. Rhetorik-L.

A. Der Begriff L. (Wörterbuchschreibung) verweist auf die wissenschaftliche Praxis des Konzipierens, Verfassens, Bearbeitens und Herausgebens von Lexika. Theoretische Grundlagen und Materialien dafür liefert die Lexikologie. Das Metzler Lexikon Sprache [1] unterschiedet zusätzlich noch die ‹Metalexikographie› als Theorie der L. Lexika können auf verschiedene Weise strukturiert werden, entweder alphabetisch-semasiologisch (auch rückläufig alphabetisch), begrifflich-onomasiologisch (Wortfelder, lexikalische Paradigmen), syntagmatisch (z.B. Stil- u. Valenzwörterbücher) oder teilaspektorientiert (z.B. Aussprachewörterbücher). Weitere Klassifikationsmerkmale von Lexika sind etwa ihre Ein-, Zwei- oder Mehrsprachigkeit und ihre präskriptive oder deskriptive Ausrichtung. Gemeinsamer Zweck aller L. ist – in modernem Verständnis – die Sprachkompetenzerweiterung. [2]

Wörter, Lexeme, Phrasen, Wendungen (griech. λέξις, léxis) bzw. Begriffe, Sachen oder Synonyme können Basiseinheiten der L. sein und werden als Lemma mit dem entsprechenden Interpretament in das jeweilige Lexikon aufgenommen. Dokumentiert werden kann ein national-, fremd-, fach-, gruppen- oder regionalsprachlicher Wortschatz. Bedeutung, Stil, Synonymie, Orthographie, Metaphorik, Aussprache, Etymologie, Dichtersprache oder enzyklopädisches Wissen können weitere Anlässe lexikographischen Arbeitens sein. Die antike und mittelalterliche Glossographie (Interpretation ungebräuchlicher, schwer verständlicher Begriffe, Übersetzung, Exegese klassischer Texte) gilt als Vorstufe wissenschaftlicher L.

Verfahren der L. sind Befragung, Sprachdatenerhebung, Corpusanalyse, Bestimmung des Lexikontyps (begrifflich, sachlich, muttersprachlich, fachlich, etc.) und des Lemma-Ansatzes, Auswahl der Lemmata und Datenaufbereitung /-konservierung, Bestimmung der Artikelstruktur und der lexikalischen Einträge (Interpretament, Definition / Bedeutung, Belege / Beispiele, Etymologie etc.).

Rhetorische L. (Glossarien, Figurensammlungen, Florilegien, Kollektaneen, Wörterbücher) weist historische, systematische, begriffliche oder bereichsspezifische Aspekte auf oder folgt nationalsprachlichen (griech., lat., muttersprachlichen Zeugnisse), methodischen und lemmabezogenen (Begriff, Sache; Auswahl, Darstellung) Fragestellungen. [3]

Für das seit 1985 bestehende Unternehmen des ‹Historischen Wörterbuchs der Rhetorik› (HWRh), das dem großen Desiderat eines fachinternen Lexikons Rechnung trägt, gelten folgende Prinzipien:
– Auswertung der Quellen- und Forschungsliteratur, der Lehrbücher und Redesammlungen seit der Antike,
– Historische, systematische, interdisziplinäre, praxisorientierte und forschungsbezogene Konturierung des Stichwortes,
– Methodische Auswahl, Zuordnung und Formulierung des Stichwortes und entsprechende redaktionelle Vorbereitung und Prüfung des jeweiligen Eintrags. [4]

Neben den fachinternen Lexika sind für die Rhetorik auch die Wörterbücher, Sammlungen, Glossarien und Florilegien angrenzender Fächer von Bedeutung, die z. T. die klassische rhetorische Terminologie übernehmen und dokumentieren. Dazu gehören nicht nur literatur- und sprachwissenschaftliche Lexika, sondern auch Enzyklopädien oder Wortlisten und Glossarien wie sie z.B. antiken Grammatiken angefügt waren.

Anmerkungen:
1 H. Glück (Hg.): Metzler Lexikon Sprache (1993) 364, 388. – 2 siehe dazu H. Henne: Art. ‹L.›, in: LGL², 590ff. – 3 siehe Ernesti Graec., Ernesti Lat.; E. Bonnellus: Lexicon Quintilianeum (1834); E. Petri: Rhet. Wörterbüchlein (1831); Lanham; E. Zundel: Clavis Quintilianea (1989). – 4 siehe dazu G. Kalivoda, F.-H. Robling: Das HWRh, in: Lexicographica 5 (1989) 129–142; G. Ueding: Das HWRh, in: ABG XXXVII (1994) 7–20; H. Robling: Probleme begriffsgesch. Forschung beim HWRh, in: ABG XXXVIII (1995) 9–22.

G. Kalivoda

B. I. *Griechische Antike.* **1.** *Etymologischer Hinweis.* Das Wort L. (= Abfassen von Wörterbüchern), abgeleitet von dem substantivierten Adjektiv λεξικόν (lexikón, Wörterbuch) und γράφειν (gráphein, schreiben), ist weder im antiken noch im byzantinischen Griechisch belegt. λεξικόν in der Bedeutung ‹Lexikon› findet sich zuerst im 9. Jh. bei Theodoros Studites [1], ebenso λεξικογράφος (lexikográphos, Lexikograph) im 9. Jh. im ‹Etymologicum Genuinum›. [2] Spätantik ist das eigentlich sprachwidrig gebildete λεξογράφος (lexográphos) [3] (statt λεξιγράφος, lexigráphos; dieses erst im 12. Jh. in Aristophanesscholien des Tzetzes). Die antike Bezeichnung für L. war λέξεις (léxeis, Wörter) oder γλῶσσαι (glóssai).

Anmerkungen:
1 Theodoros Studites, Brief Nr. 152 Fatouros. – 2 Etymologicum Genuinum s.v. Γάργαρος (Gárgaros), daraus Etym. Magnum 221,33 (über Kleitarchos von Aigina). – 3 Johannes Lydus, De magisteriis 5 (S. 14,18) u.17 (S. 30,20), ed. A.V. Bandy (Philadelphia 1983); Überlieferung in: Scholion zu Hesiod: Opera et Dies, Opera 633–640 ed. Pertusi (Mailand 1955).

2. *Griechische L.* Der Ursprung der L. in Griechenland liegt in den Bedürfnissen der Schule, d.h. der Erklärung schwieriger Wörter bei der Dichterlektüre, zumal Homers. Solche der Umgangssprache fremde Wörter und in anderen griechischen Dialekten vorkommende Ausdrücke bezeichnet Aristoteles als γλῶτται (glõttai). [1] Daß sich schon Demokrit mit den Problemen homerischer Glossen beschäftigt, zeigt gerade noch der Werktitel ‹Περὶ Ὁμήρου ἢ ὀρθοεπείης καὶ γλωσσέων› (Perí Homḗrū é orthoepeíēs kaí glōsséon, Über Homer oder über Sprachrichtigkeit und dunkle Wörter). [2] Zur Homererklärung angelegte, dem Text folgende, also nichtalphabetische Vokabelverzeichnisse muß es schon im 5. Jh. v.Chr. gegeben haben, wie ein Fragment des Komikers ARISTOPHANES (‹Daitalés›, aufgeführt 427 v. Chr.) zeigt.[3] Reste derartiger Vokubularien, für die sich der Terminus ‹Glossar› eingebürgert hat, sind auf Papyri erhalten.[4] Charakteristisch für solche Glossare ist, daß dasselbe Wort, das an mehreren Stellen des erläuterten Textes und z.T. in unterschiedlichen Rektionsformen vorkommt, mehrfach und mit unterschiedlichen Bedeutungsangaben erklärt wird. Die zweite Wurzel der L. liegt in der starken dialektischen Gliederung der griechischen Sprache. Dadurch wurden erläuternde Verzeichnisse der speziellen fremden Dialektwörter, der Dialektglossen, erforderlich, wenn man einen anderen griechischen Dialekt verstehen wollte. Dieses war umso nötiger, als die verschiedenen Genera der griechischen Literatur dialektspezifisch waren und z.B. die epische Dichtung in der homerischen (ionische und äolische Elemente mischenden) Kunstsprache, die Chorlyrik (Pindar, Bakchylides) im dorischen, die Einzellyrik (Sappho, Alkaios) im äolischen Dialekt geschrieben war. Daß Homers Sprache eine Mischung aus verschiedenen Dialekten darstellt, ist schon eine im Altertum ausgesprochene Erkenntnis. Da die Fachterminologie der solonischen und drakonischen Gesetze im 5. und 4. Jh. nicht mehr ohne weiteres verstanden wird (wie außer aus dem erwähnten Fragment des Aristophanes aus Stellen bei LYSIAS und DEMOSTHENES hervorgeht[5]), muß es also ähnlich, wie es Vokabelverzeichnisse zu Homer gab, auch Listen für juristische und staatsrechtliche Fachtermini gegeben haben. Hier befindet sich der Ausgangspunkt für eine weitere lexikographische Spezies: das Fachglossar, in diesem Falle das juristische Fachglossar. Diese drei Bereiche lexikographischer Interessen: a) homerische Vokabeln, b) Dialektwörter und c) Fachtermini, vereinigt der um 300 v. Chr. lebende, aus Kos gebürtige PHILITAS, Dichter zugleich und gelehrter Philologe. Er verfaßt ein lexikographisches Werk, das entweder als ‹Ἄτακτα› (átakta, Ungeordnetes) oder ‹Ἄτακτοι γλῶσσαι› (átaktoi glóssai, ungeordnete Glossen) oder ‹Γλῶσσαι› (glóssai) betitelt und, wie der Name andeutet, nicht systematisch oder gar alphabetisch geordnet war und große Wirkung entfaltet hat.[6] Ursprünglich für Text- und Sacherklärung konzipiert, konnte das Buch auch der Textproduktion dienen, wie seine Verwendung in einer Komödie des STRATON zeigt.[7] Homerische Wörter spielen darin, wie erhaltene Zitate zeigen, eine bedeutende Rolle. Alle älteren hellenistischen und sogar noch viele kaiserzeitlichen Lexika sind, was modernem Verständnis merkwürdig erscheint, ohne alphabetische Ordnung. Ein solches ἀτάκτως (atáktōs, ungeordnet) geschriebenes hellenistisches Spezialwörterbuch (Begriffslexikon) liegt noch vor in dem im ‹Corpus Platonicum› überlieferten Ὅροι (Hóroi, lat. *definitiones*).[8] Lange Listen von Wörtern, Namen und Sachen in der feststehenden Reihenfolge der Buchstaben des Alphabets anzuordnen, war keineswegs selbstverständlich, sondern wird erst einem geradezu genialen Einfall eines Einzelnen verdankt. Der erste, der (nach dem aktuellen Forschungsstand) nachweislich die alphabetische Ordnung in einem Lexikon verwendet, ist ein Schüler des Philitas, der um 330 v. Chr. in Ephesos geborene ZENODOTOS, berühmter Homerphilologe und erster Leiter der von den Ptolemäern in Alexandria errichteten Bibliothek des Museion.[9] Zwar findet sich die alphabetische Anordnung schon in einem ca. 260–240 v. Chr. geschriebenen Papyruslexikon aus Ägypten (Papyrus Hibeh 175), also nur kurz nach Zenodot, und möglicherweise sind die drei Bücher ‹Περὶ γλωσσῶν Ὁμήρου› (Perí glōssôn Homérū, Über Glossen Homers) des NEOPTOLEMOS VON PARION (3. Jh. v. Chr.) auch schon alphabetisch angeordnet.[10] KALLIMACHOS aber disponiert in seinen ‹Ἐθνικαὶ ὀνομασίαι› (Ethnikaí onomasíai, Verzeichnis von an verschiedenen Orten differierenden Benennungen), worin z.B. die speziellen Namen von Fischen in verschiedenen Städten behandelt werden, nicht alphabetisch, sondern nach Sachgruppen. Er gilt daher als 'Erfinder' des Lexikon-Typs' Ὀνομαστικόν› (Onomastikón, Sachlexikon).[11] Auch ein weiterer der ganz berühmten alexandrinischen Lexikographen, ARISTOPHANES VON BYZANZ, ordnet in seinen Lexeis[12] den Stoff nach Sachgruppen und die Kapitel anscheinend chronologisch.[13] Es scheint moderner Auffassung kaum verständlich, daß ein so praktisches und zeitsparendes Ordnungssystem wie das alphabetische sich außerhalb und selbst innerhalb des philologisch-gelehrten Anwendungsbereiches nur sehr zögernd und sporadisch verbreitet. Man muß aber bedenken, daß Alphabetisieren ohne Zettelkartei, die ganz offenbar noch nicht erfunden war, außerordentlich mühsam und auch materialaufwendig ist, da jede zu ordnende Liste mindestens zweimal geschrieben werden muß. Meistens erstreckt sich die Alphabetisierung nicht auf sämtliche Buchstaben der Stichwörter, sondern nur auf den ersten, zweiten oder dritten Buchstaben. Die hellenistische Zeit bringt unter Führung des Aristoteles und seiner Schule und dann der in Alexandria wirkenden großen Gelehrten eine ungeheure Fülle von Büchern über praktisch alle denkbaren Bereiche der Kultur und des täglichen Lebens hervor: antiquarische Forschungen, u.a. zu Realien von Politik, Gerichtswesen, Religions- und Festwesen in Athen und Besonderheiten attischer Sprache, Dichtererklärungen (zu Homer, Hesiod, den Tragikern, den Komikern, den Lyrikern und den hellenistischen Dichtern), Prosaikerkommentierung (Ärzte, zumal das ‹Corpus Hippocraticum›, Redner, Historiker). Viele dieser Werke tragen die Titel ‹Lexeis› oder ‹Glossai›. Erhalten ist von dieser ganz unvorstellbar großen, weiten und vielen Schriftenmasse im Original fast nichts, aber es finden sich zahlreiche Zitate bei späteren Autoren. Vor allem fließt sehr viel dieser gelehrten Materialien unter ständiger Verdünnung, Vermischung mit anderem und stetiger Umformung in die kaiserzeitlichen und spätantiken Dichterkommentare und die zum Teil riesigen lexikographischen Sammelwerke ein. Den umfassendsten (allerdings stark veralteten) Überblick bietet immer noch Tolkiehn.[14]

Im 1. Jh. v. Chr. entsteht, anscheinend von Rom ausgehend, eine Gegenbewegung gegen den pompösen sog. asianischen Stil, die ihre Stilmuster bei den großen attischen Rednern des 5. und 4. Jh. sucht. Diese neue Richtung erhält nach den von ihr als maßgeblich betrachteten stilistischen Vorbildern den Namen Attizismus.[15] Hauptsächlich werden als Musterschriftsteller die in dem Kanon der zehn besten Redner zusammengefaßten Demosthenes, Aischines, Lysias, Isokrates, Hypereides, Deinarchos, Isaios, Andokides, Antiphon und Lykurgos behandelt und immer wieder gelesen. Diese Autoren hatten überwiegend Prozeßreden geschrieben, die ohne Kenntnis der attischen Topographie, Chronologie, der zahlreichen mit verwirrend verschiedenen Kompetenzen ausgestatteten athenischen Gerichtshöfe und der höchst komplizierten und vielfältigen Arten von Klagen, schließlich der vielen Behörden und Beamten nicht zu verstehen sind. So entsteht schon sehr früh eine reiche antiquarische Literatur über die genannten Themen sowie Kommentare über die Redner und Spezialschriften zu ihnen. Sehr umfangreiche Fragmente einer solchen Abhandlung (unzutreffenderweise als Kommentar bezeichnet) über die philippischen Reden des Demosthenes aus der Feder des DIDYMOS CHALKENTEROS (1. Jh. v. Chr.) sind durch einen um 1900 in Ägypten aufgetauchten Papyrus bekannt.[16] Diese antiquarische und kommentierende Literatur bildet die Grundlage zunächst für texterklärende, später dann auch für textproduzierende attizistische Lexika. Einen guten Eindruck für erstere liefert das Papyrusfragment eines nach Didymos gearbeiteten, sehr gelehrten alphabetischen Lexikons zu Demosthenes' ‹Aristocratea›.[17] In zwei Versionen, in einer älteren Handschriftenklasse epitomiert, in einer jüngeren vollständig tradiert, liegt ein Lexikon mit höchstem Quellenwert vor: das des VALERIUS HARPOCRATION aus dem Ende des 2. Jh. n. Chr.[18] mit dem Titel ‹Λέξεις τῶν δέκα ῥητόρων› (Léxeis tōn déka rhētórōn, Lexikon zu den 10 Rednern).[19] Das Werk gibt Sacherläuterungen zu den attischen Rednern, erklärt deren Wortgebrauch, wo die spätere Sprache vom Attischen abweicht, und – besonders wichtig – führt zahllose Belegstellen aus verlorenen Autoren an. Erstreckt sich der Attizismus zunächst auf den Bereich des Stils, soweit der Periodenbau, die Verwendung von Tropen, Metaphern, Redefiguren usw. betroffen sind, so stellt sich bald das Bewußtsein ein, daß auch der Wortschatz, die Formenlehre, die Syntax der eigenen Sprache, die hellenistische Gemeinsprache, (κοινή, koiné) genannt wird, weit vom Zustande des 5. und 4. Jh. v. Chr. abweichen. Jetzt will man auch lexikalisch-grammatikalisch den alten Sprachzustand wiederherstellen. Zum Erreichen der durch die anerkannten attischen Stilmuster verbürgten Sprachform werden lexikalische Hilfsmittel benötigt, die nun nicht mehr erklärend, sondern sprachnormierend wirken sollen und der Textproduktion dienen. Klar bezeichnet wird dieses Ziel in einem unter dem Namen des ARISTEIDES überlieferten rhetorischen Handbuch des 2. Jh.: ‹περὶ δὲ ἑρμηνείας τοσοῦτον ἂν εἴποιμι μήτε ὀνόματι μήτε ῥήματι χρῆσθαι ἄλλοις πλὴν τοῖς ἐκ τῶν βιβλίων› (hinsichtlich der Sprache will ich nur soviel sagen, daß keine Substantive und Verben zu verwenden sind außer solchen, die aus Büchern [anerkannter Autoren] stammen).[20] Da dieser Zweig der antiken griechischen L. für die Geschichte der Rhetorik besonders bedeutsam ist, sollen zunächst die hierher gehörigen Texte im Zusammenhang besprochen werden. Das früheste der sogenannten attizistischen Wörterbücher stammt wohl nicht, wie immer wieder zu lesen ist[21], von KAIKILIOS VON KALEAKTE (diese Annahme beruht auf Texten, die Ofenloch auf Grund irriger Vermutung älterer Philologen dem Kaikilios fälschlich zugewiesen hat[22]), sondern von dem Alexandriner EIRENAIOS (1. Jh. n. Chr.; weil er in Rom tätig war, hieß er auch Minucius Pacatus[23]), von dem u.a. ein Titel ‹Ἀττικὰ ὀνόματα› (Attiká onómata, Attische Wörter) zitiert wird, der öfter den Beinamen Ἀττικιστής (Attikistés) erhält und – entscheidend – von dem bezeugt ist, daß er schon ein unattisches Wort als βάρβαρον (bárbaron) brandmarkt, da es nicht bei den παλαιοί (palaioí, die Alten) belegt sei.[24] In der Zeit vom 2. bis zum 5. Jh. entstehen sehr viele derartige Lexika, meistens nur dem Namen nach oder durch vereinzelte Zitate bekannt, mehrere allerdings sind entweder erhalten oder mindestens teilweise rekonstruierbar. Sie alle sind von großer Bedeutung für die Sprach- und Literaturgeschichte und haben unzählige Bruchstücke der attischen Literatur gerettet. Aus dem 2. Jh. stammt das in nur einer Handschrift (Coislinianus 345 des 10. Jh.) stark gekürzt tradierte anonyme Lexikon, dem D. Ruhnken den wenig passenden Namen ‹Antiatticista› verliehen hat, da es vielfach von strengeren Attizisten inkriminierte Wörter und Wendungen durch Belege als attisch zu verteidigen sucht (teilweise wenigstens unter Benutzung des Aristophanes von Byzanz).[25] Daß es gegen Phrynichos gerichtet sei (wie gelegentlich behauptet wird), ist unrichtig; diese Vorstellung rührt noch von Ritschls falscher Identifizierung des ‹Antiatticista› mit dem unten behandelten Oros her. Verloren, aber teilweise rekonstruierbar (aus Zitaten in den Homerkommentaren des EUSTATHIOS aus dem 12. Jh. und in byzantinischen Lexika) sind die Werke der Attizisten des 2. Jh. AILIOS DIONYSIOS und PAUSANIAS.[26] Vollständig erhalten und in vielen Handschriften überliefert ist die ohne alphabetische Ordnung disponierte ‹Ἐκλογὴ Ἀττικῶν ῥημάτων καὶ ὀνομάτων› (Eklogḗ Attikṓn rhēmátōn kaí onomátōn, Auswahl attischer Verben und Substantive) des aus Bithynien gebürtigen PHRYNICHOS, die er auf Bitten des unter den Kaisern Marcus und Commodus (also zwischen dem 26. 11. 176 und 180 n. Chr.) amtierenden kaiserlichen Sekretärs Kornelianos (wohl identisch mit dem bei Fronto genannten Sulpicius Cornelianus[27]) zusammenstellt und jenem dediziert.[28] Wie die Dedikationsepistel zeigt, handelt es sich vielmehr um eine Auswahl als unattisch zu meidender Wörter und Wendungen. Von dem Hauptwerk des Phrynichos (dem Kaiser Commodus gewidmet) in 37 Büchern, der ‹Σοφιστικὴ προπαρασκευή› (Sophistikḗ proparaskeuḗ, Rednerische Propädeutik), die PHOTIOS im 9. Jh. noch vollständig las, ist nur eine äußerst stark zusammengestrichene Epitome im Coislinianus 345 (10. Jh.) erhalten, daneben Fragmente mit z. T. vollständigeren Texten in byzantinischen Lexika.[29] Phrynichos (zu dessen Quellen u.a. der ‹Antiatticista› und Ailios Dionysios gehören) vertritt einen besonders rigiden Attizismus: er läßt z.B. XENOPHON, LYSIAS und MENANDER nicht als Stilmuster zu. Ebenfalls dem Kaiser Commodus (und offenbar in Rivalität zu Phrynichos bei der Bewerbung um die Rhetorikprofessur in Athen[30]) widmet auch der Sophist POLYDEUKES aus Naukratis, den man gewöhnlich mit seiner lateinischen Namensform JULIUS POLLUX zitiert, sein großes attizistisches ‹Ὀνομαστικόν› (Onomastikón, Sachlexikon) in 10 Büchern.[31] Zwar ist das Werk, das man als ‹Der attische Wortschatz nach Sachgruppen› bezeichnen könnte[32], nur in einer leicht epitomierten Fassung überliefert (die moderne Ausgabe umfaßt gleichwohl gut 550 Druckseiten), aber es stellt immer noch eine der wichtigsten lexikographischen Arbeiten des Altertums dar. Dornseiff (der auch einen nützlichen Überblick über die Einteilung gibt) sagt treffend darüber «[...] ein Buch, das einem oft eine einzigartige Illusion des antiken Alltagslebens geben kann».[33] Um 200 n. Chr. schreibt PHILEMON sein attizistisches Lexikon, worin er u.a. Phrynichos benutzt. Bemerkenswert ist dieses Werk dadurch, daß es in iambischen Trimetern abgefaßt ist. Es existieren davon noch zwei sehr dürftige Auszüge.[34] Von Ailios, Pausanias, Phrynichos u.a. abhängig ist der kleine, nicht genau datierbare, aber wohl in der ersten Hälfte des 3. Jh. entstandene Ἀττικιστής (Attikistés, Attizist) des MOIRIS.[35] Ein kleines attizistisches Lexikon von etwas mehr als 300 Artikeln ohne alphabetische Ordnung ist mit dem Titel ‹Φιλέταιρος› (Philétairos, Gefährte) fälschlich unter dem Namen Herodians überliefert [36]; es handelt sich möglicherweise um einen etwa im 3. Jh. gemachten Auszug aus einem im 2. Jh. entstandenen, nicht erhaltenen Lexikon des ALEXANDER VON KOTIAEION. [37] Ein sehr wertvolles attizistisches Lexikon mit dem Titel ‹Λέξεις ῥητορικαί› (Léxeis rhētorikaí; Wörterbuch für Rhetoren, auch 5. ‹Beckersches Lexikon› (Bk.^{V}) genannt, ist in stark verkürzter Redaktion im Coislinianus 345 erhalten. [38] Tatsächlich sind (von Interpolationen vor allem von Hesychglossen abgesehen) zwei antike Lexika unterschiedlicher Tendenz zusammengearbeitet: 1) ein texterklärendes (Bk.^{V1}) und 2) ein textproduzierendes (Bk.^{V2}); die Vorstufe des ersteren (in dem ein Onomastikon über attische Altertümer, «eine Compilation aus den allerbesten Gewährsmännern» alphabetisch umgeordnet war), wird auch von Pollux und Harpokration benutzt. [39] Es scheint plausibel, daß die Vorstufe von Bk.^{V1} mit dem Lexikon des JULIANOS identisch ist, das Photios noch las. [40] Das letzte bekannte attizistische Lexikon des Altertums schreibt, ganz in der Art wie die Vorgänger des 2. Jh., in der ersten Hälfte des 5. Jh. der aus Alexandreia gebürtige, in Konstantinopel wirkende Grammatiker OROS mit dem Titel ‹Ἀττικῶν λέξεων συναγωγή› (Attikṓn léxeōn synagōgḗ; Sammlung attischer Wörter). Zwar ist auch dieses Werk handschriftlich nicht überliefert, doch kann es teilweise rekonstruiert werden, da sich 82 Fragmente (mit ca. 50 Zitaten aus der attischen Literatur, darunter mehreren, die nur hier erhalten sind) des alphabetischen Lexikons aus einem byzantinischen Lexikon des 13. Jh. (Ps. Zonaras) gewinnen und weitere 161 Glossen dem Oros aus anderen byzantinischen Lexika und Grammatikern mit mehr oder minder großer Sicherheit zuweisen lassen. [41] Oros, der in der Grammatik einen anomalistischen Standpunkt vertritt, macht in starkem Maße Front gegen den Analogisten Phrynichos und läßt einen Kanon mustergültiger Autoren zu, der weiter ist als der des Phrynichos (also z.B. auch XENOPHON, LYSIAS und MENANDER einschließt). Im 4. Jh. verfaßt HELLADIOS VON ANTINOOPOLIS, Sohn des Besantinoos, ein umfangreiches Lexikon in vier Büchern sehr bunten Inhalts (darunter viele attizistische Glossen, weshalb es hier zu nennen ist) mit dem Titel ‹Χρηστομάθεια› (Chrēstomátheia, wörtl. nützlich zu lernen) in jambischen Trimetern. PHOTIOS teilt daraus ein umfangreiches Prosaexzerpt mit. [42]

Am Ende des 1. Jh. v. Chr. verfaßt der schon erwähnte DIDYMOS VON ALEXANDREIA, ein Grammtiker von nahezu unüberschaubarer Produktion, auch mehrere Lexika und wertet dabei die reichen Sammlungen der hellenistischen Gelehrten aus. Von besonderer Bedeutung sind seine ‹Λέξις κωμική› (Léxis kōmikḗ; Komikerlexikon) und ‹Λέξις τραγική› (Léxis tragikḗ, Tragikerlexikon). So gut wie alle griechischen Lexikographen und Kommentatoren nach ihm bis in die byzantinische Zeit sind von ihnen direkt und noch öfter indirekt abhängig. [43] Aus der frühen Kaiserzeit sind nur wenige lexikographische Werke überliefert. Im 1. Jh. n. Chr., in neronischer Zeit, schreibt der Grammatiker und Arzt EROTIANOS ein wertvolles Glossar zum ‹Corpus Hippocraticum›, das der sog. dogmatischen Reihenfolge der Schriften folgt. Dieses Glossar wird später verkürzt und oberflächlich nur nach dem ersten Buchstaben alphabetisiert. Daher ist jeweils innerhalb der einzelnen Buchstaben die ursprüngliche, dem Text folgende Anordnung weitgehend erhalten. [44] Von der sehr reichen und bedeutenden medizinischen Fachlexikographie ist sonst nur noch das viel kürzere Hippokrates-Lexikon des nach Hippokrates berühmtesten Arztes des Altertums, des GALENOS (gestorben 199 n. Chr.) erhalten, das als erstes antikes Lexikon vollständig alphabetisiert ist. [45] Auch von den vielen Speziallexika zu Homer, die es im Altertum gegeben hat, ist fast nichts überliefert. Erhalten ist noch ein kleines alphabetisches Homerlexikon [46] des in seiner Zeit berühmten und berüchtigten APION (1. Jh. n. Chr.), den Kaiser Tiberius *cymbalum mundi* (Schelle der Welt) genannt hat. [47] Alter und Echtheit des Lexikons sind angezweifelt, jedoch durch einen Papyrus aus dem 1. Jh. n. Chr. bestätigt worden. Bald nach Apion schreibt im 1. Jh. APOLLONIOS SOPHISTES unter Benutzung vorzüglicher Quellen seine ‹Λέξεις Ὁμηρικαί› (Léxeis Homērikaí; Homerlexikon) und polemisiert häufig gegen den Vorgänger. Lediglich eine Handschrift (wiederum der Coislinianus 345) überliefert den Text in starker Verkürzung; eine beachtliche Zahl von Papyri hat das Ausmaß der Epitomierung und die schon in alter Zeit herrschende Fluktuation des Textbestandes dokumentiert. [48] Ein kleines alphabetisches Platonlexikon (überliefert nur im Coislinianus 345) kompiliert ein Mann namens TIMAIOS, dessen Zeit nicht sicher festzustellen ist (vielleicht 2. Hälfte des 3. Jh.). Die z.T. recht eigenwilligen Interpretationen scheinen nicht erhaltene Platonkommentare benutzt zu haben. [49] In der 2. Hälfte des 1. Jh. entsteht ein umfangreiches Lexikon in 95 Büchern ‹Περὶ γλωσσῶν ἤτοι λέξεων› (Perí glōssṓn ḗtoi léxeōn; Über Glossen oder Wörter), dessen Autoren die Grammatiker ZOPYRION und PAMPHILOS VON ALEXANDREIA sind (Zopyrion bearbeitete die Buchstaben Α–Δ, Pamphilos Ε–Ω). [50] Das Lexikon ist leider verloren, sehr zahlreiche namentliche Zitate finden sich aber in dem Philosophengastmahl des ATHENAIOS (3. Jh.), einen stark verkürzenden Auszug liefert bald JULIOS VESTINOS [51], dessen Epitome dann nochmals von DIOGENEIANOS zur Zeit des Kaisers Hadrian auf fünf Bücher zusammengestrichen, zugleich aber aus einigen neuen Quellen ergänzt und nach drei bis vier Buchstaben alphabetisiert wird. [52] Dieses Lexikon, das den Namen ‹Περιεργοπένητες› («Periergopénētes», Buch für arme Studenten) trägt, bildet schließlich die Hauptquelle für das wohl bedeutendste Lexikon, das aus dem Altertum (in einer einzigen jungen und ziemlich verderbten Handschrift) erhalten ist, das des HESYCHIOS VON ALEXANDREIA. [53] Hesych hat, wie er in der Präfatio seines Werkes mitteilt und wie durch die Quellenanalyse bestätigt wird, das aus Diogenian Übernommene seinerseits aus anderen Quellen ergänzt, zumal aus dem Homerlexikon des Apollonios Sophistes und aus Sprichwörtern. Im Laufe der Tradition wird der Hesychtext durch mancherlei fremde Zutaten (z.B. Bibelglossen u.a.) stark interpoliert. Seine Zeit läßt sich nicht genauer bestimmen, doch ist wohl ein Datum um 500 wahrscheinlich. [54] Durch die vielen nur hier noch belegten Wörter ist Hesych eine sehr wichtige Quelle für das moderne griechische Lexikon, durch seine zahllosen Dialektglossen von großer Bedeutung für die vergleichende Sprachwissenschaft. In byzantinischer Zeit hat Hesych nicht stark gewirkt, weil seine Quelle Diogenian selbst noch bis ins 12. Jh. benutzt werden konnte.

Seit der Sophistik (Prodikos) ist die Synonymik Gegenstand der wissenschaftlichen Forschung und der L. Im 1./2. Jh. verfaßt PHILON VON BYBLOS ein großes Synonymenlexikon, von dem sich mehrere umfangreiche Auszüge erhalten haben, deren wichtigste die folgenden sind: Einen Zweig der Überlieferung bildet das unter dem Namen des AMMONIOS tradierte Lexikon [55], andere sind unter dem Namen des PTOLEMAIOS [56], des ERANIOS PHILON [57] und des HERENNIOS PHILON [58] überliefert. Aus der Spätantike stammen noch dürftige Auszüge eines Lexikons ‹Περὶ πολυσημάντων› (Perí polysēmántōn; Über vieldeutige Wörter) des früher genannten OROS. [59] In mehreren differierenden Fassungen ist in zahlreichen Handschriften das Lexikon des JOHANNES PHILOPONOS über Wörter, die bei unterschiedlicher Bedeutung verschiedenen Akzent tragen, erhalten. [60]

Ein weiteres wichtiges Werk des oben erwähnten OROS ist sein (verlorenes) geographisch-etymologisches Lexikon ‹Περὶ ἐθνικῶν› (Perí ethnikṓn; Über die Bildung der Adjektivformen von Ortsnamen); sehr zahlreiche Exzerpte finden sich im ‹Etymologicum Genuinum› (und daraus in späteren Etymologica). [61] Oros ist auch eine der Hauptquellen für «eine der wertvollsten Stoffsammlungen über die antike Geographie» [62], das um 530 entstandene und Kaiser Justinian I gewidmete Lexikon ‹Ἐθνικά› (Ethniká) des STEPHANOS VON BYZANZ in 50 Büchern. Erhalten ist eine stark epitomierte Fassung (neben Auszügen aus dem vollständigen Text in den Konstantinischen Exzerpten). [63] ORION, der aus dem ägyptischen Theben stammt, in Konstantinopel eine Zeitlang lehrt und sogar, obwohl er Heide ist, die Kaiserin Eudokia, die Gattin Kaiser Theodosius' II., zu seinen Zuhörern zählen kann, kompiliert im 5. Jh. das früheste Etymologikon. Von seinem sehr einflußreichen Buch sind mehrere kümmerlich gekürzte Versionen handschriftlich erhalten [64], daneben z. T. erheblich ausführlichere Exzerpte bei byzantinischen Nachfahren. Orion exzerpiert seine Quellen (Kommentare zu Homer und anderen Dichtern; Grammatiker, wie Philoxenos, Herodian; Lexika, wie das des Helladios u.a.) innerhalb der Buchstaben mechanisch in jeweils gleicher Reihenfolge, so daß es weitgehend möglich ist, die orionische Kompilation wieder in ihre Bestandteile aufzulösen. [65] Obwohl theoretisch eigentlich unvereinbar, finden sich philosophisch-spekulative (stoische) Etymologien (z.B. aus CHRYSIPPOS; die Sammlung bei von Arnim ist unvollständig [66]) neben grammatischen aus Werken des PHILOXENOS, der die Wörter auf einsilbe Wurzeln zu reduzieren suchte [67]; diese sind für die Geschichte der Sprachwissenschaft von großem Wert. [68]

II. Byzanz. Es ist eine epochemachende Entdeckung R. Reitzensteins, daß in frühbyzantinischer Zeit (bereits vor ARETHAS, gest. ca. 944) ein umfangreiches griechisches Lexikon nahezu vollständig in das Lexikon des Hesych interpoliert wurde, so daß diese Interpolation etwa ein Drittel des heutigen Textbestandes ausmacht. [69] Diese Schrift hat besonders für die früh- und mittelbyzantinische Zeit zentrale Bedeutung und gilt als das beliebteste, verbreiteteste und wirkungsmächtigste griechische Lexikon. Die Umstände seiner Entstehung, seine ursprüngliche Bestimmung, sein Name und dessen Bedeutung sind jedoch noch nicht geklärt. In den Handschriften trägt dieses Werk gewöhnlich den Titel ‹Alphabetisches Lexikon unseres Heiligen Vaters Kyrillos›. Erhalten sind etwa 70–80 Handschriften, außerdem bildet das Kyrill-Lexikon den Grundstock aller großen byzantinischen Lexika, so daß es gewissermaßen in der byzantinischen L. omnipräsent ist. Der Glossenbestand und die Glossenfolge differieren in den Handschriften, die sich hauptsächlich in drei Familien gliedern lassen, sehr stark, die Glossen sind vielfach schwer korrupt. [70] Quellen des Kyrill-Lexikons sind recht elementare Glossare zu Homer und Euripides (die ursprünglich nach dem Vorkommen der Lemmata in den Texten geordnet waren und nun unter Beachtung einer Dreibuchstabenordnung alphabetisiert wurden, ohne daß die dadurch entstehenden Doppel- oder Mehrfachglossen eliminiert worden wären), dazu kommen Glossen zu Josephus, Platon, Demosthenes, zu Medizinern, zur Bibel, zu hellenistischen Dichtern, zu christlichen Autoren (z.B. Clemens von Alexandreia, Gregor von Nazianz, Kyrill von Alexandreia, Dionysios Areopagites), außerdem finden sich in gewissem Umfange auch Diogenianglossen und attizistische Glossen. Ediert sind bisher nur wenige Auszüge. [71] Die Entstehungszeit des Kyrill-Lexikons wird ungefähr dadurch eingegrenzt, daß es bereits Glossen zum Corpus der Schriften des DIONYSIOS AREOPAGITES (um 500) enthält, und daß der Kompilator der ‹Erotapokriseis› des PSEUDO-KAISARIOS (datiert auf 543–553) [72] ganz offenkundig eine Handschrift des Kyrill-Lexikons benutzt hat. [73] In frühbyzantinischer Zeit wird durch Hinzufügungen aus verschiedenen Quellen (Glossen zu Arrian, Cassius Dio, Hierokles, zu den Rednern Aischines, Demosthenes, Hypereides, Isaios, Isokrates und Lykurgos, Glossen zu Platon, Thukydides, Xenophon, Aristoteles u.a.) eine Überarbeitung des Kyrill-Lexikons hergestellt, die den Namen ‹Συναγωγὴ λέξεων χρησίμων› (Synagōgḗ léxeōn chrēsímōn; Sammlung nützlicher Wörter) trägt und die in ihrer ursprünglichen Form in dem alten Codex Coislinianus 347 (9./10. Jh.) erhalten ist (Σ^a). [74] Dieses Lexikon wird dann massiv aus gelehrten Quellen vor allem um sehr wertvolle attizistische Glossen bereichert (erweiterte Synagōgḗ Σ^*). Es ist noch eine Handschrift erhalten, in der sich diese Erweiterungen nur im Buchstaben α (und nur geringfügig im übrigen Alphabet) finden (Σ^b: Coislinianus 345). Verlorene Handschriften der Synagōgḗ, in denen sich die Erweiterungen auf den gesamten Text erstreckten, lassen sich aus byzantinischen Lexika erschließen. [75] Etwa 840 oder etwas danach kompiliert PHOTIOS, der spätere Patriarch von Konstantinopel, sein Lexikon. Es wird durch eine lückenhafte Handschrift und mehrere Abschriften überliefert. [76] Dieses Lexikon ist eine ganz unselbständige Jugendarbeit, nicht mehr als eine mechanische Kompilation weniger wertvoller, bereits alphabetisierter lexikographischer Quellen (deren Korruptelen auch der gelehrte Photios gedankenlos reproduziert hat), d.h. außer zweier Versionen der erweiterten Synagōgḗ wahrscheinlich nur der von Photios in seiner Präfatio genannte Diogenian. Das Lexikon des Photios ist also nichts weiter als eine um nur wenige Zusätze ergänzte und erweiterte Synagōgḗ. Wie Wentzel überzeugend nachweist [77], bildet diese (und nicht das Lexikons des Photios) auch das Fundament des umfangreichsten und nebst Hesych für die Altertumswissenschaft wichtigsten Lexikons, des sogenannten ‹SUIDAS› (der SUDA). [78] Entstanden ist es um das Jahr 1000. Sein Umfang beträgt nach der Zählung der mustergültigen Ausgabe Ada Adlers 2775 Seiten mit 31 342 Artikeln, wobei die wirkliche Zahl der Lemmata noch erheblich höher ist, da sehr oft unter einer Nummer mehrere Stichwörter zusammengefaßt sind. [79] Das Lexikon ist streng alphabetisch geordnet, aber in einer spezifischen (antistoechisch genannten) Sonderform der Ordnung. Die Kompilatoren des Lexikons schöpfen außer aus der Synagōgḗ auch aus vielen anderen Quellen. [80] Das Specificum des ‹Suidas› sind jedoch die zahlreichen bio-bibliographischen Artikel, die einer im 9. Jh. (zwischen 829 und 858) hergestellten Überarbeitung des literarhistorischen Werkes des HESYCHIOS ILLUSTRIOS aus Milet (5./6. Jh.)

entnommen sind (wobei die Biographien von Kirchenschriftstellern zugefügt und die Artikel in alphabetische Ordnung gebracht sind).[81] Durch diese Auszüge von unschätzbarem Wert ist ‹Suidas› eine der bedeutendsten Quellen für die griechische Literaturgeschichte. Großen Wert haben auch jene Zitate, die aus den ‹Konstantinischen Exzerpten›[82] oder direkt aus antiken Schriftstellern stammen, die heute verloren sind (zumal aus dem Gedicht ‹Hekale› des Kallimachos).[83]

Um die Mitte des 9. Jh. wird in Konstantinopel das älteste und an Quellenwert bedeutendste der byzantinischen Etymologika kompiliert, das von R. Reitzenstein so genannte ‹Etymologicum genuinum› (früher oft auch nach der von E. Miller[84] in Florenz entdeckten Handschrift und den daraus publizierten Lesungen als ‹Etymologicum Florentinum› zitiert) – wahrscheinlich von einem Kreis von Gelehrten um LEON MATHEMATIKOS und den Homereditor KOMETAS an der sogenannten Magnaura-Hochschule, die auch den großen byzantinischen Homerkommentar, die Vorlage der Scholien im berühmten Venetus A[85], zusammenstellten. Außer lexikalischen Quellen wie dem ‹Etymologikon› des Orion, der ‹erweiterten Synagōgē›, den ‹Ethniká› des Oros u. a. werden sehr viele grammatische Traktate aus antiker wie aus byzantinischer Zeit und eine große Zahl meistens mit gelehrten Scholien versehener Dichterhandschriften, zu denen noch einige Spezialkommentare zu hellenistischen Dichtern kommen, exzerpiert und damit für die Nachwelt bewahrt. Direkt aus einem unbekannten verlorenen griechischen Roman des 2. Jh. n. Chr. werden über 40 Bruchstücke entnommen und als Wortbelege an passende Artikel des Etymologikons angehängt.[86] Geschichte und Überlieferung gelten erst durch die Handschriftenentdeckungen R. Reitzensteins am Ende des 19. Jh. als weitgehend geklärt.[87] Das ‹Etymologicum genuinum› bildet den Grundstock für mehrere byzantinische Etymologica, die jenes häufig in einem weit besseren Textzustand lasen, als es in den beiden überlieferten (lückenhaften) Codices (A = Vaticanus gr. 1818, 10. Jh.; B = Laurentianus S. Marci 304 aus dem Jahre 994) vorliegt. Bisher sind nur Teile im Druck publiziert.[88] Gut hundert Jahre später, «aus einem anderen Bildungszentrum und einer anderen Bibliothek»[89], schreibt ein Kreis von Gelehrten ein anderes Etymologikon, das nach M. Gude, dem ehemaligen Besitzer einer der Handschriften, als ‹Etymologicum Gudianum› zitiert wird. Reitzenstein entdeckt im Codex Barberianus gr. 70 (= d) die nicht ganz vollständig erhaltene Urhandschrift dieses Lexikons, die wohl nicht erst im 11. Jh., sondern schon in der 2. Hälfte des 10. Jh. geschrieben wurde.[90] Ein streng alphabetisch geordneter Grundtext wird (z. T. aus denselben Quellen wie dieser) von mehreren gleichzeitigen Schreibern (d²) an den Rändern und zwischen den Zeilen erweitert[91], was bewirkt, daß in den zahlreichen Abschriften die Reihenfolge des Textes stark differiert. Das ‹Etymologicum genuinum› ist (entgegen Reitzensteins ursprünglicher irrtümlicher Annahme) nur in sehr geringem Maße (und anscheinend nur von d²) ausgeschrieben worden. Beide Lexika benutzen in mehreren Fällen dieselben Quellen in unterschiedlichen Textfassungen, vor allem Orion (von dem im ‹Gudianum› sogar mehrere unterschiedlich stark gekürzte, anscheinend anonyme Auszüge verwendet worden sind), die ‹Orthographie› des Choiroboskos, Homerepimerismen (von denen eine Rezension in alphabetisierter Fassung vorliegt[92]), Psalmenepimerismen u. a. Gelegentlich waren die im ‹Gudianum› herangezogenen Handschriften besser und vollständiger als die heute vorliegenden, so vor allem bei dem byzantinischen Lexikon (9/10. Jh.), das nach seinem ersten Artikel als «lex. αἱμωδεῖν» (haimōdeín; Zahnschmerzen haben) zitiert wird (ein Wörterbuch zu den byzantinischen Historikern Prokopios, Agathias, Menander Protector und Theophylaktos Simokattes).[93] Das Gepräge des bisher nur für einen Teil des Textes kritisch edierten ‹Gudianum›[94] ist weit mehr 'byzantinisch' als das des ‹Etymologicum genuinum›. Wohl noch im 11. Jh. (oder am Anfang des 12. Jh.) wird eine gelehrte und selbständige Überarbeitung des ‹Etymologicum genuinum› unter Verwendung des Etymologicum Gudianum und Heranziehung weiterer Quellen (darunter u. a. ein anonymes Orionexzerpt, das Lexikon Diogenians und das ‹5. Bekkersche Lexikon›) hergestellt, deren Kompilator jenes als τὸ μέγα ἐτυμολογικόν (das große Etymologikon), dieses als τὸ ἄλλο ἐτυμολογικόν (das andere Etymologikon) zitiert. Erhalten sind mehrere, in zwei Klassen einzuteilende Handschriften.[95] Ediert wurde dieses Werk schon 1499 (Abdruck einer späten Handschrift) unter dem angemaßten Titel ‹Etymologicum magnum›.[96] Für die Edition des ‹Etymologicum genuinum› hat das ‹Magnum› oft den Wert einer guten und vollständigeren Handschrift. Vermutlich ungefähr im gleichen Zeitraum wie das ‹Etymologicum magnum› wird ebenfalls auf der Grundlage des ‹Etymologicum genuinum› und unter Zufügung einiger wertvoller Zusätze aus anderen Quellen (u. a. aus Stephanos Byzantios) ein weiteres Lexikon zusammengestellt, das den Namen ‹Etymologicum Symeonis› (Etymologikon des Symeon) trägt und dessen ursprüngliche Fassung in zwei Handschriften überliefert wird, während eine erweiterte Rezension unter dem Titel ‹Μεγάλη γραμματική› (Megálē grammatikḗ; Große Grammatik) ebenfalls in zwei Handschriften vorliegt[97], von denen eine mit der Sigle V ständig von Gaisford im Apparat zum ‹Etymologicum Magnum› zitiert wird. In der ersten Hälfte des 13. Jh. (nach 1204 und vor 1253) wird das byzantinische Großlexikon (ca. 19000 Glossen) kompiliert, das bald zu dem am meisten verbreiteten Lexikon überhaupt wird (erhalten sind ca. 130 Handschriften), die ‹Συναγωγὴ λέξεων› (Synagōgḗ léxeōn; Sammlung von Wörtern). Der Herausgeber legt dem Lexikon den falschen Verfassernamen Zonaras bei (weshalb es als Ps.Zonaras zitiert zu werden pflegt). Möglicherweise heißt der Verfasser Nikephoros. Mit gutem Griff legt er seinem Werk die besten byzantinischen Quellen zugrunde, hauptsächlich das ‹Etymologicum genuinum›, das des Symeon, dazu (besonders in der ersten Hälfte) Suidas, eine Fassung des Kyrill-Lexikons und vieles anderes, darunter das früher erwähnte attizistische Lexikon des Oros und z. T. extrem lange Auszüge aus theologisch-philosophischen und kanonistischen (Kommentar des Joh. Zonaras) Werken.[98] Der große Umfang und die Spannweite des gebotenen Stoffes macht das Lexikon zu einem universellen Hand- und Hilfsbuch, besonders geeignet für Klosterbibliotheken.

Am Ende der byzantinischen Periode der L. entstehen noch einmal einige Werke, die sich mehr oder weniger eng an die attizistischen Lexika vom 2. bis 5. Jh., auch materiell, anschließen. Das wohl bedeutendste von ihnen schreibt THOMAS MAGISTROS (etwa 1275–1346) mit seiner nach dem 1. Buchstaben alphabetischen ‹Ἐκλογὴ ὀνομάτων καὶ ῥημάτων Ἀττικῶν› (Eklogḗ onomátōn kaí rhēmátōn Attikōn; Auswahl attischer Verben und Substantive; der Titel ist vom Lexikon des Phrynichos geborgt).[99] Thomas benutzt dabei die Ekloge des Phrynichos[100], Moiris[101], Philemon[102], den pseudoherodianischen ‹Philetairos› und u.a. auch das Synonymenlexikon des Ps. Ammonios.[103] Seine Exzerpte haben für diese Texte oft den Wert einer guten Handschrift. Thomas fügt aus eigener Klassikerlektüre viele Belege ein. Bei ihm haben nun auch Autoren der Zweiten Sophistik den Rang von Sprachmustern für das Attische erlangt. Ps. Zonaras (woraus auch mehrere Oros-Glossen bezogen sind) gehört zu den Quellen des in der ersten Hälfte des 14. Jh. zusammengestellten Lexikons des ANDREAS LOPADIOTES, das unter dem Titel ‹Lexicon Vindobonense› zitiert wird.[104] A. Nauck bescheinigt dem Verfasser zwar nicht zu Unrecht «stupor incredibilis» (unglaublichen Stumpfsinn), aber das Lexikon enthält doch einiges aus dem Altertum, das sonst nicht überliefert ist, darunter zahlreiche Fragmente des Rhetors Himerios (4. Jh. n. Chr.).[105] Die lange Zeit dem MANUEL MOSCHOPULOS (um 1265–ca. 1316) zugeschriebene ‹Ὀνομάτων Ἀττικῶν συλλογή› (Onomátōn Attikón syllogē; Auswahl attischer Wörter) ist die Kompilation eines Anonymus aus den Scholien des Moschopulos zu den ‹Eikones› des Philostratos.[106]

Dem *Wesen* nach bestehen zwischen den modernen und den alten griechischen Lexika große Unterschiede. Die spätantiken und byzantinischen Lexika sind nichts weiter als weitgehend mechanische Kompilationen aus den ihnen vorliegenden Quellen: entweder reproduzieren sie sie einfach, interpolieren sie aus Nebenquellen oder, für die Nachwelt das Ärgerlichste, sie verkürzen sie, indem sie als für sie uninteressant gerade dasjenige weglassen, was für die Tradierung am wichtigsten ist: die gelehrten Zutaten, die wörtlichen Zitate aus antiken Grammatikern und antiken Autoren, die Belege. Viele Lexika sind nichts anderes als alphabetisierte und erweiterte Glossare. Die Artikel sind also in Wirklichkeit Aneinanderreihungen von ursprünglich nur jeweils eine einzige bestimmte Schriftstellerformulierung richtig (oder oft auch schief oder falsch) deutenden Erklärungen. Sie sind nicht (und beanspruchen das übrigens auch nicht), was für heutige Lexika gilt, eine auf vollständiger oder möglichst umfassender Materialsammlung basierende eigenständige Durchdringung und Interpretation der Phänomene. Dadurch, daß das Spezialglossar in dem größeren Kontext aufgeht, verliert es die Bindung an seinen Ursprungstext und erlangt scheinbare Allgemeingültigkeit. Hierin liegt das besondere Manko der alten griechischen Lexika überhaupt; diesen grundlegenden Unterschied zu modernen Lexika muß der heutige Leser, der an die neuzeitlichen lexikographischen Werke gewöhnt ist, sich immer vor Augen halten.

III. *Lateinische Antike.* Wie im Griechischen entstanden auch im Lateinischen, vielleicht nach griechischem Vorbild (worauf die Übernahme des Terminus glos(s)a hinweist), durch das Bedürfnis des Schulunterrichts[107] Glossarien (*glos(s)ae, glossaria* oder auch *glossemata*.[108]). Varro spricht von Leuten, «qui glossas scripserunt oder glossemata interpretati».[109] Erhalten blieb davon nichts. Möglicherweise sind diese frühen Glossensammlungen jedoch eingeflossen in die zahlreichen und umfänglichen mittelalterlichen lateinischen Glossare.[110] In der frühen Kaiserzeit verfaßt ein Freigelassener, der Grammatiker M. VERRIUS FLACCUS (Lehrer von Gaius und Lucius, der Enkel des Augustus) ein (unvollendetes) alphabetisches Lexikon von riesigem Umfang (etwa 80 Bücher) mit dem Titel ‹De verborum significatu›. Es ist eine Sammlung seltener, meist altertümlicher Wörter. Direkt ist das imponierende Werk nicht erhalten. Ausgewertet wird es u.a. vom älteren Plinius.[111] Wohl in der 2. Hälfte des 2. Jh. stellt der sonst nicht bekannte Grammatiker S. POMPEIUS FESTUS eine starke Epitomierung her, die das Werk des Verrius auf 20 Bücher reduziert und dabei vor allem einer späteren Zeit entbehrlich erscheinende *verba intermortua et sepulta* streicht.[112] Die Epitome des Festus ist teilweise in einer lückenhaften und stark beschädigten Handschrift aus dem Ende des 11. Jh. erhalten, die am Ende des 15. Jh. in Rom wiederentdeckt wurde. Auch Festus wird einer Epitomierung unterzogen, die der Langobarde PAULUS DIACONUS um 787 durchführt und die nun die fehlenden Teile der Festus-Epitomie erstatten muß. In der Ausgabe Lindsays ist an den Passagen, wo der Text des Festus erhalten ist, parallel daneben die Epitome des Paulus Diaconus abgedruckt, so daß man einen lebhaften Eindruck von dem Ausmaß des Verlorenen erhält.[113]

Mehrere lexikographische Arbeiten, von denen zwei kleine nichtalphabetische, sachlich geordnete, kulturhistorisch sehr interessante Lexika auszugsweise erhalten sind, verfaßt der Römer C. SUETONIUS TRANQUILLUS, Sekretär des Kaisers Hadrian, unter dem Namen Τράγκυλλος (Tránkyllos)[114] in griech. Sprache: ‹Περὶ βλασφημιῶν› (Perí blasphēmiōn; Über Schimpfwörter) und ‹Περὶ τῶν παρ' Ἕλλησι παιδιῶν› (Perí tōn par' Héllēsi paidiōn; Über die Spiele bei den Griechen).[115]

Die umfangreichste lateinische lexikographische Arbeit aus dem Altertum wird dem aus Afrika gebürtigen NONIUS MARCELLUS (wohl Anfang des 4. Jh.) verdankt, die nahezu vollständig erhalten ist: ‹De compendiosa doctrina›.[116] Das Werk ist in 21 sachlich geordnete Kapitel gegliedert (Kap. 16 ist verloren), innerhalb der Kapitel nach dem ersten Buchstaben alphabetisch. Kap. 1–12 behandeln sprachliche Probleme (z.B. Wortbedeutung, Genus, Synonymik), Kap. 13–20 dagegen sachliche Fragestellungen (Namen für z.B. Schiffe, Kleider, Gefäße, Verwandtschaftsbezeichnungen) und führen eine große Fülle von Belegen aus nicht erhaltenen Schriften an. «Man kann ohne Übertreibung sagen, daß wir fast keine Ahnung von Lucilius, von Varros Satiren, von den Tragikern usw. hätten, wenn wir die nonianische Compendiosa Doctrina entbehren müßten, die als reiche Fundgrube der Zitate bezeichnet werden darf».[117] Sehr viel von den verlorenen Schätzen der lateinischen Literatur nimmt dann der 636 gestorbene Bischof ISIDOR VON SEVILLA in seine große Enzyklopädie ‹Etymologiae sive Origines› auf, mit dem aber schon die Grenze zum frühen Mittelalter überschritten ist.

Anmerkungen:
1 Arist. Poet. 1459^a 9; vgl. dens. Rhet. 1406^b 3. – **2** Diogenes Laertios IX 48 = VS 68 B 20a. – **3** Aristophanes, Daitales Frg. 233 (Poetae Comici Graeci III 2), edd. R. Kassel et C. Austin (1984). – **4** vgl. J. Kramer, in: J. Hamesse (Hg.): Les manuscrits des lexiques et glossaires de l'antiquité tardive à la fin du moyen âge (Louvain-La-Neuve 1996), 50 (Pap. Oslo II 12, 2. Jh. n. Chr.); E. Ziebarth: Aus der antiken Schule. Kleine Texte f. Vorl. und Übungen 65 (²1915) 13f. (Berliner Pap. 5014, 5. Jh. n. Chr.). – **5** Lysias 10,15 ff.; Demosthenes 23,33 ff. – **6** W. Kuchenmüller: Philetae Coi Reliquiae (Diss. Berlin 1928) 91ff.; R. Pfeiffer: History of Classical Scholarship (Oxford 1969) 88ff. – **7** Straton, Frg. 1 (Poetae comici graeci VII), edd. R. Kassel et C. Austin (1989) 618ff. – **8** [Plato] Definitiones p. 411 a – 416; vgl. H.G. Ingenkamp: Unters. zu den pseudoplat. Definitionen (1967). – **9** K. Alpers, Rez. zu: Ll. W. Daly: Contributions to a History of Alphabetization in Antiquity and the Middle Ages (Brüssel 1967), in: Gnomon 47 (1975) 113–118 (hier: 113). – **10** H.J. Mette: Neoptolemos von Parion, in: Rheinisches Museum 113

(1980) 14 (hier S. 1–13 Sammlung der Fragmente). – **11** Callimachus, ed. R. Pfeiffer, vol. I: Fragmenta (Oxford 1949) 329 (Frg. 406); vgl. C. Wendel, in: RE XVIII (1939) 508. – **12** Aristophanis Byzantii Fragmenta, hg. von W.J. Slater, Samml. griech. u. lat. Grammatiker, Bd. 6 (1986). – **13** Pfeiffer [6] 197ff. – **14** J. Tolkiehn: Art. ‹L.›, in: RE XII 2 (1925) 2432–2482; vgl. K. Latte: Glossographika, in: ders.: Kleine Schr. (1968) 631–666; A.R. Dyck: The Glossographoi, in: Harvard Studies in Classical Philology 91 (1987) 119–160. – **15** vgl. A. Dihle: Art. ‹Attizismus›, in: HWRh, Bd. 1 (1992) 1163–1176. – **16** Didymi in Demosthenem Commenta, edd. L. Pearson et S. Stephens (1983). – **17** Fragmentum Lexici ad Demosthenis Aristocrateam in Litteras digesti, hg. von H. Diels u. W. Schubart hinter Didymi De Demosthene Commenta (1904) 43–47. – **18** K. Alpers: Das attizistische Lexikon des Oros. Unters. und krit. Ausg. der Fragmente, Samml. griech. und lat. Grammatiker, Bd. 4 (1981) 116, Anm. 74. – **19** Harpocrationis lexicon in decem oratores Atticos, ex recognitione Guil. Dindorfii (Oxford 1853); die neueste Ausg. Harpocration: Lexeis of the Ten Orators, edited by J.J. Keaney (Amsterdam 1991) ist wegen gravierender Mängel unbrauchbar. – **20** Ps. Aristides, Libri rhetorici (ed. W. Schmid, 1926) II 78. – **21** z.B. U. v. Wilamowitz-Moellendorff: Kleine Schr. III (1969) 227; 260; A. Dihle: Der Beginn des Attizismus, in: AuA 23 (1977) 175. – **22** E. Ofenloch: Caecilii Calactini Fragmenta (1907) 138–193; vgl. G. Wentzel: Beitr. zur Gesch. der griech. Lexikographen, in: Sber. der preuß. Akad. der Wiss. 1895 (ND in: K. Latte, H. Erbse: Lexica Graeca Minora [1965]) 483. – **23** Suidas (Suda) ει 190; π 29. Fragmente bei M. Haupt, Opuscula Bd. II (1876) 434–440. – **24** Sokrates, Kirchengesch. (hg. von G. Chr. Hansen, 1995) III 7, 18 = Frg. 13 (Haupt [23] 438). – **25** «Antiatticista», ed. I. Bekker, in: Anecdota Graeca I (1814) 77–116; vgl. K. Latte: Zur Zeitbestimmung des Antiatticista, in: ders.: Kleine Schr. (1968) 612–630. – **26** H. Erbse: Unters. zu den attizistischen Lexika, Abh. der dt. Akad. der Wiss. zu Berlin, phil.-hist. Klasse, 1949 Nr. 2 (1950, ersch. 1951). – **27** Fronto, Epistulae ad amicos I 1, 2; I 2. – **28** E. Fischer: Die Ekloge des Phrynichos, Samml. griech. und lat. Grammatiker, Bd. 1 (1974); Kommentar: Chr. A. Lobeck: Phrynichi Eclogae Nominum et Verborum Atticorum (1820; ND 1965). – **29** Epitome und Fragmente: Phrynichi Sophistae Praeparatio Sophistica, ed. I. de Borries (1911). – **30** M. Nächster: De Pollucis et Phrynichi controversiis (Diss. Leipzig 1908). – **31** Pollucis Onomasticon, ed. E. Bethe (Bd. 1, Buch I–V: 1900; Bd. 2, Buch VI–X: 1931; Bd. 3, Indices: 1937); vgl. E. Bethe: Art. ‹Julius› (398) ‹Pollux›, in: RE XI 1 (1918) 773–779. – **32** vgl. F. Dornseiff: Der dt. Wortschatz nach Sachgruppen (⁵1959). – **33** ebd. 32f. – **34** L. Cohn: Der Atticist Philemon, in: Philologus 57 (1898) 353–367; vgl. C. Wendel: Art. ‹Philemon 14›, in: RE XIX 2 (1938) 2151f. – **35** D.U. Hansen: Das attizistische Lex. des Moeris. Quellenkrit. Unters. und Edition, Samml. griech. und lat. Grammatiker, Bd. 9 (1998); Kommentar: Moeridis Atticistae Lexicon Atticum ... illustravit J. Pierson (Leiden 1759); mit Ergänzungen erneut hg. von G. Ae. Koch (1830–31; ND 1969). – **36** A. Dain: Le «Philétæros» attribué à Hérodien (Paris 1954). – **37** K. Alpers: Lexicographica Minora, in: Dissertatiunculae criticae. FS G. Chr. Hansen (1998) 103–108. – **38** ediert von I. Bekker [25] 197–318. – **39** Wentzel [22] 482f. – **40** Photios, «Bibliothek», cod. 150 p. 99 a 40–b 15, ed. R. Henry, vol. II (Paris 1960) 112; vgl. Alpers [18] 117–123. – **41** Alpers [18] 149–193 und 194–260. – **42** Photios, «Bibliothek», cod. 279 p. 529 b–535 b Bekker, ed. R. Henry, vol. VII (Paris 1977) 170–187; vgl. H. Heimannsfeld: De Helladii Chrestomathia quaestiones selectae (Diss. Bonn 1911). – **43** M. Schmidt: Didymi Chalcenteri Grammatici Alexandrini Fragmenta quae supersunt (1854; ND 1964); vgl. H. Gärtner: Art. ‹Didymos›, in: KlP II (1967) 11f. – **44** Erotiani vocum Hippocraticarum collectio cum fragmentis, recensuit E. Nachmanson (Uppsala 1918); vgl. E. Nachmanson: Erotianstud. (Uppsala 1917). – **45** Galeni Linguarum seu dictionum exoletarum Hippocratis explicatio. Edidit C.G. Kühn, in: Claudii Galeni Opera Omnia. Vol XIX (1830) 62–157; vgl. G. Helmreich: Handschriftliche Verbesserungen zu dem Hippokratesglossar des Galen, in: Sber. d. kgl. preuß. Akad. d. Wiss. VII (1916) 197–214. – **46** A. Ludwich Ueber die homerischen Glossen Apions, in: Philologus 74 (1917) 205–247 und 75 (1918) 95–127 (ND in [22] 283–358); vgl. S. Neitzel: Apions Γλῶσσαι Ὁμηρικαί, in: Samml. griech. und lat. Grammatiker Bd. 3 (1977) 185–328. – **47** Plinius d. Ä., Naturalis Historia praef. § 25. – **48** Apollonii Sophistae Lexicon Homericum, recensuit I. Bekker (1833; ND 1967); vgl. H. Erbse: Beitr. zur Überlieferung der Iliasscholien, Zetemata, Bd. 24 (1960) 407–432; H. Schenck: Die Quellen des Homerlex. des Apollonios Sophistes (1974; urspr. Diss. Hamburg 1961); A. Henrichs, W. Müller: Apollonios Sophistes, Homerlex., in: Collectanea Papyrologica. FS H.C. Youtie, Papyrolog. Texte und Abh., Bd. 19 (1976) 27–51; M.W. Haslam: The Homer Lex. of Apollonios Sophista. II. Identity and Transmission, in: Class. Philology 89 (1994) 107–119. – **49** D. Ruhnken: Timaei Sophistae lex. vocum Platonicarum (Leiden 1754), erneuert von G. Ae. Koch (1828; ND 1971); vgl. K. v. Fritz: Art. ‹Timaios›, in: RE VI A 1 (1936) 1226–1228. – **50** Suidas (Suda) π 142; vgl. Alpers [18] 123f. – **51** Suidas (Suda) o 835. – **52** Suidas (Suda) δ 1140; vgl. L. Cohn: Art. Diogenianos, in: RE V 1 (1903) 778ff. – **53** Hesychii Alexandrini Lexicon, recensuit et emendavit K. Latte: vol. I, A – Δ (Kopenhagen 1953); vol. II, E – O (Kopenhagen 1966); für den Rest ist noch die Ausg. von M. Schmidt (1858–1868) zu benutzen; vgl. K. Latte: Die Forschung auf dem Gebiet der griech. L., in: Forschungen und Fortschritte 28 (1954) 146–148. – **54** vgl. Latte [53] vol. I S. VIIf. – **55** Ammonii qui dicitur De adfinium vocabulorum differentia, ed. K. Nickau (1966); hier S. XXVIII–XLII ein Überblick über die Auszüge aus Herennios. – **56** V. Palmieri: Ptolemaeus, De differentia vocabulorum, in: Annali della facoltà di lettere e filsofia dell'Università di Napoli 24 N.S. 12 (1981–82) 155–233; vgl. Nickau [55] XXIX–XXXIII; vgl. K. Nickau: Zur Gesch. der griech. Synonymica: Ptolemaios und die Epitoma Laurentiana, in: Hermes 118 (1990) 253–256. – **57** V. Palmieri: «Eranius» Philo De differentia significationis, in: Revue d'Histoire des Textes 11 (1981) 47–80. – **58** Herennius Philo, De diversis verborum significationibus, a cura di V. Palmieri (Neapel 1988). – **59** R. Reitzenstein: Gesch. der griech. Etymologika (1897; ND Amsterdam 1964) 335–347. – **60** Ioannis Philoponi De vocabulis quae diversum significatum exhibent secundum differentiam accentus, ed. Ll. W. Daly (Philadelphia 1983); vgl. dazu die Rez. von Ch. Theodoridis, in: Byzant. Zs. 79 (1986) 348–351. – **61** Reitzenstein [59] 316–332. – **62** Honigmann: Art. ‹Stephanos Byzantios›, in: RE III A 2 (1929) 2369–2399 (Zitat: Sp. 2372). – **63** Stephani Byzantii Ethnicorum quae supersunt ex recensione A. Meineke (1849; ND Graz 1958); vgl. H. Gärtner: Art. ‹Stephanos 6›, in: KlP V (1975) 359f.; D. Whitehead: Site-Classification and Reliability in Stephanus of Byzantium, in: Historia Einzelschr. 87 (1994) 99–124. – **64** Orionis Thebani Etymologicon ... primum edidit ... F.W. Sturz (1820; ND 1973); vgl. C. Wendel: Art. ‹Orion 3›, in: RE XVIII 1 (1939) 1083–1087. – **65** H. Kleist: De Philoxeni grammatici Alexandrini studiis etymologicis (Diss. Greifswald 1865) 16ff.; Erbse [48] 280–294; Ch. Theodoridis: Die Fragmente des Grammatikers Philoxenos, Slg. griech. und lat. Grammatiker, Bd. 2 (1976) 16–46. – **66** SVF II Frg. 156ff. – **67** R. Reitzenstein: Art. ‹Etymologika›, in: RE VI 1 (1907) 807–817 (hier: 809f.). – **68** Slg. und Ausg. der Fragmente: Ch. Theodoridis [65] – **69** R. Reitzenstein: Die Überarbeitung des Lexicons des Hesychios, in: Rheinisches Museum 43 (1888) 443–460. – **70** A.B. Drachmann: Die Überlieferung des Cyrillglossars, Kgl. Danske Videnskabernes Selskab. Hist.-filologiske Meddelelser XXI, 5 (Kopenhagen 1936); K. Alpers: Ein Handschriftenfund zum Cyrill-Glossar in der Staats- und Universitätsbibl. Bremen, in: Lexicographica Byzantina, Byzantina Vindobonensia, Bd. XX (Wien 1991) 11–52 (Lit. hier S. 11 Anm. 5 und S. 12 Anm. 6). – **71** z.B. bei Drachmann [70] 60–139; Alpers [70] 40–48. – **72** Pseudo-Kaisarios: Die Erotapokriseis. Erstmalig vollständig hg. von R. Riedinger (1989). – **73** W. Lackner: Beobachtungen zum Wortschatz des Pseudo-Kaisarios, in: Lexicographica Byzantina, Byzantina Vindobonensia, Bd. XX (Wien 1991) 207–217. – **74** ediert nur für α von C. Boysen, in: Latte, Erbse [22] 12–38; vgl. Wentzel [22] 477ff. – **75** Alpers [18] 69–79. – **76** Photii Lexicon e codice Galeano descripsit R. Porsonus (Oxford 1822; ND Leipzig 1823); R. Reitzenstein: Der Anfang des Lex. des Photios (1907); Photii Patriarchae Lexicon, ed. Ch. Theodoridis, Vol. I: A–Δ (1982); Vol. II: E – M (1998). – **77** Wentzel [22] 477–482. – **78** F. Dölger: Der Titel des sog. Suidaslex., Sber. der Bayr. Akad. der Wiss. (1936) H. 6; Alpers [18] 12, Anm. 6. – **79** Suidae Lexicon, ed. A. Adler. Pars I–V (1928–1938, ND 1967 – 1971). – **80** A. Adler:

Art. ‹Suidas. Lexikograph›, in: RE IV A 1 (1931) 675–718. – **81** ebd. 706–708. – **82** ebd. 700–706. – **83** ebd. 712–714. – **84** E. Miller: Mélanges de littérature grecque (Paris 1868; ND Amsterdam 1965). – **85** K. Alpers: Eine byzant. Enzyklop. des 9. Jh. Zu Hintergrund, Entstehung und Gesch. des griech. Etymologikons in Konstantinopel und im italogriech. Bereich, in: G. Cavallo, G. de Gregorio, M. Maniaci (Hg.): Scritture, libri et testi nelle aree provinciali di Bisanzio, Vol. I (Spoleto 1991) 235–269, hier: 254–269. – **86** ders.: Zwischen Athen, Abdera und Samos. Frg. eines unbekannten Romans aus der Zeit der Zweiten Sophistik, in: M. Billerbeck, J. Schamp (Hg.): Kainotomia. Die Erneuerung der griech. Tradition (Freiburg, Schweiz 1996) 19–55. – **87** Reitzenstein [59]; ders. [67] 807–817; vgl. Alpers [85] und dens.: Marginalien zur Überlieferung der griech. Etymologica, in: D. Harlfinger, G. Prato (Hg.): Paleografia e codicologia greca, Vol. I (Alessandria 1991) 523–541. – **88** Reitzenstein [59] passim; K. Alpers: Ber. über Stand und Methode der Ausg. des Etymologicum Genuinum. Mit einer Ausg. des Buchstaben λ, Kgl. Danske Videnskabernes Selskab. Hist.-filosofiske Meddelelser 44, 3 (Kopenhagen 1969); G. Berger: Etymologicum Genuinum et Etymologicum Symeonis (β), Beitr. zur Klass. Philol., H. 45 (1972); Etymologicum Genuinum, Symeonis Etymologicum una cum magna grammatica, Etymologicum Magnum auctum syoptice ediderunt F. Lasserre, N. Livadaras. Vol. I: α – ἀμωσγέπως (Rom 1976); Vol. II: ἀνά–βώτορες (Athen 1992). – **89** Reitzenstein [67] 814. – **90** Alpers: Marginalien [87] 539. – **91** Reitzenstein [59] 70–155; siehe (mit Korrekturen) dens. [67] 814f. – **92** Epimerismi Homerici. Pars altera, ed. A.R. Dyck, Slg. griech. und lat. Grammatiker, Bd. 5/2 (1995). – **93** Lexicon ΑΙΜΩΔΕΙΝ vocatum seu verius ΕΤΥΜΟΛΟΓΙΑΙ ΔΙΑΦΟΡΟΙ edidit A.R. Dyck, in: ders. [92] 825–1016. – **94** Etymologicum Gudianum quod vocatur, recensuit E.A. De Stefani. Bd. I: α–β (1909); Bd. II: βωμολόχοι–ζειαί (1920; ND beider Bände Amsterdam 1965); der Rest in der völlig unzulänglichen Ausg.: Etymologicum graecae linguae Gudianum, ed. F.G. Sturz (1818; ND 1973). – **95** Reitzenstein [59] 212–253; vgl. dens. [67] 815f. – **96** Erstausg. von Z. Kalliergis (Venedig 1499); Ausg.: Etymologicum Magnum, ... ad codices mss. recensuit Th. Gaisford (Oxford 1848; ND Amsterdam 1967); Lasserre, Livadaras [88]. – **97** Reitzenstein [59] 254–286; ders. [67] 816f.; Ausg. siehe [88]. – **98** Ioannis Zonarae Lexicon, ed. J.A.H. Tittmann, I–II (1808; ND Amsterdam 1967); K. Alpers: Art. ‹Zonarae Lexicon›, in: RE X A (1972) 732–763; Alpers [18] 11–42. – **99** Thomae Magistri sive Theoduli Monachi Ecloga vocum Atticarum, ed. F. Ritschl (1832; ND 1970) – **100** Fischer [28] 49f. – **101** Hansen [35] 30f. – **102** Cohn [34] 353. – **103** Nickau [55] XXV–XXVIII. – **104** Lexicon Vindobonense, recensuit A. Nauck (St. Petersburg 1867; ND 1967); vgl. Tolkiehn [14] 2477; Alpers [18] 45–47. – **105** Himerii Declamationes et Orationes, ed. A. Colonna (Rom 1951) XXXVIII–XLI; 251–253; A. Guida: Frammenti inediti di Eupoli, Teleclide, Teognide, Giuliano e Imperio da un nuovo codice del lexicon Vindobonense, in: Prometheus 5 (1979) 193–216. – **106** Ausgabe von A. Asulanus (Venedig 1524; Paris 1532); vgl. J.J. Keaney, Moschopulea: Byzant. Zs. 64 (1971) 314f.; G. Morocho: Consideraciones en torno a la Collectio Vocum Atticarum de Manuel Moschopulo, in: Emerita 45 (1977) 153–169. – **107** vgl. Quint. I, 1, 34. – **108** Sueton, De grammaticis 22. – **109** Varro, De Lingua Latina VII 10; VII 34. – **110** Goetz: Art. ‹Glossographie›, in: RE VII (1910) 1433–1466. – **111** M. Rabenhorst: Der ältere Plinius als Epitomator des Verrius Flaccus (1907). – **112** P.L. Schmidt, in: Hb. der lat. Lit. der Antike, Bd. 4 (1997) 240–245 (§ 440). – **113** Sextus Pompeius Festus, De verborum significatu quae supersunt cum Pauli epitome, ed. W.M. Lindsay (1913; ND 1965). – **114** Suidas (Suda) τ 895. – **115** J. Taillardat: Suétone, ΠΕΡΙ ΒΛΑΣΦΗΜΙΩΝ. ΠΕΡΙ ΠΑΙΔΙΩΝ (Extraits byzantins) (Paris 1967). – **116** Nonii Marcelli De compendiosa doctrina libros XX, ed. W.M. Lindsay. Vol. I–III (1903). – **117** W. v. Strzelecki: Art. ‹Nonius Marcellus›, in: RE XVII, 1 (1936) 882–897, Zitat: 884.

Literaturhinweise:
R. Reitzenstein: Verrianische Forschungen, Breslauer philol. Abh. I.4, (1887). – L. Cohn: Griech. L., in: K. Brugmann, A. Thumb: Griech. Grammatik (⁴1913) 679–730. – G. Goetz: De glossariorum latinorum origine et fatis, Corpus Glossariorum Latinorum, vol. I (1923; ND Amsterdam 1965). – C. Serrano Aybar: Lexicografia griega antigua y medieval, in: F.R. Adrados u.a.: Introduccion a la lexicografia griega (Madrid 1977) 61–106. – H. Gärtner: Art. ‹L.›, in: KlP III (1969) 610–612 – K. Alpers: Griech. L. in Antike und Mittelalter, in: H.-A. Koch, A. Krup-Ebert (Hg.): Welt der Information. Wissen und Wissensvermittlung in Gesch. und Gegenwart (1990) 14–38 – F. Montanari: Lessicografia, in: G. Cambiano, L. Canfora, D. Lanza (Hg.): Lo spazio letterario della Grecia antica, Vol. I 2 (1993) 250–252; E. Degani: La lessicografia, ebd., Vol. II (1995) 505–527. – R. Tosi: La lessicografia e la paremiologia in età alessandrina ed il loro sviluppo successivo, in: La philologie grecque à l'épocque hellénistique et romain. Entretiens sur l'antiquité classique, tome XL (Genf 1995) 143–197.

K. Alpers

IV. *Lateinisches Mittelalter.* Das Erbe der lateinischen L. aus antiker Zeit ist dürftig [1]: Das seltene Begriffe erläuternde Werk ‹De significatu verborum› des Grammatikers VERRIUS FLACCUS (frühe Kaiserzeit) gelangt teilweise in der (ursprünglich 20 Bücher umfassenden) Epitome des SEXTUS POMPEIUS FESTUS (2./3. Jh.) ins Mittelalter, teilweise durch Exzerpte, die PAULUS DIACONUS († um 799) aus dieser Epitome anfertigte. Ebenfalls in karolingischer Überlieferung wird ‹De compendiosa doctrina› des NONIUS MARCELLUS (wohl Anfang 4. Jh.) faßbar, der sprachliche Besonderheiten anhand von Beispielen älterer Schriftsteller lexikonartig behandelt. [2] Außer der ‹Expositio sermonum antiquorum› des FULGENTIUS (um 500), die 62 veraltete lateinische Wörter erklärt und mit Beispielen aus der alten Literatur belegt, ist noch die ‹Etymologiae› bzw. ‹Origines› genannte Enzyklopädie des ISIDOR VON SEVILLA († 636) zu erwähnen. [3] Neben der eigenen handschriftlichen Verbreitung fließt dieses Gut zusammen mit Scholien zu antiken Autoren bzw. Grammatikern in die Glossentradition [4] ein, z.B. in den verbreiteten ‹Liber Glossarum› (7. Jh., Spanien, bekannt auch als ‹Glossarium Ansileubi›) oder in das stark althochdeutsch glossierte ‹Glossarium Salomonis› [5], in das lateinisch-altenglische Glossar ‹Nomina multarum rerum anglice› des Angelsachsen AELFRIC († um 1025) und in das ‹Summarium Heinrici› (11. Jh.), das, vor allem auf Isidor beruhend, mit mehr als 4000 deutschen Glossen für lange Zeit zum wichtigsten Lehrbuch in deutschsprachigen Klosterschulen wird. [6]

Seit der Phase im Sprachdenken des Mittelalters, die J. Pinborg die «Logisierung der Grammatik» [7] genannt hat (ca. 1150 bis 1260), entsteht eine beachtliche Zahl voluminöser lateinischer Lexika, die über die semantische Schlichtheit der Glossare weit hinausreichen. Den Übergang zwischen glossographischer Ausrichtung und sprachtheoretischer Entwicklung bildet das ‹Elementarium doctrinae erudimentum› (um 1041) [8] des Italieners PAPIAS, der aus antiken Quellen und dem ‹Liber Glossarum› (hauptsächlich) als erster im Mittelalter ein Nachschlagewerk für den gezielten Zugriff auf die gesuchte Information gestaltet, indem er die Alphabetisierung bis zum dritten Buchstaben eines Stichwortes durchführt. [9] Seine Wirkung bis ins 16. Jh. verdankt er nicht nur der starken handschriftlichen Verbreitung und frühen Drucklegung, sondern auch seiner Omnipräsenz im vielleicht meistbenutzten Lexikon des Mittelalters, dem ‹Catholicon› (1286) des JOHANNES BALBUS [10], der ihn häufig als einen der antiken Grammatik verpflichteten Gewährsmann anführt, ihn geradezu absetzt gegen seine jüngeren, von *derivationes* (Ableitungen) abhängigen Quellen. [11] Diese *Derivationstraktate*, die um die Mitte des 12. Jh. im Umfeld des Pariser Grammatiklehrers PETRUS HELIE entstehen, markieren einen Neuansatz in der Sprachbetrachtung mit weitreichender Wirkung auf die L., indem sie die lexikalische Zusammengehörigkeit von Wörtern bzw. Wortfamilien aufgrund verschiedener Derivationsmodi definieren. Diese Derivationsmodi oder Tropen, auf deren Verbindung zur Tradition der antiken Rhetorik R. Klinck zu Recht hinweist[12], entfalten sich zunächst zu einer stark aufgefächerten Systematik der Ableitungsmöglichkeiten[13], weichen gegen Ende des 12. Jh. dann einfacheren Systemen. OSBERN VON GLOUCESTER (2. Hälfte des 12. Jh.), dessen ‹Derivationes› genanntes Werk auch auf dem Festland verbreitet ist und die Derivationstraktate der folgenden Jahrhunderte nachhaltig beeinflußt, erlaubt Ableitungen «aliquando secundum litteram tantum, aliquando secundum sensum tantum, aliquando autem secundum litteram et sensum, nonnumquam vero per antifrasim aut per sincopam» (manchmal nur nach dem Wortlaut, manchmal nur nach der Bedeutung, manchmal aber nach Wortlaut und Bedeutung, gelegentlich jedoch durch Antiphrasis oder Synkope).[14] Demgemäß ordnet Osbern zu Grundwörtern gehörige Wortfamilien zu Derivationsartikeln, deren Umfang zwischen wenigen Zeilen und mehreren Seiten schwanken kann; nach dem Anfangsbuchstaben zusammengefaßte Traktate werden von Wortlisten mit lexikalischen Erläuterungen von glossographischer Knappheit abgeschlossen. Osbern wird Hauptquelle für die ‹Magnae Derivationes› des HUGUCCIO VON PISA[15] († 1210), der so umfängliche Artikel anlegt, daß bald komplizierte Indizierungssysteme entwickelt werden, um einzelne Wörter überhaupt auffindbar zu machen[16]; auf ihm basiert die L. der Folgezeit. Trotz des immensen Gesamtumfanges findet Huguccio weite handschriftliche Verbreitung (mehr als 200 Hss.), allerdings wird er nicht gedruckt. Weniger verbreitet, aber für die weitere Entwicklung der L. von Bedeutung ist die ‹Summa derivationum› (um 1229) des WALTHER VON ASCOLI[17], der, weitgehend auf Huguccio basierend, *derivationes* in alphabetischer Ordnung anlegt. Der im Zusammenhang mit Papias schon genannte Johannes Balbus zerlegt die Großartikel des Huguccio (meist bis zu den untersten der Unterlemmata) und schafft aus dem so gewonnenen derivatorischen Material, dem glossographischen Bestand bei Papias und antiken wie mittelalterlichen Grammatikern, ein alphabetisches Lexikon als fünften und umfangreichsten Teil seiner Grammatik, der er selbst den Namen ‹Catholicon›[18] gibt. Dieses 1286 fertiggestellte Kompendium – es wird bald nach Erfindung des Buchdruckes in Mainz (1460) und Augsburg (1469) gedruckt – beeinflußt den ‹Vocabularius Lucianus› (2. Hälfte 14. Jh.), dessen Wirkung auf den süddeutschen Raum beschränkt bleibt, und den eher in Norddeutschland verbreiteten ‹Vocabularius brevilogus› (letztes Viertel 14. Jh.), der später in der Bearbeitung durch JOHANNES REUCHLIN (um 1475) ‹Vocabularius breviloquus›[19] heißt. Überhaupt läßt sich die breite L. des 14. bis 16. Jh. als Wirkungsgeschichte der großen Kompilatoren Papias, Huguccio und Balbus begreifen, zu denen sich GUILLELMUS BRITO für den Bibelwortschatz gesellt. Dessen ‹Expositiones vocabulorum Biblie› oder ‹Summa Britonis› (1248/67), ein alphabetisch angelegtes Bibellexikon[20], fußt auf Papias, Huguccio und dem ‹Doctrinale› des ALEXANDER VON VILLA DEI, einer Versgrammatik (um 1200). Zusammen mit dem Graecismus› des EBERHARD VON BÉTHUNE († um 1212) und dem ‹Dictionarius› des JOHANNES VON GARLANDIA († um 1272; s.u.) wirkt Brito auf das ‹Puericius› genannte Lexikon (um 1350) des JOHANNES DE MERA, der

eine revidierte Fassung davon, den ‹Brachylogus›, ebenfalls in derivatorischer Systematik, 1354 vorlegt. Zu diesen, im wesentlichen rein lateinischen Werken, in denen nur gelegentlich volkssprachige Wörter begegnen[21], treten im 14. und 15. Jh. *zweisprachige* alphabetisch geordnete Lexika, die nicht an die Tradition der älteren zweisprachigen Glossare mit ihrem aus ursprünglichen Kontextglossen gewonnenen Bestand anknüpfen[22], sondern die die gelehrte lateinische L. um volkssprachige Interpretamente bereichern. Die Erforschung dieser lateinisch-deutschen L. des Spätmittelalters erhält einen starken Impuls durch die Editionsvorbereitungen zu dem verbreiteten ‹Vocabularius Ex quo›[23] (um 1400); dieses Werk löst das (wahrscheinlich) erste lateinisch-deutsche Vokabular ab, das FRITSCHE CLOSENER in der zweiten Hälfte des 14. Jh. erstellt hatte und das in JAKOB TWINGER VON KÖNIGSHOFEN (1346–1420) einen Fortsetzer bzw. Bearbeiter fand. Interesse an den ‹heiligen Sprachen› dokumentiert der um 1400 zusammengestellte ‹Vocabularius› des DIETRICH ENGELHUS, ein (mit deutschen Glossen versehenes) lateinisch-lateinisches, griechisch-lateinisches, hebräisch-lateinisches und deutsch-lateinisches Lexikon. Als Vertreter der nicht-alphabetischen Sachglossare sind der um 1328 entstandene ‹Vocabularius optimus› des JOHANNES KOTMANN[24] zu nennen und der ‹Liber ordinis rerum (Esse-essencia-Glossar)› (Ende 14. Jh.), der in einer Lang- und einer Kurzfassung überliefert ist.

Onomasiologische L. tritt neben die sprachtheoretisch orientierten Werke in Wortlisten, wie sie ADAM DE PARVO PONTE († um 1159) in ‹De utensilibus ad domum regendam pertinentibus›[25] bietet und nach ihm ALEXANDER NECKAM in ‹De nominibus utensilium›[26]; diese Listen erwachsen lexikalischen Interessen, dienen aber dem Ziel, die umgebende Realität sprachlich zu erfassen und der Gelehrtensprache Latein über die Artes hinaus Bereiche des Alltagslebens zu erschließen. Ihre weite Verbreitung (mit volkssprachigen Glossen) unterstreicht das Bedürfnis nach solchen Schriften. Noch bei Johannes von Garlandia ist dieser Ansatz nachweisbar, der seinen ‹Dictionarius›, ein ähnliches Kompendium von Sachbegriffen, mit dem Wunsche einleitet, er möge nicht nur im Holzregal stehen, sondern auch im geistigen Bücherschrank vertreten sein, um elegantes Formulieren zu ermöglichen.[27]

Überlappungen der L. mit der Grammatik sind aus der genetischen Verwandtschaft der Disziplinen erklärlich, Überschneidungen mit der Enzyklopädik, der Summenliteratur, den großen Repertorien, Florilegien, Kompendien und anderen Sammlungen ergeben sich vor allem dort, wo Ordnungs- bzw. Findesysteme diese Werke als Nachschlagewerke benützbar machen, oder, wenn einschlägig Lexikalisches in onomasiologischer oder enzyklopädischer Umgebung aufscheint, wie es bereits bei Isidor von Sevilla der Fall ist.[28] Schon die weitgehend auf Isidor basierende Schrift ‹De universo› des HRABANUS MAURUS († 856), mehr noch die großen Enzyklopädisten des 13. Jh., wie THOMAS VON CANTIMPRÉ, VINZENZ VON BEAUVAIS oder BARTHOLOMAEUS ANGLICUS haben das Interesse am lexikalischen Aspekt der Wörter weitgehend verloren; sie zielen auf die Sachinformation. Dies gilt auch für Spezialwörterbücher zu einzelnen Fächern (Philosophie, Jurisprudenz, Heilkunde), die sich durch ihre Ausrichtung auf fachspezifische Realien von der semantischen L. abgrenzen.[29] Hierzu sind auch lexikalische Hilfsmittel für den Prediger zu rechnen, dessen Anliegen, die religiöse Unterweisung, einen beträchtlichen Teil mittelalterlicher rhetorischer Entfaltung repräsentiert. Unter der Bezeichnung ‹distinctiones› (Unterscheidungen) kommen in der scholastischen Theologie bzw. Philosophie Nachschlagewerke in Gebrauch, die zu alphabetisch angeordneten Stichworten (überwiegend) der Hl. Schrift Erläuterungen sachlicher, sprachlicher, vor allem aber exegetischer Art ausbreiten.[30]

Die *neuzeitliche* L. des mittelalterlichen Lateins setzt 1678 mit einem Standardwerk ein, das meist metonymisch mit dem Namen seines Urhebers DU CANGE genannt wird[31]; zu dessen Neubearbeitung rief die Union Académique Internationale (UAI) kurz nach dem Ersten Weltkrieg das Projekt ‹Dictionnaire du Latin médiéval› ins Leben. Um die gesamte Latinität des Mittelalters in Europa zu erfassen, sollte jedes der in der Union vertretenen Länder die lateinischen Quellen – in der Regel edierte Texte –, die auf seinem Territorium entstanden waren oder die für die eigene Geschichte von Belang sind, nach vorgegebenen Richtlinien[32] auswerten und den Wortbestand der Zeit von 1000 bis zur Renaissance in einem eigenen (nationalen) Wörterbuch dokumentieren, während das Material aller Länder aus der Zeit zwischen 500 und 1000 einem (internationalen) Gemeinschaftsunternehmen zufließen sollte[33]; Frankreich kam die Sonderrolle zu, dieses zusammen mit dem eigenen Wortmaterial zu realisieren. 1950 wurde das Konzept geändert und beschlossen, das bis dahin Gesammelte in einem vorläufigen Lexikon, dem ‹Novum Glossarium›, zu veröffentlichen und den Zeitrahmen neu festzusetzen, nämlich auf die Zeit von 800 bis 1200. Dadurch tritt auch der Beitrag Frankreichs erst ab dem Jahr 800 in Erscheinung, während die gerade dort sprachgeschichtlich bedeutende Epoche davor (Merowingerlatein) unberücksichtigt bleibt. Diese Lücke hätte das Projekt des damaligen Vorsitzenden des Redaktionskomitees füllen können, der ein ‹Dictionary of Later Latin› angekündigt hatte[34], jedoch nicht verwirklichte. 1957 begann das ‹Novum Glossarium›[35] mit der Publikation beim Buchstaben L, da die nationalen Wörterbuchunternehmen alle beim A mit der Erarbeitung begonnen hatten – allerdings nach inzwischen sehr unterschiedlichen Konzepten: Wie Großbritannien[36] (für die Zeit von ca. 550–1550) dokumentiert auch Deutschland, das gemeinsam mit Österreich und der Schweiz den Beitrag des deutschsprachigen Raumes[37] der Zeit von ca. 600–1280 realisiert, den gesamten lateinischen Wortschatz, den antiken knapp, während das mittelalterlich Neue besondere Beachtung erfährt. So verfahren auch Polen[38] (für die Zeit von 1000–1506, dem ursprünglichen Zeitrahmen für die nationalen Wörterbücher) und Ungarn[39] (1002–1526). Italien[40] hielt sich an die alten Zeitgrenzen für das Gemeinschaftsunternehmen, also 500–1000, ebenso an die Festlegung, nur zu belegen, was nicht bei FORCELLINI aufscheint.[41] Diese Exzerptionsregel der UAI befolgte auch Jugoslawien[42], wählte als untere Zeitgrenze jedoch das Ende des 15. Jh. Das tschechische[43] Unternehmen deckt ebenso wie das dänische[44], das finnische[45] und das schwedische[46] ebenfalls die Zeit bis zum Humanismus ab. Allerdings belegen diese Lexika nur, was an Formen und Bedeutungen nicht bei GEORGES[47] vorkommt. Das niederländische[48] Unternehmen bearbeitet die Zeit von 700 bis 1500. Neben einem Autorenindex[49] figuriert als spanischer Beitrag in den Union-Berichten das katalonische Unternehmen (mit dem Zeitraum 800–1100), dem als Referenz der ThLL dient[50]. Autorenlisten hat auch Belgien[51] geliefert.

Von den mittellateinischen (Hand-)Wörterbüchern außerhalb der UAI ist das von BLAISE [52] für Theologen konzipiert, das von BRINCKMEIER [53] wendet sich an Historiker, ebenso das von NIERMEYER. [54] Eine lexikalische Aufbereitung der mittelalterlichen Glossentradition bietet DIEFENBACH [55], der rund 150 lateinisch-deutsche Glossare unterschiedlichen Umfangs auswertet. Bereits im neulateinischen Umfeld ist das Lexikon von HOVEN anzusiedeln. [56]

Anmerkungen:
1 vgl. RE Bd. 12, 2432–82; den 6 Paragraphen für lat. L. stehen 63 für griech. L. gegenüber. RE, LMA und VerfLex² weisen die maßgeblichen Ed. der lat. Texte nach, wenn nichts anderes vermerkt ist; alle Übers. vom Verf. – **2** vgl. P. Gatti: Nonius, in: Les manuscrits des lexiques et glossaires de l'Antiquité tardive à la fin du Moyen Âge, hg. von J. Hamesse (Louvain-la-Neuve 1996) 79–91. – **3** v.a. Isid. Etym. X ‹De vocabulis› (Wörter), eine alphabetisch angeordnete Wörterliste mit etym. Erklärungen. – **4** vgl. M. Lapidge: LMA Bd. 4, 1508ff. (Lit.); A.C. Dionisotti: On the Nature and Transmission of Latin Glossaries, in: Hamesse [2] 206–252. – **5** nach Bischof Salomo III. von Konstanz († 919) benannt, der es vielleicht angeregt hat. – **6** vgl. R. Hildebrandt: Art. ‹Summarium Heinrici›, in: VerfLex² Bd. 9, 510ff. – **7** J. Pinborg: Ma. Sprachtheorien, in: FS Heinrich Roos (Kopenhagen 1964) 66. – **8** zur Datierung: V. de Angelis: Papiae elementarium. Littera A (Mailand 1977) II. – **9** vgl. Papias vocabulista (Venedig 1496; ND 1966) fol. 2rb; K. Miethaner-Vent: Das Alphabet in der ma. L., in: Lexique 4 (1986) 83–111, bes. 95ff.; alphabet. Ordnung bis zum zweiten, gelegentlich bis zum dritten Buchstaben hatte schon der ursprüngliche Fassung des Verrius Flaccus. – **10** Joannes Balbus: Catholicon (Mainz 1460; ND 1971). – **11** vgl. F.-J. Konstanciak: Celeuma: quasi calcantium oma, in: FS P. Klopsch, Göppinger Arbeiten z. Germanistik 492 (1988) 263ff. – **12** R. Klinck: Die lat. Etymologie des MA (1970) 28; zu ihrer Rolle in der Rhet.: 11f. – **13** ebd. 31. – **14** Osberno: Derivazioni, hg. von P. Busdraghi (Spoleto 1996) 9; von den 27 vollständigen Hss. haben nur 3 ihre Bibliotheksheimat auf den Brit. Inseln; zur Bestückung ma. Bibliotheken mit lexikal. Werken: D. Nebbiani-Dalla Guarda: Les glossaires et les dictionnaires dans les bibliothèques médiévales [2] 145–204. – **15** zu den verschi. Formen des Autorennamens vgl. C. Riessner: Die 'Magnae Derivationes' des Uguccione da Pisa (Rom 1965) 3. – **16** vgl. K. Grubmüller: Vocabularius Ex quo. Unters. zu lat.-dt. Vokabularen des Spätmittelalters (1967) 26. – **17** vgl. O. Weijers: Dictionnaires et répertoires au Moyen Âge (Turnhout 1991) 188 (Lit.). – **18** G. Powitz: Le Catholicon – Esquisse de son histoire, in: Hamesse [2] 299–336; zum Titel (praef.): «liber iste vocetur Catholicon, eo quod sit communis et universalis» (Catholicon soll dieses Buch heißen, weil es allgemein und umfassend ist). – **19** vgl. Weijers [17] 195, 205f. – **20** K. Grubmüller: Art. ‹Guielmus Brito›, in: VerfLex² , Bd. 3, 300ff. Ausg.: Summa Britonis sive Guillelmi Britonis expositiones vocabulorum Biblie, hg. von L.W. Daly, B.A. Daly (Padua 1975); von ihm stammt wohl auch die Versifikation griech. und hebräischer Worterklärungen, der ‹Brito metricus›; vgl. Brito metricus, hg. von L.W. Daly (Philadelphia 1968) XI. – **21** zum romanischen Wortschatz bei Balbus vgl. Riessner [15] 103–183. – **22** vgl. Grubmüller [16] 47ff. – **23** ders. [16]. – **24** Vocabularius optimus, hg. von E. Bremer (1990). – **25** Ausg.: T. Hunt: Teaching and Learning Latin in Thirteenth-century England, Bd.1 (Cambridge 1991) 172–76. – **26** Teilausg.: Hunt [25] 181–89; für den Rest: A. Scheler: Trois traités de lexicographie latine de XIIᵉ et du XIIIᵉ siècle, in: Jb. f. Rom. u. Engl. Lit. 7 (1866) 171–73. – **27** vgl. [25] 175. – **28** hier kündigen das Ineinander von Worterklärungen und Sacherläuterungen die Kapitelüberschr. oft an, z.B.: Isid. Etym. II, 1 ‹De rhetorica eiusque nomine› (Die Rhet. und ihre Bezeichnung). – **29** G.R. Dolezalek: Lexiques de droit et autres outils pour le 'ius commune', in: Hamesse [2] 353–76; J. Hamesse: Lexiques et glossaires philosophiques inédits [2] 453–80; zur Heilkunde vgl. G. Keil: Art. ‹Jodocus von Prag›, in VerfLex², Bd. 4, 529. – **30** vgl. L. Hödl, F. Hoffmann: Art. ‹Distinktion›, in: LMA, Bd. 3, 1127. – **31** Glossarium Mediae et Infimae Latinitatis, conditum a Carolo Du Fresne domino Du Cange …, 10 Bde. (1883–87; ND Graz

1954). – **32** vgl. Bulletin Du Cange – Archivum Latinitatis Medii Aevi (ALMA) 1 (1924) 66–76; es wird u.a. festgelegt, daß nur solche Wörter und Bedeutungen aufgenommen werden dürfen, die nicht in der letzten Ausg. des Lex. von Forcellini-De Vit vorkommen (Lexicon totius Latinitatis ab Aegidio Forcellini ... lucubratum ..., Padua 1864–1926); vgl. Ch.-V. Langlois, ebd. 11. – **33** Überschneidungen mit dem ThLL, der die Latinität bis ca. 600 dokumentiert, wurden in Kauf genommen; zum ThLL vgl. D. Krömer, in: Wörterbücher (Teilbd. 2), hg. von F.J. Hausmann u.a. (1990) 1717ff. – **34** J.H. Baxter: ALMA [32] 23 (1953) 13. – **35** Novum Glossarium Mediae Latinitatis (Kopenhagen 1957ff.). – **36** Dictionary of Medieval Latin from British Sources (London 1975ff.); für A: 516 Sp. mit ca. 100 Z. – **37** Mittellat. Wtb. bis zum ausgehenden 13. Jh. (1967ff.); für A: 1300 Sp. mit je 72 Z. – **38** Lexicon Mediae et Infimae Latinitatis Polonorum (Warschau/Breslau/Krakau 1953ff.); für A: 1006 Sp. mit je 55 Z. – **39** Lexicon Latinitatis Medii Aevi Hungariae (Budapest 1987ff.); für A 626 Sp. mit je ca. 60 Z. – **40** Latinitatis Italicae Medii Aevi inde ab a. CDLXXVI usque ad a. MXXII Lexicon Imperfectum. ALMA [32] 10 (1935) 29–240 (= A-gradior; der Rest verteilt sich auf spätere Bde. bis 1964 [Zusammenfassender ND: Turin 1970]); für A: 92 Sp. mit je 55 Z. – **41** vgl. ALMA [32]. – **42** Lexicon Latinitatis Medii Aevi Iugoslaviae (Zagreb 1969–78); für A: 180 Sp. mit je ca. 55 Z. – **43** Latinitatis Medii Aevi Lexicon Bohemorum (Prag 1987ff.); für A 690 Sp. mit je ca. 65 Z. – **44** Lexicon Mediae Latinitatis Danicae (Aarhus 1987ff.); für A: 138 Sp. mit je 60 Z. – **45** Glossarium Latinitatis Medii Aevi Finlandicae (Helsinki 1958); für A – zodomita 376 Sp. mit je 47 Z. – **46** Glossarium Mediae Latinitatis Sueciae (Stockholm 1968ff.); für A 178 Sp. mit je 55 Z. – **47** Ausführl. lat.-dt. Handwtb. [...] von K.E. Georges. 8. Aufl. von H. Georges (1913–19). – **48** Lexicon Latinitatis Nederlandicae Medii Aevi (Amsterdam 1970ff.); für A: 751 Sp. mit je 56 Z. – **49** Index Scriptorum Latinorum Medii Aevi Hispanorum, hg. von M.C. Díaz y Díaz (Salamanca 1958/59). – **50** Glossarium Mediae Latinitatis Cataloniae (Barcelona 1960ff.); für A: 208 Sp. mit je 52 Z. – **51** Académie Royale de Belgique – Comité National du Dictionnaire du Latin Médiéval – Index scriptorum operumque Latino-Belgicorum Medii Aevi (Brüssel 1973–79). – **52** A. Blaise: Dictionnaire latin-français des auteurs du Moyen Âge (CChr. CM) (Turnhout 1975). – **53** E. Brinckmeier: Glossarium diplomaticum (1856–63; ND 1961). – **54** J.F. Niermeyer: Mediae Latinitatis lexicon minus (Leiden 1976). – **55** L. Diefenbach: Glossarium Latino-Germanicum Mediae et Infimae Aetatis (1857). – **56** R. Hoven: Lexique de la prose latine de la renaissance (Leiden 1994).

F.-J. Konstanciak

V. *Neuzeit.* **1.** *Renaissance, Humanismus (15.–16. Jh.).* Bis weit hinein in die Neuzeit ist das vorherrschende allgemeine Sprachverständnis von einer kommunikativen Grundhaltung geprägt, die Sprache in erster Linie mit Mündlichkeit assoziiert und als *parole*, als individuelles Sprechhandeln auffaßt. Davon legen noch die großen Wörterbücher der frühen Neuzeit Zeugnis ab, denen zufolge ‹Sprache› als ‹red, dialogus› (DASYPODIUS 1536), als ‹red, sermo, lingua, oratio› (MAALER 1561) beziehungsweise als ‹sermo, oratio, vox, locutio› (STIELER 1691) verstanden wird.[1] Allmählich wird aber auch Geschriebenem sprachliche Qualität zuerkannt, und es entwickelt sich ein systemisches Verständnis im Sinne der *langue*, so daß etwa JABLONSKI (1767) schon zwei Bedeutungen des Wortes ‹Sprache› angeben kann, nämlich die von Sprache als einem «vermögen, das der mensch hat» und als «vernemliche stimme».[2] Allerdings wird in dieser Zeit noch immer eines der grundsätzlichen Potentiale von Schrift nicht bewußt reflektiert, nämlich jenes, eine permanente Erweiterung des Wortschatzes zu ermöglichen, die schließlich sogar dazu führen soll, daß das Lexikon einer Einzelsprache für den Großteil derer, die sie sprechen, zu einer bloß virtuellen Struktur wird[3], die in Wörterbüchern als sinnlich exkarnierte[4], situativ entbundene Überlieferung von sprachlichen Teilhandlungen einigermaßen übersichtlich graphisch niedergelegt, visualisiert und dauerhaft konserviert ist.

Insgesamt läßt sich die humanistische L., die in den romanischsprachigen Ländern im 15. Jh. ihren Ausgang nimmt und von Italien und Frankreich auf weite Teile des nördlichen Europas ausstrahlt, dahingehend charakterisieren, daß es ihr sprachdidaktisches Ziel ist, bei der Umsetzung des humanistischen Bildungsideals, der an Cicero und Quintilian orientierten *eruditio*, den Lehrern und Schülern sprachliche Lehr- und Unterrichtsmaterialien zum praktischen Gebrauch an die Hand zu geben, die der Verwirklichung der rhetorischen Anforderungen dienen, ein umfassendes Benennungswissen über die Welt sowie ein spezifisches Namenwissen über Personen oder Figuren und Topographien aus der antiken Geschichte und Mythologie zu erlangen und die Fähigkeit zur Ausdrucksvielfalt, zur *varietas*, zu schulen.[5] Einen großen Schritt auf dieses Bildungsideal zu unternimmt R. ESTIENNE (Robertus Stephanus), der das Prinzip der *imitatio* zum normativen und selektiven Kriterium für die Aufnahme von Sprachbeispielen in Wörterbücher erhebt und die Nachahmung des Ausdrucks der antiken, klassischen Vorbilder auch jenen ermöglicht, die sich die große Anzahl der mustergültigen Originale nicht durch eigene intensive Lektüre anzueignen vermögen.[6] 1549 bestimmt Estienne in seiner Neuauflage des 1539 erstmals erschienenen ‹Dictionaire Francoislatin› die Worterklärung explizit als Hauptaufgabe von Wörterbüchern, wenngleich diese Ambition zunächst noch weitgehend Programm bleiben muß, da in der lexikographischen Praxis des Humanismus die metasprachliche semasiologische Bedeutungsbestimmung noch eine untergeordnete Rolle spielt, weil die humanistische L. in erster Linie an den elokutionären Prinzipien der *copia* und *varietas* orientiert ist und primär intendiert, über ein reichhaltiges, exemplarisch zitiertes Textmaterial die *proprietas* zu vermitteln, die sowohl ‹Benennungsrichtigkeit› als auch ‹eigentliche Bedeutung› bzw. ‹Grundbedeutung› denotiert.[7] Seit Estiennes ‹Dictionarium seu Linguae Latinae Thesaurus› von 1531 (Paris), der auf die didaktische Weitergabe von *vis, usus* und *proprietas* – im Sinne eines dynamischen Verständnisses von Bedeutung als Gebrauch, das die zu erklärenden Wörter und Phraseologismen noch nicht von ihrer Verwendung isoliert und abstrakt definitorisch über ihre Intension zu bestimmen trachtet[8] – ausgerichtet ist, werden jedoch schon die verschiedensten Techniken der Worterklärung angewandt. Diese entwickeln sich im Laufe des 16. Jh. zunehmend mehr in Richtung auf eine etymologische und analogische Bedeutungsexplikation, die neben die bisher betriebenen Verfahren der rein nennenden und enumerativen Wiedergabe von Ausdrucksvielfalt und der Angabe von Phrasenäquivalenzen zwischen verschiedenen Sprachen tritt. Die Bedeutung von Stichwörtern wird – zusätzlich zur Angabe von bedeutungsähnlichen Wörtern – vereinzelt schon durch die Nennung von Derivativbildungen, Antonymen bzw. *contraria* und etymologischen Zusammenhängen charakterisiert. Über die verschiedenen Ausgaben von Estiennes ‹Dictionaire Francoislatin› bis hin zu I. NICOTS ‹Thresor de la langue francoyse, tant anciennne que moderne› (Paris 1606) werden diese Bedeutungsbestimmungen immer wichtiger[9], da ihnen die Rolle zugesprochen wird, eine Brücke zwischen Latein und der französischen ‹Volkssprache› zu schlagen, welche sich im Laufe der Sprachgeschichte immer mehr von ihrem lateinischen Ursprung und damit von der angeblichen ursprünglichen *proprietas* hinsichtlich der «Übereinstimmung von Wort und Sache»[10] entfernt hat. Zudem setzt im Zeitalter des Humanismus die lexikographische Praxis der Wortmarkierung ein. Die Kriterien der ‹Eigentlichkeit› und ‹Uneigentlichkeit› rücken – wenngleich noch ziemlich unsystematisch – in den Blickpunkt, und zwar sowohl unter etymologischer Betrachtung, die in genetischer Hinsicht zwischen lateinisch-einheimischem, fremdem und künstlichem Wortgut (Neologismen) unterschiedet, unter semantischem Gesichtspunkt, der die eigentliche Grundbedeutung (*proprium*) von der uneigentlichen Bedeutung (*translatum* bzw. *per metaphoram dictum*) zu scheiden trachtet, als auch unter stilistischer Perspektive, die auf diachrone, diatopische und gewohnheitsbezogene Differenzen zur unmarkierten stilistischen Mittellage hinweisen möchte, also beispielsweise auf Archaismen, Dialektismen bzw. Regionalismen und dichterische bzw. seltene Wörter.[11]

In Frankreich gliedert sich die humanistische L. in drei Phasen[12]: Auf die erste Periode der Epistolographie (etwa von 1500 bis 1530), in der lexikographische Werke in erster Linie eine Vielfalt an Synonymen für den briefkundlichen Unterricht bereitstellen (z.B. die 1517 veröffentlichte Synonymik ‹Magna Synonyma› von G. DE FONTENAY) und die französische ‹Volkssprache› lediglich die Hilfsfunktion erfüllt, das Verständnis des Lateinischen zu gewährleisten, folgt eine Phase der Übersetzung (von 1530 bis in das 17. Jh.), in der die Ausdifferenzierung und Vervollkommnung der schriftlichen und mündlichen Ausdrucksfähigkeit in Latein die zentrale Aufgabe der im Unterricht verwendeten lexikographischen Werke ist. Die Erfüllung dieser Aufgabe wird mit Hilfe der französischen Muttersprache zu erreichen versucht, wobei die französische Darlegung der lateinischen *copia* bereits den Reichtum und die weitgehende lexikalische Ebenbürtigkeit des Französischen bezeugt. In der dritten Phase, die etwa ab 1550 einsetzt und zunächst noch parallel zur zweiten verläuft, steht die französische humanistische L. unter dem Vorzeichen der Ausweitung dieser Äquivalenz der Wortschätze auf eine poetische und literarische Ebenbürtigkeit von Latein und der französischen ‹Volkssprache›. In dieser Zeit erscheinen die ‹Epithetes› von M. DE LA PORTE (1571) und das Reimwörterbuch ‹Dictionnaire des rimes françoises› von J. LE FÈVRE und E. TABOUROT (1572), die zur Dichtungsübung herangezogen werden und dabei mithelfen sollen, die ‹Volkssprache› in den Rang eine Literatursprache zu erheben.

Am Anfang der modernen deutschen L. stehen die Glossarien des Spätmittelalters.[13] Wie die ersten Wörterbücher der frühen Neuzeit, so erfüllen auch sie den praktischen Zweck, das Verständnis vor allem lateinischer Texte und der Bibel durch lateinisch-deutsche Erklärungen zu befördern. Einer der bekanntesten Vokabularien dieser nach lateinischen Lemmata angeordneten Verzeichnisse deutscher Glossen ist der Anfang des 15. Jh. geschriebene ‹Vocabularius Ex quo›. Als handliches, gegen die *obscuritas* früherer Glossarien gerichtetes, leicht verständliches und erschwingliches exegetisches Hilfsmittel im Unterricht ist er vor allem auch für ärmere Schüler konzipiert. Dieses erfolgreichste Vokabular des 15. Jh. wird das ganze Jahrhundert hindurch in vielen deutschsprachigen Ländern verwendet und ab 1467 auch gedruckt. Bis 1505 erlebt es 46 Nachdrucke.[14] Neben solchen lateinisch-deutschen gibt es im 15. Jh. auch schon deutsch-lateinische Vokabularien – so z.B. den von GERHARD VAN DER SCHUEREN in niederrheinisch-klevischer Mundart verfaßten, 1475 publizierten ‹Vocabularius qui intitulatur Theuthonista vulgariter dicendo der Duytschlender› –, deren Hauptfunktion es ist, deutsche Lemmata durch lateinische, zum Teil aber auch schon deutsche Erklärungen zu explizieren.[15]

Die mittelalterliche Praxis der Herstellung lateinisch-deutscher Glossarien wird in der Neuzeit im deutschen Sprachraum langsam, aber sukzessive, um die lexikographische Neuerung erweitert, daß zunehmend mehr auch ‹volkssprachliche›, das heißt einsprachige deutsche Wörterbücher verfaßt werden. Im 15. und 16. Jh. findet sich die deutsche ‹Volkssprache› zum erstenmal explizit in die lexikographische Erfassung einbezogen, wobei es das Ziel lexikographischer Tätigkeit ist, den Wortschatz der regionalen Gemeinsprachen zu dokumentieren, damit neben dem Verständnis der Bibel auch das der literarischen Erzeugnisse in der ‹Volkssprache› verbessert werde.[16]

Hand in Hand mit der zunehmenden Aufwertung der sog. Volkssprachen tauchen im frühen 16. Jh. die ersten deutschen Synonymenwörterbücher auf, neben denen bis zum 17. Jh. allmählich auch immer mehr Definitionswörterbücher oder – wie es richtiger heißen müßte – ‹Bedeutungsparaphrasierungswörterbücher›[17] erscheinen, da sich in dieser Zeit das semantische Erklärungs- und Beschreibungsverfahren zu ändern beginnt[18]: An die Stelle der Erklärung mit Hilfe von bedeutungsähnlichen Wörtern (Wortsynonymenerklärung) treten langsam auch definitionsartige Bedeutungsparaphrasenangaben, die auf dem semasiologischen Verfahren der semantischen Umschreibung von Lemmata durch deren Generalisierung (*genera proxima*) und Spezifikation (*differentia specifica*) beruhen.[19]

Wichtige deutsche Wörterbücher des 16. Jh. sind die von PETRUS DASYPODIUS (1536), J. SCHÖPPER (1550) und JOSUA MAALER (1561). Dasypodius' ‹Dictionarium Latinogermanicum› (Strassburg 1536) gilt als lexikographische Zäsur, die den ‹Vocabularius Ex quo› des 15. Jh. beerbt und die Abkehr von der mittelalterlichen Art der Vokabularschreibung einleitet. Am frühhumanistischen Wörterbuch des oberitalienischen AMBROSIUS CALEPINUS (1502) und vermutlich auch am ‹Thesaurus› (1531) des schon erwähnten französischen Lexikographen ROBERT ESTIENNE orientiert, folgt das ‹Dictionarium› von Dasypodius in seiner Struktur einer Kombination aus übernommenen alphabetischen und etymologischen Richtlinien und transzendiert bereits den engen dokumentarischen Rahmen der Erfassung eines regional beschränkten Grundwortschatzes.[20] Schöpper veröffentlicht 1550 in praktischer Absicht ein primär onomasiologisch verfahrendes Synonymenwörterbuch, das, wie alle Synonymensammlungen der damaligen Zeit, darauf abgestellt ist, im Bereich der *elocutio* die Bandbreite an stilistischer Variation zu erweitern und den schriftlichen Austausch in der Verwaltungskommunikation zu optimieren. Schöpper selbst schreibt seinem Wörterbuch die Aufgabe zu, die eigene Sprachvarietät unter dem rhetorischen Aspekt des zierenden Schmuckes, des *ornatus*, zu dokumentieren. Die konzeptuelle begriffliche Ebene markiert Schöpper mit lateinischen Bezeichnungen, die für bestimmte Bereiche der ‹Wirklichkeit› stehen, denen die deutschen Synonyme zugeordnet sind. Noch J. und W. Grimm werden diese zweisprachige lexikographische Technik anwenden, um homonyme Lemmata gleich zu Beginn eines Artikels zu monosemieren.[21] In seinem deutsch-lateinischen Wörterbuch ‹Die Teütsch spraach. Dictionarium Germanicolatinum novum› (Zürich, 1561) beabsichtigt Maaler, alle Wörter, Namen und Redensarten der hochdeutschen Sprache alphabetisch zu ordnen und sie mit gutem Latein zu erklären. Von der Einlösung des Vorsatzes der vollständigen Erfassung des hochdeutschen Wortschatzes ist Maaler noch weit entfernt, zumal sein Wörterbuch hinsichtlich der Auswahl der zu erklärenden deutschen Ausdrücke einseitig am französischen Vorbild des Diktionärs von ROBERTUS STEPHANUS (1539) und damit auch am klassischen lateinischen Wortschatz orientiert ist. Was die lateinischen Erklärungen betrifft, so beruhen sie, im Unterschied zu den früheren deutschen Glossaren und Vokabularien, allerdings nicht mehr auf mittelalterlicher, sondern auf klassischer Latinität. [22] Worin Maaler mit seinem französischen Vorbild nicht gleichzuziehen vermag, das ist die in Estiennes ‹Thesaurus› bereits vorgenommene Markierung von Wörtern als ‹metaphorisch›. [23]

Die durch die allmähliche Aufwertung von Schriftlichkeit vorangetriebene Technik der Auslagerung von Sprache aus der individuellen *memoria*, das heißt der Speicherung von Ausdrücken außerhalb des individuellen mnemotechnischen Aufnahmevermögens, und die durch den Buchdruck neu eröffneten Möglichkeiten der Vervielfältigung und Verbreitung von Geschriebenem begünstigen eine lexikalische Proliferation, die im 16. und 17. Jh. unter dem humanistischen Einfluß der Aufwertung der antiken ebenso wie der ‹Volkssprachen› einerseits die Aufnahme zahlreicher Gräzismen, Latinismen und Italianismen in den Wortschatz anderer europäischer Sprachen mit sich bringt, andererseits aber auch das sprachpflegerische Interesse an den ‹Volkssprachen› wachsen läßt. Viele dieser Fremdwörter werden in das Lexikon der Einzelsprachen inkorporiert und in den Wörterbüchern verzeichnet, sie bleiben aber für viele derjenigen, die diese Einzelsprachen sprechen wortschatzperipher oder fremd, so daß bereits im barocken England und Frankreich des 17. Jh. Wörterbücher der ‹schweren Wörter› publiziert werden. [24]

Neben der Orientierung am humanistischen Bildungsideal, dem aufkeimenden Sprachpatriotismus, der Erneuerung des Schulwesens und der drucktechnischen Revolution ist es vor allem die Reformation, die einen maßgeblichen Einfluß auf die Entwicklung und Ausbreitung der neuzeitlichen L. ausübt. In allen protestantischen Zentren Europas wenden sich die reformatorischen Bewegungen dem Ausbau der ‹Volkssprachen› zu eigenständigen Standardvarietäten zu, wobei in dieser Entwicklung den Wörterbüchern neben ihrer deskriptiven vor allem eine normierende, präskriptive Funktion zukommt. Zunehmend wird die Forderung erhoben, die *copia verborum* möge entlang der Prinzipien der *puritas*, *perspicuitas* und *claritas* erweitert werden. Schon Luther verlangt in seinen Predigtanweisungen eine attizistische und verständliche Sprache, die von Fremdwörtern befreit ist. [25] Andererseits besitzt der Vorbildcharakter der antiken Sprachen und des Italienischen als der Sprache der Überlieferung antiken Kulturgutes im 15. und 16. Jh. einen starken Einfluß, der sich auch lexikalisch niederschlägt.

2. *Barock, Aufklärung (17.–18. Jh.).* Das 17. Jh. ist in den deutschsprachigen Ländern weniger ein Jahrhundert der praktischen Wörterbucharbeit als vielmehr ein Jahrhundert der explizit programmatischen lexikographischen Diskussion [26], die in den barocken Sprachgesellschaften geführt wird. Deren sprachtheoretisches und nationalpädagogisches Interesse gilt in erster Linie allgemeinen einsprachigen Wörterbüchern der noch zu schaffenden Standardvarietät. Diese Wörterbücher sind v.a. synchronisch und normativ orientiert sowie vom Wunsch geprägt, ein ‹vorbildliches› Hochdeutsch in einem Stammwörterbuch der ‹deutschen Hauptsprache› zu kodifizieren. [27]

Ein erstes solches deutsches Stammwörterbuch ist das von GEORG HENISCH 1616 verfaßte Wörterbuch [28], mit dem der Verfasser die deutsche Sprache ihrem Stammwortschatz, das heißt ihrem lexikalischen Kernbestand nach komplett zu dokumentieren bestrebt ist. Es umfaßt allerdings nur die Buchstaben A bis G. Neben einzelnen Stichwörtern nimmt Henisch vor dem motivationalen Hintergrund seines Vollständigkeitsanspruches und der lexikographischen Leitidee der *copia* auch zahlreiche Phraseologismen, also Redensarten und Sprichwörter, in sein Wörterbuch auf, die jedoch noch nicht sehr unsystematisch geordnet und klassifiziert sind. Auch gibt es bei Henisch (1616) noch keine markierende Differenzierung zwischen ‹eigentlich› und ‹übertragen› bzw. ‹bildlich›, wenngleich sich unter den Sprachbeispielen vereinzelt bereits Metaphern finden. [29]

Henisch wird von den deutschen Wörterbuchtheoretikern des 17. Jh. zumindest aus zwei Gründen wohlwollend aufgenommen: Erstens hängen sie so wie er der Idee des Stammwörterbuchs an und zweitens schließt ihr Interesse ebenso wie seines auch Phraseologismen mit ein, wovon im Laufe des Jahrhunderts noch etliche Sprichwörtersammlungen Zeugnis ablegen werden, darunter auch die von P. WINKLER, einem Mitglied der Fruchtbringenden Gesellschaft (*der Geübte*), zusammengestellte und 1685 unter dem Titel ‹Gute Gedanken, oder 2000 deutsche Sprichwörter› veröffentlichte.

Neben Winkler zählen zum Kreis der ‹Fruchtbringenden Gesellschaft› unter anderen CHR. GUEINTZ, G.PH. HARSDÖRFFER, Fürst LUDWIG VON ANHALT-KÖTHEN und J.G. SCHOTTELIUS. Die 1617 in Weimar gegründete ‹Fruchtbringende Gesellschaft› orientiert sich in ihren lexikographischen Zielvorstellungen sehr stark am ‹Vocabulario degli Accademici della Crusca› von 1612, dem toskanischen Wörterbuch der italienischen Sprachakademie, deren Mitglied Fürst Ludwig von Anhalt-Köthen (*der Nährende*) seit 1600 ist. Zwischen 1640 und 1651 entwirft der aus Adeligen, bürgerlichen Beamten, Gelehrten und Dichtern rekrutierte Diskussionskreis ein groß angelegtes lexikographisches Programm, das den sprachpatriotischen Plan einer strengen Kodifizierung der einheitlichen, von französischen Spracheinflüssen möglichst frei gehaltenen deutschen Hauptsprache (sprich: Standardvarietät, die diastratisch einseitig auf den gehobenen Soziolekt der Oberschicht ausgerichtet ist) verfolgt, deren Stammwörter, Derivativa, Synonyme und Phraseologismen vollständig dokumentiert werden sollen, allerdings nicht in durchgehend strenger alphabetischer Reihenfolge – wie im Wörterbuch der Crusca –, sondern um die alphabetisch geordneten Stammwörter herum gruppiert. [30] Zumindest teilweise gelingt es J.G. Schottelius (1663) und K. STIELER (1691) [31], dieses Programm mit ihren Wörterbüchern umzusetzen.

Stielers auf die Sprache der Oberschicht zielendes Wörterbuch umfaßt zirka 60000 Wörter, gruppiert um etwa 400 bis 600 alphabetisch angeordnete Stammwörter. [32] Die lateinisch erklärten Stammwörter werden mit zahlreichen Satzbeispielen oder Phraseologismen belegt. Vor allem im Bereich der Komposita und Ableitungen enthält das Wörterbuch zahlreiche neue Lemmata, die in den vorangegangenen deutschen Wörterbüchern noch nicht verzeichnet sind. Allerdings registriert

Stieler auch viele unübliche poetische Ausdrücke sowie mögliche, aber ungebräuchliche Wortbildungen, wenngleich er insgesamt darauf abzielt, den gängigen aktuellen Wortschatz zu dokumentieren. Stieler knüpft an die antike Tropologie an und versucht zumindest schon vereinzelt, metasprachlich explizit zwischen eigentlichen und übertragenen Bedeutungen (*per metaphoram*) zu unterscheiden. [33] Abgesehen von den Lemmata selbst sind die häufigsten Artikelpositionen in Stielers insgesamt nicht klar durchsystematisiertem Wörterbuch die folgenden: (a) in bezug auf einzelne Wortarten: bei Substantiven Genus und Numerus, bei Verben Angaben zu Konjugation und Tempusbildung, bei Adjektiven und Adverbien die Wortart und bei steigerungsfähigen Adjektiven die Komparation, (b) wortartenübergreifend: synonyme Varianten und Bildungen, zugrundeliegende Stammwörter, lexikalische Verwandtschaftsverhältnisse, explizite etymologische Herleitungen, explizite lateinische Bedeutungsäquivalenzen, Kompositions- und Derivationsbildungen, Phraseologismen, Kollokationen und figürliche Verwendungen, und (c) in bezug auf die Stammwörter, manche Wortbildungen und viele Phraseologismen: illustrative Sprachbeispiele. [34] Obwohl sich Stieler vorwiegend am Soziolekt der Adligen orientiert, spricht er sich in der Vorrede zu seinem Wörterbuch sowohl dafür aus, auch Bezeichnungen der ‹natürlichen Dinge›, darunter manche Vulgarismen und Tabuwörter, lexikographisch zu erfassen, als auch dafür, Wörter nicht-germanischen Ursprungs zu verzeichnen. Letztere erklärt Stieler sehr oft einfach zu deutschen Ausdrücken, was mit der im 17. Jh. vorherrschenden Tendenz in Einklang steht, Fremdwortlexikographie primär in Form einer sprachpuristisch motivierten Verdeutschungslexikographie zu betreiben, wenngleich Stieler neben seinem großen Wörterbuch sowohl eine eigene, mit vielen fachspezifischen Fremdwörtern angereicherte Anleitung für Buchhaltung und Handel (‹Teutsche Sekretariatskunst› 1673–1674) als auch ein eigenes, mit einem Fremdwortglossar versehenes Zeitungslexikon (‹Zeitungs-Lust und Nutz› 1695) herausgibt. [35]

Ab 1700 führen J.L FRISCH und D.E. JABLONSKI innerhalb der ‹Berliner Societät der Wissenschaften›, der Vorläuferin der ‹Königlich Preussischen Akademie der Wissenschaften›, den lexikographischen Diskurs über die richtige Form eines deutschen Wörterbuchs und einer deutsche Hochsprache weiter, bis sie im 18. Jh. von Lexikographen wie C.E. STEINBACH, J.C. ADELUNG und J.H. CAMPE [36], aber auch von Schriftstellern wie KLOPSTOCK und WIELAND übernommen wird, wobei sich die Diskussion über ein deutsches Stammwörterbuch immer mehr in Richtung auf das Projekt eines einsprachigen, mehrschichtigen deutschen Gesamtwörterbuchs und dann auch auf den Plan eines deutschen Literaturwörterbuchs verschiebt. [37] Den entscheidenden Impuls zur Gründung der ‹Berliner Societät der Wissenschaften› gibt Leibniz mit seinem sprachpolitischen Engagement für das deutsche Sozietätswesen und seiner Forderung nach einer mehrschichtigen lexikographischen Erfassung des deutschen Gesamtwortschatzes. Überhaupt antizipiert Leibniz bereits etliche der das 18. Jh. und die Aufklärung bestimmenden sprachtheoretischen und lexikographischen Reflexionen und Ansichten, darunter die aufklärerische und pädagogische Überzeugung, daß Sprache und Vernunft zusammenhängen, weshalb die Hochsprache das Bildungsziel der Aufklärung des Bewußtseins zu erreichen helfe, aber auch die sprachpatriotische Kritik des beklagenswerten Zustandes der deutschen Muttersprache und die daraus abgeleitete Befürwortung von Sprachpflege und Sprachförderung. Leibniz fordert eine leistungsfähige Hochsprache als Voraussetzung für die intellektuelle Entwicklung einer Gesellschaft. Als Rationalist warnt er vor einer allzu metaphernreichen Ausdrucksweise. In seinen ‹Unvorgreiflichen Gedancken› (1697) [38] bilanziert er den lexikalischen und stilistischen Bestand des Deutschen. Prospektiv verlangt er für die weitere Entwicklung der deutschen Sprache, daß sie entlang der klassischen rhetorischen Prinzipien des Reichtums (*copia*), der Reinigkeit (*puritas* bzw. *latinitas*) und des Glanzes (*elegantia*) verlaufe. [39] Auch wenn Leibniz einerseits anregt, Benennungsdefiziten im deutschen Wortschatz durch den Rückgriff auf Archaismen, durch Entlehnung aus anderen Sprachen, durch Komposition beziehungsweise Neuschöpfung abzuhelfen, so warnt er andererseits doch auch davor, zu viele Fremdwörter, zumal französische, ins Deutsche zu übernehmen. Leibniz plädiert für die Erfassung des Wortschatzes in drei verschiedenen Arten von Wörterbüchern, nämlich in einem allgemeinen Wörterbuch des gemeinsprachlichen Wortschatzes, in einem Füllhorn (*cornu copiae*) der Fachsprachen und in einem etymologischen Glossar. [40]

Dieser zweite größere deutsche lexikographische Traditionsstrang des 18. Jh., für den unter anderem kennzeichnend ist, daß sich die extensionale Bedeutung des rhetorisch-lexikographischen Konzepts der *copia* im Vergleich zur barocken Stammwort-L. des 17. Jh. immer stärker auszuweiten beginnt, reicht von Leibniz über J.L. Frisch (1741) bis hin zu J.Ch. Adelung (2. Aufl. 1793–1801).

Frischs Wörterbuch von 1741 ist eine erste Annäherung an Leibniz' gesamtsprachliches dokumentarisches Programm, da es neben Stammwörtern, Komposita, Derivativa und Phraseologismen auch verschiedene Regionalismen, Fremdwörter, Fachwörter, soziolektal markierte Ausdrücke (im speziellen poetische und gelehrtensprachliche) und einige sogenannte ‹Pöbelwörter› enthält. [41] Hinsichtlich der Markierung des übertragenen Gebrauchs ist Frisch äußerst inhomogen, wenngleich er im Gegensatz zu seinen Vorgängern neben dem Konzept der Metapher auch das der Metonymie (z.B. «der Berg brannte mit Feuer, Mons igne flagrabat») zur tropologischen Kennzeichnung heranzieht. [42]

Einen richtungsweisenden Höhepunkt erreicht die deutsche Dokumentationslexikographie mit J.CH. ADELUNG, der als der herausragendste deutsche Lexikograph des 18. Jh. angesehen wird. [43] Im Sinne einer evolutionären sprachlichen Relativitätstheorie geht Adelung von einem deterministischen Verhältnis der Abhängigkeit der intellektuellen und kulturellen Entwicklung einer Sprachgemeinschaft von der jeweiligen Verfaßtheit ihrer Sprache aus. Obwohl er einem aufklärerischen und rationalen Denken verpflichtet ist und behauptet, die «hochdeutsche Mundart, mit beständiger Vergleichung der übrigen Mundarten, besonders aber der oberdeutschen» zu dokumentieren, verfolgt er hinsichtlich der Etablierung einer hochdeutschen Varietät einen ziemlich pragmatischen Kurs und orientiert sich stark an der obersächsischen Varietät der gesellschaftlichen Oberschicht. [44] Insgesamt umfaßt Adelungs Wörterbuch über 55000 Artikel in fünf Bänden (1774–1786). Fremdwörter und Zusammensetzungen nimmt Adelung aus Platzgründen nur sporadisch in sein Wörterbuch auf, dafür gibt er Fachwörtern und Phraseologismen breiten Raum. Archaismen und Regionalismen bucht Adelung relativ gemäßigt, sofern sie nicht der Bedeutungsaufklärung der ‹hochdeutschen Wörter› dienen. Soziolektale Formen der unteren Schichten kommen zwar ebenso vor wie Vulgarismen, jedoch nur, wenn es sich nicht um «gar zu niedrige und pöbelhafte Wörter» handelt. Der Aufbau der Artikel gestaltet sich im wesentlichen so, daß auf das strikt alphabetisch angeordnete Lemma grammatische Angaben zu Wortart, Genus, Numerus, Flexionsmorphologie usw. gemacht werden, auf die gegebenenfalls unterschiedliche Varianten (unter anderem auch zur Orthographie) folgen. Aufgenommen sind schließlich auch semantische, pragmatische, etymologische und zum Teil auch aussprachebezogene (im wesentlichen auf die Kennzeichnung der Betonung und der Länge oder Kürze der Vokale bedachte) Angaben.[45] Das Hauptgewicht legt Adelung auf die semantische Struktur der Artikel, die einer streng analytischen, binären, quasi-‹linnäischen› Systematik gehorcht, welche von der ‹sinnlichen› zur ‹figürlichen› und von der allgemeinen zur spezifischen Bedeutung fortschreitet, wobei zahlreiche Sprachbeispiele, vor allem aus literarischen Werken, der Illustration dieser ‹Bedeutungsleiter› sowie der syntagmatischen Kombinierbarkeit der Stichwörter dienen. Im Vergleich zu seinen deutschen Vorgängerwörterbüchern stellt Adelungs lexikalisches Werk einen Meilenstein auf dem Weg zu einer systematischen Markierung von Metaphorizität dar.[46] Neben überlieferten (zumeist poetischen) Metaphern bietet er auch okkasioneller bildhafter Sprachverwendung reichlich Platz, die er systematisch mit dem Attribut ‹figürlich› versieht, das er dem Merkmal ‹eigentlich› gegenüberstellt. Die Bedeutungserklärung von Metaphern unternimmt Adelung nicht nur unter synchroner Betrachtung, sondern auch unter diachronem Gesichtspunkt. Wenn er etwa polyseme Ausdrücke semantisch analysiert, bestimmt er das Verhältnis der eigentlichen zu den übertragenen ‹figürlichen› als eines der diachronen Ableitung. Darin zeigt sich, daß Adelung zumindest schon die Metaphorisierung als ein generelles rhetorisch-semantisches Prinzip erkennt, das für die Bedeutungsvielfalt und den Bedeutungswandel mitverantwortlich ist. Zumindest in zwei Punkten ist Adelungs Vorgehen bei der Markierung von Metaphorizität allerdings zu kritisieren [47]: Erstens ist die pauschale Kennzeichnung von so unterschiedlichen Phänomenen wie metaphorischen Okkasionalismen und zu lexikalisierten, konventionalisierten Bedeutungen polysemer Ausdrücke geronnenen verblaßten Metaphern als gleichermaßen ‹figürlich› sehr undifferenziert. Zweitens ist die von Adelung suggerierte Dichotomie von ‹sinnlich› versus ‹figürlich› nicht zu halten, da Metaphorisierung ja eine ausgesprochen beliebte rhetorische Technik der Konkretion, Verlebendigung, Anthropomorphisierung und damit eben der ‹Versinnlichung› ist. Wenngleich die metasprachliche Charakterisierung unterschiedlicher Qualitäten von Metaphorisierung bei Adelung zu wünschen übrig läßt, so ist der quantitative Zuwachs an reproduzierten und als ‹figürlich› charakterisierten Metaphern als großer Fortschritt in der Geschichte der deutschen L. zu werten. Davon abgesehen stellt die sehr ausgefeilte und systematische Bestimmung der Zugehörigkeit der einzelnen Lemmata zu unterschiedlichen Stilebenen eine herausragende Neuheit in der deutschen L. dar. Über die klassische rhetorische Stillehre hinausgehend führt Adelung in sein lexikographisches Markierungssystem fünf stilistische Register ein, von denen zwei der Schriftsprache und drei der Sprechsprache zugeordnet sind, nämlich (1) die höhere oder erhabene Schreibart, die Adelung bei der konkreten Markierung von Stichwörtern bisweilen auch als ‹hohe und dichterische Schreibart› bzw. als ‹poetisch›, ‹ernsthaft› und ‹feierlich› typologisiert, (2) die edle Schreibart, die sich nur schwer von der erhabenen abgrenzen läßt und zusammen mit dieser dem klassischen *genus sublime* entspricht, (3) die Sprechart des gemeinen Lebens und vertraulichen Umganges (zumeist markiert mit ‹im gem. Leb.›, aber auch mit ‹Sprache des Umgangs› und ‹vertraulich›), (4) die niedrige Sprechart und (5) die ganz pöbelhafte Sprechart, die Adelung nur in Ausnahmefällen dokumentieren will. Zusätzliche Wortmarkierungen beziehen sich in Adelungs Wörterbuch, das bei aller Kritik maßgeblich zur Ausbildung und Etablierung einer deutschen Standardvarietät beigetragen hat, auf den Tropus der Ironie (‹ironisch›), auf die sozial- und situativ-pragmatische Verwendung von Sprache (‹höflich›, ‹in der Sprache der Liebe›) und auf das Merkmal der Fachsprachlichkeit (‹rechtliche/ theologische/ philosophische Schreibart›, ‹Kanzel- und Katheterstil›).[48]

Zusammenfassend läßt sich zur L. des 18. Jh. festhalten, daß ihre zentralen Anliegen, die zum Teil an humanistische Vorstellungen anknüpfen, die pädagogische, am Prinzip der allgemeinen Verständlichkeit (*perspicuitas*) orientierte Volksaufklärung und, damit zusammenhängend, der Ausbau der ‹Volkssprachen› zu Hoch-, Literatur- und Nationalsprachen sind. Diese Ziele, die meistens mit einem sprachpuristischen Eindeutschungspathos verbunden sind, werden unter anderem in verschiedenen Sprachgesellschaften programmatisch formuliert und dann auch ansatzweise in der lexikographische Tat umgesetzt. Obwohl Fremdwörter und Dialektismen im Bemühen um eine reine Nationalsprache in der Regel zwar auf Ablehnung stoßen, beginnen im 18. Jh. dennoch sowohl die deutsche Fremdwort- als auch die Dialektlexikographie aufzuleben. In aufklärerischer Absicht erscheint in der zweiten Hälfte des 18. Jh. eine Reihe von Fremdwörterbüchern, zu denen sich am Beginn des 19. Jh. J.H. Campes ‹Wörterbuch zur Erklärung und Verdeutschung der unserer Sprache aufgedrungenen fremden Ausdrücke› (1801) als vorläufige Klimax der deutschen Fremdwortlexikographie gesellt.[49] Sprichwort- und Sentenzenwörterbücher genießen im aufgeklärten 18. Jh. nicht mehr die lexikographische Aufmerksamkeit, die ihnen noch im barokken 17. Jh. zuteil wurde [50], als man die Pflege der ‹schönen› und ‹höflichen› Konversation in der höheren Gesellschaft unter anderem auch mit Hilfe von Sentenzensammlungen zu betreiben versuchte, die nicht selten einer weiblichen Klientel zugedacht waren.[51] Die in der zweiten Hälfte des 18. Jh. von Klopstock, Wieland und Lessing gegen Adelung und Gottsched erhobene Forderung nach einem literatursprachbezogenen Wörterbuch bleibt bloßes Desiderat der Dichter, das nicht einmal einen besonderen Einfluß auf die Auswahl der Lemmata zeitigt. Campe scheint mit seinem am Anfang des 19. Jh. erscheinenden Wörterbuch noch am ehesten zumindest an manche der Vorstellungen der Dichter heranzukommen, da er und seine Mitarbeiter bei der sprachlichen Exemplifizierung der Stichwörter auf ein weit größeres literarisches Korpus zurückgreifen als es seine Vorgänger tun.[52]

Das Erscheinungsdatum von Campes ‹Wörterbuch der Deutschen Sprache› (1807 bis 1811) fällt zwar schon in das 19. Jh., und auch sein Sprachpatriotismus gemahnt an den sich zuspitzenden Sprachnationalismus des 19.

Jh., das lexikographische Programm und die lexikographische Praxis Campes und seiner Mitarbeiter – besonders die von Theodor Bernd, dem die Formulierungsarbeit für sämtliche Artikel in Campes Wörterbuchs zufällt (sofern er nicht einfach von Adelung abschreibt), was im Wörterbuch selbst keine Erwähnung findet [53] – fügt sich jedoch noch in die lexikographische Tradition des aufklärerischen 18. Jh. ein. Einem seiner Extension nach diatopisch sehr weit gefaßten rhetorischen *copia*-Verständnis folgend desavouiert Campe Adelungs Wörterbuch als bloßes Regionalwörterbuch des Sächsischen. Campes Projekt ist es, die «Adelungsche Engbrüstigkeit» [54] zu überwinden und den «Wortreichthum anzuhäufen».[55] Er und seine Mitarbeiter dokumentieren im Unterschied zu Adelung vor allem die gebildete und bürgerliche Bücher- und Dichtersprache der Zeit, wobei das literarische Einzugsgebiet bei Campe weit größer als bei Adelung ist, die Auswahl der literarischen Belege insgesamt aber dennoch das subjektive Interesse des Herausgebers und der Mitarbeiter widerspiegelt, das einerseits zwar zum klassischen Literaturkanon gezählte Schriftsteller ignoriert, dafür jedoch Vertreter der Trivialliteratur der Zeit repräsentiert.[56] Durch die großzügige Berücksichtigung von Komposita und Derivativa expandiert das Wörterbuch Campes auf 141277 Artikel, die Adelungs lexikographisches Werk zahlenmäßig fast um das Dreifache überragen, was allerdings nichts daran ändert, daß Campe und seine Mitarbeiter Adelungs Wörterbuch sowohl hinsichtlich der Belege, der Beschreibungssystematik als auch der Bedeutungsexplikation bedenkenlos ausbeuten.[57] Die von Adelung übernommene Technik der semantischen Zergliederung und Beschreibung wird in Campes Wörterbuch insgesamt weniger systematisch und konsequent angewandt als in der lexikographischen ‹Vorlage›. Im stärker synchronisch ausgerichteten ‹Wörterbuch der Deutschen Sprache› wird weitgehend auf etymologische Deskription verzichtet, was Campe mit dem Plan eines etymologischen Ergänzungsbandes zwar auszugleichen beabsichtigt, zu dessen Zusammenstellung und Abfassung es aber nie kommen soll. Auch weicht Campe bezüglich des lexikographischen Verfahrens der Markierung von metaphorischer Sprachverwendung von seinem Vorgänger ab, indem er nämlich den metasprachlichen Marker ‹figürlich› generell durch ‹uneigentlich› ersetzt, was dazu führt, daß die explizite tropologische Kennzeichnung noch unpräziser, weil umfassender wird [58], als sie schon bei Adelung ist, wiewohl es sich in vielen Wörterbüchern insgesamt ohnedies so verhält, daß ‹metaphorisch› in einem sehr undifferenzierten weiten Sinne verwendet wird, der zumindest die Tropen der Metonymie, Synekdoche, Ironie und Hyperbel mit einschließt.[59] Was die lexikalische Erfassung der Metaphorik aus einer fremden Sprache in der eigenen betrifft, so steht Campe auf dem Standpunkt, «daß nicht jedes Bild, welches sich in der einen Sprache findet, nothwendig auch in die andere übertragen werden müsse».[60] Dagegen spricht er sich hinsichtlich der eigenen Sprache für ein spezielles ‹Wörterbuch für Dichter und ihre Leser› aus, das vorzüglich der Dokumentation des uneigentlichen dichterischen Sprachgebrauchs gewidmet ist.[61] Campes Fremdwortpurismus weist schon in das 19. Jh., wenngleich sich sein Verdeutschungsehrgeiz auch aus einer volksaufklärerischen und bildungspädagogischen Motivation speist, die sich der *perspicuitas* verpflichtet hat [62] und der schon bei Leibniz anklingende sprachtheoretische Determinismus zugrunde liegt, dem zufolge die Beschaffenheit einer Sprache den Charakter einer Kultur und Sprachgemeinschaft entscheidend mitpräge. Ob Campes sprachpatriotischer Einsatz für die deutsche Sprache zudem als strategischer Zug zu interpretieren ist, der den gegen ihn aufgrund seiner Begeisterung für die Ideale der Französischen Revolution gehegten Verdacht einer mangelnden vaterländischen Einstellung zerstreuen soll [63], bleibt dahingestellt.

3. 19. und 20. Jh. Das 19. Jh. ist unter dem Gesichtspunkt deutscher Wörterbuchschreibung das Jahrhundert der romantischen und kulturnationalistischen historischen, aber auch normativen (puristischen, orthographischen und orthoepischen) sowie idiotikographischen L. (Dialektwörterbuchschreibung), darüber hinaus jedoch auch der Parömiographie (Sprichwörterbuchschreibung) und der lexikographischen Verselbständigung der Zitatenwörterbuchschreibung von der allgemeinen Phraseologie.[64] Wesentliche Vorhaben der Lexikographen sind im 19. Jh. (1) die sprachgeschichtliche etymologische ‹Verwurzelung› des Deutschen, (2) die ‹sprachgesetzgeberische› präskriptive Normierung und lexikalische Kodifizierung einer nationalen deutschen Standardsprache, (3) die ‹Reinigung› der deutschen Sprache von fremdsprachlichen lexikalischen Einflüssen (und zwar nicht zuletzt durch Eindeutschung), (4) die – allerdings noch vergebliche – Normierung der deutschen Rechtschreibung, (5) die – abgesehen von der Welt der Bühne erfolglose – Durchsetzung der Siebschen hochdeutschen Aussprachenorm, (6) die lexikographische Erfassung der dialektalen Ausdrucksvielfalt vor dem Hintergrund der rhetorischen *copia*-Idee, der patriotischen Vorstellung der Sprachpflege und der pragmatischen Absicht der ‹volksnahen› Homilie, des besseren Verständnisses älterer Rechtstexte und der kommunikativen Erleichterung für Reisende, (7) die Aufzeichnung des ‹nationalen› Sprichwortschatzes als Manifestation des deutschen ‹Volksgeistes› und der ‹Weisheit auf der Gasse› [65] und (8) die Anthologisierung von geflügelten Worten und weisen Sentenzen zum ökonomischen zitierenden Gebrauch für das aufstrebende Bildungsbürgertum, das sich mit rhetorischem Ornat und Versatzwerk behängen oder die Aussagekraft der eigenen oder übernommenen Ansichten durch intertextuelle authentifizierende Anleihen bei anerkannten Autoritäten zu erhöhen sucht.

Das kulturnationale Selbstverständnis nährt in den Lexikographen des 19. Jh. die Vorstellung einer sprachlichen Einheit und Reinheit innerhalb eines nicht existenten Nationalstaates. Die Idee einer einheitlichen Nationalsprache wird zum ideologischen Instrument einer Sprachpolitik, die in einen puristischen Sprachchauvinismus ausufert, im Kampf gegen Barbarismen bzw. gegen die Barbarolexis Sprachakademien bzw. Sprachvereine (z.B. den 1885 gegründeten Allgemeinen deutschen Sprachverein) und Antibarbarismen aus dem Boden sprießen läßt. Diese wollen die sprachliche *puritas* gegen die Devianz vom normgerechten *aptum* abschirmen, wobei diese Abweichung meist als sprachliche Verwilderung oder gar als Sprachverfall gebrandmarkt wird.

Von der Mitte des 19. bis etwa zur Mitte des 20. Jh. absorbiert das Projekt des ‹Deutschen Wörterbuchs› (DWB) von JACOB und WILHELM GRIMM, das neben dem lexikalischen Repertoire der neuhochdeutschen Standard- und Literatursprache auch bestimmte diachrone und regionale Differenzen zu erfassen bemüht ist, zumindest soweit sie im literarischen Quellenmaterial repräsentiert sind, einen erheblichen Teil der deutschen lexikographischen Arbeit. Das ursprünglich auf 6 bis 7

Bände projektierte Wörterbuch, für das ein Bearbeitungszeitraum von 6 bis 10 Jahren eingeplant war, erscheint zwischen 1854 und 1960 in 32 Bänden und 67744 Druckspalten. Zwischen 1966 und 1971 entsteht als Quellenverzeichnis der 33. Band, der mehr als 25000 Titel beinhaltet.[66] Das lexikographische Großunternehmen ist zunächst ein aus privaten Quellen finanziertes Projekt. Es wird 1868, fünf Jahre nach dem Tod von Jacob Grimm, vom Norddeutschen Bund unterstützt und 1908, unter der Aufsicht der Deutschen Kommission, von der preußischen Akademie der Wissenschaften als nationales Anliegen übernommen. Ab 1945 nehmen sich schließlich die Akademie der Wissenschaften der DDR und die Akademie der Wissenschaften in Göttingen seiner an.[67] Die Gebrüder Grimm selbst bearbeiten die Buchstaben A bis F(rucht), und damit 28% des Wortschatzes und 9% des gesamten Wörterbuchs. Aufgrund nicht vorhandener lexikographischer Richtlinien, die nicht zuletzt J. Grimms Ablehnung einer klaren analytischen Aufgliederung der Stichwörter nach ihren unterschiedlichen Bedeutungen bzw. Teilbedeutungen geschuldet ist, aufgrund der Beteiligung vieler verschiedener Bearbeiter und aufgrund der über hundertjährigen Bearbeitungszeit ist das Wörterbuch hinsichtlich der Artikelgestaltung, der Formulierungsstile, der Stichwortbehandlung, der etymologischen Rekonstruktion, der Bedeutungsexplikation und des Beleg- und Quellenmaterials äußerst inhomogen.[68] Als allgemeines, einsprachiges, alphabetisch-semasiologisches Belegwörterbuch des schriftsprachlichen Neuhochdeutschen, das bei polysemen Stichwörtern teilweise auch lateinische Interpretamente enthält und den schriftlich festgehaltenen Wortschatz von der Mitte des 15. Jh. bis in die Gegenwart der jeweiligen Bearbeiter zu dokumentieren trachtet, ist es tendenziell gesamtsprachlich orientiert und bezieht neben dem vorwiegend literarischen Referenzmaterial auch Mundarten mit ein, zumal die des älteren Hochdeutschen. Fremdwörter, Eigennamen, Komposita und Derivativa nimmt das ‹Deutsche Wörterbuch› kaum oder nur sehr zögerlich auf.

Das von J. Grimm hochgehaltene historische Prinzip verdankt sich einem romantischen, kulturnationalen, organizistischen Sprachdeterminismus, der ein mythisierendes, teleologisches und biologistisches Sprachverständnis mit einem personifizierenden und botanisierenden Volksbegriff zusammenkoppelt und der Muttersprache eine natürliche Heil- und Prägekraft zuschreibt, die das Denken und Fühlen eines ‹Volkes› formen soll. J. Grimm will dem ‹Deutschen Wörterbuch› die nationalpädagogische Aufgabe überantworten, ‹das Volk› zu bilden und das Heiligtum und den Schatz der Sprache als hehres nationales ‹Volksdenkmal› zu hegen. Grimms lexikographisches Vorhaben, den Urbegriff, die ursprüngliche Bedeutung der Wörter aufzuspüren, gründet in der sprachgeschichtlichen Überzeugung, daß das Deutsche vom Althochdeutschen über das Mittelhochdeutsche bis hin zum Neuhochdeutschen immer mehr ‹verdorben› sei, so daß die *puritas* nur dann gerettet werden könne, wenn man die sprachliche Entwicklung bis zum Etymon zurückverfolge.[69] Auch die Metaphorik, die nur sporadisch erfaßt und dann recht inhomogen beschrieben ist, wird im Grimmschen Wörterbuch diesem Leitgedanken der ursprünglichen und eigentlichen Bedeutung untergeordnet, wobei sich die unterschiedlichen Einteilungsdichotomien als Markierungen überkreuzen oder ablösen. ‹Sinnlich, konkret› das sprachgeschichtlich mit ‹früher, älter› korreliert wird, und ‹unsinnlich, abstrakt›, das mit ‹später, jünger› assoziiert ist, überlagern sich mit ‹eigentlich, wörtlich› und ‹uneigentlich, übertragen, bildlich, figürlich›.[70] Insofern, als Grimm die Sprache in den Rang einer belebten Instanz und einer eigenständigen Akteurin erhebt und den Menschen damit den Status von sprachformenden und sprachverändernden Subjekten aberkennt, arbeitet er in gewisser Hinsicht auch einer unhistorischen Sichtweise zu.[71]

Die Stärke des Grimmschen Wörterbuchs wird aus lexikographischer Sicht von vielen in der Fülle des Belegmaterials und in der extensiven sprachgeschichtlichen Analyse gesehen. Obwohl J. Grimm dem Wörterbuch eine Zukunft als Hausbedarfsartikel wünscht, bleibt das ‹Deutsche Wörterbuch› gerade wegen seines Umfangs, aber auch wegen der zum Teil fehlenden oder unhandlichen Bedeutungserklärungen, ein für den privaten praktischen Gebrauch völlig unzweckmäßiges und unerschwingliches Nachschlagewerk für Gelehrte.

Neben dem Grimmschen Großprojekt gibt es im 19. Jh. auch bescheidenere, vom historischen Prinzip teilweise abgewandte, vorwiegend auf die synchronische Beschreibung ausgerichtete, benützungsfreundlichere lexikographische Unternehmungen wie die von Ch.F.L. Wurm, D. Sanders und M. Heyne, die an den rationalistisch-aufklärerischen Prinzipien der semantischen Transparenz, *claritas* und *perspicuitas* orientiert sind und sich gegen die Erstellung von Wörterbüchern ausschließlich für Gelehrte oder für ein konservatives Bildungsbürgertum entscheiden.[72] Wurm (1859) ist zwar wie die Brüder Grimm darum bemüht, das Neuhochdeutsche von seinen Anfängen an zu dokumentieren, er will es aber in allgemein zugänglicher Sprache abfassen, wobei er einerseits streng alphabetisch vorgeht und sich bei der semasiologischen Bedeutungsexplikation an Adelung hält.[73] Sanders (1860–1865/1876) sieht von einer alphabetischen Anordnung der Stichwörter ab und orientiert sich am Stammwortprinzip, wenn er die Wortzusammensetzungen und Präfixderivativa unter die Stammwörter subsumiert. Er zieht die analytische intensionale Bedeutungsbeschreibung der primär synthetischen des ‹Deutschen Wörterbuchs› vor. Trotz der Ankündigung im Titel, den gesamten Wortschatz seit Luther abzudecken, ist Sanders Wörterbuch in den Bedeutungserläuterungen in erster Linie synchron, es erfaßt dafür aber einen großen Bereich des Fachwortschatzes, der unter anderem auch aus Zeitungen und Zeitschriften stammt.[74]

Sanders Beitrag zur L. des 19. Jh. besteht auch darin, in den 70er Jahren die deutschsprachige Synonymenlexikographie von einer bis dahin lediglich distinktiven Synonymik, die bestrebt ist, Bedeutungsunterschiede der aufgenommenen Synonyme zu erklären, hin zu einer kumulativen Thesaurenlexikographie geöffnet zu haben, die den deutschen Wortschatz systematisch onomasiologisch nach Sachgruppen aufgliedert und die einzelnen Lemmata diesen Begriffsfeldern zuordnet, ohne die Bedeutungen und Bedeutungsunterschiede der einzelnen Synonyme periphrastisch zu explizieren. Nicht nur Sanders, sondern auch A. Schlessing (1881) und sogar noch F. Dornseiff (1933)[75], die beide zwei ziemlich erfolgreiche, mehrmals aufgelegte Synonymenthesauri des Deutschen veröffentlichen, dient der als Grundstein für die gesamte moderne Thesauruslexikographie angesehene ‹Thesaurus of English Words and Phrases› (1852) von P. Roget als Vorbild. Zweck dieser Art von kumulativer Synonymik ist es, besonders den schriftstellerisch

Tätigen, aber beispielsweise auch den Deutsch Lernenden und überhaupt allen gebildeten Schreibenden bei der Wortfindung im Sinne des rhetorisch-stilistischen *aptum* behilflich zu sein, das heißt die Auswahl des angemessensten und exaktesten Ausdrucks zu ermöglichen, der ein bestimmtes Konzept, eine bestimmte Idee oder Sache benennen soll. Darüber hinaus kommt den Thesauri auch die Funktion zu, die *proprietas* und *puritas* der lexikalisch dokumentierten Einzelsprache zu befördern.[76]

HEYNE (1890–1895/1905–1906), der selbst auch jahrzehntelang am Grimmschen Wörterbuch mitgearbeitet hat, bringt am Ende des 19. Jh. ein eigenes gegenwartsbezogenes Wörterbuch der deutschen Schriftsprache heraus, weil er sich dessen bewußt ist, daß das ‹Deutsche Wörterbuch› noch längere Zeit nicht vollendet sein wird und er ein handliches und nicht ausschließlich auf den philologischen Kreis eingeschränktes lexikographisches Nachschlagewerk zum Hausgebrauch anbieten will.[77] H. PAUL veröffentlicht nur wenige Jahre nach Heyne ein ‹Deutsches Wörterbuch› (1897), das sich an Gebildete, vor allem an Deutsch Lehrende richtet. Es enthält in kritischer Wendung gegen das ausufernde ‹Deutsche Wörterbuch› nur eine kleine Auswahl von nicht ganz 10000 Wörtern, unter denen sich keine selbstverständlichen Ausdrücke und Wortzusammensetzungen befinden, und die sich, was die Erklärungen der Bedeutungen angeht, insgesamt durch Uneinheitlichkeit auszeichnen. Paul folgt einem metasprachlichen Spartanismus[78], wenngleich er die etymologische Herkunft vieler Wörter zuverlässig angibt.[79] Allerdings enthält Pauls Wörterbuch im Verhältnis zu seinem Gesamtumfang und im Unterschied zu vielen seiner lexikographischen Vorgänger relativ viel Partikeln, besonders schallnachahmende Ideophone wie ‹bums› und direktive Interjektionen.[80]

Im 19. Jh. kreist die lexikographische Diskussion nicht allein um das nationale lexikographische Unterfangen der Gebrüder Grimm. Die Konzeption der *copia*, der sprachlichen Bereicherung, greift auch auf die idiotikographische Programmatik über und findet sich unter anderem in A. SCHMELLERS ‹Bayerischem Wörterbuch› realisiert.[81] Im Unterschied zum 18. Jh., als man Sprichwörtern nur geringe Aufmerksamkeit schenkte, weil man sie als präfabrizierte stereotype Versatzstücke abtat, schlägt sich die nunmehr sprachnationalistisch untermauerte *copia*-Idee im 19. Jh. auch in der Parömiologie nieder, die im deutschsprachigen Raum in W. WANDERS fünfbändigem ‹Deutschen Sprichwörter-Lexikon› kulminiert[82], das an die 250000 deutsche Sprichwörter und sprichwörtliche Redensarten mit Belegen umfaßt. Diesen sind analoge Beispieltexte aus vielen europäischen Sprachen beigefügt, weshalb das Lexikon auch für die internationale Sprichwörterforschung von Bedeutung ist.[83] Die ganz besonders auf das rhetorische Aktivitätsfeld der *memoria* zugeschnittene Zitaten- und Reimlexikographie erlebt im 19. Jh. unter anderem deswegen einen erheblichen Aufschwung, weil die gymnasiale Literaturpädagogik der Gründerzeit das Interesse des Bildungsbürgertums an der Sprachfertigkeit und Formkunst der Literatursprache weckt und sich die Philologie formalästhetischen Literaturfragen zuwendet, deren Beantwortung mit Hilfe von Reimwörterbüchern und autoren- oder textbezogenen Zitatenwörterbüchern leichter zu bewerkstelligen ist.[84] Darüber hinaus wirkt sich der allgemeine Strukturwandel der Öffentlichkeit überhaupt dahingehend aus, daß Zitatenwörterbücher «eine Art Demokratisierung der hohen Literatur [bewirken], die, in Scheibchen geschnitten und lexikographisch, d.h. immer auch didaktisch, aufbereitet, auf das Niveau des breiten Publikums heruntergeholt wird.»[85] Wenig Erfolg ist dagegen den auf die Normierung der *actio* und *pronuntiatio* abgestellten Aussprachewörterbüchern beschieden, was in erster Linie an der semiotischen Diskrepanz zwischen Gesprochenem und Geschriebenem liegt, die nur durch spezielle phonetische und typographische Transkriptionssysteme zumindest einigermaßen kompensiert werden kann. Deren Beherrschung ist aber nur wenigen Fachleuten vorbehalten.[86] Auch die Bemühungen um eine Normierung der deutschen Orthographie, die im 19. Jh. in der Publikation von etwa 80 verschiedenen Rechtschreibwörterbüchern und in der Abhaltung von mehreren Rechtschreibkonferenzen ihren Ausdruck findet, fruchten im 19. Jh. noch nicht. Auch J. Grimm scheitert beim Versuch, seine lexikographische Ambition Wirklichkeit werden zu lassen, die von ihm propagierte etymologisch-historische Orthographie als allgemeingültige durchzusetzen.

Erst K. DUDEN, und damit wird die Schwelle zum 20. Jh. überschritten, ist in der Frage der Vereinheitlichung der Schreibung das nötige Glück beschieden. Er arbeitet in die siebte Auflage seines ‹Orthographischen Wörterbuchs›[87] die Entscheidungen ein, die von der erfolgreich abgeschlossenen Berliner Rechtschreibkonferenz im Jahre 1901 getroffen wurden, und baut in den folgenden Jahren sein lexikographisches Normierungsmonopol in Deutschland, Österreich und der Schweiz aus, weil sich immer mehr Verlage und Druckereien nach seinem Rechtschreibwörterbuch richten. Auf Aufforderung der Buchdruckvereine aller drei deutschsprachigen Staaten bringt Duden 1903 den sogen. ‹Buchdruckerduden› heraus, der neben etlichen orthographischen Vereinfachungen eine von den Konferenzbeschlüssen noch nicht erfaßte Vereinheitlichung der Zeichensetzung und der Zusammen- und Getrenntschreibung in Angriff nimmt.[88] Im Jahr 1915 werden der ‹Buchdruckerduden› und das ‹Orthographische Wörterbuch› zu einem einzigen Werk verschmolzen[89], das den Beginn einer unangefochtenen Monopolstellung auf dem Buchmarkt einleitet, die bis zur neuen Rechtschreibreform im Jahre 1998 andauern wird. Auch wenn zwischen 1901 und 1945 noch viele andere Orthographiewörterbücher erscheinen, gelingt es keinem, dem Duden-Wörterbuch die Marktführerschaft streitig zu machen. Dies hängt nicht zuletzt auch damit zusammen, daß der Duden über die Rechtschreibung hinaus auch andere lexikographische Informationen, zumal Bedeutungserklärungen und etymologische Angaben, enthält, weshalb viele, die ein Wörterbuch erwerben wollen, mit dem Duden auszukommen glauben. Der Duden entwickelt sich so zum regelrechten ‹Volkswörterbuch›[90], allerdings mit der negativen Konsequenz der ideologischen Durchdringung in der Zeit der nationalsozialistischen Diktatur. So wie der Sprach-Brockhaus und das ‹Wörterbuch der deutschen Sprache› von P.F.L. HOFFMANN übernehmen auch die verschiedenen Duden-Wörterbücher in völlig unkritischer Weise die Stilmerkmale und das Vokabular der nationalsozialistischen Ideologie, zu denen zahlreiche dynamische und bewegungstechnische Ausdrücke, politische Fahnen-, Stigma- und Schlagwörter, deutschtümelnde Archaismen, euphemistisches Tarnvokabular, typische Komposita und Derivativa, superlativische Neubildungen, Abkürzungen, Kollektivsingulare, Verdeutschungen und alle möglichen biologischen Metaphern der Volks-, Rassen- sowie Blut-und-Boden-Ideologie gehören, die alle nicht als stigmatisierende und idealisierende Metaphern ausgewiesen sind.[91]

Nach 1945 wird der Duden sprachlich entnazifiziert, wobei zunächst primär das Verfahren der Streichung aller ideologisch belasteten Stellen und der Auffüllung der so entstandenen Lücken angewandt wird.[92] Ideologisch wertneutral ist der Duden allerdings auch in der Nachkriegszeit nicht. Das zeigt sich erstens an der Aufspaltung des Bibliographischen Instituts in eine Mannheimer und eine Leipziger Zentrale und der Herausgabe einer westdeutschen und ostdeutschen Ausgabe. Es wird zweitens aber auch an der Ende der siebziger und in den frühen achtziger Jahren einsetzenden Kritik der feministischen Linguistik erkennbar, die den sprachkritischen Finger nicht nur auf das Fehlen zahlreicher movierter weiblicher Formen legt, sondern auch auf die Verwendung eines vermeintlich ‹generischen› Maskulinums, auf die unterlassene Markierung sexistisch abwertender Lemmata und auf die unkritische Reproduktion sexistischer Sprachbeispiele, die der Illustration des Gebrauchs und der syntagmatischen Kombinierbarkeit von Stichwörtern dienen sollen.[93] Drittens manifestieren sich die Zweifel an der ideologischen Neutralität des Dudens auch in der international geführten germanistischen Kontroverse rund um die Frage der standardsprachlichen Normierung des Deutschen, in der das aus der Anglistik übernommene Konzept der ‹plurizentrischen Sprache› auch auf die deutsche Sprache angewandt und folgerichtig der Verdacht einer präskriptiv normierenden Hegemonie des Dudens ausgesprochen wird.[94]

Hinsichtlich der Erfassung und Darstellung der Metaphorik ist der Duden, das heißt das sechsbändige ‹Große Wörterbuch der deutschen Sprache›[95], in mancher Hinsicht konsistenter, wenngleich auch weit restriktiver als viele seiner Vorgänger und aktuellen Konkurrenten.[96] Er ist synchronisch und satz- bzw. textlinguistisch ausgerichtet und entscheidet sich dafür, Metaphern lediglich als ein Phänomen der *parole* gelten zu lassen. In diesem Duden sind also nur Beispiele und Zitate als metaphorisch markiert. Ursprünglich metaphorische, aber mittlerweile lexikalisierte Verwendungsweisen werden dagegen als Bedeutungen eines polysemen Lemmas angesehen, und auch feste Wendungen und Redensarten, denen eine metaphorische Verwendung zugrunde liegt, sind nicht mit der Markierung ‹metaphorisch› oder ‹bildlich› versehen, sondern werden als idiomatisierte Wortgruppenlexeme behandelt. Dem Leiter der Dudenredaktion ist dabei sehr wohl die Schwierigkeit bewußt, ein verbindliches, diatopisch und diachron austariertes quantitatives Kriterium dafür anzugeben, ab wann ein Gebrauch als lexikalisiert und semantisch sowie syntaktisch kompatibilisiert, das heißt als metaphorisch ‹verblaßt› zu betrachten ist.[97]

Eine derart restriktive lexikographische Konzeption der Metapher als Phänomen der *parole*, die andererseits mit einem sehr weiten Metaphernverständnis einher geht, unter das sehr viele tropische Übertragungen subsumiert sind, mag zwar die lexikographische Arbeit vereinfachen, sie zeugt aber nicht von einem großen oder tiefgehenden Interesse an Rhetorik und an der lexikographischen Verwendung rhetorischer Termini als metasprachliche, beschreibungssprachliche Marken zur Kennzeichnung der Bedeutung von Wörtern und Wendungen. Allerdings scheinen die Idiomatikforschung und mit ihr auch die Lexikographietheorie in jüngster Zeit der Rhetorik doch wieder ein größeres Gewicht beizumessen, zumal im Bereich der Phraseologismen.[98] Kritisch bilanziert H.-U. DIETZ[99], daß bei der Analyse von feststehenden Wortgruppen bis jetzt die Metapher als einzige rhetorische Beschreibungskategorie herangezogen wurde, wobei man sie getreu dem Aristotelischen Verständnis mit ‹Tropus› gleichsetzte und im Wörterbuch einfach als ‹bildlich›, ‹figürlich› oder eben ‹metaphorisch› markierte. Die Gründe für diese undifferenzierte bzw. einseitige Betrachtungsweise sieht Dietz unter anderem darin, daß der Metapher in der semantischen Entwicklung lexikalischer Einheiten sowohl allgemein als auch im Bereich der Phraseologismen tatsächlich eine sehr große Bedeutung zukommt, daß darüber hinaus die Schwierigkeiten bei der Abgrenzung der verschiedenen Übertragungsformen[100] und die gar nicht so seltene tropologische Mehrfachmitgliedschaft dazu verleiten, die Metapher einfach als allumfassende Rest- und Sammelkategorie zu mißbrauchen. Dietz selbst versucht die Möglichkeit einer neuen Systematisierung phraseologischer Verbindungen auf einer rhetorisch-stilistischen Grundlage auszuloten, die neben der Metapher auch andere wichtige rhetorische Prinzipien und Gestaltungsmittel wie die Metonymie, Synekdoche, Hyperbel und Ironie zu berücksichtigen trachtet. Ob derartige Differenzierungsversuche in der zukünftigen L. ihren Niederschlag finden werden, wird zu prüfen sein.

Insgesamt ist die deutsche L. des 20. Jh. nicht nur dadurch gekennzeichnet, daß ihre orthographisch normierenden Ambitionen von Erfolg gekrönt sind und daß – etwa seit der Mitte des Jahrhunderts – auch das ideologisch-manipulative Potential von Wörterbüchern kritisch aufgearbeitet wird, was sogar eine neue lexikographische Gattung von sprachkritischen Sprachwörterbüchern hervorbringt.[101]

Seit 1965, das heißt seit der Vollendung des Grimmschen Wörterbuchs, schwenkt der lexikographische Blickpunkt von der historischen Sprachbetrachtung hin zu einer synchronischen Sichtung der deutschen Gegenwartssprache. Im ausklingenden Jahrhundert steht die L. dann auch immer mehr im Zeichen der bereits erwähnten Pluralisierung und Demokratisierung, die neben der standardsprachlichen Normierung auch den Bereich des geschlechtergerechten Sprachgebrauchs erfaßt. Als zentraler pragmatischer Zweck von Wörterbüchern rückt zudem immer stärker auch die Effektivierung und Rationalisierung der Kommunikation in den Fokus der L. Im Zeitalter der elektronischen Datenverarbeitung und Reproduktion ist sie umwälzenden technischen Neuerungen ausgesetzt, die nicht nur das lexikographische Produkt und dessen Benützung, sondern auch die lexikographische Arbeit selbst tangieren.[102] Die maschinelle L., in deren theoretisch-methodische Grundlagenreflexion auch Ansätze der AI-Forschung, der strukturalistischen und kognitiven Linguistik sowie der Computerlinguistik einfließen, spaltet sich nunmehr in die computergestützte L. und die Computer-L. Jene ist damit beschäftigt, sowohl bei der Datenerhebung, der Datenaufbereitung als auch bei der Datenpräsentation (entweder in Form von herkömmlichen gedruckten oder multimedialen elektronischen Wörterbüchern, Thesauri und sprachlichen Datenbanken unterschiedlicher Art) den Computer als rationelles Arbeitsgerät einzusetzen. Diese befaßt sich unter Rückgriff auf Informatik und Computerlinguistik vor allem mit der Akquisition, Spezifikation und Repräsentation lexikalischen Wissens für

Systeme maschineller Sprachverarbeitung, die die automatische Generierung gesprochener Sprache, die Analyse geschriebener Texte und die maschinelle Übersetzung ermöglichen sollen. [103]

Anmerkungen:

1 U. Knoop: Zum Verhältnis von geschriebener und gesprochener Sprache. Anmerkungen aus historischer Sicht, in: J. Baurmann, H. Günther, U. Knoop (Hg.): Homo Scribens. Perspektiven der Schriftlichkeitsforschung (1993) 225; M. Bierbach: Grundzüge humanistischer L. in Frankreich. Ideengeschichtliche und rhet. Rezeption der Antike als Didaktik (1997) 373. – 2 Knoop [1] 225. – 3 K. Ehlich: Funktion und Struktur schriftlicher Kommunikation, in: H. Günther, O. Ludwig (Hg.): Schrift und Schriftlichkeit/Writing and Its Use. Ein interdisziplinäres Hb. internationaler Forschung/An Interdisciplinary Handbook of International Research. 1. Halbbd. / Volume 1 (1994) 24. – 4 A. Assmann: Exkarnation. Gedanken zwischen Körper und Schrift, in: A. Müller, J. Huber (Hg.): Raum und Verfahren (Basel 1993) 133–155. – 5 Bierbach [1] 448–449. – 6 ebd. 447. – 7 ebd. 379ff. – 8 ebd. 386ff. – 9 ebd. 403. – 10 ebd. 409. – 11 ebd. 435–445 sowie 453. – 12 ebd. 449–451. – 13 E. Rohmer: Art. ‹Glosse›, in: HWRh, Bd. 3 (1996) 1011; S.P. Szlęk: Zur dt. L. bis Jacob Grimm. Wörterbuchprogramme, Wörterbücher und Wörterbuchkritik (Bern et al. 1999) 15–32. – 14 K. Grubmüller: Vocabularius Ex quo. Unters. zu lat.-dt. Vokabularien des Spätmittelalters (1967) 67; Grubmüller: Die dt. L. von den Anfängen bis zum Beginn des 17. Jh., in: F.J. Hausmann, O. Reichmann, H.E. Wiegand, L. Zgusta (Hg.): Wörterbücher / Dictionaries / Dictionnaires. Ein internationales Hb. zur L. / An International Encyclopedia of Lexicography / Encyclopédie internationale de lexicographie. Zweiter Teilbd. / Second Volume / Tome Second (1990) 2037–2049. – 15 A. Gardt: Gesch. der Sprachwiss. in Deutschland. Vom MA bis ins 20. Jh. (1999) 252. – 16 H. Henne: Art. ‹L.›, in: P. Althaus, H. Henne, H.E. Wiegand (Hg.): Lex. der Germanistischen Linguistik (²1980) 784. – 17 H.E. Wiegand: Die lexikographische Definition im allg. einsprachigen Wtb., in: Hausmann et al. [14]. Erster Teilbd. / First Volume / Tome Premier (1989) 547–550. – 18 L. Hölscher: Zeit und Diskurs in der L. der frühen Neuzeit, in: R. Koselleck (Hg.): Historische Semantik und Begriffsgesch. (1979) 327–342. – 19 Henne [16] 781. – 20 Grubmüller [14] 2045. – 21 Gardt [15] 62–68. – 22 Grubmüller [14] 2043 und 2045. – 23 Bierbach [1] 418; vgl. G. Drosdowski: Die Metapher im Wtb., in: H. Henne (Hg.): Praxis der L. Berichte aus der Werkstatt (1979) 84 sowie G. Drosdowski: Die Beschreibung von Metaphern im allg. einsprachigen Wtb., in: Hausmann et al. [17] 800. – 24 P. Erlebach: Art. ‹Barbarismus›, in: HWRh, Bd. 1 (1992) 1283; F.J. Hausmann: Das Wtb. der schweren Wörter, in: Hausmann et al. [14] 1206–1210. – 25 T. Tröger: Art. ‹Fremdwort›, in: HWRh, Bd. 3 (1996) 466. – 26 P. Kühn, U. Püschel: Die dt. L. vom 17. Jh. bis zu den Brüdern Grimm ausschließlich, in: Hausmann et al. [14] 2052. – 27 Henne [16] 784. – 28 G. Henisch: Teütsch Sprache vnd Weißheit. Thesaurus linguae et sapientiae Germanicae (Augsburg 1616) [1875 Sp.; ND Hildesheim / New York 1973]. – 29 Drosdowski (1979) [23] 84; ders. (1989) [23] 800. – 30 vgl. Kühn, Püschel [26] 2052 und Gardt [15] 253ff. – 31 J.G. Schottelius: Ausführliche Arbeit Von der Teutschen HaubtSprache (Braunschweig 1663) [ND, 1. Teil, hg. von W. Hecht, Tübingen 1967]; K. Stieler: Der Teutschen Sprache Stammbaum und Fortwachs oder Teutscher Sprachschatz. 3 Bde. (Nürnberg 1691) [zus. 5107 S.; ND mit einer Einf. und Bibliogr. von G. Ising, Hildesheim 1968]; vgl. dazu G. Ising: Einf. und Bibliogr. zu Kaspar Stieler. Der Teutschen Sprache Stammbaum und Fortwachs oder Teutscher Sprachschatz (1691), in: H. Henne (Hg.): Dt. Wörterbücher des 17. und 18. Jh. Einf. und Bibliogr. (1975) 39–57. – 32 Kühn, Püschel [26] 2052 und Gardt [15] 255ff. – 33 Drosdowski (1979) [23] 84; ders. (1989) [23] 800. – 34 Gardt [15] 255f. – 35 Kühn, Püschel [26] 2063ff. – 36 D.E. Jablonski: Entwurf eines dt., von der Preussischen Societät der Wiss. herauszugebenden Wtb. (1711), in: Gesch. der königlich Preussischen Akad. der Wiss. zu Berlin im Auftrage der Akad. bearbeitet von Adolf Harnack, Bd. 2 (1900) 223–225; J.L. Frisch: Teusch-Lateinisches Wörter-Buch [...] 2 Theile (Berlin 1741) [ND mit einer Einf. und Bibliogr. von G. Powitz. Hildesheim / New York 1977]; Ch.E. Steinbach: Vollständiges Deutsches Wörter-Buch, 2 Bde. (Breslau 1734) [zus. 3120 S.; ND mit einer Einf. von W. Schröter. Hildesheim / New York 1973]; J.Ch. Adelung: Grammatisch-kritisches Wtb. der Hochdt. Mundart, mit beständiger Vergleichung der übrigen Mundarten, besonders aber der Oberdeutschen. Zweyte vermehrte und verbesserte Ausgabe, 4 Bde. (Leipzig 1793–1801) (Ausgabe von 1807) [zus. 7592 Sp.; ND mit einer Einf. und Bibliogr. von H. Henne. Hildesheim / New York 1970]; J.H. Campe: Wtb. der Dt. Sprache, 5 Bde. (Braunschweig, 1807–1811) [zus. 4634 S.; ND mit einer Einf. und Bibliogr. von H. Henne. Hildesheim / New York 1969–1970]. – 37 Henne [16] 785. – 38 G.W. Leibniz: Unvorgreifliche Gedanken, betreffend die Ausübung und Verbesserung der teutschen Sprache, in: ders.: Dt. Schr., hg. von G.E. Guhrauer, Bd. 1 (1838) 449–486 [ND Hildesheim 1966]. – 39 Gardt [15] 200. – 40 Kühn, Püschel [26] 2053f. – 41 Gardt [15] 257. – 42 Drosdowski (1989) [23] 800. – 43 ebd. 186; vgl. auch H Henne: Einf. und Bibliogr. zu Johann Christoph Adelung, Grammatisch-kritisches Wtb. der Hochdt. Mundart (1793–1801), in: Henne (Hg.) [31] 109–142. – 44 vgl. Henne [31] 186–193. – 45 ebd. 258 und 119–128. – 46 Drosdowski (1979) [23] 85; ders. (1989) [23] 800. – 47 ders. (1979) [23] 86 und (1989) [23] 801. – 48 Gardt [15] 259f; Henne [42] 115. – 49 Kühn, Püschel [26] 2063. – 50 vgl. W. Mieder: Das Sprichwtb., in: Hausmann et al. [14] 1034. – 51 J. Knape: Art. ‹Barock›, in: HWRh, Bd. 1 (1992) 1297. – 52 O. Reichmann: Gesch. lexikographischer Programme in Deutschland, in: Hausmann et al. [14] 237. – 53 Henne: Einf. und Bibliogr. zu Joachim Heinrich Campe, Wtb. der Dt. Sprache (1807–1811), in: Henne (Hg.) [31] 146. – 54 ebd. 145. – 55 ebd. 156. – 56 ebd. 157. – 57 Kühn, Püschel [26] 2058. – 58 Drosdowski (1979) [23] 86; ders. (1989) [23] 801. – 59 vgl. H. Kubczak: Die Entstehung lexikalischer Zeichen aus Metaphern und die Wörterbuchmarkierung ‹fig.›, in: ORBIS 34 (1991) 42. – 60 Campe: Ueber die Reinigung und Bereicherung der Dt. Sprache. Dritter Versuch [...] (1794), zitiert nach Henne [53] 149. – 61 Drosdowski (1979) [23] 86; ders. (1989) [23] 801. – 62 vgl. Tröger [25] 467. – 63 Henne [53] 147. – 64 vgl. Gardt [15] 261–267; P. Kühn, U. Püschel: Die deutsche L. von den Brüdern Grimm bis Trübner, in: Hausmann et al. [14] 2078–2100; Mieder [50] 1033–1044; F.J. Hausmann: Das Zitatenwörterbuch, in: ders. et al., [14] 1044–1050. – 65 Kühn, Püschel [26] 2065; vgl. J.M. Sailer: Die Weisheit auf der Gasse, oder Sinn und Geist dt. Sprichwörter. Ein Lehrbuch für uns Deutsche, mitunter auch ein Ruhebank für Gelehrte, die von ihren Forschungen ausruhen möchten (1810). – 66 J. Grimm, W. Grimm: Dt. Wtb. 16 Bände, recte 32 (Leipzig 1854–1960). Neubearbeitung, hg. von der Dt. Akad. der Wiss. zu Berlin in Zusammenarbeit mit der Akad. der Wiss. zu Göttingen. [zus. 66 993 Sp.]; vgl. Kühn, Püschel [64] 2081; Gardt [15] 264. – 67 Kühn, Püschel [64] 2081. – 68 ebd.; Gardt [15] 264. – 69 Gardt [15] 263. – 70 Drosdowski (1989) [23] 801f. – 71 Gardt [15] 265. – 72 Ch.F.L. Wurm: Wtb. der dt. Sprache von der Druckerfindung bis zum heutigen Tag, 1. Bd. (1859); D. Sanders: Wtb. der dt. Sprache. Mit Belegen von Luther bis auf die Gegenwart, 3 Bde. (1860–1865/1876); M. Heyne: Dt. Wtb., 3 Bde. (1890–1895/1905–1906). – 73 Kühn, Püschel [64] 2083. – 74 ebd. 2084; Gardt [15] 266f. – 75 A. Schlessing: Dt. Wortschatz oder Der passende Ausdruck. Praktisches Hilfs- und Nachschlagebuch in allen Verlegenheiten der schriftlichen und mündlichen Darstellung. Für Gebildete aller Stände und Ausländer, welche der korrekten Wiedergabe ihrer Gedanken in deutscher Sprache sich befleißigen. Mit einem den Gebrauch ungemein erleichternden Hilfswtb. (1881); F. Dornseiff: Der dt. Wortschatz in Sachgruppen (1933). – 76 Kühn, Püschel [64] 2086–2087. – 77 ebd. 2084f. – 78 ebd. 2085. – 79 Y. Malkiel: Das etym. Wtb. von Informanten- und Korpussprachen, in: Hausmann et al. [14] 1323. – 80 A. Burkhardt: Die Beschreibung von Gesprächswörtern im allg. einsprachigen Wtb., in: Hausmann et al. [14] 826. – 81 J.A. Schmeller: Bayerisches Wtb. (1827–1837/1872–1877); vgl. Kühn, Püschel [26] 2060. – 82 K.F.W. Wander: Dt. Sprichwörter-Lex. Ein Hausschatz für das dt. Volk. 5 Bde. (1867–1880). – 83 Mieder [50] 1035; Kühn, Püschel [26] 2065 – 84 Peregrinus Syntax: Allgemeines dt. Reimlex.; 2 Bde. (1826); vgl. Kühn,

Püschel [26] 2066. – **85** Hausmann [64] 1046. – **86** T. Siebs: Deutsche Bühnenaussprache (1898); vgl. Kühn, Püschel [64] 2093. – **87** K. Duden: Orthographisches Wtb. der dt. Sprache. Nach den für Deutschland, Österreich und die Schweiz gültigen amtlichen Regeln (Leipzig, Wien 1902). – **88** Kühn, Püschel [64] 2092. – **89** K. Duden: Duden. Rechtschreibung der dt. Sprache und der Fremdwörter (Leipzig, Wien 1915). – **90** W.W. Sauer: Der ‹Duden›. Gesch. und Aktualität eines ‹Volkswörterbuchs› (1988). – **91** S. Müller: Sprachwörterbücher im Nationalsozialismus. Die ideologische Beeinflussung von Duden, Sprach-Brockhaus und anderen Nachschlagewerken während des ‹Dritten Reichs› (1994). – **92** Sauer [90] 135ff. – **93** L. Pusch: ‹Sie sah zu ihm auf wie zu einem Gott› – Das Duden-Bedeutungswtb. als Trivialroman, in: dies.: Das Deutsche als Männersprache. Aufsätze und Glossen zur feministischen Kritik (1984) 135–144; dies.: Der neue Duden – schon veraltet, in: dies.: Die Frau ist nicht der Rede wert (1999) 178–181; H. Bussmann: *Das* Genus, *die* Grammatik und – *der* Mensch: Geschlechterdifferenz in der Sprachwiss., in: dies., R. Hof (Hg.): Genus. Zur Geschlechterdifferenz in den Kulturwiss. (1995) 114–160; vgl. auch G. Schoenthal: Art. ‹Feministische Rht.›, in: HWRh. Bd. 3 (1996) 238–243; I. Samel: Einf. in die feministische Sprachwiss. (1995). – **94** U. Ammon: Die dt. Sprache in Deutschland, Österreich und der Schweiz. Das Problem der nationalen Varietäten (1995); ders.: Nationale Varietäten des Deutschen (1997). – **95** Duden – Das große Wtb. der dt. Sprache. Hg. und bearb. vom Wissenschaftlichen Rat und den Mitarbeitern der Dudenredaktion unter der Leitung von G. Drosdowski, 6 Bde. (1976–1981). – **96** Wtb. der dt. Gegenwartssprache, hg. von R. Klappenbach, W. Steinitz, 6 Bde. (1961–1977); G. Wahrig: Dt. Wtb. (1968) [völlig überarbeitete Neuausgabe, München 1986]; Brockhaus-Wahrig: Dt. Wtb., hg. von G. Wahrig, H. Krämer, H. Zimmermann, 6 Bde. (1980–1984). – **97** Drosdowski (1989) [23] 803. – **98** H.-U. Dietz: Rhet. in der Phraseologie. Zur Bedeutung rhet. Stilelemente im idiomatisierten Wortschatz des Deutschen (1999); U. Goebel, I. Lemberg, O. Reichmann: Versteckte lexikographische Information. Möglichkeiten ihrer Erschließung, dargestellt am Beispiel des Frühneuhochdt. Wtb. (1995). – **99** ebd. 2ff. – **100** H. Burger: ‹Bildhaft, übertragen, metaphorisch …› – Zur Konfusion um die semantischen Merkmale von Phraseologismen, in: G. Gréciano (Hg.): EUROPHRAS 88. Phraséologie Contrastive. Actes du Colloque International Klingenthal – Strasbourg. 12–16 mai 1988 (Straßburg 1989). – **101** Ch. Berning: Vom ‹Abstammungsnachweis› zum ‹Zuchtwart›. Vokabular des Nationalsozialismus (1964); K.-H. Brackmann, R. Birkenhauer: NS-Deutsch. ‹Selbstverständliche› Begriffe und Schlagwörter aus der Zeit des Nationalsozialismus (1988); H. Kammer, E. Bartsch: Jugendlex. Nationalsozialismus. Begriffe aus der Zeit der Gewaltherrschaft 1933–1945 (1982/87); V. Klemperer: Die unbewältigte Sprache. Aus dem Notizblock eines Philologen. LTI (1947/49); H.E. Paechter: Nazi-Deutsch. A Glossary of Contemporary German Usage (New York 1944); D. Sternberger, G. Storz, W.E. Süskind: Aus dem Wtb. des Unmenschen. Neue erweiterte Ausg. mit Zeugnissen des Streites über die Sprachkritik. 3. Aufl. (1945ff./1968); J. Wulf: Aus dem Lex. der Mörder. ‹Sonderbehandlung› und verwandte Worte in nationalsozialistischen Dokumenten (1963). – **102** J. Goetschalckx (Hg.): Lexicography in the electronic age (Amsterdam 1982); W.A. Liebert: Hyperdesign in der kognitiven L. Das Hypermedia-Metaphernlexikon ‹Lascaux›, in: H.E. Wiegand (Hg.): Wörterbücher in der Diskussion II. Vorträge aus dem Heidelberger Lexikographischen Kolloquium (Lexicographica) (1996) 103–139. – **103** A. Storrer: Metalexikographische Methoden in der Computerlexikographie, in: : H.E. Wiegand (Hg.) [102] 239–255.

Literaturhinweise:
H. Burger: Phraseologie in den Wtb. des heutigen Deutsch, in: H.E. Wiegand (Hg.): Stud. zur neuhochdt. L. III (1983) 13–66. – H. Burger: Phraseologismen im allg. einsprachigen Wtb., in: F.J. Hausmann, O. Reichmann, H.E. Wiegand, L. Zgusta (Hg.): Wtb. / Dictionaries / Dictionnaires. Ein internationales Handbuch zur L. / An International Encyclopedia of Lexicography / Encyclopédie internationale de lexicographie. Erster Teilband / First Volume / Tome Premier (1989) 593–599. – H. Burger, A. Buhofer, A. Sialm: Hb. der Phraseologie (1982). – R.R.K. Hartmann (ed.): Lexicography: principles and practice (London 1983). – R.R.K. Hartmann, G. James: Dictionary of Lexicography (London / New York 1998). – G. James (Hg.): Lexicographers and their works (Exeter 1989). – Lexicographica: International Annual for Lexicography. – H. Umbach: Fachsprachenmetaphorik im individualsprachlichen Wtb., in: E.H. Wiegand (Hg.): Stud. zur neuhochdt. L. III (Germanistische Linguistik 1–4/82) (1983) 383–401. – H. Woetzel: Uneigentliche Bedeutung und Wtb. oder Die Markierung Ü/(fig.) als Stein des Anstoßes für die L., in: E.H. Wiegand (Hg.): Stud. zur neuhochdt. L. VI, 2. Teilbd. (Germanistische Linguistik 87–90) (1988) 391–461.

M. Reisigl

C. *Rhetorik-Lexikographie.* Die Nomenklatur der Rhetorik, die Terminologie zur Vorbereitung, zum Aufbau, zu den Funktionen und Eigenschaften der Rede oder zum Bestand der Figuren, ist schon seit der Antike ein Gegenstand von Sammlungen und Listen: für die Zwecke der rhetorischen *exercitatio*, für den Unterricht in den *artes liberales* oder für Benutzer aus anderen Fächern (Poetik, Homiletik, Politik, Musik). Dies dokumentiert den schon früh erreichten und fachdidaktisch exemplarischen Systematisierungsgrad des Faches Rhetorik, der sich zunächst auch in Glossaren, Interlinearglossen und Indizes zu einzelnen Werken nachweisen läßt. Dazu gehören die Verzeichnisse in den lateinischen Grammatiken der Antike und des Mittelalters (etwa die Kapitel ‹De Barbarismo› und ‹De Schematibus›) [1] oder die althochdeutschen Interlinearglossen des St. Gallener Mönchs NOTKER LABEO (950–1022), mit denen er die Begriffe der klassischen lateinischen Rhetorik übersetzt und damit eine deutsche Rhetoriktradition begründet [2]. Die Figurensammlungen und Kollektaneen des Mittelalters [3] sowie die graphisch oder listenförmig geordneten Übersichten und Tafelwerke der frühen Neuzeit stellen eine weitere Variante von rhetorischen Nomenklaturen mit jeweils beigegebenen Begriffserläuterungen oder Exempeln dar. [4] Insgesamt können solche terminologischen Arbeiten, Exempel- und Zitatsammlungen als Vorläufer einer rhetorischen L. und als wichtige Elemente der fachlichen Kontinuität gelten.

Seit dem Beginn der Neuzeit verweisen Begriffe wie ‹Thesaurus›, ‹Lexikon›, ‹Clavis›, ‹Enzyklopädie›, ‹Index›, ‹Wörterbuch› oder ‹Handbuch› auf Zusammenstellungen und alphabetische Auflistungen rhetorischer Termini. Es sind zunächst entweder Teile von Lehrwerken, die einen schnellen und orientierenden Zugriff auf den Text erlauben (*index alphabeticus*), oder bereits Wörterbücher mit Hauptstichwort, begrifflichen Untergliederungen und definierenden Belegstellen wie der ‹Thesaurus Rhetoricae› (1599) von BERNARDUS. Die daran anschließende Entwicklung rhetorisch-lexikalischer Arbeit zeigt bis ins 20. Jh. ein sehr heterogenes Bild: Die Bandbreite reicht vom griechisch oder lateinisch verfaßten ‹Lexicon technologiae rhetoricae› [5] über das ‹Rhetorische Wörterbüchlein› [6] bis zum modernen ‹Historischen Wörterbuch der Rhetorik›, vom knappen, didaktisch angelegten Wörterbuch für «Gelehrten-Schulen» [7] bis zum wissenschaftlichen Lexikon. In einer vorläufigen und deskriptiven Einteilung lassen sich folgende Typen von rhetorischen Wörterbüchern und terminologischen Verzeichnissen unterscheiden:

(1) Rhetorik-Lexika im eigentlichen Sinne.
(2) Rhetorische Vokabularien (oft im Anhang von Lehrwerken) als alphabetische Indices und bereichsspezifisch geordnete Listen.

(3) Fachübergreifende Lexika, die Termini aus Rhetorik, Ästhetik, Stilistik, Metrik, Literaturkritik oder Linguistik dokumentieren.
(4) Literaturwissenschaftliche Lexika mit rhetorischem Begriffsarsenal.
(5) Rhetorik-Wörterbücher im Fach Musik.

Diese Einteilung macht deutlich, daß L. nicht nur ein innerfachliches Anliegen der Rhetorik ist, sondern daß die interdisziplinäre Funktion der Rhetorik auch zu einer entsprechenden terminologischen Dokumentation in literatur-, sprach-und kunstwissenschaftlichen Fächern führt. Ausgehend von dieser Einteilung werden im folgenden einige Exempel der Wörterbucharbeit vorgestellt:

(1) *Rhetorik-Lexika.*
Schon im Jahr 1599 publiziert der Venezianer IOANNES BAPTISTA BERNARDUS einen ‹Thesaurus Rhetoricae›, einen alphabetisch aufgebauten griechisch-lateinischen Wortschatz (z.T. nach rhetorischen Bereichen geordnet), in dem rhetorische Grundbegriffe mit ihren Varianten, Anwendungsbereichen, Regelhaftigkeiten und Beurteilungen fortlaufend als Stichwörter mit Kurzdefinition (nach der Form «Dispositio est [...]») und Belegstellen aufgeführt sind. Dies reicht von einem Eintrag mit 2–3 Zeilen (z.B. *Achromos*) über *Ingenium* mit 3 Einträgen bis zu den *Loci communes*, die im Rahmen eines untergliederten Stichwortbereiches (*Loci divisio*) vom Abschnitt ‹Locus quid est› bis zum Eintrag ‹Locorum descriptio› in 28 Spalten präsentiert werden. Noch umfangreicher zeigt sich der Lemmabereich *Oratio/Orator/Oratoria* (87 Spalten), der mit einer ciceronischen Grundbestimmung beginnt: «*Oratoria facultas civilis scientiae pars est. Cicero de inventione libr. I Char. 132.*» (Die rednerische Fähigkeit ist Teil der politischen Wissenschaft.)[8], der dann die Eigenschaften, Strukturen, Funktionen und Typen der *oratio* darstellt und schließlich bei folgendem Eintrag endet: «*Orator, & Poeta eandem materiam habent [...] Franc. Robort. de art. Disputat. Prima, char. 2.*» (Redner und Dichter haben den gleichen Gegenstand.)[9] Die Quellen des ‹Thesaurus› sind Klassiker wie Aristoteles, Hermogenes und Quintilian und zeitgenössische Werke von Georg von Trapezunt, Soarez, Agricola oder Robortellus. Fast 200 Jahre später veröffentlicht J.CHR.G. ERNESTI sein zweibändiges Lexikon zur klassischen griechischen und lateinischen Redekunst[10] mit knappen (maximal 2 Seiten umfassenden) Artikeln zu Stichwörtern aus dem gesamten Bereich des Faches. Dokumentiert werden Hauptbegriffe wie *Narratio* und Stilqualitäten wie *Purus* oder Figuren wie *Inversio*. Die Erklärungen/Definitionen erfolgen in lateinischer Sprache. Die Artikel sind nicht einheitlich aufgebaut. Sie variieren folgendes Grundmuster: Stichwort (Anteoccupatio) – knappe Definition (Figura eloc.) – Belegstelle (Cic. Or. 3, 53) – griech. Entsprechungsbegriff (gr. προκατάληψις, vel πρόληψις) – andere Entsprechungen (quam Quint. 9, 2 praesumptionem appellat.).[11] Hilfreich sind die drei Indices am Schluß der Bände: I. Index scriptorum, II. Index verborum graecorum und III. Index verborum latinorum. Insgesamt stellt das ‹Lexicon› Ernestis eine (relativ verläßliche) Dokumentation von klassischer Terminologie mit Quellenliteratur zur Verfügung und leistet damit einen wichtigen Beitrag zu deren Tradierung in der Neuzeit.

Mit dem ‹Rhetorischen Wörter-Büchlein› legt der Ernesti-Schüler F.E. PETRI im 19. Jh. eine knappe Nomenklatur vor, die v.a. für den Schulgebrauch gedacht ist.[12] Petri verwendet den ‹altrömischen Redemeister›[13] Quintilian, die Herennius-Rhetorik oder Cicero, aber auch einen ‹Katechismus der Rhetorik nach Quintilian› von F. Philippi[14] und v.a. Auszüge aus Ernestis Werk. Aufgenommen sind – in eher unsystematischer Weise und von der praktischen Lehrerfahrung ausgehend – rhetorische Grundbegriffe wie *Dispositio* oder *Narratio*, neue Begriffe wie *Fruchtbarkeit* oder *Mittheilung* und v.a. Figuren und Tropen. Diese werden als deutscher (*Abbrechung*), lateinischer (*Inventio*) oder griechischer (κακόζηλον) Terminus lemmatisiert. Die unterschiedlich aufgebauten Einträge enthalten neben dem Stichwort die griechischen, lateinischen oder deutschen Entsprechungsbegriffe, kurze Definitionen, Belegstellen und Beispiele. Manche Artikel (z.B. *Periodus*) weisen eine umfangreiche Binnengliederung auf, in der begriffliche Spezifizierungen, Unterbegriffe, Anwendungsbereiche und die dazugehörigen Exempel zusammengestellt sind.

Zur lexikalischen Clavis-Literatur gehört das 1834 publizierte ‹Lexicon Quintilianeum›[15] von EDUARDUS BONNELLUS. Eine lateinisch verfaßte ‹Praefatio Ad Lectores› und ‹Prolegomena de grammatica Quintilianea› führen in das Werk ein, das eine über 100 Seiten umfassende Nomenklatur zu Quintilian mit entsprechenden Belegstellen, kurzen Kontexten und Unterbegriffen enthält (Nomen, Adjektive, Verben) wie z.B. der Artikel: «Brevitas. brevitas aut copia modo constant 3, 8, 67. brev. inornata, indocta 4, 2, 46. merito laudatur brev. (a.l. velocitas) integra 8, 3, 82. narrandi brev. 2, 5, 7 [...]».[16] Indices zum griechischen Vokabular, zu den Eigennamen und zu klassischen Schriftstellern schließen das Lexikon ab.

Im *deutschen Sprachraum* führt ECKART ZUNDEL die Tradition der Clavis-Literatur fort.[17] In «eine[r] Art Registerband»[18] zu Quintilian versucht er, einen pragmatischen Weg zwischen lexikalischer Uferlosigkeit und Unvollständigkeit zu gehen, indem er sowohl Quintilians Begriffsinventar als auch die «verästelte Systematik der antiken Rhetorik» dokumentiert. Er konzentriert sich dabei auf die «wesentlichen rhetorischen Begriffe».[19] Für die Einträge gilt folgende Struktur: Lemma, dt. Übersetzung, erläuternder Text mit Unterbegriffen, Stichwortverweisen und Belegstellen bei Quintilian – z.B.: «Congeries: die Anhäufung – Als Stilmittel, → elocutio, eine Möglichkeit zur Steigerung der Redewirkung, [...] VIII, 4, 3; 26–27».[20]

Ein historisch-terminologisches Interesse verfolgen J. KNAPE und A. SIEBER in ihrem ‹Rhetorik-Vokabular›.[21] Im Rahmen einer Arbeitsgemeinschaft zur Rhetorikgeschichte entstanden, versteht es sich als Ergebnis einer historisch angelegten Fachwortschatzforschung, deren Gegenstand die «Erfassung des deutschen Poetik- und Rhetorikwortschatzes in Mittelalter und früher Neuzeit» ist (Vorwort): Das Vokabular erfaßt «wesentliche Teile der rhetorischen Fachterminologie aus den älteren deutschsprachigen Rhetoriken bis zur 1. Hälfte des 17. Jahrhunderts.»[22] Das Corpus dieses Unternehmens bilden die in der Tradition der antiken Officia-Rhetoriken oder der Ars-dictandi-Tradition stehenden Werke z.B. von Niklas von Wyle, Friedrich Riederer oder Wolfgang Ratke. Das Buch von Knape und Sieber gliedert sich in ein ‹Allgemeines Vokabular› (z.B. *Gestus, Natura*), ein ‹Figurenvokabular› (z.B. *Allegoria, Gradatio*) und die Glossare zum griechisch-lateinischen, althochdeutschen und frühneuhochdeutschen Begriffsinventar. Für die einzelnen Artikel gilt folgende Struktur:

Lemma (nach latein.-griech. Terminologie): ‹accusatio¹›; Zuweisung nach Makroebene: ‹Inventio› und Systembereich: ‹Status-Lehre›; dt. Erklärung: ‹Anklage als 1. Schritt im Prozeß›; deutsche Entsprechungsbegriffe und Belegstellen in deutschen Rhetoriken: ‹clag (Rie 5ᵛ; 19ᵛ); verclagung (Rie 19ᵛ)›; lateinische Referenzrhetoriken: ‹Ad Her. 1, 16, 26›; Querverweise: ‹vgl. → causa accusationis›. [23]

Ein umfassender lexikographischer Ansatz bestimmt das von G. UEDING herausgegebene und hier vorliegende ‹Historische Wörterbuch der Rhetorik›, das erstmals in der über 2000jährigen Geschichte des Faches die theoretischen Entwürfe, Schulbildungen sowie das begriffliche und sachliche Arsenal der Rhetorik von der Antike bis zur Gegenwart erfaßt. Grundlage der 1985 begonnenen Wörterbucharbeit ist die Auswertung der Quellen- und Forschungsliteratur, der Lehrbücher und Redensammlungen, der rhetorischen Florilegien und Traktate seit Beginn der Fach- und Anwendungsgeschichte. Daraus resultierten zunächst 5500 Begriffe, aus denen nach Maßgabe einer terminologischen Such- und Zuordnungstopik ca. 1300 Begriffe als lexikalischer Lemmabestand herausgefiltert wurden. Die anderen Begriffe sind entsprechend zugeordnet (wie *Acerbus* zu *Stimme*, *Apotheose* zu *Herrscherlob*, *Praelector* zu *Lesung* oder *Perikope* zu *Predigt*). Begriffe, die zunächst keine Aufnahme gefunden haben (wie *Adoxon*) oder aus dem fortlaufenden Forschungsprozeß resultieren (wie *Code-switching*), werden in einem Ergänzungsband dokumentiert. Mit den Prädikaten historisch-systematisch, interdisziplinär, forschungsorientiert und gebrauchsbezogen sind die Prinzipien angesprochen, die für die Lemmaauswahl und die Artikelgestaltung gelten: In den Lexikoneinträgen dargestellt werden die historische Herkunft, Entwicklung und Veränderung von Begriffen, ihr systematischer Ort in der Redelehre, ihre Übernahme in andere Disziplinen (z.B. musikalische *Figurenlehre*, linguistische *Stillehre*), ihre Bedeutung im aktuellen Forschungsprozeß (z.B. *Argumentation*) und ihre Funktion in den jeweiligen Verwendungszusammenhängen (z.B. Exempel aus den Bereichen Predigt, Dichtung, Unterricht, Poetik oder Werbung). [24] Als Artikeltypen unterschieden werden (a) umfangreiche *Forschungsartikel*, die der problemorientierten, historisch-systematischen, bereichsbezogenen und mit Sprachbelegen ausgewiesenen Darstellung wichtiger Stamm- und Grundbegriffe der Rhetorik gewidmet sind (z.B. *Angemessenheit*, *Inventio*, *Narratio* oder *Wahrheit/Wahrscheinlichkeit*), (b) übersichtartige *Sachartikel*, in denen die definitorischen und historisch-systematischen Grundlinien des Stichwortes dargestellt werden (wie in den Artikeln *Casus*, *Diatribe* oder *Ellipse*) und (c) kürzere *Definitionsartikel*, in denen eine knappe und mit Beispielen abgesicherte Begriffsbestimmung in historischer und/oder systematischer Hinsicht erfolgt (wie bei *Hyperbel*, *Partitio* oder *Vetustas*). Im Aufbau der Artikel werden unterschieden: (a) das Stichwort und seine Entsprechungsbegriffe, (b) gegebenenfalls eine Inhaltsübersicht; (c) je ein definitorischer und ein historisch-darstellender Teil mit Anmerkungen und Literaturhinweisen sowie (d) Stichwortverweise, die das semantisch-bereichsspezifische Netz des Wörterbuchs erschließen.

Im *französischen Sprachraum* liegt mit PIERRE FONTANIERS ‹Figures Du Discours› seit 1821 ein ‹Manuel classique pour l'étude des Tropes› vor, zu dessen Neudruck Gérard Genette eine Einführung formuliert hat. [25] Im Hinblick auf Fontaniers Systematik, die als Vorläufer eines linguistisch-strukturalen Zugangs zu den Figuren angesehen werden kann, diskutiert Genette den Figurenbegriff aus rhetorischer und grammatisch-stilistischer Perspektive: Figur als «fait de style», als Stilmittel oder als «écart à l'usage», als Devianzphänomen (Normabweichung). [26] Die Rhetorik thematisiert dabei nicht die Spannung zwischen Norm und Abweichung, sondern zwischen einfacher und schmuckvoller Ausdrucksweise. Als zweites lexikalisch bedeutsames Begriffspaar kommt *Tropus* und *Figur* ins Spiel, wobei Genette dem Tropus das Merkmal ‹Bedeutungsveränderung› und der Figur das Merkmal ‹Substitution› zuordnet. [27] Die Unterscheidung zwischen Tropus und Figur bestimmt auch den Aufbau von Fontaniers Buch: Der 1. Teil ist den Tropen gewidmet, als den Sinngehalten oder Bedeutungen, die sich als komplexe Phänomene von einfachen Sinngehalten unterscheiden und dem Denken neue ideelle Gehalte eröffnen. Dazu gehören Wort- und Wortgruppentropen wie *Metapher*, *Metonymie*, *Litotes* oder *Ironie*, die Fontanier in Artikeln mit folgender Struktur vorstellt: Französisches Stichwort – Erklärung – Entsprechungsbegriffe – Beispiele. Im 2. Teil seines Buches lexikalisiert er «Des Figures du discours autre que les Tropes» (Redefiguren, die keine Tropen sind). [28] Sie sind bei Fontanier nach Typen geordnet und subklassifiziert wie beispielsweise die ‹Figures d'élocution›:

(a) par extension (*épithète*)
(b) par déduction (*gradation*)
(c) par liaison (*adjonction*)
(d) par consonance (*allitération*). [29]

Ein Lexikon in der Clavis-Tradition legt 1982 ANDRÉ WARTELLE zu Aristoteles vor: ein Desiderat der «lexicographie générale d'Aristote» und gedacht für Gräzisten, Philosophen, Historiker und Linguisten. [30] Quellenbasis ist die Aristoteles-Edition von I. Becker (Seiten-, Kapitel-Zeilenzählung). Es handelt sich hier um ein alphabetisches Wörterverzeichnis, um eine an der Textgliederung, an Kapitelinhalten und Hauptbegriffen orientierte Übersicht (*sommaire analytique*) zur aristotelischen Rhetorik. Für den Artikelaufbau gilt: Stichwort, frz. Übersetzung, knappe Verwendungskontexte, Belegstellen («ἀγών, débat politique […]: καὶ ὁ ἀγὼν ἄπεστιν […] 14 a 14» [31]).

Didaktisch-praktisch orientiert und für eine kurze und schnelle Information gedacht ist der ‹Dictionnaire de rhétorique› von GEORGES MOLINIÉ. [32] Dieses Hand-/Taschenbuch beginnt mit einer kurzen Einführung in das System und die Geschichte der Rhetorik, bietet dann 14 tabellarisch-synoptische Übersichten zu den Zielen, Gattungen, Redeteilen, Stilqualitäten, Beweisformen, Figuren und Loci. Es enthält ca. 400 Artikel (v.a. zum Figurenbestand) mit ungleicher Gewichtung: So ist *Abundanz* mit etwa 2 Seiten vertreten und das wichtige Stichwort *Beweis / Preuve* lediglich mit einer halben Seite, obwohl der Eintrag seine Bedeutung hervorhebt: «La question des preuves est évidemment centrale en rhétorique» (Die Frage der Beweismittel ist selbstverständlich zentral für die Rhetorik). [33] Die Artikel enthalten meist Definitionen/Erklärungen, Entsprechungsbegriffe, manchmal Belegstellen und Exempel. Den Abschluß bilden Verweise auf andere Lemmata des Wörterbuchs.

Ein figurenorientiertes Wörterbuch findet sich auch im *englischen Sprachraum*: LEE A. SONNINO kennzeichnet sein ‹Handbook› von 1968 mit folgenden Worten: «Das Buch fokussiert auf den zentralen Bereich der *elocutio*, auf die Kunst des Gebrauchs rhetorischer

Schmuckmittel.»[34] Insofern dokumentiert Sonnino neben den Figuren nur einige ausgewählte Stichwörter zum Stil (wie *Copia*, *Gravitas* oder *Vehementia*) und zu den Gattungen (wie *Apologia*, *Epitaph* oder *Laus*). Die Lemmata-Auswahl ist beschränkt auf die Rhetorik des 16. Jh. und gedacht für den «student of renaissance literature».[35] Der lexikalische Teil des Handbuchs wird ergänzt durch tabellarische Übersichten zu den Tropen und Figuren sowie zum System der Rhetorik (nach Melanchthons ‹Elementa rhetorices›). Angefügt ist auch eine Figurentypologie mit Kurzdefinitionen (‹Descriptive Index of Tropes and Schemes›) und ein Stichwortverzeichnis mit den lateinischen und griechischen Begriffen. Neben dem Stichwort weisen die Artikel griechische oder lateinische Entsprechungsbegriffe auf sowie Definitionen bei ausgewählten Autoren der Antike und Renaissance (z.B. Quintilian, Susenbrotus, Puttenham oder Peacham), entsprechende Exempel und Hinweise auf weitere Autoren. Allerdings ist dieses für die Renaissance-Epoche nützliche Werk sehr unzuverlässig, was die Schreibweise von Stichwörtern und die korrekte Quellenangabe betrifft.

Ebenfalls für Lehrzwecke gedacht ist RICHARD A. LANHAMS ‹Handlist of Rhetorical Terms›.[36] Dieses Buch ist inzwischen auch als ‹hypercard handlist› (*electronic text* zur PC-Nutzung) verfügbar. Die dokumentierte Terminologie beruht auf den Werken von Aristoteles, Demetrius, Cicero, Quintilian, dem Auctor ad Herennium, auf Halms Index in den ‹Rhetores Latini minores›, auf Susenbrotus, J. Smith und WARREN TAYLORS ‹Tudor Figures of Rhetoric› (1972). Die Lemmata sind mit einer Betonungsmarkierung (Syllabierung) eingetragen, die Artikel enthalten Entsprechungsbegriffe, knappe Definitionen, Exempel aus der klassischen Rhetorik und dem literarischen Kanon (z.B. Shakespeare) sowie Verweise auf andere Stichwörter. Die Figuren stehen in dieser alphabetischen Liste im Vordergrund, es sind jedoch auch wichtige Begriffe wie *Argumentum*, *Enthymeme* oder *Epagoge* aus dem Beweisbereich und ungrammatische/ungewöhnliche Formen wie *Catachresis*, *Anacoluthon* oder *Metaplasm* aufgenommen. Hinweise zum rhetorischen System (*partes artis*) und ein typologisch geordnetes Verzeichnis der Stichwörter ergänzen das Wörterbuch.

(2) *Vokabularien und Lehrwerksanhänge.*
Mehr oder weniger umfangreiche alphabetische Listen im Anhang von rhetorischen Lehr- und Standardwerken dienen zum einen dem schnellen Auffinden von Erklärungen zu Bedeutung, Systemstelle und Gebrauch von Begriffen und erschließen zum anderen die Anlage eines Buches (z.B. durch Querverweise oder Bereichslisten). In dieser Rolle können sie ebenfalls als Vorstufen rhetorischer L. angesehen werden. Vom 16. Jh. an finden sich solche Listen oder Indices z.B. in der systematisch aufgebauten Rhetorik des GEORG VON TRAPEZUNT.[37] Griechische und lateinische Randglossen im fortlaufenden Text dieses Werkes dienen zur Spezifizierung von Großkapiteln wie ‹De Locis dialecticis› oder ‹De argumentatione›. Diese Teile des rhetorischen Systems erschließt terminologisch ein einleitender ‹Index capitum›, in dem die griechischen und lateinischen Begriffe des Textes alphabetisch verzeichnet sind.

In der Tradition der europäischen Epitome-Literatur (Auszüge, Exzerpte aus (Standard-) Werken) steht IOANNES SUSENBROTUS' ‹Epitome› von 1541.[38] Dem Werk vorangestellt sind eine graphische Übersicht zur Einteilung der Tropen und Figuren (‹Typus Huius Epitomae›) und ein Quellenverzeichnis (u.a. mit Cicero, Quintilian, Donat, Martianus Capella, Melanchthon und Georg von Trapezunt). Susenbrotus verwendet eine Gliederung nach typologisch festgelegten Gruppen und baut seine Einträge folgendermaßen auf: Stichwort, griechischer Entsprechungsbegriff, Definition, Literaturbeleg (z.B. Cicero, Pro Milone), Beleg aus Rhetoriken (z.B. Auctor ad Herennium). Am Ende des Buches befindet sich ein Verzeichnis der griechischen und lateinischen Begriffe (‹Index Troporum ac schematum Alphabeticus›).

Die schematische Vorgehensweise von Susenbrotus übernimmt HENRY PEACHAM in seinem ‹Garden of Eloquence›.[39] Er unterscheidet die Figuren nach *Tropen* (Wort-, Satztropen) und *Schemata*: (a) grammatische: Orthographie, Syntax; (b) rhetorische: Wort, Satz, Amplifikation. Sein Buch gilt als Exempel rhetorischer Gelehrsamkeit im elisabethanischen Zeitalter und W.G. Crane hält es für ein «rhetorisch-grammatisches Wörterbuch, das zum Verständnis des antiken oder modernen Stils notwendig ist».[40] Es enthält «the most excellent ornamentes, Exornationes, Lightes, Flowers, and Forms of Speech, commonly called the Figures [...]» (die besten Verzierungen, Schmuckmittel, Sprachlichter, Blüten und Formen der Rede, die gewöhnlich Figuren genannt werden).[41] Quellen von Peacham sind u.a. Cicero, der Auctor ad Herennium, Quintilian, Susenbrotus, Sherry, Melanchthon und Erasmus. Die Einträge enthalten das Stichwort, eine Definition, biblische Exempel, Gebrauchshinweise (z.B. zur *variatio*, *amplificatio*, *delectatio*) und Warnungen vor falschem Gebrauch. Eine tabellarisch-alphabetische Stichwortübersicht am Buchende erleichtert die Auffindung der typologisch geordneten Einträge.

Mit dem klassisch nach rednerischen Aufgaben, Redeteilen, Figuren oder *actio*-Anweisungen aufgebauten Lehrbuch des Jesuiten CYPRIANUS SOAREZ liegt wiederum ein Werk vor, in dem sowohl mit erläuternden und spezifizierenden Randglossen als auch mit einem umfangreichen, abschließenden ‹Index Alphabeticus rerum memorabilium› terminologisch gezielt auf den Text zugegriffen werden kann.[42] Der Inhalt dieser Jesuitenrhetorik ist «vorwiegend aus Aristoteles, Cicero und Quintilian entnommen»[43] und für Unterrichtszwecke gedacht.

Ein systematisch hochdifferenziertes und einflußreiches rhetorisches Lehrbuch in lateinischer Sprache publiziert GERHARD J. VOSSIUS im Jahr 1606.[44] Einen gezielten Zugriff auf das griechische und lateinische Begriffsinventar dieses Werkes ermöglichen je ein umfangreicher ‹Index rerum et verborum› nach dem 3. und 6. Buch. Seine beiden Teile gliedern sich in Bücher, Kapitel und Abschnitte: Die Bücher 1–6 sind mit den Produktionsstufen überschrieben (z.B. «Liber IV Qui Est De Elocutione»[45]), die Kapitel mit den dazugehörigen Hauptbegriffen (z.B. «Cap. IV, De Metaphora»[46]) und die Abschnitte mit den entsprechenden Subklassifizierungen oder begrifflichen Kennzeichnungen (z.B. «VIII. De Metaphoris Longe Petitis»[47]). Damit schafft Vossius ein kategoriell aufgebautes Lehrbuch, dessen rhetorische Begriffe und Unterbegriffe jeweils anhand von Definitionen, Erklärungen, Entsprechungsbegriffen, Anwendungsbeispielen, Klassikerzitaten und Fehlerhinweisen dargestellt sind. Auch setzt er die Tradition der Randglossen fort, die lateinische oder griechische Entsprechungen, Erläuterungen oder Quellenangaben enthalten.

In seinem ‹Mysterie of Rhetorique› von 1657 dokumentiert JOHN SMITH (der z.B. R.A. Lanham als Quelle dient) über 130 Tropen und Figuren, die aus dem Griechischen ins Englische übertragen und mit lateinischen und englischen Literatur-und Bibelzitaten erläutert sind.[48] Dieses Buch zeigt (wie viele andere Traktate), daß auch in den Vorstufen der rhetorischen L. die Figuren- und Tropeninventarisierung dominiert. Wie das Beispiel *Prolepsis* zeigt, sind die Einträge bei Smith folgendermaßen aufgebaut: Stichwort – (griech. Form πρόληψις) – Entsprechungsbegriffe (lat. occupatio, anticipatio, engl. occupation) – Derivation (πρό, prae; λαμβάνω) – Definition («Anticipation is a figure [...] whereby the orator [...] perceiving aforehand what might be objected against him [...]»[49]) – Exempel (biblische Belege; lateinische/englische Literaturzitate; Beispiele aus der Alltagssprache). Der Figurenliste vorangestellt ist (a) ein ‹Alphabetical table› bzw. eine ‹Synopsis›, «mit welcher der Leser eine schnelle Gesamtübersicht über die Tropen und Figuren erhält oder mit der er den anvisierten Begriff ausfindig machen kann»[50] und (b) eine «knappe Erklärung derjenigen Begriffe, die der Logik entnommen sind»[51].

Didaktischen und übungspraktischen Zwecken folgt das Lehrbuch von MATTHIAS GESNER von 1730, das in knappen Artikeln (Paragraphen) das Stichwort mit Definition, Exempel und lateinischen oder griechischen Entsprechungsbegriffen aufführt.[52] Es enthält Grundbegriffe aus dem Rhetoriksystem und der Figurenlehre nach folgender Klassifikation:

I) Generalia (z.B. *Perspicuitas, Copia, Ornatus, Redeteile*)

II) Figurae (aus Vossius: z.B. *Metaphora, Synecdoche, Ironia*)

III) Progymnasmata (z.B. *Chria, Paraphrasis, Causa*)

IV) Orationes speciales (z.B. *Hochzeits-, Inaugural-, Leichenreden*)

V) Figurenverzeichnis nach Rutilius Lupus, Aquila Romanus, Iulius Rufinianus (Rhetores Latini minores).

Die Tradition der klassischen Rhetorik-Lehrbücher mit umfangreichen, texterschließenden und alphabetisch geordneten Indizes oder bereichsspezifischen Vokabularien setzt in der Moderne der Romanist HEINRICH LAUSBERG fort, der in seinem ‹Handbuch› vor allem auf die literarische Rhetorik zielt.[53] Er nennt es im Untertitel ‹Eine Grundlegung der Literaturwissenschaft›. Eine 1949 publizierte Abhandlung über ‹Elemente der literarischen Rhetorik› geht diesem Lehrbuch voraus. Nach übereinstimmendem Urteil der Fachwelt zeugt es davon, daß Lausberg «sich in das umfassende Gebiet der antiken Rhetorik in einer Weise eingearbeitet hat, die sein Handbuch zu einem für den Alt- wie Neuphilologen gleich brauchbaren, ja willkommenen Arbeitsinstrument macht».[54] Lausbergs Verdienst ist es, mit dieser heute allgemein als Standardwerk anerkannten Arbeit zu einer Renaissance der Rhetorik in Deutschland und Europa maßgeblich beigetragen zu haben. Wer sich bis Lausberg über Phänomene und Figuren der Rhetorik unterrichten wollte, war in der 1. Hälfte des 20. Jh. immer noch auf die (veralteten) Lexika von Ernesti angewiesen, und für die antike Geschichte der Rhetorik blieb nur der Rückgriff auf R. Volkmanns ‹Rhetorik der Griechen und Römer› von 1901 (3. Auflage). Das mit stupendem Fleiß ausgearbeitete, über 300 Seiten umfassende Begriffsregister (mit Quellenverzeichnis und lateinischem, griechischem sowie französischem Vokabular) leistet wertvolle Hilfe bei der Erschließung der umfangreichen Information und geht in seiner Subklassifizierung schon über eine lexikalische Vorstufe hinaus. Allerdings verbleibt Lausberg auf der Ebene einer selbst kompilierten rhetorischen Systematik ohne historische Ableitung oder Problematisierung. Dieses Desiderat wird erst durch das Historische Wörterbuch der Rhetorik eingelöst.

(3) *Fachübergreifende Lexika.*
Diese Gattung verzeichnet Stichwörter aus der Rhetorik (v.a. Figuren) sowie aus angrenzenden literatur- und sprachwissenschaftlichen Fächern wie Stilistik, Metrik, Poetik, Linguistik oder Literaturkritik. Damit wird nicht nur die Übernahme der rhetorischen Nomenklatur in neuzeitliche Nachfolgefächer deutlich, sondern auch die nach wie vor aktuelle produktive und deskriptive Kraft des rhetorischen Systems und seiner Theorie. Dies gilt beispielsweise schon für WILHELM HEBENSTREITS ‹Encyclopädie der Aesthetik›, die im Untertitel als ‹Etymologisch-kritisches Wörterbuch der ästhetischen Kunstsprache› apostrophiert wird und erstmals 1843 in Wien erschien.[55] Im Vorwort des Werkes und im vorangestellten Artikel ‹Aesthetik› erläutert Hebenstreit seinen (überfachlich exemplifizierten) Ästhetikbegriff als «Philosophie des Schönen», indem er zunächst zwischen ästhetischem Realismus und ästhetischem Idealismus unterscheidet. Er präferiert dann einen «Aesthetischen Ideal=Realismus, und zwar nach Schelling's Grundsätzen der absoluten Identitätslehre», in dem er die beiden erstgenannten Konzepte in einer Synthese aufgehoben sieht.[56] Solcherart wissenschaftsgeschichtlich situiert, dokumentiert die Enzyklopädie auf über 1000 Seiten ca. 9000 Stichwörter aus 11 ästhetikaffinen Fächern. Diese sind in einem ‹Fach=Register› am Ende des Werkes aufgeführt. Zu ihnen gehört neben *Architektur, Malerei, Metrik* oder *Tanzkunst* auch die *Beredsamkeit*, die gemeinsam mit *Rhetorik* und *Stylistik* genannt ist. Der terminologische Bestand ist dann entsprechend zugeordnet. Die rhetorischen Lemmata stammen v.a. aus der Figurenlehre (wie *Andeutung, Climax* oder *Praeteritio*) und aus der Stillehre (wie *Atticismus, Brachylogie* oder *Plastischer Styl*). Daneben finden sich rhetorische Grund- und Systembegriffe (z.B. *Erfindung/Invention, Anordnung/Dispositio, Elocution/Rede, Argumentum/Argument* oder *Rhetorik/ars rhetorica*) und Gattungsbegriffe wie *Brief, Gerichtliche Beredtsamkeit, Historische Prosa* oder *Sagengeschichte*. Lemmatisiert sind oft der deutsche und lateinische Terminus (mit Verweis) wie bei *Abschweifen* und *Digression*. Die meist knappen (oft nur zweizeiligen) Einträge sind definitorisch orientiert und z.T. durch etymologische, literarische und personale Informationen ergänzt.

Für das 20. Jh. sei zunächst HENRI MORIERS ‹Dictionnaire› hervorgehoben, der eine Sammlung wichtiger rhetorischer und poetologischer Begriffe als umfangreiches Kompendium lemmatisiert.[57] Unter den Aspekten ihrer Definition und Anwendung sowie im Hinblick auf die poetische Funktion werden hier in eingeschränktem Maße rhetorische Kategorien (v.a. aus der Figurenlehre) aufgenommen, in z.T. umfangreichen Artikeln besprochen und nach folgendem Schema präsentiert: Französisches Stichwort (z.B. *Exorde*) – Definition («Entrée en matière») – «Les types traditionelles» und «Les types fonctionelles» mit den entsprechenden Erklärungen und Beispielen.[58] Neben dem poetologisch-rhetorischen Inventar sind bei Morier auch Begriffe aus der Phonetik/Prosodie berücksichtigt. Tabellarische Übersichten (v.a. zum System der Figuren) schließen dieses Lexikon ab.

Didaktisch-praktische Erfahrungen im italienischen Literaturunterricht am Gymnasium bilden Anlaß und Ziel von Roberto Berardis ‹Dizionario›.[59] Das Wörterbuch erläutert Begriffe aus «quattro gruppi principali di termini» (vier terminologischen Hauptgruppen)[60]:
1) termini della critica letteraria (z.B. *Arte, Poesia, Fantasia*)
2) termini della storia letteraria (z.B. *Stilnovista, Umanista*)
3) termini della metrica italiana (z.B. *Rime invertite, Ritmico*)
4) termini della stilistica e della retorica tradizionali (z.B. *Invenzióne, Metafóra, Rétore*).[61]
Die Artikel enthalten den griechischen oder lateinischen Terminus, von dem das Stichwort abzuleiten ist, und (wenn notwendig) eine nach Bereichen getrennte Bedeutungserklärung sowie Literatur- und Gebrauchshinweise (z.B. *Antístrofe*: 1. Gedankenfigur, 2. Teil des antiken griechischen Chorliedes (Gegenstück zur Strophe), 3. Teil der Canzone Pindarica).

Die beiden klassischen Bereiche der Rhetorik und Stilistik vereinigt der ‹Dizionario› von Angelo Marchese, der 1991 in der 10. Auflage erschien und für literaturanalytische Zwecke gedacht ist.[62] Das Werk ist linguistisch-strukturalistisch ausgerichtet und operiert mit einer entsprechenden (eigenwilligen) Systematik in der Begriffszuordnung (vgl. den ‹Indice sistematico delle voci›, den systematischen Index der Lemmata am Ende des Bandes). Hier sind Begriffe wie *Argument, Antithese* oder *Parallelismus* der Kategorie ‹Linguistik/Semiologie› zugewiesen[63], *Archaismus, Epitheton* oder *Oratoria* der Kategorie ‹Stilistik/Literarische Gattung›, während die Stichwörter *Asyndeton, Metonymie* oder *Tropus* der ‹Rhetorik› zugeordnet sind. Der Aufbau der Einträge ist ungleichmäßig: Dokumentiert ist das italienische Stichwort und meist eine kurze Definition sowie die etymologische Ableitung aus dem Griechischen oder Lateinischen. Beispiele, Literaturangaben oder Lemmaverweise können diesen Aufbau modifizieren.

Ebenfalls aus linguistischer Perspektive verfaßt und als ein fachübergreifendes Wörterbuch für Studenten der Sprachwissenschaft gedacht ist der ‹Dizionario› von Gian Luigi Beccaria.[64] Der Autor strebt keine Homogenität der Darstellung an und folgt auch keiner bestimmten lexikographischen Norm. Er versucht vielmehr, einen orientierenden Weg durch linguistische Schulen, Forschungsfelder, Konzepte und Blickpunkte zu eröffnen. Die Artikel bestehen aus Stichwort, etymologischer Ableitung, Definition, erklärenden System- und Verwendungshinweisen sowie Literaturangaben. Aufgenommen sind klassische Begriffe der Rhetorik (in lateinischer oder italienischer Sprache) wie *Metafora* oder *Ossimoro, Dispositio* oder *Ornatus*, aber auch Stichwörter wie *Gestalt* oder das japanische *Haiken* und das englische *Hammer rhyme*.

Eine ‹Encyclopedia› zur Rhetorik und Dichtung, die im Untertitel die Darstellung der Kommunikation von der Antike bis zum modernen Informationszeitalter ankündigt, legt Theresa Enos als Herausgeberin 1996 vor. Mit interdisziplinärem Zugang konzipiert, ist diese Enzyklopädie auch gedacht als «Einführung in die Rhetorik, die die wichtigsten Epochen, Personen, Konzepte und Anwendungsformen mit einbezieht».[65] Das Werk umfaßt 467 Artikel, formuliert von 288 Autoren. Als Zielgruppen werden angegeben: Studenten der Rhetorik, Rhetorikfachleute und Literaturwissenschaftler. Es handelt sich hier um ein einbändiges Werk mit Übersichts- und Einführungscharakter, im dem folgende Artikeltypen unterschieden werden:
1) Kurze Definitionsartikel («identification») z.B. für Figuren wie *Chiasmus*,
2) Ausgearbeitete Bedeutungserklärungen («notes») für Konzepte und Theorien wie *Hermeneutik*,
3) Tiefgreifende Darstellungen («essays») für Personen wie *Aristoteles* oder Anwendungsbereiche wie *Feministische Rhetorik*,
4) Umfangreiche Artikel («full article») zur Technik und Methode wie *Argument* oder *Inventio*.
Bei Personenartikeln erfolgen Hinweise zu Biographie, Werk und Wirkungsgeschichte, die Begriffs- oder Sachartikel enthalten Definitorisches, historisch-systematische Hinweise, Forschungsberichte, Anwendungsinformationen, etymologische Ableitungen und eine Bibliographie sowie Verweise auf andere Stichwörter der Enzyklopädie. Autoren- und Lemmaverzeichnisse ergänzen das Werk.

(4) *Literaturwissenschaftliche Lexika.*
Werke dieses Wörterbuchgenres sind dem terminologischen Bestand eines neuzeitlichen Faches gewidmet, das als Nachfolgerin der Rhetorik auch von deren Begriffsapparat und Systematik geprägt ist. Insofern ist in heutigen literaturwissenschaftlichen Lexika immer eine größere Anzahl rhetorischer Stichwörter nachweisbar, die v.a. dem Bereich der Figuren, der Tropen und des Stils angehören. Dies zeigen auch folgende, exemplarisch ausgewählte wichtige Fachlexika der deutschen, englischen und französischen Literatur:

In der von Klaus Weimar herausgegebenen mehrbändigen Neubearbeitung des ‹Reallexikons der deutschen Literaturgeschichte› (erste Auflage 1926; zweite Auflage 1958–84) werden rhetorische Begriffe unter dem Aspekt ihrer literarischen Funktion besprochen.[66] Dazu gehören in geringer Zahl rhetorische Grund-/Stammbegriffe wie Termini der Beweisführung/des Redeaufbaus (*Argumentatio*) sowie der rednerischen Aufgaben (*Inventio, Dispositio*) und v.a. Bezeichnungen aus der Figurenlehre (wie *Rhetorische Figur, Alliteration, Euphemismus, Gradatio*) sowie der Stillehre (*Aptum, Decorum*). Vorhanden sind auch einzelne Gattungs- und Lehrbuchbegriffe wie *Ars dictaminis* oder *Briefsteller*. Das Werk beabsichtigt die Darstellung des Sprachgebrauchs der Literaturwissenschaft (Sachbegriffe) zum Zweck der Präzisierung dieses Gebrauchs. Im Vordergrund steht dabei die Wort- und Begriffsinformation, die Sachdarstellung ist eher knapp gehalten.[67] Die Artikel des Lexikons haben eine festgelegte Struktur:
Stichwort,
knappe Definition,
Explikation als historisch gestützter Gebrauchsvorschlag,
Wortgeschichte (Bedeutung) mit Quellenangabe,
Begriffsgeschichte (Konzeptualisierung und Systemzuordnung),
Sachgeschichte (Anwendung mit Quellenangabe),
Forschungsgeschichte,
Literaturhinweise.
Die Lemmaverweise sind in die Artikel eingearbeitet. Verschiedene Lesarten/Bedeutungen eines Begriffes werden durch mehrere Einträge mit Index dokumentiert (z.B. Dialog$_1$ = Gespräch innerhalb von Texten; Dialog$_2$ = eigenständiger Text in Dialogform).

Handbuchcharakter hat das von Günther und Irmgard Schweikle herausgegebene ‹Literatur-Lexikon› [68], in dem mit knapper Definition, Erläuterung, Exemplifizierung und historischer Zuordnung literaturwissenschaftliche Begriffe aus Poetik, Rhetorik, Metrik, Literaturgeschichte und -wissenschaft versammelt sind. Unterbegriffe, etymologische Hinweise, Literaturangaben und Lemmaverweise ergänzen die Artikel. Im Zentrum des Lexikons steht die «deutschsprachige Literatur im Rahmen der abendländischen Kulturkreise». [69] Aus dem rhetorischen Begriffsarsenal finden sich – abgesehen von einigen Grundbegriffen (wie *Argumentatio*, *Ornatus*, *Rhetorik* oder *Abundanz*) – fast ausschließlich Figurenbegriffe.

Den Figuren ist auch das Handbuch ‹Gradus› von BERNARD DUPRIEZ gewidmet. [70] Für ihn gilt das Verständnis rhetorischer Formen als Basis des Literaturverstehens, wobei sich sein Augenmerk auf die Definition, Analyse und Gebrauchsweise von Figuren und literarischen Techniken richtet. Als Quellen für sein Wörterbuch nennt Dupriez (a) die antike Gerichtsrede und Logik (Korax, Aristoteles), (b) die klassische Rhetorik und Philologie (Quintilian, Alkuin), (c) den Sprachgebrauch (Literatur, Literaturkritik) und (d) die moderne Linguistik und Psychologie. Die Stichwörter selbst sind französisch lemmatisiert und lassen sich der Figurenlehre (z.B. *Catachrèse*, *Astéisme*, *Gradation*), der Linguistik (z.B. *Allographe*, *Communication*, *Niveau de langue*) oder anderen Bereichen zuordnen (wie *Apocalypse*, *Écho sonore*, *Chronographie*). Die Figuren werden auf Basis neuzeitlicher literarischer Texte (z.B. Scaliger, Fontanier, Lausberg) definiert und erläutert. Für die Einträge des Handbuchs gilt folgende Struktur: Stichwort mit Definition, Exempel, erläuternde Bemerkungen und fakultativ weitere Definitionen, verwandte Begriffe, Antonyme, Synonyme. Der Index am Ende des Buches enthält die Stichwörter und eine große Anzahl von in den Artikeltexten genannten Begriffen (ca. 3000 Wörter). Eine Übersetzung ins Englische (von A.W. Halsall) liegt seit 1991 vor.

Als Standardwerk im englischen Sprachraum gilt die ‹New Princeton Encyclopedia› von ALEX PREMINGER und T.V.F. BROGAN (Herausgeber). [71] Der umfassende Anspruch dieser Enzyklopädie für Poetik und Dichtung wird im Vorwort artikuliert: «In diesem Buch sind Wissen, Fakten, Theorien, Fragen und wohlbegründete Urteile im Hinblick auf Dichtung versammelt.» [72] Sie wendet sich an Studenten, Lehrer, Schüler, Dichter und alle Leser, die an nationalsprachlicher Dichtung, an literarischen Techniken oder an Literaturkritik interessiert sind. Ihr Ziel ist es, «to increase the amount and the quality of discourse about poetry» (den Umfang und die Qualität des Diskurses über Dichtung zu steigern). [73] Neben den poetischen/poetologischen Begriffen gehören auch Begriffe der Prosodie und Rhetorik zum Lemmabestand der 1383 Seiten umfassenden Enzyklopädie. Die rhetorischen Begriffe entstammen zu einem kleineren Teil der Beweislehre (*Argument*), der Stilistik (*Decorum*, *Grand Style*, *Pathos*, *Ornament*) und der Gattungslehre (*Eulogy*, *Encomium*). Den weitaus größeren Anteil stellen die Figurenbezeichnungen (*Figure*, *Alliteration*, *Hyperbole*, *Metaphor* usw.). Der große Übersichtsartikel ‹Rhetoric and Poetry› [74] ergänzt diese ebenfalls literarisch fokussierten Einzeldarstellungen. Er ist in die Bereiche ‹Interpretation (= Textanalyse)› und ‹Composition (= Textproduktion)› gegliedert, wobei eine doppelte Zielsetzung der Rhetorik definitorisch vorweggenommen ist: Überzeugung (*persuasion*), die publikumsgerichtet ist, und Redegewandtheit (*eloquence*), die form- und stilorientiert ist. [75] Der Artikel ist historisch und systematisch gegliedert, enthält etymologische und quellenbezogene Angaben (Aristoteles, Quintilian, Cicero, Wilson, Puttenham usw.) und wird von einer historisch und systematisch geordneten Bibliographie abgeschlossen.

(5) *Rhetorik-Lexikographie in der Musik*.
Das ‹Handbuch› von DIETRICH BARTEL dokumentiert den terminologischen Bestand der rhetorikanalogen musikalischen Figurenlehre. [76] Die Artikel widmen sich der Bedeutungsgeschichte und dem Bedeutungswandel, wobei ein Vergleich zwischen musikalischer und rhetorischer Bedeutung impliziert ist. Quellenbasis des Handbuchs sind die systematischen Figurenlehren des 17. und 18. Jh., beginnend mit Joachim Burmeister (1599) und endend mit Johann N. Forkel (1788). Im ersten Teil des Werkes erfolgt die Darstellung der rhetorischen (Quintilian, Susenbrotus, Gottsched) und musikalischen Figurenlehren (Burmeister, A. Kircher, J.G. Ahle, M. Spieß usw.). Der zweite Teil ist der terminologischen Abhandlung der Figuren in einzelnen Artikeln gewidmet. Die Einträge bestehen aus 1. dem Stichwort, seiner Übersetzung (verbunden mit einem etymologischen Hinweis), 2. den jeweiligen griechischen oder lateinischen Entsprechungsbegriffen (*Climax – Gradatio*), 3. den definitorischen/bedeutungserklärenden Belegen aus der rhetorischen Lehre mit deutscher Übersetzung, 4. den entsprechenden Belegen aus der musikalischen Lehre, 5. einem Beispiel in musikalischer Notation und 6. zusätzlichen historisch-systematischen Erläuterungen bei wichtigen Begriffen. Eine englische Ausgabe von 1997 trägt den Titel ‹Musica Poetica›. [77] Den Abschluß dieser Ausgabe bilden (a) zusammenfassende, knappe Figurendefinitionen, (b) Figurenkategorisierungen (z.B. *figures of melodic repetition, of harmonic repetition, of dissonance* oder *of interruption*), (c) eine Liste, in der die Figuren den jeweiligen Autoren zugeordnet sind und (d) Listen zur Quellen- und Sekundärliteratur sowie ein Stichwort- und Autorenindex.

Anmerkungen:
1 s. z.B. Aelius Donatus, Ars grammatica (Ars maior), in: Gramm. Lat. Bd. 4 (1864; ND 1961) 355–402. – **2** P. Piper (Hg.): Die Schr. Notkers und seiner Schule, Bd. 1 (1882) 623–684. – **3** z.B. Onulf von Speyer, Rhetorici colores (um 1050), ed. H. Wattenbach: Magister Onulf von Speier, in: Sber. Der königl.-Preuß. Akad. Der Wiss. zu Berlin (1894) 369–386; Alberich von Montecassino, Flores rhetorici (um 1080), ed. D.M. Inguanez, H.M. Willard: Alberici Casinensis Flores Rhetorici (Montecassino 1938) 33–59. – **4** s. z.B. Petrus Mosellanus (Peter Schade): Tabulae de schematibus et tropis (1536) zur Rhet. Melanchthons; dazu auch J. Knape: Philipp Melanchthons Rhet. (1993) 32f.; ders., A. Sieber: Rhet.-Vokabular zur zweisprachigen Terminologie in älteren dt. Rhet. (1998) 5ff. – **5** J.Chr.G. Ernesti: Lexicon Technologiae Graecorum Rhetoricae (1795) und Lexicon Technologiae Latinorum Rhetoricae (1797), beide im 2. ND von 1983. – **6** F.E. Petri: Rhet. Wörter-Büchlein zunächst für Gelehrtenschulen (1831). – **7** ders. im Untertitel. – **8** I.B. Bernardus: Thesaurus rhetoricae (1599) 98ᵛ; vgl. Cic. De inv. I, 6, Übers. Verf. – **9** Bernardus [8] 120ʳ, Übers. Verf. – **10** Ernesti [5]. – **11** ders. (Lat.) 22. – **12** Petri [6]. – **13** ebd. IV. – **14** ebd. VI. – **15** E. Bonnellus: Lexicon Quintilianeum (1834; ND 1962). – **16** ebd. 107. – **17** E. Zundel: Clavis Quintilianea. Quintilians ‹Institutio Oratoria› aufgeschlüsselt nach rhet. Begriffen (1989). – **18** ebd. VII. – **19** ebd. – **20** ebd. 21. – **21** J. Knape, A. Sieber: Rhet.-Vokabular zur zweisprachigen Terminologie in älteren dt. Rhetoriken (1998). – **22** ebd. 5. – **23** ebd. 29. – **24** zu Idee und Konzeption des HWRh s. auch G. Ueding: Das hist. Sachwtb. der Rhet. Ein Forschungsprojekt, in: Rhet. 5 (1986) 115–119; G. Kalivoda, F.-H. Robling: Das Hist. Wtb. der Rhet. Ein Beitr. zu

Begriffsforsch. und Lexikonherstellung, in: Lexicographica 5 (1989) 129–142; G. Ueding: Das Hist. Wtb. der Rhet., in: ABG 37 (1994) 7–20; F.-H. Robling: Probleme begriffsgesch. Forsch. beim ‹Hist. Wtb. der Rhet.›, in: ABG 38 (1995) 9–22; G. Kalivoda: Rhetorica antiqua – Rhetorica nova. Klass. Redelehre und moderne Rhetorikforsch. als Gegenstände des HWRh, in: Euph 93/1 (1999) 127–133. – **25** P. Fontanier: Les Figures Du Discours (Paris 1821–30; ND 1993). – **26** ebd., Vorwort S. 9. – **27** ebd. 11. – **28** Fontanier [25] 269. – **29** ebd. 323ff. – **30** A. Wartelle: Lexique de la «Rhétorique» d'Aristote (Paris 1982) 10. – **31** ebd. 19. – **32** G. Molinié: Dictionnaire de rhétorique (Paris 1992). – **33** ebd. 276, Übers. Verf. – **34** L. A. Sonnino: A Handbook to Sixteenth Century Rhetoric (London 1968) VIII, Übers. Verf. – **35** ebd. VII. – **36** R. A. Lanham: A Handlist of Rhetorical Terms (Berkeley/Los Angeles/Oxford 1968, ²1991). – **37** Georgius Trapezuntius: Rhetoricorum libri V (Basel 1522). – **38** Ioannes Susenbrotus: Epitome troporum ac schematum et grammaticorum & rhetorum (Zürich 1541). – **39** H. Peacham: The Garden of Eloquence (London 1577, ³1593; ND Gainesville, Fl. 1954); Neuausgabe: B.-M. Koll: Henry Peachams "The Garden of Eloquence" (1593): hist.-krit. Einl., Transkription und Kommentar (1996). – **40** W. G. Crane, ebd. (1954) Vorwort S. 5, Übers. Verf. – **41** Peacham [39] Untertitel, Übers. Verf. – **42** C. Soarez: De Arte Rhetorica Libri Tres (Köln 1577). – **43** ders.: Untertitel, Übers. Verf. – **44** G. J. Vossius: Commentariorum Rhetoricorum, sive Oratoriarum Institutionum Libri sex (Leiden 1606; ND 1974). – **45** ebd. 2. Teil, IV. Buch, S. 1. – **46** ebd. 2. Teil, IV. Buch, IV. Kapitel, S. 83. – **47** ebd. 2. Teil, IV. Buch, IV. Kapitel, VIII. Abschnitt, S. 103. – **48** J. Smith: The Mysterie of Rhetorique unvail'd (London 1657; ND Hildesheim 1973). – **49** ebd. 127. – **50** ebd. Einl., Übers. Verf. – **51** ebd., Übers. Verf. – **52** M. Gesner: Primae Lineae artis oratoriae exercitationum (1730). – **53** H. Lausberg: Handbuch der literarischen Rhetorik (1960, ³1990). – **54** W. Schmid, zitiert ebd. im Vorwort zur 3. Aufl., S. 2. – **55** W. Hebenstreit: Wiss.-lit. Encyclopädie der Aesthetik (Wien 1843, ²1848; ND 1978). – **56** ebd. IIIff., XVII, 1ff. – **57** H. Morier: Dictionnaire de poétique et de rhétorique (Paris 1961, ⁴1989). – **58** ebd. 472ff. – **59** R. Berardi: Dizionario di Termini della critica letteraria con l'aggiunta di termini della metrica, della stilistica e della retorica classicistica (Florenz 1968). – **60** ebd. 5. – **61** ebd. 5f. – **62** A. Marchese: Dizionario di retorica e di stilistica (Mailand 1978, ¹⁰1991). – **63** ebd. 356. – **64** G. L. Beccaria: Dizionario di Linguistica e di Filologia, Metrica, Retorica (Turin 1995) Introduzione VII. – **65** Th. Enos (Hg.): Encyclopedia of Rhetoric and Composition (New York/London 1996) VII, Übers. Verf. – **66** K. Weimar (Hg.): Reallex. der dt. Literaturwiss., Bd. 1, A-G (1997). – **67** s. ebd. VIIf. – **68** G. und H. Schweikle (Hg.): Metzler Literatur Lexikon (1984, ²1990). – **69** ebd. Vorwort. – **70** B. Dupriez: Gradus. Les procédés littéraires (Paris 1984); engl. Ausg.: A Dictionary of Literary Devices, übers. von A. W. Halsall (Toronto 1991). – **71** A. Preminger, T. V. F. Brogan (Hg.): The New Princeton Encyclopedia of Poetry and Poetics (Princeton 1965, ³1993). – **72** ebd. VII, Übers. Verf. – **73** ebd. XII, Übers. Verf. – **74** ebd. 1045–1052. – **75** ebd. 1045f. – **76** D. Bartel: Handbuch der musikalischen Figurenlehre (1985, ²1992). – **77** ders.: Musica Poetica: Musical – Rhetorical Figures in German Baroque Music (Lincoln/London 1997).

Literaturhinweise:
R. D. Anderson Jr.: Glossary of Greek Rhetorical Terms connected to Methods of Argumentation, Figures and Tropes from Anaximenes to Quintilian (Leuven 2000). – J. D. Harjung: Lex. der Sprachkunst. Die rhet. Stilformen. Mit über 1000 Beispielen (2000) – Th. Zinsmaier: Der Beginn der rhet. L.: Giovanni Battista Bernardis *Thesaurus rhetoricae* (Venedig 1599), in: Neulat. JB, Bd. 2 (2000) 241–258.

G. Kalivoda

→ Antibarbarus → Archaismus → Barbarismus → Begriff → Copia → Etymologie → Fachsprache → Figurenlehre → Fremdwort → Glosse → Hochsprache → Lehrbuch → Metasprache/Objektsprache → Musikalische Figurenlehre → Neologismus → Philologie → Sprachgesellschaften → Sprachrichtigkeit → Wortschatz.

Libretto (dt. auch Textbuch, «büchel» [Mozart]; engl. libretto; frz. livret [seltener libretto])

A. Das L. ist Teil eines szenisch aufzuführenden Vokalwerkes (einer Oper, einer Operette oder auch eines Musicals) oder eines Oratoriums; im weiteren Sinne werden auch Szenarien zu Balletten oder Pantomimen als L. bezeichnet. Die Grenzen zu Schauspieltexten mit Gesangseinlagen (z. B. frz. ‹Opéra-comique› [18. Jh.] oder ‹Vaudeville›) sind fließend; eine Differenzierung zwischen L., Musikdrama (im Sinne Richard Wagners) und dem Text in der sogenannten Literaturoper (20. Jh.) läßt sich gattungssystematisch nicht begründen.

Von anderen dramatischen Gattungen unterscheidet sich das L. durch das Merkmal der Vertonbarkeit. Die Dramaturgie und (zumindest in bestimmten Epochen) auch die formale Gestaltung (Metrik, Syntax, auch Lexik) des L. tragen den Ausdrucksmöglichkeiten der zeitgenössischen Musik Rechnung. Wie der Schauspieltext auf szenische Realisierung hin angelegt ist, läßt das L. dem Komponisten Raum für die musikalische Ausdeutung. Das ändert aber nichts daran, daß Schauspiel wie L. literarische Gattungen sind. Das L. ist (bei der Lektüre) aus sich selbst heraus verständlich und konstituiert innerhalb der plurimedialen Kunstform Oper eine eigene Bedeutungsebene. Die bis heute häufig vertretene Auffassung, das L. sei «zwar ein Gebilde aus Worten, aber keine Dichtung im landläufigen Sinne» [1] oder ein «literarisch wertloses Machwerk» [2], basiert auf einem verengten Begriff von ‹schöner Literatur› (im Gegensatz zu Gebrauchsliteratur), der weder für die frühe Neuzeit (17./18. Jh.) noch für das 20. Jh. angemessen ist.

Das äußerlichste Merkmal des L. ist (a) sein verhältnismäßig geringer Umfang: Da die Aufführung des vertonten Textes deutlich mehr Zeit beansprucht als die Rezitation eines gleichlangen Schauspieltextes, umfassen italienische L. selten mehr als 1000 Verse (entsprechend auch L. in anderen Sprachen). Der Zwang zur Kürze (*brevitas*) trägt mit zur Herausbildung der spezifischen Dramaturgie des L. bei, das idealtypisch dem (nur ex negativo zu definierenden) Gegentypus zur aristotelischen Tragödie, dem epischen (offenen [3]) Drama, zuzuordnen ist. [4] Die wesentlichen Merkmale sind (b) diskontinuierliche Zeitstruktur (Verlangsamung des Zeitverlaufs bis zum Stillstand, z. B. in den Arien und Ensembles der älteren Oper, im Gegensatz zu Beschleunigung, z. B. im Rezitativ; R. Wagner und die Komponisten des 20. Jh. erzielen die gleiche Wirkung mit anderen musikalischen Mitteln); infolgedessen (c) Selbständigkeit der Teile (die geschlossenen Nummern, Bilder / Großszenen, Akte bilden jeweils eine Einheit); ebenso (d) Kontraststruktur (zwischen Figuren, Situationen, geschlossenen Nummern etc. bestehen Kontrast- und Äquivalenzrelationen, d. h. paradigmatische Beziehungen; dagegen wird die Konfliktstruktur der aristotelischen Tragödie über das Syntagma, den linearen Handlungsverlauf, vermittelt) und außerdem (e) Primat des Wahrnehmbaren (des Sichtbaren – Bühnenaktion – wie des Hörbaren – Äußerung und Deutung von Gefühlen durch die Figuren) gegenüber dem aus Indizien (Mimik, Gestik, verbale Andeutungen etc.) zu Erschließenden. Äußere Vorgänge stehen im L. häufig zeichenhaft für innere Erfahrungen (nicht nur Empfindungen, sondern auch Gedanken) des/der Protagonisten. Dadurch weist die Gattung eine natürliche Affinität zum Mythos und zum Märchen auf.

B. Die ältesten Theoretiker der Oper und des L. (in Florenz um 1600) berufen sich auf antike Vorbilder; die ersten L. sind allerdings keine Tragödien, sondern pastorale Tragikomödien: Den Strophenformen der Lieddichtung, die für Arien und Chöre Verwendung finden, ist nicht der hohe Stil der Tragödie, sondern ein mittlerer Zierstil angemessen.[5] In den venezianischen L. des 17. Jh. wird die ernste Haupthandlung durch komische Szenen unterbrochen. Dank der Reformbestrebungen der Accademia dell'Arcadia (gegründet 1690) verschwinden solche Einsprengsel, aber noch die L. der Opera seria des 18. Jh. sind stilistisch abgesenkte, ‹lyrische› Tragödien mit meist gutem Ausgang.[6]

Von den Anfängen bis zu PIETRO METASTASIO (1698–1782) erscheint das L. als dramatisiertes Exemplum. Die Geschichte illustriert eine moralische Sentenz, die oft explizit (z.B. im Schluß-Ensemble) formuliert wird: O. RINUCCINIS ‹Dafne› (wohl 1598) demonstriert am Beispiel Apollos, der sich in Dafne verliebt, die Allmacht Amors, Prolog und Epilog warnen davor, ihn geringzuschätzen. Die L. Metastasios und seiner Zeitgenossen verdeutlichen in immer neuen Variationen die Maxime, daß Glück und Erfolg nur demjenigen zuteil werden, der nicht seinen Leidenschaften, sondern der Vernunft folgt. Auch der einzelne Arientext hat Exempel-Charakter: Oft enthält der A-Teil der dreiteiligen (Da capo-)Arie eine Sentenz, ein Gleichnis o. ä., während der B-Teil die Verbindung zur Situation des Sprechers herstellt. Wenn Naturphänomene (Seesturm, Gewitter, oder sanfter Lufthauch, Vogelgesang etc.) zum Vergleich herangezogen werden, hat der Komponist Gelegenheit zur Nachahmung, in der die vom *mimesis*-Prinzip bestimmte zeitgenössische Ästhetik den Hauptzweck der Musik wie aller anderen Künste erkennt.

Während die L. Metastasios fast nur aus Rezitativ und Arien bestehen, nimmt später (unter dem Einfluß der Opera buffa) die Zahl der Ensembles auch in der Seria beständig zu. In den Arien werden Empfindungen nicht länger kommentiert, sondern ausgedrückt, was (schon bei RANIERI DE' CALZABIGI, 1714–1795) zum Verschwinden der Gleichnisarien u.ä. führt. Dennoch bleibt das metastasianische Modell bis nach 1800 in ganz Europa einflußreich.

Das L. des 19. Jh. unterscheidet sich von dem früherer Epochen durch größere stoffliche Vielfalt: Begebenheiten der neueren (nationalen) Geschichte, Märchen (erstmals 1771, J.J. MARMONTEL (1723–1799) / A.-E.-M. Grétry) und Volkssagen (z.B. ‹Der Freischütz› von J.F. KIND (1768–1843) / C.M. von Weber, 1821) drängen die bisher bevorzugten Sujets aus der antiken Mythologie und Geschichte in den Hintergrund. Das romantische Drama (z.B. Victor Hugo) übernimmt von der populären Theaterform des Melodrams die opernnahe Kontrast-Dramaturgie und beeinflußt das Gattungsmodell des Grand Opéra (A.E. SCRIBE, 1791–1861), das in der Zeit von ca. 1830–1870 (z.B. in osteuropäischen Ländern auch darüber hinaus) noch einmal europäische Geltung erlangt. Fast überall standen die erfolgreichsten Librettisten der zeitgenössischen Avantgarde eher fern. F. ROMANI (1788–1865) oder Scribe z.B. waren, obwohl eindeutig von der Romantik beeinflußt, bekennende Klassizisten. Diese Rückwärtsgewandtheit, die den Stil, die Wortwahl der L. etc. mehr oder weniger nachhaltig prägt, dürfte ein Hauptgrund für die gängige (allenfalls teilweise berechtigte) Kritik an der sprachlich-stilistischen und metrischen Gestaltung der L. sein.

Seit der Mitte des 19. Jh. bilden sich zunehmend nationale Sonderformen des L. heraus, die im Gattungssystem der jeweiligen Nationalliteratur zu situieren wären (z.B. frz. ‹tragédie lyrique›, ital. ‹L. des Verismo›, etc.). Von Frankreich aus (J. Offenbach) tritt die Operette das Erbe der komischen Oper an. Die variierende Wiederholung einfacher dramaturgischer Schemata rückt zumal die deutschsprachige Operette in die Nähe der trivialen Unterhaltungsliteratur.

In Deutschland erhebt R. WAGNER (1813–1881) den Anspruch, die traditionelle Oper durch eine neue Form des musikalischen Dramas zu ersetzen. Die Dramaturgie seiner Textbücher unterscheidet sich nicht wesentlich von der älterer L., durch die metrische Gestaltung (Vermeidung eines alternierenden Rhythmus) schafft Wagner jedoch die Voraussetzung für den fortlaufenden Diskurs der «musikalische[n] Prosa», die mit der auf der achttaktigen Periode basierenden Melodiebildung auch die geschlossenen musikalischen Formen überwindet. Bisher mußte bei der Librettoadaptation eines Schauspiels der Text so umgeformt werden, daß Arien und Ensembles entstanden. In der Form «musikalische[r] Prosa» läßt sich jedes beliebige Vers- und auch Prosadrama vertonen (mit Rücksicht auf die Aufführungsdauer werden im allgemeinen Kürzungen erforderlich sein).

Mit dem 19. Jh. endet die Zeit der Berufslibrettisten, die routiniert dramaturgische und metrisch-stilistische Schemata auf mehr oder weniger beliebige Sujets anwenden. Im 20. Jh. werden L. von den Komponisten selbst (meist Adaptationen dramatischer oder narrativer Vorlagen), von Theaterschaffenden (Dramaturgen, Regisseuren) oder von mehr oder weniger prominenten Dichtern und Schriftstellern verfaßt (z.B. H. VON HOFMANNSTHAL für R. Strauss, W.H. AUDEN für Strawinsky und H.W. HENZE, I. BACHMANN, E. BOND für H.W. Henze). Da solche Autoren mit den Besonderheiten des Musiktheaters meist wenig vertraut sind, gehören die L. nur in Ausnahmefällen zu ihren bedeutendsten Werken. Schauspieltexte, die (vom Komponisten oder einem Mitarbeiter) für die Vertonung eingerichtet, d.h. gekürzt, werden (‹Literaturoper›), sind stets dem Typus des epischen (offenen) Dramas zuzurechnen, d.h. sie weisen von vornherein eine deutliche Affinität zur Gattung L. auf. Oft greifen die Komponisten auf Werke des klassischen Kanons zurück, obwohl auch neueste Literatur für die Opernbühne adaptiert wird.

Das L. des 20. Jh. bietet ein Bild verwirrender Vielfalt: Es scheint, als hätte beinahe jede literarische oder künstlerische Strömung (oder Mode) in der Entwicklung des musikalischen Theaters ihre Spuren hinterlassen. Eine Einteilung nach chronologischen oder geographischen Kriterien scheint kaum möglich. Beim jetzigen Forschungsstand lassen sich allenfalls gewisse Tendenzen aufzeigen: (a) Erweiterung des Formenspektrums, Abkehr von traditionellen Figurenkonstellationen, u.ä.: zunehmende Bedeutung des Einakters [7], Mono- und Duodramen (z.B. Schönberg, Bartók), etc.; (b) kontinuierliche Ausdifferenzierung des Verhältnisses von Musik und Sprache: Sprechgesang, Tonhöhendeklamation, Sprachkomposition, die von der semantischen Dimension abstrahiert und Sprachlaute wie Klänge behandelt (M. Kagel, G. Ligeti); (c) weiter fortschreitende Episierung des L., vor allem unter dem Einfluß des Films: Einführung einer Erzähler-Instanz, perspektivische Darstellungsweise (das Bühnengeschehen gibt die Empfindungen und Erfahrungen des Protagonisten wieder) u.ä.

Die literaturwissenschaftliche Forschung schenkt dem L. erst seit etwa dreißig Jahren größere Beachtung. Zu den immer noch zahlreichen Desideraten zählt auch eine theoretisch fundierte Untersuchung der Librettoübersetzungen, die die Rezeption fremdsprachiger Opern wesentlich prägen.

Anmerkungen:
1 A. A. Abert: Art. ‹L.›, in: MGG, Bd. 8 (1960) 710f. – 2 G. von Wilpert: Art. ‹L.›, in: Sachwtb. der Lit. ([7]1989) 512. – 3 vgl. V. Klotz: Geschlossene und offene Form im Drama ([13]1992). – 4 vgl. C. Dahlhaus: Trad. Dramaturgie in der modernen Oper, in: ders.: Vom Musikdrama zur Literaturoper. Aufsätze zur Operngesch. (1983) 229–237. – 5 vgl. F. Mehltretter: Die unmögliche Tragödie. Karnevalisierung und Gattungsmischung im venezian. Opernl. des 17. Jh. (1994) 49ff. und passim. – 6 ebd. 210. – 7 vgl. W. Kirsch: Musikdramaturgische Aspekte des Operneinakters in: W. Herget / B. Schultze (Hg.): Kurzformen des Dramas. Gattungspoet., epochenspezifische und funktionale Aspekte (1996) 111–131.

Literaturhinweise:
E. Istel: Das L. Wesen, Aufbau und Wirkung des Opernbuchs (1914). – P. J. Smith: The Tenth Muse. A Historical Study of the Opera L. (London 1970). – K. Honolka: Opernübers. Zur Gesch. der Verdeutschung musiktheatralischer Texte (1978). – E. Sala Di Felice: Metastasio. Ideologia, drammaturgia, spettacolo (Mailand 1983). – K. Pendle: Eugène Scribe and French Opera of the Nineteenth Century (Ann Arbor 1979). – B. Engelberg: Wystan Hugh Auden (1907–1973). Seine opernästhet. Anschauung und seine Tätigkeit als Librettist (1983). – P. Gallarati: Musica et maschera. Il libretto ital. del Settecento (Turin 1984). – J. M. Finscher (Hg.): Oper und Operntext (1985). – A. Gier (Hg.): Oper als Text. Romanist. Beitr. zur Librettoforsch. (1986). – Chr. Nieder: Von der *Zauberflöte* zum *Lohengrin*. Das dt. Opernl. in der ersten Hälfte des 19. Jh. (1989). – P. Fabbri: Il secolo cantante. Per una storia del libretto d'opera nel Seicento (Bologna 1990). – F. Della Seta: Der Librettist, in: L. Bianconi / G. Pestelli: Gesch. der ital. Oper, Bd. 4 (Laaber 1990; ital. Originalausg. Turin 1987) 245–295. – C. Kintzler: Poétique de l'opéra français de Corneille à Rousseau (Paris 1991). – P. Grell: Ingeborg Bachmanns L. (1995). – D. Borchmeyer, S. Leopold u. a.: Art. ‹L.›, in: MGG[2], Bd. 5 (1996) Sp. 1116–1259. – Cl. Feldhege: Ferruccio Busoni als Librettist (Anif/Salzburg 1996). – A. Roccatagliati: Felice Romani librettista (Lucca 1996). – A. Gier: Das L. Theorie und Gesch. einer musiklit. Gattung (1998).

A. Gier

→ Drama → Gesamtkunstwerk → Gesang → Märchen → Musik → Mythos → Poesie → Vokalmusik

Licentia (lat. auch oratio libera; griech. παρρησία, parrhēsía; dt. ‹freimütige Äußerung›, ‹offenes Wort›; engl. licence, parrhesia; frz. licence, parrhésie; ital. licenza)
A. Def., Bereiche. – I. Figurenlehre. – II. L. als Übertretung der Kunstregel. – B. Historisches zur L. als Figur. – I. Antike. – II. MA. – III. Neuzeit.

A. In der Lehre vom Redeschmuck (*ornatus*), einem Teilbereich der *elocutio*, steht der von dem Verb *licere* – ‹erlaubt sein, freistehen› abgeleitete Terminus ‹L.› [1] für eine Gedankenfigur: Der Redner nimmt sich die Freiheit, sein Publikum um der guten Sache willen offen zu rügen, auf die wirkliche oder fingierte Gefahr hin, den Unmut der Hörer zu erregen. – In der allgemeinen Kunsttheorie ist L. die Abweichung von der Sprach- oder Kunstregel, die entweder negativ als regellose Willkür [2] oder positiv als gewissen Künstlern bzw. Künsten (insbesondere Dichtung und Musik) zugestandene, geduldete oder gar erwünschte ‹Lizenz› [3] im Gegensatz zum Regelverstoß (*vitium*) [4] verstanden werden kann.

I. *Figurenlehre*. **1.** Der AUCTOR AD HERENNIUM definiert in den achtziger Jahren des 1. Jh. v. Chr. [5] die L. als freimütige, nur auf die Wahrheit pochende Kritik am Publikum, (bewußt oder scheinbar) auf die Gefahr hin, es zum eigenen Nachteil zu verstimmen: «Licentia est, cum apud eos, quos aut vereri aut metuere debemus, tamen aliquid pro iure nostro dicimus, quod eos aut quos ii diligunt aliquo in errato vere reprehendere videamur» (L. ist, wenn wir vor denen, welche wir scheuen oder fürchten müssen, gleichwohl zu unseren Gunsten etwas sagen, worin wir diese oder diejenigen, welche diese schätzen, in einem Irrtum zurecht zu tadeln scheinen). [6] Ein mögliches Zuviel an Schärfe wird zum einen durch Rechtfertigung der Kritik abgemildert, zum anderen etwa durch Appell an die (als durchaus vorhanden angesprochene) Klugheit des Publikums sogleich in ausdrückliches Lob umgeleitet: «Quod erit commotum licentia, id constituetur laude, ut altera res ab iracundia et molestia removeat, altera res ab errato deterreat» (Was durch Freimut aufgerührt worden ist, das wird durch Lob besänftigt werden, so daß die eine Sache von Zorn und Verärgerung abhält, die andere von einem Irrtum abschreckt). Eine *zweite Form der L.* freilich nimmt mit der freimütig vorgetragenen, vorgeblichen Wahrheit den Publikumsgeschmack vorweg und bewirkt gerade darum bei der selbstzufriedenen Zuhörerschaft Sympathie: «Est autem quoddam genus in dicendo licentiae, quod astutiore ratione comparatur, cum aut ita obiurgamus eos, qui audiunt, quomodo ipsi se cupiunt obiurgari, aut id, quod scimus facile omnes audituros, dicimus nos timere, quomodo accipiant, sed tamen veritate commoveri, ut nihilo setius dicamus» (es gibt aber beim Reden eine bestimmte Art von L., welche auf eine schlauere Weise erreicht wird, wenn wir die, die zuhören, in der Art zurechtweisen, wie sie selbst zurechtgewiesen werden möchten, oder aber bei dem, wovon wir wissen, daß es Alle leichthin hören werden, vorgeben, daß wir fürchteten, wie sie es aufnehmen könnten, doch gleichwohl von der Wahrheitsliebe bewegt würden, es nichtsdestoweniger zu sagen). Nur diese zweite Form, die *scheinbare* Freimütigkeit, welche dem Publikum in Wahrheit ein Kompliment macht, läßt QUINTILIAN [7] als *figura orationis* gelten: «Quid enim minus figuratum quam vera libertas? Sed frequenter sub hac facie latet adulatio» (Denn was ist weniger gekünstelt als aufrichtige Freimütigkeit? Doch häufig verbirgt sich hinter diesem Augenschein die Schmeichelei).

2. In der *Musiktheorie des Barock* mit ihrer Ausrichtung am Klassischen System ist die L. oder Parrhesia in Anlehnung an die Rhetorik eine satztechnische Figur, die «als ‹Freiheit› gegenüber dem regulären (kontrapunktischen) Satz verstanden ist». [8] J. BURMEISTER spricht in seinem ‹Hypomnematum musicae poeticae› (1599) wie in seiner ‹Musica autoschediastike› (1601) und der ‹Musica poetica› (1606) von *Parrhesia*, «quando [...] imperfecta concentibus ex mera licentia commiscetur, sicut [...] vel alia Discordantia» (wenn den zusammenklingenden Stimmen ein imperfekter Klang [...] oder irgendeine andere Dissonanz nach freiem Belieben hinzugefügt wird) / «[...] commiscere cum reliquis concentibus Dissonantiam unicam, eamque ad dimidium totius, quo ipsi reliquae voces in tactu respondent» (wenn unter die übrigen konsonierenden Stimmen eine besondere Dissonanz gemischt wird. Sie wird in der Mitte des vollen Taktes gesetzt, damit die übrigen Stimmen im Tactus die Dissonanz auflösen können). Die *Parrhesia* arbeitet also wohl mit harmonisch auffälligen (‹unvollkommenen›) Intervallen, soll aber keinen Mißklang, keinen Übellaut verursachen, sondern – so J. Thuringus im ‹Opusculum bipartitum› (1624) «[…] ita in contrapuncto inseratur, ut nullam discordantiam pariat» (derart gesetzt werden, daß keine Dissonanz verursacht wird), sowenig in der Rhetorik die L. tatsächlich verletzend wirken sollte. [9]

II. *L. als Übertretung der Kunstregel.* In den Künsten allgemein, insbesondere in den sprachlichen Artes Rhetorik und der Poetik, wird die L. von den antiken Autoren bis zur *Dichtungstheorie des 17. Jh.* (u.a. Kempen, Opitz, Buchner) als eine nicht nur erlaubte, sondern gar wiederum kunstvolle Abweichung von der Regel denen zugestanden, welche die – gegenüber den Rednern – schwierigere Aufgabe hätten. Die *poetische Lizenz* ist Ausgleich für metrische Bindung und Reimzwang des Dichters, und die Freiheiten, die er sich nimmt, bis hin zu sprachlichen und stilistischen Fehlern – als welche sie dem Redner jedenfalls angekreidet würden –, erfahren neutrale Benennungen und gelten gerade als Zeichen seiner erhabenen Kunst: «Auctoritas ab oratoribus […] peti solet. nam poetas metri necessitas excusat» (Den Maßstab pflegt man bei Rednern zu suchen. Denn die Dichter entschuldigt die Notwendigkeit des Versmaßes). [10] Gleichwohl wird auch den Rhetoren eine gewisse Lizenz nicht völlig abgesprochen: «[Schemata] frequentiora quidem apud poetas, sed oratoribus quoque permissa» (Figuren – häufiger zwar bei den Dichtern, aber auch den Rednern erlaubt). [11]

Im *Bereich der Sprache* zeigt sich L. als absichtsvolle, künstlerische Abweichung von *consuetudo* (dem gegenwärtigen, «übereinstimmenden Sprachgebrauch der Gebildeten» [12]) und *proprietas* (dem der gemeinten Sache durch die *consuetudo* zugeordneten, treffenden Ausdruck [13]), sei es im *Wortschatz* [14], sei es im Gebrauch von *Tropen und Figuren* [15]. Im Wortschatz liegt solche L. in Archaismen [16], in der Einbürgerung von Fremdwörtern [17], in wechselnden Wortformen bzw. gewagten Wortneubildungen [18] oder im ‹Metaplasmus›, dem bewußten Verstoß gegen die korrekte lautliche Zusammensetzung eines Wortes [19]. Zur zweiten Form der sprachlichen L. gehört neben dem *tropus* (Wendung, Wandlung des *einzelnen* Wortes [20]), als geduldeter, weil künstlerisch gewollter Verstoß gegen die normierte Sprechweise in Wort*gruppen* das σχῆμα, *schéma* oder die *figura* [21]: zum einen grammatische, von der regelmäßigen Formenlehre und Syntax abweichende Figuren, zum anderen rhetorische Wort- und Gedankenfiguren [22].

Im *sachlichen Bereich* führt L. zur Freiheit der Fiktion zugunsten des dramatischen Effektes, der Aussagekraft oder der Unterhaltung; in der *klassizistischen* Poetik des Horaz [23] werden – analog zur Malerei – Einheit und Ganzheit (*unum – totum – simplex*) der Dichtung in ein wechselseitiges Spannungsverhältnis zur Freiheit der Erfindung (*audacia*) und Abwechslung (*variatio*) gesetzt. Nach Maßgabe des Wahrscheinlichen ist die innere Stimmigkeit der Fiktion wichtigstes Kriterium für die Einheitlichkeit des poetischen Werkes [24] und damit auch Grenze für die L. Indes läßt ihr unernst-epideiktischer [25], auf ästhetischen Reiz und nicht auf Glaubwürdigkeit abzielender Charakter [26] bereits Aristoteles die metrisch gebundene Form mit dem ἀπίθανον, *apíthanon*, dem Nicht-Überzeugenden, gleichsetzen [27]. Es können somit beispielsweise historische Gegebenheiten um einer größeren Geschlossenheit oder Wirkung des Werkes, einer dichterischen Idee willen umgeformt oder den weltanschaulichen Aussageabsichten des Dichters unterworfen, und es kann die äußere, objektive Wirklichkeit seiner inneren, subjektiven Wahrheit dienstbar gemacht werden. [28]

B. *Historisches zur L. als Figur.* **I.** *Antike.* Ausgehend von den oben vorgegebenen Bestimmungen des Auctor ad Herennium schränkt Quintilian (um 35–96 n.Chr.) die L. nach Vorleben, Herkunft, Alter und gesellschaftlicher Stellung des Redners ein: entspricht der persönliche ‹Zuschnitt› des Redners dem Maß seiner Freimütigkeit nicht, so wird seine ‹unbequeme Wahrheit› beim Zuhörer als ungebührliche Frechheit aufgenommen: «providendum est ne quae dicuntur ab eo, qui dicit, dissentiant […] nam quae in aliis libertas est, in aliis licentia vocatur» (Man muß sich vorsehen, daß die Dinge, die gesagt werden, nicht zu dem, der spricht, in einem Mißverhältnis stehen […] Denn was bei den einen Freiheit ist, wird bei anderen Dreistigkeit genannt). [29] Der von Quintilian bereits benutzte, spätaugusteische Rhetor Rutilius Lupus mahnt in seiner Bearbeitung der Figurenlehre des jüngeren Gorgias von Athen (mit einschlägigen, aus attischen Rednern übersetzten Beispielen) zu bedachtem und sparsamem, zugleich mit scheinbarem Widerstreben vorgetragenem Gebrauch der παρρησία / *libera vox*, um dem Eindruck übergroßen Vertrauens in den eigenen Standpunkt und entsprechender Verärgerung der Richter entgegenzuwirken. Zugleich setzt er diese in Gegensatz zur ἐπιτροπή, *epitropé* / *concessio*, im Zuge welcher der Redner sich von seiner Sache so überzeugt gibt, daß er deren Beurteilung ganz und ausdrücklich dem Publikum überläßt. [30] Im Rückgriff auf Rutilius läßt das ‹Carmen de figuris›, ein um 400 entstandenes anonymes Lehrgedicht, unter ‹parrhēsía› den Redner seine Verpflichtung gegenüber der Wahrheit (*inreticentia*) betonen [31], während Iulius Rufinianus (4. Jh.) auf den Gebrauch der *oratio libera* als *adulatio* – Schmeichelei verweist. [32] Der L. als Gedankenfigur wird – zum Erzielen des dem *genus demonstrativum* zukommendenen ‹erhabenen Stiles› (*genus grande*) – auf der sprachlichen Seite (λέξις) von Hermogenes von Tarsos (2. Jh.) die Stilkategorie der τραχύτης, *trachýtēs / asperitas* (‹Rauheit›) zugeordnet: ἔννοιαι τοίνυν εἰσὶ τραχεῖαι πᾶσαι αἱ τῶν μειζόνων προσώπων ἐπιτίμησιν ἔχουσαι ἀπό τινος τῶν ἐλαττόνων προσώπων ἀπαρακαλύπτως (harsch freilich sind alle Gedanken, welche Tadel höhergestellter Personen enthalten und von jemandem niederen Standes unverhüllt vorgetragen werden). [33] Hart sein sollen Wortbildung und Ausdruck, Figuren erscheinen als Befehl oder rhetorische Frage, die Periode wird in kleinste Einheiten zergliedert, Rhythmus gemieden. [34] Gemildert wird die Schroffheit der Sprache durch die λαμπρότης, *lamprótēs* (‹Glanz›) im Gedanklichen, durch überzeugend dargestellten und von Selbstzweifeln freien Glauben des Redners an die Berechtigung der eigenen *causa* und ihre Wirkung auf die Hörer sowie durch würdevollen Vortrag. [35] Hermogenes' Sieben Stilarten, die ἰδέαι, *idéai*, deren zweiter (μέγεθος, *mégethos* – ‹Hoheit›) die *trachýtēs* untersteht, haben über die rhetorische Theorie der Renaissance (u.a. Minturno, Sturm, Guarini) besonders im Hohen Stil der Kritik Eingang in die englische Prosa- und Verssatire der Elisabethanischen Zeit (mit ihrer Bewunderung für Persius und Juvenal) gefunden. [36]

II. *Mittelalter.* Dem beginnenden Mittelalter überliefert Isidor von Sevilla (um 560–636) die im wesentlichen schon bei Rutilius Lupus nachzulesende Kennzeichnung der L. (gleichfalls unmittelbar nach der *Epitrope*) als «oratio libertatis et fiduciae plena […] qua figura caute utendum est» (Rede voller Freimut und Zuversicht [...] Doch ist diese Figur mit Vorsicht anzuwenden).[37] In Hexametern notiert um 1200 der normannisch-englische Grammatiker GALFRID VON VINSAUF unter L.: «cum culpat honeste / et licite dominos vel amicos, nemine verbis / offenso» (wenn er ehrbar und freimütig Herren oder Freunde rügt, ohne daß durch seine Worte jemand verletzt würde).[38] Freilich ist im Mittelalter der Gebrauch der Gedankenfiguren recht eingeengt, bleibt ihr Gewicht weit hinter dem der Wortfiguren zurück.[39]

III. *Neuzeit*. In seiner einflußreichen, vor allem auf Hermogenes fußenden Rhetorik mildert GEORG VON TRAPEZUNT in der frühen Renaissance die *asperitas* (mit wörtlichen Anklängen an den Herenniusautor) vorbereitend «correctione quadam et quasi licentia ab ipsis auditoribus aut apertius postulata aut cautius capta» (durch ein gewisses Einlenken und indem L. von den Zuhörern selbst entweder offen gefordert oder unvermerkt erhascht wird).[40] Entsprechend formuliert I. SUSENBROTUS in seiner verbreiteten Figurenlehre 1541: «praestat haec ne offendat libertas. Unde et in hoc adhibetur, ut miget liberius dicta, ne offendant auditorem, hoc modo: ignoscite, si videbor aequo liberius dicere» (Es ist besser, wenn dieser Freimut nicht beleidigt. Daher wird er auch in der Weise angewandt, daß er zu freimütige Äußerungen mildert, damit sie den Hörer nicht verletzen, in der Weise: "Verzeiht, sollte ich ungebührlich frei zu sprechen scheinen").[41] Es folgen weitere Formeln der Abmilderung mit Beispielen aus dem NT (besonders Apg 2,29) sowie der Hinweis auf latente Schmeichelei. C. SOAREZ empfiehlt eine solche vorweggenommene Entschuldigung für allzu harte und gewagte, dichterische Metaphorik.[42] Andere rhetorische und poetische Abhandlungen des 16. Jh. verbleiben im traditionellen, vom Herenniusautor und Quintilian vorgegebenen Rahmen.[43]

In der Rhetorik des *Barock* unterscheidet G.I. VOSSIUS gegenüber Quintilian und Scaliger (doch durchaus in deren Sinne) die kunstlose, offen gezeigte Freiheit der Rede von der Figur der freimütigen Äußerung, welche Ermahnung oder Tadel einer Respektsperson in anmutige Freundlichkeiten kleidet und der Verstimmung des Angesprochenen schon im Vorhinein durch geschickte Wendungen entgegenwirkt.[44] F.A. HALLBAUER bestimmt die L. fast hundert Jahre später als nachträgliche Wiedergutmachung für eine vorausgegangene Zumutung.[45] J. Chr. GOTTSCHED, welcher die Satz- oder Gedankenfiguren als Affektmomente gegenüber den Wortfiguren als bloßem ‹Zierrat› der Rede aufwertet[46], bemerkt zur L. am Ende der Epoche (1736) – wiederum in enger Anlehnung an den Auctor ad Herennium: «[...] wenn man eine verhaßte Sache zwar frey heraus saget, aber doch auf eine erträgliche Art vorträgt und etwas zu lindern suchet. Z.B. Cicero für den Ligar. "Siehe doch, o Caesar, wie frey oder wie verwegen uns vielmehr deine Gnade macht!"».[47]

Anmerkungen:
1 auch *oratio libera* (Quint. IX, 2, 27), *vox libera* oder *effrenatio* (Cic. De or. III, 205). – **2** Cic. Brut. 316. – **3** Cic. De or. III, 153; vgl. Lausberg Hb. §4, S.27. – **4** vgl. Lausberg El. §94f.; ders. Hb. §8, S.29. – **5** Fuhrmann Rhet. 47. – **6** Auct. ad Her. IV, 48f., Übers. griechischer und lateinischer Zitate, soweit nicht anders angegeben, vom Verf.; dazu G. Calboli (Hg.): Cornifici Rhetorica ad Herennium (Bologna 1969) 397f.; vgl. auch Lausberg Hb. §761; ders. El. §438. – **7** Quint. IX, 2, 27f. (mit Cicero, Pro Ligario 7). – **8** Riemann Musik-Lex., Bd.3: Sachteil, hg. von H.H. Eggebrecht ([12]1967) s.v. ‹Licenza›. – **9** D. Bartel: Hb. der musikalischen Figurenlehre ([2]1992) 231–33 (dt. Übers. hieraus) sowie zum Verhältnis zwischen Burmeister und Thuringus 28. – **10** Quint. I, 6, 2; I, 8, 14; VIII, 6, 17; vgl. Lausberg Hb. §§479 und 983; Dyck 38 und (zum Streit über Lizenzen im dichterischen Sprachgebrauch) 68–71. – **11** Quint. I, 5, 52; antike Stimmen zur Verwandtschaft von Dichtung und Rhetorik hier (in der Nachfolge Theophrasts) bes. Dion. Hal. Comp. 25f.; Quint. X, 1, 27–29. – **12** Quint. I, 6, 44f.; vgl. Lausberg Hb. §469. – **13** Quint. VIII, 2, 1; vgl. Lausberg Hb. §533f. – **14** Cic. De or. I, 70; vgl. auch Quint. IV, 1, 58. – **15** Quint. I, 5, 5 u. 11; X, 1, 28; vgl. Lausberg Hb. §471. – **16** Quint. I, 6, 39–41; VIII, 3, 25f. – **17** ebd. I, 5, 8 u. 55–58. – **18** ebd. IX, 4, 59; VIII, 3, 31–37. – **19** Isid. Etym. I, 35, 1; Marii Victorini fragmenta de soloecismo et barbarismo, ed. M. Niedermann (Genf 1937) p.37, 3–5; Lausberg Hb. §479. – **20** Cic. Brut. 69; Quint. VIII, 6, 1. – **21** Quint. I, 5, 52; Isid. Etym. I, 33, 3; Victorinus [19] p.35,16–18; Lausberg Hb. §498f. – **22** Quint. IX, 3, 2f. u. 28; Cic. De or. III, 201; zu Einteilung und Unterscheidung vgl. Lausberg Hb. §602; zur Sonderstellung der Ironie als *ethischer* L. gegen die Wahrhaftigkeit ebd. §902 mit Arist. EN 1127 a13-b 32. – **23** Hor. Ars 9–23. – **24** Fuhrmann Dicht. 129f. – **25** zur Nähe der Poesie (als *l'art pour l'art* wie aufgrund der Themen) zum *genus demonstrativum* (Gelegenheits- oder Festrede) siehe Lausberg Hb. §242; zur Freiheit der Dichter als einer Quelle der poetischen Verfremdung ebd. §1240. – **26** Quint. VIII, 6, 17; X, 1, 28. – **27** Arist. Rhet. 1408b 22. – **28** vgl. G. von Wilpert (Hg.): Sachwtb. der Lit. ([6]1979) sowie G. u. I. Schweikle (Hg.): Metzler Lit. Lex. ([2]1990) s.v. Dichterische Freiheit. – **29** Quint. III, 8, 48. – **30** P. Rutilii Lupi Schemata Lexeos II, 17f., in: Rhet. Lat. min. p.20, 12 – 21, 7. – **31** Carmen de figuris vel schematibus 130–132, ebd. p.68. – **32** Iulii Rufiniani De figuris sententiarum et elocutionis liber 33, ebd. p.46 mit Cicero, Pro Rabirio 18 (Quint. XI, 3, 169). – **33** Hermog. Id. I, 7, ed. H. Rabe (1913) p.255, 25ff. – **34** ebd. p.258f. – **35** ebd. p.265,1ff.; vgl. Martin 339–341. – **36** A.M. Patterson: Hermogenes and the Renaissance – Seven Ideas of Style (Princeton, N.J. 1970) 51–53, 105–111, 117f.; zum (durchaus ambivalenten) Verhältnis von Schulrhetorik und Poetik der Renaissance zu den antiken Autoren der Techne vgl. L.A. Sonnino: A Handbook to Sixteenth-Century Rhetoric (London 1968) 2ff. und Bartel [9] 19 (zur Musiktheorie). – **37** Isid. Etym. II, 21, 31. – **38** Galfrid von Vinsauf: Poetria nova 1234–1236, in: Faral 235. – **39** Faral 97. – **40** Georgius Trapezuntius: Rhetoricorum libri V (Basel 1522) 148 mit Auct. ad Her. IV, 49 und Hermog. Id. [33] p.258, 19ff. u. 259. – **41** Ioannes Susenbrotus: Epitome troporum ac schematum et grammaticorum et rhetorum (Zürich 1541) 69f. – **42** Cyprianus Soarez: De arte rhetorica libri tres, ex Aristotele, Cicerone ad Quinctiliano praecipue deprompti (Köln 1577) 117. – **43** vgl. Sonnino [36] 127f. s.v. ‹Libera vox› sowie 236–240 (‹Critical Bibliography›); Melanchthon 478. – **44** Vossius, Pars altera, p.413–415 (mit Herodot III, 34, 5). – **45** Hallbauer Orat. 488f. – **46** zur Entwicklung des spätbarocken Figurenverständnisses (aus Cicero) über Quintilian hinaus und im Unterschied zu Susenbrotus vgl. Bartel [9] 11–18. – **47** Gottsched Redek. 286f. mit Cicero, Pro Ligario 23.

Literaturhinweis:
G. Scarpat: Parrhesia, Storia del termine e delle sue traduzioni in latino (Brescia 1964).

M.P. Schmude

→ Angemessenheit → Concessio → Elocutio → Dichtung → Figurenlehre → Gedankenfigur → Poetik → Redefreiheit → Stillehre

Lied (ahd. liod; mhd. liet; lat. carmen)
A. Def. – B. I. Lit. Gattungen. – II. Musikal. Gattungen. – III. Volkslied. – IV. Kunstlied. – 1. Antike und MA. – 2. Humanismus und Renaissance. – 3. Barock und Vorklassik. – 4. Das moderne klavier-(oder ensemble-)begleitete L. – V. Kirchenlied. – 1. Alte Kirche u. MA. – 2. Reformationszeit. – 3. Konfessionelles Zeitalter. – 4. Aufklärung. – 5. 19. u. 20. Jh.

A. Der Begriff ‹L.› besitzt von Anfang an in hohem Maße rhetorische bzw. deklamatorische Aspekte. Im Althochdeutschen ist *liod* ein Preislied, wodurch sich eine deutliche etymologische Verwandtschaft zum lateinischen *laus* (Lob[rede], Preis[lied]), zum gotischen Verbum *liodon* (rühmen, preisen), aber auch zum germanischen *leuda*, altnordisch *ljod* und altenglisch *leod* ergibt. Entsprechend diesem Bedeutungsfeld ist bei einem L. immer von einer gewissen Einheit von sprachlicher und musikalischer Ebene auszugehen, wenngleich diese Einheit auch rein virtuell sein kann, in der Außenschicht eines L. also durchaus nicht vorhanden sein muß: Das gilt in gleicher Weise für das textlose musikalische L. wie für das musiklose sprachliche L. Dabei weisen vor allem die mittelhochdeutschen Bedeutungen von ‹daz liet› als (einzelne) Strophe und von ‹diu liet› als «Summe der Strophen eines sangbaren Gedichtes»[1] auf eine grundsätzlich strophisch zu denkende Anlage.

Durch die Funktion des L. als Mitteilung, als Belehrung über historische (z.B. im Epos), weltanschauliche (z.B. im Kirchenlied), gesellschaftliche und politische (z.B. im Standes- oder im Kriegslied) oder persönlich-biographische Sachverhalte (z.B. im Liebeslied) erfüllt das L. zunächst in hohem Maße das rhetorische Prinzip des *docere*, wobei nicht selten auch eine kathartische Wirkung angestrebt erscheint. Diese, in gleicher Weise aber auch das Hervorrufen von religiösen, allgemein humanistischen, nationalen, standesbezüglichen oder auch privaten Gefühlen bringt eine starke Betonung der rhetorischen Kategorie des *movere* mit sich, die insbesondere auch mit dem landläufigen Begriff des ‹L.› als schlichter, zu Herzen gehender Gesang (oder auch als intimes oder gar nur virtuelles Gedicht; vgl. J. v. EICHENDORFFS ‹Schläft ein Lied in allen Dingen›) zu eigen ist. Die Bedeutung von ‹L.› i.w.S. als inhaltlich (gleichsam affektiv-musikalisiert) überhöhte 'Rede' geht sogar bis hin zu Wendungen wie «Das Lied ist aus, Auch ich möcht' mit dir sterben» bei H. HEINE, «das Ende vom Liede» bei G.E. LESSING und F. SCHILLER oder dem sprichwörtlichen «Wes Brot ich ess', des Lied ich sing'». Das L. i.e.S. spricht schließlich in vielen, ja den meisten seiner Erscheinungsformen die rhetorische Kategorie des *delectare* an.

B. *Verschiedene Gattungen des L.* I. *Lit. Gattungen.* Einerseits bezeichnet der Begriff ‹L.› rein literarhistorische Gattungen, und zwar a) sowohl ein (zumeist gereimtes) einfaches strophisches Gedicht mit festem (oft vierhebigem) Versschema als auch b) ein ebenfalls in Verse gefaßtes Epos (z.B. das ‹Nibelungenlied›). Beide Gattungen besitzen durch das einheitliche Metrum allerdings implizit musikalische Qualitäten, was sich auch darin manifestiert, daß in beiden Fällen entweder von musikalischem (besser: metrisch-musikalisiertem) Sprechvortrag, von einer Bereitschaft bzw. gar Prädestiniertheit zur Vertonung oder (insbesondere beim Epos) tatsächlich von gesungener Darbietung ausgegangen wird. Auf letztere rekurriert die Erkenntnis, daß (laut dem ‹Deutschen Wörterbuch› von J. UND W. GRIMM) «der ursprüngliche begriff von lied […] seitenspiel, rührung der harfe gewesen sein» wird[2], womit auch die bis in die Antike zurückreichende Gestalt des (oft gottähnlichen oder doch zumindest 'göttlichen') Dichter-Sängers angesprochen ist. Dieser trägt seine in Hexametern gehaltenen L. (Epen) in singendem Tonfall, mit musikalischem Tonhöhenakzent versehen und mit einer Phorminx begleitet vor. Damit erscheint von Beginn an auch im literarischen L. neben der rhetorisch-deklamatorischen eine stark musikalische Komponente gegeben. Doch auch der Begriff des ‹lyrischen L.› (Gedichtes) besitzt, insbesondere in seiner Gestalt als (nicht immer gesungen gedachtes) Volkslied, von Anfang an das Bedeutungsfeld von Wort und Ton als (zumindest gedachter) Einheit.

II. *Musikal. Gattungen.* Auf der anderen Seite ist ‹L.› eine Bezeichnung für verschiedene, in ihrer Liedhaftigkeit aber prinzipiell ähnliche musikalische Gattungen; erscheint hier doch ebenfalls – zumindest durch sprachähnliche metro-rhythmische Struktur – ein deutlicher Bezug zu einem (oft nur gedachten oder erahnten) Text gegeben. Das gilt ebenso für das umgangssprachliche ‹L. der Nachtigall› (das de facto auch als eine Art Rede mit Mitteilungsfunktion angesehen wird) bzw. anderer 'musikalischer' Tiere wie für instrumentale Kompositionen mit Vers-Charakter (wie das ‹L. ohne Worte›) oder Liedstruktur (vgl. den Terminus ‹Liedform›), wobei bisweilen durchaus ein realer Text Kompositionsgrundlage gewesen sein kann (dann aber bewußt verschwiegen oder auch nur nicht tatsächlich einbezogen erscheint). Speziell im 19. Jh. werden in etliche instrumentale Gattungen (wie in die symphonische Dichtung oder in Salon- und Charakterstücke) aus inhaltlichen, programmatischen Gründen L. eingebaut, die allein durch ihren 'Ton' sowie ihre metrische Struktur das Bild eines Sängers, Barden o.ä. evozieren sollen. Daß durch solche Kunstgriffe ebenfalls speziell rhetorische Konnotationen angesprochen werden, ist offensichtlich.

Die musikalische Gattung ‹L.› wird im Laufe der Geschichte bzw. je nach ästhetischer Grundhaltung sowohl inhaltlich spezifiziert (was auch für die literarischen Formen gilt) und z.B. allgemein in weltliches und geistliches L. geschieden (mit weiteren Möglichkeiten der Unterteilung wie Tauflied, Marienlied u.a. bzw. Arbeitslied, Kriegslied u.a.), nach Gesellschafts- bzw. Bevölkerungsschichten benannt (höfisches L., Arbeiterlied, Massenlied, Studentenlied, Kinderlied etc.), funktional kategorisiert (Tanzlied, Marschlied, Gesellschaftslied, Trinklied) oder auch nach den Bedingungen und Bestimmungen der musikalischen Aufführungspraxis eingeteilt (Sololied, Chorlied, Klavierlied, Orchesterlied usw.).

III. *Volkslied.* Am reinsten scheint die Einheit von Wort und Ton im sogenannten (musikalischen) Volkslied gegeben. Darunter ist im strengen Sinne des Wortes ein anonym überliefertes, durch das Zusammenfügen von weitgehend bekannten Intonationen und melodischen Topoi gleichsam 'vom Volk' komponiertes einfaches Strophenlied zu verstehen, das den Schein erweckt, Text und Musik wären in einem gemeinsamen Schaffensvorgang entstanden und somit untrennbar verbunden. Der Terminus ‹Volkslied› selbst ist zunächst allerdings ein weitgehend literarischer, wenngleich auch hier von Beginn an neben dem anonymen Schaffensvorgang und der mündlichen Überlieferung die musikalische Seite einer zugehörigen Melodie mitbedacht ist. Er wird von J.G. HERDER in Anlehnung an den Begriff ‹poésie populaire› von M. DE MONTAIGNE (‹Essais›, 1580) eingeführt, und zwar erstmals 1773 in seinem Aufsatz ‹Auszug aus einem Briefwechsel über Oßian und die Lieder alter Völker› [3], ehe seine Sammlungen ‹Alte Volkslieder› (Altenburg 1774) und ‹Volkslieder› (Leipzig 1778 und 1779; später ‹Stimmen der Völker in L.› genannt) den Begriff allgemein durchsetzen. Sowohl bei Herder als auch ähnlich in der großen Volksliedsammlung ‹Des Knaben Wunderhorn› von A. v. ARNIM und C. BRENTANO (Heidelberg 1806–08) werden die Volkslieder gleichsam als «lebendige Stimme der Völker, ja der Menschheit selbst» [4] gesehen, gelten in ihrer Verschiedenheit trotzdem aber auch als individueller Ausdruck von Völkern oder auch geographisch begrenzten Volksgruppen. Das führt in den nächsten Jahrzehnten zu zahlreichen speziell landschaftsgebundenen Sammlungen, zu deren universellsten L. UHLANDS vier Bände ‹Alte hoch- und niederdeutsche Volkslieder› (1844/45) zählen. In Budapest geben zuvor bereits 1819 F. ZISKA und J.M. SCHOTTKY ‹Österreichische Volkslieder mit ihren Singweisen› heraus, denen schließlich in den Jahren 1838–45 L. ERK und W. IRMER mit ihren drei Bänden ‹Die deutschen Volkslieder mit ihren Singweisen› folgen. Es sind dies die ersten Manifestationen der Volkslied-Ästhetik als Einheit von Wort und Ton, aus deren Titeln aber immer noch der Primat der literarischen Komponente im Gesamtbegriffsfeld hervorgeht.

In der Folge etabliert sich (und dies auch in anderen europäischen Kulturkreisen) der Begriff ‹Volkslied› immer mehr in seinem heutigen musikalisch-literarischen Verständnis, wobei man unter ihn allerdings die verschiedensten Erscheinungen subsumiert – insbesondere auch einstimmig publizierte (im Original mehrstimmig komponierte) Gesellschaftslieder der Renaissance, einfache Kirchenlieder, 'volkstümlich' gewordene Kunstlieder in vereinfachter Gestalt (SCHUBERTS ‹Am Brunnen vor dem Tore›) und L. im Volkston aus der Zeit des späten 18. Jh. (z.B. ‹Der Mond ist aufgegangen› von M. CLAUDIUS oder ‹Bekränzt mit Laub den lieben, vollen Becher› von J.A.P. SCHULZ), die von den Komponisten ganz bewußt mit dem «Schein des Bekannten» [5] ausgestattet worden sind. Nach heutiger allgemein akzeptierter wissenschaftlicher Systematik stellen diese L. jedoch keine Volkslieder im eigentlichen Sinne des Wortes dar, da hier sowohl die anonyme Entstehung als auch die mündliche Tradition fehlen. In neuerer Zeit verwendet man für sie eher die Termini ‹volkstümliches L.› oder auch ‹populares L.›. Weniger streng ist hingegen (z.B.) die Scheidung beim englischen ‹folk song›, welche Bezeichnung für diesen Kulturbereich sämtliche genannten Erscheinungen zusammenfaßt.

IV. *Kunstlied.* Der Terminus ‹Kunstlied› bedeutet auf dem Feld der Musik im weiteren Verständnis ein von einer namentlich bekannten oder doch zumindest historisch vorstellbaren Musikerpersönlichkeit geschaffenes Werk, in welchem ein um umrissenen Sinne liedhafter Text unter Bedachtnahme auf diesen vertont erscheint, wobei sowohl Versstruktur und inneres Gefüge als auch Ausdruck und Bedeutung der Worte (im Sinne eines wohlüberlegten Wort-Ton-Verhältnisses) bedacht sein müssen. Solcherart fallen auch Chorlieder, gesungene Epen oder ensemblebegleitete kunstvolle (Strophen-)Gesänge unter diesen Begriff, während artifiziell ausgestaltete Arien (die den Versduktus musikalisch nicht widerspiegeln) oder orchesterbegleitete Kolossalformen (Kantate, Oratorium usw.) eigentlich anderen Gattungen zuzuordnen sind. Die Tatsache, daß wegen der liedhaften Textvorlage auch für solche Werke (wie für G. MAHLERS ‹L. von der Erde›) bisweilen die Bezeichnung ‹L.› Verwendung findet, zeigt, in welch hohem Maße dieser Begriff primär auf die liedhaft-strophische Textvorlage rekurriert.

In engerem Sinne versteht man unter dem ‹Kunstlied› ab dem 19. Jh. jenen (aus dem Generalbaßlied hervorgehenden) Typus von klavier- oder auch orchester- bzw. ensemblebegleitetem Vertonungsmodell, wie es sich gegen Ende des 18. Jh. bei J. HAYDN, W.A. MOZART, L. v. BEETHOVEN und speziell bei F. SCHUBERT konstituiert. Diese spezielle Gattung des L. ist schließlich so untrennbar mit diesen Komponisten (speziell letzterem) sowie mit dem deutschen Kulturraum verbunden, daß sich der Terminus ‹L.› im Laufe des 19. Jh. auch im Französischen (*le lied*) sowie im Englischen (*the lied*) als Fremdwort durchsetzt. Bereits hier muß allerdings darauf hingewiesen werden, daß sich das süddeutsch-österreichische L., das die genannten Meister repräsentieren, von seiner Ästhetik her grundsätzlich von dem volksliedhaft schlichten L. norddeutsch-berlinerischer Provenienz unterscheidet, da es oft rezitativisch-deklamatorisch durchdrungen, sehr häufig bühnenhaft empfunden, ja, gleichsam szenisch (als «nicht gespielte Szene» [6]) erdacht und dementsprechend auszuführen ist. Gerade hier erscheint der grundsätzlich rhetorisch-deklamatorische Grundzug des L. (im Sinne eines «sagenden Singens» [7]) in hohem Maße präsent.

1. *Antike und MA.* Neben solistischen L. gibt es vor allem auch das bei kultischen oder weltlichen Festen eingesetzte Chorlied: z.B. die Dithyramben, Kultlieder zu Ehren des Dionysos, mit ihrem frühen Hauptmeister ARION (um 600) oder die Oden PINDARS (520–445). Aus diesen Formen (sowie aus den Satyrspielen) entwickelt sich letzten Endes die griechische Tragödie, deren Name sich selbst vom L. «um den Siegespreis eines Bockes oder beim Opfer eines solchen» oder vom «Gesang der Böcke» bzw. der «Bocksänger» in den Satyrspielen herleitet. [8] Die Chorlieder besitzen soziologische (z.B. das ‹Spottlied› des ARCHILOCHOS, 7. Jh. v. Chr.), religiös-kultische (z.B. das ‹L. des SEIKILOS›, 1. Jh. n. Chr.) oder auch intim-private Funktionen; daneben existieren Tanzlieder (z.B. von PRATINAS, frühes 5. Jh.). Von der großen Reihe textlich erhaltener L. im engeren Sinne sind sogar einige wenige (wenn auch fragmentarisch) mit ihren Melodien erhalten, bei deren Notation die Tonhöhe durch Buchstaben bezeichnet wird, die nach einem genauen System eingesetzt sind. Beschreibungen in der Literatur (z.B. bei HOMER) dokumentieren primär einen Vortrag zur Kithara, aber auch zur Lyra und zum Aulos. Neben der gesungenen Ausführung existiert zudem eine angeblich von ARCHILOCHOS entwickelte, als παρακαταλογή (parakataloge) bezeichnete rezitativartige Vortragsweise.

Das gilt selbstverständlich auch für die weiterführenden Formen des römisch-lateinischen Kulturkreises, während die L. der Germanen, wie Tacitus berichtet, primär als Gemeinschaftsgesänge (Heldenlieder, Zaubersprüche) ausgeführt gedacht werden müssen. Belege für den höfischen Gebrauch einer begleitenden Harfe sind allerdings vorhanden. Kaiser Karl d. Gr. läßt nach seiner Inthronisierung laut seinem Biographen Einhard sogar die «barbara et antiquissima carmina» [9], in denen mythische Heldentaten beschrieben sind, sammeln. Erhalten ist aber erst ein Textfragment des um 830 niedergeschriebenen (aber früher entstandenen) ‹Hildebrandsliedes›, dem sich weitere, zunächst nach wie vor vereinzelte Denkmäler anschließen. Die nun bald auftauchenden (deutschsprachigen) frühen geistlichen L. und Leisen sind dann bereits strophisch gegliedert und besitzen auch Endreime. Kirchenlieder werden zunächst ebenfalls unbegleitet gesungen, erfahren später fallweise aber auch Stützung durch die Orgel.

Einen hohen Aufschwung nehmen ab dem 11. Jh. die von Fidel (in erster Linie), Rebec, Leier oder Drehleier begleiteten Spielmannslieder (in deutscher sowie in lateinischer Sprache), denen dann ab ca. 1150 der deutsche Minnesang sowie (aufbauend auf den volkssprachigen *canso*) die französische Trouvère- und Troubadourkunst und schließlich in Spanien die Gattung der *cantiga* folgen. Für den deutschen Sprachraum besitzen wir zunächst für eine große Zeitspanne nur die Texte, während sich (wenige) Melodien erst im nachhinein aus späten Sekundärquellen erhalten haben. Etwas besser stellt sich die Situation in Frankreich dar. L. und Epen werden von den Minnesängern (wie W. v. D. Vogelweide) im übrigen oft auf wenige stehende Töne bzw. Melodieformeln gesungen und dazu selbst (und/oder von Spielleuten, Jongleurs) begleitet, wodurch sich textausdeutende Heterophonie, aber auch Verzierungen und Spiel mit (bisweilen bedeutungstragenden) Motiven entwickeln. Eine speziell kanonisierte (und ins Bürgertum verpflanzte) Variante dieser Liedkunst stellt schließlich auch noch der Meistergesang dar, dessen Regelhörigkeit die rhetorische Kategorie des *docere* vielleicht über Gebühr betont, daneben aber auch der Unterhaltung, dem *delectare*, dient.

Ende des 14. Jh. entwickelt sich aus diesen homophonen oder heterophonen Vorformen das (schriftlich fixierte) polyphone zwei- und schließlich dreistimmige L., das (solistisch) vokal oder vokal-instrumental auszuführen ist und speziell in letzterem Falle durch das vokale Heraus- bzw. Hervorheben des (nun immer mehr eine fixe Wort-Ton-Verbindung eingehenden) *cantus firmus*, der Hauptstimme, eine ostentativ deklamatorische Komponente besitzt (im deutschen Sprachbereich Mönch v. Salzburg, O. v. Wolkenstein). Mit Oswald begegnen wir zudem wohl dem ersten tatsächlichen Dichter-Komponisten, der weitgehend eigene Weisen schafft, daneben aber auch Kontrafakturen von französischen und italienischen Vorlagen anfertigt. Das Prinzip, die (oft auch nur improvisierten) Gegenstimmen, in geringerem Maße aber auch den *cantus firmus* selbst, zu verzieren, geht dabei in groß angelegter Form der Kategorie des *delectare* nach; symbolsprachliche Mittel der Textverdeutlichung besitzen hingegen auch das *movere* als ihre Aufgabe.

In Frankreich (Ballade, Rondeau, Virelai) und Italien (Ballata, Caccia, Madrigal) ereignen sich, ausgehend von der späten Trouvère-Kunst und zum Teil in noch kunstvollerem Maße als in Deutschland, ähnliche Entwicklungen, wobei Persönlichkeiten wie A. de la Halle und schließlich G. de Machault einerseits, J. da Bologna, F. Landini und schließlich Ciconia andererseits zu Leitfiguren von internationalem Rang aufsteigen. Der von Machault zu voller Blüte gebrachte ‹Kantilenensatz› (Oberstimme gesungen, zwei instrumentale Unterstimmen) erscheint dabei als spezielle Ausformung einer solistisch-individuellen Deklamation von rhetorischer Prägnanz im Sinne der *pronuntiatio*.

2. *Humanismus und Renaissance.* Die Kategorien des *delectare* und des *movere* erscheinen in den drei-, vier- und mehrstimmigen Liedformen der Renaissance noch weiter ausgebaut. Zunächst erfährt hier die (zumeist gesungene und daher speziell deklamatorisch hervorgehobene) Hauptstimme (der *cantus firmus*) des deutschen ‹Tenorliedes› bzw. die Oberstimme der ‹Chanson› oder des ‹Madrigals›, eine speziell kompositorische, den Text mit Hilfe von melodischen und rhythmischen Mitteln unterstützende Ausdeutung, die je nach dem Inhalt Absichten des *docere*, *delectare* oder *movere* in den Vordergrund stellt. In ähnlichem, oft noch erhöhtem Maße gilt das für die tonal-harmonischen Mittel bei der Versinnbildlichung der zugrundeliegenden Worte. Außerdem ergibt sich durch bisweilen sogar übertriebene und deshalb fallweise auch kritisierte, niedergeschriebene oder improvisierte Figurationen der Nebenstimmen (bzw. sogar der Hauptstimme) in hohem Maße – durch die eingebrachte *varietas* sowie durch die Virtuosität in der *pronuntiatio* der Linien – auch jene «Fröhlichkeit», von der so viele Autoren sprechen. So heißt es in der an den Rat der Stadt Nürnberg gerichteten Widmung der ‹L. mit vier Stimmen›, daß «anders nicht denn Lust, Langweil zu vertreiben und Fröhlichkeit darinne gesucht soll werden».[10] Als (oft aus franko-flämischen Landen stammende) Hauptmeister des («gewöhnlich» erotischen Inhalt besitzenden) L. im Kulturraum des Heiligen Römischen Reiches (in welchem J. Tinctoris für solche Liedformen die Bezeichnung «cantilena» findet und sie als «cantus parvus»[11] bezeichnet) sei hier P. Hofhaimer, H. Isaac, L. Senfl, O. di Lasso oder L. Lechner genannt, für das französischsprachige L. (Chanson) G. Dufay, G. Binchois, C. Jannequin und J. Desprez, für das italienische Madrigal (das ebenfalls von einem solistischen Sänger mit Instrumentalbegleitung ausgeführt werden kann) A. Willaert, O. di Lasso, C. de Rore, L. Marenzio und schließlich C. Monteverdi, für England zunächst J. Dunstable und später Meister wie W. Byrd, T. Morley oder J. Dowland. Zudem gibt es im 15. Jh. in Deutschland die ersten großen Liederbücher mit breit angelegten Sammlungen (‹Lochamer Liederbuch›, Nürnberg um 1455; ‹Glogauer Liederbuch›, Glogau [?] um 1480; G. Forsters ‹Frische teutsche Liedlein›, Nürnberg 1539–1556; etc.).

Primär dem *docere* verpflichtet sind hingegen aus den zeittypischen humanistischen Bestrebungen erwachsende Gattungen wie die ‹Humanistenode›, die lateinische Dichtungen streng gemäß ihrer prosodischen Bewegung ‹deklamierend› vertonen.[12] Speziell deklamatorische (und für die musikgeschichtliche Entwicklung weit bedeutendere) Formen entwickeln sich aber auch noch aus den volkstümlichen homophonen Gattungen von ‹Frottola›, ‹Villanella›, ‹Canzonetta› und ‹Balletto›, deren solistische Ausführung zur Vorform des deutschen Generalbaßliedes (bzw. der frz. ‹Air de cour› oder der engl. ‹Ayre›) wird; dies insbesondere durch die Aufführungspraxis, die bisweilen mehrere Instrumente (oft unter Hinzufügung eines Akkordinstrumentes), insbesondere aber ein einziges Akkordinstrument wie Laute, Cembalo oder Orgel als Begleitung sieht. Für diese Gattungen sind u.a. G. Gastoldi, H.L. Hassler (mit speziellen Titeln wie ‹Neue Teutsche gesang nach art der welschen Madrigalien und Canzonetten›, 1596), V. Haussmann oder J. Regnart, A. le Roy oder G. Bataille sowie J. Dowland oder Th. Campion zu nennen.

3. *Barock und Vorklassik.* Durch die Hinzufügung der Stimme des Generalbasses wird knapp nach 1600 aus einer längst gepflogenen Aufführungspraxis eine Defacto-Gattung. Entsprechend der Entwicklung gibt es hier zunächst noch das (in verschiedener Weise ausführbare) mehrstimmige (M. Franck, J.H. Schein, H. Albert), später primär das einstimmige L. (H. Albert, Th. Selle, A. Krieger, L. v. Schnüffis, R. Vötter, J. Pezel, J. Krieger, J.W. Franck, V. Rathgeber, J.G. Ahle, G. Ph. Telemann, J.S. Bach), das eine Solostimme über einen bezifferten (und improvisatorisch durchaus reich, auch mehrstimmig auszuführenden) Baß stellt. Beide Formen besitzen bis weit ins 17. Jh. hinein auch noch die Bezeichnung ‹Aria›, die später dem kunstvolleren Genre der Opern-, Singspiel-, Oratorien- oder Kantaten-Arie vorbehalten bleibt. Speziell für das Sololied gilt allerdings in erhöhtem Maße, daß Sänger und Begleiter ihre Partie je Strophe dem jeweiligen Inhalt anzupassen und anders, den jeweiligen Text ausdeutend, darzubieten haben: ein Prinzip, das noch für die L. der Wiener Klassik und sogar F. Schuberts (für dessen L. wir zahlreiche verzierende Ausgestaltungen bzw. Strophenvarianten von der Hand seines Hauptsängers J.M. Vogl besitzen) gültig ist.[13] Damit wird sowohl das Prinzip der *varietas* erfüllt (und, auf den Zuhörer bezogen, die Forderung nach einem *delectare* eingelöst) als auch die Kategorie des *movere* angesprochen, da insbesondere affekthaltige Strophen entsprechende Anpassungen und Veränderungen erfahren. In England (H. und W. Lawes, J. Blow, H. Purcell), wo man von ‹continuo song› spricht, und in Frankreich (M. Lambert, F. Couperin), wo sich die Form der ‹brunette› etabliert, sind ähnliche Entwicklungen anzutreffen, nehmen allerdings nicht dieselbe Breite ein.

In der Mitte des 18. Jh. kommt es in Deutschland erstmals zu einer eigenständigen Liedästhetik. Ist die Gattung zunächst noch häufig gering geschätzt (und der Arie gegenüber als minderwertig angesehen), so etabliert sich gemäß dem von der Aufklärungsrhetorik geforderten Ideal der Natürlichkeit vornehmlich durch Chr.G. Krause die Ansicht, ein L. müsse so schlicht, einfach und natürlich sein, wie es ein (vornehmlich französischer) Landmann «mit seiner Traube oder mit seiner Zwiebel in der Hand singend und lustig und glücklich» ausführen könne; dadurch werde auch in Deutschland «überall Lust und gesellige Fröhlichkeit»[14] einkehren, welche Forderung deutlich das Prinzip des *delectare* anspricht. Dieses Ideal führt bald zu jener Volkstümlichkeit, die sich in den ‹L. im Volkston› von J.A.P. Schulz sowie in den L. der Vertreter der sog. Berliner Liederschulen (von C.Ph.E. Bach über J.A. Hiller bis hin zu J.Fr. Reichardt und C.Fr. Zelter) findet, die aber auch noch das gesamte nord- und mitteldeutsche L. des 19. Jh. prägt. In ihrem subjektiven Ausdruck über diese Ästhetik hinaus gehen allerdings die L. von Meistern wie L.Ä. Kunzen, Chr.W. Gluck, Chr.D. Schubart und J.R. Zumsteeg.

Eine kurzlebige Zwischenform zwischen Generalbaßlied und modernem L. stellt dann das ‹Klavierlied› dar, welches den Klavierpart in zwei Systemen ausschreibt (also das Material der rechten Hand nicht dem Gutdünken und dem stilistischen – die Angaben des Generalbasses eigenständig umsetzenden – Können des Pianisten überläßt), dies aber derart, daß die Klavier-Oberstimme gleichzeitig die Linie der Singstimme darstellt. Noch J. Haydns und W.A. Mozarts frühe L. gehören diesem Typ an, der um 1790 ausstirbt.

Eine spezielle Gattung des L. im 17. (A. Hammerschmidt, G. Voigtländer) und 18. Jh. (J.F. Gräfe, G. Ph. Telemann, C.Ph.E. Bach, C.G. Neefe) ist auch die ‹Ode›, deren Bezeichnung bisweilen deckungsgleich mit dem Begriff ‹L.› ist, bald aber zumeist für ein L. mit geistlichen oder doch zumindest moralisierenden (somit das *docere* in den Vordergrund stellenden) Inhalten Verwendung findet und auch die Bezeichnung ‹Andachtslied› erhält.

In Frankreich entwickelt sich um 1750 die (zunächst literarische) Gattung der ‹romance› mit ihrem oft antikisierenden und klassizistischen Gepräge, die dann im 19. Jh. auf sämtliche solistisch gesungenen Formen mit Klavierbegleitung übertragen wird, in Italien erscheinen ‹canzonetta› und ‹arietta› immer den entsprechenden Bühnenformen ähnlich und nehmen keine eigenständige Entwicklung im Sinne des L.

4. *Das moderne klavier-(oder ensemble-)begleitete L.* In der Zeit der Wiener Klassik erfährt das L. eine deutliche Wandlung: Was den inneren Gehalt betrifft, wird es zum Träger persönlichster Bekenntnisse (speziell bei L. v. Beethoven), zum Ausdrucksstück eines neu hereinbrechenden Individualismus. Bezüglich Aufbau und Form wird es ein Sammelbecken für nahezu sämtliche Elemente der damaligen Vokalmusik. So kann ein ‹L.› sowohl den Typus einer alleinstehenden 'verkappten' Opernarie (mit oder ohne vorangehendes Rezitativ) vertreten, eine reine Rezitativform oder den Duktus einer Singspielariette besitzen (speziell häufig bei J. Haydn, W.A. Mozart oder dann bei F. Schubert) als auch ein mehrteiliges kantatenartiges Gebilde oder, als einfachste herkömmliche Form, ein schlichtes volksliedhaftes Strophenlied darstellen, das allerdings von den Ausführenden immer noch je Strophe zu variieren ist. Bei Schubert kommt noch die Prägung durch den Gluck-Schüler A. Salieri hinzu: Schuberts Melodien scheinen tatsächlich aus der Sprache, mehr noch aus den den Worten innewohnenden musikalischen und deklamatorischen Kräften gezeugt. Die Melodien sind dabei so untrennbar mit dem Text verbunden, daß ihr musikalischer Eigenwert bisweilen sogar als gering zu bezeichnen ist. Dadurch ergibt sich umgekehrt eine «Sprachbedürftigkeit» der Musik, welche die Herkunft aus der Deklamation besonders deutlich macht; sie ist «sprachgezeugt».[15] F. Liszt (der seinerseits, ähnlich wie R. Wagner, mit bedeutenden, Bühnengeist atmenden L. hervorgetreten ist) weist im übrigen auf das opernhafte Element im Schaffen des 'Liederfürsten' und meint, Schubert hebe «wie Gluck jede Nüance der poetischen Idee, oft ein einzelnes hervortretendes Wort durch den entsprechenden musikalischen Ausdruck hervor» und habe dadurch «auf den Opernstyl einen vielleicht größeren Einfluß ausgeübt, als man sich bis jetzt klar geworden ist.»[16]

In Mittel- und Norddeutschland finden C. Loewe und L. Spohr über dramatische Texte zu groß angelegten L. (und im Falle des Ersteren insbesondere zur Gattung der ‹Ballade›). Ganz anders stellt sich das L. bei dem Zelter-Schüler F. Mendelssohn Bartholdy, bei R. Franz, P. Cornelius oder bei R. Schumann dar. Sie entwickeln die schlichte Liedästhetik der Berliner Liederschulen weiter, die L. von Schumann sind zudem gleichsam – als persönliche Botschaft – allein für seine Braut Clara bestimmt und erfordern in ihrer Intimität und Verinnerlichung eigentlich gar kein Publikum. Schumann schreibt ihr, sie solle die Stücke «leise, einfach, wie Du bist»[17] und nur für sich singen. Auch J. Brahms eifert primär dem schlichten Volksliedideal nach. Er faßt diesen Begriff aber durchaus nicht puristisch eng (wie wir nicht zuletzt Äußerungen wie: «Keine Volksweise? Gut, so haben wir einen lieben Komponisten mehr» entnehmen können), sondern subsumiert unter ihn u.a. frühe schlichte Kunstlieder aus der Zeit der Renaissance (z.B. aus dem ‹Lochamer Liederbuch›) oder choralartige Melodien (so aus D.G. Corners Sammlung ‹Groß-Catolisch Gesangbuch›).[18] In einem Gespräch mit R. Heuberger betont er jedenfalls insbesondere, daß man ein L. «pfeifen können»[19] müsse. Für Brahms ist das L. dabei vor allem für das Haus bestimmt[20] und besitzt intimen Charakter. Nach dem breiten Erlebnis des Schubertschen Liedschaffens übernimmt Brahms dann aber in etlichen L. jenen für Wien typischen, bühnenhaften szenisch-gestischen Zug, was sich u.a. in mit «Recit.» ausgewiesenen rezitativischen Abschnitten oder in dramatisch-deklamatorischen Ausbrüchen in der Art eines Accompagnato-Rezitativs (etwa in ‹Auf dem Kirchhofe›) manifestiert. [21]

Vom Beginn seines Schaffens an geht hingegen H. WOLF in seiner Liedmelodik (bei einem, oft mit Varianten eines Grundmodells arbeitenden, konventionellen Klaviersatz) in hohem Maße von der Deklamation sowie von bühnenhafter Gestik aus; er bezeichnet «die Poesie als die eigentliche Urheberin meiner musikalischen Sprache» [22] und muß selbst ein ungemein faszinierender Rezitator gewesen sein. Zudem befindet er, daß «die Entwicklung des Liedes [...] ja in ihrer Art eine merkwürdige Verwandtschaft mit der Entwicklung der Oper aufweist», sieht sich «als einen objektiven Lyriker, der aus allen Tonarten pfeifen kann» [23] und benennt die «strenge, herbe, unerbittliche Wahrheit, Wahrheit bis zur Grausamkeit» als sein «oberstes Prinzip in der Kunst». [24] Seine Einfühlung in Sprache und Gefühlswelt verschiedener Dichter geht dabei so weit, daß er jeweils gleichsam blockweise mehrere (im Falle von E. Mörike z.B. 53) Gedichte ein und desselben Autors vertont, ehe er zum nächsten schreitet. Und er wünscht sogar, daß vor der Aufführung der L. die Gedichte gelesen werden, um zu dokumentieren, daß den Texten keine Gewalt angetan, sondern nur ihr Eigenwert vertieft worden sei.

Auch das L. von R. STRAUSS ist wesentlich von einer großangelegten, ja bühnenhaften Deklamation bestimmt. Manche haben deswegen von einer Weitung seiner Werke dieser Gattung zum sogenannten «Podiumslied» [25] gesprochen, andere von seiner Vorliebe für «Effektlieder» [26]; sicher scheint, daß Strauss tatsächlich die «Opernszene in das Lied einströmen» [27] läßt. Der Opernkomponist Strauss, von Beginn an geborener Dramatiker, schließt hier an eine Entwicklung an, die in der Darstellung des Typischen, allgemein Gültigen, immer schon eine Hauptaufgabe gesehen hat, und daher auch die Liedästhetik keineswegs fern von der Position der Oper ansiedelt. So erfordern die L. dieses Komponisten auch den virtuosen, gestaltenden, opernhaft empfindenden Sänger und müssen in den großen Saal gestellt werden. H. PFITZNER hingegen strebt in seinem L. offensichtlich einem romantischen, am Volkslied orientierten Ideal nach, das durch kongeniale Empfindung von Dichter und Komponist gekennzeichnet ist: «Die Musik [...] muß aus ihrem eigenen Gebiet kommen und selbständig, auf ihre Art, dieselbe Stimmung hervorzaubern, die das Gedicht ausspricht; dies kann ganz unabhängig, vor Kenntnis des Gedichtes, geschehen, oder leise von ihm berührt, wie mit der Wünschelrute.» [28]

Während auch G. MAHLER dem romantischen Volksliedideal nachhängt, dieses aber in symphonische Dimensionen überhöht, stehen die Komponisten der Wiener Schule – z.T. auf dem Liedschaffen A. ZEMLINSKYS aufbauend – sämtlich dem deklamatorisch-gestisch ausgerichteten Liedtypus nahe. So verbinden die L. von A. BERG, A. WEBERN oder H. EISLER eindringliche, von zahlreichen Tonwiederholungen geprägte Deklamationen mit dramatisch geschärften, oft geradezu 'unsanglichen' Kontrasten, die durch die expressionistisch gesteigerte Atonalität noch an Unmittelbarkeit der Wirkung gewinnen; Eisler schreibt neben seinen artifiziellen L. aber auch betont einfach gehaltene politische (Massen-)

L. A. SCHÖNBERGS L. gestalten die Singstimme ebenfalls überaus modern sowie deklamationsbewußt aus, seine wichtigste revolutionäre Tat im Sinne einer expressionistischen Ausdrucksschärfung setzt er dann aber in den Melodramen ‹Pierrot lunaire› von 1912, wo die 'realistische' Deklamationshaltung dazu führt, daß nicht mehr gesungen, sondern in einer Art «Sprechmelodie» [29] rezitiert wird. Ein nicht unwesentliches Vorbild, das vielleicht auch schon H. Wolf und andere Meister beeinflußt haben mag, ist hier die österreichische Theatersprache früherer Zeiten, die auf nahezu südländische Weise mit Tonhöhenunterschieden arbeitet und die rein quantitative Akzentgebung in den Hintergrund stellt. [30]

Schönbergs «Sprechmelodik» übt auf die weitere Entwicklung der prononciert modernen Vokalmusik einen deutlichen Einfluß aus, der sowohl auf dem Gebiet der Oper (u.a. im ‹Wozzeck› von A. Berg) und des Oratoriums (sowie einiger Zwischenformen) als auch in der Gattung der L. wichtige Ausprägungen erfährt und überall zu einer verstärkten rhetorischen Darbietung des Textes führt; hier sind zunächst vor allem die ‹Sprechlieder› (1922) von W. VOGEL zu nennen.

Mehr auf Ideen des Fortschritts bzw. eines radikalen Anti-Traditionalismus basieren hingegen 'musikalisiert' gesprochene L. von Vertretern des Futurismus sowie des Dadaismus aus jener Zeit. Die russischen Futuristen etwa entwickeln eine (asemantische, die Klangvaleurs der Phoneme affektiv einsetzende) «phonetische Poesie» («poesie concrète»), der u.a. Ergebnisse wie das «erschrockene» ‹Kleinbürgerlied› oder das ‹Fliegerlied› aus der 1913 in St. Petersburg aufgeführten futuristischen Anti-Oper ‹Der Sieg über die Sonne› nach asemantischen Texten von A. Krutschonych mit der Musik von M. MATJUSCHIN sowie Bühnenbildern von K.S. Malewitsch zu verdanken sind. Die Vertreter des Dadaismus hingegen bezeichnen ihre (mit vielfältigen musikalischen Valeurs vorgetragenen) Klang- und Lautgedichte eher (wie H. BALL seinen ‹Gesang der Flugfische und Seepferdchen›) als «Gesang» oder (wie K. SCHWITTERS im Falle seines in der englischen Emigration entstandenen ‹superbirdsong›, auch ‹Obervogelsang›) als «song».

Neben dieser Protest-Szene schreitet aber auch die Entwicklung des traditionellen L. voran. Kantable Melodik prägt zumeist das Liedschaffen von M. REGER oder O. SCHOECK sowie später das von E. PEPPING oder R. WAGNER-RÉGENY, während sich P. HINDEMITH, J.M. HAUER, E. KRENEK oder B. BLACHER je nach dem Inhalt der Texte (und je Kompositionsperiode) fallweise einem deklamatorischen *parlando*-Ton verschreiben, daneben aber auch zu lyrischen Ausbrüchen von erhöhter Expressivität finden. Ähnliches gilt für Komponisten wie CH. IVES, B. BRITTEN, D. SCHOSTAKOWITSCH, L. DALLAPICCOLA oder O. MESSIAEN. Daneben etabliert sich auch im L. insbesondere durch das Vorbild von K. WEILL der Song-Stil, dem dann (neben H. Eisler) u.a. P. DESSAU anhängt.

Die weitere Liedentwicklung im 20. Jh. geht ebenfalls von den bisher behandelten Grundtypen aus. Einerseits verfolgt man in dieser Gattung klassizistische Wertnormen und strebt traditionellen Vorbildern nach (wobei Volksliedideal und bühnenhaft-gestische Haltung gleichermaßen, auch in mannigfaltigen Kombinationen, präsent bleiben), andererseits erscheint die expressionistische Haltung weiter gesteigert, was sich – oft mit Sprechen und/oder 'normalem' Singen alternierend – in rhetorisch überspitzten Ausdrucksweisen wie Flüstern, Schreien, Kreischen u.ä. manifestiert. Für die zuerst genannten Liedtypen mögen Namen wie W. FORTNER,

H. W. Henze oder A. Reimann für Deutschland, G. v. Einem oder M. Rubin für Österreich sowie F. Martin oder H. Sutermeister für die Schweiz stehen. Extreme Steigerungen der expressionistischen Haltung finden sich hingegen etwa in den Werken von L. Berio, C. Halffter oder R. Schollum, der zudem bewußt das alte Vokabular der rhetorischen Figuren in seine L. einbezieht. Die Formen, die mit diesen Techniken arbeiten, sprengen allerdings sehr oft die Gattung in ihrem eigentlichen Sinne und werden daher nicht selten gar nicht mehr als ‹L.› bezeichnet. Das führt letzten Endes auch dazu, daß diese Gattung von prononciert modernen Musikern als Hort für traditionelle bzw. historische Idiomatiken angesehen und derzeit eher selten gepflegt wird. Lediglich Vertreter postmoderner Ästhetiken verschreiben sich nach wie vor dem traditionellen ‹L.›, was im Zuge des gegenwärtigen Trends allerdings durchaus zu einer neuen Blüte führen könnte.

Anmerkungen:
1 K. Gudewill: Art. ‹L.›, in: MGG, Bd. 8 (1960) Sp. 746. – **2** Grimm, Bd. 12, 982. – **3** Herder: Auszug aus einem Briefwechsel über Oßian und die L. alter Völker (1773), in: ders.: Sämtl. Werke, hg. von B. Suphan, Bd. 5 (1891) 160: «Lieder des Volks», 174: «Volkslieder». – **4** Herder: Volkslieder, Bd. 2 (1779), in: ders. [3] Bd. 25 (1885) X. – **5** J. A. P. Schulz: Vorbericht zu: L. im Volkston, bey dem Claviere zu singen, Bd. 1 (1785) 2. – **6** R. Schollum: Stilelemente des Kunstliedes, in: H. Krones, R. Schollum: Vokale und allg. Aufführungspraxis (1983) 253. – **7** Th. G. Georgiades: Schubert. Musik und Lyrik (1967) 97f. – **8** A. Lesky: Die griech. Tragödie ([5]1984) 56f. – **9** zit. nach P. Jost: Art. ‹L.›, in: MGG[2], Bd. 5 (1996) Sp. 1266. – **10** I. de Vento: L. mit vier Stimmen (1572). – **11** J. Tinctoris, Terminorum musicae diffinitorium (Treviso 1495; Faksimile-Druck 1983) a.iii.v. – **12** vgl. H. Krones: Art. ‹Humanismus: 2. Musik›, in: HWRh, Bd. 4 (1998) Sp. 75. – **13** s. R. Schollum: Die Diabelli-Ausgabe der "Schönen Müllerin", in: Zur Aufführungspraxis der Werke Schuberts, hg. von V. Schwarz (1981) 140–161. Vogls Versionen werden in den Liedbänden (Serie 4: L., hg. v. W. Dürr, 1970ff.) der seit 1964 in Erscheinung befindlichen neuen Ausg. sämtl. Werke von F. Schubert jeweils im Anhang publiziert. – **14** Chr. G. Krause (und K. W. Ramler): Oden mit Melodien, Bd. 1 (1753) Vorbericht, zit. nach M. Friedlaender: Das dt. L. im 18. Jh. Quellen und Stud., Bd. 1 (1902) 116; zur Autorschaft des Vorberichts siehe J. Beaujean: Christian Gottfried Krause. Sein Leben und seine Persönlichkeit … (1930) 54. – **15** Georgiades [7] 106. – **16** F. Liszt: Schubert's Alfons und Estrella (1854), in: ders.: Sämtl. Schr., hg. von D. Altenburg, Bd. 5 (1989) 66. – **17** Brief vom 24. Februar 1840, in: B. Litzmann: Clara Schumann. Ein Künstlerleben. Nach Tagebüchern und Briefen, Bd. 1 (1902) 407. – **18** s. M. L. McCorkle: Johannes Brahms. Thematisch-bibliographisches Werkverz. (1984) 552ff. – **19** R. Heuberger: Erinnerungen an J. Brahms, hg. von K. Hofmann (1971) 15. – **20** M. Friedländer: Brahms' L. Einf. in seine Gesänge für eine und zwei Stimmen (1922) 164. – **21** H. Krones: Der Einfluß F. Schuberts auf das Liedschaffen J. Brahms, in: S. Antonicek, O. Biba (Hg.): Brahms-Kongreß Wien 1983 (1988) 309–324. – **22** Brief an E. Humperdinck vom 15. Nov. 1890, in: H. Wolf: Vom Sinn der Töne. Briefe und Kritiken, hg. von D. Langberg (1991) 195. – **23** Brief an Humperdinck vom 12. März 1891, in: Wolf ebd. 197f. – **24** Brief an Emil Kauffmann vom 5. Juni 1890, in: ebd. 132. – **25** W. Oehlmann: Reclams Liedführer (1973) 645. – **26** R. Specht: Richard Strauss und sein Werk, Bd. 2 (1921) 17. – **27** R. Schollum: Das österr. L. des 20. Jh. (1977) 43. – **28** H. Pfitzner: Gesamm. Schr., Bd. 2 (1926) 212. – **29** A. Schönberg: Pierrot lunaire, op. 21 (1914) Vorwort. – **30** H. Krones: "Wiener" Symbolik? Zu musiksemant. Trad. in den beiden Wiener Schulen, in: O. Kolleritsch (Hg.): Beethoven und die zweite Wiener Schule (1992) 56f.

Literaturhinweise:
H. Kretzschmar: Gesch. des neuen dt. L., Bd. 1 (1911). – W. Vetter: Das frühdt. L. (1928). – H. J. Moser: Das dt. L. seit Mozart (1937, [2]1968). – H. Osthoff: Die Niederländer und das dt. L. (1400–1640) (1938, [2]1967). – E. Bücken: Das dt. L. Probleme und Gestalten (1939). – H. W. Schwab: Sangbarkeit, Popularität und Kunstlied. Stud. zu L. und Liedästhetik der mittleren Goethezeit (1770–1814) (1965). – W. Wiora: Das dt. L. (1971). – W. Dürr: Das dt. Sololied im 19. Jh. (1984). – S. Kross: Gesch. des dt. L. (1989).

H. Krones

V. Kirchenlied. Das ‹Kirchenlied›, ebenso eine poetische wie eine musikalische Sonderform, läßt sich bestimmen als ein liturgiefähiges, konfessorisch akzentuiertes, metrisch-strophisch strukturiertes geistliches L. Die Komplexität der Definition entspringt der Unmöglichkeit einer scharfen, eindeutigen Grenzziehung und nötigt zur Ausführung ihrer wichtigsten spezifischen Differenzen.

Die Bestimmung als ‹liturgiefähig› bedeutet eine Relativierung der gängigen Definition des Kirchenliedes als des im Gottesdienst der Gemeinde gesungenen L. Zwar ist für das Kirchenlied die Liturgie in der Tat der wichtigste, ja der konstitutive Gebrauchsort: als ein Hauptmedium der aktiven Beteiligung der Gemeinde am christlichen Gottesdienst, welcher sich nach M. Luther als das Wechselspiel vollzieht, «das[s] unser lieber Herr selbs mit uns rede durch sein heiliges Wort, und wir widerumb mit jm reden durch Gebet und Lobgesang».[1] Aber so wenig sich das Leben der Kirche in der Feier des Gottesdienstes erschöpft, so wenig bleibt das Kirchenlied auf seine liturgischen Funktionen beschränkt. Vielmehr ist es gerade darauf angelegt, von der liturgischen Primärfunktion ausgehend in die häusliche Andacht, in die Frömmigkeitspraxis von Gruppen und Kommunitäten, in die verschiedenen Formen des Religionsunterrichts und nicht zuletzt in die religiöse Erbauung des Einzelnen hinein verlängert zu werden. In dieser Ambivalenz von liturgisch-öffentlicher und spirituell-privater Religionsausübung liegt denn auch ein Erkennungsmerkmal des Kirchenliedes.

Die Bestimmung als ‹konfessorisch akzentuiert› benennt insofern eine weitere differentia specifica, als das Kirchenlied nicht etwa der liedhafte Ausdruck einer allgemeinen, ungebundenen Religiosität ist, ihm vielmehr ebenso die Funktion spezifisch christlicher Vergewisserung zukommt wie der Bildung und Wahrung positiv-religiöser, nicht selten konfessioneller Identität. Als ein virtuelles Gemeinschaftslied umfaßt das Kirchenlied alle drei rhetorischen Wirkungsfunktionen: Es ist ein Medium dogmatisch-ethischer Normierung (*docere*), dazu eine Ausdrucksform religiöser Vergewisserung (*delectare*), vor allem aber ein hervorgehobener, darin der Predigt vergleichbarer Ort des Transfers von theologischer Theoriebildung in die Lebenspraxis der Religion (*movere*).

Schließlich verweist der ausdrückliche Übername der Gattungsbezeichnung ‹L.› – die gelegentlich anzutreffende Substitution von ‹Kirchenlied› durch ‹Choral› ist unzulänglich – auf die konstitutive Verknüpfung von Text und Melodie: Erst durch eine konkrete, strophisch sich wiederholende Melodie wird ein geistliches Gedicht zum Kirchenlied. Das ist insofern von hoher rhetorischer Relevanz, als das Kirchenlied durch die Verbindung einer bestimmten metrisch-strophischen Struktur mit einer festen Melodiegestalt zu einem exponierten religiösen Emotionsträger werden kann und oft genug, ausweislich v. a. der protestantischen Frömmigkeitsgeschichte, auch geworden ist.

Eine Darstellung der Geschichte des Kirchenliedes ist mit zwei Schwierigkeiten verbunden. Zum einen lassen sich die gattungs- und formgeschichtlichen sowie die kirchengeschichtlichen Gliederungseinheiten kaum oder gar nicht synchronisieren. Zum zweiten ist hier ungleich stärker als bei den anderen Spielarten der Literatur-, Musik- und Kirchengeschichte darauf zu achten, daß die einzelnen Entwicklungsepochen einander nicht einfach ablösen, sondern das Vorausgegangene stets auch präsent bleibt: im Bewußtsein der Kirchenlieddichter, erst recht aber in der liturgischen und privaten Kirchenliedpraxis. Niemals, selbst zur Zeit der Aufklärung nicht, machte man allein von den zeitgenössischen Kirchenliedern Gebrauch.

1. *Alte Kirche und MA.* Das Kirchenlied ist im Grunde so alt wie die Kirche: Bereits im NT begegnen die Urformen des Christusbekenntnisses als gottesdienstliche Hymnen (Phil 2, 5–11; 1 Tim 3, 16 etc.). Nachdem das Kirchenlied zu Beginn des 3. Jh. v.a. in der syrischen Kirche eine reiche Entfaltung erfahren hatte, wird im 4. Jh. für den lateinischen Westen AMBROSIUS VON MAILAND wichtig, der später (ca. 9. Jh.?) zum 'Vater der lateinischen Hymnodie' erhoben worden ist. Die von ihm in großer Zahl gesammelten bzw. verfaßten ‹Hymnen› waren v.a. Lob- und Preislieder der Gemeinde, oft mit tageszeitlichen (Morgen-, Abendlied) oder kirchenjahreszeitlichen Bezügen (Christusfeste, Märtyrer- und Aposteltage). Durch ihre Formstrenge – meist vierzeilige jambische Dimeter in acht Strophen – sind sie einprägsam und werden zum Muster des lateinischen Gemeindelieds. Über das Stundengebet, in dem der Hymnus spätestens seit Benedikt fest verankert war, ist das ambrosianische Strophenlied zu kanonischer Wirkung gelangt. Dabei entwickelt sich die anfangs reimlose Hymnenform bald über die Assonanz (Reimanklang) zur Konsonanz (Voll- und Endreim).

Mit den ‹Sequenzen› entsteht im 10. Jh. eine neue Gattung des Kirchenliedes. Sie sind als Ausgestaltungen des ‹Halleluja›, mit dem das in der Messe zwischen Epistel- und Evangelienlesung stehende ‹Graduale› abschließt, erwachsen und bestehen zumeist aus doppelchörigen Gesängen von dreizeiliger Strophenform. Im 12. Jh. entwickelt sich die Sequenz, beginnend in Frankreich, zum strophischen Kunstlied.

Daneben tritt, ebenfalls seit dem 10. Jh., als die früheste genuin deutsche Kirchenliedgattung die aus der Sequenz herausgewachsene ‹Leise›: Zwischen zwei Strophenpaaren der Sequenz wird, als ein Ausdruck liturgischer Interaktion, eine von der Gemeinde gesungene Strophe eingefügt, in der Regel vierzeilig, durch Paarreim verbunden und mit einem angehängten, für die Leise namengebenden «Kyrie*leis*» beschlossen. Später hat sich diese Form auch als Pilger- und Wallfahrtslied verselbständigt und dadurch große Beliebtheit erlangt.

Andere Gattungen des Kirchenliedes kommen hinzu, so das Festlied (eine meditative Entfaltung der einleitend knapp genannten, gefeierten Heilstatsache) oder das sog. Predigtlied. Besonders im deutschen und böhmischen Raum führt die Praxis des Wechselgesangs im Kirchenlied zu der Mischform von Kirchen- und Volkssprache (oft im 3/4-Takt mit abschließendem «Halleluja»); ein bis heute in Gebrauch stehendes Beispiel ist: «In dulci jubilo nun singet und seid froh».

Als beliebte Strophenform bildet sich die Barform heraus: Auf zwei metrisch und melodisch parallele Teile (Stollen) folgt ein melodisch, mitunter auch metrisch variierter Teil (Abgesang). Besonders häufig war dabei die 7-zeilige Form (a.b.a.b.c.d.e[a].). In der Reformationszeit avanciert die Barform zur Hauptform des Kirchenliedes.

Gleichzeitig bildet sich die Kontrafaktur, d.i. die Übernahme weltlicher Melodien auf geistliche Texte, seltener von geistlichen Melodien auf weltliche Texte, aus. Dabei ist die Übertragung zunächst nicht beliebig, sondern an ein deutlich erkennbares Tertium gebunden (z.B. ‹Innsbruck, ich muß dich lassen› → ‹O Welt, ich muß dich lassen› oder ‹Aus fremden Landen komm ich her› → ‹Vom Himmel hoch, da komm ich her›). Im 17. Jh. v.a. kommt es gelegentlich auch zu geistlichen Parallelkontrafakturen (z.B. ‹O Welt, ich muß dich lassen›, ‹Nun ruhen alle Wälder›).

Wenn auch die Zahl der überlieferten Kirchenlieder des Mittelalters vergleichsweise klein ist, so deutet doch das im Lauf des 15. Jh. immer häufiger erlassene Verbot, während der Messe volkssprachige L. zu singen, darauf hin, daß dieser Brauch zumindest regional eine erhebliche Verbreitung erlangt hatte.

2. *Reformationszeit.* Die Bedeutung LUTHERS für die Geschichte des Kirchenliedes liegt allem zuvor darin, daß er dem Gemeindelied eine konstitutive liturgische Funktion zuweist und damit im Grunde die frühneuzeitliche Erneuerung des ambrosianischen Gemeindegesangs ins Werk gesetzt hat. Seinen programmatischen Ausdruck findet dieses Bestreben in seiner ‹Formula missae et communionis› (1523), v.a. aber in der ‹Deutsche[n] Messe und Ordnung Gottesdiensts› (1526). «Ich habe die Absicht», schreibt Luther Ende 1523 an Spalatin, «nach dem Vorbild der Propheten und alten Väter der Kirche deutschsprachige Psalmen für das Volk abzufassen, d.h. geistliche Lieder, damit das Wort Gottes auch durch Gesang unter den Leuten bleibe».[2] Bereits 1523 verfaßt Luther seine beiden ersten Kirchenlieder: die Märtyrer-Ballade (‹Zeitlied›) ‹Ein neues Lied wir heben an› und das Erzähllied ‹Nun freut euch, lieben Christen gmein›. In den drei ersten Reformations-Gesangbüchern, allesamt 1524 erschienen, stammt jeweils der überwiegende Teil aus seiner Feder (‹Achtliederbuch›: 4 von 8 Kirchenliedern; ‹Erfurter Enchiridion›: 18 von 25 Kirchenliedern; ‹Geistliches Gesangbüchlein›: 24 von 32 Kirchenliedern). Luthers Kirchenlieder sind zumeist Bearbeitungen älterer Vorlagen, allenfalls sieben der von ihm verfaßten 36 Kirchenlieder stellen eigene Schöpfungen dar. Die von ihm (mit-)geschaffenen Weisen greifen ebenfalls zum größten Teil auf ältere Traditionen zurück.

In der Reformationszeit ist das einstimmige, ohne Begleitung gesungene Gemeindelied üblich; für den Chorgesang werden figurale Sätze geschaffen (v.a. von J. WALTER), der *cantus firmus* liegt im Tenor. Neben Luther treten andere Wittenberger als Kirchenlieddichter hervor, so J. AGRICOLA, J. JONAS oder J. WALTER. Weitere Zentren erwachsen in Norddeutschland (N. DECIUS, P. SPERATUS, HERZOG ALBRECHT VON PREUSSEN), Nürnberg (N. HERMAN, S. HEYDEN, L. SPENGLER), Konstanz (A. BLARER, J. ZWICK) und in der Böhmisch-Mährischen Brüderunität (M. WEISSE, P. HERBERT). Insgesamt entsteht dabei eine breite Palette an Themen und Gattungen: Neben das Psalmlied treten liturgisches L., Glaubenslied, Lehrlied, Hauslied und Katechismuslied.

In Zürich dichten H. ZWINGLI und L. JUD ebenfalls geistliche L., ohne ihnen allerdings einen liturgischen Ort einzuräumen. Dagegen nutzt J. CALVIN erstmals 1539 13 L. aus der Psalmenbereimung des Pariser Hofdichters C. Marot (Vertonung durch C. Goudimel) liturgisch, freilich überarbeitet und ergänzt. Dieser sog. ‹Genfer Psalter› – ihm gehen zumindest zwei vollständige deutsche Reimpsalter voraus (1527/38) – wird zum ersten Kirchengesangbuch in französischer Sprache. Von ihm geht eine ungeheure gesamteuropäische Wirkung aus, die sich in ungezählten Übersetzungen, Nach- und Neudichtungen niederschlägt (in Deutschland v.a. die Reimpsalter von A. LOBWASSER [3] [1573] und C. BECKER [1601]). Unter dem Einfluß Calvins bleibt in Frankreich das Kirchenlied für annähernd drei Jahrhunderte fast ausschließlich auf die Gattung des biblischen Psalmlieds beschränkt; erst die Erweckungsbewegung des 19. Jh. vermag mit ihrem Liedgut diesen Zustand grundlegend zu ändern. Aufgrund des reformierten Einflusses auf die Staatskirchen von England und Schottland ist auch dort bis ins 19. Jh. der liturgische Psalmengesang vorherrschend geblieben.

Auf katholischer Seite setzt man der Fülle an protestantischen Gesangbüchern alsbald (erstmals 1537) eigene Gesangbuchausgaben entgegen. J. LEISENTRIT verfaßt z.B. die meisten Kirchenlieder des von ihm 1567 herausgebrachten Gesangbuchs selbst. Auch die Tradition der Psalterbereimung ist katholischerseits rasch rezipiert worden: K. Ulenberg (‹Die Psalmen Davids›, 1582) beruft sich sogar mit ausdrücklicher Zustimmung auf das Vorbild des ‹Genfer Psalters›.

3. *Konfessionelles Zeitalter.* In einer ersten, etwa bis 1620 reichenden Phase des konfessionellen Zeitalters unterliegt das Kirchenlied einschneidenden musikalischen Veränderungen. Dazu gehören zum einen das Aufkommen des Cantionalsatzes: Die Melodie wandert vom Tenor in den Diskant, zugleich beginnt die Harmonik die Melodik zu dominieren. Die jetzt neu entstehenden Melodien werden zusammen mit ihrem harmonischen Hintergrund (Generalbaß) komponiert und sind allein so zu verstehen. Zum andern wird die Melodiebildung jetzt zunehmend von der sog. Figurenlehre geprägt: Bestimmte Textgehalte und -stimmungen werden durch bestimmte melodische, rhythmische oder – seltener – harmonische Formeln gespiegelt, was sich dann in der Regel nur auf die erste Strophe bezieht. Prominente Beispiele hierfür sind aus PH. NICOLAIS ‹Freudenspiegel des ewigen Lebens› (1599) die Kirchenlieder ‹Wie schön leuchtet der Morgenstern› und ‹Wachet auf, ruft uns die Stimme› oder das auf den Ton ‹sol› beginnende Kirchenlied ‹Die güldne Sonne› von P. GERHARDT und J.G. EBELING.

Das epochale ‹Buch von der teutschen Poeterey› (1624) von M. OPITZ bezeichnet auch für die Kirchenlieddichtung, die es sogleich rezipiert, eine Zäsur. Die dort postulierte Einheit von grammatischem und metrischem Akzent bedeutet das Ende der freien Rhythmik im Kirchenlied und führt dazu, daß die älteren Kirchenlieder nun den neuen Regeln adaptiert werden. Im übrigen ist es jetzt mit der Personalunion von Textdichter und Melodist fast durchweg vorbei.

Das Zeitalter des Barock – eine wohl für die Literatur- und Musikgeschichte, jedoch nicht für die Kirchengeschichte brauchbare Epochenbezeichnung – hat auch die Kirchenlieddichtung merklich beeinflußt. Das schlägt sich in der breiten Rezeption barocker Stil- und Formenelemente nieder, noch augenscheinlicher in der thematischen Ausrichtung an der sog. Dialektik des Barock: ein bewegtes *memento mori* einerseits – greifbar in dem Vordringen von Kreuzes- und Trostliedern, von ausgedehnter Sünden- und Bußmeditation, von Todes- und Ewigkeitsrhetorik –, andererseits eine bewegt-dynamische Lebens- und Weltbejahung. In rhetorischer Perspektive fällt insbesondere auf, daß das Kirchenlied nun von einer deutlichen Tendenz zur Dialogisierung geprägt ist: Die Abwehr des 'Seelenfeindes' wird dramatisch-dialogisch inszeniert, auch die scheinbar monologischen Meditationslieder sind in Wirklichkeit von einem seelsorgerlich akzentuierten Dialogismus bestimmt. Die damit verbundene Sublimierung der rhetorischen Wirkungsfunktion läßt sich nicht übersehen.

Im übrigen führt das Barockzeitalter zu einer ungewöhnlichen quantitativen Steigerung der Kirchenliedproduktion. Unter den zahllosen Kirchenlieddichtern der Epoche ragen vier Namen hervor: J. FRANCK, durch den v.a. der Traditionsstrom protestantischer Mystik ins Kirchenlied fließt (z.B. ‹Jesu meine Freude›); J. HEERMANN mit seiner authentischen Aneignung der Kreuzes- und Leidensthematik (z.B. ‹Herzliebster Jesu›); J. RIST, der in über 1000 Kirchenliedern die gesamte thematische Bandbreite der Zeit abgedeckt hat; sowie P. GERHARDT, der in größter dichterischer Gewandheit und einem unerhörten Bilderreichtum, verbunden mit einer unbestechlichen lutherischen Glaubenszentriertheit, einen Gipfelpunkt in der Geschichte des Kirchenliedes markiert (z.B. ‹Ich steh an deiner Krippen hier›, ‹Nun ruhen alle Wälder› oder das Akrostichon ‹Befiehl du deine Wege›).

Der aufkommende Pietismus – in gewisser Hinsicht bereits eine Spielart der Frühaufklärung – bringt dem Kirchenlied eine Reihe neuer, erbaulicher Akzente, so die Bevorzugung des Jesusliedes oder den Bekehrungs- und Heiligungstopos; namhafte Vertreter sind beispielsweise G. ARNOLD, CH.F. RICHTER, J.L.K. ALLENDORF oder auch der GRAF VON ZINZENDORF (‹Jesu, geh voran›). Seitens des reformierten Pietismus haben J. NEANDER (‹Lobe den Herren, den mächtigen König der Ehren›) und G. TERSTEEGEN (‹Ich bete an die Macht der Liebe›) über ihre Zeit hinausragende Bedeutung erlangt.

4. *Aufklärung.* Noch stärker als sonst überlagern sich im Zeitalter der Aufklärung die verschiedenen Kirchenliedtraditionen. Die Spätorthodoxie ist im 18. Jh. mit eigenen Kirchenlieddichtungen präsent, so von B. SCHMOLCK oder dem als Textdichter von Bach-Kantaten bekannten, antipietistischen E. NEUMEISTER (‹Jesus nimmt die Sünder an›). Die Kirchenlieder des Pietismus strahlen in das ganze Jahrhundert hinein aus. Und auch die der Aufklärung zugehörenden Kirchenlieddichter prägen in eigener Weise das geistliche Liedgut der Zeit: Gleichsam als Antithese zum gefühligen Jesuslied des Pietismus tritt nun als neuer Liedtyp die ‹Ode› hervor, die mit erhabener Gebärde (*genus grande*) das Motiv der Anbetung und Rühmung des Schöpfers besingt und deren Pathos sich gern in der Figur der rhetorischen Frage zu Wort bringt; ein Musterbeispiel findet sich in CH.F. GELLERTS Kirchenlied ‹Die Himmel rühmen des Ewigen Ehre›. Überhaupt ist ein Kernbestand von 20 bis 30 Geistlichen Oden aus der Feder Gellerts bis ins 20. Jh. hinein in den Gesangbüchern lebendig geblieben.

Im übrigen sucht die Aufklärung auch das überkommene kirchliche Liedgut in ihrem Geist zu modernisieren, indem sie es entweder ganz verabschiedet oder aber einer dem Zeitgeschmack verpflichteten, oft bis an die Grenze der Kenntlichkeit führenden Umarbeitung unterzieht. Überdies ist man jetzt bestrebt, nach *einer* Melodie möglichst viele Texte zu singen, offenbar ohne noch Verständnis aufzubringen für das individuelle Wort-Ton-Verhältnis, an dem gerade der vorausgegangenen Epoche der Kirchenlieddichtung gelegen war.

In England beginnt die Blütezeit des Kirchenliedes außerhalb der Anglikanischen Kirche, die sich nach wie vor weithin auf den Psalmengesang beschränkt, in der methodistischen Bewegung: J. WESLEY erkennt die rhetorische Bedeutung des Kirchenliedes als eines Mediums der Verbreitung und Stabilisierung christlichen Gedankenguts und bewährt sich als Übersetzer deutschsprachiger Kirchenlieder. Sein Bruder CH. WESLEY, dem über 6000 Kirchenlieder zugeschrieben werden, wird zum größten Liederdichter im englischsprachigen Raum (bekannt u.a. ‹Jesus, lover of my soul› und ‹Hark, the herald angels sing›).

5. *19. und 20. Jh.* Trotz einer immensen Liedproduktion bleibt der Ertrag des 19. Jh. für die Geschichte des Kirchenliedes in seinem Gehalt vergleichsweise schmal. Was es immerhin austrägt, ist im wesentlichen aus drei Strömungen gespeist. Die im Umkreis der Restauration entstehenden Kirchenlieder atmen einen neuen, eigenen Ton, greifbar etwa in der patriotischen Lieddichtung von E.M. ARNDT (‹Der Gott, der Eisen wachsen ließ› von 1812, aber auch ‹Ich weiß, woran ich glaube› von 1819, EG 357), die die Kirchenlieddichtung beeinflußt. Die Erweckungsbewegung hat das Kirchenlied v.a. in der Gattung des Missionsliedes sowie des geistlichen Volksliedes (z.B. J. HAUSMANN: ‹So nimm denn meine Hände›) bereichert. Schließlich leistet die Gesangbuchbewegung zur Wiedergewinnung der Kirchenliedtraditionen einen wesentlichen Beitrag, teils durch eine überaus schonsame Umdichtung der Originale – etwa in A. KNAPPS ‹Evangelische[m] Liederschatz›[4], einer Sammlung von 3590 Kirchenliedern! –, teils durch streng am ursprünglichen Formbestand orientierte Anthologien.[5] Unter den wenigen Kirchenliedern des 19. Jh., die bis heute Bestand haben, sind etliche erst auf Umwegen liturgiefähig geworden (z.B. ‹Stille Nacht› oder ‹Großer Gott, wir loben dich›).

Im 20. Jh. setzt sich, verstärkt durch die aus der Liturgischen Bewegung kommenden Impulse, die Restauration des alten geistlichen Liedguts fort. Jugend- und Singbewegung haben durch ihre neue Wertschätzung von Kult und Kirchenjahr zugleich den emotionalen Zugang zum älteren Kirchenlied erleichtert und einer neuen religiösen Lieddichtung den Boden bereitet. Diese ist durch eine schlichte, starke, biblisch genährte Sprache geprägt (R.A. SCHRÖDER, J. KLEPPER), was zweifellos auch als eine Reaktion auf die Bedrängnis des Nationalsozialismus zu deuten ist. In theologischer, ästhetischer und rhetorischer Hinsicht werden die seit der Jahrhundertmitte entstehenden neuen Kirchenlieder vielfach als dürftig empfunden.

Anmerkungen:
1 WA, Bd. 49 (1913; ND 1970) 588 (Predigt ... bei der Einweihung der Schloßkirche zu Torgau vom 5.10. 1544). – **2** WA Briefe, Bd. 3 (1933; ND 1969) 220, Übers. Verf. – **3** A. Lobwasser: Psalmen Davids / in Teutsche Reymen verständlich und deutlich gebracht nach Frantzosischer Melodey und Reymen art, ND d. Ausg. Düsseldorf 1612 (1983). – **4** A. Knapp: Evang. Liederschatz für Kirche und Haus. Eine Samml. geistl. L. aus allen christl. Jh., ... nach den Bedürfnissen unserer Zeit bearbeitet (1837, ⁴1891). – **5** z.B. Ph. Wackernagel: Das dt. evang. Kirchenlied von der ältesten Zeit bis zum 17. Jh., 5 Bde. (1864–77); G. Stip: Unverfälschter Liedersegen (1851).

Literaturhinweise:
Ch. Mahrenholz, O. Söhngen (Hg.): Hb. zum Evang. Kirchengesangbuch, 3 Bde. (1956–70). – W. Blankenburg: Der gottesdienstl. Liedgesang der Gemeinde, in: Leiturgia 4 (1961) 559–659. – Th. Hamacher: Beitr. zur Gesch. des kath. dt. Kirchenliedes (1985). – M. Jenny, J. Henkys: Art. ‹Kirchenlied›, in: TRE 18 (1989) 602–643.

A. Beutel

→ Deklamation → Gesang → Liturgie → Musik → Rezitation

Literatur (griech. τὰ γράμματα, ta grámmata; lat. litterae; engl. literature; frz. littérature; ital. letteratura)
A. Def. – B. I. Antike. – II. Mittelalter. – III. Renaissance. – IV. Barock. – V. Aufklärung. – VI. Klassizismus. – VII. Romantik. – VIII. Moderne.

A. I. In seiner wörtlichen Bedeutung von lat. *litteratura* (*littera*: Buchstabe) verweist der Begriff auf schriftlich fixierte Texte und umfaßt alles in Buchstaben Geschriebene, worunter die Antike neben der Dichtung im engeren Sinne auch die Geschichtsschreibung, Philosophie, Rhetorik und andere Wissenschaften verstand. Prinzipiell wären also sämtliche seit der Durchsetzung der Schriftlichkeit entstandenen Texte als ‹L.› zu bezeichnen. Zugleich meint *litteratura,* dem griechischen *grammatikḗ* entsprechend, allgemein die Lese- und Schreibfähigkeit.[1] Im Deutschen ist der Begriff erstmals in SIMON ROTHS ‹Ein Teutscher Dictionarius› (1571) belegt. In der christlich-mittelalterlichen Tradition umfaßt *litteratura* die heidnisch-weltliche Überlieferung und steht im Gegensatz zum geistlich-christlichen Schrifttum (*scriptura*); das Bedeutungsfeld des heutigen Literaturbegriffs wird durch *ars poetica* bezeichnet. Wesentlich für die historische Bestimmung des Begriffs von L. ist die Unterscheidung von Poetik und Literaturtheorie.

II. Die Entwicklung literaturtheoretischer Konzepte setzt «die Etablierung der Philologien als historischer Wissenschaften im 19. Jahrhundert voraus».[2] Ist die Poetik, fundiert durch rhetorische Grundlagen, ursprünglich vor allem auf die Produktion und Wirkung literarischer Werke (Funktionsbestimmung, Anleitung/ Regeln) gerichtet, so meint Literaturtheorie die systematische, sachorientierte und häufig auf geschichtsphilosophischen Grundlagen beruhende Reflexion über L. Allerdings umfaßt die Poetik von Beginn ihrer Entwicklung für die Bestimmung des Literaturbegriffs wesentliche Teilbereiche, sie ist auch «Theorie der Dichtkunst»[3] im Sinne einer Lehre von den Dichtungstechniken, der Binnenstruktur von L. (Gattungen), den Wirkungen und Zwecken. Mit dem Schwinden ihres normativen Charakters tritt die philosophisch-kognitive Dimension, der Versuch einer Wesensbestimmung, die bereits von Beginn angelegt war, stärker hervor.[4] Erschwert wird die Festlegung eines einheitlichen Literaturbegriffs durch die kulturell-sozial divergierenden Formen des Literaturverständnisses. Dies zeigt etwa der Sonderbegriff ‹Dichtung›, der im deutschsprachigen Raum häufig dem Begriff der L. als einem Ausdruck seelenloser westlicher Zivilisation polemisch entgegengesetzt wurde.[5] GOETHE führte 1827 den Terminus ‹Weltliteratur› ein, der gegen die Separierung der Nationalliteraturen das Postulat aufstellte, die «Literatoren» der einzelnen Kulturen sollten sich gegenseitig befruchten und «durch Neigung und Gemeinsinn sich veranlaßt finden, gesellschaftlich zu wirken».[6]

Der Begriff ‹L.› erhielt im Laufe der Geschichte eine Vielzahl von teilweise kontradiktorischen Bedeutungszuweisungen. Definitorische Eindeutigkeit wurde bis heute – trotz der Versuche, Kriterien zur 'objektiven' Bestimmung des Literarischen zu finden – nicht erreicht, was in divergierenden poetologischen, ästhetischen und ideologischen Voraussetzungen, aber auch in der Heterogenität des Gegenstandes selbst begründet liegt. Die Problematik der Bestimmung zeigt in ihrer historischen Spannbreite der Schriftsteller P. HACKS, der sich unmittelbar auf G.W. HEGELS Aussage in den ‹Vorlesungen über die Ästhetik› bezieht»: «Das Poetische als solches zu definieren", sagt Hegel, "abhorreszieren fast alle welche über Poesie geschrieben haben." Nun, auch ich werde mich hüten. Nichts richtet solchen Schaden an wie voreilige Definitionen».[7] K. WEIMAR faßt den heutigen Diskussionsstand durch die Bestimmung von L. als einer «Gruppe von Texten, [...] über deren Grenze gegenüber anderen Gruppen von Texten keine Klarheit besteht»[8], zusammen. Ein relativer Konsens existiert seit der Antike bis etwa ins 18. Jh. durch die Festlegung auf die Gebote der Nachahmung und Wahrscheinlichkeit sowie die von der Rhetorik bestimmte Konzentration auf den Wirkungsaspekt; veränderte kulturelle wie soziale Bedingungen der Kunst führen seitdem zu einer Diversifizierung des Literaturbegriffs, der nun zunehmend individualisiert, autonomisiert und relativiert wird.

Problematisch ist auch die Unterscheidung von *Faktizität* und *Fiktion*, die häufig zur Definition herangezogen wurde. Neben den im engeren Sinne auf Erfindung beruhenden literarischen Produktionen rechnete man bis ins 17. und teilweise 18. Jh. auch nicht-fiktionale Gattungen wie Predigt, Essay, Maxime etc. zur L.; heute wird etwa die Autobiographie als ästhetisch-imaginative Form betrachtet. Ebenfalls ist die moderne Opposition von 'historischer' und 'künstlerischer' Wahrheit für die alte, auf Mythen oder religiösen Vorstellungen basierende L. nicht anwendbar. Noch im frühen 17. Jh. wurde die englische Gattungsbezeichnung *novel* für die Wiedergabe von faktischen wie fiktiven Ereignissen benutzt.[9] Versuche, das Wesen des Literarischen in der Fiktionalität zu verankern, können empirisch relativiert oder widerlegt werden, sie tendieren dazu, ein Stil- oder Geschmacksempfinden, welches Texte als fiktional dekodiert, normativ festzulegen. Dies zeigt etwa H. SCHLAFFERS Ansatz, der «Klang, Wort, Bild, Vers» als «Kennzeichen der Poesie» setzt und sprachlich-bildhafte sowie rhetorische Grundformen annimmt, die sich auch in der 'Normalsprache' angenäherten literarischen Formen (etwa im Roman) fänden.[10] Eine Unterscheidung von *fiktiv* und *fiktional* ist hier notwendig: Bezeichnet *fiktiv* als Negativbegriff Unwahres, so werden solche Vorstellungen in einem positiv-ästhetischen Sinne *fiktional* genannt, «die auf den Anspruch, wahr zu sein, verzichtet haben und mit ihm, ohne täuschen zu wollen, nur spielen.»[11]

In der gegenwärtigen Literaturtheorie unterscheidet man insbesondere deskriptive, normative und empirische Ansätze, die, nach Ausgangsvoraussetzungen divergierend, zu engeren oder erweiterten (extensionalen) Literaturbegriffen führen. So kann jeder geschriebene oder gedruckte Text als L. betrachtet, der Gegenstandsbereich aber auch im Hinblick auf eine angenommene Textqualität (Höhenkammliteratur versus Trivialliteratur) oder bestimmte Textsorten begrenzt werden. WELLEK verbindet den Literaturbegriff mit Wertvorstellungen im Sinne gesellschaftlicher Bedeutungszuweisungen. Demgegenüber weist EAGLETON, der jede begriffliche Fixierung des Literarischen für illusorisch hält, auf eine prinzipielle Normativität hin, die wiederum in Zusammenhang mit gesellschaftlichen Machtstrukturen stehe.[12] Im Sinne einer *metahistory*, wie sie etwa von H. WHITE vertreten wird, gilt auch die historiographische *Erzählung* als eine Form fiktionaler L. Prinzipiell tendieren normative Literaturbegriffe zu einer Verengung, wobei qualitativ selektive Deviationsmerkmale (*Literarizität*, *Poetizität*) im Vordergrund stehen. Dies zeigt die Geschichte des Poesie-Begriffs, der in der ‹Nikomachischen Ethik› des Aristoteles «zunächst alle Formen von produktiver, auf das dingliche Resultat des Artefakts zielender Tätigkeit bezeichnet»[13], heute jedoch nur noch die im engeren Sinne mimetischen oder fiktionalen Texte umfaßt. Nach der Universalisierung des Poesie-Begriffs in der Romantik wird dieser einige Jahrzehnte später zunehmend eingeengt und schließlich – wie im englischen Begriff *poetry* – weitgehend auf Lyrik reduziert. Zugleich deutet die Verengung auf den angenommenen Ursprung der Poesie im rhythmisch-rhapsodenhaften Ausdruck. Die Formulierung des Literaturbegriffs steht in engem Zusammenhang mit den jeweils gesellschaftlich und ästhetisch dominierenden Geschmacksurteilen sowie den sich wandelnden medialen Voraussetzungen. Die Bestimmungen eines mehr oder weniger verbindlichen literarischen Kanons bilden weitgehend die von den Bildungsträgern gesetzten ästhetischen Wertmaßstäbe einer Gesellschaft ab. Diese Wertungen werden insbesondere durch die Bildungseinrichtungen, aber auch durch die Literaturwissenschaft und die in der Neuzeit und in der Moderne entstehenden Massenmedien (Buchdruck, audio-visuelle Medien) transferiert und tradiert. Die interessen- und traditionsgeleitete Kanonbildung kann als partielle Erklärung für die sich wandelnden Gruppierungen, aber auch für die relative Konstanz bei der Bewertung bestimmter Autoren (Homer, Goethe u.a.) dienen. Gesellschaften mit einem hohen Komplexitäts- und Individualisierungsgrad lassen eine verbindliche Festlegung des Literaturbegriffs kaum zu, eine Entwicklung, die die Moderne, insbesondere aber die sog. Postmoderne kennzeichnet. Das Verständnis dessen, was unter L. zu fassen sei, ist hier in starkem Maße auf bestimmte Leserschichten oder gar individuell reduziert. Normativ fundierte Literaturbegriffe in der Moderne schließen bestimmte Textarten und -sorten aus; dies betrifft vor allem alle Formen der Gebrauchs- und Zweckliteratur, also Sachtexte im engeren Sinn, aber auch massenmediale Texte oder bloß private Formen der Textproduktion. Es handelt sich um einen 'emphatischen' Literaturbegriff, der die L. an ein bildungsbürgerliches Verständnis des Schönen bindet. Dies spiegelt sich auch in der bis in die 1960er Jahre vorherrschenden literaturwissenschaftlichen Hermeneutik, die L. als Reich des individuell erfahrenen Schönen sieht. E. STAIGER fordert in diesem Sinne, die Literaturwissenschaft «auf einem Grund zu errichten, der dem Wesen des Dichterischen gemäß ist, auf unserer Liebe und Verehrung, auf unserem unmittelbaren Gefühl».[14] In Absetzung von einer solchen Ergriffenheitsästhetik wurden insbesondere mit den von der Linguistik beeinflußten formalistischen Verfahren im 20. Jh. Versuche unternommen, zu einer präzisen und objektivierbaren Bestimmung der ästhetischen Substanz zu gelangen (etwa in der Festlegung auf eine selbstreferentielle *Poetizität* und *Polyvalenz* bei den russischen Formalisten und im französischen Strukturalismus). In diesen auf linguistischen Voraussetzungen gründenden Ansätzen wird L. zu einem durch Abweichung von den Alltagsnormen gekennzeichneten Modus der Sprachverwendung. Diese Verfahren blenden methodologisch vor allem die inhaltlichen Aspekte von L. aus, eine Tendenz, die ihren Höhepunkt in der Dekonstruktion erreicht, die jede Festlegung auf Sinnstrukturen verwirft (P. DE MAN, J. DERRIDA). Selbst die seit der Antike weitgehend selbstverständliche Eingrenzung des Gegenstandsbereichs von L. auf schriftlich fixierte Texte ist inzwischen umstritten. Durch die tendenzielle Ausdehnung des Literaturbegriffs auf die orale Überlieferung, insgesamt alles sprachlich Verfaßte, wird L. fast identisch mit *Text*. In welch starkem Maße das Verhältnis von Mündlichkeit und Schriftlichkeit zur Ausbildung eines je «differenten Begriffs von Literarizität» [15] führt, zeigen etwa das komplexe Wechselverhältnis von oraler volkssprachlicher Tradition und Verschriftlichung im Mittelalter, die Veränderungen der L. und ihrer Rezeptionsformen nach der Erfindung des Buchdrucks, die zentrale Rolle der Schriftkultur für die Entwicklung der Aufklärungsliteratur sowie die Versuche einer Überführung mündlich überlieferter nationalsprachlicher Literaturdenkmäler in Schriftkultur während der Romantik, wie sie die Brüder GRIMM vorgenommen haben. Erweitert wird der Literaturbegriff vor allem durch die Entwicklung der audiovisuellen Massenmedien, die zu vielfältigen neuen Textformen und intermedialen Interaktionen (Literaturverfilmung, Multimedien, Mehrfachverwertung etc.) geführt haben. Während am Kriterium der Fiktionalität weitgehend festgehalten wurde, ist Sprachlichkeit nun nicht mehr in jedem Fall integraler Bestandteil des Literaturbegriffs (Dominanz der Visualität). Da der Begriff auch mit der Alltagserfahrung des Lesens und Schreibens verknüpft ist und sich das spontane Verständnis des Literarischen zunächst hieraus bildet, zeigt sich eine große Variationsbreite der jeweils verwendeten umgangssprachlichen Bedeutungshorizonte, die wiederum durch fachwissenschaftliche bzw. fachsprachliche Füllungen modifiziert sind. Die Applikation als Allgemeinbegriff bleibt in den meisten Fällen unspezifisch. [16] Andererseits ist das jeweilige Verständnis dessen, was L. sei, in starkem Maße abhängig von der Kanonisierung bestimmter Texte durch die Poetik bzw. in der Moderne durch die Fachwissenschaft. L. ist insofern immer auch «kulturelles Gedächtnis» [17] (*memoria*) einer Gesellschaft. Was L. sei, wird nicht nur durch die jeweiligen Fachdisziplinen (Poetik, Rhetorik, Literaturtheorie) und Bildungseinrichtungen festgelegt, sondern von der Selbstthematisierung in der L., bzw. durch die Literaten selbst. Hier ist zwischen der expliziten Poetik in literarischen Texten oder Selbstäußerungen von Autoren (Literaturexkurs in GOTTFRIEDS ‹Tristan›, Poetik-Vorlesungen, Autobiographie) und impliziter Poetologie bzw. Programmatik, etwa in modernen experimentellen Texten, zu unterscheiden. Der Literaturbegriff wurde seit dem Altertum nicht allein aus immanenten Gesetzmäßigkeiten hergeleitet. Bereits Aristoteles reflektiert die angenommenen Wirkungen bezüglich des Lesers/Zuschauers (etwa die *Katharsis* in der Tragödie) als zentrales Element des dichterischen Prozesses, die weitergehende Rhetorisierung des Literaturverständnisses rückt diese Bezüge ins Zentrum. Ausgehend von der festgestellten kommunikativen Wechselwirkung im literarischen Prozeß (Produzent/Rezipient) kann die Eigenart des literarischen Textes, seine *Literarizität* als «Rollenspiel beim Schreiben und Lesen» [18] beschrieben werden, bei dem Leser wie Autor über ihre biographische Person hinaus eine Rolle als 'literarische Person' spielen. Eine rein linguistische oder immanent literaturwissenschaftliche Unterscheidung literarischer von nicht-literarischen Texten scheint, trotz aller Bemühungen, nicht möglich zu sein, vielmehr ist die Erkenntnis dieser Differenz offenbar «ein Phänomen der kommunikativen Praxis selbst». [19]

Anmerkungen:

1 vgl. W. Schadewaldt: Der Umfang des Begriffs der L. in der Antike, in: H. Rüdiger (Hg.): L. und Dichtung (1973) 12–25; R. Wellek: Was ist L.?, in: LiLi 8 (1978) 15–19; 16. – 2 H. Turk (Hg.): Klassiker der Literaturtheorie (1979) 7. – 3 B. Markwardt: Art. ‹Poetik›, in: RDL², Bd. 3 (1977) 126–157; 126. – 4 vgl. B. Greiner: Art. ‹Poetik›, in: H. Brunner, R. Moritz (Hg.): Literaturwiss. Lex. Grundbegriffe der Germanistik (1997) 264–268; 264. – 5 vgl. Th. Mann: Betrachtungen eines Unpolitischen (1919), in: P. de Mendelssohn (Hg.): Ges. Werke in Einzelbänden. Frankfurter Ausg. (1983) 40. – 6 J.W. Goethe: Über Kunst und Altertum, in: Sämtliche Werke in 18 Bd., Artemis Gedenkausg., Bd. 14. (1977) 909. – 7 P. Hacks: Das Poetische, in: Die Maßgaben der Kunst. Gesamm. Aufsätze 1959–1994 (1996) 92–107; 93; vgl. G.W.F. Hegel: Vorles. über die Ästhetik, in: Werke, Bd. 15 (1970), 237. – 8 K. Weimar: Enzyklop. der Literaturwiss. (²1993) 35. – 9 vgl. T. Eagleton: Einf. in die Literaturtheorie (1988) 1. – 10 H. Schlaffer: Poesie und Wissen. Die Entstehung des ästhetischen Bewußtseins und der philol. Erkenntnis (1990) 142; vgl. auch J.H. Petersen: Fiktionalität und Ästhetik. Eine Philos. der Dichtung (1996). – 11 Schlaffer [10] 145. – 12 vgl. Wellek [1] 15–19; 15; Eagleton: [9] 15–18. – 13 G. Willems: Art. ‹L.›, in: U. Ricklefs (Hg.): Fischer Lex. L. Bd. 2. (1996) 1006–1029; 1021; vgl. G. vom Hofe: Art. ‹Dichter/Dichtung› (hist.), in: Ricklefs [13] Bd. 1, 356–374; 363; W.F. Thrall, A. Hibbard: A Handbook to Literature (1960) 364ff.; R. Rosenberg: Eine verworrene Gesch.. Vorüberlegungen zu einer Biogr. des Literaturbegriffs, in: LiLi 77 (1990) 36–65; 47. – 14 E. Staiger: Die Kunst der Interpretation (1955) 13. – 15 E. Feistner: Art. ‹Mündlichkeit/Schriftlichkeit›, in: Brunner/Moritz [4] 236–237; 236; vgl. D. Lamping: ‹L.›, in: W. Killy (Hg.): Literaturlex., Bd. 14 (1993) 26–30. – 16 vgl. K.O. Conrady: L. und Germanistik als Herausforderung. Skizzen und Stellungnahmen (1974). – 17 R. Baasner: Literaturwiss., in: Brunner, Moritz [4] 201–205; 202. – 18 Weimar [8] 41. – 19 J. Schutte: Einf. in die Literaturinterpretation (1990) 41; vgl. J. Schulte-Sasse, R. Werner: Einf. in die Literaturwiss. (1977) 124.

B. I. *Antike.* **1.** *Griechische Antike.* Bis zur zweiten Hälfte des vorchristlichen Jahrtausends ist im Griechentum Dichtung als metrisch gebundene Rede weitgehend identisch mit L. Mit der sophistischen Aufklärung «nahm sich die Philosophie auch jener Probleme der menschlichen Handlungswelt an, die bis dahin so gut wie exklusiv das Thema der Poesie gewesen waren» [1], wird die L., nachdem sie vereinzelt schon früher Gegenstand der Kritik (so bei HERAKLIT, XENOPHANES) gewesen war, zum Thema philosophischer Reflexion. In der Entwicklung seit der archaischen Zeit tritt eine Verschiebung des Schwerpunktes bezüglich der Hauptquellen dichterischer Tätigkeit – Enthusiasmus und Technik – ein: Herrscht in der durch HOMER und HESIOD begründeten Tradition die Auffassung göttlicher Eingebung als Grundlage dichterischer Praxis vor, so ist seit der Sophistik die Betrachtung der Dichtung als etwas Gemachtem leitend. [2] Von zentraler Bedeutung für diesen Wandel ist die Entstehung eines Buchwesens, die zur «Verschriftlichung und Verwissenschaftlichung der Literatur» [3] und damit zur Dominanz der Prosaform und des Lesens als Rezeptionsmodus führt.

Begrifflich umfaßt L. für die griechische Antike das gesamte als werthaltig und überlieferungswürdig betrachtete Schrifttum, das als Produkt von τέχναι, téchnai als «Inbegriff von praktischen Fertigkeiten und theoretischen Kenntnissen» [4] gesehen wird. Einbezogen sind deshalb alle Formen der Fachschriftstellerei, etwa Wissenschaften wie Astronomie oder Geometrie. In der ‹Poetik› des ARISTOTELES wird der Gegenstand jedoch weiter differenziert, insbesondere darauf, wie sich das Verhältnis der zweiten 'fiktiven' zur ersten 'wirklichen' Welt gestaltet. Das Verständnis von Dichtung entwickelt sich in engem Bezug zur Ausbildung der Rhetorik; in den Schriften des Aristoteles wird jedoch zwischen Dichtung und Redekunst grundsätzlich unterschieden. Gewinnt für die Dichtung und deren Reflexion das Verhältnis der Inhalte (Handlungsstruktur) zur Wirklichkeit zentrale

Bedeutung, steht bei der Rhetorik die Anwendung der stilistischen und argumentativen Mittel im Vordergrund.[5] Dabei ist der Begriff der Rhetorik nicht in einem bloß instrumentellen Sinne zu verstehen; es ist, heißt es in der Rhetorik des Aristoteles, «nicht ihre Aufgabe [...] zu überreden, sondern zu untersuchen, was an jeder Sache Glaubwürdiges vorhanden ist».[6] Die in Aristoteles' ‹Poetik› entwickelte Dichtungslehre versteht literarische Werke als nach bestimmten Regeln technisch hergestellte Artefakte, als Nachahmung oder Darstellung einer vollständigen Handlung (μίμησις τῆς πράξεως, mímēsis tēs práxeōs), die den Prinzipien der logischen und psychologischen Wahrscheinlichkeit folgt. Entscheidend für das Literaturverständnis des Aristoteles ist dabei jeweils das Verhältnis von Wirklichkeit und Werk, das er in allen drei Gattungen auf die «Nachahmungen»[7] des Wirklichen und die (nicht empirisch verstandene) Wahrscheinlichkeit gegründet sieht. Im Kap. 9 seiner ‹Poetik› setzt Aristoteles den Dichter als Schöpfer von Fiktionen, dessen, «was geschehen könnte»[8], vom Historiker ab, der auf die Faktizität beschränkt sei. Die Dichtung unterscheide sich von der Historiographie zudem durch ihren philosophischen Gehalt, ihre Allgemeingültigkeit. Dies kann allerdings nicht im Sinne einer Abwertung der Historie verstanden werden, denn im 9. Kap. der ‹Poetik› stellt Aristoteles zugleich fest, daß auch diese Allgemeines umfasse, ebenso wie die Dichtung das Besondere, betont also den umfassenden Zusammenhang, der durch die Bindung beider Formen an das aus der Realität geschöpfte Material notwendig ist.[9] Innerhalb des von Aristoteles entwickelten Literaturbegriffs wird der Fiktion keine autonome ästhetische Repräsentanz zugesprochen, sie steht vielmehr jeweils im Dienst einer beabsichtigten Wirkung. Trifft der Begriff der Wirkungspoetik für Aristoteles zweifellos zu, so ist dieser vom neuzeitlichen wirkungsästhetischen Verständnis prinzipiell abzuheben: Gegenüber der historischen Fassung des Wirkungsbegriffs ist der der Griechen «substantiell: die Aussage eines Textes war für sie [...] immer nur grundsätzlich wahr oder falsch, aktuell oder obsolet, relevant oder irrelevant, ohne Rücksicht [...] auf den geschichtlichen Wandel der Erfahrungs- und Erwartungshorizonte».[10] Der Entstehungsgrund der L. im Mythos und in religiös-ekstatischen Ritualen wird, in enger Anlehnung an rhetorische Zielsetzungen, wirkungsästhetisch für das Modell der κάθαρσις, kátharsis genutzt. Zugleich entwickelt Aristoteles eine anthropologische Fundierung des Literarischen. Die Dichtkunst, so heißt es im 4. Kap. der ‹Poetik›, habe zwei den Menschen angeborene Ursachen: einen Drang zur Nachahmung sowie «die Freude, die jedermann an Nachahmungen hat».[11] Die Konzentration auf das Funktionale meint insbesondere für die Tragödie die lustvolle Erleichterung von den hier erregten Affekten. Der Dichter repräsentiert das Allgemeine und die Potentialität. Aristoteles begründet eine normative Poetik, die das Literarische teilweise an außerliterarische Zwecke bindet und die immanente Seinsweise der L. von diesen Zielsetzungen her bestimmt. Zugleich fundiert er die bis in die Neuzeit bestehende Anbindung literarischer Begriffe und Normen an die Leitdisziplinen der Philosophie und Rhetorik; dies kann als «Domestizierung der wilden Poesie»[12] verstanden werden. Die Verbindung von Poetik und Rhetorik, die bei Aristoteles ihren Ausgang nimmt, hat ihren Grund in der Konzentration auf berechenbare Wirkungen. Eine eindeutige Bestimmung des Mimesisbegriffs findet sich bei Aristoteles nicht. Im 2. Kap. seiner ‹Poetik› führt er aus, die ποίησις, poíēsis stelle Menschen dar, die besser oder schlechter sind als die Zuschauer oder auch diesen gleich, wobei die Richtung dieser Darstellung gattungsabhängig ist.[13] Die Unbestimmtheit des Aristoteles in diesem Punkt hat wesentliche Auswirkungen für die hier begründete poetologische Traditionslinie: Wird L. tendenziell als Reproduktion des 'Realen' betrachtet, so erscheint sie in der Nachfolge der platonischen Ideenlehre als Erzeugung von Welt. Die Poetik des Aristoteles beabsichtigt einerseits die Statuierung eines tragfähigen Begriffes der L., andererseits die Aufstellung von Regeln, nach denen L. hervorzubringen ist. Schon in der griechischen Antike wird die regelorientierte Rhetorik als allgemeine Textwissenschaft formuliert. Der künstlerische Text erscheint bis zu einem bestimmten Grade als Produkt eines in Stufen verlaufenden Herstellungsprozesses in Anlehnung an die Stadien der Redeproduktion, weshalb für den Dichter die Kenntnis der Rhetorik notwendige Voraussetzung ist.

Während Aristoteles sowohl die L. als auch die Rhetorik in ihren jeweiligen Produktions- und Wirkungszusammenhängen positiv bestimmt, werden beide in PLATONS Philosophie auf eine niedrige Stufe gesetzt. Im ‹Gorgias›-Dialog erscheint die Rhetorik noch nicht einmal als ‹Kunst› im Sinne von τέχνη, téchnē, sondern nur als begriffslose Praxis (ἐμπειρία, empeiría). Wie die Rede, so ist auch die Dichtung für Platon im strengen Sinne nicht wahrheitsfähig. Sie wendet sich an das niedere Seelenvermögen des Menschen, ist als Abbild der sichtbaren Welt zwei Stufen von der Wahrheit entfernt.[14] Die von Aristoteles im Hinblick auf die Wirkung positiv verstandene Fiktionalität der L. ist für Platon, obwohl er den Dichter als Dolmetscher der Götter versteht, fragwürdig, da L. unwahr bleibe, zudem das Primat der Vernunft verletze. Platon begründet so die Ansicht einer Superiorität der Philosophie über die Dichtung (ebenso wie über die Rhetorik), da sich diese (wie am Beispiel des Rhapsoden Ion gezeigt) auf die Welt der Erscheinungen und das Besondere richtet, während die Philosophie die Idee und das Allgemeine repräsentiert. Die insbesondere für das Literaturverständnis folgenreiche Entgegensetzung von philosophischer und rhetorischer Ästhetik zeigt sich in der Differenz eines Begriffs des Schönen als Ausdruck der Wahrheit vom rhetorisch-wirkungsbezogenen Verständnis.[15] Die Anstrengungen antiker Literaturtheorie richten sich später, etwa bei DIONYSIOS VON HALIKARNASSOS, darauf, gegenüber der von Platon (10. Buch des ‹Staates›) geäußerten Kritik einen eigenständigen Wert der L. zu begründen. Bis in die Moderne lassen sich von den in der Antike fundierten antinomischen Bestimmungen her zwei Grundlinien poetologischen Denkens ausmachen: die Bestimmung des literarischen Diskurses als wild, irrational, partiell illusionär (Platon) oder durch Vernunft begründet (Mimesis, Wahrscheinlichkeit) und auf moralische Wirkung abzielend (Aristoteles), wobei allerdings Enthusiasmus und *inspiratio* auch hier als fundamentaler Bestandteil des dichterischen Prozesses verstanden werden.

Im Laufe der Antike gewinnt die Rhetorik als Folge ihres politischen Bedeutungsverlusts für die L. immer stärkeres Gewicht. Am einflußreichsten ist hier die epideiktische Rhetorik. Für die Tendenz zur Literarisierung der Rhetorik in der griechischen Antike sind vor allem GORGIAS und ISOKRATES wichtig gewesen. Bei GORGIAS erscheinen Worte und Dinge nur vage verknüpft, die Sprache schafft ihre eigene Realität, eine Voraussetzung für die relative Autonomie des Ästhetischen, die von der späteren Poetik aufgenommen wurde; die Prosa wird dem rhetorischen Code unterworfen und so als ästhetischer Gegenstand betrachtet. Gorgias entwirft eine Poetik, deren Zentrum die Täuschung, die Fiktion ist und die sich darin als Gegenpol zum wirkungsmächtigen Nachahmungskonzept in der aristotelischen Tradition erweist.[16] Für Isokrates ist jedes Sprechen rhetorisch; durch diese Ausweitung werden später die Grenzen zwischen den einzelnen Disziplinen (Rhetorik, Philosophie, L., Wissenschaft) fließend.

2. *Römische Antike.* Die römische Antike zeigt einerseits – nach Neueinsatz und eigenständiger Adaption der griechischen Redekunst – eine fortschreitende Literarisierung der Rhetorik, andererseits ist die Dichtungstheorie, insbesondere in der wirkungsmächtigen Fassung des HORAZ, von der Rhetorik tiefgreifend beeinflusst. Bei CICERO ist die Grenze von Poesie und Redekunst fließend, sie werden als komplementär betrachtet, der Dichter erscheint in ‹De oratore› als Pendant des Rhetors. Horaz legt in seinen ‹Epistulae ad Pisones› die Grundsätze für die Produktion und Rezeption von Dichtung in enger Anlehnung an den Traditionsbestand fest; die seit Quintilian so genannte ‹Ars poetica› «begnügt sich damit, das Gültige zu kodifizieren; sie bietet eine Synthese dar [...]».[17] Die Verbindung zu den Schriften des Aristoteles ist unverkennbar. Es ist jedoch ein Gattungsunterschied festzustellen: Gegenüber der philosophischen Systematik in der ‹Poetik› behandelt Horaz nicht allein die Dichtkunst, sondern bedient sich auch ihrer Form.[18] In seinem poetischen Diskurs rekurriert er auf die rhetorischen Wirkungsfunktionen des *docere, delectare* und *movere*, grenzt diese aber auf Nützlichkeit und Vergnügen (*prodesse et delectare*) ein. Entscheidend für das literarische Werk ist das *aptum*, dessen Voraussetzungen beim Dichter er als die richtige Einsicht (*sapere*), das Verfügen über den adäquaten Stoff (*res*) und die passenden Worte (*verba*) bestimmt. In genuin rhetorischem Sinne formuliert Horaz L. als Produkt einer handwerklichen Leistung, die auf *ingenium* (natürliche Begabung) und *ars* (Kunstverstand) beruht.[19] Demgegenüber taucht der Begriff des Enthusiasmus in negativen Zusammenhängen der Behauptung eines literarischen Niedergangs auf.[20] Der Dichtungsbegriff des Horaz könnte in seiner synthetisierenden und traditionsorientierten Fassung als rational und geschlossen bezeichnet werden, L. erscheint als Ausdruck 'bürgerlicher Tugend'.[21] In der Betonung der beiden zentralen Wirkungsfunktionen der L., der Nützlichkeit wie dem Vergnügen, manifestiert sich die Absicht, das Verständnis des Literarischen ebenso vor einer Übersteigerung der affektiven Komponenten wie vor einem Abgleiten in reine Lehrhaftigkeit zu bewahren. Die Übertragung rhetorischer Begriffe auf die L. zeigt sich bei Horaz insbesondere in der zweifachen Fassung der *imitatio* als Wiedergabe der Wirklichkeit und zugleich als Nachahmung vorbildhafter Modelle.

Der für die Antike zentrale produktionsästhetische Aspekt äußert sich vor allem in der anonymen Schrift ‹De sublimitate› (Vom Erhabenen) des PSEUDO-LONGINOS, einer von der Form her rhetorischen Lehrschrift, die dem Klassizismus der römischen Kaiserzeit verpflichtet ist. Neben der Berufung auf die griechischen Klassiker steht hier, stärker als bei Aristoteles und Horaz, der Anspruch, Maßstäbe für die Hervorbringung dichterischer Texte zu vermitteln.[22] Zugleich geht es um den Wertungsaspekt, den der Exkurs in den Kapiteln 33 bis 36 thematisiert, die notwendige Unterscheidung des hervorragenden vom bloß mittelmäßigen, wenn auch von den Regeln her makellos hergestellten Werkes. Die fortbestehende Bedeutung der Schrift ‹De sublimitate› zeigt sich besonders während des 17. und 18. Jh., als sie ihre größte Wirkung für Poetik und Literaturtheorie zeitigte. Die Konzentration auf den Anwendungsbezug prägt auch die grundlegende Schrift des QUINTILIAN, der im 10. Buch der ‹Institutio oratoria› die Orientierung an den literarischen Traditionen empfiehlt, wodurch das Lehrgebäude der Rhetorik nicht nur als Produktionsschema, sondern auch als literarisches Analysemodell fungiert. Indem das Studium der L. als wichtiger Gegenstand des Unterrichts betrachtet wird, eröffnet sich in der späteren Rezeption die Möglichkeit für eine weitere Literarisierung der Rhetorik und die Formulierung eines Ideals der literarischen Stilbildung sowie des gebildeten Sprachgebrauchs. Die Warnung vor jeglichem Manierismus, das Ideal einer Natürlichkeit, die sich musterhaft in den Werken der klassischen Autoren finde, die Bevorzugung einer mittleren Redeweise dienen als Maximen noch der sprachreformerischen Bestrebungen von Gottsched und Adelung.[23]

Anmerkungen:
1 R. Kannicht: Paradeigmata. Aufsätze zur griech. Poesie (1996) 69. – **2** vgl. Fuhrmann Dicht. 77. – **3** Kannicht [1] 69. – **4** Fuhrmann Dicht. 80. – **5** ebd. 7f. – **6** Arist. Rhet. I, 1, 1335b. – **7** Arist. Poet. 5. – **8** ebd. 29; vgl. A. Dihle: Griech. Literaturgesch. (^{2}1991) 231. – **9** vgl. Kannicht [1] 145f. – **10** ebd. 186. – **11** Arist. Poet. 11. – **12** vgl. H. Schlaffer: Poesie und Wissen. Die Entstehung des ästhet. Bewußtseins und der philol. Erkenntnis (1990) 79; zur degenerativen 'Entpoetisierung' der Lit. durch den übermächtigen Einfluß der Rhet. vgl. Norden, Bd. 2, 883. – **13** vgl. Arist. Poet. 7; vgl. H. Wiegmann: Von Platons Dichterkritik zur Postmoderne. Stud. zu Rhet. und Ästhetik (1989) 57. – **14** zu Platons Dichterkritik vgl. Wiegmann [13] 9–11. – **15** vgl. K. Dockhorn: Die Rhet. als Quelle des vorromantischen Irrationalismus in der L. und Geistesgesch., in: Dockhorn 46–95; H. Turk: Poesie und Rhet., in: C.J. Classen, H.-J. Müllenbrock: Die Macht des Wortes (1992) 131–148, hier 135. – **16** vgl. Fuhrmann Dicht. 100f.; zu den archaischen Dichtungsformen vgl. H. Fränkel: Dichtung und Philos. des frühen Griechentums (1962). – **17** Fuhrmann Dicht. 125. – **18** ebd. 126. – **19** vgl. E. Lefèvre: Horaz. Dichter im augusteischen Rom (1993) 342–344. – **20** vgl. Fuhrmann Dicht. 141. – **21** vgl. Schlaffer [2] 82. – **22** vgl. Fuhrmann Dicht. 164. – **23** vgl. Ueding/Steinbrink 133.

II. *Mittelalter.* Das Mittelalter entwickelt keine eigenständige Theorie der L. «Insofern es darauf ankam, die Gesetze der Metrik an ihr zu lernen, rechnete man sie zur Grammatik, als Ganzes genommen zur Rhetorik, die man, wie das späte Altertum, ganz allgemein als die *ars bene dicendi* faßte.»[1] Eine spezielle Poetik wird seit der ‹Ars poetica› des Horaz nicht mehr verfaßt, die Reflexion des Literarischen hat ihren Ort weitgehend im rhetorischen Kontext.[2] Versuche zu systematisierenden Konzeptionen im Bereich der Literaturtheorie erscheinen erst mit den lateinischen Poetiken im Frankreich des 12. Jh.[3] Das aus moderner Sicht bestehende Originalitäts- und Systemdefizit des mittelalterlichen poetologischen und literaturtheoretischen Denkens resultiert zu großen Teilen aus der Wirkungsmacht des aus der Antike stammenden Traditionsbestandes und aus weltanschaulichen Gründen wie der Beherrschung der L. durch die Religion.[4] Dennoch kann nicht von einer bloßen Übernahme antiker Muster gesprochen werden. Besonders in der nach dem 12. Jh. hervortretenden volkssprachlichen L. werden – häufig als Nebenlinie zum narrativen Text – Grundfragen der Literaturproduktion und -rezeption angesprochen, etwa in Prologen, Epilogen und Exkursen. Kontinuitäten wie Brüche in der Bestimmung des Literarischen sind Ausdruck der Entwicklungsgesetzlichkeiten mittelalterlicher L., deren sozialer und kulturhistorischer Zusammenhang jeweils mitreflektiert werden muß. Bleiben die Traditionen der Antike mit der Rhetorik als zentralem Bezugspunkt prinzipiell maßgebend, so ist es insbesondere die Verbindung mit der christlichen Grundlage, die zu Widersprüchen innerhalb des mittelalterlichen Literaturverständnisses führt. Die Notwendigkeit, das Ästhetische im Horizont der christlichen Heilsbotschaft zu begründen, die schon die Schriften des AUGUSTINUS bestimmt, führt zu einem grundlegenden Konflikt, indem die Sprache einerseits zwar durch ihre Repräsentanzfunktion als Spiegel der kosmischen Ordnung legitimiert erscheint, andererseits jedoch «toter Buchstabe»[5] bleibt, «der interpretierend erst mit Geist erfüllt»[6] werden muß. Die enge Bindung des Wortes als «Metapher des Absoluten»[7] weicht erst im 12. Jh. einer gewissen Autonomisierung des literarischen Mediums, das nun zunehmend, etwa in der Artusepik, als Ausdruck menschlicher Erfahrung verstanden wird. Der bereits aus der Antike stammende Verdacht der Lügenhaftigkeit und Substanzlosigkeit literarischer Aussage trifft im christlichen Altertum wie im Mittelalter insbesondere die Fiktionen, die sich nicht auf autoritativ verbürgte Aussagen der Bibel oder auch Gegenstände der profanen Geschichte zurückführen lassen. Mittelalterliche Genres wie die Vers- und Prosanovelle oder der Artusroman, die sich allegorischen wie typologischen Lesarten weitgehend widersetzen, sind dem dominierenden Literaturverständnis, das auch in der Hochscholastik die Fiktionalität eher negativ betrachtet, inkongruent. Ansatzweise zeigen sich hier vorausweisende Strukturmerkmale, einsetzend mit CHRÉTIENS ‹Erec et Enide› etwa Formen des Romans, die sich von der Tradition absetzen. Zweifellos jedoch gehört der größere Teil der mittelalterlichen L. Genres an, die mit der antiken wie christlichen Tradition der Textproduktion wie Hermeneutik in Einklang stehen, etwa *fabulae, parabolae, historiae*.[8]

Die mit der Überführung antiker poetologischer Traditionsbestände in den christlichen Kontext verbundenen Probleme zeigen sich deutlich an der im Altertum – etwa in Ciceros ‹Orator› – kodifizierten Hierarchie der Stilstufen als Korrespondenz von Stil und Gegenständen, die bereits von Augustinus als unchristlich verworfen wird. Die Bevorzugung der Bescheidenheitstopik sowie das Ideal der *rusticitas* (und *humilitas*) in der mittelalterlichen L. sind ein Reflex dieser Anschauung. Andererseits erweist sich jedoch das Ideal der 'hohen Form' als so mächtig, «daß die antike Stilstufenlehre an Augustinus vorbei in die mittelalterlichen Poetiken Eingang findet».[9]

Die Entwicklung des mittelalterlichen Literaturverständnisses vollzieht sich vor allem auf drei Ebenen: im Spannungsfeld von antiker Überlieferung und christlicher Anverwandlung, von lateinischen und vulgärsprachlichen Äußerungsformen sowie von klerikaler Elite und einem aufstrebenden Laienstand als Träger der Literaturproduktion und -rezeption. Zwar bleibt die volkssprachliche L. des gesamten Mittelalters im Bannkreis der römischen Antike, erkennbar ist jedoch zugleich die Tendenz «zur immer stärkeren Ablösung vom Lateinischen und zu größerer Eigenständigkeit und Kontinuität der deutschen Literatur.»[10] Die allmähliche Aufwertung der volkssprachlichen L. ist nicht durch literaturtheoretische und poetologische Normsetzungen abgesichert; sie entwickelt sich aus dem Bedürfnis der an Geltung gewinnenden laikalen Schichten im Umkreis der Höfe und des Rittertums nach Ausdrucksmöglichkeiten, der Notwendigkeit, die Verschriftlichung und damit 'Literarisierung' der Vulgärsprachen zu fördern und aus dem Versuch, die Kluft zwischen den klerikalen *litterati* als des Lateins mächtigen Lesekundigen und den *illitterati* zu überwinden.[11] Mit dem Bildungsprivileg und der Herrschaft über die Schriftkultur verbindet sich bis ins Hochmittelalter die Definitionsmacht der Geistlichkeit für das Literarische, das in den Dienst der theologischen wie weltlichen Interessen dieser Elite gestellt wird. Zugleich entwickelt sich in den 'illiteraten' Schichten eine breite Tradition der *oral poetry*, die vor allem 'einfache Formen' (Sprichwort, Rätsel, Märchen, Sagen, Legenden) umfaßt; diese wird nur zu geringen Teilen (etwa bei der Heldendichtung) später verschriftlicht und deshalb auch von der Literaturwissenschaft nur fragmentarisch wahrgenommen.[12]

Die grundsätzlich funktionale Stellung der Kunst im Mittelalter prägt auch Selbstverständnis und Status des Autors. Dieser arbeitet in engem Bezug zu seinem Publikum, ist beim mündlichen Vortrag direkt von dessen Reaktion (wie auch von den Erwartungen der adeligen Mäzene) abhängig. Zugleich ordnet er sich – sichtbar etwa bei HARTMANN VON AUE oder WOLFRAM VON ESCHENBACH – in die meist durch eine Quellenberufung oder -fiktion verbürgte Tradition ein und tritt als Schöpfer hinter sein Werk zurück. Dies zeigt sich in vielfältigen, häufig verhüllenden Formen der Selbstbenennung oder der Demutsformel, in OTFRIDS Evangelienwerk etwa als Akrostichon, im Regelfall jedoch in der Anonymität des Verfassers.[13] Im Laufe der literarischen Entwicklung des Mittelalter tritt jedoch augenscheinlich ein gewisser Wandel in Selbstdefinition und Außensicht ein. Als Folge des sozialökonomischen und kulturellen Aufschwungs seit dem 11. Jh.[14] kommt es zu einer Aufwertung des Dichters, der nun in der Enthusiasmus-Tradition von Platon und Pseudo-Longinos mitunter als inspirierter *poeta* erscheint, ohne daß damit die Grundlagenbestimmung des Dichterischen als handwerklich zu erlernende *ars* aufgegeben würde.[15]

Charakteristisch für die Entwicklung der mittelalterlichen L. seit dem Bedeutungsgewinn der Volkssprachen im 12. und 13. Jh. ist die Beibehaltung der aus der Antike übernommenen formalen Vorschriften bei häufig fehlender thematischer und struktureller Kohärenz. Neuerungen bringt das Mittelalter insbesondere bei der Verwendung topischer Elemente, die jeweils individuell und situationsbezogen eingesetzt werden.

Insgesamt variiert die Dichtung im Mittelalter den Bestand des Traditionellen; sie ist Teil der *artes liberales*, fungiert im *trivium* als Teil der Grammatik und Rhetorik und wird bestimmt von der Rezeption der römischen Autoren (Cicero, Quintilian, Rhetorik an Herennius).[16] In ihrer Bindung an die pragmatische Grundlage der Rhetorik ist die Dichtung Teil des Bildungs- und Schulprogramms; diese didaktische Ausrichtung impliziert auch die Ausweitung auf Lehrdichtung in der antiken Tradition (Lukrez: ‹De rerum natura›, Vergil: ‹Georgica›, Lukian: ‹Pharsalia›), Rechtstexte, Geschichtsschreibung und insbesondere die Predigt, die durchaus als den fiktionalen Texten im engeren Sinne gleichartig verstanden wird. Das Fehlen eines selbständigen Begriffs der Dichtung zeigt sich darin, daß ihre Behandlung auf die verschiedenen Teile des Triviums verteilt ist: «Die Poesie im engern Sinn als Versform ist Teil der Grammatik, im weiteren Sinn gehört sie zur Rhetorik oder gar Dialektik.»[17] Gegenüber dem Nutzen tritt die im neuzeitlichen Sinne ästhetische Funktion zurück, Genuß und 'Lebenshilfe' bilden eine Einheit. Im ‹Tristan› des GOTTFRIED VON STRASSBURG etwa dient Dichtung, die «maere», der «kurzewîle»[18], aber auch der Hilfe bei Liebeskummer.

Vor dem Hintergrund theologischer Bibelauslegung entwickelt das Mittelalter poetische und hermeneutische Verfahren weiter, vor allem die Lehre vom *integumentum*. Wesentliches Markmal ist hier die «Verhüllung philosophischer Wahrheiten durch poetische Einkleidung».[19] Das der literarischen Rhetorik entstammende integumentale Konzept mit der Grundlage einer erfundenen (nichtreligiösen) Erzählung gelangt aus der Antike über die Kirchenväter in die mittelalterliche Poetik, wobei die zeitweise synonym verwendeten Begriffe *integumentum* und *involucrum* zunehmend strenger geschieden werden. Umstritten bleibt in der Forschung, ob das Konzept auch auf die vulgärsprachliche fiktionale L. übertragen werden kann, wie die Diskussion um THOMASINS VON ZERKLAERE ‹Der Wälsche Gast› zeigt.[20] Ist *integumentum*, wie in der Bestimmung von BERNARDUS SILVESTRIS, der hinter einer erfundenen Erzählung eingeschlossene Sinn, so kann der höfische Roman, der keine verborgene philosophische Wahrheit transportiert, nicht von hierher verstanden werden.[21]

Im Zentrum der mittelalterlichen Literaturreflexion steht der Wahrheitsbegriff, der – die antiken Bestimmungen für neue Zwecke nutzend – primär heilsgeschichtlich gefaßt wird. Zugleich behandelt man Fragen der Stilistik und der Figurenlehre, dies besonders in den *artes versificatoriae*, den wichtigen Poetiken des MATTHAEUS VON VENDÔME, JOHANNES VON GARLANDIA und GALFRID VON VINSAUF. Diese zeigen das Bestreben, anknüpfend an die maßgeblichen Schriften von Horaz und Cicero zu einer systematischen Einteilung der Stile und Gattungen zu gelangen; die Poetik erscheint nun als eigenständige Disziplin, ein geschlossenes System der Gattungen wird jedoch nicht erreicht. Die Poetiken des Hochmittelalters zeugen so einerseits von einem neuen Selbstbewußtseins, bleiben jedoch andererseits den weiterhin als verbindlich empfundenen *antiqui* verpflichtet und sind nur ansatzweise in der Lage, normativ zu wirken.[22]

Anmerkungen:
1 Norden Bd. 2, 894f. – 2 vgl. P. Klopsch: Einf. in die Dichtungslehren des lat. MA (1980) 64. – 3 vgl. J. Bumke: Art. ‹Mittelalter›, in: U. Ricklefs (Hg.): Fischer Lex. L. Bd. 2. (1996) 1252–1286; 1267. – 4 W. Haug: Literaturtheorien im dt. MA. (²1992) 15. – 5 ebd. 21. – 6 ebd. – 7 ebd. 24. – 8 vgl. ebd. 91f.; F.P. Knapp: Historie und Fiktion in der ma. Gattungspoetik. Sieben Stud. und ein Nachwort (1997) 175. – 9 Haug [4] 23. – 10 M. Wehrli: L. im dt. MA. Eine poetologische Einf. (1987) 34. – 11 vgl. Bumke [3] 1254; B. Haupt (Hg.): Zum ma. Literaturbegriff (1985) 2, 13. – 12 vgl. R. Krohn: Kulturgesch. Bedingungen, in: U. Liebertz-Grün (Hg.): Dt. L. Eine Sozialgesch., Bd. 3: Aus der Mündlichkeit in die Schriftlichkeit (1988) 29–45; 35f. – 13 vgl. Wehrli [10] 72ff. – 14 Klopsch [2] 83. – 15 vgl. Wehrli [10] 108. – 16 vgl. Haug [4] 12. – 17 Wehrli [10] 123; zur bedeutsamen Differenzierung von *poesis* als Dichtkunst und größerem Gedicht vgl. Klopsch [2] 65. – 18 G. v. Straßburg: Tristan, hg. v. R. Krohn, Bd. 1 (1980) 14; vgl. W. Jung: Kleine Gesch. der Poetik (1997) 43. – 19 B.K. Stengl: Art. ‹Integumentum›, in: HWRh, Bd. 4, Sp. 446–448, hier 446. – 20 vgl. ebd. 446f. – 21 vgl. Haug [4] 224f. – 22 vgl. Wehrli [10] 127; Klopsch [1] 118ff.

III. *Renaissance.* Die antiken Poetiken und Rhetoriken bleiben grundsätzlich auch für die Renaissance bestimmend, allerdings findet jetzt, ausgehend von Italien, unter den Bedingungen gewandelter gesellschaftlicher und kultureller Verhältnisse, immer deutlicher eine individualisierende Re-Interpretation statt, paradigmatisch in den Formen neulateinischer Lyrik, etwa den ‹Silvae› des A. POLIZIANO.[1] Das Bewußtsein eines Neubeginns prägt die volkssprachliche wie die lateinische Literatur und führt insbesondere zu einer Umstellung des Gattungsrepertoires. So erscheint in der hierarchisierenden Renaissance-Poetik, im Unterschied zu den aristotelischen Bestimmungen, das Epos in der von Vergil vorgegebenen Form als höchste Gattung.[2]

Ein neues soziales, ökonomisches und kulturelles Selbstverständnis bildet sich in der seit dem 11. Jh. entstehenden italienischen Stadtkultur auf der Basis einer partiellen Verschmelzung von städtischem und ländlichem Adel, der Ausdifferenzierung der Kommunen und der Entwicklung reicher, mächtiger Oligarchien heraus. In diesem Zusammenhang vollzieht sich gegenüber dem Mittelalter ein radikaler Wandel im Selbstverständnis des Dichters, wie besonders augenfällig bei PETRARCA beobachtet werden kann: Dieser versteht sich als ebenbürtig mit den Helden der Tat, berufen zur «Erneuerung römischer Größe in der Zukunft».[3] Die auf Platons ‹Phaidros› zurückgehende Annahme einer göttlichen Inspiration des Dichters tritt im Mittelalter nur gelegentlich auf, sie wird jedoch zu einem zentralen Element der Renaissance-Poetik in der Fassung SCALIGERS (‹Poetices libri› VII Kap. I [4]) und VIDAS oder in BOCCACCIOS ‹De genealogia deorum›, einem Werk, das die Sicht des Poeten als von Gott berufen mit der Trennung von Poesie und Rhetorik verbindet.[5] Der Rückgriff auf die Antike koppelt sich nun mit nationalem Interesse: Die Literatur des Altertums soll nicht nachgebildet, sondern neu geschaffen werden; Petrarca fühlt sich in diesem Sinne berufen, die Nachfolge Vergils anzutreten. Durch die Anlehnung an die lateinischen Vorbilder soll deren Rang nicht nur erreicht, sondern übertroffen werden (*aemulatio*). Allgemein wird der römischen L. eine Superiorität, auch im Vergleich zum Griechentum, zugesprochen, die Epik Vergils erscheint als Gipfelpunkt dichterischer Schöpfung. Diese zeitbezogene Reaktivierung der römischen Antike markiert die Ablösung vom mittelalterlichen Dichtungsverständnis. «Der eigentliche poetische Umbruch, dessen Zeichen Petrarca setzt, ist durch ein bisher nicht dagewesenes Gespür für die sprachliche und dichterische Qualität antiker Autoren wie Cicero und Vergil und deren einfühlende Nachfolge bestimmt.»[6]

Die maßgebenden Theoretiker der Renaissance schöpfen aus einem reichen Fundus der antiken und auch christlich-frühmittelalterlichen Poetik und Rhetorik. Die eigene Leistung besteht nicht zum geringsten Teil in einer häufig neuartigen Kombinatorik. Die Reichhaltigkeit und Varietät dieser Quellennutzung zeigt sich besonders deutlich bei SCALIGER, der sich im 3. Buch seiner Poetik auf Cicero und Aristoteles, aber auch auf Autoren wie Georg von Trapezunt, Dionysios von Halikarnassos, Hermogenes, Pollux und den älteren Seneca beruft.[7] Zwar ist es Scaligers Bestreben, zu einer Systematisierung, damit auch didaktischen Verwertbarkeit der poetischen Grundsätze zu gelangen, die Komplexität und teilweise auch die Inkonsequenz der Argumentation machen es jedoch unmöglich, seine Gedanken auf «griffige Formulierungen zu reduzieren».[8] Charakteristisch für die Betrachtungsweise der Renaissance ist in jedem Falle die Haupttendenz von Scaligers Poetik, deren Aufbau von rhetorischen Grundsätzen geleitet ist, Dichtung als einen Lehrgegenstand zu betrachten.[9] Hier, wie an anderen Stellen, ist sein Versuch nicht frei von zumindest dem heutigen Leser widersprüchlich erscheinenden Elementen. So steht der Neigung, die L. als zu lehrende und lernende *ars* zu betrachten – komplementär dazu ist die *prudentia* die wichtigste Tugend des Dichters – die positive Stellung zur der platonischen Tradition entstammenden Inspirationslehre entgegen – dem *furor* als Moment des dichterischen Prozesses, eine Position, die als topisches, der eigentlichen Theorie äußerliches Element betrachtet werden kann.[10] Neben der Fassung der Dichtung als Lehrgegenstand ist ein zweites Element für Scaliger wie die gesamte Renaissance-Poetik zentral: die enge Verzahnung von Dichtungslehre und Rhetorik.[11] Ist die Dichtung (*poema*) für Scaliger im wesentlichen *imitatio*, so stellt er die klassischen Fragen nach dem Gegenstand, der Ursache, dem Ziel und den Mitteln der Nachahmung: «[...] primum, quod imitemur; alterum, quare imitemur; tertium, quo imitemur; quartum, quomodo imitemur.»[12] Letztes Ziel der Dichtung ist für Scaliger, der dabei die horazische Tradition aufnimmt, die angenehme Belehrung, also die Trias von *imitatio*, *doctio* und *delectatio*.[13] Zwar orientiert sich Scaliger in Aufbau und Terminologie teilweise an Aristoteles, in den Bestimmungen der Gattungen weicht er jedoch von dessen philosophischer Argumentation häufig deutlich ab. Dies zeigt sich etwa in der von Aristoteles in der ‹Poetik› vorgenommenen Unterscheidung von Dichtung und Geschichtsschreibung. In deutlichem Widerspruch zu diesem Text spricht Scaliger der Historiographie einen höheren Wahrheitsgehalt zu: «Differunt autem, quod alterius fides certa verum et profitetur et prodit simpliciore filo texens orationem, altera aut addit ficta veris aut fictis vera imitatur maiore sane apparatu.» (Sie unterscheiden sich allerdings dadurch, daß die untrügliche Verläßlichkeit der ersten Art Wahres verkündet und vorträgt, wobei sie die Darstellung mit einem einfacheren Faden webt, daß die andere dagegen entweder dem Wahren Erfundenes hinzufügt oder das Wahre durch Erfundenes nachahmt, mit erheblich größerem Aufwand.)[14] Die Hinzufügung der fiktionalen Elemente ist durch die Ausbildung eines Habitus gerechtfertigt, «der es dem Dichter ermöglicht, seine Schöpfungen so zu gestalten, daß sie dem übergeordneten höheren und letzten Zweck der Belehrung dienen».[15] L. erscheint insgesamt als eine Form der Beredsamkeit, ihr werden ethische und pädagogische Aufgaben zugeschrieben, Dichtkunst wird weitgehend identisch mit epideiktischer Rede, die Rhetorik als Disziplin wiederum entwickelt sich in Richtung Poetisierung und Artifizialisierung. Scaliger nimmt drei Arten der Rede an, die philosophische, die politische und die dramatische, die intentional gleichgerichtet im Sinne der Überzeugungsfunktion sind. Zur Erreichung dieses Ziels muß formal Wahrheit, zumindest jedoch Wahrscheinlichkeit angestrebt werden, dem Dichter werden ethische wie ästhetische Gebote auferlegt, die den Spielraum der Fiktionalisierung einschränken.[16]

Gegenüber der mittelalterlich-theologischen Bedeutungszuweisung ist eine Aufwertung der sprachlichen Artistik zu beobachten. Waren im mittelalterlichen Realismus *verba* und *res* eine feste Verbindung eingegangen, so erhält das Wort nun eine größere Autonomie, die Poesie erscheint als eigenständiger Zugang zur Wahrheit. Dies zeigt insbesondere die Reflexion über die Quelle des dichterischen Wortes bei Boccaccio, der dessen göttlichen Ursprung und einen eigenständigen Wert gegenüber der Philosophie behauptet, sowie bei bei DANTE und SALUTATI, die der L. einen offenbarungsähnlichen Charakter zusprechen. Für Scaliger werden poetische Kunstausübung und Gelehrsamkeit identisch, das Ideal des *poeta eruditus*, das bereits bei Petrarca oder Poliziano vertreten wird, ist auch hier präsent. In der Renaissance werden die Bezeichnungen des Rhetors mit denen des *poeta* und des *humanista* häufig gleichgesetzt, so daß etwa der Preis für eine gelungene Rede als ein Dichterlob gesehen werden konnte.[17] Der enge Zusammenhang von rhetorischer und poetischer Praxis zeigt sich in der Aufnahme der antiken Formel «orator fit, poeta nascitur» (ein Redner wird gemacht, ein Dichter geboren) durch die Humanisten. Der Begriff der L. erfährt historisch bezüglich seiner Träger eine zunehmende Spezialisierung: Von den lesekundigen *litterati* des Mittelalters über die Bedeutung universeller Gelehrsamkeit und gelehrter Belesenheit im Humanismus entwickelt er sich bis zum 18. Jh. in Richtung auf eine im modernen Sinne literarische Bildung. Der universalistische humanistische Literaturbegriff versteht *litterae/litteratura* als Gesamtheit der wissenschaftlichen und kulturell-ästhetischen Bildung und bleibt so bis Mitte des 18. Jh. in Geltung. Betonen Renaissance-Theoretiker wie Scaliger noch die grundsätzlichen Unterschiede von Dichtung und Geschichtsschreibung, so trennt sich später durch die Entwicklung und Ausdifferenzierung der Naturwissenschaften (Bacon u.a.) zunehmend der dichterische vom rational-empirischen Wahrheitsbegriff.[18]

Anmerkungen:

1 vgl. dazu M. Titzmann: Art. ‹Poetik›, in: W. Killy (Hg.): Literaturlex., Bd. 14 (1993) 216–222, hier 216. – **2** vgl. K. Garber: Art. ‹Renaissance/Humanismus›, in: U. Ricklefs (Hg.): Fischer Lex. L. Bd. 3 (1996) 1606–1646, hier 1610f., 1622. – **3** ebd. 1616. – **4** vgl. Scaliger Bd. 1, 49. – **5** vgl. Norden Bd. 2, 907. – **6** P. Klopsch: Einf. in die Dichtungslehren des lat. MA (1980) 165. – **7** vgl. Scaliger Bd. 2, 26f. (Einl.). – **8** ebd. 42. – **9** vgl. Norden Bd. 2, 904. – **10** vgl. Scaliger Bd. 1, 51 (Einl.). – **11** ders. Bd. 2, 42f. (Einl.). – **12** ebd. 80. – **13** vgl. ders. Bd. 1, 48 (Einl.); zur didaktischen Grundausrichtung und zum Zusammenhang mit der in ‹De causis linguae Latinae› geführten Diskussion zum Wesen der Sprache vgl. K. Jensen: Rhetorical Philosophy and Philosophical Grammar. J.C. Scaliger's Theory of Language (München 1990) 35–37. – **14** ders. Bd. 1, 60. – **15** ders. Bd. 1, 53 (Einl.); vgl. F.P. Knapp: Historie und Fiktion in der ma. Gattungspoetik. Sieben Stud. und ein Nachwort (1997) 176f. – **16** vgl. die Ableitung bei Scaliger Bd. 1, 48f. (Einl.). – **17** Norden Bd. 2, 903f. – **18** vgl. D. Lamping: Art. ‹L.› in: Killy [1] 26–30, hier: 29.

IV. *Barock.* Die Entwicklung zunächst vom hochmittelalterlichen über das humanistische bis zum neuzeitlichen Literaturverständnis vollzieht sich, insbesondere in den deutschsprachigen Gebieten, langsam und häufig mit retardierenden Momenten. Für die allmählichen Veränderungen im Bereich der Poetik ist die Krisenhaftigkeit wesentlich, die im Umfeld der Renaissance durch die Besetzung Italiens und das Einsetzen der Reformation im 16. Jh. eintritt und ihren Höhepunkt zwischen der zweiten Hälfte des 16. und der ersten Hälfte des 17. Jh. erreicht. Dies führt zu grundlegenden staatlichen und kulturellen Neuerungsbestrebungen, in den katholischen Ländern vor allem zu einem erhöhten Einfluß der Kirche als Kulturträgerin, im Gefolge des Protestantismus zum weiteren Aufstieg der volkssprachlichen Kultur.[1] Trotz dieser Veränderungen ist die Kontinuität der Dichtungsauffassung unverkennbar: Im gesamten 16. bis zum beginnenden 18. Jh. bilden L. und Rhetorik eine Einheit, die Dichtung bleibt Teil der humanistischen

Gelehrsamkeit. Die Einordnung in die lateinische Bildungstradition zeigt sich weiterhin in der Betonung der Regelhaftigkeit und Lernbarkeit des literarischen Prozesses gegenüber den Faktoren der Inspiration. Dies führt, wie schon für die Renaissance festgestellt wurde, zu einer Festlegung, aber auch zu einer Aufwertung der Literaten, die häufig mit den Gelehrten identifiziert werden. Als *eloquentia ligata* und *eloquentia soluta* erscheinen Dichtung wie Rede als Teilgebiete einer umfassenden Disziplin, die sich an den traditionellen Geboten der Beredsamkeit als intentional und von den Wirkfaktoren her bestimmte Sprachkunst orientiert.[2] HARSDÖRFFER wendet sich in seinem ‹Poetischen Trichter› (1647/48 u. 1653) gegen die Unterscheidung von Dichter und Redner und betont in der Vorrede die enge Verschwisterung beider, CHR. WEISE sieht in seinen ‹Curiösen Gedanken von Deutschen Versen› (1691) die Poesie als «nichts anderes als eine Dienerin der Beredsamkeit».[3] Die L. des 16. und 17. Jh. ist sowohl in ihrer Legitimierung wie in der Produktionsform über die Gedanken der Renaissance-Theoretiker auf die antiken Vorbilder bezogen. Dies zeigt etwa OPITZ' ‹Buch von der deutschen Poeterey›, in der es als «verlorene arbeit» angesehen wird, eine auf Deutsch geschriebene Dichtung zu verfassen, falls der Verfasser «in den griechischen vnd Lateinischen büchern nicht wol durchtrieben ist».[4] Die Poesie wird in dreifacher Weise bestimmt: Sie besteht in der spielerischen Neukombination des sprachlichen Materials, beruht – wiederum ausgehend von der rhetorischen Tradition – auf der Wirkungsmacht des Bildhaften, und sie verfolgt eine religiös-moralische Zielsetzung.

Die Integration der europäischen Renaissance-Dichtung und des Humanismus setzt in Deutschland verspätet, zwischen 1620 und 1670, ein.[5] Diese Einflüsse führen poetologisch zu einer Modifikation der rhetorischen Basis, die insgesamt bestimmend bleibt: Die Gewichtung verschiebt sich mitunter von der *ars* als handwerklich bestimmter Kunstausübung auf die Grundfaktoren *ingenium* und *natura*, wobei von einer Autonomisierung der Literaturproduktion im Sinne von *creatio* jedoch noch kaum gesprochen werden kann. In diesem Zusammenhang ist das Manierismus-Problem einzubeziehen, das in der Kunst- und Literaturwissenschaft (Curtius, Hauser, Hocke, Friedrich u.a.) kontrovers diskutiert wurde. Der Manierismus wird historisch zwischen Renaissance und Barock situiert; er zeichnet sich vor allem durch eine Überhöhung und Verselbständigung des *ingenium* gegenüber dem *iudicium* aus.[6] Insbesondere kommt, in Fortführung der bereits in Mittelalter und Renaissance gültigen Bestimmungen, der sozialen Zuordnung dichterischer Werke aufgrund der Dreistillehre eine beherrschende Stellung zu; gattungstheoretische Gültigkeit behält die Forderung nach der Entsprechung von Stil und Gegenstand (Ständeklausel).[7] Maßgebend bleibt, vor allem unter dem Einfluß des Aristoteles im frühen 16. Jh., das Postulat der Mimesis.

Seine für den deutschen Sprachraum folgenreichste Formulierung findet das barocke Literaturverständnis in der klassizistischen Poetik des M. OPITZ, dem ‹Buch von der Deutschen Poeterey› (1624). Es stellt den Versuch dar, die Substanz der humanistischen Vorbilder auf die deutsche Poesie zu übertragen. Bezüglich der angestrebten Wirkung orientiert sich Opitz eng an der rhetorischen Tradition sowie an der Horazische Formel: «[...] dienet also diese alle zue uberredung vnd unterricht, auch ergetzung der Leute; welches der Poeterey vornemster zweck ist.»[8] Zeigt sich die Barockpoetik in ihren Grundlagen den rhetorischen und antiken Vorbildern verpflichtet, so deutet sich ein Wandel vor allem bei der Legitimierung der muttersprachlichen Literaturproduktion an. Von Opitz' Werk werden alle folgenden Barock-Poetiken beeinflußt. Bei allem der Opitzschen Literaturkonzeption inhärenten Traditionalismus stellt diese doch ein Modernisierungsprogramm dar. Zumindest ansatzweise gelingt Opitz die Etablierung seiner Vorstellungen zur muttersprachlichen Literatur an den protestantischen und reformierten Höfen.[9] Nach Opitz ist die Erfindung 'neuer Wörter' als Aufgabe des Dichters an der eigenen Sprache zu erproben, um damit zu einer möglichst großen poetischen Klarheit zu gelangen. Die Betonung des Wirkungsaspekts der Belehrung und Unterhaltung prägt auch etwa die Poetik A. BUCHNERS (1630–40), der programmatisch formuliert: «Denn wann er nur belustigen wolte / wehre er nicht viel besser / als etwa ein Gauckler / oder kurtzweiliger Rath und Bossenreisser. Lehren aber allein / stehet nunmehr zuförderts den Philosophen zu / welche von allen Sachen bessern und gründlichern Bericht thun / doch meistentheils ohne sonderliche Anmuth.»[10] Insgesamt stellt sich, literaturtheoretisch betrachtet, das 17. Jh. als eine uneinheitliche Phase dar, in der die traditionelle, rhetorisch fundierte Vorstellung künstlerischer Produktivität bestimmend bleibt, gleichzeitig jedoch Veränderungsprozesse in Richtung der Ausbildung einer eigenständigen nationalstaatlichen L. beginnen, deren volle Ausprägung das 18. Jh. zeigt.

Anmerkungen:
1 vgl. K. Garber: Art. ‹Barock›, in: U. Ricklefs (Hg.): Fischer Lex. L. Bd.1 (1996) 190–249, bes. 198–210. – 2 vgl. H. Wiegmann: Gesch. der Poetik. Ein Abriß (1977) 45. – 3 Chr. Weise: Curiöse Gedancken von Dt. Versen (1702) 16; vgl. L. Fischer: Gebundene Rede. Dicht. und Rhet. in der lit. Theorie des Barock in Deutschland (1968) 11. – 4 M. Opitz: Buch von der dt. Poeterei. Abdruck der ersten Ausg. (1624), hg. von W. Braune (1954) 16. – 5 vgl. Garber [1] 215. – 6 vgl. A. Hauser: Der Manierismus. Die Krise der Renaissance und der Ursprung der modernen Kunst (1964); G.R. Hocke: Manierismus in der L. (1959); zu Verlauf und Ergebnissen der Diskussion vgl. Ueding/Steinbrink 96–98. – 7 vgl. Fischer [3]156f. – 8 Opitz [4] 12. – 9 vgl. Garber [1] 213. – 10 A. Buchner: Anleitung zur Dt. Poeterey, hg. von M. Szyrocki (1966) 32f.

V. *Aufklärung* Im 18.Jh. vollzieht sich im Bereich des Literaturverständnisses ein umfassender Paradigmenwechsel, der den bis dahin bestehenden direkten Zusammenhang von Dichtung bzw. Poetik und Rhetorik aufbricht.[1] Bedingt ist dies insbesondere durch den Geltungsverlust der noch im 17. Jh. weitgehend verbindlichen Regel- oder Anweisungspoetik. Die nun aufkommenden antirhetorischen Polemiken bedeuten jedoch nicht, wie in der älteren Forschung häufig angenommen, einen umfassenden Niedergang der Rhetorik; diese bleibt weiterhin, vermittelt von den gesellschaftlichen Bildungsinstitutionen, die maßgebende Lehre von Textproduktion und -auslegung. Allerdings gerät sie nun zunehmend in ein Konkurrenzverhältnis zu anderen Disziplinen (Ästhetik, Psychologie). Zugleich kann gerade durch den Bedeutungsverlust der formalisierten Regelpoetik von einer Reaktualisierung des Rhetorischen gesprochen werden, da nun der Adressatenbezug und die pragmatische Dimension in den Vordergrund treten. Für die Veränderung des Literaturbegriffs ist vor allem die Tendenz zur Entformalisierung wesentlich: Die starren Gattungsgrenzen weichen, wie die Diskussion um das Bürgerliche Trauerspiel und den Tragödienbegriff zeigt, einer extensiveren, auf psychologische Wirkung bezogenen Anschauung. In diesem Sinne verändert LESSING den Begriff der Tragödie vor allem im Hinblick auf die hier zu entfaltenden Wirkungen: «Der einzige unverzeihliche Fehler eines tragischen Dichters ist dieser, daß er uns kalt läßt; er interessiere uns und mache mit den kleinen mechanischen Regeln, was er will.»[2] Zentral für diese Veränderungen ist die Entstehung eines neuen Lesepublikums. Gegenüber der Exklusivität der Literaturrezeption noch im 17. Jh. entwickelt sich eine breitere bürgerliche Leserschicht, die mittels der Lektüre ihre Bedürfnisse nach Unterhaltung, affektiver Stimulierung und lebenspraktischer Unterweisung befriedigen will.

Eine Tendenz zur 'Entrhetorisierung' im Sinne von Desystematisierung findet sich bereits in GOTTSCHEDS ‹Versuch einer Critischen Dichtkunst› (1730), der seinen Begriff der Poetik aus der von Wolff beeinflußten philosophisch gefaßten Vorstellung der Naturnachahmung ableitet. Gottsched ist für die Entwicklung eines funktionalen Literaturbegriffs vor allem deshalb von Bedeutung, weil er die Dichtkunst als «Theil der Gelehrsamkeit»[3] versteht und ihr abfordert, mit den ihr gemäßen Mitteln zur Entfaltung der Wahrheit und zur Belehrung beizutragen. Im letzten Kapitel von ESCHENBURGS «Entwurf einer Theorie und L. der schönen Wissenschaften» (1783) erscheint die Rhetorik explizit an nachgeordneter Stelle. Lessings Vorstellung des Mitleids als zentraler Wirkungskategorie zeigt (wie die Schriften von MORITZ) eine sozial determinierte Psychologisierung gegenüber der noch bei Gottsched dominierenden Fixierung auf Regelhaftigkeit. Die Anschauung des Literarischen nutzt rhetorische Mittel (etwa die Stillehre) im Sinne psychologischer Wirkung und diskreditiert, wie etwa die Polemik KANTS zeigt, die Rhetorik als System. Es ist allerdings wesentlich, daß Kant sich lediglich gegen die *corrupta eloquentia* wendet, also gegen die im engeren Sinne höfische Rhetorik.[4] Gegen den barocken, auf feudale Repräsentation angelegten Kunstbegriff richtet sich eine genuin bürgerliche Einstellung, die zunächst rationalistisch, dann zunehmend empfindsam und familiär geprägt ist. Neuartige mediale Formen wie die Zeitschriftenliteratur (Moralische Wochenschriften) verbinden die didaktische Absicht mit der Fiktionalisierung erbaulicher Stoffe und der Aktivierung der Leser zur Mitarbeit.[5]

Seit Mitte des 18. Jh. vollzieht sich, ausgelöst durch die Tendenzen zu Individualisierung und Autonomisierung sowie das Entstehen eines spezialisierten literarischen Marktes, allmählich die Ausgliederung eines im modernen Sinne künstlerischen Literaturbegriffs aus dem System der allgemeinen Wissenschaften.[6] Noch CH. PERRAULT faßt die Dichter, zusammen mit den Historikern und Philosophen, unter die *hommes de lettres*.[7] Die mit Gottscheds rationalistischer Dichtungstheorie noch einmal erreichte Eindeutigkeit der Bestimmung von L. zerfällt vor allem unter dem Einfluß der sensualistischen Anschauungen (DIDEROT, Kant).[8] Die poetologischen Diskussionen des 18. Jh. zeigen auch eine Tendenz zur Spezialisierung der Diskursebenen. Dominiert bei Gottsched noch die handwerkliche Sicht, so wendet sich BREITINGERS ‹Critische Dichtkunst› (1740) den Beurteilungsmaßstäben der Kunstrichter zu.[9]

Für die Veränderung des Literaturbegriffs ist besonders die normsetzende französische Entwicklung von Bedeutung. Bis Mitte des 18. Jh. behalten die auf wissenschaftliche und kulturell-ästhetische Bildung insgesamt bezogenen humanistischen Begriffe *litterae/litteratura* Geltung.[10] In der ‹Encyclopédie› wird *littérature* als «terme général, qui désigne l'érudition, la connaissance des Belles-Lettres & des matières qui y ont rapport» (allgemeiner Begriff, der die Bildung, die Kenntnis der schönen L. und der Gebiete, die sich darauf beziehen, bezeichnet)[11] definiert. Das im 17. Jh. in Frankreich entstandene System der ‹Schönen Wissenschaften› (*belles lettres*) als Einheit von Philosophie, (Natur-)Wissenschaft und Poesie in der Gelehrtentätigkeit zerfällt in dieser Phase, nachdem bereits mit der ‹Querelle des Anciens et des Modernes› die normative Geltung der antiken Vorbilder angezweifelt wurde. Das sich jetzt ausbildende Literaturverständnis betont gegenüber der Allgemeingültigkeit und Vorbildhaftigkeit der Antike die historische Differenz zur Neuzeit. Während die Wörterbücher von ADELUNG, CAMPE und SULZER den Begriff ‹L.› nicht verzeichnen, Kant ihn in der ‹Kritik der Urteilskraft› ablehnt, beziehen sich Lessings ‹Briefe die neueste Litteratur betreffend› wie HERDERS ‹Über die neuere deutsche Litteratur› (1767) positiv auf den im modernen Sinn verstandenen Terminus.[12] Bis zur Jahrhundertwende setzt sich dann auch in Deutschland die Verwendung des Begriffs ‹L.› als ‹schöne L.› durch, wissenschaftliche Texte werden um 1800 allgemein nicht mehr als zur L. gehörig angesehen. ‹Litteratur› wird zum umfassenden Objektbegriff mit der Unterabteilung ‹Schöne Litteratur›.[13] GARVE definiert: «Was man die Litteratur eines Volks nennt, ist der Inbegriff der Werke, die es in seiner Sprache besitzt.»[14] Der Begriff ‹schöne Litteratur› sondert aus der Gesamtheit der schriftlichen Werke die 'schönen' Texte im Sinne der heutigen Belletristik aus; Reflexion über Poesie ist weitgehend identisch mit Literaturbetrachtung.

Die zunehmende Autonomisierung der künstlerischen Ausdrucksformen fungiert als Versuch, «die Differenz moderner Kunst und L. gegenüber den alteuropäischen artes-Lehren zu markieren»[15] Das bis dato dominierende pragmatische Literaturverständnis, das sich im Primat der Regeln wie der Wirkungsbestimmung fundierte, macht einem Autonomiekonzept Platz, das sich auf sensualistische Konzepte von Autor wie Leser (DIDEROT, SHAFTESBURY, YOUNG) stützt. E. BURKES ‹A Philosophical Enquiry into the Origin of our Ideas of the Sublime and Beautiful› (1757) bezieht sich in seiner Differenzierung der Wirkungen des Schönen und Erhabenen auf die zu Pseudo-Longinos zurückreichende Tradition und löst in seiner Psychologisierung der poetischen Kategorien das klassizistische Regelsystem auf. Kants ‹Kritik der Urteilskraft› mit ihrer Unterscheidung von «freier» und «anhängender» Schönheit markiert den endgültigen Abschied von einer produktionstechnisch orientierten Kunstbetrachtung; die Rhetorik sei nicht mehr als eine 'degradierte' Form von Dichtung, die sich der Poesie in kunstfremder Zweckbezogenheit bediene: «Die Beredsamkeit, sofern darunter die Kunst zu überreden, d.i. durch den schönen Schein zu hintergehen [...] verstanden wird, ist eine Dialektik, die von der Dichtkunst nur soviel entlehnt, als nötig ist, die Gemüter vor der Beurteilung für den Redner zu dessen Vorteil zu gewinnen und dieser die Freiheit zu benehmen [...].»[16] Mit der idealistischen Ästhetik Kants und SCHILLERS, der Favorisierung des Geschmacksurteils gegenüber dem Erkenntnisurteil, dem Geniebegriff des Sturm und Drang, der Empfindsamkeit formuliert sich die Freisetzung der L. (und der Kunst insgesamt) von jeder Zweckhaftigkeit, eine Tendenz, die über die Romantik bis in die Moderne reicht. Der ausdifferenzierte literarische Markt, ein zunehmend heterogenes Leserpublikum sowie eine vielfältige Literaturkritik bewirken die Dominanz subjektiver Geschmacksempfindung bei Autoren und Lesern wie auch die Dichotomisierung der L. in 'hohe' und 'niedere'.

Anmerkungen:
1 vgl. Dyck; Dockhorn. – **2** G.E. Lessing: Hamburgische Dramaturgie (1966) 71f. – **3** Gottsched Dichtk. 67. – **4** vgl. Ueding/Steinbrink 120. – **5** vgl. G. Sauder: Moralische Wochenschr., in: R. Grimminger (Hg.): Dt. Aufklärung bis zur Frz. Revolution 1680–1789 (1980) 267–279. – **6** vgl. G. Bollenbeck: Art: ‹Dichtung›, in: H.-J. Sandkühler (Hg.): Europäische Enzyklop. zu Philos. und Wiss. (1990) Bd. 1, 570–573, hier 571. – **7** vgl. C. Träger: Art. ‹L.›, in: Sandkühler [6] Bd. 2, 63–66, hier 64. – **8** vgl. P.J. Brenner: Was ist L.?, in: R. Glaser, M. Luserke (Hg.): Literaturwiss. – Kulturwiss. (1986) 11–47, hier 17f. – **9** vgl. K. Weimar: L., Literaturgesch., Literaturwiss. Zur Gesch. der Bezeichnung für eine Wiss. und ihren Gegenstand, in: C. Wagenknecht (Hg.): Zur Terminologie der Literaturwiss. (1986) 9–23, hier 12. – **10** vgl. R. Rosenberg: Eine verworrene Gesch. Vorüberlegungen zu einer Biogr. des Literaturbegriffs, in: LiLi 77 (1990) 36–65, bes. 36ff. – **11** Diderot Encycl. Bd. 9, 594, Übers. Red. – **12** vgl. Kant KU 157; D. Lamping: Art. ‹L.›, in: W. Killy (Hg.): Literaturlex. Bd. 14 (1993) 26–30, hier 27. – **13** vgl. Rosenberg [10] 39; Weimar [9] 14. – **14** C. Garve: Über den Einfluß einiger besonderen Umstände auf die Bildung unserer Sprache und L., in: Neue Bibliothek der schönen Wiss. und freyen Künste, 14. Bd. (1773) 5. – **15** G. Plumpe: L. als System, in: J. Fohrmann, H. Müller (Hg.): Literaturwiss. (1995) 103–116, hier 106; E. Torra: Rhet., in: M. Pechlivanos et al. (Hg.): Einf. in die Literaturwiss. (1994) 97–111, hier 106. – **16** Kant KU 183.

VI. *Klassizismus, Klassik.* Die Verwendung der Begriffe ‹Klassik› und ‹Klassizismus› ist uneinheitlich; weitgehender Konsens besteht in der Forschung allerdings dahingehend, daß Klassizismus als Stilbegriff angesehen wird, dessen historischer Verwendungshorizont vom Renaissancehumanismus bis in die Moderne reicht, während Klassik, zumindest innerhalb des deutschsprachigen Kontexts, meist als Epochenbegriff für die in der zweiten Hälfte des 18. Jh. beginnende Phase der literarischen Entwicklung (Weimarer Klassik) betrachtet wird. [1] Zu berücksichtigen ist, daß ein zeitgenössisches Epochenbewußtsein des Klassischen weitgehend fehlt, es sich hier also um eine nachträgliche Konstruktion handelt. Ausgehend von den vorangehenden Diskussionen zeigen sich die Veränderungen des Literaturverständnisses vor allem an der Entwicklung des Schönheitsbegriffes, der sich in seiner modernen Form erst gegen Ende des 18. Jh. durchsetzt. Auf der Basis der Aristotelischen ‹Poetik›, in der die Schönheit einen untergeordneten, auf das Wahrheits- und Wirkungsmoment bezogenen Platz einnahm, wird die sinnliche Anschauung des Schönen noch bei GOTTSCHED und partiell bei BREITINGER und WOLFF funktional im Sinne didaktischer Wirksamkeit verstanden. Demgegenüber kritisiert KANT in der ‹Kritik der Urteilskraft› an der Rhetorik, daß das rational kontrollierte Primat der Wirkung auch zu einem Verlust von Schönheit führe. [2] Die von Kant angenommene Allgemeingültigkeit ästhetischer Urteile unterliegt keinem Wahrheitskriterium, sie wird in die Subjektivität des Individuums verlegt. Die Begriffslosigkeit der Dichtung als Vollendung menschlichen Ausdrucks wird – wie bei MORITZ, GOETHE und SCHILLER – zum konstitutiven Merkmal, die Ablösung der L. von lebenspraktischen Zwecken nun endgültig vollzogen: «[...] die Kunst ist eine Tochter der Freyheit, und von der Nothwendigkeit der Geister, nicht von der Nothdurft der Materie will sie ihre Vorschrift empfangen. Jetzt aber herrscht das Bedürfniß, und beugt die gesunkene Menschheit unter sein tyrannisches Joch. Der *Nutzen* ist das große Idol der Zeit, dem alle Kräfte frohnen und alle Talente huldigen sollen.» [3] Die Suprematie des Ästhetischen als zweckfreies Spiel basiert auf einer geschichtsphilosophischen Konzeption, die dieses polemisch dem utilitaristischen, als Ausdruck tiefgreifender Krise verstandenen Zeitgeist entgegensetzt. [4] Zugleich kommt es bezüglich der erkenntnistheoretischen Voraussetzungen und des Naturverständnisses zu einer Polarisierung von wissenschaftlicher und ästhetischer Weltsicht, deren Folgen für die moderne L. Schiller in seiner Abhandlung ‹Über naive und sentimentalische Dichtung› reflektiert. Auch Goethe sieht die didaktische Indienstnahme der Kunst als «Vorurteil». Entscheidend wird nun die im Kunstwerk gestaltete überzeitlich gedachte «Idee», verbunden mit dem Element des Schönen, das zur «Veredlung» des Menschen beitragen solle. Gegenüber einem externen, systematisierten Regelsystem soll die Kunst die ihr eigenen Regeln aus den inneren Notwendigkeiten ihrer Gegenstände entwickeln. Die Umwertung der rhetorischen Wirkungsbegriffe zeigt sich in Goethes Auslegung des Aristoteles (‹Nachlese zu Aristoteles' Poetik›, 1827); die *Katharsis* erscheint hier nicht als eine Wirkungskategorie, sondern immanent als «aussöhnende Abrundung, welche [...] von allen poetischen Werken gefordert wird». [5] Entsprechend formuliert der späte Goethe: «*Wir* kämpfen für die Vollkommenheit eines Kunstwerks, in und an sich selbst, jene denken an dessen Wirkung nach außen, um welche sich der wahre Künstler gar nicht bekümmert, so wenig als die Natur wenn sie einen Löwen oder einen Kolibri hervorbringt.» [6] Natürlichkeit, Zweckfreiheit und Absichtslosigkeit werden zu Programmbegriffen des deutschen Idealismus. Entsprechend wendet sich Goethe gegen jeden Abbildungscharakter der Kunst und bestimmt den Wahrheitsgehalt immanent, d.h. in der Übereinstimmung «mit sich selbst». Der Dichter gestalte im Kunstwerk das Typische als allgemein und notwendig. [7] Im Briefwechsel mit Schiller unternimmt Goethe den Versuch, durch die Unterscheidung von epischer und dramatischer Gattung zu einer überzeitlichen Bestimmung des Klassischen, der «Dauer im Wechsel» zu gelangen. Beide, so Goethe und Schiller in ihrem Aufsatz ‹Über epische und dramatische Dichtung›, unterliegen dem «Gesetze der Einheit und dem Gesetze der Entfaltung» [8], behandeln Gegenstände, die «rein menschlich, bedeutend und pathetisch» [9] sind, unterscheiden sich jedoch in der Wirkungsabsicht. Ist der Rhapsode bestrebt, «die Zuhörer zu beruhigen», so wagt der Mime «viel lebhaftere Wirkungen». [10] Neben der Reflexion der Wirkung deutet die Gattungsbestimmung der L. auf den Versuch, die Forderung nach der Gestaltung symbolischer und «bedeutender» Gegenstände aus der Eigenart der jeweiligen literarischen Ausprägung selbst herzuleiten, weshalb erstmals auch die Lyrik als dritte Grundform eine eigenständige Würdigung erfährt. Die Ablehnung jeder normativen Poetik zeigt sich in der Bewunderung Goethes für Klopstocks «Gelehrtenrepublik», die ihm deshalb als einzigartige Poetik gilt, weil sie auf der «Verwerfung jeglicher Nachahmung zugunsten einer genialen, eigenschöpferischen Originalität» [11] beruhe. Schiller unterscheidet eine ‹naive› L. des mythisch verklärten Altertums von der ‹sentimentalischen› Schreibart der Moderne, um im Begriff der ‹Idylle› zum Versuch einer Versöhnung der polaren Gegensätze zu gelangen.

Anmerkungen:
1 zur Begriffsentwicklung vgl. B. Hambsch: Art. ‹Klassizismus, Klassik›, in: HWRh, Bd. 4, Sp. 1031–1050. – **2** vgl. C. Ottmers: Rhet. (1996) 51. – **3** F. Schiller: Ueber die ästhet. Erziehung des Menschen in einer Reihe von Briefen, in: B. v. Wiese (Hg.): Schillers Werke. Nationalausg. 20. Bd., Philos. Schr. Erster Teil (1962) 309–412, hier 311. – **4** vgl. G. Ueding (Hg.): Klassik und Romantik. Dt. L. im Zeitalter der Frz. Revolution. 1789–1815 (1987) 86. – **5** J.W. Goethe: Nachlese zu Aristoteles' Poetik, in: Sämtliche Werke in 18 Bänden. Artemis Gedenkausg. Bd. 14 (1977) 710. – **6** ders.: Brief an Zelter v. 29.1. 1830, in: Goethes Briefe. Hamburger Ausg. in 4 Bänden, Bd. 4 hg. v. K.R. Mandelkow (1976) 369. – **7** s. ders.: Über Wahrheit und Wahrscheinlichkeit der Kunstwerke (1798), in: Sämtliche Werke [5] Bd. 13, 175–181. – **8** Goethe [6] 367. – **9** ebd. – **10** ebd. 369; vgl. H. Turk (Hg.): Klassiker der Literaturtheorie (1979) 7. – **11** F. Strich: Einf., in: Goethe [5] 974f.

VII. *Romantik.* Im Selbstverständnis der Frühromantik ist die modernen, durch Heterogenität, 'Mischung' geprägten L. die klassische entgegengesetzt, die sich durch Gleichartigkeit und Einfachheit auszeichne. Aufgehoben wird auch die Trennung der Dichtung von ihrer Betrachtung, Produktion und Reflexion bilden eine Einheit. So formuliert F. Schlegel im ‹Athenäumsfragment› 116 zur romantischen Dichtung: «Sie kann durch keine Theorie erschöpft werden, und nur eine divinatorische Kritik dürfte es wagen, ihr Ideal charakterisieren zu wollen.» [1] Für die Entwicklung eines im Ansatz modernen Literaturverständnisses sind vor allem die 'hermeneutische' Teilnahme und die 'Poetisierung' der Leserfunktion bedeutsam, die im kongenialen Nachvollziehen des im Kunstwerk vergegenständlichten Geistes liegt. In Schleiermachers ‹Hermeneutik› (1838) wird der Interpret zur eigenschöpferischen Instanz, insofern es ihm gelinge, den Autor besser zu verstehen als dieser sich selbst. Die Welt der Poesie wird als Ausdruck ursprunghaft organischen Werdens gesehen. Lehnt Schlegel die analytische Erfassung und Gesetzgebung von außen ab, so entwirft er implizit eine neue Normativität, indem er das Programm der romantischen Universalpoesie als Wesensbestimmung wahrer Poesie überhaupt setzt. «Die romantische Dichtart ist die einzige, die mehr als Art, und gleichsam die Dichtkunst selbst ist: denn in einem gewissen Sinne ist oder soll alle Poesie romantisch sein.» [2] F. Schlegel begründet die Notwendigkeit literaturtheoretischer Reflexion aus dem Zustand der Moderne, deren Poesie erst einen Anfang darstelle, dem es – im Gegensatz zum Dichten der Alten – an Einheitlichkeit fehle, ein Zusammenhang, der gegenwärtig nur gedanklich zu rekonstruieren sei. [3] Die romantische Literaturtheorie korreliert als einheitsstiftendes Moment mit der antizipierten Schreibpraxis, die ebenfalls bestrebt ist, den verlorengegangenen Zusammenhang von Objektivem und Subjektivem zu restituieren. So tritt etwa in Novalis' ‹Die Christenheit oder Europa› (1799) neben die universalistische Fassung der romantischen Programmatik deren Aufladung mit metaphysischem Sinn, eine Tendenz, die literaturtheoretische Innerlichkeitskonzepte bis ins 20. Jh. beeinflußt. Dies verbindet sich – so bei L. Tieck – mit der Entwicklung eines utopischen, die empirische Realität transzendierenden Gegenprogramms: «In der Vollendung der Kunst sehen wir am reinsten und schönsten das geträumte Bild eines Paradieses, einer unvermischten Seligkeit.» [4] In der frühromantischen Reflexion formuliert sich der Entwurf eines der frühaufklärerischen Poetik entgegengesetzten Literaturverständnisses, das ein Bewußtsein von der Kraft des Phantastischen, der chaotischen Vielfalt, der Verfremdung des Vertrauten zur Grundlage hat. Die emphatische Neubestimmung des Literarischen beruht einerseits auf den Voraussetzungen der aufklärerischen Reflexion, setzt sich andererseits von deren utilitaristischer Richtung ab. Für die Entwicklung der Poesie stellt A.W. Schlegel fest: «Die ausschließende Richtung aufs Nützliche muß ihr, konsequent durchgeführt, eigentlich ganz den Abschied geben; und die wahre Gesinnung der Aufgeklärtheit darüber läuft auf die Frage des Mathematikers hinaus: was denn durch das Gedicht bewiesen werde?» [5] Die für das romantische Literaturverständnis konstitutive Denkbewegung zeigt sich besonders in F. Schlegels Fassung der Ironie und des Fragments. Ironie wird nun nicht mehr im rhetorischen Sinne der Sokratischen Ironie verstanden, sie «läuft hinaus auf eine permanente Verwandlung sämtlicher Verhältnisse, auf die Aufhebung ihrer fixen Gestalt in ständige Bewegung durch das freie und unendliche Spiel der Widersprüche». [6] Die romantische Literaturtheorie markiert eine neue, 'moderne' Stufe der Abkehr von fest fixierten innerliterarischen Gesetzlichkeiten, das Ende der Geschlossenheit des Kunstwerks. [7] 'Romantisierung' als Versuch umfassender Reflexion und Negation des Wirklichen verbindet sich mit einer utopisch-eschatologischen Zielsetzung: der Verwirklichung des Reiches Gottes als Rückkehr zum Ursprung, gedacht als ein infiniter Prozeß poetischer, in die Bewegung des Kunstwerks selbst eingelagerter Reflexion. Ist für Schelling die «unmittelbare Ursache aller Kunst» [8] Gott, so bleibt sie selbst als «Darstellung der Urbilder» [9] mit diesem Ursprungspunkt verbunden, ist in diesem Sinne selbst göttlich. Für Novalis ist der «ächte Dichter [...] immer Priester, so wie der ächte Priester immer Dichter geblieben». [10] Noch Heine verwendet, nun im Sinne der Analogie, die Vorstellung des Dichters als Verkörperung Gottes, der «seine Menschen nach dem eigenen Bilde erschafft». [11]

Die Romantik setzt, die ästhetische Moderne partiell antizipierend, den Charakter des Kunstwerks als offen, vieldeutig, polyvalent. [12] Die romantische Neudefinition des Literarischen sieht das Werk als in beständigem Werden begriffen, notwendig fragmentarisch, zugleich jedoch als Resultat der Anstrengung, die Trennungen innerhalb der Kunst aufzuheben, in weiterer geschichtsphilosophischer Perspektivierung auch die Kluft von L. und Leben. Stärker noch als in der Genieauffassung des Sturm und Drang gilt der Autor als ein herausgehobener, von allen Forderungen nach Mimesis und Regelhaftigkeit befreiter, ausschließlich seinen imaginativen Fähigkeiten vertrauender Schöpfer, eine Vorstellung, wie sie etwa R.W. Emersons Essay ‹The Poet› (1844) formuliert.

Verändert erscheint auch das Verhältnis von Dichtung und Rhetorik, dessen Reflexion in F. Schlegels Schriften einen breiten Raum einnimmt. Versteht sich das romantische Programm als Neuanfang, so ist es doch keineswegs voraussetzungslos. Dies zeigen insbesondere die Denkanstrengungen Schlegels in den 1790er Jahren, die Reflexionen zur antiken L. und klassischen Philologie. Zwar lehnt er die in einem Regelsystem fixierte Rhetorik ab, diese wird jedoch in ihrem 'enthusiastischen' Kern Teil des «neuen Idealismus». [13] Für diese Einschmelzung des Rhetorischen müssen dessen historische und systematische Begrenzungen aufgehoben werden, vor allem die Festlegungen auf ein verbindliches Register von Wirkungsmitteln und die Verbindung mit nichtpoetischen Verwendungszusammenhängen.

Besonders von den späteren Romantikern wird die Entstehung und Vermittlung von L. in Zusammenhang mit einem häufig mythisch verklärten, von Rousseau inspirierten Volksbegriff gebracht. Dieses Konzept der ‹Volkspoesie›, das bereits in HERDERS Begriff der ‹National-Litteratur› durchscheint und den Dichter zum unmittelbaren Ausdrucksmedium des Volksgeistes stilisiert, wird in der Romantik emphatisch in einem kollektiv pädagogischen Sinne verstanden. Die schon in Herders ‹Von deutscher Art und Kunst› (1773) niedergelegte Absetzung von der französischen Adels- und der lateinischen Gelehrtenkultur zugunsten der Hinwendung zum Mittelalter als Ausdruck der ‹Volksseele› erscheint verstärkt in den deutschtümelnden Versuchen ARNDTS und JAHNS. Die spätere, sich auf den ‹Volksgeist› berufende Romantik wendet sich, wie J. GRIMM, gegen eine 'nur-ästhetische' L. und betont die Einheit von Poesie und Geschichte. Hier setzt die politisch-weltanschauliche Kritik an der romantischen Konzeption von L. ein, wie sie Heine in ‹Die romantische Schule› formuliert. Diese bezieht sich positiv auf den Fortschrittsglauben und das materiell gefaßte individuelle wie kollektive Glücksbedürfnis. Die Rückwendung zum Mittelalter und zu einem ideal verklärten Katholizismus erscheint in Heines Polemik gegen die romantischen Schriftsteller als reaktionär: «[...] die Wirkung die sie auf die große Menge ausüben konnten, gefährdete die Freyheit und das Glück meines Vaterlandes.» [14]

Die Sicht von Kunst und L. als Ausdruck fundamentaler Erneuerung, damit die Ästhetisierung des gesamten Lebenszusammenhangs, die 'überdehnten' Wahrheits-, Schönheits- und Progressionsbegriffe der Romantik sind geistesgeschichtlich mit HEGELS Bestimmung des Endes der Kunstperiode und der Substitution der Kunst durch die Philosophie überholt.[15] Die romantischen Versuche wirken jedoch auf die literarische Reflexion der Moderne ein, sie grundieren Heideggers Rückführung aller Kunst auf Dichtung, Adornos Identifizierung von Wahrheit und großer Kunst, den Ästhetizismus und die Innerlichkeitsentwürfe seit dem Fin de Siècle.

Anmerkungen:
1 F. Schlegel: ‹Athenäums›-Frg., in: E. Behler et al. (Hg.): Krit. Friedrich-Schlegel-Ausg., Bd.2: Charakteristiken und Kritiken I (1796–1801), hg. u. eingel. von H. Eichner (1967) 183. – 2 ebd. – 3 vgl. F. Schlegel: Gespräch über die Poesie, in: Behler [1] 284–362. – 4 L. Tieck: Phantasien über die Kunst, für Freunde der Kunst [von W.H. Wackenroder, hg. v. L. Tieck], in: F.v.d. Leyen (Hg.): W.H. Wackenroder: Werke und Briefe, Bd. 1 (1910) 273. – 5 A.W. Schlegel: Vorles. über schöne L. und Kunst, in: H.-E. Hass (Hg.): Die Dt. L. vom MA bis zum 20. Jh., Bd. 6 (ND 1988) 63. – 6 G. Ueding (Hg.): Klassik und Romantik. Dt. L. im Zeitalter der Frz. Revolution. 1789–1815 (1987) 127. – 7 vgl. R. Rosenberg: Eine verworrene Gesch.. Vorüberlegungen zu einer Biogr. des Literaturbegriffs, in: LiLi 77 (1990) 36–65, hier 44. – 8 F.W.J. Schelling: Philos. der Kunst. In: Ausg. Schr. in 6 Bd., Bd. 2: Schr. 1801–1803 (1985) 214. – 9 ebd. – 10 Novalis: Blüthenstaub, in: H.-J. Mähl, R. Samuel (Hg.):Werke, Tagebücher und Briefe F. von Hardenbergs, Bd. 2: Das philos.-theoretische Werk (1978) 224–285, hier 255. – 11 H. Heine: Die romantische Schule, in: H. Heine Säkularausg. Werke, Briefwechsel, Lebenszeugnisse, Bd.8: Über Deutschland, 1833–1836: Aufsätze über Kunst und Philos. (1972), 7–123, hier 32f. – 12 Zum Verhältnis Romantik/Moderne vgl. S. Vietta: Die lit. Moderne. Eine problemgesch. Darst. der deutschsprachigen L. von Hölderlin bis Th. Bernhard (1992) 47–84; zu den Folgen des Vieldeutigkeitstheorems: P.J. Brenner: Was ist L.?, in: R. Glaser, M. Luserke (Hg.): Literaturwiss. – Kulturwiss. (1986), 11–47, hier 22f. – 13 Schlegel [3] 191. – 14 Heine [11] 115. – 15 vgl. G.W.F. Hegel: Vorles. über die Ästhetik, in: Werke, Bd. 14 (1970) 231–241.

VIII. *Moderne.* Die Entwicklung des Literaturbegriffs, der sich schon in der romantischen Formulierung gegen Eindeutigkeiten sperrte, ist seit Mitte des 19. Jh. durch zunehmende Heterogenität, eine Krise des Werkbegriffs gekennzeichnet. Verabschiedet wird in deren Gefolge jeder philosophisch verbindliche Begriff des Kunstwerks, ein Prozeß, der sich seit dem späten 19. Jh. radikalisiert und zur Auflösung des Konzepts eines einheitlichen, geschlossenen Werkes führt. Die Heteronomisierung und Relativierung des Kunstverständnisses ist einerseits durch die Zwecke bedingt, denen L. zugeordnet wurde, andererseits durch die ästhetischen Grundpositionen, die sich in der Moderne immer weiter ausdifferenzieren. Eine politische Instrumentalisierung des Literarischen zeigt bereits die 'politische Romantik', die das Ästhetische mit patriotischen Ideen, utopischen Zielsetzungen oder einem moralisch gefaßten Konservatismus verbindet. Die Linie eines politisch engagierten Literaturverständnisses zieht sich vom Vormärz über den frühen Naturalismus bis zu den vom Marxismus beeinflußten Richtungen des 20. Jh. (Revolutionskunst, sozialistischer Realismus). Die Breite ästhetischer Positionen der Moderne reicht von mehr oder weniger radikalen mimetischen Programmen (poetischer Realismus, Naturalismus) bis zu extrem ästhetizistischen, symbolistischen und hermetischen Auffassungen, deren Entwicklung vor allem durch das Bewußtsein einer tiefgreifenden Krise der sprachlichen Mitteilungsfähigkeit (gleichwohl in technisch vollkommener Form: H.v. Hofmannsthal: ‹Ein Brief›, 1901) forciert wurde. Im konstitutiven Stil- und Programmpluralismus drückt sich die Individualisierung und Autonomisierung des Literaten aus, in der Konkurrenz der verschiedenen Richtungen zugleich die zunehmende Marktabhängigkeit. Besonders die L. um 1900 manifestiert sich in vielfältigen Richtungen, die u.a. als Reaktion auf den 'Terrainverlust' der L. in dieser Phase, die beginnende Konkurrenz zu technischen Massenmedien und zur Unterhaltungskultur verstanden werden können. Was sich in der Klage der zeitgenössischen Kritik als Entfernung der L. vom Leben formuliert, wird in den Avantgardebewegungen seit Anfang des 20. Jh. häufig emphatisch als 'Differenzqualität' der ästhetischen Sphäre bestimmt. In der 'jüngeren Moderne' seit dem Naturalismus lassen sich teilweise gegensätzliche Tendenzen feststellen, die sich theoretisch wie in der literarischen Umsetzung äußern: Ein radikal ästhetizistisch gefaßter Begriff 'reiner' Dichtung, wie er in Deutschland etwa von ST. GEORGE und seinem Kreis vertreten wurde, basiert auf der rigorosen Abtrennung der lebenspraktischen Sphäre von einem emphatisch gefaßten Bereich des Kunstwollens, das sich in Ursprungsphantasien und einer esoterischen Formensprache ausdrückt. Demgegenüber verbindet die 'klassische Moderne', initiiert vom Expressionismus sowie dem Bewußtseins- und Montageroman, den Willen zu einem intensivierten, neuartigen Realitätsbezug mit experimentellen Techniken und der 'Verfremdung' realer Bezüge. Zugleich ist ihr eine Tendenz zur reflexiven Autoreferentialität inhärent. Eine operative Literaturkonzeption (BRECHT, Neue Sachlichkeit, Reportageliteratur) entwickelt aus ihrem gesellschaftskritischen Impetus die Konzentration auf den Gebrauchscharakter von L. Sie arbeitet häufig mit mimetisch orientierten, zugleich jedoch verfremdenden Darstellungsmodi und bedient sich 'filmischer' Montageformen (DOS PASSOS, DÖBLIN). Weiterhin am psychologischen Realismus des 19. Jh. orientierte Autoren – etwa TH. MANN oder A. SCHNITZLER – bewegen sich in Richtung einer Ausweitung des Reflexionsniveaus und des sprachlichen Ausdrucksrepertoires sowie der Differenzierung psychologischer Darstellungsformen.

Zeigen sich einerseits deutlich markierte Grenzziehungen zwischen Genres und Niveauebenen (Höhenkamm- vs. Unterhaltungs- oder Trivialliteratur), so andererseits Vermischungen der Literaturformen, etwa in der montageartigen Aufnahme trivialer Formen (WEDEKIND, BRECHT, DÖBLIN, PISCATORS Dokumentartheater, Integration von Chansons etc.). Massenmediale Darstellungsweisen provozieren polemische Absetzbewegungen wie produktive Aufnahmeversuche.[1] Dies betrifft vor allem die filmischen Veränderungen literarischer Narrationen sowie die Entstehung neuer Genres (Hör- und Fernsehspiel, Literaturverfilmung). Neben der Tendenz zur Ausweitung des Literaturbegriffs findet sich im Selbstverständnis der Autoren oft eine Verengung, etwa in der Opposition von ‹L.› und ‹wahrer Dichtung›. Neuartig gefaßt erscheint in der Moderne das Verhältnis von dokumentarischen und fiktionalen Elementen. Der Versuch, zu darstellerischer Authentizität zu gelangen, führt zu einer 'ungefilterten' Figurensprache (Innerer Monolog), zur Integration schriftlich fixierter Faktizität (Döblin, Brecht) sowie zur Entstehung einer eigenständigen Dokumentarliteratur (KISCH, WALLRAFF, RUNGE, P. WEISS, Zeitstück etc.). Die Verwendungsformen des Dokumentarischen erscheinen in großer Variationsbreite, neben dem Versuch einer möglichst hohen Wiedergabetreue stehen komplexe Formen der Mischung fiktionaler und dokumentarischer Elemente.

Der ausgeprägten Reflexivität in der L. der Moderne (und Postmoderne) korrespondiert eine Vielzahl von teilweise gegenläufigen Bestimmungsversuchen des Literarischen in Kritik und Wissenschaft. Dabei ist an ideologische Systeme zu denken, die – etwa in den Versuchen einer Fundierung des ‹sozialistischen Realismus› – Vorgaben für die Produktion literarischer Werke liefern, aber auch an konservative wie modernistische (bzw. avantgardistische) Modelle, die in einem Wechselprozeß die Schaffung moderner Werke sowohl inspirierten als auch reflektierend begleiteten. Zugleich werden Versuche unternommen, das 'Wesen' der Moderne zu bestimmen, wobei wegen der Pluralität der Standpunkte und der verschiedenartigen Voraussetzungen auch diese Ansätze notwendig uneinheitlich bleiben. Die Annahme einer konstitutiven Interdependenz von realgeschichtlichen Vorgängen und literarischer Produktion führt dazu, Dichtung vorwiegend als Audruck oder Reflex dieser Zustände zu sehen, wie die sozialgeschichtlichen Methoden seit den 70er Jahren zeigen. Im Extrem treibt dies – etwa bei Teilen der marxistischen Literaturkritik – eine reduktionistische Anschauung des Verhältnisses von L. und Realität (Widerspiegelungstheorie) hervor. Damit einher geht eine tendenzielle Abwertung der ästhetischen Substanz von Kunstwerken insgesamt, was sich etwa in der nach 1968 zeitweise von ENZENSBERGER u.a. vertretenen Auffassung von der Entbehrlichkeit der L. niederschlägt.

In einer für die linke Theoriebildung der Periode charakteristischen Synthetisierung marxistischer, kritischtheoretischer (ADORNO, MARCUSE) und radikalisiert psychoanalytischer Annahmen schreibt etwa P. SCHNEIDER in seinem stark beachteten Aufsatz ‹Die Phantasie im Spätkapitalismus und die Kulturrevolution› für das ‹Kursbuch› 6 von 1968: «Die Kunst des Spätkapitalismus bewahrt nicht mehr die Wünsche vor dem Zugriff des Realitätsprinzips, sondern umgekehrt: sie bewahrt das Realitätsprinzip vor der Revolte der Wünsche.» [2] Der angestrebten revolutionären Kunst werden ausschließlich agitatorische und propagandistische Funktionen zugewiesen. Bezeichnenderweise zeigt sich beim selben Autor bereits 1976 – nach der sog. ‹Tendenzwende› – eine deutliche Veränderung in Richtung einer Re-Autonomisierung der L.; der Schriftsteller solle «sich nie der Forderung beugen, in seiner schriftstellerischen Arbeit Beobachtungen, Zweifel, Wünsche zu unterdrücken, nur weil sie von der politischen Linie der Partei oder Organisation, die er unterstützt, abweichen.» [3]

Reaktionsbildungen auf den 'Zeitgeist' lassen sich auch bei den postmodernistischen Tendenzen seit den 1970er Jahren ausmachen, die ihre Voraussetzungen in der zweiten technologischen Revolution, der Multimedialität und dem Verschwinden fester Grenzen von ‹Trivial-› und ‹Hochkultur› haben. In anderer Weise tendieren psychologische und besonders psychoanalytische Ansätze, ausgehend von den biographisch entwicklungsbedingten Manifestationen von Persönlichkeitsstrukturen, zu einer Transzendierung der ästhetischen Werksubstanz. Dies ist bereits an FREUDS Beiträgen zur literarischen Kreativität zu beobachten; in seinem Aufsatz «Der Dichter und das Phantasieren» entwickelt Freud die künstlerische Produktivität aus dem kindlichen Spieltrieb, den Tagträumen des Erwachsenen und einer ästhetisch transformierten Phantasietätigkeit, deren Basis die reale Versagung ist: «Man darf sagen, der Glückliche phantasiert nie, nur der Unbefriedigte. Unbefriedigte Wünsche sind die Triebkräfte der Phantasien, und jede einzelne Phantasie ist eine Wunscherfüllung, eine Korrektur der unbefriedigten Wirklichkeit.» [4] Daß und wie die Vermittlung der künstlerisch gestalteten Tagträume des Dichters durch eine bestimmte «Technik» [5] im Leser ein Gefühl der Lust erzeugt, ist für Freud im einzelnen nicht erklärbar. Bereits in dieser frühen Arbeit zeigt sich die Schwierigkeit, die künstlerische Wirkung in ihrer ästhetischen Fundierung psychoanalytisch zu erfassen. Freud bleibt hier eingestandenermaßen im Unbestimmten, insofern er nur generalisierend feststellt, «daß der eigentliche Genuß des Dichtwerks aus der Befreiung von Spannungen in unserer Seele hervorgeht.» [6] Die frühe psychoanalytisch orientierte Literaturbehandlung beschränkte sich, anknüpfend an Freuds Annahme einer gewissen Anormalität des Dichters, auf die Psychopathographie, obwohl von Beginn Einwände gegen diese verkürzende Art der Interpretation literarischer Texte vorgebracht wurden.[7] Im Laufe der Entwicklung wurde versucht, den 'Ursprungsmakel' dieser Zugänge, die unzureichende Erfassung des spezifisch Ästhetischen literarischer Texte, durch ein verfeinertes Methodenarsenal aufzuheben oder jedenfalls abzuschwächen. So wurde in der materialistischen Theorie eine gewisse Autonomie des Ästhetischen konzediert; bereits Freud wiederum reflektierte die Tatsache, daß bestimmte Kunstwerke jenseits ihres biographisches Entstehungshintergrundes eine 'zeitlose' Wirkung entfalten.[8] Die Problematik der sozialhistorischen wie psychologischen Methoden wird in der Gegenwart stark reflektiert; im Falle der Psychoanalyse stellt etwa die Übertragung linguistischer Modelle (LACAN) einen Versuch dar, der auch auf die Literaturwissenschaft eingewirkt hat.[9] Weitere Ansätze, die intrinsische Strukturierung des Kunstwerks zu überschreiten, sind die von der Kritischen Theorie beeinflußten Richtungen sowie die Rezeptionsanalyse. In ADORNOS Kunsttheorie verbindet sich die Fassung des Werks als autonome, formal avancierte Entität mit der

Annahme einer komplexen gesellschaftlichen Vermitteltheit. Der bis zu Kant zurückreichende, letztlich antirhetorische Glaube an die Wahrheit des Kunstwerks verbindet sich mit einem radikalen kultur- wie gesellschaftskritischen Impetus, wobei freilich die Aufhebung des schlecht Faktischen qua Kunst ausgeschlossen wird. Moderne Kunst zeichne sich durch eine kompromißlose ästhetische Gegenbildung aus, eine artifiziell hergestellte 'Reinheit', die widerständige Autonomie künstlerischer Produktivkräfte: «Kunstwerke sind die Statthalter der nicht länger vom Tausch verunstalteten Dinge, des nicht durch den Profit und das falsche Bedürfnis der entwürdigten Menschheit Zugerichteten.» [10] Eine Verbindungslinie zur klassizistischen Ästhetik (Schiller) läßt sich in der Theorie BLOCHS ausmachen, der Dichtung als utopischen Vorschein von besserem Leben versteht und mit der Vorstellung des freien Spiels zusammenfügt. Gesellschaftskritische wie utopische Momente zeichnen auch moderne Autorenentwürfe aus, etwa diejenigen von BLÖCKER, der Kunst als Form der Selbstbefreiung versteht, sowie Enzensbergers Bestimmungsversuch ‹Poesie und Politik› (1962). Eine moralisch-gesellschaftskritische Grundhaltung ist auch in GRASS' Vorstellung einer aktiven und eingreifenden Zeitgenossenschaft des Autors angelegt.[11] SARTRE definiert das Literarische ausgehend von den Schreibarten. Während die Sprache der Poesie keine Zeichenfunktion habe und nur auf sich selbst verweise, sei der Prosa eine enthüllende, intentional realitätsverändernde Tendenz inhärent, die jeweils durch die aktive Partizipation der Leser aktualisiert werde. Sartre nimmt hiermit sowohl Positionen der Postmoderne als auch Momente der Rezeptionsästhetik vorweg: «[...] das literarische Objekt ist ein seltsamer Kreisel, der nur in der Bewegung existiert. Um es entstehen zu lassen, bedarf es eines konkreten Akts, der Lesen heißt, und es bleibt nur solange am Leben, wie dieses Lesen andauern kann.» [12]

In theoretisch systematisierter Form, basierend auf den Erkenntnissen der modernen Kommunikationstheorie, liegt dieser Gedanke der Rezeptionsästhetik (JAUSS, ISER, Konstanzer Schule) zugrunde. Die Rhetorik, die den Prozeß der Produktion und Rezeption von Texten reflektiert und gesteuert hatte, fungiert als Klammer mit dem modernen Literaturbegriff.[13] Neben dieser ersten Gruppe vor allem auf die externen Faktoren gerichteter Literaturbegriffe entwickeln sich seit Beginn des Jh., fundiert vor allem von der modernen Linguistik (DE SAUSSAURE u.a.), formalistische und strukturalistische Methoden, die weitgehend von den Inhalten und Sinngehalten abstrahieren und die L. als Ensemble sprachlich und bildhaft konstruierter Mittel und Strukturen begreifen. Für die Formalisten ist die Unterscheidung von ‹L.› und ‹dem Literarischen› wesentlich, wobei der zweite Begriff die spezifischen Qualitäten von L. bezeichnet. Die unterschiedlichen Entwürfe von EICHENBAUM, JAKOBSON, SKLOVSKIJ oder TYNJANOV versuchen, sich der 'Literarizität', der inneren Verfaßtheit von Texten anzunähern. Dies impliziert ein Literaturverständnis, das nicht mehr eine außerhalb des Textes fundierte Wahrheit zu finden sucht – 'Sinngebung' wie in den klassisch hermeneutischen Verfahren – sondern L. konstituiert sieht durch spezifische Formen der Sprachverwendung analog zu den Strukturierungen der modernen Textlinguistik. Dabei gehen Formalismus wie auch der daraus entwickelte literaturwissenschaftliche Strukturalismus von der Arbitrarität des sprachlichen Zeichens aus, lösen sich also von dessen Korrespondenz mit fixierbaren Bedeutungsgehalten. Ins Zentrum der Analyse gerät so die Selbstreferentialität der Sprachzeichen, rhetorisch gesehen die Figuren- und Tropenlehre mit der *elocutio* im Mittelpunkt. Der strukturalistische Textbegriff wurde mit dem analytischen Instrumentarium der formalen Logik und der Semiotik entwickelt.[14] Er richtet sich gegen organizistische Werkmodelle, wie sie etwa den geistesgeschichtlichen Methoden seit Ende des 19. Jh. zugrundeliegen. Deren implizite Tendenz zu Mythisierung und Wertung soll durch strikt deskriptive Vorgehensweisen überwunden werden.

Eine programmatische Beschränkung auf die interne Verfaßtheit ästhetischer Texte, die weitgehende Ausschließung sozialer, psychologischer und biographischer Momente liegt auch der sog. werkimmanenten Methode zugrunde, die jedoch von der idealistischen Voraussetzung einer höheren Organisation des Kunstwerks als Organismus ausgeht. So betrachten deren Hauptvertreter KAYSER und STAIGER die L. als eine Größe, die letztlich wissenschaftlicher Erfassung entzogen und nur auf dem Wege der Einfühlung zu erfassen sei.[15] Die grundsätzlichen Differenzen zwischen der im deutschprachigen Raum entstandenen werkimmanenten Methode und den in Osteuropa, den USA und Frankreich entwickelten formalistischen und strukturalistischen Modellen zeigen sich auch in den präferierten literarischen Richtungen: Der werkimmanenten Schule ist eine Vorliebe für das ‹geschlossene› Kunstwerk im Sinne des Klassizismus (z. T. auch der Romantik und des poetischen Realismus) zueigen; die Vertreter der strukturalistischen Verfahren sehen stattdessen ihren Literaturbegriff paradigmatisch eher in der experimentellen, hermetischen, auf das Sprachspiel gerichteten L. der Moderne realisiert. Polyvalenz, Selbstreferentialität, partielle Eliminierung der Korrespondenz von Signifikat und Signifikant, Suspendierung von Sinn sind Kennzeichen der avantgardistischen literarischen Moderne, sie begründen in den formalistischen Literaturbegriffen die Konzentration auf interne Bezüge und Ausdrucksformen, etwa die Annahme von ‹Unbestimmtheitsstellen› bei INGARDEN.[16] Das nicht-mimetische Verständnis des künstlerischen wie analytischen Sphäre zeigt sich auch bei R. BARTHES, für den Mimesis «nicht auf der Analogie der Substanzen gründet (wie in der sogenannten realistischen Kunst), sondern auf der der Funktionen [...]».[17] Ähnlich wie die Strukturalisten geht auch der im angloamerikanischen Bereich zeitweise dominierende New Criticism (C. BROOKS, A. TATE u.a.) auf der Basis der ästhetischen Anschauungen CROCES von einer Nicht-Kommensurabilität des künstlerischen Werks mit anderen (philosophischen, soziologischen, historischen) Begriffen aus.

Radikalisiert wird der Zusammenhang von Sprache und Bedeutung in den Ansätzen des Poststrukturalismus, der Dekonstruktion, insgesamt der Postmoderne. Betont wird hier der schillernde Charakter der L., der logozentrische Zuordnungen (DERRIDA), die Festschreibung von Sinn, verfehlt erscheinen läßt. Die poststrukturalistische Theoriebildung verschärft die bereits in der klassischen Moderne ausgebildeten Zweifel an der Mitteilungsfunktion von (ästhetischer) Sprache. In radikaler Zuspitzung wird systematische Verkehrung und Sinnfreisetzung angenommen, Sichtweisen, die an die frühromantischen oder surrealistisch/dadaistischen Versuche anknüpfen. Ebenso wie die Sinnhaftigkeit ist im Poststrukturalismus die feste Autorenidentität verlorengegangen, der Autor wird tendenziell auf eine Funktion reduziert. P. DE MANS Begriff der Literarizität beruft sich auf die *rhetorische* Lektüre und expliziert die Annahme, alles erkenntnisgerichtete Lesen müsse scheitern. «L. ist Fiktion nicht nur darum, weil sie sich irgendwie weigerte, 'Realität' anzuerkennen, sondern weil nicht a apriori festeht, daß Sprache gemäß den Prinzipien [...] der phänomenalen Welt funktioniert». [18]

Anmerkungen:
1 vgl. H.-B. Heller: Lit. Intelligenz und Film. Zu Veränderungen der ästhet. Theorie und Praxis unter dem Eindruck des Films 1910–1930 in Deutschland (1984); A. Kaes (Hg.): Kino-Debatte. Texte zum Verhältnis von L. und Film 1909–1929 (1978). – 2 P. Scheider: Die Phantasie im Spätkapitalismus und die Kulturrevolution, in: Atempause. Versuch, meine Gedanken über L. und Kunst zu ordnen (1977) 152. – 3 ders.: Über den Unterschied von L. und Politik, in: Schneider [2] 174. – 4 S. Freud: Der Dichter und das Phantasieren, in: Studienausgabe, Bd. 10 (1969), 173f. – 5 ebd. 179. – 6 ebd. – 7 vgl. W. Schönau: Einf. in die psychoanalytische Literaturwiss. (1991) 10. – 8 zum Wirkungsaspekt vgl. Schönau [7] 37–80. – 9 vgl. J. Hawthorn: Grundbegriffe der modernen Literaturtheorie. Ein Hb. (1993), 260. – 10 Th. W. Adorno: Ästhet. Theorie, hg. von G. Adorno, R. Tiedemann (1973) 337. – 11 vgl. G. Grass: Schreiben nach Auschwitz. Frankfurter Poetik-Vorles. (1990) 195–222, hier 217. – 12 J.-P. Sartre: Was ist L.? (1958) 26. – 13 vgl. U. Neumann: Rhet., in: H.L. Arnold, H. Detering (Hg.): Grundzüge der Literaturwiss. (1996) 230f. – 14 vgl. D. Breuer: Über allen Wipfeln ist Unruh. Pragmatisches Textverstehen und poetischer Text, in: W. Haubrichs (Hg.): Perspektiven d. Rhet., in: LiLi 11 (1981) 223–240; U. Eco: Das offene Kunstwerk (1973); ders.: Entwurf einer Theorie der Zeichen (1987); C. Knobloch: Art. ‹Text›, in: H.-J. Sandkühler (Hg.): Europäische Enzyklop. zu Philos. und Wiss. (1990) Bd. 4 (1990) 571–575; J. Landwehr: Text und Fiktion. Zu einigen literaturwiss. und kommunikationstheoretischen Grundbegriffen (1975); K. Stierle: Text als Handlung und Text als Werk, in: M. Fuhrmann et al. (Hg.): Text und Applikation (1981) 537–546. – 15 vgl. W. Kayser: Das sprachliche Kunstwerk. Eine Einf. in die Literaturwiss. (^{20}1992); E. Staiger: Die Kunst der Interpretation (1971). – 16 vgl. R. Ingarden: Das lit. Kunstwerk (^{3}1965); ders. Gegenstand und Aufgaben der Literaturwiss. Aufsätze und Diskussionsbeitr. (1937–64) (1976). – 17 R. Barthes: Die strukturalistische Tätigkeit, in: D. Kimmich et al. (Hg.): Texte zur Literaturtheorie der Gegenwart (1995) 215–223, hier 217. – 18 P. de Man: Der Widerstand gegen die Theorie, in: V. Bohn (Hg.): Romantik. L. und Philos. (1987) 92.

Literaturhinweise:
K. Hamburger: Die Logik der Dichtung (^{2}1968). – H. Kreuzer (Hg.): Veränderungen des Literaturbegriffs. Fünf Beiträge zu aktuellen Problemen der Literaturwiss. (1975). – H. Turk: Literaturtheorie I. Literaturwiss. Teil (1976). – P. Hernadi (Hg.): What is Literature? (Bloomington 1978). – U. Keller: Fiktionalität als literaturwiss. Kategorie (1980). – L. Fiedler: What was Literature? (New York 1982). – H. Arntzen: Der Literaturbegriff. Gesch. Komplementärbegriffe, Intention. Eine Einf. (1984). – N. Gutenberg: Über das Rhet. und das Ästhetische. Grundsätzliche Bemerkungen, in: Rhetorik. 4 (1985) 117–131. – G. Coenen: Lit. Rhet., in: Rhetorik 7 (1988) 43–62. – P. de Man: Allegorien des Lesens (1988). – G. Raulet (Hg.): Von der Rhet. zur Ästhetik. Stud. zur Entstehung der modernen Ästhetik im 18. Jh. (1995). – T. Eagleton: Einf. in die Literaturtheorie (^{4}1997). – M. Andreotti: Die Struktur der modernen Lit. (2000).

J.G. Pankau

→ Ästhetik → Belletristik → Dichtung → Fiktion → Gattungslehre → Gebrauchsliteratur → Imitatio → Interpretation → Kanon → Kunstprosa → Literaturkritik → Literaturwissenschaft → New Criticism → New Historicism → Poetik → Rede → Schrift, Schriftlichkeit → Stillehre → Wirkungsästhetik

Literaturkritik (lat. iudicium; engl. literary criticism; frz. critique littéraire; ital. critica letteraria)
A. I. Def. – II. Systematisches. – 1. Literaturkonzeptionen. – 2. L. und Rhet. – B. I. Antike. – 1. Griechenland. – 2. Rom. – II. MA. – III. Neuzeit. – 1. Renaissance. – 2. Frz. Klassik. – 3. 18./19. Jh. – a. Großbritannien. – b. Deutschland. – IV. Gegenwart.

A. I. *Definition.* Der Begriff ‹L.› bezeichnet diejenige Tätigkeit, durch welche man die Qualität von präsumtiv literarischen Texten beurteilt. Zum Gegenstand der L. wird ein Text also dann, wenn jemand mit ihm Kunstanspruch erhebt, gleichgültig, ob der Autor selbst dies tut oder einer seiner Leser.

Die L. tritt in drei Gestalten auf: (1) In ihrer radikalsten Form stellt sie in Abrede, daß es überhaupt einem literarischen Text gelingen kann, etwas von Bedeutung mitzuteilen, i. e. sie verwirft nicht einzelne Werke, sondern die Literatur in toto. Topisch ist hier die Platonische Mimesiskritik. (2) In einer weniger radikalen Gestalt konzediert die Kritik die Möglichkeit der Literatur. Sie will daher lediglich feststellen, ob das einzelne Werk zu recht Kunstanspruch erhebt. (3) Die dritte Gestalt der L. kann erst auftreten, wenn die Frage nach dem Kunstanspruch positiv beantwortet ist. Denn nun bleibt zu überprüfen, in welchem Grade der zu beurteilende Text die Anforderungen erfüllt, die an ein literarisches Kunstwerk gestellt werden müssen.

Alle drei Gestalten der L. setzen voraus, daß der Kritiker eine Vorstellung von dem besitzt, was als ein literarisches Kunstwerk anzusehen ist. Die Bedingung der Möglichkeit kritischer Tätigkeit ist daher eine Bestimmung dessen, worauf die Literatur zielt. In ihrer ersten Gestalt behauptet die L., daß dieses Ziel unerreichbar sei, in ihrer zweiten konstatiert oder negiert sie im Einzelfall eine grundsätzliche Zielausrichtung, in ihrer dritten Form schließlich stellt sie den Grad der Annäherung fest.

II. *Systematisches.* **1.** *Literaturkonzeptionen.* Das Ziel der Literatur läßt sich entweder so bestimmen, daß ein derivativer, oder so, daß ein autochthoner Literaturbegriff entspringt. Derivativ faßt man die Literatur dann, wenn ihr eine Aufgabe zugesprochen wird, die außerhalb ihrer selbst liegt. Sie ist hier lediglich Mittel zur Darstellung eines Sachverhaltes, zur Propagierung oder Popularisierung einer Welt- oder Menschheits- oder Geschichtskonzeption. Die radikale Kritik stellt in Abrede, daß die Literatur ein geeignetes Mittel zur Verwirklichung irgendeines dieser Ziele sei. Die weniger radikale Kritik hingegen muß zunächst eine Entscheidung treffen, was genau die darzustellenden Sachverhalte bzw. die zu propagierenden Auffassungen sind, um sodann zu prüfen, ob die literarische Produktion wahr im Sinne der Korrespondenzwahrheit ist, ob also richtig erfaßt wird, was es darzustellen oder zu propagieren gilt. Die dritte Gestalt der L. spielt bei einem derivativen Literaturbegriff insofern eine untergeordnete Rolle, als ihr ja lediglich die Darstellungsqualität bzw. die Propagierungseffektivität des Textes in Frage steht. Dies zu beurteilen, setzt aber voraus, daß der Literaturproduktion gewisse ihr eigentümliche Gesetzmäßigkeiten unterstellt werden, welche der Autor zu befolgen hat. Damit betritt man das Feld, in welchem ein autochthoner Literaturbegriff angesiedelt ist.

Autochthon bestimmt man die Literatur, wenn man ihr Eigengesetzlichkeit zuspricht, also annimmt, daß ein Text genau dann literarische Qualitäten aufweist, wenn der Autor bei seiner Produktion bestimmten Anweisungen gefolgt ist, welche nicht einer extraliterarischen Funktionsbestimmung entstammen. Topisch ist hier die regelpoetische Interpretation der Aristotelischen Ästhetik. Setzt man einen autochthonen Literaturbegriff an, dann kann die radikalste Gestalt der L. nicht auftreten; denn mit der Formulierung von Gesetzmäßigkeiten des Literarischen ist der Literatur zugleich ein Existenzrecht eingeräumt. In ihrer zweiten und dritten Gestalt nimmt die L. bei einem autochthonen Literaturbegriff Züge der Rechtsprechung an. Sie erfolgt, rhetorisch gesehen, im ‹genus iudiciale›. Der Kritiker überprüft, ob ein Text Fall einer Regel/eines Regelkanons ist, und er konstatiert den Grad der Regelkonformität. Die L. folgt hier also einem Kohärenzbegriff der Wahrheit.

Eine andere Wendung nimmt der autochthone Literaturbegriff, wenn nicht der Literatur überhaupt, sondern jedem einzelnen Werk Eigengesetzlichkeit zugesprochen wird. Nun liegen keine allgemeingültigen Kriterien der Beurteilung mehr vor, sondern sie sind jeweils neu zu bilden. Der Literaturkritiker verliert die Funktion des Kunstrichters und damit die Möglichkeit, mit einem Kohärenzbegriff der Wahrheit zu operieren; er findet sich also ins ‹genus deliberativum› versetzt. Topisch sind hier die im Zusammenhang mit dem neuzeitlichen Geniebegriff entstehenden Theorien der Literatur – insbesondere die vom Britischen Empirismus vorbereitete Kantische ‹Kritik der ästhetischen Urteilskraft›.

2. *L. und Rhetorik.* Der Zusammenhang von L. und Rhetorik ergibt sich aus dem jeweiligen Literaturbegriff. So geht die radikale Verurteilung alles Literarischen, welche an die Voraussetzung eines derivativen Literaturbegriffs gebunden ist, mit der Identifikation von Literatur und Rhetorik einher. Unter Rhetorik wird hier eine Lehre verstanden, welche es erlaubt, frei von jeder Verpflichtung auf Moral oder Wahrheit, ein beliebiges Auditorium zu beliebigen Auffassungen zu bringen. Die Literatur, welche für ihren radikalen Kritiker die Wahrheit immer nur verfehlen kann, ist per se eine Weise des rhetorischen Sprechens, denn nur mit den Mitteln einer verführerischen Persuasion kann es ihr gelingen, den Schein der Wahrhaftigkeit zu gewinnen. Gesteht die Kritik hingegen der Literatur ein Existenzrecht zu und hängt sie obendrein einem derivativen Literaturbegriff an, dann akzeptiert sie die persuasiven Züge eines solchen Kunstwerks, das im Dienste der richtigen Sache steht.

Bei einem autochthonen Literaturbegriff reduziert sich der Zusammenhang auf eine Analogisierung: Wie der Redner über die Gestalt seines Vortrages, so hat der Dichter über die Form seines Textes nachzudenken; beide unterstehen dem Zwang zur Formgebung. Rhetorik ist nun eine Lehre von der angemessenen formalen Präsentation. Der Kunstrichter kennt dieses Regelwerk und überprüft seine Anwendung.

Eine ganz andere Form des Zusammenspiels von Rhetorik und L. tritt auf, wenn eine regelpoetische Ästhetik obsolet erscheint. Denn nun muß die Äußerung des Kritikers selbst als rhetorisches Sprechen aufgefaßt werden. Er ist es, der sein Auditorium davon zu überzeugen versucht, daß der zu beurteilende Text in bestimmter Weise aufgefaßt werden muß. Hier tritt also kein formaler, sondern ein substantieller Rhetorikbegriff in Erscheinung. Rhetorik ist nun eine Lehre, welcher zu entnehmen ist, wie man hinsichtlich eines Gegenstandes, für dessen Beurteilung es keine festen oder aber überhaupt keine Regeln gibt, zu einem Urteil gelangt, das einem Auditorium angesonnen werden kann. Die literaturkritischen Äußerungen nehmen hier deliberative Züge an.

Sowohl die drei Gestalten der L. als auch die Identifikation des Literarischen mit dem Rhetorischen bzw. die Analogisierung beider werden in der Auseinandersetzung Platons mit den Sophisten und Rhetoren seiner Zeit vorgeführt. Den substantiellen Begriff des Rhetorischen entwickelt Aristoteles. Die folgenden Jahrhunderte entfalten das Instrumentarium einer regelpoetischen Literarästhetik, die lediglich eine formale Konzeption des Rhetorischen zuläßt. Erst mit der ästhetischen Neuorientierung des Britischen Empirismus setzt schließlich eine Entwicklung ein, welche als Neubelebung einer Rhetorisierung der L. im Sinne eines substantiellen Rhetorikbegriffs verstanden werden kann.

Literaturhinweise:
G. Saintsbury: A History of Criticism and Literary Taste in Europe from the Earliest Texts to the Present Day, 3 Bde. (Edinburgh/London ⁴1922/23). – D.C. Bryant: Rhetorical Dimensions in Criticism (Baton Rouge 1973). – H.-G. Schmitz: Zensor, Kunstrichter und inventive Kritik, in: ders., J. Egyptien, M. Neukirchen: Hat Lit. Kritik nötig? (1989) 9–67. – W. Barner: L. – Anspruch und Wirklichkeit. DFG-Symposion 1989 (1990).

B. I. *Antike.* **1.** *Griechenland.* Die frühesten literaturkritischen Äußerungen treten als Zweifel an der Glaubwürdigkeit der Dichter auf. HERAKLIT macht sich über die angebliche Weisheit Homers lustig.[1] HESIOD wirft er Vielwisserei (πολυμαθίη, polymathíē)[2] vor. Die Anschuldigung einer falschen Götterdarstellung wird insbesondere von XENOPHANES[3] erhoben. Für die These, daß die Dichter lügen, ist SOLONS Äußerung zum Topos geworden.[4] Anlaß für diese Kritik ist die tradierte Auffassung, der Dichter sei durch die Gottheit enthusiasmiert. DEMOKRIT sagt, was der Dichter von göttlichem Geiste erfüllt schreibe, das sei in höchstem Grade schön.[5]

Der Sophist GORGIAS bestimmt die Dichtung demgegenüber als Rede, die in Versform gebracht ist. Das Spezifikum dieser besonderen Art des Sprechens besteht in seiner psychagogischen Kapazität: Durch die poetische Rede dringen auf die Zuhörer schaudererregendes Entsetzen, jammervoll-tränenreiche Rührung und trauerliebe Sehnsucht ein; denn durch Wörter erfährt die Seele eigenes Leid im Angesicht des Glücks oder Unglücks, das sich bei fremdem Handeln und für fremde Menschen einstellt.[6] Der literarische Erfolg mißt sich daher an dem Grade, in dem es gelingt, die gewünschte Emotionalisierung des Rezipienten herbeizuführen. Richtet der Redner-Dichter sein Augenmerk auf die Frage, wie sein Text beschaffen sein muß, damit er diese Effekte beim Rezipienten erzeugt, dann entsteht ein Regelwerk, das ihm dem Anscheine nach gotterfüllte Wörter zu formulieren erlaubt.[7] Aus dieser Überlegung ergibt sich als Kriterium der Qualität aller rednerischen und aller literarischen Bemühungen die Täuschung des Rezipienten. Gorgias sagt: Die Tragödie bietet durch Mythen und Leidenschaften eine Täuschung, bei welcher der Täuschende, also der rhetorisch verfahrende Dichter, eine größere Legitimation hat als der, welcher nicht täuscht, und der Getäuschte weiser ist als der, der nicht getäuscht wird, weil er zeigt, daß er nicht gefühllos ist.[8]

Exemplarisch vorgeführt werden die in dieser Diskussion um die Dignität der Literatur eingenommenen Standpunkte in PLATONS ‹Ion›, wobei zugleich die Voraussetzungen literaturkritischer Überlegungen geklärt werden. Sollte der Dichter von der Gottheit zu seinen Äußerungen veranlaßt werden[9], also Dolmetscher der Gottheit sein[10], dann entziehen sich Form und Inhalt seiner Produktion aller Kritik; sollte er hingegen sein

Werk ohne göttlichen Einfluß hervorbringen, dann kann und muß der Rezipient kritisch Stellung beziehen. Kriterium ist hier allerdings nicht die gelungene Täuschung, sondern die Abbildungstreue (μίμησις, mímēsis) der Darstellung, welche wiederum ein adäquates Gegenstandswissen zur Voraussetzung hat.[11] Im ‹Sophistes› klärt Platon seine Konzeption der Mimesis[12] mit einer Definition des Sophisten. Der Sophist betreibt – nicht geradsinnig-naiv[13], sondern ironisch[14] – eine Nachahmung, in welcher er – im Bewußtsein seiner Unkenntnis der wirklichen Sachverhalte – lediglich die Meinung (δόξα, dóxa) der Menschen abbildet.[15]

Damit wird der Begriff der Doxa zum Zentralterminus der Platonischen L.. Dies ist auch der systematische Ort, an welchem sich für Platon der Zusammenhang mit der Rhetorik ergibt. Die sophistische Redekunst ist das Gegenstück einer verderblichen Kochkunst[16], welche dem heilungssuchenden Kranken lediglich kurzen Genuß verschafft und daher den unangenehmen Eingriffen des Arztes vorgezogen wird. Für den wahren Redner gilt: Er muß sich an den Philosophen wenden und dessen Einsichten dann so weitergeben, daß die Seele des Rezipienten auf den rechten Weg gebracht wird.[17]

Während Platon damit im ‹Phaidros› und auch im ‹Gorgias› die Möglichkeit eines aufrichtigen Rhetors durchaus zugesteht[18], entwickelt er in der ‹Politeia›[19] eine radikale L., die der Dichtung die Fähigkeit zur adäquaten Wirklichkeitserfassung wie zur angemessenen Seelenführung überhaupt abspricht. Die ontologische Grundlegung dieses Vorwurfes kann man dem Liniengleichnis entnehmen.[20] Hier wird alles, was man im weitesten Sinne seiend nennt, unter zwei Modi rubriziert, so daß es entweder als Original, i. e. als Idee, oder als deren Kopie, i. e. als sinnlich erfahrbare Erscheinung, bestimmt ist. Die Erscheinungen gehören der Welt des Werdenden und Vergehenden an, die Ideen hingegen der Sphäre des Ewigen und daher Unvergänglichen. Sie sind im eigentlichen Sinne seiend, i. e. die Wahrheit des nur Phänomenalen; denn das, was vielfältig und schattenhaft erscheint, kann auf sie als das jeweils einheitlich Eine zurückgeführt werden. Da nun alle Kunst Sinnliches in Sinnlichem abbildet, ist ihr Produkt Kopie einer Kopie. Deshalb steht auch die Literatur – von den Ideen aus gerechnet – auf der dritten Stufe (τρίτος ... ἀπὸ ... τῆς ... ἀληθείας[21]). Sie ist also unfähig, die Welt angemessen zu erfassen.

Diese ontologisch fundierte Kritik hat auch eine psychologische Dimension: Platon unterscheidet drei Seelenteile, den rationalen (λογιστικόν, logistikón[22]), den einzig von Begehrlichkeit beherrschten (ἐπιθυμητικόν, epithymētikón[23]) und den leidenschaftlichen (θυμοειδές, thymoeidés[24]). Gelingt es der Vernunft, den letzten Teil in ihren Dienst zu nehmen, dann kann sie die Begierde beherrschen und Seelenharmonie herstellen, schließt sich das Thymoeides hingegen der Begierde an, dann werden alle Mahnungen in den Wind geschlagen. Die sophistische Rhetorik wie die mimetische Literatur wirken nach Platons Auffassung nun so auf den Rezipienten ein, daß seine Vernunft zum Schweigen gebracht wird. Denn man führt Menschen vor, die in Glück oder Unglück geraten und sich im Bewußtsein dieser Zustände entweder freuen oder grämen.[25] Insbesondere das Elend der Protagonisten infiziert die Seele des breiten Publikums, es verliert alles Maß und reagiert wie die Kinder, die auf eine leichte Verletzung hin ein überlautes Geschrei anstimmen.[26] Die Dichtung liefert auf diese Weise nicht nur dem tränenseligen Pöbel Nahrung, sondern sie kann auch die Seele der Guten verderben. Von Homer an sind alle Dichter daher nur Nachahmer von Scheinbildern[27], sie orientieren sich an den Bedürfnissen und Gelüsten der unwissenden Masse[28], von den Dingen selbst wissen sie nichts.[29]

Freilich findet sich bei Platon auch die weniger radikale Gestalt der L.[30] Im dritten Buch der ‹Politeia› operiert er mit einem Literaturbegriff, der – wie seine Rhetorikkonzeption im ‹Phaidros› – in den Zusammenhang der Psychagogia gehört. Der Begriff der Mimesis[31] wird nun auf die unmittelbare Darstellungsform der dramatischen Gattungen eingeschränkt, gegen ihn setzt Platon die ἀπαγγελία (apangelía, Mitteilung[32]), die mittelbare Darstellungsform der Dithyrambendichtung. Im Epos finden sich sowohl dramatische als auch erzählerische Elemente. Hält nun der epische Dichter den mimetischen Teil seines Werks sehr gering und ahmt er obendrein nur rechtschaffene Menschen nach, dann billigt Platon sein Werk. Dies setzt freilich – wie beim akzeptablen Redner des ‹Phaidros› – voraus, daß der Autor sich in den Dienst des Philosophen stellt und dessen Erkenntnis in die Seele des Zuschauer pflanzt. Die technischen Anweisungen des ‹Phaidros› lassen sich daher auf die Literatur übertragen. Platon verlangt Kenntnis des Wahren[33], begriffliche Erfassung des Gegenstandes[34] und daher seine Zergliederung[35], Einsicht in die Beschaffenheit der Physis und der Psyche des Rezipienten und schließlich Anpassung der begrifflich erfaßten Sache an die Aufnahmefähigkeit des Auditoriums. Diese Anweisungen der Psychagogia-Rhetorik sind die Maßgaben des Literaturkritikers.

Auch der Komödiendichter ARISTOPHANES vertritt die Konzeption einer ethisch restringierten Literatur, wenn er in seinen ‹Fröschen› Aischylos fragen läßt, um wessentwillen man die Dichter bewundere[36], und Euripides darauf antwortet, es sei ihr Eifer, die Menschen in den politischen Gemeinschaften zu bessern.[37] Erst Aristoteles befreit die Literatur aus dieser ethischen Umklammerung, indem er dem Platonischen Mimesisbegriff reinterpretiert. Damit wird zugleich der Vorwurf der Lüge als unsinnig erwiesen. Vorbereitet ist diese Position durch PINDAR, der Homer zwar für seine Unwahrheiten tadelt, aber zugleich feststellt, sie hätten etwas Erhabenes.[38] Wenn man etwas gut sage (εὖ εἰπεῖν, eu eipeín), dann verbreite sich der Ton so, daß er unsterblich werde. ARISTOTELES formuliert eindeutiger, wenn er feststellt, insbesondere Homer habe den anderen Dichtern beigebracht, in angemessener Weise zu lügen.[39] Der Vorwurf der Unwahrhaftigkeit beruht also auf einem Unverständnis der Literatur.

Voraussetzung für diese Position ist die Aristotelische Ontologie und die aus ihr resultierende Bestimmung von Rhetorik und Poetik. Die Rhetorik ist das Gegenstück zur Dialektik[40], welche – ohne Fixierung auf ein bestimmtes Gegenstandsfeld – angibt, wie man aus wahrscheinlichen Sätzen Schlüsse bildet.[41] Wahre Sätze führen einen gewissen Zwang mit sich, weil das, was sie sagen, nur so sein kann, wie sie es sagen. Denn wahre Sätze sind entweder schon durch sich selbst evident[42], oder man demonstriert ihre Gültigkeit durch einen Beweisgang, dem sich kein vernünftiges Wesen entziehen kann. Wahrscheinliche Sätze sind hingegen diejenigen, welche entweder allen oder den meisten oder den weisen Menschen einleuchten und von letzteren wiederum entweder allen Weisen oder den meisten oder denen, die am bekanntesten sind und für weise gelten.[43] Nur in diesem Felde des Wahrscheinlichen kann das Rhetorische auftreten. Denn wo es um Wahrheit geht, haben wir es mit Fakten und Beweisen zu tun. Wo hingegen Meinungen möglich sind, gilt es, einen Standpunkt als akzeptabel oder als inakzeptabel zu erweisen.

Diese Bestimmungen resultieren aus der Unterscheidung zweier Seinsbereiche: Von den Dingen sind die einen allgemein, die anderen etwas Jeweilig-Einzelnes.[44] Allgemein ist das, dessen Prinzipien nicht anders sein können, als sie sind[45]; das Allgemeine ist daher ewig[46], also mit Notwendigkeit[47] so, wie es ist. Daher kann es hier ein Wissen im vornehmsten Sinne, i. e. ein theoretisches Wissen, geben. Es führt den Namen σοφία (sophía).[48] Im Bereich des Einzelnen, i. e. in der Sphäre dessen, was sich auch anders verhalten kann, als es sich jeweils verhält[49], erreicht man lediglich eine Kenntnis des Wahrscheinlichen. Strikte Beweise gibt es hier nicht.[50] Das Wahrscheinliche (εἰκός, eikós) ist das, was man als etwas kennt, das meistenteils so geschieht oder nicht so geschieht, so ist oder nicht so ist.[51] Es tritt im Felde der Praxis im weitesten Sinne auf, in dem Bereich, der den verändernden Zugriff des Menschen erlaubt. Der Ort des Rhetorischen ist diese Sphäre des Veränderlichen, welche aufgrund der hier herrschenden Kontingenz eine Beratschlagung nötig macht. Diese wird so vollzogen, daß man aus dem, was sich durch zurückliegende Erfahrung ergibt, Topoi bildet, die es erlauben, auf das zu schließen, was künftig zu erwarten wäre, wenn man so oder anders handelte. Topoi sind allgemeine Gesichtspunkte[52], die freilich niemals die Dignität des Theoretisch-Allgemeinen aufweisen.

Aufgrund dieser Bestimmungen darf die Rhetorik als eine ‹Topik des Praktischen› bezeichnet werden, womit sich der substantielle Begriff der Rhetorik bei Aristoteles fassen läßt. Der formale Begriff hingegen verweist auf den technischen Charakter der Redekunst. Unter τέχνη, téchnē versteht Aristoteles das Wissen, welches nötig ist, um etwas im Felde des Veränderlichen hervorzubringen.[53] Das, was hier bewirkt wird, ist Resultat eines Herstellungsprozesses, der heterofunktionale Objekte erzeugt, welche erst dann Bestand haben, wenn das Tätigsein, dem sie sich verdanken, sein Ende gefunden hat. Die Rhetorik ist Techne in dem Umfang, in welchem sich sagen läßt, wie der Redner auftreten muß, um bei seinen Zuhörern ein πιθανόν (pithanón; etwas Glaubwürdiges) zu etablieren.[54] Heterofunktional ist sie insofern, als sie im Dienste der Deliberation steht. Die technisch-formale Rhetorik liefert also Anweisungen, welche Mittel einzusetzen sind, auf daß man bestimmte Reaktionen des Auditoriums erzeuge.[55] Die vorzügliche Aufgabe des Redners besteht aber im εὖ βουλεύεσθαι, eu bouleúesthai[56], i. e. in der angemessenen Bestimmung des Was des Handelns. Darum ist die formale Seite der Rhetorik von lediglich sekundärer Bedeutung.[57]

Der Zusammenhang von substantieller Rhetorik und Dichtung ergibt sich bei Aristoteles durch die Opposition von Literatur und Geschichtsschreibung. Der Historiker bezieht sich auf das Einzelne kontingenter Ereignisabläufe, auf das, was sich jeweils unter ganz spezifischen Umständen ereignet hat. Auch der Dichter thematisiert praktische Gegenstände, i. e. das Handeln der Menschen[58]; aber er zeigt – gemäß der Wahrscheinlichkeit oder der Notwendigkeit –, was geschehen könnte, das Mögliche.[59] Daraus folgt, daß die Literatur philosophischer[60] ist als die Geschichtsschreibung; denn die Dichtung spricht eher das Allgemeine aus (μᾶλλον τὰ καθόλου, mállon ta kathólū).[61] Da sich im Felde der Praxis kein Theoretisch-Allgemeines findet, kann sie nur das Topisch-Allgemeine thematisieren, mit dem auch der Redner umgeht. Die Literatur ist daher an sich selbst rhetorisch. Folglich muß auch die L., die ihren Anspruch zu prüfen hat, rhetorisch-deliberative Züge annehmen. Sie hat zu erörtern, was im einzelnen Fall als Topisch-Allgemeines präsentiert wird und ob ihm dieser Status wirklich konzediert werden kann. Damit ist der unter A.I. benannte dritte Begriff der L. etabliert. Er spielt in der Begriffsgeschichte erst eine maßgebliche Rolle, wenn die Geniekonzeption des 18. Jh. die regelpoetische Auslegung des Aristoteles obsolet macht.

Bedeutsam für L. der folgenden Jahrhunderte werden die sekundär-technischen Anweisungen der ‹Poetik›. Hier ist zunächst die Gliederung der Tragödie in sechs hierarchisch geordnete Teile zu nennen. (1) An erster Stelle steht der Mythos (μῦθος, mýthos)[62], i. e. die Zusammensetzung der Ereignisse; ihr sind (2) Charakter (ἤθη, éthē)[63], i. e. das, in Hinsicht worauf man den Protagonisten gewisse Eigenschaften attestiert, und (3) diánoia (διάνοια)[64] unterzuordnen, i. e. das, was ein Akteur in seinen Reden als grundsätzliche Einstellung sichtbar werden läßt. (1) bis (3) stellen das Was der Mimesis dar.[65] (4) Léxis (λέξις), i. e. die Zusammensetzung der Wörter im Versmaß, der Ausdruck mit Hilfe von Wörtern[66], und (5) melopoiía (μελοποιία)[67], i. e. das, was seine Wirkung im Sichtbaren entfaltet, sind das Wodurch der Mimesis.[68] (6) Die Inszenierung schließlich, i. e. das Wie der Mimesis, ist der unwichtigste Teil, da die Tragödie auch ohne sie ihre Wirkung entfalten kann.[69] Das Personal von Tragödie und Komödie wird durch das Kriterium ‹besser/ schlechter als der Zuschauer› differenziert.[70] Hinsichtlich der Komposition gilt das Postulat des Kausalnexus: Anfang (ἀρχή, arché), Mitte (μέσον, méson) und Ende (τελευτή, teleuté) müssen dergestalt ein Ganzes (ὅλον, hólon) bilden, daß kein Element ohne Zerstörung der Gesamtkonstruktion verschoben werden kann; denn nur so läßt sich das Wahrscheinlichkeitspostulat erfüllen.[71] Mit diesen Angaben sind die Bestimmung der Peripetie (περιπέτεια, peripéteia), des Handlungsumschlags[72], und der Wiedererkennung (ἀναγνώρισις, anagnórisis[73]) verbunden. Rezeptionsästhetisch überaus bedeutsam wird die Katharsislehre, welche die Tragödie auf die Emotionalisierung des Zuschauers durch die Erzeugung von ἔλεος, éleos und φόβος, phóbos[74] verpflichtet hat und sodann eine Reinigung (κάθαρσις, kátharsis) verlangt. Da die Formulierung in der ‹Poetik› nicht eindeutig ist[75], läßt sich nicht mit Gewißheit sagen, ob éleos und phóbos wieder beseitigt werden sollen oder ob sich die Reinigung auf andere, lediglich ähnliche Affekte bezieht. Obendrein bleibt unklar, ob der Reinigungsvorgang um eines mit ihm verbundenen Lustgewinns willen stattfinden soll, ob es sich um einen seelenhygienisch bedeutsamen Prozeß handelt oder ob die intellektuelle Bereicherung des Rezipienten angestrebt wird, von der zu Beginn der ‹Poetik› die Rede ist.[76] Aus dem Katharsispostulat resultiert schließlich das Verbot eines makellosen bzw. schurkischen Helden, i. e. die Hamartia-Lehre.[77]

In der Folgezeit wird die literaturkritische Tätigkeit fast ganz auf eine Beurteilung der Lexis reduziert, wodurch nicht nur eine Identifikation der Literatur mit der formalen Seite der Rhetorik erfolgt, sondern letztere obendrein auf den Gesichtspunkt des Stils, i. e. der ‹elocutio›, reduziert wird. Die römische Rhetoriktheorie macht diese Auffassung für die folgenden Jahrhunderte kanonisch.

2. *Rom.* CICERO weist dem Redner drei Aufgaben zu: er soll die Menschen belehren, sie erfreuen und für sich gewinnen, und schließlich muß er sie bewegen.[78] Dazu bedarf er eines gewissen Urteilsvermögens, der *prudentia*, welche ihn sowohl bei der Wahl seines Gegenstandes als auch bei der seiner Worte («rerum verborumque iudicium»[79]) anleitet. Aus den Entscheidungen, die hier getroffen werden, resultiert unmittelbar das Urteil (*iudicium*) des Publikums[80], welches mit dem des Fachmannes übereinstimmt; denn mit welcher Art Redner man es zu tun hat, läßt sich ja nur im Blick auf die Reaktion bestimmen, die im Auditorium erzeugt wird[81]. Ein Redner ist demnach, wer über jeden Gegenstand, der sich in Worten auseinandersetzen läßt, auf kluge, geordnete Weise und auch in einem gefälligen Stil, i. e. *ornate*, zu sprechen weiß.[82] Damit ist das Gegenstandsfeld der Rhetorik unbegrenzt, sie hat es mit allem zu tun[83], was ein Redner zu seinem Thema macht. Die Texte der Philosophen und Geschichtsschreiber wie die der Dichter sind daher lediglich durch ihre eigentümliche Stillage von denen der Rhetoren im engeren Sinne zu unterscheiden. Die Sprache der Philosophen ist emotionslos und daher auch ohne Kraft.[84] Der Stil der Geschichtsschreibung kommt der Ausdrucksweise eines Redners näher, aber auch sie hat nicht die Gefühle des Auditoriums im Sinn, bemüht sich daher um Glätte des Ausdrucks.[85] Schwieriger ist die Abgrenzung zu den Dichtern: Sie reklamieren wie der Redner einen großen Spielraum an Gestaltungsmöglichkeiten.[86] Auch lassen sich ihre Werke nicht im Verweis auf den Rhythmus ihrer Sprache von den Texten der Oratoren unterscheiden; denn rhythmisch artikuliert sich auch der Redner.[87] Es verbleibt also nur, die besondere Art des Redeschmucks ins Auge zufassen. Hier zeichnen sich die Poeten durch eine größere Freiheit in der Wortbildung und Wortreihung aus[88], sie verwenden häufiger Metaphern und sind dabei – wie auch in der Produktion von Archaismen und Neologismen – viel kühner als die Redner[89]; obendrein gilt, daß sie eher am Klang ihrer Worte als an der zum Ausdruck gebrachten Sache interessiert sind.[90] Dem Dichter verzeiht man keinen formalen Fehler.[91]

Damit liefert Cicero eine Bestimmung der Literatur, welche sie zwar mit der Rhetorik identifiziert, diese Gleichsetzung aber nur auf den formalen Teil der poetischen Ausdrucksweise begrenzen will. Ohne ein würdiges Thema macht sich der Rhetor lächerlich[92], die Gegenstände der Poeten sind hingegen oft Wundermärchen.[93] Diese mitzuteilen hat freilich eine Berechtigung, wenn das Auditorium sich an ihnen, vor allem aber an der Form, in welcher sie präsentiert werden, erfreuen kann. Cicero faßt die Literatur mithin als eine auf das *delectare* beschränkte Redekunst, deren Gegenstände an sich selbst keinerlei Bedeutung haben. Sie gehört am ehesten in das *genus demonstrativum*, in welchem man Schaustücke vorführt, um das Publikum zu ergötzen.[94] L. kann daher nur als Stilkritik auftreten. Ihr Kriterium ist im wesentlichen die Angemessenheit des Mitgeteilten.[95] Diese Bestimmungen werden von den nachfolgenden Theoretikern weiterentwickelt.

Für TACITUS gehört die Dichtung ganz selbstverständlich zur Rhetorik.[96] Freilich wird in seinem ‹Dialogus de oratoribus› zugleich die Ansicht vertreten, die Poesie verschaffe ihrem Urheber kein Ansehen, sondern nur leeres und fruchtloses Lob, dem Publikum bestenfalls kurzes Vergnügen, aber keinen rechten Nutzen.[97] Bestritten wird diese Auffassung mit einem Hinweis auf die Vorzüge eines literarischen Eskapismus, welcher dem Dichter im Gegensatz zur gefahrvollen oder doch zumindest unruhigen Existenz des öffentlichen Redners Sicherheit und ein beschauliches Leben garantiere.[98] Obendrein benötige der politische Redner einen gewissen Spielraum; wenn er sich nicht frei und ungehindert bewegen könne, dann sei der Redekunst der Boden entzogen.[99] Schließlich wird festgestellt, jene große und bemerkenswerte politische Beredsamkeit der Alten sei ohnehin nur ein Kind zügelloser Frechheit, welche lediglich Dummköpfe als Freiheit bezeichneten.[100]

Weniger skeptisch dem Nutzen der Literatur gegenüber ist QUINTILIAN. Er definiert die Rhetorik als ‹bene dicendi scientia[m]› (die Wissenschaft vom guten Sprechen[101]), ohne für diese Erklärung Originalitätsanspruch zu erheben. Als Konstituenten der Rede bestimmt er Wörter und Sachen.[102] Aufgabe des Redners ist – wie schon bei Cicero – das *docere*, *delectare* und *movere*[103], wobei freilich die Freiheit des Rhetors geringer ist als die des Poeten[104], dessen eigentliche Funktion darin besteht, Vergnügen zu bereiten. Um dieses Zieles willen darf er nicht nur Falsches, sondern auch Unglaubliches vortragen.[105] Dennoch empfiehlt Quintilian dem künftigen Redner die Lektüre der Dichter – einerseits, weil sich bei ihnen lernen lasse, wie man geistvoll und erhaben über die Dinge sprechen könne, wie sich emotionale Bewegung zum Ausdruck bringen und der Personendarstellung Anmut und Würde verleihen lasse; andererseits, weil die Poesie dem überanstrengten Gerichtsredner eine willkommene Entspannung zu bieten vermöge.[106] Darauf folgt im zehnten Buch der ‹Institutio› ein nach Textsorten geordneter Lektürekanon griechischer und lateinischer Autoren[107], in welchem – nach Maßgabe der vorangestellten Funktionsbestimmung der Literatur – die literarischen Qualitäten ausgewählter Dichter hervorgehoben, aber auch ihre Schwächen getadelt werden.

HORAZ läßt eine über die Unterhaltung hinausgehende Pflicht des Dichters anklingen, wenn er schreibt: «aut prodesse volunt aut delectare poetae / aut simul et iucunda et idonea dicere vitae»[108] (nützen oder erfreuen wollen die Dichter oder beides zugleich – sowohl etwas Angenehmes als auch etwas der Lebensführung Förderliches sagen). Was sie allerdings belehrend als eine Vorschrift äußern, muß kurz sein; nur so bleibt die Aufnahmebereitschaft des Publikums gesichert.[109] Dem Dichter ist es erlaubt, bei der Wahl seines Gegenstandes Wahres mit Falschem zu mischen.[110] Über allen Bestimmungen steht allerdings auch bei Horaz die im Sinne des von Cicero postulierten *aptum* erhobene Forderung nach Angemessenheit und Stimmigkeit, welche nun ausdrücklich für die Literatur formuliert wird.[111] Der Literaturkritiker, in dessen Rolle Horaz hier schlüpft, fungiert wie ein Wetzstein, mit dem sich ein Autor so bearbeiten läßt, daß er ein vollkommenes Werk zu produzieren vermag.[112] Damit ist erneut der von Platon postulierte Kunstrichter eingeführt, welcher nun aber anhand eines im wesentlichen der formalen Rhetorik entnommenen Regelwerks die Qualität literarischer Texte beurteilt, mißlungene Werke verwirft und auf diese Weise die Qualität dichterischer Produktionen garantiert.

Vollendeten Ausdruck findet diese Entwicklung in PSEUDO-LONGINUS' Schrift ‹De sublimitate›. Hier geht es um die Bestimmung des Erhabenen und um die Beschreibung des Weges, auf dem es erreicht werden kann.[113] Denn in dem Lebenskreis, der allen Menschen gemeinsam ist, finde sich nichts wirklich Großes.[114] Man trifft es vorzüglich in literarischen Produktionen, bei deren Rezeption sich die Seele emporschwingt – ganz so, als hätte sie selbst hervorgebracht, was sie doch nur aufnimmt.[115] Das Außerordentliche bringt das Publikum nicht dazu, eine Überzeugung zu fassen, sondern es versetzt es εἰς ἔκστασιν, eis ékstasin, in Entzücken. Widerstand gegen diese ekstatische Reaktion ist unmöglich, denn das wirklich Große gefällt jedermann in gleicher Weise.[116] Da die Natur, wenn sie das Erhabene auftreten läßt, nicht willkürlich verfährt, lassen sich Regeln für seine Erzeugung angeben[117], diese betreffen sowohl die Gedanken, welche der Dichter zu artikulieren, als auch die Form, die er seinem Stoff zu geben hat.[118]

Pseudo-Longinus säkularisiert damit den göttlichen Einfluß, von dem in Platons ‹Ion› die Rede ist, so, daß nicht mehr ein Gott den Dichter, dieser den Rhapsoden und der schließlich das Publikum enthusiasmiert, sondern ein rhetorisch geschulter Autor versetzt sein Publikum nach wohlkalkulierten Regeln in einen Zustand, den dieses als Erhebung über den Alltag empfindet. Was von der göttlichen Besessenheit verbleibt, ist die Außerordentlichkeit des Erlebnisses, der poetische Wahrheitsanspruch ist aufgegeben.

Anmerkungen:
1 VS B 56. – 2 VS B 40. – 3 VS B 11, 12. – 4 B. Gentili, C. Prato (Hg.): Poetae elegiaci. Testimonia et fragmenta (T. 1: ²1988; T. 2: 1985) 25. – 5 VS 18; vgl. auch Cic. De or. II, 194; Hor. Ars Vv. 195-7. – 6 Gorgias, Helena 9. – 7 vgl. Helena 10. – 8 Plutarch, De gloria Atheniensium 5, Moralia 348 C; vgl. auch Quomodo adolescens poetas audire debeat 15 D. – 9 vgl. Platon, Ion 533e5–8, 534b3–6, 534d3/4. – 10 ebd. 534e 4/5. – 11 ebd. 536d8–541d 6. – 12 zur vorplatonischen Bedeutung des Begriffs vgl. J. Tate: ‹Imitation› in Plato's Republic, in: Classical Quarterly 22 (1928) 16–23; H. Koller: Die Mimesis in der Antike (Bern 1953); A. Neschke: Die ‹Poetik› des Aristoteles, Textstruktur und Textbedeutung, Bd. 1 (1980) 78ff.; S. Halliwell: Aristotle's Poetics (London 1986) 111–116. – 13 Platon, Sophistes 268a6. – 14 ebd. 268a7. – 15 ebd. 267e1. – 16 Plat. Gorg. 465c7–465e1. – 17 Plat. Phaidr. 271a4–8. – 18 vgl. auch Plat. Gorg. 504d5-e4. – 19 Plat. Pol. X, 1/2. – 20 ebd. 509d1–511e5. – 21 ebd. 597e7; vgl. auch 599a1. – 22 ebd. 439d5. – 23 ebd. 439d7/8; vgl. auch 580e2. – 24 ebd. 441a2; vgl. auch 581a9. – 25 ebd. 603b4–7. – 26 ebd. 604c7f. – 27 ebd. 600e4/5; vgl. hierzu J. Labarbe: L'Homère de Platon (Paris 1949). – 28 Plat. Pol. 602b3. – 29 ebd. 602b7. – 30 zur Frage nach dem Verhältnis beider Konzeptionen W.C. Greene: Plato's View of Poetry, in: Harvard Studies in Classical Philology 29 (1918) 1–76; Tate [12]; H. Gundert: Enthusiasmos und Logos bei Platon, in: Lexis 2 (1949) 25–46. – 31 Plat. Pol. 393c9. – 32 ebd. 394c2. – 33 Plat. Phaidr. 277b5/6. – 34 ebd. 277b6. – 35 ebd., 277b7. – 36 Aristophanes, Frösche 1008. – 37 ebd. 1009/1010. – 38 Pindar, Nemeische Oden VII, 21f. – 39 Arist. Poet. 1460a20. – 40 Arist. Rhet. 1354a1; vgl. auch Cic. Or. 32, 114. – 41 Arist. Top. 100a19/20. – 42 vgl. ebd. 100a30– b18. – 43 ebd. 100b21–23. – 44 Aristoteles, De interpretatione 17a38/39. – 45 Arist. EN 1139a7/8. – 46 ebd. 1139b23. – 47 ebd. 1139 b 22. – 48 ebd. 1140 b 31; 1141a17/18. – 49 ebd. 1139a8. – 50 ebd. 1140a 34/35. – 51 Aristoteles, Analytica priora 70a 3–5; vgl. auch Rhet. 1357a34–57b1. – 52 vgl. Arist. Rhet. 1358a12–14; 1358a32. – 53 Arist. EN 1140a10f. – 54 Arist. Rhet. 1355B 25/26. – 55 1356a 2ff.; 1403b6ff. – 56 ebd. 1366b21. – 57 vgl. ebd. 1354a17/18; 1355b 15/16. – 58 Arist. Poet. 1448a 1. – 59 ebd. 1451a37/38. – 60 ebd. 1451b5/6. – 61 ebd. 1451b6/7. – 62 ebd. 1450a5. – 63 ebd. 1450a5/6; vgl. auch 1450b8/9. – 64 ebd. 1450a6/7; vgl. auch 1450b11/12. – 65 ebd. 1450a11. – 66 ebd. 1449b34/35. – 67 ebd. 1449b35/36. – 68 ebd. 1450a10. – 69 ebd. 1450b17/18. – 70 ebd. 1448a2–4. – 71 ebd. 1457a12–14. – 72 ebd. 1452a22/23. – 73 ebd. 1452a29–31. – 74 zur Definition der Termini vgl. Arist. Rhet. 1382a21/22; 1385b13–16. – 75 Arist. Poet. 1449b24–28. – 76 vgl. ebd. 1446b7ff.; zur Freude an der Mimesis vgl. auch Rhet. 1371b4–10. Eine Übersicht der verschiedenen Katharsisinterpretationen liefert Halliwell [12] 350ff. – 77 Arist. Poet. 1453a10. – 78 vgl. Cic. De or. II, 128; De optimo genere oratorum I, 3; Cic. Or. 162. – 79 Cic. Or. 162; vgl. auch Cic. Or. 44. – 80 Cic. De or. I, 125. – 81 Brut. 184. – 82 Cic. De or. I, 64. – 83 vgl. ebd. III, 76. – 84 Cic. Or. 64. – 85 ebd. 66. – 86 Cic. De or. I, 70. – 87 Cic. Or. 66. – 88 ebd. 68. – 89 ebd. 202. – 90 ebd. 68. – 91 Cic. De or. III, 198; vgl. auch ebd. 184. – 92 vgl. ebd. I, 17; I, 20; I, 51; Cic. Or. 119. – 93 vgl. Cicero, De natura deorum III, 91. – 94 vgl. Cic. Or. 37. – 95 vgl. ebd. 71, 72, 74. – 96 Tac. Dial. 10, 4. – 97 ebd. 9, 1. – 98 ebd. 13, 1ff. – 99 ebd. 39, 2. – 100 ebd. 40, 2. – 101 Quint. II, 15, 34. – 102 ebd. III, 5, 1. – 103 ebd. III, 5, 1. – 104 ebd. X, 1, 28. – 105 ebd. X, 1, 28. – 106 ebd. X, 1, 27. – 107 ebd. X, 1, 46ff. – 108 Hor. Ars 333/334. – 109 ebd. 335f. – 110 ebd. 151f. – 111 vgl. ebd. 1ff., 38f., 80f., 153ff. – 112 ebd. 303ff. – 113 Ps.-Long. Subl. 1, 1. – 114 ebd. Subl. VII, 1. – 115 ebd. VII, 2. – 116 ebd. VII, 3. – 117 ebd. II, 2. – 118 vgl. ebd. VIII, 1.

Literaturhinweise:
W. R. Roberts: Greek Rhetoric and Literary Criticism (New York 1928) – J. W. H. Atkins: Literary Criticism in Antiquity, 2 Bde. (Cambridge 1934) – G. M. A. Grube: The Greek and Roman Critics (London 1965). – D. A. Russell (Hg.): Ancient Literary Criticism. The Principal Texts in New Translations. (Oxford 1972). – Kennedy Rom. – Kennedy Christ. – W. J. Verdenius: The Principles of Greek Literary Criticism, in: Mnemosyne 36 (1983) 14–59. – C. J. Classen: Rhet. und L., in: La philologie grecque à l'époque hellénistique et romaine. Entretiens préparés et présidés par F. Montanari (Entretiens Fondation Hardt 40) (Genf 1994) 307–360.

II. *Mittelalter.* Die mittelalterlichen Äußerungen zur Literatur orientieren sich – unter den gewandelten Bedingungen einer christlichen Welt – im wesentlichen regelpoetisch. Die Dichtung steht unter dem Diktat einer instrumentellen Rhetorik, welche seit AUGUSTINUS' ‹De doctrina christiana› zudem in den Dienst der Glaubensverkündigung genommen ist.

Eingebettet ist diese Auffassung bei Augustinus in eine semiotische Theorie. Zeichen ist das, was neben dem Eindruck, den es den Sinnen bietet, noch etwas anderes in unserem Denken auftreten läßt – so wie eine Spur auf das Tier verweist, welches sie hervorgerufen hat, und der Rauch auf das Feuer, dem er entsteigt.[1] Spur und Rauch sind freilich natürliche Zeichen (*signa naturalia*), welche sich von den konventionellen (*signa data*) dadurch unterscheiden, daß sie nicht wie letztere zum Zwecke der Kommunikation von Gefühlen und Gedanken gestiftet sind. Sprachliche Zeichen gehören zu den *signa data*. Sie lassen sich in zwei Komponenten analysieren, in den Laut (*sonus*) und in das, was er bedeutet (*significatio*).[2] Durch die Wörter selbst lernen wir nichts anderes kennen als ihre klangliche Komponente; um das, was sie bezeichnen, zu erfassen, muß man sich den Sachen selbst zuwenden.[3] Daher ist die Erkenntnis der Dinge der der Wörter vorzuziehen «cognitio rerum, quae significantur, cognitioni signorum anteferenda est».[4] Diese instrumentelle Bestimmung der Sprache überträgt Augustinus auf die Rhetorik. An sich ist sie ein neutrales Werkzeug, welches sich zum Guten wie zum Schlechten verwenden läßt. Nichts spricht also dagegen, die tradierte Beredsamkeit für die Verkündigung der christlichen Wahrheit zu verwenden.[5]

Damit ist die Voraussetzung geschaffen, die Rhetorik auch in der christlichen Welt zu den Künsten (*artes*) zu zählen. Die Dichtung findet hier ebenfalls ihren Platz. Sie tritt im Gefolge der Grammatik auf, empfängt ihre Regeln freilich von der Rhetorik. JOHANNES VON SALISBURY integriert die Fächer des Trivium (Grammatik, Dialektik, Rhetorik) in eine allgemeine Einteilung der Philosophie, welche er in *philosophia theoretica, practica, mechanica, logica* differenziert. Letztere ist zweigeteilt; sie enthält die Grammatik, i. e. einerseits die Wissenschaft des richtigen Sprechens und Schreibens, andererseits die Poetik, und die *ratio disserendi*, innerhalb derer sich Dialektik und Rhetorik auf das Wahrscheinliche beziehen.[6]

Die im Mittelater verfaßten Lehrbücher der Dichtkunst basieren auf einem Horazverständnis, welches die Funktion der Literatur im wesentlichen durch das Postulat des *prodesse* bestimmt. Von einer direkten Wirkung der Aristotelischen Poetik kann man erst für die Zeit der Renaissance sprechen. Die praktischen Anweisungen der mittelalterlichen Regelbücher entstammen der rhetorischen Tradition, insbesondere verwendet man Ciceros ‹De inventione› und die ‹Rhetorica ad Herennium›. Daneben spielen Donatus und Quintilian eine Rolle.

MATTHÄUS VON VENDÔME gibt in seiner vor 1175 entstandenen ‹Ars versificatoria›[7] technische Direktiven zur Gedichtproduktion; er liefert obendrein die Topoi der Beschreibung von Personen und Taten, von Örtlichkeiten und Jahreszeiten und zählt die Fehler auf, die der poetische Handwerker zu vermeiden hat. Auch GALFRID VON VINSAUF teilt in seiner im 13. Jh. weit verbreiteten ‹Poetria nova›[8] (1208–13) derartige Produktionsanweisungen mit, welche sich nicht nur für die Abfassung von lyrischen Texten, sondern auch für Prosa eignen sollen. Im Vordergrund steht die formal-rhetorische Stoffbewältigung. GERVASIUS' VON MELKLEY ‹Ars poetica›[9] – wohl 1215/16 abgefaßt – unterscheidet sich von den eher additiv komponierten Arbeiten seiner Vorgänger durch ein eigentümliches Gliederungsprinzip. Zugrunde gelegt wird das Verhältnis von Sache und sprachlichem Ausdruck, welche beim eigentlichen Sprechen koinzidieren, beim uneigentlichen hingegen nicht mehr übereinstimmen und – wie etwa im Falle der Ironie – miteinander in Widerspruch treten. Diese Einteilung bildet das Strukturmuster der Abhandlung, welche dann die für jede Form des Sprechens zu beachtenden Regeln liefert.

Allen diesen mittelalterlichen Poetiken liegt ein derivativer Literaturbegriff zugrunde. Man beurteilt ein Werk nach seiner Darstellungsqualität, welche sich wiederum aus dem Grad der Regelbefolgung ergibt. Die Regeln schließlich liefert eine formale Rhetorik, welche als poetische Persuasionstechnik verstanden wird.

Anmerkungen:
1 Doctr. II, 1. – 2 Augustinus, De magistro X, 34. – 3 ebd. II, 36. – 4 ebd. IX, 27. – 5 Aug. Doctr. Iv, 2, 3. – 6 vgl. P. Klopsch: Einf. in die Dichtungslehren des lat. MA (1980) 67. – 7 Faral 106–193. – 8 ebd. 194–262. – 9 H.-J. Gräbener (Hg.): Gervasius von Melkley, Ars poetica (1965).

Literaturhinweise:
Ch. S. Baldwin: Medieval Rhetoric and Poetic. Interpreted from Representative Works (New York 1928). – Murphy RM – A. J. Minnis (Hg.): Medieval Literary Theory and Criticism: c. 1100 – c. 1375; The Commentary-Tradition (Oxford 1988).

III. *Neuzeit*. 1. *Renaissance*. Auch die Wiederentdekung der antiken Welt in der Renaissance ändert nichts an der regelpoetischen Orientierung der L. Freilich wandeln sich die Verhältnisse durch eine neue Rezeption der Aristotelischen ‹Poetik›, welche mit G. VALLAS lateinischer Übersetzung aus dem Jahre 1498 einsetzt. 1536 publiziert A. DE' PAZZI eine revidierte lateinische Fassung sowie den griechischen Text. 1548 erscheint F. ROBORTELLIS kritische Ausgabe [1], welche neben einer lateinischen Übersetzung auch einen Kommentar bietet. Ein Jahr später veröffentlicht B. SEGNI die erste italienische Übersetzung.[2] Mit J.C. SCALIGERS ‹Poetices libri septem›[3] gewinnt Aristoteles den Status einer unfehlbaren Autorität; die Bestimmungen seiner Poetik, oder besser: das, was man für diese Bestimmungen hält, behandelt man nun als ewige Gesetze der Literatur, ihn selbst als unbeschränkten Herrscher («Aristoteles imperator noster, omnium bonarum artium dictator»[4]). Neben Aristoteles tritt Horaz, dessen Erklärungen mit den Aristotelischen Ausführungen amalgamiert werden. Man bemüht sich um ein Dichtungsverständnis, welches sowohl dem *delectare* als auch dem *prodesse* gerecht werden soll. Zudem reinterpretiert man Horaz' ‹ut pictura poesis› im Sinne eines Nachahmungspostulats: Das Malen ist schweigendes Dichten, das Dichten ein Sprachmalen. Im Zentrum der so gewonnenen kunstrichterlichen Prinzipien stehen drei literaturkritische Dogmen: die Poesie hat die Klassiker (1) sowie die Natur (2) nachzuahmen und dabei die Autorität der Vernunft (3) zu respektieren.

M.G. VIDA erklärt in seiner vor 1520 verfaßten Poetik (De arte poetica [5]) Vergils ‹Äneis› zum Muster. Wenn bei Vida von Natur die Rede ist, so meint er in erster Linie die zivilisierte Welt, i. e. die Stadt, den Hof. Die Vernunft spielt insofern eine maßgebende Rolle, als sie die Wahl von Stoff und Form bestimmt – etwa in der Forderung nach innerer Notwendigkeit des Dargestellten. Sie mäßigt den Einfluß, welchen die Persönlichkeit des Autors auf sein Werk haben mag; sie dient mithin als ein Bollwerk gegen die Subjektivität des Poeten. Die dichterische *inventio* wird so an Regeln gebunden, von denen man meint, sie bestimmten mit überzeitlicher Gültigkeit, welcher Gegenstand auf welche Art seinen angemessenen poetischen Ausdruck fände.

SCALIGER kennt drei Klassen von Autoren: die theologischen, die philosophischen und die Dichter im engeren Sinne. Von ihnen verlangt er, das menschliche Leben so nachzuahmen, daß zum Ausdruck kommt, was sein soll. Dies kann dramatisch, erzählerisch oder in einer Mischform geschehen. Die Tragödie hat ein rein moralisches Ziel. Sie fordert den Zuschauer auf, so zu handeln, wie es die moralisch guten Bühnengestalten tun. Damit diese Wirkung eintritt, muß beim Rezipienten die Illusion geweckt werden, er sei Zeuge eines wirklichen Geschehens. Das Postulat einer strikten *imitatio* (Nachahmung) der Klassiker schränkt Scaliger zugunsten einer *aemulatio* ein, wie sie in der Ciceronianismus-Debatte [6] zur Sprache gekommen ist, i. e. eines Wetteifers mit großen Vorbildern, die es zu erreichen und auch zu überbieten gilt. Das Muster ist auch hier Vergil, der die Dichtung Homers aufgenommen und zugleich so umgestaltet habe, daß sie moralischen Forderungen gerecht werde.

Eine eher platonisierende Dichtungsauffassung vertritt G. FRACASTORO (‹Naugerius, sive De poetica dialogus›[7]) wenn er feststellt, die Literatur ziele auf das Allgemeine, indem sie die Idee der Dinge zur Sprache bringe und sie in ihrer Schönheit zeige. Damit der Dichter dazu in der Lage ist, muß er freilich erkennen können, was die Idee der Dinge denn eigentlich ist, i. e. er muß über genau die Qualitäten verfügen, welche Platon ausschließlich den Philosophen zuzugestehen bereit war. Fracastoro überträgt der Dichtung mithin eine Aufgabe, welche für Platon nur durch die philosophische Anstrengung zu bewältigen war.

2. *Französische Klassik.* Die Aristotelische Poetik wird in Frankreich seit 1630 in vollem Umfang rezipiert. Daneben orientiert man sich weiterhin an den Horazischen Bestimmungen. Ein bedeutsamer Diskussionsgegenstand werden die sog. drei Einheiten, welche die dramatische Dichtung zu realisieren hat – die des Ortes, der Zeit und der Handlung.

Als Wegbereiter der klassischen Literaturdoktrin in Frankreich gilt F. DE MALHERBE. Er verlangt in seinem um das Jahr 1606 verfaßten ‹Commentaire sur Desportes› [8] die Reinigung der französischen Sprache von Archaismen, Neologismen, Latinismen, Dialekteinflüssen. Maßstab ist das bei Hofe gesprochene Französisch. Die Dichtung muß verständlich, logisch gegliedert sein. Das Ideal ist Angemessenheit des Ausdrucks und der Darstellung, Klarheit und Regelhaftigkeit. Poetische Imagination und Sensibilität werden dem Ideal kompositorischer Einheit des Werks untergeordnet. Oberste Qualitäten sind Rationalität und Logizität.

Ihren Höhepunkt erreicht die klassizistische Regelpoetik mit N. BOILEAU-DESPRÉAUX. In seiner ‹Art Poétique› [9], welche den Geist des Cartesischen Rationalismus atmet, kanonisiert er die Aristotelisch-Horazische Literaturkonzeption und verleiht ihr damit bindenden Charakter. Hier finden sich auch die kunstrichterlichen Erlasse, in welchen die unterschiedlichen literarischen Gattungen analysiert und einer einheitlichen Rechtsprechung unterworfen werden. Für Boileau ist nur das Wahre schön; Wahrheit muß daher als das Kriterium der Dichtung betrachtet werden. Man erfüllt es, wenn man die Natur nachahmt, wobei freilich Verstöße gegen den guten Geschmack oder gar gegen das Moralempfinden zu meiden sind. Dies ist dann garantiert, wenn man sich an die großen antiken Muster hält und die Regeln der literarischen Produktion beachtet.

Boileau trägt diese Auffassungen so vor, daß er sie in kritischer Wendung gegen die zeitgenössische Literatur exemplifiziert. Damit beginnt eine Auseinandersetzung, welche unter den Titel ‹Querelle des anciens et des modernes› bekannt geworden ist.

Daß die L. im rhetorischen *genus iudiciale* auftritt, erfährt CORNEILLE nach der Uraufführung seines ‹Cid›. G. DE SCUDÉRY wirft dem Autor Regelverstöße vor. Damit wird die ‹Querelle du Cid› ausgelöst. Corneille verteidigt sich, indem er die universelle Gültigkeit der Regeln anzweifelt. Man müsse sie je nach dem Gegenstand, den man darstellen wolle, erweitern oder verengen. Sollten sie einen der Sache angemessenen poetischen Ausdruck verhindern, dann dürfe man sie getrost ignorieren. Im ersten seiner ‹Trois Discours sur le poème dramatique› [10] von 1660 gesteht er zwar zu, daß die drei Einheiten im Drama zu verwirklichen seien, aber es sei nicht ganz einfach, genau zu bestimmen, wie die Forderung nach Einheit der Handlung aufzufassen sei und wie weit man die des Ortes und der Zeit auszudehnen habe. Oberstes Gebot sei Wahrscheinlichkeit und Notwendigkeit des dramatischen Geschehens. Im dritten Discours heißt es, die Einheit der Zeit sei gewahrt, wenn der im Drama dargestellte Zeitraum 24 bzw. 30 Stunden nicht überschreite. Doch dürfe auch diese Begrenzung ignoriert werden, wenn es die Wahrscheinlichkeit notwendig mache. Der Sinn der Zeitbeschränkung besteht also darin, den nachahmenden Charakter der Dichtung zu wahren. Die in den französischen Debatten erarbeiteten Positionen finden in *Deutschland* mit J. CHR. GOTTSCHEDS ‹Versuch einer critischen Dichtkunst vor die Deutschen› von 1730 die kanonische Form einer rationalistischen Poetik, welche – geübt an der Philosophie Chr. Wolffs – eine logisch-systematische Durchdringung der Dichtung anstrebt. Zwar sorgen die beiden Schweizer J. J. BODMER und J. J. BREITINGER dafür, daß diese Auffassung nicht unwidersprochen bleibt, doch haben auch sie keine grundsätzlich neu fundierte Theorie der L. im Sinn.

3. *18./19. Jh.* **a.** *Großbritannien.* Die Voraussetzung für eine Theorie der L., welche die von Aristoteles begründete substantielle Rhetorikkonzeption revitalisiert, schafft erst der Britische Empirismus, als dessen Vorläufer TH. HOBBES gelten kann. Hobbes befreit das Schöne aus allen mimetischen Verpflichtungen; denn er versteht es als Qualität gewisser Bewußtseinsinhalte, nicht als eine Eigenschaft extramentaler Objekte. Als schön empfindet man, was man persönlich für gut und nützlich hält, i. e. woran man als selbstbezügliches Individuum ein vitales Interesse nimmt. [11] Daher wird jeder Mensch schließlich das für schön halten, was lediglich ihm so erscheint. Gleiches gilt für die Bestimmung dessen, was als moralisch aufgefaßt wird. Die folgende Diskussion, in welcher F. HUTCHESON, D. HUME und A. SMITH ethische und ästhetische Probleme in strenger Analogie erörtern, führt die Frage nach dem Schönen aus der individuellen Beliebigkeit heraus.

HUTCHESON nimmt den Hobbesschen Ansatz auf, wenn er feststellt: «Beauty, like other Names of sensible Ideas, properly denotes the Perception of some Mind [...] to which perhaps there is no resemblance in the Objects that excite these Ideas in us [...].» (Schönheit, wie andere Namen für Vorstellungen von sinnlich Wahrnehmbarem auch, bezeichnet eigentlich einen Bewußtseinsinhalt [...], dem vielleicht nichts an den Gegenständen ähnelt, welche diese Vorstellung in uns hervorrufen.) [12] Allerdings führt er die Schönheitswahrnehmung nicht auf eine rationale Überlegung, erst recht nicht auf ein Nützlichkeitskalkül zurück, sondern sie resultiert, wie die Auffassung des Moralischen, aus einem eigentümlichen Sinn, der unmittelbar, i. e. ohne unser Zutun und auch ohne Beeinflussung durch die Gesellschaft, die entsprechenden Bewußtseinsinhalte liefert. [13] Das ästhetische Empfinden tritt daher auch unabhängig von allen Kenntnissen des Rezipienten auf. [14] Damit sind die Voraussetzungen für die Kantische These von der Interesselosigkeit des ästhetischen Wohlgefallens geschaffen.

HUME revidiert diese Position im Felde der Moralphilosophie soweit, daß ihre Schwäche, i. e. die Unerklärbarkeit der Tatsache, daß wir hinsichtlich desselben Sachverhaltes zu differierenden Urteilen kommen, beseitigt wird. Er räumt tradierten und habitualisierten, auf das Gemeinwohl gerichteten Utilitätsschätzungen («this circumstance of public utility» [15]) einen Platz ein, macht sie aber nicht zu einem Kriterium, sondern handhabt sie vielmehr als Erklärungsgrund. Denn wir kalkulieren nicht nach Maßgabe der gesellschaftlichen Nützlichkeit die Moralität von Handlungen; was in uns das Gefühl weckt, eine Handlung sei ‹tugendhaft› zu nennen, läßt sich vielmehr in der Analyse des empiristischen Philosophen im Hinweis auf solche Utilitätsschätzungen beschreiben. Niedergelegt und tradiert wird das moralische Urteilsmaß im Sprachgebrauch. [16] Wenn wir uns also über die Gültigkeit unserer Urteile im Unklaren sind, dann überprüfen wir die Berechtigung der Applikation gewisser normativer Termini in der Mitteilung an andere. Dabei zwingt uns die Mitteilungsabsicht, von unseren persönlichen Vorlieben abzusehen, unsere Auffassung also soweit von Idiosynkrasien zu reinigen, daß sie kommunikabel werden. Dieser moralische Diskurs etabliert allgemeine Beurteilungsstandards, überprüft die Anwendbarkeit bereits bestehender Maßstäbe und revidiert sie gegebenenfalls.[17]

Hume dehnt diese Überlegungen auf das Feld der Ästhetik aus. ‹Schönheit› ist der Name eines Gefühls, welches sich bei der Betrachtung gewisser Gegenstände einstellt.[18] Es beruht – analog zu ethisch-normativen Urteilen – nicht auf einem rationalen Kalkül, sondern ist eine Äußerung des Geschmacks[19], der von einem allgemeingültigen Richtmaß («the general taste of mankind»[20]) gesteuert wird: «The principles of every passion, and of every sentiment, are in every man; and when touched properly, they rise to life, and warm the heart, and convey that satisfaction, by which a work of genius is distinguished from the adulterate beauties of a capricious wit and fancy.» (Die Grundlagen von Leidenschaft und Gefühl finden sich in jedem Menschen; und, richtig angesprochen, werden sie lebendig, wärmen das Herz und schaffen jene Befriedigung, durch welche sich ein geniales Werk von der falschen Schönheit unterscheidet, die mutwilliger Witz und Phantasie hervorbringen.)[21] Tritt Dissens in der ästhetischen Beurteilung auf, hat man es gar mit einem ‹bad critic› zu tun, dann beruft man sich auf akzeptierte Beurteilungsmaßstäbe, erörtert deren Applikabilität und verweist so auf die Privatheit konkurrierender Urteile.[22] Auch das ästhetische Urteilen trägt mithin Züge der Deliberation. Sie dient – wie im Falle der Moral – der Etablierung eines Standards des Geschmacks und damit der Kritik.[23] Hume bringt allerdings weder die Moralphilosophie noch die Ästhetik ausdrücklich in Zusammenhang mit der Rhetorik. Zur Beredsamkeit seiner Zeitgenossen in Parlament und Gerichtssaal äußert er sich recht abschätzig, da sie keinen Vergleich mit den antiken Mustern aushalte.[24]

SMITH erweitert die moraltheoretischen Überlegungen Hutchesons und Humes um die Lehre vom unparteiischen Beobachter (impartial spectator[25]): Wenn man fremdes Handeln beurteilt, dann versetzt man sich in den Täter und überprüft, ob seine Intention der Situation, in welcher er sich befindet, angemessen erscheint. Das rhetorische *aptum* – Smith spricht von ‹propriety›[26] – ist ihm Maßstab der ethischen Qualifikation; die Analogie zur ästhetischen Beurteilung stellt Smith heraus.[27] Eigene Handlungen lassen sich moralisch qualifizieren, indem man versucht, auf sich selbst den fremden Blick eines unparteiischen Beobachters zu richten. Dies geschieht, indem man sich an das Urteil der anderen Menschen zu halten bemüht.[28] Die öffentliche Meinung kann freilich irren, so daß die Instanz eines idealen Beobachters nötig wird.[29] Dieser entsteht, indem man dem Handeln sowie seiner Beurteilung allgemeine Regeln entnimmt, welche schließlich habitualisiert und tradiert werden.[30] Die Beurteilung der Literatur erfolgt auf die gleiche Weise[31] – mit dem Unterschied freilich, daß hier der Kanon von Urteilsregeln weitaus instabiler ist.[32] Um die Ausarbeitung einer allgemeingültigen Logik des Geschmacks (logic of taste) auf der Grundlage einer empiristischen Psychologie bemüht sich E. BURKE.[33] Sein Werk findet in Deutschland besonders eifrige Leser.

b. *Deutschland.* Die KANTische Philosophie löst die von den Briten vorgenommene Parallelisierung von Ethik und Ästhetik auf. Obendrein wendet sie sich gegen die lediglich empirische ‹Exposition› des Schönen[34], da eine solche nur den ‹Privatsinn› zum Gegenstand haben könne.[35] Kant entwickelt vier Momente des Geschmacksurteils: Es erfolgt (1) interesselos[36], bezieht sich auf das, (2) was ohne Begriff allgemein gefällt[37], (3) was die Form der Zweckmäßigkeit ohne die Vorstellung eines Zwecks aufweist[38], (4) was ohne Begriff Gegenstand eines notwendigen Wohlgefallens ist.[39] Diese Angaben beruhen auf einer Konzeption ästhetischer Autonomie, insofern die Kunst nun in Abgrenzung vom Bedürfnis der Sinnlichkeit, vom Zwang begrifflicher Rationalität und zunächst auch von den Postulaten der Ethik bestimmt wird. Interesse ist das mit der Vorstellung der Existenz eines Gegenstandes verbundene Wohlgefallen.[40] Liegt ein solches nicht vor, dann kann das Urteil über einen Gegenstand anderen Menschen angesonnen werden, denn es besitzt subjektive Allgemeinheit, welche sich von objektiver Allgemeinheit dadurch unterscheidet, daß sie nicht auf Erkenntnis beruht. Notwendigkeit führt es mit sich, wenn es als Beispiel einer allgemeinen Regel angesehen werden kann. Diese Regel liegt freilich nicht schon vor, sondern sie ist erst von der reflektierenden Urteilskraft aufzusuchen, welche dann anzustrengen ist, wenn zwar ein Besonderes vorhanden, das Allgemeine aber, als dessen Fall man es betrachten muß, noch nicht bekannt ist.[41] Die Verbindlichkeit dieses Allgemeinen begründet Kant mit dem Begriff des Gemeinsinns. Der sensus communis ist ein ‹gemeinschaftlicher Sinn›, ein «Beurtheilungsvermögen[s] [...], welches in seiner Reflexion auf die Vorstellungsart jedes andern [...] Rücksicht nimmt, um gleichsam an die gesammte Menschenvernunft sein Urtheil zu halten und dadurch der Illusion zu entgehen, die aus subjectiven Privatbedingungen» resultiert.[42] Daher ist der Geschmack Ausdruck einer erweiterten Denkungsart, welche der Maxime folgt, sich in den Standpunkt anderer Menschen zu versetzen.[43] Das auf diese Weise beurteilte Werk ist nicht das Erzeugnis eines Künstlers, der durch Regeln geleitet ist, sondern Produkt eines Genies. Von besonderer Bedeutung für die Bestimmung dieses Begriffs ist in Deutschland[44] die von SHAFTESBURY in Hinsicht auf den Dichter gegebene Definition: «Such a poet is indeed a second Maker; a just Prometheus under Jove. Like that sovereign artist or universal plastic nature, he forms a whole, coherent and proportioned in itself, with due subjection and subordinacy of constituent parts» (Ein solcher Dichter ist in der Tat ein zweiter Schöpfer; ein rechter Prometheus unter Jupiter. Wie dieser souveräne Künstler oder wie die allumfassende gestalterische Natur formt er ein in sich zusammenhängendes und proportioniertes Ganzes, dessen Grundelemente in einem angemessenen Verhältnis der Abhängigkeit zueinander stehen).[45] Kant nennt das Genie ein Talent, «dasjenige, wozu sich keine bestimmte Regel geben läßt, hervorzubringen: nicht Geschicklichkeitsanlage zu dem, was nach irgend einer Regel gelernt werden kann»[46]; seine vorzüglichste Eigenschaft ist Originalität, welche sich in der Musterhaftigkeit seiner Produkte zeigt. Diese sind Ausdruck einer durch keinerlei Fremdbestimmung gehemmten schöpferischen Kraft.[47]

Mit diesen Angaben vollendet Kant, was die britischen Empiristen begonnen haben: Er befreit die Kunst aus ihrer mimetischen Verpflichtung, erlöst sie aus dem Regelkanon einer technischen Rhetorik und stellt sie damit ganz auf sich selbst. Deshalb kann auch ihr Kritiker nicht mehr als Kunstrichter auftreten, denn es findet sich ja kein Gesetzbuch mehr, in welchem verzeichnet wäre, wie ein Kunstwerk auszusehen hätte. An die Stelle kunstkritischer Jurisdiktion tritt die reflektierende Urteilskraft, welche – obwohl Kant selbst eine solche

Kennzeichnung fernliegt[48] – deutliche Züge rhetorischer Deliberation trägt. Die Autonomie der Kunst hebt Kant freilich wieder auf, wenn er das Schöne als «Symbol des Sittlich-Guten»[49] bestimmt. Auch die folgenden Theoretiker des Schönen im allgemeinen und der Literatur und ihrer Kritik im besonderen verfolgen den in der ‹Kritik der Urteilskraft› entwickelten Ansatz zu einer deliberativen Kunstkritik nicht weiter. Vielmehr setzt sich immer wieder eine Auffassung durch, welche die Literatur als persuasiv herbeigeführte Täuschung begreift, die sich nach objektiven Regeln beurteilen lasse.

Hier liefern MENDELSSOHN und LESSING einen theoretischen Neuansatz, indem sie die vom ABBÉ DUBOIS[50] für die Ästhetik fruchtbar gemachte Theorie der Zeichen fortentwickeln. MENDELSSOHN unterscheidet natürliche und künstliche Zeichen, i. e. solche, die mit dem Bezeichneten aufgrund einer Eigenschaft des Designats in Verbindung stehen, und solche, die mit ihm nichts gemein haben. Dichtung und Beredsamkeit verwenden willkürliche Zeichen, die erste um zu gefallen, die zweite um zu überreden.[51] Beide sind dann erfolgreich, wenn es ihnen gelingt, den Rezipienten so zu täuschen, daß er meint, nicht mit Zeichen, sondern mit den Dingen selbst umzugehen.[52] LESSING präzisiert diese Überlegung in seinem ‹Laokoon› dahingehend, daß er den Dichter als jemanden bestimmt, der mit Hilfe willkürlicher Zeichen die Nachahmung einer in der Zeit fortschreitenden Handlung liefert.[53] Hierbei läßt sich seine Leistung danach bemessen, in welchem Grade es ihm gelingt, eine Illusion zu erzeugen, durch welche die Worte aufhören, «willkührliche Zeichen zu seyn, und [...] natürliche Zeichen willkührlicher Dinge» werden.[54] Das spezifisch Rhetorische der Dichtung liegt mithin einerseits darin, die Zeichenevidenz ihrer Mittel zu tilgen, andererseits darin, daß sie sich mit eben dem Glanz zu umgeben weiß, den Tropen und Figuren zu erzeugen vermögen.[55] Ihre Aufgabe aber ist es, die Menschen zu bessern, im Falle der Komödie durch Lachen[56], im Falle der Tragödie durch die Verwandlung der Leidenschaften in ‹tugendhafte Fertigkeiten›.[57] Die näheren Bestimmungen liefert Lessing in seiner ‹Hamburgischen Dramaturgie› mit Hilfe einer Anverwandlung der Aristotelischen Katharsislehre.[58]

Auf die rhetorische Kategorie des Erhabenen greift SCHILLER in seiner Weiterentwicklung der Kantischen ‹Kritik der Urteilskraft› zurück. Er definiert: «Erhaben nennen wir ein Objekt, bey dessen Vorstellung unsre sinnliche Natur ihre Schranken, unsre vernünftige Natur aber ihre Ueberlegenheit, ihre Freyheit von Schranken fühlt; gegen das wir also physisch den Kürzern ziehen, über welches wir uns aber moralisch, d.i. durch Ideen erheben».[59] Das Erhabene ermöglicht es dem Rezipienten, im Angesicht der Kontingenz des Weltverlaufs und so schließlich im Bewußtsein der eigenen Mortalität zugleich die Idee der Freiheit eines sich selbst bestimmenden Subjektes zu fassen und zu wahren. Diese Erhabenheit koinzidiert nicht unmittelbar mit dem Moralischen, da auch der verwerfliche Affekt des Erhabenen fähig ist, wenn er nur in seiner Form die ‹Herrschaft des Geistes über seine Empfindung› aufweist.[60] Dem tragischen Dichter obliegt es, einen Stoff zu wählen und zu gestalten, welcher ein solches Kunsterlebnis ermöglicht.[61] Im literaturkritischen Urteil gilt es zu überprüfen, ob uns ein «Ausgang der sinnlichen Welt»[62] ermöglicht wird. Diese Überprüfung hat freilich nichts Rhetorisch-Deliberatives, sie trägt vielmehr Züge der Introspektion. Es bedarf eines reflexiven Bewußtseins, welches sich vom Dargestellten unterscheidet und sodann seine Reaktion auf die theatralische Illusion in Augenschein nimmt.[63]

F. SCHLEGELS Auffassung der literarischen Kritik ist einem Begriff objektiver Ästhetik verpflichtet. Er unterscheidet drei Bildungsperioden der Poesie. Die erste ist durch «pragmatische[n] Vorübungen des theoretisierenden Instinkts»[64] geprägt, in der zweiten entwickeln sich «die dogmatischen Systeme der rationalen und der empirischen Ästhetik»[65] sowie der ‹ästhetische Skeptizismus›[66], welcher Kants ‹Kritik der Urteilskraft› auf den Plan ruft. In der dritten, noch zu vollendenden Periode wird schließlich «das Objektive wirklich erreicht: objektive Theorie, objektive Nachahmung, objektive Kunst und objektiver Geschmack».[67] L. ist hier nicht nur Kommentar vorhandener und zu beurteilender Texte, sie wird als Ausdruck eines objektiven Geschmacks lenkendes «Organon der Literatur».[68]

Anmerkungen:
1 F. Robortelli, In Librum Aristotelis de Arte Poetica Explicationes (Florenz 1548). – **2** B. Segni, Rettorica et Poetica d'Aristotele tradotte in lingua vulgare Fiorentina (Vinegia 1551). – **3** Faksimile-ND der Ausgabe von Lyon 1561 mit einer Einl. v. A. Buck (1964). – **4** Scaliger 359. – **5** in: A. Pope: Selecta Poemata Italorum, qui Latine scripserunt, 2 Bde. (London 1740) Bd. 1, 131–189. – **6** vgl. G.W. Pigman: Imitation and the Renaissance Sense of the Past. The Reception of Erasmus' Ciceronianus, in: J. of Medieval and Renaissance Studies 9 (1979) 155–177. – **7** in: Opera, 2 Bde. (Lyons 1591) Bd. 1, 319–365. – **8** in: L. Lalanne (Hg.): Grands Écrivains, 5 Bde. (Paris 1862–1869) Bd. 4, 249–473. – **9** Œuvres. Texte de l'édition Gidel avec préface et notes par G. Mongrédieu (Paris 1961) 159–188. – **10** hg. v. L. Forestier (Paris 1963). – **11** vgl. Th. Hobbes: Leviathan, in: ders.: The English Works, ed. W. Molesworth, Bd. 3, 41/42 (London 1839; ND 1966). – **12** F. Hutcheson: An Inquiry into the Original of our Ideas of Beauty and Virtue (= IBV), in: F. Hutcheson: Collected Works of F.H. Facsimile Editions Prepared by B. Fabian, 7 Bde., Bd. 1 (London 1725, 1726; ND 1971) 13. – **13** IBV 1/2. – **14** IBV 10. – **15** D. Hume: An Enquiry Concerning the Principles of Morals, in: D. Hume: Enquiries Concerning Human Understanding (= ECHU) and Concerning the Principles of Morals (= ECPM), ed. by L.A. Selby-Bigge, third edition with text revised and notes by P.H. Nidditch (Oxford 1982) 167–323, hier: 181. – **16** ECPM 228. – **17** ECPM 229. – **18** ECPM 292; vgl. auch Of the Standard of Taste, in: D. Hume: Essays. Moral, Political, and Literary, ed. by E.F. Miller. Revised edition from 1889 by T.H. Green and T.H. Grose (Indianapolis 1987) 226–249, hier: 230, 235. – **19** ECPM 294. – **20** ECHU 165; vgl. auch D. Hume: Of the Standard of Taste, in: ders. Essays [18] 233ff., 243f. – **21** D. Hume: Of Eloquence, in: ders. Essays [18] 97–110, hier: 107. – **22** D. Hume: Of the Standard of Taste, in: ders. Essays [18] 236. – **23** vgl. ebd. 241f. – **24** vgl. D. Hume: Of Eloquence, in: ders. Essays [18]. – **25** dieses Theorem ist präformiert bei Shaftesbury (Inquiry Concerning Virtue or Merit), in: Shaftesbury: Characteristics of Men, Manners, Opinions, Times, etc., ed., with an introduction and notes, by J.M. Robertson, in two volumes (Gloucester, Mass. 1963) Bd. 1, 251; Miscellaneous Reflections, in: ebd., Bd. 2, 350; Soliloquy or Advice to an Author, in: ebd., Bd. 1, 113f.), bei Hutcheson (IBV 110) und Hume (A Treatise of Human Nature. Ed. by L.A. Selby-Bigge, 2nd edition by P.H. Nidditch (Oxford 1981) 365). – **26** A. Smith: The Theory of Moral Sentiments (= TMS), ed. by D.D. Raphael and A.L. Macfie (Oxford 1979) 18. – **27** vgl. TMS 26, 46. – **28** TMS 109ff. – **29** TMS 130f. – **30** TMS 160. – **31** TMS 123ff. – **32** TMS 200. – **33** E. Burke: A Philosophical Enquiry into the Origin of our Ideas of the Sublime and Beautiful (London 1757, 2. erw. Aufl. 1759). – **34** die Kritik gilt hier Burke – Kritik der Urteilskraft, in: I. Kant: Werke. Akademie-Textausg. Abdruck des Textes der von der Preuß. Akad. der Wiss. 1902 begonn. Ausg. von Kants gesamm. Schr. (1968) Bd. 5, 277. – **35** ebd. 278. – **36** ebd. 211. – **37** ebd. 219. – **38** ebd. 236. – **39** ebd. 240. – **40** ebd. 204. – **41** ebd. 179. – **42** ebd. 298. – **43** ebd. 294; vgl. auch Logik: Akademie-

Ausg. Bd. 8, 57. – **44** vgl. J. Schmidt: Die Gesch. des Genie-Gedankens in der dt. Lit., Philos. und Politik 1750–1945, 2 Bde. (1985). – **45** Shaftesbury: Soliloquy [25] Bd. 1, 135/136. – **46** Kant [34] 307. – **47** ebd. 307/308. – **48** ebd. 327/328. – **49** ebd. 353. – **50** Réflexions critiques sur la poésie et sur la peinture (Paris ⁴1740). – **51** M. Mendelssohn: Schr. zur Philos., Aesthetik und Apologetik, hg. v. M. Brasch, 2 Bde. (1880, ND 1968) Bd. 2, 153. – **52** ebd. 154. – **53** Lessing: Laokoon: oder über die Grenzen der Mahlerey und Poesie, in: ders.: Sämtliche Schr., hg. v. K. Lachmann, dritte Aufl. besorgt durch F. Muncker, Bd. 9 (1893) 94f. – **54** Lessing: Brief an Nicolai vom 26.5.1769, in: Ausg. Lachmann [53] Bd. 17 (1904) 291. – **55** vgl. Lessing: Pope, ein Metaphysiker!, in: Ausg. Lachmann [53] Bd. 6 (1890) 414f. – **56** Lessing: Hamburgische Dramaturgie (= HD) 29. Stück, in: Ausg. Lachmann [53] Bd. 9 (1893) 303. – **57** Lessing HD 78. Stück in: Ausg. Lachmann [53] Bd. 10 (1894) 117. – **58** vgl. insbes. Lessing HD 74., 75., 77., 78. und 82. Stück. – **59** Schiller: Vom Erhabenen, in: Schillers Werke. Nationalausg., hg. v. L. Blumenthal u. B. v. Wiese, 20 Bde. (1963) Bd. 20, 171. – **60** Schiller: Über Anmut und Würde, ebd. Bd. 20, 296. – **61** vgl. Schiller: Über das Pathetische, ebd. 196. – **62** Schiller: Über das Erhabene, in: [59] Bd. 21, 45. – **63** Schiller [59] 193. – **64** F. Schlegel: Die Griechen und Römer. Hist. und krit. Versuche über das Klass. Alterthum, in: Krit. Friedrich-Schlegel-Ausgabe, hg. v. E. Behler, Bd. 1: Stud. des klass. Altertums (1979) 357. – **65** ebd. 357. – **66** ebd. 357. – **67** ebd. 355. – **68** F. Schlegel: Lessings Gedanken und Meinungen. Vom kombinatorischen Geist [64] Bd. 3: Charakteristiken und Kritiken II, hg. u. eingl. v. H. Eichner (1975) 82; zur Rolle der Rhet. in der dt. Romantik vgl. H. Schanze: Romantik und Rhet. Rhet. Komponenten der Literaturprogrammatik um 1800, in: ders. (Hg.): Rhet. Beitr. zu ihrer Gesch. in Deutschland vom 16.–20. Jh. (1974) 126–144.

IV. *Gegenwart.* Die Idee einer objektiven Theorie der Kunst bricht mit NIETZSCHES Perspektivismus zusammen. An ihn knüpfen jüngste Versuche einer rhetorischen Bestimmung der Literatur wie der L. an, welche darin bestehen, literarische und literaturkritische Texte miteinander zu einem Ganzen zu verweben. So spricht die von J. DERRIDA geprägte neostrukturalistische Schule von «le texte général» [1], um damit auszudrücken, daß literarische Produkte nicht auf eine bewußtseinsunabhängige Wirklichkeit verweisen, sondern daß ihr Korrelat weitere Texte seien. Derrida verweist in diesem Zusammenhang auf eine Spur, welche sich durch alle Texte ziehe. Er verwendet dabei den Saussureschen Zeichenbegriff, welcher die Bedeutung eines Zeichens dadurch fassen will, daß er seinen Ort durch Opposition zum paradigmatischen und syntagmatischen Kontext bestimmt. Die Überlegungen kulminieren in der Bestimmung der Sprache als eines Systems von Differenzen. [2] Ganz in diesem Sinne verweisen bei Derrida die Texte aufeinander, wodurch schließlich eine Spur entsteht, die sich freilich ständig selbst wieder tilgt, weil sie sich der Präsenz entzieht. [3] Denn es handelt sich um ein unendliches, sich ständig forttreibendes Spiel von Differenzen. [4] Alle denkbaren Texte, literarische Produkte wie literaturkritische Äußerungen, lassen sich so aufeinander beziehen und schließlich unter dem Titel des rhetorischen Sprechens subsumieren. [5]

R. RORTY [6], obwohl in deutlicher Opposition zu Derrida [7], schlägt – unter Hinweis auf WITTGENSTEINS Lehre von den Sprachspielen – eine verwandte Theorie vor. Er zweifelt an, daß es ein letztes und damit allgemeingültiges Vokabular des Sprechens über die Welt gebe. Diese Skepsis gilt allen Auslegungen, welche schließlich nur noch als literarische Akte zu gelten haben, die in Formen des persuasiven Sprechens vorgetragen werden. [8]

A.C. DANTO bestimmt die gesamte Kunst als rhetorisch und erklärt auf diese Weise, warum die Philosophen ihr immer so skeptisch gegenüberstanden: «[...] it is the office of rhetoric to modify the minds and then the actions of men and women by co-opting their feelings [...] So there is a reason after all to be afraid of art» (Es ist Aufgabe der Rhetorik, die Vorstellungswelt und auch das Verhalten von Männern und Frauen durch eine gefühlsmäßige Beeinflussung zu verändern [...] Es gibt daher, aufs Ganze gesehen, einen Grund, sich vor der Kunst zu fürchten). [9]

Anmerkungen:
1 vgl. M. Frank: Was ist Neostrukturalismus? (1983) 37; V.B. Leitch: Deconstructive Criticism. An Advanced Introduction (New York 1983) 121f. – **2** vgl. F. de Saussure: Cours de linguistique générale, édition critique préparée par T. de Mauro (Paris 1973) 166. – **3** vgl. J. Derrida: Ousia et grammè, note sur une note de Sein und Zeit, in: ders.: Marges de la philosophie (Paris 1972) 76. – **4** vgl. J. Derrida: La différance, in: ders.: Marges de la philosophie [3] 1–31. – **5** vgl. insbes. P. de Man: Allegories of Reading. Figural Language in Rousseau, Nietzsche, Rilke, and Proust (New Haven/London 1979); ders.: Blindness and Insight. Essays in the Rhetoric of Contemporary Criticism. (Minneapolis 1986). – **6** R. Rorty: Contingency, Irony, and Solidarity (Cambridge/New York/Melbourne ²1989). – **7** vgl. ebd. 133. – **8** ebd. 77. – **9** A.C. Danto: The Philosophical Disenfranchisement of Art. (New York 1986) 21.

Literaturhinweise:
Carton: Histoire de la critique littéraire en France (Paris 1886). – J.E. Spingarn: A History of Literary Criticism in the Renaissance. With special reference to the influence of Italy in the formation and development of modern classicism (New York 1899). – ders. (Hg.): Critical Essays of the Seventeenth Century, 3 Bde. (Oxford 1908). – C. Trabalza: La critica letteraria nel rinascimento (Mailand 1915). – D.L. Clark: Rhetoric and Poetry in the Renaissance (New York 1922). – G.W. Allan, H.H. Clark (Hg.): Literary Criticism: Plato to Dryden (Detroit 1962, erstmals 1941). – J.W.H. Atkins: English Literary Criticism, 3 Bde. (London 1943–51). – J.E. Seigel: Rhetoric and Philosophy in Renaissance Humanism. The Union of Eloquentia and Wisdom. Petrach to Valla (Princeton 1968). – H. Jaumann: Critica. Unters. zur Gesch. der L. zw. Quintilian und Thomasius (Leiden/New York/Köln 1995).

H.-G. Schmitz

→ Aemulatio → Ästhetik → Attizismus → Autor → Geschmack → Imitatio → Iudicium → Kunst → Literatur → Öffentlichkeit → Poetik → Publikum → Zensur

Literatursprache (frz. langue littéraire; ital. lingua letteraria)
A. Def. – B.I. Antike. – II. Mittelalter. – III. Frühe Neuzeit. – IV. Moderne (19. und 20. Jh.).

A. Eingeführt in den ‹Prager Thesen› als *langue littéraire* [1] wird ‹L.› in der linguistischen Forschung bis heute weitgehend synonym mit ‹Hochsprache›, ‹Standardsprache› oder auch ‹Schriftsprache› benutzt. [2] Vor allem die sowjetische Sprachwissenschaft bemühte sich seit den sechziger Jahren unter sozioökonomisch-sprachkulturellen Fragestellungen um die Herausarbeitung der Kriterien für die Entwicklung nationaler L. Darunter wird jede bewußt geformte, durch Auswahl aus dem Gesamtinventar sprachlicher Mittel entstandene und einer relativen Regelung innerhalb des gesellschaftlichen Sprachsystems unterzogene Existenzform von Sprache verstanden. [3] Sie zeichnet sich durch Vollkommenheit und hohen Ordnungsgrad der sprachlichen Mittel, eine den ganzen Reichtum der veränderten Formen erfassende Normativität, stilistische Differenziertheit, eine durch ideale Normen bedingte Stabilität, allgemeine Verbindlichkeit für alle Mitglieder der Sprachgemeinschaft und Polyvalenz bzw. Polyfunktionalität aus.[4] Dabei grenzte sich die L. in ihrer historischen Entwicklung einerseits von dialektalen wie umgangssprachlichen Formen ab, so sehr diese andererseits ihre Herausbildung «zur höchsten Existenzform der Nationalsprache»[5] mitgestaltet haben. Wirkt in dieser weiten Definition die L. nur nach ihrer ästhetischen Funktionalität als Sprache der Dichtung[6], finden sich doch auch Ansätze, L. im engeren Sinne als formales Teilsystem der Schreibsprache und dann ausschließlich als Sprache der belletristischen Literatur zu fassen.[7] Angesichts der komplizierten Interferenz von L., Fachsprache und Hochsprache in der heutigen Sprachgemeinschaft, vor allem aber mit Blick auf die kulturhistorische Verankerung der entstehenden nationalen Literaturen in der rhetorischen und gelehrten Tradition Alteuropas greift diese Definition jedoch zu kurz: der Dichter, zumal als poeta doctus der Frühen Neuzeit leistete den entscheidenden gesellschaftlichen Beitrag zur Ausbildung einer genormten und geformten nationalen Sprache über den engen Bezirk seines Werkes hinaus. L. als Dichtersprache aber deshalb als Sprache schlechthin zu bestimmen, weil nur in ihr sich sämtliche sprachlichen Möglichkeiten entfalten können, erscheint unter historisch-rhetorischer Perspektive mit Blick auf politische Rede, Fachsprachen usw. als zu weit gefaßt.[8] L. als Sprache der Literatur im weiteren Sinne und somit als vornehmlich rhetorischen Grundlagen verpflichtete Kunstsprache steht mit der Hochsprache in unauflöslicher fruchtbarer Interdependenz.

B. I. *Antike.* Im archaischen Griechenland bedeutet die politische auch eine dialektale Zersplitterung. Auf der Basis einzelner Dialekte und mündlichen Traditionen verpflichtet entwickeln sich gattungsgebunden verschiedene L. Mit HOMER wird das Ionische zur sprachlichen Norm für die epische Dichtung (und für die mit dem Epos verbundenen Formen des Epigramms und der Elegie). Die monodische Lyrik entsteht im aiolischen (SAPPHO, ALKAIOS), das Chorlied im dorischen (TERPANDROS), schließlich das Drama im attischen Sprachraum; doch vermischt sich jeweils dialektfremdes Gut darin, werden besonders homerische Formen aufgenommen.[9]

Die Sprache der Literatur hebt sich von Anfang an von der Alltagssprache ab: HERODOT schreibt beispielsweise eine ionische Kunstprosa, die von den vier ihm bekannten ionischen Mundarten unterschieden ist.[10] Mit dem politischen Aufstieg Athens gewinnt das Attische an Bedeutung, wird Athen zur «Schule von Hellas».[11] Im Hellenismus schließlich bildet sich aus dem Attischen, unter Einbezug ionischer Elemente, die griechische Gemeinsprache heraus.[12] Als Sprache der Gebildeten wird sie Grundlage der L., die sich durch Sprachrichtigkeit in Syntax, Grammatik und Vokabular vor der Umgangssprache auszeichnet.[13] Weist die ältere griechische L. Spuren vortechnischer Redekunst (so in Beweistechnik – πίστις, pístis; Disposition – τάξις, táxis; Stil – λέξις, léxis) auf[14], entwickelt sich nunmehr ein rhetorisches System, das für die gesamte Literatur Verbindlichkeit besitzt.[15]

Neben die Redelehre tritt mit ARISTOTELES' ‹Περὶ ποιητικῆς, Perí poiētikés› die Lehre von der Poetik. Dichtung sei Nachahmung der Wirklichkeit (μίμησις, mímēsis), aber nicht mehr als Abbild eines Abbildes von der Welt der Ideen (wie bei PLATON), sondern als direkte Teilhabe an der Idee.[16] Sie muß in «anziehend geformter Sprache» verfaßt sein[17], d.h. von einem die τέχνη, téchnē beherrschenden Dichter in der rhetorisch durchgestalteten Gemeinsprache. Die vollkommene sprachliche Form (léxis) soll klar durch Benutzung üblicher Wörter, zugleich aber erhaben durch Vermeidung des Gewöhnlichen sein, an dessen Stelle in angemessenem Gebrauch Glossen, Metaphern, Erweiterungen usw. zu treten haben; sie ist also maßvolle Mischung.[18] Neubildungen stehen dem Dichter zu.[19] Aristoteles' Schüler THEOPHRAST entwickelt die Lehre von den drei Stilarten (ausgehend von den drei Redegattungen) und den Stilqualitäten (Sprachrichtigkeit – ἑλληνισμός, hellēnismós, lat. *Latinitas*; Deutlichkeit – σαφήνεια, saphéneia, lat. *perspicuitas*; Angemessenheit – πρέπον, prépon, lat. *aptum*; Redeschmuck – κόσμος, kósmos, lat. *ornatus*).[20] Später kommt aus der Schule der Stoiker noch die Kürze – συντομία, syntomía, lat. *brevitas* hinzu. Diese Lehren bilden, unabhängig von allen Modifikationen und Gewichtsverlagerungen im einzelnen, das Koordinatensystem für die westeuropäischen L. bis in das 18. Jh.

Vermittelt wird es in erster Linie über Rom. Die römische Literatur ist von Anfang an (Homer-Nachdichtung von LIVIUS ANDRONICUS) in ihren Formen (allerdings treten mit Satire u.a. neue Gattungen hinzu) durch Übernahme griechischer Wörter und Lehnübersetzungen sowie in der poetisch-rhetorischen Theorie von den griechischen Paradigmen geprägt. Stets wird jedoch die Eigenständigkeit des Lateinischen gegenüber dem Griechischen verteidigt, sein Reichtum betont[21] – eine Argumentation, die seit dem Humanismus für die Nationalsprachen ebenfalls geführt wird.

Die Sprache der Hauptstadt bildet als streng normierte Sprache die Grundlage der lateinischen L. (*urbanitas*)[22], die wesentlich der durch die Rhetorik geformten, durch die Kriterien der Sprachrichtigkeit (*ratio, vetustas, auctoritas, consuetudo*[23]) genormten, von den *eruditi*[24] getragenen Hochsprache entspricht, in die aber ebenso umgangssprachliche und vulgärsprachliche Elemente (z.B. PETRON: Cena Trimalchionis) einfließen, obgleich führende Theoretiker wie QUINITILIAN dies ablehnen.[25] Dialektale Differenzen fehlen. Fremdwörter sind zu meiden.[26] Allerdings verfügt der Dichter über die *licentia*, in bestimmten Fällen gegen die Regeln der Sprachrichtigkeit zu verstoßen.[27]

Im Zeitalter des Augustus hat sich die lateinische L. vollendet und – mit Ausnahme der griechischen Gebiete – im Reich durchgesetzt. Es ist eine vollständig rhetorisierte L., stilistisch den rhetorischen Kriterien der *perspicuitas*, *puritas* und des *aptum* verpflichtet, in den Rhetorenschulen gelehrt, an den Alten, den vorbildhaften Schriftstellern der Vergangenheit, geschult. Sie wird benutzt in Dichtung und Prosa (mit den Höhepunkten TACITUS und SENECA), aber auch in den sich damals entwickelnden und bis heute grundlegende Termini prägenden Fachsprachen der Jurisprudenz und Medizin. Rhetorik und Poesie formen die *humanitas*; sie weist dem Redner wie dem Dichter herausragende soziale und sittliche Kompetenz zu (Ideal des *vir bonus*).[28] Beide müssen nicht nur die *ars* (τέχνη, téchnē) beherrschen, sondern auch das natürliche *ingenium* (φύσις, phýsis) dafür besitzen.[29]

Das formuliert, zurückgreifend auf das verlorene Werk von NEOPTOLEMOS, letztlich aber philosophisch-rhetorisches Gedankengut Attikas aufnehmend, wirkungsmächtig für die europäische Literatur HORAZ.[30] Nur so könnten die Dichter ihr vornehmstes Wirkungsziel erreichen, «aut prodesse volunt aut delectare poetae» (entweder nützen oder erfreuen wollen die Dichter).[31] Die rhetorische Mimesis als *imitatio* literarischer Muster wird, unauflöslich verknüpft mit der *aemulatio*, auf die Dichtung übertragen.[32] Zur zentralen poetischen Kategorie rückt das *aptum* auf, gebunden an Gattung bzw. Form, affektischen Gehalt, Handlungssituation und Personal.[33] Die Angemessenheit von *res* und *verba* ist unbedingt einzuhalten.[34] Das führt zur Ästhetisierung der L. mit Folgen für den *ornatus*, der gemäß der poetischen Intention genutzt sein muß. Denn durch Worte äußere sich Seelenbewegung[35], sie müßten richtig gewählt, zugleich aber anmutig sein; Neuschöpfungen und Lehnübersetzungen aus dem Griechischen stünden dafür dem Dichter frei.[36]

Besteht also für Horaz Dichtung nicht allein in Schönheit der Form[37], wächst unter den Autoren der sog. ‹Silbernen Latinität› das Interesse für die äußere Form, wird sie schließlich unter dem Einfluß der Rhetorenschulen dominierend. Mit Seneca erlebt die römische Prosa den Höhepunkt ihrer Rhetorisierung. Quintilian dagegen hält seinen Stil für entartet, von Fehlern (im Sinne der rhetorischen Lehre) entstellt.[38] Er hebt CICERO als vorbildhaften Stilkünstler dagegen hervor.[39] Überhaupt findet sich am Ende der römischen, wie andererseits auch der griechischen Literatur der Zeit (Attizismus) eine deutliche Tendenz, auf die klassischen Musterautoren zurückzugreifen, wobei vor allem Cicero zu dem Vorbild avanciert, das er über Jahrhunderte bleiben soll. Parallel dazu kommen bewußte literarische Rückgriffe auf ausgestorbene Sprachformen und veraltete Stilmittel (Archaismen) auf, um besondere Wirkungen zu erzielen oder Gelehrsamkeit zu zeigen.

II. *Mittelalter.* Latein ist im westeuropäischen Mittelalter die Sprache des christlichen Kultus und der theologischen Schriften, es ist die Sprache der Wissenschaft und der Gelehrten sowie (bis etwa ins 13. Jh.) der Kanzleien und Urkunden. Die zentrale Rolle als Bewahrer der lateinischen Texte und Vermittler der lateinischen Sprache spielen zunächst die Klöster bzw. deren Skriptorien und Schulen. Die klassische lateinische L. jedoch erlebt durch die im zerfallenden Imperium an Einfluß gewinnenden provinzialen Vulgärsprachen auf der einen und durch das Christentum auf der anderen Seite eine Verwandlung und Erweiterung von Worten, Begriffen, von Gedanken und Inhalten, von Formen. Die antike Rhetoriktradition ist nur unvollständig bekannt. Gleichwohl bleibt sie, vermittelt über die christlichen Autoren und die Scholastik, bindend.[40]

Die christliche Literatur hat sich in ihren Anfängen der hochentwickelten griechischen L. bedient, wobei zunächst, mit Blick auf ein nunmehr auch die untersten Schichten einschließendes Publikum, vulgärsprachliche Elemente breiten Raum erhalten, um das göttliche Wort allgemein verständlich zu verbreiten. Mit der Öffnung der Christen für die griechische Bildung, vollends mit der ein Jh. später in Nordafrika ihre Anfänge nehmenden lateinischen christlichen Literatur (TERTULLIAN, MINUCIUS FELIX, LACTANZ u.a.), wählen die Autoren die lateinische L. der Gebildeten für ein ebensolches Publikum. Metapher und Allegorie sind in der auf Entdeckung und Verbreitung der göttlichen Wahrheit durch Exegese verwiesenen christlichen Literatur wichtigste rhetorische Kunstgriffe, Tropen und Figuren die Schlüssel zum versiegelten Geist.[41] Aus der Bibel wird das Arsenal der Redefiguren bereichert. BEDA (‹De schematibus et tropis›) entnimmt alle seine Beispiele der Heiligen Schrift, weil sie als göttlich größere Autorität und als zum Ewigen Leben weisend größere Nützlichkeit besitzen als die heidnischen.

Herausragende Einzelpersönlichkeiten führen – gegen anfängliche Widerstände – unter den christlichen Autoren die antike Rhetoriktradition fort, der ein fester Platz in der Bildung eingeräumt wird (CASSIODOR: ‹Institutiones›, ALKUIN: ‹Disputatio de rhetorica et de virtutibus›), jedenfalls soweit sie für die Verbreitung des Wortes notwendig erscheint. Obgleich ein heidnisches Gut, will AUGUSTINUS die Waffe der wirkungsmächtigen Rede nicht den Feinden der Wahrheit überlassen.[42] Er, unter den Kirchenvätern der bedeutendste Vermittler der antiken Rhetorik an das Christentum, zeigt sich stark von CICERO beeinflußt[43], reduziert bzw. konzentriert das Theoriegebäude jedoch vor allem auf das Wirkungsziel der *persuasio*.[44] Mit Folgen für die christliche lateinische L.: Da die – göttliche – *res* wichtiger als das – nur menschliche – *verbum* ist, darf die *perspicuitas* auch zu Lasten der Sprachrichtigkeit gehen[45], wird die *ars* der *eloquentia* nachgeordnet. Dementsprechend löst sich der Stil vom Inhalt, muß der christliche Redner, da sein Gegenstand immer groß bleibt, die *genera dicendi* mit Blick auf diese Wirkungsabsicht mischen.[46] Dafür darf in der Predigt, als vierte Redegattung eingeführt, auch die Sprache der *indocti* benutzt werden. Gleichwohl entsteht vor allem in der Liturgie ein hochstilisiertes Latein, wobei die christlichen Autoren als *auctoritas* wichtiger werden als die heidnischen. Augustinus grenzt das christliche klar vom alten Latein ab, Alcuin warnt, man habe genug an den heiligen Dichtern und müsse sich nicht mit der üppigen Sprachkunst Vergils anstecken.[47] Gerade VERGIL aber gewinnt mit seinen drei großen Dichtungen für die poetische Theorie des Mittelalters – und darüber hinaus – Vorbildcharakter für die Dreistillehre und ihre Verbindung mit dem sozialen Status des bedichteten Personals (*rota Vergilii*).[48]

Derart vorbereitet durch die Kirchenväter der Spätantike, nach Phasen des Niedergangs, die nur kurzzeitig und mit geringen Wirkungen von der karolingischen Renaissance (die das Latein zu Einheitlichkeit und Gesetzmäßigkeit auf Basis von Sprachrichtigkeit und Textzuverlässigkeit zurückführen möchte) unterbrochen werden und nur wenige, ausschließlich von Mönchen verfaßte herausragende sprachliche Zeugnisse hervorbringen (GREGOR VON TOURS, BEDA, NOTKER u.a.), bildet sich schließlich im Hochmittelalter ein literarisches Mittellatein heraus, gekennzeichnet durch einen rhetorischen Manierismus (E. Auerbach), dessen Merkmale «rhythmischer Kursus der Satzklauseln, Reimprosa, Klang- und Sinnfiguren, ausgesuchtes Vokabular, schwierige und feierliche Satzfügung» waren.[49] Im System der *artes liberales* ist die Poetik nunmehr der Rhetorik und die Grammatik subsumiert. Zentrale Bedeutung besitzen unter christlichem Einfluß die Figurenlehre und die Angemessenheit von Aussage und Ausdruck (z.B. ALANUS AB INSULIS: ‹Rhetorica›, ALBERICH VON MONTE CASSINO: ‹Flores rhetorici›, GALFRID VON VINSAUF: ‹Poetria nova›).[50]

Veränderte Ansprüche eines zunächst ausschließlich höfischen Publikums führen im Hochmittelalter zur Entstehung einer volkssprachlichen Dichtung. Zuvor bereits hat die Volkssprache im rechtlichen Raum an Bedeutung gewonnen, hat sie ebenso der religiösen Unterweisung der Ungebildeten gedient. Vor der schriftlichen Fixierung besteht eine lange mündliche Tradition in verschiedenen Dialekten. Innerhalb der politisch geschlossenen Personenverbandsstaaten gibt es keine Spracheinheitlichkeit, ebenso sind die sprachlichen Normierungsprozesse noch längst nicht abgeschlossen. Für die Entwicklung einer Hoch- und einer Literatursprache resultieren daraus gerade in den nicht auf eine Machtzentrale ausgerichteten Nationen für Jahrhunderte kontroverse Diskussionen (die in Italien und Deutschland erst im 19. Jh. gelöst werden).

Die frühesten volkssprachlichen Zeugnisse sind aus England überliefert. An Vorbildern der lateinischen und vor allem der französischen Diktion ausgerichtet, entsteht hier eine L., die durch ein ausgeprägtes Forminteresse bei der literarischen Gestaltung des traditionellen Erzählguts, das stets in die römisch-christliche Tradition eingebettet wird, dominiert ist.[51] In Deutschland bleiben die Bemühungen der karolingischen Hofakademie, das literarische Volksgut zu sammeln und eine Grammatik für die den rhetorischen Kriterien unterworfene Hochsprache zu schaffen, folgenlos.[52] Die *lingua theodisca* gilt als barbarisch und bäuerlich.

OTFRIED VON WEISSENBURG befaßt sich in seiner – bezeichnenderweise lateinischen – Widmungsvorrede an Erzbischof Liutbert von Mainz als erster theoretisch mit dem Verhältnis der Volkssprache zum Latein. Er legt die Regeln, nach denen er diese Volkssprache schriftlich fixiert hat, dar und bezichtigt sich selbst zahlreicher Barbarismen und Solözismen, die nach antiken Dichtungsverständnis dem Poeten verboten sind.[53] Doch den Schöpfer zu loben sei wichtiger, als auf Sprachrichtigkeit zu achten[54]: So sollen fortan die Deutschen ihre Sprache benutzen und ihren Eifer darauf verwenden, Fehler aus ihr auszumerzen.[55]

Zwar zeitigt Otfried, der in fränkischem Dialekt schreibt, keine Wirkung, doch ist inzwischen, erkennbar seit dem Straßburger Eid von 842, ein Bewußtsein für die Verschiedenheit der Volkssprachen gewachsen, werden sie vor allem im Rechtsbereich benutzt (Urkunden, Beglaubigungen, Diplome, Mandate). Obgleich die althochdeutsche Phase der deutschen Literatur verschiedene Dialekte kennt, besteht eine von den Klöstern getragene «Tendenz zu einer überlandschaftlichen Hochsprache».[56] In den Quellen findet sich seit dem frühen 12. Jh. der Begriff der Muttersprache in Absetzung von der *lingua latina*, der weiterhin auf den Schulen (und nun auch den Universitäten) vermittelten Gelehrtensprache. Erstere wird nunmehr zu gleichberechtigtem Rang crhoben.[57]

Etwa zeitgleich blühen die volkssprachlichen Literaturen in Frankreich und Deutschland auf. Die romanischen Sprachen sind – wenn man diesen komplizierten sprachgeschichtlichen Prozeß so verallgemeinernd zusammenfassen darf – aus der lateinischen Vulgärsprache hervorgegangen.[58] Aus Frankreich übernimmt die mittelhochdeutsche Literatur um 1200, nachdem die Schriftlichkeit wieder Aufschwung nimmt, die literarischen Hochformen des Minnesang und höfischen Epos. Zahlreiche Wörter aus dem Französischen werden übersetzt oder entlehnt, Strophen- und Reimformen prägen sich am französisch-provenzalischen Vorbild aus.[59] Die mittelhochdeutsche L. basiert auf der gehobenen höfischen Umgangssprache, also der Sprache, die jene Dichter und jenes Publikum pflegen, die sich ritterlichen Idealen wie *maze* und *tugent* verpflichtet fühlen.[60]

Wenn GOTTFRIED VON STRASSBURG an HARTMANN VON AUE lobt, wie dieser seine «maere» «mit worten und mit sinnen durchvärwet und durchzieret», dabei den richtigen Ton trifft und dafür »kristalliniu wortelin«, die rein und lauter daherfließen, findet[61], so lobt er an ihm traditionelle rhetorische Stilqualitäten, denen er selbst, vermittelt über die mittelalterliche Poetik[62], in seinem ‹Tristan› nacheifert; wenn er HEINRICH VON VELDEKE einige Verse später als denjenigen bezeichnet, der das «érste rîs in tiutscher zungen», gepflanzt habe[63], geschieht dies zudem in dem Bewußtsein, nunmehr in einer bisher noch nicht erreichten Sprache schreiben zu können, die nicht nur *perspicuitas*, *puritas*, *aptum* zu wahren weiß, sondern bereits auch *loquendi regulae* für die Sprachrichtigkeit beanspruchen kann. Der starke französische Einfluß, bei WOLFRAM VON ESCHENBACH noch besonders ausgeprägt und von GOTTFRIED deshalb getadelt[64], tritt zurück (auch THOMASIN VON ZERCLAERE, HUGO VON TRIMBERG).

Die Blüte der hochmittelalterlichen Literatur in Deutschland vergeht schnell, doch bleibt eine von dieser höfischen Literatur des Südwestens geformte Schreibsprache mit orthographischen, syntaktischen und stilistischen Konventionen, die sich von den gesprochenen regionalen Mundarten abhebt. Altes Gewohnheitsrecht wird seit der ersten Hälfte des 13. Jh. schriftlich fixiert (EIKE VON REPGOW: ‹Sachsenspiegel›; ‹Schwabenspiegel›), wobei die Übersetzung ins Deutsche noch schwer fällt.[65] Die Kanzleien beginnen, gemäß der *ars dictaminis*, einen eigenen Stil auszuprägen, über den noch das 18. Jh. heftig streiten wird.

Im Spätmittelalter zerfällt die höfische Literatur, ihre Sprache und Formen bleiben jedoch Vorbild für die nunmehr in die aufstrebenden Städten hinüberwechselnde literarische Produktion für ein dortiges Publikum. An die Sangspruchdichter (WALTHER VON DER VOGELWEIDE, KONRAD VON WÜRZBURG u.a.) knüpfen seit dem späten 14. Jh. die Meistergesang-Schulen an, deren hauptsächliches Ziel es ist, die unalphabetisierten städtischen Mittel- und Unterschichten kraft des Vortrags mit weltlicher und vor allem religiöser Bildung vertraut zu machen.[66] Eine Sondersprache, reich an Metaphern, Tautologien, Oxymora, entwickeln die Mystiker (MEISTER ECKHART usw.); sie findet, über ihre Rezeption im reformatorischen und durch neue Impulse mystischen Erlebens im konfessionellen Zeitalter schließlich mit dem protestantischen Pietismus Eingang in die deutsche L. über die Erbauungsliteratur.[67]

Um 1400 kündigt sich die Zeit des Übergangs in die Frühe Neuzeit an. Ein literaturgeschichtlich herausragendes, jedoch singuläres Werk wie der ‹Ackermann aus Böhmen› steht an der Schwelle. Es weist Züge der böhmischen Kanzleisprache auf (das politische und kulturelle Zentrum des Reiches liegt damals in Prag).[68] Doch JOHANNES VON TEPL gibt in seinem Widmungsbrief an, die *rhetorice essencialia*[69] und zwar: «tamquam omnia, vtcumque jnculta, rhetorice accidencia, que possunt fieri jn hoc jdiomate jndocili» (ebenso alle – wie auch immer ungeschliffenen – Äußerlichkeiten der Rhetorik, soweit sie in dieser rohen Sprache möglich sind)[70] angewandt zu haben. Gemeint ist damit sowohl die ganze Breite der mittelalterlich-lateinischen Schulrhetorik[71], die Vereinigung von *stilus Ciceronianus* mit dem rhythmischen *cursus* und der Reimprosa[72], von *genus iudiciale* und Spruchdichtung[73], als auch zugleich die Aufnahme des neuen, über die Prager Kanzlei (JOHANNES VON NEUMARK) vermittelten Humanismus aus Italien.[74]

III. *Frühe Neuzeit.* **1.** *Grundlagen der Entwicklung nationaler L.* Die nationalen Literaturen und damit die nationalen L. in Europa bilden sich in der Frühen Neuzeit heraus. Dieser langwierige und phasenverschoben einsetzende Prozeß ist unauflöslich verknüpft mit der Entstehung der Nationalstaaten aus frühabsolutistischen Formen heraus. Er schreitet in den auf eine politische Zentrale ausgerichteten Staaten wie Frankreich, Spanien, England schneller voran als in Italien und Deutschland; kleinere Nationalliteraturen wie die litauische und die slawischen Literaturen wie z.B. die russische (GNEDIČ, GALINOVSKIJ) finden erst im 18. Jh. Anschluß an die Diskussionen um eine normierte nationale L.

Grundsätzlich muß zunächst ein Bewußtsein von der Pluralität der Sprachen und von der Besonderheit der eigenen Sprache entstehen, wie es z.B. VIVES (‹In Pseudo-Dialecticos›) formuliert. Verbunden damit sind mentale, aus einer als eigen und spezifisch interpretierten Vergangenheit abgeleitete Konnotationen von *patria* und Vaterland (wobei der Sprachpatriotismus wohl in Deutschland am stärksten ausgebildet ist).[75] Im Zuge der Auflösung der *ecclesia universalis* spielen religiöse und später konfessionelle Konfliktlagen herein, die ihrerseits politisiert werden. Nicht zufällig entstehen während der konfessionellen Bürgerkriege des 16. und 17. Jh. in Frankreich (Psalmendichtung von MAROT und DE BÔZE, Pléiade, MARGUERITE DE NAVARRE, D'AUBIGNÉ), in den Niederlanden (VAN MARNIX, D. HEINSIUS, GROTIUS) und in Deutschland die ersten großen Zeugnisse nationaler Dichtung im Kreise der antikatholischen, hier jeweils calvinistischen bzw. kryptocalvinistischen intellektuellen Opposition. Auch in England (SHAKESPEARE, PH. SIDNEY, SPENCER) oder Polen (REJ, KOCHANOWSKI) sind es zunächst protestantische bzw. zum Protestantismus in seinen verschiedenen Formen neigende Dichter, die die Muttersprache in den Rang einer L. erheben.[76] Im Bündnis mit den hohen Schulen, der Kirche und zunächst noch dem Fürstenstaat behält aber das Latein, vor allem auf der katholischen Seite, seine Vorherrschaft, lateinische Texte dominieren bis in das 17. Jh. hinein den Buchmarkt, noch länger hält es sich als akademische (Fach-)Sprache.[77] Bis weit in die Frühe Neuzeit besteht also eine funktionale Diglossie zwischen dem Lateinischen und den nationalen Sprachen in der Literatur.

Einen entscheidenden Beitrag zur Normierung der L. – und zur «Erfindung der Nation» (Anderson) – leistet der Buchdruck.[78] Das Publikum vergrößert sich und verändert sich zugleich seit der humanistischen Bildungsreform. Dem höfisch-adligen tritt ein wirtschaftlich wie kulturell aufstrebendes städtisch-bürgerliches Publikum zur Seite; mit der Aufklärung erweitert es sich um die Frauen.[79]

Die europäischen Renaissance-Humanisten schaffen mit der gelehrten, zugleich aber politisch wie gesellschaftlich funktionalisierten Rückeroberung der antiken Literatur und Kultur erst die theoretischen Voraussetzungen für die nationalen Literaturen, so sehr sie selbst vielfach die Volkssprachen zunächst vehement ablehnen.[80] Cicero ist das große, aber in der Diskussion um *imitatio* und um die für die Interessen des Staates utilitäre *prudentia politica* nicht unumstrittene Vorbild.[81] Zunächst bedeutet das den Bruch mit der eigenen mittelalterlichen Tradition, die i.w. erst im 18. Jh. wieder den nationalen Literaturen zugeführt wird.

DANTE eröffnet mit seiner unvollendeten Schrift ‹De vulgari eloquentia› die programmatische Reflexion über das Wesen der nationalen Hochsprachen und damit zugleich der L. Mit seiner ‹Divina Commedia› schafft er ein literarisches Paradigma für «die Umbildung der lateinischen Einheitskultur des mittelalterlichen Abendlandes zum nationalsprachlichen Literatursystem».[82] Die Stillehre der antiken *genera dicendi* wird auf die Volkssprache übertragen[83], die als *lingua naturalis*[84] am artifiziellen lateinischen Muster und den großen Poeten (auch er nennt an erster Stelle Vergil)[85] zu schulen und so aus ihrer Verdorbenheit zu einem – mit den Attributen *cardinale, aulicum, curiale* ausgezeichneten[86] – *volgare illustre*, zum hohen Stil, zu heben sei.[87]

Überall muß die mit dem Verdikt des Barbarischen belegte nationale Sprache am Anfang verteidigt und legitimiert werden. So schwingt sich Du BELLAY sogleich zur ‹Deffence› (1549) der französischen Sprache auf, tritt der junge OPITZ gegen die Verachtung der Muttersprache an (‹Aristarchus› 1617). Die rhetorischen Lehren von den Stilqualitäten und -arten behalten ihre Geltung. Eine in diesem Sinne literarisierte Volkssprache auf Basis des *consensus eruditorum* wird propagiert, die von der Umgangssprache, von der Sprache des 'Pöbels' zumal, abgegrenzt ist.[88] Für sie ist der – theoretische wie poetische – Beweis zu erbringen, daß sie dem Latein ebenbürtig sei, daß sie die gleiche Würde erreichen könne, daß sich auch in ihr die großen Gegenstände darstellen ließen.[89] Dies geschieht eben durch produktive Aufnahme des als verbindlich anerkannten rhetorisch-poetischen Systems der Antike und im Wettstreit mit den zu autoritären Vorbildern erhobenen antiken, verstärkt aber auch zeitgenössischen besten Schriftstellern – nicht nur des eigenen Landes.

Die Dichter verstehen sich als gelehrte Poeten, die über ein natürliches *ingenium* verfügen, dank ihres überlegenen Wissens im Besitz des *iudicium* sind und die *ars* beherrschen.[90] Ihr sittliches wie intellektuelles Ideal ist der – bis in die Aufklärung christlich verstandene – *vir bonus*, der sich am Hof ausrichtet (CASTIGLIONE entwirft den vollendeten Hofmann als Gradmesser der *consuetudo*).[91] Ein Ideal, das besonders die bürgerlichen Gelehrten verfechten, bis der Hof mit seiner 'unnatürlichen' Etikette dann in der zweiten Hälfte des 18. Jh. seine Vorbildfunktion verliert (z.B. bei LESSING: Hamburgische Dramaturgie, 59. Stück, auch MÖSER, SCHUBART).[92] Doch stets richtet sich der Blick bei allen Bemühungen um die Schaffung einer verbindlichen sprachlichen Norm auf zentrale Institutionen, vor allem Höfe, aber ebenso Kanzleien.[93]

Der elitäre *poeta doctus* und der Redner sind «die zwei Säulen, die das Gebäude jeder Sprache stützen.»[94] Das rhetorische Argument der *auctoritas*, des verbindlichen Vorbildcharakters der besten Schriftsteller, behält bis in das 18. Jh. seine Geltung für die Normierung der nationalen L. Seit dem Humanismus blüht die Übersetzungsliteratur. Der jeweilige nationale Autorenkanon verändert sich seit der ‹Querelle des anciens et des modernes›, die im Umkreis der französischen Akademie beginnt (PERRAULT, FONTENELLE); sie wird durch die neuen Entdeckungen, Erfindungen und Experimentalwissenschaften beeinflußt.[95]

Solange Dichtung und Gelehrsamkeit als Einheit verstanden werden, bleibt der Einsatz der Poeten für die nationale Literatur immer auch ein Einsatz für die nationale Hochsprache. Der genuine Ort, an dem diese Diskussionen geführt werden, sind die Poetiken. Herausragende Bedeutung für die nationalsprachlichen Literaturen gewinnen J.C. SCALIGERS neulateinische ‹Poetices libri septem›. Auf der Basis von ARISTOTELES' Poetik, aber ebenso platonischer und horazischer Ideen und der zeitgenössischen italienischen Humanisten finden hier die Dichter ein Lehrbuch, das die zentralen Fragen von *imitatio* und *aemulatio*, der göttlichen Inspiration des Dichters und des moralischen Nutzens von Dichtung aktualisiert. Die großen Theoretiker der nationalsprachlichen Dichtung, D'AUBIGNAC, SIDNEY und JOHNSON, OPITZ und noch GOTTSCHED, werden davon beeinflußt. [96]

2. *Historische Entstehung der deutschen L.* Deutschland beteiligt sich erst verspätet an der Diskussion um eine nationale L. Im 16. und 17. Jh. orientiert man sich vor allem an der Romania (zunächst Italien, dann Frankreich), im 18. Jh. werden vermehrt englische Einflüsse wirksam. Anders als etwa in Frankreich, wo 1537 Französisch zur Amtssprache erklärt worden ist, gilt ganz offiziell Zweisprachigkeit von «Teutsch oder Lateinisch zung». [97] Von den Kanzleien, den kaiserlichen zunächst, dann auch den städtischen für den wachsenden Handels-und Rechtsverkehr, geht seit Ende des 15. Jh. die Tendenz zur Ablösung der geschriebenen deutschen Sprache von den regionalen Mundarten aus. [98] Weit verbreitet sind ‹Formular-› und ‹Titulbüchlein›, die die Lehren der *artes dictandi* festschreiben. Unter den frühhumanistischen Gelehrten, die diesen Kanzleistil prägen, ist unbestritten, daß «in der lateinischen Rhetorick wenig [...] zu zierung und hofflichkeit loblichs gedichts dienende» zu finden sei, «daß nit in dem tütsche ouch stat haben» könne. [99] Einigkeit besteht unter ihnen auch über den uneinheitlichen Zustand des «hochdeutschen», den es durch Regeln zu beseitigen gelte. [100]

Wird dafür die traditionelle Rhetorik in ihr Recht gebracht, so setzt LUTHER auf die Volkssprache, «den man mus nicht die buchstaben inn der lateinischen sprachen fragen/ wie man sol Deutsch reden», sondern dem Volk «auff das maul sehen». [101] Gleichwohl ist gerade er von einem Stilwillen für die «rechte art deutscher sprach» [102] beseelt. [103] Diese sieht er in der sächsischen Kanzlei gepflegt, deren Sprache alle folgten und die deshalb die «gemeinste deutsche Sprache» sei. [104] Wie in der mittelalterlichen Predigtlehre ist sein Stil auf breiteste Wirkung der «Sache» unter den Gläubigen berechnet. Mit seiner Wendung gegen die Laientheologie, gegen den Spiritualismus und die Schwärmer, werden jedoch schon bald die literarischen Bezirke für die Volkssprache im wesentlichen auf die liturgischen und moraldidaktischen begrenzt. [105]

Die Sprache der Dichtung bleibt ohnchin ganz überwiegend lateinisch. Sie wird von den Humanisten getragen, die mit der *translatio imperii* gegen den vor allem von VALLA (‹De linguae latinae elegantia libri sex›) erhobenen kulturellen Vormachtsanspruch Italiens nun auch die *translatio artium* für Deutschland einfordern und Apoll über die Alpen holen (CELTIS). [106] Die Kluft zwischen der im 16. Jh. in Blüte stehenden neulateinischen Dichtung und der volkssprachlichen Literatur, die eben nicht den humanistischen Stil- und Bildungskriterien genügt, ist groß. Die Sprachen der Reformation und der Dichtung wenden sich an verschiedene Adressatengruppen.

Dementsprechend knüpft die deutsche Dichtung, die seit den zwanziger Jahren des 17. Jh. entsteht, nicht an die eigene volkssprachige Tradition an. In durchaus produktiver Aneignung wird das rhetorisch-poetische Lehrgebäude der Antike, wie es über das humanistische Bildungs- und Dichterideal vermittelt wird und nach wie vor Inhalt des gymnasialen und universitären Lehrplans bleibt, übernommen. [107] OPITZ macht mit seiner ‹Teutschen Poeterey› den Anfang und stellt sogleich für zahlreiche Gattungen eigene poetische Muster, teilweise in Übersetzungen, zur Verfügung. Seine Nachfolger erweitern die formalen Möglichkeiten und tragen zur ästhetischen Sensibilisierung der L. bei. Unter dem Einfluß von GRACIÁN und MARINO experimentieren die Dichter der zweiten Jahrhunderthälfte mit der L., loten ihre Möglichkeiten durch neue Wortschöpfungen, für die der Dichter die *licentia* besitzt, durch Verrätselung, Bilderhäufung, Lautmalerei usw. aus (HOFMANNSWALDAU u.a.). [108] Sprache wird verabsolutiert im manieristischen Spiel. [109]

Die Dichter verfügen nunmehr, in Erkenntnis des Werts der eigenen nationalen Sprache und Kultur, frei über die antike Tradition. Damit einher geht eine generelle Kritik am Neulatein und am gelehrten Pedantismus, die beide von einem zunehmend am Ideal des *honnête homme* orientierten Publikum abgelehnt werden, jenem Publikum, von dem die Poeten abhängig sind und vor dem der Leistungsnachweis in der eigenen Sprache anzutreten ist. Latein verliert für die Dichtung an Bedeutung. Gleichzeitig ist man sich sicher, daß der Vergleich mit den anderen nationalen Literaturen nicht gescheut zu werden braucht. [110] Sprachliche Überfremdung wird, vor allem von der ersten Dichtergeneration des Dreißigjährigen Krieges, mit der politischen gleichgesetzt. [111]

Die gelehrten Dichter schwingen sich zu Wortführern der Sprachdiskussionen auf. Geführt werden diese vor allem auch in den Sprachgesellschaften, die in der Tradition der europäischen Sozietätsbewegung stehen und neben dem sprachpflegerischen Anliegen kulturpatriotische Ziele innerhalb der Öffentlichkeit des frühabsolutistischen Staates verfolgen. [112] Bereits vor einer Kodifizierung durch Grammatiken und in Wörterbüchern propagieren die Dichter in ihren Poetiken aus rhetorischer Argumentation heraus ein über den regionalen Mundarten stehendes Hochdeutsch, dessen Vollkommenheit durch Sprachrichtigkeit sowie Beachtung des stilistischen Kriterienkatalogs (*puritas, perspicuitas, ornatus, aptum*) erreicht wird. Anders als in zentralistischen Staaten mit einem führenden Hof und einer Hauptstadt (wie England, Frankreich) und – wie Frankreich – mit einer Akademie, der die sprachliche Autorität zugewiesen ist, bleibt in Deutschland die Entscheidung für einen allgemein anerkannten Sprachgebrauch umstritten, wird gegen das Meißnische (Befürworter sind u.a. die ‹Fruchtbringende Gesellschaft›, VON ZESEN, SCHOTTEL, MORHOF) auch das Schlesische oder Fränkische – letztlich aber vergeblich – ins Feld geführt. Anerkannt sind jedoch die sprachliche Autorität LUTHERS und der Reichstagsabschiede. [113]

‹Hochdeutsch› wird dabei als ebenso patriotisch wie ethisch-moralisch konnotierte «Heldensprache» verstanden. [114] Der größte Grammatiker des Jahrhunderts, SCHOTTEL, sieht – und seine Zeitgenossen sind sich darin einig [115] – im Deutschen eine «Haubtsprache», die neben das Hebräische, Griechische und Lateinische zu stellen ist: aufgrund ihres Alters und der Vielzahl ihrer Stammwörter, die göttlichen Ursprungs sind und – im Sinne einer Natursprachenlehre – das eigentliche Wesen der bezeichneten Gegenstände ausdrücken. [116] Sein Anliegen ist es, die «HochTeutsche Sprache [...] zum stande einer vollkom[m]enen Sprache» zu bringen. [117] Diese für die Literatur verbindliche Hochsprache ist auf bestimmte soziale Sprachbenutzer eingeschränkt, jedoch nicht wie in Frankreich nur auf einen zentralen Hof, sondern durch den *consensus eruditorum* ebenso für die städtisch-patrizischen Führungsschichten erreichbar.

Behandelt wird in den Poetiken vorrangig die Lyrik, doch gelten die aufgestellten Regeln auch für die später zur Blüte kommenden Gattungen des Dramas und des Romans. Verbindlichkeit besitzt die Dreistillehre [118], der Gattungen, Themen, Personal und die der Stilhöhe entsprechenden Modi *movere*, *docere*, *delectare* zugeordnet werden. Theoretisch begründet wird, wie schon bei Dante, vor allem der hohe Stil. [119] Zierlichkeit wird zum Synonym für *elegantia*, unter der in der Herennius-Rhetorik *latinitas* und *perspicuitas* subsumiert worden sind. [120] Mit dem Wirkungsziel der Ergötzung wird die gesamte antike Lehre des Redeschmucks auf die Dichtung des 17. Jh. übertragen. Das Einflicken von Fremdwörtern in die hochdeutsche L. gilt als «vnsauber» [121], ein Purismus, der bei den Nürnberger Pegnitzschäfern und vor allem bei VON ZESEN auf die Spitze getrieben wird. Der Kampf gegen die Fremdwörter findet bis über das 18. Jh. hinaus seine Fortsetzung (CAMPE, VOSS), trifft allerdings bei den Romantikern besonders auf Spott (vgl. BRENTANOS ‹Märchen vom Murmeltier›). [122]

Der entscheidende Durchbruch für eine von Autoren wie Publikum, somit innerhalb des gebildeten Bürgertums, anerkannte deutsche L. gelingt im 18. Jh. Der Schwulst vor allem der Zweiten Schlesischen Dichterschule, ihr exzessiver Metapherngebrauch, wird abgelehnt. [123] Besonders LOHENSTEINS Stil löst Kritik aus. Poesie wird auf ihren Nutzen im absolutistischen Staat zurückverwiesen, wird zu einer Dienerin der Beredsamkeit zurückgestuft (WEISE). Das leitet die Ablösung der Poetik von der Rhetorik im Wissenschaftssystem ein, ohne daß die rhetorischen Regeln in der Dichtung aufgegeben werden. Vernunft wird zum obersten Prinzip erhoben. Sprache als «ein Spiegel des Verstandes» [124] transportiert Vernunft (WOLF) und somit aufgeklärtes Gedankengut, Aufklärung ihrerseits wird an Beredsamkeit gebunden. [125] Ihre – beabsichtigte – Wirkung kann sie nur, gemäß der rhetorischen Tugend der *perspicuitas*, durch eine klare, deutliche und verständliche Sprache erzielen (Einfluß BOILEAUS: ‹Art poétique› 1674, bes. auf die sog. ‹Hofdichter›). Die Dichter bemühen sich um naturgetreue Nachahmung der Wirklichkeit, auf die auch die Metapher zurückbezogen wird (BROCKES, GÜNTHER, HALLER). [126]

Bis weit in das 18. Jh. hinein haftet der deutschen Dichtung und Sprache nicht selten noch das Verdikt des Barbarischen an (so bei FRIEDRICH D. GR.: ‹De la Littérature allemande›). Diesem entgegenzusteuern, ist Aufgabe der Gelehrten, zu denen sich die Dichter zunächst noch zählen. In diesem Zusammenhang steht auch die Forderung nach ‹deutschen› Gesellschaften, wie sie zunächst LEIBNIZ und dann GOTTSCHED erheben, in deren Händen nach dem Vorbild der französischen Académie die Schaffung einer durch Reichtum, Reinheit und Glanz ausgezeichneten deutschen Hochsprache liegen solle. [127]

Gottsched ist der führende Theoretiker der ersten Jahrhunderthälfte. Er orientiert sich, wie vor ihm schon Leibniz und THOMASIUS, an Frankreich (BOILEAU, BOUHOURS). Sein Ideal ist eine gebildete Sprache, die sich durch Natürlichkeit, und d.h. durch Vernünftigkeit auszeichnet. [128] Es ist jene «kultivierte Natürlichkeit», die von GELLERT auch auf den Brief, das große literarische Medium des 18. Jh., übertragen wird. Er fordert eine Ausrichtung nach der besten ‹Mundart›, die keine dialektalen Einflüsse aufweisen dürfe. [129] Sie sei – ein Argument, das schon bei Dante zu lesen ist und letztlich die republikanische Forderung der *urbanitas* in die absolutistische Staatsform transportiert – bei Hofe zu finden [130]; Gottsched plädiert dabei für das Meißnische. [131] Die Verpflichtung auf den *consensus eruditorum* sichert Verständlichkeit. Dieser dient auch ein mittlerer Stil, dem er die wichtigsten Gattungen (poetische Erzählungen, Briefe, Satiren, Lehrgedichte, Gespräche) zuweist. [132] Verbindlich bleiben die *auctoritas* sowie die Kriterien der Sprachrichtigkeit und das Ideal der *elegantia*, das Gottsched im Sinne der französischen *préciosité* versteht. Geschmack im Sinne des *bon goût*, aus der *res* unzweifelhaft abzuleiten, wird zur Sprachnorm für die Kommunikation und die Dichtung. Für diese bleibt das Studium der antiken Rhetoriken und Poetiken unabdingbar; vor allem CICERO, ebenso Aristoteles, Quinitilian und Horaz, dessen ‹Ars Poetica› Gottsched in eigener Übersetzung programmatisch seiner ‹Critischen Dichtkunst› voranstellt, behalten ihre Leitfunktion.

Widerstand gegen Gottsched entwickeln vor allem die Züricher J.J. BODMER und J.J. BREITINGER, obgleich sie wie dieser der rhetorischen Tradition verhaftet bleiben. [133] Die Unterschiede liegen in der Betonung des Schöpfertums kraft Imagination [134] des Dichters, der sein Herz sprechen läßt, der mit Hilfe der Phantasie mögliche Welten mit eigener Logik für seine Poesie erobern kann, für eine Poesie, in der sich das Wahrscheinliche im aristotelischen Sinne mit dem Wunderbaren, wie es vor allem in der Dichtung MILTONS zu finden ist, verbindet. [135] Das Nachahmungsprinzip wird so erweitert für das vorrangige poetische Ziel der Wirkung, die Redefiguren gewinnen zentrale Bedeutung zurück, bleiben aber auf das Natürliche verwiesen. [136] Die Metapher erhält zentralen Stellenwert. [137] Bodmer begeistert sich für das Mittelalter, für die natürlichen, anmutigen und reinen Figuren und Bilder, für den reichen und wirkungsmächtigen Wortschatz. [138] Die Schweizer beziehen sich auf Ps.-LONGIN [139], sie propagieren im Gegensatz zu Gottsched den hohen Stil [140], der durch – alte und neue deutsche – ‹Machtwörter› Nachdruck gewinnt. [141] Indem sie so die ganze Fülle der Sprachmittel ausschöpfen und die poetische Lizenz aus Wunderbare erweitern, bereichern sie ganz entscheidend die Möglichkeiten für die deutsche L. Damit wird deren Abhebung von der durch die Sprachlehrer genormten Hochsprache eingeleitet, ohne indes die rhetorische Bindung von Dichtung aufzulösen und den *consensus eruditorum* aufzukündigen. [142]

Beeinflußt von Bodmer und Breitinger lösen sich die Dichter der zweiten Jahrhunderthälfte vom traditionellen *imitatio*-Prinzip. Die Dichtungstheorie entwickelt sich von der historischen Poetik schließlich zur ästhetischen Reflexion. Die Ästhetik rückt zur zentralen Kategorie in Theorie und Praxis der Poetik bzw. Poesie auf. [143] Das bedeutet grundsätzlich die Abwendung von Aristoteles und vom französischen Klassizismus, wie ihn Boileau repräsentiert, und die Hinwendung zu dem neuplatonisch inspirierten englischen *sensualism* eines SHAFTESBURY und YOUNG. Einigkeit besteht in der Ablehnung des Kanzleistils [144], den schon, unter englischem Einfluß (ADDISON und STEELE), die literarischen Zeitschriften verworfen haben. [145]

Die Anakreontiker bereichern die L. um anmutige Leichtigkeit, die Empfindsamen suchen einen ungekünstelten Stil, der Nachempfinden ermöglicht. Weitgehend einig sind sich die Dichter auch in ihrem Widerspruch gegen ADELUNG [146], der die Autorität der Schriftsteller zugunsten des allein allgemeine Verständlichkeit garantierenden Sprachgebrauchs der oberen Klassen einschränkt[147], d.h. – wie bei Gottsched – auf den Hof und vor allem auf die gebildeten Bürger Sachsens[148] – zumal er durch den Sturm und Drang die Reinlichkeit der deutschen Sprache, die neben den Tugenden der Richtigkeit, Klarheit und Deutlichkeit zentral für seine aus der klassischen Rhetorik begründete Sprachlehre ist, vernachlässigt sieht.[149] WIELAND polemisiert am heftigsten dagegen, indem er ausschließlich die «Schriftsteller von Genie», die höchsten unter allen Gelehrten, geeignet sieht, die hochdeutsche Sprache auszubilden[150] – er steht, nicht nur an dieser Stelle, in der rhetorisch-poetischen Tradition (so sehr er auch den Genie-Gedanken verinnerlicht hat). Überhaupt regen sich nach wie vor Widerstände gegen die meißnische Sprachnorm – nicht nur von katholischer Seite.[151] Adelung jedoch ist es, der Normen für eine nationale Hoch- und Literatursprache setzt, die noch ganz aus der rhetorischen Tradition begründet werden; auch die Dichter konsultieren sein Wörterbuch.[152]

Doch die poetischen Sprachkonzeptionen differieren. Mit der Gefühlskultur verschiebt sich der poetische Wirkungsaspekt auf *ethos* und *pathos*. KLOPSTOCK erhebt die poetische Sprache, die Sprache des Herzens, die die ganze Seele bewegt[153], bewußt über die Alltagssprache, er unterscheidet sie ebenso von der Prosa. Dem Dichter stehen alle denkbaren deutschen Wörter zur Verfügung, sofern sie nur Affekte ausdrücken und wecken, sofern sie nur Nachdrücklichkeit erreichen; ihm ist deshalb grammatische Kühnheit erlaubt.[154] Zumal er nur für ein kleines Publikum Gleichgesinnter schreibt – und das sind im wesentlichen weiterhin die Gelehrten bzw. die Gebildeten, die letztlich auch als einzige die Sprachrichtigkeit bestimmen können.[155] LESSING fordert im Gegensatz dazu eine verständliche, klare, deutliche Sprache, für die der Dichter stets die edelsten und nachdrücklichsten Wörter zu wählen habe, die er durchaus auch in den Dialekten finden könne.[156] Stilistisches Ideal ist die Kürze.[157] Oberstes Kriterium bleibt die Natürlichkeit, dementsprechend sind die sprachlichen Mittel zu mäßigen.[158] Mit dem Geniegedanken ist bei ihm keine Regellosigkeit verknüpft, vielmehr habe der wahre Dichter im Vergleich zum bloßen Versmacher «die Probe aller Regeln in sich».[159] HERDER lehnt in seinem ethopoietischen Konzept schließlich jede Kunstpoesie ab, in der Poesie müsse das Herz herrschen und nicht «Griechische Lauterkeit! Ciceronische Wohlberedtheit».[160] Poesie sei «Sprache der Sinne, und ersten mächtigen Eindrücke, die Sprache der Leidenschaft und des allen, was diese hervorbringt», der Dichter sei «der Ueberbringer der Natur in die Seele und in das Herz seiner Brüder»[161], in ihrer Sprache müsse das Herz herrschen.

Sie alle jedoch argumentieren auf der Folie des traditionellen rhetorischen Lehrsystems. Allerdings hat sich der *poeta doctus* im althergebrachten Sinne überlebt. Seit dem Sturm und Drang, dessen junge Generation, durch den Siebenjährigen Krieg und seine Folgen geprägt, jede Autorität und auch die sprachliche und grammatische ablehnt, steht dagegen der Dichter als Genie, der im Besitz von Originalität und ungeregelter Kreativität ist. Das ist das Ende der rhetorischen Sprachkonzeption, bedeutet aber nicht die Aufgabe poetischen Selbstbewußtseins. Kunst und damit auch Dichtung wird autonom, MORITZ («Über die bildende Nachahmung des Schönen») vollzieht die radikale Ablösung der Poetik und Ästhetik von der Rhetorik. Der Dichter wird zum *poeta creator*; ein Prozeß, der mit der ‹Questione della lingua› eingesetzt hat, findet damit seinen Abschluß.[162] Die Folge ist eine Individualisierung des Stils, der nicht mehr an Gattungs- und Geschmacksnormen gebunden bleibt. Vielmehr ist jetzt die L. nicht mehr rhetorischen, sondern einzig ästhetischen Prinzipien unterworfen. Zwar baut schon SCHILLER die Rhetorik in seine Ästhetik als formende Kraft der schönen äußeren Gestalt wieder ein und versöhnt so Sinnlichkeit und Vernunft, doch springe «wie durch innere Notwendigkeit die Sprache aus dem Gedanken hervor», sei der Geist, sei die Idee unter jeder äußeren Gestalt erkennbar.[163] GOETHE und Schiller schreiben in der seit der Jahrhundertmitte benutzten L. Und auch noch die Romantiker rekurrieren wenigstens indirekt in ihrer Stildiskussion auf rhetorische Grundlagen[164], doch die Vorherrschaft der rhetorischen Tradition für die deutsche L. ist jetzt endgültig gebrochen.

IV. *Moderne (19. und 20. Jh.).* Im 19. Jh. setzt sich die deutsche Hochsprache als Norm für die schriftliche Form im wissenschaftlichen, im administrativen Bereich und in der gesellschaftlichen Konversation durch. Adelung schuf die Konventionen, die von den Grammatikern und Sprachwissenschaftlern, von der als universitäres Fach aufstrebenden Germanistik standardisiert und nach der Reichsgründung im gesamten Sprachraum des deutschen Reiches für alle obrigkeitlichen Bereiche verbindlich vorgeschrieben wird. Diese Hochsprache wird in den Schulen gelehrt, sie wird mit zunehmender Alphabetisierung von immer größeren Bevölkerungskreisen beherrscht. Grammatik und Wortschatz werden wissenschaftlich fundiert und fixiert, eine einheitliche Orthographie ist seit 1902 obligatorisch. Obwohl eine «Rhetorisierung des bürgerlichen Lebens»[165] festzustellen ist, obwohl die Rhetorik für die Predigt, die Gerichtsrede und vor allem die politische Rede, die mit dem vom gebildeten Bürgertum getragenen, patriotisch forcierten Kampf in den Befreiungskriegen, im Paulskirchenparlament, um die Reichsgründung und schließlich im wilhelminischen Deutschland, in allen auf öffentliche Wirkung berechneten Bereichen, theoretische Grundlage für den beabsichtigten persuasiven Zweck bleibt, so verliert sie doch ihren dominanten Platz im Wissenschaftssystem, wird wesentlich auf Stilkunde eingeschränkt (K.F. VON REINHARD: ‹Entwurf der Theorie und Literatur des Deutschen Stils›). Allerdings behält sie in den Lehrplänen und in den Schulbüchern für den gymnasialen Deutschunterricht eine zentrale Stellung für die Schulung des Ausdrucks.

Der Großteil der Dichter lernt die Grundlagen der Redekunst in der Schule an den antiken und den nationalen Autoren, vor allem denen der Weimarer Klassik, kennen.[166] Goethe und Schiller schaffen für das gebildete Bürgertum des 19. Jh. das Vorbild einer durch gewählten Ausdruck, rhetorische Formung und erhabenen Stil geprägten L.[167] Doch die L. verliert ihre eben aus der rhetorischen Theorie begründete apriorität Verbindung mit der Hochsprache, nachdem die Autonomie der Kunst gültig geworden ist. Zugleich kommt die Mundartdichtung in Schwang (REUTER, GROTH), wobei das primär anvisierte Publikum die sprachlich-poetische Form bestimmt.[168]

Die großen Einzelgestalten (JEAN PAUL, HÖLDERLIN, KLEIST) im Übergang von der Klassik zur Romantik bereichern die Syntax und Formensprache der Literatur. Für die Romantiker bleiben Sprache und Geist untrennbar ineinander verwoben, ist Sprache im Hamannschen Sinne schöpferische Rekonstruktion einer – geheimen –

göttlichen Idee als höhere Realität[169] und deshalb nicht durch rationale (und somit rhetorische) Regeln zu formen. Dichtung ist vorläufig und unabgeschlossen.[170] Gefordert ist eine universelle Mischpoesie, in freier Selbstbestimmung und nicht regelbestimmt vom Dichter zu schaffen.[171] Sie ist – in ausschließlich ästhetischer Intention – als «Gemüthserregungskunst»[172] zu schaffen, d.h. sie zielt ausschließlich auf einen emotionalen Affekt (wobei die rhetorische Affektenlehre in Kraft bleibt), der durch Sprache erreicht wird, die in ihrer artifiziellen literarischen Form von der Alltagssprache abgesetzt bleibt. »Zauberworte« statt Machtworte gilt es jetzt zu finden.[173] F. SCHLEGEL fordert, daß man einzig nach Ideen (im platonschen Sinne) dichte, daß «die Harmonie des Klassischen und des Romantischen» die höchste Aufgabe moderner Dichtkunst sei und erklärt unter diesen Maximen Goethe zum Stifter und Haupt einer neuen Poesie, der für die Zeitgenossen und die Nachwelt sein wird, «was Dante auf andre Weise im Mittelalter»[174] gewesen sei – durch diesen vergleichenden Bezug auf den 'mittelalterlichen' DANTE wird der Bruch mit der gelehrten Kunstdichtung deutlich markiert, obgleich die Verbindung von Dichtung zu wahrer Gelehrsamkeit zunächst noch nicht aufgebrochen ist.[175]

Erst mit dem Jungen Deutschland (GUTZKOW, HEINE, LAUBE, MUNDT, WIENBARG), im Zusammenhang mit der Jugendbewegung der europäischen Restaurationszeit entstanden, und im Vormärz tritt der Schriftsteller wieder mitten in die Welt und sucht die Nähe zur Wirklichkeit.[176] Er bildet die literarische Opposition der Restaurationsepoche. Stilqualitäten werden bedeutungslos. Eine politisch imprägnierte feuilletonistische Prosa (BÖRNE, HEINE) entsteht, für die allein der Inhalt, nicht die Form wichtig wird.[177] Literatur wird politisiert (und bedient sich politischer Rhetorik), sie steht nicht mehr im Dienst der Musen, sondern stellt sich in den des Vaterlands.[178] Die L. sucht jetzt bewußt die Nähe zur – allerdings poetisch stilisierten – Umgangssprache. Gleichzeitig dringen in Folge der Industrialisierung und der Fortschritte in Naturwissenschaft und Technik fachsprachliche Elemente in die L. ein.[179]

Der poetische Realismus, dem sich Deutschland erst um die Jahrhundertmitte öffnet (C.F. MEYER, STORM, KELLER, RÜCKERT), vollzieht den Bruch mit der literatursprachlichen Hochform der Klassiker. Der Dichter sucht eine an der sozialen Realität orientierte Natürlichkeit, vollführt die anthropologische Wende zur Diesseitigkeit, ohne sich aktualistisch oder politisch zu engagieren. Eine unparteiische Darstellung der Wirklichkeit wird angestrebt; der bloße rhetorische Schmuck wird aus der Dichtung verbannt. Dennoch handelt es sich um Kunstprosa (und deshalb eignet sich der Begriff des poetischen besser als der des bürgerlichen Realismus), die – wenn man das traditionelle rhetorische Stilverständnis anlegt – den mittleren Stil wahrt.

Erst der aus Frankreich importierte Naturalismus seit den achtziger Jahren bringt eine radikale Abwendung von der künstlerisch geformten realistischen Prosa, um nun wirklich «Wahrheit» in der Darstellung zu erreichen, um die Wirklichkeit detailliert zu imitieren. Die unteren Schichten werden in der Gründerzeit entdeckt (HAUPTMANN: ‹Die Weber›). Erstmals versuchen Dichter wie HOLZ (‹Die Familie Selicke›) oder SCHLAF (‹Papa Hamlet›) eine weitgehende Reproduktion der Alltagssprache in der Literatur; das bedeutet zugleich ein Abrücken von der schriftsprachlichen Norm.[180] Überwiegend bleiben jedoch die Sprachmittel die altbewährten.

Bald schon formieren sich Gegenbewegungen zum Naturalismus (Impressionismus, Symbolismus, Jugendstil). Ihnen gemein ist, ein ästhetizistisches *l'art pour l'art*-Prinzip formulierend, die Suche nach echter, eigener poetischer Sprache. Die Bildlichkeit rückt wieder ins Zentrum. Ein Pluralismus verschiedener literarischer Strömungen existiert. Mit NIETZSCHE erlebt eine ganz von der Rhetorik geprägte, qua Erhabenheit im Sinne Ps.-Longins einzig auf «subjektive Erregung»[181] zielende L. ihren letzten Höhepunkt.

Mit der Auflösung der Übereinstimmung von Wort- und Sachwelt, wie sie noch für Goethe Bestand hat[182], entsteht ein Gefühl der Sprachverwirrung. In der Sprachkrise um 1900 wird die L. ebenso wie die gewöhnliche Sprache fragwürdig (HOFMANNSTHAL: ‹Brief an Lord Chandos›).[183] Sprache verliert den Rang des kulturell Selbstverständlichen und wird selbst zum Objekt der Reflexion. HUMBOLDTS sprachphilosophische Überlegung, wonach Sprache Weltverständnis und Weltinterpretation formuliert, wirkt bis heute nach[184]; ja Wirklichkeit wird zum Produkt von Sprache erklärt.[185] Sprache wird zum Material des Dichters, zum Objekt des Dichtens selbst.[186] Sie hat damit ihre Verbindlichkeit verloren.[187]

Die Expressionisten haben die Regeln des Sprachsystems am radikalsten aufgelöst[188], ein experimenteller Umgang mit Sprache, der in der ‹Konkreten Poesie› (GOMRINGER, HEISSENBÜTTEL) fortgeführt wird, die sich der Sprache selbst zuwendet.[189] Die ‹Konkrete Poesie› bedeutet die höchste Stufe der Reduktion traditioneller literarischer Formen und Sprache. Besonders für die Lyrik wird die Lizenz des uneigentlichen Sprechens beansprucht; das Wort steht längst nicht mehr zur Wirklichkeit, sondern zum Dichter in Relation (z.B. GEORGE, BENN). Schon Rilke leugnet jede Verbindung der poetischen mit der Umgangssprache.[190] In der Prosa bleibt eine stärkere Bindung an eine klare, einfache, «eigentliche» Sprache bestehen. Ein Sprachrealismus, der die Alltags- und Unterschichtensprache in die Literatur nunmehr unstilisiert, unbearbeitet einbindet und damit authentisch machen will (so die Dialogmontagen von DÖBLIN), ist festzustellen, der sich am stärksten im modernen neorealistischen Drama (KROETZ, B. STRAUSS) ausdrückt.[191] Komplexe Vielschichtigkeit, die eine Sinnentschlüsselung des individuellen Lesers (bzw. Zuschauers) erfordert, ist beabsichtigt.

Die moderne L. hat deshalb keinesfalls «aufgehört […], eine eigene Größe zu sein».[192] Sie steht, so differenziert, ja unübersichtlich-verwirrend ihr Erscheinungsbild auch ist, so individualistisch sie gestaltet wird, der Fachsprache, der politischen Sprache, der Zeitungssprache und der Fernsehsprache, mit anderen Worten den Sprachen der modernen Welt der Kommunikation (dazu gehört letztlich auch eine «digitale Universalsprache») gegenüber, wird von diesen aber ebenso beeinflußt.[193] Konzepte der literarischen Ironie (TH. MANN, MUSIL)[194] oder der Postmoderne (HANDKE, RANSMAYR)[195] rezipieren und modifizieren zugleich das ästhetische Erbe der literatursprachlichen Diskurse der Vergangenheit.[196] Der Dichter beansprucht und wahrt künstlerische Autonomie. Er beansprucht zudem, sofern es nicht der – beim Publikum ungleich erfolgreichere – Unterhaltungsschriftsteller ist, gesellschaftliche und (kultur- wie sozial-) politische Relevanz (z.B. BRECHT, WALSER); dafür setzt er die Sprache ein, gestaltet sie, ohne indes, wie die Dichter bis in die Frühe Neuzeit, ausschließlich auf ein klassisches bzw. klassizistisches rhetorisch-poetisches Lehrgebäude eingeschränkt zu sein.

Anmerkungen:
1 Thèses du Cercle Linguistique de Prague. Travaux du Cercle Linguistique de Prague 1 (1929) 14. – 2 R. Baum: Hochsprache – L. – Schriftsprache. Materialien zur Charakteristik von Kultursprachen (1987) 47f.; E. Haas: Rhet. und Hochsprache. Über die Wirksamkeit der Rhet. bei der Entstehung der dt. Hochsprache im 17. und 18. Jh. (1980) 30ff. – 3 M.M. Guchmann: Die L., in: Allg. Sprachwiss. Bd.1. Existenzformen, Funktionen und Gesch. der Sprache. Von einem Autorenkollektiv unter der Leitung von B.A. Serébrennikow ins Dt. übertragen und hg. von H. Zikmund und G. Feudel (München/Salzburg 1973) 412. – 4 F.P. Filin: Die L. als hist. Kategorie, in: L. Gerassimowa (Hg.): Theoretische Probleme der Linguistik (Moskau 1977) 59. – 5 Guchmann [3] 441. – 6 B. Havránek: Die Aufgaben der L. und die Sprachkultur, in: J. Scharnhorst, E. Ising: Grundlagen der Sprachkultur. Beitr. der Prager Linguistik zur Sprachtheorie und Sprachpflege. In Zusammenarbeit mit K. Horálek und J. Kuchař (1976–82) Bd.1, 127; vgl. M. Kaempfert: Die Entwicklung der Sprache der dt. Lit. in nhd. Zeit, in: Sprachgesch. Ein Hb. zur Gesch. der dt. Sprache und ihrer Erforschung, hg. von W. Besch, O. Reichmann, S. Sonderegger, 2. Halbbd. (Berlin/New York 1985) 1810. – 7 z.B. R. Bentzinger: Stud. zur Erfurter L. des 15. Jh. anhand der Erfurter Historienbibel vom Jahre 1428 (1973) 12; W. Porzig: Das Wunder der Sprache. Probleme, Methoden und Ergebnisse der modernen Sprachwiss. (Bern 1957) 254; E.A. Blackall: Die Entwicklung des Dt. zur L. 1700–1775 (1966). – 8 vgl. E. Coseriu: Textlinguistik. Eine Einf., hg. und bearb. von J. Albrecht (1981) 110ff. – 9 K. Meister: Die homerische Kunstsprache (1966). – 10 Herodot, Historien I, 142. – 11 Thukydides, Gesch. des Peloponnesischen Krieges. Griech.-dt., übersetzt und mit einer Einf. und Erläuterungen versehen von G.P. Landmann (1993) II, 142. – 12 vgl. E. Risch: Art. ‹Griech.›, in: LAW Sp.1165f. – 13 Arist. Rhet. III, 1ff.; vgl. E. Siebenborn: Die Lehre von der Sprachrichtigkeit und ihren Kriterien. Stud. zur antiken normativen Grammatik (Amsterdam 1976). – 14 H. Hommel: Art. ‹Rhet.›, in: LAW Sp. 2611–2627. – 15 W. Schadewaldt: Der Umfang des Begriffs der Lit. in der Antike, in: ders.: Hellas und Hesperien. Gesamm. Schr. zur Antike und zur neueren Lit., 2 Bde. (Zürich/Stuttgart 1970) Bd.1, 782–796. – 16 G.F. Else: Plato and Aristotle on Poetry, hg. v. P. Burian (Chapel Hill, London 1986); Fuhrmann Dicht. 70ff. – 17 Arist. Poet. 6. – 18 Arist. Poet. 22. – 19 ebd. 21. – 20 Auct. ad Her. IV, 8, 11; Cic. Or. 21, 69 und 29, 100f.; Cic. De or. II, 128f.; vgl. G.A. Kennedy: Theophrastus and Stilistic Distinctions, in: Harvard Studies in Classical Philology 62 (1957) 93–104; J. Stroux: De Theophrasti virtutibus dicendi (1912). – 21 z.B. Cicero, Tusculanae disputationes II, 15, 35f.; vgl. A. Reiff: *Interpretatio, imitatio, aemulatio* – Begriff und Vorstellung lit. Abhängigkeit bei den Römern (1959). – 22 z.B. Cic. Brut. 46, 170ff.; Quint. VIII, 1, 3; vgl. G. Neumann: Sprachnormierung im klass. Latein, in: Schr. des Instituts für dt. Sprache, Jb. 1966/67, S.96. – 23 vgl. Cic. De or. III, 48f. und III, 151; Quint. I, 6, 1ff. – 24 Quint. I, 6, 43ff. – 25 ebd. X, 1, 9. – 26 ebd. I, 5. – 27 vgl. Cic. Or. 59f.; Cic. De or. III, 153; Quint. I, 5, 11ff. – 28 Cic. De. or. III, 55; Quint. II, 15, 34 und XII, 1, 3ff. – 29 Cic. De or. I, 113ff.; Quint. Prooemium, 18; Hor. Ars 408ff., auch 295. – 30 Fuhrmann Dicht. 138ff. – 31 Hor. Ars 333. – 32 ebd. 268f., 317f.; auch Auct. ad Her. IV, 2, 3; Quint. X, 2. – 33 Hor. Ars 73ff.; Arist. Rhet III, 7; Cic. Or. 21, 69ff. – 34 Cic. De or. III, 53; Quint. I, 5, 1.; bes. Ps.-Longin 43, 5. – 35 Hor. Ars 111. – 36 ebd. 45–72. – 37 ebd. 99f. – 38 Quint. X, 1, 125ff. – 39 ebd. X, 1, 105ff. – 40 vgl. Murphy RM; G.A. Kennedy: Classical Rhetoric and its Christian and Secular Tradition from Ancient to Modern Times (London 1980); Curtius. – 41 H. Fuchs: Die frühe christl. Kirche und die antike Bildung, in: Das frühe Christentum im röm. Staat (1971) 33–46; P. van der Nat: Zu den Voraussetzungen der christl. lat. Lit. Die Zeugnisse von Minucius Felix und Laktanz, in: A. Cameron u.a. (Hg.): Christianisme et formes littéraires (Genf 1977) 191–225. – 42 Aug. Doctr. IV, 1, 2. – 43 Augustinus, Confessiones III, 5, 9; vgl. P. Prestel: Die Rezeption der ciceronischen Rhet. durch Augustinus in ‹De doctrina christiana› (1992); K. Pollmann: Doctrina Christiana. Unters. zu den Anfängen der christl. Hermeneutik unter besonderer Berücksichtigung von Augustinus' ‹De doctrina christiana› (Freiburg, Schweiz 1996) bes. 228ff. – 44 Aug. Doctr. IV, 25, 55; vgl. Arist. Rhet. I, 3, 55; Cic. De or. 1, 138. – 45 Aug. Doctr. IV, 4, 6. – 46 ebd. IV, 22, 51; vgl. Auct. ad Her. 4, 16. – 47 Augustinus, Ep. 8, in: ML Bd. 16, 912; Vita Alcuini 16, in: MGH Script. Bd.15, 193. – 48 E.R. Curtius: Die Lehre von den drei Stilen in Altertum und MA, in: RF 64 (1952) 435–475; F. Quadlbauer: Die antike Theorie der *genera dicendi* im lat. MA (Wien 1962). – 49 E. Auerbach: Das abendländische Publikum und seine Sprache, in: ders.: L. und Publikum in der lat. Spätantike und im MA (Bern 1958) 206. – 50 vgl. E. Gallo: The Poetria Nova and its Sources in Early Rhetorical Doctrine (Den Haag/Paris 1971); U. Krewitt: Metapher und tropische Rede in der Auffassung des MA (1971); P. Klopsch: Einf. in die Dichtungslehren des lat. MA (1980). – 51 B.C. Raw: The Art and Background of Old Englisch Poetry (London 1978). – 52 Vgl. W.M. Stevens: Karolingische Renovatio in Wiss. und Lit, in: 799 – Kunst und Kultur der Karolingerzeit. Karl der Große und Papst Leo III. in Paderborn. Katalog der Ausstellung Paderborn 1999, hg. von C. Stiegemann u.a., 3. Bde. (1999) 662–680; R. McKitterick: Die karolingische Renovatio. Eine Einf., ebd. Bd.2, 668–685; K. Matzel: Karl der Große und die lingua Theodisca, in: Rheinische Vierteljahresblätter 34 (1970) 172–189; G. Meissburger: Zum sog. Heldenliederbuch Karls des Großen, in: GRM 44 (1963) 105–119. – 53 Otfrieds Evangelienbuch, hg. von Oskar Erdmann (1962) 6 (Z. 101f.); vgl. Arist. Rhet. III, 5; Quint. I, 5, 7 und I, 5, 34ff. – 54 Otfried [53] 7 (Z. 119ff.). – 55 ebd. 7 (Z. 109ff.). – 56 H. Moser: Mittlere Sprachschichten als Quellen der dt. Hochsprache. Eine hist.-soz. Betrachtung (Nijmegen/Utrecht 1955) 8. – 57 vgl. C. Ahlzweig: Muttersprache - Vaterland. Die dt. Nation und ihre Sprache (1994) 26ff.; L. Weisgerber: Die Entdeckung der Muttersprache im europ. Denken (1948); K. Heisig: Muttersprache. Ein romanistischer Beitr. zur Genesis eines dt. Wortes und zur Entstehung der dt.-frz. Sprachgrenze, in: Zs. für Mittelalterforschung 22 (1954) 163f. – 58 vgl. G. Rohlfs: Vom Vulgärlat. zum Altfrz. (1960). – 59 E. Öhmann: Der romanische Einfluß auf das Dt. bis zum Ausgang des MA, in: F. Maurer, H. Rupp: Dt. Wortgesch. (1974) 323–396; R.R. Bezzola: Der frz.-engl. Kulturkreis und die Erneuerung der europ. Lit. im 12. Jh., in: ZRPh 62 (1942) 1–18. – 60 G. Schieb: vom L.E. Schmitt (Hg.): Kurzer Grundriß der german. Philol. bis 1500, Bd.1. (1970) 347–385; W. Fechter: Das Publikum der mhd. Dichtung (1965). – 61 Gottfried von Straßburg: Tristan, V. 4620ff. – 62 C. Huber: Die Aufnahme und Verarbeitung des Alanus ab Insulis in mhd. Dichtungen (1988) 79–135; S. Sawicki: Gottfried von Straßburg und die Poetik des MA (1932); R. Glendinning: Gottfried von Straßburg and the School-Tradition: in: DVjs 61 (1987) 617–638. – 63 Gottfried [61] V. 4738f. – 64 ebd. V. 4636ff. – 65 E. von Repgow: Der Sachsenspiegel, hg. von C. Schott (Zürich 1991) 24ff. (Vorrede, V. 264ff., 275ff.). – 66 B. Nagel: Der dt. Meistersang. Poetische Technik, musikalische Form und Sprachgestaltung (1952); R. Hahn: ‹Die löbliche Kunst›. Stud. zu Dicht. und Poetik des späten Meistersangs (Breslau 1984). – 67 A.K. Coomaraswamy: Meister Eckhart's view of art, in: The Transformation of Nature in Art (New York 1956); Blackall [7] 25 bzw. D. Kimpel: Ber. über neuest Forschungsergebnisse 1955–1964, ebd. 485ff.; F.-W. Wentzlaff-Eggebert: Dt. Mystik zwischen MA und Neuzeit (1969); A. Langen: Der Wortschatz des dt. Pietismus (1966); G. Muthmann: Der religiöse Wortschatz in der Dichtersprache des 18. Jh. (1949); H. Friedrich: Die Struktur der modernen Lyrik (1975) 61ff. – 68 E. Skála: Schriftsprache und Mundart im ‹Ackermann aus Böhmen›, in: Dt.-tschechische Beziehungen im Bereich der Sprache und Kultur. Sber. der sächsischen Akad. der Wiss. zu Leipzig, Phil.-Hist. Klasse 57 (1965) H. 2, S. 64ff. – 69 Johannes von Saaz: Der Ackermann aus Böhmen, hg. von G. Jungbluth Bd. 1 (1969) 142. – 70 ebd. – 71 A. Hübner: Dt. MA und ital. Renaissance im ‹Ackermann aus Böhmen›, in: Zs. f. Deutschkunde 51 (1937) 234ff.; K. Brandmeyer: Rhetorisches im ‹ackerman›. Unters. zum Einfluß der Rhet. und Poetik des MA auf die lit. Technik Johanns von Tepl (1970). – 72 K.D. Thieme: Zum Problem des rhythmischen Satzschlusses in der dt. Lit. des Spätma. (1965) 45ff. – 73 K.H. Borck: Juristisches und Rhet. im ‹Ackermann›, in: Zs. f. Ostforschung 12 (1963) 404f.; Brandmeyer [71] 161; Ch. Vogt-Herrmann: Der Ackermann aus Böhmen und die jüngere Spruchdichtung

(1962). – **74** K. Burdach: Der Dichter des Ackermann aus Böhmen und seine Zeit (1926–32) XXXIff.; H.O. Burger: Renaissance, Humanismus, Reformation. Dt. Lit. im europ. Kontext (1969) 50f. – **75** vgl. F. van Ingen: Sprachpatriotismus im Europa des Dreißigjährigen Krieges, in: K. Garber, J. Held (Hg.): Der Frieden – Rekonstruktion einer europ. Vision, Bd. 1 (im Druck); W. Huber: Kulturpatriotismus und Sprachbewußtsein. Stud. zur dt. Philol. des 17. Jh. (1984); E. Kleinschmidt: Stadt und Lit. in der frühen Neuzeit: Voraussetzungen u. Entfaltung im südwestdt., elsäß. u. schweizer. Städteraum (Köln/Wien 1982). – **76** vgl. K. Garber (Hg.): Nation und Lit. im Europa der Frühen Neuzeit (1989). – **77** vgl. A. Martino: Barockpoesie, Publikum und Verbürgerlichung der lit. Intelligenz, in: Int. Archiv f. Sozialgesch. der dt. Lit. 1 (1976) 107ff.; U. Pörksen: Der Übergang vom Gelehrtenlatein zur dt. Wissenschaftssprache. Zur frühen Fachlit. und Fachsprache in den naturwiss. und mathematischen Fächern (ca. 1500 – 1800), in: Zs. für Literaturwiss. und Linguistik 51/52 (1983) 241ff. – **78** M. Giesecke: Der Buchdruck in der frühen Neuzeit. Eine hist. Fallstudie über die Durchsetzung neuer Informations- und Kommunikationstechnologien (1998) 192ff. – **79** vgl. J.C. Gottsched: Einl. zu: P. Bayle: Hist. und Critisches Wtb. ..., Bd. 1 (1741) f. π2ᵛ. – **80** A. Buck: Ital. Dichtungslehren vom MA bis zum Ausgang der Renaissance (1952) 22, 97ff. – **81** C.S. Baldwin: Renaissance Literary Theory and Practise. Classicism and Poetry of Italy, France and England 1400–1600 (New York 1939) 44ff.; Norden, Bd. 2, 773ff.; Buck [80]; W. Kühlmann: Gelehrtenrepublik und Fürstenstaat. Entwicklung und Kritik des dt. Späthumanismus in der Lit. des Barockzeitalters (1982) 189ff. – **82** K.O. Apel: Die Idee der Sprache in der Trad. des Humanismus von Dante bis Vico (1975) 123. – **83** vgl. H.W. Klein: Die Theorie von den drei Stilarten des Volgare und der Stil der Divina Commedia (1957) 29ff.; Stroux [20] 88ff.; Quadlbauer [48] 150ff. – **84** Dante Alighieri: Über das Dichten in der Muttersprache, übers. und erl. von F. Dornseiff und J. Balogh (1925; ND 1966) 19. – **85** Dantes Commedia: dt., übers. von R. Borchardt (1967) 17f.; vgl. [84] 63. – **86** ebd. 46; vgl. Enciclopedia dantesca, hg. vom Istituto della Enciclopedia Italiana, 6 Bde. (Rom 1970–78) Bd. 1, 450f., 826f.; Bd. 2, 288. – **87** Dante [84] 45, 48; vgl. H.W. Klein: Latein und Volgare in Italien (1957). – **88** z. B. G. Ph. Harsdörffer: Poetischer Trichter... (1648–1653; ND 1971) II, 3; J.G. Schottel: Ausfuhrliche Arbeit ... (1663; ND 1967) 94 et passim; J.J. Bodmer, J.J. Breitinger: Die Discourse der Mahlern (Zürich 1721–23; ND 1969) I, 6. – **89** z.B. Luis de Len: De los nombres de Cristo (Madrid 1969) nach G. Schröder: Sprache, Lit. und kulturelle Identität in der span. Renaissance, in: Garber [76] 315; G. Puttenham: The Art of English Poesy (1589) nach H. Weinstock (Hg.): Die engl. Lit. in Text und Darst. II: Das 16. Jh. (1984) 373ff. – **90** G.E. Grimm: Lit. und Gelehrtentum in Deutschland. Unters. zum Wandel ihres Verhältnisses vom Humanismus bis zur Frühaufklärung (1983). – **91** B. Castiglione: Das Buch vom Hofmann. Übers. und erl. von F. Baumgart. Mit einem Nachwort von R. Willemsen (1986) 80. – **92** vgl. Haas [2] 212ff. – **93** vgl. D. Josten: Sprachvorbild und Sprachnorm im Urteil des 16. und 17. Jh. Sprachlandschaftliche Prioritäten, Sprachautoritäten, sprachimmanente Argumentation (Bern/Frankfurt a.M. 1976) 40ff. et passim. – **94** J. Du Bellay: La Deffence, et Illustration de la Langue Francoyse (Paris 1549), nach F.-R. Hausmann (Hg.): Frz. Poetiken Bd. 1 (1975) 60. – **95** vgl. H.G. Rötzer: Traditionalität und Modernität in der europ. Lit. (1979). – **96** vgl. Scaliger, Buch 5. – **97** Wahlverschreibung Karls V. v. 3. Juli 1519, zit. R.E. Keller: Die dt. Sprache und ihre hist. Entwicklung, bearb. und übertragen aus dem Engl., mit einem Begleitwort sowie einem Glossar versehen von K.-H. Mulagk (1986) 338. – **98** vgl. G.F. Merkel: Das Aufkommen der dt. Sprache in den städtischen Kanzleien des ausgehenden MA (1973); W. Fleischer: Unters. zur Geschäftssprache des 16. Jh. in Dresden (1970); G. Kettmann: Die kursächsische Kanzleisprache zwischen 1486 und 1546 (1969) 283ff.; K. Burdach: Die Einigung der nhd. Schriftsprache. Das 16. Jh. (1884) 13ff. – **99** Niclas von Wyle: Translationen, hg. von A. von Keller (1967) 10. – **100** vgl. F. Frangk: Orthographia Deutsch (1531), zit. J. Müller: Quellenschr. zur Gesch. des deutschsprachigen Unterrichts (1882); J. Agricola: Sybenhundert und fünfftzig teutscher Sprichwoerter/ verneuwert und gebessert (Hagenau 1534; ND Hildesheim/New York 1970) Bl. 1v. – **101** Luther: Sendbrieff von Dolmetzschen, in: D. Martin Luthers Werke, WA Bd. 30/2 (1909) 637. – **102** Luther: Vorrede zum Alten Testament, in: WA: Die Dt. Bibel, Bd. 8 (1954) 32. – **103** vgl. B. Stolt: *Docere, delectare* und *movere* bei Luther. Analysiert anhand der ‹Predigt, daß man Kinder zur Schule halten solle›, in: DVjs 44 (1970) 433–474; H.O. Burger: Luther als Ereignis der Literaturgesch., in: Dasein heißt eine Rolle spielen. Stud. zur dt. Literaturgesch. (1963) 56–74. – **104** Luther: Tischreden, in: WA: Tischreden, Bd. 1, 524. – **105** B. Könneker: Die dt. Lit. der Reformationszeit. Kommentar zu einer Epoche (1975) 114ff. – **106** Conradus Celtis Protucius: Oratio in Gymnasio Ingolstadio publice recitata, eingel. und ins Dt. übertragen v. R. Obermeier, in: Sammelblatt des hist. Vereins Ingolstadt 62 (1953) 9.; ders.: Ad Phoebvm, vt Germaniam petat, in: W. Kühlmann, R. Seidel, H. Wiegand (Hg.): Humanistische Lyrik des 16. Jh., lat. und dt. (1997) 68ff.; vgl. F.J. Worstbrock: *Translatio artium*. Über die Herkunft einer kulturhist. Theorie, in: Archiv für Kulturgesch. 47 (1965) 1–22. – **107** Barner; K.O. Conrady: Lat. Dichtungstrad. und dt. Lyrik des 17. Jh. (1962); R. Schmidt: Dt. *Ars Poetica*. Zur Konstituierung einer dt. Poetik aus humanistischem Geist im 17. Jh. (1980); Dyck; R. Hildebrandt-Günther: Antike Rhet. und dt. lit. Theorie im 17. Jh. (1966); H. Entner: Der Weg zum ‹Buch von der Deutschen Poeterey›. Humanistische Trad. und poetologische Voraussetzungen dt. Dichtung im 17. Jh., in: Stud. zur dt. Lit. im 17. Jh. (1984) 11–144, 439–457. – **108** Norden, Bd. 2, 785ff.; Dyck 21f. – **109** vgl. G. Beil-Schickler: Von Gryphius bis Hofmannswaldau. Unters. zur Sprache der dt. Lit. im Zeitalter des Barock (1995) 34ff. – **110** Kühlmann [81]. – **111** J.W. Zincgref: *Dedicatio*, in: M. Opitz: GW., hg. v. G. Schulz-Behrend, Bd. 2, 1. Teil (1978) 169; vgl. auch Schottel [88] 137. – **112** H. Blume: Sprachges. und Sprache, in: M. Bircher, F. van Ingen (Hg.): Sprachges., Sozietäten, Dichtergruppen (1978) 39–52; F. van Ingen: Die Sprachges. des 17. Jh. Zwischen Kulturpatriotismus und Kulturvermittlung, in: Muttersprache 96 (1986) 37–146. – **113** vgl. Haas [2] 62ff.; K. Burdach: Universelle, nationale und landschaftliche Triebe der dt. Schriftsprache im Zeitalter Gottscheds, in: FS A. Sauer, hg. von R. Backmann, A. Bettelheim u.a. (1925) 35ff.; H. Henne: Hochsprache und Mundart im schlesischen Barock. Stud. zum lit. Wortschatz in der ersten Hälfte des 17. Jh. (Köln/Graz 1966) 14ff.; D. Breuer: Die Auseinandersetzung mit dem oberdt. Literaturprogramm im 17. Jh., in: Archiv für Kulturgesch. 53 (1971) 53–92. – **114** z.B. Harsdörffer [88] I, 123; J. Rist: Das Friedewünschende Teutschland, Das friedejauchzende Teutschland, hg. v. E. Mannack (Berlin/New York 1972) 67; Schottel [88] Dedicatio, unpag. – **115** vgl. F. Kluge: Von Luther bis Lessing. Sprachgesch. Aufsätze (1897) 51ff. – **116** Schottel [88] 48, 74, 123. – **117** ebd., Dedicatio, unpag. – **118** L. Fischer: Gebundene Rede. Dichtung und Rhet. in der lit. Theorie des Barock in Deutschland (1968) 147ff. – **119** M. Windfuhr: Die barocke Bildlichkeit und ihre Kritiker. Stilhaltungen in der dt. Lit. des 17. und 18. Jh. (1966) 128. – **120** Dyck 68, Anm. 2; Blackall [7] 120. – **121** M. Opitz: Das Buch von der Dt. Poeterey, in: GW [111] Bd. 2, 1. Teil, 372. – **122** W.J. Jones: Sprachhelden und Sprachverderber. Dokumente zur Erforschung des Fremdwortpurismus im Dt. (1478–1750) (Berlin/New York 1995). – **123** vgl. Des Freyherrn von Caniz Gedichte ... Nebst dessen Leben, und Einer Untersuchung Von dem guten Geschmack in der Dicht- und Rede=kunst, ausgefertigt von J.U. König ... (1727), hg. v. J. Stenzel (1982) 49 (= LVIII); P. Schwind: Schwulst-Stil. Hist. Grundlagen von Produktion und Rezeption manieristischer Sprachformen in Deutschland 1624–1738 (1977) 170ff; Windfuhr [119] 338ff. – **124** G.W. Leibniz: Unvorgreiffliche Gedanken, betreffend die Ausübung und Verbesserung der Teutschen Sprache, in: Leibniz und Schottelius. Die Unvorgreifflichen Gedanken, unters. und hg. von A. Schmarsow (Straßburg/London 1877) 44. – **125** vgl. Ueding/Steinbrink 100ff.; G. Ueding: Moderne Rhet. Von der Aufklärung bis zur Gegenwart (2000) 24ff.; L.L. Schneider: Reden zwischen Engel und Vieh. Zur rationalen Reformulierung der Rhet. im Prozeß der Aufklärung (1994). – **126** vgl. H.P. Herrmann: Naturnachahmung und Einbildungskraft. Zur Entwicklung der dt. Poetik von 1670–1740 (1970); Blackall [7] 157–239. – **127** G.W. Leibniz: Ermahnung an die Deutschen, ihren Verstand und ihre Sprache besser zu üben, samt beigefügtem Vorschlag einer deutschgesinnten

Ges. (1916; ND 1967) 23ff.; J. Chr. Gottsched: Der Dt. Gesellschaft in Leipzig Gesammelte Reden und Gedichte (Leipzig 1732) § 3; vgl. T. Flamm: Eine dt. Sprachakademie. Gründungsversuche und Ursachen des Scheiterns (von den Sprachges. des 17. Jh. bis 1945) (1994). – **128** J. Chr. Gottsched: Die Vernünfftigen Tadlerinnen, in: GW., hg. von E. Reichel (1902–10) Bd. 1, Nr. 51, 406 und Bd. 2, Nr. 32, 254f.; ders. Dichtk. I, 158ff.; vgl. auch ders. Redek. Kap. XV (‹Von der Schreibart, ihren Fehlern und Tugenden›) und XIV (‹Von dem Unterschiede der guten Schreibart und ihrem Gebrauche in einer Rede›). – **129** vgl. J.C. Gottsched: Dt. Sprachkunst, in: GW. Bd. 8 (1978) I, 37; ders. Redek. I, 301. – **130** Gottsched: Sprachk. [129] I, 38. – **131** vgl. Haas [2] 123ff.; D. Nerius: Unters. zur Herausbildung einer nationalen Norm der dt. L. im 18. Jh. (1967) 38ff. – **132** Gottsched Dichtk. I, 430ff.; ders.: Die Vernünfftigen Tadlerinnen [128] I, Nr. 12. – **133** J.J. Breitinger: Critische Dichtkunst (1740; ND 1966) Bd. 2, 292ff. et passim. – **134** vgl. Bodmer, Breitinger [88] I, 19; III, 21. – **135** Breitinger [133] Bd. 1, 130ff.; Bd. 2, 403ff.; J.J. Bodmer: Sammlungen Critischer, Poetischer, und anderer geistvollen Schriften III (1741) 75–133. – **136** Bodmer, Breitinger [88] I,19 und II,21; Breitinger [133] Bd. 2, 289ff. – **137** J.J. Breitinger: Critische Abh. von der Natur, den Absichten und dem Gebrauche der Gleichnisse (Zürich 1740; ND 1967). – **138** J.J. Bodmer: Die Grundsätze der dt. Sprache. Oder: Von den Bestandtheilen derselben und von dem Redesatze (Zürich 1768) 15ff. – **139** z.B. Breitinger [133] Bd. 2, 227ff. et passim. – **140** J.J. Bodmer: Critische Betrachtungen über die Poetischen Gemählde der Dichter (Zürich 1741) 94ff. – **141** Breitinger [133] Bd. 2, 50ff. – **142** ebd. 350. – **143** E. Nivelle: Kunst- und Dichtungstheorien zwischen Aufklärung und Klassik (Berlin/New York 1971) 4. – **144** vgl. Bodmer, Breitinger [88] Bd. 1, 6; Blackall [7] 132ff. – **145** vgl. H. Lengauer: Zur Sprache moralischer Wochenschriften. Unters. zur rhet. Vermittlung der Moral in der Lit. des 18. Jh. (Wien 1975); Blackall [7] 36ff. – **146** vgl. Haas [2] 234ff. – **147** J.C. Adelung: Sind es Schriftsteller, welche die Sprache bilden und ausbilden? In: Magazin für die dt. Sprache, 2 Bde. 1782–84 (ND Hildesheim/New York 1974) Bd. I/3, 52ff.; ders.: Über die Frage: Was ist Hochdt.? Gegen den Dt. Merkur, ebd. Bd. I/4, 89f. – **148** ders.: Was ist Hochdt.? In: Magazin [147] Bd. I/1, 9; ders.: Umständliches Lehrgebäude der Dt. Sprache zur Erläuterung der Dt. Sprachlehre für Schulen. 2 Bde. (1782) Bd. 1, LIXf., 14, 61f.; ders.: Gesammelte Zeugnisse für die Hochdt. Mundart, in: Magazin [147] Bd. II/1, 30; ders.: Versuch eines vollständigen grammatisch-krit. Wtb. der Hochdt. Mundart, mit beständiger Vergleichung der übrigen Mundarten, besonders aber der Oberdt., 5 Tle. (1774–86) T. I, 1ff. – **149** Adelung [147] 103f. – **150** Chr. M. Wieland: Ueber die Frage: Was ist Hochdt.? In: Der Teutsche Merkur (1782) 159ff. und 208ff.; vgl. R. Tschapke: Anmutige Vernunft. Chr. M. Wieland und die Rhet. (1990) 85ff. – **151** vgl. H. Henne: Das Problem des meißnischen Dt. oder ‹Was ist Hochdt.› im 18. Jh., in: Zs. für Mundartforsch. 35 (1968) 109–129; vgl. Haas [2] 144ff., 198ff.; A. Bach: Gesch. der dt. Sprache. 9. Aufl. (o.J.) 345ff. – **152** Haas [2] 195ff. – **153** F. Klopstock: Von der heiligen Poesie (1760), in: Sämmtliche Werke, hg. v. A.L. Back und A.R.C. Spindler (1823–1839) Bd. 4, 89f. – **154** ders.: Von der Sprache der Poesie, ebd. 15ff.; auch ders.: Die dt. Gelehrtenrepublik, in: Werke und Briefe. Hist.-krit. Ausg., hg. von R. Gronemeyer u.a., Bd. 7, hg. von R.-M. Hurlebusch (1975) 172f. – **155** ders.: Von dem Publico, in: Sämmtliche Werke [153] Bd. 17, 139ff. – **156** G.E. Lessing: 51. Literaturbrief, in: Werke, hg. von H.G. Göpfert, Bd. 5 (1973) 183. – **157** ders.: Bruchstücke eines Wtb. zu Luther, in: Lessings sämtliche Schr., hg. von K. Lachmann und F. Muncker, Bd. 16 (1902) 92. – **158** W. Wagner: Die Sprache Lessings und ihre Bed. für die dt. Hochsprache, in: Muttersprache 71 (1961) 108–117; W. Jens: Von dt. Rede (1969) 59f. – **159** G.E. Lessing: Hamburgische Dramaturgie, 96. Stück, in: Werke [156] Bd. 4 (1973) 673. – **160** J.G. Herder: Auszug aus einem Briefwechsel über Ossian und die Lieder alter Völker, in: Sämtliche Werke, hg. von B. Suphan (1877–1913) Bd. 5, 193. – **161** ders.: Über die Wirkung der Dichtkunst auf die Sitten der Völker in alten und neuen Zeiten (1778), ebd. Bd. 8, 340. – **162** vgl. T. Rathmann: ‹… die sprach will sich ändern›. Zur Vorgesch. der Autonomie von Sprache und Dichtung (1991). – **163** F. Schiller: Über naive und sentimentalische Dichtung, in: Werke, hg. von J. Petersen, G. Fricke u.a., Bd. 20/1, hg. v. B. von Wiese (1962) 426; vgl. G. Ueding: Schillers Rhet. Idealistische Wirkungsästhetik und rhet. Tradition (1971); ders.: Rhet. und Ästhetik in Schillers theoretischen Abhandlungen, in ders.: Aufklärung über Rhet. Versuche über Beredsamkeit, ihre Theorie und praktische Bewährung (1992) 155–184. – **164** vgl. H. Schanze: Romantik und Rhet. Rhet. Komponenten der Literaturprogrammatik um 1800, in ders. (Hg.): Rhet. Beiträge zu ihrer Gesch. in Deutschland vom 16.-20. Jh. (1974) 126–144, bes. 134; G. Ueding: Rhet. Kunstprosa in Klassik und Romantik, in: ders.: [163] 19–45. – **165** G. Ueding: Rhet. der Tat. L. Wienbargs ‹Ästhetische Feldzüge›, in: Lit. in der Demokratie, hg. von W. Barner (1983) 342. – **166** H.-G. Herrlitz: Der Lektüre-Kanon des Deutschunterrichts im Gymnasium. Ein Beitr. zur Gesch. der muttersprachlichen Schullit. (1964). – **167** J. Mattausch: Klass. dt. Lit. und Entwicklung des dt. Sprachstandards. Zu einem Kap. Wirkungsgesch., in: G. Kettmann u.a. (Hg.): Stud. zur dt. Sprachgesch. des 19. Jh. (1980) 163. – **168** z.B. J.P. Hebel: Allemannische Gedichte für Freunde ländlicher Natur und Sitten (1803; ND 1978 der Ausg. 1857) Vorrede. – **169** J.G. Hamann: Schr. zur Sprache. Einl. und Anm. von J. Simon (1967) 109ff. – **170** L. Pikulik: Frühromantik. Epoche – Werke – Wirkung (1992) 57ff. – **171** vgl. F. Schlegel: Athenäumsfrg. 116, in: Krit. F. Schlegel – Ausg., hg. von E. Behler, Bd. 2, hg. von F. Eichner (1967) 182f. – **172** Novalis: Schr., hg. v. R. Samuel, Bd. 2 (1965) 639. – **173** J. v. Eichendorff: ‹Wünschelrute›, in: Werke, hg. v. W. Frühwald, Bd. 1 (1987) 328. – **174** F. Schlegel: Gespräch über die Poesie, in: Athenäum. Eine Zs. (1798–1800), hg. v. B. Sory (1889) Bd. 3/2, 180. – **175** ebd. 3/1, 78. – **176** L. Wienbarg: Ästhetische Feldzüge (1834), hg. von W. Dietze (1964) 188; vgl. F. Sengle: Die dt. Lit. des 19. Jh., gesellschaftsgesch. gesehen, in: K. Rüdinger (Hg.): Lit., Sprache, Ges. (1970) 94. – **177** Th. Mundt: Die Kunst der dt. Prosa. Ästhetisch, literargesch., ges. (1837; ND 1969) 142f. – **178** Wienbarg [176] 117f. – **179** vgl. F. Sengle: Biedermeierzeit. Dt. Lit. im Spannungsfeld zwischen Restauration und Revolution 1815–1848. 2 Bde. (1971/72) Bd. 1, 405. – **180** H.-G. Brands: Theorie und Stil des sog. ‹Konsequenten Naturalismus› von A. Holz und J. Schlaf. Krit. Analyse der Forschungsergebnisse und Versuch einer Neubestimmung (1978). – **181** F. Nietzsche: Vorlesungsaufzeichnungen, in: Krit. Gesamtausg., begr. v. G. Colli und M. Montinari, Abt. 2, Bd. 4 (1995) 426. – **182** W. Schadewaldt: Wort und Sache im Denken Goethes, in: Silvae. FS E. Zinn (1970) 199–209. – **183** vgl. P. von Polenz: Die Sprachkrise der Jahrhundertwende und das bürgerliche Bildungsdt., in: Sprache und Lit. in Wiss. und Unterricht 52 (1983) 3–13; E. Straßner: Dt. Sprachkultur. Von der Barbarensprache zur Weltsprache (1995) 314ff. – **184** W. von Humboldt: Über die Verschiedenheit des menschlichen Sprachbaues und ihren Einfluß auf die geistige Entwicklung des Menschengeschlechts (1836), hg. von H. Nette (1949); vgl. H. Heißenbüttel: Über Lit. (1966) 153. – **185** z.B.O. Wiener: Die Verbesserung von Mitteleuropa: Roman (1969) CXXXIX. – **186** M. Schmitz-Emans: Die Sprache der modernen Dichtung (1997). – **187** Heißenbüttel [184] 224. – **188** vgl. D. Maier: Absolute Wortkunst im Zeitraum des Expressionismus. Theorie, Gestaltung, Gründe (Innsbruck 1966) – **189** T. Kopfermann: Konkrete Poesie. Fundamentalpoetik und Textpraxis einer Neo-Avantgarde (1981). – **190** vgl. M. Hardt: Poetik und Semiotik. Das Zeichensystem der Dichtung (1976) 21. – **191** A. Betten: Sprachrealismus im dt. Drama der siebziger Jahre (1985) bes. 365ff. – **192** Kaempfert [6] 1833. – **193** vgl. H. Henne: Sprachliche Erkundung der Moderne (1996) 31ff.; W. Frühwald: L. – Sprache der polit. Werbung. Texte, Materialien, Kommentar (1976). – **194** E. Behler: Ironie und lit. Moderne (1997). – **195** vgl. A. Berger, G.E. Moser (Hg.): Jenseits des Diskurses. Lit. und Sprache in der Postmoderne (Wien 1994); U. Wittstock (Hg.): Die Erfindung der Welt. Zum Werk von Chr. Ransmayr (1997). – **196** H. Wiegmann: Von Platons Dichterkritik zur Postmoderne. Stud. zur Rhet. und Ästhetik (1989).

Literaturhinweise:
K. Vossler: Frankreichs Kultur und Sprache. Gesch. der frz. Schriftsprache von den Anfängen bis zur Gegenwart (1929). – A. Langen: Dt. Sprachgesch. vom Barock bis zur Gegenwart, in: Dt. Philologie im Aufriß, hg. von W. Stammler, Bd. 1 (1957) 931–1395. – M.M. Guchmann: Der Weg zur dt. Nationalsprache. 2

Tle., ins Dt. übertragen und wiss. bearb. von G. Feudel (1969f.). – LGL² IV (1980) 698–756.

A. E. Walter

→ Archaismus → Fachsprache → Hochsprache → Literatur → Luthersprache → Muttersprache → Neologismus → Purismus → Sprachgebrauch → Sprachgesellschaften → Sprachkritik → Sprachrichtigkeit → Vulgärsprache

Literaturunterricht (lat. studium litterarum; engl. literary education; frz. l'enseignement des lettres; ital. insegnamento della letteratura)
A. Def. – B.I. Antike. – 1. Griechische Poliswelt und hellenistische Kulturzentren. – 2. Rom. – II. Mittelalter. – 1. Der lateinische Westen. – 2. Der byzantinisch-griechische Osten. – 3. Die islamische Kultur. – III. Renaissance, Humanismus und Reformation. – IV. Barock und Aufklärungszeit. – V. 19. und 20. Jh. – C.I. L. im romanischen Sprachraum. – II. L. im englischen Sprachraum.

A. Der Begriff ‹Literatur› wird erst im 16. Jh. aus dem (mittel-)lateinischen *litteratura* entlehnt. *Litteratura* (und *litterae*) besitzt schon im klassischen Latein eine lange Begriffsgeschichte zur Bezeichnung der Buchstabenschrift oder des mit ihr Geschriebenen, ferner von allem, was sich auf das *studium litterarum*, also den Unterricht im Lesen und Schreiben und die Lektüre und Interpretation literarischer Werke bezieht.[1] Bei den Kirchenvätern bezeichnet *litteratura* das heidnische und christliche weltliche Schrifttum im Unterschied zur *scriptura*, dem Schrifttum der Bibel, und dem Werk der Kirchenväter.[2] Vom 16.–18. Jh. meint Literatur eine persönliche Bildungsqualität. Man besitzt Literatur, d.h. man ist gebildet. Erst im Laufe des 18. Jh. umfaßt Literatur zunächst die damalige zeitgenössische Publizistik, dann das ganze literarische Leben. Für GOETHE bedeutet Literatur die schöngeistige Literatur (*Belles Lettres*). Der Begriff ‹Literatur› schließt erst im 19. Jh. auch das nichtkünstlerische Prosaschrifttum verschiedener Gattungen, die Gebrauchs- und Zweckschriften ein. Er umfaßt nun die Gesamtheit der schriftlichen Überlieferung eines Volkes oder einer bestimmten Epoche. Heute hat sich auch der Begriff ‹Mündliche Literatur›[3] fest eingebürgert. Daher sind auch mündlich überlieferte Dichtungen, Lieder, Sprichwörter, sogar allgemeine, alltägliche Situationen der Kommunikation ein integraler Gegenstand der Literaturwissenschaft und des L. geworden. Die heute konkurrierenden wissenschaftlichen Schulen und Disziplinen beeinflussen die Methoden und Theorien, die Lernziele und die Inhalte des L. nachdrücklich.[4]

Die Gattungen, die Struktur, die sprachlich-rhetorischen Mittel, die Funktionen und Wirkungen von Literatur werden im L. anhand exemplarischer Werke bestimmter Epochen zum Gegenstand der Betrachtung gemacht. Insbesondere die Lektüre und Interpretation, aber auch oft die Rezitation oder Aufführung kanonischer (klassischer) Werke bestimmen den Verlauf des L., der ein wesentlicher Teil des schulischen Sprachunterrichts und der literarischen Erziehung ist. Im 20. Jh. zählen aber auch Autoren und Werke außerhalb des traditionellen Kanons, nach verbreiteter Auffassung sogar sämtliche Textsorten zu den sinnvollen Gegenständen des L.[5] Dieser soll dem Schüler im Rahmen des Grammatik- und Rhetorikunterrichts, später des Unterrichts in seiner Muttersprache, in antiken und modernen Fremdsprachen (auf universitärem Niveau heute in den sprach- und literaturwissenschaftlichen Studiengängen) ein adäquates Verständnis mutter- und fremdsprachlicher Texte aus verschiedenen Epochen vermitteln. Schließlich soll er Beispiele für guten Sprachgebrauch in der Muttersprache und in den Fremdsprachen anbieten, die in der jeweiligen Epoche die *lingua franca* sind. Seit der Antike dominieren unter den fremdsprachlichen Texten zunächst Werke der griechisch-römischen hochsprachlichen Literatur, während im Laufe der Neuzeit die italienische, französische, spanische, deutsche und englische Nationalliteraturen eine immer größere Bedeutung im schulischen und universitären L. einnehmen.

L. findet seit der Antike in den Schulen zunächst im Rahmen des Grammatikunterrichts statt.[6] Dessen Ziele sind nach der Vermittlung der Lese- und Schreibfähigkeit (*litteralitas*) die Anleitung zum regelkonformen Sprechen (*ars recte dicendi*), die Einübung des grammatischen Regel- und Formenschatzes (*doctrina; regulae*) sowie die Kenntnis der Literatur auf dem Wege der Lektüre (*lectio*) und der Erklärung der Dichter (*enarratio poetarum*)[7] oder allgemeiner bestimmter Autoren (*enarratio auctorum*).[8] In der Poetik, der Rhetorik sowie der ethischen und ästhetischen Erziehung, zu denen der L. beiträgt, spielt die *imitatio* (Nachahmung) beispielhafter Autoren und Werke eine Schlüsselrolle. Seit seinen Anfängen steht der L. in Europa unter inhaltlichen, didaktischen und methodischen Vorgaben der staatlichen oder kirchlichen Träger des Unterrichtes. Der L. soll nämlich auch gesellschaftlich bedeutsame ethisch-soziale und politisch-historische Probleme erörtern, moralisch-rhetorische *exempla* für die Textproduktion neuer zeitgenössischer Literatur bereitstellen und der Jugend erwünschte Vorbilder vor Augen stellen. Die Auswahl des Lektürestoffs im L. erfolgt daher nach sprachlich-stilistischen *und* ethisch-politischen Kriterien. In bestimmten Epochen des L. besteht seine grundlegende Legitimation darin, den Schülern das Verständnis des wahren Sinnes der Bibel zu erschließen. Mit dieser Zielsetzung wird der L. auch ein Teil der religiösen Erziehung.

Seit dem 5. und 4. Jh. v.Chr. bildet der L. im Rahmen des Grammatikunterrichts die Propädeutik für die folgende Rednerausbildung im eigenständigen Rhetorikunterricht und der rhetorischen Praxis.[9] Der L. gehört als ein wesentlicher Bestandteil zum Konzept der ἐγκύκλιος παιδεία (enkýklios paideía; *septem artes liberales*; allgemeine Bildung eines freien Mannes).[10] Er soll das sprachliche Ausdrucks- und Urteilsvermögen, den Stil und das ästhetische Empfinden fördern. Der L. macht den Schüler der Rhetorik in erster Linie mit einem *Kanon* von Autoren und Werken vertraut, dessen selbstverständliche Kenntnis für den späteren Erfolg als Redner unverzichtbare Grundlage ist und auf den er sich in der Kommunikation mit seinen Zuhörern beziehen kann. Er nimmt seine *exempla*, berühmte Zitate, rhetorische Figuren, Vergleiche und Bilder aus den kanonischen Werken und beruft sich in seiner Argumentation auf deren *auctoritas*. Der L. beeinflußt ferner die Stilebenen der Reden (*genera dicendi*), die Bestimmung der Arten der Reden (*genera causarum*), die Figurenlehre (*figurae*), den Schmuck der Rede (*ornatus*) und die häufigen rhetorischen Bilder (*imagines*). Die im L. behandelten musterhaften Werke prägen auch die rhetorischen Gewohnheiten (*consuetudines*) einer Epoche, setzen der individuellen sprachlichen Freiheit (*licentia*) der zeitgenössischen Autoren in der Hochsprache Grenzen und wirken an der Formung des kulturellen

Gedächtnisses einer Gesellschaft mit.[11] Aus rhetorischer Sicht dient der L. also auch als ein dauerndes Korrektiv der Bewahrung der muttersprachlichen Sprachreinheit und -richtigkeit, der korrekten Orthographie und Semantik, sowie der jeweils gültigen Normen der gelehrten Fremdsprachen. Damit formt der L. z.B. über Jahrhunderte in Europa die *norma rectitudinis* der *Latinitas*. Einem Ziel des modernen L. vorgreifend betont schon QUINTILIAN, daß der L. zur Lektüre der bedeutenden Autoren auch nach Ende der Schulzeit ermuntern soll.[12]

Anmerkungen:
1 vgl. zum Wortfeld ThLL, vol. VII,2 fasc. VII (1973) 1531–1533 s.v. *litteratura*; ferner W. Schadewaldt: Der Umfang des Begriffes der Lit. in der Antike, in: H. Rüdiger (Hg.): Lit. und Dicht. Versuch einer Begriffsbestimmung (1973) 12–25. – **2** B. Haupt (Hg.): Zum ma. Literaturbegriff (1985); W. Haug: Literaturtheorie im dt. MA. Von den Anfängen bis zum Ende des 13. Jh. (^{2}1992). – **3** vgl. R. Wellek, A. Warren: Theorie der Lit. (^{2}1971). – **4**. vgl. M. Klarer: Einf. in die anglistisch-amerik. Literaturwiss. (^{3}1997); G. von Wilpert: Sachwtb. der Lit. (^{7}1989) s.v. *Literatur*. – **5** L. Loewenthal: Lit. und Massenkultur (1980); G. Lukacs: Schr. zur Literatursoziol., hrsg. v. P. Ludz (1961). – **6** vgl. G. Kalivoda: Art. ‹Grammatikunterricht›, in: HWRh 3 (1996) 1112–1174. – **7** Quint. I,4,2. – **8** ebd. I,8,5; I,9,1 und X,1,27. – **9** Volkmann; Martin; Kennedy Gr.; Kennedy Rom.; Murphy RM; Ueding; K.-H. Göttert: Einf. in die Rhet. (^{2}1994). – **10** vgl. H. Fuchs: Art. ‹Artes Liberales›, in: RAC 5 (1962) 365–398; D. Illmer: Art. ‹Artes Liberales›, in: TRE 4 (1979) 156–171; U. Lindgren: Art. ‹Artes Liberales›, in: HWRh 1 (1992) 1080–1109; ferner F. Kühnert: Allgemeinbildung und Fachbildung in der Antike (1961); J. Christes: Bildung und Ges. (1975). – **11** vgl. J. Assmann: Das kulturelle Gedächtnis (^{2}1997). – **12** Quint. X,1,20.

B. I. *Antike.* **1.** *Griechische Poliswelt und hellenistische Kulturzentren.* Jeder der drei Stufen des griechischen Unterrichts entspricht ein eigener Lehrer für den L. Dem γραμματιστής (grammatistḗs; Elementarlehrer) folgt der γραμματικός (grammatikós; Grammatiklehrer), der auch φιλόλογος (philólogos) oder κριτικός (kritikós) genannt wird, diesem dann der ῥήτωρ (rhḗtōr) oder σοφιστής (sophistḗs) im Rhetorikstudium. Elementarschulen für Jungen aus Bürgerfamilien sind seit dem 5. Jh. v. Chr. in Griechenland bezeugt.[1] Sie vermitteln die Kenntnis des Lesens und Schreibens. Von einem L. kann aber dort noch kaum die Rede sein. HOMER, der Erzieher Griechenlands[2], ist der dominierende Autor, an dessen ‹Ilias› man nach einer sehr mechanischen Methode Griechisch lesen und schreiben lernt. Die Kenntnis wichtiger Werke der griechischen Dichtung gilt als ein unverzichtbares Element aristokratischer und bürgerlicher Bildung. Die Sophisten des späten 5. und 4. Jh. (z.B. PROTAGORAS, GORGIAS, HIPPIAS, PRODIKOS) legen in ihrem Sprach- und L. besonderen Wert auf eine fehlerfreie Beherrschung des Griechischen und die Kenntnis und Exegese der bedeutenden Dichter.[3] ISOKRATES räumt dem L. in seinem Rhetorikunterricht einen hohen Rang ein. Die bedeutenden Werke der griechischen Dichtung gelten ihm als rhetorische Paradeigmata. Er rät dem Nikokles, mit Rücksicht auf seine bestmögliche Bildung die Lektüre keines berühmten Dichters oder Sophisten zu vernachlässigen. Er bezieht also auch schon Prosawerke in seinen L. ein.[4]

Fundamental wichtig für die Entwicklung des europäischen L. wird das Entstehen eines gelehrten Philologenstandes im Hellenismus in den Forschungszentren von Alexandreia, Pergamon und Athen.[5] Diese Philologen systematisieren die literarische Überlieferung nach Gattungen und Autoren, besorgen kritische Editionen, erläutern einzelne Schriften durch Kommentare und biographisch-werkgeschichtliche Einführungen und legen damit die Grundlage für einen *Kanon* von Schulautoren und Werken der griechischen Literatur. Sie üben zugleich eine Zensur zum Schaden der außerkanonischen Autoren aus, die unter den antiken Bedingungen der Textüberlieferung oft zum Untergang der Werke solcher Autoren führt.[6] ARISTOPHANES VON BYZANZ[7] z.B. prüft die älteren umfangreichen Verzeichnisse (πίνακες; pínakes) von Autoren und Werken, die KALLIMACHOS anlegte. Für die in Auswahllisten aufgeführten herausragenden Autoren setzt sich der Ausdruck ἐγκριθέντες (enkrithéntes) durch.[8] Die Auswahllisten zu einzelnen Gattungen der Literatur[9] entstehen nicht alle zur gleichen Zeit. Für den Kanon der ‹Zehn Attischen Redner› wird eine Fixierung erst im 1. Jh. v. Chr. vorgeschlagen.[10] Die Römer nennen bedeutende Autoren des L. *summi auctores* oder *optimi auctores*.[11] QUINTILIAN bezeichnet in der ‹Institutio Oratoria› ein Verzeichnis ausgewählter Autoren noch mit *ordo* oder *numerus*.[12] Unter Einfluß von GELLIUS' Schrift ‹Noctes Atticae› entwickelt sich im 2. Jh. n. Chr. der an die steuerliche und militärische Rangbezeichnung der *classis* angelehnte Ausdruck des *classicus scriptor*.[13] Die Humanisten benennen kanonische Autoren dann als die *classici*. Doch erst im Jahre 1768 prägt der Philologe D. RUHNKEN in seiner ‹Historia critica oratorum Graecorum› den lateinischen Begriff *canon* im Sinne einer Auswahl von klassischen Autoren.[14] Dagegen hat κανών (kanṓn) im Griechischen noch die Bedeutung von Regel oder Vorbild, und in der theologisch-biblischen Tradition meint *Kanon* die Liste der Bücher, die von der christlichen Kirche als echt und inspiriert anerkannt werden.[15]

Der Inhalt des Kanons im griechischen L. schwankt seit der Kaiserzeit nur mehr in sehr engen Grenzen. HOMER steht an erster Stelle; es folgen andere epische und lyrische Dichter. Die Tragödie wird besonders durch Werke des EURIPIDES, die Komödie durch solche des MENANDROS vertreten. An sich gehört die Lektüre der bedeutenden Historiker, Philosophen und Redner erst auf die höchste Stufe des antiken L. in der *schola rhetoris*. Doch HERODOT, XENOPHON und THUKYDIDES werden auch schon im schulischen L. gelesen. Unter den kanonischen ‹Zehn Rednern› dominieren im L. DEMOSTHENES und ISOKRATES. Homer, Euripides, Menandros und Demosthenes bleiben die vier Säulen des griechischen L.

In der hellenistischen Epoche[16] werden im L. zunächst keine vollständigen Originalwerke gelesen, sondern Einleitungen und zusammenfassende Hinführungen (ὑποθέσεις, hypothéseis). Danach folgt erst die Lektüre eines ganzen Werkes unter Berücksichtigung der grundlegenden Aufgaben des grammatikós: der Textkritik (διόρθωσις; diórthōsis), der Lektüre (ἀνάγνωσις; anágnōsis), der Erklärung (ἐξήγησις; exégēsis) und der sprachlich-stilistischen Beurteilung des Textes (κρίσις; krísis). Aufgrund der Eigenart der antiken Papyrusbuchtexte, des von der Alltagssprache stark abweichenden Vokabulars und der komplizierten Metrik ist das laute und ausdrucksvolle Lesen eine anspruchsvolle Aufgabe des Schülers im L. Bestandteile des L. sind auch das Auswendiglernen und Rezitieren von Gedichten und Dramenpassagen. Die Texterklärung im L. beginnt mit dem buchstäblichen Textverständnis, das bei Texten aus HOMER, den Tragödiendichtern oder Thukydides an sich oft schon schwer ist. Hieran schließt sich die vertiefende

Interpretation und bei einigen Autoren die allegorische Auslegung an. Im L. wird viel sterile Gelehrsamkeit in der Lexikographie, Etymologie und im Erlernen mythologischer Details entfaltet. Der antike L. verliert immer stärker den Kontakt zur lebendigen, gesprochenen Sprache und zur zeitgenössischen Literatur. Das Studium der kanonischen Literaturwerke wird in einigen Schulen schon mit kleinen rhetorischen Vorübungen (*Progymnasmata* oder *Chrien*) verbunden.

Anmerkungen:
1 E. Ziebarth: Aus dem griech. Schulwesen (²1914); Marrou. – **2** W.J. Verdenius: Homer, the Educator of the Greeks (Amsterdam/London 1970). – **3** J.L. Jarrett (Hg.): The Educational Theories of the Sophists (New York 1969) 1–109. – **4** Isocr. Or. 2,13 und 42–44 (an Nikokles); Ausg.: F. Blass (1907). – **5** R. Pfeiffer: Gesch. der Klass. Phil. Von den Anfängen bis zum Ende des Hellenismus (²1978) 135–285; G.A. Kennedy: Hellenistic Literary and Philosophical Scholarship, in: G.A. Kennedy (Hg.): The Cambridge History of Literary Criticism, Vol. 1: Classical Criticism (Cambridge 1989; ND 1995) 200–219. – **6** siehe A. und J. Assmann (Hg.): Kanon und Zensur (1987); H. Hunger (u.a.): Die Textüberlieferung der antiken Lit. und der Bibel (Zürich 1961; ND 1975). – **7** vgl. Quint. X,1,54; dazu Pfeiffer [5] 251. – **8** vgl. Pfeiffer [5] 254 Anm. 233. – **9** vgl. Marrou 309–314; Pfeiffer [5] 251–257. – **10** siehe I. Worthington: The Canon of the Ten Attic Orators, in: ders. (Hg.): Persuasion. Greek Rhetoric in Action (New York und London 1994) 244–263. – **11** Quint. I,6,42; ebd. X,1,25. – **12** ebd. X,1,54; I,4,3. – **13** Gellius, Noctes Atticae XIX,8,15; Ausg.: P.K. Marshall (Oxford 1968). – **14** D. Ruhnken: Historia critica oratorum Graecorum; jetzt in: ders.: Opuscula, Bd. I (²1823) 386. – **15** vgl. H. Oppel: Κανών. Zur Bedeutungsgesch. des Wortes und seiner lat. Entsprechungen (regula – norma) (1937). – **16** M.P. Nilsson: Die hellenistische Schule (1955); J. Dolch: Lehrplan des Abendlandes (²1965) 47–55.

2. *Rom.* Die lateinische Literatur entwickelt sich bis zur augusteischen Klassik durch *interpretatio* (Übersetzung), *imitatio* (Nachahmung) und *aemulatio* (Konkurrenz) ihrer griechischen Vorbilder. Der höhere L. ist im ausgehenden 3. und 2. Jh. noch ganz dem Studium der griechischen Autoren gewidmet. Auch nach dem Entstehen lateinischer Schulen bleiben sie Hauptgegenstand des L. [1] Noch QUINTILIAN empfiehlt deutlich mehr griechische als lateinische Autoren für die Lektüre des angehenden römischen Redners. [2] Damit beginnt eine für die Geschichte des europäischen L. wichtige Entwicklung. Bis zur heutigen Zeit kommt einer oder mehreren Fremdsprachen eine überragende Bedeutung im schulischen L. zu. Der L. in Rom bleibt immer auf Griechisch und Latein ausgerichtet, weitere antike Fremdsprachen und Literaturen finden keine Berücksichtigung. Weil er die Buchstaben (*litterae*) lehrt, heißt der Elementarlehrer in Rom *litterator* oder auch *magister ludi* (*litterarii*), Schullehrer. [3] Es folgt die Schule des *grammaticus*, in der griechische und römische Literatur gelehrt wird. In der Methode entspricht der L. in Rom dem Unterricht des griechischen *grammatikós* und besteht hauptsächlich in der *poetarum enarratio*. [4] Im Mittelpunkt stehen die großen griechischen und lateinischen Dichter. [5] LIVIUS ANDRONICUS, ENNIUS, PLAUTUS und TERENZ erreichen teilweise schon in ihrer Lebenszeit den Rang von Schulautoren. [6] Ihnen zur Seite treten später die augusteischen Klassiker, vor allem VERGIL. Im Unterschied zum modernen L. in der Mutter- und in den Fremdsprachen ist die eigene Textproduktion des Schülers (Aufsatz, Essay, Rede oder Gedicht) in der Antike und im Mittelalter überwiegend erst eine Aufgabe des höheren L. in der *schola rhetoris*.

CICERO betont mehrfach die Bedeutung der Kenntnis der wichtigen Werke der griechischen und lateinischen Literatur in der Ausbildung des vollendeten Redners (*orator perfectus*). [7] Eine intensive Lektüre der hervorragenden Dichter, Historiker, Philosophen und Redner sei auch für Redner von großem Nutzen, die ihre technisch-rhetorische Ausbildung schon durchlaufen haben. [8] VARRO systematisiert die Aufgaben des Grammatikunterrichts und bestimmt als maßgeblicher Gelehrter [9] auch die künftige Stellung des L. in Rom. Varro stellt auch als erster lateinischer Autor die *artes liberales* in seinen ‹Disciplinarum libri IX› in einer enzyklopädischen Übersicht dar, wobei er die sieben griechischen *artes* um die Architektur und die Medizin ergänzt. [10] Die Lehre vom richtigen Sprechen (*recte dicere*), die Auslegung der Dichter (*enarratio poetarum*) sowie die Textkritik und die Textbewertung (*iudicium*) gelten für die lateinischen Grammatiker [11] als wichtige Fähigkeiten, die beim Schüler durch den L. gefördert werden. Der römische L. soll also auch zur Literaturkritik befähigen. In augusteischer Zeit führt Q. CAECILIUS EPIROTA, ein bekannter Grammatiker und Pädagoge, Vergil und andere neue Dichter in den Kanon des L. ein. [12] Im Laufe des 1. Jh. n.Chr. werden auch OVID, LUKAN, STATIUS, HORAZ, CICERO und SALLUST zu Schulautoren. [13] Maßgeblichen Anteil an der Formung eines Kanons lateinischer Autoren und Werke für den römischen L. hat M. VALERIUS FLACCUS mit seinen Schulausgaben der Werke des VERGIL, TERENZ, LUKREZ, HORAZ und PERSIUS.

Doch unter dem Einfluß des QUINTILIAN kommt es am Ende des 1. Jh. zu einer Gegenbewegung, die im L. die alten (LIVIUS ANDRONICUS, ENNIUS, PLAUTUS und TERENZ) gegenüber den zeitgenössischen Dichtern bevorzugt. [14] Quintilian tendiert zu einer klassizistischen Abgrenzung des Kanons. Er teilt die *ars grammatica* in die *scientia recte loquendi* (den formalen Sprachunterricht) und die *enarratio poetarum* (den L. durch die Exegese der Dichter) ein. [15] L. wird der mittleren Stufe der Ausbildung des Redners nach der elementaren Spracherziehung und dem Erlernen von Lesen und Schreiben und vor dem Abschluß der Ausbildung in der Rhetorik zugewiesen. Quintilian gibt im ersten und vor allem ausführlich im zehnten Buch der ‹Institutio Oratoria› Hinweise für den L. [16] Er rät zunächst zur Lektüre des Homer und Vergil, dann der Tragödien und wegen der vielen unterschiedlichen Sprachstufen und Stilebenen, die für den Redner von praktischem Interesse sind, auch der Komödien des Terenz [17] sowie – in Auswahl – von Lyrik, z.B. des Horaz. Die Lektüre der bedeutenden Redner, Philosophen und Historiker gehöre eigentlich erst zum Unterricht in der *schola rhetoris*. Die Lektüre bestimmter Historiker gestattet er aber auch schon im schulischen L. [18] Unter den Historikern ragt im römischen L. SALLUST hervor, unter den Rednern und Philosophen CICERO. Quintilian formuliert als pädagogischen Leitsatz, daß man neben Cicero die übrigen Autoren nur soweit studieren solle, als sie ihm ähnlich sind. [19] VERGIL, TERENZ, SALLUST und CICERO nennt man als Säulen des römischen L. nach einem Handbuch des ARUSIANUS MESSIUS mit dem Titel ‹Exempla elocutionum› aus dem Jahre 395 n.Chr. noch in der Zeit des CASSIODOR die *Quadriga Messii*. [20]

In der römischen Kaiserzeit wird L. auf seinem höchsten Niveau in der *schola rhetoris* und im Rahmen des Philosophiestudiums erteilt. [21] Aufgrund der im Vergleich mit der griechischen Poliswelt oder der römischen

Republik veränderten politisch-juristischen Verhältnisse verliert die Rhetorik ihre früher wichtigste Aufgabe, den Redner auf die politische und juristische Praxis vorzubereiten. Auch im höheren L. werden nun die rhetorischen Schulreden und Deklamationen (μελέται, melétai; *declamationes* und *suasoriae*) ein wichtiger Teil der Textproduktion der Schüler.

Anmerkungen:
1 S.F. Bonner: Education in Ancient Rome (London 1977); M.L. Clarke: Higher Education in the Ancient World (London 1971); ders.: Rhetoric at Rome (London ³1996). – **2** A. Vergeest: Poetarum enarratio. Leraren en schoolauteurs te Rome van Cicero tot Quintilianus (Breda 1950). – **3** Sueton, De grammaticis et rhetoribus 4,1–3; Ausg. R. A. Kaster (Oxford 1995); Historia Augusta M. Aurel. 2,2; Ausg. D. Magie (London/Harvard, Mass. 1921; ND 1979). – **4** Quint. I,4,2. – **5** Sueton [3] 4; Vergeest [2]. – **6** vgl. Horaz, Epist. II,1,50–71; Ausg.: F. Klingner (1939); Gellius, Noctes Atticae XV,24. – **7** vgl. A. Michel: Rhétorique et philosophie chez Cicéron (Paris 1960); K. Barwick: Das rednerische Bildungsideal Ciceros (1963). – **8** Cic. De or. 3,39. – **9** vgl. die grammatischen Fragmente Varros in: H. Funaioli: Grammaticae Romanae fragmenta, Bd. I (1907; ND 1969) 179–371. – **10** siehe zu den *artes liberales* I. Hadot: Gesch. der Bildung: *artes liberales*, in: F. Graf (Hg.): Einl. in die lat. Philol. (1997) 17–34. – **11** siehe R.A. Kaster: Gesch. der Philol. in Rom, in: Graf [10] (1997) 1–16. – **12** Sueton [3] 16,3; Kaster [3] 188–89. – **13** Marrou 510–513; E. Jullien: Les professeurs de littérature dans l'ancienne Rome et leur enseignement depuis la mort d'Auguste (Paris 1885). – **14** Quint. I,8,8–11. – **15** ders. I,4,2. – **16** ders. I,8,5–12 und X,1; E. Bolaffi: La Critica filosofica e letteraria in Quintiliano (Brüssel 1958). – **17** Quint. I,8,7–8. – **18** ders. II,5,1. – **19** ders. II,5,20. – **20** Cassiod. Inst. 1,15,7; Ausg. R.A.B. Mynors (Oxford 1937). – **21** W. Liebeschuetz: Hochschule, in: RAC 15 (1991) 858–911; Marrou 369–407.

II. *Mittelalter.* **1.** *Der lateinische Westen.* Im frühen Christentum herrscht zunächst eine schroffe Ablehnung des heidnischen L. vor. Selbst der rhetorisch gebildete Paulus verurteilt im ersten ‹Korintherbrief› [1] die glänzenden Reden und die gelehrte Weisheit der Heiden. Religiöse Eiferer verachten die rhetorisch-literarische Bildung als unnützes Blendwerk und sündhafte Versuchung der heidnischen Welt. Bald aber entwickelt sich eine höhere Schätzung des Nutzens der heidnischen Literatur und eine theologische Rechtfertigung der ξρῆσις (chrésis; des rechten Gebrauches) der heidnischen Bildungsgüter. [2] Denn auch die Christen benötigen für die Ausbildung der eigenen Kleriker, für den Gottesdienst, ihren religiösen Unterricht und die Missionierung die antike formale Bildung und damit auch L. Ferner sind eine Übernahme hoher Beamtenstellen und eine Darstellung des christlichen Glaubens gegenüber der Bildungselite des Reiches nur möglich, falls auch Christen über die höhere heidnische Bildung verfügen. [3] Augustinus beeinflußt die westliche Kirche in ihrem Verhältnis zur heidnischen Bildung besonders nachhaltig. Die *artes liberales* gelten als formale Propädeutik zur christlichen *philosophia* und zur Erkenntnis der *res divinae*. ‹De doctrina christiana› (397 n. Chr.) enthält die maßgebliche Erörterung des Verhältnisses der Kleriker und gebildeten christlichen Laien zur antiken heidnischen Bildung. [4] Augustinus benutzt hier die Allegorie von den Gefäßen der Ägypter, die die Israeliten bei ihrem Auszug aus Ägypten mitgenommen hatten. [5]

Der L. ist im westlichen Mittelalter vor allem in der Ausbildung der Kleriker als Propädeutik für das Studium der Heiligen Schriften und die Theologie wichtig, aber auch für die Ausbildung von Klerikern und Laien in der Poetik und der Rhetorik. [6] L. findet vom späten 6. und 7. bis zum späten 12. Jh. im Rahmen des schulischen Grammatikunterrichts und danach auf höherem Niveau im Rhetorikunterricht statt. Institutionell kann man unterscheiden zwischen Klosterschulen zur Ausbildung des eigenen Nachwuchses an Mönchen (und Nonnen), die sich aber im lateinischen Westen in eine *schola interna* für künftige Mönche und eine mit gleichem Lehrprogramm arbeitende *schola externa* für andere Schüler aufgliedern, Dom- (Kathedral-) oder Stiftsschulen, in denen der Nachwuchs des Klerus für die Diözesen durch die Bischöfe herangebildet wird, und Hofschulen an den Höfen der Könige und Kaiser.

Grundbücher der grammatischen Ausbildung, die in lateinischer Unterrichtssprache erfolgt, sind die ‹Ars minor› und die ‹Ars maior› des Donat (ca. 350 n. Chr.) sowie auf einer höheren Stufe die ‹Institutio de arte grammatica› des Priscian (5. Jh.). Wichtig für die Tradierung des L. im Rahmen der *artes liberales* werden die enzyklopädischen Werke ‹De nuptiis Mercurii et Philologiae› (5. Jh.) des Martianus Capella, ‹Institutiones divinarum et saecularium litterarum› des Cassiodor (480–575) und die ‹Etymologiae› des Isidor von Sevilla (ca. 570–636). In der Methode des L. stehen alle drei Schularten in der Tradition des paganen spätantiken Unterrichts. [7] Es gibt keinen muttersprachlichen Grammatik- oder L. Der grammatikalisch-literarische Lateinunterricht findet in drei Stufen statt, einer Unterstufe mit dem Ziel der Alphabetisierung, einer Mittelstufe sowie einer Oberstufe, auf die die Lektüre und der epochenspezifische *accessus ad auctores* stattfinden. Der Unterricht führt schließlich zur Produktion eigener Texte in Prosa und Dichtung. Im höheren mittelalterlichen L. werden bestimmte Aspekte und Leitfragen regelmäßig behandelt. Man fragt nach der *operis intentio* (der Absicht des Autors), seiner *utilitas* (dem Nutzen für den Leser), dem *ordo* (der gedanklichen Disposition und formalen Gliederung), dem Grund für die Aufnahme in den christlichen Lektürekanon, seiner Echtheit sowie dem originalen Titel. *Lectio, interpretatio, expositio* und *disputatio* sind die wichtigsten didaktischen und methodischen Techniken des mittelalterlichen L. [8]

Das Verhältnis zwischen dem Studium von klassischen heidnischen und christlichen Werken schwankt zunächst im L. noch erheblich. [9] Aufschlußreiche Quellen für die über Jahrhunderte fortschreitende Vereinheitlichung des Kanons des L. sind außer den Quellenstellen, die direkt über kanonische Autoren und Werke des L. berichten, die Kataloge der großen Kloster- und Palastbibliotheken, in denen sich bestimmte Autoren und Werke in Schulausgaben finden. Schulautoren werden gerne zusammen in Sammelkodizes überliefert. Ihren Werken widmen sich die meisten mittelalterlichen Kommentare und Glossarien. Ansätze zu einer Kanonbildung im L. sind erstmals in der Karolingerzeit zu beobachten. [10] Man findet Reihen von kanonischen Autoren des L. in den Werken wichtiger Intellektueller der Zeit, z.B. bei Alkuin, Remigius von Auxerre oder bei Theodulf von Orléans. Die im L. behandelten Werke stammen von spätantiken Grammatikern, aus der christlichen Dichtung und von heidnisch-römischen *auctores*. Mit der Hebung des Bildungsniveaus der Kleriker im Karolingerreich befassen sich Paulus Diaconus sowie Hrabanus Maurus in ‹De institutione clericorum›. [11] Die Reform des L. als Teil der allgemeinen karolingischen Bildungsreform wird sogar Gegenstand der staatlichen Gesetzgebung, z.B. in der ‹Epistula de litteris colendis› (ca. 787) und in der ‹Admonitio generalis› Karls des Großen (789).[12] Ziele des L. sind die Lese- und Schreibfähigkeit des Klerus und seine Kenntnis des für die Liturgie unverzichtbaren Latein, ferner die Lektüre antiker und christlich-mittelalterlicher profaner Autoren als Propädeutik für das bessere Verständnis der Bibel.

Im 10. und 11. Jh. erfolgt eine merkliche Ausweitung des Lektürekanons des L. zugunsten heidnisch-römischer *auctores*. Es zählen nun außer VERGIL auch die ‹Ilias Latina›, STATIUS, BOETHIUS, LUCAN, HORAZ, PERSIUS, JUVENAL, TERENZ sowie bald SALLUST und sogar in Teilen OVID zu den üblichen Autoren des L. Der Aufstieg der Dom- und Stiftsschulen in Deutschland ist exemplarisch an der Domschule von Speyer untersucht worden. Eine interessante autobiographische Quelle über den dortigen L. an der Wende vom 10. zum 11. Jh. stammt von WALTER VON SPEYER im ‹Primus libellus de studio poetae qui et scolasticus›.[13] Erst vom dritten Unterrichtsjahr an beginnt der L. im Grammatikunterricht. Das vierte Jahr ist ganz der Lektüre eines umfangreichen Kanons von *auctores* gewidmet. Im Rhetorikunterricht liest man später erneut intensiv die *auctores*, vor allem CICERO.[14] Die steigende Bedeutung der Dom- und Kathedralschulen ist auch im französischen Raum an den Schulen von Reims und Chartres erkennbar. Der Historiker RICHER VON REIMS berichtet über den Unterricht seines Lehrers GERBERT VON AURILLAC, des späteren Papstes Silvester II., und die an der Kathedralschule von Reims im L. gelesenen *auctores*.[15] Einblick in den L. an der Kathedralschule von Chartres im 11. Jh. gibt uns FULBERT VON CHARTRES.[16] Im 12. Jh. kommt die Systematisierung des Lektürekanons im L. zu einem vorläufigen Abschluß. Eine wichtige Quelle hierüber ist der ‹Dialogus super auctores› des KONRAD VON HIRSAU (ca. 1070–1150).[17] Das Werk gliedert sich in eine allgemeine Einleitung, die pädagogischen Richtlinien zur *lectio* und *interpretatio* der *auctores* und einen Kanon der Autoren und Werke des L. Die vier antiken Klassiker CICERO, SALLUST, HORAZ und VERGIL verlieren durch die Zusammenstellung mit den übrigen 17 Autoren ihre Sonderstellung. Sie werden vor allem wegen ihrer moralischen Vorzüge empfohlen und im Hinblick auf *sententiae* und *exempla* exzerpiert.

Der Sprach- und L. der Laien (*illiterati, idiotae*) ist im Unterschied zu dem der Kleriker (*litterati*) im frühen Mittelalter institutionell kaum verankert und gesellschaftlich wenig angesehen. Doch gewinnen die Fähigkeit, Lesen und Schreiben zu können, sowie die Kenntnis eines Grundstockes der Literatur allmählich auch im Adel, danach auch unter Bürgerfamilien im hohen und späten Mittelalter eine größere Bedeutung. Ministeriale, Spielleute und reisende Berufsdichter haben eine tragende Rolle in der Verbreitung der muttersprachlichen höfischen Epik und Lyrik, der Ritterromane oder biographisch-paränetischen Prosawerke. Mit diesen wird man nicht im schulischen L., sondern durch eigene Lektüre, gesellschaftlichen Verkehr und private Unterweisung vertraut.[18]

Im Laufe des 13.–15. Jh. entstehen zwei institutionelle Neuerungen in der europäischen Bildungsgeschichte, die auch für den L. bedeutende Folgen haben, die mittelalterlichen Universitäten und die Stadtschulen. Diese stehen unter der weltlichen Verwaltung des Rates der Städte.[19] Das Lehrprogramm der *Stadtschulen* entspricht fast völlig dem der kirchlichen Kloster-, Dom- und Stiftsschulen. Zunächst nur auf Rechtswissenschaften konzentriert wird Bologna schon 1158 als erste Universität errichtet. Die Bulle ‹Parens scientiarum› bestätigt 1231 das Statut der Pariser Universität als autonome Korporation.[20] Der Lektürekanon des L. auf den Schulen wächst im 13. Jh. nochmals. Hierfür ist das Lehrgedicht ‹Laborintus sive de miseriis rectorum scholarum› EBERHARDS DES DEUTSCHEN (vor 1280) eine wichtige Quelle.[21] Die hohe Zahl von 37 hier aufgeführten *auctores*[22] läßt aber Zweifel aufkommen, ob ein getreues Abbild des damals an der Bremer Domschule üblichen L. gegeben werden soll. Ein ähnliches Beispiel ist eine katalogartig angelegte Literaturgeschichte antiker und mittelalterlicher Autoren, das ‹Registrum multorum auctorum› des *auctorista* (Literaturlehrers) und Bamberger Schulrektors HUGO VON TRIMBERG (1235–1313).[23] Man schätzt die poetisch-rhetorische Literatur der Antike und des christlichen Mittelalters auf den meisten Universitäten des 13. Jh. nach dem Vordringen der neuen *Logica* gering. Im Lehrplanstreit geht es um den Vorrang der neuartigen systematisch-logischen über die traditionelle, an der Erklärung der *auctores* orientierte und mit Klassikerzitaten arbeitende Grammatik und die Stellung des mit ihr eng verknüpften L. Der Lehrplan der Artistenfakultät der Universität von Paris sieht eine Zusammenfassung der *Trivium*-Wissenschaften unter der neuen Sammeldisziplin der *Logica* vor. Orléans plädiert dagegen für eine traditionelle Grammatik- und Rhetorikausbildung und eine umfangreiche Lektüre der klassischen *auctores*. Das Pariser Modell setzt sich jedoch an den meisten spätmittelalterlichen Universitäten durch. Daher werden die Fächer des *Triviums* und damit auch der L. dort zu einem sprachlich-formalen Vorstudium, das in der Artistenfakultät die Studienanfänger auf das höher angesehene Studium der Medizin, der Rechtswissenschaft und der Theologie (einschließlich der Philosophie) vorbereitet.

Anmerkungen:
1 vgl. 1. Kor. 2,1 und 4; ähnlich Tertullian in ‹De praescriptione haereticorum› 7, Ausg. E. Kroymann (1942); ‹Didascalia et Constitutiones Apostolorum›, Ausg. F.X. Funk (1905). – **2** vgl. C. Gnilka: ΧΡΗΣΙΣ. Die Methode der Kirchenväter im Umgang mit der antiken Kultur (1984). – **3** W. Jaeger: Das frühe Christentum und die griech. Bildung (1963); P. Riché: Bildung IV. Alte Kirche und MA, in: TRE 6 (1980) 595–611; P. Brown: Macht und Rhet. in der Spätantike (1995) 51–94; D. Nellen: Viri litterati (1977); R.A. Kaster: Guardians of Language (London 1988). – **4** Aug. Doctr. III 29 (40); Ausg. J. Martin (Tournhout 1962); Interpr.: H.I. Marrou: S. Augustine et la fin de la culture antique (Paris ^{4}1958); P. Brown: Augustinus von Hippo (^{2}1982, orig. 1967); A. Hagendahl: Von Tertullian zu Cassiodor. Die profane lit. Tradition in dem lat. christlichen Schrifttum (Göteborg 1983). – **5** Aug. Doctr. II 40 (60) nach Exod. 11,1f. – **6** vgl. Murphy RM. – **7** vgl. P. Wolf: Vom Schulwesen der Spätantike (1952); F.A. Specht: Gesch. des Unterrichtswesens in Deutschland von den ältesten Zeiten bis zur Mitte des 13. Jh. (1885; ND 1967); L. Boehm: Das ma. Erziehungs- und Bildungswesen, in: Propyläen Gesch. der Lit., Bd. 2 (1981–84; ND 1988) 143–181; P. Riché: Les écoles et l'enseignement dans l'occident chrétien de la fin du Ve siècle au milieu du XIe siècle (Paris ^{2}1989). – **8** vgl. D. Illmer: Formen der Erziehung und Wissensvermittlung in frühen MA (1971); E. Schoelen (Hg.): Erziehung und Unterricht im MA (^{2}1965); E. Garin: Gesch. und Dokumente der abendländischen Päd., Bd. 1 (1964). – **9** vgl. zur christlichen Lit. des MA: M. Manitius: Gesch. der lat. Lit. des MA, 3 Bde. (1911–1931); F. Brunhölzl: Gesch. der lat. Lit. im MA, 1. Bd. (1975) und 2. Bd. (1992). – **10** G. Glauche: Schullektüre im MA (1970) 8; J. Flekkenstein: Die Bildungsreform Karls d. Gr. als Verwirklichung der *norma rectitudinis* (1953); Curtius 58–64 und 265–269. – **11** vgl. Hrabanus Maurus, De institutione clericorum, Ausg. A. Knöpfler (1900). – **12** ‹Epistola›, in: MGH. Leges, sectio II: Capit. regum Francorum I, Nr. 29, 78–79; ‹Admonitio›, in: ebd. I, Nr. 22, 52–62. – **13** Ausg. P. Vossen (1962); vgl. Glauche [10]

65–77; Curtius 58 f. – **14** vgl. R. Köhn: Schulbildung und Trivium im lat. Hochmittelalter, in: J. Fried (Hg.): Schulen und Studium im sozialen Wandel des hohen und späten MA (1986) 203–284; J. Koch: Artes Liberales. Von der antiken Bildung zur Wiss. des MA (1959); P. Classen: Studium und Ges. im MA (1983). – **15** Ausg. G. Waitz: Richeri historicarum libri IIII, in: MGH. Scriptores rer. Germ. in usum Scholarum (1877) 101 f. – **16** vgl. L. MacKinney: Bishop Fulbert and Education at the School of Chartres (Notre Dame 1957). – **17** Ausg. R.B.C. Huygens: Accessus ad auctores (Leiden 1970) 71–131; Glauche [10] 107–117. – **18** vgl. J. Bumke: Höfische Kultur. Lit. und Ges. im hohen MA (1986) insb. Bd. 2, 595–783. – **19** vgl. Fried [14]; B. Moeller (Hg.): Stud. zum städtischen Bildungswesen des späten MA und der frühen Neuzeit (1983). – **20** siehe L. Boehm, R.A. Müller (Hg.): Universitäten und Hochschulen in Deutschland, Österreich und der Schweiz (1983); L.J. Paetow: The Arts Course at Medieval Universities with Special Reference to Grammar and Rhetoric, Diss. Urbana (Champaign 1910). – **21** Ausg. Faral 337–377. – **22** vgl. Curtius 60 f. mit einer Liste. – **23** Ausg. K. Langosch (1942).

2. *Der byzantinisch-griechische Osten.* Die Auffassungen der griechischen Kirchenväter über den propädeutischen Nutzen der Lektüre der heidnischen Literatur für die christliche Bildung, z.B. das ‹Mahnwort an die Jugend über den nützlichen Gebrauch der heidnischen Literatur› des BASILEIOS [1], hatten in Byzanz großen Einfluß. Das byzantinische Bildungssystem steht in der direkten Tradition der enkýklios paideía-Konzeption und der kaiserzeitlichen epideiktisch-deklamatorischen Rhetorik. Der L. gehört in den grammatisch-rhetorischen Zweig des byzantinischen Schul- und Hochschulunterrichtes. Klosterschulen spielen für die Bildung von Klerikern und Laien in Byzanz eine viel geringere Rolle als im Westen. Städtische oder staatliche Schulen für Laien gibt es fast gar nicht. [2] Der byzantinische L. beginnt im Grammatikunterricht. Der Vorrang der Heiligen Schriften, der Kirchenväter und anderer christlicher gegenüber den klassischen heidnischen Autoren ist in diesem christlichen Kaiserreich nahezu unbestritten. Schulischer L. besteht aber auch aus der Lektüre der heidnisch-antiken Literatur, vor allem der Werke von HOMER, EURIPIDES, MENANDER und DEMOSTHENES. Diese Werke sind ein Teil der ungebrochenen eigenen kulturellen Tradition, kein Unterrichtsstoff in einer gelehrten Fremdsprache. Doch ausgezeichnete literarische Bildung verdankt sich in Byzanz in höherem Maße privatem Unterricht und unermüdlicher eigener Lektüre als schulischem L. Dieser leitet nicht zur Kenntnis wichtiger zeitgenössischer Fremdsprachen (z.B. Latein, Italienisch, Arabisch) an. Er konzentriert sich auf verschiedene Sprachstufen der griechischen Hochsprache. Die byzantinische Volksliteratur wird gar nicht Gegenstand des L. auf höheren Schulen oder Universitäten. [3] Der L. verschärft also das Problem der Diglossie zwischen der literarischen Hochsprache [4] und der byzantinischen Volkssprache. Höhere Bildung in Rhetorik, Literatur, Philosophie und Theologie ist ausschließlich in der Reichshauptstadt Konstantinopel mit ihrer Hochschule und der Palastbibliothek des Kaisers zu erlangen. Diese Hochschule steht zwar in der Tradition der spätantiken Reichshochschulen, kann aber deren Niveau nicht kontinuierlich bis 1453 aufrechterhalten. In ihrer Verfassung, ihrem Fächerkanon und den Bildungszielen ist die Hochschule von Konstantinopel auch nicht mit den spätmittelalterlichen *universitates* des Westens vergleichbar. [5] Der L. spielt im byzantinischen Rhetorikunterricht, der durch die *imitatio* klassischer rhetorischer Modelle der antiken Tradition stark verpflichtet ist, eine bedeutende Rolle. [6]

Anmerkungen:
1 Ausg. B. Boulenger (Paris 1935). – **2** L. Bréhier: L'enseignement classique et l'enseignement religieux à Byzance, in: Revue d'histoire et de philosophie religieuses 21 (1941) 34–69; R. Browning: Byzantinische Schulen und Schulmeister, in: Das Altertum 9 (1963) 105–118; P. Lemerle: Le premier humanisme byzantin. Notes et remarques sur enseignement et culture à Byzance des origines au Xe siècle (Paris 1971). – **3** H.G. Beck: Gesch. der byzantinischen Volkslit. (1971). – **4** Hunger; H.G. Beck: Kirche und theol. Lit. im byzantinischen Reich (1959). – **5** vgl. H. Fuchs: Die höheren Schulen von Konstantinopel im MA (1926); P. Speck: Die Kaiserliche Universität von Konstantinopel (1974); C.N. Constantinides: Higher Education in Byzantium in the Thirteenth and Early Fourteenth Centuries (1204–1310) (Nikosia 1982). – **6** Kennedy Christ.; G.L. Kustas: Studies in Byzantine Rhetoric (Thessalonike 1973).

3. *Die islamische Kultur.* Arabisch ist hier die literarische Hochsprache, die alle anderen Sprachen (z.B. Persisch) und Dialekte überragt. Das Studium der arabischen Autoren und Werke steht im Mittelpunkt des L., der die Schüler mit der *lingua franca* ihrer religiösen und kulturellen Tradition vertraut macht. Der L. findet im Rahmen des gründlichen Grammatikunterrichts sowie in der Rhetorikausbildung statt. Er dient der höheren gesellschaftlichen Bildung und der Beherrschung von feinen Verhaltensregeln am Hofe und in Gesellschaft, die mit dem Begriff ‹adab› umschrieben werden. [1] Der höhere Schul- und Universitätsunterricht zielt auf die Formung des Schülers zu einem sozialen Typos, dem Gelehrten, Theologen, Staatsbeamten oder Herrscher. Es gibt nebeneinander privaten Unterricht durch Hauslehrer oder Prinzenerzieher, öffentliche Koranschulen und in den Zentren der islamischen Welt z.B. in Bagdad, Damaskus oder Kairo auch Koran-Hochschulen.

Der Koran nimmt als religiöse Offenbarungsschrift, als Regelwerk für das staatlich-gesellschaftliche Zusammenleben der muslimischen Gläubigen und als Grundbuch der Ausbildung in der arabischen Hochsprache im L. eine zentrale Rolle ein. Der L. zur Erlangung von *adab* umfaßt aber darüber hinaus alle für die sprachlich-gesellschaftliche Bildung des Menschen geeigneten Literaturgattungen. Es herrscht ein eklektisch-enzyklopädischer Umgang mit der literarischen Tradition. [2] Zur reichen Literatur gehören außer Dichtung und historischen, geographischen oder philosophischen Prosawerken auch Sammlungen von Romanen, Märchen und Geschichten, Sprichwörter-, Aphorismen- und Anekdotensammlungen. Im L. legt man Wert auf die Lektüre und das Auswendiglernen von Glanzstellen, bemerkenswerten Versen und autoritativen Belegstellen. Diese gilt es in den eigenen aktiven Sprachschatz zu übernehmen. Man studiert nicht nur Originalwerke, sondern auch Monographien und Anthologien, die dem Leser ein Thema schon aus früheren Werken von verschiedenen Autoren thematisch aufbereitet vorstellen. Es gibt keine eindeutig bevorzugten Gattungen, Perioden und Autoren des L. Sofern Werke der vorislamischen oder zeitgenössischen griechischen, lateinischen, jüdischen oder syrischen Literatur in arabischer Übersetzung vorliegen und der Inhalt nicht mit Lehren des Koran im Widerspruch steht, werden auch sie Gegenstand des islamischen L.

Der L. sowie die formale Regelgrammatik und Lexikographie befähigen zu einem korrekten und eleganten Ausdruck im hochsprachlichen Arabisch. Der L. gibt dem Schüler einen Fundus an Zitaten, Anekdoten, Geschichten und brillanten rhetorischen Figuren mit, den er in eigenen Schriften zur Freude seiner gebildeten Leser einfügen und im gesellschaftlichen Verkehr in

Reden, bei Gesprächen, in Erzählungen oder durch Rezitationen anwenden kann. Literarische Gelehrsamkeit, Witz und sprachliche Eleganz gelten als vollendete höfische Bildung. Daher werden die Hofdichter und die Hofsekretäre durch den L. besonders stark beeinflußt. Die arabische Rhetorik steht in vieler Hinsicht in der Tradition der spätantiken epideiktischen Rhetorik. Sie entwickelt sich aber auch nach den spezifischen Bedürfnissen der islamischen Gesellschaften und Staaten weiter. Ein glanzvoller, wort- und variationsreicher Stil ist ihr wichtiger als der sachliche Gehalt literarischer Texte. Das Studium der Prosaliteratur hat in der rhetorischen Ausbildung gegenüber dem Studium der poetischen Texte einen gleichwertigen Rang. [3]

Anmerkungen:
1 vgl. zur Def. von *adab* C. Pellat: La Litterature arabe des origines à l'époque Umayyade (Paris 1950) 7–28; F. Gabrieli: Adab, in: The Encyclopedia of Islam, Bd. 1 (Leiden ²1960) 175–176; J. Kraemer: Die Bildungsideale des Islams und ihre gegenwärtige Problematik, in: Erziehung zur Menschlichkeit. FS für E. Spranger zum 75. Geb. (1957) 273–289; A. Shalaby: History of Muslim Education (Beirut 1954). – **2** über einzelne Autoren und Werke s. C. Brockelmann: Gesch. der arabischen Lit., 2 Bde. (Leiden ²1943) und drei Suppl. zur ersten Aufl. (Leiden 1937–1942); H.A.R. Gibb, J.M. Landau: Arabische Literaturgesch. (Zürich 1968); R.A. Nicholson: A Literary History of the Arabs (Cambridge ³1966). – **3** vgl. A.F.M. von Mehren: Die Rhet. der Araber (Kopenhagen/Wien 1853; ND 1970).

III. *Renaissance, Humanismus und Reformation.* Die humanistischen *poetae* und *oratores* erheben einen eleganten lateinischen Sprachstil und die Einheit von *eloquentia*, *sapientia* und *pietas* zu ihrem Ideal. Diesen Stil wollen sie an der Lektüre, Übersetzung und Interpretation der klassischen antiken Autoren, vor allem aber durch aktive *imitatio* bilden. Die humanistischen Schul- und Hochschulkonzepte setzen sich vom formalisierten spätmittelalterlichen L. schroff ab. Einige Humanisten befürworten das gründliche Studium der Literatur aller drei Kreuzsprachen (Griechisch, Lateinisch und Hebräisch), andere schlagen eine Konzentration auf Latein und Griechisch vor. Eine angemessene Berücksichtigung der muttersprachlichen Literatur im L. lehnen die Humanisten als Vertreter einer international orientierten, elitären Bildungskonzeption ab. [1]

Die Humanisten wollen den Schülern zuerst ein solides Fundament in der Grammatik der griechischen und lateinischen Sprache geben. Danach soll sich eine breite Lektüre griechischer und lateinischer Autoren anschließen. Der Vorrang der antiken kanonischen Autoren, insbesondere CICEROS, QUINTILIANS und VERGILS, gegenüber christlich-spätantiken oder mittelalterlichen Autoren ist eindeutig. Eine Ausnahme hiervon stellen lediglich die Schriften der Bibel dar. ERASMUS VON ROTTERDAM äußert sich mehrfach zu Fragen des Sprach- und L., z.B. in der ‹Declamatio de pueris statim ac liberaliter instituendis› (1529). [2] Gute Beispiele für die humanistischen pädagogischen Programmschriften sind PICCOLOMINIS Traktat ‹De liberorum educatione›, der einen Kanon klassischer Dichter für den L. enthält, und BUDÉS ‹De studio litterarum recte et commode instituendo› (1527). [3]

In den ersten vier Jahren des humanistischen Unterrichtsprogramms [4] werden die Regeln der Grammatik gelernt und nur leichte *auctores* gelesen. Danach folgt das Studium der Rhetorik und der Dialektik mit erneutem L. auf höherem Niveau. In Poesie und Prosa soll der L. zu einer aktiven mündlichen und schriftlichen Beherrschung des eleganten klassischen Latein führen. Der L. legt daher größten Wert auf die eigene Textproduktion der Schüler und die Schulung ihres Stilgefühles, nicht auf wissenschaftliche Textinterpretation oder eine literarhistorische Einordnung der Autoren oder Werke. Auch auf universitärer Ebene haben sich gegen 1520 einschneidende Reformen durchgesetzt. Die *oratores* und *poetae* werden als reguläre Mitglieder des Lehrkörpers aufgenommen, das mittelalterliche Latein wird im L. auch hier durch das klassische Latein CICEROS ersetzt. Für die einzelnen Fächer des sprachlich-literarischen Unterrichts werden nun spezialisierte, akademisch-professionelle Lehrer angestellt.

Typisch für das protestantische Bildungswesen in Europa wird eine Synthese von humanistischer Bildung und evangelischer Glaubenslehre unter dem Schutz der jeweiligen weltlichen Obrigkeit. LUTHER trägt im ‹Sendschreiben an den christlichen Adel deutscher Nation› (1520) scharfe Invektiven gegen die Scholastiker und die spätmittelalterliche universitäre Bildung vor. In ‹An die Bürgermeister und Rathsherren allerlei Städte in deutschen Landen› (1524) betont er, daß er für die Erkenntnis der Schrift und die Erhaltung der reformatorischen Lehre sprachliche Studien und gründlichen L. für unverzichtbar hält. [5] Luther ermahnt in dieser Schrift und im ‹Sermon, daß man solle Kinder zur Schule halten› (1530) die weltliche Obrigkeit, für gute Schulen und Universitäten zu sorgen und die Kinder zum Schulbesuch anzuhalten. Doch MELANCHTHON ist der größte Pädagoge unter den Reformatoren und verdient als Lehrer, gelehrter Philologe und durch seinen Einfluß auf die neuen protestantischen Schulordnungen und neugegründeten oder reformierten Universitäten seinen Ehrentitel des *praeceptor Germaniae*. Der L. erhält in den neuen protestantischen Schulordnungen einen hohen Rang und wird z.B. in der ‹Kursächsischen Schulordnung› (1528) und zahlreichen städtischen Schulordnungen des 16. Jh. festgeschrieben. [6] Die protestantischen Gelehrtenschulen teilen sich in Stadtschulen unter der Aufsicht des Rates der Städte und Fürsten- oder Landesschulen, z.B. Pforta, Meißen und Grimma in Sachsen auf. Die gegenreformatorischen katholischen Gelehrtenschulen stehen unter dem maßgeblichen Einfluß des jesuitischen Erziehungsprogramms, das in der ‹Ratio Studiorum› (1599) [7] festgelegt wird. Der Schwerpunkt der jesuitischen Gelehrtenschulen (*Gymnasia*) liegt im Sprach- und L. in Latein, Griechisch und Hebräisch, dagegen erst im Laufe des 18. Jh. auch in Deutsch oder der jeweiligen Muttersprache. Auf den Gelehrtenschulen behält aber der L. in lateinischer Sprache und anhand der kanonischen Autoren des klassischen Altertums Vorrang.

Auf den deutschen Lese- und Schreibschulen, aus denen sich die neuzeitlichen Volksschulen entwickeln, sind die Bibel und der Katechismus die Gegenstände der Lektüre. Einige städtische Schulordnungen unterstreichen den Wert der *lingua vernacula* oder des *sermo germanicus* unter religiöser Zielsetzung schon früh, z.B. die ‹Stralsunder Schulordnung› von 1591. [8]

Anmerkungen:
1 H. Müller: Bildung und Erziehung im Humanismus der ital. Renaissance (1969); W. Reinhard (Hg.): Humanismus im Bildungswesen des 15. und 16. Jh. (1984); M. Fumaroli: L'Age de l'Eloquence. Rhétorique et „res litteraria" de la Renaissance au seuil de l'époque classique (Genf 1980); C. Hubig: Humanismus – die Entdeckung des individuellen Ichs und die Reform der Erziehung, in: Propyläen Gesch. der Lit., Bd. 3 (1981–84; ND 1988) 31–67; Quellensammlungen: A. Reble, T. Hülshoff: Zur

Gesch. der Höheren Schule, Bd. 1: 16.–18. Jh. (1967); E. Garin: Gesch. und Dokumente der abendl. Päd., Bd. 2 (1966) und Bd. 3 (1967). – **2** Ausg. J.C. Margolin (Paris 1966). – **3** Ausg. J.S. Nelson (Washington 1940). – **4** F. Paulsen: Gesch. des gelehrten Unterrichts auf den dt. Schulen und Universitäten vom Ausgang des MA bis zur Gegenwart, Bd. 1 (³1919; ND 1965) 60–78. – **5** H. Lorenzen (Hg.): Martin Luther. Päd. Schr. (²1969). – **6** vgl. zur ‹Kursächsischen Schulordnung› R. Vormbaum (Hg.): Die ev. Schulordnungen des 16. Jh., 1. Bd. (1860) 1–8; H. von Dadelsen: Die Päd. Melanchthons (1878); I. Asheim: Bildung V, Reformationszeit, in: TRE 6 (1980) 611–623. – **7** Ausg. Monumenta Germaniae Paedagogica, Bd. V (1887), hg. v. G.M. Pachtler; vgl. K. Erlinghagen: Kath. Bildung im Barock (1972). – **8** vgl. J. Dolch: Lehrplan des Abendlandes (²1965) 198–216 und 242–250; Vormbaum [6].

IV. *Barock, Aufklärung.* Von ca. 1650 bis 1800 entsteht dem gelehrten Schulunterricht eine neuartige Konkurrenz durch die ständische, höfisch-moderne Bildung unter französischem Einfluß. Dieser erhöht sich in dem Maße, in dem Frankreich zur europäischen Hegemonialmacht aufsteigt und die französische Sprache und Kultur zum Vorbild der europäischen Aristokratie werden. Französisch wird im internationalen Verkehr, am Hofe und auf vielen wissenschaftlichen und beruflichen Gebieten unverzichtbar.[1] L. über die zeitgenössische französische Literatur wird Schülern aus den höheren Ständen zunächst durch private Lehrer (Hauslehrer oder Hofmeister), dann auf neuen ständischen Schulen vermittelt, den Ritterakademien oder *Collegia*, z.B. dem *Collegium illustre* in Tübingen (1589) und dem *Collegium Mauritianum* in Kassel (1599). Auf dem braunschweigischen *Kollegium Karolinum* wird ab 1745 auch die deutschsprachige Literatur des 16. bis frühen 18. Jh. Gegenstand des muttersprachlichen L. Im Laufe des 18. Jh. setzt sich auch im deutschen Sprachraum unter Einfluß älterer englischer und französischer Vorbilder der Essay als bedeutsame Gattung der hochsprachlichen Literatur durch und bleibt seitdem (auch in der Form des Aufsatzes) ein wichtiger Teil des mutter- und fremdsprachlichen L. Auch auf den Universitäten macht sich der Einfluß des höfisch-ständischen Bildungsideals bemerkbar und führt mit C. Thomasius zuerst in Halle zu Reformen des L.

Die kulturelle Ausstrahlung Italiens als Zentrum der Renaissance und die Stärke der frühneuzeitlichen englischen, spanischen und französischen Monarchien fördern eine Kanonbildung auch in den modernen Nationalliteraturen. Die modernen Klassiker bilden die «psychologische Mitte einer Nationalliteratur».[2] Die Klassiker des neuzeitlichen L. sind jedoch ein wissenschaftlich nur schwer zu definierender und bildungspolitisch umstrittener Begriff.[3] Die deutsche Literatur wird von der Mitte des 18. Jh. an im Rahmen des Deutschunterrichts Gegenstand auch des höheren Schulunterrichts. Es bildet sich ein Lektürekanon deutschsprachiger Klassiker aus, der bis etwa 1960 die Grundlage des höheren L. bleibt.[4] Mit Rücksicht auf den schulischen und universitären L. ragt in ihrer Bedeutung die klassisch-romantische Epoche von Klopstock bis Goethe (1750–1832) hervor.[5]

Anmerkungen:
1 G.K. Braungart: Hofberedsamkeit (1986); K. Dienst: Bildung VI. 17.–19. Jh., in: TRE 6 (1980) 623–629; F. Paulsen: Gesch. des gelehrten Unterrichts ... (ND 1965) 465–599. – **2** T.J. Reed: Die klass. Mitte. Goethe und Weimar 1775–1832 (1982) 11. – **3** vgl. H.O. Burger (Hg.): Begriffsbestimmung der Klassik und des Klassischen (1972). – **4** H.-J. Frank: Gesch. des Deutschunterrichts von den Anfängen bis 1945 (1973); J. Müller: Quellenschr. und Gesch. des deutschsprachigen Unterrichts bis zur Mitte des 16. Jh. (1882; ND 1969); D. Boueke (Hg.): Der L. (1971); G. Jäger: Lehrplan und Fächerkanon der höheren Schulen. Philol.-hist. Fächer, in: K.-E. Jeismann und P. Lundgreen (Hg.): Hb. der dt. Bildungsgesch., Bd. III (1987) 191–204. – **5** vgl. Reed [2]; K.O. Conrady (Hg.): Dt. Lit. zur Zeit der Klassik (1977); S.A. Jørgensen, K. Bohnen, P. Øhrgaard: Aufklärung, Sturm und Drang. Frühe Klassik 1740–1789 (1990) = H. de Boor (Hg.): Gesch. der dt. Lit., Bd. VI; G. Schulz: Die dt. Lit. zwischen Frz. Revolution und Restauration (1983–1989) = ebd., Bd. VII,1–2.

V. *19. und 20. Jh.* Im frühen 19. Jh. gewinnt der Neuhumanismus großen Einfluß auf die Reform und die institutionelle Ausformung des Schul- und Universitätswesens in Preußen und in anderen deutschen und europäischen Staaten.[1] Gegen die höfische, französisch ausgerichtete Standesbildung wird das Ideal der allgemeinen Humanitätsbildung aller Stände nach dem Vorbild der alten Griechen aufgestellt. Infolge des Sieges in den Hegemonialkriegen gegen die Armeen der Französischen Revolution und des Napoleonischen Empire wächst in vielen europäischen Ländern nach 1815 der Stolz auf die eigene muttersprachliche Nationalliteratur. Sie erhält auch unter dem Einfluß der romantischen Bildungsvorstellung im schulischen und universitären L. nun eine geachtetere Stellung. Eine Differenzierung des Schulsystems erfolgt in Elementar- oder Volksschulen, Mittel- oder Realschulen und Gymnasien.[2] Auf diese unterschiedlichen Schulformen und ihre Erziehungsziele hin werden auch die Lehrpläne für den L. ausgerichtet.[3] Er wird jetzt auf dem Gymnasium in der Muttersprache, in den alten und den modernen Fremdsprachen durch wissenschaftlich ausgebildete und staatlich approbierte Philologen erteilt. Im Deutschunterricht z.B. wird nach Sprachlehre, Literaturlehre mit Lektüre der kanonischen Werke,[4] Literaturgeschichte, Aufsatzlehre, Poetik und anderen Aspekten differenziert. Die Anleitung zum Verfassen eigener Texte im Aufsatz- oder Essayunterricht, die Sprach- und die Kommunikationserziehung werden zu eigenständigen Unterrichtsfeldern neben dem nunmehr reduzierten Grammatikunterricht. Analoges gilt auch für den schulischen Unterricht in antiken und modernen Fremdsprachen.[5] Deutsch, Latein und Griechisch zählen nicht nur in den preußischen Lehrplänen von 1816 und 1837 zu den Hauptfächern. Daher macht der L. einen substantiellen Teil der höheren Schulbildung aus.

Im 19. Jh. endet die seit der griechisch-römischen Antike tradierte Einbettung des L. in den Grammatik- und Rhetorikunterricht als zwei eigenständigen Schul- und Universitätsfächern. Die Rhetorik als Hauptträger des höheren L. wird von mehreren neuen Fachdisziplinen verdrängt. Dies hat für den universitären L. eine philologische und methodisch-didaktische Entfaltung in die alt- und neuphilologischen Fachdisziplinen, die Sprach- und Literaturwissenschaft, die Literaturgeschichte, die Semantik, die Hermeneutik, die angewandte Linguistik, die Sprachphilosophie und -soziologie, die Komparatistik, die Poetik und die Ästhetik zur Folge.[6] Inhalte, Methoden und Ziele des mutter- und fremdsprachlichen L. werden heute in scharfen Diskussionen um neue schulische Rahmenrichtlinien und Lehrpläne sowie universitäre Studienordnungen der Fächer, in denen L. erteilt wird, erörtert. Die Ziele, Methoden und Inhalte, die in schulischen Richtlinien oder universitären Studienordnungen für den L. aufgeführt werden, werden bei wechselnden politischen Mehrheiten häufig verändert, da ein Konsens über einen Kanon des L. heute fehlt. Im modernen mutter- und fremdsprachlichen L. werden auch die Analyse von Beispielen der Gebrauchsliteratur (bis zu Beipackzetteln von Medikamenten und Werbeanzeigen) und Anweisungstexten (Gebrauchsanleitungen, Gesetzestexten, Satzungen) sowie mündlicher kommunikativer Situationen als Unterrichtsgegenstände vorgeschlagen. Es darf wohl bezweifelt werden, daß der schulische und universitäre L. in seiner derzeitigen Form die Schüler und Studenten noch mit den drei Säulen der europäischen literarisch-kulturellen Tradition, der griechischrömischen Antike, der christlichen Literatur sowie den Klassikern der modernen mutter- und fremdsprachlichen Nationalliteraturen hinreichend vertraut macht. Angesichts der steigenden Bedeutung der Neuen Medien wird es eine wichtige Aufgabe des künftigen L., Schüler und Studenten überhaupt noch zu einer intensiven und kritischen Lektüre auch umfangreicher und anspruchsvoller Literaturwerke in ihrer Muttersprache und mehreren klassischen und modernen europäischen Basissprachen anzuleiten.

Anmerkungen:
1 vgl. F. Paulsen: Gesch. des gelehrten Unterrichts ..., Bd. II (^{3}1921); M. Kraul: Das dt. Gymnasium 1780–1980 (1984); C. Menze: Die Bildungsreform Wilhelm von Humboldts (1975); M. Landfester: Humanismus u. Ges. im 19. Jh. (1988) – **2** vgl. P. Lundgreen: Sozialgesch. der dt. Schule im Überblick, Teil I: 1770–1918 (1980); Teil II: 1918–1980 (1981); A. Reble, T. Hülshoff: Zur Gesch. der Höheren Schule, Bd. II: 19. und 20. Jh. (1975). – **3** J. Dolch: Lehrplan des Abendlandes (^{2}1965) 336–364. – **4** vgl. G. Herrlitz: Der Lektüre-Kanon des Deutschunterrichtes im Gymnasium (1964). – **5** K.-R. Bausch u.a. (Hg.): Hb. Fremdsprachenunterricht (1989); A. Digeser: Fremdsprachendidaktik und ihre Bezugswiss. (1983). – **6** s. zum Verhältnis von Rhet. und Literaturwiss. die Beiträge in: JbIG 8/2 (1976) 8–76 und 9/1 (1977) 8–89; H. Plett: Textwiss. und Textanalyse (1975).

C. I. *L. im romanischen Sprachraum.* Viele Entwicklungen des L. im neuzeitlichen höheren Schul- und Universitätswesen in den europäischen Nationalsprachen zeigen hinsichtlich seiner institutionellen Verankerung in Lehrplänen, der Ausbildung und Veränderungen eines Kanons an Literaturwerken als vorzüglichem Gegenstand des L. und der pädagogischen Ziele deutliche Parallelen zur skizzierten Geschichte des deutschsprachigen L. Ein wesentlicher Unterschied zu diesem besteht aber darin, daß sich der Sprachraum der spanischen, portugiesischen, französischen und inzwischen insbesondere englischen Sprache infolge der Missionsbewegung, seit dem Aufbau der neuzeitlichen Kolonialreiche sowie als eine ihrer bis heute fortdauernden kulturellen Spätfolgen weit über Europa hinaus erweitert hat. Daher erhalten heute mehr außereuropäische als europäische Schüler und Studenten in diesen Sprachen L. Während in früheren Jahrhunderten die Kenntnis der Wurzeln und Frühwerke der nationalsprachlichen romanischen Literaturen und eines länderspezifisch unterschiedlich zusammengesetzten Kanons an Werken der jeweiligen klassischen Epoche im Mittelpunkt des L. standen, wird der moderne L. durch eine kritische Auseinandersetzung mit diesen kanonischen Werken und eine stärkere Einbeziehung der zeitgenössischen Literatur verschiedener Gattungen und Textsorten geprägt. Der Anteil der klassischen Werke europäischer Autoren im L. des romanischen Sprachraumes geht zurück. Als Ersatz werden verstärkt Werke von Autoren aus außereuropäischen Ländern, die in diesen Sprachen schreiben, in den L. aufgenommen.

L. in den romanischen Sprachen entsteht auf höherem Schul- und Universitätsniveau erst nach der Ausbildung einer vorbildlichen Literatursprache und in ständiger Konkurrenz zum traditionellen Unterricht in der nahe verwandten lateinischen Literatur. Unter den romanischen Sprachen setzt sich zuerst die italienische als zu den klassischen Sprachen (Griechisch, Lateinisch, Hebräisch) gleichwertige Literatursprache durch. Von den modernen Literaturen hat sie zuerst einen Kanon ausgebildet, in dem bis zum 20. Jh. DANTE, PETRARCA, BOCCACCIO, ARIOSTO und TASSO eine Schlüsselrolle spielen.[1] Doch dauert die Herausbildung einer für alle Regionen Italiens verbindlichen einheitlichen Literatursprache bis zur Gründung des italienischen Nationalstaates im 19. Jh., der auch erst den Rahmen für einen staatlichen italienischen L. auf höheren Schulen und Universitäten schafft.[2]

Im höheren spanischen L. auf der Ebene der *enseñanza superior* und *enseñanza universitaria* findet ein regelmäßiger kastilisch-spanischer L. (*lengua y literatura castellanas*) an staatlichen Schulen ebenfalls erst seit dem 19. Jh. statt, in anderen romanischen Landessprachen (Galizisch, Katalanisch) sogar erst in jüngster Vergangenheit.[3] Die großen Autoren Spaniens des *siglo de oro* von G. DE LA VEGA († 1536) bis zu CALDERÓN († 1681) und des 19.–20. Jh. bilden immer noch den Kern des Kanons im L., doch der Einfluß lateinamerikanischer Autoren steigt stetig.[4]

In Frankreich entsteht eine vorbildliche Literatursprache erst mit den Werken der Literaturtheoretiker und Dichter des Pléiade-Kreises. Zeitgenössische Werke der französischen Literatur des 16. und 17. Jh. gelten im 17. Jh. zuerst in Frankreich selbst, dann vom 18. Jh. an europaweit als moderne Klassiker, z.B. die Dramen von CORNEILLE und RACINE, die Gedichte BOILEAUS und die Komödien MOLIÈRES. Man hält das Studium ihrer Werke infolge des Sieges der Vertreter der Moderne in der *Querelle des Anciens et des Modernes* für die Bildung eines *galant-homme* oder *Hofmannes* für nützlicher als das Studium der antiken Klassiker. Im Kern des klassischen Kanons des französischen L. stehen innerhalb und außerhalb Frankreichs die Autoren des *grand siècle*. Die klassische Literatur des Zeitalters Ludwigs XIV. als adäquater Ausdruck des französischen Nationalgeistes wird zu einer bis in den heutigen L. weiter wirkenden Bildungsidee.[5] Die Vermittlung der Klarheit, Einheitlichkeit und Regelmäßigkeit der französischen Sprache bestimmt als Ziel den Grammatik- und den L. gleichermaßen. Im höheren italienischen und spanischen Schulwesen wird die Etablierung des italienischen und spanischen L. länger durch den dort dominierend starken Einfluß des lateinischen jesuitischen Bildungsprogramms verzögert als in Deutschland, England oder Frankreich. Dort verbindet sich der Unterricht in der französischen Literatur früh mit den Ideen einer die *grande nation* verbindenden *éducation national* und einer *civilisation française*, deren besonderer Träger auch außerhalb der französischen Staatsgrenzen die französische Sprache und Literatur sei. Katholische Schulbrüder (J.B. DE LA SALLE, Oratorianer) und von der jesuitischen Bildungsdoktrin abweichende protestantische Schulreformer greifen als erste den Unterricht in der französischen Literatur als neuen Inhalt der höheren Bildung auf, während man sich zuvor durch private Lektüre mit der eigenen nationalsprachlichen Literatur vertraut machte. Auf dem Niveau des *enseignement secondaire* der Realschulen und Gymnasien kann sich der französische L. regelmäßig jedoch erst im Laufe des 18. Jh. allgemein durchsetzen, im *enseignement supérieur* der Universitäten sogar erst noch später. [6]

Anmerkungen:
1 vgl. Curtius 269–276; F. de Sanctis: Storia della letteratura italiana, 2 Bde. (Mailand [8]1982). – **2** D. Bertoni Jovine: La scuola italiana dal 1870 ai giorni nostri (Rom 1958); F. De Vivo: Linee di storia della scuola italiana (Brescia [4]1994); L. Coveri: Insegnare letteratura nella scuola superiore (Florenz 1986); E. Lugarini (Hg.): Insegnare letteratura nella scuola dell'obbligo (Florenz 1986). – **3** vgl. G. de Zárate: De la instrucción púbblica en Espan (Madrid 1855); A. Capitán Díaz: Historia de la educación en Espan, 2 Bde. (Madrid 1991–1994); G. García Rivera: Didáctica de la literatura para la ensennza primaria y secondaria (Madrid 1995). – **4** vgl. H.U. Gumbrecht: Eine Gesch. der spanischen Lit., 2 Bde. (1990–1991). – **5** vgl. H. Kortum: Charles Perrault und Nicolas Boileau. Der Antike-Streit im Zeitalter der klass. frz. Lit. (1966); H. Kortum und W. Krauss: Antike und Moderne in der Literaturdiskussion des 18. Jh. (1966); H.G. Rötzer: Traditionalität und Modernität in der europäischen Lit. Ein Überblick vom Attizismus-Asianismus-Streit bis zur ‹Querelle des Anciens et des Modernes› (1979) 87–89; L. Pollmann: Gesch. der frz. Lit., Bd. II: Zeitalter der absoluten Monarchie von 1600–1685 (1975); R. Bray: La Formation de la doctrine classique en France (Paris 1966). – **6** vgl. M. Glatigny: Histoire de l'enseignement en France (Paris 1949); Ch. Fourrier: L'Enseignement français, 2 Bde. (Paris 1964–1965); P. Chevallier, B. Grosperrin, J. Maillet: L'enseignement français de la Revolution à nos jours (Paris 1968–1971); A. Prost: Histoire de l'enseignement en France 1800–1967 (Paris [6]1986); ders.: Éducation, Société et Politiques. Une histoire de l'enseignement en France de 1945 à nos jours (Paris 1992); P. Albertini: L'École en France XIXe–XXe siècle de la maternelle à l'université (Paris 1992).

II. L. im englischen Sprachraum. Die insulare Lage, die Reformation und die Ausbildung der Staatskirche sowie der Stolz auf den machtpolitischen und wirtschaftlichen Aufstieg Englands fördern schon seit der frühen Neuzeit die Entwicklung einer englischen Nationalliteratur. Obwohl schon die bedeutenden elisabethanischen Renaissanceautoren, vor allem SHAKESPEARE, Klassiker der englischen Literatur und des modernen L. werden, gilt das 18. Jh. mit den Prosawerken von DEFOE, ADDISON und SWIFT, der Literaturkritik JOHNSONS, den Dichtungen POPES sowie den Dramen von STEELE und ADDISON als das klassische Zeitalter der englischen Literatur (*The Augustan Age*). [1] Doch dauert es noch bis zum späten 19. Jh., bis sich der Unterricht in englischer Literatur auch im höheren Schulwesen Großbritanniens auf den *grammar (public) schools* und an den Universitäten als Ergänzung oder gar als Ersatz des Studiums der griechisch-römischen Literatur durchsetzen kann. Erst 1876 führt die *City of London School* als erste Englisch als ein Pflichtfach ein. *Literary education* gehört seitdem als ein zentraler Gegenstand zu den *liberal arts* oder *free arts*, die eine *liberal education* vermitteln. [2]

Auf den britischen Inseln und in noch schärferer Form im weiten Bereich der Commonwealth-Staaten und in Amerika sind die Inhalte, Methoden und Ziele des traditionellen L. in der englischen Sprache von 1960 an Gegenstand scharfer pädagogischer und gesellschaftspolitischer Kontroversen. Frauen, gesellschaftliche Unterschichten, verschiedene Randgruppen und Minderheiten fordern und erreichen auf allen Stufen des L. eine stärkere Berücksichtigung von Autoren und Werken, die ihre Sicht der Welt vertreten und sich für ihre spezifischen gesellschaftspolitischen Ziele einsetzen lassen. Als Konsequenz der noch andauernden Curriculum- und Methodendiskussion im L. wird der traditionelle Kanon des englischen L. auf einen Kernbestand von Autoren und Werken reduziert, um den sich ein buntes Spektrum von meist zeitgenössischen Erweiterungen anlagert. Bekannte Literaturgeschichten und jüngere Ausgaben von im L. vielbenutzten Anthologien (z.B. die ‹Norton Anthologies›) zu bestimmten Gattungen und Epochen spiegeln diesen Wandel wider. [3] Gegen die Erosion des klassischen Kanons des englischen L. erhebt sich aber inzwischen auch heftige Kritik. [4]

Anmerkungen:
1 vgl. E. Standop, E. Mertner: Engl. Literaturgesch. ([4]1983); H.-U. Seeber (Hg.): Engl. Literaturgesch. (1991). – **2** vgl. S.J. Curtis: History of Education in Great Britain (London [5]1963); A. Hofstadter, W. Smith (Hg.): American Higher Education. A Documentary History (Chicago 1961); A.E. Meyer: An Educational History of the American People (New York [2]1967); Ch. J. Lucas: American Higher Education: A History (New York 1996). – **3** vgl. z.B. die Literaturgesch. von Standop [1] und Seeber [1]. – **4** vgl. A. Bloom: The Closing of the American Mind (New York 1987).

J. Engels

→ Accessus ad auctores → Artes liberales → Autor → Deutschunterricht → Enarratio poetarum → Enkyklios paideia → Grammatikunterricht → Imitatio → Kanon → Literatur → Literaturkritik → Literatursprache → Literaturwissenschaft → Schulautor → Schuldichtung

Literaturwissenschaft (engl. study of literature; frz. lettres; ital. scienza letteraria)
A. Def. – B. I. Geschichte. – II. Disziplinen der L. – III. Bedeutung der Rhetorik für die L.

A. L. bezeichnet in umfassendem Sinne die wissenschaftliche Beschäftigung mit Literatur bzw. Texten jenseits einer streng nationalphilologischen Orientierung auf Germanistik, Romanistik, Anglistik, Slawistik etc., aber auch jenseits der die Nationalliteraturen vergleichenden Komparatistik, wobei die genannten Teildisziplinen, soweit sie nicht der Sprachwissenschaft zuzurechnen sind, selbstverständlich in die L. eingeschlossen bleiben. Die L. entwickelt sich aus den einzelnen Nationalphilologien heraus und ist bemüht, als ‹Allgemeine L.› (oft mit deutlich interdisziplinärer Orientierung) jene Kategorien zu reflektieren, die den Gang literarischer Evolution zu beschreiben versuchen. Die Übergänge zwischen L. und Literaturkritik sind fließend. Von ihr unterscheidet sich die L. als Teil des weniger auf eine interessierte Öffentlichkeit bezogenen innerwissenschaftlichen Diskurses durch höhere Ansprüche im Gebrauch von Theorien und einen nicht notwendig vorgegebenen Aktualitätsbezug. [1] Daß auch sie sich mit Fragen der literarischen Wertung und der Ästhetik auseinandersetzt, ist im wesentlichen unbestritten.

Charakteristisch für die L. ist die Tatsache, daß sie in hohem Maße auf andere Wissenschaftsbereiche bezogen ist. Sie wird damit zum Schnittpunkt unterschiedlicher wissenschaftlicher Diskurse, macht sich aber auch bis zu einem gewissen Grade abhängig von theoretischen und methodischen Moden und hat dabei ihre Ausdifferenzierung in die Nähe der Unübersichtlichkeit getrieben. Innerhalb der L. kehrt tendenziell das gesamte Spektrum der geistes- und sozialwissenschaftlichen Fächer wieder. Schon die Frage nach dem Gegenstandsbereich ‹Literatur› oder neutraler ‹Text› impliziert schwerwiegende theoretische Entscheidungen, wobei lange Zeit allerdings der Konsens herrschte, das klassisch-romantische Dichtungsverständnis als normativ und damit zentral für die Bestimmung der Fachgrenzen und die eigene Kategorienbildung anzusehen. Die Tatsache, daß es keine unmittelbare Übersetzung des Terminus ‹L.› in andere Sprachen gibt, verweist auf einen typisch deutschen, noch aus der idealistischen Theoriebildung abgeleiteten und auf Bildungskonzepte bezogenen Wissenschaftsbegriff. LUHMANNS Vorschlag, die L. nicht als Teil des Wissenschaftssystems zu verstehen, sondern als Reflexionstheorie des Kunstsystems, ist zumindest bedenkenswert.[2] Die L. arbeitet notwendig mit einem gesteigerten Reflexionsniveau und ist folgerichtig durch immer mitlaufende Programmdebatten und wissenschaftsgeschichtliche Forschungen[3] gekennzeichnet.

B.I. *Geschichte.* Die Wurzel der L. liegt in der *antiken* Philologie, deren Anfänge sophistische Kommentare zu den homerischen Epen bilden, wobei hier bereits eine Differenzierung zwischen Rhetorik, Poetik und Grammatik erfolgt. Seit dem 3. Jh. v. Chr. ist Alexandria mit seiner berühmten Bibliothek (Museion) Zentrum der hellenistischen Philologie. Gelehrte wie ZENODOT, KALLIMACHOS und ERATOSTHENES legen hier – übrigens auch durch Ausgaben der kanonischen griechischen Redner – die Grundlagen der modernen Textkritik und -edition. Seit dem 2. Jh. v. Chr. bildet die Schule von Pergamon (KRATES VON MALLOS) mit ihrer Technik der allegorischen Interpretation eine wichtige Gegenrichtung zur alexandrinischen Philologie. Stärker von praktisch-didaktischen Aspekten ist die seit dem ersten vorchristlichen Jahrhundert aufblühende lateinische Philologie (VARRO, PROBUS, VERRIUS FLACCUS, PORPHYRIO, MACROBIUS u. a.) geprägt.

Zu den Vorstufen der L. gehört auch das Wissen, das der Grammatiklehrer im Rahmen seines Unterrichts zur Dichtererklärung (*enarratio poetarum*) angesammelt hat und an die Schüler weitergibt. Es besteht in Erläuterungen zu Sprachgebrauch und Metrum und umfaßt auch Hinweise zu Wortbedeutungen und Redefiguren sowie zum mythologischen und historischen Hintergrund der gelesenen Texte.[4] Diese stammen aus den schon von den alexandrinischen Philologen angelegten und in Rom dann übernommenen bzw. variierten Listen der kanonischen Autoren. Die Kanonlisten in QUINTILIANS ‹Institutio oratoria›, die nach Art einer antiken Literaturgeschichte die maßgeblichen Schriftsteller vorstellen und dem angehenden Redner als Muster für eigene Übungen empfehlen, zeigen, wieviel Kenntnisse schon im antiken Literaturunterricht vermittelt wurden, die später dann zur L. gehören sollten.[5] Auch die Abhandlungen des DIONYSIOS VON HALIKARNASSOS über bedeutende Redner enthalten viele 'literaturwissenschaftliche' Vorarbeiten als Grundlage der von ihm praktizierten Stilkritik.

Erstes bedeutendes Zentrum der systematischen Wiederentdeckung und philologischen Edition antiker Autoren in der *Renaissancephilologie* ist – stark beeinflußt von BOCCACCIO und PETRARCA – Florenz (CHRYSOLORAS, POLIZIANO). Auch die Bibelübersetzungen durch ERASMUS VON ROTTERDAM ins Lateinische (1516) und durch LUTHER ins Deutsche (1522–1534) sind epochemachende philologische Leistungen. Neben dem Bezug zur antiken Tradition spielt an der im 17. Jh. europaweit ausstrahlenden Universität Leiden die Rechtswissenschaft mit dem Begründer des modernen Völkerrechts H. GROTIUS in der Philologie eine große Rolle. Einer der Stammväter der neueren klassischen Philologie ist im englischen Sprachraum R. BENTLEY, während in Deutschland CHR. G. HEYNE und F. A. WOLF herausragen, die zusammen mit J. J. WINCKELMANN die Grundlagen für die Griechenbegeisterung des Neuhumanismus legen.

Seit den frühen Versuchen durch J. VON WATT im 16. Jh. hat man sporadisch immer wieder einzelne mittelalterliche Dichtungen ediert. Mit der *romantischen* Bewegung kommt es um 1800 in Deutschland zu einem systematischen Interesse an altdeutschen Texten. Herausragender Vertreter der deutschen Philologie dieser Zeit ist J. GRIMM, der ein breites Spektrum von Forschungsgebieten von der Rechtsgeschichte über die Mythologie bis zur Grammatik bearbeitet. Zum Begründer der modernen Textkritik wird K. LACHMANN, der über Handschriftenvergleiche Genealogien alter Texte aufstellt und so zu deren Archetypen zu gelangen sucht. Wegweisend für die Edition moderner Autoren ist seine Lessing-Ausgabe (1838–1840). Allerdings ist die Dominanz der positivistisch orientierten Lachmannschen Prinzipien in der deutschen Philologie des 19. Jh. ein Grund dafür, daß der etwa bei F. SCHLEGEL oder später A. BOECKH theoretisch anspruchsvollere, auf Philosophie und Geschichtswissenschaft gegründete Philologiebegriff sich nicht durchsetzen kann und die Philologie sich allzu oft in textkritischer, biographischer und stoffgeschichtlicher Kleinarbeit ohne ausreichende Rückbindung an übergreifende Fragestellungen erschöpft. Dies geschieht vielfach in polemischer Abgrenzung zu der als spekulativ-unwissenschaftlich denunzierten Literaturgeschichte, die noch bis in die Mitte des 19. Jh. von Historikern wie G. G. GERVINUS betrieben wird. Doch diese Denunzierung verkennt die Tatsache, daß Geschichtsschreibung nicht immer in bloßer Präsentation von Fakten bestanden hat, sondern im Humanismus – etwa bei Petrarca – rhetorisch-pädagogisch verfährt und daher Wertungen vermitteln will.[6] Dieselbe Absicht ist kennzeichnend für Gervinus, nur daß seine Art der Geschichtsschreibung im Zeichen eines von ihm erhofften politischen Wiedererstarken Deutschlands als Nation steht.[7] Erst als der philologische ‹Positivismus› gegen Ende des 19. Jh. als methodisch zu beschränkt in die Krise gerät, eröffnen sich erneut Chancen für diesmal neoidealistisch inspirierte literaturgeschichtliche Entwürfe. Zu den wichtigsten dieser geistesgeschichtlichen, nicht zu Unrecht als teilweise irrational und metaphysisch kritisierten Arbeiten gehören R. UNGERS ‹Hamann und die Aufklärung› (1911), F. GUNDOLFS ‹Shakespeare und der deutsche Geist› (1911), später H. A. KORFFS ‹Geist der Goethezeit› (1923–1953) und auch die bedeutende Abhandlung von G. LUKÁCS: ‹Theorie des Romans› (1915).[8] Das Spannungsverhältnis zwischen übergreifenden Fragestellungen und streng positiver Detailarbeit, «Beweisbarkeit» und «Gegenstandsnähe» einerseits und «Spekulation» andererseits ist charakteristisch auch für spätere Stadien der literaturwissenschaftlichen Methodendiskussion. Die Rhetorik hat in diesem Rahmen allerdings keine Chance mehr, auch als Disziplin zur Analyse von Literatur ernstgenommen zu werden. Zu stark wirkt vom 18. und 19. Jh. her die vor allem von Kant geäußerte ästhetische Kritik nach. Eine Ausnahme bilden Werke wie W. SCHERERS ‹Poetik› (1888 posthum), die ganz auf rhetorischen Grundlagen beruht, aber zu ihrer Zeit kaum beachtet wird, und W. WACKERNAGELS ‹Poetik, Rhetorik und Stilistik› (1873, ebenfalls posthum), die die Rhetorik nur auf eine Theorie der Prosa beschränkt, die Figurenlehre aber unter der Stilistik abhandelt. Auf diese Weise werden seit dem 19. Jh. rhetorische Erkenntnisse über Stilformen und literarische Wirkungsmittel in die L. integriert und darin auch absorbiert.

Der Begriff ‹L.› läßt sich in der ersten Hälfte des 19. Jh. vor allem im Umfeld der Schule HEGELS nachweisen. Bemühungen um eine Verwissenschaftlichung der alten deutschen Philologie führen Scherer dazu, diesen Terminus für ein erweitertes Fachverständnis zu benutzen, das dann in dessen ‹Poetik› kulminiert.[9] Seit etwa 1890 taucht der Begriff verstärkt in den nun zahlreich erscheinenden Schriften zur Selbstreflexion der Disziplin auf. ‹Philologie› im engeren Sinne wird immer deutlicher zur Hilfswissenschaft der L. Schon in diese Zeit fällt die Ausbildung der für die L. auch heute noch so charakteristischen Methodenvielfalt und die Notwendigkeit, die Fächergrenzen immer wieder neu zu bestimmen.

II. *Disziplinen der L.* Die Literaturgeschichte zählt trotz deutlich sichtbarer Konjunkturschwankungen zu den wichtigsten Teilgebieten der L. Die stärksten Impulse erhält sie im 20. Jh. von sozialgeschichtlichen, oft marxistisch inspirierten Ansätzen. Zentrale Bezugspunkte sind dabei Aufstieg und Niedergang des Bürgertums und dessen Beziehung zur Literatur als 'bürgerlicher' Kunstform. Eine solche Verbindung zu außerliterarischen, ökonomisch-politischen Konstellationen erweist sich jedoch als Problem, das sich stringent nicht zufriedenstellend lösen läßt. Manche in den 70er Jahren projektierte, sozialgeschichtlich angelegte Literaturgeschichte bleibt nicht zuletzt deshalb Fragment. Mit dem New Historicism (auch Cultural Poetics) St. GREENBLATTS u.a. hat sich in Großbritannien und den USA aber seit den 80er Jahren erneut eine Variante sozialgeschichtlich argumentierender Literaturforschung durchgesetzt. Jenseits linearer geschichtsphilosophischer Annahmen bietet sich auch die systemtheoretische Beschreibung des Zusammenhangs der Struktur einer Gesellschaft mit der in ihr gepflegten ‹Semantik› als literaturgeschichtlich interessante Methodenalternative an.[10]

Eng mit L. und Literaturgeschichte verknüpft ist die *Literatursoziologie*, die darauf abzielt, Literatur in ihren gesellschaftlichen Bezügen zu erfassen. Empirische Forschungen beschäftigen sich dabei mit Fragen des Literaturbetriebs, etwa dem Verlags- und Bibliothekswesen, den Publikationsmöglichkeiten für Autoren und dem Vertrieb der Bücher (R. ESCARPIT, A. SILBERMANN), stärker historisch orientierte Arbeiten mit Phänomenen wie Zensur oder Leserforschung (R. SCHENDA, R. ENGELSING). Dies ist einer der Bezugspunkte für die ursprünglich verpönte literaturwissenschaftliche Beschäftigung mit ‹Trivialliteratur›. Heftige Auseinandersetzungen gibt es seit den 30er Jahren um die nach der Vorstellung von ökonomischer Basis und kulturellem Überbau vor allem von Lukács vertretene und dann in den sozialistischen Ländern zur Doktrin gewordene Auffassung, Literatur sei Widerspiegelung der realen sozialen Verhältnisse.[11] Differenziertere marxistische Ansätze nehmen wie bei GOLDMANN eine Strukturhomologie zwischen künstlerischer Form und Gesellschaft an[12] oder verstehen mit P. BOURDIEU Literatur als Ausdruck eines sozialen Habitus, mit dem gesellschaftliche Unterschiede markiert werden.[13] An die idealistische Ästhetik knüpft die in Deutschland besonders einflußreiche Kunstsoziologie ADORNOS an, die vornehmlich danach fragt, wie sich Gesellschaftliches in ästhetischen Strukturen konstituiert. Adorno geht davon aus, daß die Schocks, die die radikale ästhetische Moderne versetzt, auf einen falschen, verdinglichten Gesellschaftszustand verweisen, und versucht, dies außer an der Neuen Musik vor allem an Kafka und Beckett zu explizieren.[14] In eine ganz andere Richtung verweist LUHMANNS Systemtheorie, die Kunst als autopoietisches (und damit autonomes) gesellschaftliches Funktionssystem begreift und anstelle teleologischer Implikationen evolutionäre Annahmen favorisiert.[15]

Ein bedeutendes Feld literaturwissenschaftlicher und häufig die Nationalphilologien übergreifender Arbeit ist die *Definition literarischer Formen und ihrer Entwicklung*. Traditionell orientiert man sich hier an der Dreiteilung nach Lyrik, Epik und Dramatik, von denen sich eine unübersichtliche Zahl literarischer Gattungen und Untergattungen ableiten läßt. Die Gattungsgeschichte und -theorie untersucht den historischen Ausdifferenzierungsprozeß bestimmter literarischer Formen und ihren Ort im Gesamtzusammenhang der Literatur.[16] Die herkömmliche Formbetrachtung ist Teil der Interpretation und damit wie diese von der hermeneutischen ‹Kunstlehre› bestimmt. Auch wenn sie immer wieder für tot erklärt wurde, ist die hermeneutisch angeleitete Interpretation zentraler Teil, für viele auch das eigentliche Zentrum der L. geblieben. Die auch international für die L. bedeutsam gewordene deutsche Tradition der *Hermeneutik* ist vornehmlich auf die Bibelauslegung zurückführbar. Seit den Kirchenvätern, die wiederum auf die in der antiken Philologie, Rhetorik und Philosophie entwickelten Verfahren zurückgreifen, werden in der Theologie immer Verstehenstechniken und -lehren entwickelt, von denen die SCHLEIERMACHERSCHE Hermeneutik sicherlich die für die L. wichtigste ist. An sie schließt W. DILTHEY mit seiner Differenzierung zwischen Geistes- und Naturwissenschaften in der zweiten Hälfte des 19. Jh. an. In neuerer Zeit ist H.G. GADAMERS ‹Wahrheit und Methode› (1960) von großem Einfluß. Grundlage der Hermeneutik ist das Vertrauen, daß Texte etwas 'bedeuten' und sich aus ihnen auch rhetorisch vermittelte Sinnstrukturen (re-)konstruieren lassen. Dies ist Voraussetzung für die in Deutschland lange vorherrschende *werkimmanente Interpretation*, aber auch für den amerikanischen New Criticism. Besonders für die Werkimmanenz gilt ein stark von normativ-klassizistisch bestimmten Vorstellungen geprägter Literatur- und Formbegriff, der vom Gedanken einer Geschlossenheit des «sprachlichen Kunstwerks» (W. KAYSER) ausgeht.[17] Folgerichtig steht etwa im Zentrum von E. STAIGERS einflußreichen Arbeiten[18] die Beschäftigung mit Goethe bei gleichzeitiger großer Distanz zur zeitgenössischen literarischen Avantgarde. Ein Bruch mit dieser Form der L. erfolgt in Deutschland seit den 60er Jahren mit der *Rezeptions- und Wirkungsästhetik* (H.R. JAUSS, W. ISER), die einen deutlich stärkeren Akzent auf die produktive Funktion des Lesers legt und von einer offeneren, dem Gedanken der literarischen Kommunikation verpflichteten Textstruktur ausgeht. Ein Werk entfaltet sein Sinnpotential nach Jauss sukzessive in seinen unterschiedlichen historischen Rezeptionsstufen.[19] Iser bemüht sich, über linguistisch-textpragmatische Überlegungen zu einer Funktionsgeschichte von Texten zu gelangen.[20]

Nicht nur Texte, sondern auch große Autoren sind als auratisch-geniale Schöpferfiguren, besonders im 19. und frühen 20. Jh., Gegenstand von literaturwissenschaftlichen Interpretationen. Vor allem Goethe wird in seiner Universalität immer wieder als Symbol menschlicher Kreativität überhaupt verstanden. Von solchen biographischen Ansätzen setzt sich die *psychoanalytische L.* ab. Mit der Entdeckung der Triebstrukturen und des

Unbewußten in der Freud-Schule wird die Annahme, der Künstler verfüge als souveräner Schöpfer über seine Werke, erstmals massiv erschüttert. Die NS-Zeit unterdrückt frühe Ansätze psychoanalytischer L. in Deutschland, und erst seit den 60er Jahren entwickelt sich dieser Wissenschaftszweig wieder in nennenswertem Umfang. Während die Freud-Schule sich vornehmlich für eine Psychoanalyse des künstlerischen Schaffensprozesses interessiert[21], widmet sich die neuere Forschung stärker den Texten selbst und ihrer (strukturellen) Interpretation, beispielsweise in Hinsicht auf Symbole, wobei es (im Sinne A. LORENZERS) zum Teil zu einer Ausweitung auf Leser und ihre Lektüreerfahrungen kommt. Eine eigene Entwicklung, die stark von strukturalistisch-linguistischen Einflüssen geprägt ist, nimmt die Psychoanalyse in Frankreich. Besonders die gravierenden Modifikationen der Freudschen Theorie durch J. LACAN, der davon ausgeht, daß das Unbewußte wie eine Sprache strukturiert sei, übt weiterhin – wenn auch durchaus nicht unumstritten – erheblichen Einfluß auf die internationale L. aus.[22]

Die traditionelle, hermeneutisch bestimmte wissenschaftliche Auseinandersetzung mit Literatur ist notwendig mit spekulativ gerichteten (Sinn-)Annahmen verbunden. Die Kritik daran steht in engem Zusammenhang mit dem international folgenreichsten Bruch in der Geschichte der L., der sogenannten linguistischen und sprachphilosophischen Wende (‹linguistic turn›) seit den 60er Jahren des 20. Jh., auf die *strukturalistische* und *poststrukturalistische Literaturtheorien* beruhen. Mit ihr beginnt die bis heute anhaltende Diskussion um die Reichweite hermeneutischer Verfahren. Zur Vorgeschichte dieser Entwicklung gehören in der ersten Jahrhunderthälfte der Russische Formalismus, der Prager Strukturalismus, die dänische Glossematik und später die Linguistik R. JAKOBSONS. Von herausragender Bedeutung ist dabei aufbauend auf die Theorien F. DE SAUSSURES der französische Strukturalismus (C. LÉVI-STRAUSS, R. BARTHES). Dabei handelt es sich um den Versuch, synchron über linguistische Verfahren wie die Generative Transformationsgrammatik und Textlinguistik bzw. -pragmatik strenge strukturale Aussagen über Texte als Zeichensysteme zu machen und sich nicht mehr auf stets subjektiv gefärbte Interpretationen zu verlassen. Bedeutende semiologische Analysen verdankt die L. in diesem Zusammenhang R. Barthes, U. ECO und J. KRISTEVA. Damit rückt die ‹Intertextualität› in den Blick. Für Kristeva, die von M. BACHTIN beeinflußt ist, baut sich jeder Text aus einem Mosaik von Zitaten auf, was herkömmliche Annahmen zu Werkidentität und Autorrolle konterkariert.[23] Die hier virulente «Subjektdezentrierung» findet sich auch in der übergreifende historische Zusammenhänge analysierenden, hauptsächlich mit M. FOUCAULT verbundenen *Diskurstheorie*. Foucaults genealogische Arbeiten betonen die Subjektlosigkeit historischer Prozesse und erschüttern mit ihrer starken Relativierung der Intentionalität ebenfalls traditionelle Auffassungen über den Autor und seine Souveränität als ‹Schöpfer›.[24] Auf einer anderen Ebene ansetzend versucht J. DERRIDA mit radikalisierendem Bezug auf den linguistischen Strukturalismus, aber auch auf Nietzsche, Husserl und Heidegger, den Nachweis, daß im Verhältnis von Signifikant (Bezeichnendem) und Signifikat (Bezeichnetem) keine eindeutige Festschreibung von Bedeutung möglich sei, der Sinn damit «disseminière» und emphatische Sinnzuschreibungen immer metaphysisch bleiben müßten.[25]

III. *Zur Bedeutung der Rhetorik für die L.* Das vor allem in den 60er Jahren des 20. Jh. in Deutschland neu erwachte Interesse der L. an der Rhetorik erklärt sich aus der damaligen Öffnung des Literaturbegriffs über streng abgegrenzte Vorstellungen von «Dichtung» hinaus, die auch mündliche Textformen einschließt, und aus der Integration linguistischer Verfahren in die literaturwissenschaftliche Theoriebildung und Praxis. Damit relativiert sich die strenge Unterscheidung zwischen Rhetorik und Poetik. Das späte Interesse für die Rhetorik hängt mit dem ästhetischen Verdikt zusammen, das seit der zweiten Hälfte des 18. Jh. Regelpoetik und Rhetorik trifft. Gerade in der idealistischen Tradition mit ihrem emphatischen Individuumsbegriff wird Kunst als Schöpfung und nicht als nach handwerklichen Regeln «Gemachtes» begriffen[26], eine Tatsache, die in der deutschen L. lange nachwirkt. Das gilt sogar für die in den 20er Jahren entstehende Barockforschung, obwohl doch gerade diese Epoche durch Regelpoetiken und exzessiven Gebrauch rhetorischer Formen gekennzeichnet ist. Aus der Barockforschung kommt aber auch der Umschwung im literaturwissenschaftlichen Interpretationsansatz, wie die Werke von J. DYCK, W. BARNER und L. FISCHER zeigen.[27] Heute hat sich eine breite Rhetorikforschung im In- und Ausland entwickelt, deren auch für literaturwissenschaftliches Arbeiten interessante Ergebnisse sich beispielsweise in Periodika wie ‹Rhetorik› oder ‹Rhetorica› niederschlagen.[28] Die Fülle der Ansätze zeigt, daß die Rhetorik kaum noch eine einheitliche Kontur erkennen läßt, sondern zunehmend einen eigenen Kreis von Disziplinen ausgebildet hat.[29] Dabei wird sie auch attraktiv für neue literaturwissenschaftliche Entwicklungen, wie etwa der Dekonstruktivismus P. DE MANS belegt. De Man vertritt die These, alle Lektüren seien bestimmt von der «tropischen» Verfaßtheit von Literatur, und daher sei keine strenge Trennung zwischen eigentlicher und figuraler Rede möglich. Er versteht beispielsweise die Allegorie als Trope der zeitlichen und semantischen Differenz oder die Ironie als Trope der Unentscheidbarkeit. Damit geht es also nicht mehr um eine kleinteilige Analyse nach traditioneller rhetorischer Terminologie, sondern um die Absetzung von herkömmlicher Hermeneutik des Textsinns, wobei gegen die «metaphysische» symbolische Lektüre die allegorische gesetzt und zugleich die Metonymie als Inbegriff der unendlichen Verschiebbarkeit von Sinn gegenüber der diesen Sinn vorgeblich festschreibenden Metapher bevorzugt wird.[30]

Rhetorische Analyse ist grundsätzlich in allen literaturwissenschaftlichen Richtungen denkbar, die sich mit Textstrukturen befassen. Der Blick auf die antike Rhetorik spielt dabei eine wichtige Rolle, denn die systematische Einheit der Redekunst und ihr analytisches Potential werden oft erst von dort aus klar. Über diesen Aspekt informieren die Bücher von R. VOLKMANN, J. MARTIN und M. FUHRMANN.[31] Die Traditionsgeschichte der Rhetorik baut auf der antiken Rhetorik auf, wie die Arbeiten von R. BARTHES, W. JENS, G. UEDING und B. STEINBRINK belegen.[32] Diese Schriften sind daher für eine historische Analyse rhetorischer Textmerkmale wichtig. Ein systematischer Zugang zur Struktur eines Textes öffnet sich besonders von der rhetorischen Figurenlehre her. Hierfür ist immer noch H. LAUSBERGS ‹Handbuch der literarischen Rhetorik› unverzichtbar.[33] Hilfreich sind für diese Form der Analyse außerdem die Abhandlungen von A. BINDER u.a. und H.F. PLETT.[34] Aber nicht nur die deutsche L. hat in dieser

Richtung Bedeutendes geleistet, auch die französische, italienische und angloamerikanische Forschung, wie die Werke von Dupriez/Halsall, Morier, Mortara-Garavelli, Lanham, Preminger sowie Enos zeigen.[35] Dabei handelt es sich um Lexika, die oft neben den Figuren auch makrostrukturelle Begriffe der Rhetorik enthalten und außerdem über benachbarte Gebiete wie die Poetik informieren. Nicht fehlen darf bei einer Behandlung der Beziehung von L. und Rhetorik der Hinweis auf die literarische Toposforschung, die von E.R. Curtius' immer noch unverzichtbarem Werk ‹Europäische Literatur und lateinisches Mittelalter› initiiert wurde. Diese Richtung bleibt trotz mancher Einwände für die L. aktuell, wie die Sammelbände von P. Jehn und G. Ueding belegen.[36] Literaturwissenschaftliche Analyse von Texten umfaßt übrigens nicht nur diejenige von Dichtwerken, sondern auch die der sogenannten Gebrauchstexte. Vor allem hier zeigt sich der Nutzen des rhetorischen Zugangs, da es dabei weniger um die Probleme der Bestimmung von Gattungsmerkmalen als vielmehr von Produktionstechniken geht. Als Beispiel seien die Arbeiten von R. Bachem zur Analyse politischer Reden und von F.-H. Robling und A. Binder zur Untersuchung von Presse- und Werbetexten genannt.[37]

Anmerkungen:
1 vgl. W. Barner (Hg.): Literaturkritik – Anspruch und Wirklichkeit (1990); ders.: L. – eine Geschichtswiss.? (1990). – 2 vgl. N. Luhmann: Die Kunst der Ges. (1995). – 3 vgl. K. Weimar: Gesch. der dt. L. bis zum Ende des 19. Jh. (1989); J. Fohrmann, W. Voßkamp: Wissenschaftsgesch. der Germanistik im 19. Jh. (1994). – 4 vgl. C. Kallendorf: Art. ‹Enarratio poetarum›, in: HWRh Bd. 2, Sp. 1128. – 5 Quint. X, 1, 20ff.; vgl. auch M. Asper: Art. ‹Kanon›, in: HWRh Bd. 4, Sp. 869–882. – 6 vgl. E. Kessler: Petrarca und die Gesch. (1978) Kap. A. – 7 vgl. R.P. Carl: Prinzipien der Literaturbetrachtung bei G.G. Gervinus (1969) 33f. – 8 vgl. Chr. König, E. Lämmert (Hg.): L. und Geistesgesch. 1910–1925 (1993). – 9 vgl. H. Dainat: Von der Neueren dt. Literaturgesch. zur L., in: Fohrmann, Voßkamp [3] 494–537. – 10 vgl. N. Luhmann: Gesellschaftsstruktur und Semantik, 3 Bde. (1980–1989). – 11 vgl. G. Lukács: Es geht um den Realismus, in: F.J. Raddatz: Marxismus und Lit., Bd. 2 (1969) 60–86. – 12 vgl. L. Goldmann: Soziologie des modernen Romans (1970). – 13 vgl. P. Bourdieu: Die feinen Unterschiede. Kritik der gesellschaftl. Urteilskraft (1982). – 14 vgl. Th.W. Adorno: Ästhetische Theorie (1970). – 15 vgl. Luhmann [2] – 16 vgl. W. Voßkamp: Gattungen als lit.-soziale Institutionen, in: W. Hinck (Hg.): Textsortenlehre – Gattungsgesch. (1977) 27–44. – 17 vgl. W. Kayser: Das sprachliche Kunstwerk (1948). – 18 E. Staiger: Grundbegriffe der Poetik (1946); ders.: Die Kunst der Interpretation (1955). – 19 vgl. H.R. Jauss: Literaturgesch. als Provokation der Lit., in: R. Warning (Hg.): Rezeptionsästhetik (1975) 126–162. – 20 vgl. W. Iser: Die Wirklichkeit der Fiktion, in: Warning [19] 277–324. – 21 vgl. P. Ricœur: Die Interpretation. Ein Versuch über Freud (1969). – 22 vgl. S. Weber: Rückkehr zu Freud. J. Lacans Entstellung der Psychoanalyse (1990). – 23 vgl. J. Kristeva: Semiotiké. Recherches pour une sémanalyse (1969). – 24 vgl. M. Foucault: Schr. zur Lit. (1974). – 25 vgl. J. Derrida: Grammatologie (1974). – 26 vgl. Kant KU § 53. – 27 siehe Dyck; Barner; L. Fischer: Gebundene Rede. Dichtung und Rhet. in der lit. Theorie des Barocks in Deutschland (1968). – 28 Rhet. Ein int. Jb. (Tübingen 1980ff.); Rhetorica. A J. of the History of Rhetoric (University of California Press 1983ff.). – 29 M. Steinmann: Vorw. zu: ders.: New Rhetorics (1966) III. – 30 P. de Man: Allegorien des Lesens (1988) 44ff. – 31 siehe Volkmann; Martin; Fuhrmann Rhet. – 32 siehe Ueding/Steinbrink; R. Barthes: Die alte Rhet., in: ders.: Das semiologische Abenteuer (1988); W. Jens: Art. ‹Rhet.›, in: RDL², Bd. 3, 432–456. – 33 siehe Lausberg Hb. sowie Lausberg El. – 34 A. Binder, K. Haberkamm et al.: Einf. in die Metrik und Rhet. (⁵1987); H.F. Plett: Einf. in die rhet. Textanalyse (⁶1985). – 35 B. Dupriez: Gradus. Les Procédés littéraires (Paris 1984), engl. übers. u. hg. v. A.W. Halsall (Toronto 1991); Morier; B. Mortara-Garavelli: Manuale di retorica (Mailand 1989); Lanham; Preminger; Th. Enos: Encyclopedia of Rhetoric and Composition: Communication from Ancient Times to the Information Age (New York/London 1996). – 36 siehe Curtius; P. Jehn (Hg.): Toposforsch. Eine Dokumentation (1972); Th. Schirren, G. Ueding (Hg.): Topik und Rhet. Ein interdisziplinäres Symposium (2000). – 37 R. Bachem: Einf. in die Analyse politischer Texte (1979); F.H. Robling: Personendarstellung im ‹Spiegel›, aufgezeigt an Titel-Stories aus der Zeit der Großen Koalition (1982); Binder u.a. [34] 108ff.

Literaturhinweise:
R. Pfeiffer: Gesch. der klass. Philol. von den Anfängen bis zum Ende des Hellenismus (²1978). – ders.: Die klass. Philol. von Petrarca bis Mommsen (1982). – R. Rosenberg: Literaturwiss. Germanistik: zur Gesch. ihrer Probleme und Begriffe (1989). – K. Weimar: Gesch. der dt. L. bis zum Ende des 19. Jh. (1989). – K.M. Bogdal (Hg.): Neue Literaturtheorien (1990). – H. Brakkert, J. Stückrath: L. Ein Grundkurs (1992). – J. Fohrmann, H. Müller (Hg.): L. (1995). – M. Pechlivanos u.a. (Hg.): Einf. in die L. (1995). – W. Barner: ‹L.›, in: R. Harsch-Niemeyer (Hg.): Beitr. zur Methodengesch. der neueren Philologien (1995) 91–110. – F. Lentricchia, Th. McLaughlin: Critical Terms for Literary Study (²1995). – H.L. Arnold, H. Detering: Grundzüge der L. (²1997). – P. Boden, H. Dainat (Hg.): Atta Troll tanzt noch. Selbstbesichtigungen der literaturwiss. Germanistik im 20. Jh. (1997).

H.-M. Kruckis

→ Analyse, rhetorische → Close reading → Dekonstruktion → Enarratio poetarum → Explication de texte → Gebrauchsliteratur → Hermeneutik → Interpretation → Intertextualität → Literatur → New Criticism → New Historicism → Philologie → Strukturalismus → Topik

Litotes (griech. λιτότης [= Schlichtheit], ἀντεναντίωσις, antenantíōsis; lat. negatio contrarii, diminutio, exadversio, permutatio per contrarium; dt. Unterbietung; engl. litotes, meiosis, false attenuation; frz. litote; ital. litéte)
A. Die L. ist die Umschreibung der in der *voluntas* gemeinten superlativischen Bedeutung durch Negation des Gegenteils: «nicht klein» steht für «sehr groß». Sie ist eine periphrastische Kombination von Emphase (durch die graduelle Fülle der gemeinten Bedeutungen) und Ironie (durch *dissimulatio*), deren Sparsamkeit der Ausdrucksmittel als Protest gegen die übersteigerte *epideixis* der Gegenpartei dient.[1] Als *oppositio* in Thesenform bzw. als *permutatio per contrarium* und *negatio contrarii* ist die L. eine Form des uneigentlichen Sprechens mit dem Charakter der Untertreibung. Sie steht damit im Gegensatz zur Hyperbel.
B. In der *Antike* tritt die L. bereits bei Homer[2] und in der Bibel[3] auf. Die rhetorische Theorie hat zunächst noch keinen Namen für sie. Quintilian beschreibt sie als eine Figur: «Plurima vero mutatione figuramus: Scio «Non ignoro» et «Non me fugit» et «Non me praeterit» […].» (Sehr vieles aber gewinnen wir, indem wir Ausdrücke substituieren: so für ‹ich weiß›: ‹mir ist nicht unbekannt›, ‹es entgeht mir nicht›, ‹es entfällt mir nicht› […].)[4] In der Folge tritt neben anderen immer häufiger die heute gebräuchlichste Bezeichnung und Definition auf: «"non tarda", id est "strenuissima": nam litotes figura est» (‹nicht träge›, das heißt ‹höchst regsam›: denn die Figur ist die L.)[5]; «"non paenitet me famae": haec figura λιτότης dicitur; minus enim dicit quam significat; nam „non paenitet me famae" pro eo quod est „magnam famam cupide acquisiverim" significat» (‹mich reut der Ruhm nicht›: diese Figur wird L. genannt; sie sagt nämlich weniger, als sie bedeutet; denn ‹mich reut der Ruhm

nicht› bedeutet ‹ich habe begierig großen Ruhm erworben›)[6]; «exadversio fit, minimis si maxima monstras: | "non parva est res, qua de agitur" pro "maxima res est"»[7] (eine exadversio entsteht, wenn du durch das allergeringste das allergrößte zeigst: | ‹es ist keine geringe Sache, von der hier gehandelt wird›).[8]

Die grammatischen Figurenlehren und Poetiken des *Mittelalters* (ISIDOR VON SEVILLA, GALFRID VON VINSAUF, JOHANNES VON GARLANDIA) empfehlen die L. als Mittel der *amplificatio,* und zwar zum Kunstgriff der *diminutio* (Verkleinerung) und der *circumlocutio* (Umschreibung)[9] oder als Teil der *oppositio,* d. h. in einer antithetischen Form, «die dasselbe zuerst negativ durch Verneinung seines Gegenteils, danach positiv ausdrückt(e).»[10] Eine Seitenform ist daneben jene L., die auch als 'mhd. Ironie' bezeichnet wurde.[11] Sie besitzt ebenfalls zweigliedrige Form, ihr erstes Glied jedoch ist keine direkte Negation, «sondern gerade ein einen gewissen Grad, also etwas Daseiendes, etwas Positives ausdrückendes Adjektiv oder Adverb»[12], wie dicke, ofte, kleine, lützel, wênic, selten, spâte, ein teil, tiure u.a. Auch diese Form der L. dient dazu, besonders hohe Stärkegrade auszudrücken; etwa «lützel êre» = Schande.

Die Definitionen der L. in der *Neuzeit* zeigen eine zunehmende Diversifikation. VOSSIUS besteht darauf, daß bei der Figur der L. die Verneinung des Gegenteils mehr anzeigen muß als die Bekräftigung, doch sieht er ihre Funktion eher in Gründen der Bescheidenheit oder der Vermeidung von Hochmut[13] als in der Ironie. Rund hundert Jahre danach betrachtet J. A. FABRICIUS die L. als Tropus, den er zwischen der *affirmatio pro negatione* (Bekräftigung statt Verneinung) und dem *effectum pro caussa* (das Ausgeführte statt des Grundes) ansiedelt und als *plus vel minus quam intelligitur* (mehr oder weniger, als verstanden wird) beschreibt. Als Beispiel nennt er: anstatt «er hat die feinde bald geschlagen», «die fcindc hatten ihn kaum gesehen, als er sie geschlagen».[14] Hier ist jede gedankliche Emphase verloren, die auch in GOTTSCHEDS Exempel aus J. C. Günther nur wenig und ebenfalls ohne Ironie zu spüren ist: «Fünf Bissen in den Mund, so ist die Tafel gar.»[15] L. ist hier die bloße Untertreibung ohne Negation.

Dieses Verständnis der L. ist vorgebildet in der niederländischen und englischen Rhetorik des 16. Jh. In seinem Werk ‹Epitome› beschreibt I. SUSENBROTUS die L. als simples Understatement: «Wenn wir weniger sagen und mehr meinen». H. PEACHAMS ‹The Garden of Eloquence› (1577) hält die Spannung zwischen sprachlichem Anschein und Gemeintem offen, aus der Emphase entstehen kann: «when the speaker by a negation equipollent doth seem to extenuate the which he expresseth» (wenn der Sprecher durch eine gleichbedeutende Verneinung das zu verringern scheint, was er ausdrückt); das gleiche gilt für G. PUTTENHAMS ‹The Arte of English Poesie› (1589): «we temper our sense with words of such moderation as in appearance it abateth, but not in deed» (wir mildern unseren Sinn mit Worten von solcher Mäßigung, daß er scheinbar an Stärke verliert, aber nicht tatsächlich).[16] Diese Definitionen machen klar, warum die L. von der angelsächsischen Tradition als eine Form der meiōsis (*minutio*) betrachtet wird, die sich a) zur Bekräftigung der Verneinung des Gegenteils oder b) der absichtlichen Untertreibung zur Intensivierung bedient. Eine Unterscheidung ergibt sich nur hinsichtlich des Zwecks: Wenn als meiōsis die Verringerung zum Zweck der Verringerung zu beschreiben ist, so die Verringerung zum Zweck der Vergrößerung als L.[17]

Der Sache, wenn auch nicht der Terminologie nach, findet sich eine ähnliche Begriffsweitung bei J. DUBOIS und der ‹groupe μ›. Als ‹L. 1› wird hier eine Figur bezeichnet, die durch teilweise Detraktion entsteht: «Man sagt weniger, um mehr zu sagen, d.h. daß man das außersprachlich Gegebene für eine Quantität hält, von der man ohne weiteres gewisse Teile weglassen kann.» Die L. verringert hier eine Sache mehr oder weniger, ist eine umgekehrte Hyperbel. Man sagt, «aus Takt oder um den anderen zu schonen, „Ich mag dich" oder „Ich habe dich gern", wenn man in Wirklichkeit meint „Ich liebe dich".»[18] – Die ‹L. 2› entsteht konventionell durch negative Immutation, was eine Nähe zu Ironie und Antiphrase bedeutet; beide besitzen indessen nur eine einfache Negation, wo die L. zwei aufweist: «Va, je ne te hais point!» (geh, ich hasse dich nicht), sagt in Corneilles ‹Cid› (III, 4) Chimène zu Rodrigue, ihrem Verehrer, der gerade ihren Vater ermordet hat – was ihre große Liebe zu ihm enthüllt.[19]

Faßt man die L. in linguistischer Absicht unter dem weiten Oberbegriff der *negatio contrarii,* dann ergibt sich eine dreifache Gradierung; 1. L. als *understatement,* als Untertreibung ohne Negation; 2. L. als doppelte Negation, z. B. *non in-* (lat.), *not un-* (engl.), *nicht un-* (dt.) bzw. *non malus* etc.; 3. L. als Verneinung des Gegenteils mit stärkerer oder schwächerer Bedeutung (z.B. *not uncommon* = rather common) als der positive Ausdruck.[20]

Anmerkungen:

1 Lausberg Hb., § 586. – **2** Homer, Ilias XV, 11; ders., Odysseia V, 32; Vergil, Eclogae III, 74; ders., Georgica II, 125; Ovid, Amores III, 11.36; Martial IV, 42, 8. – **3** vgl. z. B. Job 34, 17; 1 Kor 11, 22; Vulgata, Jud. 14, 16. – **4** Quint. X, 1, 12, Übers. Verf. – **5** Servius, Kommentar zu Vergils Georgica II, 125. – **6** Donatus, Kommentar zu Terenz' Hecyra 775. – **7** Carmen de figuris 163, in: Rhet. Lat. min. p 69. – **8** vgl. auch Tryphon, Περὶ τρόπων 204, 4; Alexandros, Περὶ σχημάτων 37, 31; Zonaios, Περὶ σχημάτων 169, 32. – **9** Galfrid 668ff.; vgl. Arbusow 22, 28, 86f. – **10** ebd. 28. – **11** A. Hübner: Die „mhd. Ironie" oder die L. im Altdt. (1929). – **12** ebd. 19. – **13** Vossius, Buch IV, Kap. VIII. – **14** vgl. Fabricius 187. – **15** Gottsched Dichtk. 275. – **16** vgl. J. Susenbrotus, Epitome ... (Antwerpen 1566) 41; Peacham 184; G. Puttenham: The Arte of English Poesie (1589; ND Cambridge 1936) 150. – **17** Preminger 702f.; Dupriez 277f. – **18** Dubois 221. – **19** vgl. ebd. 232f. – **20** vgl. M. E. Hoffmann: Negatio contrarii. A Study of Latin L. (Amsterdam 1987).

W. Neuber

→ Amplificatio → Antiphrasis → Antithese → Elocutio → Emphase → Euphemismus → Figurenlehre → Hyperbel → Ironie → Minutio → Oppositio → Ornatus → Periphrase → Tropus

Liturgie (engl. liturgy; frz. liturgie; ital. liturgia)
A. Def. – I. Wortgesch. – II. L. u. Rhet. – III. Liturgische Gattungen. – B. I. Antike bis Reformation. – II. Reformation bis Gegenwart. – 1. Evang. Lit. – 2. Kath. L.

A. *Definition.* **I.** *Wortgeschichte.* Der aus dem Griechischen stammende Begriff ‹L.›, zusammengesetzt aus den Wurzeln λήιτος, léitos (das Volk [λαός, laós] betreffend) und ἔργον, érgon (das Werk), hat erhebliche Bedeutungswandlungen durchgemacht, deren Zusammenhang nicht immer klar bestimmbar ist. Sein heutiger kirchlicher Gebrauch ist «das Ergebnis der Übertragung in griechische Form gekleideter alttestamentlicher Gedanken auf den christlichen Kultus».[1]

Im griechischen Stadtstaat, vorzüglich feststellbar in Athen, bezeichnet L. ursprünglich den Dienst Reicher für das Gemeinwesen, der von der Ausrüstung eines Kriegsschiffs über die Ausstattung eines Chors bis hin zur öffentlichen Speisung eines Stadtteils reichen kann. Die Begriffsbedeutung weitet sich aus, so daß «*jede Dienstleistung überhaupt*»[2], ja sogar körperliche Organe mit L. bezeichnet werden.

Von der späteren Begriffsentwicklung her verdient eine Akzentuierung besondere Beachtung, die im genannten griechischen Umfeld mit seinem engen Zusammenhang von Gemeinwohl und religiösem Kult erst am Rand auftaucht, nämlich der kultisch-technische Gebrauch von L. Vor allem im durch Alexander und die Ptolemäer gräzisierten Ägypten begegnet L. als Bezeichnung für kultische Verrichtungen.[3] Inwieweit dies allerdings die für die Weiterentwicklung des Begriffs zentrale Verwendung in der LXX (Septuaginta) prägt, ist nicht genau auszumachen.

Zentrale Bedeutung als Bezeichnung für kultisches Handeln bekommt L. in der LXX. Λειτουργεῖν (leiturgeίn) kommt hier etwa hundertmal vor, meist als Übersetzung des hebräischen scherēt (dienen), allerdings – mit geringen Ausnahmen – nur dann, wenn dieses sich auf kultische Handlungen bezieht. Ähnliches ist für λειτουργία zu konstatieren, das etwa vierzigmal in der LXX begegnet und das hebräische abodāh (Arbeit) übersetzt, ebenfalls aber meist nur in kultischem Zusammenhang. Interessant ist dabei, daß in alttestamentlicher Sicht auch illegitime kultische Vollzüge im Zuge von Fremdgötterverehrung mit L. bezeichnet werden können.

Entgegen der LXX treten im Neuen Testament L. und ihm verwandte Wörter weitgehend zurück; sie begegnen lediglich fünfzehnmal. Hier nimmt (neben Lk 1, 23) nur der Hebräerbrief das exklusiv kultische Verständnis von L. auf, allerdings in spezifischer Prägung, nämlich um Person und Werk Jesu Christi zu erläutern. Den wiederholten, da die Gewissensreinigung nicht endgültig bewirkenden Opfern wird jetzt die einmalige, abschließende Opfertat Jesu Christi entgegengestellt (Hebr 8, 2, 6). An anderer Stelle bezeichnet L. allgemeiner ein frommes Verhalten oder einen karitativen Dienst.

Den späteren kirchlichen Sprachgebrauch bereitet erst der 1. Clemensbrief vor, in dem – neben L. als allgemeiner Aufgabe für alle Gemeindeglieder – der Begriff auf die Inhaber des bischöflichen und priesterlichen Amtes reduziert wird (44, 2–6). In der Ostkirche wird L. schnell zur üblichen Bezeichnung für die gottesdienstliche Versammlung.

Im westlichen Bereich tritt dagegen – entsprechend dem Übergang vom Griechischen zum Lateinischen als Kirchensprache – ‹L.› als Begriff weithin zurück, im Mittelalter vor allem hinter ‹Messe› (lat. *missa*). L. findet hier erst wieder – durchaus zögerlich – Eingang durch Veröffentlichungen humanistischer Gelehrter.[4] Wie klärungsbedürftig – nicht zuletzt aus konfessionellen Differenzen – der Begriff ist, zeigt eine Zurechtweisung Melanchthons gegenüber der Gleichsetzung von L. und Opfer, wo er sich ausdrücklich auf dessen Bedeutung in der griechischen Antike, «ein Amt, darinne man der Gemeine dienet», beruft.[5]

Im Zuge der Agendenreform am Beginn des 18. Jh. kommt es zu einer sachlich problematischen Verkürzung, indem L. nur noch die feststehenden Stücke des Gottesdienstes bezeichnet[6] und damit das rhetorisch wichtige Thema der Predigtgestaltung ausgegliedert wird.

Inzwischen ist, gestützt durch Entscheidungen des Zweiten Vatikanischen Konzils[7] und ökumenische Entwicklungen (wie die sog. Lima-L.) L. zu einem allseits in christlichen Kirchen gebräuchlichen Begriff geworden, um die kultische Zusammenkunft der Getauften in ihrer Ganzheit und ihren unterschiedlichen Formen zu bezeichnen.

II. *L. u. Rhetorik.* Ein solches Liturgieverständnis öffnet sich der rhetorischen Reflexion, indem es von der Ursprungsbedeutung her den Bezug zu Gesellschaft und Gemeinwohl ernstnimmt. Denn wichtige Elemente der L. wie die Textgattungen Predigt, Gebet, Psalm und Schriftlesung als klassische liturgische Konstitutiva des Gottesdienstes können aufgrund ihrer normierenden Bedeutung auf das rhetorische Prinzip des *ordo* und wegen ihrer intendierten Funktion, den Dialog zwischen Gott und Mensch zu befördern, auf dialogisch-kommunikative Formprinzipien zurückgeführt werden. Indem der Gottesdienst nach einer festgelegten Ordnung anhand von sprachlichen (Formeln, Sequenzen und Tropen), musikalischen (Gesang in Form des Wechselgesangs, des Gemeindeliedes bzw. des Chorgesangs, Instrumentalmusik als verfeierlichendes Element) und sinnlichen (Farben, Gewänder, Weihrauch, Brot und Wein, Kerzen etc.) Eindrücken auf die Gottesdienstteilnehmer wirkt, haben diese zahlreichen Gestaltungselemente des Gottesdienstes zum einen gemeinschaftsstiftende und verständigungsfördernde Funktion (*communio et communicatio*), zum anderen können spezielle Wirkungsfunktionen durch Katechese (*docere*; s. Predigt), Erbauung (*delectare*, s. Gebet, Gesang, etc.) und Gemütsbewegung (*movere*, s. synästhetische Eindrücke etc.) erzielt werden.

Daß dabei Liturgieformen immer wieder neu zeit- und situationsgemäß formuliert werden, wie z.B. im Zuge des Zweiten Vatikanischen Konzils und dessen Diskussion über einheitsstiftende Kirchensprache versus nationalsprachliche Agende, entspricht der rhetorischen Forderung des äußeren und inneren *aptum*, d.i. sowohl auf die äußere Situation bezogene als auch textimmanente Kriterien der Angemessenheit betreffend.

Letztere stellen zugleich das inhaltliche Regulativ gegenüber einer Verselbständigung rhetorischer Kriterien im liturgischen Vollzug dar. Eine reine Instrumentalisierung der Rhetorik in liturgischen Zusammenhängen verfehlte die unauflösliche Interdependenz zwischen Form und Inhalt.

Anmerkungen:
1 H. Strathmann: Art. λειτουργέω, λειτουργία, in: Theol. Wtb. zum NT, Bd. 4 (1942) 222; vgl. zur Wortgesch. auch R.E. Frentz V.: Der Weg des Wortes «L.» in d. Gesch., in: Ephemerides Liturgicae 55, NS 15 (Vatikan 1941) 74–80. – **2** Strathmann[1] 224; vgl. auch Frentz ebd. 75. – **3** Strathmann[1] 224f., die Zusammenstellung von Texten mit kultisch spezialisiertem Gebrauch von L. – **4** s. G. Cassander, Liturgica (1558); Jakob Pamelius, Liturgica Latinorum (1571); J. Bona O. Cist., Rerum liturgicarum libri duo (Köln 1674); J. Mabillon, De liturgia gallicana (1685). – **5** Apologia Confessionis Augustanae. Apologia der Confession aus dem Latein verdeutscht von J. Jonas, in: Die Bekenntnisschr. der evang.-lutherischen Kirche (⁷1976) 373 (Art. XXIV). – **6** enzyklop. ist die Entwicklung deutlich bei F. Schleiermacher: Praktische Theol., hg. v. Frerichs (1850) greifbar, der beim Kultus zw. "L." und "Didaktischem", vor allem die Predigt, differenziert. – **7** K. Richter: Liturgiereform als Mitte einer Erneuerung der Kirche, in: ders. (Hg.): Das Konzil war erst der Anfang. Die Bedeutung des II. Vatikanums für Theol. und Kirche (1991) 53–74.

Literaturhinweise:
Palmer: Art. ‹L.›, in: Real-Encyclopädie für prot. Theol. und Kirche, Bd. 8 (1857) 430–440; – L. Fendt: Einf. in die Liturgie-

wiss. (1958) 1–6. – F. Kalb: Art. ‹L. I. Christliche L.›, in: TRE 21 (1991) 358–377.

Chr. Grethlein

III. *Liturgische Gattungen.* L. ist sowohl Sprachhandlung als auch Zeichenprozeß, wobei Wort und Zeichen eng miteinander verbunden sind. Die Bedeutung der Texte erschließt sich auch aus dem Handlungszusammenhang. L. ist Wort-Antwort-Geschehen (Dialog), wobei die Gemeinde auf die Verkündigung aus der Bibel antwortet. Formen der Verkündigung sind vor allem Lesungen aus dem Alten und Neuen Testament und deren Auslegung in der Predigt. [1]

Die Gebetsstruktur geht wesentlich auf die Berakah zurück, das jüdische Segens- und Lobpreisgebet, das Anamnese und Epiklese (Heilsgedächtnis und -bitte) miteinander verbindet. Die literarischen Merkmale christlicher Gebetsrede sind daher Anaklese (Gebetsadressat), Anamnese, Epiklese, Doxologie (Schlußlobpreis Gottes, gewöhnlich durch Christus im Heiligen Geist) und Akklamation (Zustimmung der Gemeinde). In rhetorischer Hinsicht handelt es sich zumeist um standardisierte und ritualisierte Hochsprache in der Regel in der 1. Person Plural: der Sprecher betet im Namen aller. Die für die L. zentralen (Hoch-)Gebete haben performativen, einen Wirklichkeit verändernden Charakter («Wandlung»). [2]

Große Bedeutung haben poetische Formen, wobei die anfangs als Lesung verstandenen Psalmen kantillierend vorgetragen werden (Psalmodie). Cantica sind Psalmen und psalmähnliche Texte sowie hymnische Stücke aus dem Neuen Testament (z. B. Magnificat, Benedictus), die wie die Psalmen von Antiphonen umrahmt sein können. Vom Neuen Testament an entsteht eine Fülle von Hymnen, von Christusliedern, die wegen des Mißbrauchs durch Irrlehren (Gnosis) als «psalmi idiotici» um 350 zunächst verboten werden. Aus der Frühzeit haben sich nur ‹Gloria› (4. Jh.) und ‹Te Deum› (6. Jh.) erhalten, dann gibt es bis zum Ausgang des Mittelalters eine Vielzahl neuer Dichtungen. Mit Responsa (Kehrversen zum Psalm nach der Lesung) antwortet die Gemeinde auf die Schriftlesung. Sequenzen, die im 9. Jh. aus dem Alleluja vor dem Evangelium erwachsen, werden schnell volkstümlich, entsprechen aber oft nicht dem Zentrum des Glaubens (vgl. das keine österliche Hoffnung ausdrückende ‹Dies irae›). Seit dem 10. Jh. erweitern unzählige Tropen die Meßgesänge mit Texten und Melodien, vor allem ‹Kyrie, Gloria, Sanctus, Ite missa est›. Zu nennen sind noch Litaneien (Flehgebete) und Versikel (Wechselgebete zwischen Vorsänger und Gemeinde). [3]

Eine eigene Textgattung bilden Akklamationen und Formeln, die oft auf jüdische L. zurückgehen wie das aramäische Amen, Hosanna, Halleluja oder das judenchristliche Maranatha (unser Herr ist gekommen; unser Herr, komm). Das griechische ‹Kyrie eleison› bleibt als eine zumeist die Gebetsrede eröffnende Formel erhalten. In der L. aller Kirchen wird die Grußformel ‹Dominus vobiscum› gebraucht. [4]

Ein eigenes Problem stellen die sakramentalen Formeln dar und die seit dem Hochmittelalter zunehmende Tendenz zur Isolierung der für das Zustandekommen der Sakramente als wesentlich angesehenen Worte, die von ihrem Gebetskontext abgelöst verstanden werden. Damit tritt bis zum Zweiten Vatikanischen Konzil (1962 bis 1965) die ursprüngliche Bedeutung des anamnetisch-epikletischen Betens in den Hintergrund, ebenso die Schriftverkündigung, die in der L. nicht mehr als notwendig erachtet wird. Verbunden damit wird L. nur mehr als Handeln des Klerus verstanden, das im sprachlichen wie zeichenhaften Handeln keine die L. als ganze tragende Gemeinschaft mehr konstituiert.

Anmerkungen:

1 B. Fischer: Formen der Verkündigung, in: R. Berger u.a.: Gestalt des Gottesdienstes. Sprachl. und nichtsprachliche Ausdrucksformen (²1990) 77–96 (L.) – **2** vgl. M. B. Merz: Gebetsformen der L., in: Gestalt des Gottesdienstes [1] 97–130 (L.) – **3** vgl. B. Fischer, H. Hucke: Poet. Formen, ebd. 180–219 (L.) – **4** vgl. A. Häußling: Akklamationen und Formeln, ebd. 220–239 (Lit.); ders.: Formeln der Mahnung und Aufforderung, in: Arch. für Liturgiewiss. 32 (1990) 47–54.

B. Kranemann, K. Richter

B. I. *Antike bis Reformation.* ‹L.› bezeichnet in der Antike zunächst unentgeltliche Dienste für das Gemeinwesen, sodann auch heidnische kultische Dienste. Im griechischen Alten Testament ist der priesterliche Tempeldienst gemeint, während das vorchristliche Kultermini vermeidende Neue Testament damit vornehmlich die diakonale Tätigkeit (Gottesdienst des Lebens) bezeichnet, L. in kultischer Bedeutung nur auf das Priesteramt Christi (Hebr 8, 2. 6) und auf das gemeinsame Gebet (Apg 13, 2) bezieht. Der christliche griechische Sprachgebrauch übernimmt L. zunehmend für den Gottesdienst, später ausschließlich auf die Eucharistiefeier bezogen. Der lateinische Westen ersetzt L. in der Vulgata durch *ministerium, officium, obsequium, ritus, ceremonia, munus, opus, servitus* und fügt in der Folge u.a. hinzu: *administratio, actio, celebratio, collecta, devotio, sacramentum* und besonders *cultus*. [1] Damit ist die Außenseite der L. oder einseitig das menschliche Handeln (im Mittelalter der Gott geschuldete Kult: *cultus debitus*) beschrieben, während christliche L. zuerst das Handeln Gottes an seiner Gemeinde meint, die darauf in Gegenwart und Vermittlung Christi und seines Geistes (vgl. Mt 18, 20; Röm 8, 15f; Gal 4, 6f; 1 Kor 14, 25) antwortet. Dieser Gottesdienst wird einfach Versammlung (1 Kor 11, 17f. 20.33f; 14, 23.26; Apg 20, 7; Hebr 10, 25; Jak 2, 2), Herrenmahl (1 Kor 11, 20) und Brotbrechen (Apg 2, 42.46; 20, 7) genannt.

Die Christen halten sich hier an Strukturmodelle der jüdischen Tradition (Psalmen, Gebet, Schriftlesung), mit denen sie frei umgehen und deren Sinn sich ihnen durch das Handeln Gottes in Jesus Christus erschließt. Es gibt zunächst keine einheitliche L., doch wird die spontane und prophetisch-charismatische Atmosphäre frühchristlicher L. bald durch in gehobener Sprache verfaßte und als verpflichtend erachtete Gebetsformen ersetzt. Dabei bilden sich in den Metropolen (Rom, Konstantinopel, Antiochia, Alexandria, Karthago, aber auch Gallien) Liturgiefamilien heraus, deren Textmodelle (u.a. Traditio Apostolica um 215) normgebend werden. Die nach der konstantinischen Wende entstehende repräsentative L. der Reichskirche verlangt den Standard der zeitgenössischen Rhetorik. Ein Impuls dafür ist im Westen im 4. Jh. der Übergang von der griechischen zur lateinischen Sprache, die im Mittelalter zur alleinigen Liturgiesprache wird, da missionierte Völker über keine Schriftsprache verfügen und durch die gemeinsame Liturgiesprache als *eine* Gemeinschaft konstituiert werden. Diese Liturgiesprache hat eine rhetorisch anspruchsvolle Form (vgl. die klassisch-knappen römischen Orationen oder den ‹Canon Romanus›). So kommt es zur Sammlung von Formularen in Libelli und Sakramentaren (4.

bis 9. Jh.), aus denen sich die späteren Liturgiebücher (z.B. Missale, Pontificale, Rituale) entwickeln.[2] Diese L. benutzt überkommene Texte und Formen, ohne jedoch deren soziologischen, kulturellen und theologischen Kontext noch zu kennen und ihren eigentlichen Gehalt zu verstehen. Das Auslegungsprinzip wird die Allegorese.[3] Frömmigkeit des einzelnen und Vollzug der L. fallen im Mittelalter auseinander, private Frömmigkeitsformen treten in den Vordergrund. Die weithin unverstandene L. prägt nicht mehr den Glauben der Gemeinde. Unverständnis und nicht zuletzt daraus entstehende Mißbräuche bis hin zu magischen Vorstellungen führen letztlich zur Reformation.

Anmerkungen:
1 vgl. E.J. Lengeling: Art. ‹L./Liturgiewiss.›, in: Neues Hb. theol. Grundbegriffe 3 (1991) 279–282. – 2 vgl. dazu C. Vogel: Medieval Liturgy. An Introduction to the Sources (1986; frz. Orig.: 1981). – 3 zum Verständnis ma. Liturgieallegorese vgl. R. Meßner: Zur Hermeneutik allegorischer Liturgieerklärung in Ost und West, in: Zs. für kath. Theol. 115 (1993) 284–319; 415–434.

B. Kranemann, K. Richter

II. *Reformation bis Gegenwart.* **1.** *Evangelische L.* «Die Reformation hat auf dem Gebiet des Gottesdienstes die größte Veränderung gebracht, die es in der Geschichte des Christentums nach der konstantinischen Wende gegeben hat.»[1] Denn sie stellt das bisherige, durch den Opferbegriff bezeichnete Grundverständnis des Gottesdienstes in Frage. Durch die reformatorische Entdeckung des nicht auf Mittlerinstanzen angewiesenen unmittelbaren Verhältnisses des Menschen zu Gott rücken die Verständlichkeit und damit auch die rhetorische Dimension in den Mittelpunkt der liturgischen Aufgabe. So führt Luther etwa in seiner 1. Invokavitpredigt (WA 10/3, 1ff.) aus, daß jeder einzelne Christ persönlich wissen muß, was zum Heil nötig ist. Im einzelnen bilden sich zwar recht unterschiedliche liturgische Formen heraus, doch bleibt das Anliegen des *docere* und *movere* der Gemeinde ein Grundanliegen reformatorischen Liturgieverständnisses, das auch immer wieder – allerdings in unterschiedlicher Akzentuierung – Reformbemühungen inspiriert.

Wirkungsgeschichtlich gehen entscheidende Impulse von Luthers Schriften aus, der sein Liturgieverständnis gegen Ende seines Lebens knapp bei der Einweihung der Torgauer Schloßkirche formuliert: «das nichts anders darin geschehe, denn das unser lieber Herr selbs mit uns rede durch sein heiliges Wort, und wir widerumb mit jm reden durch Gebet und Lobgesang» (WA 49, 588). Schon hier sind Öffnung und zugleich theologische Abgrenzung zur Rhetorik unübersehbar. Entsprechend Luthers Ablehnung von Gesetzlichkeit auch auf diesem Gebiet kommt es aber nicht zu einheitlichen L. in den reformatorischen Kirchen. Seine Schrift ‹Formula Missae et Communionis› (1523) legt, gerade in ihrer konservativen, letztlich nur den Canon mit seiner meritorischen Opfertheologie streichenden Grundhaltung, den Grund für den Liturgietypus der Messe auch in den evangelisch-lutherischen Kirchen, genauer eine «Gemeindekommunion»[2] mit viel Gesang. Die ‹Deutsche Messe› (1526) betont stark die katechetische Seite des Gottesdienstes und stellt die Predigt in den Mittelpunkt der stark elementarisierten L. Eine «dritte weyse» der Gottesdienstordnung für die, «so mit Ernst Christen wollen seyn» (WA 19, 75), wird nur kurz angedeutet – «Denn ich habe noch nicht leute und personen dazu» (ebd.). Daneben bildet sich noch aus dem vorreformatorischen oberdeutschen Predigtgottesdienst eine Liturgieform, die vor allem in reformierten Gemeinden und im Südwesten wirkt.[3]

Die rhetorische Wirkungsintention der Verbesserung der Kommunikation zwischen den Feiernden tritt am deutlichsten in der ‹Deutschen Messe› Luthers hervor. Die vor allem «umb der eynfeltigen und des jungen volcks willen» (WA 19, 73) erstellte, gegenüber vorliegenden Formularen stark verkürzte und vereinfachte L. wird von Luther als «eyne offentliche reytzung zum glauben und zum Christenthum» (WA 19, 75) bestimmt. Dem sollte auch die Beteiligung der Gemeinde durch Gesang und das Amen dienen. Für die Gestaltung der Predigt gelten selbstverständlich die Regeln der klassischen Rhetorik, wie sie Melanchthon in Wittenberg lehrt und etwa im ‹Unterricht der Visitatoren› (1528) für die kurpfälzischen Schulen als Unterrichtsinhalt für die oberste Klasse der Lateinschulen vorschreibt. Allerdings sollte dieser Gottesdienst nicht allein stehen. Vielmehr weist Luther wiederholt eindringlich auf den Zusammenhang von öffentlichem Gottesdienst, Haus und Schule hin. In den Katechismuspredigten tritt dieses liturgische Integrationsbemühen besonders deutlich hervor, insofern der Katechismus an allen drei Orten fest verankert war.

Ein deutlich anderes Liturgieverständnis begegnet in England.[4] Die Predigt ist in der anglikanischen Kirche nur für die – in der Praxis recht seltenen – Abendmahlsgottesdienste vorgesehen; die Mehrzahl der Geistlichen hat keine Erlaubnis, selbständig zu predigen, sondern liest aus den offiziellen Homilienbüchern vor. Entgegen der Regionalisierung liturgischer Bemühungen im deutschsprachigen Raum ist das Interesse an gemeinsamer liturgischer Praxis in England groß. Einheitsstiftend ist dabei, gleichsam die Funktion der Bekenntnisschriften in den europäischen reformatorischen Kirchen übernehmend, das ‹Book of Common Prayer› (erstmals 1549 herausgegeben)[5]. Erst im 19. Jh. kommt es – wesentlich durch puritanische Kritik am Formalismus ausgelöst – zu einer Pluralisierung der liturgischen Form und einer größeren Bedeutung der Predigt.

Auf die Dauer gesehen hat die Pädagogisierung der L. in den deutschsprachigen reformatorischen Kirchen problematische Folgen. Denn letztlich drängt sie das Volk, das nach dem reformatorischen Anliegen aktiv am liturgischen Vollzug beteiligt werden sollte, zurück und führt zu einer deutlichen Dominanz der Prediger. Die Blüte der Kirchenmusik im 17. Jh. verstärkt diese Tendenz noch, insofern jetzt der Chor teilweise den Gemeindegesang ersetzt. Dazu kommt, daß der Zweck umfassender Belehrung und die daraus resultierende Rezeption auch komplizierter rhetorischer Figuren in den Predigten sowie die Hineinnahme von Amtshandlungen, Abkündigungen usw. zu einer erheblichen Länge der sonntäglichen Zusammenkunft führen – im 17. und 18. Jh. in der Regel etwa drei Stunden. Dies führt zu einer auch von Zeitgenossen deutlich wahrgenommenen Krise evangelischen Gottesdienstes.

Schon 1623 versucht der Rostocker Theologieprofessor P. Tarnow in seinem pastoraltheologischen Lehrbuch ‹De Sacrosancto Ministerio› durch entschiedenen Rückgriff auf die humanistische Rhetoriktradition einer formalistischen Rhetorik-Rezeption zu wehren. Von dem rhetorischen Grundsatz ausgehend, «daß der Prediger selbst von dem glühen muß, was er ansteckend vermitteln will»[6], empfiehlt er die ausführliche Meditation des Predigttextes durch den Prediger vor dem Gottesdienst. Nach der *explicatio textus* sollen in der *inventio* die für die *applicatio* geeigneten *loci* herausgearbeitet werden, die wiederum Grundlage für die Gewinnung des *scopus specialis* sind. Ausdrücklich verweist hier Tarnow, damit Vorgänger vieler Homiletiker, auf die Berücksichtigung der jeweiligen Gegebenheiten des Gottesdienstes, vor allem der Adressatenschaft. Allerdings stößt er mit diesem Rückgriff auf die Rhetorik entgegen seiner Intention gerade auf die Grenzen der Predigt und markiert damit eine empfindliche Schwachstelle reformatorischer L.: «Der hohe Stellenwert, den Tarnow der Zuhörersituation beimißt, und die Betonung des affektiven Elements christlicher Verkündigung [...] zeigen die Grenzen der Situation öffentlicher Rede und weisen darauf hin, daß die öffentliche Gemeindepredigt selbst über die Abstellung grober Mißstände hinaus kaum zum Ansatzpunkt einer Effektuierung der Verkündigung werden konnte.»[7] Dementsprechend kommt es zunehmend zur Forderung häufiger Privatmeditation und damit – wenigstens indirekt, wie die spätere Einrichtung der *collegia pietatis* im Pietismus zeigt – zu einer gewissen Distanz vom öffentlichen Gottesdienst. Die *meditatio* wird dabei zunehmend – unter kräftigen Anleihen aus anglikanischer, jesuitischer und französisch reformierter Tradition[8] – als eigenständige (eben nicht mehr nur auf die Predigtvorbereitung gerichtete) Form etabliert. Rhetorik und L. erscheinen als eher unwichtig.

Entgegen früherer Auffassung ist also die offensichtliche Krise des gottesdienstlichen Lebens der evangelischen Gemeinden am Ende des 18. Jh. wohl nicht primär Resultat aufklärerischer Bemühungen um die L. Vielmehr versuchen die aufgeklärten Prediger durch an Verstand und Gefühl der Zuhörer appellierende Predigt sowie zeitgemäße Gestaltung anderer liturgischer Elemente dem rapiden Plausibilitätsverlust bis dahin zentraler Glaubenslehren wie der Erbsündenlehre entgegenzutreten. Dazu greifen sie – wie A. Ehrensperger zeigt[9] – auf rhetorische[10] und poetische[11] Erkenntnisse zurück. Kriterium für deren Rezeption ist der «Endzweck» der Belehrung und Erbauung. Da die Agenden der Gottesdienste sich aber nur als langsam veränderbar erweisen, nicht zuletzt weil sie kirchenrechtlich fixiert sind, kommt es zunehmend zu einer Spannung zwischen altprotestantisch orthodox orientierten Elementen der L. und aufklärerischer Predigt, was die für das Liturgieverständnis ungünstige Separation der Predigt begünstigt. Es ist schwer abzuschätzen, welchen konkreten Einfluß auf die liturgische Praxis in den Gemeinden dann die z. T. als Produkt der jetzt einsetzenden liturgiewissenschaftlichen Forschung sich ergebenden, zahlreichen Privatagenden haben, die seit dem Ende des 18. Jh. publiziert werden.

Erst im Zusammenhang der Romantik kommt es mit dem Verständnis des Gottesdienstes als «Feier» wieder zu einem kohärenten Liturgieverständnis, das einerseits den subjektiven Ansatz der Aufklärung aufnimmt, aber das instrumentelle Verständnis der L. zurückweist. Allerdings bezeichnet jetzt – etwa bei Schleiermacher – L. nur noch verkürzt die rituellen Elemente des Gottesdienstes. Und auch die sogenannte ältere liturgische Bewegung um J. Smend und F. Spitta schließt sich am Ende des 19. Jh. dem an, wobei die rhetorische Fragestellung nur noch indirekt in der Homiletik behandelt wird. Die stark liturgiegeschichtlich orientierten Beiträge des bayrischen Luthertums – «Das Alte neu zu machen, ist die Mission unserer Tage, auch was den Kultus betrifft» [12] – rücken ebenfalls die Meßform und damit die Feier des Abendmahls ins Zentrum ihrer agendarischen Arbeit.

Während des 19. Jh. verstärkt sich jenseits der fachliturgischen Diskussion eine bis in die Gegenwart reichende Differenzierung im Partizipationsverhalten der evangelischen Kirchenmitglieder. «Tendenziell geht nur noch eine Minderheit – die spätere «Kerngemeinde» – regelmäßig Sonntag für Sonntag zum Gottesdienst. Die Kirchgangssitte der Mehrheit dagegen bewegt sich hin auf eine Kombination von Gottesdienstbesuch an den hohen Feiertagen des Jahres und an den hohen Festen der Familie.»[13] Diese Entwicklung hat auch weitreichende, das Verhältnis von Rhetorik und L. betreffende Konsequenzen. Kann bisher bei den Gemeindegliedern ein gewisses Verständnis liturgischer Elemente durch die Regelmäßigkeit des sonntäglichen Gottesdienstbesuchs vorausgesetzt werden, beginnt jetzt der Sonntagsgottesdienst zu einer Sonderwelt von Sprachformen und rituellen Vollzügen zu werden, deren Nachvollzug und Bedeutung nur noch den regelmäßigen Gottesdienstbesuchern, also einer deutlichen Minderheit, zugänglich ist. Gerade in dieser Situation geraten aber – nicht zuletzt auf Grund von Fehlentwicklungen in der spätaufklärerischen Liturgik – der Gesichtspunkt der Verständlichkeit und damit auch die rhetorische Perspektive aus dem Blickfeld.

Verstärkt wird diese Tendenz dann durch die theologische Reaktion auf die Katastrophe des 1. Weltkriegs, die bei zahlreichen jüngeren Theologen, deren Wortführer zunehmend K. Barth wird, zu einer schroffen Entgegensetzung von christlichem Glauben und allgemeiner Kultur und damit auch zu einem Abbruch des Dialogs zwischen Theologie und anderen Wissenschaften führt. Als entscheidendes Kriterium auch für die Gottesdienstgestaltung gilt jetzt die «Sachgemäßheit» in einem exklusiv theologischen Sinn. Nicht zuletzt die in den fünfziger Jahren in den evangelischen Kirchen im deutschsprachigen Raum weitgehend eingeführte sogenannte Agende 1 – wenngleich sie sich durchaus aus anderen Quellen als der dialektischen Theologie speist – ist primär Ausdruck eines auch exklusiv dogmatisch unter Ausschluß pädagogischer, psychologischer und eben auch rhetorischer Gesichtspunkte gewonnenen Gottesdienstverständnisses.[14] Zwar wird hier die problematische Reduktion von L. auf die feststehenden Elemente des Gottesdienstes überwunden und die Predigt in ihrer liturgischen Bedeutung wiederentdeckt, doch bedeutet dies keine Rezeption rhetorischer Einsichten.

Nicht zuletzt auf Grund des zurückgehenden Gottesdienstbesuchs und der zunehmenden Zahl von Kirchenaustritten erscheint heute die Notwendigkeit, L. auch adressatenbezogen zu gestalten, unabweisbar. Anfang der siebziger Jahre entdecken vor allem M. Josuttis und G. Otto die Rhetorik als wichtige Bezugswissenschaft (nicht mehr Hilfswissenschaft!) der Homiletik. Weiter werden Kommunikationstheorie und etwas später auch Ritual-[15] und Symboltheorien[16] sowie die Semiotik[17] als wichtige Theoriebildungen für die liturgische Arbeit erkannt. Da die Rhetorik ja ihrerseits auch in engem Kontakt hierzu steht, ist jedenfalls mittelbar eine neue Annäherung von Theologie und Rhetorik auch auf liturgischem Gebiet zu verzeichnen.

Anmerkungen:
1 P. Cornehl: Art. ‹Gottesdienst VIII. Evang. Gottesdienst von der Reformation bis zur Gegenwart›, in: TRE 14 (1985) 54. – **2** L. Fendt: Einf. in die Liturgiewiss. (1958) 191. – **3** S. F. Schmidt-

Clausing: Zwingli als Liturgiker (1952). – **4** zu den Formularen s. im Überblick Fendt [2] 220–227. – **5** vgl. S.H. Davies: Worship and Theology in England, 5 Bde. (Oxford / Princeton 1961–1975). – **6** U. Sträter: Meditation und Kirchenreform in der lutherischen Kirche des 17. Jh. (1995) 95. – **7** ebd. 97. – **8** ebd. 105–118. – **9** s. genauer A. Ehrensperger: Die Theorie des Gottesdienstes in der späten dt. Aufklärung (1770–1815) (1971) 143–204. – **10** s. etwa C.F. Bahrdt: Rhet. für geistl. Redner (Halle a. S. 1784). – **11** s. etwa J.J. Breitinger: Critische Dichtkunst, worinnen die poetische Mahlerey in Absicht auf die Erfindung im Grunde untersuchet und mit Beispielen aus den berühmtesten Alten und Neuen erläutert wird (Zürich 1740). – **12** Th. Kliefoth: Theorie des Kultus in der evangel. Kirche (Parchim 1844) 3; s. H. Kerner: Reform des Gottesdienstes. Von der Neubildung der Gottesdienstordnung und Agende in der evang.-lutherischen Kirche in Bayern im 19. Jh. bis zur Erneuerten Agende (1994). – **13** Cornehl [1] 63. – **14** S.P. Brunner: Zur Lehre vom Gottesdienst der im Namen Jesu versammelten Gemeinde, in: Leiturgia, Bd. 1 (1954) 83–361. – **15** vgl. W. Jetter: Symbol und Ritual. Anthropologische Elemente im Gottesdienst (1978). – **16** vgl. H.-G. Heimbrock: Gottesdienst: Spielraum des Lebens. Sozial- und kulturwiss. Analysen zum Ritual in praktisch-theol. Interesse (Kampen 1993). – **17** vgl. R. Volp (Hg.): Zeichen. Semiotik in Theol. und Gottesdienst (1982).

Literaturhinweise:
G. Rietschel: Lehrbuch der Liturgik, neubearb. von P. Graff, 2 Bde. (²1951). – I. Werlen: Linguist. Analyse von Gottesdiensten, in: Liturgisches Jb. 38 (1988) 79–93. – A. Ehrensperger: Gottesdienst (1988). – H.-Chr. Schmidt-Lauber: Unser Gottesdienst – Empirische, liturgische und theol. Perspektiven, in: ders.: Die Zukunft des Gottesdienstes (1990) 132–149. – R. Volp: Liturgik, Bd. 1 (1992) vor allem 103–108, 130–142. – K.-H. Bieritz: Daß das Wort im Schwange gehe. Luth. Gottesdienst als Überlieferungs- und Zeichenprozeß, in: ders.: Zeichen setzen. Beitr. zu Gottesdienst und Predigt (1995) 82–106.

Chr. Grethlein

2. *Katholische L.* Das Konzil von Trient (1545–1563) initiiert als Reaktion auf die Reformation und zur Überwindung der teilkirchlichen Reformunfähigkeit eine gesamtkirchliche Liturgiereform. Sie ist durch einen starken Zentralismus geprägt und schreibt für Text wie Ritengestalt im wesentlichen den mittelalterlichen Zustand fest, obwohl die Rückkehr «ad pristinam sanctorum patrum normam ac ritum» (zu altehrwürdiger Norm und Ritus der heiligen Väter) das Ziel ist.[1] Die lateinischsprachige L. ist kultische Aktion des Klerus, das Volk nimmt, v.a. an der Messe, nur durch individuelle Frömmigkeitsübungen teil und wird in der Predigt angesprochen. Im Zentrum der Messe steht die Realpräsenz Christi im Sakrament, die Schriftverkündigung hat kaum Bedeutung. Das Breviergebet ist Klerusliturgie, die Sakramentenliturgien (Taufe, Trauung, Letzte Ölung etc.) sind ritualisiert und auf den Spendeakt hin konzentriert. Der im Buch fixierte «amtliche» Ritus, seit 1588 durch die römische Ritenkongregation kontrolliert, ist verpflichtend für die L. Nachtridentinisch erscheinen erstmals gesamtkirchlich liturgische Bücher.[2] Der l. Ordo als Ordnungsprinzip ist für die katholische Reform und den Prozeß der Konfessionalisierung von Bedeutung. Die Reform greift tief in die diözesane liturgische Vielfalt ein. V.a. die Einführung des ‹Missale Romanum› wird von den Diözesen verlangt, erstreckt sich aber etwa im deutschen Sprachgebiet z.T. über einen langen Zeitraum. Doch dürfen Diözesen mit mehr als 200-jähriger Tradition ihre eigenen Missalien behalten. Die Bistümer Köln, Trier und Münster bleiben bei ihren diözesanen Meßbüchern sogar bis weit ins 19. Jh. (Unterschiede z.B. bei Leseordnung und Orationen, im Kalendarium und bei Proprien). Wird das Textkorpus der liturgischen Bücher mit dem Tridentinum einheitlicher, so kann man doch nicht von einer «Epoche der römischen Einheitsliturgie»[3] sprechen: Die L. wandelt sich über die Jahrhunderte mit den Veränderungen in Gesellschaft, Frömmigkeit und Mentalität. Vom 16. bis ins 20. Jh. gibt es gravierende Veränderungen im Kirchenlied, in der Kirchenmusik, in der Predigt, bei Gewändern, im Kirchenbau etc. Da L. mehr ist als nur fixierter Text, nämlich ein Handlungsgeschehen mit vielen Komponenten, wandelt sie sich in der Feiergestalt auch dann, wenn die im Buch fixierte Gestalt gleich bleibt. Zudem nimmt man auch nach Trient (seitens der Kirchenleitung) Veränderungen in der L. vor. Als Reformbewegungen sind für Frankreich der Gallikanismus, für die deutschsprachigen Länder die Katholische Aufklärung zu nennen. Letztere fördern um der Erbauung und Belehrung der Gläubigen willen eine muttersprachliche L. Sie verändert aus theologischen und pädagogischen Gründen die liturgischen Riten und Bücher auf Verständlichkeit hin. Der Mensch vor Gott tritt in den Mittelpunkt des Gottesdienstes.[4]

Eine Erstarrung der L. setzt mit dem späten 19. Jh. und der kirchlichen Restauration ein, die auf gesellschaftliche Prozesse der Säkularisierung und Modernisierung antwortet. Der Rückbezug auf den römischen Ritus, dem der Primat eingeräumt wird, bietet Sicherheit.

Einen durch neue theologische Erkenntnisse, aber auch durch kirchlich-gesellschaftliche Umbrüche bedingten Aufbruch bringt die Liturgische Bewegung, die die L. wieder zur Quelle des Glaubens und der Frömmigkeit erheben will. Prägend wirken mit unterschiedlichen Akzenten u.a. R. Guardini (L. als zweckfreies, heiliges Spiel)[5], der Benediktiner O. Casel (Entwurf der Mysterientheologie)[6] und P. Parsch[7]. L. wird als Feier wiederentdeckt, in der die Gläubigen dem Christusmysterium gegenwärtig werden. Es kommt zu einer Erneuerung der L., die nicht nur dem Ritus, sondern auch dem liturgischen Raum, den liturgischen Zeichen, der Kirchenmusik, der Einbindung der Kunst etc. neue Impulse gibt. Man beachtet wieder die Sinnenhaftigkeit der L., die nicht nur den Verstand, sondern auch das Gemüt, also den ganzen Menschen ansprechen soll. Die L. wird wie ein Gesamtkunstwerk betrachtet. An die Stelle des Mitlesens von Übersetzungen der Meßtexte (Volksmeßbücher von A. Schott u. U. Bomm), mit denen die lateinisch gefeierte L. nachvollziehbar werden soll, tritt die deutsche Gemeinschaftsmesse. Die Liturgieerneuerung wird, mit Auseinandersetzungen, durch Bischöfe und Päpste (v.a. Pius X. und Pius XII.) aufgegriffen und in erste Reformmaßnahmen umgesetzt.[8] Die Liturgiekonstitution des Zweiten Vatikanischen Konzils ‹Sacrosanctum Concilium› (1963) legt das Fundament für eine grundlegende Reform der L., die primär Erneuerung des Glaubens sein will.[9] Diese Reform der Glaubensfeier soll unter der «Norm der Väter» stehen, stellt aber gerade die «tätige Teilnahme» der Gläubigen an der L. als Konsequenz ihres Getauftseins in den Vordergrund. Der *communio*-Charakter und die dialogische Konzeption der L. werden neu betont, die feiernde Gemeinde als ganze ist Trägerin der L., was in vielfältiger Weise zum Ausdruck kommt (z.B. Übernahme von Aufgaben in der L. durch Lektor, Kantor, Psalmist; Beteiligung aller Gläubigen am Gebet durch Antwortrufe, Wechselgesänge, Fürbitten etc.).[10] Die Bibel erhält neue Bedeutung; die Gegenwart Christi im verkündeten Wort der Heiligen Schrift wird wiederentdeckt in einer L., die katabatisch-anabatisch als Dialog zwischen Gott und den Menschen verstanden wird und durch Formen dialogischer Kommunikation der feiernden Gemeinde die Teilnahme ermöglichen soll; es gibt keine L. mehr ohne Schriftverkündigung (vgl. z.B. die mehrjährigen Lesezyklen in der Messe). Die Muttersprache, der das Konzil weiteren Raum zubilligt, löst das Lateinische als Liturgiesprache ab. Die römischen, lateinischen Liturgiebücher sind jetzt Normbücher, die in die jeweilige Liturgiesprache übertragen werden müssen. Im Zuge der Inkulturation, der Akzeptanz der kulturell bedingten vielfältigen Feiergestalt der einen Sinngestalt der L., verändert sich auch die materiale Gestalt der L., indem Zeichen aus dem jeweiligen kulturellen Kontext übernommen werden (siehe z.B. den Meßritus von Zaire).[11] Das jeweilige römische Buch wird für den örtlichen Gebrauch adaptiert. Die liturgischen Bücher sind für die verschiedenen Aufgaben der Mitfeiernden eingerichtet (Rollenbuch).

Ist die nachkonziliare L. in der westlichen Hemisphäre zunächst durch eine starke Verbalisierung geprägt, die sich z.B. in der Gewichtung der Predigt und in der thematischen Überfrachtung v.a. von Meßfeiern äußert, so wird sie seit Beginn der 80er Jahre wieder in ihrer Sinnenhaftigkeit entdeckt. Den Symbolen und nonverbalen Zeichen (Brot, Wein, Wasser, Licht, Zeit u.a.) sowie den Zeichenhandlungen (Körperhaltungen, Gesten u.a.) wird neben dem Wort große Bedeutung beigemessen.

Da L. von ihrem Wesen her eng mit den feiernden Menschen verbunden ist und zeit- und situationsgemäß gefeiert werden soll, bleibt ihre fortwährende Revision und Reform eine beständige Aufgabe. Nicht nur die Sprachgestalt, die einerseits dem sakralen Geschehen, andererseits dem heutigen Menschen angemessen sein soll (*aggiornamento*), auch die Ritengestalt wie letztlich die L. als ganze ist immer wieder daraufhin zu befragen, ob sie unter je anderen Vorzeichen noch Ausdruck des Glaubens der Zeitgenossen sein kann. Somit bleibt der Prozeß der Liturgiereform offen.[12]

Anmerkungen:
1 vgl. die Promulgationsbulle ‹Quo primum› vom 13.7. 1570 (den Ausgaben des Missale Romanum 1570 vorangestellt). – 2 vgl. Breviarium Romanum 1568, Missale Romanum 1570, Rituale Romanum 1614 etc. – 3 vgl. Th. Klauser: Kleine Abendländische Liturgiegesch. Bericht und Besinnung (1965) 117ff. – 4 vgl. F. Kohlschein (Hg.): Aufklärungskatholizismus und L. (1989). – 5 vgl. R. Guardini: Vom Geist der L. (1918). – 6 vgl. O. Casel: Das christl. Kultmysterium (1932). – 7 vgl. P. Parsch: Liturgische Erneuerung. Gesammelte Aufsätze (1931). – 8 vgl. K. Richter, A. Schilson: Den Glauben feiern. Wege liturgischer Erneuerung (1989). – 9 vgl. J.A. Jungmann: Konstitution über die heilige L. [Sacrosanctum Concilium]. Einl. und Kommentar, in: LThK², Bd. 12, 10–109; E.J. Lengeling: Die Konstitution des Zweiten Vatikanischen Konzils über die heilige L., lat.-dt. Text (²1965). – 10 vgl. für die Meßfeier die Allg. Einf. in das Römische Meßbuch, in: Die Meßfeier – Dokumentensammlung (⁶1996) Nr. 62–73. – 11 vgl. H.B. Meyer: Zur Frage der Inkulturation der L., in: Zs. für kath. Theologie 105 (1983) 1–31. – 12 vgl. zu den Aufgaben und Kriterien zukünftiger Liturgiereformen: A. Häußling: Liturgiereform. Materialien zu einem neuen Thema der Liturgiewiss., in: ders.: Christl. Identität aus der L. Theol. u. hist. Stud. zum Gottesdienst der Kirche, hg. von M. Klöckener, B. Kranemann, M.B. Merz (1997) 11–45.

Literaturhinweise:
L. Brinkhoff (Hg.): Liturgisch Woordenboek (Roermond u.a. 1958–1962; 1965–1968; 1970). – A.L. Mayer: Die L. in der europ. Geistesgesch. (1971; ND älterer Arbeiten). – H. Reifenberg: Gottesdienst in den Kirchen des dt. Sprachgebietes. Bestand und Wünsche wiss. Bemühungen um die teilkirchliche L. im Laufe eines Jh., in: Arch. für Liturgiewiss. 22 (1980) 30–92. – H. Auf der Maur u.a. (Hg.): Gottesdienst der Kirche. Hb. der Liturgiewiss. (1983ff.). – H.A.J. Wegman: L. in der Gesch. des Christentums (1994). – H.-Chr. Schmidt-Lauber, K.-H. Bieritz (Hg.): Hb. der Liturgik. Liturgiewiss. in Theol. und Praxis der Kirche (²1995). – B. Kranemann: Gesch. des kath. Gottesdienstes in den Kirchen des dt. Sprachgebietes. Ein Forschungsbericht (1980–1995), in: Arch. für Liturgiewiss. 37 (1995) 227–303.

B. Kranemann, K. Richter

→ Homiletik → Lied → Predigt → Psalm

Lobrede (griech. ἐγκώμιον, enkṓmion; lat. laudatio, panegyricus; engl. laudatory ode, encomium, eulogy; frz. éloge, louange; ital. encomio)
A. Def. – B.I. Vom Humanismus bis zum Barock. – II. Aufklärung. – III. Vom ausgehenden 18. Jh. bis zur Gegenwart.

A. L. ist die deutsche Übersetzung von *panegyricus* und *laudatio*, die in der deutschen Aneignung der rhetorischen Tradition noch bis ins 18. Jh. nur als muttersprachliche Erläuterung den griechischen Terminus begleitet, dann mit der Aufklärung als deutscher Terminus die altsprachlichen Begriffe ersetzt, um schließlich im heutigen offiziellen Gebrauch wieder von dem lateinischen Ausdruck *laudatio* verdrängt zu werden. In der Frühaufklärung liegt die Schwelle, von der an sich der deutsche gegenüber den fremdsprachigen Begriffen durchsetzt. Noch Uhses ‹Wohl-informirter Redner› (1712)[1] und Fabricius' ‹Philosophische Oratorie› (1724)[2] halten sich an den griechischen Terminus *panegyricus*, Hallbauers ‹Anweisung zur Verbesserten Teutschen Oratorie› (1725)[3] ist eines der ersten Lehrbücher, in dem das deutsche Wort nicht mehr nur als Übersetzung der antiken Überlieferung nachgestellt ist, sondern selbst terminologischen Rang erhält. Hier beginnt, was sich durch Gottscheds ‹Ausführliche Redekunst› (1728)[4] und den daraus abgeleiteten L.-Artikel in Zedlers ‹Universal-Lexikon› (1738)[5] etabliert: Das deutsche Wort ‹L.› rückt zum eigentlichen Terminus auf, das griechische *panegyricus* folgt als Traditionsverweis nach. Auch in Gottscheds ‹Handlexicon› (1760)[6] wird es so eingehen. Sulzers ‹Allgemeine Theorie der Schönen Künste› (²1793)[7] ist das erste Handbuch, das allein den deutschen Terminus verwendet. Diese Ablösung antiker durch deutsche Begriffssprache ist nicht definitiv. Im offiziellen Gebrauch dominiert heute wieder die lateinische Gattungsbezeichnung *laudatio*.[8] Im folgenden wird nur die deutsche Gattungsentwicklung der L. dargestellt. Die anderen Literaturen sind unter ihren entsprechenden Termini [9] erfaßt.
B.I. *Vom Humanismus bis zum Barock.* Sieht man von der eigenen Gattung spätmittelalterlicher *Reimreden* ab, die aus dem 14. Jh. von Suchenwirt und Heynen als Ehren- und Preisreden auf Adelige vorliegen [10], so beginnt die deutschsprachige L. historisch als Übersetzung lateinischer Vorlagen, die in humanistischer Schulung nach der Kunstlehre des *genus demonstrativum* gebildet sind. Den ersten Beleg gibt Mathias von Kemnat durch seine Übersetzung eines lateinischen Panegyricus, den P. Luder 1458 am Heidelberger Hof auf Pfalzgraf Friedrich den Siegreichen hält. Die lateinische Vorlage gehört zur höfischen Repräsentationskultur, mit der die ersten deutschen Humanisten sich unter Berufung auf die poetische *memoria*-Funktion politisch behaupten. Die Rede behandelt die Geschichte der Pfalz und ihrer Herrschaft, teilt jedoch kaum Historisches mit, sondern gibt ein an der antiken Rhetorik orientiertes topi-

sches *Herrscherlob*. Sie dient damit vor allem der öffentlichen Demonstration kunstgelehrten 'hohen' Sprechens. Die deutsche Übersetzung bleibt genau dieser Funktion verpflichtet und ahmt Periodenbau und Figuren des Lateinischen nach. Ihr Richtmaß ist nicht die muttersprachliche Verständlichkeit, sondern die stilistische Artifizialität ihrer Vorlage.[11] Die Dominanz des Lateinischen gilt für die öffentliche L. weit bis ins 17. Jh. Deutsche Prosatexte sind nur vereinzelt als Übersetzungen lateinischer Vorlagen überliefert.[12] Die über das 16. Jh. sich reich entfaltende Gattung des humanistisch-lateinischen Städtelobs schlägt sich volkssprachlich nur indirekt in den versifizierten Lobsprüchen nieder, die jedoch gegenüber den gelehrten lateinischen Texten eine eigene populäre Tradition bilden (beispielhaft H. SACHS gegenüber K. CELTIS).[13] Gelehrtes und Volkstümliches verbindet eine ebenfalls im Umkreis des Heidelberger Hofs entstandene deutschsprachige L., die aus der Gattung des *Streitgedichts* hervorgeht. Es ist K. SCHEIDTS ‹Lobrede von wegen des Meyen› (1551).[14] Sie wählt einen beliebten Gegenstand dieser Gattung, den Streit um die Jahreszeiten, in dem sich konventionell die Befürworter von Frühling und Herbst gegenüberstehen. Der Streit ist dichterische Inszenierung, die im parteilichen Lob des Frühlings meteorologisches, astronomisch-astrologisches Wissen und Naturbeschreibungen entfaltet. Scheidt hält sich an lateinisch gelehrte Vorlagen zeitgenössischer Heidelberger Professoren, bietet zudem eine weite Zitatenlese und Übersetzung lateinischer und französischer Dichtung, vermag aber durch Anschaulichkeit, durch volkstümliche Blumenallegorien und Farbsymbolik die gelehrte Tradition zu popularisieren. Keine nur künstlerische Inszenierung, sondern Ausdruck historisch realer Parteistellung ist J. KLAJS ‹Lobrede der Teutschen Poeterey› (1644/45).[15] Sie fügt sich mit ihren nationalsprachlichen Lob-Topoi in die Programmatik der zeitgenössischen deutschen Sprachgesellschaften. Die theoretische Gattungsreflexion beginnt in deutscher Sprache im Kontext barocker literarischer Gesellschaftsbildung. Den charakteristischsten ersten Beleg liefern HARSDÖRFFERS ‹Gesprächspiele› (1644–49). Sie zeugen von einem Gattungsbewußtsein, in dem rituelle Hingabe und kritische Reflexion nebeneinanderstehen. So kann sich ein grundsätzlicher Wahrhaftigkeitsanspruch mit der Lust an spielregelhafter Verstellung verbinden. Die Spannung zwischen Wahrheit und Lüge, zwischen dem Ethos der Aufrichtigkeit und der Pragmatik von Schmeichelei und Heuchelei bildet überhaupt das Grundproblem, das die Theoriegeschichte der L. durchzieht. Im Gattungsbewußtsein des Barock ist dabei die Verbindung von Wahrheitsanspruch und Verstellung möglich, die von der Aufklärung an undenkbar wird. So kann Harsdörffer einerseits alles unverdiente Lob verurteilen und aufgrund der Verführungskraft der Schmeichelei «Ehr- und Lobsprüche» prinzipiell «verdächtig»[16] machen, sich andererseits aber lustvoll dem Reiz des falschen Lobens hingeben. Dies geschieht am deutlichsten in der paradoxen Zuspitzung auf «des Unbelobten Lob»[17], auf die Gattungsvorschrift, das offenkundig Unwürdige zu loben. Von der antiken Rhetorik an ist dies als Virtuosenstück oder satirische Umkehrfiktion etabliert. Bei Harsdörffer ist es weder virtuos noch satirisch, sondern die Ironisierung einer Konvention. Im paradoxen Vollzug wird der Gattungszwang zugleich erfüllt und kritisch distanziert. Das Resultat ist ein Spielregelbewußtsein gesellschaftlicher Rede, in dem der innere Vorbehalt eines sachlichen Wahrheitsanspruchs mit der Lust an der rituellen Erfüllung artifizieller Muster zusammenkommt. Die Entwicklung der *höfischen Rhetorik* löst sich bis zum Ende des 17. Jh. von der humanistischen Schultradition ab, indem sie den Werkbegriff kunstvoller Rede durch ein Wirkungskalkül prozeßhaft-zeremonieller Redesituationen ersetzt. Die theoretische Erörterung der L. rückt ganz in den Zusammenhang der *Complimente* und *Insinuationen*, d.h. der schmeichelnden Anrede. Das bedeutendste Lehrbuch dafür ist C. WEISES ‹Politischer Redner› (zuerst 1677). Aus der Feststellung, welche Macht in der schmeichlerischen Verstellung liegt («Was höret aber ein Mensch lieber/ als daß er gelobet wird?» «Jemehr sich die Leute wehren/ desto mehr Anlaß wollen sie dem andern geben solche Complimenten fort zu setzen.»[18]), zieht er die Konsequenz einer pragmatischen Bedienung gesellschaftlicher Eitelkeit. Sie reicht vom Titel (von der Voraussetzung «nothwendiger Amts-Titul» hinauf bis zu dem «höflichen Insinuations-Titul»[19]) bis zum komplementären Kunstgriff der Selbsterniedrigung.[20] Ihr Ethos ist die bedenkenlose Versiertheit in konventionell falscher als wirksamster Rede: «Und wie man das Lob öffentlich anbringen solle/ davon darff nicht viel gesagt werden/ weil es leicht zu thun ist/ daß man sich dergleichen Formulen angewöhnet».[21] Als einzige Grenze der Schmeichelei gilt die offensichtliche Umkehr des Allbekannten: «wenn man absonderlich das jenige lobt/ dessen Contrarium bey iedermänniglich bekannt ist».[22] Die Abkehr von der humanistischen Schulrhetorik und die Hinwendung zur Pragmatik höfischer Politik, die Weises Lehrbuch als Reform verfolgt, zeigt sich programmatisch auch in V.L. V. SECKENDORFFS Vorrede zu seinen ‹Teutschen Reden› (1686). [23] Ihre Opposition gegen den Werkbegriff kunstvoller Rede schlägt sich in der Geste der Antirhetorik nieder, die den Gattungsnamen Panegyricus ausdrücklich abweist, doch mit der Behauptung der Schlichtheit ihre panegyrische Absicht nur umso wirksamer durchsetzt: «Ich will hier keinen Panegyricum anstimmen/ und bleibe nur mit wenigem bey denen Kennzeichen und Qualitäten/ welche vorerzehlter massen/ die beyde Teutschen Könige oder Land-Herren aus Frießland/ der Teutschen Nation öffentlich vor mehr als 50000 Römern im Theatro Pompeji zugelegt».[24] Neben den zahlreichen rhetorischen Lehrbüchern wird nun auch die Überlieferung gedruckter deutschsprachiger Reden breit. Sie sollen entweder als Mustersammlung zur praktischen Rednerschulung dienen oder verfolgen als Textdokumentationen außerrhetorische Zwecke. Die größte und wichtigste Sammlung ist die des Leipziger Stadtschreibers J.C. LÜNIG: ‹Großer Herren, vornehmer Ministren, und anderer berühmten Männer gehaltene Reden› (1707–1722).[25] Die Überlieferung der weltlichen wird in der Fülle überboten von geistlichen L., d.h. von barocken *Heiligenpredigten*, die ihre Intention der religiös rühmenden Verkündigung in den Titeln ‹Lob-Rede›, ‹Lob- und Ehrenrede› oder ‹Lob- und Ehrenpredigt› ausstellen.[26] Als poetischer Lobredner des Barock tritt vor allem LOHENSTEIN in Erscheinung, herausragend seine in die Gattungstradition der *laudatio funebris* gehörende ‹Lob-Rede› anläßlich des Todes von Christian von Hofmannswaldau. Gleich ihr erster Satz setzt durch die mythologische Antonomasie das Signal stilistischen Prunks: «Der grosse Pan ist todt!»[27]

In grundsätzlicher Übereinstimmung mit Weises *Complimenten*- und *Insinuationen*-Lehre, doch mit weitaus größerer moralischer Bedenklichkeit zeigt sich C.

SCHRÖTERS ‹Gründliche Anweisung zur deutschen Oratorie› (1704). Hier wird die Bedienung höfischer Eitelkeit zum ethischen Problem: «Denn weil ein jeder Mensch eine so unordentliche Selbst-Liebe in seinem Busen heget/ so höret er nichts lieber/ als sich und die Seinige loben. Und ob gleich etliche sich so bescheiden und demüthig bezeigen/ daß sie von ihrem Lobe nicht viel wollen hören/ und deßwegen damit verschonet seyn; so ist es doch selten ihr rechter Ernst/ und es gefället ihnen gleichwohl im Hertzen/ wenn man sie wider ihren Willen lobet. Wiewohl/ wann man die Wahrheit sagen soll/ so ist diese Art sich zu insinuiren bey vielen/ sonderlich falschen Leuten/ eine nicht gar anständige Heucheley». [28] Daß die humanistische und die barocke L., vor allem das *Herrscherlob* sich tatsächlich nicht als bloße Schmeichelei und Heuchelei erklären, daß die L. statt bloßer Herrschaftsrepräsentation auch als normative Gattung zu verstehen ist, die ein Wunschbild öffentlich als Forderung erhebt, hat die historische Forschung herausgestellt. [29] Rhetorikgeschichtlich ist darin eine historische Alternative zum klassisch-republikanischen Ideal der Streitrede zu sehen. Wo politisch absolutistische Verhältnisse die öffentliche Streitrede verwehren, kann eine differenzierte bis listige Strategie des Lobens deren Rolle ersetzen: ein impliziter Funktionswandel der demonstrativen zur deliberativen Gattung.

II. *Aufklärung.* Was die Aufklärung zur Geschichte und Theorie der L. beiträgt, ist vor allem die Verpflichtung zur Wahrhaftigkeit. Aus ihr folgt die Spitzenstellung der L. in der Gattungshierarchie, denn nichts Würdigeres ist aus diesem Theorieansatz denkbar, als das Wahre als das Wahre lobend zu präsentieren. Den Anfang macht HALLBAUERS ‹Anweisung zur Verbesserten Teutschen Oratorie› (1725). Paradoxe L., für deren spielerischen Reiz sich Harsdörffer noch empfänglich zeigt, werden nun pejorativ als «Spielwerck» abgetan und – schärfer noch – als Ausdruck von Charakterschwäche verurteilt: «Dinge zu loben, die es nicht verdienen, ist eine Schwachheit». [30] Daß Hallbauer die Schwelle zur Aufklärung markiert, zeigt seine Definition der L., in der sich hergebrachte barocke Leitbegriffe mit neuen Urteilskriterien mischen: «Lob-Reden werden auf hohe Personen in einem hohen und scharfsinnigen stilo geschrieben und müssen also auch hohe und auserlesene Sachen vortragen.» [31] Das barocke *argutia*-Ideal klingt hier nach, und für die geforderte Stilhöhe wird «der berühmte Herr von Lohenstein» [32] noch als Vorbild genannt. Von neuen Urteilskriterien indes zeugt es, daß der traditionelle Terminus *panegyricus* nicht mehr verwendet, sondern in einem begriffskritischen Exkurs dem deutschen Begriff ‹L.› als Anmerkung beigegeben wird. Der Exkurs weist darauf hin, daß der griechische Terminus ursprünglich jede vor großer Versammlung gehaltene Rede bezeichnet und sich erst später auf die Intention des Lobs einschränkt. [33] Auch bemüht sich Hallbauer um eine argumentationslogische Klassifizierung, auf welche grundsätzlich verschiedenen Weisen zu loben sei: «analytice» in stringenter Darstellung eines ganzen Lebenslaufs und «synthetice» in der Zusammensetzung bestimmter ausgewählter Qualitäten. [34]

Zum engagiertesten Theoretiker der L. wird dann GOTTSCHED, und zwar aus der Überzeugung heraus, daß die richtige Art des Lobens mit dem Anspruch wissenschaftlichen Beweisens übereinkommen müsse. So wird die Lob- zur Lehrrede, zur Demonstration von Wissen und Wahrheit. Rhetorikgeschichtlich: Das *genus demonstrativum* verschmilzt mit dem *genus didascalicum*. [35]

In Gottscheds ‹Ausführlicher Redekunst› (1736) führen die «großen Lobreden» deshalb den «Besondren Theil», der die verschiedenen Redegattungen vorstellt, an, was ausdrücklich als qualitative Spitzenstellung markiert wird: «Ich sehe aber dieselben nicht ihrer Leichtigkeit halber voran: sondern darum, weil sie dasjenige sind, worinn ein Redner ein rechtes Meisterstück seiner Kunst ablegen kann.» [36] Die Verpflichtung zur wissenschaftlichen Wahrheit geht – ganz im Sinne des bekannten, oft polemischen Gegenzugs gegen den Barock – mit der Forderung nach nüchternem Ausdruck einher: «Den Hauptsatz seiner Lobreden muß ein Redner ohne alle Kunst machen. Er darf nur schlechtweg sagen, er wolle seinen Helden loben.» [37] Ausdrücklich wird nun im Namen der Vernunft abgewiesen, was den Kern des manieristischen Stilideals bildete, die Kunst gesuchter Metaphorik: «Die künstlichen Einfälle hingegen, die eines allegorischen oder metaphorischen Ausdruckes nöthig haben, müssen aus einer vernünftigen Lobrede verwiesen seyn.» [38] Als Musterbeispiele empfiehlt und übersetzt Gottsched L. des französischen Jesuiten FLÉCHIER. Darin zeigt sich der generelle Umstand, daß die deutsche Rhetorik und Poetik der Aufklärung von der klassizistischen Stilreform der französischen Jesuiten abhängen. In seiner Vorrede zur deutschen Ausgabe der ‹Lob- und Trauerreden von Esprit Flechier› (1749) schmäht Gottsched die traditionelle rhetorische Topik als «schlechte Kunstgriffe» und «abgedroschene Hülsen» [39], mit denen Fléchier als erster konsequent Schluß gemacht habe. Dabei überblendet das Lob des französischen Jesuiten die programmatische Metapher der Aufklärung mit der Gottbegnadung des Kirchenmannes: «Fleschier aber war viel zu erleuchtet, als das er aus dergleichen seichten Quellen [sc. den traditionellen Lob-Topoi] hätte schöpfen sollen». [40] In seinen eigenen L. setzt Gottsched diesen Anspruch praktisch um, indem er mit Nachdruck den individuellen sachlichen Grund seines Lobes gegen alle stereotypen Lobargumente betont [41] und in Umkehrung der Topik im besonderen Fall gerade das Unzutreffende hergebrachter Lob-Topoi hervorhebt. So wird die L. zur Kritik ihrer eigenen Konventionen. Vorbildlich dafür ist Gottscheds ‹Lob- und Gedächtnißrede› auf M. Opitz, die kontinuierlich ihre neue Programmatik im praktischen Vollzug reflektiert. [42] BODMERS ‹Nachrichten von dem Ursprunge und Wachsthum der Critik bey den Deutschen› (1741) fassen das ganze Defizit der vorkritischen Zeiten in der Diagnose zusammen, daß dort alles öffentliche Urteil in «unangemessenen Lobsprüchen» bestanden habe. Der «panegyrische Thon» wird bei Bodmer zum Schlüsselantonym kritischen Bewußtseins. [43] Den deutlichsten praktischen Beleg für die theoretisch geforderte Beweispflicht des Lobs gibt J.J. ENGELS ‹Rede am Geburtstage des Königs [Friedrich Wilhelm II.]› (1786). Der gedruckten Ausgabe der Rede ist eine dokumentarische Beilage angefügt, die eine Cabinets-Ordre enthält, um das gelobte aufgeklärte Rechtsbewußtsein des Königs konkret nachzuweisen. [44] Wie sehr dies dem Epochenbewußtsein entspricht, zeigt noch SULZERS ‹L.›-Artikel, der Engels Rede zu dem Besten zählt, was es in deutscher Sprache in dieser Gattung gebe. [45]

Sulzers Darstellung selbst aber zeugt schon von dem öffentlichen Ansehensverlust der Rhetorik, die im ausgehenden 18. Jh. als Lehrfach und überhaupt im sprachlichen Wertebewußtsein in Deutschland zu untergeordneten Schulzusammenhängen degradiert ist: «In unsern Zeiten und nach unsern Sitten sind die öffentlichen Lobreden in die dunklen Hörsäle und Schulen verwiesen.» [46] Sulzer bewertet dies ambivalent. Einerseits sei es Ausdruck politischer Freiheit, daß keine Verpflichtung zu offizieller Panegyrik mehr bestehe: «Es ist auch sehr gut, daß weder Gesetze, noch eingeführte Gebräuche, Lobreden auf gewisse Personen nothwendig machen».[47] Anderseits beklagt Sulzer darin den Niedergang der «wahren Beredsamkeit», der er durch bürgerliches Engagement wieder aufhelfen will: Sein Lexikonartikel plädiert für jährliche Feste, an denen die «Freystaaten» durch L. der «wahren Beförderer des öffentlichen Wohlstandes» gedenken sollen.[48] Damit versucht Sulzer, die traditionelle Konnotation der L. als absolutistische Herrschaftsrepräsentation bürgerlich liberal umzukehren.

III. *Vom ausgehenden 18. Jh. bis zur Gegenwart.* Der Gestus der Antirhetorik, mit dem seit der Mitte des 18. Jh. sich deutsches literarisches Selbstbewußtsein vor allem gegen Frankreich formiert, prägt sich in der L. programmatisch aus. Zu deren festem Inventar wird nun die ausdrückliche Geringschätzung rhetorischer Gattungsnormen. Dazu gehört weiterhin die Ablehnung aller Lobestopoi, doch verschiebt sich gegenüber Gottscheds Rhetorik die Begründung dafür: statt der prüfenden Vernunft herrscht tendenziell die Idee von der Selbstevidenz wahrer Größe, die jede eloquente Bemühung um sie erübrige. Die L. will weniger durch Argumente beweisen als vielmehr durch Authentizität, durch einen persönlich wahrhaftigen Bezug zur Sache glaubhaft sein. Ein herausragendes Beispiel dafür gibt HERDERS ‹Denkmahl Johann Winkelmanns› (1777), weil es zu Beginn mit dem Lob dieser Leitfigur für kulturelles Nationalbewußtsein in Deutschland zugleich die angemessene Methode 'deutschen' Lobs vorführen will. HERDER beginnt mit einer Polemik gegen die «gewöhnlichen Lieux communs französischer Lobschriften»[49], die er zum Spottbild lächerlichen Pomps ausmalt. Dabei läßt er wirkungsvoll «Lob» mit «Lüge» alliterieren.[50] Als Gegensatz dazu kündigt er seine eigene Lobschrift als «stille That» und «demüthiges Opfer» an[51], schließt von hier aus auf Winckelmanns «unscheinbare» Herkunft, der die wahren Werte des «inneren Reichthums» und «gesunden Menschenverstands» zuerkannt werden – und zwar in so ausdrücklicher Opposition gegen alles Rhetorische («blähende Fakultäten- und Magisterkünste», «unsinniges Kathedergewäsch»), daß der Wahrhaftigkeitsanspruch von Winckelmanns Leben auf Herders eigenen Text übergeht.[52] Die Antirhetorik selbstredender Wahrhaftigkeit, in der sich der stilistische zugleich als ethischer Anspruch stellt, wird zum eigenen Topos deutscher L., vor allem dort, wo sie sich gegen das Rhetorische der romanischen Nachbarn behaupten will. Wie lange dies gültig bleibt, zeigt TH. MANNS Rede ‹Goethe als Repräsentant des bürgerlichen Zeitalters› (1932). Auch sie verwendet die rhetorische Gattungsbezeichnung nur polemisch und schmäht die nach wie vor französisch konnotierte Kunst des «schwungvollsten Panegyricus».[53] Für die eigene Rede werden dagegen Nüchternheit und kritisches Bewußtsein beansprucht. Die Intention bleibt indes einsinnig laudativ. Sie realisiert sich jedoch so, daß sie als positive Überbietung der Kritik erscheint: Der romantische Tadel am unpoetischen Goethe wird in das Lob des Patrizisch-Bürgerlichen und die sozialistische Verurteilung der bürgerlichen Kultur in die Hoffnung auf deren progressive Erneuerung umgekehrt. Dabei schließt sich der Lobredner dem Gelobten solidarisch an. So übt Th. Mann die L. als konflikterhabene Meisterschaft bürgerlicher Selbstrepräsentation.

Neben solch subtilen Formen steht die einfache Funktionalisierung der L. zur Propaganda. Welche Formbeständigkeit dabei auch über grundsätzlichen politischen Wechsel hinweg herrscht, zeigt J.R. BECHERS Rede ‹Von der Größe unserer Literatur› (1956). Sie ist ein Musterstück sozialistischer Erbe-Ideologie, das die eigene Kulturpolitik im Ton kaiserzeitlich nationalstolzer Vivat-Rufe feiert: «Es lebe unsere große deutsche Literatur! Es lebe die deutsche Nationalliteratur im Zeichen der Größe unserer sozialistischen Literatur! Es lebe die Größe unserer Literatur!»[54] Die agitatorische Verwendbarkeit der L. steht hier triumphal selbstbewußt da und wird programmatisch zur Pflicht öffentlicher Rede, öffentlicher Texte überhaupt.[55] Sowohl die Geschichte bürgerlicher Repräsentationskultur als auch der politischen Propaganda in Deutschland haben dazu geführt, daß im aktuellen demokratischen Bewußtsein die L. als problematische Gattung gilt. Wiewohl heutige Diagnosen in der Tendenz zur «permanenten Wahlwerbung» als permanenter L. wieder die Verdrängung aller Argumentation durch absolutistische Repräsentation erkennen und anklagen[56], hat sich doch die rhetorische Reflexion um neue Antworten bemüht, wie die Intention des Lobens mit der grundsätzlichen Anerkennung der Strittigkeit aller Urteile zu verbinden sei. W. JENS plädiert für eine kontroverse, streitbare Form der L., die die Bedeutung ihres Gegenstands ausdrücklich gegen etablierte Wertvorstellung und Würdigungen behaupten und damit ihrerseits zum Widerspruch provozieren soll. Als Gattungsbezeichnung wählt er dafür den Begriff «Einspruch», der ausdrücklich aus dem Bereich der Epideixis hinaus auf die Gerichtsrede weist.[57] Eine andere Strategie, die vor allem bei akademisch-öffentlichen Anlässen dominiert, setzt auf ein spielerisch ironisches Gattungsbewußtsein. Hier heißt die L. grundsätzlich *laudatio*. Der lateinische Terminus entlastet, weil er gelehrt eine Konvention markiert, an der jeder mit sittlicher Freude am Zeremoniellen teilnehmen kann, ohne aus innerer Überzeugung für jede Einzelheit einstehen zu müssen. Die besten Beispiele dafür geben die *laudationes* der Darmstädter Akademie für Sprache und Dichtung auf ihre verschiedenen Preisträger. Sie alle parieren den Gattungszwang des Lobs mit einem Konventionsbruch, der mit der Konventionalität der *laudatio* spielt: O. MARQUARD etwa gibt einen «Steckbrief» für den Kandidaten aus, mit dem die ehrende Akademie sich selbst ehrt[58], W. LEPENIES ironisiert sein Laudator-Amt durch einen raffiniert zwischen Ernst und Unernst schwankenden Tadel[59], H. HEISSENBÜTTEL bietet eine Problemstudie über das Adjektiv ‹integer›, das vom Hörensagen dem Gelobten anhänge[60], H. WOLLSCHLÄGER löst aus der Vorsicht, Lob bedeute Eigenlob, sein Lob digressiv in die Schwierigkeiten der zu lobenden Sache – hier das literarische Übersetzen – auf[61], und M. REICH-RANICKI beklagt – als marktgängigster aller Kritiker – ironisch die Abhängigkeit öffentlicher Würdigungen von der Marktgängigkeit.[62] Alle diese Beispiele tradieren die Geste der Antirhetorik, indem sie sich als individuelle Wahrhaftigkeitsanstrengung gegen den Gattungszwang kehren. Durch ihr agonales Verhältnis zur Konvention schaffen sie jedoch ein eigenes, neues Bewußtsein öffentlicher Rhetorik, in dem sich kritische Distanz mit lustvoller spielregelhafter Herausforderung verbindet. So entsteht die neue Konvention, daß jede Rede für sich eine originelle Variationsidee beansprucht.

Rhetorische Konvention überlebt durch ihre je punktuelle Verletzung.[63] Eine provokante Umkehrung der Gattungsintention bietet schließlich F. DÜRRENMATT, der aus dem Lob die Anklage des Auditoriums ableitet, in dessen Namen eigentlich das Lob zu führen wäre. Seine in Anwesenheit des schweizerischen Bundesrates gehaltene Rede auf Havel (1990) richtet dessen politische Überzeugungen und Verdienste zum Maßstab um daran zu zeigen, wie kraß die schweizerische Militär- und Neutralitätspolitik dem widerspricht.[64] Seine in Berlin gehaltene Laudatio auf Gorbatschow (1990) stellt anhand der in ihren Konsequenzen unabsehbaren politischen Vernunft der Perestroika die offizielle deutsche politische Zuversicht nach dem Ende des Kalten Kriegs als simple Überheblichkeit dar. Das als gefällige Konvention verbreitete Lob wird zitiert («die 'Gorbi, Gorbi'-Rufe»), um als politische Selbstgefälligkeit getadelt zu werden.[65]

Anmerkungen:
1 M.E. Uhse: Wohl-informirter Redner (1712; ND 1974) 344. – 2 Fabricius 420. – 3 Hallbauer orat. 753. – 4 J.C. Gottsched: Ausführliche Redekunst, Besondrer Theil, III. Hauptstück, in: Ausgew. Werke, hg. von P.M. Mitchell, Bd. VII, 2 (1975) 88. – 5 Zedler Bd. 18, 50–54. – 6 J.C. Gottsched (Hg.): Handlexicon oder Kurzgefaßtes Wörterbuch der schönen Wiss. und freyen Künste (1760; ND 1970) 1025. – 7 Sulzer 282f. – 8 vgl. unten Anm. 58–62 u. 64. – 9 vgl. die Artikel: ‹Enkomion›, ‹Laudatio›, ‹Eloge›, ‹Eulogy›, auch: ‹Byzant. Rhet.› Zur generellen Übersicht: ‹Epideiktische Beredsamkeit›. – 10 vgl. U. Müller: Reimreden, in: Dt. Lit. Eine Sozialgesch., hg. von H.A. Glaser, Bd. 2 (1991) 221. – 11 Lobrede eines Heidelberger Humanisten auf Pfalzgraf Friedrich I., in: Bibliotheca Palatina. Katalog zur Ausstellung vom 8. Juli bis 2. Nov. 1986. Textbd. (1986) 193–195; siehe dazu J.-D. Müller: Sprecher-Ich und Schreiber-Ich, in: ders. (Hg.): Wissen für den Hof (1994) 289–321. – 12 vgl. auch J. Meichels Übers. von J. Kellers Panegyricus auf Maximilian von Bayern (1621), Nachweis in: G. Dünnhaupt: Bibliogr. Hb. der Barocklit., Bd. 2, II (1981) 1146. – 13 vgl. H. Kugler: Die Vorstellung der Stadt in der Lit. des dt. MA (1986) 212–221; zum Städtelob auch P.G. Schmidt: Ma. und humanistisches Städtelob, in: A. Buck (Hg.): Die Rezeption der Antike (1981) 119–128. – 14 K. Scheit: Lobrede von wegen des Meyen, hg. von P. Strauch (Halle 1929). – 15 J. Klaj: Lobrede von der Teutschen Poeterey (1645; ND 1965), zusammen mit den Redeoratorien hg. von C. Wiedemann; siehe auch C. Wiedemanns Artikel in: Lex. literaturtheoretischer Werke (1995) 224f. – 16 G.P. Harsdörffer: Frauenzimmer Gesprächspiele, hg. von I. Böttcher, I.T. (1968) 193. – 17 ebd. VIII. T. (1969) 444–456. – 18 Weise 1, 188. – 19 ebd. 198. – 20 ebd. 189f. – 21 ebd. 189. – 22 ebd. 192. – 23 V.L. v. Seckendorff: Teutsche Reden (Leipzig 1686), 29ff.: «Discurs [...] von der Art/ Beschaffenheit und Nutzen der Reden/ welche bey sonderbarer Gelegenheit öffentlich gehalten werden müssen»; zu diesem Reformprogramm grundsätzlich G. Braungart: Hofberedsamkeit (1988) 58–66 u. 289–293. – 24 Seckendorff [23] 186f. – 25 einen quellenkundlichen Überblick gibt Braungart [23] 1–14. – 26 vgl. W. Welzig: Lobrede. Katalog deutschsprachiger Heiligenpredigten in Einzeldrucken (1989) bes. 755. – 27 D.C. von Lohenstein: Lob-Rede Bey ... Christians von Hofmannswaldau ... Leich-Begängnisse (1679; ND ²1968 in: Das Zeitalter des Barock, hg. von A. Schöne, 950–960). – 28 C. Schröter: Gründliche Anweisung zur deutschen Oratorie (1704; ND 1974) 197f. – 29 den Anfang machte T. Verweyen: Barockes Herrscherlob, in: DU 28 (1976) 25–45; siehe auch J.-D. Müller: Dt.lat. Panegyrik am Kaiserhof und die Entstehung eines neuen höfischen Publikums in Deutschland, in: Europ. Hofkultur im 16. u. 17. Jh., hg. von A. Buck, G. Kauffmann, B.L. Sphar u. C. Wiedemann, Bd. II (1981) 133–140, bes. 134; ferner in Bd. 3 des HWRh die Artikel ‹Herrscherlob› und ‹Höfische Rhet.›. – 30 Hallbauer Orat. 202. – 31 ebd. 753. – 32 ebd. 755f. – 33 ebd. 753f. – 34 ebd. 754. – 35 vgl. R. Campe: Affekt und Ausdruck (1990) 17. – 36 J.C. Gottsched: Ausführliche Redekunst. Besondrer Theil, in: Gottsched [4] 88. – 37 ebd. 89. – 38 ebd. 90. – 39 J.C. Gottsched: Vorrede zu Lob- und Trauerreden von Esprit Flechier, in: Ausgew. Werke, hg. von P.M. Mitchell, Bd. X, 1 (1980) 342 u. 344. – 40 ebd. 344. – 41 vgl. J.C. Gottsched: Gesammlete Reden. Lob- und Gedächtnißreden (1749), in: Ausgew. Werke, hg. von P.M. Mitchell, Bd. IX, 1 (1976) 94f. (auf Nicolaus Copernicus). – 42 ebd. 156–192. vgl. dazu Campe [35] 14–16. – 43 J.J. Bodmer: Nachrichten von dem Ursprunge und Wachsthum der Critik bey den Deutschen, in: [J.J. Bodmer, J.J. Breitinger:] Sammlung Critischer, Poetischer, und andrer geistvollen Schriften, 2. Stück (Zürich 1741) 81–180, bes. 89 u. 91. – 44 J.J. Engel: Rede am Geburtstag des Königs (Berlin 1786) 55ff. – 45 vgl. Sulzer 291. – 46 ebd. 283. – 47 ebd. – 48 vgl. ebd. – 49 J.G. Herder: Denkmahl Johann Winkelmanns, in: Sämmtliche Werke, hg. von B. Suphan, Bd. 8 (1892; ND 1994) 437–483, hier 441. – 50 ebd. 443. – 51 ebd. 441. – 52 ebd. 442f. – 53 Th. Mann: Goethe als Repräsentant des bürgerlichen Zeitalters, in: Essays Bd. 3, hg. von H. Kurzke und S. Stachorski (1994) 307–342, hier 317. – 54 J.R. Becher: Von der Größe unserer Lit., in: GW., Bd. 18 (1981) 499–534, hier 534. – 55 ebd. 533. – 56 vgl. Duden: Reden gut und richtig halten! Ratgeber für wirkungsvolles und modernes Reden, hg. von der Dudenredaktion in Zusammenarbeit mit S.A. Huth und F. Hatje (1994) 62. – 57 vgl. W. Jens: Einspruch. Reden gegen Vorurteile (1992) 8f. – 58 O. Marquard: Laudatio auf H. Blumenberg, in: Dt. Akad. f. Sprache u. Dichtung, Jb. 1980, 53–56. – 59 W. Lepenies: Laudatio auf O. Marquard, in: Dt. Akad. f. Sprache u. Dichtung, Jb. 1984, 118–121. – 60 H. Heißenbüttel: Integer und vorbildlich. Laudatio auf H. Vormweg, in: Dt. Akad. f. Sprache u. Dichtung, Jb. 1986, 169–171. – 61 H. Wollschläger: ‹Seit ein Gespräch wir sind...›Digressionen von einer Laudatio auf M. Walter, in: Dt. Akad. f. Sprache u. Dichtung, Jb. 1989, 108–114. – 62 M. Reich-Ranicki: Der leidende Liedermacher. Laudatio auf W. Biermann, in: Dt. Akad. f. Sprache u. Dichtung, Jb. 1991, 137–143. – 63 zu Th. Manns und J.R. Bechers Rede und den Laudationes der Darmstädter Akademie vgl. S. Matuschek: Antirhet., Propaganda, Streit, Spiel und Ironie. Zur Formengesch. der L., in: J. Kopperschmidt, H. Schanze (Hg.): Fest und Festrhet. Zur Theorie, Gesch. und Praxis der Epideiktik (1999). – 64 F. Dürrenmatt: Die Schweiz – ein Gefängnis. Rede auf Václav Havel, in: GW., Bd. 7 (1996) 885–898; dazu M. Stingelin: Allegorie der Rede. Herrscherlob als Demokratietadel in F. Dürrenmatts Rede auf V. Havel, in: Kopperschmidt, Schanze [63] 365 374. – 65 F. Dürrenmatt: ‹Die Hoffnung, uns an dem eigenen Schopfe aus dem Untergang zu ziehen›. Laudatio auf M. Gorbatschow, in: GW., Bd. 7 (1996) 899–919, bes. 917.

Literaturhinweise:
A. Zimmermann: Von der Kunst des Lobens. Eine Analyse der Textsorte Laudatio (1993). – J. Kopperschmidt, H. Schanze (Hg.): Fest und Festrhet. Zur Theorie, Gesch. und Praxis der Epideiktik (1999).

S. Matuschek

→ Amplificatio → Epideiktische Beredsamkeit → Eloge → Enkomion → Herrscherlob → Laudatio → Panegyrik → Predigt → Städtelob

Locus communis (griech. κοινὸς τόπος, koinós tópos; dt. Gemeinplatz; engl. commonplace; frz. lieu commun; ital. luogo comune)

A. I. *Überblick.* Spätestens seit der Renaissance kommt es vor, daß die Termini ‹locus communis› (L.), ‹locus› und ‹Topos› als Synonyme behandelt werden. Bornscheuers 7. These zur «Ambivalenz der Rhetorik» lautet: «Es gibt keine allgemeingültige begriffssystematische Abgrenzung des Topos- bzw. *locus*- Begriffs gegenüber Begriffen wie *locus communis, argumentum, argumentatio* oder *amplificatio*.»[1] Bei den lateinischen Klassikern der Rhetorik war jedoch nicht jeder beliebige Topos oder *locus* zugleich ein L.; das Adjektiv ‹communis› hatte unterscheidende Funktion. Umgekehrt allerdings war jeder L. sehr wohl eine besondere Art von *locus*. Die verwirrende Vielzahl der Bedeutungen, die ‹L.› bereits im lateinischen Altertum annahm, beruht auch auf der Mehrdeutigkeit des Grundwortes ‹locus›, das durch ‹communis› näher bestimmt wird. Um die semantische Motivation der verschiedenen Verwendungen von ‹L.› durchschaubar zu machen, sollen deshalb zunächst drei Bedeutungen des Grundwortes ‹locus› unterschieden werden: (1) ‹Locus› bezeichnet einen ‹Ort›, an dem Argumente zu holen sind, d.h. einen Topos im Sinne der von Aristoteles begründeten Toposlehre. CICERO (106–43) und QUINTILIAN (ca. 30–ca. 100) bezeichnen die Topoi metaphorisch als ‹Schlupfwinkel› (*sedes*), in denen sich gesuchte Argumente wie gejagtes Wild verborgen halten. Wenn der Redner die Schlupfwinkel kennt, kann er die Argumente ‹aufstöbern›. [2] Mit der Metapher des Schlupfwinkels sind argumentativ auswertbare Sach- und Begriffsbereiche gemeint, die anhand ihrer besonderen Beziehung zum behandelten Fall unterschieden werden. Bei einem Strafprozeß z.B. gibt es als einschlägige Topoi u.a. die Sachbereiche ‹Vorleben des Angeklagten› und ‹Tatumstände›. In diesen ‹Revieren› können Ankläger und Verteidiger mit Aussicht auf Erfolg nach Argumenten für bzw. gegen die Täterschaft des Angeklagten jagen. [3] (2) ‹Locus› bezeichnet aber nicht nur den Topos selbst, sondern auch das im Topos (etwa ‹Vorleben des Angeklagten›) aufgestöberte und in der Rede ausformulierte Argument. Die in den antiken Lehrbüchern angeführten Topoi sind von unterschiedlichem Allgemeinheitsgrad, insofern neue Topoi dadurch entstehen, daß die Sach- und Begriffsbereiche, die einen Topos bilden, bald in speziellere Teilbereiche zerlegt, bald in übergeordnete Bereiche eingegliedert werden. Der Topos ‹Vorleben des Angeklagten› läßt sich z.B. in die spezielleren Topoi ‹frühere Taten› und ‹frühere Reden› zerlegen; gleichzeitig gehört er in den übergeordneten Topos ‹Person des Angeklagten›. Der Terminus ‹locus› ist auf den verschiedenen Allgemeinheitsstufen der argumentebergenden Bereiche gleichermaßen anwendbar – auch auf der niedrigsten, die durch das ausformulierte, fallbezogene Einzelargument gebildet wird. Wie ‹locus› außer dem Bereich auch das ihm entnommene Einzelargument bezeichnet, so umgekehrt ‹argumentum› außer dem Einzelargument auch den Topos, aus dem es stammt. [4] (3) ‹Locus› heißt irreführenderweise auch die Abhandlung eines in vielen Reden wiederkehrenden Unterpunktes – etwa eine Überlegung zum grundsätzlichen Wert von Zeugenaussagen oder eine Passage über die Strafwürdigkeit einer bestimmten Verbrechensart. Gegenüber dieser – zu seiner Zeit offenbar modischen – Wortverwendung beharrt Quintilian ausdrücklich auf der bei Cicero üblichen Bedeutung ‹Fundort für Argumente›. [5] Der Rhetor SENECA (ca. 55 v. Chr.–39 n. Chr.) dagegen (der Vater des Philosophen) verwendet ‹locus› in dem von Quintilian zurückgewiesenen Sinn, wenn er von einem Redner berichtet: «Er trug dann den *locus* von der Unbeständigkeit des Glücks vor.» [6] Die verschiedenen Verwendungsweisen der Wortfügung ‹locus communis› lassen sich nach der jeweils in Anspruch genommenen Bedeutung des Grundwortes ‹locus› auf zwei große Gruppen verteilen: In der ersten Gruppe bedeutet ‹locus› einen Fundort für Argumente, also einen Topos im Sinn der Toposlehre. Der Zusatz ‹communis› (gemeinsam) besagt dann, daß der Anwendungsbereich des gemeinten Topos die Anwendungsbereiche anderer Topoi einschließt, die dementsprechend ‹loci proprii› (spezielle Topoi) heißen.

Bedeutungsvarianten innerhalb dieser ersten Verwendungsart von ‹L.› ergeben sich aus den wechselnden Kriterien, nach denen Anwendungsbereiche eines Topos bestimmt werden. So kann mit ‹L.› ein Topos gemeint sein, der in mehr als einem Redeteil verwendbar ist, während die entsprechenden ‹loci proprii› sich für nur einen Redeteil eignen (*exordium, narratio, argumentatio* oder *peroratio*). [7] Mit ‹L.› kann aber auch ein Topos gemeint sein, der zu mehr als einer Streitpunktkategorie – zu mehr als einem ‹Status› – Argumente liefert. Viele Topoi werden vorwiegend oder ausschließlich in nur einem Status angewandt, sind also in diesem Sinne ‹loci proprii›. Es gibt spezifische Topoi für den Streit um die Täterschaft des Angeklagten (*status coniecturae*), andere für den Streit um die richtige Subsumtion der Tat unter einen Tatbestandsbegriff (*status finitionis*), wieder andere für den Streit um die Rechtmäßigkeit der Tat (*status qualitatis*) oder um die Zuständigkeit des Gerichtes (*status translationis*). Die diesen *loci proprii* gegenüberstehenden *loci communes* finden in mehreren Status Anwendung. [8] Der Fachausdruck ‹L.› kann drittens einen Topos bezeichnen, der grundsätzlich beide streitenden Parteien mit Argumenten beliefert. Der Topos ‹aus dem Vorleben› ist ein L., insofern er je nach Prozeßlage sowohl dem Ankläger wie auch dem Verteidiger zur Erschütterung einer unbequemen Zeugenaussage dienen kann. [9] Dagegen ist der Topos, «daß Übeltäter kein Mitleid verdienen», ein ‹locus proprius› der Anklage, die einen Freispruch verhindern und das Strafmaß hochtreiben will.

In der zweiten Gruppe der Verwendungen des Terminus ‹L.› bezeichnet das Grundwort keinen Topos im Sinne der Toposlehre, sondern die Abhandlung eines in vielen Reden wiederkehrenden Unterpunktes. Das Adjektiv ‹communis› hebt in diesem Fall hervor, daß der mit ‹locus› gemeinte Redeteil in viele künftige Reden eingebaut werden kann und in vielen bereits verfaßten Reden tatsächlich vorkommt. Es war eine spitzbübische Laune der Wortgeschichte, daß die Abhandlung eines Unterpunktes genauso benannt wurde wie ein Fundort für Argumente. Vielleicht heißt die Ausarbeitung eines Standardthemas deshalb ‹locus (communis)›, weil sie – wie die ebenso genannten Topoi – in das professionell geschulte Gedächtnis gehört, aus dem der Redner sein Material bezieht; vielleicht auch bedeutet ‹locus›, wenn es sich in der Fügung ‹locus communis› auf ein Standardthema bezieht, nur ‹Stelle innerhalb eines Textes›. [10] Der L. wäre dann wie ein vielbegangener öffentlicher Platz, auf dem die Wege der verschiedensten Reden sich kreuzen. Das Bereithalten ausgearbeiteter Standardthemen, die bei Bedarf abgerufen werden können, ist seit der Sophistik (5. bis 4. Jh. v.Chr.) rhetorischer Brauch. In Platons Dialog ‹Menexenos› spottet Sokrates über Redner, die bei einem kurzfristig bestellten Nachruf auf Kriegsgefallene etwas seit langem Einstudiertes vortragen. [11] Den Namen ‹L.› bzw. κοινὸς τόπος (koinós tópos) erhielten solche rhetorischen Versatzstücke jedoch erst im Hellenismus. Cicero berichtet, daß laut Aristoteles der Sophist PROTAGORAS (485–410) «Erörterungen berühmter Themen» (*rerum illustrium disputationes*) aufgezeichnet und im Gedächtnis gespeichert hatte. [12] Solche immer neu verwendbaren Ausarbeitungen nenne man «jetzt» ‹loci communes›. Die Sophisten selbst nannten die vorgefertigten Redeteile einfach ‹Logoi›. In den ‹Sophistischen Widerlegungen› erwähnt ARISTOTELES (384–322), daß der berühmte Redner und Redelehrer GORGIAS (487–380) seinen Schülern solche

Logoi zum Auswendiglernen aufgegeben habe. Diese Art der Schulung des Redners ist nach Aristoteles eine schlechte Alternative zur eigentlichen Topik, die dem Schüler statt fertiger Redeteile eine Methode zur Findung einschlägiger Argumente an die Hand gibt. Wer Rhetorikschüler mit bloßen Logoi abspeise, sei wie jemand, der die Kunst der gesunden Fußbekleidung zu lehren vorgebe, dann aber nicht zeige, wie man das Leder für die richtigen Schuhe zuschneide noch woher man das nötige Gerät nehme, sondern nur allerhand fertige Schuhe verschiedener Art und Größe anbiete. «So hat er zwar der Not abgeholfen, aber keine Kunstfertigkeit weitergegeben.» [13] Viereinhalb Jahrhunderte später äußert QUINTILIAN aus anderen Gründen Vorbehalte gegen die einstudierten Paradestücke, die inzwischen ‹loci communes› heißen: Wer sich auf vorgefertigte Texte verlasse, könne auf die Forderungen des Augenblicks nicht eingehen und sei unerwarteten Einwänden der Gegenpartei wehrlos ausgeliefert. Ein anspruchsvolles Publikum fühle sich durch den Vortrag eines schon bekannten L. ebenso angeekelt wie durch ein kaltgewordenes und dennoch wieder aufgetischtes Gericht. Schließlich wirke ein L., da er kaum je genau auf den gerade behandelten Fall passe, eher wie ein künstlich aufgesetzter denn wie ein organisch eingefügter Redeteil. [14] Die zweite Gruppe der Verwendungsweisen des Terminus ‹L.› kennt wie die erste vielerlei Bedeutungsschattierungen. Die Sophisten – ebenso wie spätere Redner, auf die Quintilians Kritik zielt – legen das Hauptgewicht auf die jederzeitige Abrufbarkeit vorgefertigter Redeteile. Die Erfahrung der wiederkehrenden Einschlägigkeit bestimmter Themen läßt es als vorteilhaft erscheinen, sie im voraus, ohne Zeitdruck und mit allem Kunstaufwand, zu bearbeiten, um das fertige Produkt auf Lager zu nehmen. Cicero, der den L. als rhetorisches Glanzlicht (*lumen*) schätzt, denkt weniger an die bequeme Möglichkeit der Vorfertigung als an die wirkungsvolle, ins Philosophische hinüberspielende Weitung der Perspektive, die der Redner erreicht, wenn er den individuellen Fall im Licht allgemeiner – daher allerdings auch wiederholungsanfälliger – Betrachtungen zeigt. [15] Quintilian sieht den L. als ein rhetorisches Virtuosenstück, das zwar dem Redner Applaus einbringt, den engen Sachbezug der Rede jedoch unterbricht. [16]

II. ‹L.› *bei Cicero (De inventione II, 14, 47ff.)*. Die ältesten Belege des rhetorischen Fachterminus ‹L.› finden sich in der Herennius-Rhetorik und in Ciceros Frühwerk ‹De inventione›. Beide Schriften stammen aus den achtziger Jahren des 1. Jh. v.Chr. Während jedoch der Herennius-Autor unter ‹L.› im Rahmen der ersten Verwendungsgruppe einen Topos versteht, der beide Parteien mit Argumenten beliefert [17], ist für Cicero der L. kein eigentlicher Topos, mit dessen Hilfe ein passendes Argument erst gefunden werden müßte, sondern im Sinne der zweiten Verwendungsgruppe eine fertige Argumentation, die wegen ihres allgemeineren Zuschnitts nicht nur auf einen bestimmten Einzelfall, sondern auf eine Menge ähnlich gelagerter Fälle paßt und deshalb in viele Reden übernommen werden kann. Allerdings schwingt in Ciceros Verständnis des L. auch der Begriff des Topos mit, wie aus der Kommentierung folgender klassischer Stelle hervorgehen wird: «Omni autem in causa pars argumentorum est adiuncta ei causae solum, quae dicetur, et ab ipsa ita ducta, ut ab ea separata in omnes eiusdem generis causas transferri non satis commode possit: pars autem est pervagatior et aut in omnes eiusdem generis aut in plerasque causas accommodata. Haec ergo argumenta, quae transferri in multas causas possunt, locos communes nominamus. Nam locus communis aut certae rei quandam continet amplificationem: ut si qui hoc velit ostendere: eum, qui parentem necarit, maximo supplicio esse dignum; quo loco, nisi perorata causa, non est utendum: aut dubiae, quae ex contrario quoque habet probabiles rationes argumentandi: ut suspicionibus credi oportere, et contra: suspicionibus credi non oportere.» (In jedem Prozeß aber ist ein Teil der Argumente ausschließlich an den Fall gebunden, der verhandelt werden soll, und aus dessen Besonderheit so abgeleitet, daß man ihn nicht leicht von diesem Fall loslösen und auf alle anderen gleichartigen Fälle übertragen kann. Ein anderer Teil der Argumente aber ist von breiterer Anwendbarkeit und paßt auf alle oder doch die meisten gleichartigen Fälle. Diese Argumente nun, die auf viele Fälle übertragen werden können, nennen wir ‹loci communes›. Ein *locus communis* enthält nämlich entweder eine gewisse Aufschwellung eines unstrittigen Punktes, wie wenn jemand eindringlich vor Augen führen will, daß ein Vatermörder die Höchststrafe verdient – diesen *locus* darf man aber erst am Schluß der Rede verwenden –, oder er enthält eine gewisse Aufschwellung eines strittigen Punktes, für den es auch annehmbare Gegengründe gibt – wie etwa, daß man Verdächtigungen Glauben schenken müsse, oder umgekehrt, daß man ihnen keinen Glauben schenken dürfe.) [18] Das Cicero-Zitat soll in vier Punkten erläutert werden: (1) Mit den ‹Argumenten›, von denen gesagt wird, daß eine Teilmenge nur auf den jeweiligen Einzelfall, während der Rest auf ähnlich gelagerte Fälle übertragbar sei, können keine Topoi gemeint sein; denn Topoi sind immer auf ähnlich gelagerte Fälle übertragbar. Es gehört zur Natur des Topos, daß er nicht nur bei einer einmaligen Gelegenheit, sondern bei vielen verschiedenen Gelegenheiten Argumente liefert und vielen verschiedenen Argumentationen zugrunde liegen kann. Ein Topos ist in diesem Sinne immer ‹communis›, nämlich vielen Argumentationen gemeinsam. Dagegen trifft es nicht auf jede ausgearbeitete Argumentation zu, daß sie bei verschiedenen Fällen gleichermaßen funktionsgerecht vorgetragen werden kann. Dies gilt nur für die besonderen Argumentationen, die Cicero ‹loci communes› nennt. (2) Die Wiederverwendbarkeit der *loci communes* beruht auf der Abstraktheit ihres Inhalts. Ein L. ist vom Einzelfall ablösbar, weil er nicht auf die individuellen Besonderheiten des Einzelfalles eingeht, sondern nur auf typische Eigenarten einer ganzen Gruppe gleichartiger Fälle. (3) Unter den ‹gleichartigen Fällen›, in deren Gesamtheit oder Mehrzahl derselbe L. anwendbar ist, scheint Cicero vor allem – aber wohl nicht ausschließlich – Fälle desselben Status zu verstehen. Er ordnet nämlich die *loci communes* ebenso wie die Topoi den einzelnen Status zu, die er nacheinander bespricht. [19] Die parallele Gliederung von Topoi (*loci*) und *loci communes* verrät eine sachliche Zusammengehörigkeit des ohnehin ähnlich Benannten: Der Topos liegt normalerweise auf einer höheren Abstraktionsstufe als das mit seiner Hilfe gefundene Argument. Normalerweise bildet der Redner ein Argument, indem er den Impuls des Topos in die konkreten Besonderheiten des anliegenden Einzelfalles weiterträgt. Der L. jedoch ist eine fertige Argumentation, die auf der Abstraktionshöhe des Topos verbleibt. Der Topos ‹Vorleben des Angeklagten› z.B. läßt sich einerseits aus seiner Abstraktionshöhe in eine mit den Besonderheiten des Falles gesättigte Argumentation herabholen: ‹Wer sich wie der Angeklagte jahrelang durch großzügige Bemessung des

Haushaltsgeldes als fürsorglicher Ehemann bewährt hat, kommt als Gattinnenmörder nicht in Betracht.› Andererseits liefert derselbe Topos zwei fertige Argumentationen, die – wie er selbst – von den konkreten Besonderheiten des Einzelfalles absehen: ‹Das Vorleben des Angeklagten muß – oder umgekehrt: darf nicht – berücksichtigt werden.› [20] Der ciceronische L. ist die unmittelbare, auf Konkretisation verzichtende Umsetzung des Topos in eine vortragbare Argumentation. (4) Cicero unterscheidet nach einem überraschenden Kriterium zwei Anwendungen des L.: Entweder wird ein unstrittiger oder ein strittiger Punkt in reicher Orchestrierung (‹amplifizierend›) ausgearbeitet. Der erste Fall liegt vor, wenn im Schlußteil der Rede des Anklägers *loci communes* vorgetragen werden, die beim Richter Empörung (*indignatio*) gegen den Angeklagten wecken sollen, oder wenn der Verteidiger sein Plädoyer mit *loci communes* schließt, die an das Erbarmen (*misericordia*) der Richter appellieren. Bei seinen Anweisungen zum Redeschluß listet Cicero fünfzehn *loci communes* zur Weckung von Empörung und sechzehn zur Weckung von Gnadenwilligkeit auf. [21] Zu den ersteren gehört der Hinweis, die übertretene Norm liege den Göttern am Herzen, zu den letzteren die Erinnerung an die grundsätzliche Fehlbarkeit aller Menschen. In ‹De oratore›, dem rhetorischen Hauptwerk seiner Reifezeit, nennt Cicero einige Standardthemen, deren Behandlung am Schluß der Rede die Schwere der begangenen Tat vor Augen führen soll: ‹gegen den, der sich am öffentlichen Eigentum bereichert›, ‹gegen den Verräter›, ‹gegen den Vatermörder›. [22] Die ‹Unstrittigkeit›, die diese erste Gruppe der Ciceronischen *loci communes* kennzeichnet, betrifft nicht nur – und wohl auch nicht immer – die Inhalte der vorgebrachten Argumente, sondern auch den Fall selbst: Empörung und Mitleid werden erst geweckt, wenn die Tat, über die sich die Richter empören oder bei deren Beurteilung sie Gnade vor Recht ergehen lassen sollen, als erwiesen gilt. [23] Zu strittigen Punkten werden *loci communes* vor allem im Begründungsteil der Rede (*argumentatio*) vorgetragen. Sie heben die Diskussion auf eine höhere Ebene, indem sie entweder die Gültigkeit bestimmter Argumentsorten diskutieren (‹Das Vorleben des Angeklagten muß – bzw. darf nicht – berücksichtigt werden›) oder den strittigen Punkt in das Licht einer allgemeineren Problematik rücken. Im letzteren Fall gehen die *loci communes* auf eine Grundsatzfrage ein, die zwar über den individuellen Besonderheiten des diskutierten Einzelfalles schwebt, deren Lösung aber auch zur Klärung des Einzelfalles beiträgt. Die in einem L. behandelte Grundsatzfrage heißt θέσις (thésis) [24], der im Licht der Thesis behandelte Einzelfall dagegen ‹causa› [25] oder ὑπόθεσις (hypóthesis) [26]. Eine Thesis kann sich nach Cicero in folgenden philosophischen Gefilden bewegen: Tugend, Pflicht, Recht und Billigkeit, Nutzen, Ehre und Schmach, Lohn und Strafe. [27] Cicero schätzt den L. nicht – wie die Sophisten –, weil er dem Redner ein jederzeit einsetzbares Fertigteil bietet, noch verschmäht er ihn – wie Quintilian – als die bis zum Überdruß aufgetischte immer gleiche Kost; ihm kommt es vielmehr auf die Allgemeinheit des Themas an, die ein unersetzbares Amplifikationsmittel darstellt. Der L. gibt der Rede emotionale Resonanz und geistige Weite; er schlägt eine Brücke von der Rhetorik zur Philosophie und gibt dem Redner Gelegenheit, den ganzen Reichtum seiner Kunst auszuspielen. Die am rechten Ort und in rechter Dosierung eingestreuten *loci communes* sind Glanzlichter der Rede, die allerdings nur von den größten Meistern entzündet werden können; denn es handelt sich, wie Cicero geistreich bemerkt, um ‹loci›, die zwar vielen Rechtsfällen, aber nicht vielen Rednern ‹communes› (gemeinsam) sind. [28]

B. I. *Aristoteles.* Aristoteles hat, wie es scheint, die Toposlehre begründet, nicht jedoch die Lehre vom L. Wohl unterscheidet auch er in der ‹Rhetorik› zwei verschiedene Toposarten; er drückt diese Unterscheidung jedoch nicht mit dem terminologischen Gegensatz von κοινὸς τόπος (koinós tópos; *locus communis*) und ἴδιος τόπος (ídios tópos; *locus proprius*) aus. Zudem beruht die aristotelische Unterscheidung der Toposarten auf einem anderen Kriterium als die später aufgekommenen Unterscheidungen von ‹locus communis› und ‹locus proprius›. Den Topos überhaupt bezeichnet Aristoteles auch nicht – wie Cicero und Quintilian – als Fundort für Argumente, sondern als gemeinsamen ‹Grundbestandteil› (στοιχεῖον, stoicheíon) zahlreicher Argumentationen. [29] Die Topoi der ersten Art sind formale Argumentationsmuster, deren Verwirklichung von den Besonderheiten des jeweiligen Argumentationsthemas unabhängig ist. Zu ihnen zählt z.B. der Topos ‹aus dem Mehr und Weniger›. [30] Den formalen Argumentationsstrukturen, die er ohne adjektivische Bestimmung als Topoi bezeichnet, stellt Aristoteles allgemeine Grundsätze aus den verschiedenen Wissensbereichen gegenüber, mit denen der Redner sich befaßt (Jurisprudenz, Politik, Psychologie). Solche Grundsätze, deren jeder ebenso wie ein formales Argumentationsmuster Bestandteil zahlreicher Argumentationen sein kann, nennt Aristoteles ‹εἴδη› (eídē) oder ‹ἴδια› (ídia). [31] Auf die Topoi im Sinne der formalen Argumentationsmuster bezieht sich Aristoteles gelegentlich mit dem Adjektiv ‹κοινός› (koinós) [32], um hervorzuheben, daß sie im Gegensatz zu den eídē sachbereichübergreifend sind. Diese eher seltene Kennzeichung begründet jedoch keinen Fachausdruck ‹κοινὸς τόπος› (koinós tópos; *locus communis*), der die formalen Topoi im Gegensatz zu den eídē bezeichnen würde. An einigen Stellen der ‹Rhetorik› bezeichnet Aristoteles unter weitherzigerem Wortgebrauch auch die eídē als Topoi. [33] Das war einzelnen Interpreten Grund genug, unter dem breiten Dach dieses allgemeineren Toposbegriffs, eine Dichotomie von ‹κοινὸς τόπος› (koinós tópos; *locus communis*) und ‹ἴδιος τόπος› (ídios tópos; *locus proprius*) anzusetzen. [34] Aristoteles selbst hat diese Dichotomie jedoch nur durch den terminologischen Gegensatz von ‹tópos› und ‹eídos› ausgedrückt – freilich nicht, ohne gelegentlich auch die eídē unter die Topoi zu rechnen. Das Antonymenpaar ‹κοινὸς τόπος› (koinós tópos; *locus communis*) vs. ‹ἴδιος τόπος› (ídios tópos; *locus proprius*) entstand offenbar in den spärlich dokumentierten Jahrhunderten zwischen Aristoteles und dem Herennius-Autor. Die verbreitete Annahme, Aristoteles bezeichne bestimmte Topoi als ‹κοινοί› (koinoí; gemeinsam), weil sie in allen drei Redegattungen Anwendung fänden, beruht auf einer anfechtbaren Interpretation von Rhet. II, 18, 2ff. Der betreffende Abschnitt spricht von gewissen ‹Gemeinsamkeiten› der drei Redegattungen, nicht jedoch – zumindest nicht namentlich – von Topoi. Es mag zutreffen, daß die formalen Topoi – im Gegensatz zu den eídē – in allen Redegattungen vorkommen; als ‹κοινοί› (koinoí, gemeinsam) bezeichnet Aristoteles sie jedoch nicht deshalb, sondern weil sie die Grenzen der Wissensbereiche (Jurisprudenz, Politik, Psychologie) überschreiten.

II. *‹L.› als Bezeichnung eines Progymnasma.* Seit Beginn der Kaiserzeit wurde der Ausbildungsgang des

Redners zunehmend enger programmiert: Der aus dem Grammatikkurs in den Rhetorikkurs aufgestiegene Schüler übte sich nicht sofort in der Abfassung ganzer Reden (*declamationes*); er mußte zunächst ein nach Schwierigkeitsgraden gestaffeltes Programm von Vorübungen (προγυμνάσματα, progymnásmata; *praeexercitamenta, praeexercitamina*) durchlaufen[35], deren jede eine besondere Fähigkeit des künftigen Redners schulte. Dem Umgang mit den ciceronischen *loci communes* waren mindestens drei Vorübungsarten gewidmet: *sententia, locus communis* und *thesis*. Die Vorübung *sententia* verlangt, zu einem bekannten Spruch allgemeinen Inhalts eine kleine Abhandlung nach vorgegebenem Ablaufschema zu verfassen.[36] Die anspruchsvollere Thesis (*positio*) verlangt die Erörterung eines allgemeinen Problems der Lebensführung, der Philosophie oder der Politik.[37] Die als ‹L.› (κοινὸς τόπος, koinós tópos) bezeichnete Vorübung liegt im Schwierigkeitsgrad zwischen Sententia und Thesis. Sie besteht in der amplifizierenden Bewertung von Taten, Lebensformen und Charakteren.[38] Der Schüler mußte – wiederum nach vorgegebenem Ablaufschema – entweder eine bestimmte Art von Übeltätern verdammen («gegen den Tempelräuber», «gegen den Glücksspieler», «gegen den Tyrannen») – manchmal auch eine geächtete soziale Gruppe (Kuppler, Parasiten) vor unbedachter Verleumdung in Schutz nehmen – oder das Loblied eines Tugendhelden singen. Das Progymnasma L. bewegt sich in einem schmalen Teilstück des Bereichs, den der Ciceronische L. abdeckt[39]: Es schult die «amplifizierende Anprangerung von Lastern und Verbrechen».[40] Die Bedeutungsverengung, die ‹L.› als Benennung eines Progymnasma erfährt, greift auch auf andere Anwendungen dieses Ausdrucks über: ISIDOR VON SEVILLA (560–636) bezeichnet außerhalb der Vorübungen eine echte Rede (oder ein Stück echter Rede) als ‹L.› nur dann, wenn ein Verbrechen ohne Bezug auf einen bestimmten Täter als verabscheuenswert dargestellt wird.[41]

III. *Mittelalter*. Aristoteles hatte die Toposlehre im Rahmen der Dialektik ausgearbeitet, bevor er sie in die Rhetorik übernahm, die er als ‹Seitenspross› der Dialektik ansah.[42] In diesem Seitenspross ging die Topik eigene Wege, die u.a. zu den verschiedenen Unterscheidungen von ‹locus communis› und ‹locus proprius› führten. Das Mittelalter holte die Topik in die Dialektik und damit auf aristotelischen Boden zurück. Zu Beginn des 6. Jh. befaßt sich der Philosoph BOETHIUS (480–525) sowohl mit der auf Aristoteles zurückgehenden ‹dialektischen› Topik wie auch mit der ‹rhetorischen› Topik Ciceros. Seine in die Folgezeit hineinwirkenden Klarstellungen – ‹De differentiis topicis›, ‹Topicorum Aristotelis interpretatio›, ‹In Topica Ciceronis commentaria› – kommen weithin ohne den Fachterminus ‹L.› aus. Allerdings beschreibt Boethius bestimmte Topoi mit Hilfe des Adjektivs ‹communis›, um die Weite ihres Anwendungsbereiches zu kennzeichnen: Wie der Herennius-Autor die von Anklage und Verteidigung gemeinsam benutzten Topoi als ‹communes› bezeichnete[43], so Boethius die Topoi, auf die in der dialektischen Disputation beide Parteien zurückgreifen können.[44] An anderer Stelle sagt Boethius, der Topos aus der Ursache sei Philosophen und Rednern ‹gemeinsam› (communis).[45] Das Werk des Boethius weist, wie sich zeigt, Spuren der (unter A.I. beschriebenen) ersten Verwendungsart von ‹L.› auf; der ‹philosophische› L.-Begriff Ciceros kommt dort jedoch nicht vor – übrigens auch nicht in Ciceros eigener Schrift ‹Topica›. In der Epoche der Frühscholastik bietet die Lehrschrift ‹Metalogicus› des JOHANNES VON SALISBURY (ca. 1110–1180) eine breite Darstellung der Aristotelischen Topik, die als Förderin nicht nur der Dialektik, sondern fast aller Disziplinen gepriesen wird.[46] Ein Fachterminus ‹locus communis›, der gegen ‹locus proprius› oder gegen einen übergeordneten Toposbegriff abgesetzt würde, kommt in dieser Darstellung ebensowenig vor wie bei Aristoteles selbst. Auch die mittelalterlichen Poetiken und Predigtlehren, die aus der Herennius-Rhetorik und aus Ciceros Jugendwerk ‹De inventione› schöpfen, scheinen den Terminus ‹L.› nicht übernommen zu haben. In der ‹Ars versificatoria› des Matthäus von Vendôme (12. Jh.) erscheint die rhetorische Toposlehre bei den Anweisungen zur *descriptio* (Ausmalung), die ihrerseits unter die zahlreichen Verfahren der *amplificatio* fällt. Der Cicero-Leser wartet angesichts der Verbindung von Topik und Amplifikation vergeblich auf das Stichwort ‹L.›. Stattdessen erscheinen ‹locus› und ‹argumentum›, die – ohne erkennbare Unterscheidung – berücksichtigenswerte Einzelaspekte des jeweiligen Darstellungsgegenstandes bezeichnen.[47] Unter Amplifikation versteht Matthäus von Vendôme nämlich nicht wie Cicero emotionale Ausschöpfung oder thematische Überhöhung, sondern – wie auch andere Poetikverfasser des Mittelalters – stoffliche Entfaltung (*dilatatio materiae*)[48], die zwar der *loci*, aber nicht der ciceronischen *loci communes* bedarf.

IV. *Renaissance, Barock*. Die mittelalterlichen Erben der antiken Rhetorik – *artes dictandi, artes praedicandi, artes versificatoriae* – waren nicht darauf bedacht (und bei der Dürftigkeit ihrer Quellen auch kaum in der Lage), den stofflichen Reichtum, die weit verästelte Systematik und den humanistischen Geist der rhetorischen Klassiker unversehrt zu bewahren. Sie übernahmen – vor allem aus der Herennius-Rhetorik und aus Ciceros früher Schrift ‹De inventione› –, was ihnen für ihre neuartigen Zwecke brauchbar schien. Erst die Renaissance hob den Schatz, aus dem das Mittelalter nur versprengte Einzelstücke benutzt hatte. Mit dem ganzen Reichtum der antiken Rhetorik kehrte auch der Begriff des L. triumphal in das Bildungswesen zurück – mit alten und neuen Bedeutungen. Aus der Antike übernommen wurde das Verständnis des L. als eines Topos, dessen Anwendungsbereiche die Anwendungsbereiche anderer Topoi – der ‹loci proprii› –, einschließt. CAMERARIUS spricht wie der Herennius-Autor[49] von *loci communes*, aus denen sowohl der Ankläger wie auch der Verteidiger Argumente gewinnen können[50]; ERASMUS verwendet ‹L.› wie schon Cicero[51] u.a. zur Bezeichnung von Topoi, die in mehreren Redeteilen Anwendung finden[52]. Ebenfalls nach antikem Vorbild[53] bezeichnen die Humanisten mit ‹L.› die Behandlung einer Grundsatzfrage, die den Redegegenstand in das Licht einer übergeordneten Problematik rückt.[54] Auch das eingeengte Verständnis des L. als einer Rede, die Laster verdammt und Tugenden preist, kehrt im Humanismus wieder: CH. PAJOT beschreibt den L. ähnlich wie die Progymnasmatiker als «oratio, in qua bona vel mala, quae alicui rei insunt, amplificantur» (Rede, in der das Gute oder Böse, das in einer Sache [Handlung] steckt, groß herausgestellt wird).[55] Zumindest im Rahmen der Dialektik verwenden Humanisten den Terminus ‹L.› auch zur Bezeichnung eines beliebigen Topos – ohne Rücksicht darauf, ob sein Anwendungsbereich die Anwendungsbereiche anderer Topoi einschließt oder nicht. Das Adjektiv, das Aristoteles nur gelegentlich zur Beschreibung der formalen Topoi gebrauchte, wird zum festen Bestandteil des Namens aller (dialektischen) Topoi. J. MICRAELIUS führt unter verschiedenen Erklärungen von ‹L.› auch die folgende an: «Loci topici seu dialectici sunt sedes argumentorum unde depromuntur quae ad aliquid probandum conducunt; unde etiam vocantur loci communes, exempli gratia, ex nomine, ex genere, ex causa etc.» (Die topischen oder dialektischen Örter sind Fundstätten von Argumenten, aus denen herausgeholt wird, was zum Nachweis von etwas führt. Daher werden sie auch *loci communes* genannt, wie z.B. der Topos aus dem Namen, aus der Gattung, aus der Ursache usw.).[56] Der Gebrauch von ‹L.› anstelle eines adjektivlosen ‹locus› spiegelt sich in der Bedeutung des englischen Lehnwortes ‹commonplace›, das seit dem 16. Jh. belegt ist.[57] Obwohl unverkennbar der Wortfügung ‹locus communis› nachgebildet, scheint ‹commonplace› von Anfang an nicht nur den eigentlichen L., sondern – wie das adjektivlose ‹place› – jedweden Topos zu bezeichnen: «The matter of proving any Question is to be fetched from certain common Places» (Der Stoff zum Beweis jedes beliebigen fraglichen Punktes muß aus gewissen Topoi geholt werden).[58] Die in der klassischen lateinischen Rhetorik unübliche Gleichsetzung von ‹L.› und ‹Topos› wird bis ins 20. Jh. beibehalten. L. Arbusow erklärt: «[Zur Findung von Argumenten] lehrte die Rhetorik allgemeine Kategorien, Fundörter, Topoi, Loci communes, d.h. Gemeinplätze und -örter, z.B. „Is fecit, cui prodest" (Quint. V, 10, 20).»[59] Nicht einmal E.R. CURTIUS, der gelehrte Begründer einer ‹historischen Topik›, scheint zwischen ‹locus› und ‹locus communis› einen Unterschied zu machen.[60] Der Humanismus setzte eine noch folgenreichere terminologische Neuerung durch: Als ‹loci communes› bezeichnete man im 16. Jh. die Hauptgliederungspunkte einer wissenschaftlichen Disziplin sowie die Stichwörter, unter die Wissenswertes einsortiert wurde. MELANCHTHON veröffentlichte 1521 eine protestantische Dogmatik unter dem Titel: ‹Loci communes rerum theologicarum› (‹Hauptpunkte der Theologie›). Unter ‹loci communes› versteht er theologische Grundbegriffe wie ‹Sünde›, ‹Gesetz›, ‹Gnade› und ‹Rechtfertigung›, um die herum die Erörterungen der neuen Lehre gruppiert werden.[61] Humanistische Pädagogen und Lehrbuchverfasser empfahlen den Gebrauch von Sammelheften (*libelli memoriales, note-books, commonplace-books*): Anfänger und Fortgeschrittene jedweder Disziplin sollten, was sie an Reproduktionswürdigem gehört oder gelesen hatten, in bestimmte Rubriken dieser Hefte eintragen, um es bei Bedarf wiederfinden und selbst gebrauchen zu können. Die Rubriken und ihre Überschriften (die als ‹Abrufadressen› dienten) hießen ‹loci communes›. J.A. COMENIUS (1592–1670) befürwortet die Lagerung von Lesefrüchten in Schatzkammern, unter denen man «locos communes quosdam» zu verstehen habe, «ad quos, quidquid utile didiceris, referas; et unde, quidquid usus requirit, rursum promas» (gewisse *loci communes*, unter die du, was du an Nützlichem gelernt hast, einordnen und aus denen du, was die Praxis gerade fordert, wieder hervorholen sollst).[62] Die Bedeutung ‹Rubrik› des Ausdrucks ‹L.› wird auch in Micraelius' ‹Lexicon philosophicum› festgehalten: «Loci communes sunt veluti cellulae et receptacula, in quibus sententias memorabiles et ea recondimus, quae beneficio lectionis vel auditionis percipimus quaeque nobis usui futura speramus.» (*Loci communes* sind gleichsam Kammern und Magazine, in denen wir erinnernswerte Gedanken und überhaupt alles unterbringen, was wir dank der Lektüre oder durch das Ohr aufnehmen und wovon wir hoffen, daß es uns von Nutzen sein wird).[63] Welche – ausdrücklichen oder stillschweigenden – Überschriften die Rubriken tragen, hängt vom jeweiligen Lernzweck ab. J.L. VIVES' Vorschlag, ein Sammelheft mit gesonderten Rubriken für Alltagsvokabular, für seltene Wörter und für Idiomatismen anzulegen, dient offenbar der Festigung der Lateinkenntnisse.[64] Dem Rhetorikstudenten empfiehlt ALSTEDS ‹Orator›, neben den Rubriken ‹Vocabularium› und ‹Phraseologia› eine Rubrik ‹Florilegium› einzurichten, in die Exempla, Vergleiche und scharfsinnige Sentenzen aufzunehmen seien.[65] In anderen Fällen definierten die Grundbegriffe einer Wissenschaft oder gar die verschiedenen Wissenschaften selbst die benötigten Rubriken.[66] Die als Sammeladressen dienenden *loci communes* der Humanisten stecken wie die klassischen Topoi ein Revier ab, aus dem passende Worte und Gedanken herbeigeschafft werden können. Im Unterschied zur Rubrik der Humanisten lieferte der klassische Topos jedoch nicht schon ein unmittelbar verwendbares Stück Rede, sondern nur ein Suchfeld oder – unbildlich gesprochen – die Anleitung zur Herstellung eines argumentativen Textteils; die Rubriken der Humanisten dagegen sind – wie ein Kleinteilemagazin – mit einbaufähigen Redestücken gefüllt, die der Redner nicht erst nach Anweisung herstellen muß, sondern aus denen er nur zu wählen braucht. Natürlich gab es die in *loci communes* aufgeteilten *libelli memoriales* auch fertig gedruckt. So wurde z.B. die 1503 erstmals erschienene Sammlung ‹Polyanthea› eines Dominicus Nanus Mirabellius 150 Jahre hindurch immer wieder aufgelegt.[67] Der Plural ‹loci communes›, der eigentlich nur die Stichwörter solcher Sammlungen benannte, wurde *per metonymiam* auch auf die Sammlungen selbst übertragen.[68] Ähnlich bezeichnete das englische ‹commonplace› vom 16. bis zum 18. Jh. nicht nur die einzelne Überschrift, unter der Lesefrüchte eingeordnet wurden, sondern auch das ganze *commonplace-book*.[69] Wie der Name ‹L.› metonymisch ‹vom Inhalt auf das Gefäß›[70] übertragen wurde, lieh auch umgekehrt das Gefäß dem Inhalt seinen Namen: Nicht nur die Sammlung und ihre Rubriken, sondern auch die gesammelten Eintragungen waren ‹loci communes›. Die Bedeutung des deutschen Wortes ‹Gemeinplatz›, das im 18. Jh. – wohl nach dem Vorbild des englischen ‹commonplace› – dem lateinischen ‹L.› nachgebildet wurde, wäre kaum zu erklären, wenn nicht jeder Einfall, jedes Motiv, jede gelungene Formulierung und jedes Zitat, die in den vielen ‹Schatzkästlein›, ‹Goldgruben›, ‹Promptuarien›, ‹Collectaneen› und ‹Florilegien› aufbewahrt wurden, ‹L.› geheißen hätten.

V. *Von der Aufklärung zur Gegenwart.* Das in den *libelli memoriales* bereitgehaltene Traditionsgut der *loci communes* verlor seinen Kurswert, als die Aufklärung einen selbständigen, nicht mehr durch Autoritäten vermittelten Zugang zur Wirklichkeit und eine originelle, von den Formulierungsvorgaben der Alten befreite Sprache forderte. Wem es auf Wahrheit und Weisheit ankomme, rät Christian THOMASIUS (1655–1728), solle alle «Gelahrtheit» beiseite lassen, «seine Locos communes, seine Eltern und Praeceptores vergessen und nichts als seinen eigenen Verstand als eine Gabe Gottes gebrauchen.»[71] Auch die Poesie, die im Barockzeitalter aus der Topik lebte[72], solle sich stattdessen auf das Genie de Dichters verlassen: «Loci communes, Poetische Schatzkasten, Poetische Trichter und dergleichen Bücher mehr, ingleichen die Imitationes, helfen denjenigen, die kein poetisch Ingenium haben, zu weiter nichts, als daß sie Pritschmeister [Narren] daraus werden. Wer aber ein Naturell zur Poesie hat, braucht dergleichen armseligen Vorrat nicht.»[73] Die deutsche Übersetzung ‹Gemeinplatz›, die sich gegen Ende des 18. Jh. einbürgerte, erbte von vornherein den abwertenden Sinn, den die Aufklärung dem Terminus ‹L.› gegeben hatte. Das um mehr als 200 Jahre ältere englische ‹commonplace› dagegen mußte sich seinen schlechten Ruf erst verdienen. CH. M. WIELAND (1733–1813), der den frühesten bekannten Beleg der Übersetzung ‹Gemeinplatz› liefert[74], bezeichnet mit ihr sowohl ein überschriftähnliches Generalthema wie auch die traditionellen Weisheiten, die sich unter einem Generalthema zusammenstellen lassen. Gemeinplätze sind für ihn einerseits alltägliche Gesprächsstoffe wie «Wetter, Putz, Stadtneuigkeiten und Scandala»[75], andererseits wohlfeile Trostsprüche wie «Wer kann wider das Schicksal? Du bist nicht der Erste, nicht der Einzige.»[76]. Das 19. und das 20. Jh. werden die Kritik des Gemeinplatzes vertiefen. Das 19. Jh. wird feststellen, daß die auf Eigenständigkeit des Individuums bedachte Aufklärung die Gemeinplätze nicht nur nicht abgeschafft, sondern vielmehr neue Gemeinplätze in Umlauf gebracht hat. Man wird zu der Einsicht kommen, daß Denken und Sprechen nie ganz original sein können, daß sie auf überlieferte Vorstrukturierungen angewiesen sind und daß folglich kein Weg am Gemeinplatz vorbeiführt. Die Frage wird lauten, wie man mit dem Gemeinplatz leben kann, ohne ihm blind zu verfallen. Das 20. Jh. schließlich wird im Gemeinplatz nicht nur das von außen aufgenötigte Sprach- und Gedankengut sehen, sondern vor allem die zu weitmaschige Abstraktion, die das individuell Wirkliche niemals einfängt. Einige Stationen auf dem Entwicklungsweg dieser Kritik seien herausgehoben: Der französische Romancier Gustave FLAUBERT (1821–1880) prangert die Gemeinplätze als Denk- und Sprachschablonen an, deren Gebrauch die Dummheit (*bêtise*) der zeitgenössischen Gesellschaft, wenn nicht gar der Menschheit insgesamt offenbare. Der unvollendete Roman ‹Bouvard et Pécuchet› (postum 1880) enthält zwei moderne *commonplace-books*: eine Sammlung literarischer Zitate und ein ‹Lexikon eingebürgerter Vorstellungen› (‹Dictionnaire des idées reçues›). Die Titelhelden dieses Romans legen Gemeinplatz-Listen an, um sich aus blinder Verfallenheit an klischeehaftes Denken und Sprechen zu befreien.[77] Das ‹Lexikon eingebürgerter Vorstellungen› sammelt unter alphabetisch geordneten Stichwörtern gängige Ratschläge, gebräuchliche Wort- und Gedankenassoziationen sowie herrschende Ansichten, die manchmal nur banal, manchmal auch falsch oder untereinander widersprüchlich sind. Unter dem Stichwort «Meer» steht folgende Eintragung: «Unergründlich tief. Bild der Unendlichkeit. Gibt große Gedanken ein. Am Meeresufer soll man sich nie ohne Fernglas aufhalten. Sooft man das Meer betrachtet, muß man ausrufen: „Welche Wassermassen! Welche Wassermassen!"»[78] Das in ‹Bouvard et Pécuchet› anklingende Problem der Unumgehbarkeit des Gemeinplatzes wird von Martin HEIDEGGER (1889–1976) aufgegriffen, der allerdings das Wort ‹Gemeinplatz› meidet; der Mensch ist von ‹Gerede› umstellt und durchdrungen: «Im Dasein hat sich je schon diese Ausgelegtheit des Geredes festgesetzt. Vieles lernen wir zunächst in dieser Weise kennen, nicht weniges kommt über ein solches durchschnittliches Verständnis nie hinaus. Dieser alltäglichen Ausgelegtheit, in die das Dasein zunächst hineinwächst, vermag es sich nie zu entziehen. In ihr und aus ihr und gegen sie vollzieht sich alles echte Verstehen […].»[79] Das Subjekt des Geredes ist das ‹Man›, das sich von Gemeinplätzen nährt. «Wir genießen und vergnügen uns, wie man genießt; wir lesen, sehen und urteilen über Literatur und Kunst, wie man sieht und urteilt […].»[80] Die Verfallenheit an das ‹Man› kennzeichnet den Seinsmodus der ‹Uneigentlichkeit›: «Man ist in der Weise der Unselbständigkeit und Uneigentlichkeit.»[81] Dieser Zustand verdrängt die angstvolle Konfrontation mit der eigenen voraussetzungslosen Freiheit. Die Flucht in den sedierenden Gemeinplatz gehört auch zu den Motiven der französischen Erzählerin Nathalie SARRAUTE (*1900), deren Beeinflussung durch Heidegger auf der Hand zu liegen scheint, aber gleichwohl des exakten historischen Nachweises harrt. Die Figuren, aus deren Perspektive Nathalie Sarraute erzählt, bewegen sich im Grenzbereich zwischen Eigentlichkeit und Uneigentlichkeit: Die Erfahrung abstumpfender Fremdbestimmung treibt sie aus der Man-Gesellschaft in die autonome, aber auch unvermittelbare Innenwelt des eigenen Ich; Angst und Einsamkeit treiben sie in das vertraute Exil des Gemeinplatzes zurück. In seinem Vorwort zu Sarrautes 1948 erschienenem Roman ‹Bildnis eines Unbekannten› (‹Portrait d'un inconnu›) unterstreicht Jean-Paul SARTRE (1905–1980) die existenzphilosophische Bedeutung des Gemeinplatzes und seinen Bezug zum ‹Gerede› Heideggers: «[…] dieses schöne Wort hat mehrere Bedeutungen: Es bezeichnet zweifellos die abgedroschensten Gedanken, aber nur, weil diese Gedanken die Begegnungsstätten der Gemeinschaft geworden sind. Jeder findet sich in ihnen zurecht, und jeder findet in ihnen die anderen. Der Gemeinplatz gehört jedermann und gehört mir […] [Das Bekenntnis zum Gemeinplatz] beruhigt die anderen und beruhigt mich selbst, da ich mich ja schließlich in diese neutrale gemeinsame Zone geflüchtet habe, die nicht ganz das Objektive ist – denn ich bin dort auf Grund eigenen Entschlusses –, aber auch nichts rein Subjektives, denn die anderen können mich dort erreichen und sich zurechtfinden. Man könnte diese Zone sowohl die Subjektivität des Objektiven wie auch die Objektivität des Subjektiven nennen. […] [Was Nathalie Sarraute beschreibt,] ist das ‹Gerede› Heideggers, das ‹Man› und, um das entscheidende Wort zu sagen, das Reich der ‹Uneigentlichkeit›.»[82] Der Weg ist weit vom ciceronischen L., der einer Rede philosophischen Glanz verleihen sollte, zum Gemeinplatz als Symptom der Uneigentlichkeit. Das im L. ausgesagte Allgemeine war für den platonisierenden Cicero eine höhere Wirklichkeit, in deren Licht die Niederungen des Besonderen erst erkennbar werden. Für die Existentialisten dagegen ist das Besondere, Individuelle – das «je Meinige» – der eigentliche Stoff der Existenz, deren kostbares Aroma im Aufguß des Allgemeinen verlorengeht.

Anmerkungen:
1 L. Bornscheuer: Zehn Thesen zur Ambivalenz der Rhet. und zum Spannungsgefüge des Topos-Begriffs, in: H.F. Plett (Hg.): Rhetorik (1977) 207. – 2 Cic. De or. II, 34, 146f. und 39, 162; Cic. Top. 2, 7ff.; Cic. Part. 2,5; Quint. V, 10, 20ff. – 3 Quint. V, 10, 28. – 4 Lausberg Hb. § 374. – 5 Quint. V, 10, 20. – 6 Sen. Suas. 1, 9 – 7 Cic. Top. 26, 97ff. – 8 Iul. Vict. 5, zit. Lausberg Hb. § 374; Anonymus, Ars rhetorica, in: Rhet. Graec. Sp., Bd. 1, 382. – 9 Auct. ad Her. II, 6, 9. – 10 H. Georges: Ausführliches lat.-dt. Handwtb., Bd. 2 (1992) 694. – 11 Platon, Menexenos 234 c ff. – 12 Cic. Brut. 46. – 13 Arist. Soph. el. 183 b 35ff. – 14 Quint. II, 4, 27ff. – 15 Cic. De or. III, 27, 104ff. und 30, 120f. – 16 Quint. II, 4, 22. – 17 Auct. ad Her. II, 6, 9. – 18 Cic. Inv. II, 14, 47ff. – 19 ebd. II, 16, 50 bis 50,

152 – **20** ebd. II, 16, 50. – **21** ebd. I, 53, 100 bis 54, 105. – **22** Cic. De or. III, 27, 106. – **23** Cic. Inv. II, 15, 49; Cic. De or. III, 27, 106. – **24** Cic. Or. 14, 46. – **25** Cic. Inv. I, 6, 8; Quint. III, 5, 14. – **26** Sulp. Vict. 314. – **27** Cic. De or. III, 27, 107. – **28** Cic. Inv. II, 15, 49ff. – **29** Arist. Rhet. II, 22, 13 und 26, 1. – **30** ebd. II, 23, 4f. – **31** ebd. I, 3, 22. – **32** ebd. I, 3, 21f. – **33** ebd. II, 22, 16 und III, 19. – **34** z.B.J.A.R. Kemper: Topik in der antiken rhet. Techne, in: H. Schanze, J. Kopperschmidt (Hg.): Rhet. und Philos. (1989) 20ff. – **35** G. Reichel: Quaestiones progymnasmaticae (Diss. Leipzig 1909); Lausberg Hb. §1106ff. – **36** Priscianus, Praeexercitamina 4, in: Rhet. Lat. min. 551ff.; Lausberg Hb. §§ 875 und 1121. – **37** Priscianus, Praeexercitamina 11, in: Rhet. Lat. min. 551ff.; Quint II, 4, 24; Lausberg Hb. §1134ff. – **38** Theon, Progymnasmata 7, in: Rhet. Graec. Sp., Bd. 2, 106ff.; Aphthonios, Progymnasmata, ed. H. Rabe (1926) 16f.; Priscianus II, 4, 22f.; Priscianus, Praeexercitamina 6, in: Rhet. Lat. min. 551ff. – **39** Cic. De or. III, 27, 106f. – **40** ebd. III, 27, 106. – **41** Isid. Etym. II, 4, 7f. – **42** Arist. Rhet. I, 2, 7. – **43** Auct. ad Her. [9]. – **44** Boethius, Topicorum Aristotelis interpretatio, in: ML Bd. 64 (Paris 1891) 1102. – **45** Boethius, In Topica Ciceronis commentaria, ebd. 1152. – **46** Joh. v. Sal. III, 5. – **47** Faral 135ff. – **48** S. Matuschek Art. ‹Epideiktik›, in: HWRh, Bd. 2, 1263. – **49** Auct. ad Her. II, 6, 9. – **50** J. Camerarius, Elementa rhetorices (Basel 1540) 339f. – **51** Cic. Top. 26, 97ff. – **52** Erasmus, De duplici copia verborum ac rerum (Basel 1549) 298. – **53** Cic. De or. III, 27, 107. – **54** Cornelius Valerius, Rhetorica (1596) 37ff. – **55** Ch. Pajot, Tyrocinium eloquentiae (Blois ³1648) 260. – **56** J. Micraelis, Lexicon philosophicum (1653) 601, zit. Sr. J.M. Lechner: Renaissance Concepts of the Commonplaces (New York 1962) 76. – **57** The Oxford English Dictionary, Bd. 3 (²1989) 693; E. Mertner: Topos und Commonplace, in: P. Jehn (Hg.): Toposforschung (1972) 28. – **58** M. Blundeville: The Arte of Logicke (London 1619), zit. T.W. Baldwin: William Shakespeare's Small Latine and Lesse Greek, Bd. 2 (Urbana 1944) 55. – **59** Arbusow (1948) 92f. – **60** Curtius (³1961) 79. – **61** P. Joachimsen: ‹Loci communes›. Eine Unters. zur Geistesgesch. des Humanismus und der Reformation, in: Jb. der Lutherges. 8 (1926) 27ff. – **62** J.A. Comenius, Pampaedia (1960) XIII, 10. – **63** Micraelius [56] 601. – **64** J.L. Vives, De ratione studii puerilis (Basel 1587) 6. – **65** J.H. Alsted: Orator (Herborn ²1612) 21ff.; J. Dyck: Die Rolle der Topik in der lit. Theorie und Praxis des 17. Jh. in Deutschland, in: Jehn [57] 145f. – **66** Dyck [65] 146. – **67** Mertner [57] 52; weitere Beispiele in Dyck [65] 148, Anm. 124. – **68** ebd. 146. – **69** The Oxford English Dictionary, Bd. 3 [57] 693. – **70** Lausberg Hb. § 568. – **71** Ch. Thomasius: Ausübung der Vernunftlehre, ed. W. Schneiders (1968) fol. a7r, zit. Dyck [65] 149. – **72** ebd. 121–143. – **73** Ch. Thomasius: Höchstnötige Cautelen für einen Studiosus juris (1713) Kap. 8, zit. Dyck [65] 148f. nach W. Kayser: Die Wahrheit der Dichter (1959) 70. – **74** Trübners Deutsches Wtb., Bd. 3 (1939) 93f. – **75** ebd. 93f. – **76** ebd. 94. – **77** F. Leinen: Flaubert und der Gemeinplatz (1990) 212ff. – **78** G. Flaubert: Dictionnaire des idées reçues (Paris 1964) 94; vgl. auch L. Bloy: Exégèse des lieux communs, ed. J. Petit (Paris 1973). – **79** M. Heidegger: Sein und Zeit (¹⁷1993) 169. – **80** ebd. 126f. – **81** ebd. 128. – **82** J.-P. Sartre: Préface, in: N. Sarraute: Portrait d'un inconnu (Paris 1956) 8ff.

Literaturhinweise:
E. Thionville: De la Théorie des lieux communs dans les Topiques d'Aristote et des principales modifications qu'elle a subies jusqu'à nos jours (Paris ¹1855; ND Osnabrück 1965). – E. Pflugmacher, Locorum communium specimen (Diss. Greifswald 1909). – L. Bornscheuer: Topik, in: RDL², Bd. 4 (1984) 454ff. – N.-J. Green-Pedersen: The Tradition of the Topics in the Middle Ages (1984) . – L. Pernot: Lieu et lieu commun dans la rhétorique antique, in: Bulletin de l'Association Guillaume Budé (März 1986) 253ff. – F. Goyet: Le sublime du „lieu commun". L'invention rhétorique dans l'Antiquité et à la Renaissance (Paris 1996).

H.G. Coenen

→ Amplificatio → Argument → Argumentatio → Argumentation → Dialektik → Florilegium → Gerichtsrede → Gnome, Gnomik → Inventio → Kollektaneen → Logik → Maxime → Progymnasmata, Gymnasmata → Statuslehre → Topik → Topos

Logenrede

A. Die L. (freim. auch Baustück, Maurerrede, Bauriß) ist ein mündlicher Vortrag, der in der Freimaurerloge von einem Mitglied (Bruder) zu verschiedenen Anlässen, wie zum Johannisfest, zum Stiftungsfest, zum Gedenken eines verstorbenen Bruders, zur Belehrung, Instruktion, Erbauung, Information, Aufklärung und historischen Rückbesinnung als integraler Bestandteil des Rituals, der rituellen Arbeit, im Tempel (Logenraum) oder auch außerhalb des Tempels im Gesellschaftsraum gehalten wird. Das rednerische Brauchtum ist alter Bestandteil der Freimaurerei.

In den rituellen Arbeiten werden die geistigen Grundlagen der Freimaurerei nicht nur reflektiert, sondern auch durch Bilder und Symbole erlebbar gemacht. Daher weisen die L. in der Regel – unabhängig vom Thema – einen starken masonischen Bezug auf. Neben dem rituellen Erlebnis will die Freimaurerei durch Belehrung, Instruktion, Aufklärung im Sinne von Selbstaufklärung, Anleitung zum kritischen Reflektieren über Logenfragen und aktuelle gesellschaftliche Probleme auf ihre Mitglieder einwirken. Dies geschieht vorwiegend durch L. [1]

Da die rituellen Arbeiten in der Johannisfreimaurerei (blaue Freimaurerei) in drei Erkenntnisstufen (Lehrling – Geselle – Meister) durchgeführt werden, nehmen die L. auf diese spezifischen Grade Rücksicht. Ähnliches gilt auch für die freimaurerischen Hochgradsysteme (rote Freimaurerei) mit weiterführenden Erkenntnisstufen (z.B. im ‹Schottischen Ritus›, 33 Grade).

B. Der Brauch der L. läßt sich historisch bis in die 1. Hälfte des 18. Jh. zurückverfolgen. Die erste bekannte Rede hielt JOHN THEOPHILUS DESAGULIERS am 24. Juni 1721. JAMES ANDERSON betonte, daß die Logenarbeit vom 27. Dez. 1721 durch Vorträge einiger alter Freimaurer sehr unterhaltsam gestaltet wurde. Die erste gedruckte L. war wahrscheinlich die des Architekten und Freimaurers EDUARD OAKLEY, die er am 31. Dez. 1728 in einer Loge zu Carmarthen (Wales) über die Entwicklung der Baukunst vortrug. Große Beachtung fand auch die Rede von MARTIN CLARE vom 11. Dez. 1735, in der er der Freimaurerei seiner Zeit kritisch den Spiegel vorhielt. Sie verstand sich als Moralkodex für die Logen in England. Zu den ältesten deutschen L. gehören jene von PHILIPP FRIEDERICH STEINHEIL und JOSEPH URIOT, vorgetragen 1742 in der Loge ‹Zur Einigkeit› in Frankfurt am Main. In Österreich entstehen die ersten bedeutsamen L. im Zusammenhang mit der Wiener Eliteloge ‹Zur wahren Eintracht› unter der Hammerführung von Ignaz Born. Im 19. Jh. zählen zu den bedeutsamsten Reden WIELANDS ‹Betrachtungen über den Zweck und Geist der Freimaurerei› (1809), die Trauerrede GOETHES auf Wieland (1813) und die Gedächtnisrede auf Goethe von KANZLER MÜLLER (1832). [2]

In der historischen Entwicklung der L. seit dem 18. Jh. haben sich prinzipiell und in den Anlässen keine wesentlichen Veränderungen ergeben. Zeitbedingt gab es aber Akzentverschiebungen in der Auswahl und Behandlung der Themen. Im 18. und 19. Jh. wurden viele L. zu Geburtstagen oder zum Tod von Herrschern, Fürsten und Königen gehalten, die entweder Mitglied der Loge waren oder ihr zumindest nahestanden. Diese Gewohnheit änderte sich im 20. Jh. (bes. nach 1918) aufgrund der politischen Umwälzungen. Vom 18. bis in die 1. Hälfte des 20. Jh. standen Themen im Vordergrund, die sich vorwiegend auf masonische Grundsatzfragen bezogen, wie z.B. Menschenliebe und Humanität, Menschenbild, die Ungleichheit des Standes in der Loge, die Pflichten des Freimaurers, das Grundgesetz der Freimaurerei (meist die ‹Alten Pflichten› des JAMES ANDERSON 1723), Weisheit, Toleranz, Selbstveredelung des Bruders, die einzelnen Grade (Erkenntnisstufen) und ihre Bedeutung, die Ordnung, Frauen in der Loge, die Brüderlichkeit, Freiheit, Gleichheit und Religion (der ‹Große Baumeister aller Welten›). Erst später mit der Aufklärung, der zunehmenden Politisierung Ende des 18. und im 19. Jh. wurden in den Logen auch politische (gesellschaftspolitische) und weltanschaulich-religiöse Themen, sofern sie für die Freimaurerei bedeutsam waren, behandelt und diskutiert. Vor der Aufklärung hielt man sich mit solchen Themen zurück, weil man in den Logen politische Streitigkeiten und weltanschaulich-religiöse Gegensätze als Polarisierungsgefahr fürchtete. Man wollte Spannungen vermeiden. Dabei mag die Einstellung mitentscheidend gewesen sein, daß der Wert des Bruders in der Freimaurerei nicht nach seinem Bekenntnis zu einer Religionsgemeinschaft, zu einem Dogma oder zu einer Partei beurteilt wird, sondern nach seiner persönlichen Redlichkeit. Die letzte Instanz hat die Freimaurerei unter dem Symbol des ‹Großen Baumeisters aller Welten› verankert. Dieses Symbol ist der religiöse Ausdruck freimaurerischen Bestrebens, auf eine Form der Transzendenz hinzuwirken, in der es möglich ist, ohne dogmatische Festlegung sich menschlich in Einigkeit zu begegnen. Der ‹Große Baumeister› symbolisiert den ewigen Hintergrund und den allumfassenden Rahmen, aus dem das Leben Sinn und menschliche Verantwortung erhält.

Im 20. Jh. ist die Tendenz deutlicher, sich verstärkt auch gesellschaftspolitischen und sozialen Fragen zuzuwenden und sich mit geistigen Strömungen auseinanderzusetzen, insbesondere nach 1945. Dieser Wandel fand seinen entsprechenden Niederschlag in den gesellschaftspolitischen Themen der L., wie z.B. Probleme des Friedens und der Friedenssicherung, Fragen der Konfliktbewältigung, Umwelt (Ökologie), Demokratie, Fundamentalismus (Gegenaufklärung), das Fremde, Grenzen des Fortschritts, Folgen der Technik, Probleme der Industriegesellschaften und Risikogesellschaften etc.

Neben den Fragen der Thematik, der Gattung, des Redeaufbaus und der Stilmittel sind auch der Ort (Loge), der Anlaß, der Redner (Logenbruder) und das Ritual von Bedeutung. Die Logenrede dient u.a. der Pflege der Lehrangelegenheiten, der Festigung des ethischen Kodexes und der spezifisch freimaurerischen und allgemeinen Wissensvermittlung.

Besondere Formen der argumentativen Rede finden sich vor allem in der oft heftigen Auseinandersetzung mit polemischen, religiösen oder politischen Angriffen gegen die Freimaurerei und in verschiedenen Verschwörungstheorien.

Was die Rhetorik der L. im engeren Sinne betrifft, läßt sich in den meisten – mit einer großen Bandbreite an Variationen und Abweichungen – je nach Themenstellung und Anlaß im wesentlichen das systematische klassische Einteilungsprinzip der Rede feststellen: Einleitung mit Hinweis auf den Anlaß, Darlegung des Sachverhalts, Argumentation und Beweisführung sowie Redeschluß. Die Sprache der meisten L. ist etwas pathetisch und gemäß der freimaurerischen Ritualistik symbolträchtig:

«Sie wissen, meine Brüder, das erste Grundgesetz unserer Versammlung ist brüderliche Liebe. [...] Salomons Tempel, den einst Hieram, unser Br(uder), erbaute, ist noch immer das vollkommenste Bild der M(aurerei). Weisheit, Schönheit und Stärke erhoben sich auf seinen Grundpfeilern in majestätischer Pracht. [...] Meine B(rüder), das schönste Kleinod unseres Ordens ist allgemeine Toleranz. Sie zu üben ist Weisheit, und sie setzt eine gewisse Stärke und Schönheit der Seele voraus [...] Veredlung der Menschheit – ein großer erhabener Zweck der Maurerei, [...] dies, m(eine) B(rüder), ist die große königliche Kunst, die des wahren Weisen allein wert ist.» [4] Die Freimaurerei «ist eine Schule der Vernunft und Sittlichkeit, in welcher sich ihre Geweihten zu dem Zwecke der Menschheit und der Menschlichkeit, das ist, zur reinen sittlichen Güte und Glückseligkeit bilden.» [5]

Die Zitate verweisen besonders auf freimaurerische Grundsätze und Verhaltensweisen, auf die die Brüder in Instruktionen und Belehrungen immer wieder aufmerksam gemacht werden.

Neben der L. spielt auch die freimaurerische Dichtung (besonders die Lyrik, Epik, Romane, Erzählungen und Novellen), die dramatische Kunst und das Theater eine Rolle, während Witz, Scherz und Satire in der Freimaurerei auf wenig Interesse stoßen.

Anmerkungen:
1 vgl. dazu auch E. Lennhoff, O. Posner: Internationales Freimaurerlex. (1932, ND Wien 1980) Sp. 950f. – **2** vgl. H. Reinalter: Aufklärung und Geheimges. (1989); ders.: Freimaurer und Geheimbünde im 18. Jh. in Mitteleuropa (⁴1994); ders.: Die Rolle der Freimaurerei und Geheimges. im 18. Jh. (1995); W. Dotzauer: Quellen zur Gesch. der dt. Freimaurerei im 18. Jh. (1991). – **3** vgl. auch F. C. Endres: Die Symbole der Freimaurerei (²1977); J. Schauberg: Vergleichendes Hb. der Freimaurerei (ND 1974). – **4** K. Gerlach: Berliner Freimaurerreden (1996) 27, 169, 247, 253. – **5** ebd. 344.

Literaturhinweise:
M. Agethen: Geheimbund und Utopie (1984). – R. Appel: Die großen Leitideen der Freimaurerei (1986). – M. Voges: Aufklärung und Geheimnis (1987). – D. A. Binder: Die diskrete Ges. (1988). – H. Schneider: Dt. Freimaurer Bibl. (1993). – H.-J. Schings: Die Brüder des Marquis Posa (1996).

H. Reinalter

→ Aufklärung → Formel → Gattungslehre → Geheimsprache → Zeremonialstil

Logik (griech. λογική τέχνη, logikḗ téchnē; lat logica; engl. logic; frz. logique; ital. logica)
A. Einleitende und definitorische Aspekte. – B.I. Antike. – 1. Aristoteles. – 2. Megariker und Stoiker. – 3. Ausklang und Synthese – Rhetorische L. – II. Mittelalter. – 1. Die Zeit bis 1300. – 2. Die Zeit nach 1300. – III. Neuzeit: 16.–19. Jh. – 1. Zurück zu den Quellen. – 2. Die L. von und nach Port Royal. – 3. Ende einer Epoche: Kant und Mill. – IV. Moderne. – 1. Formalisierung, Algebra, Symbolische L. – 2. Alte und neue Probleme. – 3. Von der Modallogik zur informellen L.

A. *Einleitende und definitorische Aspekte.* Würde ein Logiker der Antike, des Mittelalters oder sogar der Aufklärung neuere Handbuchartikel zur L. oder die großen Darstellungen von BOCHENSKI (1962), KNEALE/KNEALE (1962) oder BLANCHÉ (1970/1996) zur Geschichte der L. aufschlagen, so wäre er sicher überrascht, daß zwei große Gebiete seines ‹logischen Organon› – die ‹Topik› und die ‹Sophistischen Widerlegungen› – nur am Rande oder gar nicht (bei Blanché) behandelt werden. PRANTL diskutiert in seiner großen ‹Geschichte der L. im Abendlande› (1855–1870) diese beiden Gebiete zwar noch etwas ausführlicher, begreift sie aber als Vorstufen oder rhetorisch-dialektische Abweichungen von der wahren L., die für ihn im aristotelischen *Syllogismus*, sofern dieser aus *notwendig wahren Prämissen* schließt, ihre höchste Gestalt erhalten hat.[1] Deshalb moniert er auch bei den STOIKERN, daß sie sich «mit doctrinärem Eigensinn» vom Pfad der wahren L. entfernten, weil bei ihnen «das platonisch-aristotelische Princip einer mit Philosophie überhaupt verknüpften L. gar nicht vorhanden» sei.[2] Hier wird deutlich, daß Prantl die Geschichte der L. aus der Sicht der im 19. Jh. dominierenden Auffassung der richtigen L. schreibt. Dieses *post festum*-Vorgehen kennzeichnet auch die modernen geschichtlichen Darstellungen, für die jedoch die moderne symbolische L. die Richtschnur bildet. In der modernen Forschung haben die epochemachenden Arbeiten von LUKASIEWICZ einerseits zwar neue Einsichten und Bewertungen (insbesondere der megarisch-stoischen Schule und der spätscholastischen Konsequenzlehre) ermöglicht, andererseits aber führten sie allzu oft dazu, moderne Auffassungen in die alten logischen Abhandlungen hinein zu interpretieren, die einer genauen Analyse der jeweiligen Abhandlung und ihres historischen Wissenskontextes nicht standhalten können. Das *Problemfeld der L.* ist zum ersten Mal von Aristoteles in einer bis in die Neuzeit gültigen Form in seinem ‹Organon› ausgearbeitet worden: Die ‹Kategorien› behandeln Begriffe, die ‹Hermeneia› die Verbindung von Begriffen zur Aussage, die ‹1. Analytiken› die Verknüpfung von Aussagen zu Schlüssen in der Form von Syllogismen, die ‹2. Analytiken› dann unter einer methodologischen und wissenschaftstheoretischen Fragestellung den wissenschaftlich-beweisenden Syllogismus, die ‹Topik› erörtert Schlüsse mit plausiblen und gemeinhin zugestandenen Prämissen (bzw. mit nicht stringenten Folgerungen), und die ‹Sophistischen Widerlegungen› zeigen schließlich, wie man Schein- und Trugschlüsse widerlegen kann und muß. Zu diesem Problemfeld muß man jene Teile der ‹Rhetorik› rechnen, in denen es um die L. rhetorischer Argumentation geht. *Begriffe, Aussagen, Schlüsse*, letzterer mit notwendigen oder nur plausiblen Prämissen, mit denen man in stringenter und konsistenter Form folgern kann, *und* deren uneigentlichen, nur scheinbar gültigen sophistischen Formen, bilden zusammen mit der *Methode* das Problemfeld der L. Wenn die L. von PORT-ROYAL (1662/1683), die für die Neuzeit verbindlich wurde, genau diese vier Bereiche unterscheidet, stellt dies somit kein neues logisches Problemfeld, sondern nur eine andere Form der Gliederung dieses Feldes dar. Versteht man das Problemfeld der L. in diesem Sinne, ist es vielleicht nicht überraschend, daß es sich bis heute – sicher in vielfältiger und arbeitsteilig differenzierterer Form – erhalten hat: vom Wort über den Satz zur schlußfolgernden Rede und umgekehrt, im eigentlichen und uneigentlichen, aber auch im sophistischen Gebrauch. Der auf der sprachlich-materialen Ebene befindlichen Reihe *Wort-Satz-Rede* entspricht zwar auf der inhaltlich-intensionalen Ebene die Reihe *Begriff-Aussage-Schluß*, dies schließt aber nicht aus, daß einzelne Autoren und Epochen, wie auch die Sekundärliteratur, diese Reihen nicht immer terminologisch unterscheiden. So wird etwa in der Aristoteles- oder Mittelalterforschung ‹Satz› oft im Sinne von ‹Aussage› verstanden, kann sich aber auch auf die grammatische Form beziehen. Besonders schillernd ist der Gebrauch des Terminus ‹Prädikat›, der einmal wie das griechische ‹Rhema› das *Verb* und die *Prädikation* (Satzaussage) von etwas über ein Subjekt (Satzgegenstand), aber auch das *Wort* oder den in ihm konventionell fixierten *Begriff* (oder auch *beide*) bezeichnen kann. Im letzten Sinn ist auch seine Verwendung in der modernen *Prädikatenlogik* zu verstehen, die manchmal auch als *Termlogik* bezeichnet wird – dies in Reminiszenz an die mittelalterliche L., die ‹Begriffe› (oft auch zusammen mit ihrer sprachlichen Form) als *Termini* bezeichnete, woher auch die Bezeichnung *terministische L.* resultiert –, die freilich nicht Prädikationen untersucht, sondern die Frage, wie man sich mit ‹Termini› bzw. ‹sprachlichen Ausdrücken› auf Wirklichkeit bezieht. Sicherlich könnte man versuchen, das von einem Autor jeweils Gemeinte präzise mit genau festgelegten Termini zu bezeichnen; dies würde jedoch nicht nur zu einer kaum lesbaren Darstellung führen, sondern auch *sachlich* und *historiographisch* insofern problematisch sein, als bei bestimmten Autoren die sprachlich-grammatische Seite mit den inhaltlich-intensionalen Aspekten *zusammengedacht* wird. So kann etwa eine Übertragung des lat. *propositio* als ‹Aussage› dann falsch werden, wenn von einem Autor damit zugleich auch die sprachliche Form mitgedacht wird. Da sich die Forschungsliteratur zu bestimmten Autoren oder Epochen aufgrund ihrer langen Forschungsgeschichte ziemlich eng an den Sprachgebrauch der untersuchten Abhandlungen hält, ist hier eine Übernahme dieses forschungspraktisch eingespielten Sprachgebrauchs nicht nur sinnvoll, sondern auch notwendig. Betrachtet man nun den Kernbereich des logischen Problemfeldes *Wort/Begriff – Satz/Aussage – schlußfolgernde Rede/Schluß*, so lassen sich die beiden Randbereiche *Semiotik/Sprachphilosophie* und *Methodologie/Wissenschaftstheorie* genau bestimmen: die Semiotik untersucht 'unten' die Frage, wie sich Sprache und sprachliche Bedeutungen überhaupt erst konstituieren können, die Methodologie untersucht 'oben', wie die drei Bereiche durch Berücksichtigung von Standards des richtigen und rechten Schlußfolgerns methodisch korrekt zusammengefügt werden müssen; in ihrer entwickelten Form sind beide in eine für die jeweilige Epoche konsistente Sprachphilosophie bzw. Wissenschaftstheorie eingefügt. Die spezifische Gewichtung und Hierarchisierung der einzelnen Kern- und Randbereiche in einer bestimmten Epoche ermöglicht eine relativ genaue Kennzeichnung der jeweiligen *geschichtlichen Form* der L. bei einem bestimmten Autor oder in einer bestimmten Epoche. Im Teil B zur L. in der Antike, die bis zum Schwellenautor BOETHIUS (6. Jh.) reicht, wird zunächst untersucht, wie sich das logische Problemfeld bei Aristoteles ausschreibt (Syllogistik mit Begriffs- und Satzlehre, dialektische L. in Topik und Rhetorik, Sophistische Widerlegungen); wesentlich für die aristotelische L. ist einmal die Zerlegung des *apophantischen Logos*, d.h. des einfachen Behauptungssatzes in Subjekt und Prädikat sowie die Zentralität des Syllogismus, der freilich nicht nur den *stringenten* und *notwendigen* Schluß (wie in den ‹1. Analytiken›), sondern auch die plausiblen und mehr oder weniger wahrscheinlichen dialektischen und rhetorischen Schlußfolgerungen umfaßt. In all diesen Fällen denkt Aristoteles die Folgerung von Prämissen *auf* Konklusionen im wesentlichen begriffslogisch – im Gegensatz zur zweiten großen Richtung der L. in der Antike, der stoisch-megarischen Schule, welche die schlußfolgernde Rede als eine *Beziehung von Aussagen* begreift. Abgeschlossen wird diese große Epoche der Herausbildung der L. als wissenschaftliche Disziplin durch die spätantike Phase, eine «Periode der Kommentare und Handbücher»[3], die man je nach Sichtweise als Periode der *Synthese* oder des *Synkretismus* beschrieben hat. Hier sind die großen Aristoteleskommentare von ALEXANDER VON APHRODISIAS, PORPHYRIOS oder SIMPLIKIOS und die großen philosophiegeschichtlichen Darstellungen von SEXTOS EMPEIRIKOS und DIOGENES LAERTIOS zu nennen, aber auch eine sich auf CICERO gründende rhetorisch-topische Richtung, die zu einer Trennung von *rhetorischen* und *dialektisch-logischen* Topoi führte. Alle diese Richtungen werden bei BOETHIUS in einer für das Mittelalter verbindlich werdenden Form festgeschrieben. Die mittelalterliche Epoche wird in zwei Phasen geteilt: (1) bis etwa 1300; (2) bis zum ausgehenden Mittelalter im 15. Jh. In der ersten Phase wird die Ausschreibung der L. im Sinne des bei Boethius überlieferten aristotelischen ‹Organon› zwar beibehalten, aber doch in mehreren Hinsichten präzisiert. Inspirierend und innovativ wirkten die direkten Übersetzungen aus dem Griechischen (teilweise über die arabische Tradition vermittelt) von Aristoteles' ‹Analytiken›, ‹Topik› und ‹Sophistischen Widerlegungen›. Gerade auch die intensive Beschäftigung mit den ‹Sophistischen Widerlegungen›, in denen neben den logischen Trugschlüssen auch auf sprachlichen *Mehrdeutigkeiten* in Wörtern und Sätzen basierende Scheinschlüsse behandelt werden, führt zu einem Bewußtwerden der Bedeutung der *sprachlichen* Form von Begriffen, Aussagen und Schlüssen. Ergebnis dieser L. der Sprache war einerseits die Herausbildung einer philosophischen Grammatik, andererseits die systematische Berücksichtigung von für die L. bedeutsamen sprachlichen Erscheinungen. Dies führte zur Entwicklung der *terministischen L.* bzw. der *Suppositionslehre* und zur Untersuchung der *Synkategoremata*. Die terministische L. bzw. Suppositionslehre untersucht die Referenz von Ausdrücken auf außersprachliche Gegenstände, die Abhandlungen zu den Synkategoremata analysieren Ausdrücke, die nur *mit* den autokategorematischen Basisausdrücken verwendet werden können, also etwa *Quantoren* wie ‹jeder› oder ‹irgendeiner›, *Satzkonnektoren* wie ‹denn› oder ‹außer wenn› oder auch *Satzoperatoren* wie ‹es ist möglich, daß› oder ‹ich glaube, daß›. Um zu zeigen, wie diese *logica moderna* im Einzelnen in dieser Periode ausgearbeitet ist, werden hier die beiden großen Logiken des 13. Jh. von PETRUS HISPANUS und WILHELM VON SHERWOOD mit der dafür nötigen Ausführlichkeit interpretiert. Wichtigstes Ergebnis wird sein, daß die vor allem von WILHELM vorgenommene *Reduzierung* der topischen Schlüsse oder Argumente auf Syllogismen insbesondere deshalb scheitern muß, weil topische Schlüsse mit *relationalen* Termen wie ‹gleich mit›, ‹ähnlich› oder ‹mehr oder weniger als› – also die *a pari*-, die *Analogie* – und die *a fortiori*-Schlüsse – nicht auf Syllogismen reduzierbar sind. Die zweite ab 1300 beginnende mittelalterliche Phase reflektiert dieses Scheitern insofern, als sie schrittweise die Topik aus dem Logikgebäude herauslöst und gleichzeitig ihr Interesse immer mehr auf jede Form von konsistenter Schlußfolgerung, also nicht nur die syllogistische, lenkt. Ergebnis dieser Bewegung ist bei BURLEIGH, WILHELM VON OCKHAM oder WILHELM VON OSMA die dritte genuine Leistung der mittelalterlichen L.: die *Konsequenzlehre*. Diese untersucht, welche *Konsequenzen* oder *Folgerungen* sich aus einem bestimmten *Antezedens* oder *Vordersatz* notwendig ableiten lassen und formuliert diese in Form von *regulae*, d.h. von *Schlußregeln*. Das inzwischen differenzierte logische Wissen der Spätscholastik wird in einer präziseren *Suppositionslehre*, in *Sophismata* (das sind Abhandlungen zu Scheinschlüssen, die sich aus Mehrdeutigkeiten in allen Bereichen des logischen Problemfeldes ergeben können), in *Insolubilia* (das sind unlösbare, teilweise schon in der megarisch-stoischen Schule unterschiedene Antinomien oder Paradoxien) und schließlich in der *Obligationslehre* festgeschrieben. Gegen diese mittelalterliche, oft formalistische L. ziehen in der Renaissance, also zu Beginn der Neuzeit und der dritten logischen Epoche vor allem Vertreter der *rhetorisch-dialektischen L.* bzw. der *Rhetorikdialektik* spöttisch zu Felde. Aus der Sicht der modernen Argumentationstheorie und informellen L. gilt diese Rhetorikdialektik als konstruktives Weiterführen der topisch-rhetorischen Tradition, die sich nicht nur auf Cicero oder QUINTILIAN, sondern auch auf den Aristoteles der ‹Topik› und der ‹Rhetorik› berufen kann. Aus der Sicht der aristotelischen *und* der modernen Logiker handelt es sich schlicht um eine Phase des Niedergangs der L. Um hier zu einem historisch genaueren Urteil zu kommen, werden im Abschnitt ‹Zurück zu den Quellen, Neues aus dem Alten finden, Scheitern› (B.III.1.) ausführlich die Dialektiken von AGRICOLA und PETRUS RAMUS interpretiert. Ergebnis dieser Erörterung ist die vielleicht paradox erscheinende Einsicht, daß gerade Agricola und Ramus wesentlich zum endgültigen Niedergang der Topik, die sich mit Beginn des 17. Jh. feststellen läßt, beigetragen haben. Der Grund ist einmal in der *Entlogisierung* der Topik, die auf eine Reduktion des Schlußfolgerns und Argumentierens auf *Begriffe* hinausläuft, zum andern in der *Verweltlichung*, ja sogar *Ontologisierung* der topischen Begriffe – insbesondere bei Agricola – zu suchen. Diese Reduktion von Schluß und Aussage auf Begriffe kennzeichnet alle deutschen L. der Aufklärung bis hin zu KANT. Die Erörterung führt deshalb am Ende des letzten Abschnitts dieses Teils ‹Das Ende einer Epoche: Kant und Mill› zur pointierten Feststellung, daß Kant die von Agricola verweltlichte und ontologisierte Topik und L. als *Begriffslogik* ins reine Bewußtsein holt. Der Abschnitt ‹Das Richtige im Alten neu kombinieren: Die L. von und nach Port-Royal› behandelt ausführlich die L. von Port-Royal, die, wie schon betont, das logische Problemfeld mit der klaren Unterscheidung von *idée* (Begriff), *jugement/proposition* (Urteil/Aussage), *raisonnement* (Folgern) und *méthode* (Methode) für die Neuzeit verbindlich ausformuliert hat. Da Port-Royal im Teil zur Methode sich vor allem auf DESCARTES stützt, wird dessen Epistemologie, insbesondere in ihren forschungslogischen Aspekten, ausführlich behandelt. Die Bedeutung des bei Descartes immer wieder vorgenommenen Rückgriffs auf die Geometrie wird dann ausführlich bei LEIBNIZ diskutiert, der mit seinen Versuchen, mit algebraischen Mitteln eine universelle Begriffsschrift zu entwickeln und bestimmte logische Ableitungen zu axiomatisieren, zu einem wichtigen Vorläufer der modernen mathematisch-symbolischen L. wird. Abgeschlossen wird dieser Abschnitt durch detaillierte Untersuchungen der Aufklärungslogiken von WOLFF, REIMARUS und LAMBERT, die sich einmal durch eine Uminterpretation der Begriffslehre hin zur *Vernunftlehre* (mit stark psychologisierenden Tendenzen bei Wolff) und durch eine Ausarbeitung der Forschungsmethode (insbesondere hinsichtlich des Verhältnisses von Definitionen, Axiomen, Postulaten und Theoremen) kennzeichnen lassen. Auffallend ist die durchgängig erzieherische und moralische Intention wie auch die Erweiterung der Trugschlußlehre hin zu einer allgemeinen Lehre menschlichen *Irrens*, in der auch *hermeneutisch-philologische* Aspekte des Verstehens von Texten diskutiert werden. Der letzte Teil zur

Moderne stellte insbesondere deshalb vor besondere Probleme, weil es im Hinblick auf Quantität, Vielfalt und Differenziertheit der modernen Forschungen zur L. vermessen wäre, alle diese Richtungen in einem kurzen Abschnitt darstellen zu wollen. Ein derartiges Vorgehen hätte zudem zu einer Ansammlung von Details und Einzelfakten geführt, deren theoretische und forschungsgeschichtliche Bedeutung nur dem jeweiligen Experten verständlich gewesen wäre. Um den Zielen dieses Wörterbuchs gerecht zu werden, wird deshalb versucht, einen überschaubaren, auch dem Nicht-Experten verständlichen Überblick aus einer *linguistisch-rhetorischen* Perspektive zu geben. Behandelt wird deshalb im Abschnitt ‹Im Zentrum: Formalisierung, Algebra und symbolische L.› vom mathematisch-logischen Forschungszweig nur die *Symbolische L.*, d.h. die formale Prädikaten- und Aussagenlogik, wie sie sich in der inzwischen gemeinhin akzeptierten Form darstellt. Die relativ ausführliche Darstellung des Standardkalküls, die sicher vom Leser eine besondere Anstrengung verlangt, war allein schon deshalb notwendig, weil im Abschnitt ‹Alte und neue Probleme im Zentrum› die Grenzen dieses Kalküls an zwei zentralen Problemen aufzeigt werden, nämlich dem Problem der Referenz von Eigennamen und bestimmten Kennzeichnungen bei RUSSELL, QUINE u.a. und dem Kernproblem der L., dem Problem der Schlußfolgerung. Bei dieser Kritik bildet der Vater der modernen symbolischen L., G. FREGE, den Dreh- und Angelpunkt. Wesentliches Ergebnis dieser *immanenten* – d.h. aus den Annahmen der symbolischen L. heraus geführten – Diskussion ist der Nachweis, daß weder die sprachliche Referenz auf singuläre Gegenstände noch das alltagslogische und wissenschaftliche Schließen von der symbolischen L. adäquat erklärt werden können. Dem schließt sich ein kurzer Abschnitt zu ‹Erweiterungen: Von der Modallogik zur informellen Logik› an, der nicht nur einen groben Überblick über aktuelle Forschungsrichtungen gibt, sondern auch den Nachweis führen will, daß heute noch – zwar vielfältiger und arbeitsteilig differenzierter – das alte, schon bei Aristoteles ausgeschriebene Problemfeld der L. fortbesteht: vom Wort über den Satz zum Schluß, im eigentlichen und uneigentlichen, aber auch sophistischen Gebrauch.

Anmerkungen:
1 allg. C. Prantl: Gesch. d. L. im Abendlande, Bd. 1–4 (1855–70, ND 1997); J.M. Bocheński: Formale L. (1962); M. Kneale, W. Kneale: The Development of Logic (Oxford 1962); R. Blanché: La logique et son histoire (Paris ²1996). – **2** vgl. Prantl [1] I, 32 u. 402. – **3** Bocheński [1] 154; zum Einfluß der Stoa M.L. Colish: The Stoic Tradition from Antiquity to the Early Middle Ages, 2 vol. (Leiden 1985).

Literaturhinweis:
W. Marciszewski: Logic from a Rhetorical Point of View (1994).

B.I. *Antike*. Die Gründungs- und zugleich Hauptphase der antiken L. fällt in die Zeit von 350 bis etwa 200 vor Chr., in der sich die beiden großen Denkrichtungen, die aristotelische und die megarisch-stoische L., herausbilden. Danach beginnt eine lange Periode der Kommentare zu diesen beiden Schulen, die bis Boethius im 6. Jh. n. Chr. dauern sollte – je nach Bewertung eine Periode des Synkretismus oder der Synthese. Die Vorphase wird nicht gesondert besprochen, weil ihr Verdienst eher im staunenden Sehen und Erfahren sowie praktischen Durchspielen sprachlich-logischer Probleme und Paradoxien liegt und weniger in deren begrifflich-systematischen Durchdringung. Hier sind die Pythagoräer und Eleaten (PARMENIDES, ZENON) und vor allem die Sophisten (PROTAGORAS, GORGIAS) zu nennen, aber auch PLATON, auf dessen Ideenlehre und vor allem dessen Methode der *Dihairesis* (Begriffszerlegung) sich ARISTOTELES mehrfach bezieht. [1] Dieses Verfahren illustriert Platon im ‹Sophistes› in einer in der Geschichte der L. berühmt gewordenen Zerlegung der *Künste* in *hervorbringende* vs. *erwerbende*, letztere in *auf Konsens beruhend* vs. *durch Gewalt* und letztere wiederum in *beim Kampf* vs. *beim Nachstellen (Jagen)* usw. [2] Wichtiger für die Entstehung der L. ist, daß die Philosophie besonders in der platonischen Akademie in *Dialogform* – die noch in den platonischen Dialogen manifest ist – praktiziert wird; um auf diese τέχνη διαλεκτική (téchnē dialektikḗ), diese philosophische Gesprächskunst vorzubereiten, hat sich eine besondere Form des Gesprächs, nämlich das dialektische Übungsgespräch (γυμνασία, gymnasía) entwickelt. Darauf bezieht sich die aristotelische ‹Topik›, die erste systematische Abhandlung in der Geschichte der L. Aristoteles will nämlich mit der ‹Topik›, wie er in den ersten Sätzen dieser Schrift hervorhebt, eine «Methode liefern, durch die wir befähigt werden, über jedes vorgelegte Problem aus Endoxa (d.h. aus gemeinhin akzeptierten Meinungen) Schlüsse zu ziehen, und auch nichts Widersprüchliches zu sagen, wenn wir Rede und Antwort zu stehen haben»[3]; damit beschreibt Aristoteles nicht nur die allgemeinen Spielregeln des dialektischen Übungsgesprächs, sondern auch die zentrale Aufgabe jeder L.: eine nachprüfbare Methode zu liefern, wie man im reflektierten Dialog widerspruchsfrei Schlüsse ziehen kann. Es ist sicher das große Verdienst von E. KAPP [4], diesen Ursprung der L. aus dem dialektischen Gespräch herausgearbeitet zu haben, freilich um den Preis einer Vernachlässigung der logischen Aspekte der ‹Topik›.

Aristoteles verwendet in der ‹Topik› für das widerspruchsfreie Schließen den Ausdruck συλλογισμός (syllogismós), d.h. schlußfolgernde Rede. Schon in dieser Schrift bedeutet syllogismós – wie auch in den späteren ‹Analytiken› – Schluß (der je nach Art der Prämissen und der Stringenz der Folgerung weiter in einen apodiktischen, dialektischen, rhetorischen usw. Syllogismus differenziert werden kann). Um diese verschiedenen Formen der schlußfolgernden Rede zu bezeichnen, verwendet Aristoteles noch nicht den modernen Ausdruck ‹logisch›. In der Spätschrift, den ‹2. Analytiken›, werden vielmehr das Adjektiv λογικός (logikós) wie das Adverb λογικῶς (logikós) [5] im Sinne von dialektischen Schlüssen verstanden und deshalb auch gegen analytische (ἀναλυτικῶς, analytikós) Schlüsse mit notwendig wahren Prämissen abgegrenzt. [6] Der Ausdruck ‹Logik›, der auf das griech. Adjektiv *logikós* in der Verbindung τέχνη λογική (téchnē logikḗ) – Kunst/Wissenschaft der L. – zurückgeht, wird erst im 1. Jh. v. Chr. von der peripatetischen Schule als Terminus technicus im Sinne von ‹Werkzeug (Organon) des Denkens› verwendet, ein Sprachgebrauch, der sich erst im 3. nachchristlichen Jh. durchsetzen sollte [7] – daneben blieb noch die megarische und stoische Bezeichnung ‹Dialektik› für die L. bis in die Neuzeit bestehen.

1. *Aristoteles*. **a.** *Kategorien, Satz, Syllogismen.* ‹Organon› (im Sinne von ‹Werkzeug des Denkens›) ist gleichzeitig der Titel, den die späten Peripatetiker den logischen Schriften ARISTOTELES' (‹Kategorien›, ‹Hermeneia› (‹De interpretatione›), ‹1. und 2. Analytiken›, ‹Topik›, ‹Sophistische Widerlegungen›) gaben. Die Reihenfolge der im ‹Organon› überlieferten Schriften läßt eine didaktische Intention erkennen: Die ‹Kategorien› behandeln die Begriffe, ‹De interpretatione› die Verbindung von Begriffen im Satz, die ‹1. Analytiken› die Verknüpfung von Sätzen zu Syllogismen, die ‹2. Analytiken› untersuchen dann die wissenschaftlich-beweisenden Syllogismus, die ‹Topik› und ‹Sophistische Widerlegungen› hingegen den nur wahrscheinlichen und scheinbaren Syllogismus. Diese Reihenfolge entspricht jedoch nicht der Entstehungsgeschichte: ‹Kategorien›, ‹Topik›, ‹Hermeneia›, ‹Sophistische Widerlegungen›, ‹1. und 2. Analytiken›. Da Aristoteles (oder auch Kompilatoren) einzelne Teile seiner Schriften ergänzt oder umgeschrieben hat, finden sich etwa nicht nur in den ‹Analytiken› Hinweise auf die ‹Topik›, sondern auch umgekehrt. Aus der Sicht der rhetorischen L. wird man diesen Schriften jene Stellen der ‹Rhetorik› hinzufügen müssen, in denen Aristoteles die L. des Enthymems zu bestimmen sucht, also vor allem II, 22 und 23. In allen Schriften bleibt die allgemeine Bestimmung des Syllogismus, also der schlußfolgernden Rede identisch: «Der Schluß (syllogismós) ist eine Rede (lógos), bei der gewisse Dinge gesetzt werden und etwas anderes als dieses Gesetzte mit Notwendigkeit aufgrund dessen, was gesetzt wurde, folgt»[8]. Kurz: der Syllogismus ist eine «Prämissen-Conclusio-Argumentation»[9]. Prämissen wie Konklusionen sind *Aussagesätze* (lógoi apophantikoí), die (1) wahr oder falsch sein können und die (2) ein *Subjekt* enthalten, dem ein *Prädikat* (rhēma) zugeordnet wird. Diese Zuordnung wird in der kanonischen Form durch die Kopula *ist* gewährleistet (Dieser Mensch (S) IST *groß (P)*): S ist P. Deshalb ist auch die Kopula IST implizit in einem Satz wie «Der Mensch *geht umher*» enthalten, der deshalb – wie Aristoteles schon in der ‹Hermeneia› betont – bedeutungsgleich mit «Dieser Mensch *ist umhergehend*»[10] ist.

Aussagesätze können nach dem Modus, nach der Art des Prädikats und nach dem Grad der Allgemeinheit unterschieden werden. Hinsichtlich des Modus unterscheidet Aristoteles die *bejahende* (apóphasis) und die *verneinende Aussage* (katáphasis) – je nachdem, ob dem Subjekt, dem ‹Zugrundeliegenden› (hypokeímenon), ein Prädikat zugeordnet oder abgesprochen wird. Hinsichtlich des zweiten Kriteriums lassen sich *kategorial* zehn Satzarten unterscheiden: Substanz, Quantität, Qualität, Relation, Ort, Zeit, Lage, Besitz, Handlung, Erleiden. (*Pferd, drei Meter lang, weiß, doppelt, in der Schule, letztes Jahr, sitzt, bewaffnet, schneidet, wird gebrannt*).[11] Hinsichtlich des dritten Kriteriums unterscheidet Aristoteles in der ‹Hermeneia› nur die *singulären* und die *allgemeinen* Sätze, denen grammatisch *Eigennamen* (Sokrates geht umher) bzw. *Gattungsnamen* (Der Mensch ist sterblich) entsprechen.[12] Die allgemeinen Sätze werden dann zwar in den ‹Analytiken› weiter in *universelle* (*Alle* Menschen sind sterblich), *partikuläre* (*Einige* Menschen sind Lehrer) und *unbestimmte* (*Ein* Mensch kann tanzen) – d.h. in denen weder Universalität noch Partikularität explizit benannt sind – unterschieden[13], in der Syllogistik selbst werden aber die unbestimmten Aussagen als *partikuläre* Aussagen behandelt. Dies bedeutet, daß man sie im Sinne von *einige und mindestens ein* verstehen kann. Da die Syllogistik letztlich auf Relationen zwischen Prädikaten beruht, fehlen in ihr auch die *singulären* Aussagen. Damit berücksichtigt die Syllogistik der ‹Analytiken› – wie schon die ‹Topik›[14] – vier Aussageformen: universell bejahend (a), universell verneinend (e), partikulär bejahend (i), partikulär verneinend (o).

Die Symbole a, i, e, o wurden in mittelalterlichen Lehrwerken eingeführt (sie sind aus *AffIrmo* und *nEgO* abgeleitet): «Jede Demonstration und jeder Syllogismus beweisen eine Zuordnung oder Nicht-Zuordnung auf ein Subjekt, und dies entweder universell oder partikulär.»[15] Die Beziehungen zwischen diesen Aussageformen werden seit APULEIUS (2. Jh.) in folgendem *logischen Quadrat* veranschaulicht[16]:

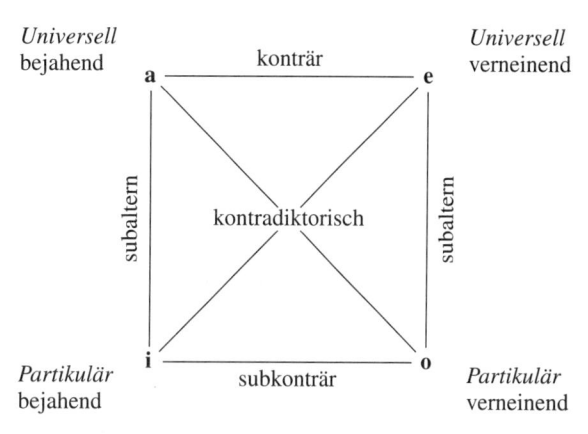

Universell   konträr   *Universell*
bejahend   a ——————— e   verneinend

subaltern   kontradiktorisch   subaltern

Partikulär   i ——————— o   *Partikulär*
bejahend   subkonträr   verneinend

a- und o-Aussagen sind kontradiktorisch und können nicht zugleich wahr sein, weil die Negation der *ganzen* universellen Aussage «*Es trifft nicht zu*, daß *alle* Menschen mutig sind» (non-a) die Aussage «*Einige* Menschen sind *nicht* mutig» (o) ergibt; a- und e-Aussagen sind bloß konträr, weil die Negation «*Nicht alle* Menschen sind mutig» nicht nur den Grenzfall «*Kein* Mensch ist mutig», sondern auch «*einige* Menschen sind *nicht* mutig» meinen kann (deshalb können beide konträren Aussagen zugleich falsch sein); subkonträre Aussagen können hingegen beide zugleich wahr sein, da ja «Einige Menschen sind mutig» durchaus mit «Einige Menschen sind *nicht* mutig» kompatibel ist; a- und i-Aussagen sind schließlich subaltern, da aus «*Alle* Menschen sind mutig» auf «*Einige* Menschen sind mutig» gefolgert werden kann. Aus diesen Unterscheidungen und Abkürzungen ergeben sich die im Mittelalter eingeführten Bezeichnungen für bestimmte Schlußformen bzw. syllogistische *Modi* wie *Barbara* oder *Darii*:

Barbara

maior	Alle Menschen (B) sind *sterblich* (A)	a
minor	Griechen (C) sind Menschen (B)	a
conclusio	Also sind Griechen (C) *sterblich* (A)	a

Darii

maior	Alle Athener (B) sind *Griechen* (A)	a
minor	Einige Musiker (C) sind Athener (B)	i
conclusio	Also sind einige Musiker (C) *Griechen* (A)	i

Die Prädikate in den Teilaussagen müssen *keine* essentiellen oder typischen Eigenschaften ausdrücken, da auch Aussagen mit akzidentellen Prädikaten wie «Einige Griechen *laufen umher*» möglich sind. Aristoteles bezeichnet den Term B, der die Vermittlung zwischen den beiden *extremen* (akrá) Termen garantiert, *mittleren* Term, A ist der *erste* und *größere* Term, weil er zuerst genannt wird und eine größere Extension als der *kleinere* und *letzte* Term C hat. Entsprechend heißt die Prämisse mit dem extensional größeren Term A *praemissa maior*, die zweite hingegen *praemissa minor*. Da die größere Prämisse immer zuerst aufgeführt wird, heißt sie auch Obersatz, die kleinere Prämisse hingegen Untersatz. Die Schlußmodi *Barbara* und *Darii* gehören zur 1. Figur, da in ihnen der mittlere Term zugleich als Subjekt und als Prädikat verwendet wird [17]; in der 2. und 3. Figur fungiert der mittlere Term nur als Prädikat bzw. als Subjekt. Veranschaulicht (für den mittleren Term ist jeweils M eingesetzt); vgl. Abb. 1.

	1. Figur	*(4. Figur)*	2. Figur	3. Figur
maior	Alle M sind A	*Alle A sind M*	Alle A sind M	Alle M sind A
minor	Alle C sind M	*Alle M sind C*	Kein C ist M	Alle M sind C
conclusio	Also sind alle C A	*Also sind einige C A*	Also sind kein C A	Also sind einige C A

(Abb. 1)

Die 2. und 3. Figur definiert Aristoteles formal nach der Stellung des Mittelbegriffs in den Prämissen, die 1. Figur bestimmt er zusätzlich extensional (C ist in M und M in A enthalten). Die 4. Figur, erst Ende des Mittelalters belegt, wurde seit der Renaissance fälschlicherweise GALEN (2. Jh. n. Chr.) zugeschrieben [18], Aristoteles selbst behandelt ihre Formen als *indirekte* Formen der 1. Figur. [19]

Das Anliegen der ‹1. Analytiken› ist nun, nachzuweisen, welche der jeweils möglichen Modi bzw. Kombinationen von a, i, e und o in den einzelnen Figuren logisch gültig sind. In der ersten Figur sind dies neben den genannten Barbara und Darii die Modi *Celarent* (Kein M ist A; alle C sind M; kein C ist A) und *Ferio* (Kein M ist A; einige C sind M; einige C sind nicht A), d.h. die erste Prämisse ist immer universell (bejahend (a) oder verneinend (e)), die zweite hingegen immer bejahend (universell (a) oder partikulär (i)); kurz: «Wenn die drei Terme so miteinander verknüpft sind, daß der letzte ganz im mittleren und der mittlere ganz im ersten enthalten oder nicht enthalten ist, dann liegt notwendig ein vollständiger Schluß der äußeren Terme vor.» [20] Einer langen Tradition folgend wurden die Syllogismen bisher als *Schlußfiguren* bzw. *Schlußmodi* dargestellt. Dies entspricht *nicht* der aristotelischen Darstellung. Aristoteles formuliert nämlich die Syllogismen als *hypothetische Sätze* der Form: «Wenn das A von jedem B ausgesagt wird, und das B von jedem C, dann wird das A notwendig von jedem C ausgesagt.» [21] Diese Formulierung unterscheidet sich in dreierlei Hinsicht von einem *konkreten* Schluß wie etwa das oben gegebene Barbara-Argument: 1. Die Zuordnung des Prädikats wird nicht mehr durch die Kopula IST vorgenommen, sondern durch die von der Grammatik des Griechischen unabhängigen Formulierung: «Wenn das Prädikat A von einem B ausgesagt wird [...]»; 2. statt konkreter Terme werden Variablen verwendet; 3. der Syllogismus wird als ein *einziger* Satz (und nicht in Form von drei unabhängigen Sätzen formuliert). Die Verwendung der Kopula SEIN ist somit für die Bestimmung eines Satzes nicht notwendig, da dieser – unabhängig von den Konventionen einer bestimmten Sprache – als eine Rede bestimmt werden kann, in der einem Zugrundeliegenden (Substanz) ein Prädikat zugeordnet wird. Welche Bedeutung soll man der Verwendung von Variablen zumessen? Mit Ross und LUKASIEWICZ kann man Aristoteles als Begründer der formalen L. bezeichnen, unter der Voraussetzung freilich, daß man mit BOCHEŃSKI einschränkt: «Es sieht so aus, als ob er selbst überhaupt nie bemerkt hat, daß er es mit Variablen zu tun hat.» [22] Für Lukasiewicz hat Aristoteles sogar moderne *aussagenlogische* Ideen vorweggenommen, da man eine Formulierung wie «Wenn das A von jedem B ausgesagt wird (p), und das B von jedem C (q), dann wird das A notwendig von jedem C ausgesagt (r)» durchaus im modernen Sinne als Implikation ‹wenn p und q, dann r› verstehen könne, symbolisiert:

$(p \wedge q) \rightarrow r$

Danach ist der Syllogismus ein Satz, der die Form einer *Implikation* hat. [23] Gegen diese moderne Interpretation wendet PRIOR schon 1952 ein: «Die Analytica priora sind letztendlich kein Buch *mit* Syllogismen, sondern ein Buch *über* Syllogismen.» [24] Und in einer späteren Abhandlung betont Prior, daß «eine Feststellung *über* einen Syllogismus nicht selbst ein Syllogismus» sei (a statement *about* a syllogism is not itself a syllogism). [25] PATZIG, der sich in der ersten Auflage seiner Untersuchung zur Syllogistik noch eng an Lukasiewicz hält, gibt diese Position mit der zweiten Auflage auf. [26]

Ein weiterer Einwand gegen die These Lukasiewicz' ergibt sich, wie PRIMAVESI betont, daraus, daß Aristoteles im 1. Buch der ‹1. Analytiken› explizit die apodiktische von der dialektischen Prämisse unterscheidet, wobei die erstere von dem, der beweist (apodeiknýōn), gesetzt wird, während die letztere erst in einem bestimmten Sinne vom Gesprächsteilnehmer erfragt werden muß. [27] Hier verweist Aristoteles darauf, daß in der *dialektischen Disputatio* der Argumentierende zunächst seinem Gegenüber eine Entscheidungsfrage stellt (etwa: Kann der Seele sich bewegen oder nicht) und die von diesem gegebene Antwort als Ausgangspunkt und Prämisse seiner eigenen Argumentation nimmt. Da in beiden Fällen nach Aristoteles ein Syllogismus vorliegt, ist klar, daß dieser nicht als *ein* Satz verstanden werden darf, sondern als *Schluß*, in dem die Prämissen und die Konklusion als getrennte Sprechakte formuliert werden. Dem entsprechen Stellen, in denen sich Aristoteles explizit mit «aus diesen so gesetzten (Prämissen) ergibt sich die Notwendigkeit, daß ...» [28] auf die Schlußfigur selbst bezieht.

Ein weiterer von Primavesi vorgebrachter Einwand ist, daß nach Aristoteles «die apodiktische Prämisse ein wahrer Satz mit Prinzipiencharakter, die dialektische Prämisse hingegen ein weithin anerkannter Satz sein soll. Solche inhaltlichen Bedingungen können aber von einem Gebilde wie ‹Das A kommt jedem B zu› schwerlich erfüllt werden.» [29] Dieser Einwand ist nicht stichhaltig. Nicht nur, weil nicht alle in den ‹Analytiken› behandelten Syllogismen wahre Sätze mit Prinzipiencharakter als Prämissen verlangen: «Die Apodeixis ist eine Art von Syllogismus, nicht jeder Syllogismus ist aber eine Apodeixis» [30], sondern allein schon deshalb, weil man ja durchaus in einem ersten Schritt die beiden Schlußarten nach dem Grad der Notwendigkeit ihrer Prämissen unterscheiden kann, um dann in einem zweiten Schritt *unabhängig vom spezifischen Inhalt* zu untersuchen, welche Kombinationen von a, e, i, o bei Schlüssen logisch wahr bzw. stringent sind – genau das tut Aristoteles. Hinzu kommt ein ganz wesentlicher Aspekt. Aus Aristoteles' Ausführungen folgt ja, daß dialektische und apodeiktische Schlüsse verschiedene *Arten* des Schließens darstellen, beide aber die *gleiche Form* der Rede darstellen, eben die, aus etwas Gesetztem auf etwas anderes als das Gesetzte zu schließen. Aus diesem Unterschied zwischen *inhaltlicher* und *logischer Wahrheit* – genauer: zwischen *sachlicher Wahrheit* und *logischer Gültigkeit* – erklärt sich, daß Aristoteles nicht nur sagen kann, daß aus Wahrem immer Wahres erschlossen wird, sondern auch, daß aus Falschem Wahres gefolgert werden kann – d.h. aus sachlich falschen Prämissen können *logisch gültig* sachlich wahre Konklusionen inferiert werden (ein triviales Beispiel: *Alle Tiere sind fähig-zum-Schwimmen; Fische sind Tiere; also sind Fische fähig-zum-Schwimmen*).[31]

Das gegebene Beispiel kann zugleich den zentralen Einwand gegen die Interpretation der aristotelischen Syllogistik als *Aussagenlogik* illustrieren: selbst in seiner Schlußlehre, in der ja drei Aussagen miteinander verknüpft sind, denkt Aristoteles die logischen Beziehungen nicht als Beziehungen zwischen Sätzen, sondern als Beziehungen zwischen *Konfigurationen von Prädikaten innerhalb von Sätzen*. Die aristotelische L. bleibt wesentlich *Begriffslogik*. Daß dies gleichermaßen für die ‹Topik› und die ‹Sophistischen Widerlegungen› gilt, soll im folgenden deutlich werden. Wie soll man dann die Standardformulierung in den ‹1. Analytiken› verstehen: «Wenn das A von jedem B ausgesagt wird, und das B von jedem C, dann wird das A notwendig von jedem C ausgesagt»? Der entscheidende Hinweis ist in der Formulierung selbst zu suchen. Aristoteles verwendet nämlich in der Regel für die Formulierung von notwendigen Prämissen die Präpositionalphrase ἐξ ἀνάγκης (ex anánkēs), d.h. *aus Notwendigkeit*, um zum Ausdruck zu bringen, daß ein Prädikat einem Subjekt notwendig zukommt (also etwa: das Prädikat *Lebewesen* (P) kommt dem Subjekt *Mensch* (S) *mit Notwendigkeit zu*); von dieser *einfachen* oder absoluten Notwendigkeit ist die *logische* oder relative Notwendigkeit zu unterscheiden, für die Aristoteles fast durchgängig die Nominalkonstruktion ἀνάγκη (anánkē) mit Infinitiv verwendet.[32] Die linguistische Struktur der Sätze, mit denen Aristoteles die Gültigkeit von Syllogismen formuliert, ist somit:

SG «Wenn eine Konfiguration des Typs K_i gegeben ist, dann *ist eine Notwendigkeit gegeben (gilt notwendig)*, daß A von allen/einigen C (nicht) ausgesagt wird.»

Da es sich hier um logische Evidenzen handelt, erklärt sich, daß sich manchmal auch die Formulierung «... ist offenkundig (φανερόν, phanerón), daß ...» findet.[33] Auch das Futur, das im Griechischen auch Notwendigkeit ausdrücken kann, ist möglich.[34] Da in den Sätzen mit der Struktur SG Vorder- und Nachsätze durch einen Satzoperator, der die Art der logischen Beziehung zwischen ihnen explizit benennt, verknüpft sind, kann man hier sicher nicht von einer Implikation im Sinne der Aussagenlogik sprechen. Das sagt sinngemäß auch Patzig, wenn er betont, daß «der Zusatz ἀνάγκη in einer Conclusio anzeigen soll, daß das, was der Satz, der als Conclusio auftritt, behauptet, notwendigerweise *wahr* ist, *wenn* die Prämissen wahr sind.»[35] Um diese spezifische Form von der aussagenlogischen Implikation terminologisch eindeutig abzugrenzen, sprechen wir bei Sätzen mit der Struktur SG von *Schlußgaranten*; ein Schlußgarant belegt damit die logische Gültigkeit eines Satzes der Form *A kommt einigen/allen C (nicht) zu* aufgrund einer bestimmten Konfiguration der beiden Vordersätze. Am Beispiel des Modus *Barbara* verdeutlicht:

Barbara

A kommt allen M (B) zu
M (B) kommt allen C zu
Also kommt A allen C zu ← SCHLUSSGARANT (SG_barbara) [logisches Gesetz]

Als logisches Gesetz könnte dieser Schluß wie folgt formuliert werden: «Wenn A allen M zukommt, und M allen C, dann kommt A allen C zu», also ohne das Notwendigkeitsprädikat im Nachsatz. Somit läßt sich die Gültigkeit eines konkreten Schlusses nachweisen, indem man zeigt, (1) daß er ein Beispiel des Schlußmodus *Barbara* ist, oder (2) daß er der Schlußregel SR_barbara folgt, oder daß er (3) aus einem logischen Gesetz ableitbar ist. Spätantike und Mittelalter (dem Beispiel von Apuleius oder von Boethius folgend) werden im Gegensatz zu Aristoteles' Formulierung (2) die konfigurationale Darstellung (1) vorziehen. Die Formulierung (3) als *logisches Gesetz*, das innerhalb eines Aussagenkalküls begründbar ist, erfolgte erst in der Moderne.

Damit läßt sich auch das Anliegen der aristotelischen *Syllogistik* einfach formulieren: Die ‹Analytiken› untersuchen Konfigurationen von drei generischen Termen X, M und Y hinsichtlich ihrer wechselseitigen (Nicht-)Prädizierbarkeit nach den Modi *universell* oder *partikulär*, wobei ein Term, der Mittelterm M, in beiden Prämissen vorkommt. Konfigurationen von Prämissen, die bestimmte Konfigurationen der Konklusion notwendig machen, sind gültige Syllogismen; ihre Geltung kann durch einen Schlußgaranten der Form SG formuliert werden. Dieser *konfigurationalen* Bestimmung der L. entspricht nicht nur, daß Aristoteles von σχήματα (schémata), d.h. von Figuren spricht, sondern auch, daß er in den ‹Analytiken› nur die Konfigurationen, deren Konklusion als notwendig beweisbar ist, als *Syllogismen* bezeichnet: «Wenn B keinem C und A einigen B [...] zukommt, so liegt auch kein Syllogismus vor» (vgl. etwa das von Aristoteles selbst gegebene Beispiel: «Wenn weiß (A) nur einigen Pferden (B) zukommt und Pferd (B) keinem Schwan (C), so liegt kein Syllogismus vor»).[36] Die gültigen Syllogismen der 1. Figur sind «vollkommen» (téleios), weil sie «nichts anderes als das in den Prämissen Gesetzte voraussetzen», die Syllogismen der übrigen Figuren sind «unvollkommen», da sie weiterer Sätze bedürfen.[37] Hinzu kommt, daß die Konklusionen der 2. Figur immer negierend sind und die der 3. zwar affirmativ sein können, dies aber nur partikulär.[38] Diese Privilegierung der gültigen Syllogismen der 1. Figur ist nach Bocheński darauf zurückzuführen, daß sie «intuitiv evident»[39] sind. Für PATZIG hingegen ist die Vollkommenheit der ersten Figur – «und zwar unübertrefflich bei *Barbara*» – darin begründet, daß die «Transitivität der Relation ‹allgemein zukommen›» unmittelbar sichtbar und einsichtig ist.[40] Da damit jedoch die Tatsache, daß für Aristoteles auch die übrigen gültigen Syllogismen der 1. Figur (*Celarent*, *Darii* und *Ferio*) vollkommen sind, nicht erklärt werden kann, scheint die von EBERT vorgeschlagene Lösung plausibler: Nimmt man nämlich in einem *Barbara*-Schluß (Alle M sind A; alle C sind M; also sind alle C auch A) in der unteren Prämisse irgendein Individuum x, für das der Subjektsterm C zutrifft, so muß aufgrund der Allaussage diesem x auch der Prädikatsterm M zukommen; da M zugleich Subjektsterm der oberen Prämisse ist, muß diesem x auch der Prädikatsterm der oberen Prämisse A zukommen, d.h. *alle C sind auch A*. Die gleiche Überlegung läßt sich offenbar auch für die anderen gültigen und vollkommenen Syllogismen durchführen. [41] Das Gemeinte läßt sich wie folgt darstellen:

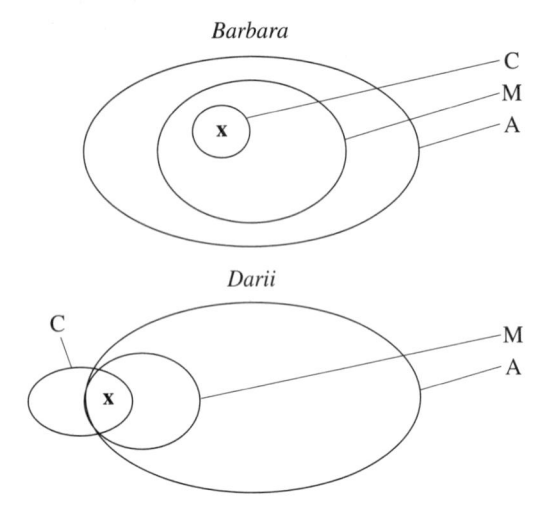

Barbara

Darii

Hier ist auch für *Darii* (Alle M sind A; einige C sind M; also sind einige C auch A) unmittelbar einsehbar, daß aus der unteren Prämisse (einige C sind M) sichtbar folgt, daß einem x, dem C und M zukommt, notwendig auch A zukommt. Von hier aus läßt sich auch das schon im Mittelalter zur Erklärung vollkommener Syllogismen herangezogene Prinzip des *dictum de omni et nulli* einsichtig machen: «was von *allem* (oder *keinem*) einer Menge ausgesagt wird, wird auch von *allem* (oder *keinem*) in dieser Menge Enthaltenen ausgesagt». Eine neuere Untersuchung von R. PATTERSON macht zudem plausibel, daß Aristoteles selbst eine Variante dieses Prinzips, das offenbar den umgekehrten Weg als die Ebertsche Erklärung geht, bekannt war. [42]

Die Privilegierung der vollkommenen Syllogismen der 1. Figur zeigt sich auch darin, daß Aristoteles die gültigen Syllogismen der 2. Figur *(Baroco, Festino, Camestres, Cesare)* und der 3. Figur *(Bocardo, Ferison, Felapton, Disamis, Datisi, Darapti)* durch die drei folgenden Beweisverfahren auf die vollkommenen Syllogismen der 1. Figur zurückführt: (1) die Umkehrung *(Konversion)*, (2) die Zurückführung auf das Unmögliche *(reductio ad impossibile)* und (3) die Heraushebung *(éxthesis; extractio)*. [43] (1) Die Umkehrung ist bei verneinenden universellen Prämissen möglich, also etwa im Modus der 2. Figur *Cesare* (man kann hier für A, B und C respektive *Fisch, Mensch* und *Grieche* einsetzen): «Wenn B keinem A zukommt, und B jedem C, dann kommt C keinem A zu» – durch Umstellung der ersten Prämisse erhält man *Celarent* («Wenn A keinem B zukommt, und B jedem C, dann kommt C keinem A zu»), also einen *vollkommenen* Modus der 1. Figur. (2) Die Zurückführung auf das Unmögliche sei mit Aristoteles am Modus *Baroco* verdeutlicht (A, B und C seien *Athener, Grieche* und *Musiker*); vgl. Abb. 2.

Zuerst wird die Konklusion 3. als falsch gesetzt, d.h. die Wahrheit ihres kontradiktorischen Gegenteils (≠) angenommen; wird dies als zweite Prämisse (4.) bei Beibehaltung der ersten Prämisse von Baroco (5.) eingesetzt, erhält man einen Barbaraschluß mit A als Mittelterm. Da nun die Konklusion 6. dieses Barbaraschlusses das kontradiktorische Gegenteil der *als wahr gesetzten* 2. Prämisse darstellt, muß dieser Barbaraschluß verworfen werden, d.h. eine seiner beiden Prämissen muß falsch sein; da 5. im Barbaraschluß in 1. als wahr angenommen wurde, kann nur 4. falsch sein – d.h. sein kontradiktorisches Gegenteil 3. muß wahr sein. Dieses Beweisverfahren läßt sich etwa auch für *Darapti*, einen Modus der 3. Figur, anwenden: «Wenn A und B jedem C zukommen, gilt notwendig, daß auch A einigen B zukommt; wenn A nun keinem B, aber B jedem C zukommt, dann kommt A keinem C zu. Aber die Annahme war, daß es allen zukommt.» [44]

(3) Die Heraushebung besteht darin, daß man eine Gruppe oder ein Individuum, die unter den Mittelbegriff fallen, herausgreift, also etwa, wenn man im Modus *Darapti* (Wenn A (Grieche) jedem C (Athener) zukommt, und B (Mensch) jedem C, dann kommt A einigen B zu) die Gruppe mit dem Namen Kritias herausgreift; in diesem Fall gilt: «Allen mit Namen Kritias muß A und B (da sie ja C sind) zukommen, also gibt es einige B, denen A zukommt.» [45]

b. *Modallogik.* Neben den bejahenden oder verneinenden Syllogismen untersucht Aristoteles auch die *modalen* Syllogismen, d.h. Schlüsse, in denen Modalprädikate wie *möglich* oder *notwendig* vorkommen. Bis heute ist allgemein anerkannt, daß diese Modallogik zum schwierigsten Gebiet der L. gehört. Deshalb kann Bocheński auch noch den mittelalterlichen Merkspruch «De modalibus non gustabit asinus» (Ein Esel wird an den Modalschlüssen kein Gefallen finden) nicht nur zitieren, sondern auch kommentieren: «aber man braucht keineswegs ein Esel zu sein, um sich in diesem Labyrinth von abstrakten Gesetzen zu verlieren: Theophrast, dann fast alle Modernen, bis 1934, haben das System vollständig mißverstanden.» [46] Die Jahresangabe bezieht sich auf die bahnbrechenden Arbeiten von A. BECKER zur aristotelischen Modallogik. [47] Gleichzeitig betont Bocheński jedoch, daß viele Stellen «dunkel» seien und kommt zum abschließenden Urteil, «daß diese Modallogik, im Gegensatz zur assertorischen L., nur ein erster Entwurf geblieben ist.» [48] Diese skeptische Beurteilung wird von vielen modernen Logikern sogar verallgemeinert: «Die Modalitätenlogik ist weitgehend noch ein offenes Feld der Forschung.» [49]

Daß dieses Feld so offen geblieben ist, ist sicher auch darauf zurückzuführen, daß die gerade in diesem Gebiet

Baroco	BEWEIS	Barbara
1. B kommt jedem A zu		5. B kommt jedem A zu
2. B kommt einigen C nicht zu		4. A kommt jedem C zu
3. A kommt einigen C nicht zu	≠ 4. A kommt jedem C zu 6. ≠ 2. ~ 4. also 3.	6. B kommt jedem C zu

(Abb. 2)

zentrale Frage der *syntaktischen Form* der sprachlichen Formulierung von Modalitäten entweder – wie bei Aristoteles – überhaupt nicht oder wie bis weit in die Moderne – nicht hinreichend reflektiert wurde. Im Zentrum der aristotelischen Modallogik stehen Überlegungen zur *semantischen* Struktur von Modalausdrücken, was natürlich auch die Reflexion auf *mehrdeutige* Ausdrücke einschließt. So zeigt Aristoteles in der ‹Hermeneia›, daß der Modalausdruck *möglich* mehrdeutig ist.[50] Man kann nämlich (1a) von jemandem, der gerade geht, sagen: «Es ist ihm *möglich* zu gehen», da er ja *faktisch* geht; bei ‹Dingen, die zur Bewegung fähig sind› gilt somit: aus der *Faktizität* folgt die *Möglichkeit* – als Satz formuliert: (1b) «Für Menschen ist es *möglich* zu gehen»; (2) in einem Satz wie «es ist *möglich*, daß er nachher geht», bedeutet *möglich* hingegen etwas, das unter bestimmten Bedingungen realisiert werden, d.h. ein Faktum *sein* könnte, das aber auch *nicht sein* könnte. Offenbar kann man in den Fällen (1a) und (1b) statt *möglich* auch *nicht unmöglich* sagen. Nun ist beim notwendig Seienden, dem schlechthin Notwendigen, nur das *möglich* in der Bedeutung (1), nicht aber in der Bedeutung (2) verwendbar und wahr: man kann ja vom notwendig Seienden nicht sagen, daß es sich unter bestimmten Bedingungen realisieren könnte. Daraus schließt Aristoteles, daß das Mögliche – freilich nur in der Bedeutung (1) – aus dem (schlechthin) Notwendigen folgt, was ihn wiederum spekulativ zur ontologischen Annahme führt, daß das Notwendige und Nicht-Notwendige erste Prinzipien des Seins bzw. Nicht-Seins sind (und daß daraus die übrigen Modalitäten abgeleitet werden müssen), aber auch zur Annahme, daß das, was aus Notwendigkeit ist (τὸ ἐξ ἀνάγκης, to ex anánkēs), auch das Faktische ist. Diese ganze Stelle zeigt nun auch, wie bei Aristoteles sprachliche, logische und ontologische Überlegungen ineinander übergehen. Wenn auch im gegebenen Kontext das ontologisch aus Notwendigkeit Seiende sprachlich vom begrifflich-logischen Notwendigen (ἀναγκαῖον, anankaíon) unterschieden wird, so können in anderen Kontexten, wie gezeigt, Sätze wie (1) «der Weise ist *notwendig* glücklich» im gleichen Sinne wie (2) «es ist *notwendig*, daß der Weise glücklich ist» verwendet werden. Um hier Mißverständnissen vorzubeugen, hat das Mittelalter diese beiden Fälle terminologisch unterschieden; (1) ist eine objektsprachliche Aussage *de re* (d.h. das Prädikat *glücklich* kommt dem Weisen tatsächlich zu), (2) ist hingegen eine metasprachliche Aussage *de dictu*. In der neueren Forschung spricht man auch von (1) *interner* und von (2) *externer* Interpretation. Es herrscht zwar Konsens darüber, daß die Modalprädikate in der ‹Hermeneia› im externen Sinne als *de dictu*-Prädikationen zu verstehen sind, für die ‹Analytiken› ist dies jedoch heute noch umstritten: so stehen etwa für KNEALE und BLANCHÉ die modalen Syllogismen *de re*-, für RESCHER hingegen *de dictu*-Prädikationen – für Patterson sind jedoch oft beide Lesarten möglich.[51]

So zeigt Aristoteles in der ‹Hermeneia›, daß die Verneinung von «Es ist *möglich* (δυνατόν, dynatón), daß der Mensch umhergeht» nicht «Es ist *möglich*, daß der Mensch *nicht* umhergeht» ist, sondern «Es ist *nicht möglich*, daß der Mensch umhergeht». Dies begründet er durch die Analogie mit der Negation des einfachen Satzes «der Mensch geht umher», die ja nicht «der *Nicht-Mensch* geht umher» lautet, sondern «der Mensch *geht nicht* umher». Daß in der Modalaussage der Satz «der Mensch geht umher» gleichsam das Subjekt, d.h. das Zugrundeliegende (hypokeímenon)[52] ist, wird unmittelbar einsichtig, wenn man diese Sätze wie folgt veranschaulicht:

Zuschreiben [S ist P] ist *M* (Mp) | S ist *P*
Negation [S ist P] ist *nicht-M* (~Mp) | S ist *nicht-P*

Diese Analyse gilt auch für die übrigen Modalprädikate K(ontingent) (ἐνδεχόμενον, endechómenon), U(nmöglich) (ἀδύνατον, adýnaton) und N(otwendig) (ἀναγκαῖον, anankaíon) – zu denen er auch W(ahr) rechnet, was nicht mehr dem heutigen Verständnis entspricht. Da es in allen Fällen um das (Nicht-)Vorliegen von Sachverhalten geht, bezeichnet man diese Prädikate auch als *alethische* Modi, d.h. als Modi, in denen es um die Wahrheit von Aussagen geht. Wenn man nun das *Mögliche* und *Kontingente* im skizzierten Sinne als das, was *nicht unmöglich* ist, versteht, gelten offenbar folgende Beziehungen[53]:

Mp = Kp = ~Up = ~N~p

d.h., wenn ein Sachverhalt p *möglich* oder *kontingent* ist, dann ist er auch *nicht unmöglich* und *nicht notwendig nicht* der Fall. Ebenso gilt:

M~p = K~p = ~U~p = ~Np
~Mp = ~Kp = Up = N~p
~M~p = ~K~p = U~p = Np

Da das Kontingente (das, was geschehen *kann*) sich somit logisch wie das Mögliche verhält, scheint der Unterschied ontologischer Natur zu sein; Aristoteles zerlegt nämlich das Kontingente in «unbestimmtes» und «das, was meistens geschieht»[54]; letzteres ist für ihn mit dem εἰκός (eikós) verbunden, dem, «was meistens so oder nicht so geschieht»[55], also dem Wahrscheinlichen. Das, was wahrscheinlich geschieht, ist ja insofern bloß kontingent, als es nicht notwendig geschieht. Da das Kontingente bei Aristoteles somit mit dem Möglichen zusammenfällt, entspricht das später in Anlehnung an das logische Quadrat entwickelte *modallogische Quadrat* nicht den aristotelischen Unterscheidungen, da er für das kontradiktorische Gegenteil des Notwendigen keinen eigenen Terminus verwendet.[56]

Notwendig   konträr   *Unmöglich*
daß p   daß p

subaltern   kontradiktorisch   subaltern

Möglich   subkonträr   ~~Kontingent~~ ?
(Kontingent)   daß p
daß p

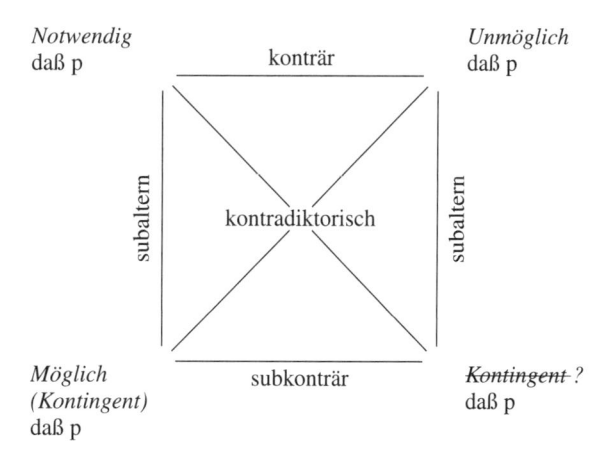

Man kann mit jedem Operator und der Negation alle übrigen definieren, also etwa:
Notwendig: N Kontradiktorisches Gegenteil: ~Np
Unmöglich: N~p
Möglich: ~N~p

Nun kann ein Satz mit der Bedeutung (2) wie «Es ist *möglich*, daß er kommt» nicht nur meinen, daß er kommt (p), sondern auch, daß er nicht kommt (~p). Im Gegensatz zum obigen unilateralen *möglich*, bezeichnet man dieses als bilateral, da weder die Seite des Eintretens noch die des Nicht-Eintretens von p ausgeschlossen wird. Das ist auch die Bedeutung, die den Modalsyllogismen in den ‹1. Analytiken› zugrunde liegt:

(M2) «Ich verstehe unter *möglich sein* und dem *Möglichen* das, was nicht notwendig ist, das aber als vorliegend angenommen werden kann, ohne daß dadurch Unmögliches vorliegt.» [57]

Symbolisiert: Mp = ~Np ∧ ~Up

Aus dieser Definition folgen freilich einige «bizarreries» [58] im Verhalten des Notwendigen und Möglichen hinsichtlich des Konträren und Kontradiktorischen. So ergibt das Konträre des Notwendigen das Unmögliche *(N~p = Up)*, die Bildung des Konträren des Möglichen hat aber keinerlei Auswirkung, da es das Mögliche ergibt *(M~p = Mp)*. Ebenso ist das kontradiktorische Gegenteil des Notwendigen eine *einfache* Aussage *(~Np)*, während das kontradiktorische Gegenteil des Möglichen eine *Disjunktion* ergibt *(~Mp = Np v Up)*. Nun finden sich solche ‹bizarreries› gerade auch in den natürlichen Sprachen. So hat im Griechischen oder Deutschen die affirmative Verwendung von *möglich* eine bilaterale Bedeutung, nicht aber die Negation *nicht möglich*:

(1b) Es ist *möglich*, daß er die Tat begangen hat *(p oder ~p)*

(1u) Es ist *nicht möglich*, daß er die Tat begangen hat *(~p)*

Ein Satz wie (1u) wird normalerweise in Kontexten verwendet, in denen der Proponent einer von einem Opponenten *vorher* gemachten Behauptung p *widersprechen* will. Daß in der Äußerung (1u) des Proponenten das unilaterale *Möglich* vorliegt, läßt sich auch daran erkennen, daß hier *unmöglich* verwendet werden könnte. Wie aber kann man aber das bilaterale *Möglich* negieren? Im Deutschen wird dies offenbar durch die Verwendung des Adverbs *möglicherweise* gewährleistet:

(1b') Es ist *möglicherweise* so, daß er die Tat begangen hat *(p oder ~p)*

(1u') Es ist *möglicherweise nicht* so, daß er die Tat begangen hat *(p oder ~p)*

Damit gilt für das Deutsche nicht nur, daß das bilaterale *Möglich* durch *möglicherweise nicht* negiert werden muß, sondern auch, daß *möglicherweise* immer bilateral ist. Dies erklärt wiederum, daß in diesem Fall die elegantere *de re*-Formulierung von «Er hat *möglicherweise nicht* die Tat begangen» bedeutungsgleich mit (1u') ist. Wenn nun aber die bilateralen *möglich(erweise)* und *möglicherweise nicht* die gleichen alethischen Bedeutungen haben, worin unterscheiden sie sich? Offenbar wird man als Proponent einen Satz wie (1u') in der gleichen Situation wie (1u) formulieren, freilich nicht um zu zeigen, daß die These des Opponenten *unmöglich* wahr sein kann, sondern um zu argumentieren, daß dessen These *nicht notwendig* ist, da beide Seiten möglich sind; einen Satz wie (1b) oder (1b')

wird man hingegen formulieren, wenn der Opponent ~p behauptet hat (Symbolisiert: Sp. 431 unten).

Die unterschiedliche Abfolge der einzelnen Argumentationsschritte ist nicht nur pragmatisch, rhetorisch oder gesprächslogisch relevant, sondern gerade auch logisch: ein Proponent, der *möglicherweise nicht* sagt, signalisiert ja zugleich, daß er zur Seite ~p tendiert, während er durch *möglich(erweise)* anzeigt, daß er eher p für wahr hält.

Damit läßt sich eine schwierige Stelle in den ‹1. Analytiken› recht leicht klären. Unmittelbar nach der zitierten Definition (M2) des bilateralen *Möglich* stellt Aristoteles u.a. folgenden Äquivalenzen auf: «Das *nicht möglich Zukommen* und das *unmöglich Zukommen* und das *notwendig nicht Zukommen* sind sicherlich dasselbe.» [59] Also:

~Mp = Up = N~p

Diese Stelle scheint im Widerspruch mit der Definition (M2) zu stehen, da hier *möglich* wie in der ‹Hermeneia› unilateral zu verstehen ist, denn nur dieses ist, wenn negiert, äquivalent mit *unmöglich*. Da es für BECKER nicht vorstellbar ist, daß «eine mit so viel *Unsinn* belastete Argumentation [...] auf *Aristoteles* zurückgeht», plädiert er für eine Athetese, d.h. dafür, daß die ganze Stelle unecht ist, da es ja sehr nahe liege, daß «ein emsiger, aber nicht scharf denkender Leser» sich an die ‹Hermeneia›-Stelle erinnert und die fragliche Stelle «eingeschaltet hat» [60]. Achtet man hingegen auf Wortlaut und Syntax dieser Stelle, erhält sie einen recht klaren Sinn. Aristoteles verwendet nämlich an dieser Stelle für das *nicht möglich Zukommen* das negierte Verb οὐκ ἐνδέχεσθαι (ūk endéchesthai), das mit ‹nicht zukommen können› übersetzt werden kann. Dieses Verb ist wie das deutsche Modalverb *können* in affirmativer Form *bilateral* («Er *kann* morgen kommen» hat die gleiche Bedeutung wie «Es ist *möglich*, daß er morgen kommt»), negiert sind *endéchesthai* und *können* aber unilateral (verhalten sich also wie das negierte *möglich* (δυνατός, dynatós)). Nun sagt Aristoteles ausdrücklich im Anschluß an seine Definition des bilateralen *zukommen Können*, daß die Bedeutung dieses Ausdrucks klar wird, wenn man ihn negiert (also nicht, daß die Bedeutung in der Negation identisch ist mit der Bedeutung in der Affirmation). Dem folgen die zitierten Äquivalenzen: das *nicht zukommen Können* und das *Unmöglich Zukommen* und das *notwendig nicht Zukommen* sind dasselbe. Aus diesem kontrastierenden Verfahren kann – genauso wenig wie aus unserer Gegenüberstellung des bilateralen *Möglich* und des unilateralen *nicht Möglich* – nicht gefolgert werden, daß Aristoteles die zitierten aus der Negation folgenden Äquivalenzen im Sinne der bilateralen Ausdrücke *zukommen Können* bzw. *Möglich* versteht.

Doch eine weitere syntaktische Besonderheit des Griechischen muß beachtet werden. Die Negationspartikel kann im Griechischen *vor* und *nach* dem finiten Verb stehen – im Gegensatz zum Deutschen, wo nur die Nachstellung möglich ist. Bei Voranstellung ist ‹endéchesthai› in der Regel unilateral, bei Nachstellung hingegen *bilateral*. Diese Konstruktion entspricht somit dem französischen *pouvoir appartenir* (zukommen können): *A ne peut pas appartenir à B* bedeutet, daß A dem B *nicht* zukommen kann; *A peut ne pas appartenir à B* hingegen ist bilateral. Daraus folgt, daß bei nachgestellter Negationspartikel im Griechischen (ἐνδέχεται οὐκ ὑπάρχειν, endéchetai ūk hypárchein) das deutsche ‹kann nicht zukommen› falsch wäre, da dies unilateral ist. In einem Dialog bei Zurückweisung wäre *auch nicht* denkbar:

	(1u) *nicht möglich*	(1u') *möglicherweise nicht*	(1b/b') *möglich(erweise)*
Opponent	p	p	~p
Proponent	~p, da Up	~Np, da auch ~Up	~N~p, da auch ~Np

Opp.: A kommt B zu
Prop.: A *kann auch* B *nicht* zukommen [= bilateral]

Von hier aus ist es zwar nicht falsch, wenn etwa Patterson, darin einer langen Tradition folgend, betont, daß ‹endéchesthai› uni- und bilateral verwendet wird.[61] Berücksichtigt man hingegen die Syntax der Negation, so wird diese Feststellung falsch, da die Stellung der Negationspartikel ‹endéchesthai› eindeutig disambiguiert. Beachtet man diese syntaktischen Gegebenheiten, verlieren viele schwierige Stellen ihre Dunkelheit.[62] Von hier aus überrascht es weder, daß Aristoteles in den ‹Analytiken› die Prämissen mit bilateralem *Möglich* fast durchgängig durch ‹endéchesthai› mit (oder ohne) nachgestellter Negationspartikel formuliert, noch, daß er das *notwendig nicht Zukommen* durch *endéchesthai* mit vorangestellter Negationspartikel (bzw. Negationspronomen) ausdrückt. So ist etwa die Standardformulierung für die universelle Negierung (Ne): τὸ A οὐδενὶ τῷ B ἐνδέχεται (ὑπάρχειν); to A ūdení tó B endéchetai (hypárchein): d.h. das A ist *bei keinem* B *möglich*. Neben dieser Übersetzung, die eine dem Griechischen vergleichbare Struktur hat, sind denkbar: das A *kann keinem* B zukommen; das A ist *bei allen* B *unmöglich*; dieses ist wiederum äquivalent mit: es ist *unmöglich*, daß A *irgendeinem* B zukommt (diese Lösung wird oft vom englischen Übersetzer H. TREDENNICK gewählt: «it is impossible for A to apply to any B»[63]). Für die übrigen Notwendigkeitsprämissen (*alle, einige, einige nicht – Na, Ni, No*) verwendet Aristoteles fast ausschließlich die Präpositionalphrase ‹aus Notwendigkeit› (ex anánkēs).

Nun sollten diese Ausführungen nicht nur zeigen, daß Aristoteles die sprachliche Form nicht systematisch diskutiert hat, sondern gerade auch, daß er zentrale sprachliche *und* logische Unterschiede wie unilaterale und bilaterale Bedeutung der Ausdrücke des *Möglichen* nicht nur gesehen hat, sondern auch in seinem Sprachgebrauch berücksichtigt. Man könnte deshalb den Gemeinplatz, die aristotelische L. sei nicht allgemeingültig, da sie ja in den Strukturen des Griechischen verhaftet sei, umkehren, indem man darauf hinweist, daß Aristoteles wesentliche logische Eigenschaften des Denkens und Sprechens mit und in natürlichen Sprachen gesehen hat.

Nach diesen sprachlich-logischen Präzisierungen lassen sich Aufbau und Gliederung der aristotelischen Erörterung modaler Syllogismen leicht darstellen. Da ‹zufällig zukommen› (kontingent) mit ‹möglicherweise zukommen› logisch identisch ist, und sich das Unmögliche (Up) als das Konträre des Notwendigen (N~p) bestimmen läßt, untersucht Aristoteles in den Kapiteln 8–22 der ‹1. Analytiken› nur die Syllogismen, deren Prämissen Konfigurationen der drei alethischen Modalitäten *notwendig (N), (bilaterales) möglich (M)* und *einfach affirmierend (A)* sind. Dies ergibt neun Möglichkeiten:

Gruppe	1	2	3	4	5	6	7	8	9
Opponent	N	N	A	M	M	A	M	N	A
Proponent	N	A	N	M	A	M	N	M	A

Die letzte Gruppe, die rein assertorisch ist und kein Modalprädikat enthält, gehört nicht zu den *modalen Syllogismen*, in denen zumindest ein N- oder M-Prädikat vorkommen muß. Da jede dieser Gruppen mit Konklusion drei Sätze enthält, die universell und partikulär bejahend/verneinend (a, e, i, o) sein können, und diese wiederum in 3 Figuren vorkommen, ergeben sich zwar 1536 Möglichkeiten (= 8x3x64), die dahingehend untersucht werden müssen, welche logisch gültig sind. Andererseits aber reduziert sich diese Anzahl dadurch, daß viele Kombinationen einfach nicht möglich sind (etwa in allen Prämissen/Konklusionen die universelle Negation). Deshalb hat Aristoteles nur die für seinen Zweck relevanten untersucht. Becker und nach ihm Bocheński kommt das Verdienst zu, diese übersichtlich dargestellt zu haben.[64] Zu diesen gültigen gehören einfache Syllogismen aus der 2. Gruppe wie: «Wenn A *notwendig* jedem M zukommt, und M jedem C, dann kommt A *notwendig* jedem C zu» oder die etwas komplexeren wie «Wenn A *möglicherweise* keinem B zukommt, und B *möglicherweise* einigen C, dann besteht die Notwendigkeit, daß A *möglicherweise* einigen C nicht zukommt» und «Wenn A keinem B zukommt, und B *möglicherweise* allen C, dann ergibt sich daraus die Notwendigkeit, daß A *möglicherweise* keinem C zukommt».[65] Diese Beispiele zeigen, daß Aristoteles wie bei den assertorischen Syllogismen die logische Gültigkeit bestimmter Konfigurationen der Prämissen durch *Schlußgaranten* aufzeigt. Besondere Probleme, ja sogar Widersprüche, ergeben sich für diese Modallogik aus drei Gründen:

(1) Die Tatsache, daß das bilaterale *Möglich* mit einer komplexen – disjunktiven – Aussage (Mp = ~Np ∧ N~p) äquivalent ist, die ja nicht mit der Basisstruktur des Syllogismus, der nur eine *einfache* Aussage zuläßt, vereinbar ist, führt besonders bei Syllogismen, deren Gültigkeit Aristoteles durch eine Zurückführung auf das Unmögliche *(reductio ad impossibile)* zu belegen sucht, dazu, daß er *möglich* ad hoc im unilateralen Sinn versteht.[66] (2) In logischer Hinsicht prinzipieller ist, daß ein großer Teil der von Aristoteles aufgeführten Syllogismen, in denen beide Prämissen nur möglich sind, nur dann gültig ist, wenn man die obere Prämisse in einem bestimmten Sinn versteht. So sind für die meisten Kommentatoren[67] – mit Ausnahme Alexanders[68] – Syllogismen wie (M₁) gültig:

(M₁) Alle Tübinger (B) sind *möglicherweise* CDU-Wähler (A) (= Alle B sind *MM* A)
<u>Alle Leute-in-meinem-Garten (C) sind *möglicherweise* Tübinger (B)</u>
Also sind alle Leute-in-meinem Garten (C) *möglicherweise* CDU-Wähler (A)

Der Schluß (M₁) ist offenbar deshalb ungültig, weil die Unterprämisse aufgrund des bilateralen *möglicherweise* auch den Fall ermöglicht, daß *keiner* derjenigen, die in meinem Garten sind, Tübinger ist; deshalb greift die Konklusion in diesem Fall gleichsam ins Leere. Man kann dieses Problem lösen, wenn man einen Hinweis Aristoteles' beachtet, wonach eine Modalaussage nicht nur wie in (M₁) verstanden werden kann, sondern auch im Sinne von [69]:

(M₂) Alle, denen *möglicherweise* Tübinger (B) zukommt, kommt *möglicherweise* CDU-Wähler (A) zu (= Alle, die *MM* B sind, sind *MM* A)

Setzt man diese Prämisse in (M₁) ein, wird dieser Schluß gültig, weil ja aufgrund der durch die Prämissen ermöglichten Konfigurationen auch der Fall ‹A und ~B und ~C› denkbar ist; d.h., selbst wenn keiner in meinem Garten (~C) Tübinger ist (~B), ist nicht ausgeschlossen, daß er doch CDU wählt (A), denn durch die Formulierung (M₂) sind ja folgende Konfigurationen möglich: A und B; ~A und B; ~A und ~B und vor allem: *A und ~B*. Da nun Aristoteles bei der Behandlung der einzelnen Schlüsse nicht explizit, welche der beiden Bedeutungen von

Möglichkeits- bzw. allgemein von Modalaussagen gemeint ist, ist die Vermutung Beckers, daß die Stelle, an der die beiden Bedeutungen M_1 und M_2 erläutert werden, erst nachträglich eingeführt wurde, sicherlich berechtigt. [70]

(3) Prinzipieller in logischer und ontologischer Hinsicht ist schließlich die bis heute umstrittene Frage, ob die aristotelische Modallogik *de re* oder *de dictu* zu verstehen ist, bzw. warum sie sowohl als *de re* als auch *de dictu* verstanden werden muß. So ist etwa:

Alle Katzen sind *notwendig* Tiere
Alle weißen-Gegenstände-auf-meinem-Dach sind *notwendig* Katzen
Also sind alle Gegenstände-auf-meinem-Dach *notwendig* Tiere

nur *de re*, nicht aber *de dictu* wahr. Aus den gesetzten Prämissen folgt zwar, daß jeder weiße-Gegenstand-auf-meinem-Dach *notwendig* eine Katze ist, nicht aber, daß die *de dictu*-Aussage:

Es ist notwendig (so), daß alle weißen-Gegenstände-auf-meinem-Dach (C) Katzen (A) sind d. h.: N[alle C sind A]

wahr ist: daß *alle jetzt auf meinem Dach befindlichen Tiere* Katzen sind, ist ja seinsmäßig kein notwendiger, sondern bloß ein *akzidenteller* Tatbestand. Setzt man hingegen in der Unterprämisse ‹Siamkatzen sind notwendig Katzen›, ist die Konklusion offenbar auch *de dictu* wahr. [71] Dieses Problem stellt sich für die ‹Topik› nicht, da dort eindeutig zwischen *akzidentellen* und *essentiellen* Prädikaten unterschieden wird.

c. *Vollkommene, notwendige und apodeiktische Syllogismen.* Bisher wurden die vollkommenen Schlüsse nur aus der Sicht der ‹1. Analytiken›, d.h. rein logisch betrachtet. Nun sind für Aristoteles vollkommene Schlüsse auch *epistemologisch* relevant, da ja «nicht nur die Mathematik», sondern alle Wissenschaften, die «nach dem Warum suchen», ihre Beweise auf die Syllogismen der 1. Figur, insbesondere auf den Modus *Barbara*, stützen. [72] Hat man das *Warum* gefunden, ist dies notwendig immer *affirmativ* und *allgemein*. Die Ursache wird dabei immer durch den Mittelbegriff ausgedrückt: So ist etwa ein Spaziergang-nach-dem-Essen gesund (A). Warum? Weil dadurch die Verdauung angeregt wird (M). Schematisch:

Allem *was-Verdauung-bewirkt (M)* kommt gesund (A) zu
Nach-dem-Essen-Spazierengehen (C) kommt *bewirkt-Verdauung (M)* zu
Also kommt Nach-dem-Essen-Spazierengehen (C) gesund (A) zu

Und weil M in diesem Schlußmodus immer Gattung von C ist, die für Aristoteles immer auch das *Wesen* einer Sache ausdrückt, kann man auch einfach formulieren: Der *wesentliche Grund* dafür, daß ein Spaziergang nach dem Essen gesund ist, ist der, *daß dieser die Verdauung anregt*. [73] Entsprechend ist Mittelbegriff und wesentlicher Grund dafür, daß der Mond (C) bei Mondfinsternis verschwindet (A), die Tatsache, *daß die Erde zwischen Mond und Sonne tritt (M)*. [74] Und schließlich ist der essentielle Grund dafür, daß die Athener (C) [gegen die Perser] Krieg führten (A) der, *daß sie [mit der persischen Expedition] eine nicht provozierte Aggression (M) durchführten*. [75] Da der Mittelbegriff in der 1. Prämisse eingeführt wird, kommt «Alles», wie PRANTL betonte, «auf den Obersatz» an. [76] In ihm wird, modern formuliert, ein Zusammenhang zwischen zwei Sachverhalten, also etwa dem Verdauen und dem Gesund-Sein behauptet; ist dieser behauptete Zusammenhang notwendig wahr, ist der Schluß nicht nur logisch stringent, sondern auch *apodeiktisch*. Es obliegt den Einzelwissenschaften, diese notwendig wahren Obersätze und damit auch die essentiellen Ursachen und Gründe zu finden. Diese sind notwendig allgemein: «Denn die Auffassung haben, daß dem an der und der Krankheit leidenden Kallias das und das Heilmittel geholfen hat und genauso dem Sokrates [...]: das ist Sache der Erfahrung. Dagegen: die Auffassung haben, daß dieses Heilmittel allen so Beschaffenen – die dem Typ (εἶδος, eídos) nach als eines abgegrenzt wurden – geholfen hat, als sie an der und der Krankheit litten [...], das ist Sache der Wissenschaft und Kunst (τέχνη, téchne).» [77] Damit ist der apodeiktische Syllogismus für Aristoteles nicht bloß ein logisches oder epistemologisches Gebilde, sondern geradezu der *ontologische* Ort, in dem sachlich-empirische und logische Notwendigkeit eine unzertrennliche Einheit bilden. Dies führte im 19. Jh. bei TRENDELENBURG, PRANTL oder MAIER zur These, daß nicht nur die apodeiktischen Syllogismen, sondern die Syllogistik überhaupt nur im Zusammenhang mit der aristotelischen Wissenschaftstheorie und Metaphysik verstanden werden kann. So formulierte Prantl in seiner ‹Geschichte der L. im Abendlande›: «Der Syllogismus besitzt seine reale und ontologische Basis im Begriffe, und hiedurch hat er den Zweck, das vermittelte apodeiktische Wissen des Seienden zu erzeugen, indem der Wesensbegriff als die nothwendige schöpferische Causalität desjenigen, was in dem Schlusse zusammengeführt wurde, erkannt wird.» [78]

Dem steht offenbar die moderne und seit Lukasiewicz dominierende Auffassung diametral entgegen, für die inhaltlich-materiale Gesichtspunkte von der Syllogistik fernzuhalten sind. Patzig geht sogar so weit, die Auffassung von Aristoteles, daß der Mittelbegriff den Erkenntnisgrund angibt, als «bedenklich», ja sogar als «fast sophistisch» abzulehnen. Dabei ist für Patzig besonders das von Prantl aus den ‹2. Analytiken› entnommene Beispiel Stein des Anstoßes: danach wird in einem gültigen Syllogismus wie «Planeten (A) sind nicht-flimmernd (M), das Nicht-Flimmernde (M) ist nahe (C); also sind die Planeten (A) nahe (C)» nur das *Daß*, d.h. das in der Konklusion genannte Faktum genannt, nicht aber das *Warum* erklärt. In der Formulierung: «das Nahe (M) ist nicht-flimmernd (A); Planeten (C) sind nahe (M); also sind Planeten(C) nicht-flimmernd (A)» handelt es sich um einen wissenschaftlichen Syllogismus, in dem der Mittelbegriff «die real begriffliche Ursache» [79] benennt – wie Prantl ganz im Sinne von Aristoteles sagt. Für Patzig ist diese aristotelische These «eine ziemlich willkürliche Behauptung: [...] gewisse Sätze über die Arbeitsweise des Auges, andere Sätze der Astronomie müßten hinzukommen.» [80] Daß Patzig hier – damit ganz seinem eigenen Credo widersprechend – inhaltlich-materiale Aspekte vorbringt, läßt sich leicht zeigen. Da man nun Aristoteles kaum vorwerfen kann, daß er nicht auf dem Stand der heutigen Naturwissenschaften ist, kann man die von ihm formulierte Gesetzmäßigkeit «Wenn ein Gegenstand uns nahe ist, dann flimmert er nicht» als einen in seiner Epoche als wissenschaftlich wahr *geltenden* Satz nehmen und auf seine *logische Struktur* reflektieren. Diese ist offenbar mit der in Sätzen wie «Wenn etwas der Verdauung dient, dann ist dies gesund» identisch. Deshalb kann man auch auf die Frage, *warum* Planeten (C) nicht flimmern (A), vernünftig mit ‹weil sie nahe (M) sind› antworten, oder auch argumentieren, *daß* Planenten nicht flimmern, *da* sie nahe (M) sind. Damit ist auch dieses Beispiel ein *vollkommener* Syllogismus im Modus *Barbara*, der die von Aristoteles in den ‹1. Analytiken› geforderten Kriterien vollständig erfüllt. Freilich muß beachtet werden, daß vollkommene Schlüsse weder mit *notwendigen* noch mit *apodeiktischen* Syllogismen zusammenfallen. So ist etwa der oben erwähnte Schluß «Katzen sind *notwendig* Tiere; alle weißen Dingen auf meinem Dach sind *notwendig* Katzen; also sind alle weißen Dinge auf unserem Dach *notwendig* Tiere» nicht nur ein vollkommener, sondern auch ein notwendiger Schluß *de re*. Da in ihm aber nur *Akzidentelles* verknüpft wird, ist er kein *essentiell wahrer* Schluß und damit auch kein *apodeiktischer* Schluß.

d. *Topik.* Der Zusammenhang mit der ‹Topik› ergibt sich nicht allein aus dem schon erwähnten gemeinsamen Schlußbegriff («Ein Syllogismos ist eine Rede, in der aus gewissen Setzungen etwas anderes als das Gesetzte mit Notwendigkeit aufgrund des Gesetzten folgt»[81]): auch in der ‹Topik› formuliert Aristoteles *Schlußgaranten* – meist auch in *hypothetischen Sätzen* –, um die Gültigkeit (oder zumindest Plausibilität) eines bestimmten Schlusses, genauer: einer bestimmten Konfiguration von Prämissen und Konklusionen, nachzuweisen. Das folgende Beispiel mag dies verdeutlichen (P = Prädikat; G = Gattung; A = Art)[82]:

Fragephase

Proponent:	Können Dispositionen (G) gut (P) und schlecht (P̲) sein?	Sind P und P̲ von G aussagbar?
Opponent:	Dispositionen sind weder gut noch schlecht	P und P̲ sind *nicht* von G aussagbar

Beweisphase

Proponent:	Wissen (A) kann gut oder schlecht sein	P und P̲ sind von A aussagbar	
	Also können auch Dispositionen gut oder schlecht sein	Also sind P und P̲ auch von G aussagbar	T_{Ak-Al}

Der Garant T_{A1} läßt sich wie folgt umschreiben:

«Wenn zwei konträre Prädikate P und P̲ von der Art A aussagbar sind, dann sind P und P̲ auch von der Gattung G aussagbar.»

Ziel der ‹Topik› ist es, wie schon einleitend betont, Verfahren für die widerspruchsfreie Argumentation im dialektischen Übungsgespräch bereitzustellen. Diese Argumentationen dienen der Klärung der Frage, wann und unter welchen Bedingungen man zu Recht sagen kann, ein Ausdruck D sei die *Definition* eines Prädikats P.[83] Eine Definition D muß nach der ‹Topik› die folgenden Kriterien erfüllen:[84] (1) D muß P zukommen (Akzidens); (2) in D muß der Gattungsbegriff G auftauchen; (3) D muß das Proprium PR enthalten, d.h. zumindest ein unterscheidendes Merkmal. Diese vier möglichen Funktionen von Termen innerhalb eines Satzes – Akzidens, Proprium, Gattung, Definition – wurden im Mittelalter seit ABAELARD (freilich meist mit den fünf Termen Gattung, Art, Differenz, Proprium, Akzidens)[85] als *praedicabilia* (Prädikabilien) bezeichnet, Aristoteles selbst spricht von «Klassen von Prädikationen» (γένη τῶν κατηγορίων, géne tōn katēgoríōn).[86] Diese «vier Momente, außerhalb deren», wie Prantl vermerkt, «kein Urtheil oder Satz möglich ist»[87], lassen sich extensional und essentialistisch bestimmen: so hat das Proprium die gleiche Extension wie das Subjekt, es drückt aber nicht dessen Wesen aus, das für Aristoteles durch die Gattung und damit auch durch die Definition ausgesagt wird. Damit können die Prädikabilien mit Hilfe der Merkmale ± *koextensiv* (mit dem Subjekt) und ± *wesentlich* wie folgt dargestellt werden[88]; vgl. Abb. 3.

Daraus ergibt sich der Aufbau der ‹Topik›: Nach dem einleitenden I. Buch werden in den Büchern II und III die Regeln bzw. *Topoi* der (Nicht-)Zuordnung von Prädikaten als Akzidens untersucht; in den Büchern IV und V dann die Topoi für die Gattung bzw. das Proprium und schließlich in den Büchern VI und VII die für die Definition. Es gibt also Topoi für das Akzidens (= T_{Ak}), für das Proprium (= T_{Pr}), für die Gattung (= T_{Ga}) und für die Definition (= T_{De}). Diese Regeln werden in der Regel in Form von *Anweisungen* oder *Gesetzmäßigkeiten* an potentielle Dialektiker formuliert, damit diese logisch und methodisch gerüstet am akademischen dialektischen Sprachspiel teilnehmen können. Dieses Sprachspiel bezeichnet Aristoteles als «der Übung und dem Auf-die-Probestellen» dienendes Gespräch und grenzt es gegen das didaskalische Lehrgespräch und eristische Streitgespräch ab.[89] Wie das gegebene Beispiel schon deutlich macht, besteht das dialektische Sprach- und Übungsspiel aus einer *Frage-* und einer *Beweisphase*. In der Fragephase stellt der *Fragende* bzw. *Proponent* seinem Gegenüber, dem *Opponenten*, eine Entscheidungsfrage, ob ein bestimmtes *praedicabile* einem Subjekt zukommt oder nicht, also etwa im gegebenen Beispiel, ob die konträren Prädikate *gut* und *schlecht* gleichermaßen *Akzidentien* von ‹Disposition› sind. Bejaht der Opponent diese Frage, so muß der Proponent in der Beweisphase argumentativ das Gegenteil nachweisen. Aristoteles nennt dies ἀνασκευάζειν (anaskeuázein), d.h. ‹Zerstören› der gegnerischen These. Im umgekehrten Fall – wie im gegebenen Beispiel – spricht Aristoteles von κατασκευάζειν (kataskeuázein), d.h. dem ‹Wiederherstellen› bzw. dem Etablieren der vom Opponenten verneinten Zuordnung.[90] Die Regeln und Verfahren, die beide argumentativen Tätigkeiten ermöglichen, nennt Aristoteles *Topoi*.

Bei der Formulierung eines *Topos* geht Aristoteles darstellungstechnisch nun meistens so vor, daß er (i) zunächst einen *Hinweis* gibt, dem (ii) eine *Anweisung* folgt, die (a) an einem *konkreten* Beispiel illustriert und/oder (b) *allgemein* formuliert sein kann; in der Regel folgt dem (iii) die *Funktionsangabe*, ob das fragliche Verfahren dem Zerstören und/oder Wiederherstellen der Thesen des Opponenten dient; dem kann dann (iv) der *Schlußgarant* folgen. Also für das gegebene Beispiel (Abkürzungen in der 3. Spalte vom Verf.)[91]; vgl. Abb. 4.

Von diesen sind (ii) und/oder (iv) obligatorisch, die übrigen wie auch die Reihenfolge sind fakultativ. Was ist für Aristoteles aber ein Topos? THEOPHRAST bezeichnet nach Alexander von Aphrodisias nur die Schlußregel bzw. den Garanten (iv) als Topos. Dabei darf jedoch nicht übersehen werden, daß sich Theophrast sachlich nicht wesentlich von Aristoteles unterscheidet, da er den Teil (i) als «Mahnung» bezeichnet.[92] Für Prantl, der moniert, daß man vom Späthellenismus bis ins Mittelalter «wie Cicero in der Topik bereits die ganze L. zu besitzen glaubte», sind Topoi einfach «Gesichtspunkte [...], nach welchen wir bei der Bildung von Schlüssen sowohl uns selbst vor der Täuschung bewahren, welche durch die

	koextensiv	wesentlich	
Akzidens	–	–	Ein Schüler *schreibt*
Proprium	+	–	Ein Quadrat *hat vier gleichlange Seiten*
Gattung	–	+	Ein Quadrat ist *ein Rechteck*
Definition	+	+	Ein Quadrat ist *ein Rechteck mit vier gleichlangen Seiten*

(Abb. 3)

Aspekte (der Formulierung) des Topos

			AUSGANGSPUNKT:	Opponent: P und P̲ kommen G nicht zu
(i)	Hinweis		Sieh bei den Arten der fraglichen Gattung nach, ob zumindest einer Art die konträren Prädikate zukommen	Kommen zumindest einer A_G P und P̲ zu?
(ii)	Anweisung a) Beispiel		Wenn *Wissen* <schlecht und gut> zukommt, dann gilt, daß auch der *Disposition* <schlecht und gut> zukommt, denn *Disposition* ist Gattung von *Wissen*	
	b) Allgemein		Wenn einer Art die fraglichen konträren Prädikate zukommen, schließe, daß diese auch der zur Debatte stehenden Gattung zukommen	Wenn P und P̲ einer A_G zukommen, dann schließe, daß beide auch der G zukommen
(iii)	Funktion		Dient dem Etablieren	
(iv)	Garant (= T_{Ak–Al})		*Alles, was als Akzidens einer Art zukommt, kommt* notwendig *auch der Gattung als Akzidens zu*	Ak(P,A) ⇒ Ak(P,G)

(Abb. 4)

Mannigfaltigkeit des äusseren [sic!] Seins und des äusseren Sprachschatzes entstehen kann.»[93] Das andere Extrem, wonach ein Topos eine logische Gesetzmäßigkeit oder ein logisches Gesetz formuliert, wird schon in der Antike von THEOPHRAST und in der Moderne wieder etwa von DE PATER vertreten.[94] Dazwischen steht die Auffassung von GRIMALDI, daß die Topoi «logical modes of inference»[95], also logische Schlußarten, sind. Die beiden letzten Auffassungen verknüpft Primavesi, insofern er einerseits die Topoi als «Gesetzmäßigkeiten (Implikationen)» bestimmt, andererseits aber bei der Formulierung der einzelnen Topoi oft auch die Schlußanweisungen (ii) b) mit aufführt.[96] Nun gilt offensichtlich, daß der Topos T_{Ak-Al} (d.h. der Topos für das Akzidens aus der Art) in den Teilen (ii) a), (ii) b) und (iv) thematisiert ist, freilich mit dem Unterschied, daß er in der konkreten Anweisung (ii) a) implizit vorausgesetzt ist, während er in der allgemeinen Anweisung (ii) b) und im Garanten (iv) explizit formuliert wird. Es ist also durchaus legitim, die allgemeine Schlußanweisung und den Garanten als Topoi zu verstehen – das entspricht auch dem Sprachgebrauch Aristoteles', der beide als Topoi bezeichnet, wie auch seiner Definition des Topos in der ‹Rhetorik›, wonach Element (στοιχεῖον, stoicheîon) und Topos dasselbe sind, «denn Topos und Element ist das, worunter viele Enthymeme fallen.»[97] Dennoch besteht auch für Aristoteles zwischen Schlußanweisungen und Garanten ein logisches Bedingungsverhältnis, da er prinzipiell letztere immer als Rechtfertigungen oder Präsuppositionen für erstere formuliert. Die Rechtfertigungen werden nämlich in der Regel mit dem Konnektor γάρ (gár) eingeleitet, der dem Deutschen *denn* (fr. *car*, engl. *for*)[98] entspricht. Die syntaktische Funktion dieses nachgestellten Konnektors ist, die vorher vollzogene Behauptung – hier die gegebene Anweisung – zu *rechtfertigen*. Werden die Gesetzmäßigkeiten hingegen mit Hilfe des Konnektors ἐπεί (epeí; dt. *da ja (bekanntlich)*) als Präsuppositionen formuliert, können sie auch am Anfang eines Darstellungsblockes eines Topos stehen: «Da den Subjekten, denen sich die Gattung zuschreiben läßt, notwendig eine der Arten zukommt, und da alles, was die Gattung hat, [...] notwendig auch eine Art hat [...].»[99] Beide Konstruktionen können auch innerhalb eines Satzes verwendet werden und dienen dann oft der argumentativen Abstützung einer konkreten Anweisung. So formuliert Aristoteles etwa im gegebenen Beispiel T_{Ak-Al}: «Man kann auch [...] von der Art zur Gattung gehen, *denn* (γάρ) was der Art zukommt, kommt auch der Gattung zu; so z.B., wenn Wissen schlecht und gut ist, ist auch Disposition schlecht und gut; *denn* (γάρ) die Disposition ist Gattung des Wissens.»[100] Diese Stellen legitimieren, den Topos wie die hypothetischen Sätze in den ‹Analytiken› als *Schlußgaranten* (der auch als *Anweisung* formuliert sein kann) zu bestimmen, der die Gültigkeit eines Arguments belegt. Einschränkend muß jedoch betont werden, daß Aristoteles durchaus auch ein Verfahren, das für das Zerstören oder für das Etablieren logisch nicht stringent ist, als Topos bezeichnen kann. So ist etwa der Topos, der von der Art auf die Gattung schließt, nur für das Etablieren gültig, nicht aber für das Zerstören [101]: hat nämlich der Opponent behauptet, daß ein bestimmtes Prädikat P einem bestimmten Subjekt bzw. einer bestimmten Gattung *zukommt*, so ist der Nachweis, daß P einer Art dieser Gattung *nicht zukommt*, nicht logisch stringent, da es auch einer anderen Art dieser Gattung zukommen könnte. Der umgekehrte Topos T_{Ak-Gl}, der von der Gattung auf die Art folgert, gilt hingegen nicht für das Etablieren, sondern nur für das Zerstören: vertritt der Opponent nämlich die These, daß P einem bestimmten Subjekt bzw. einer Art *zukommt*, so ist der Nachweis, daß P dieser Art nicht zukommt, da es der Gattung dieser Art *nicht zukommt*, logisch nicht stringent. Offenbar folgt ein Topos wie T_{Ak-Gl}, der nur für das Zerstören gilt, der Schlußregel des *modus tollens*, der umgekehrte, nur für das Etablieren gültige Topos T_{Ak-Al} hingegen folgt dem *modus ponens*:

Opp.	P kommt G zu	P kommt *nicht* G zu
Prop.	ZERSTÖREN	ETABLIEREN
	‹Wenn P der G zukommt, *dann kommt P auch einer A zu*›	‹Wenn P einer A zukommt, dann kommt P auch der G zu›
	Argument *modus tollens*	Argument *modus ponens*
	P komm einer A *nicht* zu	P kommt einer A zu
	Also kommt P auch *nicht* G zu	Also kommt P auch der G zu

Die beiden Schlußregeln formuliert Aristoteles auch explizit als Topoi: «Bezüglich der zur Diskussion stehenden These schau, ob es nicht etwas gibt, das die These impliziert, oder etwas, das notwendig der Fall ist, wenn die These der Fall ist: will man etablieren, sucht man etwas, das die These impliziert (zeigt man nämlich, daß dies ist, so hat man auch gezeigt, daß die These zutrifft); will man zerstören, suche man etwas, das der Fall ist, wenn die These der Fall ist (wenn wir nämlich zeigen, daß das aus der These Folgende nicht der Fall ist, hat man auch die These zerstört).» [102] Da nun diese beiden Schlußmodi für Aristoteles Topoi sind, müssen auch beide als *Schlußgaranten* begriffen werden. Da es hier um Beziehungen zwischen Sätzen geht, könnte der Topos des *modus tollens* T_{Mtoll} auch mit Aussagevariablen formuliert werden: «Wenn es eine Folgebeziehung 'p ⇒ q' gibt, und q nicht der Fall ist, dann kann man mit Notwendigkeit schließen, daß p nicht der Fall ist.» Vereinfacht:

$$\begin{array}{c} p \Rightarrow q \\ \sim q \\ \hline \sim p \end{array} \Biggr] = T_{Mtoll}$$

Da Aristoteles die Folgebeziehung nicht wahrheitsfunktional wie die moderne L. bestimmt, wird hier nicht von (materialer) Implikation im Sinne der modernen L. gesprochen. Das Zeichen '⇒' ist somit neutral als irgendeine Folgebeziehung zu verstehen. Damit lassen sich die logisch-argumentativen Aufgaben des Proponenten im dialektischen Sprachspiel wie folgt symbolisieren:

	ZERSTÖREN	ETABLIEREN	ZERSTÖREN/ETABLIEREN	
Opp.	p	~p	p oder ~p	Suchphase
Prop.	p ⇒ q	q ⇒ p	p ⇔ q	
	~q	q	~q q	
	~p	p	~p p	Argumentationsphase

Hier ist der dritte mögliche Fall eingetragen, nämlich Topoi, die sowohl für das Zerstören als auch das Etablieren verwendbar sind. Beispiele sind etwa der Topos aus dem Ähnlichen (a simili) $T_{Ak-sim1}$: «Wenn das Prädikat P dem Subjekt S zukommt, dann kommt P auch einem diesem ähnlichen S_s zu» oder der Topos aus dem Konträren (e contrario) T_{Ak-Cl}: «Wenn das Prädikat dem Subjekt S zukommt, dann kommt das konträre P auch dem konträren S zu». Aristoteles gibt für den ersten Topos folgendes Beispiel: Wenn ‹bezieht-sich-auf-mehrere-Gegenstände› (P) dem *Wissen (S)* zukommt, dann kommt P

auch der diesem ähnlichen *Meinung (Si)* zu; ein Beispiel für den letzteren Topos ist: Wenn ‹Lebewesen› (P) *Menschen (S)* zukommt, dann gilt auch ‹Nicht-Mensch› (S̲) für *Nicht-Lebewesen* (P̲). [103] Die gegebenen Beispiele zeigen weiter, daß man beim Proponenten die *Suchphase* und die *Argumentationsphase* unterscheiden muß. In der Suchphase muß der Proponent je nach der vom Opponenten vertretenen These eine geeignete konkrete *Implikation* oder eine *Äquivalenz* (Bikonditional) suchen, um dann die entsprechenden Aktivitäten des Zerstörens und Etablierens mit dem *modus tollens* bzw. dem *modus ponens* ausführen zu können. Obwohl Aristoteles diese beiden Topoi nicht explizit von den übrigen Topoi abgrenzt, haben sie faktisch in der ‹Topik› (bzw. im *dialektischen Sprachspiel*) eine umfassende Funktion, insofern die übrigen Topoi sie gleichsam als logisches Schlußraster voraussetzen. Dieses Raster formuliert Beziehungen zwischen *Sätzen*, die übrigen Topoi hingegen formulieren wie auch die *hypothetischen Garanten* der Syllogistik Beziehungen zwischen *Konfigurationen von Prädikaten*. Da Aristoteles freilich die Tatsache, daß die beiden globalen Schlußmodi auch als Beziehungen zwischen Sätzen *unter Absehung* der in ihnen enthaltenen Prädikate formuliert werden können, nicht systematisch diskutiert, gilt auch hier, daß man ihn nicht als Vorläufer der modernen Aussagenlogik begreifen kann. In der ‹Topik› geht es wie in den ‹Analytiken› um Konfigurationen von Prädikaten, freilich mit dem wesentlichen Unterschied, daß bei den Topoi *Quantifizierung* und *Modalität* ausgeblendet bleiben. Ersteres ist offenbar möglich, weil durch die essentialistische und substanzlogische Bestimmung der Prädikabilien die Quantität gleichsam mitgegeben ist: so muß ja *allen* Gegenständen, von denen ein Gattungsbegriff ausgesagt werden kann, *zumindest ein* Artbegriff zukommen. Das zweite wird dadurch ermöglicht, daß die *akzidentellen Prädikate* sich in den nur *möglicherweise* zukommenden Prädikaten in Syllogismen wiederfinden, bzw. daß die Gattungsprädikate (und damit auch die Definition) in der ‹Topik› den *notwendigen Prädikaten* der Syllogistik entsprechen. Daß in der ‹Topik› substanzlogische Beziehungen thematisiert sind, läßt sich verdeutlichen, wenn man statt der Aussagenvariablen wieder die Konfigurationen unseres Ausgangsbeispiels einsetzt:

$$\text{Opp.} \quad \neg Ak(P,G)$$
$$\text{Prop.} \quad \begin{array}{c} Ak(P,A) \Rightarrow Ak(P,G) \\ Ak(P,A) \\ \hline Ak(P,G) \end{array} \Biggr] = T_{Ak-Al}[T_{pon}]$$

In dieser Symbolisierung sind nun offenbar der Topos für das Akzidens aus der Art und der *modus ponens* nicht unterscheidbar. Gravierend ist freilich, daß dieser Topos doppelt aufgeführt wird: nämlich als allgemeine Prämisse und als Schlußgarant. Damit ist die bisherige symbolische Darstellung dieses Topos als $Ak(P,A) \Rightarrow Ak(P,G)$ – die der Darstellung von Primavesi entspricht, der sich selbst auf Brunschwig stützt [104] – sachlich nicht gerechtfertigt. Für Brunschwig ist ein Topos durch eine Implikation zwischen zwei *schèmes propositionnels*, also zwei Aussageschemata Σ_1 und Σ_2 gekennzeichnet. In einem Aussageschema werden immer zumindest zwei Prädikate mit einem *praedicabile* verknüpft. Im gegebenen Fall ist $Ak(P,A)$ das Schema Σ_1 und $Ak(P,G)$ das Schema Σ_2. Wenn man nun wie Primavesi die Symbole P,

A und G als Variablen interpretiert, ergibt sich offenbar keinerlei Gesetzmäßigkeit. Da diese sich erst dann ergibt, wenn man die *zusätzliche* Annahme macht, daß das Prädikat G *Gattung* von A ist, ist es nicht überraschend, daß auch Primavesi bei der Erläuterung der Topoi genau diese begriffslogische Beziehung explizit formuliert. Man muß somit hier nicht nur das akzidentelle Zukommen, sondern auch begriffslogische Beziehungen wie ‹X ist Gattung von Y› formulieren, also:

$$\frac{\text{P ist AKZIDENS von A}}{\text{G ist GATTUNG von A}} \Bigg] = T_{Ak-Al}$$
$$\text{Also ist P AKZIDENS von G}$$

Der diesem Schluß zugrunde liegende Schlußgarant T_{Ak-Al} lautet demnach: «Wenn P Akzidens von A ist, und G Gattung von A, dann gilt notwendig, daß P Akzidens von G ist.» Symbolisiert:

$$Ak(P,A) \wedge Ga(G,A) \Rightarrow Ak(P,G)$$

Hier sind A, P, und G Variablen für Prädikate. Von hier aus erklärt sich auch, daß Aristoteles die Schlußanweisungen und die Schlußgaranten gleichermaßen als Topoi bezeichnen kann: beide haben ja die gleiche Form. Mehr noch: die Topoi, die Schlußgaranten der ‹Topik›, haben auch die gleiche Form wie die Schlußgaranten der Syllogistik und auch die gleiche Funktion, da sie bei vorliegender Konklusion mindestens zwei Konfigurationen von Prädikaten formulieren, aus denen mit Notwendigkeit auf diese Konklusion gefolgert werden kann. Im Unterschied zur Syllogistik bestehen diese Konfigurationen freilich nicht aus quantifizierten Prädikaten, sondern aus in der ersten Prämisse durch die *praedicabilia*, in der zweiten Prämisse hingegen durch begriffslogische Beziehungen (die auch *praedicabilia* sein können) verknüpfte Prädikate. Das läßt sich durch die Neuformulierung der bisher behandelten Topoi veranschaulichen:

(1) Topos aus der Gattung (T_{Ak-G1}): «Wenn P Akzidens von G ist, und A_i, A_j, und A_k Arten von G sind, dann kommt P auch notwendig zumindest einem A_i, A_j, und A_k als Akzidens zu.»

(2) Topos aus dem Ähnlichen (T_{Ak-S1}): «Wenn P Akzidens von S ist, und S mit S_s ähnlich ist, dann ist P auch Akzidens von S_s.»

(3) Topos aus dem Konträren (T_{Ak-G1}): «Wenn P Akzidens von S ist, und S̱ und P̱ konträre Prädikate von S und P sind, dann kommt S̱ auch P̱ zu.»

Da damit in den Topoi letztlich begriffslogische Beziehungen formuliert sind, die von Aristoteles zugleich als sachlich zutreffend gedacht werden, ist es Intention der ‹Topik›, «Modi des Aussagens der Wirklichkeit als Wirklichkeit»[105] zu explizieren; die Syllogistik gründet auf *extensional* gedachten Beziehungen zwischen Konfigurationen von Prädikaten, die freilich – gerade in ihren Widersprüchen – ihre essentialistische Herkunft nicht leugnen können. Dies erklärt, daß Aristoteles in der Geschichte der L. nicht nur zum Bezugsautor des Begriffsrealismus, sondern auch zum Referenzautor des Nominalismus (bis hin zur Aussagenlogik) werden konnte. Aus dem Gesagten ist klar, daß bei den übrigen Prädikabilien das jeweilige *praedicabile* im Schlußsatz (im Falle des Schlusses bzw. der Anleitung) oder im Nachsatz (im Falle des Garanten) stehen muß. Dazu einige Topoi zur Bestimmung der Gattung (im Falle des Akzidens sprechen wir im folgenden nur noch von *zukommen*)[106]:

(1) Topos aus der Extension ($T_{Ga-Ext1}$): «Wenn das Prädikat G dem S zukommt, und G eine kleinere Extension als S hat, dann ist G notwendig nicht Gattung von S.»

(2) Topos aus den mehreren Arten (T_{Ga-mA}): «Wenn das Prädikat G dem A_w zukommt, und neben dem A_x keine gleichrangigen A_x, A_y oder A_z (d.h. als weitere Arten) existieren, dann ist G notwendig nicht Gattung von A.»

(3) Topos aus der Graduierung ($T_{Ga-Grad1}$): «Wenn G dem A zukommt, und G graduierbar ist, nicht aber A, dann gilt notwendig, daß G keine Gattung von A ist.»

(4) Topos aus der Graduierung ($T_{Ga-Grad2}$): «Wenn G Gattung von A ist, und G graduierbar ist, dann muß auch A graduierbar sein.»

(5) Topos aus der Differenz ($T_{Ga-Diff1}$): «Wenn G dem A zukommt, und die Differenzen D_i, D_j und D_k von G dem A nicht zukommen, dann ist G notwendig keine Gattung von A.»

(6) Topos aus der Privation ($T_{Ga-Priv1}$): «Wenn G̱ dem A̱ zukommt, und A̱ eine Privation (Ermangelung) von A ist, und G̱ eine Privation G, dann gilt notwendig, daß G Gattung von A ist.»

Für den letzten Topos gibt Aristoteles folgendes Beispiel: «Wenn Blindheit (A̱) Ermangelung der Wahrnehmung (G̱) ist, dann ist Sehen (A) eine Wahrnehmung (G).»[107]

Bei der Behandlung der Topoi für die einzelnen Prädikabilien geht Aristoteles zwar nicht systematisch, aber doch einheitlich vor, da er zunächst untersucht, ob etwa ein *praedicabile* falsch zugeordnet wurde – wenn etwa ein P als Akzidens ausgegeben wird, obwohl es Gattung ist (hier ist Akzidens nicht wie fast durchgängig bei Aristoteles im *inklusiven*, sondern im *exklusiven* Sinne zu verstehen)[108]; dem folgen Überlegungen, welche die jeweils anderen Prädikabilien einbeziehen (so müssen etwa alle Prädikate einer Definition Akzidentien (im inklusiven Sinne) sein; daran schließen sich Topoi an, die sich aus der Mehrdeutigkeit und Nicht-Bekanntheit von Prädikaten ergeben können, dann Fragekomplexe, die logische Beziehungen betreffen wie Opposition, Ähnlichkeit und das Mehr oder Weniger. Auf *Sprache* im weitesten Sinn beziehen sich Topoi wie:[109]

(1) «Wenn P dem S zukommt, und P' ein *geläufigerer Ausdruck* als P ist, dann kommt P' auch S zu.»

(2) «Wenn P dem S zukommt, und P *mehrere Bedeutungen* I_i, I_j, ... I_k hat, dann kommt S auch mindestens eine der Bedeutungen I; I_j, ...I_k zu.»

(3) «Wenn S_K ein dem S verwandtes/abgeleitetes Subjekt ist, und P dem S_K zukommt, dann kommt P auch dem S zu.»

Verwandte (σύστοιχα, sýstoicha) bzw. *koordinierte* Terme sind *der Gerechte* und *das Gerechte* oder *gesunde Dinge* und *Gesundheit*. Wenn also etwa *Gesundheit* erstrebenswert (P) ist, dann auch die *gesunden Dinge* (S). Damit sind die *Beugungen* bzw. *Ableitungen* (πτώσεις, ptóseis) zu verbinden, die nicht grammatisch, sondern semantisch zu verstehen sind, da etwa *auf tapfere Weise, tapfer, der Tapfere* Ableitungen von Tapferkeit sind.[110] Bei den *gegensätzlichen* Prädikaten (ἀντικείμενα, antikeímena) unterscheidet Aristoteles wie schon in den ‹Kategorien› vier Arten[111]:

(i) *Korrelata* (τὰ πρός τι, ta prós ti): doppelt/halb

(ii) *Kontraria* (ἐναντία, enantía): gerecht/ungerecht; gut/schlecht

(iii) Gemäß *Privation/Besitz* (τὰ κατὰ στέρησιν καὶ ἕξιν, ta katá stérēsin kai héxin): *Blindheit/Sehvermögen*

Logik

(iv) Gemäß *Kontradiktion* (τὰ κατ'ἀντίφασιν, ta kat'antíphasin): sitzend/nicht-sitzend

Hieraus ergeben sich neben den schon erwähnten Topoi aus konträren Arten bzw. aus der Privation (T_{Ak-A1} und $T_{Ga-Priv1}$) offenbar eine Fülle weiterer Topoi wie etwa für das Proprium der Topos: «Zum Zerstören sieh nach, ob das konträre Prädikat ein Proprium des konträren Subjekts ist; denn dann [d.h. wenn dies nicht der Fall ist] wird das Konträre des Ersteren auch kein Proprium des Konträren des Letzteren sein.» [112] Dem liegt folgender Schlußgarant T_{Pr-Cl} zugrunde: «Wenn S̱ Kontrarium von S und C̱ Kontrarium von C sind, und wenn C dem S nicht als Proprium zukommt, dann ist C̱ notwendig nicht Proprium von S̱». Daraus läßt sich folgende Argumentation bilden: ‹Da *Ungerechtigkeit* (S̱) Kontrarium von *Gerechtigkeit* (S) und *größtes Übel* (C̱) Kontrarium von *größtes Gut* (C) ist, und da *größtes Gut* (C) kein Proprium von *Gerechtigkeit* (S) ist, ist auch *größtes Übel* (C̱) kein Proprium von *Ungerechtigkeit* (S̱)›. Weitere Möglichkeiten ergeben sich daraus, daß Aristoteles bei den *Kontraria* zusätzlich zwischen konträren Paaren, die einen Zwischenterm haben – und deshalb auch graduierbar sind (*gesund ... krank*), und solchen ohne Zwischenterm (*gerade* vs. *ungerade*) unterscheidet. Wie er schon in den ‹Kategorien› betont, muß im letzten Fall notwendig ein Kontrarium dem Subjekt (Zahl) zukommen, während dies im ersten Fall nicht notwendig ist. Daraus ergeben sich etwa die Topoi, daß den Arten *Kontraria ohne Zwischenterm* zukommen müssen, wenn dies auch für ihre Gattung zutrifft, bzw. daß ein Prädikat P nicht Gattung von A sein kann, wenn ihnen unterschiedliche Arten von *Kontraria* zukommen.

Die Topoi aus dem *Mehr oder Weniger* müssen etwas genauer behandelt werden, da die Tatsache, daß Aristoteles im 10. Kapitel des II. Buchs der ‹Topik› von einer Gruppe von vier Topoi aus dem Mehr oder Weniger spricht, obwohl der erste dieser Topoi sich fundamental von den übrigen unterscheidet, zu viel Verwirrung geführt hat. In diesem ersten Fall des Mehr oder Weniger geht es nämlich – wie beim schon erwähnten Topos aus der Graduierung $T_{Ga-Grad1}$ – um das Verhältnis von absolut genommenen Termen (*gut*) zu ihren Graduierungen (*besser/weniger gut*), also um grammatische Beziehungen. «Wenn Lust ein Gut ist, dann ist ein Mehr an Lust ein größeres Gut.» [113] Der zugrundeliegende Topos ist offenbar:

Topos aus der Graduierung ($T_{Ak-Grad2}$): «Wenn P± und S± Graduierungen von P und S sind, und P Akzidens von S ist, dann gilt notwendig, daß P± auch Akzidens von S± ist.»

Eine Variante ist der später ausgeführte Topos aus der Graduierung [114]:

($T_{Ak-Grad4}$): «Wenn P+ und P- höhere und niedrigere Graduierungen von S sind, und P+ oder P- dem S zukommen, dann kommt P auch dem S als Akzidens zu.»

Bei den restlichen drei Topoi (1)-(3) aus dem Mehr oder Weniger geht es hingegen um die *relative Wahrscheinlichkeit* der Zuordnung von Prädikaten. Da Aristoteles diese drei Fälle nach formalen Kriterien klassifiziert, scheinen diese zunächst überzeugend, obwohl dahinter Probleme stecken, die Logiker, Dialektiker und Rhetoriker gleichermaßen beschäftigen. (Zu den Kriterien vgl. Abb. 5)

Da Aristoteles in der ‹Topik› nur wenige Beispiele gibt, muß hier auch auf die ‹Rhetorik› zurückgegriffen werden. Dies ist sachlich auch dadurch gerechtfertigt, daß diese Topoi für die rhetorische Argumentation von

(1)	(2)	(3)
Kommt P zwei Subjekten S und S' zu?	*Kommen P und P'* einem S zu?	*Kommen P und P'* jeweils S und S' zu?

(Abb. 5)

zentraler Bedeutung sind. Um mit dem Topos «Wenn das Mehr nicht, dann auch nicht das Weniger (*ex maiore ad minus*)» zu beginnen:

(1) Topos aus dem Mehr (*a maiore*) ($T_{Ak-Mai1}$): «Wenn P vom S' mit größerer Wahrscheinlichkeit als vom S gilt, und wenn P dem S' nicht zukommt, dann kommt P auch dem S nicht zu.»

Das wohl bekannteste Beispiel dieses nur für das Zerstören brauchbaren Topos ist: (B1) «Wenn selbst die Götter (S') nicht allwissend (P) sind, dann doch auch um so mehr die Menschen (S).» [115]

gP	*Göttern* (S') kommt das Prädikat *allwissend* (P) mit größerer Wahrscheinlichkeit zu als *Menschen* (S)	
sP	Nun sind *Götter* (S) nicht *allwissend* (P)	= $T_{Ak-Mai1}$
K	Also sind auch *Menschen* (S) nicht *allwissend* (P)	

Für das Etablieren gilt der Schluß vom Vorliegen des Weniger auf das Vorliegen des Mehr (*ex minore ad maius*):

(1') Topos aus dem Weniger (*ex minore*) ($T_{Ak-Min1}$): «Wenn P vom S' mit geringerer Wahrscheinlichkeit als vom S gilt, und wenn P dem S' zukommt, dann kommt P auch dem S zu.»

Aristoteles gibt hierfür im III. Buch der ‹Topik› folgendes Beispiel: «Wenn irgendeine Fähigkeit weniger als das Wissen ein Gut ist, und wenn irgendeine Fähigkeit tatsächlich ein Gut ist, dann ist das Wissen auch ein Gut.» [116] Für den zweiten Fall mit zwei verschiedenen Prädikaten findet sich an der gleichen ‹Rhetorik›-Stelle wie das vorige Beispiel (B1) das in der Tradition oft wiederaufgenommene Argument: (B2') «Wenn er schon seinen Vater geschlagen hat, dann dürfte er doch auch seinen Nachbarn geschlagen haben». Die zugrundeliegende Schlußstruktur ist: (2')($T_{Ak-Min2}$): «Wenn P' mit geringerer Wahrscheinlichkeit als P vom S gilt, und wenn P' dem S zukommt, dann kommt auch P dem S zu.» Als Schluß läßt sich dies wie folgt konfigurieren [117]:

gP	*Seinen-Vater-Schlagen* (P') gilt als weniger wahrscheinlich als *Seinen-Nachbarn-Schlagen* (P)
sP	Nun kommt x (S) das Prädikat *Seinen-Vater-Schlagen* (P') zu
K	Also kommt x (S) auch das Prädikat *Seinen-Nachbarn-Schlagen* (P) zu

Auch hier gilt wie im Fall (1), daß man durch ein Argument aus dem Nicht-Vorliegen des Mehr auf das Nicht-Vorliegen des Weniger die These des Gegners zerstören kann. Hierfür gibt Aristoteles kein Beispiel. Auch für den Fall (3), der hier in der Variante (3') aus dem Weniger (*ex minore*) formuliert wird, finden sich keine Beispiele:

(3') T_{Ak-Min3}: «Wenn gilt, daß P' dem S' mit geringerer Wahrscheinlichkeit zukommt als P dem S, und wenn P' dem S' zukommt, dann kommt auch P dem S zu.»

Offensichtlich sind nun nur die Schlüsse (1) *dialektische Syllogismen*, da es nur in ihnen um generische Begriffsverhältnisse geht; in (2) hingegen – was von der Forschung übersehen wurde – handelt es sich um *rhetorische Syllogismen*, insofern in ihnen ja auf das faktische Vorliegen eines singulären Sachverhalts geschlossen wird. Dem entspricht, daß in (1) von der relativen Wahrscheinlichkeit der Zuordnung von *Prädikaten* und nicht wie in (2) von *vergleichbaren Sachverhalten* gesprochen wird. Deshalb ist auch der Topos T_{Ak-Min2} in (2') für die Gerichtstopik relevant, vor allem, wenn es im *status coniecturalis* um den mutmaßlichen Nachweis geht, daß ein bestimmter Angeklagter x die fragliche Handlung tatsächlich vollzogen hat. In der neueren Forschung ist zu Recht betont worden, daß diese Topoi nur dann möglich sind, wenn die fraglichen Sachverhalte aufgrund eines *gemeinsamen Prädikats* vergleichbar sind. Nach COENEN und Primavesi wird die Vergleichbarkeit in (B2') durch das Prädikat ‹Rücksichtslosigkeit› bzw. ‹Brutalität› gewährleistet.[118]

Da nun auch andere Gründe wie etwa ‹ungesittet›, ‹cholerisch›, usw. möglich sind, überzeugt diese Lösung nicht. Dennoch verweist das in ‹Brutalität› liegende konnotative Moment des ‹Nicht-Normalen und Nicht-Erlaubten› auf die Tatsache, daß es hier um Grade von *Normverletzungen* geht: Die Handlung ‹Seinen-Vater-Schlagen› gilt als schwerere Normverletzung als die Handlung ‹Seinen-Nachbarn-Schlagen›. Man muß dann nur noch die *normative Annahme* machen, daß Menschen schwerere Normverletzungen weniger häufig als geringere begehen. Als spezifischer Topos formuliert: «Je schwerer eine Normverletzung, um so geringer die Wahrscheinlichkeit ihres Vorkommens». Diese *Handlungswahrscheinlichkeit* darf nicht mit der statistischen Wahrscheinlichkeit gleichgesetzt werden: aus der Tatsache, daß mit einem Würfel mit einer Zwei und fünf Sechsen die Zwei gewürfelt wurde, folgt ja nicht, daß beim nächsten Wurf die ‹mehr› wahrscheinliche Sechs gewürfelt wird.[119] Der normative Charakter von Handlungswahrscheinlichkeiten wurde hier durch die Formulierung «wenn *gilt* ...» zum Ausdruck gebracht. Dies entspricht sowohl dem Sprachgebrauch von Aristoteles wie auch seiner allgemeinen Bestimmung der dialektischen Syllogismen, die nur endoxale, d.h. meinungsmäßig zugestandene Prämissen haben. Ein ἔνδοξον (éndoxon) ist eine *gängige Meinung*, eine Meinung, die «Reputation hat»[120]. In der Regel geben Meinungen «das, was meistens ist oder zu sein scheint»[121] wieder, d.h. das εἰκός (eikós), das Wahrscheinliche. Deshalb schreibt Aristoteles in den ‹Analytiken›: «Das Wahrscheinliche (eikós) ist eine Prämisse, die auf einer Meinung beruht (prótasis éndoxos); denn das, was meistens so geschieht oder nicht so geschieht, meistens so ist oder nicht so ist – das ist das Wahrscheinliche.»[122] Diese Zusammenhänge werden offenbar verdeckt, wenn man wie Primavesi die Topoi des Mehr oder Weniger mit ‹ist objektiv besser/weniger gut begründbar›[123] statt mit ‹gilt als mehr/weniger wahrscheinlich› formuliert.

Ebenso problematisch ist die Gleichbehandlung der Topoi aus dem Mehr oder Weniger mit den Topoi aus dem Gleichen bei Primavesi, die sich freilich auf eine lange Tradition stützen kann.[124] Dies scheint dadurch gerechtfertigt, daß Aristoteles beide Gruppen – wie in der ‹Rhetorik› – nacheinander[125], an zwei Stellen sogar zusammen[126] behandelt; dem stehen freilich zwei Stellen entgegen, an denen nur das Mehr oder Weniger[127] untersucht wird. Das einzige Beispiel in der ‹Topik› für das Zusammenbehandeln ist: ‹Wenn *Schmerz* (G) in gleichem Maße wie *Vorstellung, daß man verachtet wird* (G') als Gattung von *Wut* (S') gilt, und wenn *Vorstellung, daß man verachtet wird* (G') nicht der *Wut* zukommt, dann ist auch *Schmerz* (G') keine Gattung von *Wut* (S)›.[128] Dieser Topos ist nicht schlüssig, da ja im gegebenen Beispiel *Schmerz* durchaus Gattung von *Wut* sein kann. Zieht man das folgende Beispiel aus der ‹Rhetorik› hinzu, so wird die unterschiedliche logische Struktur der Topoi aus dem Mehr oder Weniger einerseits und der Topoi aus dem Gleichen andererseits unmittelbar einsichtig: (G1) «Wenn Theseus kein Unrecht begangen hat, dann auch nicht Alexander (= Paris).»[129] Die hier unterstellte Vergleichsdimension D ist: beide haben (zu verschiedenen Zeitpunkten) Helena geraubt. Dem liegt folgender Garant zugrunde:

Topos aus dem Gleichen (*a pari*) (T_{Ak-par1}): «Wenn S' mit S hinsichtlich einer Vergleichsdimension D identisch ist, und wenn das Prädikat P dem S' (nicht) zukommt, dann kommt P auch (nicht) S zu.»

Dieser sowohl dem Widerlegen als auch dem Etablieren dienende Topos entspricht offenbar der «règle de justice» (Gerechtigkeitsregel)[130] bei PERELMAN/OLBRECHTS-TYTECA, die man kurz mit «Gleiches muß gleich behandelt werden» bezeichnen kann. Entsprechend gilt das Gegenstück *e contrario*: «Ungleiches muß ungleich behandelt werden». Wie für die Topoi aus dem Mehr oder Weniger unterscheidet Aristoteles die Fälle (2) und (3), d.h. mit zwei Prädikaten und einem Subjekt bzw. mit zwei Prädikaten und zwei Subjekten, die er, da sie gleichermaßen dem Zerstören und dem Etablieren dienen, als Äquivalenzen formuliert. Nach Primavesi ist das ‹Rhetorik›-Beispiel (B3): «Wenn man Hektors Verhalten gegenüber Patroklos nicht als Unrecht werten kann, dann auch nicht Paris' Verhalten gegenüber Achill»[131] (beide haben ihren jeweiligen Gegner im Kriege getötet) ein Argument aus dem Fall (3), das er deshalb wie folgt interpretiert: «Wenn das Prädikat *tat dem Patroklos Unrecht* (P') dem Hektor (S') objektiv ebenso gut begründbar zukommt wie das Prädikat *tat dem Achill Unrecht* (P) dem Paris (S), und wenn P' dem S' nicht zukommt, dann kommt auch P dem S nicht zu.»[132] Damit stellt sich freilich die Frage nach dem Status solcher Prädikate mit Eigennamen wie *tat-dem-Achill-Unrecht* (P), die ja offenbar ein singuläres Faktum bezeichnen. Sicher könnte man *alle,* die dem Achill Unrecht getan haben, unter P zusammenfassen; dies hätte jedoch die fatale Konsequenz, daß alle diejenigen, die aus irgendeinem Grund dem Achill irgendein Unrecht getan haben, genauso wie Hektor behandelt werden müßten. Diese Konsequenz läßt sich leicht vermeiden, wenn man die zugrundeliegende Vergleichsdimension formuliert:

Wenn *Hektor hat Patroklos getötet* (p) und *Paris hat Achill getötet* (q) hinsichtlich einer relevanten Vergleichsdimension *einen Gegner im Kriege töten* (D) identisch sind, und wenn p kein Unrecht (P) ist, dann ist auch q kein Unrecht (P).

Diese Formulierung entspricht zugleich der Grundstruktur der Syllogismen, da in der 1. Prämisse eine Relation zwischen mindestens zwei Gegebenheiten festgestellt wird. Wir haben zudem die jeweiligen Handlungen von Hektor und Paris als Aussagevariablen p und q dargestellt, um deutlich zu machen, daß es sich bei *a pari*

Schlüssen in bestimmten *relevanten* Hinsichten um vergleichbare *Sachverhalte* handelt. Mit dem Zusatz ‹relevant› wird gewährleistet, daß nur für das zur Frage stehende Problem wesentliche Vergleichsdimensionen möglich sind.

Von diesen Topoi sind jene fernzuhalten, in denen es nicht darum geht, ob ein Prädikat in gleicher Weise von einem Subjekt *ausgesagt* wird, sondern darum, ob sie sich *in gleicher Weise verhalten* (ὁμοίως ἔχειν, homoíōs échein). Ein Beispiel für diese Topoi *aus der Analogie* ist: [133]

Topos aus der Analogie ($T_{Pr\text{-}anal}$): «Wenn gilt, daß P und P' sich analog wie Q und Q' verhalten, und wenn P' (nicht) Proprium von P ist, dann gilt auch, daß Q' (nicht) Proprium von Q ist.»

Aristoteles illustriert das mit: Wenn sich *Arzt* (P) zum *Gesund-Machen* (P') genauso verhält wie *Architekt* (Q) zu *Haus-Herstellen* (Q'), und wenn *Gesund-Machen* (P') keine Proprium von *Arzt* (P') ist, dann ist es auch *Haus-Herstellen* (Q') kein Proprium des *Architekten* (Q)'. Ein Beispiel für das Akzidens ist: «Wenn Sehvermögen-Besitzen ein *Sehen* ist, dann ist auch Hörvermögen-Besitzen ein *Hören*.» [134] Die diesem Argument zugrundeliegende Analogie ist:

$$R_1(A, B)\ R_2(C, D)$$
$$\ \ 1\ \ \ \ 2\ \ \ \ \ \ 3\ \ 4$$

Von hier aus läßt sich der Topos $T_{Pr\text{-}anal}$ auch wie folgt formulieren:

$T_{Pr\text{-}anal}$: «Wenn gilt, daß die Relation R_1 analog zur Relation R_2 ist, und wenn in R_1 das Zweite Proprium des Ersten ist, dann ist auch in R_2 das Vierte Proprium des Dritten.»

In dieser Form ist die Isomorphie zur Metapherdefinition bei Aristoteles evident: «Eine Metapher aus der Analogie liegt vor, wenn das Zweite zum Ersten sich ähnlich verhält wie das Vierte zum Dritten; dann kann man nämlich statt des Zweiten das Vierte und statt des Vierten das Zweite sagen […]; wie das Alter sich zum Leben verhält, so der Abend zum Tag; man kann also den Abend ‹Alter des Tages› und das Alter ‹Abend des Lebens› nennen.» [135]

Diesem Topos aus der Analogie entspricht auch das in der ‹Rhetorik› für den Topos XVI aus analogen Relationen gegebene Beispiel: «Wenn man die Großen unter den Kindern zu Männern erklärt, dann sollte man doch auch gesetzlich festlegen, daß die Kleinen unter den Männern Kinder sind.» [136] Das Beispiel zeigt, daß sich der Topos mit ironischer Intention auch als *ad absurdum*-Argument verwenden läßt: aus der zugrunde gelegten Analogie: *R1(große Kinder/Kinder)* ≈ *R2(Männer/kleine Männer)* folgt nämlich, daß kleine Männer Kinder sind, was offensichtlich absurd ist. Zieht man noch den Topos III aus den reziproken Relationen aus der ‹Rhetorik› hinzu («Wenn Kaufen nicht schändlich ist, dann ist auch Verkaufen nicht schändlich»), dem offenbar auch der allgemeine Gleichheitstopos «Gleiches muß gleich behandelt werden» zugrunde liegt, wird deutlich, daß auch die Analogieschlüsse unter diesen Topos fallen. Anders gesagt: Schlüssen aus dem Gleichen *(a pari)*, aus dem Analogen und aus dem Reziproken sind Varianten des Gleichheitstopos.

Vergleicht man die Behandlung der Topoi in der ‹Rhetorik›, die ja auch ein «Gegenstück der Dialektik» [137] ist, mit der Darstellung in der ‹Topik›, so fällt auf, daß sich neben den dialektisch-logischen Topoi der ‹Topik› mehrere Anweisungen finden, die sich aus der spezifischen Redesituation des Redners in der Öffentlichkeit

ergeben. So finden sich unter den 28 in ‹Rhetorik› II, 23 aufgelisteten Topoi neben den Schlußverfahren aus dem Konträren, aus den Beugungen bzw. Ableitungen, aus dem Mehr oder Weniger, aus der Definition, aus der Analogie oder aus der Zerlegung in Arten (διαίρεσις, dihaíresis; *divisio*) auch Topoi, die sich auf die Konstitutionsbedingungen der Meinungen selbst beziehen: so der Topos, daß man sich auf die Urteile und Entscheidungen aller, der meisten, oder zumindest der Gebildeten oder der Anständigen stützen soll; oder der Topos, daß man, da die Leute oft privat und öffentlich nicht das gleiche sagen, diesen Widerspruch argumentativ ausspielen soll; genauso kann man jenen Widerspruch ausnutzen, daß die gleichen Leute vor dem Eintreten eines Ereignisses oft anders urteilen als danach; oder schließlich jener Topos, den man vorbringen kann, wenn etwas geschehen ist, das, da es unwahrscheinlich war, eigentlich nicht hätte geschehen dürfen. [138] Da diese Topoi nicht als dialektisch-logische Schlußgaranten fungieren können, bezeichnen wir sie als *rhetorische* Topoi.

Von hier aus lassen sich die von Aristoteles unterschiedenen Syllogismen bzw. Schlußformen leicht nachvollziehen: Syllogismen können sich nämlich hinsichtlich des Wahrheitscharakters der Prämissen wie auch hinsichtlich ihrer logischen Gültigkeit unterscheiden. Wissenschaftliche Schlüsse mit notwendig wahren Prämissen sind, wie betont, apodeiktisch; falsche Prämissen in wissenschaftlichen Syllogismen führen zu Paralogismen. Dialektische Syllogismen haben, wie betont, nur endoxale, meinungsmäßig zugestandene Prämissen, die in der Regel auch das Wahrscheinliche, das Eikos, d.h. das, was normalerweise und meistens geschieht, zum Ausdruck bringen. Rhetorische Schlüsse, d.h. Enthymeme, haben schließlich ebenfalls endoxale und/oder bloß wahrscheinliche (eikós) Prämissen; sie schließen hingegen vor allem in der Gerichtsrede auf das Vorliegen bzw. in der Ratsrede auf das ‹Herbeiführen› von *singulären* Sachverhalten. Das schließt nicht aus, daß in ihnen, wenn es um das *normative Bewerten* bestimmter *Typen* von Handlungen geht – was besonders für die Festrede zutrifft – generische Syllogismen Verwendung finden.

Hinsichtlich des zweiten Kriteriums, der logischen Gültigkeit, gilt, daß alle Schlüsse gültig und nicht-gültig sein können. Ist letzteres der Fall, spricht Aristoteles von *Scheinschlüssen* bzw. von *eristischen Syllogismen*. Diese können freilich auch vorliegen, wenn in rhetorischen oder dialektischen Schlüssen von den Rednern bzw. den Opponenten falsche Prämissen formuliert werden. Dies ergibt die in Abb. 6 dargestellte Klassifikation der Syllogismen. [139]

Da im Gegensatz zu den apodeiktischen Schlüssen nicht alle dialektischen Schlüsse logisch stringent sind, sprechen wir nur von logisch *konsistent*. In diesem Sinne sind auch die Enthymeme aus dem Zeichen, d.h. *Abduktionen*, die vom Vorliegen der Konsequenz auf das Vorliegen des Antezedens schließen, *konsistent*. Betont sei, daß Abduktionen auch in der ‹Topik› als logisch nicht stringent bestimmt werden.

e. Enthymeme, Deduktion/Induktion, Analogie, Widerlegung. Sieht man davon ab, daß für Aristoteles Enthymeme nur dann überzeugen, wenn sie zugleich Ethos und Pathos richtig und angemessen zum Ausdruck bringen [140], gilt festzuhalten, daß das Enthymem nicht nur logisch, sondern bereichsspezifisch definiert ist: das Enthymem ist ein Schluß, der im Bereich der öffentlichen Kommunikation vorgebracht wird. Dies erklärt, daß Aristoteles auch notwendig wahre Syllogismen als Enthy-

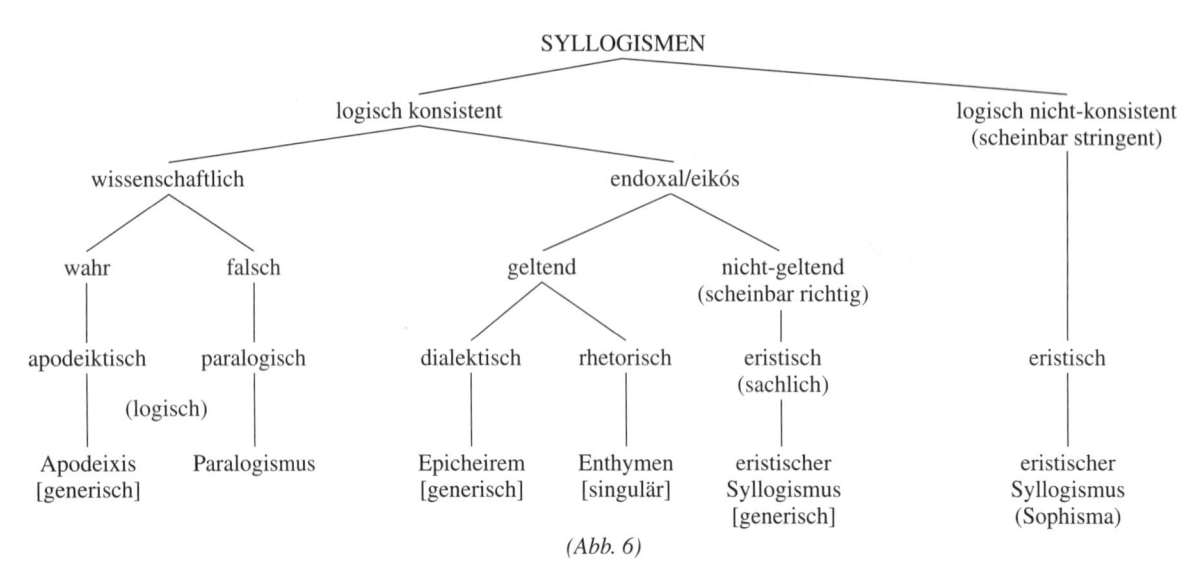

SYLLOGISMEN

```
                              SYLLOGISMEN
                ┌──────────────────┴──────────────────┐
         logisch konsistent                   logisch nicht-konsistent
                                                (scheinbar stringent)
       ┌────────┴────────┐
  wissenschaftlich    endoxal/eikós
    ┌────┴────┐        ┌────┴────┐
   wahr    falsch   geltend  nicht-geltend
                              (scheinbar richtig)
    │        │       ┌──┴──┐        │                    │
apodeiktisch paralogisch dialektisch rhetorisch    eristisch              eristisch
                                                   (sachlich)
  (logisch)
    │        │        │        │        │                    │
Apodeixis Paralogismus Epicheirem Enthymen  eristischer        eristischer
[generisch]           [generisch] [singulär] Syllogismus       Syllogismus
                                            [generisch]        (Sophisma)
```

(Abb. 6)

meme begreifen kann: «Es ist klar, daß einige Prämissen von Enthymemen notwendig sind, die meisten aber sind wahrscheinlich.» [141] Hier ist auch das logische Unterscheidungskriterium genannt: Enthymeme beziehen sich auf das Wahrscheinliche, d.h. «das, was meistens so oder so geschieht und möglich ist».Enthymeme in diesem Sinne können (1) *deduktiv*, (2) *induktiv* oder auch (3) *abduktiv* schließen.

(1) Sind sie deduktiv, spricht Aristoteles auch von *Enthymemen aus dem Wahrscheinlichen*. [142] Sie unterscheiden sich von apodeiktischen Schlüssen in dreifacher Hinsicht: sie folgern aus wahrscheinlichen oder – wie wir im folgenden auch sagen wollen – aus *plausiblen* Prämissen; ihre Konklusionen sind meist singulär; die Argumentationsschritte, die beim Zuhörer als bekannt unterstellt werden dürfen, müssen nicht explizit formuliert werden.

(2) Induktive Enthymeme nennt Aristoteles auch *Enthymeme aus dem Beispiel* (Paradeigma). [143] Im Gegensatz zur logischen Induktion (ἐπαγωγή, epagōgé), die nur dann stringent ist, wenn ihr alle Einzelfälle zugrunde liegen [144], folgert ein Paradeigma oft nur aus einem *einzigen* Beispiel; ein weiterer wesentlicher Unterschied ist, daß es nicht auf das Generische, sondern auf einen anderen Einzelfall schließt. «Es ist offensichtlich, daß sich das Paradeigma weder wie ein Teil zum Ganzen noch wie ein Ganzes zum Teil verhält, sondern wie ein Teil zum Teil, wobei beide Teile zwar unter das Gleiche fallen, der eine Teil aber bekannt ist.» [145] So wird in «Wir sollten Dionys keine Leibwache geben (K), da doch Peisistrates, nachdem er eine Leibwache erhielt, zum Tyrannen wurde (P₁)» vom bekannteren Faktum P₁ auf K geschlossen, wobei der Umweg über das Ganze – hier die generische Prämisse ‹Alle, die in der und der Situation nach einer Leibwache verlangen, wollen zu Tyrannen werden› – nicht explizit gemacht werden muß.

(3) Abduktive Enthymeme bezeichnet Aristoteles als *Enthymeme aus dem Zeichen*. Sind diese logisch notwendig, spricht er vom Enthymem aus dem *notwendigen* Zeichen. Dies liegt vor, wenn dem Schluß eine Äquivalenzrelation zugrunde liegt: ‹wenn x fiebert, dann ist x auch krank›. Folgert man dagegen vom Vorliegen der Konsequenz einer Leibbeziehung ‹wenn x Fieber hat, dann atmet x schnell› auf das Vorliegen des Antezedens, so liegt ein logisch nicht stringentes Enthymem aus dem Zeichen, d.h. eine Abduktion, vor: «Ein Zeichen, daß er Fieber hat, ist: er atmet schnell. Dies ist widerlegbar, selbst wenn es wahr sein sollte; denn es ist möglich, daß einer kurz atmet, ohne Fieber zu haben.» [146] Wir bezeichnen diese Schlußform, die ja allen semiologischen Wissenschaften wie etwa der Medizin eigentümlich ist, als *logisch konsistent*. Enthymeme aus dem Wahrscheinlichen und Enthymeme aus dem Zeichen sind insofern identisch, als sie sich auf *plausible* Prämissen stützen, sie unterscheiden sich dadurch, daß erstere logisch stringent, letztere hingegen nur logisch konsistent sind.

Reflektiert man nun auf die logische Struktur der Enthymeme, so fällt auf, daß Aristoteles diese fast durchgängig im Hinblick auf ihre Gemeinsamkeiten mit dem wissenschaftlichen Schließen gedacht hat, nicht aber in ihrer Eigenschaft als Schlüsse mit bloß möglichen Prämissen. Aus der Bestimmung des *Eikos* als das, was meistens so und so geschieht, das aber auch die Möglichkeit des Anders-Seins nicht ausschließt, folgt ja eine höchst ambivalente Grundstruktur des Enthymems: einerseits werden mit ihm Folgerungen vollzogen, als ob es sich um notwendige Schlüsse handelte, andererseits aber bleibt nie ausgeschlossen, daß der in der generischen Prämisse als wahrscheinlich angenommene Sachverhaltszusammenhang nur möglicherweise wahr ist, d.h. im jeweils gegebenen Fall auch falsch sein könnte. Dieses Problem der *logischen und existentiellen Ambivalenz* des Enthymems wird von Aristoteles durch die anthropologische Grundannahme gleichsam entschärft, daß das Wahre und das Wahrscheinliche Gegenstand des gleichen Wissens sind und deshalb auch auf einen vergleichbaren Habitus verweisen: «Das Wahre und das dem Wahren Ähnliche sind Gegenstand der gleichen Fähigkeit; zugleich haben Menschen von Natur aus eine hinreichende Fähigkeit das Wahre zu erkennen, und sie erreichen es auch meistens. Deshalb wird sicher derjenige, der das Wahre erkennt, gleichermaßen das Wahrscheinliche erkennen.» [147]

Diese Gleichbehandlung des Wahren und des Wahrscheinlichen erklärt, daß Aristoteles die Möglichkeit des Anders-Seins nur indirekt, nämlich bei der Behandlung der Widerlegung in den Blick bekommt. Aristoteles unterscheidet zwei Formen: den *Gegenschluß* und den *Einwand*. Den Gegenschluß (ἔλεγχο, élenchos) definiert er schon in den ‹Sophistischen Widerlegungen› als «einen Schluß (syllogismós) mit Widerspruch gegen die Konklusion.» [148] Da der Gegenschluß sich wiederum auf eine *Eikos*-Aussage stützt, thematisiert er nicht die Möglichkeit des Anders-Seins. Dies geschieht mit dem Einwand (ἔνστασις, énstasis): dieser besteht darin, «eine Meinung auszusprechen, aus der offensichtlich ist, daß kein Schluß vollzogen wurde oder daß der Gegner etwas Falsches gewählt hat.» [149] Ein Einwand zeigt somit entweder, daß nicht logisch stringent geschlossen wurde, oder, daß die generische oder die spezifische Prämisse falsch, nicht wahrscheinlich oder zumindest nicht notwendig sind. Das zeigt er einmal, (1) indem er wie in der ‹Topik› bestimmte Typen von Einwänden unterscheidet, und zum andern, (2) indem er die Einwände von den ‹Analytiken› her je nach Art des Enthymems, gegen die sie sich richten, unterscheidet. In dieser doppelten Behandlung sieht SOLMSEN seine These bestätigt, daß Aristoteles zwei Enthymemtheorien vertreten habe – eine nicht notwendige Folgerung, da ja in diesen Schriften keine andere Schlußtheorie entwickelt wird, sondern die gleiche Schlußlehre in unterschiedlicher Abschattung und Fragestellung.[150] (1) Die Typen sind[151]: aus der Sache selbst, aus dem Ähnlichen, aus früher geltenden Meinungen und aus dem Gegenteil (These: «Der rechtschaffene Mann tut allen seinen Freunden Gutes»; Einwand: «Aber der schlechte Mann fügt doch auch nicht seinen Freunden Schlechtes zu!»). (2) Bei Enthymemen aus den Zeichen kann man zeigen, daß das als Zeichen behauptete Faktum nicht vorliegt, bzw., wenn man dieses Zeichen als Faktum akzeptiert, daß der Schluß *nicht stringent* (ἀσυλλογιστικόν, asyllogistikón) ist, da ja ein anderes Antezedens möglicherweise vorliegen könnte; beim Enthymem aus dem *notwendigen* Zeichen ist offenbar nur der erste Einwand gegen die Faktizität möglich[152]; Enthymeme aus dem Wahrscheinlichen und aus dem Beispiel kann man gleichermaßen durch ein Gegenbeispiel widerlegen, das sich gegen den explizit formulierten oder implizit unterstellten generischen Zusammenhang wendet; Richter, die sich bei Enthymemen aus dem Wahrscheinlichen durch ein Gegenbeispiel überzeugen lassen, vollziehen freilich einen «Paralogismus», da man offenbar «nicht hinreichend widerlegt hat, wenn man zeigt, daß etwas nicht notwendig ist; sondern nur, wenn man zeigt, daß es nicht wahrscheinlich ist»; dies wiederum wird um so eher gelingen, wenn der Nachweis gelingt, daß es sich in vielen, ja sogar den meisten Fällen so, wie behauptet, verhält[153].

f. *Trugschlüsse*. Bei den bisherigen Einwänden oder Gegenschlüssen ist unterstellt, daß der Opponent *unabsichtlich* ungenaue oder nicht konsistente Argumente vorgebracht hat. Bei den Argumenten oder Widerlegungen der Sophisten muß hingegen in der Regel eine *Täuschungsabsicht* unterstellt werden. Dabei nutzen sie die Tatsache aus, daß Schlüsse so 'herausgeputzt' sind, daß sie, obwohl falsch, wahr scheinen – genauso wie «die einen Menschen wirklich schön sind, während die andern nur den Schein der Schönheit haben, weil sie sich herausgeputzt haben». Dem Unerfahrenen erscheint dieser Lug und Trug als wahr, weil sie wie jene, «die etwas nur aus der Ferne sehen»[154], die wirkliche Gestalt nicht wahrnehmen können. Deshalb hat die aristotelische Abhandlung zu den ‹Sophistischen Widerlegungen› eine Aufklärungsfunktion: Aufgabe des Wissenden ist nämlich, «in dem, was er weiß, den Trug zu meiden, wie auch denjenigen, der täuscht, entlarven zu können.»[155] Er muß Scheinargumente nicht nur negieren, sondern zerlegen und auseinandernehmen (διαιρεῖν, dihaireĩn), damit das, worin sie täuschen, klar vor Augen trete.[156] Genau dies ist auch Gegenstand der ‹Sophistischen Widerlegungen›. Dabei unterscheidet Aristoteles fünf Stoßrichtungen derjenigen, die nur um des Streites willen argumentieren: die Widerlegung, das Falsche, das Paradoxe, den Grammatikfehler (Solözismus) und das leere Geschwafel. «An erster Stelle versuchen sie den Eindruck zu erwecken, daß sie wirklich widerlegen, an zweiter zu zeigen, daß der Opponent etwas Falsches sagt, an dritter ihn zu paradoxen Behauptungen zu bringen, an vierter ihn zu Grammatikfehlern zu verleiten (d.h. den Opponenten aufgrund der Argumentation zu einer ungrammatischen und barbarischen Äußerung zu bringen) und an fünfter, ihn immer wieder dasselbe sagen zu lassen.» [157] Für die Widerlegungen selbst unterscheidet Aristoteles zwei Gruppen von Fehlern: (I) Fehler, deren Schein bei der sprachlichen Äußerung (παρὰ τὴν λέξιν, pará tēn léxin) und (II) solche, deren Scheinevidenz außerhalb der sprachlichen Äußerung (ἔξω τῆς λέξεως, éxō tēs léxeōs) entsteht. In der ‹Rhetorik› findet sich eine gedrängte Darstellung, die sich in nicht wenigen Aspekten von der Behandlung in den ‹Sophistischen Widerlegungen› unterscheidet. Damit verbunden ist die Darstellung der Gründe für *nicht-stringente* Syllogismen in den ‹1. Analytiken›, die freilich nur die wesentlichen Fehler außerhalb der sprachlichen Äußerung (II) diskutiert. Da alle drei Darstellungen in logischer Hinsicht keine wesentlichen Unterschiede zeigen, werden sie hier mit HAMBLIN als einheitliche Theorie behandelt[158].

(I) Fehler der sprachlichen Äußerung (*fallaciae dictionis*) sind[159]: Homonymie (*f. aequivocationis*), Amphibolie (*f. ambiguitatis*), Verbindung (*f. compositionis*), Trennung (*f. divisionis*), Prosodie (*f. accentus*), Äußerungsform (σχῆμα τῆς λέξεως, schéma tēs léxeōs). *Amphibolie* entspricht der syntaktischen Mehrdeutigkeit. So ist etwa im Deutschen ‹Die Rede vom Schweigenden› mehrdeutig, da der Genitiv als *genetivus subiectivus* bzw. *obiectivus* verstanden werden kann. Daraus läßt sich folgender Trugschluß bilden: «Kann man von Dingen, die nicht selbst reden können, reden? – Ja / Ist ‹Dinge, die nicht reden› gleichbedeutend mit ‹Dinge, die schweigen›? – Ja / Also gibt es eine Rede von Schweigenden». Die *Homonymie*[160] ist weiter gefaßt als in der Moderne, da sie folgende Fälle abdecken kann: lexikalische Mehrdeutigkeit, Gebrauchsmehrdeutigkeit (wie *gut*, *können*, *sein* usw. (vgl.: x ist ein *guter* Mathematiker; Mathematiker sind Menschen; also ist x ein *guter* Mensch), deiktische Mehrdeutigkeit (x war (gestern) krank; x ist (heute) gesund; also ist der *Gesunde* krank). Fehler der *Verbindung* bzw. der *Trennung* liegen vor, wenn syntaktische Gruppen falsch verbunden oder getrennt werden (Kann man jemanden mit den Augen schlagen? – Nein. / Nun hast *du* ihn$_1$ doch *mit eigenen*$_i$ Augen schlagen gesehen? – Ja. / Also kann man jemanden mit den Augen schlagen!; hier wird die Präpositionalphrase fälschlicherweise auf *ihn* und nicht auf den Beobachter *du* bezogen). Da diese Fehler auch absichtlich in einem Witz ausgespielt werden können, ist es nicht überraschend, daß sich bei FREUD sog. «Verschiebungswitze» finden, die auf einer falschen Verbindung bzw. Trennung basieren (vgl. Zwei Juden treffen sich in der Nähe des Badehauses: «*Hast du genommen ein Bad?*» fragt der eine. «*Wieso?*» fragt der andere dagegen, «*fehlt eins?*» [161]). Die Fehler der *Prosodie* basieren auf falschen Verbindungen/Trennungen, mit dem Unterschied, daß hier suprasegmentale phonetische oder graphische Gegebenheiten falsch identifiziert werden (so kann man etwa im Griechischen aus der ‹Definition› (ὅρος, hóros) einen ‹Berg› (ὄρος, óros) machen, da das Phonem ‹h› in der Schrift nicht immer durch ein diakritisches Zeichen markiert werden muß). Das Gemeinte mag wieder durch ein unmittelbar einsichtiges Beispiel von Freud illustriert werden: Nach einer allzu modernen Aufführung der ‹Antigone› von SOPHOKLES machte in Berlin folgender Witz – bei Freud Verwendung des nämlichen Materials – die Runde: «Antik? Oh. Nee.» [162]

Logisch und sprachlogisch fundamentaler ist der Fehler aus der *Äußerungsform*. Dieser Fehler basiert nämlich auf der Annahme, daß bestimmten grammatischen Formen immer die gleichen Kategorien entsprechen. So hat etwa im Griechischen αἰσθάνεσθαι (aisthánesthai, wahrnehmen) die Form des Passivs, ὁρᾶν (horán, sehen) wird hingegen im Aktiv flektiert. Daraus läßt sich folgender Trugschluß bilden: «Da nun Sehen ein Wahrnehmen ist (d.h. *horán* ist ein *aisthánesthai*), ist Aktivität eine Form von Passivität.» [163] Auch Präpositionen wie *durch* müssen nicht immer die Kategorie Raum – wie etwa in *durchwandern* – bezeichnen. Das zeigt der folgende Trugschluß: «Betritt man das, was man durchwandert? – Ja / Nun kann man den ganzen Tag durchwandern? – Natürlich / Also kann man den Tag betreten!». Inwieweit ist aber folgender Trugschluß ein Fehler der Äußerungsform?

«Vorhin, als ich wirklich saß, war es wahr zu schreiben: *ich sitze*. Jetzt, da ich aufgestanden bin, ist diese (geschriebene) Rede falsch. Also ist dieselbe Rede wahr und falsch.» [164]

Eine mögliche und plausible Auflösung ist: zu meinen, daß die Äußerungsform ‹diese Rede ist wahr› kategorial genauso wie die Form ‹dieses Haus ist grün› behandelt werden kann, ist ein Trugschluß, da nicht nur die Adjektive *wahr* und *grün*, sondern auch ihre Subjekte *Rede* und *Haus* fundamental verschieden sind. Damit läßt sich die Scheinlogik dieses Fehlers wie folgt zusammenfassen: Zwei ähnliche Äußerungen $Ä_m$ und $Ä_n$ haben die gleiche Äußerungsform $ÄF_i$; $Ä_m$ bezeichnet die Kategorie I_m; aufgrund der Äußerungsform $ÄF_i$ darf man schließen, daß auch $Ä_n$ die Kategorie I_m bezeichnet. Schematisch:

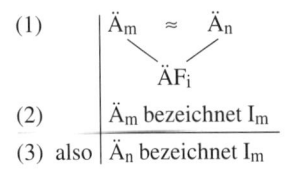

(1) $Ä_m \approx Ä_n$
    $ÄF_i$
(2) $Ä_m$ bezeichnet I_m
(3) also $Ä_n$ bezeichnet I_m

Offenbar ist der Topos «gleiche Äußerungsformen verweisen auf die gleichen ‹Kategorien›» nicht notwendig, obwohl er oft, wenn nicht gar meistens zutrifft. Die Fehler der Äußerungsform sind streng von den Solözismen (Grammatikfehlern) zu unterscheiden, weil dort ein Fehler in der Formulierung selbst gemacht wird: «Kennst du dieses? Dieses ist aber ein Stein. Also kennst du *ein* [sic!] Stein.» [165] Für uns – die wir im Besitz einer entwickelten und in der Schule vermittelten Grammatik sind – mag dieses Argument trivial oder gar undenkbar erscheinen. Daß dies für Aristoteles nicht der Fall ist, läßt sich an seiner ausführlicher Begründung ablesen, daß das neutrale Demonstrativum τοῦτο (túto) wie das deutsche *dieses* zweierlei meint: in «kennst du *dieses*» entspricht es dem *diesen* (d.h. dem Akkusativ des Maskulinums), in «*Dieses* ist ein Stein» aber dem *dieser* (d.h. dem Nominativ des Maskulinums). Von hier aus ist leicht nachvollziehbar, daß GALEN [166] und Alexander von Aphrodisias im 2. Jh.n. Chr. die Fehler der sprachlichen Äußerung ohne die Solözismen klassifiziert haben, und zwar hinsichtlich der Art des Mehrdeutigen (τὸ διττόν, to dittón; lat. *multiplex*) [167]:

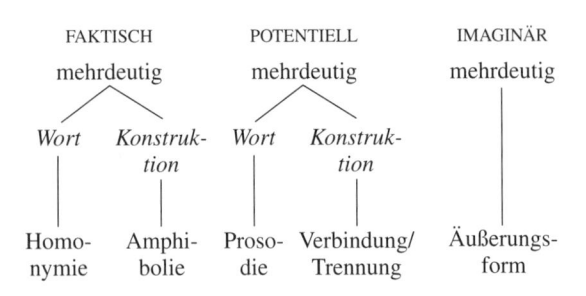

FAKTISCH	POTENTIELL	IMAGINÄR
mehrdeutig	mehrdeutig	mehrdeutig
Wort / Konstruktion	Wort / Konstruktion	
Homonymie / Amphibolie	Prosodie / Verbindung/Trennung	Äußerungsform

Im Gegensatz zur Homonymie und Amphibolie, die aufgrund lexikalischer und syntaktischer Gegebenheiten einer Sprache *faktisch* mehrdeutig sind, ist eine Äußerung wie ‹er wanderte den ganzen Tag hindurch› insofern *imaginär*, weil sie ja erst durch die Gegenüberstellung (bzw. falsche Gleichsetzung) mit identischen Äußerungsformen mehrdeutig wird. Prosodie und Verbindung/Trennung sind schließlich in dem Sinne *potentiell*, als sie ja die in einer Sprache zwar nicht standardisierten, strukturell aber doch möglichen neuen suprasegmentalen, morphologischen oder syntaktischen Verbindungen/Trennungen ausspielen.

(II) Fehler außerhalb der sprachlichen Äußerung (*f. extra dictionem*) sind [168]: Akzidens (*f. accidentis*), absolute/relative Bewertung (*f. secundum quid et simpliciter*), Nicht-Kenntnis der Widerlegung (*ignorantia elenchi*), Unterstellung des zu Beweisenden (*petitio principii*), Nicht-Grund als Grund (*f. propter non causam ut causam*), Konsequenz (*f. consequentis*), aus mehreren Fragen eine machen (*f. plurium interrogationum ut unius*). Diese Klassifikation ist insofern nicht einheitlich, als die Nicht-Kenntnis der Widerlegung alle übrigen Fehlertypen umfaßt. Da damit die verschiedenen Arten *ignoratia elenchi* durch diese Fehlertypen expliziert werden, erübrigt sich eine Erörterung dieser Unterart. Der Fehler *aus mehreren Fragen eine machen* ist oft zu den Fehlern der Äußerungsform gerechnet worden. So ist sicher in: «Ist x und y ein Mensch? – Ja / Also wird man, wenn man den x und den y schlägt, nicht Menschen schlagen, sondern nur *einen* Menschen» [169] die sprachliche Form der Frage für den Fehlschluß verantwortlich; dennoch ist es sinnvoller, diese Technik zu den inhaltlich-logischen Fehlern zu rechnen, einmal, weil hier keine Bedeutungssubstitution vorliegt, zum andern, weil dadurch der korrekte Ablauf des dialektischen Sprachspiels nicht gewährleistet ist, das ja verlangt, daß die Prämissen eindeutig sein müssen, was nur durch zwei Frageakte (Ist x ein Mensch? Und: Ist y ein Mensch?) sichergestellt wird.

Ebenso können die *Petitio principii* und die Technik *Nicht-Grund als Grund* als trügerische Dialogtechniken des Proponenten bestimmt werden. So besteht die *Petitio principii* darin, daß man «am Anfang nimmt» (vom Hörer als zugestanden fordert), was man erst beweisen will [170] – diesen dialogischen Aspekt bringt auch die englische Wendung für die *Petitio principii* «to beg the question» zum Ausdruck. In der ‹Topik› unterscheidet Aristoteles neben dem Fall der Verwendung von Synonymen oder Paraphrasen noch die Fälle, in denen etwas universell behauptet wird, das nur partikulär gilt (und umgekehrt), bzw. in denen die Teile einer These einzeln und nicht zusammen gesetzt werden, und schließlich Fälle, in denen die Konklusion von der Prämisse impliziert wird oder mit dieser äquivalent ist.[171]

Die Technik *Nicht-Grund als Grund* ist nicht, wie in der ‹Rhetorik› und der Moderne (s.u.) oft angenommen, im Sinne einer nicht zutreffenden Kausalität zu verstehen, sondern im Sinne einer trügerischen *reductio ad impossibile*. Da sie relativ komplex ist, hat diese Technik bis heute zu verschiedenen Interpretationen geführt. Geht man von der zugrundeliegenden Dialogsituation aus, ergibt sich jedoch eine einfache Rekonstruktion. Der sophistische Proponent akzeptiert hier nämlich zunächst die These T des Opponenten, bringt aber zusätzlich eine Argumentation mit den Prämissen P1 und P2 vor, die zur Konklusion K führt. Bedingung ist, daß K nicht möglich ist. Die eigentliche *reductio* der These des Opponenten ist dann: «Da K absurd ist, ist auch deine These T absurd». Am von Aristoteles gegebenen Beispiel kann dies verdeutlicht werden.[172] (vgl. Abb. 7)

Proponent	Opponent	Struktur
	Seele und Leben sind dasselbe (T)	
Seele und Leben sind dasselbe (T)		T
Ist Vergehen dem Entstehen entgegengesetzt?	Ja	
Und Tod ist dem Leben entgegengesetzt? (P1)	Ja	P1
Der Tod ist also ein Vergehen? (P2)	Ja	P2
Also ist das Leben ein Entstehen! (K)		K
Da nun die Konklusion K falsch ist (~K), ist auch deine These T falsch		*Nun aber ~K, also auch ~T*

(Abb. 7)

Das Beispiel zeigt zunächst, daß die Prämissen komplex sein können (es handelt sich offenbar um ein Argument *aus dem Konträren*) und nicht immer auf einen Syllogismus zurückgeführt werden können. Möglich ist auch, daß P1 oder P2 durch ein zusätzliches Argument abgeleitet werden. Das Beispiel macht zugleich die Herkunft der aristotelischen Bezeichnung für diese Technik verstehbar, da der Opponent ja einwenden kann (bzw. sollte): «Aber meine These T ist doch *nicht der Grund*, daß K falsch ist, sondern vielmehr deine falsche Prämisse P2!» Nach BRANDS/KANN werden hier zwei Prämissen P1 und P2 angenommen (im Gegensatz zu Hamblin, der nur eine ansetzt), da sich eine Widerlegung prinzipiell gegen ein vollständiges Argument wendet und die Prämisse T für die Folgerung auf K nicht erforderlich ist.[173] Aussagenlogisch gesehen impliziert hier die Konjunktion der drei Prämissen die Konklusion K; wenn diese nun falsch ist (~K), muß auch nach dem *modus tollens* das Antezedens falsch sein; daraus folgt, daß jede einzelne oder alle Aussagen der Konjunktion falsch sein können; da nun der Proponent fälschlicherweise P1 und P2 als wahr unterstellt, folgt, daß nur noch T falsch sein kann:

$$\frac{(T \wedge P1 \wedge P2) \rightarrow K}{\sim (T \wedge P1 \wedge P2)} \quad \text{(Modus ponens)}$$
$$\frac{[P1 \wedge P2]}{\sim T} \quad \text{[Unterstellung des Proponenten]}$$

Diese logisch korrekte Rekonstruktion läßt freilich die Tatsache unberücksichtigt, daß zwischen T und P1 und/oder P2 eine Ähnlichkeit (etwa gleiches Subjekt) oder ein Zusammenhang bestehen muß, damit die Täuschungsabsicht verdeckt bleibt. So mag man vielleicht hier aufgrund der Ähnlichkeit von T und P1 bzw. K dieser Technik ‹des auf die falsche Fährte Lockens› aufsitzen, nicht aber, wenn der Proponent damit – was logisch zur gleichen Form der scheinbaren *reductio ad impossibile* gehört – eine These wie ‹Gerechtigkeit und Billigkeit sind das gleiche› widerlegen wollte. Die Rekonstruktion (und damit auch die aristotelische Erklärung dieses Fehlers) sagt somit nur, *woher* logisch der Schein kommt, nicht aber, *warum* man sich täuschen läßt.

Der Fehler *absolute/relative Behauptung* entsteht dann, «wenn man das, was nur vom Teil [zurecht] gesagt wird, so auffaßt, als ob es schlechthin gesagt wäre.»[174] Da Aristoteles an anderer Stelle statt ‹vom Teil› auch äquivalent ‹in bestimmter Hinsicht›, ‹bezogen auf einen bestimmten Ort› oder ‹in Relation auf etwas› verwendet[175], gilt hier allgemein, daß etwas absolut und schlechthin genommen wird, obwohl es nur relativ gesagt werden kann (etwa: «Ist der Äthiopier schwarz? – Ja/ Ist der Äthiopier hinsichtlich seiner Zähne weiß? – Ja / Also ist der Äthiopier schwarz und nicht-schwarz» oder: «Wenn das, was *nicht ist*, Gegenstand einer Meinung *ist*, dann ist das, was nicht ist»).[176]

Man täuscht mit dem *Akzidens*, wenn man etwas, das substanzlogisch gesehen nur zufällig ist, als wesentlich setzt. So ist *gelb* keine wesentliche Eigenschaft von Honig, man kann also aus «Honig ist gelb; dies da ist gelb» nicht folgern, daß es sich um Honig handelt. Man könnte hier auch von einer problematischen Abduktion sprechen; freilich wäre diese moderne Interpretation nicht hinreichend, da Aristoteles drei Gruppen von Beispielen aufführt:

(a) Kennst du diesen verhüllten Mann? – Nein / Nun ist dieser verhüllte Mann aber Koriskus (den du ja kennst); *also kennst du denselben Mann und zugleich kennst du ihn nicht.*

(b) Ist dieses da dein? – Ja / Nun ist dies ein Kunstwerk; *also ist es dein Kunstwerk.*

(c) Ist Koriskus ein anderer als Sokrates? – Ja / Nun ist Sokrates ein Mensch; *also ist Koriskus etwas anderes als ein Mensch.*

Da das Gemeinsame dieser Beispiele nicht unmittelbar einsichtig ist («Aristotle's definition of the fallacy of accident [...] is no masterpiece of clarity»; Aristoteles' Definition des Trugschlusses des Akzidens ist kein Meisterstück an Klarheit[177]), haben die aristotelischen Ausführungen zu diesem Trugschluß zu einer bis heute andauernden widersprüchlichen und kontroversen Auslegungsgeschichte geführt. Leicht aufzulösen ist ein Fehlschluß wie (a), der dadurch entsteht, daß man *verhüllt* als Akzidens von Koriskus nimmt und den Fehler macht, Prädikate, die dem Akzidens zukommen, auch seinem

Subjekt zuzuschreiben. Statt dieser essentialistischen Erklärung (die u.a. AUBENQUE vorschlägt) ist auch eine extensionalistische Auflösung möglich, die sich aus dem oben erwähnten zweiten Merkmal des Akzidens, nicht mit seinem Subjekt koextensiv zu sein, ergibt. Danach sind *Koriskus* und *Verhüllter* nicht koextensiv (nicht alle Verhüllten sind Koriskus) und somit auch nicht wechselseitig austauschbar. Von hier aus wird Aristoteles' Erläuterung dieses Fehlers unmittelbar einsichtig: «Da nämlich die gleiche Sache viele Akzidentien hat, folgt nicht notwendig, daß all die Prädikate, die von diesen ausgesagt werden, auch der Sache selbst zukommen.» Kurz: «Prädikate, die für das Akzidens wahr sind, sind nicht notwendig für die Sache wahr.» [178] Umgekehrt gilt jedoch auch, daß das, was der Sache (Koriskus ist *mir bekannt* (Z)) zugeschrieben werden kann, nicht unbedingt für sein Akzidens gilt (Der Verhüllte ist *mir bekannt* (Z)). Nach dem gleichen Muster könnte man Fälle wie (b) lösen. Danach ist in (b) die Tatsache, daß ‹dieser-Gegenstand-da› gehört, ein Akzidens dieser Sache, die aber in substanzlogischer Sicht ein Kunstwerk ist. Nimmt man nun zusätzlich eine nicht explizit benannte Prämisse an, nämlich: ‹Dieses Kunstwerk ist *von dir erschaffen* (Z)›, so folgt, daß Z nicht von ‹dieser-dir-gehörende-Gegenstand› ausgesagt werden kann. Auch die Fälle (c) lassen sich – mit großer Artifizialität – in eine syllogistische Form pressen. Man muß nämlich nur das Prädikat ‹ein-anderer-als-Koriskus (Z)› akzeptieren und ‹Sokrates› als Ausdruck für die Substanz nehmen, um das Gemeinsame mit den Fällen (a) und (b) aufzeigen zu können. Wenn man das Referenzobjekt bzw. die bezeichnete Sache mit X symbolisiert, läßt sich wie in Abb. 8 veranschaulichen. Damit läßt sich der Fall (b), der nicht nur im Mittelalter,

sagt Aristoteles. Da er jedoch an dieser Stelle nicht den Terminus technicus für das Akzidens, sondern das substantivierte Verb (τὸ συμβεβηκέναι; to symbebēkénai) verwendet, kann man diese Stelle auch im Sinne von ‹das Prädikat Mensch kommt der Sache X zufällig (akzidentell) zu› verstehen. [181] Wenn diese Rekonstruktion im Sinne von Aristoteles ist, zeigt sie zugleich die Grenzen einer syllogistischen Analyse auf; denn ‹ein-anderer-als-Koriskus› ist ja im strengen Sinn kein extensionales Prädikat. Verzichtet man für diesen Typ (c) auf das syllogistische Erklärungsmodell, so läßt sich der Fehler dadurch kennzeichnen, daß fälschlicherweise aus einem Unterschied zwischen Individuen oder Arten auf einen Unterschied der nächsthöheren Gattung geschlossen wird. So folgt etwa aus «Dieses Haus ist nicht weiß» nicht, daß es keine *Farbe* hat, sondern nur, daß es *anders* als ein anderes einzelnes Haus ist.

Der Fehler der *Konsequenz* kann hingegen aufgrund der von Aristoteles gegebenen Beispiele eindeutig als Abduktion verstanden werden: «Honig ist gelb; dies ist gelb; also ist es Honig» (obwohl es Galle sein kann) oder: «Wenn es regnet, wird die Erde naß; die Erde ist naß; also hat es geregnet». Nun betont Aristoteles an der gleichen Stelle, daß dieser Schluß aus der Konsequenz dem Enthymem aus dem Zeichen in der ‹Rhetorik› entspricht; wenn nämlich, so Aristoteles, «Redner nachweisen wollen, daß einer ein Ehebrecher ist, dann nehmen sie Dinge, die aus einem ehebrecherischen Verhalten folgen, also etwa, daß der Mensch sich herausputzt oder daß er nachts umherstreunt». Doch das gleiche Beispiel wird auch in der ‹Rhetorik› als Scheinenthymem aus der Konsequenz aufgeführt. [182] Daraus ergibt sich offenbar eine gegensätzliche Bewertung der gleichen Schlußform: einerseits

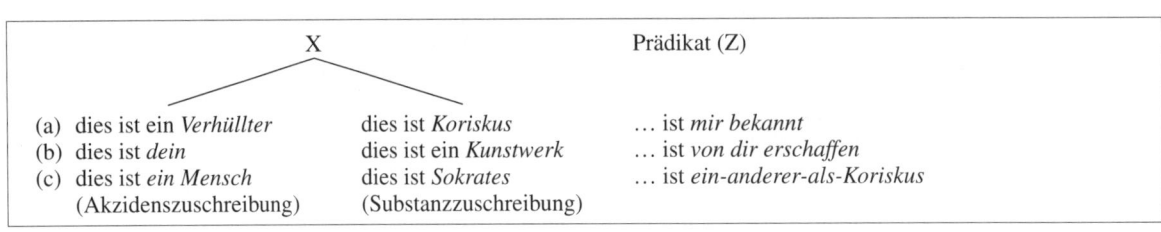

```
                    X                                   Prädikat (Z)
           ╱────────┴────────╲
(a) dies ist ein Verhüllter      dies ist Koriskus         ... ist mir bekannt
(b) dies ist dein                dies ist ein Kunstwerk    ... ist von dir erschaffen
(c) dies ist ein Mensch          dies ist Sokrates         ... ist ein-anderer-als-Koriskus
    (Akzidenszuschreibung)       (Substanzzuschreibung)
```

(Abb. 8)

sondern auch in der modernen Forschung [179] oft weggelassen wird, leicht klären: das Prädikat ‹von dir erschaffen (Z)›, das einem *Kunstwerk* zugeschrieben werden könnte, wird fälschlicherweise einem Akzidens des Kunstwerks, nämlich *in deinem Besitz zu sein*, zugeschrieben. Da diese Zuschreibung an der Satzoberfläche durch einen mehrdeutigen Gebrauch von *dein* entsteht (im Sinne von *Besitz* und von *Werk, das du erschaffen hast*), kann man die Auffassung vertreten, daß hier der Trugschluß auf einer Mehrdeutigkeit beruht. Gegen diese auch zu Zeiten Aristoteles' vertretene Auffassung wendet sich Aristoteles mit dem wenig überzeugenden Argument, daß der jeweilige Gebrauch von *dein* immer eindeutig sei – was ja auch für alle auf Homonymie beruhenden Trugschlüsse zutrifft. Diese Kontroverse läßt sich offenbar durch die Feststellung klären, daß es sich bei diesem Typ (b) um einen Fehler des Akzidens handelt, der über den mehrdeutigen Gebrauch hergestellt wird (vgl. auch: «Dieser Hund ist *dein*; dieser Hund ist Vater; also ist dieser Hund *dein* Vater»). [180]

Der Nachteil der Lösung (c) ist, daß man *Mensch* als akzidentelles Prädikat begreifen muß. Doch genau das

ist die Abduktion ein legitimes und konsistentes rhetorisches Argument, andererseits aber handelt es sich um ein nicht-stringentes Scheinenthymem. Der gleiche Gegensatz zeigt sich auch an anderen (Schein-)Schlüssen: so sind auf Homonymien gründende Schlüsse nach den ‹Sophistischen Widerlegungen› und nach dem 24. Kapitel des II. Buchs der ‹Rhetorik› Scheinschlüsse, nach dem 23. Kap. des gleichen Buchs stützen sie sich aber auf den konsistenten *Topos aus dem Namen*. Anstatt nun diesen Gegensatz – wie etwa Solmsen – als Beleg für die weitgehende These zu nehmen, Aristoteles habe zwei Enthymemtheorien vertreten, scheint es uns plausibler, von einem Gegensatz zwischen dem Rhetoriker und dem Logiker Aristoteles zu sprechen [183], dies vor allem auch deshalb, weil sich ja nicht die Analyse dieser Schlußformen, sondern ihre *Beurteilung* durch Aristoteles ändert. Das zeigt sich auch in der unterschiedlichen Behandlung einiger Trugschlüsse in der ‹Rhetorik›. So wird der Fehler *Nicht-Grund als Grund* nicht mehr logisch, sondern – wie fast durchgängig in der Tradition [184] – epistemisch, d.h. als *post hoc, ergo propter hoc*, verstanden. Ein typisches Beispiel liegt etwa vor, wenn man die Tatsache, daß nach dem Regierungsantritt eines Politikers Krieg ausbrach, dessen Politik als *Ursache* des Krieges ausgibt. [185] Da dieses Verfahren in der Alltagsargumentation gang und gäbe ist, ergibt sich die unterschiedliche Behandlung offenbar aus den verschiedenen Gegenstandsbereichen dieser beiden Schriften. Auch ein zusätzlich in der ‹Rhetorik› berücksichtigter Fehler, nämlich die *Auslassung relevanter Umstände*, erklärt sich von daher. [186] Nicht so eindeutig scheint die Uminterpretation des Äußerungsfehlers *Verbindung/Trennung* in einen logischen *und* epistemischen Fehler. So besteht etwa die Technik des Euthydemos darin, etwas, das nur für die Teile einer Verbindung gilt, für das Ganze zu behaupten (A weiß, daß es ein Ruderschiff gibt – A weiß, daß es den Hafen von Piräus gibt – Also weiß A auch, daß es jetzt ein Ruderschiff im Hafen von Piräus gibt). Epistemisch ist hingegen: «Da die doppelte Dosis krank macht, macht auch die einfache schädlich.» [187]

Obwohl Aristoteles auch diese Fehler als Trugschlüsse behandelt, folgt aus seiner ganzen Darstellung doch, daß er ihnen eine gewisse Rationalität zubilligt. Das gilt besonders für jene Techniken, die er zwar als nichtlogisch ablehnt, zugleich aber als rhetorisch konsistent akzeptiert, also die Enthymeme aus dem Zeichen und aus dem Paradeigma. So ist ja das Paradeigma, selbst wenn es sich auf einen einzigen Fall stützt, dann rational, wenn im vermuteten Eintretungsfall der Schaden bedeutend größer als im Nicht-Eintretungsfall ist: selbst wenn im Dionys-Beispiel der Nicht-Eintretungsfall (Dionys will *nicht* zum Tyrannen werden) wahr wäre, ist es doch rationaler, vom Eintretungsfall auszugehen, da ja eine Tyrannenherrschaft bedeutend negativere Auswirkungen hätte. Ebenso entbehrt die *Korax-Technik*, die zeigt, daß eine durchaus wahrscheinliche Handlung nicht vollzogen wurde, gerade weil sie erwartet wurde, nicht der Rationalität: derjenige, von dem man, bei gegebenen Motiven, aufgrund seiner Physis annehmen muß, daß er wahrscheinlich eine bestimmte Straftat begangen hat, kann argumentieren, daß er die Tat nicht begangen haben kann, da er ja wußte, daß man ihn für den wahrscheinlichen Täter halten würde. Diese Technik kritisiert Aristoteles in der ‹Rhetorik›, weil das Wahrscheinliche nicht schlechthin und absolut genommen wird. Nach der ‹Poetik› hingegen soll der Dichter durch eine geschickte Schürzung der Handlungen gerade das Kontingente menschlicher Existenz aufzeigen: «Denn es ist wahrscheinlich, daß etwas entgegen dem Wahrscheinlichen geschieht.» [188] Ja, man könnte hier auch mit dem Aristoteles der ‹Analytiken› argumentieren, daß diese Technik insofern ein logisches Verfahren darstellt, als ja aus der Bestimmung des Wahrscheinlichen (das, was meistens so und so ist, und die Möglichkeit des Anders-Seins zuläßt) notwendig folgt, daß einer trotz einer gängigen Meinung möglicherweise nicht der Täter ist. Diese beiden Argumentationsformen – Paradeigma und Korax-Technik – markieren gleichsam zwei Bruchstellen des aristotelischen logisch-rhetorischen Denkens: das Paradeigma, weil in ihm deutlich wird, daß es jenseits logischer Stringenz Rationalität gibt, die Korax-Technik, weil sie zeigt, daß es jenseits alltagsweltlicher Plausibilität einen rational beschreibbaren Raum von Möglichkeiten des Anders-Seins gibt. Der erste Gesichtspunkt verweist auf die Präferenztopoi, der zweite auf die rhetorischen Topoi.

g. *Präferenztopoi.* Die nicht-syllogistische Form der Rationalität ist von Aristoteles in seiner ‹Ethik› weiter untersucht und systematisiert worden und in der ‹Rhetorik› als Beweis durch das *Ethos* integriert worden. Hier mag der Hinweis genügen, daß ein Redner nur dann überzeugt, wenn er zu einer vernünftigen Entscheidung beiträgt. Eine *Entscheidung* ist eine mit Denken und Überlegung getroffene Wahl, die dann gut ist, wenn sie der Situation und uns (Individuum wie Gemeinschaft) angemessen ist. [189] Solche Entscheidung treffen oder argumentativ vorschlagen zu können, verlangt einen anständigen Charakter, d.h. setzt den *Habitus* der Tugend (ἀρετή, aretḗ) voraus, die Aristoteles als reflektiert entscheidende Haltung (ἕξις προαιρετική, héxis prohairetikḗ) definiert: «Sie liegt in der Mitte in Bezug auf uns, eine Mitte, die durch Vernunft und Denken (lógos) bestimmt ist und danach, wie sie der Vernünftige (φρόνιμος, phrónimos) bestimmen würde.» [190] Deshalb ist «die Tugend des Ethos auch eng mit der praktischen Vernunft (φρόνησις, phrónēsis) verknüpft» [191]. Daraus folgt wiederum für die rhetorische Praxis, daß «die praktische Vernunft eine Tugend des Denkens ist, die uns befähigt, gut zu beraten über Gutes und Schlechtes […] hinsichtlich des Glücks.» [192] Eher logische Aspekte dieser praktischen Rationalität hat Aristoteles schon im III. Buch der ‹Topik›, das die *Präferenztopoi* behandelt, diskutiert. Diese Topoi sollen dem Dialektiker helfen zu entscheiden, «ob von zwei oder mehreren Sachen die eine erstrebenswerter oder besser ist.» [193] Darunter finden sich Topoi wie [194]:

W1 «Das Dauerhaftere oder Festere ist dem, das weniger diese Eigenschaften hat, vorzuziehen.»
W2 «Was an sich erstrebenswert ist, ist dem, was zufällig erstrebt wird, vorzuziehen.»
W3 «Das, was dem Zweck des Lebens dient, ist dem, was einem relativen Zweck dient, vorzuziehen.»
W4 «Von zwei Sachen ist diejenige vorzuziehen, die einer dritten, besseren Sache ähnlicher ist.»

Für PERELMAN/OLBRECHTS-TYTECA sind nur diese Bewertungen *Topoi*, nicht also die oben behandelten Schlußgaranten. [195] Welcher logische Status kommt diesen relativen Bewertungen zu? Für DE PATER handelt es sich um gemeinsame Topoi, also um Schlußgaranten. Da sie sich offenbar nicht in die gleiche Form wie die bisher unterschiedenen Schlußgaranten bringen lassen, ist diese Annahme problematisch. Unproblematisch ist jedoch, wenn man sie als spezifische Topoi begreift, die wie die übrigen spezifischen Topoi innerhalb von Syllogismen als generische Prämisse fungieren, also etwa:

W2'

gP Das an sich Erstrebenswerte ist dem zufällig Erstrebenswerten vorzuziehen
sP Gerechte Freunde sind an sich erstrebenswert, gerechte Feinde hingegen nur zufällig $= T_{Präf}$
K Also sind gerechte Freunde gerechten Feinden vorzuziehen

Mit dem Einsetzungsbeispiel sP, das sich bei Aristoteles findet, ließe sich dieser Schluß als eine Form des Modus ponens begreifen; dadurch wäre freilich nicht berücksichtigt, daß hier nicht auf ein Faktum, sondern auf eine *Handlungsnorm* geschlossen wird. Dies ist gewährleistet, wenn man einen allgemeinen Präferenztopos $T_{Präf}$ «Je besser eine Sache, um so eher erstreben wir sie» annimmt; diese Annahme ist äquivalent mit «Je schlechter eine Sache, um so eher meiden wir sie». Dieser Topos faßt die Grundidee der aristotelischen *Ethik* zusammen: «Jede Techne und jede Methode strebt nach allgemeiner

Auffassung nach irgendeinem Gut. Darum hat man zurecht gesagt, das Gute sei das, zu dem alles hinstrebt.» [196] Da Schlüsse der Form W2' auf eine generische Handlungsnorm schließen, bezeichnen wir sie als *generische* Präferenzschlüsse; beziehen sie sich auf einzelne Sachverhalte, bezeichnen wir als *singuläre* Präferenzschlüsse. Im gegebenen Beispiel ist diese Singularisierung nur nach Vollzug von W2' mit K als generischer Prämisse möglich, im von Aristoteles für den Fall W4 gegebenen Beispiel ist dies *direkt* möglich:

W4'

gP Von zwei Sachen a und b ist diejenige vorzuziehen, die einer dritten Sache c ähnlicher ist

sP Ajax (a) ist dem Achill (c) ähnlicher als Odysseus (b) und Achill (c) ist besser als Ajax (a) und Odysseus (b)   = $T_{Präf}$

K Also ist Ajax (a) dem Odysseus (b) vorzuziehen

Hier ist auch ein generischer Präferenzschluß möglich, dann etwa, wenn man zeigen will, wann eine bestimmte Vogelart (etwa für die Jagd) einer anderen vorzuziehen ist, weil sie einer dritten (besonders gut für die Jagd geeigneten) Vogelart ähnlicher ist. Welchen logischen Status haben aber die *absoluten Bewertungen*, die Aristoteles in der ‹Rhetorik› bei der Behandlung der Ratsrede aufführt? Dies sind etwa: [197]

W5 «Gut ist, wenn man Sklaven, Vieh und schönes Mobiliar hat.»

W6 «Gesund zu sein, ist ein Gut.»

W7 «Gut ist, wenn man viele und anständige Freunde hat.»

Eine mögliche Antwort ist in der Erläuterung Aristoteles' zu W7 zu suchen; diese Bewertung habe nämlich nichts Dunkles an sich, «wenn man den Freund als denjenigen definiert, der bereit ist, für einen anderen und in dessen Interesse das zu tun, von dem er meint, daß es für diesen gut ist». Diese Definition läßt sich auch als relative Bewertung verstehen: «Diejenigen, die bereit sind, für uns und in unserem Interesse tätig zu sein, sind jenen vorzuziehen, die uns gegenüber nur ihr eigenes Interesse vertreten». Mit diesem Topos ließe sich offenbar ein mit W2' vergleichbarer Schluß vollziehen, wobei mit der spezifischen Prämisse (sP) ‹Freunde sind bereit, für uns und in unserem Interesse tätig zu sein› auf die Konklusion (K) ‹Also ist es gut, Freunde zu haben› gefolgert werden kann. Um freilich W7 zu erhalten, müßten zusätzlich noch weitere relative Bewertungen hinzugefügt werden, welche die argumentative Rechtfertigung der Quantifizierung *viel* und der Qualifizierung *anständig* belegen könnten. Hier wird deutlich, daß Formulierungen wie W5-W7 mehr oder weniger komplexe *Verdichtungen* von allgemeinen und (gesellschafts- oder gruppen-)spezifischen Bewertungen und von mehreren Schlußfolgerungen sein können; mehr noch: diese Formulierungen müssen als mehr oder weniger gefestigte *Urteile*, d.h. Konklusionen, begriffen werden. Dies im einzelnen analytisch zu zerlegen und die darin implizierten logisch stringenten oder konsistenten Begründungsschritte freizulegen, ist immer noch Aufgabe einer *Präferenzlogik*, die sich nicht wie etwa Perelman/Olbrechts-Tyteca mit dem Feststellen der Existenz bestimmter Präferenztopoi begnügen will.

h. *Rhetorische Topoi, Schein und Sein.* Die logisch-dialektischen Schlußgaranten gelten gleichermaßen für die Syllogistik, die Dialektik und die Rhetorik. Im Unterschied zur wissenschaftlichen Apodeixis werden aber in der Dialektik und der Rhetorik bloß *plausible* Prämissen akzeptiert; und die Rhetorik unterscheidet sich schließlich von ihren beiden logischen Schwestern dadurch, daß sie auch bloß *konsistente* Schlüsse zuläßt. Diese Schlüsse sind genau dann rational, wenn sie sich auf die *Phronesis*, die praktische Vernunft stützen. Nun unterscheidet sich rhetorische Argumentation noch in einem weiterem Punkt von der syllogistischen und dialektischen L., der in den oben unterschiedenen *rhetorischen* Topoi, die Geltungs- und Konstitutionsbedingungen von Meinungen betreffen, thematisiert wird. Einige dieser Topoi können mit der Korax-Technik in Zusammenhang gebracht werden. Diesen Topoi ist folgende Struktur gemeinsam: «p müßte nach der gängigen Meinung eigentlich vorliegen, im gegebenen Fall ist dies aber nicht möglich, da ARG» (ARG steht für irgendeine Argumentation). Dies trifft für folgende Topoi zu: XIX (einen möglichen, aber nicht erwartbaren Zweck für den wirklichen Zweck angeben), XXI (es geschehen Dinge, von denen man nicht annehmen würde, sie könnten geschehen, wenn wir sie nicht mit eigenen Augen sähen), XXII (Inkonsistenzen aufzeigen), XXIII (einen plausiblen Verdacht als falsch erweisen) und XXVII (Irrtümer aufdecken, die zu falschen Annahmen führen). Die Struktur dieser Topoi der – wie wir sagen wollen – *Nicht-Legitimität* [198] läßt sich am für den Topos XXIII von Aristoteles gegebenen Beispiel unmittelbar einsichtig machen: «Ein anderer Topos, anwendbar bei Menschen und Handlungen betreffenden Vorurteilen oder Scheinvorwürfen, besteht darin, daß man den Grund des Mißverständnisses sagt; denn es gibt etwas, wodurch der Schein entstanden ist, wie z.B.: eine Frau, die bei der Begrüßung ihres Sohnes durch allzu heftiges Umarmen desselben unter diesen zu liegen kam, kam in Verdacht, mit diesem Jünglinge zu koitieren; nachdem sie aber die Ursache genannt hatte, verschwand der Verdacht». Die argumentative Struktur dieses rhetorischen Topos kann wie folgt beschrieben werden:

(1) Bestimmte Indizien ($q_i...q_n$) lassen den abduktiven Schluß zu, daß ein bestimmter Zustand p vorliegt.

(2) Dieser Schluß ist nicht gerechtfertigt (~p), da es

(3) stärkere Indizien ($i_i...r_n$) gibt, welche die Folgerung auf p nicht gerechtfertigt erscheinen lassen.

Allgemeiner formuliert: Bestimmte Indizien *scheinen* die Konklusion K zu rechtfertigen, im gegebenen Fall entspricht dies freilich nicht dem, was tatsächlich *ist*. Da in dieser Argumentation *formal* gesehen mehrere Argumente aufeinanderfolgen, bezeichnen wir die zugrundeliegende Schlußregel als *sequentiellen Topos*. Der gleiche Gegensatz zwischen Erwartbarem und Tatsächlichem oder zwischen Schein und Sein liegt etwa dem für den *sequentiellen* Topos XIX gegebenen Beispiel zugrunde: «Die Gottheit schenkt oft großen Reichtum, nicht jedoch (wie man erwarten würde) in wohlwollender Absicht, sondern um ein späteres Unglück noch größer werden zu lassen.» Betrifft dieser Gegensatz zwischen Schein und Sein das vorgebliche und das tatsächliche Verhalten einer Person, so kann daraus, wie die mittelalterliche Dialektik formulierte, eine *ad hominem*-Argumentation entstehen: «Er gibt vor, euch freundlich gesinnt zu sein, tatsächlich aber ist er durch Eid den Dreißig Tyrannen verpflichtet» (= Topos XXII). Die auf den Redner selbst bezogene Variante dieses Widerspruchs zwischen Wort und Tat ist: «Er gibt vor, ich sei ein Prozeßhansel, in Wirklichkeit aber habe ich noch keinen einzigen Prozeß geführt». Das zentrale Bestimmungsstück dieser Technik ist somit der Widerspruch zwischen Wort und Tat, zwischen momentanem Vorgehen und habituellem Verhalten oder zwischen öffentlich verkündeter und privat vertretener Meinung. Formaler formuliert: die *ad hominem*-Technik ist eine *sequentielle* Argumentation, in der eine mögliche Folgerung durch eine zweite Folgerung, die mit der ersten unvereinbar ist, zurückgewiesen wird. Das argumentative Widerlegungspotential, das im Aufdecken dieser Unvereinbarkeiten liegt, resultiert offensichtlich daher, daß hier die für menschliche Kommunikation essentielle *Konsistenzannahme* enttäuscht wird, daß das, wofür einer *gilt*, konsistent mit dem, was einer *ist*, sein muß. Deshalb wird der mit einem *ad hominem*-Argument Entlarvte oft nicht nur als unglaubwürdig, sondern sogar als Lügner erscheinen.[199] Das Gegenstück zu dieser Technik ist der Topos XXV aus der Handlungsalternative, dem genau diese Konsistenzannahme zugrunde liegt. Verallgemeinert besagt dieser Topos:

T_alt «Wenn jemand eine Handlungsalternative zwischen den Handlungen H' und H'' zur Erreichung eines Zieles Z hat; und wenn H'' besser/einfacher als H' ist, dann vollzieht er die Handlung H' nicht.»

Kurz: «Niemand wählt freiwillig und mit Wissen das Schlechte.»[200] Dieser Topos kann zum Belegen und zum Widerlegen (X kann seine Frau getötet haben, da er wußte, daß sie aufgrund ihres Krebsleidens ohnehin sterben würde). Die sequentielle *ad hominem*-Technik wie der sequentielle Topos aus der Nicht-Legitimität sind, da sie ja von einem Durchbrechen der Konsistenzannahme ausgehen, hingegen nur für die Widerlegung geeignet. Logisch gesehen sind nun all diese Techniken in dem Sinne stringent, als sie von der Möglichkeit des Anders-Seins ausgehen, die ja per definitionem zum Wahrscheinlichen und Plausiblen gehört. Es überrascht deshalb nicht, daß Aristoteles etwa im Falle des Topos aus der Handlungsalternative davon spricht, ob nicht «eine bessere Handlung möglich war oder ist»; beim Topos XIX wird die Anweisung gegeben nachzuprüfen, ob nicht ein «möglicher Zweck» im gegebenen Fall als der tatsächliche begründbar ist; und beim Topos XXI wird dies grammatisch durch den Potentialis ausgedrückt: «Wenn etwas unglaublich und unwahrscheinlich ist, dann könnte es doch wahr und geschehen sein.»[201] Damit lassen sich die Topoi der Nicht-Legitimität und die Untergruppe der *ad hominem*-Techniken, aber auch der Topos aus der Handlungsalternative als erste Hinweise auf eine *rhetorische Modallogik* begreifen, die aufzeigt, wann und wie auf die Möglichkeit des Anders-Seins rational und logisch konsistent gefolgert werden kann.

Formal gesehen müssen jedoch einfache Topoi, die ein einziges Argument legitimieren, streng von sequentiellen Topoi unterschieden werden. Von hier aus dürfte unmittelbar einsichtig sein, daß auch der von Aristoteles in der ‹Rhetorik› unterschiedene Topos *aus der Autorität* – der nicht nur in der späteren Rhetorik, sondern auch in der Dialektik eine wichtige Rolle spielen sollte – sequentieller Natur ist:

«Ein anderer Topos stützt sich auf eine vorherige Beurteilung einer gleichen, ähnlichen oder entgegengesetzten Sache, und zwar am besten, wenn alle Menschen zu jeder Zeit so urteilen – und wenn nicht, dann doch die meisten oder die weisen [...].»[202]

Kurz: Die meisten Leute oder die Experten haben im Fall T so und so gefolgert; also müssen auch wir im vergleichbaren Fall T' genauso folgern. Doch auch die von Aristoteles für die Gültigkeit der nicht-vollkommenen Syllogismen unterschiedenen Beweisverfahren sind sequentiell. So ist ja auch die *reductio ad impossibile* ein durchaus alltägliches Beweisverfahren: 1. Aus (einem Teil) deiner Argumentation I ergibt sich T; nun führt T zur Konsequenz K; K ist aber unmöglich; also ist I falsch. Wie schon bei der Diskussion des Trugschlusses ‹Nicht-Grund als Grund› deutlich wurde, ist diese *sequentielle Argumentationsform* so alltäglich, daß sie sogar zur Bildung einer bloß scheinbaren *reductio ad impossibile* eingesetzt werden kann. Da dieses Verfahren nicht nur überzeugt, sondern auch stringent ist, muß man einen *Topos aus dem Unmöglichen* annehmen, der dieses Beweisverfahren legitimiert. Dies eröffnet freilich eine weitreichende Perspektive hinsichtlich der letztinstanzlichen Grundlagen der L.: bestimmte sequentielle Topoi bilden die nicht-hintergehbaren Schlußgaranten *in letzter Instanz*.

i. *Theophrast.* Vom umfangreichen Werk des Meisterschülers und ersten großen Kommentators der aristotelischen Schriften THEOPHRAST sind nur knapp fünfzig Fragmente zur L. überliefert. Dennoch weiß man vor allem aufgrund der Aristoteleskommentare von Alexander von Aphrodisias und von PHILOPONOS, in welchen Punkten er sich von seinem Lehrer unterscheidet. Hier ist zunächst die schon erwähnte klare Trennung zwischen ‹Aufforderung› (παράγγελμα, parángelma) und ‹Topos›, denen bei Aristoteles die Suchhinweis (i) und der Schlußgarant (iv) entsprechen; da die übrigen Aspekte (ii) und (iii) sich aus dem Schlußgaranten ableiten lassen, unterscheidet sich Theophrast sachlich nicht von Aristoteles. Auch seine Reduzierung der topischen Probleme auf Fragen der *Definition* und des *Akzidens* ist mit Aristoteles kompatibel, da die Prädikabilien *Gattung* und *Proprium* in der Definition enthalten sind.[203] Dennoch nimmt Theophrast damit dem Begriff ‹Topos› das Heuristisch-Inventorische. Dies erklärt, daß die Bestimmung des Topos als Schlußgarant besonders in der neueren Forschung (die den Topos von Cicero her noch als inventorische Formel verstand), auf Unverständnis stoßen mußte. So hält etwa Solmsen diese Bestimmung für völlig unaristotelisch; selbst der der analytischen L. verpflichtete Bocheński kann in seiner Theophrast-Studie diese Frage nicht klären, was wiederum den Herausgeber der Fragmente Theophrasts, A. GRAESER, zur Feststellung führt, daß «in der Tat der Rückschluß auf eine tiefergreifende Divergenz in den Auffassungen Theophrasts und Aristoteles'»[204] erlaubt sei. Bei PLEBE schließlich führt das Mißverstehen dieser Trennung von ‹Hinweis› und ‹Schlußgarant› zur höchst spekulativen These, die stoische Aussagenlogik habe sich aus den drei Enthymemtypen bei Aristoteles (Eikos, Zeichen, Beispiel – d.h. (rhetorische) Deduktion, Abduktion, Induktion) entwickelt.[205]

Große Bedeutung erlangt auch Theophrasts Modaltheorie, die insofern gegenüber Aristoteles einen Rückschritt darstellt, als er nur die unilaterale Möglichkeit unterscheidet. Die daraus folgende 'Ontologie' wurde fester Bestandteil der mittelalterlichen L.: *a necesse ad esse, ab esse ad posse* (man muß vom Notwendigen auf das Sein, und vom Sein auf das Mögliche schließen). Zudem scheint Theophrast die Modaloperatoren durchgängig *de dictu* verstanden zu haben.[206] Ebenso wichtig für das Mittelalter ist seine These, daß die Regel des *peiorem sequitur semper conclusio partem* (Die Konklusion folgt immer der schwächsten Prämisse) nicht nur – wie bei Aristoteles – für assertorische Syllogismen gilt, sondern auch – gegen Aristoteles – für modale Schlüsse.[207] So folgt etwa aus der ‹starken› Prämisse ‹Alle Menschen sind notwendigerweise Lebewesen› und der bloß assertorischen Prämisse ‹Alle Menschen sind zur-Bewegung-fähig› nur die Assertion, daß auch alle Lebewesen zur-Bewegung-fähig sind, nicht aber, daß sie dies *notwendig* sind. Besonders wichtig wurde auch Theophrasts Theorie der *prosleptischen Aussage*, in der er eine schon von Aristoteles verwendete Formulierung «Das, von dem B universell ausgesagt wird, von dem wird auch A universell ausgesagt» (statt der gängigen Formulierung ‹A wird von jedem B ausgesagt›) aufgreift und systematisch diskutiert. Der Terminus ‹pros-leptisch› meint, daß in dieser Formulierung ein Drittes – eben das unbestimmte DAS – ‹dazu genommen wird›. Da Theophrast dafür jedoch keine Variable verwendet hat, kann man diese Formulierung noch nicht im Sinne der modernen Aussagenlogik als $(\forall x)[F(x) \to G(x)]$ verstehen. Dennoch ist er für Bocheński auch hier ein Vorläufer der modernen L., da er «einen dritten Grad an Subtilität» bei der logischen Analyse der Aussage erreicht habe – nach Platons Unterscheidung in Subjekt und Prädikat (S P) und Aristoteles' Hinzufügung der Kopula (S IST P).[208] Zum festen Grundbestand der Syllogistik werden zwei weitere – ebenfalls schon bei Aristoteles angelegte Unterscheidungen – Theophrasts: dies ist einmal die Unterscheidung in fünf weitere indirekte Modi der ersten Figur (*Baralipton, Celantes, Dabitis, Fapesmo, Frisesomorum*)[209] und die Abgrenzung der aristotelischen *kategorischen* Syllogismen von den *hypothetischen* Syllogismen, wobei Theophrast für die letzteren *analog* zu den ersteren folgende Fällen unterscheidet [210]:

(1) Wenn A, dann B; wenn B, dann C; wenn also A, dann C

(2) Wenn A, dann C; wenn B, dann nicht-C; wenn also A, dann nicht-B

(3) Wenn A, dann B; wenn nicht-A, dann C; wenn also nicht-B, dann C

Ob hier Theophrast ein «Vorläufer der Stoiker» ist, ohne sich dessen bewußt zu sein, wie Bocheński [211] vermutet, mag dahingestellt bleiben; wesentlich scheint, daß diese hypothetischen Syllogismen in Form eines Schlusses (mit drei voneinander unabhängigen Sätzen) formuliert werden und nicht als Schlußgaranten; dies legt die Vermutung nahe, daß es Theophrast gar nicht um die Frage Prädikats- vs. Aussagenlogik geht, sondern darum, daß es durchaus logisch gültige Schlüsse gibt, bei denen *alle* Teile hypothetisch bleiben. Diese Vermutung bestätigt Alexander, der betont, daß in diesen Syllogismen «auch der Schlußsatz hypothetisch ist»[212]. Daß diese einfach erscheinende Erkenntnis weit über den Horizont seiner Zeit hinausweist, zeigt sich vor allem darin, daß, wie im folgenden Abschnitt deutlich wird, weder die Megariker noch die Stoiker diese wieder aufgegriffen haben.

2. *Megariker und Stoiker.* Für Prantl weist die «Schule der *Stoiker*» auf «die der Megariker», beide bilden somit einheitliche Schulen.[213] Sie verlassen freilich «mit doctrinärem Eigensinn» und «durch doctrinäres Gerede» den Pfad der wahren philosophischen L., und besonders bei den Stoikern ist «das platonisch-aristotelische Princip einer mit Philosophie überhaupt verknüpften L. gar nicht vorhanden».[214] Der Eigensinn der Megariker (EUKLID, EUBULIDES, APOLLONIOS KRONOS, DIODOROS KRONOS, PHILON, STILPON [215]) besteht vor allem darin, daß sie sich – trotz einer gewissen Nähe zu SOKRATES – mit der Analyse von «Trug- und Fangschlüssen» zufrieden geben und so «in die eleatische und sophistische Lehre» zurückfallen [216]; besonders tadelnswert bei den Stoikern (ZENON, ARISTON, DIONYSIOS VON HERAKLEIA, CHRYSIPP) ist nicht nur, daß sie die L. auf leere Formalismen reduzieren, sondern vor allem, daß sie mit ihrem «schulmäßigen Schematismus» die L. und Grammatik bis in die Neuzeit beeinflußt haben.[217] Wenn auch die moderne Forschung die Bewertung dieser beiden Schulen – sie gelten als Vorläufer der modernen mathematischen L. – umkehrt, stimmt sie doch mit Prantl dahingehend überein, daß beide Schulen *einer* Denkrichtung angehören. So bildet für Kneale die stoische Schule, «die von Chrysipp aus der Lehre der Megariker entwickelt wurde», neben der auf Aristoteles zurückgehenden peripatetischen Schule die zweite große Logikschule der Antike.[218] Die moderne Neubewertung ist – wie schon bei Aristoteles – vor allem auf Lukasiewicz zurückzuführen, der zeigt, daß die Stoiker die Grundlagen der Aussagenlogik gelegt haben; damit stehen sie für ihn gleichberechtigt neben dem Begründer der Prädikatenlogik Aristoteles.[219] Die These, daß die Grundlagen der Aussagenlogik durch die Stoiker und insbesondere durch CHRYSIPP gelegt wurden, ist in neuerer Zeit von verschiedenen Seiten in Frage gestellt worden. So sehen etwa BARNES und Bocheński in den hypothetischen Syllogismen (wie z.B. ‹Wenn A, dann B; und wenn B, dann C; also auch wenn A, dann C›) von Theophrast schon aussagenlogische Schlußformen formuliert.[220] Dagegen zeigt EBERT, daß diese Schlußformen nicht nur termlogisch formuliert, sondern auch so konzipiert sind.[221] Gegen die Auffassung Bocheńskis, die megarisch-stoische L. bilde insofern eine Einheit, als die wesentlichen Unterscheidungen der Stoa auf die Megariker zurückgehen, versucht FREDE in einer detaillierten Studie nachzuweisen, daß sich «die megarische L. allenfalls wie ein bescheidener Vorläufer der stoischen L.» ausnähme und die stoische L. erst durch Chrysipp ihre endgültige Form erhalten habe. Frede schränkt freilich sein Urteil dahingehend ein, daß man diesen Tatbestand «zu einem Teil dem Umstand zuschreiben [mag], daß wir so wenig über die megarische L. wissen.»[222] Gegen diese Auffassung bringt wiederum Ebert in einer neuen Interpretation der überlieferten einschlägigen Texte vor, daß der vorchrysippeischen L. ein bedeutend größeres Gewicht zukomme als von Frede und der Forschung bis dahin angenommen. Wie vor ihm SEDLEY geht Ebert davon aus, daß schon die Megariker Diodor und Philon verschiedene aussagenlogische Schlußformen unterschieden haben; und da man sich später häufig auf beide als ‹Dialektiker› bezieht, müsse man sogar neben der megarischen eine eigene *dialektische* Schule unterscheiden [223], eine These, die von DÖRING in Frage gestellt wird.

Diese aktuell noch fortdauernde Diskussion ist auch dadurch zu erklären, daß die überlieferte Textbasis für die Megariker noch spärlicher als die für die Stoiker ist. In beiden Fällen kann man sich nämlich im wesentlichen nur auf zwei philosophiegeschichtliche Darstellungen bei DIOGENES LAERTIOS und SEXTOS EMPEIRIKOS stützen – neben einer Reihe von Anmerkungen oder Hinweisen bei anderen Autoren wie Cicero, Alexander von Aphrodisias oder Galen. Bei allen Auseinandersetzungen im Detail herrscht doch Konsens darüber, daß einerseits zwar weder die megarische noch die stoische L. ein in sich geschlossenes Lehrgebäude bilden, daß andererseits aber beide doch eine konsistente philosophische Denkrichtung darstellen, die sich im wesentlichen durch zwei methodische Besonderheiten vom Aristotelismus unterscheidet: dies ist einmal eine systematische Reflexion auf das Sprache und L. Verbindende, aber auch das sie Trennende, und zum andern der formalere Zugriff auf die L., der sich – wie schon Prantl betonte – als der Abkoppelung der L. von inhaltlichen und epistemologischen Fragen kennzeichnen läßt. Beide Aspekte seien im folgenden verdeutlicht.

So ist für die Stoiker die L. nicht bloß wie für die Peripatetiker ein Werkzeug (ὄργανον, órganon), sondern ein Teil der Philosophie. Konsens besteht darüber, daß die Dialektik und die Rhetorik Teile der L. sind, umstritten ist nach DIOGENES LAERTIOS hingegen, ob auch die Erkenntnistheorie und die Definitionslehre zur L. zu rechnen seien.[224] Wenn bei Aristoteles grammatische und syntaktische Sprachstrukturen gleichsam nur im sophistischen Störungsfall in den Blick kommen, untersucht die STOA systematisch L. in ihrer sprachlichen Form bzw. umgekehrt die logischen Funktionen bestimmter sprachlicher Formen. Deshalb ist die stoische Grammatik zugleich logisch-philosophische Grammatik und die stoische L. zugleich Sprachlogik.[225] Dieser *logisch-linguistische* Zugriff manifestiert sich nicht nur in der stoischen *Zeichenlehre*, sondern auch in einer Fülle von Unterscheidungen von Satz- und Äußerungstypen, von Formen des Artikel-, Tempus-, Aspekt- und Modusgebrauchs; dieser Zugriff zeigt sich gerade auch in einer systematischen Reflexion auf die Bedeutung bestimmter Konjunktionen bzw. Konnektoren wie *und, oder, wenn* oder *da*, die zu wesentlichen Einsichten in die *L. von komplexen Aussagen* führten. Das reflektiert die Einteilung der Dialektik, d.h. der Sprachlogik, in die beiden Bereiche des ‹Stimmlichen› (φωνή, phōné) und des ‹Gesagten› (λεκτόν, lektón), die auch in semiotischem Zugriff als das ‹Bedeutende› (σημαίνον, sēmaínon) und ‹Gemeinte› (σημαινόμενον, sēmainómenon) bezeichnet werden können. Dies entspricht der im modernen linguistischen Strukturalismus getroffenen Unterscheidung in *Signifikant* und *Signifikat*, freilich mit dem Unterschied, daß das ‹Stimmlich-Bedeutende› die gesamte Ausdrucksseite einer Sprache (Phonologie, Wortbildung, Syntax, Stil) umfaßt. Entsprechend unterscheidet die Stoa auch zwischen λέξις, léxis (das ist die *vox articulata/ literata,* die gegliederte Phonem- bzw. Graphemfolge) und λόγος, lógos (der gemeinten Aussage) oder zwischen *Rhema* (d.h. dem Verb mit seinen Konjugationsformen) und dem *Kategorema* (d.h. dem damit gemeinten Prädikat). Die λεκτά, lektá, das sind die ausgesagten Inhalte, können unvollständig (etwa allein stehende Prädikate oder Nomen) oder vollständig sein. Vollständige lektá sind Äußerungstypen, die einen vollständigen Sinn ergeben wie etwa die Entscheidungsfrage, der Befehl oder der Wunsch und vor allem der *apophantische Logos,* der auch als *Aussage* (ἀξίωμα, axíōma; lat. *ecfatum, enuntiatio*) bezeichnet wird; nur Aussagen können wahr oder falsch sein.[226] Einfache Aussagen sind bejahend oder verneinend und in ihrer Grundform aus einem Nomen (bzw. Pronomen oder deiktischem Ausdruck) und einem Prädikat zusammengesetzt. Dies führt zu weiteren Differenzierungen wie *kategorische* (Ein Mensch geht spazieren), *definite* (Dieser geht spazieren) oder *indefinite* Aussagen (Jemand geht spazieren). Ein wesentliches Novum für die Grammatik- und Logiktheorie stellt die folgende Unterscheidung von sieben *nicht-einfachen* bzw. *moleku-*

laren Aussagen dar, die sich jeweils durch einen bestimmten Konnektor (σύνδεσμος, sýndesmos) kennzeichnen lassen:[227]

	Konnektor		Bezeichnung
(1)	*wenn*	εἰ – ei	Implikation
(2)	*da*	ἐπεί – epeí	Subimplikation
(3)	*und*	καί – kaí	Konjunktion
(4)	*oder*	ἤ, ἤτοι – é, étoi	Disjunktion
(5)	*weil*	διότι – dióti	Kausalaussage
(6)	*mehr ... als*	μᾶλλον ... ἤ – mállon ... é	Dissertive Aussage
(7)	*weniger ... als*	ἧττον ... ἤ – hétton ... é	Dissertive Aussage

Diesen bei Diogenes Laertios wiedergegebenen Unterscheidungen wird später noch die *Subdisjunktion* (bzw. einschließende Disjunktion) hinzugefügt.[228] Von diesen Konnektoren haben nur *und, oder* und *wenn* Hausrecht in der formalen L. erhalten. Nur diese drei sind für Chrysipp belegt.[229] Dies erklärt, daß in vielen historischen Darstellungen der L. nur diese aufgeführt werden (etwa BLANCHÉ); auch MATES behandelt (1), (3) und (4) ausführlich, erwähnt aber nur (4) *da* und (5) *weil,* ohne sie zu analysieren («wir wissen nicht genau, was damit zu machen ist»), und bei KNEALE werden zwar alle Konnektoren aufgeführt, aber nur die Implikation, Konjunktion und Disjunktion systematisch erörtert.[230] Bezüglich dieser drei Konnektoren teilt Kneale mit Mates die Auffassung, daß die Stoiker diese schon als Wahrheitswertfunktionen verstanden haben, d.h. die Wahrheit (w) oder Falschheit (f) der mit diesen Konnektoren zusammengesetzten Aussagen ist allein aus dem Wahrheitswerten ihrer Teilsätze bestimmbar[231] (vgl. Abb. 9).

Frede zeigt dagegen, daß diese These eingeschränkt werden muß, da nur die Konjunktion durchgängig wahrheitsfunktional verstanden worden sei und nur einige Stoiker in Anlehnung an Philon auch die implikative und die disjunktive Aussage auf diese Weise behandelten. [232] In der Tat bestimmt Philon nach der Darstellung bei Sextos Empeirikos die Implikation eindeutig wahrheitsfunktional: eine Implikation ist nach Philon nämlich nicht nur wahr, wenn sie «mit Wahrem beginnt und mit Wahrem endet», sondern auch, «wenn sie mit Falschem beginnt und mit Falschem endet» wie auch «wenn sie mit Falschem beginnt und Wahrem endet» –, kurz: «die Implikation ist wahr, wenn sie nicht mit Wahrem beginnt und Falschem endet.»[233] Dagegen liegt für seinen Lehrer Diodoros Kronos nur dann eine Implikation vor, «wenn es nicht möglich war noch möglich ist, daß sie, wenn sie mit Wahrem beginnt, mit Falschem endet».[234] Durch diese Definition will Diodor paradoxe Konsequenzen ausschließen, die sich etwa aus einer Implikation wie (f1) «Wenn es Nacht ist, ist es Tag» ergeben. Diese, so die Argumentation Diodors, ist nach Philon wahr, wenn es jetzt, zum Äußerungszeitpunkt, tatsächlich Tag ist, da sie ja vom Falschen zum Wahren geht; wenn es aber jetzt tatsächlich Nacht ist, dann ist sie falsch, weil sie vom Wahren zum Falschen geht. Da somit (f1) am Tage wahr, nachts aber falsch ist, ist sie für Diodor keine richtige Implikation. Ebenso ist etwa (f2) «Wenn es Tag ist, diskutiere ich» keine richtige Implikation, da sie ja mit Wahrem beginnt und mit Falschem enden kann – dann nämlich, wenn es tatsächlich Tag ist und der Sprecher schweigt. Da Diodors Definition offen-

p	q	Konjunktion ∧	Disjunktion ∨∨	Implikation →	*Beispiele bei Philon für die* Implikation
w	w	w	f	w	*Wenn es Tag ist, ist es hell*
w	f	f	w	f	*Wenn es Tag ist, ist es Nacht*
f	w	f	w	w	*Wenn die Erde fliegt, besteht die Erde*
f	f	f	f	w	*Wenn die Erde fliegt, hat die Erde Flügel*

(Die Disjunktion ist hier *ausschließend* zu verstehen, da beide Teilsätze nicht zugleich wahr sein dürfen.)

(Abb. 9)

bar *wenn-dann*-Aussagen ausschließt, wenn dieser – im obigen Schema zweite – Fall möglich ist, begreift man sie in der neueren Forschung als eine Vorwegnahme der *strikten Implikation* im Sinne von LEWIS [235], was von Blanché in Nachfolge von Bocheński zu Recht in Frage gestellt wird, weil die Modalbegriffe Diodors über einen *Zeitbezug* definiert sind: deshalb ist es plausibler, die Implikation Diodors wie folgt zu verstehen: eine Implikation liegt nur vor, «wenn es, für jede Zeit *t*, nicht der Fall ist, daß *p* in *t* wahr und *q* in *t* falsch ist» [236], kurz: wenn *niemals* der Fall eintritt, daß *p* wahr und *q* falsch ist.

Bevor die Modalbegriffe der Stoa dargestellt werden, muß zunächst geklärt werden, welcher Status den übrigen nicht ‹formallogischen› Konnektoren zukommt. Frede selbst behandelt die dissertiven Aussagen im Zusammenhang mit der Disjunktion, ohne freilich deren Bedeutung zu erläutern. Diese Gleichbehandlung ist allein schon deshalb problematisch, weil der griechische Konnektor ἤ (ē) nicht nur *oder* bedeutet, sondern auch nach Komparativen im Sinne von *als* zu verstehen ist. Deshalb sagt Diogenes Laertios bezüglich der komparativ-dissertiven Aussagen (6) und (7), daß «Es ist *eher* Tag, *als daß* es Nacht ist» das Gegenteil ist von «Es ist *weniger* Nacht, *als daß* es Tag ist». Zur *Subimplikation* vermerkt Frede, daß sie von keiner Bedeutung für die stoische L. zu sein scheint. [237] Hier scheint zunächst die Umschreibung des subimplikativen Konnektors *da* durch KNEALE mit «the inferential or modified-conditional», d.h. mit «das schlußfolgernde oder modifizierte Konditional» [238] einen wertvollen Hinweis zu liefern. In der Tat ist *da* (wie *epeí* und das engl. *since*) ein argumentativer Konnektor, der einen Vordersatz, in der Regel die spezifische Prämisse, markiert. D.h. für das gegebene Beispiel:

[*Wenn* es Tag ist (p), ist es hell (q)	p → q]	[implizit]
Da es nun Tag ist (p)	p	
ist es auch hell (q)	q	

Dieses Beispiel kann offenbar auch als ein Enthymem bestimmt werden, in dem eben die generische Prämisse nicht explizit genannt wird. Im Gegensatz dazu sind *weil* oder *dióti* deskriptive Konnektoren, die einen Kausalzusammenhang zwischen zwei Sachverhalten feststellen: «*Weil* es nun Tag ist (p), ist es hell (q)». Mit Kausalsätzen wird somit nicht argumentiert, sondern eine Antwort auf das *Warum* gegeben, d.h. ein Grund oder eine Ursache p dafür, daß q der Fall ist, angegeben. In der neueren Linguistik wurde gezeigt, daß sich beide Konnektoren auch syntaktisch unterscheiden: so kann etwa *weil* durch ein Modaladverb modifiziert werden (*Wahrscheinlich weil* es schon Tag ist, ist es hell), nicht aber *da*; und bei direkter Negation (Er arbeitet nicht, *weil* er krank ist – Das *stimmt nicht!*) kann bei einem *weil*-Satz auch der behauptete Grund gemeint sein (*Nicht* weil er krank ist, arbeitet er nicht, *sondern* weil ...), was offenbar bei *da* nicht möglich ist. Diese skizzierte Analyse setzt offenbar eine der Stoa fremde Differenzierung in drei Klassen von Konnektoren voraus: (1) Konnektoren, die eine deskriptive Funktion haben (wie das kausale *weil* oder das temporale *nachdem*), (2) solche mit logischer Funktion (*und, oder, wenn (falls)*) und (3) solche mit argumentativer Funktion (wie *da, denn, also* oder *aber*).

Da die megarisch-stoische, aber auch die aristotelische Sprachlogik die Konnektoren nur hinsichtlich ihrer logischen Dimension untersuchen konnte (bzw. mußte), wird man hier sicherlich von einer historischen Erkenntnisgrenze sprechen müssen, die sich sachlich auch daraus ergibt, daß argumentative Konnektoren die logischen und deskriptiven Funktionen in vielfältiger Weise voraussetzen und ausspielen. Als Indiz für diese historische Grenze wird man sicher eine Bemerkung Galens interpretieren können, wonach die Konnektoren *wenn (ei)* und *da (epeí)* «in Wirklichkeit dasselbe bedeuten». [239] Von hier aus erhält eine Beobachtung Fredes, mit der er das frühe Vorkommen der Subimplikation in stoischen Abhandlungen erklärt, eine fundamentale Bedeutung; Frede verweist nämlich auf die in der megarisch-stoischen Tradition geläufige Unterscheidung in drei Klassen von Aussagen: (1) Aussagen, die etwas als bestehend (bzw. wahr) oder nicht-bestehend (bzw. falsch) behaupten; (2) hypothetische Aussagen, d.h. Aussagen, die etwas als bestehend oder nicht-bestehend behaupten, wenn etwas anderes besteht oder nicht besteht; (3) Aussagen, die beide Kriterien erfüllen. [240] Da das letzte Kriterium offenbar für den Konnektor *da* (bzw. *epeí*) zutrifft, kann Diogenes Laertios in Anlehnung an KRINIS sagen, daß eine Aussage wie «*Da* es Tag ist (p), ist es hell (q)» so zu verstehen sei, «daß das Zweite aus dem Ersten folgt und daß außerdem das Erste zutrifft.» [241] Damit ist nun nicht nur die logische Bedeutung von *da* beschrieben, sondern auch das historische Novum der Stoa gekennzeichnet: komplexe Aussagen werden hinsichtlich ihrer Wahrheit/Falschheit und hinsichtlich ihrer Folgerungsbeziehungen abgeschattet. Da dieser sich allein auf den Wahrheits- und Folgerungsbegriff stützende Zugriff auf komplexe Aussagen auch die moderne Aussagenlogik kennzeichnet, muß die stoische L. als deren Begründerin begriffen werden.

Im Gegensatz zur Subimplikation besteht offenbar in Konjunktionen und Disjunktionen zwischen den beiden Teilsätzen *keine* Folgebeziehung. Wie aber sind die komparativ-dissertiven Aussagen (6) und (7) zu verstehen, also etwa Sätze wie: «Es ist wohl eher so, daß Hans die Tat begangen hat, als daß sie Peter begangen hat» oder «Es ist (dort jetzt) weniger Tag, als daß es Nacht ist»? Sofern man die moderne wahrheitsfunktionale Sicht aufgibt und die Konnektoren nach den beiden von den Stoikern angegebenen Kriterien – (1) liegt eine Folgebeziehung vor und (2) welche Teilsätze sind wahr – unterscheidet, ergibt sich eine verblüffend einfache Antwort: die dissertiven Aussagen haben mit der Konjunktion und der Disjunktion gemeinsam, daß *keine* Folgebeziehung vorliegt; im Gegensatz zur Disjunktion, bei der entweder der *eine* oder der *andere* Teilsatz wahr sein können, gilt dagegen für die dissertiven Teilsätze, daß immer *nur ein* Teilsatz wahr sein kann. Wenn wir die Formulierungen von Diogenes Laertius berücksichtigen, ergibt dies das Schema in Abb. 10.

Konnektor	Bezeichnung	Beschreibung	
(1) *wenn*	Implikation	wenn p, dann q	F→
(2) *da*	Subimplikation	wenn p, dann q *und p ist wahr*	F→ + 1
(3) *und*	Konjunktion	p und q sind wahr	1 + 2
(4) *oder*	Disjunktion	entweder p oder q ist wahr	1 oder 2
(5) *weil*	Kausalaussage	wenn p, dann q *und p ist wahr und nicht: wenn q, dann p*	F→ + 1 + nicht F←
(6) *mehr ... als*	Dissertive Aussage	p ist eher wahr als q	1
(7) *weniger ... als*	Dissertive Aussage	q ist eher wahr als p	2

(F→ = q folgt aus p; F← = p folgt aus q; 1 = p ist wahr; 2 = q ist wahr)

(Abb. 10)

Zusätzlich wird in der späteren Stoa noch, wie schon betont, die Subdisjunktion (d.h. 1 oder 2 oder beide) unterschieden. Da nun im Griechischen die Disjunktion, die Subdisjunktion und die dissertiven Aussagen durch den gleichen Konnektor ausgedrückt werden, ergibt sich zwischen ihnen nicht nur ein sachlicher, sondern auch ein sprachlicher Zusammenhang. Anders gewendet: allein schon die Existenz des mehrdeutigen Konnektors macht die Berücksichtigung der dissertiven Aussagen durch die Stoiker verständlich. Diese sprachlichen und sachlichen Zusammenhänge benennt der Grammatiker APOLLONIOS DYSKOLOS (2. Jh.) mit der nötigen Präzision und Kürze; der Konnektor ἤ (ē) besagt im Sinne der Disjunktion nämlich: «Wenn dies, dann nicht das; wenn nicht dies, dann das. Und ferner: entweder dies oder auch das, was [im zweiten Teilsatz] damit zusammensteht oder beides; dies wird als Subdisjunktion bezeichnet; das verbleibende ἤ besagt: dies, und nicht das». Diese dissertive Verwendung erläutert er dann am Schulbeispiel «Ich will, daß das Volk unversehrt bleibt, *als daß* (ἤ) es untergeht». Dieser Gebrauch des ἤ ohne explizite Komparativmarkierung erklärt sich offenbar daher, daß in Verben des *Wollens* implizit eine Entscheidung *für das eine* ausgedrückt ist. Von hier aus wird die Erklärung von Apollonios plausibel, daß in den stoischen Listen die Komparativformen *mehr* oder *weniger* aufgeführt werden, um die dissertive Bedeutung des ἤ eindeutig von den beiden disjunktiven Bedeutungen abzugrenzen. Und vor allem: von hier aus erweist sich seine Rede von der dissertiven Aussage als «Schiedsrichterin der Disjunktion» als eine äußerst gelungene Metapher. [242] Leider finden sich zur Kausalaussage (5) mit *weil* keine so präzisen Stellen, so daß wir uns auf die Darstellung bei Diogenes Laertios beschränken müssen, wonach bei dieser Form der Aussageverbindung zusätzlich ausgeschlossen ist, daß der Nachsatz den Vordersatz impliziert. [243]

In der obigen Darstellung wird im Fall der Implikation nur von einer *Folgebeziehung* gesprochen, da dies der größte gemeinsame Nenner der Stoiker (bzw. Dialektiker) darstellt. So betont etwa Sextos Empeirikos, daß «alle Dialektiker gemeinsam sagen, eine Implikation sei richtig, sofern ihr Nachsatz aus dem Vordersatz folgt.» [244] Dies entspricht der in der Moderne unterschiedenen ‹materialen Implikation›, die nur fordert, daß beim Vorliegen des Vordersatzes auch der Nachsatz der Fall sein muß. Dies erklärt, daß GALEN die stoische Implikation mit der *hypothetischen Aussage* im Sinne der Aristoteliker in Verbindung bringen kann. Deshalb weist er auch darauf hin, daß man eine Disjunktion wie (d1) «Entweder es ist Tag, oder es ist Nacht» wie «die Alten» als eine auf einer Alternative beruhende hypothetische Aussage begreifen kann: (h1) «Wenn (Falls) es nicht Tag ist, ist es Nacht.» [245] Diese Analyse ist nicht hinreichend, da das griechische εἰ (ei) genauso wie sein deutsches Äquivalent *wenn* sowohl im Sinne eines generischen *immer wenn* als auch eines hypothetischen *falls* verstanden werden kann; da im Beispiel (h1) ein Bikonditional vorliegt, können die beiden Bedeutungen wie folgt verdeutlicht werden:

[*Wenn* es nicht Tag ist (~p), ist es Nacht (q)	~p ↔ q]	[= implizit]
Falls: es ist nun nicht Tag (~p)	HYP ~p	
Dann ist es auch Nacht (q)	HYP q	

Diese Darstellung veranschaulicht, daß es sich in der Bedeutung von *falls* um ein *hypothetisches Argument* handelt; in diesem Fall ist die generische *wenn*-Aussage als implizite Prämisse zu verstehen. Barnes nähert sich in einer neueren Studie zur Stoa während der Kaiserzeit, d.h. zu Seneca und Epiktet, in einem Abschnitt zu den «hypothetischen Argumenten» dieser Interpretation, zeigt damit aber zugleich, daß auch die späte Stoa diese Form des Arguments nicht systematisch herausarbeiten konnte. [246] Dieses Argument unterscheidet sich von einem setzenden Argument mit *da* nur dadurch, daß der Argumentierende die Unterprämisse nicht als faktisch existierend setzt. Offenbar liegt auch bei Implikationen die gleiche Doppeldeutigkeit vor, da ja «*Wenn* Dion in Athen ist, besucht er seinen Vater» sowohl als generische Hypothese *(immer wenn)* auch als spezifische Annahme *(falls jetzt)* verstanden werden kann. Aus der Umformung Galens folgt nun einerseits, daß auch die Disjunktion eine generische hypothetische Annahme darstellt, anderseits aber macht sie wieder die historische Grenze der klassischen L. deutlich, die – wie schon im Fall des *da* – darin zu sehen ist, daß zwischen deskriptivem, logischem und argumentativem Gebrauch der Konnektoren nicht unterschieden wird. Der erste Gesichtspunkt erlaubt uns jedoch, die auf den ersten Blick widersprüchliche Analyse Galens einer Aussage wie «Dion geht spazieren, oder er sitzt, oder er liegt...» als «unvollständige» und zugleich «vollständige Unverträglichkeit» – d.h. als inklusive bzw. exklusive Disjunktion – aufzulösen. [247] Wird diese Aussage nämlich als hypothetische Annahme verstanden, können ja *alle* Teilsätze wahr sein; wenn nun eine der Teilaussagen als vorliegend angenommen wird, liegt entweder eine generische exklusive Disjunktion vor (*Immer wenn* Dion spazieren geht, sitzt er *nicht*, liegt er *nicht* ...) oder, was Galen nicht sieht, ein Argument (*Falls* Dion *jetzt* spazieren geht, ist es *ausgeschlossen*, daß er sitzt oder geht ...).

Wenn die stoische L. auch gegenüber argumentativen Funktionen von Konnektoren blind bleiben mußte, so hat sie doch klar (i) zwischen verschiedenen Argumenten sowie (ii) zwischen in Implikationen gegebenen Folgebeziehungen einerseits und logischen Folgerungen andererseits unterschieden. So wird das Argument als «ein System aus Prämissen und Konklusion».[248] bestimmt. Ein herausragendes Typ besteht aus zwei Prämissen – mit einer Implikation als erster Prämisse und einer weiteren Annahme als zweiter Prämisse, also etwa (1) (i) «Wenn es Tag ist, ist es hell. (ii) Nun ist es Tag. (iii) Also ist es hell». Die erste Prämisse kann wie beim Enthymem wegfallen, wenn sie «außerordentlich wahrscheinlich und bekannt ist.»[249] Argumente können schlüssig oder nicht-schlüssig sein. Schlüssig sind sie, wenn, wie im gegebenen Beispiel (1), die Konjunktion aus der Implikation in (i) und der Aussage in (ii) wahr ist, und die Konklusion (iii) aus ihnen folgt. Oder allgemeiner: Argumente sind schlüssig, bei denen, wenn das Zutreffen der Prämissen zugestanden ist, aufgrund dieses Zugeständnisses auch die Konklusion zu folgen scheint.»[250] Argumente, die eines dieser Kriterien nicht erfüllen, sind nicht-schlüssig. Für die weitere Unterteilung der schlüssigen Argumente liegen drei verschiedene Darstellungen bei Sextos Empeirikos vor, die nach Ebert alle auf frühstoische Quellen zurückgehen. Zwei Darstellungen unterscheiden wahre/unwahre und beweisende/nicht-beweisende Argumente, wobei er folgende Einteilung vornimmt: Die schlüssigen Argumente zerfallen in *wahre* und *unwahre* Schlüsse; wahr sind solche, in denen alle Teile der Argumentation tatsächlich wahr bzw. zugestanden sind – damit wird wie schon bei Aristoteles die wesentliche Unterscheidung zwischen logisch gültig und sachlich wahr getroffen; wahre Schlüsse können zusätzlich noch *nicht-beweisend* (wie etwa (1)) oder *beweisend* sein wie etwa: (2) «Wenn der Schweiß durch die Körperoberfläche fließt, gibt es unsichtbare Poren. Nun tritt aber Schweiß durch die Körperoberfläche aus. Also gibt es unsichtbare Poren.»[251] In der zweiten Darstellung fehlt diese Einteilung.[252] In der dritten Darstellung werden die schlüssigen Argumente in solche mit *offenkundiger* wie (1) und *nicht-offenkundiger* wie (2) Konklusion eingeteilt. Die nicht-offenkundigen Argumente werden wiederum in *untersuchende-aufdeckende* und *nur untersuchende* ausdifferenziert, eine Unterscheidung, deren genaue Bedeutung heute noch umstritten ist.[253] Die *nicht-schlüssigen* Argumente werden laut Sextos schon früh von den Dialektikern in vier Gruppen eingeteilt, die durch folgende negativen Merkmale gekennzeichnet sind [254]:

(a) *Zusammenhanglosigkeit* (zuviel und zuwenig): «Wenn es Tag ist, ist es hell. Nun wird Weizen auf dem Markt verkauft. Also geht Dion umher.»

(b) *Überschuß* (zuviel): «Wenn es Tag ist, ist es hell. Nun ist es Tag *und Dion geht umher*. Also ist es hell.»

(c) *Falsche Schlußform* (logisch nicht stringent): «Wenn es Tag ist, ist es hell. Nun aber ist es hell. *Also ist es Tag*.»

(d) *Auslassung* (zuwenig): «Der Reichtum ist entweder gut oder schlecht. Nun ist er aber nicht schlecht. Also ist er gut» (in der ersten Prämisse fehlt «oder indifferent»).

Da nur das Kriterium (c) formallogisch ist, die übrigen aber gegen das Relevanzprinzip verstoßen, daß nur die Argumentationsschritte, die für eine bestimmte Schlußfolgerung notwendig sind, aufgeführt werden dürfen, ist diese Einteilung offenbar nicht konsistent. Deshalb ist überraschend, daß sie wohl fast durchgängig von den Stoikern übernommen wurde, freilich mit dem wesentlichen Unterschied, daß sie den Fall (c) viel präziser und formaler darstellen.[255] HÜLSER erklärt die Reputation dieser Einteilung damit, daß ihr die für die stoische (und spätere) Rhetorik, Stilistik, aber auch Grammatik so relevante *Quadripertita Ratio*, d.h. die vier Änderungskategorien *(a) Ersetzen, (b) Hinzufügen, (c) Vertauschen* und *(d) Auslassen* zugrunde liegen. So einfach und elegant diese Lösung auch aussehen mag: die Fälle (a) und (c) lassen sich nur schwer bloß als *Ersetzung* bzw. als *Umstellung* erklären. So bleibt für die Zusammenhanglosigkeit (a) nicht nur unklar, was ersetzt wird, sondern auch, warum diese nicht auch als Umstellung erklärt werden kann; und warum soll (c) nicht als Auslassung (nämlich der Negationspartikel *nicht*) oder gar als Substitution der entsprechenden negativen Aussagen (Nun aber ist es *nicht* hell. Also ist es *nicht* Tag) interpretiert werden? Unterstellt Hülser nicht mit seiner Interpretation der falschen Schlußform als Vertauschung, daß für die Megariker und Stoiker der *Modus ponens* die verbindliche Schlußnorm darstellt? Hülser selbst scheint die Problematik seiner Erklärung zu sehen, wenn er notiert, daß sogar in den beiden Fällen (b) und (d), die eine Interpretation mit den Änderungskategorien nahelegen, eine andere Terminologie als die für diese Operationen gängige verwendet wird.[256] Betont sei, daß sich die genannten Relevanz- oder Gütekriterien schon in Aristoteles' ‹Topik› und ‹Rhetorik› finden – mit diesem Hinweis soll jedoch nicht die These vertreten werden, daß hier ein Einfluß anzunehmen ist, sondern nur, daß jede Schlußtheorie Relevanz- und Gütekriterien aufstellen muß, die einmal die *äußere Form*, d.h. sprachliche Richtigkeit und Eindeutigkeit, korrekte Anordnung der nötigen Argumentationsschritte usw., betreffen und zum andern die *innere Form*, d.h. ihre logische Stringenz. Diese Gütekriterien der *inneren Form* konnten von den Stoikern durch die Unterscheidung von fünf *Schlußfiguren*, deren lateinische Bezeichnungen zum mittelalterlichen Wissensbestand werden sollten, weiterentwickelt und präzisiert werden. Es sind dies in der Chrysipp zugeschriebenen Ausformulierung die folgenden ‹Schemata› (im Original wird statt p ‹das Erste› und statt q ‹das Zweite› verwendet):

1. wenn p, dann q;   *modus (ponendo) ponens*
   nun aber p; also q

2. wenn p, dann q; nun aber   *modus (tollendo) tollens*
   nicht q; also nicht p

3. nicht zugleich p und q;   *modus ponendo tollens*
   nun aber p; also nicht q

4. p oder q; nun aber p;   *modus ponendo tollens*
   also nicht q

5. p oder q; nun aber nicht q;   *modus tollendo ponens*
   also p

Im folgenden werden hier wie bisher für 1. und 2. die Formulierungen *modus ponens* und *modus tollens* verwendet. Diesen Schlußformen liegen offenbar die Implikation (1, 2), die (negierte) Konjunktion (3) und die exklusive Disjunktion (4, 5) zugrunde. Die Bezeichnung für eine Schlußform ist im griechischen λογότροπος (logótropos) oder elliptisch τρόπος (trópos); deshalb kann Diokles auch sagen, sie sei eine Art Schlußfigur (σχῆμα λόγου, schéma lógū).[257] Diese Schlußfiguren werden auch als «nicht zu beweisende» (ἀναπόδεικτοι, anapódeiktoi) bezeichnet, da sie so evident sind, daß sie keines weiteren Beweises mehr bedürfen.[258] Wie schon bei Aristoteles die vollständigen Syllogismen dienen auch diese Grundformen als Axiome, mit denen komplexe Schlüsse bewiesen werden können. So findet sich bei Sextos Empeirikos der Beweis für folgenden Schluß: «Wenn zugleich das erste und das zweite, dann das dritte; nun aber nicht das dritte, sondern das erste; also nicht das zweite». Dieser Beweis läßt sich wie folgt darstellen [259]:

		Beweis
i.	$(p \wedge q) \rightarrow r$	*aus i. und ii. folgt mit Einsetzung der 2. Figur:*
ii.	$\sim r$	
iii.	p	v. $[(p \wedge q) \rightarrow r] \wedge \sim r: \rightarrow \sim(p \wedge q)$
		aus der Konklusion von v. und iii. folgt mit Einsetzung der 3. Figur:
iv.	$\sim q$	vi. $\sim(p \wedge q) \wedge p: \rightarrow \sim q$

Die fünf Grundfiguren sollten auch in der Topik Eingang finden, da Cicero in seinen Aristoteles verpflichteten ‹Topica› diese vollständig aufführt, wobei er die ersten drei unter dem Locus der Dialektiker, d.h. der Stoiker, als «ex consequentibus et antecedentibus et repugnantibus» (aus den Konsequenzen, aus dem Vorangehenden und aus dem Gegensätzlichen) behandelt.[260] Freilich fügt er noch zwei weitere hinzu, nämlich:

6. nicht zugleich p und q; nun aber p; also nicht q
7. nicht zugleich p und q; nun aber nicht p; also nicht q

Da die Figur 6. der Figur 3. bei Chrysipp entspricht und die 7. Figur, wenn sie als logische Konjunktion verstanden wird, offenbar nicht stringent ist, sind viele Autoren davon ausgegangen, daß diese Stelle auf einem Mißverständnis beruht oder gar korrupt ist.[261] Da jedoch auch Capella, Cassiodorus und Isodorus diese Figuren aufführen [262], geht Frede davon aus, daß der Text nicht korrupt ist; als Lösung schlägt er vor, daß beiden Figuren im Sinne der inklusiven Disjunktion zu verstehen sind.[263] Wenn diese Interpretation auch plausibel erscheint, zeigt das Beispiel Ciceros doch, daß die wahrheitsfunktionale Analyse der Konjunktion nicht Gemeingut war. Dies bestätigt auch die vehemente Kritik von Sextos Empeirikos an der Auffassung, daß eine Konjunktion nur dann wahr ist, wenn alle Teilsätze wahr sind. Für Sextos ist nämlich eine ‹gemischte Konjunktion› mit einem wahren und einem falschen Teilsatz «weder mehr wahr noch mehr falsch», man könnte also, wie Brunschwig argumentiert, neben wahr (= 1) und falsch (= 0) noch einen Wahrheitswert ‹0,5› annehmen.[264] Und ist es nicht aus der Sicht des Alltagsverstandes Ausdruck eines «einfachen Gemüts», daß auch dann, wenn eine große Anzahl von Teilsätzen wahr ist und nur einer falsch, die ganze Aussage falsch sein soll? Ist nicht in einer Konjunktion, in der von zehn Personen behauptet wird, daß sie eine gute Tat vollbracht haben, mehr Wahrheit, wenn dies für *eine* Person *nicht* zutrifft, als im umgekehrten Fall? Die Empörung von Sextos ist so groß, daß er sogar das Sachargument bemüht, daß man von einem Gegenstand, bei dem gleichermaßen weiß und schwarz gemischt sind, auch nicht sagen kann, daß er insgesamt weiß ist – womit er offenbar einem Trugschluß, der aus der *Äußerungsform* entsteht, aufsitzt. Bedenkenswert scheint sein Einwand gegen die von Logikern vorgebrachte Analogie, daß man umgangssprachlich ja auch von einem Kleidungsstück sagt, es sei zerrissen, selbst wenn dies nur für einen Teil zutrifft: solch eine «Katachrese», solch ein mißbräuchlicher und uneigentlicher Sprachgebrauch also, mag zwar «im normalen Leben und in alltäglichen Unterhaltungen» durchgehen, nicht aber, wenn wir «die Natur der Sachen zu ergründen suchen», dann nämlich «muß man sich an die Genauigkeit halten.»[265] Freilich trifft dieser Einwand nicht den falschen Kern der stoischen Gleichsetzung der Konjunktion mit der generalisierenden Synekdoche (*totum pro parte*), da eine durch den Konnektor *und* zusammengesetzte Aussage in einem anderen Sinne ein Ganzes ist als ein Kleidungsstück, dessen Teile ja in einem bestimmten Sinn kontinuierlich zum Ganzen hin übergehen. Damit zeigt gerade diese Analogie, wie weit die Stoiker und ihre Epoche von einer rein wahrheitsfunktionalen Auffassung der logischen Konnektoren entfernt blieben. Umgekehrt legitimieren diese und vergleichbare Analogien, wie Brunschwig in einer vielleicht spekulativen, aber doch bedenkenswerten Studie zeigt, von einem stoischen ‹Konjunktionsmodell› zu sprechen, das von der Stoa auch auf die Ethik und die Affektenlehre projiziert wurde. So ist und bleibt ein noch so kleines einzelnes Affekt geschuldetes Vergehen eine Verfehlung. Deshalb muß man, wie Seneca ‹Über den Zorn› in einer Kriegsmetapher ausführt, den Anfängen wehren: «Man muß den Feind an den Grenzen selbst zurückstoßen: dann wenn er einmal da und über die Schwellen getreten ist, akzeptiert er keine Begrenzungen mehr.»[266] Das gleiche Konjunktionsmodell liegt auch dem chrysippischen Paradoxon zugrunde, wonach nichts einen Tropfen Wein daran hindert, sich mit dem *ganzen* Meer zu verbinden. «In all diesen stoischen Thesen», so die Zusammenfassung Brunschwigs, «verrät sich eine gemeinsame Entscheidung: nämlich nichts von dem zu vernachlässigen, was anderen unwichtig und weglaßbar erscheint. Der Tropfen Wein verschwindet nicht im Meer, und das Gran an Falschheit versinkt nicht im Ozean der Wahrheit, die kleine Sünde läßt sich nicht im guten Gewissen des ehrenwerten Bürgers auslöschen.»[267] Von hier aus überrascht es vielleicht, daß die Stoiker einen ontologischen Determinismus vertreten haben, der sich im Begriff des ‹fatum›; εἱμαρμένη, heimarméne (Schicksal), wie er bei Chrysipp definiert ist, zusammenfassen läßt: «Das Fatum ist eine unaufhörliche und unveränderliche Reihe von Umständen und eine Kette, die sich selbst durch ununterbrochene Reihen von Folgezusammenhängen, aus denen sie gefügt und geknüpft ist, hindurchwälzt und hindurchschlingt». Nimmt man hingegen noch die folgende Überlegung Chrysipps hinzu, scheint doch ein Zusammenhang mit dem ethischen Rigorismus herstellbar: danach setzt das Fatum zwar unabänderliche Ketten von Folgezusammenhängen, aber: «die Durchführung unserer Entschlüsse und Gedanken und die Handlungen selbst werden von den individuellen Besonderheiten eines jeden und von den Eigenheiten der Gemüter gesteuert.» Diesen Gedanken hat Chrysipp auch mit einer Analogie verdeutlicht: so ist derjenige, der einen zylindrischen Stein einen Abhang hinunterstößt, zwar Initiator seines Hinabrollens, «doch alsbald» – so das Fatum – «rollt der Stein sich überstürzend schnell»[268]; und, wie hinzugefügt sei, wenn der Stein im Rollen ist, kann er genauso wenig wie die Affekte aufgehalten werden.

Damit läßt sich das wohl schwierigste Problem der megarisch-stoischen Philosophie, nämlich ihre modallogischen Vorstellungen, behandeln. Dies resultiert einmal aus der spärlichen Quellenlage, zum andern aber daraus, daß die Stoiker offenbar bei der Bestimmung der Modalausdrücke logische und ontologische Gesichtspunkte verknüpft haben. Dies folgt aus den Berichten bzw. Darstellungen bei Alexander, PLUTARCH oder später bei Boethius[269], aber auch schon aus der Tatsache, daß Cicero die modallogischen Vorstellungen megarischer und stoischer Dialektiker in einer Schrift mit dem Titel ‹De fato› (Über das Schicksal) abhandelt.[270] Gemeinsamer Tenor dieser kritischen Darstellungen ist, nachzuweisen, daß die Definition des Möglichen im Widerspruch mit dem durch das Fatum gesetzten Notwendigen steht. Vielleicht hat die gleichzeitige Behandlung der Megariker und der Stoiker bei Cicero die ersten Kommentatoren (und die neuere Forschung) daran gehindert, die fundamental verschiedenen Zugriffe beim Megariker Diodoros Kronos und beim Stoiker Chrysipp zu sehen. In der Tat sind von der diodorischen Modallogik – im Gegensatz zu Chrysipp – alle metaphysischen und ontologischen Überlegungen fernzuhalten. Das zeigt sich unmittelbar in den folgenden Definitionen Diodors', die aus verschiedenen voneinander unabhängigen Quellen belegt sind [271]:

möglich: das, was wahr ist oder wahr sein wird (i)
unmöglich: das, was falsch ist und nicht wahr sein wird (ii)
notwendig: das, was wahr ist und nicht falsch sein wird (iii)
nicht notwendig: das, was falsch ist oder falsch sein wird (iv).

Da diese Definitionen ein in sich stringentes System darstellen, bilden sie – wie in Aristoteles' ‹Hermeneia› – ein logisches Quadrat mit *notwendig* und *unmöglich* als subalternierender Begriffe, wobei das subalterne *möglich* von *notwendig* impliziert wird. Die Formulierungen selbst machen deutlich, daß hier die Modalausdrücke über die Wahrheit/Falschheit von Aussagen zum *Zeitpunkt* ihrer Äußerung oder zu einem *zukünftigen* Zeitpunkt definiert werden. Die Konsequenzen für Diodors' oben schon erörterte Bestimmung der Implikation als einer Aussageverbindung, in der der Fall ‹p ist wahr und q ist falsch› unmöglich (d.h. jetzt nicht und niemals möglich) ist, lassen sich von hier aus noch präziser fassen: «Wenn es Tag ist, diskutiere ich» ist jetzt, zum Äußerungszeitpunkt, wahr; da diese Aussageverbindung jedoch falsch wird, wenn ich aufhöre zu diskutieren, ist sie nicht *notwendig*. Diodoros hat seine Definition des *Möglichen* nach übereinstimmenden Berichten durch das «Meisterargument» (κυριεύων λόγος, kyrieúōn lógos) weiter begründet. Nach der einzigen überlieferten Erläuterung bei EPIKTET beruht dies auf der Unvereinbarkeit der drei folgenden Annahmen [272]:

A. *Jede wahre Vergangenheitsaussage ist notwendig*
B. *Aus etwas Möglichem folgt nichts Unmögliches*
C. *Möglich ist, was weder wahr ist noch wahr sein wird*

Diodor soll gezeigt haben, daß, wenn jeweils zwei dieser Annahmen als wahr genommen werden, die jeweils dritte dann notwendig falsch wird – wie er diese Unvereinbarkeit nachgewiesen hat, ist nicht bekannt. Der Nachweis scheint aber so überzeugend gewesen zu sein, daß keiner der Autoren, die sich auf dieses ‹Meisterargument› beziehen, es zu widerlegen sucht. Nach Epiktet hat sich Diodoros aus Plausibilitätsgründen für die Wahrheit von A und B ausgesprochen und daraus stringent gefolgert, daß die Negation von C wahr sein muß: *Nicht möglich ist das, was weder wahr ist noch wahr sein wird.* In dieser Formulierung wird klar, daß diese Aussage mit der Definition des *Unmöglichen* (ii) identisch ist. Da das *Unmögliche* wiederum das kontradiktorische Gegenteil des *Möglichen* ist, folgt, daß das *Mögliche das ist, was wahr ist oder wahr sein wird*, also die oben aufgeführte Definition des *Möglichen* (i).

Genau diese Definition hat natürlich die Peripatetiker auf den Plan gerufen, weil damit der aristotelische Begriff der ‹dýnamis› im Sinne von Potentialität ausgeschlossen wird. Mit dieser Definition wird ja eine Aussage wie «Mein Kind kann ein Grammatiker werden» erst dann wahr, wenn dieses *tatsächlich* ein Grammatiker geworden ist. Gilt nicht, wie Alexander moniert, daß dieser Satz auch dann wahr ist, *selbst wenn* mein Kind durch einen zwingenden äußeren Umstand daran gehindert wurde, Grammatiker zu werden? Und ist es nicht widersinnig mit Diodoros anzunehmen, eine Aussage wie «Ich bin in Korinth» sei nur dann möglich, wenn ich jetzt oder in Zukunft da sein werde, «falls ich aber nie dahin kommen sollte, dann ist es überhaupt nicht möglich»? Ist hier nicht eher die im gleichen Kontext wiedergegebene Auffassung Philons vorzuziehen, daß es möglich ist, daß «Stroh auf dem Meeresgrund verbrennt [...], obwohl es durch die umgebenden Umstände daran notwendig gehindert wird?»[273] Ein vergleichbares – Chrysipp zugeschriebenes – Beispiel gegen Diodoros findet sich etwa auch bei Hieronymus, wonach «z.B. diese Perle da zerbrechen kann, selbst wenn dies in Zukunft niemals der Fall ist.»[274] Diese Argumentationen sind offenbar problematisch, weil mehrere *verschiedene* Begriffe des *Möglichen* undifferenziert verwendet werden: so muß das *potentiell Mögliche* (Eine Perle kann zerbrechen / Ein Mensch kann gehen) vom *akzidentell Möglichen* (Ein Kind kann Grammatiker werden) und vor allem vom *konjektural Möglichen* (Ich kann morgen in Korinth sein) unterschieden werden. Ihr Unterschied zeigt sich u.a. darin, daß man das konjektural Mögliche durch *vermutlich* einleiten und modulieren kann (*Vermutlich* kann ich morgen in Korinth sein), was in den beiden anderen Fällen nicht möglich ist. Beim potentiell Möglichen kann hingegen *ist in der Lage* verwendet werden (Ein Mensch ist *in der Lage* zu gehen), nicht aber beim akzidentell Möglichen; letzteres ist nur denkbar bei einem *bestimmten* Kind (*Dieses* Kind ist *in der Lage*, ein Grammatiker zu werden) – womit freilich eine *Prognose* gemacht wird. Nun folgt aus Diodoros' Definitionen selbst, daß er wohl keinen dieser drei Möglichkeitsbegriffe vertreten hat, sondern nur die These, daß man nur dann von etwas sagen kann, es sei möglich, wenn es *irgendwann einmal* der Fall war oder sein wird. Dieses, wie wir sagen wollen, *ontisch Mögliche* ist durchaus mit dem akzidentell und dem potentiell Möglichen verträglich, da ja eine Aussage wie «*Diese* Perle kann zerbrechen» nur dann korrekt ist, wenn vorher *irgendwann einmal* eine bestimmte Perle zerbrochen ist. Anders gesagt: *aus der Faktizität folgt die Möglichkeit*. Das ist aber auch die Position Aristoteles' in der ‹Hermeneia› (s.o.). Hier wird freilich ein weiteres Problem sichtbar: nämlich die Frage des Verhältnisses von *singulären* und *generischen* Aussagen mit Modalausdrücken. Ob die Megariker und Stoiker dieses Problem überhaupt systematisch diskutiert haben, ist aus den vorliegenden Quellen nicht ersichtlich. Sicherlich kann aber die Definition des *Möglichen* als ‹das, was sein kann, wenn es nicht äußere Umstände verhindern› durch Philon als Zugeständnis an die Aristoteliker interpretiert werden, was noch dadurch abgestützt werden könnte, daß er nach der Darstellung von Boethius das *Zufällige* mit dem *Möglichen* identisch setzt.[275] Diese philonische Definition ist freilich zirkulär, da ja das *Mögliche* durch das gleichbedeutende Modalverb *können* definiert wird. Erschwerend kommt hinzu, daß Alexander an der gleichen Stelle sagt, Philon habe – wie auch Chrysipp (s.o.) – die These vertreten, daß auch dann das Mögliche vorläge, wenn etwas durch äußere Umstände an seiner Realisierung verhindert wird. Vielleicht ist dieser Gegensatz daraus zu erklären, daß Alexander ein Beispiel für das potentiell Mögliche gibt (Stroh kann brennen, *selbst wenn* es auf dem Meeresgrund liegt), während Boethius wohl an das konjektural Mögliche denkt – dies legt zumindest sein Beispiel «Es ist möglich, daß ich heute noch einmal Theokrits *Bucolica* lesen werde»[276] nahe: dies wird sich ja aller Voraussicht nach realisieren, *sofern* dem keine äußeren Umstände entgegenstehen. Das läßt sich aufgrund der Quellenlage freilich nicht entscheiden. Nun interpretiert Alexander den Satz ‹Stroh kann brennen, *selbst wenn* es auf dem Meeresgrund liegt› in dem Sinne, daß Philon behauptet hätte, daß das Stroh auch in diesem Fall *tatsächlich* brennen könne. Dagegen stellt er die mittlere Position Aristoteles', wonach «nämlich eben das möglich [ist], was, *selbst wenn* es nicht geschieht, doch geschehen kann, wenn es nicht behindert wird.»[277]

Ist dies auch, wie HÜLSER meint, «bis in die Formulierung hinein exakt die Position der Stoiker»[278]? Dies muß wohl bezweifelt werden, da nach Diogenes Laertios die stoische Definition des Möglichen lautet[279]: «Möglich ist das, was wahr sein kann, wenn es äußere Umstände nicht daran hindern, wahr zu sein, wie z.B. *Diokles lebt.*» Hier ist die absolute Infinitivkonstruktion τῶν ἐκτὸς μὴ ἐναντιουμένων εἰς τὸ ἀληθὲς εἶναι mit einem Konditionalsatz aufgelöst und nicht wie bei Hülser mit einem beigeordneten *und*-Satz (Möglich ist das, was wahr sein kann *und* was die äußeren Umstände nicht daran hindern wahr zu sein), weil diese Konjunktion in dem Sinne verstanden werden könnte, daß beide in den Teilsätzen genannten Bedingungen vorliegen müssen. Im Vergleich zu weiteren denkbaren Übersetzungen[280] scheint die Auflösung als Konditionalsatz auch deshalb gerechtfertigt, weil an vergleichbaren Stellen – wie etwa an der zuletzt zitierten Alexanderstelle[281] – oft auch eine konditionale Konjunktion verwendet wird. Versteht man die stoische Definition in diesem Sinne, so unterscheidet sie sich offenbar wesentlich von der aristotelischen Auffassung, weil sie *nicht* das potentiell Mögliche voraussetzt. Dies wird auch durch das gegebene Beispiel bestätigt: im Gegensatz zu ‹gehen können› ist ja ‹leben können› keine in der Macht des Diokles stehende Handlungsalternative. Freilich: auch hier muß gefragt werden, ob die von Diogenes Laertios wiedergegebene Definition wirklich die stoische Position war, berichten doch etwa Hieronymus und Cicero übereinstimmend, Chrysipp habe wie Philon die These vertreten, «daß dieser Edelstein hier zerbrechen [kann], auch wenn dies niemals geschehen sollte.»[282] Von hier aus scheint die Feststellung sicherlich nicht als spekulativ, daß die megarisch-stoische Modallogik weder das ethische und ontologische Problem des Verhältnisses des schicksalhaft-fatal Notwendigen und der menschlichem Handeln innewohnenden Möglichkeit des Andersseins, noch die eher logische Frage der Beziehungen zwischen potentiell, akzidentell und konjektural Möglichem lösen konnte. Das zeigt sich auch in den bei Diogenes Laertios zitierten Definitionen der übrigen Modalausdrücke[283]:

(1) *unmöglich:* das, *was nicht wahr sein kann* [oder was zwar dazu in der Lage ist, was aber äußere Umstände daran hindern, wahr zu sein], wie z.B. Die Erde fliegt.

(2) *notwendig:* das, was wahr ist und *was nicht falsch sein kann* oder dies zwar kann, aber durch äußere Umstände daran gehindert wird, falsch zu sein, wie z.B. Die Tugend ist nützlich.

(3) *nicht notwendig:* das, was auch, wenn es wahr ist, *doch falsch sein kann,* wenn es durch äußere Umstände nicht daran gehindert wird, wie z.B. Dion geht spazieren.

(Der mit eckigen Klammern markierte Teil wurde wahrscheinlich erst später hinzugefügt)

Liest man in diesen Definitionen nur die von uns kursiv hervorgehobenen Teile, so fällt unmittelbar auf, daß sie den von Aristoteles in der ‹Hermeneia› aufgestellten Äquivalenzen entsprechen:

unmöglich: $Up = \sim Mp$
notwendig: $Np = \sim M\sim p$
nicht notwendig: $p = M\sim p$

Damit läßt sich auch kurz sagen, daß die in (1)–(3) nicht kursiv hervorgehobenen, d.h. die wahrheitsfunktionalen und die schicksalhaften Umstände betreffenden Teile, genau die von der megarisch-stoischen Modallogik *neu* berücksichtigten Definitionsstücke markieren. Von hier aus läßt sich auch die Behandlung des *Nicht-Notwendigen* als modale Basiskategorie (im Gegensatz zu Aristoteles, der ja nur das Mögliche, das Unmögliche und das Notwendige als Grundkategorien ansah) leicht erklären: sie wird durch den Begriff des alles determinierenden *Fatum* gleichsam erzwungen, wobei offenbar das Fatum (d.h. die äußeren Umstände) selbst entscheidet, ob etwas, was wahr ist, auch falsch sein kann.

Will man die stoische Modallogik bewerten, so wird man sicherlich darauf hinweisen müssen, daß die Stoiker hier, ganz im Gegensatz zu anderen Bereichen, die Konstitution der Modalitäten in und durch die Sprache zu wenig berücksichtigt haben. Dies trifft nicht für die feinsinnige (oder wenn man will: spitzfindige) Argumentation Chrysipps zu, die nachweisen will, daß im Gegensatz zur gängigen Meinung der Megariker, vor allem aber der Aristoteliker, das *Unmögliche* sehr wohl *aus dem Möglichen* folgen könne. Diese Argumentation stützt sich auf die Implikation (u1) ‹Wenn Dion gestorben ist (p), ist dieser da tot (q)›, wobei der Sprecher auf den anwesenden Dion zeigt. Hier ist nach Chrysipp der Vordersatz wahr, weil Dion irgendwann einmal sterben *kann,* der Nachsatz ist aber unmöglich, da das Demonstrativpronomen «einen existierenden Gegenstand bezeichnet, während ‹gestorben sein› etwas bedeutet, was nicht existiert; daß aber das Existierende nicht existiert, ist unmöglich. Daß dieser gestorben ist, ist folglich unmöglich.»[284] Das Gemeinte läßt sich durch den Zusatz ‹wie er leibt und lebt› verdeutlichen: (u1') ‹Wenn Dion gestorben ist, dann ist dieser da wie er leibt und lebt tot›. Wenn nun Dion tatsächlich tot ist, läßt sich sinnvollerweise nicht mehr sagen *(v1)* Dieser da wie er leibt und lebt ist tot. Da es hier offenbar um das Problem der Bedeutung von Eigennamen und deiktischen Ausdrücken geht, wenn sie mit Prädikaten verwendet werden, die implizieren, daß ein bestimmter Zustand jetzt nicht mehr vorliegt, führt auch eine Implikation wie (u2) ‹Wenn es Nacht ist, dann ist dieses nicht Tag› zu einer unmöglichen Konsequenz, wenn es jetzt, zur Äußerungszeit, tatsächlich Tag ist. Daß es *jetzt* Tag ist, kann ja nicht dadurch falsch werden, daß es irgendwann Nacht wird. Daß diese Argumentation für die Aristoteliker als eine Art logischer Skandal empfunden wurde, zeigen u.a. die ausführlichen und vehementen Diskussionen bei Alexander und PHILOPONOS. Es ist klar, daß sich ihre Widerlegung im wesentlichen auf zwei Strategien stützen mußte: einmal nachzuweisen, daß es sich bei (u1) und (u2) um keine korrekten Implikationen handelt, zum andern zu zeigen, daß die Stoiker mit ihrer eigenen Theorie der Eigennamen in Widersprüche geraten. Zunächst zur ersten Strategie. Hier spielt Alexander den stoischen Begriff der Implikation aus, indem er zeigt, daß (u1) danach keine korrekte Implikation ist, weil aus Wahrem etwas Falsches folgt; Philoponos hingegen stützt sich auf die These, daß in Implikationen im Nachsatz extensional *mehr* als im Vordersatz stehen muß. Genauso wenig wie es sich nämlich bei ‹Dies ist ein Lebewesen, also ist es ein Pferd› um eine korrekte Folgerung handelt, genauso wenig ist (u1) ‹Dion ist gestorben, also ist dieses da tot› korrekt, wobei in diesem Fall das *mehr* darin besteht, daß ‹Dion› sich auf mehr Zeitabschnitte (nämlich vor *und* nach dem Tode Dions) beziehen kann, während das Demonstrativum nur zu Lebzeiten Dions verwendet wird. Die zweite – von Alexander und Philoponos gleichermaßen vorgebrachte – Strategie zeigt, daß, da ja nach der stoischen Analyse die Eigennamen etwas in individueller Weise Beschaffenes bezeichnen, man auch nicht mehr «Dion ist gestorben» sagen kann, weil dieses individuell Beschaffene ja untergegangen ist. Da dieses Argument beide wohl nicht völlig zu überzeugen scheint, fügen beide noch ein weiteres hinzu, nämlich: wenn die Stoiker sagen, in (u1) sei ‹Dion› im Sinne von ‹der damalige Dion› zu verstehen, dann muß man in gleicher Weise ‹dieser› im Sinne von ‹der damalige dieser› verstehen. Doch auch dies scheint Alexander nicht auszureichen, da er noch weitere Argumente hinzufügt, wie z.B. das Argument, daß die stoische These nicht richtig sein könne, weil unmögliche Aussagen *immer* falsch sein müssen, die Aussage «Dieser ist gestorben» aber nur zu Lebzeiten Dions falsch sei, nicht aber, wenn er tot ist, denn «dann gibt es diese Aussage gar nicht mehr».

Wie man auch immer zu diesen Argumenten stehen mag: interessant ist hier weniger, worin sich die Kontrahenten unterscheiden, sondern daß sie konkretistische Grundannahmen bezüglich der Bedeutung von deiktischen Ausdrücken teilen. Man kann offenbar die mit dieser historischen Erkenntnisgrenze verbundenen Probleme leicht auflösen, wenn man *nicht* davon ausgeht, daß das mit einem deiktischen Ausdruck Bezeichnete mit dem *konkreten* Gegenstand identisch ist. So ist in einer temporalen Deixis wie «*Jetzt* ist Tag» der Ausdruck *jetzt* nicht im Sinne von ‹dieser-konkrete-Tag-da› zu verstehen, sondern allgemein im Sinne von ‹Jetzt, zum Äußerungszeitpunkt, ist es Tag› (die zugrundeliegende Implikation lautet deshalb: Wenn es zu einem Zeitpunkt t Nacht ist, dann kann es zu diesem Zeitpunkt t nicht zugleich Tag sein). Analog gilt für das Demonstrativum *dieser*, daß es zwar auf ‹diese-konkrete-Person-da› zeigt, diese Person aber nicht bedeutet; die Verwendungsbedeutung des Demonstrativum ist vielmehr: ‹*dieser-Gegenstand-da*, der unter irgendeine bestimmte Art oder Gattung gebracht werden kann› – diese Art oder Gattung kann sprachlich benannt werden (Dieser *Mensch* da) oder aus dem Wahrnehmungsraum und dem Thema des Gesprächs erschlossen und identifiziert werden; deshalb verweist in einer Gesprächssituation, in der es etwa um die Überlebenschancen von Patienten in einem Krankenhaus geht, der Satz «Dieser hier wird morgen tot sein» auf eine lebende Person, in einer anderen Situation verweist hingegen «Dieser hier ist heute gestorben» auf einen Körper ohne Leben und Seele, wobei es sich im letzten Fall offenbar um einen metonymischen Sprachgebrauch handelt. Damit läßt sich auch ein in der Spätantike viel diskutiertes Problem der Bedeutung von «*Dieser* da geht spazieren» klären, wenn es sich, weil man etwa nachts das Referenzobjekt nicht sehen kann, auf eine Frau bezieht. Das ist nach Überzeugung der Stoiker nicht nur ein logischer, sondern auch ein Sprachfehler. Das gleiche gilt auch für die Negation «*Dieser* da geht *nicht* spazieren». Man kann vermuten, daß Alexander die stoische Auffassung, daß *dieser* im Sinne von *dieser Mann da* zu verstehen ist, teilt, da er diese nicht direkt widerlegt, sondern nur nachzuweisen sucht, daß die Stoiker einen falschen Begriff von der Negation hätten. [285] Im gleichen Sinne versteht auch Sextos Empeirikos diesen Ausdruck, er argumentiert aber gegen die Auffassung, es handle sich um einen Solözismus, also einen syntaktischen Sprachfehler. In die gleiche Richtung, freilich mit ironischem Unterton, argumentiert auch der Grammatiker Apollonios Dyskolos, wenn er auf die absurde Konsequenz hinweist, daß der Satz «*Dieser* da geht spazieren» tagsüber ein Sprachfehler sei, nicht aber nachts, da das Genus des Referenzobjekts nur klar wird, wenn es «in den Blick fällt». Daß dieser Satz selbst tagsüber keinen Verstoß gegen die syntaktische *Wohlgeformtheit* darstellt, begründet er dann mit der weitgehenden These, daß auch Blinde die sprachliche Wohlgeformtheit beurteilen können, da allein das *Hören* für solche Beurteilungen zuständig sei. [286] Diese These ist sicher für die sprachlich-syntaktische Wohlgeformtheit, nicht aber für die sprachlich-referentielle, d.h. logische Richtigkeit gültig: in der Tat ist diese Aussage tagsüber referentiell falsch, nicht aber nachts, weil es offenbar eine universelle Konvention gibt, daß man *by default*, d.h. in Ermanglung einer genauen Kenntnis des Genus des Referenzobjektes, das Maskulinum wählen muß. [287] Nachts bedeutet somit das Demonstrativum in «*Dieser* da geht spazieren» soviel wie ‹dieser Gegenstand da mit menschlicher Gestalt›.

Nun sind für die Stoiker nicht nur Äußerungen mit maskulinem Demonstrativum bei weiblichem Referenzobjekt falsch, sondern auch Sätze wie (p1) «*Kallias* geht (nicht) spazieren», wenn Kallias nicht existiert. Aus der Kritik Alexanders folgt, daß die Stoiker einen klaren Begriff dessen haben, was in der Moderne mit RUSSELL als *Existenzannahme* oder *Existenzpräsupposition* bezeichnet wird: danach wird in (p1) die Präsupposition gemacht, daß Kallias existiert. Deshalb dürfe die Negation auch nicht wie bei Aristoteles als Negation des Prädikats verstanden werden, sondern als Negation der ganzen Aussage: ‹Nicht: Kallias geht spazieren›. [288] Interessant ist hier, daß Alexander diese Analyse mit einem Argument zur Zeitdeixis (das eigentlich von den Stoikern selbst hätte vorgebracht werden können) zu widerlegen sucht: wenn nämlich die stoische Analyse richtig wäre, dann müßte ja auch in «*Sokrates* starb» die unsinnige Existenzpräsupposition «*Es gibt Sokrates (der starb)*» gemacht werden. Dies führt ihn zur Beobachtung, daß zwar in «Sokrates *stirbt*» eine Existenzpräsupposition gemacht wird, nicht aber in «Sokrates *starb*», da in diesem Fall Sokrates anaphorisch im Sinne von ‹derjenige, der Sokrates war› zu verstehen sei. Nun will Alexander mit dieser Argumentation nicht nur die zweite

These der Stoiker widerlegen, daß nämlich «Sokrates *starb*» als eine Transformation der wahren Präsenzaussage «Sokrates *stirbt*» verstanden werden muß, sondern auch die aristotelische Auffassung, daß bei kontradiktorischen Verneinungen prinzipiell das Prädikat negiert wird. Deshalb ist «Sokrates lebte, starb oder hat philosophiert» wahr, weil nämlich die «Zusätze zum Nomen klar machen, daß das mit dem Nomen Bezeichnete vorher existierte», falsch hingegen ist «Sokrates lebte *nicht*, starb *nicht* oder hat *nicht* philosophiert», da hier ja das jeweils Kontradiktorische durch Negation des Prädikats ausgedrückt wird.[289] Mit dieser Argumentation ist freilich die richtige These der Stoiker, daß in Aussagen wie «Kallias geht spazieren» auch eine Existenzpräsupposition gemacht wird, nicht widerlegt. Nun läßt sich diese Auffassung durchaus mit der von Alexander, daß in bestimmten Aussagen diese Präsupposition nicht gemacht wird, verbinden, wenn man die Argumente beider Kontrahenten im Hegelschen Sinne aufhebt. Die ganze Auseinandersetzung legt ja nahe, daß man Aussagen referentiell auf den *Äußerungszeitpunkt* bezieht und zwei Klassen von Aussagen unterscheidet: (i) Aussagen, die präsupponieren, daß das mit der Nominalphrase in Subjektstellung bezeichnete Referenzobjekt zum Äußerungszeitpunkt *existiert*, und (ii) Aussagen, die präsupponieren, daß dieses zum Äußerungszeitpunkt *nicht mehr existiert*. Von dieser referenzlogischen Bestimmung sind die sprachlichen Mittel zu unterscheiden, mit denen Aussagen als einer Klassen zugehörig markiert werden können: so können Aussagen mit Prädikaten wie *tot* (Peter ist tot), temporalen Negationspartikeln wie *nicht mehr* (Peter lebt nicht mehr) oder auch mit Vergangenheitstempora (Peter hat in Berlin gelebt) der Klasse (ii) zugerechnet werden – freilich markieren Vergangenheitstempora etwa im Deutschen nicht eindeutig, da ja in «Peter hat *schon letztes Jahr* in Berlin gewohnt» eine Existenzpräsupposition gemacht wird, nicht aber in «Peter hat *im letzten Jahr seines Lebens* in Berlin gewohnt».

Von hier aus überrascht es nicht, daß dem größten Teil der von den Megarikern und Stoikern behandelten Trugschlüsse und Paradoxien referentielle und temporaldeiktische Probleme zugrunde liegen. Es handelt sich um folgende Gruppen: (1a) der Verhüllte oder Elektra, (1b) Niemand, (2) der Gehörnte, (3) der Lügner, (4) das Krokodil und (5) der Kahlköpfige. Nach dem Bericht von Diogenes Laertios sind diese (außer (1b) und (3)) schon von EUBULIDES VON MILET, einem jüngeren Zeitgenossen von Aristoteles, formuliert worden.[290]

Der *Elektra- oder Verhüllte-Trugschluß* [291] (1a) kommt dadurch zustande, daß man eine verhüllte Person nicht erkennt. So wußte Elektra, daß ihr Bruder Orest zurückgekommen war, erkannte diesen aber nicht, als er ihr verhüllt gegenüber trat. Daraus ergibt sich folgender Dialog: «Kennst du diesen verhüllten Mann? – Nein. / Aber er ist doch dein Bruder Orest! Also kennst du deinen eigenen Bruder nicht.» Der Schein entsteht offenbar aus der schon behandelten falschen Gleichsetzung der deiktischen Referenz der Demonstrativa mit der von Eigennamen: man kann deshalb sehr wohl eine mit ‹Orest› bezeichnete Person kennen, da die Referenz von Eigennamen nicht an die Äußerungssituation gebunden ist, ohne *diese* Person *da* als Orest erkennen zu müssen, da die Semantik von *dieses N da* nur verlangt, daß man diesen Gegenstand da unter die mit dem Nomen N bezeichnete Gattung bringt. Von hier aus wird auch deutlich, daß die aristotelische Interpretation dieses Beispiels als Fehler des Akzidens (s.o.) nicht hinreichend ist:

man kann ja auf die Frage «Kennst du *diesen Verhüllten* da?» durchaus antworten: «*Ja. Ich habe ihn gestern schon mehrmals gesehen.*»

Beim ähnlich gelagerten Niemand-Trugschluß (1b) geht es nicht um die unterschiedliche Referenz von Demonstrativa und Eigennamen, sondern um den referentiellen Unterschied von definit und indefinit (generisch) verwendeten Ausdrücken wie *jemand, einer* oder *keiner*, z.B.: «Wenn jemand$_{gen}$ hier ist, dann ist er nicht in Rhodos; nun aber ist jemand$_{def}$ hier; nicht also ist jemand$_{def/gen}$ in Rhodos.» [292] Der Fehler entsteht offenbar dadurch, daß in der Konklusion *jemand* zugleich definit und generisch verstanden werden kann.

Der Schein des *Gehörntenschlusses* (2) entsteht nicht mehr durch das Verknüpfen unterschiedlicher Referenzen, sondern aus der Nicht-Berücksichtigung temporaler Präsuppositionen bei Ausdrücken wie *verlieren*, mit deren Verwendung man präsupponiert, daß man *vor* der Äußerungssituation etwas hatte, das man jetzt, zur Äußerungssituation, *nicht mehr* oder *noch* hat (Ich habe meine Brille (nicht) verloren). Der Scheinschluß lautet: «Was du nicht verloren hast, das hast du; Hörner hast du nicht verloren, also hast du Hörner!» [293] Hier wird in der Unterprämisse die Präsuppositionsbedingung nicht erfüllt: etwas, das man nicht hat, kann man weder *verlieren* noch *nicht verlieren*.

Bei der *Lügner-Antinomie* (3) geht es nicht mehr um die Referenz oder die Präsupposition von Ausdrücken, sondern von *Aussagen*. Auch diese Antinomie wurde zuerst von Eubulides entwickelt und später immer wieder mit den Stoikern, insbesondere Chrysipp, in Verbindung gebracht. Aristoteles behandelt sie nicht überzeugend als Fehler der absoluten/relativen Bewertung: danach «steht dem ja nichts entgegen, daß der gleiche Mann schlechthin ein Lügner ist, bei einer bestimmten Aussage aber die Wahrheit sagt.» [294] Mit RÜSTOW lassen sich vier Formulierungsvarianten unterscheiden: (i) als Frage (Wenn ich lüge und sage, daß ich lüge, lüge ich, oder sage ich die Wahrheit?); (ii) als Folgerung auf das Vorliegen der Lüge (wenn du sagst, du lügst, und das wahr sagst, dann lügst du); (iii) als Folgerung auf das Vorliegen einer wahren Aussage (Ich sage, daß ich lüge, und lüge dabei; also sage ich etwas Wahres); (iv) als Folgerung auf das Vorliegen von beidem (Wer sagt, «ich lüge», lügt und sagt die Wahrheit zugleich). [295] Da von Chrysipp zu dieser Antinomie nur ein fragmentarischer, nicht eindeutig dechiffrierbarer Papyrus vorliegt [296] und bei seinen Nachfolgern oder Kritikern keine erläuternde Darstellung zu finden ist, läßt sich über seine Lösung nichts Endgültiges sagen. Bocheński vermutet dennoch mit Rüstow, für Chrysipp sei die Lügner-Antinomie einfach ein sinnloser Satz. [297] Entspricht Chrysipps Lösung, wie Hülser vermutet hat [298], der, die Alexander in seinem Kommentar zu der ‹Topik› Aristoteles' entwickelte? Alexander wendet dabei den Topos, daß einer Sache nicht zugleich ein Prädikat und sein Kontrarium zukommen kann, auf die Lügner-Antinomie an: nimmt man nämlich an, so Alexander, «ich lüge» sei eine Aussage, «dann muß sie zugleich wahr und falsch sein [...]; das aber ist unmöglich; denn wahr und falsch sind konträre Prädikate.» [299] Diese Lösung hat den Nachteil, daß sie nicht-stoisch ist, da sie die referentiell-temporalen Bezüge von Aussagen ausblendet. Dies gilt auch für die moderne Lösung von Russell, wonach «ich lüge» überhaupt keine wahrheitsfunktionale Aussage ist – diese sei nur möglich, wenn in der Aussage «der zwischen ( ) geschriebene Ausdruck ist wahr oder falsch» die Klammer *nicht* wie bei «ich lüge» leer ist.[300] Berücksicht man diese Bezüge, so gilt, daß der Lügner nur eine scheinbar mögliche Aussage ist; «ich lüge» läßt sich nämlich nicht im eigentlichen Sinn im Präsens äußern, da der Lügner per definitionem so tut, als würde er die Wahrheit sagen: eine Äußerung wie «Ich war gestern nicht in Korinth» gilt ja solange als wahr, wie nicht nachweisbar ist, daß der Sprecher damit *absichtlich* etwas Falsches behauptet hat; der Lügner kann somit erst *im Nachhinein* entlarvt werden (Deine Behauptung ist falsch; und da du mir gegenüber absichtlich eine falsche Behauptung aufgestellt hast, hast du *vorhin/gerade eben* gelogen) oder sich selbst offenbaren (Ich habe *vorhin* gelogen). Da somit *lügen* ein metakommunikatives Prädikat ist, mit dem man eine Aussage, die *zu einem anderen Äußerungszeitpunkt* als wahr behauptet wurde (obwohl der Sprecher wußte, daß sie falsch ist), als unaufrichtige markieren kann, sind auch futurische Aussagen (Ich werde ihn *nachher* belügen, da er die Wahrheit nicht ertragen würde) nicht nur denkbar, sondern manchmal auch ethisch notwendig.

Anders gelagert ist der *Krokodilsschluß* [301] (4), da es in ihm nicht um metakommunikative Aussagen geht, die von einem Sprecher nicht im Präsens vollzogen werden können. Der Schluß geht auf eine ägyptische Sage zurück, in der ein Krokodil einer Frau ihr Kind wegnimmt, dieser aber verspricht, ihr das Kind wieder zurückzugeben, wenn sie die Wahrheit sagt. Die Antwort der Frau ist: «Du wirst es nicht zurückgeben». Hier wird kein Scheinschluß vollzogen, sondern ein Dilemma produziert, das durch das geschickte Ausnutzen des Fehlers des Krokodils entsteht, nicht die Art der Handlung präzisiert zu haben, welche sich als wahr erweisen soll (etwa: Wenn du das folgende Rätsel löst, dann bekommst du dein Kind wieder). Anders gesagt: das Krokodil verwendet das metasprachliche Prädikat *wahr* wie ein auf Wirklichkeit verweisendes deskriptives Prädikat. Dadurch, daß die Frau das kontradiktorische Gegenteil der Konsequenz des Versprechens des Krokodils «Wenn du wahr sprichst, bekommst du dein Kind» für die Erfüllung des Vordersatzes einsetzt, transformiert sie dieses in folgendes Dilemma: «Wenn du dein Kind nicht bekommst, bekommst du dein Kind».

Von den bisher behandelten Trugschlüssen unterscheidet sich der *Kahlkopfschluß* (5) im wesentlichen dadurch, daß es in ihm ausschließlich um ein semantisches Problem der Prädizierung von Zuständen oder ‹Konglomeraten› geht, die durch eine Häufung bestimmter Einzelphänomene gekennzeichnet sind. Das Problem stellt sich spätestens dann, wann man etwa eine Konglomerat von Weizenkörnen als einen *Haufen von Weizenkörner* bezeichnet und dies von einem anderen etwa mit *Das ist doch kein Haufen!* bestritten wird. Da man offenbar keine genaue Anzahl angeben kann, ab der man von einem ‹Haufen› sprechen kann (d.h. von der an die Quantität in eine qualitativ bestimmte Gestalt umschlägt), muß man bei diesen Konglomeratsprädikaten von einer Vagheitszone ausgehen, innerhalb derer man sowohl von einer ‹bestimmten Anzahl von Weizenkörnern› als auch von einem ‹Haufen von Weizenkörnern› reden kann. Genau dies wird im folgenden Trugschluß nicht beachtet: «Bilden die 3 Körner hier einen Haufen? – Nein / Und diese 4 Körner? – Nein» usf. Irgendwann, also etwa beim Übergang vom 104. zum 105. Weizenkorn, wird der Opponent sagen: «Jetzt ist es ein Haufen». Damit hat er freilich unterstellt, daß *ein einziges* Weizenkorn ausreicht, um einen Haufen zu bilden. Muß man da nicht wie Galen mit (gespieltem) rhetorischen Pathos ausrufen, daß man nichts Sinnloseres und Absurderes kennt als dies, «daß die Existenz oder Nichtexistenz des Haufens durch ein einzelnes Weizenkorn bewirkt wird?» [302] Dieser *Sorites- bzw. Anhäufungsschluß* wurde in vielen Varianten vorgetragen, da er sich offenbar nicht nur in zunehmender Richtung bei Konglomeraten wie *Woge, Herde, Schwarm* oder *Menschenmenge*, sondern auch in abnehmender Richtung bei Zuständen wie dem *Haarausfall* anwenden läßt; auch im letzten Fall kann man nicht entscheiden, ab dem wievielten ausgefallenen Haar jemand zu Recht als *kahlköpfig* bezeichnet werden kann. [303] Der Grund läßt sich von hier aus einfach benennen: in all diesen Fällen geht es um Begriffe, die bestimmte *gestaltete* Konglomerate bezeichnen.

Neben der bisher behandelten, offensichtlich weit verbreiteten und bekannten Klassifikation von Trugschlüssen findet sich bei Sextos Empeirikos eine weitere Einteilung, deren erste Formulierung dieser den Dialektikern, d.h. den Megarikern Eubulides und Diodoros Kronos, zuschreibt. Es sind dies die Trugschlüsse (i) des Wermuts, (ii) des Arztes, (iii) des umschlagenden Arguments und (iv) der unkorrekten grammatischen Form. [304] Der *Wermutstrugschluß* (i) verwendet *metasprachliche* Ausdrücke im *objektsprachlichen* Sinn. Dies wird deutlich wenn man den Trugschluß: «Niemand gibt ein Prädikat zu trinken; nun ist Wermut trinken ein Prädikat; also gibt niemand Wermut zu trinken» wie folgt indiziert: «Niemand gibt ein *Prädikat$_m$* zu trinken; nun ist *Wermuttrinken$_m$* ein Prädikat$_m$; also gibt niemand *Wermut zu trinken$_o$*». Hier wird deutlich, daß *Wermut-trinken* in der Konklusion nicht mehr im metasprachlichen Sinne erwähnt, sondern als deskriptiv, d.h. im objektsprachlichen Sinne, gebraucht wird. Der *Arztschluß* (ii) lautet in der Übersetzung von Ebert: «Was weder möglich war noch möglich ist, das ist nicht absurd. Nun war weder möglich, noch ist möglich ‹Der Arzt, insofern er Arzt ist, tötet›. Also ist ‹Der Arzt, insofern er Arzt ist, tötet› nicht absurd». Für Ebert entsteht der Trugschluß dadurch, daß in der Unterprämisse wie in der Konklusion die Aussage «Der Arzt, insofern er Arzt ist, tötet» nur metasprachlich erwähnt wird, während absurd (ἄτοπος, átopos) kein «Attribut von Aussagen» ist. [305] Damit stellt sich freilich das Problem, warum Sextos diesen Fall als besondere Form des Trugschlusses einführt, wenn ei wesentlich mit dem Wermutstrugschluß (i) identisch ist. Vielleicht muß hier deshalb die mehrdeutige Verwendung des Adjektivs *átopos* berücksichtigt werden, das sich in der Oberprämisse objektsprachlich auf Sachverhalte, in der Konklusion aber metasprachlich auf eine Aussage bezieht. Das läßt sich gut verdeutlichen, wenn man wie Hülser für átopos im Deutschen die Übersetzung ‹unsinnig› wählt: «Was weder möglich war noch möglich ist, von dem kann man auch nicht sagen, es sei *unsinnig$_o$*. Nun war weder möglich, noch ist möglich ‹Der Arzt, insofern er Arzt ist, tötet›. Also ist ‹Der Arzt, insofern er Arzt ist, tötet› keine *unsinnige$_m$* Aussage (d.h. keine Aussage, die keinen Sinn macht).» Diese Lösung entspricht der Erläuterung durch Sextos selbst, für den der ganze Schluß, nicht aber die Konklusion falsch ist, weil ja «keine Aussage unsinnig ist».

Eindeutiger läßt sich der logische Fehler des *umschlagenden Arguments* (iii) lösen. Die Technik besteht darin, daß man seinen Opponenten ohne Ankündigung fragt: «Habe ich dir eine Frage gestellt?» Der Opponent wird antworten: «Nein!». Das ermöglicht dann folgenden

Trugschluß: «Es ist nicht der Fall, daß ich dir zunächst eine Frage gestellt und daß die Zahl der Sterne nicht gerade ist; nun habe ich dir zunächst eine Frage gestellt; also ist die Zahl der Sterne gerade». Der Schluß scheint zunächst gültig, da er ja die Form $\sim(p \wedge \sim q)$; *nun p; also q* hat, d.h. nach dem *modus ponendo tollens* schließt. Versetzt man sich aber in die Situation des dialektischen Sprachspiels, so gilt nach Bestätigung der ersten Prämisse durch den Opponenten, daß die Aussage «Ich habe dir zunächst eine Frage gestellt» (p) falsch ist, weshalb auch die Konjunktion $p \wedge \sim q$ falsch, deren Negation aber wahr ist. Bestätigt nun der Opponent die Frage nach dem Vorliegen der Unterprämisse, so wird p wahr, d.h. ein Umschlagen seines Wahrheitswertes liegt vor; dadurch wird, wie Sextos feststellt «die Prämisse mit der Verneinung der Konjunktion falsch, da das falsche Konjunktionsglied wahr geworden ist. Somit kann der Schlußsatz niemals erschlossen werden, da die Negation der Konjunktion und die zweite Prämisse nicht zusammen wahr sein können.» [306] Damit ist freilich nicht geklärt, *woher das Umschlagen resultiert.* Dies entsteht offenbar dadurch, daß sich die zweite Prämisse *metakommunikativ* auf die mit der Validierung der ersten Prämisse verbundene Handlung bezieht und diese in die Argumentation selbst einbindet; m.a.W.: die mit und innerhalb einer Argumentation vollzogenen Handlungen können nicht Gegenstand dieser Argumentation selbst sein. Ob sich diese Lösung bei den von Sextos zitierten Dialektikern findet und von ihm nicht erwähnt wurde, weil sie ihm selbstverständlich erschien, läßt sich aufgrund der Textlage nicht klären.

In logischer Hinsicht unproblematisch sind dagegen die Trugschlüsse, in denen eine solözistische, d.h. *unkorrekte grammatische Form* verwendet wird; so z.B.: «Was du ansiehst, existiert; nun siehst du einen Wahnsinnigen an; also existiert *einen* [sic!] Wahnsinnigen.» [307] Da Sextos keine Auflösung referiert, läßt sich nicht entscheiden, ob die megarischen Dialektiker die Solözismusschlüsse im Sinne von Aristoteles [308] verstanden haben.

Betrachtet man die megarisch-stoische Behandlung der Trugschlüsse und Paradoxien in ihrer Gesamtheit, so wird deutlich, daß darin wesentliche semantische, referenzsemantische und zeitlogische Aspekte und Probleme des konsistenten logischen Folgerns gesehen und zum größten Teil auch gelöst wurden: so die Verwendung von Konglomeratsprädikaten (5), dann die Unterschiede zwischen objektsprachlichem Gebrauch und metasprachlicher Erwähnung wie in (4) und (i), zwischen Prädikaten, die objekt- und/oder metasprachlich verwendet werden können (ii), zwischen deskriptiven und metakommunikativen Prädikaten oder Aussagen, wobei sich diese innerhalb einer Argumentation auf einen unmittelbar vorher vollzogenen Argumentationsschritt (iii) oder allgemein auf eine vor oder nach dem Äußerungszeitpunkt liegende Handlung beziehen können (2), zwischen Prädikaten mit und ohne temporale Präsupposition (2), zwischen definiter und indefinit-generischer Referenz (1b) und schließlich zwischen situationsbezogener Referenz der Demonstrativa und situationsunabhängiger Referenz bei Eigennamen. Deshalb ist die Annahme, die megarischen und stoischen Dialektiker hätten die Trugschlüsse und Paradoxien behandelt, um «logisch-semantische Distinktionen und Sachverhalte» einzuschärfen [309], sicher gerechtfertigt. Das hat schon QUINTILIAN, sonst ein eingefleischter Feind jeglicher logischer Spitzfindigkeiten, so gesehen: Lehrer, die ihren Schüler zu einem Weisen heranbilden wollen, glauben nicht nur, «in der Kenntnis der Erscheinungen am Himmel und der vergänglichen Menschenwelt unterrichten zu müssen, sondern führen ihn durch bestimmte, an und für sich betrachtet eigentlich recht geringfügige Stoffe sowie bisweilen durch ausgeklügelte Zweifelsfragen: nicht, weil die Hörner- oder Krokodilsschlüsse zum Philosophen machen könnten, sondern weil er selbst nicht in den geringsten Kleinigkeiten sich täuschen lassen darf.» [310]

3. *Ausklang und Synthese – Rhetorische L.* Für Bocheński ist die nachstoische Zeit bis zum Fall des Römischen Reiches «keine schöpferische Periode», die darin entstandenen Abhandlungen zeigen deshalb auch in dem Sinne eine «synkretistische Tendenz», «daß sie aristotelische und megarisch-stoische Elemente ineinander verarbeiten»; deshalb ist diese Zeit auch für ihn eine «Periode der Kommentare und Handbücher.» [311] Wie die häufigen und von der Sache notwendigen Rückgriffe auf die beiden großen griechisch geschriebenen philosphiegeschichtlichen Darstellungen von Sextos Empeirikos (Ende 2. Jh.n.Chr.) und Diogenes Laertios (3. Jh.n.Chr.) schon deutlich machen, wird man wohl eher von einer großen synthetischen Leistung dieser Epoche sprechen müssen. Dies gilt besonders für die logischen Schriften Galens (129–199) und die wichtigen Aristoteleskommentare von Alexander von Aphrodisias (um 200 n.Chr.) und – von geringerer Bedeutung – die Kommentare von PORPHYRIOS (3. Jh.n.), SIMPLIKOS und IOHANNES PHILOPONOS (beide 6. Jh.n.Chr.). Von wesentlicher Bedeutung für die mittelalterliche L. und Dialektik sind die *lateinisch* verfaßten Abhandlungen von Cicero (106–43), APULEIUS (2. Jh.n.Chr.), MARIUS VICTORINUS (4. Jh.n.), MARTIANUS CAPELLA (5. Jh.n.Chr.) und vor allem von BOETHIUS (480–524/5), dem großen Referenzautor des Mittelalters für die *logica vetus*. Doch das historische Verdienst dieser lateinischen Tradition besteht vor allem auch darin, daß durch sie logisch-dialektische Überlegungen der aristotelischen ‹Topik› und ‹Rhetorik› in die *ars rhetorica* integriert wurden.

Einen guten Einblick in den Geist dieser Epoche vermittelt eine kurze Darstellung der εἰσαγωγὴ διαλεκτική, eisagōgé dialektiké (= Einführung in die Dialektik) des Mediziners und Logikers GALEN. [312] Diese ‹Institutio logica›, so der nachträglich gegebene lateinische Titel, definiert zunächst den *Schluß* als Rede mit zwei Prämissen und Konklusion. Die in den Prämissen möglichen Aussagen werden mit Hilfe der aristotelischen Kategorien definiert; der Subjekts- und Prädikatsterm werden unterschieden, die aristotelischen Quantifizierungen (alle, keine, einige, einige nicht) werden erörtert. Bei der Diskussion der Satzverbindungen werden jedoch die stoischen Unterscheidungen (Konjunktion, Disjunktion, Implikation usw.) ausführlich diskutiert. Dem folgen dann die fünf ‹nicht zu beweisenden› (stoischen) Schlußschemata. Auf diese aussagenlogischen Erörterungen schließt sich dann die Lehre der «alten Philosophen», d.h. die aristotelische Syllogistik an, wobei Galen diese mit einem axiologischen Schluß (Das Schöne ist erstrebenswert) illustriert, der auch auf die aristotelische ‹Topik› verweist. Die drei aristotelischen Schlußfiguren werden zwar kurz, aber doch einschließlich der Beweisverfahren der *reductio ad impossibile* und der Exthesis (Heraushebung) vollständig behandelt. Dabei hat wohl die Behandlung mehrerer Umkehrungsschlüsse der 1. Figur (bei der Galen dem Aristoteles und nicht wie Apuleius dem Theophrast folgt) zur bis in die Neuzeit vorherrschenden Meinung geführt, Galen sei der Entdecker der 4. Figur, obwohl er sich selbst zu Beginn des 12. Kapitels ausdrücklich gegen die Einführung weiterer Schlußfiguren wendet.[313] Nach diesen begriffslogischen Kapiteln erörtert Galen in einer Art Kurzfassung der ‹2. Analytiken› die wissenschaftstheoretischen Aspekte der Syllogistik, wobei auch für ihn der erste Modus der ersten Figur, d. h. *Barbara*, der für die wissenschaftliche Beweisführung am besten geeignete Schlußmodus ist; diese Überlegungen werden dann durch eine Erörterung der stoischen Schlußlehre ergänzt, wobei Galen zeigt, daß sich die hypothetischen Schlüsse der Stoiker in *implikative* und *disjunktive* Schlüsse einteilen lassen. Bei Galen sind hypothetische Sätze somit nicht im Sinne von Konditionalsätzen zu verstehen, sondern als durch Konnektoren verbundene Aussagen. Dieser Sprachgebrauch ist vermutlich peripatetischen Ursprungs.[314] Neben den kategorischen (d. h. syllogistischen) und den hypothetischen Schlüssen erörtert Galen dann noch in den letzten Kapiteln Schlüsse, die auf Relationen beruhen, wobei diese sich auf arithmetische bzw. geometrische (doppelt, viermal), semantische (Vater/Sohn) und sogar ‹mehr oder weniger›-Relationen (wie in der aristotelischen ‹Topik›) beziehen können: «Der gute Zustand dessen, was höher ist, ist erstrebenswerter; nun ist die Seele höher als der Körper; also ist der gute Zustand der Seele erstrebenswerter als der des Körpers.»[315] Dieser Eindruck der Nähe zur aristotelischen ‹Topik› wird noch dadurch verstärkt, daß Galen – wohl über Theophrast vermittelt [316] – für die Relationsschlüsse neben den ‹mehr oder weniger›-Schlüssen Schlüsse aus dem *Gleichen* und dem *Analogen* unterscheidet. Als Beispiel für einen *a pari*-Schluß zitiert er Platons Analogie vom Staat und der menschlichen Seele (Wenn ein Staat aufgrund des angemessenen Handelns seiner Teile gerecht ist, so gilt dies auch für die Seele) [317]; die von Galen aufgeführten Schlüsse aus dem *Analogen* sind hingegen alle mathematischer Natur, da er *análogon* im Sinne der geometrischen bzw. arithmetischen *Proportion* versteht.

Die ‹Institutio logica› des 'Peripatetikers' Galen stellt somit eine präzise Synthese aus der Sicht eines Naturwissenschaftlers dar, der die verschiedenen Traditionsstränge der Dialektik und L. zu einem für die *naturwissenschaftliche* Forschung brauchbaren Instrument verknüpfen will. Weniger umfassend sind dagegen die ‹Isagoge› und die Kommentare des Porphyrios, der freilich für seinen Kategorienbaum (Substanz → körperlich (vs. nicht-körperlich) → belebt (vs. nicht-belebt) → sensibel (Tier) (vs. nicht-sensibel) → vernünftig (nicht-vernünftig) → Sokrates), in dem er Aristoteles rein extensional auslegt, berühmt werden sollte.[318] Daneben sollte auch seine Einteilung der Prädikabilien in *Gattung, Art, Differenz, Proprium, Akzidens* als Lehre der *quinque voces* Teil des mittelalterlichen Lehrgebäudes der L. werden.[319] Der Lateiner Apuleius sollte für die Darstellung der vier aristotelischen Aussageformen als *quadrata formula*, d. h. als logisches Quadrat, bekannt werden.[320] Die endgültige Form erhält dieses dann durch Boethius. Boethius beeinflußt durch seine Übersetzungen und Kommentare zum aristotelischen ‹Organon›, aber auch zur ‹Isagoge› Porphyrios' und zu den ‹Topica› Ciceros wesentlich die Rezeption der *logica vetus* (alten Logik) durch die Scholastik bis ins 12. Jh.. Von besonderer Bedeutung für die mittelalterliche Schlußtheorie wurde seine Abhandlung zum hypothetischen Schluß *(De syllogismo hypothetico)*, d. h. von Schlüssen mit zumindest einer Aussagenverbindung in einer der Prämissen. Im Zentrum dieser wesentlich auf stoischen Unterscheidungen basierenden Schlußlehre stehen Schlüsse mit einer implikativen Prämisse. Freilich ist der Sprachgebrauch bei Boethius nicht eindeutig, da er ‹hypothetische Aussage› auch mit ‹Konditionalaussage› gleichsetzt.[321] Boethius untersucht zunächst die Kombinationsmöglichkeiten bei zwei Variablen *(Wenn A ist, ist B; wenn A ist, ist nicht B; wenn A nicht ist, ist B; wenn A nicht ist, ist B nicht)* bzw. entsprechend bei drei Variablen *(Wenn A (nicht) ist, und wenn B (nicht) ist, ist C (nicht))*.[322] Dem schließen sich dann jeweils Erörterungen zu gültigen Syllogismen an, die aus diesen Prämissen gebildet werden können, also etwa bei zwei Variablen u. a. die Schlüsse: *Wenn A ist, ist B; nun aber ist A; also ist B* oder *Wenn A ist, ist B; nun aber ist nicht B; also ist A nicht*. Diese entsprechen den beiden ersten ‹nicht zu beweisenden› stoischen Schlußschemata, d. h. dem *modus ponens* und *tollens*; auch die beiden letzten, auf der exklusiven Disjunktion beruhenden stoischen Schemata werden aufgeführt: «Wenn nämlich gesagt wird, entweder ist A oder ist B, [dann,] falls A ist, wird B nicht sein; [...] und wenn B nicht ist, wird A sein.»[323] Bei den komplexen Formen setzt Boethius u. a. die Transitivität der Implikation voraus, aber auch komplexere Gesetzmäßigkeiten wie etwa in: *Wenn A ist, ist B nicht; wenn A nicht ist, ist C; ich sage deshalb, daß, wenn B ist, C ist*.[324] Da Boethius auch die Teilaussagen der Implikation immer mit der Kopula IST formuliert und an mehreren Stellen als Einsetzungsbeispiele Prädikate wählt, ist umstritten, ob man die L. als Aussagenlogik bestimmen kann.[325] Ebenso umstritten ist, welche Bedeutung der Unterscheidung von zwei Arten von hypothetischen Aussagen zukommt, nämlich die akzidentellen (wie etwa: Wenn das Feuer warm ist, ist die Erde rund) und die mit einer notwendigen Folgebeziehung (etwa: Wenn ein Mensch ist, dann ist auch ein Lebewesen), insbesondere auch deshalb, weil Boethius diese Unterscheidung mit dem Argument einleitet, daß die Konjunktionen *cum* (= temporales *wenn*) und *si* (= konditionales *wenn*) in hypothetischen Aussagen ja auch das gleiche bedeuten.[326] Soll dies so verstanden werden, daß in der sprachlichen Struktur von Konditionalsätzen der Unterschied zwischen *temporal* zufällig zusammen existierenden Sachverhalten und *konditional* verknüpften Sachverhalten genauso verdeckt wird wie im identischen Gebrauch von *cum* und *si* bei (generischen) Aussagen?

Klarer und zugleich instruktiver für die Beurteilung der synthetischen (bzw. synkretistischen) Leistung dieser Epoche ist die Auseinandersetzung um den Wahrheitswert von futurischen Aussagen bei Ammonios und Boethius. Aristoteles hatte im 9. Kapitel der ‹Hermeneia› deterministische Auffassungen kritisiert, eine Kritik, die nach der ältesten Auslegung (der später dann auch Lukasiewicz folgen sollte) so zu verstehen sei, daß für Aristoteles nur Aussagen, die sich auf Gegenwärtiges und Vergangenes beziehen, wahr oder falsch sein können, nicht aber Aussagen über Zukünftiges. Daneben setzte sich eine zweite Auslegung durch, wonach für Aristoteles das ‹Zweiwertigkeitsgesetz› auch für Futuraussagen gilt, sofern man den Unterschied zwischen *bestimmt vs. unbestimmt* wahr/falsch macht.[327] Nach dieser Auslegung, der auch Ammonios und Boethius folgen, ist etwa (1v) «Gestern hat eine Seeschlacht stattgefunden» insofern *bestimmt* wahr, als gestern tatsächlich das bestimmte singuläre Ereignis stattgefunden hat. Die Futuraussage (1f) «Morgen *wird* eine Seeschlacht stattfinden» kann wie auch ihre Negation (fn) «Morgen *wird* keine Seeschlacht stattfinden» morgen *bestimmt* wahr oder falsch werden, heute aber, zum Äußerungszeitpunkt, sind beide Alternativen noch *unbestimmt*, d.h. *entweder-wahr-oder-falsch*. Diese *weite* Zweiwertigkeit läßt sich aus der folgenden Aristotelesstelle ableiten: «Alle Dinge müssen sein oder nicht sein oder zu einem zukünftigen Zeitpunkt sein oder nicht sein. Wir können freilich nicht mit Bestimmtheit sagen, welche Alternative morgen notwendig sein muß. [...]. Notwendig ist jedoch, daß eines morgen geschehen oder nicht geschehen wird.» [328] KRETZMANN sieht nun darin eine besondere historische Leistung und Neuerung von Boethius, da dieser zusätzlich noch fordert, daß jemand, der (1f) äußert, *falsch* spricht, selbst wenn morgen tatsächlich eine Seeschlacht stattfindet. Er hätte nämlich die Kontingenz explizit feststellen müssen: «Es kann morgen *zufällig so sein*, daß eine Seeschlacht stattfindet.» [329] Danach ist man also verpflichtet, den Grad der Wahrscheinlichkeit eines zukünftigen Ereignisses explizit zu formulieren. Diese Idee ist freilich schon bei Aristoteles angelegt. Einige Zeilen vor der zitierten ‹Hermeneia›-Stelle betont er nämlich, daß das Kontingente dann vorliegt, wenn weder das eine noch das andere eher wahr oder falsch ist, beim Wahrscheinlichen hingegen ist das eine eher wahr als das andere, ohne daß die Möglichkeit des anderen ausgeschlossen ist.

Nun ist ja, wie in der obigen Erörterung der aristotelischen Topos-Lehre deutlich wurde, diese Unterscheidung in das akzidentell und das wahrscheinlich Kontingente das Apriori jeglicher rhetorischer L. Die mit dieser Alltagslogik verbundenen Probleme – unter Rückgriff auf die stoische und vor allem peripatetische Tradition – in die ‹Rhetorik› integriert zu haben, ist das große Verdienst der Autoren dieser Epoche. Pointiert gesagt: was aus der Sicht der L. eine Epoche des Ausklangs ist, erscheint aus der Sicht der Rhetorik als eine Epoche der Herausbildung und Blüte des rhetorischen Lehrgebäudes. Im Gegensatz zu neueren historischen Darstellungen der L. hat Prantl die historische Bedeutung dieses, wie er sagt, «Übergang[s] rhetorisch-logischer Lehre zu den Römern» in der Rhetorik gesehen und ihm sogar einen eigenen Abschnitt gewidmet, freilich um die darin zum Ausdruck kommenden Verfallserscheinungen zu monieren, zielt die Rhetorik doch wie die ihr vorangehende «Popularphilosophie nicht auf einen innerlich wissenschaftlichen Nachweis, sondern auf die äusserlich anregende Wahrscheinlichkeit» ab. [330] Bedenkt man, daß die Römer – allen voran Cicero mit seinen beiden Schriften ‹De inventione› und ‹Topica› – wesentliche logische und argumentationstheoretische Unterscheidungen in die Rhetorik integriert haben, wird man diese Bewertung Prantls umkehren müssen; erwähnt seien hier nur die zentralen Begriffe Syllogismus und Enthymem (*ratiocinatio/argumentum*), Paradeigma (*exemplum*), Enstasis (*refutatio*, Widerlegung), Semeion (*indicium/vestigium*, Zeichen/Spur) oder Tekmerion (*signum necessarium*, notwendiges Zeichen) und vor allem die Topoi, die mit Cicero als *sedes argumentorum* (Sitze/Fundstellen der Argumente) ihr Hausrecht in der *Rhetorik* erhielten. Diese Integration ist notwendig mit einer Relativierung der Bedeutung der L. für den tatsächlichen Überzeugungsprozeß verbunden, manchmal auch mit einer Vereinfachung oder sogar Verflachung. Dagegen kann die *Rhetorik*, weil sie neben der L. auch Ethos, Pathos und vor allem den sprachlichen Ausdruck berücksichtigt, durchaus zu Einsichten in die L. des Alltags kommen, die der schulmäßigen L. fremd bleiben müssen. In der Schluß- und Argumentlehre folgen die Römer im wesentlichen den aristotelischen Unterscheidungen mit einigen zusätzlichen Differenzierungen: so hat etwa für Cicero eine Argumentation fünf Teile (die nicht alle expliziert werden müssen), da er zusätzlich noch zwei Teile, die dem Beweis der Prämissen dienen, berücksichtigt [331]; oder er unterscheidet für die Analogie *(comparatio)* die drei Unterarten *imago, collatio, exemplum*. [332] Eine wesentliche Begriffsverschiebung zeigt sich jedoch in der Behandlung der *(gemeinsamen) Topoi*: da diese in rhetorischen Abhandlungen immer mehr nur noch als *Namen* für bestimmte Schlußregeln (bzw. für eine Gruppe von Schlußregeln) verstanden werden, verlieren sie ihren primär logischen Charakter, und werden, wie LAUSBERG zutreffend formuliert, «Suchformeln und in ihrer Gesamtheit ein Gedanken-Reservoir, aus dem die passenden Gedanken ausgewählt werden». [333] Dies führt etwa bei Quintilian zu der nach primär inhaltlichen Gesichtspunkten vorgenommenen Klassifikation der Topoi in solche, die (i) von Personen *(a persona)*, bzw. solche, die (ii) von der Sache *(a re)* ihre Argumente her nehmen; zu ersteren gehören etwa *Nationalität, Geschlecht, Alter, Bildung* usw., zu letzteren gehören diejenigen, die (a) *vor, um* und *nach* der behandelten Sache *(von der Ursache, von der Tatzeit, vom Tatort, von der Art der Handlung,* usw.) stehen, dann die, welche (b) *in der Sache selbst* liegen (u.a. *vom Teil, von der Gattung, von der Definition, vom Namen* usw.), und schließlich diejenigen, die *circa rem*, also um die Sache herum zu suchen sind (etwa *vom Ähnlichen, vom Gegensätzlichen, vom Mehr oder Weniger, vom Voraufgehenden, Mit- und Nachfolgenden).* [334] Diese Klassifikation zeigt, daß die ursprünglich logischen Gesichtspunkte nicht verloren gehen, sondern mit untergeordnetem Gewicht in einer nach pragmatischen Gesichtspunkten vorgenommenen Einteilung erhalten und eingebettet bleiben.

Cicero entfernt sich in seinen für die spätere Dialektik und L. wichtig werdenden ‹Topica› noch nicht so weit von Aristoteles. So unterscheidet er zwar – darin der rhetorischen Unterscheidung von atechnischen und technischen Beweismitteln folgend – einen *locus extrinsecus*, d.h. den außerhalb der *inventio* des Redners liegenden Topos aus der Autorität *(ex auctoritate)* [335] – daß er darin auch eine Theorie der Glaubwürdigkeit von Zeugen einschließt, ist sicherlich beim Juristen und bei der schon weit ausdifferenzierten Rechtsrhetorik nicht überraschend; diesen atechnischen Topos grenzt er gegen intrinsische Topoi ab, die (i) «in der Sache selbst» liegen oder (ii) «von ihr in gewisser Weise affiziert» sind. [336] Aber: seine Feineinteilung – *aus dem Ganzen und den Teilen* für die erste Gruppe und *aus dem abgeleiteten und koordinierten Begriffen (ex coniugatis), der Gattung, der Differenz, aus dem Mehr oder Weniger* usw. für die zweite Gruppe – wie auch seine Darstellung der einzelnen *loci* lassen noch eine Vertrautheit mit der Tradition der aristotelischen ‹Topik› erkennen. Ein gewisser Synkretismus zeigt sich jedoch darin, daß er, wie schon gezeigt, die stoische Schlußlehre als besonderen Topos, d.h. als «locus dialectorum» (Topos der Dialektiker), mit den Unterarten «aus den Konsequenzen, aus den Vorangehenden und aus dem Gegensätzlichen» behandelt und zusätzlich zu den fünf stoischen ‹nicht zu beweisenden› Schlußschemata zwei weitere hinzufügt. [337] Dem folgt unmittelbar in den ‹Topica› der «locus rerum efficientium» und der «rerum effectarum», d.h. der Topos der wirkenden Ursachen und der Wirkungen, also ein Topos, in dem Epistemisches und *nicht* Logisches zusammengefaßt ist.[338] Daran anschließend behandelt er den «comparationis locus», den Topos des Vergleichens, wobei er die aristotelische Formel von Dingen, die «mehr oder weniger oder gleich» sind, verwendet. Freilich meint er damit nicht die *a fortiori*-Schlüsse, sondern die *Präferenztopoi*; dem folgt abschließend ein *a pari*-Schluß. [339] Für Verwirrung sorgt, daß er zu Beginn der Behandlung dieses Topos des Vergleichens auf die im ersten Teil bzw. im ersten Durchgang gegebene Definition verweist, in dem dieser jedoch eindeutig als *a fortiori*-Argumentation definiert wird. [340] Diesem Verwischen wichtiger sachlicher und logischer Unterschiede entspricht, daß Cicero nur an wenigen Stellen (und dies in rechtfertigenden Nebensätzen mit *enim* (= denn/nämlich)) die bestimmten Topoi zugrundeliegenden *Schlußgaranten* formuliert – ihm geht es mehr um die breite und enumerative Auflistung der Topoi, die er an einer Fülle von vor allem aus dem Rechtsbereich entnommenen Beispielen illustriert. Wenn auch die ‹Topica› Ciceros auf die spätere L. einen bedeutend geringeren Einfluß als auf die Rhetorik hatten, so sollte seine zu Beginn dieser Abhandlung vorgenommene Unterscheidung der Argumentation (und der Funktion der Topoi) in zwei Teile, «unam inveniendi alteram iudicandi», d.h. in die ‹Inventio-L.› und die ‹Urteils-L.› – wobei Aristoteles beide begründet habe, die Stoiker hingegen nur in der Urteils-L. gewirkt hätten –, zu einer bis in die Renaissance zentralen Unterscheidung (aber auch zu einem immer wieder aufbrechenden *Problem*) werden. [341]

Der begriffsgeschichtliche Weg dieses Übergangs von einer logisch fundierten Topik des Schließens und Argumentierens hin zu einer mehr enumerativen Findungslehre läßt sich leicht nachzeichnen. Wie schon mehrfach betont, unterscheidet Theophrast die ‹Anweisung› (parángelma) und den ‹Topos› terminologisch: «Eine Anweisung besagt z.B., daß man vom Entgegengesetzten oder von den Ableitungen schließen muß, ein Topos ist z.B. ‹Wenn das Entgegengesetzte dem Entgegengesetzten zukommt, dann auch das jeweils Entgegengesetzte dem Entgegengesetzten›.» [342] Alexander selbst kritisiert diese Terminologie, da Aristoteles ja beide als Topoi bezeichnen kann. [343] Wie auch deutlich wurde, hat Cicero diese Trennung zweier bei Aristoteles noch zusammengehörender Aspekte dadurch weiter vorangetrieben, daß er die ‹Anweisung› metonymisch als *locus* bezeichnet, d.h. als Hinweis auf einen sachlich-logisch bestimmten ‹Ort›, an dem man Argumente finden kann. Boethius wird diese Begriffsverschiebung wieder zurücknehmen, indem er die Anweisungen als ‹Differenz-Topoi› (*differentiae*), die Topoi im Sinne von Schlußregeln hingegen als *maximae propositiones* voneinander unterscheidet. Erstere wie etwa die Topoi *a definitione* oder *a similibus* sind Bezeichnungen, welche den Unterschied (*differentia*) zu den übrigen Topoi anzeigen; letztere bezeichnet Boethius auch als «indemonstrabiles» und «principales», d.h. als oberste und nicht zu beweisende Aussagen. [344] Die sachliche Nähe zu Aristoteles mag die Abb. 11 verdeutlichen. [345]

Das Beispiel soll zugleich verdeutlichen, daß Boethius im Gegensatz zu Cicero in der Regel auch den Problembereich (d.h. das *praedicabile*) hinzufügt, um dessen Zukommen es jeweils geht. Freilich bilden die Prädikabilien, die er wie Aristoteles als Definition, Gattung, Proprium und Akzidens bestimmt, nicht mehr das zentrale Gliederungsprinzip. Die Nähe zu Aristoteles zeigt sich auch darin, daß er dessen Schlußbegriff aus der Topik übernimmt, wie auch, daß er diesen von den ‹Analyti-

Problem: *Ist die Gerechtigkeit nützlich oder nicht?*

→ *Problembereich: Akzidens*

(i) differentia	a genere/a toto (aus der Gattung/aus dem Ganzen)
(ii) maxima propositio	«Was in der Gattung ist, ist auch in der Art»
(iii) Schluß	Jede *Tugend (M)* ist nützlich Die Gerechtigkeit ist eine *Tugend (M)* *Also ist die Gerechtigkeit nützlich*

(Abb. 11)

ken› her am Beispiel eines Syllogismus (Modus *Barbara*) erläutert (deshalb kann er auch sagen, daß «ein Argument nichts anderes als das Finden des Mittelbegriffs ist»; nihil est aliud argumentum quam medietatis inventio [346]) – ohne jedoch die Gemeinsamkeiten und Unterschiede zwischen einem Syllogismus und einem topischen Argument systematisch zu diskutieren. Beim Finden des Mittelbegriffs sind die Topoi (*differentiae*) behilflich. Trotz dieser Nähe zu Aristoteles unterscheidet sich Boethius' Darstellung in mehreren Aspekten von dessen ‹Topik›; dies veranschaulicht seine auf THEMISTIOS (dessen ‹Topik› nicht überliefert ist) zurückgehende Klassifikation mit den Gruppen: in der Sache selbst (*in ipso*) vs. außerhalb der Sache (*extrinsecus*) vs. intermediär (*medii*); vgl. Abb. 12.

Diese Klassifikation sollte für das Mittelalter verbindlich werden. Im Hinblick auf die dialektische Tradition ergeben sich folgende Besonderheiten:

(i) Die Unterscheidung *in ipso* vs. *extrinsecus* ist hier sachlogisch zu verstehen; sie entspricht Ciceros Unterscheidung *in der Sache selbst* vs. *von der Sache affiziert*, die bei diesem jedoch zu den *intrinsischen* Topoi gehören, die er gegen die außerhalb der Kunst liegenden atechnischen *extrinsischen* Topoi – vor allem den aus der Rhetorik ererbten Topos *aus der Autorität* – abgrenzt; dieser rhetorische Topos (!) ist hier als *a rei iudicio* (Aus der (vorgängigen) Beurteilung einer Sache) in die L. integriert.

(ii) *In der Sache selbst liegend* sind Topoi wie etwa der aus der Definition (D), weil diese mit dem Definierten (S) substantiell übereinstimmt (etwa: Sokrates ist ein *rationales Lebewesen* (D); deshalb ist er ein *Mensch* (S)); die zugrunde liegende *maxima propositio* oder Schlußregel ist: «dem x, dem die Definition D zukommt, kommt auch das Definierte S zu». *Extrinsisch* ist etwa der Topos aus dem Konträren, weil z.B. im Argument ‹Sokrates ist *groß* (K); deshalb ist er nicht *klein* (K)› die konträren Terme auf sachlich Getrenntes verweisen. *Intermediär* ist etwa der Topos aus den koordinierten Begriffen, da z.B. in ‹Wenn *Gesundheit* (G) erstrebenswert ist, dann auch das, *was gesund macht* (mG)› die *coordinata* G und mG einerseits überstimmen (sie gehören zum gleichen Erfahrungsfeld), andererseits aber Getrenntem zukommen.

(iii) Zu diesen außerhalb der Sache liegenden Topoi gehören bei Themistios und Boethius auch die schon bei Aristoteles aufgrund einer Relation unterschiedenen Verfahren: *aus dem Ähnlichen, aus dem Mehr, aus dem Weniger, aus dem Entgegengesetzten* (mit den aristotelischen Feindifferenzierungen in *Kontraria, Korrelata, Privativa* und *Kontradiktoria*), *aus der Analogie, aus dem geläufigen Ausdruck (a transumptione)*. [347]

(iv) Wie Cicero unterscheidet er zusätzlich mehrere sachlogisch-epistemische Topoi (*a materia, a forma, a*

In ipso		Extrinsecus	Medii
1 A substantia	9 A materia	1 A rei judicio	1 A casibus
2 A definitione	10 A forma	2 A similibus	2 A conjugatis
3 A descriptione	11 A fine	3 A majore	3 A divisione
4 A nominis interpretatione	12 Ab effectibus	4 A minore	
5 A consequentibus	13 A corruptionibus	5 Ex oppositis vel contrariis, vel relativis, vel secundum privationem et habitum, vel per affirmationem et negationem	
6 A toto vel genere	Ab usibus		
7 A partibus vel specie	14 A communiter accidentibus		
8 Ab efficientibus		6 A proportione	
		7 A transumptione	

(Abb. 12)

fine, ab efficientibus, ab effectibus – von der materialen, formalen Zweck-, Wirkursache, von den Wirkungen), die auf die ‹2. Analytiken› und die ‹Metaphysik› Aristoteles' zurückgehen. Diese *causa*-Topik mag durch das dialektische Problem ‹Besitzen die Mauren Waffen oder nicht?› verdeutlicht werden. Sucht man nämlich unter dem Differenz-Topos *a materia* (aus der materialen Ursache), der – als *propositio maxima* formuliert – besagt: ‹Wo die Materie fehlt, da fehlt auch der aus dieser Materie gemachte Gegenstand›, so kann man, sofern man weiß, daß die Mauren kein Eisen besitzen, das Argument ‹Die Mauren besitzen keine Waffen, da sie kein *Eisen (M)* haben› bilden. [348]

(v) Zusätzlich unterscheidet Boethius mit Themistios eine Zwischengruppe, in der dieser die aristotelischen *abgeleiteten* und *koordinierten* Begriffe sowie die *divisio* im Sinne der dihairetischen Begriffszerlegung zusammengefaßt hatte. Deshalb kann er auch am Ende seiner Erörterung der *divisio* betonen, daß «man die damit verbundenen Fragen leichter verstehen kann, wenn man mit den Ersten ‹Analytiken› gearbeitet hat.» [349]

(vi) Im Vergleich zur aristotelischen Topik fällt auf, daß die Präferenztopoi fehlen; die Topoi aus dem Mehr oder Weniger werden im Gegensatz zur Darstellung Ciceros logisch korrekt analysiert, also etwa die *maxima propositio* (bzw. die Schlußregel): ‹si id quod magis videtur inesse non est, nec id quod minus videbitur inesse inerit› (Wenn das, was mehr zuzukommen scheint, nicht zukommt, dann wird auch das, was weniger zuzukommen scheint, nicht zukommen). [350]

(vii) Die Bezeichnung für diese Differenz-Topoi übernimmt Boethius offenbar aus der Themistios-Schrift; Ziel seiner Erörterung ist nicht nur der Nachweis, daß die von Cicero unterschiedenen Topoi in der differenzierteren und vollständigen Themistios-Klassifikation enthalten sind, sondern auch, daß sich letztere auch in der Cicero-Klassifikation nachweisen lassen. So kann etwa der von Themistios unterschiedene Differenz-Topos *a proportione* (aus der Analogie), dem das *a pari*-Schlußprinzip zugrunde liegt, auf Ciceros Topos *a similibus* zurückgeführt werden, da dieser bei Cicero in einem sehr weiten Sinne verstanden wird. [351]

(viii) Die für die Geschichte der Dialektik und L. wichtigste Änderung ist, daß Boethius die bei Cicero aufgeführten und von der Stoa übernommenen Fremdkörper – aus den Konsequenzen, aus den Vorangehenden und aus dem Gegensätzlichen (*ex consequentibus et antecedentibus et repugnantibus*) – aus der Topik herauslöst. Der letzte wird dem Topos aus dem Gegenteil zugeschlagen, die beiden ersten werden mit der Begründung, daß sie sich «auf vielfache Weise» in den anderen Topoi finden, nicht gesondert behandelt. So ist etwa beim Topos aus der Art «die Art das Antezedens und die Gattung das Konse-

quens» und «die wirkende Ursache geht voran, während das Bewirkte folgt.» [352] In der Tat sind die stoischen Schlußschemata universell, da ja die damit formulierten Schlußregeln, insbesondere der *modus ponens* und der *modus tollens*, jedem topischen Argument zugrunde liegen. Da die Einteilung der Topoi durch Boethius bis Ende des 13. Jh. zur kaum hinterfragten Referenznorm wurde, bedeutet dies, daß der Zusammenhang von aussagenlogisch formulierten Folgerungen und Topoi lange nicht gesehen wurde. Dennoch ist dieser Zusammenhang noch indirekt erhalten, da Boethius in seinem Kommentar zu Ciceros Topik die stoischen Schlußregeln ausführlich diskutiert. [353] Im mittelalterlichen Logikgebäude gehören diese freilich zur L., was wiederum auf Boethius zurückzuführen ist, da er diese in der erwähnten Schlußlehre ‹De syllogismo hypothetico› behandelt. Erst im 14. Jh. wird in der spätscholastischen Konsequenzlehre der Zusammenhang zwischen Schlußregel und Maxime (bzw. gemeinsamem Topos) wieder entdeckt werden.

Die mit dieser Klassifikation dem Mittelalter hinterlassenen Probleme lassen sich leicht benennen: Wie lassen sich die drei Gruppen genauer voneinander abgrenzen? Welcher logische Status kommt den *causa*-Topoi und insbesondere dem Topos *aus der Autorität* zu? In welcher Beziehung stehen die aus Topoi gebildeten Schlüsse mit den Syllogismen und den aussagenlogisch formulierten Schlußregeln?

Auch mit der Festschreibung des Unterschieds zwischen *rhetorischen* und *dialektischen* Topoi hinterläßt Boethius dem Mittelalter ein Erbe, das erst wieder in der Renaissance aufgebrochen werden sollte. Die Abhandlung des Boethius ‹De topicis differentiis› enthält nämlich im IV. Buch eine kurze und prägnante Darstellung der klassischen Rhetorik (mit Schwerpunkt Rechtsrhetorik und ohne Stillehre) und insbesondere der rhetorischen Topoi. Da jeder Rechts- und Streitfall notwendig eine *Person* und eine *Tat (negotium)* impliziert, ordnet Boethius mit Cicero die rhetorischen Topoi diesen beiden Grundgegebenheiten zu. Zu den Personentopoi gehören *nomen, natura, victus, fortuna, studium, casus, affectio, habitus, consilium, facta, orationes* (Name, Natur (Herkunft, Geschlecht, Alter), Lebensführung, sozialer Status, Ausbildung, (Un)Glücksfall, affektiver Zustand, Habitus (Ethos), Absicht, vollzogene Handlungen und Reden). [354] Für die Tattopoi unterscheidet Boethius in Auseinandersetzung mit Cicero die *loci*, die sich auf die mit der Tat selbst verknüpften Umstände *(continentia)* beziehen, d.h. das *Was* und das *Warum* der Tat (a), von denjenigen, die mit den äußeren Umständen der Tat *(wann, wo, wie, womit)* an- und zusammenhängen *(adhaerentia)* (b); dann diejenigen, die der Tat hinzugefügt sind *(adiuncta)*, nämlich die logisch-dialektischen Topoi *Art/Gattung, Kontrarium, Resultat, Mehr, Weni-*

ger, Gleich (c), und schließlich diejenigen, die sich auf die Folge *(consecutio)* der Tat beziehen *(Bezeichnung der Tat, Befürworter und Nachahmer, Rechts- und Sachlage, Art und Häufigkeit der Tat, Einschätzung durch Autoritäten)* (d) [355]; vgl. Abb. 13.

Diese Klassifikation entspricht im wesentlichen der, die Cicero in ‹De inventione› vorgenommen hatte (Cicero bezeichnet die *adhaerentia* als «im Vollzug der Tat» *(in gestione negoti)* liegend) [356]. Neu ist, daß Boethius – analog zur Klassifikation der dialektischen Topoi durch Themistios – zusätzlich intermediäre Topoi unterscheidet [357], darin sich von Cicero abgrenzend, der die extrinsischen *loci* gegen alle übrigen Topoi abgegrenzt hatte. Diese Folgetopoi beziehen sich offenbar nicht nur auf die rechtliche Bezeichnung und Beurteilung der Tat, sondern auch auf die gesellschaftliche Einschätzung durch die *opinio communis*. So eindeutig diese Einteilung in logisch-rhetorische Topoi (c) einerseits und Täter/Tat-Topoi ((p), (a), (b) und (d)) andererseits auch erscheinen mag – sie ist in vielen rhetorischen Abhandlungen und Handbüchern bis heute vor allem deshalb mißverstanden worden, weil man meinte und oft noch meint, von den Täter/Tat-Topoi her die argumentative Funktion der Topoi – auch der dialektischen – erklären zu können.

Soll man die Tatsache, daß Boethius die *adiuncta*, d.h. die dialektischen Topoi, nicht zum inneren Bereich der Rhetorik zählt, als weiteren Schritt der Herauslösung der L. aus der Rhetorik interpretieren? Dies ist sicher deshalb nicht gerechtfertigt, da es ja in der (Gerichts-)Rhetorik primär nicht um L. geht, sondern um die Frage, ob eine so und so bestimmbare *Person* eine so und so bestimmbare *Tat* vollzogen hat (und wie diese von einer Ethos- und Nomosgemeinschaft beurteilt wird), und vor allem auch deshalb, weil Boethius am Ende seiner Abhandlung zeigt, daß die dialektischen Topoi notwendig zur Rhetorik gehören. Freilich unterscheiden sich die rhetorischen Örter von den dialektischen Topoi der L. nach Boethius in mehreren Punkten:

(i) Die dialektischen Topoi können sich auf allgemeine *(theses)* und spezifisch-singuläre Probleme *(hypotheses)* beziehen, die logisch-rhetorischen hingegen nur auf letztere; deshalb ist die Reichweite *(ambitus)* der dialektischen Örter größer.

(ii) Die rhetorischen Topoi sind immer aus dem Reservoir der dialektischen entnommen.

(iii) Dialektik ist logisch früher, es sei denn, der Dialektiker muß in seinen Argumentationen Personen betreffende Umstände berücksichtigen, denn dann wird er rhetorische Topoi benutzen.

(iv) Die rhetorischen Argumente «werden nicht aus der *Kontrarietät (ex contrarietate)*, sondern aus dem *Konträren (ex contrario)*, und nicht aus der *Ähnlichkeit*, sondern dem *Ähnlichen* entnommen.» [358] Eine plausible Erklärung dieser Stelle scheint zu sein: Dem Dialektiker geht es um *begriffliche* Beziehungen (Gattung, Ähnlichkeit, Gegensätzlichkeit, usw.), dem Rhetoriker hingegen um die jeweils damit gemeinten *Sachen*. Diese Interpretation wird durch die Schlußbemerkungen bestätigt: «Dialektik entdeckt Argumente aus den Bestimmtheiten selbst *(ex ipsis qualitatibus)*; die Rhetorik aus den unter eine Bestimmtheit fallenden Dingen *(ex qualitates suscipientibus rebus)*.» [359]

Damit wird am Ende der Antike der zentrale Unterschied zwischen Begriffslogik und sachlichen Beziehungen formuliert. Und nicht zu Unrecht stellt Boethius abschließend etwas pointiert-vereinfachend fest, Aristoteles habe in seiner Topik die begrifflichen, Cicero hingegen in seinen ‹Topica› die sachlichen Beziehungen erörtert.

Anmerkungen:
1 vgl. W. A. de Pater: Les Topiques d'Aristote et la dialectique platonicienne (Fribourg 1965) 167 ff.; E. Hambruch: Logische Regeln der Platonischen Schule in der Aristotelischen Topik (1904); H. Cherness: Aristotle's Criticism of Plato and the Academy (New York 1962) 1–82; A. v. Fragstein: Die Dihairesis bei Aristoteles (Amsterdam 1967); Y. Pelletier: La dialectique aristotélicienne (Montréal 1991) 102 ff.; allg. C. Prantl: Gesch. der L. im Abendlande, Bd. I–IV (1855–70, ND 1997) I, 6 ff.; J. M. Bocheński: Formale L. (1962) 35 ff.; R. Blanché: La logique et son histoire, 2. Aufl. bearb. v. J. Dubucs (Paris 1996) 13 ff.; M. Kneale, W. Kneale: The Development of Logic (Oxford 1962) 12 ff.; A. Dumitriu: History of Logic, 4 Bde. (Tunbridge Wells 1977) I, 69 ff. – **2** Platon, Sophistes 219a ff.; vgl. Kneale [1] 10 ff.; de Pater [1] 45 ff. – **3** Arist. Top. 100a 1 (im folg. belegt Verf. auch bei längeren Texten immer nur die erste Zeile); vgl. ebd. VIII, 5, 159a 25. – **4** E. Kapp: Syllogistik, in: RE 2. Reihe, 7. Halbbd. (1931) 1046–1067; ders.: Der Ursprung der L. bei den Griechen (1965; zuerst engl. New York 1942); vgl. P. Aubenque: La dialec-

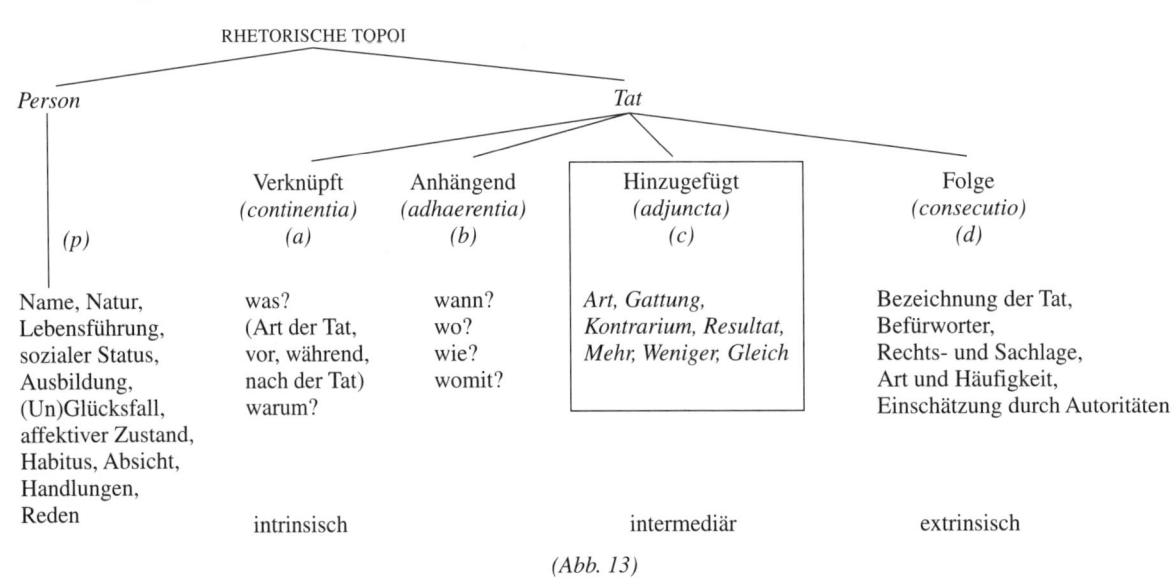

RHETORISCHE TOPOI

Person			*Tat*	
(p)	Verknüpft *(continentia)* *(a)*	Anhängend *(adhaerentia)* *(b)*	Hinzugefügt *(adjuncta)* *(c)*	Folge *(consecutio)* *(d)*
Name, Natur, Lebensführung, sozialer Status, Ausbildung, (Un)Glücksfall, affektiver Zustand, Habitus, Absicht, Handlungen, Reden	was? (Art der Tat, vor, während, nach der Tat) warum?	wann? wo? wie? womit?	*Art, Gattung, Kontrarium, Resultat, Mehr, Weniger, Gleich*	Bezeichnung der Tat, Befürworter, Rechts- und Sachlage, Art und Häufigkeit, Einschätzung durch Autoritäten
	intrinsisch		intermediär	extrinsisch

(Abb. 13)

tique chez Aristote, in: Studia aristotelica 3 (1970) 9–31; vgl. J. Klowski: Zum Entstehen der logischen Argumentation, in: Rhein. Mus. für Philol. NF. 113, 111–141; H.J. Krämer: Die Ältere Akademie, in: H. Flashar (Hg.): Grundriß der Gesch. der Philos. (begr. von F. Überweg), Bd. 3 (1983) 1–174, 9ff.; O. Primavesi: Die aristotelische Topik (1996) 22ff. u. 42ff. – **5** Aristoteles, Analytica posteriora (im folgend. als Arist. An. post. zitiert) 86a 22, 82b 22, 88a 19. – **6** ebd. 84a 7, 84b 2. – **7** vgl. Cicero, De finibus I,7,22; Prantl [1] 535 u. 515; L. Hamelin: Le système d'Aristote (Paris 1920) 60ff.; Blanché [1] 25ff. – **8** Arist. Top. 100a 25–27; Übers. der Belege und Bsp. folgen den Standardtexten oder Übers. Verf., sonst wie angegeben. – **9** vgl. Primavesi [4] 73. – **10** Aristoteles, Peri hermeneias (im folgend. als Arist. Herm. zitiert) 12, 21b 9; vgl. ders., Analytica priora (im folgend. als Arist. An. pr. zitiert) I, 46, 51b 13. – **11** vgl. Aristoteles, Categoriae (im folgend. als Arist. Cat. zitiert) 4, Top. I,9; F.A. Trendelenburg: Gesch. der Kategorienlehre (1846; ND 1963); M.B. Boeri: Wert u. Funktion der Kategorienlehre bei Arist., in: N. Öffenberger, A.G. Vigo: Südamerikanische Beitr. zur modernen Deutung des Aristotelischen L. (1977) 82–106; V. Sainati: Die ‹Kategorien› u. die Theorie der Prädikation, in: A. Menne, N. Öffenberger: Formale u. nicht-formale L. bei Aristoteles (1985) 26–79. – **12** Arist. Herm. 7. – **13** Arist. An. pr. I,1, 24a 17–20. – **14** Arist. Top. II, 1. – **15** Arist. An. pr. I, 23, 40b 23–4. – **16** vgl. T. Parsons: The Traditional Square of Opposition, in: Acta analytica 18 (1997) 23–49; H. Reichenbach: Elements of Symbolic Logic (New York 1966; zuerst 1947) 93ff.; M.-D. Popelard, D. Vernant: Eléments de logique (Paris 1998) 11f. – **17** vgl. Arist. An. pr. I, 3, 25b 31, 41a 5, 47a 39. – **18** vgl. Kneale [1] 183ff.; N. Rescher: Galen and the Syllogism (Pittsburgh 1966). – **19** vgl. J. Lukasiewicz: Aristotle's Syllogistic from the Standpoint of Modern Formal Logic (Oxford ²1957) 38ff.; Blanché [1] 57ff.; G. Patzig: Die aristotelische Syllogistik (³1968; ¹1959) 118ff.; T. Ebert: Warum fehlt bei Aristoteles die 4. Figur?, in: Menne, Öffenberger [11] 148–166 (zuerst in Arch. der Gesch. der Philos. 62 (1980) 13–31). – **20** Arist. An. pr. I, 3, 25 b 31. – **21** ebd. 25b 38. – **22** W.D. Ross: Aristotle's Prior and Posterior Analytics, a revised text with introd. and commentary (Oxford 1949) 29; Lukasiewicz [19] 8 Anm. 1; J.M. Bocheński: Ancient formal logic (Amsterdam 1963) 44. – **23** Lukasiewicz [19] 7ff. – **24** A.N. Prior: Lukasiewicz's symbolic Logic, in: Austral-Asian Journal of Philos. 30 (1952) 33–46, 39f. – **25** A.N. Prior: Formal Logic (Oxford ²1973) 116; vgl. V. Sainati: Storia dell'Organon Aristotelico I: Dai 'Topici' al 'De Interpretatione' (Florenz 1968) 16ff.; ders.: Aristotele. Dalla topica all'analitica, in: Teoria 13,2 (1993) 1–117. – **26** Patzig [19]; vgl. A. Menne, N. Öffenberger (Hg.): Über den Folgerungsbegriff in der aristotelischen L. (1982). – **27** Arist. An. pr. I, 1, 24a 22ff. – **28** vgl. ebd. I, 15, 34b 21. – **29** Primavesi [4] 75f. – **30** Arist. An. pr. I, 3, 25b 30. – **31** vgl. Patzig [19] 200ff. u. H. Weidemann: Aristoteles über Schlüsse aus falschen Prämissen, in: Archiv für Gesch. der Philos. 79 (1997) 202–211. – **32** vgl. Patzig [19] 25ff. – **33** vgl. Arist. An. pr. 30a 23. – **34** vgl. ebd. 28a 19; vgl. Patzig [19] 28. – **35** ebd. 26; vgl. ebd. 37f. – **36** Arist. An. pr. I, 4, 26a 37. – **37** Arist. An. pr. I, 1, 24b 23; dazu Ross [22] 291ff.; Lukasiewicz [19] 43ff.; Bocheński [1] 87, Patzig [19] 51–93. – **38** vgl. Arist. An. pr. I, 5 u.6. – **39** Bocheński [1] 87. – **40** Patzig [19] 59 u. 60. – **41** T. Ebert: Was ist ein vollkommener Syllogismus des Aristoteles?, in: Archiv für Gesch. der Philos. 77 (1995) 221–247; hier bes. 234ff. – **42** R. Patterson: Aristotle's Modal Logic (Cambridge 1995) 206ff. bes. zu Arist. An. pr. 24b 24, 25b 39 und 26a 13. – **43** vgl. Lukasiewicz [19] 51ff.; Bocheński [1] 84ff.; Patzig [19] 144ff., 153ff., 166ff.; Patterson [42] 225ff. – **44** vgl. Arist. An. pr. 28a 22. – **45** vgl. ebd. 28a 24. – **46** Bocheński [1] 98. – **47** A. Becker: Die aristotelische Theorie der Möglichkeitsschlüsse (1933); vgl. Patzig [19] 70ff.; W. Wieland: Die aristotelische Theorie der Notwendigkeitsschlüsse, in: Phronesis 11 (1966) 35–60; ders. Die aristotelische Theorie der Möglichkeitsschlüsse, ebd. 17 (1972) 124–152; ders.: Die aristotelische Theorie der Syllogismen mit modal gemischten Prämissen, ebd. 20 (1975) 77–92; V. Sainati: La sillogistica modale aristotelica: Problemi storici et teorici, in: Teoria (1981/2) 25–69; A. Menne: Modalitäten als Stufenfunktoren, in: A. Menne, N. Öffenberger: Modallogik u. Mehrwertigkeit (1988) 22–32. – **48** Bocheński [1] 101. – **49** G. Klaus: Moderne L. (²1965) 78. – **50** Arist. Herm. 23a 7. – **51** Kneale [1] 90ff.; Blanché [1] 69ff.; N. Rescher: Aristotle's Theory of Modal Syllogisms and its Interpretation, in: M. Bunge (Hg.): The Critical Approach to Science and Philosophy, FS K.R. Popper (London/New York 1964) 152–177; ders.: Modallogik, in HWPh 8 (1992) 23; Patterson [42] 8ff., 33ff. – **52** Arist. Herm. 12, 22a 10. – **53** ebd. 13, 22a 15. – **54** Arist. An. pr. I, 3, 25b 14; 13, 32b 5. – **55** ebd. II, 27, 70a 4. – **56** vgl. Blanché [1] 71. – **57** Arist. An. pr. I, 32a 18; vgl. ders. Metaphysik 1047a 24. u. Bekker [47] 7f.; vgl. U. Nortmann: Modale Syllogismen, mögliche Welten, Essentialismus: eine Analyse der aristotelischen Modallogik (1996) 62ff. – **58** Blanché [1] 73. – **59** Arist. An. pr. 32a 23. – **60** Becker [47] 13. – **61** vgl. Patterson [42] 125ff. – **62** vgl. bes. Becker [47] 36f. u. 55ff. – **63** vgl. H. Tredennick: Aristotle 1 (London 1983) 243. – **64** vgl. bes. Becker [47] 9ff., 24ff., 88ff.; Ross [22] 286ff. u. Bocheński [22] 62ff. – **65** Arist. An. pr. I, 30a 15, 33a 25, 34b 19. – **66** vgl. Blanché [1] 75f. – **67** vgl. J. Pacius: Aristotelis Peripateticorum Principis Organum (1597; reprogr. ND 1967) 180ff. (= zu Arist. An. pr. I, 14, 32b 38ff.); vgl. Prantl [1] I, 283ff.; H. Maier: Die Syllogistik des Aristoteles Bde. I, II1–2 (1896–1900; ND 1979) II,1 144f. – **68** Alexander von Aphrodisias: In Aristotelis Analyticorum priorum librum I commentarium, hg. v. M. Wallies (1883) 165ff.; vgl. J. Tricot: Aristote: Organon III (Les premières Analytiques), trad. et notes (Paris 1983) 63, Anm. 4. – **69** vgl. Arist. An. pr. I, 13, 32b 23; vgl. Becker [47] 32ff., Bocheński [22] 57ff.; Patzig [19] 72ff., Patterson [42] 145ff. – **70** Becker [47] 35f. – **71** vgl. Patterson [42] 58ff. – **72** Arist.An.post. I, 14, 79a 17; vgl. W. Detel: Aristoteles. Analytica Posteriora, übers. u. erl. v. W. Detel, I-II (1993) I, 173ff. – **73** Arist. An. post. II, 11, 94b 10. – **74** ebd. 8, 93a 31. – **75** ebd.11, 94a 37. – **76** Prantl [1] I, 328. – **77** Arist. Metaph. 981a 7; vgl. ders. Arist. Rhet. 13 56b 30; vgl. E. Eggs: Die Rhet. des Aristoteles (1984) 56ff. – **78** Prantl [1] I, 321; vgl. A. Trendelenburg: Erläuterungen zu den Elementen der aristotelischen L. (³1876); Maier [67] II,2, 183ff. – **79** vgl. Prantl [1] I, 326. – **80** Patzig [19] 89; vgl. ders.: Erkenntnisgründe, Realgründe u. Erklärungen, in: Menne, Öffenberger [11] 10–25, bes. 18ff. – **81** Arist. Top. 100a 25–27. – **82** s. ebd. 111a 20. – **83** vgl. J. Brunschwig: Aristote. Topiques, texte établi et traduit (Paris 1967) XLVff.; allg. G.E.L. Owens (Hg.): Aristotle on Dialectic. The Topics (Oxford 1968). – **84** Eggs [77] 305ff. u. 398ff. – **85** H.M. Baumgartner, P. Kolmer: Art. ‹Prädikabilien, Prädikabilienlehre›, in: HWPh 7, Sp. 1178–1186. – **86** Arist. Top. I, 103b 20 u. 107a 3; vgl. Brunschwig [83] XLVff. u. 13, Anm. 2. – **87** Prantl [1] I, 343f. – **88** vgl. Brunschwig [83] XLVIIff. – **89** Arist. Top. VIII, 5, 159a 25; vgl. Primavesi [4] 42ff. u. 63ff. – **90** vgl. Brunschwig [83] XXXIX.; Primavesi [4] 99ff. – **91** vgl. dagegen: Y. Pelletier: Pour une définition claire et nette du lieu dialectique, in: Laval théologique et philosophique 41 (1985) 403–415 u. ders. [1] 251ff.; E. Stump: Dialectics and Aristotle's *Topics*, in dies.: Boethius's *De topicis differentiis*, transl., with Notes and Essays (Ithaca 1978) 159–178; G. Buhl: Zur Funktion der Topoi in der aristotelischen Topik, in: K. Lorenz (Hg.): Konstruktionen versus Positionen (1979) 169–175; A. Beriger: Die aristotelische Dialektik (1989) 53ff. – **92** Alexander von Aphrodisias: In Aristotelis Topicorum libros octo commentaria (1891; ND 1960) II, 2, 135,2 f. (ad 109a 34). – **93** Prantl [1] I, 342 u. 344. – **94** de Páter [1] 140ff. – **95** W.S.J. Grimaldi: Studies in the Philosophy of Aristotle's Rhet. (1972) 130. – **96** Primavesi [4] 104ff. – **97** Arist. Rhet. II, 26, 1403a 8; Brunschwig [83] XXXIX. – **98** vgl. Eggs [77] 472ff. – **99** Arist. Top. 111a 33. – **100** s. ebd. 111a 21. – **101** ebd. 111a 23. – **102** ebd. 111b 17; vgl. A. Zadro: Le regole dell'argomentazione dialettica, in: Aristotele: I Topici, trad., introd. e comm. di A. Zadro (Neapel 1974) 579ff. – **103** Arist. Top. 114b 25 u. 133b 15; vgl. Primavesi [4] 245ff. u. 220ff. – **104** vgl. Primavesi [4] 103ff; Brunschwig [83] XLff; id. Eggs [77] 407ff. – **105** ebd. 399. – **106** Arist. Top. 122b 1, 122b 37, 123a 11, 127b 18, 123a 30. – **107** ebd. 124b 4. – **108** vgl. Primavesi [4] 95ff. – **109** vgl. Arist. Top. 111a 8, 110a 23, 110b 8, 114a 26. – **110** vgl. Primavesi [4] 235ff. – **111** vgl. Arist. Cat. 10, 11b15; Arist. Top. II, 109a7; II, 113b 5: IV,123b 1; V, 135 b 7. – **112** Arist. Top. V, 135b 7. – **113** ebd. 114b 39. – **114** ebd. 115b 3; vgl Primavesi [4] 105. – **115** vgl. Arist. Rhet. II, 23 1397b14. – **116** Arist. Top. 119b 26. – **117** vgl. E. Eggs: Grammaire du discours argumentatif (Paris 1994) 235ff. – **118** vgl. H.G. Coenen: Der aristotelische Topos aus dem Mehr u. Weniger, in: A. Arens (Hg.): Text-Etymologie, FS H. Lausberg (1987) 73–89, 88f. und Primavesi [4] 260f. – **119** vgl. Coenen [118] 81f. u. Primavesi [4] 255ff. – **120** Primavesi [4] 33; Beriger [91] 34ff.; P.I. von Moos: Introduction à une histoire de l'endoxon, in: C. Plantin: Lieux communs, topoi, stéréotypes, clichés (Paris 1993) 3–16; dazu G. Striker: Notwendigkeit mit Lücken. Aristoteles über die Kontingenz der Naturvorgänge, in: Neue Hefte für Philos. 24/25 (1985) 146–164.; M. Mignucci: ‹Ὡς ἐπὶ τὸ πολύ› und ‹notwendig› in der Aristotelischen Konzeption der Wiss., in: Menne, Öffenberger [47] 105–139; M. Winter: Aristotle, *hōs epi to polu* relations, and a demonstrative science of ethics, in: Phronesis 42 (1997) 163–189. – **121** Arist. Rhet. 1402b 15. – **122** Arist. An. pr. II,27, 70a 3; vgl. Eggs [77] 251ff. – **123** vgl. Primavesi [4] 252ff. – **124** vgl. Bocheński [22] 69; de Pater [1] 202ff.; Eggs [77] 367ff. – **125** Arist. Top. 114b 37 / 115a 15; 137a 8 / 137b 14. – **126** ebd. 119b17; 154a 4. – **127** ebd. 145b 34; 152b 6. – **128** ebd. 127b 26. – **129** Arist. Rhet. 1397b 37. – **130** Perelman 294ff. – **131** Arist. Rhet. 1397b 28. – **132** vgl. Primavesi [4] 264ff. – **133** Arist. Top. 136b 33. – **134** ebd. 114b 26. – **135** Arist. Poet. 1457b 16; vgl. Eggs [77] 318. – **136** Arist. Rhet. II, 23, 1397a 23 u. 1399a 25; vgl. Eggs [77] 392. – **137** Arist. Rhet. 1354a 1. – **138** vgl. ebd. 1398b 21, 1399a 30, 1399b 15, 1400a 6. – **139** vgl. Arist. Top. I,1, 100a 25 und VIII,11, 162a 15; Arist. Rhet. I,2, 1357a 8; Arist. An. pr. 1,1, 24a 24; An.post. I,6, 74b 5; vgl. (ohne rhet. Syllogismen) Brunschwig [83] XXXVff., Beriger [91] 24ff. (ohne rhet. Syllogismen). – **140** vgl. E. Eggs: Ethos aristotélicien, conviction et pragmatique moderne, in: R. Amossy (Hg.): Images de soi dans le discours. La construction de l'ethos (Lausanne 1999) 31–60. – **141** Arist. Rhet. 1357a 30; vgl. z. folg. J. Sprute: Die Enthymemtheorie der aristotelischen Rhet. (1982) 74ff., Eggs [77] 249ff.; ders.: Art. ‹Argumentation›, in: HWRh 1, 916ff. – **142** Arist. Rhet. 1357a 27ff. – **143** ebd. 1357b 26ff. – **144** vgl. W. Schmidt: Theorie der Induktion (1974); J. Hintikka: Aristotelian Induction, in: Revue intern. de philosophie 34 (1980) 422–439. – **145** Arist. An. pr. 69a 13; vgl. E.E. Ryan: Aristotle's Theory of Rhetorical Argumentation (Montréal 1984); Eggs [117] 45ff. – **146** Arist. Rhet. 1357b 18. – **147** ebd. 1355a 14. – **148** Aristoteles, Sophistici elenchi (im folgend. zitiert als Arist. Soph. el.) 165a 2; vgl. 168a 36. – **149** Arist. Rhet. 1403a 29. – **150** F. Solmsen: Die Entwicklung der aristotelischen L. u. Rhet. (1929) 28ff.; vgl. Grimaldi [95] 103ff; Eggs [77] 272ff. – **151** vgl. Arist. Rhet. 1402a 34ff. – **152** ebd. 1403a 2. – **153** ebd. 1402b 34; vgl. 1403a 5. – **154** Arist. Soph. el. 164b 20 u. 27. – **155** ebd. 165a 25. – **156** vgl. ebd. 176b 29ff. – **157** ebd. 165b 18. – **158** vgl. Arist. Rhet. II, 24, 1400b 37ff. und Arist. An. pr. II, 16–21, 64b 28ff.; vgl. C.L. Hamblin: Fallacies (London 1970) 66ff. – **159** vgl. Arist. Soph. el. 4, 165b 23ff.; Eggs [77] 289ff. – **160** vgl. C. Kirwan: Aristotle and the So-Called Fallacy of Equivocation, in: The Philos. Quarterly 29 (1979) 35–46. – **161** vgl. S. Freud: Der Witz u. seine Beziehung zum Unbewußten (1970) 49. – **162** ebd. 33. – **163** Arist. Soph. el. 178a 15. – **164** ebd. 178b 24; vgl. Eggs [77] 292ff. – **165** Arist. Soph. el. 182a 34; vgl. 165b 20ff; 173b 17ff. u. 182a 7ff. – **166** vgl. R.E. Edlow: Galen on Language and Ambiguity. An Engl. Translat. of Galen's *De Captionibus* with Introd., Text and Comm. (Leiden 1977); C. Dalimier, J.-P. Levet, P. Pellegrin: Galien: Traités philosophiques et logiques, traductions inédites, introd. P. Pellegrin (Paris 1998) 217–235; vgl. ebd. 59ff.; vgl. S. Ebbesen: Commentators and Commentaries on Aristotle's' Sophistici Elenchi, 3 Bd. (Leiden 1981) I, 78ff. u. II, 1–26; vgl. L.A. Dorion: Aristote: Réfutations sophistiques (Paris 1995) 84ff.; allg. K.L. Flannery: Ways into the Logic of A. of Aphrodisias (Leiden 1995). – **167** Alexander von Aphrodisias: In Aristotelis Sophisticos Elenchos Commentarium (1898) 22, 27 (ad Arist. Soph. el. 165b 27); vgl. Hamblin [158] 97ff. – **168** vgl. Hamblin [158] 62ff u. 72ff.; Eggs [77] 289ff. – **169** vgl. Arist. Soph. el. 168a 5ff. – **170** ebd. 166b 37; vgl. Arist. An. pr. 64b 28 u. Ross [22] 461ff. – **171** vgl. Arist. Top. VIII, 13, 162b 31ff. – **172** Arist. Soph. el. 167b 21ff. u. Arist. An. pr. II, 17–65a 38ff.; vgl. J. Tricot: Aristote. Organon I-VI, traduction et notes (Paris 1950ff.) III, 288–293 (Anm.). – **173** vgl. Hamblin [158] 78ff; dagegen H. Brands, C. Kann (Hg.), in: William of Sherwood: Introductiones in Logicam (Hamburg 1995) 304, Anm. 300; ähnlich H.V. Hansen, R.C. Pinto (Hg.): Fallacies. Classical and Contemporary Readings (Pennsylvania 1995) 7. – **174** Arist. Soph. el. 166b 38. – **175** ebd. 180a 23ff. – **176** ebd. 167a 11 u. 167a 1. – **177** Ebbesen [166] I, 224. – **178** Arist. Soph. el. 166b 28ff., 178a 36ff.; vgl. P. Aubenque: Le problème de l'être chez Aristote (Paris 1962) 136ff.; vgl. z. Auslegung allg.

Ebbesen [166] I, 224ff.; H.G. Gelber: The Fallacy of Accident and the *Dictum de omni*: Late Medieval Controversy over a Reciprocal Pair, in: Vivarium 25 (1987) 110–145; A.A. Bueno: Aristotle, the Fallacy of Accident, and the Nature of Predication, in: J. for the History of Philosophy 26 (1988) 5–24. – **179** vgl. Hamblin [158] 84ff. u. J. M: Gambra: Medieval Solutions to the Sophism of Accident, in: K. Jacobi: Argumentationstheorie (Leiden 1993) 431–450. – **180** Arist. Soph. el. 179a 32ff. u. 179b 38ff. – **181** ebd. 166b 35; vgl. Eggs [77] 307ff. – **182** Arist. Soph. el. 167b 5ff. u. Arist. Rhet. 1401b 23. – **183** vgl. Solmsen [150] 26ff. u. Eggs [77] 311ff. – **184** vgl. A. Arnauld, P. Nicole: La logique ou l'art de penser (Paris 1970; zuerst 1683) 308ff.; J.S. Mill: A System of Logic (New York 1872) 490 (= V, v, 5); R.C. Pinto: Post Hoc Ergo Propter Hoc, in: Hansen, Pinto [173] 302–311. – **185** vgl. Arist. Rhet. 1401b 29. – **186** ebd. 1401b 34. – **187** ebd. 1401a 25. – **188** ebd. 1402a 17 u. ders. Poetik 1461b 15. – **189** vgl. P. Aubenque: La prudence chez Aristote (Paris 1963) u. bes. H.-G. Gadamer: Wahrheit u. Methode (³1972) 295ff. – **190** Arist. EN 1106b 36; vgl. ebd. 1112a 15; vgl. Eggs [140] 35ff. – **191** Arist. EN 1178a 16. – **192** Arist. Rhet. 1366b 20. – **193** Arist. Top. 116a 3. – **194** s. ebd. 116a 13, 116a 31, 116b 24, 117b 12. – **195** Perelman 112ff. – **196** Arist. EN 1094a 1. – **197** vgl. Arist. Rhet. I, 5–7; hier 1361a 13, 1361b 2, 1361b 35. – **198** vgl. ebd. 1399a 14, 1400a 6, 16 u. 24, 1400b 10. – **199** Eggs [77] 386f. – **200** Arist. Rhet. 1400b 1; vgl. Eggs [77] 274ff. – **201** Arist. Rhet. 1400a 8. – **202** ebd. 1398b 21. – **203** vgl. oben Schema ‹Aspekte des Topos› Alexander von Aphrodisias [92]; Theophrast: Die logischen Fragmente, hg. u. erl. von A. Graeser (1973) 106ff (fr. 39 u. 40); Ebbesen[166] I, 107f. – **204** vgl. Solmsen [150] 66ff. u. I.M.J. Bocheński: La Logique de Théophraste (Fribourg 1947) 122f. – **205** A. Plebe: Retorica Aristotelica e logica stoica, in: Filosofia 10 (1959) 391–424. – **206** Graeser [203] 85ff.; Bocheński [204] 67ff.; ders. [1] 116ff.; L. Repici: La logica di Teofrasto (Bologna 1977) 68ff. u. 72ff. – **207** vgl. Bocheński [204] 79ff.; Repici [206] 117ff. – **208** Bocheński [204] 50ff.; dazu ders. [1] 115f., Kneale [1] 106ff.; Blanché [1] 84ff. u. bes. Graeser [203] 69ff.; vgl. Arist. Anal. pr. I, 41, 49b 15 u. Alexander von Aphrodisias [68] 378, 12ff. – **209** Graeser [203] 79ff. – **210** vgl. Bocheński [204] 103ff. u. ders. [1] 118ff.; Graeser [203] 90ff.; vgl. Repici [206] 139ff. – **211** Bocheński [204] 120. – **212** Alexander von Aphrodisias [68] 326, 20ff. – **213** Prantl [1] I, 404. – **214** ebd. 32 u. 402. – **215** vgl. K. Döring: Die Megariker. Komm. Sammlung der Testimonien (Amsterdam 1972). – **216** ebd. 32 u. 45. – **217** ebd. 405. – **218** Kneale [1] 113; vgl. Blanché [1] 91ff. – **219** J. Lukasiewicz: Zur Gesch. der Aussagenlogik, in: Erkenntnis 5 (1935) 111–131, 121ff.; vgl. M. Barnes: Terms and sentences: Theophrastus on hypothetical syllogisms, in: Proceedings of the British Academy 69 (1984) 279–326, 281ff. – **220** vgl. Bocheński [204] 114ff.; Barnes [219] u. ders.: Theophrastus on hypothetical syllogisms, in: J. Wiesner (Hg.): Aristoteles: Werk u. Wirkung, Bd. I (1985) 557–576. – **221** T. Ebert: Dialektiker und frühe Stoiker bei Sextus Empiricus (1991) 16ff. – **222** M. Frede: Die stoische L. (1974) 20f.; vgl. dazu Rezension von K. v. Fritz, in: ders: Schr. zur griech. L. (1978) Bd. 2, 203ff. – **223** vgl. Ebert [221] 24ff.; D. Sedley: Diodorus Cronus and Hellenistic Philosophy, in: Proceedings of the Cambridge Philological Society 203 (1977) 74–120; K. Döring: Gab es eine Dialektische Schule?, in: Phronesis 34 (1989) 293–310; vgl. auch die Rez. zu Ebert [221] von M. Hossenfelder in: Arch. der Gesch. der Philos. 76 (1994) 225–228. – **224** vgl. FDS Frg. 1 u. 33. – **225** vgl. M. Pohlenz: Die Begründung der abendländischen Sprachlehre durch die Stoa (1939); B. Mates: Stoic Logic (Berkeley ²1961); U. Egli: Zur stoischen Dialektik (Basel 1967) u. ders.: Stoic Syntax and Semantics, in: J. Brunschwig (Hg.): Les Stoïciens et leur logique (Paris 1978) 135–154; Dumitriu [1] I, 223ff.;v. Fritz [222] 75ff., 93ff., 119ff.; M. Frede: The Principles of Stoic Grammar, in: J.M. Rist (Hg.): The Stoics (Berkeley 1978) 27–76; E. Eggs: Art. ‹Grammatik›, in: HWRh 3, Sp. 1050ff.; W. Ax: Der Einfluß des Peripatos auf die Sprachtheorie der Stoa: in: K. Döring, T. Ebert (Hg.): Dialektiker u. Stoiker (1993) 11–32; J. Barnes: Meaning, Saying and Thinking, ebd. 47–61. – **226** vgl. FDS 773–779, 887–913. – **227** vgl. Diokles nach Diogenes Laertius VII, 68–76.(= FDS 914). – **228** vgl. Galenus, Institutio logica IV, 1–3 (= FDS 951); Kneale [1] 160ff.; Frede [222] 73ff. – **229** vgl. ebd. 73. – **230** Blanché [1] 106ff.; Mates [225] 54; Kneale [1] 147ff. – **231** vgl. Mates [225]

42ff. u. Kneale [1] 130ff u. 148ff. – **232** Frede [222] 79. – **233** Sextus Empiricus, Adversus Mathematicos VIII, 113–4 (= FDS Frg. 957); vgl. Ebert [221] 20ff. – **234** Sextus [233] VIII 115–7 (= FDS Frg. 957). – **235** M. Hurst: Implication in the Fourth Century BC., in: Mind 44 (1935) 484–495; vgl. C.I. Lewis: Survey of Symbolic Logic (Berkeley 1918) 239ff. – **236** Bocheński [1] 135 u. ders. [22] 89ff.; Blanché [1] 100ff. – **237** vgl. Priscian, Institutiones grammaticae 16,1. – **238** Kneale [1] 147. – **239** Galenus [228] III, 3. – **240** vgl. Frede [222] 100ff. – **241** vgl. FDS Frg. 914, 42f. – **242** Apollonios Dyskolos, De coniunctionibus 222/3 (= FDS fr. 981); vgl. FDS 980 (= Epimerismi ad Homerum). – **243** vgl. FDS Frg. 914. – **244** Sextus Empiricus [233] VIII, 112 (= FDS Frg. 957); vgl. Anm. v. Hülser zu FDS 962. – **245** Galenus [228] III, 4 (= FDS 950). – **246** vgl. E. Eggs: Die Bedeutung der Topik für eine linguistische Argumentationstheorie, in: G. Ueding (Hg.): Rhet. und Topik (2000) 587–608; vgl. J. Barnes: Logic and the Imperial Stoa (Leiden 1997) 85ff. – **247** Galenus [228] V, 2 (= FDS 977). – **248** Sextus Empiricus, Pyrrhonei Hypotyposeis II, 135 (= FDS Frg. 1038). – **249** vgl. Diogenes Laertius VII, 76 u. Alexander von Aphrodisias [92] 574 (= FDS Frg. 1036 u. 1055, vgl. fr. 1037ff.) – **250** Sextus Empiricus [233]VIII, 303 (= FDS 1059; vgl. Frg. 1064). – **251** ders. [248] II, 138–143 (= FDS Frg. 1064), Übers. Verf.; vgl. Bocheński [1] 141ff; Ebert [221] 245ff. u. 325ff. – **252** ders. [233] VIII, 411–423 (= FDS 1060, 1065, 1962); dazu Ebert [221] 280ff. – **253** Sextus Empiricus [233] VIII, 301–314 (= FDS 1039, 1059, 1066); dazu: J. Brunschwig: Proof defined, in: M. Schofield et al. (Hg.): Doubt and Dogmatism: Studies in Hellenistic Epistemology (Oxford 1980) 125–160 u. Ebert [221] 232ff. – **254** Sextus Empiricus [248] II, 146–150 (= FDS 1111); vgl. Ebert [221] 146ff. – **255** vgl. ders. [233] VIII, 429–435 (= FDS 1110). – **256** K. Hülser: Zur dialektischen u. stoischen Einteilung der Fehlschlüsse, in: Döring, Ebert [225] 167–185, 181f. – **257** vgl. Diocles, ap. Diog. Laertium VII, 76–81 (= FDS 1036) u. Sextus Empiricus [248] II, 157–9 (= FDS 1128); vgl. Mates [225] 58ff., Kneale [1] 162ff. u. Frede [222] 136ff. – **258** vgl. Galenus, Hist. philos. 15 (= FDS 1129); vgl. Kneale [1] 162ff. u. Frede [222] 146. – **259** vgl. Lukasiewicz [19] 59 Anm. 1 u. Blanché [1] 118ff.; allg. Frede [222] 172ff. u. M. Mignucci: The Stoic Themata, in: Döring, Ebert [225] 217–238. – **260** Cic. Top. 53–57; vgl. Frede [222] 159ff., insb. Überblick 68. – **261** vgl. Mates [225] 72, Anm. 55; Kneale [1] 181f.; K. Ierodiakonou: The Stoic Indemonstrables in the Later Tradition, in: Döring, Ebert [225] 187–200. – **262** Mart.Cap. IV, 419; Cassiod. Inst. 119, Isid. Etym. II, 28. – **263** vgl. Frede [222] 164ff. – **264** J. Brunschwig: Le modèle conjonctif, in: ders. [225] 59–86, 62. – **265** Sextus Empiricus [233] VIII, 125–129. – **266** Seneca, De ira I, 8; vgl. Brunschwig [264] 72f. – **267** Brunschwig [264] 79. – **268** nach Gellius, Noctes Atticae VII, 2,1–11 (= FDS Frg. 998). – **269** vgl. FDS Frg. 1006–1014. – **270** Cicero, De fato, bes. 6, 12ff. u. 9, 17ff. – **271** ebd. 7, 13; Alexander von Aphrodisias, In Arist. Anal. pr. 183ff. (= FDS 992); Boethius, In Arist. De interpr. II, 9, 234ff. (= FDS fr. 988); dazu: Bocheński [22] 86ff; Blanché [1] 102ff.; S. Bobzien: Chrysippus' Modal Logic and Its Relation to Philo and Diodorus, in: Döring, Ebert [225] 63–84; H. Weidemann: Zeit u. Wahrheit bei Diodor, ebd. 319–329. – **272** Epiktetos, Dissertationes II, 19, 1–10 (= FDS Frg. 993). – **273** Alexander von Aphrodisias [68] 183 (= FDS Frg. 992), Übers. Verf. – **274** Hieronymus, Dialogus adversus Pelagianos I, 9 (= FDS 991); vgl. Cicero [270] 7, 13 (= FDS 989). – **275** Boethius [272] III, 9, 234ff. (= FDS Frg. 988). – **276** ebd. – **277** Alexander von Aphrodisias [271] ebd. – **278** Hülser, ad FDS Frg. 992, S. 1262. – **279** Diogenes Laertius VII, 75 (= FDS Frg. 914), Übers. Verf. – **280** vgl. Frede [222] 108f. – **281** vgl. etwa FDS Frg. 989 (Cicero) und FDS 991 (Hieronymus). – **282** Cicero [270] 7, 13 (= FDS 989). – **283** Diogenes Laertius VII, 75 (= FDS Frg. 914). – **284** Iohannes Philoponus, In Arist. An. pr. 165ff. (= FDS 995). – **285** Alexander von Aphrodisias [68] 404 (= FDS Frg. 921). – **286** Sextus Empiricus, Adversus Grammaticos 212–213; vgl. Apollonios Dyskolos, De constructione III, 9 (zit. n. der Edit. v. J. Lallot, Paris 1997, Bd. I); vgl. Eggs [225] Sp.1036ff. – **287** vgl. G. Kleiber: Nominales. Essais de sémantique référentielle (Paris 1994) 92ff. – **288** vgl. Alexander von Aphrodisias [68] 402. – **289** ebd. 404. – **290** Diogenes Laertius II, 108.; vgl. Kneale [1] 114ff. – **291** vgl. FDS Frg. 1207 u. 1227–9. – **292** Diogenes Laertius VII, 82 (= FDS Frg. 1207); vgl. FDS Frg. 1247 u. 1248. – **293** vgl. FDS Frg. 222, 1209 u. 1246. – **294** Arist. Soph. el. 180b5. – **295** A. Rüstow: Der Lügner. Theorie, Gesch. und Auflösung (1910) bes. 39ff. u. 80ff.; vgl. Bocheński [1] 151ff. u. W. Cavini: Chrysippus on Speaking Truly and the Liar, in: Döring, Ebert [225] 85–109. – **296** Papyrus Hercul. 307 (= FDS Frg. 698; Col. IX u. X). – **297** Bocheński [1] 153; etwas vorsichtiger ders. [22] 102. – **298** vgl. Hülser, in: FDS zu Frg. 1210 (S.1707). – **299** Alexander von Aphrodisias, ad Arist. Top. 133a 24ff (= FDS Frg. 1883). – **300** B. Russell, A.N. Whitehead: Principia Mathematica (Cambridge 1925) I, 30ff.; vgl. A. Koyré: Epiménide. Le menteur (Paris 1945) 10ff. – **301** vgl. FDS Frg. 1220–1226. – **302** Galenus, De medicinali experientia XVII, 1–3 (= FDS Frg. 1237). – **303** vgl. FDS Frg. 1236–1243. – **304** vgl. Sextus Empiricus [248] II, 229–235 (= FDS Frg. 1200); vgl. Ebert [221] 183ff. u. C. Atherton: The Stoics on Ambiguity (Cambridge 1993) 438ff. – **305** vgl. Ebert [221] 187 u. 189ff.; Sextus Empiricus [248] 233. – **306** ebd. 234. – **307** ebd. 231. – **308** s. oben zum Solözismus. – **309** Ebert [221] 191. – **310** Quint. I, 10, 5. – **311** Bocheński [1] 154; zum Einfluß der Stoa M.L. Colish: The Stoic Tradition from Antiquity to the Early Middle Ages, 2 Vol. (Leiden 1985). – **312** vgl. Galen: Einf. in die L., krit. exeget. Komm. m. dt. Übers. v. J. Mau (1960) u. Dalimier, Levet, Pellegrin [166] 237–286. – **313** vgl. Mau [312] 31ff. (zu XI, 5/7 u. XII, 1). – **314** vgl. Barnes [219] 284. – **315** Galenus [228] XVI, 12. – **316** vgl. Mau [312] 60f. – **317** vgl. Platon, De re publica II, 368e ff. – **318** vgl. P. Hadot: Porphyre et Victorinus, 2 Bde. (Paris 1968); E. Stump: The Differentia and the Porphyrian Tree, in: Boethius's De topicis differentiis, transl., notes and essays by E. Stump (Ithaca/London 1978) 237–261. – **319** dazu Bocheński [1] 155ff. – **320** Apuleius: Opera omnia, hg. v. G.F. Hildebrand (1842) II, 265ff.; vgl. Bocheński [1] 162f. – **321** Boethius, De syllogismo hypothetico, in: ML 64, 832 A. – **322** ebd. 832–876, 845 u. 849. – **323** ebd. 845 B, 846 D u. 874 D. – **324** ebd. 856 B u. 861 B; vgl. Bocheński [1] 160f. – **325** vgl. Blanché [1] 126ff. – **326** Boethius [321] 835 B-D; vgl. Bocheński [1] 158ff. u. Blanché [1] 127ff. – **327** vgl. Lukasiewicz: Philos. Bemerkungen zu mehrwertigen Systemen des Aussagenkalküls, in: S. McCall (Hg.): Polish Logic 1920–1939 (Oxford 1967) 63–4; vgl. R. Sorabji (Hg.): Ammonius: On Aristotle's On Interpretation 9 (transl. by D. Blank) with Boethius: On Aristotle's On Interpretation 9 (transl. and comm. by. N. Kretzmann) (Ithaca 1998); darin M. Mignucci: Ammonius's sea battle 53–86. – **328** Arist. Herm. 19a 28. – **329** vgl. Boethii Comm. in Librum Aristotelis Peri Hermeneias (1877 89) 212f. (– Sorabji [327] 162f.); J. Kretzmann: Boethius and the truth about tomorrow's sea battle, in: Sorabji [327] 24–53, 40ff. – **330** Prantl [1] I, 505–527, 505. – **331** Cic. Inv. I, 67; vgl. M. Kienpointner: Art. ‹Argument› und E. Eggs: Art. ‹Argumentation›, in: HWRh Bd. 1, Sp.891ff. u. Sp.934f. – **332** Cic. Inv. I, 49. – **333** Lausberg Hb. §373. – **334** vgl. Quint. V, 20ff.; dazu Lausberg Hb. §376. – **335** Cic. Top. 24 u. 72–78. – **336** vgl. ebd. 8; vgl. Ebbesen [166] I, 108ff. – **337** vgl. Cic. Top. 53–57. – **338** ebd. 58–67. – **339** ebd. 68–70 u. 71. – **340** ebd. 23. – **341** ebd. 6. – **342** Alexander von Aphrodisias [92] II, 2, 135, 6–9. – **343** ebd. 18ff. – **344** Boethius, De differentiis topicis, in: ML Bd. 64 1176 C-D; vgl. Stump [91] 27–155. – **345** ebd. 1188 B-C; vgl. Stump: Dialectic and Boethius's De topicis differentiis, in: dies. [91] 179–204; vgl. Ebbesen [166] I,106ff.; E. Eggs: L'actualité du débat sur les topoi dans la rhétorique et la dialectique traditionnelles, in: C. Plantin (hg.): Lieux communs (Paris 1993) 393–409. – **346** Boethius, In Ciceronis Topica Commentaria, in: ML Bd. 64 1051 A; vgl. Arist. An.post. 90a 35; vgl. Boethius [344] 1183 Aff. – **347** ebd. 1190 B – 1192 B. – **348** ebd. 1189 C-D; vgl. Stump [345] 196ff. – **349** Boethius [344] 1193 A. – **350** ebd. 1191 A. – **351** ebd. 1191 A-B u. 1206 A-B. – **352** ebd. 1204 A. – **353** Boethius [346] 1124 Aff. – **354** ebd. 1212 B-D.; vgl. Cic. Inv. II, 34. – **355** Boethius [344] 1212 C – 1215 A; vgl. Cic. Inv. II, 34–43; vgl. dagegen Stump [91] 155ff. – **356** Cic. Inv. 38. – **357** vgl. bes. Boethius [344] 1215 A-1115 C. – **358** ebd. 1214 C. – **359** ebd. 1216 D.

II. *Mittelalter.* Nach einer Übergangsphase (600–um 1100), in der durch CASSIODOR, ISIDOR und MARTIANUS CAPELLA das Wissen der Spätantike enzyklopädisch zusammengefaßt wird, beschäftigen sich im 10. und 11. Jh. Autoren wie ABBO VON FLEURY, GARLANDUS COMPOTISTA oder ANSELM VON CANTERBURY intensiv mit der

Logica vetus, wie sie über BOETHIUS tradiert wurde (als Indiz für diese intensive Aufarbeitung sei hier die Übersetzung ins Deutsche (genauer: Hochalemannische) des Boethius-Kommentars zu den ‹Kategorien› von NOTKER DEM DEUTSCHEN um 1000 genannt [1]). Diese Beschäftigung wird mit der *Scholastik* – mitbedingt durch die Entwicklung der Städte, Schulen und Universitäten – im 12. Jh. in Tiefe und Breite in einer Art Renaissance intensiviert (so zählt Marenbon bis 1150 28 Kommentare zu Porphyrios' ‹Isagoge›, 24 zu den ‹Kategorien› und 23 zur ‹Hermeneia› [2]); innovativ wirken dann die direkten Übersetzungen der sog. *Logica nova* aus dem Griechischen oder aus dem Arabischen [3], d.h. der ‹Analytiken›, der ‹Topik› und der ‹Sophistischen Widerlegungen›, wobei die in dieser Zeit entstehenden Kommentare eine wesentliche Rolle spielen; die herausragende Persönlichkeit und wichtigster Vermittler des Neuen im Alten dieses Jh. ist PETRUS ABAELARDUS (1079–1142); bis Ende des 13. Jh. entstehen dann die großen logischen Abhandlungen von WILHELM VON SHERWOOD (bis ca. 1272), PETRUS HISPANUS (bis 1277), LAMBERT VON AUXERRE oder ROBERT KILWARDBY (bis 1279), die einerseits das ganze aristotelische ‹Organon› (vor allem die ‹Topik› und die ‹Sophistischen Widerlegungen›, also nicht nur die ‹Analytiken›) und recht kurz die stoischen Aussageverbindungen behandeln, andererseits aber auch neue Überlegungen zur Bedeutung und Denotation der Terme (‹terministische L.› bzw. ‹Suppositionslehre›) enthalten. Diese *Logica moderna* der Termini bleibt wesentlicher Bestandteil der spätscholastischen Logiken des 14.–15. Jh. von WILHELM VON OCKHAM (bis 1350), JOHANNES BURIDANUS (bis 1360) oder ALBERT VON SACHSEN (bis 1390), wobei die Topik immer mehr in den Hintergrund rückt, um der zum Teil auf die stoische L. zurückgehenden ‹Konsequenzenlehre› Platz zu machen. Abgeschlossen wird die Epoche durch das monumentale Werk von PAULUS VENETUS (bis 1429). [4] Betrachtet man die Rolle der Grammatik und Topik im Mittelalter, lassen sich zwei große Entwicklungstendenzen feststellen:

(i) Die neue und intensive Beschäftigung mit den ‹Alten› umfaßt auch Rhetorik, Poetik und innerhalb der L. besonders die Grammatik; dies führt zu einer wechselseitigen Befruchtung von Grammatik und L. Pinborg spricht sogar von einer ‹Verschmelzung› beider, «die für das 12. Jh. typisch ist». [5] Langfristig gesehen ist freilich der Einfluß der L. auf die Grammatik bedeutend größer, führt er doch um 1279–1310 zur Herausbildung der logisch-spekulativen Grammatik der Modisten (BOETIUS VON DACIEN, RADULPHUS BRITO, THOMAS VON ERFURT), deren Untersuchung der *modi significandi* (Arten des Bedeutens von Wortarten und deren Relationen im Satz) über die ‹Logik› von PORT-ROYAL die allgemeinen philosophischen Grammatiken bis ins 19. Jh. beeinflussen sollte. [6] Umgekehrt führt der Einfluß der Grammatik auf die L. nicht zu einer grammatischen L., sondern zu einer präziseren und reflektierteren Behandlung sprachlicher Formen und deren Bedeutung bzw. logischen Funktionen *innerhalb* der überlieferten L.

(ii) Die Topik in der Ausprägung durch Boethius' ‹De differentiis topicis› wird nach EBBESEN bis etwa 1300 intensiv untersucht und diskutiert. Die wichtigsten in der Tradition der ‹Topik› stehenden Abhandlungen sind die ‹Dialectica› von GARLANDUS COMPOTISTA (um 1040) und die ein Jahrhundert später geschriebenen ‹Dialectica› von Abälard; auch das letzte Buch der aristotelischen ‹Topik›, die ‹Sophistischen Widerlegungen›, wird zum vieldiskutierten und -kommentierten 'Modetext' (EBBESEN zählt für die Zeit von 1125–1300 – d.h. ab dem direkten Zugang zur *Logica nova* – allein für die ‹Sophistischen Widerlegungen› 84 Kommentare [7]); während diese jedoch nach 1300 ein fester Bestandteil der L. bleiben und sogar durch Traktate zu den *Sophismen* und *Insolubilia* (Paradoxien) vertieft und ergänzt werden, verliert die ‹Topik› immer mehr ihren im 13. Jh. noch unumstrittenen Platz in der L. [8]

1. *Die Zeit bis 1300.* Deshalb überrascht es nicht, daß Petrus Hispanus in seinem großen logischen ‹Tractatus›, später als ‹Summulae logicales› [9] bezeichnet (BOEHNER zählt bis zum 17. Jh. 176 Editionen [10]), mehrfach auf die Grammatiken von DONAT (‹Ars grammatica›) und besonders von PRISCIAN (‹Institutiones grammaticae›) verweist. Schon ein Blick auf die Gliederung dieser L. zeigt den Einfluß von Sprachphilosophie und Grammatik:

1. Bestimmung der Grundkategorien (Nomen, Verb, Rede vs. Satz (*propositio*), aristotelische Quantifizierungen (universell/partikulär) mit logischem Quadrat, Konversionen von Aussagen – hypothetische Aussagen (Implikation, Konjunktion, (inklusive) Disjunktion) mit Wahrheitswerten; modale Aussagen mit Äquipollenzen wie in der ‹Hermeneia› mit modallogischem Quadrat. [11] [→ Peri hermeneias]

2. Prädikabilien: Gattung, Art, Differenz, Proprium, Akzidens. [→ Topik; Isagoge von Porphyrios]

3. Kategorien (*predicamenta*) und Relationen: entgegengesetzt (korrelativ, privativ, konträr, kontradiktorisch), temporale (früher, gleichzeitig), Wechsel, Haben). [→ Kategorien]

4. Syllogismen (3 Figuren mit den jeweiligen Modi und Beweisverfahren (Konversion, *reductio per impossibile*) ohne Modalsyllogismen. [→ 1. Analytiken]

5. Topoi mit Unterscheidung in Syllogismus/Induktion vs. Enthymem/Beispiel; Maximen und Differenztopoi (doppelte Länge der Schlußlehre). [→ Topik; in der Bearbeitung von Boethius]

6. Suppositionen (Denotation der Terme).

7. Trugschlüsse; Einteilung der Disputation in 4 Formen (didaktisch, dialektisch, peirastisch, sophistisch); auf Sprache vs. außerhalb der Sprache beruhende Trugschlüsse (fast die Hälfte des ganzen Traktats). [→ Sophistische Widerlegungen]

8. Linguistische ‹Relativa›: Relativpronomen, Reflexivpronomen, Anapher u.a.

9.–12. Linguistisch-logische Ergänzungen zu Suppositionen (6.): Erweiterung (*ampliatio*), Appellation, Restriktion, Distribution.

Die Abschnitte (Traktate) 1 bis 5 und 7 entsprechen offenbar dem aristotelischen Organon, wobei in 2 und 5 die Bearbeitungen von Porphyrios bzw. Boethius zugrunde liegen; in 6 und 8–12 werden hingegen referenzsemantische und grammatische Aspekte von Termini, also Fragen der *Logica nova*, behandelt. Dies erklärt, daß diese Abschnitte in späteren Editionen zu einem Traktat zusammengefaßt wurden. [12] Auffallend ist, daß Aufbau, Thematik und Terminologie weitgehend mit den kurz vorher geschriebenen ‹Introductiones in Logicam› von Wilhelm von Sherwood [13] übereinstimmen; daraus haben PRANTL, GRABMANN und KRETZMANN auf eine direkte Abhängigkeit gefolgert, DE RIJK hat hingegen geltend gemacht, daß solche Übereinstimmungen eher auf eine gemeinsame Schulphilosophie verweisen, die durch einen Fundus von überlieferten Problem- und Fragestellungen gekennzeichnet ist. Deshalb kann man auch bei der dritten großen L. des 13. Jh., der ‹Logica› des Lambert von Auxerre [14], nicht von einer Abhängigkeit von Wilhelm von Sherwood sprechen. [15] Dieser gemeinsame Fundus ermöglicht es jedoch, das Schulgebäude der mittelalterlichen L. Mitte des 13. Jh. am Beispiel der Logikabhandlungen von Petrus Hispanus und Wilhelm von Sherwood exemplarisch zu verdeutlichen. Dem Aufbau dieser beiden Logiken folgend wird die Erörterung in drei Problembereiche gegliedert: a) Grundbegriffe, Aussage, Syllogismus; b) Topik und Trugschlüsse; c) terministische L. und Suppositionslehre.

a. *Grundbegriffe, Aussage, Syllogismen.* Im Abschnitt 1 der ‹Summulae›, der thematisch Aristoteles' ‹Herme-neia› entspricht, werden neben den seit Boethius (vor allem in ‹De syllogismo categorico›) gängigen Bestimmungen der Aussage zusätzlich die stoischen hypothetischen Aussageverbindungen Implikation, Konjugation *(copulativa)* und Disjunktion berücksichtigt (diese von der Spätantike übernommene Verwendung von ‹hypothetisch› erklärt Petrus etymologisch als «eine *These (Aussage)* steht *unter* der anderen» [16]); alle drei Verbindungen werden auch bei Wilhelm von Sherwood wahrheitsfunktional bestimmt. Die Modalaussagen werden nur kurz behandelt – im Gegensatz zur ausführlichen Diskussion bei Wilhelm. [17] Bei den Konversionen unterscheidet Petrus neben der *einfachen* (Kein Mensch ist ein Esel ↔ Kein Esel ist ein Mensch) und der *akzidentellen* Konversion (Jeder Mensch ist ein Lebewesen → Irgendein Mensch ist ein Lebewesen) noch explizit wie Boethius [18] die Kontraposition (Jeder Mensch ist ein Lebewesen ↔ Jedes Nicht-Lebewesen ist ein Nicht-Mensch). Der 2. Abschnitt zu den Prädikabilien basiert auf Porphyrios' ‹Isagoge›; die Differenz markiert ein distinktives Merkmal, das eine Gattung in Untergattungen zerlegt (so zerlegt etwa das Merkmal *rational* die Gattung *Lebewesen* in ‹vernünftige vs. unvernünftige Lebewesen›); Proprium bedeutet wie bei Aristoteles ein Merkmal, das mit dem Subjekt *koextensiv* ist (wie etwa *fähig-zum-Lachen* für Mensch). Das Gewicht der ‹Topik› und der ‹Sophistischen Widerlegungen› zeigt sich rein äußerlich schon darin, daß die Behandlung der Topoi in 5. doppelt so lang ist wie die der Syllogistik in 4., und vor allem, daß die Trugschlüsse fast die Hälfte des ganzen Traktats einnehmen.

Im Abschnitt 4 zur *Syllogistik* besteht der wesentliche Unterschied zu Aristoteles darin, daß Petrus die gültigen Schlüsse nicht mehr mit Hilfe von Schlußgaranten, sondern konfigurational als Schlußfiguren mit zwei Prämissen und Konklusion formuliert. Daß sich Petrus auf eine lange Kommentar- und Auslegungstradition stützen kann, zeigt sich darin, daß er nicht nur universelle Regeln (wie: ‹Aus bloß Partikulärem, Unbestimmtem oder Singulärem läßt sich kein Syllogismus bilden› oder: ‹Eine Prämisse muß affirmativ sein›) formuliert, sondern auch Merkverse für gültige Schlußmodi verwendet; vgl. Abb. 1. In diesem Klassifikationssystem bezeichnen die Silben Teile des Syllogismus und, wie betont, die Vokale A, E, I, O resp. *alle, keine, einige, einige nicht;* in der ersten Reihe beginnen die Bezeichnungen mit B, C, D und F, womit die ersten vier vollkommenen Modi der 1. Figur gekennzeichnet werden (die restlichen Modi der 1. Figur sind *indirekt*); alle unvollkommenen Modi müssen je nach Anfangskonsonanten auf einen der ersten vier vollkommenen Modi zurückgeführt werden (also etwa /B/ocardo auf /B/arbara oder /D/isamis auf /D/arii); innerhalb der Bezeichnungen bedeutet S, daß die unmittelbar vorangehende Prämisse *einfach*, P hingegen, daß sie *akzidentell* konvertiert werden muß; M zeigt an, daß man die 1. und 2. Prämisse umstellen *(transpositio)* muß; und C meint schließlich, daß dieser Modus durch eine *reductio ad impossibile* bewiesen wird. [19] Die Bezeichnung *Camestres* (Jedes A ist M; kein C ist M; also: kein C ist A) indiziert somit mit M, daß man die Prämissen umstellen muß, und mit S, daß man die so erhaltene Unterprämisse und die Konklusion einfach konvertieren muß; Ergebnis ist *Celarent* (Kein M ist A; jedes C ist M; also: kein A ist C). Dieselbe konfigurationale Darstellung der Syllogismen und die Merkverse zur Zurückführung der Modi finden sich auch in der Abhandlung von Wilhelm von Sherwood, nach de Rijk einer der frühesten Nachweise für diese epochemachenden Bezeichnungen der aristotelischen Schlußmodi. [20]

b. *Topik und Trugschlüsse.* Bei der Behandlung der *Topoi* im 5. Abschnitt bezieht sich Petrus – wie auch Wilhelm von Sherwood und Lambert [21] – direkt auf Boethius' ‹De differentiis topicis› [22]: Die Örter werden wie von Boethius in Maximen und Differenztopoi unterschieden und in die drei Gruppen intrinsisch, extrinsisch, intermediär eingeteilt. Die intrinsischen gruppiert Petrus in die beiden Unterarten ‹Aus der Substanz› (mit Definition, Deskription und Interpretation eines Nomens) und ‹Aus dem eine Substanz Begleitenden›. Sieht man von einigen weiteren nebensächlichen Änderungen ab (Petrus unterscheidet etwa vier Formen des Topos aus der Definition [23] und faßt die vier *causa*-Topoi unter einem Topos [24] zusammen), so entsprechen auch die in den einzelnen Gruppen unterschiedenen Topoi denen bei Boethius. Freilich wird aus seinen Definitionen des Topos aus dem Mehr oder Weniger nicht klar, daß es um relative Wahrscheinlichkeiten geht. Hinzu kommt ein interessantes Detail: Petrus versteht den extrinsischen Topos *a transumptione* nicht nur im Sinne von ‹Verwendung des geläufigeren Wortes›, sondern auch als *metaphorische* Übertragung (so wird nach Petrus in ‹Die Wiese lacht› der Term *lachen* auf *Blumen* übertragen). Petrus vermerkt jedoch, daß «diese Art der Übertragung zur Sophistik und nicht zur Dialektik gehört». [25] Die Darstellung von Wilhelm von Sherwood stimmt in Gliederung, Einteilung und Beispielen mit der von Petrus überein, wobei Wilhelm (schon nach dem Urteil seiner Zeitgenossen der bessere Logiker) [26] die zugrundeliegenden Schlußregeln – nicht die Beispiele – logisch präziser formuliert: so etwa den Topos aus dem Weniger *(a minore)* – den die Übersetzer mißverständlich mit «Ort

1. Figur	BARBARA	CELARENT	DARII	FERIO	– BARALIPTON
	CELANTES	DABITIS	FAPESMO	FRISESOMORUM	
2./3. Figur	CESARE	CAMESTRES	FESTINO	BAROCHO	// DARAPTI
3. Figur	FELAPTO	DISAMIS	DATISI	BOCARDO	FERISON //
	(DARAPTI ist der 1. Modus der 3. Figur)				

(Abb. 1)

aus dem Kleineren» [27] wiedergeben: (M1) ‹‹Ein Soldat kann eine Festung erobern; *also* kann auch ein König usw.› Maxime: ‹Was dem zukommt, dem es weniger zuzukommen scheint, kommt dem zu, dem es mehr zuzukommen scheint›». Das Beispiel kann zugleich einen wesentlichen Unterschied zu Boethius verdeutlichen: Wilhelm und Petrus formulieren ihre Beispiele durchgängig in Form von *Argumenten* mit einer Prämisse. So gibt etwa Petrus für den Topos *aus dem (integrierten) Ganzen* folgendes Argument (G1) «Dort ist ein Haus; *also* ist dort auch eine Mauer» [28] und formuliert wie Wilhelm daran anschließend die zugrundeliegende Maxime. Daß der Terminus ‹Argument› freilich nicht einheitlich verwendet wurde, zeigt sich darin, daß Petrus Argument und Argumentation als Oberbegriff für Syllogismus und Induktion sowie für das rhetorische Beispiel und Enthymem verwendet, während Wilhelm das (dialektische) Argument gegen den Syllogismus abgrenzt [29]; in der Detailanalyse der Topoi sprechen jedoch beide durchgängig von *argumentum* bzw. – vor allem Wilhelm – von *argumentare*. Deshalb dürfen die bei Petrus gegebenen Beispiele nicht als ‹Enthymeme› bezeichnet werden. [30] Wenn Wilhelm nur den bloß wahrscheinlichen Charakter der Prämissen bei topischen Argumenten hervorhebt, betont Petrus, daß Enthymeme verkürzte Syllogismen sind; deshalb kann jedes Enthymem auf einen Syllogismus *zurückgeführt* werden. [31] Damit wird offenbar die schon von Boethius ins Auge gefaßte Möglichkeit der Zurückführung eines topischen Arguments auf einen Syllogismus wieder aufgegriffen. Im Unterschied zu Petrus, der diese Zurückführung auf einen Syllogismus nur einleitend erwähnt, führt Wilhelm fast alle Argument-Beispiele auf einen bestimmten syllogistischen Schlußmodus zurück; dazu ein Beispiel für den Topos *aus der Art* [32] in Abb. 2.

Welchen logischen Status hat die Maxime bei Petrus und Wilhelm? Und welchen die Zurückführung von Argumenten auf Syllogismen? Petrus bleibt recht vage: «Eine Maxime ist eine Aussage, im Vergleich zu der keine andere früher, d.h. bekannter ist; z.B. ‹jedes Ganze ist größer als seine Teile›»; etwas konkreter ist seine Analogie, die sich auf die wörtliche Bedeutung von *locus* stützt: «Ort *(locus)* ist hier analog *(proportionaliter)* zu einem natürlichen Ort zu verstehen, gilt doch: so wie ein natürlicher Ort den Dingen der Natur einen festen Halt *(firmitudo)* gibt und sie in ihrem Sein bewahrt, so sichert auch hier ein Ort gleichermaßen einen Schluß ab *(similiter hic locus confirmat argumentum)*». [33] Das gleiche sagt Wilhelm präziser in einem Satz: Die Maxime «ist eine bekannte und gemeinsame/allgemeine *(communis)* Aussage, die viele Schlüsse *(argumenta)* enthält und absichert *(confirmare)*». [34] Damit ist eindeutig die zentrale These Aristoteles' explizit formuliert, daß die Funktion eines Topos eben darin besteht, ein konkretes Argument abzusichern oder abzustützen, kurz: auch für die scholastische L. ist der (gemeinsame) Topos ein *Schlußgarant*. Die Frage der logischen Form dieses Schlußgaranten und seiner Funktion für die Zurückführung eines topischen Arguments auf einen Syllogismus ist bis heute umstritten. So vertritt etwa E. STUMP mit N. KRETZMANN zwar einerseits die These, daß jede Maxime ein Schlußgarant (inference warrant) ist, führt aber andererseits den Topos aus der Definition (der hier das Argument ‹Ein vernünftiges sterbliches Lebewesen läuft; also läuft ein Mensch› abstützt) auf folgenden «syllogistischen Modus» zurück [35]:

(1) Was immer von der Definition ausgesagt wird, wird vom *definitum* ausgesagt.

(2) Vernünftiges sterbliches Lebewesen ist die Definition des *definitum* Mensch.

(3) *Läuft* wird von einem vernünftigen sterblichen Lebewesen ausgesagt.

(4) Also wird *läuft* auch von Mensch ausgesagt.

Nach Stump bilden (1)-(4) einen Syllogismus mit der Maxime (1) als «erster Prämisse» [sic!]. Ebenso interpretiert etwa Ebbesen die Maxime als universelle Oberprämisse in einem Syllogismus. [36] Dagegen wendet H. BRANDS zu Recht ein, daß bei dieser Erklärung die Garantiefunktion der Maxime nicht klar wird, da sie für den Syllogismus (2)–(4) «keine Rolle spielt» [37] und daß zudem durch die Art der Formulierung der Maxime «das gesamte Argument metasprachlich formuliert ist». [38] Brands (der sich auch gegen die Analyse der Maximen als Schlußgaranten wendet) versucht dagegen zu zeigen, daß die Funktion des Topos bei der Zurückführung auf einen Syllogismus darin besteht, die fehlende «universelle» Prämisse zu finden. Veranschaulicht [39]:

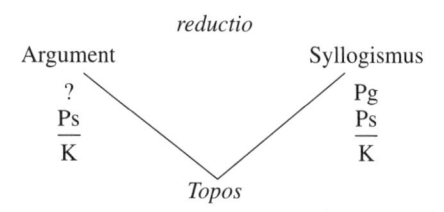

reductio

Argument — Syllogismus
? — Pg
Ps — Ps
K — K

Topos

Daß die Maxime beim Finden einer passenden Prämisse, die das topische Argument zu einem Syllogismus macht, nach Wilhelm hilfreich ist, kann nicht bestritten werden. Ein prinzipielles Problem der Interpretation von Brands ergibt sich jedoch zunächst daraus, daß er – wie die aktuelle Forschung fast durchgängig – einem frühen Vorschlag O. BIRDS folgend – die Maxime bzw. den gemeinsamen Topos als aussagenlogische Implikation *ohne* Konjunktion im Antezedens formuliert, also etwa für den Topos *aus der Definition*:

B = def. A → (D) (A c D → B c D)

(Wenn B Definition von A ist, dann kommen alle Prädikate D, sofern sie A zukommen, auch B zu) und nicht als *Schlußregel* (Wenn A Definition von B ist, *und* D dem A zukommt, dann kann man schließen, daß D auch B zukommt) oder zumindest als *Implikation* mit der genannten Konjunktion im Antezedens. [40] Diese Formulierung ist wohl dadurch zu erklären, daß Wilhelm wie

Argument (i)	Differenztopos	Maxime (Schlußregel)	Syllogismus (ii) Modus: Disamis
Ein Mensch läuft; also läuft ein Lebewesen	*Locus a specie* (Topos aus der Art)	»Wovon auch immer eine Art ausgesagt wird, davon wird auch die Gattung ausgesagt«	Ein Mensch läuft Jeder Mensch ist ein Lebewesen Also läuft ein Lebewesen

(Abb. 2)

Petrus, Lambert u.a., dem Beispiel Boethius' folgend, die Maximen meist zweigliedrig formulieren (Was der Definition zukommt, das kommt auch dem Definierten zu). Unabhängig von diesem Problem spricht gegen die Auffassung von Brands vor allem die Tatsache, daß Wilhelm auch Beispiele wie «Jeder Mensch läuft; also läuft Sokrates» vorbringt, die durch die Hinzufügung einer *singulären* Prämisse (hier: Sokrates ist ein Mensch) vollständig werden.[41] Hinzu kommt, daß Wilhelm selbst bei der Analyse des Topos aus der Hervorbringung betont, daß «man das, was dem Mittelbegriff hinzugefügt wird, durch die Maxime erhält». Das von ihm gegebene Beispiel macht das damit Gemeinte klar; vgl. Abb. 3.

in die bei Aristoteles entwickelte kanonische Form bringt.

$$\left.\begin{array}{l}\text{Gesundheit (C) ist ERGEBNIS der Heilung (H)}\\\text{Heilung (H) ist } gut\ (A)\\\hline\text{Also ist Gesundheit (C) gut (A)}\end{array}\right\} = T_{gen}$$

Hier wird deutlich, daß diese Reduktion darin besteht, die in der oberen Prämisse des topischen Arguments ausgedrückte Relation zu einem *Begriff* zusammenzuziehen, der im entsprechenden Syllogismus als *Mittelbegriff*

Argument (i)	Maxime (Schlußregel)	Syllogismus (ii) Modus: Darii
Heilung ist gut; also ist Gesundheit gut	»Was der Hervorbringung zukommt, kommt auch dem Hervorgebrachten zu«	Jedes Ergebnis-der-Heilung (M) ist gut (A) Gesundheit (C) ist Ergebnis-der-Heilung (M) Also ist Gesundheit (C) gut (A)

(Abb. 3)

Die Maxime hat hier offenbar die Funktion, das dem Mittelbegriff M Hinzugefügte, eben das Prädikat *gut* (A), beizubringen. Die Zurückführung *(reductio)* des Arguments (i) auf den Syllogismus (ii) erklärt er so: «Jedes Ergebnis einer Heilung ist gut, da Heilung gut ist; Gesundheit ist Ergebnis usw.; also ist Gesundheit gut.»[42]

Da diese Formulierung offenbar kein Syllogismus ist, notiert Brands, daß der *da*-Satz logisch überflüssig sei, was auch die Übersetzung von Kretzmann erklärt: «every goal of healing (since healing is good) is good, health is a goal of healing; therefore health is good.»[43] Beide unterstellen somit, daß es sich bei Formulierung Wilhelms um einen Syllogismus handelt. Da Wilhelm auch bei anderen Beispielen vergleichbare Formulierungen verwendet, kann Kretzmann dies nur mit Bewertungen wie «Fehler», «Unachtsamkeit»[44] usw. kommentieren. Brands vermutet sogar, daß die «merkwürdigen syllogistischen Mißbildungen, welche N. Kretzmann zu Recht ständig moniert, deshalb nahezu unvermeidlich scheinen, weil die Syllogistik den komplexen Formen topischen Argumentierens nicht entsprechen kann»[45]. Nun scheint die Annahme, alle Reduktionshinweise seien als Syllogismen zu verstehen, schon allein deshalb problematisch, weil sie ja unterstellt, daß ein so intimer Kenner der Syllogistik wie Wilhelm nicht in der Lage war, korrekte Syllogismen zu bilden. Versteht man dagegen diese Formulierungen als mehr oder weniger vollständige Hinweise, *wie* die Reduktion durchzuführen ist, ergeben sie einen durchaus logischen Sinn. So kann (und muß) der Zusatz ‹da Heilung gut ist› in der zitierten Reduktion als *Argument* für die Gültigkeit der Ableitung der oberen Prämisse verstanden werden, expliziert in Abb. 4.

Die logische Struktur dieses Reduktionsverfahrens läßt sich leicht veranschaulichen, wenn man dieses Argument

(M) fungiert, und diesem das – dem zweiten Relationsglied H zukommende – Prädikat A zuzuordnen. Von hier aus läßt sich auch leicht nachvollziehen, warum Wilhelm sagen kann, daß «man das, was dem Mittelbegriff hinzugefügt wird, durch die Maxime erhält». Nun gilt diese Reduktion offenbar nur für intrinsische Topoi, die sachlogische Beziehungen (aus der Ursache, aus dem Gebrauch, usw.), nicht aber für solche, die *begriffslogische* Beziehungen thematisieren. So läßt sich etwa das Argument aus dem Gebrauch *(ab usu)* «Reiten ist gut; also ist ein Pferd gut»[46], dem die generische Prämisse «Ein Pferd hat *zum Gebrauch* Reiten» zugrunde liegt, auf einen dem obigen *a generatione*-Argument entsprechenden *Darii*-Syllogismus zurückführen (Maxime: «Was dem Gebrauch einer Sache zukommt, kommt auch der Sache selbst zu»). Bei einem Argument auf *begriffslogischer* Basis (vgl. Abb. 5) ist diese Form der Reduktion nicht mehr möglich.

Die Lösung ergibt sich aus dem Hinweis, mit dem Wilhelm dieses Argument einleitet, nämlich: beim Etablieren *(constructive)* eines Arguments *a specie* kann man so vorgehen, «daß der Mittelbegriff die Art des Subjekts der Konklusion ist»[47] (hier bezeichnen ‹Subjekt› und ‹Prädikat› die Positionen der Terme in den Prämissen bzw. in der Konklusion). Da im gegebenen Beispiel *Mensch* Art von *Lebewesen* ist, muß man aus der zugrundeliegenden kanonischen Form des Arguments die generische Prämisse in das Argument (i) einsetzen, um dieses auf einen Syllogismus des Modus *Darii* zurückzuführen (vgl. Abb. 6).

Da Syllogismen nichts anderes als extensional interpretierte topische Argumente mit einem *praedicabile* in der generischen Prämisse sind, bedeutet dies praktisch, daß man das Prädikabile weglassen und die erhaltene Aussage quantifizieren muß (vgl. Abb. 7).

DARII	DA	a generatione (T_{gen})
Jedes Ergebnis-der-Heilung (M) ist gut (A) Gesundheit (C) ist Ergebnis-der-Heilung (M) Also ist Gesundheit (C) gut (A)		Gut (A) kommt der (hervorbringenden) Heilung (H) zu Also kommt gut (A) auch dem Ergebnis der Heilung (M) zu

(Abb. 4)

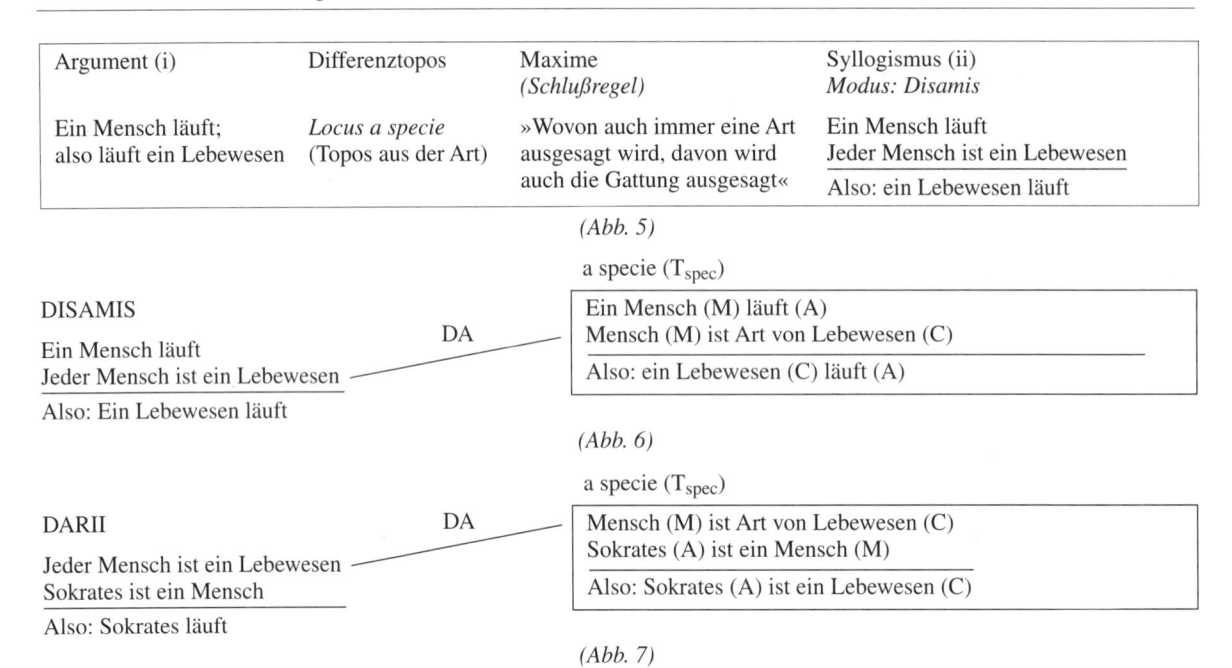

Argument (i)	Differenztopos	Maxime (Schlußregel)	Syllogismus (ii) *Modus: Disamis*
Ein Mensch läuft; also läuft ein Lebewesen	*Locus a specie* (Topos aus der Art)	»Wovon auch immer eine Art ausgesagt wird, davon wird auch die Gattung ausgesagt«	Ein Mensch läuft Jeder Mensch ist ein Lebewesen Also: ein Lebewesen läuft

(Abb. 5)

DISAMIS

Ein Mensch läuft
Jeder Mensch ist ein Lebewesen
Also: Ein Lebewesen läuft

DA — a specie (T$_{spec}$)

Ein Mensch (M) läuft (A)
Mensch (M) ist Art von Lebewesen (C)
Also: ein Lebewesen (C) läuft (A)

(Abb. 6)

DARII

Jeder Mensch ist ein Lebewesen
Sokrates ist ein Mensch
Also: Sokrates läuft

DA — a specie (T$_{spec}$)

Mensch (M) ist Art von Lebewesen (C)
Sokrates (A) ist ein Mensch (M)
Also: Sokrates (A) ist ein Lebewesen (C)

(Abb. 7)

Diese Darstellung illustriert zugleich die Feststellung Wilhelms, daß hier «der Mittelbegriff Art des Prädikats der Konklusion ist» [48]. In den Reduktionsformulierungen führt Wilhelm die beiden Syllogismen *Disamis* und *Darii* in der angegebenen Form auf. Daraus folgt nicht notwendig, daß diese hier – im Gegensatz zu den sachlogischen Zurückführungen – als Syllogismen zu verstehen sind, da man sie ja auch als Anweisungen verstehen kann, die dem topischen Argument zugrundeliegende generische Prämisse einzusetzen. Diese Interpretation wird auch dadurch gestützt, daß einige Reduktionen von begriffslogisch fundierten Argumenten – wie etwa das Argument *aus dem quantitativen Teil* [49] – nicht als korrekte Syllogismen formuliert sind. Wesentlicher ist in diesem Zusammenhang, daß Wilhelm bei den beiden Varianten des Topos *aus der Art* nicht mehr angibt, ob sie zur Etablierung bzw. Infragestellung der Zuordnung eines Prädikats als Akzidens, Proprium, Gattung oder Definition dienen – im ersten Fall *(Disamis)* handelt es sich um einen Topos des Akzidens; der zweite Fall *(Darii)* mit dem Eigennamen *Sokrates* ist in der aristotelischen Topik ausgeschlossen, da es dort um Beziehungen zwischen Prädikaten geht. Syllogistisch ist dieser *Darii*-Schluß nur dann akzeptierbar, wenn man *Sokrates* im Sinne von ‹Es gibt einige, zumindest aber ein x, das mit dem Namen *Sokrates* bezeichnet wird› versteht. Dies führt zur weiteren Beobachtung, daß bei Wilhelm wie Sherwood wie auch bei Petrus Hispanus nur bei der Behandlung der topischen Argumente Prämissen mit Eigennamen vorkommen und *nicht* bei der Behandlung der Syllogistik, wo durchgängig generische Prädikate verwendet werden. Damit bildet der Versuch, die topischen Argumente auf Syllogismen zurückzuführen, gleichsam das Eingangstor für die oft monierte Tatsache, daß die mittelalterliche Syllogistik auch Prämissen mit Eigennamen zuließ.

Bisher wurde deutlich, daß die Zurückführungen von auf Prädikabilien basierenden Argumenten unproblematisch sind, sofern man der Tatsache kein besonderes Gewicht beimißt, daß dadurch begriffliche Beziehungen zwischen Prädikaten durch quantifizierte extensionale Beziehungen des (Nicht-)Enthaltenseins ersetzt werden. Möglich sind auch Reduzierungen von auf sachlogischen Beziehungen basierenden Argumenten, freilich um den Preis, daß nur noch eine sachliche Identität in der Konklusion gegeben ist, jedoch nicht mehr in der Art der *logischen* Folgerung, da ja etwa eine Relation wie ‹X ist *Ergebnis* von Y› in den Gattungsbegriff ‹Was-Ergebnis-von-Y-ist› aufgelöst wird. Unmöglich sind schließlich die bisher noch nicht behandelten auf *extrinsischen* Topoi beruhenden Argumente wie *a simili, e contrario* oder *a minore*. So ergibt Wilhelms Reduktion eines *a simili*-Arguments die Ableitung in Abb. 8.

Hier ist der Syllogismus (ii) unter Beachtung der folgenden *Reduktionsanweisung* Wilhelms formuliert: «Jeder, der Sokrates gleichartig ist, ist – da dieser weiß ist – weiß; Plato ist ein dem Sokrates Gleichartiger, da Sokrates weiß ist; also ist Plato weiß.» [50] Kretzmann, der diese Formulierung als Syllogismus begreift, bemerkt zum ‹Untersatz›, daß es sich um einen Fehler handeln müßte («The insertion of the subordinate premiss here must be a mistake.» [51]). Dagegen ist festzuhalten, daß Sherwood bei der Reduktion dieses Arguments offenbar nach dem gleichen Muster wie bei den sachlogischen Argumenten vorgeht. Ergebnis ist deshalb hier wie dort bei konstruktiv etablierenden Argumenten immer ein Syllogismus des Modus *Darii*. Die Problematik dieser Reduktion wird besonders deutlich, wenn man ein Argument aus dem Weniger *(a minore)* hinzunimmt, das auf folgenden Syllogismus reduziert wird: «Jeder einem-Soldat-Größere kann eine Festung erobern; ein König ist ein einem-Soldat-Größerer; also kann er eine Festung erobern.» [52] Damit ist die *logische Pointe* des Topos aus dem Weniger (den Sherwood korrekt wiedergibt) verloren, eben: «Wenn das, was einer Sache weniger zuzukommen scheint, dieser zukommt, dann kann man auch schließen, daß es auch der Sache, der es eher zuzukommen scheint, zukommt.»

Wenn man davon ausgeht, daß die für Sherwood gemachten Beobachtungen exemplarisch für seine Epoche sind, erscheinen folgenden kurze Verallgemeinerungen plausibel:

(1) Der scholastischen L. gegen Ende des 13. Jh. ist die spezifische L. der Topik fremd geworden.

(2) Die daraus folgende Abwertung der topischen L.

Argument (i)	Maxime/Topos (*a simile*)	Syllogismus (ii) *Modus: Darii*
Sokrates ist weiß, und Plato ist Sokrates gleichartig; also ist Plato weiß	»Für Gleichartiges gilt ein gleichartiges Urteil«	Jeder dem-Sokrates-Gleichartige ist weiß, Plato ist ein dem-Sokrates-Gleichartiger _____ Also: Plato ist weiß

(Abb. 8)

zeigt sich gerade auch im Versuch, diese auf die Syllogistik zurückzuführen.

(3) Diese Zurückführung ist außer für die auf Prädikabilien beruhenden topischen Argumente gescheitert.

(4) Die genannten Punkte sind zugleich die wesentlichen Gründe dafür, daß die topische L. – in der von Boethius übernommenen Form (!) – vom 13. Jh. an zum 'Auslaufmodell' werden sollte.
Bleibt noch ein aus rhetorischer Sicht wichtiger Hinweis: Der extrinsische Topos aus der Autorität wird nach dem gleichen Muster wie die übrigen auf einen Syllogismus zurückgeführt. Die Reduktionsanweisung Wilhelms für das Argument «Aristoteles nennt nicht mehr als vier Ursachen; also sind nicht mehr als vier Ursachen» lautet: «Nichts von-dem-Aristoteles-sagt-es-sei-nicht ist; mehr-als-vier-Ursachen sind von-Aristoteles-als-nicht-seiend-gesagt, da Aristoteles sagt, es seien nicht mehr als vier Ursachen; also sind nicht mehr-als-vier-Ursachen.» In diesem komplexen Trugschluß, in dem u.a. die Wahrheit des *dictum* (Gesagten) mit der der *Sache* verwechselt wird, zeigt sich freilich auch die Grenze der *Syllogistik*. Dennoch bleibt festzuhalten, daß Wilhelm die zugrundeliegende Maxime in einer rhetorisch bedenkenswerten Weise formuliert: «Der Mehrheit ist, ebenso wie den Weisen, nicht zu widersprechen.» (*Pluribus ut sapientibus non est contradicere*). [53]

Wenn die Topik von Wilhelm von Sherwood und Petrus Hispanus vor allem Boethius verpflichtet bleibt, so fällt bei ihrer Behandlung der Trugschlüsse ein enger, oft wörtlicher Bezug zu Aristoteles' ‹Sophistischen Widerlegungen› auf. [54] Beide unterscheiden die gleichen Fehler wie Aristoteles (i) *innerhalb der Äußerung:* Äquivokation (Homonymie), Amphibolie, Verbindung und Trennung, Akzent, Äußerungsform (*figura dictionis*) und (ii) *außerhalb der Äußerung:* Akzidens, absolute/relative Bewertung (*secundum quid et simpliciter*), Nicht-Kenntnis der Widerlegung (*ignorantia elenchi/redarguitio*), Unterstellung des zu Beweisenden (*petitio principii*), Konsequenz, Nicht-Ursache als Ursache, mehrere Fragen als eine (*plurium interrogationum ut unius*) – also auch die Trugschlußart *ignorantia elenchi*, obwohl diese alle übrigen außerhalb der sprachlichen Äußerung liegenden umfaßt. Auch die Feinunterscheidungen entsprechen denen des Aristoteles: so übernehmen beide beim Fehler *Äußerungsform* den Hinweis, daß die darauf beruhenden Trugschlüsse leicht mit Hilfe der Kategorien aufzulösen sind. Daß Wilhelm und Petrus auch mit der Auslegungsliteratur vertraut sind, zeigt sich etwa darin, daß sich beide auf die Klassifikation der *mehrfachen* (*multiplex*) Bedeutung von ALEXANDER VON APHRODISIAS in *faktische* (Äquivokation, Amphibolie), *potentielle* (Verbindung/Trennung, Akzent) und *imaginäre Bedeutung* (*Äußerungsform*) beziehen. Wilhelm interpretiert diese Einteilung jedoch radikal neu, indem er die faktische Mehrdeutigkeit als *in actu* (d.h. mit dem Aussprechen des Wortes oder Satzes), die potentielle als *in substantia* (d.h. nur in den materialen Wortkörpern – modern formuliert ‹Signifikanten›) und die imaginäre als *in figura* (d.h. der Wort- bzw. Äußerungsform) gegeben begreift. [55]

Dennoch lassen sich einige Veränderungen feststellen: So unterscheiden Petrus und Wilhelm in der Äquivokation wie Aristoteles die lexikalische, die deiktische und die Gebrauchsmehrdeutigkeit, letztere aber umfaßt nicht nur Fälle wie *gut* oder *können*, sondern auch Metaphern – beide illustrieren das auch an einem sich aus der mittelalterlichen Standardmetapher ‹Die Wiese lacht› ergebenden Trugschluß: «Was immer lacht, hat einen Mund. Eine Wiese lacht. Also hat eine Wiese einen Mund.» [56] Ein wichtiger Unterschied zu Aristoteles zeigt sich darin, daß beide bei der Erklärung der deiktischen Mehrdeutigkeit auf die inzwischen entwickelte terministische L. zurückgreifen, indem sie zeigen, daß hier jeweils eine andere Mit-Bezeichnung (*consignificatio*) vorliegt. So löst etwa Wilhelm den Trugschluß «Was immer geheilt wurde, ist gesund. Ein Leidender wurde geheilt. Also ist ein Leidender gesund» dadurch auf, daß er zeigt, daß das Partizip *leidend* (*laborans*) nicht nur *Leidende* bezeichnet (*significat*), sondern auch Gegenwärtiges mitbezeichnet (*consignificat*); freilich nur in «erster Linie»; in «zweiter Linie», wenn nämlich wie in «Ein Leidender wurde geheilt» (*laborans sanabatur*) mit einem Verb im Vergangenheitstempus verbunden wird, bezeichnet es etwas bloß *bezüglich der Vergangenheit Gegenwärtiges* mit. [57] Diese denotative Mehrdeutigkeit wird im zitierten Trugschluß ausgespielt. In gleicher Weise werden bei Petrus und Wilhelm alle weiteren Trugschlüsse (Amphibolie, Trennung/Verbindung, Akzent), die auf einer Verschiebung der Denotate beruhen, aus der unterschiedlichen *significatio* (bzw. *consignificatio*) von Wörtern oder Wortgruppen erklärt. So denotiert das syntaktisch mehrdeutige ‹das Buch von Aristoteles› einmal (i) ‹das Buch, das Aristoteles besitzt› und zum andern (ii) ‹das Buch, das Aristoteles geschrieben hat›. Aus dieser Amphibolie bzw. syntaktischen Mehrdeutigkeit läßt sich folgender Scheinschluß bilden: «Was immer von Aristoteles ist, gehört Aristoteles. Dieses [mir gehörende Buch] ist von Aristoteles. Also gehört Aristoteles dieses [mein] Buch.» [58]

Gravierend sind jedoch die Unterschiede in der Behandlung des Trugschlusses des Akzidens. Petrus erörtert nämlich hier neben dem Verhülltenschluß vor allem Trugschlüsse, die auf einer Vermischung von objektsprachlichem und quasi-metasprachlichem Gebrauch beruhen: (1) «Der Mensch (S) ist eine Art (Z); Sokrates (Ak) ist ein Mensch (S); also ist Sokrates (Ak) eine Art (Z).» [59] Diese Art von Schlüssen finden sich in der Spätantike in Auslegungen zum Aristoteles-Kommentar von ALEXANDER VON APHRODISIAS zu den ‹Sophistischen Widerlegungen› [60], die dieser wohl aus der stoischen Tradition (s.o. oben den Wermutsschluß) in das aristotelische Lehrgebäude integriert hat, weil Alexander auch Schlüsse aufführt, die sich auf den Wortkörper (*Mensch* (S) hat nur eine Silbe (Z)) beziehen. Da in diesen Schlüssen damit der Begriff des Akzidens (als ein wohldefiniertes Prädikabile) nicht mehr in seiner strengen Bedeutung angewendet werden kann, führte dies in der Auslegungsgeschichte zu einer Ausweitung, ja sogar Aufweichung dieses Terminus. Das erklärt, daß Petrus ausdrücklich betont, daß bei diesen Schlüssen ‹Akzidens› nicht im Sinne von Aristoteles oder von Porphyrios zu verstehen sei, vielmehr sind nach ihm alle über oder unter einem allgemeinen Term liegenden Begriffe *(superiora* oder *inferiora)* Akzidentien dieses Terms. So sind etwa *Substanz* und *Sokrates* Akzidentien von Mensch. Damit ist im gegebenen Beispiel *Sokrates* (Ak) Akzidens von *Mensch* (S) und zwar «hinsichtlich eines Dritten», d.h. dem Prädikat Z. Entsprechend ist in (2) «Der Mensch (S) ist eine Art (Z); der Mensch (S) ist eine Substanz (Ak), also ist eine Substanz (Ak) eine Art (Z)» der Term *Substanz* Akzidens von Mensch. Auffallend ist, daß Petrus die Ausdrücke *Art* oder *Substanz* im objektsprachlichen Sinne versteht; das zeigt sich auch daran, daß er neben den genannten Schlüssen auch Trugschlüsse aufführt, in denen alle Terme extensional zu verstehen sind, wie z.B. (3) «Ein Lebewesen läuft; der Mensch ist ein Lebewesen; also läuft ein Mensch.»[61] Der Unterschied zwischen objekt- und metasprachlichem Gebrauch läßt sich im Deutschen leicht nachvollziehen, da im ersten Fall der Artikel verwendet wird (*Der Mensch* ist eine Art (unter den anderen lebenden Arten)), nicht aber im zweiten Fall (*Mensch* ist eine Art (ein Artbegriff)). Der Fehler in all diesen Schlüssen entsteht nach Petrus dadurch, daß einmal immer einem Subjekt und seinem Akzidens das gleiche Prädikat Z zugeordnet wird, und zum andern, daß der Mittelbegriff S in unterschiedlicher Begrifflichkeit *(ratio)* genommen wird. So wird in (1) *Mensch* (S) in der Oberprämisse «allgemein für sich selbst» genommen, während der gleiche Ausdruck in der Unterprämisse im Hinblick auf die unter ihn fallenden Individuen genommen wird. [62] Hier greifen offenbar termlogische Überlegungen, wobei überrascht, daß Petrus seine vorher im Abschnitt zur Supposition getroffenen Unterscheidungen nicht verwertet – danach wird nämlich *Mensch* in der Oberprämisse in der *suppositio communis naturalis* verwendet, d.h. der Ausdruck bezeichnet die allgemeine Gattung *Mensch*. Auch diese Interpretation des Trugschlusses des Akzidens findet sich schon in der Spätantike. So ist etwa in einem anonymen Kommentar zu lesen, daß der Ausdruck *Mensch* in Verwendungen wie ‹Der Mensch ist eine Art› «für sich selbst» *(seorsum)* und damit «getrennt» von anderen Arten bedeutet, während er in ‹Sokrates ist ein Mensch› auf einen Individuenbereich verweist, zu dem Sokrates gehört. Ähnliche Überlegungen finden sich auch in Porphyrios' Kategorienschrift.[63] Die all diesen Überlegungen zugrunde liegende Problematik ist, wie man *Mensch* in Sätzen wie «Mensch hat 6 Buchstaben», «(der) Mensch ist eine Art», «der Mensch ist sterblich» und «Sokrates ist ein Mensch» verstehen soll. Da genau diese Fragen Gegenstand der Suppositionslehre sind, werden sie im folgenden Abschnitt behandelt.

Die Analyse von Petrus kann zugleich illustrieren, wie in der Auslegungsgeschichte neue Gesichtspunkte in das alte Lehrgebäude integriert werden, aber auch, wie dadurch zentrale Begriffe und Unterscheidungen aufgeweicht und sogar mißverstanden werden können. So verfehlt die Erklärung von Petrus und seiner Vorgänger die logische Pointe der aristotelischen Analyse – obwohl sie dem Wortlaut nach mit dieser identisch zu sein scheint. Deshalb kann Petrus auch nicht das Standardbeispiel eines Akzidens-Trugschlusses, nämlich den Verhüllten-schluß, hinreichend erklären.[64] In «Du kennst Koriskus; aber du kennst diesen Verhüllten-da nicht (der doch Koriskus ist); also kennst du denselben und kennst ihn nicht» geht es ja weder um eine unterschiedliche Verwendung von Ausdrücken, noch um Relationen von Arten hinsichtlich ihrer Gattungen bzw. hinsichtlich der unter sie fallenden Unterarten oder Individuen, sondern darum, daß eine Sache und ihrem Akzidens nicht immer das gleiche Prädikat zugeschrieben werden kann. Genau das wird von Wilhelm hervorgehoben. Seine Analyse entspricht im wesentlichen der von Aristoteles und hebt sich damit eindeutig von der Auslegungsgeschichte ab. Das zeigt sich äußerlich schon darin, daß er keine quasi-metasprachlichen Trugschlüsse aufführt, sondern nur solche des Typs (a) und (c) bei Aristoteles. Für den Typ (a) gibt es neben dem Verhüllten-Schluß das Beispiel «Sokrates (S) wird von dir geliebt (Z); aber Sokrates (S) ist der Mörder deines Vaters (Ak); also wird der Mörder deines Vaters (Ak) von dir geliebt (Z)», für den Typ (c) gibt er das Beispiel «Plato ist etwas anderes als Sokrates; Sokrates ist ein Mensch; also ist Plato etwas anderes als ein Mensch». Die oben aufgezeigte Problematik des Typs (c) umgeht Wilhelm freilich dadurch, daß er als einzigen Unterschied zwischen diesen beiden Schlüssen die Tatsache festhält, daß *Sokrates* und *Mensch* hier nicht im Nominativ, sondern *oblique*, d.h. im Ablativ, stehen.[65] Seine Analyse bezieht sich somit nur auf den Typ (a). Das von ihm gegebene Beispiel analysiert Wilhelm wie folgt: «Wenn auch *Sokrates* und *Mörder* [hinsichtlich ihrer Verweisfunktion] an sich gleich sind, sind sie im Hinblick auf des Zugeschriebene *wird-geliebt* verschieden. *Mörder* fügt nämlich über *Sokrates* hinaus ein bestimmtes Akzidens hinzu, unter dessen Begriff *(ratio)* [...] die Sache in der Konklusion von dem Zugeschriebenen aus betrachtet wird.»[66] Diese Analyse wird unmittelbar einsichtig, wenn man diesen Schluß durch das oben verwendete Schema illustriert:

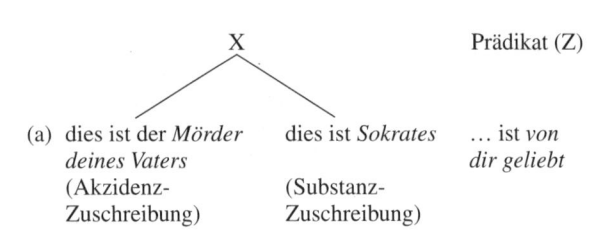

```
                        X                    Prädikat (Z)
                      /   \
(a) dies ist der Mörder   dies ist Sokrates   ... ist von
    deines Vaters                              dir geliebt
    (Akzidenz-            (Substanz-
    Zuschreibung)         Zuschreibung)
```

Neu und präziser im Vergleich zu Aristoteles ist in dieser Analyse, daß Wilhelm die Tatsache, daß das Akzidens *sprachlich* über einen Begriff hergestellt wird, berücksichtigt: «Der Term *(terminus)*, der auf dasjenige verweist, was gleichsam Sache ist, wird Subjekt genannt. Der Term aber, der auf einen hiervon verschiedenen Begriff verweist, wird Akzidens genannt.»[67] Wilhelm spricht auch, wenn die Substanzzuschreibung über einen Eigennamen hergestellt wird, vereinfachend von Sache und Begriff; wird die Referentialisierung hingegen über eine bestimmte Kennzeichnung (*Dein Freund*, der Mörder deines Vaters, ...) vollzogen, spricht er von einem Trugschluß, der durch die Verschiedenheit eines Begriffs gegenüber einem andern entsteht, wobei der eine zur Zuschreibung der Substanz dient und der andere zur Zuschreibung eines Akzidens über diese Substanz. Im Gegensatz zur Auffassung von BRANDS/KANN[68] ist Wilhelms Analyse somit nicht nur einsichtig, sondern geht auch insofern über Aristoteles hinaus, als sie die sprachliche Ebene der *Konstitution* von Substanz und Akzidens mitberücksichtigt. Dies schließt nicht aus, daß Wilhelm selbst nicht immer das Gemeinte richtig wiedergibt. So nimmt er beim Fehler *Nicht-Ursache als Ursache* eine kaum auffallende Veränderung vor, die aber insofern gravierend ist, als dadurch die Pointe dieses Schlusses verdeckt wird. Wilhelm rekonstruiert das Aristotelesbeispiel nämlich wie folgt: «Seele und Leben sind dasselbe. Tod und Leben sind entgegengesetzt. Entstehen und Vergehen sind entgegengesetzt. *Sterben (mori)* ist Vergehen. Also ist Leben Entstehen.»[69] Durch die Verwendung des Verbs *sterben* – statt des Nomens *Tod (mors)* – geht offenbar das Kernstück des ganzen Trugschlusses verloren, da die Unterprämisse ‹Sterben ist Vergehen› (P2) dadurch akzeptierbar wird. Petrus ist hier genauer, weil er die Formulierung ‹Der *Tod* ist ein Vergehen› beibehält und auch erläutert, daß diese Prämisse deshalb falsch ist, weil *Tod* den Endpunkt eines Auflösungsprozesses kennzeichnet.[70] Petrus ist zudem didaktischer, da er hier, wie auch bei den anderen Trugschlüssen, weitere Beispiele gibt, so etwa:

Brunellus ist ein Mensch (T)

Kein Esel ist ein rationales, sterbliches Lebewesen (P1)
Ein Mensch ist ein Esel (P2)
  und Brunellus ist ein Mensch (T)

Also ist ein Mensch kein rationales,
  sterbliches Lebewesen (K)

Da nun die Konklusion K falsch ist (~K),
ist auch die These T falsch

Die Nähe zu Aristoteles zeigt sich auch hier, da Petrus wie Wilhelm dem Text Aristoteles' folgend, diese *sophistische und trügerische* Reduktion vom *zeigenden (ostensivus)* ‹syllogismus ad impossibile› abgrenzen. Das von Petrus gegebene Beispiel ist:

Ein Mensch ist ein Esel (T)

Kein Esel ist ein rationales, sterbliches Lebewesen (P1)
Ein Mensch ist ein Esel (T/P2)

Also ist ein Mensch kein rationales,
  sterbliches Lebewesen (K)

Da nun die Konklusion K falsch ist (~K),
ist auch die These falsch

Hier ist die zu widerlegende These (T) des Gegners zugleich die Unterprämisse (T/P2) im Kernsyllogismus, der nach Modus Ferio schließt.[71]

c. *Terministische L. und Suppositionslehre.* Man mag zunächst überrascht sein, in einer logischen Abhandlung Überlegungen zum Relativpronomen zu finden. Petrus behandelt dieses im 8. Abschnitt seiner ‹Summulae logicales› zusammen mit anderen ‹Relativa› wie dem Personalpronomen oder dem Reflexivpronomen. All diese ‹Relativa› beziehen sich auf ein anderes Satzelement, das in der Regel vorher verwendet wird. Der logische Sinn dieser Behandlung wird unmittelbar einsichtig, wenn man nach der Bedeutung und dem Wahrheitswert einer Aussage wie «Der Hut des Engländers, *der* verschwunden ist» fragt, da dieser Satz ja mehrdeutig ist, weil sich das Relativpronomen sowohl auf *Hut* als auch auf *Engländer* beziehen kann. Oder etwa: in «Der Mann ist gestern angekommen; *er* kommt aus Paris» kann das Personalpronomen *er* mit seinem Antezedens *der Mann* substituiert werden; dies ist freilich beim Reflexivpronomen *sich* in «Jeder Mann hier sieht *sich* » nicht möglich (Jeder Mann hier sieht *jeden* Mann), weil dadurch eine völlig andere Aussage entsteht. Deshalb stellt Petrus die Regel auf, daß «jedes nicht-reflexive Relativum der Identität die gleiche *suppositio* wie sein Antezedens hat».[72] Wie die gegebenen Beispiele zeigen, betrifft die *suppositio* (die Petrus im Sinne von ‹ein Ausdruck *steht für* etwas› interpretiert) nur *Nomina*. Eigennamen haben eine *diskrete* Supposition, Gattungsnamen hingegen supponieren *allgemein (suppositio communis)*; werden die Gattungsnamen für sich genommen, ist die Supposition *natürlich* («*Mensch* steht für alle Menschen, die waren, sind und sein werden»), in Verbindung mit anderen Wörtern ist diese allgemeine Supposition *akzidentell*. Die akzidentelle Supposition unterteilt Petrus in *einfach* (bei Referenz auf eine Gattung wie in ‹Der Mensch ist ein Lebewesen›) und *personal* (bei bestimmten Gegenständen ‹Ein Mensch geht gerade›). Bei der einfachen Supposition (d.h. der mit einem einzigen Denotat) unterscheidet Petrus, wie schon deutlich wurde, nicht zwischen objekt- und metasprachlichem Gebrauch; dem entspricht, daß er hier neben ‹Der Mensch ist ein Lebewesen› oder ‹(Der) Mensch ist eine Art› auch Beispiele wie ‹Rational ist eine Differenz› und ‹Weiß ist ein Akzidens› aufführt. Die *suppositio personalis* (die sich auf einzelne Personen oder Dinge bezieht) kann *determiniert* wie in ‹Ein Mensch läuft› oder *konfus* wie in ‹Jeder Mensch ist ein Lebewesen› sein.[73] Veranschaulicht:

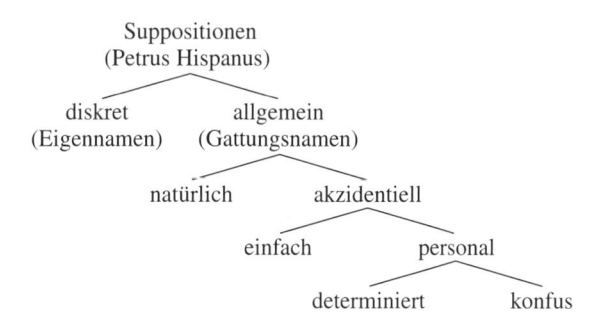

```
              Suppositionen
             (Petrus Hispanus)
              /            \
         diskret         allgemein
       (Eigennamen)    (Gattungsnamen)
                         /        \
                   natürlich   akzidentell
                                /      \
                          einfach    personal
                                     /      \
                              determiniert  konfus
```

Das Problem, daß manche Nomina sich auf Nicht-Existentes beziehen (etwa: *Chimäre*), versucht Petrus dadurch zu klären, daß er die *suppositio* (die sich auf Existentes und Nicht-Existentes beziehen kann) von der *appellatio* (die immer ein Existierendes benennt) unterscheidet.[74] Verben oder Adjektive haben keine Supposition, sondern eine *copulatio*, d.h. eine Verknüpfungsfunktion, da sie die verschiedenen Termini zu einem Satz verbinden. Durch bestimmte Modalkonstruktionen kann bei personaler Supposition die Extension der denotierten Sache erweitert werden *(ampliatio)*, wie etwa in ‹Der Mensch ist *notwendig* ein Lebewesen› (d.h. nicht nur jetzt, sondern – erweitert – für alle Zeiten). Umgekehrt liegt eine Einschränkung *(restrictio)* der Extension etwa in ‹Jeder weiße Mensch läuft› vor, da diese Aussage nur für eine Teilmenge von *Mensch* gilt. Extensionen können schließlich durch ein «universelles Zeichen *(signum)*» (einen Alloperator) von einem Allgemeinbegriff auf die unter ihn fallenden Gegenstände in bestimmter Weise verteilt werden *(distributio)*: so verteilen *alle, jeder einzelne* oder *welcher auch immer* ein bestimmtes Prädikat nach unten, während *keiner, nicht einer* oder *nicht ein einziger* diese Distribution nicht vornehmen.[75]

Den bisher behandelten drei Eigenschaften von Termini *(proprietates terminorum)* – Supposition, Appellation und Kopulation – ist die *significatio* semiotisch vorgeschaltet; diese definiert Petrus ganz im Sinne des aristotelischen Zeichenbegriffs als «die konventionelle Vergegenwärtigung von etwas durch einen Lautkörper» (rei per vocem secundum placitum repraesentatio)[76] (die Bedeutung eines sprachlichen Zeichens ist somit wie bei Aristoteles nicht natürlich gegeben, sondern konventionell – bzw. wie Petrus auch sagt – durch eine *impositio* festgelegt). Kurz: erst dadurch, daß ein sprachliches Zeichen *(vox)* etwas bedeutet *(significatio)*, kann es die übrigen Eigenschaften (Supposition, Appellation, Kopulation) übernehmen. Auch Wilhelm von Sherwood unterscheidet die genannten vier Eigenschaften von Termen, präzisiert aber die *significatio* dadurch, daß er sie als «die geistige Vergegenwärtigung einer Form» (praesentatio alicuius formae ad intellectum) definiert, wobei Form hier im Sinne ‹begrifflicher (allgemeiner) Gestalt› und nicht wie bei De Rijk nur im Sinne von ‹universeller Natur› zu verstehen ist.[77] Auch bei der Erörterung der verschiedenen Suppositionen geht er präziser und differenzierter vor, da er nicht nur verschiedene Theorien diskutiert, sondern auch allgemein zwischen *materialer* und *formaler* Supposition unterscheidet. Damit wird eine klare Trennung zwischen meta- und objektsprachlichem Gebrauch vorgenommen. Die materiale Supposition (d.h. die sich auf das Wort als Materie bezieht) ist eindeutig metasprachlich zu verstehen (Mensch ist einsilbig, Mensch ist ein Nomen) – freilich muß festgehalten werden, daß Wilhelm nur phonologische bzw. grammatische Kategorien berücksichtigt und nicht inhaltlich-kategoriale wie Art oder Gattung). Die formale Supposition entspricht der akzidentellen Supposition bei Petrus. Bei der *einfachen* Supposition gibt Wilhelm wie Petrus das quasi-metasprachliche Beispiel ‹(Der) Mensch ist eine Art›. Die konfuse Supposition wird noch weiter in eine *bloß konfuse* Supposition *(s. confusa tantum)* wie in (i) ‹Jeder Mensch ist ein LEBEWESEN› und eine *distributiv konfuse* Supposition wie in (ii) ‹Jeder MENSCH ist ein Lebewesen› ausdifferenziert; im ersten Fall kann nicht auf ‹Jeder Mensch ist *dieses* LEBEWESEN *hier*› gefolgert werden; die zweite Supposition ist hingegen ‹mobil›, weil auf ‹Dieser MENSCH hier ist ein Lebewesen› geschlossen und ‹hinuntergestiegen› werden kann.[78]

Das letzte Beispiel verdeutlicht zugleich, daß mit der Suppositionslehre oder allgemeiner der terministischen L. zentrale Fragen der Bedeutung und Bezeichnung von sprachlichen Zeichen und ihrer Funktion innerhalb eines Satzes thematisiert werden. Das zeigt sich schon in den ersten Abhandlungen Mitte des 12. Jh. zu den Eigenschaften der Termini. De Rijk zeigt, daß sich die Suppositionstheorie einmal aus der Beschäftigung mit der Grammatik und zum andern aus der intensiven Erörterung der Trugschlüsse (insbesondere jener, die auf einem Fehler innerhalb der Äußerung beruhen) entwickelt[79] – was auch darin deutlich wird, daß Petrus Hispanus bei den einzelnen Suppositionen immer auch auf einen aus der Verwechslung bestimmter Suppositionen möglichen Trugschluß verweist. Daraus entsteht schon bei Abälard die Unterscheidung von vier Bedeutungsübertragungen *(translationes)* in einem Trugschluß, nämlich: durch Äquivokation, durch Metapher, durch Grammatik (Mensch ist ein Wort), durch Dialektik (Mensch ist eine Art).[80] Auf die Beschäftigung mit der Grammatik ist die schon erwähnte Unterscheidung einer grammatischen *consignificatio* zurückzuführen, die zusätzlich zur Grundbedeutung *(significatio)* noch etwas bezeichnet. So bedeutet und bezeichnet etwa der Term *Stuhl* nicht bloß einen bestimmten Gegenstand, sondern bezeichnet als Nomen zugleich mit, daß es sich um ‹eine für sich stehende Substanz› handelt; entsprechend bezeichnet das Partizip *leidend* mit, daß es sich um ein gegenwärtiges Geschehen handelt. Auch die Unterscheidung in *absolute* und *konnotative* Ausdrücke geht zum Teil auf die Grammatiktradition zurück: absolute Ausdrücke wie *Pferd* oder *Mut* bezeichnen *per se* direkt und unmittelbar, während konnotative Ausdrücke wie *Logiker* oder *mutig* nur *per aliud* und indirekt das jeweils gemeinte Denotat ‹mit-notieren›: deshalb muß man in ‹der Mutige ist weg› das gemeinte Denotat, also etwa *Mann*, hinzufügen; und Logiker existieren nicht *per se*, sondern nur sekundär, insofern sie zuerst *Menschen* sein müssen.[81] Auch die Unterscheidung in *kategorematische* und *synkategorematische* Ausdrücke ist grammatischen Ursprungs. Kategorematische Ausdrücke sind Substantive, Nomen, Verben (außer Modalverben), Personal- und Demonstrativpronomen, alle übrigen sind nur ‹mit-aussagend›. Auch zu diesen Synkategoremata gibt es ab Ende des 12. Jh. eine reiche Literatur. Petrus Hispanus hat dazu eine umfangreiche Abhandlung in 10 Abschnitten geschrieben, in der er folgende Ausdrücke untersucht: Negationsoperatoren; die Exclusiva ‹nur› und ‹allein› *(tantum/solus)*; die Exceptiva (aber, außer, wenn nicht – *preter/preterquam/nisi)*; die Consecutiva (wenn, bevor, nachdem – *si/prius/posterius)*; die Verben ‹beginnen› und ‹aufhören›; die Modalausdrücke ‹notwendig› und ‹zufällig›; die Konjunktionen (ob, denn (in Fragesätzen), oder *(vel)*, und, wenn nicht, deshalb, da *(quin))*; Comparativa (je ... desto, wie, als, was auch immer).[82] Wilhelm teilt in seiner gleichnamigen Schrift die Synkategoremata in die beiden Gruppen «aussagenbestimmend» und «aussagenverknüpfend» ein; in die erste Gruppe fallen die Quantoren (jeder, keiner, wer auch immer, usw.), die Exceptiva und die Exclusiva; dann diejenigen, welche die *compositio* von Subjekt und Prädikat betreffen (ist, nicht, notwendig, zufällig) und die Hilfsverben ‹beginnen› und ‹aufhören›; zur zweiten Gruppe gehören die Konsekutiv- (wenn, sofern nicht, da), die Kopulativ- (und) und die Disjunktivkonnektoren (oder, oder wenn, ohne).[83] Damit werden in den Synkategoremata – vermittelt über Priscian - alle in der stoischen L. unterschiedenen Konnektoren (also nicht nur: und, oder, wenn) berücksichtigt.

2. Die Zeit nach 1300. In der wohl 1303 verfaßten ‹Logica nova› von RAIMUNDUS LULLUS werden die Paralogismen und Trugschlüsse noch ausführlich behandelt, von den Topoi sind jedoch nur noch die Örter aus dem Mehr, dem Weniger und dem Gleichen übriggeblieben. Blickt man in die um 1320–25 verfaßte ‹Logica› von GIRALDUS ODONIS, so erstaunt die radikale Abwendung von der Organon-L. eines Wilhelm von Sherwood oder Petrus Hispanus: die ‹Topik› und die ‹Sophistischen Widerlegungen› fehlen, allein übriggeblieben sind drei Teile[84]: I. De sillogismis (entspricht den ‹1. Analytiken› mit – im Gegensatz zu Petrus und Wilhelm – den Modalsyllogismen). II. De suppositionibus (terministische L.). III. De principiis scientiarum (steht in der Tradition der ‹2. Analytiken›, der ‹Metaphysik› und ‹Physik›) – d.h. die L. und Wissenschaftstheorie Aristoteles' ergänzt durch die neue Suppositionslehre.[85] Noch eingeschränkter ist die Thematik des ‹Tractatus de puritate artis logicae brevior› (Kürzere Abhandlung von der Reinheit der logischen Kunst; um 1325) und des ‹Tractatus de puritate artis logicae longior› (Längere Abhandlung ...; um 1328) von WALTER BURLEIGH – auch eine Replik auf Wilhelms von Ockham Logikabhandlung ‹Summa totius logicae› (1324–27) –, in denen nur die Probleme des korrekten Schließens (‹De consequentiis›) und der Suppositionen behandelt werden.[86] Diese Einschränkung wird man im Hinblick auf das etwas spätere große ‹Kompendium der ganzen L.› (Compendium totius Logicae) von JOHANNES BURIDANUS eher als eine systematische Begrenzung auf zwei noch nicht geklärte Problemfelder interpretieren müssen. In der Tat finden sich in 8 Abschnitten neben der Supposition und Ampliation und den traditionellen Grundkategorien (Aussage, Satzverbindungen, Kategorien, Prädikabilien, Äquipollenzen, usw., mit ausführlicher Diskussion der Modalaussagen) und Syllogismen wieder zwei längere Abschnitte (Traktate) zur Topik und zu den Trugschlüssen und im letzten Abschnitt Überlegungen zum wissenschaftlichen in Abgrenzung zum bloß wahrscheinlichen Beweis.[87] Betrachtet man die Einteilung der Suppositionen bei Wilhelm von Ockham, so scheint – abgesehen von den uneigentlichen Suppositionen – kein wesentlicher Unterschied zu Wilhelm von Sherwood zu bestehen:

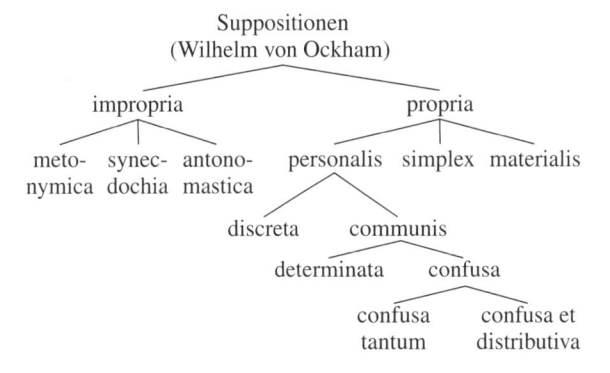

```
                      Suppositionen
                  (Wilhelm von Ockham)
                   /                \
              impropria            propria
             /    |    \          /    |    \
         meto- synec- antono-  personalis simplex materialis
         nymica dochia mastica    /      \
                               discreta  communis
                                        /       \
                                  determinata  confusa
                                              /        \
                                          confusa    confusa et
                                          tantum     distributiva
```

Auch Burleigh nimmt eine auf den ersten Blick fast identische Einteilung vor. Freilich verstecken sich hinter diesen Einteilungen zwei fundamental verschiedene Sprachauffassungen, nämlich die *nominalistische* von Wilhelm von Ockham und die *realistische* von Burleigh. Nach der nominalistischen Auffassung gibt es, wie Burleigh formuliert, «keine reale Einheit außerhalb der Seele außer einer zahlenmäßigen Einheit» (nulla est unitas realis extra animan praeter unitatem numeralem)[88], d.h. nur abzählbare Einzeldinge wie *dieses-Pferd-da* existieren, Gattungsbegriffe (Universalien) wie *Pferd* sind in ihrer Allgemeinbedeutung hingegen nur mental gegeben, sie haben in dieser Allgemeinbedeutung kein außersprachliches reales Korrelat. Im Vergleich zur primär ontologisch orientierten Diskussion im *Universalienstreit* des 13. Jh.[89] nehmen Wilhelm von Ockham wie Burleigh für sich in Anspruch, die logische Sprachanalyse von solchen ontologischen Unreinheiten freizuhalten – was sie allerdings nicht daran hindert, sich gegenseitig eine falsche Ontologie vorzuwerfen. Die *nominalistische* Position Wilhelms von Ockham[90] in diesem Universalienstreit zeigt sich schon in der Tatsache, daß er bei der uneigentlichen (nicht: übertragenen bzw. metaphorischen[91]) Supposition nur die auf einer *Verschiebung der Referenten bzw. im Referenten* beruhenden Tropen – also *nicht* die Metapher – berücksichtigt: bei der Metonymie unterscheidet er die Fälle ‹Enthaltendes für Enthaltenes› (England zieht in die Schlacht) und ‹Akzidens für Substanz› (Die silbernen Helme ziehen in die Schlacht), bei der Synekdoche «supponiert der Teil fürs Ganze» *(pars supponit pro toto)* und bei einer Antonomasie wie «Der Apostel sagt das» supponiert «ein Term genau für dasjenige, dem er im höchsten Maße zukommt» *(maxime convenit)*. Mit dieser Definition stellt sich Wilhelm von Ockham radikal gegen die gängige Bestimmung der Antonomasie als Verwendung eines *Gattungsnamens* für einen *Eigennamen*, die ja die Existenz von Allgemeinbegriffen entsprechenden Denotaten voraussetzt, um – ausgehend von der Tatsache, daß der Term *Apostel* mehrere einzelne Apostel (x_1, x_2, ..., x_n) bezeichnen kann – mit Hilfe des Selektionskriteriums (oder des Entscheidungsalgorithmus) «wähle das Individuum aus, dem der Term P im höchsten Maße (›) zukommt» den auch mit dem Eigennamen supponierbaren *Paulus* zu bezeichnen.[92] Schematisch:

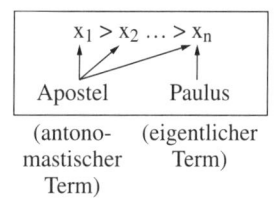

$$x_1 > x_2 \ldots > x_n$$

Apostel   Paulus

(antono-   (eigentlicher
mastischer   Term)
Term)

Unproblematisch im Hinblick auf die rhetorische Tradition sind die Definitionen der Metonymie und der Synekdoche, da diese Tropen durchgängig extensional über Relationen zwischen den singulären Referenten bzw. in einem singulären Referenten erklärt wurden. Problematisch, ja sogar innerhalb einer nominalistischen Sprachtheorie nicht erklärbar, ist hingegen die Metapher, da sie ja einen Vergleich zwischen Arten, d.h. *generischen Denotaten*, voraussetzt – woraus folgt, daß Wilhelm von Ockham die Metapher auslassen *muß*. Auch Burleigh, der sich hier wohl in den Bann der extensionalistischen L. ziehen läßt, nimmt identische Unterscheidungen vor.[93] Die gleiche Reduktion begrifflich-semantischer Relationen auf Singulär-Extensionales zeigt sich auch bei Wilhelms von Ockham Bestimmung der übrigen nicht-materialen Suppositionen. Die *materiale* Supposition versteht er wie Wilhelm von Sherwood im metasprachlichen Sinne, d.h. im Sinne von phonologischen oder grammatischen Kategorien (wie ‹Mensch ist ein Nomen› oder ‹liest steht im Indikativ›)[94]. Diese Kategorien bezeichnet Wilhelm von Ockham dem mittelalterlichen Sprachgebrauch entsprechend auch als zweite Intentionen, um sie von den objektsprachlichen ersten Intentionen abzugrenzen.[95] Auch bei der *einfachen (simplex)* Supposition führt Wilhelm von Ockham wie Petrus und Wilhelm von Sherwood das quasi-metasprachliche ‹(Der) Mensch ist eine Art› auf – wodurch insofern eine Inkonsistenz entsteht, als er vorher im 12. Kapitels des Teils I seiner L. Ausdrücke wie *Art* oder *Gattung* genauso wie die aufgeführten grammatischen Kategorien zur zweiten Intention, d.h. zu den metasprachlichen Ausdrücken, rechnet. Diese Inkonsistenz läßt sich aber dadurch erklären, daß es ihm hier nicht um die formal-grammatische, sondern um die inhaltlich-begriffliche Seite der Sprache geht, und er zudem nachweisen will, daß allgemeine Ausdrücke kein außersprachliches bzw. außermentales Korrelat haben. Für ‹(Der) Mensch ist eine Art› gilt nämlich nach Wilhelm von Ockham, daß «der Term *(terminus) Mensch* für eine bestimmte Intention der Seele supponiert, da genau diese Intention die Art ist» (iste terminus *homo* supponit pro intentione animae, quia illa intentio est species) [96]; die Intention kann allgemein sein (bei Termen, die von vielem aussagbar sind, d.h. bei Gattungsnamen) oder nur einer einzigen Sache zukommen (wie etwa Eigennamen): «Auf der Seite der Dinge gibt es nämlich nichts, was nicht Einzelnes ist.»[97] Dagegen verweisen alle Formen der *personalen* Supposition in verschiedener Weise auf Realia, und zwar auf Einzelnes. Die (i) *diskrete* Supposition wird wie bei Petrus Hispanus über Eigennamen oder deiktische Ausdrücke hergestellt, die *allgemeine* über Ausdrücke mit allgemeiner Bedeutung. Wesentlich für das Verständnis Wilhelms von Ockham sind die drei restlichen personalen Suppositionen:

(ii) Determinierte S. wie in ‹Ein (Irgendein) Mensch läuft›. Diese Aussage läßt die Folgerung auf folgende disjunktive Aussage zu: ‹also läuft dieser Mensch oder jener Mensch›, und so weiter für jeden einzelnen Menschen.[98]

(iii) Konfuse und distributive S. wie in ‹Jeder Mensch ist ein Lebewesen›. Diese ermöglicht die Folgerung auf eine kopulative Aussage: ‹Dieser Mensch und dieser Mensch und dieser usw. ist ein Lebewesen›.

(iv) Bloß konfuse (*confusa tantum*) S. Diese «kann man auf einen Satz zurückführen, dessen Prädikat aus einer Disjunktion aus Einzelnem besteht. So gilt: ‹Jeder Mensch ist ein Lebewesen, also ist jeder Mensch dieses Lebewesen oder jenes›, usw.»[99] Nicht möglich ist dagegen die Zurückführung auf ‹Jeder Mensch ist dieses Lebewesen oder jeder Mensch ist jenes Lebewesen, usw.›.

Das Folgern auf singuläre Aussagen bezeichnet Wilhelm von Ockham auch als das des Hinabsteigens zum Einzelnen *(descendere ad singularia)*; im Gegensatz zur determinierten Supposition (ii) kann man bei der bloß konfusen Supposition (iv) nicht über eine Disjunktion singulärer Aussagen zu den unter den allgemeinen Term *Mensch* fallenden einzelnen Dingen hinabsteigen. Für die determinierte Supposition (ii) gilt zudem die logische Regel, daß man sowohl hinabsteigen, als auch wieder hinaufsteigen kann: «Wenn man durch eine disjunktive Aussage von einem allgemeinen Term zu den einzelnen Gegenständen hinabsteigen kann, und wenn man [umgekehrt] von jeder beliebigen dieser singulären Aussagen auf eine solche [partikuläre] Aussage folgern kann, dann hat dieser Term eine determinierte personale Supposition.»[100] Das logische Hinaufgehen ist auch bei der bloß konfusen Supposition (iv) möglich (aus ‹Jeder Mensch ist *dieses Lebewesen*› folgt *formaliter* ‹Jeder Mensch ist *ein Lebewesen*›), nicht aber bei der konfusdistributiven Supposition (iii), da aus einem singulären ‹Dieser Mensch ist ein Lebewesen› nicht auf ‹Jeder Mensch ist ein Lebewesen› gefolgert werden kann. Dieses Hinabsteigen zum Einzelnen hat nun nicht nur die Funktion, logische Zusammenhänge aufzuzeigen, sondern dient primär dem Nachweis, daß unbestimmte Aussagen wie (ii) und allgemeine Aussagen wie (iii) und (iv) auf Singuläres zurückgeführt werden können. Da diese Art der logischen Zurückführung auch die moderne (nominalistische) formale L. kennzeichnet, liegt nahe, daß von verschiedener Seite versucht wurde, die Ockhamsche Suppositionslehre zu formalisieren. Daß dies mit einer Reihe von Schwierigkeiten verbunden ist, macht schon MATTHEWS deutlich: Man kann nämlich die determinierte Supposition (ii) nicht über eine existentielle Quantifizierung mit dem daraus folgenden Schluß auf eine Disjunktion singulärer Sachverhalte darstellen, also etwa (F = Mensch; G = Lebewesen):

$(\exists x) (Fx \wedge Gx) \rightarrow (Fx_1 \wedge Gx_1) \vee (Fx_2 \wedge Gx_2) \vee \ldots$

Der Grund ist einfach darin zu sehen, daß für Wilhelm von Ockham – wie die Beispiele schon deutlich machten – in jeder kategorischen Aussage sowohl der Subjekts- als auch der Prädikatsausdruck supponieren. So wird in ‹Ein Mensch ist *ein Lebewesen*› zweimal *determinative* (ii) supponiert, da man sowohl auf ‹Also ist *dieser Mensch* ein Lebewesen und *jener Mensch* ist ein Lebewesen usw.› wie auch auf «Also ist ein Mensch *dieses Lebewesen* oder *jenes Lebewesen* usw.» [101] folgern kann. Dies ist in der Quantifizierung (1), die nur einen einfachen Abstieg ermöglicht, nicht berücksichtigt. Nach einem Durchspielen mehrerer prädikatenlogischer Möglichkeiten mit zwei Variablen, die nicht alle von Wilhelm von Ockham unterschiedenen Suppositionen wiedergeben können, kommt Matthews zum Schluß, daß diese Übersetzung nicht möglich sei, da Wilhelm von Ockham über Terme quantifiziere und nicht wie die moderne L. über Variablen.[102] Dagegen haben PRICE u.a. unter Rückgriff auf die ‹Nicht-Standard Quantifikationslogik› gezeigt, daß man, wenn man nicht über Variablen quantifiziert, die der gleichen Klasse von Gegenständen zugehören, sondern über Variablen, die verschiedenen Klassen (die durch die allgemeinen Terme bezeichnet werden) zugehören, sehr wohl Wilhelms Suppositionen quantifizieren kann, also für die partikulär (I) bzw. universell (A) bejahende Aussage ‹Ein Mensch (F) ist ein Lebewesen (G)› bzw. ‹Jeder Mensch (F) ist ein Lebewesen (G)› und die entsprechenden partikulär verneinenden (O) bzw. universell verneinenden (E) [103]:

I: $(\exists f) (\exists g) (f = g)$
A: $(\forall f) (\exists g) (f = g)$
O: $(\exists f) \sim(\exists g) (f = g)$ bzw. $(\exists f) (\forall g) (f \neq g)$
E: $(\forall f) \sim(\exists g) (f = g)$ bzw. $(\forall f) (\forall g) (f \neq g)$

(f und g sind Variablen in Klassen von Gegenständen, die durch die Terme F bzw. G bezeichnet werden) Das Herabsteigen zum Einzelnen läßt sich damit recht einfach bewerkstelligen, da die determinierte Supposition von I auf I' und die diffus-distributive von A auf A' folgendes ergibt:

I': $(\exists g) (f_1 = g) \vee (\exists g) (f_2 = g) \vee \ldots$
A': $(\exists g) (f_1 = g) \wedge (\exists g) (f_2 = g) \wedge \ldots$

Man mag diese Übersetzung (die von WEIDEMANN in einigen Aspekten noch präzisiert wird) [104] durchaus für logisch gerechtfertigt erachten; dennoch muß festgehalten werden, daß sie das zentrale *Dilemma* des Ockhamschen Nominalismus nicht nur ererbt hat, sondern geradezu auch sichtbar macht. Die vorgeschlagene Formalisierung setzt ja voraus, daß man die Variablen vorher als Elemente einer *Klasse* definiert hat, die per definitionem *real* existiert – anders gesagt: diese ‹Nicht-Standard-Quantifizierung› setzt die *reale Existenz* von (allgemeinen) Klassen voraus. Dieses Dilemma, daß man einen Gegenstand immer schon unter einen allgemeinen Term gebracht haben muß, um ihn als einen *bestimmten* Gegenstand (eben dieser Mensch, dieses Lebewesen usw.) supponieren zu können, läßt sich bei Wilhelm von Ockham selbst nachweisen. So liegen ja, wie betont, in ‹*Ein Mensch* ist *ein Lebewesen*› für Wilhelm von Ockham zwei determinierte Suppositionen vor, da man sowohl auf ‹Also ist *dieser Mensch* ein Lebewesen und *jener Mensch* ist ein Lebewesen usw.› wie auch auf ‹Also ist ein Mensch *dieses Lebewesen* oder *jenes Lebewesen* usw.› schließen kann. Der letzte Satz macht nur Sinn, wenn man unterstellt, daß die Identifizierung eines (unbestimmten) Gegenstandes x *als* (bestimmter) Gegenstand g nur möglich ist, wenn man diesen singulären Gegenstand als ein *Exemplar* der Art *Lebewesen* (G) bestimmt hat. Ohne diese Annahme hat der Term *Lebewesen* keine Bedeutung und kann deshalb auch weggelassen werden: ‹Also ist ein Mensch *dieses hier* oder *jenes dort* usw.›; da auch bei der Supposition mit *Mensch* zum Einzelnen herabgestiegen werden kann, ergäbe sich als Quintessenz der nominalistischen Bedeutungskonzeption: ‹Dieses hier ist dieses hier›. Hier könnte eingewendet werden, daß Wilhelm von Ockham sehr wohl Allgemeinbegriffe angenommen habe, die jedoch nur mental gegeben sind. Doch auch dieser Hinweis kann nicht die Frage klären, warum man denn mit ‹Da ist *ein Pferd* und da drüben steht *ein Pferd*› auf Gegenstände mit einer *bestimmten Gestalt (Eidos)* verweist und eben nicht auf – beispielsweise – *Menschen*. Es sei denn, man vertritt eine *realistische* Bedeutungstheorie – womit weder ontologisch impliziert wird, daß das Pferd an sich existiert, noch, daß die vom Prädikat bezeichnete Eigenschaft dem Subjekt inhärent ist im Sinne einer *Inesse*-Relation (sein-in). Wie schon aus der Tatsache, daß Wilhelm von Ockham auch für Prädikate Supposition annimmt, klar wird, muß er sich gegen diese Inhärenztheorie wenden; deshalb ergibt sich seine Identitätstheorie fast von selbst: Eine Aussage ist dann wahr, wenn «das, wofür der Subjektterm steht oder supponiert mit dem identisch ist, wofür der Prädikatsausdruck steht oder supponiert.» [105] Damit besteht ein Satz nicht mehr aus einem Subjekt und Prädikat, sondern aus zwei Termen, die auf quantifizierbares Einzelnes verweisen. Daraus ergibt sich notwendig die These Wilhelms, daß etwa eine Aussage wie ‹Etwas Weißes ist ein Lebewesen› so zu verstehen sei, «daß jene Sache, die weiß ist, ein Lebewesen ist; d.h. die Aussage ‹Dies ist ein Lebewesen› ist dann wahr, wenn man zugleich auf eine Sache zeigt, die weiß ist». [106] Aus all dem ist klar, daß bei Wilhelm von Ockham die ausführliche Diskussion der *copulatio*, d.h. der Verbindung von Subjekts- und Prädikatsausdruck durch das Verb *sein* zu einem Urteil nicht vorkommt – die natürlich bei Burleigh in extenso diskutiert werden muß. [107] Diese rein extensionale Bestimmung der Aussage, die zu einer Konvertibilität von Subjekt und Prädikat führt, denkt sicher radikal die syllogistische Bestimmung der Aussage, wie sie Aristoteles in den ‹1. Analytiken› vorgenommen hat, zu Ende. Doch das ‹Organon› besteht nicht bloß aus der Syllogistik. Die Problematik dieser Konvertibilitätsthese läßt sich leicht aufzeigen: so gibt es etwa in ‹Sokrates hat gestern *ein Lebewesen* gesehen› zwei Referenten oder personale Supposita, eben *Sokrates* und *ein Lebewesen*. In Sätzen wie ‹Dies hier ist *ein Lebewesen*› oder ‹Dieser Mensch hier ist *ein Lebewesen*› gibt es nur einen Referenten, eben den in der Nominalphrase bezeichneten Referenten.

Dieser Analyse hätte der Realist Burleigh vermutlich zugestimmt, obwohl er sicher mehr Ontologie eingefordert hätte. Für Burleigh ist nämlich der Satz ‹*Der Mensch* ist die würdigste aller Kreaturen› so zu verstehen, daß «der Mensch unter allen sterblichen Kreaturen die würdigste ist» [108]; d.h. der Ausdruck ‹der Mensch› supponiert die real existierende Kreatur *Mensch*. Deshalb unterscheidet er an der Spitze seiner Einteilung nur zwei Unterarten der eigentlichen Supposition, nämlich die *materiale* und *formale* (deren Unterarten *personal* und *einfach* gleichermaßen auf Realia verweisen – im Gegensatz zu Wilhelm von Ockham, der drei Unterarten unterscheidet, wobei nur die personale Supposition reale Korrelate hat:

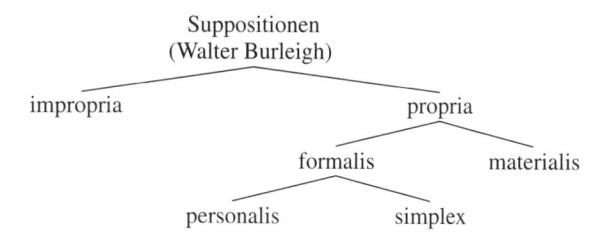

```
                Suppositionen
              (Walter Burleigh)
              /              \
        impropria           propria
                            /      \
                       formalis    materialis
                       /      \
                personalis   simplex
```

Bei der generischen, d.h. einfachen *(simplex)* Supposition unterscheidet Burleigh neben dem *absoluten* Verweis (Der Mensch ist die würdigste allen Kreaturen) noch den *speziellen* (Der Mensch ist eine Art) und den *allgemeinen* Gebrauch (Die Substanz ist die allgemeinste Gattung). Damit kann er zwar das mit dem quasi-metasprachlichen Gebrauch in den beiden letzten Beispielen von Petrus Hispanus bis Wilhelm von Ockham mitgeschleppte Problem ausdifferenzieren, nicht aber lösen. Das zeigt sich unmittelbar darin, daß er zur Abstützung seiner These vom speziellen Gebrauch ausgeht. Dabei führt Burleigh schwere Geschütze – aus dem Topos aus der Autorität – auf: etwa, daß schon für Wilhelm von Sherwood eine einfache Supposition dann vorliegt, «wenn ein Term für das, was er [allgemein] bedeutet, supponiert (quando terminus supponit pro suo significato)» [109]; oder, daß nach Priscian der Term *Mensch* ein «Nomen der Art» sei, und natürlich, daß Aristoteles diesen Term *Mensch* in den ‹Kategorien› als «Nomen der zweiten Substanz» bestimmt habe und dieser deshalb auch etwa «Qualitatives bedeute, und nicht ein bestimmtes Dieses» [110] (dagegen wird Wilhelm von Ockham zu Unrecht einwenden, Aristoteles habe die Substanz nur als ‹Namen für eine Substanz› begriffen [111]). Wesentlich ist jedoch in diesem Zusammenhang, daß der von Burleigh zitierte Priscian *Mensch* in diesem Kontext metasprachlich als ‹Nomen der Art› bestimmt, woraus folgt, daß in Verwendungen wie ‹*Mensch* ist eine Art› im Sinne von ‹*Mensch* ist ein Nomen der Art› verstanden werden kann. Da Wilhelm von Ockham diese Verwendung auch als einfache Supposition begreift, übergeht auch er die damit angeschnittene Problematik. Im Gegensatz zu Burleigh hält er jedoch daran fest, daß eine Aussage wie ‹Der Mensch ist die würdigste aller Kreaturen› «dem korrekten Sprachgebrauch nach falsch *(de virtute sermonis falsa)* ist, da jedes singuläre Beispiel falsch ist» [112] – kein einzelner Mensch ist in der Tat die würdigste aller Kreaturen. Die Kritik Wilhelms von Ockham ist offenbar nur stimmig, wenn man unterstellt, es gibt nur personale Supposition. Dennoch zeigt sich Wilhelm von Ockham versöhnlich, da der Burleighsche Satz «dem Sinn nach wahr ist»; diejenigen, die solche Sätze bilden, wollen damit ja nicht sagen, «daß der Mensch erhabener als gemeinhin jede Kreatur sei, sondern, daß er erhabener als jede Kreatur sei, die selbst kein Mensch ist». [113] Vielleicht gibt Burleigh auf Grund dieses versöhnlichen Zugeständnisses diese Analyse kommentarlos wieder; vielleicht auch deshalb, weil in Wilhelms Umformulierung *Mensch* auch allgemein, d.h. in einfacher Supposition stehend, interpretiert werden kann. Prinzipieller Natur ist dagegen sein Argument *ad absurdum* gegen Wilhelm von Ockham, daß nach dessen Auffassung in ‹Sokrates ist ein Mensch› das Nomen

Mensch nur zu Lebzeiten Sokrates' diesen bezeichne, nicht aber nach dessen Tod, da «dann Sokrates kein Mensch mehr ist. Wann immer also ein Mensch stirbt, verlöre das Nomen Mensch etwas von seiner Bedeutung. Und somit folgt, daß jeder, der eine Sache zerstört, bewirken würde, daß ein Wort etwas von seiner Bedeutung verliert, was absurd ist».[114] Gegen diese Auffassung hatte Wilhelm von Ockham jedoch schon früher festgehalten, daß personale Supposition nicht mit dem *Jetzt-tatsächlich-Zukommen* gleichgesetzt werden darf, da eine Supposition auch dann vorliegt, wenn ein Term «für das steht, was er entweder gegenwärtig bezeichnet, oder aber einmal bezeichnet hat, bezeichnen wird bzw. bezeichnen kann».[115] Doch auch hier kann man offenbar im Falle der futurischen oder hypothetischen Aussagen das Burleighsche *ad absurdum*-Argument gegen Wilhelm von Ockham wenden und fragen, wie man denn *jetzt* beim Äußern eines futurischen Satzes die Bedeutung eines supponierenden Terms kennen kann, wenn sie doch erst in Zukunft sich manifestieren kann. Umgekehrt gibt es auch Fälle, in denen Burleigh die bessere Lösung Wilhelms von Ockham nicht akzeptieren kann, weil er in diese zuviel Generisches hineinliest. So nimmt er für das viel diskutierte Beispiel «*Ein Pferd* wird dir versprochen» eine einfache, d.h. generische Supposition an, da man damit nicht dieses oder jenes Pferd verspricht. Umgekehrt gilt, daß man ein Versprechen nur mittels irgendeines einzelnen Pferds *einlösen* kann, da man ja schlechterdings kein «allgemeines Pferd» verschenken kann.[116] Man verspricht also ein Pferd an sich, verschenken muß man jedoch eine bestimmtes Pferd. Damit kann Burleigh zwar ‹Ein Pferd wird dir versprochen› gegen das etwa in ‹Da drüben ist *ein Pferd*› personal supponierte *Pferd* abgrenzen, nicht aber gegen das generische ‹Ein Pferd ist ein Lebewesen›. Wilhelm von Ockham, der vom Aktivsatz (!) ‹Ich verspreche dir *ein Pferd*› ausgeht, argumentiert hier differenzierter, indem er zunächst zeigt, daß es sich im strengen Sinn um keine Supposition handelt, weil ‹ein Pferd› *Teil* eines Satzgliedes (hier: des Prädikats) ist (nur der ganze Subjekt- bzw. Prädikatsausdruck können nach Wilhelm von Ockham im strengen Sinn supponieren); akzeptiert man Suppositionen hingegen in einem weiteren Sinn auch bei in den Subjekts- oder Prädikatsausdruck eingebetteten Termen, dann handelt es sich bei Ausdrücken oder Verben wie *versprechen*, die sich auf *Zukünftiges* beziehen, um eine bloß konfuse *(confusa tantum)* personale Supposition, die sich dementsprechend als Disjunktion wie folgt auflösen läßt: «ich verspreche dir ein Pferd; also verspreche ich dir dieses oder jenes Pferd usw. für alle gegenwärtig und zukünftig aufzählbaren Pferde».[117] Gleiches gilt für Aussagen wie ‹Hierzu braucht man *ein Messer*›, in dem *Messer* unbestimmt spezifisch und damit nicht generisch supponiert.

Das letzte Beispiel zeigt, daß die präzisere logische Analyse mit einer differenzierteren Sprachanalyse einhergeht. So finden sich bei Burleigh wie bei Wilhelm von Ockham neben der Analyse der uneigentlichen Supposition auch Kapitel zur Verwendung und Supposition der ‹Relativa›, d.h. der Pronomina der Substanz *(dieser, jener)* und des Akzidens *(so beschaffen, so viele)*, der Reflexivpronomina oder der Pronomina des Unterschieds *(der eine, der andere)*, zu Prädikaten wie ‹Sokrates war *zweimal* in Rom› und zu synkategorematischen Verben wie *beginnen* und *aufhören*, die ja – mit Infinitiv konstruiert – eine mit Verben wie *versprechen, wetten* usw. vergleichbare Semantik hinsichtlich der Existenz/ Nicht-Existenz der Supposita haben.[118] Die skizzierte Analyse des *versprechen* zeigt aber zugleich die Grenzen dieser terministischen Satz- und Aussageanalyse auf. Es ist nämlich ein keineswegs zu vernachlässigendes Detail, daß Burleigh vom Passivsatz ‹Ein Pferd wurde dir versprochen› ausgeht, da dieser der kanonischen, von Aristoteles übernommenen Zerlegung der Aussage in Subjekt und Prädikat – moderner formuliert: in eine Nominalphrase mit Subjektfunktion und eine Verbalphrase mit Prädikatsfunktion – entspricht. Und wenn Wilhelm von Ockham diesen Satz aktivisch formuliert, dann sicher auch mit der polemischen Absicht nachzuweisen, daß *Pferd* gar kein vollständiger Term ist (und deshalb keine Supposition im strengen Sinne hat), da er ja im Aktivsatz als direktes Objekt des Verbs, d.h. logisch als Teil des Prädikatsausdrucks vorkommt. Beide jedoch teilen wie die ganze Scholastik die Auffassung, daß die von Aristoteles ererbte Zerlegung des Satzes in einen Subjekts- und Prädikatsausdruck die einzig legitime logische Analyse darstellt. In dieser schon bei Wilhelm von Sherwood beobachteten Zurückführung komplexer Sätze auf die zweigliedrige (auf Aristoteles zurückgehende) Form Subjekt – Prädikat zeigt sich die epistemologische Grenze der scholastischen Satz- und Aussageanalyse.

Im Bereich der Theorie über die *Folgerungen* geht die mittelalterliche L. über Aristoteles hinaus, da sie Schlußregeln explizit formuliert, die von Aristoteles nicht gesehen bzw. nicht explizit formuliert wurden. Stump sieht vier Traditionsstränge aus dem 13. Jh., die zur Herausbildung von eigenständigen Abhandlungen ‹Über die Folgerungen› (De consequentiis) geführt haben: (i) die Topiktradition; (ii) die Abhandlungen zu synkategorematischen Ausdrücken (insb. den Satzkonnektoren *wenn, falls, also,* usw.); (iii) die Kommentare oder Abhandlungen zu den Trugschlüssen, insbesondere zum Scheinschluß der Konsequenz; (iv) Kommentare zu den ‹1. Analytiken›.[119] Hierzu wird man sicher auch die Traktate zu den Sophismen und Paradoxien (‹De sophismatibus› und ‹De insolubilibus›) rechnen müssen [120], aber auch den Traditionsstrang, der sich von Boethius' Abhandlung zu den hypothetischen Schlüssen (‹De syllogismis hypotheticis›) über ABBOS VON FLEURY gleichnamige Abhandlung wie auch über die entsprechenden Abschnitte der ‹Dialektik› von Abälard bis ins 12. Jh. verfolgen läßt, um dann wieder im 14. Jh. aufgegriffen zu werden (im 13. Jh. gibt es keine Traktate zu den hypothetischen Schlüssen und auch in den großen Logiken von Wilhelm von Sherwood, Petrus Hispanus und Lambert von Auxerre fehlen entsprechende Abschnitte).[121] Die genannten Traditionsstränge zeigen aber zugleich, daß es letztlich um die zentrale Frage der L. seit den Dialektikern und Aristoteles geht: Wie läßt sich stringentes oder zumindest konsistentes Folgern erklären und begründen?

Auch hier hat LUKASIEWICZ mit seiner These, daß die Konsequenzlehre die stoische Aussagenlogik aufgenommen und weiterentwickelt habe, für eine intensive und kontroverse Diskussion gesorgt.[122] So übernimmt etwa MOODY zunächst diese Auffassung, um sie dann aber abzuschwächen und sogar ganz aufzugeben.[123] G. JACOBY stellt sogar den methodischen Ansatz, die Konsequenzlehre von der modernen *wahrheitsfunktional* konzipierten Aussagenlogik her zu lesen, in Frage.[124] Dennoch hat sich lange dieser Ansatz – wie die für diese Richtung repräsentativen Untersuchungen von BOH zeigen [125] – im angelsächsischen Sprachraum durchgesetzt. BOCHEŃSKI schließlich bezweifelt schon früh einen direkten Einfluß der Stoa auf die Spätscholastik, hält aber an der Auffassung fest, daß es sich um eine frühe Stufe der modernen Aussagenlogik handelt. Das betont er auch in seiner Geschichte der L.: Die Konsequenzlehre «ist wesentlich eine Weiterführung der stoischen Aussagenlogik, doch wurde sie – soweit wir wissen – von Grund auf neu entwickelt: nicht im Anschluß an die stoischen Logoi [...], sondern an gewisse Stellen der ‹Hermeneia› und vor allem der ‹Topik›.» [126] Diese These wird man sicher differenzieren müssen, da die Stoa dem Spätmittelalter indirekt über die genannten Traditionsstränge (insbesondere die Abhandlungen und die einschlägigen Abschnitte der großen Logiken zu den hypothetischen Syllogismen) sehr gut bekannt waren. Dennoch bestimmt die Auffassung Bocheńskis, die er selbst nicht weiter entwickelt hat, wesentlich die neuere Forschung – vor allem auch ausgelöst durch mehrere Untersuchungen von O. Bird. [127] Diese Untersuchungen führen schon bald zur These der «Absorption der Topik in der Konsequenzlehre» (Stump); ähnlich urteilt GREEN-PEDERSEN, der in der Tatsache, daß zusätzliche formale Topoi unterschieden wurden, ein «Aufgeben der Topik als Methode des Bestätigens von Argumenten» herausliest, während SCHUPP darin ein Vergessen der ursprünglichen Funktion der Topoi, termlogisch gegründete Anweisungen zu geben, sieht. [128] C. KANN schließlich weist darauf hin, daß dieser Absorptionsprozeß Divergenzen aufweist. So ist etwa bei Wilhelm von Ockham die Topik ganz in die Folgerungslehre integriert; in BURIDANS ‹Compendium totius Logicae› wird die Topik noch in einem eigenen Abschnitt nach den Syllogismen behandelt, sie fehlt aber in seiner Abhandlung ‹De consequentiis›; auch Albert von Sachsen erörtert in seiner ‹Perutilis logica› nach den Syllogismen die Topoi, diese sind aber in einen Abschnitt zu den Konsequenzen integriert und werden erst am Ende dieses Abschnitts diskutiert. [129] Betrachtet man nun etwa die Bestimmung der Funktion des Topos bei Burleigh, so fühlt man sich sofort auf vertrautem Gelände: «Jede gültige Folgerung wird durch irgendeinen Topos, der die Maxime ist, gestützt. Denn die Maxime ist nichts anderes als die Regel, durch welche die Folgerung gestützt wird» (Omnis consequentia bona tenet per aliquem locum qui est propositio maxima. Nam propositio maxima non est nisi regula, per quam consequentia tenet). [130]

Als Beispiel für eine solche Maxime (oder einen gemeinsamen Topos) gibt er u.a. folgende *Schlußregel*: «Was immer auf das Konsequens folgt, folgt auch auf das Antezedens» (Quidquid sequitur ad consequens, sequitur ad antecedens). Die gleiche Regel findet sich etwa auch bei WILHELM VON OSMA, der zur Burleigh/Wilhelm von Ockham-Gruppe gerechnet wird:

(I1) «Eine andere Regel *(regula)* ist diese, daß *was immer auf das Konsequens (consequens) folgt, auf das Antezedens folgt*; z.B. diese Folgerung (consequentia): Ein Mensch läuft; also läuft ein Lebewesen; da auf das Konsequens folgt: ein Lebewesen läuft; also läuft ein Körper, folgt auf das Antezedens: ein Mensch läuft; also läuft ein Körper». [131]

Daß bei Wilhelm von Osma der explizite Bezug zur Topik fehlt, überrascht nicht, da ja die gemeinsamen Topoi bzw. seit Boethius die Maximen als Schlußregeln begriffen werden. Freilich stellt sich hier die gleiche Problematik wie bei den syllogistischen *und* topischen Schlußgaranten bei Aristoteles: Sind diese Formulierungen als aussagenlogische Gesetze (oder zumindest als Implikationsbeziehungen) oder als *Schlußregeln* zu verstehen? Diese Frage ist eindeutig im zweiten Sinne zu beantworten, da diese *regulae* festlegen, wie man bei einer bestimmten Konfiguration der Prämissen auf eine bestimmte Konklusion folgern kann. Der wesentliche Unterschied zu den Maximen besteht jedoch darin, daß hier zwei Schlüsse die Prämissen bilden und nicht, wie bei den bisher behandelten termlogischen Topoi, generische und spezifische Aussagen; veranschaulicht in Abb. 9.

Nun formuliert Wilhelms Werk – wie alle Konsequenzabhandlungen – auch termlogische Topoi. Den aufgeführten Topos aus der Art (T_{Art}) beschreibt er wie folgt:

(T1) «Eine andere Regel ist diese, daß von einem Untergeordneten zu seinem Übergeordneten ohne Negation, ohne Distribution und ohne irgendeinen Ausdruck, der eine negierende oder distribuierende Kraft hat, die Konklusion *(consequentia)* sowohl an sich als auch akzidentell gültig ist; an sich z.B.: *ein Mensch läuft; also läuft ein Lebewesen*; akzidentell z.B.: *ein weißer Mensch läuft; also läuft ein Weißes.*» [132]

In diesen beiden Varianten ist offenbar noch ein Nachhall der aristotelischen Topik zu sehen, da die *an-sich*-Variante dem Topos der Gattung *aus der Art* entspricht und die Akzidensvariante dem Topos des Akzidenz *aus der Art*. Neu ist, daß die begriffslogischen Beziehungen nicht mehr über die Prädikabilien formuliert werden, wie auch, daß Ausnahmebedingungen angegeben werden, die nicht vorliegen dürfen, damit der Schluß gültig ist. Von diesen verweisen die Bedingung, daß der Term nicht in Distribution stehen darf (d.h. nicht in distributiver Supposition verwendet wird), und die Bedingung, daß kein zusätzlicher Ausdruck mit distribuierender Funktion (*vis*, Kraft) vorkommen darf, auf die in der terministischen L. getroffenen Unterscheidungen. Da dies keine wesentlichen Unterschiede zum traditionellen Toposbegriff sind, gilt, daß die *Schlußregeln* für termlogische Beziehungen mit den gemeinsamen Topoi bzw. den Maximen identisch sind.

Auch bei der Formulierung der aussagenlogischen Regeln bezieht sich Wilhelm von Osma auf Konfigurationen von Schlüssen, da er auch hier von einer gültigen Folgerung *(bona consequentia)* spricht; etwa für die Konjunktion: (K2) «Von einer ganzen kopulativen Aussage zu jedem ihrer Glieder ist eine gültige Folgerung *(bona consequentia).*» [133] Hier ist das lat. *consequentia* mit ‹Folgerung› übersetzt und nicht wie im Beispiel (T1) mit ‹Konklusion›. Da beide Übersetzungen prinzipiell möglich sind, muß jeweils entschieden werden, ob eher die ganze Folgerung bzw. der ganze Schluß oder nur die Konklusion gemeint ist. Bei einer Übersetzung mit dem synekdochetischen Ausdruck ‹Konklusion› muß aber klar sein, daß sich *bona* nicht auf die Wahrheit der Konklusion bezieht, sondern ‹gültig aus bestimmten Prämissen gefolgert› meint. Damit könnte man die zitierte Konjunktionsregel mit SCHUPP durchaus modern so verstehen ($|>$ symbolisiert *ist folgerbar*):

(K2) $p \wedge q \mathrel{|}{>} p$ oder $p \wedge q \mathrel{|}{>} q$ $[= \wedge \text{BES}]$

Dies entspricht der Schlußregel der *Konjunktionsbeseitigung* ($\wedge$ BES) [134]; freilich stellt Wilhelm von Osma diese Regel nur fest, ohne sie zu begründen und zu beweisen. In der modernen wahrheitsfunktionalen L. kann diese Gültigkeit bewiesen werden, weil (K2) das *aussagenlogische Gesetz* ‹$(p \wedge q) \rightarrow p$› zugrundeliegt, d.h. eine Aussagenverbindung, die *immer* wahr ist, gleichgültig welche Wahrheitswerte man auch für p und q einsetzt.

termlogisch	aussagenlogisch
A ist Art von C Einem A kommt P zu Also: Einem C kommt P zu = T_{Art}	p, also q q, also r Also: p, also r = T_{KONS}
BEISPIEL	BEISPIEL (I1)
Menschen sind Lebewesen Ein Mensch läuft Also: Ein Lebewesen läuft	Ein Mensch läuft, also läuft ein Lebewesen Ein Lebewesen läuft, also läuft ein Körper Also: Ein Mensch läuft; also läuft ein Körper

(Abb. 9)

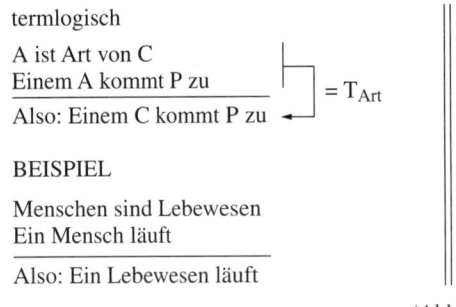

Damit bestünde der einzige Unterschied der Konsequenzlehre zur modernen L. nur darin, daß die Konsequenzlehre noch nicht über den Begriff des logischen Gesetztes verfügt hat. Auch das muß bezweifelt werden. Nicht nur, weil Wilhelm von Osma durchgängig die Beispiele in Form vom Schlußkonfigurationen mit Prämissen und einer durch *also* eingeleiteten Konklusion formuliert, sondern vor allem deshalb, weil er offenbar auch bei der Formulierung der Regeln bestimmte Schlußfiguren vor Augen hat. Das sei kurz für die Regeln der kopulativen Aussage verdeutlicht. So formuliert er etwa kurz vor (K2) die Regel (K1): ‹Falls (si) ein kopulatives Hauptglied falsch ist, ist die ganze kopulative Aussage falsch› und danach die Regel (K3) ‹Von einem kopulativen Glied ist die Konklusion auf die ganze kopulative Aussage nicht gültig, sondern ein Fehlschluß (fallacia) der Konsequenz›.[135] Diese beiden Formulierungen beziehen sich offenbar auf folgende Schlußkonfigurationen:

	K1	K3	K2
(i)	$p \wedge q$	$p \wedge q$	$p \wedge q$
(ii)			p
	$\sim p$	p	q
(iii)		NON	
	$\sim(p \wedge q)$	$\sim(p \wedge q)$	p

Hier ist die der schon behandelten Regel (K2) zugrundeliegende Schlußfigur eingefügt. Daraus ergibt sich nun eindeutig Fragestellung und Vorgehensweise von Wilhelm von Osma: (i) Nehmen wir die kopulative Aussage; (ii) fragen wir nun, wie wir folgern können, wenn wie in (K1) eine Teilaussage falsch ist; (iii) offenbar ist der Schluß auf die Falschheit der ganzen kopulativen Aussage gültig. Im Falle von (K2) gilt für (ii): Was können wir folgern, wenn beide Teilaussagen wahr sind? Gleiches gilt für (K3), deren Formulierung zugleich auf den erwähnten Einfluß der ‹Sophistischen Widerlegungen› verweist. Ein schönes Beispiel des Einflusses der Kommentare zu den ‹Sophistischen Widerlegungen› ist auch die oben ausführlich im Zusammenhang mit dem Fehlschluß des Akzidens analysierte Schlußfolgerung aus der ‹Andersartigkeit› *(alietas)* wie z.B. «Du bist etwas anderes als ein Esel; also bist du etwas anderes als ein Lebewesen», dessen Fehler Wilhelm von Osma deshalb wohl auch termlogisch formuliert; dieser Schluß ist nämlich ungültig, weil aus einem Unterbegriff mit dem Kennzeichen der Andersartigkeit auf den Oberbegriff gefolgert wird.[136]

Von den bisherigen Schlußregeln ist ein zweiter Typ von Regeln streng zu unterscheiden, in dem es um Regeln der *Umformulierung* von Aussagen, also um Äquivalenzen (bzw. in der Terminologie von Wilhelm von Sherwood oder Petrus Hispanus um Äquipollenzen) geht. Hier formuliert Wilhelm von Osma durchaus im modernen Sinn:

«Eine andere Regel ist diese: Das kontradiktorische Gegenteil einer kopulativen Aussage ist eine disjunktive Aussage, die aus dem jeweiligen Gegenteil der kopulativen Glieder gebildet *(facta)* wird; so ist z.B. das kontradiktorische Gegenteil der kopulativen Aussage *Du bist ein Mensch, und du bist ein Lebewesen* folgende Aussage *Du bist nicht ein Mensch, oder du bist nicht ein Lebewesen* (tu non es homo, vel tu non es animal).»

Zu beachten ist, daß in dieser Syntaxregel (Wilhelm von Osma verwendet das Verb *facere;* herstellen/bilden) keinerlei Hinweis auf eine Folgerung zu finden ist. Da die lateinische Formulierung zeigt, daß die Negation sich auf die jeweilige Teilaussage bezieht, kann man mit Schupp sagen, daß hier ein sog. *De Morgansches Gesetz* explizit formuliert ist, symbolisiert [137]: $\sim (p \wedge q) \equiv \sim p \vee \sim q$.

Etwas schwieriger gestaltet sich die Frage nach dem Status der Regeln Wilhelms von Osma in Fällen wie (I1), d.h. wenn in einer Prämisse ein ganzer Schluß oder eine Implikation (Konditionalaussage) steht; hier geht Schupp davon aus, daß bei Wilhelm von Osma «sich wie bei mittelalterlichen Logikern [häufig eine] Unsicherheit bei der Unterscheidung von Folgerungen und Konditionalaussagen» [138] zeige. Dagegen läßt sich leicht zeigen, daß Wilhelm von Osma eine klare (wenn auch komplexe) Vorstellung von *consequentiae* (Folgerungen) und *conditionales* (Konditionalsätzen) hatte, die jedoch *nicht* – nur in diesem Sinne kann Schupp zugestimmt werden – mit modernen Vorstellungen gleichgesetzt werden darf. So kann es gar keinem Zweifel unterliegen, daß Wilhelm von Osma mit *Folgerungen* auch hier, wenn Implikationen ins Spiel kommen, eben nicht ‹Implikationen› meint, sondern Argumente oder Schlüsse, die aus Prämissen und einer Konklusion bestehen. Das sagt er selbst eindeutig im ersten Satz seiner Abhandlung:

«Eine Schlußfolgerung *(consequentia)* ist eine Konfiguration *(aggregatum)* aus Antezedens und Konsequens mit einer Markierung *(nota)* für die Folgerung; das Antezedens ist das, was der Markierung vorangeht. Und Markierungen der Schlußfolgerung sind: *also (ergo), somit (ideo), deshalb (igitur), falls (si)* und *da (quia).*» [139]

Auch die von ihm formulierten Regeln – außer den Umformulierungen – beziehen sich auf diese so definierten Schlußfolgerungen, ebenso sind die gegebenen Beispiele durchgängig konkrete Schlußfolgerungen. So etwa (I2): «Wenn eine Schlußfolgerung *(consequentia)* vorliegt und es unmöglich ist, daß das Antezedens *wahr* ist, wenn nicht *(nisi)* zugleich das Konsequens *(consequens)* wahr ist, dann ist die Schlußfolgerung gültig; z.B. *du läufst; also bewegst du dich.»* [140] Hier kann man nicht schließen, daß Wilhelm von Osma nur die strikte Implikation zuläßt, da sich diese Formulierung auf ein *Enthymem* bzw. ein *topisches Argument* bezieht (*p, also q*) und Bedingungen der *Gültigkeit* des Arguments angibt. Auch hier könnte man die Gültigkeit der *Konklusion* mit dem gleichen Schema wie der Konjunktion erklären, also:

$$\text{also, } \frac{p}{q} \quad \begin{Vmatrix} & \text{I2} \\ (i) & p \to q \\ (ii) & p \\ (iii) & \overline{q} \end{Vmatrix} \quad \begin{matrix} \text{Gültigkeitsbedingung} \\ \text{(nach Wilhelm von Osma)} \\ p \mathbin{|\!>} q =_{\text{def}} U(p \wedge {\sim}q) \end{matrix}$$

Der Nachteil dieser Darstellung ist, daß sie nicht der Formulierung von Wilhelm von Osma entspricht, obwohl sie erklärt, wie man korrekt auf die Konklusion q schließen kann. Es ist somit notwendig, neben den bisher unterschiedenen Schluß- und Umformulierungsregeln noch *Bedingungen der Gültigkeit* von Schlüssen oder Argumenten zu unterscheiden. Die hier geltende Bedingung wurde als definitorische Festlegung formuliert; das Definiendum wird absichtlich nicht wie bei Schupp als Implikation (p → q) [141] – eine zu moderne Interpretation –, sondern genauso wie im Text von Wilhelm von Osma als *Schlußfolgerung* (r |> q) formuliert. Man beachte, daß diese Symbolisierung nach Standards des modernen Logikkalküls *nicht korrekt* ist. Entsprechend läßt sich aus (I3):
«Eine andere Regel ist diese: In jeder gültigen und formalen Folgerung (*consequentia*) folgt aus dem kontradiktorischen Gegenteil des Konsequens das kontradiktorische Gegenteil des Antezedens.» [142] eine *Vorform* der Äquivalenzregel der Kontraposition herauslesen, also etwa: p |> q ≡ ~q |> ~p; doch auch hier gilt, daß Wilhelm von Osma von Folgerung und nicht von Implikation spricht. Ein Teil dieser Gültigkeitsregeln bezieht sich auf modale Operatoren: «Aus Notwendigem folgt niemals Kontingentes» oder «Aus Unmöglichem folgt Beliebiges». Der größte Teil der Schlußfolgerungsregeln (*regulae consequentiae*) sind freilich Regeln der Umformulierung von Aussagen, die sich (i) aus dem logischen Quadrat Aristoteles' oder (ii) aus bestimmten Suppositionen bzw. synkategorematischen Ausdrücken ergeben; ein Beispiel für (i) ist: «Die Schlußfolgerung von einer universellen zu ihrer partikulären Aussage ist, affirmativ wie negativ, gültig»; für (ii) «Die Schlußfolgerung von einer exklusiven Aussage zu ihrem Basissatz (*praeiacens*) ist gültig» (*nur ein Mensch läuft; also läuft ein Mensch*). [143] Doch es gibt auch Regeln mit synkategorematischen ‹Distributoren›, die als Schlußregeln zu verstehen sind. So ist z.B., wenn man in den oben erwähnten Topos von der Art (T$_{Art}$) dem Subjekt in Prämisse wie Konklusion einen exklusiven Ausdruck hinzufügt, folgender Schluß gültig: ‹*lediglich* ein Mensch läuft; also läuft *lediglich* ein Lebewesen›. [144] Neben diesen Ausdrücken berücksichtigt Wilhelm von Osma noch weitere seit dem 13. Jh. unterschiedene Synkategoremata wie die ‹exceptiva› *außer, ausgenommen* und *sofern nicht*, die ‹temporalia› *gestern* und *jetzt* oder ‹Hilfsverben› wie *beginnen* und *aufhören*.

Die bisherigen Analysen werden auch durch die kurze Behandlung der Konditionalsätze durch Wilhelm von Osma bestätigt, für die er nur drei Regeln formuliert:

(1) Eine Schlußfolgerung ist gültig, wenn (*quando*) das Konsequens formal aus dem Antezedens begriffen wird; wie: falls du läufst, bewegst du dich (*si tu curris, tu moveris*).

(2) Eine konditionale Schlußfolgerung (*conditionalis*) ist genauso gültig wie eine Schlußfolgerung, die aus dem Antezedens und dem Konsequens dieser konditionalen Schlußfolgerung gebildet ist; so z.B.: ‹falls (*si*) du läufst, bewegst du dich› gilt so viel wie ‹du läufst, also (*ergo*) bewegst du dich›.

(3) Eine Art der konditionalen Schlußfolgerung ist für jetzt (*ut nunc*) gültig, die andere schlechthin (*simpliciter*). [145]

Aufgrund des eindeutigen Beispiels wird hier in (2) *conditionalis* nicht mit ‹konditionale Aussage› bzw. mit ‹Implikation› übersetzt. In (1) ist offenbar das von uns in der Diskussion des stoischen Implikationsbegriffs unterschiedene *hypothetische Argument* gemeint [146]: ‹Falls es zutrifft, daß Wilhelm jetzt in Rom ist, gilt auch, daß er beim Papst ist›. Dieses von uns formulierte Beispiel ist nur ‹für jetzt› (bzw. wie Wilhelm von Osma in (3) sagt: *ut nunc*) gültig; das Beispiel in (1) ist hingegen ‹schlechthin› gültig, weil man es immer vollziehen kann, ohne über ein spezifisches Wissen von Wilhelm zu verfügen. Hervorhebenswert scheint in (1), daß die konfigurationale Bedingung mit dem in der Grundbedeutung temporalen *quando* formuliert wird (‹Wann immer man das Konsequens ...›), die Schlußfolgerung hingegen mit dem hypothetischen *si*. Daß hier ohne jeden Zweifel mit *conditionalis* das hypothetische Argument gemeint ist, ergibt sich schließlich aus der Regel (2), in der nichts anderes gesagt wird, als: für die hypothetischen Folgerungen gelten die gleichen logischen Regeln wie für die realen Folgerungen, in denen der Proponent die Wahrheit aller Prämissen garantiert. Da diese Interpretation quer zur von der modernen L. inspirierten aktuellen Forschung liegt – beide unterscheiden nicht systematisch zwischen Implikation (Konditional) und hypothetischem Argument –, sei diese noch durch eine Stelle aus dem anonymen ‹Liber consequentiarum› abgestützt. Der Autor formuliert nämlich dort die Regel, daß jede Folgerung (*consequentia*) mit einem Konditionalsatz (*conditionalis*) äquivalent ist (*equivalet*). [147] Als Grund (*ratio*) für diese Regel gibt er an: «Was auch immer für eine Folgerung verlangt wird, damit sie *gültig* ist, das wird auch von einem Konditionalsatz verlangt, damit er *wahr* ist, und umgekehrt» (*quidquid requiritur ad consequentiam esse bonam, hoc requiritur ad conditionalem esse veram, et econverso*).

Von der modernen L. her gelesen drängt sich natürlich die Annahme auf, daß der Konditionalsatz hier im Sinne der wahrheitsfunktionalen Implikation zu lesen ist, und somit der ganze Text das für das Mittelalter typische Problem aufzeigt, nicht klar zwischen Implikation und Folgerung unterscheiden zu können. Nun läßt sich dieser Text wie auch die unmittelbar folgende ausführliche Erörterung durchaus nur in dem Sinne verstehen, daß *conditionalis* hier ‹hypothetisches Argument› meint. Das wird auch durch die diese Regel abschließenden Beispiele bestätigt. Dort nämlich zeigt der Autor, daß eine enthymematische Folgerung (*consequentia enthimematica*) wie «Ein Mensch läuft (p); also läuft ein Tier (q)» mit dem Konditional «Wenn ein Mensch läuft (p), dann läuft auch ein Lebewesen (q)» äquivalent ist, d.h. umschrieben: ‹Wenn es *jetzt* wahr ist, daß p, dann kann man auch folgern, daß *jetzt* q wahr ist›. Wenn bei diesen singulären Sachverhalten die Interpretation als hypothetisches Argument plausibler ist, so scheint beim zweiten vom Autor für eine syllogistische Folgerung gegebenen Beispiel eher die Interpretation als Implikation gemeint zu sein: (K) «Jeder Mensch ist ein Lebewesen; alles zum-Lachen-Fähige ist ein Mensch; also ist alles zum-Lachen-Fähige ein Lebewesen»; die Konditionalvariante ist:

(T_K) *Wenn* jeder Mensch ein Lebewesen ist, und alles zum-Lachen-Fähige ein Mensch ist, ist alles zum-Lachen-Fähige ein Lebewesen (si omnis homo est animal et omne risibile est homo, omne risibile est animal).

Kann man T_K im modernen Sinn als eine *implikative* Aussage verstehen oder zumindest im Sinne von Aristoteles als (syllogistischen) *Schlußgaranten*? Gegen beide Interpretationen spricht einmal, daß keine Variablen verwendet werden, und zum andern, daß der Autor selbst sagt, daß T_K mit K *äquivalent* ist, d.h.: die Gültigkeit des Konditionals T_K kann auch durch die Folgerung K belegt werden. Wenn man hier nicht einen *circulus vitiosus* akzeptieren will, bleibt nur die Interpretation von T_K als hypothetisches Argument.

Abschließend muß noch auf einen vierten Typ von Regeln hingewiesen werden, in denen *Bedingungen der Wohlgeformtheit* formuliert sind, wie: «Die Schlußfolgerung von einer universell affirmativen zu ihrer singulären Aussage ist gut, wenn das erforderliche Zwischenglied formuliert ist; z.B.: *jeder Mensch läuft, dieser-da ist ein Mensch; also läuft dieser Mensch-da.*» [148]

Das am Beispiel Wilhelms von Osma und des ‹Liber consequentiarum› erörterte Problemfeld der spätscholastischen Konsequenzlehre läßt sich damit wie folgt beschreiben:

(1) In der Konsequenzlehre fokussieren sich alle Strömungen und Teile der L., in denen das Problem der gültigen Schlußfolgerung *direkt* (Syllogismen, Topik, Hypothetische Syllogismen (und damit auch die megarisch-stoischen Schlußschemata), Synkategoremata) oder *indirekt* (Sophistische Widerlegungen, Sophismata, Paradoxien) thematisiert ist.

(2) Diese komplexe *Intertextualität* läßt meist keine eindeutige Zuordnung zu einem bestimmten Traditionsstrang zu; man muß deshalb oft von einem Amalgam verschiedener Traditionsstränge ausgehen.

(3) Gegenstand der *Konsequenzlehre* sind nicht Implikationen, sondern Schlußfolgerungen.

(4) Eine Schlußfolgerung ist eine Konfiguration aus mindestens zwei *Aussagen* (Prämisse und einer Konklusion); sie wird durch einen *Konnektor* (also, falls, da) markiert.

(5) Da die Prämissen auch mit *Antezedens* und die Konklusionen mit *Konsequens* bezeichnet werden, drängt sich für moderne Interpreten die Vermutung auf, Konditionalsätze seien als Implikationen im modernen Sinne zu verstehen; diese Vermutung ergibt sich nicht mit Notwendigkeit. Plausibler erscheint dagegen, daß auch Konditionalsätze als Schlüsse – d.h. als *hypothetische Argumente* – gedacht wurden.

(6) Die in der Konsequenzlehre formulierten *Regeln* lassen sich vier Gruppen zuordnen: Schlußregeln, Umformulierungsregeln, Gültigkeitsbedingungen und Wohlgeformtheitsbedingungen.

(7) Bei *Schlußregeln* sind termlogische Formulierungen häufig; da diese auf die Topik-Tradition verweisen, finden sich hier oft auch Hinweise auf die gemeinsamen Topoi bzw. die Maximen.

(8) Bei *Gültigkeitsbedingungen* und noch mehr bei *Umformulierungsregeln* ist eine größere Nähe zur modernen wahrheitsfunktionalen Aussagenlogik gegeben als bei Schlußregeln.

(9) Die genannten Punkte – insbesondere (2), (4), (5), (7) und (8) – lassen den eindeutigen Schluß zu, daß den Autoren der Konsequenzlehre die *rein wahrheitsfunktionale Definition der Implikation* nicht klar war.

Aus der Vielschichtigkeit dieser Punkte ergibt sich – zusammen mit der Tatsache, daß Aristoteles nicht mehr die nicht-hinterfragbare Autorität ist –, daß jeder Autor sich in diesem Problemfeld situieren muß. Daraus erklärt sich die relativ große Uneinheitlichkeit in der Terminologie der Abhandlungen (nicht in der Sache) zu den Konsequenzen. So mag man zunächst überrascht sein, daß sich Burleigh weder in seinem logischen Traktat noch in der früher geschriebenen Abhandlung zu den Konsequenzen (‹De consequentiis›) – die wahrscheinlich erste Abhandlung zur Konsequenzlehre – prinzipiell von Wilhelm von Osma, Wilhelm von Ockham und anderen Autoren unterscheidet. Burleighs ‹De consequentiis› sind sicher etwas unsystematischer als spätere Abhandlungen und erinnern in Terminologie und Argumentation noch mehr an die Traktate des 13. Jh. (und d.h. auch die aristotelischen Schriften), was etwa auch dadurch zum Ausdruck kommt, daß er eine Regelgruppe für Syllogismen und eine Gruppe für Enthymeme bzw. topische Argumente unterscheidet.[149] Sein Diktum, daß jede Folgerung durch eine topische Maxime gestützt wird, ist damit nicht in dem Sinne zu verstehen, daß er eine auf der Topik gegründete Konsequenzlehre entwickeln will; Burleigh will vielmehr nur zeigen, daß man Maximen durchaus in einem weiten Sinn als ‹logische Örter› verstehen kann, welche die Gültigkeit jeder Folgerung ausweisen können. Deshalb kann er an der gleichen Stelle auch sagen, daß nicht nur die Maximen von Boethius *loci* sind, sondern auch die von Aristoteles in den ‹1. Analytiken› und der ‹Hermeneia› formulierten Schlußregeln.[150] Durch diese Bedeutungserweiterung verlieren die Topoi ihre spezifische prädikabilien- bzw. termlogische Besonderheit und werden synonym mit Schlußregeln. In dieser auch bei anderen Autoren zu beobachtenden weiten Verwendung des Begriffs Topos wird, wie Schupp kritisch anmerkt, der Unterschied zwischen Aussagenlogik und Termlogik «verwischt». Nun gibt es ja nicht zwei wohl unterschiedene Logiken des Folgerns. Dies scheint Schupp zu unterstellen, wenn er ein auf *Barbara* basierendes Argument (Jedes A ist B; deshalb ist jedes C B) dahingehend interpretiert, daß es durch den Topos A ⊂ C (d.h. A ist Oberbegriff von C) legitimiert wird.[151] Damit setzt er offenbar den gemeinsamen mit dem spezifischen Topos gleich. Richtig wäre im Sinne Aristoteles' hingegen: «Wenn A ⊂ C, und wenn jedes A B ist, dann kann man auch schließen, daß jedes C B ist». Das ist die topisch formulierte Schlußregel für den Modus *Barbara*, in der natürlich auch aussagenlogische Beziehungen thematisiert werden. Man kann deshalb durchaus dialektische Topoi und logische Topoi (bzw. moderner: termlogische und aussagenlogische Topoi) unterscheiden. Daß sich dieser Sprachgebrauch nicht durchgesetzt hat, ist sicher darin begründet, daß die Topik eher als L. des bloß Wahrscheinlichen und als eine auf Prädikatsbeziehungen aufbauende Argumentationstheorie begriffen wurde. Sicher hat dazu auch Burleighs eigener Sprachgebrauch beigetragen, da er fast durchgängig von Regeln (*regulae*) spricht. Zu den wenigen Regeln, bei denen er explizit den Terminus *locus* verwendet, gehören die beiden folgenden aus ‹De consequentiis›:

(1) *Aus Unmöglichem folgt Beliebiges* aufgrund des Topos aus dem Weniger (*per locum a minore*). Beispiel: Du bist ein Esel; also bist du ein Hase.

(2) *Notwendiges folgt auf Beliebiges* aufgrund des Topos aus dem Weniger. Beispiel: Du läufst; also existiert Gott.[152]

In ‹De consequentiis› unterscheidet Burleigh wie Wilhelm von Osma Folgerungen, die (A) *ut nunc* (für jetzt) und (B) *simpliciter* (schlechthin) gelten. Letztere differenziert er wie Wilhelm von Osma in (B1) *natürliche (an sich* und (B2) *akzidentelle* Folgerungen. In einer natürlichen Folgerung ist das Konsequens aus dem Antezedens einsichtig (etwa: ‹Wenn ein Mensch ist, dann ist ein Lebewesen› – d.h. bei Wahrheit des Antezedens kann das Konsequens nicht falsch sein). Die akzidentelle Folgerung zerfällt in eine Schlußfolgerung (B2a), die durch die Beschaffenheit der Aussage bzw. die Bedeutung der Terme gilt (z.B.: ‹Es ist *wahr*, daß Gott existiert; also ist es *notwendig*, daß Gott existiert›) und eine rein akzidentelle Folgerung (B2b), in der keinerlei sachliche oder semantische Beziehung zwischen Antezedens und Konsequenz besteht. Zu diesen gehören die in (1) und (2) genannten Beispiele ‹Du bist ein Esel; also bist du ein Hase› bzw. ‹Du bist ein Esel; also existiert Gott›.[153] Genau diese rein akzidentelle Folgerung mit nur zwei Fällen wird dann von Wilhelm von Ockham (der sie jedoch als *materiale* Konsequenz bezeichnet) wieder aufgegriffen.

Bei Wilhelm von Ockham ist zwar der Terminus *locus* verschwunden, die damit gemeinte Sache ist aber noch in Form des *medium extrinsecum* vorhanden. Wilhelm von Ockham wie auch der ihm hier folgende ‹Liber consequentiarum›, dessen Autor anonym geblieben ist[154], unterscheidet wie Burleigh und Wilhelm von Osma die schlechthin *(simpliciter)* geltende bzw. einfache *(simplex)* und die für jetzt *(ut nunc)* gültige Folgerung. Wesentlicher für unseren Zusammenhang ist die Unterscheidung in *medium intrinsecum* und *extrinsecum*, die entgegen der gängigen Auffassung nicht – wie Schupp gezeigt hat[155] – zwei disjunkte Arten bilden. Ein intrinsisches Mittel (i), um die Gültigkeit der Folgerung (1) ‹Sokrates läuft nicht; also läuft ein Mensch nicht› nachzuweisen, ist: ‹Sokrates ist ein Mensch›. Damit wird faktisch die unterstellte Prämisse explizit benannt. Dieses Mittel heißt ‹intrinsisch›, weil nur Terme aus dem zu belegenden Argument genommen werden. Die Gültigkeit von intrinsisch belegten Folgerungen oder Argumenten wie (1) lassen sich zusätzlich durch extrinsische Mittel beweisen; im gegebenen Fall ist dies die Regel (R1): «Die Folgerung vom Einzelnen auf das Unbestimmte bei nachgestellter Negation ist gültig». Wilhelm von Ockham sagt in diesem Fall auch, es handle sich um eine *formale* Folgerung. Ebenso sind (ii) Folgerungen formal, wenn ihre Gültigkeit nicht durch ein extrinsisches Mittel, das sich auf die Form des Satzes *(forma propositionis)* bezieht, belegt wird. So ist etwa (2) ‹Alles Laufende ist ein Mensch; also ist nur ein Mensch laufend› durch die syntaktische Umformulierungsregel belegbar (R2): «Vom universell Affirmativen zum exklusiven Affirmativen bei Umstellung der Terme zu schließen, ist gültig». Im gegebenen Fall werden offenbar nicht die Terme verändert oder Beziehungen zwischen ihnen festgestellt, sondern vielmehr die logische Form des Satzes geändert, indem die Terme umgestellt werden, und beim Term an Subjektstellung *alles* durch *nur* substituiert wird. Eine weitere Form der Folgerung (iii), die Wilhelm von Ockham als *consequentia materialis* bezeichnet, ergibt sich bei Regeln, die allgemeine Bedingungen der Aussagen *(generales conditiones propositionum)* betreffen. Hier führt Wilhelm von Ockham die gleichen schon von Burleigh unterschiedenen rein akzidentellen Beispiele bzw. Regeln, an: (R3) «Aus Unmöglichem folgt Beliebiges» und: (R4) «Notwendiges folgt aus Beliebigem»; auch hier handelt es sich um ein extrinsisches Mittel.[156] Um diese drei Arten von Folgerungen in eine korrekte Dihairesis bringen zu können, muß man offenbar das bei Wilhelm von Ockham nicht genannte Merkmal ‹nicht-intrinsisch› einführen[157]:

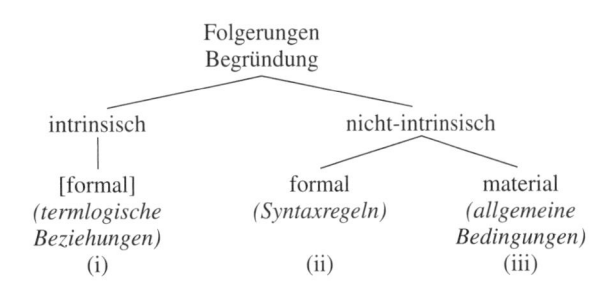

```
              Folgerungen
              Begründung
              /         \
      intrinsisch    nicht-intrinsisch
          |            /         \
       [formal]    formal       material
      (termlogische (Syntaxregeln) (allgemeine
      Beziehungen)                 Bedingungen)
          (i)         (ii)          (iii)
```

Alle Folgerungen sind somit extrinsisch begründbar. Intrinsisch begründbare Folgerungen (i) unterscheiden sich von den beiden anderen dadurch, daß ihre Gültigkeit auch durch die Explikation der fehlenden Prämisse als gültig nachgewiesen werden können – ohne daß dazu die Formulierung einer extrinsischen Regel (die jedoch prinzipiell möglich ist) notwendig wäre. Bird (der nur (i) betreffende Regeln untersucht) und Schupp haben gezeigt, daß genau im Falle (i) die Topik «relevant»[158] wird. In der Tat entsprechen die von Wilhelm von Ockham für diese Gruppe von Folgerungen formulierten Regeln den Topoi. Diese extrinsischen Regeln formuliert er freilich nicht in der kanonischen Form, sondern, wie (R1) zeigt, im Sinne von Boethius: «Die Folgerung vom Singulären zum Unbestimmten ist gültig»; entsprechend lautet die der Folgerung (1') ‹Kein Lebewesen läuft, also läuft kein Esel› zugrundeliegende extrinsische Regel (R1'): «Die Folgerung negativ von einem distribuierten Oberbegriff *(superior)* auf einen distribuierten Unterbegriff *(inferior)* ist gültig.»[159] Sieht man von den hier nicht relevanten Unterschieden in der Präzision und in der Benennung der Differenzkategorien ab (die auf die nominalistische Suppositionslehre zurückzuführen sind), ist hier nur neu, daß Wilhelm von Ockham immer explizit feststellt, daß es sich um eine gültige Folgerung handelt. Betrachtet man nun das Gesamtergebnis der Ockhamschen Unterscheidungen, so fällt auf, daß alle Elemente der kanonischen Formulierung berücksichtigt sind – freilich in einer anderen Anordnung. Das intrinsische Mittel macht ja aus dem Argument einen *Syllogismus* und beide werden durch das extrinsische Mittel legitimiert; schematisch (mit den oben bei Aristoteles benutzten Abkürzungen) in Abb. 10.

Die kanonische Formulierung ist: «Wenn G Gattungsbegriff von A ist, und keinem G das Prädikat P zukommt, dann kann man schließen, daß auch keinem A das Prädikat P zukommt».

Durch dieses Schaubild wird deutlich, daß auch für Wilhelm von Ockham die *Figur* des Syllogismus letztlich die ideale Form des Schließens darstellen muß. Wie wäre sonst zu erklären, daß für ihn die Explikation der fehlenden Prämisse die *logische Gültigkeit* eines Arguments aufweist? Doch Wilhelms von Ockham Konzeption ist insofern ambivalent, als er zugleich sagt, daß die *formale* Gültigkeit durch etwas dem Argument und Syllogismus Äußerliches, eben der extrinsischen Regel, legitimiert

Argument (Folgerung)	*intrinsisches Mittel* *(Syllogismus)*	*extrinsisches Mittel* *(Topos)*
Kein Lebewesen (G) läuft (P)	*Jeder Esel (G) ist ein Lebewesen (G)* Kein Lebewesen (G) läuft (P)	Die Folgerung von einem universell negierten G auf irgendein negiertes A ist gültig
Also: kein Esel (A) läuft (P)	Also: kein Esel (A) läuft (P)	

(Abb. 10)

wird. Damit ist ein immer noch hochaktuelles Problem angesprochen: Läßt sich die logische Gültigkeit eines Schlusses durch eine ‹Syntax›, d.h. konfigurationale Anordnung, begründen oder muß nicht doch auf jedem Schluß zugrundeliegende extrinsische topische Regeln zurückgegriffen werden?

So einsichtig die Unterscheidung Wilhelms von Ockham in diese beiden Typen (i) und (ii) auch ist, es ist weder bei ihm noch beim anonymen Autor des ‹Liber consequentiarum› im Einzelfall immer einsichtig, wo die Grenze zwischen beiden verläuft. Klar ist, daß es sich bei den materialen Folgerungen (iii) – für die Wilhelm von Ockham wie Burleigh nur die beiden Regeln (R3) und (R4) gibt – um prinzipielle Entscheidungen oder Theoreme handelt, die festlegen, wann bestimmte Folgerungen gültig sein sollen. Die für (R3) und (R4) gegebenen Beispiele sind:

(3) Ein Mensch ist ein Esel; also existiert Gott nicht *(Aus Unmöglichem folgt Beliebiges)*.

(4) Du läufst; also existiert Gott [160] *(Notwendiges folgt aus Beliebigem)*.

Stump versteht diese Theoreme so, daß man auf die material-konkrete Bedeutung der Terme zurückgreifen muß, um nachzuvollziehen, daß in (3) das Antezedens unmöglich und in (4) das Konsequens notwendig ist. [161] Schupp hingegen begründet beide in einer Anmerkung zu Wilhelm von Osma, der hier Wilhelm von Ockham folgt, durch einen modernen aussagenlogischen Beweis:

Aus der Osma wie Ockham bekannten Regel, daß es bei gültigen Folgerungen unmöglich ist, daß das Antezedens wahr und das Konsequens falsch ist, ergibt sich: $p \rightarrow q \equiv U(p \land \sim q)$. Eine hinreichende Bedingung für die rechte Teilaussage ist, daß entweder p oder $\sim q$ unmöglich ist: also Up oder $U \sim q$; letzteres wiederum ist äquivalent mit: es ist notwendig, daß q; also: $U \sim q \equiv Nq$. Damit sind Up und Nq hinreichende Bedingungen für die Gültigkeit von $p \rightarrow q$. Damit gilt: $Up \mathrel{|\!\!>} p \rightarrow q \,(= 3)$ und: $Nq \mathrel{|\!\!>} p \rightarrow q \,(= 4)$. [162]

Da (3) $Up \mathrel{|\!\!>} p \rightarrow q$ und (4) $Nq \mathrel{|\!\!>} p \rightarrow q$ den in der modernen L. aufgezeigten Paradoxien der strikten Implikation entsprechen, ist es nachvollziehbar, daß in der modernen Forschung gerade aufgrund der materialen Folgerung bei Wilhelm von Ockham die These vertreten wurde, Wilhelm von Ockham habe – wie KAUFMANN kritisch anmerkt – «‹Wissen› von der materialen Implikation gehabt, was immer dies heißen möge». [163] Dagegen ist mit Kaufmann – *qua* Modus tollens – festzuhalten, daß dieses Wissen an keiner Stelle zu einer systematischen Begründung der Folgerungen durch die Implikation geführt hat. Gegenstand aller Varianten der Konsequenzlehre sind *Argumente* und *Schlußfolgerungen*, deren Gültigkeit man durch Aufstellung verschiedener und verschiedenartiger Regeln *umgangssprachlich* zu begründen suchte.

Bleibt noch das in der Forschung ungeklärte Problem, warum Burleigh sagt, (R3) und (R4) liege der Topos *aus dem Weniger* zugrunde. Für (R3) gibt er ein anderes Beispiel, nämlich: (3b) «Der Mensch ist ein Esel; also läufst du». Hier gilt nach Burleigh die bekannte Toposregel: «Wenn das, was weniger zuzukommen scheint, zukommt, dann auch das, was mehr zuzukommen scheint», da es ja «weniger wahrscheinlich ist, daß dem Menschen Esel zukommt, als daß Laufen dem Menschen zukommt». Die gleiche Toposregel gilt für (4), da es ja weniger wahrscheinlich ist, daß «dem Menschen Laufen zukommt, als daß Sein *(esse)* Gott zukommt». Hier scheint Burleigh den jeweiligen Sachverhalten Limes-Werte zuzuordnen. Wie man auch immer diese Erklärung Burleighs einschätzen mag, festzuhalten bleibt, daß er hier einen Topos heranzieht, der zur Legitimierung einer anderen Regel dient, einer *regula*, die bei Wilhelm von Ockham sogar den Status eines Theorems hat. Daraus wird man sicher nicht folgern können, Burleigh habe die Topoi als nicht-hintergehbare logische Begründungsinstanzen gedacht. [164]

Abschließend muß noch auf ein begriffsgeschichtlich wesentliches Detail hingewiesen werden. Ähnlich wie schon in der stoischen L. findet sich bei der Bestimmung der Folgerungen immer wieder der Hinweis, daß diese durch Markierungen oder *notae* wie *also (ergo)*, *deshalb (igitur)*, *falls (si)* oder *da (quia)* gekennzeichnet sind; doch wie in der Stoa finden sich in den Konsequenzlehren – wie auch in der Sekundärliteratur – keine systematischen Überlegungen zu diesen Satzkonnektoren. Auch in früheren Abhandlungen wie etwa in den R. Lullus zugeschriebenen ‹Dialecticae introductiones› werden mehrere hypothetische Sätze wie der «kopulative, der disjunktive, der konditionale, der kausale, der temporale, der lokale» unterschieden, Lullus vermerkt jedoch, daß «alle auf die ersten drei reduziert werden können». In den ‹Syncategoremata› von Petrus Hispanus findet sich jedoch eine interessante Überlegung zu quin, das in einer Verwendung dem Deutschen *da nicht* entspricht. Petrus vertritt mit Priscian die Auffassung, daß es sich um eine schlußfolgernde Konjunktion handelt und zeigt u.a., daß *quin* mit *quod non* (in der Bedeutung von weil nicht) äquivalent ist: «Er läuft nicht, *weil* er sich *nicht* bewegt *(quod non)*» kann deshalb mit: «Er läuft nicht, *da* er sich *nicht* bewegt *(quin)*» ausgetauscht werden. [165] Wie schon in der Stoa wird hier der zentrale Unterschied zwischen der kausalen Begründung *(quod non)* und der argumentativen Abstützung *(quin)* nicht gesehen.

Aus diesen Beobachtungen folgt nun, daß die Metapher von der Absorption der Topik in der Konsequenzlehre der tatsächlichen Entwicklung nicht gerecht wird. Die Topik wurde wie alle anderen Richtungen des dialektisch-logischen Schließens (Syllogismus, Synkategoremata, hypothetische Schlüsse, usw.) in der Konsequenzlehre neu konfiguriert und auf das Problem der Folgerung in Argumenten hin fokussiert. Die Topik hat in dieser Konsequenzlehre nicht nur Spuren hinterlassen, sondern wesentlich beim Bau dieser spätscholastischen Schlußlehre mitgewirkt. Dies wird gerade in den Teilen, in denen sie nicht mehr explizit genannt wird, deutlich. Selbst die rhetorische Argumentation wird in dieses Gebäude integriert, insofern auch das unvollständige Argument, eben das *Enthymem*, als eine spezifische Form der Folgerung zu einem zentralen Untersuchungsgegenstand wird. Freilich wird dieses Enthymem nur und ausschließlich hinsichtlich seiner logischen Stringenz untersucht, nicht hinsichtlich seiner Plausibilität und seiner affektivischen, ethischen, sprachlichen und situativen Angemessenheit. Deshalb ist die Geschichte des Arguments als rhetorisches Objekt eine völlig andere als die Geschichte des Arguments als logisches Objekt. Und weil der Topik über den Ciceronianismus noch – teils zurecht, teils zu Unrecht – der Ruf einer offenen und problemorientierten *ars inveniendi* anhaftet, wird sie in der Renaissance eine Art Auferstehung und *zugleich* Neubestimmung erleben.

Diese Neubestimmung wendet sich gerade auch gegen die allein nach logischen Prinzipien geregelte scholastische Form der Gesprächskunst, eben die *Disputation*. Diese Kunst, die sich auch als bestimmende Form des Unterrichts durchsetzte, ist sicher der Bereich, in dem die Topik den größten Einfluß ausübt, ja sogar, in dem sie für die logische und philosophische Praxis bestimmend wird. Doch das topisch-dialektische Lehrgespräch wird immer mehr durch *obligationes*-Traktate geregelt, in denen es nicht um Moral oder deontische L. geht, sondern um die Festlegung der vom Proponenten und Opponenten zu befolgenden Argumentationsschritte.[166] Diese Schriften beziehen sich fast durchgängig – oft auch explizit – auf das achte Buch der aristotelischen ‹Topik›, in dem Aristoteles praktische Hinweise wie etwa den folgenden gibt: «Um aber in dieser Art von Beweisführung Übung und Gewandtheit zu erlangen, muß man sich erstens daran gewöhnen, die Argumente umzukehren; so werden wir die anstehenden Fragen geschickter behandeln und uns eine Fertigkeit aneignen, in wenigen Schlüssen gleichsam viele zu erhalten.»[167] Ab Mitte des 12. Jh. wird aus dem alten noch offenen Übungs- und Streitgespräch *(disputatio extra formam)* eine in Rollen und Ablauf festgelegte Disputation *(disputatio in forma)*. So werden etwa in der ‹Ars Emmerana› folgende Elemente und Rollen unterschieden:

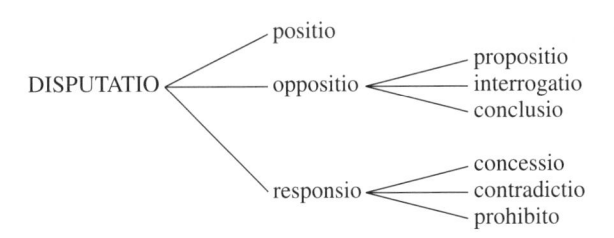

```
                  ┌─ positio
                  │                    ┌─ propositio
DISPUTATIO ───────┼─ oppositio ────────┼─ interrogatio
                  │                    └─ conclusio
                  │                    ┌─ concessio
                  └─ responsio ────────┼─ contradictio
                                       └─ prohibito
```

Die *positio* ist ein anerkannter und endoxaler Satz, entspricht also dem aristotelischen *Problem*, die *oppositio* benennt die Handlungsmöglichkeiten des Opponenten, die die *responsio* die des Respondenten.[168] Im einzelnen wird dann – nach einer kurzen Beschreibung der Grundkategorien der Aussage, des logischen Quadrats, der Konversionen und der hypothetischen Aussagen – festgelegt, wie je nach Problem der Gesprächsverlauf auszusehen hat. Aus diesen Abhandlungen entwickelt sich dann die eigentliche ‹Ars obligatoria› mit der folgenden Grundstruktur: Der *Opponent* legt dem Respondenten eine Aussage vor *(positum)*, die meist *falsch* ist. Akzeptiert dieser, so hat er sich für die folgende Erörterung *verpflichtet* (daher der Ausdruck *obligatio*). Der Opponent legt nun dem Respondenten weitere Aussagen vor, die dieser zugestehen *(concedo)*, zurückweisen *(nego)* oder anzweifeln *(dubito)* muß, wobei er sich jedoch an die Regeln des korrekten Schließens zu halten hat; Aufgabe des Opponenten ist es, seinen Mitdisputanten in Widersprüche zu verwickeln; erreicht er dies, ist die Obligation beendet.[169] Es ist hier nicht der Ort, die vielfältigen Verästelungen und logischen Schachzüge der *Obligationen* – in die faktisch die ganze Konsequenzlehre integriert wird – darzustellen. In der neueren Forschung finden sich erste umfassende Darstellungen bei de Rijk, SPADE und Stump, die seit Ende der achtziger Jahre vor allem von KNUUTTILA und YRJÖNSUURI [170] kritisch diskutiert wurden. Hier sei das Verfahren der *Obligationen* dennoch kurz an einer verwandten Textgattung dargestellt, nämlich die gegen Ende des 13. Jh. entstehenden *Sophismata-Literatur*, die ebenfalls Ende des 14. Jh. ihren Höhepunkt erleben sollte. Ein wichtiger Traditionsstrang für diese Literatur sind die schon um 1200 entstehenden Untersuchungen zur Mehrdeutigkeit der Synkategoremata und – wiederum unter dem Einfluß der aristotelischen ‹Sophistischen Widerlegungen› – der daraus entstehenden Scheinschlüsse.[171] So finden sich etwa bei Petrus Hispanus nach der Erörterung der einzelnen Ausdrücke *Sophismata*, die sich aus Mehrdeutigkeiten der einzelnen Synkategoremata ergeben können. Hier schon wird deutlich, daß Sophisma nicht mit ‹Trugschluß› *(fallacia)* oder ‹Paralogismus› gleichgesetzt werden darf. Das Sophisma ist nämlich im neutralen Sinn als eine *mehrdeutige* einfache oder komplexe Aussage zu verstehen, deren verschiedene Bedeutungen analysiert werden müssen. In dieser – wie man im modernen Sinn durchaus sagen kann – sprachkritischen und sprachanalytischen Haltung manifestiert sich eine signifikante *Umbewertung* der in der aristotelischen Tradition oft noch formulierten Entrüstung gegenüber Scheinschlüssen, die vom rechten Weg des Denkens wegführen können.[172] Daß die Sophismata auch zu einer Kommunikationsform werden, mag eine Anekdote über JOHANNES BURIDANUS illustrieren. Er soll nämlich Papst Clemens VI., einem ehemaligen Mitschüler, auf die Frage: «Warum hast du den Papst geschlagen?» geantwortet haben: «Pater, *papam* percussi sed non percussi *papam*» (Pater, ich habe *einen* Papst geschlagen, aber nicht *den* Papst). Neben der hier ausgespielten Mehrdeutigkeit der *Referenz* von Termen werden in der Literaturgattung ‹Sophismata› Probleme der *Bedeutung* von Ausdrücken (Autokategoremata und Synkategoremata) und der *Wahrheit* von Aussagen untersucht. Zusätzlich zu diesen eher logischen Abhandlungen entstehen Sammlungen von grammatischen Sophismata wie etwa die von ROBERT KILWARDBY, in denen syntaktisch mehrdeutige Konstruktionen behandelt werden – wie etwa *Amatus sum,* das als periphrastisches Passiv (Ich werde gerade geliebt) und als resultatives Adjektiv mit Kopula (Ich bin beliebt) verstanden werden kann.[173] Wenn sich auch die logischen ‹Sophismata› in der Form nur wenig unterscheiden, so zeigen sie doch in Anzahl und Art der behandelten Sophismen sehr große Unterschiede. So sind etwa die ‹Sophismata› (ca. 1321–26) von RICHARD KILVINGTON strenger in der Form als die nach 1340 von Buridanus geschriebenen ‹Sophismata›, in inhaltlicher Hinsicht aber beschränkt sich Kilvington auf Fragen der temporalen und der epistemischen L., d.h. Fragen der Wahrheit von Aussagen, die sich auf Sachverhalte beziehen, die zu einem Zeitpunkt t vorliegen und zu einem anderen Zeitpunkt t' nicht (mehr) vorliegen, und auf Aussagen, die mit epistemischen Prädikaten wie *wissen* eingeleitet werden. So ist etwa der Satz (S) «Sokrates läuft doppelt so schnell wie Plato» in der folgenden pragmatischen Situation (H) mehrdeutig, d.h. ein Sophisma: Der Satz wird an einem Nachmittag, an dem Sokrates doppelt so schnell wie Plato läuft, geäußert. Am gleichen Vormittag war das genau umgekehrt, weil da Plato doppelt so schnell wie Sokrates lief. Danach zeigt Kilvington, unter welchen Bedingungen das Sophisma (S) wahr ist (*pro*) und unter welchen es falsch ist (*contra*) – im gegebenen Fall ist (S) offenbar nur wahr, wenn es sich auf die jetzt gerade laufenden Philosophen bezieht, nicht aber, wenn es sich auf den ganzen Tag referiert. Dem folgen Erörterungen zur Berechtigung der Positionen *pro* und *contra*, jeweils mit Berücksichtigung von Gegenargumenten.[174] Dieser Aufbau – Sophisma (S), Anwendungssituation bzw. Hypothese (H), Pro- und Contraargumente und abschließende Erörterung – bildet auch die Grundform der Darstellung eines Sophismas, wobei diese in späteren Abhandlungen – unter dem Einfluß der *Obligationes* – besonders im Erörterungsteil weiter formalisiert und geregelt wird. Bedeutend breiter in Art und Thema sind dagegen die knapp zwanzig Jahre später geschriebenen ‹Sophismata› Buridanus'. So werden in den acht Kapiteln folgende Problembereiche bzw. Sophismen behandelt[175]:

I. Sophismen, die sich aus der *Mehrdeutigkeit* von Termen und Sätzen ergeben.

II. Probleme der (Nicht-)Existenz der *Referenten* (Existenzpräsupposition) wie ‹Das Pferd von Aristoteles ist gelaufen› (Equus Aristotelis ambulavit) (II, 2).

III. Mehrdeutigkeiten in der *Supposition* wie z.B. ‹(Der) Mensch ist eine Art› (III, 3).

IV. Fragen der *Appellation*, d.h. der Referenz von Allgemeinnamen bei Veränderung der Referenten: (a) z.B. das Sophisma ‹Du hast heute etwa Rohes gegessen› (Tu hodie comedisti crudum) in folgender pragmatischer Situation bzw. Hypothese: ‹Nehmen wir an, du hast gestern ein Stück rohes Fleisch gekauft und es heute, zur Äußerungszeit, gut gebraten, gegessen›) (IV, 2); (b) Sophismen, die vor allem Probleme des Trugschlusses des *Akzidens* thematisieren: ‹Dieser Hund ist dein Vater› (Beweis: ‹Dieser Hund ist Vater und dein; also ist er dein Vater›) und ‹Du kennst den, der kommt› (Cognoscis venientem) (IV, 7 u. 9; s.o.).

V. Fragen der *Ampliation* und *Restriktion*, d.h. der Erweiterung bzw. Reduzierung der Anzahl und Art der Referenten: ‹Kein Mensch ist gestorben› (Nullus homo est mortuus) – wahr bezogen auf alle jetzt lebenden Menschen; oder auch ‹Mensch und fähig-zum-Lachen sind konvertibel› (Homo et risibile convertuntur) – *Mensch* und sein Proprium haben nicht immer die gleiche Extension, da ja ein noch nicht geborener Mensch fähig-zum-Lachen ist (II, 2 u. 9).

VI. Fragen der *Bedeutung* von Termen bzw. von Wortklassen: ‹Ba wird getauft werden ›(Ba baptizabitur) – *Ba* ist zur Äußerungszeit ein noch nicht mit Bedeutung versehener Wortkörper, erst morgen, wenn dieses namenlose Kind-hier getauft ist, wird *Ba* ein Eigennamen mit einer *significatio* sein (VI, 2).

VII. Probleme *temporaler L*. und *Referenz* (wie: ‹Sokrates läuft zu jeder Zeit› (In omni tempore Socrates currit). Kann aus einer wohldefinierten Zeitspanne (1 Stunde) scheinbar abgeleitet werden (VII, 6).

VIII. Paradoxien (*Insolubilia*) und Probleme epistemischer Prädikate, darunter stoische Antinomien wie die des Lügners oder der Krokodilschluß (VIII, 10,11,17) und: ‹Sokrates weiß, daß der auf die Wand geschriebene Satz für ihn zweifelhaft ist› (Socrates scit propositionem scriptam in pariete esse sibi dubiam) in der pragmatischen Situation oder Hypothese, daß Sokrates diesen zum ersten Mal liest (VIII, 17).

In den *epistemischen* Sophismen zeigen sich bei Buridanus wie bei Kilvington Umrisse einer Wissenslogik, deren erste Ansätze – wie I. Buh gezeigt hat – sich schon bei THOMAS VON AQUIN finden, und die, immer auch angeregt durch den Trugschluß des Akzidens (und besonders des Verhülltenschlusses), schon Ende des 14. Jh. etwa bei RALPH STODE relativ feste Konturen erhalten sollte. [176] Und in der Anfang des 15. Jh. erschienenen ‹Logica Magna› von Paulus Venetus findet sich ein eigener Abschnitt ‹De scire et dubitare›, also zum *Wissen und Zweifeln*.[177] Auch *Insolubilia* sollten in eigenständigen Traktaten abgehandelt werden; so finden sich auch ab der zweiten Hälfte des 15. Jh. in einigen großen Logiken Abschnitte zu den Paradoxien, wie etwa in der ‹Perutilis logica› von Albert von Sachsen, der sie einem besonderen Kapitel – nach den aristotelischen Trugschlüssen und vor den *Obligationes* – erörtert.[178] Diese L. bildet eine Synthese der alten, neuen und modernen L. (einschließlich der Konsequenzlehre): Grundkategorie (Terme, Subjekt, Prädikat, Prädikabilien, Kategorien usw.), Suppositionen, einfache und komplexe Aussagen, Schlußlehre (mit getrennter Darstellung der Konsequenzlehre, der Syllogistik und der Topik), sophistische Trugschlüsse, Paradoxien (mit Insolubilia und Obligationen). Wie in all diesen logischen Literaturformen taucht auch in der Sophismata-Literatur häufiger ein dem Leser inzwischen bekanntes Tier auf, eben der *Esel*, der als *Körper* neben anderen *Lebewesen* wie dem *Pferd* und dem *Menschen* und *Sokrates* sein abstraktes Dasein führen muß, das er zudem mit *Gott,* dem *Laufen* und *Sokrates* teilen muß. Von hier aus ist klar, daß WILLIAM HEYTESBURY um 1340 sein Lehrtraktat zu den Sophismen unter dem Titel ‹Sophismata asinina› (Esels-Sophismata) veröffentlichen konnte oder sogar mußte. Der Anfang des 20. Sophismus mag diese *didaktische* L.-Gattung illustrieren[179]:

A	Opponent:	Du bist ein Esel [*positio*, die falsch ist]
	[Beweis]	Jeder Mensch ist ein Esel, du bist ein Mensch; also bist du ein Esel
	Respondent:	Die Konsequenz wird akzeptiert, die Oberprämisse negiert
	Determinant:	[Kein Kommentar; Zustimmung]
B	Opponent:	Jeder Mensch oder Esel ist ein Esel, jeder Mensch ist Mensch oder Esel; also ist jeder Mensch ein Esel
	Respondent:	Konsequenz wird akzeptiert, die Oberprämisse negiert
	Determinant:	[Kein Kommentar; Zustimmung]
C		
(usw.)		

(Opponent und Respondent sind Studenten, der Determinant ist der Lehrer bzw. Magister. Diese Form der *disputatio* hat eine Kettenstruktur, da der Opponent in B die vom Proponenten in A in Frage gestellte Oberprämisse zu beweisen sucht. In C muß der Opponent deshalb versuchen, «Jeder Mensch oder Esel ist ein Esel» (wobei er aufgrund der Disjunktion drei Fälle unterscheiden muß) zu beweisen, usw. Der Lehrer akzeptiert stillschweigend in A und B das Disputationsverhalten des Proponenten, da es sich um einen logisch korrekten Syllogismus nach *Barbara* behandelt, der aber sachlich falsch ist, weil die Oberprämisse nicht möglich ist.)

Stringente Schlüsse vollziehen, Ambiguitäten in der Bedeutung und Verwendung von Wörtern und Sätzen, in der Bezeichnung von Gegenständen und Sachverhalten erkennen und analysieren und die daraus entstehenden Sophismen, Trugschlüsse und Paradoxien durch korrekte Schlüsse in geregelter *disputatio* ableiten, begründen und widerlegen können – das ist nicht nur die dominierende Form der mittelalterlichen L. und Kultur, sondern auch eine *Erziehungsform*. So mußten nicht nur die Scholaren der Philosophie, sondern auch der übrigen Fächer ihre Kompetenz als Disputanten – die sie in einem manchmal zwei Jahre dauernden Propädeutikum erwerben mußten – im Bakkalaureat nachweisen. An manchen Universitäten wie etwa der Universität Prag wird diese Sophisma-Erziehungsform derart dominierend, daß sie als ‹Schule der Sophistik› bezeichnet wurde. [180] Diese Privilegierung der Sophismata-Kultur muß man wohl als eine Ironie der Geschichte bezeichnen, da sich mit dieser Kultur zugleich die moderne Form und das moderne Selbstverständnis der L. herausgeschält hat, die sich nicht mehr als Begründungsinstanz für einzelwissenschaftliches Wissen versteht.

Anmerkungen:

1 Notker der Deutsche: Categoriae. Boethius' Bearbeitung von Aristoteles' Schrift *kategoriai*, 2 Bde., hg. v. E.S. Firchow (1996); vgl. Abbo von Fleury: De Syllogismis hypotheticis, hg. und übers. v. F. Schupp (Leiden 1997). – **2** J. Marenbon: Medieval Latin Commentaries and Glosses on Aristotelian Logical Texts, Before c. 1150 AD, in: C. Burnett (Hg.) Glosses and Commentaries on Aristotelian Logical Texts (London 1993) 77–127. – **3** dazu N. Rescher: An Annotated Bibliography (Pittsburgh 1962); ders.: The Development of Arabic Logic (Pittsburgh 1964); A. Dumitriu: History of Logic, 4 Bde. (Tunbridge Wells 1977) II, 19ff.; D. Gutas: Aspects of Literary Form and Genre in Arabic Logical Works, in: Burnett [2] 29–78; D.L. Black: Logic and Aristotle's Rhetoric and Poetics in Medieval Arabic Philosophy (Leiden 1990). – **4** vgl. allg. C. Prantl: Gesch. der L. im Abendlande, Bd. II-III (1855–70, ND 1997) I, 6ff; J.M. Bocheński: Formale L. (1962) 167ff.; R. Blanché: La logique et son histoire, 2. Aufl. bearb. v. J. Dubucs (Paris 1996) 131ff.; M. Kneale, W. Kneale: The Development of Logic (Oxford 1962) 198ff.; P. Boehner: Mediaeval Logic (Manchester 1952); J. Pinborg: L. und Semantik im MA (1972); N. Kretzmann u.a. (Hg.): The Cambridge History of Later Mediaeval Philosophy (Cambridge 1982) 99–382 und 785ff.; A. Broadie: Introduction to Medieval Logic (Oxford 1987). – **5** J. Pinborg: Die Entwicklung der Sprachtheorie im MA (1967) 58; vgl. M. Grabmann: Die Entwicklung der ma. Sprachlogik, in: ders.: Ma. Geistesleben (1926) Kp. IV, 104–146; S. Ebbesen (Hg.): Sprachtheorien in Spätantike und MA (1995) – **6** vgl. E. Eggs: Art. ‹Grammatik›, in: HWRh Bd. 3, Sp. 1061ff. – **7** S. Ebbesen: Medieval Latin Glosses and Commentaries on Aristotelian Logical Texts of the Twelfth and Thirteenth Centuries, in: Burnett [2] 129–177; Garlandus Compotista: Dialectica, hg. v. L.M. de Rijk (Assen 1959); Petrus Abaelardus: Dialectica, hg. v. L.M. de Rijk (Assen ²1970); vgl. E. Stump: Dialectic and its Place in the Development of Medieval Logic (Ithaca 1989) Kp. 4 und 5. – **8** vgl. S. Ebbesen: The Theory of *Loci* in Antiquity and the Middle Ages, in: K. Jacobi (Hg.): Argumentationstheorie. Scholastische Forsch. zu den logischen und semantischen Regeln korrekten Folgerns (Leiden 1993) 15–39, 24 und C. Kann: Zur Behandlung der dialektischen Örter bei Albert von Sachsen, ebd. 59–80; vgl. Albert von Sachsen: Perutilis logica (Venedig 1522; ND Hildesheim 1974) IV, 19–24 (f. 32vb ff.). – **9** Petrus Hispanus: Tractatus (Summulae Logicales), hg. v. L.M. de Rijk (Assen 1972) (engl. Übers. v. F.P. Dinneen (Amsterdam 1990). – **10** Boehner [4] 77; vgl. bes. de Rijks Einleitung zu [9]. – **11** vgl. oben logisches Quadrat (Kap. Kategorien, Satz, Syllogismen) und modallogisches Quadrat (Kap. Modallogik). – **12** vgl. Prantl [4] III, 34ff. – **13** William of Sherwood: Introductiones in Logicam, hg. und übers. v. H. Brands, C. Kann (1995). – **14** Lambert von Auxerre: Logica (Summa Lamberti), hg. v. F. Alessio (Florenz 1971). – **15** vgl. Prantl [4] III, 10ff.; M. Grabmann: Die Introductiones in logicam des Wilhelm von Shyreswood (1937) 28ff.; N. Kretzmann: William of Sherwood's Introduction to Logic, Transl. with Introd. and Notes (Minneapolis 1966) 4ff.; de Rijk [9] LXVIIIff. – **16** Petrus Hispanus [9] 1, 16. – **17** William of Sherwood [13] 22 und 31ff.; K. Jacobi: Die Modalbegriffe in den logischen Schr. des Wilhelm von Sherwood (Leiden 1980) 55ff. – **18** Boethius: De syllogismo categorico I, in: ML Bd. 64, 807 A. – **19** ebd. 4, 4 und 4, 13. – **20** L.M. de Rijk: Logica modernorum, I und II (Assen 1962/67) II-1, 401ff.; vgl. auch Lambert von Auxerre [14] 118ff. – **21** William of Sherwood [13] 78ff.; Lambert von Auxerre [14] 102ff. – **22** vgl. E. Stump: Terminist Logicians on the Topics, in Stump [7] 135–156; allg. de Rijk [20] II-1, 126ff.; J. Pinborg: Topoi und Syllogistik im MA (zuerst 1969), in: ders.: Medieval Studies (London 1984) I; N.J. Green-Pedersen: The Tradition of the Topics in the Middle Ages (1984) 46ff. – **23** Petrus Hispanus [9] 5, 6; vgl. E. Stump: Peter of Spain on the Topics, in: dies. (Hg.): Boethius's De topicis differentiis (Ithaca 1978) 215–236. – **24** Petrus Hispanus [9] 19. – **25** ebd. 5, 35. – **26** vgl. Einleitung v. Brands, Kann zu [13] XIVff. – **27** ebd. 119. – **28** Petrus Hispanus [9] 5, 14. – **29** ebd. 5,3; William of Sherwood [13] 78f. – **30** wie etwa bei Stump [23]. – **31** ebd. 5, 3. – **32** William of Sherwood [13] 90. – **33** Petrus Hispanus [9] 5,4. – **34** William of Sherwood [13] 78. – **35** Stump [23] 232; vgl. William of Sherwood [13] 80ff. – **36** Ebbesen [8] 36ff. – **37** H. Brands: Topik und Syllogistik bei William of Sherwood, in: Jacobi [8] 41–58, 45; vgl. Stump [23] 233f. – **38** Brands [37] 49. – **39** ebd. 42ff.; ähnlich Green-Pedersen [22] 66ff. – **40** Brands [37] 46; vgl. O. Bird: The Tradition of the Logical Topics: Aristotle to Ockham, in: Journal of the History of Ideas 23 (1962) 307–323; Ebbesen [8] 31f.; – **41** William of Sherwood [13] 94; vgl. dagegen Brands [37] 55. – **42** William of Sherwood [13] 108. – **43** Kretzmann [15] 89. – **44** ebd. 94, Anm. 121 und 99, Anm. 142. – **45** Brands [37] 50. – **46** William of Sherwood [13] 110. – **47** ebd. 90. – **48** ebd. – **49** ebd. 94; vgl. dagegen Brands [37] 55ff. und Brands, Kann in: William of Sherwood [13] 257, Anm. 123. – **50** William of Sherwood [13] 116. – **51** Kretzmann [15] 94, Anm. 121. – **52** William of Sherwood [13] 118. – **53** ebd. 114ff. – **54** vgl. zum folg. oben Kap. B.I.1.f. (Trugschlüsse); allg. C.L. Hamblin: Fallacies (London 1970) 116ff.; und vor allem de Rijk [20] I-1, 82ff. und 128ff. und II-1, 491ff. – **55** vgl. Petrus Hispanus [9] 7, 82 und William of Sherwood [13] 170; vgl. Hamblin [54] 118f. – **56** Petrus Hispanus [9] 7, 32 und William of Sherwood [13] 172. – **57** ebd. 172ff.; vgl. Petrus Hispanus [9] 7,36. – **58** vgl. ebd. 7, 345. – **59** ebd. 7,114. – **60** Alexander von Aphrodisias, In Aristotelis Sophisticos Elenchos Commentarium (1898) 37, 16ff. (ad Soph. el. 166b 28); dazu S. Ebbesen: Commentators and Commentaries on Aristotle's Sophistici Elenchi, 3 Bde. (Leiden 1981) I, 224ff. und II, 466ff.; vgl. J.M. Gambra: Medieval Solutions to the Sophism of Accident, in: K. Jacobi: Argumentationstheorie (Leiden 1993) 431–450, 438ff. – **61** Petrus Hispanus [9] 7, 109. – **62** ebd. 7, 106. – **63** Ebbesen [60] III, 467; Porphyrios, In Aristotelis Categorias 96, 19; vgl. Ebbesen [60] I, 230ff. – **64** vgl. Petrus Hispanus [9] 7,118f. – **65** William of Sherwood [13] 194ff. – **66** ebd. 194. – **67** ebd. 196. – **68** Brands/Kann in: William of Sherwood [13] 198f., Anm. 269. – **69** William of Sherwood [13] 216. – **70** Petrus Hispanus [9] 7, 167–9. – **71** ebd. 164. – **72** ebd. 8, 15; L.M. de Rijk: The Development of Suppositio naturalis in Mediaeval Logic I, in: Vivarium 9 (1971) 71–107; de Rijk [9] LXXVIff.; vgl. Eggs [6] Sp. 1061ff. – **73** Petrus Hispanus [9] 6,4–9. – **74** ebd. 10, 1–4. – **75** ebd. 10, 9 und 11. – **76** ebd. 6, 2. – **77** L.M. de Rijk: The Origins of the Theory of the Property of Terms, in: Kretzmann [4] 161–173, 164; vgl. Brands/Kann, in: William of Sherwood [13] 266, Anm. 165. – **78** William of Sherwood [13] 137ff; vgl. de Rijk [20] II-1, 549ff.; Pinborg [4] 61ff. und Brands/Kann, in: William of Sherwood [13] 273/4, Anm. 178f. – **79** vgl. de Rijk [20] II-1, 492ff. und 513ff. – **80** ebd. 493 und I-1, 511ff. – **81** vgl. M. Kaufmann: Begriffe, Sätze, Dinge. Referenz und Wahrheit bei Wilhelm von Ockham (Leiden 1994) 31ff; allg. E. Eggs: Art. ‹Konnotation/Denotation›, in: HWRh Bd. 4, Sp. 1245ff. – **82** Peter of Spain (Petrus Hispanus): Syncategoreumata, hg. v. L.M de Rijk und engl. Übers. v. J. Spruyt (Leiden 1992). – **83** William of Sherwood: Syncategoremata, hg. v. J.R. O'Donnel, in: Mediaeval Studies 3 (1941) 46–93; vgl. Jacobi [17] 219ff.; vgl. H.A.G.: Braakhuis: De 13de eeuwse tractaten over syncategorematische Termen, 2 Bde. (Meppel 1979). – **84** R. Lullus: Logica Nova, lt.-dt., hg. v. C. Lohr, Einl. v. V. Hösle (1985; zuerst Valencia 1512) 201ff. (= V, 4); Gerardus Odonis: Opera Philosophica I: Logica, hg. v. L.M. de Rijk (Leiden 1997) 69ff. – **85** vgl. Giraldus [84] 168f. – **86** Walter Burleigh: De puritate artis logicae tractatus longior (TL) with a revised edition of the tractatus brevior (TB), hg. v. P. Boehner (Löwen 1955); I. Traktat zit. n. der lat.-dt. Edit. v. P. Kunze (1988); William of Ockham: Summa logicae, Opera Philosophica I, hg. v. P. Boehner u.a. (St. Bonaventure, NY 1974). – **87** Johannes Buridanus: Compendium totius Logicae (Venedig 1499; unv. ND 1965). – **88** Burleigh [86] 38. – **89** vgl. H.W. Enders: Nominalistische Positionen und ihre Entwicklung im ma. Universalienstreit, in: Wiss. und Weisheit 39 (1976) 189–219; A. de Libera: La querelle des universaux. De Platon á la fin du Moyen Age (Paris 1996) 229ff. – **90** vgl. E.A. Moody: The Logic of William of Ockham (London 1935); ders.: Studies in Medieval Philosophy, Science and Logic (Los Angeles 1975) 127ff und 409ff.; P. Boehner: The Realistic Conceptualism of William of Ockham, in: Traditio 4 (1946) 307–335; de Libera [89] 351ff.; J. Biard: Logique et théorie du signe au XIVe siècle (Paris 1989) 74ff.; C. Panaccio: Les Mots, les Concepts et les Choses. La sémantique de Guillaume d'Occam et le nominalisme d'aujourd'hui (Montréal/Paris 1993); Kaufmann [81]; H. Brands: Referenztheorie und freie L. im Spätmittelalter, in: Philos. Jb. 102 (1995) 33–60. – **91** so P. Kunze in: Wilhelm von Ockham: Summe der L. Aus Teil I: Über die Termini; lat.-dt., hg. v. P. Kunze (1984) 127 und 161, Anm. 114f.; vgl. Kaufmann [81] 118ff. – **92** Wilhelm von Ockham [91] 126 (= I, 77). – **93** vgl. Burleigh [86] I, 6. – **94** Wilhelm von Ockham [91] 52 (= I, 67). – **95** ebd. I, 12; allg. Pinborg [4] 90ff. – **96** ebd. 30 (= I, 64); vgl. ebd. 24ff.; vgl. Kaufmann [81] 54ff. – **97** Wilhelm von Ockham [91] 48ff. (= I, 66). – **98** ebd. 62 (= I, 70) – **99** ebd. 66 (= I, 70). – **100** ebd. 62; vgl. P.V. Spade: The Logic of the Categorical: The Medieval Theory of Descent and Ascent, in: N. Kretzmann: Meaning and Inference in Medieval Philosophy (Dordrecht 1988) 187–224. – **101** Wilhelm von Ockham [91] 62. – **102** G.B. Matthews: Suppositio and Quantification in Ockham, in: Nous 7 (1973) 13–24; ähnlich M.L. Loux: Ockham on Generality, in: Ockham's Theory of Terms, Part I of the Summa Logicae, hg. und übers. v. M.L. Loux (South Bend 1974) 23–6; zusammenf. H. Weidemann: Wilhelm von Ockhams Suppositionstheorie und die moderne Quantorenlogik, in: Vivarium 17 (1979) 43–60. – **103** vgl. R. Price: William of Ockham and Suppositio Personalis, in: Franciscan Studies 30 (1970) 130–140 und Weidemann [102] 48ff. – **104** Weidemann [102] 52ff. – **105** Wilhelm von Ockham [91] 50 (= I, 66) – **106** ebd. 26 (= I, 63). – **107** Burleigh [86] 160ff. (= Teil III). – **108** ebd. 38. – **109** ebd. 18; vgl. William of Sherwood [13] 136. – **110** Burleigh [86] 20. – **111** vgl. William of Ockham: Elementarium logicae, hg. v. E.M. Buytaert, in: Franciscan Studies 25 (1965) 151–276 und 26 (1966) 66–173; zusammenf. Kunze in: Burleigh [86] 201, Anm. 39. – **112** Wilhelm von Ockham [91] 42. – **113** ebd. – **114** Burleigh [86] 26. – **115** Wilhelm von Ockham [91] 74 und ders. [90] 207. – **116** vgl. Burleigh [86] 34f. und 40ff. – **117** Wilhelm von Ockham [91] 84. – **118** ebd. I, 75–76 und II, 19; vgl. Burleigh [86] I, 5; zur weiteren Diskuss. vgl. Vincent Ferrer: Tractatus de suppositionibus, hg. v. J.A. Trentman (1977) VI, bes. 159ff. – **119** E. Stump: Consequences and the Decline of Aristotelianism, in: dies. [7] 157–175, 162ff. – **120** Green-Pedersen [22] 292ff. – **121** vgl. Schupp [1] Vorwort VIff. – **122** J. Lukasiewicz: Zur Gesch. der Aussagenlogik, in: Erkenntnis 5 (1935) 111–131; vgl. bes. J. Salamucha: Die Aussagenlogik bei Wilhelm von Ockham, in: Franziskanische Studien 32 (1950) 97–134. – **123** E.A. Moody: Truth and Consequence in Mediaeval Logic (Amsterdam 1953); ders.: The Medieval Contribution to Logic, in: ders. [90] Studies 371–392. – **124** G. Jacoby: Die Ansprüche der Logistiker auf die L. und ihre Geschichtsschreibung (1962) 88ff. – **125** vgl. etwa I. Boh: A Study in Burleigh: Tractatus de regulis generalibus consequentiarum, in: Notre Dame Journal of Formal Logic 3 (1962) 83–101 und bes. ders.: Consequences, in: Kretzmann [4] 300–314. – **126** Bocheński [4] 219; vgl. ders.: De consequentiis scholasticorum earumque origine, in: Angelicum 15 (1938) 92–109. – **127** vgl. neben Bird [40] ders.: Topic and Consequence in Ockham's Logic, in: Notre Dame Journal of Formal Logic 2 (1961) 65–78. – **128** E. Stump: Topics: their development and absorption into consequences, in: Kretzmann [4] 273–299 (= urspr. Titel der in [119] aufg. Fassung); Green-Pedersen [22] 119; F. Schupp: Logical problems of the medieval theory of consequences; with the edition of the ‹Liber consequentiarum› (Neapel 1988) 83. – **129** Kann [8] 59f.; vgl Buridanus [87] VI; Albert von Sachsen [8] IV, 19–24. – **130** Burleigh (TL) [87] 76 (II, 1,2). – **131** Wilhelm von Osma: De Consequentiis, hg. und übers. v. F. Schupp (1991) 2; vgl. Schupp: Einl., ebd. Xff. und N.J. Green-Pedersen: Early British Treatises on Consequences, in: P.O. Lewry (Hg.): The Rise of British Logic (Toronto 1983) 285–307. – **132** Wilhelm von Osma [131] 8. – **133** ebd. 26. – **134** vgl. etwa E. v. Savigny: Grundkurs im logischen Schließen (^{3}1993) 119. – **135** vgl. Wilhelm von Osma [131] 26 und 28. – **136** ebd. 10. – **137** ebd. 28, vgl. ebd. Schupp 28, Anm. 69. – **138** Schupp, ebd. 73, Anm. 82; vgl. XXX. – **139** vgl. Wilhelm von Osma [131] 1. – **140** vgl. ebd. 4. – **141** Schupp ebd. XXXIV und 50, Anm. 9. – **142** Wilhelm von Osma [131] 2. – **143** ebd. 4, 8, 18. – **144** vgl. ebd. 14. – **145** vgl. ebd. 34. – **146** s.o. Kap. B.I.2. – **147** zum folg. Liber consequentarium [128] 123f., vgl. 146ff.; vgl. Schupp in: Wilhelm von Osma [131] XXXff. – **148** Liber consequentarium [128] 6. – **149** W. Burleigh: De Consequentiis, hg. v. N.J. Green-Pedersen, in: Franciscan Studies 18 (1980) 102–166, § 82ff. und 86ff. – **150** vgl. Burleigh (TL) [87] 75ff. (II, 1,2) und ders. [149] § 73. – **151** Schupp in [131] 82ff. – **152** Burleigh [149] § 71 und 72. – **153** ebd. §§ 69–70. – **154** Liber consequentarium [128] 109ff. – **155** F. Schupp: Zur Textrekonstruktion der formalen und materialen Folgerung in der krit. Ockham-Ausg., in: Jacobi [8] 213–221. – **156** vgl. Wilhelm vom Ockham [86] 3, 3,1 (588ff.) und 3, 3, 38 (739f.). – **157** vgl. dagegen Jacobi: Zur Einf. II, in: Jacobi [8] 109. – **158** Schupp [155] 217; vgl. Bird [40] 317ff. – **159** vgl. dazu ebd. 319f.; vgl. Liber consequentarium [128] 127. – **160** Beispiel aus Wilhelm von Osma [131] 8. – **161** E. Stump: Ockham's Summa logicae, in: dies. [7] 251–269. – **162** Schupp in Wilhelm von Osma [131] XLff. und 54 Anm. 21. – **163** M. Kaufmann: Nochmals: Ockhams Consequentiae und die materiale Implikation, in: Jacobi [8] 223–232. – **164** vgl. allg. J. Spruyt: Thirteenth-Century Positions on the Rule ex impossibili sequitur quidlibet, in: Jacobi [8] 161–193 und A. d'Ors: Ex impossibili quodlibet sequitur (J. Buridanus), in: Jacobi [8] 195–212. – **165** Raimundus Lullus: Dialecticae introductiones, in: ders. Logica nova. Logica parva, Einl. v. C. Lohr (Palma de Mallorca 1744; ND 1971) 2, 18ff.; Petrus Hispanus [91] 391f; vgl. 379ff. und Priscian, Institutiones grammaticae XVI 1, 93ff. – **166** C. Pütz: Die Obligationslehre in der scholastischen L. (Diss. Düsseldorf 1997). – **167** Arist. Top. 163a 29. – **168** Ars Emmerana, in: de Rijk [20] II-2, 148; vgl. L.M. de Rijk: Some Thirteenth Century Tracts on The Game of Obligation, in: Vivarium 14 (1976) 26–49 und Einl. zu: Die ma. Tiaktate de modo opponendi et respondendi (1980) 75. – **169** vgl. Pütz [166] 24ff. – **170** vgl. P. Spade: If Obligations were Counterfactuals, in: Philosophical Topics 20 (1992) 1–32; M. Yrjönsuuri: Obligationes: 14th Century Logic of Disputational Duties (Helsinki 1994); ders.: Obligations as Thought Experiments, in: I. Angelelli, M. Cerezo (Hg.): Studies on the History of Logic (1996) 79–96. – **171** vgl. N. Kretzmann: Syncategoremata, sophismata, exponibilia, in: Kretzmann [4] 211–241. – **172** J. Biard: Einl. zu: Jean Buridan: Sophismes, hg. und übers. v. J. Biard (Paris 1993) 10ff. – **173** C. Brousseau-Beuermann: Grammatical sophisms in collections of logical sophisms, in: S. Read: Sophisms in Medieval Logic and Grammar (Dordrecht 1993) 219–230. – **174** Richard Kilvington: The Sophismata (of Richard Kilvington), hg. übers. und komm. v. N.. Kretzmann, B.E. Kretzmann (Cambridge 1990) 71ff. (Nr. 30); vgl. N. Kretzmann: Incipit/Desinit, in: P. Machamer, R. Trinbull (Hg.): Motion and Time, Space and Matter (Columbus 1976) 101–136 und J.E. Murdoch: Infinity and Continuity, in: Kretzmann [4] 564–591. – **175** vgl. Joh. Buridanus, Sophismata, hg. v. T.K. Scott (1977) 19ff. – **176** vgl. I. Buh: Epistemic Logic in the Later Middle Ages (London 1993) 21ff., 62ff. und 87ff.; H. Weidemann: Ansätze zu einer L. des Wissens bei W. von Burleigh, in: Arch. f. Gesch. der Philos. 61 (1980) 32–45; G.E. Hughes: J. Buridan on Self-reference (Cambridge 1982); vgl. G.H. Gelber:

The Fallacy of Accident and the *Dictum de omni*, in: Vivarium 25 (1987) 110–145; N. Kretzmann: *Tu Scis Hoc Esse Omne Quod Est Hoc*: R. Kilvington and the Logic of Knowledge, in: ders. [100] 225–246; S. Knuuttila u.a. (Hg.): Knowledge and the Sciences in Medieval Philosophy (Helsinki 1990). – **177** Paulus Venetus: Logica Magna (Venedig 1499) XXII; vgl ders.: Logica Magna, Prima Pars, Tract. de scire et dubitare, hg. und übers. v. P. Clarke (Oxford 1981). – **178** Albert von Sachsen [8] VI, 1 (f. 43rb ff.); vgl. P.V. Spade: The Origin of Mediaeval *Insolubilia* Literature, in: Franciscan Studies 33 (1972) 292–309; ders.: Five Early Theories in the Mediaeval Insolubilia-Literature, in: Vivarium 25 (1987) 24–46; C. Panaccio: Solving the Insolubles: hints from Ockham and Burley, in: Read [173] 398–410; dazu: F. Pironet: Einl. zu: Guillaume Heytesbury: Sophismata asinina, hg. mit Einl. und Komm. v. F. Pironet (Paris 1994) 57ff. – **179** vgl. ebd. 28ff, 247ff. und 415ff. – **180** M. Markowski: Die Rolle der Sophismata im Unterricht der Krakauer Universität im 15. Jh., in: Read [173] 116–127; vgl. P.A. Streveler: A Comparative Analysis of the Treatment of Sophisms, ebd. 144–184; Pironet [178] 14ff.

III. *Neuzeit: 16.–19. Jahrhundert.* **1.** *Zurück zu den Quellen, Neues aus dem Alten finden, Scheitern.* «In Paris, wo sich das Licht jeder Wissenschaft ausbreiten sollte, verfolgen bestimmte Leute mit Sturheit eine schandhafte Barbarei und, damit verbunden, Monstrositäten in Sachen Erziehung wie etwa die Sophismen (wie sie das nennen). Es gibt nichts Leereres und Dümmeres als die Sophismen [...] Ich habe bis heute all diese Esel nicht vergessen, genau so wenig wie dieses ominöse Vokabular – nur, der eine oder der andere, der andere, beide, beginnt, hört auf, sofort.» [1] Der erbitterte Antischolastiker und Antiaristoteliker VIVES drückt zu Beginn des 16. Jh. damit sicher die vorherrschende Stimmung der Renaissance gegenüber der Scholastik aus. Dennoch beschließen die Reformatoren der Ingolstädter Artistenfakultät noch 1515: «Die langen und unnützen Logikkommentare werden abgeschafft; an ihrer Stelle sollen die von Johann Eck erläuterten Summulae des Petrus Hispanus zur Hand genommen werden.» Dieser Beschluß verweist auf einen noch fortdauernden ‹Hispanismus› zu Beginn des 16. Jh. Freilich wird Petrus in den darauffolgenden zwanzig Jahren als «ungebildeter, barbarischer Mensch» *(homo barbarus, indoctus)* oder gar als «schäbiger Dialektiker» *(dialecticus sordidus)* mit «Schimpf und Schande» von den meisten Universitäten verjagt. [2] Das kulturelle Gegenmodell bildet der antischolastisch eingestellte *Humanismus*, der insofern ambivalent ist, als er eine neue Beschäftigung mit den *Quellentexten* der Antike einfordert und sich zugleich auf das Ideal des politisch kompetenten *orator perfectus* der lateinischen Rhetorik (CICERO und QUINTILIAN) beruft. Dieser *rhetorische Humanismus* führt nicht nur zu einer Fülle von neuen rhetorischen Abhandlungen, in denen Fragen des passenden Ausdrucks und Stils in den Vordergrund rückten, sondern auch zu Rhetoriken (zum Teil auch Poetiken), in denen der rhetorischen Dialektik und Topik, d.h. der *inventio* und *argumentatio*, wieder wie bei Quintilian ein besonderer Stellenwert zugeschrieben wird. [3] Doch auch in der L. führt diese Rhetorisierung zu einer Neubestimmung der Dialektik und Topik. Begründer und herausragender Vertreter dieser *rhetorischen L.* ist RUDOLF AGRICOLA, dessen ‹De inventione dialectica libri tres› – 1480 geschrieben, aber erst 1515 gedruckt – sogar für ein halbes Jahrhundert zur neuen ‹alternativen› L. werden sollten, was sich nicht nur in den fast 60 Auflagen seiner Dialektik, sondern auch in einer Fülle von Nachahmern wie CAESARIUS, PHRISSEMIUS oder CAMENER zeigt. Diese Rhetorikdialektik sollte auch über MELANCHTHON die protestantische L. der Renaissance bestimmen, die freilich – ganz in der Tradition des philologischen Humanismus stehend – die L. und Dialektik wieder an Aristoteles und Quintilian zurückbindet. [4] Die Rhetorikdialektik wird schon bald ihre Bedeutung verlieren, sie lebt, wie RISSE vermerkt, «bis gegen 1600 zwar sporadisch weiter, aber ihre mehr auf subjektiven Einfallsreichtum als auf wissenschaftliche Gründlichkeit bedachte Geisteshaltung fand angesichts der sich allmählich versteifenden Schulen der Aristoteliker, Scholastiker, Ramisten und Melanchthonianer kaum noch nennenswerte Anhänger» [5] – hiervon wird man die italienische Tradition ausnehmen müssen, in der die Dialektik und Topik nicht nur bei CARBONE oder VALLIUS einen festen Platz behalten, sondern auch einen gewissen Einfluß auf das neue naturwissenschaftliche Denken wie bei GALILEI ausüben wird. [6] Der *philologische* Humanismus führt zu einer intensiven Beschäftigung mit den aristotelischen Schriften und den großen Kommentaren ALEXANDERS VON APHRODISIAS und AVERROES'. Besonders umfangreich sind die Kommentare von A. NIPHUS, J.F. BURANA und vor allem J. PACIUS. [7] Im Gegensatz zu diesen durchaus akzeptierten wissenschaftlich-philologischen Arbeiten führen die in der spätscholastischen Tradition stehenden Abhandlungen – insbesondere die zu den drei Traktaten der Modernen (d.h. Konsequenzlehre, Obligationen und Insolubilia) – in der ersten Hälfte des 16. Jh. einmal mehr ein Schattendasein; erst Ende des Jahrhunderts werden wieder Elemente der Konsequenzlehre aufgegriffen, freilich «in einer stark verstümmelten Form». [8] Eine Ausnahme bilden hier freilich Spanien und Portugal, in denen die «Scholastik ohne Bruch» weiterlebt und humanistische Einflüsse durch «eine Reform [...] von innen» zu integrieren weiß. [9] Ende des 16. Jh. bildet sich so eine traditional-aristotelische, im Kern syllogistische L. heraus, die sich, wie ASHWORTH gezeigt hat, von den spätscholastischen Abhandlungen des 15. Jh. in folgenden Punkten unterscheidet: [10]

(1) Zentralität des aristotelischen Syllogismus (mit ausführlicher Diskussion der Frage, ob eine 4. Figur unterschieden werden soll).

(2) Keine Abhandlungen oder Traktate zu den Trugschlüssen und Sophismen.

(3) Fehlen von Überlegungen zur sprachlichen Form wie Wortstellung, Konversion und allgemein zu den Synkategoremata.

Da damit wesentliche Teile aus dem alten Logikgebäude herausgelöst sind – Trugschlüsse, Aporien, Konsequenzen, aber auch Topik und Dialektik –, stellt diese Rückkehr zur Syllogistik Ende des 16. Jh. den eigentlichen Bruch mit der logischen Tradition dar.

Damit geht jedoch auch eine zu Beginn des Jahrhunderts in der *rhetorischen L.* von Agricola wieder freigelegte logische Dimension verloren, nämlich die L. des Ähnlichen, des Mehr oder Weniger und des Analogen, also der *a pari*-, der *a fortiori*- und der Analogieschlüsse. In der scholastischen L. werden sie gleichsam als notwendiges Übel mitgeschleppt bzw. wie bei Wilhelm von Sherwood auf Syllogismen reduziert, wodurch, wie gezeigt, ihre spezifische L. verdeckt wird. Dennoch bleibt das Bewußtsein ihrer Allgegenwart in Rhetoriken erhalten, die der lateinischen Rhetorik, insbesondere Quintilian, verpflichtet sind. Agricola behandelt die Ähnlichkeits- und Wahrscheinlichkeitsschlüsse in ‹De inventione dialectica› unter den Topoi des *Ähnlichen (similia)* und des *Vergleichens (comparatio)*, das «einen häufigen und für

Redner äußerst nützlichen *locus*»[11] darstellt. Wie bei Quintilian fallen unter das Ähnliche die Analogieschlüsse und unter die *comparatio* die *a fortiori*- und *a pari*-Argumente.[12] Die Nähe zu Quintilian zeigt sich u.a. auch darin, daß er wie dieser die *comparatio* auch als Problem des Stils behandelt. Für die *a fortiori*-Variante gibt Agricola neben dem scholastischen Standardbeispiel «Der König vermag es nicht, also vermag es auch nicht der Soldat» noch ein eher rechtsrhetorisches Beispiel: «Er hat gewagt, Verwundungen zuzufügen, also hat er auch gewagt, Beschimpfungen auszusprechen.» Auch die Beispiele für die *a pari*-Argumentation sind rhetorisch oder auch literarisch wie etwa: «Wenn Pallas sich an ihren Feinden rächen durfte, dann wird auch Juno es dürfen.»[13] Auch die für das Ähnliche gegebenen Beispiele sind plastisch, rhetorisch, einprägsam – wie die folgende, von Quintilian übernommene Analogie, die dieser zur Begründung seines Erziehungskonzepts vorbringt: «Ebenso wie Gefäße mit einer engen Öffnung eine einfach darübergeschüttete Flüssigkeitsmenge abweisen, durch allmähliches Einträufeln sich aber füllen lassen, so ist auch der noch zarte Geist von Knaben nicht imstande, große Gegenstände zu erfassen, vermag aber solche, die von mäßigem Umfang und seinen Kräften angemessen sind, sehr gut anzuzeigen.»[14]

Die gegebenen Beispiele können nicht nur verdeutlichen, daß das scholastische 'Küchenlatein' mit den alltagsweltlich leeren Beispielen durch eine stilistisch ausgefeiltere Sprache und dichtere, oft nachdenklich machende Beispiele ersetzt wird, sondern auch, wie sich bei Agricola die *Rhetorisierung* der L. vollzieht. Diese Rhetorisierung wird besonders im II. und III. Buch seiner Inventio-Dialektik greifbar. So liest sich das II. Buch wie eine rhetorische Abhandlung: Welche Arten von *Problemen (quaestiones)* sind zu unterscheiden (II, 6–14), was ist beim Aufbau *(dispositio)* der Rede und ihrer Teile, also *expositio* und *argumentatio*, zu beachten; letztere wird wie in der rhetorischen und topischen Tradition dann in Induktion *(enumeratio)* und Syllogismus *(ratiocinatio)* – mit ihren rhetorischen Varianten Enthymem und Exemplum – aufgeteilt (II, 18), usw. Und im III. Kapitel werden sogar die Affekte abgehandelt – neben Fragen des Stils und der Anordnung (allgemein und in verschiedenen Textgattungen).

Nun kann diese Rhetorisierung allein nicht den epochalen Erfolg dieser dialektischen L. erklären. Die *inventio dialectica* Agricolas ist nämlich nicht nur eine Wiederholung Ciceros und Quintilians, sondern eine Neubestimmung der Topik und Dialektik, die sich als *Pragmatisierung, Entlogisierung,* und *Verweltlichung* der scholastischen L. – insbesondere der ‹Summulae› von Petrus Hispanus – unter Rückgriff auf die lateinische Rhetorik bestimmen läßt. Ein Aspekt der *Pragmatisierung* wird schon in der Rhetorisierung der L. deutlich, die jedoch nicht im Sinne einer stilistisch ausgefeilten, affekt- und effektvollen Rede verstanden werden darf, da dies in den Bereich der Rhetorik fällt. Der Dialektiker ist für die «Glaubwürdigkeit der Aussage» *(probabilitas dictionis)*, der Rhetoriker hingegen für «den Schmuck der Rede» *(ornatus locutionis)* zuständig[15]; deshalb gehört die *inventio* und *argumentatio* (mit der *dispositio*) nicht in die Rhetorik, sondern in die Dialektik. Ebensowenig gibt es, wie etwa Boethius noch annahm, besondere rhetorische Topoi; wenn der Redner auf Topoi zurückgreift, habe er sie aus der Dialektik zu entlehnen.[16] Die darin zum Ausdruck kommende radikale Abkehr von Aristoteles, der – wie Agricola zugesteht – «die Rhetorik als einen Teil der Staatswissenschaft bezeichnete», wie auch von Cicero und Quintilian, die «doch auch nichts anderes lehrten», versucht Agricola durch den Hinweis zu entkräften, daß die damit implizierte Fähigkeit des Redners, «über Angelegenheiten von Krieg und Frieden, über Gesetze, über das ganze System des göttlichen und des menschlichen, des öffentlichen und privaten Rechts reden zu können», nur wenigen Rednern wie z.B. Cicero zukomme, die große Masse, die zu dieser «Gattung» gerechnet werden könne, sehe jedoch ihre Aufgabe «allein im Reden».[17] In dieser Abkehr vollzieht sich ein historisches Novum, da die ursprünglich dem öffentlichen Raum der *Polis* und der *Res Publica* zugeordnete Rhetorik *als Dialektik* in den privaten Raum einer Elite verlegt wird; dadurch wird jedoch zum ersten Mal Dialektik (und indirekt auch Rhetorik) als *allgemeine Kommunikations- und Argumentationstheorie* denkbar.

Doch Pragmatisierung bedeutet auch, daß die L. als praktische Argumentationslehre in diesen alltagsweltlichen Kommunikationsraum eingebracht wird. Agricola wendet sich ja nicht nur gegen jede allumfassende Rhetorik, sondern auch gegen die scholastische L., die sich als Urteils-L. *(iudicium)* auf die Analyse der logischen Strukturen von Aussagen und Argumenten beschränkt und damit die Findungs-L. *(inventio)* sträflich vernachlässigt habe. Auch diese Aufteilung der Dialektik, d.h. der Kunst der Diskussion und Argumentation *(ars disserendi)* in eine analytische und praktische L. ist, wie schon gezeigt, ciceronianisch.[18] Von diesen nimmt Agricola nur noch die *inventio* für sich in Anspruch – von daher erklärt sich der programmatische Titel seiner Dialektik ‹De inventione dialectica›. Auch das ist ein historisches Novum, hatte doch Cicero in seinen ‹Topica› noch beide Teile nacheinander behandelt, während Boethius und mit ihm die Scholastik die Topik als Urteils-L. begreifen und mit den Differenztopoi nur noch einen Rest der Findungs-L. bewahrt hatten. Die Hinwendung zur *inventio* bedeutet keine Ablehnung der analytischen L. (Agricola soll sogar eine Abhandlung für diese vorgesehen haben)[19]; deren Aufgabe ist es nämlich, genau zu bestimmen, wann ein korrektes Argument vorliegt, «nicht nur dem äußeren Schein nach, sondern wirklich»; hierzu ist «jede Unterweisung über die Modi und Figuren der Syllogismen und jede Absicherung gegen verfängliche Argumentationen, die man Trugschlüsse genannt hat», sinnvoll.[20]

Die *Entlogisierung* der Topik zeigt sich bei den schon erwähnten Schlüssen aus dem Gleichen, dem Mehr oder Weniger und aus der Analogie darin, daß Agricola das *exemplum*, d.h. die rhetorische Induktion, als einen Unterfall der *comparatio* behandelt;[21] der in Aristoteles' ‹Topik› schon in klaren Konturen deutlich gewordene Unterschied zwischen *a pari*- und *a fortiori*-Argumenten wird nicht gesehen, da Agricola nur feststellen kann, daß eine *comparatio* vorliegt, «wenn zwei oder mehr Gegenstände auf irgendein Drittes *(in tertio aliquo)* bezogen werden, das ihnen gemeinsam ist»[22]; ebenso ermöglicht ihm zwar sein rhetorischer Blick, den begrifflichen Zusammenhang zwischen einer Analogie *(similitudo)* und der Metapher *(translatio)* aufzuzeigen, dennoch kommt auch hier wie bei der *comparatio* das in all diesen Fällen thematisierte logische Problem der Identität im Heterogenen und der daraus jeweils folgenden unterschiedlichen Folgerungspotentiale nicht in den Blick.[23] Die Dichte, Plastizität und Anschaulichkeit der für die Ähnlichkeits- und Analogieargumente gegebenen Beispiele wird somit um den Preis einer vagen und ungenauen Analyse erkauft. Von hier aus erstaunt es nicht, daß Agricola die Entformalisierung selbst zum Programm erhebt: die Maximen, die Boethius nämlich zu den einzelnen Topoi hinzugefügt habe, also etwa die Schlußregel aus der Definition «Wovon auch immer die Definition gesagt wird, von dem auch das Definierte *(De quocunque definitio dicitur, de eo definitum)*», seien nämlich allesamt von keinerlei Nutzen.[24] Es ist klar, daß Agricola – wie vor ihm Boethius – die von Cicero eingeführten stoischen Topoi «aus den Konsequenzen, aus den Vorangehenden und aus dem Gegensätzlichen (ex consequentibus et antecedentibus et repugnantibus)» aus seiner Toposliste streichen muß, da «fast alle Topoi zu den *antecedentia* gerechnet werden können und [...] nach unserer Auffassung gar keine Topoi darstellen».[25] Wie sind dann die Topoi bei Agricola zu verstehen? Die kurze Definition Agricolas lautet: «Ein Topos ist nichts anderes als ein gewisses gemeinsames Kennzeichen einer Sache *(Non ergo aliud est locus, quàm communis quaedam rei nota)*, durch dessen Anleitung das, was in irgendeiner Sache wahrscheinlich und glaubwürdig *(probabile)* ist, gefunden werden kann.» [26] MUNDT übersetzt mit: «Ein locus ist also nichts anderes als ein bestimmtes Merkmal, das eine Sache mit anderen gemein hat.» [27] Diese Übersetzung ist insofern mißverständlich, als sie ja dahingehend verstanden werden kann, daß *gelb* im Falle von *Honig* ein Topos ist, weil die Sache *Honig* dieses *objektive Merkmal* mit anderen Sachen wie etwa *Galle* teilt. Der Sinn dieser Definition wird dagegen unmittelbar einsichtig, wenn man etwa die Topoi der *Ähnlichkeit* oder der *Art* einsetzt: beides sind ja Eigenschaften, die allen Dingen gemeinsam sind, insofern sie Art-von-etwas-Anderem oder Ähnlich-mit-etwas-Anderem sind. Beide Eigenschaften sind zwar innerweltlich, aber keine objektiven Merkmale der Dinge – *notae* sind wie in der Scholastik (und dies gilt, wie FOUCAULT [28] gezeigt hat, in besonderem Maße für die Renaissance) *Markierungen*, die Relationen bzw. *Ordnungsstrukturen* anzeigen. Deshalb kann Agricola seine Toposliste auch damit rechtfertigen, daß er damit «der natürlichen Ordnung der Dinge folge».[29] Da nun ein Topos diese Ordnungsstrukturen *notiert* und *markiert*, darf *nota* nicht mit dem objektivistischen «Merkmal» übersetzt werden, sondern nur mit Ausdrücken wie ‹Markierung› oder ‹Kennzeichen›, die klar machen, daß in die Welt der Dinge Zeichen eingeschrieben sind, die ihre Ordnungsstruktur anzeigen. Jede topische *nota* ist zugleich eine Anweisung *(admonitus)* – eine Bezeichnung, die offenbar an die schon von THEOPHRAST unterschiedene Mahnung *(parángelma)* erinnert –, die wiederum dazu dient, ein *Argumentationspotential* anzuzeigen, mit dem etwas als wahrscheinlich und glaubwürdig erschlossen werden kann. Da nun jede entsprechend einer topischen Anweisung gefundene spezifische Ordnungsstruktur, also etwa ‹Peter ist dem Klaus ähnlich (beide sind Magister)› einen *Sachverhalt* darstellt, kann man die Toposdefinition Agricolas auch im Sinne von ‹ein gemeinsames Kennzeichen für einen Sachverhalt mit Argumentationspotential› verstehen.[30] Damit wird die L. der Topoi *verweltlicht* und in die Ordnung der Dinge projiziert – im Vergleich zur aristotelischen Topik, in der die Topoi noch als *Modi des Aussagens der Wirklichkeit qua Wirklichkeit* gedacht sind, eine sicherlich radikale Neubestimmung. Von hier aus ist klar, daß diese Verweltlichung nicht als ‹Substantialisierung› bestimmt werden kann. Die *loci* sind in der rhetorischen L. *nicht*, wie SCHMIDT-BIGGEMANN annimmt, zu substantiellen Prädikaten der Sachen» geworden und gehören auch nicht «zur Substanz der Dinge [31], sondern sind innerweltlich vorkommende Kennzeichen, welche die Ordnung der Dinge anzeigen. Die Verweltlichung und Entlogisierung ist gerade auch in der Gesamtliste der Topoi Agricolas sichtbar (vgl. Abb.1).

(i) Agricola folgt im I. Buch seiner ‹Inventio dialectica› eng Boethius, indem er wie dieser seine Auswahl in einer Diskussion der Listen bei Cicero und Themistios diskutiert und begründet. Deshalb spielt in diesem Buch Quintilian nur eine geringe Rolle. Im Gegensatz zu Boethius, der im wesentlichen die Themistios-Liste übernimmt, erstellt Agricola eine in wichtigen Teilen neue Liste. So fehlt die Gruppe der mittleren Topoi, und die darin unterschiedenen ‹Fälle› und ‹Beugungen› behandelt Agricola zusammen als ‹Konjugiertes› *(coniugata)* in (Ia); die *divisio*, d.h. die Dihairesis, wird von ihm im Anschluß an die Gattung und Art, also nicht als besonderer Topos, diskutiert; wie bei Boethius fehlen Ciceros stoische Topoi aus den Konsequenzen, aus den Vorangehenden und aus dem Gegensätzlichen.

(ii) Die *cognata* (IIa), von denen Agricola auch sagt, sie verknüpfen die Dinge «durch ein gewisses Band *(quodam vinculo)*» [32], entsprechen im wesentlichen den sachlogischen Topoi bei Boethius aus der Ursache und der Wirkung; auch in (IIc) stimmen, wie gezeigt, die *comparata* und die *similia* mit den traditionellen Unterscheidungen überein; die *pronuntiata* (zu einem Fall bisher Gesagtes) sind identisch mit dem Topos aus der Autorität (bzw. *a rei iudicio*), und der Topos aus dem *nomen rei* (Namen einer Sache) ist identisch mit der Transumption, d.h. letztlich mit dem aristotelischen Topos aus dem geläufigen Ausdruck; auch im Gegensätzlichen *(opposita)* in (IId) unterscheidet Agricola wie die Tradition vier Unterarten, die *repugnantia* – in der Stoa noch logisch miteinander unvereinbare Aussagen – versteht er ganz konkret: Topoi, «bei denen das eine sich dem andern gegenüber feindselig verhält und beide sich gegenseitig zu vernichten trachten: diese nennen wir repugnantia». [33]

(iii) Aus logischer Sicht ist wesentlich, daß Agricola im Gegensatz zu Boethius und der Scholastik klar zwischen Art/Gattung einerseits und Teil/Ganzes unterscheidet, sich darin auch auf die alte rhetorische Unterscheidung in *divisio* (von Gattungen in Arten) und *partitio* (eines konkreten Ganzen in seine Teile) berufend. Dies führt ihn auch zur wesentlichen Unterscheidung von Teilen bei Kontinua wie *Wasser* oder *Holz* (bei denen der Teil immer das Ganze bleibt) und individuierbaren Gestalten wie *Mensch* oder *Baum*. [34] Die Schärfe seiner Auseinandersetzung (nicht explizit genannter Gegner ist Petrus Hispanus) erklärt sich auch daher, daß es für den auf die Ordnung der Dinge gerichteten Alltagsverstand schlechterdings nicht nachvollziehbar ist, daß *Menschen* im gleichen Sinne Teile von *Lebewesen* sind wie *Äste* Teile von *Baum*. Neu – im Vergleich zu Boethius und der Scholastik – ist auch, daß Agricola neben der Definition, der Gattung und der Art noch das Proprium unterscheidet, von ihm in einer ausführlichen Diskussion der aristotelischen Prädikabilien begründet.

(iv) Völlig neu ist vor allem die Unterteilung der internen Topoi in solche, die in der Substanz einer Sache *(in substantia rei)* liegen, und solche, die um die Substanz der Sache herum *(circa substantiam rei)* anzusiedeln sind. Auch die in (Ib) unterschiedenen Topoi sind Ausdruck der neuen Sicht auf die Ordnung der Dinge: die Umgebungen *(adiacentia)* umfassen alle denkbaren in bestimmter Hinsicht ruhenden und auf Dauer gestellten Eigenschaften von Dingen (Substanzen); also etwa

Dialektische Ordnungstopoi (Agricola)

	interne			externe		
in der Substanz	um die Substanz herum	*cognata* Verwandtes	*applicata* Dranhängendes	*accidentia* Dazufallendes	*repugnantia* Widerstrebendes
definitio, genus, species, proprium, totum, partes, coniugata	adiacentia, actus, subiecta	efficiens, finis, effecta, destinata	locus, tempus, connexa	contingentia, nomen rei, pronuntiata, comparata, similia	opposita, differentia
(Ia)	(Ib)	(IIa)	(IIb)	(IIc)	(IId)

(Abb. 1)

warm, dreieckig, klug, hell usw., aber auch *Krankheit, Hunger, Kraft* usw. und auch alle *Dispositionen (habitus)* wie *cholerisch, tapfer, fromm, gutartig* usw. Zum *actus* (Handeln) gehört alles, was in Tätigkeit und Bewegung oder auf ein Ziel hin gerichtet ist, also etwa *gehen, beten, hoffen, warm werden,* usw. Und mit den *subiecta* greift Agricola auf eine schon in der Syntax von APOLLONIOS DYSKOLOS vorgenomme Unterscheidung von Mitspielern eines Geschehens zurück; danach gehören etwa zum *Wärmen* ein *subiectum,* von dem es ausgeht und ein anderes, das ihm ausgesetzt ist. [35] Ebenso neu sind *locus* und *tempus* in den *applicata* in (IIb), von denen Agricola fälschlicherweise behauptet, sie fänden sich schon bei Cicero; plausibler erscheint, daß er sie aus der rhetorischen Topostradition entnommen hat; auch die *connexa* (Verknüpftes) denkt Agricola konkret als Topoi, «die eine Sache zwar nicht umgrenzen wie Ort und Zeit, sich gleichwohl aber von außen an sie anzudrängen scheinen», so z.B. *hoch, Berg, See, beschuht, auswärtig, Macht, Freund, Soldat,* usw. – all diesen ist gemeinsam, daß «keines aus sich selbst begriffen werden kann, sondern alle werden aus der Perspektive eines andern gesehen». [36] In die *contingentia* in (IIc) steckt Agricola alles, was in der Logik- und Rhetoriktradition zum *Nicht-Notwendigen* gedacht wurde, also *nicht-notwendige Zeichen* wie *Blässe* (für Krankheit), Verbindungen wie *schlauer Diener,* aber auch, wie schon Aristoteles, *Wahrscheinliches,* das Agricola auch im Text mit dem griechischen Ausdruck εἰκότα (eikóta) bezeichnet. In der letzten von Agricola neu unterschiedenen Kategorie, den *differentia* in (IId), ist die allgemeine Tatsache, daß Substanzen (Individuen wie Arten) sich unterscheiden, jedoch nicht derart, «daß das eine in eindeutiger Stoßrichtung gegen das andere gerichtet ist» [37], wie bei den übrigen Widerstrebenden *(repugnantia).*

Unabhängig von der Problematik der Abgrenzung der von Agricola neu eingeführten Topoi untereinander und im Hinblick auf die alten, von der Tradition unterschiedenen Topoi, auf die Agricola selbst immer wieder hinweist, stellt sich die Frage, welche Argumente denn mit diesen neuen in (iv) aufgeführten Topoi überhaupt gebildet werden können. Hier fällt auf, daß Agricola in der Regel keine Beispiele gibt. Nur für die letzte Kategorie, die *differentia,* notiert er, daß sich daraus Argumente der Form «Er ist auf dem Markt, also ist er nicht auf dem Lande» [38] bilden lassen. Freilich gründet dieser Schluß nicht bloß auf dem Verschiedenartigen, sondern auf der Regel, daß man nicht gleichzeitig an verschiedenen – *sich ausschließenden* – Orten sein kann. Ebenso ist dies bei ‹Dies ist warm, also ist es nicht kalt›, bei denen nicht bloß verschiedenartige, sondern sich ausschließende Temperaturzustände thematisiert sind. Nicht möglich ist dieser Schluß aber bei – ebenfalls von Agricola aufgeführten – *differentia* wie *warm, süß* oder *feucht,* da ja alle drei durchaus miteinander kompatibel sind. Dies impliziert jedoch, daß bei *adiacentia* oder Eigenschaften aus einer bloßen *differentia* nichts folgt. Dies gilt auch für Substanzen: die Möglichkeit eines Schlusses wie ‹Hier ist Sokrates, also ist hier nicht Platon» ergibt sich nämlich nicht aus ihrer Verschiedenartigkeit, sondern aus der Tatsache, daß beide Substanzen sind, und der Regel, daß eine Identifizierung von etwas als eine *bestimmte Substanz* das Vorliegen aller übrigen Substanzen ausschließt. Die hier sich aufdrängende Vermutung, daß sich mit den neuen Agricola-Topoi gar keine Argumente bilden lassen, wird schon äußerlich dadurch bestätigt, daß er bei der Behandlung der *repugnantia* nur Beispiele gibt, die mit dem alten Topos aus dem Entgegengesetzten zusammenhängen, also etwa das schon bei Aristoteles unterschiedene «Wenn Haben ein Gewinn ist, dann ist Verlieren ein Schaden» [39]. Bei den Topoi um die Substanz herum (Ib), also den *adiacentia, actus* und *subiecta,* [40] gibt er kein einziges Beispiel, der Leser muß also selbst spekulieren, wie und welches Argument aus einem *actus* wie *schreiben* gebildet werden kann. Bei den *applicata* (IIb) Ort, Zeit und Verknüpftes nennt Agricola einmal Strittiges, wie etwa «die *quaestio,* ob der Nil in den Bergen Äthiopiens entspringt [...] oder in der Gegend des Atlas-Gebirges» und zum andern Argumente wie jenes von Hannibal gegenüber seinen Soldaten beim Zug nach Italien: «sie sollten mutig kämpfen; denn sie dürften ja auf keine Flucht hoffen, da sie im Rücken von den Alpen und auf der Seite von zwei Meeren eingeschlossen seien» [41]; im letzten Fall wird offenbar aus dem Ort keine *Schlußregel* begründet, da es sich um einen *spezifischen Topos* handelt, der sich aus einer bestimmten geographischen Konstellation ergibt; auch dies ist ein Indiz dafür, daß Agricola diese Topoi aus der Rhetorik entnommen hat, da ja auch dort der Topos aus dem Ort nichts über Form und Inhalt eines Arguments besagt, sondern nur, daß man beim Ort des Geschehens nachschauen soll, *ob* sich da nicht *irgendein* Aspekt befindet, der argumentativ relevant sein könnte. Auch für die *contingentia* in (IIc) gilt schließlich, daß aus ihnen allen keinerlei argumentatives Potential entsteht, es sei denn, sie sind durch einen spezifischen Topos, d.h. ein *éndoxon,* eine gängige Meinung, an ein anderes *contingens* gebunden [42]: so entsteht die argumentative Plausibilität in ‹Diese Frau sucht einen Liebhaber auf, da sie des Nachts allein durch die Straßen geht› [43] nicht aus dem *contingens* ‹Eine Frau geht des Nachts allein durch die Straßen›, sondern eben aus dem zugrundeliegenden spezifischen Topos «Wenn Frauen einen Liebhaber haben, dann gehen sie des Nachts allein auf Straßen (I_1) und ... (I_2) ... und ... (I_n)»

und dem gemeinsamen Topos, daß bei Meinungen vom Vorliegen der Konsequens I_x auf das Vorliegen des Antezedens abduktiv geschlossen werden darf. Diese Beobachtungen erlauben eine kurze Konklusion: aus keinem der von Agricola neu unterschiedenen Topoi ergibt sich irgendein Folgerungspotential. Daraus folgt weiter, daß Agricola den Begriff des ‹Topos› mit seinen neuen *loci* aufweicht und seines noch in der Spätscholastik bewußten wesentlichen Merkmals beraubt – eben eine *regula*, eine Schlußregel, zu formulieren, die eine bestimmte Folgerung stringent oder zumindest plausibel macht. Kurz: Die Dialektik Agricolas ist keine *Argumentationslogik*, sondern *Begriffslogik*. Das Lob der Topik Agricolas erweist sich damit, so paradox das auch klingen mag, in geistesgeschichtlicher Hinsicht als wichtige Ursache für den Niedergang der Topik in L. und Rhetorik.

Dieser Befund ist sicher aus den genannten Tendenzen der Dialektik Agricolas – Entlogisierung und Verweltlichung – zu erklären. Aus dem Gesagten folgt weiter, daß man statt von Verweltlichung durchaus von *Ontologisierung* der Topik sprechen könnte. Da diese wesentlich eine Ontologisierung von *Begriffen* darstellt, ergibt sich – ein weiteres historisches Paradox –, daß Agricola zu einem wichtigen Vorläufer der besonders in Deutschland bald dominierenden *Begriffslogik* werden sollte. KANT wird (wie weiter unten ausgeführt) diese Tradition mit der Ableitung der *reinen Begriffe* aus Urteilen und ihrer Bestimmung als *transzendentale Begriffe* abschließen.

Die gleiche Ontologisierung und Entlogisierung der Topoi läßt sich bei PETRUS RAMUS beobachten. Auch Ramus wendet sich wie Agricola gegen den Anspruch der Rhetorik, auch die *inventio* behandeln zu wollen: die Natur hat den Menschen zwei Talente mitgeben: *ratio et oratio*, also Vernunft und Rede, «illius doctrina dialectica est, huius grammatica, et rhetorica» (die Wissenschaft der ersten ist die Dialektik, die der zweiten Grammatik und Rhetorik) [44] – so Ramus in einer vehement formulierten Streitschrift gegen Quintilian. Im Gegensatz zu Agricola behandelt er in seiner ‹Dialectique› von 1555 – der ersten nicht-lateinischen L. der Moderne – die *inventio* und das *iudicium*. Das Gesamtsystem seiner L. stellt sich wie in Abb. 2 dar.

Die Einteilung der Urteils-L. *(jugement)* in Aussage, Syllogismus und Methode entspricht ganz den ‹1. und 2. Analytiken›. Daß Ramus bestens mit Aristoteles' ‹Organon› vertraut war, zeigt u.a. eine in zwanzig Büchern gegen das aristotelische ‹Organon› formulierte Streitschrift. [45] In der obigen Einteilung ist die Einteilung der Findungs-L. *(invention)* ungewöhnlich, obwohl die dort verwendeten Termini bekannt sind. Die Lösung ist, daß Ramus die Topik nicht mehr als Argumentationslehre betrachtet, sondern als eine logische Teildisziplin, «welche die getrennten Teile eines jedes Satzes *(sentence)*» untersucht. [46] Diese Teile bezeichnet er auch als ‹Kategoreme›, die durch die «Anweisungen der Topoi» gefunden werden. Manchmal, so Ramus, werden diese Teile «auch eindeutiger Prinzipien, Elemente, Terme, Gründe, Beweise, Argumente» genannt. Die hier deutlich werdende *Begriffsnivellierung* manifestiert sich auch bei den Einzelbeispielen. Für die vier Grundkategoreme gibt Ramus nämlich u.a. folgende Beispiele [47]: (1) Das Feuer schafft Wärme (Ursache, *cause*); (2) Sein Körper ist klein (Subjekt, *sujet*); (3) Sokrates kann nicht zugleich schwarz und weiß sein (entgegengesetzt, *opposé*); (4) Etwas bewahren verlangt nicht weniger Tugend als etwas erwerben (verglichen, *comparé*).

Die Beispiele zeigen, daß auch Ramus eine tendenzielle Entlogisierung des Folgerungspotentials der Topoi hin zu ihrer Fixierung in *Begriffen* vornimmt. Diese Beispiele zeigen aber zugleich, daß diese ‹Kategoreme› entwicklungsgeschichtlich auf die Topik verweisen, da sie ja im Sinne der *Differenztopoi* bei Boethius zu verstehen sind. Freilich können sich diese Kategoreme (oder Argumente usw.) auf Teile innerhalb eines Satzes als auch auf Satzverhältnisse wie (4) beziehen, wobei (4) als Sentenz oder in bestimmten Situationen sogar auch als Enthymem verstanden werden kann. Damit wird auch der Unterschied zwischen Satz, spezifischem Topos, Enthymem und natürlich dem Topos als Schlußregel völlig verwischt. Dies ließe sich auch für die jeweiligen Unterarten der Grundkategoreme – die den in der Topiktradition unterschiedenen Fällen entspricht – nachweisen, insbesondere für die Kategoreme des Verglichenen ‹Mehr/Weniger›, die Ramus als bloße Komparative versteht. Erschwerend kommt hinzu, daß in dieser Klassifikation nicht nur wie in der Tradition sachlogische (1) und begriffslogische (3), sondern auch satzlogische bzw. ontologische Beziehungen (2) zusammengebracht werden. Neu ist, daß Ramus auch hier – wie in vielen anderen Bereichen – die von der Tradition überlieferten Kategorien überschaubarer zu machen sucht, indem er sie in wenige Hauptgruppen einteilt und diesen die übrigen zuordnet: so ordnet er etwa die alten Topoi aus dem Ganzen/aus der Gattung (bzw. aus dem Teil/aus der Art) den beiden ersten Hauptkategorien zu. [48] Vergleicht man nun die den vier Grundkategoremen zugrundeliegenden Einteilungskriterien mit denen, die Ramus für die Tropen verwendet hat, so fällt zunächst eine strukturelle Ähnlichkeit auf: Bei Tropen findet nämlich Vertauschung der Wortbedeutung statt, und zwar «von den Ursachen auf die Wirkung bzw. den Subjekten *(subjecta)* auf das ihnen akzidentell Zukommende *(adjuncta)* und umgekehrt» (Metonymie), «von Gegensätzlichem auf Gegensätzliches» (Ironie), «von Ähnlichem auf Ähnliches» (Metapher) und «vom Ganzen auf den Teil und umgekehrt» (Synekdoche). [49] Da

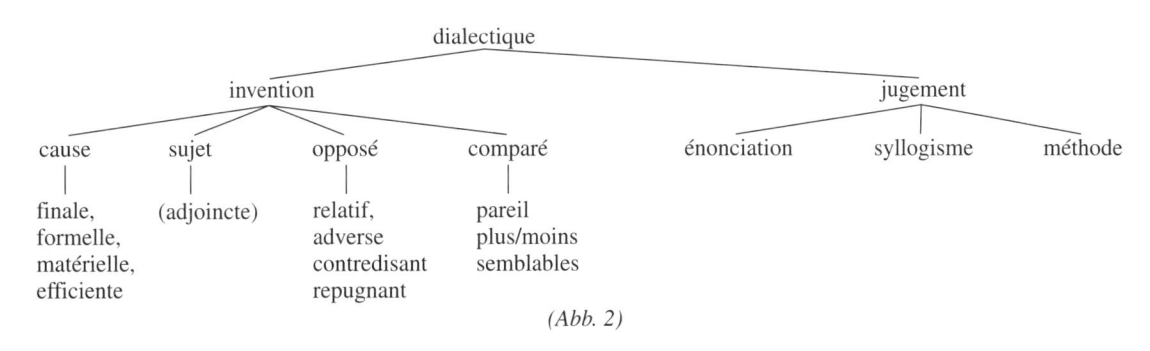

```
                          dialectique
                    /                      \
              invention                   jugement
         /    |    |    \              /      |        \
     cause  sujet opposé comparé   énonciation syllogisme méthode
       |     |      |      |
    finale, (adjoincte) relatif, pareil
    formelle,        adverse  plus/moins
    matérielle,      contredisant semblables
    efficiente       repugnant
```

(Abb. 2)

diese Einteilung der Tropen auf die stoische Tradition verweist, ist es durchaus plausibel, auch die Unterscheidung in vier Grundkategoreme dieser Tradition zuzuordnen. Vergleicht man aber die jeweiligen Zuordnungen genauer, so fällt ein struktureller Widerspruch auf:

Kriterium	Invention	Tropen
Kausalität	cause	Metonymie
Subjekt/Adiunctum	sujet/adjoint	Metonymie
Entgegengesetztes	opposé	Ironie
Ähnliches	comparé	Metapher
Teil/Ganzes	cause – sujet/adjoint	Synekdoche

Daß derselbe Autor die Teil/Ganzes-Beziehung einmal der Kausalität bzw. der Subjekt/Akzidens-Relation unterordnet und zum andern als eigenständige Kategorie unterscheidet, kann wohl nur dadurch plausibel erklärt werden, daß sich Ramus auf zwei unterschiedliche Traditionsstränge bezieht: der erste, der der Dialektik und L., in der – wie Ramus selbst sagt – «die Art ein Teil der Gattung ist» [50], der zweite, der der rhetorischen Figurenlehre, in der die Synekdoche zumindest noch beim AUCTOR AD HERENNIUM als Teil/Ganzes-Relation begriffen wurde. Damit stellt die bis heute noch andauernde Diskussion, ob man die Art/Gattungs-Relation unter der gleichen Kategorie (etwa der Synekdoche) wie die Teil/Ganzes-Relation behandeln soll [51], nicht nur ein philogisch-stilistisches, sondern ein hochgradig logisches Problem dar.

Abschließend bleibt noch, zwei Unterschiede zwischen Ramus und Agricola festzuhalten. Ramus behandelt nämlich im Gegensatz zu Agricola am Ende seiner Diskussion der *inventio* auch die rhetorischen *nicht-technischen* Beweise, d.h. Gesetz, Zeugnis, Vertrag usw. [52] – offenbar eine Konsequenz aus seiner prinzipiellen Forderung, daß allein die Dialektik für die *inventio* zuständig ist. Philosophiegeschichtlich relevanter ist jedoch, daß die Entlogisierung der Topik weder zu einer Pragmatisierung noch zu einer Verweltlichung bzw. Ontologisierung führen muß. Bei Ramus sind und bleiben die topischen Strukturen *Kategoreme*, also begriffliche Strukturen. Diese rationalistische Auffassung sollte sich besonders in Frankreich durchsetzen.

Ebenso sich durchsetzen bzw. bleiben sollten die im II. Buch seiner ‹Dialectique› (Urteilslogik) getroffenen Unterscheidungen. Dies deshalb, weil er sich auf die soliden Grundlagen der Syllogistik und der stoischen Aussagenlogik (d.h. ohne die scholastische Suppositions- und Konsequenzlehre!) stützt: Die *einfache* Aussage wird mit Aristoteles bestimmt, die *énonciation composée*, also die komplexe Aussage, wird mit der Stoa in kopulative, konditionale und disjunktive Aussage eingeteilt [53]; beim Syllogismus unterscheidet Ramus nur drei Figuren (mit den einschlägigen Modi), fügt aber, sich explizit auf THEOPHRAST und EUDEMOS stützend, den *syllogisme composé* (komplexen Syllogismus) hinzu; dabei unterscheidet er neben dem disjunktiven Syllogismus (p oder q; nun aber q, also nicht p) vier Arten des *syllogisme conditionnel*; die beiden ersten entsprechen dem Modus ponens und dem Modus tollens, wobei festzuhalten ist, daß Ramus explizit darauf hinweist, daß sich beide nicht nur in der Stoa, sondern schon in der aristotelischen Topik finden. [54] Immer noch hochaktuell sind die Beispiele, die Ramus für die beiden letzten Arten des konditionalen Syllogismus gibt. Ein Beispiel für die dritte Art ist:

«Wenn die Trojaner nach Italien ohne deine Erlaubnis gekommen sind, sind sie zu bestrafen. Nun sind sie nicht mit deiner Erlaubnis gekommen, sondern dem Rat des Orakels folgend. Also sind sie nicht zu bestrafen.» Der Herausgeber der ‹Dialectique› DASSONVILLE moniert hier zu Recht, daß es sich um einen illegitimen Syllogismus handelt: «Wenn A ist, ist B. Nun ist A nicht. Also ist B nicht.» [55] Nun muß bezweifelt werden, daß es sich hier um einen einzigen Syllogismus handelt. In der modernen Sprachwissenschaft wurde nämlich deutlich, daß Argumentationssequenzen mit *aber/sondern* prinzipiell auf *zwei* miteinander korrelierte Argumente verweisen. [56] Formuliert man das gegebene Beispiel zu folgendem Enthymem um: «Die Trojaner sind zwar ohne deine Erlaubnis nach Italien gekommen [→ Dies ist *negativ* zu bewerten und zu bestrafen (–)], dafür aber sind sie dem Rat des Orakels gefolgt [→ Dies ist *positiv* zu bewerten und nicht zu bestrafen (+)]», so ist unmittelbar einsichtig, daß die negative Konsequenz des Vordersatzes durch den im aber-Satz genannten Sachverhalt *kompensiert* wird. Neben diesen Bewertungsargumenten mit kompensatorischem *aber* kann man auch Argumente mit antiimplikativem *aber* unterscheiden, in denen nicht auf Werte, sondern auf das (Nicht-)Vorliegen von Sachverhalten geschlossen wird: «Wir hatten ein Pferdegespann [→ also konntet ihr eure Reise fortsetzen (k)], *aber* die Pferde waren zu müde [→ also konntet ihre eure Reise nicht fortsetzen (~k)].» Beiden Argumentationen liegt offenbar ein *sequentieller Topos* zugrunde, der grob umschrieben werden kann: ‹Plausible Folgerungen von einem Sachverhalt P auf eine Konklusion K können aufgehoben werden, wenn ein stärkerer Sachverhalt Q vorliegt, der auf die gegenteilige Konklusion ~K schließen läßt›. Von hier aus ist leicht nachzuvollziehen, daß Ramus betont, daß «diese Art von Syllogismus äußerst gebräuchlich ist». [57]

Mit der vierten Art des konditionalen Syllogismus umkreist Ramus das Problem des hypothetischen Arguments, ohne dieses freilich begrifflich bestimmen zu können. Ein von ihm gegebenes Beispiel ist: «Wenn nichts Schlimmes passiert ist, wären sie schon hier. – Aber sie sollen schon hier sein! – Also ist ihnen nichts passiert.» [58] Aufgrund der singulären Prämisse (Sie *sollen* schon hier sein) kann die ganze Sequenz als hypothetisches Argument verstanden werden; in diesem Fall wäre jedoch eine hypothetisch formulierte Konklusion (Also *dürfte* ihnen *wohl* nichts passiert sein) genauer.

Diese vier von Ramus unterschiedenen konditionalen Syllogismen – Modus ponens, Modus tollens, kompensatorische/antiimplikative Folgerung, hypothetisches Argument – verweisen insofern auf eine Epoche des Umbruchs, als ja die beiden ersten zum wohldefinierten und akzeptierten Bestand der alten L. gehören, während die beiden letzten den Blick auf andere Formen des Folgerns eröffnen. Diese neue Sichtweise wird dadurch möglich und notwendig, daß sich diese L. auch als rhetorische versteht und sich so der Aufgabe stellen muß, alltägliche und literarische Beispiele zu analysieren. Dadurch werden von der alten L. überhaupt nicht gesehene oder in ihrer spezifischen Struktur nicht erkannte Formen der *Alltagslogik* zum Problem: kompensatorisches Folgern, hypothetisches Argumentieren, aber auch a pari-, a fortiori- und Analogieschlüsse. All diese Probleme können von der rhetorischen L. der Renaissance nicht gelöst werden, einmal, weil sie bloß wie bei Agricola in die Welt der Dinge projiziert werden, zum andern, weil sie wie beim Aristotelesgegner Ramus vornehmlich mit Hilfe des syllogistischen Modells analysiert werden. Da Agricola wie Ramus letztlich die Topik auf Begriffliches reduzieren, tragen sie zwar wesentlich zur Eliminierung der Topik aus der L. bei, andererseits aber ebnen sie dadurch den Weg für eine neue L., nämlich die L. der Begriffe. Zur Eliminierung: In SANDERSONS ‹Logicae artis compendium› (^{3}1631) und BLUNDEVILLES ‹Art of Logike› (1599) finden sich nur noch kurze Abschnitte zur Topik; in Deutschland läßt sich noch bis ins 17. Jh. ein auf die Aristoteleskommentare des 16. Jh. zurückgehender humanistisch-philologischer Traditionsstrang feststellen, der zu JUNGIUS' ‹Logica Hamburgensis› (^{1}1638) führt, in der die Unterscheidung von Maximen und Differenztopoi im Sinne von Boethius wieder aufgegriffen wird. [59]

2. *Das Richtige im Alten neu kombinieren: Die L. von und nach Port-Royal.* Im Gegensatz zu Frankreich und England, in denen sich schon Ende des 17. Jh. das Logikgebäude, wie es sich in der L. von PORT ROYAL (‹La logique ou l'art de penser› (1660/1683) von A. ARNAULD und P. NICOLE) darstellt, durchsetzte, wird in Deutschland diese neue L. nur langsam und mittelbar rezipiert. Der Titel zeigt an, daß für Port-Royal L. keine ontologischen Strukturen behandelt, sondern *Gesetzmäßigkeiten des Denkens.* Für Risse stellt dieses Lehrbuch «sowohl in historischer wie systematischer Hinsicht einen der Höhepunkte der L., eines ihrer klassischen, immer wieder neu gedruckten und mehrfach übersetzten Werke dar, das namentlich in Frankreich und England den Schulbetrieb der L. bis ins 19. Jh. hinein nachhaltig bestimmte. An äußerem Einfluß sind ihm nur die Werke von Aristoteles, Petrus Hispanus, Ramus und Wolff vergleichbar». [60] Arnauld/Nicole bezweifeln nicht nur die Nützlichkeit der Topoi, sondern sehen darin auch eine Art 'Unkraut', das zu leichtem, auf alltagsweltliche Selbstverständlichkeiten beruhendem Denken führt. Das von Ramus vorgebrachte Argument, daß die Topoi den Stoff *(matière)* einer Argumentation bereitstellen, versuchen die Autoren damit zu entkräften, daß wohl kein Advokat oder Prediger bei seiner Argumentation jemals daran gedacht habe, «ein Argument *a causa, ab effectu, ab adjunctis* zu bilden, um das zu beweisen, wovon er zu überzeugen sucht». [61] Dennoch führen sie kurz, gleichsam als leidige Pflichtübung, die wichtigsten Topoi an, wobei sie jedoch drei Gruppen unterscheiden: die *Grammatiktopoi*, zu denen sie die Topoi aus der Etymologie und aus den Ableitungen *(conjugata)* rechnen; zu den *logischen Topoi* zählen sie nur die auf den Prädikabilien beruhenden Schlußregeln (etwa «Was der Gattung zu- oder abgesprochen wird, das wird auch der Art zu- oder abgesprochen»), weshalb sie zu Recht darauf hinweisen können, daß ein Teil dieser Regeln schon in der Syllogistik behandelt wurde; zu den *metaphysischen Topoi* rechnen sie schließlich die alten sachlogischen Topoi, also die Örter aus der Zweck-, Wirk-, Stoff- oder Formursache, dann die Topoi aus dem Entgegengesetzten und auch die aus dem Gleichen und dem Mehr oder Weniger – die beiden letzten Gruppen werden jedoch ohne weitere Analyse bloß aufgelistet. Dem folgt abschließend der Ratschlag, man solle für eine vertiefte Beschäftigung nicht die ‹Topik› von Aristoteles konsultieren, «weil diese Bücher seltsam konfus» seien. [62] Die Topoi behandeln Arnauld/Nicole im III. Teil ihrer L. – ‹Zur Folgerung› *(du raisonnement)* – nach dem Syllogismus. Dem folgt der IV. Teil zur Methode *(de la méthode)*, also zur Wissenschaftstheorie und Methodenlehre; dem vorgeschaltet sind die Teile I zu den Begriffen *(idées)* und II zu den Aussagen/Urteilen *(jugements).* Diese L. ist insofern klassisch, als sie die wesentlichen Fragestellungen des aristotelischen Organon berücksichtigt; neu ist, daß diese in vier überschaubare Problembereiche gegliedert werden. Damit wird die ramistische L. – die ja die Begriffe in der *Findungs-L.* und die Aussage, Folgerung und Methode in der *Urteils-L.* behandelt hat – wieder auf die syllogistisch-analytischen Füße gestellt, mit dem Ergebnis freilich, daß die topische *ars inveniendi* (wie die Trugschlüsse) vom Folgerungsteil III absorbiert werden.

(1) *Begriffe.* Deshalb finden sich auch im I. Buch die aristotelischen Kategorien, Prädikabilien und Quantifizierungen. Neu ist einmal der dezidiert *erkenntnistheoretische* Zugriff, der zur rationalistischen These führt, «daß kein Begriff in unserem Bewußtsein seinen Ursprung aus der Sinneswahrnehmung nimmt» [63], und zum andern eine – zum Teil auf die Scholastik zurückgehende – differenziertere Bestimmung «komplexer Terme» *(termes complexes)*: (i) so ist in «Der Mensch, der ein rationales Lebewesen ist, ...» der Relativsatz *explikativ*, da er eine essentielle Eigenschaft von *Mensch* ausdrückt und somit auch nicht seine Extension verändert; *determinativ* sind dagegen Relativsätze oder Adjektiverweiterungen wie ‹transparente Körper›, da hier die Extension von *Körper* verändert und eingeschränkt wird; (ii) ein Term wie *Der König* hat eine einfache Form, aber einen komplexen Sinn, da er ja im Sinne von «Ludwig XIV., der gegenwärtige König von Frankreich» zu verstehen ist [64]; (iii) auch Verwendungen von Adjektiven wie in: ‹Ich nehme das *weiße*›, wenn damit in einer bestimmten Situation ein *Pferd* gemeint ist, sind komplex; diese Adjektive bezeichnet Port-Royal wie die Spätscholastik als *konnotativ*, da die Sache, auf die sie sich beziehen, ‹mit-bezeichnet› wird; Terme wie *Pferd* sind *absolut*, weil man sich mit ihnen direkt auf eine Sache beziehen kann [65]; (iv) auch das Demonstrativpronomen *dies* ist komplex, da man, so die Auffassung von Port-Royal, etwa in ‹Gib mir *diesen*›, wenn damit etwa ein Diamant gemeint ist, nicht nur auf die Sache zeigt, sondern im Bewußtsein «Vorstellungen von einem festen und glänzenden Körper, der die und die Form hat, hinzufügt». [66] Von großer Bedeutung für die Geschichte der L. und der Semantik sollte schließlich die klare Unterscheidung zwischen der *compréhension* und der *étendue* eines Begriffs werden, also zwischen seiner *Intension* (Begriffsinhalt) und *Extension* (Begriffsumfang), eine Unterscheidung, die schon in der Scholastik mit den Paaren *appellatio/suppositio(significatio)* sachlich vorgenommen wurde. So schließt die Intension des Begriffs *Dreieck* die Ideen oder Begriffsmerkmale *Ausdehnung, Figur, drei Winkel* usw. in sich ein, während seine Extension alle unter ihn fallenden Gegenstände umfaßt. [67]

(2) *Aussagen.* Im II. Buch werden zunächst die Teile einer Aussage untersucht: Nomen (Pronomen) – Verb, wobei die Nomina in Substantive und Adjektive eingeteilt werden; bei den Pronomina werden neben den Personal-, Demonstrativ- und Reflexivpronomina auch Relativpronomina unterschieden. Der Grund für die Berücksichtigung der Relativpronomina ergibt sich aus dem obigen Punkt (i): einem Satz wie «Die Könige, die ihre Untertanen lieben, sollen geehrt werden» können nämlich je nach Interpretation des Relativsatzes zwei verschiedene logische Strukturen zugeordnet werden: (a) determinativ: «*Nur* die Könige, die ihre Untertanen lieben, sollen geehrt werden»; (b) explikativ: «Die Könige – die *von Natur aus* ihre Untertanen lieben – sollen geehrt werden». [68] Die Tatsache, daß der letzte Fall

auch im Sinne von (b') «Die Könige sollen geehrt werden, *weil* sie ihre Untertanen lieben» verstanden werden kann, wird einen zentralen Ausgangspunkt der logischen Untersuchungen von FREGE bilden (s.u.). Beim Verb radikalisieren die Autoren von Port-Royal die scholastischen Auffassungen, aber auch Aristoteles' Analyse der *Kopula*, indem sie dem Verb selbst das Proprium jedes Behauptungsaktes zuschreiben: «Das Verb ist nicht anderes als ein Wort, dessen hauptsächlicher Gebrauch darin besteht, die Behauptung auszudrücken.» [69] Aristoteles hat zwar auch in der ‹Hermeneia› eine Aussage wie «Dieser Mensch *läuft*» in «Dieser Mensch IST ein Laufender» zerlegt, jedoch nicht, um zu zeigen, daß das Verb selbst den Behauptungsakt ausdrückt, sondern umgekehrt, daß auch eine Aussage mit einem Verb als *apophantischer Logos* verstanden werden kann, weil in ihr gewissermaßen die Kopula IST versteckt ist. [70] Die Aussagen selbst werden in klassischer Manier mit Aristoteles zerlegt (alle, keine, einige, einige nicht). Ein Novum ist freilich, daß der *Unterschied zwischen grammatischer* und *logischer* Form immer wieder herausgearbeitet wird. Das alte naive Vertrauen, daß Sprachstrukturen mit logischen Strukturen zusammenfallen, ist dem *methodischen Zweifel* gewichen, daß Denkstrukturen zwar von Sprachstrukturen abgebildet werden, nicht aber mit diesen identisch sind. Die logische Analyse eines Satzes ist jedoch der grammatischen prinzipiell vorgeschaltet: «Die einzige und wirkliche Regel ist, daß man nach dem Sinn schaut, wovon man etwas behauptet, und was man behauptet. Denn das erste ist immer das Subjekt und das zweite das Attribut, in welcher Reihenfolge sie sich immer befinden.» [71] Der Einfluß der Scholastik zeigt sich auch in der Behandlung der Referenz bei sich veränderndem Referenzobjekt (z. B. ‹Man steigt nicht zweimal in denselben Fluß›); Ziel ist jedoch die Klärung eines referenzlogischen Skandalons des Katholizismus: «Mit *dies* ist mein Leib» sind nämlich nach Port-Royal zwei Aussagen verdichtet: «*Dieses*, das *jetzt* Brot ist, ist in *diesem anderen Moment* mein Leib» [72] – so die ganz im Sinne der Stoa durch Port-Royal vorgenommene Auflösung des durch die katholische Lehre produzierten Dilemmas. Auf die aristotelisch-scholastische Tradition verweist die Behandlung der Konversion [73], auf die stoisch-scholastische Tradition hingegen die Erörterung der komplexen Aussagen (Kopulativa, Disjunktiva, Konditional- und Kausalsätze), wobei freilich zwei weitere hinzugefügt werden, nämlich die Relativ- und die Diskretivsätze: die ersten ergeben sich aus der Bedeutung der Relativsätze bei Port-Royal, die zweiten hingegen aus der L. von Ramus, der ja auch *aber/sondern-*Sätze wie «Das Glück kann ein Gut nehmen, *aber* nicht das Herz» behandelt. [74] Der gerade auch in den beiden letzten Satztypen deutlich werdende Blick auf *in der Sprache vorgegebene* logische bzw. argumentative Strukturen erklärt auch die erstaunliche Tatsache, daß Arnauld/Nicole nur *wenn-*Sätze diskutieren, die (verdeckte) Schlußfolgerungen darstellen: so ist «Wenn der Tod ein Übergang zu einem glücklicheren Leben ist, dann ist er wünschenswert» offensichtlich ein nach dem Modus ponens schließendes hypothetisches Argument; ebenfalls hypothetisch ist das Argument: «Wenn alle wirklichen Christen nach dem Evangelium leben, dann gibt es kaum wirkliche Christen.» [75] Der *neue* Blick auf die L. *in der Sprache* zeigt sich auch darin, daß für Arnauld/Nicole das kontradiktorische Gegenteil von «Wenn ihr von der verbotenen Frucht eßt, dann werdet ihr sterben» ist: «*Obwohl* ihr von der verbotenen Frucht eßt, werdet ihr nicht sterben». [76] Besonders deutlich wird diese Sicht schließlich in der Einführung einer neuen Kategorie von komplexen Sätzen, nämlich folgenden *propositions composées dans le sens* (komplexe Sätze im Sinn): Exclusives *(nur, allein...)*, Exceptives *(außer, es sei denn, ...)*, Comparatives, Inceptives/Désitives *(anfangen, aufhören, ...)* – hier werden sicher die schon in den scholastischen Traktaten zu den *Synkategoremata* getroffenen Unterscheidungen wieder aufgegriffen, freilich unter dem neuen Gesichtspunkt, daß diese Ausdrücke *sprachlich* wie Satzoperatoren verwendet werden (können), obwohl sie *logisch* die Funktion von Satzkonnektoren haben (etwa: «*Außer* Sterben macht der Geizige nichts Rechtes»). [77] Freilich muß auf eine historische Grenze, ja sogar Blindheit hingewiesen werden: all diese Beispiele von direkten oder impliziten Schlüssen und Argumenten werden nicht in der Syllogistik bzw. Schlußlehre behandelt, sondern in den Kapiteln zur *proposition*, also zur *Aussage*.

(3) *Folgerung*. Dennoch kommt Port-Royal aufgrund des neuen Blicks auf Sprache zu Einsichten, ohne diese jedoch begrifflich bestimmen zu können. In der im Vergleich etwa zu Petrus Hispanus oder Wilhelm von Sherwood relativ ausführlichen Behandlung des Folgerns, d.h. der aristotelischen Syllogistik, unterscheidet Port-Royal vier Figuren, jedoch ohne die Modalsyllogismen. [78] Bei den komplexen Syllogismen wird die traditionelle Einteilung in kopulative, disjunktive und konditionale Schlüsse beibehalten, wobei freilich – im Gegensatz zu Ramus – bei den konditionalen Schlüssen nur der Modus ponens und Modus tollens unterschieden werden. Doch in einem Zusatzkapitel zu Syllogismen, deren Konklusionen konditional sind, sehen die Autoren in der Sprache realisierte logische Strukturen, deren Beobachtung allein schon ein Novum in der Geschichte der L. darstellt. So vergleichen sie die «sehr verbreitete und sehr schöne Art zu folgern» (A1) mit dem Syllogismus (S1):

(A1)	(S1)
Wenn jeder wahre Freund bereit sein muß, sein Leben für seinen Freund zu opfern (P_g), *dann* gibt es kaum wahre Freunde (~K), *da* kaum einer unserer Freunde sich so verhält (P_s)	Jeder wahre Freund muß bereit sein, sein Leben für das seiner Freunde zu opfern (P_g) *Nun* gibt es kaum Leute, die bereit sind, ihr Leben für das ihrer Freunde zu opfern (P_s)
	Also gibt es kaum wahre Freunde (~K)

Man versteht leicht, daß die «sehr schöne» Argumentation (A1) für Port-Royal «den Vorteil hat, eher von der Gesellschaft angenommen zu werden, da ihr weniger der Geruch der Schule anhängt». [79] Formal gesehen, besteht der Unterschied zwischen (A1) und (S1) darin, daß in (A1) die spezifische Prämisse (P_s) im *da-*Satz als nachträgliches Argument für die Konklusion (~K) nachgereicht wird. Der wesentliche Unterschied von (A1) und (S1) besteht jedoch darin, daß (A1) nicht als Ganzes zugestanden werden kann, da ja die Konklusion (~K) – die in einen Konditionalsatz eingeschlossen ist – nur hypothetisch ist. Daß damit die Besonderheit des hypothetischen Argumentierens eingesehen, aber noch nicht systematisch und begrifflich er- und gefaßt ist, zeigt sich u.a. darin, daß Arnauld/Nicole syllogistische Übungen vorschlagen, in den jeweils eine Prämisse hypothetisch gesetzt wird; also etwa für *Barbara*: ‹Jedes Schmerzgefühl ist ein Denken; wenn (falls) nun alle Tiere Schmerz fühlen, dann denken alle Tiere›. Auf die Erörterung der Syllogismen folgt dann ein kurzer Abschnitt zum Dilemma und wie in der scholastischen Traktaten zur L. ein knapper Abschnitt zum Enthymem (d.h. «dem im Bewußtsein, nicht aber im Ausdruck vollständigen Syllogismus» [80]), dann längere Abschnitte zu den (oben schon behandelten) Topoi und schließlich eine ausführliche Darstellung der *Trugschlüsse*, die sich auf den ersten Blick nur äußerlich von der aristotelischen Darstellung unterscheidet, weil die Unterscheidung in zwei Unterarten (in vs. außerhalb der Äußerung) wegfällt und die auf lexikalischen und syntaktischen Mehrdeutigkeiten basierenden Schlüsse gemeinsam behandelt werden; der Fehler der *Äußerungsform* fehlt jedoch – dieses Vorgehen scheint aus einer konsequenten Anwendung der skizzierten Trennung von Sprach- und Denkstrukturen zu resultieren, durch die eine besondere Gruppe von sprachlichen Fehlern (und insbesondere des Fehlers der Äußerungsform, dem ja genau diese Trennung zugrunde liegt) obsolet wird. Betrachtet man die Darstellung etwas genauer, so wird deutlich, daß die Behandlung der Trugschlüsse auf eine andere *Episteme* (Wissenssystem) im Sinne von Foucault verweist: die Darstellung beginnt nämlich mit der allgemeinen Behandlung der *ignorantia elenchi* d.h. der Unkenntnis der logisch korrekten Widerlegung; abgeschlossen wird sie durch den neu eingeführten Trugschluß, dem eine fehlerhafte *Induktion* zugrunde liegt; hinzu kommt, daß der Fehler *Nicht-Grund als Grund* rein kausal interpretiert wird und nicht wie noch bei Aristoteles und der Scholastik als logisch falsche *reductio ad impossibile* [81] – all dies verweist auf die neue durch die modernen Naturwissenschaften bestimmte Episteme, die ihre Wahrheit und Sicherheit im Beobachten und induktiven Generalisieren findet.

(4) *Methode*. Diese neue Episteme zeigt sich gerade auch im letzten IV. Buch, das ganz auf die Epistemologie von DESCARTES aufbaut. Es gibt zwei methodische Verfahren: (i) die Analyse oder die Methode der Invention *(méthode d'invention)*; (ii) die Synthese oder die Methode der Zusammenstellung *(méthode de composition)*. Die für die Methode der Forschung wesentliche *Analyse* muß vier Sachfragen *(questions de choses)* klären: (i) die Ursachen aus den Wirkungen bzw. (ii) die Wirkungen aus den Ursachen erklären; (iii) von den Teilen her das Ganze bzw. (iv) vom Ganzen her die Teile zu bestimmen suchen. In der Synthese wird dann das so aufgebaute Wissenssystem doktrinär zusammengestellt. [82]

Die erkenntnis- und wissenschaftstheoretischen Überlegungen im IV. Buch führen dann Port-Royal zur Formulierung von acht Hauptregeln *(règles principales)*, mit denen faktisch die Prinzipien der modernen naturwissenschaftlichen *L. der Forschung* formuliert werden:

Definition
(1) Keinen dunklen oder mehrdeutigen Terminus zulassen, ohne ihn zu definieren.
(2) In der Definition nur vollständig bekannte oder schon erklärte Termini verwenden.
Axiome
(3) Als Axiome nur Dinge fordern, die völlig evident sind.
(4) Nur das als evident akzeptieren, was nur wenig Aufmerksamkeit verlangt, um als wirklich akzeptiert zu werden.

Beweise
(5) Alle irgendwie dunklen Sätze beweisen, indem zu ihrem Beweis nur Definitionen verwendet werden, die vorher belegt wurden, oder Axiome, die zugestanden wurden, oder Sätze, die bewiesen wurden.
(6) Niemals die Mehrdeutigkeit von Termini ausnutzen [...].
Methode
(7) Die Dinge soweit wie möglich in ihrer natürlichen Reihenfolge behandeln, indem mit dem allgemeinsten und einfachen begonnen wird, und indem zuerst all das, was zum Wesen der Gattung gehört, erklärt wird, bevor zur Erklärung der Arten fortgeschritten wird.
(8) So weit wie möglich jede Gattung in alle ihre Arten zerlegen *(divisio)* und jedes Ganze in all seine Teile und jede Schwierigkeit in ihre Einzelfälle. [83]

In dieser L. der Forschung sind wie schon bei Descartes wesentliche Teile eines neuen Logikgebäudes formuliert (Definition, Axiome, Beweis, Methode), die in allen Logiken der Aufklärung ausführlich erörtert werden. In diesem forschungslogischen Gebäude hat die alte topische *inventio* offenbar keinen Platz mehr – der topisch-rhetorische Geist wird jedoch kritisch fragen, wie sich die Eindeutigkeit, die Evidenz, die Bekanntheit und die natürliche Ordnung begründen und legitimieren lassen, und natürlich, warum denn die Welt in Gattungen und Arten und Ganze und Teile zerlegt werden kann bzw. muß.

Freilich wäre die Folgerung falsch, das topisch-rhetorische *Raisonnement* sei völlig aus dieser Kunst des Denkens verbannt. Ganz im Gegenteil: In den letzten Kapiteln des III. und IV. Buchs bricht sich dieses Raisonnement nämlich in einer neuen Form Bahn, die man als *topisch-hermeneutisches* Denken bezeichnen kann. So untersuchen die letzten Kapitel des IV. Buchs die Leichtgläubigkeit der Menschen und das letzte Kapitel des III. Buchs untersucht – in unmittelbarem Anschluß an die Trugschlüsse – ausführlich «die schlechten Raisonnements, die man im öffentlichen Leben und in der Alltagsrede vollzieht». [84] Hier kommen nicht nur als Fehlerquellen Eitelkeit, Affekte, Interessen verschiedenster Art, sondern auch verschiedene Formen des *gesellschaftlichen Scheins* in Hof, Kirche, Wissenschaft und Gesellschaft in den Blick. Dies ist sicher Ausdruck des Jansenismus von Port-Royal, transzendiert aber diesen, insofern als es Arnauld/Nicole durchaus gelingt, in einem *kritisch-hermeneutischen* Zugriff – teilweise unter Rückgriff auf Cicero und die rhetorische Tradition [85] – objektivierbare Einsichten und Wahrheiten über menschliche Eitelkeiten, Interessen und Gefallen an schönem Schein zu verdeutlichen, die Menschen vom rechten Weg der Wahrheit abbringen. Doch dieser neue Zugriff führt auch zu einer historisch neuen Form des Denkens von *Paradoxien*: beim Jansenisten PASCAL sind diese nämlich nicht bloß logisch interessante Erscheinungen, sondern die menschliche Existenz selbst betreffende *Paradoxa*, wie jenes, daß der Mensch sich in seiner Beschränktheit selbst denken kann. [86]

Noch ein weiterer Aspekt ist zu beachten. Wie schon im Mittelalter die Neubestimmung der L. führt auch die neu konfigurierte L. von Port-Royal zu einer Logisierung der Grammatik. Dies um so mehr, als Port-Royal selbst seine logisch-philosophischen Prinzipien mit der ‹Grammaire générale et raisonnée› von ARNAULD und LANCELOT (1660) für die nachfolgende Tradition der Grammatik und Sprachphilosophie festschreibt. Diese schon bei SANCTIUS im 16. Jh. vorgezeichnete logisch-philosophische Grammatik sollte nicht nur in Frankreich im 18. Jh. über DUMARSAIS, BEAUZÉE und die ‹Enzyklopädie› von D'ALEMBERT und DIDEROT, sondern auch in England mit J. Harris oder in Deutschland mit MEINER oder BERNHARDI zum Teil bis weit ins 19. Jh. zu einer dominierenden Grammatikkonzeption werden.[87]

Damit lassen sich in der L. von Port-Royal folgende neue Konfigurationen und Schwerpunkte ausmachen: (i) Begriffslogik mit (ii) Erkenntnistheorie und (iii) Wissenschaftslogik einschließlich Forschungslogik; dann (iv) die neue logische Analyse natürlicher Sprachen und nicht zuletzt (v) die kritisch-hermeneutische Analyse menschlichen Irrens. Kurz: Begriffslogik und Analyse der Wahrheit ersetzen die alte L. und Dialektik vom richtigen Schließen und Argumentieren. Nimmt man die von Leibniz initiierte (vi) Mathematisierung der L. hinzu (s.u.), sind die wesentlichen Tendenzen der L. der Neuzeit bis in die Mitte des 19. Jh. umschrieben. Die neue *L. der Forschung* wird schon von BACON [88] und DESCARTES formuliert. Descartes versteht seine Methode schon früh als radikale Abkehr von der scholastischen und aristotelischen L.: «Man könnte die Falschheit der Prinzipien von Aristoteles nicht besser als mit dem Hinweis belegen, daß man mit ihren Mitteln keinen Fortschritt seit mehreren Jahrhunderten, die man sie befolgte, zu erzielen wußte.» Dieser im Vorwort zu seinen ‹Prinzipien der Philosophie› von 1647 formulierte Vorwurf findet sich sinngemäß im 2. Teil seines ‹Discours de la méthode› von 1637, in dem er auch seine epochemachenden vier methodischen Regeln – ein Kondensat der zwischen 1620 und 1668 geschriebenen ‹Regulae ad directionem ingenii› – formuliert:

(1) Nichts als wahr akzeptieren, was ich nicht wie selbstverständlich *(évidemment)* als wahr erkannt hatte, d.h. Voreiligkeit und Vorurteil zu vermeiden und in meinen Urteilen nichts anderes als das zu erfassen, was sich so klar und unterschieden meinem Bewußtsein darstellen würde, daß ich keine Gelegenheit hätte, es zu bezweifeln.

(2) Jede Schwierigkeit, die ich untersuchen würde, in genau soviel Einzelteile *(parcelles)* wie möglich und wie nötig zu zerlegen.

(3) Meine Gedanken in ein Reihenfolge zu bringen, indem ich mit den einfachsten und am leichtesten zu erkennenden Dinge beginne, um dann schrittweise, wie bei Stufen, bis zur Erkenntnis der am meisten zusammengesetzten Gegenstände aufzusteigen [...].

(4) Überall so vollständige Aufzählungen und so allgemeine Übersichten vorzunehmen, daß ich sicher sein könnte, nichts ausgelassen zu haben.[89]

Kurz davor schreibt Descartes: «Ich hatte in jüngeren Jahren ein wenig in den Teilen der Philosophie bis zur L. und in der Mathematik bis zur Analyse der Geometer und bis zur Algebra studiert.»[90] Mit der Mathematik und der Algebra kennzeichnet Descartes programmatisch zwei Wissenschaften, die für die Entwicklung der L. eine zentrale Bedeutung erlangen sollten. Schon LEIBNIZ hat die ersten Entwürfe einer *mathematischen L.* formuliert, die zu einem der wichtigsten Zweige der modernen L. werden sollte. Wie schon bei der Einschätzung der L. von Aristoteles, der Stoa oder der scholastischen Konsequenzlehre ist in der neueren Forschung eine ursprünglich fast euphorische Beurteilung (so ist etwa nach SCHOLL Leibniz nicht nur wie für BOCHEŃSKI «der erste mathematische Logiker», sondern ein «Sonnenaufgang» in der Geschichte der L.[91]) einer differenzierteren und historisch genaueren Beurteilung gewichen. RESCHER weist schon früh darauf hin, daß Leibniz durchgängig an der Gültigkeit der klassischen aristotelischen L. festhält und diese durch eine symbolische Behandlung zu präzisieren sucht.[92] So versucht Leibniz etwa die Syllogistik durch Diagramme, die später von EULER wiederentdeckt wurden, zu veranschaulichen oder auch durch folgende lineare Darstellung etwa für *Barbara* [93]:

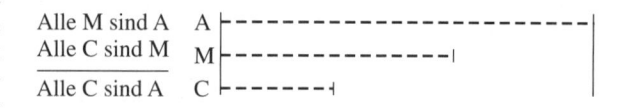

Alle M sind A	A ├------------------------------┤
Alle C sind M	M ├--------------------┤
Alle C sind A	C ├----------┤

Auch in seinen Entwürfen zu einer *lingua characteristica universalis*, d.h. zu einer universellen Zeichensprache – einem Alphabet der menschlichen Gedanken – greift Leibniz die klassischen begriffslogischen Unterscheidungen auf. Die Grundidee, die Leibniz nach eigener Darstellung schon als Knabe hatte, ist, komplexe Begriffe und Begriffsrelationen aus einem Grundinventar von einfachen ursprünglichen Begriffen durch geeignete Kombinationen abzuleiten, wobei jeder Begriff ein ‹Merkzeichen› oder ‹Etikett› (wie etwa Buchstaben) erhält: ist etwa ‹d› das Etikett des Begriffs *Mensch*, so ist ‹d› eine Art *Eigennamen* für den Begriff *Mensch*. Zu diesen Grundbegriffen gelangt man durch immer weiter nach oben fortschreitenden Definitionen, bis man bei «notiones irresolubiles», also bei nicht mehr auflösbaren Begriffen ankommt.[94] Von diesem Inventar von Grundbegriffen aus kann man hinabsteigen und durch «Kombination dann die niederen Begriffe» ableiten, wobei zunächst «Binionen» (ab, ac, bd, ...) und danach «Trinionen» (abc, bdf, ...) usw. generiert werden müßten.[95] Der Titel der zitierten Abhandlung, in der Leibniz diese schon bei R. LULLUS und HOBBES vorgedachte *Lingua characteristica universalis* erläutert, lautet: ‹Über die universale Synthese und Analyse oder über die Kunst des Findens und Urteilens ([...] seu de arte inveniendi et iudicandi)›. Damit überträgt Leibniz das alte Gütemerkmal der Topik auf die kombinatorische Synthese bzw. den kombinatorischen Kalkül: «Im Übrigen ist für mich die kombinatorische Kunst speziell diejenige Wissenschaft (man könnte sie auch allgemein Charakteristik oder *Bezeichnungskunst* nennen), in welcher die Formen oder Formeln der Dinge überhaupt behandelt werden.»[96] Leibniz hat seine universelle Begriffsschrift freilich nie systematisch entwickelt – und auch nicht entwickeln können, da der ganze Entwurf «auf eine simple Abbildtheorie» hinausläuft.[97] Wesentlich ist, daß Leibniz bei dieser Begriffszerlegung ganz aristotelisch vorgeht: so unterscheidet er etwa in den ‹Elementa calculi› (Bausteine eines Kalküls)[98] von 1679 Termini und Aussagen *(propositiones)*; Termini sind Subjekt oder Prädikat in einer kategorischen Aussage; eine Aussage wie «Der weise Mensch glaubt» wird wie bei Aristoteles in «Der weise Mensch ist ein *Glaubender*» aufgelöst; in einer wahren affirmativen universellen Proposition wird «vom Prädikat ausgesagt, es *sei im* Subjekt bzw. sei im Subjekt *enthalten*» [99] – dies ist hier begrifflich-intensional in dem Sinne zu verstehen, daß etwa in ‹Der (Jeder) Fromme ist glücklich› das Prädikat *glücklich* im Begriff des Frommen enthalten ist. In späteren Schriften vertritt Leibniz jedoch auch die extensionale Auffassung, wonach die Menge der vom Subjekt bezeichneten Gegenstände in der Menge der vom Prädikat bezeichneten Gegenstände enthalten ist.[100] Auch die Unterscheidung in Art-/Gattungs- bzw. Teil-/Ganzesbeziehungen wie auch in universell/partikulär bejahende/verneinende Aussagen ist ganz aristotelisch. Neu ist, daß Leibniz diese klassische Begriffslogik auf *Zahlen projiziert*. Ordnet man etwa dem Terminus *Lebewesen* das *Zahlzeichen (numerus characteristicus)* 2 und *vernünftig* 3 zu und legt man fest, daß die Verbindung *vernünftiges Lebewesen* als Zahl das Produkt seiner Teile zugeordnet bekommt, so ist der Wert dieser Verbindung offenbar 6. Algebraisch ausgedrückt: wenn a und b Termini mit einem bestimmten Zahlenwert sind, dann ist der Wert ihrer Verbindung gleich ihrem Produkt a * b. Daraus ergibt sich u.a., daß «koinzidierende» Termini, d.h. Synonyme wie *Dreieck* oder *Dreiseitige Figur* das gleiche Zahlzeichen, wie auch, daß höhere Gattungen einen niedrigeren Wert als ihre Arten haben müssen. Wenn nun *vernünftiges Lebewesen* die Definition von *Mensch* ist, folgt weiter, daß *Mensch* den gleichen Wert wie seine Definition haben muß bzw. daß *Mensch* durch *Lebewesen* teilbar sein und das Ergebnis den gleichen Wert wie *vernünftig* haben muß. Nimmt man nun an, *Mensch* hat den Wert 6, dann gelten offenbar die beiden zuletzt genannten Bedingungen: *Mensch* ÷ *Lebewesen* = 6 ÷ 2 = 3. Die zentrale Idee von Leibniz ist nun, daß man durch diese Zahlenzuordnungen im Prinzip alle dialektischen Probleme durch eine einfache Rechnung lösen kann. Will man z.B. wissen, «ob alles Gold Metall ist, [...] werden wir nur untersuchen, ob die Definition des Metalls in ihm enthalten ist, d.h., wir werden in einem äußerst einfachen Verfahren, da wir ja unsere Zahlzeichen haben, untersuchen, ob das Zahlzeichen für Gold sich durch das Zahlzeichen für Metall teilen läßt».[101] Sollte dies nicht der Fall sein, ist die Ausgangsaussage offenbar falsch. Unabhängig davon, wie man diese algebraische Phantasie – die Leibniz auch für die Berechnung des gültigen Syllogismus angewendet hat[102] – beurteilen mag, entscheidend ist hier, daß Leibniz auf den *Topos aus der Definition* als nicht hinterfragtem Verfahren zurückgreift: wenn nämlich *Metall* dem *Gold* zu Recht zukommt, dann auch die Definition von *Metall* – so der zugrunde gelegte Topos. Da die Substitution von Ausdrücken durch ihre Definition ein zentrales Verfahren jedes Logikkalküls darstellt, liegt diesem damit *notwendig* der Topos aus der Definition zugrunde. Das hebt Leibniz selbst in seiner Frühschrift ‹De Arte Combinatoria› von 1666 hervor.[103] Dies sei am berühmt gewordenen Beweis von Leibniz der Gültigkeit der ‹Aussage›: 2 + 2 = 4 kurz verdeutlicht. Dieser Beweiskalkül enthält drei Definitionen und ein Axiom, nämlich [104]:

Definitionen
2 = 1 + 1; (ii) 3 = 2 + 1; (iii) 4 = 3 + 1

Axiom
Setzt man gleiche Dinge, bleibt die Gleichheit erhalten (Gesetz der Identität)

Beweis (*demonstration*)
2 + 2 = 2 + 2 aufgrund des Axioms
2 + 2 = 2 + 1 + 1 Substitution nach Definition (i)
2 + 2 = 3 + 1 Substitution nach Definition (ii)
2 + 2 = 4 Substitution nach Definition (ii)

Diese Form der Beweisführung hat Leibniz in ‹Ein nicht unelegantes Beispiel abstrakter Beweisführung› (1685/87) detailliert beschrieben.[105] Die hier deutlich werdende Unruhe, jede noch so selbstverständliche Aussage oder Annahme beweisen zu wollen, zeigt sich u.a. auch darin, daß Leibniz nach einem Axiom oder einer Regel suchte, mit dem oder mit der die ganze Syllogistik beweisbar wäre. Es ist dies die Regel ‹de continente et contento›, also vom Enthaltenden und Enthaltenen, die extensional interpretiert eben besagt, daß der kleinere Term im Mittelterm und dieser im größeren Term enthalten ist. Daß diese Regel durchaus im Sinne eines (gemeinsamen) Topos zu verstehen ist, erhellt der Zusatz von Leibniz, daß dieses Prinzip «verschieden von der Regel des Ganzen und des Teils ist; denn das Ganze übersteigt immer den Teil, das Enthaltende und Enthaltene sind manchmal gleich, wie das z.B. bei den reziproken Aussagen der Fall ist».[106]

Die Leibnizschen Überlegungen zu einer mathematischen L. sollten von den Brüdern BERNOULLI und später von G. PLOUCQUET und J.H. LAMBERT weitergeführt werden[107], aber erst in der ersten Hälfte des 19. Jh. durch DE MORGAN und BOOLE in eine für die moderne mathematische L. verbindliche Form gebracht werden.[108] Bis dahin dominiert die klassische aristotelische L., und zwar in drei Hauptvarianten: Einmal die scholastische L., in der nach Risse «an die Stelle der kraftvollen spanischen Denker bloße Epigonen» treten und in der schon Mitte des 17. Jh. «ein bemerkenswerter Niedergang» einsetzt, vor allem auch, weil sich die drei etablierten Schulen (Thomisten, Scotisten und Jesuiten) nur mit sich und kaum «mit den neu aufkommenden außerscholastischen Schulen» auseinandersetzten.[109] Dann die Aristoteliker, die, in der humanistisch-philologischen Tradition stehend, das aristotelische ‹Organon› nicht nur kommentieren, sondern auch mit neuen erkenntnis- und wissenschaftstheoretischen Einsichten konfrontieren; daraus entwickelt sich jedoch eine «Versachlichung der aristotelischen Lehre», Aristoteles hört auf, «doktrinäres Schulhaupt» zu sein und wird «dafür zur historischen Autorität»[110] – eine Bewegung, die freilich mit dem Niedergang des Aristotelismus verbunden ist. Schließlich die dominierende L. der Aufklärung, in der zwar die aristotelische L. noch das Grundgerüst bildet, die sich aber immer mehr, gerade auch unter dem Einfluß von Port-Royal und Leibniz, zur *L. des Begriffs* und zur *Vernunftlehre* entwickeln sollte. Da diese Bewegung in die Philosophie KANTS mündet, sei sie am Beispiel von WOLFF, REIMARUS und LAMBERT kurz skizziert.

Wolffs ‹Vernünfftige Gedancken Von den Kräfften des menschlichen Verstandes Und ihrem richtigen Gebrauche In Erkäntniß der Wahrheit› (1713) versteht sich als allgemeine Erkenntnis- und Wissenschaftstheorie, als «Welt-Weisheit», d.h. als «Wissenschaft aller möglichen Dinge, wie und warum sie möglich sind»; Wissenschaft wiederum ist «eine Fertigkeit des Verstandes alles, was man behauptet, aus unwidersprechlichen Gründen unumstößlich darzutun». Sie ist auch (wie schon bei THOMASIUS) *disciplina practica*, Lehre vom rechten Gebrauch des Verstandes.[111] Im 1. Kapitel (‹Von den Begriffen der Dinge›) werden keine Begriffsrelationen erörtert, sondern erkenntnistheoretische (oft auch *erkenntnispsychologische*) Fragen, wie man zu richtigen, klaren und wahren Begriffen von den Dingen kommt; erst im kurzen 2. Kapitel stellt Wolff einige allgemeine semiologische Überlegungen zum Gebrauch der Wörter an; das 3. Kapitel behandelt dann die ‹Sätze›, d.h. die aristotelische Lehre vom apophantischen Logos, bei Wolff vom ‹bekräftigenden Satz› sowie seiner Teile ‹Förderglied› und ‹Hinterglied›, also Subjekt und Prädikat; von der klassischen Theorie wird freilich nur die Unterscheidung in universell/partikulär bejahende/verneinende Urteile aufgegriffen – auffallend ist aber die Konkretheit und Wirklichkeitsnähe der Beispiele (die durch eine Erörterung der Frage der Herkunft der Sätze ergänzt wird) wie auch der immer wieder vorgenommene Vergleich mit der Mathematik. Es überrascht deshalb nicht, daß im 4. Kapitel zur Schlußlehre zunächst das Problem der *wissenschaftlichen* Wahrheit von Schlüssen diskutiert wird. Dem folgen zwei allgemeine *Topoi* (Wolff spricht von ‹Gründen›), nämlich: (P1) «Was allen Dingen von einer Art zukommet, das muß auch diesem, so von eben dieser Art ist, zukommen» (i.e. das Prinzip der *universellen Spezialisierung*) und seine negierte Form (P2). Beide ‹Gründe› folgen für Wolff aus der Gültigkeit des *Satzes des Widerspruchs*, «weil man sonst zugeben müßte, daß etwas zugleich seyn und nicht seyn könnte». [112] Hier läßt sich schon erkennen, daß es auch Wolff nicht um das richtige Schließen geht, sondern um die transzendentalen Bedingungen von Wahrheit. Dem entspricht seine knappe Behandlung der Syllogistik. Daß ihm das Problem des nicht auf Begriffen basierenden Schließens völlig fremd ist, zeigt sich darin, daß er Modus ponens (und die übrigen stoischen Schlußfiguren) in eine «ordentliche Forme» bringt – d.h. in die des aristotelischen kategorischen Syllogismus.[113] Auch bei Wolff bleibt somit Aristoteles die unangetastete Autorität. Daß diesem Abschnitt zum Schluß wie bei den Begriffen wieder wissenschaftstheoretische Ausführungen vom sachlich wahren Beweis folgen, überrascht genauso wenig wie die Tatsache, daß dann im 5. Kapitel in erkenntnistheoretischer Fragestellung «Von der Erfahrung, und wie man dadurch Sätze gefunden werden» gehandelt wird.[114] Das 6. Kapitel ‹Von Erfindung der Sätze aus den Erklärungen und von Auflösung der Aufgaben› – d.h. von der *inventio* der Propositionen aus den Definitionen und von der *resolutio* der Probleme – ist philosophiegeschichtlich deshalb interessant, weil hier Fragen der wissenschaftlichen Synthese und Kombinatorik diskutiert werden, die sich aus der Definition einer Sache, die den Endpunkt der auf Erfahrung gründenden Analyse darstellt, ergeben. Hier geht es Wolff um die ‹Erfindung› von ‹Grund-Sätzen›, ‹Heische-Sätzen› und ‹Lehr-Sätzen› – also um die von der neuen L. der Forschung etablierten Fragen des Verhältnisses von Definitionen, Axiomen, Postulaten und Theoremen. Diese letztlich epistemologische Diskussion kennzeichnet alle Aufklärungslogiken. Wie Wolff dabei Naturwissenschaftliches, Psychologisches, Ethisches und Logisches zusammenbringt, mag seine Diskussion der *Freude* verdeutlichen: «Ein Affekt, der in uns entsteht, wenn wir vom gegenwärtig Guten ergriffen werden.» Aus dieser Definition ergeben sich der «Grund-Satz» *(axioma)*: «Wer von einem gegenwärtigen Guten nicht wirklich ergriffen wird, dessen Freude kann gestört werden» und der «Heische-Satz» *(postulatum)*: «Wenn man einen, der von dem gegenwärtigen Guten nicht wirklich ergriffen ist, ins Zweifeln bringt, dann kann man seine Freude unterbrechen».[115] Dem folgen mehrere *erkenntnispsychologische* Kapitel zu wahren und falschen Meinungen, zur Beurteilung der Entdeckungen und Erfindungen, zur Lektüre von historischen Schriften und allgemein von Büchern und zur Heiligen Schrift, in denen *hermeneutische*, aber auch didaktische Gesichtspunkte in der Vordergrund rücken. Auch in den abschließenden Kapiteln zu den Widerlegungen geht es nicht primär um die logische Analyse von Schein- und Trugschlüssen, sondern um an Descartes erinnernde Prinzipien der Evidenz, die Wolff vornehmlich am Beispiel der Mathematik verdeutlicht («in den Demonstrationen» nichts annehmen «was nicht vorher ausgemacht worden» [116]) und *vor allem* – wie schon bei Port-Royal – um praktische Hinweise, wie man den Trug und vor allem den Schön- und Scheinredner entlarven kann. Hier wird der Text im Gegensatz zu Port-Royal jedoch immer mehr *moralisierend*: «Zuweilen ist es nöthig einem hochmühtigen und unverständigen Gegner zu zeigen, daß er in der Sache ganz unerfahren sey, durch eiteln Hochmuth zerbersten wolle, über andere sich ohne Grund erhebe, und ihr wohl verdientes Lob mit Ungrund schmälere.» [117] Kurz: in der ‹Logick› von Wolff geht es weniger um L., sondern um Epistemologisches, gemischt mit erkenntnispsychologischen, alltagsweltlichen und moralischen Überlegungen, aus denen sich jedoch – wie bei THOMASIUS, CLADENIUS oder CRUSIUS – feste Konturen einer *Hermeneutik* des Verstehens herauskristallisieren, die dann 1757 von G.F. MEIER in seinem ‹Versuch einer allgemeinen Auslegungskunst› systematisch erörtert wird. [118]

Die *erkenntnispsychologische* Fragestellung wie auch der *moralische* Grundton finden sich auch in der von Wolff beeinflußten ‹Vernunftlehre› von H.S. Reimarus (1756/1766), in der jedoch der aristotelischen L. wieder ein zentraler Stellenwert zuschrieben wird – vielleicht unter dem Einfluß des Rationalismus [119] in der Prägung von Port-Royal und Leibniz. Die Vernunftlehre will nicht bloß logische Gesetzmäßigkeiten oder stringentes Folgern analysieren, sondern versteht sich als «Wissenschaft von dem rechten Gebrauche der Vernunft im Erkenntniß der Wahrheit» [120] – dies entspricht ganz der für die Logiken der Aufklärung typischen *praktischen* Ausrichtung.[121] Wie bei Wolff werden auch hier Schlußlehre und Epistemologie, d.h. die Anliegen der ‹1. und 2. Analytiken›, zusammengebracht und in das erkennende Subjekt hineinprojiziert. Wie Wolff formuliert auch Reimarus zwei dem menschlichen Denken zugrunde liegende Prinzipien: das *Principium Identitatis* und das *Principium Contradictionis* – im Deutschen als ‹die Regel der Einstimmung› und die ‹Regel des Widerspruchs› bezeichnet –, die er wie folgt bestimmt: «Ein jedes Ding ist das, was es ist» und «Ein Ding kann nicht zugleich seyn und nicht seyn». [122] Daraus folgt notwendig, daß Reimarus eine Korrespondenztheorie der Wahrheit («die Wahrheit im Denken *[Veritas logica]* besteht in der Übereinstimmung unserer Gedanken mit den Dingen») vertritt, wie auch seine Hauptregeln der Vernunft, wonach man in der Vorstellung (i) *Identisches* (der Schnee ist weiß) bejahen, (ii) *Nicht-Identisches* (kein Viereck ist ein Zirkel) verneinen muß, (iii) *Mögliches* (man kann reich und doch mißvergnügt sein), wenn sich daraus kein Widerspruch ergibt, als solches bejahen und (iv) Nicht-Gewisses nur als *wahrscheinlich* behaupten kann. [123] Die Erörterung der Begriffe (von der Art, von der Gattung, von der Differentia Specifica, usw., aber auch des Begriffs vom Individuum!) ist verknüpft mit einer Theorie ihrer «Erzeugung» – so sind etwa die ersten Begriffe «sinnliche Begriffe», die uns über die Sinne zugänglich werden, woraus folgt, daß Sprache für die Begriffsbildung nicht konstitutiv ist: die Menschen haben Wörter erst im Nachhinein «erfunden, d.i. einen gewissen deutlichen Schall ihres Mundes zum willkürlichen Zeichen gesetzt». [124] Der Begriffsrealismus von Reimarus zeigt sich auch in der Unterscheidung von einfachen Begriffen *(rot)* und komplexen Begriffen *(Baum)* – beides sind absolute Begriffe im Gegensatz zu relativen Begriffen wie *klein, viel, reich* – wie auch in seiner ausführlichen Diskussion der Richtigkeit der Begriffe.[125] Nach dieser etwa ein Viertel des Werks ausmachenden Erörterungen zum Begriff folgt eine etwa gleichlange Erörterung der ‹Urtheile und Sätze› sowie der

‹Schlüsse›, die im wesentlichen aristotelisch ist. Auch hier fällt auf, daß nicht nur die verschiedenen Satzarten unterschieden, sondern immer auch Bedingungen ihrer sachlichen Richtigkeit und Wahrheit mitdiskutiert werden.[126] Im Gegensatz zu Wolff bespricht Reimarus jedoch im 6. Kapitel – ‹Von der Form der Sätze und ihrer Vergleichung› – alle wesentlichen formalen Eigenschaften, Äquipollentien, Konversionen sowie Umformulierungen, die sich aus dem logischen Quadrat ergeben, jedoch ohne Modalaussagen; auch die komplexen Konditionale und Disjunktionen werden ausführlicher als bei Wolff diskutiert, aber ebenfalls nicht wahrheitsfunktional.[127] Daß Reimarus bei der Behandlung der Syllogistik, in der er vier Figuren unterscheidet, die 1. Figur als die vollkommene bestimmen muß, folgt aus seiner Grundüberzeugung, daß vernünftiges Denken und Schließen notwendig wahr ist: «Weil nun das Natürliche viel leichter, und das Vollkommene viel brauchbarer ist, als das Unnatürliche und Mangelhafte: so folget daraus, 1) daß man sich in Erfindung, Prüfung, und Beweise der Wahrheiten an die Schlüsse in der ersten Figur zu halten Ursache habe; und daß mithin die anderen Figuren zu unserem eigenen Denken entbehret werden können.»[128] Dennoch stellt er die verschiedenen Modi der anderen Figuren kurz, aber präzise dar. Deshalb überrascht es uns, daß er bei den Schlüssen mit komplexer Oberprämisse die stoischen Schlußfiguren – und zwar die *Modi ponens, tollens, ponendo tollens und tollendo ponens* – korrekt formuliert.[129] Auch der verkürzte Syllogismus, das Enthymem, wird ausführlich diskutiert, freilich nicht hinsichtlich seiner logischen Struktur, sondern hinsichtlich seiner Zweckmäßigkeit in gängigen Konversationen, aber auch in wissenschaftlichen Darstellungen. Dennoch plädiert er für eine Auflösung und Umwandlung von Enthymemen in Syllogismen: einmal aus erkenntnispsychologischen Gründen, «weil wir uns selbst dadurch besser kennen lernen, indem wir von der Erzeugung aller unserer Gedanken und Begierden völligen Grund finden»; dann aus Gründen der Wissenschaftlichkeit, weil «durch diese Auflösung in förmliche Schlüsse alles ergänzet, und also kein einziger Satz ausgelassen wird, welcher einen Einfluß in die Wahrheit und in die Einsicht ihres Beweises hat»; dann aus didaktischen Gründen (da «durch die fleissige Entwicklung in förmliche Schlüsse bey uns eine regelmäßige und regelverständige Fertigkeit im Denken und Handeln entsteht, welche den wahren Grund der Vernunft beweist»); und schließlich aus 'denkhygienischen' Gründen, läßt man doch «oft, in verkürzten Schlüssen und deren Zusammenhange, solche Vordersätze, oder ganze Schlüsse, weg, woraus es hauptsächlich ankommt».[130] Die Nähe zu Aristoteles zeigt sich auch darin, daß Reimarus' Behandlung der «Luftstreiche», d.h. der Scheinschlüsse, der «Wortstreite» und der «Consequenzmachereyen» Parallelen zu den ‹Sophistischen Widerlegungen› aufweist.[131]

Die Scheinschlüsse behandelt Reimarus wie schon Port-Royal zusammen mit den Ursachen für Irrtümer bzw. den Gründen, wie man Gewißheit erlangen kann, im II. Teil seiner *Vernunftlehre*. In diesem Teil erörtert er auch wie Wolff erkenntnis- und wissenschaftstheoretische Fragen zur Erfahrung, zur Glaubwürdigkeit von Texten, Zeugnissen oder Dokumenten, zur Hermeneutik und Textexegese (‹Analyse›), und vor allem auch zur ‹Erfindung› – d.h. «durch eigenes Nachdenken zum Erkenntnisse des bisher Unbekannten gelangen»[132] –, die vom Bekannten zum Unbekannten fortschreitet (*inventio*). Zu dieser gehört wie bei Wolff die Formulierung von Axiomen, Postulaten oder Theoremen[133], aber auch, bezogen auf das erkennende Subjekt, die «zufällige Erfahrung», dann die «gesuchte Erfahrung» sowie das «scharfsinnige Nachdenken der Vernunft», die «Einbildungskraft» und die «Reflexion».[134] Als sechstes und letztes Hilfsmittel der Erfindung führt Reimarus den Witz an, «eine Geschicklichkeit, die verborgene Aehnlichkeit verschiedener Dinge einzusehen. Er zeiget sich sonst bey Poeten und Rednern in artigen Vergleichungen; er kann aber auch der Wahrheit dienen.»[135] Hier wird das rhetorisch-poetische Zusammensehen von Identischem im Heterogenen, das in der Tradition zwar von der Topik mitgeschleppt wurde, als wesentliches Erkenntnismittel bestimmt. In seiner *inventio* des Witzes unterscheidet Reimarus fünf Aspekte[136]:

(1) Die Analogie (Analoges verhält sich identisch).

(2) Die Erwartung ähnlicher Fälle (Ähnliches läßt ähnliche Folgen erwarten).

(3) Die erdichteten Sinnbilder der Einbildungskraft (das sind, modern gesagt, semiotische Systeme, die zur Darstellung anderer Systeme dienen, wie etwa die Zeichensprache der Taubstummen oder die Darstellung des Schalls «unter dem fremden Bilde der Lichtstrahlen»).

(4) Durch die Zeichenkunst (d.h. durch die Verwendung von Symbolen in Arithmetik, Algebra und Geometrie).

(5) Durch die Reduction. Diese «bringt die Dinge unter einen anderen Begriff, damit sie etwas gemein haben, um von diesen auf jene zu schliessen».

Aus den von Reimarus gegebenen Beispielen für die Reduction folgt, daß er damit Mengenbegriffe wie etwa *Hunderte* oder *Tausende*, aber auch Tropen meint: so kann man sich etwa den Regenten als *Vater* vorstellen, um etwas über dessen Aufgaben zu wissen; und das «Völkerrecht sieht ganze Völker als einzelne Personen an, ihre Pflichten zu bestimmen».[137] Hier wird offenbar nicht nur die moderne Auffassung der Metapher als *Modell*[138] vorgedacht, sondern auch das forschungslogisch interessante Prinzip formuliert, daß man für jedes Problem geeignete Tropen bilden soll, um es von dort aus lösen zu können. Solche Fragen bleiben jedoch jenseits des Fragehorizonts von Reimarus. Für ihn bleibt die Syllogistik Gradmesser der Wahrheit, vor allem auch deshalb, weil die inventorische Kraft des Witzes oft weit übers Ziel hinausschießt und somit die «Wahrheit mehr verdunkelt, als entdecket».[139]

Einen gewissen Endpunkt in dieser Entwicklung stellt die L. des Lehrers von Kant dar, nämlich die ‹Elementa philosophiae rationalis seu logica› (1747) von M. KNUTZEN, der die *Logica* als «Vernunftlehre» bestimmt, die «1) Gegenmittel wider Irrthümer und 2) Mittel der Wahrheit erklären»[140] muß. Im Gegensatz zu Knutzen ist Lambert ein Schwellenautor, der in seinen Schriften alle wesentlichen Richtungen der L. der Aufklärung aufgreift und zugleich durch weitreichende Formalisierungen über diese Epoche hinausweist. Auch Lamberts ‹Neues Organon› von 1764 hat, wie dies schon der Untertitel programmatisch ausweist, das gleiche Ziel wie Knutzen: «Gedanken über die Erforschung und Bezeichnung des Wahren und dessen Unterscheidung vom Irrtum und Schein»[141]. Sein ‹Neues Organon› hat folgende Teile: (1) *Dianoiologie* oder Lehre von den Gesetzen des Denkens (Begriff, Definition, Urteil (= Aussage), Schluß, Beweis, Erfahrung, wissenschaftliches Erkennen). (2) *Alethiologie* oder Lehre von der Wahrheit (Grundsätze und Postulate, einfache und zusammengesetzte Begriffe, vom Wahren und Irrigen). (3) *Semiotik* oder Lehre von der Bezeichnung der Dinge (sprachliches Zeichen, Wortarten, Etymologie und Wortforschung, Wortfügungen (feste Syntagmen und Redewendungen, Sprachtypologisches). (4) *Phänomenologie* oder Lehre von dem Schein (Arten des Scheins; sinnlicher, psychologischer und moralischer Schein, Wahrscheinliches, Darstellung des Scheins in Literatur und Kunst). Auffallend in diesem Port-Royal verpflichteten ‹Organon› ist, daß Lambert schon im 1. Teil immer mehr die erkenntnispsychologische Fragestellung zugunsten einer mehr analytischen Beschreibung von Begriffen und Begriffsrelationen aufgibt; auch die Analyse des Irrigen ist weniger moralisch als bei Wolff oder Reimarus; dem entspricht, daß das kritisch-hermeneutische Argumentieren durch eine eher deskriptiv-erklärende Haltung ersetzt wird. Und in der detaillierten und zum Teil formalisierten Darstellung der Syllogismen und Beweise im I. Teil und in der Formalisierung des Wahrscheinlichen im IV. Teil gewinnt der Mathematiker Lambert die Oberhand. [142] Diese Analyse wird Lambert in späteren Schriften – insbesondere der ‹Anlage zur Architectonic oder Theorie des Einfachen und Ersten in der philosophischen und mathematischen Erkenntniss› (1771) – vertiefen und damit zu einem der wichtigsten Vorläufer der modernen symbolischen L. werden. [143]

3. *Ende einer Epoche: Kant und Mill.* Einen ganz anderen Weg aus der Tradition geht Kant. In seiner in der ‹Kritik der reinen Vernunft› (1781/87) entwickelten *transzendentalen L.* werden nämlich nicht die formalen Aspekte mit Hilfe symbolischer Kalküle weiter präzisiert, sondern die seit Wolff in das alte Logikgebäude eingeführten erkenntnis- und wissenschaftstheoretischen Aspekte aufgegriffen und hinsichtlich der Frage, inwieweit sie transzendentale Bedingungen der Erkenntnis der Wirklichkeit darstellen, systematisch diskutiert. Diese Verschiebung der Fragestellung zeigt sich schon äußerlich in den von G.B. JÄSCHE 1800 herausgegebenen Vorlesungen Kants zur L. Obwohl diese ‹Jäsche-L.› unter philologischen Gesichtspunkten in vielen Details problematisch ist (Jäsche hat u.a. auch studentische Mitschriften berücksichtigt), zeigen sich doch schon hier wesentliche Grundtendenzen und -annahmen im Denken Kants. [144]

In dieser L. (Ein Handbuch zu Vorlesungen) werden nämlich zuerst in der ‹Einleitung› (immerhin zwei Drittel des Textes) die erkenntnistheoretischen Fragen und danach unter dem Titel ‹Allgemeine Elementarlehre› die klassische L. behandelt. Dem folgt ein kurzer Abschnitt zur ‹Methodenlehre›, in der im wesentlichen Fragen der Definition und Einteilung der Begriffe erörtert werden. Die Elementarlehre zerfällt in die drei klassischen Teile: Begriff, Urteil, Schluß. In der Urteilslehre übernimmt Kant eine schon von Leibniz getroffene Unterscheidung in ‹Vernunftwahrheiten› *(vérités de raisonnement)* und ‹Tatsachenwahrheiten› *(vérités de fait)*, bei ihm als analytische und synthetische Sätze bezeichnet: erstere gründen ihre Wahrheit «auf der Identität der Begriffe» (etwa: Körper sind (per definitionem) *ausgedehnt*), letztere «vermehren die Erkenntnis materialiter» (etwa: Körper *ziehen einander an*); [145] neu ist auch die Einteilung der Urteile «in Rücksicht auf ihre Form», die sich «auf die vier Hauptmomente der *Quantität, Qualität, Relation* und *Modalität* zurückführen» [146] lassen (vgl. dazu Abb.3). Unter diese ‹Kantischen Kategorien› fallen jeweils:

Quantität	Qualität	Relation	Modalität
allgemein,	bejahend,	kategorisch,	problematisch,
partikular,	verneinend,	hypothetisch,	assertorisch,
einzeln	unendlich	disjunktiv	apodiktisch

(Abb. 3)

Bei *verneinenden* Urteilen wird die Kopula negiert, bei *unendlichen* Urteilen wie z.B. «Die menschliche Seele ist *nicht-sterblich*» wird hingegen ein negiertes Prädikat dem Subjekt zugeordnet. Überraschend ist, daß Kant unter der Modalität *Eigenschaften* von Aussagen als *formal* begreift – was u.a. dazu führt, daß das *kategorische* Urteil unter der Rubrik ‹Modalität› als *assertorisches* Urteil gleichsam verdoppelt wird. Diese Verdoppelung scheint daher zu rühren, daß Kant das kategorische Urteil als Subjekt-Prädikatsrelation denkt, die Assertion hingegen als Satz, d.h. aussagenlogisch. Die Urteile hinsichtlich der Relation denkt er als Unterordnung, und zwar wird beim kategorischen Urteil das «Prädikat dem Subjekte», beim hypothetischen die «Folge dem Grunde» und beim disjunktiven ein «Glied der Einteilung dem eingeteilten Begriffe» untergeordnet. [147] Problematisch ist, daß das hypothetische Urteil nicht nur als Grund/Folge-und Vordersatz/Nachsatzbeziehung gedacht wird, sondern auch als *Schlußform*: «Die Form der Verknüpfung in den hypothetischen Urteile ist zwiefach; die *setzende* (modus ponens) oder die *aufhebende* (modus tollens)». Da die «hypothetischen Vernunftschlüsse» – d.h. die hypothetischen Syllogismen – in gleicher Weise bestimmt werden [148], ergibt sich folgende falsche Gleichsetzung: Implikation (wenn/dann-Satz) = Grund/Folge = Antezedens/Konsequens = Schluß. Damit ist der *fundamentale* Unterschied zwischen Aussage und Schluß aufgehoben. Diese Gleichsetzung von Aussage, Ursache/Wirkung und Schluß wird noch dadurch unterstrichen, daß als *Prinzip* der hypothetischen Schlüsse, der ‹Satz des Grundes› angegeben wird: «A ratione ad rationatum, – a negatione rationati ad negationem rationis, valet consequentia» (Vom Grund zum Begründeten, von der Negation des Begründeten zur Negation des Grundes gilt die Folgerung). [149] Was das *Wesen* eines hypothetischen Schlusses (und damit des Schlusses überhaupt) ausmacht, bleibt somit in dieser L. Kants unklar. Als *Prinzip* der kategorischen Vernunftschlüsse bzw. Syllogismen (Kant unterscheidet vier Figuren) führt er das schon in der Scholastik unterschiedene *dictum de omni et nullo* an, das er mit folgender Regel beschreibt: «Was der Gattung oder Art zukommt oder widerspricht, das kommt auch zu oder widerspricht allen den Objekten, die unter jener Gattung oder Art enthalten sind»; das *Prinzip* oder – wie man offensichtlich auch sagen könnte – der *Topos* der disjunktiven Schlüsse ist der «Grundsatz des ausschließenden Dritten», wobei Kant die von der Stoa ererbten Schlußvarianten ‹das eine nicht, also das andere› und ‹das eine, also das andere› aufführt – freilich ist hier problematisch, daß er die Disjunktion auf *opposita*, also Gegensatzbegriffe, reduziert. Neben den *Vernunftschlüssen* unterscheidet Kant noch die *Verstandesschlüsse*, in denen sich nur die «Form der Urteile», nicht ihre «Materie» ändert, d.h. alle sich aus dem logischen Quadrat der klassischen L. ergebenden Umformulierungen, Äquipollenzen oder auch Konversionen, die freilich traditionellerweise in der Lehre von den Aussagen abgehandelt wurden. [150] Auch hier manifestiert sich, daß Kant formale Beziehungen zwischen Aussagen und Schlußfolgerung zwar terminologisch unterscheidet, beide aber als Schlüsse zusammendenkt. Nun finden sich die gleichen Unterscheidungen in der ‹Kritik der reinen Vernunft›, freilich im Abschnitt ‹Transzendentale Analytik›, der zum 2. Teil der ‹Kritik›, d.h. der ‹Transzendentalen L.›, gehört [151]:

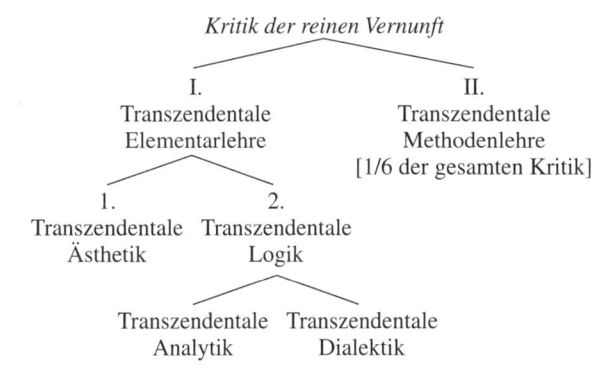

Kritik der reinen Vernunft

I. Transzendentale Elementarlehre

II. Transzendentale Methodenlehre [1/6 der gesamten Kritik]

1. Transzendentale Ästhetik
2. Transzendentale Logik

Transzendentale Analytik   Transzendentale Dialektik

Dort vermerkt Kant zum hypothetischen Urteil: «Der hypothetische Satz: wenn eine vollkommene Gerechtigkeit da ist, so wird der beharrlich Böse bestraft, enthält eigentlich das Verhältniß zweier Sätze: Es ist eine vollkommene Gerechtigkeit da, und der beharrlich Böse wird bestraft. Ob beide dieser Sätze an sich wahr sind, bleibt unausgemacht. Es ist nur die Consequenz, die durch dieses Urtheil gedacht wird.» [152] Hier sieht Kant wichtige Eigenschaften des hypothetischen Arguments, ohne dies jedoch systematisch auf den Begriff zu bringen. Deshalb muß man die ‹Assoziationsgleichung› um ein weiteres Element erweitern: Implikation = Grund/Folge = Antezedens/Konsequens = Schluß = hypothetisches Argument. Das Transzendentale darf nicht mit dem *a priori* gleichgesetzt werden. So ist etwa die apriorische Vorstellung des Raums oder «irgend eine geometrische Bestimmung desselben» noch keine «transcendentale Vorstellung, sondern nur die Erkenntniß, daß diese Vorstellungen gar nicht empirischen Ursprungs sind, und die Möglichkeit, wie sie sich gleichwol a priori auf Gegenstände der Erfahrung beziehen könne, kann transcendental heißen». [153] Im Gegensatz zur traditionellen und allgemeinen L., die Kant als «Wissenschaft der Verstandesregeln überhaupt» bestimmt, und die «von allem Inhalt der Erkenntniß abstrahiert», ist die transzendentale L. «Wissenschaft des reinen Verstandes und der Vernunfterkenntnisse, dadurch wir den Gegenstand völlig *a priori* denken». [154] Mit diesen Unterscheidungen wendet sich Kant nicht nur gegen die in Nachfolge von Wolff oft vorgenommene Gleichsetzung der L. mit Erkenntnispsychologie (die L. hat «keine empirischen Principien, mithin schöpft sie nichts (wie man sich bisweilen überredet hat) aus der Psychologie» [155]), sondern auch gegen die gängige Bestimmung der Metaphysik als Wissenschaft der ersten Prinzipien der Erkenntnis wie etwa bei BAUMGARTEN. [156]

Nun gehören die genannten Urteilsformen (Quantität, Qualität, Relation, Modalität) auch zur transzendentalen L. Mehr noch, Kant leitet aus ihnen die «reinen Verstandesbegriffe» oder «Kategorien» ab, die «der Verstand *a priori* in sich enthält». [157] Dies entspricht strukturell der Reduktion der Topik auf Begriffliches bei Agricola, dargestellt in Abb. 4.
Diese Kategorien sind zugleich reine Begriffe der Synthesis. Dies entspricht der These Agricolas, daß die topi-

Quantität	Einheit, Vielheit, Allheit
Qualität	Realität, Negation, Limitation
Relation	Substanz und Akzidens Kausalität und Dependenz Gemeinschaft (Wechselwirkung zwischen dem Handelnden und Leidenden)
Modalität	Möglichkeit – Unmöglichkeit Dasein – Nichtsein Notwendigkeit – Zufälligkeit

(Abb. 4)

schen Grundbegriffe ein *Argumentationspotential* haben: Erst in einer bestimmten Synthesis kann nämlich der Verstand «etwas bei dem Mannichfaltigen der Anschauung verstehen, d.i. ein Object derselben denken», d.h. in den mannigfaltigen und in der Anschauung ungeschieden gegebenen Dingen eine begriffliche Einheit stiften. [158] Da diese transzendentallogische Synthesis «mit dem Urteilen überhaupt konvertibel» [159] ist, wird in jedem Urteil etwas in der Anschauung Gegebenes begrifflich erfaßt, oder noch allgemeiner: allein durch die Handlung des Urteilens ist es möglich, «etwas als einen Gegenstand zu erkennen». [160] Bedenkt man, daß diese Kantischen Kategorien aus Urteilen abgeleitet sind, die mit den Schlußformen zusammengedacht und vermischt werden, muß dieses Kantische Verfahren als zirkulär bezeichnet werden. Die Bedingungen der Möglichkeit der Erfahrung der Wirklichkeit überhaupt leitet Kant aus den drei «Fähigkeiten des Gemüths» *Sinn, Einbildungskraft* und *Apperzeption* ab: durch den Sinn wird «die Synopsis des Mannichfaltigen *a priori*» möglich; durch Einbildungskraft die Synthesis und durch die Apperception die Einheit der jeweiligen Synthesis. [161] Das ist zugleich Kants Antwort auf empiristische und rationalistische Theorien, die das von Descartes hinterlassene Problem des Verhältnisses von Körper und Geist, von *res extensa* und *res cogitans* einseitig zu klären suchten. Kant selbst hat seine Theorie der Synthesis der beiden getrennten Bereiche auf die bekannte Formel gebracht: «Ohne Sinnlichkeit wäre uns kein Gegenstand gegeben und ohne Verstand könnte keiner gedacht werden. Gedanken ohne Inhalt sind leer, Anschauungen ohne Begriffe sind blind.» [162]

Daß nun die Grundkategorien überhaupt angewendet werden können, führt Kant auf *Grundsätze* zurück, wie etwa auf den Satz des Widerspruchs für die analytischen Urteile, oder das ‹Axiom der Anschauung›, daß alle Erscheinungen extensive Größen sind, oder auf die ‹Analogien der Erfahrung›: 1. Grundsatz der Beharrlichkeit (Alle Erscheinungen sind – nacheinander oder zugleich – in der Zeit); 2. Grundsatz der Zeitfolge nach dem Gesetz der Kausalität (Alle Veränderungen geschehen nach dem Gesetz der Verknüpfung der Ursache und Wirkung); 3. Grundsatz des Zugleichseins, nach dem Gesetz der Wechselwirkung, oder Gemeinschaft (Alle Substanzen, sofern sie im Raume als zugleich wahrgenommen werden können, sind in durchgängiger Wechselwirkung). [163] Die letzten Grundsätze legitimieren als letztinstanzliche Prinzipien offenbar die reinen Verstandesbegriffe der Relation.

Welche Bedeutung kommt der *transzendentalen Dialektik* zu? Kant bestimmt diese – wie schon in seinen Logikvorlesungen – als L. des Scheins: «Eine sophistische Kunst, seiner Unwissenheit ja auch seinen vorsätzlichen Blendwerken den Anstrich der Wahrheit zu geben.»[164] Zunächst gilt es festzuhalten, daß Kant den in der transzendentalen Analytik nicht berücksichtigten Teil der L., eben die Lehre von den Verstandesschlüssen (kategorisch, hypothetisch, disjunktiv), in die transzendentale Dialektik überträgt. Dabei geht es nicht um die Analyse bestimmter dialektischer Folgerungen, sondern um die «dialektischen Schlüsse der reinen Vernunft».[165] Da diese «vernünftelnden» – d.h. bloß vernünftig erscheinenden – Schlüsse nach Kant absolute Grenzfälle der drei Verstandesschlüsse sind, teilt er sie auch in die drei folgenden Gruppen ein [166]:

(i) Der Schluß «von dem transcendentalen Begriffe des Subjekts, der nicht Mannichfaltiges enthält auf die absolute Einheit dieses Subjects selber» oder auf die *Seele* (kategorisch);

(ii) Der Schluß «auf den transcendentalen Begriff der absoluten Totalität, der Reihe der Bedingungen zu einer gegebenen Erscheinung überhaupt» oder auf die *Welt* (hypothetisch);

(iii) Der Schluß «von der Totalität der Bedingungen, Gegenstände überhaupt, sofern sie mir gegeben sein können, zu denken auf die absolute synthetische Einheit aller Bedingungen der Möglichkeit der Dinge überhaupt» oder auf *Gott* (disjunktiv).

Den Scheinschluß (iii), der sich durch die Folgerung aus der ‹Totalität der Ordnung der Dinge› auf ein ‹vereinheitlichendes Wesen› ergibt, bezeichnet Kant auch als «Idealschluß der reinen Vernunft». Der Fall (i) führt zu «transzendentalen Paralogismen», wie z.B., wenn man etwa, ausgehend vom cartesianischen Prinzip «Ich denke» auf «Also bin ich, als denkend Wesen (Seele) *Substanz*»[167] (= Paralogismus der Substantialität) folgert. Die Annahme (ii) führt zu «Antinomien der reinen Vernunft», weil etwa transzendentale Ideen in Widerstreit treten können, ohne auflösbar zu sein, wie z.B.: «Die Welt hat einen Anfang in der Zeit und ist dem Raum nach in Grenzen eingeschlossen» (Thesis) vs. «Die Welt hat keinen Anfang und keine Grenzen im Raume»[168] (Antithesis).

Es ist klar, daß durch diese Verabsolutierung die verschiedenen Schlußarten ihre spezifische logische Bedeutung verlieren. So ist ja etwa (ii) kein hypothetischer Schluß, sondern eine Art ‹Metafolgerung› aus der Annahme, daß sich Ursachen und Wirkungen in einem homogenen Raum abspielen. Ebenso ist (i) in der Formulierung von Kant kein kategorischer Schluß im traditionellen Sinn. Vielleicht schlägt Kant deshalb auch in der 1. Auflage der ‹Kritik› noch die Analyse als *sophisma figurae dictionis*, also als Fehler der Äußerungsform vor, da ja in «Ich denke, also bin ich eine Substanz» der Ausdruck *ich* zuerst transzendental und dann empirisch genommen wird.[169] Dies mag so scheinen, wenn man diesen Schluß rein bewußtseinslogisch und -monologisch denkt. Betrachtet man jedoch einen alltagsweltlichen Satz wie «Ich denke (also laß mich in Ruhe)» als eine Aussage, in der der Sprecher sich selbst als empirisch existierende Substanz supponiert, so hat man genauso wenig einen Sophismus wie etwa in «Peter denkt (laß ihn in Ruhe)», sondern das Problem, wie man mit Sprache auf Gegenstände referiert. Kurz: in jeder sinnvollen Aussage ist Empirisches, insofern zumindest ein Satzglied Reales supponiert, mitgegeben. Damit läßt sich die Problematik der idealistischen Analyse eines Satzes wie «Ich denke» leicht durch ein *ad absurdum*-Argument aufweisen: «Wenn sich ‹ich denke› rein bewußtseinsimmanent abspielt, dann gilt dies notwendig auch für ‹Peter denkt› oder ‹Dieser Mann da denkt›. Nun sehe ich eben *Peter* und *diesen-Mann-da*.» Hier wird ein weiterer Mangel der Kantischen transzendentalen L. deutlich: Kant denkt zwar allgemein in den Kategorien der Quantität (alle, einige, einer) den extensionalen Bezug von Aussagen, doch eine differenzierte Betrachtung der Denotation oder Referenz wie etwa in der scholastischen Suppositionslehre fehlt. Da zudem die Schlußlehre in einem zentralen Teil, eben dem hypothetischen Schließen, diffus ist, überrascht es, daß in seiner Nachfolge Autoren wie JAKOB oder REUSS davon ausgehen, die transzendentale L. Kants wie auch seine formale L. seien wohlbegründete und komplementäre Formen der L. *(Ergänzungshypothese)*. Im deutschen Idealismus dominierte freilich die *Überwindungshypothese* (FICHTE, SCHELLING, HEGEL), wonach Kants Idee der allgemeinen und formalen L. (d.h. der traditionellen L.) in einer ‹metaphysischen L.› aufgehoben werden müßte. Daneben kann eine dritte Richtung unterschieden werden, die eine *Begründungshypothese* vertrat (MAIMON, TRENDELENBURG, ÜBERWEG), wonach die formale L. durch die transzendentale L. begründet werden müßte.[170] All dies verweist auf einen epochalen und unmittelbaren Erfolg Kants: «Die Welle der Wolffschen Logikhandbücher in deutschen Universitäten wird durch eine Welle Kantischer Lehrbücher abgelöst.»[171]

Legt man hingegen den ganzen in diesem Abschnitt untersuchten Zeitraum zugrunde, so fällt auf, daß Kant das Pendant zu Agricola darstellt. Agricola hatte die L. als Begriffslogik verweltlicht und ontologisiert, Kant holt sie – wiederum als Begriffslogik – ins reine Bewußtsein. Damit entlogisieren beide die alte L. in dem Sinne, daß sie deren altes Kernstück, eben topisches und syllogistisches Schließen und Folgern, zu Derivaten von Begriffen machen. ‹Logos› ist nicht mehr die vernünftig raisonnierende oder stringent folgernde Rede, sondern bloß noch *Begriff*.

Ganz anders das ‹System of Logic› (1843) von J.S. MILL, das im Untertitel ‹schlußfolgernde und induktive L.› schon anzeigt, und das – wie es im weiteren Untertitel heißt – als «Betrachtung der Prinzipien der Evidenz und der Methoden wissenschaftlicher Forschung» zu verstehen ist.[172] Mill steht ganz in der Tradition des englischen Empirismus und Skeptizismus von BACON, HOBBES, LOCKE, BERKELEY, HUME oder REID.[173] Daß der Empirist Mill mit seiner Forschungslogik den Siegeszug der modernen Naturwissenschaften reflektiert, überrascht ebenso wenig wie die Tatsache, daß die Induktion fast die Hälfte seines ‹System of Logic› einnimmt:

I. Von Namen und Aussagen (of names and propositions, 32–101)

II. Vom Schließen (of reasoning; 103–184)

III: Von der Induktion (of induction; 185–418)

IV. Von subsidiären Operationen der Induktion (of operations subsidiary to induction; 419–479)

V. Über Trugschlüsse (on fallacies, 481–544)

VI. Über die L. der Moralwissenschaften (on the logic of the moral sciences; 545–622).

Der in dieser Gliederung deutlich werdende *praktisch-empirische* Zugriff zeigt sich auch darin, daß Mill die Diskussionen der *names* und *propositions*, also der Terme und Aussagen mit einer Sprachanalyse beginnt, da «das schlußfolgernde Denken, bzw. Folgern [*Reasoning, or Inference*], der hauptsächliche Gegenstand der L., ein Verfahren darstellt, das gewöhnlich mittels Wörtern vollzogen wird».[174] Bei seiner Erörterung der Terme greift Mill nicht nur auf die aristotelische Tradition, sondern auch auf die Scholastik zurück. So verweist er etwa bei der Diskussion des metasprachlichen Gebrauch eines Terms auf die *suppositio materialis* [175] und unterscheidet neben Gattungsnamen/Eigennahmen oder Konkreta/Abstrakta ebenso wie Wilhelm von Ockham *absolute* und *konnotative* Terme. Dabei nimmt er jedoch eine signifikante Uminterpretation vor. *Nicht-konnotative* Terme sind für ihn nämlich Eigennamen (die ein Subjekt bezeichnen) oder Terme wie *Röte*, *Länge* oder *Tugend* (die ein Attribut bezeichnen), *konnotativ* sind Adjektive wie *rot*, *lang* oder *tugendhaft* (da sie ihr Subjekt mit-bezeichnen), aber auch – im Gegensatz zu Wilhelm von Ockham – «alle konkreten allgemeinen Terme» wie etwa *Mensch*; so *denotiert* etwa das Wort *Mensch* deshalb bestimmte einzelne Individuen, weil diese bestimmte Attribute wie «Körperlichkeit, belebt, Rationalität und eine bestimmte äußere Form» objektiv besitzen: dieses objektive Besitzen wird durch die Bedeutung des Wortes *Mensch* angezeigt: «Das Wort *Mensch* [...] bedeutet [*signifies*] alle diese Attribute und alle Subjekte, die diese Attribute besitzen.» [176] Diese Bestimmung ist insofern problematisch, als hier das Verb *to signify* doppeldeutig verwendet wird, da es zugleich *bedeuten* und *denotieren* meint. Für weitere Verwirrung sorgt zudem, daß Mill im Anschluß an diese Erörterung die Bedeutung *(meaning)* eines Wortes mit seiner Konnotation gleichsetzt und streng gegen die Denotation abgrenzt. Hier muß nämlich die Millsche Opposition Konnotation/Denotation im Sinne von Compréhension/Extension bzw. von Begriffsinhalt/Begriffsumfang bei Port-Royal verstanden werden. [177]

Eindeutiger hingegen ist seine Diskussion der *Aussagen* und der *Folgerungen*. So unterscheidet Mill neben den universellen, partikulären und unbestimmten Aussagen die *singulären Aussagen*, da diese ja den forschungspraktischen Anfangspunkt der Naturwissenschaften darstellen. Wesentlicher ist, daß er sich gegen die Analyse der Aussage als *Urteilsakt* wendet, in dem ein Prädikat einem Subjekt zugeordnet wird – u.a. auch deshalb, weil es Sätze gibt wie etwa «Das Ganze ist größer als sein Teil» oder «Die Unfehlbarkeit des Papstes kann nicht aus der Heiligen Schrift abgeleitet werden», in denen es um die Wahrheit der *ganzen Aussage* geht. [178] Dagegen entwickelt er seine Klassifikation der nicht-analytischen Aussagen, die *matters of fact* (Tatsachen) ausdrücken, nämlich: «Existenz, Koexistenz, Aufeinanderfolge, Bewirkung, Ähnlichkeit». [179] Diese Fokussierung auf synthetische und forschungspraktisch relevante Aussagen erklärt auch seine kurze Behandlung der komplexen Aussagen, in der er jedoch die Disjunktion mit WHATELY auf das Konditional zurückführt: «‹Entweder A ist B oder C ist D› bedeutet ‹Wenn A nicht B ist, dann ist C D; und wenn C nicht D ist, dann ist A B›» [180]. Diese Umformulierung legitimiert Mill auch damit, daß Disjunktion wie Konditional früher unter dem Oberbegriff ‹hypothetische Aussage› zusammengefaßt wurden. Freilich ergibt sich aus dieser Reduktion wie schon bei GALEN [181] das Problem, daß der Konditionalsatz mit dem hypothetischen Argument gleichgesetzt wird. Das bestätigt auch das von Mill gegebene Beispiel «Wenn der Koran von Gott kommt, dann ist Mohammed der Prophet Gottes», in dem es gar nicht um die Wahrheit der beiden Aussagen geht, «sondern um die Folgerbarkeit [*inferibility*] des einen aus dem andern». [182] Diese für hypothetische Schlüsse durchaus legitime Festsstellung verallgemeinert er dann für alle *wenn*-Sätze: «Wenn A B ist, dann ist C D erweist sich als Abkürzung von: Die Aussage C ist D ist eine legitime Folgerung aus der Aussage A ist B». Damit wird wie bei Kant die Implikation mit der Folgerung gleichgesetzt.

Wie Kant gesteht Mill der traditionellen L., die er wie dieser als *formale* L. bezeichnet, nur eine sekundäre Rolle zu. Freilich ist bei Mill nicht die transzendentale L. primär, sondern die L. der Forschung. Die formale L. bestimmt nur noch, «wann Behauptungen in einer gegebenen Form die Wahrheit oder Falschheit von anderen Behauptungen implizieren oder voraussetzen», d.h. sie hat Konversionen, Äquivalenzen, Oppositionen und die Syllogismen zu klären. Ihr vorgeschaltet (und von der Forschungslogik zu klären) sind Begriffsbildung, das Finden von Gesetzmäßigkeiten und Definitionen – Ziel der formalen L. ist somit «nicht Wahrheit, sondern Konsistenz». Damit ist die Konsistenzlogik, d.h. die formale L., «eine notwendige Hilfsdisziplin für die L. der Wahrheit». [183] Von hier aus erklärt sich seine kurze Behandlung der traditionellen L. wie auch seine Feststellung, daß alle korrekten Folgerungen mit Schlüssen der 1. Figur vollzogen werden können. [184] Diese sind für Mill jedoch insofern formal und tautologisch, als ihnen eine *petitio principii* zugrunde liegt, die das in der Konklusion Erschlossene schon in den Prämissen feststellt. So wird ja im *Barbara*-Schluß durch «Alle Menschen sind sterblich; Sokrates ist ein Mensch» – unter Voraussetzung der Gültigkeit des Prinzips *dictum de omni et nullo* – festgelegt, daß Sokrates sterblich ist. [185] Deshalb ist der Syllogismus bei der Suche nach forschungslogisch relevanten Tatsachen nicht brauchbar. Die unmittelbare Konsequenz dieser Feststellung ist, daß aus *forschungspraktischer* Sicht nicht *deduktiv* wie im Syllogismus vom Allgemeinen zum Partikulären (oder Singulären) gefolgert wird, sondern *induktiv* vom Partikulären zum Partikulären. Von hier aus ist nachvollziehbar, daß Mill das klassische Beispiel für den Syllogismus von der Sterblichkeit aller Menschen – also nicht die Gültigkeit des Syllogismus selbst – in Frage stellt. Die einzigen Evidenzen, die wir haben – so die Millsche Argumentation – sind, daß der Duke of Wellington ein Mensch ist und auch, daß «John, Thomas und andere sterblich sind», nicht aber, daß dies auch für den Duke zutrifft. Man schließt also von einer mehr oder weniger großen Anzahl von Einzelfällen darauf, daß auch der Duke sterblich ist. «Dieser Folgerung wird durch das Zwischenschalten einer allgemeinen Aussage kein Jota hinzugefügt.» Dies gilt auch für die allgemeinen naturwissenschaftlichen Aussagen oder Naturgesetze, die allesamt eine Art *Abkürzung* von sich aus einer mehr oder weniger großen Anzahl von Einzelfällen ergebenden Evidenzen darstellen, von denen auf das Vorliegen der fraglichen Eigenschaften bei anderen Einzelfällen geschlossen wird. Das hier zugrunde liegende Verfahren ist somit die *Induktion*. Man muß deshalb nicht mit Whately annehmen, daß man bei einer alltäglichen und wissenschaftlichen Entdeckungsreise immer «einen Hügel hinaufsteigt und dann wieder hintersteigt», um zu seinem Ziel zu kommen. [186] Daraus folgt jedoch nicht, wie KNEALE/KNEALE annehmen [187], daß Mill die formale Gültigkeit eines *Barbara*-Schlusses in Frage stellt, sondern nur, daß dieser Schluß nur dann wahr ist, wenn verifiziert wurde, daß *allen* in der allgemeinen Prämisse genannten Subjekten tatsächlich das behauptete Prädikat zukommt. Diese *methodologischen* Aspekte der wissenschaftlichen Induktion behandelt Mill ausführlich in den Hauptteilen seiner Forschungslogik. In dieser Methodologie hat auch die Deduktion einen festen Platz, wie etwa bei Überprüfung von Hypothesen oder der Verifikation von Gesetzen oder auch –

bei sich bedingenden Hypothesen oder Gesetzen – der Ableitung der unteren aus den oberen allgemeinen Annahmen.[188] Den Zusammenhang von formaler L. und L. der Forschung mag eine kurze Betrachtung der vier Millschen *induktiven* Methoden – (i) Zustimmung *(agreement)*, (ii) Differenz *(difference)*, (iii) Rest *(residue)*, (iv) übereinstimmende Variation *(concomitant variation)* – verdeutlichen.[189] Um festzustellen, ob ein Phänomen A Ursache eines Phänomens r ist, d.h. ob A das Antezedens von r ist, geht man bei der Methode der *Zustimmung* so vor, daß man die Phänomene B und C, die mit A gegeben sind, verändert; ist bei diesen Veränderungen immer r mitgegeben, so kann man mit Plausibilität annehmen, daß A die Ursache von r ist. Etwas formaler: wenn A B C mit der Reihe r s t verbunden ist und A D E mit der Reihe r u v, dann ist A wahrscheinlich Ursache von r. Hierbei sind A B C und r s t jeweils *Konfigurationen* von Phänomenen. Da diese Methoden auch die Alltagslogik kennzeichnen, mag ein triviales Beispiel diese Methode verdeutlichen. Hat jemand z.B. in einer bestimmten Situation bzw. Konfiguration einen Hautausschlag (r) und sei diese Konfiguration: ‹Er hat ein Käsebrot gegessen› (A), ‹Er hat Tomatensaft getrunken› (B) und ‹Er hat sich in einem bestimmten Raum aufgehalten› (C), so können A oder B oder C die Ursache von r sein. Wenn man nun beobachtet, daß r auch in anderen Konfigurationen wie A D E gegeben ist (wobei etwa D ‹Er hat Milch getrunken› und E ‹Er befindet sich im Freien› sind), so wird man durchaus den Käse (A) als Ursache des Hautausschlags nehmen können. Von hier aus erklärt sich der Terminus ‹Zustimmung› im Sinne von: man stimmt einer Hypothese zu, indem man das als Ursache angenommene Phänomen beibehält. Bei der *Differenzmethode* ersetzt man die angenommene Ursache und hält die übrigen Phänomene der Konfiguration bei (also X B C); fehlt nun auf der Konsequenzseite r (hat man also x s t), so ist dies ein weiterer Grund, A als Ursache von r anzunehmen. Von hier aus wird die Rolle des *Experiments* zur Steigerung des Plausibilitätsgrades unmittelbar einsichtig. Hat man z.B. durch die Zustimmungsmethode einsichtig gemacht, daß A mögliche Ursache von r ist, kann man durch Beibehaltung der übrigen Faktoren experimentell diese Hypothese validieren. Beide Methoden werden in der naturwissenschaftlichen Forschung in der Regel nacheinander kombiniert *(combined method)* oder müssen – in bestimmten Fällen – gleichzeitig angewendet werden (man denke etwa an die Erprobung der Wirksamkeit von Tabletten mit einer zusätzlichen Kontrollgruppe und der Verwendung von Placebo-Tabletten). Die *Restmethode* besteht darin, daß man, wenn durch die beiden ersten Verfahren nachgewiesen ist, daß – in Konstellationen A B C // r s t – A Ursache von r und B Ursache von s ist, auch folgern kann, daß C Ursache von t ist. Dieses Verfahren muß angewendet werden, wenn C (etwa Schwerkraft) oder t nicht ersetzt werden können oder keiner direkten Beobachtung zugänglich sind. In diesem Fall wird das Ergebnis nach Mill nicht durch Beobachtung, sondern durch ‹Deduktion› erreicht.[190] Offensichtlich ist diese schon bei den beiden anderen Methoden beteiligt. Der Methode des *agreement* liegt ja die exklusive Disjunktion (entweder ist A oder B oder C die Ursache) zugrunde; da damit auch B und C die Ursache sein können, muß man diese Möglichkeit durch Ersetzen dieser Faktoren eliminieren; zeigt sich dann, daß auch r der Fall ist, so muß man die (vorläufige) Generalisierung vornehmen, daß ‹immer wenn A, auch r› zutrifft, wobei man freilich den *Topos* unterstellen muß, daß sich *Gleiches gleich verhält* - selbst wenn es (A) sich in unterschiedlichen Konfigurationen befindet. Der Methode der *difference* liegt u.a. eine Deduktion zugrunde, nämlich: Wenn ‹Wenn A, dann r› gilt, dann muß auch ‹Wenn ~A, dann ~r› gelten – ein plausibler, wenn auch nicht stringenter Schluß. Die vierte Methode schließlich, das Verfahren der *übereinstimmenden Variation*, ist dann notwendig, wenn die einzelnen Faktoren nicht durch andere ersetzt werden können. So kann man etwa den Einfluß der *Wärme* auf die menschliche Physis und Psyche nicht untersuchen, indem man die Wärme durch etwas anderes ersetzt. Das einzige hier mögliche Verfahren ist das der *Variation,* verbunden mit der Beobachtung, ob eine Variation im Feld W (Hitze) systematisch mit einer Variation im Feld e (menschliches Empfinden) *übereinstimmt*. Es geht hier also, wie Mill selbst betont, um das Feststellen von *Korrespondenzen* und *Analogien*. Dies erklärt, daß Mill nicht nur die drei ersten Verfahren in der Geschichte der Naturwissenschaftlichen Forschung ausführlich illustriert, sondern auch, daß er der Analogie ein gesondertes Kapitel widmet.[191]

Da jedoch allzu plausible Analogien nicht nur im Alltag, sondern auch in der Wissenschaftsgeschichte zu vielen falschen Generalisierungen geführt haben und führen, behandelt Mill diese auch unter den Trugschlüssen der falschen Generalisierung.[192] Die Millsche Klassifikation ist nun begriffsgeschichtlich nicht nur interessant, sondern signifikant, weil sie klar die von ihm – und der Neuzeit – vorgenommene *Umgewichtung* der formalen L. und der L. der Forschung zeigt. Mill unterscheidet nämlich die folgenden *fallacies* [193]:

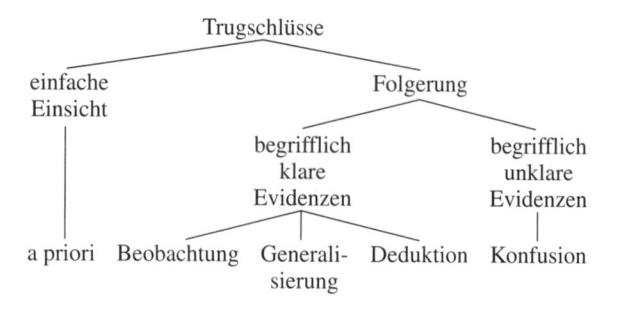

```
                        Trugschlüsse
                       /            \
              einfache              Folgerung
              Einsicht            /          \
                         begrifflich         begrifflich
                            klare              unklare
                          Evidenzen           Evidenzen
                        /    |    \              |
         a priori  Beobachtung Generali-  Deduktion  Konfusion
                              sierung
```

Die Fehler der Beobachtung und Generalisierung ergeben sich aus forschungspraktisch unseriösen und methodisch nicht einwandfreien Induktionen und Analogien; der Fehler der Konfusion entspricht den traditionellen Fehlern der sprachlichen *Äußerung,* d.h. den sich aus Wörtern oder Sätzen ergebenden Ambiguitäten; zu diesem Fehler rechnet Mill jedoch auch die *petitio principii* und die *ignorantia elenchi* (allgemein im Sinne von Verschiebungstechnik verstanden)[194]; die von Mill nur kurz behandelten Fehler der Deduktion *(ratiocination)* entsprechen im wesentlichen den übrigen in der Tradition unterschiedenen Fehlern *außerhalb der sprachlichen Äußerung*. Zu den *a priori*-Fehlern der einfachen Einsicht *(simple inspection)* rechnet Mill nicht nur *vulgar errors* wie Gemeinplätze und Sprichwörter (Wenn man vom Teufel redet, kommt er), sondern auch die in der Geschichte der Philosophie, insbesondere des Idealismus gemachten Fehler wie «Wo ein Name ist, ist auch eine Sache» oder Descartes' Prinzip «Was klar begriffen werden kann, existiert auch» oder auch naturwissenschaftliche Annahmen wie etwa, daß die Schwerkraft den Dingen selbst immanent ist[195] – eine Abrechung mit den meisten gängigen Gemeinplätzen, Evidenzen und Vorurteilen in Baconscher Manier.

Einen weiteren begriffs- *und* wissenschaftsgeschichtlich wesentlichen Aspekt gilt es noch festzuhalten: Mit seiner Zurückführung forschungspraktisch relevanter Folgerungen auf den *Schluß vom Partikulären auf das Partikuläre* hat Mill, ohne sich dessen bewußt zu sein, einem alten rhetorischen Beweisverfahren, das sich schon in Aristoteles' ‹Rhetorik› findet, zu einer neuen wissenschaftlichen Dignität verholfen, nämlich dem *Enthymem aus dem Beispiel (Paradeigma).* [196] Genau hier bilden sich neue synthetische Urteile heraus – das ist die Millsche Antwort auf Kants synthetische Begriffe a priori. Da auch die induktiven Methoden der Zustimmung, der Differenz, des Rests und der übereinstimmenden Variation gängige Verfahren der Alltagslogik sind, hat Mill, völlig ohne Absicht, die ‹rhetorische L.› ein gutes Stück weitergebracht – das kann man auch daran ablesen, daß seine Methoden des *inductive reasoning* einen festen Platz im Lehrangebot amerikanischer Universitäten zum *Kritischen Denken* erhalten haben. [197]

Anmerkungen:
1 I.L. Vivis Valentini Opera omnia, hg. v. B. Montfort (1782; ND London 1964) III, 37 u. 38 (= Adversus pseudo-dialecticos (1519)); auch in: J.L. Vives: Against the Pseudodialecticians, lt.-engl., hg. u. übers. v. R. Guerlac (Dordrecht 1979) 46–109, 46 u. 48; Übers. Verf. – **2** vgl. A. Seifert: L. zwischen Scholastik u. Humanismus. Das Kommentarwerk J. Ecks (1978) 26f. – **3** vgl. E. Eggs: Artikel ‹Argumentation›, in: HWRh Bd. 1, Sp. 956ff. – **4** W. Risse: Die L. der Neuzeit, 2 Bde. (1964/70) I, 21ff. u. 79ff.; vgl. W. Hammer: Die Melanchthonforsch. im Wandel der Jahrhunderte, I–III (1967–81); G. Nuchelmans: Late-Scholastic and Humanist Theory of the Proposition (Amsterdam 1980) 159ff.; J. Knape: Philipp Melanchthons ‹Rhetorik› (1993). – **5** Risse [4] 54. – **6** vgl. L. Carbone: Introductio in dialecticam Aristotelis (Venedig 1588); ders.: De oratoria et dialectica inventione vel de locis communibus (Venedig 1589); P. Vallius: Logica (Lyon 1622); vgl. W.A. Wallace: Galileo's Logic of Discovery and Proof (Dordrecht 1992) 77ff. u. 120ff. – **7** Risse [4] 201ff. u. 300ff. – **8** E.J. Ashworth: Traditional logic, in: C. Schmitt u.a. (Hg.): The Cambridge History of Renaissance Philosophy (Cambridge 1988) 143–172, 147ff. u. 168ff. – **9** Risse [4] 310. – **10** vgl. Ashworth [8] 164ff. – **11** J. Agricola: De inventione dialectica libri tres, hg. u. übers. v. L. Mundt (1992; n. der Ausg. v. Amsterdam 1539) 145; vgl. A. Faust: Die Dialektik R. Agricolas. Ein Beitr. zur Charakteristik des dt. Humanismus, in: Arch. f. Gesch. der Philos. 34 (1922) 118–135; P. Joachimsen: Loci communes, in: Luther-Jb. 8 (1926) 27–97; W.J. Ong: Ramus. Method, and the Decay of Dialogue (Cambridge/Mass. 1958) 92–130; W.S. Howell: Logic and Rhetoric in England, 1500–1770 (New York 1961) 15ff u. 49ff.; Risse [4] I, 14ff.; C. Vasoli: Dialettica e retorica in R. Agricola, in: Accademia toscana di scienza e lettere 22 (1957) 305–355; ders.: La dialettica e la retorica dell'Umanesimo (Mailand 1967); J.R. McNally: Prima pars dialecticae: The Influence of Agricolan Dialectic Upon English Accounts of Invention, in: Renaissance Quarterly 21(1968) 166–177; L. Jardine: The Place of Dialectic Teaching in Sixteenth-Century Cambridge, in: Studies in the Renaissance 21 (1974) 31–62; W. Schmidt-Biggemann: Topica Universalis (1983) 3ff. – **12** vgl. Quint. V, 10, 87. – **13** Agricola [11] 148 u. 150. – **14** ebd. 146; vgl. Quint. I, 2, 28. – **15** Agricola [11] 380. – **16** ebd. 384f. – **17** ebd. 375. – **18** ebd. 16ff; vgl. Cic. Top. 6. – **19** L. Mundt: Einl. zu Agricola [11] XIV. – **20** Agricola [11] 19. – **21** ebd. 146. – **22** ebd. 146. – **23** ebd. 158ff. – **24** ebd. 186 u. 188. – **25** ebd. 180. – **26** ebd. 20. – **27** ebd. 21. – **28** M. Foucault: Les mots et les choses (Paris 1966) 32ff. – **29** Agricola [11] 36. – **30** Eggs [3] Sp. 964. – **31** Schmidt-Biggemann [11] 7. – **32** Agricola [11] 34. – **33** ebd. 35. – **34** vgl. etwa Cic. Top. 28; Quint. V, 10, 63 u. VII, 1, 1. – **35** vgl. Agricola [11] 82. – **36** ebd. 114. – **37** ebd. 170. – **38** ebd. 172/4. – **39** ebd. 178. – **40** ebd. I, 11–13, 68ff. – **41** ebd. 106 u. 108; vgl. I, 17–19, 103ff. – **42** vgl. oben Kap. B.I. 1, d.: Topik. – **43** vgl. Agricola [11] 130. – **44** P. Ramus: Rhetoricae Distinctiones (ND 1986) 169; allg. A. Duhamel: The Logic and Rhetoric of P. Ramus, in: Modern Philology 46 (1949) 163–171; M.-M. Dassonville: La genèse et les principes de la dialectique de P. de la Ramée, in: Revue de l'Univers. d'Ottawa 23 (1953) 322–359; Ong [11] 171ff.; Risse [4] 122ff.; M. Kneale, W. Kneale: The Development of Logic (Oxford 1962) 301ff.; Howell [11] 146ff.; Nuchelmans [4] 168ff. – **45** vgl. P. Rami Scholarum dialecticarum, seu animadversionum in Organum Aristotelis, libri XX (Paris 1548 u. Frankfurt 1594; ND Frankfurt 1965); ein fast vollständiges Schriftenverzeichnis in W.J. Ong: Ramus and Talon Inventory (Cambridge/M. 1958). – **46** P. Ramus: La Dialectique (1555), hg. u. komm. v. M. Dassonville (Genf 1964) 63. – **47** ebd. 63ff. – **48** ebd. 89ff. – **49** P. Ramus: Scholarum rhetoricarum ... Libri XX (1581; ND 1965) 148. – **50** Ramus [45] 90. – **51** vgl. E. Eggs: Art. ‹Metonymie› in diesem Bd. Sp. 1196ff. – **52** Ramus [45] 96ff. – **53** ebd. 115ff. – **54** ebd. 136. – **55** ebd. 164, Anm. 104,3. – **56** vgl. O. Ducrot: Dire et ne pas dire (Paris 1972) 129ff.; vgl. E. Eggs: Grammaire du discours argumentatif (Paris 1994) 36ff. – **57** ebd. 137. – **58** ebd. – **59** vgl. D. Felipe: Fonseca on Topics, in: I. Angelelli, M. Cerezo (Hg.): Studies on the History of Logic (1996) 43–64; zu Jungius vgl. Risse [4] I, 521ff. – **60** Risse [4] II, 66. – **61** A. Arnauld, P. Nicole: La logique ou l'art de penser (Paris ⁵1683; zit. n. der Ausg. Paris 1970) 294. – **62** ebd. 298–303; vgl. K. Petrus: Genese u. Analyse. L., Rhet. u. Hermeneutik im 17. u. 18. Jh. (1997) 23f. – **63** Petrus [62] 71. – **64** ebd. 95ff. – **65** ebd. 73ff. u. 97f. – **66** Arnauld, Nicole [61] 136. – **67** ebd. 87; vgl. J.-C. Pariente: L'analyse du langage à Port-Royal (Paris 1985) 227ff. u. E. Eggs: Art ‹Konnotation/Denotation› in: HWRh Bd. 4, Sp. 1245ff. – **68** Arnauld, Nicole [61] 145ff., 166ff. u. 170ff. – **69** ebd. 150. – **70** vgl. oben B.I. 1. a. u. E. Eggs: Art. ‹Grammatik›, in: HWRh Bd. 3, Sp. 1085ff. – **71** Arnauld, Nicole [61] 191. – **72** ebd. 194 u. 196. – **73** ebd. 222ff. – **74** ebd. 182. – **75** ebd. 180. – **76** ebd. 181. – **77** ebd. 186. – **78** ebd. 236ff. u. 257ff. – **79** ebd. 281. – **80** ebd. 285. – **81** ebd. 304 – **82** ebd. 368ff. – **83** ebd. 407f. – **84** ebd. 323–353. – **85** vgl. ebd. 340ff. – **86** vgl. V. Alexandrescu: Le paradoxe chez Blaise Pascal (Bern 1997). – **87** vgl. L. Marin: La critique du discours: Sur la ‹Logique de Port-Royal› et les ‹Pensées› de Pascal (Paris 1975); M. Dominicy: La naissance de la grammaire moderne. Langage, logique et philosophie à Port-Royal (Brüssel 1984); Pariente [67] u. Eggs [70] Sp. 1091ff. – **88** vgl. B.W. Vickers (Hg.): Essential Articles for the Study of F. Bacon (Hamden 1968) u. Bibliogr. in: F. Bacon: Neues Organon, hg. v. W. Krohn, 2 Bde. (1990) 1, XLV-LVI. – **89** R. Descartes: Discours de la méthode (Leyden 1637; zit. n. der Ausg. Paris 1973) 110f.; vgl. ders.: Regulae ad directionem ingenii, hg. v. G. Crapulli (La Haye 1966); vgl. A. Hannequin: La méthode de Descartes, in: ders. Etudes d'histoire des sciences et d'histoire de la philosophie (Paris 1908) 209–231; O. Hamelin: Le système de Descartes (Paris 1911); H. Heimsoeth: Die Methode der Erkenntnis bei Descartes u. Leibniz (1912–14); Kneale, Kneale [44] 310ff.; R. Blanché: La logique et son histoire, 2. Aufl. bearb. v. J. Dubucs (Paris 1996) 175ff.; Risse [4] II, 30ff.; G. Rodis-Lewis: Descartes: textes et débats (Paris 1984); A. Robinet: Aux sources de l'esprit cartésien (Paris 1996); M.-D. Popelarde, D. Vernant: Eléments de logique (Paris 1998) 19ff. – **90** Descartes, Discours [89] 109. – **91** J.M. Bocheński: Formale Logik (1962) 312; H. Scholz: Abriß der Gesch. der L. (²1959) III. Kp. – **92** N. Rescher: Leibniz's interpretation of his logical calculi, in: Journal of Symbolic Logic (1954) 1–13, 7; vgl. C.L. Lewis, C.H. Langford: Symbolic Logic (New York 1932) 5ff.; Blanché [89] 189ff.; allg. H. Burkhardt: L. u. Semiotik in der Philos. von Leibniz (1980); M. Dascal: Leibniz: language, thought and signs (Amsterdam 1987); W. Lenzen: Das System der Leibnizschen L. (1990). – **93** vgl. G.W. Leibniz: De formae logicae comprobatione per linearum ductus, in: L. Couturat (Hg.): Opuscules et fragments inédits de Leibniz (Paris 1903; ND 1961) 295ff; vgl. photogr. ND in: Bocheński [91] zu 304. – **94** Leibniz: Meditationes, in: Die philos. Schr. v. Leibniz, hg. v. C.I. Gerhardt, Bd. 1–7 (1875–1890; ND 1962) 4, 425; vgl. A. Heinekamp: Natürliche Sprache u. allgemeine Charakteristik bei Leibniz, in: A. Heinekamp, F. Schupp (Hg.): Leibniz' L. u. Metaphysik (1988) 349–386, 364ff. – **95** Leibniz: De synthesi et analysi universali seu arte inveniendi et iudicandi, in ders.: Schr. zur L. u. zur philos. Grundlegung von Mathematik u. Naturwiss., Philos. Schr. 4; hg. u. übers. v. H. Herring (1992) 137f. – **96** ebd. 151. – **97** J. Mittelstraß: Monade u. Begriff, in: Studia Leibnitiana 2 (1970) 198. – **98** vgl.

Leibniz: Elementa calculi, in: Couturat [93] 49ff.; vgl. Leibniz [95] 67ff. – **99** ders. [95] 74.; vgl. G.H.R. Parkinson: Einl. zu einer Auswahl logischer Schr., in: Heinekamp, Schupp [94] 236–310, 240ff. u. 252ff. – **100** vgl. Parkinson [99] 258ff. – **101** Leibniz [95] 84; – **102** vgl. Parkinson [99] 253ff. u. J. Lukasiewicz: Aristotle's Syllogistic from the Standpoint of Modern Formal Logic (Oxford ²1957) 126ff. – **103** Leibniz: De Arte combinatoria, in: Sämtl. Schr. u. Briefe, hg. v. der preußischen (Dt.) Akad. der Wiss. (1923ff.) VI, 1, 199; Parkinson [99] 245. – **104** vgl. Leibniz: Nouveaux essais sur l'entendement humain (1704; 1. Druck 1765), zit. n. der Ausg. v. J. Brunschwig (Paris 1966) 364; vgl. Y. Styazhkin: History of Mathematical Logic from Leibniz to Peano (Cambridge 1969) 74. – **105** Styazhkin [104] 75ff.; vgl. Leibniz: Non inelegans specimen demonstrandi in abstractis, in: Leibniz [95] 153ff. – **106** Leibniz [95] 432. – **107** vgl. Risse [4] II, 258ff., 268ff. u. Styazhkin [104] 93ff. u. 112ff. – **108** vgl. Styazhkin [104] 161ff. u. 170ff. – **109** Risse [4] II, 294. – **110** ebd. 386. – **111** C. Wolff: Vernünfftige Gedancken ... (1754; ND London 1995) 1; vgl. Risse [4] II, 580ff.; C. Thomasius: Introductio ad philosophiam aulicam (1688); ders.: Einl. zu der Vernunftlehre (1690) u. Ausübung der Vernunftlehre (1691), alle in ders.: Ausg. Werke (ND 1993ff.); vgl. R. Lieberwirth (Hg.): C. Thomasius (1655–1728), mit Bibliogr. (1989); F. Vollhardt (Hg.): C. Thomasius, Neue Forsch. im Kontext der Frühaufklärung (1977) – **112** Wolff [111] 32. – **113** ebd. 91 u. 92. – **114** ebd. 110ff. – **115** ebd. 126ff. – **116** ebd. 198. – **117** ebd. 212ff. – **118** G.F.: Meier Versuch einer allg. Auslegungskunst (1757; ND 1965): vgl. Petrus [62] bes. 136ff. u. 155ff.; allg. A. Bühler (Hg.): Unzeitgemäße Hermeneutik. Verstehen u. Interpretation im Denken der Aufklärung (1994). – **119** vgl. allg. H.W. Arndt: Die L. v. Reimarus im Verhältnis zum Rationalismus der Aufklärungsphilos., in: W. Walter, L. Borinski: L. im Zeitalter der Aufklärung. Stud. zur ‹Vernunftlehre› v. H.S. Reimarus (1980) 59–74. – **120** H.S. Reimarus: Die Vernunftlehre als eine Anwendung zum richtigen Gebrauch der Vernunft (³1766; ND 1979) Bd. 2, Einl. §3. – **121** vgl. W. Schneider: Praktische L. Zur Vernunftlehre der Aufklärung im Hinblick auf Reimarus, in: Walter; Borinski [119] 75–92. – **122** Reimarus [120] 8ff. – **123** ebd. 11 u. 18ff. – **124** ebd. 25 u. 31. – **125** ebd. 52ff. u. 74ff. – **126** ebd. 130ff.; vgl. H.-J. Engfer: Die Urteilstheorie von H.S. Reimarus, in: Walter, Borinski [119] 33–58. – **127** Reimarus [120] 152ff. – **128** ebd. 182f. – **129** ebd. 203. – **130** ebd. 213ff. – **131** ebd. 360ff. – **132** ebd. 278. – **133** ebd. 312ff. – **134** ebd. 282–290. – **135** ebd. 290. – **136** ebd. 291–295. – **137** ebd. 294. – **138** vgl. M. Black: Models and Metaphors (Ithaca 1962). – **139** Reimarus [120] 294. – **140** M. Knutzen: Elementa philosophiae rationalis seu logica (1747; ND 1991) 41 (§10). – **141** J.H. Lambert: Neues Organon (1764), zit. n. der v. G. Schenk bearb. Ausg., 3 Bde. (1990). – **142** ebd. I, 131ff., 164ff. u. III, 730ff. – **143** Styazhkin [104] 112ff. – **144** G.B. Jäsche (Hg.): I. Kants L.: ein Hb. zu Vorles. (1800), zit. I. Kant: Werkausg., hg. v. W. Weischedel, 12 Bde. (1977) VI, 418–582; vgl. N. Hinske: Kants Weg z. Transzendentalphilos. (1970); W. Krings: Art. ‹L., transzendentale›, in: HWPh Bd. 5 (1980) 462–482; R. Pozzo: Kant u. das Problem einer Einl. in die L. (1989); E. Conrad: Kants Logikvorlesungen als neuer Schlüssel zur Architektonik der Kritik der reinen Vernunft (1994); M.J. Vázquez Lobeiras: Die L. u. ihr Spiegelbild. Das Verhältnis von formaler u. transzendentaler L. in Kants philos. Entwicklung (1998) (mit ausf. Bibliogr.). – **145** Leibniz: Monadologie, in Gerhardt [94] 6, 607–623; zit. nach der von C. Frémont hg. Ausg. (Paris 1996) §§ 33 u. 36; Kant, Logik [144] 542; vgl. A. Quinton: The A Priori and the Analytic, in: Proceedings of the Aristotelian Society 64 (1963/64) 32–54 – **146** Kant [144] 532. – **147** ebd. 535. – **148** ebd. 537. – **149** ebd. 561. – **150** ebd. 545ff. – **151** I. Kant: Kritik der reinen Vernunft, A (= Ausg. 1781) 70ff., B (= Ausg. 1787) 95ff. – **152** ebd. B 98/99. – **153** ebd. B 81. – **154** ebd. B 76 u. 82. – **155** ebd. B 79; vgl. Vázquez Lobeiras [144] 154ff. – **156** vgl. Krings [144] Sp. 462ff. u. Vázquez Lobeiras [144] 165ff. u. 190ff. – **157** Kant [151] B 106/7. – **158** ebd. B 107. – **159** Krings [144] 465. – **160** Kant [151] B 125. – **161** ebd. A 94 u. B 129ff. – **162** ebd. B 76. – **163** ebd. B 188ff, 202ff., 225ff., 233ff., 257ff. – **164** ebd. B 86. – **165** ebd. B 396. – **166** vgl. ebd. B 398. – **167** ebd. A 348; vgl. ebd. B 398ff. – **168** ebd. B 454ff. – **169** ebd. A 402ff. – **170** Vázquez Lobeiras [144] 14ff., 58ff. u. 215ff.; zu Hegel: J. McTaggart, E. McTaggart: A Commentary on Hegel's Logic (New York 1964; zuerst 1910); W. Krohn: Die formale L. in Hegels ‹Wiss. der L.› (1972); D. Henrich (Hg.): Die Wiss. der L. und die L. der Reflexion (1978); F.-P. Hansen: G.W.F. Hegel: ‹Wiss. der L.› : ein Kommentar (1997). – **171** Vázquez [144] 15. – **172** J.S. Mill: System of Logic Ratiocinative and Inductive (London 1916; zuerst 1843); vgl. W. Whewell: Philosophy of the Inductive Sciences, 2 Bde. (London 1847; ND 1967). – **173** vgl. Risse [4] 432ff, 463ff., 486ff.; W.S. Howell: Eighteenth-century British Logic and Rhetoric (Princeton 1971) 264ff.; allg. A.J. Ayer (Hg.): British empirical philosophers: Locke, Berkeley, Hume, Reid and J.S. Mill (London ⁴1965); G.R.A. Mall: Der operative Begriff des Geistes : Locke, Berkeley, Hume (1984); A. Ryan: The philosophy of John Stuart Mill (Basingstoke 1987); G. Boss: John Stuart Mill: induction et utilité (Paris 1990); J. Dunn, J.O. Urmson (Hg.): The British empiricists (Oxford 1992); R. Glauser: Berkeley et les philosophes du XVIIe siècle: perception et scepticisme (Sprimont 1999); M. Atherton (Hg.) The empiricists : critical essays on Locke, Berkeley, and Hume (Lanham 1999). – **174** Mill [172] 11. – **175** ebd. 15. – **176** ebd. 19. – **177** ebd. 21ff.; vgl. Eggs [67], Sp. 1247ff. – **178** ebd. 53ff. u. 56ff. – **179** ebd. 67. – **180** ebd. 53. – **181** vgl. oben Kap. B.I. 2. – **182** Mill [172] 52. – **183** ebd. 137. – **184** ebd. 103ff. u. 110. – **185** ebd. 120. – **186** ebd. 122/3. – **187** Kneale, Kneale [44] 371ff. – **188** Mill [172] 299ff. – **189** vgl. ebd. 253ff. – **190** ebd. 260. – **191** ebd. 364ff. – **192** ebd. 520ff. – **193** ebd. 487. – **194** ebd. 530ff., 537ff. u. 542ff. – **195** ebd. 491ff. – **196** vgl. oben Kap. B.I. 1.e. – **197** vgl. J.H. Kiersky, N.J. Caste: Thinking Critically. Techniques for Logical Reasoning (Minneapolis 1998) 275ff.

IV. *Moderne.* **1.** *Im Zentrum: Formalisierung, Algebra und symbolische L.* Die moderne symbolische L., wie sie sich etwa in den 1932, 1947 und 1964 erschienenen Logikeinführungen von LEWIS/LANGFORD, REICHENBACH und QUINE darstellt, ist Ergebnis eines langen Diskussions- und Forschungsprozesses, der nicht nur die Klärung und Präzisierung alter oder zuvor nicht gesehener Probleme betraf, sondern auch die *Form* der Darstellung selbst. So erläutert die ‹Symbolic Logic› von Lewis/Langford im 2. Kapitel noch die BOOLE-SCHRÖDER-Algebra und im daran anschließenden Kapitel zur Termlogik werden noch die algebraischen Symbole + und – verwendet. In seinem zuerst 1918 veröffentlichten ‹Überblick zur symbolischen L›. geht Lewis ausführlich auf die schon klassischen Algebraisierungen von Boole und Schröder ein. Durchsetzen werden sich jedoch – gegen die ‹Begriffsschrift› FREGES – die von PEANO und RUSSELL eingeführten Konventionen, die – abgesehen von einigen unwesentlichen Änderungen – bis heute erhalten geblieben sind. In ihren Anfängen war diese Entwicklung wie schon bei LEIBNIZ noch von der Intention getragen, die aristotelische Syllogistik zu formalisieren. [1] So diskutiert etwa A. DE MORGAN in seiner 1847, also vier Jahre nach Mills ‹System of Logic›, erschienenen ‹Formal Logic› – mit dem programmatischen Untertitel: ‹The Calculus of Inference, Necessary and Probable› (Schlußkalkül, Notwendig und Wahrscheinlich) [2] – im 1. Kapitel die wesentlichen Begriffe der Syllogistik, die er dann nach einem kurzen Kapitel zu den «Objekten, Ideen und Namen» in den Kapiteln 3–8 unter formalen Gesichtspunkten erörtert; dem folgen kurze Kapitel zur Wahrscheinlichkeit und zur Induktion und ein längeres Kapitel zu den Trugschlüssen, in dem sich de Morgan eng an die aristotelischen ‹Sophistischen Widerlegungen› hält – schon äußerlich ein Fremdkörper, weil de Morgan keinerlei Formalisierung vornimmt. Das ist zwar noch das alte Logikgebäude, aber doch von innen aufgelöst. Da die von de Morgan verwendeten Formalismen bzw. Abkürzungen recht ungewöhnlich sind und von ihm auch in späteren Schriften immer wieder geändert werden, kann sich sein Kalkül nicht durchsetzen (so muß etwa die Formel $A, X)Y$ als ‹Universell affirmativ: jedes X ist Y› und die Formel $I, X{:}y$ als ‹Partikular negie-

rend: einige X sind nicht Nicht-Y› gelesen werden). Geblieben sind einmal (i) die schon in der scholastischen Konsequenzlehre vorformulierten ‹de Morganschen Gesetze› (nach denen die Negation der Konjunktion äquivalent mit der Negation der Teilglieder der Disjunktion ist – d.h.: $\sim(p \land q) \equiv \sim p \lor \sim q$; ebenso gilt umgekehrt für die Disjunktion: $\sim(p \lor q) \equiv \sim p \land \sim q$) und zum andern (ii) die Unterscheidung eines *Diskursuniversums* und (iii) erste Formalisierungen zur *Relationslogik*. Klassifiziert man nämlich etwa *Bäume*, so bildet die *Welt der Bäume* ein Diskursuniversum; das zeigt sich gerade auch bei der Negation: so negiert man ja mit ‹Dies ist *keine* Eiche› nicht das ‹Baum-Sein›, sondern bleibt innerhalb der *Welt der Bäume*. Boole wird diese Idee zur Basis seines Kalküls machen. Wenn etwa *x* die Klasse der *Menschen* repräsentiert und *1* das aus *Menschen* und *Nicht-Menschen* gebildete Universum, gilt:
1 – x = Klasse der Nicht-Menschen
Da nun begriffslogisch der ‹Multiplikation› einer Klasse mit sich selbst immer die gleiche Klasse ergibt, verwendet Boole für seine Begriffsalgebra nur die Zahlen 0 und 1 (für die ja gilt: $0^2 = 0$ und $1^2 = 1$). Deshalb gilt auch das Gesetz $x^2 = x$, aus dem auch $(1-x)^2 = 1-x$ folgt (d.h. die Klasse der Nicht-Menschen ergibt mit sich selbst kombiniert wieder die Klasse der Nicht-Menschen).[3] Damit lassen sich die universelle Bejahung oder Verneinung wie folgt darstellen:
  (A) Alle x sind y: $x(1-y) = 0$ [d.h. die Klasse der (x und nicht-y) ist leer]
  (E) Kein x ist y: $xy = 0$ [d.h. die Klasse der (x und y) ist leer]
Aufgrund ihrer Zweiwertigkeit wurde die Boolesche Algebra sowohl auf den Aussagenkalkül (1 entspricht *wahr*; 0 entspricht *falsch*) als auch auf die Mengenlehre bzw. Klassenlogik angewendet (Konjunktion, Disjunktion und Negation entsprechen in der Mengenlehre der Durchschnitts-, der Vereinigungs- und der Komplementmenge); den größten Einfluß hatte die Boolesche Algebra jedoch, in vielfacher Hinsicht präzisiert, in der modernen binären Informatik. Ein Mangel der Booleschen Algebra ist, daß keine *relationalen* Prädikate darstellbar sind. So läßt sich ein Schluß mit einem relationalen Term wie: «Die Katze ist ein Tier; also ist der *Kopf* einer Katze der *Kopf* eines Tiers» mit den Mitteln des aristotelischen Syllogismus nicht lösen, weil dort nur *einstellige* Prädikate zugelassen sind – das wurde schon bei WILHELM VON SHERWOOD, JUNGIUS und LEIBNIZ deutlich. Hier hat die moderne L. in einem vielschichtigen Prozeß der Präzisierung und Vereinfachung von de Morgan über PEIRCE [4], Peano u.a. bis hin zu Russell einfache Symbolisierungen gefunden, die zur modernen *Prädikatenlogik* führten.

Wesentlich für die Herausbildung dieser L. waren [5]: (i) die Aufgabe der aristotelischen Zerlegung der Aussage in Subjekt und Prädikat; (ii) die präzisere Bestimmung der Quantoren. So ist etwa in ‹Peter (a) ist mit Claudia (b) *verheiratet*› zwar *Peter* das grammatische Subjekt, in semantischer Hinsicht besteht hingegen eine symmetrische Relation, die man, wenn man ‹verheiratet mit› mit V darstellt, wie folgt repräsentieren kann: *Vab*. Da diese Schreibweise aus der Algebra entnommen ist, spricht man oft auch davon, daß a und b *Argumente* von V sind. Von hier aus wird verständlich, daß etwa ‹Peter *liebt* Claudia› nicht mehr als ‹Peter ist ein *Claudia-Liebender*› aufgelöst wird, sondern als *Lab*. Die einstelligen Prädikate der alten Syllogistik wie ‹Sokrates *läuft*› lassen sich als *La* darstellen. Setzt man nun in diesen singulären Aussagen für die Eigennamen bzw. singulären Termini a, b, c, ... die Individuenvariablen x, y, z, ... ein, so erhält man für das erste Beispiel *Vxy*. Mit Hilfe des Allquantors *($\forall x$)* und des Existenzquantors *($\exists x$)* läßt sich ‹Alle Menschen sind sterblich› als *($\forall x$) [Mx $\to$ Sx]* darstellen, d.h. ‹Für alle x gilt: wenn x ein M ist, dann ist x auch ein S›, und ‹Ein Mensch läuft› als *($\exists x$)[Mx $\land$ Lx]*, d.h. ‹Es gibt zumindest ein x, für das gilt: x ist ein Mensch und x läuft›. Die klassischen Aussageformen im logischen Quadrat können damit wie folgt dargestellt werden:

A: Alle S sind P   E: Kein S ist P
($\forall x$) [Sx $\to$ Px]   *($\forall x$) [Sx $\to$ ~Px]*
I: Einige S sind P   I: Einige S sind nicht P
($\exists x$) [Sx $\land$ Px]   *($\exists x$) [Sx $\land$ ~Px]*

Daß sich die prädikatenlogische Darstellung weit von der sprachlichen Struktur entfernen kann, mögen die folgenden Beispiele verdeutlichen (die mit Großbuchstaben gekennzeichneten Prädikate entsprechen jeweils den Anfangsbuchstaben der sprachlichen Ausdrücke; Diskursuniversum ist *Menschen*):

(1) $(\forall x)$ [Sx $\to$ Bax] *Peter bewundert alle Schauspieler*
(2) $(\forall x)$ [(Mx $\land$ Gx) $\to$ Lax] *Claudia liebt alle großen Männer*
(3) $(\exists x)$ [$(\exists y)$ [(Jx $\land$ My) $\to$ Lxy]] *Ein Junge liebt ein Mädchen*
(4) $(\exists x)$ [$(\forall y)$ [Lyx]] *Jemand wird von allen geliebt*
(5) $(\forall x)$ [$(\exists y)$ [Lyx]] *Jeder wird von jemandem geliebt*
(6) $(\exists x)$ [Jx $\land$ $(\forall y)$ [My $\to$ Lyx]] *Ein Junge wird von jedem Mädchen geliebt*
(7) $(\forall x)$ [Jx $\to$ $(\exists y)$ [My $\land$ Lxy]] *Jeder Junge liebt ein Mädchen*

Damit läßt sich der Schluß: ‹Alle Mädchen sind Menschen (H); also lieben alle, die ein Mädchen lieben, einen Menschen› wie folgt darstellen (|> = folgt aus):

$(\forall x)$ [Mx $\to$ Hx] |> $(\forall y)$ [$(\exists x)$ (Mx $\land$ Lyx) $\to$ $(\exists x)$ (Hx $\land$ Lyx)]

Relationen können *reflexiv*, *symmetrisch* oder *transitiv* sein bzw. diese Eigenschaften nicht haben; so ist etwa *verheiratet* symmetrisch und *ist Vater von* asymmetrisch; für asymmetrische Relationen gilt offenbar: $(\forall x)$ [$(\forall y)$ [Rxy $\to$ ~Ryx]]. Da nun mit einer Allaussage $(\forall x)$ [Px $\to$ Qx] behauptet wird, daß allen zum Diskursuniversum gehörenden Individuen die Prädikate Q und P zukommen, gilt die Regel der *universellen Spezialisierung*; ebenso kann man mit der Regel der *existentiellen Generalisierung* aus der Wahrheit einer singulären Aussage wie *Pa* darauf schließen, daß es zumindest einen Gegenstand x gibt, dem das Prädikat P zukommt. Ebenso gelten die *universelle Generalisierung* und die *existentielle Spezialisierung* unter bestimmten Voraussetzungen:

Universelle Spezialisierung (*Allbeseitigung*)	$(\forall x)$ [Px]
	|> Pa
Universelle Generalisierung (*Alleinführung*)	Pt
	|> $(\forall x)$ [Px]
Existentielle Spezialisierung (*Existenzbeseitigung*)	$(\exists x)$ [Px]
	|> Pt
Existentielle Generalisierung (*Existenzeinführung*)	Pa
	|> $(\exists x)$ [Px]

Die *universelle Generalisierung* ist nur möglich, wenn es sich um einen *typischen* Vertreter (t) eines Diskursuniversums handelt, der *willkürlich* ausgewählt wird. Dies ist etwa der Fall, wenn ein Lehrer auf der Tafel zwei Punkte A und B markiert und sie durch eine gerade Linie miteinander verbindet und aus der singulären Aussage ‹Diese Linie ist die kürzestmögliche Verbindung zwischen zwei Punkten› auf die Allaussage ‹Jede gerade Linie zwischen zwei Punkten ist immer ihre kürzeste Verbindung› schließt. Da eine Existenzaussage nur besagt, daß ein Prädikat einem a *oder* einem b ... *oder* einem n zukommt (d.h.: Pa ∨ Pb ... ∨ Pn), ist auch eine *existentielle Spezialisierung* nur gültig, wenn es sich um ein *typisches Disjunkt* handelt. [6] Man kann die Quantorenregeln auch als Topoi verstehen, also für die universelle Generalisierung «Wenn einem typischen Vertreter einer Klasse das Prädikat P zukommt, dann kann man schließen, daß P auch allen Individuen dieser Klasse zukommt» und für die universelle Spezialisierung «Wenn allen Vertretern einer Klasse das Prädikat P zukommt, dann kann man schließen, daß es auch einem bestimmten Individuum dieser Klasse zukommt». Damit läßt sich der Barbara-Schluß auf eine singuläre Aussage wie folgt darstellen:

(∀x) [Sx → Px]
Sa

|> Pa

Der hier verwendete Modus ponens muß durch die *Aussagenlogik* bewiesen werden. Schlußregeln lassen sich aus aussagenlogischen Gesetzen bzw. Tautologien ableiten, d.h. aus Aussageverbindungen, die immer wahr sind, unabhängig davon, welchen Wahrheitswert die einzelnen Aussagen haben. Die rein wahrheitsfunktionale Analyse der logischen Verknüpfungen ist in der Moderne vor allem von Peirce und Frege begründet bzw., da sie ja schon in der Stoa vorgenommen wurde [7], wiederentdeckt worden. Konjunktion und (materiale) Implikation werden wie bei Philon definiert, die Disjunktion ist hingegen inklusiv (vgl. Abb. 1).

Solche gültigen Schlußformen werden in der modernen L. nicht mehr als (gemeinsame) Topoi oder wie in der Stoa als Schlußfiguren bezeichnet, sondern als *Schlußschemata*. Prinzipiell lassen sich alle Schlußschemata aus Wahrheitstafeln konstruieren; da dies bei mehr als drei Aussagen zu unübersichtlichen Tafeln führen würde, ist es sinnvoll, eine Reihe von Schlußschemata als bewiesen anzunehmen und diese auf Aussagenverknüpfungen anzuwenden. Diese Schemata bezeichnet man auch als *Schlußregeln*. Es sind dies neben dem *Modus ponens (MP)* (manchmal auch als *Abtrennungsregel* bezeichnet) und dem *Modus tollens (MT)* in der Regel der *Modus tollendo ponens* bzw. der *disjunktive Syllogismus (DS)* (p ∨ q; ~p; |> q), der *hypothetische Syllogismus* (p → q; q → r; |> p → r), die *Konjunktionseinführung (KE)* (p; q; |> p ∧ q), die *Konjunktionsbeseitigung (KB)* (p ∧ q; |> p), die *Disjunktionseinführung* (p; |> p ∨ q), die *doppelte Negationseinführung* (p |> ~~p) und deren *Beseitigung*. Besteht die Konklusion eines Schlusses aus einer Implikation, kann man auch den Konditionalbeweis *(CondB)* verwenden, der einfach darin besteht, das Antezedens als wahr zu setzen; dafür zwei Illustrationen in Abb. 2.

Ein weiteres Beweisverfahren ist, wie schon in der Syllogistik, der *indirekte Beweis* bzw. die *reductio ad absurdum*, die darin besteht, daß man die Negation der Konklusion als wahr annimmt und nachweist, daß dies an irgendeiner Stelle der Ableitung zu einem Widerspruch führt. Der indirekte Beweis kann schließlich mit der ‹Wahrheitsbaum-Methode› verbunden werden. [9] Mit dieser kann man die Konsistenz einer *komplexen* Aussagenverknüpfung nachweisen, indem man zeigt, daß jede einzelne Aussage gleichzeitig wahr sein kann. So läßt sich die Tatsache, daß eine Konjunktion wahr ist, wenn beide Glieder wahr sind, und die Tatsache, daß in einer wahren Disjunktion entweder das eine oder das andere Glied wahr ist, wie in Abb. 3. darstellen.

Hier ist der Wahrheitsbaum für die Implikation hinzugefügt: für diese Verknüpfung gilt, wie schon ein Blick auf die obige Wahrheitstabelle deutlich macht, daß sie wahr ist *entweder*, wenn das Antezedens falsch ist (~p), *oder*, wenn das Konsequenz wahr ist (q). Damit läßt sich indirekt der alte stoische *Modus tollendo ponens* wie in Abb. 4 beweisen.

		Konjunktion	Disjunktion (Alternation)	Implikation (material) || *Gesetz* $[(p \to q) \wedge p] \to q$		
p	q	∧	∨	→	$p \to q$	$\wedge\, p$	$\to q$
w	w	w	w	w	*w*	*w*	*w*
w	f	f	w	f	*f*	*f*	*w*
f	w	f	w	w	*w*	*f*	*w*
f	f	f	f	w	*w*	*f*	*w*

(Abb. 1)

Aus diesen Basisverknüpfungen lassen sich weitere ableiten (etwa Äquivalenz oder die exklusive Disjunktion), ebenso können aus jeder Basisverknüpfung mit Hilfe der Negation die übrigen abgeleitet werden. So leitet etwa Frege die Disjunktion und die Implikation aus der Konjunktion ab. [8] Das obige Schaubild zeigt auch, daß die Aussagenverbindung *[(p → q) ∧ p] → q* tautologisch ist; deshalb ist auch der darauf gründende Modus ponens gültig:

p → q
p

|> q

2. *Alte und neue Probleme im Zentrum.* Im letzten Abschnitt wurde deutlich, daß die moderne formale L. das alte megarisch-stoische und das in der spätscholastischen Konsequenzlehre vorgedachte Forschungsprogramm systematisch ausführt und begründet. Dies gilt auch für die aristotelische Syllogistik, da diese ja von der modernen Prädikatenlogik abgedeckt wird. In unserer Darstellung sollte auch deutlich werden, daß sich die Syntax der symbolischen L. weit von der Syntax der Umgangssprache entfernt hat. Damit verbunden ist auch die Auffassung, daß die symbolische L. nicht von der Umgangssprache her beurteilt werden kann, da sie ein in sich konsistentes System darstellt. Die zum Teil euphori-

q ∧ p; p; |> (p ∧ q) ∧ r   p → q; r → p; |> r → q

1. q ∧ r   Oberprämisse   1. p → q   Oberprämisse
2. p   Unterprämisse   2. r → p   Unterprämisse
3. q   aus 1 durch KB   3. r   Annahme durch CondB
4. r   aus 1 durch KB   4. p   aus 2, 3 durch MP
5. p ∧ q   aus 2, 3 durch KE   5. q   aus 1, 4 durch MP
6. (p ∧ q) ∧ r   aus 4, 5 durch KE   6. r → q   aus 3, 5 und CondB

(Abb. 2)

```
p ∧ q           p ∨ q            p → q
  |            /     \          /     \
  p           p       q        ~p      q
  q
```
(Abb. 3)

   p ∨ q; ~p; |> q)   (MTP)
1. p ∨ q;   Oberprämisse
2. ~p   Unterprämisse
3. ~q   Negierte Konklusion

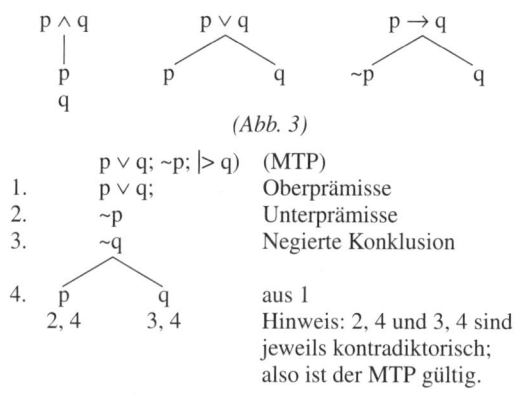

4. p   q   aus 1
   2, 4   3, 4   Hinweis: 2, 4 und 3, 4 sind
                       jeweils kontradiktorisch;
                       also ist der MTP gültig.

(Abb. 4)

schen Versuche, Sprache und L. zusammenzudenken oder sogar Sprache von der symbolischen L. und anderen formalen Systemen her zu analysieren und zu beschreiben [10], haben einer Skepsis, ja sogar Ablehnung gegenüber der symbolischen L. Platz gemacht. Hier bilden semantische Untersuchungen eine gewisse Ausnahme, da sich hier eine formal-logisch beschreibende Forschungsrichtung herausgebildet hat. [11] Trotz ihrer Loslösung von der natürlichen Sprache hat die moderne L., eben weil sie ganz in der Tradition der alten L. steht, von dieser alten L. eine Reihe von Problemen ererbt, die sich in die beiden Problemfelder (i) Referenz von Eigennamen und bestimmten Kennzeichnungen und (ii) Implikation und Folgerung bündeln lassen.

Das Problem der Referenz von Termen ergibt sich allein schon aus der Darstellung einer singulären Aussage mit *Ga*, in der sich der Eigenname *a* auf ein Individuum bezieht, und *G* ein allgemeines Prädikat darstellt, das diesem zugeordnet wird. QUINE setzt diese Zuordnung sogar mit der *Prädikation* in umgangssprachlichen Sätzen wie ‹Mama ist *eine Frau*›, ‹Mama ist *groß*› oder ‹Mama *singt*› gleich: in diesen Sätzen «ist der allgemeine Term das, was prädiziert wird». [12] Dies ist jedoch nur gerechtfertigt, wenn man *Mama* als Eigennamen versteht, da in der nominalistischen modernen symbolischen L. Gattungsnamen keine Referenz oder Supposition mehr haben, sondern als Prädikate behandelt werden, die einem Individuum zugeordnet werden – wie etwa *(1) (∃x) [Mx ∧ Gx]* (Es gibt ein x, das ein Mann ist und das geht) oder *(2) (∀x) [Kx → Fx]* (Wenn x eine Katze ist, hat x ein Fell). Dies entspricht offenbar nicht mehr der traditionellen, dem natursprachlichen Verstand entsprechenden Auffassung, wonach in den Sätzen (1') ‹*Ein Mann* geht› und (2') ‹*Katzen* haben ein Fell› die jeweils in Subjektstellung stehenden Termini etwas Außersprachliches *supponieren* oder *denotieren*. Anders gesagt: mit *ein Mann* oder *Katzen* wird auf bestimmte Gegenstände *referiert*. Auf diese alte Einsicht greift etwa SEARLE in seiner Kritik nominalistischer Theorien zurück, wenn er betont, daß jeder Sprechakt einen *propositionalen Akt* enthält, der sich in einen *Referenzakt* und einen *Prädikationsakt* zerlegen läßt. [13] Vergleicht man damit die prädikatenlogischen Symbolisierungen (1) und (2), so fällt unmittelbar auf, daß in diesen die in jedem Satz vorgenommene *Referentialisierung* überhaupt nicht repräsentiert ist. Eine Formel wie *(∃x) [Mx ∧ Gx]* stellt somit nicht die logische Struktur einer sprachlichen Aussage in referierender Subjektphrase und Prädikationsteil dar, sondern bloß, wie wir sagen wollen, deren *semantische Aussagekonfiguration*. In diesen Konfigurationen tauchen mindestens ein Eigennamen für ein Individuum auf bzw. eine durch einen Quantor gebundene Variable für diese Individuen – also Ga oder (∃x) Gx –, wobei letztere, wie gezeigt, durch die Regeln der universellen bzw. existentiellen Spezialisierung auf Ausdrücke mit Eigennamen zurückgeführt werden können. Von hier wird klar, daß die Frage nach der *Referenz von Eigennamen* zum zentralen Problem der modernen symbolischen L. wurde. Auslöser für eine über Jahrzehnte bis heute dauernde Diskussion dieses Problems war der 1905 erschienene Aufsatz von Russell ‹On Denoting›. [14] Dabei geht es nicht nur um die Referenz auf Einzelnes durch Eigennamen, sondern auch durch *bestimmte Kennzeichnungen* wie ‹der Präsident von Ford›. Ein nicht zu übersehendes äußeres Problem dieser ganzen Diskussion ist jedoch, daß die zentralen Termini nicht immer einheitlich verwendet werden. Hinzu kommt, daß Russell, Quine und viele andere in Wilhelms von Ockham – und nominalistischer – Manier bestimmten Kennzeichnungen in Sätzen wie ‹Scott ist *der Autor von Waverley*› oder ‹Elvis Presley ist *der König des Rock'n'roll*› [15] eine Referenzfunktion zuschreiben, obwohl sie – realistisch gesehen – eine Prädikatsfunktion haben.

Zentrale Bezugsautoren in dieser Diskussion um das Verweisen auf Einzelnes sind Mill und Frege, wobei Mill mit seiner Auffassung, daß Eigennamen nur eine Denotation haben, gleichsam die zu widerlegende Hintergrundsfolie bildet. Für Frege haben Eigennamen hingegen nicht nur eine Denotation, sondern auch eine begriffliche Intension – Frege spricht von *Bedeutung* (= Denotation) und *Sinn* (= Intension), die er aus bestimmten Kennzeichnungen ableitet. So ist etwa die Intension von *Aristoteles* ‹der Schüler Platos› oder ‹der Lehrer Alexanders des Großen›. [16] Vielleicht resultiert diese Auffassung daher, daß Frege zuvor die beiden Kennzeichnungen *Morgenstern* und *Abendstern* analysiert, die ja, obwohl sie verschiedene Bedeutungen haben, auf den gleichen Gegenstand verweisen. Frege bezeichnet *alle* sprachlichen Ausdrücke, die einen bestimmten Gegenstand denotieren, als Eigennamen. Da auch für Russell sprachliche Eigennamen «eine Abkürzung von Kennzeichnungen» sind, muß *Walter Scott* etwa im Sinne von ‹der Autor von Waverley› verstanden werden. [17] Doch Russell geht sogar noch einen Schritt weiter als Frege, da für ihn bestimmte Kennzeichnungen *(definite descriptions)* nur grammatisch als Eigennamen zu verstehen

sind, nicht aber semantisch. Seine Auflösung besteht sinngemäß darin, daß er eine bestimmte Kennzeichnung wie ‹der Autor von Waverley› als ‹Es gibt *jemanden*, der Autor von Waverley ist, und *niemand sonst* ist Autor von Waverley›. Etwas technischer (nach den oben eingeführten Schreibkonventionen)[18]:
Best. Kennzeichnung: (∃x) [Fx] ∧ (∀x) [(∀y) [(Fx ∧ Fy) → (x = y)]]
Der erste Teil der Konjunktion *(∃x) [Fx]* besagt, daß es *mindesten* einen Autor von Waverley (F) gibt, schließt jedoch nicht aus, daß es mehrere gibt; der zweite Teil der Konjunktion garantiert deshalb, daß es *nur* einen gibt: ‹Für alle x und für alle y gilt: wenn x Autor von Waverley ist und y Autor von Waverley, dann ist x identisch mit y›. Fügt man in die obige Formel nach dem Konsequenz (x = y) noch Sx (x schläft) hinzu:
(∃x) [Fx] ∧ (∀x) [∀y) [(Fx ∧ Fy) → ((x = y) ∧ Sx)]]
so erhält man die prädikatenlogische Übersetzung von ‹Der Autor von Waverley schläft›. Versteht man F als ‹Der jetzige König von Frankreich› und S als ‹kahl›, so kann die obige Formel auch im Sinne des Beispielsatzes ‹Der jetzige König von Frankreich ist kahl› gelesen werden. Dieser Satz ist berühmt geworden, weil Russell an ihm seine Auffassung illustriert, daß solche Sätze mit bestimmten Kennzeichnungen nur *wahr* sein können, wenn 1. mindestens ein König von Frankreich existiert, wenn es 2. *nur* einen gibt, und wenn 3. dieser tatsächlich *kahl* ist.[19] Da in ‹der jetzige König von Frankreich ist kahl› – wenn er heute geäußert wird – die 1. Bedingung nicht erfüllt ist, ist diese Aussage falsch. Gegen diese Annahme bringt u.a. STRAWSON vor, bei solchen Sätzen entstünde die Frage nach ihrer Wahrheit oder Falschheit gar nicht.[20] Diesen Einwand wird jeder, dem gesagt wurde ‹Petras Bruder wartet auf dich›, leicht entkräften können – besonders dann, wenn er diesem Ratschlag folgend feststellen mußte, daß der Bruder von Petra gar nicht da war oder sogar, daß er überhaupt nicht existiert.

Aus der These, daß Eigennamen verkürzte Kennzeichnungen sind, folgt nun weiter, daß auch *sprachliche* Eigennamen wie *Sokrates* oder *Walter Scott* logisch als bestimmte Kennzeichnungen zu verstehen sind. Dies hat für Russell den Vorteil, daß man damit Aussagen mit fiktiven Eigennamen wie in ‹*Pegasus* schwebt durch die Lüfte› als falsch behandeln kann, weil sie – als Kennzeichnung verstanden (etwa ‹das geflügelte Pferd, das von Bellerophon gefangen wurde›) – die obige Bedingung 1 nicht erfüllen. Quine radikalisiert diese Auffassung durch das nach ihm benannte *Quining* – TOMASSI spricht von einer nützlichen Verschönerung *(useful embellishment)*[21] – das darin besteht, daß man, wenn man keine bestimmte Kennzeichnung parat hat, einfach den fraglichen Namen zu einer bestimmten Kennzeichnung macht, also etwa *das Ding, das pegasiert* («the thing that pegasizes»[22]). Hier wird die alte sprachhistorische Einsicht, daß wohl alle Eigennamen aus bestimmten Kennzeichnungen entstanden sind, aus Gründen der *l'art pour l'art* in ihr Gegenteil verkehrt. Russell selbst geht nicht so weit. Für ihn gibt es nämlich einen Eigennamen in der natürlichen Sprache, der genau dem logischen Eigennamen entspricht, nämlich das Demonstrativum *dies*. Danach wäre *Ga* zu verstehen als ‹Dies-da geht›.[23] Da dieser Satz nur sinnvoll ist, wenn man *dies-da* sinnlich wahrnimmt, ist mit ihm zugleich die Existenz von *dies-da* gegeben. Diese Auffassung läßt sich leicht widerlegen: einmal durch den Hinweis, daß Eigennamen *situationsunabhängig* gebraucht werden können, nicht aber das Demonstrativum, das immer an die Äußerungssituation gebunden bleibt; zum andern kann man auf das von den Stoikern intensiv diskutierte Problem der Bedeutung von Sätzen mit deiktischen Ausdrücken wie etwa ‹*Dieser-da* ist heute morgen gestorben› hinweisen. In der obigen Erörterung wurde deutlich, daß die Demonstrativa keine Intension haben, sondern nur eine *Verwendungsbedeutung*, die darin besteht, *diesen-Gegenstand-da* unter irgendeine Art oder Gattung zu bringen, die sich aus dem Wahrnehmungsraum und dem Thema eines Gesprächs plausibel ergibt.[24] Das sagen auch TUGENDHAT/WOLF in ihrer Kritik an Russell, ohne jedoch die wesentliche Bedingung, daß das Thema bekannt sein muß, zu berücksichtigen: Das Charakteristische bei der Verwendung von *dies* ist nämlich, «daß es jeweils den in der Wahrnehmungssituation gemeinten Gegenstand bezeichnet und daher in verschiedenen Wahrnehmungssituationen verschiedene Gegenstände bezeichnet».[25] Daß das Thema bekannt sein muß, kann man sich an einer Gesprächssituation wie in einem Krankenhauszimmer mit mehreren belegten Betten, an denen jeweils ein Stuhl steht, klar machen. In dieser Situation kann ‹Dieser-da ist morgen verschwunden› sowohl einen *Patienten* oder den neben seinem Bett stehenden *Stuhl* bezeichnen. Weiß man hingegen, daß es in diesem Gesprächskontext um das Entfernen von unnötigem Mobiliar geht, wird wohl keiner auf die Idee kommen, daß ein Patient morgen verstorben sein wird (sofern man diesen Satz als Metapher versteht). Aus dem Gesagten folgt weiter, daß das Verstehen des mit einem Demonstrativum Gemeinten immer schon seine *Identifizierung* als ‹zu-einer-bestimmten-Art-gehörend› voraussetzt.[26]

Da diese Russellsche ‹Theory of definite descriptions› eine Fülle von offenen Fragen stellt, ist sie von mehreren Seiten, nicht immer mit überzeugenden Argumenten, kritisiert worden.[27] So weist Tugendhat zu Recht darauf hin, daß das Problem der Eigennamen und bestimmten Kennzeichnungen im Zusammenhang mit anderen *singuläre Referenz* herstellenden Ausdrücken diskutiert werden muß. Er unterscheidet vier Arten der Referenzherstellung mit bestimmten Kennzeichnungen (Tugendhat bezeichnet diese auch als singuläre Terme)[28]:
(1) Durch einen demonstrativen Ausdruck: ‹dieser Berg›
(2) Durch eine bestimmte Kennzeichnung mittels raumzeitlicher Relationen: ‹der Berg, der sich an der Kreuzung von dem und dem an dem Breitengrad und dem und dem Längengrad befindet›
(3) Durch andere eindeutige Relationen zu etwas Identifiziertem: ‹der Mörder von Herrn Maier›
(4) Durch eine einzige Eigenschaft: ‹der höchste Berg›
(1)/(2) unterscheiden sich von (3)/(4) dadurch, daß erstere raumzeitliche Kennzeichnungen sind, während letztere durch Angabe eines Merkmals – im 3. Fall eines relativen, im 4. Fall eines absoluten Merkmals referieren. Diese Klassifikation ist aus linguistischer Sicht problematisch, einmal, weil sich singuläre Ausdrücke wie (1) von den übrigen wesentlich dadurch unterscheiden, daß sie immer nur *situationsabhängig* (bzw. in Texten *kontextabhängig*) verwendet werden können; zum andern, weil Superlative von Natur aus *relative Terme* sind, da sie immer in Relation zu den übrigen Gegenständen eines Ensembles stehen: ‹der höchste Berg› ist somit etwa als ‹der höchste Berg *von den Bergen* in den Alpen› zu verstehen. In dieser Form unterscheidet sich dieser singuläre Ausdruck offenbar nicht mehr von (3), da in beiden die Referenz durch einen *Eigennamen* (Meier, Alpen) und einen allgemeinen *relativen Term* hergestellt wird. Diese Analyse trifft auch für (2) zu, weil die Angabe

eines Längengrads wie ein Eigenname fungiert. Das wird an einem alltagsweltlichen Beispiel leicht einsichtig: Das Haus, das sich an der Kreuzung der *Bundestraße 3* und der *Bundestraße 6* befindet. Selbst eine *ad hoc*-Angabe *an der Bundestraße 3 am km 45* wird wie ein Eigenname verwendet. Stellt man nun die beiden verbleibenden Varianten (1) und (2)/(3)/(4) zusammen:

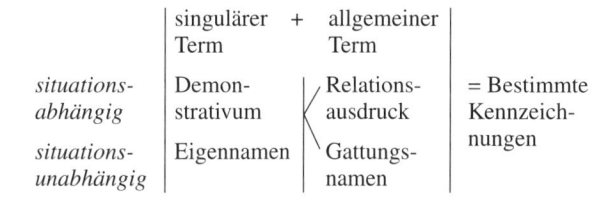

	singulärer + Term	allgemeiner Term	
situationsabhängig	Demonstrativum	⟨ Relationsausdruck	= Bestimmte Kennzeichnungen
situationsunabhängig	Eigennamen	⟨ Gattungsnamen	

so wird evident, daß bestimmte Kennzeichnungen aus einem singulären und einem allgemeinen Term bestehen. Bedenkt man zusätzlich, daß – im Gegensatz zu einer nicht nur im Alltagsverstand, sondern auch in der Sprachphilosophie weit verbreiteten Meinung – der mit einem Demonstrativum eingeführte Gegenstand schon dem Hörer in dessen Wahrnehmungsraum oder Diskursuniversum *bekannt* sein muß (vgl. etwa das obige Beispiele ‹*Dieser-da* ist morgen verschwunden›)[29], ergeben sich folgende Konsequenzen: (i) eine bestimmte Kennzeichnung ist *kein* singulärer Term, sondern eine *Ausdrucksverbindung* (bzw. ein *Syntagma*) mit einem singulären und einem allgemeinen Term; (ii) allein aufgrund des singulären Terms kommt einer bestimmten Kennzeichnung die *Funktion* zu, auf einen singulären Gegenstand referieren zu können; (iii) da das mit dem singulären Term bezeichnete Referenzobjekt bekannt sein muß, werden diesen Syntagmen durch den *bestimmten* oder den *demonstrativen* Artikel markiert (zu dessen Gebrauchsbedeutung u.a. die Bekanntheit gehört). Diese Syntagmen können durch andere *deiktische* Ausdrücke ersetzt bzw. ergänzt werden – wie etwa ‹*dein* Bruder› (Possessiva), ‹*der* Mann *da drüben*› (lokale Deixis), ‹*die* Nachricht *von gestern*› (temporale Deixis), ‹*ihre* Bemerkung *von eben*› (gemischt) usw., die jeweils spezifische Gebrauchsbedingungen haben. Die deiktischen Mittel können auch *situationsabhängig* ohne allgemeinen Ausdruck verwendet werden (*dies, da drüben, jetzt* usw. und natürlich die Personalnomen *ich, du, wir* und *ihr*). Aus all dem folgt, daß man nur im Falle von Eigennamen und den genannten deiktischen Ausdrücken sinnvollerweise von *singulären* Termen sprechen kann. Von diesen sind *Unika*, d.h. Terme wie *Sonne* oder *Erde* zu unterscheiden, mit denen man ebenfalls eine singuläre Referenz herstellen kann.

Von hier aus stellt sich die Frage, warum die logische Theorie die bestimmte Kennzeichnung mit einem solch großen apparativen Aufwand beschreibt. Dieser wird besonders klar sichtbar, wenn man die Formel einer Aussage mit einer bestimmten Kennzeichnung der mit einem Eigennamen gegenüberstellt:
(i) Mit bestimmter Kennzeichnung: $(\exists x) [Fx] \wedge (\forall x) [(\forall y) [(Fx \wedge Fy) \rightarrow ((x = y) \wedge Sx)]]$
(ii) Mit Eigennamen: Sa
Die Umgangssprache ist hier sicher eleganter, da sie ja (i) mit ‹Der Autor von Waverley schläft› und (ii) mit ‹Scott schläft› wiedergeben kann. Von hier aus scheint es plausibel, diesen Aufwand damit zu erklären, daß in bestimmten Kennzeichnungen allgemeine Namen vorkommen, die *per definitionem* im modernen Logikkalkül keine Referenz haben können und dürfen. Daraus erklären sich weitere Mängel der Formel für bestimmte Kennzeichnungen: sie repräsentiert nämlich eine *Aussage* und nicht, wie die entsprechende sprachliche Form, einen *Ausdruck*. Kurz: sprachliche Ausdrücke werden zu Sätzen uminterpretiert. Gravierender ist, daß die bestimmte Kennzeichnung als allgemeiner Term begriffen wird (in der Formel als F wiedergegeben). Dies verstößt gegen die alltagsweltliche Evidenz, daß man in ‹der Autor von *Waverley*› (für Scott), ‹der, der *Remus* tötete und *Rom* gründete› (für Romulus), ‹*Ockhams* Rasiermesser› (für eine bestimmte singuläre Theorie), ‹der König des *Rock'n'roll*› (für Elvis Presley) usw. jeweils mindestens einen singulären Term hat. Diese Standardbeispiele aus der Forschungsliteratur machen nicht nur deutlich, daß *Metaphern* oder allgemein *Tropen* auch in modernen Logikabhandlungen ein munteres Leben führen, sondern auch, daß das Phänomen der bestimmten Kennzeichnung – und das heißt allgemein der *sprachlichen Referenz* – nur dann adäquat erklärt und beschrieben werden kann, wenn es aus einer allgemeinen Theorie des *normalen und tropischen* Sprachgebrauchs heraus analysiert wird. Das können schon Beispiele wie die Metapher in ‹*Der Eisberg* zeigt endlich Gefühle› oder die Antonomasie wie in ‹*Dieser selbsternannte Goethe* hat schon wieder einen unsäglichen Text produziert› unterstreichen.[30] Doch auch weitere Standardbeispiele aus der Literatur machen diese Notwendigkeit deutlich. So ist ja ‹der Lehrer *Platons*› (für Sokrates) noch leicht nachvollziehbar (sofern man die implizite Folgerung zieht, daß Platon nur *einen* Lehrer hatte), semantisch opaker sind jedoch ‹der Schüler *Platons*› (für Aristoteles) oder ‹der Philosoph, der *den Giftbecher trank*› (für Sokrates), die man nur verstehen kann, wenn man sie tropisch als ‹der *beste* Schüler *Platons*› bzw. als ‹der Philosoph, auf den das *singuläre Faktum:* er mußte einen Giftbecher in der und der Situation trinken, zutrifft› versteht. Anders müssen Referentialisierungen durch ‹der Philosoph› (für Aristoteles) oder ‹der Apostel› (für Paulus), die man traditionell als verallgemeinernde Antonomasie bestimmt hat, behandelt werden, da in ihnen kein singulärer Term oder singulärer Sachverhalt enthalten sind. Solche Referentialisierungen sind verstehbar, wenn man sie im Sinne von ‹derjenige in der *Menge* der Philosophen, dem *am meisten* das Prädikat *Philosoph* zukommt› interpretiert. Das entspricht der schon von Wilhelm von Ockham vorgenommen Analyse eines Satzes wie ‹Der *Apostel* sagt das›: hier supponiert nämlich «ein Term genau für dasjenige, dem er am ehesten zukommt *(maxime convenit)*».[31] Die Tatsache, daß Wilhelm von Ockham zusammen mit vielen Logikern seiner Zeit die über Tropen hergestellte Referenz als genuinen Gegenstand der Suppositionslehre begriff, macht zugleich deutlich, daß die Forderung nach einer allgemeinen Theorie des normalen und tropischen Sprachgebrauchs als ein altes – immer noch nicht eingelöstes – Forschungsprogramm zu verstehen ist.

Der gravierendste Mangel des modernen Standardkalküls ist freilich darin zu sehen, daß er die Tatsache, daß in natürlichen Sprachen sehr wohl auf Arten referiert werden kann, nicht berücksichtigt. So verweist CARLSSON auf die Existenz von Artprädikaten wie ‹Der Tiger *ist vom Aussterben bedroht*› oder ‹Das Kaninchen *wurde im 19. Jahrhundert in Australien eingeführt*›. Hier wäre es geradezu widersinnig, diese Sätze wie ‹Für alle x gilt: wenn x ein Tiger ist, dann ist x vom Aussterben bedroht› wiedergeben zu wollen. Ebenso kann man sich mit ‹*Diese Rose wächst hier gut*› nicht nur auf ein singuläres Exemplar beziehen, sondern eben auch auf *diese Art von Rose*. Im Deutschen haben Sätze wie ‹Dieses Hemd *läßt sich leicht bügeln*› nicht nur einen generischen Referenten, sondern drücken auch eine *intrinsische* Eigenschaft einer Art aus; da das letzte Merkmal in ‹Dieses Hemd *kann man auch bei Karstadt kaufen*› nicht enthalten ist, führt die Verwendung von ‹Dieses Hemd *läßt sich bei Karstadt kaufen*› zu einem nicht korrekten Satz. Die Relevanz der Unterscheidungen von verschiedenen Arten der generischen Referenz läßt sich auch daran ermessen, daß die gleichen Unterscheidungen auch in anderen Sprachen gemacht werden, freilich mit anderen sprachlichen Mitteln: so muß etwa das Intrinsisch-Generische im Französischen durch pronominale Konstruktionen wie ‹Cette chemise *se repasse* facilement› wiedergegeben werden, während das nur Möglich-Generische durch Konstruktionen wie ‹On peut acheter cette chemise chez Karstadt› ausgedrückt werden kann. Schließlich erweist sich eine auf den ersten Blick absurde Äußerung wie ‹*Diese Zeitung* kaufe ich nicht mehr› als durchaus sinnvoll, wenn man sich klar macht, daß hier nicht auf ein singuläres Exemplar referiert wird, sondern eben auf *diese Art von Zeitung*. Da man in bestimmten Situationen einfach ‹Diese kaufe ich nicht mehr› sagen kann, folgt, daß man sogar auf Arten *zeigen* kann. Da diese Feststellung jeden Nominalisten empören muß, sei sie kurz präzisiert. Mit ‹*Dieses Hemd* kann man bei Karstadt kaufen› oder auch mit ‹*Die Katze* hat ein weiches Fell› bezieht man sich weder auf ein Einzelding noch auf eine allgemeinabstrakte Art, sondern vielmehr auf das *Eidos* dieses Dings, d.h. *auf eine in ihm sichtbare und demzufolge reale Gestalt*, die sich auch in anderen Einzeldingen *grosso modo* wiederfindet. Das Wissen um diese Gestalt, das sich als begriffliche Repräsentation auffassen läßt, macht die Intension eines allgemeinen Terms aus. Deshalb kann man auch die in einem Elementarsatz wie ‹Da drüben ist *eine Katze*› gemachte Prädikation auch dann verstehen, wenn man weiß, daß dem Begriff der Katze ein realer Gegenstand *von der und der Gestalt* entspricht. Diese Referenz auf allgemeine Gestalten im Einzelnen wird deshalb nur *grosso modo* vorgenommen, weil man ja durchaus sagen kann, ‹eine seltsame Katze, sie hat kein weiches Fell› oder sogar ‹Das ist zwar eine Katze, aber *keine richtige*›, dann nämlich wenn sic sich nicht artgerecht verhält. Bei solchen Individuativa, die sich auf abzählbare ‹gestaltete Materien› beziehen, kann man auch im Sinne von Frege und Strawson von *sortalen* Termini sprechen.[32] Diese sind referentiell (*Meine Katze* ist verschwunden) als auch prädikativ (Dies ist *eine Katze*) verwendbar.[33]

Auch bei der *Implikation* und damit verbunden der *Folgerung* stellt sich wie schon für die Stoa die Frage, ob ihre wahrheitsfunktionale Definition dem umgangssprachlichen Konditional entspricht. Wenn in Logikhandbüchern auf diese Frage eingegangen wird, dann geschieht dies immer so, daß die (materiale) Implikation scharf gegen das sprachliche Konditional abgegrenzt wird. Insofern bildet Frege eine Ausnahme, wenn er in seiner frühen Schrift ‹über *Sinn und Bedeutung*› mehrere Formen komplexer Sätze des Deutschen erörtert. Hier formuliert er u.a. die Vermutung, daß in

(1) *Napoleon, der die Gefahr für seine rechte Flanke erkannte, führte selbst seine Garden gegen die feindliche Stellung*

neben dem im Haupt- und Nebensatz ausgedrückten ‹Gedanken› ein dritter Gedanken enthalten ist, nämlich, «daß die Erkenntnis der Gefahr der Grund» für den im Hauptsatz genannten Sachverhalt war.[34] Die gleiche Analyse nimmt er für den Kausalsatz (2) «Weil das Eis spezifisch leichter als Wasser ist, schwimmt es auf dem Wasser» vor, der deshalb für ihn drei Gedanken (bzw. Aussagen) enthält [35]:

(i) das Eis ist spezifisch leichter als Wasser;
(ii) wenn etwas spezifisch leichter als Wasser ist, so schwimmt es auf dem Wasser;
(iii) das Eis schwimmt auf dem Wasser.

Auffallend ist, daß Frege hier nicht auf den Unterschied zwischen dem *generischen* Konditional (ii) und den beiden übrigen Aussagen (i) und (iii) abhebt, sondern nur zeigen will, daß der Nebensatz in (2) den Gedanken (i) und einen Teil des Gedankens (ii) ausdrückt, was wiederum erklärt, daß man nicht den Wahrheitswert des im Nebensatz von (2) ausgedrückten Gedankens (i) ändern kann, weil dadurch auch der Gedanke (ii) geändert würde. Anders gesagt, für die Wahrheit des Satzes (2) genügt es nicht, daß die beiden Teilsätze wahr sind, auch der Satz (ii) muß wahr sein, da mit ihm der *Grund* für die Tatsache, daß Eis auf dem Wasser schwimmt, angegeben wird. Unmittelbar im Anschluß an dieses Beispiel führt Frege folgenden Satz auf:

(3) *Wenn Eisen spezifisch leichter als Wasser wäre, so würde es auf dem Wasser schwimmen.*

Diesen Satz interpretiert er wie das Beispiel (2) und übersieht so, daß ein *widerlegendes hypothetisches Argument* vorliegt, das nach dem Modus tollens schließt (oder auch um ein *hypothetisches Argument*, das im Sinne einer Prognose zu verstehen ist). Ebenso übersieht er im Beispiel (4), daß es sich um ein hypothetisches Argument handelt:

(4) *Wenn jetzt die Sonne schon aufgegangen ist, ist der Himmel stark bewölkt.* Dieses Beispiel kommentiert Frege wie folgt: In diesem Satz «ist die Zeit die Gegenwart, also bestimmt. Auch der Ort ist als bestimmt zu denken. Hier kann man sagen, daß eine Beziehung zwischen den Wahrheitswerten des Bedingungs- und Folgesatzes gesetzt sei, nämlich die, daß der Fall nicht stattfinde, wo der Bedingungssatz das Wahre und der Nachsatz das Falsche bedeutet. Danach ist unser Satz wahr, sowohl wenn jetzt die Sonne noch nicht aufgegangen ist, sei nun der Himmel stark bewölkt oder nicht, als auch wenn die Sonne schon aufgegangen ist und der Himmel stark bewölkt ist. Da es hierbei nur auf die Wahrheitswerte ankommt, so kann man jeden der Teilsätze durch einen anderen vom gleichen Wahrheitswerte ersetzen, ohne den Wahrheitswert des ganzen zu ändern.»[36] Hier erläutert Frege offenbar die Implikation – freilich am Beispiel eines hypothetischen Arguments. Diese *Ableitung* der Implikation aus einem hypothetischen Argument ist deshalb möglich, weil in dieser Form eines *wenn*-Satzes – und nur in dieser – durch das Hypothetischsetzen des Antezedens *alle* für die Implikation geforderten Wahrheitsbedingungen vorliegen. Das läßt sich an einem Prognoseargument zeigen:

(5) *Wenn du Peter jetzt anrufst (p), freut er sich (q)*

Diese Prognose wird verifiziert, wenn mein Gegenüber jetzt anruft und Peter sich freut (w w); wenn er nicht anruft, folgt aus meiner Prognose, daß Peter sich nicht freut (f f), aber es ist nicht ausgeschlossen, daß er sich freut (f w). Wenn mir in diesem Fall mein Gegenüber vorwirft, ich hätte eine falsche Prognose gemacht, kann ich ihn leicht widerlegen, da ich keine Behauptung darüber, ob Peter sich freut oder nicht, gemacht habe, sondern nur prognostiziert habe, daß er sich *unter der Hypothese, daß mein Gegenüber ihn anruft,* freut. Ist diese Hypothese nicht der Fall, greift meine Prognose nicht. Bleibt der *Enttäuschungsfall,* daß mein Gegenüber anruft, Peter sich aber nicht freut (w f). Hier wird mir mein Gegenüber zu Recht vorwerfen, daß meine Prognose falsch ist und eventuell sogar die Erstattung der Telefonkosten verlangen. Hier habe ich zwei Möglichkeiten: entweder spiele ich den Bösewicht (Ich wollte Dich reinlegen) oder den Logiklehrer (Ich wollte Dich nur sinnlich erfahren lassen, wann ein Implikation falsch ist). Das Beispiel verdeutlicht, daß man die materiale Implikation leicht aus einer Situation, in der ein hypothetisches Argument verwendet wird, verstehen *und konstruieren* kann. Da auch, wie BARNES beobachtet hat, in der späten Stoa die Implikation häufig mit hypothetischen Argumenten erläutert wird, gewinnt die These, daß sie nichts anderes als eine Hypostasierung der im hypothetischen Argument gegebenen Wahrheitskonfigurationen darstellt, an Plausibilität.[37] Um nun solche Enttäuschungsfälle wie den skizzierten zu vermeiden, hat Lewis die *strikte Implikation* eingeführt, die er wie folgt definiert[38]:

p ⇒ q ≡ ~M(p ∧ ~q)

d.h. die strikte Implikation (⇒) ist nur dann wahr, wenn es nicht möglich (M) ist, daß p wahr und q falsch ist. Damit wird genau unser Problemfall ausgeschlossen, in dem p wahr und q falsch ist. Da diese Formel äquivalent mit: $p \Rightarrow q \equiv N(p \rightarrow q)$ ist, kann man auch sagen, die strikte Implikation liegt vor, wenn q notwendig aus p folgt. Da dieser Begriff der strikten Implikation freilich nicht alle von der materialen Implikation ableitbaren Aussagen ermöglicht und auch zu Paradoxien führt, konnte er sich nicht durchsetzen. Diese *Paradoxien der strikten Implikation* sind u.a.: ‹aus einer unmöglichen Aussage folgt jede beliebige Aussage› und ‹eine notwendige Aussage folgt aus jeder beliebigen Aussage›[39] – zwei Paradoxien, die uns schon in der Spätscholastik bei BURLEIGH als Varianten des Topos ‹aus dem Weniger› bzw. bei Wilhelm von Ockham als materiale Folgerung begegnet sind.[40] Auch für den alltagsweltlichen bzw. rhetorischen Folgerungsbegriff ist die strikte Implikation nicht brauchbar, obwohl sie auf den ersten Blick eher diesem (d.h. auch dem in den Logiken der Aufklärung vertretenen) Folgerungsbegriff entspricht. Der Grund ist, daß durch diese strikte Festlegung die Möglichkeit des Andersseins, d.h. Argumente aus dem Wahrscheinlichen ausgeschlossen sind.

Doch der Nachweis, daß die materiale Implikation aus dem hypothetischen Argument entwickelt wurde, führt zu einer viel weitreichenderen Konsequenz, nämlich daß im modernen Logikkalkül *generische Sachverhaltszusammenhänge* (wie: Immer dann, wenn es regnet, wird die Straße naß) gar nicht behandelt werden können. Hypothetische Argumente thematisieren ja immer *singuläre Sachverhalte* – genauso wie die materiale Implikation (und alle übrigen Aussageverbindungen). Der Grund folgt aus der L. des Aussagenkalküls selbst: die Teilsätze, aus denen irgendeine Aussagenverbindung konstruiert wird, können ja nur dann verifiziert werden, wenn sie *singuläre Aussagen* sind. Kurz: die Satzvariablen p, q, r, ... sind per definitionem singuläre Aussagen. Da, wie deutlich wurde, in der Prädikatenlogik nur Individuen quantifiziert werden können, die freilich zur Verifizierung über die existentielle oder universelle Spezialisierung auf singuläre Aussagen zurückgeführt werden, besteht die Welt in diesem – wie man wohl sagen muß – logizistischen Modell bloß aus singulären Tatsachen: «Die Welt ist die Gesamtheit der Tatsachen, nicht der Dinge», «die Gesamtheit der Tatsachen bestimmt, was der Fall ist und auch, was nicht der Fall ist» und: «Die Tatsachen im logischen Raum sind die Welt» – diese Konsequenzen hat der frühe WITTGENSTEIN aus diesem logizistischen Modell gezogen, Konsequenzen, die man nicht einmal als radikal bezeichnen kann, da sie diesem Modell immanent sind: «Die Welt zerfällt in Tatsachen.»[41] Da auch die in der analytischen Philosophie entwickelten Wahrheitstheorien – d.h. im wesentlichen die Redundanztheorie von RAMSEY und die semantische Wahrheitstheorie von TARSKY, die beide mit der alten Korrespondenztheorie der Wahrheit zusammenhängen – diese atomistische Welt von singulären Tatsachen voraussetzen, können sie nur allgemeine Bedingungen formulieren, wann Aussagen als wahr gelten, nicht aber, wann und warum bestimmte Sachverhaltszusammenhänge als wahr behauptet werden dürfen.[42] Das läßt sich auch an den Beispielen, die in logischen Handbüchern für Aussageverbindungen gegeben werden, ablesen. In ihnen kommen generische Aussagen über Sachverhaltszusammenhänge höchstens aus Versehen vor; wenn überhaupt alltagsweltlich plausible Beispiele gegeben werden, dann sind singuläre Aussagen wie die folgenden typisch:

(1) Wenn durch *diese* Spule elektrischer Strom geflossen ist, dann gibt es ein elektrisches Feld in der Umgebung der Spule

(2) *Großbritannien* wird die Europ. Union verlassen, wenn Labour gewinnt.

Es handelt sich somit um Aussagen, in denen ein singulärer Term bzw. eine bestimmte Kennzeichnung vorkommt, die nicht nur bewirken, daß eine singuläre Referenz hergestellt wird, sondern auch daß – zusammen mit einem passenden Tempus oder Modus – ein singulärer Sachverhalt bezeichnet wird (die Zusatzbedingung ist notwendig, weil etwa ‹(Immer) wenn *Peter* raucht, ist er guter Laune› generisch ist). Erstaunlich ist, daß auch Beispiele mit allgemeinen Termen gegeben werden:

(3) Wenn *der* Mensch von Affen abstammt, dann stammt er von Tieren ab.

(4) *Feuer* breitet sich nicht aus, wenn kein *Sauerstoff* vorhanden ist.[43]

Feuer und *Sauerstoff* sind sog. Kontinuativa bzw. Stoffnamen, die, da sie kein Eidos haben, nicht abzählbar sind; ihre (onto)logische Besonderheit besteht darin, daß die Wegnahme bzw. Hinzufügung eines Teils immer das Ganze ergibt (Ein Tropfen Wasser ist immer noch Wasser).[44] Hinzu kommt, daß Wasser zwar an verschiedenen Stellen der Welt vorkommt, aber immer das *gleiche* Wasser ist. Von hier aus erklärt sich, daß man Sätze wie (4) als singuläre Aussagen verstehen kann, obwohl in ihnen ein generischer Sachverhaltszusammenhang ausgedrückt wird. (3) ist ein schönes Beispiel dafür, daß auch in der modernen L. Arten versehentlich *wie Einzelnes* behandelt werden. Was ist das Spezifikum generischer Aussagen über Sachverhaltszusammenhänge? Auch hier hat der Vater der modernen L. Frege eine Beobachtung gemacht, die über seine eigene wahrheitsfunktionale Bestimmung der Aussageverbindungen hinausweist. Er wendet sich nämlich dezidiert gegen Auffassungen, die in Konditionalsätzen wie den beiden folgenden zwei verschiedene Gedanken (= Aussagen) sehen wollen:

(5) Wenn eine Zahl kleiner als 1 und größer als 0 ist, so ist auch ihr Quadrat kleiner als 1 und größer als 0.

(6) Wenn sich die Sonne im Wendekreis des Krebses befindet, haben wir auf der nördlichen Erdhälfte den längsten Tag.

In beiden Sätzen muß nach Frege «ein unbestimmt andeutender Bestandteil» anerkannt werden. «Eben dadurch wird aber auch bewirkt, daß der Bedingungssatz allein keinen vollständigen Gedanken als Sinn hat und mit dem Nachsatze zusammen einen Gedanken, und zwar nur einen einzigen, ausdrückt, dessen Teile nicht mehr Gedanken sind.» [45] Diese Feststellung ist völlig konsistent mit der schon zitierten, zum Satz (2) «Weil das Eis spezifisch leichter als Wasser ist, schwimmt es auf dem Wasser» gemachten Feststellung, daß in diesem die drei Gedanken (i)-(iii) enthalten sind, insbesondere aber der Konditionalsatz:

(ii) Wenn etwas spezifisch leichter als Wasser ist, so schwimmt es auf dem Wasser.

Der Grund, daß im Kausalsatz drei Gedanken enthalten sind, ist einfach der, daß in diesem Satztyp die beiden anderen Gedanken:

(i) das Eis ist spezifisch leichter als Wasser und
(iii) das Eis schwimmt auf dem Wasser

als *faktisch bestehend* präsupponiert werden, also einen *Wahrheitswert* haben. Deshalb sagt Frege zum Satz (6): «hier ist es unmöglich, den Sinn des Nebensatzes in einem Hauptsatze auszudrücken, weil dieser Sinn kein vollständiger Gedanke ist; denn, wenn wir sagten: ‹die Sonne befindet sich im Wendekreis des Krebses›, so würden wir das auf unsere Gegenwart beziehen und damit den Sinn ändern. Ebensowenig ist der Sinn des Hauptsatzes ein Gedanke; erst das aus Haupt- und Nebensatz bestehende Ganze enthält einen solchen.» [46] D.h. der wahrheitsfähige Satz ‹Die Sonne befindet sich jetzt im Wendekreis des Krebses› hat einen *anderen Sinn,* wenn er als Nebensatz und Antezedens in einer generischen Aussage wie (6) verwendet wird: dort nämlich ist er für sich *kein Gedanke*; er bildet vielmehr erst mit dem Hauptsatz oder Konsequens *einen* Gedanken. Daß Frege hier sehr wohl generische Konditionalsätze im Blick hat – ohne dies explizit zu sagen –, folgt aus der Tatsache, daß er andere Konstruktionen, in denen generische Sachverhaltszusammenhänge ausgesagt werden, anführt: «Es ist einleuchtend, daß Nennsätze mit wer, was und Adverbsätze mit *wo, wann, wo immer, wann immer* vielfach als Bedingungssätze dem Sinne nach aufzufassen sind, z.B. *Wer Pech angreift, besudelt sich.*» [47] In seinen knapp 30 Jahre später erschienenen ‹Logischen Untersuchungen› bemerkt er hingegen zu: (7) ‹Wenn der Angeklagte zur Zeit der Tat nicht in Berlin gewesen ist, hat er den Mord nicht begangen›, daß hier drei Gedanken vorliegen, «nämlich der ganze Gedanke und die Bedingung und die Folge». Daß Frege hier die materiale Implikation im Blick hat, folgt daraus, daß er die Kontraposition (Wenn er den Mord begangen hat, dann war der Angeklagte nicht zur Zeit der Tat in Rom) explizit als Gesetz erwähnt: «Die Engländer nennen diesen Übergang *contraposition.*» [48] Damit ist nicht nur der fundamentale Widerspruch in Freges Analyse des Konditionals aufgedeckt, sondern man kann auch Frege (und mit ihm die Vertreter des modernen Aussagenkalküls) *mit Frege* widerlegen. Die von Frege hier vorgeschlagene Analyse des Konditionals in drei Teilaussagen gilt nur für die materiale Implikation, nicht aber für Konditionale, in denen generische Sachverhaltszusammenhänge behauptet werden. Doch man muß einen Schritt weitergehen: die wahrheitsfunktionale Bestimmung der Implikation ist insofern problematisch, als ihr ein *hypothetisches Argument* zugrunde liegt.

Wie diesen Widerspruch auflösen? Hier ist offensichtlich das alte in Vergessenheit geratene *Toposmodell* eine brauchbare Lösung. Hier muß nur die unterstellte generische Prämisse (d.h. der spezifische Topos) einfügt werden, um das nach dem Modus tollens schließende Argument (7) in seiner Grundstruktur zu erläutern:
(7')

Pg: *Wenn* jemand einen Mord begeht; muß er am Tatort sein	$\Pi \Rightarrow \Omega$	
HYP Ps: *Falls* der Angeklagte nicht am Tatort war	HYP ~q	T_{MT}
HYP K: *Also* hat er die Tat nicht begangen	HYP ~p	

Wie haben in der generischen Prämisse (Pg) nicht mehr die Variablen für singuläre Aussagen p und q verwendet, sondern griechische Großbuchstaben, die wie folgt zu lesen sind: ‹Wenn irgendein Sachverhalt die propositionale Beschreibung Π erfüllt, dann erfüllt er auch die propositionale Beschreibung Ω›. Der Topos des Modus tollens läßt sich damit wie folgt formulieren:

T_{MT} «Wenn es eine Folgebeziehung ‹$\Pi \Rightarrow \Omega$› gibt, und q nicht der Fall ist, dann kann man mit Notwendigkeit schließen, daß p nicht der Fall ist.»

Dieses Toposmodell soll nicht die erörterten *immanenten* Beweisverfahren der symbolischen L. ersetzen, sondern beansprucht nur, alltagsweltliches und wissenschaftliches Argumentieren adäquat zu repräsentieren. Der Vorteil dieses Modells ist, a) daß die Folgebeziehung offen bleibt (d.h. Grund-, Ursachen-, Zweck- oder rein temporale *wenn/dann* Beziehungen sind möglich, was u.a. bedeutet, daß das Prinzip vom zureichenden Grund nicht unterstellt werden muß), daß b) andere Sachverhaltszusammenhänge (relative Wahrscheinlichkeiten, Werte, usw.) und auf Begriffsrelationen basierende Zusammenhänge (Art/Gattung, Gegensätzliches, Typisierung einer Art, usw.) als generische Prämissen eingesetzt werden können, und daß schließlich c) mit dem Begriff des *sequentiellen Topos* verschiedene alltagsweltliche, aber auch formallogische Begründungs- und vor allem Widerlegungssequenzen *(ad hominem, reductio ad impossibile,* usw.) erklärt werden können. Die Annahme von generischen Aussagen über Sachverhaltszusammenhänge entspricht dem Schlußbegriff bei Aristoteles und der ihm folgenden Tradition, aber auch neueren Ansätzen wie etwa bei TOULMIN, dessen Garant *(warrant)* nichts anderes darstellt als eine generische Prämisse. [49]

Aus dem Toposmodell und den Erörterungen zu den Nicht-Standardkonnektoren ergibt sich weiter, daß der Untersuchungsbereich der formalen L. erweitert werden muß. Für Frege kann es gar keinem Zweifel unterliegen, daß Modaloperatoren oder Wörter wie *noch, schon* oder *aber* in Sätzen wie ‹Alfred ist *noch* nicht gekommen› nichts zu deren Wahrheitswert beitragen: «Solche Winke in der Rede machen keinen Unterschied im Gedanken». Wie auch für andere sprachliche Mittel, welche die Bedingungen der Berechnung des Wahrheitswertes nicht verändern, gilt allgemein: «Dem auf das Schöne in der Sprache gerichteten Sinne kann gerade das wichtig erscheinen, was dem Logiker gleichgültig ist.» So unterscheidet sich das *aber* von *und* nach Frege nur dadurch, daß bei *aber* angedeutet wird, «das Folgende stehe zu dem, was nach dem Vorhergehenden zu erwarten war, in einem Gegensatze». [50] Das läßt sich leicht widerlegen.

So impliziert ja Freges Auffassung, daß etwa «Hans gilt als guter Mathematiker und er bewundert C.I. Lewis» gleichfunktional mit «Hans gilt als guter Mathematiker, aber er bewundert Lewis» ist. Geht man davon aus, daß der Hörer nicht weiß, ob Lewis ein guter oder schlechter Mathematiker ist, dann wird er beim *und*-Satz schließen, daß Lewis ein guter Mathematiker ist, im zweiten Fall aber auf das genaue Gegenteil. Oben wurde sogar deutlich, daß durch *aber* drei wesentliche Widerlegungssequenzen eingeleitet werden können, die durch den Topos der *Nicht-Legitimität* (Hans gilt als guter Mathematiker, in Wirklichkeit aber bewundert er Lewis – der, wie wir annehmen wollen, ein schlechter Mathematiker war), der *Kompensation* (Peter ist nicht sehr intelligent, dafür aber charmant) und der *Anti-Implikation* (Er ist viel zu schnell gefahren, er wurde aber (dennoch) nicht bestraft).

Um zusammenzufassen: Wie in den vorgehenden Teilen schon deutlich wurde, besagt das Toposmodell, daß man, um überzeugende Argumente vorbringen zu können, über fünf *Wissenssysteme* verfügen muß (Ethos und Pathos bleiben ausgeklammert):

(1) Das *topische* Wissen, d.h. das System der *spezifischen Topoi*, also von generischen Aussagen über Sachverhaltszusammenhänge, die von alltagsweltlichen Stereotypen bis hin zu naturwissenschaftlichen Gesetzen reichen.

(2) Das *enzyklopädische* Wissen; d.h. die Menge der in einer Gemeinschaft von allen, den meisten oder – in Untergruppen von Experten – bekannten oder akzeptierten *Fakten*.

(3) Das *logische* Wissen, d.h. die *gemeinsamen Topoi*, welche die Stringenz oder zumindest Konsistenz bestimmter Schlußmuster garantieren wie auch *formallogische Äquivalenz- und Umformulierungsregeln*.

(4) Das *sprachliche* Wissen, d.h. die Kenntnis der syntaktischen, semantischen und pragmatischen *Regeln*, die zum Herstellen, Verstehen und symbolischen Interagieren der Wissenssysteme (1)-(3) erforderlich sind.

(5) Das *sophistisch-spielerische* Wissen, d.h. die Kenntnis von *verstehbaren Abweichungen* in Sprache (Ambiguitäten, rhetorisch-tropische Verwendungsformen, usw.), Text (Allegorien, fiktive Textformen, usw.) und Argumentation (alle logischen Trugschlüsse) wie auch den *pragmatischen Situationen*, in denen diese angewendet werden dürfen. Diese Abweichungen können im Interesse des andern liegen (Witz, Rätsel, Pointe, literarischer Text) oder diesen manipulieren.

3. *Erweiterungen: Von der Modallogik zur informellen Logik.* Obwohl Frege auch Modaloperatoren nur als 'Winke' begriffen, also als logisch nicht relevante Ausdrücke, hat sich schon früh – vor allem im Anschluß und in Auseinandersetzung mit Lewis/Langford – eine formale Modallogik herausgebildet. Die schon bei Lewis/Langford unterschiedenen Modalsysteme – traditionellerweise als S1, S2, S3, S4 und S5 bezeichnet – wurden in den 50er Jahren von LEMMON verbessert und präzisiert, bestimmend für die neuere Diskussion wurde die Darstellung von HUGHES/CRESSWELL. Diese Systeme bauen aufeinander auf und stellen jeweils Präzisierungen dar; Ausgang aller Modelle ist der Aussagenkalkül, der durch eine Reihe von Axiomen und Schlußregeln für einen Modalkalkül ausgebaut wird. Gemeinsam ist diesen Modalsystemen die Ablehnung der bei Aristoteles als Basiskategorie dienenden *bilateralen* Möglichkeit, weil sie, wie oben deutlich wurde, zu 'seltsamen' und sogar – aus der Sicht der modernen L. – zu unlogischen Ergebnissen führt. Die wichtigste Neuerung ist die Einführung von *möglichen Welten*. Die zentrale Idee ist, daß man, wenn etwa ein bestimmter Apfel auf dem Schreibtisch liegt (= P), nicht mehr bloß sagt, es sei *möglich*, daß P – also: *M(P)* –, sondern, ‹es ist gibt eine Welt, in der P wahr ist› – also: (∃w) Pw. Man kann sich nun andere Welten (oder besser hypothetisch angenommene Situationen) vorstellen, wie z.B. im gegebenen Fall den Apfel neben oder unter dem Tisch, oder auch denselben über dem Tisch schwebend. All das sind mögliche Welten, in denen P nicht mehr wahr ist. Deshalb kann man sowohl sagen, *es ist möglich, daß P* (in der jetzigen Welt), als auch, *es ist möglich, daß ~P* (in anderen möglichen Welten). Von hier aus ergibt sich, daß *notwendig* als ‹in *allen* möglichen Welten wahr› bestimmt wird. Um ein klassisches analytisches Beispiel zu nehmen: Aus dem «Wenn jemand Junggeselle ist (P), ist er notwendig nicht verheiratet (Q)» – traditionell als: *N[P → ~Q]* symbolisiert – wird: «In *allen* möglichen Welten gilt: wenn jemand Junggeselle ist (P), dann ist er auch nicht verheiratet (Q)» – also: *(∀w)[Pw → ~Q]*. Hier wird deutlich, daß diese Modallogik kein Kalkül *mit* Modaloperatoren, sondern eine mit Mitteln der Prädikatenlogik vorgenommene Rede *über* modal gebundene Aussagen ist – was auch ihre Grenzen ausmacht.[51]

Die Modalitäten der *alethischen* oder *ontischen* L. (notwendig, möglich, …) sind auch auf andere Modalitäten angewendet oder für andere Modalitäten entwickelt worden, nämlich die *deontischen* (obligatorisch, erlaubt, …)[52], *temporalen* (immer, nie, …)[53] und *epistemischen* (wissen daß, glauben daß, …)[54]. Die epistemischen L., die wesentliche Einsichten der spätscholastischen L. und Freges aufgreift, unterscheidet sich von den drei anderen Logiken, die eine gewisse strukturelle Ähnlichkeit mit der alethischen Modallogik zeigen. Das läßt sich verdeutlichen, wenn wir in das obige alethische Modalquadrat die entsprechenden deontischen Modaloperatoren eintragen[55]:

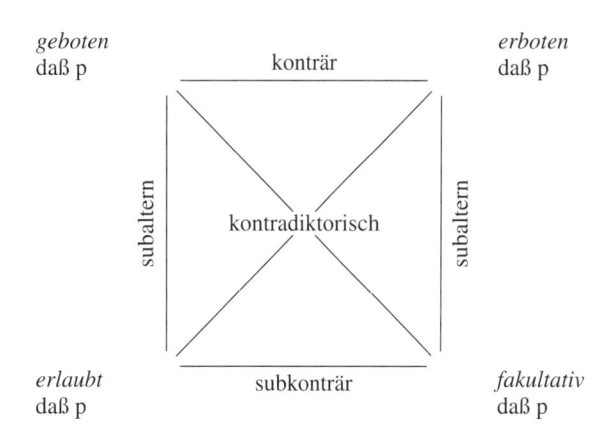

geboten daß p	kontär	*erboten* daß p
subaltern	kontradiktorisch	subaltern
erlaubt daß p	subkonträr	*fakultativ* daß p

Daneben wurden vor allem in Anschluß an LUKASIEWICZ und E.L. POST Systeme einer *mehrwertigen* L.[56] entworfen wie auch – vor allem von LORENZEN und LORENZ – eine Dialoglogik – entwickelt, welche die prädikaten- und aussagenlogische L. aus typisierten Dialogsituationen konstruiert und so auf die alte Dialektik und mittelalterliche Disputation zurückgreift, jedoch mit dem wesentlichen Unterschied, daß sie sich – ganz in der Tradition der Aufklärung stehend – als ‹Vorschule des vernünftigen Denkens› begreift.[57]

Die Forschungslogik von MILL hat in der inzwischen zum Klassiker gewordenen ‹Logik der Forschung› von K. POPPER einen wichtigen Nachfolger gefunden. Kennzeichnend für die moderne L. der Forschung ist ihre enge Verzahnung mit der Wissenschaftstheorie. Auch dieses zum alten logischen Organon gehörende Untersuchungsfeld ist durch eine Vielseitigkeit der Ansätze und Fragestellungen, die oft auch einzelwissenschaftliche Fragen betreffen, gekennzeichnet. [58] Will man aus dieser Vielfalt neue wissenschaftsgeschichtlich bedeutsame Problemfelder herausgreifen, so wird man – gerade auch aus der Sicht der Rhetorik – die beiden folgenden nennen müssen: (i) die Herausbildung einer *hermeneutischen L.*, die sich in den Geistes- und Sozialwissenschaften in Auseinandersetzung mit dem Positivismus oder Szientismus der Naturwissenschaften entwickelte [59], und (ii) die Entdeckung der Metapher und Analogie als dem Erkenntnis- und Wissenschaftsprozeß immanente modellbildende Verfahren. [60]

In einem von rigorosen und rigiden Vertretern der formalen L. oft nicht mehr akzeptierten Randbereich stehen die *informelle L.* und die *Argumentationstheorie*, deren Vertreter sich selbst oft ebenso rigoros und rigide von der formalen L. abgrenzen. [61] Soll man von einer Renaissance des kritisch-dialektischen Denkens sprechen? Wenn man das tut, sollte man sich bewußt bleiben, daß gerade die Epoche der Renaissance zum Verdrängen, ja sogar Vergessen von in einer langen Forschungstradition mühevoll herausgearbeiteten Erkenntnissen geführt hat. R.H. JOHNSON fragt sich in einer neueren Untersuchung, wie man den Gegensatz zwischen formaler L. und informeller L. aufheben oder zumindest überbrücken kann. [62] Vielleicht existiert dieser Gegensatz gar nicht in der Schärfe, wie er manchmal wahrgenommen wird. Bedenkt man, daß sich wesentliche Erkenntnisse der informellen L. gerade in der systematischen Reflexion auf Formen und Funktionen von Schein- und Trugschlüssen herausbildeten [63], so ist man verblüfft, daß sich das alte *logische* und *topisch-dialektische* Problemfeld, wie es schon im aristotelischen *Organon* ausgeschrieben wurde, erhalten hat. Sicher wird dieses Feld differenzierter, arbeitsteilig und von einer fast nicht mehr überschaubaren Anzahl von Forschern bearbeitet. Doch hier erlauben die neuen Technologien und Kommunikationstechniken schnellen Überblick und Synthese. Vielleicht ist deshalb die Vermutung durchaus plausibel, daß bald logisch-dialektische Abhandlungen oder Lehrbücher entstehen könnten, die das ganze Feld des *Organons* abdecken – vom Wort über den Satz zum Schluß und umgekehrt, im eigentlichen und uneigentlichen, aber auch im sophistischen Gebrauch.

Anmerkungen:

1 C.I. Lewis: A Survey of Symbolic Logic. The Classic Algebra of Logic (New York 1960; zuerst 1918); C.I. Lewis, C.H. Langford: Symbolic Logic (New York 1959; zuerst 1932); W.V.O. Quine: Grundzüge der L. (1969; engl. Orig. New York 1964); H. Reichenbach: Elements of Symbolic Logic (Toronto 1966; zuerst 1947): allg. I. Bocheński: Formale Logik (1962) 31ff.; R. Blanché: La logique et son histoire, 2. Aufl. bearb. v. J. Dubucs (Paris 1996) 269ff.; M. Kneale, W. Kneale: The Development of Logic (Oxford 1962) 379ff.; S. Knuuttila (Hg.): Modern Modalities (Dordrecht 1988); P. Simons: Philosophy and Logic in Central Europe from Bolzano to Tarski. Selected Essays (Dordrecht 1992). – 2 A. de Morgan: Formal Logic or The Calculus of Inference, Necessary and Probable (London 1847). – 3 G. Boole: The Nature of Logic (1848), zit. nach ders.: Selected Manuscripts on Logic and its Philosophy, hg. v. I. Grattan-Guinness, G. Bornet (Basel 1997) 10ff. u. ders.: Investigation of the Laws of Thought (1854, zit. nach Ausg. Chicago 1940); vgl. L. Liard: Les logiciens anglais contemporains (Paris 1878); Lewis [1] A Survey, 51ff.; W. Kneale: Boole and the Revival of Logic, in: Mind 57 (1948) 149–175; Y. Styazhkin: History of Mathematical Logic from Leibniz to Peano (Cambridge 1969) 170ff.; E. Schröder: Der Operationskreis des Logikkalküls (1877); G. Frege: Begriffsschrift und andere Aufsätze ([3]1974; zuerst 1879); G. Peano: Notation de logique mathématique (Turin 1894). – 4 vgl. Styazhkin [3] 253ff.; C.S. Peirce: Studies in Logic (Boston 1883; ND Amsterdam 1983) mit Einl. v. M.H. Fisch, A. Eschbach; C. Eisele (Hg.): Historical Perspectives on Peirce's Logic of Science (1985); K.O. Apel (Hg.): C.S. Peirce: Schr. zum Pragmatismus und Pragmatizismus (1991); R. Schumacher: Realität, synthetisches Schließen und Pragmatismus (1996). – 5 zum folg. (a) praktische Einf.: B. Mates: Elementary Logic (Oxford 1965); Quine [1]; R. Blanché: Introduction à la logique contemporaine (Paris 1968); W.K. Essler, R.F. Martínez Cruzado: Grundzüge der L.I. Logisches Schließen ([4]1991); P. Gochet, P. Gribomont: Logique (Paris 1990); E. v. Savigny: Grundkurs im logischen Schließen ([3]1993) und vor allem: E. Tugendhat, U. Wolf: Logisch-semantische Propädeutik (1983); S. Guttenplan: The Languages of Logic (Oxford [2]1997), T. Zoglauer: Einf. in die formale L. für Philosophen (1997) u. P. Tomassi: Logic (London 1999) – (b) theoretische Grundlagen: Lewis, Langford [1]; R. Carnap: Log. Syntax der Sprache (Wien [2]1968); A. Church: Introduction to Mathematical Logic I (Princeton 1956); A. Tarski: Logic, Semantics, Metamathematics (Oxford 1956); K. Berka, L. Kreiser (Hg.): L.-Texte – Kommentierte Auswahl zur Gesch. der modernen L. (1971); G. Hunter: Metalogic: An Introduction to the Metatheory of Standard First-Order Logic (London 1971); D. Hilbert, W. Ackermann: Grundzüge der theoretische L. ([6]1972); A.N. Prior: Formal Logic (Oxford [2]1962); A.G. Hamilton: Logic for Mathematicians (Cambridge 1978); F. Rivenc, P. Rouilhan (Hg): Logique et fondements des mathématiques, Anthologie (1850–1914) (Paris 1992); W. Marciszewski: Logic from a Rhetorical Point of View (1994); I. Max, W. Stelzner (Hg.): L. und Mathematik (1995). – 6 vgl. v. Savigny [5] 99ff, Essler/Martínez [5] 170ff. u. 193ff; Tomassi [5] 268ff. – 7 vgl. oben Kap. B.I.2. – 8 vgl. G. Frege: Logische Unters., in: ders.: Kleine Schr., hg. von I. Angelelli (1967) 342–394, 378ff. – 9 vgl. Guttenplan [5] 391ff. u. Tomassi [5] 163ff. – 10 J. Allwood u.a.: Logic in Linguistics (Cambridge 1977); D. Lewis: Counterfactuals (Cambridge 1973); M.J. Cresswell: Logics and Languages (London 1973); R. Montague: English as a Formal Language, in: R. Thomason (Hg.): Formal Philosophy. Selected Papers of R. Montague (New Haven 1974) 188–221; ders.: Universal Grammar, ebd. 222–246; F. Guenthner, C. Rohrer (Hg.): Studies in Formal Semantics (Amsterdam 1978); F. Guenthner, S.J. Schmidt (Hg.): Formal Semantics and Pragmatics for Natural Languages (Dordrecht 1979); W.L. Harper u.a. (Hg.): Ifs (Dordrecht 1981); E.L. Keenan, L.M. Faltz: Boolean Semantics for Natural Language (Dordrecht 1985); W.W. Wood: Categorial Grammars (London 1993). – 11 B. Carpenter: Type-Logical Semantics, mit ausf. Bibliogr. (London 1997). – 12 W.V.O. Quine: Word and Object (Cambridge, Mass. 1960) 96. – 13 J.R. Searle: Sprechakte (1971; engl. Orig. Cambridge 1969) 186ff. – 14 B. Russell: On denoting, in: Mind 14(1905) 414–427; abgedr. in ders: Foundations of Logic. 1903–1905, hg. v. A. Urquhart (London 1994); ders.: Logic and Knowledge (London 1956) 29–56. – 15 vgl. ebd. 419 u. Tomassi [5] 250. – 16 G. Frege: Über Sinn und Bedeutung, in: ders. [8] 143–163, 144 Anm.2. – 17 B. Russell: Logic and Knowledge (London 1956) 200f. u. A.N. Whitehead, B. Russell: Principia Mathematica (1986; engl. Orig. Cambridge 1925) 95ff. – 18 Whitehead, Russell [17] 98f. u. Tomassi [5] 252ff; vgl. W.V.O. Quine: From a Logical Point of View (New York [2]1961) 85ff. u. 166ff. – 19 vgl. Russell [14] 424ff. – 20 P.F. Strawson: Logico-linguistic Papers (London 1971) 12ff; vgl. darin: On Referring (zuerst in: Mind 59 (1950) 320–344). – 21 Tomassi [5] 259. – 22 Quine [18] 8. – 23 vgl. Russell [17] 201ff.; dazu Tomassi [5] 258ff. u. E. Tugendhat: Vorles. zur Einf. in die sprachanalytische Philos. (1976) 380ff. – 24 vgl. oben Kap. B.I. 3. – 25 Tugendhat, Wolf [5] 155. – 26 vgl. E. Eggs: Grammaire du discours argumentatif (Paris 1994) 166ff. – 27 vgl. Strawson [20]; J. Hintikka: Essential Presuppositions and Existential Commitments, in: Journal of Philosophy 56 (1959) 125–137; B. Russell:

Mr. Strawson on Referring, in: Mind 66 (1959) 385–389; P. Geach: Reference and Generality (Ithaca 1962); S. Zink: The Meaning of Proper Names, in: Mind 72 (1963) 481–499; B. v. Fraassen: Singular Terms, Truth Value Gaps, and Free Logic, in: Journal of Philosophy 63 (1966) 464–495; M. Dummett: Frege. Philosophy of Language (London 1993) 110ff.; N. Salmon: Reference and Essence (Princeton 1981); W. Künne: Megarische Aporien für Freges Semantik. Über Präsupposition und Vagheit, in: Zs. f. Semiotik 4 (1982) 267–290; D. Vernant: Introduction à la philosophie de la logique (Brüssel 1986); S.A. Kripke: Naming and Necessity (Oxford 1990); S. Neale: Descriptions (Cambridge 1990); J.A. Coffa: The Semantic Tradition from Kant to Carnap (Cambridge 1991) Kp. VI; A. Moore (Hg.): Meaning and Reference (Oxford 1993); A.A. Kazmi (Hg.): Meaning and Reference (Calgary 1998); A. Kasher (Hg.): Pragmatics. Critical Concepts III: Indexicals and Reference (London 1998); vgl. E. Eggs: Art. ‹Konnotation/Denotation›, in: HWRh Bd. 4, Sp. 1248ff. – **28** Tugendhat [23] 414ff. – **29** vgl. K. Ehlich: Deixis und Anapher, in: G. Rauh (Hg.): Essays on Deixis (1983) 79–97; G. Kleiber: Adjectif démonstratif et article défini, in: J. David, G. Kleiber (Hg.): Déterminants: syntaxe et sémantique (Paris) 169–185, ders.: Sur l'anaphore associative: article défini et adjectif démonstratif, in: Rivista di Linguistica 2 (1990) 155–175 u. Eggs [26] 173ff. – **30** zur Referenz bei Tropen vgl. E. Eggs: Art. ‹Metapher› u. ‹Metonymie› in diesem Bd., Sp. 1099 u. 1196. – **31** vgl. oben B. II. 1. – **32** vgl. G. Frege: Die Grundlagen der Arithmetik (1884) §54; P.F. Strawson: Individuals (London 1959) 168ff; Tugendhat [23] 453ff. – **33** vgl. N. Carlsson: Reference to Kinds in English (New York 1980); ders.: Generic Terms and Generic Sentences, in: Journal of Philosophical Logic 11 (1982) 145–181; J. David, G. Kleiber: (Hg.): Rencontres avec la généricité (Paris 1987); Eggs [26] 124ff.; Ch. Lee: Generic Sentences Are Topic Constructions, in: T. Fretheim, J.K. Gundel: Reference and Referent Accessibility (Amsterdam 1996) 213–222. – **34** Frege [16] 159; zu Frege: Dummet [27], F. v. Kutschera: G. Frege (1990) u. M. Beaney (Hg.): The Frege Reader, mit ausf. Bibliogr. (Oxford 1997). – **35** Frege [16] 160ff. – **36** ebd. 158. – **37** vgl. oben B.I. 2. – **38** Lewis, Langford [1] 124, vgl. 136ff. u. 244ff.; vgl. A. Menne u.a.: Art. ‹Implikation›, in: HWPh Bd. 4, Sp. 263–268. – **39** vgl. J.L. Pollok: The paradoxes of Strict Implication, in: Logique et analyse 9 (1966) 180–196; Blanché [1] 88ff.; G.E. Hughes, M.J. Cresswell: An Introduction to Modal Logic (London 1968) 26ff. u. 335ff.; J.L. Gardies: Essai sur la logique des modalités (Paris 1979) 28ff. – **40** vgl. oben Kap. B. II. 2. – **41** L. Wittgenstein: Tractatus logico-philosophicus (1984; zuerst 1921) 11. – **42** F.P. Ramsey: Tatsachen und Propositionen, in: G. Skirbeck: (Hg.): Wahrheitstheorie (1977; zuerst engl. 1927) 224ff; A. Tarski: Die semantische Definition der Wahrheit und die Grundlagen der Semantik (zuerst 1944), ebd. 140ff.; ders: Der Wahrheitsbegriff in den formalisierten Sprachen (1936), in: Berka, Kreiser [5] 447ff.; W. Stegmüller: Das Wahrheitsproblem und die Idee der Semantik (1957); J. Habermas: Wahrheitstheorie, in: H. Fahrenbach (Hg.): Wirklichkeit und Reflexion (1973) 211ff.; D. Stauffer: L'avènement de la théorie sémantique de la vérité de Tarski, in: D. Miéville (Hg.) Études logiques (Neuchâtel 1994) 71–122; Tugendhat [23] 246ff u. 309ff.; Tugendhat, Wolf [5] 217ff; Guttenplan [5] 288ff. – **43** vgl. Reichenbach [1] 71 u. 76; Guttenplan [5] 101 u. 119. – **44** vgl. allg. F.J. Pelletier (Hg.): Mass Terms: Some Philosophical Problems (Dordrecht 1979); G. Kleiber: Les nominales (Paris 1994). – **45** Frege [16] 156. – **46** ebd. 157. – **47** ebd. – **48** Frege [8] 364ff. – **49** S. Toulmin: The Uses of Argument (Cambridge 1958) u. ders.u.a.: An Introduction to Reasoning (New York ²1984). – **50** Frege [8] 348. – **51** O. Becker: Unters. zum Modalkalkül (1952); Prior [5] 185ff.; Gardies [38]; J. Hintikka: Models for Modalities. Selected Essays (Dordrecht 1969); G.E. Hughes, M.J. Cresswell: An Introduction to Modal Logic (London 1974; zuerst 1968); M. Davies: Meaning, Quantification, Necessity (London 1981); N. Rescher, A. Weidemann: Art. ‹Modallogik›, in: HWPh Bd. 6, Sp. 16–41; D. Lewis: On the Plurality of Worlds (Oxford 1986); R. Stalnaker: Possible Worlds and Situations, in: Journal of Philosophical Logic 15 (1986) 109–123; C.S. Chihara: The Worlds of Possibility. Modal Realism and the Semantics of Modal Logic (Oxford 1998). – **52** G.H. v. Wright: Deontic Logic, in: Mind 60 (1951) 1–15; ders.: An Essay in Deontic Logic and the General Theory of Action (Amsterdam 1968); R.C. Jeffrey: L. der Entscheidungen (1967; engl. Orig. 1965); F. v. Kutschera: Einf. in die L. der Normen, Werte und Entscheidungen (1973); A.A. Iwin: Grundlagen der L. von Wertungen (1975); G. Kalinowski: La logique des normes (Paris 1972); W. Krawietz u.a (Hg.): Theorie der Normen (1984); U. Normann: Deontische L. ohne Paradoxien (1989); D. Wydukel u.a. (Hg.): Rechtsnorm und Rechtswirklichkeit (1993); O. Weinberger: Alternative Handlungstheorie (1996); I. Tammelo, H. Schreiner: Grundzüge und Grundverfahren der Rechtslogik (1974). – **53** N. Prior: Time and Modality (Oxford 1957); ders: Papers on Time and Tense (Oxford 1967); N. Rescher, A. Urquhart: Temporal Logic (New York 1971); J.L. Gardies: La logique du temps (Paris 1975); J. van Benthem: The Logic of Time (Dordrecht ²1991). – **54** J. Hintikka: Knowledge and Belief (New York 1962). – **55** vgl. oben Kap. B. I. 1. b. – **56** E.L. Post: Introduction to a General Theory of Elementary Propositions, in: American Journal of Mathematics 43 (1921); A.A. Sinowjew: Über mehrwertige L. (1968); A. Menne, N. Öffenberger (Hg.): Modallogik und Mehrwertigkeit (1988); N. Öffenberger: Zur Vorgesch. der mehrwertigen L. in der Antike (1990); P. Rutz: Zweiwertige und mehrwertige L. (1973); S. Gottwald: Mehrwertige L.: eine Einf. in Theorie und Anwendungen (1989). – **57** W. Kamlah, P. Lorenzen: Logische Propädeutik. Vorschule des vernünftigen Denkens (1967); K. Lorenz: Dialogspiele als semantische Grundlage von Logikkalkülen, in: Arch. für Mathematische L. und Grundlagenforsch. 11 (1968) 32–55, 73–100; P. Lorenzen: Regeln vernünftigen Argumentierens, in: ders.: Konstruktive Wissenschaftstheorie (1974) 47–97; D. Gerhardus u.a.: Schlüssiges Argumentieren (1975); P. Lorenzen, K. Lorenz: Dialogische L. (1978); K. Lorenz: Art. ‹Logik, dialogische›, in: HWPh Bd. 5, Sp. 402–411. – **58** K. Popper: L. der Forschung (²1966; zuerst 1934); T.S. Kuhn: Die Struktur wiss. Revolutionen (1967; engl. Orig. 1962); I. Lakatos, A. Musgrave (Hg.): Criticism and the Growth of Knowledge (Cambridge 1970); W. Stegmüller: Probleme und Resultate der Wissenschaftstheorie und Analytischen Philos. IV, 1 (1972); D. Diederich (Hg.): Theorien der Wissenschaftsgesch. (1974); K. Lorenz (Hg.): Konstruktionen versus Positionen, I: Spezielle, II: Allg. Wissenschaftstheorie (1979); R. Ruzicka, S. Körner u.a.: Art. ‹Induktion›, in: HWPh Bd. 4, 323–335; P. Lipton: Inference to the best explanation (London 1993); A.F. Chalmers: Wege der Wiss.: Einf. in die Wissenschaftstheorie. (³1994); J. Losee: A historical introduction to the philosophy of science (Oxford ³1993); V. Michele (Hg.): Prospettive della logica e della filosofia della scienza (Pisa 1996). – **59** H.J. Gadamer: Wahrheit und Methode (²1965); K.-O. Apel: Szientistik, Hermeneutik, Ideologiekritik, in: Hermeneutik und Ideologiekritik (1971) 7 – 44; ders.: Transformation der Philos. I: Sprachanalytik, Semiotik, Hermeneutik (1973); J. Habermas: Zur Logik der Sozialwiss. (⁵1982); A. Wüstehube: Rationalität und Hermeneutik: Diskursethik, pragmatischer Idealismus, philos. Hermeneutik (1998). – **60** M. Black: Models and Metaphors (Ithaca 1962); M.B. Hesse: Models and Analogies in Science (Notre Dame 1966); D. Gentner, M. Jeziorski: From metaphor to analogy in science, in: A. Ortony: Metaphor and Thought (Cambridge ²1994) 447 – 480; H.J. Schneider (Hg.): Metapher, Kognition, Künstliche Intelligenz (1996). – **61** J.A. Blair, R.H. Johnson (Hg.): Informal Logic (Inverness 1980); D. Walton: Informal Logic (1989); F.H. v. Eemeren u.a.: Reconstructing Argumentative Discourse (Tuscaloosa 1993); H.V. Hansen: An Informal Logic Bibliography, in: Informal Logic 12 (1990) 155–184; Toulmin [49]; E. Eggs: Art. ‹Argumentation›, in: HWRh Bd. 1, Sp. 914ff.; R.H. Johnson: The Rise of Informal Logic (Newport News 1996). – **62** ebd. 189ff. – **63** C.L. Hamblin: Fallacies (London 1970); J. Wood, D. Walton: Argument: The Logic of the Fallacies (Toronto 1982); dies.: Fallacies: Selected Papers 1972–82 (Dordrecht 1989); D. Walton: Arguer's Position. A Pragmatic Study of *Ad Hominem* Attack, Criticism, Refutation, and Fallacy (Westport 1985); F.H. v. Eemeren, R. Grootendorst: Argumentation, Communication and Fallacies (Hilsdale 1992); J. Hintikka: The Fallacy of Fallacies, in: Argumentation 1 (1987) 211–238; S.M. Engel: With Good Reason. An Introduction to Informal Fallacies (New York ⁵1994); H.V. Hansen, R.C. Pinto (Hg.): Fallacies (University Park 1995); D. Walton: Fallacies Rising from Ambiguity (Dordrecht 1996).

E. Eggs

→ Argument → Argumentatio → Argumentation → Begriff → Beweis, Beweismittel → Dialektik → Enthymem → Fallazien → Fangfrage, – schluß → Folgerung → Induktion/Deduktion → Logos → Ratio → Schluß → Sorites → Syllogismus → Topik → Wahrheit, Wahrscheinlichkeit

Logograph (griech. λογογράφος, logográphos; dt. Redenschreiber; engl. speechwriter, logographer; frz. logographe; ital. logografo)
A. Def.- B.I. Aufgaben des L. – II. Die einzelnen L.

A. Der griechische Begriff ‹Logograph› (zusammengesetzt aus λόγος, lógos: Wort, Rede, Sinn und γράφειν, gráphein: schreiben) bezeichnet während der ganzen Antike allgemein den Autor von Prosawerken im Unterschied zum Dichter. Er kann sich auch auf bestimmte Typen von Prosaautoren beziehen, z.B. Historiker oder epideiktische Redner.[1] Die Praxis der athenischen L. des ausgehenden 5. und 4. Jh. (ca. 430–322 v. Chr.) bestand darin, gegen Bezahlung Reden zu verfassen, welche die in einen Rechtsstreit verwickelten Personen auswendig lernten und als Plädoyer in eigener Sache vor Gericht vortrugen. Der Terminus ‹L.› bezieht sich seit der Antike vor allem auf die juristischen Redenschreiber des klassischen Athen.

B.I. *Aufgaben des L.* Zwei Aspekte des Geisteslebens des klassischen Athen, die sich beide erst im 5. Jh. entwickelten, bilden die Grundlage für die Tätigkeit des L.: Die Erprobung der Überredungsmethoden durch die Sophistik und die Entstehung einer neuen Prosa-Kultur. Doch der Grund für das Aufkommen des L. liegt im Bedarf an juristischer Hilfe im Alltag für den athenischen Bürger.

Hintergrund ist das komplexe Gerichtswesen Athens, das von der Mitte bis zum Ende des 5. Jh., auf der Höhe seiner Macht und seines Wohlstandes, entstanden war und in dem die persönliche Überzeugungskraft eine große Rolle spielte. Mit wenigen, klar beschriebenen Ausnahmen darf kein Bürger sich vor Gericht vertreten lassen, sondern muß seinen Fall allein und persönlich vortragen. Dies gehört zum Selbstverständnis der egalitären Ethik, der persönlichen Autonomie im öffentlichen Raum, und dient überdies der Rechenschaftspflicht für die eigene Handlungsweise. Angesichts des unausweichlichen Drucks, sich vor Gericht geschickt äußern zu müssen, bedarf der Bürger jeder Art von Hilfe. Informeller juristischer Rat ist zwar von verschiedener Seite verfügbar und Unterweisung in öffentlicher Rede gibt es für diejenigen, die Zeit und Geld haben. Aber für die vielen, die selten öffentlich sprechen, gleichwohl aber an ihrem Tag vor Gericht erfolgreich sein wollen, ist die beste Wahl der Kauf einer Rede, die speziell für diesen Fall verfaßt wird. Der Prozeßbeteiligte muß zwar noch immer seine Rede auswendig lernen und angemessen vortragen können, aber ein vorbereiteter Text entbindet ihn immerhin von der Last, überlegen zu müssen, welche Argumente zu benutzen, wie diese aufzubauen und mit welchen Worten sie auszudrücken seien. Als juristische Ghostwriter, verfügbar gegen Bezahlung, erfüllen die L. einen dringenden Bedarf im prozeßfreudigen, demokratischen Athen.[2]

Zwei Formen legaler und sozialer Konventionen bestimmen den Redetypus, den der L. für seine Kunden verfertigt. Zunächst gibt es keinen berufsmäßigen Richter, der die Prozeßführung nach irgendwelchen Rechtsprechungsregeln steuert. Vielmehr werden ungeschulte Durchschnittsbürger (Laien) durch Los für jeden Prozeß neu ausgewählt und als Richter (δικασταί, dikastaí) eingesetzt, und zwar in Gruppen von 200–400 Personen für private Streitfälle, und von 500 und mehr für Fälle von öffentlicher Bedeutung. Abgesehen von gelegentlichen heftigen Äußerungen des Unwillens oder der Zustimmung, hören diese Richter einfach zu, wie die Prozeßbeteiligten, denen anhand der Wasseruhr ein gleiches Maß an Zeit zugesprochen wird, der Reihe nach sprechen. Jeder Prozeßbeteiligte nutzt seine Zeit, um nach eigenem Ermessen zu sagen, was er will. Zeugen, Beweismaterial, Eide, Argumente und Plädoyers aller Art können ohne Beschränkungen und ohne die Möglichkeit des Kreuzverhörs vorgeführt und vorgetragen werden. Unmittelbar nach den Reden der Prozeßbeteiligten geben die Richter ohne jegliche Beratung in geheimer Abstimmung ihr Votum entweder für den Ankläger oder den Verteidiger; eine einfache Mehrheit bestimmt das Urteil. Die Verhandlung dauert nie länger als einen Tag, selbst in besonders wichtigen oder komplizierten Fällen.[3] Unter diesen Umständen ist die Gesetzesargumentation notwendigerweise unkompliziert und beschränkt sich auf wenige Aspekte; normalerweise besteht sie lediglich im Verweis auf positives Recht, begleitet von einem die entsprechende Relevanz behauptenden Gedanken. Insoweit hat der L. die Möglichkeit, die Aspekte der Rechtslage zu ignorieren oder zu verfälschen, die sich als ungünstig für den Fall seines Mandanten erweisen. Er kann alle Mittel nutzen, seine Zuhörer zu überreden, z.B. dadurch, daß er einen vertrauenswürdigen Zeugen beruft, freundliche Emotionen weckt, die nichts mit der Rechtslage oder den Tatsachen zu tun haben. Der L. hat kein eigentliches Interesse am Recht; sein Ziel ist einzig, seinen Kunden eine Rede zu liefern, die ihnen einen Sieg vor Gericht sichern wird.[4]

Dazu kommt der Umstand, daß man im 5. Jh. v. Chr. in Athen weit davon entfernt ist, politische und rechtliche Ansprüche voneinander zu trennen, vielmehr nutzen die Athener die Gerichte als wichtiges Forum für die Austragung politischer Konflikte, und politische Versammlungen entscheiden gelegentlich gesetzliche Auseinandersetzungen. Die Mehrheit der Richter, die offen ihre politischen Neigungen in ihre juristische Tätigkeit hineintragen, entstammt der Masse der Bürger, die weder aristokratisch noch reich sind. Prozeßbeteiligte, die sich um die Gunst dieses Publikums bemühen, sind praktisch verpflichtet, sich und ihr Anliegen als den Interessen der demokratischen Massen und der gängigen Ideologie, welche der Demokratie zugrundeliegt, wohlgesonnen darzustellen. Der L. seinerseits zieht beim Verfassen seiner Reden diese Verpflichtung notwendigerweise ebenfalls in Betracht.[5] Auch wenn die juristische Argumentation einfach ist, so bleibt die Autorität des Rechts doch ein unangefochtenes Element der demokratischen Überzeugung und wird daher beständig vor Gericht reklamiert. Da die logographischen Reden das Recht oft zitieren und mit ihm argumentieren, sind sie die Hauptquelle beim Studium des athenischen Rechts.[6] Ein anderes Merkmal der demokratischen Ideologie bezieht sich speziell auf den L. und seine Aufgabe. Da die Ethik der Selbstvertretung und das herrschende Mißtrauen gegenüber sophistischen Techniken dem L. einen schlechten Ruf in den Augen des Demos verschafft, ist es nötig, seine Aktivität zu verschleiern. Da das unmittelbare praktische Interesse des Prozeßbeteiligten stets im Vordergrund steht, vermeidet der L. auffällige rhetorische Kunst und strebt danach, einen Eindruck der Authentizität zu vermitteln. Seine Reden gewinnen an Effektivität dadurch, daß sie die Redewendungen und Überzeugungen des durchschnittlichen, ungebildeten, loyalen demokratischen Bürgers reproduzieren. [7]

Obwohl die Logographie ursprünglich ein juristisches Hilfsmittel ist und von dieser Funktion auch, solange sie existierte, geprägt bleibt, finden die besten L. gleichwohl eine kreative Alternative jenseits des Rechts, indem sie ihre Reden nach dem Gebrauch bei Gericht in schriftlicher Form zirkulieren lassen. Sie mögen damit wohl beabsichtigt haben, Kunden oder Schüler anzulocken, aber in Wahrheit erobern sie sich dadurch einen Platz im Kanon der athenischen Literatur und üben so schließlich Einfluß auf die gesamte Antike, insbesondere auf die Rhetorikschulen, aus. Von den annähernd 150 Reden, die uns als zum Kanon der zehn attischen Redner gehörend überliefert wurden, sind etwas mehr als die Hälfte logographische Texte, die sieben der zehn Autoren zugeschrieben werden (ANTIPHON, LYSIAS, ISAIOS, ISOKRATES, DEMOSTHENES, HYPEREIDES, DEINARCHOS). Die Namen von mehreren weiteren L. sind bekannt, und Titel und Zitate von Dutzenden weiteren logographischen Reden sind erhalten. Die Werke von Lysias und Demosthenes, die die größte Konzentration an logographischen Reden aufweisen, enthalten Einfügungen, die zwar falsch zugeordnet wurden, aber zumeist echte logographische Produktionen des klassischen Athen und keine Fälschungen einer späteren Epoche sind. [8] Innerhalb des gesamten Korpus der attischen Redner zeichnet sich die Gruppe der logographischen Reden vor allen übrigen durch ihre Funktion und weniger durch besondere formale Charakteristika aus. Dennoch sollten einige der grundlegenden künstlerischen Neuerungen, die die attische Redekunst allgemein auszeichnen und sich für spätere Epochen als beispielhaft erwiesen, weitgehend den frühesten L., ANTIPHON und LYSIAS, zuerkannt werden, und zwar nicht zuletzt deshalb, weil die Logographie vor dem Aufstieg der isokratischen epideiktischen und der demosthenischen politischen Rhetorik die attische Redekunst dominiert. Diese Neuerungen, hauptsächlich in der Wortwahl, der Argumentation, der Erzählweise, im Arrangement, und der Charakterisierung, sind Teil des gesamten logographischen Korpus, aber sie sind zugleich vermittelt durch die Flexibilität und Spontaneität, welche die aktuelle rhetorische Situation verlangt. Die Leblosigkeit und rigide Nachahmung der Schulrhetorik fehlen gänzlich. [9]

II. *Die einzelnen Logographen.* ANTIPHON (ca. 480–411), der früheste uns bekannte Logograph und sicherlich der erste von Bedeutung, ist Autor von drei gänzlich erhaltenen Reden zu Mordverfahren und den drei sogenannten ‹Tetralogien›, die einen Blick auf die schlecht dokumentierte Phase vorplatonischer rhetorischer Theorie erlauben. [10] In jeder ‹Tetralogie› wird ein hypothetischer, anonymer Mordfall von seiten der Strafverfolgung und der Verteidigung behandelt, die jeweils abwechselnd zwei Reden halten. Der Schwerpunkt liegt ganz auf der Argumentation, die sich dicht und in rascher Abfolge entwickelt, ohne an Klarheit einzubüßen. Die erste ‹Tetralogie› benutzt kluge Argumente der Wahrscheinlichkeit (εἰκός, eikós), um die strittigen Fakten bestimmen zu können. In der zweiten und dritten ‹Tetralogie›, in denen die Fakten bekannt sind, aber deren Interpretation strittig ist, wird das Argument benutzt, um Fragen der Verantwortlichkeit zu entscheiden. Obwohl die Texte keine explizite Diskussion rhetorischer Technik oder Rat für bestimmte rhetorische Situationen enthalten, haben sie doch deutlich den Zweck, als instruktive Modelle zu dienen. Antiphons drei erhaltene Reden von tatsächlichen Fällen spiegeln seine Kenntnisse in formaler Argumentation wider, aber im Vergleich zu den ihm nachfolgenden L. sind sie als abgerundete Kompositionen, die auch die Persönlichkeit und emotionale Intensität des Prozeßbeteiligten zeigen sollen, minderen Ranges. Ein Genfer Papyrus brachte mehrere Paragraphen der Rede Antiphons von 411 zum Vorschein, in der er sich gegen die Anklage der Verschwörung gegen die Demokratie verteidigt und die von THUKYDIDES hoch gelobt wird. [11] Durch einen interessanten Zufall enthüllt die erhaltene Passage Antiphons Gebrauch probabilistischer Argumente, die die Anklage zurückweisen.

Die Kunst des LYSIAS (ca. 444–ca. 375), so subtil und berühmt, daß sie zum grundlegenden Bestandteil aller rhetorischen Unterweisung der antiken Welt wurde, ist uns fast nur durch die logographischen Reden bekannt, die sich auf eine Menge unterschiedlicher juristischer Sachverhalte beziehen und den überwiegenden Teil seiner überlieferten Werke ausmachen. Lysias, ein Bürger von Syrakus, der sein Leben indes hauptsächlich in Athen verbrachte, erwarb soviel Anerkennung als Redenschreiber, daß sein jüngerer Zeitgenosse PLATON ihn zum Hauptziel seiner Rhetorikkritik im ‹Phaidros› machte. Dionysios von Halikarnassos spricht vom ‹Charme› (χάρις, charis) des lysianischen Stils, der in der mühelosen, unaufdringlichen Einheit klarer und einfacher Diktion liegt, im konzisen Argument, der natürlichen Syntax, im moderaten Gebrauch ausgewogener und antithetischer Satzteile sowie in lebendigen, erhellenden Details der Erzählung. [12] Die Wirksamkeit seiner besten Reden beruht meistenteils auf seiner Fähigkeit, für seinen Klienten einen realitätsnahen, überzeugenden Charakter zu entwerfen, der, obgleich nicht ohne Makel, durch seine offenkundige Integrität Sympathie und Vertrauen erweckt (ἠθοποιία, ēthopoiía). [13] Der Sprecher der ersten Rede (‹Zum Mord des Eratosthenes›) beispielsweise präsentiert sich als aufrechter Bürger und übermäßig vertrauensseliger Ehemann, dessen eingestandenermaßen heftiger Zorn verständlicherweise erregt wird und zu einem legitimierbaren Totschlag führt. Der Eindruck einer lebendigen Person wächst mit der Entfaltung der Erzählung. Im Augenblick der Klimax, da der Sprecher den Eindringling, der seine Frau verführte und damit seine Familie zerstörte, niederschlägt, identifiziert er geschickt seine persönliche Rache mit den Gesetzen der Polis, indem er den Feind der Ehe als Feind des Staates darstellt. Das Konstrukt ist augenfällig, aber es entsteht kein Gefühl der Künstlichkeit. Andere erinnernswerte Charaktere des Lysias sind der schroffe Invalide der Rede XXIV und der attische Bauer der Rede VII. In Rede XII beschreibt Lysias lebendig das Terrorregime der Dreißig Tyrannen. Die geschliffene literarische Qualität von Lysias' besten Reden, der in manchen Fällen auffällige Mangel an juristisch relevanten Details und Lysias' Rolle in Platons ‹Phaidros› als Autor eines zur Lektüre verfaßten Textes legen nahe, daß er seine logographischen Reden auch als Literatur verstand, die für ein Lesepublikum bestimmt war. So öffnete er den Weg für die größer angelegten literarischrhetorischen Werke des Isokrates und des Demosthenes.

ISOKRATES (436–338), berühmt vor allem für seine epideiktischen Reden, seinen expansiven Stil und seine Rhetorikschule, die von besonderer Bedeutung für die Tradition der Redekunst wurde, schrieb zu Beginn seiner Karriere logographische Reden, die er, aufgrund jener der Logographie zugeschriebenen kommerziellen Motive, später zu leugnen versuchte. [14] Sechs solcher

Reden aus den 390er Jahren sind erhalten (Reden XVI–XXI), alle außerordentlich gelungen, einschließlich der Rede XIX, geschrieben für ein Verfahren in Ägina, was diese zu der einzigen erhaltenen, für ein nicht-athenisches Gericht geschrieben Rede macht. ISAIOS (ca. 420–ca. 340) war sehr wahrscheinlich von Chalkis, und, wie Lysias, ein in Athen lebender Ausländer. Alle elf ganz erhaltenen Reden des Isaios beziehen sich auf komplizierte Erbschaftsfälle. Narrative Einzelheiten, welche die verwickelten Familienbeziehungen und unklaren Alltagsereignisse schildern, werden selektiv, klar, ungezwungen und mit maximaler Effizienz dargelegt. Isaios ist auch bekannt für seine emotionale, demonstrative Argumentation, welche zu einem bestimmenden Merkmal von Demosthenes' vehementem Stil wurde.

Die frühesten rhetorischen Bemühungen des DEMOSTHENES (384–322), fünf Reden aus den späten 360er Jahren, verfaßt für seine eigenen gerichtlichen Auseinandersetzungen mit seinen früheren Vormündern (Reden XXVII–XXXI), weisen bereits sowohl eine klare Beherrschung der Standardtechniken als auch jene Züge auf, die in voll entwickelter Form sein reifes Werk auszeichnen: lebhafte stilistische Variation, zupackende Behandlung der Probleme und einen kraftvollen Duktus. Er war bis um die Mitte der 340er Jahre mit der Abfassung von Gerichtsreden beschäftigt, bis seine politische Karriere schließlich steil aufwärts ging. Die weitere logographische Produktion wurde beschränkt durch die in Athen traditionelle Trennung der Aktivitäten des Rhetors (d.h. Politikers) und des L. Das übliche Mißtrauen, das mit der Logographie verbunden war, zu überwinden und, wie AISCHINES es formuliert [15], «vom Gericht zum Béma (βῆμα, bēma; Rednerbühne) zu springen», war niemandem zuvor in Athen je gelungen. Der innovative Gebrauch von schriftlichen Versionen seiner Reden im politischen Bereich sowohl zur eigenen Vorbereitung wie auch für die anschließende Veröffentlichung sollte gesehen werden als eine Erweiterung der in der Logographie vorherrschenden Praxis. Unter den Gerichtsreden im demosthenischen Korpus, die sich mit privaten Fällen befassen, sind die (beiden echten) Reden XXXVI (‹Für Phormio›) und LIV (‹Gegen Konon›) die überzeugendsten. Sie erinnern gelegentlich an die Ethopoiia des Lysias. Demosthenes' faszinierendste logographische Reden sind jene, die zum Vortrag in bedeutenden politischen Verfahren der späten 350er Jahre für politische Freunde verfaßt wurden (Reden XXII–XXIV). Sie übertreffen alle vorausgehende Logographie und zeigen den Meister der Politik im Gerichtssaal: effiziente Organisation des Materials, sichere Beherrschung der Innen- und Außenpolitik, Manipulation der politischen Ideologie, raffinierte juristische Argumentation und beißende Schmähungen, wie etwa in der gegen Androtion gerichteten Rede (XXII), welcher vor dem Volksgericht als selbstsüchtiger, intriganter Aristokrat verunglimpft wird. Obwohl Demosthenes' logographische Reden notwendigerweise den zweiten Platz gegenüber seinen großen politischen Reden einnehmen, die er selbst in entscheidenden Momenten der athenischen Geschichte hielt, sind sie keineswegs künstlerisch minderen Ranges. Unter diesem Aspekt bilden sie ein nahtloses Kontinuum mit seinen politischen Reden. Die Erfahrung mit dem Schreiben für das Gericht schärfte offenkundig seine Effizienz in der rhetorischen Arena, insbesondere im Gebrauch der Erzählung und der Invektive. [16]

HYPEREIDES (390–322) war zwar in der athenischen Politik aktiv, aber er erwarb sich Ruhm wegen seiner logographischen Reden, und insbesondere wegen eines dramatischen Manövers im Gerichtssaal. Während eines Plädoyers zur Verteidigung seiner Geliebten Phryne, einer schönen Kurtisane, zerriß er ihr Gewand, um vor dem Gericht ihre Brust zu entblößen, womit er den Prozeß gewann. Kritiker der Antike schätzten seinen Stil sehr, aber nur eine ganze Rede und Teile von weiteren fünf, alle auf Papyrus erhalten, sind bekannt. Dieses Material zeigt einen lebhaften, gefälligen Autor, der geschickt in farbiger Erzählung und überzeugender Charakterisierung ist. DEINARCHOS (ca. 360–ca. 290), Korinther von Geburt, in Athen als Ausländer lebend, wurde von antiken Kritikern wenig geachtet. Dieses Urteil wird bestätigt von den drei überlieferten Reden, die sich alle mit der Bestechungsaffäre des Harpalos von 324 befassen und nicht bemerkenswert sind. Von den kanonischen ‹Zehn Rednern› überlebte nur Deinarchos die Demokratie und war als Logograph aktiv unter der Oligarchie, die 322 errichtet wurde.

Die Ära der Logographie endet jedoch mit der klassischen athenischen Demokratie. Zwar werden noch immer Reden vor Gericht gehalten, aber Athens Macht- und Prestigeverlust sowie die Entwicklung der Rhetorik zu einer formalen Disziplin machen athenische Institutionen als Rahmen für rhetorische Kreativität obsolet. Die Kunst juristischer Rede wird in den Städten und Schulen des hellenistischen Ostens aufrechterhalten und erreicht schließlich Rom, wo sie ihre erste Renaissance erlebt, nicht ohne den Einfluß der athenischen L., deren erhaltene Werke Belehrung und Inspiration bieten.

Anmerkungen:
1 M. Lavency: Aspects de la logographie judiciaire attique (Löwen 1964) 36–45. – 2 Lavency [1]; K.J. Dover: Lysias and the *Corpus Lysiacum* (Berkeley 1968) 148–174; S. Usher: Lysias and His Clients, in: Greek, Roman and Byzantine Studies 17 (1976) 31–40. – 3 zu Einzelheiten des juristischen Verfahrens in Athen s. J. Bleicken: Die athenische Demokratie (²1994) 203–228. – 4 H.J. Wolff: Demosthenes als Advokat (1968); A. Soubie: Les preuves dans les plaidoyers des orateurs attiques, in: Revue internationale des droits de l'antiquité 20 (1973) 171–253, 21 (1974) 77–134. – 5 J. Ober: Mass and Elite in Democratic Athens (Princeton 1989). – 6 H. Meyer-Laurin: Gesetz und Billigkeit im attischen Prozeß (1965); C. Carey: *Nomos* in Attic Rhetoric and Oratory, in: Journal of Hellenic Studies 116 (1996) 33–46. – 7 Belege für den schlechten Ruf der L. sind von Dover [2] 155–156 zusammengestellt; zum einfachen, extemporierenden Stil der Logographie vgl. Alkidamas, Über die Verfasser schriftl. Reden oder über die Sophisten 12–13; Isokrates 4,11; J.D. Denniston: Greek Prose Style (Oxford 1952) 17–18. – 8 zum Kanon der zehn Redner s. I. Worthington: The Canon of the Ten Attic Orators, in: I. Worthington (Hg.): Persuasion: Greek Rhetoric in Action (London 1994) 244–263; zu mündlichen und schriftlichen Versionen attischer Gerichtsreden s. Dover [2] 167–174; S. C. Todd: The Use and Abuse of the Attic Orators, in: Greece and Rome 37 (1990) 164–167; zu Einzelheiten der Werke jedes Redners vgl. die entsprechenden Passagen in Blass. – 9 C. Carey: Rhetorical Means of Persuasion, in: Worthington [8] 26–45. – 10 zu Antiphons Leben und Werk s. M. Gagarin (Hg.): Antiphon: The Speeches (Cambridge 1997). – 11 Thykydides VIII, 68; zum Papyrusfrgm. s.: PGen. inv. 264–267, in: F. Decleva Caizzi (Hg.): Corpus dei papiri filosofici greci e latini (1989) 224–235. – 12 Dion. Hal., Lysias 2–11. – 13 S. Usher: Individual Characterization in Lysias, in: Eranos 63 (1965) 99–119. – 14 S. Usener: Isokrates, Platon und ihr Publikum (1994) 22–23. – 15 Aischines III, 173. – 16 L. Pearson: The Art of Demosthenes (1976).

H. Yunis/G.K.

→ Agonistik → Gerichtsrede → Kairos → Redefreiheit → Redner, Rednerideal → Sophistik → Wahrheit, Wahrscheinlichkeit

Logomachie (griech. λογομαχία, logomachía; lat. [Vulgata] pugna verborum; neulat., ital. logomachia; dt. Wortstreit, -kampf, -krieg; engl. logomachy; frz. logomachie)

A. Der Begriff ‹L.› wird in der Antike und in der Neuzeit bis zum 18. Jh. als abwertende Bezeichnung für Auseinandersetzungen über die Bedeutung von Wörtern oder auch über andere Aspekte des Sprachgebrauchs verwendet – etwa im Sinne der alltagssprachlichen Redeweise vom «Streit um bloße Worte». Daneben kommt L. auch als Negativbezeichnung für wortreiche Dispute, insbesondere um Nichtigkeiten, vor. Der Terminus ‹L.› begegnet vorwiegend in philosophischen und theologischen Kontexten. Aus Sicht der Rhetorik gehört die gemeinte Sache zum Bereich der Agonistik und Argumentation bzw. zu den Bereichen des Disputes und des *res-verba*-Problems. Als ‹Wortstreit› (Wortkampf, -krieg, -gezänk, -fechterei, -balgerei, -fehde, -klauberei oder Redeschlacht, Silbenstecherei, Buchstabenreiterei) ist er abzugrenzen von sachlichem Disput, definierten Aussagen, logischen Ableitungen und rationalen Begründungsformen.

B. Der früheste Beleg findet sich in Varros ‹Saturae Menippeae›.[1] Der griechische Titel (‹L.›) dieser lateinischen Satire, in der der Streit zwischen Epikureern und Stoikern um das ‹höchste Gut› aufs Korn genommen wird, spricht dafür, daß die Bezeichnung L. hellenistischen, möglicherweise kynischen Ursprungs ist.

Für die weitere Begriffstradition prägend ist die Verwendung von L. in den fälschlich Paulus zugeschriebenen Briefen an Timotheus.[2] Dort dient der Begriff ebenso wie bei den daran anknüpfenden griechischen Kirchenvätern zur Abwertung von Irrlehren, seien sie innerchristlich oder heidnisch, so z.B. bei Eusebius gegenüber der griechischen Philosophie.[3]

Im Mittelalter spielt der Begriff L. keine Rolle, wahrscheinlich weil er in der Vulgata mit dem als abwertendes Schlagwort weniger geeigneten *pugna verborum* übersetzt ist. Erst die Humanisten greifen die griechische Bezeichnung wieder auf, um damit z.B. scholastische Kontroversen als spitzfindig und bedeutungslos zu brandmarken.[4] Luther übersetzt den o.g. Vers des 1. Timotheus-Briefes aus der griechischen Fassung des NT: «Wer aber etwas anderes lehrt […] der ist verblendet; er versteht nichts, sondern ist krank vor lauter Auseinandersetzungen und Wortgefechten. Diese führen zu Neid, Streit, üblen Verdächtigungen und Gezänk unter den Menschen, deren Denken verdorben ist.»[5]

In der ersten Hälfte des 18. Jh. erlebt der Begriff ‹L.› eine Blüte. Neben den tradierten Gebrauch als abwertendes Gelehrtenschlagwort, wie er sich z.B. bei Leibniz findet [6], tritt nun in Monographien und Enzyklopädien ein systematisches Reflektieren über den Begriff. Es werden Taxonomien von L.-Arten aufgestellt, die, wie Fehlertypologien des Gelehrtendiskurses wirken – eine Art frühaufklärerisches, auf Wissenschaftskommunikation bezogenes Pendant zu der auf das Denken bezogenen logischen Traditionslehre von den Fehlschlüssen.

Die erste und wichtigste von mehreren Monographien zur L. ist die Dissertation ‹De logomachiis eruditorum› von S. Werenfels.[7] Er subklassifiziert L. primär unter den Aspekten (1) Konfliktebene, (2) Umfang der betroffenen sprachlichen Einheiten, (3) Verständnis der mit den strittigen Wörtern oder Passagen bezeichneten Sachverhalte. Dabei kommt er zu folgenden Gegensatzpaaren: (1) die reine L. (*logomachia pura*), die bei Einigkeit in der Sache (*res*) lediglich die Sprache betrifft, im Gegensatz zur gemischten L. (*logomachia mixta*), bei der sowohl auf der Ebene der Sachverhalte als auch auf der Ebene des Wortgebrauchs Dissens herrscht, bei der aber die Auseinandersetzung über den Wortgebrauch am Dissens auf der Sachebene (*dissensio vera*) vorbeigeht [8]; (2) die auf ein Wort oder eine knappe Wortverbindung beschränkte L. im Gegensatz zur L. über größere Textzusammenhänge [9]; (3) die L., bei der jedem Kontrahenten klar ist, was er selbst meint, im Gegensatz zur L., bei der die Streitenden nicht genau wissen, was sie mit den Wörtern, über die sie streiten, jeweils selbst meinen. [10] Werenfels unterscheidet L. ferner danach, ob sie nur bei einem oder bei beiden Kontrahenten vorliegen und ob sie auf Unfähigkeit oder Absicht zurückzuführen sind. [11]

In Zedlers ‹Universal-Lexikon› werden 1749 als Haupttypen unterschieden (1) die «offenbahre» L., bei der «man mit Wissen und Willen um die Wörter streitet», und (2) die «verdeckte oder subtile» L., bei der «es das Ansehen hat, als streite man um die Sache; in der That aber nur in den Worten von einander unterschieden ist». Typus (1) wird subklassifiziert in (1.1) die «grammatische» L. mit den Subtypen (1.1.1) L. um die «[G]rammatischen Regeln selbsten» und (1.1.2) «um die Wörter und deren Untersuchung nach der Grammatischen Richtigkeit» (1.1.2.1 «um die Bedeutung der Wörter», 1.1.2.2 «um die Reinigkeit und Auctorität der Worte», 1.1.2.3 «um die Orthographie») sowie in (1.2) die «critische» L., d.i. die Auseinandersetzung um die richtige Konjektur einer verdorbenen Textstelle. Wichtiger ist der an vielen Beispielen aus Theologie, Philosophie und Naturrechtslehre demonstrierte, nicht weiter unterteilte «verdeckte» Typus (2).[12] Charakteristisch für den frühaufklärerischen Hintergrund dieser Texte ist neben dem klassifikatorischen das aitiologische und das didaktische Interesse an L. Dabei wird angeknüpft an die aus dem 1. Timotheusbrief stammende Vorstellung von der L. als Krankheit (*morbus*) in Form von Leidenschaften der verschiedensten Art. Als Abhilfe werden vor allem didaktische Maßnahmen für den wissenschaftlichen Unterricht empfohlen.[13]

In den rhetorischen Lehrbüchern der Aufklärung findet der Begriff L. allerdings nur geringen Niederschlag, so bei Fabricius, der für den Fall, daß «man eine neue sache erfunden», die Formulierung einer klaren und eindeutigen Nominaldefinition empfiehlt; denn dadurch «werden die logomachien vermieden».[14]

Seit der Mitte des 18. Jh. nehmen die philosophischen Stimmen zu, die vor dem Mißbrauch des Begriffs ‹L.› als argumentationsbehinderndes Negativschlagwort warnen. Diderot, der in der ‹Encyclopédie› drei Varianten des Logomachiebegriffs unterscheidet (Streit in Worten; Streit über Wörter; Streit über Nichtigkeiten) diskreditiert die wissenschaftliche Brauchbarkeit des Begriffs, indem er sarkastisch darauf hinweist, daß derjenige, der diesen abwertenden Begriff als erster gegen andere verwendet, ihn für gewöhnlich selbst am meisten verdiene.[15] Kant wendet sich gegen die Tendenz, die meisten philosophischen Kontroversen zu L. zu erklären, und betont, daß da «niemals eine Wortstreitigkeit zum Grunde gelegen habe, sondern immer eine wahrhafte Streitigkeit über Sachen».[16] Auf solche «Warnung vor leichtfertigem L.-Verdacht» führen J. Lanz und K. Lanz zurück, daß der Begriff seit der zweiten Hälfte des 18. Jh. kaum noch verwendet wird.[17] So findet sich das Stichwort ‹L.› in den großen deutschsprachigen Konversationslexika des 19. Jh. lediglich in Pierers ‹Universal-

Lexikon›, in dem von ‹L.› auf das Stichwort ‹Wortstreit› verwiesen wird, wo es nur lapidar heißt: «Streit über Wörter als wenn deren Verschiedenheit die der Meinungen und Gedanken selbst wäre». [18] Belege zum Bedeutungsfeld und zur Etymologie des Begriffs ‹Wortstreit› (Wortgefecht, Wortgezänk, Wortkampf, Wortkrieg) finden sich auch bei GRIMM: Er begreift den ‹Wortstreit› sowohl als Auseinandersetzung um die Bedeutung oder Anwendung eines Wortes als auch im Sinne des gegenstandslosen bzw. unsachlichen Disputs. [19] Im 20. Jh. spielt der Begriff ‹L.› weder in der sprachanalytischen Philosophie noch in der Linguistik eine Rolle – obwohl dort die Auseinandersetzung über Begriffe und Wortgebräuche vielfach thematisiert wird. Die mit den Beiträgen von GALLIE [20] und LÜBBE [21] beginnenden Arbeiten zum «Streit um Worte» in der Politik («Wortkampf» [22], «semantischer Kampf» [23] u.ä.) knüpfen nicht an den Logomachiebegriff an. Zum einen ist der Begriff vergessen, zum anderen distanzieren sich die Autoren des späten 20. Jh. aus sprachtheoretischen Gründen vom *res-verba*-Dualismus und gehen davon aus, daß der «Streit um Worte» keine Wortklauberei, sondern daß seine Substanz durchweg politisch-ideologischer und/oder machtpolitischer Natur sei. [24]

Anmerkungen:
1 Varro bei Nonius, hg. v. W.M. Lindsay (1903) 268; vgl. auch H. Dahlmann: Art. ‹M. Terentius Varro›, Abschnitt ‹Saturae Menippeae›, in: RE Suppl. Bd. 6, 1268–1276, 28, insbes. 1270, 34–68. – **2** 1 Tim 6,4; 2 Tim 2,14. – **3** vgl. J. Lanz, K. Lanz: Art. ‹L.›, in: HWPh 5 (1980) 489f. – **4** so H.C. Agrippa von Nettesheim: De incertitudine et vanitate scientiarum c. 97, in: Opera (Lyon o. J.; ND 1970) 2, 283. – **5** 1 Tim 6,3f. – **6** z.B. G.W. Leibniz: Theodicée (1710) II § 171; weitere Belege bei J. Lanz, K. Lanz [3]. – **7** S. Werenfels: De logomachiis eruditorum (Amsterdam 1702), zit. nach Ausg. Frankfurt a.M. 1724; ferner erscheinen: D. Zeltner: Synopsis logomachiarum, ut vulgo vocant, pietisticarum (1726); Treuer: De logomachiis in iuris naturae doctrina (Helmstedt 1720). – **8** Werenfels [7] 48ff. – **9** ebd. 56ff. – **10** ebd. 67ff. – **11** ebd. 70. – **12** Zedler, Art. ‹Wort=Streit, Wort=Gezăncke, Logomachie›, 537–542. – **13** vgl. Werenfels [7] 218ff. und 254ff. – **14** Fabricius 177. – **15** Diderot Encycl., Art. ‹L.› 642ff. – **16** I. Kant: Einige Bemerkungen zu L.H. Jakob's Prüfung der Mendelssohn'schen Morgenstunden (1786) in: Akad.-Ausg. Bd. 8, 152, 21–25. – **17** J. Lanz, K. Lanz [3] 490. – **18** Universal-Lex. der Gegenwart und Vergangenheit oder neuestes encyclop. Wtb. der Wiss., Künste und Gewerbe, hg. von H.A. Pierer (²1840 – 46), Bd. 18, 65 u. Bd. 34, 188. – **19** Grimm, Bd. 30, 1629f. – **20** W.B. Gallie: Essentially Contested Concepts, in: M. Black (ed.): The Importance of Language (Englewood Cliffs, N.J. 1962) 121–146 (Orig. in: Proceedings of the Aristotelian Society 56. 1955/56). – **21** H. Lübbe: Der Streit um Worte. Sprache und Politik, Bochumer Universitätsreden, Heft 3 (1967) – **22** J. Klein: Wortschatz, Wortkampf, Wortfelder in der Politik, in: ders. (Hg.): Politische Semantik (1989) 3–50. – **23** G. Stötzel: Semantische Kämpfe im öffentlichen Sprachgebrauch, in: G. Stickel (Hg.): Dt. Gegenwartssprache. Tendenzen und Perspektiven (Berlin, New York 1990) 45–65. – **24** vgl. Lübbe [21].

Literaturhinweise:
J.G. Walch: Philos. Lex. (²1733) 1663–67. – F. Hermanns: Schlüssel- Schlag- und Fahnenwörter. Arbeiten aus dem Sonderforschungsbereich 245 (Sprache und Situation) (1994). – R. Rand (ed.): Logomachia: the conflict of faculties (Univ. of Nebraska Press 1992).

J. Klein

→ Agonistik → Argumentation → Bedeutung → Begriff → Controversia → Definition → Disputation → Eristik → Polemik → Res-verba-Problem → Streitgespräch → Streitschrift

Logos (griech. λόγος, lógos; pl. λόγοι, lógoi; lat. ratio, oratio, sermo, verbum, ratiocinatio, disputatio, argumentatio, definitio, proportio; dt. Vernunft, Denken; Sprache, Rede, Wort, Satz, Definition, Ausdruck, Abschnitt, Passage, Textstück, Text, Schrift, Prosawerk; Wortlaut, Prosa; Erzählung, Bericht, Darlegung, Abhandlung, Lehre, Diskurs; Ausspruch, Redewendung, Sprichwort, Fabel; Aussage, Aussageinhalt, Proposition, Urteil; Thema, Gegenstand; Sinn, Bedeutung; Berechnung, Rechenschaft, Rechtfertigung; Erklärung, Beweisführung, Beweisschritt, Schluß; Begründung, Grund, Argument; Verhältnis, Proportion, Maß; Regel, Gesetz, Prinzip; Wert, Ansehen, Ruf).

A. Def. – B. I. Antike. – 1. Frühe Dichtung. – 2. Philosophie. – 3. Sprachphilosophie und Grammatik. – 4. Logik. – 5. Rhetorik und Literaturtheorie. – II. Frühes Christentum, Gnosis, Patristik. – III. Mittelalter. – IV. Neuzeit

A. Das griechische Wort ‹L.› ist ablautiges nominales Deverbativum zum Verbum λέγειν (légein; sagen, sprechen) und bezeichnet zunächst als nomen actionis den Vorgang des légein selbst, sodann aber insbesondere als nomen acti das Ergebnis eines solchen Vorgangs. Dabei ist zunächst von einer Grundbedeutung von légein = ‹sammeln, (auf-/aus)lesen› auszugehen (vgl. noch σύλλογος, sýllogos, συλλογή, syllogé; Sammlung; ἐκλογή, eklogé; Auswahl, sowie lat. *legere*, sammeln, lesen). Diese Grundbedeutung bleibt in allen weiteren Bedeutungen des Wortes unterschwellig präsent.

Auf dem Weg über die Bedeutung ‹zählen, aufzählen› (vgl. κατάλογος, katálogos; Aufzählung) entwickelt sich daraus die Valenz des Erzählens, Darlegens und Berichtens, womit das Substantiv (wie sein Stammverbum) erst in das Wortfeld der Beschreibung sprachlicher Phänomene eintritt, wo es sich jedoch bald gegen ältere, ursprünglich sinnverwandte Termini wie μῦθος (mýthos), ἔπος (épos), αἶνος (aínos) u.a. durchsetzt, die es in Spezial- oder Sonderbedeutungen abdrängt.

Im Begriff des L. wird Sprache vornehmlich unter dem Aspekt der Performanz bzw. der *parole* betrachtet, nicht als grammatisches Regelsystem (*langue*) oder gar als bestimmte Einzelsprache (griech. als φωνή, phōné, διάλεκτος, diálektos oder γλῶττα, glótta bezeichnet); ‹L.› meint mithin stets eine spezifische, je konkrete, aktuale sprachliche Äußerung. Selbst wo das natürliche menschliche Sprachvermögen als L. bezeichnet ist, wird auf die prinzipielle Fähigkeit zu artikulierter, sinnhafter sprachlicher Äußerung abgehoben, nicht auf linguistische Sprachkompetenz.

‹L.› faßt Sprache ferner primär in ihrem Inhaltsaspekt, unter Hintansetzung eventueller stilistischer oder expressiver Qualitäten. Der Sach- oder Wirklichkeitsbezug rückt in den Vordergrund. L. ist daher nicht nur artikulierte, sondern darüber hinaus immer auch sinnhaltige und sinnvermittelnde Äußerung, sowohl im primären, linguistisch-grammatischen als auch in einem höheren (z.B. logischen oder rhetorischen) Sinne. Als Folge von Sachbezogenheit und Urteilscharakter des L. wird auch die Frage nach der Wirklichkeitsentsprechung und damit das Wahrheitsproblem in besonderer Weise aufgeworfen.

In der Qualifikation einer Äußerung als L. ist jedoch immer auch auf einen geordneten, rational durchdachten, planvoll gegliederten und in sich geschlossenen Aufbau verwiesen. Innere Einheit und Geschlossenheit gewinnt der L. durch den Bezug auf ein umgrenztes Thema (Geschichte, Gedanke, Argument), weshalb auch dieser thematische Kern selbst L. genannt werden kann.

L. ist ferner stets ein bedeutungsvolles Sprechen (entsprechend heißt légein ti: ‹etwas Gewichtiges sagen, etwas meinen›). Auch eine konkrete, bewußt berechnete Wirkungsabsicht des Sprechers ist zumeist intendiert.

‹L.› wird so zum universalen Terminus für artikulierte, sinntragende, inhaltlich und formal abgrenzbare, planvoll geordnete und gestaltete Einheiten kommunikativer Sprache beliebigen Inhalts und sehr unterschiedlichen Umfangs, von der umschreibenden oder definierenden Wortgruppe über den Satz, die Redewendung, den Ausspruch, den Argumentationsschritt oder Abschnitt (Paragraph, Kapitel, Buch) bis zum gesamten, längeren Text oder vollständigen Werk. Nur selten hingegen wird auch das Einzelwort (ἔπος, épos; ὄνομα, ónoma; später λέξις, léxis) dem Bereich des L. zugeordnet, vielmehr häufiger mit diesem als der größeren, ein vollständiges Urteil enthaltenden und daher wahrheitswertfähigen Einheit kontrastiert.

Der Verwendungsbereich von ‹L.› umfaßt sowohl narrative als auch deskriptive und argumentative Texte. Primär ist entsprechend dem Wortsinn zwar die Verwendung für mündliche Rede, doch ist die Übertragung auf schriftliche Werke schon früh geläufig. Insbesondere Reden aller Art, aber auch Geschichtswerke und philosophische Abhandlungen sowie kleinere Gattungen wie die Fabel werden als L. bezeichnet. Im Vordergrund stehen Prosatexte, so daß ‹L.› sogar die Prosa als solche im Unterschied zur Dichtung bezeichnen kann.

Im Bereich der Poetik steht ‹L.› daher folgerichtig entweder für die geformte Sprache bzw. den reinen Text (Libretto) ohne rhythmische und musikalische Elemente als eines der Ausdrucksmittel von Dichtung oder für der Prosa nähere Partien wie z.B. die Sprechpartien im Drama. Daneben wird auch eine geraffte Inhaltsangabe des Handlungsgerüsts L. genannt.

Über die Bedeutung des Zählens, Ordnens und Rechnens, die sich auch in einer mathematischen (und musikalischen) Bedeutung als ‹Zahlenverhältnis, Proportion und Maß› niederschlägt, wird L. ferner zum Inbegriff eines berechnenden, kalkulierenden Denkens, das sich rationaler Nachprüfung stellt und zu Rechenschaftsablage, Erklärung und Begründung sowohl bereit als auch fähig ist. In dieser Hinsicht umfaßt der L. alle Bereiche menschlicher Rationalität, von der Erkenntnistätigkeit bis zur praktischen Vernunft. Als intellektuelles Erkenntnisprinzip mit aufklärerischem Anspruch rückt er in eine Gegenstellung zur kruden sinnlichen Wahrnehmung (αἴσθησις, aísthēsis), zur bloßen, unreflektierten Meinung (δόξα, dóxa) und zum Mythos als unbeglaubigter Tradition.

Ausgehend von der Vorstellung der Rechenschaftsablage (griechisch heißt ‹einen L. geben› soviel wie ‹Rechenschaft ablegen›) erlangt ‹L.› eminente Bedeutung auf dem Felde von Argumentation und Logik. ‹L.› meint hier sowohl die Beweisführung als ganze, den gesamten Erklärungs- und Begründungszusammenhang als auch den einzelnen vorgebrachten Grund oder Beweisschritt sowie das Argument, auch und vor allem in seiner logischen Form als Schlußfolgerung. Seine Bedeutungsspanne reicht dabei von der einfachen Überlegung der Alltagsvernunft bis zum subtilsten und abstraktesten formallogischen Kalkül.

Beide Hauptbedeutungsstränge, der sprachliche und der rational-logische, sind eng miteinander verflochten und verweisen beständig aufeinander, zumal oft geradezu eine Homologie bzw. Isotopie von Denken und Sprechen unterstellt wird.

‹L.› wird so zur Bezeichnung für die menschliche Vernunft und ihre Tätigkeit schlechthin. Auch die in den rationalen Ordnungen, Proportionen und Strukturen des Kosmos waltende höhere Vernunft oder Äußerungen dieser meist göttlich gedachten Weltvernunft werden als L. interpretiert.

In der christlichen Theologie schließlich gewinnt der L. eine herausragende Bedeutung als das in Jesus Christus als Gottes Sohn und zweite Person der Trinität fleischgewordene Wort Gottes in seiner Funktion als Träger der Offenbarung, Mittler zwischen Gott und der Welt und Erlöser der Menschheit.

Innerhalb der Rhetorik ist L. in vielfältiger Weise bedeutsam: als menschliches Sprachvermögen und rationales Denkvermögen, als sprachliche Gedankenäußerung vom Satz bis zur vollständigen Rede, als Bezeichnung für Prosatexte, insbesondere für Reden aller Gattungen und Arten, als in der Rede behandelter Sachverhalt (Thema), als seelenlenkende und kulturbildende persuasive Macht, als Prinzip rationaler, vernünftiger Argumentation sowie als sachbezogenes, intellektuelles Überzeugungsmittel neben Ethos und Pathos und die daraus resultierende Wirkungsrichtung (Belehrung, *docere*) der Rede.

Literaturhinweise:
J.H.H. Schmidt: Synonymik der griech. Sprache, Bd. 1 (1876) 1–112. – H.J. Flipse: De vocis quae est λόγος significatione atque usu (Diss. Amsterdam 1902). – E. Hofmann: Qua ratione ἔπος, μῦθος, αἶνος, λόγος et vocabula ab eisdem stirpibus derivata in antiquo Graecorum sermone (usque ad annum fere 400) adhibita sint (1922). – LSJ 1057–1059. – H. Fournier: Les verbes ‹dire› en grec ancien (Paris 1946) 217–224. – H. Frisk: Griech. etym. Wtb., Bd. 2 (1970) 94–96.

B.I. *Antike.* **1.** *Frühe Dichtung.* In der frühgriechischen Epik (HOMER, HESIOD) ist ‹L.› noch ein durchaus seltenes Wort, das deutlich im Schatten älterer Synonyme wie ‹mýthos› oder ‹épos› steht. Es begegnet fast ausschließlich im Plural in der Bedeutung ‹Reden›, wobei diese durch Kontext und entsprechende Beiworte meist als ablenkend und betörend, bisweilen sogar als trügerisch charakterisiert sind[1], insbesondere in Hesiods Personifikation der L. als Kinder der Streitgöttin Eris.[2] Der einzige singuläre Beleg bezieht sich auf den Hesiodeischen Weltaltermythos als eingelegte, abgeschlossene Erzählung.[3] In ähnlicher Verwendung, aber auch in abgeblaßten Bedeutungen wie ‹Plauderei, Gerücht, Botschaft› begegnet ‹L.› auch in der frühen Lyrik, Elegie und Tragödie.[4]

2. *Philosophie.* Der Beginn der griechischen Philosophie und Wissenschaft ist nach einer bekannten Formulierung von W. Nestle markiert durch den Schritt «vom Mythos zum L.»: «Mythos und Logos – damit bezeichnen wir die zwei Pole, zwischen denen das menschliche Geistesleben schwingt. Mythisches Vorstellen und logisches Denken sind Gegensätze.»[5] Nestle entwirft eine scharfe Antithese zwischen bildhaftem (mythischem) und begrifflichem (logischem) Denken, sieht gar einen «Kampf zwischen Mythos und Logos.»[6]

An dieser vereinfachenden und vergröbernden Darstellung Nestles ist vielfach Kritik geübt worden, so schon früh von B. Snell, der einwendet, Nestles Konstruktion tauge bestenfalls für den Bereich kausaler Naturerklärung, nicht für die Sphäre menschlicher Existenz und Kultur; zudem kennzeichne Mythos den Inhalt, L. die Form der Darstellung.[7] Im Einklang mit neueren Erkenntnissen über die eigene innere Logik und durchaus rationale Struktur mythischen Denkens einerseits und die Persistenz irrationaler Denkformen im wissenschaftlichen Denken andererseits zeichnet die jüngere Forschung heute demgegenüber ein weitaus differenzierteres Bild der Verhältnisse und geht eher von der Vorstellung eines allmählichen prozessualen Übergangs bzw. einer fortdauernden fruchtbaren Spannung zwischen mythischem und logischem Denken aus.[8]

Dies stützt im großen und ganzen auch der griechische Wortgebrauch: vereinzelten, etwa mit PINDAR kurz nach 500 v.Chr. einsetzenden, erst bei PLATON häufiger werdenden Kontrastierungen von erfundenem, trüglichem Mythos und glaubhaftem L.[9] stehen zahlreiche Gegenbeispiele, etwa für die Bezeichnung von Mythen als L., gegenüber.[10]

Auch beim frühen Aufklärer XENOPHANES (6./5. Jh. v.Chr.) sind mýthos und L. noch eher parallel gesehen.[11] Wie schon Hesiod kündigt aber auch er einen neuen Gedanken oder Abschnitt als «neuen L.» an.[12]

PARMENIDES (Anfang 5. Jh.) bezeichnet bereits die eigene Darlegung im ersten Teil seines Lehrgedichts als einen «überzeugenden L.», den er mit dem Erfassen der Wahrheit verbindet, wie überhaupt die strenge Isotopie von Sprechen (légein), geistigem Erfassen (noeîn) und Sein für sein Denken zentral ist.[13] Daneben aber appelliert er auch an den L. als geistige Urteilsinstanz im Kontrast zur Sinneswahrnehmung.[14]

Wenig später verweist auch EMPEDOKLES mit dem Terminus ‹L.› auf die Darlegung seiner Lehre im ganzen[15] oder auf bestimmte Einzelpassagen seines Lehrgedichts.[16]

Zum zentralen Begriff eines ganzen philosophischen Denkansatzes wird der L. bei HERAKLIT (5. Jh.). Die Bedeutung von ‹L.› bei Heraklit ist dabei nur schwer zu bestimmen, da Heraklit das gesamte Bedeutungsspektrum des Wortes bewußt ausschöpft.[17] L. ist für ihn einerseits die eigene Darlegung, seine Schrift, gleichzeitig aber auch das darin offenbarte, den Kosmos strukturierende und regierende Prinzip selbst, das sich in der Form der Einheit der Gegensätze äußert.[18] Obwohl der L. allen Menschen gemein ist und er sich in seiner grundlegenden Gegensatzstruktur in den Dingen wie in der Sprache ständig offenbart, zeigen diese sich unfähig, ihn zu erfassen.[19] Richtig wäre es, auf den L. zu hören, ihm zu folgen[20], um seine orakelhaft-paradoxe Sprache zu verstehen.[21] Der Heraklitische L.-Begriff integriert jedoch noch so viele weitere Bedeutungsnuancen (wie ‹Rede, Rechenschaft, Maß, Verhältnis, Gesetz, Grund› u.a.), daß man ihn auch umfassend als «Denkgesetz, Denknotwendigkeit» oder «richtige Überlegung» gedeutet hat.[22]

Wird bei den frühesten Philosophen die Sprache zunächst noch als naturgegeben betrachtet, so beginnen sich mit der rationalistischen und atomistischen Naturphilosophie des späten 5. Jh. Widersprüche zwischen Natur und Sprache abzuzeichnen, die von der Sophistik aufgegriffen und ausgebeutet werden. Ist zunächst bei ANAXAGORAS in dem Begriffspaar L. und ἔργον (érgon; Wirkung, Wirklichkeit) noch keine Abwertung des L. mitzuhören[23], so um so deutlicher bei DEMOKRIT[24] und schließlich bei GORGIAS.[25] L. und érgon zeigen sich hier als Erscheinungsform der bekannteren sophistischen Antithese von Nomos und Physis.[26]

PLATON hat keine eigentliche L.-Lehre entwickelt; sein oberstes ontologisches und epistemologisches Prinzip ist der νοῦς (nūs, Geist). Die Bedeutung des L. liegt bei ihm eher auf methodischem Gebiet. So unterstreicht er wegen der Unanschaubarkeit der Ideen selbst die Notwendigkeit der Zuflucht zu den L.[27] Daher auch seine Warnung vor Redefeindschaft (misología)[28] und sein Lob der Redefreunde (philológoi)[29], besonders des Sokrates, dessen maieutische Methode des Hervorbringens und Prüfens von L. er schildert.[30] Auch Platons Hypothesismethode des prüfenden und rechenschaftgebenden Fortschreitens von L. zu L. schließt hier an.[31] Dezidiert stellt Platon aber dem monologischen und agonalen L. der Redner und Sophisten den wahrheitssuchenden philosophischen διάλογος, diálogos entgegen, aus dem sich auch der Begriff der Dialektik ableitet. Im dialektischen Gespräch haben die Unterredner stets den L. als etwas Drittes, Objektives neben sich im Blick, das sich oft wie ein störrisches, eigenständiges Wesen geriert. Der hohe Wert der Rationalität für Platon zeigt sich ferner u.a. darin, daß er den leitenden Seelenteil als den logoshaften (λογιστικόν, logistikón) bestimmt[32] und echtes Wissen von bloßer wahrer Meinung durch das Kriterium des Hinzutretens eines L. (einer vernünftigen Erklärung oder Begründung) scheidet.[33] Nicht zuletzt darf auch der Einfluß der mathematischen Bedeutung von L. als Zahlenverhältnis[34] auf Platons ontologisches Denken nicht unterschätzt werden.

ARISTOTELES rückt L. (qua Begriff, Definition, Struktur) in enge Nähe und beinahe Synonymie zu den Zentralbegriffen seiner Ontologie wie ‹Wesenheit› (οὐσία, ūsía), ‹Form› (εἶδος, eídos), ‹Wesenswas› (τὸ τί ἦν εἶναι, to tí ēn eínai) und ‹Vollendung› (ἐντελέχεια, entelécheia) und stellt ihn der Materie (ὕλη, hýlē) gegenüber.[35] Auch in der physikalischen Welt folgt jede Ordnung einem rationalen Verhältnis (L.).[36] In der Ethik gilt der «rechte» (ὀρθός, orthós) L. als Maßstab für die richtige Mitte zwischen zwei Extremen, worin erneut ein fast mathematischer Kalkül anklingt.[37] Die Aristotelische Psychologie unterscheidet die beiden Seelenteile des Logoshaften (λόγον ἔχον, lógon échon) und des Unvernünftigen (ἄλογον, álogon).[38] Da aber der L. (als Vernunft wie als Sprache) dem Menschen allein eignet und ihn über das Tier erhebt, kann Aristoteles den Menschen geradezu als das mit L. begabte Lebewesen (ζῷον λόγον ἔχον, zṓon lógon échon) definieren.[39]

Zum universalen, einheitsstiftenden Prinzip erhoben wird der L. im System der Stoa (v.a. ZENON VON KITION, 4./3. Jh., CHRYSIPPOS, 3. Jh.). In der stoischen Physik wirkt der L. als das tätige Weltprinzip neben der passiven Materie.[40] Er erscheint als kosmische, pneumatische Kraft, als schöpferisches Feuer, hier wie stets in der Stoa stofflich und weltimmanent gedacht. Er durchdringt den gesamten Kosmos vollständig mittels sich permanent fortzeugender «samenhafter L.» (λόγοι σπερματικοί, lógoi spermatikoí), der formgebenden Kräfte aller natürlichen Dinge.[41] In dieser kosmischen Funktion ist der L. auch als Gottheit, Vorsehung oder Schicksal interpretierbar. Daher kann etwa der Zeushymnos des KLEANTHES (4./3. Jh.) auch als Hymnos auf den stoischen L. gelesen werden.[42]

Die stoische Ethik macht es dem L. des Individuums zur Aufgabe, mit diesem Weltenlogos, dessen Teil er ist, bestmöglich zu harmonieren.[43] Auch für die Stoiker ist der Mensch primär ein Logoswesen (zṓon logikón).[44] Das Lebensziel (télos) formuliert daher Zenon als ὁμολογουμένως ζῆν (homologūménōs zḗn), «in Übereinstimmung (d.h. eins mit dem L.) Leben»; erst Kleanthes und Chrysippos setzen hinzu: «mit der Natur», was keine substantielle Erweiterung ist, da die Menschennatur eben durch den L. geprägt ist. Ein strengerer Rekurs auf den L. allein erfolgt wieder bei POSEIDONIOS (2./1. Jh. v.Chr.). [45] Der substanzhafte individuelle L., der seinen Sitz im Pneuma des seelischen Zentralorgans hat, ist verantwortlich für epistemologische wie ethische Entscheidungen und die Kontrolle der Triebe und Affekte. [46] Ethisch vollkommenes Handeln (κατόρθωμα, katórthōma) resultiert aus dem «rechten» (orthós) L., der *recta ratio*; Tugend besteht also in der Konsistenz und Beständigkeit dieses L., der, da allen Menschen gemeinsam, auch ein natürliches Recht und menschliche Gemeinschaft begründet. [47] Als Stifter aller menschlichen Kultur sieht den L. vor allem Poseidonios. [48]

Auch CICERO, der den im Griechischen einheitlichen L.-Begriff im Lateinischen zwangsläufig in die beiden Aspekte der *ratio* (Vernunft) und der *oratio* (Rede) aufspalten muß, sieht gleichwohl in beiden zusammen die Natur des Menschen, seine Entwicklung zum Sozialwesen und seinen Vorrang vor dem Tier begründet. [49]

Beginnend mit ANTIOCHOS VON ASKALON (2./1. Jh. v.Chr.), vor allem aber im sogenannten *Mittleren Platonismus* (EUDOROS VON ALEXANDREIA, 1. Jh. v.Chr.; ATTIKOS, ALBINOS VON SMYRNA, 2. Jh. n.Chr.) kommt es zu einer Verschmelzung platonischer, altakademischer und stoischer Theorieelemente, bei der auch Einflüsse des Neupythagoreismus (MODERATOS VON GADES, 1. Jh. n.Chr.; NIKOMACHOS VON GERASA, 2. Jh. n.Chr.) mitwirken. Dabei werden Demiurg und Weltseele aus Platons ‹Timaios› mit dem stoischen L. verschmolzen; dieser tritt so als eine zweite, sowohl Gott als auch (als dessen aktive Schöpferkraft) der Welt zugewandte Mittlergottheit neben den transzendenten Gott (nūs); die platonischen Ideen werden als Denkinhalte im Geiste Gottes ihrerseits mit den stoischen lógoi spermatikoí identifiziert, die die materielle Welt schaffen. [50] Reflexe solcher Spekulation finden sich z.B. bei PLUTARCH. [51]

Die bedeutendste Gestalt aus diesem Umkreis ist der jüdische Philosoph PHILON VON ALEXANDREIA (1. Jh. v.u.n. Chr.). [52] In dessen Werk, einem Amalgam aus allegorischer Auslegung des Alten Testaments, jüdischer Weisheitsspekulation, ägyptischer Mystik und griechischer (v.a. mittelplatonischer und stoischer) Philosophie erscheint der L. identisch mit der göttlichen Weisheit (sophía) [53], als erstgeborener Sohn Gottes [54] und zweiter Gott [55], als Gottes Wort [56] und Bote (Engel) [57], als Ebenbild Gottes [58]. Als Mittler zwischen Gott und der Welt und Werkzeug Gottes [59] ist er die Idee der Ideen, die die intelligible Welt in sich enthält und als dichotomischer «Teiler» (τομεύς, tomeús) den materiellen Kosmos schafft. [60] Als «rechter L.» (orthós L.) ist er Quell aller Tugenden. [61]

Eine ausgeprägte Mittlerfunktion zwischen den Seinsstufen hat der L. auch im System PLOTINS (3. Jh. n.Chr.), des Begründers des Neuplatonismus, wobei wiederum stoische Einflüsse unübersehbar sind. [62] Bei Plotin ist der L. einerseits der Weltplan [63], andererseits die vom Nus (Geist) ausgehende, alles durchwirkende Rationalität [64]. Vor allem aber beschreibt er eine ‹Äußerung› der jeweils höheren Hypostase, die die jeweils niedrigere hervorruft, wofür Plotin das Bild der menschlichen Sprachäußerung als Ausdruck des inneren Gedankens heranzieht [65]: So ist die Seele L. des Nus, wie der Nus L. des Einen. [66] Der L. als immaterielles formgebendes Prinzip «verbindet zwischen den einzelnen Wesen und stellt dabei die Einwirkung der höheren Wesenheit auf die niedere dar, ohne selbst eine Hypostase zu sein.» [67] In der Seele wiederum befinden sich durch Einwirkung des Nus unzählige L. (rationale Formen), die nach unten (im Sinne platonischer Ideen und stoischer lógoi spermatikoí [68]) die sichtbare Welt generieren; in diesen nähert sich der L. der Materie an. [69] Dieselbe Mittlerrolle im umgekehrten Sinne hat der L. im Aufstieg der menschlichen Seele zur Erkenntnis [70] und als Führer der Seele zu vernünftigem Leben. [71]

3. *Sprachphilosophie und Grammatik*. Aus der Beobachtung von Inkongruenzen zwischen Sprache und Wirklichkeit entwickelt sich Ende des 5. Jh. v.Chr. eine intensive Reflexion über das Wesen von Sprache.

So ordnet z.B. GORGIAS den L. zwar einerseits den akustischen oder Lautphänomenen zu, stellt aber andererseits auch bereits seinen Zeichencharakter klar heraus, worin ein früher Ansatz zu einer signifiant/signifié-Dichotomie erkannt werden könnte. [72]

Neben dem Wirklichkeitsbezug ist insbesondere die Frage nach dem Verhältnis von Einzelwort und L. von Interesse. Dabei wird von Anfang an zwischen L. als Satz und als größerem Satzzusammenhang bzw. Text keine klare Trennungslinie gezogen, wie u.a. Platons Formulierung «einen Logos (Satz) in einen Logos (Text) einfügen» zeigt. [73] Zwischen beiden ist nur ein quantitativer, kein qualitativer Unterschied gesehen.

Ob schon bei PARMENIDES und HERAKLIT die épea bzw. onómata in einen bewußten Gegensatz zum L. rücken [74], ist durchaus fraglich. DEMOKRIT immerhin hat möglicherweise die Sprache bereits nach atomistischem Modell stufenweise aus den Elementen Buchstabe/Laut (stoicheíon), Silbe (syllabḗ), Wort (ónoma) und Satz/Text (L.) aufgebaut sein lassen. [75]

Während PLATON noch im ‹Kratylos› von einem scheinbar naiven «akkumulativen Satzmodell» [76] ausgeht, das den Satz als ein bloßes «Aggregat von ὀνόματα» [77] begreift, in dem sich die Wahrheitswerte vom Satz auf die Wörter und umgekehrt überrechnen lassen [78], definiert er ihn im ‹Theaitetos› bereits genauer als eine Verknüpfung (συμπλοκή, symplokḗ) von Wörtern (onómata). [79] Im ‹Sophistes› wird dies weiter präzisiert im Sinne einer Verknüpfung von Haupt- und Zeitwörtern (onómata und rhḗmata), die nunmehr Urteilscharakter hat und deren Wahrheitswert in der Entsprechung zu der ontologischen Verknüpfung der korrespondierenden Ideen besteht. [80] Was für die Sprache gilt, gilt nach Platon auch für das diskursive Denken (διάνοια, diánoia), das er als einen inneren L. oder Dialog der Seele mit sich selbst beschreibt. [81]

In anderer Hinsicht, nämlich als Erklärung oder Definition, die wahre Meinung zum Wissen macht, sucht Platon ebenfalls im ‹Theaitetos› den L. zu definieren. Von den drei angebotenen und diskutierten Definitionen (1. Kundmachung eines Gedankens durch die Stimme mittels Zeit- und Hauptwörtern; 2. Aufzählung der realen Bestandteile des Definiendums; 3. Angabe eines unterscheidenden Kennzeichens) erweist sich einzig die letzte, freilich unter Einbeziehung der Präzisierungen des ‹Sophistes› (Dihairesismethode), als tragfähig. [82]

Schon Platons Zeitgenosse ANTISTHENES hatte eine Definition des L. gegeben als «dasjenige, was das, was etwas ist oder war, enthüllt.» [83] Diese steht offenbar im Zusammenhang mit seiner Lehre von dem jeder Sache fest zugeordneten «eigentümlichen L.» (οἰκεῖος λόγος, oikeíos lógos), der für ihn einfach in der Aufzählung ihrer realen Bestandteile besteht [84], woraus Antisthenes die Unmöglichkeit jedes Widerspruchs ebenso ableitet [85] wie wirkungsästhetische Folgerungen für die notwendige Vielgestaltigkeit einer Rede. [86]

Im Sinne der umschreibenden Definition begegnet L. noch einmal im Erkenntnisstufenmodell des 7. Platonbriefes, wo er neben Name und Abbildung in der Reihe der untersten, zwar unumgänglichen, aber zwangsläufig unvollkommenen Elemente im Erkenntnisprozeß erscheint, womit Platon eine grundsätzliche Kritik an der Erkenntnistauglichkeit der Sprache verbindet.[87] Dem Wesen (οὐσία, ūsía) einer Sache sind aber Name und L. auch in den ‹Nomoi› zugeordnet.[88]

Von den beiden wohl auf altakademische Tradition (XENOKRATES?) zurückgehenden L.-Definitionen der pseudoplatonischen ‹Definitionen› (1. «in Schriftzeichen darstellbare [d. h. artikulierte] Stimmäußerung, die jedes Seiende für sich ausdrückt»; 2. «aus Haupt- und Zeitwörtern zusammengesetzte Sprachäußerung ohne Melodie») ist wiederum die zweite rein grammatischer, die erste eher philosophischer Natur.[89]

ARISTOTELES definiert den L. (Satz/Text) als «zusammengesetzte bedeutungstragende Stimmäußerung, von der Teile für sich bereits bedeutungstragend sind.»[90] Auch für ihn besteht der L. aus Nomina und Verben[91]; seine Materie ist der Stimmlaut (φωνή, phōné).[92] Logischer Ort der Wahrheitswerte und damit philosophisch relevant ist für Aristoteles jedoch allein der apophantische L. oder Aussagesatz (λόγος ἀποφαντικός), der Affirmation und Negation zuläßt. Alle nichtapophantischen Ausdrucksweisen (Bitte, Befehl u. ä.) werden pauschal in die Zuständigkeit von Rhetorik und Poetik verwiesen.[93] Aristoteles unterscheidet auch bereits zwischen dem inneren L. des Denkens und dessen äußerer Manifestierung in der Sprache.[94] Wie bei Platon wird auch bei ihm die wesensbeschreibende Definition einer Sache u.a. ebenfalls als L. bezeichnet.[95]

Die stoische Grammatik ordnet den L. in die gestufte Begriffsreihe von phōné, léxis und L. ein: phōné ist der noch unartikulierte Stimmlaut, léxis bereits artikulierte, aber nicht notwendig auch sinntragende Äußerung (z. B. in sinnlosen Lautgebilden); erst die sinntragende léxis gilt als L., der daher zunächst als «sinnvoller, vom Verstand hervorgebrachter Stimmlaut», seit DIOGENES VON BABYLON (2. Jh. v.Chr.) präziser als «artikulierter sinnvoller Stimmlaut» definiert wird. Eine Besonderheit der stoischen Grammatik liegt dabei darin, daß aufgrund der Festlegung auf das Kriterium der Semantizität im Begriff des L. auch das (bedeutungsvolle) Einzelwort eingeschlossen ist.[96]

Insofern die Stoiker in der Sprache klar zwischen Bezeichnendem (σημαῖνον, sēmaínon) und Bezeichnetem (σημαινόμενον, sēmainómenon) scheiden, korrespondiert in jedem L. der Lautgestalt auf der Gegenseite ein «Ausgesagtes» (λεκτόν, lektón).[97] Nur ein sogenanntes «vollständiges lektón» aber ergibt einen Aussagesatz (ἀξίωμα, axíōma); daneben erkennt die Stoa jedoch neun weitere Satztypen (Frage, Befehl u. a.) an.[98]

Von weitreichender Bedeutung ist v. a. die wohl erst aus späteren Schulkontroversen mit der Akademie erwachsene stoische Unterscheidung zwischen einem inneren, nur gedanklichen (ἐνδιάθετος, endiáthetos) und dem sprachlich geäußerten (προφορικός, prophorikós) L.[99] Diese wichtige Unterscheidung hat auch auf das lateinische Begriffspaar ratio und oratio gewirkt.

In den Traktaten der Schulgrammatiker wird der L. (Satz, Text) als letztes und komplexestes Element der mit Laut und Buchstabe beginnenden Stufenreihe der Sprachkonstituenten behandelt.

Bei den griechischen Grammatikern finden sich fast überall Definitionen des L., so z. B. diejenige des DIONYSIOS THRAX (2. Jh. v.Chr.) als «Zusammenstellung in prosaischer Ausdrucksweise, die einen eigenständigen Gedanken offenbart».[100] Ähnlich definieren APOLLONIOS DYSKOLOS (2. Jh. n.Chr.) und andere.[101] Ein Scholiast zu Dionysios Thrax bestimmt den L. schlechthin als Materie der Grammatik[102], ein anderer zählt allein elf verschiedene Bedeutungen des Wortes ‹L.› auf, von «Rechenschaft» über «Zahlproportion», «Schlußfolgerung», «Satz», «Aussage», «Rede» u. a. bis zum «Buch», wozu an anderer Stelle sechs weitere kommen.[103]

Die spätantiken lateinischen Grammatiker übersetzen ‹L.› durch *oratio* [104], was etwa CHARISIUS (4. Jh. n.Chr.) als *oris ratio* (Mundvernunft) etymologisiert.[105] Es finden sich von DIOMEDES und DOSITHEUS (4. Jh.) bis PRISCIAN (5./6. Jh.) die geläufigen, z. T. von den Griechen entlehnten Definitionen.[106]

Ein Hauptgebiet der antiken Grammatik ist die Lehre von den Wortarten oder Redeteilen (mérē tū lógū, *partes orationis*): Platon kennt nur zwei Wortarten (Nomen und Verbum), ANAXIMENES, ARISTOTELES und THEOPHRAST hingegen (durch Hinzunahme von Konjunktion und Artikel) wohl bereits deren vier[107], ebenso der Stoiker ZENON; CHRYSIPPOS und DIOGENES VON BABYLON nehmen den Eigennamen hinzu.[108] Die Grammatiker schließlich erweitern auf acht (Nomen, Pronomen, Verbum, Adverb, Partizip, Konjunktion, Präposition und Artikel bzw. bei den Lateinern Interjektion), manche gar auf neun bis elf.[109] Aufzählung und Darstellung der Redeteile schließen traditionell an die Definition von L. bzw. *oratio* an.[110]

4. *Logik*. Das von ‹L.› abgeleitete Wort ‹Logik› (λογική, logiké) ist als Femininum in seiner heutigen Bedeutung erst seit dem 1. Jh. v.Chr. (CICERO!) nachweisbar.[111] Zwar greifen die Stoiker die wohl auf XENOKRATES zurückgehende Einteilung der Philosophie in die drei Disziplinen Logik, Physik und Ethik auf, sprechen aber vom «logischen Teil» der Philosophie, worunter freilich alle den L. im sprachlichen Sinne betreffenden Disziplinen fallen, also neben der Dialektik (der eigentlichen Logik), zu der die Grammatik gehört, auch die Rhetorik.[112] Schriften ZENONS und CHRYSIPPS ‹Über den L.› oder ‹Über den Gebrauch des L.› dürften einer ähnlich weiten Thematik gegolten haben.[113] Auch bei ARISTOTELES heißt die Lehre vom vernünftigen Denken und Schließen nicht Logik, sondern Analytik; ‹logisch› (λογικόν, logikón; λογικῶς, logikós) steht bei ihm vielmehr meist für ‹dialektisch› im Sinne der Disputierkunst der ‹Topik›, in Abgrenzung zu ‹analytisch› einerseits, ‹rhetorisch› andererseits.[114]

Wird das dem mathematischen Bereich entstammende Verbum λογίζεσθαι (logízesthai; rechnen) schon seit Herodot, das Substantiv λογισμός (logismós) seit Thukydides im Sinne des logischen Schließens verwendet[115], so wird seit Aristoteles auch ‹L.› zur möglichen Bezeichnung für den deduktiven Schluß (συλλογισμός, syllogismós), den Beweis (ἀπόδειξις, apódeixis) oder das Argument[116], ja sogar für den induktiven Schluß[117]. Aber auch im ‹syllogismós› wäre die Valenz des Zusammenfassens mehrerer L. zu einem noch mitzuhören.[118] Den Stoikern schließlich ist ‹L.› als Terminus für den logischen Schluß ebenfalls geläufig.[119]

5. *Rhetorik und Literaturtheorie.* Die Vorstellung von einer betörenden Wirkung der L. ist schon in der frühgriechischen Dichtung präsent. Mit der Ausbildung einer

kunstmäßigen Rhetorik im 5. Jh. werden diese Ansätze aufgegriffen und theoretisch ausgebaut.

Zentralbegriff der Rhetorik ist der L. Generell wird ja vor der Prägung des Terminus ῥητορική (rhētorikḗ) im 4. Jh. bei PLATON, ALKIDAMAS und ISOKRATES [120] die Rhetorik als «Kunst des Logos» oder «Kunst der Logoi.» bezeichnet. [121] Entsprechend macht sich schon PROTAGORAS (5. Jh.) anheischig, «den schwächeren L. zum stärkeren zu machen» und in allem stets den «treffendsten L.» parat zu haben. [122] Auch seine Buchtitel, wie ‹Niederwerfende L.›, ‹Großer L.› oder ‹Antilogien› sprechen dieselbe Sprache. [123] Ein radikaler Relativismus (Homo-Mensura-Satz) löst dabei den L. aus Sach- und Wahrheitsbindungen und setzt ihn für derartige kämpferische Aufgaben frei.

Die spezielle eristische Qualität dieses agonalen L. der Sophisten schlägt sich nieder in einem Werk wie den anonymen ‹Zwiefältigen Reden› (‹Dissoí lógoi›) [124] und spiegelt sich literarisch etwa im Rededuell des gerechten und ungerechten L. bei ARISTOPHANES oder im Komödientitel ‹Lógos kai Logína› (‹Herr und Frau L.›) bei EPICHARM. [125]

Stringenter noch weist GORGIAS nach dem in der Schrift ‹Über das Nichtseiende› mit scharfsinnigen sprachtheoretischen Argumenten geführten Aufweis der prinzipiellen Heterogenität von L. und Wirklichkeit und der füglichen Untauglichkeit des L. zu Kommunikation über diese Realität diesem im ‹Lob der Helena› eine neue Aufgabe in der psychagogischen Beeinflussung der Hörer durch Erregung oder Temperierung von Affekten und (ohne Wahrheitskriterium wertneutrale) Substitution von Meinungen zu. Dort entfalte er seine wahre Macht. Der L. sei ein «großer Bewirker» (δυνάστης μέγας, dynástēs mégas), der Göttliches vollbringe. Die Wirkkraft des L. vergleicht Gorgias mit Magie und pharmazeutischen Drogen. [126] Zur Verstärkung dieser Wirkkraft entwickelt er als erster ein System äußerer formaler Kunstmittel des L. (Gorgianische Figuren).

Von der Überredungskraft des L., die stärker sei als Gesetz, Zwang oder Geld, zeigt sich auch DEMOKRIT überzeugt. [127] Und nach einer in der rhetorischen Tradition kolportierten Anekdote soll der Fabeldichter ÄSOP auf die Frage nach dem Stärksten unter den Menschen geantwortet haben: der L.! Ähnliches wird über DEMOSTHENES berichtet. [128]

Der Gorgiasschüler ISOKRATES preist in seinem ‹Nikokles› den L. als das menschliche Kardinalvermögen schlechthin. Der L., dessen Begriff er extrem weit auslegt, ist ihm hauptverantwortlich für Staatenbildung, Gesetzgebung und Rechtspflege, sowie Grundlage aller Sittlichkeit, Bildung und Kultur. [129] Cicero hat dies später mehrfach nachgesprochen. [130] Als Gegenstand, Mittel und Ziel des ehrgeizigen Isokratischen Bildungsprogramms firmiert der L. daher auch in der späten autobiographischen Antidosisrede. [131]

Mit dem Entstehen einer nennenswerten Prosaliteratur im 5. Jh. wird L. auch zur Bezeichnung für Prosatexte verschiedenster Gattungen. L. steht, mit oder ohne den Zusatz ψιλός (psilós; bloß), vielfach generell für die Prosa als solche, insbesondere im Kontrast zur Dichtung. [132]

Der Umfang des Begriffs L. wird dadurch stark erweitert und umgreift erzählende wie darstellend-argumentierende, schriftliche wie mündliche Genera, also z.B. Geschichtsschreibung (Herodot und seine Vorgänger [133]) ebenso wie philosophische und wissenschaftliche Prosa (Heraklit, Protagoras, Aristoteles [134]); selbst die dialogische Gattung der Sokratischen Gespräche kann aufgrund des prosaischen Charakters so genannt werden [135]. Und nicht zuletzt gehören natürlich nach wie vor Reden aller Gattungen und Arten in diesen Bereich. [136]

Unter inhaltlichem Aspekt kann unter L. ferner jede Erzählung oder Geschichte fallen, sowohl ein Mythos [137] wie eine Legende [138] oder ein Bericht mit historischem Anspruch [139], wobei der Begriff in dieser Verwendung auch für poetische Formen offenbleibt.

‹L.› ist, neben ‹mýthos› und ‹aínos›, schließlich eine der im Altertum gängigen Bezeichnungen für die Äsopische Fabel. [140] V.a. bei den Progymnasmatikern ist aber auch die der Fabel voran- oder nachgestellte ‹Moral› (sonst προμύθιον/ἐπιμύθιον, promýthion/epimýthion oder πρόλογος/ἐπίλογος, prólogos/epílogos genannt) gelegentlich als L. bezeichnet. [141] Ein kurzer Spruch, eine Redensart oder ein Sprichwort kann ja von alters her L. heißen. [142]

Entsprechend ist auch ‹Logográphos› nicht, wie noch F. Creuzer fälschlich meinte, eine feste Bezeichnung für die ältesten griechischen Geschichtsschreiber vor Herodot (wie Hekataios von Milet oder Hellanikos von Lesbos) [143], sondern charakterisiert allgemein den Prosaautor im Unterschied zum Dichter. [144] Im speziellen Sinne ist jedoch ‹Logograph› in Athen auch Bezeichnung für eine bestimmte Berufsgruppe, deren Tätigkeit im Verfassen von Gerichtsreden für andere gegen Lohn besteht. [145] Obwohl die meisten attischen Redner, wie z.B. ANTIPHON, DEMOSTHENES, ISOKRATES oder LYSIAS, dieses Metier zumindest zeitweise ausüben, steht es als unfreie Tätigkeit in geringem Ansehen, so daß die Bezeichnung sogar als Schimpfwort dient. [146] Eine ähnliche Entwicklung macht auch ‹Logopoiós› durch, das zunächst den Prosaiker, näherhin den Historiker [147], Fabeldichter [148] oder Redenschreiber [149] meint, aber schließlich zur Bedeutung ‹Schwätzer› absinkt. [150]

Aufgrund des weiten Umfangs des Logosbegriffs werden bald nähere Kategorisierungen notwendig. Bereits GORGIAS unterscheidet in der ‹Helena› zwischen den L. der «Meteorologen» (Naturphilosophen), der Prozeßredner und der «Philosophen» (wohl den agonal-eristischen L. der Sophisten). [151] Im 4. Jh. räsoniert der Demokriteer NAUSIPHANES über Unterschiede und Gemeinsamkeiten der L. der Philosophen und der politischen Redner. [152] PLATON will für Erziehungszwecke nur zwischen wahren und falschen L. unterscheiden. [153] ISOKRATES schließlich gliedert um 340 im ‹Panathenaikos› in fünf Klassen: mythische Erzählungen, erfundene Fabel- und Wundergeschichten, Geschichtswerke, Gerichtsreden und politische Reden. [154] V.a. letztere Einteilung hat auf die hellenistische und spätere Typologie der rhetorischen und literarischen *narratio* gewirkt. [155]

Auffällig ist in all diesen Klassifizierungen wiederum die Kopräsenz schriftlich-literarischer und mündlich-rhetorischer Gattungen.

Kritik an der Übertragung des Logosbegriffs auf geschriebene Texte findet sich allerdings bei PLATON, dem Gegner schriftlicher Philosophie, ebenso wie bei ALKIDAMAS, dem Anwalt mündlichen Extemporierens in der Rede: Für Platon ist ein schriftlicher Text nur totes Abbild eines lebendigen L., das weder auf Nachfragen antworten noch sich gegen Einwände verteidigen kann. [156] Alkidamas will gar geschriebenen L. diesen Namen ganz verweigern, da sie nur Abbilder und Nachahmungen wirklicher L. seien. [157]

Eine besondere Funktion hat L. darüber hinaus als Bezeichnung selbständiger, in sich geschlossener Gedankengänge, Argumentationslinien oder Unterabschnitte innerhalb eines größeren Werkes gewonnen. Schon Hesiod, Xenophanes und Empedokles verweisen ja auf Teilabschnitte ihrer Werke mit dem Terminus ‹L.›. Pindar spricht metaphorisch von der Integration einzelner L. zu einem ganzen Gedicht. [158] Dieselbe Verweistechnik verwenden Platon und Aristoteles. [159] Ein spezielles Problem wirft jedoch in diesem Zusammenhang das Geschichtswerk Herodots auf, das nach der Formulierung seiner Querverweise ursprünglich überhaupt in der Form selbständiger, geographisch zugeordneter L. (lydischer, ägyptischer, libyscher, skythischer L. usw.) konzipiert sein könnte. [160]

Nähere Spezifizierungen und Kategorisierungen der L. als Reden im engeren rhetorischen Sinne treffen die entsprechenden Lehrschriften.

In der ANAXIMENES VON LAMPSAKOS zugeschriebenen ‹Rhetorik an Alexander› (Mitte 4. Jh.) werden zwei Gattungen (γένη, génē) rednerischer L. unterschieden (Volksrede und Gerichtsrede), ferner sieben Arten (εἴδη, eídē: ratende, abratende, lobende, tadelnde, anklagende, verteidigende und prüfende Rede). [161] ARISTOTELES hingegen, der am L. drei Hauptfaktoren (Redner, Gegenstand und Adressat) beteiligt sieht, teilt nach der Art des Publikums nur in drei Gattungen (beratende, gerichtliche und epideiktische Rede). [162]

Nachdem schon Platon fordert, daß ein L. wie ein Lebewesen ein geordnetes, gegliedertes Ganzes sein müsse [163], erörtert auch Aristoteles die dispositionellen Bestandteile (μέρη, mérē) eines rednerischen L., unter scharfer Kritik an älteren Entwürfen z.B. des THEODOROS VON BYZANZ (5. Jh.). [164] Im prägnanten Sinne kann ‹L.› dabei wiederum auch den Hauptteil einer Rede oder eines anderen Werkes von Prolog (Vorrede, Einleitung) oder Epilog (Nachwort) abheben. [165]

Im L. selbst, also im sachlichen Gehalt einer Rede und in der rationalen Argumentation, liegt ferner für Aristoteles die wichtigste der drei Quellen kunstmäßiger Überzeugungsmittel, neben Ethos und Pathos (so noch z.B. bei MINUKIANOS, 3. Jh. n.Chr.). [166] Gilt ihm doch Verdeutlichung als vornehmste Aufgabe des L. [167] Daneben verwendet Aristoteles ‹L.› in der Argumentationslehre auch terminologisch für die ‹Fabel› (als Unterart des frei erfundenen Beispiels). [168]

Unter stilistischem Aspekt merkt Aristoteles noch an, daß die Verwendung eines L. (= definierende Umschreibung) anstelle des einfachen Wortes zum Bombast (ὄγκος, ónkos) des Stils beitrage, wie die umgekehrte Substitution zur Knappheit. [169] In diesem Sinne kann sogar ein längeres zusammengesetztes Wort einmal ein L. sein. [170] Überlange Perioden wiederum können zu eigenständigen L. (= Abschnitten) werden. [171]

Im Bereich der *Poetik* kennzeichnet L. den rein sprachlichen oder textlichen Anteil eines künstlerischen Werkes, unter Absehung von metrischen oder musikalischen Elementen. So definiert schon GORGIAS Dichtung (ποίησις, poíēsis) als einen «L. mit Metrum». [172] Für PLATON wie ARISTOTELES ist L. eines der Ausdrucksmittel der poetischen Mimesis neben Versmaß (ῥυθμός, rhythmós) und Melodie (ἁρμονία, harmonía). [173] Auf die Inhaltsebene einer Dichtung oder Rede gegenüber ihrer Ausdrucksform (léxis) bezieht L. ebenfalls schon Platon. [174] In anderem Sinne können aufgrund relativ größerer Nähe zur Prosa z.B. auch die Sprechpartien der Schauspieler im griechischen Drama (im Unterschied zum Chorgesang) als L. bezeichnet werden. [175] Schließlich versteht Aristoteles unter L. auch eine extrem geraffte, auf die strukturellen Elemente reduzierte Handlungsskizze einer epischen oder dramatischen Dichtung [176], wofür man den treffenden Terminus der ‹Strukturformel› geprägt hat. [177]

Im Lateinischen begegnet *logos* bzw. *logus* als griechisches Fremdwort v.a. in der Komödie in der pejorativen Bedeutung ‹Geschwätz, langes Gerede, Possen, dummes Zeug› oder im Sinne von ‹Scherzrede, Witz, Wortspiel› (mit Belegen bei den Komikern und Cicero) [178], daher definiert als «lächerliche und geringzuschätzende Aussprüche» (*dicta ridicula et contemnenda*) beim Grammatiker NONIUS (3. oder 4. Jh. n.Chr.). [179] In ernsthafter Bedeutung ist ‹L.› dagegen fast stets durch *ratio* oder *oratio* wiedergegeben.

In der hellenistischen und kaiserzeitlichen Rhetorik wird mit dem Adjektiv ‹logikós› in vielfachem Sinne auf eine Zuordnung zum L. verwiesen. So sind in der Statuslehre seit HERMAGORAS VON TEMNOS als logikaí (vs. nomikaí) stáseis die Status des auf Sachverhaltsbeurteilung, nicht Gesetzesauslegung zielenden génos logikón (*genus rationale*) der Gerichtsrede bekannt. [180]

Bei den Progymnasmatikern (THEON, HERMOGENES, APHTHONIOS, NIKOLAOS) wiederum meint logiké (vs. prāktiké) chreía die Ausspruchchrie im Unterschied zur Handlungschrie. [181] Aphthonios kennt außerdem eine Klassifizierung der Fabeln in ein génos logikón (mit menschlichem) und ein ēthikón (mit tierischem Personal). [182]

Zahlreiche verschiedene Typen ausschließlich epideiktischer L. verzeichnet und erörtert im 3. Jh. der Rhetor MENANDER, darunter z.B. Kaiserrede (basilikós L.), Begrüßungsrede (prosphōnētikós L.), Gesandtschaftsrede (presbeutikós L.), Einladungsrede (klētikós L.), Hochzeitsrede (epithalámios L.), Geburtstagsrede (genethliakós L.), Grabrede (epitáphios L.) u.v.a. Diese Typologie von Prunkreden hat große Auswirkung auf die byzantinische Rhetorik. [183]

Von geringer Bedeutung und Originalität sind dagegen einige späte Traktate über dispositionelle Teile oder qualitative Elemente des rhetorischen L. [184]

Anmerkungen:
1 Homer, Ilias XV,393; Odyssee I,56; Hesiod, Theogonie 890; Erga 78.789; Hymni Homerici 4,317; vgl. Parmenides, Frg. B 1,15, in: VS I, 229; H. Boeder: Der frühgriech. Wortgebrauch von L. und Aletheia, in: ABG 4 (1959) 82–112, hier 89–91. – **2** Hesiod, Theogonie 229; Boeder [1] 100f. – **3** Hesiod, Erga 106; Boeder [1] 101. – **4** Boeder [1] 101–105. – **5** W. Nestle: Vom Mythos zum L. Die Selbstentfaltung der griech. Denkens von Homer bis auf die Sophistik und Sokrates (1940, ²1942) 1. – **6** ebd. 80. – **7** B. Snell: Die Entdeckung des Geistes. Stud. zur Entstehung des europäischen Denkens bei den Griechen (1946, ⁵1980) 178–204, bes. 202f. u. 290 Anm. – **8** vgl. K. Hübner: Die Wahrheit des Mythos (1985); ders.: Aufstieg vom Mythos zum L.? Eine wissenschaftstheoretische Frage, in: P. Kemper (Hg.): Macht des Mythos – Ohnmacht der Vernunft? (1989) 33–52; E.R. Dodds: The Greeks and the Irrational (Berkeley 1951); G.E.R. Lloyd: Polarity and Analogy (Cambridge 1966); ders.: Magic, Reason and Experience (Cambridge 1979); ders.: Science, Folklore and Ideology (Cambridge 1983); ders.: The Revolutions of Wisdom (Berkeley 1987); ders.: Demystifying Mentalities (Cambridge 1990); B. Liebrucks: Irrationaler L. und rationaler Mythos (1982); R. Buxton (Hg.): From Myth to Reason? Studies in the Development of Greek Thought (Oxford 1999) u.a. – **9** Pindar, Olympien 1,29; Platon, Protagoras 320c2–7, 324d6f.; Gorg. 523a1–3; Timaios 26e4f. – **10** z.B. Pindar, Nemeen 1,34; 5,29; Aristophanes, Frösche 1052. – **11** Xenophanes, Frg. B 1,14, in: VS I, 127. – **12** ders., Frg. B 7,1, in: VS I, 130; Boeder [1] 104. – **13** Par-

menides, Frg. B 8,50f., in: VS I, 239; vgl. B 6,1, ebd. 232; M. Kraus: Name und Sache. Ein Problem im frühgriech. Denken (Amsterdam 1987) 74. 77–81. – **14** Parmenides, Frg. B 7,5, in: VS I, 235. – **15** Empedokles, Frg. B 4,3; 17,26; 131,4, in: VS I, 311.317.365. – **16** ders., Frg. B 35,2, in: VS I, 326; vgl. Papyrus Strasburgensis Frg. a(ii) 18–20, in: A. Martin, O. Primavesi: L'Empédocle de Strasbourg (1999) 136f.217f.; Frg. d 10, ebd. 146f. – **17** A. Busse: Der Wortsinn von L. bei Heraklit, in: Rheinisches Museum 75 (1926) 203–214; E.L. Minar: The L. of Heraclitus, in: Classical Philol. 34 (1939) 323–341; U. Hölscher: Der L. bei Heraklit, in: Varia Variorum. FS K. Reinhardt (1952) 69–81; W.J. Verdenius: Der L.-Begriff bei Heraklit und Parmenides, in: Phronesis 12 (1968) 99–117; M. Bartling: Der L.-Begriff bei Heraklit und seine Beziehung zur Kosmologie (1985); weitere Lit. bei G.S. Kirk: Heraclitus. The Cosmic Fragments (Cambridge 1954, ND 1962) 37–40; E. Kurtz: Interpretationen zu den L.-Fragmenten Heraklits (1971). – **18** Heraklit, Frg. 1, in: VS I, 150. – **19** ders., Frg. 1.2.17.34.72, ebd. 150f.155.159.167. – **20** ders., Frg. 2.50, ebd. 151.161. – **21** ders., Frg. 93, ebd. 172. – **22** K. Reinhardt: Parmenides und die Gesch. der griech. Philos. (1916) 217.219; U. Hölscher: Anfängliches Fragen. Stud. zur frühen griech. Philos. (1968) 141–143. – **23** Anaxagoras, Frg. B 7, in: VS II, 36. – **24** Demokrit, Frg. B 53a.55.82.145.177.190, in: VS II, 157.160.171.180.184; Kraus [13] 162. – **25** Gorgias, Frg. B 11a, 34f., in: VS II, 302. – **26** F. Heinimann: Nomos und Physis. Herkunft und Bed. einer Antithese im griech. Denken des 5. Jh. (Basel 1945, ND 1972). – **27** Platon, Phaidon 99d4–100a7. – **28** ebd. 89d1–90d8; vgl. ders., Laches 188c6. – **29** ders., Theaitetos 146a6.161a7; Pol. IX,582e7; Phaidr. 236e5. – **30** ders., Theaitetos 150b-151d; 160d-161b; 210b4-d4. – **31** ders., Menon 86e-87d; Pol. VI, 510b-511d; Parmenides 135e-137b. – **32** ders., Pol. IV, 439d4–441c3. – **33** ders., Theaitetos 201c9-d2. – **34** K. v. Fritz: Die ἀρχαί in der griech. Mathematik, in: ABG 1 (1955) 13–103, hier 80–87. – **35** Arist., Met. A 10, 993a17f.; B 2, 996b8; E 1, 1025b28f.; Z 10, 1035b26; De anima I 1, 403b2; II 1, 412b15f.; II 2, 414a27; Physik IV 1, 209a22. – **36** Arist., Physik VIII 1, 252a14; F. Wiplinger: Physis und L. (1971). – **37** Arist. EN VI 7, 1138b18–34; vgl. 13, 1144b23f. – **38** Arist., De anima III 9, 432a26, EN I 13, 1102a28, Pol. I 13, 1260a5–7; VII 15, 1334b18–22. – **39** Arist. Pol. I 2, 1253a9–15: VII 13, 1332b4f.; De generatione animalium V 7, 786b21. – **40** SVF I 85.98; II 299f.; M. Pohlenz: Die Stoa. Gesch. einer geistigen Bewegung, Bd.1 (1948) 64–110. – **41** SVF I 102.497; II 580.717.1027.1071–1075; III 141; H. Meyer: Gesch. der Lehre von den Keimkräften von der Stoa bis zum Ausgang der Patristik, nach den Quellen dargestellt (1914). – **42** SVF I 537, bes. V. 12.21. – **43** Pohlenz [40] 111–158; M. Forschner: Die stoische Ethik. Über den Zusammenhang von Natur-, Sprach- und Moralphilos. im altstoischen System (1981). – **44** SVF I 230; III 390.462; vgl. II 1002.1156.1173; III 169.686f.729; Cicero, Academica II 7,21; Quint. VII 3,15; Augustinus, De ordine II 11,31; De trinitate VII 4,21f.; XV 7,11. – **45** SVF I 179.552; III 4–17; Poseidonios, Frg. 185–187, in: Posidonius. I. The Fragments, ed. L. Edelstein, I.G. Kidd (Cambridge 1972). – **46** SVF II 83.826.839. – **47** SVF III 4.198.316f. 325.339.445.500f.519.560; I 202; III 459. – **48** Poseidonios [45] Frg. 284. – **49** Cicero, De officiis I 16,50; De natura deorum II 7,18; De legibus I 10,30; De re publica III 1,1–2,3. – **50** J. Dillon: The Middle Platonists (London 1977) 46.95.128.136f.252.285; vgl. H.J. Krämer: Platonismus und hellenistische Philos. (1971) 108f.115f.121. – **51** Plutarch, De Iside et Osiride 373–381; Dillon [50] 200–202. – **52** L. Cohn: Zur Lehre vom L. bei Philo, in: Judaica. FS H. Cohen (1912) 303–331; É. Bréhier: Les idées philos. et religieuses de Philon d'Alexandrie (Paris ³1950); K. Bormann: Die Ideen- und L.-Lehre Philons (1955); M. Mühl: Der λόγος ἐνδιάθετος und προφορικός von der älteren Stoa bis zur Synode von Sirmium 351, in: ABG 7 (1959) 7–56, hier 17–24; H.J. Krämer: Der Ursprung der Geistmet. (Amsterdam 1964) 266–281; B.L. Mack: L. und Sophia (1967); G.D. Farandos: Kosmos und L. nach Philon von Alexandrien (1976); Dillon [50] 154.158–166; D. Winston: L. and Mystical Theol. in Philo of Alexandria (Cincinnati 1985). – **53** Philon, Legum allegoriae I 65; De specialibus legibus I 81; Quis rerum divinarum heres sit 199. – **54** ders., De agricultura 51; De confusione linguarum 63.146; De fuga 109; De somniis I 215; Quod deus sit immutabilis 31. – **55** ders., Leg. alleg. II 86; somn. I 65.229f. – **56** ders., fug. 108ff.137; Leg. alleg. I 65; I 69; II 242; Quaest. in Gen. III 34; II 62; Quaest. in Exod. II 101. – **57** ders., confus. ling. 146; Quis heres 205; somn. I 240; Leg. alleg. III 177; deus immut. 182. – **58** ders., confus. ling. 97.147f.; spec. leg. I 81. –**59** ders., somn. I 142; Qu. in Exod. II 68; De Cherubim 27f. 125–127; Leg. alleg. III 96.104; Quis heres 233. – **60** ders., De migratione Abrahami 103; De opificio mundi 20.24f.36; Qu. in Gen. I 4; II 62; De vita Mosis II 127; Quis heres 133–236, bes. 130.140. – **61** ders., De sacrificio 47; Leg. alleg. III 1; somn. II 95.198; De plantatione 60.121; De ebrietate 34f. – **62** H.F. Müller: Die Lehre vom L. bei Plotinos, in: AGPh 23 (1916) 38–65; V. Schubert: Pronoia und L. Die Rechtfertigung der Weltordnung bei Plotin (Salzburg 1968); E. Früchtel: Weltentwurf und L. Zur Met. Plotins (1970); R.E. Witt: The Plotinian L. and Its Stoic Basis, in: Classical Quart. 25 (1931) 103–111; A. Graeser: Plotinus and the Stoics (Leiden 1972). – **63** Plotin, Enneaden III 2,5.11.16–18; III 3,1.3; IV 3,12; IV 4,39; II 3,16. – **64** ebd. II 9,1; III 2,2; V 3,16; VI 8,17; Früchtel [62] 22. – **65** ebd. I 2,3; V 1,6. – **66** ebd. V 1,3; VI 2,22; V 1,6; VI 8,15.18; Früchtel [62] 43. – **67** Früchtel [62] 39. – **68** Plotin, Enneaden II 1,7; 7,3; IV 3,12; V 3,8. – **69** ebd. II 3,17; III 8,2.7f.; IV 6,36; V 9,4; VI 2,5. – **70** ebd. V 3,3f. – **71** ebd. III 1,9; VI 7,4; 9,4. – **72** Ps.-Arist., De Melisso, Xenophane, Gorgia 980a19-b8; W. Ax: Laut, Stimme und Sprache. Stud. zu drei Grundbegriffen der antiken Sprachtheorie (1986) 95f.114; Kraus [13] 174f. – **73** Platon, Kratylos 432e5; vgl. Proklos, In Cratylum 45, 14,24–26 Pasquali; Arist. Poet. 20, 1457a28–30. – **74** E. Hoffmann: Die Sprache und die archaische Logik (1925) 1–6.10f.; B. Snell: Die Sprache Heraklits, in: Hermes 61 (1926) 353–381, hier 369. – **75** E. Frank: Plato und die sogenannten Pythagoreer (1923, ND 1962) 168–170; Kraus [13] 164–166; vgl. Platon, Kratylos 424c5–425a5. – **76** J. Derbolav: Platons Sprachphil. im Kratylos und in den späteren Schr. (1972) 114. – **77** G. Prauss: Platon und der logische Eleatismus (1966) 52. – **78** Platon, Kratylos 385b2-d1; 431a8-c2; R. Rehn: Der L. der Seele. Wesen, Aufgabe und Bed. der Sprache in der platonischen Philos. (1982) 11–14. – **79** Platon, Theaitetos 202b4f.; Rehn [78] 84–88. – **80** Platon, Sophistes 261e4–263d4; K. Uphues: Die Def. des Satzes. Nach den platonischen Dialogen Kratylus, Theaetet, Sophistes (1882); R. Marten: Der L. der Dial. Eine Theorie zu Platons ‹Sophistes› (1965); W. Detel: Platons Beschreibung des falschen Satzes im Theätet und Sophistes (1972); Derbolav [76] 173–186; Rehn [78] 131–140. – **81** Platon, Theaitetos 189c4–190a2; Sophistes 263e3–5; Rehn [78] 67–70; 140f. – **82** Platon, Theaitetos 206c1–210b3; vgl. Sophistes 221b1f.; Politikos 267a4–6; G. Fine: Knowledge and L. in the Theaetetus, in: Philos. Rev. 88 (1979) 366–397; Rehn [78] 88f.– **83** Diogenes Laertios VI 3. – **84** Arist., Met. Δ, 1024b32–34; H, 1043b23–28; vgl. Platon, Euthydemos 286a4-b5; Theaitetos 202a6-b7. – **85** Antisthenis Fragmenta, ed. F. Decleva Caizzi (Mailand/Varese 1966), Frg. 36.47A-49.– **86** ebd. Frg. 51,49–57. – **87** Platon, 7. Br. 342a7–344c1; Derbolav [76] 207–210; A. Graeser: Philos. Erkenntnis und begriffliche Darst. Bemerkungen zum erkenntnistheoretischen Exkurs der VII. Br. (1989). – **88** Platon, Nomoi X, 895d1–896a4. – **89** Ps.-Platon, Definitiones 414d2f.; H.G. Ingenkamp: Unters. zu den pseudoplatonischen Definitionen (1967) 80f. – **90** Arist. Poet. 20, 1457a23–30; De interpretatione 4, 16b26–33. – **91** Arist. Rhet. III 2, 1404b26f. – **92** ders., De generatione animalium V 7, 786b21. – **93** ders., De interpretatione 4, 17a2–7; Kategorien 4, 2a5–10; Met. E 4; Θ 10; vgl. Poet. 19, 1456b 8–13. – **94** ders., Anal. post. I 10, 76b24–27; Kategorien 6, 4b34; vgl. Met. Γ 5, 1009a19f.; Rhet. I 13, 1374b12f. – **95** H. Bonitz: Index Aristotelicus (1870; ND Graz 1955) 433b51–434a13; 434b13–53. – **96** Diogenes Laertios VII 55–57 = SVF III Diog. 20; vgl. SVF I 148; II 894, III Diog. 29; Ax [72] 151.190–200. – **97** SVF II 122; Ax [72] 154f. – **98** SVF II 186–188.193; vgl. Protagoras, Test. A 1, in: VS II, 254; Alkidamas, Frg. 8.9, in: Radermacher 133; Dion.Hal.Comp. 8,2. – **99** SVF II 135.223; Mühl [52] 7–19. – **100** Gramm.Graec. I 1, 22. – **101** ebd. I 3, 30,11–21; 57.114.214.353.355.513f. – **102** ebd. I 3, 114,35ff. – **103** ebd. I 3, 213,6–214,2; 353,29–355,15; 514,18–30; vgl. Theon von Smyrna, ed. E. Hiller (1878) 72f. – **104** Gramm.Lat. I 553,8. – **105** ebd. I 152,10–12; 533,2f. – **106** ebd. I 300,17–24; II 53,27f.; 108,23; IV 487,23; V 96,19; VI 5,2f.; 192,2f.; VII 324,8–11; 389,8f.; VIII 143,1; 161,8–11. – **107** Anax. Rhet. 25, 1435a35-b16; Arist. Poet. 20, 1456b20f.; Simplikios, In Aristotelis Categorias commentarium, ed. C. Kalbfleisch (1907) 10,24. – **108** SVF II 147f.;

III Diog. 21f. – **109** Dion.Hal.Comp. 2,1f.; Quint. I,4,18–20; Gramm.Lat. II 54,5–55,3; IV 428,8–31; V 34,12–24; 134,4–136,35. – **110** Gramm.Graec. I 1, 23; I 3, 214.355f.; II 3, 30–37; Gramm.Lat. I 152,14f.; 533,3f.; 300,26–301,2; II 53,28–54,4; 108,23–109,3; IV 51,18f.; 355,2f.; 372,25–30; 405,10–406,20; 487,23–489,19; 534,15–22; V 10,6–13; 96,19–21; 338,4–9; 549,19f.; VII 215,9–11; VII 389,9–11; VIII 39,1f.; 62,1–63,31; 190,24–191,4; 199,21f.; L. Jeep: Zur Gesch. der Lehre von den Redetheilen bei den lat. Grammatikern (1893) 122–124. – **111** Cicero, De finibus I 7,22. – **112** Xenokrates, Frg. 1, in: R. Heinze: Xenokrates (1892, ND 1965) 159; SVF I 45f.; II 37.41.48f.99. – **113** SVF II 37.105.841. – **114** vgl. Arist., Anal. post. I 22, 84a7f.; Rhet. I 1, 1355a13. – **115** z.B. Herodot II 22; Thukydides II 40. – **116** vgl. Bonitz [95] 435a21–26.26–31.31–45. – **117** Arist. Top. I 18, 108b7f., Met. M 4, 1078b28. – **118** vgl. Platon, Kratylos 412a5f.; Theaitetos 186d3. – **119** SVF I 279; II 235.238.249f.287; III Crinis 5. – **120** Plat. Gorg. 448d9; 449a5; c9; 450b8; 453a1; Politikos 304d3; Phaidr. 260c10; 266d4, 269c7; Alkidamas, Frg. 15,1f., in: Radermacher 135; Isocr. Or. III,8. – **121** Gorgias, Frg. B 11,13, in: VS II, 292; Prodikos A 20, ebd. 312; Kritias A 4, ebd. 373; Dissoi logoi 8,1, ebd. 415; Anon. Iamblichi 2,7, ebd. 401; Alkidamas Frg. 15,15, in: Radermacher 137; Plat. Gorg. 449d9-e1, 450b3–5!; Phaidon 90b7; Phaidr. 266c3; d6; Isocr. Or. XIII,19; Arist, Rhet. I 1, 1354a12. – **122** Protagoras, Frg. B 6b, in: VS II, 266; A 10, ebd. 257. – **123** ders., Frg. B 1.3.5.6a, in: VS II, 263–266. – **124** Dissoi logoi, in: VS II, 405–416. – **125** Aristophanes, Wolken 889–1112; Epicharm, Frg. 87–89, in: Comicorum Graecorum Fragmenta, ed. G. Kaibel, Bd. I,1 (1899, ND 1958). – **126** Ps.-Arist. [72] 980a19-b19; Gorgias, Frg. B 11,8–14; in: VS II, 290–293; vgl. Plat. Phaidr. 267a6-b2; C.P. Segal: Gorgias and the Psychology of the L., in: Harvard Stud. in Classical Philol. 66 (1962) 99–155; W.J. Verdenius: Gorgias' Doctrine of Deception, in: G.B. Kerferd (Hg.): The Sophists and their Legacy (1981) 116–128; Kraus [13] 171–184. – **127** Demokrit, Frg. B 51.181, in: VS II, 156.181. – **128** Nikolaos, Progymnasmata, ed. J. Felten (Rhet. Graec. XI) (1913) 22,12–14; vgl. Rhet.Graec.W. I, 143,15f.; II, 19,6f.; 587,26–28; R.F. Hock, E.N. O'Neil: The Chreia in Ancient Rhet., vol. I: The Progymnasmata (Atlanta 1986) 301. – **129** Isocr. Or. III,5–9; XV,253–257; vgl. Xenophon, Memorabilien IV 3,10; H.K. Schulte: Orator. Unters. über das ciceronianische Bildungsideal (1935) 16–21; K. Barwick: Das rednerische Bildungsideal Ciceros (1963) 22f. – **130** Cic. De or. I 8,30–34; Inv. I 4,5; De legibus I 24,62; De natura deorum II 59,148; Schulte [129] 9–14. – **131** Isocr. Or. XV,167–234; Schulte [129] 21–23. – **132** Pindar, Pythien 1,94; Nemeen 6,30; Platon, Hippias minor 368d1; Pol. III, 390a1f.; Nomoi VII, 816a3f.; VIII, 835a8; Isocr. Or. IX,8–11; XV,45f.; Arist. Rhet. II 11, 1388b21f.; III 1, 1404a28.32; 2, 1404b14.33; 1405a5.7; 3, 1406a12; Poet. 6, 1450b15; 22, 1459a13; Ps.-Demetr. Eloc. 41f.; Dion.Hal.Comp. 4,1 u.ö.; Diogenes Laertios V,85. – **133** Herodot z.B. VI 137. – **134** Heraklit [18]; Protagoras [123]; Bonitz [95] 433b40–47. – **135** Arist. Poet. 1, 1447b11. – **136** Aischines, Orationes III,57; Plat. Phaidr. 278c1. – **137** Hesiod, Erga 106; Stesichoros, Frg. 192, in: Poetarum Melicorum Graecorum Fragmenta, Bd. 1, ed. M. Davies (Oxford 1991) 177; Pindar, Olympien 7,21; Aristophanes, Frösche 1052. – **138** Herodot II 62. – **139** Choirilos von Samos, Frg. 316, in: Suppl. Hellenisticum, ed. H. Lloyd-Jones, P. Parsons (1983) 147. – **140** G.-J. van Dijk: Αἶνοι, λόγοι, μῦθοι. Fables in Archaic, Classical, and Hellenistic Greek Lit. (Leiden 1997) 82–84. – **141** Theon, Progymnasmata, in: Rhet.Graec.Sp. II, 72,30; 75,19–27 = ed. M. Patillon (Paris 1997) 31.34f.; vgl. Rhet.Graec.W. I, 259,25; Hermog. Prog. 1, 4,1f. – **142** z.B. Sophokles, Trachinierinnen 1; Platon, Symposion 195b5; Phaidr. 240c1; Nomoi VI, 757a5. – **143** F. Creuzer: Die hist. Kunst der Griechen in ihrer Entstehung und Fortbildung (²1845); vgl. Thukydides I 21. – **144** Arist. Rhet. II 11, 1388b21f.; Dion.Hal.Comp.16,1; E. Bux: Art. ‹Logographen 1›, in: RE XIII 1 (1926) 1021–1027. – **145** K. Kunst: Art. ‹Logographen 2›, in: RE XIII 1 (1926) 1027–1033. – **146** Hypereides, Orationes V,3; Deinarchos, Orationes I,111; Aischines, Orationes II,180; III,173; Demosthenes, Orationes XIX, 246; Plat. Phaidr. 257c6. – **147** Herodot II 143; V 36.125; Isocr. Or. V,109; XI,37. – **148** Herodot II 134; Plat. Pol. III, 392a13. – **149** Platon, Euthydemos 289d2–7. – **150** Demosthenes, Orationes XXIV,15; Theophrast, Charaktere 8,1. – **151** Gorgias, Frg. B 11,13, in: VS II, 292. – **152** Nausiphanes, Frg. B 2, in: VS II, 249. – **153** Plat. Pol. II, 376e11–377a6. – **154** Isocr. Or. XII,1f.; F. Pfister: Isokrates und die spätere Gliederung der narratio, in: Hermes 68 (1933) 457–460. – **155** K. Barwick: Die Gliederung der narratio in der rhet. Theorie und ihre Bed. für die Gesch. des antiken Romans, in: Hermes 63 (1928) 261–287. – **156** Plat. Phaidr. 275d4–278e3. – **157** Alkidamas, Frg. 15,27, in: Radermacher 140. – **158** Pindar, Pythien 10,54; Frg. 194,2f. Snell. – **159** Platon, Parmenides 127d7; Philebos 18e4, 19b7; Aristoteles, De partibus animalium 5,682a3; De generatione et corruption I 3, 18a4 u.ö.; Bonitz [95] 433b30–40. – **160** Herodot I 184; II 161; IV 16; V 36,4 u.ö.; A. Bauer: Die Entstehung des Herodotischen Geschichtswerkes. Eine krit. Unters. (Wien 1878); F. Jacoby: Art. ‹Herodotos›, in: RE Suppl. II (1913) 205–520, bes. 281–347. – **161** Anax. Rhet. 1, 1421b7f.; vgl. Arist. EN X 9, 1181a4f. – **162** Arist. Rhet. I 3, 1358a36-b8. – **163** Plat. Phaidr. 264a4-c6. – **164** Arist. Rhet. III 13; vgl. Plat. Phaidr. 266d7–267a5. – **165** Arist. Rhet. III 14, 1415a12; 19, 1420b7. – **166** ebd. I 2, 1356a1–20; vgl. Minukianos, De epichirematis 1, in: Rhet.Graec.Sp.-H. I, 340. – **167** Arist. Rhet. III 2, 1404b2f. – **168** ebd. II 20, 1393a30f.; 1393b8–1394a8. – **169** ebd. III 6, 1407b26–31. – **170** ebd. III 3, 1406a35f. – **171** ebd. III 9, 1409b24f. – **172** Gorgias, Frg. B 11,9, in: VS II, 290. – **173** Plat. Pol. III, 398d1–10; Nomoi II, 669d5-e4; Arist. Poet. 1, 1447a22.29; 5, 1449b10.25. – **174** Plat. Pol. III, 392c; Apologie 17c7–18a6. – **175** Arist. Poet. 4, 1449a17. – **176** ebd. 17, 1455a34; b17; vgl. Poetae Comici Graeci, ed. R. Kassel, C. Austin, Bd. VIII: Adespota (1995), Frg. 51 (613); Plotin, Enneaden III 2,16; Hesychios Λ 1216. – **177** K. Nickau: Epeisodion und Episode, in: Museum Helveticum 23 (1966) 155–171, hier 169; 160, Anm. 23; 163; E.-R. Schwinge: Homerische Epen und Erzählforschung, in: J. Latacz (Hg.), Zweihundert Jahre Homer-Forschung. Rückblick und Ausblick (1991) 482–512, hier 482f. – **178** vgl. ThLL VII, 1612f. – **179** Nonius, ed. W.M. Lindsay (1903) 63,15–18. – **180** Hermagoras Frg. 12.13b.c; Hermog. Stat. 2,12f., 37,20–39,21; Quint. III,6,86.89. – **181** Theon [141] 97,12–98,29 = Patillon 19–21; Hermog. Prog. 3, 6,7–10; Aphthonios, Progymnasmata, ed. H. Rabe (Rhet. Graec. X) (1926) 4,2–5; Nikolaos [128] 20,7–12. – **182** Aphthonios [181] 1,11–13. – **183** Menander 368–446; Volkmann 336–361; H. Hunger: Die hochsprachliche profane Lit. der Byzantiner, Bd. 1 (1978) 88f.; vgl. Ps.-Dion.Hal., Ars rhet. I, 1–7, in: Opuscula, ed. H. Usener, L. Radermacher, Bd. 2 (1904) 255–292. – **184** Rhet.Graec.W. III 570–587; 588–609, bes. 588–590.

II. *Frühes Christentum, Gnosis, Patristik.* In der griechischen Übersetzung des *Alten Testaments* (SEPTUAGINTA) dient ‹L.› neben ‹rhēma› zur Wiedergabe des hebräischen ‹dābār›, das das Wort im Sinne der appellativen Anrede, insbesondere als Machtwort, Offenbarung und Gebot Gottes v.a. im Schöpfungsakt, im Gesetz und im Munde der Propheten meint. Dadurch verändert sich das Bedeutungsfeld von L. und nimmt neue Gehalte in sich auf: zur autonomen Tätigkeit des menschlichen Intellekts tritt die heteronome Bestimmung durch das autoritative Wort Gottes. [1]

Im *Neuen Testament* bezeichnet ‹L.› neben seinen geläufigen Bedeutungen außerdem v.a. Gottes Wort in der Schrift (dem Alten Testament), die Worte Jesu oder die Botschaft, das Kerygma oder Evangelium der frühen Kirche [2], letzteres insbesondere bei Paulus. [3]

Von unabsehbarer Bedeutung für die weitere Entwicklung des Logosbegriffs ist jedoch dessen spezielle Verwendung im johanneischen Schrifttum, insbesondere im Prolog des Johannesevangeliums und im 1. Johannesbrief geworden. Dort ist die Rede vom präexistenten göttlichen L., seiner Beteiligung an der Schöpfung, seiner Verantwortlichkeit für Leben und Licht, seiner Inkarnation in Jesus Christus und seiner soteriologischen Perspektive. [4] Diese hochspekulative Logostheologie, in der der L. als Schöpfer, als Wort, Sohn und zweite Person Gottes, als Träger der Offenbarung, Mittler zwischen Gott und Welt und Erlöser erscheint, ist nicht voraussetzungslos: mittelplatonisch-philonische

Logosphilosophie, frühjüdische Weisheitsspekulation oder die ältere Gnosis kommen als Quellen in Frage.[5] Selbst eine mittelbare Fernwirkung Heraklits wird diskutiert.[6]

Im System der christlich-häretischen *Gnosis* v.a. Valentinianischer Observanz nimmt der L. eine wichtige Position ein als einer der höchsten aus dem Urwesen (Bythos) hervorgegangenen ‹Äonen› (Mächte) im transzendenten ‹Pleroma› (Seinsfülle), der zusammen mit «Zoe» (Leben) eine «Syzygie» (Gespann, Paar) bildet, die weitere Äonen aus sich entläßt.[7]

Solche L.-Spekulation findet sich wieder in hochgnostischen Schriften des 2. Jh. wie dem ‹Evangelium Veritatis›, den ‹Oden Salomons› oder dem koptischen ‹Authentikós Lógos›.[8] Selbst in heidnische gnostische Texte wie die hermetische Kosmogonie des ‹Poimandres› sind logostheologische Elemente (der lichthafte L. aus dem Geist als Sohn Gottes) eingedrungen.[9]

Im Anschluß an den neutestamentlichen Sprachgebrauch hat ‹L.› auch in der Literatur der Kirchenväter spezifisch christliche Sonderbedeutungen ausgebildet; u.a. bedeutet es dort: Schriftstelle, Heilige Schrift, Evangelium, Gebot des Dekalogs, christlicher Glaube, Predigt, Gebet, Danksagung, Gelöbnis und insbesondere die zweite Person der Trinität.[10]

‹L.› wird in der Epoche der *Patristik* zum wohl meistdiskutierten Schlagwort. Als ewige Weisheit, in der Gott sich selbst denkt, als Urbild, Ordnung und Strukturgesetz der Schöpfung, als Mittler zwischen Gott und Welt, als Richtmaß menschlichen Handelns und vor allem in der immer mehr zum Prüfstein werdenden Christologie ist der L. allgegenwärtig.

Schon die frühen Apologeten des 2. Jh. entwickeln eine ausgeprägte L.-Lehre. Charakteristisch für JUSTINUS MARTYR ist dabei seine spezifische Verwendung des Begriffes ‹lógos spermatikós› im Sinne des die gesamte, auch die heidnische Menschheitsgeschichte von Anfang an durchwaltenden und inspirierenden, mit Jesus Christus identischen göttlichen L., womit Justin seinen Rückgriff auf die griechische Philosophie (v.a. Platonismus und Stoa) rechtfertigt.[11]

Der L. ist für Justin ein zweiter Gott, der dem Vater untergeordnet, aber nicht von ihm getrennt ist und das ewige Denken des Vaters repräsentiert. Er, nicht der Vater, ist den biblischen Erzvätern erschienen; er ist voll und ganz menschgeworden in Jesus von Nazareth.[12]

Ähnliche Vorstellungen vertreten auch TATIANOS DER SYRER, ATHENAGORAS und THEOPHILOS VON ANTIOCHEIA. Auch für sie ist der L. erstgeborener Sohn des Vaters, jedoch als von Anbeginn zeitlos Ungewordener, wobei sie wie Justin dieses Verhältnis vom Vater auch durch das Begriffspaar von lógos endiáthetos und prophorikós beschreiben.[13] Von Christus als L. des Vaters spricht im 1. Jh. auch bereits IGNATIOS VON ANTIOCHEIA.[14]

Aus der Auseinandersetzung mit der Gnosis und anderen Häresien wie dem Monarchianismus erwachsen die L.-Theorien von IRENAEUS VON LYON und HIPPOLYTOS VON ROM (2./3. Jh.). Beide betonen gegen gnostische Vorstellungen von einem inferioren L. die vollkommene Einheit von L.-Sohn und Vater, weisen entsprechend das endiáthetos-prophorikós-Modell zurück. Während jedoch Irenaeus eine ewige Zeugung des L. vertritt, nimmt Hippolytos dessen erstmaliges Auftreten erst unmittelbar vor der Schöpfung an. Für Irenaeus ist der L. das Wissen, für Hippolytos Kraft und Wille des Vaters.[15]

Dagegen vertritt TERTULLIANUS wieder dezidiert die Vorstellung einer Hervorbringung bzw. Ausdifferenzierung des L. aus dem Vater, wofür er wiederum auch die Begrifflichkeit von *ratio* und *sermo* gebraucht.[16]

Stark mittelplatonisch und stoisch beeinflußt ist die L.-Lehre des CLEMENS VON ALEXANDREIA (ca. 150–vor 215). Für Clemens besitzt der vor aller Zeit hervorgebrachte L. alle Eigenschaften Gottes, ist eins mit ihm, aber vom Vater abgeleitet und diesem unterstellt. Der in Christus fleischgewordene L. hingegen ist der Offenbarer der göttlichen Wahrheit. Clemens scheint von zwei L. auszugehen und den menschlichen Intellekt Jesu mit dem L. gleichzusetzen.[17]

Sein Schüler ORIGENES (ca. 195–254) denkt den L. als Weisheit Gottes, zweiten Gott und eigene Hypostase, dem Vater als sein Abbild subordinatianistisch nachgeordnet, meidet aber bewußt die Unterscheidung von immanentem und ausgesprochenem L. Alles ist durch den L. geschaffen. Dieser verbindet sich mit dem einzigen nicht von der ursprünglichen Gottesschau abgefallenen der geschaffenen Geister (nóes), der in Christus inkarniert wird, um die übrigen Geister zu Gott zurückzuführen. Diese logosmystische Konzeption wirkt nach u.a. bei EUAGRIOS PONTIKOS, GREGORIOS VON NYSSA, PS.-DIONYSIOS AREOPAGITES und MAXIMUS CONFESSOR.[18]

Als Apologet setzt Origenes sich mit dem Platoniker KELSOS auseinander. Dieser hatte in seinem ‹Wahren L.› (Alēthḗs Lógos, um 178 n.Chr.) den Christen vorgeworfen, einem falschen L. zu folgen, was ihre moralische Depravation nach sich gezogen habe.[19]

Die Lehre des PAULUS VON SAMOSATA, wonach der L. auf den vollständig menschlichen Jesus nur inspirierend eingewirkt habe, in Wahrheit aber im Himmel verblieben sei, wird 268 n.Chr. als häretisch verurteilt. In ähnlichen Häresieverdacht gerät auch Origenes.[20] In die gegenteilige Richtung zielt die Lehre des ARIUS, derzufolge Christus gar keine Seele gehabt habe, vielmehr der L. bei ihm diese Stelle eingenommen, sich mit dem Fleisch (σάρξ, sárx) verbunden und gelitten habe. Diese Lehre wird, weil durch die Behauptung der Leidensfähigkeit des L. dessen Wesenseinheit mit dem Vater aufgelöst wird, v.a. von ATHANASIOS heftig bekämpft und schließlich auf dem Konzil von Nicaea (325) verworfen. Dennoch wirkt das als L.-Sarx-Christologie bekannte Denkschema weiter (EUSEBIOS VON CAESAREA, APOLLINARIS VON LAODIKEIA u.a.).[21] Wenig später (351) verfällt auch die in Häresieverdacht geratene Anwendung der endiáthetos-prophorikós-Dichotomie auf den göttlichen L. dem Anathema.[22]

Die Frage nach dem Verhältnis der beiden Naturen in Jesus von Nazareth und nach der Leidensfähigkeit des Erlösers wird nun zum bestimmenden Thema der Christologie. Im Gefolge des Origenes betonen auch die Kappadokier GREGORIOS VON NAZIANZ und GREGORIOS VON NYSSA die Wichtigkeit einer leidensfähigen menschlichen Seele Christi und beschreiben die Verbindung der beiden Naturen als Mischung (κρᾶσις, krásis).[23] Bei Gregorios von Nyssa ist daneben auch die Rede von den «weisen und kunstfertigen L.», mit denen Gott die Schöpfung durchdringt.[24]

Das 4.–5. Jh. ist beherrscht von der Auseinandersetzung der theologischen Schulen von Antiocheia und Alexandreia. Die Antiochener (EUSTATHIOS VON ANTIOCHEIA, DIODOROS VON TARSOS, THEODOROS VON MOPSUESTIA, THEODORETOS VON KYROS, IBAS VON EDESSA) vertreten eine ausgeprägt dualistische Christologie: Leidensfähigkeit des Menschen Jesus mit Leib und Seele bei völliger Unverletzlichkeit des L. ist ihr Dogma.[25] Eine besondere Rolle spielt NESTORIOS (ca. 381–451), der L.

und Menschennatur so sehr trennt, daß ‹Sohn› und ‹Christus› nur noch gemeinsame Namen für beide sind und Maria nicht mehr Gottesmutter heißen kann. [26]

Gegen Nestorios verficht besonders KYRILLOS VON ALEXANDREIA die Einheit von L. und Menschheit in einer Natur (mía phýsis): der L. vereinige eine vollständige menschliche Person (mit Leib und Seele) wesenhaft (kath' hypóstasin) mit sich. Er wird so zum Grund für die Identität des leidenden Wesens, ohne selbst zu leiden. Zwar wird auf Betreiben Kyrills der Nestorianismus auf dem Konzil von Ephesus (431) verworfen, doch zeigt sich Kyrill selbst kompromißbereit. Seine Anhänger jedoch, besonders EUTYCHES, radikalisieren seine Lehre im Sinne einer aus L. und Menschheit Christi sich bildenden einheitlichen «dritten Natur», was zum nun wiederum von den Antiochenern bekämpften Monophysitismus führt. [27]

Nach teils tumultuarischen Auseinandersetzungen wird der Streit schließlich auf dem Konzil von Chalkedon (451) im Sinne der «Hypostatischen Union» – zwei Naturen (phýseis) in einem Wesen (hypóstasis) – entschieden.

In der Folgezeit wird die chalkedonensische Kompromißformel zunächst von monophysitischen Theologen (SEVEROS VON ANTIOCHEIA, PHILOXENOS VON MABBUG, 5./6. Jh.) einseitig in kyrillischem Sinne ausgelegt, ehe im 6. Jh. LEONTIOS VON BYZANZ und LEONTIOS VON JERUSALEM im Sinne Chalkedons ein neues Schema entwerfen, wonach Christi Menschennatur in derselben Hypostase, die bereits den L. personifiziert, Gestalt gewinne (Enhypostasie). [28] Im 7. Jh. erneut aufflammenden Varianten des Monophysitismus, welche die Einheit der Wirkkraft (Monenergismus) oder des Willens Christi (Monotheletismus) betonen (SERGIUS VON KONSTANTINOPEL), tritt neben SOPHRONIOS VON JERUSALEM v.a. MAXIMUS CONFESSOR entgegen, dessen neuchalkedonensische Lehre auch von JOHANNES VON DAMASKUS aufgenommen und an das byzantinische und abendländische Mittelalter weitergegeben wird. [29]

Im lateinischen Westen werden ähnlich subtile theologische Spekulationen durch die problematische sprachliche Wiedergabe des Logosbegriffs behindert.

Bedauert schon Anfang des 4. Jh. LACTANTIUS die mangelnde Präzision von lateinisch *verbum* oder *sermo* gegenüber dem griechischen ‹L.›, da L. als Wort *und* Weisheit Gottes sowohl Rede wie Vernunft umfasse [30], so schwankt auch AUGUSTINUS im Hinblick auf den L. des Johannesevangeliums zunächst zwischen *ratio* und *verbum*. [31] Erst durch die Entscheidung für das den Äußerungscharakter klarer betonende *verbum* wird der Logosbegriff auch für Augustins nicht vom Satz, sondern vom Wort und dessen Zeichenfunktion dominierte Sprachphilosophie fruchtbar. Im engen Konnex mit trinitätstheologischen Entfaltungen entwirft Augustinus sein Konzept eines dreifachen Wortes: 1. des äußeren, klingenden Wortes in seiner Lautgestalt (*sonus, vox, verbum prolativum, verbum quod foris sonat*), 2. der gedanklichen Vorstellung dieser Lautgestalt (*cogitatio soni* bzw. *vocis, verbum cogitativum*), schließlich 3. des wahren, inneren Wortes im Herzen, das aller Lautgestalt und allen Einzelsprachen vorausgeht (*verbum verum; verbum linguae nullius, quod ad nullam pertinet linguam; quod intus, in corde dicimus; quod mente gerimus; quod manet in animo; quod intus lucet*). Letzteres wird beständig parallelisiert mit dem Wort Gottes (*verbum Dei*). [32] Für die Vorstellung eines «Wortes im Herzen» gibt es immerhin Vorbilder z.B. bei THEOPHILOS VON ALEXANDREIA, MELETIOS VON ANTIOCHEIA, BASILEIOS oder EPIPHANIOS (über PAULUS VON SAMOSATA). [33] Mit dem Mittelbegriff der gedachten Lautform aber geht Augustinus über die Dichotomien antiker Sprachphilosophie (Aristoteles, Stoa) in origineller Weise hinaus.

Daß wahre Belehrung nur von Gott her durch den einen Lehrer Christus als L. möglich sei, steht schon am Schluß von Augustins pädagogischer und zeichentheoretischer Frühschrift ‹De magistro›. [34]

Im Zusammenhang mit der Interpretation der Schöpfungsgeschichte begegnen bei Augustinus an anderer Stelle unter dem Namen der *rationes seminales* auch die stoischen lógoi spermatikoí wieder. [35]

Von «Paradeigmata» und «in Gott geeint präexistierenden wesenbildenden L. der Dinge», die das Seiende bestimmen und schaffen, spricht dagegen, ganz im Geiste des Mittel- und Neuplatonismus, um 500 n.Chr. PS.-DIONYSIOS AREOPAGITES. [36] Im L. erblickt dieser ferner «die einfache und wirkliche Wahrheit, auf die sich die göttliche Überzeugungskraft bezieht.» [37]

MAXIMUS CONFESSOR (ca. 580–662), der das Werk des Ps.-Dionysios in Interpretation und Kommentar dem Mittelalter nahebringt, ist ferner auch als Vermittler logosmystischer Gedanken aus Origenes, Gregorios von Nyssa und Euagrios Pontikos wichtig. [38]

Anmerkungen:
1 A. Debrunner, H. Kleinknecht, O. Procksch, G. Kittel: Art. λέγω, λόγος etc., in: G. Kittel (Hg.), Theol. Wtb. zum NT, Bd. 4 (1942) 69–140, hier Procksch: C. «Wort Gottes» im AT, 89–100; G.C. Stead: Art. ‹L.›, in: TRE 21 (1991) 432–444, hier 435f. – **2** Debrunner u.a. [1], hier Kittel: D. «Wort» und «Reden» im NT, 100–140, bes. 100–126; W. Bauer, K. u. B. Aland: Griech.-dt. Wtb. zu den Schr. des NT und der frühchristlichen Lit. (⁶1988) 968–972; Stead [1] 438f. – **3** z.B. 1 Kor 1,18–2,5; 2 Kor 5,19; Phil 2,16; E. Fuchs: Art. ‹L.›, in: RGG³ 4 (1986) 434–440, hier 437f. – **4** Joh 1,1–18; 1 Joh 1,1–7.10 u.ö.; Offb 19,23; Kittel [2] 126–140; Fuchs [3] 439f.; M. Theobald: Art. ‹L. II. Biblisch-theol.›, in: LThK³ 6 (1997) 1027–1029. – **5** R. Bultmann: Der religionsgesch. Hintergrund des Prologs zum Johannesevangelium, in: Eucharisterion. FS H. Gunkel, Bd. 2 (1923) 1–23, wieder in: ders., Exegetica (1967) 10–35; C.H. Dodd: The Interpretation of the Fourth Gospel (Cambridge 1953, ⁶1963); J. Jeremias: Zum L.-Problem, in: Zs. für Neutestamentliche Wiss. 59 (1968) 82–85; R. Schnakkenburg: Das Johannesevangelium, T. 1 (⁶1986), T. 2 (⁵1990); P. Hofrichter: Im Anfang war der ‹Johannesprolog›. Das urchristliche Logosbekenntnis – die Basis neutestamentlicher und gnostischer Theol. (1986); H. Weder: Der Mythos vom L., in: Ev. Kommentare 20 (1987) 627–631; M. Theobald: Die Fleischwerdung des L. Stud. zum Verhältnis des Johannesprologs zum Corp. des 4. Evangeliums und zum 1. Johannesbr. (1988). – **6** E. Fascher: Vom L. des Heraklit und dem L. des Johannes, in: Frage und Antwort (1968) 117–133; B. Jendorff: Der Logosbegriff: Seine philos. Grundlegung bei Heraklit von Ephesos und seine theol. Indienstnahme durch Johannes den Evangelisten (1976). – **7** Irenaeus, Adv. haereses I 1,1f.; 2,6; 4,1; 8,5f., in: MG 7, 445–449.464f.480f.532–537; Hippolytos, Refutatio omnium haeresium IV 51,9; VI 20,4; 29,7; 30,1–5, ed. M. Marcovich (1986) 138.228.238f.; Clemens von Alexandreia, Excerpta ex Theodoto 1f.6.21.25, in: MG 9, 653.657.668.672; vgl. Reg. in: W. Foerster (Hg.): Die Gnosis, Bd. 2 (1971) 442; H. Jonas: Gnosis und spätantiker Geist, I: Die mythologische Gnosis (1934, ²1954, ³1964), bes. 94–140: Der L. der Gnosis; H.J. Krämer: Der Ursprung der Geistmet. (Amsterdam 1964) 223–264, bes. 238–241; H. Stratwolf: Gnosis als System (1993). – **8** Evangelium veritatis, ed. H.C. Puech, G. Quispel, W. Till (Zürich 1956–61) 16,34; 26,5; 37,8.11; Oden Salomons, ed. M. Lattke (Fribourg 1979–80), bes. 41,10.14f.; Authentikós Lógos 27,30–28,13, ed. D.M. Parrott, in: Nag Hammadi Codices 5/6 (Leiden 1979) 257–289; P. Perkins: L. Christologies in the Nag Hammadi Codices, in: Vigiliae Christianae 35 (1981) 379–396. – **9** Poimandres 5f.8.10f.30, in: Corp. Hermeticum, ed. A.D. Nock, A.-J. Festugière, Bd. 1 (Paris 1946) 8.9.10.17; dt.: Das Corp. Hermeticum Dt., hg. C.

Colpe, J. Holzhausen, T. 1 (1997) 11f.13f.21. – **10** G.W.H. Lampe: A Patristic Greek Lex. (Oxford 1961) 807–811; Stead [1] 440. – **11** Justinus, Apologia II, 8.10.13; Apologia I, 46, in: MG 6, 457AB; 459B-461B; 465B-468A; 397B-399A; R. Holte: L. Spermatikos. Christianity and Ancient Philos. According to St. Justin's Apologies, in: Studia theologica 12 (1958) 109–168; J.H. Waszink: Bemerkungen zu Justins Lehre vom L. Spermatikos, in: A. Stuiber, A. Hermann (Hg.): Mullus. FS Th. Klauser (1964) 380–390; L.W. Barnard: Art. ‹Apologetik I: Alte Kirche›, in: TRE 3 (1978) 371–411, hier 376–378; Stead [1] 441. – **12** Justinus, Dialogus contra Iudaeos 56; 128,3f.; Apologia II, 10, in: MG 6, 597B; 776A; 459B; L. Paul: Ueber die Logoslehre bei Justinus Martyr, in: Jb. für prot. Theol. 12 (1886), 661–690; J.M. Pfättisch: Der Einfluß Platos auf die Theol. Justins des Märtyrers (1910), bes. 53–85; C. Andresen: Justin und der mittlere Platonismus, in: Zs. für Neutestamentliche Wiss. 44 (1952–53) 157–195. – **13** Tatianos, Oratio ad Graecos 5, ed. M. Whittaker (Oxford 1982) 10; M. Elze: Die Theol. Tatians (1960), 76–80; Athenagoras, Legatio pro Christianis 10,2; 18,2; 24,1; 30,6, ed. M. Marcovich (1990) 39f.56.78.99; L.W. Barnard: God, the L., the Spirit and the Trinity in the Theol. of Athenagoras, in: Scandinavian J. of Theol. 24 (1970) 70–92; Theophilos, Ad Autolycum II 10.22, ed. M. Marcovich (1995) 53f.70; M. Mühl: Der λόγος ἐνδιάθετος und προφορικός auf der älteren Stoa bis zur Synode von Sirmium 351, in: ABG 7 (1959) 7–56, hier 25–27.44–47.49f.; Barnard [11] 378–383; Stead [1] 441. – **14** Ignatios von Antiocheia, Ep. ad Magnesios 8,2, in: Ep. vii genuinae, ed. J.A. Fischer (⁹1986). – **15** R.D. Williams: Art. ‹Jesus Christus II. Alte Kirche›, in: TRE 16 (1987) 726–745, hier 729f.; Stead [1] 441f.; Mühl [13] 47–49.50–52. – **16** Tertullianus, Apologeticum 21,10.17, in: CChr.SL 1 (1954) 124f.; Adv. Praxean 5,3, in: CChr.SL 2 (1954) 1163f.; Williams [15] 730; Stead [1] 442; Mühl [13] 27–32. – **17** Krämer [7] 282–284; Barnard [11] 390f.; Williams [15] 731; C. Markschies: «Wunderliche Mär von zwei L. ...», in: FS L. Abramowski (1993) 193–219. – **18** Origenes, De principiis I 2,2–4; II 6; IV 4,1, ed. P. Koetschau (1913) 28–33.139–147.348–351; A. Lieske: Die Theol. der Logosmystik bei Origenes (1938); Mühl [13] 52f.; Krämer [7] 284–292; Williams [15] 731f.; Stead [1] 442f. – **19** Origenes, Contra Celsum, ed. P. Koetschau (1899); Der Alethes L. des Kelsos, hg. R. Bader (1940); C. Andresen: L. und Nomos. Die Polemik des Kelsos wider das Christentum (1955). – **20** Williams [15] 732. – **21** ebd. 732–734. – **22** Mühl [13] 53–56. – **23** Gregorios von Nazianz, Orationes 2,23; 29,19; 30,5; 38,13; Ep. 101,7, in: MG 35, 432f.; 36, 100.108f.325; 37, 180; Gregorios von Nyssa, Oratio catechetica 1; Contra Eunomium III 4; V; Adv. Apollinarem 18f., in: MG 45, 9–16.596–601.677–708.1157–1164; Williams [15] 734. – **24** Gregorios von Nyssa, De anima et resurrectione, in: MG 46, 25A. 29A; Apologia in hexaemeron, in: MG 44, 73A. – **25** Williams [15] 736f. – **26** ebd. 735f. – **27** ebd. 736f. – **28** ebd. 738–740. – **29** ebd. 741f. – **30** Lactantius, Divinae institutiones IV 9,1–3, in: CSEL 19, 300f. – **31** A. Schindler: Wort und Analogie in Augustins Trinitätslehre (1965) 115–118. – **32** Augustinus, De Trinitate XV, 10,17–15,25, in: CChr.SL 50A (1968) 483–500; W. Beierwaltes: Zu Augustins Met. der Sprache, in: Augustinian Studies 2 (1971) 179–195; H. Arens: «Verbum cordis». Zur Sprachphilos. des MA, in: Historiographia linguistica 7 (1980) 13–27, hier 13–19; D. Pintaric: Sprache und Trinität (1983); G. Watson: St. Augustine and the Inner Word, in: The Irish Theol. Quart. 5 (1988) 81–92. – **33** Theophilos [13] II 10.22; Meletios, De natura hominis, in: MG 64, 1105C-D; Basileios, in: MG 31, 477f.; Epiphanios, Panarion omnium haeresium II 2, 65,3, in: MG 42, 16A; Arens [32] 19. – **34** Augustinus, De magistro 14,45f., in: CChr.SL 29 (1970) 202f. – **35** ders., De Genesi ad litteram IX 17,32; X 20,35f., in: CSEL 28,1, 291.323; G. Verbeke: Art. ‹Logoi spermatikoi› 4., in: HWPh 5 (1980) 487. – **36** Ps.-Dionysios Areopagites, De divinis nominibus V 8, in: MG 3, 824C. – **37** ebd. VII 4, 872C. – **38** W. Völker: Maximus Confessor als Meister des geistlichen Lebens (1965).

III. *Mittelalter.* Die byzantinische Grammatik und Rhetorik setzt die Traditionen der Spätantike fort. Man findet nun die Fächer des Triviums (v.a. Grammatik und Rhetorik) entsprechend ihrer Zuordnung zum L. (prophorikós) gelegentlich als L.-Künste (λογικαὶ τέχναι, logikaí téchnai) bezeichnet. [1]

Die byzantinischen *Grammatiker* von MICHAEL SYNKELLOS (8./9. Jh.) über GREGORIOS VON KORINTH (12. Jh.), MANUEL MOSCHOPULOS, MAXIMOS PLANUDES, JOHANNES XIII. GLYKYS (13./14. Jh.) und MANUEL CHRYSOLORAS (14./15. Jh.) bis KONSTANTINOS LASKARIS (15. Jh.) tradieren v.a. in ihren Schriften zur Syntax die antiken Definitionen des L. als Satz und die Lehre von den acht Redeteilen. [2] Häufig begegnen Abgrenzungen des L. vom Einzelwort (ónoma) und der definitorischen Umschreibung (hóros) [3], die stoische Unterscheidung von lógos endiáthetos und prophorikós [4] oder die Einteilung der Satzarten bzw. Sprechakte. [5]

Ähnliches gilt für die byzantinische *Rhetorik.* Auch in dieser Kunst beschreibt ‹L.› Materie wie Diskurs. Als «L. über den L.» definiert daher JOHANNES GEOMETRES im 10. Jh. die Rhetorik. [6] Die Gliederung des rhetorischen L. in vier bis fünf dispositionelle Teile wird durchgängig vertreten. [7] Beliebt ist der Vergleich des L. mit einem Lebewesen aus Seele (Gedanken) und Leib (Worte) [8] oder mit einem harmonisch gegliederten menschlichen Körper. [9] Die Aristotelischen ‹Tugenden des Stils (léxis)› werden nun oft direkt als ‹Tugenden des L. (aretaí lógū)› bezeichnet. [10]

Auch in den mittelalterlichen lateinischen Kommentaren zu Donat und Priscian werden die Redeteile behandelt, so bereits bei REMIGIUS VON AUXERRE (9./10. Jh.) und in der sogenannten GLOSULAE-Literatur (11./12. Jh.), mit sprachphilosophischerem Anspruch dann bei WILHELM VON CONCHES, PETRUS HELIAS (12. Jh.), RADULFUS VON BEAUVAIX, JORDANUS VON SACHSEN und ROBERT KILWARDBY (13. Jh.). In der ‹Grammatica speculativa› des 13. und 14. Jh. (MARTINUS, BOETIUS und JOHANNES VON DACIEN, SIGER VON COURTRAI, THOMAS VON ERFURT, MICHAEL VON MARBAIX u.a.) schließlich werden unter dem Einfluß Aristotelischer Logik und Ontologie die ‹Redeteile› zu ‹modi significandi›. [11]

In ‹De fide orthodoxa›, dem dritten Teil seines dogmatischen Hauptwerks Πηγὴ γνώσεως (Pegē gnoseōs, Quelle der Erkenntnis) unterscheidet im 8. Jh. JOHANNES VON DAMASKUS neben dem göttlichen L. im menschlichen Bereich der Ebenen: das Denken (nóēsis) als Licht und Abglanz des göttlichen L., den inneren, im Herzen gesprochenen L. (endiáthetos) und den mit dem Munde ausgesprochenen L. (prophorikós) als Boten des Gedankens. Dieses Schema ist zwar von demjenigen des Augustinus leicht verschieden, hat jedoch durch die lateinische Übersetzung des BURGUNDIO VON PISA (12. Jh.) größte Wirkung auf die Scholastik. [12]

JOHANNES SCOTUS ERIUGENA (um 810–877) greift als Übersetzer des Ps.-Dionysios Areopagites auf dessen neuplatonisches System zurück. Auch für ihn fungiert der L. als Brücke zwischen dem Einen und Vielen in der Entfaltung der Welt vom unbestimmbaren Einen (Gott) über das göttliche Wort (L.) zu den Erstbestimmungen (*causae primordiales*) wie Wesen oder Wahrheit, zu den Ideen und zur sichtbaren Welt; er ist auch das Prinzip, welches das Viele wieder auf das Eine und den Menschen zu Gott zurückführt. Dadurch ist er der Erlöser der Welt. Die Ordnung des Universums zeigt die Weisheit Gottes, die mit dem Sohn und L. identisch ist. Nicht zuletzt übernimmt auch Eriugena das Konzept von innerem und äußerem Wort. [13]

Die mittelalterliche L.-Christologie ist zwar vielgestaltig, jedoch von weniger zentraler Stellung als in der patristischen Epoche; sie übernimmt dogmatisch die konziliaren Entscheidungen. Nach der Abwehr des spanischen Adoptianismus noch in karolingischer Zeit und dem philosophischen, Christologie und Metaphysik verbindenden System Eriugenas werden in der scholastischen Periode v.a. drei Denkmodelle vertreten: die Annahme des vollständigen Menschen Jesus durch den göttlichen L. (Homo-Assumptus-Theorie, z.B. ANSELM VON CANTERBURY, HUGO VON ST. VICTOR, ABAELARD), die der neuchalkedonischen Lehre von der Enhypostasie der Menschennatur in der Person des L. entsprechende Subsistenz-Theorie (z.B. GILBERT VON POITIERS) und die Habitus-Theorie, wonach der inkarnierte L. die Menschennatur wie ein Kleid trägt (z.B. PETRUS LOMBARDUS). Die reifen Systeme von THOMAS VON AQUIN, BONAVENTURA und JOHANNES DUNS SCOTUS fußen sämtlich auf der Subsistenz-Theorie. Subtile logische Distinktionen bietet die für die Theologie der via moderna wichtige Lehre WILHELMS VON OCKHAM. NICOLAUS CUSANUS endlich sieht den ewigen L. als Mittel, durch das Gottes Schöpfermacht in der Welt handelt.[14]

Mit der verstärkten Aristoteles-Rezeption im 12./13. Jh. gewinnt auch dessen Logosbegriff neuen Einfluß. In den mittelalterlichen lateinischen Übersetzungen der Werke des Aristoteles werden jedoch für ‹L.› allein neun verschiedene Äquivalente gebraucht (*ratio, oratio, definitio, ratiocinatio, sermo, disputatio, argumentatio, verbum, proportio*).[15] Am wichtigsten davon wird der Begriff *ratio*, der die nicht sprachbezogenen Bedeutungen vertritt.[16]

Die Lehre von den *rationes seminales* oder lógoi spermatikoí begegnet in augustinischer Tradition erneut bei Bonaventura und anderen Franziskanern.[17]

Die Unterscheidung von innerem und äußerem Wort findet sich wieder etwa bei ANSELM VON CANTERBURY, ALBERTUS MAGNUS und BONAVENTURA, bei letzterem wie bei Augustinus sogar erweitert um ein drittes, intermediäres *verbum*.[18] In besonders ausgeprägter Form erscheint sie bei THOMAS VON AQUIN, der in seiner Theorie vom *verbum mentis* oder *interius conceptum* und dem *verbum exterius vocale*, das Zeichen (*signum*) des ersteren ist, Augustinus mit Aristoteles verknüpft. Auch Thomas sieht den Prozeßcharakter des inneren Wortes als Abbild des Prozesses der Entfaltung der Trinität, der keinerlei Teilung oder Schmälerung des inneren Wortes durch das äußere zulasse.[19] Auch die spätere spanische Scholastik greift diese Konzeption auf.[20]

Eine Ausnahmestellung nimmt die Logosmystik MEISTER ECKHARTS (um 1260–1327) ein.[21] Beeinflußt von Augustinus und vom Platonismus des Ps.-Dionysios, entwickelt dieser aus der Analyse des Johannesprologs seine Konzeption: Gott ist Denken, das die Ideen ausspricht; die Ideen Gottes aber sind zu gleichen mit seinem Wort, dem Sohn; denn was aus etwas hervorgebracht wird, ist dessen Wort.[22] Jede Hervorbringung konkretisiert sich mithin im dynamischen Prinzip des «Gewortens»: «swaz eigenlich geworet mac werden, daz muoz von innen her ûz komen».[23] Alles menschliche Verstehen erweist sich daher als ein Nachverstehen der Schöpfung, als eine erneute Logosgeburt in der Seele.[24] Im Verstehen ist die Seele vom L.-Sohn erleuchtet: «Daz verstentnisse heftet sich an den sun, daz si (= die Seele) mit dem sune (= L.) verstêt».[25] Über J. TAULER (um 1300–1361) und die dominikanische Mystik wirkt Eckharts Logosmystik bis in die Neuzeit (Böhme, Hegel, Schelling).

Von logosmystischen Vorstellungen durchsetzt ist auch die Sprachphilosophie von NICOLAUS CUSANUS (1401–1464).[26] Auch er vollzieht eine Reduktion der platonischen Ideen auf die eine Form des göttlichen Wortes, dessen Sich-Aussprechen die sinnliche Welt ist. Dabei verwendet auch er den Begriff des ‹Gewortens›, wenn er vom Vater als dem spricht, «quod in omni verbo verbatur.» (was in jedem Worte geworet wird).[27] Ganz in augustinischem Sinne deutet er die artikulierte Lautsprache als Äußerung des inneren *verbum mentis*, in dem Christus als beispielhafter Lehrer und L. waltet.

Anmerkungen:
1 Prolegomenon Sylloge, ed. H. Rabe (Rhet. Graec. XIV) (1931) 7,1f.; 47,10–48,15; 123,17–124,9; 264,14–17. – **2** Gramm. Graec. I 1, 23; Prolegomenon Sylloge [1] 9,2–5; 98,16f.; 305,4; H. Hunger: Die hochsprachliche profane Lit. der Byzantiner, Bd. 2 (1978) 14–18. – **3** Prolegomenon Sylloge [1] 9,2–5; 53,25–54,10; 275,17–30. – **4** ebd. 7,19f.; 122,4–123,11; 184,1–185,9; 188,6–13; 217,10–13; 228,24–229,13; 300,5–9. – **5** ebd. 186,17–188,5; 421,23–26. – **6** ebd. 107,5–7; 349,4; vgl. 7,11–26. – **7** ebd. 62,1f.; 75,6f.; 132,10–15; 148,11–14; 167,4–6; 206,17–20; 212,6–8; 214,4–6; 327,4; 358,6f. – **8** ebd. 204,25–205,4; 237,17; 291,13–17; 309,1f.; 348,19–21; 376,12–14. – **9** ebd. 358,17–20; 398,8–19. – **10** ebd. 375,3f.; 402,5; 407,9. – **11** G.L. Bursill-Hall: Speculative Grammars of the Middle Ages: The Doctrine of partes orationis of the Modistae (Den Haag 1971). – **12** Johannes von Damaskus, Pēgḗ gnṓseōs III = De fide orthodoxa 1,13, ed. B. Kotter (1973) 41; De fide orthodoxa. Versions of Burgundio and Cerbanus, ed. E.M. Buytaert (St. Bonaventure 1955); H. Arens: «Verbum cordis». Zur Sprachphilos. des MA, in: Historiographia linguistica 7 (1980) 13–27, hier 19f. – **13** Johannes Scotus Eriugena, Periphyseon (de divisione naturae) I–III, ed. I.P. Sheldon-Williams (Dublin 1968–1981); IV–V, in: ML 122 (1853); G. Buchwald: Der Logosbegriff des Johannes Scotus Eriugena (1884); W. Beierwaltes: Eriugena. Grundzüge seines Denkens (1994) bes. 52–81. – **14** R. Williams: Art. ‹Jesus Christus III: MA›, in: TRE 16 (1987) 745–759; W.-D. Hauschild: Art. ‹Christologie II.2: MA bis Neuzeit›, in: RGG⁴ 2 (1999) 300–307, bes. 300–302. – **15** B.G. Dod: Aristoteles Latinus, in: N. Kretzmann, A. Kenny, J. Pinborg (Hg.): The Cambridge Hist. of Later Medieval Philos. (Cambridge 1982) 45–79, hier 67. – **16** H. Flasche: Die begriffliche Entwicklung des Wortes ratio in seinen Ableitungen bis 1500 (1936). – **17** Johannes Bonaventura, Commentaria in quatuor libros sententiarum Magistri Petri Lombardi (Quaracchi 1882ff.) II dist. 18,1,3c; dist. 7,2,2,1c; A. Gerken: Theol. des Wortes. Das Verhältnis von Schöpfung und Inkarnation bei Bonaventura (1963); G. Verbeke: Art. ‹L. spermatikoi› 5. in: HWPh 5 (1980) 487f. – **18** Anselm von Canterbury, Monologion 10, in: Opera omnia, ed. F.S. Schmitt, Bd. 1 (Edinburgh 1946); Albertus Magnus, Summa theologiae, tract. 8, qu. 35, art. 1, in: Opera omnia, ed. A. Borgnet, Bd. 31 (Paris 1895) 364–366; Bonaventura [17] I dist. 27,2,1,4; Arens [12] 20–22. – **19** Thomas von Aquin, De differentia verbi divini et humani. Opuscula philosophica, ed. R.M. Spiazzi (Turin 1954) 287–291; Quaestiones disputatae de veritate, ed R.M. Spiazzi (Turin 1949) 4,1c; vgl. a. Summa theologiae, ed. P. Caramello (Turin 1952ff.) I 27,1c; 28,4 ad 1; 34,1c; 36,2 ad 5; 42,5c; 107,1c; I II 93,1 ad 2; Summa contra gentiles III 97; IV 11.13.14; Scriptum super sententiis, ed. F. Moos (Paris 1947) I dist. 11,1,1 ad 4; dist. 27,2,1.2c.2c; Quaestiones disputatae de potentia, ed. R.M. Spiazzi (Turin 1949) 1,3 ad 1c; 9,5c; Quaestiones quodlibetales 5,5,9c; Declaratio quorundam articulorum contra Graecos, Armenios et Saracenos 3; V. Warnach: Erkennen und Sprechen bei Thomas von Aquin: Ein Deutungsversuch seiner Lehre auf ihrem geistesgesch. Hintergrund, in: Divus Thomas III 15 (Freiburg/Schweiz 1937) 189–218.263–290; III 16 (1938) 393–419; B. Lonergan: Verbum, Word and Idea in Aquinas (Notre Dame, Ind. 1967); Arens [12] 22–24. – **20** H.-J. Müller: Die Lehre vom ‹verbum mentis› in der span. Scholastik (1968). – **21** K.O. Apel: Die Idee der Sprache in der Trad. des Humanismus von Dante bis Vico, in: ABG 8 (1963) 79f.; J. Hennigfeld: Gesch. der Sprachphil. Antike und MA (1994) 237–241. – **22** Meister Eckhart, Expositio sancti evangelii secundum Iohannem, hg. K. Christ, J. Koch, in: Die dt. und lat. Werke, I: Die lat. Werke, Bd. 3 (1936) 6. – **23** ders., Pr. 4, ebd., II: Die dt. Werke, hg. J. Quint, Bd. 1 (1936) 66. – **24** Dt. Mystiker des 14. Jh., Bd. 2: Meister Eckhart, hg. J. Pfeiffer (1857, ND 1962) 205.165.215; vgl.

77.93. – **25** ebd. 78. – **26** K.O. Apel: Die Idee der Sprache bei Nicolaus von Cues, in: ABG 1 (1955) 200–221, bes. 203–207. – **27** Nicolaus Cusanus, De filiatione Dei, in: Opera omnia IV 1: Opuscula, ed. P. Wilpert (1959) 39–64, hier 54.

IV. *Neuzeit.* Neubesinnung auf den Erziehungswert der Sprache und verbesserte Kenntnis des Griechischen führen in der *Renaissance* zu einer Wiederentdeckung des rhetorischen Logosbegriffs. Symptomatisch dafür ist z.B. ein vom Gorgias-Übersetzer P. BEMBO 1494 in griechischer Sprache verfaßter Essay, der den L. (ganz in der Tradition von Gorgias' ‹Helena› und Isokrates' ‹Nikokles›) als Kulturbringer preist. [1]

ERASMUS und LUTHER stellen die L.-Theologie auf eine rhetorische Basis und rücken das Problem des Übersetzens in den Mittelpunkt. [2] Besonders Luther, der schon in einer frühen Predigt von 1515 über den Johannesprolog in Anlehnung an Augustinus vom doppelten Wort (*duplex verbum*) als *verbum internum* und *externum* spricht und letzteres spiritualisierend auf Christus deutet [3], betont später die Notwendigkeit der Inkarnation der Offenbarung in den menschlichen Sprachen und begründet damit seine Konzentration auf den L. als Wortlaut der Schrift und die Schriftauslegung zur Beförderung der Wiedergeburt des göttlichen L. in der Seele des Gläubigen. Traditionelle Logosmystik erfährt darin eine Umgestaltung aus humanistischem Geiste. [4] Demgegenüber praktizieren die sogenannten Schwärmer der Reformationszeit, von Luther befehdet, im Geiste der Logosmystik einen Rückzug auf die Innerlichkeit des augustinischen *verbum internum*. [5]

Der wichtigste und einflußreichste neuzeitliche Vertreter der Tradition der Logosmystik ist JAKOB BÖHME (1575–1624). Gedanken v.a. von Eckhart und Cusanus aufgreifend, sieht dieser in der Welt das Sich-Aussprechen des göttlichen Schöpfungswortes. Insbesondere aber leitet sich ihm auch die menschliche Sprache selbst aus der schöpferischen Kraft und Erleuchtung des göttlichen L. her und wird zur zweiten *incarnatio verbi*. Da Schöpfung und Sprache so aufeinander bezogen sind, kann aufgrund der Logosgeburt in der Seele auch die Wahrheit «aus dem Herzen» ausgesprochen werden. Böhmes Denken hat auf die spätere Philosophie und das Selbstverständnis dichterischer Schöpfertätigkeit die größte Wirkung gehabt. [6]

Ein idealtypisches Beispiel für die fundamentale Logozentrik der Ästhetik des *Barockzeitalters*, in der das Wort (*verbum*) die Sache (*res*) geradezu aus dem Blickfeld verdrängt, ist E. TESAUROS ‹Cannocchiale Aristotelico› (1654), in dem rhetorische *argutezza* zum Prinzip der Welterklärung erhoben und die Poetik nach Vorgang von M. Pellegrini (1639) und S. Pallavicino (1644) gegen naturmimetische Theorien dezidiert rhetorisch begründet wird. [7] In diesem Sinne wird etwa in P. CALDERÓNS eucharistischem Festspiel (auto sacramental) ‹El divino Orfeo› (1663) die das göttliche Schöpfungswort nachempfindende weltbildende Kraft des dichterischen Wortes («la voz del poeta») evoziert. [8]

Auf die *Aufklärer* übt besonders die Identität von Vernunft und Sprache im Logosbegriff Anziehungskraft aus. So schreibt z.B. G. VICO 1744 über die Logik: «‹Logik› wird sie genannt vom Wort lógos, welches zuerst und eigentlich ‹Fabel› bedeutete, [...] – und die Fabel wurde von den Griechen auch mýthos genannt, wovon lateinisch *mutus* kommt –, diese entstand in den stummen Zeiten als geistige, und Strabo sah sie [...] als dem stimmlichen oder artikulierten Sprechen vorhergehend an: daher bedeutet lógos sowohl ‹Idee› (*idea*) als auch ‹Wort› (*parola*).» [9]

In den letzten Worten, welche die visuelle Semiose der Wortsprache, den «stummen» Mythos dem lautlichen L. vorordnen, deutet sich eine Kritik am logozentrischen Charakter der aristotelisch-abendländischen Sprachphilosophie an, wie sie sich vergleichbar auch bei J.G. HAMANN findet. Dieser schreibt im Zusammenhang mit seiner ‹Metakritik über den Purismum der Vernunft› 1784 an Herder: «Vernunft ist Sprache Λόγος; an diesem Markknochen nag' ich und werde mich zu Tod drüber nagen. Noch bleibt es immer finster über diese Tiefe für mich: Ich warte noch immer auf einen apokalyptischen Engel mit einem Schlüßel zu diesem Abgrund.» [10] Dieses Sprachverständnis verrät seine Wurzeln in der deutschen Logosmystik (Böhme).

Auf logosmystische Traditionen greift auch J.G. HERDER selbst zurück, wenn er die Sprachartigkeit des Gedankens behauptet und vom «Wort der Seele» als spezifisch menschlichem Sprachursprung spricht. [11]

Von Eckhart, Cusanus und Böhme ausgehend, mündet die Tradition der Logosmystik schließlich im deutschen *Idealismus* und der *Romantik*. Ein Reflex davon ist in Fausts Ringen um die richtige Übersetzung des johanneischen ‹L.› in GOETHES ‹Faust I› zu spüren. [12]

HEGEL, «der letzte und universalste Vertreter der antiken Logosphilosophie» (Gadamer) [13], dessen System wesentlich von der dialektischen Selbstentäußerung des L. und seiner Selbstvergewisserung im Geist bestimmt ist, in dem füglich Logik im Wortsinne auch Metaphysik einschließt, schreibt in der Vorrede zur 2. Ausgabe der ‹Logik› 1831 über den Begriff: «[...] er ist nur Gegenstand, Product und Inhalt des Denkens und die an und für sich seyende Sache, der Logos, die Vernunft dessen, was ist, die Wahrheit dessen, was den Nahmen der Dinge führt; am wenigsten ist es der Logos, was ausserhalb der logischen Wissenschaft gelassen werden soll.» [14] Als Koinzidenz von Äußerung und zurückgenommener Erinnerung ist Sprache das Paradigma des dialektischen Prozesses schlechthin, zugespitzt im Logosbegriff: «Λόγος ist bestimmter als Wort. Es ist schöne Zweideutigkeit des griechischen Worts, – Vernunft und zugleich Sprache. Denn Sprache ist die reine Existenz des Geistes; es ist ein Ding, vernommen in sich zurückgekehrt.» [15]

Auch für W. v. HUMBOLDT sind *ratio* und *oratio* zugleich im L. aufgehoben: «Die Sprache ist gleichsam die äußerliche Erscheinung des Geistes der Völker; ihre Sprache ist ihr Geist und ihr Geist ihre Sprache, man kann sich beide nie identisch genug denken.» [16]

Von der Logosmystik Böhmes, die ihm durch F. VON BAADER und F.CHR. OETINGER vermittelt wird [17], zeigt sich auch der späte SCHELLING beeinflußt. In der ‹Philosophie der Offenbarung› (1841/42) gibt er eine eigenwillige Interpretation des L. des Johannesprologs und bekundet das Streben nach einer positiven Philosophie, nach einem «johanneischen» Christentum als reinster Verwirklichung des Logosbegriffs. [18]

Angeregt von griechischer Philosophie, Patristik und Deutschem Idealismus entwirft Anfang des 19. Jh. T.S. COLERIDGE ein ‹Logosophia› genanntes Denksystem, in dem der L. unter Nutzung all seiner denkbaren Bedeutungsnuancen zum integrativen Prinzip von Naturwissenschaft, Philosophie und Religion erhoben wird. [19]

Mitte des 19. Jh. kommt es zu einem Methodenstreit zwischen A. BÖCKH und G. HERMANN über die Bedeutung von ‹L.› als Gegenstand der ‹Philo-logie›, worin

Böckh den Inhalt der Texte, die «vermittelte Kunde», Hermann die Texte als Sprachdenkmäler sehen will.[20]

SCHOPENHAUER wiederum verweist mehrfach auf das Zusammenfallen von Sprache und Vernunft im griechischen Worte ‹L.›, betont aber, daß der Begriff als Vernunftwerkzeug von dem Wort, an das er geknüpft ist, gleichwohl unterschieden zu halten sei.[21]

Verbindungen zur antiken Gnosis und zum Neuplatonismus zeigt die Theosophie der von H.P. BLAVATSKY und H.S. OLCOTT 1875 in New York gegründeten Theosophical Society, die eine emanatistische Kosmologie mit ausgeprägter L.-Metaphysik vertritt.[22]

HUSSERL, der als spezifisch dem L. zuzuordnende noetisch-noematische Schicht diejenige von Bedeuten und Bedeutung (in einem sehr weiten Sinne) bestimmt[23], definiert Logik deutlich enger als Wissenschaft vom L. im Sinne nur wissenschaftlich urteilender Vernunft.[24]

Große Bedeutung erlangt der L. noch einmal im Neukantianismus v.a. der Marburger Schule (H. COHEN, P. NATORP: Gegenstandskonstitution durch den L., Panlogismus).[25] Zur transzendentalen Instanz des Logischen, Vernünftigen, Geltenden wird er bei H. RICKERT, B. BAUCH und F. MÜNCH.[26] Von der Logosimmanenz des Gegenstandes spricht schließlich E. LASK.[27]

HEIDEGGER, der noch 1927 in ‹Sein und Zeit› L. traditionell als «Vernunft, Urteil, Begriff, Definition, Grund, Verhältnis» definiert[28], fordert später im Zuge seiner Kritik an der Auflösung der «ursprüngliche[n] Einheit von Sein und Denken» durch das «Auseinandertreten von λόγος und φύσις» eine Abkehr von L. als Denken und Vernunft, als Rede und Sagen, und eine Rückkehr zur Urbedeutung des Sammelns, einen Rückgang auf Parmenides und Heraklit.[29] Als Grundbedeutung des légein wird das Entbergen bestimmt: «Das Entbergen, das 'Der Verborgenheit Entnehmen' ist das Geschehen, das im λόγος geschieht. Im λόγος wird das Walten des Seienden entborgen, offenbar.» L. wird so zum Sagen des Unverborgenen, der alétheia: «Der λόγος hat die Aufgabe, [...] das, was sich verbirgt und nicht zeigt, das sich Nichtzeigende, zum Sichzeigen zu zwingen und zum Offenbaren zu bringen.»[30] In ‹Heraklits Lehre vom L.› kehrt Heidegger dann tatsächlich zur Bedeutung ‹Lese, Sammlung, Sich-Sammeln, Versammlung› zurück: «ὁ Λόγος ist die ursprüngliche, Alles verwahrende Versammlung. Der menschliche λόγος ist das Sichsammeln auf die ursprüngliche Versammlung. Die menschliche Sammlung auf die ursprüngliche Versammlung geschieht im ὁμολογεῖν [homologeín].»[31]

Im Sinne von «recueillement», als Sammlung und Verbindung mit dem Seienden verwendet ‹L.› im übrigen auch der französische Existentialist GABRIEL MARCEL.[32]

Mit der Logotherapie als auf der Existenzanalyse aufbauender psychotherapeutischer Methode setzt V.E. FRANKL der Freudschen Betonung des Unterbewußten eine Methode entgegen, die bewußt die intellektuelle Dimension des Menschen in den Vordergrund rückt und bei der Suche nach Sinn (L.) im Leben helfen will.[33]

Schon um 1930 prägt hingegen L. KLAGES den Begriff Logozentrismus für ein einseitig an Sein, Geist und Sprache orientiertes Denken, dem er ein auf Wirklichkeit, Leben und Bildhaftigkeit ausgerichtetes «biozentrisches» oder «sinnbildliches» Denken entgegensetzt, das im Verlauf der Menschheitsgeschichte vom «logozentrischen» verdrängt worden sei.[34]

In anderem Sinne verwendet seit den sechziger Jahren J. DERRIDA diesen Terminus, um eine Denkform zu kritisieren, die, wie er in Auseinandersetzung mit Platon, Rousseau, de Saussure und Lévi-Strauss, aber auch mit Hegel, Husserl und Heidegger feststellen zu können glaubt, der gesamten abendländischen Tradition zugrundeliege, ein Denken in hierarchischen Oppositionen, das die gesprochene Sprache (phōné, parole) gegenüber der geschriebenen (graphé, écriture) systematisch bevorzuge, weil ihm das gesprochene Wort unmittelbarer am Gedachten und am Sinn zu sein scheine. Diesem logozentrischen bzw. phonozentrischen Denken und seinem Ideal einer Selbstpräsenz des Sinnes und dessen Priorität vor den Texten und ihren Lektüren setzt Derrida sein eigenes Konzept der konsequent an der Schrift (écriture) orientierten Methode der Dekonstruktion entgegen, die die falschen Hierarchien als Schein entlarven und aufbrechen soll.[35]

In einer spezifisch feministischen Variante begegnet die Kritik am Logozentrismus bei H. CIXOUS, die die Oppositionen nicht nur von L. / parole und écriture, sondern auch von L. und Pathos mit der Opposition von Männlichkeit und Weiblichkeit in Beziehung setzt. Sie sieht eine Solidarität zwischen Logozentrismus (in Philosophie, Literatur und Politik) und Phallozentrismus: Aufgabe des Logozentrismus und des binär-oppositionellen Denkens sei immer gewesen, männliche Vorherrschaft zu perpetuieren; hingegen zeige die Schrift ausgeprägt weiblichen Charakter.[36]

In allerjüngster Zeit ist der Wortstamm ‹L.› im Begriff des Logogramms (abgekürzt: Logo), des Markenbewußtsein oder corporate identity stiftenden, jeweils ein volles Lexem repräsentierenden stilisierten (Schrift-)Zeichens, zu neuen Ehren gelangt.

Anmerkungen:

1 L. Guaita: L' orazione greca di Bembo (Diss. Mailand 1972/73); A. Pertusi: L' umanesimo greco dalla fine del secolo XIV agli inizi del secolo XVI, in: Storia della cultura veneta 3/I (Vicenza 1980) 177–264, hier: 185–189; N.G. Wilson: From Byzantium to Italy: Greek Studies in the Italian Renaissance (Baltimore 1992) 126f. – **2** P. Walter: Theol. aus dem Geist der Rhet. Zur Schriftauslegung des Erasmus von Rotterdam (1991). – **3** M. Luther: Sermo in Natali Christi a. 1515, in: Werke (WA), Bd.1 (1883) 20–29, bes. 23.25–29. – **4** z.B. ders.: An die Burgermeyster und Radherrn allerley stedte ynn Dt. landen (1524), ebd. Bd. 15 (1899) 27–53, hier 37f.; K.O. Apel: Die Idee der Sprache in der Trad. des Humanismus von Dante bis Vico, in: ABG 8 (1963) 254.257.263–268. – **5** Apel [4] 263.266. – **6** J. Böhme: Sämtliche Schr., hg. A. Faust, W.-E. Peuckert, 11 Bde. (1942–1961); E. Benz: Zur metaphysischen Begründung der Sprache bei J. Böhme, Euph 37 (1936) 340–357; Apel [4] 79f.200.270f.295f.; ders.: Die Idee der Sprache bei Nicolaus von Cues, in: ABG 1 (1955) 200–221, hier 159f. – **7** E. Tesauro: Il cannocchiale Aristotelico (Turin 1670), ed. A. Buck (1968). – **8** P. Calderón de la Barca: El divino Orfeo, in: Obras completas Bd.3: Autos sacramentales, ed. A.V. Prat (Madrid 1952) 1820–1855. – **9** G. Vico: Principi di una Scienza Nuova (Neapel ³1744 = La scienza nuova seconda) 401, hg. von N. Abbagnano (Turin 1976) 396; G. Wohlfart: Denken der Sprache (1984) 52–58. – **10** J.G. Hamann, Br. an J.G. Herder vom 8.8. 1784, in: Briefwechsel, hg. W. Ziesemer, A. Henkel (1955–1979), Bd.5 (1965), 177; Wohlfart [9] 134.145–165.– **11** J.G. Herder: Abh. über den Ursprung der Sprache (1772). – **12** J.W. von Goethe, Faust I (1806), Szene Studierzimmer. – **13** H.-G. Gadamer: Wahrheit und Methode (⁴1975) 207. – **14** Hegel: Wiss. der Logik, Vorrede zur zweyten Ausg. (1831), in: GW, Bd.21 (1985) 17. – **15** ders.: Vorles. über die Gesch. der Philos. III, in: Theorie-Werkausg. Bd. 20, 106f.; H.J. Krämer: Der Ursprung der Geistmet. (Amsterdam 1964) 412.435–439; Wohlfart [9] 208–231. – **16** W. von Humboldt: Über die Verschiedenheit des menschlichen Sprachbaues und ihren Einfluß auf die geistige Entwickelung des Menschengeschlechts (1836), in: Werke, hg. A. Flitner, K.

Giel, Bd. 3 (1963) 414f.; Wohlfart [9] 175f. – **17** F.v. Baader: Vorles. u. Erl. zu J. Böhmes Lehre, hg. J. Hamberger, in: Sämtliche Werke, hg. F. Hoffmann, Bd. 13 (1855); K. Leese: Von Jakob Böhme zu Schelling (1927). – **18** F.W.J. Schelling: Philos. der Offenbarung, 27. und 28. Vorl., in: Werke, hg. M. Schröter, Suppl. 6 (1954), 481–510. – **19** M.A. Perkins: Coleridge's Philosophy. The L. as Unifying Principle (Oxford 1994). – **20** E. Vogt: Der Methodenstreit zwischen Hermann und Böckh und seine Bed. für die Gesch. der Philol., in: H. Flashar, K. Gründer, A. Horstmann (Hg.): Philol. und Hermeneutik im 19. Jh. (1979) 103–121, bes. 115–117. – **21** A. Schopenhauer: Die Welt als Wille und Vorstellung I (1819) 1, §8; II (1844) Kap. 6; Über die vierfache Wurzel des Satzes vom zureichenden Grunde (^{2}1847) Kap. 5, § 34. – **22** H.P. Blavatsky: The Key to Theosophy (London 1899). – **23** E. Husserl: Ideen zu einer reinen Phänomenologie u. phänomenologischen Philos. (1913) I 3,4, §124.127. – **24** ders.: Formale und transzendentale Logik (1929) §1.5. – **25** K. Wuchterl: Bausteine zu einer Gesch. der Philos. des 20. Jh. Von Husserl zu Heidegger: eine Auswahl (1995) 112–125. – **26** ebd. 130–136.139f.; F. Münch: Erlebnis und Geltung (1913) 97.181. – **27** Wuchterl [25] 137–139. – **28** M. Heidegger: Sein und Zeit (1927) §7 B, in: Gesamtausg. Bd. 2 (1977) 43–46. – **29** ders.: Einf. in die Met. (Vorles. 1935, gedr. 1953) § 47–48; in: Gesamtausg. Bd.40 (1983) 130–134. – **30** ders.: Die Grundbegriffe der Met., in: Gesamtausg. Bd.29 (1983) 41.44. – **31** ders.: Heraklits Lehre vom L. (Vorles. 1944) §§ 4–6, in: Gesamtausg. Bd.55 (1979) 286–315, hier 315; vgl. 295.307; vgl. ders.: L. (Heraklit, Frg. 50), in: FS H. Jantzen (1951) 7–18, wieder in: Vorträge und Aufsätze (1954) 207–229. – **32** G. Marcel: Le mystère de l'être (Paris 1951). – **33** V.E. Frankl: L. und Existenz (1951); Grundriß der Existenzanal. und Logotherapie, in: V.E. v. Gebsattel, V.E. Frankl, J.H. Schultz (Hg.): Hb. der Neurosenlehre und Psychotherapie (1959), Bd. 3, 663–736; E. Lukas: Von der Trotzmacht des Geistes. Menschenbild und Methoden der Logotherapie (1993); W. Kurz, F. Sedlak (Hg.): Kompendium der Logotherapie und Existenzanal. (1995). – **34** L. Klages: Der Geist als Widersacher der Seele, 3 Bde. (1929–32), in: Sämtliche Werke 1,2 (^{6}1981); E. Pöhler: Art. ‹Logozentrisch›, in: HWPh 5 (1980) 502f. – **35** J. Derrida: De la grammatologie (Paris 1967); L'écriture et la différence (Paris 1967); La dissémination (Paris 1972); C. Norris: Deconstruction. Theory and Practice (London/New York 1982) 29–31; J. Culler: On Deconstruction. Theory and Criticism after Structuralism (Ithaca/London 1982) 89–110. – **36** H. Cixous: Sorties, in: dies., C. Clément: La jeune née (Paris 1975) 114–246, bes. 115–119.170; vgl. dies.: Weiblichkeit in der Schrift (1980).

Literaturhinweise:
M. Heinze: Die Lehre vom L. in der griech. Philos. (1872; ND 1961). – A. Aall: Der L. Gesch. seiner Entwickelung in der griech. Philos. und der christlichen Lit., 2 Bde. (1896–1899; ND 1968). – E. Krebs: Der L. als Heiland (1910). – F.E. Walton: Development of the L.-Doctrine in Greek and Hebrew Thought (Bristol 1911). – H. Leisegang: Art. ‹L.›, in: RE XIII 1 (1926) 1035–1081. – E. Cassirer: L., Dike, Kosmos in der Entwicklung der griech. Philos. (Göteborg 1941). – W. Kelber: Die Logoslehre. Von Heraklit bis Origenes (1958; ND 1976). – B. Liebrucks: Sprache und Bewußtsein, 7 Bde. (1964–1979). – E. Przywara: L. (1964). – W. Eckle: Geist und L. bei Cicero und im Johannesevangelium (Zürich 1979). – G. Verbeke, J.-A. Bühner: Art. ‹L.›, in: HWPh 5 (1980) 491–502. – M. Gatzemeier: Art. ‹L.›, in: EPW 2 (1984) 704–706. – C. Stead: Art. ‹L.›, in: Routledge Encycl. of Philos., Bd. 5 (London/New York 1989) 817–819. – M. Enders, M. Theobald, P. Hünermann: Art. ‹L.›, in: LThK³ 6 (1997) 1025–1031.

M. Kraus

→ Ainos → Argumentation → Begriff → Definition → Dekonstruktion → Dialektik → Docere → Ethos → Fabel → Genera causarum → Grammatik → Iudicium → Logik → Mythos → Pathos → Persuasion → Philosophie → Prosa → Ratio → Ratiocinatio → Rechtfertigung → Rede → Schluß → Sprachphilosophie → Syllogismus → Überredung/Überzeugung → Vernunft → Wahrheit, Wahrscheinlichkeit

Lullismus (lat. ars lulliana; engl. lullism; frz. lullisme, ital. lullismo)
A. Def. – B.I. MA. – II. Renaissance, Humanismus, Barock. – III. 18. Jh.

A. Der Terminus ‹L.› als Bezeichnung für im weiteren Sinn jede affirmative Auseinandersetzung mit Lullus und seinen Werken, im engeren für eine Denkrichtung bis ins 18. Jh., geht zurück auf den katalanischen Theologen, Philosophen, Missionar Ramon Llull (lat. Raimundus Lullus, * 1232, Mallorca, † 1315/16). [1] Im Zentrum der Texte von Lullus und am Anfang der Geschichte des L. steht die von diesem vertretene universale Erkenntnismethode, die nach Lullus' Autobiographie auf göttlicher Offenbarung beruhende Kunst (katalanisch *art*, lat. *ars*), die auf der Kombination von in ihrer letzten Fassung (1305–7) neun göttlichen Eigenschaften (lat. *dignitates*), auf die die Welt metaphysisch reduziert werden kann, mit anderen Begriffsreihen beruht: Die relativen Prinzipien benennen in Anlehnung an die Logik die denkbaren Beziehungen zwischen allem Seienden, das in der Reihe der *subiecta* (Subjekte) neuplatonisch hierarchisiert gedacht ist. Hinzu treten Tugenden, Laster und Fragepronomina, wobei die Begriffe jeder einzelnen dieser Reihen mit den Buchstaben B–K bezeichnet werden (vgl. Abb. 1).

Die mit vier Figuren (A, T, *tertia figura* und der beweglichen *quarta figura*, vgl. Abb. 2) operierende Begriffskombinatorik dient der Generierung von Propositionen. [2] Die lullistische Kunst erlaubt neben ihrer Anwendung in den *artes liberales* sowie der Medizin und Jurisprudenz den rationalen Beweis der christlichen Glaubensmysterien. Ursprünglicher Zweck ist die Zusammenführung von Juden, Muslimen, Heiden und der christlichen Kirchen.

B.I. *Mittelalter.* Lullus verfaßt ein Korpus von etwa 250 selbständigen Schriften auf katalanisch, Latein und – nicht erhalten – auf arabisch und propagiert seine Lehre in Katalonien-Aragón, Frankreich, Italien und Nordafrika. Er kleidet seine Doktrin neben der Traktatform u.a. in didaktische Romane wie ‹Blanquerna› und ‹Fèlix› oder den mystischen ‹Arbre de Filosofia›, die die katalanische Literatur mitbegründen.

Lullus' Vorstellung von der Sprache liegt die Einführung eines sechsten Sinnes (*affatus*) zugrunde, der als Kommunikationsprozeß zwischen internen und externen Sinnen gefaßt ist. [3] Kommunikation ist für Lullus in jedem Fall persuasiv ausgerichtet, es handelt sich stets um ein Belehren des anderen, mit dem der Sprecher in christlicher Nächstenliebe übereinstimmen und somit durch die Rede seinem primären Schöpfungszweck, nämlich Erkenntnis, Erinnerung und Lob Gottes, nachkommen soll. Die Funktion der Rhetorik ist dabei, die Effizienz des Diskurses zu steigern, indem sie dem Rezipienten aufnahmebereiter macht. Das Instrumentarium, das Lullus in seinen Schriften zur Rhetorik und Homiletik sowie in den Anwendungserläuterungen zur *ars magna* anbietet, steht nicht nur terminologisch außerhalb sowohl der mittelalterlichen als auch der antiken rhetorischen Tradition. [4]

In der ‹Rhetorica nova› (1301) werden Ordnung und Schönheit als wesentliche Merkmale ‹rhetorischen› Sprechens genannt. [5] Im Sinn der Ordnung sollen Textstruktur und Satzbau reale Rangverhältnisse abbilden, so daß z.B. Maskulina vor Neutra und Feminina genannt würden. Die Schönheit von Wörtern rühre von ihren angenehmen Konnotationen und der Position ihrer Signifikate in der Leiter der *subiecta* her, so daß die Wörter ‹Mai› oder ‹Königin› schöner als ‹November› oder

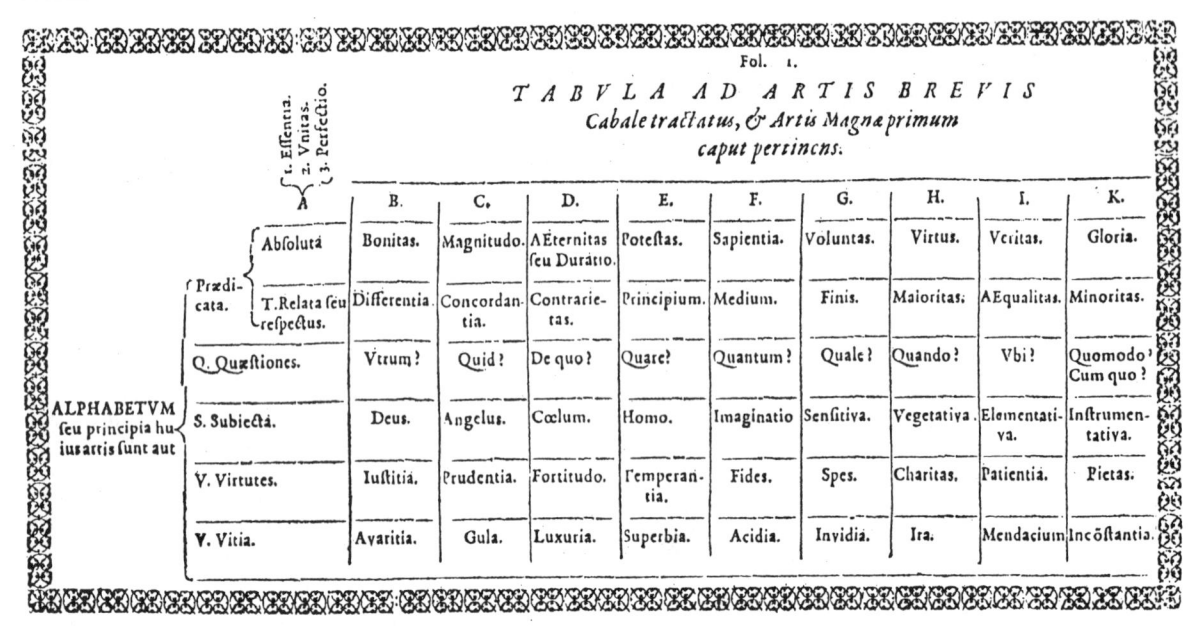

		B.	C.	D.	E.	F.	G.	H.	I.	K.
	Absoluta	Bonitas.	Magnitudo.	AEternitas seu Duratio.	Potestas.	Sapientia.	Voluntas.	Virtus.	Veritas.	Gloria.
Prædicata. T.Relata seu respectus.		Differentia.	Concordantia.	Contrarietas.	Principium.	Medium.	Finis.	Maioritas.	AEqualitas.	Minoritas.
Q. Quæstiones.		Vtrum?	Quid?	De quo?	Quare?	Quantum?	Quale?	Quando?	Vbi?	Quomodo? Cum quo?
ALPHABETVM seu principia huius artis sunt aut S. Subiecta.		Deus.	Angelus.	Cœlum.	Homo.	Imaginatio	Sensitiva.	Vegetativa.	Elementativa.	Instrumentativa.
V. Virtutes.		Iustitia.	Prudentia.	Fortitudo.	Temperantia.	Fides.	Spes.	Charitas.	Patientia.	Pietas.
Y. Vitia.		Avaritia.	Gula.	Luxuria.	Superbia.	Acidia.	Invidia.	Ira.	Mendacium	Incōstantia.

TABVLA AD ARTIS BREVIS Cabale tractatus, & Artis Magnæ primum caput pertinens.

(A: 1. Essentia. 2. Vnitas. 3. Perfectio.)

Abb. 1: Übersichtstabelle über die lullistische Begrifflichkeit von Lazarus Zetzer, in: R. Lullus, Ars brevis. In: Ders., Opera. ND der Ausg. Straßburg 1651, eingel. v. A. Bonner, Bd. 1 (1996) (o. S.).

Abb. 2: Figura A, T, Tertia figura, Quarta figura. In: Lullus, Ars brevis, S. 2, 4, 7, letzte S.

‹Dienstmagd› seien. ‹Rhetorik› wird daher als ‹ornar› (Schmücken) der *doctrina* durch passende Wortwahl, durch Exempla und Sprichwörter verstanden. Ihren zentralen Anwendungsbereich sieht Lullus in der Predigt, wenngleich auch Anweisungen zum Disputieren überliefert sind. Im ‹Liber de praedicatione› (1304) [6] beruht das Erarbeiten einer Predigt darauf, die *dignitates*, Tugenden und Laster kombinatorisch zu verbinden und die Kombinationsergebnisse als Kommentarschema auf biblische *themata* zu applizieren. Das ‹Libre de virtuts e de pecats› (1313) [7], das gleichzeitig das älteste katalanische volkssprachliche Predigthandbuch ist, weicht noch stärker vom traditionellen homiletischen Schema ab, indem als einziger Bibelbezug ein pauschaler Verweis im Vorwort auf das *caritas*-Gebot vorkommt. Bisher konnte die praktische Verwendung [8] von Lullus' zum Teil weit verbreiteten rhetorischen und homiletischen Werken in seinen eigenen und zeitgenössischen Texten allerdings kaum belegt werden.

Der schulmäßige Unterricht in der Lehre von Lullus beginnt offenbar bereits zu seinen Lebzeiten. Zwar kann er als nicht akademisch gebildeter Laie mit der universitären Ausbildung nur episodisch in Verbindung gebracht werden, hingegen regt er für angehende Missionare das Erlernen orientalischer Sprachen an: Auf Mallorca wird das Ausbildungskloster Miramar gegründet. Auch die Überlieferung seiner Schriften geht auf drei von Lullus selbst in Mallorca, in der Pariser Karthause Vauvert und in Genua angelegte Handschriftendepots zurück, die mit den Zentren des frühen L. koinzidieren: den Kronländern von Katalonien-Aragón, Paris und mehreren Städten in Italien. [9]

In Valencia erscheint unmittelbar nach Lullus' Tod eine Reihe überwiegend auf katalanisch verfaßter devotional-pastoraler Schriften aus Spiritualenkreisen, die an sein Spätwerk anschließen und die u.a. die damals umstrittene Unbeflecktheitslehre vertreten. [10] 1369 wird die erste königliche Lehrbefugnis für eine lullistische Schule in Alcoi erteilt. Der mittelalterliche L. scheint von hier aus nach Kastilien [11] und Portugal [12] vorgedrungen zu sein. Im Gegensatz zur gesamten späteren europäischen Rezeption werden Lullus' Texte auf der iberischen Halbinsel auch als literarisches Modell verwendet, z.B. in einem portugiesischen apologetischen Dialog zwischen Personifikationsallegorien (‹Corte Imperial›, 14. Jh.), im spanischen didaktisch-mystischen Roman ‹Novela moral de Gracián› (15. Jh.) oder im katalanischen ‹Espill de la vida religiosa› (‹El Deseoso›, Barcelona 1515). Als Besonderheit finden sich außerhalb der iberischen Halbinsel die dantesken ‹Canti› von B. GENTILE (Ende 15. Jh.), in denen Lullus als literarische Figur das Ich hinauf in die übernatürlichen Welten führt.

Die erste umfassende Zusammenstellung des lullschen Theoriegebäudes leistet der Kanoniker TH. LE MYÉSIER. Von seinen vier Kompilationen mit logischem Schwerpunkt sind das ‹Breviculum› (ca. 1321) und das für die Sorbonne verfaßte ‹Electorium magnum› (1325) erhalten.[13] Die Sorbonne wird zu einem Zentrum des L., bis GERSON gegen Ende des Jahrhunderts an einem Lehrverbot mitwirkt und antilullistische Schriften verfaßt (1423). Noch schärfer wird der L. vom Großinquisitor Katalonien-Aragóns, N. EIMERIC, in speziell gegen Lullus gerichteten Schriften sowie in seinem weitverbreiteten Inquisitionshandbuch ‹Directorium inquisitorum› (1376) angegriffen, in dem 100 Sätze und 20 Bücher von Lullus als irrig aufgezählt werden. Die Angriffe dieser und anderer Antilullisten[14] richten sich v.a. gegen die Idee der Beweisbarkeit der Glaubensgrundsätze (Gerson, Eimeric), gegen das kombinatorische Alphabet und das innovative Vokabular, durch das die Studenten «fantasticos, turbatos et obscuros» (hochfliegend, wirr und unverständlich) (Gerson)[15] würden, und schließlich auch gegen den «barbarischen» Stil (FERNANDO DE CÓRDOBA). Im 15. Jh. löst sich der L. mit NIKOLAUS VON KUES[16] und R. SIBIUDA[17] stärker von seinem Initiator, was sich auch darin äußert, daß beide ihn nicht explizit als Quelle angeben, dabei aber einzelne grundlegende Vorstellungen übernehmen. Während sich antilullistisch v.a. die dominikanische Inquisition äußert, befürworten ihn Franziskaner und das katalanisch-aragonesische Königshaus, das die Gründung lullistischer Schulen in Barcelona (dauerhaft ab 1425), Mallorca (1483 unter P. DAGUÍ, ab 1673 Universitat Lulliana) und Valencia erteilt.

II. *Renaissance, Humanismus, Barock.* Mit Daguí und seiner ‹Ianua artis magistri Raymundi Lulli› (Barcelona 1482) gelangt der L. an den Hof der Katholischen Könige, so daß Kardinal CISNEROS 1508 den Mallorquiner NICOLAU DE PAX auf einen lullistischen Lehrstuhl der Universität Alcalá beruft. In Paris wird der L. mit der Editionstätigkeit des mystisch interessierten Humanisten J. LEFÔVRE D'ÉTAPLES[18] und CH. DE BOVELLES, von dem die erste gedruckte Biographie über Lullus stammt, wieder belebt und an der Universität von dem Franziskaner B. LAVINHETA wieder gelehrt. Seine ‹Explanatio compendiosaque applicatio artis Raymundi Lulli› (Lyon 1523), die erste lullistische Enzyklopädie, zirkuliert über das 16. Jh. hinaus in ganz Europa.[19] Darin machen Rhetorik und Predigt die umfangreichsten Teile aus, was der Refunktionalisierung der *ars* als Argumentationsmethode *par excellence* entspricht.[20] In Lavinhetas Umkreis entsteht die einflußreiche ‹In Rhetoricam Isagoge› (Paris 1515), die unter der vermutlich pseudonymischen Herausgeberschaft eines REMIGIUS RUFUS CANDIDUS als genuiner Text von Lullus gedruckt wird. Sie operiert nicht ausschließlich auf der Basis der *ars*, sondern stützt sich auf A. POLIZIANOS ‹Panepistemon› (Venedig 1490).[21]

AGRIPPA VON NETTESHEIM steht mit seinen ‹In Artem brevem Raymundi Lulli commentaria› (entstanden zu Beginn des Jh., gedruckt Köln 1531), einem der verbreitetsten Texte des frühneuzeitlichen L., am Beginn der sich intensivierenden Lullus-Rezeption in den deutschsprachigen Ländern. Er erweitert die Zahl der Figuren auf sieben und läßt ihre Kombination untereinander zu. Ziel ist die gleichsam unendliche Rekombination der lullistischen Termini und damit die Hervorbringung gleichsam unendlich vieler Aussagen über die Welt. Die *ars* wird so zu einer Denkmaschine im Sinn einer *ars inventiva* und zu einer diskursiven Kunst, mit der aus dem Stegreif alles Wißbare (*omne scibile*) abwägend erörtert werden kann, was zu einer nachhaltigen Popularitätssteigerung des L. mit entsprechender Publikationstätigkeit[22] beiträgt. Die *ars* wird als Transdisziplin ohne eigentlichen Gegenstandsbereich gedacht, weil sie zum einen ihr Abstraktheitsgrad auf alle Wissenschaften applizierbar macht und weil zum anderen die Begrifflichkeiten der Disziplinen in den allgemeinsten Begriffen der *ars* immer schon enthalten sind. Dadurch wird sie zur «Königin»[23] aller Wissenschaften und Künste, was ihre Vereinbarkeit mit dem Konzept der Enzyklopädie, wie es in der Renaissance entsteht, gewährleistet.

Fundamentale Kritik am L. abseits der v.a. theologischen Auseinandersetzungen der vorangegangenen Jahrhunderte formuliert derselbe Agrippa in ‹De incertitudine et vanitate scientiarum› (Köln 1530): Der L. diene eher der Darstellung einer vorgeblichen Gelehrtheit denn dem seriösen Wissenserwerb.[24] Agrippa eröffnet hiermit eine breite Diskussion um die inhaltsleere Geschwätzigkeit, die auch DESCARTES aufgreifen wird.[25]

Vor dem Hintergrund, daß von 1530 bis 1580 vor allem vorgeblich von Lullus stammende Alchemietraktate[26] in Druck gehen[27], erscheint die von L. ZETZNER in Straßburg edierte umfangreiche Lullus-Ausgabe (1598). Sie enthält neben genuinen Texten von Lullus (darunter die ‹Ars generalis ultima› und die zugehörige Propädeutik ‹Ars brevis›) vier ihm zugeschriebene Abhandlungen sowie Kommentare von G. BRUNO und Agrippa. Mit drei weiteren Auflagen wird sie trotz zahlreicher anderer Drucke[28] das Standardwerk für das ganze folgende Jahrhundert. Einflußreich wird auf paratextueller Ebene die große Tabelle der Begriffsreihen (vgl. Abb. 1), die diese als rhetorisch-dialektische *loci* präsentiert, während bei Lullus selbst Figuren nur in kombinatorischer Funktion auftreten.[29] So werden sie umgewertet zu abstrakten Dispositions- und Ordnungskategorien des humanen Wissensbestandes ohne theologisches Fundament, rhetorisch gesprochen zu an sich leeren *sedes argumentorum*. Diese Entwicklung ist in engem Zusammenhang mit der einflußreichen 'Wiederentdeckung' der antiken Topik durch R. AGRICOLA (‹De inventione dialectica›) zu sehen.

J.H. ALSTED sieht zu Beginn des 17. Jh. diese universal-rhetorischen Ausrichtung als von Lullus intendiert an und definiert die *ars* als eine Kunst, die Lullus erfunden habe, damit alles Wißbare aus dem Stegreif *in utramque partem* erörtert werden könne.[30] Auf dieser Basis könne auch ein zunächst unergiebig scheinendes Thema wirksam ausgearbeitet werden. Soll man etwa über «das Pferd» sprechen, reduziere man den Gegenstand zunächst auf ein bestimmtes *subiectum*, hier *sensitivum*, welches ‹Pferd› implizit enthält. Dann ziehe man seine Gutheit (*bonitas*) in Betracht, die Größe dieser Gutheit, ihre Dauer und Macht, aber ebenso die Gutheit der Größe, die Dauer der Größe, und auch die Gutheit der Dauer sowie die Größe der Dauer. Als dritten Schritt benenne man den Unterschied (*differentia*) zwischen der Gutheit, Größe etc. des Pferdes und der des Menschen usw.[31] Die Effizienzsteigerung gegenüber herkömmlichen Toposkatalogen ist evident: Die kombinatorische Vermehrung der Topoi bewirkt ein ungleich größeres Arsenal von potentiellen Argumenten. Damit sich die Invention nicht auf der Ebene von Synonymen erschöpft (z.B. Topos ‹bonitas› – Argument ‹gut›), ist beim Durchgang durch die Topoi jeweils ein entsprechendes Feld von verwandten und entgegengesetzten Begriffen mitzubedenken.[32] Der kombinatorische Mechanismus und auch die auf diese Weise zu erlangende überbordende Fülle der Argumentation haben wiederholt dazu geführt, daß die lullistische Kunst als manieristisches Verfahren eingestuft wurde. Aus ihrem eigenen Anspruch heraus ist die *ars* allerdings auf keinen ästhetischen Aussagemodus beschränkt. Ihrer Funktion nach ist sie in der Frühen Neuzeit eine dialektisch-rhetorische Methode, die nicht per se manieristisch ist. Unter gewissen Gesichtspunkten sind allerdings lullistischen poetischen Produktionen manieristische Tendenzen zuzuschreiben, wenngleich damit nur ein Bedeutungsaspekt unter vielen erfaßt ist.

Das Interesse an der Vermittlung zwischen den großen universalwissenschaftlichen Architekturen der Frühen Neuzeit manifestiert sich in Alsteds ‹Clavis artis lullianae›[33] wie auch im ‹Artificium Aristotelico-Lullio-Rameum› (1615) des JOHANN VON NOSTIZ, eines Schülers G. Brunos. Die Verknüpfung mit der für strukturell analog gehaltenen Kabbala findet sich bereits bei PICO DELLA MIRANDOLA, der sich um ein kombinatorisches Instrument für die Erkenntnis alles Wißbaren bemüht, während später P. MAINARDIS ‹De auditu kabbalistico› (1518) sogar für einen authentischen Text von Lullus gehalten wird.[34] Die frühneuzeitliche Reflexion über das Gedächtnis und das daran gekoppelte Interesse an der Mnemotechnik ziehen Bestrebungen zur Integration des L. nach sich.[35] Wenngleich ihm im Vergleich mit der klassischen Tradition der *ars memorativa* sowohl die konkrete Verortung der *loci* als auch die affektive Bildlichkeit fehlt, legt Lullus' eigene Betonung des Memorierens seiner Kunst diesen Schritt zumindest nahe.[36]

Die lullistische Redepraxis wird so unterschiedlich beurteilt wie der L. selbst: Ein französischer Lullist vermag eine Tischgesellschaft am Münchner Hof durch eine kunstgemäß extemporierte Rede über das Salz zu beeindrucken[37]; Descartes dagegen erlebt einen alten Mann, der sich rühmt, der *ars* mächtig zu sein und stundenlang über jedes erdenkliche Thema reden zu können, nur als geschwätzig.[38]

Eine Verbesserung der lullistischen *ars* verfolgt der Jesuit A. KIRCHER in seiner ‹Ars magna sciendi› (Amsterdam 1669) ebenso wie auch sein Zeitgenosse LEIBNIZ. Während Leibniz in der ‹Dissertatio de arte combinatoria› (1666) durch die Reduktion komplexer Inhalte auf wenige irreduzible Begriffe die größtmögliche Abstraktion und Formalisierung sucht und so eine Universalsprache grundlegen möchte, besteht Kirchers Erneuerungsleistung im wesentlichen in der Einführung von distinkten Symbolen für die einzelnen Kombinationsbegriffe, die bei Lullus noch alle gleichermaßen mit dem Alphabet B-K bezeichnet waren. Insbesondere für die Jesuiten, etwa K. KNITTEL (‹Via regia ad omnes scientias et artes›, Prag 1682), erscheint die nunmehr zur *ars Lullio-Kircheriana* 'verbesserte' Kunst wegen ihrer Garantie für die schnelle Verfertigung einer überzeugenden Rede als ein nützliches Instrument für die Bewältigung ihrer Lehr- und Missionsaufgaben.[39]

In der zweiten Hälfte des 17. Jh. findet der L. wieder Eingang in die volkssprachlichen und die Textproduktion normierenden Lehrbücher, wie Rhetoriken (A. WEINHEIMER) oder protestantische Homiletiken (S. DIETRICH). Er verliert seine kombinatorische Qualität und wird wie jede andere Toposliste behandelt, seine Attraktivität scheint sich daher noch aus den umfassenden Inventionsgarantien des diskursiven L. Agrippascher Prägung zu speisen. Wie nun ein lullistischer Topos im Sinn der *copia verborum* «auszunutzen» ist, führt D. RICHTER im ‹Thesaurus oratorius novus› vor, indem er zahllose Variationen über einen vorgegebenen Satz aus dem Topos *voluntas* zieht und so der *amplificatio* zuarbeitet.[40] Was die Applikationen betrifft, so scheint die Romanordnung von LOHENSTEINS ‹Arminius› einzigartig zu sein, indem sie ohne expliziten Hinweis den beiden Neuner-Reihen von absoluten und relativen Prädikaten folgt.[41] Q. KUHLMANN dagegen weist in einem Gelegenheitsgedicht[42] die seine *inventio* wie auch *dispositio* steuernden absoluten Prädikate in Marginalien mit den von Kircher eingeführten Kürzeln aus.

III. Im *18. Jh.* verabschiedet man sich schrittweise von der geregelten topischen Invention, weshalb die *ars lulliana* im Verbund der «falschen Quellen der Erfindung»[43], mithin der gesamten Topik, abgelehnt wird. Die Demontage des L. als ernstzunehmende Wissenschaft illustriert die Parodie in SWIFTS ‹Gulliver's Travels› (1726), wo mit Hilfe einer ungeheuren Maschine Wörter gegeneinander verschoben werden, um die Welt mit allen Wissenschaften und Künsten auszustatten.[44] Der spanische Aufklärer B.J. FEIJOO spricht dem L. jegliche Bedeutung ab und verweist die *ars* in den Rang eines unnützen kombinatorischen Spiels[45], ohne jemals einen Text von Lullus gelesen zu haben. Eine Verteidigung des L., v.a. in den umfangreichen Werken von A.R. PASQUAL, bleibt nicht aus, aber seine frühere Anziehungskraft hat der L. zu diesem Zeitpunkt bereits verloren. I. Salzinger schließlich steht mit der Mainzer Lullus-Ausgabe (1721–1742) an der Wende zur historischen Aufarbeitung des L., die jedoch erst mit dem Beginn der philologischen Beschäftigung im 19. Jh. wieder aufgenommen wird. In der Moderne ist der L. im allgemeinen kein Thema der Rhetorik mehr.

Anmerkungen:
1 E.W. Platzeck: Raimund Lull. Sein Leben – Seine Werke (1962–64). – **2** R.D.F. Pring-Mill: Grundzüge von Lulls ‹ars inveniendi veritatem›, in: AGPh 43 (1961) H. 1, 239–266. – **3** M.D. Johnston: ‹Affatus›. Natural Science as Moral Theology, in: Studia Lulliana 30 (1990) 3–30, 139–159. – **4** Ch.B. Faulhaber: Rhetoric in Medieval Catalonia, in: Studies in Honor of Gustavo Correa (Potomac 1986) 92–126, 96. – **5** M.D. Johnston: The Evangelical Rhetoric of Ramon Llull (New York/Oxford 1996). – **6** Raimundi Lulli Opera Latina III–IV (Palma de Mallorca 1961–63). – **7** Nova Edició de les Obres de Ramon Llull, Bd. 1 (Palma de Mallorca 1990); F. Domínguez Reboiras: El proyecto luliano de predicación cristiana, in: F. Domínguez, J. de Salas (Hg.): Constantes y fragmentas del pensamiento luliano (1996). – **8** L. Badia: Ramon Llull i la tradició literària, in: dies.: Teoria i pràctica de la literatura en Ramon Llull (Barcelona 1992) 73–95. – **9** M. Batllori: El lul·lisme a Itàlia, in: ders: Ramon Llull i el lullisme (València 1993) 221–335. – **10** F. Domínguez Reboiras: Els apòcrifs lul·lians sobre la Immaculada, in: Randa 27 (1990) 11–43. – **11** J. Perarnau: El diàleg entre religions en el lullisme castellà medieval, in: Estudios Lulianos 22 (1978) 241–259. – **12** J.M. da Cruz Pontes: Miramar en sus relaciones con Portugal y el lulismo medieval portugués, in: Estudios Lulianos 22 (1978) 261–277. – **13** J.N. Hillgarth: Ramon Lull and Lullism in Fourteenth-Century France (Oxford 1971). – **14** A. Madre: Die theol. Polemik gegen Raimundus Lullus (1973). – **15** E. Vansteenberghe: Un traité inconnu de Gerson ‹Sur la doctrine de Reymond Lulle›, in: Revue des Sciences Religieuses 16 (1936) 441–473, 466. – **16** E. Colomer: Nikolaus von Kues und Raimund Lull (1961). – **17** J. de Puig i Oliver: Sobre el lul·lisme de Ramon Sibiuda, in: Arxiu de Textos Catalans Antics 10 (1991) 225–260. – **18** A. Llinarès: Le lullisme de Lefèvre d'Étaples et de ses amis humanistes, in: L'Humanisme français au début de la Renaissance (Paris 1973) 127–136. – **19** M. Pereira: Bernardo Lavinheta e la diffusione del lullismo a Parigi nei primi anni del '500, in: Interpres 5 (1983/84) 242–265, 245. – **20** M.D. Johnston: The

Reception of the Lullian Art, 1450–1530, in: Sixteenth Century Journal 12 (1981) 31–48, 40. – **21** M. Pereira: L'uso del Panepistemon del Poliziano nella Isagoge in Rhetoricam pseudolulliana, in: Physis 16 (1974) 223–233. – **22** vgl. D.G. Morhof: De arte lulliana similibusque inventis, in: ders.: Polyhistor (1714) 360–366. – **23** Agrippa von Nettesheim: In Artem brevem Raymundi Lulli commentaria, in: ders: Opera (Lyon [1600?]; ND 1970) Epistola, 315. – **24** ders.: De incertitudine et vanitate scientiarum atque artium, in: Opera [23] 40. – **25** R. Descartes: Discours de la méthode, in: ders.: Oeuvres, hg. von Ch. Adam, P. Tannery, Bd. 6 (Paris 1965) 17. – **26** vgl. M. Pereira: The Alchemical Corpus Attributed to Raymond Lull (London 1989). – **27** A. Bonner: Introduction, in: R. Llull: Opera (1651; ND 1996) 36*. – **28** E. Rogent, E. Duran: Bibliografia de les impressions lul·lianes (Barcelona 1927; ND Palma de Mallorca 1989). – **29** Bonner [27] 18*. – **30** J.H. Alsted: Systema mnemonicum (1610) lib. IV, 318. – **31** ebd. 331f. – **32** J.H. Alsted: Clavis artis lullianae (Straßburg 1609) 29–37. – **33** W. Schmidt-Biggemann: Topica universalis (1983) 101. – **34** P. Zambelli: Il ‹De auditu kabbalistico› e la tradizione lulliana nel Rinascimento, in: Atti e memorie dell'Accademia Toscana di Scienze e Lettere ‹La Colombaria› 30 (1965) 115–247. – **35** P. Rossi: The legacy of Ramon Lull in sixteenth-century thought, in: R. Hunt, R. Klibansky, L. Labowsky (Hg.): Mediaeval and Renaissance Studies 5 (London 1961) 182–213. – **36** F.A. Yates: The Art of Memory (London 1966, ND 1972) 173–198. – **37** J.J. Becher: Methodus didactica (1674) 126. – **38** R. Descartes: Brief an Beeckman, in: Œuvres [25] Bd. 10 (Paris 1974) 164f. – **39** vgl. C. Vasoli: Considerazioni sull' ‹Ars magna sciendi›, in: M. Casciato, M.G. Ianniello, M. Vitale (Hg.): Enciclopedismo in Roma barocca (Venezia 1986) 62–77, 73. – **40** D. Richter: Thesaurus oratorius novus (1660) 46f. – **41** Th. Borgstedt: Reichsidee und Liebesethik (1992) 285–289. – **42** ed. in J.P. Clark: From Imitation to Invention, in: Wolfenbütteler Barock-Nachrichten 14 (1987) H. 3, 113–129, 123–127. – **43** Hallbauer Orat. 270. – **44** J. Swift: Gulliver's Travels, hg. von H. Davis (Oxford 1965) 182–184. – **45** B.J. Feijoo: Cartas eruditas (Madrid 1742) 206.

Literaturhinweise:
Obres de Ramon Llull (ORL). 21 Bde. (Mallorca 1906–1950); ROL = Raimundi Lulli Opera Latina (ROL). [bisher 18 Bde.] (Palma de Mallorca 1959–1967, Turnhout 1975ff.). – Nova Ediciões de les Obres de Ramon Llull (NEORL) [bisher 2 Bde.] (Palma de Mallorca 1990ff.). – T. und J. Carreras Artau: Historia de la filosofía española. Filosofía Cristiana de los siglos XIII al XV. 2 Bde. (Madrid 1939–1943). – M. Cruz Hernández: El pensamiento de Ramon Llull (Madrid 1977). – A. Bonner, L. Badia: Ramon Llull. Vida, pensament i obra literària (Barcelona 1988). – U. Eco: Die Suche nach der vollkommenen Sprache (1994).

R. Friedlein, A. Traninger

→ Amplificatio → Ars → Dispositio → Geheimsprache → Ingenium → Inventio → Jesuitenrhetorik → Kombinatorik → Manierismus → Memoria → Topik

Lustspiel, Komödie (griech. κωμῳδία, kōmōdía; lat. comoedia; engl. comedy; frz. comédie; ital. commedia)

A. Def. – I. Begriff u. Gattungsmerkmale. – II. Struktur. – III. Funktion. – B. Geschichte. – I. Antike. – II. Mittelalter und frühe Neuzeit. – III. Späte Neuzeit. – IV. Gegenwart.

A.I. *Begriff und Gattungsmerkmale.* Die Begriffe ‹Lustspiel› und ‹Komödie› bezeichnen in der Sache im wesentlichen ein und dasselbe: der Begriff ‹Lustspiel› zielt ab auf die – im Gegensatz zur traurigen – lustige Variante des (Theater-)Spiels, der Begriff der Komödie meint die – in Opposition zur tragischen – komische Gattung des Dramas. Versuche einer insbesondere mit der deutschen Komödiengeschichte und dort näherhin mit der Aufklärung verbundenen begrifflichen Differenzierung haben sich nicht durchgesetzt. In der Folge stehen dementsprechend beide Begriffe weitgehend synonym.

Als komische Gattung des Dramas ist die Komödie durch die Überlagerung des Dramatischen mit dem Komischen gekennzeichnet. Vom Dramatischen bezieht sie die schon im aristotelischen Redekriterium [1] benannte unvermittelte Überlagerung eines äußeren – Publikum und Schauspieler betreffenden – mit dem inneren – die Figurenrede regelnden – Kommunikationssystem [2], welche sie als Referenzrahmen zur absichtsvollen Inszenierung komischer (Einzel-)Situationen nutzt. Vom Komischen [3] bezieht sie die hierfür typische Subjekt/Objekt-Konstellation, wonach ein beobachtendes Subjekt von einer an sich erwarteten «Gegensinnigkeit» im beobachteten Objekt gleichwohl so überrascht wird, daß es unter der Voraussetzung des Ausbleibens affektiver Mitleidsbesetzung diese in einer vorreflektiven Körperreaktion mit Lachen beantwortet. [4] Das Komische der Komödie ist also ein bewußt inszeniertes Komisches und unterscheidet sich somit vom kontingent Lächerlichen der Lebenswelt [5]; in der strukturellen Äquivalenz von komischer Beobachtungs- und dramatischer Schausituation zeigt sich zudem die Affinität von Komik und Drama.

Die Komödie ist mithin von drei gattungskonstitutiven Kriterien bestimmt: dem Aufführungsrahmen, dem bewußt inszenierten komischen Fall und seiner «Enthebbarkeit» [6], d.h. praktischen Folgenlosigkeit (z.B. bei einem Sturz ins Wasser, der als ‹komisch› empfunden nicht etwa als Aufforderung für Rettungsmaßnahmen angesehen wird). Dies benennt bereits die Definition des ARISTOTELES. Im fünften Kapitel der ‹Poetik› bestimmt er die Komödie als szenische Nachahmung (Kriterium des Aufführungsrahmens) eines Lächerlichen (Kriterium des komischen Falls) ohne identifikatorisch-emotionale Zuschauerbeteiligung (Kriterium der Enthebbarkeit): «Die Komödie ist […] Nachahmung [μίμησις, mímēsis] von schlechteren Menschen, aber nicht im Hinblick auf jede Art von Schlechtigkeit, sondern nur insoweit, als das Lächerliche [τὸ γελοῖον, to geloîon] am Häßlichen teilhat. Das Lächerliche ist nämlich ein mit Häßlichkeit verbundener Fehler (ἁμάρτημα, hamártēma), der indes keinen Schmerz und kein Verderben verursacht.» [7] In rhetorischer Sicht stellt sich die Komödie dementsprechend dar als die Kunst in dramatischer Form schadlos Lächerliches nachahmender Rede. Von den drei gattungskonstitutiven Kriterien ist das des komischen Falls am ehesten rhetorischer Kodifizierung zugänglich. Dies bezeugt der – möglicherweise auf den verlorengegangenen Teil der aristotelischen ‹Poetik› beziehbare – spätantike ‹Tractatus Coislinianus›, der die eher beiläufige Unterscheidung der aristotelischen ‹Rhetorik› von komischen «Personen, Worten und Werken» [8] nach komischer Rede (λέξις, léxis), komischen Handlungen (πράγματα, prágmata) und komischen Charakteren (ἤθη, éthē) katalogisiert. [9]

II. *Struktur.* Die Bestimmung der Komödie über die Nachahmung lächerlicher (Einzel-)Handlungen (hamartḗmata) entspringt der Einsicht in die Punktualität des komischen Falls; dies steht in Kontrast zu der aus dem Anfang eines tragischen Irrtums (ἁμαρτία, hamartía), der Mitte des Handlungsumschwungs (περιπέτεια, peripéteia) und dem auf die Wiedererkennung (ἀναγνώρισις, anagnṓrisis) folgenden Ende der Katastrophe (πάθος, páthos) zusammengesetzten logisch-linearen Handlungsabfolge der Tragödie. [10] In aristotelischer Sicht stehen mithin der Einheitshandlung der Tragödie (μῦθος, mýthos) die Einzelhandlungen der Komödie (prágmata) gegenüber; während die Tragödie durch die

Dominanz der Nachahmung eines in sich geschlossenen Handlungsbogens (σύνθεσις τῶν πραγμάτων, sýnthesis tōn pragmátōn)[11] bestimmt ist, eignet der Komödie die Nachahmung einer Vielzahl zunächst unverknüpfter (Einzel-)Handlungen, Menschen oder Reden. Dies kennzeichnet ihre von Aristoteles für die Tragödie verworfene Episodik.[12] Versuche, in Analogie zur Tragödie auch der Komödie eine ihr eigene einsträngige Handlungsstruktur zuzuweisen, wie zuletzt N. FRYES folgenreiches Mythos-Postulat einer «dreisätzige[n] Form» von Ordnung, Ordnungsstörung und wiedergewonnener Ordnung verkennen dies.[13]

Gleichwohl bedarf die Komödie zur Serialisierung (Reihung) des komischen Falls eines stabilisierenden Fundaments. Dies blieb bis zum Ende des 19. Jh. der «blinde Fleck aller Komödienpoetik».[14] Eine Lösung findet sich erst in der Ästhetik E. v. HARTMANNS. Er trennt Tragödie und Komödie nicht über das Kriterium der An- bzw. Abwesenheit einer einheitlichen Handlung, sondern über deren je unterschiedliche Wirkung: während die Stringenz tragischer Handlungsverknüpfung den – einmaligen – tragischen Effekt erhöht, tendiert eine in sich konsequente lange komische Handlungsfolge dazu, die an sich mögliche Vielzahl komischer Effekte eher zu reduzieren. Demzufolge geht es in der Komödie vornehmlich darum, «die rasch vorüberrauschende komische Wirkung durch öftere Wiederholung zu steigern und die ganze Reihe dieser komischen Wirkungen auf den Grund einer anderweitigen Handlung aufzuheften oder in dieselbe einzuflechten».[15] Hartmann unterscheidet also zwischen komischen Handlungen einerseits und einer nicht-komischen anderweitigen Handlung andererseits und formuliert hierfür als Bedingung, «daß die Handlung, in welche die Reihe von komischen Wirkungen verwebt wird, eine solche ist, deren ästhetische Wirkung nicht durch das Einflechten des Komischen beeinträchtigt, sondern womöglich gehoben wird, und ebenso, daß sie die komischen Wirkungen nicht beeinträchtigt, sondern unterstützt».[16] Damit erweist sich die Struktur der Komödie durch die Relation zweier Ebenen bestimmt: der Ebene einer anderweitigen linearen Handlungsfolge, welche die Reihung des komischen Falls unterstützt und zugleich dessen jeweilige Enthebbarkeit garantiert; und der Ebene der durch sie ermöglichten und auf ihr parasitär operierenden komischen Handlungen selbst, welche ihrerseits die anderweitige Wirtsstruktur nicht zu sehr überborden dürfen, ohne deren Ermöglichungspotential zu untergraben.

Der Komödie eignet mithin eine Doppelstruktur; sie ist gekennzeichnet durch die Überlagerung eines in der Regel nicht-komischen Handlungssyntagmas durch darauf aufgesetzte komische Handlungsparadigmen.[17] In rhetorischer Sicht bedeutet dies die Indienstnahme der *dispositio* für die Inszenierung komischer *inventiones*; während also die Tragödie gefundene Einfälle nutzt zum Aufbau einer in sich stringenten einsträngigen Handlungsfolge, funktionalisiert die Komödie umgekehrt den syntagmatischen Handlungsaufbau zur Darbietung komischer Einfälle und stellt ihre *dispositio* so in den Dienst eines «paradigmatischen Prinzips komischer inventio».[18] Das Spektrum möglicher (Komödien-)Syntagmen reicht von der rein funktional bestimmten asemantischen Reihung bis hin zur substantiell-problemsemantischen Besetzung; das Spektrum möglicher Paradigmen erstreckt sich unter Nutzung aller zur Verfügung stehenden medialen Codes und Kanäle von derb-grotesker Körperkomik bis hin zu subtil-ironischem Wortwitz.

Eine (Einzel-)Komödie ist demnach charakterisiert über das jeweils gewählte Ermöglichungssyntagma, den dominanten Typus der darauf operierenden komischen Paradigmen sowie das Zusammenspiel beider Ebenen; die Geschichte der Gattung folgt dementsprechend der unterschiedlich interessierten Besetzung des Syntagmas, dem jeweils zulässigen Grad des Ausagierens der gewählten Paradigmen sowie der Kaschierung oder Darbietung der prinzipiellen Gegenläufigkeit beider Ebenen.

Die Ebene des Syntagmas folgt in der Regel einem nicht als Mythos aufzufassenden, nicht-komischen «Restitutionsschema».[19] Dies ist die Achse dominanter Mimesis; sie stellt die zentralen semantischen Merkmale der dramatischen Spielwelt, bleibt aber aufgrund ihres Einsatzes als Ermöglichungs- und Enthebungsstruktur in den meisten Komödien sekundär und fungiert als das impulsgebende Fundament für die In-Gang-Setzung, aber auch die Arretierung des komischen Spiels. Von hier aus erklärt sich auch das gattungstypische, nicht aber gattungskonstitutive ‹gute Ende› der Komödie. Typische Arretierungsmomente komischen Spiels sind Hochzeiten, Wiedererkennungen, Rechtsfindungen und dergleichen als die sichtbaren Zeichen einer vorübergehenden Vernunftrestitution. Typische Verlaufsformen anderweitiger Handlungsführung sind dementsprechend die unvernünftige Trennung von Liebenden oder Zusammengehörigen sowie die widerrechtliche Vortäuschung von Sachverhalten. Dies zeigen vor allem das die Vernunft der Liebe gegen die Unvernunft ihrer Verhinderer ausspielende ‹romaneske›[20] oder aber ein die Widervernunft der Listigen gegen die Unvernunft der Dummen ausspielendes ‹Intrigantenschema›.[21] In der erwartbaren Ordnungswiederherstellung offenbart sich zudem der zyklische Grundcharakter anderweitiger Komödiensyntagmen.[22]

Die Ebene der Paradigmen folgt der Punktualität des komischen Falls. Dies ist die Achse dominanter Performanz; sie stellt die zentralen pragmatischen Merkmale des theatralen Spiels und ist von primärer Bedeutung für die Auffassung von der Komödie als spezifisch komischer Gattung. Von hier erklärt sich auch die Auffassung der Komödie als ‹lustiges Spiel›. Die Spielparadigmen folgen den elementaren Spielformen des Wettstreits, des Zufalls, der Nachahmung und des Rauschs[23]; ihre wesentlichen Instrumente sind der Körper und die Sprache, ihr Grundprinzip eine die komische Gegensinnigkeit in Szene setzende Inkongruenz. Dies ist unterschiedlich klassifiziert worden. Die Idee einer aristotelischen Einteilung nach komischen Reden, Charakteren, Handlungen vermittelt der Katalog des ‹Tractatus Coislinianus›[24]; dies läßt sich erweiternd aufgliedern in die inszenierbaren Paradigmen einer Sprachlichkeit und Dialogführung betreffenden «Redekomik», einer Typus wie Charakter darstellenden «Figurenkomik» sowie einer auf Prinzipien wie dem der Verwechslung, der Verstellung, der Körperlichkeit und der Wiederholung basierenden «Handlungskomik».[25] In semiotischer Sicht läßt sich scheiden in paradigmatisch eingesetzte Instanzen verbaler (sprachlicher, paralinguistischer) und nonverbaler Komik (Gestik, Mimik, Akrobatik etc.)[26] wie auch in Situationen ihrer wechselseitigen Dementierung und dann weiterhin gewichten nach dem Grad ihrer Roheit bzw. Subtilität. In rhetorischer Sicht bedeutet dies die *decorum*-verletzende bzw. erfüllende Realisierung des paradigmatischen Prinzips komischer *inventio* entweder im Bereich der texterstellenden *elocutio* oder auf seiten der den Text ins Spiel umsetzenden *actio*. Typische Komödienparadigmen reichen von einer Fratzen, obszöne Gesten, Prügel, Tanzeinlagen, akrobatische Kunststücke und ähnliches darstellenden Körperkomik über Handlungswünsche oder Identitäten destabilisierende Situationskomik bis hin zu einer sich von bloßem Gestammel, Sprachfehlern, Wortirrtümern zu bewußtem Wortwitz, ironischer Schlagfertigkeit und satirischen Pointen erstreckenden Sprachkomik. Der Performanzcharakter der Paradigmen bewirkt dabei, daß auch ein noch so sehr auf Ausschluß bedachtes Verlachen auf der Ebene des Dargestellten (*rire d'exclusion*) einmündet in ein fröhlich-einvernehmliches Belachen auf der Ebene der Darstellung (*rire d'accueil*).[27]

Schematisch präsentiert sich die Doppelstruktur der Komödie also wie folgt:

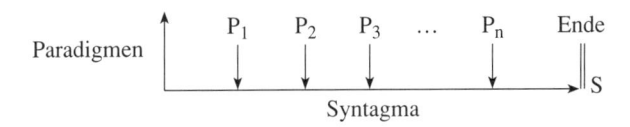

Paradigmen P_1 P_2 P_3 ... P_n Ende
↓ ↓ ↓ ↓ ‖ S
Syntagma

Die Ebenen des Syntagmas und der Paradigmen bestimmt ein «Interaktionsverhältnis»[28]: je stärker das spielwelterstellende nicht-komische Syntagma, desto stärker die Illusionsbildung und desto größer die Gefahr affektiver Mitleidsbesetzung; je mannigfaltiger die spieldarstellenden komischen Paradigmen, desto stärker die der «Isolierung des komischen Falls» entsprechende Lachlust[29] und desto geringer die identifikatorische Bindung an die dargestellte Illusion.[30] Die strukturellen Grenzen der Komödie liegen demnach auf der einen Seite dort, wo die Paradigmen das Ermöglichungssyntagma vollends in den Hintergrund treten lassen, auf der anderen da, wo das anderweitige Handlungssyntagma die potentiell komische Wirkung der Paradigmen immer schon ernsthaft konterkariert und so zur eigentlichen Handlung wird. Der eine Pol ist reine Blödelei[31], der andere das Paradoxon einer «ernsten Komödie».[32]

III. *Funktion.* Während der Tragödie durch ARISTOTELES die Funktion einmaliger Reinigung (κάθαρσις, kátharsis) von Erregungszuständen (παθήματα, pathḗmata) wie dem des Jammers (ἔλεος, éleos) oder dem des Schauderns (φόβος, phóbos) zugesprochen ist[33], fehlt der komödiantischen Strukturbildung eine vergleichbare autoritative Sinnzuschreibung. Die im ‹Tractatus Coislinianus› vorhandene These von einer analogen Funktion der Reinigung von Vergnügen (ἡδονή, hēdonḗ) und Gelächter (γελοῖον, geloíon) als Erregungszuständen scheint aufgrund des offensichtlichen Nachbildungscharakters zur Tragödiendefinition unzuverlässig[34]; gleichwohl läßt sich das Begriffspaar ‹Vergnügen und Gelächter› als punktuelles komödiantisches Wirkungsziel nicht nur aus Bemerkungen aus der aristotelischen ‹Rhetorik›[35], sondern auch aus den Schriften der nacharistotelischen Tradition ableiten.[36] Die bis heute der Komödie unter dem Begriffsspektrum von ‹Affirmation› bis ‹Kritik› zugeschriebene didaktische Funktion scheint indes eine Zutat späterer Generationen. Ihr literarischer *locus classicus* ist die horazische Formel «aut prodesse volunt aut delectare poetae»[37], welche sich in der Antike gegen das bis auf PLATON rückführbare Argument von der potentiellen Schädlichkeit des Lachens[38] richtet und in nachantiker Zeit zur Abwehr einer sodann christlich motivierten «Lachfeindschaft» bemüht wird.[39] Die komödienspezifische Überformung der rhetorischen Funktion des *delectare* durch ein vorgeschobenes Nützlichkeitspathos beginnt explizit im 4. Jh. n. Chr. bei den Grammatikern DONATUS und EUANTHIUS[40] und erstreckt sich bis in die Gegenwart. Sie findet sich einerseits in den insbesondere auf BERGSON zurückführbaren Theorien einer normbestätigenden korrektiven Funktion einer «brimade sociale» (sozialen Schikane)[41], andererseits in den im Gefolge marxistischer Ästhetik vertretenen Theorien einer Normen und Ideologien bewußtmachenden Sozialkritik.[42]

Eine Klärung bietet die der Soziologie entstammende Unterscheidung in eine vorbewußte ‹latente› und in strategisch nutzbare ‹manifeste› Funktionen. Während also Strukturbildungen nachträglich unmittelbaren situativen Interessen dienstbar gemacht werden können, sind sie zugleich auch umgekehrt immer schon Antworten auf vorgängige Funktionsbedürfnisse, die den menschlichen Handeln verdecken muß, «um Orientierbarkeit und Motivierbarkeit nicht zu verlieren».[43] Dies heißt, daß (Einzel-)Komödien in historisch konkreten Situationen sehr wohl etwa aufgrund des ‹guten Endes›, des verprügelten Bösewichts oder des entlarvten Heuchlers das manifeste Funktionsspektrum von der Gesellschaftsaffirmation bis zur Sozialkritik erfüllen mögen, daß aber der ‹historische Sinn› der Gattung nicht in solchen reduktiven Fokussierungen auf syntagmatische oder paradigmatische Teilstrukturen aufgeht, sondern in einem grundsätzlichen anthropologischen Dimensionsgewinn zu sehen ist, der andernorts so nicht geleistet wird.[44] Während also manifeste Funktionszuschreibungen in einseitiger Negation vordergründig eine vermeintlich als falsch erkannte ‹Wahrheit› gegen eine ‹richtigere› austauschen, geht es in der Komödie eigentlich um die Inszenierung einer beständigen Kipp-Bewegung «wechselseitiger Negation», in der nicht «die eine Position bestritten und die andere zur Orientierung der entstandenen Strittigkeit wird, sondern [...] die gekippte Position [...] etwas an der anderen zu sehen erlaubt, durch das die scheinbar triumphierende ebenfalls zum Kippen gebracht wird».[45] Solches meint die Rede von der Latenzfunktion grundständiger «Positivierung von Negativität».[46] Dies hat J. RITTER auf den Begriff gebracht: «Nicht der gute Ausgang, nicht die Prügel, die der Bösewicht bezieht, nicht die Entlarvung des Heuchlers machen das Wesen des Komischen aus, sie sind die sichtbaren Symbole des grundsätzlichen Spiels, das hier überhaupt gespielt wird und dessen Sinn es ist, die Zugehörigkeit des dem Ernst Fremden zur Lebenswelt zu manifestieren, gleichgültig, ob dies nun in dem tieferen Sinn einer Kritik an der ernsten Welt selbst und ihrer Ordnung gemeint ist oder ob dies der vitalen Freude am Reichtum des Lebens und am Recht des Unsinns und des Unverstands entspringt.»[47] Damit erweist sich also die Komödie in funktionaler Sicht als eine im Modus des Dramatischen verortete spielerische Inszenierungsagentur nicht-schmerzender Grenzsituationen, deren lustvoll belachendes Durchleben kathartisch von lebensweltlich rational nicht Bewältigbarem befreit; die Geschichte der Gattungsfunktion folgt dementsprechend den sich wandelnden Impulsen unterschiedlich intensiver Indienstnahmen dieses grundsätzlichen Spiels für situativ bedingte manifeste Interessen.

B. *Geschichte.* **I.** *Antike.* Die Geschichte der abendländischen Komödientradition beginnt mit den Komödien des ARISTOPHANES (5. Jh. v. Chr.). Ihr funktionaler Ort ist die Institution der athenischen Dionysien, ihre formale

Grundstruktur basiert aufgrund ihres rituellen Charakters auf einem noch dominant syntaktisch organisierten Syntagma mit den formalisierten Teilen ‹Prolog›, ‹Parodos›, ‹Agon›, ‹Parabase›, ‹Episoden› und ‹Exodos›, von denen die Sequenz ‹Parabase›–‹Episoden› gedoppelt werden kann; dies unterliegt in der Regel einem rudimentären Schema einer in ‹Planung› und ‹Realisation› zweigeteilten utopischen Suche nach einer friedlichen besseren Welt.[48] Dabei stellt der Prolog den semantischen Rahmen, Parodos und Agon das Konfliktpotential und der Exodos den rauschhaften reintegrativen Abschluß dieser Suche. In sie eingelassen sind zum einen die Zuschauer, Autor wie athenische Wirklichkeit einbeziehende, spieldarstellende Parabase und zum anderen die als eigentliche Verlachsequenz fungierende Episodenreihe. Darin zeigt sich die charakteristische Paradigmatik der aristophanischen Komödie. Im kultischen Lizenzrahmen des dionysischen Fests nutzt sie die Anderweltlichkeit eines Innen und Außen, Oben und Unten, Fiktion und Realität ineinssetzenden «dialogischen Chronotopos»[49] zur Darstellung mitunter recht derber, aggressiver und auch direkt bezogener komischer Einfälle. Damit erfüllt sie gewiß zum einen punktuell die manifeste Funktion einer konkret gerichteten sozialen Kritik, bleibt aber zugleich immer in größerem Rahmen an die Latenzfunktion kollektiv-orgiastischer Entlastung von der Normativität der athenischen Lebenswelt gebunden.

Die entscheidende Innovation der Neuen Komödie liegt in der nicht-komischen Gattungen entlehnten Entdeckung des romanesken Liebesschemas als einer ideal geeigneten anderweitigen Ermöglichungsstruktur. Damit überführt sich eine vorwiegend syntaktisch gereihte in eine dominant semantisch motivierte Handlungsorganisation. Dies kennzeichnet nicht nur die meisten Komödien des MENANDER, sondern insbesondere auch die des PLAUTUS und des TERENZ; es gilt aber auch noch für die meisten Komödien des Volks- und Bauerntheaters im 20. Jh. Ihre Grundstruktur besteht darin, «daß ein junger Mann ein junges Mädchen will, daß diesem Wunsch eine Opposition, meist von elterlicher Seite, entgegensteht und daß gegen Ende des Stücks eine plötzliche Wendung dem Helden zustatten kommt, so daß er sich durchsetzen kann».[50] Dies läßt sich weiterhin katalogisieren nach den Hindernistypen der Trennung, des Fehlverhaltens zwischen Mann und Frau bzw. Vater und Sohn oder Herr und Sklave, der Existenz eines rivalisierenden Gegenspielers wie des Vorkommens eines charakterlichen Defekts.[51] Dementsprechend ergibt sich das komische Potential vornehmlich aus dem episodischen – bis hin zum endgültigen – Scheitern der Oppositionsfiguren als den Repräsentanten der Unvernunft.[52] Die ermöglichten Paradigmen sind also in erster Linie Paradigmen einer – zumeist aus dem Porträtarsenal des THEOPHRAST bezogenen – Typen- bzw. Charakterkomödie. Sie ist zum einen zentriert auf die Gegenspielerfigur des Hausvaters, zum anderen auf die Vertreter ‹freier Komik›.[53] Aber auch hier ist vor der vorschnellen Vereinnahmung der Komik für die bloßstellende Kritik zu beachten, daß im Rahmen des theatralen Spiels in der Regel die Freude an der Darstellung die Kritik am Dargestellten überschießt. Wirkmächtige komische Figurentypen aus dieser Tradition sind handlungsgebunden der erzürnte Alte (*senex iratus*), der großmäulige Aufschneider (*miles gloriosus*), der listige Sklave (*servus dolosus*), handlungsunabhängig Parasit, Koch, Narr und Clownsfiguren.[54] Daneben kennzeichnen die Neue Komödie zudem auch Paradigmen einer über Doppelgängerfiguren bzw. Identitätsverwischungen in Szene gesetzten Verwechslungskomik sowie Paradigmen einer über Sprachwitz und Dialoggestaltung geführten Redekomik.[55] Aufgrund des enthebbarkeitsfördernden Harmoniegestus der Liebesthematik bleibt das Verhältnis von Paradigmen und Ermöglichungssyntagma weitgehend unproblematisch. Dies erklärt den enormen Rezeptionserfolg dieses Komödientypus bis heute.

II. *Mittelalter und frühe Neuzeit*. Die komischen dramatischen Formen des Mittelalters setzen diese Tradition nicht fort. Sie sind entweder kultisch gebunden an die sakrale Syntax des auf die Liturgie der Osterfeier rückführbaren geistlichen Spiels mit der «latente[n] Funktion ritueller Entlastung vom Druck der Dämonenfurcht»[56] oder finden sich relegiert in das mit dem antiken Mimus verwandte subliterarische Arsenal eines Körperparadigmen und Obszönitäten ausagierenden Volkslustspiels[57] bzw. deren Verwendungsformen in höfischen oder sakralen Interludien.[58] Entscheidend für die Entwicklung der Komödienpoetik ist jedoch die auf die ‹Rhetorica ad Herennium› zurückgehende ständische Umdeutung der Dreistillehre, derzufolge Komisches nur im Bezug auf niedere Schichten zur Anwendung kommen darf.[59] Dies führt zur folgenreichen Ausprägung eines Stiltrennungsgebots sowie der Konzeption einer die aristokratische Haupthandlung spiegelnden komischen Nebenhandlung; eines der frühesten Beispiele hierfür ist HENRY MEDWALLS interlude ‹Fulgens and Lucres› (ca. 1497).[60]

Der historische Schritt zur frühneuzeitlichen Komödie besteht vor allem in der humanistisch motivierten Wiederentdeckung des romanesken Schemas als produktivem, anderweitig verwendbarem Syntagma. Dies bezeugen die gegen Ende des 15. Jh. in Italien erscheinenden Übersetzungen des Plautus und Terenz; dies bezeugen zudem die einflußreichen Komödien eines ARIOST, BIBBIENA, MACHIAVELLI oder ARETINO. Ihre höchste literarische Perfektion erreicht die Ausgestaltung des romanesken Liebesschemas in den vor 1600 entstandenen Komödien SHAKESPEARES.[61] Dort dient die zumeist italienischer Novellistik entnommene erwartungseinlösende Zusammenführung heterosexueller Paare der Erzeugung eines problemlosen Zuschauervergnügens, das der Differenziertheit des elisabethanischen Publikums gerecht wird: im ‹Midsummer Night's Dream› etwa als stilebenenbewußtes Paarungsspiel, in Komödien wie ‹As You Like It› und ‹Twelfth Night, or What You Will› in der bereits programmatischen Titelerfüllung des romanesken Zuschauergeschmacks. Die präsentierten Spielparadigmen reichen dabei aufgrund der publikumsorientierten Ästhetik eines stilmischenden «mingle-mangle» bzw. «hodge-podge» (Mischmasch)[62] von der geistreichen Dialogkomik und dem rhetorisch komplizierten Wortwitz[63] bis hin zu derb-sexuellem Vokabular[64], volkstümlich-farcenhaften Prügelszenen[65] oder auch zu Commedia dell'arte-ähnlichen frei improvisierten *lazzi* (Possen).[66] In dieser Sicht erweist sich das romaneske Grundschema erneut als ideale Vorlage exuberant-fröhlichen Spiels.[67] Gleichwohl stößt die Enthebbarkeitsgarantie romanesker Anderweitigkeit auch zunehmend an die Grenzen des lebensweltlich Plausiblen. Dies führt in England ab 1600 zu verstärkten Experimenten am Syntagma. Bei Shakespeare äußert sich dies in den enthebbarkeitserschwerenden Gesten unerwarteter Mitleidsbesetzung wie etwa in der Figur des Shylock im ‹Merchant of Venice› oder aber im reintegrationsverweigernden ‹guten Ende› wie in der potentiellen Heiratsunwilligkeit der Novizin Isabella in ‹Measure for Measure› oder auch schon im Ausschluß der Figuren des Melancholikers und des Puritaners in der Schlußgestaltung von ‹As You Like It› bzw. ‹Twelfth Night›.

Gegenüber der Dominanz des romanesken Schemas profiliert sich im frühneuzeitlichen Spanien eine andere Tradition. Dort entsteht mit der ‹comedia de capa y espada› eine Komödienform, welche statt des asymmetrischen Konflikts von Vernunft und Unvernunft ein ebenfalls auf antike Vorbilder rückführbares symmetrisches Intrigenschema gebraucht, demzufolge zwei junge Paare «im Laufe der Handlung zueinander finden, dabei aber durch Mißverständnis, Verwechslung, Eifersucht oder auch reine Launenhaftigkeit behindert werden».[68] Dies kennzeichnet die Werke eines LOPE DE VEGA, CALDERÓN und TIRSO DE MOLINA.[69] Dabei dient das anderweitige Syntagma einer ‹Klärung› oder ‹Heilung› dem paradigmatischen Ausagieren komischer Situationen wie der generellen Inszenierung von ‹Spiel›[70], führt aber nicht wie das romaneske Schema zu einer versichernden vollständigen Wiederherstellung von Ordnung, sondern endet oftmals nur im bloßen «Kompromiß».[71] Dies deutet auf die Labilität der lebensweltlichen Ehrennormen und führt in dekonstruktiver Manier in einen ‹ausweglosen› Schluß, der eine allumfassende kulturelle Fremdbestimmtheit des Menschen anzeigt.[72]

III. *Späte Neuzeit.* Das neuzeitliche Verständnis der Komödie ist durch eine verstärkte poetologische wie auch politische Disziplinierung der Komödienfunktion bestimmt. Hieraus resultiert zum einen der Versuch einer deutlicher konturierten sozialen Besetzung des Syntagmas und zum anderen die intensivierte Bemühung um zivilisatorische Bändigung der Paradigmen.[73] Dies zeigt sich etwa in der poetologischen Ablehnung unmäßigen Lachens[74] wie auch in der politischen Zurückdrängung improvisatorischen Spiels als sich unkontrolliert selbst darstellender «self-resembled show»[75]; es schlägt sich nieder in der Vertreibung der ‹freien› Clownsfigur[76] wie in der generellen Anhebung der Peinlichkeitsschwelle für das Lächerliche.[77] Einer der wichtigsten frühneuzeitlichen Vorläufer dieser Entwicklung ist Shakespeares Zeitgenosse BEN JONSON. Seine im Rückgriff auf die pseudo-ciceronische Formel von der Komödie als «imitatio vitae, speculum consuetudinis, imago veritatis» (Nachahmung des Lebens, Spiegel der Gewohnheit, Bild der Wahrheit)[78] konzipierte Absage an das romaneske Schema eines «cross-wooing» (Über-Kreuz-Werbens)[79] führt in einem ersten Schritt zu vernunftrestituierenden Komödien einer fröhlich belachbaren sozialen Verhaltenskorrektur, in einem zweiten zu einem die Instanz der Vernunft selbst befragenden ‹satirischen› Komödientypus mit deutlicher Ambiguierung des ‹guten› Endes und mündet schließlich gleichwohl in der die Möglichkeit menschlicher Verhaltenskorrektur verwerfenden fröhlich-skeptizistischen Karnevalskomödie ‹Bartholmew Fair›.[80]

Die Nobilitierungsbemühung über den Einbezug gesellschaftlich wichtiger Themenbereiche wie Geld, Recht oder soziale Täuschung ist in der europäischen Komödiengeschichte vor allen Dingen mit dem Namen MOLIÈRE verbunden. Er unternimmt dies vornehmlich durch die Besetzung der traditionellen Verlachfiguren mit erkennbaren Sozialcharakteren.[81] Dabei bedient er sich zum einen in ganz traditioneller Manier virtuos des romanesken Schemas einer Entgegensetzung von Jung und Alt wie etwa in der ‹École des Femmes› und benutzt es als Substrat für das Ausspielen komischer *lazzi* wie in der paradigmatischen Entgegensetzung von M. Jourdain mit dem *maître de musique*, dem *maître à danser*, dem *maître d'armes*, dem *maître de philosophie* und dem *maître tailleur* im ‹Bourgeois gentilhomme›.[82] Zum anderen führt er die Komödie konsequent an ihre Gattungsgrenzen, indem er eine prinzipielle «Gegenstrebigkeit»[83] zwischen sozialer Besetzung und komödiantischer Nutzung experimentell zur Basis für eine deutliche Aufwertung des Syntagmas und eine erschwerte Enthebbarkeit der Paradigmen macht. Dies zeigt sich in den mitleiderzeugenden ernsthaften Konsequenzen ‹komischen› Handelns im ‹Tartuffe›, im nicht-restitutiven Scheitern des gehörnten Ehemanns in ‹Georges Dandin›, in der bedrohlichen Amoralität der Paradigmen im nicht-guten Ende des ‹Dom Juan› sowie auch in der vernunftdekonstruktiven Ineinssetzung von Liebendem und komischem Held mit der daraus resultierenden Ambiguierung des Schlusses zur gesellschaftlichen Unentrinnbarkeit im ‹Misanthrope›.[84] Mit Blick auf die manifeste Funktion bewegt sich so die Komödie Molières zwischen Affirmation und Kritik.[85] Gleichwohl dienen aber die auf Inhaltsebene vorgezeigten «miroirs publics» (öffentlichen Spiegel) auf der Ebene ihrer theatralischen Vermittlung immer schon dem Vergnügen des Genusses von vorrationalen «choses qui nous prennent par les entrailles» (Dingen, die uns bei den Eingeweiden packen).[86] Demzufolge bekommt, wer «Molières Bühne als bloße Widerspiegelung einer gesellschaftlichen Wirklichkeit analysiert, […] sie als Komödie […] nicht in den Blick».[87] Die eigentliche Komödienfunktion liegt in der Inszenierung jener Kipp-Bewegung, in der der Lachende seine Kapitulation vor rationaler Bewältigung des Belachten immer schon mit eingesteht und ihm mithin immer schon auch «die Frage gestellt [wird], warum er lacht».[88] Molières dezidiertes Experiment am Kriterium der Enthebbarkeit besteht dementsprechend im beständigen Einsatz neuer Themen zur Aufrechterhaltung der Dynamik des Kipp-Moments. Gegenüber diesem dem ständeübergreifenden Publikum von *la cour et la ville* (Hof und Stadt) verpflichteten Komödientypus ist die sich daraus speisende englische ‹Restoration Comedy› weniger radikal.[89] Die Komödien eines DRYDEN, ETHEREGE, WYCHERLEY, VANBRUGH oder CONGREVE basieren in der Regel auf einem – oftmals ständisch gedoppelten – erotischen Intrigenschema, das dazu eingesetzt wird, im Rahmen einer höfischen Fassadenkultur über die Inszenierung eines sich in witziganzüglichen Pointen überbietenden Geschlechterdialogs Strategie und Wahrheit voneinander zu scheiden. Allerdings erscheint dabei der syntagmatische Zielpunkt einer zwischen Lüstling und Erbin gestifteten Ehe letztlich oftmals nur als bloßer Kompromiß zur Beendigung der paradigmatischen Lust am rhetorischen Spiel des aristokratischen *wit*.

Eine bedeutende Umbesetzung der Komödienstruktur findet sich bei MARIVAUX. Statt das Syntagma einer erotischen Ermöglichung für die Darstellung eines amoralisch-witzigen «Intrigenopportunismus»[90] zu nutzen, kehrt er die funktionale Zuordnung der beiden Strukturebenen um und stellt die Paradigmen des beständigen Scheiterns gegenseitiger Verschleierung ‹wahrer› Liebe in den Dienst der so zur eigentlichen Handlung werdenden Liebeshandlung.[91] Damit verlagert er den Komödienkonflikt von Vernunft und Unvernunft in die Liebenden selbst und macht ihn zu einem inneren Konflikt zwischen gesellschaftlichem Zwang und gefühlsgesteuertem Verlangen. Die syntagmatische Lösung dieser «Identitätskrise der Liebenden»[92] erfolgt über die komischen Sprachhandlungen des *marivaudage* (galantwitziges Geplauder); da diese aber selbst potentiell immer schon mitleidsbesetzt sind, zeigt sich die Komödie Marivaux' als Komödie einer «reduzierten Paradigmatik»[93] und führt zu einer deutlichen, zivilisatorisch so auch gewollten «Dämpfung des Lachens».[94] Dies bestimmt generell die Komödie der Empfindsamkeit nicht nur bei Marivaux, sondern vornehmlich im von einer neu aufkommenden mitfühlenden Lachtradition geprägten England etwa bei STEELE und GOLDSMITH wie auch in der nunmehr verspätet auf den Plan tretenden deutschen Komödie bei LESSING.[95] Auf diese Weise etabliert sich zudem die Tradition einer mit der Reduktion des komischen Falls wie der Erschwerung der Enthebbarkeit zwei ihrer drei Gattungskriterien in Frage stellenden ‹ernsten› Komödie.[96]

Die zivilisatorische Bändigung des Komischen für eine beherrschbare manifeste Funktion hat tiefgreifende Konsequenzen für die Folgeentwicklung der Komödie. In England hält ein vermeintlich wohlwollender Überlegenheitshumor die Radikalität des Lachens großbürgerlich in Schach[97]; in Frankreich zeigen sich mit BEAUMARCHAIS zunächst noch Rückgriffe auf das Vorgängerparadigma moralisch indifferenter «karnevalesker Anarchie»[98], bevor die Komödie auf den Boulevard getrieben wird.[99] In Deutschland bezeugt das Scheitern des Projekts der sich verstärkt selbst reflektierenden romantischen Komödie eines TIECK, KLEIST oder BÜCHNER das Ende einer zunehmend bürgerlichen Mitspielwillens.[100] Dies gilt selbst für spätere so erfolgreiche Lustspiele wie Kleists ‹Zerbrochenen Krug›, der die komischen Paradigmen mit einer erschwert enthebbaren «kriminellen Handlungsweise» besetzt und somit syntagmatische Aufklärung mit paradigmatischer Vertuschung in Widerstreit bringt.[101] Die bürgerliche Moral diktiert in der Folge dem komödiantischen Spieltrieb seinen unhintergehbaren Enthebbarkeitsrahmen. Aus der Inszenierungsagentur ‹freier› Komik werden so Einzelfälle einer – sei es gesellschaftsstabilisierend, sei es sozialkritisch – immer schon gerichteten Komik.[102] Darin bleibt die Gattung trotz zum Teil genialer Einzelkomödien etwa eines GOGOL, TSCHECHOW, WILDE, SHAW, NESTROY, HAUPTMANN, HORVATH oder STERNHEIM auf lange Zeit gefangen. Die Selbst-Immunisierung des bürgerlichen Publikums gegen die Latenzfunktion findet ihr Ende erst dort, wo diesem selbst seine willkürlichen Ausgrenzungen sichtbar gemacht werden. Dies geschieht zunächst in der Avantgarde und später dann vornehmlich im Theater BECKETTS.

IV. *Gegenwart.* BECKETTS Einfall für die Wiederbelebung der anthropologischen Dimension komödiantischen Spiels liegt in der erneuten Problematisierung des Lachens selbst. Er reduziert das Syntagma auf rudimentäre abstrakte Schemata, die er wie etwa in ‹En attendant Godot› ihrerseits serialisiert, und nutzt dies sodann, um das Ausagieren einer weiten Spanne von Paradigmen von der existentiellen Besetzung bis hin zur bereits figural belachten reinen Blödelei strukturell zu ermöglichen. Indem er so beständig Lachanreize schafft, sie aber zugleich auch durchkreuzt, reaktiviert er gegen die Enthobenheitsgarantie bürgerlicher Komik-Formen das Kipp-Moment wechselseitiger Negation. Dies äußert sich in einem Lachenwollen und Nicht-Lachenkönnen auf seiten des Publikums und führt zu Momenten jeweils vereinzelten «erstickten Lachens».[103] Gegenüber einem solchen Versuch steht das Theater DÜRRENMATTS eher noch in der Tradition einer sozial anklagenden einseitigen Negation.[104] Der Weg der Erneuerung der Komödie über die reflektierende Thematisierung von Komik selbst zeigt sich – neben den mythenauflösenden Stücken eines B. STRAUSS [105] – insonderheit in England in der dortigen Entwicklung von Komödie und Farce: in den Brechungen an Komödien scheiternder Komik wie OSBORNES ‹Entertainer› oder GRIFFITHS' ‹Comedians›[106], in der Entstehung einer «parodistischen Metafarce» wie etwa M. FRAYNS ‹Noises Off›[107] und nicht zuletzt in H. BARKERS wütendem Anschreiben gegen die Selbstversichertheit einer (post-)modernen bürgerlichen Comedykultur mit einem todernsten: «I laugh».[108]

Anmerkungen:
1 Arist. Poet. 3, 1448a. – **2** M. Pfister: Das Drama (⁹1997) 19ff.; vgl. A. Mahler: Aspekte des Dramas, in: H. Brackert, J. Stückrath (Hg.): Literaturwiss. (⁵1997) 71ff. – **3** vgl. bes. W. Preisendanz: Das Komische, das Lachen, in: HWPh, Bd. 4, Sp. 889ff. – **4** H. Plessner: Lachen und Weinen. Eine Unters. der Grenzen menschlichen Verhaltens (1941), in: ders.: Gesamm. Schr., Bd. 7 (1982) 294ff.; vgl. R. Warning: Art. ‹Komik/Komödie›, in: U. Ricklefs (Hg.): Fischer Lex. Lit., Bd. 2 (1996) 897ff. – **5** É. Souriau: Le risible et le comique, in: Journal de psychologie normale et pathologique 41 (1948) 145ff. – **6** K. Stierle: Komik der Handlung, Komik der Sprachhandlung, Komik der Komödie, in: W. Preisendanz, R. Warning (Hg.): Das Komische (1976) 251ff. – **7** Arist. Poet. 5, 1449a. – **8** Arist. Rhet. I, 11, 29, 1372a. – **9** Tractatus Coislinianus, in: Comicorum Graecorum Fragmenta, hg. von G. Kaibel (1909) Bd. 1, 50ff., engl. Übers.: L. Cooper: An Aristotelian Theory of Comedy with an Adaptation of the Poetics and a Translation of the ‹Tractatus Coislinianus› (New York 1922) 224ff.; vgl. auch Fuhrmann Dicht. (1973) 63ff. (nicht in ²1992). – **10** Arist. Poet. 6–13, 1449b. – **11** ebd. 6, 1450a. – **12** ebd. 9, 1451b. – **13** N. Frye: Der Mythos des Frühlings: Komödie (1957), in: R. Grimm, K.L. Berghahn (Hg.): Wesen und Formen des Komischen im Drama (1975) 169f. – **14** Warning [4] 911. – **15** E.v. Hartmann: Ästhetik, in: Ausgewählte Werke (1888) Bd. 4, 333. – **16** ebd. – **17** vgl. R. Warning: Pragmasemiotik der Komödie, in: Preisendanz, Warning [6] 283ff.; Warning [4] 910ff. – **18** ebd. 287ff. bzw. 913ff. – **19** ebd. 284. – **20** Frye [13] 159ff.; zum Begriff: W. Habicht: Stud. zur Dramenform vor Shakespeare (1968) 173ff. – **21** vgl. W. Matzat: Dramenstruktur und Zuschauerrolle (1982) 211ff. – **22** vgl. Ju.M. Lotman: Kunst als Sprache, übers. von M. Dewey et al. (1981) 177ff. – **23** R. Caillois: Die Spiele und die Menschen, übers. von S.v. Massenbach (1982) 18ff.; vgl. W. Iser: Spielstrukturen in Shakespeares Komödie (1993) 18ff. – **24** Tractatus Coislinianus [9] 50ff.; vgl. Cooper [9] 224ff., Fuhrmann [9] 67ff. – **25** H. Fricke, A. Salvisberg: Bühnenkomik, in: RDL³, Bd. 1, 279ff. – **26** Pfister [2] 25ff.; Mahler [2] 80ff.; vgl. K. Elam: The Semiotics of Theatre and Drama (London 1980) 49ff. – **27** É. Dupréel: Le problème sociologique du rire, in: Revue philosophique 106 (1928) 228ff.; vgl. Warning [17] 322. – **28** Warning [4] 914. – **29** S. Freud: Der Witz und seine Beziehung zum Unbewußten (¹⁶1977) 178ff. – **30** vgl. Warning [17] 311ff. – **31** vgl. D. Wellershoff: Infantilismus als Revolte oder das ausgeschlagene Erbe. Zur Theorie des Blödelns, in: Preisendanz, Warning [6] 335ff. – **32** vgl. H. Arntzen: Die ernste Komödie (1968) 9ff.; zur Kritik Warning [17] 298ff. – **33** Arist. Poet. 6, 1449b. – **34** Tractatus Coislinianus [9] 50; Fuhrmann [9] 65. – **35** Arist. Rhet. I, 11, 29, 1372a. – **36** Fuhrmann [9] 67; vgl. Cooper [9] 60ff. und 132ff. – **37** Hor. Ars 333. – **38** Plat. Pol. 606 c und Leges 935 d/e; vgl. A. Hügli: Art. ‹Lachen, das Lächerliche›, in: HWRh Bd. 5 – **39** vgl. Curtius 419ff. – **40** vgl. D.J. Palmer (Hg.): Comedy. Developments in Criticism (London/Basingstoke 1984) 30. – **41** H. Bergson: Le rire (Paris ⁴⁰¹985) 103, vgl. 135 und 150; vgl. auch M. Winkler, R.W. Müller Farguell: Komik, das Komische, in: HWRh Bd. 4, Sp. 1172ff. – **42** vgl. G. Baum: Humor und Satire in der bürgerlichen Ästhetik (1959). – **43** N. Luhmann: Soziologische Aufklärung (⁴1974) Bd. 1, 69, vgl. 41 und 113ff. – **44** vgl. R. Warning: Komik und Komödie als Positivierung von Negativität, in: H. Weinrich (Hg.): Positionen der Negativität (1975)

352ff. und Warning [17] 317ff. – **45** W. Iser: Das Komische: ein Kipp-Phänomen, in: Preisendanz, Warning [6] 399f.; vgl. D. Henrich: Freie Komik, ebd. 385ff. – **46** vgl. Warning [44] 341ff.; Warning [17] 325ff. – **47** J. Ritter: Über das Lachen, in: Subjektivität (²1989) 80. – **48** vgl. B. Greiner: Die Komödie (1992) 32ff. – **49** P.v. Möllendorff: Grundlagen einer Ästhetik der Alten Komödie (1995) 49 und 110ff. – **50** Frye [13] 159f. – **51** vgl. M. Fuhrmann: Lizenzen und Tabus des Lachens. Zur sozialen Gramm. der hellenistisch-röm. Komödie, in: Preisendanz, Warning [6] 65ff. – **52** vgl. Warning [17] 285. – **53** vgl. Fuhrmann [51] 78ff. – **54** vgl. Frye [13] 170ff. – **55** vgl. M.P. Schmude: Reden – Sachstreit – Zänkereien. Unters. zu Form und Funktion verbaler Auseinandersetzungen in den Komödien des Plautus und Terenz (1988). – **56** R. Warning: Funktion und Struktur. Die Ambivalenzen des geistlichen Spiels (1974) 74; vgl. E. Fischer-Lichte: Gesch. des Dramas (1990) Bd.1, 61ff. – **57** vgl. E. Catholy: Die dt. Komödie vor Lessing, in: W. Hinck (Hg.): Die dt. Komödie (1977) 32ff.; H. Bastian: Mummenschanz. Sinneslust und Gefühlsbeherrschung im Fastnachtspiel des 15. Jh. (1983). – **58** vgl. R. Weimann: Shakespeare und die Tradition des Volkstheaters (²1975). – **59** vgl. K. Spang: Art. ‹Dreistillehre›, in: HWRh, Bd. 2, Sp. 922. – **60** vgl. Weimann [58] 169ff. – **61** vgl. W. Weiß: Das Drama der Shakespeare-Zeit (1979) 176ff. – **62** J. Lyly: The Complete Works, hg. R.W. Bond (Oxford 1902) Bd. 3, 115; vgl. R. Weimann: Shakespeare und die Macht der Mimesis (1988) 138. – **63** vgl. K. Elam: Shakespeare's Universe of Discourse. Language Games in the Comedies (Cambridge 1984). – **64** vgl. E. Partridge: Shakespeare's Bawdy (London ⁴1990). – **65** zur Farce vgl. M. Pfister: Stud. zum Wandel der Perspektivenstruktur in elisabethanischer und jakobäischen Komödien (1974) 49ff. – **66** Warning [4] 917f.; vgl. V. Pandolfi: La commedia dell'arte (Florenz 1957ff.). – **67** Iser [23] 10ff. – **68** W. Matzat: Die ausweglose Komödie Ehrenkodex und Situationskomik in Calderóns comedia de capa y espada, in: RF 98 (1986) 59. – **69** vgl. W. Matzat: Lope de Vega: ‹La Dama Boba›, in: V. Roloff, H. Wentzlaff-Eggebert (Hg.): Das span. Theater (1988) 91ff.; W. Nitsch: Theatralische Mimesis und barockes Welttheater. Nachahmungsspiele bei Tirso de Molina, in: A. Kablitz, G. Neumann: Mimesis und Simulation (1998) 583ff. – **70** vgl. W. Nitsch: Barocktheater als Spielraum (2000). – **71** Matzat [69] 95. – **72** Matzat [68] 77ff. – **73** vgl. allg. N. Elias: Über den Prozeß der Zivilisation (²1969). – **74** vgl. Ph. Sidney: A Defence of Poetry, hg. v. J. van Dorsten (Oxford 1975) 67f. – **75** J. Hall: Virgidemiarum I,3,44, in: The Complete Poems, hg. J. Davenport (Liverpool 1949) 15; vgl. Weimann [62] 255. – **76** vgl. Weimann [58] 300ff. – **77** vgl. M. Pfister: ‹An Argument of Laughter›. Lachkultur und Theater im England der Frühen Neuzeit, in: L. Fietz et al. (Hg.): Semiotik, Rhet. und Soziologie des Lachens (1996) 203ff. – **78** Cicero: De re publica, hg. K. Büchner (1979) IV, 11, Übers. Red.; vgl. B. Jonson: Every Man out of His Humour, in: The Complete Plays, hg. G.A. Wilkes (Oxford 1981ff.) Bd. 1, III, 6, 175ff. – **79** ebd. III, 6, 169ff. – **80** vgl. A. Mahler: ‹Enter Ben Jonson – Exit Love›. Die Entdeckung der Ges. als Problem der Komödie, in: H.-J. Diller et al. (Hg.): Comedies. Mirrors of English Society (1992) 9ff.; A. Mahler: Komödie, Karneval, Gedächtnis. Zur frühneuzeitlichen Aufhebung des Karnevalesken in Ben Jonsons ‹Bartholomew Fair›, in: Poetica 25 (1993) 81ff. – **81** ebd. – **81** Warning [44] 345ff.; Warning [4] 924ff. – **82** vgl. Warning [17] 292. – **83** ebd. 324. – **84** vgl. A. Mahler: Soziales Substrat, Komik, Satire, Komödie und ein Bsp.: Molière: ‹Le Misanthrope›, in: Zs. für frz. Sprache und Lit. 98 (1988) 264ff. – **85** vgl. H. Stenzel: Molière und der Funktionswandel der Komödie im 17. Jh. (1987). – **86** Molière: La Critique de l'École des femmes, in: Œuvres complètes, hg. G. Couton (Paris 1971) Bd. 1, 658ff. (Sc. VI). – **87** Warning [44] 353. – **88** Ritter [47] 65. – **89** vgl. J. Kamm: Diversity and Change. Entwicklungstendenzen der engl. Komödie der Restaurationszeit, in: Diller et al. [80] 35ff. – **90** ebd. 45. – **91** vgl. Warning [17] 295ff. – **92** ebd. 295. – **93** ebd. – **94** vgl. W. Wolf: Ursprünge und Formen der Empfindsamkeit im frz. Drama des 18. Jh. (1984) 119ff. – **95** vgl. R. Warning: Die Komödie der Empfindsamkeit. Steele – Marivaux – Lessing, in: E. Heftrich, J.-M. Valentin (Hg.): Gallo-Germanica (Nancy 1986) 13ff. – **96** vgl. Arntzen [32]. – **97** vgl. St. Tave: The Amiable Humorist (Chicago 1960); G. Blaicher: Byrons Lachen und die zeitgenössische Rezeption, in: Fietz et al. [77] 259ff. – **98** R.

Warning: Komödie und Satire am Beispiel von Beaumarchais' ‹Mariage de Figaro›, in: DVjs 54 (1980) 561. – **99** vgl. D. Daphinoff: Boulevardstück, in: RDL³, Bd. 1, 246ff. – **100** vgl. Warning [4] 928ff.; Greiner [48] 237ff. – **101** K. Kanzog: Kommunikative Varianten des Komischen und der Komödie Zur Gattungsbestimmung der Lustspiele H. v. Kleists, in: Kleist-Jb. (1981/82) 229; vgl. J. Zenke: H.v. Kleist. Der zerbrochene Krug, in: Hinck [57] 89ff. – **102** vgl. A. Barth: Moderne engl. Gesellschaftskomödie (1987). – **103** vgl. W. Iser: Die Artistik des Mißlingens. Ersticktes Lachen im Theater Becketts (1979) 5ff. – **104** vgl. Warning [4] 933f. – **105** vgl. Greiner [48] 468ff. – **106** vgl. M. Pfister: Trevor Griffiths: ‹Comedians›. Zur Thematisierung des Komischen und der Music Hall im modernen engl. Drama, in: H.F. Plett (Hg.): Engl. Drama von Beckett bis Bond (1982) 313ff. – **107** K. Zapf: Zur Rolle der Farce im engl. Gegenwartsdrama, in: Diller et al. [80] 89. – **108** H. Barker: The Europeans (London 1990) 1; vgl. H.-W. Ludwig: «This Terrible Deformity of Laughter». Vom Theater der Grausamkeit (Artaud) zum Theater der Katastrophe (Barker), in: Fietz et al. [77] 341ff.

Literaturhinweise:
K. Holl: Gesch. des dt. Lustspiels (1923). – N. Frye: A Natural Perspective. The Development of Shakespearean Comedy and Romance (New York 1965). – W. Hinck: Das dt. Lustspiel des 17. und 18. Jh. und die ital. Komödie (1965). – H. Prang: Gesch. des Lustspiels. Von der Antike bis zur Gegenwart (1968). – V. Schulz: Studien zum Komischen in Shakespeares Komödien (1971). – W. Paulsen (Hg.): Die dt. Komödie im 20. Jh. (1972). – N. Altenhofer (Hg.): Komödie und Ges. Komödientheorien des 19. Jh. (1973). – P. Haida: Komödie um 1900. Wandlungen des Gattungsschemas von Hauptmann bis Sternheim (1973). – E. Lefèvre (Hg.): Die röm. Komödie. Plautus und Terenz (1973). – F. Martini: Lustspiele – und das Lustspiel (1974). – H.-J. Newiger (Hg.): Aristophanes und die Alte Komödie (1975). – O. Rommel: Komik und Lustspieltheorie (1943), in: R. Grimm, K.L. Berghahn (Hg.): Wesen und Formen des Komischen im Drama (1975). – W. Krömer: Die ital. Commedia dell'arte (1976). – H.-J. Schrimpf: Komödie und Lustspiel. Zur terminologischen Problematik einer geschichtlich orientierten Gattungstypologie, in: ZDPh 97 (1978). – R. Baader (Hg.): Molière (1980). – V. Klotz: Bürgerliches Lachtheater. Komödie, Posse, Schwank, Operette (1980). – E. Catholy: Das dt. Lustspiel von der Aufklärung bis zur Romantik (1982). – R. Grimm, W. Hinck (Hg.): Zwischen Satire und Utopie. Zur Komiktheorie und zur Gesch. der europ. Komödie (1982). – G. Blaicher: Die Erhaltung des Lebens. Stud. zum Rhythmus der engl. Komödie von W. Shakespeare bis E. Bond (1983). – W. Trautwein: Komödientheorien und Komödie. Ein Ordnungsversuch, in: Jb. der dt. Schillerges. 27 (1983). – J. Grimm: Molière (1984). – H. Arntzen (Hg.): Komödien-Sprache. Beitr. zum dt. Lustspiel zwischen dem 17. und 20. Jh. (1988). – W. Freund (Hg.): Dt. Komödien. Vom Barock bis zur Gegenwart (1988). – H. Mainusch (Hg.): Europ. Komödie (1990).

A. Mahler

→ Drama → Farce → Groteske → Häßliche, das → Humor → Komik, Komische, das → Lachen, das Lächerliche → Satire → Tragödie → Wirkungsästhetik

Lusus ingenii (griech. παίγνιον, paígnion; dt. Gedankenspiel; engl. play of thoughts; frz. jeu d'esprit; ital. gioco di idee, concetto)

A. Def. – B.I. Bereiche und Disziplinen. – II. Historische Aspekte von der Antike bis zur Neuzeit.

A. Der L. ist «eine artige Erfindung des Witzes, die bloß lediglich zum Vergnügen, sonst aber zu weiter nichts dienet».[1] Er behandelt ein Thema auf eine unsystematisch-spielerische, unernste, paradoxe oder scherzhaft-groteske Weise. Hierin ähnelt er dem knapperen Wortspiel (*lusus verborum*), das dem Witz oder Scherz enger verwandt ist. Der L. findet in der sprachlichen Verdichtung der ingeniösen Metapher oder des Aphorismus seine höchste Vollendung. In der Spannung zwischen den Hauptzwecken des Vergnügens und des Nutzens einer Rede oder eines sprachlichen Kunstwerkes dient der L. fast ausschließlich der *delectatio*, dem intellektuellen und ästhetischen Vergnügen, nicht aber dem *usus*, dem praktischen Nutzen und der ernsthaften moralischen Belehrung.

B. I. L. sind in der rhetorischen Theorie Ausdruck der reichen Erfindungsgabe des *ingenium*. Sie widmen sich oft einer unwerten Thematik oder einem unangemessenen Redegegenstand. L. verletzen dadurch die klassische Forderung nach Berücksichtigung des *aptum* im Bezug zwischen *res* und *verba* und werden aus philosophisch-pädagogischer und theologischer Sicht häufig als Ausdruck des rednerischen Unernstes und bloße Demonstration rhetorischer Virtuosität kritisiert. Doch hat der L. auch im klassischen Lehrsystem der Rhetorik eine anerkannte pädagogische Funktion. QUINTILIAN faßt spielerische epideiktische Reden als Übungen der Scharfsinnigkeit auf. [2] Er weiß um den pädagogischen Wert des L. und anderer Spiele in der Rednerausbildung: «sunt etiam nonnulli acuendis puerorum ingeniis non inutiles lusus.» (Es gibt indessen sogar einige Spiele, die keineswegs unnütz sind, den Geist der Knaben zu schärfen.) [3] Psychologisch betrachtet gibt sich ein Subjekt beim L. hypertrophierten Phantasien hin, welche ihm ein Lustgefühl verschaffen oder zumindest die Lust an ihrer spielerischen Entfaltung mit sich bringen. [4] Das Vermögen, sich L. zu widmen, gehört aus anthropologischer Sicht zu den distinktiven Eigenschaften des Menschen und den Voraussetzungen jeder verfeinerten Kultur. [5] Hierauf zielt auch der berühmte Satz SCHILLERS: «Der Mensch spielt nur, wo er in voller Bedeutung des Worts Mensch ist, und er ist nur da ganz Mensch, wo er spielt.» [6] In der Pädagogik gelten L. als nützliches Mittel der Entwicklung der Phantasie.

II. Der L. hat seine Wurzeln in spielerischen Formen der antiken Epideiktik. Er steht seitdem in solchen Epochen und bei den Autoren in Ansehen, welche die Findungskraft des *ingenium* und die *argutia* bei der denen die Absicht des *delectare* gegenüber dem *prodesse* überwiegt. Der L. findet sich häufig bei Sophisten des 5. und 4., in der Alexandrinischen Poesie des 3. und 2. und bei lateinischen Neoterikern des 1. Jh. v.Chr., sodann im Pointenstil der Silbernen Latinität des 1. und 2. Jh. n.Chr. sowie in der Enkomiastik der Zweiten Sophistik des 2. Jh. Er wird ferner in der Spätrenaissance und in Rhetorik, Poesie und Kunst des Manierismus und des Barock von ca. 1520–1650 (im *Concetto* und *Capriccio*), in der Literatur der Romantik von 1800 bis 1830 sowie in den literarischen und künstlerischen Stilepochen von ca. 1880 bis 1930 geschätzt.

Ein exaktes griechisches Äquivalent zum L. fehlt; das rhetorisch-poetische παίζειν (paízein; spielen), die παραδοξολογίαι (paradoxologíai; Paradoxologien) oder das ἐγκώμιον παράδοξον (enkómion parádoxon; unerwartete Lobrede) als typische Formen der unernsten Epideiktik auf ungeeignete, nicht des Lobes würdige Personen, Tiere oder Dinge kommen dem L. aber nahe. [7] GORGIAS schrieb ein apologetisches Enkomion auf Helena [8], ISOKRATES auch eines auf Helena und eines auf Busiris [9], POLYKRATES eines auf den Kochtopf [10], ZOILOS sogar eines auf Polyphem. [11] Obwohl schon von Isokrates und ARISTOTELES [12] von den ernsthaften Formen der epideiktischen Rhetorik unterschieden, erfährt der L. im enkómion ádoxon oder parádoxon erst in der Zweiten Sophistik z.B. in LUKIANS ⟨μυίας ἐγκώμιον⟩ (myías enkómion; Lob der Fliege), dem Enkomion des FAVORINUS auf das an jedem 4. Tag wiederkehrende Fieber und ähnlichen Werken eine erneute Hochschätzung sowie nun auch eine systematische theoretische Einordnung in das rhetorische Schulsystem durch MENANDROS, DEMETRIOS und FRONTO. [13] Auch freie Entfaltungen der dichterischen Phantasie verwenden den L. als Stilmittel. Unter antiken Werken ist hier an die *paígnia* der Alexandrinischen Dichtung (THEOKRITOS, PHILETAS, KALLIMACHOS), oder die *facetiae* der lateinischen Neoteriker (GALLUS, CATULLUS) und Dichter der Silbernen Latinität (LUCANUS, STATIUS, MARTIALIS) zu erinnern. Beispiele des L. finden sich auch im antiken Roman (z.B. bei APULEIUS) und in der (fiktiven) Briefliteratur. Abgesehen von einigen Kynikern, z.B. MONIMOS [14] und KRATES, der ein Enkomion auf den kynischen Bettelsack schrieb [15], lehnen fast alle antiken Philosophen paígnia oder unernste enkómia ab.

Der Begriff ⟨L.⟩ findet sich weder in antiken noch mittelalterlichen rhetorischen Lehrbüchern als *terminus technicus*. [16] Verwandte Begriffe wie *iocus* (Scherz), *nugae* (literarische Possen), *facetiae* und insbesondere (*sententiarum*) *argutiae* (gedankenreiche Spitzfindigkeiten), die auch im *res-verba*-Bezug und in der Wahl des Themas ein Element des Unernsten auszeichnet, stellen einen vollgültigen Ersatz dar. Auch in rhetorischen und poetischen Lehrbüchern der Renaissance und des Humanismus erlangt der L. keine große Verbreitung. Vermutlich ist L. eine gelehrte Rückübersetzung, die als rhetorischer Fachausdruck in Anlehnung an den klassischen *lusus naturae* geprägt wurde. Das ⟨Encomium luti⟩ (Lobrede auf den Kot) des berühmten italienischen Rhetors M. MAIORAGIO (1514–1555) [17] oder das ⟨Encomium pulicis⟩ (Lobrede auf den Floh) seines Zeitgenossen C. CALCAGNINI (gest. 1541) [18] sind jedoch typische, antiken Vorbildern verpflichtete rhetorische Beispiele des L. aus dem 16. Jh. In der gelehrten Literatur wird die Wortverbindung bis ins 19. Jh. verwendet, z.B. noch von J.K. v. ORELLI in seiner ⟨Appendix ad Arnobii Afri disputationes adversus gentes⟩ (1815), der von «nullae hic subtiles argutiae, nulli otiosi ingenii lusus, nulla luxuriantis imaginationibus somnia» (keinen subtilen Spitzfindigkeiten, keinen Spielereien eines müßigen Talentes, keinen Träumereien eines in seinen Vorstellungen ausschweifenden Mannes) spricht. [19]

Der L. wird auch in poetischen und rhetorischen Lehrwerken deutscher Sprache des 17. und 18. Jh. berücksichtigt, so in G.PH. HARSDÖRFFERS Schrift ⟨Poetischer Trichter⟩ (1647–53). [20] CHR. WEISE widmet in seinem einflußreichen Werk ⟨Politischer Redner⟩ (1683) [21] ein Kapitel der «Übung mit den Argutiis». Mit Bezug auf E. TESAURO und J. MASEN resümiert er, Wort- und Gedankenspiele würden «nirgend glückseliger angebracht als entweder in Satyrischen oder Panegyrischen Sachen». [22] F.A. HALLBAUER definiert L. in seiner ⟨Anweisung zur verbesserten Teutschen Oratorie⟩ als ein Ärgernis aus Sicht jedes ernsthaften Mannes: «Dinge zu loben, die es nicht verdienen, ist eine Schwachheit, oder ein mehr angenehmes, als nützliches Spielwerck.». [23] In ZEDLERS ⟨Universal-Lexikon⟩ findet sich ein eigenes Stichwort L. [24] Das ⟨Deutsche Wörterbuch⟩ der Brüder GRIMM führt prägnante Belege aus Werken Campes, Herders, Schillers und Goethes für die Verwendung von *Gedankenspiel* auf, die das Subjektive, Willkürliche, auch Scharfsinnig-Gewandte hervorheben, Eigenschaften, die auch dem L. eignen. [25]

Anmerkungen:
1 Zedler, Bd. 18, Sp. 1269. – **2** Quint. II,17,4. – **3** ders. I,3,11; ähnlich Favorinus bei Gellius, Noctes Atticae XVII,12,1; Ausg. P.K. Marshall (Oxford 1968); vgl. A.N. Cizek: Imitatio et tractatio (1994) 195–202 und 222. – **4** vgl. M. Sachs: Spiele, in: W. Arnold, H.J. Eysenck und R. Meili: Lex. der Psychol., Bd. 3 (1972; ND 1980) 2147–2148; W.H. Tack: Spieltheorie, ebd., 2148–2149; F. Baumgärtel: Spieltherapie, ebd. 2149. – **5** vgl. J. Huizinga: Homo ludens. Vom Ursprung der Kultur im Spiel (1956); H. Rahner: Der spielende Mensch (1952). – **6** F. Schiller: Über die ästhetische Erziehung des Menschen in einer Reihe von Briefen, 15. Brief; Ausg.: F. Schiller: Werke in drei Bänden, hg. von H.G. Göpfert, Bd. 2 (1966; ND 1981) 481. – **7** vgl. A. v. Blumenthal: RE 18 (1942) 2396–2398 s.v. παίγνιον; ausführlich L. Pernot: La rhétorique de l'éloge dans le monde gréco-romain, Bd. 1 (Paris 1993) 20–21. – **8** L. Radermacher: Artium Scriptores (Reste der voraristotelischen Rhetorik) (Wien 1951) B VII 39. – **9** Isocr. Or. 10 und 11. – **10** Radermacher [8] B XXI 8–13. – **11** ebd. B XXXIV 5. – **12** Isocr. Or. 10,11 und 11,9; Arist. Rhet. I,9,2 1366 a 29. – **13** Belege bei Pernot [7] Bd. 2, 536–546. – **14** vgl. Diogenes Laertios VI,83; Ausg.: R.D. Hicks (London und Cambridge Mass. 1925). – **15** vgl. Apuleius, Apologia 22; Ausg. R. Helm (1959). – **16** im ‹Thesaurus Linguae Latinae› vol. VII pars altera (1956–1979) Sp. 1890–1891 s.v. *lusus* gibt es keinen Beleg für die Wortverbindung L. – **17** vgl. Zedler, Bd. 19, Sp. 618–624; Marcus Antonius Majoragius: Luti encomium (1619). – **18** vgl. Zedler, Bd. 5, Sp. 166–168. – **19** ML Vol. 5, p. 1291C; Übers.: J. Engels. – **20** G. Ph. Harsdörffer: Poetischer Trichter (1647–53; ND 1939). – **21** Weise 1, 1. Abt. 5. Kap. (1683; ND 1974) 60–113. – **22** ebd. 71. – **23** Hallbauer Orat. 202. – **24** Zedler, Bd. 18, Sp. 1269. – **25** Grimm, Bd. IV,I.1, Sp. 1979 s.v. Gedankenspiel.

J. Engels

→ Acutezza → Angemessenheit → Argutia-Bewegung → Concetto → Delectare → Enkomion → Facetiae → Paradoxe, das → Scherz → Witz → Wortspiel

Luthersprache

A. I. Def. – II. Eingrenzung. – III. Luthers Sprachauffassung. – IV. Luthers Rhetorikkonzeption. – V. Luther in der zeitgenössischen Rezeption. – B. Gattungen der L. – I. Bibelübersetzung. – II. Dt. Messe. – III. Predigt. – IV. Traktate. – V. Streitschriften. – VI. Briefe. – C. Zusammenfassung.

A. I. *Def.* Mit ‹L.› meint man heute fast ausschließlich Luthers deutsches Sprachschaffen. Man übersieht dabei, daß ein großer Teil seiner Schriften auf lateinisch abgefaßt ist. Luther beherrscht wie alle Gelehrten seiner Zeit beide Sprachen. Wissenschaftlich argumentiert er Zeit seines Lebens sogar eleganter und klarer auf lateinisch als auf deutsch. Mitunter sind auch Stellen in seinen deutschen Schriften nur unter Rückübersetzung ins Lateinische richtig zu verstehen. [1] Die Zweisprachigkeit (Diglossie) prägt auch den mündlichen Umgang mit anderen Gebildeten, wo man im Alltag beide Sprachen mischen konnte. In den Tischreden ist dieses Register widergespiegelt. [2] Luther selbst bezeichnet es als ‹mixtim›: «mixtim vernacula lingua» (bei einem Gelage), «mixtim Germanica» (in seiner Genesisvorlesung). Auch schriftlich kommt diese situationsbezogene sprachliche Variante vor, deren Voraussetzung mangelnder Partnerzwang ist: in Briefen an nahe Freunde sowie in Notizen für den eigenen Bedarf. [3]

II. *Eingrenzung.* Um den 'rhetorischen Luther' vollständig zu beschreiben, wäre auch die Einbeziehung seiner lateinischen Schriften vonnöten. Logisches Argumentieren und Beweisen mit einem gebildeten Publikum als Empfänger bedingt eine andere rhetorische Technik als Volksaufklärung und Überzeugung [4], wie es im hier zu untersuchenden deutschen Sprachschaffen Luthers der Fall ist. Ebenso kann auf Luthers maßgeblichen Anteil an der Herausbildung des Standarddeutschen nur summarisch hingewiesen werden. [5] Luthers Ausspruch aus den Tischreden: «Nullam certam linguam Germanice habeo, sed communem, […]» (Ich habe keine bestimmte deutsche Sprache, sondern die allgemeine, …) «Ich rede nach der Sechsischen cantzley» [6], wird heute dahingehend interpretiert und relativiert, daß Luther mundartliche Ausdrücke vermeidet und sich so weit wie möglich der bereits bestehenden «schreibsprachlichen Großfläche des Südostens» bedient. [7]

III. *Luthers Sprachauffassung.* «ES ist ja ein stummer Mensch gegen einem redenden, schier als ein halb todter Mensch zu achten. Vnd kein krefftiger noch edler werck am Menschen ist, denn reden, Sintemal der Mensch durchs reden von andern Thieren am meisten gescheiden wird, mehr denn durch die gestalt oder ander werck», schreibt Luther in der Vorrede auf den Psalter. [8] Die Hochschätzung der Sprache als spezifisch menschliche Fähigkeit teilt er mit den Humanisten. Für Luther kommt aber eine weitere, wichtigere Dimension hinzu: Die höchste Würde erhält die Sprache als Wort Gottes, als Werk des Heiligen Geistes. Die Sprachen der Bibel, Hebräisch, Griechisch und Latein, die der Heilige Geist selbst «offtmals von hymel mit sich bracht hat» [9], sind als ‹Schrein›, ‹Gefäß›, ‹Körbe› u.a. des Evangeliums heilig und müssen sorgfältig gepflegt werden. Durch seine Bibelübersetzung verhilft Luther der deutschen Sprache zu gleichem Rang. Dies bedeutet jedoch nicht, daß sie die anderen verdrängen sollte.

Für Luther steht zudem ‹mündliche Sprache› bzw. ‹Rede›, weit über dem geschriebenen Text. Da aus der Hand Jesu kein schriftliches Wort überliefert ist – er sich ausschließlich mündlich mitteilte – hat auch für Luther die Mündlichkeit Vorrang vor der Schriftlichkeit. Auch Geschriebenes hat er wohl laut gelesen, und beim Schreiben hat er den gesprochenen Klang im Ohr. Oft setzt er ‹reden›, wo wir ‹schreiben› sagen würden: «Ich rede nach der Sechsischen cantzley …» «Die buchstaben sind todte wörter, die mundliche rede sind lebendige wörter». [10] Hier steht er im Gegensatz zu den Humanisten in der Tradition der Volkspredigt. Auch seine geschriebene Sprache ist ihrem Wesen nach Kanzelsprache: hörerbezogen, am gesprochenen Wort orientiert. An seiner nach rhetorischen Gesichtspunkten gehandhabten Interpunktion, in älteren Drucken durch die Virgel wiedergegeben, lassen sich die Gliederungsprinzipien seiner Texte ablesen. Sie sind hörerbezogen und zielen auf eine schrittweise gedankliche Verarbeitung und Memorierung ab. Modulation, Phrasierung und Pausen unterschiedlicher Länge sind Mittel zur Gewichtung, Vereindringlichung und Reliefgebung. [11]

IV. *Luthers Rhetorikkonzeption.* **1.** *Ziel: das ‹Herz›.* Für Luther gehört die Rhetorik als selbstverständliches Bildungsgut zu jeder Art sprachlicher Äußerungen. Augustin, Cicero, Quintilian u.a. werden häufig zitiert, gepriesen, benutzt. [12] Dabei verfährt Luther durchaus selektiv und kreativ: Er zielt auf eine ‹Rhetorik des Herzens› ab, wobei ‹Herz› – wie auch in der Bibel und bei Augustin – nicht nur das Gefühl, sondern das gesamte geistig-seelische Zentrum des Menschen umfaßt, Verstand, Gefühl, Willen, Urteilsvermögen u.a.m. [13] Er unterscheidet sich hierin von den Scholastikern, die den Begriff ‹Herz› auf ‹Verstand› reduzieren wollen, wie er anhand eines Kommentars zu Ps 119, 10: «ich suche dich von ganzem Herzen» beanstandet: Unter ‹ganzem Herzen› wie die Philosophen nur den Intellekt ohne das Gefühl zu verstehen, hieße den Begriff halbieren («In toto corde meo non dimidio, ut qui solum velut philosophi intellectu exquirunt sine affectu, exquisivi»). [14] Da ein Mensch ‹von Herzen glauben› muß, um gerecht zu werden (Röm 10, 10), ist der Begriff ‹Herz› für Luther zentral und prägt sein gesamtes sprachliches Schaffen. Für ihn ist Rhetorik ein Instrument, über intellektuelles Verständnis hinaus die persönliche Betroffenheit ‹des Herzens› zu sichern. An Quintilian preist Luther vor allem, daß «er [...] einem ins hertz hinein» dringt.[15] Was nach Luthers Auffassung Quintilian von Cicero unterscheidet ist, daß er die Essenz der Redekunst und das Hauptanliegen des Redners in den Gefühlswirkungen sieht[16], während bei Cicero die *ratio* im Vordergrund steht. 1526 klagt Luther: «Es steht ynn buchern gnug geschrieben. Ja, es ist aber noch nicht alles ynn die hertzen getrieben.»[17] Dies «in die Herzen treiben» ist nicht gleichbedeutend mit dem rhetorischen *persuadere*: Um Glauben zu zünden, reicht rhetorisches Geschick allein nicht aus, sondern zum Gelingen gehört der Beistand des Heiligen Geistes, «der es In die hertzen saget, das wir wissen, das es In der warheit so ist und nicht anderst [...] und der mensch so weyt kompt, das ers fulet, das es also sey, und gar kein zweivel dran habe, es sey gewisslich also».[18] Hier stößt für Luther die Rhetorik an ihre Grenze. Darin unterscheidet sich seine reformatorische Denkart von der humanistischen.

2. *Res et verba*. Das Verhältnis zwischen Inhalt und Form ist bestimmt durch die Cato d. Ä. zugeschriebene, sprichwörtlich gewordene Grundregel aller Rhetorik: «Rem tene, verba sequentur» (Halte an die Sache, so folgen die Worte [von selbst]). Dies gilt nicht zuletzt für die Predigt: «Qui rem tenent, facile loqui possunt; rerum enim cognitionem sequitur artificium. Ideo falluntur, qui artificio student re nondum cognita. Ideo nullam contionem ex artificio facere possum.» (Wer sich an die Sache hält, kann leicht darüber sprechen, denn der Sachkenntnis folgt die Kunst auf dem Fuß. Deswegen gehen diejenigen fehl, die sich um die Redekunst bemühen, bevor sie etwas von der Sache verstehen. Nur nach der Kunst kann ich keine Predigt machen.)[19] Ohne gründliche Sachkenntnis ist die Rede nur hohle Schönrednerei. Für Luther bedeutet *res* gründliche Erfahrung im Glauben: «Sola autem experientia facit theologum.» (Einzig aber die Erfahrung macht den Theologen.)[20]

3. ‹*Ipse moveatur*›. Der Erlebnishintergrund prägt nicht nur den Intellekt, sondern vor allem das Gefühl. Er ist die Voraussetzung nicht nur für den Prediger, sondern auch den Lehrer und den Bibelübersetzer, ja sogar für das Verständnis des Hörers. So schärft Luther im Kommentar zum 77. Psalm seinen Lesern ein:«Unde qui non est expertus hanc compunctionem et meditationem: nullis verbis potest hunc psalmum doceri. [...] Nullus enim loquitur digne nec audit aliquam scripturam, nisi conformiter ei sit affectus, ut intus sentiat, quod foris audit et loquitur, et dicat: "Eia, vere, sic est".» (Wer solche Gewissensnöte und Gedanken nicht erfahren hat, kann mit keinem Wort über diesen Psalm unterrichtet werden. [...] Denn niemand kann richtig über die Heilige Schrift sprechen noch sie als Hörer richtig aufnehmen, wenn sein Gefühl damit nicht übereinstimmt, so daß er innerlich fühlt, was er äußerlich hört bzw. spricht, und sagt: "Ja, wahrhaftig, so ist es".)[21] Ja, wer unfähig zur Gefühlsbeteiligung sei, dürfe die Bibel überhaupt nicht lesen: «[...] das man dy wort recht faß und den affect und fuls ym hertzen; die das nit konnen thun, den ists verbotten zu lesen».[22] Reines Buchwissen ohne gefühlsmäßige Beteiligung taugte nichts: «Der Bapst und die seinen haben es wol Im buche, aber weyl sie es Im hertzen nicht fulen, verachten sie es.»[23] Um die rechte, ergreifende Formulierung zu finden, lehrt die Rhetorik: *ipse moveatur*, d.h. der Redner müsse selbst von den Gefühlen ergriffen sein, die er bei anderen erwecken wollte. Horaz, Cicero und Quintilian schärfen dies wiederholt ein.[24] Luther schließt sich in seiner ‹Vorrede auf den Psalter› dem an: Er vergleicht das menschliche Herz mit einem Schiff auf einem wilden Meer, welches von Sturmwinden aus den vier Himmelsrichtungen getrieben wird. «Solche Sturmwinde aber leren mit ernst reden vnd das hertz öffnen, vnd den grund eraus schötten. Denn wer in furcht vnd not steckt, redet viel anders von vnfal, denn der in freuden schwebt. Vnd [d]er in freuden schwebt, redet vnd singet viel anders von freuden, denn der in furcht steckt. Es gehet nicht von hertzen, (spricht man) wenn ein Trawriger lachen, oder ein Frölicher weinen sol».[25] Dies ist die christliche ‹Rhetorik des Herzens› lutherscher Prägung, von da her bezieht seine Sprache ihre Lebendigkeit und ihre Fähigkeit, noch heute zu ergreifen und zu packen. Hierin liegt auch ein wesentlicher Unterschied zu Melanchthons Rhetorikverständnis, bei dem *intellectus* vor *affectus* rangiert.[26]

V. *Luther in der zeitgenössischen Rezeption.* Obwohl Luther selbst der Form seiner eigenen Schriften kritisch gegenübersteht und dagegen Melanchthon preist: «Brevitatem vnd perspicuitatem kan ich nicht also zusamenbringen als Philippus»[27], bewundern seine Zeitgenossen und deren Nachfolger im nächsten Jahrhundert in ihm einen Rhetor in deutscher Sprache. Als ‹rechter Teutscher Cicero›, ‹Meister Teutscher Wolredenheit und beweglicher Zier›, der «alle Lieblichkeit und Zier, Ungestüm und bewegenden Donner in die teutsche Sprache gepflantzet» habe, wird er gepriesen, wobei vor allem seine Bibelübersetzung Bewunderung zeitigt.[28] Luthers Gegner sehen in seiner Sprachkunst allerdings eine ernstzunehmende Bedrohung. Katholiken warnen vor seiner «zierlichen und feinen» Sprache. Hieronymus Emser wirft ihm vor, er wolle «auß der kunst der Rhetorick dy lewt occupirn».[29] Erst die spätere Neuzeit, in der der Begriff ‹Rhetorik› pejorativ verwendet wird, hat seiner Sprache Rhetorizität völlig absprechen wollen – eine heute überwundene Ansicht.[30]

B. *Gattungen der L.* **I.** *Bibelübersetzung.* Luther geht es um eine deutsche Bibel, die ‹zum Herzen› des Lesers sprechen sollte. Im ‹Sendbrief vom Dolmetschen› erklärt er, er hätte im Gruß des Engels: «Ave Maria, gratia plena», am liebsten ‹gratia plena› mit «Du liebe Maria» übersetzt: «Vnd ich weis nicht / ob man das wort liebe / auch so hertzlich vnd gnugsam [vollständig] in Lateinischer oder andern sprachen reden mu(e)g / das also dringe vnd klinge ynns hertz / durch alle sinne wie es thut in vnser sprache.»[31] Damit ist die ‹herzergreifende› Sprachwirkung meisterhaft geschildert. Luthers Einstellung zu den Bibeltexten ist von *intellectus et affectus* geprägt. Er hat Lieblingstexte und solche, die er nicht mag. Er spricht von ‹textichen›, ‹versichen›, ‹pselmichen›, die er sehr lieb habe.[32] Am beeindruckendsten ist sein Ausspruch über den Galaterbrief: «Epistola ad Galatas ist mein epistelcha, der ich mir vertrawt hab. Ist mein Keth von Bor. [Catharina von Bora].»[33] Man hat die durchschlagende Wirkung der Lutherbibel häufig mit ihrer Verständlichkeit für breite Kreise, d.h. einer schlichten, ‹volkstümlichen› Sprache erklären wollen, und dabei Luthers Ausspruch aus dem ‹Sendbrief vom Dolmetschen› zitiert: «man mus die mutter jhm hause / die kinder auff der gassen / den gemeinen man(n) auff dem marckt drumb fragen / vn(d) den selbige(n) auff das maul sehen / wie sie reden / vnd darnach dolmetzschen».[34] Über der Einfachheit und Alltäglichkeit des Wortschatzes darf jedoch nicht vergessen werden, was besonders bezeichnend für die Alltagsrede ist: Man drückt sich überwiegend konkret, farbig, gefühlsbetont und ausdruckskräftig aus.

Wenn es um Kraft, Mark, Farbigkeit geht, mutet Luther dem ‹gemeinen Mann› sogar Hebraismen zu, wenn die deutsche Entsprechung ihm nicht kraftvoll genug dünkt: Man müsse sich eben daran gewöhnen, wenn die hebräische Sprache es besser mache als unsere deutsche. Die Lutherbibel spricht keine glatt eingängige Massensprache.[35] Luther verwendet große Sorgfalt auf die Gestaltung der Gefühle Liebe, Freude, Schmerz usw.[36] Im Laufe der Überarbeitung vereindringlicht er sie immer stärker, so z.B. wenn er in Ps 39, 7: «Und mein Schmerz wurde erregt» nach 1531 ändert zu: «Und mus mein leid in mich fressen». Die ein- und mitfühlende Qualität der Lutherübersetzung wird an diesem Punkt im Vergleich mit anderen Übersetzungen besonders deutlich.[37] Die Gefühlsgestaltung ist hier kein ästhetisches Mittel, kein Selbstzweck etwa allein zum Erzielen des *delectare*, sondern zur Glaubenserweckung notwendig. In Luthers Bemühen um die affekthaltige Seite der biblischen Texte, dem *movere*, verbinden sich seine Anthropologie, seine persönliche Sprachbegabung, seine Theologie und sein Rhetorikverständnis. Der Erlebnishintergrund, das emotionale Verhältnis Luthers zu den Bibeltexten, seine durch einfühlende Phantasie erreichte Anschaulichkeit (*evidentia*) zusammen mit seiner philologischen Gelehrsamkeit, geben seiner Bibelübersetzung das persönliche Gepräge, durch das sie noch heute ihre Sonderstellung einnimmt.

Hinzu kommt ihre für den mündlichen Vortrag abgestimmte rhythmische Ausgestaltung, die *musikalische Qualität* seiner Sprache. Zwischen Musik und Rhetorik bestehen enge Beziehungen. Quintilian widmet ihr ein eigenes Kapitel.[38] Nach ihm liegt die Hauptbedeutung der Musik für den Redner in ihrer Fähigkeit, Gefühle zu erregen und zu besänftigen, was für Quintilian die Hauptaufgabe des Redners ist. «Dient ja doch auch beim Reden die Hebung, Senkung und Modulation der Stimme dazu, die Gefühle der Hörer zu erregen».[39] Die Ansicht von der Musik als *ancilla verbi* (Dienerin des Textes) bei wortgebundener Musik ist allgemeingültig.[40] Der musikalisch hochbegabte und gebildete Luther nennt die Musik «domina et gubernatrix affectuum humanorum» (Herrscherin und Regiererin über die menschlichen Gefühle) und preist sie besonders wegen ihrer tröstenden, beruhigenden, ermutigenden Wirkung, worin sie gleich nach dem Wort Gottes käme.[41] Bei seiner Abfassung der Perikopen – der sonntäglich im Gottesdienst verlesenen Epistel- und Evangelientexte – muß er den Rezitationston im Ohr gehabt haben. (Bekanntlich legt J.S. Bach ohne Weiteres den Luthertext seinen Oratorien zugrunde.) In seiner ‹Deutschen Messe› hat er Beispieltexten Melodien unterlegt. Unter den acht Kirchentönen, die der emotionalen Lage des Textes zugeordnet waren, wählt er den 8. Ton, den ‹Ton der Weisen›, für die Epistel, den 5., den ‹Ton der Frohen›, für das Evangelium, da das Evangelium eine Freudenbotschaft sei. Ebenso wichtig wie die Melodien sind dabei die Pausen: «Auff das man sich wol lerne schicken ynn melodien und wol gewone der Colon, Comaten und der gleichen pausen, setze ich hie noch eyn exempel.»[42] Das dem mündlichen Vortrag angepaßte Satzbauprinzip seines Prosastils tritt deutlich zutage. Statt des Satzbegriffes gilt für Luther der Begriff der lateinischen Periode mit ihren Gliedern, *cola* und *commata*. Es herrscht jedoch große terminologische Verwirrung, indem die Termini bald die Syntagmen, bald die Pausen, im grammatischen Schrifttum schon die Interpunktionszeichen, und bei Luther dazu, in seinen musikalischen Beispielen, die Regeln für die abschließende Kadenz bezeichnen können.[43] Der grundlegende Unterschied zwischen seiner für Mündlichkeit rhythmisch ausgestalteter Bibelprosa im Vergleich zu modernem Text sei an einem Beispiel illustriert. Luthers Anfang des Weihnachtsevangeliums lautet bekanntlich: «Es begab sich aber zu der Zeit, daß ein Gebot von dem Kaiser Augustus ausging, daß alle Welt geschätzt würde.» Im Zuge einer Modernisierung wird 1975 stattdessen übersetzt: «[...] daß ein Erlaß von dem Kaiser Augustus ausging, alle Welt sollte sich für die Steuer eintragen lassen». Der Zusammenprall von Luthers ‹Ohrensprache› mit moderner ‹Lesesprache›, wo sowohl die Betonung auf dem nichtssagenden «eintragen lassen» sowie die holprige Anhäufung unbetonter Silben gegen das musikalische Prinzip von Luthers Sprache verstoßen, macht verständlich, warum diese Revision auf Ablehnung stieß und zurückgezogen werden mußte.[44] Die Einleitungsformel «Es begab sich» sieht Luther nicht der «Mutter im Hause vom Maul» ab, sondern es handelt sich hier um ein *sakralstilistisches*, wortgetreu aus dem Griechischen entlehntes Verstehenssignal, das den Beginn einer heilsgeschichtlich wichtigen Erzählfolge markiert, eines von einer Anzahl rhetorisch-stilistischer Mittel zur Markierung der *Sakralität des Textes* und damit der Erregung andächtiger und ehrfürchtiger Gefühle. Weitere Biblizismen sind die Aufforderung «Siehe», stets im Singular, auch wenn mehrere Personen angesprochen werden, der monotone Anschluß mit «und» u.a.m. Dadurch schafft Luther eine mythologisch überhöhte, erhabene Sakralsprache.[45] In der meisterhaft beherrschten rhetorischen Technik, Luthers persönlicher Betroffenheit im Umgang mit dem Bibeltext und seiner genialen Fähigkeit, dieser einen Ausdruck zu verleihen, der «dringet und klinget ins Herz», sowie ihrer im mündlichen Vortrag zum Klingen gebrachten Einheit von Prosodie und Inhalt liegt das Charakteristische von Luthers Bibelübersetzung, das sie von allen übrigen abhebt.

II. *Deutsche Messe.* Im Gegensatz zur Bibelübersetzung hat Luther es keineswegs eilig mit einer *deutschen* Gottesdienstordnung. Die deutschsprachige Messe, die A. Karlstadt während Luthers Wartburgaufenthalt in Wittenberg eingeführt hat, schafft er sofort nach seiner Rückkehr wieder ab. Dagegen führt er 1523 eine *lateinische* Messe ein. In den folgenden Jahren bedrängen ihn seine Anhänger immer wieder um eine deutsche Gottesdienstordnung, aber er zögert. Die Gründe gibt er im Vorwort zu seiner erst 1526 erschienenen ‹Deutschen Messe› an: Er befürchte, damit würden alle anderen Formen untersagt werden, was gegen die christliche Freiheit verstieße. Vor allem solle weiterhin in den Städten die lateinische Messe gefeiert werden: «wyr wollen die jugent bey der latinischen sprachen ynn der Biblia [!] behalten und uben»; «Denn ich ynn keynen weg wil die latinische sprache aus dem Gottis dienst lassen gar weg komen, [...]. Und wenn ichs vermöcht und die Kriechische und Ebreische sprach were uns so gemeyn als die latinische und hette so viel feyner musica und gesangs, als die latinische hat, so solte man eynen sontag umb den andern yn allen vieren sprachen, Deutsch, Latinisch,

Kriechisch, Ebreisch messe halten, singen und lesen. Ich halte es gar nichts mit denen, die nur auff eyne sprache sich so gar geben und alle andere verachten.»[46] Daß dies ein Wunschtraum ist, hat Luther natürlich eingesehen: Er schafft seine deutsche Meßordnung «umb der eynfeltigen leyen willen».[47] Von einer Verherrlichung der Muttersprache auf Kosten des Lateinischen ist nichts zu spüren. Karlstadt hatte z.B. gefordert, die Einsetzungsworte dürften nicht anders als auf deutsch gesprochen werden. Dagegen wendet sich Luther aufs schärfste und warnt in drastischen Worten vor einer Überschätzung des Deutschen: Wer die Worte aus der vorangehenden Predigt verstanden habe und sie im Herzen trüge, wisse um ihre Bedeutung, auch wenn sie lateinisch verlesen würden: «Widderumb, wer sie nicht yns hertze fasset und verstehet noch drauff das sacrament empfehet, dem hilffts nicht, wenn tausent prediger umb seyne oren her stónden und schryen sich toll und thóricht mit solchen worten.»[48] Wir stoßen wieder auf die Notwendigkeit des ‹mit dem Herzen Fassens›. Mit der Muttersprache allein ist dies nicht getan, auch die anderen heiligen Sprachen sind dazu dienlich. Entsprechend hat Luther das griechische ‹Kyrie eleyson› in seiner deutschen Messe ohne Übersetzung beibehalten. Luthers Kritik an den deutschen Gottesdienstordnungen vor ihm richtet sich vor allem gegen die mangelnde Übereinstimmung zwischen der von der lateinischen Messe mechanisch übernommenen Musik und dem deutschen Text. Er will, daß seine Messe «eine rechte deutsche Art hätte. […] Es muß beide Text und Noten, Accent, Weise und Geberde aus rechter Muttersprach und Stimme kommen; sonst ist es alles ein Nachahmen wie die Affen thun.»[49] Luthers Geschick darin macht tiefen Eindruck auf den kurfürstlichen Sangmeister Johann Walther: «wie er alle Noten auf dem Text nach dem rechten *accent* und *concent* so meisterlich und wohl gerichtet hat», so daß er ihn fragt, wie und wo er diese Kunst gelernt habe. Luther antwortet: «Der Poet Virgilius hat mir solches gelehrt, der also seine *Carmina* und Wort auf die Geschichte, die er beschreibt, so künstlich applicieren kann; also soll auch die Musika alle ihre Noten und Gesänge auf den Text richten.»[50] Bereits als Schüler auf der Domschule zu Magdeburg hat er einen gründlichen Gesangunterricht genossen, für den eine sorgfältige Beachtung der «Weise des Singens, in den Pausen und Einschnitten» ausdrücklich anbefohlen war.[51]

III. *Predigt*. Außer der Vorschrift: «Rem tene!» finden sich bei Luther zahlreiche Aussagen zur Rhetorik in bezug auf die Predigt. Am Tag der Verkündigung solle beispielsweise mithilfe von «eitel *rhetoricam*» Freude erweckt werden. Rationales Argumentieren («disputationes») sei der Freude abträglich und erwecke nur Zweifel.[52] Dies ist jedoch ein Sonderfall. In einem anderen Tischredenausspruch werden die Aufgaben des Predigers aufgezählt und der Aufbau einer Predigt skizziert: «Praedicatorem oportet esse dialecticum et rhetorem, id est, docere eum oportet et exhortari. Docturus autem de aliquo themate distinguat illud primo, deinde definiat, tertio afferat de hoc locos scripturae, quarto illustret illud exemplis scripturae vel aliunde, quinto coornet illa sua verba similibus, sexto corripiat malos et immorigeros, pigros etc.» (Ein Prediger muß ein Dialektiker und Rhetor sein, das heißt, er muß lehren und ermahnen. Wenn er etwas lehren will, muß er es zunächst genau bezeichnen, danach definieren; drittens muß er Bibelstellen dazu anführen, viertens es mit Beispielen aus der Bibel oder anderswoher beleuchten, fünftens diese seine Worte mit Gleichnissen weiter ausschmücken; sechstens die Schlechten, Widerspenstigen und Faulen tadeln.)[53] Ausführlich gibt Luther andernorts Beispiele aus seiner eigenen Praxis:«Ut si rusticum docere vellem, definirem dialectice vitam eius, labores, domum, fructus et quidquid est de substantia vitae suae; deinde per rhetoricam *hebt ich sein leben alßo an zu loben*, quod sit quietissima, opulentissima […] et adhortarer ad eam suadendo et dissuadendo dehortarer eum a reliquis vitae generibus; si vituperare volo, damno vitia eorum et ruditatem exaggero.» (Wenn ich z.B. einen Bauern unterweisen will, definiere ich mittels der Dialektik sein Leben, seine Arbeit, seinen Haushalt, die Früchte und was zur Substanz seines Lebens überhaupt gehört. Danach hebe ich mittels der Rhetorik sein Leben also an zu loben, wie es das ruhigste und ertragreichste sei […], und überredend rate ich ihm zu, und rate ihm von den übrigen Lebensweisen ab; wenn ich tadeln will, schelte ich die Laster und übertreibe ihre Rohheit.)[54] Überzeugen und Überreden geschieht mit den Mitteln der deliberativen (Zu-und Abraten) und der demonstrativen Gattung (Lob und Tadel). An dem Text von 1530: ‹Ein Sermon oder Predigt, daß man Kinder zur Schulen halten solle› läßt sich Luthers Technik ausgiebig studieren.[55] Besonders wertvoll ist, daß auch das lateinische Konzept erhalten ist, das wichtige Aufschlüsse über Luthers Disposition und Ausarbeitung gibt. Bewußt, gekonnt und nirgendwo auffällig setzt Luther das Arsenal der deliberativen Gattung ein, die sorgfältige Disposition mit der Reihenfolge der *partes orationis*, die Exordialtopik, die Affekte in genauer Abstufung, je nachdem ob es sich um *docere, delectare* oder *movere* handelt, um Lob oder Tadel, die geschickte Verteilung des Redeschmucks, die Mittel zur *variatio*.

Luther hat diesen Text als «diese meine predigt, die ich mehr denn ein mal bey den unsern gethan» als eine Art Musterpredigt für seine «lieben […] Pfarherrn und Prediger» abgefaßt und an Melanchthon geschickt, nicht ohne einen selbstkritischen Kommentar wegen seiner Weitschweifigkeit, «Lutheri verbositate», aber vielleicht sei dies nur die Geschwätzigkeit des Alters.[56] Doch ist es womöglich Melanchthons von Luther so bewunderte *brevitas*, die diese Selbstkritik veranlaßt, denn besonders vor einfachen Menschen ist das mehrmalige ‘Durchkneten’ ein und desselben Gedankens, ein breites Ausführen mit Beispielen und sprachlich variierenden Paraphrasen (*pluribus modis tractare*) anempfohlen (*expolitio, amplificatio*). Diese Notwendigkeit, die auch eine Tugend sein kann (*copia verborum et rerum*), betont Luther selbst: «Da sehen wyr, wie fein und eben die Propheten reden konnen, und wie sie kurtz und doch reichlich ein ding ausstreichen. Denn das ein ander hette gesagt mit eym wort: also "die Babylonier werden komen und Jerusalem zurstóren", das redet Habacuc mit vielen worten und streicht es alles eygentlich aus und schmucks mit gleichnissen, wie man denn auch thun mus, wenn man dem groben, harten pőfel prediget; dem mus man es fur malen, blawen und kawen und alle weyse versuchen, ob man sie konne erweichen.»[57] Adressatenbezug und Textintention sind mithin ausschlaggebend, ob es sich um die Tugend der *copia* oder das *vitium* der *verbositas* handelt. Ja, Luther konnte sogar Weitschweifigkeit mit Rhetorik gleichsetzen: «ich bin ein wescher, bin *magis rhetoricus*».[58] Mitunter sind es auch die rhetorischen Dispositionsvorschriften, die zur Ausführlichkeit zwingen. Sie besagen unter anderem, daß die beiden untereinander antithetischen Hauptteile von gleichem Gewicht sein sollten. Obwohl es gegen Ende des Textes deutliche Anzeichen dafür gibt, daß Luther zu ermüden beginnt und dem Ende zudrängt – «es wil mir itzt zu lang und zu viel werden» –, macht er nicht eher Schluß, als bis auch der zweite Hauptteil die erforderliche Länge erreicht hat. Die gleiche Sorgfalt findet man im Freiheitstraktat.[59] Man darf sich also durch Luthers selbstironische Bemerkung zur «Geschwätzigkeit des Alters» nicht verleiten lassen zu meinen, er habe hier aus seinem reichen Vorrat hervorgeholt, was ihm gerade in den Sinn kam, um schließlich den Schlußstrich zu ziehen, wenn alles gesagt war.

Auch der von vielen als geradezu charakteristisch für Luther bezeichnete *Antithesenstil* ist großenteils Resultat rhetorischer Vorschriften und nicht nur für Luther bezeichnend oder gar – wie mitunter geltend gemacht wird – ein Ausfluß der großen Spannungen innerhalb seiner Persönlichkeit. E. Norden spricht von einer «wahren Antithesenwut» in der deutschen Sprache des Humanismus, die er besonders im Cicerokult des Straßburger Humanisten JOHANNES STURM (1507–1589) verwirklicht findet, «in dem er wie alle das Wesen der ciceronianischen *concinnitas* beschlossen sah».[60] Antithetische Struktur ist bereits in den Gattungsvorschriften angelegt: Die juristische Gattung hat als Gegenstände Anklage und Verteidigung, die deliberative Zu- und Abraten mit den *loci* Nutz und Schaden, die Preisrede Lob und Tadel als konstitutive Bestandteile. Wenn Luther zu Anfang, in Übereinstimmung mit der deliberativen Gattung, seine *Disposition* des Stoffes gibt: «Erstlich wollen wir den geistlichen oder ewigen nütz und schaden für uns nemen, darnach den zeitlichen oder welltlichen», folgt er diesen Prinzipien. Der Vergleich mit seinem lateinischen Entwurf zeigt die Sorgfalt, die er auf die Gliederung verwendet.[61] Von der Mühe des Konzipierens sagt er selbst: «In concepto parturio, nam omnia argumenta et singula verba diligenter considero omnibus ex partibus» (mit dem Konzept mühe ich mich ab wie bei einer Geburt, denn ich überlege mir alle Argumente und einzelne Wörter genau und gründlich), «das mich solcher bucher concept viel gesteht. [...] Sed papistae et adversarii nostri erumpunt et blaterant, scribunt, quidquid in mentem venit. (Aber die Papisten und unsere Widersacher schütten ihre Gefühle aus und plappern drauflos, schreiben, wie es ihnen in den Sinn kommt.)[62] Das Bemerkenswerte an Luthers Sermon ist nicht, wie volkstümlich der gelehrte Luther sich ausdrückt, sondern im Gegenteil, wie gelehrt und rhetorisch ein Text für ein einfaches Publikum aufgebaut wird, ja, daß es gerade ein ungelehrtes Publikum ist, das der damaligen Ansicht nach die Mittel der Rhetorik zum *delectare* und *movere* besonders benötigt.

IV. *Traktate.* Die am obigen Beispiel der ‹Schulpredigt› aufgezeigten Merkmale sind im Wesentlichen auch für Luthers Traktate charakteristisch. Gliederung nach den rhetorischen Vorschriften, Gattungsgebundenheit, Zwei- und Dreigliedrigkeit und *expolitio* lassen sich in fast allen Texten belegen. Doch besteht ein Unterschied darin, daß die lateinischen Texte mehr auf *intellectus* und *brevitas* zielen, mit logischer und konziser Argumentation, die für ein deutsches Publikum abgefaßten mehr auf *affectus*, Figuren der Publikumszugewandtheit und Redundanz. An den beiden Fassungen des ‹Freiheitstraktats› läßt sich der Unterschied ablesen, der auch Luthers Satzbau betrifft. Obwohl Zwei- und Dreigliedrigkeit und antithetischer Parallelismus durchgehend vorherrschen, ist die Kreisförmigkeit der lateinischen Periode in Luthers deutschen Schriften oft zugunsten des geradlinigen Fortschreitens des Gedankens aufgegeben. Wo Luther jedoch auf deutsch für Theologen schreibt, wie in seiner Vorrede zum Johannesprolog, beherrscht die Kreisstruktur die Formgebung.[63] Luthers ‹Vorreden› zu den einzelnen Bibelbüchern weisen ebenfalls eine kunstvolle rhetorische Formgebung auf.[64] In der Vorrede auf den Psalter handelt es sich um eine Lob- und Preisrede, wie eine Randnotiz Luthers ausdrücklich festhält. Sie folgt den Regeln für die demonstrative Gattung und ist reich an Bildern und Klangfiguren, an *ethos* sowie *pathos*. Innerhalb von argumentierenden Abschnitten werden dem Ohr Orientierungshilfen durch Markierung von Neuansätzen gegeben, was im gedruckten Text heute einem neuen Absatz entspricht: im Lateinischen durch ‹Item›, im Deutschen durch ‹Widerum›, ‹Abermals›. Das von Luther auf allen Ebenen, der semantischen, der syntaktischen wie der lexikalischen, ausgiebig verwendete rhetorische Prinzip der Wiederholung dient der Gedächtnisstütze, Verstehenssicherung und Intensivierung. Der Text erhält dadurch eine Kohärenz von außerordentlich starker Dichte. Es wird ständig dafür gesorgt, daß auch der weniger aufmerksame Zuhörer den Faden nicht verliert.[65]

V. *Streitschriften.* In Luthers ‹Streitschriften› dominiert der Zorn, *ira,* von dem er sagt: «Nunquam mihi melius procedit orare, praedicare, scribere, quam cum irascor.» (Ich kann nie besser beten, predigen, schreiben, als wenn ich erzürnt bin.) «Ira enim refrischt mir mein gantz geblut, acuit ingenium, propellit tentationes.» (Denn der Zorn [...] schärft meinen Verstand, vertreibt die Anfechtungen.)[66] Dieser Ausspruch ist im Zusammenhang mit der Rolle zu verstehen, die die Affekte insgesamt im Rahmen der Rhetorik spielen. Im Leser werden Affekte vorwiegend mithilfe von anschaulichen Bildern geweckt, worin Luther Meister ist. Er beherrscht vollendet die Kunst der *reflexio*, indem er ein vom Gegner verwendetes Bildelement aufgreift und zu seinem Vorteil abwandelt.[67] Am Streitgespräch mit Emser 1521 läßt sich die Technik ausgiebig studieren.[68] Emser fordert Luther eingangs zu einer 'Fechtschule' heraus, einem öffentlichen Schaufechten, einer Art Volkslustspiel von starker Anziehungskraft, bei dem mit stumpfen Waffen und ohne Harnisch gekämpft wird. Er sieht sich nicht als christlicher Ritter im Kampf auf Leben und Tod, sondern in einem auf Volksbelustigung abzielenden Turnier, als dessen Ende die schimpfliche Flucht des Gegners in Aussicht gestellt wird. Indem Luther die Waffenmetaphorik aufgreift, wandelt er sie gleichzeitig ab: Er konzentriert sich auf das biblische Bild vom christlichen Streiter mit der «Waffenrüstung Gottes» (Eph 6, 11–17). Die dort anempfohlenen Ausrüstungsgegenstände Helm des Heils, Schild das Glaubens und Panzer der Gerechtigkeit hat Emser, da nicht zur Fechtschule gehörig, nicht aufgegriffen, woraufhin Luther ihn vor sich hinstellt mit «bloßem Kopf, bloßer Brust, bloßem Bauch», und so einen «nackten Ritter» den mit der «Waffenrüstung Gottes» gewappneten «reysigen kürisser» Martin Luther angreifen läßt. Die komische Wirkung dieses Bildes läßt sich heute nicht mehr völlig nachempfinden, denn «[n]ichts findet der mittelalterliche Mensch so komisch wie unfreiwillige Entblößung», weswegen Nacktheit als *ridiculum* ein häufiges und beliebtes Motiv war[69], und zudem der «nackte Ritter» eine bekannte Schwankfigur.[70] Das Ende ist nicht die Flucht des Gegners, sondern er wird wie Goliath enthauptet. Die Anschaulichkeit der Bilder dient gleichermaßen der Affekterregung und der Überzeugung. An Aggressivität und Schärfe, Ironie und Grobheit übertrifft Luthers Text bei weitem den von Emser. Bereits eingeübte Gefühlsmechanismen werden geschickt ausgenutzt, der Bibel entnommene Bilder und Vergleiche dienen gleichzeitig als Schmuck und Beweis. Obwohl beide Antagonisten die gleichen rhetorischen Regeln befolgen und über den gleichen überindividuellen Metaphernbesitz verfügen, besteht in der Praxis der beiden ein Unterschied wie Tag und Nacht. Die strategisch geschickte Verwendung der polemischen Metaphorik demonstriert Luthers Temperament und Begabung für konkrete Anschaulichkeit und ist ein hervorstechendes Charakteristikum seiner Streitdialoge.

VI. *Briefe.* Luthers Briefe sind zweckbestimmt. Da er bei etlichen damit rechnen muß, daß sie einem größeren Kreis unter den humanistisch gebildeten protestantischen Gelehrten zugänglich gemacht werden würden, sind sie oft nicht so persönlich wie man es erwarten würde. Mitunter «kann man sich des Eindrucks nicht erwehren, daß Luther sich hier mit Hilfe rhetorischer Topoi in eine Rolle hineinbegibt, die möglicherweise von ihm erwartet wurde.» [71] Daß für die zahlreichen Trostbriefe das *genus consolandi* die selbstverständlichen Maßstäbe setzt, wozu außer den rhetorischen Regeln auch die Fürbitte gehört, läßt sich explizit seinem Brief an Justus Jonas vom 17. 8. 1529 entnehmen, in dem er diesen auffordert, Melanchthon über den Tod seines Sohnes Georg zu trösten, worin es heißt: «Tu quantum potes, ora pro eo, ut Dominus eum consoletur, deinde epistolam scribas pro tua rhetorica consolatricem.» (Bete für ihn, soviel du kannst, daß Gott ihn trösten möge, und schreibe ihm dann einen Trostbrief nach deinem rhetorischen Vermögen.) [72] Die *consolatio mortis* ist ein Genre mit einer festen Gattungstradition unter dem Einfluß antiker Autoren, vor allem Seneca, und Augustins Auslegung von 1 Thess 4, 13. [73] Zur Exordialtopik gehören traditionell *lamentatio* und *laudatio.* Außer dem tröstenden Zuspruch gehört auch eine Ermahnung zur Mäßigung der Trauer im Gedanken an die Auferstehung dazu. All dies läßt sich bei Luther belegen. Man könnte meinen, daß Privatbriefe wie z.B. solche an seine Käthe völlig frei von Rhetorik sein würden, aber auch hier kann man Überraschungen erleben. An einem Brief vom 10. 2. 1546, zwei Wochen vor seinem Tod, der auch die Frage nach Luthers Humor aufwirft, sei dies aufgezeigt. Luther ist von den Grafen zu Mansfeld nach Eisleben gerufen worden, um einen Zwist zu schlichten, und unterwegs durch eine Überschwemmung der Saale zu einem Aufenthalt gezwungen worden. Käthe hat vor Sorgen um ihn schlaflose Nächte zugebracht. Luther will sie aufheitern und ihr Gottvertrauen stärken. Als ermahnender Zuspruch gehört sein Brief dem deliberativen Genus an, mit demonstrativem Einschlag (Tadel). [74] Er schlägt einen scherzhaften Ton an mit einer Kombination von Wortspiel, drastischem Szenario und Ironie. Cicero unterscheidet in einem Kapitel über das Gelächter zwei Arten von Witz, Sachwitz und Wortwitz; am effektivsten sei die Kombination von beiden. Unter den Wortwitzen steht an erster Stelle das Wortspiel mit der Zweideutigkeit (*aequivocatio*). Stärkeres Gelächter als die Wortwitze riefen Sachwitze hervor, die anschaulich vor Augen führendes Erzählen (*evidentia*) verlangten sowie heikle Gegenstände, über die in unanstößiger Weise gescherzt werde. [75] Luther spielt mit der *aequivocatio* von ‹Sorge›: ‹Fürsorge› bzw. ‹Besorgnis›, dankt Käthe ironisch für übergroße Besorgnis, wobei der scherzhafte Ton die Zurechtweisung wegen mangelnden Gottver-

trauens mildern soll, und erzählt eine Episode etwas heikler Art, wie ihn fast ein Stein auf dem Abtritt erschlagen hätte: «Allerheiligste Frau Doctorin! Wir dancken euch gantz freundlich fur eure grosse sorge, dafur ir nicht schlaffen kund, Denn seit der Zeit ir fur uns gesorget habt, wolt uns das feur verzeret haben in unser Herberge [...] Und gestern, on Zweifel aus krafft ewer sorge, hette uns schier ein stein auff den kopff gefallen und zuquetzscht, wie in einer Mausfalle, Denn es in unserm heimlichen gemache wol zwen tage uber unserm kopff riselt kalck und leymen, bis wir Leute dazu namen, die den Stein anrureten mit zweien fingern, da fiel er erab, so gros als ein lang küssen und einer grossen hand breit, der hatte im sinne ewer heiligen sorge zu dancken, Wo die lieben Engel nicht gehuttet hetten. Ich sorge, wo du nicht auffhörest zu sorgen, es möcht uns zuletzt die erden verschlingen [...] Lerestu also den Catechismum und glauben? Bete du und lasse Gott sorgen, dir ist nichts befolhen, fur mich oder dich zu sorgen. Es heisst: "Wirff dein anliegen auff den HErrn, Der sorget fur dich" [...]». [76] Die als ‹Sachwitz› anschaulich erzählte Episode mit dem kissengroßen Stein hat sicher unter den Freunden Anlaß zu burlesken Scherzen gegeben: Das hätte dem Teufel gepaßt, Luther in dieser Situation zu erschlagen! Daß Käthe wohl das Lachen in der Kehle stecken geblieben ist, kann man sich jedoch vorstellen. Was aber festzuhalten bleibt, ist die erstaunliche Übereinstimmung zwischen den sprachlichen Mitteln in Luthers so persönlichem Brief und den Anweisungen über das *ridiculum* in den Lehrbüchern der Rhetorik. So zeigt sich, daß auch die Frage nach Luthers Humor sich nicht aus heutigem Vorverständnis von dem, was zu Lachen Anlaß gibt, beantworten läßt. Humor in Luthers Schrifttum ist aus seiner rhetorischen Ethos-Funktion nicht zu lösen. Der zitierte Brief steht in der damals herrschenden Tradition des entlastenden, tröstenden und erbaulichen Zuspruchs, ohne dadurch an Individualität seines Autors oder Intimität einzubüßen.

C. *Zusammenfassung.* Die Rolle, die die Rhetorik in Luthers sprachlichem Schaffen spielt, ist vergleichbar mit derjenigen der Musikwissenschaft bei einem Organisten oder Komponisten. Er übt die Sprachkunst praktisch aus wie ein Organist das Orgelspiel, dessen Finger die Technik scheinbar mühelos, nach langjähriger Übung automatisch beherrschen, und der sich der Wirkung jedes Registers, das er zieht, genau bewußt ist. Bei der Konzeption seiner Schriften verfährt Luther wie ein Komponist, der mitnichten spontan nur aus seinem Gefühl bzw. seiner Inspiration heraus Noten zu Papier bringt, sondern als notwendige Voraussetzung die Musiktheorie, Harmonielehre etc. gründlich beherrscht. Nur so kann er auf die erwünschte Rezeption hoffen. Wo es um Theologie und Glauben geht, reicht rhetorische Kompetenz alleine allerdings nicht aus, sondern Glaubenserfahrung, Gebet und das Wirken des Heiligen Geistes sind ebenso notwendig für ihre Vermittlung.

Anmerkungen:
1 vgl. B. Stolt: Germanist. Hilfsmittel zum Lutherstud., in: Lutherjb. 46 (1979) 132–134; dies.: Rhet. u. Lit., in: Daphnis 16 (1987) 558–562; J. Schilling: Latinist. Hilfsmittel zum Lutherstud., in: Lutherjb. 55 (1988) 83–101. – **2** vgl. B. Stolt: Die Sprachmischung in Luthers Tischreden. Stud. zum Problem der Zweisprachigkeit (Uppsala 1964). – **3** vgl. dies.: Luther sprach 'mixtim vernacula lingua', in: ZDPh 88 (1969) 432–435; dies.: Lutherkontroversen, in; ZDPh 109 (1990) 402–409. – **4** vgl. dies.: Stud. zu Luthers Freiheitstraktat, mit besonderer Rücksicht auf das Ver-

hältnis der lat. und der dt. Fassung zu einander und die Stilmittel der Rhet. (Uppsala 1969). – **5** vgl. H. Wolf (Hg.): Luthers Deutsch. Sprachl. Leistung u. Wirkung (1996) 53ff., 91ff., 126ff., 136ff. – **6** Luther, in: WA Tischreden, Bd. 2, Nr. 2758b (1913; ND 1967) 639; Übers. Verf.; vgl. Stolt [2] 21. – **7** W. Besch: Die Entstehung der nhd. Schriftsprache. Die Rolle Luthers, in: Wolf [5] 107. – **8** Luthers Vorrede auf den Psalter, Bibel 1545, in: WA Bibel, Bd. 10,1 (1956) 101. – **9** Luther: An die Ratherren aller Städte deutsches Lands, daß sie christl. Schulen aufrichten u. halten sollen, 1524, in: WA Werke, Bd. 15 (1899; ND 1966) 39. – **10** ders.: Von den letzten Worten Davids, 1543, in: WA Werke, Bd. 54 (1928; ND 1968) 74; vgl. auch H. Wolf: M. Luther (1980) 21f., 51–53. – **11** vgl. B. Stolt: M. Luthers rhet. Syntax, in: G. Ueding (Hg.): Rhet. zw. d. Wiss. (1991) 207–220; dies.: Die Bedeutung der Interpunktion für die Anal. von M. Luthers Syntax, in: W. Besch (Hg.): Dt. Sprachgesch. FS J. Erben (1990) 167–180. – **12** vgl. Stolt [4] 118–139; H. Junghans: Der Einfluß d. Humanismus auf Luthers Entwicklung bis 1518, in: Lutherjb. 37 (1970) 37–120; D. Gutzen: Art. ‹Christl. Rhet. IV›, in: HWRh, Bd. 2 (1994) Sp. 216f.; L. Bahmer: Art. ‹Erziehung, rhet.›, ebd. Sp. 1446f. – **13** vgl. B. Stolt: Luther, die Bibel und das menschl. Herz, in: Mu 94, Luther-Sonderh. (1983/84) 1–15; dies.: Textgestaltung – Textverständnis (Stockholm 1990) 110–137. – **14** Luther: Dictata super Psalterium, 1513–16, in: WA Werke, Bd. 4 (1886; ND 1966) 282, 8f. – **15** ders. [6] Nr. 2299, 411. – **16** vgl. Quint. VI, 2, 7. – **17** Luther: Dt. Messe, 1526, in: WA Werke, Bd. 19 (1897; ND 1964) 78, 23–24; vgl. B. Stolt: Rhetorikkonzeptionen in der Gesch. der dt. Sprache, in: W. Besch, A. Betten et al.: Hb. zur Sprach- und Kommunikationswiss., hg. von H. Steger, Teilbd. 3, Nr. 187, Punkt 2, 3c (2. Aufl. im Druck). – **18** Luther: Predigten des Jahres 1537, in: WA Werke, Bd. 45 (1911; ND 1964) 22, 14–18; vgl. auch D. Gutzen: Art. ‹Christl. Rhet.›, in: HWRh, Bd. 2, Sp. 219f. – **19** Luther [6] Nr. 1312, 37; Übers. Verf. – **20** ders.: in: WA Tischreden, Bd. 1, Nr. 46 (1912; ND 1967) 16; Übers. Verf. – **21** ders. [14], in: WA Werke, Bd. 3 (1885; ND 1966) 549, 30–35; Übers. Verf. – **22** ders.: Predigten des Jahres 1523, in: WA Werke, Bd. 12 (1891; ND 1966) 444, 7f. – **23** ders. [18] 23, 14f. – **24** Cic. De or. 2, 43–52; Quint. VI, 2, 26. – **25** Luther [8] 103. – **26** K.-H. zur Mühlen: Melanchthons Auffassung vom Affekt in den *Loci communes* von 1521, in: M. Beyer, G. Wartenberg (Hg.): Humanismus und Wittenberger Reformation (1996) 327–336. – **27** Luther [6] Nr. 1649, 163; vgl. auch Stolt [4] 131. – **28** Dyck 151ff.; vgl. auch Stolt [4] 121f.; dies.: Lieblichkeit u. Zier, Ungestüm u. Donner. M. Luther im Spiegel seiner Sprache, in: ZThK 86 (1989) 282–305. – **29** H. Emser: An den stier zu Wittenberg (sic), in: L. Enders (Hg.): Luther und Emser. Ihre Streitschr. aus dem Jahre 1521, Bd. 2 (1892) 5. – **30** vgl. Stolt [4] 118f. – **31** Luther: Ein Sendbrief D.M. Luthers vom Dolmetschen, in: ders.: Studienausgabe, hg. von H.-U. Delius, Bd. 3 (1983) 488, 20–24. – **32** siehe WA Bibel, Bd. 3 (1911) 59, 20; s. auch ebd. 28, 20 (pselmichen); ebd. 4, 5; 20, 3f.; 24, 6f. (versichen); ebd. 58, 11 (textichen); vgl. auch Stolt [13] 7ff. – **33** Luther [20] Nr. 146, 69. – **34** ders. [31] 486, 30–33. – **35** vgl. ders.: Summarien über die Psalmen u. Ursachen d. Dolmetschens, 1531–33, in: WA Werke, Bd. 38 (1912; ND 1964) 13, 5–21; vgl. auch Stolt [13] 10. – **36** vgl. Stolt [13] 7–9. – **37** siehe in: WA Bibel, Bd. 3 (1911) 35, 26–30; vgl. dies.: Rhet. u. Musik in M. Luthers Bibelübers., in: ZfG, N.F. 4 (1994) 289f. – **38** vgl. Quint. I, 10, 9–33. – **39** ebd. 25. – **40** vgl. H.-H. Unger: Die Beziehungen zw. Musik u. Rhet. im 16.-18. Jh. (1941). – **41** Luther: Praefatio zu den Symphoniae iucundae, 1538, in: WA Werke, Bd. 50 (1914; ND 1967) 371; Übers. Verf.; vgl. auch Stolt [37] 287f. – **42** Luther [17] 102. – **43** vgl. Stolt [37]. – **44** vgl. dies.: Revisionen u. Rückrevisionen des Luther-NT aus rhet.-stilistischer Sicht, in: B. Sandig (Hg.): Stilist.-rhet. Diskursanal. (1988) 13–40; dies.: Redeglieder, Informationseinheiten: cola u. commata in Luthers dt. Syntax, in: A. Betten (Hg.): Neuere Methoden in der Erforsch. der hist. Syntax des Dt. Referate d. Internat. Fachkonferenz Eichstätt 1989 (1990) 373–392. – **45** vgl. Stolt [13] (1983/84) 10–14; dies. [44] (1988) 26–31. – **46** Luther [17] 80, 6f.; ebd. 74, 4–11. – **47** ebd. 74, 23. – **48** Luther: Wider die himmlischen Propheten, von den Bildern u. Sakrament, 1525, in: WA Werke, Bd. 18 (1908; ND 1964) 124, 5–8. – **49** ders. [17] 46, 1–5. – **50** ebd. 50, 17–23. – **51** F. Gebhardt: Die musikal. Grundlagen zu Luthers Deutscher Messe, in: Lutherjb. 10 (1928) 56–169, zit. 69. – **52** Luther [20] Nr. 494, 218. – **53** ders. [6] Nr. 2216, 368; Übers. Verf.; vgl. auch B. Stolt: Docere, delectare u. movere bei Luther …, in: Wortkampf. Frühnhd. Stud. zur rhet. Praxis (1974) 31–77. – **54** Luther ebd., Nr. 2629a, 555, 20ff.; Übers. Verf. – **55** in: WA Werke, Bd. 30.2 (1909; ND 1964) 508–588; vgl. Stolt [53] 31–77. – **56** Luther [55] 525; 522; 509f. – **57** ders.: Der Prophet Habacuc ausgelegt, 1526, in: Luther [17] 370, 6–12. – **58** ders., in: WA Tischreden, Bd. 5, Nr. 5511 (1919; ND 1967) 204, 27f. – **59** vgl. Stolt [53] 36f.; dies. [4] 92f. – **60** Norden, Bd. 2, 803f. – **61** Luther [55] 526, 16f.; vgl. auch Stolt [53] 47–56. – **62** Luther, in: WA Tischreden, Bd. 4, Nr. 4188 (1916; ND 1967) 189, Übers. Verf. – **63** vgl. Stolt [4] 65f., 71f.; A. Beutel: In dem Anfang war das Wort: Stud. zu Luthers Sprachverständnis (1991) 42–45. – **64** vgl. Beutel ebd.; B. Stolt: Rhet. Textkohärenz am Bsp. M. Luthers, in: Rhet. 10 (1991) 89–99. – **65** vgl. Stolt ebd. – **66** Luther [6] Nr. 2410a, 455; Übers. Verf. – **67** vgl. Quint. VI, 3, 84; Stolt [53] 72f., 100–119; dies.: Lächeln, Lachen u. Auslachen: Rhet. Humor in M. Luthers Schrifttum, in: Rhetoric in German Contexts. Carleton Germanic Papers 23 (1995) 53–63. – **68** vgl. H. Emser: Wider das unchristl. B. Martini Luthers Augustiners, an den dt. Adel ausgangen, in: Enders [29] Bd. 1 (1889) 1ff.; Luther: Auf das überchristl. übergeistl. u. überkünstl. B. Bocks Emsers zu Leipzig Antwort, in: Enders [29] Bd. 2, 45ff. – **69** Curtius 433. – **70** H.-J. Ziegeler: Erzählen im Spätmittelalter (1985) 162; 463. – **71** U. Mennecke-Haustein: Luthers Trostbriefe (1989) 129f.; M. Rössing-Hager: Syntax und Textkomposition in Luthers Briefprosa, 2 Bde. (1972). – **72** Luthers Briefwechsel, in: WA Werke, Briefwechsel, Bd. 5, Nr. 1462 (1934; ND 1969) 132; Übers. Verf.; vgl. auch Mennecke-Haustein [71] 19. – **73** vgl. Mennecke-Haustein, ebd. 100–113. – **74** Luther [72] Bd. 11, Nr. 4203, 290f.; vgl. auch Stolt [67] 59–61. – **75** Cic. De or. II, 58 – II, 71, 289; bes. ebd. II, 61, 248–250; ebd. II, 62, 253–63, 255; ebd. II, 66, 264; Quint. VI, 3. – **76** Luther [72] Bd. 11, Nr. 4203, 291.

Literaturhinweise:
U. Nembach: Predigt des Evangeliums. Luther als Prediger, Pädagoge und Rhetor (1972). – H. Junghans: Der junge Luther und die Humanisten (1985). – K.-H. zur Mühlen: Rhet. in Predigten u. Schr. Luthers, in: Lutherjb. 57 (1990) 257–259. – D. Gutzen: "Es ligt alles am wort" – Überlegungen zu Luthers Rhet., in: G. Ueding (Hg.): Rhet. zw. den Wiss. (1991) 229–235. – H. Wolf: Luthers sprachl. Selbstbeurteilungen, in: ZDPh 115 (1996) 349–370. – H. Junghans: Martin Luther und die Rhet. (1998). – B. Stolt: Martin Luthers Rhetorik des Herzens (2000).

B. Stolt

→ Ars praedicandi → Bibelrhetorik → Brief → Christliche Rhetorik → Hochsprache → Homiletik → Kanzleistil → Literatursprache → Mündlichkeit → Muttersprache → Predigt → Streitschrift → Traktat

Lyrik (griech. μελικὴ ποίησις, meliké poíēsis oder μέλη, mélē [Gedichte, Einzahl μέλος, mélos]; später λυρικὴ ποίησις oder μοῦσα oder τέχνη, lyriké poíēsis oder mûsa oder téchnē, pluralisch λυρικὴ ᾄσματα oder μέλη, lyriké ásmata oder mélē; lat. lyrica [Neutrum Plural], d.h. lyrica carmina oder poemata; mlat. lyricum carmen, lyricum; neulat. poesis lyrica; engl. lyric; frz. poésie lyrique; ital. lirica)

A. I. Def. – II. Wortgeschichte. – III. L. und Rhetorik. – B. I. Antike. – II. Mittelalter. – III. Frühe Neuzeit. – IV. Empfindsamkeit und Folgezeit.

A. I. *Def.* L. oder lyrische Poesie, wie sie bis ins frühe 19. Jh. bevorzugt hieß, gilt heute als eine von drei Dichtungsgattungen (neben Epik und Drama). Die zugehörigen Texte, im Einzelfall als ‹Gedicht› bezeichnet, unterscheiden sich von Werken der beiden anderen Gattungen generell durch die Erfordernisse der Kürze, der Versform oder zumindest versähnlichen Form und des überwiegend monologischen Charakters.

Ein darüber hinausgehendes, auch Inhalte, Sprachstil oder ästhetischen Wert einschließendes begriffliches Einvernehmen läßt sich trotz vielfacher Versuche aus heutiger Sicht kaum erreichen. «Die Klage um die Unzulänglichkeit des *wahren Begriffs* der lyrischen Poesie»[1] ist seit dem späten 18. Jh. geradezu Bestandteil der Lyrikdefinition. Ein damaliger Beobachter hält fest: «Die Begriffe von lyrischer Poesie, welche ich bey den meisten fand, trafen in keinem fest bestimmten wesentlichen und als wesentlich mit unzweydeutiger Evidenz erscheinendem Merkmale zusammen, desto mehr aber schienen sie mit einander um den Ruhm der möglichsten Unbestimmtheit, der schwankendesten Umgränzung und des schielendesten Ausdrucks zu wetteifern.»[2]

Der Eindruck, im allgemeinen sei man «angesichts der Lyrik [...] recht hilflos»[3], verstärkt sich im 20. Jh., nicht zuletzt unter den Lyrikern selbst. W. WEYRAUCHS Rundblick bestätigt es: «Was ist das: Ein Gedicht? Ein Apfel ist ein Apfel, und ein Mofa ist ein Mofa. Aber was ist ein Gedicht? Baudelaire definiert es anders als Brecht, Cummings anders als Hilde Domin, Eluard anders als Hegel, Pound anders als Majakowskij, Rimbaud anders als Sandburg, Valéry anders als Baudelaire; viele andre haben sich anders dazu geäußert.»[4] H.C. BUCH thematisiert das Problem in einem satirischen Gespräch zwischen deutschen Gegenwartsdichtern und ihrem Publikum. Da sagt ein Mann: «Herr Grass, | Sie behaupten, daß wir hier soeben Lyrik gehört haben. | Wie kommen Sie überhaupt zu dieser Behauptung? | Welche Kriterien gibt es dafür, | Ob etwas Lyrik ist oder nicht? | Was ist überhaupt Lyrik?» Grass erwidert, das sei «so pauschal schwer zu sagen», und bringt nur eine unbefriedigende negative Antwort zustande: «Also, ich würde sagen, Lyrik ist alles, | Was nicht Theater, Roman oder Prosa ist.»[5]

Ursache des auch von Literaturwissenschaftlern geäußerten Aporiebewußtseins sind mehrere Bedeutungsänderungen, die der Begriff ‹L.› seit der Antike erfahren hat. Galten als L. anfangs nur die Gedichte der zum Kanon erhobenen neun oder zehn altgriechischen Lyriker und ergänzend lateinische Oden in der Art des HORAZ, so bezog man in der frühen Neuzeit auch die italienischen Sonette PETRARCAS und andere volkssprachliche Poesie mit ein. Besonders tiefgreifend war der Bedeutungswandel im 18. Jh. Damals verschob sich das Sinnzentrum von der ursprünglichen, im Wort ‹L.› etymologisch bis heute nachklingenden Musikalität zur Gefühligkeit, wenig später zur (auch Reflexion einschließenden) Subjektivität. Die gleichzeitige Aufwertung der L. zur dritten Dichtungsgattung führte zur Eingemeindung weiterer, vorher gesondert betrachteter Formen klassischer Kurzpoesie (z.B. Elegie, Epigramm), aber auch des Volkslieds.

Im 20. Jh. gilt als L. im engeren Sinn vor allem das künstlerisch hochrangige, schriftlich gefaßte Gedicht. Sein formales Spektrum hat sich durch die zeitgenössische Dichtung von metrisch geregelten auf mehrheitlich ungebundene Verse verlagert. Das gesungene Lied steht, jedenfalls im deutschen Sprachgebiet, diesem Lyrikverständnis inzwischen eher entgegen, trotz anhaltender Versuche (E. Staiger), am Lied als ursprünglichem Kern der L. festzuhalten. Bestimmender als der einengende Wunsch nach möglichst vollkommener L., von dem sich namhafte Dichter und Literaturwissenschaftler nach wie vor leiten lassen (zuletzt P. von Matt[6]), erscheint allerdings die Tendenz, den Lyrikbegriff möglichst weit zu fassen und unter ihm alle Gedichte, d.h. sämtliche sprachliche Kleinkunst in Versform, zu versammeln.[7] Dazu gehören, zumindest in gedruckter Form, auch Lieder.

Im folgenden wird davon Abstand genommen, den weitgefaßten Lyrikbegriff der Moderne in der Art vieler Literaturgeschichten ohne weiteres auf die älteren Epochen anzuwenden. Auch geht es nicht darum, die Summe der historischen Verstehensvarianten über die drei eingangs angesprochenen Formmerkmale hinaus auf den gemeinsamen Nenner von «überdauernden Elementen» zu bringen, wie es Killy versucht hat.[8] Aus historischer Rücksicht soll vielmehr bei Besprechung der älteren Zeiträume deren eigenes, vergleichsweise enges Lyrikverständnis im Vordergrund stehen und das heutige jeweils nur ergänzend berücksichtigt werden. Gegenstand der Untersuchung ist im übrigen weniger die Fülle lyrischer Praxis als die sie begleitende, schmalere Theorie.

Anmerkungen:
1 K.R. Scherpe: Gattungspoetik im 18. Jh. (1968) 105. – 2 K.H. Heydenreich: System der Aesthetik (1790) 319, zit. Scherpe [1] 105. – 3 B. Markwardt: Art. ‹L.›, in: RDL², Bd. 2, 245. – 4 W. Weyrauch: Zeilenmann, in: H. Bender, M. Krüger (Hg.): Was alles hat Platz in einem Gedicht? (1977) 181. – 5 H.C. Buch: L.-Diskussion (1967), in: Bender, Krüger [4] 87. – 6 P. von Matt: Die verdächtige Pracht. Über Dichter und Gedichte (1998) 14. – 7 vgl. etwa H.-G. Kemper: Dt. L. der frühen Neuzeit, Bd. 1 (1987) 37f.; D. Burdorf: Einf. in die Gedichtanalyse (²1997) 20; S. Grosse: L. und Linguistik, in: H. Kämper, H. Schmidt (Hg.): Das 20. Jh. Sprachgesch., Zeitgesch. (1998) 45f. – 8 W. Killy: Elemente der L. (1972) 1.

II. Wortgeschichte. Das Wort ‹L.› geht über lat. *lyricum carmen* bzw. die neutrische Pluralform *lyrica* auf das griechische Adjektiv λυρικός (lyrikós; zur Lyra gehörig) zurück. Es bedeutet in Verbindung mit verschiedenen weiblichen Substantiven (z.B. ‹téchnē›, Kunst) ‹L.›, als männliche Substantivierung (‹lyrikós›; Plural λυρικοί, lyrikoí) ‹Lyriker›. (Der russische Lyriker und Nobelpreisträger BRODSKY erklärt einen libidinösen Traum mit der irrigen Annahme, daß «Lyrik im Lateinischen weiblich ist».[1]) ‹Lyrikós› findet sich in bezug auf L. seit alexandrinischer Zeit. Ab etwa 100 v. Chr. häufen sich die Belege.[2] Noch für CICERO klingt die Bezeichnung jener Dichter, «die bei den Griechen *Lyriker* heißen» (qui λυρικοί [lyrikoí] a Graecis nominantur)[3], eher ungewohnt. Von seinem Zeitgenossen DIDYMOS (1. Jh. v. Chr.) stammt eine nicht erhaltene Schrift περὶ λυρικῶν ποιητῶν (perí lyrikṓn poiētṓn, über lyrische Dichter). Entstanden sind die Begriffe ‹lyrisch›, ‹Lyriker› und ‹L.› offenbar mit der Kanonisierung der griechischen ‹lyrikoí›, deren berühmtester PINDAR ist, also mehrere Jahrhunderte nach deren Lebenszeit (7. bis 5. Jh. v. Chr.).[4]

Vor der Kanonbildung nannte man den Lyriker μελικός (melikós) oder μελοποιός (melopoiós; dem entspricht der moderne Begriff ‹Liedermacher›).[5] Die L. hieß ebenso wie das einzelne Gedicht im Hinblick auf den gesanglichen Vortrag μέλος (mélos), aber auch, wie öfters bei PLATON, μουσική (mūsikḗ) oder κιθαρῳδία (kitharōdía). Die Mehrdeutigkeit der alten Begriffe erschwert im Einzelfall deren Verständnis. ‹Mélos› bezeichnet nicht nur den gesungenen Text, sondern zunächst und vor allem auch Melodie und Gesang. ‹Mūsikḗ›, lat. *musica*, umfaßt in der Antike neben der Musik auch den dazu gesungenen Text und den die Chorlyrik begleitenden Tanz der Choreuten. ‹Kitharōdía› ist primär der gesangliche Vortrag mit Kitharabegleitung, betrifft aber auch den dabei verwendeten Gedichttext.

Die nachträgliche Benennung der alten Dichter als ‹lyrikoí› und ihrer Gedichte als ‹L.› erfaßt die klassische L. der Griechen in repräsentativer, aber verkürzender Form. Die in Griechenland als volkstümliches Saiteninstrument heimische Lyra, von der sich das deutsche Wort ‹Leier› herleitet, vertritt als Namengeberin die für den lyrischen Wettstreit benutzte Kithara (von der ‹Zither› und ‹Gitarre› entlehnt sind), aber auch die zur Gesangbegleitung als Alternative dienende Flöte (αὐλός, aulós). Als Lyriker gelten sowohl der Kitharöde wie der Aulöde. Der Begriff ‹lyrikós› anstelle von ‹melikós›, vermuten Schmid und Stählin, «kann erst aufgekommen sein, nachdem die Aulodik aufgegeben war».[6] Im Gefolge der Antike verstand man bis zur Barockzeit unter *lyrica* (oder *lyrica carmina*) Gedichte, die zur Begleitung der Lyra, eines vergleichbaren Saiten- oder sonstigen Musikinstruments gesungen wurden oder doch als singbar gedacht waren, und schließlich allgemein, wie OPITZ schreibt, «getichte die man zur Music sonderlich gebrauchen kan».[7]

Die Lyrikbezeichnungen der neueren Sprachen haben sich aus lat. *lyricum carmen* bzw. der Pluralform *lyrica* entwickelt. Am ältesten ist ital. ‹lirica› (früher auch ‹lyrica›), das sich schon im 14. Jh. in BOCCACCIOS Dante-Kommentar (dort ohne Artikel) findet[8], im 16. und 17. Jh. als Abkürzung von ‹lirica poesia› und eindeutig weibliche Singularform gelegentlich vorkommt[9] und um 1700 allgemein üblich erscheint.[10] Engl. ‹lyric› (verkürzt für ‹lyric poetry›) wird 1586 von WEBBE benutzt[11] und ist in der englischen Theorie des 17. Jh. «fest etabliert».[12] Anders als ‹L.› bezeichnet es auch das einzelne Gedicht und den Lyriker, der Plural ‹lyrics› bis heute auch gesungene Lieder, z.B. in einem Film oder Musical.

In Deutschland spricht OPITZ[13] wie sein Gewährsmann SCALIGER[14] von *Lyrica* im Sinne des lateinischen Plurals. Das Substantiv ‹L.› im Singular, das bei G.A. BÜRGER in Form von Bemerkungen über «Lyric des Volks»[15] und «die sogenannte höhere Lyrik»[16] auftaucht, ist erst seit dem Brockhaus-Artikel ‹Lyrik, lyrische Poesie› von 1817[17] und bestärkt durch GOETHES Äußerungen von 1819[18] allgemein gebräuchlich. Noch JEAN PAUL benutzt es in der zweiten Auflage seiner ‹Vorschule der Ästhetik› (1813) in seinem dort hinzugefügten ‹Programm über die Lyra› nur beiläufig.[19] Ansonsten ist im Deutschen bis ins frühe 19. Jh. allgemein von ‹lyrischer Poesie› bzw. ‹lyrischer Dichtkunst› die Rede, gelegentlich, wie auch bei HERDER, metonymisch von der ‹Lyra›[20], im Einzelfall von ‹lyrischem Gedicht›.[21] Letzteres wird zum ‹Gedicht› verkürzt, nachdem die Anwendung dieses Wortes auf epische und dramatische Werke (Lessings ‹Nathan der Weise› heißt z.B. im Untertitel «Ein dramatisches Gedicht») angesichts der dort seit dem späten 19. Jh. nur noch seltenen Versform keine Grundlage mehr hat. Staigers problematischer Vorschlag, von der Gattung L. das ‹Lyrische› als «Idee» abzuheben (wie von Epik und Drama das Epische bzw. Dramatische), beansprucht für diese Substantivierung eine gesonderte fachbegriffliche Qualität.[22] Vom «allgemeinen Charakter des Lyrischen» war schon im 18. Jh. die Rede, damals allerdings ganz im Sinne der Gattung L. SULZER verbindet damit den Hinweis, «daß jedes lyrische Gedicht zum Singen bestimmt» sei.[23] BÜRGER fordert, «alles Lyrische und Epischlyrische sollte Ballade oder Volkslied seyn!»[24] Goethe meint: «Alles Lyrische muß im Ganzen sehr vernünftig, im Einzelnen ein bißchen unvernünftig sein.»[25]

Anmerkungen:
1 J. Brodsky: Brief an Horaz, in: ders.: Von Schmerz und Vernunft (1995) 22. – **2** Nachweise bei H. Färber: Die L. in der Kunsttheorie der Antike (1936) 7–10. – **3** Cic. Or. 183. – **4** Belege bei Färber [2] 7–10. – **5** ebd. 7. – **6** W. Schmid, O Stählin: Gesch. der griech. Lit., T. 1, Bd. 1 (1929; ND 1959) 13, Anm. 2. – **7** Opitz 369. – **8** G. Boccaccio: Il Commento alla Divina Commedia e gli altri scritti intorno a Dante, hg. von D. Guerri, Bd. 1 (Bari 1918) 114; vgl. S. Battaglia: Grande dizionario della lingua italiana, Bd. 9 (1975) 136. – **9** vgl. I. Behrens: Die Lehre von der Einteilung der Dichtkunst vornehmlich vom 16. bis 19. Jh. (1940) 85f. (über Minturno: L'Arte poetica); H. Friedrich: Epochen der ital. L. (1964) 451ff. (über Tasso); K.R. Scherpe: Gattungspoetik im 18. Jh. (1968) 12f.; vgl. auch das Zitat von F.F. Frugoni (17. Jh.) bei Battaglia [8] 136. – **10** vgl. Behrens [9] 157–164; Scherpe [9] 61f. – **11** W. Webbe: English Poetry (1586), zit. The Oxford English Dictionary, Bd. 6 (Oxford 1933; ND 1961) 527. – **12** Scherpe [9] 60f. – **13** Opitz 369. – **14** Scaliger, Bd. 1, 378–397 (= B. I, Kap. 44). – **15** Bürger an H.C. Boie am 18.6.1773, in: Briefe von und an Gottfried August Bürger, hg. von A. Strodtmann (1874), Bd. 1, 122. Bürger bezieht sich auf Herder, der 1773 den Begriff ‹Volkslied› einführte. – **16** G.A. Bürger: Herzensausguß über Volkspoesie (1776), in: Sämmtl. Werke, Bd. 3 (1844) 176. – **17** Conversations-Lex. oder encyclop. Handwtb. für gebildete Stände in 10 Bdn., Bd. 5 (²1817) 828f.; zit. L. Völker (Hg.): Lyriktheorie. Texte vom Barock bis zur Gegenwart (1990) 167–169. – **18** J.W. v. Goethe: Noten und Abhandlungen zu besserem Verständnis des west-östlichen Divans (1819), in: Werke (Hamburger Ausg.), Bd. 2 (⁴1958) 187. – **19** Jean Paul: Vorschule der Ästhetik, hg. u. kommentiert von N. Miller (1963) § 75. – **20** J.G. Herder: Die Lyra. Von der Natur und Wirkung der lyrischen Dichtkunst, in: Sämmtl. Werke, hg. v. B. Suphan, Bd. 27 (1881) 163ff.; zit. Völker [17] 119–131. – **21** zahlreiche Belege bei Völker [17]. – **22** E. Staiger: Grundbegriffe der Poetik (Zürich ³1956) 8–10. – **23** Sulzer, Bd. 3, 299 (Art. ‹Lyrisch›). – **24** Bürger [16] 176. – **25** Goethe: Maximen und Reflexionen, in: Werke (Hamburger Ausg.), Bd. 12 (⁴1960) 498.

III. L. und Rhetorik. Klassische Rede und L. haben Gemeinsamkeiten. Sie teilen 1. vor allem die meist monologische Form, aber auch 2. das Bemühen um sprachkünstlerische Qualität. Hinzu kommt 3. für die L. vor 1750 die hier vielfach herrschende, den monologischen Charakter relativierende Du-Anrede, oft verbunden mit deiktischen Hinweisen auf eine für Sprecher und Adressat unterstellte gemeinsame Wahrnehmungssituation. 4. Die vor dem 18. Jh. häufigen Lob- und Tadelgedichte berühren sich mit der Gattung der epideiktischen Rede.

In anderer Hinsicht gibt es Unterschiede. 1. Reden dienen anders als Gedichte, anders als Dichtung überhaupt praktischen Zwecken, wie schon TACITUS zu erkennen gibt.[1] Allerdings wird der poetische Anspruch auf Zweckfreiheit bzw. ästhetische Autonomie in vollem Ausmaß erst im 18. Jh. erhoben. In der rhetorisch geprägten Barockzeit war «vberredung vnd vnterricht auch ergetzung der Leute […] der Poeterey vornemster zweck».[2] 2. Reden geraten im allgemeinen länger als Gedichte. 3. Sie sind als Prosa zum mündlichen Vortrag bestimmt, nicht als Verse ursprünglich zum Gesang oder heute zur Lektüre.

Beim Vergleich von L. und Rhetorik überwiegt aus heutiger Sicht das Trennende. Es herrscht vielfach sogar der Eindruck eines krassen Gegensatzes. «Die Idee des Lyrischen schließt alle rhetorische Wirkung aus», formuliert Staiger.[3] Barner nennt L. «den a priori "unrhetorischsten" Bereich der Literatur».[4] Grundlage dieses Urteils ist die durch die Empfindsamkeit des 18. Jh. geprägte heutige Lyrikauffassung. Sie beeinflußt auch die Erschließung älterer Epochen; denn die L. von der Antike bis zum Barock wird in ihrer Andersartigkeit gern vom modernen Lyrikverständnis her per Opposition oder Negation definiert. Germanisten begreifen sie als Zeugnis einer «Distanzhaltung» anstelle der neueren «Ausdruckshaltung» [5], sie nennen sie mittelbar bzw. nicht unmittelbar [6] und verstehen sie geradezu als «nicht-lyrische Lyrik». [7] Der klassische Philologe Heinze schreibt, wie die moderne L. «monologisch» sei (nicht nur bezüglich ihrer Äußerungsform, sondern wegen ihrer Ichbezogenheit auch inhaltlich), so sei die antike angesichts ihres Adressatenbezugs eher «dialogisch». [8]

Mit der Rhetorik-Renaissance um 1970 hat sich die Bereitschaft erhöht, die vorempfindsame L. stärker von ihren eigenen Voraussetzungen her zu begreifen. Während die L. der letzten zweieinhalb Jahrhunderte überwiegend mit der Rhetorik unvereinbar erscheint und rhetorische Theoreme in ihr nur in verdeckter Form weiterleben, ist die L. der vorangehenden fast zweieinhalb Jahrtausende eng und offenkundig mit der Rhetorik verbunden. Ihr gilt im folgenden das Hauptinteresse, zumal das neuere Lyrikverständnis anderweitig gut dokumentiert ist. [9]

Anmerkungen:
1 Tac. Dial. 9f. – 2 Opitz 351. – 3 E. Staiger: Grundbegriffe der Poetik (Zürich ³1956) 49. – 4 Barner 25. – 5 G. Müller: Gesch. des dt. Liedes vom Zeitalter des Barock bis zur Gegenwart (1925; ND 1959). – 6 E. Voege: Mittelbarkeit und Unmittelbarkeit in der L. (1932; ND 1968). – 7 K.O. Conrady: Lat. Dichtungstrad. und dt. L. des 17. Jh. (1962) 52. – 8 R. Heinze: Die horazische Ode, in: ders.: Vom Geist des Römertums (³1960) 172–189. – 9 vgl. hierzu für die deutsche Lit. L. Völker (Hg.): Lyriktheorie. Texte vom Barock bis zur Gegenwart (1990); ders.: Art. ‹Lyriktheorie›, in: W. Killy (Hg.): Literaturlex., Bd. 14 (1993) 57–59; ders.: Art. ‹L.›, in: U. Ricklefs (Hg.): Das Fischer Lex. Lit., Bd. 2 (1996) 1186–1222; D. Burdorf: Einf. in die Gedichtanalyse (²1997) 1–21.

B. I. *Antike.* Die Geburt aus dem Geiste der Musik, die NIETZSCHE für die Tragödie formuliert, läßt sich mit größerem Recht für die L. behaupten, aus deren dithyrambischer Spielart die Tragödie hervorging. Selbst für Nietzsche ist «das wichtigste Phänomen der antiken Lyrik [...] die [...] Identität *des Lyrikers* mit *dem Musiker*.» [1] Die L. verdankt nicht nur ihren Namen, sondern auch ihre Existenz der griechischen Musikkultur. Sie ist nicht nur Ergebnis, sondern (in dieser Hinsicht dem neuzeitlichen Opernlibretto vergleichbar) zugleich Bestandteil antiken Musikverständnisses. Denn das Wort ‹Musik› (eigentlich μουσικὴ τέχνη, mūsikḗ téchnē) umfaßt, wie schon angedeutet, damals auch Dichtung und Tanz. Gelegentlich bezeichnet es L. im Hinblick auf deren gesanglichen Vortrag. [2]

Die Zusammenschau von L. und Musik wurzelt in vorgeschichtlicher Zeit. Sie verkörpert sich in dem mythischen Dichtersänger ORPHEUS, der seine Lyra oder Kithara angeblich von dem Musengott Apollon überreicht bekam. Ungewöhnlich wie die Ursache, aber noch bekannter als sie ist die Wirkung von Orpheus' Kunst. «Vom 6. Jh. an bis zum Ausgang des Alt.[ertums] sind Dichter und bildende Künstler nicht müde geworden, die Zaubermacht seines Gesanges und Saitenspieles, mit der er nicht nur die Menschen, sondern auch Tiere und Pflanzen, ja die unbelebte Natur und ihre Kräfte sich gefügig machte, in immer neuen Wendungen auszumalen, und die chr.[istliche] Kunst hat hier in bes. hervorstechender Weise das Erbe der Ant.[ike] angetreten.» [3] Auch QUINTILIAN bestätigt die Verehrung der Musik des Orpheus. [4]

Die Vorstellung von der Außerordentlichkeit der Musenkunst entfaltet sich in der historisch faßbaren Folgezeit im Hinblick auf Produktion und Rezeption unterschiedlich: Die Entstehung aus göttlicher Inspiration, dem sogenannten Enthusiasmus (seit dem 17. Jh. als ‹Begeisterung› verdeutscht [5]), wird Bestandteil der Dichtungstheorie [6]; der Glaube an die magische Wirkung hingegen konzentriert sich auf die Musik im engeren Sinn. Auf letzterem fußt die von DAMON im 5. Jh. v. Chr. entwickelte, durch PLATON vermittelte Theorie, zwischen Musik und Gemütsbewegungen bestehe eine Verwandtschaft, menschliches Verhalten sei also durch die Art der Musik beeinflußbar. [7] Platon rückt Musik und Rhetorik in den Zusammenhang einer – aus seiner Sicht ohne obrigkeitliche Kontrolle gefährlichen – Wirkung. [8] GORGIAS VON LEONTINOI weicht von diesen Zuordnungen ab, indem er nicht die Musik, sondern die Dichtung als magisches Medium auffaßt und deren Stilmittel für eine entsprechende Wirkung der Rhetorik heranzieht.

Im folgenden werden die musikalischen Rahmenbedingungen der L. näher erläutert, sodann Autoren und Arten der L. besprochen und schließlich anhand poetologischer und rhetorischer Zeugnisse vor allem die Entwicklung der antiken Lyriktheorie verdeutlicht.

Das Wissen über die griechische Musikkultur beschränkt sich im wesentlichen auf die Instrumente, da zeitgenössische Vertonungen nicht überliefert sind. Die Griechen benutzten, wie bereits angedeutet, einheimische Saiteninstrumente und den aus dem kleinasiatischen Phrygien stammenden Aulos, eine der Oboe vergleichbare Flötenart. Der von den Instrumenten begleitete gesangliche Vortrag der L. wird im ersten Fall als ‹Kitharodie›, im zweiten als ‹Aulodik› bezeichnet. Instrumentalmusik ohne Text bzw. Gesang heißt ‹Kitharistik› bzw. ‹Auletik›.

Ältestes Saiteninstrument ist offenbar die schon in HOMERS ‹Ilias› vorkommende viersaitige Phorminx. Aus ihr entwickelte sich die Kithara mit sieben, später auch mehr Saiten. Sie ist das «Instrument des virtuosen Vortrags» [9], mit dem man auf musischen Festspielen, sogenannten Agonen, im Wettbewerb um einen Preis gegeneinander antrat. [10] Der vortragende Kitharöde ist ursprünglich Dichter, Sänger und Instrumentalist in einer Person. Hinzu kommt die ebenfalls siebensaitige, aber kleinere, einfacher zu spielende Lyra, deren Schallkörper «aus einer Schildkrötenschale oder einer mit Schildpatt belegten Nachbildung aus Holz» besteht und die deshalb auch Schildkröte genannt wird (χέλυς, chélys; lat. *testudo*). Sie dient «als Instrument des Hausgebrauchs und bes. der Musikerziehung». [11] PLATON empfiehlt das Erlernen des Lyraspiels für alle 13- bis 16-jährigen. [12] Die Saiten dieser Instrumente wurden mit einem Plektron oder mit bloßer Hand gezupft oder angeschlagen, nicht mit einem Bogen gestrichen. Ob «bei den Griechen jeder Ton auch seine eigene Saite gehabt» hat, wie die ältere Forschung annahm, oder ob ähnlich wie heute auf Geige oder Gitarre «vielmehr auch auf den griechischen Saiteninstrumenten "gegriffen" wurde» [13], ist nicht hinreichend geklärt. Eigentliche Streichinstrumente kennt die Antike nicht. [14] Die Grenzen zwischen den Saiteninstrumenten verwischen sich in der Überlieferung. «Daß Kithara und Lyra verschiedene Instrumente waren, brauchte Dichter und Mythographen nicht zu kümmern.» [15] Die Frage, ob Orpheus dieses oder jenes Saiteninstrument benutzte, verblaßt im Glauben an die Wirkungsmacht seiner Musik.

«Das am weitesten verbreitete ant.[ike] Blasinstrument [...] ist der durchweg paarig geblasene [...] Aulos (daher meist [die Pluralform] αὐλοί [auloí]; lat. *tibia(e)*).»[16] Diese Doppelflöte stößt angesichts ihrer fremden Herkunft in Griechenland auf Vorbehalte.[17] «Der Satyr Marsyas forderte mit seiner Flöte den Apollon mit seiner Kithara zum Wettkampf heraus und verlor.»[18] Dieser mythischen Entscheidung schließt sich PLATON an.[19] Auch ARISTOTELES schätzt die Flötenmusik nicht. Er «rechnet Aulos zu den τεχνικὰ ὄργανα [techniká órgana], die im Unterricht zu verwerfen sind: wegen des bakchischen Klangs und der Nutzlosigkeit für die Geistesbildung, auch könne der Spieler nicht zugleich singen.»[20]

Aus heutiger Sicht erscheint mangels musikalischer Zeugnisse die Unterscheidung von Kitharodie und Aulodik weniger wichtig als die in der antiken Poetik eher vernachlässigte, aber durch die Gedichttexte dokumentierte Opposition von ‹Chorlyrik› und individueller oder monodischer L. Charakteristisch für die Chorlyrik ist die in PINDARS Epinikien (Siegeslieder) vorliegende dreiteilige Strophenform. Das Metrum einer meist recht langen Strophe wiederholt sich in der Antistrophe, worauf als sogenannte Epode eine andersartige dritte Strophe folgt. Diese als Triade bezeichnete Dreiergruppe ($A^1\ A^2\ B$) kann sich innerhalb einer Ode mehrfach wiederholen. Für jedes Gedicht gestaltet Pindar die Triaden metrisch anders, «mit Ausnahme der dritten und vierten isthmischen Ode, die eben aus diesem Grunde von vielen für *ein* Gedicht gehalten werden».[21] Dagegen kommen die monodischen Lyriker mit wenigen Maßen für viele Oden aus. Kennzeichnend ist für sie die von HORAZ aufgegriffene vierzeilige Odenstrophe in alkäischer, sapphischer und asklepiadeischer Form. Die Chorlyrik «wurde anscheinend seit jeher in allen griech. Stämmen und Staaten gepflegt»[22], erhebt auch sprachlich «panhellenische Ansprüche», während die monodische L. ebenso wie die Elegie und die spöttische Jambendichtung dialektgebunden erscheint.[23]

Die monodische L. der auf der Insel Lesbos heimischen Dichter ALKAIOS und SAPPHO ist rein kitharodisch.[24] Auch der Monodiker ANAKREON spricht von einem Saiteninstrument, der vermutlich harfenähnlichen, zwanzigsaitigen Magadis.[25] Dagegen wird die Chorlyrik nicht nur wie ursprünglich von der Kithara, sondern auch vom Aulos begleitet. «Wegen orgiastischer Wirkung wählte man den Aulos zur Begleitung des Dithyrambos».[26] «Spätere Dichter verwenden beide Instrumente», z.B. PINDAR.[27] HORAZ erwähnt neben der lesbischen Laute (*Lesbous barbitos*) auch die Doppelflöte (*tibiae*).[28]

Das antike Verständnis von L. gründet sich auf die neun griechischen Lyriker des 7. bis 5. Jh. v. Chr. und wird bestärkt durch die lateinischen Oden des HORAZ (65–8 v. Chr.). In ihrer historisch belegten Form ist die L. also jünger als HOMERS Epen, aber älter als Tragödie, Komödie und Rhetorik. Die neun Griechen, denen als zehnte und anscheinend jüngste KORINNA (5. Jh. oder 2./1. Jh. v. Chr.) beigefügt wird, sind mehrheitlich Chorlyriker (ALKMAN, STESICHOROS, IBYKOS, SIMONIDES, BAKCHYLIDES, PINDAR), in geringerer Zahl Monodiker (ALKAIOS, SAPPHO, ANAKREON). Die Oden des Horaz haben monodische Form. Nur sein ‹Carmen saeculare›, das er für die von Kaiser Augustus 17 v. Chr. veranstaltete Jahrhundertfeier entwarf, ist ein «chorisches Kultlied»[29], allerdings in Form sapphischer Strophen, die sonst der monodischen Ode vorbehalten sind. Mit Ausnahme von Pindars Epinikien und den Oden des Horaz ist die besprochene L. nur fragmentarisch erhalten.

Nicht als L. gelten in der Antike die Elegie, die zwar von der Flöte begleitet, aber nicht gesungen, sondern rezitiert wird, und die von ARCHILOCHOS begründete spöttisch-satirische Jambendichtung, die man ohne Musikbegleitung rezitiert. Auch das später hinzukommende, von vornherein schriftliche Epigramm, das durch den in Rom lebenden Spanier MARTIAL (ca. 40–104 n. Chr.) Berühmtheit erlangt, zählt nach antikem Verständnis nicht zur L.

Der Begründung der L. im griechischen Sprachgebiet und ihrer Wiederbelebung in den Oden des HORAZ entsprechen in etwa zwei Phasen poetologisch-rhetorischer Diskussion: die griechische des 5. und 4. Jh. v. Chr. (GORGIAS, PLATON), die sich angesichts des damals noch nicht vorhandenen einheitlichen Lyrikbegriffs auf mehrere teilweise synonyme Bezeichnungen verteilt, und die römische des 1. Jh. v. Chr. und des 1. Jh. n. Chr., also nach Durchsetzung des Begriffs ‹L.›, an der sich neben Horaz und QUINTILIAN auch Griechen wie DIONYSIOS VON HALIKARNASSOS beteiligen. Die folgenden Ausführungen hierzu stützen sich auf die Bücher von Schmid/Stählin, Färber und Behrens.[30]

Durch den Sizilianer GORGIAS VON LEONTINOI kommt es schon in der Gründerzeit der Rhetorik zu einer ersten Berührung mit der L. An der Wiege der attischen Rhetorik steht, bildlich gesprochen, die L. Pate. Als Gorgias 427 v. Chr. als Gesandter seiner Vaterstadt nach Athen reist, wo er ein sophistisches, mehr auf Wirkung als auf Wahrheit zielendes, in PLATONS Dialog ‹Gorgias› kritisiertes Rhetorik-Konzept vertritt, zählen die neun später kanonisierten Lyriker nicht mehr zu den Lebenden. Als letzter starb PINDAR um 438. Doch ist vor allem die jüngere Chorlyrik im gesamten griechischen Sprachgebiet einschließlich der Inselreiche von Sizilien bis Samos in lebendiger Erinnerung. Dagegen bleibt die Tragödie, die sich erst im 5. Jh. zu klassischer Form entfaltet, in ihrer Wirkung zunächst auf Athen beschränkt. So liegt es nahe, daß Gorgias, der sprichwörtliche Erfinder (εὑρετής, heuretés) der rhetorischen Figuren und «der erste kunstmäßige Prosaschriftsteller, der in vollbewußter Absicht den poetischen Ausdruck in die Prosa hinübergeleitet hat»[31], sich vorwiegend an der L. orientiert. «Zwar gibt [...] die Poesie überhaupt das Muster ab für die gorgianische Sprachbildnerei[32], doch scheint es in der Tat so, als habe Gorgias besonders an Pindar Maß genommen.»[33] Buchheim begründet «die Vorbildlichkeit Pindars für die Kunst des Gorgias»[34] mit übereinstimmenden Äußerungen der beiden. Sie betreffen den Primat der Rede vor den (ohne sprachliche Fixierung schnell vergessenen) Fakten und die Selbstverpflichtung, Lobenswertes zu loben und Unwertes zu tadeln. Dieser Verpflichtung, «gewissermaßen dem pindarischen "Gesetz"», das laut Buchheim mit der «Grundform der archaischen, dichterisch hohen Rede» übereinstimmt, unterstellt sich Gorgias in seinem ‹Lobpreis der Helena›.[35]

Ebenfalls «als ein lyrisches Vorbild des Gorgias» erscheint SIMONIDES. Außer der «Denkverwandtschaft» [36] zwischen einer ihm zugeschriebenen Anekdote und einem Gorgias-Fragment «lassen sich Verwandtschaften ausmachen auch in den Gedichten selbst; so z.B. hat Simonides' Lied auf die Gefallenen bei den Thermopylen in Gedanken und Stil Ähnlichkeiten mit dem Epitaphios (Fragm. 6) des Gorgias».[37]

Gorgias richtet nicht nur die Redekunst an der Dichtung aus, er bindet umgekehrt auch diese an die Rhetorik, indem er sie ihr als Teilgebiet einverleibt: «Die gesamte Dichtung erachte und bezeichne ich als Rede, die ein Versmaß hat [λόγον ἔχοντα μέτρον, lógon échonta métron]. Von ihr aus dringt auf die Hörer schreckenerregender Schauder ein und tränenreiche Rührung und wehmütiges Verlangen».[38] So lautet eine zentrale Äußerung seiner Helena-Rede. Eigentlich weniger ein Enkomion als eine Verteidigungsrede, soll diese «die übel Beleumundete von ihrer Schuld entheben»[39], die ihr an der Entstehung des Trojanischen Kriegs üblicherweise zugesprochen wird. Gorgias argumentiert, Helena sei zur Fahrt nach Troja entweder durch das Schicksal bzw. die Götter bestimmt oder sie sei mit Gewalt geraubt oder sei überredet worden. Auch im letzten Fall hält er Griechenlands schönste Frau für entschuldbar, da der Überredung magische, drogenähnliche Wirkung zukomme, so daß Helena «gleichermaßen ohne Besinnung» habe zustimmen müssen.[40] In diesem Zusammenhang erfolgt der zitierte Verweis auf die ähnlich wirksame Dichtung.

Auch ISOKRATES, der Schüler des Gorgias, «beharrt mit Nachdruck auf dieser Parallelität zur Dichtung».[41] «Er ist der Schöpfer der reinen epideiktischen Gattung, indem er Lobreden verfaßt, die sich konsequent auf diese eine Funktion beschränken und nicht zugleich, wie es noch bei Gorgias der Fall war, auch apologetische Interessen verfolgen.»[42] Da er im Hinblick auf Dichtung deren musikalisch-rhythmische Ausprägung betont, denkt auch er wohl vor allem an L., die sich enger als jede andere poetische Gattung mit der Epideixis berührt[43] und deren historische Zeugnisse (z.B. PINDARS Epinikien) älter sind als die der epideiktischen Rhetorik. In seiner Antidosis-Rede spricht Isokrates über «Patriotische, politische und festliche Glanzreden, welche man wohl allgemein mehr den Dichtungen mit Musik und Rhythmus ähnlich findet als Reden vor Gericht. Und man stellt ja auch die Geschehnisse in einer poetischeren und farbigeren Ausdrucksweise dar und bemüht sich um gewichtigere und originellere Gedankenführung; zudem stattet man die ganze Rede auch unter allen anderen Gesichtspunkten mit mehr Leuchtkraft und üppiger aus. An diesen Reden haben alle Hörer nicht weniger Freude als an Dichtungen im Versmaß».[44]

PLATONS Position in der Geschichte des Lyrikverständnisses ist ebenso grundlegend wie zwiespältig. Einerseits beweist er Kenntnis des Simonides, indem er eines von dessen Gedichten einer längeren Interpretation unterzieht.[45] Er beruft sich auch öfters auf Pindar.[46] Seine Dialoge enthalten überdies zahlreiche allgemeine Äußerungen zur L. Wenngleich die hierfür verwendeten Bezeichnungen (besonders ‹mélos›, ‹kitharōdía› und ‹mūsikḗ›) nicht eindeutig erscheinen, insofern sie eher den Vortrag bzw. dessen musikalischen Anteil als den lyrischen Text betreffen, wenngleich zudem seine Äußerungen zur L. wie die zur Dichtkunst überhaupt durch alle seine Werke «zerstreut und ohne jeden systematischen Hintergrund sind»[47], wird doch die Prominenz erkennbar, die er der L. im Kreis der Dichtungsarten und allgemeiner der musischen Äußerungsformen zuerkennt.[48] Dazu paßt, daß er, wie bereits angedeutet, im Rahmen eines Lehrplans zur musischen Erziehung für Heranwachsende das Erlernen des Lyraspiels empfiehlt.[49]

Andererseits nimmt Platon die L. nicht von seiner allgemeinen Kritik an der Dichtung aus. Er versteht die wahrnehmbaren Dinge als Bilder (Abbilder) der für sein Denken zentralen ‹Ideen›; Kunstwerke, auch Dichtung, als bloße Abbilder der Abbilder.[50] Es stört ihn, daß manche Dichtung seiner Zeit, ja Dichtung überhaupt, wie sein Dialogführer Sokrates verallgemeinert, nur auf das Vergnügen der Masse zielt, nicht aber die Menschen bessert. Kaum anders als Gorgias, nur mit umgekehrter, negativer Bewertung, behauptet Sokrates, Dichtung sei eine Art der Redekunst und diene wie diese der «Volksbearbeitung» (δημηγορία, dēmēgoría). Kitharodie und Dithyrambendichtung bezieht er dabei ausdrücklich mit ein.[51] Die Vorstellung, im Rahmen der Erziehung zu bürgerlicher Tüchtigkeit (ἀρετή, aretḗ) sei das Auswendiglernen von Dichtung und speziell das Erlernen von Werken der Lyriker (‹melopoioí›) von Nutzen, legt Platon nicht dem Sympathieträger Sokrates in den Mund, sondern dessen Widerpart, dem Sophisten PROTAGORAS.[52] Aus dem von Platon konzipierten Idealstaat wünscht sein Sokrates die Dichter ausgeschlossen. Er gesteht indes zu, «daß in den Staat nur der Teil von der Dichtkunst aufzunehmen ist, der Gesänge an die Götter und Loblieder auf treffliche Männer hervorbringt»[53], also Dichtung von nicht primär vergnüglicher Ausrichtung. Epideiktische Poesie nimmt er somit von seinem Verdikt aus.

Am berühmtesten im Hinblick auf L. ist die Kritik, die Platon in dem frühen Dialog ‹Ion› bei Erörterung des dichterischen Enthusiasmus äußert. Dichtung, so belehrt hier Sokrates im Sinne des in der griechischen Religion verwurzelten Inspirationsdenkens den Rhapsoden Ion, verdanke ihre Entstehung und Qualität nicht der Leistung des Autors, sondern göttlicher Eingebung, die den Dichter in Bewußtlosigkeit bzw. Wahnsinn (μανία, manía; lat. *furor*) versetze. Diese ‹Begeisterung› ist also nicht das gefühlsstarke Sich-Begeistern, das sie heute bedeutet, sondern ein passives Ergriffensein von göttlichem Geist. Der Dichter fungiert gewissermaßen als Griffel Gottes. Neben den Werken der homerischen Epiker, die Ion als Rhapsode vorzutragen hat, dienen Platon vor allem Gedichte der ‹melopoioí› zur Verdeutlichung. Als Beispiel nennt er einen – nicht erhaltenen – Päan, also ein Chorlied auf Apollon, «fast unter allen Liedern das schönste», aus der Feder des TYNNICHOS aus Chalkis auf Euböa, der nie ein anderes Gedicht geschaffen habe. Mit diesem Gedicht habe «absichtlich der Gott durch den schlechtesten Dichter das schönste Lied gesungen».[54]

Gattungstheoretisch bedeutsam ist eine Äußerung, in der Platon angesichts lyrischer Vielfalt für eine Beibehaltung der überlieferten Arten von – hauptsächlich kultisch geprägter – L. (hier ‹mūsikḗ› genannt) und gegen deren Vermischung plädiert. Er verdeutlicht das im Hinblick auf Hymnen, Klagegesänge (Thrḗnoi), Päane, Dithyramben, Nomen «und einige andere Arten», die er nicht näher benennt.[55] Der νόμος (nómos; eigentlich: Gesetz) als Liedgattung ist ein «meist kitharod.[ischer] Sologesang zu Ehren des Apollon».[56]

Die stärkste, in bezug auf L. zugleich problematischste Nachwirkung in gattungspoetischer Hinsicht erreicht Platon mit seiner Äußerung, «daß von der gesamten Dichtung und Fabel [mythología] einiges ganz in [nachahmender] Darstellung [mímēsis] besteht [...], die Tragödie und Komödie, anderes aber in dem Bericht des Dichters selbst, [...] vorzüglich in den Dithyramben [...], noch anderes aus beiden verbunden, wie in der epischen Dichtkunst».[57] Diese Unterscheidung nach dem «Redekriterium»[58], genauer gesagt, nach dem Kriterium des redenden Subjekts, besagt, daß im Drama nur die handelnden Personen zu Wort kommen, im Dithyrambus nur der Dichter selber und in Epen wie Homers ‹Ilias› die Figuren (in Form der wörtlichen Rede) und der Dichter gleichermaßen.[59]

Seit der Kommentator PROKLOS (5. Jh. n. Chr.) und andere nach ihm den hier gemeinten älteren, noch nicht dramatisierten Dithyrambus der L. zurechnen bzw. als stellvertretend für sie auffassen[60], wird Platons Dreiergruppierung gern als Gründungsdokument oder Vorläufer für die Theorie der drei Dichtungsgattungen Drama, Epik und L. betrachtet.[61] Das ist insofern problematisch, als alle von ihm unterschiedenen Arten, auch der Dithyrambus, die (für L. selten zutreffende) Wiedergabe eines Geschehens zum Gegenstand haben und überdies zu Platons Zeit ‹L.› als Oberbegriff ja noch nicht existierte.[62] So läßt sich allenfalls sagen, bei ihm sei «die Gattung der lyrischen Selbstaussage des Dichters [...], vertreten durch den ältern Dithyrambus, nur andeutungsweise vorhanden».[63]

ARISTOTELES ist für die L. negativ bedeutsam, insofern er sie nicht beachtet bzw. nur andeutend berücksichtigt. In seiner ‹Rhetorik› zitiert er neben HOMER und den Tragikern SOPHOKLES und EURIPIDES gelegentlich auch Lyriker, so bei seinen Ausführungen zur epideiktischen Rede ALKMAN, SAPPHO und SIMONIDES.[64] In Kapitel 1 seiner ‹Poetik› nennt er als mimetische Kunstgattungen nach Epik, Tragödie und Komödie den Dithyrambus sowie das Aulos- und Kitharaspiel, bei Wiedererwähnung des Dithyrambus auch die Nomendichtung. Wo hier und ob überhaupt oder die eigentliche, nichterzählende L. gemeint oder mitgemeint ist, bleibt letzlich unklar. Fuhrmann schreibt, er übergehe diese «offenbar deshalb, weil sie sich nicht in das Mimesis-Konzept fügte».[65] Beim Aulos- und Kitharaspiel, das früher als «Vertreter der Lyrik» aufgefaßt wurde[66], ist wohl «nur an die betreffende Instrumentalmusik zu denken».[67] Hinsichtlich der früheren Urteile resümiert Behrens, entweder erfolge «die Bezeichnung des zur Nebensache gewordenen Gedichtes durch den Namen der verschiedenen instrumentalen Begleitung» oder aber die gesungene Poesie habe damals eher in das Gebiet der Musik als der Poetik gehört.[68] Daß Aristoteles die μελοποιία (melopoiía), d.h. die Liederdichtung und hier speziell den Chorgesang, als eines von sechs wesentlichen Elementen der Tragödie erörtert, läßt seine Einstellung zur L. nur noch schwieriger erscheinen.[69]

Eine nachhaltige Wirkung, die derjenigen der platonischen Dreiergruppierung von Dichtungsgattungen vergleichbar ist und in der Folgezeit mit ihr konkurriert, erreicht Aristoteles mit seiner Unterscheidung von szenischer Darstellung und epischem Bericht[70], bei der die L. außer acht bleibt.

Die lateinische Literatur knüpft an die klassischen Werke und Gattungen der Griechen an. Das gilt besonders für die Dichter des Maecenas-Kreises im Umfeld des Kaisers Augustus. Wie VERGIL seine ‹Aeneis› an HOMER ausrichtet, TIBULL und PROPERZ die Elegie neu beleben, so macht HORAZ (65–8 v. Chr.) zunächst mit seinen Epoden die Jambendichtung des ARCHILOCHOS, dann mit seinen Oden, die er selber carmina nennt, die L. der Griechen «durch freie Nachahmung»[71] in Rom heimisch. Er spielt mit dem Gedanken, daß sein Gönner Maecenas ihn deshalb den lyrischen Dichtern einreihen werde («quodsi me lyricis vatibus inseres»).[72] Er bewundert PINDAR als einen Adler, an dessen Ruhm er als bescheidene Biene nicht heranreiche[73], macht sich wohl auch deshalb, wie gesagt, nicht dessen Chorlyrik zu eigen, sondern die monodische. Er versteht sich als fidicen, d.h. als Sänger zum Saitenspiel, der besonders dem ALKAIOS von der äolischen Insel Lesbos nacheifere.[74] Er habe, so preist er die eigene Leistung in einer seiner berühmtesten Oden, sich ein Denkmal errichtet, beständiger als Erz, indem er als erster die äolische Ode in italische Weisen überführte. Dafür möge ihn die Muse Melpomene, die er anruft, mit delphischem Lorbeer kränzen.[75]

Die Vorstellung vom poeta laureatus, die er andernorts[76] wiederholt, ist laut Kiessling und Heinze[77] seine Erfindung. Sie poetisiert den Brauch, bei den pythischen Spielen, die in Delphi zu Ehren des Apollon stattfanden, die Sieger mit einem Kranz von Lorbeerblättern auszuzeichnen.[78] Dem entspricht der Mythos von der schönen Daphne [griech. δάφνη, dáphnē = Lorbeer(baum)], die den Nachstellungen Apollons durch Verwandlung in einen Lorbeerbaum entkommt.

Ob die L. des Horaz, in der frühen Neuzeit mehrfach vertont, in der Antike gesungen wurde oder Gesang und Saitenspiel von ihm nur gattungsbedingt fingiert sind, läßt sich nicht entscheiden. «Gesang der Oden wird behauptet [...] und geleugnet.»[79]

Horaz ist nicht nur der bedeutendste lateinische Lyriker. Er liefert mit drei Versen seiner in Hexameter gefaßten ‹Ars poetica› auch die bis heute maßgeblichste Lyrikdefinition, die noch OPITZ[80] und GOTTSCHED, der sie allerdings zu eng findet[81], zitieren: «Musa dedit fidibus divos puerosque deorum | et pugilem victorem et equum certamine primum | et iuvenum curas et libera vina referre». (Den Saiten gab die Muse auf, von Göttern und Göttersöhnen zu melden, vom Sieger im Faustkampf, dem ersten Pferde im Rennen, von junger Leute Liebeskummer und vom befreienden Wein.)[82] Sieht man von der Erwähnung der Saiten ab, so wird L. hier nicht nach der Art des Vortrags bzw. ihrer strophischen Form, sondern ganz nach ihren Inhalten bestimmt, mit denen Horaz den überlieferten Spielraum festschreibt.[83] Anders als PLATON, der die L. nach Göttern bzw. deren Kulten einteilt[84], betont Horaz mehr den menschlichen Anteil.

Rhetorisch bedeutsam sind die von ihm erwähnten Loblieder auf Götter, Heroen[85] und, wie in PINDARS Epinikien, auf Sieger mehr inhaltlichen Übereinstimmung mit der epideiktischen Rede. Das Trinklied, oft mit dem Thema Liebe verbunden, gewinnt rhetorische Züge eher durch seinen Situationsbezug. Es wird – als sogenanntes Skolion – ursprünglich zum Gastmahl (Symposion) gesungen. Charakteristisch für seine dramolettartige Struktur ist die schon von ALKAIOS, ANAKREON und «aus hellenistischen [...] Festgedichten uns bekannte Technik, die Handlung während des Gedichts fortschreiten zu lassen».[86] Horaz gestaltet und verstärkt das rhetorische Gepräge in seinen epideiktischen und sympotischen Oden, indem er sich an Empfänger wendet, die im Unterschied zu Briefadressaten als anwesend und zuhörend erscheinen. Seine L. ist weniger Ich-Aussage als Ansprache, wirkt trotz durchweg monologischer Form «dialogisch».[87] Eine Ausnahme ist seine berühmte Ode «Donec gratus eram tibi», deren sechs Strophen sich abwechselnd auf einen Mann und eine Frau verteilen (vergleichbar dem – hierdurch inspirierten – sogenannten ‹Wechsel›, einer mittelhochdeutschen Gedichtart, und dessen besonderer Ausprägung im Tagelied).[88]

Die Angesprochenen sind vorwiegend Männer mit meist römischem Namen (acht Oden richten sich allein an Maecenas), gelegentlich mit griechischem, vielfach auch Mädchen oder Frauen (nur mit griechischen, offenbar fingierten Namen), Götter und Musen, vereinzelt personifizierte Sachen, wie ein Schiff als Allegorie des Staates [89], das eigene Saiteninstrument (*barbitos*) [90] oder ein Baum, der den Dichter fast erschlagen hätte. [91] Manche Gedichte wenden sich nacheinander an mehrere Personen, z.B. eine sympathische Ode zunächst allgemein an versammelte Freunde, danach tröstend an den Bruder eines Mädchens Megilla, der unter Liebeskummer leidet. [92] Das weckt den Eindruck eines lebendigen Gesprächs und dient der Illusion des Handlungsfortschritts. Ähnliche Wirkung erzielen Rückfragen an die im Gedicht nicht zu Wort kommenden Freunde, die deren Reaktion spiegeln, z.B.: «Ihr wollt, daß von dem feurigen da auch ich nehme | meinen Teil, vom Falerner?» (vultis severi me quoque sumere | partem Falerni?) [93]

In den lateinischen *Rhetoriken* spielt die L. zunächst eine marginale Rolle. CICERO berührt sie zweimal kurz, wenn auch in bedeutsamer Weise. In seiner kleinen Schrift ‹De optimo genere oratorum›, die vermutlich unmittelbar vor dem ‹Orator› um 46 v. Chr. entstand [94], bemerkt er, das tragische, komische, epische, melische und auch das dithyrambische dichterische Werk hätten eine besondere, von den übrigen verschiedene Eigenart («poematis [...] tragici, comici, epici, melici etiam ac dithyrambici [...] suum cuiusque est, diversum a reliquis»). [95] Diese Einteilung der Poesie erinnert an Aristoteles, ist allerdings – ein wichtiger Unterschied – durch die Melik erweitert. [96] Im ‹Orator› wechselt Cicero das Wort, erscheint aber «noch nicht an den Terminus "Lyrik" gewöhnt». [97] Nehme man bestimmten Metren die Musikbegleitung, heißt es dort, so wirke die Redeform prosaisch. Das gelte besonders für jene Dichter, die, wie bereits erwähnt, «bei den Griechen *Lyriker* heißen». [98] Bei Besprechung der Verwandtschaft von Rede und Gesang geht Cicero auf die L. nicht ein, obwohl dies nahelege. [99] Auch seinem Hinweis auf Saitenspiel und Gesang als höchstes Bildungsziel der Griechen [100] läßt sich über L. nichts Näheres entnehmen. SENECA berichtet von einer abschätzigen Äußerung Ciceros, die in dessen überlieferten Werken nicht nachzuweisen ist, vielleicht dem verlorenen Dialog ‹Hortensius› entstammt: «wenn ihm verdoppelt werde das Leben, er werde keine Zeit haben, Lyriker zu lesen». (Negat Cicero, si duplicetur sibi aetas, habiturum se tempus, quo legat lyricos.) [101] Für die spätere Zusammenschau von L. und mittlerem Stil bedeutsam ist Ciceros Beschreibung dieses Stils, dem er alle rhetorischen Schmuckmittel und den höchsten Grad von Anmut (*suavitas*) [102] sowie das Wirkungsziel *delectare* zuschreibt. [103]

Mit dem Übergang Roms von der Republik zum Kaisertum festigen sich Ansehen und rhetorischer Gebrauchswert der L., die durch HORAZ nun auch in lateinischer Sprache zugänglich ist. Laut Norden «sind die alten lyrischen Dichter in der Kaiserzeit wesentlich zu rhetorischen Zwecken wieder hervorgezogen worden». [104] Er verweist auf die Feststellung des (30 bis 8 v. Chr. in Rom lehrenden) Griechen DIONYSIOS VON HALIKARNASSOS, «wie die beste Rede poetisch sei, so die beste Poesie rhetorisch». [105] Zum Beweis seiner als großes Mysterium angepriesenen Erkenntnis zitiert Dionysios das nur durch ihn überlieferte Danaelied des SIMONIDES und wertet es als «Probe der zivilen Rede eines gebildeten Mannes». [106]

Wichtig für die stilistische Einordnung der L. ist des Dionysios Unterscheidung zwischen rauher oder harter (ἁρμονία αὐστηρά; harmonía austērá) und glatter oder weicher, lieblicher Wortfügung (ἁρμονία γλαφυρά; harmonía glaphyrá). Für die rauhe Fügung nennt er als Lyriker PINDAR, für die glatte Fügung SAPPHO, ANAKREON und SIMONIDES. [107] Hier bahnt sich die spätere Unterscheidung von L. hohen und mittleren Stils an. Anläßlich von Übereinstimmungen des italienischen Dichters TASSO mit der ‹harmonía glaphyrá› des Dionysios meint der Romanist Friedrich, daß «in der hellenistischen Antike Ansätze zu einer Konvergenz des mittleren, "süßen", anmutigen, euphonischen, metaphernreichen Stils und der Lyrik bestanden». [108]

Mit ähnlichen Attributen wie Dionysios die ‹harmonía glaphyrá› beschreibt DEMETRIOS (1. Jh. n. Chr.?) in seiner Schrift ‹Über den Stil› den lieblichen Stil (χαρακτὴρ γλαφυρός; charaktḗr glaphyrós) als eine von vier Stilarten. Als dichterisches Hauptbeispiel dient ihm SAPPHO [109], die allerdings auch PSEUDO-LONGINOS im Zusammenhang seines Erhabenheitskonzepts als Beispiel heranzieht. [110]

QUINTILIAN befaßt sich mit L. im Abschnitt über Musik (I,10,9–33) und im Rahmen seines Literaturkanons (X, 1). Unter den Künsten, die zur gewünschten Allgemeinbildung (enkýklios paideía) des Redners beitragen, nennt er an erster Stelle (vor Geometrie und Schauspielkunst) die Musik und in diesem Zusammenhang mehrfach besonders die L. [111] Daß der künftige Redner Dichter lesen müsse und dazu auch der Musik bedürfe, sei zumindest «bei denen, die ihre Lieder zur Lyra verfaßt haben», nicht zu bezweifeln. [112] Die Musik stehe «mit der Kenntnis der göttlichen Dinge in Verbindung». Sie sei unter allen geistigen Bemühungen die älteste, «und auch die berühmtesten Dichter bezeugen es, bei denen während der Gastmähler am Königshofe das Lob der Heroen und Götter zur Kithara gesungen wurde». [113] SOKRATES habe sich nicht geschämt, noch als alter Mann das Lyraspiel zu erlernen [114], THEMISTOKLES mit seinem Geständnis, er könne nicht Lyra spielen, «für ziemlich ungebildet» gegolten. [115] Quintilian erinnert an die griechische Sitte, beim Symposion nach der Mahlzeit die Lyra herumgehen zu lassen. Saiteninstrumente und Flöten seien auch im alten Rom seit König Numa beim Gastmahl verwendet worden. [116] Hauptargument für die Beschäftigung des Redners mit Musik und damit L. ist die Übereinstimmung von rhetorischer und musikalischer Affektenlehre. [117]

In seinem Literaturkanon, den er im Gefolge des Dionysios [118] zur rhetorischen Schulung empfiehlt, bezieht Quintilian sich auf THEOPHRASTS Aussage, das meiste bringe dem Redner die Lektüre der Dichter. [119] Er nennt unter den Griechen die neun Lyriker, an erster Stelle PINDAR («novem vero lyricorum longe Pindarus princeps») [120], danach STESICHOROS, ALKAIOS und SIMONIDES. Aufschluß über die stilistische Bandbreite der L. gibt die Charakterisierung des Alkaios. Dieser sei im Ausdruck «oft genug wie ein Redner» (plerumque oratori similis), «aber er hat auch gescherzt und sich zu Liebesabenteuern herabgelassen – zu Höherem doch eher geschaffen» (sed et lusit et in amores descendit, maioribus tamen aptior). [121] Unter den römischen Lyrikern findet Quintilian HORAZ, den er auch wegen seiner Satiren und Epoden schätzt, als wohl einzigen lesenswert («lyricorum [...] Horatius fere solus legi dignus»), «denn zuweilen erhebt er sich im Ton, ist auch voll von Munterkeit und Anmut, ferner abwechslungsreich in seinen Redefiguren und äußerst glücklich in der Kühnheit seines Wortgebrauches» (et insurgit aliquando et plenus est iucunditatis et gratiae et varius figuris et verbis felicissime audax).[122] Daneben nennt er mit Einschränkung den gerade verstorbenen CAESIUS BASSUS, dessen Gedichte nicht erhalten sind. Nicht erwähnt ist CATULL, der Dichter erotischer Gelegenheitspoesie, auch nicht als Begründer der römischen Elegie, die Quintilian nur durch TIBULL, PROPERZ und OVID vertreten sieht.

Der in den beiden Jahrhunderten vor und nach Christus erreichte, vermutlich schon in der hellenistischen Epoche begründete Erkenntnisstand unterscheidet sich von den Gattungsfächerungen PLATONS und des ARISTOTELES, in denen die Melik als solche nicht vorkam, durch regelmäßige Einbeziehung der L. wie auch der Jambik und der Elegie, teilweise auch weiterer, inzwischen aktuell gewordener Kleinformen (Epigramm, Idylle), wogegen der Dithyrambus, von CICERO noch miterwähnt, als inzwischen unüblich eher in Vergessenheit gerät. Seltener wird unter den Kleinformen als repräsentativste ausschließlich die L. genannt und zusammen mit Epos und Drama (oder Tragödie) zu jener Gattungstrias gruppiert, die in der Neuzeit bestimmend wurde, so von DIONYSIOS VON HALIKARNASSOS und PLUTARCH. Ähnlich gelangt später MARIUS VICTORINUS durch getrennte Nennung von Tragödie und Komödie zu einer Vierergruppe.[123]

Alles in allem erhöht sich, wie Fuhrmann in bezug auf DIONYSIOS VON HALIKARNASSOS und PSEUDO-LONGINOS herausstellt, in der römischen Epoche nach «dem Vorbild der alexandrinischen Philologie» das Gewicht der Dichtung für die Rhetorik[124], verschiebt sich zugleich der Schwerpunkt von den beiden Großgattungen Epik und Drama sowie von deren Handlungsstruktur auf die kleineren Formen und auf Stilfragen. «Die vom Stil ausgehende klassizistische Dichtungstheorie zerbrach den von Aristoteles konstituierten numerus clausus poetologischer Gegenstände».[125]

Die Hochschätzung der L. und überhaupt der poetischen Kleingattungen zeigt sich treffend in deren typisierender Charakteristik in TACITUS' ‹Dialogus de oratoribus› (um 100 n. Chr.). Wichtig sind für den Dialogsprecher Aper gemäß dessen Äußerung gegenüber dem Tragödiendichter und Hauptredner Maternus «nicht allein euer Kothurn oder der Schall des heroischen Epos, sondern auch die Lieblichkeit [iucunditas] der Lyriker [wohl richtiger: der Lyrik], die Anzüglichkeit der Elegien, die Schärfe der Jamben, das Spiel der Epigramme».[126] Für die damalige Beliebtheit der L. spricht auch die römische Rezeption der Kitharodie, sofern man deren anhaltenden Zusammenhang mit L. unterstellt. Kaiser Nero trat, wie SUETON und TACITUS berichten[127], bei eigens von ihm veranstalteten Spielen als Kitharöde auf und begleitete den vielleicht von ihm selbst angezettelten oder beförderten Brand Roms mit einem Gesang über Eroberung und Untergang Trojas. Diesen soll er selbst komponiert haben.[128]

Gemessen an dem in Tacitus' ‹Dialogus› formulierten Erkenntnisstand bedeuten die Einteilungen der Spätantike, die wieder auf PLATON und ARISTOTELES zurückgreifen, eher einen Rückschritt, der allerdings für die Folgezeit zum Maßstab wird. Dies gilt besonders für den lateinischen Grammatiker DIOMEDES (‹Ars grammatica›, 4. Jh.), der Platons Dreiteilung in modifizierter Form ans Mittelalter weitergibt. Abweichend von Platon ordnet er der Gattung, in der der Dichter spricht, dem von ihm so genannten genus enarrativum, die Lehrdichtung zu (z.B. LUKREZ). Die lyrica species verbucht er zusammen mit der heroica species unter der Mischgattung, die er genus commune nennt.[129]

In anderer Weise koppelt auch PROKLOS (5. Jh.), «das Sammelbecken, aus dem die byzantin. Kompilatoren schöpfen»[130], Epik und L. zusammen. Er reduziert, wie Immisch gezeigt hat, das dreiteilige Schema Platons auf die zweiteilige Unterscheidung des ARISTOTELES zwischen dramatischer Zurschaustellung und erzählendem Bericht.[131] Als dritter Faktor kommt bei ihm allerdings die Mitberücksichtigung der kleinen Formen gemäß der alexandrinischen und römischen Tradition hinzu. Proklos unterscheidet demgemäß διηγηματικόν (diēgēmatikón; Epos, Jambos, Elegie, Melos) und μιμητικόν (mimētikón; Tragödie, Satyrspiel, Komödie).[132] Der Melik (L.), über die er sich – wohl im Anschluß an die verlorene Schrift ‹Perí lyrikón poiētón›, Über die lyrischen Dichter) des DIDYMOS (1. Jh. v. Chr.)[133] – anders als Diomedes ausführlich äußert[134], ordnet er auch den Dithyrambus zu.[135]

Eine wirkliche Neuerung, die aber im Mittelalter verhältnismäßig folgenlos blieb, ist die durch HIERONYMUS (ca. 347–419/420) vorgenommene Verknüpfung von antik-heidnischer und jüdisch-christlicher Tradition. Sie ruft den ursprünglich religiösen Hintergrund der L. in Erinnerung. Der Kirchenvater konstatiert Ähnlichkeiten zwischen Teilen des Alten Testaments (Psalter, Klagen des JEREMIAS) und den Oden des HORAZ und der Griechen PINDAR, ALKAIOS und SAPPHO. Er beruft sich dabei auf PHILON, JOSEPHUS, ORIGENES und EUSEBIOS VON CÄSAREA.[136] ISIDOR VON SEVILLA führt diesen Gedanken weiter, indem er die Priorität der hebräischen vor der griechischen Poesie betont. Erfinder des Hymnus sei DAVID, des Epithalamiums SALOMON, des Klagelieds (Threnos) JEREMIAS.[137]

Anmerkungen:
1 F. Nietzsche: Die Geburt der Tragödie aus dem Geiste der Musik. Werke in 3 Bdn., hg. von K. Schlechta (1954–56; ND 1997) Bd. 1, 37. – **2** Platon, Nomoi 700b. – **3** KlP 4, 352. – **4** Quint. I, 10, 9. – **5** S. von Birken: Teutsche Rede-bind- und Dicht-Kunst (1679) 167f.; zit. L. Fischer: Gebundene Rede (1968) 41; Gottsched Dichtk. 429; also nicht «zuerst bei Gottsched», wie F. Kluge (Etym. Wtb. der dt. Sprache, [18]1960) angibt. – **6** vgl. B. Kositzke: Art. ‹Enthusiasmus›, in: HWRh, Bd. 2, 1185f.; Fuhrmann Dicht. 77–81. – **7** Plat. Pol. 400b; vgl. KlP 1, 376. – **8** Plat. Gorg. 501e–502d; vgl. ders., Nomoi 659e–660a. – **9** KlP 3, 828. – **10** KlP 3, 1581. – **11** KlP 3, 828; vgl. auch ebd. 1495; Abbildungen in der Brockhaus Enzyklop., Bd. 10 (1970) 213; Bd. 11 (1970) 735; zur Musikerziehung vgl. Plat. Pol. 376c–403c. – **12** Platon, Nomoi 810a; vgl. ebd. 659d–660a. – **13** [H.] Abert: Art. ‹Lyra›, in: RE, 26. Halbbd. (1927) 2484f. – **14** KlP 3, 1494. – **15** KlP 4, 352. – **16** KlP 3, 1494. – **17** Belege bei W. Schmid, O. Stählin: Gesch. der griech. Lit., T. 1, Bd. 1 (1929; ND 1959) 329f.; vgl. KlP 1, 758f. – **18** Platon, ΠΟΛΙΤΕΙΑ [Politeia], Der Staat. Werke in 8 Bdn. Griech. und dt., Bd. 4, bearb. von D. Kurz (1990) 223. – **19** Plat. Pol. 399d–e. – **20** KlP 1, 758. – **21** L. Wolde: Einl., in: Pindar: Die Dichtungen und Fragmente, verdeutscht von L. W. (1958) S. XXXVIII. – **22** KlP 1, 1155. – **23** Schmid, Stählin [17] 339. – **24** KlP 3, 223. – **25** KlP 1, 329. – **26** KlP 1, 758. – **27** KlP 1, 1154; vgl. Pindar, Olympiae 7, 12; Nemeae 9, 8; Isthmiae 5, 27. – **28** Horaz, Carmina I, 1,32–34. – **29** Q. Horatius Flaccus: Oden und Epoden, erklärt von A. Kiessling und R. Heinze ([9]1958) 471. – **30** Schmid, Stählin [17]; H. Färber: Die L. in der Kunsttheorie der Antike (1936); I. Behrens: Die Lehre von der Einteilung der Dichtkunst vornehmlich vom 16. bis 19. Jh. (1940) 3–32. – **31** Norden 30. – **32** vgl. Arist. Rhet. III, 1, 9 (1404a); Cic. Or. 175f. – **33** Th. Buchheim, in: Gorgias, S. XXIf. – **34** ebd., S. XXI. – **35** ebd., S. XXIII. – **36** ebd., S. XXI, Anm. 40. – **37** ebd. – **38** Gorgias, S. 9; zum Stellenwert für die «Induktion der Leidenschaften mittels der Sprache» wie auch mittels anderer Wege (Opsis, Musik) und zum Zusammenwirken dieser Mit-

tel in der Tragödie vgl. Th. Buchheim, in: Gorgias, S. 166, Anm. 21. – **39** Gorgias, S. 5 (= Fragm. 11, 2); Kritik am Einfluß sophistischer Rhet. auf die Dichtung, speziell auf die Tragödie, äußert Norden 75–79. – **40** Gorgias, S. 11 (= Fragm. 11, 12). – **41** Th. Buchheim, in: Gorgias, S. 165, Anm. 20. – **42** S. Matuschek: Art. ‹Epideiktische Beredsamkeit›, in: HWRh, Bd. 2, 1259. – **43** vgl. Curtius 167 f. – **44** Isokrates: Antidosis-Rede XV, 46 f.; zit. Gorgias, S. 165, Anm. 20. – **45** Platon, Protagoras 339a–347a; vgl. auch Plat. Pol. 331e über Simonides' Definition der Gerechtigkeit. – **46** Plat. Gorg. 484b; 488b; ders., Nomoi 689b; 714e–715a. – **47** A. Gudemann: Einleitung, in: Aristoteles: Poetik (1934) 21. – **48** Platon, Nomoi 658b; vgl. auch Ion 533b; Protagoras 326a. – **49** Platon, Nomoi 809e–810a. – **50** Plat. Pol. X, 597–601, bes. 600e; vgl. HWRh, Bd. 2, 12. – **51** Plat. Gorg. 501e–502d. – **52** Platon, Protagoras 326a. – **53** Plat. Pol. 607a; vgl. auch Nomoi 801e; 829c–d, zu Lobliedern auf verdiente Männer auch Protagoras 326a. – **54** Platon, Ion 533c–534e; vgl. ders., Apologie 22a–c; Menon 99b–d; Phaidr. 244a–245a; Fuhrmann Dicht. (1973) 77–81; Kositzke [6] 1185 ff. – **55** Platon, Nomoi 700b; zum kitharodischen Nomos vgl. Schmid, Stählin [17] 345 f.; Färber [30] 33 f.; KlP 4, 148 f. – **56** KlP 4, 148: vgl. Platon, Nomoi 700b. – **57** Plat. Pol. 394b–c. – **58** K. R. Scherpe: Gattungspoetik im 18. Jh. (1968) 7 ff.; M. Pfister: Das Drama (1977, ⁹1997) 19 ff. – **59** zur Nachwirkung dieser Unterscheidung vgl. Färber [30] 3–6; Behrens [30] 7 f.; zu ihrer Wiederbelebung durch die Unterscheidung von ‹showing› und ‹telling› in der neueren Erzähltheorie G. Génette: Die Erzählung (1994) 116 ff. – **60** zu Proklos vgl. Färber [30] 23 f. – **61** so noch K. Weimar: Art. ‹Diegesis›, in: RDL³, Bd. 1, 360. – **62** vgl. Behrens [30] 7 f.; Scherpe [58] 8–10; Färber [30] 23–25. – **63** Scherpe [58] 10. – **64** Arist. Rhet. I, 9, 20, 1367a; 31, 1367b. – **65** M. Fuhrmann in Arist. Poet., S. 102, Anm. 1. – **66** Färber [30] 24; zur Gleichsetzung von Kitharistik und L. bei dem Aristoteles-Kommentator Robortello unter Berufung auf Athenaios und Pollux vgl. Behrens [30] 78. – **67** Behrens [30] 5. – **68** ebd. – **69** Arist. Poet. 6 und 18. – **70** ebd. 3. – **71** Schmid, Stählin [17] 416. – **72** Horaz [28] I, 1, 35. – **73** ebd. IV, 2. – **74** Horaz, Epistulae I, 19, 32 f. – **75** ders. [28] III, 30. – **76** ebd. IV, 2, 9. – **77** Q. Horatius Flaccus [29] 385. – **78** KlP 1, 137 f. – **79** KlP 2, 1222. – **80** Opitz 369. – **81** Gottsched Dichtk. 428; vgl. auch die Übers. und Erläuterung ebd., 18 f. – **82** Hor. Ars 83–85 (S. 8 f.). – **83** zur Übereinstimmung mit ähnlichen Themenkatalogen, besonders des Proklos, vgl. Schmid, Stählin [17] 338; Färber [30] 6 und 16–18. – **84** Platon, Nomoi 700b. – **85** zur Geltung der Heroen als Halbgötter vgl. Art. ‹Heroenkult›, in: KlP 2, 1103–1105. – **86** Kiessling, Heinze [29] 116 (zu Horaz, Carmen I, 27). – **87** R. Heinze: Die horazische Ode, in: ders.: Vom Geist des Römertums (³1960) 172–189. – **88** Horaz, Carmina III, 9. – **89** ebd. I, 14. – **90** ebd. I, 32. – **91** ebd. II, 13. – **92** ebd. I, 27. – **93** ebd. I, 27, 9 f., übers. von B. Kytzler (1978). – **94** W. Kroll: Art. ‹M. Tullius Cicero›, in: RE, Reihe 2, Halbbd. 13, 1101. – **95** Cicero, De optimo genere oratorum 1; vgl. Färber [30] 10 und 24. – **96** Behrens [30] 19 – **97** ebd. – **98** Cic. Or. 183. – **99** ebd. 57. – **100** Cicero, Tusculanae disputationes I, 2, 4. – **101** Seneca, Epistulae morales 49, 3, übers. von M. Rosenbach. – **102** Cic. Or. 91 f. – **103** ebd. 69. – **104** Norden 885, Anm. 1. – **105** Dion. Hal. Comp. 25 f.; – **106** Norden 885. – **107** Dion. Hal. Comp. 22, 7 (S. 150) und 23, 9 (S. 166); ähnlich ders., Demosthenes 39, 7 (S. 125) und 40, 11 (S. 129); vgl. Volkmann 544–546; Fuhrmann Dicht. 191–196. – **108** H. Friedrich: Epochen der ital. Lyrik (1964) 460, Anm. 3. – **109** Volkmann 541. – **110** Ps.-Long. Subl. 10, 1 f. – **111** Quint. I, 10, 10. 13. 19. 29. – **112** ebd. I, 10, 29. – **113** ebd. I, 10, 10. – **114** ebd. I, 10, 13. – **115** ebd. I, 10, 19; nach Cicero [100] I, 2, 4. – **116** Quint. I, 10, 19 f.; anders Cicero [100] I, 2. – **117** Quint. I, 10, 24. – **118** Behrens [30] 24. – **119** Quint. X, 1, 27. – **120** ebd. X, 1, 61; ähnlich ebd. VIII, 6, 71. – **121** ebd. X, 1, 63. – **122** ebd. X, 1, 96. – **123** Nachweise bei Färber [30] 5; Abdruck ebd. II, 6 f. – **124** Fuhrmann Dicht. 195. – **125** ebd. 175. – **126** Tac. Dial. 10, übers. von K. Büchner; als Beleg für das pluralische Neutrum *lyrica* (Genitiv *lyricorum*) mit der Bedeutung ‹L.› wird die Stelle zitiert im Art. ‹lyricus› in: ThLL, Vol. VII, Pars altera, Sectio II (1920–29) 1951. – **127** Sueton, Nero 21 und 38; Tacitus, Annales 15, 39; 16, 4. – **128** vgl. Iuvenal, Satiren VIII, 221. – **129** vgl. Curtius 437–439; daneben Behrens [30] 25–30; Scherpe [58] 11; P. Klopsch: Einf. in die Dichtungslehren des lat. MA (1980) 44 f.; nach Behrens (S. 29) ist die Zuordnung der L. wegen fehlerhafter Textüberlieferung nicht klar erkennbar. – **130** O. Immisch: Beitr. zur Chrestomathie des Proklos und der Poetik des Altertums, FS Th. Gomperz (Wien 1902) 238; zit. Behrens [30] 31. – **131** Arist. Poet. 3. – **132** Färber [30] 4 und 16 f.; Behrens [30] 30 f. – **133** zur Abhängigkeit des Proklos von Didymos vgl. Färber [30] 46–48; 62 f. – **134** Proklos' griechischen Abschnitt über die L. zitiert Färber [30] II, 12. – **135** vgl. Färber [30] 23; Behrens [30] 31 f. – **136** Hieronymus: Praefatio in librum Job, in: ML 28, 1141; erwähnt von J. Vadianus: De poetica et carminis ratione. Krit. Ausg. mit dt. Übers. und Kommentar von P. Schäffer (1973–77), Bd. 1, 138; Bd. 2, 160; vgl. Klopsch [129] 38. – **137** Klopsch [129] 46 f.

II. Mittelalter.

In den Gattungskatalogen dieser Epoche behauptet das *lyricum carmen*, kurz auch *lyricum* genannt, seinen von der Antike ererbten Platz. HONORIUS AUGUSTODUNENSIS (gest. um 1140) [1] und andere verzeichnen die L. als eine von vier Dichtungsgattungen (nach Tragödie, Komödie, Satire). Honorius verkürzt allerdings die von Horaz definierte Themenbreite: «Lyrica [sunt], quae odas, id est laudes deorum vel regum hymnilega voce resonant, ut Horatius». (L. bedeutet Oden, d. h. es ertönen mit lobsingender Stimme Preislieder auf Götter oder Könige, wie Horaz [sagt].) [2] MATTHÄUS VON VENDÔME (12. Jh.) nennt im Rahmen von ebenfalls vier Gattungen statt der L. die Elegie, wohl im Sinne der ovidischen Liebeselegie. [3] In anderen Listen ist die L., deren Definitionen «vielfach weit voneinander abweichen» [4], eine unter zahlreichen Kleinformen. JOHANNES TZETZES (12. Jh.) führt sie unter elf Gattungen als zweite gleich nach der Epik auf. [5] JOHANNES VON GARLANDIA (13. Jh.) bespricht, inhaltlich nahe bei Horaz, das «Liricum, quod est de potatione et comestione vel commessatione et amore deorum» (L., die von Trinken und Essen oder Festgelage und Liebe der Götter handelt) «ohne besondere Hervorhebung» in einer Reihe nach Epithalamium, Epicedium, Epitaph, Apotheose, Bucolicum und Georgicum. [6] BOCCACCIO (1313–75) erwähnt in seinem italienischen Dantekommentar als von der Antike übernommene Arten der Narration Tragödie, Satire, Komödie, Bukolik, Elegie, L. und andere («tragedia, satira e comedia, buccolica, elegia, lirica ed altre» [7]). ‹Lirica› ist vermutlich wie die Nachbarbegriffe schon hier weibliches Substantiv im Singular.

Genauer betrachtet, erweist sich das mittelalterliche Interesse an dem, was damals als L. gilt, indes in mehrfacher Hinsicht als begrenzt. Der Begriff ‹L.› bezieht sich nur auf die Antike und auf lateinische Dichtung in deren Gefolge, schließt also die volkssprachliche Poesie ebenso aus wie die christlichen Hymnen lateinischer Sprache. Von den antiken Lyrikern sind die Griechen nur dem Namen nach (z. B. «Simonides poeta liricus» [8]) oder wegen der auf sie zurückgehenden Versmaße bekannt. Die Aufmerksamkeit richtet sich vornehmlich auf den Römer HORAZ. Auch an seinen Oden interessiert überwiegend die metrische Form. Das zeigen die von SERVIUS um 400 n. Chr. zusammengestellten neunzehn Maße des Horaz, die PAPIAS (11. Jh.) und Johannes von Garlandia (13. Jh.) weitervermitteln. [9] Gelesen werden seine Oden ebenso wie die Epoden im Mittelalter nur wenig. Geschätzt wird er eher als «poeta ethicus» wegen seiner Satiren, z. B. von DANTE im 4. Gesang der ‹Hölle›, und als Verfasser der ‹Ars poetica›. [10] Erst der beginnende Humanismus würdigt ihn auch als *rex lyrici carminis* (König der L.). Als solchen apostrophiert PETRARCA ihn in einem Gedicht an ihn. [11]

Selbst der Respekt vor den lyrischen Versmaßen der Antike hält sich in Grenzen. Mit der mittelalterlichen

Ablösung der metrischen Dichtung antiker Art, deren Verse als *metra* bezeichnet werden, durch die akzentrhythmische Reimpoesie, deren Verse *rithmi* heißen, ist nämlich eine Tendenz zur Vereinfachung auch der *metra* verbunden. Sie äußert sich in einem «Zurücktreten der lyrischen Metra zugunsten von Hexameter und elegischem Distichon» sowie in dem Versuch, beibehaltene lyrische Maße (z.B. die sapphische Strophe) vom Hexameter her oder «als Hexameterteile zu begreifen».[12]

Dem Substantiv *lyra* und seinen volkssprachlichen Entlehnungen (frz. und mhd. ‹lire›, nhd. ‹Leier›) ist im Mittelalter im Hinblick auf L. wenig zu entnehmen. Sie bezeichnen nur selten (z.B. bei Johannes von Garlandia [13]) die L. bzw. das ihren gesanglichen Vortrag begleitende antike Instrument, häufiger «ein anderes, früh mittellat. organistrum, von guitarrenartiger form, dessen seiten mittels eines rades gerührt wurden, welches eine kurbel in drehung setzte; eine erfindung vielleicht erst des 9. jahrh.» Diese schnarrend-näselnde Drehleier «hält sich namentlich in bauren- und vagantenkreisen durch das ganze mittelalter als höchst beliebtes» Instrument.[14] Von geringem Sozialprestige, verkommt sie im Spätmittelalter zum Attribut von Bettlern.[15]

Über Verknüpfungen zwischen der im Mittelalter als L. verstandenen Dichtung zur Rhetorik liegen keine besonderen Erkenntnisse vor, sieht man von der allgemeinen «Unterordnung der Poesie unter die Rhetorik»[16] und der inhaltlichen Nähe der «laudes deorum atque heroum» zur epideiktischen Rede ab. Die häufige wortspielerische Verbindung zwischen *Horatius* (auch *Oratius*) und *orator* – für PETRUS DIACONUS [12. Jh.] ist Horaz «strenuissimus orator»[17]) – betrifft nicht in erster Linie den Lyriker. Die metrischen Aspekte der L. sind meist im Anhang der Grammatiken behandelt, nur ausnahmsweise der Rhetorik zugeordnet.[18]

Umfangreicher ist das Material und rhetorisch konkreter der Befund, wenn man nicht vom mittelalterlichen, sondern vom heutigen, weitergefaßten L.-Begriff ausgeht, also auch die damals nicht zur L. gerechneten lateinsprachigen Arten (z.B. das Epigramm) und volkssprachliche Dichtung einbezieht. Worstbrock dokumentiert das lateinische und volkssprachliche Vorkommen zahlreicher rhetorischer Figuren und ihre mittelalterliche, gelegentlich schon in der Spätantike erkennbare und in der Renaissance weiterwirkende Verfestigung zu «Formtypen», z.B. in Gestalt der *versus rapportati*. Er verdeutlicht besonders die Verbreitung des von Curtius so genannten Summationsschemas, zieht allerdings den Gegenvorschlag ‹Conclusionsschema› von A. Beck vor.[19]

Seine herausragenden Leistungen erbringt das Mittelalter im Bereich der poetischen Kleinformen ebenso wie in der Epik in volkssprachlicher Form. Die arabische Frauenpreislyrik an den muslimischen Höfen Spaniens (9./10. Jh.), die Lieder der provenzalischen Troubadours und der nordfranzösischen Trouvères, mittelhochdeutscher Minnesang und Sangspruchdichtung der Stauferzeit, der italienische *dolce stil nuovo* (12./13. Jh.) und PETRARCAS Sonette bescheren der Epoche eine Fülle an gesanglichen und metrischen Formen. Allerdings ist das Sonett mit seiner diskursiven Gedanklichkeit entgegen dem klangvollen Namen (lat. *sonare*; tönen) «nicht für den Gesang bestimmt».[20] Bei den Gelehrten des 14. und 15. Jh., z.B. bei C. SALUTATI, tritt im übrigen «der *Lyriker* Petrarca völlig in den Hintergrund zugunsten des Meisters in der *Eloquenz*».[21]

Beherrschende Themen der genannten Lied- bzw. Gedichtarten sind Frauenpreis und Werbung des Mannes.[22] Das in der volkssprachlichen L. dominierende, sich mit dem religiösen Marienpreis berührende Frauenlob (der Dichtersänger HEINRICH VON MEISSEN trägt den Beinamen FRAUENLOB) verdankt ähnlich wie das im Mittelalter verbreitete Gottes- und Herrscherlob seine Beliebtheit nicht zuletzt der damaligen Ausweitung der epideiktischen Rede.[23] Ihr und der entsprechenden Liebeslyrik dienen amplifizierende Beschreibung und andere Schmuckmittel, die JOHANNES VON GARLANDIA als Elemente der *elocutio* herausstellt [24] und die schon CICERO und QUINTILIAN zum Lob empfehlen [25], sowie einige der von Curtius so genannten ‹Topoi› (z.B. Unsagbarkeitstopos, Überbietung).[26] Über rhetorische Figuren und Tropen des Minnesangs informiert ein Überblick von Schweikle.[27] Aus «dem rhetorischen Charakter der mittelalterlichen Poesie» erklären sich auch lyrische Themen lieblichen Charakters (z.B. Gärten, Schwalben), die als «rhetorische Übungsstoffe» dienen und bei denen laut Curtius die moderne Frage nach einem zugrunde liegenden «Erlebnis» unangemessen wäre.[28]

Eine problematische Sonderrolle im Verhältnis zur L. spielt die von dem Mailänder Bischof AMBROSIUS (gest. 397) begründete kirchliche Hymnendichtung. Der christliche «Hymnus ist eine Art Ergänzung und Weiterbildung des Psalmengesanges».[29] Aus Spätantike und Mittelalter sind «mehr als 17000 lat. Hymnentexte von etwa 350 Autoren erhalten».[30] Anders als der griechisch-römischen Götterhymne der Antike und die daran anknüpfende neuzeitliche Hymne wird die mittelalterliche Hymne ebenso wie die ihr verwandte Sequenz im allgemeinen weder in der Epoche selbst noch heute als L. aufgefaßt. Die von HIERONYMUS vorgeschlagene Zusammenschau antiker Oden und biblischer Gesänge blieb also terminologisch folgenlos. Das liegt weniger an der christlichen Thematik der Hymnen als an ihrer zumeist akzentrhythmischen Form[31], die in Verbindung mit dem aufkommenden Endreim die von Ambrosius selbst noch beibehaltene quantitierende Messung nach langen und kurzen Silben seit der Spätantike ablöst.[32] Für Johannes von Garlandia ist die Hymnik «Hauptanwendungsgebiet der Rhythmik».[33] Als *carmina* und so auch als *carmen lyricum* gelten im Mittelalter aber im allgemeinen nur die silbenmessenden, reimlosen *metra* in der Art der Antike, die akzentuierenden *rithmi* nur ausnahmsweise.[34] Erst in der frühen Neuzeit wird die Hymne als «Dei laus per carmen» definiert.[35] Die ‹Carmina Burana› wurden erst nach ihrer Wiederentdeckung 1803 so benannt.

Daß die zunächst als prosanah empfundenen *rithmi* stilistisch tiefer eingestuft werden als die *metra* [36] und so der Hymne eine bescheidenere Stillage zukommt als der metrischen L., wirkt vielleicht bei dem Renaissancepoetiker SCALIGER nach, der von «niedrigerem Stil» (*stilo demissiore*) antiker Hymnen im Vergleich zum höheren der Päane spricht.[37] Die moderne Vorstellung von der inhaltlichen und stilistischen, die Ode noch überragenden Erhabenheit der Hymne setzt sich erst im 18. Jh. im Zusammenhang mit KLOPSTOCKS Konzept der «heiligen Poesie» durch.[38] Übrigens behandelt noch Scaliger ebenso wie nach ihm OPITZ L. und Hymne getrennt.[39] Aus der mittelalterlichen Sonderstellung der Hymne erklärt sich möglicherweise die bis heute verbreitete Scheu, das volkssprachliche Kirchenlied, das in der Neuzeit die lateinische Hymne ablöst, der L. zuzurechnen. Im 17. Jh. wird allerdings auch das Kirchenlied mehrfach als Ode bzw. L. aufgefaßt.[40]

Trotz der mittelalterlichen Trennung von L. und Hymnik gibt es zwischen ihnen wechselseitige Berührungen. Die Hymnendichter orientieren ihre akzentrhythmischen Formen teilweise an der sapphischen Strophe und anderen Metren der Antike, wie aus den von Johannes von Garlandia zusammengestellten Belegen hervorgeht.[41] Johannes selber versucht einen Brückenschlag zwischen dem *carmen saeculare* des HORAZ und der christlichen Hymne.[42] Andererseits spricht Honorius Augustodunensis davon, das Lob der Götter und Helden ertöne in der L. mit hymnenartig lobsingender Stimme («hymnilega voce»). Viëtor bemerkt anläßlich dieser Formulierung und der damit verbundenen Einengung der L. auf «laudes deorum vel regum», daß «unter dem übermächtigen Einfluß der Hymnendichtung das Gefühl für die anderen lyrischen Gattungen verloren gegangen war».[43]

Anmerkungen:
1 ML 172, 1243; zit. I. Behrens: Die Lehre von der Einteilung der Dichtkunst vornehmlich vom 16. bis 19. Jh. (1940) 42. – **2** ML 172, 1243; zit. K. Viëtor: Gesch. der dt. Ode (1923, ND 1961) 7; Behrens [1] 42f.; nach Behrens finden sich «laudes deorum vel regum» als Lyrikthemen ähnlich auch bei Papias. – **3** P. Klopsch: Einf. in die Dichtungslehren des lat. MA (1980) 117. – **4** Behrens [1] 44. – **5** ebd. 41f. – **6** Joh. v. Garl. 102; Behrens [1] 55. – **7** G. Boccaccio: Il Commento alla Divina Commedia e gli altri scritti intorno a Dante, hg. von D. Guerri, Bd. 1 (Bari 1918) 114; vgl. Behrens [1] 64. – **8** Dictionary of Medieval Latin from British Sources, Vol. 1, hg. von R.E. Latham, D.R. Howlett (Oxford 1997) 1668. – **9** Joh. v. Garl. 200–218; zu Papias vgl. Behrens [1] 40f. – **10** vgl. Viëtor [2] 7; Curtius 59; Klopsch [3] 40–43. 109f.; zur Verbreitung der ‹Ars poetica› vgl. auch H. Brinkmann: Zu Wesen und Form mlat. Dichtung (1928; ND 1979) 41. – **11** F. Petrarca: Familiarium rerum libri, B. XXIV, 10, 2f., in: ders.: Le familiari. Krit. Ausg. von V. Rossi, Bd. 4 von U. Bosco (Florenz 1942) 247; vgl. Behrens [1] 62. – **12** P. Klopsch: Einf. in die mlat. Verslehre (1972) 93. 97f. – **13** Joh. v. Garl. VII, 1564. 1881. – **14** Grimm, Bd. 12, 682; vgl. auch E. Verwijs, J. Verdam: Middelnederlandsch woordenboek, Bd. 4 (s'Gravenhage 1899) 566. – **15** W. Salmen: Der fahrende Musiker im europäischen MA (1960) 214. – **16** Norden 898; ähnlich Curtius 158; Klopsch [3] 65f. – **17** zit. Norden 896. – **18** Norden 894; vgl. Klopsch [3] 65f. – **19** F.J. Worstbrock: Rhet. Formtypen der ma. L., in: DVjs 49 (1975) 8–31; A. Beck: Über einen Formtypus der barocken L. in Deutschland und die Frage seiner Herkunft, in: Jb. des Freien dt. Hochstifts (1965) 18f. – **20** H. Friedrich: Epochen der ital. L. (1964) 33; vgl. H.-J. Schlütter: Sonett (1979) 8. – **21** Behrens [1] 62, Anm. 115. – **22** vgl. H. Brinkmann: Gesch. der lat. Liebesdichtung im MA (1925; ND 1979) 38, in bezug auf den Minnesang G. Schweikle: Minnesang (²1995) 119. 121ff. – **23** vgl. Brinkmann [10] 34f.; Curtius 164–168; A. Georgi: Das lat. und dt. Preisgedicht des MA in der Nachfolge des genus demonstrativum (1969). – **24** vgl. Klopsch [3] 131f. – **25** Cic. De or. III, 104ff.; Quint. III, 7, 6; vgl. Brinkmann [10] 47. – **26** Curtius 168ff. – **27** Schweikle [22] 206–208; vgl. D. Scheludko: Minnesang und ma. Rhet., in: Archivum Romanicum 15 (1931); A.H. Touber: Rhet. und Form im dt. Minnesang (1964). – **28** Curtius 167. – **29** M. Manitius: Gesch. der lat. Lit. des MA, Bd. 3 (1931) 985. – **30** C. Zelle, J. Kühnel: Hymnus, Hymne, in: W. Killy (Hg.): Literaturlex., Bd. 13 (1992) 431. – **31** vgl. Murphy RM 157–161. 210. 249. – **32** vgl. Klopsch [12] 1–16. – **33** Klopsch [3] 162. – **34** vgl. Klopsch [12] 30. – **35** J. Pontanus: Poeticorum institutionum libri III (1594) 143; zit. Viëtor [2] 35. – **36** vgl. Klopsch [12] 27–30. – **37** Scaliger, Bd. 1, 380f. (B. 1, Kap. 44); vgl. ebd. 396f. (Kap. 45). – **38** vgl. etwa Sulzer, Bd. 2, 659f.; K.R. Scherpe: Gattungspoetik im 18. Jh. (1968) 109; vgl. aber schon P. de Ronsard: Les Hymnes (Paris 1655). – **39** Opitz 368f. – **40** Viëtor [2] 62. – **41** Joh. v. Garl. VII, 1357ff. (S. 194ff.). – **42** vgl. Klopsch [3] 156. – **43** Viëtor [2] 7.

III. Frühe Neuzeit. Die mittelalterliche Beschäftigung mit der L. des HORAZ beschränkt sich im wesentlichen auf die Archivierung seiner Strophenformen und das glossatorische Sammeln wirkungsvoller Sentenzen und Formulierungen.[1] Die humanistische Wiederbelebung der Antike führt zu einer gründlicheren Imitation der Oden des Horaz, später auch PINDARS. Schon die Metrik wird genauer analysiert. «Was an lateinischer Dichtung vor der Renaissance existierte, basierte hauptsächlich, wie die Dichtung der modernen Sprachen, auf Rhythmus und Reim; nun aber kamen die klassischen, auf Silbenlänge und -kürze basierenden, Metra wieder zur Geltung.»[2] Die neulateinische Nachahmung der horazischen Oden, die im 15. Jh. in Italien beginnt[3] und wenig später nach Deutschland übergreift, gilt aber auch deren motivischer, gedanklicher und stilistischer Eigenart.

PETER LUDER hält 1456 in Heidelberg eine Vorlesung über Horaz, WERNER VON THEMAR schafft die erste deutsche Übersetzung einzelner Gedichte, JAKOB LOCHER gibt 1498 in Straßburg ‹Horatii Flacci Venusini Poete lirici opera› heraus. Produktiv wird die Rezeption durch KONRAD CELTIS, der sich als «deutschen Horaz» sieht und mit der Gliederung und den Strophenmaßen seiner ‹Libri Odarum quatuor› (1513) dem Vorbild nacheifert[4], sowie durch den von ihm versammelten Kreis von Humanisten, welcher in Anlehnung an Horaz «alte und neue lat. Lyrik im Gesang pflegte».[5] Der Schweizer JOACHIM VON WATT (VADIANUS), ein Schüler von Celtis, nennt unter acht Dichtungsarten nach der Epik das «Lyricum Poema» an zweiter Stelle.[6] «Fortan sang man horazische Odenstrophen auf Universitäten und Schulen.» Die Zwickauer Schulordnung von 1523 schreibt vor, «der Unterricht solle alltäglich damit begonnen werden, daß man vierstimmig ein horazisches oder ähnliches Gedicht miteinander singe».[7] Um die Mitte des 16. Jh. verdrängt Horaz als Lyriker in den deutschen Schulen und Universitäten den PRUDENTIUS. Er wird «1564 in den brandenburgischen, 1580 in den kursächsischen Schulen eingeführt.»[8]

Die neulateinischen Nachahmer stellen die Odenmaße als Widmungs- und Gelegenheitsdichtung in den Dienst der Hofpoesie. So richtet der Niederländer J. MURMELLIUS 1515, als der spätere Kaiser Karl V. für großjährig erklärt wird, an diesen unter dem Titel ‹Caroleia› einen Fürstenspiegel in Form horazischer Oden. Die ‹Odae Palatinae› von P. MELISSUS (eigentlich P. SCHEDE) von 1588 wenden sich zum vierten Jahrestag der Heidelberger Akademie an den dortigen Pfalzgrafen.[9] Umfangreicher und bedeutsamer ist die religiöse Verwendung. Sie erreicht ihren Höhepunkt in den ‹Lyricorum libri IV› (1643) des bayerischen Jesuiten J. BALDE[10], aus denen besonders die Mariengedichte beeindrucken. In den Poetiken der Jesuiten (J. PONTANUS, 1594; A. DONATUS, 1633; J. MASEN, 1655) wird die Ode nach dem Muster vor allem des Horaz als «wichtigste lyrische Gattung» behandelt und nach Merkmalen und Arten genauer als bisher differenziert.[11] Beispielhaft für die neulateinische Horaz-Nachfolge auch in anderen Ländern ist der als polnischer Horaz gerühmte M.K. SARBIEWSKI.[12]

Über die neulateinische Horaz-Rezeption hinaus kommt es um die Mitte des 16. Jh. zu weitergehenden Impulsen, die auch die volkssprachliche Dichtung und die Lyriktheorie betreffen. Maßgebend sind vor allem P. DE RONSARD und J.C. SCALIGER in Frankreich, A.S. MINTURNO und T. TASSO in Italien.

Daß die Ode in die volkssprachliche Dichtung Eingang findet, ist besonders den ‹Quatre premiers livres des odes› (1550) des Pléiade-Dichters Ronsard zu verdanken, der neben dem horazischen auch den pindarischen

Typus aufgreift. Vor ihm hatten nach den Erstdrucken von Pindars Epinikien (Venedig 1513, Rom 1515) die Pindaristen G. TRISSINO und L. ALAMANNI den griechischen Lyriker schon in italienischer Sprache nachgeahmt. Im Unterschied zu den antiken Mustern bedient Ronsard sich des Reims. «Die pindarische Ode war bei Ronsard ein encomiastisches Gedicht mit dreiteiligem genau geregeltem Strophenbau, das nur für hochgestellte Persönlichkeiten verwandt wurde und im Gedanken wie in der sprachlichen Formung eine feierliche Höhe anstrebte.»[13] «Die pindarischen Oden leben [...] geradezu von der Rhetorik»[14], nicht nur bei Ronsard. Mit ihnen verbindet sich mehr als mit dem horazischen Typus der dichterische Enthusiasmus bzw. «*furor poeticus*, als dessen Prototyp Pindar galt»[15], «die so genannte Begeisterung, das berühmte Göttliche, weswegen Pindar so bewundert worden».[16] Äußerungsform des Enthusiasmus ist gedankliche Sprunghaftigkeit, die von BOILEAU so genannte schöne Unordnung («beau désordre»).[17] Pindar selbst hatte sich mit einer von Blüte zu Blüte fliegenden Biene verglichen.[18] Thematisch wie sprachlich strebt die Pindar imitierende Ode nach Erhabenheit.[19] Pindars Epinikien und die Schrift des PSEUDO-LONGINOS über das Erhabene werden im 16. Jh. ungefähr gleichzeitig wiederentdeckt. Der mit Ronsard befreundete J.C. SCALIGER spricht generell von «Lyrica nobilitas» (Adel der L.), die der «heroischen Erhabenheit» des Epos nahekomme.[20] Das macht ihn in der Folgezeit zum Kronzeugen für die Verknüpfung von Odendichtung und hohem Stil. Die Ode, meint MORHOF, ihn noch übertrumpfend, «öbersteigt selbst die Heldenart» des Epos.[21]

In Ronsards Gefolge üben sich WECKHERLIN und OPITZ im «Pindarisieren», wie sie es nennen, A. GRYPHIUS auch in den Chorpartien (Reyen) seiner Trauerspiele, ebenso wie anfangs LOHENSTEIN. Allerdings imitieren die Deutschen eher die Gliederung in Strophe, Antistrophe und Epode als den pindarischen Stil.[22] Noch vor Weckherlin knüpft MELISSUS SCHEDE in neulateinischer Sprache an Ronsards triadische Oden an.[23] Auch die Poetiken berücksichtigen die pindarische Form, so PONTANUS 1594 und Opitz 1624, letzterer mit Zurückhaltung «im fall es jemanden sich daran zue machen geliebet».[24] Bezeichnend für die insgesamt zögerliche Aufnahme Pindars ist die Bemerkung des Franzosen GODEAU von 1666, «sicherlich gelte Horaz allein mehr, als Sappho, Anacreon und Pindar zusammen».[25]

In England findet das reguläre Dreierschema in der Art Pindars nur wenig Anklang, z.B. bei B. JONSON und TH. GRAY. «Weit populärer wurden die *irregular Pindaricks*» von A. COWLEY (1618–67). «Die irreguläre Ode besteht aus einer unbestimmten Zahl von Strophen (2–19, meist unter 10), deren jede rund 20 Verse umfaßt und nach keinem festen Schema gereimt ist. [...] Im Vergleich zu den älteren Strophen ist also eine komplexe Ordnung mit hoher Vorhersagewahrscheinlichkeit abgelöst worden durch eine einfachere Ordnung mit geringerer Vorhersagewahrscheinlichkeit. Damit verkörpern diese *Pindaricks* so ziemlich das genaue Gegenteil der pindarischen Ästhetik.»[26] Ursache dieses Sachverhalts ist eine fruchtbare Fehleinschätzung: Die vielgestaltige Metrik Pindars, erst im 19. Jh. als streng geregelt durchschaut, wird vorher gemäß dem HORAZ-Wort von Pindars regelfreien Rhythmen («numeris [...] lege solutis»)[27] als genialisch regellos mißverstanden. Der Typus der ‹Cowleyan Ode› weckt zahlreiche Nachahmer, u.a. DRYDEN, COLERIDGE, WORDSWORTH, SHELLEY und KEATS.[28]

J. DENNIS spricht 1704, offenbar im Hinblick auf die pindarische oder pseudopindarische Ode, von «greater Lyrick Poetry», die er von «the little Ode» unterscheidet [29]; «die heroische oder erhabene Ode, in hohem Stile geschrieben, ist mit dem Namen Pindars verbunden und handelt von religiösen, heldischen Themen oder großen, öffentlichen Ereignissen; bedeutende, doch mehr urbane und philosophische Themen werden zuweilen auch noch zu der im hohen Stil verfaßten großen Ode gerechnet und sind mit dem Namen des Horaz verbunden. Die geringeren Oden, die von "Liebe und Wein" handeln, werden zuweilen auch anakreontische Oden genannt.»[30]

Nicht minder bedeutsam als die modifizierte Anwendung der antiken Odenformen auf die neueren Volkssprachen ist die nunmehrige Ausweitung des Lyrikbegriffs auf volkssprachliche Poesie ohne antike Wurzeln, besonders auf die im Mittelalter begründeten Gedichtarten. Italiener des 16. Jh. stellen die Sonette PETRARCAS, der vorher (so noch um 1437 bei S. POLENTONE) nicht als *lyricus* galt[31], und andere Gedichtarten, die man bislang unter dem Oberbegriff ‹Kanzone› (ital. canzone) zusammengefaßt hatte, der antiken L. an die Seite. Ohne schon ausdrücklich von L. zu sprechen, bemerkt etwa TRISSINO 1529, er habe seine ‹canzoni› in Nachahmung Pindars geschaffen. 1563 faßt er «quasi alle Elegien und Oden, Canzonen und Balladen und Sonette und ähnliches» (quasi tutte le Elegie e le Ode, le Canzoni e le Ballate, e li Sonetti, e simili) unter dem platonischen Gesichtspunkt ‹nur der Dichter spricht› zusammen.[32] B. DANIELLO rühmt in seiner kleinen ‹Poetica› (1536) Petrarca aufgrund seiner göttlichen Liebeslyrik («Divino amoroso lirico Poema»), widmet überhaupt der L. sein «Hauptinteresse», hebt unter den Dichtern ähnlich wie schon P. CRINITUS (P. RICCI)[33] neben den Komödien- und Tragödiendichtern und den Epikern nur die «Lirici» ausdrücklich hervor.[34] Behrens berichtet von der Unterscheidung der L. «in eine hohe – l'altra [gemeint: l'alta] lirica –, in welcher vor allem das Vorbild von Pindar und Horaz nachgeahmt wird, und in eine "lirica petrarcheggiante" im Gefolge Petrarcas, die «der niederen Poesie zugezählt» wird.[35] Zur Vollendung gelangen die Versuche, der L. im System der Dichtungsgattungen einen bedeutsameren Status zuzuweisen, bei MINTURNO. Seine lateinische Poetik erwähnt (ähnlich wie schon Daniello) kurz die Dreiteilung der Gattungen. In der Einleitung schreibt er, formal dem Eröffnungssatz VON Caesars ‹De bello Gallico› ähnlich, die ganze Poesie werde in drei Teile unterschieden, von denen einer Szenik, der zweite L. heiße; der dritte, Epik genannt, sei von allen der größte und umfasse die meisten Arten («omnis enim poesis cum in tres dividatur partes, quarum una Scenica, altera Lyrica uocatur; Tertia, quae Epica dicitur, omnium maxima est, plurimaque genera complectitur»).[36] In seiner italienischen Poetik sind vier Jahre später die drei Dichtungsgattungen («Tre Specie della Poesia, Epica, Scenica, Melica») gründlicher auseinandergehalten und in jeweils einem Kapitel ‹libro› ausführlich behandelt.[37] In der szenischen Gattung faßt Minturno Tragödie und Komödie zusammen. In dem Melik-Kapitel bespricht er nach den «canzoni Pindariche» auch die neueren Arten (Sestine, Sonett, Ballade, Madrigal) und am Ende in der Art eines Anhangs Elegie, Satire (u.a. HORAZ), jambische Poesie und Epigramm.

Das Ausmaß dieser Ausweitung des L.- bzw. Melik-Verständnisses ist zukunftweisend, für die Epoche aber nicht repräsentativ. Der Spanier F. CASCALES knüpft zwar 1616 an die Dreiteilung und die Benennungen Minturnos an und verteidigt später speziell die Zuordnung des Sonetts zur L. gegen einen Einwand seines Landsmanns P. G. DE SEPÚLVEDA [38]; aber bis weit ins 18. Jh. bleibt die Neigung vorherrschend, zumindest die L. und die übrigen antiken Kleinformen auseinanderzuhalten. In Deutschland behandeln die Poetiken, z.B. OPITZ und GOTTSCHED, auch nachantike Gedichtarten wie das Sonett getrennt von der klassischen L. bzw. Ode.

T. TASSOS Erörterungen der L. in den ‹Discorsi dell'arte poetica ed in particolare sopra il poema eroico› (1594 umbenannt in ‹Discorsi del poema eroico›) «sind die ertragreichsten, die im italienischen 16. Jahrhundert dieser Gattung gewidmet wurden.»[39] «Diejenigen Stellen [...], wo er von *lo stile del lirico* usw. spricht, beschäftigen sich mit der italienischen Lyrik und verdrängen [...] die [...] Bedeutung von *lirici* = Odendichter».[40]

Angesichts der Bandbreite der L. schwankt ihre stilistische Einschätzung. Minturno weist – unbeeindruckt von der durch RONSARD beförderten Pindar-Renaissance und im Gegensatz zur von SCALIGER behaupteten «Lyrica nobilitas» – den ‹lyrici› den mittleren Stil zu. Er plaziert sie zwischen dem hohen Stil der Tragiker und dem niederen der Komödiendichter.[41] Die «schon bei den Florentinern des 13. Jahrhunderts übliche Zuordnung der Lyrik zum Stil der *dolcezza*»[42] bzw. ‹suavità› vertritt im Hinblick auf PETRARCA und andere italienische Dichter auch T. TASSO, der zur Wirkungssteigerung allerdings eine gelegentliche Mischung der dem mittleren Stil entsprechenden Anmut (‹leggiadria›) mit Würde (‹gravità›) befürwortet.[43] Der deutsche Jesuit MASEN bringt noch im 17. Jh. die «poesis lyrica» mit dem mittleren Stil in Verbindung.[44] Die Italiener A. SEGNI (1573) und G. FRACHETTA (1581) erklären dagegen die L. «zur höchsten Gattung des dichterischen Wahnsinns».[45]

Sieht man von der Uneinheitlichkeit der stilistischen Zuordnung und der Konkurrenz der Benennungen ab (statt von ‹L.› ist, bezogen auf deren antikisierendes Stammgebiet, nun eher von ‹Oden› die Rede), so sind für die frühe Neuzeit eine beträchtliche Ausweitung und zugleich Aufwertung der L. zu verzeichnen, die sich allerdings von Land zu Land und in bezug auf antikisierende und neuere Gedichtarten unterschiedlich ausnehmen.

Behindert wird die Neubewertung der L. durch die ‹Poetik› des ARISTOTELES, die mit Drucklegung des griechischen Textes, lateinischer Übersetzung (1498) und Kommentaren italienischer Gelehrter (zuerst F. ROBORTELLO 1548) im 16. Jh. zur beherrschenden Autorität heranwächst. Daß Aristoteles alle Dichtung auf Mimesis gründet und die L. nicht eindeutig erwähnt, erschwert deren Berücksichtigung bis ins 18. Jh.[46] Am deutlichsten tritt das bei dem Engländer F. BACON zutage. Das Wesen der Dichtung besteht für ihn, so berichtet M.C. CURTIUS, «in einer erdichteten Nachahmung der Historie. [...] Satyren, Elegien, Sinnschriften und Oden schließt er von der Zahl der Gedichte aus, und theilet die wahre Dichtkunst in die erzählende, dramatische und parabolische Gattung. Zur ersten Gattung rechnet er die Heldengedichte, zur zweyten die Trauer- und Lustspiele, und zur dritten die Fabeln.»[47]

In SCALIGERS ‹Poetik› von 1561, die vor allem Frankreich und den deutschsprachigen Raum beeinflußt (OPITZ, TITZ und MORHOF berufen sich auf ihn [48]), führt die konzeptuelle Spannung zwischen neuer Dichtung und aristotelischer Theorie zu Unklarheiten und Widersprüchen, erst am Ende zur offenen Austragung des Konflikts. Die spätantike Dreiteilung des DIOMEDES bespricht er «eher anekdotisch» und ohne weiterführende Konseqenzen.[49] Unklar bleibt hier, «ob die Lyrik von Scaliger als selbständige Gattung gezählt wird oder einen Teil der Epik bildet».[50] Die nichtdramatischen Gattungen behandelt er nicht systematisch, sondern, beginnend mit der Hirtendichtung, in der Reihenfolge ihrer vermuteten Entstehung. Sein «Versuch, alle kleineren Gattungen möglichst vollständig in den größeren Rahmen einer umfassenden Dichtungstheorie einzubetten», besticht «eher durch die Lückenlosigkeit der Aufzählung als durch [...] Einsicht in das Wesen antiker Dichtung».[51] Mit RONSARD, wie gesagt, befreundet, widmet Scaliger der L. reges Interesse, läßt allerdings wie auch bei den übrigen Gattungen volkssprachliche Dichtung beiseite. Beachtung verdient die an HORAZ anknüpfende, aber detailliertere Auffächerung der lyrischen Arten bzw. Themenbereiche.[52]

Am interessantesten ist die Heranziehung der L. als Argument im Konflikt der Dichtungsprinzipien. Während Scaliger anfangs die *imitatio* generell gutheißt, sie lediglich als Mittel seinem Hauptziel der Belehrung mit Unterhaltung (*docere cum delectatione*) dienstbar macht [53], schreibt er im letzten seiner sieben Poetik-Bücher, die Mimesis-Forderung des Aristoteles führe zu Absurditäten. Es gebe viele Dichtungsgattungen, «Lyrica, Scolia, Pæanes, Elegiæ, Epigrammata, Satyræ, Syluæ, Epithalamia, Hymni, alia: in quibus nulla extat imitatio, sed sola nudáque ἐπαγγελία [epangelía], id est enarratio aut explicatio eorum affectuum, qui ex ipso proficiscuntur ingenio canentis, non ex persona picta [ficta?]» (Lyrik, Skolien, Päane, Elegien, Epigramme, Satiren, Gelegenheitsgedichte, Epithalamien, Hymnen und andere, in denen keine Nachahmung vorkommt, sondern nur die bloße Aussage, d.h. die Wiedergabe oder Entfaltung jener Empfindungen, die vom Geist des Dichters selbst herrühren, nicht von einer gemalten [erfundenen?] Person).[54] Dieser Satz ist ein Bindeglied zwischen PLATONS Redekriterium (‹der Dichter spricht›) und der lyrischen Subjektivität der Moderne.[55] Schon auf ihn trifft MENDELSSOHNS Aussage zu, der Lyriker sei «sich selbst Gegenstand, also causa objectiva und causa efficiens zugleich».[56]

Während Dichter und Poetiker der Renaissance auf Sicherung und Erneuerung der antiken Gattungsformen bedacht waren, verlagert sich seit etwa 1580 das Interesse auf die stilistische Ausstattung. Gleichzeitig verliert die Klassizität von CICERO und HORAZ an Glanz zugunsten der sogenannten silbernen Latinität des ersten nachchristlichen Jahrhunderts (SENECA, TACITUS). Unter den poetischen Kleinformen rücken, so schon bei Scaliger, MARTIALS Epigramme und die Gelegenheitsgedichte (‹Silvae›) des STATIUS ins Blickfeld.

Die der Barockdichtung zuerkannte «rhetorische Grundanlage»[57] oder «Grundhaltung»[58], deren Ausprägung in der deutschen L. Böckmann beschreibt [59], äußert sich vor allem in einer Vielzahl stilistischer Schmuckmittel. Die Kunstrichter der Aufklärung tadeln deren üppigen Gebrauch später als ‹Schwulst›. Besonders zeittypisch sind, oft einander ergänzend, Metaphern, Periphrasen und die Figuren scharfsinniger Pointierung.

Der intensive Einsatz der Metapher, die zusammen mit dem Vergleich damals ‹Gleichnis› heißt [60] und von

HARSDÖRFFER als «Königin» der rhetorischen Figuren, speziell der Tropen, gepriesen wird[61], entspricht der zeitgenössischen Vorliebe für Ähnlichkeitsbeziehungen. Diese geht auf den mittelalterlichen Glauben an die Analogie alles Seienden (*analogia entis*) zurück, prägt sich allerdings nun anders aus: «Die Seinsanalogie wird zu einem spielerischen Mittel der Kombinatorik umgeformt.»[62] Der Italiener TESAURO entwirft eine Metaphernmaschine, die eine Vielzahl ungewöhnlicher Kombinationen eröffnet. Eco macht daraus ein Romankapitel.[63] Tesauro bezeichnet die Metapher als große Mutter aller Scharfsinnigkeiten («gran Madre di tutte le Argutezze») und Mutter der Dichtungen («Madre delle Poesie»).[64] «Den erst- und höchsten Platz bey aller Poesie» weist auch STIELER der Metapher zu.[65] Die naturwissenschaftlich geprägte Kausalität, die seit der Aufklärung das Analogiedenken zurückdrängt, ist für die Barockdichtung eher unwichtig. Ergänzende Informationen zur Metaphorik und zur Bildlichkeit der Epoche überhaupt bieten Einzeluntersuchungen.[66]

Die Neigung zur – oft metaphorischen – Periphrase hat ihre außersprachliche Grundlage im barocken Hang zur – auch architektonischen und musikalischen – Prachtentfaltung, der seinerseits im Prestigedenken der höfisch-aristokratischen Gesellschaft wurzelt. Poetisch äußert sich die Prunkliebe in der amplifizierenden Entfaltung attraktiver Gegenstände in ihre Bestandteile (z.B. weiblicher Schönheit als Synthese schöner Körperteile), vor allem aber in kunstvollen Umschreibungen. Die Dichter der Zeit wollen, wie OPITZ bemerkt, die Dinge «nicht nur bloß nennen / sondern mit prächtigen hohen worten vmbschreiben».[67] Poetische Lexika machen die Früchte solcher Mühe in gesammelter Form als «excerpta phrasium» nachwachsenden Adepten zugänglich.[68] G. TREUER, ein Prediger aus Frankfurt a.O., trägt allein über Christus Redewendungen auf fast hundert Seiten zusammen.[69]

Das Streben nach ingeniösem Scharfsinn (*arguția*) bzw. ‹Witz› hängt mit der Kunst kluger Selbstbehauptung und Verstellung im Kräftespiel der Fürstenhöfe zusammen, wie sie der Spanier B. GRACIÁN beschreibt.[70] Es äußert sich außer in metaphorischer Kombinatorik in der Vorliebe für «Epigramm und Pointenstil»[71], speziell für das änigmatische Wort- und Gedankenspiel (Concetto), und allgemein in einer manieristischen «Überfunktion des Stiles».[72] Ob die «Geistesschärfe» (span. *agudeza*), wie GRACIÁN meint [73], den Rahmen der Rhetorik übersteigt oder ob man letzterer die *arguția*-Bewegung als «gemeineuropäische Rhetorik-Mode» eingliedert[74], erscheint im Hinblick auf L. eher unerheblich. Zumindest ist die Rhetorik «ein Keim des Manierismus».[75] Bedeutsamste Lyriker dieser Stilrichtung sind der Spanier L. DE GÓNGORA, der Italiener G. MARINO, den sein Landsmann Tesauro als Musterautor geistreicher Metaphorik oft zitiert, und in Marinos Nachfolge der Breslauer Ratspräses C. HOFFMANN VON HOFFMANNSWALDAU. Dem arguten Stil verpflichtet sind auch die metaphysical poets (J. DONNE) in England. Über das «Scharfsinnpostulat in der Gattungspoetik der Lyrik» berichtet Beetz.[76]

Konkreteres rhetorisches Gepräge über die drei genannten Stiltendenzen hinaus erreicht die L., wo sich mit poetischen Systemen, wie dem Petrarkismus [77], oder mit bestimmten Themen, wie dem Ideengut und der Lebenshaltung neustoischer Philosophie, verbindet. Kennzeichnend für die letztgenannte Variante sind die Selbstansprachen mancher Sonette (z.B. FLE-MING: ‹An sich›; GRYPHIUS: ‹Ad se ipsum›) in der Tradition von MARC AURELS ‹Selbstbetrachtungen› (εἰς ἑαυτόν, eis heautón, an sich selber), außerdem die beliebten Was-ist-Gedichte, die einer einleitenden Definitionsfrage eine Reihe metaphorischer Antworten folgen lassen (z.B. Gryphius: ‹Menschliches Elende›, HOFFMANNSWALDAU: ‹Was ist die Welt›; ein Gedicht mit diesem Titel schrieb später auch HOFMANNSTHAL).[78]

Im übrigen bekundet die Versdichtung, die damals generell als gebundene Rede (*oratio ligata*) verstanden wird[79], ihre rhetorische Grundhaltung häufig durch ihren Anrede- bzw. Appellcharakter. Dieser kommt allerdings weniger in der L. im damaligen Sinn als vielmehr in der von ihr getrennten Gelegenheitsdichtung zum Ausdruck. SCALIGER behandelt diese ausführlicher als die L.[80] Im Gefolge der ‹Silvae› (Wälder) des STATIUS wenden sich Geburts-, Hochzeits-, Begräbnisgedichte und dergleichen als Auftragsarbeit oder aus freundschaftlicher Verpflichtung Glück wünschend oder tröstend an höher- und gleichrangige Adressaten. Im 16. und 17. Jh. an den Fürstenhöfen und in Patrizierkreisen verbreitet und im Gymnasialunterricht regelmäßig geübt, verliert diese Kasualpoesie, schon von OPITZ als überhand nehmend gerügt, im 18. Jh. an Ansehen. GOETHES Äußerung gegenüber ECKERMANN, all seine poetischen Werke seien Gelegenheitsdichtung, setzt nicht mehr andere Personen betreffende Ereignisse, sondern das eigene Erleben als Anlaß voraus.[81]

Eine Voraussetzung für die steigende Bedeutung der L. seit der frühen Neuzeit ist die nunmehr «enge Verbindung von Musik und Rhetorik».[82] Die Musik war bislang innerhalb des Quadriviums mit der Mathematik verknüpft. In der Kupferstichserie der sieben freien Künste, die CORNELIS CORT 1565 nach Entwürfen von FRANS FLORIS fertigt, steht sie neben der Triviumskunst Rhetorik.[83] Die Zusammenschau der beiden Wirkungskünste kommt besonders der im 17. Jh. entstehenden Opern-L. (Arie) zugute.

Anmerkungen:
1 K. Viëtor: Gesch. der dt. Ode (1923; ND 1961) 10 und 12. – **2** H.C. Schnur: Nachwort, in: Lat. Gedichte dt. Humanisten, übers. von H.C.S. (1967) 490. – **3** vgl. Viëtor [1] 12; E. Schäfer: Dt. Horaz. Conrad Celtis, Georg Fabricius, Paul Melissus, Jacob Balde. Die Nachwirkung des Horaz in der neulat. Dichtung Deutschlands (1976). – **4** Viëtor [1] 15. – **5** I. Behrens: Die Lehre von der Einteilung der Dichtkunst vornehmlich vom 16. bis 19. Jh. (1940) 68, Anm.7. – **6** ebd. 68f.; vgl. J. Vadianus: De poetica et carminis ratione (1518). Krit. Ausg. mit dt. Übers. und Kommentar von P. Schäffer. 3 Bde. (1973–77) Bd. 1, 76; Bd. 2, 88. – **7** Viëtor [1] 19. – **8** ebd. 15. – **9** ebd. 19f. und 22. – **10** vgl. ebd. 35ff. – **11** ebd. 35. – **12** Sarbievius: Lyricorum libri IV (Köln 1629). – **13** Viëtor [1] 72. – **14** ebd. 50. – **15** ebd. 84; vgl. 70f. **16** Gottsched Dichtk. 429. – **17** Boileau II, 72. – **18** Pindar, Pythiae 10. – **19** Viëtor [1] 72; vgl. M.H. Abrams: Spiegel und Lampe. Romantische Theorie und die Trad. der Kritik, übers. von L. Iser (1978) 113. – **20** Scaliger, Bd. 1, 378f. (B. I, Kap.44). – **21** D.G. Morhof: Unterricht von der Teutschen Sprache und Poesie (1682) 710; Auszug in: M. Szyrocki (Hg.): Poetik des Barock (1977) 164. – **22** vgl. Viëtor [1] 68–84. – **23** ebd. 72. – **24** Opitz 405. – **25** Viëtor [1] 72; nach Godeau: Discours sur les oeuvres de M. de Malherbe, in: Les Poesies de Malherbe, ed. Ménage (Paris 1666). – **26** H.-J. Diller: Metrik und Verslehre. Studienreihe Engl. (1978) 136. – **27** Horaz, Carmina IV, 2, 10–12; vgl. J. Schmidt: Die Gesch. des Genie-Gedankens in der dt. Lit., Philos. und Politik 1750–1945 (1985) Bd. 1, 180–183. – **28** G. v. Wilpert: Lex. der Weltlit., Bd.1 (²1975) 351. – **29** J. Dennis: The Critical Works, ed. E.N. Hooker (Baltimore 1939–43), Bd. 1, 338; zit. K.R. Scherpe: Gattungspoetik im 18. Jh.

(1968) 18f., Anm. 45; vgl. Abrams [19] 113. – **30** H. Dieckmann: Zur Theorie der L. im 18. Jh. in Frankreich, mit gelegentlicher Berücksichtigung der englischen Kritik, in: W. Iser (Hg.): Immanente Ästhetik – Ästhetische Reflexion. L. als Paradigma der Moderne (1966) 83; ähnlich C. Siegrist: Das Lehrgedicht der Aufklärung (1974) 31. – **31** Behrens [5] 66; vgl. ebd. 82, Anm. 39: «Die Humanisten lehnten Petrarca [als Lyriker] (z.B. noch 1537) ab.» – **32** G. Trissino: La Poetica, T. I-IV (1529), T. V-VI (1563); zit. Behrens [5] 72f.; Übers. Verf. – **33** P. Crinitus: Libri V de poetis Latinis (1511; Vorrede von 1505); vgl. Behrens [5] 67. – **34** Behrens [5] 76f. – **35** ebd. 84; sie bezieht sich auf C. Guerrieri Crocetti: G.B. Giraldi ed il pensiero critico del sec. XVI (Mailand 1932) 243. – **36** A.S. Minturno: De Poeta (Venedig 1559; ND 1970) S. IV der unpaginierten Einl.; ähnlich ebd. 417; vgl. Behrens [5] 85–89. – **37** A.S. Minturno: L'Arte Poetica (Venedig 1563; ND 1971) unpaginiertes Inhaltsverzeichnis (Tavola di capi). – **38** Behrens [5] 127–129 berichtet über die Auseinandersetzung zwischen Cascales und Sepúlveda unter Bezugnahme auf deren Wiedergabe in der Biblioteca de Autores Esp. 62: Epistolario Esp. II (Madrid 1870). – **39** H. Friedrich: Epochen der ital. L. (1964) 451. – **40** ebd. 453. – **41** Minturno [36] 104f. – **42** Friedrich [39] 459, Anm. 2. – **43** vgl. Behrens [5] 98f.; Friedrich [39] 450–463, bes. 457–460; zu ‹gravità› und ‹piacevolezza› (Liebreiz) als Stilidealen von P. Bembo (1525) vgl. K. Spang: Art. ‹Dreistillehre›, in: HWRh, Bd. 2, 944. – **44** J. Masen: Palaestra eloquentiae ligatae (1661), T. II, 333; zit. L. Fischer: Gebundene Rede (1968) 169. – **45** Friedrich [39] 452. – **46** vgl. Scherpe [29] 12f. – **47** M.C. Curtius: Abh. von dem Wesen und wahren Begriff der Dichtkunst, in: Aristoteles Dichtkunst, ins Deutsche übersetzt, mit Anmerkungen, und besondern Abhandlungen, versehen, von M.C.C. (1753; ND 1973) 352; er bezieht sich auf F. Bacon: De dignitate et augmentis scientiarum (1623) Tom. I, L. II, S. 125ff. – **48** vgl. Szyrocki [21] 3. 85. 164. – **49** L. Deitz: Einl., in: Scaliger, Bd. 1, 54. – **50** Behrens [5] 90. – **51** Deitz [49] 57. – **52** Scaliger, Bd. 1, 380ff. (B. I, Kap. 44); Bd. 3, 198–200 (B. III, Kap. 123). – **53** ders., Bd. 1, 60f. (B. I, Kap. 1). – **54** ders.: Poetices libri septem (Lyon 1561; ND 1984) 347 (B. VII, Kap. 2); Übers. Verf. – **55** vgl. Friedrich [39] 461, Anm. 1. – **56** M. Mendelssohn: Von der lyrischen Poesie (1777 skizziert, 1810 veröffentlicht), in: L. Völker (Hg.): Lyriktheorie (1990) 92f. – **57** G. Müller: Dt. Dichtung von der Renaissance bis zum Ausgang des Barock (Handb. der Lit.wiss. 3, 1926–28) 204ff.; vgl. Barner 27f. – **58** P. Böckmann: Formgesch. der dt. Dichtung, Bd. 1 (1967) 364. – **59** ebd. 381–416; vgl. auch K.O. Conrady: Lat. Dichtungstradition und dt. L. des 17. Jh. (1962). – **60** vgl. G. Ph. Harsdörffer: Poetischer Trichter (1648–53; ND 1969), T. 2, 49–69 (Von den Gleichnissen). – **61** ebd., T. 3, 56f. – **62** M. Windfuhr: Die barocke Bildlichkeit und ihre Kritiker (1966) 33. – **63** U. Eco: Die Insel des vorigen Tages (1995), Kap. 9. – **64** E. Tesauro: Il Cannocchiale Aristotelico (Turin 1670 [zuerst 1654]; ND 1968) 82; vgl. G.R. Hocke: Manierismus in der Lit. (1959) 68–70. – **65** K. Stieler: Die Dichtkunst des Spaten (1685), hg. von H. Zeman (Wien 1975) 3095f.; vgl. B. Asmuth: Art. ‹Bild, Bildlichkeit›, in: HWRh, Bd. 2, 15. – **66** vgl. etwa G. Fricke: Die Bildlichkeit in der Dichtung des Andreas Gryphius (²1967); D.W. Jöns: Das «Sinnen-Bild». Stud. zur allegorischen Bildlichkeit bei Andreas Gryphius (1966); Windfuhr [62]; P.-A. Alt: Begriffsbilder. Stud. zur lit. Allegorie zwischen Opitz und Schiller (1995); vgl. auch den Überblick zu Poetik, Rhet. und Bildlichkeit bei V. Meid: Barocklyrik (1986) 30–52. 147f. – **67** Opitz 384. – **68** Morhof [21]; zit. Böckmann [58] 374. – **69** G. Treuer: Dt. Dädalus oder poetisches Lex. (1675) 259–345; nach Böckmann [58] 373. Böckmann bespricht außerdem einen entsprechenden Anhang in der Poetik von A. Tscherning (1658–59), der vor allem Opitz und Fleming ausschreibt; weitere Lexika dieser Art liefern J.C. Männling (²1719) und J.G. Hamann (1737). – **70** zu Gracián vgl. Curtius 297–305. – **71** vgl. Curtius 295–297; zu der schon in Scaligers Epigrammtheorie anklingenden *argutia*-Lehre vgl. Barner 45. – **72** Friedrich [39] 546; zu Stilmitteln des Manierismus vgl. Curtius 277–295; Hocke [64] passim; zum Manierismus allgemein H. Friedrich: Art. ‹Manierismus›, in: W.-H. Friedrich, W. Killy: Lit. II (Fischer Lex., 1965) 353–358; V. Kapp: Art. ‹Argutia–Bewegung›, in: HWRh, Bd. 1, 991–998; zum problematischen Verhältnis von Barock und Manierismus Barner 33–46. – **73** Curtius 301; zu Hockes vergleichbarem Postulat einer «Para-Rhetorik» vgl. kritisch Barner 38f. – **74** Barner 44. – **75** Curtius 278. – **76** M. Beetz: Rhet. Logik. Prämissen der dt. L. im Übergang vom 17. zum 18. Jh. (1980) 238–245. – **77** vgl. G. Hoffmeister: Petrarkistische L. (1973), bes. 25–35. – **78** vgl. Dyck 47f.; Böckmann [58] 403. – **79** vgl. B. Asmuth: Art. ‹Gebundene, ungebundene Rede›, in: HWRh, Bd. 3, 618f. – **80** Scaliger, Bd. 3, 62–199 (B. 3, Kap. 99–122). – **81** vgl. R. Drux: Art. ‹Gelegenheitsgedicht›, in: HWRh, Bd. 3, 653–667; W. Segebrecht: Das Gelegenheitsgedicht (1977); ders.: Art. ‹Gelegenheitsdichtung›, in: W. Killy (Hg.): Literaturlex., Bd. 13 (1992) 356–359; W. Adam: Poetische und Kritische Wälder (1988). – **82** D. Gutknecht: Art. ‹Gesang›, in: HWRh, Bd. 3, 828; vgl. K. W. Niemöller: Art ‹Gesang›, in: HWRh, Bd. 3, 826. – **83** H.-M. Kaulbach, R. Schleier: «Der Welt Lauf». Allegorische Graphikserien des Manierismus (Ausstellungskatalog 1997) 66–69.

IV. *Empfindsamkeit und Folgezeit.* Im 18. Jh. erfährt der Begriff ‹L.› seine einschneidendste Veränderung, die in Form von Zustimmung, Modifizierung, Einschränkung oder Ablehnung bis heute nachwirkt. 1. Wichtigstes Element der neuen Lyrikauffassung ist ihre Prägung durch den Gefühlskult der Empfindsamkeit. Daraus erwachsen als zusätzliche Aspekte 2. die allgemeine Aufwertung der L. zur dritten, für das Verständnis von Dichtung nunmehr wesentlichsten Gattung, 3. die Einbeziehung der übrigen, bisher überwiegend getrennt betrachteten poetischen Kleinformen und 4. formalsprachlich die Einführung des deutschen Substantivs ‹L.›.

Hatten in der Barockzeit «Vernunft und Tugend» [1] der Affektkontrolle gedient, wie sie die damals herrschende neustoische Philosophie empfahl und der Adel sich zu eigen machte [2] («Wer sein selbst Meister ist / und sich beherrschen kan /| dem ist die weite Welt und alles unterthan» [3]), so verbindet sich die aufklärerische Befreiung des bürgerlichen Individuums «aus der selbst verschuldeten Unmündigkeit» [4] gegenüber staatlichen und kirchlichen Zwängen mit einer deutlichen Aufwertung des Gefühls, das man nun unverfälschter findet als höfische Klugheit und Verstellung.

In den ersten Jahrzehnten des 18. Jh. ist eine allgemeine Emotionalisierung des Dichtungsverständnisses zu beobachten, die sich durch die Engländer DENNIS und SHAFTESBURY, den Franzosen DUBOS, die Italiener VICO und CALEPIO und die Deutschschweizer BODMER und BREITINGER gesamteuropäisch durchsetzt und durch den Pietismus religiös befördert wird. Sie begründet die der Aufklärung komplementäre Epochenströmung der Empfindsamkeit. [5] Die Auffassung von Gegenständen und die Produktion der Dichtung verschieben sich grundlegend. Statt die Dichtung wie ARISTOTELES auf Nachahmung der Wirklichkeit zu verpflichten, erlauben Poetiker wie Breitinger nun auch die Darstellung bloß möglicher Welten. Statt klassischen Vorbildern und daraus bezogenen Regeln nachzueifern, erhebt man die Phantasie (seit dem 17. Jh. verdeutscht als ‹Einbildungskraft›) des schöpferischen ‹Originalgenies› zum Produktionsfaktor. [6] Die philosophische Basis für die Aufwertung des Irrationalen liefert um 1750 BAUMGARTEN. Er begründet die Ästhetik als Wissenschaftsdisziplin und bindet sie an die sogenannten unteren Erkenntnisvermögen, d.h. an Sinneswahrnehmung und Gefühl, bei ausdrücklicher Abgrenzung vom ‹oberen›, begrifflich-rationalen Denken. Dichtung definiert er als vollkommene sinnliche Rede (*oratio sensitiva perfecta*). Er erklärt es für «poetisch, Affekte zu erregen» (*affectus movere est poeticum*), was vorher primär als Ziel des hohen Redestils galt. [7]

Im Rahmen dieses epochengeschichtlichen Umbruchs gewinnt die L. neues Profil. Die für die Dichtung allgemein beanspruchte und zunächst eher in der Tragödientheorie zu beobachtende Emotionalisierung [8] verdichtet sich seit etwa 1750 in der L., befördert deren Rangerhöhung und macht sie so mit Epik und Drama besser vergleichbar. Ein vorbereitender Hinweis ist die von SULZER zitierte und übersetzte Bemerkung des Italieners GRAVINA von 1708: «Die lyrischen Gedichte, sagt er, sind Schilderungen besonderer Leidenschaften, Neigungen, Tugenden, Laster, Gemüthsarten und Handlungen; oder Spiegel, aus denen auf mancherley Weise die menschliche Natur hervorleuchtet.» [9] Maßgebend werden die Festschreibung der L. als einer von vier Gattungen (mit der didaktischen Poesie als vierter) durch BATTEUX und vor allem dessen Feststellung, Gegenstand von Epik und Drama seien Handlungen («actions»), Gegenstand der L. «sentiments», Empfindungen, wie man übersetzte [10], Gefühle, wie man heute sagt. Batteux' Polemik gegen die damals in Dichtung und Musik Platz greifende Ausdruckstheorie und sein veraltetes Bemühen, die L. stattdessen unter den aristotelischen Grundsatz der Nachahmung zu zwingen, stößt allerdings schon bei seinem Übersetzer J.A. SCHLEGEL auf Widerspruch. [11] Wenig später gerät die Gleichsetzung der L. mit Gefühlsausdruck zum Stereotyp. «Daß der besonders leidenschaftliche Ton bey dem lyrischen Gedicht eine wesentliche Eigenschaft ausmache», ist für SULZER bereits selbstverständlich. [12] Ähnlich meint ESCHENBURG: «Lyrische Poesie ist sinnlich vollkommner Ausdruck leidenschaftlichen Gefühls, welches die ganze Seele des Dichters einnimmt». [13] Für HERDER ist lyrische Poesie «*der vollendete Ausdruck einer Empfindung*». [14] HÖLDERLIN nennt das lyrische Gedicht «eine fortgehende Metapher Eines Gefühls». [15] Vergleichbare Äußerungen finden sich in der englischen Romantik, etwa im Vorwort von WORDSWORTH zur Zweitauflage (1800) der gemeinsam mit COLERIDGE veröffentlichten ‹Lyrical Ballads›, das «etwas von einem romantischen Manifest hat». [16] Aus der Gefühligkeit des lyrischen Gedichts erklärt man auch dessen äußere Form, speziell seinen begrenzten Umfang. Laut SCALIGERS Renaissance-Poetik mußten für den öffentlichen Vortrag bestimmte Gedichte kurz sein, «damit sie keinen Überdruß hervorrufen» (ne taedio afficiantur). [17] SULZER argumentiert nicht wirkungs-, sondern produktionsästhetisch: «Da lebhafte Empfindungen immer vorübergehend sind, und folglich nicht sehr lange dauern, so sind die lyrischen Gedichte nie von beträchtlicher Länge.» [18]

Mit der Auffassung der L. als Gefühlsausdruck verbinden sich ergänzend, vor allem im Hinblick auf ihre Entstehung und gedankliche Struktur, die Vorstellungen von Phantasie und Enthusiasmus (Begeisterung), die man vorher als vernunftschädlich eher getadelt hatte. Nach MENDELSSOHN herrscht in der Ode die «Ordnung der begeisterten Einbildungskraft». [19] GOETHE begreift 1819 L. als eine von drei «Naturformen der Poesie» (neben Epik und Drama) und bestimmt sie als «enthusiastisch aufgeregte» Form. [20] Auch die VON PSEUDO-LONGINOS propagierte Erhabenheit, die im 18. Jh. zum Leitbegriff avanciert, faßt vor allem in der Odentheorie Fuß. Der Begriff des Erhabenen stützt und ergänzt KLOPSTOCKS Konzept der «heiligen Poesie», das dieser ausdrücklich nicht auf sein Epos ‹Messias› beschränkt. [21]

War die L. bisher, jedenfalls in der von ARISTOTELES beherrschten Poetik der frühen Neuzeit, eine beinahe «unbeachtete Randerscheinung» im System der Dichtungsgattungen, so wird sie nunmehr als einzig «wahre» oder «reine» Poesie bzw. als eigentliche «Poetische Norm» der Epik und dem Drama oft sogar übergeordnet. [22] Seitdem läßt das Wort ‹Dichtung› vornehmlich an L. denken. Deutlicher noch ist das Wort ‹Gedicht›, damals auch noch für epische Texte, wie Goethes ‹Hermann und Dorothea›, und für dramatische, wie Lessings ‹Nathan der Weise› und Schillers ‹Don Carlos›, verwendet, heute ganz auf den lyrischen Bereich beschränkt. Ähnliches gilt für die Wörter ‹Poesie› (frz. poésie) und engl. ‹poetry›. Diese Ineinssetzung von lyrischem Teil und poetischem Ganzen ist begrifflich unsauber. Aber nichts bezeugt so wie sie den Leitbildcharakter der L. für das im 18. Jh. durchgesetzte neue Verständnis von Dichtung.

Mit der Auffassung der L. oder gar der Dichtung überhaupt als Gefühlsausdruck und dem Rückgang des Mimesisdenkens schwindet das Interesse an der Malerei als mimetischer Nachbarkunst (vgl. Lessings ‹Laokoon›), gewinnt die Musik als reinste Ausdruckskunst für die Dichtung erhöhte Bedeutung. «Das Wesen des Liedes ist *Gesang*, nicht Gemälde», notiert HERDER. [23] Genauer betrachtet, verdrängt allerdings der Vorrang des Gefühls die Musikalität ins zweite Glied und verändert zugleich deren Qualität. [24] Wurde in der früheren Lyriktheorie die Musik als gesangliche Darbietung und instrumentelle Begleitung diskutiert, so begreift man sie nunmehr eher metaphorisch als der Sprache immanente klanglich-rhythmische Eigenart. Herder schreibt: «Da jede Sprache nun, schon ihrer Natur nach, Musik ist: so war, auch ohne Lyra und Zither, dem Menschen mit ihr das Werkzeug einer *lyrischen Poesie* gegeben. [...] Die *Sprachorgane* des Menschen endlich sind [...], ihrem Baue nach, selbst *Lyra* und *Flöte*.» [25] Den Vorrang des Gefühls gegenüber der musikalischen Darbietung behauptet GERSTENBERG: «Nicht ein jeder Ausdruck der Empfindungen ist *sangbar*». Er spricht geradezu von einem «Wahne [...], daß etwas dadurch lyrisch werde, weil man es singt». [26] Die nunmehrige Zweitrangigkeit der Musik für die L. äußert sich auch in der Lockerung der metrischen Strenge, wie sie KLOPSTOCKS freirhythmische Oden (z.B. ‹Die Frühlingsfeier›) und GOETHES Jugendhymnen erkennen lassen. [27] Andererseits lebt die Erinnerung an die alte Musikalität in der nun einsetzenden Theorie des Liedes weiter, allerdings auch hier in beschränkter Form; denn das Lied macht nur einen Teil der L. aus, und deren doppelte Musikalität von Gesang und Instrumentalbegleitung reduziert sich beim Lied auf das Erfordernis der Singbarkeit.

Das Lied wird zunächst als älteste bzw. ursprünglichste Form aller Dichtung ohne klare Trennung von der Ode betrachtet. [28] Im weiteren Verlauf des 18. Jh. gilt es als einfacheres, natürlicheres Gegenstück der kunstvollen Ode. [29] Im Gefolge von Herders Volksliedtheorie übernimmt es im frühen 19. Jh. die vorher der Ode zugebilligte Leitfunktion innerhalb der L. [30] HEGEL sieht im «*eigentliche[n] Lied*» die «Unmittelbarkeit der Freude und des Schmerzes [...] in ungehemmter Innigkeit» ausgedrückt. [31] In seinem Gefolge preist VISCHER das Lied als «wahre lyrische Mitte» [32], und noch im 20. Jh. wird es, z.B. von STAIGER, der mit ihm die Vorstellung stimmungsvoller Gefühligkeit verbindet, als Kern der L. begriffen. [33] Das Gefühlskriterium führt also nicht nur zur Abgrenzung der L. von den übrigen Gattungen, es stützt auch innerhalb der L. die nochmalige Konzentration auf das Lied. Als Modelle solch liedhafter L. beansprucht Staiger GOETHES Nachtlied ‹Über allen Gipfeln | Ist Ruh› und EICHENDORFFS romantische Stimmungsgedichte.

Die Neubestimmung der L. als Gefühlsausdruck bedeutet im Vergleich zu ihrer früheren Themenbreite eine inhaltliche Verengung. Die damit einhergehende Aufwertung führt paradoxerweise aber auch zur Erweiterung, denn der L. als nunmehr dritter Großgattung werden die ursprünglich von ihr getrennten poetischen Kleinformen nun endgültig zugeordnet. MINTURNOS italienischer Vorstoß aus dem 16. Jh. setzt sich unter den neuen Bedingungen der Gefühlskultur nun allgemein durch. BATTEUX begnügt sich noch damit, der Ode als zweite lyrische Art die Elegie beizugesellen, die wegen ihrer Neigung zu Trauer und Liebesklage ohnehin gefühlsintensiv ist und im Zeitalter der Empfindsamkeit eine neue Blüte erlebt. Die dem Gefühlskriterium widerstrebenden Arten, insbesondere Epigramm und Lehrgedicht, faßt er unter der didaktischen Poesie, seiner vierten Gattung, zusammen.[34] Im weiteren Verlauf kommt es aber auch hier zur «Lyrisierung».[35] So findet sich unter den Arten der L., die C.H. SCHMID 1767 nach Gefühlsgraden staffelt[36], auch die zwischen L. und Didaktik changierende ‹Lehrode›.[37] Um 1800 spricht man zusammenfassend von lyrisch-didaktischer Poesie. Die didaktische Komponente lebt in der seit etwa 1850 so genannten Gedankenlyrik weiter, als deren Hauptmuster SCHILLERS weltanschauliche Gedichte gelten. Der konzeptuelle Widerspruch zwischen gefühlsthematischer Verengung und gattungstheoretischer Erweiterung der L. verdichtet sich auf diesem Teilgebiet, insofern die Gedankenlyrik mit einiger Gewaltsamkeit dem Gefühlskriterium unterworfen wird.[38]

Die Neubewertung der L. im 18. Jh. ist Teil eines Paradigmenwechsels, mit dem die L. als nunmehr zentrale poetische Gattung die Rhetorik als bisherigen Orientierungsrahmen der Dichtung ablöst.[39] Da die Rhetorik aufgrund ihrer Bindung an die barocke Hofkultur im Zeitalter der Aufklärung an Geltung verliert, sind die neuen Poetiken bemüht, weniger die Gemeinsamkeiten als die Unterschiede ihr gegenüber zu betonen. Während für OPITZ «vberredung vnd vnterricht auch ergetzung der Leute [...] der Poeterey vornemster zweck» war[40], grenzen die Theoretiker des 18. Jh. die Dichtung und insbesondere die L. als ihren Zweck in sich selbst tragend[41] bzw. als zweckfrei[42] von der praktischen Zielen dienenden Rhetorik ab. Das Bewußtsein der Andersartigkeit, ja der Unverträglichkeit speziell von L. und Rhetorik verstärkt sich in der Folgezeit noch.[43]

Andererseits ist die Bemerkung von VALÉRY nicht unbegründet: «Wenn man Lyrik verstehen wolle, müsse man mit Rhetorik anfangen.»[44] Wesentliche Elemente des in der L. konzentrierten neueren Dichtungsverständnisses, wesentliche Elemente damit auch des modernen Lyrikbegriffs führen rhetorisches Gedankengut weiter, wenn auch in gewandelter Form. Wenn allgemein, wie Dockhorn klar macht, die «Rhetorik als Quelle des vorromantischen Irrationalismus» wirkt[45], dann betrifft das besonders die L., die diesem Irrationalismus ihre moderne Prägung verdankt. Zwischen der «Sprache der Affekte»[46], als die noch das 18. Jh. (ähnlich wie vorher LAMY[47]) die rhetorischen Figuren begreift[48], und dem lyrischen Gefühl besteht ein enger Traditionszusammenhang. Nur dient die «pathetische, bewegliche oder hertzrührende Schreibart», die BREITINGER empfiehlt und KLOPSTOCK praktiziert[49], weniger der Überredung als einer Gemütsbewegung des Publikums ohne praktischen Zweck und zugleich dem Ausdruck der eigenen Empfindung des Dichters. Im übrigen ist selbst die Auffassung des Gefühls als Ausdruck der Sprecherpsyche nicht ohne rhetorische Grundlage, sondern im Zusammenhang der Gefühlsübereinstimmung von Redner und Publikum bei QUINTILIAN[50] und in PSEUDO-LONGINOS' Schrift ‹Über das Erhabene› ansatzweise vorformuliert.[51] Andere Elemente des neueren Lyrikbegriffs, die die Vorstellungen des Gefühlsausdrucks und der Erhabenheit anreichern (Stimmung, Bildlichkeit; lakonische Dichte, Alogizität bzw. Dunkelheit, syntaktische Irregularität), lassen sich ebenfalls auf rhetorische Vorprägungen zurückführen, wie sie Pseudo-Longinos beschreibt.[52] Zugespitzt formuliert, ist er mit dem Grundgedanken der Erhabenheit und mit den Vorschlägen zu dessen stilistischer Konkretisierung «zum heimlichen Stammvater der seit dem 18. Jh. gültigen Lyrikauffassung geworden».[53] Auch die Erneuerung der Dichtersprache durch Verfremdung prosasprachlicher Wortbildung und Syntax, die Klopstock in seinen ästhetischen Schriften (‹Von der Sprache der Poesie›, ‹Von der Wortfolge›) propagiert, in seiner Dichtung anwendet und die GOETHE in seinen Jugendhymnen (z.B. ‹An Schwager Kronos›) fortsetzt, erscheint durch Pseudo-Longinos angeregt.[54] Wenn z.B. die Inversion im 18. Jh. zum meistdiskutierten poetischen Stilmittel aufsteigt – Goethes Werther streitet darüber sogar mit seinem Arbeitgeber, einem Gesandten[55] –, dann ist das nicht zuletzt Pseudo-Longinos' Beschreibung der leidenschaftlichen Wirkung des Hyperbatons zu verdanken.[56]

Die Weiterentwicklung des Lyrikverständnisses steht im Zeichen der Auseinandersetzung mit dem Gefühlskonzept. Im Rahmen der Zusammenschau von L. und didaktischer Poesie bürgert sich zunächst der Begriff der ‹Subjektivität› ein, der das Fühlen durch das Denken erweitert.[57] Als subjektiv wird L. seit etwa 1780 und verstärkt im frühen 19. Jh. von den objektiveren Gattungen Epik und Drama unterschieden.[58] HEGEL schreibt, daß es «im Lyrischen das *Subjekt* ist, das sich ausdrückt», durch «die Innerlichkeit nämlich der Stimmung oder Reflexion». Das Gefühl bleibt indes dominant, da er einschränkt, daß «das empfindende Herz das Innerste und Eigenste der Subjektivität ist, die Reflexion und aufs Allgemeine gerichtete Betrachtung aber leicht in das Didaktische hineingeraten [...] kann».[59]

Nach dem Ende der romantischen Bewegung gerät das Gefühlskonzept in die Kritik. Für NIETZSCHE ist im Vergleich zu HORAZ der «ganze Rest von Poesie [...] etwas zu Populäres – eine bloße Gefühls-Geschwätzigkeit».[60] RILKE schreibt: «Verse sind nicht, wie die Leute meinen, Gefühle [...] es sind Erfahrungen.»[61] Mit dem französischen Symbolismus des späten 19. Jh. (MALLARMÉ, RIMBAUD) verlagert sich das Schwergewicht der L. vom Gefühlsausdruck zu einem «Dichten von der Sprache her»[62], zur Sprachkunst bzw. «Sprachmagie».[63] Damit setzt sich die im 18. Jh. eingeleitete Erneuerung der Dichtersprache fort, nur ohne die damalige Gefühlsverankerung. BENN spricht von «Artistik»[64] und beruft sich auf Mallarmés Maxime: «ein Gedicht entsteht nicht aus Gefühlen, sondern aus Worten».[65]

Abseits von Gefühlskonzept und experimenteller Sprachkunst ist im 20. Jh. zunächst ansatzweise, später auf breiter Front eine Wiederannäherung von L. und Rhetorik zu beobachten. Ihre seit dem 18. Jh. eher unterschwellige Verknüpfung tritt nun wieder offener zutage. Im Zuge der Neuen Sachlichkeit hält BRECHT 1926 der von RILKE, GEORGE und WERFEL beherrschten feierlichen Auffassung entgegen: «Lyrik muß zweifellos etwas sein, was man ohne weiteres auf den Gebrauchswert untersuchen können muß».[66] Umfassender wirkt die gesellschaftskritisch-kommunikative Wende der letzten Jahrhunderthälfte. ADORNO erklärt 1951, selbst die «reine Subjektivität» von GOETHES ‹Über allen Gipfeln ist Ruh› besitze gesellschaftliche Funktion, insofern sie auch von ihrem Gegenteil zeuge.[67] Radikaler ist der vielbeschworene Auszug aus dem Elfenbeinturm in den 60er Jahren. Das gesellschaftskritische Denken dieser Zeit richtet sich gleichermaßen gegen das von STAIGER wachgehaltene Gefühlskonzept, BENNS Ideal einer absoluten, monologisch-artifiziellen L. und den Hermetismus, wie er CELANS dunklen Gedichten angelastet wird. (Celan selber beansprucht in seiner Büchnerpreisrede 1960 für das Gedicht die Funktion eines Gesprächs; das absolute Gedicht gebe es nicht.[68]) Von dem politisch motivierten Aufbruch, der sich mit der Wiederbelebung der Rhetorik zeitlich und ursächlich berührt, zeugen zahlreiche appellative Gedichte, z.B. von H.M. ENZENSBERGER (‹Ins Lesebuch für die Oberstufe›: «Lies keine Oden, mein Sohn, lies die Fahrpläne; | sie sind genauer»), ebenso die Lieder von W. BIERMANN (z.B. ‹Warte nicht auf beßre Zeiten›). Hiermit rückt die «profane» Linie der L., wie BRECHT sie mit Blick auf HEINE nennt, in den Vordergrund. Die Erinnerung an die «pontifikale linie», die ihn an HÖLDERLIN denken läßt[69], ist allerdings nicht erloschen. Ihre «verdächtige Pracht» bleibt ein respektables Thema.[70] Brecht beklagt «die einseitigkeit beider linien». Die durch GOETHE repräsentierte «schöne widersprüchliche einheit» sei sofort mit ihm zerfallen.[71] Der Rhetorik sind beide Linien verpflichtet, die profane hinsichtlich ihrer praxisnahen Zielrichtung, die pontifikale durch ihren hohen Stil.

Im akademischen Umgang mit L. galt noch in den 50er Jahren die Devise «Über Hölderlin wie Hölderlin schreiben!». Auch hier ist wenig später ein sachlicherer Ton eingekehrt. Das Instrumentarium der rhetorischen Figuren, nirgends so ergiebig wie im Hinblick auf L., wird unbefangener als früher zur Analyse genutzt.[72] Auch das Bemühen um begriffliche Klarheit profitiert von der Rhetorik. Lamping entspricht mit seinem Vorschlag, «das Gedicht als *Versrede* oder genauer noch: als *Rede in Versen* zu definieren»[73], ohne dies selbst deutlich zu machen, genau der Dichtungsdefinition des GORGIAS.[74] Er konzentriert diese allerdings auf L. und begreift als Verse auch die überwiegend nichtmetrischen Gedichtzeilen der Moderne.

Anmerkungen:
1 D. Casper von Lohenstein: Agrippina III, 66; ähnlich II, 41. – **2** vgl. N. Elias: Die höfische Ges. (1983) 168–170; 386f. – **3** P. Fleming: ‹An sich›, in: ders.: Teütsche Poemata (1642; ND 1969) 576. – **4** I. Kant: Beantwortung der Frage: Was ist Aufklärung? (1784), in: N. Hinske (Hg.): Was ist Aufklärung? Beitr. aus der Berlinischen Monatsschr. [1783–86] (1981) 452. – **5** vgl. A. Martino: Gesch. der dramatischen Theorien in Deutschland im 18. Jh., Bd.1: Die Dramaturgie der Aufklärung (1972), Kap.1: Die Ästhetik des Emotionalismus; G. Sauder: Empfindsamkeit, Bd.1 (1974); H.G. Kemper: Dt. L. der frühen Neuzeit, Bd.6/I: Empfindsamkeit (1997). – **6** vgl. J. Schmidt: Die Gesch. des Genie-Gedankens in der dt. Lit., Philos. und Politik, 2 Bde. (1985; ²1988). – **7** A.G. Baumgarten: Meditationes Philosophicae de Nonnullis ad Poema pertinentibus (1735) § 25; zit. nach dem Auszug der dt. Übers. von A. Riemann (1928), in: H. Boetius (Hg.): Dichtungstheorien der Aufklärung (1971) 34; vgl. H. Adler: Art. ‹Irrationalismus›, in: HWRh, Bd.4, 629f. – **8** vgl. Martino [5]. – **9** G.V. Gravina: Della ragione poetica (Mailand 1819) B. 1, Kap.13; Sulzer, Bd.3, 299f.; im Original zit. bei W. v. Wartburg: Frz. etym. Wtb., Bd.5 (Basel 1950) 484 (Art. ‹lyricus›). – **10** Ch. Batteux: Einschränkung der schönen Künste auf einen einzigen Grundsatz (Les beaux-arts réduits à un même principe), übers. von J.A. Schlegel (²1759) 204f.; zit. L. Völker (Hg.): Theorie der L. (1986) 13; vgl. H. Dieckmann: Zur Theorie der L. im 18. Jh. in Frankreich, mit gelegentlicher Berücksichtigung der englischen Kritik, in: W. Iser (Hg.): Immanente Ästhetik – Ästhetische Reflexion (1966) 76–78; K.R. Scherpe: Gattungspoetik im 18. Jh. (1968) 75f. – **11** Ch. Batteux, J.A. Schlegel: Von der lyrischen Poesie (1751), in: L. Völker (Hg.): Lyriktheorie. Texte vom Barock bis zur Gegenwart (1990) 47–57; über ähnliche Einwände des Engländers W. Jones vgl. Dieckmann [10] 78–80; zur Entwicklung der Ausdruckstheorie vgl. M.H. Abrams: Spiegel und Lampe, übers. von L. Iser (1978) 94–129. – **12** Sulzer, Bd.3, 300. – **13** J.J. Eschenburg: Entwurf einer Theorie und Lit. der schönen Wiss. (1783) 106; zit. Völker [11] 105. – **14** J.G. Herder: Die Lyra. Von der Natur und Wirkung der lyrischen Dichtkunst (1795–96), in: Völker [11] 127. – **15** F. Hölderlin: Über den Unterschied der Dichtarten, Auszug in: Völker [11] 148. – **16** Abrams [11] 131; vgl. ebd. 131–134. – **17** Scaliger, Bd.3, 200f. (B. 3, Kap.123). – **18** Sulzer, Bd.3, 300; vgl. Abrams [11] 175. – **19** M. Mendelssohn: Gedanken von dem Wesen der Ode (1764), in: Völker [11] 67. – **20** Goethes Werke. Hamburger Ausgabe, Bd.2 (⁴1948) 187. – **21** F.G. Klopstock: Von der heiligen Poesie, in: Werke, hg. von K.A. Schleiden (1962) 997–1009; zur Verknüpfung von Ode und Erhabenheit und zur Differenzierung des Erhabenen vgl. Dieckmann [10] 93ff.; über ‹heilige Poesie› schon bei PYRA vgl. Kemper [5] 103–114. – **22** Abrams [11] 112. – **23** J.G. Herder: Volkslieder, 2. T. (1779) Vorrede, Auszug in: Völker [11] 96. – **24** vgl. I. Behrens: Die Lehre von der Einteilung der Dichtkunst vornehmlich vom 16. bis 19. Jh. (1940) 99. – **25** Herder [14], in: Völker [11] 124f. – **26** H.W. von Gerstenberg: Briefe über Merkwürdigkeiten der Lit., 20. Brief (1766), in: Völker [11] 77 und 82. – **27** vgl. B. Asmuth: Art. ‹Gebundene, ungebundene Rede›, in: HWRh, Bd.3, 626. – **28** Gottsched Dichtk. 69 und 419f. – **29** vgl. Scherpe [10] 109–111. – **30** F. Sengle: Biedermeierzeit, Bd.2 (1972) 572; A. Todorow: Gedankenlyrik (1980) 51. – **31** G.F.W. Hegel: Vorles. über die Ästhetik, T. 3: Die Poesie, hg. von R. Bubner (1971) 240f. – **32** F. Th. Vischer: Ästhetik, Bd. 6: Dichtkunst (²1923) 232 (§ 891); vgl. B. Asmuth: Von der Höhe der Rhet. zur Mitte der L., in: W. Baumgartner (Hg.): Wahre lyrische Mitte – »Zentrallyrik«? Ein Symposium zum Diskurs über L. in Deutschland und in Skandinavien (1993) 51–85, bes. 74–76. – **33** E. Staiger: Grundbegriffe der Poetik (Zürich ³1956) 225; vgl. auch B. Asmuth: Aspekte der L. (⁷1984) 135; ablehnend hierzu D. Burdorf: Einf. in die Gedichtanalyse (²1997) 7. – **34** vgl. Scherpe [10] 70. – **35** vgl. G. Jäger: Das Gattungsproblem in der Ästhetik und Poetik von 1780 bis 1850, in: J. Hermand, M. Windfuhr (Hg.): Zur Lit. der Restaurationsepoche 1815–1848 (1970) 388f.; B. Asmuth: Das gedankliche Gedicht, in: G. Köpf (Hg.): Neun Kapitel L. (1984) 15–17. – **36** C.H. Schmid: Theorie der Poesie nach den neuesten Grundsätzen und Nachricht von den besten Dichtern, T. 1 (1767) 302f.; vgl. Scherpe [10] 109; auf eine vergleichbare «Klassifizierung der Poesie» nach emotiven Wirkungen schon bei DENNIS verweist Martino [5] 44. – **37** vgl. Asmuth [35] 18. – **38** vgl. Todorow [30] passim; kritisch ergänzend Asmuth [35] 7–34. – **39** Asmuth [32] 51–85; in anderer Weise, nämlich im Hinblick auf die Verschiebung rhet. zu eher logischen Strukturmustern, behandelt die «Umbruchsituation» um 1700 an Beispielen der L. M. Beetz: Rhet. Logik. Prämissen der dt. L. im Übergang vom 17. zum 18. Jh. (1980); vgl. ebd. 20–24. – **40** Opitz 351. – **41** J.J. Breitinger: Crit. Dichtkunst (Zürich 1740; ND 1966) Bd.2, 403. – **42** J.J. Eschenburg: Entwurf einer Theorie der Litteratur und der schönen Redekünste (1783; ⁵1836); vgl. W. Jens: Von der dt. Rede (1969) 34f. – **43** vgl. die in der A. III zitierten Äußerungen von Staiger und Barner. – **44** P. Valéry: Questions de Poésie, in: Variété III (Paris 1930) 8; indirekt zit. G.R. Hocke: Manierismus in der Lit. (1959) 62. – **45** K. Dockhorn: Die Rhet. als Quelle des vorromantischen Irrationalismus in der Lit.- und Geistesgesch. (zuerst 1949), in: Dockhorn 46–95; vgl. Adler [7] 625–633. – **46** J.C. Gottsched: Grundriß zu einer vernunftmäßigen Redekunst (1729) 67; zit. Dockhorn 97; ähnlich Breitinger [41] 362. – **47** Lamy 108. – **48** Dockhorn 97; vgl. ergänzend schon Lamy 108. – **49** Breitinger [41] 352f.; vgl. K.L. Schneider: Klopstock und die Erneuerung der Dichtersprache im 18. Jh. (²1965) 87–110. – **50** Quint. VI, 2, 26–32. – **51** vgl. etwa Ps.-Long. Subl. 9, 2; 32,4; 39, 3. – **52** Näheres bei Asmuth [32] 51–64. –

53 ebd. 64. – 54 vgl. Schneider [49] bes. 41–56 (= Kap. 3). – 55 Goethes Werke. Hamburger Ausgabe, Bd. 6 (⁴1960) 61. – 56 Ps.-Long. Subl. 22, 1. – 57 vgl. H. Gnüg: Entstehung und Krise lyrischer Subjektivität (1983). – 58 vgl. Jäger [35]; Asmuth [35] 18 mit Anm. 83. – 59 Hegel [31] 205f. und 228; vgl. Asmuth [32] 72–74. – 60 F. Nietzsche: Götzendämmerung. Was ich den Alten verdanke. Werke in 3 Bdn., hg. von K. Schlechta (1954–56; ND 1997) Bd. 2, 1027. – 61 R.M. Rilke: Die Aufzeichnungen des Malte Laurids Brigge (1964) 17. – 62 H. Friedrich: Die Struktur der modernen L. (1956) 23; vgl. O. Knörrich: Die dt. L. der Gegenwart (1971) 296f. – 63 vgl. Friedrich [62] 20f. 36–39. 69–71. 102f.; M. Schmitz-Emans: Die Sprache der modernen Dicht. (1997). – 64 G. Benn: Probleme der L. (⁷1961) 7 und 11f. – 65 zit. Benn [64] 22; vgl. ebd. 46. – 66 B. Brecht: Über L. (³1968) 8. – 67 Th. W. Adorno: Rede über L. und Ges., in: Völker [11] 366–373. – 68 P. Celan: Der Meridian, in: Völker [11] 385–389. – 69 B. Brecht: Arbeitsjournal, 1. Bd. 1938 bis 1942, hg. von W. Hecht (1973) 155; zit. P. von Matt: Die verdächtige Pracht. Über Dichter und Gedichte (1998) 64. – 70 Matt [69]. – 71 Brecht [69]. – 72 vgl. etwa H.-W. Ludwig: Arbeitsbuch Lyrikanalyse (⁴1994). – 73 D. Lamping: Das lyrische Gedicht (1989) 23. – 74 vgl. Teil B. I mit Anm. 38.

B. Asmuth

→ Ars poetica → Ars versificatoria → Dichtkunst → Erhabene, das → Figurengedicht → Furor poeticus → Gattungslehre → Gebundene, ungebundene Rede → Gelegenheitsgedicht → Metrik → Poeta → Poetik → Reim → Spruchdichtung → Vers

M

Maieutik (griech. ἡ μαιευτικὴ τέχνη, hē maieutikḗ téchnē; lat. maieutica; engl. maieutics; frz. maïeutique; ital. maieutica)

A. Def. – B. I. Darstellung der M. – II. Zur Wirkungsgeschichte. – III. Christl. M.

A. Die M. ist die Kunst, dem Gesprächspartner durch Fragen und Antwort zu helfen, latentes, unbewußtes Wissen von innen herauszuholen und zur Sprache zu bringen. Dieser Pädagogik- und Philosophiekonzeption liegt eine Auffassung von Wissen nicht als von außen passiv Vermitteltem, sondern von Selbsterzeugtem zugrunde. Der Maieutikbegriff geht textuell auf eine einzige Stelle in PLATONS ‹Theaitetos› (148d–151d) zurück und gehört wirkungsgeschichtlich zur Sokratesgestalt.

B. I. *Darstellung der M.* Im ‹Theaitetos› stellt Sokrates seinem jungen Gesprächspartner gleichen Namens die Frage, was Wissen sei. Sokrates ermuntert den in Aporie geratenen Theaitetos, indem er ihm den Sinn seiner pädagogischen Methode erläutert. Wie seine Mutter übt Sokrates die Hebammenkunst aus: Er hilft jedoch nicht bei körperlicher, sondern bei geistiger Geburt. Die in der M. implizierte persönliche Beziehung (συνουσία, synūsía) des Sokrates zu seinem Gesprächspartner liegt darin, durch den Schmerz der Aporie unbewußtes Wissen ans Licht zu bringen. Er weiß überdies zwischen fruchtlosen und fruchtbaren Menschen zu unterscheiden; er fürchtet sich nicht, die ersten dem Sophisten Prodikos anzuvertrauen, während er sich um die zweiten kümmert. [1] Nach dem Gebot der Göttin der Hebammenkunst ist Sokrates, wie jede Hebamme, unfruchtbar und widmet sich der Geburtshilfe bei anderen. Zu den zwei Hauptelementen der Metapher – Fruchtbarkeit und Sexualität – fügt Sokrates die des Ackerbaus hinzu: Der Maieutiker ist wie der gute Bauer, der weiß, welche Samen er in welchen Boden säen soll. Die Maieutikstelle gehört wesentlich zum platonischen Sokratesbild, wie etwa der berühmte autobiographische Passus im ‹Phaidon›. [2] Die Frage, ob die M. tatsächlich eine angemessene Darstellung der sokratischen Methode bildet, wie sie in den ‹Frühdialogen› praktiziert wird, ist in der gegenwärtigen Forschung noch umstritten. Diese Schwierigkeit ist eng verknüpft mit dem wohl nicht völlig lösbaren Problem, inwiefern der Maieutikbegriff die Dialogpraxis des historischen Sokrates widergibt oder in welchem Maße er eher eine nachträgliche Erfindung Platons darstellt. [3] Ob etwa die Anspielung in Aristophanes' ‹Wolken› 137 (ἀμβλίσκειν, amblískein: abtreiben) als Beleg der Historizität der sokratischen M. gelten darf, steht noch zur Debatte. [4] Die antike Überlieferung ihrerseits hat einige Frühdialoge, etwa den ‹Großen Alkibiades›, ‹Laches›, oder ‹Lysis›, mit dem Untertitel μαιευτικός, maieutikós bezeichnet. [5]

Die M. weist wichtige Elemente der in den Frühdialogen praktizierten sokratischen Dialogmethode auf. Sokrates' 'Unfruchtbarkeit' im ‹Theaitetos› entspricht dem üblichen Geständnis seines Nichtwissens sowie seiner Gewohnheit, ständig Fragen zu stellen und seine eigene Meinung nicht äußern zu wollen. [6] Üblicherweise stellt Sokrates in den Frühdialogen dem Gesprächspartner Fragen, die diesen zur Definition einer Tugend führen, die Sokrates dann bis zur Widerlegung (im Elenchos) prüft. Am Ende eines derartigen ‹aporetischen› Gesprächs besteht aber noch die Hoffnung, die Antwort zu finden. Diesem Verfahren bzw. der M. nach läßt sich das Wissen also nicht passiv, sondern allein durch die Arbeit an den eigenen Meinungen erwerben. [7] Damit ist der Kontrast zwischen der sokratischen und der sophistischen Erziehungsauffassung gegeben: Die erste sucht Einsicht im und durch das Individuum selbst, die letztere sieht die Seele im Gegenteil als Behälter, der passiv Wissen empfängt. [8] Im Gegensatz zum käuflichen Wissen der Sophisten ist die sokratische Pädagogik aktiv. Sie ist auch personengebunden: Sokrates' Gespräch paßt sich den Motivationen und Fähigkeiten des Gesprächspartners an. [9] Der Zusammenhang der M. mit der berühmten sokratischen Ironie liegt primär in Sokrates' Wissen vom reinen Nichtwissen sowie in seiner Fähigkeit zur ‹Verdoppelung›, die ihn befähigt, sich in die Lage des anderen zu versetzen und ihn zur Selbstsuche aufzufordern. [10] So meint Sokrates der Maieutiker, daß seine Schüler von ihm nie irgend etwas gelernt, sondern aus sich selbst viel Schönes entdeckt haben. [11]

Elemente der Maieutikmetapher, die mit Fruchtbarkeit und Sexualität verbunden sind, lassen sich auch in anderen, späteren Dialogen finden: etwa im ‹Symposion›, in der ‹Politeia›, im ‹Phaidros›, im ‹Menon› und im ‹Siebenten Brief›. Im ‹Symposion› beschreibt Diotima das höchste Ziel des Emporkommens der Seele als die intellektuelle Fruchtbarkeit in Berührung mit der Schönheit (τίκτειν ἐν τῷ καλῷ, tíktein en tō kalṓ). [12] Jede Etappe des Aufstiegs (die körperliche, moralische, intellektuelle, und 'intuitive') besteht aus Schwangerschaft (κύησις, kýēsis) und Entbindung (τόκος, tókos). In der ‹Politeia› endet der Weg des Eros ebenfalls in der Berührung des wahrhaften Seins und in der Erzeugung der Wahrheit. [13] Andererseits geht die wahre, philosophische Rhetorik oder Seelenleitung (ψυχαγωγία, psychagōgía) im ‹Phaidros› der eigentlichen dialektischen Aufgabe voraus: Der Dialektiker muß die verschiedenartigen Naturen seiner Zuhörer erkennen und in der Seele seines Gesprächspartners Gedanken säen können, die lebens- und selbstverteidigungsfähig sind.[14] Diese Rhetorik ist also ein Wissen um den richtigen Moment (καιρός, kairós), das heißt Wissen, mit wem, wann und wie man zu reden hat.[15]

Die maieutische Methode hat außerdem eine gewisse Nähe zur Anamnesislehre («Lernen ist Wiedererinnerung»).[16] Im ‹Menon› etwa, wo die Anamnesis eingeführt wird, geht Sokrates im Dialog mit dem jungen Sklaven maieutisch vor und holt aus seinem unwissenden Gesprächspartner Einsichten über Geometrie heraus.[17] Hier hat die Anamnesislehre die Ideenerkenntnis, die nicht empirisch zu gewinnen ist, zur Voraussetzung; im ‹Phaidon› die Lehre von der vorgeburtlichen Ideenschau und damit die Unsterblichkeit der Seele und die Transzendenz der Idee.[18] Im ‹Theaitetos› ist vom Anamnesisbegriff gar nicht mehr die Rede. Dort geht es nicht wie im ‹Phaidros› und in der ‹Politeia› um den metaphysischen Ursprung des Wissens, sondern um dessen pädagogische und psychologische Bedingungen. Dies muß allerdings nicht bedeuten, daß Platon die Anamnesislehre aufgegeben habe; die beiden Lehren sind nicht unvereinbar. Letztlich bietet auch der ‹Siebente Brief› eine Parallele zur M. des ‹Theaitetos›: Die Mitteilung des Wichtigsten in Platons Philosophie ist nur für diejenigen sinnvoll, die es auch mit Hilfe geringer Andeutungen selbst finden könnten; Wissen läßt sich nur aus dem bereits potentiell Wissenden herauslocken.[19] Die Rede vom unersetzlichen langen «Zusammensein» (συνουσία, synusía) mit der Sache ist nichts anderes als die eigene Bemühung und selbständige Suche. Weisheit läßt sich nicht wie Wasser aus dem volleren in das leerere Gefäß gießen.[20] Philosophie soll die Seele in die richtige Richtung lenken und kann nur den «langen Weg» aufzeigen, den jeder selbst gehen muß, bis er auf dem diskursiven Weg plötzlich die Wahrheit intuitiv erfährt.[21]

Es muß aber auf einige Schwierigkeiten mit dem hier einheitlich geschilderten Maieutikbegriff bei Platons Sokratesgestalt hingewiesen werden. Manche Kommentatoren betonen den Unterschied zwischen der bescheidenen Rolle des Sokrates als Maieutiker, die dem aporetischen Gesprächsleiter der Frühdialoge nahekommt, einerseits und dem anscheinend selbstbewußten Didaktiker der späteren Dialoge, etwa in der ‹Politeia›, in den ‹Gesetzen›, im ‹Sophistes› oder im ‹Phaidon› andererseits. In der Einmaligkeit der Maieutikmetapher im Corpus platonicum liegt auch ein Grund zum Zweifel an der Historizität der Metapher. So meint M.F. Burnyeat, angeregt von R. Robinson, es bestehe ein Kontrast zwischen der kritischen, elenktischen Methode des historischen Sokrates und der metaphysischen, didaktischen Platons.[22] Wichtige Unterschiede zwischen der Sokrates-Darstellung im ‹Theaitetos› und in den übrigen Dialogen werden von Burnyeat scharf hervorgehoben. Platon mache durch szenische Signale klar, daß die Maieutikmetapher eine neue Auffassungsweise bilden soll: Theaitetos' Antworten auf Sokrates' Fragen am Anfang des Maieutikpassus zeigen, daß er zwar weiß, daß Sokrates Sohn einer Hebamme ist, nicht aber, daß dieser selbst die Hebammenkunst übt. Hinzu kommen nach Burnyeat die Neuheitsmerkmale in der Beschreibung des maieutischen Vorgangs selbst, etwa die Unterscheidung zwischen realen (oder wahren) und imaginären (oder falschen) Nachkommen, die in keinem anderen Dialog zu finden sei. In den Frühdialogen finde man, wie Burnyeat hervorhebt, die sich aus dem Elenchos ergebende Aporie am Ende des Gesprächs, im ‹Theaitetos› dagegen am Anfang.[23] Außerdem werden die Schmerzen der Aporie zum produktiven Zustand, zum Merkmal der Einsicht, die zum Licht zu kommen sucht. So wird die Aporie zur Entdeckung selbst. Überdies geht die M. des ‹Theaitetos› über die Frühdialoge hinaus, indem Sokrates erklärt, er habe mehrere schöne Geburten zustandegebracht.[24]

Weiter bleibt zu präzisieren, worin das Verhältnis von M. und *Elenchos* besteht, und ob oder inwiefern sie zwei verschiedenartige Methoden bilden.[25] Sokrates' Elenchos erfüllt eine primär negative Funktion; er wirkt bekanntlich wie ein «Biß» oder ein «Stich». Während der Elenchos hauptsächlich die Aufdeckung von falschem Wissen leistet, soll die M. die Entdeckung wahren Wissens ermöglichen. Es ist allerdings fraglich, ob sich der Elenchos als Reinigung der M. als Entdeckung einfach entgegensetzen läßt. Der Elenchos ist nicht als rein 'destruktiv' anzusehen; er soll der erste Schritt zur Selbstentdeckung sein. ‹Aporie› bedeutet zugleich eine Klärung, die einen angemessenen Blick auf die Sache ermöglicht. Aufschlußreich ist außerdem die grundsätzliche Forderung des sokratischen Dialogs nach Aufrichtigkeit sowie die vom widerlegten Gesprächspartner empfundene Scham.[26] Der Elenchos soll durch die Entlarvung des Scheinwissens den Dünkel des Befragten bloßlegen und im besten Fall in ein reflektierteres Dasein führen.[27] Überdies bildet der Elenchos als Reinigung von falschen Konzeptionen zugleich eine Annäherung an die Wahrheit und damit eine partielle Entdeckung: In fast jeder (auch widerlegten) Definition gibt es ein Element von Wahrheit. Der ‹Theaitetos› ist ein gutes Beispiel dafür: die widerlegten Definitionsversuche erfahren eine Erweiterung und tragen so zur weiteren Diskussion bei. Zu beachten ist auch, daß der Schluß des Dialogs negativ ist. Die Fruchtbarkeit der Methode für einen Schüler wie Theaitetos liegt bereits in der Reinigung und der Annäherung an die Wahrheit. Die ‹aporetischen› Frühdialoge lassen sich nicht auf bloße Reihen von Widerlegungen reduzieren; letztere bilden oft sinnvolle Umwege, die zur Klärung der Frage beitragen. Schließlich zielt die dialektische Untersuchung auf ein Wissen, das zwar im Dialog nicht erreicht, aber doch als prinzipiell erreichbar anvisiert wird. Daher der starke Kontrast zwischen der sokratischen Pädagogik der gemeinsamen Suche und der sophistischen Eristik: Für die Sophisten ist Episteme – im Unterschied zur veränderlichen Meinung – unmöglich, weil es überhaupt kein stabiles, unbestreitbares Wissensobjekt gibt. Auch wenn Sokrates in den Frühdialogen mit Absicht auf logische Fehler rekurriert, ist sein Ziel eben nicht der persönliche Sieg, sondern die Führung des Gesprächspartners und die Klärung der Sache. Sokrates' Hebammenkunst des Wortes wendet sich zwar an den Gesprächspartner, hält sich aber eigentlich an die sachliche Konsequenz der geäußerten Meinung: ihre Wahrheit, das heißt den Logos. In den Dialogen wird der Logos wiederholt als stärker denn jede persönliche Neigung und Hemmung dargestellt: Der Logos gehe seinen eigenen Weg, und wir müssen nur seiner Spur und seinem Kurs folgen.[28] Insofern ist die Wissensquelle der M. nicht einfach das ‹Eigene›, sondern eher die Sprache und die Vernunft selber.

Umgekehrt schließt die M. gewissermaßen auch die erste elenktische Etappe ein: Die größte (μέγιστον, mégiston) maieutische Aufgabe der M., wie Burnyeat erkennt, besteht darin, zu prüfen (βασανίζειν, basanízein), ob es sich um falsches oder um reales, lebensfähiges Wissen handelt; Sokrates muß die falsche Frucht auch manchmal 'abtreiben'.[29] Lebensfähig sind die

Meinungen, die mit anderen angenommenen Prinzipien kohärent sind und zu keinem Widerspruch führen. Nachdem das 'Kind' von Theaitetos völlig geboren ist, beginnt die Prüfung etwa von Theaitetos' Antwort zur Wissenskonzeption – Wissen als Wahrnehmung –, die letztlich abgelehnt wird.[30] Die Lösung der interessanten Frage, warum die Aporie im ‹Theaitetos› am Anfang der Diskussion, und nicht wie in den Frühdialogen am Schluß dargestellt wird, kann möglicherweise an der Dramaturgie liegen: Theaitetos ist kein Anfänger, sondern ein fortgeschrittener Gesprächspartner. Allgemein gesagt liegt also das Neue und Spezifische der M. vor allem in der ersten Etappe des Zum-Licht-Bringens; die zweite Etappe der Prüfung, die die M. einschließt, entspricht dem Elenchos.

Immerhin verbleiben noch einige Schwierigkeiten, wenn man das Bild der M. ernstnimmt. Nach der Analogie der Geburtshilfe dürfen nur solche Frauen Hebamme sein, die nicht mehr fruchtbar sind, die aber früher Kinder geboren haben.[31] Sokrates' Erklärung, er sei nicht fruchtbar[32], scheint zu implizieren, daß er entweder früher fruchtbar war oder daß er nicht kompetent sei, Geburtshilfe zu leisten.[33] Die zweite Möglichkeit würde von der Schilderung des Sokrates als Wissenssucher in den aporetischen Frühdialogen, und insbesondere im ‹Symposion›, wo Eros selbst thematisch ist, unterstützt: Die Liebe zur Weisheit bleibe hinter ihrem Ziel prinzipiell zurück. Sokrates' allgemeine Behauptung im ‹Theaitetos›, daß manche Menschen unfruchtbar seien, steht allerdings im Widerspruch zum ‹Symposion›, wo es heißt, «alle Menschen [...] sind fruchtbar, sowohl im Leibe als der Seele nach.»[34] Dort geht außerdem die Schwangerschaft dem Verkehr voraus und wird merkwürdigerweise als die Ursache der Liebe angesehen, nicht umgekehrt.[35] Das Verhältnis zwischen den beiden Hauptelementen der Maieutikmetapher – Fruchtbarkeit oder Kreativität und Sexualität – bleibt auch problematisch. Der Sinn und die Implikationen der Verweiblichung des Sokrates als Partner oder umgekehrt seiner paternellen Schwangerschaft sind nicht ohne weiteres erschließbar und können als eines der Paradoxa oder womöglich Grenzen der maieutischen Metapher gelten. Burnyeats Rekurs auf eine biographische, ja rein psychoanalytische Erklärung – daß Platon als Homosexueller unfähig gewesen sei, sich die Metapher eines sexuellen Verkehrs zwischen männlichen und weiblichen Aspekten des Selbst vorzustellen – kann angezweifelt werden.

II. *Zur Wirkungsgeschichte.* ARISTOTELES kritisiert die platonische Dialektik dafür, daß sie die Zustimmung des Gesprächspartners – subjektive Meinung statt universeller Prinzipien – zum Anfangspunkt ihrer Ausführungen macht. Er nimmt die Dialektik als Bereich des Wahrscheinlichen auf und entwickelt sie als kodifizierte Übung in der ‹Topik›, wo das persönliche Element der Aufrichtigkeit aber nicht länger verlangt wird.[36] Die aristotelische Dialektik als Übung wird zum institutionalisierten Streitgespräch (*disputatio*) der Scholastik werden. In der alten Akademie, insbesondere bei ARKESILAS (315–240 v.Chr.), wird später eine ‹skeptische› Lektüre der platonischen Dialoge vertreten, die dem ‹Theaitetos› und der Maieutikstelle eine zentrale Stelle zuweist.[37] Eine enge Verbindung zwischen der Anamnesislehre und der Pädagogik (und damit implizit der M.) ist etwa in AUGUSTINUS' ‹De magistro› zu finden.

Das antike Bild von Sokrates dem Maieutiker und Skeptiker reicht bis in die Neuzeit. MONTAIGNE etwa hat zur verbreiteten Gleichsetzung von Sokratismus mit M. stark beigetragen; diese Identifikation genießt dann im 18. Jh. eine große Beliebtheit.[38] Die Gestalt des Sokrates als Individuum und sein pädagogisches Streben nach Selbstbildung haben auch existenzielle Denker wie KIERKEGAARD und NIETZSCHE fasziniert und beeinflußt. Für Kierkegaard impliziert die M. die Umkehrung des Meister-Schüler-Verhältnisses: Wahrhaftes Lehren heißt, sich in die Lage des Schülers zu versetzen und zu verstehen, was er und wie er versteht; der Schüler bietet die Gelegenheit, sich selbst zu verstehen und umgekehrt.[39] Die sokratische M. ist auch mit der psychoanalytischen Methode S. FREUDS verglichen worden. Beide zielen darauf, Kenntnisse aus der kranken Seele hervorzuholen und damit Selbstheilung zu ermöglichen.[40] Andererseits aber sind auch Unterschiede zu erkennen: Der Psychoanalytiker befragt den Kranken weniger als daß er ihn sprechen läßt; auch ist die Frucht des Gesprächs rein subjektiver Natur, während die M. universales Wissen zu erzeugen sucht. Im Anschluß an Hegel, P. Natorp und M. Heidegger sieht H.-G. GADAMER die M. als metaphorisch umgedeutete Anamnesis: als das historische Apriori jeden Philosophierens; die Hermeneutik wird dann die maieutische Kunst, unausdrückliches, aus der Tradition kommendes Vorwissen zum ausdrücklichen Wissen zu erheben.[41] Auch die gegenwärtige Erziehungs- und Kommunikationswissenschaft orientiert sich oft direkt oder indirekt am alten sokratischen Modell der M.[42] Problematisch bleibt, ob die M. mit ihrem Primat des Eigenen als Wissensquelle das Lernen vom Anderen – und damit Andersheit überhaupt – zulassen kann.

Anmerkungen:
1 Platon, Theaitetos 151b. – **2** Platon, Phaidon 96a–99d. – **3** zur Sokratesgestalt und zum Problem des ‹hist. Sokrates› siehe etwa M. Montuori: Socrates. Physiology of a Myth (Amsterdam 1981); A. Patzer (Hg.): Der hist. Sokrates (= Wege der Forschung 585) (1987); G. Giannantoni (Hg.): Socratis et Socraticorum Reliquiae (Neapel 1990); B.S. Gover, B.S.u. M.C. Stokes (Hg.): Socratic Questions. New Essays on the Philosophy of Socrates and its Significance (London/New York 1992); K. Döring: Sokrates, die Sokratiker und die von ihnen begründeten Trad. (mit Ausnahme Platons und der Akademie), in: H. Flashar (Hg.): Die Philos. der Antike, Bd. 2,1 (Basel 1998). – **4** vgl. Aristophanes, Wolken 137; Platon, Theaitetos 150e; zur kürzlich erfolgten Debatte siehe J. Tomin: Socratic Midwifery, in: Classical Quarterly 37 (1987) 97–102; H. Tarrant: Midwifery and the Clouds, in: Classical Quarterly 38 (1988) 116–122; D. Sider: Did Socrates Call Himself a Midwife? The Evidence of the Clouds, in: K.J. Boudouris (Hg.): The Philosophy of Socrates (Athen 1991); B. Vacamp: Historicité de la maïeutique socratique: réflexions critiques, in: Antiquité classique 61 (1992) 111–118; zum griech. Wort μαῖα, maía: Mütterchen, Amme, Hebamme, das in μαιευτικός, maieutikós enthalten ist, siehe P. Chantraine: Dictionnaire étymologique de la langue grecque. 5 fasc. (Paris 1968–1980). – **5** für die Historizität der M. siehe etwa F. M. Cornford: Plato's Theory of Knowledge (London 1973) 27–28; J. Humbert: Socrate et les petits socratiques (Paris 1967) 90–93; W.C.K. Guthrie: A History of Greek Philosophy, Bd. 3 (Cambridge 1969) 124–129, 397 [Separatdruck unter dem Titel: Sokrates (Cambridge 1971).]. – **6** Plat. Pol. 336c, 337a. – **7** vgl. Theaitetos 149d–151a; Menon 86a–88a; Phaidr. 72e–77b. – **8** Protagoras 314b. – **9** Xenophon, Memorabilia III, 3, 11. – **10** O. Apelt: Platonische Aufsätze (1912) 96–108. – **11** Platon, Theaitetos 150d. – **12** Symposion 206c–212a. – **13** Plat. Pol. 490b. – **14** Plat. Phaidr. 271a4–272b2; 273d; vgl. T.A. Szlezák: Platon und die Schriftlichkeit der Philos. (Berlin/New York 1985); ders.: Platon lesen (1993); H. Teloh: Socratic Education in Plato's Dialogues (Notre Dame 1986) 1–23; M. Erler: Der Sinn der Aporien in den Dialogen Platons (1987); L. Rossetti: The Rhetoric of Socrates,

in: Philosophy and Rhetoric 21 (1989) 225–238. – **15** vgl. P. Rabbow: Paidagogia. Die Grundlegung der abendländ. Erziehungskunst in der Sokratik (1954); K. Gaiser: Protreptik und Paränese bei Platon. Unters. zur Form des platonischen Dialogs (1959); H. Gundert: Dialog und Dialektik. Zur Struktur des platonischen Dialogs (Amsterdam 1971). – **16** Platon, Menon 81e, 80–86c; Phaidr. 72e–77a; 72e, 76a. vgl. Cornford [5], 27ff.; dagegen siehe R. Hackforth: Notes on Plato's Theaetetus, in: Mnemosyne 9 (1957) 128–40. – **17** Platon, Menon 80d–86c. – **18** Phaidon 72e–77a. – **19** Epistula VII, 341c–e; vgl. Szlezák (1985) [14] 144 A. 30. – **20** Symposion 175c–d. – **21** Pol. 518b. – **22** M.F. Burnyeat: Socratic Midwifery, Platonic Inspiration, in: Bulletin of the institute of classical studies 24 (1977) 7–16; wiederabgedruckt in: H. Benson (Hg.): Essays in the Philosophy of Socrates (New York/Oxford 1992) 53–65; R. Robinson: Plato's Early Dialectic (Oxford 1953). – **23** Theaitetos 148e; vgl. Burnyeat [22] 11. – **24** Theaitetos 150d; vgl. Burnyeat ebd. – **25** zum Elenchos (ohne Bezugnahme auf die M.) siehe G. Vlastos: The Socratic Elenchus: Method is All, in: ders.: Socratic Studies, hg. v. M. Burnyeat (Cambridge 1994) 1–33 [eine überarbeitete Version von: The Socratic Elenchus, in: Oxford Studies in Ancient Philosophy 1 (1983) 27–58]; T.C. Brickhouse and N.D. Smith: Plato's Socrates (Oxford 1994) 3–29. – **26** etwa Kriton 49c–e; Protagoras 331c–d. Zum Wort Elenchos als ‹Scham›: J.H. Lesher: Parmenides' Critique of Thinking. The poluderis elenchos of Frg. 7, in: Oxford Studies in Ancient Philosophy 2 (1984) 1–30. – **27** Menon 84a3–c6; Laches 187e. – **28** vgl. Protagoras 361a; Laches 194a; Menon 74d; Phaidon 88d–89c; Pol. 365d, 394d, 607b; Sophistes 252d; Philebos 59b; Leges 667a. – **29** Theaitetos 150b–c. – **30** ebd. 150d–160e. – **31** ebd. 150c. – **32** ebd. 149c. – **33** R.G. Wengert: The Paradox of the Midwife, in: History of Philosophy Quarterly 5 (1988) 3–10; vgl. K. Sayre: How to Read a Platonic Dialogue: Sunousia in the Theaetetus, in: Plato's Literary Garden (Notre Dame 1995) 197–226. – **34** Theaitetos 150c–d; Symposion 206c; vgl. M. Narcy: Platon, Théétète (Paris 1995) 8–9; 316–317. – **35** Burnyeat [22] 8. – **36** P. Moraux: La joute dialectique d'après le huitième livre des Topiques, in: G.E.L. Owen (Hg.): Aristotle on Dialectic: The Topics (Oxford 1968) 277–311; L.-A. Dorion: La «dépersonnalisation» de la dialectique chez Aristote, in: Archives de Philosophie 60 (1997) 597–613. – **37** dazu siehe J. Annas: Plato the Sceptic, in: P.A. Vander Waerdt (Hg.): The Socratic Movement (Ithaca/London 1994) 309–340; A.A. Long: Socrates in Hellenistic Philosophy, in: Classical Quarterly 38 (1988) 150–171. – **38** B. Böhm: Sokrates im 18. Jh. Stud. zum Werdegang des modernen Persönlichkeitsbewußtsein (1929). – **39** Kierkegaard GW, übers. von E. Hirsch (1950ff.) Bd. 33, II, 1, 40; GW. Bd. 10, 58.; vgl. P. Müller: Kierkegaard's Works of Love. Christian Ethics and the Maieutic Ideal, übers. u. hg. v. St. u. J. Evans (Kopenhagen 1993); H.-G. Seebeck: Das Sokratesbild vom 19. Jh. bis zur Gegenwart (1947); Nietzsche: Jenseits von Gut und Böse, KSA, Bd. 5 (²1988), § 136. – **40** M. Landmann: Elenktik und M. Drei Abhandlungen zur antiken Psychologie (1950). – **41** P. Natorp: Nachkrit. Anhang, Platos Ideenlehre (1921); M. Heidegger: Die Grundprobleme der Phänomenologie (1975) 463–64; H.-G. Gadamer: GW Bd. 4 (1987) 80; zur Rezeption und insbes. zur metaphorischen Aneignung des Anamnesisgedankens im Abendland siehe L. Oeing-Hanhoff: Zur Wirkungsgesch. der platonischen Anamnesis, in: Colloquium, FS J. Ritter (1965); H.-G. Gadamer: Der Tod als Frage, in: ders. [41] 161–172. – **42** M. Hanke: Der maieutische Dialog. Kommunikationswiss. Unters. zur Struktur und Anwendbarkeit eines Modells (1986); L. Nelson: Die sokratische Methode (1987); R. Warnholz: Die Idee der Mäeutik. Grundlagen einer Metadidaktik (Diss. Flensburg 1995).

F. Renaud

III. *Christliche M.* **1.** Das 18. Jh. entdeckt, über die Grenzen der Religionen hinweg, die Vorbildlichkeit der Sokratischen M. für die Vermittlung des eigenen aufklärerischen Programms. Paradigmatisch ist MENDELSSOHNS ‹Phädon›. Der Einleitungsessay ‹Charakter des Sokrates› rühmt mit dem Menschen auch dessen Methode [1], das zweite Gespräch über die Unsterblichkeit der Seele greift ausdrücklich selbst auf sie zurück. [2]

Im engeren Sinn ist die Sokratik des 18. Jh. eine religionspädagogische Bewegung und Methode in beiden großen christlichen Konfessionen, die ihren Ausgang von MOSHEIM nimmt [3] und bis Ende des Jahrhunderts namentlich durch GRAEFFE [4] die Katechetik vollständig beherrscht. Durch geschickte Fragen sollen dem Katechumenen die Glaubenssätze entlockt werden. Da diese also als im Menschen selbst liegend gedacht werden, ist der Sokratik eine weitgehende Verbindung mit vernunftreligiösen Vorstellungen ebenso natürlich wie umgekehrt die Übertragbarkeit ihrer Katechetik auf andere Bereiche der Erziehung. So zeigt sich auch KANT von ihr beeinflußt und empfiehlt die «erotematische Methode» in seiner ethischen Didaktik. [5] Dieser Terminus verdeutlicht das traditionelle Verständnis der M. als einer (mündlichen) Frage- oder (literarischen) Dialog-Kunst, als die sie auch Mendelssohn versteht. [6] VIERTHALER betont daher mit ihren Möglichkeiten in Vernunftreligion und Moral zugleich auch die Grenzen der M. hinsichtlich der positiven Religion, deren Inhalte nur lehrhaft zu vermitteln seien. [7] Den Rahmen der Sokratik verläßt er darum nicht, da er die M. lediglich als einen Teil der Sokratischen Methode bestimmt. [8] Auch Sokrates habe Ideen nicht nur hervorgelockt, sondern ebenso mitgegeben. [9] Die Sokratik des 18. Jh. übernimmt das antike Modell damit unverändert in einen christlichen Kontext. Das Christliche dieser M. beschränkt sich dabei auf die Betonung der Ähnlichkeit von Sokratischer und Jesuanischer Lehrart. [10]

2. Den radikalen Versuch einer Neubegründung der M. aus dem Geiste der Typologie unternimmt dagegen HAMANN. Die ganze abendländische Tradition, nicht zuletzt Sokrates, soll auf das Heilsgeschehen bezogen gedacht werden. In Abgrenzung von den als wissende Lehrer auftretenden und sich damit selbst widersprechenden Sokratikern seines Jahrhunderts [11] betont er dabei zunächst das elenktische Moment der Unwissenheit: «Ich glaube wie Socrates alles, was der andere glaubt – und geh nur darauf aus, andere in ihrem Glauben zu stöhren» [12], um so im Gesprächspartner Platz für das Christentum zu schaffen. Sodann sind jedoch auch dessen Lehren selbst Gegenstand maieutischer Vermittlung, da sie nicht memoriert, sondern angeeignet werden sollen. Hamann befreit zu diesem Zweck die M. aus den engen Grenzen einer Dialog-Kunst. Um die Leser zu geistiger Selbsttätigkeit zu zwingen, entwickelt er mit den Mitteln von Ironie und Analogiebildung [13] einen Stil äußerster Verkürzung, der seinen Gehalt erst in der Entschlüsselungsarbeit des Lesers offenbart und dem *acutum dicendi genus* zugeordnet werden kann. [14] Hamanns Schriften sind Zitat-Collagen. [15] Dabei können die Anspielungen Hamanns verfolgt und erhellt [16], aber nicht im Sinne eines lösbaren Rätsels in eine direkte Aussage transformiert werden: «Schlägt man sie [die zitierten Stellen] auf, so ergibt es abermals ein zweideutiges Doppellicht, das uns höchst angenehm erscheint, nur muß man durchaus auf das Verzicht tun, was man gewöhnlich Verstehen nennt.» (Goethe) [17] Hamann orientiert sich in seinen Stilmitteln an biblischen Mustern: Die Ironie nennt er im Hinblick auf 1. Mose 3, 22 die erste Figur der christlichen Redekunst [18], und den ‹Metaschematismus›, im Aufeinanderdeuten des Separaten die der Typologie entsprechende Redefigur, führt er auf 1. Kor. 4,6 zurück. [19]

3. Während Hamann den Verstand des Lesers anspricht, weckt und fördert, ohne an einen Endpunkt des

Verstehens zu führen, sieht KIERKEGAARD im Paradox des Glaubens von vornherein jeden Versuch einer verständigen Annäherung an das Christentum suspendiert. Das Christentum ist eine Existenzmitteilung, deren Wahrheit nur in ihrer Verwirklichung erkannt werden kann. Kierkegaards M. setzt daher gerade an einem unsokratischen Punkt an: an der Differenz von Wissen und Tun des Guten. Es ist Kierkegaards Einsicht, daß der Gefühlsappell des *movere* diese Kluft nicht schließen kann und es vielmehr einer besonderen Mitteilungsform bedarf. Weniger unter Berufung auf Hamann denn auf Lessing[20] entwickelt Kierkegaard eine Theorie der indirekten Mitteilung. Ein Wissen läßt sich direkt mitteilen, die Mitteilung eines (ethischen) Könnens aber bedarf, um das Tun nicht nur im ‹Medium der Phantasie›, sondern im ‹Medium der Wirklichkeit› [21] zu veranlassen, der Indirektheit.[22] Kierkegaard bestimmt grundsätzlich zwei Arten indirekter Mitteilung[23]: Das Werk verlangt nach einer ‹Doppel-Reflexion›, d.h. der Zusammensetzung qualitativer Gegensätze bei gleichzeitiger Ungreifbarkeit der Verfasserabsicht (daher die Pseudonymität der einen Œuvre-Hälfte Kierkegaards), das Verhältnis des Autors zu seinem Werk nach einer ‹dialektischen Reduplikation›, d.h. einer Verwirklichung, die sich gerade nicht als solche zeigt (daher der ästhetische Schein von Kierkegaards religiöser Existenz), um den Leser angesichts des Paradoxes zu einer eigenen Entscheidung zu zwingen, die nicht in der Anhängerschaft an den Autor bestehen kann. Über diese literarische Technik führt Kierkegaard aus: «Das ist z.B. indirekte Mitteilung: Scherz und Ernst derart zusammenzusetzen, daß die Zusammensetzung ein dialektischer Knoten ist – und dann selber niemand zu sein. Will jemand mit dieser Art Mitteilung zu tun haben, muß er selbst durch sich selbst den Knoten lösen.»[24] Kierkegaard spitzt also das Zwielicht, von dem Goethe in bezug auf Hamann spricht, auf eine Entscheidungssituation zu, die die Selbstwahl des Lesers inauguriert. Auch das Christentum ist, mit einem Wissens-Moment: der Offenbarung, am Anfang, wesentlich Könnens-Mitteilung, es will nicht verstanden, sondern gelebt sein. Über die immer zu wiederholende Glaubensentscheidung hinaus bedarf das Christentum der fortwährenden Aneignung in Selbsttätigkeit. Um die christliche Langmut einzuüben, bedient sich Kierkegaard beispielsweise in seinen Reden des Stilmittels der *longinquitas*. [25] Der Langsamkeit der Darstellung wird dabei keine neuerliche Attraktivität verliehen, für den aneignungsunwilligen Leser ist sie abstoßend und schlägt in Langeweile um. Die Abwechslungslosigkeit im Ausdruck wird dabei biblisch begründet.[26] Kierkegaard führt jedoch nicht auf einzelne Stilmittel, sondern das ganze Projekt der indirekten Mitteilung auf das Christentum zurück.[27] Als Mensch in Knechtsgestalt ist Jesus ein Zeichen des Widerspruchs, denn nur die Möglichkeit des Ärgernisses eröffnet auch die Möglichkeit des Glaubens. Der Gott in der Zeit selbst gibt so das Paradigma indirekter Mitteilung. Das Christentum läßt sich nach Kierkegaard mithin gar nicht anders als maieutisch vermitteln. Die christliche M. unternimmt dabei den Versuch, das ganz Andere der Offenbarung als das je Eigene erfahrbar werden zu lassen.

Trotz der großen Wirkung, die Kierkegaard später in der dialektischen Theologie entfaltet, wird sein maieutischer Ansatz von ihr weitgehend übersehen. Kierkegaards M. findet so ihre Nachfolge nicht in der Theologie, sondern, ihres christlichen Horizonts enthoben, in der Philosophie von JASPERS.[28]

Anmerkungen:
1 M. Mendelssohn: Phädon oder über die Unsterblichkeit der Seele (1767) 16ff. – **2** ebd. IX. – **3** M. Schian: Die Sokratik im Zeitalter der Aufklärung. Ein Beitr. zur Gesch. des Religionsunterrichts (1900) 5ff.; J.L. von Mosheim: Sittenlehre der heiligen Schr. (1735). – **4** J.F.Chr. Graeffe: Die Sokratik nach ihrer ursprünglichen Beschaffenheit in katechetischer Rücksicht betrachtet (1790). – **5** I. Kant: Die Metaphysik der Sitten, in: Gesamm. Schr. (Akad.-Ausg.) Bd. 6, 478–484. – **6** Mendelssohn [1] 16. – **7** F.M. Vierthaler: Geist der Sokratik (1793, ²1798) 60. – **8** ebd. 61. – **9** ebd. 63 u. 207. – **10** ebd. 160ff. – **11** J.G. Hamann: Sokratische Denkwürdigkeiten (1759), in: ders.: Sämtliche Werke, hg. v. J. Nadler, Bd. 2 (1950) 76. – **12** ders.: Brief an Kant vom 27.7.1759, in: Briefwechsel, hg. v. W. Ziesemer u. A. Henkel, Bd. 1 (1955) 377. – **13** ders. [11] 61. – **14** S.-Å. Jørgensen: Zu Hamanns Stil, in: GRM 16 (1966) 378. – **15** O. Bayer: Zeitgenosse im Widerspruch. J.G. Hamann als radikaler Aufklärer (1988) 44. – **16** beispielhaft: S.-Å. Jørgensen, J. Ringleben: Der ‹Eckelname› des Narziß. Interpretation einer rätselhaften Stelle in Hamanns ‹Aesthetica in nuce›, in: Jb. des Freien Dt. Hochstifts (1997) 28–63. – **17** J.W. Goethe: Dichtung und Wahrheit, 3. Teil (1813), in: Hamburger Ausg., Bd. 9 (⁴1961) 515. – **18** Hamann: Brief an J.G. Lindner vom 5.6.1759, in: Briefwechsel [12] 339. – **19** ders.: Klaggedicht, in Gestalt eines Sendschreibens über die Kirchenmusick (1761), in: Sämtliche Werke [11] 150. – **20** S. Kierkegaard: Afsluttende uvidenskabelig Efterskrift til de Philosophiske Smuler (1846), in: Samlede Værker, hg. v. A.B. Drachmann, J.L. Heiberg u. H.O. Lange, Bd. 7 (Kopenhagen 1902) 47ff. – **21** ders.: Die Dialektik der ethischen und der ethisch-religiösen Mitteilung (1997) 28, 71, 76. – **22** ders. [21] passim. – **23** ders.: Indøvelse i Christendom (1850), in: Samlede Værker [20] Bd. 12 (Kopenhagen/Christiania 1905) 124ff. – **24** ders. [23] 124 (Übers. Verf.). – **25** vgl. T. Hagemann: Reden und Existieren. Kierkegaards antipersuasive Rhet. (2000). – **26** Kierkegaard: Kjerlighedens Gjerninger (1847), in: Samlede Værker [20] Bd. 9 (Kopenhagen 1903) 202. – **27** ders. [23] 115ff. – **28** vgl. H. Fahrenbach: Existenzphilos. und Ethik (1970) 59ff.

Literaturhinweise:
P. Müller: Meddelelsesdialektikken i Søren Kierkegaard's Philosophiske Smuler (1979). – ders.: Søren Kierkegaards kommunikationsteori (1984). – O. Bayer: Sokratische Katechetik? Der Streit um den kleinen Katechismus in der Aufklärung, dargestellt an der Rezeption durch J.G. Hamann, in: Pastoraltheologie 73 (1984) 394 – 413. – W. Greve: Kierkegaards maieutische Ethik (1990).

T. Hagemann

→ Dialog → Doxa → Elenchos → Episteme → Ironie → Peirastik → Platonismus → Protreptik

Makrologie (griech. μακρολογία, makrología, auch περισσολογία, perissología; mlat. longiloquium; Gegensatz βραχυλογία, brachylogía)

A. *Definitorische Aspekte.* Die M. oder περισσολογία (perissología – ‹überflüssige Rede›)[1], bezeichnet im engeren Sinne als Gegenteil der βραχυλογία, (brachylogía – ‹Kürze›) [2] eine überflüssige, unerwünschte Abundanz, als *soloecismus per adiectionem* ein *vitium elocutionis*, einen ‹Fehler (durch Hinzufügung)› gegen das Stilgebot der *brevitas*, allgemein als quantitativer Überschuß auf der Ebene des Ausdrucks einen Verstoß gegen die Angemessenheit. Die entsprechende *virtus*, also erwünschte Redundanz zur Vereindringlichung und Vertiefung in Dichtung wie Rhetorik (*amplificatio, dilatatio* [analog die *figurae per detractionem* zur *minutio, tapinosis*]) heißt περίφρασις, períphrasis / *circumlocutio* (‹Umschreibung›)[3] und dient in diesem Fall als bewußt eingesetztes Stilmittel, als Wortfigur oder *tropus*[4], der *Latinitas in verbis coniunctis*. Der M. verwandt ist der πλεονασμός, Pleonasmus, welcher aber vorwiegend die überflüssige Setzung eines Einzelwortes bezeichnet, während M. und *perissologia* sich auf Wortverbindungen, Phrasen und ganze (Neben-)Sätze beziehen[5]; ebenso die ungeschickte Wiederholung des gleichen Wortes (oder Wortgruppe), die ταυτολογία, tautología (auch ἐπανάληψις, epanálēpsis, vgl. die ‹Synonymie›), welche aber auch für das ‹Verweilen in ein und derselben Sache› (*commoratio una in re*) gebraucht wird.[6]

Ob es sich bei einer Abundanz um eine negative, das *vitium* der M. oder um eine positive, die *virtus* der Periphrase handelt, richtet sich nach dem *aptum*, dem – je nach Situation veränderlichen – Kriterium der Angemessenheit, hängt also nicht zuletzt von der Stilebene ab: das *genus grande* läßt hier größere Freiheit als das schlichte *genus subtile*. In Form von syntaktischer und semantischer Überdeutlichkeit zeigt sich M. aber auch beispielsweise in Gesetzestexten und verfolgt hier das Ziel, jegliches Mißverständnis auszuschließen. Als absichtsvoll eingesetzte *schemata* / *figurae* gehören M. wie Pleonasmus zum *ornatus*.[7]

Daneben steht seit dem 5. Jh.v.Chr. eine terminologische Unterscheidung für Formen der Kommunikation: PLATON weist, namentlich in seinen Dialogen ‹Protagoras› und ‹Gorgias›, der Sophistik die Gegenüberstellung von M. als längerer, zusammenhängender Rede und Brachylogie als dialogischem Verfahren zu; hierbei ist für ihn gerade letztere Sache des Philosophen, welcher im (privaten) dialektischen Gespräch sokratischer Frage- und Antwort-Technik nach Wahrheit sucht, während der – zumal öffentliche – Monolog der epideiktischen Anspruch des (sophistischen) Rhetoriklehrers dient.[8] Zur gleichen Zeit finden sich bereits Äußerungen zur angemessenen Länge (μέτριον μῆκος, métrion mēkos) einer Rede auch außerhalb der oratorischen Disziplin[9]: das Selbstgebot, sich kurz zu fassen, im folgenden dann als fester rhetorischer Topos, nicht zuletzt in Abhängigkeit von der Verfassung der Zuhörerschaft sowie der Redesituation (καιρός, kairós).[10]

B. *Geschichte*. In seiner (peripatetisierenden) Stillehre stellt Ps.-DEMETRIOS die knappe, prägnante und darum ausdrucksstärkere Redeweise der Spartaner (besonders in Anweisungen[11]) homerischer Bitte und Klage gegenüber: τὸ δὲ ἱκετεύειν μακρὸν καὶ τὸ ὀδύρεσθαι· αἱ Λιταὶ καθ' Ὅμηρον καὶ χωλαὶ καὶ ῥυσαὶ ὑπὸ βραδύτητος, τουτέστιν ὑπὸ μακρολογίας, καὶ οἱ γέροντες μακρολόγοι διὰ τὴν ἀσθένειαν (das Flehen ist lang und auch das Jammern; die Gebete sind nach Homer *hinkend* und *runzlig* wegen ihrer Langsamkeit, d.h. wegen ihrer Weitschweifigkeit, und auch die Alten sind weitschweifig aus Schwäche).[12] QUINTILIAN (um 35–96 n.Chr.) mahnt «vitanda μακρολογία, id est longior quam oportet sermo, ut apud T. Livium: ‹legati non impetrata pace *retro domum, unde venerant*, abierunt›. sed huic vicina περίφρασις virtus habetur. est et πλεονασμός vitium, cum supervacuis verbis oratio oneratur: "ego oculis meis vidi"; satis enim "vidi" [...] nonnumquam tamen illud genus [...] adfirmationis gratia adhibetur: "vocemque his auribus hausi". at vitium erit, quotiens otiosum fuerit et supererit, non cum adicietur [...] ut semel finiam, verbum omne, quod neque intellectum adiuvat neque ornatum, vitiosum dici potest» (Zu meiden ist die M., d.h. der unnötig lange Ausdruck, wie bei T. Livius: "Die Gesandten kehrten ohne den gewünschten Friedensschluß *nach Hause, woher sie gekommen waren*, zurück". Jedoch gilt die dieser benachbarte Periphrase als ein Stilvorzug. Ein Fehler ist auch der Pleonasmus, wenn die Rede mit überflüssigen Worten belastet wird: "Ich selbst habe es mit eigenen Augen gesehen" – es genügt nämlich das "ich habe es gesehen" [...] Manchmal jedoch wird jene Art zur Bekräftigung angewendet: ‹Eingesaugt mit diesen Ohren habe ich die Worte›. Dagegen ist es ein Fehler, sooft es müßig und überflüssig steht, nicht aber, wenn es [bewußt] hinzugefügt wird [...] Doch, um zu schließen: jedes Wort, das weder den Verständnis fördert noch den Schmuck, kann fehlerhaft genannt werden).[13] Die ‹Ars grammatica› des CHARISIUS (um 362) sowie die von dieser beeinflußte, wenig jüngere ‹Ars› des DIOMEDES unterscheiden nahezu gleichlautend unter den *vitia orationis* «Pleonasmus est sententia *verbo* plus quam necesse est abundans, ut "sic ore locuta est", cum sufficeret dici "sic locuta est" [...] Perissologia est *multorum verborum* adiectio supervacua, ut ‹ibant qua poterant, qua non poterant non ibant›. hic enim excepto ‹ibant› omnia supervacua sunt. Macrologia est *oratio longa* sine cultu, ut apud Livium [...] nullum enim pondus adiecit sententiae longitudo, sed magis decorem abstulit. Tautologia est *eiusdem* vel idem significantis *verbi* iteratio, ut ‹egomet ipse›» (Der Pleonasmus ist ein Satz, welcher um *ein Wort* mehr als nötig überladen ist, wie ‹so hat er mit dem Mund gesprochen›, während es doch genügte zu sagen ‹so hat er gesprochen› [...] Die Perissologie ist die überflüssige Hinzufügung *vieler Worte*, wie ‹sie gingen, wohin sie konnten, wohin sie nicht konnten, gingen sie nicht›. Hier ist nämlich mit Ausnahme von ‹sie gingen› alles überflüssig. Die M. ist eine *langgedehnte Rede* ohne Schliff wie bei Livius [wie o. Quintilian]. Die Länge nämlich hat noch keinem Satz weiteres Gewicht beigegeben, sondern ihm eher den Schmuck genommen. Die Tautologie ist die Wiederholung *desselben* oder das Gleiche bedeutenden *Wortes* wie ‹ich selbst in meiner Person›).[14]

Im 5. Jh. bestimmt FORTUNATIAN drei grundlegende Stilmerkmale (*genera principalia*) der Rede: ποσότης, posótēs (Größe, Stilhöhe), ποιότης, poiótēs (Qualität) und πηλικότης, pēlikótēs (Breite); letzteres wiederum zerfällt in drei *genera*: μακρόν, makrón (breit), βραχύ, brachý (knapp) und μέσον, méson (mittel).[15] Im Übergang zum Mittelalter unterscheidet ISIDOR VON SEVILLA (um 560–636) den «Pleonasmos adiectio *unius verbi* supervacua, ut ‹sidera caeli›, neque enim alibi nisi in caelo sunt sidera» (Pleonasmus: die überflüssige Hinzufügung eines *einzigen Wortes*, wie ‹Sterne des Himmels›, denn nirgends anders als am Himmel gibt es Sterne) von der «Perissologia adiectio *plurimorum verborum* supervacua, ut ‹vivat Ruben et non moriatur›, dum non sit aliud vivere quam non mori; macrologia *longiloquium*, res non necessarias comprehendens» (Perissologie: die überflüssige Hinzufügung *mehrerer Worte*, wie ‹leben soll Ruben und nicht sterben›, wo doch leben nichts anderes ist als nicht sterben; die M. ist *weitschweifige Rede*, die nicht notwendige Dinge umfaßt), von der «Tautologia, *idemloquium* ut ‹Si fata virum servant, si vescitur aura / aetherea, neque adhuc crudelibus occubat umbris›. Totum enim quod repetitur una res est, sed crebro sermone adnuntiata» (*Bedeutungsgleichheit*, wie ‹Wenn das Geschick den Mann bewahrt, wenn er Himmelsluft atmet und noch nicht bei den grausigen Schatten liegt›: Denn das Gesamte, was wiederholt wird, ist ein und die selbe, aber durch gehäuften Ausdruck angezeigte Sache) sowie vom Gegenteil, der «Eclipsis [...] *defectus dictionis*, in quo necessaria verba desunt, ut ‹Cui pharetra ex auro›: deest enim ‹erat›» (der *sprachlichen Auslassung*, in welcher notwendige Wörter fehlen, wie ‹Dieser einen Köcher aus Gold›: es fehlt nämlich ‹hatte›).[16]

Definitionen und Beispiele Quintilians finden sich in der Renaissance wieder im populären Unterrichtswerk des I. SUSENBROTUS von 1541 (wie dieser PEACHAM 1577) unter den *schemata syntaxeos* (Satzbaufiguren) für den Pleonasmus wie für die Perissologia, «cum clausula orationi sine pondere rerum adjicitur [...] Superflua locutio» (wenn der Rede ein Abschluß ohne Gewicht in der Sache angefügt wird [...] Überflüssige Ausdrucksweise) bzw. die dieser «benachbarte» (confinis) M., «cum orationi clausula redundans annectitur, ut ‹Vivat Carolus Augustus et non moriatur›» (wenn man der Rede eine überschüssige Klausel anhängt, wie ‹Leben soll Karl August und nicht sterben› [wie o. Isidor]).[17] Das Gleiche gilt für die Barockrhetorik des G.I. VOSSIUS, welcher für M., Pleonasmus wie Perissologia als Störungen der *perspicuitas* (Deutlichkeit) und der *memoria* (Gedächtnis) sogar den streitbaren Apologeten Tertullian (2./3.Jh.) bemüht, «quoniam sermo laciniosus, et onerosus, et vanus est» (weil eine verzettelte Redeweise lästig und gehaltlos ist), den Pleonasmus «affirmationis gratia» allerdings mit Quintilian ausdrücklich billigt.[18] Den Dichtern dieser Epoche wurde dabei der Vorwurf, sie neigten aus antiklassischer Haltung zu sprachlicher Künstelei (Manierismus) und barockem Schwulst, weithin zu Unrecht gemacht und von Übertreibungen abgeleitet, welche auch zu ihrer eigenen Zeit (17. Jh.) als Mißgriffe anzusehen waren.[19]

Noch das ‹Rhetorische Wörterbüchlein› des E. PETRI bietet 1831 für M. «Weitschweifigkeit, Gedehntheit des Ausdruckes», Perissologie «loquacitas quaedam orationis, periphrasis cum in vitium incidit. Obstat enim, quidquid non adjuvat» (eine gewisse Geschwätzigkeit der Rede, wenn die Periphrase zum Fehler wird. Denn abträglich ist im Ausdruck alles, was nichts beiträgt), für Periphrasis «Umschreibung, und zwar verschönernde: circuitio» und Pleonasmus die quintilianschen Bestimmungen; sein Beispiel für «tadelhafte» Pleonasmen «Der liebe Heiland rufet uns und ladet uns ein, daß wir kommen und nicht ausbleiben, sondern uns einfinden sollen u.s.f.» zeigt zugleich die Schwierigkeit einer scharfen Abgrenzung zur M.[20]

Anmerkungen:
1 Arist. Rhet. 1418b 24; Anax. Rhet. 1440b 37; Quint. VIII, 3, 53; 6, 61; Isid. Etym. II, 20, 2–4; LSJ p.1075, 1387; Ernesti Graec. p.204; Volkmann 405; Mortara Garavelli 121f.; Lanham 96f. – 2 Anax. Rhet. 1428a 10; Quint. VIII, 3, 82; Lausberg Hb. § 881. – 3 Quint. VIII, 6, 59–61; L.A. Sonnino: A Handbook to Sixteenth-Century Rhetoric (London 1968) 37f.; Mortara Garavelli 171–175. – 4 Quint. IX, 1, 3; 3, 98. – 5 Quint. I, 5, 40; VIII, 3, 53; Isid. Etym. I, 34, 6f. – 6 Quint. VIII, 3, 50f.; Isid. Etym. I, 34,9; Lausberg Hb § 502f.; Ueding / Steinbrink 223. – 7 Quint. VIII 3,54; I. Rufiniani De schematis lexeos 40, in: Rhet. Lat. min. p. 57f. (vgl. Art. ‹Figura etymologica› sowie Sonnino [3] 134 und Mortara Garavelli 215 zur *tautologia*); Lausberg Hb. §§ 607ff. – 8 Platon, Protagoras 334c 7 – 335c 7; Gorg. 448d 1 – 449c 8; dazu im einzelnen das Kap. ‹Brachylogia, M. und die Länge der Rede› in J. Schloemann: Die frühe griech. Rhet. zwischen Schriftlichkeit und Improvisation (Diss. Berlin) – 9 Belege bei Schloemann [8], Anm.33f., z.B. Thukydides V, 89 λόγων μῆκος ἄπιστον – «unglaubwürdige Länge der Reden». – 10 Antiphon I, 18; Alkidamas, Gegen die Sophisten 22; Isocr. Or. VIII, 145; ep. II, 13; Demosthenes LX, 6; Hypereides VI, 4 u.a. – 11 vgl. die HWRh-Art. ‹Brevitas›, ‹Brachylogie›, ‹Lakonismus›. – 12 Ps.-Demetr. Eloc. 7; Homer, Ilias 9, 502f. – 13 Quint. VIII, 3, 53–55 (mit Verg. Aen. IV, 359). – 14 Charisius in: Gramm. Lat., Bd. 1 (1857) p.271 (mit den Anm. Keils); Diomedes ebd. p.449f. – 15 Fortun. Rhet. III, 9, in: Rhet. Lat. min. p.125f. – 16 Isid. Etym. I, 34, 6–10 mit Vergil, Georgica II, 1 und Deut 33,6 (Livius fr. 75 Wb.-M. wie o. Quint. [13]), Verg. Aen. I, 546f. und IV, 138; zur *ellipsis* wie auch zur *tapinosis*, der «rei magnae humilis expositio» vgl. Charisius und Diomedes [14]. – 17 I. Susenbrotus: Epitome troporum ac schematum et grammaticorum et rhetorum (Zürich 1541) 31f.; H. Peacham: The Garden of Eloquence (London 1577), ed. W.G. Crane (Gainesville 1954); Sonnino [3] 37, 156f. – 18 Vossius, lib. IV = Pars II, p.35f. – 19 Dyck 21f. – 20 F.E. Petri: Rhet. Wörterbüchlein, zunächst für Gelehrten-Schulen (Leipzig 1831) 138, 168, 171f.

M.P. Schmude

→ Abundanz → Amplificatio → Brachylogie → Brevitas → Commoratio → Copia → Periphrase → Pleonasmus → Synonymie → Tautologie

Malerei (griech. γραφή, graphḗ; ζωγραφία, zōgraphía; lat. pictura; engl. painting; frz. peinture; ital. pittura)
A.I. Def. – II. Kunsttheorie. – 1. Stumme Poesie («ut pictura poesis»). – 2. Ekphrasis. – 3. Rhet. als Theoriemodell für die M. («ut rhetorica pictura»). – 4. Poetik – Historia – Rhet. Die Ciceronianus-Debatte. – 5. Die topische Findungslehre. – 6. Das Ideal der Eloquenz (*universalità*) und die Charakterologie des Kunstwerks. – 7. Die Wirkungsqualitäten. – B.I. Antike. – II. Frühes Christentum, Byzanz, MA. – III. Renaissance u. Manierismus. – IV. Barock u. Klassizismus. – V. 18. Jh. – VI. 19. u. 20. Jh.

A.I. *Def.* Unter M. versteht man im traditionellen Sinne die farbige, durch direkten Auftrag der Malmittel charakterisierte Gestaltung von Gemälden, Wandflächen, Skulpturen (Faßmalerei), Glas, Töpferware u.a. Gegenständen. Als Gattung wird sie den bildenden Künsten zugeordnet. Seit der Antike als Schwesterkunst der Dichtung angesehen, der sie als mimetische Kunst nahesteht, wird sie in vielfacher Hinsicht auch von der Rhetorik geprägt. Als universelle Kommunikationslehre dient ihr diese als Theoriemodell, wobei insbesondere die rhetorische Lehre der Gattungen und Stilhöhen, Aspekte der Topik und der *memoria*, die Wirkungsfunktionen sowie die Lehre von den Produktionsstadien und den Teilen der Rede in die Theorie und Praxis der M. eingehen. Vor allem in der Antike und der Frühen Neuzeit wird das Gemälde im Sinne eines sprachanalogen Bildverständnisses als rhetorisch instrumentiertes, intentionales Gebilde aufgefaßt.

II. *Kunsttheorie.* **1.** *Stumme Poesie («ut pictura poesis»).* Schon in den altorientalischen Kulturen von in Werkstattverbänden organisierten Handwerkern und Sklaven ausgeübt, hat die als bloße handwerkliche Tätigkeit (τέχνη, téchnē) geltende M. in griechischer Zeit Anteil an jener Blüte der Künste, welche die Kritik PLATONS hervorruft: Die nachahmende Dichtung und Kunst sei weder der Welt der Ideen, noch deren direkten Verkörperungen in der Natur, sondern einer dritten Seinsstufe zuzurechnen. Daher seien ihre Trugbilder «Gift für den Verstand».[1] Der von Platon formulierten ersten kunstfeindlichen Theorie überhaupt tritt ARISTOTELES mit der Lehre von der abbildenden und zugleich exemplarischen μίμησις (mímēsis) entgegen, einer dem Menschen angeborenen Form der nachahmenden Aneignung, die er zum Wesensmerkmal aller Dichtung und Kunst erklärt. Diese beruhe auf der φαντασία (phantasía), dem lebendigen Ausdruck und Mittel der anschaulichen Vergegenwärtigung von Abwesendem und Fiktivem.[2] Zur Erläuterung der Darstellungsziele der Dichtung zieht Aristoteles in seiner ‹Poetik› wiederholt die M. zum Vergleich heran. Wie bei den Dichtern lasse sich auch bei den Malern ein zunehmender Verzicht auf prononcierte Charakterdarstellungen feststellen: Polygnot sei «ein guter Maler von Charakteren» gewesen, «die

Gemälde von Zeuxis hingegen zeigen keine Charaktere», dieser habe seine Figuren dargestellt, wie sie sein sollten, sie «zum Besseren hin gemalt».[3] Der platonischen Kritik, nachahmende Darstellungen verwirrten den Verstand der Rezipienten, hält Aristoteles das Phänomen einer ästhetischen Distanz entgegen: «Denn von Dingen, die wir in der Wirklichkeit nur ungern erblicken, sehen wir mit Freude möglichst getreue Abbildungen, z.B. Darstellungen von äußerst unansehnlichen Tieren und von Leichen.»[4] In der ‹Nikomachischen Ethik› spricht er dem Kunstwerk implizit eine erzieherische Wirkung zu, indem er, wie auch in der Tugendlehre seiner ‹Rhetorik›, von einem Zusammenfallen von Tugend und sinnfälliger Schönheit ausgeht: «Wenn also jede "Kunst" ihr Werk zur Vollendung dadurch bringt, daß sie auf das Mittlere blickt und ihr Werk diesem annähert – man pflegt daher beim Anblick vollendeter Kunstwerke zu urteilen: "hier ist nichts wegzunehmen und nichts hinzuzufügen", erkennt also, daß ein Zuviel und ein Zuwenig die Harmonie zerstört, die richtige Mitte dagegen sie erhält –, [...] dann müssen wir schließen: sittliche Tüchtigkeit zielt wesenhaft auf jenes Mittlere ab.»[5]

Eine dezidierte Gleichsetzung von Dichtung und M. soll schon SIMONIDES VON KEOS (556–468 v. Chr.) formuliert haben. Zumindest schreibt Plutarch ihm jene vermutlich doch aus späterer Zeit datierende Sentenz, das Gedicht sei ein redendes Gemälde und das Gemälde ein stummes Gedicht, zu[6], die auch der AUCTOR AD HERENNIUM zitiert: «Poema loquens pictura est, pictura tacitum poema debet esse».[7] Auch HORAZ formuliert jene Gleichsetzung, die, auf die Formel «ut pictura poesis» verkürzt, über Jahrhunderte tradiert wird.[8] Die Vergleichbarkeit der Schwesterkünste betont auch PHILOSTRAT D.Ä., der dem Dichter die Fähigkeit des γράφειν (gráphein; malen) und der M. einen hohen Rang zuspricht: «Wer die Malerei nicht schätzt, verschmäht die Wahrheit und versündigt sich auch am Kunstverständnis [σοφία, sophía], das die Dichter angeht; denn beide Künste wenden sich den Taten und Gestalten der Heroen zu; er hat auch kein Gefallen am Ebenmaß, durch das die Kunst auch am Logos teilhat.»[9] Weitere spätantike Autoren wie DION CHRYSOSTOMOS und PLOTIN setzen die Nobilitierung der M. fort, entdecken das «bildnerische Genie»[10] und verkünden den Begriff des Schönen als eines Wesensmerkmals des Göttlichen und die Gleichsetzung des Künstlers mit dem Welt-Demiurgen.[11] Im ‹Olympiakos›, seiner wohl im Jahre 105 n. Chr. vor der olympischen Versammlung angesichts der Zeus-Statue des Phidias gehaltenen Festrede, vergleicht Dion diese mit dem 'Bild', das Homer von Zeus entwarf (12, 62). Seine bemerkenswerte Erörterung der Unterschiede von Dichtung und bildender Kunst läßt Phidias' Schöpfung der homerischen als zumindest ebenbürtig erscheinen.[12]

Das Diktum des Horaz wird in der Zeit des byzantinischen Bilderstreits (726 und 730–843) von den Verteidigern der Bilder aufgegriffen. So bezeichnet der Bildtheologe JOHANNES VON DAMASKOS in seiner ersten Rede Gemälde als nie verstummende «stille Predigten» und spricht ihnen gegenüber dem Text sogar eine höhere affektive und intellektuelle Qualität zu.[13] Aufgrund der Popularität der ‹Ars poetica› wird die Parallelisierung von Dichtung und M. auch im westlichen Mittelalter tradiert.[14] Sie ist von Anfang an ein Topos des humanistischen Denkens. So vergleicht schon DANTE, den Fortschritt der Künste preisend, die Maler Cimabue und Giotto mit zeitgenössischen Dichtern.[15] BOCCACCIO und F. VILLANI charakterisieren Giotto ähnlich wie Petrarca als großen Erneuerer: Wie dieser die Dichtung, habe Giotto die M. nach dem dunklen Mittelalter zu neuem Leben erweckt.[16] Dennoch verweisen erst in der Mitte des 15. Jh. L. GIUSTINIANI und B. FAZIO auf die Horazische Formel.[17] In dieser Zeit entstehen auch Werke, in denen Maler ausdrücklich die Lizenz der poetischen Freiheit und die «potestas audendi» beanspruchen, u.a. die programmatisch kunstvolle Darstellung einer verwesenden Leiche im Skizzenbuch der Gozzoli-Werkstatt, deren Rückseite eine das Horazische Diktum modifizierende Aufschrift ziert.[18] Gemäß dem Bilddenken und sprachanalogen Bildverständnis des Humanismus und des Barock wird die Formel «ut pictura poesis» fortan immer wieder bemüht, u.a. von R. AGRICOLA (‹De inventione dialectica›, 1539, entst. 1479), A. POLIZIANO (‹Oratio in expositione Homeri›, entst. 1486), P. GAURICUS (‹Super arte poetica Horatii›, 1541, entst. ca. 1510), G. MARINO (‹La Galleria›, 1620), G.PH. HARSDÖRFFER (‹Poetischer Trichter›, 1647–53) und J.J. BREITINGER (‹Critische Dichtkunst›, 1740).

Bereits LEONARDO DA VINCI variiert das Horazische Diktum und nennt die Poesie polemisch eine «blinde Malerei».[19] Der Maler könne die Harmonie des Gleichzeitigen vergegenwärtigen, als Ganzes simultan vor Augen führen, was der Dichter nur Teil um Teil zu beschreiben vermöge. Daher habe König Matthias auch einem Porträt seiner Geliebten den Vorzug vor einer panegyrischen Dichtung gegeben.[20] Diese Auffassung von der Überlegenheit der M. kontinuiert in Italien, u.a. in den Künstlerviten G.P. BELLORIS sowie bei N. POUSSIN.[21] Im späten 17. Jh. wird die Differenz von Wort und Bild dann systematisch bedacht. So macht CH. PERRAULT in der ‹Parallèle des Anciens et des Modernes› an der Geschichte der Wissenschaften und verschiedenen Künste divergente Entwicklungsschübe und Höhepunkte aus.[22] Der ABBÉ DUBOS setzt diese systematische Grenzbestimmung fort[23], die spätestens mit LESSINGS ‹Laokoon› den Bruch der Tradition des «ut pictura poesis» zeitigt.[24]

Anmerkungen:
1 Plat. Pol. X, 1 (595b). – **2** Arist. Poet. 1448a. – **3** ebd. 1450a, p.21; 1461b, p.93. – **4** ebd. 1448b, p.10. – **5** Arist. EN II, 5 (1106 b). – **6** Plutarch: De gloria Atheniensium 3 (Moralia, 346F-347A, auch 18A u. 748A). – **7** Auct. ad Her. IV, 39. – **8** Hor. Ars 361; s. auch R.W. Lee: "Ut pictura poesis", in: Art Bulletin 22 (1940) 197–269. – **9** Philostratos, Eikones I, 1 (Prooimion) u. II, 2, 1, Übers. in: ders.: Die Bilder, griech-dt., hg., übers.u. erl. von O. Schönberger (1968) 85, 175. – **10** B. Schweitzer: Der bild. Künstler und d. Begriff des Künstlerischen in der Antike (1925) 60. – **11** s. ebd. 124ff.; Dion Chrysostomos 12, 82; Plotin, Enneaden I, 6 (Das Schöne); ebd. V, 8 (Die geistige Schönheit). – **12** Dion Chrysostomos: Die olympische Rede oder vom Ursprung der Gottesvorstellung, in: ders.: Sämtl. Reden, eingel., übers. u. erl. von W. Elliger (Zürich 1967) 242ff. – **13** P.B. Kotter (Hg.): Die Schr. des Johannes von Damaskos, Bd.3 (Berlin/New York 1975) 151; s. auch B. Schellewald: "Stille Predigten" – Das Verhältnis von Bild u. Text in der spätbyzant. Wandmalerei, in: A. Beyer (Hg.): Die Lesbarkeit der Kunst (1992) 53f. – **14** vgl. Faral; T.F. Lawler: John of Garland and Horace: A Medieval Schoolman Faces the ‹Ars Poetica›, in: Classica Folia 22 (1968) 3–13; K. Friis-Jensen: Horace and the Early Writers of Arts of Poetry, in: S. Ebbesen (Hg.): Sprachtheorien in Spätantike und MA (1995) 360–401. – **15** s. Dante, Divina Commedia, Purgatorio XI, 91ff. – **16** vgl. dazu E. Panofsky: Renaissance and Renascences in Western Art. (Stockholm 1960) 12ff., (dt. 1979) 27ff.; Lee [8]. – **17** L. Giustiniani: Epistola ad Cypri Reginam (vor 1446), in: M. Baxandall: Giotto and the Orators. Humanist

observers of painting in Italy and the discovery of pictorial composition 1350–1450 (Oxford 1971) 161 f.; B. Fazio: De Viris illustribus (1455), ebd. 163; vgl. auch U. Pfisterer: Künstlerische *potestas audendi* und *licentia* im Quattrocento. Benozzo Gozzoli, Andrea Mantegna, Bertoldo di Giovanni, in: Röm. Jb. der Bibl. Hertziana 31 (1996) 109 u. 111 f. – **18** s. Pfisterer [17] 118 ff. – **19** A. Chastel (Hg.): Leonardo da Vinci. Sämtl. Gemälde u. die Schr. zur M. (1990) 139. – **20** s. ebd. 144 f. – **21** G. P. Bellori: Le vite de' pittori, scultori e architetti moderni, a cura di E. Borea, introduzione di G. Previtali (1976) 25; ders.: Dafne trasformata in Lauro – Pittura del Signor Carlo Maratti (Rom 1731) 255; s. O. Bätschmann: Giovan Pietro Belloris Bildbeschr., in: G. Boehm, H. Pfotenhauer (Hg.): Beschreibungskunst – Kunstbeschreibung. Ekphrasis von der Antike bis zur Gegenwart (1995) 287, 292 ff.; M. Fumaroli: L'École du Silence. Le sentiment des images au XVIIe siècle (Paris 1994) 135 ff. – **22** vgl. H. R. Jauss: Ästhet. Norm u. gesch. Reflexion in der Querelle ..., in: Ch. Perrault: Parallèle des Anciens et des Modernes en ce qui regarde les arts et les sciences (Paris 1688–97; ND 1964) 43 f. – **23** J.-B. Dubos: Réflexions critiques sur la poésie et la peinture (Paris 1719) I, 13 f. – **24** G. E. Lessing: Laokoon oder über die Grenzen der M. und Poesie (1760); vgl. auch: H. Kohle: Ut pictura poesis non erit: D. Diderots Kunstbegriff (1988); N. R. Schweizer: The Ut Pictura Poesis Controversy in Eighteenth-Century England and Germany (1972).

2. *Ekphrasis.* Einhergehend mit der Gleichsetzung von Dichtung und M. und dem Bewußtsein von der Bildlichkeit als einer Potenz der Sprache entwickelt sich in spätantiker Zeit die ἔκφρασις (ékphrasis; Bildbeschreibung) zu einer eigenständigen Gattung.[1] Die aus dem Verb φράζειν (phrázein; zeigen) gebildete Steigerungsform ἐκφράζειν (ekphrázein) bezeichnet ‹genaues Erzählen› bzw. ‹Beschreiben›. Verb und Substantiv kommen im Griechischen praktisch nur als Fachwort der Rhetorik vor.[2] Nach der Definition des AELIUS THEON ist die Ekphrasis «ein beschreibender Text, der das Mitgeteilte anschaulich vor Augen führt.»[3] Das Wort und Bild verbindende Moment ist die ἐνάργεια (enárgeia; Klarheit, Deutlichkeit), die Cicero mit den Begriffen *perspicuitas* (Klarheit), *illustratio* (Ins-Licht-Rücken) und *evidentia* (Anschaulichkeit) übersetzt. Evident ist nach Quintilian eine Darstellung, wenn es scheint, «als wären wir bei den Vorgängen selbst zugegen» (quam si rebus ipsis intersimus).[4] Die Ekphrasis, die auf eine Pathetisierung und Lyrisierung des Beschriebenen zielt, macht aus Zuhörern Zuschauer, somit Nicht – Gegenwärtiges innerlich präsent. In systematischer Hinsicht weist sie eine Nähe zur epideiktischen Rede auf und wird in der Kaiserzeit überwiegend den προγυμνάσματα (progymnásmata; Anfängerübungen) zugerechnet. Gleichwohl bleibt ihr Status lange strittig: HERMOGENES erwähnt die Meinung, die Ekphrasis sei keine Gattung oder Übung, sondern als Beschreibung nur Teil größerer Texte, z. B. von Berichten, mythischen Erzählungen und Lobreden.[5] In diesem Sinne gibt QUINTILIAN eine Themenliste von *descriptiones*, die er als Exkurse definiert, die u. a. im Rahmen von Lobreden vorkommen.[6]

Mit der Beschreibung des Achilleus-Schildes im 18. Gesang der ‹Ilias› setzt die Kunst der Bildbeschreibung in Griechenland ein. In 130 Hexametern schildert HOMER die Entstehung des von Hephaistos geschmiedeten Schildes, der ein Bild des Kosmos zeigt.[7] Im Wettstreit mit dieser belebten Schilderung entsteht die in der Antike HESIOD zugeschriebene Dichtung ‹Aspis› mit ihrer Beschreibung vom Schild des Herakles mit Darstellungen u. a. der Perseus-Sage und dem Gorgonenhaupt auf dem Mittelbuckel.[8] VERGILS Beschreibung des Schildes des Aeneas und CATULLS Ekphrasis des Tuches über dem Brautbett des Peleus setzen diese Tradition fort.[9]

In der griechischen Prosa wird die am faktischen Objektbestand orientierte, sachliche Beschreibung vor allem von HERODOT geprägt.[10] Sie wird für die geschichtliche und kunstgeschichtliche Literatur späterer Epochen maßgeblich. Pausanias' Schilderung der Lade des Kypselos und PHILOSTRATS Ekphrasis derselben sind paradigmatisch in ihrer sachlichen bzw. belebenden Form. Pausanias listet auf: «Oinomaos ist dargestellt, wie er Pelops folgt, der Hippodameia bei sich hat; beide von ihnen haben zwei Pferde, und die des Pelops sind sogar geflügelt.»[11] Philostrat hingegen hebt mit *pathos* an: «Sieh nur, mein Kind, die Rosse des Oinomaos an, wie gewaltig sie sind und vorwärts stürmen wollen, wie sie hitzig und mit Schaum bedeckt [...] und wie schwarz sie sind!»[12]

Daß sich die Ekphrasis in der griechischen Kaiserzeit zu einer eigenständigen Gattung entwickelt, hat seine Voraussetzung einerseits in der hellenistischen Kunstschriftstellerei sowie der Existenz von Sammlungen klassischer Kunst (*pinacothecae*), wie sie im 1. Jh. v. Chr. von STRABON und VARRO erstmalig erwähnt werden[13], andererseits in der Blüte der epideiktischen Rede in der Zeit der von Mäzenen geförderten, reisenden Prunkredner der zweiten Sophistik.[14] Bezeichnend ist, daß Philostrat d. Ä. im Prooimion der ‹Eikones› berichtet, daß diese aus Privatseminarien entstanden, die er in der Villa eines Mäzens in Neapel auf vielfachen Wunsch hin gab, obwohl er sich hier eigentlich erholen wollte.[15] Mag diese Geschichte ebenso wie die Beschreibung der dortigen Kunstwerke fingiert sein[16], so sind die ‹Eikones› doch ein Beleg für die Rezeptionsformen der damaligen Bildungseliten und eine M., die ihren Anschauungsbedürfnissen zunehmend entgegenkommt. Gemäß der Auffassung, daß auch das Nacherleben des Kunstwerks eine Form der *mimesis* darstellt, schildert Philostrat den Einfluß der Werke auf Phantasie und Gemüt. Seine als «Prunkvorführung der Redekunst» (I, Prooimion 5) konzipierten Ekphraseis sollen einen tieferen Sinn aufdecken helfen und den Betrachter entrücken. Entsprechend durchwandert der Autor Landschaftsdarstellungen (I, 12, 5), evoziert Gerüche (I, 2, 4) und Geräusche (I, 2, 5), nimmt Bildelemente zum Anlaß für Assoziationen (II, 17, 2), wobei er vielfach zwischen objektivem Bildgehalt und eigener Zutat unterscheidet und Unsicherheiten bei seinen Beobachtungen und Wertungen andeutet.

Die Ekphraseis Philostrats d. Ä., seines Neffen, PHILOSTRATS D. J., und des KALLISTRATOS sind die ältesten Beispiele der europäischen Kunstliteratur.[17] Ihre Tradition lebt in Byzanz fort und erreicht im 6. Jh. einen Höhepunkt in den Festreden und Festpredigten der Schule von Gaza.[18] Im europäischen Mittelalter findet sie hingegen nur vereinzelt Nachahmung. Ein herausragendes Beispiel enthält das Traumgedicht ‹Adelae comitissae› des BAUDRI VON BOURGUEIL, der neben weiteren Wandbehängen einen Teil des ‹Teppichs von Bayeux› (Bayeux, Centre Guillaume le Conquérant) als Ausstattung des Schlafgemachs der Adela von Blois, der Tochter Wilhelms des Eroberers, beschreibt. Zumal dieser riesige bestickte Wandbehang eine Orientierung an den Bilderzählungen römischer Triumphsäulen erkennen läßt, und Baudri, der auch sechs Lobgedichte auf Cicero verfaßt[19], mit seinem Traumgedicht an die antikisierenden, den Eroberer mit Caesar vergleichenden ‹Gesta Guillelmi› des Wilhelm von Poitiers anknüpft[20], erscheint seine Adaption der Ekphrasis als Bestandteil einer systematischen, einen imperialen Anspruch bekundenden Antikenrezeption. Baudris Schilderung gipfelt in den die *perspicuitas* der Bilderzählung hervorhebenden

Worten: «Des Königs Reichtum, sein Ruhm, seine Kriege und Triumphe konnten auf dem Tuch einzeln betrachtet und gelesen werden. Für echte und lebendige Gestalten würde ich sie halten mögen, fehlte den Bildern nicht Fleisch und Gefühl.» (Regis diuitie, sua gloria, bella, triumphi / In uelo poterant singula uisa legi. / Veras crediderim uiuasque fuisse figuras, / Ni caro, ni sensus deesset imaginibus.)[21] Trotz dieses und weiterer Beispiele versiegt die Tradition der Ekphrasis im westlichen Mittelalter.[22] So kommt ihr z.B. in Abt Sugers Beschreibung der Kunstschätze von Saint Denis keine Bedeutung mehr zu.[23]

Nachdem schon BOCCACCIO und F. VILLANI den Maler Giotto im Rahmen des Städtelobes gepriesen haben [24], avanciert die Ekphrasis zu einer maßgeblichen Darstellungsform der frühneuzeitlichen Kunstliteratur. Große Bedeutung kommt dabei dem seit ca. 1395 in Italien lebenden byzantinischen Humanisten und Diplomaten MANUEL CHRYSOLORAS zu. In einem in Rom aufgesetzten, an seinen Bruder Demetrios in Konstantinopel gerichteten Brief differenziert er 1411 zwischen dem Natur- und dem Kunstschönen und rühmt u.a. eine Skulptur, in der die Schönheit der inneren Vorstellung des Künstlers zum Ausdruck komme.[25] Die Wiederbelebung der Gattung bezeugen auch die vielen nach antiken Bildbeschreibungen angefertigten Gemälde, deren lange Reihe mit S. Botticellis Darstellung der ‹Verleumdung des Apelles› nach Lukians Beschreibung in seiner Schrift ‹Gegen die Verleumdung› einsetzt[26] und von Mantegna, Leonardo, Dürer, G. Romano, Tizian, Rubens, Poussin u.a. bis zuletzt M. v. Schwind fortgesetzt wird.[27] Schon gegen Ende des Quattrocento sind Philostrats ‹Eikones› in fast allen italienischen Bibliotheken, die griechische Schriften umfassen, vorhanden. Mit der ‹Aldina› von 1503, die auch die ‹Eikones› Philostrats d.J. und Werke Lukians umfaßt, beginnt die Reihe ihrer gedruckten Ausgaben.[28] Mehrfach neu aufgelegt und 1532 auch in lateinischer Übersetzung publiziert, sind sie im frühen 16. Jh. in den gebildeten Kreisen weithin bekannt.[29]

Als ein Höhepunkt der frühneuzeitlichen Ekphraseis sind die Werkbeschreibungen in den ‹Vite de' più eccellenti pittori scultori e architettori› von G. VASARI anzusehen[30], die für die Künstlerviten van Manders, Félibiens, Sandrarts, Palominos u.a. zum Vorbild werden. Vasari berichtet immer wieder von den Wirkungen der Kunst auf das Gemüt und vom oft wundersamen Schicksal hervorragender Werke. Seine Beschreibungen dienen u.a. der Veranschaulichung des von ihm in Anlehnung an Cicero geschilderten Prozesses der Erneuerung der Künste nach dem Tiefpunkt in der Zeit der Völkerwanderung.[31] In dem mit Cimabue einsetzenden, sich in drei Phasen vollziehenden Prozeß lösen sich die Künstler der ersten Generation (Cimabue, Giotto etc.) durch die Nachahmung der Natur vom byzantinischen und gotischen Erbe. Die zweite Generation (Brunelleschi, Donatello, Masaccio) beherrscht die Regeln der Naturwiedergabe. Die Heroen der dritten Generation (Leonardo, Raffael, Michelangelo) besiegen in ihren Werken die Natur und vollbringen mit Leichtigkeit (*facilità*), was ihre Vorgänger größte Mühen kostete. Ihre Werke sind durch eine «regelgerechte Regellosigkeit» ausgezeichnet.[32] Mit diesem Paradox pointiert Vasari den Charakter einer sich am Naturvorbild orientierenden und diese zugleich durch die Verfahren der *selectio* und *combinatio* überschreitenden, eine höhere Seinssphäre antizipierenden *imitatio*. Indem er die Werke der ‹terza età› mit Petrarcas auf Ciceros «nescio quid» und Quintilians «quidquid» zurückgehenden Unaussprechlichkeitstopos des «non so chè» charakterisiert, zeigt sich seine Kunstgeschichte der Wertelehre der *urbanitas* verpflichtet.[33] In vielen Fällen vollzieht Vasari in seinen Beschreibungen, in hohem Maße vom Gesamteindruck des Gemäldes absehend, lobend rhetorische Verfahren nach, z.B. die Erzeugung einer enzyklopädischen *varietas*, die moralische Akzentuierung der Erzählung und ihre Wahrscheinlichmachung z.B. durch präzise Schilderungen historischer Handlungsorte und Porträts nach der Natur.

Hat schon Castiglione in Anlehnung an die von Cicero in ‹De oratore› entfalteten Theorie der *urbanitas* und des taktvollen Humors die Kunst gepriesen, das Häßliche mit Anmut zu repräsentieren[34], so verfaßt P. GIOVIO, Vasaris Freund und humanistischer Ratgeber, eine Eloge auf Raffael, den Meister der *grazia*, in der er besonders die Figur des mondsüchtigen Knaben in der ‹Transfiguration› (Rom, Pinakothek des Vatikan) hervorhebt, dessen Körper den Zustand seines verrückten Geistes erkennen lasse.[35] Ekphrastische Merkmale gehen auch in F. BOCCHIS 1571 fertiggestellten, 1584 publizierten Traktat ‹Ragionamento sopra l'Eccelenza del San Giorgio di Donatello› ein, den man als die erste Monographie der Kunstliteratur bezeichnen kann. In Anlehnung an die ‹Nikomachische Ethik› erhebt Bocchi Donatellos Statue des heiligen Georg (Florenz, Bargello) zum Vorbild einer idealen Lebensführung und lobt ihre *vivacità* als einen ausgewogenen Zustand zwischen Aktivität und Passivität.[36] Im Zuge der gegenreformatorischen Tendenzen, die sich in dieser Schrift bereits abzeichnen, wird den wirkungsmächtigen Ekphraseis der byzantinischen Zeit neue Aufmerksamkeit geschenkt. So erwähnt der Mantuaner G. COMANINI die Beschreibung («un' ecfrasi») des christlichen Sophisten Asterios von Darstellungen der Märtyrerin Euphemia, die durch einen gewissen Diakon Konstantin verlesen wurde[37], wobei er nach F. Graf erstmalig im nachantiken Europa das griechische Wort ‹Ekphrasis› benutzt.[38]

Zahlreiche Kunstbeschreibungen finden sich auch in den frühneuzeitlichen Publikationen zum höfischen Festwesen. Eine ausführliche Ekphrasis Brüsseler Tapisserien enthält der 1553 in Krakau erschienene ‹Panegyricus Nuptiarum Sigismundi Augusti Poloniae Regis› des Humanisten S. ORZECHOWSKI, wobei seine Beschreibung der Genesis-Teppiche nach Entwürfen von M. Coxcie (Krakau, Schloß Wawel) in einer für diese Gattung typischen Weise eng dem Herrscherlob verbunden bleibt.[39] Auch bei den sich mehrenden Monographien über einzelne Kunstwerke ist die Ekphrasis stets eine Orientierungsgröße, selbst wenn diese Referenz, wie in G. Marinos ‹Galleria› von 1620, nicht ausdrücklich hervorgehoben wird. Hingegen läßt G.P. Bellori das Vorwort seiner Beschreibung der Stanzen Raffaels mit dem ersten Satz der ‹Eikones› des Philostrat beginnen.[40]

Die Tradition der Ekphrasis kontinuiert in der niederländischen und französischen Kunstliteratur, wobei insbesondere die von A. FÉLIBIEN 1667 publizierten ‹Conférences› der königlichen Akademie, in denen die Vorzüge beispielhafter Werke der M. und Skulptur erörtert werden, mit ihrem werkanalytischen Charakter und Ansätzen der Reflexion über die Differenz von Wort und Bild über diese hinausgehen.[41] Auch ROGER DE PILES' Werkbeschreibungen u.a. in seinem 1689 erschienenen ‹Cours de peinture par principes› zeichnet ein solches

Reflexionsniveau aus.[42] Während in ihnen noch eine klassizistische Voreingenommenheit obwaltet, vertieft sich der der Bewegung des Sturm und Drangs verpflichtete W. HEINSE, der wie de Piles vor allem Werke von Rubens würdigt, in seinen 1776/77 im ‹Teutschen Merkur› erschienenen Düsseldorfer Gemäldebriefen mit antiklassizistischer Tendenz in dramatische physiognomische Ausdruckswerte.[43] Als Opponent Heinses und seines Konzepts einer Naturalisierung der Bildbefunde, der Überführung der Kunst in Natur, trägt WINCKELMANN in qualitativ neuer Weise der Differenz von Wort und Bild Rechnung. Seine einfühlsamen Werkbeschreibungen sind zu verstehen als ein beredtes Verstummen im Bewußtsein der Unzulänglichkeit und Notwendigkeit der sprachlichen Vergegenwärtigung von Kunst.[44] Mit anderen Absichten verfolgt GOETHE eine Erneuerung der Tradition der Ekphrasis[45]: In Zusammenhang mit den Weimarer Kunstausstellungen beschäftigt er sich mit Philostrats ‹Eikones› und kündigt 1804 an, er werde diese zur Förderung der Künste bearbeiten.[46] Der erste Teil des 1818 abgeschlossenen Aufsatzes ‹Philostrats Gemälde› erscheint im selben Jahr in der Zeitschrift ‹Über Kunst und Altertum›.[47]

Mit dem Traditionsbruch der Moderne entstehen konkurrierende, verschiedene Zwecke verfolgende Formen des Sprechens über Kunstwerke, wobei vor allem der versachlichte Diskurs der Archäologie und Kunstgeschichte mit der Tradition der Ekphrasis bricht. Nur vereinzelt wird auch in seinem Rahmen in didaktischer Absicht das Lob auf das Kunstwerk reaktiviert, u.a. von J. BURCKHARDT, bei dem vornehmlich in seinen ‹Erinnerungen aus Rubens› das evokativ Verlebendigende, Ereignishafte der Ekphrasis zumindest als Schwundform fortlebt.[48]

Anmerkungen:
1 P. Friedländer: Johannes von Gaza und Paulus Silentarius. Kunstbeschr. justinianischer Zeit (1912) 83ff.; G. Downey: Art. ‹Ekphrasis›, in: RAC, Bd. 4 (1958) Sp. 921–944; D.P. Fowler: Narrate or describe – The Problem of ekphrasis, in: J. of Roman Studies 81 (1991) 25–34; L. James, R. Webb: "To Understand Ultimate Things and to Enter Secret Places": Ekphrasis and Art in Byzantium, in: Art History 14 (1991) 1–17; M. Krieger: Ekphrasis. The Illusion of the Natural Sign (Baltimore u.a. 1992); A.W. Halsall: Art. ‹Descriptio›, in: HWRh, Bd.2 (1992) passim; G. Boehm, H. Pfotenhauer (Hg.): Beschreibungskunst – Kunstbeschreibung. Ekphrasis von der Antike bis zur Gegenwart (1995); M. Boeder: Visa est Vox. Sprache u. Bild in der spätantiken Lit. (1996) 29ff. – **2** vgl. F. Graf: Ekphrasis: Die Entsteh. der Gattung in der Antike, in: Boehm, Pfotenhauer [1] 143. – **3** A. Theon, Progymnasmata 11, p.118, 7f., Übers. F. Graf., in: ders. [2] 144. – **4** Quint. VI, 2, 32. – **5** Hermog. Prog. 10. – **6** Quint. III, 7, 26f.; s. auch ebd. IX, 2, 44. – **7** Homer, Ilias, 18. Gesang, Vv. 478–608; zum Folg. vgl. E. Simon: Der Schild des Achilleus, in: Boehm, Pfotenhauer [1] 123–141. – **8** Der Schild des Herakles, in: Hesiod: Sämtl. Werke, dt. v. Th. v. Scheffer (1947) 129–162. – **9** Verg. Aen. VIII, 625f.; Catullus, Carm. 64. – **10** z.B. Herodot: Historien II, 106, griech.-dt., hg. v. J. Feix (⁴1988) 284ff. – **11** Pausanias: Beschreibung Griechenlands, übers. und eingel. von E. Meyer (²1967) V, 17f., p. 268. – **12** Philostratos: Die Bilder, griech.-dt., hg., übers. und erl. von O. Schönberger (1968) I, 17, 2, p. 133. – **13** Strabon, Geographica XIV, 1, 14; Varro, De rebus rusticis I, 2, 10. – **14** s. Graf [2] 152. – **15** Philostratos, Eikones I, 4f. (Prooimion). – **16** vgl. O. Schönberger: Die »Bilder« des Philostratos, in: Boehm, Pfotenhauer [1] 162f. – **17** vgl. A. Dresdner: Die Entstehung der Kunstkritik (1968) 40. – **18** vgl. Friedländer [1]; H. Hunger: Art. ‹Byzant. Rhet.: B.IV.6. Ekphraseis›, in: HWRh, Bd.2 (1994) passim. – **19** s. Baldricus Burgulianus: Carmina, hg. v. K. Hilbert (1979) 248ff. – **20** s. O.K. Werckmeister: The Political Ideology of the Bayeux Tapestry, in: Studi Medievali Ser. 3, 17.2 (1976) 550; vgl. auch U. Kruder: Der Teppich von Bayeux (1994). – **21** Baudri de Bourgueil: Adelae Comitissae, Vv. 561ff., in: Baldricus [19] p.164, Übers. Red.; s. auch K. Forster: Das Traumgedicht Baudris von Bourgueil, in: MlatJb 6 (1970) 45–57. – **22** siehe aber: A. Arnulf: Versus ad picturas. Stud. zur Titulusdicht. als Quellengattung der Kunstgesch. von der Antike bis zum Hochma. (1997). – **23** vgl. P. Diemer: Abt Suger und die Kunstschätze seines Klosters, in: Boehm, Pfotenhauer [1] 177–217. – **24** Boccaccio: Decamerone VI, 5; F. Villani: De origine civitatis Florentiae et eiusdem famosis civibus (Florenz 1847), Auszüge in: J. Schlosser: Quellenb. zur Kunstgesch. des abendländ. MA (1896) 370ff. u. M. Baxandall: Giotto and the orators (Oxford 1971) 146ff. u. 70ff. (engl. Übers.). – **25** M. Chrysoloras, Ep. ad Demetrium, in: MG, Bd. 156 (Paris 1866) Sp. 57–60; s. auch engl. Übers. in: Baxandall ebd. 81f. – **26** siehe Abb. 3 zum Art. ‹Humanismus: Bild. Kunst›, in: HWRh, Bd. 4 (1998) Sp. 63f. – **27** O. Schönberger: Einf., in: ders. [12] 65ff.; ders. [16] 172f.; R. Schleier: Tabula Cebetis. Stud. zur Rezeption einer antiken Bildbeschr. im 16. u. 17. Jh. (1974); M. Marek: Ekphrasis und Herrscherallegorie. Antike Bildbeschr. im Werk Tizians u. Leonardos (1985). – **28** s. Schönberger [12] 65 u. 71. – **29** s. ebd. – **30** G. Vasari: Le Vite …, hg. von R. Bettarini, P. Barocchi, 6 Bde. (Florenz 1966–1987); G. Vasari: Leben der ausgezeichnetesten Maler, Bildhauer und Baumeister von Cimabue bis zum Jahre 1567, übers. v. L. Schorn u. E. Förster, ND hg. v. J. Kliemann (1988); siehe auch d. Beitr. v. S. Alpers u. M. Winner, in: Boehm, Pfotenhauer [1]. – **31** vgl. E. Gombrich: Vasari's *Lives* and Cicero's *Brutus*, in: J. of the Warburg and Courtauld Instituts 23 (London 1960) 309–311. – **32** Vasari Ed. Bettarini, Barocchi [30] Bd.4, 5; Vasari Ed. Schorn/Förster [30] Bd.3/1, VIIIf. – **33** vgl. Cic. De or. II, 21; Cic. Brut. 171; Quint. V, 3, 7ff.; vgl. auch E. Köhler: "Je ne sais quoy" – Ein Beitr. zur Begriffsgesch. des Unbegreifl., in: ders.: Esprit u. arkad. Freiheit (1966). – **34** Castiglione: Il Libro del Cortegiano II, 74; Cic. De or. II, 236; s. auch Quint. II, 13, 12; L. B. Alberti: Della pittura, in: Alberti: Kleinere kunsttheoret. Schr., hg. v. H. Janitschek (1877; ND 1970) 117f. – **35** P. Giovio: Gli elogi degli uomini illustri (letterati, artisti, uomini d'arme), hg. v. R. Meregazzi (Rom 1972) 231; s. auch R. Preimesberger: Tragische Motive in Raffaels „Transfiguration", in: Zs. f. Kg. 50 (1987) 96. – **36** F. Bocchi, in: P. Barocchi: Trattati d'arte del Cinquecento …, Bd.3 (Bari 1962) 125–194. – **37** G. Comanini: Figion ovvero del fine della pittura, in: Barocchi ebd. 310. – **38** Graf [2] 155 (hier fälschlich als Traktat des frühen Cinquecento bezeichnet, Erscheinungsjahr ist 1591!). – **39** s. W. Brassat: Tapisserien und Politik. Funktionen, Kontexte und Rezeption eines repräsentativen Mediums (1992) 119f. – **40** O. Bätschmann: G.P. Belloris Bildbeschr., in: Pfotenhauer, Boehm [1] 285f. – **41** A. Félibien (Hg.): Conférences de l'Académie royale de peinture et de sculpture (Paris 1669; ND Portland/Oregon 1972); W. Schlink: Ein Bild ist kein Tatsachenbericht. Le Bruns Akademierede von 1667 über Poussins "Mannalese" (1996). – **42** R. de Piles: Cours de peinture par principes (Paris 1689); vgl. J. Lichtenstein: La couleur éloquente. Rhétorique et Peinture à l'Âge Classique (1989) 182. – **43** W. Heinse: Briefe aus der Düsseldorfer Gemäldegalerie (²1914); auch in: N. Miller, H. Pfotenhauer (Hg.): Winckelmann, Mengs, Heinse – Schr. zur Kunstlit. (1994). – **44** H. Pfotenhauer: Winckelmann und Heinse. Die Typen der Beschreibungskunst im 18. Jh. oder die Geburt der neueren Kunstgesch., in: Boehm, Pfotenhauer [1] 328. – **45** s. E. Osterkamp: Im Buchstabenbilde: Stud. zum Verfahren Goethescher Bildbeschr. (1991). – **46** s. Schönberger [12] 66f. – **47** Goethe: Philostrats Gemälde, in: Über Kunst und Altertum, Bd. 2, H. 1 (1818) 27ff. u. 145ff. – **48** vgl. Pfotenhauer [44] 329f.; J. Burckhardt: Erinnerungen aus Rubens (Basel 1898).

3. *Rhetorik als Theoriemodell der M.* («ut rhetorica pictura»[1]). Als sprachliche Disziplin dem Trivium der *artes liberales* zugehörig, nimmt die Rhetorik bis ins 18. Jh. eine zentrale Position im Bildungskanon ein, was ihren Einfluß auf die Theorie und Praxis der M. erklärt. Indem sich die künstlerische Arbeit rhetorische Verfahren und Darstellungsformen aneignet, kann sie die Dignität einer wissenschaftlichen Tätigkeit beanspruchen.

Schon die vor allem von PLINIUS D.Ä. überlieferten *hellenistischen* Kunstschriftsteller, unter denen der von ihm mehrfach erwähnte DURIS VON SAMOS mit seiner um 300 v. Chr. verfaßten anekdotenreichen Abhandlung ‹Über die M.› hervorzuheben ist, bedienen sich bei der Behandlung von Kunstwerken offenbar rhetorischer Kategorien.[2] So lassen sich u.a. die von XENOKRATES VON ATHEN (3. Jh. v. Chr.) verwendeten Begriffe αὐστηρὸς χαρακτήρ (*constantia*), τετράγωνος (*quadratus*), ῥυθμικός (*numerosus*) auf die Rhetorik zurückführen. Plinius selbst benutzt bei der Erörterung von Gemälden u.a. die Begriffe *ingenium*, *mores*, *iracundia*, *securitas* und *simplicitas*.[3] Auf eine rhetorische Orientierung schon der hellenistischen M. läßt seine Überlieferung vom Urteil des APELLES schließen, der eine nicht erhaltene Schrift über die M. verfaßt hat: Melanthios übertreffe ihn in der Komposition, Asklepiodoros in den menschlichen Proportionen, Protogenes sei ihm teils überlegen, teils ebenbürtig und bringe sich nur durch übertriebene Sorgfalt um die höchste Ehre, er selbst aber sei den anderen in der χάρις (cháris), der natürlichen Anmut, überlegen.[4] Demnach orientiert der Hofmaler Alexanders des Großen seinen stilistischen Habitus an den rhetorischen Wirkungsfunktionen und strebt die Überzeugung durch das *ethos* an. Neben Plinius' ‹Naturalis historia› bezeugen auch die Ekphraseis von LUKIAN, PHILOSTRATOS D.Ä. u.a. das hohe operative Niveau und die ikonographische Vielfalt der hellenistischen Kunst. Danach bedienen sich die Maler einer allegorischen Bildsprache (Apelles' ‹Verleumdung›), erproben täuschend illusionistische (‹Die Trauben› des Zeuxis), dramatische sowie suggestiv wirksame Bildformen (Timanthes' Darstellung des verhüllten Hauptes im ‹Opfer der Iphigenie›) und einige, wie der als 'Schmutzmaler' kritisierte Peraikos, widmen sich der Genremalerei, die mit dem Begriff ‹γρύλλοι› (grýlloi) bezeichnet wird.[5]

Zahlreiche Belege eines rhetorisch geprägten Bildverständnisses finden sich in den Schriften der *römischen* Rhetorik. So macht CICERO im Sinne einer prinzipiellen Vergleichbarkeit von Rede und Gemälde in ‹De inventione› die auch von Plinius überlieferte Anekdote, daß Zeuxis in Kroton ein Bildnis der Helena schuf, indem er die fünf schönsten Jungfrauen der Insel als Modell nahm und aus ihrer Anschauung die ideale Schönheit des Kunstwerks gewann, zum Kern einer Selektionstheorie. Mehr noch als die auf ortsgebundene Vorbilder verwiesene *scientia picturae*, könne die Rhetorik über die Tradition verfügen: «[...] ich brachte alle Schriftsteller an einem Ort zusammen, und was ein jeder am zweckmäßigsten vorzuschreiben schien, habe ich herausgenommen und aus vielen Geistern das jeweils Vorzüglichste entlehnt.»[6] Im ‹Brutus› schildert Cicero die Entwicklung der griechischen M., wobei er durch den Entelechie-Gedanken seine tendenziell asianische Position zu stärken sucht.[7] Ähnlich preist auch QUINTILIAN den Fortschritt und die Vielfalt der M. und führt zudem die differenzierte Formgebung des ‹Discobolus›, eines Werkes des Bildhauers Myron (Rom, Thermenmuseum), zur Rechtfertigung neuartiger, kunstvoller Formen der *elocutio* und eines reichen *ornatus* an.[8] Zudem betont er, daß sich die *ars memorativa* die Anschaulichkeit gemalter Bilder zunutzemachen könne.[9] Eine übergreifende Zuständigkeit der Rhetorik zeigt sich hinsichtlich des Verhältnisses von Bild und Kontext im Architekturtraktat VITRUVS, der die Lehre vom *decorum* auch auf die Wandmalerei überträgt: Gemäß den Regeln der Angemessenheit («ad decoris rationes») habe die Ausstattung der Lage und Funktion des jeweiligen Raumes zu entsprechen.[10] Vitruvs Formulierung, die M. schaffe Nachbildungen dessen, was ist oder sein könne («pictura imago fit eius, quod est seu potest esse»)[11], weist auf die Existenz einer sich auf die Poetik berufenden, antinaturalistischen M. hin, über deren Irrwege und kontroverse Beurteilung er im Anschluß berichtet. Diese und weitere literarische Zeugnisse belegen eine rhetorische Orientierung der antiken Kunst, die sich an erhaltenen Objekten verifizieren läßt. Ebenso wie die römische Reliefkunst u.a. die Ausformung rhetorisch-poetischer und historiographischer (annalistischer) Darstellungsformen erkennen läßt, sind in der zeitgenössischen M. Ausdifferenzierungen verschiedener Stilhaltungen und Erzählformen, u.a. im Sinne der *officia oratoris* und der Leitdifferenz von Attizismus und Asianismus, weiter die Ausbildung von Ausstattungskonventionen gemäß der Lehre des *decorum* und damit einhergehend verschiedene Bildtopoi festzustellen.

Der Zerfall des römischen Weltreichs und die Unruhen der Zeit der Völkerwanderung zeitigen in den bildenden Künsten einen dramatischen Qualitätsverlust und lassen diese zunächst unter ein rhetorisches Operationsniveau sinken. Während die Rhetorik sodann für die M. in Byzanz weiterhin Bedeutung hat[12], bleibt diese im Westen eher gering. Von Papst Gregor dem Großen der Aufgabe verpflichtet, den des Lesens Unfähigen das Wort Gottes zu verkünden, adaptiert die M. des *Mittelalters* rhetorische Darstellungsprinzipien nur in eingeschränktem Maße; u.a. orientiert sie sich an der *Dreistillehre* sowie der *ars memorativa*. Wenngleich sich in der Buch-, Fresken- und Glasmalerei sowie der Textilkunst vielfach ein komplexes Zusammenspiel von sinnbildlichen und narrativen Darstellungsformen studieren läßt[13], ist die Rhetorik hier offenbar keine wirkliche Berufungsinstanz mehr und kommt nur partiell, vermittelt durch die *Homiletik* zum Einsatz.

Systematisch wird die Rhetorik hingegen von der Kunsttheorie und M. der *Frühen Neuzeit* affirmiert, denen sie als theoretisches Modell dient. Schon frühe Vertreter des Humanismus wie PETRARCA, F. VILLANI, M. CHRYSOLORAS, GUARINO und B. FAZIO beschreiben und beurteilen Kunstwerke mit rhetorischen Kategorien.[14] Den alten Vergleich der Dichtung Petrarcas mit den Gemälden Giottos aufgreifend, wird dann AENEAS S. PICCOLOMINI in einem Brief aus dem Jahr 1452 eine erhabene Kunst fordern und dezidiert die M. und die Beredsamkeit gleichsetzen: Wie die Zeiten Ciceros und Demosthenes' zeigten, erblühe die eine stets gemeinsam mit der anderen.[15] Schon zuvor kulminiert der sich verdichtende Kategorientransfer zwischen M. und Rhetorik in L.B. ALBERTIS grundlegender Schrift ‹De pictura› (1435, ital. ‹Della pittura› 1436).[16] Alberti, der um 1420 in seiner Studienzeit in Padua zum Kreis um den Moralphilosophen G. Barzizza gehört und 1432 zum päpstlichen, für die lateinische Korrespondenz der Kurie zuständigen «Abbreviatore delle lettere apostoliche» ernannt wird, entwickelt diese erste Theorie der M. aus der Rhetorik und vermerkt ihre Vollendung auf einer Abschrift von Ciceros ‹Brutus sive de claris oratoribus›.[17] In Hinblick auf die *historia* (Erzählung) des zentralperspektivischen Bildes unterteilt er dieses analog zum logischen Satzbau aus *Wort-Phrase-Satzglieder* (*Cola*) und *Periode* in Flächen, Glieder, Körper und Figurengruppen. Die möglichst mit neun oder zehn Figuren zu besetzende *historia* solle den Forderungen der Angemessenheit, Kohärenz und Schicklichkeit (*deco-*

rum, perspicuitas, aptum) gehorchen, von Würde, Vielfalt, Zurückhaltung und Glaubwürdigkeit geprägt sein (*dignitas, varietas/copia, modestia, verisimilitudo*) und der moralischen Unterweisung dienen. Im Sinne der Lehre vom *decorum* sowie die durch die mittelalterliche ‹Rota Virgilii› kanonisierten ‹stilus materiae› sieht Alberti die menschlichen Proportionen als für die M. probates Kriterium der Stilhöhe an und korrigiert in diesem Zusammenhang Vitruvs Gebrauch des Fußes als der maßgeblichen Maßeinheit: Es sei würdiger, das menschliche Haupt zu nehmen. [18] Leonardo, Dürer, Lomazzo u.a. werden entsprechend gestufte Maßverhältnisse klassifizieren. [19] Eine im *genus grande* gehaltene Bilderzählung muß demnach große Figuren aufweisen, deren Körper dem neun- oder gar zehnfachen Maß ihres Kopfes entspricht, die anderen *genera* Figuren von entsprechend geringerem Wuchs.

Neben rhetorischen Kategorien wie denen der *compositio*, des *ordo* und des modus verrät vor allem Albertis Verwendung des Begriffs der *inventio* (*invenzione*) sein rhetorisch-pragmatisches Bildverständnis. C.-P. Warncke spricht daher zu Recht von einer «alle wichtigen Topoi des kunsttheoretischen Schrifttums prägende[n] Übernahme aus der Rhetorik». [20] Zu den kategorialen Interferenzen von Rhetorik und frühneuzeitlicher Kunsttheorie erklärt hingegen J. Knape, daß sie sich auf eine Kontinuität «semiotischer Universalien» beschränkten und man in diesem Zusammenhang nicht von einer «Systemaktualisierung», sondern nur von «Einzelreferenzen» sprechen könne. [21] Zweifellos aber vollzieht sich in der Renaissance eine Rhetorisierung der Künste. Insbesondere das Gemälde wird in der Frühen Neuzeit als *dimostrazione*, als psychagogisch und ethisch wirksames Produkt eines Hervorbringungsaktes, als Ergebnis «dramaturgischen Handelns» (J. Habermas) angesehen. Mit dem humanistischen Bildungsauftrag, der in der Renaissance neben die alten Primärfunktionen der Künste im Dienst von Herrschaft und Kirche tritt, haben diese weiterhin eine grundsätzlich pragmatische Dimension. Sie stehen, wie es W. Welsch mit Blick auf die Moderne pointiert formuliert hat, unter der «Knute der Ethik». [22] Auf der Grundlage eines metaphysisch fundierten Begriffs der Schönheit, deren affektive Wirkung mit rhetorischen und poetischen Kategorien beschrieben wird [23], kann sich die Kunsttheorie den Bildungsauftrag, wie er vornehmlich von Cicero und Quintilian formuliert worden ist, zu eigen machen und daraus einen neuen Status von Kunst und Künstler ableiten. So erklärt Alberti – wohl auch in Anlehnung an Horaz' Lob der den Weg der Selbsterkenntnis und Zivilisierung weisenden *vates* und Dichter [24] –, daß der Maler sich um die Sittlichkeit (*costume*), ja die «bontà dell'uomo» verdient machen könne, und stellt ihm in der Diktion Ciceros die «benivolenza de' cittadini» als winkenden Lohn in Aussicht. [25] Mit Blick auf die ethische Wirkung des Gemäldes erklärt er, vermutlich Aristoteles' Postulat vom Vorrang des *mythos* vor den Charakteren aufgreifend, die *historia* – und nicht den Koloss, also die Individualfigur – zur höchsten Aufgabe des Malers und die M. zur führenden Kunstgattung. [26] Als auf menschliches Verhalten einwirkende *compositio* handelnder, von Gemütsbewegungen getriebener Menschen, so sind diese Setzungen zu erklären, fällt die *historia* unter die Kompetenz der *prudentia*, die Cicero als Primärtugend des Redners bezeichnet. [27]

Es ist zudem zu betonen, daß die rhetorische Fundierung der M. mit der Verdrängung des scholastischen durch das humanistische Denken einhergeht und erkenntnistheoretische Ursachen hat. Die Genese jener «rhetorisierten Weltsicht» (P. Ptassek), die sich u.a. bei L. Valla feststellen läßt, wird heute gemeinhin auf den Universalienstreit und Ockhams Begriff des ‹allmächtigen, unteilbaren Gottes› zurückgeführt. Demnach schuf Gott die Welt «de potentia sua absoluta» und vermag jederzeit durch einen abermaligen Willensakt die Welt im Ganzen oder in Teilen zu verändern: «Insofern ist das Weltganze in sich und allen seinen Teilen einschließlich der ganzen Glaubenssphäre kontingent, [...] ist jeglicher rationalen Deduktion entzogen.» [28] Ockham unterscheidet strikt zwischen Glaube und Welterkenntnis, zwischen denen kein Erkenntnistransfer möglich sei. Damit unterminiert er im Namen des Glaubens «den durch Jahrhunderte gewachsenen Versuch, Glauben und Welterfahrung miteinander "analogisch" zu vermitteln». [29] Aus dem Sieg des Nominalismus, den man mittlerweile auch als epochale epistemologische Wende charakterisiert hat [30], resultieren die das frühneuzeitliche Denken prägende Erkenntnisunsicherheit, eine additive, nichthierarchisierte Struktur des Wissens bzw. der Diskursfelder und eine Pluralisierung und Heterogenisierung des Denk- und Sagbaren. [31]

Die Relevanz dieser Entwicklung für die Künste läßt sich durch Engführungen erhärten. Tatsächlich rekurrieren schon zu Beginn des Trecento Protagonisten der Dichtkunst zumindest implizit auf den nominalistischen Gottesbegriff, indem sie geltend machen, die für den menschlichen Geist nicht faßbare göttliche Wahrheit lasse sich nur unter dem Schleier des Fiktiven offenbaren. [32] So erklärt A. Mussato (1261–1329), der bedeutendste Vertreter des *cenacolo padovano*, die Poesie sei eine vom Himmel gestiftete Wissenschaft «göttlichen Rechtes». Die heidnischen Mysterien berichteten in rätselhafter Verhüllung dasselbe wie die heilige Schrift. Die alten Dichter (*vates*) seien somit Künder Gottes gewesen, und die Poesie sei eine zweite Theologie. [33] Das von Mussato erneuerte antike Konzept des *poeta theologus*, dem in der thomistischen Tradition Dominikaner wie Giovannino von Verona und G. Vernani entgegentreten, wird von Petrarca, Boccaccio und C. Salutati fortgeführt, die damit die Scholastik verwerfen. [34] Zugleich kann sich nicht zuletzt in Padua, einer Wiege des Humanismus, und unter dem Patronat der sich auf Duns Scotus und Ockham berufenden Franziskaner die moderne illusionistische M. der Giotto-Zeit entfalten. [35] Als ihr theoretischer Agent hat schon R. BACON (ca. 1220–92) eine propädeutische, an der sichtbaren Realität orientierte und auf die Prinzipien der Geometrie bzw. Optik gegründete Kunst gefordert. Darin zeigt sich, daß Ockhams Begriff des allmächtigen, unteilbaren Gottes zwar Gottes Nichtdarstellbarkeit impliziert und damit eine für die Reformation wegweisende bilderfeindliche Tendenz aufweist [36], daß sich zugleich aber aus seiner Dissoziation von spekulativer und empirischer Erkenntnis auch die Legitimation ableiten läßt, die biblisch verbürgten Geschehnisse durch eine persuasiv illusionistische M. glaubhaft vor Augen zu führen. Auch die Blüte der spätmittelalterlichen Mystik und von ihr angeregter, auf ein meditativ affektives Miterleben zielender Bildformen [37], steht in diesem Zusammenhang.

Im Zuge des Naturalismus der Frührenaissance und der Entwicklung der auf die Wahrung der Einheit von Ort, Zeit und Handlung drängenden, das Bildfeld als Blickfeld des Betrachters definierenden Zentralperspektive [38], die als Ausdrucksmittel einer durch das Subjekt-Objekt-Paradigma bzw. die System-Umwelt-Differenzierung organisierten, historischen Form der Wahrnehmung zu verstehen ist, entsteht offenbar ein qualitativ neues Bewußtsein von der Differenz und den unterschiedlichen Wahrnehmungsmodalitäten metaphysischer und empirischer Erkenntnis. Damit tritt die Frage in den Vordergrund, wie sich die spekulative, vom individuell unterschiedlichen Vermögen der Seele abhängige Erkenntnis angemessen und nachvollziehbar vermitteln läßt, ob bzw. wie sich ihre Evidenzerfahrungen, deren Korrektiv die biblischen Offenbarungstatsachen sind, im Kunstwerk visualisieren lassen. Wenngleich Alberti der Tradition der spätgotischen M. ein Ende setzen will und seine Orientierungsgröße, die *historia*, an einem neugewonnenen paganen Themenrepertoire der Antike exemplifiziert, gibt er auch darauf in seinem Malereitraktat eine signifikante Antwort: Schon in der Antike habe die M. jener «Barmherzigkeit gedient, durch welche wir mit den Göttern verbunden werden und die unser Gemüt religiös stimmt».[39] Albertis einzige Konzession an die sakralen Funktionen, denen seinerzeit rund 90 Prozent der Gemälde dienen, ist dieser Hinweis auf ihre die Empathie fördernde Wirkung. Im Zuge der Verdrängung der logisch kompetenten, zugleich aber ästhetisch wenig ergiebigen Scholastik ist damit ein rhetorisches, auf die sinnliche Überzeugungskraft der M. setzendes Bildverständnis etabliert.

Ockhams Problematisierung der Vermittlung spekulativer Erkenntnis ist eine Grundvoraussetzung dafür, daß der Renaissance-Humanismus «die Rhetorik zur Grundlage seines gesamten Welt- und Wissenschaftsverständnisses» macht und zunehmend Wahrheit und Wahrscheinlichkeit identifiziert.[40] Damit erhalten der aristotelische Kunstbegriff, nach dem das Kunstwerk hervorgeht aus einem «auf das Hervorbringen abzielende[n] Verhalten, das von richtigem Planen geleitet wird»[41], und die u.a. von Augustinus formulierte Auffassung, daß die menschliche Erkenntnis stets ein Willensakt sei und der rechten «intentio animi» bedürfe[42], eine neue, schlagende Evidenz. Identifiziert man Wahrheit mit dem Wahrscheinenden, so werden *gratia* und *vis*, also den Betrachter einnehmende, wirkungsästhetische Mittel der *persuasio*, wie es H.-J. Raupp pointiert formuliert, «Realismus-Kriterien» der bildenden Kunst.[43] Stellt man dies in Rechnung, so zeigt sich, daß die zahlreichen Entlehnungen der Kunsttheorie aus der Rhetorik, z.B. der Lehre von Maß und Anstand (*decorum*), der Verfahrensschritte der *inventio, dispositio* und *elocutio* (*expressio*) und der Wirkungsfunktionen des *docere, delectare* und *movere*, durchaus nicht arbiträr sind. Vielmehr entsteht in der Renaissance eine Kultur der visuellen Kommunikation, in der das werkgewordene dramaturgische Handeln der Künstler den Normen insbesondere sprachlichen Verhaltens unmittelbar kommensurabel ist und zudem der Kritik einer städtischen und höfischen Öffentlichkeit sowie der sich dramatisch entwickelnden Kunstliteratur konfrontiert wird.

Anmerkungen:
1 J.R. Spencer: Ut rhetorica pictura. A Study in Quattrocento Theory of painting, in: JWCI 20 (1957) 26–47. – 2 Plinius, Naturalis Historia B. 34–36. – 3 s. H. Locher: Art. ‹Kunstgesch.›, in: HWRh, Bd. 4, Sp. 1454f. – 4 Plinius [2] B. 35, 79f.; s. auch Art. ‹Apelles›, in: LDK, Bd. 1 (1987) 207. – 5 s. Lucian von Samosata: Gegen die Verläumdung, in: ders.: Sämtl. Werke, übers. v. Chr. M. Wieland, Bd. 3, T. 6 (1971) 97–122; zu den γρύλλοι vgl. Plinius [2] B. 35, 114, hg. u. übers. v. R. König in Zusammenarb. m. G. Winkler (1978); Art. ‹Grylloi›, in: DNP, Bd. 5 (1998) Sp. 6f.; H. Bredekamp: Grillenfänge von Michelangelo bis Goethe, in: Marburger Jb. f. Kunstwiss. 21 (1989) 169–180. – 6 Cic. Inv. II, 4, Übers. Th. Nüßlein (1998) p. 167. – 7 Cic. Brut. 70f. – 8 Quint. II, 13, 10f.; vgl. auch ders. XII, 10, 3ff. – 9 ders. XI, 2, 21f. – 10 Vitruv, De architetura libri decem, VII, 4, 4 (171, 3ff.) – 11 ebd. VII, 4, 5 (172, 4f.) – 12 s. H. Maguire: Art and Eloquence in Byzantium (Princeton 1981). – 13 s. W. Kemp: Christl. Kunst: ihre Anfänge, ihre Strukturen (1994). – 14 vgl. M. Baxandall: Giotto and the Orators (Oxford 1971). – 15 s. E. Panofsky: Renaissance and Renascences in Western Art (Stockholm 1960) 15f. – 16 L.B. Alberti: De pictura/Della pittura, hg. v. C. Grayson (1975); ital./dt. in: L.B. Alberti: Kleinere kunsttheoret. Schr., hg. v. H. Janitschek (1877; ND 1970). – 17 Janitschek [16] III. – 18 vgl. ebd. 112. – 19 G. Valerius: Antike Statuen als Modelle für die Darstellung des Menschen. Die *decorum*-Lehre in Graphikwerken frz. Künstler des 17. Jh. (1992) 79ff. – 20 C.-P. Warncke: Sprechende Bilder – sichtbare Worte. Das Bildverständnis der fr. Neuzeit (1987) 27; vgl. auch B. Vickers: In Defence of Rhetoric (Oxford 1988) 251 sowie Borinski, Bd. 1, 141ff.; H. Mühlmann: Über den humanist. Sinn einiger Kerngedanken d. Kunsttheorie seit Alberti, in: Zs. f. Kunstgesch. 33 (1970) 127–144; ders.: Ästhet. Theorie der Renaissance. L.B. Alberti (1981). – 21 J. Knape: Rhetorizität und Semiotik. Kategorientransfer zw. Rhet. und Kunsttheorie in der Fr. Neuzeit, in: W. Kühlmann, W. Neuber (Hg.): Intertextualität in der Fr. Neuzeit. Stud. zu ihren theoret. und prakt. Perspektiven (1994) 509 u. 524ff.; vgl. dazu auch B. Bauer: Intertextualität und das rhet. System der Fr. Neuzeit, ebd. 31–61; zur Semiologie als einer modernen Alternative zur Rhet. siehe R. Barthes: Die alte Rhet., in: ders.: Das semiolog. Abenteuer (dt. 1988; Orig. Paris 1985) 94; U. Eco: Entwurf e. Theorie der Zeichen (dt. 1987) 35. – 22 W. Welsch: Ästhet/hik. Ethische Implikationen und Konsequenzen der Ästhetik, in: Ch. Wulf, D. Kamper, H.U. Gumbrecht (Hg.): Ethik der Ästhetik (1994) 3. – 23 vgl. T. Leinkauf: Der Begriff des Schönen im 15. u. 16. Jh., in: H. Plett (Hg.): Renaissance-Poetik (1994) 53–74. – 24 Hor. Ars 400ff.; vgl. auch G. Pochat: Gesch. der Ästhetik u. Kunsttheorie (1986) 78f. – 25 Alberti: De pictura, Ausg. C. Grayson [16] 90; s. auch Janitschek [16] 143. – 26 s. Janitschek [16] 90ff., 108f.; Arist. Poet. 1450a. – 27 Cic. De or. III, 212. – 28 E. Hochstetter: Stud. zur Metaphysik und Erkenntnislehre Wilhelms von Ockham (1927) 16. – 29 J. Küpper: Diskurs-Renovatio bei Lope de Vega und Calderon. … Mit einer Skizze zur Evolution der Diskurse in MA, Renaissance und Barock (1990) 266. – 30 vgl. ebd. 277; G. Regn: Mimesis und Episteme der Ähnlichkeit in der Poetik der ital. Spätrenaissance, in: K.W. Hempfer (Hg.): Renaissance. Diskursstrukturen und epistemologische Voraussetzungen (1993) 138. – 31 vgl. W.-D. Stempel, K. Stierle (Hg.): Die Pluralität der Welten. Aspekte der Renaissance in der Romania (1987); Hempfer [30] – 32 vgl. Curtius 221ff. – 33 ders. 222. – 34 vgl. R. Witt: Coluccio Salutati and the Conception of the Poeta Theologus in the Fourteenth Century, in: Renaissance Quarterly 30 (1977) 538–563; C. Kallendorf: From Vergil to Vida: The Poeta Theologus in Italian Renaissance Commentary, in: J. of the History of Ideas 58 (1995) 41–62. – 35 vgl. A. Perrig: Masaccios "Trinität" und d. Sinn d. Zentralperspektive, in: Marburger Jb. f. Kunstwiss. 21 (1986) 11ff. – 36 Küpper [29] 287; W. Hofmann: Die Geburt der Moderne aus dem Geist der Religion, in: ders. (Hg.): Luther und die Folgen für die Kunst (1983) 37ff. – 37 vgl. H. Belting: Das Bild und sein Publikum im MA. Form u. Funktion früher Bildtafeln d. Passion (1981); ders.: Bild u. Kult. Eine Gesch. des Bildes vor dem Zeitalter d. Kunst (1990). – 38 vgl. ders., D. Eichberger: Jan van Eyck als Erzähler (1983) 124f. – 39 Janitschek [16] 88f. – 40 P. Ptassek: Rhet. Rationalität. Stationen einer Verdrängungsgesch. von der Antike bis zur Neuzeit (1993) 102f. – 41 Arist. EN, VI, 4 (1140ᵃ). – 42 s. Augustinus, De trinitate, lib. 11; J. Kreuzer: Augustinus (1995) 110f. – 43 H.-J. Raupp: Unters. zu Künstlerbildnis und Künstlerdarstellung in den Niederlanden im 17. Jh. (1984) 137ff.

4. *Poetik – Historia – Rhetorik. Die Ciceronianus-Debatte.* Im Zuge der Verdrängung der Scholastik durch den Humanismus rekurrieren frühe Kunstliteraten auf die Poetik als orientierende Schwesterkunst und Berufungsinstanz einer modernen M., so u.a. C. Cennini in

seinem Malerhandbuch.[1] Dies ist naheliegend, zumal das *dictum Horatii* aufgrund der Popularität der ‹Ars poetica› im Mittelalter tradiert worden ist. Auch L.B. ALBERTI rezipiert Horaz' Lehrgedicht und wohl auch die aristotelische ‹Poetik›. Dennoch relativiert er in ‹De pictura› mit Nachdruck die Leitfunktion der Poesie. Haben schon Dante und Boccaccio das Wort *historia* auch im Sinne von ‹Bild›, ‹Darstellung› verwendet [2], so scheint Alberti, als er diesen Begriff zur Orientierungsgröße der M. erhebt, seiner engeren Bedeutung als Bezeichnung der Geschichtsschreibung Rechnung zu tragen. Denn gemäß dem alten Sprachgebrauch, nach dem die *historia* den wörtlichen Sinn eines Textes (*sensus litteralis*) im Gegensatz zum höheren, spirituellen Sinn (*sensus spiritualis*) bezeichnet, sowie der u.a. durch Isidor von Sevilla aufgegriffenen Differenzierung Varros, daß sich die *historia* mit den «res factae», die Poesie hingegen mit «res fictae» befasse [3], erklärt er, der Maler habe allein sichtbare Dinge darzustellen.[4] Mit diesem Postulat, das sich weitgehend mit Quintilians Forderung «Nobis prima sit virtus perspicuitas, propria verba, rectus ordo [...]» (Für uns gelte die Durchsichtigkeit als Haupttugend des Ausdrucks, die eigentliche Bedeutung im Gebrauch der Wörter, ihre folgerichtige Anordnung ...) [5] deckt, tritt Alberti als Verfechter des Renaissance-Naturalismus, aber auch als von G. Barzizza geprägter Ciceronianer und Opponent derer auf, die für die M. poetische Freiheiten reklamieren. Seine Wertschätzung der *historia*, die Cicero auf die Wahrheitstreue sowie die Funktion einer *magistra vitae* und auf eine gleichmäßige, die Schärfe der forensischen Rhetorik vermeidende Darstellungsform verpflichtet hat [6], teilen mit ihm weitere Florentiner Humanisten, vor allem L. VALLA und POLIZIANO. Valla hat die aristotelische ‹Poetik› gelesen und kehrt die dortige Hierarchie von Philosophie – Poesie – Geschichte um, indem er in der ‹Praefatio› zu den ‹Gesta Ferdinandi› [7] zeigt, daß auch die Geschichte Universales enthält, daß sie, die älteste der drei Disziplinen, «gerade wegen ihrer Partikularität der Wahrheit der Realität am nächsten kommt und daß sie daher die empirische Grundlage der übrigen Disziplinen mit Einschluß der Naturphilosophie bildet.» [8] Eröffnet er mit dieser antiaristotelischen Argumentation den Weg einer wissenschaftstheoretischen Bestimmung der Eigenständigkeit der Geschichtsschreibung, so definiert er diese gleichwohl ausdrücklich als «munus oratoris».[9]

Alberti verpflichtet den Maler auf die Funktionen des *delectare et prodesse* (Horaz) bzw. auf die Wirkungsfunktion des *ethos*.[10] Will er die M. letztlich als rhetorische Tätigkeit verstanden wissen, so sind in seinen Traktat auch Elemente der Poetik und Historia eingegangen. Diese Verschränkung der Disziplinen ist für die «aetas Ciceroniana» charakteristisch.[11] Wie schon in manchen spätantiken Schriften, u.a. der des Pseudo-Longinos, werden in zahlreichen frühneuzeitlichen Kunsttraktaten rhetorische und poetische Verfahren affirmiert, wobei viele Autoren in disziplinärer Hinsicht wenig Differenzbewußtsein zeigen. Stellt man sich dennoch die Frage, ob die Poetik oder die Rhetorik für die M. wichtiger wird, so ist allerdings zu betonen, daß die Rhetorik als universelle Kommunikationslehre das weit umfassendere Paradigma ist. Die Poetik, die als ebenfalls mimetische Kunst der M. grundsätzlich näher steht, wird für diese vor allem unter narrativen Aspekten maßgebend, insbesondere dem des von Aristoteles behandelten Prinzips des sukzessiven, die Einheit von Ort, Zeit und Handlung wahrenden Erzählens. Weit vielseitiger sind jedoch die aus der Rhetorik übertragbaren Kriterien: die Gattungslehre, die Theorie der Wirkungsfunktionen, die Bereiche der Topik und der *memoria*, die argumentativen Mittel wie das Enthymen und der Syllogismus, die Verfahrensschritte der Findung (*inventio*), Ausarbeitung und Darstellung der Stoffe (*dispositio*, *elocutio*) und die Gliederung der Rede in *exordium*, *narratio*, *argumentatio* und *peroratio*. Hinzu kommt, daß die römische Rhetorik den Geltungsanspruch einer übergeordneten Universalwissenschaft verfochten hat. Cicero erklärt in ‹De oratore›, daß die Eloquenz auch die Philosophie beinhalte [12], zudem beschwört er die Verwandtschaft von Dichter und Redner [13] und formuliert die für lange Zeit kanonischen *leges historiae*.[14] Im Anschluß daran behandeln auch Quintilian und Tacitus die Belange der Poetik unter der Obhut der Rhetorik. Dieser universelle Anspruch ist in der Frühen Neuzeit umstritten, doch letztlich kann er zumindest in der *aetas Ciceroniana* aufrecht erhalten werden, da die Rhetorik als umfassende Kommunikationslehre ohne Alternative ist.

Wenn man insofern von einer folgerichtigen Affirmation der Rhetorik in der frühneuzeitlichen M. und Kunsttheorie sprechen kann, die im 17. Jh. ihren Höhepunkt erreicht, so verläuft dieser Prozeß doch nicht linear, sondern motiviert auch Gegenbewegungen. Mit seiner systematischen Übertragung der Rhetorik bleibt Alberti für lange Zeit eine Ausnahme. Die Kunsttheorie des späten Quattrocento ist wieder stärker poetologisch orientiert.[15] Erwähnung verdient in diesem Zusammenhang B. FONZIOS (della Fontes) zu Beginn der 1490er Jahre verfaßte, erste Poetik der Renaissance.[16] Da Fonzio die poetische Fiktion allein durch den literarischen Genuß gerechtfertigt sieht, löst er eine intensive Diskussion zwischen Aristotelikern und Platonikern aus. Erst in der Mitte des 16. Jh. werden dann P. PINO, G. VASARI und L. DOLCE Albertis Anliegen fortführen. Dies geschieht allerdings mit einer gewissen Zwangsläufigkeit, denn spätestens zu dem Zeitpunkt, als sich verschiedene Disziplinen als Paradigmen der M. anbieten [17], darunter die Poetik und die Historia mit ihren gegensätzlichen Optionen, muß die umfassendere Rhetorik und ihre Lehre der *genera dicendi* zur Geltung kommen, die Alberti schon um 1450 in der Tradition Vitruvs auf das *decorum* und die malerische Ausstattung verschiedener Gebäudetypen übertragen hat.[18] Als P. PINO 1548 erklärt, der Maler habe seine *invenzione* im Bereich der Poesie und der Historie aufzufinden [19], und A. GILIO 1564 die *pittura storica*, *pittura mista* und *pittura poetica* unterscheidet [20], also im Grunde drei Stilebenen der Bilderzählung definiert, die poetische und historiographische Darstellungsformen umfassen, ist auch in dieser Hinsicht die Zuständigkeit der Rhetorik besiegelt.

Festzuhalten ist, daß die Theorie der M. mit zunehmendem Komplexitätsgrad konsequenterweise auf die Rhetorik als ein Wissenschaftsmodell zurückgreift, das mit der Gattungs- und *decorum*-Lehre auch die Ausdifferenzierung verschiedener künstlerischer Aufgaben und Darstellungsformen bewältigen kann. Freilich treten den universellen Orientierungsansprüchen der Rhetorik, wie sie u.a. L. Valla vertritt, Autoren entgegen, die das Eigenrecht der Philosophie, Poesie und Geschichte verfechten. So führen schon L. Bruni, M. Ficino und C. Landino die platonische Enthusiasmus-Lehre auch gegen die humanistische Rhetorik ins Feld.[21] Dieser Konflikt verschärft sich in der zweiten Phase des Humanismus, die, während der frühe Florentiner Humanismus eher republikanisch orientiert ist, im Zeichen des römischen

Hegemonieanspruchs steht. Seit der Mitte des 15. Jh. verfaßt die Kurie ihr gesamtes öffentliches Schrifttum in einem streng an den Schriften Ciceros orientierten Latein, um so die Stellung Roms als *caput mundi* und die des Papstes als Nachfolger Petri und der römischen Kaiser zu manifestieren. Daran entzündet sich der Konflikt zwischen den Ciceronianern und Anticiceronianern. Während sich Ciceronianer wie CORTESI, INGHIRAMI und CASALI als «principes assertatoresque latinae linguae»[22] verstehen und eine strenge Nachahmung der klassischen Antike propagieren, verfechten die Anticiceronianer einen freien *imitatio*-Begriff und das Recht auf moderne, individuellen Ausdrucksbedürfnissen entsprechende Formen.[23]

Das Verhältnis der zeitgenössischen Kunst und Kunsttheorie zur Ciceronianus-Debatte ist bisher kaum erforscht[24], obwohl zahlreiche Kunsttheoretiker des 16. und 17. Jh. zu ihr Stellung bezogen haben. Dabei treten vor allem CONDIVI, ein entschiedener Ciceronianer, Vasari und die Kunsttheoretiker des Tridentinums für eine regelgeleitete *ars docta* ein. Letztere bekämpfen die Formen der «ostentatio artis», negieren die Orientierungsfunktion der Poetik und betonen dagegen das Faktizitätsgebot der *historia*.[25] Hingegen beziehen u.a. P. ARETINO und F. ZUCCARI eine deutlich anticiceronianische Position. Aretino, der Opponent Bembos, verteidigt affektgeladene, spontan vehemente Darstellungsformen.[26] Zuccari, ein Verfechter des neuplatonischen Apriorismus, propagiert in seiner 1607 publizierten ‹Idea de'pittori, scultori, et architetti› den «disegno artificiale phantastico» und befreit die *inventio* von ihrer Bindung an die *res*. Wenngleich auch er den Maler dezidiert mit dem Redner vergleicht[27], ist seine anticiceronianische Position gewiß ein gewichtiger Grund für seine anhaltenden Konflikte mit der Kurie. Wie Zuccari treten viele Autoren dem universalistischen Rhetorikkonzept der Ciceronianer im Namen der künstlerischen Freiheit entgegen, wobei sie sich auf das von Horaz überlieferte Credo berufen können: «Und doch hatten Maler und Dichter seit je gleiche Freiheit, zu wagen, was sie nur wollen.»[28] Doch nicht nur in betont poetisch inspirierten Werken, sondern auch durch konsequent historiographische, z.B. kartographisch orientierte Darstellungsformen distanzieren sich Maler in der Frühen Neuzeit von bildrhetorischen Konzepten.[29] Ungeachtet solcher Tendenzen verfaßt F. Junius mit ‹De pictura veterum› einen Malereitraktat[30], der wie kein anderer eng an die rhetorischen Schriften Ciceros und ?ians angelehnt ist.[31] Hat man diesen Trakt? ?axisfernes Werk eines Stubengelehrten charakte? ? läßt sich sein Einfluß doch bis ins 18. Jh., beson? ?eprägt bei G. P. Bellori, nachweisen.[32]

Anmerkungen:
1 N. Gramaccini: C. Cennini e il suo "Tratta? ?a Pittura", in: Res publica litterarum 19 (1987) 143–151; N.E. Land: Michele Giambono, C. Cennini and Fantasia, in: Konsthis?orisk Tidskrift 55 (1986) 47–53. – **2** K. Patz: Zum Begriff der "Historia" in L.B. Albertis "De pictura", in: Zs. f. Kunstgesch. 19 (1986) 286f. – **3** s. ebd. 286. – **4** L.B. Alberti: Kleinere kunsttheoret. Schr., ital.-dt., hg. von H. Janitschek (1877; ND 1970) 51ff. – **5** Quint. VIII, 2, 22. – **6** Cic. De or. II, 62ff. – **7** L. Valla: Gesta Ferdinandi Regis Aragonum, hg. v. O Besomi (Padua 1973) 3ff. – **8** E. Keßler: Die Ausbildung der Theorie der Geschichtsschreibung im Humanismus und in der Renaissance unter dem Einfluß der wiederentdeckten Antike, in: A. Buck, K. Heitmann (Hg.): Die Antike-Rezeption in den Wiss. während der Renaissance (1983) 39. – **9** s. ebd. 39. – **10** N. Michels: Bewegung zw. Ethos und Pathos (1988) 33ff. – **11** s. M. Fumaroli: L'Âge de l'Éloquence (Genf 1980) 37ff. – **12** Cic. De or. III, 140ff. – **13** ebd. I, 70 sowie Cic. Brut. 39f. – **14** Cic. De or. II, 62ff. – **15** vgl. M. Kemp: From "Mimesis" to "Fantasia". The Quattrocento Vocabulary of Creation, Inspiration and Genius in the Visual Arts, in: Viator. Medieval and Renaissance Studies 8 (1977) 347–398. – **16** Ch. Trinkaus: The Unknown Quattrocento Poetics of Bartolommeo della Fonte, in: Studies in the Renaissance 13 (1966) 40–122. – **17** vgl. Ph. Fehl: Raphael as an Historian: Poetry and Historical Accuracy in the Sala di Costantino, in: Artibus et Historiae 28 (1993) 9–76. – **18** L.B. Alberti: De re aedificatoria Libri X, bes. VI, 5 sowie IX, 4. – **19** P. Pino: Dialogo della pittura, in: P. Barocchi: Trattati d'arte del Cinquecento…, Bd. 1 (Bari 1960) 115. – **20** A. Gilio: Degli errori de' pittori circa l'istorie, in: Barocchi [19], Bd. 2 (Bari 1961) 1–115, bes. 15f. – **21** s. H. Wiegmann: Art. ‹Poetik: Vom MA bis zur Aufklärung›, in: HWPh, Bd. 7, Sp. 1018. – **22** G.B. Casali: In Desiderium Erasmum Rotterdamnum invectiva (1524), zit. J. Hankins: Roma Caput Mundi, in: Hochrenaissance im Vatikan. Kunst u. Kultur im Rom der Päpste 1503–34 (Kat. Bonn 1999) 302. – **23** s. Erasmus, Ciceronianus; B. Bauer: Art. ‹Aemulatio›, in: HWRh, Bd. 1, Sp. 166ff.; F. Tateo u.a.: Art. ‹Ciceronianismus›, in: HWRh, Bd. 2, Sp. 225ff. – **24** einige Hinw. bei G. Pochat: Rhet. und bildende Kunst in der Renaissance, in: Plett 274ff. – **25** s. Gilio [20] 25. – **26** L.A. Palladino: Pietro Aretino: Orator and Art Theorist (Ph.D. Yale Univ. 1981). – **27** s. Scritti d'arte di F. Zuccaro, hg. v. D. Heikamp (Florenz 1961) 229. – **28** Hor. Ars 9f. – **29** vgl. W. Brassat: Von Raffael bis Le Brun. Stud. zum Historienbild im Zeitalter der Eloquenz (i. Vorb.) Kap. 6ff. – **30** Francisci Iunii F. F. De Pictura Veterum Libri Tres (Amsterdam 1637; dt. Breslau 1770) – **31** C. Nativel: Franciscus Junius und die „De pictura veterum", in: XVIIe siècle 35 (1983) 8–30; dies.: La Rhétorique au service de l'art. Éducation oratoire et éducation de l'artiste selon Franciscus Junius, in: XVIIe siècle 39 (1987) 382–394. – **32** E. Cropper: The Ideal of Painting (Princeton 1984) 161ff.

5. *Die topische Findungslehre.* Die von VITRUV in seinem Architekturtraktat, dem einzigen erhaltenen umfassenden Werk der antiken Kunsttheorie, vollzogene Differenzierung verschiedener Raumtypen in funktionaler und repräsentativer Hinsicht und seine Forderung, diese seien mit einem jeweils angemessenen Bilddekor zu versehen, reflektiert allgemeingültige praktische Standards. Im Rahmen dieser Ausstattungskonventionen entwickelt die antike M. verschiedene Bildtopoi und eine zunehmend differenzierte Ikonographie. Dabei entspricht die Wandmalerei und in ihren Anfängen auch die Tafelmalerei dem Grundprinzip, Funktionen ihrer Bestimmungsorte zu unterstützen und zur Anschauung zu bringen. Erst im Zuge des entwickelten Sammlerwesens der Spätantike entstehen mit den Sammlungsräumen (*pinacothecae*) Kontexte, in denen der Kunstwert der Artefakte goutiert wird und diese ihrer alten Primärfunktionen enthoben werden. Das wohl schon in der Zeit des Hellenismus aufkommende Sammlerwesen wird einen erheblichen Zuwachs an ikonographischen Neuerungen bewirkt haben. Dieser Zusammenhang zeigt sich u.a. in der Beschreibung einer Bildergalerie griechischer und hellenistischer Werke in PETRONIUS' ‹Satyricon›, in der Skizzen großer Meister und ungewöhnlichen Bildsujets erwähnt sind: «Denn ich sah ebenso Originale von Zeuxis, die noch nicht unter Zeitunbilden gelitten hatten, wie ich Skizzen von Protogenes, so getreu, daß sie es mit der Natur selbst aufnahmen, nicht ohne eine Art ehrfürchtigen Schauders berührte. Vollends aber der sogenannte "Mann auf einem Bein" von Apelles ließ mich geradezu in Anbetung sinken. Denn mit solcher Feinheit waren die Konturen auf den Bildern dem Leben nachgezeichnet, daß man hätte meinen können, die Malerei habe auch die seelischen Vorgänge erfaßt.»[1]

Dennoch bleibt die M. der Antike weiterhin topisch geprägt, d.h. der Maler hat im Hinblick auf Bestimmungsort und Funktion des Werkes das Thema im Sinne der *inventio*-Lehre zu finden und auszuarbeiten. Unter den Vorzeichen einer engen Traditionsbindung der künstlerischen Produktion orientiert er sich bei der *imitatio* an vorhandenen Werken, die er womöglich zu übertreffen sucht (*aemulatio*).

Zum großen Teil folgt die M. der Antike literarisch geprägten Topoi. So lassen sich z.B. Darstellungen von Natur auf die Topik des Hirtengenres, des Hains, des Lustortes (*locus amoenus*), Arkadiens und des Tempetals beziehen. Sie dienen also im rhetorischen Sinne dem Argument des Ortes.[2] Die u.a. von Augustinus in die Homiletik übernommene *inventio*-Lehre bleibt auch für die christliche Kunst des Mittelalters relevant, die viele antike Bildschemata aufgreift. So geht z.B. der *locus amoenus* als Symbol der unbefleckten Empfängnis in die Marienikonographie ein. Darüber hinaus kontinuiert die rhetorische Stillehre in der wohl schon im 4. Jh. n.Chr. ausgebildeten, im 13. Jh. von der Pariser Scholastik systematisierten ‹Rota Virgilii›. Unter Berufung auf Vergils ‹Bucolica›, ‹Georgica› und ‹Aeneis› werden im ‹Rad Vergils› drei Stile definiert (*humilis, mediocris, gravis*) und ihnen im Sinne des *decorum* sozial und kulturell differenziertes Personal, Tiere, Gerät, Orte und Bäume zugeordnet. Im Rahmen dieser, für die frühneuzeitliche Gattungstheorie der M. wegweisenden Lehre des «stilus materiae» bleibt die Findung und Ausarbeitung des Stoffes topisch orientiert.

In der Frühen Neuzeit gewinnt die Topik weiter an Bedeutung im Zuge eines für die Renaissance konstitutiven Konzepts einer vorsprachlichen figurierenden Anschauung, die theoretisch von N. CUSANUS fundiert wird. Dieser bestätigt das strikte «nescio» Ockhams mit seiner Lehre von der «belehrten Unwissenheit» (*docta ignorantia*) und einer Paradoxierung des Gottesbegriffs, zugleich nimmt er Ockhams Lehre ihre Radikalität. Hält Cusanus, der 1458 von Pius II. nach Rom berufen und zum Generalvikar ernannt wird, mit der Vorstellung von der «coincidentia oppositorum» an der prinzipiellen Unbegreiflichkeit Gottes fest, so betont er zugleich, daß der Mensch als Mikrokosmos auch Göttliches in sich berge, die Welt *explicatio* Gottes sei, und bahnt so einen intellektuellen Weg zur mystischen Schau Gottes.[3] Eine folgenreiche Aufwertung der Phantasie bzw. Imagination und theoretische Grundlegung der künstlerischen Fiktion vollzieht er mit der Erklärung, daß im empirisch Feststellbaren prinzipiell Unendliches, Nichtfeststellbares zu antizipieren sei.[4] Ausgehend von der Unendlichkeit der Welt und der Prämisse, daß das subjektive Wissen und das objektiv Wissbare nicht zur Deckung kommen können, sondern der menschliche Geist sich nur in unendlicher Annäherung der Welt anzumessen vermag, betont Cusanus das Verwiesensein aller Erkenntnis auf die Sinne und begründet eine Theorie sinnlich-bildlicher Erkenntnis, die, von M. FICINO, G. BRUNO u.a. weiterentwickelt, für das humanistische und barocke Bilddenken maßgeblich wird.[5] In G. Brunos Vorwort zu ‹De imaginum, signorum et idearum compositione› von 1591 heißt es, auf Aristoteles Bezug nehmend[6], explizit: «Unser Erkennen (d.h. die Tätigkeiten unseres Verstandes) ist entweder [identisch mit] der Vorstellungskraft [phantasia] oder [geschieht] nicht ohne Vorstellungskraft».[7] Einhergehend mit der Ausformung des Konzeptes einer vorsprachlichen figurierenden Anschauung[8] kann die Topik, die rhetorische Lehre der *inventio* und des *iudicium*, den Rang einer gleichermaßen für die Wissenschaften und die Künste zuständigen Universalwissenschaft einnehmen.[9] Ihre kunsttheoretische Relevanz belegt die bereits bei Alberti grundlegende Kategorie der *inventio*, mit der impliziert ist, daß die Findung und Auslegung des darzustellenden Stoffes stets in Hinblick auf die jeweiligen Zwecke und Wirkungsbedingungen des Kunstwerks zu erfolgen habe.

Die an Cicero anknüpfende topische Findungslehre des Humanismus, die – im Unterschied zu Aristoteles' Verständnis der Topik als der Lehre vom Finden der Argumente und ihrer Zuordnung unter bestimmten Orten – nicht nur von einer logischen, sondern auch einer metaphysischen Referenz ihrer Kategorien ausgeht[10], ist auch das theoretische Fundament der Renaissance-Hieroglyphik und der frühneuzeitlichen *Emblematik* und *Allegorie*. Auf ihrer Grundlage wird die künstlerische Aufgabe konzipiert, nicht nur Lebenswirklichkeiten wiederzugeben, sondern zugleich visionär perzipierbare Entitäten zu veranschaulichen (*idea, concetto, Figur*). Daraus resultiert die doppelte Verweisstruktur des frühneuzeitlichen, abbildenden und zugleich exemplarischen bzw. begriffsorientierten Bildes. In ihm können das mimetische Abbild und das signitive Bild ineinsfallen[11], vielfach wird aber auch die Differenz zwischen visuell wahrgenommenen und höheren, imaginativ perzipierten Wirklichkeiten durch Formen des «iconic» bzw. «narrative split» indiziert.[12]

Eine elaborierte Darstellung der topischen Aspekte der künstlerischen Tätigkeit findet sich in den Viten G. VASARIS. Dieser preist die rhetorische Fundierung der M. als Fortschritt und verfolgt zunehmend das Konzept einer retrospektiv über die eigene Tradition verfügenden Bildrhetorik. Ein wichtiger Antrieb ist dabei offenbar die Behandlung der Zeuxis-Legende in ‹De inventione›, in deren Zusammenhang Cicero den höheren Rang der Rhetorik gegenüber der Wissenschaft der M. («picturae scientia») damit begründet hat, daß der Redner über mehr *exempla* verfügen kann, als der auf ortsgebundene Vorbilder verwiesene Maler.[13] Dagegen will Vasari die M. als ebenbürtige Tätigkeit verstanden wissen. Eine wesentliche Funktion der ‹Viten› ist die eine die Tradition erschließenden Gedächtnisses. In ihnen sind stets die Orte benannt, an denen sich die hervorragenden Kunstwerke befinden. Vasari hat sogar geplant, ihnen Wegweiser in Form von Stadtplänen, «tavole de' luoghi», beizugeben.[14] Die Perspektive der *imitatio* und *aemulatio* der Werke der besseren Meister legt er vor allem am Beispiel Raffaels dar, dem Meister der *universalità*, der mit größter Leichtigkeit fremde Manieren annahm («che era molto eccellente in imitare»), sich aus allem das Beste aneignete («prese da tutti il meglio») und auch als Meister bereit war, immer wieder Schüler zu werden.[15] Raffael habe in ganz Italien und Griechenland Zeichner beschäftigt, die ihm die Schätze der Tradition zusammentrugen.[16] Eine derart über die eigene Tradition verfügende M. kann in Anspruch nehmen, eine intellektuelle Tätigkeit zu sein, deren Leistungen im Bereich des *studium*, der *memoria* und des «pulchritudinis verissimum iudicium» liegen.[17] Den Begriff des ‹giudizio dell'occhio› gebraucht Vasari in Entsprechung zu Ciceros *iudicium aurium*.[18] In der die ‹Viten› abschließenden Erklärung an die Meister der Zeichenkunst erklärt er, er habe nach sorgfältiger Prüfung ihrer Urteile von früheren kunsttheoretischen Autoren profitiert, so wie «ein sorgfältiger Maler [...] durch lange Uebung die verschiedenen Manieren der Künstler ebenso zu unterscheiden lernt, wie ein gelehrter und erfahrener Kanzlei-Beamter die verschiedenen Bücher seiner Amtsgenossen, und ein jeder die Schriftzüge seiner nahen Freunde und Verwandten.» [19] Wesentlich ist, daß Vasari, indem er den Künstlern der ersten und zweiten Generation das Prinzip der Naturnachahmung, denen der dritten Generation aber die *imitatio* und *aemulatio* der besseren Meister zuspricht, den aristotelischen *mimesis*-Begriff zugunsten des rhetorischen *imitatio*-Begriffs historisch relativiert.

Ein primär topisch ausgerichteter kunsttheoretischer Traktat ist LOMAZZOS 1583 entworfene, 1590 publizierte ‹Idea del tempio della pittura›. Diese stellt ein der *ars inveniendi* und der *ars memoria* dienendes *teatro* dar, ein Bild des Kosmos, das als Summe der M. konzipiert ist. Dabei folgt Lomazzo der Hoffnung auf eine *concordia mundi* durch die Wiederentdeckung einer vorbabylonischen Ursprache, von der man annimmt, sie sei eine Bildsprache und ein Thesaurus aller Sprachen gewesen. Die im «Tempel der Malerei» potentiell vorhandenen Inventionen sind Kombinationen aller in der Tradition der Malkunst bereits kodifizierten Sprachelemente. Als mnemotechnischer Apparat soll der Traktat Lomazzos, der auch ein Buch über den Traum verfaßt, gleichsam als Maschine der Erzeugung aller denkbaren erfinderischen Vorstellungen dienen.[20] Die auch von G. PALEOTTI erörterte Annahme einer Ursprache der Bilder ist ein wichtiges Motiv jener gleichsam lexikalischen Erfassung der Bildthemen, um die sich vor allem C. RIPA mit seiner erstmals 1593 in Rom publizierten ‹Iconologia› bemüht.[21]

Die frühneuzeitliche «Topica universalis» büßt ihre Bedeutung in der Moderne mit dem Ende des dualistischen Denkens, im Zuge der Auflösung der klassischen Episteme ein. Wesentlich dafür sind das Erziehungskonzept der Geschichtsphilosophie, die Verzeitlichung von Geschichte und die historistisch-positivistische Auffassung von der individuellen Unvergleichbarkeit eines jeden historischen Ereignisses.

Anmerkungen:
1 Petronius, Satyrica, lat.-dt., übers. von K. Müller, W. Ehlers (1965) 171. – **2** W. Busch (Hg.): Landschaftsmalerei. Gesch. d. klass. Bildgattungen in Texten u. Komm., Bd. 3 (1997) 38. – **3** s. Nicolaus de Cusa: De docta ignorantia/Die belehrte Unwissenheit, lat. – dt. hg. von P. Wilpert (1964) passim, bes. 17; H.M. Nobis: Art. ‹Coincidentia oppositorum›, in: HWPh, Bd. 1, Sp. 1022f. – **4** vgl. B. Ränsch-Trill: Phantasie. Welterkenntnis und Welterschaffung. Zur philos. Theorie der Einbildungskraft (1996) 89. – **5** vgl. S. Otto: Renaissance und Frühe Neuzeit (1984) 237; M. Hundemer: Rhet. Kunsttheorie und barocke Deckenmalerei. Zur Theorie der sinnlichen Erkenntnis im Barock (1997) 111f. – **6** s. z.B. Aristoteles, De anima, lib. III, 431a16. – **7** Iordani Bruni Nolani Opera Latine conscripta, ed. F. Tocco, H. Vitelli et al., Bd. 2, T. 3 (Neapel, Florenz 1889; ND 1962) 91, Übers. Red. – **8** vgl. S. Otto: Das Wissen des Ähnlichen. Michel Foucault und die Renaissance (1992). – **9** vgl. W. Schmidt-Biggemann: Topica Universalis. Eine Modellgesch. humanist. und barocker Wiss. (1983). – **10** vgl. ebd. 7. – **11** s. C.P. Warncke: Sprechende Bilder – sichtbare Worte (1987) 39. – **12** V. Stoichita: Visionary Evidence in the Golden Age of Spanish Art (1995) 27ff.; vgl. auch W. Brassat: Von Raffael bis Le Brun. Stud. zum Historienbild im Zeitalter der Eloquenz (i. Vorb.) passim, bes. Kap. 1. – **13** Cic. Inv. II, 5. – **14** s. Th. Ketelsen: Künstlerviten – Inventare – Kataloge. Drei Stud. zur Gesch. der kunsthist. Praxis (1990) 18ff. – **15** G. Vasari: Le vite…, hg. von R. Bettarini, P. Barocchi, Bd. 4 (Florenz 1976) 8f. und Bd. 6 (Florenz 1987) 37; G. Vasari: Leben der ausgezeichnetsten Maler, Bildhauer und Baumeister…, übers. von L. Schorn u. E. Förster, ND hg. von J. Kliemann (²1988) Bd. 3/1 XIII f. sowie Bd. 5, 304. – **16** Vasari Ausg. Bettarini, Barocchi ebd., Bd. 4, 196f.; ders. Ausg. Kliemann ebd., Bd. 3/1, 228. – **17** A. Reckermann: AMOR MUTUUS. Annibale Carraccis Galleria-Farnese-Fresken u. d. Bilddenken d. Renaissance (1991) 167. – **18** s. D. Summers: Michelangelo and the Language of Art (1981) 358. – **19** Vasari Ausg. Kliemann [15] Bd. 6, 302; Vasari Ausg. Bettarini, Barocchi [15] Bd. 6, 411. – **20** vgl. V. Stoichita: Ars ultima. Bemerk. zur Kunsttheorie d. Manierismus, in: A.-M. Bonnet, G. Kopp-Schmidt (Hg.): Kunst ohne Gesch.? Ansichten zu Kunst u. Kunstgesch. heute (1995) 50–64. – **21** C. Ripa: Iconologia, hg. v. P. Buscaroli, 2 Bde. (Turin 1988); s. dazu Warncke [11] 193ff.; G. Werner: Ripa's *Iconologia*. Quellen – Methode – Ziele (1977).

6. *Das Ideal der Eloquenz (universalità) und die Charakterologie des Kunstwerks.* Einhergehend mit der Entfaltung topischer Aspekte in der Kunsttheorie und mit dem akademischen Konzept der Kunstproduktion als einer lern- und lehrbaren Tätigkeit entsteht in der Frühen Neuzeit in enger Anlehnung an Cicero und Quintilian eine Charakterologie des Kunstwerks. Ansätze zu einer solchen finden sich bereits in der antiken Kunstliteratur sowie bei ALBERTI, der in seinem Malereitraktat die rechte Mischung aus Fleiß und Talent, Spontaneität und Sorgfalt preist und betont, daß die Natur nicht jedem dieselben Fähigkeiten mitgebe.[1] Diese Aspekte vertieft VASARI in seinen Künstlerviten. Während er als Protagonist des Manierismus in der 1550 bei Torrentino erschienenen Erstausgabe die Entwicklung der Künste im Sinne normativer Vorstellungen einer «maniera moderna» in dem «divinissimo» Michelangelo gipfeln ließ, stellt er diesem als Kunstintendant Herzog Cosimos I. de' Medici in der 1568 bei Giunto verlegten zweiten Ausgabe mit klassizistischer Tendenz Raffael als idealen Hofkünstler und ebenbürtigen Protagonisten der *invenzione* und der *universalità* zur Seite.[2] Damit reagiert er auf die Kritik an seiner Kanonisierung Michelangelos und des diesen auszeichnenden *disegno*, der L. DOLCE entgegengehalten hat, Raffaels *grazia* und Tizians *colorito* seien ebenso wichtige Qualitäten.[3] Tatsächlich lobt schon Dolce die *universalità* Tizians mit ähnlichen Worten, mit denen Quintilian die Eloquenz Ciceros gepriesen hat.[4] Die relativistische Haltung, die Vasari daraufhin in der ‹Giuntina› einnimmt, ist zudem in Ciceros ‹De oratore› und Castigliones ‹Il Cortegiano› vorgeprägt.[5] Einhergehend mit der Relativierung des Fortschrittsgedankens erhält das Ordnungssystem der Charaktere in den ‹Viten› neues Gewicht. Hat B. VARCHI gegen seine historisierende Kunstbetrachtung eingewendet, Michelangelo hätte sich auch unter Barbaren zu einem göttlichen Meister entwickelt [6], und damit letztlich auf einer metaphysischen und prädestinatorischen Begründung künstlerischer Qualität beharrt, so setzt Vasari die Humoralpsychologie und sein vor allem aus Cicero, Quintilian und Castiglione abgeleitetes Erziehungskonzept dagegen. Gemäß einem strikten Dualismus sieht er die Qualität des Kunstwerks sowohl durch den Zeitstil, die «qualità di que' tempi»[7], als auch durch das gottgegebene Talent des Künstlers bedingt. Aus Cicero, der in ‹Brutus› die Defizite zahlreicher antiker Redner beschrieben und teilweise auf ihre Lebensführung bezogen und charakterologisch gedeutet hat [8], und Quintilian entwickelt Vasari die Vorstellung vom Telos des Künstlers, der seine Fähigkeiten erkennen und vervollkommnen muß. In diesem Sinne bezeichnet bereits A. DÜRER einfältig am Vorbild ihrer Meister festhaltende, die Entwicklung der Künste behindernde Künstler als Bestien, somit als verdammte Wesen: «Darumb auch dieselben nachuolger vorgefundner kunst von den alten meisternn vnnd poeten nit vnbillich als die groben bestia oder thier genant werden.»[9]

Vasari verbindet mit dem Ideal der *universalità*, also eines eloquenten Verfügens über alle Ausdrucksmittel, das Telos einer Läuterung qua Selbst- und Gotterkenntnis: Wer alle Register über das hinaus beherrscht, was seinem Naturell entspricht, ist auch Herr über dieses geworden. Entgegen vielfacher Verabsolutierungen der Autonomie und Modernität der vasarianischen Kunstgeschichte ist zu betonen, daß dieser letztlich theologisch vermittelte Vorstellungen einer allgemeinen Naturteleologie zugrundeliegen.

Als Indikator des Talentes sieht Vasari die Fähigkeit der *invenzione* an. Zeigt sich diese vor allem in der Entwurfszeichnung (*disegno*), so korrespondiert die *maniera* des finalen Werks dem Lebenswandel und der sittlichen Vervollkommnung des Künstlers. So schildert Vasari in der Vita B. Bandinellis [10], des schwarzen Schafes der ‹Viten› schlechthin, daß dieser als begnadeter Zeichner an der Aufgabe der Kultivierung seines Talents sündhaft scheitert. Vom Neid auf Michelangelo zerfressen, bäurisch grob in Rede und Umgangsformen, habe Bandinelli viele schlechte, reizlose Arbeiten hervorgebracht, zudem Werke des großen Kontrahenten zerstört und immer wieder Auftraggeber verprellt. S. Alpers betont, daß sich die von Vasari geschilderten Charaktere und entsprechenden Manieren in zwei Gruppen ordnen lassen: Adjektive wie *crudo, duro, secco* und *tagliente* charakterisieren die eine, *morbido e pastoso, delicato* und *dolce* die andere. [11] Sie entsprechen dem Wesen des Cholerikers und des Melancholikers bzw. dem phlegmatischen und sanguinischen Naturell. Wie seine *maniera*, die auch das Verhältnis von Talent und Fleiß erkennen läßt, offenbaren auch weitere Bestandteile seines Habitus, insbesondere sein Sprachverhalten, den Charakter des Künstlers. A. del Castagno, nach Vasari unter Vieh aufgewachsen und Mörder des D. Veneziano, ist, ähnlich wie Bandinelli, so ungeschliffen, wie seine Manier hart und reizlos ist. [12] F. Salviati dagegen ist der vielseitigste Maler der Gegenwart – «reich und überaus fruchtbar in Erfindung aller darzustellenden Gegenstände und bewandert in jeder Art von Malerei» –, er vermag mit Leichtigkeit die im Geist gefaßten Gedanken auszudrükken, ist aber unstet in seinen ständig wechselnden Meinungen: Was ihm gestern gefiel, sei ihm heute zuwider. [13] Charakter und Manier stehen nach Vasari Modifizierungen z. B. durch das Klima – das der Toskana fördert freie, ambitionierte Geister – sowie das soziale Umfeld und die Entstehung einzelner Werke momentanen Einflüssen offen. So erwähnt er, daß Michelangelo bei der Arbeit am ‹Jüngsten Gericht› (Vatikan, Sixtinische Kapelle), das einem jeden Betrachter die Haare zu Berge stehen lasse, vom Gerüst stürzte, sich an den Beinen verletzte und darüber in Schmerz und Zorn verfiel. [14] Der Ausführung der anmutigen ‹Mona Lisa› (Paris, Musée du Louvre) kommt hingegen zugute, daß Leonardo dafür sorgt, daß bei den Porträtsitzungen stets jemand präsent ist, der mit Musik und Scherzen die Melancholie vertreibt. [15]

In zwei Werkbeschreibungen tritt Vasaris Konzept einer didaktischen, Ciceros Diktum der «historia magistra vitae» gehorchenden Kunstgeschichtsschreibung besonders deutlich hervor: Zählt der Autor auch Leonardo da Vinci, den schon Castiglione und Giovio als launisch und uneinsichtig charakterisiert haben [16], zu den Heroen der dritten Generation, so wirft er ihm doch einen Mangel an *constantia* und *prudentia* vor und kritisiert seine auch vor dem Häßlichen nicht zurückschrekkenden Porträtstudien und grotesken Physiognomien.

Entsprechend sieht er Leonardo bei der Ausführung des ‹Abendmahls› (Mailand, Santa Maria delle Grazie, Refektorium) scheitern. Zwar habe der Maler mit der Physiognomie des Judas den Inbegriff des Verrats und der Unmenschlichkeit vor Augen geführt, das Antlitz Christi aber, «von dem er nicht glaub[t]e, daß er seiner Phantasie in jener Schönheit und himmlischen Anmuth vorschweben könne, welche die menschgewordene Gottheit umkleiden müsse» [17], sei unvollendet geblieben.

Von Raffael berichtet Vasari hingegen, daß dieser – er ist in Folge seines libertinen Lebenswandels an der Syphilis erkrankt – als sein letztes Werk die ‹Transfiguration› (Rom, Pinakothek des Vatikan) ausführt. In ihr gibt Raffael den Judas schicklich nur als Rückenfigur, er vollendet das Antlitz Christi, «das Letzte was zu vollbringen ihm oblag» [18], und verstirbt erlöst am Karfreitag, seinem Geburtstag: Mit dem 'göttlichsten' seiner Werke ist sein Telos erfüllt. Die Identität des Geburts- und Todestages umschreibt metaphorisch den Tatbestand der Selbstwerdung in der Erfüllung dessen, was leisten zu können man geboren ward.

Das Motiv des mit der Gottesschau verbundenen Künstlertodes hat wiederum eine Entsprechung in der Vita Leonardos, dem Vasari in der ‹Torrentiniana› sogar eine häretische Einstellung vorwirft. Doch später betont er umso mehr, daß der launische Künstler zu guter Letzt sein Seelenheil retten konnte – in den Armen von Franz I.

Kurz vor seinem Tod habe den reuevollen Maler nach Beichte und Sakrament verlangt. «Der König, welcher ihn oft liebevoll besuchte, kam bald nachher zu ihm. Lionardo richtete sich ehrfurchtsvoll empor, um im Bette zu sitzen, schilderte ihm sein Uebel mit allen Zufällen und sagte, wie er gegen Gott und Menschen gefehlt habe, daß er in der Kunst nicht gethan hätte was ihm Pflicht gewesen wäre. [...] der König erhob sich und hielt ihm das Haupt, um ihm eine Hülfe und Gunst zu Erleichterung seines Uebels zu erweisen; da erkannte Lionardo's göttlicher Geist, es könne ihm größere Ehre nicht widerfahren und er verschied in den Armen des Königs im fünfundsiebzigsten Jahre seines Lebens.» [19]

Die Erfüllung der Pflicht als Künstler ist also eng mit der Frage des Seelenheils verknüpft. Leonardos Talent obsiegt letztlich insofern über seine Fehler im Leben, als er im Angesicht des Todes kraft seines 'göttlichen Geistes' ein veritables Epiphanieerlebnis hat. Es bleibt in dieser Anekdote der unausgesprochene Vorwurf, daß er seine Seele nicht aus eigener Kraft retten konnte. So wie der französische König nach der Krönung Sünder heilt, fungiert er an Leonardos Sterbebett als Medium der Gotterkenntnis. Raffael hingegen widerfährt selbiges allein aufgrund seiner künstlerischen, auf die *imaginatio*, somit dem Erkenntnisvermögen seiner erweckten Seele beruhenden Fähigkeiten. Verbindet Vasari mit der Kategorie der *maniera*, die, um 1400 aus dem Französischen adaptiert, zunächst das schöne Verhalten des Adels (belles manières) bezeichnet hat, ein künstlerisches Individualrecht, so wird durch seine Kunstpsychologie die Manier des Künstlers zugleich theologisch-moralisch evaluierbar. Damit bleiben die ‹Viten› den Wertelehren von Kirche und Hof verbunden.

Wenngleich Vertreter des christlichen Neuplatonismus und Protestanten wie Luther das Ideal der Eloquenz kritisiert haben [20], bleibt dieses doch in der Frühen Neuzeit Inbegriff der dem Menschen gegebenen Entwicklungsmöglichkeiten und als solcher ein Topos des Künstlerlobes. Wie Dolce an Tizian [21] und Vasari an

Raffael[22], lobt van Mander Goltzius' Eloquenz[23], Ridolfi die Tintorettos[24] und Bernini die Poussins. Beim Besuch der Galerie des Herrn von La Vrillière ruft Bernini angesichts zweier Gemälde Poussins aus: «Das nenne ich einen bedeutenden Mann, [...] der so an sich zu arbeiten versteht [se pouvoir ainsi transformer]! Diese Historie ist ganz anders gemalt als die Christnacht nebenan. Die letztere hat lombardisches Kolorit, die Historie dagegen ist im Stil Raffaels gehalten.»[25] In der sechsten der 1667 abgehaltenen Sitzungen der ‹Académie Royale de peinture et de sculpture›, in der Poussins ‹Mannalese› (Paris, Musée du Louvre) als Kulminationspunkt der Geschichte der M. gefeiert wird, münzt Ch. Le Brun dessen Eloquenz zum Modernitätsargument: Die jeweiligen Manieren der italienischen Maler, z.B. die Raffaels, Tizians und Veroneses, seien noch individuell beschränkt gewesen, Poussin habe hingegen eine wahre Universalität erreicht. («Que si l'on a remarqué des talens particuliers dans chaque Peintre Italien; Il remarque tous ces talens réünis ensemble dans nostre seul Peintre François.»)[26] Sodann lobt R. de Piles die Eloquenz des Peter Paul Rubens. Dessen Genie zeige sich darin, wie er stets den affektiven Anforderungen des Themas gerecht werde.[27] Der Künstler wächst, indem er sich den Stimmungswerten seiner Themen unterwirft, um ihrer Herr zu werden. In Zusammenhang mit Rubens' universellem künstlerischen Ausdrucksvermögen erwähnt de Piles auch dessen umfassende Sprachkenntnisse und exzellente Umgangsformen.[28]

Der Begriff der Eloquenz wird in der Frühen Neuzeit häufig als Synonym für ‹Bildung› und als Inbegriff der menschlichen Selbststeigerung verwendet. In diesem Sinne bezeichnet Zuccari Proteus als Symbol der M.[29] Van Mander nennt H. Goltzius, dem er als einem universellen wandlungsfähigen Künstler paulinische und christusähnliche Züge verleiht, einen «seltsamen Proteus oder Vertumnus in der Kunst».[30] Kunstgeschichtlich kommt das Eloquenzideal vor allem in der M. des 16. Jh. zum Ausdruck. Künstler der mittleren Manieristengeneration wie Vasari und F. Salviati überschreiten in ihren Werken immer wieder programmatisch eine individuell gebundene Manier und zitieren fortwährend die Werke großer Meister. Die selektiven Verfahren ihrer Zitatkunst werden freilich seit dem Ende des Jahrhunderts kritisiert. Lomazzo, van Mander und Bellori fassen wörtliche Übernahmen zunehmend negativ auf.[31] Das Verfahren der *selectio* und *combinatio*, das Vasari als Garant des Fortschritts der Kunst preist, wird von Lomazzo durch seine Theorie einer synthetisierenden Elektion (*electiones*), die dem hermetisch beeinflußten Platonismus entstammt, neu definiert.[32] Er hält den Künstler an, «es nicht wie gewisse Maler zu machen, die eine Hand des Moses von Michelangelo rauben, ein Gewand aus einer Graphik, einen Fuß Apolls, ein Haupt einer Venus, Dinge, die unmöglich alle zusammenpassen können».[33] G. de Lairesse vergleicht in seinem 1707 in Amsterdam publizierten ‹Groot Schilderboek› solche Künstler mit einem Huhn, das Enteneier ausbrütet.[34] Werden als Zitat erkennbare Motivübernahmen zunehmend kritisiert und die nachahmungswürdigen Qualitäten verschiedener Künstler bei Lomazzo, de Piles u.a. in normativer Absicht eng umrissen, so bleibt das Eloquenzideal mit seinen moralisch-ethischen Konnotationen auch für den französischen Klassizismus gültig, obwohl einige seiner Theoretiker bereits einen pejorativen Rhetorikbegriff vertreten. Noch in der Mitte des 18. Jh. preist Ch.A. Coypel in seiner ‹Parallèle de l'éloquence et de la peinture› die Eloquenz als Leitbild der M.[35]

Anmerkungen:

1 s. L.B. Alberti: Kleinere kunsttheoret. Schr., hg. von H. Janitschek (1877; ND 1970) 158ff. – 2 s. P.L. Rubin: G. Vasari: Art and History (New Haven u.a. 1995) 357ff. – 3 s. L. Dolce: Dialogo della pittura, in: P. Barocchi: Trattati d'arte del Cinquecento ..., Bd. 1 (Bari 1960); Th. Puttfarken: The Dispute about Disegno and Colorito in Venice: P. Pino, L. Dolce and Titian, in: P. Ganz, M. Gosebruch u.a. (Hg.): Kunst u. Kunsttheorie 1400–1900 (1991) 75–99. – 4 s. Puttfarken [3] 82f.; Dolce [3] 220; Quint. XII, 10, 10ff. – 5 vgl. Cic. De or. III, 26; B. Castiglione: Il libro del Cortegiano, I, 37. – 6 s. G. Vasari: Le Vite ..., hg. von R. Bettarini, P. Barocchi, Kommentarbd. 2/1 (Florenz 1969) 11. – 7 ebd., Bd. 3, 14. – 8 Cic. De or. III, 24, 37; Cic. Brut. passim, bes. 108. – 9 A. Dürer: Fremder Entw. zur Widmung der Proportionslehre von 1523, in: ders.: Schriftl. Nachlaß, hg. v. H. Rupprich (1956) I, 98. – 10 Vasari [6] Bd. 5, 238–76; ders.: Leben der ausgezeichnetsten Maler, Bildhauer u. Baumeister ..., übers. von L. Schorn, E. Förster, ND hg. von J. Kliemann, Bd. 4 (²1988) 116–82. – 11 S. Alpers: Ekphrasis and Aesthetic Attitudes in Vasari's Lives, in: JWCI 23 (1960) 213; dies.: *Ekphrasis* u. Kunstanschauung in Vasaris *Viten*, in: G. Boehm, H. Pfotenhauer (Hg.): Beschreibungskunst – Kunstbeschreibung (1995) 251. – 12 s. P. Barolsky: Warum lächelt Mona Lisa. Vasaris Erfindungen (1995) 46. – 13 Vasari Ed. Kliemann [10] Bd. 5, 161 u. 153; ders. Ed. Bettarini, Barocchi [6] Bd. 5, 532f. u. 528. – 14 Vasari Ed. Kliemann [10] Bd. 5, 348; ders. Ed. Bettarini, Barocchi [6] Bd. 6, 70. – 15 Vasari Ed. Kliemann [10] Bd. 3/1, 33; ders. Ed. Bettarini, Barocchi [6] Bd. 4, 31. – 16 s. P. Giovio: Leben des Leonardo d. V., in: A. Chastel (Hg.): Leonardo da Vinci. Sämtl. Gemälde u. die Schr. zur M. (1990) 71ff.; B. Castiglione: Il Cortegiano, II, 39. – 17 Vasari Ed. Kliemann [10] Bd. 3/1, 21; ders. Ed. Bettarini, Barocchi [6] Bd. 4, 25f. – 18 Vasari Ed. Kliemann [10] Bd. 3/1, 238f.; ders. Ed. Bettarini, Barocchi [6] Bd. 4, 204. – 19 Vasari Ed. Kliemann [10] Bd. 3/1, 42; ders. Ed. Bettarini, Barocchi [6] Bd. 4, 36. – 20 W.P. Klein: Art. ‹Eloquentia›, in: HWRh, Bd. 2, Sp. 1096f. – 21 s. Dolce [3] 220. – 22 s. Vasari Ed. Bettarini, Barocchi [6] Bd. 4 (Florenz 1976) 8f.; Vasari Ed. Kliemann [10] Bd. 3/1 (²1988) XIIIf. – 23 s. Carel van Mander: Het Leven der Doorluchtighe Nederlantsche en Hooghduytsche Schilders, ND d. Ausg. v. 1618, übers.u. komm. v. H. Floerke (1906); vgl. auch W.S. Melion: Karel van Mander's ‹Live of Goltzius›: Defining the Paradigm of Protean Virtuosity in Haarlem around 1600, in: Studies in the History of Art 27 (1989) 113–133. – 24 s. C. Ridolfi: The Life of Tintoretto and his Children Domenico and Marietta, hg. v. C. und R. Enggass (Univ. Park, Penns. 1984) passim, bes. 24, 40. – 25 P.F. de Chantelou: Tagebuch des Herrn von Chantelou über der Reise des Cavaliere Bernini nach Frankreich, dt. Bearb. v. H. Rose (1919) 305; ders.: Journal de Voyage du Cavalier Bernin en France, hg. von L. Lalanne (1981) 275. – 26 A. Félibien: Conférences de l'Académie royale de peinture et de sculpture (Paris 1669; ND Portland/Oregon 1972) 78. – 27 s. H. Körner: Auf der Suche nach der "wahren Einheit". Ganzheitsvorstellungen in der frz. M. und Kunstlit. vom mittleren 17. bis zum mittleren 19. Jh. (1988) 66. – 28 Roger de Piles: L'Idée du Peintre parfait. Préfacé et annoté par X. Carrère (Paris 1993) 123. – 29 s. Scritti d'arte di F. Zuccaro, hg. v. D. Heikamp (Florenz 1961) 309 u. 247. – 30 van Mander [23] Bd. 2, 247; s. auch Melion [23] 113–133; J. Müller: Concordia Pragensis. K. van Manders Kunsttheorie im Schilder-Boeck (1993) 54ff.; D. Krystof: Werben für die Kunst. Bildl. Kunsttheorie und das Rhet. in den Kupferstichen von H. Goltzius (1997) 146ff. – 31 siehe R. Schleier: Bsp. trad. Zitierformen, in: Nachbilder. Vom Nutzen und Nachteil des Zitierens für die Kunst (Kat. Hannover 1979) 213. – 32 s. V. Stoichita: Ars ultima. Bemerk. zur Kunsttheorie des Manierismus, in: A.-M. Bonnet, G. Kopp-Schmidt (Hg.): Kunst ohne Gesch.? Ansichten zu Kunst u. Kunstgesch. heute (1995) 55. – 33 G.P. Lomazzo: Trattato dell'arte della pittura, Mailand 1584, in: ders.: Scritti sulle arti, hg. v. R.P. Ciardi, Bd. 2 (1974) 249, Übers. Verf. – 34 s. Groot Schilderboek, door Gerard de Lairesse, Konstschilder (Haarlem 1740) 51. – 35 s. Ch.A.

Coypel: Parallèle de l'éloquence et de la peinture, in: Mercure de France (Mai 1751) sowie ders.: L'art de peindre à l'esprit (Paris 1758), ND in: ders.: Œuvres (Genf 1971) 114–120.

7. *Die Wirkungsqualitäten.* Bis ins 18. Jh. und vielfach auch darüber hinaus ist, wie W. Kemp formuliert, das «Kunstwerk [...] als intentionales Gebilde für Betrachter konzipiert, das gilt für alle Werke, auch für diejenigen, die Außenbezüge scheinbar demonstrativ verneinen.»[1] Bei der Entwicklung von Formen der innerbildlichen Bildvermittlung (Rezeptionsfiguren, Affektbrücken) und verschiedener Persuasionsformen orientiert sich die M. daher immer wieder an der Rhetorik, die mit ihrer Lehre von den *officia oratoris* eine differenzierte, übertragbare Wirkungstheorie bereitstellt. Grundlegend für diesen Transfer ist Ciceros Bestimmung des Tonfalls, der Mimik und Gestik des Redners als eines im Gegensatz zur Sprache allen Menschen verständlichen Ausdrucks der Gemütsbewegungen.[2] Diese nichtlogischen Überzeugungsmittel vergleicht Cicero mit den Farben der M. und den Tönen der Musik.[3]

Schon bei der *hellenistischen* M. ist von einer Orientierung an den rhetorischen Wirkungsstrategien auszugehen. Neben erhaltenen *römischen* Kopien sprechen dafür vor allem die virtuosen Skulpturen dieser Zeit, wie auch die Überlieferung von der cháris, der natürlichen Anmut, der Gemälde des Apelles. Allerdings erlaubt vor allem die der Tradition der Ekphrasis verpflichtete Literatur nur in Grenzen Rückschlüsse auf nicht erhaltene Objekte. Dies zeigt u.a. die in der *Spätantike* von NIKOLAOS formulierte Forderung, der Autor solle im Bild ersichtliche Stimmungslagen wie Zorn und Freude schildern und diesen erläuternde Anekdoten über ihre Entstehung beifügen.[4] In der Regel wird in der Antike und mehr noch in Byzanz die Sprachvirtuosität der Prunkredner die faktische mimetisch sinnliche Affizierungskraft der Gemälde überflügelt haben. Dennoch belegen die Ekphraseis Anschauungsbedürfnisse, denen die antike und auch die byzantinische M. jeweils in zunehmendem Maße entgegengekommen ist.

Die M. des *Mittelalters* entwickelt kaum ein Bewußtsein für sinnlich-illusionistische Wirkungsqualitäten, obwohl sie wertvolle Materialien als Symbole des Göttlichen einsetzt. Stellt sie die Heiligen oft in statuarischer Frontalsymmetrie, mit zum Betrachterraum gewandtem Blick dar, so scheinen diese dennoch kaum um den Betrachter bekümmert zu sein.[5] In szenischen Darstellungen wird der Rezipient noch weniger anerkannt: Die Handlungen der zumeist durch den Goldgrund entrückten Figuren sind durch ausdrückliche Gesten und Blicke verdeutlicht, die in der Regel den Bildraum nicht verlassen. Das mittelalterliche Bildwerk hat konstativen, nicht performativen, und die in ihm eingesetzten Gesten – in der Begrifflichkeit der Sprechakttheorie – lokutiven und illokutiven, nicht aber perlokutiven Charakter.[6]

Eine Rückgewinnung sinnlich persuasiver Mittel vollzieht sich in der M. des *Spätmittelalters* auf der Grundlage der Mystik, die das Gemälde als Mittel der meditativen Annäherung an Gott anerkennt[7], und sodann im Zuge ihrer Orientierung am Bildungsauftrag des *Humanismus*. Bemerkenswerterweise umfaßt schon das Erziehungsprogramm des am Hof in Urbino tätigen VITTORINO DA FELTRE die Tätigkeit von «pictores».[8] Wegbereitend für ein entsprechendes Bildverständnis ist der Import der Ekphrasis durch den byzantinischen Humanisten M. CHRYSOLORAS und seinen Schüler GUARINO VON VERONA, die Aristoteles' Auffassung unterminieren, das Gemälde selbst könne keine psychagogische Wirkung erzielen, da es nicht die Leidenschaften, sondern nur ihre körperlichen Symptome darstelle.[9] Dieser Vorbehalt wird spätestens durch ALBERTI überwunden, der die *actio*-Theorie Ciceros und Quintilians für die M. fruchtbar macht.[10] Nach Alberti überträgt sich die Darstellung handelnder Menschen und ihrer Gemütsbewegungen (*historia*) auf den Affekthaushalt und die Seele des Betrachters: «Eine Bilderzählung wird dann das Gemüt bewegen, wenn die darin gemalten Personen ihre eigene Gemütsbewegung [movimento d'animo] heftig ausdrücken [molto porgeranno]. Denn in der Natur – in welcher nichts mehr als das Ähnliche sich anzieht – liegt es begründet, daß wir weinen mit dem Weinenden, lachen mit dem Lachenden und trauern mit dem Traurigen. Diese Gemütsbewegungen aber erkennt man aus den Körperbewegungen.»[11] Entsprechend solle der Maler Rezeptionsfiguren einsetzen, die das Bildgeschehen kommentieren bzw. affektiv vermitteln: «Es gefiele mir dann, dass Jemand auf dem Bilde uns zur Antheilnahme an dem weckt, was man dort thut ...».[12] Auch Albertis Ratschlag, der *historia* durch integrierte Assistenzporträts Anmut und Kraft zu verleihen[13], geht zurück auf rhetorische Überzeugungsmittel, nämlich das im Rahmen der ἠθοποιΐα (ēthopoiía) sowie der Gerichtsrede empfohlene Rekurrieren auf «alte Zeugen» – Personen, deren Wort in der Gemeinschaft Gewicht hat.[14]

Erörtert Alberti in Anlehnung an die *officia oratoris* entsprechende Wirkungsfunktionen der M., so bekundet er deutliche Vorbehalte gegen das pathetische *genus vehemens*.[15] Leidenschaftliche Bewegungsmotive lassen den «Geist des Künstlers allzu aufbrausend und wild erscheinen».[16] Da er durch sie die «degnità di pictura» bedroht sieht, verpflichtet er den Maler auf das harmonische mittlere *genus* und die Wirkungsfunktion des *delectare*.[17] Diese für die Tradition des Klassizismus konstitutive Präferenz wird in vielen kunsttheoretischen und kunsttheoretisch relevanten Schriften bekräftigt, u.a. in B. Castigliones ‹Libro del Cortegiano›, der wichtigsten Anstandslehre der Frühen Neuzeit, in deren Zentrum die dem *genus medium* assoziierte Kategorie der *grazia* steht.

Erweist sich Alberti in ‹De pictura›, wie auch in seiner zum größten Teil unmittelbar zuvor entstandenen ethischen Schrift ‹Della famiglia› als Protagonist des *ethos* bzw. der *mores* (Cicero), so werden in seiner Zeit auch konträre Meinungen vertreten. Gegen den stoischen Rationalismus des Trecento, der jeden Affekt als Trübung der Vernunft verdammt, vollziehen seit dem frühen Quattrocento u.a. P. VERGERIO, L. BRUNI, M. PALMIERI und C. LANDINO eine systematische Verteidigung der Leidenschaften.[18] In seinem um 1402 verfaßten Versuch einer Jugendpsychologie bewertet Vergerio den jugendlichen Überfluß an «Hitze und Blut» als Quell der Unmäßigkeit, aber auch des Elans und Idealismus.[19] Bruni erklärt seine Verachtung für denjenigen, der «weder Schmerz empfindet noch aufbegehrt, wenn seinem Vaterlande, seinen Eltern, Kindern [...] Schmähliches geschieht.»[20] Diese Besinnung auf die Pragmatik der Wirkungsfunktionen und Legitimierung des *pathos* findet jedoch nur vereinzelt Resonanz in der Kunst des Quattrocento, u.a. bei Donatello und Mantegna. Unterliegen in der immer noch sehr geschlossenen, durch kollektive Lebensformen bestimmten Renaissance-Gesellschaft[21] leidenschaftliche Äußerungen weiterhin dem Verdacht der Zügellosigkeit und Hybris, so stehen entsprechende künstlerische Ausdrucksformen unter einem besonderen Legitimationszwang. Daher realisieren Pollaiuolo, Mantegna, Raffael u.a. bildnerische Formen eines *genus vehemens* vor allem in graphischen Idealkompositionen (Pollaiuolo ‹Die Schlacht der Nackten›, 1471/72; Mantegna ‹Grablegung›, ca. 1470er Jahre; M. Raimondi nach Raffael ‹Der Bethlehemitische Kindermord›, um 1510) [22], in denen sie frei von Auftraggeberinteressen sind.

Eine erhöhte Legitimität erhalten pathetische Darstellungsformen, als um 1500 die phantasía und enérgeia bzw. enárgeia zu kunsttheoretischen Leitkategorien avancieren. So preist P. GAURICUS in seinem 1504 erschienenen Traktat ‹De sculptura› die Einbildungskraft und belegt, an Quintilians Theorie der Affekterregung anknüpfend, die Wirkungsmacht von *visiones* mit Zitaten aus der ‹Aeneis›.[23] Pathetische Ausdrucksformen, zu deren erhöhter Akzeptanz der Fund der Laokoon-Gruppe (Rom, Vatikanische Museen) im Jahre 1506 maßgeblich beiträgt, werden sodann von Leonardo humoralpsychologisch gerechtfertigt. Er erklärt, es seien vor allem träge Maler, die dramatische Bilderzählungen tadeln und behaupten, ihre Figuren «sähen aus, als wären es Verrückte oder Lehrer von Moreskentänzern».[24] Seine Empfehlung, der Maler solle wie Apelles in seiner ‹Calumnia› «viele sittliche Haltungen zeigen»[25], folgt offenbar Quintilians Hinweis auf die rhetorischen Schulübungen der «Charakterbilder», in denen «wir gewöhnlich Bilder von bäurischen, abergläubigen, habgierigen und ängstlichen Menschen entwerfen».[26] Diese didaktische Aufgabe der Ausmalung defizienter Formen der Leidenschaften und Charaktere wird von der frühneuzeitlichen M. fortan kontinuierlich verfolgt.

Wegweisend für die monumentale, vielfach pathetische Formensprache der Kunst des *Manierismus* wird das Beispiel Michelangelos. An den in allen drei Gattungen versierten Künstler richten die Renaissance-Päpste, vor allem Julius II., der «papa terribile», offenbar die Erwartung, als Exponent eines antikisierenden, durch seine *maestà* und *grandezza* charakterisierenden, römischen Kolossalstils der Doktrin des *Ciceronianismus* zu entsprechen. Zumindest erhebt G. VASARI den «divinissimo» Michelangelo in der Erstausgabe seiner Künstlerviten zum absoluten Höhepunkt der Kunstgeschichte. Daß er dieses Urteil bewußt gemäß der Doktrin des Ciceronianismus fällt, ist anzunehmen, zumal er sich mit seinen Künstlerviten, deren früheste Exemplare Papst Julius III. dediziert sind, zunächst für ein Amt in Rom empfehlen will.[27] Auch A. CONDIVI erklärt in seiner 1553 publizierten, Julius III. gewidmeten Vita Michelangelos diesen zum kanonischen Vorbild, wobei er ausdrücklich den *imitatio*-Begriff der Ciceronianer vertritt: In jedem Bereich der Künste und Wissenschaften könne es nur ein von Gott gesetztes Vorbild geben.[28]

Solche Kanonisierungsbestrebungen regen offenbar die Künstlerkonkurrenz am Papsthof an. Als Kontrahenten Michelangelos treten vor allem Bramante und Raffael auf, die beide aus Urbino stammen. Bramantes Architektur nimmt mit ihrem strengen *Klassizismus* den Charakter eines Staatsstils an, dessen autoritativer Anspruch offenbar in vielen Fällen die antiklassischen Tendenzen der Architektur des Manierismus motiviert. Auch Raffael, der Freund Castigliones, der wie er selbst als Protagonist der *grazia* gilt, liefert mit der Ausmalung der Stanzen im Vatikanspalast und den Kartons für die in Brüssel im Auftrag Leos X. angefertigten Tapisserien mit den ‹Taten der Apostel› (Kartons in London, Victoria and Albert Museum; Tapisserien in Rom, Pinakothek des Vatikan) Beispiele eines für lange Zeit kanonischen, monumentalen Klassizismus. R. Preimesberger spricht in diesem Zusammenhang vom «deklamatorischen Figurenstil» des späten Raffael.[29] Hingegen steht Michelangelo den Erwartungshaltungen der Ciceronianer vermutlich skeptisch gegenüber. Zudem ruft sein rigoroser Autonomieanspruch und die *terribilità* seiner Werke – eine dem *pathos* und dem Sublimen assoziierten Wirkungsqualität[30], die sich zahlreiche Maler wie S. del Piombo, Danielle da Volterra, P. Tibaldi und A. Allori zum Vorbild nehmen – ein höchst kontroverses Meinungsbild hervor. So tritt P. GIOVIO schon früh als Michelangelos Kritiker auf und schildert den Künstler als einen Asozialen, der, bei aller Begabung von Natur rauh und ungezähmt, keine Mitarbeiter und Schüler ertrage und in unsäglichem Schmutz lebe.[31] Auch G. VASARI äußert sich zunehmend kritisch zu Michelangelos *terribilità*, bewertet sie als Merkmal einer individuell bedingten *maniera* und kritisiert eine übertriebene Nachahmung Buonarrotis. In der ‹Giuntina› spricht er dem großen Vorbild sogar explizit die Eloquenz ab: Michelangelos Überhang an Phantasie und Einbildungskraft habe bewirkt, «daß seine Hände die großen und schrecklichen Gedanken nicht darstellen konnten, die sein Geist in der Idee erfaßte, und er oft seine Arbeiten stehen ließ, oder richtiger viele verdarb».[32] Allerdings wird Papst Paul III., dessen Nepoten Ranuzio Farnese später Robortello seine 1555 publizierte Longin-Ausgabe unter Lobpreisung der farnesischen Dynastie dediziert[33], die Kulturpolitik seiner Vorgänger rechtfertigen, indem er den alternden Michelangelo mit der Vollendung des höchst umstrittenen ‹Jüngsten Gerichts› in der Sixtina beauftragt und ihn zur Ausführung der Fresken in der Capella Paolina regelrecht nötigt. In den Werken in der päpstlichen Privatkapelle hinterläßt Michelangelo eine programmatische Rechtfertigung seiner *terribilità*.

Während im Verlauf des 16. Jh. der italienische Manierismus zu einem internationalen, vor allem von Franz I. und Rudolph II. geförderten Hofstil avanciert, wird in den protestantischen Ländern das hohe Stilideal der Romania vielfach kritisch zurückgewiesen. Auf das italienische Konzept einer emphatischen *mimesis* bzw. einer «pictorially enforced signification»[34] reagiert die protestantische Kunst mit Tendenzen der Verinnerlichung, der «introspectiveness».[35] Sie bringt Bildformen hervor, die einen deutlichen Verweischarakter haben und an die ‹religio› im eigentlichen Sinne appellieren, an «ein Sich-Zurücklesen in die Heilstatsachen, die in der Bibel gedruckt vorliegen.»[36] Verzichtet die protestantische M. immer wieder auf suggestiv narrative zugunsten rhetorisch argumentativer Formen[37], so zeigt sie sich in wirkungsästhetischer Hinsicht in der Regel dem Ideal einer schlichten, den Inhalten angemessenen Sprache verpflichtet. In der von MELANCHTHON oder seinem Schüler F. BURCHARD stammenden kunsttheoretischen Schrift ‹Responsio ad Picum Mirandolam› wird in diesem Sinne ein neuer Apelles gepriesen, mit dem vermutlich A. Dürer gemeint ist. Er habe in seiner Jugend eine sonderbare Vielfalt von Handlungen und Verzierungen aller Art geliebt und erst im reifen Alter zu einem schlichten Stil gefunden: «Nun, in fortgeschrittenem Alter, ziehe er die Natur zu Rate [se consulere naturam], schaue in sie hinein, um sie aufs genaueste in ihrer Eigenart auszudrücken, doch er erreiche nicht, was er wünsche, weil es nichts Schwierigeres gebe als diese Eigentlichkeit».[38]

In den Niederlanden entsteht im 16. Jh. der Konflikt zwischen einer romanischen Orientierung und den zunehmenden Bemühungen um eine Abgrenzung von der italienischen Bildkultur. Haben hier u.a. L. LOMBARD und D. LAMPSONIUS den Renaissance-Gedanken aufgegriffen [39], so vertritt bereits K. VAN MANDER diesen in seinem ‹Schilder-Boeck› mit dem Anspruch, die italienische Renaissance sei von niederländischen Künstlern überwunden worden. [40] Als Nachfolger Vasaris bringt van Mander mit seinem Werk ‹Het leven der doorluchtige Nederlandsche en eenige Hoogduitsche Schilders› von 1618 ein Konkurrenzprodukt der ‹Viten› hervor und erhebt H. Goltzius zum überragend eloquenten Maler des Geistigen, der, kurz vor dem Tag der Bekehrung Pauli geboren, die Italiener übertreffe. [41] Entsprechend interpretiert J. Müller Werke P. Bruegels d.Ä. als Beispiele einer anticiceronianischen, maßgeblich von Schriften Erasmus' beeinflußten M. [42]

In Venedig tritt L. DOLCE Vasaris und Condivis Kanonisierung Michelangelos entgegen. Er erhebt Tizian zum überragend eloquenten Maler, der nach seinem Romaufenthalt Michelangelo und Raffael auf ihrem eigenen Terrain geschlagen habe. Als theoretischer Anwalt Tizians hat sich schon zuvor P. Aretino hervorgetan, der als Anticiceronianer pathetische Darstellungsformen rechtfertigt. [43] Besonders in seiner Spätzeit kultiviert Tizian einen antiakademischen, von Vasari kritisierten, skizzenhaften Kolorismus, der Castigliones Konzept der *grazia* und *sprezzatura* (von sprezzare = mißachten, geringschätzen) folgt. [44] Mit seinem in Kromeriz (Bischöfliches Museum) befindlichen Gemälde der ‹Schindung des Marsyas› hinterläßt er ein programmatisches Werk, in dem er Sympathie für das dionysische Fabelwesen artikuliert und zugleich seine vom *furor poeticus* inspirierte Arbeitsweise rechtfertigt. [45] Hervorzuheben ist, daß die von Castiglione propagierte Strategie des «ars est celare artem», des sich im Nu lässig offenbarenden, seine eingeübten Fertigkeiten kaschierenden Talents, rhetorischen Ursprungs ist. So hat schon Cicero das Prinzip einer «neglegentia diligens» erörtert, Quintilian die hohe Kunst, «nicht als Kunst zu erscheinen», gepriesen und der Pseudo-Longinos das Verbergen der *deinotes* zum Programm der scheinbar ungeordneten, erhabenen Sprache gemacht. [46]

Im späten 16. Jh. erhält die Wirkungsfunktion des *permovere* eine tragfähige, kunsttheoretisch die Tradition des Barock begründende Legitimierung. Wesentlich dafür ist die von Rom lancierte Rezeption der Schrift ‹Vom Erhabenen› des Pseudo-Longinos, der das «wahre Pathos» als wichtigstes Mittel zur Erzeugung des Erhabenen und dieses zum höchsten ästhetischen Maßstab erhoben hat. [47] Mit einer auf sein eklektisches Erneuerungsprogramm rekurrierenden, freieren Neuformulierung des Ciceronianismus [48] kann die römische Kulturpolitik vor allem der venezianischen Opposition um Aretino, Dolce und Tizian den Wind aus den Segeln nehmen. Zugleich legitimiert die tridentinische Predigt- und Bildreform, deren zentrale Schriften von denselben Autoren, vor allem G. PALEOTTI, C. BORROMEO und R. BELLARMINO, verfaßt werden, im Sinne einer negativen, auf den Wahrnehmungsmodus des plötzlichen Schocks setzenden Theologie das *pathos* als geeignetes Mittel der Instruktion der Ungebildeten. [49] Damit stehen den Malern die rhetorischen Wirkungsfunktionen als wirkliche Alternativen zur Verfügung. Unter diesen Vorzeichen kann sich eine pragmatisch an den jeweils gebotenen Persuasionsmitteln orientierte, ihre psychagogischen Möglichkeiten ausschöpfende Bildrhetorik entfalten, als deren Höhepunkte u.a. die Werke von Tintoretto und P.P. Rubens anzusehen sind.

Die italienische M. des 17. Jh. operiert überwiegend getreu den Maßgaben der tridentinischen Bildreform. [50] In rezeptionsästhetischer Hinsicht zeitigt diese auch eine von Kardinal G. Paleotti in seinem ‹Discorso intorno alle imagini› vollzogene Differenzierung verschiedener Adressatengruppen und ihrer Rezeptionsniveaus und -bedürfnisse, wobei sie das Konzept einer reintegrativen, die Dichotomie elitärer und populärer Bildsprachen revidierenden, auf den *consenso universale* zielenden *ars una* verfolgt. [51] Gleichwohl bilden sich im frühen 17. Jh. die Fronten zwischen den Klassizisten und Caravaggisten. Als Wegbereiter des barocken Naturalismus entwickelt Caravaggio höchst dramatische, die Bildtradition revolutionierende Ausdrucksformen. Dabei sind für ihn offenbar die Tragödie und ihre kathartische Wirkung eine maßgebliche Orientierung. Dieses Konzept wird in der zeitgenössischen poetologischen Debatte vor allem von jesuitischen Autoren im Sinne neostoizistischer Abhärtungsstrategien aktualisiert, in deren Rahmen auch drastische Darstellungen des Schrecklichen legitim erscheinen. [52] Gleichwohl erhält Caravaggios vielfach in einer niederen Stilebene gehaltene, auch die Heiligen mit plebejischen Zügen vergegenwärtigende M. in der Kunstliteratur ihrer Zeit keine elaborierte theoretische Rechtfertigung, sondern ruft vielmehr eine breite Opposition hervor. Vielsagend ist die Kritik des in Spanien tätigen Zuccari-Schülers V. CARDUCHO, der Caravaggio den Antichristen der M. nennt und ihm vorwirft, die hohe Kunst auf niedere Auffassungen herabzuwürdigen («abatiendo el generoso arte al conceptos humildes») [53], also biblische Themen im *stilus humilis* zu inszenieren. Im Gegensatz zum caravaggesken Naturalismus hält die von den Brüdern Carracci und theoretisch von G.P. Bellori erneuerte Tradition des Klassizismus strikt an der Leitfunktion der klassischen Vorbilder und dem Primat des *delectare* fest.

Für die Kunst des Barock wie auch des Klassizismus des 17. Jh. wird die schon für die humanistische Architekturtradition relevante Musiktheorie zu einer maßgeblichen Orientierung. [54] Neben den eucharistischen, die Präsenz und pneumatische Kraft und Ausstrahlung Christi in der konsekrierten Hostie synästhetisch erfahrbar machenden sogenannten Quarant'ore-Apparaten [55] prägt das Zusammenwirken der Künste in der Oper die barocke Leitvorstellung vom *Gesamtkunstwerk*, wie sie vor allem von G. L. Bernini und F. Borromini architektonisch realisiert werden, aber auch die die Raumgrenzen überschreitende illusionistische Ausmalung und weitere Gestaltung der barocken Kircheninnenräume prägt.

In der klassizistischen Tradition setzt mit der Orientierung an der Musiktheorie eine zunehmende Relativierung der Rhetorik ein. So sind für N. POUSSIN, der in Rom von dem Dichter G. Marino und dem intellektuellen Umfeld der Barberini geprägt wird, die Poesie und die Musik die maßgeblichen Schwesterkünste der M. [56] In einem Brief vom 24. November 1647 erläutert er seinem Freund und Mäzen P.F. de Chantelou die Anwendung unterschiedlicher *modi*, wobei er sich auf Vergil, d.h. im Grunde auf die mittelalterliche Dichtungstheorie, beruft. Chantelous Klage, eine für Pointel gemalte ‹Auffindung Mosis› (Paris, Musée du Louvre) gefalle ihm besser, als die ihm zugedachte ‹Taufe Christi› (Edinburgh, National Gallery), entgegnet er, nicht seine Zuneigung zu den Adressaten habe die unterschiedlichen Stimmungswerte dieser Werke bestimmt, sondern die jeweilige «nature du sujet».[57] Tatsächlich variiert Poussin immer wieder die Klangfarbe seiner Gemälde mittels einer differenzierten Farbgebung und unterschiedlich proportionierter und rhythmisierter Kompositionen. Ist die Wahl des jeweils angemessenen jener fünf *modi*, des ionischen, dorischen, phrygischen, lydischen und hypolydischen, die er der zweiten, 1589 in Venedig erschienenen Ausgabe des Musiktraktats ‹Istituzioni Harmoniche› von G. Zarlino entlehnt[58], immer auch Teil einer Interpretation des darzustellenden Stoffes[59], so kommt der Rhetorik in seinem Schaffen doch nur noch mittelbar Bedeutung zu. Denn mit dem Argument, der Stoff diktiere den *modus*, setzt Poussin in dem erwähnten Brief den *inventio*-Begriff und die Dimension einer situativ pragmatischen Instrumentierung des Bildes außer Kraft, die im Fall des Sammlerbildes und für die Produktion für den Kunstmarkt in der Tat ihre Bedeutung einbüßen. Als Konsequenz dessen negiert die zeitgenössische M. der reformierten Niederlande die tradierte Gattungshierarchie und bringt eine hochspezialisierte Fachmalerei hervor, wobei sich die niederen Themen des Porträts, der Landschaft, des Stillebens und der in der Kunstliteratur als mittlere Gattung aufgefaßten Genremalerei größter Beliebtheit erfreuen.[60]

Unter den Vorzeichen eines pejorativen Begriffs der Leidenschaften verwirft der französische Klassizismus mit anticiceronianischer Tendenz zunehmend die Lehre von den *officia oratoris* und den entsprechenden *genera figurarum* zugunsten einheitlicher, auf den Darstellungsprinzipien der aristotelischen ‹Poetik› beruhender Regeln. Auf der Grundlage der *regoli* Lomazzos, der Schriften Belloris sowie des aristotelischen Prinzips sukzessiven Erzählens erlassen die Theoretiker der ludovisischen Hofkunst, die diese polemisch von der italienischen Tradition absetzen, einen Kanon verbindlicher Kompositionsgesetze, in dessen Zentrum die Forderung nach einer hierarchisierten, der Hauptperson subordinierten Bildwelt steht.[61] Zwar ist Poussins *modus*-Theorie in die *doctrine classique* eingegangen[62], doch deren Wortführer unterbinden zugleich die Ausdrucksqualitäten eines leidenschaftlichen Hervorbringungsaktes und insistieren, das Hervorrufen der *délectation* und *admiration* sei der eigentliche Zweck der Kunst. Der so auf das wohlgefällige Herrscherlob eingeschworene französische Klassizismus bringt manche düster erhabenen Bilder hervor, inszeniert stets aber das Dramatische und Tragische im Banne seiner Ordnungsprinzipien. Die Bewunderung, so erklärt DESCARTES in seinem maßgeblichen Traktat ‹Les passions de l'âme›, sei die höchste der Leidenschaften, im Unterschied zu Furcht und Mitleid ein erkenntnisfördernder, dem Geist würdiger Affekt, da er das Gleichgewicht der Körpersäfte nicht beeinträchtige.[63] Im Anschluß daran vollzieht CH. PERRAULT in der ‹Parallèle des Anciens et des Modernes› eine historische Relativierung bildrhetorischer Verfahren: Während die Gemälde der antiken Maler auf die Sinne und die der italienischen Renaissance-Künstler auf das Herz einwirkten, spreche die gegenwärtige französische M. zudem den Verstand an.[64]

Erklärt Poussin, mittels verschiedener *modi* vermöge der Maler die Seelen der Betrachter in diverse Passionen zu versetzen, so betont er zugleich den Primat der *délectation*: Alle Sujets verlangen eine gewisse «médiocrité» und einen «ordre déterminé et ferme».[65] Bleibt dabei in seiner *modus*-Lehre noch ein Rest von der alten Variationsbreite affektstrategischer Figurationsprinzipien er-

halten, so wird dieser von Poussinisten wie H. TESTELIN weiter reduziert. Hier setzt die Opposition der Rubenisten an, die im Namen einer «nouvelle sensibilité» Formen der «persuasion passionelle» verteidigen.[66] Dabei geht es ihren Wortführern R. DE PILES und dem ABBÉ DUBOS freilich nicht um eine Rückkehr in pragmatische Horizonte. Vielmehr forcieren sie mit ihren Vorstellungen von der wahren Einheit des Bildes sowie des Gemäldes als einer Maschine dessen weitere Autonomisierung.[67] Mit der Konjunktur des Charakterbegriffs im 18. Jh. wird dann eine Personalisierung des Bildausdrucks eingeleitet, der Weg einer «Transformation des thematisch gebundenen Bildausdrucks in den individuellen Selbstausdruck» eröffnet.[68] Schon J. RICHARDSON D.Ä., der die Kunstkennerschaft wissenschaftlich zu fundieren sucht, faßt das Gemälde als Produkt der individuellen Handschrift seines Hervorbringers auf.[69]

Im Frankreich des 18. Jh. knüpft die sensualistische M. des Rokoko an den Kolorismus Tizians, Rubens' und A. van Dycks an und kultiviert eine antiakademische, spontane, skizzenhafte Malweise. Die durch das «fa presto» und «infinito» charakterisierten, den Zufall suchenden Verfahren von N. LANCRET, WATTEAU, H. FRAGONARD u.a. entsprechen dem aristokratischen Habitus des geistvollen, phantasiebegabten «homme capricieux» und gehorchen, in der Tradition von Castigliones Konzept der *grazia* und *sprezzatura* stehend, der Wertelehre der «honnêteté».[70] Ihre bevorzugten Themen sind die Vergnügungen der Aristokratie und die Welt des Theaters, die sie in atmosphärisch aufgeladenen, träumerisch entrückten, häufig aperspektivischen Darstellungen in Szene setzen.

Im Gegensatz zur aristokratischen M. des Rokoko inszeniert J.-B. Greuze bürgerliche Rührstücke in einem süßlichen, zuweilen auch klassizistisch orientierten, sentimentalischen Stil. Gleichfalls an die holländische M. des 17. Jh. anknüpfend, schildert S. Chardin unprätentiöse intime Szenen des bürgerlichen Alltags. DIDEROT, der die galante M. des Rokoko in seinen Salonberichten zunächst noch nicht mit pädagogischer Nachsicht kommentiert, sie 1776 in den ‹Verstreute[n] Gedanken über Malerei, Skulptur, Architektur und Poesie› hingegen mit agitatorischer Schärfe kritisiert[71], lobt das Kolorit, die Schlichtheit und Ruhe seiner Gemälde.[72] An ihnen sowie Werken van Loos u.a. preist er insbesondere die «naiveté» von Figuren, deren Aufmerksamkeit innerbildlich gebunden ist, und die vom Betrachter keine Notiz nehmen.[73] Einhergehend mit diesem Ideal versteht das späte 18. Jh. das Kunstwerk nicht mehr als ein an bestimmte Betrachter adressiertes und auf spezifische Wirkungsbedingungen abgestimmtes Gebilde. Das auch das zeitgenössische Theater betreffende Gebot der Absorption, hinter dem die Kritik an den outrierten höfischen Verhaltensformen und das schwindende Vertrauen in die Rhetorik und die überkommenen moralischen und kognitiven Schematismen steht, bestimmt zunehmend auch das Verhalten der Rezipienten. Die tradierten Formen des heiteren geselligen Umgangs mit der Kunst werden nun der mangelnden Gegenstandsadäquatheit und affektierten Geschwätzigkeit geziehen. Dagegen setzt man das Ideal des schweigsamen individuellen Nachvollzugs – Diderot, Goethe und viele ihrer Zeitgenossen verbringen in stiller Zurückgezogenheit Stunden in der Betrachtung möglichst einzelner Werke.[74] In diesem neuen Rezeptionsverhalten der kulturräsonnierenden Öffentlichkeit kündigt sich die moderne Professionalisierung der Kunstkritik an.

Die absorptive Geschlossenheit einer «supreme fiction» charakterisiert auch den in der Revolutionszeit dominierenden strengen Klassizismus J.-L. Davids und seiner Schule [75], der in der Regel auf direkte Betrachteransprachen verzichtet. Gleichwohl bleibt zu untersuchen, in welchem Maße die Kunst dieser Zeit an der mit der parlamentarischen Praxis einhergehenden und u.a. durch die radikale Schriftkritik in Rousseaus ‹Essai sur l'origine des langues› motivierten Rückbesinnung auf die Rhetorik partizipiert, sich z.B. an den Leitbildern des «schweigsamen Spartas», dem in der zeitgenössischen Diskussion die Qualitäten der Schrift zugeordnet werden, und des der Rede und dem Bild assoziierten «beredsamen Athens» orientiert. [76]

Die M. der *Romantik* hält durchaus an alten Wirkungskonzepten fest, wobei sie freilich im Bewußtsein des Traditionsbruchs neue Inhalte verarbeitet und zu neuen Formen findet. So kontinuiert insbesondere in der nun zur Leitgattung avancierenden Landschaftsmalerei das Konzept des Erhabenen, das schon im Verlauf des 18. Jh. ins Zentrum ästhetischer Reflexion rückt [77] und von E. BURKE, KANT und SCHILLER aktualisiert wird. Im Rahmen entsprechender Formen wird im späten 18. Jh. in England erstmalig die Industrielandschaft zum Bildthema erhoben. [78] Auch W. Turner tritt mit erhabenen Landschaften hervor, in denen er wiederholt technische Erfindungen des Industriezeitalters thematisiert. Zugleich artikuliert C.D. Friedrich in seinen Landschaften politisch emanzipatorische Forderungen und findet neue, den Authentizitätsanspruch des romantischen Subjekts bekräftigende Formen. [79]

Im Bewußtsein des Traditionsbruchs der Moderne erprobt die M. des 19. Jh. neue rezeptionsästhetische Mittel. Sie strebt vielfach durch Leerstellen die Aktivierung der Phantasie des Betrachters an und verzichtet zunehmend auf eine moralische Instruktion des Rezipienten und die tradierten Formen der innerbildlichen Bildvermittlung. [80] Durch den den politischen Menschenrechten korrelierenden Anspruch der autonomen Kunst als eines Spiels, das sich selbst die Regel gibt, wird die überkommene Bilddidaktik unterminiert. Maßgeblich ist in dieser Hinsicht, daß Kant das Ästhetische als Bereich «interesselosen Wohlgefallens» von dem der vernunftmäßigen Erkenntnis und die künstlerische Arbeit von jeder erlernbaren Tätigkeit trennt, das ästhetische Urteil als Gegenstand der intersubjektiven Verständigung definiert und einen strikten Begriff von der Subjektgebundenheit des Kunstwerks vertritt. [81] Wie die Kunst ihrer höchsten Bestimmung nach sieht HEGEL auch ihren «höheren substantiellen Zweck», «die Reinigung nämlich der Leidenschaften, die Belehrung und die moralische Vervollkommnung» als historisch vergangen an. [82] Ausgehend von Hegels historisch deduktiven Verfahren herrscht spätestens seit den Debatten des 19. Jh., in welchem Stil man bauen solle, über BAUDELAIRES Forderung nach einer Kunst der «vie moderne» bis hin zu ADORNOS Theorem des «avanciertesten Materials» ein Stilbegriff, der nicht mehr gleichzeitig gegebene Alternativen der Gattungen und Stilhöhen sieht, sondern den authentischen Ausdruck der Gegenwart und eines avancierten Bewußtseins im Visier hat. Dennoch bedient sich noch die akademische Salonmalerei des 19. Jh. bilddidaktischer Verfahren. Erst um 1900 vollzieht sich mit dem Ästhetizismus und seinen Formen einer «ästhetischen Opposition» eine Ausdifferenzierung von Ästhetik und Moral, die zumindest für das Bewußtsein der europäischen Avantgarden konstitutiv wird. [83]

Anmerkungen:
1 W. Kemp: Kunstwiss.u. Rezeptionsästhetik, in: ders. (Hg.): Der Betrachter ist im Bild (²1992) 20. – 2 Cic. De or. III, 216 u. 223; Quint. XI, 3, 87. – 3 Cic. De or. III, 216f. – 4 siehe Nikolaos, Progymnasmata 69; vgl. auch F. Graf : Ekphrasis: Die Entstehung der Gattung in der Antike, in: G. Boehm, H. Pfotenhauer (Hg.): Beschreibungskunst – Kunstbeschreibung. Ekphrasis von der Antike bis zur Gegenwart (1995) 148f. – 5 vgl. J. Paris: Drei Augen-Blicke, in: Kemp [1] 68. – 6 vgl. C. Gandelman: Der Gestus des Zeigers, in: Kemp [1] 71ff. – 7 vgl. H. Belting: Bild u. Kult (1990); ders.: Das Bild und sein Publikum im MA (1981). – 8 M. Baxandall: Giotto and the Orators (1971) 128f. – 9 Arist. Pol. 1340a; s. Baxandall ebd. 83. – 10 s. N. Michels: Bewegung zw. Ethos u. Pathos (1988) 23. – 11 L.B. Alberti: Kleinere kunsttheoret. Schr., ital.-dt., hg. von H. Janitschek (1877) 120f.; vgl. Hor. Ars 101f. – 12 Alberti [11] 122f. – 13 ebd. 152f. – 14 Arist. Rhet. I, 15, 1375b. – 15 Cic. Or. 21, 69; vgl. Lausberg Hb. § 1079, 3. – 16 Alberti [11] 126f. – 17 vgl. Michels [10] 33ff. – 18 H. Baron: Bürgersinn und Humanismus im Florenz der Renaissance (1992) 30f. – 19 vgl. P.P. Vergerii ad Ubertinum de Carraria De ingenuis moribus et liberalibus adolescentiae studiis liber, hg. v. C. Miani, in: Atti e memoriae della Società Istriana di Archeologia e Storia Patria, N.S. 20/21 (1971/73) 203–251; s. Baron [18] 30. – 20 L. Bruni: Humanistisch-philos. Schr., hg. v. H. Baron (1928) 34. – 21 vgl. P. Burke: Die Renaissance in Italien. Sozialgesch. einer Kultur zw. Trad. und Erneuerung (1984). – 22 vgl. D. Rosand: Raphael, Marcantonio, And The Icon of Pathos, in: Source. Notes in the History of Art 3/2 (1984) 34–52. – 23 P. Gauricus: De sculptura, hg. von A. Chastel, R. Klein (1969) 59ff. – 24 A. Chastel (Hg.): Leonardo da Vinci. Sämtl. Gemälde u. die Schr. zur M. (1990) 210. – 25 ebd. 139f. – 26 Quint. VI, 2, 17; auch Cic. Or. 70f. – 27 s. M. Warnke: Der Vater der Kunstgesch.: G. Vasari, in: ders.: Künstler, Kunsthistoriker, Museen (1979) 18. – 28 s. A. Condivi: Das Leben des Michelangelo Buonarroti, übertr. v. R. Diehl (1939) 72f. (Kap. 56). – 29 R. Preimesberger: Tragische Motive in Raffaels "Transfiguration", in: Zs. f. Kunstgesch. 50 (1987) 110. – 30 vgl. D. Summers: Michelangelo and the Language of Art (1981) 234ff. – 31 P. Giovio: Michaelis Angeli Vita, in: E. Steinmann: Michelangelo im Spiegel seiner Zeit (1930) 77f. – 32 G. Vasari: Leben der ausgezeichnetsten Maler, Bildhauer und Baumeister …, übers. von L. Schorn, E. Förster, ND hg. von J. Kliemann, Bd. 4 (²1988) 419; ders.: Le vite …, hg. von R. Bettarini, P. Barocchi, Bd. 6 (Florenz 1987) 108. – 33 vgl. K. Ley: Das Erhabene als Element frühmoderner Bewußtseinsbildung: Zu den Anfängen der neuzeitlichen Longin-Rezeption in der Rhet. und Poetik des Cinquecento, in: H. Plett (Hg.): Renaissance-Poetik (1994) 250ff. – 34 vgl. M. Baxandall: Pictorially enforced signification. St. Antonius, Fra Angelico and the Annunciation, in: Hülle und Fülle. FS T. Buddensieg (1993) 31. – 35 E. Panofsky: Comments on Art and Reformation, in: Symbols in Transformation. Iconographic Themes at the Time of the Reformation. An Exhibition of Prints in Memory of E. Panofsky (Kat. Princeton 1969) 13. – 36 B. Wyss: Die Welt als T-Shirt. Zur Ästhetik und Gesch. der Medien (1997) 37; s.a. D. Freedberg: Iconoclasm and Painting in the Revolt of the Netherlands 1566–1609 (1988) 195ff. – 37 F. Büttner: "Argumentatio" in Bildern der Reformationszeit. Ein Beitr. zur Bestimmung argumentativer Strukturen in der Bildkunst, in: Zs. f. Kunstgesch. 57 (1994) 23–44. – 38 Ph. Melanchthon: Responsio ad Picum Mirandolam, in: Opera quae supersunt omnia, hg. v. K.G. Bretschneider, Bd. 9 (Halle 1842) Sp. 694, Übers. Red.; s.a. D.B. Kuspit: Melanchthon and Dürer: the Search for the Simple Style, in: J. of Medieval and Renaissance Studies 3 (1973) 177–202. – 39 E. u. W. Kemp: Lambert Lombards antiquarische Theorie und Praxis, in: Zs. f. Kunstgesch. 36 (1973) 122ff. – 40 C. van Mander: Das Leben der niederländischen dt. Maler, niederländ. u. dt., übers.u. komm. v. H. Floerke, 2 Bde. (1618; ND 1906). – 41 s. J. Müller: Concordia Pragensis. K. van Manders Kunsttheorie im Schilder-Boeck (1993) 66, 47. – 42 s. ders.: Das Paradox als Bildform. Stud. zur Ikonologie Pieter Bruegels d.Ä. (1999). – 43 vgl. L.A. Palladino: Pietro Aretino: Orator and Art Theorist (Ph. D. Yale Univ. 1981). – 44 B. Castiglione: Il Libro del Cortegiano, I, 26. – 45 vgl. K. Marano: Apoll und Marsyas (1998) 170ff. – 46 Cic. Or. 23; Quint. I, 11, 3 u. XI, 2, 47; Ps.-Long. Subl. 17, 1ff. – 47 s. R. Brandt: Einl., in: Ps.-Long. Subl. 21. – 48 vgl. K. Ley [33]

241–259. – **49** s. M. Fumaroli: L'Âge de l'Éloquence (1980) 116ff.; B. Bauer: Jesuit. ‹ars rhetorica› im Zeitalter der Glaubenskämpfe (1986); Michels [10] 127ff. – **50** s. M. Fumaroli: L' École du Silence (1994) 203ff. – **51** G. Paleotti: Discorso intorno alle imagini (1582), in: Trattati d' arte del Cinquecento, hg. v. P. Barocchi, Bd. 2 (Bari 1961) 493f.; s. auch Kemp [1] 9ff.; U. Heinen: Rubens zw. Predigt u. Kunst (1996) 31ff. – **52** R. Meyer-Kalkus: Wollust und Grausamkeit. Affektenlehre und Affektdarstellung in Lohensteins Dramatik am Bsp. von "Agrippina" (1986) 181. – **53** V. Carducho: Dialogos de la pintura su defensa, origen, esencia, definicion, modos y differencias, hg. u. komm. v. F. Calvo Serraller (Madrid 1979) 338f. – **54** vgl. R. Wittkower: Grundlagen des Arch. im Zeitalter des Humanismus (1969) 95ff.; E. Forssmann (Hg.): Palladio. Werk und Wirkung (1997). – **55** s. M.S. Weil: The Devotion of the Forty Hours and Roman Baroque Illusion, in: JWCI 37 (1974) 218–48. – **56** vgl. Fumaroli [50] 53ff. – **57** N. Poussin: Lettres et propos sur l' art, hg. v. A. Blunt (³1994) 134f. – **58** vgl. F. Hammond: Poussin et les modes: le point de vue d' un musicien, in: Poussin et Rome. Actes du colloque de l'Académie de France, Rome et la Bibliotheca Hertziana, Nov. 1994 (1996) 80. – **59** vgl. O. Bätschmann: Nicolas Poussin: Dialecticts of Painting (1990) 39. – **60** vgl. B. Haak: Das Goldene Zeitalter der holländ. M. (1984); H.-J. Raupp: Ansätze zu einer Theorie der Genremalerei in den Niederlanden im 17. Jh., in: Zs. f. Kunstgesch. 46 (1983) 401–18. – **61** vgl. A. Fontaine: Les Doctrines d' Art en France. Peintres, Amateurs, Critique. De Poussin à Diderot (1909); P.-E. Knabe: Schlüsselbegriffe des kunsttheoret. Denkens in Frankreich von der Spätklassik bis zum Ende der Aufklärung (1972) 418ff. (Stichwort ‹règles›). – **62** s. A. Félibien (Hg.): Conférence de l'Académie royale de peinture et de sculpture (Paris 1669; ND Portland/Oregon 1972) Préface, nicht paginiert. – **63** R. Descartes: Die Leidenschaften der Seele, Art. 53 u. 70ff., frz./dt., hg. u. übers. v. K. Hammacher (1984) 94f u. 108ff.; vgl. auch U. Mildner-Flesch: Das decorum. Herkunft, Wesen und Wirkung des Sujetstils am Bsp. Nicolas Poussins (1983) 142. – **64** s. Ch. Perrault: Parallèle des Anciens et des Modernes en ce qui regarde les arts et les sciences (Paris 1688–97; ND 1964) 156ff. – **65** Poussin [57] 135f. – **66** s. R. Meyer-Kalkus: Art. ‹Pathos›, in: HWPh, Bd. 7, Sp. 194. – **67** s. Th. Puttfarken: Roger de Piles's Theory of Art (1985) 57ff.; H. Körner: Auf der Suche nach der "wahren" Einheit. Ganzheitsvorstellungen in d. frz. M. u. Kunstlit.... (1988). – **68** Körner [67] 66. **69** s. I. Haberland: Jonathan Richardson (1666–1745). Die Begründung der Kunstkennerschaft (1991) 149. – **70** s. J. Rees: "Glücklich, sich vom gewohnten Weg zu entfernen"? Le caprice u. die Kunst der Abweichung in der frz. M. des 18. Jh., in: E. Mai (Hg.): Das Capriccio als Kunstprinzip (1996) 111–131. – **71** D. Diderot: Verstreute Gedanken..., in: ders.: Ästhet. Schr., hg. v. Fr. Bassenge (1984) Bd. 2, 333. – **72** s. ders.: Aus dem "Salon von 1763", ebd., Bd. 1 (1984) 453f. u. ders.: Aus dem "Salon von 1765", ebd. 539ff. – **73** M. Fried: Absorption and Theatricality. Painting and Beholder in the Age of Diderot (1980). – **74** vgl. W. Kemp: Die Kunst des Schweigens, in: T. Koebner (Hg.): Laokoon und kein Ende: Der Wettstreit der Künste (1989) 96–119. – **75** Fried [73] 154ff. – **76** vgl. B. Schlieben-Lange: "Athènes éloquente"/"Sparte silencieuse". Die Dichotomie der Stile in der frz. Revolution, in: H.U. Gumbrecht, K.L. Pfeiffer (Hg.): Stil. Gesch. und Funktionen eines kulturwiss. Diskurselements (1986) 155–168. – **77** vgl. Art. ‹Erhabene, das›, in: HWRh 2, Sp. 1357; W.J. Hipple: The Beautiful, the Sublime and the Picturesque in 18th-Century British Aesthetic Theory (Carbondale 1957); J.B. Twitchell: Romantic Horizons. Aspects of the Sublime in English Poetry and Painting, 1770–1850 (Columbia 1983); A. Sollbach: Erhabene Kunst der Vernunft (1996). – **78** vgl. M. Wagner: Die Industrielandschaft in d. engl. M. (1979). – **79** vgl. P. Rautmann: C.D. Friedrich: Das Eismeer. Durch Tod zu neuem Leben (1991); J.L. Koerner: C.D. Friedrich: Landschaft u. Subjekt (1998). – **80** vgl. D. de Chapeaurouge: "Die Phantasie des Betrachters", in: Der Frühe Realismus 1800–1850 (Kat. Nürnberg 1967) 3–11; W. Kemp: Der Anteil des Betrachters. Rezeptionsästhet. Stud. z. M. d. 19. Jh. (1983). – **81** Kant KU. – **82** G.W.F. Hegel: Ästhetik, hg. v. F. Bassenge (1984) passim, Zitat: I, 59. – **83** vgl. G. Mattenklott: Bilderdienst. Ästhet. Opposition bei Beardsley u. George (1985).

B. *Anwendungsbeispiele.* **I.** *Antike.* In der Epoche des *Hellenismus* kommt es wohl erstmals zu Einflüssen der Poetik und Rhetorik auf die bildenden Künste. Ihr entstammen die ältesten Objekte, an denen sich solche belegen oder wenigstens wahrscheinlich machen lassen. Allerdings handelt es sich dabei in erster Linie um Werke der Bildhauerei, während von der gleichermaßen gerühmten hellenistischen M. nur Beispiele der Vasenmalerei, Kopien und literarische Zeugnisse erhalten sind. Außer Frage steht, daß die nachklassische Kunst des griechischen Kulturraums ein breites Spektrum stilistischer Haltungen ausbildet. Grundlegend dafür ist ein reflektiertes Verhältnis zur Tradition, das sich auch in dem nun aufkommenden Kopierwesen zeigt. Der Synkretismus und die Stilvielfalt des kosmopolitischen Hellenismus sind ein häufig beschriebenes Phänomen, das mit einer Heterogenisierung der kulturtragenden Schicht in der prosperierenden Zeit des 4. Jh. einhergeht: «Der "Naturalismus", der "Barock", das "Rokoko" und der "Klassizismus" der hellenistischen Epoche entwickeln sich zwar historisch nacheinander, bestehen aber zuletzt nebeneinander, und es teilen sich in der Gunst des Publikums schon von Anfang an das Pathetische und das Intime, das Feierliche und das Genrehafte, das Kolossale und das Kleine, Zarte, Zierliche.» [1]

Zumal Cicero seine Tendenz zum Asianismus und Quintilian neue sprachliche Ausdrucksformen mit dem Hinweis auf nachklassische Kunstwerke, wie z. B. den durch eine römische Marmorkopie überlieferten ‹Diskuswerfer› des MYRON (Rom, Thermenmuseum), rechtfertigen [2], ist anzunehmen, daß die Poetik und Rhetorik für die funktionalen und stilistischen Differenzierungen der hellenistischen Kunst maßgeblich geworden sind. So hat man z. B. die unterschiedliche Gestaltung der teils auf Fernsicht, teils auf eine nahsichtige Betrachtung konzipierten Friese des um 180 v. Chr. entstandenen Pergamon-Altars (Berlin, Pergamon-Museum), auf Aristoteles' Unterscheidung von Gattungen und Stilhöhen in der ‹Rhetorik› und ‹Poetik› bezogen. [3] In der ‹Rhetorik› wird die öffentliche Rede mit der σκιαγραφία (skiagraphía; Schattenbild, -malerei bzw. Dekorations- oder Kulissenmalerei) verglichen – die Theaterkulisse sollte ja auch auf den Standpunkt des Betrachters abgestimmt sein, deren «hohe artistische Vollendung überflüssig und wenig zweckmäßig» sei. [4] Der im Sockelfries des Zeusaltars dargestellte Kampf der Götter und Titanen ist zudem in einem vehement bewegten Stil gehalten, der zweifellos auf die persuasive Wirkung des *pathos* zielt, zumal hier die Strafe der Götter thematisiert ist. In Werken wie dem ‹Laokoon› (Rom, Vatikanische Museen) werden solche turbulenten Kompositionen dann u. a. durch eine relativ geschlossene Außenkontur gemäßigt. Grundsätzlich aber entwickeln sich im Hellenismus verschiedene gleichzeitig verfügbare Ausdrucksformen. Dabei werden in Werken wie dem trunken entschlafenen ‹Barberinischen Faun› (München, Glyptothek) nicht nur eine virtuose sensualistische Oberflächenbehandlung und eine komplexe, durch divergierende Körperachsen bestimmte Formgebung erprobt, sondern auch zuvor nicht darstellungswürdige Sujets thematisiert. So handelt es sich z. B. bei der berühmten ‹Trunkenen Alten›, der noch L. von Klenze ihren Platz in der königlichen Glyptothek verweigern wollte, wohl um die Darstellung einer gealterten Hetäre. [5] Auch die zeitgenössische Porträtplastik, die wie auch die Münzdarstellung unterschiedliche Grade der Idealisierung kennt, scheut nicht vor einem veristischen Naturalismus zurück, wie u. a. das um

200 v.Chr. entstandene, nicht eben sympathieheischende Porträt des Tyrannen Euthydemos von Baktrien zeigt (Rom, Villa Torlonia).

Aufgrund des Kunst- und Propagandabedarfs Alexanders des Großen und der Diadochenhöfe und infolge ihrer theoretischen Aufwertung durch Aristoteles erfährt die M. im 4.Jh. eine einzigartige Blüte. Mit ihr steigt das Selbstbewußtsein der Künstler, die sich nun um literarische und philosophische Bildung bemühen und bis dahin ungekannte Aufstiegsmöglichkeiten erhalten: PARRHASIOS signiert seine Werke, ZEUXIS erwirbt mit seiner Kunst ein Vermögen und APELLES wird als Hofmaler Alexanders des Großen zu seinem Vertrauten. Schon in römischer Zeit wird die hellenistische M. als höchst begehrtes Sammlerobjekt andächtige Bewunderung erfahren und von vielen Autoren, Plinius, Vitruv, Seneca u.a., als absoluter Höhepunkt der Kunstentwicklung bewertet, gegenüber dem die römische M. nur schlichtes Handwerk darstelle, und noch die frühneuzeitliche Kunstliteratur wird in dem Bestreben, die M. zu nobilitieren, immer wieder die Namen ihrer bekanntesten antiken Vertreter anführen.

Das wohl bedeutendste Zeugnis der Errungenschaften der hellenistischen Monumentalmalerei ist das berühmte pompejanische Mosaik der ‹Schlacht von Issos› aus dem 2. bis 1. Jh. (Neapel, Museo Nazionale). Es gilt als gesichert, daß dieses auf ein Vorbild des späten 4. Jh. zurückgeht, ja als «die exakteste Kopie eines großen griechischen Gemäldes» anzusehen ist.[6] Mit seiner Beschränkung auf die vier Farben Weiß, Schwarz, Rötel und Ocker weist das Werk einen historisierenden Zug auf: Der Mosaizist hat sich der reduzierten Farbskala der bis in die Alexanderzeit ausgeübten Vierfarbenmalerei der attisch-thebanischen Malerschule bedient, von der Cicero und Plinius berichten.[7] Das Mosaik zeigt den 'fruchtbaren Moment' der Entscheidung in der Schlacht zwischen den Griechen und Persern. Links sprengt der unbehelmte jugendliche Heerführer Alexander heran, durchbohrt mit der Lanze einen feindlichen Reiter, wobei er zum persischen König Dareios blickt, der in hilfloser Mimik und Gestik erstarrt, während sein Wagenlenker mit der Peitsche die Pferde zur wilden Flucht antreibt. Fast alle bildnerischen Mittel der hellenistischen M., von denen die literarischen Quellen berichten, finden sich in dieser dramatischen Historie, die die Forschung auch in Bezug zur Dichtung und zum Theater des Hellenismus setzt.[8] Die Gesichter sind individuell pointiert gegeben und von Gefühlen gezeichnet. Die Figuren zeigen eine Vielfalt von Haltungen und Ansichten, und die Lichtgebung umfaßt in bis dahin ungekannter Weise Schlaglichter und Reflexe, die an den Waffen und Rüstungen aufblitzen. Eine virtuose Beherrschung der Perspektive zeigt sich in den verkürzt dargestellten Körpern der sich aufbäumenden und durchgehenden Pferde vor dem Wagen des Dareios. In der auf eine überzeugende Deutlichkeit (enárgeia) zielenden Darstellung wurde auf sinnbildliche Elemente verzichtet – von dem verdorrten Baum abgesehen, der ein Gegengewicht zu der Figur des Dareios bildet. Zudem läßt sich die Figur des abgewandten Persers im Vordergrund, dessen erschrockenes Gesicht in einem Schild erscheint, der so gleichsam zum Spiegel seiner Seele wird, als ein reflexives, auf die Wirkungs- und Erkenntnisfunktion der M. anspielendes Motiv verstehen.

Die hellenistische Kunst, die Cato entschieden ablehnt, ist in den vornehmen und gebildeten Kreisen Roms hingegen beliebt und prägt den gräzisierenden Stil der augusteischen Zeit. Ist in dieser die Skulptur die führende Kunstgattung, so tritt während der flavisch-trajanischen Zeit die M. mehr und mehr in den Vordergrund und erlebt eine bisher nicht dagewesene Massenproduktion. So erfährt z.B. die nun überwiegend privaten Zwecken dienende Porträtkunst, die in Anlehnung an die etruskische Tradition einen schlichten Naturalismus ausbildet, enorme Verbreitung, wie u.a. das als Fresko ausgeführte Hochzeitsbild eines Bäckers und seiner Frau aus Pompeji bezeugt (Neapel, Museo Archeologico Nazionale). Dieses Phänomen zeigt sich generell in den Fresken der Städte Pompeji und Herculaneum, die vielfach nicht über die durchschnittliche Qualität schnell ausgeführter Dekorationen hinausgehen. Gleichwohl belegt die pompejanische Wandmalerei, nach deren unterschiedlichen Illusionssystemen gemeinhin die *römische M.* in vier Stile unterteilt wird – wobei strittig ist, ob diese einander in strikter Folge abgelöst haben –, daß hier um 79 n.Chr. jede Gattung existiert: Historienbilder, Porträts, Landschaften, Stilleben sowie Grotesken und im Fresko fingierte Wanddekorationen aus seltenem Marmor, ja selbst Pornographisches an den Wänden eines Bordells. Auch das Spektrum der malerischen Mittel ist dabei denkbar umfassend und reicht von einem harten Linearismus mit einer flächig gebundenen Farbigkeit bis zu atmosphärisch dichten, elegischen Landschaften, die zuweilen als 'impressionistisch' charakterisiert werden. In Hinblick auf die von Plinius gerühmten suggestiven, die Phantasie des Betrachters aktivierenden Anmutungsqualitäten der Werke des Timanthes[9] verdient der Freskenzyklus im Triklinium der nahe des Stadtrandes von Pompeji gelegenen sogenannten Villa der Mysterien mit geheimnisvollen Szenen eines dionysischen Geheimkultes Erwähnung.[10] Mehrere Darstellungen, u.a. die der Einführung in das Mysterium, in der ein zum Betrachter gewandtes Mädchen inmitten ernst schweigender Personen in einer Schriftrolle liest, setzen den nicht Eingeweihten einem kalkulierten Informationsnotstand aus und führen so dazu, daß man sich mehr denkt, als man sieht. So zeigt die Maskenszene den Silen, der eine weitere Person in einen Krug schauen läßt, während eine Assistenzfigur dahinter eine tragische Maske hochhält – ein Motiv, das vermutlich den Vorgang der mystischen Schau des Schrecklichen verdeutlicht.[11] Die distinguierte, kühle Formensprache dieser Fresken steht in denkbar deutlichem Gegensatz zu dem populären Naturalismus der Zeit und den damals omnipräsenten, eine naive Schaulust befriedigenden Bilderzählungen, deren große Zahl durch literarische Quellen verbürgt ist.[12]

Anmerkungen:
1 A. Hauser: Sozialgesch. der Kunst u. Lit. (1973) 108. – **2** Quint. II, 13,10. – **3** vgl. H. Honour, J. Fleming: Weltgesch. d. Kunst (1983) 141. – **4** Arist. Rhet. 1414a 9ff. – **5** vgl. P. Zanker: Die Trunkene Alte. Das Lachen der Verhöhnten (1989). – **6** B. Andreae: Das Alexandermosaik aus Pompeji (1977) 24. – **7** Cic. Brut. 70; Plinius, Naturalis Historia, B. 35, 50, 92. – **8** vgl. A. Cohen: The Alexander Mosaic. Stories of Victory and Defeat (1997) 143ff. – **9** Plinius [7] B. 30, 74; vgl. dazu auch Hor. Ars 179ff. – **10** zu diesen siehe R. Ling: Roman Painting (1991) 101ff. – **11** vgl. O.S. Rachleff: The Occult in Art (1990) 47; B. Gallistl: Maske u. Spiegel. Zur Maskenszene des Pompejaner Mysterienfrieses (1995). – **12** s. dazu R. Rodenwaldt: Die Kunst d. Antike (1927) 67.

II. *Frühes Christentum, Byzanz, Mittelalter.* Da die christlichen Theologen in der heiligen Schrift das verkündete Wort Gottes und somit den höchsten Maßstab der Wahrheit und Beredsamkeit verbürgt sehen, kann es ihnen nur noch um die Vermittlung fraglos gültiger Inhalte, nicht aber mehr um die kontroverse Erörterung disponibler Handlungsalternativen gehen.[1] Entsprechend unterliegt die Rhetorik in *frühchristlicher Zeit* einem Prozeß der Trivialisierung und Instrumentalisierung als Hilfsmittel der Homiletik. Auch die M. wird nach der Kunstblüte der Spätantike nun strikt an den Auftrag der Vermittlung biblischer Texte gebunden. Greift die frühchristliche Kunst immer wieder auf das antike Erbe zurück – so erinnert z.B. das bekannte, um 425 entstandene Mosaik ‹Des guten Hirten› im Mausoleum der Galla Placidia in Ravenna an die pompejanische Wandmalerei –, so gibt sie den antiken Illusionismus doch zunehmend auf. In den Langhausmosaiken von Sta. Maria Maggiore aus den 430er Jahren in Rom sind die Perspektive und der Tiefenraum verschwunden; die flächigen Figuren wirken leblos und entrückt. Die wesentlichen Merkmale des hier ausgebildeten schlichten «transzendenten Ausdrucksstils»[2] bleiben weiterhin bestimmend, wobei sich von ihm der höfische Stil des Cäsaropapismus, wie er sich beispielhaft in den Mosaiken von Sant'Apollinare Nuovo und San Vitale in Ravenna aus der ersten Hälfte des 6. Jh. zeigt, durch kostbare Materialien und seinen vornehm zeremoniellen Charakter abhebt.

Nach dem Ikonoklasmus wird in *Byzanz* das Bild als «stille Predigt» legitimiert.[3] Wenngleich einige Theologen wie Theodoros Studites (759–826) und der Patriarch Nikephoros (gest. 828) argumentieren, das Sehen sei dem Text immer vorausgegangen, auf ihm beruhe somit der Glaube[4], so ist das Bild dennoch an vorgängige Texte und an den Prototyp oder das Urbild gebunden. Im byzantinischen Kulturkreis gilt die Verehrung grundsätzlich nicht dem Kunstwerk und seinem Schöpfer, sondern den Dargestellten. Daß das Bild nicht als eigenständige Leistung zu verstehen ist, verdeutlichen in der Regel Inschriften, die an seine «verkündigungstheologische Insuffizienz» gemahnen.[5] In großen Bildzyklen spielen hier wie auch im Westen zudem die liturgischen Funktionen und kontextuellen Bezüge des einzelnen Bildes zur Architektur eine maßgebliche Rolle. Aufgrund dieser Faktoren bleibt die Bedeutung der Rhetorik für die M., Mosaik- und Textilkunst beschränkt, obschon das Fortleben der rhetorische Gattung der Lobrede, die nun Christus und den Heiligen gewidmet wird, und von Darstellungsmitteln wie z.B. der *Antithese* und *Synkrisis* (*Hyperbel*) im byzantinischen Predigtwesen punktuell Spuren in den Künsten hinterläßt.[6] Evident wird der Einfluß der Rhetorik z.B. in dem vermutlich anläßlich der Hochzeit Basilios' I. mit Eudokia Ingerina im Jahre 866 entstandenen David-Kästchen aus Elfenbein (Rom, Palazzo Venezia), dessen panegyrisch instrumentierte Darstellungen der Vita Davids auch biblisch nicht verbürgte Szenen der Geburt und Erziehung umfassen und damit Topoi der Lobrede berücksichtigen.[7] Die byzantinische Kunst kennt natürlich auch verschiedene Formen der Gleichsetzung und Gegensatzbildung.[8] So werden z.B. in einer Darstellung im Chludov-Psalter (Moskau, Historisches Museum) aus der zweiten Hälfte des 9. Jh. Bilderstürmer, die ein Christusbild zerstören, den Schergen analogisiert, die Christus kreuzigten, ein polemischer Vergleich, der zuvor bereits in einem Johannes von Damaskus zugeschriebenen Text vorkommt.[9]

Eine wichtige Gattung in der byzantinischen Literatur ist die Wehklage. Insbesondere die Klage der Jungfrau über den Tod Christi wird seit dem 6. Jh. Gegenstand einer eigenen literarischen Tradition, die offenbar Einfluß auf die M. nimmt. So zeigt das im 12. Jh. entstandene Fresko mit der ‹Beweinung Christi› in St. Panteleimon in Nerezi in Mazedonien die trauernde Maria, die den Leichnam ihres Sohnes umschlossen hält und weinend ihre Wange an die seine drückt. Nicht nur in der ausdrucksstarken Darstellung der Trauer folgt die M. hier zeitgenössischen Hymnen und Predigten, sondern auch in dem Bemühen, im Rahmen dieser Thematik auf die Geburt Christi zu verweisen. Das Fresko erinnert allusiv an diese durch die Position des Leichnams, der auf dem Schoß Mariens liegt, und durch ihre zärtliche Liebkosung, die an Ikonen des Eleousa-Typs denken läßt.[10]

In Anlehnung an die Rhetorik setzt die M. des *Mittelalters* die Gesten, die Quintilian als eine «gemeinsame Sprache der Menschheit» definiert hatte[11], als noch beanspruchte Bedeutungsträger ein.[12] Beispielhaft zeigt dies die ‹Fußwaschung der Apostel›, eine um 1000 entstandene Illustration aus dem Evangeliar Ottos III. (München, Bayerische Staatsbibliothek). Sie vergegenwärtigt Christus, der im Begriff ist, die Füße Petri zu waschen. Seinen Segensgestus beantwortet dieser mit einer Gebärde der Empfängnis. Die beiden Hauptfiguren sind größer als die übrigen dargestellt. Die wie in der frühchristlichen Kunst bartlos gezeigte Gestalt Christi geht auf ein römisches Relief zurück, das einen Arzt bei der Heilung eines Kranken zeigt. Für den Jünger am rechten Bildrand, der seine Sandalen bindet, diente eine hellenistische Athletenstatue als Modell.[13]

Anmerkungen:
1 s. P. Ptassek: Rhet. Rationalität. Stationen einer Verdrängungsgesch. von der Antike bis zur Neuzeit (1993) 99. – 2 R. Kömstedt: Vormittelalterliche M. Die künstler. Probleme d. Monumental- u. Buchmalerei in d. frühchristl. u. frühbyzantin. Epoche (1929) passim, bes. 14ff. u. 20ff. – 3 s. B. Schellewaldt: "Stille Predigten" – Das Verhältnis von Bild u. Text …, in: A. Beyer (Hg.): Die Lesbarkeit der Kunst (1992) 53f. – 4 siehe G. Lange: Bild und Wort. Die katechet. Funktionen des Bildes in der griech. Theol. des 6. bis 9. Jh. (1969) 201ff., 217ff. – 5 ebd. 245. – 6 vgl. H. Maguire: The Art of Eloquence in Byzantium (1981); ders.: The Art of Comparing in Byzantium, in: The Art Bulletin 70 (1988) 88–103. – 7 s. ebd. (1988) 91. – 8 ders. (1981) 53ff. u. (1988). – 9 s. A. Grabar: L' iconoclasme byzantin, le dossier archéologique (1957) 149; H. Bredekamp: Kunst als Medium sozialer Konflikte. Bilderkämpfe von der Spätantike bis zur Hussitenrevolution (1975) 148f. – 10 s. Maguire (1981) [6] 102. – 11 Quint. XI, 3, 87. – 12 J.-C. Schmitt: Die Logik der Gesten im europ. MA (1992); M. Barash: Giotto and the Language of Gesture (Cambridge ²1988). – 13 vgl. J. Honour, J. Fleming: Weltgesch. der Kunst (1983) 286.

III. *Renaissance und Manierismus.* Die Darstellung des ‹Krippenwunders in Greccio› (siehe Abb. 1) in der von GIOTTO, weiteren Meistern und ihren Gehilfen ausgemalten Oberkirche von San Francesco in Assisi ist ein kühnes Beispiel der modernen illusionistischen M. des beginnenden Trecento. Die Erbauung und Ausstattung dieser glanzvollen Hauptkirche der Franziskaner setzt ein weithin sichtbares Zeichen der amtskirchlichen Approbation und Vereinnahmung des Bettelordens auf Kosten des Armutsgebots seines Gründers.[1] Das 13. Bild der nach der autorisierten ‹Legenda maior› Bonaventuras dargestellten Franziskus-Vita zeigt das Wunder, das sich am Weihnachtsabend 1223 in Greccio, einem kleinen Ort in den Bergen von Arezzo, zugetragen haben soll. Zur Feier des Weihnachtsfestes hatte Franziskus mit päpstlicher Erlaubnis eine Krippe aufstellen und Ochs und Esel

Abb.1: Giotto: Krippenwunder in Greccio; Assisi, San Francesco

herbeibringen lassen. Mit Freudentränen stand er dann vor der Krippe, und der untadelige Herr Johannes von Greccio habe, so berichtet Bonaventura, erklärt, «er habe ein Knäblein von wunderschöner Gestalt in jener Krippe schlafen sehen und den seligen Vater Franz, wie er es in beide Arme nahm, um es zu wecken.» [2]

Was die schriftliche Quelle als Vision eines Augenzeugen ausweist, führt der Maler überzeugend als faktische Realität vor Augen. Das Geschehen ereignet sich im Chor einer zeitgenössischen Kirche, hinter dem marmornen Lettner, durch dessen Tür das Volk als Kollektivzeuge blickt. Im Vordergrund hebt der Heilige das Christuskind aus der Krippe. Der Priester vor dem Altarziborium, weitere Geistliche und ihnen gegenüber einige Laien, voran der reich gekleidete Herr von Greccio betrachten dies mit andächtigem Staunen, und der Gesang der Mönche feiert das Wunder des Herrn.

Die Darstellungen der Franziskus-Legende sind das Instrument der Monopolisierung einer in der Region noch in aller Gedächtnis lebendigen Vergangenheit. Deren Vereinnahmung zeigt sich im Bild des Krippenwunders u.a. in der Kleidung des Franziskus, der nicht die schlichte Kutte, sondern ein Diakonsgewand aus schwerem Brokat trägt, vor allem aber in der hier ganz wörtlich vollzogenen Einholung der Franziskus-Geschichte ins Allerheiligste der Kirche. Zu einem neuralgischen Punkt wird mit dieser die Präsenz von Ochs und Esel – unvorstellbar in dem geweihten Personen vorbehaltenen Chorraum. Entsprechend sind die Tiere vor der Krippe in stark verringertem Maßstab repräsentiert. Zugleich fesselt das Werk durch Einsichten, die realiter keinem Laien gewährt wurden. Es widmet sich akribisch den Details des reich mit Marmor, Intarsien und Gold ausgestatteten Chorinnenraumes. Dabei scheuen der Maler und seine Berater auch nicht den profanen Blick auf heiliges Gerät. Der Ambo, zu dem eine Treppe hinaufführt, das die heilige Schrift tragende Pult und vor allem die Rückseite des zum Gemeinderaum gerichteten, an einem hölzernen Gerüst auf dem Lettner befestigten Monumentalkruzifixes sind mit sachlicher Präzision geschildert. Als kühne Evidenz erzeugende Mittel dienen diese Bildelemente der Authentizitätsfiktion: Für den eigentlichen Inhalt der Bilderzählung unerheblich, scheint ihre Bildpräsenz allein dadurch motiviert, daß sie bei dem dargestellten Vorgang nun einmal da waren.

Die in Assisi von Giotto und seinen Zeitgenossen erprobten persuasiv-illusionistischen Bildmittel werden in der Kunst der Frührenaissance perfektioniert. Diese zeichnet sich vielfach durch eine strikte Naturalisierung des Heiligen aus. So führt z.B. MASACCIO 1427 in seinem Trinitätsfresko in Sta. Maria Novella in Florenz, einer Inkunabel der wissenschaftlichen Zentralperspektive, die Trinität in derselben körperhaften Präsenz vor Augen, die auch die Stifterfiguren charakterisiert. Zum Sinnbild des Gnadenstuhls vereint, erscheinen Gottvater, der Gekreuzigte und die Taube hier inmitten einer modernen antikisierenden Kapellenarchitektur.

Daß der Illusionismus der Renaissancemalerei in Zusammenhang mit einem rhetorischen Bildverständnis zu sehen ist, wird daran ersichtlich, daß in manchen Werken entsprechende Akte der Imagination und sprachlichen Vergegenwärtigung von Abwesendem repräsentiert sind, so z.B. in PIERO DELLA FRANCESCAS kleiner Holztafel mit der Darstellung der ‹Geißelung Christi› (siehe Abb. 2). In diesem privaten Andachtsbild ist die Figur des Pilatus, der im linken Bildteil der Geißelung Christi vorsitzt, als byzantinischer Herrscher charakterisiert. Die roten Schuhe und die Kopfbedeckung des Basileus bezeichnen diese zweite Identität der Figur, durch die die Geißelungszene, die den fiktionalen Status einer Evokation des Passionsgeschehens besitzt, aktualisiert und zur Allusion auf die Unterjochung der Christenheit durch die Mohammedaner wird. In diesem Sinne beschäftigt das Ereignis die zeitgenössischen Personen im Vordergrund des Bildes, die für die Union von Ost- und Westkirche und ein militärisches Engagement des Westens zugunsten des byzantinischen Reiches eintreten. Steht die Identität der Porträtierten nicht zweifelsfrei fest [3], so sind diese doch offenbar in Gedanken mit dem Ereignis im Hintergrund befaßt. Sie imaginieren, was der Sprechende, die bärtige Person neben der Säule, mit Worten 'vor Augen führt' und was dem Betrachter tatsächlich im Hintergrund des Gemäldes 'vor Augen steht'.

Derselbe Vorgang einer sprachlichen Vergegenwärtigung zeigt sich in leicht nachvollziehbarer Weise in LORENZO LOTTOS Bildnis des ‹Fra Gregorio Bela aus Vicenza› (New York, Metropolitan Museum). Es vergegenwärtigt den Porträtierten im Bildtypus der *oratio* bzw. *orazione* [4], deren wohl bekanntestes antikes Beispiel ein Relief am Konstantinsbogen ist, das in szenisch breiter Form die Ansprache des Kaisers auf den Rostra des Forum Romanum vor Augen führt. [5] Lottos Gemälde repräsentiert den zum Betrachter gewandten Geistlichen, wie er sich ein Ereignis aus der heiligen Schrift innerlich vergegenwärtigt und von ihm mit Leidenschaft und geballter Faust erzählt: den im Hintergrund des Gemäldes vergegenwärtigten Kreuzestod Christi.

Solche Formen einer Konfiguration unterschiedlicher Handlungsebenen und von ontisch differentem Bildpersonal werden, wie schon Pieros ‹Geißelung› zeigt, als anspruchsvolle Aufgabe auch in komplexen Bilderzählungen realisiert. Dabei kommt es im Werk RAFFAELS zum ersten Mal zu einer Kennzeichnung der differenten Seinsweisen mit malerischen Mitteln. In der Stanza d'Eliodoro im Vatikanspalast schildert Raffael die Taten von Julius II., der als Feldherr auf dem Papstthron Italien von der französischen Fremdherrschaft befreit. Das erste Fresko dieses Raumes zeigt den ‹Sturz des Heliodors›, die Vertreibung des syrischen Tempelräubers durch von Gott gesandte himmlische Streiter, von der das zweite Buch der Makkabäer berichtet. Diesem Vorgang des Alten Testaments ist die Gruppe des Papstes beigesellt, der auf einer sedia gestatoria getragen wird. Das zeitgenössische Bildpersonal ist in greifbarer körperlicher Präsenz, in einem «haptischen Stil» (A. Riegl) «nach der Natur» (Vasari) repräsentiert, die an der eigentlichen Handlung Beteiligten hingegen in einem weichen «malerischen Stil» (H. Wölfflin). Besonders an den Trägern des Tragsessels und den von ihnen kaum mehr als eine Armlänge entfernten typisierten Frauengestalten wird die Kontrastierung zweier Malweisen augenfällig.

Schon als Kardinal besitzt Giuliano della Rovere einen Bildteppichzyklus mit Darstellungen der Heliodors-Geschichte. [6] Diese wird zum Sinnbild seines Vorhabens, den Kirchenstaat von der französischen Fremdherrschaft zu befreien. Entsprechend ist im ‹Sturz des Heliodor› dargestellt, wie der Papst dieses *exemplum* imaginiert und einhergehend mit diesem Akt einer visionären Einsehung der *historia sacra* den Entschluß faßt, den Franzosen auf dem Schlachtfeld entgegenzutreten. So wie der Redner in der politischen Rede Beispiele bemüht, um die von ihm anempfohlenen Handlungsperspektiven auszumalen, wird die Geschichte des Alten Testaments dem Papst zum Leitfaden seines eigenen

Abb. 2: Piero della Francesca: Geißelung Christi; Urbino, Palazzo Ducale

Handelns. Die Darstellung artikuliert somit den vor allem von C. Salutati erneuerten Begriff des *exemplum* als einer praxisrelevanten Orientierung von induktiver Kraft, die das rechte Handeln in einem historisch konkreten Fall vor Augen stellt.[7] Wie die weiteren Fresken des Raumes zeigen, wird Julius II. sodann vor einer Hostienreliquie in Urbino Gottes Beistand erbitten (‹Die Messe von Bolsena›), die Franzosen vertreiben (‹Die Begegnung Leos d. Gr. mit Attila›) und seinen Sieg in einem triumphalen Fackelzug feiern (‹Die Befreiung Petri›).

Ist im ‹Sturz des Heliodor› ein visonärer Akt der Imagination dargestellt, so artikuliert Raffael in weiteren Werken einen emphatischen Begriff einer imaginativen Bildlichkeit, in die neben sinnlich wahrgenommenen Wirklichkeiten auch *visiones* des Künstlers eingehen. In der in den 1510er Jahren ausgemalten Stanza dell'Incendio hat er u.a. den ‹Brand des Borgo› (siehe Abb.3) zu vergegenwärtigen, das bis dahin noch nie dargestellte Ereignis einer verheerenden Feuersbrunst im Jahr 847, die das Borgo-Viertel zerstört und erst, als sie schon St. Peter bedroht, durch den Segensgestus von Papst Leo IV. gestoppt werden kann. In Anlehnung an zeitgenössische Theaterprospekte und das Vorbild der ‹Geißelung› Pieros in seiner Heimatstadt Urbino entwirft Raffael den Handlungsort unter Einbeziehung historischer Gegebenheiten wie der Fassade von Alt-St. Peter. Den Papst läßt er freilich in einer fingierten, betont modernen, bramantesken Architektur agieren.[8] Um die Ausmaße des verheerenden Feuers zu verdeutlichen,

bemüht der Künstler den klassischen Topos eines desaströsen Feuers; er evoziert im linken Bildteil das brennende Troja, aus dem Aeneas, den Vater geschultert, Ascanius und Kreusa entfliehen. Schon Vasari hat betont, daß Raffael diese Szene im selben Stil darstellt, in der sie in der ‹Aeneis› erzählt ist («nel medesimo modo che Virgilio descrive che Anchise fu portato da Enea»).[9] Wie in der ‹Geißelung› (siehe Abb.2) verdeutlicht auch im ‹Brand des Borgo› die Säulenflucht als indikatives Zeichen die im Bild vollzogene Konfiguration zweier differenter Seinsweisen.

Man hat an diesem Werk eine anspruchsvolle Anwendung der Erzählprinzipien der aristotelischen ‹Poetik› nachgewiesen[10] und auf sie auch die Integration der *visio* Trojas zurückgeführt.[11] Tatsächlich aber handelt es sich bei diesem Verfahren um einen rhetorischen Induktionsbeweis: Cicero rühmt «die fingierte Einführung von Personen [als] ein ganz besonders wirkungsvolles Mittel steigender Hervorhebung» (personarum ficta inductio vel gravissimum lumen augendi).[12] Das von Raffael angewandte Darstellungsmittel ist die *Antithese*, der Vergleich einer Sache mit ihrem Gegenteil.[13] Dieser läßt sich als Mittel der *amplificatio* einsetzen und ist als rhetorisches Bravourstück einem *ornatus difficilis* vorbehalten: «Wenn das konträre Gegenteil [...] als seiend und werdend möglich ist, so kann man annehmen, daß auch das, was diesem entgegengesetzt ist, möglich ist»[14], heißt es in der aristotelischen ‹Rhetorik›.

Abb. 3: Raffael: Brand des Borgo; Rom, Vatikanspalast

Raffaels Vergleich der Feuersbrünste in Rom und Troja entspricht zudem der seinerzeit geläufigen Troja-Rom- und Aeneas-Papst-Analogie. Dieser Gedanke ist in dem Fresko u.a. durch Porträts akzentuiert. So hat man die Gesichtszüge der Figur des segnenden Papstes als die des damaligen Amtsinhabers Leos X. identifiziert und in der Figur des Anchises diejenigen von Cosimo d.Ä., dem Stammvater der Medici-Dynastie.[15] Daneben hat der antithetische Vergleich noch eine weitere Dimension. In der ‹Aeneis› trifft der Protagonist am Rande des Hades auf den Geist Hektors, der wissen will, wie der Krieg mit den Griechen ausgegangen ist. Aeneas beteuert ihm, wenn Menschenhände Troja hätten retten können, so hätten seine es getan.[16] Was Aeneas nicht vermochte, leistet hingegen in Zeiten des *sub gratia* die Hand des *vicarius Christi*. Er stoppt mit Gottes Hilfe das Feuer durch seinen Segensgestus. Mit dem Verfahren des «mise en abyme de l'énoncé» [17] wird die *caritas* des Papstes in der des Aeneas gespiegelt. Dieser Vergleich ist unmißverständlich als *amplificatio christiana* ausgelegt: Im Gegensatz zu Aeneas rettet der Papst mit Gottes Hilfe nicht nur die eigenen Angehörigen, sondern die ganze Stadt. Damit überlebt hier ein typologischer Gedanke in einem durch und durch rhetorisch konzipierten Bild und tritt in einer für das 16. Jh. charakteristischen Weise neben die Denkform der *rinascità*, die sich u.a. in der modernen antikisierenden Architektur der päpstlichen Residenz abzeichnet.

Man kann am ‹Brand des Borgo› zahlreiche weitere Aspekte einer rhetorischen Bildkonzeption erläutern, z.B. den der Wirkungsfunktionen, wobei Raffael, von dessen «modo mezzano» Vasari an einer Stelle spricht[18], in diesem Werk offenbar eine mittlere Affektlage zwischen *ethos* und *pathos* zu realisieren sucht. In Anlehnung an Cicero hat Quintilian eine solche an das Thema der «Liebe und Sehnsucht zwischen Freunden und Verwandten» gebunden.[19] Auch Quintilians unmittelbar anschließende Erwähnung vielfältiger im Rhetorikunterricht evozierter «Charakterbilder» scheint in diesem Fresko relevant geworden zu sein. Denn deutlich sind in ihm gute und schlechte Verhaltensformen unterschieden. Ganz im Sinne der von Alberti in ‹Della famiglia› propagierten Ideale sind diejenigen, die sich um ihre Angehörigen kümmern, überwiegend als gefaßt dargestellt, während die lautesten Affektmotive in Gestalt isolierter Figuren auftreten, denen es allein um die eigene Haut geht. Vor allem der verschreckte Athlet an der Wand, trotz seiner Körperkraft von Sinnen vor Angst, ist deutlich negativ konnotiert, und manches spricht dafür, daß er als ironische Paraphrase auf Michelangelos Kolossalstil zu verstehen ist. Auch unter den Frauen ist eine, die durch ihr Fehlverhalten auffällt: Jene Mutter, die entsetzt 'gen Troja' blickt, also imaginiert, was geschehen könnte, erschrocken ihr Kind an sich zieht und dabei so hilflos wird wie dieses. Sie wird flankiert von Beispielen beherzter Mütter, die erst ihre Kinder wegschicken, um dann an den Löscharbeiten teilnehmen zu können. «Nicht schildern läßt sich, welche Einbildungskraft dieser sinnreiche bewunderungswürdige Künstler bei einer Mutter kund gab, die barfuß ohne Gürtel, die losen Gewänder zum Theil in der Hand, mit flatternden Haaren ihre Kinder scheltend vor sich her jagt, damit sie den einstürzenden Gebäuden und den Flammen entfliehen»[20], so lobt Vasari die Erfindung jener couragierten Mutter, die hinter ihren schlaftrunkenen Kindern tobt, damit diese sich in die Sicherheit der päpstlichen Obhut begeben.

Man hat den ‹Brand des Borgo› immer wieder – oft in einem pejorativen Sinne – als Erstlingswerk des Manierismus bezeichnet. Tatsächlich sind an dieser höchst anspruchsvollen Bilderzählung auch ungelöste Probleme hervorzuheben. Mit der imaginativen Erweiterung der Bilderzählung und dem Nebeneinander von Referenz und Fiktion, narrativen und argumentativen Bildelementen kommt es in ihr auch zum «narrative split»[21] und zu geschehenslogischen Unschärfen. Die Aufgabe, in nachvollziehbarer Weise ein wenig bekanntes Geschehen zu schildern und diesem zudem die *visio* seines Gegenteils zu konfigurieren, stößt an die Grenzen der Möglichkeiten des Gemäldes. Warum fliehen die Mütter und Kinder den Ort, wo das Feuer gelöscht wird, hin zu den offenen Flammen? Wie kommt es, daß aus dem brennenden Troja eine Frau ihr Kind einem Mann in zeitgenössisch römischer Kleidung reicht? Doch gerade die Erfahrung solcher Erzählprobleme wird das Bewußtsein für das Vermögen des Bildes geschärft haben, gibt doch die im ‹Brand des Borgo› erzeugte paradoxale Konfiguration zweier Seinsweisen Anlaß zur Reflexion desselben. Anders als die Sprache, die die in dem Fresko gegebene Opposition nur in sukzessiver Folge wiedergeben kann, vermag das Bild als ein Drittes gleichzeitig zu vergegenwärtigen, was sich geschehenslogisch ausschließt: Untergang und Rettung, das Ende Trojas und wie dieses Rom erspart blieb. Schon Zeitgenossen werden dies am ‹Brand des Borgo›, bei dessen Konzeption Raffael wahrscheinlich von Castiglione unterstützt worden ist, bei dem er sich im Jahr seiner Entstehung in einem Brief für eine *invenzione* bedankt[22], reflektiert haben. Denn in der in diesem Fresko rezipierten ‹Aeneis› finden sich vergleichbare sprachliche Paradoxien wie die emphatische *distinctio*, eine Sonderform der *Antithese*, «die das gleichzeitige Vorhandensein und Nichtvorhandensein einer Sache aussagt.»[23]

Auch in seinem letzten Werk, der ‹Transfiguration› (Rom, Pinakothek des Vatikan), realisiert Raffael eine so nur im Bild mögliche Konfiguration des einander Ausschließenden, eine *coincidentia oppositorum* (Nikolaus von Kues). Er stellt in einem Gemälde die Verklärung Christi am Berg Tabor und die zurückgebliebenen Apostel dar, die den mondsüchtigen Knaben nicht retten können, weil Christus abwesend, ihnen nicht sichtbar und damit auch ihr Glaube verunsichert ist. Den paradoxalen Charakter einer ebenso abbildenden wie exemplarischen bzw. begriffsorientierten *imitatio*, der im ‹Brand des Borgo› infolge des Gebrauchs der *Antithese* evident wurde, pointiert sodann PARMIGIANINO, der «zweite Raffael», in seinem 1524 gemalten ‹Selbstbildnis im Konvexspiegel› (Wien, Kunsthistorisches Museum), einer Allegorie, die er in der Hoffnung auf eine Stellung als Hofmaler Papst Clemens VII. zum Geschenk macht. Vor diesem Werk wird der Betrachter selbst zum Bestandteil einer paradoxalen Seinskonfiguration und damit, wie dies M. Foucault an Velázquez' ‹Las Meninas› (Madrid, Prado) in vernunftkritischer Absicht beschreibt[24], in seiner Identität irritiert. Ist es ein Spiegel oder ist es ein Gemälde, so fragt man sich unweigerlich angesichts dieses Werks, dessen hölzerner Bildträger in der Tat wie ein Konvexspiegel geformt ist.

Jene imaginative Bildlichkeit, die im ‹Brand des Borgo› in Form des topischen Verfahrens der Integration der *visio* Trojas augenscheinlich wird, charakterisiert auch Werke, denen diese nicht ohne weiteres anzusehen ist. Beispielhaft zeigt dies ein frühes Werk Raffaels, das hier auch in Hinblick auf die *officia oratoris* Erwähnung verdient: die Pala Baglione, das Gemälde der ‹Grablegung Christi› in der Villa Borghese (siehe Abb. 4).[25] Ganz im Sinne der vor allem von Cicero und Quintilian erörterten Theorie der Affektstimulation qua Selbsterregung[26], die Horaz auf die knappe Formel bringt: «Willst du, daß ich weine, so traure erst einmal selbst»[27], schildert Vasari seine Entstehung: «Raffael dachte sich [Imagginossi Raffaello] als er dieses Werk schuf, den Schmerz, welchen die nächsten und treuesten Angehörigen empfinden, die den Leichnam ihres geliebtesten Verwandten, auf dem in Wahrheit das Wohl und die Ehre einer ganzen Familie beruhte, zu Grabe tragen.»[28] Der künstlerische Hervorbringungsakt ist also mit einem Akt der *imaginatio* verbunden, der sich auf die affektiven Dimensionen des darzustellenden Geschehens konzentriert. Wesentlich dabei ist, was auch aus den zitierten Zeilen Vasaris hervorgeht, daß Raffaels ‹Grablegung› an ein zeitgenössisches Ereignis erinnert: den Tod des Grifone Baglione nach der sogenannten ‹Peruginer Bluthochzeit›. Grifone hatte sich zum Mord an einem Verwandten aufwiegeln lassen und diese Tat mit dem eigenen Leben bezahlt.[29] Durch die Stiftung der ‹Grablegung› gedenkt A. Baglione ihres abtrünnigen Sohnes und gibt damit ein Beispiel mütterlicher Gnade und Nachsicht. Vasari spricht in seiner Beschreibung des Gemäldes von der «madonna Atalanta Baglioni».[30] Das Bild ist ein Drittes, für das beides maßgeblich wird: die biblische Geschichte und das zeitgenössische Ereignis. Die Trauer der Mutter, die das Gemälde bestellt, liefert den aktuellen Auslegungshorizont der biblischen Erzählung. Dem zerstörerischen Familienzwist setzt Raffael ein mit *grazia* gemaltes, stilles und harmonisches, in einer feinmalerischen Manier gehaltenes Wunschbild des Einvernehmens entgegen, in dem ohnmächtiger Schmerz durch kollektive Fürsorge aufgefangen wird. Damit entspricht er den Maßgaben Albertis, der in Hinblick auf die *composizione* im Sinne eines normativen *ethos*-Begriffs empfiehlt, genau zu bedenken, «welche Art der Anordnung die schönste wäre» (quonam ordine et quibus modis eam componere pulcherrimum sit).[31] Hervorzuheben ist zudem, daß sich schon an den zahlreichen erhaltenen Vorzeichnungen der Pala Baglione[32] die Verfahrensschritte der *figurazione*, *disposizione* und *composizione* feststellen lassen[33], in denen seinerzeit viele Florentiner Künstler ihre Werke analog zu den rhetorischen Planungsphasen der *inventio*, *dispositio* und *elocutio* entwickeln.

Die wirkungsästhetischen Merkmale der Pala Baglione werden umso deutlicher, vergleicht man sie mit einem denkbar anders gestimmten Werk des Quattrocento. A. Mantegna realisiert wahrscheinlich in den 1470er Jahren dasselbe Thema, für das Alberti als ideales Vorbild einen antiken Meleagersarkophag in Rom anführt, in einer Idealkomposition im Kupferstich. Ganz im Gegensatz zu Raffaels Gemälde, in dem alle Figuren in die Gemeinschaft eingebunden und auch die Gruppen um Mutter und Sohn durch Blickverbindungen verschränkt sind, spart er nicht an lauten Affektmotiven. Er stellt den Kummer der Angehörigen durchaus drastisch dar und realisiert mit den divergierenden Bewegungsrichtungen und der Vereinzelung einiger im Schmerz gefangener Figuren ein pathetisches *genus figurarum*. «Das Blatt», so betont H. Belting, «ist ein Parforce-Akt dramatischer Inszenierung und überbietet im Fortissimo der Tonlage auch die antiken Kompositionen, an denen es der Kenner messen konnte.»[34] Die Physiognomie des schreienden Johannes am rechten Bildrand geht auf

Abb. 4: Raffael: Grablegung Christi; Rom, Galleria Borghese

eine tragische Theatermaske der Antike zurück.[35] Als Spiegelung des Äußerungsaktes (mise en abyme de l'énonciation) indiziert diese Rezeptionsfigur die angestimmte Affektlage. Mantegnas Stich zeigt eine beispielhafte bildliche Umsetzung einer durch das harte Aufeinandertreffen von Konsonanten charakterisierten *structura aspera* bzw. eines *abruptum sermonis genus*, in dem die Harmonie und Ordnung suspendiert sind.

Solche pathetischen Darstellungen stehen seinerzeit unter einem hohen Legitimationsdruck, denn noch in der Hochrenaissance werden eine ideale Schönheit und eine moderate Stilhaltung als für das Kunstwerk konstitutiv angesehen. Freilich entstehen nun auch Werke, in denen die Wirkungsfunktion des *movere* ausdrücklich legitimiert wird. Ein Musterbeispiel dafür ist MICHELANGELOS ‹Schlacht von Cascina› (siehe Abb. 5). Diese *historia* entsteht im Wettstreit mit LEONARDO, der für denselben Ort, den großen Ratssaal im Palazzo Vecchio, die ‹Anghiari-Schlacht› malen soll. Obwohl beide Arbeiten unvollendet bleiben, Michelangelos Werk sogar nicht über das Stadium des Kartons hinauskommt, werden sie dennoch eine enorme Wirkung entfalten. Eine ganze Generation Florentiner Künstler schult sich an Michelangelos Karton in der Darstellung bewegter Aktfiguren. Die sogenannte ‹Holkham Grisaille› von BASTIANO DA SANGALLO ist das wichtigste Zeugnis der Bilderfindung Michelangelos. Sie zeigt einen Teil der Komposition, der ungefähr die Hälfte der zu bemalenden Wandfläche ausfüllen sollte[36], die Szene der badenden Florentiner Soldaten, die bei der Muße aufgeschreckt werden. Die Darstellung

Abb. 5: Bastiano de Sangallo nach Michelangelo: Die Schlacht von Cascina; Norfolk, Holkham Hall

vergegenwärtigt den Moment, in dem der ältere Soldat Manno Donati die anderen durch einen Fehlalarm täuscht und zur Pflichterfüllung ruft. Ähnlich wie Michelangelos monumentale Skulptur des ‹David› repräsentiert auch sein Schlachtenkarton somit die Tugend der *prontezza*.[37] Doch wichtiger ist die bisher nicht erkannte, in diesem Werk vollzogene Legitimierung pathetischer Affektstrategien. Michelangelo postiert die schreckenverbreitende Gestalt Donatis inmitten der Soldaten und läßt ihn gemäß der Ikonographie der *oratio* mit weit geöffneten Augen zum Betrachterraum blicken. Die additive Komposition wird durch eine antithetische *varietà* und Divergenz der Bewegungen der alarmierten Soldaten bestimmt und bildet dennoch ein gerundetes, abgeschlossenes Ganzes. Die Gruppe ist in Schrecken und Aufruhr versetzt, einige der Figuren blicken vergeblich in verschiedene Richtungen, um den angekündigten Feind zu erspähen, zugleich aber rüstet man sich gemeinschaftlich, trotz aller individuellen Irritationen. Folgt man dem relativ geschlossenen äußeren Umriß der Gruppe, ausgehend von der soeben dem Wasser entstiegenen Gestalt links bis hin zu den Gerüsteten rechts hinten, so hat man diesen Vorgang in sukzessiver Abfolge vor Augen. Durch das kompositorische Merkmal der divergenten Bewegungsrichtungen der Einzelnen und der gleichzeitigen relativen Geschlossenheit der Gruppe, durch dieses spannungsvolle Verhältnis von *discordia* und *concordia*, erhält das Geschehen eine besondere Anschaulichkeit: Der falsche Alarm hat die Soldaten in Schrecken versetzt, ohne aber zur Auflösung der Gemeinschaft zu führen. Die List Donatis und der von ihm mit Bedacht erzeugte Effekt des *terrore* dient der Beendigung des Müßiggangs und der Wiederherstellung der soldatischen Ordnung. Michelangelo legitimiert in diesem Lehrstück über die Affekte somit den Einsatz pathetischer Ausdrucksmittel, indem er zeigt, daß in bestimmten Fällen das *pathos* durch den Zweck geheiligt wird und zur Besinnung und Ordnung führen kann.

Als das Musterbeispiel jener *terribilità*, mit der Michelangelo eng assoziiert wird, hat das ‹Jüngste Gericht› in der Sixtinischen Kapelle (Rom, Vatikanspalast) zu gelten. In diesem Kolossalfresko verbildlicht er das Thema des «dies irae» tatsächlich mit einer unvergleichlich suggestiven Kraft. Sein Anblick lasse einem die Haare zu Berge stehen, hier sehe man «Gedanken und Leidenschaften veranschaulicht, welche keiner außer Michelangelo je gemalt hat»[38], betont Vasari, der dem Werk hohes Lob zollt, aber auch vermerkt, daß es manches vermissen lasse, und nicht zurückhält mit der Geschichte, daß der Künstler bei der Arbeit vom Gerüst gefallen sei, sich verletzt habe und über dieses Mißgeschick in Schmerz und Zorn verfallen sei.[39] Doch zweifellos bedient sich Michelangelo hier bewußt des zum Umdenken zwingenden *pathos* und einer Bildsprache, die an die Diktion des von ihm verehrten zürnenden Predigers Savonarola erinnert. Da Clemens VII. am Palmsonntag des Jahres 1528 in Orvieto in einer Ansprache an seine Kardinäle und Bischöfe den Sacco di Roma ausdrücklich als Strafe für ihre Sünden bewertet hat[40], ist anzunehmen, daß das ‹Jüngste Gericht› mit dem Hinweis auf den drohenden Zorn Gottes die Autorität des Papstes bekräftigen und in seinem Namen eine Kritik der Amtskirche artikulieren soll. Gleichwohl bleibt dieses Werk höchst umstritten.[41] Daniele da Volterra kommt die Aufgabe zu, die Blößen der Heiligen zu bedecken, und Papst Paul IV. erwägt, das Werk abschlagen zu lassen.[42]

Eine programmatische Rechtfertigung seiner *terribilità* hinterläßt Michelangelo in der in den späten 1540er Jahren freskierten Cappella Paolina im Vatikan. Im Auftrag Pauls III. führt er in hohem Alter in der Privatkapelle des Papstes seine letzten Gemälde mit den Darstellungen der ‹Bekehrung Pauli› und der ‹Kreuzigung Petri› aus. Entgegen der Konvention befindet sich die ‹Bekehrung Pauli› hier zur Rechten des Altars. Diese Aufwertung ist gewiß durch die Auftraggeberschaft des gleichnamigen Papstes begründet. Doch vermutlich ist sie auch als Stellungnahme zum Vorrang des *pathos* als Epitheton des höchsten Stils zu verstehen. Die vornehmere Seite wird dem Orator unter den Aposteln zugedacht, dem apostolischen Protagonisten der *vita activa* und der *eloquentiae vis*, dessen ‹Predigt in Athen› (London, Victoria and Albert Museum) bereits Raffael in einem der Apostel-Teppiche in einem kraftvollen, freilich zugleich beruhigten *genus grande* dargestellt hat. Die Bekehrung des Apostels, der sich mit seiner sprichwörtlichen Redekraft als christliche Berufungsinstanz für das *genus vehemens* anführen läßt, evoziert Michelangelo in dem 6,25 mal 6,61 Meter messenden, pathetischen Fresko, während er das in schicksalsergebener Heilsgewißheit erlittene Martyrium Petri in einer verhalteneren Manier ausführt. Vergegenwärtigt er in der pathetischen ‹Bekehrung Pauli› den Zorn Gottes, der die Menschen in alle Himmelsrichtungen fliehen läßt, so formuliert er in der ‹Kreuzigung Petri› einen mahnenden Appell, ohne dabei die harmonischen Figurationsprinzipien des *ethos* aufzugeben. Diese sind hier geboten, weil es bei dem dargestellten Ereignis kein Aufbegehren gegeben hat, sondern ein Einvernehmen zwischen Täter und Opfer. Es ist überliefert, daß Petrus mit seinem Martyrium einverstanden war und sogar verlangt hatte, mit dem Kopf nach unten gekreuzigt zu werden. [43] Den strengen Blick des 'ersten Papstes', der in seinem Leid Christus noch übertreffen will, wendet Michelangelo in der päpstlichen Privatkapelle mahnend zum Betrachter, adressiert ihn als Verpflichtung an Paul III. Die ‹Bekehrung Pauli› aber ist das letzte gemalte Beispiel und eine ultimative Rechtfertigung seiner *terribilità*. Selbst Caravaggio wird sich davon distanzieren, als er dieses Sujet in dem Gemälde in der Cerasi-Kapelle in der Sta. Maria del Popolo in Rom als stilles, inneres Ereignis darstellt.

Sein rhetorisches Bildverständnis artikuliert der Kunsthistoriograph, Architekt und Maler G. VASARI auch in seinen Gemälden, u.a. in den Bildprogrammen seiner Häuser in Florenz und Arezzo. In seinem Florentiner Künstlerhaus stellt er in einem großformatigen Fresko den Maler Apelles dar, der hier im Sinne der Zeuxis-Anekdote arbeitet. [44] Aus dem rechten Bildteil, der durch eine Herme der vielbrüstigen Diana von Ephesos als der der Natur ausgewiesen ist, treten die Jungfrauen in den Bereich der Kunst, das Atelier des Malers. Von jeder von ihnen den schönsten Teil darstellend, gewinnt dieser die ideale Schönheit des Artefakts.

Eine ebenfalls rhetorisch orientierte Bildkonzeption zeigt sich u.a. in dem Fresko ‹Die Schlacht von Torre di San Vicenzo› in der Sala dei Cinquecento in dem unter Vasaris Leitung in eine Fürstenresidenz umgestalteten Palazzo Vecchio, dem alten Rathaus von Florenz. Bei der Darstellung dieses Ereignisses aus dem Krieg der Republik Florenz gegen die Pisaner führt Vasari die Verfahren der Idealisierung des Geschehens und der glaubhaftmachenden Schilderung seiner Umstände so durch, daß das Gebot der Kohärenz (*aptum*) verletzt wird und es zu einer Dissoziation verschiedener Zeitebenen kommt. So sieht man im Hintergrund des Gemäldes den mittelalterlichen Wehrturm, der der Schlacht ihren Namen gab, und unweit von ihm mit der Artilleriegeschützen zwischen den Schanzkörben modernste Waffentechnik, während sich im Vordergrund die in antike Rüstungen und Seidenhemden gekleideten Protagonisten beim Schwertkampf zu Pferde in die Augen blicken. Zudem vollzieht Vasari in dieser Arbeit einen ironischen Seitenhieb auf Leonardo, indem er Pisaner Kriegern die Physiognomie aus einer Zeichnung desselben verleiht, die den «busto dello scaramuccio», das Porträt eines Zigeunerhauptmanns zeigt. [45] Da dieses Schlachtenbild auf merkwürdige Weise Machiavellis Idealen der Kriegsführung entspricht, ist anzunehmen, daß Vasari bei der politisch höchst brisanten Aufgabe, die Geschichte der Republik Florenz im Rahmen eines dynastischen, die Medici glorifizierenden Bildprogramms darzustellen, sich des Verfahrens der πρόληψις (*prólēpsis*; *anticipatio*), der Vorwegnahme von Einwänden des Gegners, bedient hat. [46]

Als Exponent der vielfach ostentativ dem Ideal der *universalità* gehorchenden M. des Manierismus, die sich fortwährend mit den Werken der besten Meister mißt, ist F. SALVIATI anzusehen. Aretino bezeichnet ihn in einem Brief als «giovane glorioso», dessen Stil «dotto e regolato» sei [47], Tasso vergleicht ihn mit Apelles und Vasari lobt ihn als besten und vielseitigsten Maler seiner Zeit. Tatsächlich zeigt sich Salviati weniger daran interessiert, eine individuell zurechenbare stilistische Haltung auszubilden, als immer wieder die Wandelbarkeit seines Stils zu beweisen. [48] In den Jahren 1552 bis 1554 gestaltet er im Auftrag des Kardinals G. Ricci die Sala di Udienza im piano nobile (Hauptgeschoß) des Palastes Ricci-Sacchetti in Rom. [49] Auf ihren Wänden sind vor schwarzem Hintergrund Säulen dargestellt, an denen unterschiedliche Bildwerke mit verschiedenen Formaten befestigt zu sein scheinen (siehe Abb. 6): Gerahmte Gemälde, Tapisserien, Schilde und Banner fungieren als fiktive Bildträger des David-Zyklus und der Devisen der Ricci-Familie. Antike Büsten, Urnen, Statuetten, Girlanden sowie weibliche Hermenfiguren bereichern die Dekoration. Der Betrachter befindet sich in einer 'antiken Galerie'. Der Maler versetzt ihn in eine Pinakothek des Altertums und bietet ihm den Blick auf Bildwerke, wie ihn nach Philostrats ‹Eikones› die Philosophen hatten, die vor Gemälden, welche Portiken schmückten, ihre gelehrten Gespräche und «Prunkvorführungen der Redekunst» gaben. [50]

Auf den Wänden der Sala ist zunächst der Kampf Davids mit Saul, sodann seine Verbindung mit Bathseba und die Geschichte des abtrünnigen Sohnes Absalom dargestellt. Das zentrale Motiv der zweiten Schmalwand ist der triumphierende, vor der Bundeslade tanzende David. Zudem agieren hier Kairos, Hypnos und Thanatos, die illusionistisch als monumentale Figuren gegeben sind und den David-Zyklus moralphilosophisch ausdeuten: So wie Kairos (*occasio*) die Schalen der Seelenwaage festhält, läßt sich das Schicksal durch Tugend meistern, wenn man den Kräften von Hypnos und Thanatos begegnet. [51]

Mit der Gestaltung des Raumes als antike Pinakothek ist ein Rahmen gegeben, in dem eine Amplifizierung von Stilfragen legitim erscheint. Tatsächlich demonstriert Salviati seine Eloquenz, indem er für jedes der zentralen Bildfelder eine andere Stilhaltung wählt. Mit dem ‹Tod des Saul› liefert er ein eigenwilliges Beispiel des römischen Kolossalstils der Michelangelo-Nachfolge. [52] Auf der Bathseba-Wand malt er in Anlehnung an Raffael, Perino del Vaga und frühe toskanische Manieristen in einer anmutigen klassischen Manier. Im ‹Tod des Absalom› (siehe Abb. 6) führt er eine in seinem Werk einzigartige Landschaft mit oberitalienischen Anklängen aus und paraphrasiert in der Hauptfigur den Apoll

Abb. 6: Francesco Salviati: Der Tod Absaloms; Rom, Palazzo Ricci-Saccetti

von Belvedere. Auf der Wand des triumphierenden David präsentiert er die leichte, gleichsam federnde Erscheinung des Tanzenden, der er die monumentalen Figuren beigesellt. Das Ganze ist die *dimostrazione* eines universellen stilistischen Ausdrucksvermögens. Dabei sind die Manieren nicht strikt hierarchisiert, sie lassen sich aber dennoch als eine kunstgeschichtliche, von Michelangelo ausgehende und ihn überbietende Sequenz lesen. Obendrein bereichert Salvati den Freskenschmuck der Sala, den C. Dumont als Kulminationspunkt einer langen Ausstattungstradition gewürdigt hat [53], mit fernöstlichen Bildmotiven. [54]

Die Fresken im Palazzo Sacchetti sind ein Musterbeispiel einer programmatisch eloquenten Bildrhetorik bzw. Bildpoetik. Durch ihre Bezugnahme auf antike Sammlungsräume, den Ort ekphrastischer Prunkreden, wird deutlich, daß in der aristokratischen Bildkultur des 16. Jh. das Kunstwerk zumeist in geselliger Form rezipiert wird und entsprechend Anreize für geistvolle Gespräche und ingeniöse Ausdeutungen, z.B. panegyrische und ekphrastische Kommentare, bereitzustellen hat. [55] In diesem Sinne lassen sich auch Vasaris Fresken im römischen Palazzo della Cancelleria, eine gemalte Lobrede auf Papst Paul III. und zudem ein Vorbild der Fresken Salviatis, als mnemotechnischer Apparat und «'macchine' per generare orazioni» interpretieren. [56]

Jenen pejorativen *pathos*-Begriff, der sich deutlich in der vielfach harschen Beurteilung Michelangelos abzeichnet, überwindet die italienische Kunst vollständig erst in der Zeit der Gegenreformation. Im Rahmen der tridentinischen Predigt- und Bildreform wird im Zeichen des Glaubenskampfes das *pathos* als Mittel der Unterweisung der Ungebildeten legitimiert. Zugleich kommt es zu einer breiten Rezeption der Schrift ‹Vom Erhabenen› des Pseudo-Longinos, die nach ihrem Erstdruck 1544 in Basel ab 1555 in Venedig in mehreren Editionen und 1572 auch in einer lateinischen Ausgabe erscheint. [57] Eine Rezeption dieser Schrift, deren Autor das «wahre Pathos» zum höchsten ästhetischen Maßstab erhebt, läßt sich u.a. im Spätwerk von J. TINTORETTO nachvollziehen, wie der folgende Vergleich zweier Werke mit dem Thema ‹Moses schlägt Wasser aus dem Felsen› (siehe Abb. 7) verdeutlichen kann.

Die mit Werkstattbeteiligung ausgeführte Darstellung im Frankfurter Städel entsteht vermutlich Mitte der 1550er Jahre – das Deckengemälde mit demselben Sujet in der Scuola di San Rocco 1577. [58] Das ältere Werk zeigt das Ereignis inmitten einer weiten, von Hügeln gesäumten Landschaft. Im Mittelgrund reiht der Maler die Israeliten zu einem fast die ganze Breite des Bildes durchmessenden Spalier. Das Wunder vollzieht sich vor ihren Augen im Vordergrund, wo einige Figuren bereits Wasser schöpfen und am rechten Bildrand eine Mutter mit ihrem Kind sitzt, ein *caritas*-Motiv, das das zentrale Geschehen ausdeutet. Den «Reiz eines schimmernden Dekorationsstückes» hat man diesem skizzenhaften Werk attestiert [59], das als Gegenstück zu einer Darstellung der ‹wunderbaren Vermehrung der Brote und Fische› (New York, Metropolitan Museum) konzipiert ist und für eine Sakramentskapelle bestimmt gewesen

Abb. 7: Jacopo Tintoretto: Moses schlägt Wasser aus dem Felsen; Venedig, Scuola di San Rocco

sein dürfte. Das Bild im Städel wird durch seine *grazia* charakterisiert. Es ist im *genus medium* gehalten, dient der Funktion des *delectare* und *conciliare* (erfreuen, gewinnen), wozu der Hervorbringer nach Quintilian der Sanftmut (*lenitas*) bedarf.[60]

In dem weit größeren, in der Höhe fünfeinhalb Meter messenden Deckenbild für die Sala superiore der Scuola di San Rocco (Abb. 7) trägt Tintoretto dasselbe Thema mit den Stilepitheta des *pathos* vor, im *genus sublime*. Die durchaus nicht nur für seine Deckenbilder dieser Zeit typische starke Untersicht und die Betonung der Bilddiagonalen, die Verkürzungen und turbulenten Bewegungsmotive der Figuren, ihre Massierung am unteren Bildrand und ihr spannungsvolles Verhältnis zum Bildrahmen, den sie gleichsam zu sprengen drohen, erzeugen die ungleich dramatischere Wirkung des späteren Gemäldes. Ihr dient auch die schwebende, extrem verkürzte, michelangeleske Gestalt Jahwes auf einer dunklen Gewitterwolke, in der Tintoretto den zürnenden Gott des Alten Testaments vergegenwärtigt, den, der aus dem Wettersturm spricht (Hiob 38, 1f.). Nicht zuletzt dient die Darstellung der in der Erzählung des Alten Testaments anschließenden Schlacht zwischen den Israeliten und den Amalkitern (Ex 17, 8–16) im Hintergund der Dramatisierung des Geschehens. Ebenfalls am rechten Bildrand findet sich die *caritas*-Motivik des Frankfurter Gemäldes wieder. Doch diese dient hier der drastischen Evokation der Entbehrungen der Dürstenden vor ihrer wundersamen Rettung: Die von der Quelle abgewandte Mutter stillt in der Not ihren dem Säuglingsalter längst entwachsenen Knaben, ein «grandioses Bild der Mutterliebe»[61], das an Poussins Gebrauch des Motivs der *caritas romana* in seiner ‹Mannalese› (Paris, Musée du Louvre) gemahnt. Solche schockierenden Motive und die höchst turbulente Komposition verleihen dem Werk in der Scuola di San Rocco die atemberaubende, eruptive Gewalt des Erhabenen.

Dieser Vergleich beleuchtet als Beispiel der pathetischen Neuformulierung einer *caritas*-Thematik, die die entsprechenden Stilepitheta nicht eben nahelegt, die psychagogische Intensivierung der Bildrhetorik des späten Tintoretto. Diese ist in dem Deckengemälde nicht nur in stilistischer, sondern auch in inhaltlicher Hinsicht festzustellen. Außergewöhnlich an diesem Werk ist die Einfügung des Kriegsgeschehens im Hintergrund. Durch sie wird der göttliche Akt der Gnade und Fürsorge auf die spätere Schlacht bezogen und als ertüchtigende Stärkung des siegreichen Volkes ausgedeutet. Durch ein Merkmal wird dieser Bezug noch unterstrichen: Anders als in der frühen Behandlung des Themas, in dem das Haupt des Protagonisten, dessen Haltung an die eines Gekreuzigten erinnert, nach dem klassischen Prinzip der Isokephalie vor den Köpfen der distanzierten Zuschauer postiert ist, zeigt das späte Bild den über alle Israeliten erhöht stehenden Moses mit einem erhobenen und einem gesenktem Arm. Diese im Hochformat des Deckenbildes selbstverständlich wirkende Körperhaltung erweist sich als signifikant, liest man den Bericht des Alten Testaments über den Krieg mit den Amalkitern: «Als Amalek kam und in Refidim den Kampf mit Israel suchte, sagte Moses zu Josua: Wähl uns Männer aus, und zieh in den Kampf gegen Amalek! Ich selbst werde mich morgen auf den Gipfel des Hügels stellen und den Gottesstab mitnehmen. Josua tat was Moses ihm geheißen hatte und kämpfte gegen Amalek [...]. Solange Mose seine Hand erhoben hielt, war Israel stärker; sooft er aber die Hand sinken ließ, war Amalek stärker.»[62] Allein, weil die Arme Mosis, die Aaron und Hur zu fortgeschrittener Zeit stützen müssen, «erhoben blieben, bis die Sonne unterging, [...] besiegte Josua mit scharfem Schwert Amalek und sein Heer. Danach spricht der Herr zu Mose: Halte das zur Erinnerung in einer Urkunde fest, und präg es Josua ein! Denn ich will die Erinnerung an Amalek unter dem Himmel austilgen. Moses baute einen Altar und gab ihm den Namen "Jahwe mein Feldzeichen". Er sagte: Die Hand ist an Jahwes Feldzeichen! Krieg ist zwischen Jahwe und Amalek / von Generation zu Generation.»[63]

Außerdem evozieren die ambivalenten Lichtverhältnisse des ‹Quellwunders› die Dauer eines Tages, vom Morgengrauen bis zum Sonnenuntergang, über die sich die im Hintergrund dargestellte Schlacht hinzieht. Der erhobene Arm des hoch über dem Kriegsgeschehen stehenden Moses, den Tintoretto als heroisch Leidenden und Präfiguration Christi repräsentiert, gemahnt an die ihm durch Gott auferlegte Prüfung, der er standhalten muß, um sein Volk zu retten. Der Aspekt der sich in dem Quellwunder erweisenden göttlichen Gnade tritt dahinter zurück. Zugleich läßt das in hohem Bogen hervorschießende Quellwasser, das die Israeliten auffangen, so wie die Engel in mittelalterlichen Kreuzigungsdarstellungen das Blut des Erlösers, an den Kreuzestod denken, womit das Quellwunder im Sinne der mittelalterlichen Typologie als Präfiguration der Seitenwunde Christi ausgewiesen ist.[64] In dem Deckengemälde ist somit durch eine Kombination verschiedener ikonographischer Typen, die die Verwobenheit allen Seins und eine eschatologische Sinnpermanenz betont[65], ein weiter, anspielungsreicher Deutungshorizont eröffnet. In ihm sind die Erzählungen des Alten Testaments in verschiedene zeitlose Glaubenssätze gemünzt, die eine Exegese, z.B. in Form einer Predigt, nach Bedarf zu aktualisieren und präzisieren vermag. Nicht nur das alttestamentliche Quellwunder, sondern in übertragenem Sinne auch die seinem Beispiel folgende karitative Tätigkeit der Bruderschaft steht in Tintorettos Gemälde im Auslegungshorizont einer Auseinandersetzung auf Leben und Tod – darin zeigt sich eine für die frühe, militante Gegenreformation charakteristische Entgrenzung religiöser Belange.

Im Werk Tintorettos läßt sich eine derartige Variationsbreite nicht nur hinsichtlich der Wirkungsfunktionen, sondern auch der Stilhöhen nachvollziehen. So weisen z.B. seine Abendmahlsdarstellungen in den venezianischen Kirchen San Trovaso und San Polo unterschiedliche *genera* auf. In dem älteren, in der ersten Hälfte der 1560er Jahre entstandenen Werk realisiert der Maler unter Betonung des Moments der Verratsankündigung das *genus mixtum*. Die Figur Christi läßt er in hellem Licht, gerahmt von der klassischen Architektur im Hintergrund erscheinen, während er den eigentlichen Handlungsort und das weitere Bildpersonal – wohl in Anlehnung an niederländische Werke – im *genus humile* schildert. Die Apostel charakterisiert er als Plebejer, die teilweise munter sinnlichen Genüssen frönen. Einer von ihnen greift zum Wein, obschon er bereits trunken ist, wie seine Haltung und der umgefallene Stuhl neben ihm vermuten lassen. Mit solch genrehaften Ausschmückungen der biblischen Historie veranschaulicht Tintoretto die Selbsterniedrigung des menschgewordenen und verleugneten Gottes. Da dieses Werk zusammen mit einer ‹Fußwaschung› (London, National Gallery) für eine Sakramentskapelle bestimmt ist, somit hier das Leitthema der Hingabe und Opferbereitschaft vorgegeben war, läßt sich eine solche Auslegung des Stoffes vertreten. Gleichwohl sind damit die Bedenken der Klassizisten vorprogrammiert – noch J. Burckhardt wirft Tintoretto vor, das heilige Mahl hier «zum gemeinsten Schmaus entwürdigt» zu haben.[66]

Tintorettos Biograph C. Ridolfi nennt das Gemälde in San Trovaso eine «nuova & curiosa invenzione».[67] Ungleich konventioneller ist das spätere, für die Scuola del Santissimo ausgeführte Werk in San Polo, in dem der Künstler auf den uralten, byzantinischen Darstellungstypus der Apostelkommunion zurückgreift.[68] Hier ist das in einem vornehmen Ambiente situierte Abendmahl gemäß der gegenreformatorischen Theologie als sakramentaler Akt aufgefaßt, wobei die ausgebreiteten Arme Christi im Sinne einer *concordia veteris et novi testamenti* auf die Kreuzigung anspielen. Am rechten Bildrand ist vermutlich der Auftraggeber, ein Repräsentant der Scuola, vergegenwärtigt, der sinnend beobachtet, wie einer der Jünger einem Bettler ein Stück Brot reicht. (Als antithetisches Motiv erscheint rechts davon Judas, der einem Kind einen Apfel, das Symbol der Sünde, offeriert.) Durch das so hervorgehobene Motiv der Nächstenliebe wird das Gemälde zu einem Sinnbild der karitativen Tätigkeit der Bruderschaft. Dieser Vorbildfunktion entsprechend bedient sich Tintoretto in der klassizistischen, friesartigen Komposition dieses Breitformates eines würdevollen *genus grande*.

In weiteren Werken tragen Tintoretto, TIZIAN, VERONESE und andere venezianische Maler zudem dramatisch zugespitzte, wie auch episch breite Bilderzählungen vor.[69] Sie produzieren bereits ausgesprochene christliche Trostbilder, zuweilen aber auch von Stimmungswer-

Abb. 8: Lucas Cranach d. Ä.: Die Kreuzigung Christi; Weimar, Stadtkirche St. Peter u. Paul

ten hoffnungsloser Verzweiflung geprägte biblische Historien, die vermutlich beim Betrachter kathartisch seine Heilsgewißheit aktivieren sollen. Stellt ihr später Manierismus in mancher Hinsicht einen stilistischen Endpunkt dar, so bereitet er zugleich der Barockmalerei den Boden.

Auch im Norden Europas wird im 16. Jh. die M. zunehmend rhetorisch geprägt. [70] Während sich L. CRANACH D. Ä. in seiner um 1500 entstandenen Darstellung der ‹Kreuzigung› (Wien, Kunsthistorisches Museum) auf eine Erzählung des Vorgangs beschränkt, gibt er diese narrative Orientierung im Mittelbild des erst 1555, zwei Jahre nach seinem Tod aufgestellten Weimarer Altars auf (siehe Abb. 8). In ihm hat sich Cranach als Assistenzfigur zwischen Johannes dem Täufer und Luther vergegenwärtigt. Der Kreuzigung sind die Motive der ehernen

Abb. 9: Pieter van der Heyden nach Pieter Bruegel d. Ä.: Der Sommer; Kupferstich, Stuttgart, Staatsgalerie, graphische Sammlung

Schlange, der Verkündigung an die Hirten, der Überwindung des Drachens und des Lamms beigesellt. Der szenische Zusammenhang ist hier argumentativen Bildstrukturen gewichen, in deren Rahmen die heilsgeschichtliche Bedeutung des Kreuzesopfers verdeutlicht ist. Wie Büttner belegt, folgt Cranach dabei Melanchthons «schulmäßige[r] Erörterung der theologischen Schlüsselbegriffe in den "Loci communes"» [71], seiner Aktualisierung typologischer Denkformen und den Maßgaben des belehrenden *genus didascalicum*, das dieser in den ‹Elementa rhetorices› in Hinblick auf die Erfordernisse der Reformation konzipiert hat. In der nicht-suggestiven, gedanklich abstrakt konzipierten, zugleich propädeutischen Formensprache ist Cranachs Spätwerk charakteristisch für die protestantische Bildkultur. Dagegen setzt die Kunst der Gegenreformation ganz auf die sinnlich persuasive Kraft der Bilder.

Der Vorgang der Affirmation, vielfach aber auch einer kritischen Bewertung der Renaissancekultur nördlich der Alpen, wo sich nach P. Burke seit dem 16. Jh. in einer Gegenbewegung zur italienischen «Kultur der Theatralität» eine rhetorikkritische «Kultur der Aufrichtigkeit» entwickelt [72], zeigt sich in besonderer Weise in der M. der Niederlande. In der ersten Hälfte des 16. Jh. steht diese ganz im Zeichen der Aneignung der Errungenschaften der italienischen M., die man u.a. an Raffaels Kartons für die Tapisserienfolge der ‹Taten der Apostel› (Kartons in London, Victoria and Albert Museum; Tapisserien in Rom, Pinakothek des Vatikan) studiert, welche seit den späten 1510er Jahren im Auftrag Leos X. in der Brüsseler Manufaktur des Pieter van Aelst gewebt wird. Ein 1563 von Ph. Galle nach einer Vorlage von Maerten van Heemskerck gestochenes Blatt einer Jahreszeitenfolge zeigt die Formbestrebungen der Romanisten. Es repräsentiert den Sommer anhand der entsprechenden Tätigkeiten der Landbevölkerung und einer männlichen Personifikation. Diese monumentale, muskulöse Gestalt ist vollkommen dem athletischen Figurenideal Michelangelos verpflichtet. In intensiver Auseinandersetzung mit ihr vergegenwärtigt P. Bruegel d.Ä. fünf Jahre später den ‹Sommer› (siehe Abb. 9) und verzichtet dabei auf jegliche Allegorisierung. Wenngleich er so die hohe Stillage des Vorbildes bewußt unterbietet, ist sein Werk dennoch als *aemulatio* desselben zu verstehen, denn Bruegel realisiert bei der Darstellung der Bauern kühne, an klassische Vorbilder gemahnende Bewegungsmotive und damit im niederen Sujet ein hohes bildsprachliches Niveau.[73] Daß dieser Verstoß gegen die Lehre von den Stilhöhen einige Brisanz hatte, belegt das verspätete Erscheinen dieser Folge. Da der finanzielle Erfolg des Unternehmens zweifelhaft war, wird es zunächst storniert. Erst nach dem Tod Bruegels im Jahre 1569 entwirft H. BOL die Darstellungen von Herbst und Winter, so daß die Kupferstiche ausgeführt und die Folge 1570 erscheinen kann.[74] Daß diese Lösung gleichwohl Zukunft hat, zeigt u.a. die entsprechende Darstellung einer späteren, von J. SAENREDAM nach den Vorlagen von H. GOLTZIUS gestochenen Folge.[75] Goltzius beerbt die beiden früheren Blätter künstlerisch, reduziert dabei das Bildpersonal zugunsten einer höheren Anschaulichkeit (perspicuitas, claritas) und gibt einer gemäßigten Formsprache den Vorzug. Allein die Darstellung des Sommers versieht er mit einem allegorischen Bildelement, dem im Hintergrund sichtbaren Sonnenwagen Apolls.

Die anhand dieser Stiche belegte Tendenz hat für die weitere Entwicklung der niederländischen Kunst maßgebliche Bedeutung. An weiteren Themen, z.B. dem der ‹Fünf Sinne›, läßt sich eine ebensolche Abwendung von einer allegorischen Bildsprache zugunsten ihrer schlichteren Repräsentation anhand alltäglicher Szenen belegen. Mit dieser Entwicklung stellt sich die Kunst der Niederlande der Doktrin des Ciceronianismus, dem normativen Begriff der Antike und der Privilegierung des klassischen Lateins entgegen und demonstriert, daß sich auch in einer niederen Stilhöhe mit landessprachlichen Idiomen hohe Kunst realisieren läßt.

Anmerkungen:
1 dazu K. Krüger: Selbstdarstellung im Konflikt. Zur Repräsentation der Bettelorden im Medium der Kunst, in: O. G. Oexle, A. von Hülsen-Esch (Hg.): Die Repräsentation der Gruppen (1998) 127–186; E. Benz: Ecclesia spiritualis. Kirchenidee und Geschichtstheol. der franziskanischen Reformation (1934). – **2** Bonaventura, Legenda maior, cap. 10, 7, in: S. Bonaventurae Opera omnia, ed. studio et cura pp. Collegii a S. Bonaventura, Bd. 8 (Quaracchi 1898) p. 535, Übers. Red.; vgl. auch A. Smart: The Assisi Problem and the Art of Giotto (1971) 275. – **3** siehe M.A. Lavin: Introduction, in: dies. (Hg.): Monarca della Pittura. Piero della Francesca and His Legacy (1995) 17. – **4** vgl. C. Ripa: Iconologia. Edizione pratica a cura di P. Buscaroli (Turin 1988) Bd. 2, 91. – **5** siehe H.P. L'Orange: Das spätantike Herrscherbild von Diokletian bis zu den Konstantin-Söhnen 284–361 n. Chr. (1984) 10ff. – **6** vgl. E. Müntz: Raphael. Sa vie, son oeuvre et son temps (1881) 276f. – **7** vgl. E. Keßler: Das Problem des frühen Humanismus. Seine philos. Bedeutung bei Coluccio Salutati (1968) 183. – **8** vgl. F. Mancinelli, A. Nesselrath: La Stanza dell'Incendio, in: Raffaello nell'appartamento di Giulio II e Leone X (1993) 300; siehe auch M. Ermers: Die Arch. Raffaels in seinen Fresken, Tafelbildern u. Teppichen (1909) Tafel 16. – **9** G. Vasari: Le Vite ..., hg. von R. Bettarini, P. Barocchi, 9 Bde. (Florenz 1966–1987) Bd. 4, 193; G. Vasari: Leben der ausgezeichnetesten Maler, Bildhauer und Baumeister ..., übers. v. L. Schorn, E. Förster, ND hg. v. J. Kliemann (1988) Bd. 3/1, 225. – **10** s. K. Badt: Raphael's "Incendio del Borgo", in: JWCI 22 (1959) 35–59; R. Preimesberger: Tragische Motive in Raffaels "Transfiguration", in: Zs. f. Kunstgesch. 50 (1987) 110ff. – **11** s. Badt [10] 48. – **12** Cic. De or. III, 205. – **13** Lausberg El. 125ff.; ders. Hb. §§ 787–807. – **14** Arist. Rhet. II, 19 (1392a). – **15** R. Quednau: Päpstliches Geschichtsdenken und seine Verbildlichung in der Stanza dell'Incendio, in: Münchener Jb. d. bild. Kunst 35 (1984) 98. – **16** Verg. Aen. II, 291/2. – **17** vgl. F. Thürlemann: Vom Bild zum Raum. Beitr. zu einer semiot. Kunstwiss. (1990) 111ff. u. 188f. – **18** Vasari, Ed. Bettarini, Barocchi [9] Bd. 4, 207. – **19** Quint. VI, 2, 17 sowie Cic. De or. II, 212. – **20** Vasari, Ed. Kliemann [9] Bd. 3/1, 225; ders., Ed. Bettarini, Barocchi [9] Bd. 4, 194. – **21** vgl. V. Stoichita: Visionary Experience in the Golden Age of Spanish Art (London 1995) 27ff. – **22** s. V. Golzio: Raffaello nei documenti (1936) 30f.; D. Rosand: Raphael, Marcantonio, And The Icon of Pathos, in: Source. Notes in the History of Art 3/2 (1984) 52, Anm. 26. – **23** Lausberg El. 126; ders. Hb. § 804. – **24** s. M. Foucault: Die Ordnung der Dinge (1974) 31ff. – **25** s. H. Locher: Raffael und das Altarbild der Renaissance. Die "Pala Baglioni" als Kunstwerk im sakralen Kontext (1994). – **26** vgl. Cic. De or. II, 189; Quint. VI, 2, 24ff. – **27** Hor. Ars 102f. – **28** Vasari, Ed. Kliemann [9] Bd 3/1, 192; ders., Ed. Bettarini, Barocchi [9] Bd. 4, 164. – **29** vgl. J. Burckhardt: Die Kultur d. Renaissance (1981) 58. – **30** Vasari, Ed. Bettarini, Barocchi [98] Bd. 4, 164. – **31** L.B. Alberti: De pictura/Della pittura, hg. v. C. Grayson (1975) 103; L.B. Alberti: Kleinere kunsttheoret. Schr., hg. v. H. Janitschek (1877; ND 1970) 158f. – **32** E. Knab, E. Mitsch, K. Oberhuber: Raphael. Die Zeichnungen (1983) Nr. 187–210. – **33** vgl. R. Kuhn: Raffaels Entwurfspraxis und die sprunghafte Entwicklung seines Kompositionsvermögens um 1508, in: Intuition und Darstellung. FS E. Hubala (1985) 51–68. – **34** H. Belting: Giovanni Bellini: Pietà. Ikone u. Bilderzählung in d. venezianischen M. (1985) 37f. – **35** M. Barash: Imago Hominis. Studies in the Language of Art (Wien 1991) 75. – **36** s. M. Hirst: Michelangelo and His Drawings (New Haven ²1989) 42ff. – **37** s. A. Hughes: Michelangelo (London 1997) 87f. – **38** Vasari, Ed. Kliemann [9] Bd. 5, 351; ders., Ed. Bettarini, Barocchi [9] Bd. 6, 74. – **39** siehe Vasari, Ed. Bettarini, Barocchi [9] Bd. 6, 70; ders. Ed. Kliemann [9] Bd. 5, 348. – **40** s. M. Hirst: "... per lui mondo ha così nobil opera". Michelangelo und Papst Clemens VII., in: Hochrenaissance im Vatikan. Kunst und Kultur im Rom der Päpste, Bd. 1 (Kat. Bonn 1999) 451. – **41** s. B. Barnes: Michelangelo's Last Judgment. The Renaissance Response (Berkeley 1998). – **42** Vasari, Ed. Bettarini, Barocchi [9] Bd. 5, 547; Vasari, Ed. Kliemann [9] Bd. 5, 185. – **43** vgl. H. Daniel, J. Berger: Encyclopaedia of Themes and Subjects in Painting (1971) 189. – **44** siehe: A. Goesch: Diana Ephesia. Ikonographische Stud. zur Allegorie der Natur in der Kunst vom 16. – 19. Jh. (1996) 124ff. – **45** s. W. Brassat: Vielfalt der Manieren und Gang der Gesch. Bemerkungen zu Vasaris Ausmalung des Palazzo Vecchio in Florenz, in: Die Künste und das Schloß in der frühen Neuzeit, hg. v. Thüringer Landesmuseum Heidecksburg Rudolstadt d. L. Unbehaun unter Mitarbeit v. A. Beyer, U. Schütte (1998) 101f. – **46** s. ebd. 103ff.; vgl. Felix Gilbert: Guicciardini, Machiavelli und die Geschichtsschreibung der ital. Renaissance (1991) 56. – **47** zit. in: I.H. Cheney: Francesco Salviati (1510–1563) (Ph.D. 1965; Ann Arbor 1995) Bd. 1, 80. – **48** s. ebd., Bd. 1, 93; s. auch M.W. Schlitt: F. Salviati and the rhetoric of style (Diss. 1991; AnnArbor 1999). – **49** s. R. Cocke: Et ero humilis in oculis meis. Francesco Salviati's David Cycle in Palazzo Sacchetti, in: Art History 3 (1980) 194–201; J.L. de Jong: An Important Patron and an Unknown Artist: Giovanni Ricci, Ponsio Jacquio, and the Decoration of the Palazzo Ricci-Sacchetti in Rome, in: The Art Bulletin 74 (1992) 135–157; L. Mortari: F. Salviati (Rom 1992) 68ff., 124ff. – **50** Philostrat d.Ä., Eikones I, 5 (Prooemium). – **51** s. A. Nova: Occasio pars Virtutis. Considerazioni sugli affreschi di Francesco Salviati per il Cardinale Ricci, in: Paragone 31 (1980) Nr. 365, 29–63; ders.: Un'aggiunta alle considerazioni sugli affreschi di Francesco Salviati per il Cardinale Ricci, in: ebd. 94–96. – **52** vgl. P. Joannides: Salviati e Michelangelo, in: C.M. Goguel (Hg.): Francesco Salviati (1510–1563) o la Bella Maniera (Kat. Paris / Mailand 1998) 35. – **53** s. C. Dumont: F. Salviati au Palais Sacchetti de Rome et la décoration murale italienne (1520–1560) (Rom 1973). – **54** vgl. M. Hirst: Salviati's chinoiserie in Palazzo Sacchetti, in: Burlington Magazine 121 (1979) 791–792. – **55** vgl. S. Settis: Giorgiones 'Gewitter'. Auftraggeber und verborgenes Sujet eines Bildes in der Renaissance (1982) 160ff. – **56** s. J. Kliemann: Gesta dipinte: la grande decorazione nelle dimore italiane dal Quattrocento al Seicento (Florenz 1993) 51. – **57** s. C. Kallendorf: Art. ‹Erhabene, das›, in: HWRh, Bd. 2, Sp. 1363. – **58** s. R. Pallucchini, P. Rossi: Tintoretto. Le opere sacre e profane (Mailand 1982) Nr. 177, 170 u. Nr. 333, 200ff. – **59** E. von der Bercken, A.L. Mayer: J. Tin-

toretto (1923) Bd. 1, 178. – **60** Quint. XII, 10, 59. – **61** Bercken, Mayer [59] 178. – **62** Ex 17, 8–11. – **63** Ex 17, 12–16. – **64** s. H. Zimmermann: Art. ‹Armenbibel›, in: RDK, Bd. 1 (1937) 1073f., Abb. 1 u. 2. – **65** vgl. C.-P. Warncke: Sprechende Bilder – sichtbare Worte. Das Bildverständnis der fr. Neuzeit (1987) 95ff. – **66** J. Burckhardt: Der Cicerone (⁴1879) Bd. 2, 745. – **67** C. Ridolfi: Vite dei Tintoretto da le Maraviglie dell' Arte ..., 1648, eingeleit. v. A. Manno (Venedig 1994) 53f. – **68** C. Bühler: Ikonographie und Entwicklung der Abendmahlsdarstellung im Oeuvre Tintorettos (1989) 54. – **69** s. D. Rosand: Painting in Cinquecento Venice: Titian, Veronese, Tintoretto (New Haven u.a. 1982). – **70** vgl. F. Büttner: "Argumentatio" in Bildern der Reformationszeit. Ein Beitr. zur Bestimmung argumentativer Strukturen in der Bildkunst, in: Zs. f. Kunstgesch. 57 (1994) 23–44. – **71** Büttner ebd. 32. – **72** P. Burke: Städtische Kultur in Italien zw. Hochrenaissance u. Barock (1986) 17ff. – **73** vgl. C. Schulte-Goltz, R. Schleier: Pieter van der Heyden, nach Pieter Bruegel d. Ä. und Hans Bol: Die vier Jahreszeiten 1570, in: H.-M. Kaulbach, R. Schleier (Hg.): "Der Welt Lauf". Allegorische Graphikserien des Manierismus (Kat. Ostfildern-Ruit 1997) 120ff. – **74** ebd. 120. – **75** s. ebd. 126ff.

IV. Barock und Klassizismus. Die Erneuerung der M. – G. P. Bellori spricht von ihrer «ristaurazione» durch die Hand Annibales – vollzieht sich im ausgehenden 16. Jh. durch die Schule der Gebrüder CARRACCI, aus der G. RENI, DOMENICHINO, LANFRANCO und GUERCINO hervorgehen werden. 1582 gründen sie in Bologna ihre Scuola degli Incamminati (Schule der auf den rechten Weg gebrachten), die sich gegen den Manierismus richtet und das Studium der Antike und der Meister der Hochrenaissance zum Programm macht. [1] Ein Hauptwerk der Bologneser Malerschule ist die seit 1598 unter der Leitung Annibales freskierte Galleria Farnese in Rom. Im Rahmen eines komplexen Illusionssystems, dessen verschiedene Register in übersichtlicher Weise hierarchisiert sind, stellen sie Themen der Liebe im Sinne der antiken und christlichen Kosmologie dar. A. Reckermann deutet diesen Freskenzyklus als gemalte Lobrede auf eine vollendete «ars amandi» und bezieht Annibales monumentalen, vor allem auf Raffael zurückgehenden Stilhabitus, den Zeitgenossen als perfekte Synthese aus Michelangelos *disegno* und Tizians *colore* preisen, auf Ciceros Konzept eines selektiven, durch das *bonum iudicium* charakterisierten *optimum genus dicendi*. [2]

G. B. AGUCCHI interpretiert die Fresken der Farnese-Galerie als beispielhafte Veranschaulichung der «Idea della bellezza» und hebt u. a. hervor, daß Annibale in ihnen die verschiedenen «modi» der *maestà*, *gravità*, *grazia* und *leggiadria* realisiert habe. [3] Bellori interpretiert das sinnenfrohe Werk als Darstellung des Sieges der himmlischen über die irdische Liebe. [4] Seine Lobpreisung Annibales, der den goldenen Mittelweg zwischen dem Manierismus und dem Naturalismus beschreite [5], richtet sich bereits gegen den Caravaggismus, die zweite große Richtung der römischen Barockmalerei. Diese wird von dem aus dem gleichnamigen Ort bei Bergamo stammenden, in Mailand ausgebildeten, 1610 jung gestorbenen CARAVAGGIO (MICHELANGELO MERISI) in einer Schaffenszeit von kaum mehr als anderthalb Dekaden begründet. Er vergegenwärtigt vor allem biblische Historien in einer kühnen Diesseitigkeit, die wiederholt dazu führt, daß Auftraggeber seine Werke zurückweisen, so z. B. die erste Version des Gemäldes ‹Der heilige Matthäus und der Engel›. Dieses nicht erhaltene Werk war für den Hauptaltar der von Caravaggio mit einem Matthäus-Zyklus dekorierten Contarelli-Kapelle in San Luigi dei Francesi in Rom bestimmt. Es zeigt den Apostel als von Arbeit gezeichneten Plebejer, dem der Engel beim Verfassen des Evangeliums die Hand führen muß. Nach der Ablehnung dieses Gemäldes vergegenwärtigt der Maler den Evangelisten in der zweiten Version als würdevolle Erscheinung und gibt den Engel konventionell als Inspirationsfigur.

In der umfangreichen Literatur zu Caravaggio, dessen Werk oft als Ausdruck seines unsteten Lebens gedeutet wird, das zahlreiche Spuren in Polizeiakten hinterließ, werden poetologische und rhetorische Aspekte bisher kaum oder nur unter sehr speziellen Fragestellungen erörtert. [6] Zweifellos steht seine M. in Zusammenhang mit der Suche nach einem schlichten Stil in nachtridentinischer Zeit – Gilio hatte gefordert, der Maler solle die «reine und einfache Wahrheit» zeigen [7] –, ohne sich aber mit den Vorstellungen von auch nur einem der gegenreformatorischen Kunsttheoretiker exakt zu decken. Entfernt Caravaggios häufig den Moment höchster Dramatik darstellender und mit einer schlaglichtartigen Beleuchtung arbeitender krasser Naturalismus, der sich vielfach rigoros von der Bildtradition absetzt, an Pseudo-Longinos denken, der über seinen Gewährsmann Demosthenes schreibt, durch «die Spannung erhabener Rede, ein beseeltes Pathos, Fülle und Geistesgegenwart, Ungestüm [...] und eine unerreichbare Intensität und Gewalt» habe dieser über seine Rivalen triumphiert und «die Redner aller Zeiten gleichsam mit Donner und Blitz» vernichtet. [8] M. Fumaroli betont, daß schon vor Caravaggio die Prediger des Oratoriums des S. Filippo Neri der Pedanterie der strengen Ciceronianer begegnen, indem sie die rhetorischen Lehre der Stilhöhen außer Kraft setzen. [9] Zweifellos verwirft Caravaggio den gleichermaßen für den Manierismus und Klassizismus maßgeblichen rhetorischen *imitatio*-Begriff einer Nachahmung literarischer Muster bzw. kanonischer Kunstwerke und besinnt sich dagegen auf den aristotelischen Begriffs der *mimesis* der lebendigen Wirklichkeit. Damit weist seine M. eine Nähe zu einem strikten Aposteriorismus auf, nach dem Gott nicht nur welttranszendent, sondern auch weltimmanent, in den Sinnendingen erfahrbar ist. An das dieser Haltung verwandte Ideal der Schlichtheit und Prägnanz eines «stilus laconicus» [10] und das Motto «secundum naturam» der Neostoizisten und die in dieser Zeit von Galilei und Bacon begründete Experimental- und Erfahrungswissenschaft läßt Caravaggios nahsichtig, vor hellem, neutralem Hintergrund dargestellter ‹Früchtekorb› (Mailand, Pinacoteca Ambrosiana), sein einziges Stilleben, denken. [11]

Zweifellos bezieht Caravaggios künstlerische Opposition gegen die gefälligen Werke der Bologneser Schule wesentliche Anregungen aus der aristotelischen ‹Poetik›. Mit der dortigen Erklärung, daß auch Häßliches, wenn es gemalt sei, das Auge erfreuen könne [12], lassen sich Gemälde rechtfertigen, wie die Affektstudie ‹Von einer Eidechse gebissener Knabe› (Florenz, Fondazione R. Longhi). Zudem zielen solch drastische Werke wie die Darstellung von ‹Judith und Holofernes› (siehe Abb. 10), in der der Maler die Entschlossenheit der Protagonistin wie auch ihren Ekel vor der eigenen Tat psychologisch differenziert und eindringlich schildert, auf eine kathartische Wirkung. In dieser Hinsicht ist signifikant, daß in Ripas ‹Iconologia› die «tragedia» in einer an die Judith-Ikonographie gemahnenden Form als Frau mit blutigem Schwert repräsentiert ist und der Autor in dem Text auf die Poetiken von Aristo-

Abb. 10: Caravaggio: Judith und Holofernes; Rom, Galleria Nazionale d' Arte Antica

teles und Horaz verweist.[13] Freilich betont Ripa in diesem Zusammenhang, daß sich die Tragödie durch ihr aristokratisches Personal, den hohen Stil und eine anspielungsreiche metaphorische Sprache auszeichne. Sie bedürfe der «parole gravi, & di concetti, che non sieno plebei, ne triviali.» [14] Damit teilt Ripa die klassizistischen Vorbehalte der italienischen Poetiken des Cinquecento, in denen Horaz' Aussage, «doch wirst du nicht, was besser im Innern sich abspielen sollte, auf die Bühne bringen, wirst vieles den Augen entziehen, was dann die Beredsamkeit allen verkündet» [15] durchweg bekräftigt wird: Grausame Szenen sollten hinter der Bühnenwand spielen und nur akustisch, gegebenenfalls nur durch Botenbericht, zu vernehmen sein.[16] Auch die Darstellung der «tragedia» in der ‹Iconologia›, in der die grausame Handlung durch das blutige Schwert und den am Boden liegenden Brustpanzer nur angedeutet ist, gehorcht diesen Maßgaben, gegen die seit dem späten 16. Jh. die Jesuiten opponieren.[17] Seit den 1580er Jahren bemüht man sich im Collegio Romano um eine Erneuerung des antiken Theaters.[18] Unter dem Einfluß des *Seneca tragicus* avanciert nun die *atrocitas* (Schrecklichkeit, Abscheulichkeit) zu einer poetischen Leitkategorie.[19] Vor allem das barocke Märtyrerdrama verwirft das klassische Ideal und schildert in der Tradition Senecas und weiterer Autoren der silbernen Latinität die Wunden, Folterqualen und Schmerzen der Helden in greller Deutlichkeit, «damit ihre Überwindung in desto hellerem Licht erstrahle.» [20] Damit einhergehend aktualisieren Autoren wie J. Lipsius, D. Heinsius und M. Opitz das Wirkungskonzept der κάθαρσις, kátharsis [21] und definieren diese unter moralphilosophischen Vorzeichen als Vorgang einer zum Gleichmut erziehenden Abschreckung, als Sühnung der Affekte und als qua Affekterregung bewirkte Vernunftstimulanz.[22] Für entsprechende Affektstrategien der Malerei Caravaggios und seiner Nachfolger wird vermutlich auch die Subkultur des professionellen volkstümlichen Theaters, das im Gegensatz zu dem auf die Schulung der Eloquenz zielenden humanistischen Theater mit drastischen Mitteln die Schaulust des Publikums befriedigt, ein wichtiger Anreger, zumal sich auch das *theatrum sacrum* der Jesuiten von ihm inspirieren läßt.[23]

Das Wirkungskonzept der kátharsis, dem Autoren der Renaissance zumeist skeptisch gegenüberstehen und das bis dahin in den bildenden Künsten selten eine Rolle gespielt hat, verfolgt Caravaggios zweifellos auch in seinem um 1600 entstandenem Schreckensbild der ‹Medusa› (Florenz, Uffizien). Antike Beschreibungen von Schilden mit apotropäischen Gorgonen- oder Löwenhäuptern werden bei diesem Werk Pate gestanden haben [24], zumal Ripa den Schild Agamemnons und das Gorgonenhaupt in seinem Artikel «terrore» erwähnt.[25] Auch ein bemalter Schild und eine Darstellung des Medusenhauptes von Leonardo, nicht erhaltene Werke, die Vasari erwähnt [26], sind als Vorläufer von Caravaggios Gemälde anzuführen. Daß der mit diesem intendierte Schock des Betrachters in eine kathartische Aktivierung der Vernunft umschlagen sollte, ist anzunehmen, da in Ripas ‹Iconologia› das abgeschlagene Medusenhaupt den Sieg der Vernunft über die Sinne symbolisiert. In dieser Bedeutung figuriert der Schild der Minerva fortan auch als Symbol der Philosophia [27] und entsprechend feiert der Cavaliere Marino den Großherzog der Toskana, den damaligen Besitzer des Werkes von Caravaggio, dessen männliche Tugend es zeige, als «wahre Medusa».[28] Über eine verlorene Darstellung des Medusenhauptes von P.P. RUBENS wird später C. Huygens ganz im Sinne der aristotelischen Rechtfertigung von Darstellungen des Häßlichen notieren, diese sei schrecklich anzusehen, und man wünsche sie lieber im nachbarlichen Haus als im eigenen zu sehen, doch sie sei mit solch unglaublichem Fleiß (ineffabili industria) gemalt, daß sie den Betrachter dennoch erfreue.[29]

Die Kunst Caravaggios, die, obschon höchst umstritten, in Italien, Frankreich und beiden Niederlanden große Wirkung entfaltet und in Spanien die Überwindung des Manierismus El Grecos durch Ribera, Zurbarán, Velázquez und Murillo anregt, wird auch von Rubens rezipiert, der nach langer Lehrzeit bei drei verschiedenen Meistern 1600 bis 1608 Hofmaler in Mantua und als solcher auch in Rom tätig ist. Sein Werk ist als ein Höhepunkt der frühneuzeitlichen Bildrhetorik anzusehen. Rubens erarbeitet sich eine umfassende Kenntnis der Bildtradition und eine einzigartige bildsprachliche Artikulationsfähigkeit. Immer wieder wird er die psychagogischen Möglichkeiten der M. ausschöpfen und seine Eloquenz in kolossalen, ganze Kirchenräume mit farbigem Glanz füllenden Altartafeln beweisen, wie auch in kleinen intimen Andachtsbildern, in episch breiten wie in höchst dramatischen Bilderzählungen, in caravaggesken ebenso wie in klassizistischen Gemälden sowie einem freien spontanen Kolorismus.

Ein in Hinsicht auf die topischen Verfahren der M. im Zeitalter des Humanismus signifikantes Zeugnis ist das Blatt aus Rubens' verlorenem Skizzenbuch im Berliner Kupferstichkabinett. Seine Rückseite zeigt eine Zeichnung nach Raffaels Darstellung ‹Das Urteil des Salomo› an der Decke der Stanza della Segnatura und darüber Notizen zu Dürers Klassifizierung menschlicher Proportionsverhältnisse. Auf der Vorderseite (siehe Abb. 11) sind neben kleinen flüchtig skizzierten Figuren aus Holbeins ‹Totentanz› Motive weiterer Werke Raffaels versammelt: Zuoberst erscheint die mit erhobener Hand Halt gebietende Figur eines behelmten Kriegers, die einer Grisaille aus der Stanza della Segnatura entstammt. In der Mitte des Blattes ist die thronende Gestalt des Prokonsuls Lucius Sergius Paullus nebst seinem Sekretär nach Raffaels Teppichkarton ‹Die Konvertierung des Prokonsuls› dargestellt, darunter schließlich eine Nachsicht entnommene Figuren aus dem ‹Brand im Borgo›. Neben diesen Motiven notiert Rubens Zitate aus drei verschiedenen Stellen in Quintus Curtius Rufus' ‹Historiae Alexandri Magni Macedonis›, die alle von Situationen der Anklage und Rechtsprechung handeln.[30] Mit dem topischen Verfahren, zu einem Thema, hier ist es das der ‹Rechtsprechung›, verschiedene Beispiele eines hohen Stils zu versammeln, macht er sich so Elemente der Bildtradition in Hinblick auf eigene, mit den großen Vorbildern wetteifernde Schöpfungen zu eigen.

Eine neue Qualität der Rubensschen Werke sind die oft das ganze Bild beherrschenden Bewegungszusammenhänge und nuancierten Übergänge. R. de Piles, der in Rubens die Verkörperung des «peintre parfait» sieht, würdigt diese mit den Kategorien des «tout ensemble» und der «subordination générale»[31], worin sich freilich seine Tendenz zeigt, Rubens' oft von widerstreitenden Imperativen geprägten barocken Kompositionen klassizistisch zu harmonisieren.

Als Beispiel für Rubens' höchst komplexe Formensprache sei zunächst ein Werk aus dem Decius-Mus-Zyklus angeführt, der ersten Bildteppichfolge, für die er die Vorlagen liefert. Ihr Thema ist die von Titus Livius überlieferte Geschichte des römischen Konsuls, der, obwohl ihm sein Tod in der Schlacht am Veseris prophezeit ist, nicht darauf verzichtet, das römische Heer zum Sieg zu führen. Rubens selbst spricht in einem Brief vom 26. Mai 1618 von der «Geschichte des römischen Konsuls Decius Mus, der sich für den Sieg des römischen Volkes opfert.»[32] ‹Der Tod des Decius Mus› (siehe Abb. 12) ist die turbulenteste Darstellung dieser Folge, die ansonsten überwiegend in einer klassizistisch beruhigten Formsprache gehalten ist. Auch in diesem Gemälde sind die Bewegungsenergien innerbildlich gebunden. Kaum eine der Figuren blickt direkt in den Betrachterraum, der durch die fahle Figur eines Erschlagenen abgegrenzt ist. Keine Affekt-Brücke überträgt den Tumult der Leidenschaften, in dem sich das von ihm akzeptierte Schicksal des Konsuls erfüllt. Die Komposition, die durch divergierende Bewegungsrichtungen bestimmt wird, dient weniger einer appellativen Ansprache, als der Veranschaulichung des ewigen Konflikts zwischen den Ansprüchen des Individuums und der Gemeinschaft. Ihr hinterer Bereich wird in der ganzen Breite des Bildes durch den Zug des römischen Heeres eingenommen, das den fliehenden Feind verfolgt. Diesem Strom bietet die monumentale, im Vordergrund aufgetürmte Figurengruppe vorübergehenden Widerstand. Der Schimmel des Decius Mus bäumt sich gegen ihn auf, während sein getroffener Reiter gleichsam mit ihm stürzt: Er ist Protagonist und Opfer des Laufs der Dinge.

Der ‹Tod des Decius Mus› ist ein Gemälde, dessen sprachlicher Nachvollzug es leichter hat, in seine dramatischen Mittel einzustimmen, als diese analytisch zu beschreiben. Man erkennt Äquivalenzverhältnisse, wie das der Hinterteile der Rosse zu beiden Seiten des Stürzenden und der gewundenen Pferdehälse, die rechts und links aus dem Turm der Leiber herausragen, und doch sperrt sich das Ganze gegen eine nicht-narrative, nicht-ekphrastische Beschreibung. Die ordnungstiftenden Momente der Komposition sind absichtsvoll so reduziert, daß kein Stilmittel, keine Figur sofort erkennbar wird. Das Stakkato der kämpfenden Leiber scheint nicht Produkt eines bedachten Hervorbringungsaktes zu sein, nicht der «Überlegung [...] entsprungen»[33], wie es bei Pseudo-Longinus heißt, der zur Erzeugung dieser Suggestion das Anstimmen scheinbar wirrer Satzfetzen mehr eine erkennbare Ordnung empfiehlt. J. Burckhardt, der Rubens' «geheime Symmetrie» in seiner Theorie der «Äquivalentien» erörtert, charakterisiert die zentrale Gruppe im ‹Tod des Decius Mus› wie folgt: «Man kann das unsägliche Feuer des Hergangs und die Herrlichkeit des Kolorits längst bewundert haben, bevor man inne wird, daß diese Gruppe optisch ein fast regelmäßiges, etwas niedriges Sechseck bildet. Dabei kommen die Köpfe desjenigen, der den Lanzenstich getan hat, des Decius und der einen Leiche fast senkrecht übereinander in die Mitte des Bildes».[34] Die Anordnung dieser Köpfe vereint sich mit denen des rechten Reiters und des entblößten Leichnams zu einer chiastischen Figur. Der dramatische Moment kulminiert im Tumult der jäh kor-

Abb. 11: Peter Paul Rubens: Blatt aus seinem verlorenen Skizzenbuch; Berlin, Kupferstichkabinett

respondierenden, einander suchenden und sich überschneidenden Blicke. Auch zu diesem Darstellungsmittel finden sich Anregungen in der Schrift des Pseudo-Longinos, der einen abrupten Wechsel von Personen und Perspektiven empfiehlt, welcher «den Rollentausch zu einem wechselvollen Spiel der Leidenschaft gestaltet.» [35]

Rubens' Inszenierung des ‹Tod des Decius Mus› bewegt sich im *genus vehemens*, das durch paradoxe Figuren, wie die im Bildzentrum chiastisch angeordneten Köpfe, charakterisiert wird, nicht in dem ungebrochen erhabenen *genus amplum* bzw. *sublime*. [36] Die Spannung der antithetischen Figuration bleibt mit Bedacht unaufgelöst. Sie soll gemischte Gefühle evozieren, die

Abb. 12: Peter Paul Rubens: Tod des Decius Mus; Vaduz, Sammlung Liechtenstein

Trauer über den Tod des Helden ebenso, wie die höhere Einsicht in seine Notwendigkeit und das republikanische Selbstverständnis des Konsuls. Bei aller Turbulenz der Darstellung seines Untergangs soll diese weniger den spontanen Affekt der Entrüstung hervorrufen, als darüber hinaus zur Ausbildung einer reflektierten, ethischen Überzeugung führen.

Der Decius-Mus-Zyklus bezeugt Rubens' Rezeption des antiken Begriffs der Tragödie, die unter den Vorzeichen des Neostoizismus sowie der Fundamentalparadoxa des christlichen teleologischen Denkens, z.B. der ‹culpa felix› Adams, steht. In der um 1633 entstandenen ‹Marter des heiligen Livinus› (Brüssel, Königliche Museen für Schöne Künste) veranschaulicht die kontrapostische Torsion der Rückenfigur des Schergen mit der Hellebarde, der erschrocken die himmlischen Streiter gewahr wird, in konzentrierter Form den paradoxen Vorgang des schrecklichen Martyriums, das dennoch seinen Beitrag zum ewigen Heil leistet. Am Bildrand situiert, stimmt die Rückenfigur ein in die antithetischen Imperative, deren Widerstreit den Form-und Farbbestand des ganzen Gemäldes bestimmt und von ihr wirkungsästhetisch vermittelt wird. Der Appell zum Mitleiden mit dem Märtyrer, dessen herausgerissene Zunge den Hunden zum Fraß gegeben wird, und die Entrüstung über diesen bestialischen Gewaltakt, die bereits den blitzeschleudernde Erzengel ergriffen hat, wird durch die Putten mit den Palmenzweigen und die freundlichen, hellen Farbwerte des Gemäldes gemildert, der grausame Vorgang durch die Heilsbotschaft übertönt. Damit zeichnet sich in diesem für das Spätwerk Rubens' mit seinem Tumult der Gegensätze charakteristischen Gemälde das Konzept einer Theatralisierung des *pathos* ab, wie es später E. Tesauro in seiner Schrift ‹Il cannocchiale Aristotelico› (Turin 1654) darlegt. Tesauro fordert, wie R. Meyer-Kalkus zusammenfaßt, die «Affekte zu erregen, zugleich aber durch solche spielerische Aktivierung der Bewußtseinsfunktionen die Durchschauungskraft der Vernunft zu provozieren und genußvoll in ihre Suprematie zu üben. Dieser Anregung des menschlichen "ingenio" durch ein theatralisiertes Pathos entsprechen in der bildenden Kunst die nach dem Prinzip des "contrapposto" gebildeten "Pathosformeln", die entgegengesetzte Affektgebärden zu einer spannungsvollen Einheit zusammenfügen.» [37]

R. de Piles preist Rubens als höchst eloquenten Maler, der allegorische Themen mit unvergleichlicher Gelehrsamkeit und Klarheit behandelt habe. [38] Das bedeutendste unter Rubens' allegorischen Werken ist der Medici-Zyklus (Paris, Louvre), der damals freilich auch die frühaufklärerische Kritik der barocken Allegorie auf sich zog und vom Abbé Du Bos in den 1719 erschienen «Réflexions critiques sur la Poèsie et sur la Peinture» aufgrund der in ihm vollzogenen Verschmelzung von Fabel und Wahrheit und Verstößen gegen das Gebot der «vraisemblance» kritisiert wird. [39] Rubens' gemalte Vita der Maria de' Medici folgt den Maßgaben für die epideiktische Rede, wie sie Quintilian beispielhaft formuliert hat. [40] Dem Zyklus vorangestellt sind die Porträts der Königinwitwe und ihrer Eltern. Die Folge der Historienbilder wird eröffnet und beschlossen durch zwei Schmalformate, die Darstellungen ‹Die Parzen weben das Schicksal der Maria de' Medici› und der ‹Triumph der Wahrheit›, die hier als *exordium* und *peroratio* fungieren. Dazwischen stehen die Ausführungen zum *genus* und zur *educatio* der Protagonistin (‹Geburt der Maria de'

Medici›, ‹Erziehung der Maria de' Medici›) und die Bilderzählungen ihrer Taten und Erlebnisse (res gestae): ihre Hochzeit mit Heinrich IV., der Tod und die Apotheose des Königs, die Doppelhochzeit mit dem spanischen Königshaus, der Konflikt und die Versöhnung mit Ludwig XIII. In den großformatigen Historien konfiguriert Rubens wiederholt eine irdische und eine von den paganen Göttern bevölkerte himmlische Sphäre, die beide gleichermaßen naturalistisch repräsentiert sind.

Der Medici-Zyklus ist in mancher Hinsicht ein ungewöhnliches Werk, nicht allein, weil in ihm die Geschichte einer Königin in anspruchsvoller Form dargestellt ist, sondern auch, weil es gilt, in ihm integrativ auf einen politischen Konflikt zu reagieren. Nachdem es nach dem Tod Heinrichs IV. in der Frage der Thronnachfolge zur offenen Feindschaft zwischen Maria de' Medici und ihrem Sohn, zu ihrer Verhaftung und einer mühsamen Aussöhnung gekommen ist, soll Rubens im Medici-Zyklus diese Vorgänge in einer versöhnlichen Weise darstellen, die es der Königinwitwe erlaubt, ihr Gesicht zu wahren und politische Präsenz zu beweisen. In dem Zyklus, der allein an ein höfisches Publikum adressiert ist, das um die repräsentierten Vorgänge weiß, beansprucht die allegorische Überbietung des Faktischen die Lizenz der «beratenden Lobrede» (Aristoteles) bzw. des genus optimum dicendi (Cicero), im Dienste einer kollektiven Rückbesinnung von Glück und Tugend zu sprechen und sich so den quaestiones infinitae zuzuwenden. Der Medici-Zyklus folgt wie kaum je ein anderes Kunstwerk dem Anspruch, eine von der Phantasie geleistete Erhöhung trauriger Tatsachen zum denkbar Besseren hin zu ästhetisch vitaler, d.h. ethisch wirksamer Evidenz zu verhelfen.[41]

Im Rahmen einer seiner diplomatischen Missionen entsteht in den Jahren 1629/1630 Rubens' Friedensallegorie für Karl I. von England (London, National Gallery). Die zentrale Figur der Pax, die von Minerva vor dem Kriegsgott beschützt wird, hat in dieser großformatigen Komposition von circa zwei mal drei Metern als Pax lactans venerische und marianische Züge. Auch Eirene, die Amme von Plutos, dem Gott des Reichtums, ist in die Figur der Pax eingegangen.[42] Zu ihren Füßen offeriert ein bocksbeiniger Satyr den Kindern Trauben und Früchte. Die Erträge, die sich allein in Friedenszeiten der Natur abgewinnen lassen, bringen die zwei Grazien am linken Bildrand ein. Man muß sie zusammen mit dem Satyr und dem Leoparden als Gruppe betrachten, um zu erkennen, daß der geöffnete Fächer dieser vier Leiber den Evolutionsprozeß einer Kultivierung der Natur beschreibt. Die Raubkatze ist dessen niederste Stufe – an sich gefährlich, selbst wenn sie gesättigt und zum Spielen aufgelegt zu sein scheint. In ihr scheint sich Mars mit schreckgeweitetem Blick erkannt zu haben. Ebenso wie das bestimmte Drängen der Minerva bannt ihn in dem Rubensschen Charakterstück die Selbsterkenntnis, die die Furie Alecto, Teil seiner selbst, gleichsam aus ihm herausfahren und voran entfliehen läßt. Nicht nur zu dieser und zur Figur des Kriegsgottes steht der Panther als kompositorisches Pendant in einem wohlberechneten Verhältnis, sondern auch zu jener musizierenden und tanzenden Grazie, in der als einer Repräsentantin sensibler kultureller Werte der vor Augen geführte Prozeß kulminiert. Zwischen ihr und der Raubkatze zeigt der Satyr bereits soziales Verhalten, und die Grazie mit den handwerklichen, aus Bodenschätzen gearbeiteten Erzeugnissen steht ein für die Naturbeherrschung durch den Menschen. Es ist derselbe naturhafte Trieb, der in Rubens' Gemälde die drei Körper mit den hochgereckten Armen motiviert: die bewußtlose Kreatur, die Mars voran enteilende Furie am rechten Bildrand und die ihr gegenüber postierte Frauengestalt, in deren Tanz er an und für sich Ausdruck findet. In ihm begeht die der necessitas enthobene Vernunft ihre Versöhnung mit der unterworfenen, gefährlichen Natur.

Die planparallel angeordnete Komposition des in Zusammenhang mit seiner diplomatischen Mission am englischen Hof entstandenen Gemäldes hat Rubens nur durch eine Figur durchbrochen. Diese von ihrer Mutter und Schwester sowie dem Hochzeitsgott Hymen begleitete Gestalt weist die Züge des jüngsten der beiden Kinder des Malers B. Gerbier auf, der Rubens' Gastgeber und Verhandlungspartner in London ist. Mit großen Augen blickt das Mädchen zum Betrachter. Die rationale Argumentation, die das Wesen des Krieges in einem Gewebe des Identischen und Nichtidentischen erörtert, mündet in den eindringlichen Blick der Schutzbedürftigen, der an das ethos des Betrachters appelliert, in erster Linie an den englischen König, den pater patriae, dem Rubens das Gemälde schenkt.[43]

Rubens' allegorische Darstellung der ‹Folgen des Krieges› (Florenz, Palazzo Pitti), die der Maler seinem Kollegen J. Sustermans in einem Brief erläutert[44], ließe sich als vehement vorgetragenes Vergleichsbeispiel dem Londoner Gemälde gegenüberstellen. Das Plädoyer gegen den Krieg formulieren J. Callot und F. Goya in ihren graphischen Capricci, in denen sie Szenen der Kriegsschrecken in abschreckender Drastik vor Augen führen (Callot: ‹Misères de la guerre›, 1632/33; Goya: ‹Los Desastres de la Guera›, um 1820, Erstveröffentl. 1863).

Als Antipode der sensualistischen M. des flämischen Barock ist N. POUSSIN anzuführen, der die M. des französischen Klassizismus maßgeblich prägt. Wie Poussin in einem Brief an Chantelou erläutert, sucht er in seinen Gemälden jeweils die Stilprinzipien eines dem Thema angemessenen «modus» zu realisieren.

Den «phrygischen modus» charakterisiert Poussin als eine schrecklichen Ereignissen angemessene Darstellungsform. In seinem Gemälde des ‹Bethlehemitischen Kindermordes› in Chantilly (Musée Condé) evoziert er das Ereignis in einer höchst dramatischen, auf wenige Figuren beschränkten Bilderzählung.[45] Der Thematik entsprechend wählt der Maler das pathetische genus vehemens und eine chiastische Anordnung der Hauptfiguren. Entlang der fallenden Diagonale organisiert er die monumentale Gruppe des ausholenden Schergen und der ihm verzweifelt vergeblichen Widerstand leistenden Mutter; auf der steigenden Diagonale ordnet er die Köpfe des Kindes und der schreiend zum Himmel blikkenden Frau an. Durch die extreme Untersicht wird dem Betrachter die Perspektive der Opfer nahegerückt: Die Horizontlinie des Bildes, das als Supraporte fungieren soll, liegt nur wenig oberhalb vom Kopf des Kindes, auf dessen Brust der Scherge seinen Fuß setzt. In seiner äußerst drastischen Inszenierung der brutalen Szene bleibt dieses 1638 im Inventar des Marchese V. Giustiniani aufgeführte Frühwerk[46] eine Ausnahme im Werk Poussins. Mit dem azentrischen Betrachterstandpunkt, der starken Untersicht und den jähen Perspektivsprüngen läßt die Darstellung das Bemühen erkennen, die Wahrnehmungsformen im traumatisierten Zustand des Schocks bildlich umzusetzen.

Während in diesem Werk die Welt durch unsagbares Unrecht aus den Fugen geraten ist, walten in dem 1649 vollendeten ‹Urteil des Salomo› (siehe Abb. 13) Ordnung und Harmonie. Als Darstellung eines weisen Entschlusses ist dieses Ereignis im «dorischen modus» gehalten. Ihm entsprechen die tektonisch strenge, durch die Architekturkulisse mit dem von Säulen flankierten Thron Salomos im Bildzentrum bestimmte Komposition, die kräftigen Primärfarben und die deklamatorischen Gesten. Poussin gibt die wahre Mutter als Rückenfigur mit weit ausgestreckten Armen in der linken, höherwertigen Bildhälfte wieder. Im Gegensatz zu ihr erscheint die negativ charakterisierte Kontrahentin mit dem toten Kind unter dem Arm in haßerfüllt fordernder Gebärde. Links ist der Soldat vergegenwärtigt, der das Schwert zieht, um das zur Probe der Mutterliebe vorgetäuschte Urteil zu vollstrecken. Die beteiligten Zuschauer zeigen nuanciert unterschiedene Affektäußerungen, wobei sich die Figuren an den Bildrändern entsetzt abwenden. Dagegen ist der in ein helles Gewand gekleidete Mann zur linken Salomos beherrscht. Offenbar hat er die Weisheit des Richters durchschaut, die ihn mit Bewunderung erfüllt. Wie in diesem Werk, das deutliche Anklänge an Raffael erkennen läßt, stellt Poussin oft einen Großteil des Bildpersonals ab, um an ihm Reaktionen auf das eigentliche Geschehen zu schildern (Rezeptionsfiguren). Daß laute Affekte dabei fast immer mangelnde Einsicht verraten, belegt seine neostoizistische Grundhaltung.

M. Warnke bewertet das 1649, im Jahr der Fronde gemalte, von dem Pariser Bankier Pointel bestellte ‹Urteil des Salomo› als Darstellung einer «vom König souverän inszenierten Affektregie», als Wunschbild einer politischen Konsolidierung und als prospektive, den kommenden Absolutismus antizipierende Leistung. [47] Auch der Gedanke an das Deklamationstheater Corneilles und Racines drängt sich angesichts dieses Gemäldes auf. M. Fumaroli bezieht die ausdrückliche Gebärdensprache der Werke Poussins auf die ‹Vavationes Autumnales›, einen umfangreichen Traktat zur *actio rhetorica*, den der Jesuit L. de Cressolles 1620 in Paris publizierte. [48]

Dem «ionischen modus» ordnet Poussin Darstellungen von Tänzen, Bacchanalen und Festen zu, die den Eindruck «ungetrübter, aber naiv jugendhafter Lebensfreude» vermitteln sollen. [49] Der «lydische modus» ist traurigen Sujets wie z.B. der ‹Beweinung Christi› zugeordnet. [50] Der anmutige, liebliche «hypolydische modus» sei, so erklärt Poussin, passend bei Darstellungen der Götter, des Ruhmes und des Paradieses. («Il s'accommode aux matières divines, gloire et paradis.») [51] Als Beispiel für diesen modus läßt sich die für Pointel gemalte ‹Auffindung Mosis› (Paris, Musée du Louvre) anführen. Die beruhigte Komposition und die klaren leuchtenden Farben erzeugen einen unbeschwert heiteren Eindruck (*harmonia*). Freudige Überraschung zeigt sich vor allem in den Zügen der zentralen Figur der Tochter des Pharaos. Das Bildpersonal bewegt sich frei in der weiten Landschaft. Es überschneidet den Horizont in gleichmäßigen Abständen – W. Messerer spricht hier von einem lebhaften, «hüpfenden Rhythmus». [52]

Abb. 13: Nicolas Poussin: Urteil des Salomo; Paris, Musée du Louvre

Den strengen Klassizismus Poussins, der zum Hofmaler Ludwigs XIII. ernannt worden, nicht aber zu einer dauerhaften Tätigkeit am französischen Hof zu bewegen war, macht sich CH. LE BRUN zu eigen, der Poussin 1642 nach Rom begleitet und nach seiner Rückkehr zum mächtigsten Künstler am Hofe Ludwigs XIV. wird. 1662 geadelt, steigt er in schneller Folge zum *Premier peintre du Roy*, zum Kanzler der *Académie Royale de peinture et de sculpture*, zum Generalaufseher der königlichen Sammlungen und Direktor der *Manufacture Royale des tapisseries et des meubles de la couronne* auf. Die nach seinen Entwürfen seit Mitte der 1660er Jahre in der Manufaktur der Gobelins ausgeführte Bildteppichfolge der ‹Histoire du Roy› ist als das programmatische Werk der sogenannten Modernen anzusehen und bezeugt die anticiceronianische Tendenz der französischen Hofkunst, die sich polemisch von der italienischen Tradition abzusetzen sucht.[53] Schon 1662, als Ludwig XIV. erst 24 Jahre alt ist, wird der Zyklus mit der Darstellung seiner Taten konzipiert. Dabei kommt es zu einer Kontroverse über die angemessene Darstellungsform. Während Le Brun für eine allegorische Bildsprache plädiert, entscheidet sich der König schließlich für einen chronologischen, faktenorientierten Bildbericht. Bemerkenswert ist, daß er bis 1671, während diese Teppiche hergestellt werden, seinen Sekretären Périgny und Pellison seine ‹Mémoires› diktiert, ein ebenfalls in annalistischer Form gehaltenes politisches Testament für seinen Nachfolger, in dem er seine uneingeschränkte Souveränität und den absoluten Vorrang der französischen Krone begründet. Denselben Anspruch propagiert auch die ‹Histoire du Roy›, die als monumentale Bildchronik, beginnend mit der Krönung, wichtige Ereignisse seiner Regierungszeit verewigt, u.a. die militärischen Erfolge im holländischen Feldzug. CH. PERRAULT, der in seiner Schrift ‹Parallèle des Anciens et des Modernes› die Allegorie kritisieren und die Geschichtsschreibung über die Rhetorik stellen wird[54], feiert in seinem 1668 publizierten Lobgedicht ‹La peinture› Le Brun als Höhepunkt der Kunstgeschichte und rechtfertigt den 'realistischen' Darstellungsmodus der ‹Histoire du Roy›, der den unvergleichlichen Taten des Königs angemessen sei. Daher solle Le Brun, ohne zum Zeitalter Alexanders d.Gr. zurückzukehren, die Ereignisse präzise so wiedergeben, wie sie sich ereigneten, ohne irgendetwas zu verändern.[55]

Mehrere Tapisserien der Folge, deren erste, aus zwölf Stücken bestehende Edition 1676 vollendet, 1681 um zwei weitere Stücke ergänzt wird und damit einen Gesamtumfang von ca. 5 mal 103,5 Meter aufweist, vergegenwärtigen zeremonielle Akte, in denen Ludwig XIV. andere Dynastien zwingt, seinen Vorrang anzuerkennen, darunter die ‹Audienz des Kardinallegaten Chigi› (siehe Abb. 14). Ihr Anlaß ist ein Vorfall in Rom im Sommer 1662, wo sich das gespannte Verhältnis zwischen Frankreich und Rom in einer Belagerung der französischen Botschaft im Palazzo Farnese durch die korsische Garde des Papstes entlädt. Ludwig XIV. droht daraufhin mit Krieg, läßt Avignon besetzen und verweist den apostolischen Nuntius des Landes. Papst Alexander VII. sieht sich daraufhin genötigt, sich zu entschuldigen, der gallikanischen Kirche im Vertrag von Pisa Zugeständnisse zu machen und obendrein im korsischen Viertel in Rom eine Pyramide zum Gedenken an seine Wiedergutmachung errichten zu lassen. Die Tapisserie zeigt die Audienz in der «chambre du Roy» in Fontainebleau am 29. Juli 1664, bei der der Legat M. Chigi in Anwesen-

Abb. 14: Manufaktur der Gobelins nach Charles Le Brun: Die Audienz des Legaten Chigi; Tapisserie, Paris, Mobilier National

heit zahlreicher Repräsentanten Frankreichs und ausländischer Botschafter das Entschuldigungsschreiben des Papstes verliest. A.F. van der Meulen, ein Mitarbeiter Le Bruns, ist als zeichnender Protokollant bei dem dargestellten Ereignis zugegen. In der Tapisserie ist die Qualität eines Augenzeugenberichtes durch Überschneidungen und weitere Bildmerkmale des Akzidentiellen hervorgehoben, die den Eindruck einer von Künstlerhand gestalteten Bildwelt unterminieren. Mit bewußten Verstößen gegen die bildsprachlichen Konventionen und der Strategie einer «Verleugnung des Hervorbringungsaktes»[56] betont Le Brun immer wieder die Faktizität des Bildberichtes. Die ‹Audienz des Legaten Chigi› zeigt einen symbolischen Akt, mit dem Ludwig XIV. das Ende der politischen Großmachtstellung des Papstes besiegelt. Zumal in der ‹Histoire du Roy› die für eine Depotenzierung des humanistischen Erbes eintretenden Modernen ihre kunsttheoretischen Vorstellungen verwirklichen können, läßt sich ihre Darstellung auf das Ende der sich auf Cicero berufenden Rhetoriktradition beziehen, mit der seinerzeit auch Bacon, Hobbes und Descartes brechen.

Das Verfahren einer Verleugnung des Hervorbringungsaktes charakterisiert auch Werke von D. VELÁZQUEZ, vor allem seine berühmte ‹Übergabe von Breda› (Madrid, Prado), in der sich das emblematische Sinnbild der *concordia* nur noch als flüchtige Anmutungsqualität abzeichnet, der zahlreiche scheinbar begrifflos wiedergegebene Details die Aufmerksamkeit streitig machen. Auch in holländischen Gemälden des 17. Jh. lassen sich vergleichbare Bildstrategien feststellen. Da in den reformierten Niederlanden Kirche und Hof als Auftraggeber keine maßgebliche Rolle mehr spielen, tritt hier das städtische Bürgertum als kulturtragende Schicht an ihre Stelle. Wenngleich das alte Verständnis der holländischen Genremalerei, sie bilde den «Sonntag des Lebens» (Hegel), das beschauliche Glück freier Bürger ab, durch ikonographische Forschungen korrigiert worden ist, die dagegen das Fortleben tradierter, vielfach der Emblematik entlehnter Bildelemente betont[57], so ist doch zu betonen, daß solche Werke oft keine autoritative Geltung mehr beanspruchen und weniger auf die Instruktion der Betrachter und die Erzeugung von passionalen Sinneffekten, sondern auf eine Reflexivierung und Diskursivierung des sozialen Lebens zielen. Indem sie vielfach mit ironischen Brechungen der tradierten Ikonographie arbeitet, mit ungewichteten Bildoppositionen, Leerstellen, Mehrfachkodierungen von Gesten und indifferenten Rezeptionsfiguren unterminiert die holländische Genremalerei die tradierte Bildrhetorik und bringt Werke hervor, in denen die Funktionen der Weltaneignung, der Erfahrungsvermittlung, des Gesprächsanreizes und der Weltentlastung fließend ineinander übergehen.[58]

E. Fromentin charakterisiert die M. der Niederlande im Gegensatz zu der der Romania, die «dem Auge diktiert, was es sehen, dem Geiste, was er fühlen soll», als eine Kunst, «die sich dem Charakter der Dinge anschmiegt, ein Wissen, das hinter den Einzeldingen des Lebens zurücktritt, keine vorgefaßte Meinung, nichts, was wichtiger ist als die naive, starke, feinfühlige Beobachtung des Vorhandenen.»[59] Dieser Aspekt des Verzichts auf die Instruktion des Betrachters läßt sich an bildeigenen Mitteln der Rezeptionssteuerung verdeutlichen:

Die um 1510 von M. Raimondi nach einer Zeichnung Raffaels gestochene Darstellung des ‹bethlehemitischen Kindermordes› diktiert in der Tat «dem Auge […], was es sehen, dem Geiste, was er fühlen soll». Gemäß der von Alberti erhobenen Forderung nach Rezeptionsfiguren, die das Bildgeschehen kommentierend vermitteln, figuriert die Schreiende im Zentrum dieser Darstellung als Indikator für die angestimmte Affektlage und den Charakter des schrecklichen Vorgangs. Die an das Gorgonenhaupt erinnernde, entsetzte Mutter blickt direkt zum Betrachter und wehrt uns, wie Alberti fordert, mit «rollenden Augen» ab, heranzutreten.[60]

Vermutlich in Kenntnis des berühmten Raffael-Stiches plaziert um 1620 der französische Caravaggist G. DE LA TOUR in seinem Gemälde ‹Der Streit der Musiker› (Malibu, Cal., J. Paul Getty Museum) das Motiv der Entsetzten am linken Bildrand.[61] Auch hier signalisiert diese den schrecklichen Vorgang, wobei ihre Funktion einer Rezeptionsfigur zugleich relativiert wird. Denn der entgeisterten Frau stellt der Maler den heiteren Mann am rechten Bildrand gegenüber. Er setzt in seiner Darstellung, die der Ikonographie des Zornes verpflichtet ist und zudem die Thematik des «Mendicus mendico invidet» (Der Bettler beneidet den Bettler) behandelt, den Vorgang eines Umschlagens des Spiels in bitteren Ernst in Szene.

Betrachtet man in diesem Zusammenhang J. STEENS 1664/65 entstandenes Gemälde ‹Streit beim Spiel› (siehe Abb. 15), so gibt sich die Frau, die oberhalb der am linken Bildrand sitzenden Zecher aus der Türe schaut, als ein von den angeführten Beispielen herkömmliches Motiv zu erkennen. Allerdings scheint sie sich nicht an den Betrachter zu wenden, sondern an den zornigen Spieler, der im Begriff ist, seinen Degen zu ziehen. Durch diesen Handlungsbezug wird die Kommentarfunktion der Figur überblendet und ihre Reaktion relativiert. Zudem blickt am rechten Bildrand ein mit einer Mistgabel bewehrter Bauer direkt zum Betrachter und findet den Vorgang offenbar belustigend: Was die Frauen und Kinder erschreckt, erheitert die Männer. Die dargestellte Handlung ist also im Bild selbst ambivalent kommentiert.

J. Steens Gemälde läßt sich auf eine Bildtradition zurückführen, die bis zu H. Boschs Darstellung des Zornes auf der Tischplatte im Prado in Madrid zurückreicht. Dort sind die Laster in eindeutiger Weise thematisiert. Hier hingegen droht eine Gestalt mit dem Griff zur Waffe, die an den stolzen, kränkbaren *Capitano* der *Commedia dell'arte* erinnert. Ein Bildthema, das einst der unmißverständlichen moralischen Ermahnung diente, ist jetzt ins Humorvolle gewendet, wie nicht zuletzt die unterschiedlichen innerbildlichen Reaktionen bezeugen.[62] Die vormals enggefaßte ethische Bestimmung des Kunstwerks, zu sittlichem Verhalten zu erziehen, ist in Steens ‹Streit beim Spiel› relativiert zugunsten einer ambivalenten, komplexen Inszenierung, die auch die Gattungshierarchien der M. reflexiv werden läßt. So sind die Figuren des *Capitano* und der ihn bedrängenden Frau und Tochter in ihren schillernden Kleidern ein Beispiel bester Leidener Feinmalerei, während Steen bei den bäuerlichen Zuschauern an der Peripherie des Geschehens mit der sparsamen Palette erdiger Farbtöne und dem pastosen Farbauftrag den Konventionen des niederen Genres entspricht.

Die sich hier zeigende Zurücknahme strikter, eindeutiger Betrachteransprachen ist als ein bewußter Verzicht auf eine strenge Bildregie zu verstehen, wie sie seinerzeit von den Theoretikern des Klassizismus gefordert wird. Dagegen kultiviert die holländische M. komplexe Formen der Organisation des Betrachterverhaltens, die auf

Abb. 15: Jan Steen: Streit beim Spiel; Berlin, Gemäldegalerie, Staatliche Museen Preußischer Kulturbesitz

eine Pluralisierung der Erfahrungs- und Deutungsmöglichkeiten des Bildes zielen. Hat J. Steen die Handlung seines Bildes in ihm selbst ambivalent kommentiert, so konzentriert sich solche Ambiguität zuweilen auch in indifferenten und zwielichtigen Rezeptionsfiguren, wie u.a. in J. VERMEERS 1656 entstandenem Gemälde ‹Bei der Kupplerin› (Dresden, Gemäldegalerie Alte Meister). Auch in ihm kommt dem Mann am linken Bildrand, bei dem es sich vermutlich um ein Selbstbildnis des Künstlers handelt, die Stellung einer Einstiegsfigur zu, von der eine Rezeptionsvorgabe zu erwarten ist. Mit dem Glas in der einen Hand und der Laute in der anderen, erwidert diese unseren Blick. Ihre einladende, Zuspruch und Teilnahme fordernde Gestik wird noch durch das offene Lächeln unterstrichen, das auf dem verschatteten Gesicht liegt. Freilich wirkt dieses Rezeptionsangebot äußerst zwielichtig, da das Gemälde eine Bordellszene vor Augen führt. Das ins Zentrum des Bildes gerückte Motiv der Entlohnung des Mädchens läßt darüber keinen Zweifel. Doch Vermeer stellt das moralisch Zweifelhafte in höchster sinnlicher Pracht und Schönheit dar. Er führt zudem eine innere Übereinstimmung von Freier und Mädchen, eine solche wohlige körperliche Nähe der beiden vor Augen, so daß man sich fragt, ob hier nicht ein Liebespaar in einem eigenwilligen Rollenspiel verewigt ist.

Gewiß findet auch in diesem Werk die Ikonographie der fünf Sinne und des verlorenen Sohnes ihre Fortsetzung, doch diese ist nun mit Bedacht an den Punkt der moralischen Indifferenz geführt. Zwanzig Jahre vor diesem Selbstbildnis im Bordell hat sich Rembrandt mit Saskia auf dem Schoß als verlorener Sohn verewigt, der dem Betrachter munter zuprostet (Dresden, Gemäldegalerie Alte Meister). Der Künstler tritt nun in den Grenzbereich der bürgerlichen Moral. In Vermeers ‹Bei der Kupplerin› wird die undurchsichtige, verschattete Rezeptionsfigur, auf die der über den Charakter der Handlung verunsicherte Betrachter immer wieder verwiesen ist, zum Stachel solchen Freimuts. Sie begegnet der zu erwartenden Reaktion des Betrachters und entwaffnet den Widerspruch des Gegenübers. Nicht zuletzt resultiert die Irritation, die das Gemälde auslöst, daraus, daß es dem durch die Bildfigur eröffneten Blickkontakt mit dem Betrachter, der in realer Kommunikation stets nur ein kurzer, übergängiger Moment vor einer weiteren Verständigung wäre, zur Dauer verhilft, d.h. die Bedingungen ästhetischer Kommunikation überspielend, in den scheinbar offenen Dialog mit dem Betrachter tritt. So ist hier die bleibende Irritation, ja Niederlage des Rezipienten prästabiliert. [63]

Geben uns die Rezeptionsfiguren in der holländischen Genremalerei häufig keine eindeutige Orientierung mehr, so gilt dies erst recht für manche kokettierenden, geheimnisvollen Frauengestalten. Einhergehend mit einer neuen kulturellen Orientierung des Patriziats an der französischen Aristokratie greift in der zweiten Hälfte des Jahrhunderts die in den Salons der «Précieux» entstandene Briefstellermode um sich und bringt hier

Bildformen hervor [64], wie jene Gemälde TERBORCHS u.a., vor denen der Betrachter genötigt wird, sich den Kopf zu zerbrechen, was in dem Brief stehen mag, den die distinguierte Dame schreibt oder liest. Auch hier ist jene «angenehme Dunkelheit» hervorgerufen, von der J. Cats in Zusammenhang mit der angewandten Emblematik spricht. [65] Der Betrachter solcher Werke ist einem kalkulierten Informationsnotstand ausgesetzt, den er nur spekulativ überbrücken kann, was in geselligem Rahmen den erwünschten heiteren Effekt erzeugt haben wird. Es ist hervorzuheben, daß in solchen mit Bedacht unbestimmt gehaltenen Gemälden vielfach Leitthemen der französischen Salonkonversation behandelt werden, die beginnend mit dem Salon der Madame de Rambouillet um 1613 die Kunst der Verschleierung und des Enträtselns (cacher, découvrir) und einen regelrechten Geheimniskult pflegt. [66] Auch das dort geläufige provokante In-Frage-Stellen moralischer Grundsätze ist ein Gesprächsverhalten, dem die niederländische Genremalerei immer wieder Anlaß gibt, z.B. bei erotischen Themen die Pikanterie des Versprachlichungsaktes kalkuliert. [67] Entsprechende Formen der heiteren, geistreichen Rezeption im geselligen Kreis, die seit dem Quattrocento den höfischen Umgang mit Kunstwerken bestimmen, erleben im 17. Jh. eine Inflation. Harsdörffer erörtert in seinen in den 1640er Jahren publizierten ‹Frauenzimmer Gesprächsspielen›, die an italienische Vorläufer anknüpfen [68], «Gemählspiele», bei denen es um die kontroverse Auslegungen von Kunstwerken in bono oder in malo oder gar die Erfindung von Gemälden oder ihrer Inhalte geht. Man spielt vor Gemälden, «welche keine Obschrift haben und unterschiedliche Deutungen leiden». [69] Solche Formen der geistvollen Bildauslegung sind in Frankreich ein fester Bestandteil der Rhetorikausbildung und werden an den Jesuitenkollegien in öffentlichen Wettbewerben ausgetragen. [70] Während diese Praktiken im Frankreich des späten 17. Jh. florieren, hier jedoch, wo die offzielle Staatskunst als «Art fixe & arresté» ihren Dienst tun soll [71], kaum Spuren hinterlassen, kommt die niederländische Genremalerei ihnen entgegen, indem sie zur Förderung des geselligen Gesprächs immer wieder auf eine eindeutige Sinnsetzung verzichtet. Mit kalkulierten Unbestimmtheiten arbeitend, nimmt sie dabei auch Fehlinterpretationen in Kauf. Mißverständnisse wie das Goethes, der die heute in Berlin befindliche Bordellszene G. Terborchs als ‹Väterliche Ermahnung› (Berlin, Gemäldegalerie, Staatliche Museen Preußischer Kulturbesitz) auffaßt [72], werden schon Zeitgenossen unterlaufen sein. Denn tatsächlich sind die in dem Gemälde gegebenen Hinweise auf das Thema der käuflichen Liebe, wie das Bett an der Rückwand des Raumes und die Utensilien auf dem Tisch, äußerst dezent. Das Bildpersonal weicht insofern von dem traditionellen Figurenrepertoire ab, als die Kupplerin nicht dem Typus der häßlichen Alten entspricht, und schließlich springt auch das Geldstück in der Hand des Freiers, der nur bei genauestem Hinsehen zu identifizierende *clavis interpretandi* des Bildes, wahrlich nicht ins Auge, zumal es naheliegt, die Haltung der Hand als eine ein Argument akzentuierende Geste aufzufassen.

Mit der *obscuritas* solcher Werke, die als «strukturierte Hohlformen» [73] und als «Programm[e] für zahllose Kommunikationen über das Kunstwerk» fungieren [74], gibt die holländische Genremalerei der Gesprächskunst der Rezipienten Nahrung. Zugleich partizipiert sie an der gesellschaftlichen Kommunikation über aktuelle Aspekte des Soziallebens, wie die Ausbildung privater Sphären in den großbürgerlichen Haushalten [75], die Stellung der Hausfrau und des Kindes [76] sowie eine neue Ethik der Ehe, die die Zuneigung des Paares über Standesgebote stellt. [77] Ihr Paradigma ist somit weniger die öffentliche Rede, als die konziliante Konversation der Städter.

Anmerkungen:
1 vgl. A.W.A. Boschloo: A. Carracci in Bologna. Visible Reality in Art after the Council of Trend (s'Gravenhage 1974); M. Fumaroli: L'école du Silence (Paris 1994) 203ff. – 2 s. A. Rekkermann: Amor mutuus. A. Carraccis Galleria-Farnese-Fresken und das Bilddenken der Renaissance (1991); siehe auch I. Marzik: Das Bildprogramm der Galleria Farnese in Rom (1986); R. Zapperi: Der Neid u. d. Macht. Die Farnese und die Aldobrandini in Rom (1994). – 3 G.B. Agucchi: Trattato della Pittura, in: D. Mahon: Studies in Seicento Art and Theory (London 1947) 257. – 4 G.P. Bellori: Argomento della Galeria Farnese dipinta da Annibale Carracci … (Rom 1657). – 5 s. E. Panofsky: Idea. Ein Beitr. zur Begriffsgesch. der älteren Kunsttheorie (^{4}1982) 57ff. – 6 siehe z.B. Noh Seong-Doo: Übernahme und Rhet. in der Kunst Caravaggios (1996). – 7 Gilio, in: P. Barocchi (Hg.): Trattati d'Arte del Cinquecento, Bd. 2 (Bari 1961) 25. – 8 Ps.-Long. Subl. 34, 4. – 9 s. Fumaroli [1] 403. – 10 s. M. Fumaroli: L' Âge de l'Éloquence (Genf 1980) 154ff. – 11 vgl. M. Warnke: Erschaffung der Natur: Caravaggio, in: ders.: Künstler, Kunsthistoriker, Museen (1979) 30; E. Panofsky: Galileo as a Critic of the Arts (The Hague 1954). – 12 Arist. Poet. 1448b. – 13 s. C. Ripa: Iconologia. Edizione pratica a cura di P. Buscaroli (Mailand 1988) Bd. 2, 209ff. – 14 ebd. 210ff. – 15 Hor. Ars 182ff. – 16 siehe R. Meyer-Kalkus: Wollust und Grausamkeit. Affektenlehre und Affektdarstellung in Lohensteins Dramatik am Bsp. von "Agrippina" (1986) 181. – 17 ebd. 181. – 18 S. Schütze: Tragedia antica e pittura moderna, in: Docere Delectare Movere. Affetti, devozione e retorica nel linguaggio artistico del primo barocco Romano. Akten d. Kolloquiums Holländ. Institut, Rom 1996 (1999) 137–154. – 19 s. Meyer-Kalkus [16] 173. – 20 M. Fuhrmann: Die Funktion grausiger und ekelhafter Motive in der lat. Dicht., in: H.R. Jauss (Hg.): Die nicht mehr schönen Künste. Grenzphänomene des Ästhetischen (1968) 29. – 21 Arist. Poet. 6, 2 (1449b/1450a); vgl. Lausberg Hb. § 1222. – 22 siehe Justus Lipsius: Von der Bestendigkeit (De Constantia), übers. v. A. Viritius, hg. v. L. Forster (Leipzig ^{2}1601; ND 1965) 92^{v}ff.; D. Heinsius: De Tragoediae Constitutione Liber (1611); Meyer-Kalkus [16] 174; Art. ‹Katharsis›, in: G. v. Wilpert: Sachwtb. d. Lit. (^{7}1989) 445. – 23 Meyer-Kalkus [16] 190ff. – 24 zu diesen E. Simon: Der Schild des Achilleus, in: G. Boehm, H. Pfotenhauer (Hg.): Beschreibungskunst – Kunstbeschreibung (1995) 128ff. – 25 Ripa [13] Bd. 2, 206. – 26 G. Vasari: Le Vite …, hg. von R. Bettarini, P. Barocchi, Bd. 4 (Florenz 1974) 20ff., 23f.; ders.: Leben der ausgezeichnetesten Maler, Bildhauer u. Baumeister…, übers. v. L. Schorn, E. Förster, ND von J. Kliemann (^{2}1988) Bd. 3/1, 12f., 14f. – 27 s. W. Friedländer: Caravaggio Studies (Princeton, N. J. ^{2}1972) 87f. – 28 s. O. von Simson: Peter Paul Rubens (1577–1640). Humanist, Maler und Diplomat (1996) 148. – 29 s. ebd. 146f. – 30 s. J. Müller Hofstede: Rubens und die Kunstlehre des Cinquecento. Zur Deutung eines theoret. Skizzenblattes im Berliner Kabinett, in: Peter Paul Rubens 1577–1640 (Kat. Köln 1977) Bd. 1, 59f.; M. Winner: Skizzenblatt mit Kopien nach Raffael und H. Holbein d.J. nebst eigenhändigen Notizen, in: P.P. Rubens: Kritischer Kat. d. Zeichnungen. Originale – Umkreis – Kopien, hg. v. d. Staatl. Museen Preuss. Kulturbesitz, bearb. v. H. Mielke u. M. Winner (1977) 29–36. – 31 R. de Piles: Cours de peinture par principes. Collection dirigée par Y. Michand, Introduction de Th. Puttfarken (Nimes 1990) 69. – 32 Ch. Ruelens (Hg.): Correspondance de Rubens (Codex Diplomaticus Rubenianus) (Antwerpen 1887–1909) Bd. 2, 171. – 33 Ps.-Long. Subl. 22, 2. – 34 J. Burckhardt: Erinnerungen aus Rubens, hg. von H. Kauffmann (1938) 78. – 35 Ps.-Long. Subl. 27, 3; vgl. auch 23, 1. – 36 vgl. Lausberg El. 155 (§ 468); ders. Hb. § 1079, 3. – 37 R. Meyer-Kalkus: Art. ‹Pathos›, in: HWPh, Bd. 7 (1989) Sp. 194; s. E. Tesauro: Il cannocchiale Aristotelico … (Venedig 1655), ND hg. von A. Buck (1968) 209ff., 212. – 38 R.

de Piles: L' Idée du Peintre parfait. Préfacé et annoté par X. Carrère (Paris 1993) 121. – **39**J.B. Du Bos: Réflexions critiques... I, 24, ed. Préface de D. Désirat (Paris 1993) 64ff. – **40**Quint. III, 7. – **41**vgl. M. Warnke: Laudando Praecipere. Der Medicizyklus des P. P. Rubens, in: ders.: Nah und Fern zum Bilde. Beitr. zu Kunst und Kunsttheorie, hg. v. M. Diers (1997) 160–199. – **42**s. H.-M. Kaulbach: P.P. Rubens: Diplomat und Maler des Friedens, in: K. Bußmann, H. Schilling (Hg.): 1648 Krieg und Frieden in Europa (Kat. Münster 1998) Textband II, 570; siehe auch R. Baumstark: Ikonograph. Stud. zu Rubens Kriegs- und Friedensallegorien, in: Aachener Kunstblätter 45 (1974) 125–234. – **43**s. L. Rosenthal: The Parens Patriae: Familiar Imagery in Rubens's Minerva protects Pax from Mars, in: Art History 12 (1989) 20–38. – **44**s. Ch.P. Warncke: Sprechende Bilder – sichtbare Worte ... (1987) 199ff. – **45**vgl. P. Rosenberg, L.A. Prat: Nicolas Poussin 1594–1665. La collection du Musée Condé Chantilly (Kat. Paris 1994) 44–51. – **46**vgl. J. Thuillier: L'opera completa di Poussin (Mailand 1974) 87. – **47**M. Warnke: Poussins "Urteil des Salomo": Ein gemalter Königsmechanismus, in: ders. [11] 35–44. – **48**s. Fumaroli [1] 160, 164f., 172ff. – **49**N. Poussin: Lettres et propos sur l'art, hg. v. A. Blunt (³1994) 136. – **50**s. ebd. 136. – **51**ebd. – **52**W. Messerer: Die "Modi" im Werk von Poussin, in: FS L. Dussler (1972) 339. – **53**s. W. Brassat: "Les exploits de Louis sans qu'en rien tu les changes". Charles Perrault, Charles Le Brun und das Historienbild der "Modernes", in: S. Germer, M. Zimmermann (Hg.): Bilder der Macht – Macht der Bilder (1997) 125–139. – **54**s. Ch. Perrault: Parallèle des Anciens et des Modernes (ND 1964) 202 u. 211ff. – **55**s. ders.: Contes suivis du Miroir ou la Métamorphose d'Orante, de la Peinture, Poème et du Labyrinthe de Versailles, hg. v. J.-P. Collinet (Paris 1981) 232. – **56**L. Marin: A propos d'un carton de Le Brun: Le tableau d'histoire ou la dénégation de l'énonciation, in: Revue des Sciences Humaines, XL, Nr.157 (1975) 53–65. – **57**s. z.B. Tot Lering en Vermaak. Betekenissen van Hollandse genrevoorstellingen uit de zeventiende eeuw (Kat. Amsterdam 1976); Die Sprache der Bilder. Realität und Bedeutung in der niederl. M. des 17. Jh. (Kat. Braunschweig 1978). – **58**zum Folgenden vgl. J. Müller: Vom lauten und vom leisen Betrachten. Ironische Bildstrukturen in der holländ. Genremalerei des 17. Jh., in: W. Kühlmann, W. Neuber (Hg.): Intertextualität in der Fr. Neuzeit. Stud. zu ihren theoret. und prakt. Perspektiven (1994) 607–647. – **59**E. Fromentin: Die alten Meister (Belgien – Holland) (1904) 188. – **60**L.B. Alberti: Kleinere kunsttheoret. Schr., hg. v. H. Janitschek (1877) 122. – **61**vgl. J.-P. Cuzin, P. Rosenberg, J. Thuillier: Georges de la Tour (Kat. Paris 1997) 104ff. – **62**vgl. A. Hahn: "... dat zy de aanschouwers schynen te willen aanspreken": Unters. zur Rolle des Betrachters in der niederl. M. des 17. Jh. (1996) 169ff. – **63**vgl. Th.W. Adorno: Ästhet. Theorie (1970) 184. – **64**s. S. Alpers: Kunst als Beschreibung. Holländische M. des 17. Jh. (1985) 321–343. – **65**zit. n. E. de Jongh: Einl., in: Kat. Braunschweig [57] 12. – **66**s. C. Schmölders (Hg.): Die Kunst d. Gesprächs. Texte zur Gesch. d. europ. Konversationstheorie (1979) 29f. – **67**vgl. Müller [58] 617. – **68**siehe P. Burke: The Fortunes of the Courtier. The European Reception of Castiglione's *Cortegiano* (Oxford 1995) 45ff. – **69**G.Ph. Harsdörffer: Frauenzimmer Gesprächsspiele, hg. v. I. Böttcher (1969) T. 8, 229. – **70**vgl. J. Montagu: The Painted Enigma and French Seventeenth-Century Art, in: JWCI 31 (1968) 307–335. – **71**s. K. Möseneder (Hg.): Claude-François Menestrier, L'art des Emblemes ou l'enseigne la morale par les figures de la fable, de l'histoire & de la nature (Paris 1684; ND 1981) 2. – **72**Goethe: Die Wahlverwandtschaften, T. 2, Kap.5, in: Goethes Werke. Hamburger Ausg., hg. v. E. Trunz. (¹²1989) Bd. 6, 393f. – **73**vgl. W. Iser: Der implizite Leser (1972). – **74**N. Luhmann: Das Kunstwerk und die Selbstreproduktion der Kunst, in: H.U. Gumbrecht, K.L. Pfeiffer (Hg.): Stil. Gesch. und Funktionen eines kulturwiss. Diskurselements (1986) 627. – **75**vgl. M. Hollander: The Divided Household of Nicolaes Maes, in: Word & Image 10/2 (1994) 138–155. – **76**vgl. H. de Mare: Die Grenze des Hauses als ritueller Ort und ihr Bezug zur holländ. Hausfrau des 17. Jh., in: Krit. Ber. 20 (1992) 65–79. – **77**vgl. E. Petterson: *Amans Amanti Medicus*: Die Ikonologie des Motivs *Der ärztliche Besuch*, in: H. Bock, T.W. Gaehtgens (Hg.): Holländ. Genremalerei im 17. Jh. (1987) 193–224.

V. 18. Jh. Noch in der Mitte des 18. Jh. verfaßt Ch.A. Coypel seine ‹Parallèle de l'éloquence et de la peinture›.[1] Wie er erläutert auch Shaftesbury in seiner Schrift ‹Second Characters or the Language of Forms› rhetorische Stilfiguren wie Hyperbel, Ellipse und Apostrophe in Hinsicht auf ihre Anwendung in der M.[2] Zweifellos bleibt die Rhetorik weiterhin für bestimmte künstlerische Aufgaben maßgebend. So hat man eine geradezu schulmäßige rhetorische Konzeption an Beispielen der spätbarocken Deckenmalerei im katholischen deutschen Sprachraum nachgewiesen, deren allegorische Bildprogramme u.a. die Gliederung in *exordium*, *narratio*, *argumentatio* und *peroratio* erkennen lassen.[3] Insgesamt aber überwiegen im 18. Jh. die Symptome einer weiteren Ausdifferenzierung der Rhetorik und der bildenden Künste. Im Zuge der Intimisierung der Adelsgesellschaft, die den Hof zunehmend meidet und sich in den Pariser Stadtpalästen und der »demimonde« des Theaters einfindet, verliert die repräsentative Staatskunst ihre vormals maßgebliche Bedeutung. Wie Zeitgenossen feststellen, ist die Zeit der «choses grandes» vorbei, und an die Stelle der Themen der Götter, Könige und Heroen treten in der M. der Régence und des Rokoko die «fêtes galantes», «mascerades» und «caprices de la mode». Die Werke LANCRETS, PATERS, A. WATTEAUS, BOUCHERS u.a., zu denen Kritiker bemerken, sie hätten kein Sujet oder nur ein «sujet de rien» und seien bloße «plaisanterie», stellen gerade darum eine Herausforderung für die klassische Gattungshierarchie dar, wie u.a. der Fall Watteaus zeigt. Dieser reicht der Akademie nach einigem Zögern seine ‹Einschiffung nach Kythera› (Paris, Louvre) – ein an Rubens' Bilderzählungen anknüpfendes Konversationsstück – wohl in der Hoffnung auf seine Aufnahme als Historienmaler ein. Vor die Wahl gestellt, ihn als solchen oder als Vertreter des weit geringer geschätzten Genres aufzunehmen, wird die Akademie erfinderisch und verleiht ihm 1717 den neugeschaffenen Titel eines «Maátre des fêtes galantes».[4]

Watteaus wohl 1718/19 entstandener ‹Gilles› (siehe Abb. 16), dieses rätselhafte, melancholische Gemälde, mag hier beispielhaft die für das 18. Jh. charakteristischen Tendenzen der Auflösung der Bildrhetorik belegen. Sein oft hervorgehobener änigmatischer Charakter resultiert u.a. aus der Unverbundenheit der erhöhten frontalansichtigen Hauptfigur mit dem, was sich hinter ihrem Rücken abspielt, wo der Docteur auf dem Esel einherreitet und die Blicke von Léandre, Isabelle und auch dem Capitaine auf sich zieht. Während sein Blick schon abschweift, bemißt dieser spottend die Hosenbeine des Gilles, die im Gegensatz zu seinen hochgeschobenen Ärmeln zu kurz geraten sind. Aus der Szene im Hintergrund erklärt sich freilich nicht die exponierte Position der Hauptfigur und ihr direkter Blick zum Betrachter: Merkmale, die das Werk unbestimmt zwischen den Gattungen Porträt und Genre situieren. Dabei entspricht die Haltung des Gilles nicht der Pose, die vom Einvernehmen von Modell und Maler bzw. der Identifikation eines Porträtierten mit den Darstellungskonventionen kündet, sondern ist die einer vorgeführten Person, die sich musternden Blicken ausgesetzt weiß. Dies macht den ‹Gilles› zu einem singulären Werk, dessen Crux freilich durch die vielfältigen Formen von oft ambivalenten, psychologisch aufgeladenen Betrachteransprachen der niederländischen M. vorbereitet ist. Schon an Werken wie Vermeers ‹Bei der Kupplerin› (Dresden, Gemäldegalerie Alte Meister) läßt sich studieren, welche Irritation

Abb. 16: Antoine Watteau: Gilles; Paris, Musée du Louvre

von der paradoxen Dauer des offenen Blickkontakts zwischen einer szenisch eingebundenen Bildfigur und dem Betrachter ausgehen kann. Der direkte Blick, der den Betrachter trifft, läßt ihn stets innehalten, macht ihm bewußt, daß er nicht nur sieht und Subjekt seiner Wahrnehmung ist, sondern auch das Objekt der Wahrnehmung anderer. J.-P. Sartre beschreibt diesen Effekt und die mit ihm verbundene Irritation unserer Welt- bzw. Bildaneignung: «Nie können wir Augen, während sie uns ansehen, schön oder häßlich finden, ihre Farbe feststellen. Der Blick des anderen verbirgt seine Augen, scheint vor sie zu treten. [...] Wir können nicht die Welt wahrnehmen und gleichzeitig einen auf uns fixierten Blick erfassen; es muß entweder das eine oder das andere sein. [...] Der Blick, den die Augen manifestieren, von welcher Art sie auch sein mögen, ist reiner Verweis auf mich selbst.»[5]

In der Forschung herrscht dahingehend Übereinstimmung, daß der ‹Gilles›, der in der zeitgenössischen Kunstliteratur keine Beachtung gefunden hat, als Ladenschild für ein Komödientheater oder ein Café konzipiert war. Womöglich handelt es sich bei der lebensgroßen Hauptfigur um das Porträt des seinerzeit berühmten Schauspielers Belloni, eines Griechen von der ionischen, damals unter venezianischer Herrschaft stehenden Insel Zakynthos, der sich 1718 vom Theater zurückzieht und ein Café eröffnet.[6] Diese Deutung vermag einige Merkmale des Bildes zu erklären: das ausgeprägte Hochformat mit seinem extrem tiefen Fluchtpunkt, seine ikonisch eingängige Form. Freilich hat nicht allein die ungewöhnliche Bestimmung Watteaus Werk geprägt. Schon N. Lancret stellt in einem kleinen Gemälde ‹Italienische Komödianten› dar (Paris, Louvre), darunter die zentrale Figur des Pierrot, der mit freudiger Überraschung zum Betrachter blickt. Auch in weiteren Gemälden Watteaus erscheint der Pierrot im Bildzentrum, frontal zum Betrachter gewandt. Das kleine Frühwerk ‹Le Pierrot content› (Madrid, Sammlung Thyssen-Bornemisza) zeigt ihn im Glück entrückt zwischen zwei schönen Frauen sowie dem Scaramouche und dem Harlekin sitzend[7] – über ihm die Faunsherme, die im ‹Gilles› am rechten Bildrand wiederkehrt. Der mit ihr angesprochene Themenkreis der dionysischen Gottheiten verrät ebenso eine kritische Distanz zum Hof, wie auch Watteaus Affinität zur italienischen Commedia dell'arte, welche in Paris eine wechselhafte Geschichte erfährt. Als Herausforderung an den klassizistischen Regelkanon ist diese ständigen Anfeindungen ausgesetzt. 1697, nach der Aufführung des Stückes ‹La fausse prudente›, die als Satire auf Madame de Maintenon verstanden wird, verboten, wird sie erst nach dem Tod Ludwigs XIV. auf Betreiben des Duc d'Orléans 1716 wieder in Paris etabliert.[8] Das Maß an Selbstidentifikation, das aus dem ‹Gilles› spricht, in dem man auch ein Selbstporträt des Künstlers vermutet hat, impliziert insofern ein unbestimmt gehaltenes politisches Credo. Die Gestalt des sympathischen Verlierers ist auch eine Identifikationsfigur der politischen Opposition der Régence.[9] Hat man Watteaus Gemälde als zeitloses Dokument menschlicher Vereinsamung aufgefaßt und dieses Werk zum Argument für das Credo gemünzt, daß große Kunst ihrem Wesen nach uneindeutig sei[10], so ist doch zu betonen, daß dieses in der Amplifikation des Blickes, «mit dem [...] Kunstwerke den Betrachter anschauen», Grund ihrer Unlösbarkeit[11], und der Verweigerung der Verständigung mit dem Rezipienten ganz und gar ein Produkt des 18. Jh. ist, das die Inkommensurabilität subjektiver Weltentwürfe entdeckt.

D. Panofsky verfolgt das Aufkommen des Gilles/Pierrot, der in Frankreich als tragikomische Figur den Arlechino ersetzt, und weist darauf hin, daß Watteaus ‹Gilles› das ikonographische Schema des «Ecce homo» beerbt – als Vergleich führt sie Rembrandts Hundertguldenblatt an –, in ihm also der leidende Mensch an die Stelle des Erlösers getreten ist.[12] Tatsächlich ist der direkt zum Betrachter gerichtete Blick ein bedeutungsschweres, nur begrenzt bildsprachlich einsetzbares Merkmal, ehemals dem Medusenhaupt und der «vera icon»[13], im szenischen Zusammenhang der Ecce-homo-Ikonographie Christus, in dem der *oratio* dem Redner vorbehalten. Die klassische Bildsprache unterliegt dem Ziel, jeden Sachverhalt mit einer adäquaten Form zu bezeichnen. Watteaus ‹Gilles› hingegen zeigt eine kühne Übertragung von signifikanten Formmerkmalen auf ein entlegenes niederes Sujet mit dem Ergebnis eines suggestiven Überschusses. Obschon Produkt einer Inszenierung, steht dieses Werk außerhalb des Bereichs dessen, was sich noch mit rhetorischen Kategorien fassen ließe, und sei es die der Katachrese (*abusio*), einer Sonderform der Trope, die das Fehlen eines *verbum proprium* überbrückt.[14] Denn in diesem Gemälde wird dem Betrachter ein unauflösbares Rätsel aufgegeben, indem hier die Möglichkeit der Interaktion von Bildfigur und Betrachter suggeriert ist, ja ihre Haltung diese vorauszusetzen scheint. Die Differenz von realer direkter Kommunikation und der programmierbaren, gleichwohl asymmetrischen Kommunikation zwischen Bild und Betrachter[15] überspielt Watteau in diesem Werk ebenso suggestiv, wie er sie zu einer Amplifikation seines genuin ästhetischen Charakters nutzt.

Die Bildproduktion des späten 18. Jh. charakterisiert ein inflationärer Gebrauch kodierter bildsprachlicher Elemente vor allem in Darstellungen zeitgenössischer Themen und Ereignisse, die mit der modernen Bildpublizistik dramatisch zunehmen. So wird z.B. die Ikonographie der ‹Beweinung Christi› 1735 von W. HOGARTH in seinem Graphikzyklus ‹A Rake's Progress› in der Darstellung des im Irrenhaus endenden Liederlichen adaptiert, J.-B. GREUZE greift sie 1763 in seinem sentimentalischen bürgerlichen Rührstück ‹Der Gelähmte› (La piété filiale; St. Petersburg, Eremitage) auf, das den greisen, von seinen Angehörigen treu umsorgten Vater vor Augen führt, und B. WEST inszeniert 1770 in ihrer Form den ‹Tod des General Wolfe› (Ottawa, National Gallery of Canada).[16] Diese Inflation der Formen setzt sich denn auch in ironischen Kommentaren fort. So wird Wests Historienbild 1795 zum Gegenstand einer Karikatur von J. GILLRAY, der die Gesichter der Vorlage austauscht und diese in der Darstellung von J. Pitts heldenreichem Kampf mit der Opposition verwandelt.[17] In klarem Bewußtsein des Traditionsbruchs nennt J. Reynolds, der Direktor der Royal Academy, die klassische Bildsprache eine «dead language»[18] und fordert den ironischen Umgang mit ihr, der durch «illusion and wit» die Diskrepanz von idealer klassischer Form und moderner Individualität spielerisch akzentuieren und so ästhetischen und intellektuellen Genuß verbinden soll.[19] Wie W. Busch an Beispielen aller Gattungen zeigt, zeitigt das späte 18. Jh. das Ende der klassischen Bilderzählung, mit ihrem Anspruch einer verbindlichen Weltdeutung, und die Auflösung der tradierten Gattungshierarchie.[20]

Anmerkungen:
1 Ch.A. Coypel: Parallèle..., in: Mercure de France (Mai 1751); vgl. J.B. Sensaric: L'art de peindre à l'esprit (Paris 1758). – **2** A. Earl of Shaftesbury: Second Characters..., hg. v. B. Rand (New York 1969) 154ff. – **3** s. F. Büttner: Rhet. und barocke Deckenmalerei. Überlegungen am Bsp. der Fresken Johann Zicks in Bruchsal, in: Zs. des dt. Vereins für Kunstwiss. 43/1 (1989) 49–72; M. Hundemer: Rhet. Kunsttheorie und barocke Deckenmalerei. Zur Theorie der sinnlichen Erkenntnis im Barock (1997). – **4** vgl. Th. Kirchner: L'expression des passions. Ausdruck als Darstellungsproblem in der frz. Kunst u. Kunsttheorie des 17. u. 18. Jh. (1991) 156f. – **5** J.-P. Sartre: Das Sein und das Nichts – Versuch einer phänomenolog. Ontologie (1991) 466f. –

6 Watteau 1684–1721 (Kat. Paris 1984) 430. – 7 s. ebd. 274ff. – 8 F. Moureau: Watteau dans son temps, in: Watteau [6] 477ff. – 9 vgl. J. Held: A. Watteau: Einschiffung nach Kythera. Versöhnung von Leidenschaft u. Vernunft (1985) 46ff. – 10 W. Hildesheimer: Watteaus "Gilles" und Marbot, in: C. Beutler, P.-K. Schuster, M. Warnke (Hg.): Kunst um 1800 und die Folgen. FS W. Hofmann (1988) 20–29. – 11 vgl. Th.W. Adorno: Ästhet. Theorie (1970) 185. – 12 s. D. Panofsky: Gilles or Pierrot? Iconographic Notes on Watteau, in: Gazette des Beaux-Arts, 6. Per. 39 (1952) 319–340. – 13 vgl. G. Wolf: Gesicht Christi und Gorgonenhaupt, in: P. Michel (Hg.): Symbolik des menschl. Leibes (1995) 209–223. – 14 Lausberg El. 65 (§ 178); Lausberg Hb. § 562. – 15 vgl. W. Kemp: Kunstwerk u. Betrachter. Der rezeptionsästhet. Ansatz, in: H. Belting u.a. (Hg.): Kunstgesch. Eine Einf. (1988) 245ff. – 16 vgl. W. Busch: Das sentimentalische Bild. Die Krise der Kunst im 18. Jh. und die Geburt der Moderne (1993) 47ff. – 17 s. J. Gillray. Meisterwerke der Karikatur (Kat. Stuttgart 1986) Nr. 67. – 18 Sir J. Reynolds: Discourses on Art, hg. v. R.R. Wark (New Haven/London ³1988) 278. – 19 Busch [16] 394ff. – 20 Busch ebd.

VI. *19. und 20. Jh.* Noch die Bildpublizistik der französischen Revolution bedient sich aller Register der alten Formensprache einschließlich der Allegorie. [1] Auch der Geschichtsmalerei des 19. Jh., die sich bemüht, historische Momente vor Augen zu führen, und vielfach an das Nationalgefühl des Publikums appelliert, wird man grundsätzlich einen rhetorischen Charakter nicht absprechen können. So beerbt z.B. J.-L. DAVID in seinem Gemälde ‹Napoleon überquert den Großen San Bernardino› (Musée National du Château de Malmaison) von 1801, einem Werk, von dem fünf weitere eigenhändige Versionen und zahlreiche Kopien existieren [2], die seit der Antike bestehende Tradition des herrscherlichen Reiterbildes. Auch hier nimmt das Pferd die Haltung der Levade ein und bezeichnet so die Fähigkeit seines Gebieters, auch Menschen und den Staat zu lenken. Tier und Reiter sind weit über den Zug der Truppen und den Betrachter erhoben, dem der weltgeschichtliche Rang des Protagonisten durch die in das Felsgestein am linken unteren Bildrand eingemeißelten Namen «Bonaparte», «Hannibal» und «Karolus Magnus» verdeutlicht wird. Von der Bildtradition unterscheidet sich diese Darstellung vor allem durch ihren forciert appellativen Charakter, mit der sie tagespolitischen Zuspruch erheischt. Der Protagonist folgt nicht unbekümmert um den Betrachter seiner Bestimmung – wie etwa noch der als heiliger Georg erscheinende Karl V. im Reiterporträt Tizians (Madrid, Prado) –, noch nimmt er vor den zu erwartenden Rezipienten bloß eine repräsentative Haltung ein, sondern appelliert an diese mit entschlossenem Blick und hoch hinaus weisender Geste.

Ähnlich rhetorisch operieren in ihren monumentalen Historiengemälden noch in der zweiten Hälfte des 19. Jh. K.TH. VON PILOTY, N. DE KEYSER und H. MAKART. Komplexe Formen argumentativer Mittel sind dabei freilich die Ausnahme und verdanken sich eher dem Rückgriff auf die Bildtradition, als einer bewußten Bezugnahme auf Rhetorik. So bedient sich z.B. CH. MULLER 1861 in seinem Gemälde «Madame Mère» (Dreux, Musée d'Art et d'Histoire) eines Spiegelungsverfahrens, für das sich in der Bildtradition zahlreiche Beispiele finden. Er setzt Napoleon in Analogie zu Christus, indem er oberhalb der trauernden Mutter, deren Blick auf Ingres' Gemälde ihres Sohnes gerichtet ist, eine Kopie von Michelangelos Pietà darstellt. [3] Damit vollzieht der Maler eine Glorifizierung, die schon Napoleon selbst im Sinn hat, als er im Mai 1800 mit seiner Armee auf einem Maulesel den St. Bernhard überquert. [4]

Mit der Entstehung konkurrierender Bildmedien, vor allem der Photographie, werden solche Formen der Sinnstiftung freilich zunehmend unüblich. Obwohl die Photographie in ihrer Frühzeit noch langer Belichtungszeiten bedarf, was zu einem sorgfältigen Arrangement der Szenen und Posen führt, nimmt die ihr immanente Dimension der Indexikalität der Zeichen früh schon Einfluß auf die Beglaubigungsformen der M. [5] Unter ihrem Eindruck versuchen die Maler, Geschichte momenthaft einzufangen; sie thematisieren in neuer Weise die Kontingenz der Ereignisse und verzichten zunehmend auf deutliche Mittel einer sinnstiftenden Bildregie. Während P. DELAROCHE in Werken wie der ‹Hinrichtung der Lady Jane Grey› (1834; London, National Gallery) noch fruchtbare Momente unmittelbar bevorstehender Katastrophen darstellt [6], wählt sein Schüler L. GÉRÔME in seinem 1868 entstandenen Gemälde ‹Der Tod des Marshall Ney› (siehe Abb. 17) den Moment nach dem Ereignis. [7] Das Gemälde wird im Salon desselben Jahres unter dem Titel ‹Der 7. Dezember 1815. 9 Uhr morgens› präsentiert. Die seinerzeit politisch hoch brisante Erschießung des Marschalls, der 1815 das Lager der Bourbonen verlassen hatte und zu Napoleon übergelaufen war, repräsentiert Gérôme so, daß der Betrachter wie ein zufälliger Augenzeuge dem Ort eines soeben vollzogenen Geschehens gegenübertritt, dessen Sinn er selbst zu erruieren und zu stiften hat. Schon die zeitgenössische Kritik beklagt, daß dieses Werk ein Jahrhundert später unverständlich werde: «Dann wird man nur noch ganz allgemein eine Gewalttat erkennen können, die an einem Zivilisten begangen wurde, an einem verlassenen Ort von einer Abteilung Militär, die nun den Ort des Geschehens verläßt und verstohlene Blicke zurückwirft, als fühle sie sich ertappt.» [8] Gérômes sorgfältiges Arrangement gibt über die hier genannten Bildelemente hinaus dezente Hinweise auf das Geschehen. Die rückwärtige Mauer, ein Stück reine M., zeigt die Einschläge von Kugeln, die den Delinquenten verfehlten, sowie die von späterer Hand durchgestrichene Parole «VIVE L'EMPEREUR» und ein weiteres «VIVE». ‹Der Tod des Marschall Ney›, ein Gemälde, das mit seinen Leerstellen filmische Darstellungsformen antizipiert, ist gewiß Produkt einer Inszenierung, doch mit ihm ist eine M. erreicht, die wie W. Kemp bemerkt, statt Geschichte Geschehen darstellt, statt Evidenz zu erzeugen, Kontingenz thematisiert und Sinnesdaten liefert, statt Sinn zu vermitteln. [9] Das System der Rhetorik ist hier, vor dem Bruch, den die M. des Impressionismus darstellt, für die M. längst kein maßgebliches Paradigma mehr, wenngleich es noch in Restbeständen in ihr fortlebt, solange die Maler mit mimetischen Mitteln Abwesendes und Fingiertes vor Augen führen. Dabei geben Gemälde wie Picassos ‹Guernica› Anlaß zu der Vermutung daß die Dignität des Kunstwerks sich nicht zuletzt an dem sich in ihm ästhetisch manifestierenden Interesse bemißt.

Die Strategien der grundsätzlich selbstreflexiven Kunst des 20. Jh. stehen nicht mehr in einem ungebrochenen Traditionszusammenhang poetisch-rhetorischer Wirkungskonzepte. Die Collagen der Surrealisten, die auf LAUTRÉAMONTS Definition des Schönen, auf REVERDYS Begriff des poetischen Bildes und auf Apollinaire rekurrieren, spielen mit dem Erhabenen [10] und zielen mit ihrer Spannung von Anschauung und Begriff und Schönheit des Disparaten auf eine Sabotage des modernen Vernunftdenkens. Hat man Werke von R. MAGRITTE auf die Tradition der Rhetorik zurückgeführt [11], so

Abb. 17: Léon Gérôme (1824–1904): Der Tod des Marshall Ney; Sheffield Galleries and Museums Trust, UK/Bridgeman Art Library

insistiert P. Sterckx zu Recht, daß «die Magrittesche Rhetorik völlig die Grenzen der klassischen Repräsentation durchbricht, indem sie einen Typus des Paradoxons einführte, den wir eine semantische Verschiebung nennen wollen». [12] Ähnlich gebrochen erscheint der Traditionszusammenhang bei der merkwürdigen Aktualisierung des Erhabenen in der amerikanischen M. des sogenannten Abstrakten Expressionismus, die einen emphatischen Subjektbegriff propagiert. [13] Auch F. Bacon, der in seinen Gemälden Gewalt visualisiert, verfolgt dabei keineswegs mehr das Ziel einer kathartischen Affektreinigung und moralischen Läuterung. [14]

Anmerkungen:
1 vgl. K. Herding: Visuelle Zeichensysteme in der Graphik der frz. Revolution, in: ders.: Im Zeichen der Aufklärung. Stud. zur Moderne (1989) 95–126. – **2** Jacques-Louis David 1748–1825 (Kat. Paris 1989) 381ff. – **3** vgl. H. Kohle: Sentimentale Weltgesch. Das Nachleben von Revolution und Empire in der Salonkunst der Zweiten Republik und des Kaiserreichs, in: ders., G. Germann (Hg.): Frankreich 1848–1870. Die Frz. Revolution in der Erinnerungskultur des Zweiten Kaiserreichs (1998) 108 u. Abb. 5. – **4** A. Schnapper: J.-L. David und seine Zeit (1981) 206. – **5** s. M. Imdahl: Die Momentfotografie und „Le Comte Lepic" von Edgar Degas, in: ders.: Zur Kunst der Moderne (Gesamm. Schr., Bd. 1) hg. v. A. Janhsen-Vukićević (1986) 181–193. – **6** vgl. S. Bann: Den Moment einfangen. Ironie und Augenblicklichkeit in Manets hist. Rhet., in: S. Germer, M. Zimmermann (Hg.): Bilder der Macht – Macht der Bilder (1997) 354ff. – **7** zum Folg. vgl. W. Kemp: Verständlichkeit und Spannung. Über Leerstellen in der M. des 19. Jh., in: ders. (Hg.): Der Betrachter ist im Bild. Kunstwiss. und Rezeptionsästhetik (²1992) 316ff. – **8** J. Grangedor: Le Salon de 1668, zit. Kemp ebd. 316. – **9** s. Kemp ebd. 321. – **10** s. z. B. W. Spies: „Die Dauer des Blitzes", in: Max Ernst. Die Retrospektive (Kat. Köln 1999) 8ff. – **11** J.

Clair, in: Magritte (Kat. Brüssel/Paris 1978) – **12** P. Sterckx: Magrittes Bilder als ›Dispositive‹, in: René Magritte. Die Kunst als Konversation (Kat. München/New York 1997) 39f. – **13** s. R. Rosenblum: Modern Painting and the Northern Romantik Tradition (London 1978). – **14** s. Chr. Menke: Der ästhetische Blick: Affekt und Gewalt, Lust und Katharsis, in: G. Koch (Hg.): Auge und Affekt. Wahrnehmung und Interaktion (1995) 230–246.

Literaturhinweise:
E. Grassi: Macht des Bildes: Ohnmacht der rationalen Sprache. Zur Rettung des Rhetorischen (1970). – G. LeCoat: The Rhetoric of Arts, 1550–1650 (Bern 1975). – J. Shearman: Only connect …: Art and the Spectator in the Italian Renaissance (Princeton 1992). – V. Breidecker: Florenz oder "die Rede, die zum Auge spricht": Kunst, Fest und Macht im Ambiente der Stadt (²1992). – B. A. M. Ramakers: Bruegel and the rederijkers. Schilderkunst en literatuur in de zestiende eeuw, in: J. de Jong u. a. (Hg.): Pieter Bruegel. Nederlands Kunsthistorisch Jaarboek 47 (1996) 81–105. – M. M. Meadow: Bruegel's *Procession to the Calvary*. Aemulatio and the Space of Vernacular Style, ebd. 180–205. – N. E. Serebrennikov: Imitating Nature/Imitating Bruegel, ebd. 223–246. – M. Dalhoff: Giovanni Bellini – Die Verklärung Christi: Rhet. – Erinnerung – Historie (1997). – D. Krystof: Werben für die Kunst: Bildliche Kunsttheorie und das Rhet. in Kupferstichen von Hendrick Goltzius (1997). – R. van Bühlen: Die Werke der Barmherzigkeit in der Kunst des 12.–18. Jh.: Zum Wandel eines Bildmotivs vor dem Hintergrund neuzeitl. Rhetorikrezeption (1998). – H. Keazor: Poussins Parerga: Quellen, Entwicklung und Bedeutung der Kleinkompositionen in den Gemälden Nicolas Poussins (1998). – N. J. Koch: Techne und Erfindung in der klass. M.: eine terminolog. Unters. (2000).

W. Brassat

→ Architektur → Ästhetik → Decorum → Gesamtkunstwerk → Ikonologie, Ikonographie → Karikatur → Kunstgeschichte → Paragone → Plastik → Stadtarchitektur

Managementrhetorik
A. Begriff der M. – B.I. Management und Managementforschung. – II. Kommunikation in Managementlehrbüchern. – III. Führung, Führungsforschung und Rhetorik. – IV. Der Manager als Orator. – V. M. zwischen Organisationssystem und Organisationskultur. – VI. Medialrhetorik. – VII. Performanz. – VIII. Sprache. – IX. Rhetorikratgeberliteratur und Rhetoriktrainings für Manager.

A. *Begriff der M.* Unter ‹M.› ist die Professionsrhetorik von Führungskräften zu verstehen, die institutionell verankerte Lenkungsfunktionen in einem Organisationssystem, z.B. in Betrieben oder Behörden innehaben. Wie jede beruflich motivierte Rhetorik ist sie wesentlich von den Determinanten des Arbeitsfeldes bestimmt, d. h. hier: von den Bedingungen der Organisation oder Organisationseinheit, die der Manager führt. Weitere bestimmende Faktoren sind das sprachliche Inventar eines berufsspezifischen ‹Manager-Kodes› (Soziolekt) sowie die allgemeine Sprach- und Vertextungskompetenz der Führungskraft. Dabei wird in der arbeitsplatzbedingten Rollenrhetorik des Managers immer auch sein individuelles Interesse manifest. Als Terminus ist der Begriff ‹M.› weder in der Management- noch in der Rhetorikforschung eingeführt. Man begegnet ihm lediglich im Bereich der Ratgeberliteratur und auf dem Markt der beruflichen Weiterbildung. Dafür gibt es verschiedene Gründe. Auf Seiten der (betriebswirtschaftlichen) Management-, Führungs- und Organisationsforschung spielt der Komplex Semiotik und Rhetorik der Kommunikation gar keine oder nur eine untergeordnete Rolle. Auf Seiten der Rhetorikforschung wiederum bleiben in aller Regel handlungs-, organisations-, system- und führungstheoretische Fragestellungen ausgeblendet. So wird im folgenden erstmals der Versuch gemacht, die bislang wechselseitig nicht zur Kenntnis genommenen Problembereiche zusammenzuführen und in einer grundlegenden Erörterung zu verbinden. Dabei zeigt sich, daß selbst scheinbar klare Kategorien wie ‹Management› oder ‹Führung› keineswegs wissenschaftlich geklärt sind. Daher sind im folgenden die im Begriff ‹M.› implizierten Basiskategorien nochmals gründlich zu reflektieren und in wechselseitigen Bezug zu setzen. Desweiteren ist das Spannungsverhältnis zwischen system- und organisationstheoretischen Betrachtungsweisen auf der einen Seite und dem rhetorisch-oratortheoretischen Ansatz auf der anderen Seite zu untersuchen.

B.I. *Management und Managementforschung.* Im allgemeinen Sprachgebrauch bezeichnet der Begriff ‹Management› heute 1. die Führung von Organisationen aller Art, insbesondere Wirtschaftsunternehmen (funktionaler Managementbegriff), und 2. die Gesamtheit der Personen, die diese Funktion ausüben (institutioneller Managementbegriff). Erste Belege finden sich im Rahmen praxisorientierter Schriften zum Thema Betriebsführung an der Wende vom 19. zum 20. Jh. im angelsächsischen Sprachraum. Nach Ende des 2. Weltkrieges werden die Originalbegriffe ‹Management› und ‹Manager› dann über die Betriebswirtschaftslehre ins Deutsche eingeführt. [1]

In der Trias der Organisations-, Führungs- und Managementforschung nimmt die Managementforschung eine integrierende Stellung ein. Managementforschung im weiteren Sinne untersucht die Merkmale und Interdependenzen der Erfahrungsobjekte Führung und Organisation in funktionaler, prozessualer, institutioneller und praktisch-verfahrenstechnischer Hinsicht, wobei sie sich traditionell auf den Organisationstyp des Wirtschaftsunternehmens konzentriert. Managementforschung im engeren Sinne untersucht dagegen das Verhalten von Führungspersonen in Organisationen unter Effizienzgesichtspunkten.

Die frühe, von F. W. TAYLOR (1856–1915) begründete Managementlehre steht ganz im Zeichen der Optimierung industrieller Produktionsmittel und Arbeitsverfahren (sog. ‹Scientific Management›; ‹Industrial Engineering›; ‹Taylorismus›). [2] H. FAYOL (1916) identifiziert als erster fünf universelle, in allen Organisationen nachweisbare Verwaltungsaufgaben: Vorausschauen (prévoir), Organisieren (organiser), Anordnen (commander), Koordinieren (coordonner) und Kontrollieren (contrôler). [3] Diese Funktionen bilden bis heute das strukturierende Moment jeder Managementtheorie. [4] Im deutschsprachigen Raum hat sich das Funktionenbündel Planung, Organisation, Durchführung und Kontrolle etabliert. Während die frühe Managementtheorie sich auf rein funktional-strukturale Aspekte der Unternehmensführung konzentriert, wendet sich die verhaltenswissenschaftliche Richtung verstärkt menschenbezogenen Fragestellungen zu. Eine amerikanische Forschergruppe um E. MAYO hat bei einer ausgedehnten empirischen Studie in einem Industriebetrieb (sog. ‹Hawthorne-Experimente›, 1924–1932) beiläufig die Bedeutung informeller sozialer Beziehungen für die Arbeitsleistung von Gruppen entdeckt und damit die Frage nach dem Zusammenhang zwischen Führungsverhalten, Arbeitsleistung und Arbeitszufriedenheit aufgeworfen. [5] Motivationspsychologische, kognitive und emotionale Aspekte des menschlichen Verhaltens rücken nun ins Zentrum des wissenschaftlichen Interesses (sog. ‹Human-Relations-Bewegung›). Die Psychologie wird zur Leitdisziplin der Managementforschung im engeren Sinne; eine Grundorientierung, die bis heute besteht. Die hohe Eigendynamik semiotischer (insbesondere sprachlicher) Systeme und aller Kommunikationsformen wird demgegenüber vernachlässigt.

Eine Brücke zwischen klassischer und verhaltenswissenschaftlicher Theorie schlägt CH. BARNARD (1938), der das Überleben von Organisationen gleichermaßen auf formale (strukturelle) wie informale (soziale) Faktoren zurückführt (sog. Konzept des organisationalen Gleichgewichts). [6] Seither gilt die Integration von Sach- und Personenorientierung als das zentrale Managementproblem. Wie, d. h. mit welchen Methoden, dieses Problem gelöst werden kann, wird bis heute vorwiegend im Rahmen typologisch-klassifikatorischer Modelle diskutiert (z. B. ‹Management-by-Konzepte›, Analyse- und Prognoseschemata, Charaktertypologien, etc.), deren analytische Brauchbarkeit durchaus umstritten ist und deren Aussagekraft für das konkrete Managerhandeln aufgrund weitgehender Situationsabstraktion als relativ begrenzt einzustufen ist. Nach einer mathematisch hochformalisierten, spiel- und entscheidungstheoretisch orientierten Phase der Managementforschung in den 1950er Jahren treten seit den 60er Jahren verstärkt systemtheoretische Ansätze hervor. [7] Dadurch weitet sich der Blick von der rein intraorganisationalen Perspektive auf die Wechselwirkungen des Organisationssystems mit seiner dynamischen Umwelt. Prozessen der Reduktion von Komplexität durch Auslese und Unterscheidung (Selektion), des Austauschs (Kommunikation) sowie des Aufbaus operational geschlossener Subsysteme (Autopoiesis; Selbstreferenz) kommt dabei besondere Bedeutung zu. Die Aufgabe des Managements, welches als Subsystem der Organisation begriffen wird, liegt im Herstellen geeigneter Rahmenbedingungen für das Überleben des Systems (‹strategic fit›). Die systemtheoretischen

Ansätze gehören aufgrund ihrer analytischen Ausrichtung und weitgehenden Abstraktion vom Menschen als konkretem Funktionsträger aber nicht zur Managementtheorie im engeren Sinne, sondern in den Bereich der Organisationstheorie. Eine eigenständige ‹Technologie› systemischer Unternehmensführung, die über allgemeine Empfehlungen zu einem ganzheitlichen Denken hinausginge, wurde bislang noch nicht entwickelt.[8]

Managementfunktionen haben in der Regel eine sachliche und eine persönliche Dimension. Es liegt auf der Hand, daß Aufgaben wie Organisieren, Delegieren, etc. im zwischenmenschlichen Bereich vollzogen werden. Empirische Studien belegen, daß Manager einen Großteil ihrer Zeit mit Kommunikation verbringen. Die Frage, wie Managementfunktionen im interaktionellen Kontext tatsächlich ausgeübt werden, ist Gegenstand der Führungsforschung.

Anmerkungen:
1 vgl. zur Historie ausf. W.H. Staehle: Management. Eine verhaltenswiss. Perspektive (^{8}1999) 4–21. – 2 F.W. Taylor: Shop Management (New York 1903), dt.: Die Betriebsleitung, insbesondere der Werkstätten (1907); ders.: The Principles of Scientific Management (New York 1911), dt.: Die Grundsätze wiss. Betriebsführung (1913, ND 1995). – 3 H. Fayol: Administration Industrielle et Générale (Paris 1916), dt.: Allg. und industrielle Verwaltung (1929). – 4 vgl. die POSDCORB-Formel bei L. Gulick, L. Urwick (Hg.): Papers on the Science of Administration (1937). – 5 E. Mayo: The Human Problems of an Industrial Civilization (New York 1933). – 6 Ch. Barnard: The Functions of the Executive (Cambridge, Mass. 1938), dt.: Die Führung großer Organisationen (1970). – 7 S. Beer: Cybernetics and Management (London 1959), dt.: Kybernetik und Management (1962, ^{4}1970); H. Ulrich: Die Unternehmung als produktives soziales System (1968); H. Ulrich, W. Krieg: Das St. Galler Management-Modell (1972); F. Malik: Strategie des Managements komplexer soz. Systeme (1984, ^{5}1996); ders.: Führen, Leisten, Leben: wirksames Management für eine neue Zeit (2000); ders.: Systematisches Management, Evolution, Selbstorganisation: Grundprobleme, Funktionsmechanismen und Lösungsansätze für komplexe Systeme (2000); W. Kirsch, D. zu Knyphausen: Unternehmungen als ‹autopoietische› Systeme?, in: W.H. Staehle, J. Sydow (Hg.): Managementforschung 1 (1991) 75–101; P. Ulrich: Systemsteuerung und Kulturentwicklung, in: Die Unternehmung 4 (1984) 303–325; Überblicke bei H. Steinmann, G. Schreyögg: Management – Grundlagen der Unternehmensführung (^{4}1997); Staehle 41–48. – 8 vgl. A. Kieser (Hg.): Organisationstheorien (^{3}1999) 276–281; H. Ulrich, G. Probst: Anleitung zum ganzheitlichen Denken und Handeln. Ein Brevier für Führungskräfte (1988, ^{4}1995); vgl. H. Ulrich et al.: Grundlegung einer Allg. Theorie der Gestaltung, Lenkung und Entwicklung zweckorientierter soz. Systeme (1984).

II. *Kommunikation in Management-Lehrbüchern.* Die Managementwissenschaft ist von der Sache her zwar interdisziplinär orientiert, doch findet ihre Theoriebildung fast nur im disziplinären Zusammenhang der Betriebswirtschaftslehre statt. Im Rahmen einer Ausarbeitung von theoretischen Grundlagen der Managementrhetorik gilt es daher zunächst zu klären, wie im betriebswirtschaftlich-fachlichen Kontext die Fragen von Kommunikation und Rhetorik verhandelt werden. Um hier einen ausschnitthaften Einblick zu vermitteln, sollen im folgenden acht im deutschen Sprachraum erschienene Management-Lehrbücher aus dem letzten Jahrzehnt des 20. Jh. einer knappen Prüfung unterzogen werden.

Ausgangspunkt für die Beurteilung dieser Lehrbücher ist folgende Definition: Kommunikation ist ein semiotisches Faktum. Kommunikation liegt vor, wenn in Interaktionsvorgängen Zeichenverarbeitungsprozesse stattfinden. Es ist also bei den genannten Standardwerken zu prüfen, ob in ihnen von solchen speziellen Interaktionsvorgängen und Zeichenverarbeitungsprozessen die Rede ist. Das Ergebnis lautet in aller Kürze zusammengefaßt: Von Kommunikation wird kaum gesprochen, und wenn, dann in einem reduzierten Verständnis. Die Sachbücher zeigen, daß das informationstheoretische Kommunikationskonzept immer noch als eine Art Reduktionsstufe verstanden wird, derzufolge Kommunikation nur als ein Austausch von Informationen anzusehen ist. Diese Sicht bietet offenbar die besten theoretischen und methodischen Anschlußmöglichkeiten an die hochformalisierte Betriebswirtschaft und kommt dem Bedürfnis nach ausschließlichem Umgang mit mathematisch faßbaren, sogenannten ‹harten› Daten entgegen. Rhetorik ist gar kein Thema. Verständnis für den komplexeren semiotischen Kommunikationsbegriff fehlt weitgehend. Dieser Begriff faßt Kommunikation als Arbeit am Zeichen auf, jede Information gilt als komplex-dynamisches Phänomen (selbst einem scheinbar eineindeutigen Zahlenwert haftet danach immer ein kontextunschärfebedingter semantischer Überschuß an), und sieht die unabhängige Existenz harter Daten nicht vor. Wenn in den Management-Lehrbüchern Kommunikation thematisiert wird, dann zumeist auch nur indirekt, indem man von psychologischen Bedingungen (z.B. Kognitions- und Emotionsfragen, von Wissen oder Motivation) spricht sowie von damit zusammenhängenden Handlungskomplexen im Sinne betrieblicher Abläufe (z.B. Beförderung oder Belohnung als Organisationsvorgang).

Die Verkürzung oder gar Ausblendung des Kommunikationsproblems zugunsten anderweitiger Strukturüberlegungen, die von materiellen Voraussetzungen, von betrieblichen Operationen, technischen Vorgängen und Ergebnisstrukturen ausgehen, tritt besonders deutlich in systemtheoretisch orientierten Standardwerken hervor. In ihnen bleibt Management auf die normative, strategische und operative Ebene der betrieblichen Organisation verteilt. Akteure, im Sinne T. PARSONS', sind keine eigentlichen Theoriegrößen[1], weil Betriebe letztlich als selbstregelnde Systeme gesehen werden. Bei BEA/ HAAS (1995) kommt eine kommunikativ-rhetorische Dimension nur indirekt ins Spiel, wenn im 6. Teil die Unternehmenskultur im Sinne der Strategic-Fit-Theorie als Instrument des Managements gesehen wird, um die übrigen Subsysteme im Betrieb besser zu erreichen.[2] Für den systemtheoretischen Ansatz ist typisch, daß ULRICH/FLURI (^{7}1995) die bei ihnen auf nur einer Buchseite angesprochene Kommunikationsfrage im Kapitel ‹Zwischenmenschliches Verhalten› auf das Problem soziologischer Kommunikationsstruktur-Modelle in Organisationen reduzieren (Stern-, Ketten-, Kreis-, Netz-System).[3] Bei MACHARZINA (1993) taucht das Stichwort Kommunikation überhaupt nicht auf. Das gilt selbst für das Kapitel ‹Verhandlungsführung›, wo Verhandlungen nur als «rationale, durch monistische Interessen geprägte Entscheidungsprozesse» auf Grundlage von Datenanalysen aufgefaßt werden.[4] Die kommunikative Interaktion wird nicht thematisiert, obwohl man das bei einem Buch mit ausgeprägten handlungstheoretischen Bestandteilen durchaus hätte erwarten können. P. WATZLAWICKS klassisches Kommunikationsaxiom, nach dem menschliche Kommunikation neben der reinen Nachrichten- bzw. Informationsseite auch immer eine Beziehungsseite hat, wird ignoriert. Faktoren menschlicher Kommunikation bleiben gegenüber rein betriebswirtschaftlichen Zusammenhängen ausgeklammert. Das

Thema Kommunikation fehlt auch im Kapitel zum ‹strategischen Management›. Darunter ist die «Festlegung, Sicherung und Steuerung der langfristigen Unternehmensentwicklung» zu sehen, bei der «die Beeinflussung der Unternehmensumwelt» eine große Rolle spielt. Das klingt nach einem rhetorischen Ansatz, doch die von Macharzina erörterten Prozeß- und Implementierungsprobleme beziehen nur psychologische Faktoren wie Rollenverhalten, Lernverhalten usw. mit ein, nicht aber Kommunikationselemente im engeren Sinn. Die Managementtätigkeit wird ausschließlich als rationales Datenkalkül, als Planungs- und Entscheidungsvorgang sowie als Bündel von Ablaufmaßnahmen gesehen, nicht aber als Führung durch Kommunikation. Diese Sicht beherrscht auch das Buch von STEINMANN/SCHREYÖGG (⁴1997), obwohl das verständigungsorientierte Managerhandeln wenigstens deutlich angesprochen und die prinzipielle Bedeutung der Kommunikation nicht geleugnet wird. Menschen seien Redetiere, Überzeugungsarbeit und Konsensstiftung seien die Daueraufgaben des Managers.[5] Eine kommunikationstheoretische Vertiefung dieser Auffassung findet jedoch nicht statt.

Neben diesen systemtheoretisch gewichteten Management-Lehrbüchern gibt es andere, die in erster Linie verhaltenstheoretisch ausgerichtet sind und deutlicher vom Manager als Akteur her denken. Das tritt bei einem praxisorientierten Autor wie KOREIMANN (⁷1999) besonders deutlich zu Tage. Unter anderem behandelt er auch ‹Methoden und Techniken des Managements›, die man nach dem Amerikanischen ‹management by-Techniken› nennt (Management durch Zielvereinbarung, Delegation, Steuerung, Kontrolle, Koordination, Motivation usw.). Eine dieser ‹management by-Techniken› ist ‹Management durch Kommunikation› (management by communication), die Koreimann isoliert behandelt, obwohl er zu Recht gleich einleitend betont, daß es sich dabei nicht um eine – wie er es ausdrückt – «explizite Führungstechnik» handelt, sondern um einen «integrierten Bestandteil aller übrigen Managementmethoden».[6] Was dann auf drei Seiten folgt, ähnelt eher einer Begriffs-Aufzählung als einer reflektiert systematisierten und wirklich brauchbaren Darstellung betrieblicher Kommunikation. Da ist, aufs Äußerste komprimiert, von Nachrichtensystem, von Kommunikationspartnern, Kommunikationsobjekten, Kommunikationsmitteln, Kommunikationsarten, Kommunikationsbeziehungen und Voraussetzungen der Kommunikation die Rede. Die Kommunikationsabsichten werden in ‹Information› und ‹Beeinflussung› unterteilt, ohne jedoch von hier aus eine Brücke zu der denkbaren Unterkategorie ‹Management durch Rhetorik› (management by rhetoric)[7] zu bauen. Demgegenüber findet sich bei KORNDÖRFER (⁹1999) wiederum die extreme Verkürzung der Kommunikationsvorstellung auf pure Informationalität. Entsprechend wird der Begriff ‹Kommunikation› als «direktes Führungsmittel» in eine Reihe mit Elementen gestellt, die man normalerweise für Subkategorien der Kommunikation halten würde: «Richtlinien und Anweisungen, Mitarbeiterbesprechungen, Delegation von Aufgaben und Verantwortung, Dienstaufsicht und Kommunikation, Anerkennung und Kritik.»[8] Wie für Korndörfer und die anderen genannten Autoren, gilt für BISANI (⁴1995), daß es insgesamt nur sehr wenige und bis zur Banalität verknappte Aussagen zum Thema Kommunikation gibt. Dazu folgendes Beispiel, das ohne jeden Informationswert völlig zusammenhanglos im Raum stehen bleibt, und bei dem insbesondere auch auf die eingebaute groteske Versammlung angeblicher Kommunikations-'Formen' hinzuweisen ist: «Nach ihrer Stellung im Kommunikationsprozeß ist zu unterscheiden: 1. entscheidungsorientierte Kommunikation. Ihr Ziel ist es, auf das Verhalten einer oder mehrerer Personen so einzuwirken, daß Ziele durch gemeinschaftliches Handeln erreicht werden. Wesentliche Formen sind hier Anweisen, Anordnen, Überzeugen, Einweisen, Unterweisen, Motivieren, Manipulieren usw. 2. kontrollbezogene Kommunikation. Sie ist ein wesentlicher Bestandteil des Führungsprozesses und notwendig, den Prozeß der Zielerreichung sicherzustellen.»[9] Bisani erwähnt die Kommunikation noch kurz an zwei anderen Stellen seines Buches. Einmal innerhalb seiner machttheoretischen Überlegungen, wo es um «Formen der Verhaltensbeeinflussung», insbesondere «Beeinflussung durch Informationsgestaltung» geht.[10] Allerdings ist hier nur von den inhaltlichen und psychologischen Fragen die Rede, die die Manipulation der Umwelt aufwirft. Dasselbe gilt für die knappen Bemerkungen zum Thema ‹Überzeugung›; hier ist nur andeutungsweise von «Emotionalisierung der Beziehungen» und «charismatischen Zügen» des Managers die Rede.[11]

Von den bislang genannten Autoren hebt sich STAEHLE (⁸1999) insofern positiv ab, als er im Ansatz versucht, den Kommunikationsaspekt in allen wichtigen Kapiteln seiner weiträumig angelegten Summe der Managementlehre zur Sprache zu bringen. Natürlich geschieht dies auch bei ihm immer nur in sehr kurzen Andeutungen. Von Rhetorik ist zwar nirgendwo die Rede, doch wird mit Watzlawick die Doppelseitigkeit der Kommunikation (Informations- und Beziehungsaspekt) betont. Die Aussagen zur Kommunikation sollen bei aller Komprimiertheit relativ differenziert gehalten werden, doch mangelt es an klaren Vorstellungen und an Treffsicherheit im Umgang mit den Kategorien. So wird etwa unter den Kommunikationsmitteln neben der Sprache die ‹Kinesik› (bezogen auf nonverbale Ausdrucksmittel) genannt; sie bildet «die Brücke von der Kommunikation zur Interaktion». Als ‹Medien› sind Zeit, Raum, Gegenstände und der menschliche Körper aufgeführt sowie als Kommunikationsformen ‹Gesprächstypen› und ‹Sprache› in Form von Textarten.[12] Im Kapitel ‹Kommunikationsstrukturen› in Unternehmen geht es um Kommunikationsnetze von Informationskanälen und ihre Korrelation mit Gruppenzufriedenheit und Effizienzwerten.[13] Ein eigenes Unterkapitel behandelt auch die «Kommunikationsbarrieren» im Sinne von kommunikativen Widerstandsfaktoren, die Auslöser für «Kommunikationsprobleme» sind. Sie werden kontrastiert mit «Variablen für den Erfolg von Kommunikationsprozessen» (z.B. Kommunikationsfähigkeit von Einzelpersonen, Deutlichkeit von Texten, vergleichbare Persönlichkeitsvariablen, vergleichbare Status, Schaffen eines angstfreien Klimas usw.).[14] Auch bei diesen Erörterungen fehlt es an Systematisierung, denn psychologische und organisatorische Bedingungen werden mit Textualitäts- und Medienfragen vermischt.

Anmerkungen:
1 T. Parsons: Aktor, Situation und normative Muster: ein Essay zur Theorie sozialen Handelns, hg. u. übers. von H. Wenzel (1986), amerik.: Actor, Situation and Normative Pattern (1969). – **2** F.X. Bea, J. Haas: Strategisches Management (²1997). – **3** P. Ulrich, E. Fluri: Management. Eine konzentrierte Einführung (⁷1995). – **4** K. Macharzina: Unternehmensführung. (1993) 435; (³1999). – **5** H. Steinmann, G. Schreyögg: Management. Grundlagen der Unternehmensführung (⁴1997). – **6** D.S. Koreimann:

Management (⁷1999). – **7** B. Wessel: Rhet. in Wirtschaftsunternehmen, in: Rhet. 14 (1995) 48–58, hier: 57. – **8** W. Korndörfer: Unternehmensführung. Einf. – Entscheidungslogik – Soziale Komponenten (⁹1999). – **9** F. Bisani: Personalwesen und Personalführung. Der State of the Art der betrieblichen Personalarbeit (⁴1997). – **10** ebd. 612ff. – **11** ebd. 615. – **12** W.H. Staehle: Management. Eine verhaltenswiss. Perspektive (⁸1999) 302f. – **13** Koreimann [6] 51. – **14** Staehle [12] 308.

III. *Führung, Führungsforschung und Rhetorik.* Während das Objekt der Unternehmensführung (= Management) die gesamte Organisation einschließlich der von ihr beeinflußbaren Umwelt ist, bezieht sich Führung (= Leadership) allein auf die Mitarbeiter. Sie ist also derjenige Teil der Unternehmensführung, der sich mit der Führung des organisationalen Elements Personal befaßt. Um dieser – für den deutschen Sprachraum charakteristischen – Doppeldeutigkeit des Führungsbegriffs zu entgehen, wurden in der Forschung die synonymen Begriffe Personalführung bzw. Mitarbeiterführung eingeführt. WUNDERER bemerkt, daß es «so viele Definitionen von Führung wie Führungsforscher»[1] gibt und versteht Führung selbst als «zielorientierte soziale Einflußnahme zur Erfüllung gemeinsamer Aufgaben in bzw. mit einer strukturierten Arbeitssituation.»[2] An dieser für die betriebswirtschaftliche Führungsforschung repräsentativen Definition fallen aus rhetorischer Sicht zwei Dinge auf: Erstens die Nähe zur rhetoriktheoretischen Zentralkategorie der Persuasion, welche durch die Verwendung des Begriffs der sozialen Einflußnahme eindeutig hergestellt wird. Persuasion ist ja nichts anderes als die strategisch kalkulierte Beeinflussung eines Gegenübers mit dem Ziel einer Wechselerzeugung (Wechsel der Überzeugung, Wechsel des Verhaltens), wobei für den Persuasionsprozeß insgesamt wesentlich ist, daß er kommunikativ abläuft.[3] Zweitens die Tatsache, daß Kommunikation in der obigen Führungsdefinition aber nur implizit vorgesehen ist – nämlich als spezieller Realisationstyp sozialer Einflußnahme, neben dem weitere Realisationstypen vorstellbar sind. Dies ist zurückzuführen auf die für die Führungsforschung klassische Unterscheidung zwischen direkter und indirekter Führung. Danach findet direkte Führung im face-to-face-Kontakt statt, wohingegen indirekte Führung über sogenannte Führungssubstitute wie Organisationsstrukturen, Verfahrensregeln, Management-Informationssysteme o.ä. ausgeübt wird, die den face-to-face-Kontakt angeblich überflüssig machen.[4] Daran ist richtig, daß Mitarbeiter durch strukturelle Maßnahmen (wie z.B. die Schließung einer Halle, das Entfernen einer Maschine oder Entlassung) ebenfalls 'geführt' werden; aber die Annahme, daß erfolgreiche Führung ausschließlich über derartige Substitute möglich sei, wird in neuester Zeit stark bezweifelt. So kommen z.B. SCHERM/SÜSS im Rahmen ihrer Untersuchung über Personalführung in virtuellen Unternehmen zu dem Ergebnis, daß persönliche (direkte) Führung grundsätzlich nicht restlos substituierbar ist, und daß dies umso deutlicher wird, je stärker Organisationen auf Substitute setzen.[5] Diesem Ergebnis entspricht die rhetoriktheoretische Grundaussage vom oratorischen Primat der körperlichen Anwesenheit.[6] Es erscheint deshalb zweckmäßig, die indirekte Führung als Organisationsgestaltung dem Bereich des Managements zuzuordnen und die Mitarbeiterführung als direkte Führung aufzufassen. Somit ist direkte Kommunikation als notwendige Bedingung von Führung zu verstehen. Entsprechend definiert JUNG Führung als «einen kommunikativen Prozeß der Einflußnahme auf die Mitarbeiter zum Zweck zielgerichteter Leistungserstellung. Charakteristisch für die Personalführung sind folgende Merkmale: (1) mindestens zwei Personen sind beteiligt: Führer und Geführter; (2) es findet eine soziale Interaktion statt; (3) die Führung erfolgt zielorientiert; bestimmte Ergebnisse sollen erreicht, bestimmte Aufgaben erfüllt werden» (4) sie bewirkt oder steuert Verhalten.[7] Trotz dieser nunmehr expliziten Bezugnahme auf den manipulativen Kommunikationsaspekt gilt aber für Jung wie für die gesamte Führungsforschung, daß das zugrundeliegende Kommunikationsverständnis nicht strategisch ausgerichtet ist und deshalb dem inhärenten Persuasionsmoment der Führung nicht gerecht werden kann.

Wunderer unterscheidet vier Führungstheorien nach ihrem spezifischen Erkenntnisinteresse: (1) Personenorientierte Führungstheorien; (2) positionsorientierte Führungstheorien; (3) interaktionsorientierte Führungstheorien und (4) Situationstheorien der Führung.[8]

Ad (1): Zu den personenorientierten Theorien gehört die Eigenschaftstheorie der Führung, die «wohl die älteste und in der Führungspraxis noch heute dominierende Alltagstheorie»[9] darstellt. Sie führt den Führungserfolg auf Eigenschaften der Führungspersönlichkeit (Intelligenz, Dominanz, Selbstvertrauen, Energie/Aktivität, Fachwissen, etc.) zurück. Eine neuere empirische Längsschnittstudie belegt beispielsweise, daß eine Kombination der Variablen ‹Optimismus› und ‹generelle Anpassungsfähigkeit› positiv mit einem erfolgreichen Aufsteigen in der Managementhierarchie korreliert sein kann.[10]

Eine weitere Spielart personenorientierter Ansätze sind charismatische Führungstheorien, bei denen der Führungserfolg auf die Ausstrahlung der Führungsperson zurückgeführt wird. Diese Ausstrahlung dient v.a. dazu, Einfluß auf die Emotionen und Werthaltungen der Geführten zu nehmen.[11] Eine solche Führung durch Wertebeeinflussung wird – in Abgrenzung zur zielbeeinflussenden, sog. transaktionalen Führung – auch als transformationale Führung («Change Management»)[12] bezeichnet. Zahlreiche empirische Studien bestätigen die hohe Effektivität charismatischer Führung, insbesondere in Krisensituationen.[13] Aus rhetoriktheoretischer Sicht muss angemerkt werden, daß der Begriff ‹transformationale Führung› keine Qualität der Führungshandlung an sich bezeichnet, sondern lediglich deren Wirkung auf der Geführtenseite. Auf der kommunikativen Ebene hat man es hier selbstverständlich mit Persuasion zu tun. Das wird von der Forschung jedoch ignoriert. Entsprechend unbefriedigend ist daher die bisherige Erforschung der Faktoren, die 'Ausstrahlung' bewirken sollen. Die Führungsforschung greift auch hier ausschließlich auf psychologische Kategorien zurück. Neuere Studien[14] lassen den Schluß zu, daß Charisma in besonderem Maße ein Effekt der sprachlich-kommunikativen Handlungen der Führungsperson ist.

Im Rahmen tiefenpsychologischer Führungstheorien werden Vorgesetztentypologien auf der Grundlage empirischer Erhebungen und Interpretationen (Interviews, Statistiken etc.) entwickelt. Dabei werden Typen wie ‹nüchterner Fachmann› oder ‹machtorientierter Dschungelkämpfer› u.ä. unterschieden, die z.B. im Rahmen von Einstellungsverfahren praktisch verwertet werden können (Auswahltests, Assessment-Center, etc.).[15] Führungsstiltheoretische Ansätze versuchen den Anspruch auf praktisches Problemlösungspotential einzulösen. Führungsstile dienen einerseits der Klassifizierung der Form, in der die Führungsaufgaben ausgeübt werden, und bieten den Führungskräften andererseits ein Denkraster zur Reflexion des eigenen Verhaltens. Zu den bekanntesten Ansätzen der Führungsforschung gehören: (a) das graduelle Konzept von TANNENBAUM/ SCHMIDT mit den beiden Polen ‹autoritärer› und ‹kooperativer Führungsstil› [16]; (b) das normative Entscheidungsmodell von VROOM/YETTON, das auf der Basis unterschiedlicher Situationsvariablen situationsgerechte Entscheidungsstrategien empfiehlt. [17] Diese Strategien implizieren dann wiederum bestimmte Führungsstile, welche im Prinzip mit dem von Tannenbaum/Schmidt eingeführten Vokabular (konsultativer, partizipativer, delegativer Stil, etc.) charakterisiert werden können. Weitere bekannte Führungsstilmodelle sind (c) die sog. Ohio State Leadership-Quadranten nach HERSEY/BLANCHARD, welche zwischen Beziehungsstil, Verfahrensstil, Aufgabenstil und Integrationsstil unterscheiden [18]; (d) das Verhaltensgitter von BLAKE/MOUTON, das insgesamt 81 verschiedene Führungsstile zuläßt [19], sowie (e) das 3-D-Modell von REDDIN, das mittels der Dimension ‹Effektivität› die Situationsabhängigkeit des Führungserfolgs besonders betont. [20]

Empirische Studien belegen für Standardsituationen eine tendenzielle Überlegenheit kooperativer Führungsstile gegenüber autoritären Verfahren sowie die Nützlichkeit des normativen Entscheidungsmodells. [21] Die sich aus der Anwendung von Führungsstilen ergebenden kommunikativ-rhetorischen Folgerungen – etwa Fragen des Sprachstils, des Sprachniveaus, der verschiedenen Argumentationstechniken oder auch der Gedankenführung – werden im Rahmen der Führungsforschung aber nicht thematisiert. Es werden lediglich normative Anweisungen gegeben, ob die Entscheidungsfindung mit oder ohne Beteiligung der Mitarbeiter (z.B. durch Diskussionen oder Mitarbeitergespräche) zu erfolgen hat. Welche kommunikativen Strategien im Rahmen der 'Entscheidungsdurchsetzung' zur Disposition stehen, bleibt offen. Eine Rückbindung von Attributen wie ‹autoritär› und ‹kooperativ› an kommunikative Kriterien wäre daher dringend geboten. Von wenigen Ausnahmen abgesehen, bleibt außerdem unberücksichtigt, daß Führungssituationen aufgrund ihrer immanenten Persuasivität notwendig ein Element der Interessendurchsetzung beinhalten. So unterstreicht zwar NEUBERGER nachdrücklich die Bedeutung mikropolitisch-strategischer Faktoren für das konkrete Managerverhalten, er zieht daraus jedoch nicht die notwendige Konsequenz, den informationstheoretischen Kommunikationsbegriff zu überwinden. [22] Ohnehin erscheint die geläufige Phasentrennung in Entscheidungsfindung und Entscheidungsdurchsetzung in bezug auf die konkrete Führungssituation aus prozessualrhetorischer Sicht korrekturbedürftig. Denn schon in der Phase der Entscheidungsfindung werden die beteiligten Akteure versuchen, die von ihnen jeweils favorisierte Lösung, d.h. ihr Zertum, durchzusetzen. Andernfalls fände ja keine 'Beeinflussung' statt, sondern lediglich ein interesseloser Austausch von Argumenten im Sinne eines herrschaftsfreien Diskurses, wie er etwa von HABERMAS definiert worden ist. [23] Daß solche Kommunikation, zumal in hierarchischen Strukturen und unter Entscheidungsdruck, unrealistisch ist, belegt aber schon die alltägliche Erfahrung. Ein strategischer Kommunikationsbegriff, wie er in der Rhetorik fundamental ist, wäre daher besser geeignet, reale Führungssituationen adäquat zu verstehen.

Ad (2): Positionsorientierte Führungstheorien lassen sich in rollentheoretische und machttheoretische Führungstheorien gliedern. Die Rollentheorie [24] konzeptualisiert Führungsrollen als Ergebnis von Erwartungen, welche von verschiedenen anderen sozialen Positionen in der Organisation an die Führungsposition gestellt werden. Von diesen Erwartungen und davon, wie sie mit der eigenen Definition des Stelleninhabers sowie dessen persönlichkeitsbedingtem Erfüllungsprofil in Einklang stehen, hängt dann der Führungserfolg ab. Aus unterschiedlichen Rollenerwartungen können z.B. Rollenkonflikte erwachsen, die sich i.d.R. negativ auswirken. Es werden ferner formale und informale Führungsrollen unterschieden und genauer differenziert (z.B. Coach, Katalysator, Ratgeber, etc.). [25] Für das rhetorisch-kommunikative Kalkül der Führungskraft kann dies nur bedeuten, daß eine rollenkonforme Strategie zu wählen ist; der Zusammenhang zwischen Rolle und Kommunikationsstrategie wird aber von der Forschung bislang nicht thematisiert. Die Rhetorik kann hier – insbesondere mit der Performanztheorie – interessante Forschungsimpulse geben. Eine performanztheoretische Fundierung empirischer Studien könnte bspw. dazu beitragen, die genannten Rollenbegriffe genauer zu charakterisieren.

Der machttheoretische Aspekt hat in sämtlichen Führungstheorien zentrale Bedeutung, da Macht eine notwendige Voraussetzung von Führung darstellt. [26] Einen wichtigen Stellenwert nehmen die sog. Machtbasen ein (z.B. Expertentum, Amtsautorität, Belohnungs- und Bestrafungsmacht, etc.). Studien haben gezeigt, daß Führungspersonen weniger in den ihnen zur Verfügung stehenden Ressourcen (auch: Kompetenzen oder Verfügungsrechte [27]) differieren als vielmehr in ihrer Neigung, diese anzuwenden. [28] Zu beklagen ist die mangelnde methodische Fundierung, mit der die Machtbasen bislang erfaßt wurden. [29] Auch hier könnte die Rhetorik insofern Abhilfe schaffen, als sie es ohne weiteres gestattet, die rhetorischen Fähigkeiten des Managers als Machtbasen zu interpretieren. [30]

Ad (3): Interaktionsorientierte Führungstheorien konzentrieren sich auf den Austausch- und Einflußprozeß zwischen Vorgesetzten und Geführten. Anders als die Bezeichnung vermuten läßt, werden dabei aber kommunikationsspezifische Interaktionsaspekte zugunsten sanktionstheoretischer Überlegungen ausgeblendet, die im Zusammenhang mit Belohnung und Bestrafung stehen. Es wird also nicht die Interaktion an sich untersucht, sondern nur ihre Funktion. Die ausgetauschten Gegenstände (Informationen, Geldgüter), vor allem aber die Kosten des Austauschprozesses stehen im Vordergrund (z.B. Transaktionskostenansatz [31], Principal-Agent-Ansatz [32]).

Ad (4): Situationstheorien der Führung erheben im Zuge einer realitätsnäheren Erweiterung der bisher diskutierten Führungsmodelle die Abhängigkeit des Führungserfolgs von Situationsvariablen (z.B. Aufgabenstruktur, Positionsmacht des Vorgesetzten, Qualität der Führer-Mitarbeiter-Beziehungen) zur zentralen Hypothese. Der Manager muß, in praktischer Konsequenz, entweder sein Führungsverhalten der jeweiligen Situation anpassen, oder aber die Situation muß dem Verhalten des Managers angepaßt werden. FIEDLER (1967, 1976; sog. Kontingenzmodell) kommt über (umstrittene) empirische Untersuchungen zu dem Ergebnis, daß aufgabenorientierte Führungspersonen in Extremsituationen mit sehr starker oder sehr geringer Positionsmacht, sehr komplexer oder sehr einfacher Aufgabenstruktur sowie sehr guten oder sehr schlechten Mitarbeiterbeziehungen erfolgreich sind. Dagegen sind mitarbeiterorientierte Führer besonders erfolgreich in Normalsituationen mittlerer Ausprägung (Kriterium der Situationsgünstigkeit).[33] Bereits im Grenzbereich zur Organisationstheorie, ohne unmittelbare Bedeutung für die direkte Vorgesetzten-Mitarbeiter-Beziehung, stehen makrotheoretische situative Ansätze der Führung, systemtheoretische Konzepte der Selbstorganisation und Selbststeuerung[34] sowie evolutionstheoretische Ansätze[35], die allesamt die Leistungsfähigkeit eines idealen Führungsstils durch den situativen Kontext stark relativiert sehen.

Die wichtigsten Theorieleistungen der Führungsforschung liegen nach alldem in modellhaften Katalogisierungen von Führungsstilen und Führungstypen. Die Psychologie wird als bevorzugte Hilfsdisziplin v. a. zur Erklärung der Voraussetzungen und Funktionen von Führung herangezogen. Die praktischen Kalküle des Managements werden unter Ausblendung der strategischen Kommunikationsdimension auf die Einschätzung von Wahrnehmungen, Bedürfnissen, Motivationen, Frustrationen, etc. der Geführten verkürzt. Realitätsfremd wird dadurch suggeriert, daß kommunikativer Führungserfolg vorrangig ein Effekt störungsfreier Nachrichtenübertragung ist. Das Fazit muß aus rhetoriktheoretischer Sicht aber lauten, daß Führung vorrangig als Effekt strategisch-kommunikativer Handlungen (Persuasion) aufzufassen ist, und daß konkrete Führungsprozesse mit Erkenntnisgewinn nur falltypisch untersucht werden können. Auch WUNDERER (1993) fordert von einer künftigen Führungsforschung deshalb die «Betrachtung realer Arbeitssituationen, Intensivierung von Längsschnittstudien, verstärkten Einbezug qualitativer Forschungsmethoden» sowie die Übertragung der Grundlagenforschung an «relevante Nachbardisziplinen».[36]

Anmerkungen:
1 R. Wunderer: Führung, in: J. Hauschildt, O. Grün (Hg.): Ergebnisse empirischer betriebswirtschaftlicher Forschung. Zu einer Realtheorie der Unternehmung (1993) 633–672, hier 661. – 2 ebd. 635. – 3 zur Persuasion vgl. J. Knape: Zwangloser Zwang. Der Persuasionsprozeß als Grundlage sozialer Bindung, in: G. Ueding, Th. Vogel (Hg.): Von der Kunst der Rede und Beredsamkeit (1998) 54–69; ders.: Was ist Rhet.? (2000) 64–86. – 4 S. Kerr, C.S. Mathews: Führungstheorien – Theorie der Führungssubstitution, in: A. Kieser et al. (Hg.): Handwtb. der Führung (^{2}1995) 1021–1034; J. Weibler: Neue Technologien und die Substitution der Führung – Einige Implikationen für die Organisationsentwicklung, in: G. Fatzer (Hg.): Organisationsentwicklung für die Zukunft. Ein Hb. (^{2}1999) 97–123; vgl. außerdem bereits E. Gutenberg: Unternehmensführung. Organisation und Entscheidungen (1962). – 5 E. Scherm, St. Süß: Führung in virtuellen Organisationen. Eine Analyse diskutierter Instrumente und Substitute der Führung, in: Zs. für Personalforschung 1 (2000) 79–103, hier 101ff. – 6 zur Körperpräsenz vgl. Knape [3] (2000) 90–106, hier 94. – 7 H. Jung: Personalwirtschaft (1995) 402. – 8 Wunderer [1] 633–672. – 9 ebd. 641. – 10 R.J. House et al.: The Prediction of Managerial Success: A Competitive Test of the Person-Situation Debate, in: Best Papers Proceedings, Annual Meeting of the Academy of Management (1991) 215–219. – 11 zum Charisma-Begriff vgl. M. Weber: Wirtschaft und Ges. (1921, ^{5}1990); K.E. Becker: Der röm. Cäsar mit Christi Seele: M. Webers Charisma-Konzept. Eine systematisch-krit. Analyse unter Einbeziehung biogr. Fakten (1988); zur charismatischen Führung vgl. St. Breuer: Bürokratie und Charisma (1994); D. Blutner et al: Charismatische Momente und Trajekte – Das Projekt als Plattform charismatischer Führung, in: G. Schreyögg, J. Sydow (Hg.): Managementforschung 9 (1999) 199–238; J.A. Conger: The Charismatic Leader. Behind the Mystique of Exceptional Leadership (San Francisco/London 1989); J.A. Conger, R.N. Kanungo: Charismatic Leadership. The Elusive Factor in Organizational Effectiveness (San Francisco 1988); dies.: Charismatic Leadership in Organizations (1998). – 12 vgl. A. Kieser: Moden und Mythen des Organisierens, in: Die Betriebswirtschaft 1 (1996) 21–29. – 13 B.M. Bass, B.J. Avolio: Potential Biases in Leadership Measures. How Prototypes, Leniency and General Satisfaction Relate to Ratings and Rankings of Transformational and Transactional Leadership Constructs, in: Educational and Psychological Measurement (1989) 509–527; F.J. Yammarino, B.M. Bass: Transformational Leadership and Multiple Levels of Analysis, in: Human Relations, Bd. 43 (1990) 416–423; J.M. Howell, P. Frost: Laboratory Study of Charismatic Leadership, in: Organizational Behavior and Human Decision Processes (s. u. 1989) 243–269; R. Pillai, J.R. Meindl: The Effect of a Crisis on the Emerge of Charismatic Leadership. A Laboratory Study, in: Best Papers Proceedings [10] 235–239; vgl. auch R.J. House: Führungstheorien – Charismatische Führung, in: Kieser [4] 878–897. – 14 Überblick bei J. Steyrer: Charisma in Organisationen – Zum Stand der Theoriebildung und empirischen Forschung, in: Schreyögg, Sydow [11] 143–198; vgl. auch Blutner [11]; P. Eberl et al.: Rebellion in der Organisation – Überlegungen zu einer Führungstheorie des radikalen Wandels, in: Schreyögg, Sydow [11] 239–278; J. Weibler: Unternehmenssteuerung durch charismatische Führungspersönlichkeiten? Anm. zur gegenwärtigen Transformationsdebatte, in: Zs. für Organisation 1 (1997) 27–32. – 15 M. Macoby: Die neuen Chefs (1977), zit. nach Wunderer [1] 644; vgl. T.N. Osborn, D.B. Osborn: Leadership Profiles in Latin America: How Different Are Latin American Managers From Their Counterparts?, in: Issues and Observations 2 (1986) 7–10. – 16 R. Tannenbaum, W.H. Schmidt: How to Choose a Leadership Pattern, in: Harvard Business Review, Bd. 36 (1958) 95–101; vgl. W.H. Staehle: Management (^{8}1999) 337. – 17 V.H. Vroom, P.W. Yetton: Leadership and Decision-Making (Pittsburgh ^{2}1975). – 18 P. Hersey, K.H. Blanchard: Management of Organizational Behavior (Eaglewood Cliffs, N.J. ^{6}1993). – 19 R.R. Blake, J.S. Mouton: The Managerial Grid (Huston 1964), dt.: Verhaltenspsychol. im Betrieb (^{4}1992). – 20 W.I. Reddin: Managerial Effectiveness (New York 1970), dt.: Das 3D-Programm zur Leistungssteigerung des Managements (^{2}1981). – 21 V.H. Vroom, A.G. Jago: Flexible Führungsentscheidungen (1991). R.H.G. Field: A Critique of the Vroom-Yetton Contingency Model, in: Academy of Management Review (1979) 246–257; V.H. Vroom: A Test of the Vroom-Yetton Normative Model of Leadership, in: Journal of Applied Psychology, Bd. 66 (1982) 523–532; W. Böhnisch et al.: Zur interkulturellen Validität des Vroom-Yetton Modells, in: Die Betriebswirtschaft, Bd. 47 (1987) 85–93. – 22 O. Neuberger: Mikropolitik, in: L. v. Rosenstiel u.a. (Hg.): Führung von Mitarbeitern (^{3}1995) 35–42; vgl. ders.: Führen und geführt werden (^{5}1995); ders.: Mikropolitik. Der alltägliche Aufbau und Einsatz von Macht in Organisationen (1995). – 23 J. Habermas: Theorie des kommunikativen Handelns, 2 Bde. (^{3}1985). – 24 W.H. Staehle: Hb. Management: Die 24 Rollen der exzellenten Führungskraft (1991). – 25 R.F. Bales, P.E. Slater: Role Differenciation in Small Decision Making Groups, in: T. Parsons, R.F. Bales (Hg.): Family, Socialisation and Interaction Process (New York 1955) 259–306; B.M. Bass, R.M. Stogdill: Bass & Stogdill's Handbook of Leadership (New York/London ^{3}1990); L. Likert: Die integrierte Führungs- und Organisationsstruktur (1975); H. Mintzberg: The Structuring of Organizations (Eaglewood Cliffs, N. J. ^{2}1979); R.E. Quinn et al.: Becoming a Master Manager (Homewood, Ill. 1990). – 26 zum Machtaspekt vgl. Neuberger [22]. – 27 vgl. dazu A. Picot: Ökonomische Theorien und Führung, in: Kieser et al. (Hg.) [4] 1583–1595. – 28 B.M. Bass: From Transactional to Transformational Leadership. Learning to Share the Vision, in: Organizational Dynamics 4 (1990) 19–31. – 29 P.M. Podsakoff, C.A. Schriesheim: Field Studies of French and Raven's Bases of Power: Critique, Reanalysis, and Suggestions for Future Research, in: Psychological Bulletin (1985) 387–411. – 30 vgl. G.A. Yukl, C.M. Falbe: The Importance of Different Power Sources in Downward and Lateral Relations, in: Journal of Applied Psychology, Bd. 75 (1991) 416–423. – 31 vgl. dazu Picot [27]. – 32 zum Principal-Agent-Ansatz vgl. H. Laux: Grundfragen der Organisation (1979); ders., F. Liermann:

Grundlagen der Organisation (^{4}1997). – **33** F.E. Fiedler: A Theory of Leadership Effectiveness (New York 1967); ders. et al.: Improving Leadership Effectiveness: The Leader Match Concept (New York 1976), dt.: Der Weg zum Führungserfolg (1979). – **34** N. Luhmann: Funktionen und Folgen formaler Organisation (1964, ^{5}1999); F. Malik: Strategie des Managements komplexer Systeme. Ein Beitr. zur Management-Kybernetik sozialer Systeme (^{5}1996); ders.: Systemisches Management, Evolution, Selbstorganisation. Grundprobleme, Funktionsmechanismen und Lösungsansätze für komplexe Systeme (^{2}2000); H. Ulrich: Die Unternehmung als produktives soziales System (1968); ders. et al.: Grundlegung einer Allg. Theorie der Gestaltung, Lenkung und Entwicklung zweckorientierter sozialer Systeme (1984); H. Ulrich, G. Probst: Anleitung zum ganzheitlichen Denken und Handeln. Ein Brevier für Führungskräfte (^{4}1995). – **35** vgl. G. Probst, H. Naujoks: Führungstheorien – Evolutionstheorie der Führung, in: Kieser [4] 915–926. – **36** Wunderer [1] 662.

IV. *Der Manager als Orator.* Mit ‹Orator› ist im folgenden nicht etwa ein konkreter, empirischer Redner gemeint, sondern eine theoretische Größe. «Der Orator, den man auch den strategischen Kommunikator nennen könnte, ist der archimedische Punkt der Rhetoriktheorie. In ihrem Rahmen ist er als abstrakte Größe zu sehen, als theoretisches Konstrukt, das sich analytisch aus der Untersuchung verschiedener Diskurse gewinnen und unter verschiedenen Perspektiven betrachten läßt: als kognitives Kalkül, als soziale Handlungsrolle oder als Kommunikationsfaktor und textkonstruierende Instanz.» [1] Aus mehreren Gründen kann der Manager daher als Orator aufgefaßt werden. Erstens konzeptualisieren die vorgestellten Ansätze den Manager als planvoll agierenden *homo oeconomicus*, der handlungsmächtig das Geschehen in der Organisation steuert. Die Parallele ist deutlich: Auch der Orator übt auf der Grundlage eines rationalen Kalküls Einfluß auf seine Umwelt aus, und zwar indem er seine Zuhörer kommunikativ zu orientieren sucht.[2] Zweitens sind Führungssituationen per definitionem persuasive Situationen. Dies wird von der Führungsforschung bislang ignoriert. Zum Verständnis kommunikativ ausagierter Prozesse der Willensdurchsetzung – und als solche können Führungsprozesse charakterisiert werden – ist es aber unerläßlich, dem rein informationstheoretischen Kommunikationsbegriff der Managementtheorie einen strategischen Kommunikationsbegriff zur Seite zu stellen, wie er die rhetorische Theorie kennzeichnet. Das bedeutet u.a., daß die menschliche Sprache nicht nur in ihrer Informationsfunktion, sondern auch in ihrer Handlungsfunktion berücksichtigt wird. Es ermöglicht zugleich, Widerstandspotentiale, die in kommunikativen Zusammenhängen unvermeidlich sind, kommunikationstheoretisch zu fassen. Drittens verweisen neuere, konstruktivistisch motivierte Arbeiten aus dem Bereich der Organisationsforschung explizit auf rhetorische Aspekte des Managements, insbesondere bei der Initiierung von Veränderung: «Umfassende Reorganisationen werden in aller Regel nicht deshalb ausgelöst, weil bestimmte organisatorische Probleme konstatiert werden. Sie werden vielmehr in Angriff genommen, weil zentrale Akteure im Unternehmen überzeugt sind, daß, um die Wettbewerbsfähigkeit des Unternehmens aufrechtzuerhalten, eine grundlegend neue Strukturierung, die Realisierung eines neuen Organisationskonzepts, erforderlich ist. Die in Managementbestsellern, Managementzeitschriften, Seminaren, Kongressen unter Einsatz einer wirkungsvollen Rhetorik verkauften Organisationskonzepte werden von Unternehmen in Form von Visionen und Leitbildern aufgegriffen und an die jeweiligen Ausgangsbedingungen angepaßt [...]. Auf der Folie des neuen Organisationskonzepts bzw. Leitbilds werden dann bestimmte Probleme der bestehenden Organisationsstruktur sozial konstruiert, welche die Implementierung des neuen Konzepts rechtfertigen. Die Rhetorik, die sie selbst zur Übernahme des neuen Konzepts gebracht hat, kann dann von Promotoren aufgegriffen und im eigenen Unternehmen eingesetzt werden, um die subjektiven Theorien weiterer Akteure umzupolen, um Verbündete zu gewinnen.» [3] Immer wieder wird in diesem Diskussionszusammenhang auf die innovatorische, aber auch auf die systemstabilisierende Funktion von rhetorischen Figuren, insbesondere Metaphern, aber auch von organisationskulturspezifischen Ritualen, Symbolen, Zeremonien, Anekdoten und Geschichten verwiesen.[4] Diese organisationskulturellen Merkmale werden in der Forschung bislang als Materialisierungen psychischer Strukturen aufgefaßt und mit der traditionellen psychologischen Terminologie als ‹Scripts› und ‹Frames› bezeichnet. Die rhetorische Theorie kann hier mit dem Topik-Konzept weitergehende, zusätzliche Differenzierungen anbieten.[5] Was in der Literatur zur Organisationskultur oft – mehr verschleiernd als erhellend – als ‹Rituale›, ‹Mythen›, etc. aufgeführt wird[6], wäre unter dieser Perspektive genauer zu charakterisieren.

Versucht man, die analytischen Erkenntnisse der Organisationskulturforschung produktiv zu wenden, so gelangt man zu einem Oratorkalkül, welches die bisherige, ausschließlich psychologistische Grundorientierung übersteigt und die «sinngebende Funktion von Führung» [7] als Kommunikationsaufgabe begreift. Eine solche sinngebende Führung kann bspw. dann erfolgreich sein, wenn im Rahmen der in Anschlag zu bringenden Vertextungsstrategie die jeweilige Organisationstopik[8] kompetent berücksichtigt wird. Managementrhetorik wäre dann als Funktion der interpretativen und produktiven Fähigkeiten des Managers im Umgang mit organisationsspezifischen Symbolsystemen aufzufassen.

Anmerkungen:
1 J. Knape: Was ist Rhet.? (2000) 33. – **2** vgl. dazu ausführl. ebd. 33–45. – **3** A. Kieser, C. Hegele: Kommunikation im organisationalen Wandel (1998) 146f. – **4** ebd.; A. Kieser (Hg.): Organisationstheorien (^{3}1999) 308–315; vgl. K.E. Weick: Der Prozeß des Organisierens (^{2}1998), amerik.: The Social Psychology of Organizing (New York 1969); R.L. Daft, K.E. Weick: Toward a Model of Organizations as Interpretation Systems, in: Academy of Management Review 9 (1984) 284–295; A.-M. Theis: Organisationskommunikation (1994). – **5** vgl. den umfassenden Überblick in: Th. Schirren, G. Ueding (Hg.): Topik und Rhet. (2000). – **6** z.B. bei E. Rühli: Das Corporate-Culture-Konzept als Herausforderung für die Betriebswirtschaftslehre, in: R. Wunderer (Hg.): BWL als Management- und Führungslehre (^{3}1995) 337–352. – **7** G. Schreyögg, J. Sydow (Hg.): Managementforschung 9 (1999), Vorwort. – **8** A. Sieber: Topik in der Unternehmenskommunikation, in: Schirren, Ueding [5] 733–746.

V. *M. zwischen Organisationssystem und Organisationskultur.* Der Organisationsbegriff besitzt zwei Bedeutungsdimensionen. In seiner prozessualen Bedeutungsdimension (Tätigkeit des Organisierens) fällt er teilweise mit dem funktionalen Managementbegriff zusammen, denn Organisieren kann als eine typische Managementtätigkeit bezeichnet werden. In seiner institutionellen Bedeutungsdimension (strukturiertes soziales Gebilde) bezeichnet der Organisationsbegriff außerdem ein Objekt dieser Tätigkeit, nämlich ‹die Organisation›, die vom Manager planvoll gestaltet wird.

STACHOWIAK/SEIFFERT definieren Organisationen als «zweckorientierte und aufgabenspezialisierte gesellschaftliche Einheiten, die insgesamt die Kontinuität des institutionellen Ganzen einer Gesellschaft garantieren. Sie sind [...] an konkrete Trägergruppen gebunden, von deren Mitgliedern unter Verteilung von Rollenfunktionen, Kompetenzen, Befehlsgewalten usw. bestimmte Arbeitsabläufe erwartet werden. Meist interdependiert dieses 'formal' vorprogrammierte Funktionennetzwerk mit 'informalen', auf persönlichen Zu- und Abneigungen, Interessengemeinsamkeiten usw. der in der Organisation zusammengefaßten Individuen beruhenden Beziehungen.»[1] Diese Definition legt zahlreiche Perspektiven nahe, unter denen man den komplexen Gegenstand ‹Organisation› wissenschaftlich analysieren kann: den Zweck, die Aufgabenteilung oder die soziale Funktion der ‹Organisation›, ihre volkswirtschaftliche Rolle, die Mitgliederkompetenzen, das Mitgliederverhalten, die Mitgliederbeziehungen, etc. Die Organisationsforschung hat seit Beginn des 20. Jh. entsprechend viele – methodisch heterogene – Ansätze entwickelt. Diese sind teils sozial-, wirtschafts- oder verhaltenswissenschaftlich, teils naturwissenschaftlich und neuerdings auch geisteswissenschaftlich motiviert. In toto geht es dabei um die Frage, wie Organisationen strukturiert, d.h. geordnet sind, und welche Wechselwirkungen zwischen der Struktur einer Organisation und den Handlungen ihrer Mitglieder bestehen. U.a. wurden Organisationen bereits als idealtypische Herrschaftsform (Bürokratieansatz M. WEBERS), als Aufgabenerfüllungssystem (klass. Managementlehre und betriebliche Organisationslehre), als Interaktions- und Verhaltenssystem (Human-Relations-Bewegung, neuere motivationstheoretische Ansätze) oder als Entscheidungssystem (Spieltheorie) konzeptualisiert.[2] Die Organisation wird in diesen Ansätzen als äußerer Handlungsrahmen der in ihr agierenden Individuen aufgefaßt; ihre Struktur erscheint als ein Instrument, welches das Verhalten der Mitglieder determiniert, etwa mithilfe von Stellenbeschreibungen, Hierarchien, Verfahrensrichtlinien, etc. Neuere Arbeiten aus dem Bereich der Organisationskulturforschung lassen den Schluß zu, daß ein enger Zusammenhang zwischen Organisationsstrukturen und dem sprachlichen Verhalten der Mitglieder besteht.[3]

Die rhetoriktheoretische Zentralfrage, die sich hier auftut, lautet, wie der Manager-Orator unter diesem stark determinierenden Organisationsdruck seine oratorischen Ziele überhaupt handlungsmächtig durchsetzen kann. Es geht also um ein «Akteur- versus Strukturdilemma» im weitesten Sinne.[4] Die Vorstellung vom Manager als handlungsmächtigem Akteur wird jedenfalls durch moderne systemtheoretische Ansätze teils in Frage gestellt, teils relativiert.

Am radikalsten ist die Position der systemischen Selbstorganisationstheorie. Sie ist entstanden aus der Übertragung kybernetischer (regelungstechnischer) Vorstellungen auf soziale Gebilde, kombiniert mit dem evolutionsbiologischen Selbststeuerungsansatz. Bestimmte Grundannahmen beherrschen dieses Theoriemodell: Komplexität, Kontingenz – insbesondere Nichtlinearität, Nichtvorhersehbarkeit, Eigendynamik von Prozessen – Interdependenz aller Systemkomponenten und Auftreten spontaner Ordnung (Emergenz). All dies wird unter dem Schlüsselbegriff der Selbstherstellung (Autopoiese) von Systemen geführt. Handlungsmächtige Akteure werden in dieser ganzheitlichen Theorie anders verortet als in traditionellen Konzeptionen, die von einem Subjekt/Objekt-Modell der Wirklichkeit ausgehen. Der Manager hat hier nur die Funktion, zu reproduzieren, was das System verlangt, und es in Regeln für betriebliche Organisationsabläufe zu fassen.[5] Auch der handlungsmächtige Orator kann daher nicht systemkonstituierend bzw. -lenkend, sondern nur systemexekutierend in den Blick genommen werden.

Diese harte systemtheoretische Konzeption kollidiert mit der Alltagserfahrung, daß in Organisationen reale Manager eigenverantwortlich und zielorientiert agieren müssen, auch wenn sie von einer abstrakten Beobachterposition aus als willenlose Elemente überpersönlicher 'Prozesse' erscheinen mögen. Diese streng deterministische Sichtweise kann außerdem nicht schlüssig erklären, wie geglückte Neuerungen im Sinne willentlich herbeigeführter Systemzustände möglich sind, die in der Wirklichkeit doch immer wieder vorzukommen scheinen. Es ergibt sich deshalb zwangsläufig ein anderes Bild, wenn man den analytischen Schwerpunkt von der Ebene der systemreproduzierenden Verfahren auf die Ebene der handelnden Manager verlagert. Ihre Tätigkeit knüpft sich etwa an Begriffe wie Interpretation unübersichtlicher Datenlagen, Kreation und Innovation oder situative Intervention. Zu dieser andersgelagerten Perspektive liegen eine Reihe neuerer Theorieansätze vor, zum Beispiel die von T. PARSONS inspirierte Theorie der Strukturierung bei A. GIDDENS.[6] Giddens geht von einer gewissen Autonomie der Akteure in Organisationen aus. Kommunikation wird in seiner Theorie als eine Form von Handlung gesehen, die an die Existenz von Wahlmöglichkeiten geknüpft ist.[7] Grundlegend sind für Giddens die Alltagsroutinen in Organisationen, die aber immer wieder ganz bewußt kreativ überstiegen werden müssen. Die Rolle des Bewußtseins bei der Handlungssteuerung wird hoch bewertet und zur Grundlage strategischen Verhaltens erklärt. Kommunikationsprozesse werden als soziale Ereignisse verstanden, durch die Organisationen samt ihrer Struktur aufrechterhalten und in ständigen Prozessen der Strukturbildung weiterentwickelt werden.

Im politischen Organisationsmodell von CROZIER/FRIEDBERG wird die Autonomie der Akteure noch sehr viel stärker in den Mittelpunkt gerückt.[8] Organisationssysteme sind für Crozier/Friedberg Interaktionsräume, in denen ‹Spiele› stattfinden. Akteur und System sind «die zwei gegensätzlichen aber untrennbar miteinander verbundenen und sich gegenseitig bedingenden Pole des sozialen Lebens».[9] Bei allen Spielen der Akteure geht es um die Sicherung der eigenen Autonomie, der eigenen Freiheit.[10] Damit ist der systemischen Selbstbezüglichkeit eine aktoriale Selbstbezüglichkeit ganz bewußt entgegengestellt. Oratortheoretisch ist wichtig, daß es in den kommunikativen Spielen keine 'neutralen' Informationen gibt, sondern immer nur strategischen Symbolgebrauch.

In WEICKS Konzept des Organisierens wird der Aspekt der Gestaltung als Teil eines Erlebensprozesses innerhalb der Gruppe aller Organisationsmitglieder thematisiert.[11] In Form von Handeln oder Sprechen legt der Manager dem stets drohenden Chaos Ordnung auf. Die Gestaltung ist ein aktiver, vom Individuum ausgehender Prozeß. «Der Manager stapft buchstäblich in den Schwarm der Ereignisse und versucht aktiv, sie dem Zufall zu entreißen und ihnen Ordnung aufzuzwingen.»[12] Mit dieser Auffassung meldet auch Weick Zweifel an der Selbstorganisationsfähigkeit von Organisationssystemen an.

Auch konstruktivistische Ansätze der Organisationssoziologie versuchen, unter Beibehaltung der systemtheoretischen Terminologie, das Aktordilemma zu überwinden. Unter konstruktivistischer Perspektive gehen Strukturprägungsvorgänge jeglicher Art nicht mehr allein vom System, sondern in wesentlicher Hinsicht von den Akteuren aus. Die Begriffe Gestaltung, Prognose, Entscheidung, Steuerung und Strukturierung, vor allem aber Kommunikation, bekommen hier ein ganz anderes Gewicht. Im Anschluß an Parsons (1951) und LUHMANN (1984) werden Organisationen als offene soziotechnische Systeme interpretiert, die sich in mehrere, operational geschlossene Subsysteme aufgliedern lassen.[13] Konstruktivistisch gesehen ist die Organisation ein Produkt der sozialen Konstruktion von Wirklichkeit im Bewußtsein der Organisationsmitglieder.[14]

Diese Überlegungen hat die Organisationskulturtheorie weiterentwickelt.[15] Sie geht davon aus, daß derartige Bewußtseinskonstruktionen besonders gut auf der Basis von Interpretationen organisationsinterner Symbolsysteme gelingen, wobei die Organisationssymbole selbst als zeichenhafte Materialisierungen einer Art kollektiver kognitiver Infrastruktur der Organisationsmitglieder verstanden werden. Die psychischen Organisationskonstrukte können m.a.W. als Elemente einer systemhaften, wissensbasierten Organisationskultur aufgefaßt werden, die sich wiederum in Form von Zeichen und Symbolen materialisiert.[16] Mit dieser Konzeption ist – vor allem in den USA – eine ausgeprägt instrumentalistisch orientierte Fachliteratur verbunden.[17] Wie immer man diese Instrumentalisierung von kulturellen Faktoren zur Organisationssteuerung im einzelnen bewerten mag, bleibt festzuhalten, daß die Organisationskulturtheorie mit dem Manager als handlungsmächtigem Kommunikator rechnet und dabei auch der Frage nachgeht, welche vorgegebenen Systembedingungen er ins Spiel bringen muß, um erfolgreich steuern zu können. Die Betonung der symbolischen Interaktion hat zur Konsequenz, daß die Organisation als kulturelles System begriffen wird, dessen Struktur anhand symbolischer, insbesondere sprachlicher Phänomene beschreibbar ist. Die Struktur des Systems wird dabei nicht als objektiv gegeben aufgefaßt, sondern als dynamische Funktion einer permanenten sozial-interaktiven Wirklichkeitskonstruktion. Rhetoriktheoretisch entscheidend ist die Tatsache, daß sich organisatorische Änderungsprozesse mittels Symbolverwendung gezielt steuern lassen. Inwiefern dabei auf einen möglicherweise in der Organisation vorliegenden Bedeutungskonsens rekurriert werden kann, ist ein kontrovers diskutiertes Problem der Organisationskulturtheorie.

Was das Symbolrepertoire betrifft, kann es sich im einzelnen um Metaphern, Geschichten, Anekdoten, Erfolgsstories, Ursprungs- und Aufstiegslegenden, aber auch nur innovativ eingeführte Leitbilder und Visionen etc. handeln. In Betracht kommen also sehr unterschiedliche organisationskulturelle Phänomene im weitesten Sinne. Sie stellen dem Manager ein semiotisches Repertoire zur Verfügung, das er zur Inszenierung und Strukturierung strategischer Kommunikation einsetzen kann. Bislang vorliegende Arbeiten, die sich mit organisationalen Symbolbeständen befassen[18], beschränken sich zwar analytisch auf semantische Aspekte, geben aber Grund zu der Annahme, daß derartige Repertoires durchaus topisch, und das heißt: rhetorisch strukturiert sind. Der Manager kann dieses Inventar daher benutzen, um z.B. an das internalisierte Wertsystem der Organisationsmitglieder zu appellieren. Besonders bei der Initiierung von organisationalem Wandel können solche Symbolrepertoires zu einem zentralen Kommunikationsmittel werden.[19] Damit ist das rhetorische Grundprinzip der Metabolie, der Wechselerzeugung, angesprochen. [20] Für den strategisch handelnden Manager/Orator tut sich an dieser Stelle das Tor zur Welt der Persuasion insofern auf, als er kommunikativ jederzeit instruktive Gegenkräfte ins systemische Spiel bringen kann.

Anmerkungen:
1 H. Stachowiak, H. Seiffert: Organisation, in: H. Seiffert, G. Radnitzky: Handlex. zur Wissenschaftstheorie (^{2}1994) 240–242, hier 241. – 2 Überblicke bei A. Kieser, H. Kubicek: Organisation (^{3}1992); M. Schulte-Zurhausen: Organisation (^{2}1999); W. Staehle: Management. Eine verhaltenswiss. Perspektive (^{8}1999) 414–599. – 3 Überblick bei A.-M. Theis: Organisationskommunikation (1994) 157ff. – 4 G. Schienstock: Führungsforschung und Organisationssoziol., in: A. Kieser et al. (Hg.): Handwtb. der Führung (^{2}1995) 698–706, hier 699. – 5 A.-M. Theis: Organisationskommunikation (1994) 211. – 6 A. Giddens: Die Konstitution der Ges. Grundzüge einer Theorie der Strukturierung (^{3}1997), engl.: The Constitution of Society (Cambridge 1984); vgl. P. Walgenbach: Giddens' Theorie der Strukturierung, in: A. Kieser (Hg.): Organisationstheorien (^{3}1999) 355–375; ders.: Die Theorie der Strukturierung, in: Die Betriebswirtschaft 55 (1995) 761–782. – 7 vgl. Theis [5] 176. – 8 M. Crozier, E. Friedberg: L'Acteur et le Système (Chicago 1977), dt. unter dem den Akzent (Akteur) verschleiernden Titel: Macht und Organisation. Die Zwänge kollektiven Handelns (^{1}1979, ^{2}1993). – 9 Theis [5] 185. – 10 vgl. ebd. 185–192, hier besonders 187. – 11 K.E. Weick: Der Prozeß des Organisierens (1985, ^{2}1998), amerik.: The Social Psychology of Organizing (New York 1969). – 12 ebd. (dt. Ausgabe von 1985) 213, zit. nach Theis [5] 170. – 13 T. Parsons: The Social System (Glencoe, Ill. 1951, ^{2}1991); N. Luhmann: Soziol. Aufklärung (3 Bde., 1971–1981); ders.: Soziale Systeme. Grundriß einer allg. Theorie (1984); vgl. A. Etzioni (Hg.): A Sociological Reader on Complex Organizations (Eaglewood Cliffs, N.J. 1961), dt.: Soziol. der Organisationen (^{5}1978). – 14 zum Konstruktivismus ausführlich Kieser [6] 287–318 und die dort angegebene, weiterführende Lit. – 15 Y. Allaire, M.E. Firsirotu: Theory of Organizational Culture, in: Organization Studies 5 (1984) 195–226; T.E. Deal, A.A. Kennedy: Corporate Cultures (Reading, Mass. 1982); T. Peters, R.H. Waterman: In Search of Excellence (New York 1982), dt.: Auf der Suche nach Spitzenleistungen. Was man von den bestgeführten US-Unternehmen lernen kann (^{7}1998); G. Hofstede: Culture's Consequences. International Differences in Work Related Values (Beverly Hills, Cal. 1984); L. Smircich: Concepts of Culture and Organizational Analysis, in: Administrative Science Quarterly 28 (1983) 339–358; M.E. Pacanowsky, N. O'Donnell-Trujillo: Communication and Organizational Cultures, in: The Western Journal of Speech Communication 46 (1982) 115–130; krit. K. Türk: Neuere Entwicklungen in der Organisationsforschung (1989); zu Methodenfragen N.C. Morey, F. Luthans: An Emic Perspective and Ethnoscience Methods for Organizational Research, in: Academy of Management Review 9 (1984) 27–36. – 16 E.M. Eisenberg, P. Riley: Organizational Symbols and Sensemaking, in: G.M. Goldhaber, G.A. Barnett (Hg.): Handbook of Organizational Communication (Norwood, N.J. 1988) 131–150; T. Peters: Symbols, Patterns, and Settings: An Optimistic Care for Getting Things Done, in: Organizational Dynamics 9 (1978) 3–23; L. Smircich: Organizations as Shared Meanings, in: L.R. Pondy et al. (Hg.): Organizational Symbolism (Greenwich, C.T. 1983) 55–68. – 17 N. Trujillo: Organizational Communication as Cultural Performance, in: Southern Speech Communication Journal 50 (1985) 210–244; E.C. Stewart: Culture and Decision Making, in: W.B. Gudykunst et al. (Hg.): Communication, Culture, and Organizational Processes (Reading, Mass. 1985) 177–211; V. Sathe: Implications of Corporate Culture. A Manager's Guide to Action, in: Organizational Dynamics 14 (1983) 5–23. – 18 zusammenfassend Theis [5] 216–264. – 19 Kieser [6] 306ff; A. Kieser, C. Hegele: Kommunikation im organisatorischen Wandel (1998). – 20 J. Knape: Was ist Rhet.? (2000) 13.

VI. *Medialrhetorik.* In der Forschung ist man sich grundsätzlich darüber einig, daß es faktisch eine Medienhierarchie im Management gibt, die die primärmediale Kommunikation[1] an die Spitze stellt. Darüber hinaus hat jeder Manager ein differenziertes Set von medialen Instrumenten für die Entfaltung seiner kommunikativen Wirksamkeit zur Verfügung. Der Einsatz dieser Instrumente ist aber aus rhetoriktheoretischer Sicht nicht unproblematisch. Die hohe Eigendynamik der Medien, die M. McLuhan in dem bekannten Medientheorem ‹The medium is the message› zugespitzt formulierte, verweist zugleich auf deren rhetorisches Widerstandspotential. Man kann sagen, daß jedes Medium eine andere Form des Denkens bedingt und eine neue Komponente der Organisationskultur[2] schafft. Diese Eigengesetzlichkeiten der Medien muß ein kompetent kommunizierender Manager stets berücksichtigen. Anders gesagt: Der Manager muß im Sinne eines Medienkalküls genau prüfen, welche medialen Mittel für seine oratorischen Zwecke jeweils in Frage kommen. Die Wahl des Mediums muß immer Bestandteil seiner kommunikativen Handlungsplanung sein.[3]

Der Manager kann in der Praxis davon ausgehen, daß seine Kommunikationspartner ebenfalls spezifisch medienadäquat kommunizieren. Aus der Ablenkung vom rein problemadäquaten Kommunizieren, die jedes Medium bedingt, ergibt sich die Bedeutung des Medienkalküls für die Effektivität und Effizienz der Managementhandlung: Medien sind zu wählen nach der Art der kommunikativen Situation und der zu kommunizierenden Information. Wer das Medienkalkül rational anlegt, kann es als situatives Steuerungsmittel einsetzen. So kann die Wahl spezieller Medialformen zum Herrschaftsinstrument werden (z.B. Entzug des persönlichen Gesprächs als medialer Ausdruck der Herabstufung des Gesprächspartners oder Ausweichen auf schriftliche Kommunikation, um Konfrontation zu vermeiden).

1. *Primärmediale Kommunikation (Vorrang des korporalen Prinzips).* Alle Formen von face-to-face-Interaktion und mündlicher Kommunikation gelten im Managementbereich als besonders effizient.[4] Persönliche Kommunikationen und Konferenzen eignen sich besonders für den Austausch von vertraulichen und persönlichen Informationen. Damit korreliert die Feststellung: Je höher der Manager in der Hierarchiestufe steht, desto höher ist der Anteil an primärmedialer Kommunikation. In größeren Unternehmen ist der Zeitanteil, der auf mündliche Kommunikation entfällt, wesentlich höher als in Klein- und Mittelbetrieben. Dort dominiert zudem das Einzelgespräch, in Großbetrieben beanspruchen die Gruppengespräche mehr Zeit.[5]

In neueren Studien wird der Zeitanteil mündlicher Kommunikation von Managern mit bis zu 80 Prozent angegeben.[6] Dies hängt mit den speziellen Manageraufgaben zusammen.[7] Sie bestehen im Umgang mit soft facts, d.h. qualitativen Indizien, die zur Bewältigung komplexer Problemstellungen mit häufig wechselnder und mehrdeutiger Informationsstruktur herangezogen werden müssen.[8] Bei 63% der komplexen Aufgaben dominiert face-to-face-Kommunikation, bei vier Prozent Videokommunikation und bei 19% Telefonkommunikation.[9] Grundsätzlich gilt, daß die Kommunikation durch technische Medien letztlich nur stützende Funktion hat und keinesfalls die intensive persönliche Kommunikation ersetzen kann.[10]

Bei der primärmedialen Kommunikation konzentrieren sich die Untersuchungen insbesondere auf Gesprächstypen.[11] Man kann eine Bandbreite primärmedialer Kommunikationsinstrumente unterscheiden, die in Führungssituationen regelmäßig eingesetzt werden. Wahren (1987) unterscheidet nach Inhalt, Anlaß, Ziel, Formalisierungsgrad und Grad der Dialogizität[12] zwischen ‹personalen›, ‹non-personalen› und ‹sozialen› Gesprächstypen. Er führt das Sachgespräch, das Innovationsgespräch und die Verhandlung als häufigste 'non-personale', d.h. sachorientierte Gesprächstypen auf.[13] Zugleich macht er Vorschläge, wie mit Störungen bei solchen Gesprächen umzugehen ist.[14] Keller hebt in einer gesprächsanalytischen Arbeit insbesondere den Zielvereinbarungsdialog als Mittel zur Steigerung der Leistungseffizienz hervor.[15] In neueren Arbeiten wird in Zusammenhang mit der Führungsmethode 'Coaching' das Instruktionsgespräch herausgestellt, welches Vorgesetzte im Rahmen der Mitarbeiterführung einsetzen können, um Motivation, Teamarbeit und Leistung zu verbessern, sowie Einstellungen zu ändern.[16] Diese Sicht wird durch empirische Befunde gestützt, welche die organisatorische Effektivität solcher Kommunikationsmittel nachweisen.[17]

2. *Sekundär- und tertiärmediale Kommunikation.* Unter rhetoriktheoretischer Perspektive müssen Informationalität und Botschaftlichkeit deutlich unterschieden werden. Der Einsatz von elektronischen Medien und Printmedien ist im Bereich des reinen Datentransfers unproblematisch. Sobald neben der reinen Informationalität aber die Botschaftsseite der Kommunikation forciert wird, d.h. rhetorische Anliegen kommuniziert werden sollen, muß das spezifische Widerstandspotential dieser Art Medien bedacht werden.

Manager scheinen in dieser Hinsicht sensibel zu sein, denn Untersuchungen haben gezeigt, daß sie zumeist nur als Adressaten technisch übermittelter Daten in Betracht kommen, selbst aber sehr viel seltener sekundär- und tertiärmedial kommunizieren. Außerdem delegieren sie diese Formen der Kommunikation lieber an Mitarbeiter. Der Hintergrund ist, daß die technischen Medialsysteme viele denkbare Nuancen der korporal-mündlichen Kommunikation eliminieren. «Angesichts der strategischen Bedeutung des Informationsaustauschgeschäfts wäre beispielsweise zu prüfen, inwiefern die Machtquelle ‹Information› durch computergestützte Informationssysteme tangiert wird, etwa dergestalt, daß die allgemeine Informationsbasis verbreitert wird und viele Informationen nun 'kostenlos' verteilt werden. Folgt man der Argumentation von Crozier/Friedberg (1979), würden sich durch derartige Maßnahmen wiederum neue Ressourcen eröffnen, die in die Verhandlung von Machtbeziehungen eingebracht werden. Zumindest im Anfangsstadium der Einführung könnten sich bestimmte (Computer-)Systemkenntnisse als eine solche Ressource erweisen, andere Machtquellen sind etwa durch Zugangsregelungen, Festlegungen des Inputs in diese Systeme und Verwendung unterschiedlicher Kommunikationsformen denkbar.»[18] Doch diese Art Medien stellt selbstverständlich dann eine positive Kommunikationsmöglichkeit dar, wenn große Distanz überbrückt und virtuelle Nähe nur auf diese Weise hergestellt werden kann. Führungskräfte schätzen dann die schnelle, direkte und vertrauliche Zugänglichkeit auch ohne den Umweg über Kommunikationskaskaden und Hierarchiestufen.

In Zukunft werden Videokonferenz und Enterprise-TV als moderne Grundtypen der Sekundärkommunikation an Bedeutung gewinnen. Hier können Besprechungen und klassische monologische Redesituationen simuliert werden. Der Vorteil liegt in der relativ hohen, wenn auch simulierten Präsenz der Managerperson, die bei der Präsenzverfremdung durch Printmedien nicht vergleichbar gegeben wäre.

Anmerkungen:
1 zur Begrifflichkeit siehe J. Knape: Was ist Rhet.? (2000) 90–106. – **2** J. Höflich: Normative und semiotische Aspekte technisch vermittelter Kommunikation, in: Communications 17 (1991) 73–88. – **3** ebd. – **4** U. A. Wever: Unternehmenskommunikation in der Praxis, in: E. Bartsch (Hg.): Sprechen, Führen, Kooperieren in Betrieb und Verwaltung (1994) 47–59. – **5** vgl. H.K. Wahren: Zwischenmenschliche Kommunikation und Interaktion in Unternehmen. Grundlagen, Probleme und Ansätze zur Lösung (1987) 51; M. Evers: Strategische Führung mittelständischer Unternehmensnetzwerke (1998). – **6** vgl. R. Goecke: Kommunikation von Führungskräften. Fallstud. zur Medienanwendung im oberen Management (1997) 29 und die dort angegebene Lit. – **7** ebd. 230. – **8** E. Frese: Grundlagen der Organisation (^{5}1993) 234f. – **9** Goecke [6] 230. – **10** ebd. 283. – **11** G. Brünner: Wirtschaftskommunikation: linguistische Analyse ihrer mündlichen Formen (2000). – **12** zur Dialogizität i. d. Führung vgl. die Fallstudie von S. Hoos: Wie sagt man es den Flugbegleitern? Dialogizität als Form einer neuen Mündlichkeit in der Internen Kommunikation (erscheint 2001). – **13** Wahren [5] 68ff. – **14** ebd. 197ff. – **15** P. Keller: Der innerbetriebliche Zielvereinbarungsdialog als ergebnisorientiertes Führungsinstrument. Eine linguistische Analyse (1997). – **16** W. Looss: Coaching für Manager. Problembewältigung unter vier Augen. (^{3}1991) 37; krit.: R.K. Sprenger: Mythos Motivation. Wege aus der Sackgasse (^{9}1995); ders.: Coaching, in: Zs. für Personalforschung 2 (1995) 90. – **17** Goecke [6] 41. – **18** A.-M. Theis: Organisationskommunikation (1994) 189f.; vgl. M. Crozier, R. Friedberg: L'Acteur et le Système (Chicago 1977), dt.: Macht und Organisation. Die Zwänge kollektiven Handelns (^{2}1993).

VII. *Performanz.* Einen besondereren Stellenwert in jeder Art Führungsrhetorik nimmt die oratorische Performanz ein. Der Begriff ‹Performanz› stellt die Aufführungsseite kommunikativer Akte heraus. Aufführungen haben zwei Aspekte: erstens den Aufführungsgegenstand und zweitens die Inszenierung dieses Gegenstandes. In Bezug auf den Gegenstand ist für die M. wichtig, daß die Führungsperson selbst und nicht nur der von ihr kommunizierte Text, der eine Sache zur Sprache bringt, inszeniert wird. Die Performanz unterstützt einerseits das institutionelle Machtkalkül des Managers, das darin besteht, die eigene Person rhetorisch im Personalverband der Organisation zu positionieren. Andererseits hat die Performanz die rhetorische Wirksamkeit der kommunizierten Sache im Lenkungsprozeß zu stützen. Was die Inszenierung selbst betrifft, so ist diese nicht auf derselben theoretischen Ebene anzusiedeln wie die Fragen der Medialisierung oder Vertextung. Bei ihr geht es um den Aufbau eines sekundären Zeichenkomplexes, der andere Zeichenkomplexe interpretieren hilft, indem er ein bestimmtes Konnotierungssystem (Markierungen, Färbungen) aufbaut. Dieser Aufbau wird durch ein genaues Symbolkalkül erreicht, das eine Komponentenmischung von Textualität (Zeichen), Verhalten (Handlung) und Medialität (Zeichenträger) ins Spiel bringt. Diesen drei allgemeinen Performanzkomponenten entsprechen im managementrhetorischen Zusammenhang die drei Elemente Organisationssymbolik (als textuelle Komponente), rollengemäßes Managerverhalten (als Handlungskomponente) und Körperinszenierung (als mediale Komponente).

Auf der textuellen Ebene hat der Manager die Wahl zwischen verbalen und nonverbalen Zeichen, die er für sein Inszenierungskalkül instrumentalisieren kann. Nonverbale Symbole mit bestimmten Konnotationspotentialen können z.B. sein: Logos, Stempel oder Fotos von Führerpersönlichkeiten (Autoritätskonnotation); Pflanzen und Kunstwerke (Empathiekonnotation); Trophäen, Namensschilder, Badges und Plaketten (Anerkennungs- und Belohnungskonnotation). Ferner können Artefakte wie repräsentative Möbel oder Kleidungsstücke inszenatorisch relevant sein. Wichtig ist, daß aus performanztheoretischer Sicht alle Symbole immer als Elemente eines Inszenierungsspiels zu begreifen sind. Im Anschluß an die Organisationskulturdebatte lassen sich weitere Überlegungen zum Aufbau solcher performativer Symbolkomplexe anstellen. Wenn es um das Ziel des Tuning oder der Adjustierung, d.h. der gezielten Harmonisierung aller Kommunikationsteilnehmer geht, scheinen Selektionen aus dem organisationsspezifischen Zeichenrepertoire, dem insgesamt ein hoher Wiedererkennungswert beigemessen wird, besonders geeignet zu sein. So kann eine schlüssige Einordnung von kommunikativen Handlungen in ein übergreifendes Bezugssystem erreicht werden, welches auch in ungewöhnlichen Kommunikationssituationen noch ein Verstehen ermöglicht. Nach NEUBERGER (1990) besteht eine so verstandene ‹symbolische Führung› vor allem in ‹Sinnvermittlung›. [1] Es kann aber auch das gegensätzliche Ziel einer bewußten Differenzmarkierung angestrebt sein, z.B. als Ausdruck von Machtpositionierung oder von produktiver Konfliktualisierung in erstarrten Strukturen. Dann kommt u.a. auch der Einsatz organisationsfremder und möglicherweise widerstandserzeugender Ausdrucksformen in Frage. Die Erfahrung zeigt, daß harmonistische Kalküle in Organisationen oft zu einem letztlich kontraproduktiven Symboldogmatismus führen, der auf lange Sicht mehr Gefahren als Vorteile für die kreative Entwicklung einer Organisation mit sich bringt. Entscheidend ist daher, daß das Zeichenrepertoire situationsadäquat gebraucht wird, je nachdem, welche Inszenierungsabsicht der Manager verfolgt.

Die Handlungskomponente der Performanz wird im managementrhetorischen Zusammenhang durch das Managerverhalten repräsentiert. BARNETT (1988) definiert es als Zusammenspiel von aufgaben- und beziehungsorientiertem Verhalten. [2] Analog zu Werten und anderen kulturellen Errungenschaften einer Organisation handelt es sich auch bei diesen internalisierten Verhaltensroutinen um kollektives Wissen. Zur Verhaltenskategorie gehören ferner Organisationsrituale und Zeremonien wie Passageriten (z.B. Versetzung, Beförderung, Abwahl), Riten der Verstärkung, der Erneuerung und der Konfliktlösung. [3] Die kalkulierte Inszenierung solcher Rituale kann z.B. das Zugehörigkeitsgefühl einzelner Organisationsmitglieder verstärken und dadurch die Internalisierung eines bestimmten Wertesystems oder auch eines Verhaltenskodexes unterstützen. KLEIN (1992) bemerkt dazu allerdings kritisch: «Wer im gehobenen Business mitmischen will, muss dessen Verhaltensnormen im Schlaf beherrschen. [...] Die verstärkte Reglementierung von Auftreten und Erscheinungsbild [...] ist Element des Mental and Behavioral Programming, dem Unternehmen ihre Repräsentanten unterwerfen, um einen durchgestylten, knitterfreien Marktauftritt zu schaffen. Auf der Ebene des Individuums führt das [...] zu einer Perversion dessen, was man persönliche Identität nennt.» [4]

Zur medialen Performanzkomponente ist schließlich alles zu rechnen, was mit der korporalen Selbstinszenierung des Managers zu tun hat. Das Feld für diese korporale Selbstinszenierung ist die primärmediale Kommunikationssituation. [5] Der rhetorische Persuasionserfolg «hängt [...] in großem Maße davon ab, wie sich der Kommunikator inszenieren kann. Wesentlich ist, was er in der primären Kommunikationssituation an leibhaftiger Präsenz, an Persönlichkeits- und Verhaltenswerten [...] selbst zu vermitteln vermag. Darum ist die periphere Performanz so bedeutsam (Körperverfassung, Stimmführung, Gestus, Selbstdarstellungs- und Interaktionskompetenz, der ganze Habitus).» [6] Bei der Inszenierung der primärmedialen Präsenz des Managers gewinnt die Korporalität eine kommunikative und vor allem strategische Funktion. Körperausdruck, Körpersprache und Positionierung im Raum (Proxemik) spielen dabei eine zentrale Rolle. «So zeigte sich etwa, daß bloße Sprechlautstärke zwar Aufmerksamkeit erregen kann, aber weniger zur oratorischen Glaubwürdigkeit beiträgt als andere korporale Merkmale. Erst die Kombination stimmlicher Qualitäten bekommt persuasive Relevanz. Mit der Körpersprache signalisiertes Dominanzverhalten führt zu positiven Attribuierungen wie Kompetenz, Beherrschung, Persönlichkeit und Geselligkeit.» [7] Parasprachliche Ausdrucksformen (Mimik, Gestik) werden dabei nicht routinemäßig, sondern strategisch, d.h. in Abstimmung mit der Situation und dem Kalkül eingesetzt. [8] Im rhetorischen Fall ist – in Anlehnung an das oben zitierte Theorem von McLuhan – davon auszugehen, daß der Manager die Botschaft ist und deshalb die Inszenierung der Korporalität auf Anschlußfähigkeit ausrichtet. Die Situationspräsenz des Managers bedingt neben der Selbstinszenierung die strategische Positionierung im Raum. «Jeder face-to-Face-Kontakt muß in einem räumlichen Abstand stattfinden, den beide Kommunikationsteilnehmer für angemessen halten. Goffman spricht von den 'Territorien des Selbst', zu denen z.B. der unmittelbar um den Körper befindliche 'persönliche Raum' gehört, in den andere nur unter besonderen Bedingungen eindringen dürfen. Der Raum der Zwischendistanz ist bei entsprechender persönlicher Macht gestaltbar, z.B. wenn der Untergebene hinter dem Vorgesetzten zu gehen hat.» [9]

Im Zusammenhang der korporalen Inszenierung kann auch auf die Dramatismus-Theorie von K. Burke verwiesen werden, die zwischen Handlung und ‹sheer motion› unterscheidet. [10] Goffman (1959) [11] und Edelman (1971) [12] führen die Dramatismus-Theorie in den organisationstheoretischen Forschungskontext ein, indem sie dramaturgische Konzepte wie Szene, Rolle und Schauspieler in ihren Forschungsarbeiten verwenden. Unter den verschiedenen Ansätzen der Dramatismus-Theorie sind hervorzuheben: Goffmans genannte Feldstudie zu den rituellen Elementen in der menschlichen Interaktion [13], Bormans (1983) Untersuchungen zur symbolischen Konvergenz [14], Thompsons (1967) Beschreibung von superioren und untergeordneten Dramaturgien in der Organisation [15] sowie Tompkins' an Burke orientierte Analyse organisatorischer Charakteristika. [16]

Unter performanz- und dramatismustheoretischem Blickwinkel erscheint der Manager als Regisseur im Reich der Zeichen, der im Kommunikationsraum des Unternehmens die strategische Funktion sowohl des Informators als auch des im Handeln zeichengebenden Verhaltensstilisten (Performers) ausübt. Sein Ziel ist die Gestaltung des kommunikativen Settings in der Weise, «daß die anderen im voraus ermitteln, was von ihnen erwartet wird und was sie von ihm erwarten können.» [17] So hoffen viele Vertreter dieser Richtung, im Unternehmen u.a. eine auf Schlüsselsymbolen gegründete Erwartungs- und Verhaltensgrammatik entwickeln zu können. Der Akteur kann hier auf der situativen Handlungsebene mit «impression management» [18] arbeiten. Er unterzieht dabei die vorhandenen Zeichenkomplexe einer Neuinszenierung im Hinblick auf seine Selbstinszenierung. Dabei kann auch ein strategischer Symbolgebrauch entstehen, der im Sinne einer Deviationsrhetorik Selbstinszenierung als «kreatives Abweichen von Erwartungen» praktiziert. [19]

Anmerkungen:
1 O. Neuberger: Führung (ist) symbolisiert. Plädoyer für eine sinnvolle Führungsforschung, in: G. Wiendieck, G. Wiswede (Hg.): Führung im Wandel. Neue Perspektiven für die Führungsforschung (1990) 89–130, hier 91. – 2 G.A. Barnett: Communication and Organizational Culture, in: G.M. Goldhaber, G.A. Barnett (Hg.): Handbook of Organizational Communication (Norwood, N.J. 1988) 101–130, hier 108. – 3 vgl. J.R. Gusfield, J. Michalowicz: Secular Symbolism: Studies of Ritual, Ceremony, and Symbolic Order in Modern Life, in: Annual Review of Sociology 10 (1984) 417–435; H.M. Trice, J.M. Berger: Studying Organizational Cultures through Rites and Ceremonials, in: Academy of Management Review 9 (1984) 653–669. – 4 J. Klein: Kultur von Scham und Peinlichkeit. O. Neubergers sozialpsychologische Deutung der neuzeitlichen Knigge-Kurse, in: Management und Seminar 12 (1992), hier 15. – 5 J. Knape: Was ist Rhet.? (2000) 90–106. – 6 ebd. 99. – 7 ebd. 96. – 8 A. Hahne: Kommunikation in der Organisation. Grundlagen und krit. Überblick (1997) 346. – 9 ebd. 347. – 10 K. Burke: Permanence and Change: Anatomy of Purpose (Berkeley ³1984); vgl. E. Eisenberg, P. Riley: Organizational Symbols and Sense-Making, in Goldhaber, Barnett [2] 131–150, hier: 133. – 11 E. Goffman: The Presentation of Self in Everyday Life (New York 1959), dt.: Wir spielen alle Theater. Die Selbstdarstellung im Alltag (⁷1991). – 12 M. Edelman: Politics as Symbolic Action (Chicago 1971). – 13 vgl. Goffman [11]. – 14 E. Borman: Symbolic Convergence. Organizational Communication and Culture, in: L. Putnam, M. Pacanowsky (Hg.): Communication and Organizations (Beverly Hills 1983) 99–122. – 15 J.D. Thompson: Organizations in Action (New York ²1991). – 16 P.K. Tompkins et al.: K. Burke and the Inherent Characteristics of Formal Organizations, in: Speech Monographs 42 (1975) 135–142. – 17 H. Willems: Inszenierungsges. (1998) 27. – 18 ebd. 28. – 19 J. Pätzmann: Unternehmensinszenierung. Kreatives Abweichen von Erwartungen als Selbstinszenierungstechnik integrierter Unternehmenskommunikation (1993) 212.

VIII. *Sprache.* Zu den prominenten Steuerungsmitteln des Managers gehört alles, was mit Sprache zu tun hat. Nach Barnett (1988) ist Sprache der wichtigste Aspekt in der Kultur einer Organisation. [1] Das hängt damit zusammen, daß die Sprache das zentrale kommunikative Mittel für den Interessenausgleich und zur ‹Akzeptanzproduktion› für Managemententscheidungen ist. [2] Unter ‹Sprache› werden im folgenden alle im Organisationsrahmen auftretenden linguistischen Phänomene verstanden, die sich auf den Ebenen von Wortschatz, Syntax und Text insbesondere als Stilistik untersuchen lassen und die zum instrumentellen Kalkül des Orators gerechnet werden müssen.

Der Manager hat als reflektierter Sprachverwender aufzutreten, der das Symbolsystem Sprache als steuernder und strukturbildender Agent mit Einfluß und Verantwortung im Organisationssystem handhabt. Empirische managerethnographische Untersuchungen deuten darauf hin, daß es im durchschnittlichen Management eine Art Führungsfunktiolekt oder Gruppensoziolekt gibt. [3] Es zeigt sich, daß ein bewußter, kontrollierter und souveräner Umgang mit Sprache keineswegs die

Regel ist. Die statistisch ermittelten Schlüsselwörter (key-words) im Lexikon des heutigen Managers stammen vornehmlich aus der Welt des Krieges: «Kampf, Beute, Endspurt, Durchhalten» sind die meistverwendeten Wörter.[4] Ein solches Verbalrepertoire muß in seiner Tendenz zur Substantivierung letztlich als Unterworfenheits- und Abhängigkeitsindikator verstanden werden, der nicht auf aktive Gestaltung von Umwelt hinweist. In der Sprache der 'Kampfeswelt' spiegelt sich offenbar der Konkurrenz- und Leistungsdruck wider, dem Manager täglich ausgesetzt sind.[5]

Vom Manager ist aber Sprachsouveränität, hohes Sprachbewußtsein und Sprachverantwortungsdenken zu erwarten. Das sprachliche Bewußtsein des Managers ist einerseits auszurichten auf die Funktionalität und Effektivität sprachlicher Vorgänge im Unternehmen. Mißverstehen kommt im System immer einer Effektivitätseinbuße gleich. Andererseits bildet sich im Sprachverhalten des Managers immer auch seine Führungsautorität ab. Für die Position des Managers in der Organisation ist wichtig, daß seine Kompetenz und Autorität in Gestalt sprachlicher Klarheit und situativer Angemessenheit wahrgenommen wird. Aus der Attributionstheorie, einem Forschungsgebiet der Sozialpsychologie, ist bekannt, daß Personen mit hohem sozialen Status mehr Verantwortung für ihr Verhalten zugeschrieben wird als Personen mit niedrigem sozialen Status. Aus dem Sprachverhalten werden direkte Schlüsse gezogen. Bei Diskrepanzen im Sprachverhalten wird unterstellt, daß hierarchisch höher gestellte Personen ihren Sprachstil bewußt und strategisch einsetzen. «Diese kausale Attribuierung» führt dazu, daß Managern «Motive und Intentionen (statt Unvermögen und Inkompetenz)» im Falle einer «augenscheinlichen Inkonsistenz zugeschrieben werden».[6] Aufgrund dieser rollenbedingten Vorerwartung seitens der Mitarbeiter kann es auch dazu kommen, daß der «eher unkontrolliert sprechende Manager», d.h. jener, der den Eindruck spontaner Expressivität hervorruft, «bei seinen Zuhörern ein hohes Zustimmungsniveau» erreicht.[7] Aus solchen Tatsachen ergibt sich für den Manager ein hohes Maß an Verantwortung für sein Sprachverhalten und die Notwendigkeit sprachlicher Selbstkontrolle. Zur Sprachverantwortung des Managers gehört auch der bewußte Umgang mit dem Kooperationsprinzip und den zugehörigen Konversationsmaximen nach GRICE (1975).[8] Alles was damit zusammenhängt, beeinflußt die Beziehungsdimension im Organisationssystem, tangiert soziale Regeln und Normen, «die als 'Grammatik' für die Steuerung in Etikettierungs- und Handlungsprozessen dienen».[9] Das reflektierte Sprachverhalten des Managers leistet also einen entscheidenden Beitrag zur Lenkung und Koordination sozialen Handelns in Organisationen.

Auch auf sprachlichem Gebiet sind daher von Führungskräften Spielmacher-Qualifikationen gefordert.[10] Sie beruhen auf souveränem oder geübtem Umgang mit vielen Sprachregistern, ausgesprochener Code-switching-Begabung sowie der Fähigkeit zu permanenter sprachlicher Sicherstellung des Verstehens. Unter diesen Voraussetzungen lassen sich die Managementaufgaben (1) der Gestaltung und Führung durch Sprache sowie (2) der sprachgestützten Selbstpositionierung des Managers im Personalverband optimal erfüllen.

Wenn es (1) um die Gestaltungs- und Führungsaufgaben geht, ist wiederum der Rückgriff auf das Symbolsystem der Organisation von Bedeutung. Bestimmten sprachlichen Elementen kommt im Kontext und vor der Geschichte einer Organisation häufig spezifische Bedeutung zu.[11] So können systemintern gebrauchte rhetorische Figuren, insbesondere Metaphern, zu Indikatoren gemeinsamer Erfahrungen der Mitglieder werden. Unter Rückgriff auf derartige sprachliche Bestandteile des von allen geteilten Symbolsystems lassen sich Werte, Verhaltensnormen, neue Handlungsmaximen oder auch das Selbstimage der Organisation gut kommunizieren. Der Manager kann sich dies zunutze machen. KIESER/HEGELE greifen diesen Aspekt 1998 auf und empfehlen neben der Metapher auch narrative Textsorten wie Anekdoten und kleine Geschichten als sprachlich-strategische Kommunikationsmittel. Ihrer Meinung nach kommen solche Textphänomene, die man letztlich an die rhetorische Topiktheorie rückbinden muß[12], besonders häufig im Rahmen der «Kommunikation zur Initiierung organisatorischen Wandels in Darstellung von Leitbildern und ihren Interpretationen» vor. In der Industrialisierung war es beispielsweise «die Metapher vom Räderwerk der Maschine oder der Uhr, die dem sich entwickelnden organisatorischen Leitbild Anschaulichkeit und Durchsetzungskraft verlieh».[13] Der Erfolg narrativer Texturen hängt nach Kieser/Hegele damit zusammen, daß sie Emotionen auslösen, «im Gegensatz zu abstrakten Informationen» wie z.B. reinen Produktionszahlen. In Anekdoten können Manager etwa berichten, welche Erfolge andere Manager mit der Realisierung eines «neuen Organisationskonzepts erzielt haben oder wie die Reorganisation des Verhaltens einzelner Mitarbeiter nachhaltig verändert» wurde.[14] Gestützt wird die Erfolgseinschätzung solcher Kommunikationsmittel durch wissenschaftliche Experimente zur Wirkung von Einzelfallerzählungen.[15]

Wenn es (2) um die sprachgestützte Selbstpositionierung des Managers im Personalverband der Organisation geht, spielen je nach Absicht die Sprachkonvergenz oder -divergenz eine große Rolle. Wenn man sich Mitarbeitern öffnen will, um Widerstände abzubauen, muß dies zuerst auf sprachlicher Ebene stattfinden, weil dies normalerweise als Anzeichen für den Versuch zu sozialer Integration gewertet wird. GILES (1982) nennt dies ‹Konvergenz›. Die Vergrößerung der Sprachstilunterschiede nennt er ‹Divergenz›.[16] Mit divergenten Sprachstilen grenzt man sich gegenüber den Kommunikationspartnern ab und signalisiert einen anderen Bildungsgrad (durch den Gegensatz von elaboriertem und restringiertem Code), eine andere Herkunft und Lebenssituation (durch Dialekt, Slang oder Hochsprache) oder ein abweichendes professionelles Verständnis (durch Fachjargon).[17] In der sprachlichen Interaktion kann man diese Tatsachen als praktische Möglichkeit nutzen, um bspw. Abgrenzung und Hierarchieeinhaltung, aber auch Sympathie und Empathie auszudrücken. In jedem Fall können von untergeordneten Personen Wahrnehmungen der Konvergenz oder Divergenz als sprachtaktisches Manöver des Managers interpretiert werden.[18] Wenn viele linguistisch divergente Kommunikationsbeziehungen trotz allem sozial akzeptiert werden, dann hängt das damit zusammen, daß die Gesprächspartner ausreichend zu differenzieren vermögen und eine Art «impliziter Übereinkunft» bezüglich des Rollenverhaltens getroffen haben.[19]

Anmerkungen:
1 G.A. Barnett: Communication and Organizational Culture, in: G.M. Goldhaber, G.A. Barnett (Hg.): Handbook of Organizational Communication (Norwood, N.J. 1988) 101–130, hier 107. – **2** U. Schneider: Kulturbewußtes Informationsmanagement

(1990) 140. – **3**A. Hahne: Kommunikation in der Organisation. Grundlagen und Analyse (1998) 295ff. – **4**F.-J. Witt, K. Witt: Managerjargon, in: F.-J. Witt (Hg.): Managerkommunikation (1993) 81–102, hier 87; O. Jäkel: Quantitätsmetaphern in der Wirtschaftsdomäne, in: T. Bungarten (Hg.): Unternehmenskommunikation. Linguistische Analyse und Beschreibungen (1994) 84–101. – **5**Witt, Witt [4] 81–102, hier 96. – **6**Hahne [3] 237f. – **7**Witt, Witt [4] 81–102, hier 87. – **8**H.P. Grice: Logic and Conversation, in: P. Cole, J.L. Morgan (Hg.): Syntax and Semantics III. Speech Acts (New York 1975) 41–58. – **9**P. Schettgen: Führungspsychol. im Wandel. Neue Ansätze in der Organisations-, Interaktions-und Attributionsforschung (1991) 255. – **10**E.K. Hohl, T. Knicker: Die Führungskraft als Spielmacher, in: Harvard Manager 3 (1987) 83–90; Hahne [3] 249. – **11**P. Hirsch, J. Andrews: Ambushes, Shootouts, and Knights of the Round Table: The Language of Corporate Takeovers, in: L.R. Pondy et al. (Hg.): Organizational Symbolism (Greenwich, C. T. 1983) 145–156; M.E. Pacanowsky, N. O'Donnell-Trujillo: Communication and Organizational Cultures, in: Western Journal of Speech Communication 46 (1982) 115–130. – **12**J. Knape: Die zwei texttheoretischen Betrachtungsweisen der Topik und ihre methodologischen Implikaturen, in: Th. Schirren, G. Ueding (Hg.): Topik und Rhet. (2000) 747–766, hier 754. – **13**A. Kieser, C. Hegele: Kommunikation im organisatorischen Wandel (1998) 147. – **14**ebd. 151. – **15**ebd. 155; vgl. A. Tversky, D. Kahnemann: Availability. A Heuristic for Judging and Probability, in: Cognitive Psychology 5 (1973) 207–232; C. Sullivan: Transcending Everyday Life through Narrative Communication. Stories That Help Us Cope, in: H. Geißner: On Narratives (1987) 116–129. – **16**H. Giles: Interpersonale Akkomodation in der verbalen Kommunikation, in: K.R. Scherer (Hg.): Vokale Kommunikation. Nonverbale Aspekte des Sprachverhaltens (1982) 253–277, hier 253f. – **17**Hahne [3] 237. – **18**Giles [16] 269; J.P. Kotter: The General Managers (New York 1982). – **19**Hahne [3] 239.

IX. *Rhetorikratgeberliteratur und Rhetoriktrainings für Manager.* Die Kommunikation betrifft alle Managementfunktionen, auch wenn sich dies in der wissenschaftlich-theoretischen Management-Literatur nicht adäquat zeigt. Dieser überragende Stellenwert und die Problematik der Kommunikation macht sich in der Managementpraxis für die meisten Führungskräfte offenbar so schmerzlich bemerkbar, daß es inzwischen einen nicht mehr überschaubaren Markt für Ratgeberliteratur gibt.[1] Es gilt offensichtlich die Regel: Werde erst Führungskraft, und dann lerne professionell zu kommunizieren!

In der *Ratgeberliteratur* wird Rhetorik für Manager in zwei Themenbereichen aufbereitet: Erstens als Präsentations- und Vortragsrhetorik. Hierzu gehört auch jene Literatur, die neben dem Verfassen von Vorträgen und Reden[2] auch Körpersprache u.ä. behandelt.[3] Zweitens als allgemeine Ratgeber zur rationalen Argumentation, zur Verhandlungs- und damit zur erfolgreichen Gesprächsführung.[4] Vergleichsweise anspruchsvoll aufbereitete Banalitäten wie die Technik des Miteinanderredens werden von dem prominenten deutsch-amerikanischen Kommunikationsberater R. LAY unter Einbeziehung soziolinguistischer, motivations- und verstehenstheoretischer Erkenntnisse, als ‹dialektische Rhetorik› verkauft[5], von anderen, wie z.B. KIRCHNER (1999) unter dem Etikett ‹dialogischer Kommunikation als Königsweg der managertauglichen Kommunikationstechnik empfohlen.[6] Aus der Tatsache, daß Gesprächstechniker wie Lay mit ihren letztlich auf Alltagspsychologie basierenden Verfahrensmodellen zu einiger Bekanntheit kommen können, sollte man keinen Vorwurf ableiten, sondern man muß es vermutlich als Ausdruck bestimmter Kompetenzlücken in Manageretagen interpretieren. Aktuelle Ratgeberautoren gehen regelmäßig von einem reduzierten Rhetorikverständnis aus und meinen deshalb, der Rhetorik neuere und vermeintlich subtilere, ihr überlegene Wissenschaften entgegenstellen zu müssen.[7] Dazu zählen sie etwa das letztlich doch völlig rhetorisch arbeitende Neurolinguistische Programmieren (NLP)[8], welches sich unter Stichworten wie ‹Menschenführung›, ‹2-Gewinner-Lösungen› oder ‹Coaching› als vermeintlich neuartiges und überlegenes Steuerungsverfahren von Gruppen und Individuen zu etablieren versucht.[9]

Der außerordentlich große Markt der Beratungsliteratur, die als 'Rhetorik' für Manager angeboten wird, spiegelt letztlich nur ein beim Publikum offensichtlich weit verbreitetes Fehlverständnis von Rhetorik wider: schnelle, leichte, seichte Kommunikationstechniken, die möglichst großen Manipulationserfolg versprechen. Auf die Grundlagen zurückgehende, bedächtige und die kommunikative Gesamtproblematik in den Blick nehmende, d.h. wissenschaftlich fundierte Überlegungen scheinen nicht gefragt. Entsprechend sind die Bücher eingängig und leicht lesbar; ihre historischen Teile sind Lückenfüller[10], ohne daß jemand verstünde, warum Manager sich z.B. mit Cicero beschäftigen sollten – gemacht zum schnellen Weiterblättern. Soweit überhaupt ein Bezug auf die Erträge wissenschaftlicher Beschäftigung mit Rhetorik zu erkennen ist, sind die Texte als Popularisationen oder fallspezifische Applikationen rhetorischer Theoreme anzusehen. Von einer theoretisch ernstzunehmenden «neuen Wirtschaftsrhetorik», wie sie D. BRANDT (1992) fordert[11], kann auch mehr als 30 Jahre nach dem Auftreten des «selbsternannten 'Vaters der Industrie- und Wirtschaftsrhetorik'»[12], M. WELLER[13], nicht die Rede sein. Damit genügt die vorliegende Literatur selten den Standards der wissenschaftlichen Rhetorik, kann allenfalls Anleitung zum Überzeugungserfolg in speziellen Situationen sein. «Quantitativ dominieren eindeutig die Gebrauchswertversprechen, die auf das Erreichen von Führungspositionen bzw. auf Führungserfolg bezogen sind.»[14] Insgesamt kommt es zu einer unglücklichen Wechselwirkung, weil diese Verhältnisse auch dazu führen, daß sich die mit rhetorischen Fragen befaßte Forschung bislang kaum motiviert sieht, im Bereich Führung Grundlagenarbeit unter Perspektiven zu leisten, wie sie hier nur in knappen Umrissen unter dem Begriff ‹M.› skizziert wurden.

Ausgangspunkt für fundierte Forschung in diesem Bereich müssen kritische Arbeiten wie die von BREMERICH-VOSS (1991) zu populären rhetorischen Ratgebern sein.[15] Er kommt zu folgenden Befunden: Innerbetriebliche Konflikte sind gemäß der Beratungsliteratur keine Erscheinungsformen strukturell bedingter Interessengegensätze, sondern werden als Konsequenzen defizitärer Führungstechniken gedeutet. Rhetorik als 'sozialtechnisches Führungsmittel' soll dieses Defizit kompensieren helfen und den postulierten Management-Rückstand (*management gap*) Westeuropas gegenüber den USA, der im Kern ein Kommunikationsrückstand sei, schließen helfen.[16] Führungskräfte hätten insbesondere Schwierigkeiten, von der Praxis der direktiven Anweisung Abschied zu nehmen. Anstelle der direktiven Anweisung wird meistens ein begründend-erläuterndes Anordnen im Sinne eines rhetorisch getragenen kooperativen Führungsstils empfohlen. Die Untersuchung von Bremerich-Voß kommt zu dem Schluß, es handele sich bei dieser Gattung um «Alltagstheorien und Manierenbücher», in denen über die Produktion von Geschmacksurteilen Geschmacksbildung des Lesers betrieben werde.[17] Es würden Normen 'guten' Sprechens propagiert, ohne daß das wissenschaftstheoretische Kardinalproblem in den Blick gerate, wie derartige Sollenssätze rational zu rechtfertigen seien.[18]

Im Vergleich zu Theorie und System der antiken Rhetorik finden sich nach Bremerich-Voß Kontinuitäten vor allem in der Reformulierung der antiken Trias Informations-, Überzeugungs- und Gelegenheitsrede, ebenfalls in der Erörterung der redeteilspezifischen Funktionen. An die Stelle der Affektenanalyse im Aristotelischen Sinne sei die Übernahme massenpsychologischer Ansätze getreten. Der intrinsische Zusammenhang der drei Überzeugungsmittel (*logos, ethos, pathos*) bleibe allerdings unbeantwortet. Von den klassischen Stiltugenden würden hauptsächlich die Verständlichkeitsnorm (*perspicuitas*) und der rhetorische Sprachschmuck (*ornatus*), insbesondere die Metapher, populär verwertet. Erwähnt werde zuweilen die antike Lerntheorie, nach der notwendige Bedingungen für die Ausübung der *ars bene dicendi* Begabung und rednerische Fertigkeit sind und letztere über Nachahmung (*imitatio*) anerkannter Rhetoren, Regelwissen und -applikation (*doctrina*) sowie permanente Übung (*exercitatio*) erworben wird.[19] «In keinem Fall kommt man über ein Benennen der alten Unterscheidungen hinaus, Differenzierungen und kritische Würdigung sucht man vergeblich.»[20] Der mit den Ratgebern notwendigerweise verbundene Anspruch der Lehrbarkeit werde abstruserweise häufig zugleich erhoben und dementiert. Die in fast keinem Rhetorik-Ratgeber fehlende Sentenz «Reden lernt man nur durch Reden» verweise den Ratsuchenden wiederum auf seine (defizitäre) Praxis.[21] Der Mißstand «zu kurz greifender und grob vereinfachender Ratschläge» wird laut WESSEL (1994) in der Ratgeberliteratur häufig beklagt, um daraufhin mit «der Formulierung einiger knapper how-to-Ratschläge» und durch das bloße «Erhellen von Oberflächenphänomenen» erneut untermauert und einmal mehr bekräftigt zu werden.[22] Wessel selbst freilich reproduziert seinerseits nur wieder die in diesem Bereich allgemeine theoretische Misere, indem er keinen streng definierten Rhetorikbegriff anbietet, sondern zwischen den Fragen der allgemeinen Kommunikationstheorie und den Fragen der rhetorischen Kommunikationstheorie keinen Unterschied macht.

Der Bereich der *Rhetoriktrainings* unterliegt aufgrund der Kurzlebigkeit der einzelnen didaktischen Modelle ständiger Veränderung. Das reiche Angebot an derartigen Veranstaltungen in aktuellen Publikationen und Fachzeitschriften (z.B. in den Periodika ‹manager seminare›, ‹wirtschaft & weiterbildung›) sowie das auffallend hohe Preisniveau weisen auf eine unverändert starke Nachfrage hin. Fortbildungsveranstaltungen, die sowohl unternehmensintern als auch durch eigenständige Beratungs- oder Trainingsfirmen ausgerichtet werden, sowie deren Vorankündigungen und Programme geben ein dem Spektrum der Ratgeberliteratur ähnlich vielseitiges Bild. Die Probleme in der Praxis der rhetorisch-kommunikativen Weiterbildung von Führungskräften sind einmal mehr solche der theoretischen Durchdringung des spezifischen Fachgebiets Management- und Führungsrhetorik.[23]

Anmerkungen:
1 H. Geißner: Der ungedeckte Scheck. Eine Bilanz marktkonformer Rhet., in: E. Bartsch (Hg.): Sprechen, Führen, Kooperieren in Betrieb und Verwaltung (1994) 349–357, 352f.; K.H. Bausch, S. Grosse (Hg.): Praktische Rhet. Mit Auswahlbibl. (1985) 195–244. – 2 Auswahl: R.H. Ruhleder: Vortragen und Präsentieren. Der schnelle Weg für Ihren rhet. Erfolg ([4]2000); U. Beushausen: Sicher und frei reden (2000); T. Maes (Hg.): Die 300 besten Reden für Führungskräfte (1998); H. Schmedemann: Der große Ideenbringer für Geschäftsbriefe und Reden (1998); F. Strikker: Redekunst im Rampenlicht (1994); W. Prost (Hg.): Erfolgreiche Musterreden für Führungskräfte. Rhetorikhb. (1992); N. Rentrop (Hg.): Der Reden-Berater. Hb. für erfolgreiche Reden im Betrieb, in der Öffentlichkeit und im Privatleben (Losebl.-Ausg.); B. Boylan: Bring's auf den Punkt! Professionelle Vortragstechnik schnell trainiert (1988); H.C. Altmann: Überzeugungskraft durch sichere Rede-, Verhandlungs- und Konferenztechnik (1979). – 3 Beispiele: V. Birkenbihl: Signale des Körpers. Körpersprache richtig verstehen (1999); H. Rückle: Körpersprache für Manager. Kunden richtig verstehen. Mitarbeiter besser führen. Gesprächspartner leichter überzeugen (1998). – 4 Beispiele zur Verhandlungsrhet.: V. Birkenbihl: Psychologisch richtig verhandeln. Professionelle Verhandlungsführung mit Experimenten und Übungen (1999); L. Reilly: Höllisch gut verhandeln. So erzielen Sie himmlisch gute Gesprächserfolge (1998); E. Bieger: Den Ton treffen ([5]1999); Beispiele zur Fragetechnik: V. Birkenbihl: Fragetechnik schnell trainiert. Das Trainingsprogramm für Ihre erfolgreiche Gesprächsführung (1999); O.W. Graichen: Wirksame Wirtschaftsrhet. in Frage und Antwort (1975); Beispiele zur Selbstbehauptung im Streitgespräch: G. Fey: Gelassenheit siegt (1997); R. Lay: Führen durch das Wort (1978, [11]1999). – 5 R. Lay: Dialektik für Manager (1974, [19]1999); zur Kritik vgl. R. Kühn: Rhet. als Sozialtechnologie. Krit. Überlegungen zu R. Lays ‹Dialektik für Manager› (1977). – 6 Beispiele: A. Kirchner: Rhet. und Glaubwürdigkeit: Überzeugen durch eine neue Dialogkultur (1999); G. Fairhurst: Die Kunst, durch Sprache zu führen (1999); D. Bone: Richtig zuhören – mehr erreichen. Ein praktischer Leitfaden zu effizienter Kommunikation (1998); W. Correll: Motivation und Überzeugung in Führung und Verkauf ([7]1992). – 7 H. Goldmann: Erfolg durch Kommunikation (1999) 254. – 8 U. Ulonska: Wirtschaftsrhet. – nice but necessary?, in: Bartsch [1] 385–360, hier 385. – 9 J. Richardson: Erfolgreich kommunizieren. Eine praktische Einf. in die Arbeitsweise von NLP ([2]1997, 1988); G. u. K. Birker: Was ist NLP? (1998). – 10 A. Bremerich-Voß: Populäre rhet. Ratgeber: Hist.-Systemat. Unters. (1991) 32–44, hier 32f. – 11 D. Brand: Die neue Wirtschaftsrhet., in: sprechen II (1992) 48–58; vgl. dazu krit.: Geißner [1] 353. – 12 Kühn [5] 9ff; Bremerich-Voß [10] 46; Zum Stand der Theoriebildung auf sprechwiss. – didaktischem Gebiet vgl. N. Gutenberg: Wirtschaftsrhet., in: ders.: Die Rhet. der Wirtschaft, die Wirtschaft der Rhet. (1999) 7–26. – 13 M. Weller: Das Buch der Redekunst – Die Macht des gesprochenen Wortes in Wirtschaft, Technik und Verwaltung (1954). – 14 Bremerich-Voß [10] 54. – 15 ebd., passim. – 16 ebd. 48.; als Beispiel wird genannt: H. Elertsen, W. Hartig: Moderne Rhet. – Rede und Gespräch im technischen Zeitalter ([8]1979) 17–20, 90–95. – 17 Bremerich-Voß [10] 14. – 18 ebd. 36. – 19 ebd. 260–267; als Beispiel werden genannt: P. Ebeling: Reden ohne Lampenfieber – Übungen zur Redekunst (1979) 12; Weller [13] 18. – 20 Bremerich-Voß [10] 35f. – 21 ebd. 252. – 22 B. Wessel: Rhet. Kommunikation in Unternehmen, in: Rhet. 14 (1995) 48–58, hier 53f. – 23 H.G. Leuck: Mündliche Kommunikation als Gegenstand der Management-Weiterbildung (1984) 311.

J. Knape, H. Schick, S. Hoos, C. Rieder

→ Aida-Formel → Kommunikationstheorie → Manipulation → Präsentationsrhetorik → Rhetorik, angewandte → Telephonrhetorik → Topik → Überredung/Überzeugung → Verhandlungsführung → Werbung

Manierismus (engl. mannerism; frz. maniérisme; ital. manierismo).

A. Def. – B. I. Italien. – II. Frankreich. – III. Spanien, Portugal. – IV. Deutschland. – V. England. – VI. Slavische Literaturen. – VII. Bildende Kunst. – VIII. Musik.

A. Das deutsche Fremdwort ‹M.› hat keine lateinische oder griechische Entsprechung. Während die Verwendung von französische ‹maniérisme› bereits für das 17. Jh.[1] und italienisch ‹manierismo›[2] für das 18. Jh. nachzuweisen ist, taucht der deutschsprachige Ausdruck M. erst im 19. Jh. auf, und zwar in J. BURCKHARDTS ‹Der Cicerone› (1855) und in H. WÖLFFLINS ‹Die klassische Kunst› (1898). In allen drei Fällen ist der Ausdruck zunächst eine kunstwissenschaftliche Fachvokabel; in der deutschsprachigen Verwendung wird sie bezogen auf vermeintliche Verfallserscheinungen innerhalb der bildenden Kunst Italiens im Anschluß an die Hochrenaissance. Anstöße zu einer Übertragung der Vokabel ‹M.› auf die Literatur finden sich bereits bei Wölfflin. Zu einem breiten Vokabel-Transfer innerhalb wissenschaftlicher Zusammenhänge kommt es aber erst zu Beginn des 20. Jh., namentlich in Arbeiten M. DVOŘÍKS (1920)[3], der ein Autorenspektrum von RABELAIS, SHAKESPEARE und CERVANTES bis hin zu THERESIA VON AVILA und GRIMMELSHAUSEN mit dem Ausdruck ‹M.› belegt. Wortgeschichtlich leiten sich die Vokabel ‹M.› und ihre anderssprachigen Entsprechungen von dem seit dem 13. Jh. belegten französischen Ausdruck ‹manière› und dem italienischen Ausdruck ‹maniera› her. Beide Bezeichnungen beziehen sich sowohl auf gesellschaftliche Umgangsformen wie auch auf den Stil eines Kunstwerkes im Bereich der bildenden Kunst, und sie waren schon früh mit der Konnotation des Unnatürlichen und Affektierten behaftet.[4] Diese pejorativen Konnotationen haben sich durch die Vermittlung der kunstwissenschaftlichen Literatur auch in der breiten, eine Reihe von Fächern berührenden internationalen M.-Forschung erhalten und beeinflussen die wissenschaftliche wie auch die außerwissenschaftliche Wortverwendung der Vokabel ‹M.› bis in die Gegenwart. Das Wort ‹M.› ist inzwischen nicht mehr lediglich eine kunstwissenschaftliche Bezeichnung, sondern wird in den Literaturwissenschaften ebenso verwendet wie in der Musikwissenschaft, in der Architektur genauso wie in der Psychologie und der Soziologie[5] – es gehört zu den Nomenklaturen verschiedener Wissenschaften, ohne doch in einem wissenschaftstheoretisch geklärten Sinne auch als fachspezifischer oder gar fächerübergreifender Terminus oder auch nur als geklärter wissenschaftlicher Begriff angesprochen werden zu dürfen.

Die wichtigsten Impulse für die Beschäftigung mit dem M. in den Literaturwissenschaften gehen von den Arbeiten E.R. CURTIUS', denen seines Schülers G.R. HOCKE sowie denen A. HAUSERS aus.[6] Die literaturwissenschaftliche Verwendung der Vokabel ‹M.› betrifft in einem historischen Längsschnitt inzwischen den Zeitraum von der Antike bis zur Gegenwart[7], und zwar die Literatursprachen nach mindestens die wichtigsten europäischen Literaturen und darüber hinaus im Falle des Englischen, Spanischen und Portugiesischen auch die Literaturen Amerikas. Diese Diversifikation, die auch in anderen Wissenschaften neben den Literaturwissenschaften zu beobachten ist, wird zwar nicht erst mit den Arbeiten von Curtius, Hocke und Hauser initiiert, aber doch hauptsächlich durch diese und deren internationale Rezeption befördert. Dabei findet man bei den drei Autoren diejenigen Konzepte von M., die bis heute am nachhaltigsten nicht nur die literaturwissenschaftlichen M.-Forschungen, sondern auch diejenigen anderer Fächer leiten. Es lassen sich drei Haupt-Konzepte voneinander unterscheiden, die freilich schon bei den drei Autoren ebenso wie vielfach in der von ihnen abhängigen Forschung miteinander vermischt werden: Erstens ist dies die Auffassung, M. sei eine Epoche; zweitens die Auffassung, M. sei ein Stil; drittens die Auffassung, M. sei ein Krisensymptom. Ebenso nachhaltig wie diese Konzepte ist die insbesondere von Curtius vorgetragene Auffassung, der M. habe seine Wurzeln in der Rhetorik, sowie die hieran anknüpfende Auffassung Hockes, beim literarischen M. handele es sich um eine eigene ‹Pararhetorik›. Alle drei Konzepte sind jedoch – bei vielfältigen und anregenden Beobachtungen, die sie ermöglichen – mit erheblichen konzeptionellen und methodischen Mängeln behaftet. So wird die Definition eines invarianten und kontextunabhängigen normativen Prädikators ‹M.› durch bloße extensionale Merkmalauflistungen und auch durch die fehlende Unterscheidung zwischen ästhetischer Wertung und wissenschaftlicher Analyse ebenso verhindert wie durch die äquivoke und nicht weiter geklärte Verwendung von zentralen Begriffen wie etwa ‹Stil›. Unschärfen in der Gegenstandsbestimmung schlagen sich dann auch in einer, alle 'Ungleichzeitigkeiten' bzw. asynchronen historischen Entwicklungsverläufe im Vergleich verschiedener Literaturen und auch im Vergleich von Künsten und Literaturen überdeckenden, holistischen Geschichtsbetrachtung nieder.[8] Eine konsistente Theorie und eine hierdurch gesicherte Geschichte des M., die Literaturen und Künste sachgerecht differenziert erfaßten, ohne das Gemeinsame, den M., bei aller Vielgestaltigkeit seiner Ausprägungen aus den Augen zu verlieren, ermöglichen die genannten drei Konzepte deshalb nicht – wohl aber bieten sie wertvolle Vorarbeiten dazu. Auf dem Wege einer rationalen Rekonstruktion eines M.-Begriffes sind folgende Sachverhalte, die an immer wieder angeführten 'besten Beispielen' für M. ebenso wie in kunst- und literaturtheoretischen und in wissenschaftlichen Äußerungen über M. erkennbar werden, zu berücksichtigen: (1) M. hat etwas mit demonstrativ vorgeführter, geradezu akrobatischer artistischer Materialbeherrschung zu tun (weshalb in diesem Zusammenhang häufig Prädikate wie 'übertrieben', 'unnatürlich', 'überladen', 'antiklassisch' usw., aber auch 'ingeniös', 'unglaublich', 'phantastisch' u.ä. fallen oder Formulierungen wie die von der ‹ars ultima›[9] oder auch dem ‹stylish style›[10] gewählt werden und Vergleiche wie der vom 'Spreizen eines Pfaus'[11] sich finden lassen) – M. erweckt den Eindruck von 'Zeigelust', er präsentiert in der Kunst die Kunst um des Kunststücks willen und provoziert dadurch extreme Reaktionen auf eben diese Kunststücke, der 'Zeigelust' korrespondiert sozusagen die provozierte 'Schaulust'. (2) Diese demonstrative artistische Materialbeherrschung kann – im Hinblick auf literarischen oder sprachlichen Manierismus – durchaus an dem (zumal dort rhetorische Textanalyse erschließbaren) Stil eines Textes erkennbar sein, es kann sich aber auch um demonstrative Artistik im Bereich der Metrik eines Textes (etwa der Reimstruktur) oder auch seiner globalen Tektonik handeln (im Fall der sog. 'Monsterromane' oder auch fiktional vielschichtiger Dramen). M. beschränkt sich auch nicht auf eine bestimmte Gattung, sondern in ganz unterschiedlichen Gattungen können zahlreiche, ganz unterschiedliche Möglichkeiten demonstrativer Artistik auftauchen. Ähnliches gilt entsprechend für andere Künste (wie die Malerei, die Musik, die Architektur, die Schauspielkunst u.a.) und manieristische Gebrauchskünste. (3) M. wird nie abstrakt, die demonstrative Artistik wird immer auf der Grundlage einer gewahrten konventionellen Basis vorgeführt (das kann eine im Prinzip erkennbare syntaktisch und semantische Wohlgeformtheit des Textes sein, so daß er trotz der Artistik noch sinnerschließend gelesen werden kann; das kann aber auch die im Prinzip gewahrte Darstellung von Figuren und Gegenständen sein; nicht zuletzt können dies auch poetische Normen sein). M. stößt sich also immer von dem Gewohnten und Normalen ab, um die Artistik um so deutlicher demonstrieren zu können. Ähnliches gilt entsprechend auch für andere Künste und Gebrauchskünste. Diese Aspekte lassen sich nun terminologisch folgendermaßen systematisieren. Definition 1: M. ist ein Verfahren mit der Funktion, bei gewahrter konventioneller Basis demonstrative Artistik vorzuführen und dadurch Reaktionen auf eben diese Artistik herauszufordern. Definition 1.1: Literarischer M. ist eine übergreifende Schreibweise mit der Funktion, bei gewahrter konventioneller Basis poetische Artistik auf der Bedeutungsebene und/oder der Ausdrucksebene eines Textes vorzuführen und dadurch eine Rezipientenreaktion auf diese Artistik herauszufordern. Mit den entsprechenden Varianten läßt sich auch der M. anderer Künste, Gebrauchskünste und Verhaltensweisen usw. entsprechend bestimmen (Definitionen 1.2...1.n), so daß hier ein stabiles Untersuchungsobjekt M. entsteht.

Anmerkungen:
1 F. de Chambray: Idée de la perfection de la peinture (1662), vgl. E. Battisti: Hochrenaissance und M. (1970) 120. – **2** L. Lanzi: Storia pittorica della Italia (1789). – **3** M. Dvořák: Über Greco und den M., in ders.: Kunstgesch. als Geistesgesch. (1924) 259–276; ders.: Pieter Bruegel der Ältere, ebd. 219–257. – **4** vgl. G. Weise: Maniera und pellegrino: Zwei Lieblingswörter der ital. Lit. der Zeit des M., in: RJb 3 (1950) 321–403. – **5** vgl. G. Braungart, Chr. Göttler (Hg.): Manier und M. (1999). – **6** Curtius; G.R. Hocke: Über M. in Trad. und Moderne, in: Merkur 10 (1956) 336–363; ders.: Manier und Manie in der europ. Kunst, in: Merkur 10 (1956) 535–558; ders.: Die Welt als Labyrinth. Manier und Manie in der europäischen Kunst. Von 1520–1650 und in der Gegenwart (1957); ders.: M. in der Lit. Sprach-Alchemie und esoterische Kombinationskunst (1959); ders.: Zum Problem des M., in: Literaturwiss. Jb. 2 (1961) 173–252; ders.: Malerei der Gegenwart: der Neo-M. vom Surrealismus zur Meditation (1975); ders.: Die Welt als Labyrinth. M. in der europäischen Kunst und Lit., hg. v. C. Grützmacher (1991); A. Hauser: Sozialgesch. der Kunst und Lit. (1953); ders.: Der M. Die Krise der Renaissance und der Ursprung der modernen Kunst (1964); siehe auch R. Zymner: Lit. M. Aspekte der Forsch., in: Colloquium Helveticum 20 (1994) 11–49. – **7** siehe z.B. B. Kytzler: M. in der klassischen Antike?, in: Colloquia Germanica 1 (1967) 2–25; E. Burck: Vom römischen M. Von der Dichtung der frühen röm. Kaiserzeit (1972); G. Melchiori: The Tightrope Walkers. Studies ot Mannerism in Modern English Literature (1956); M. Esslin: Ein neuer M., in: Modern Austrian Literature 13 (1980) 111–128. – **8** vgl. hierzu R. Zymner: M., in: Braungart, Göttler [5]. – **9** vgl. V.I. Stoichita: Ars ultima. Bemerkungen zur Kunsttheorie des M., in: Colloquium Helveticum 20 (1994) 71–95. – **10** vgl. J. Shearman: Mannerism (1967). – **11** vgl. A. Okopenko: Lex. einer sentimentalen Reise zum Exporteurtreffen in Druden (1970).

Literaturhinweis:
R. Zymner: M. (1995). – D. Arasse: Der europ. M. (1997)
R. Zymner

B.I. *Italien.* **1.** *Begriffliches.* Auch die italianistische Diskussion des literarischen M. ist geprägt von den kunstwissenschaftlichen Hypotheken dieses Begriffs und den Versuchen ihrer Reduzierung. Schon Dvořík benannte 1928 T. Tasso als Hauptvertreter einer «manieristischen Geisteshaltung» der Unruhe und der «Krise» der Renaissance.[1] Mit R. Scrivanos Monographie ‹Il manierismo nella letteratura del Cinquecento› (1959) und der intensiven Rezeption von A. Hausers ‹Der M.› (1964)[2] verfestigte sich der M. zum Begriff für den historischen Zeitraum von ca. 1550 bis 1600, der in Gänze von einer dem rinascimental-optimistischen Selbstbewußtsein des «humanum» entgegengesetzten mentalen Verfaßtheit aus Pessimismus, Unsicherheit, Instabilität, Verfangenheit in Widersprüche und Hang zur Irrationalität bestimmt werde und sich über Literatur und andere Künste hinaus auch in einer «Krise» der Gesellschaftsordnung des 16. Jh. erkennen lasse.[3] Nach diesem geistesgeschichtlichen Manierismusbegriff, den J. Mirollo treffend als «Angstmannerism» gekennzeichnet hat[4], gibt es folglich eine manieristische Literatur ebenso wie eine manieristische Theologie, Politik oder gar Wirtschaft.[5] Die geistesgeschichtlich-soziologische Vermittlungsproblematik, eine konkrete literarische Formensprache als Gegenwert dieser «Geisteshaltung» zu benennen, kann nur *ex negativo* über die vermeintlich «anti-rinascimentale» Prägung des M. gelöst werden: Alles, was nicht den literarischen Normen von «Renaissance» entspricht, wird zu stilistischen Merkmalen des manieristischen Texts erklärt, was in den sechziger und siebziger Jahren zu einer gewaltigen Aufschwemmung des «typisch» Manieristischen geführt hat.[6]

Bietet die geistesgeschichtliche Welle der M.-Theorie in Italien die – keineswegs konsistente[7] – Bestimmung eines historischen Zeitraums, ohne zu einer befriedigenden Beschreibung eines literarischen Epochenstils kommen zu können, verweigert sich die typologische M.-Theorie E. R. Curtius' und G.R. Hockes jeder Epochenbildung, kann aber mit der Fixierung eines rhetorischen Asianismus zum transhistorisch wirksamen anti-klassizistischen M. eine wesentlich auf elokutionelle Kunstmittel (Hyperbata, Periphrasen, *versus rapportati/correlatio*, Metaphorik, etc.) beschränkte Stiltheorie liefern, die sich dezidiert vom geistesgeschichtlichen und kunstwissenschaftlichen M.-Begriff distanziert.[8] Das führt in konkreter Textanalyse etwa dazu, daß H. Friedrich manieristische Züge im ‹Canzoniere› Petrarcas entdeckt.[9] Da Curtius und H. Friedrich mit ihrer Charakterisierung des literarischen Barock als «manieristischen» Epochenstil[10] für die Liquidierung von ‹Barock› zugunsten von M. plädieren und damit in Opposition zum fest etablierten Begriff ‹M.› wie auch des Barock treten, hat diese typologische Begriffsbildung in Italien nur wenig Resonanz gefunden.[11]

Eine Lösung dieses Dilemmas zwischen Stil- und Epochenbegriff deutet A. Quondam an, indem er Curtius' transhistorischen Klassizismus historisiert und ihn einer Phase der nicht mehr monolithisch verstandenen literarischen Renaissance zuordnet, dem Renaissance-Klassizismus des *Cinquecento*: M. ist hier keine «Anti-Renaissance», sondern die Spätphase dieses Renaissance-Klassizismus in der zweiten Hälfte des 16. Jh., in der dessen Normen äußerster Belastung ausgesetzt werden, ohne sie in ihrer Gültigkeit aber programmatisch zu entwerten.[12] Dieser in seiner Tragfähigkeit mittlerweile erprobte Ansatz[13] impliziert dreierlei: 1. M. ist keine Krise «der» Renaissance, sondern die Krise des Renaissance-Klassizismus. Er ist in der systematischen Gesamtheit seiner Merkmale nicht identisch mit dem Barock, auch wenn einzelne stilistische Elemente des M. auch in dessen Stilrepertoire eingehen. M. bewirkt als transitorisches Phänomen die Desintegration der rinascimental-klassizistischen Ordnung, bevor es zur Etablierung eines neuen, eines «barocken» Stils kommen kann. Konsequenterweise müßten vermeintlich «manieristische»

Traktate wie E. TESAUROS ‹Cannocchiale Aristotelico› (1654)[14] als Manifeste eines barocken Stils verstanden werden, in dem das «far stupir» und die stilistische *acutezza* die klassizistischen Normen des Stildecorums, des *celare artem* und der Gattungstrennung bereits ersetzt haben. 2. M. läßt sich als Erosion ästhetischer Normen beschreiben, ohne auf eine schwer nachweisbare «mentale Verfaßtheit» eines «manieristischen Menschen» zurückgreifen zu müssen. 3. Von M. läßt sich nur dort sprechen, wo etablierte klassizistische Normen erodiert werden, also weder in der vor-klassizistischen Phase der Renaissance noch in Gattungen, die keiner klassizistischen Normierung unterzogen wurden. Daher ist weder ARIOSTS ‹Orlando furioso› manieristisch noch etwa ARETINOS *sacre rappresentazioni*, etwa die ‹Passione di Gesù› (1534).[15]

2. 16. Jh. Diese «differenza impossibile» (unmögliche Differenz)[16] des M. läßt sich in der zweiten Hälfte des 16. Jh. auf den Ebenen von *inventio*, *dispositio* und *elocutio* vieler Texte beobachten.

a. *Inventio*. In der eng verzahnten kunsttheoretischen und poetologischen Diskussion des *secondo cinquecento* bildet der Begriff der aristotelischen *mimesis* den unhintergehbaren Generalnenner zur Bestimmung der *inventio*-Ebene des Kunstwerks. Klassizistische Deutungsdominante dieses Begriffs war die *imitatio* einer auf das Typische des *verosimile* (Wahrscheinliches) reduzierten externen Welt, mithin eine «objektivistische» Ausrichtung der *imitatio*, die – etwa bei T. TASSO – eine Häufung des durch kein religiöses *credibile* (Glaubwürdiges) sanktionierten *meraviglioso* (Wunderbares) ausschloß.[17] Zu einer manieristischen Aufweichung dieses Konzepts aber kommt es, wenn zwar die basale Gültigkeit der *imitatio*-Doktrin gewahrt bleibt, jedoch mit dem Rekurs auf ein platonisches *idea*-Konzept sich der Pol des Nachzuahmenden von der Objektivität externer *natura* zur Subjektivität interner *natura* verschiebt. Wenn der Aristoteles-Kommentator L. SALVIATI 1586 das Nachahmbare sowohl in der äußeren «natura», als auch in der «Idea sempiterna, o nella mente del poeta» (der ewigen Idee oder dem Geist des Dichters) vorfindet[18], dann werden *verosimile* und *credibile* als klassizistische Kontrollorgane zur Unterscheidung von *imitatio* und reiner *finzione* bedeutungslos. So kann es unter dem Dach der *imitatio* zur freien Darstellung des Wunderbaren und insbesondere zur Inszenierung des *grottesco* und des *capriccioso* in Literatur und bildender Kunst etwa bei dem Dichter und Bildhauer G.P. LOMAZZO[19] kommen, deren Unwahrscheinlichkeit (im klassizistischen Sinne) offensichtlich ist, weil «quelle forme d'uomini o d'animali o d'altre cose [...] mai non sono state, nè possono essere in quella maniera che vengono rappresentate» (es diese Formen von Menschen, Tieren oder Dingen nie gegeben hat und in der dargestellten Weise nie geben kann).[20]

Aber auch diesseits einer Subjektivierung der *imitatio* durch das *idea*-Konzept kann der Versuch, von der Aristotelischen ‹Poetik› nicht abgedeckte volkssprachliche Genera und «cose imitabili» einer objektivistischen *imitatio* zu subsumieren, zu Ergebnissen führen, die klassizistischen Prämissen widersprechen. Insbesondere die Lyrik versperrt sich dem aristotelischen *mimesis*-Kriterium, daß der Dichter nicht «in persona propria», sondern nur in der Sprechsituation des Berichts sprechen dürfe.[21] Die Spätrenaissance umgeht diese Schwierigkeit nur durch eine Aufweichung dieses Kriteriums oder durch die direkte Abkoppelung des Lyrischen von der aristotelischen und ihre Rückorientierung auf die horazisch-rhetorische Poetik. T. TASSO etwa legt sie auf einen mittleren Stil fest, dessen sprachspielerische, auf *delectatio* zielende Ausrichtung die referentiell-mimetische Sprachfunktion überdecken soll. Daß für Tasso – zumindest in seiner Lyriktheorie – dieser mittlere Stil der Lyrik für sämtliche «cose poetabili» (der Dichtung zugängliche Dinge) geeignet sei, impliziert bereits eine Auflösung des klassizistischen Gegenstandsdecorums – allerdings aus dem Bemühen heraus, die Lyrik in eine klassizistische Stil- und Gattungshierarchie einzupassen.[22]

Im Zuge des Konzils von Trient und der Forcierung katholischer Propagandistik kommt es ab Mitte des 16. Jh. überdies zu starken Bemühungen, christliche Glaubensinhalte mit den Mitteln des klassizistischen Dichtungssystems darstellbar zu machen, wobei die diesem System fremden Inhalte jeweils zur Entwertung klassizistischer Normen führen: Der geistliche Petrarkismus G. MALIPIEROS (1536) oder G. FIAMMAS (1570) unterwirft sich zwar der Sprachnorm des ‹Canzoniere› F. PETRARCAS, betreibt aber in der Konvertierung weltlicher zu geistlicher Liebeslyrik eine Umsemantisierung dieses Materials und bereitet aus dem petrarkistischen System heraus dessen Auflösung vor.[23] Analog bemüht sich zwar die geistliche Dramatik – etwa D. DI LEGAS explizit «tragedia» genanntes Stück ‹La morte di Christo› (1559) – um eine klassizistische Transformation der volkssprachlichen *sacra rappresentazione*, doch muß gerade der Bühnentod Christi als «attione principale» der Norm widersprechen, Bluttaten nur durch einen Boten berichten zu lasse: «Ne' teatri christiani non si devono osservare tutti li precetti de'Gentili.» (Im christlichen Theater dürfen nicht alle Vorschriften der heidnischen Poetik beachtet werden.)[24]

b. *Dispositio*. Trotz dieser Interferenzen bleibt das Spektrum der nach Gattungen hierarchisierten *cose poetabili* in der von klassizistischer Poetik und tridentinischer Normierung kontrollierten *inventio* relativ stabil, so daß T. TASSO im ‹Discorso dell'arte poetica› (1587) schreibt, «che la novità del poema non consiste principalmente in questo, cio che la materia sia finta [...], ma consiste nella novità del nodo e dello scioglimento della favola» (das Neue des Gedichts besteht nicht hauptsächlich darin, ob die Materie erfunden ist, sondern in der Neuheit der Schürzung und Lösung der Intrige).[25] Damit kann die *dispositio* insbesondere im Epos der Spätrenaissance wesentlich stärker als die *inventio* zum Experimentierfeld der ja klassizistisch geforderten *variatio* und mithin zum Bruch mit dem Postulat der Einheit der Handlung führen.[26]

c. *Elocutio*. Analoges gilt für den Bereich der *elocutio*. In der klassizistischen Poetik des 16. Jh. kontrollierte die Norm des *decorum* die Relation von *res* und *verba*, um eine einseitige Profilierung des Stils zuungunsten der *materia* zu verhindern. Positives Stil- und bei CASTIGLIONE auch Gesellschaftsideal war das aus der Rhetorik entlehnte Prinzip des «celare artem» oder der «sprezzatura»[27], das sich schon in PETRARCAS Theorie der *imitatio auctorum* als Mahnung findet, den «Geist» und die rhetorischen Mittel nachzuahmen, nicht aber den Wortlaut: «Illa enim similitudo latet, haec eminet; illa poetas facit, haec simias» (denn jene Ähnlichkeit ist verborgen, diese sticht hervor; jene macht zum Dichter, diese zum Affen).[28] Diese Norm des «celare artem» wird im M. aus unterschiedlichen Gründen ausgehöhlt. Besonders im venezianischen und neapolitanischen Petrarkismus der zweiten Hälfte des 16. Jh. (D. VENIER bzw. F. CARAFA,

A. PIGNATELLI, L. PATERNO) verlagert sich der kreative Umgang mit Petrarcas ‹Canzoniere› von der seit P. BEMBO stark kodifizierten Ebene der *inventio* auf die der *elocutio*, in der die Fixiertheit des *ornatus in verbis singulis* durch die ingeniöse Variierung des *ornatus in verbis conjunctis* wie Korrelationsschemata, Anaphernketten etc. kompensiert wird und insgesamt das petrarkische Grundmaterial durch paradigmatisierende Reihungstechniken multipliziert wird: Statt der 366 Texte des ‹Canzoniere› Petrarcas zählt der ‹Nuovo Petrarca› (1560) L. PATERNOS über 1000 Texte.

Die zeitgenössische Predigt und die Predigtlehren (C. MUSSO, G. FIAMMA, F. PANIGAROLA) bemühen sich zwar im Gegensatz zur volkssprachlichen Predigt des 15. Jh. (SAVONAROLA, BERNHARD VON SIENA) um Konformität mit der antiken Rhetorik insbesondere CICEROS und des PS.-DEMETRIOS VON PHALERON, jedoch reduzieren sich angesichts der Forderung größtmöglicher homiletischer Effizienz die klassizistischen Kautelen des *celare artem*, so daß in den Predigten Fiammas und Panigarolas eben jene elokutionellen Kunstmittel – etwa über mehrere Druckseiten reichende Korrelationsschemata – gigantische Ausmaße erreichen, die Curtius transhistorisch als «formale Manierismen» beschrieben hat.[29] Schließlich bringt die Rede über paradoxale Glaubenswahrheiten in Predigt wie geistlicher Lyrik und geistlichem Theater auf *elocutio*-Ebene eine Reihe von Stilfiguren wie *Antithese, Paradoxon, Oxymoron, Figura etymologica* etc. mit sich, die nach klassizistischer Auffassung typische Figuren des *stilus medius* sind. ‹Manieristisch› ist auch diese Erscheinung, weil die klassizistische Norm gewahrt bleibt, nach der der *stilus sublimis* der angemessene Stil für «cose sacre» ist. Da in diesen nun aber Stilformen des *stilus medius* eindringen, beginnt sich die Doktrin der Stiltrennung zu relativieren.[30]

3. *(Post-) Moderne.* Parallel zur Erforschung des M. in den siebziger und achtziger Jahren verlief in Italien die Diskussion um die Postmoderne, die sich zur Bestimmung ihres Selbstverständnisses verstärkt eines typologischen M.-Begriffs bediente. U. Eco faßt in seiner ‹Postille a 'Il nome della rosa'› (1983) M. wie auch «postmoderno» als Synonyme auf: beide Begriffe beschreiben ein «Kunstwollen», das aus dem Scheitern der Moderne, mit der jeweiligen Vergangenheit radikal zu brechen, die Konsequenz eines distanziert-ironischen Gebrauchs dieser Vergangenheit zieht.[31] Jenseits dieses ironischen M.-Begriffs aber rücken sich Texte wie I. CALVINOS ‹Se una notte d'inverno un viaggiatore› (1979), G. MANGANELLIS ‹Centuria› (1979) oder ECOS ‹Il nome della rosa› (1980) durch den Gebrauch eines spezifischen Bildarsenals (Bibliotheken, Labyrinthe, Spiegelkabinette) und von Textverfahren wie Selbstreferentialität, paralogische Konstruktionen oder Spiegelung eigener Strukturen in *mises en abyme* in die Nähe von Strategien, die G.R. HOKKES in Italien stark rezipierte Bücher ‹Die Welt als Labyrinth› und ‹M. in der Literatur› (1959ff.) als Kennzeichen eines transhistorischen M. ausgemacht haben.

Anmerkungen:
1 M. Dvořák: Gesch. der ital. Kunst im Zeitalter der Renaissance (1928) 196. – 2 zur Rolle von Hausers bereits 1965 übersetztem Buch für die ital. Manierismusdiskussion s. A. Quondam: Problemi del manierismo (Neapel 1975) 26ff. – 3 Quondam [2] 27. – 4 J.V. Mirollo: Mannerism and Renaissance Poetry (New Haven 1984) 38. – 5 s. A. Hauser: Der M. (1964) 14ff.; Quondam [2] 26f. – 6 hierzu s. Regn: Tasso und der M., in: RJb 38 (1987) 100ff. – 7 vgl. H. Haydn: The Counter-Renaissance (New York 1959); E. Battisti: L'antirinascimento (Mailand 1962); J. Küpper: Diskurs-Renovatio bei Lope de Vega und Caldern (1990) 230ff. – 8 s. Curtius 277ff. – 9 H. Friedrich: Epochen der ital. Lyrik (1964) 217, 233. – 10 Curtius 285; Friedrich [9] 616 sieht eine «Übereinstimmung des Seicento mit dem antiken M.»; ähnlich schon A. Graf: Il fenomeno del Seicentismo, in: Nuova Antologia 119 (1905) 358. – 11 dazu s. E. Raimondi: Per la nozione del Manierismo letterario, in: ders.: Rinascimento inquieto (Mailand 1994). – 12 A. Quondam: La trasgressione del codice: problemi del Manierismo e proposte sul metodo, in: W. Binni (Hg.): Letteratura e critica. FS N. Sapegno (Rom 1975) II, 417–442. – 13 s. A. Quondam: Dall' 'abstinendum verbis' alla 'locuzione artificiosa'. Il petrarchismo come sistema linguistico della ripetizione (1973), jetzt in: ders.: Il naso di Laura (Modena 1991) 181–199; Regn [6]; M. Föcking: 'Rime sacre' und die Genese des barocken Stils (1994). – 14 s. K.P. Lange: Theoretiker des lit. M. Tesauros u. Pellegrinis Lehre von der ‹Acutezza› (1968); G. Hoffmeister: Dt. und europ. Barocklit. (1987) 150. – 15 s. Regn [6] 107; zur manieristischen Vereinnahmung Aretinos s. G. Weise: Il rinascimento e la sua eredità (Neapel 1969) 530, 547. – 16 Quondam [13] 195. – 17 s. C. Ossola: Autunno del rinascimento (Florenz 1971) 14, unter Rückgriff auf E. Panofsky: Idea. Contributo alla storia dell'estetica (Florenz 1952) 36ff.; zur Domestizierung des Wunderbaren in Tassos ‹Gerusalemme liberata› s. G. Baldassari: Inferno e Cielo: Tipologia e funzione del meraviglioso nella ‹Liberata› (Rom 1977); Regn [6] 108f. – 18 L. Salviati: Poetica d'Aristotile parafrasata e commentata (1586), zit. Ossola [17] 89. – 19 zu Lomazzo s. Ossola [17] 94ff. – 20 so die klassizistisch orientierte Kritik von G. Paleotti: Discorso intorno alle imagini sacre e profane (Bologna 1582), jetzt in: P. Barocchi (Hg.): Trattati d'arte del cinquecento fra Manierismo e Controriforma, Bd.2 (Bari 1960ff.) 425. – 21 exemplarisch G. del Bene: Due discorsi, in: B. Weinberg (Hg.): Trattati di poetica e rettorica del cinquecento, Bd.3 (Bari 1970ff.) 195. – 22 s. G. Regn: Mimesis und autoreferentieller Diskurs. Zur Interferenz von Poetik und Rhet. in der Lyriktheorie der ital. Spätrenaissance, in: W.D. Stempel, K. Stierle (Hg.): Die Pluralität der Welten. Aspekte der Renaissance in der Romania (1987) 387–414. – 23 s. G. Malipiero: Il Petrarca Spirituale (Venedig 1536); dazu vgl. U. Schick: ‹Malipieros 'Petrarca Spirituale' als Petrarca-Allegorese›, in: K.W. Hempfer, G. Regn (Hg.): Interpretation. FS A. Noyer-Weidner (1983) 272–287; G. Fiamma: Rime spirituali (Venedig 1570); vgl. M. Föcking: G. Fiammas 'Rime spirituali' und die Abschaffung des Petrarkismus, in: K.W. Hempfer, G. Regn (Hg.): Der petrarkistische Diskurs (1993) 225–253. – 24 B. Morone da Taranto: La Giustina [1602] (Venedig 1617) Vorwort s.p.; vgl. Föcking [13] 118–121. – 25 T. Tasso: Discorsi dell'arte poetica e in particolare sopra il poema eroico, in: ders.: Scritti sull'arte poetica, hg. v. E. Mazzali (Turin 1977) Bd. 1, 6. – 26 s. Ossola [17] 20ff.; zu Tassos Vermeidung von Manierismen in der ‹Gerusalemme liberata› vgl. Regn [6] 112f. – 27 s. G. Ferroni: 'Sprezzatura' e simulazione, in: C. Ossola (Hg.): La corte e il cortegiano I (Rom 1980) 119–147; K.W. Hempfer: Rhet. als Gesellschaftstheorie. Castiglionos ‹Libro del Cortegiano›, in: U. Schulz-Buschhaus, A. Kablitz (Hg.): Literarhist. Begegnungen. FS B. König (1993) 103–122. – 28 F. Petrarca: Le Familiari, Bd. 4, hg. v. U. Bosco (Florenz 1942) 206. – 29 s G. Fiamma: Prediche (Venedig 1590) 35v-36r; Curtius 290. – 30 s. Föcking [13] 137–152; zur Interferenz von hohem und mittlerem Stil in der geistlichen Lyrik Tassos und ihrer Qualifizierung als ‹manieristisch› vgl. Regn [6] 122 und Friedrich [9] 495. – 31 U. Eco: Postille a ‹Il nome della rosa›, in: ders.: Il nome della rosa (Mailand 1980) 528.

Literaturhinweise:
D. Della Terza: Manierismo nella letteratura del Cinquecento, in: Belfagor 15 (1960) 462–466. – T. Klaniczay: La crisi del Rinascimento e il manierismo (Rom 1973). – M. Ariani: Tra Classicismo e Manierismo. Il teatro tragico del Cinquecento (Florenz 1974). – E. Taddeo: Il Manierismo letterario e i lirici veneziani del tardo '500 (Rom 1974). – A. Quondam: La parola nel labirinto. Società e scrittura del Manierismo a Napoli (Bari 1975). – W. Drost: Strukturen des M. in Lit. und bildender Kunst. Eine Stud. zu den Trauerspielen Vicenzo Giustis (1532–1619) (1977).

M. Föcking

II. *Frankreich.* **1.** *Begriffliches.* Der Begriff ‹M.› läßt sich im Französischen früher als in anderen europäischen Sprachen belegen: Während das Substantiv *manierismo* im Italienischen als kunstkritischer Begriff erstmals 1789 beim Historiker L. Lanzi nachzuweisen ist [1], taucht der Begriff *maniérisme* im Französischen bereits 1662 in F. DE CHAMBRAYS ‹Idée de la perfection de la peinture› auf. [2] In beiden Fällen ist der Begriff *ex post* auf die bildende Kunst bezogen, die die artifizielle Ausgestaltung dem künstlerischen Gehalt überordnet und sich damit von klassischen Stilprinzipien verabschiedet. [3] Als Nebenbedeutung bezeichnet er ein aristokratisches Verhaltensmodell im höfischen Umfeld. [4] Erst im 20. Jh. findet der Begriff in Frankreich Eingang in den literarhistorischen Diskurs. [5]

‹M.› ist im französischen Kontext bis heute ein offener Begriff, dessen endgültige Definition noch aussteht. [6] In Anlehnung an die Arbeiten von E.R. CURTIUS wird er 1) als Epochenbegriff definiert und bezeichnet eine künstlerische Periode zwischen Renaissance und Barock (etwa von 1530 bis 1600). Er wird 2) als Stilbegriff verwendet, der jenseits bestimmter Epochengrenzen nachzuweisen ist. 3) wird er wegen seiner formalen Merkmale als Verfallserscheinung klassischer Kunstperioden verstanden.

2. *Stilbegriff.* Manieristische Dichtungen werden nach formalen und inhaltlichen Manierismen unterschieden. Innerhalb der romanischen Literaturen zeigt sich vor allem eine Künstlichkeit der Form, während die germanischen Literaturen durch die Künstlichkeit der Inhalte geprägt sind. [7] Dementsprechend wird der M. in der französischen Literaturwissenschaft primär als Stilphänomen diskutiert. Die exzessive Stilisierung, die die Spannungen zwischen einzelnen *virtutes elocutionis* wie *aptum, perspicuitas, ornatus* oder *puritas* ausnützt, gilt als Hauptmerkmal manieristischer Dichtung. Neben rhetorischen Figuren wie Periphrasen, Antithesen, Metaphern, Wortspielen und Parallelismen, Hyperbaton, Annominatio [8] zählen auch literarische Formen wie pangrammatische Künsteleien, Figurengedichte, *logodaedalia* und *versus rapportati* zu den verbreitetsten Mitteln des M. [9] Keine der genannten Stilfiguren ist als solche manieristisch. Erst durch die Konzentration zahlreicher Figuren auf engstem Raum, die nicht durch das poetische Thema motiviert ist, entsteht der manieristische Stil, der als ästhetischer Selbstzweck die literarische Darstellung beherrscht. [10] – Insbesondere die Neuschöpfung und der extensive Gebrauch von Metaphern kennzeichnen die manieristische Dichtung in Frankreich seit dem 17. Jh. Sie sollen als Figuren der sprachlichen Übertragung zwar Beziehungen stiften, aber zugleich auch die Spannung zwischen lebensweltlicher und künstlerischer Erfahrung verdeutlichen. Manieristische Kunstwerke setzen sowohl beim Künstler als auch beim Rezipienten ein hohes Maß an Intellektualität voraus, weil sie formal in hohem Maß durchgearbeitet sein müssen. Da zu diesem Zweck ein ausgearbeitetes Repertoire an Kunstmitteln zur Verfügung stehen muß, wird der M. oft Spätphasen epochaler Entwicklungen zugeordnet. [11]

Thematisch konzentrieren sich manieristische Dichtungen auf Motive und Stoffe, die einen unmittelbaren Bezug zum Subjekt oder zur Kunst haben. Ferner zählen Grausamkeiten und Leid, Verbrechen, schreckenerregende Begebenheiten und auch religiöse Stoffe zu ihren Themen. In überzeichneter und verzerrter Weise werden spannungsreiche Gegensätze wie groß/klein, abgeschlossen/unfertig, weich/hart, etc. verwendet, um literarische Motive wie das Labyrinth, den Spiegel und den Traum zu gestalten. Natur und Kunst treten im M. auseinander. Die manieristischen Künstler beziehen ihre Inspiration bewußt nicht aus der Natur, sondern von anderen Kunstwerken. Sie stellen sich bewußt gegen die traditionelle Mimesis. Dabei wird das klassische Prinzip der Harmonisierung und Vereinheitlichung durch Ausschweifung und Deformation ersetzt. Ästhetische Regeln und Vorschriften werden bewußt umgangen oder neu ausgelegt. Manieristische Kunstwerke streben in der Regel nach Ausgefallenheit. [12] Innerhalb des literarischen Gattungsspektrums sind Manierismen überwiegend in der Lyrik oder in offenen Kleinformen wie Aphorismus und Sentenz anzutreffen. Sie finden sich aber auch im Drama und in der Epik. In jedem Fall wird dabei dem Detail und dem Ornament mehr Beachtung geschenkt als der Gesamtkomposition.

Der Dualismus von M. und Klassik, den die französische Literaturkritik traditionell behauptet [13], wird in der neueren Forschung dahingehend relativiert, daß sich erst «aus der Spannung zwischen Klassik und Antiklassik, Naturalismus und Formalismus, Rationalismus und Irrationalismus, Sensualismus und Spiritualismus, Traditionalismus und Neuerungssucht, Konventionalismus und Revolte gegen jeden Konformismus» ein brauchbarer Begriff des M. gewinnen läßt. [14]

3. *Epochen.* **a.** *Mittelalter, frühe Neuzeit.* Die Manierismen der lateinischen Literatur des Mittelalters sind ausschließlich rhetorisch und noch nicht weltanschaulich motiviert. [15] Erst um 1540 bildet sich in Frankreich ein eigener manieristischer Stil heraus, der sich von der antiken Rhetorik löst und eine eigene Physiognomie erhält. [16]

Unter den französischen Künstlern des ausgehenden Mittelalters und der frühen Neuzeit treten die ‹Grands Rhétoriqueurs› als frühe Manieristen hervor. Dichter wie G. CHASTELLAIN (1404–1475), J. MOLINET (1435–1507) und J. BOUCHET (1476–1550) versuchen, mit Rhythmus und Vokalisierungen ein hohes Maß lyrischer Musikalität zu erzielen. Daneben erfreuen sich bis weit in das 16. Jh. hinein pangrammatische Verse großer Beliebtheit, die im Französischen als ‹vers lettrisés› oder als ‹poésie allitérative› bezeichnet werden. Sie werden an die Dichter des 16. Jh. überliefert. Als mustergültig dürfen die Verse von CL. MAROT (1496–1544) gelten: «Triste, transi, tout terni, tout tremblant, / Sombre, songeant, sans sûre soutenance [...]» (traurig, erstarrt, völlig betrübt, überall erbebend / Dunkel, nachdenklich, ohne sicheren Halt [...]). [17]

Der neuzeitliche M. entstand in Italien und hat großen Einfluß auf die französische Kunst ausgeübt. Erst das 16. Jh. erreicht in dreifacher Hinsicht ein Bewußtsein, das als ideologische Basis eines selbstbewußten M. tragfähig ist. Unter geistes- und sozialgeschichtlichen Gesichtspunkten umfaßt es erstens den Übergang vom statischen Weltbild des christlichen Mittelalters zum dynamischen der Neuzeit, der nicht verdrängt, sondern zum Thema der Kunst erhoben wird (Krisenbewußtsein). Zweitens bilden sich zu dieser Zeit Persönlichkeiten heraus, die sich ihrer Individualität nicht nur bewußt sind, sondern diese bejahen und offensiv vertreten (Individualitätsbewußtsein). Drittens schließlich entwickelt der M. die Überzeugung von künstlerischer Eigenständigkeit: Kunstwerke werden als dauerhafte Äußerungen von Originalität und Virtuosität verstanden; sie sind keinen kunstfremden Maßstäben zu unterwerfen. [18] Die sozialgeschichtlichen Voraussetzungen dieser Entwicklung liegen im

«Erlebnis der Isoliertheit [vom] [...] Mitmenschen und des auf sich Zurückgeworfenseins im modernen Sinne», welches erst im M. in das Bewußtsein dringt.[19] Damit sind die Eckpunkte einer spezifisch modernen Erfahrung gesetzt, auf die der M. des 16. Jh. erstmals reagiert.

Die beschriebenen Veränderungen treten in der zeitgenössischen Dichtung auf unterschiedliche Weisen hervor. In seinem Gedicht ‹Art poétique› entwickelt J. PELETIER DU MANS (1517–1582) seine Lyrikkonzeption in Form einer parnassischen Nachahmung des Vogelgesangs: «Déclique un li clictis / Tretis petit fétis / Du pli qu'il multiplie / Il siffle au floc flori / Du buisson, favorit / D'Eco qui le replie.»[20] In Peletiers Lyrik verliert die Sprache ihre signifikative Funktion und wird als formaler Klangkörper verwendet. Das Spiel mit der Form ersetzt den Mitteilungscharakter. Ähnlich verhält es sich mit G. DU BARTAS (1544–1590) Lerchengedicht: «La gentile alouette avec son tire lire / Tire lire l'ire, et tire-lirant tire / Vers la voute du ciel: / Puis son vol vers ce lieu / Vire et désire dire: adieu Dieu, adieu Dieu.»[21] – Zu den repräsentativen Philosophen des M. im 16. Jh. zählt M. DE MONTAIGNE (1533–1592), dessen kontingentes Weltverständnis und Werterelativismus sich bereits in der Wahl der Gattung Essay dokumentieren.

Das innovative Thema ‹Subjektivität› wird in der manieristischen Lyrik vornehmlich in Form von *concetti* bearbeitet. M. SCÈVE (ca. 1501–ca. 1560) benutzt ihren antithetischen Charakter, um Individualität als hintergründig und geheimnisvoll erscheinen zu lassen. Im Gedicht ‹Délie› spricht er vom «plaisir de ma propre tristesse» (Vergnügen meiner eigenen Traurigkeit), auf das er sich stützt.[22]

Die große Verbreitung des Spiegelmotivs in der Literatur des 16. und 17. Jh., in der sich die Selbstbezüglichkeit manieristischer Dichtungen ausdrückt, wird u.a. durch neue handwerkliche Produktionstechniken begünstigt, die erstmals die Herstellung großdimensionierter Spiegel zuließen. Bereits RABELAIS stellt das Spiegelmotiv im Rahmen wiederholter Apostrophen dar: «Miroir clair et resplendissant / Miroir plaisant et resjouissant / Miroir ardent de grand splendeur / Miroir de très bonne grandeur / Miroir de cristal précieux [...]» (klarer und strahlender Spiegel / Vergnüglicher und erquickender Spiegel / Leidenschaftlicher Spiegel großen Glanzes / Großer Spiegel / Spiegel aus kostbarem Kristall [...]).[23] In der für den M. typischen Weitschweifigkeit wiederholt Rabelais beschwörend den Spiegel, der einerseits glatt und hart, andererseits zart und zerbrechlich zum Inbegriff manieristischer Kunst selbst avanciert.

Das Substantiv *maniériste* findet in Frankreich erst im 17. Jh. Verwendung. N. BOILEAU erwähnt in seinem programmatischen Lehrgedicht ‹L'Art poétique› einen Pointenstil, den die französischen Dichter von der italienischen Dichtkunst übernommen haben.[24] Eine sprachliche Kunstform, die sich vom klassischen Mitteilungscharakter der Sprache verabschiedet und unter Dichtung in erster Linie komplexe Paraphrasierungen und ästhetische Lautkombinationen versteht, entwickelt sich im Umfeld der Preziösen.[25] Als Vorbilder dienen die italienischen ‹poeti bizarri› L. GROTO und L. LEPOREO, die in Frankreich als ‹poètes hétéroclytes› (unregelmäßig, irregulär) bekannt wurden.[26]

b. *18. bis 20. Jh.* Während der literarische M. in der Aufklärung zugunsten einer an Klarheit und Kommunikation orientierten Sprache zurücktritt[27], gewinnt er zu Beginn der Moderne erneut an Bedeutung. Die Romantik gilt als eine weitere manieristische Epoche des neuzeitlichen Europa.[28] Das epochenspezifische Interesse an Subjektivität bedingt einen Bedeutungszuwachs des Narziß-Motivs, der besonders deutlich bei P. VALÉRY hervortritt: «O mon bien souverain, cher corps, je n'ai que toi! / Le plus beau des mortels ne peut chérir que soi... / [...] / J'aime... J'aime! ... Et qui donc peut aimer autre chose / Que soi-même?...» (O höchstes meiner Güter, lieber Körper, ich habe nur Dich! / Der Schönste aller Lebenden kann nur sich selbst lieben ... / [...] Ich liebe ... Ich liebe! ... Und wer kann etwas anderes lieben / Als sich selbst? ...)[29] Die Selbstbezüglichkeit des Narziß fällt bei Valéry mit einer Beschwörung der Autonomieästhetik zusammen, die die Vorstellung des ‹absoluten Kunstwerks› entwickelt.[30] Mit BAUDELAIRE, G. DE NERVAL und LAUTRÉAMONT treten literarische Manierismen verstärkt in Erscheinung.[31] Insbesondere im Symbolismus des ausgehenden 19. Jh. entwickelt sich eine ‹poésie pure›, in der ein manieristischer Formalismus wieder auflebt, der sich in Analogien, elliptischer Kürze und im Andeutungscharakter manifestiert.

Manieristische Dichtung akzentuiert insbesondere die moderne Erfahrung von Subjektivität und Weltkomplexität. Aus diesem Grund wird der literarische M. zwischen Renaissance und Hochbarock von der Forschung nicht selten zum Vorläufer der zeitgenössischen ‹modernen› Dichtung erklärt.[32] Daher lassen die surrealistischen Avantgardisten um A. BRETON (1896–1966) und P. ELUARD (1895–1952) neben der ‹écriture automatique› auch verschiedentlich Reminiszenzen an die Preziosität des 17. Jh. erkennen.[33] Für Breton wird die Metapher zur wichtigsten Figur: «Metapher gleich Rätsel, Ausdruck also nur noch der letztlich namen- und gesichtslosen Wirklichkeit.» A. ARTAUD (1896–1948) versteht seine Dichtungen als Resultat lettristischer Desintegrationsprozesse, bei dem die Sprache zu Klangkombinationen zerfällt: «Tout vrai langage / est incompréhensible, / comme la claque / du claque dents; / ou le claque (bordel) / du fémur à dents, (en sang) / faux / de la douleur sciée de l'os. / Dakantala / dakis ketel / to redaba / ta redabel / de stra muntils / o ept enis / e ept astra.»[34] Die syntaktische Struktur wird ebenso wie der semantische Wortgehalt in fortschreitender Weise aufgegeben. Einzig das Kombinationsprinzip und die Klangwirkung bleiben erhalten. Beide Techniken lassen den manieristischen Grundzug in seinen Dichtungen erkennen.

Seit den 1960er Jahren tritt eine Gruppe aus Schriftstellern und Mathematikern um R. QUENEAU, F. LE LIONNAIS, CL. BERGE und G. PEREC unter dem Namen ‹Oulipo› (Kurzform für ‹Ouvroir de Littérature Potentielle›) mit neuen manieristischen Techniken hervor. Als besonders provokativ gilt das Verfahren ‹S+7›, bei dem sämtliche Substantive eines Textes durch Begriffe ersetzt werden, die im Lexikon sieben Einträge später folgen. – Besonders bekannt wurde R. Queneaus ‹Cent Mille Milliard de Poèmes›, das aus zehn Sonetten besteht, deren jeweils vierzehn Verse beweglich und austauschbar sind. Auf diese Weise ergeben sich für den Leser einhundertmilliarden Kombinationsmöglichkeiten. – In seinen ‹Exercises de style› erzählt Queneau eine banale Geschichte in 99 semantischen und stilistischen Variationen und läßt dem manieristischen Spiel mit der sprachlichen Form freien Lauf.

Anmerkungen:
1 vgl. L. Lanzi: Storia pittorica della Italia (Florenz 1789). – **2** F. de Chambray: Idée de la perfection de la peinture (Paris 1662);

vgl. E. Battisti: Hochrenaissance und M. (1970) 120. – **3** vgl. J. Shearman: M. Das Künstliche in der Kunst (1988) 17. – **4** vgl. A. Boase: Le maniérisme tel qu'on peut l'établir aujourd'hui, in: Revue de littérature comparée 223 (1982) 262. – **5** vgl. F.J. Warnke: Mannerism in European Literature: Period or aspect?, in: Boase [4] 255. – **6** vgl. M. Raymond: La poésie française et le maniérisme (Paris 1971). – **7** vgl. G.-R. Hocke: M. in der Lit. Sprach-Alchimie und esoterische Kombinationskunst (1959) 168. – **8** vgl. W. H. Friedrich, W. Killy: Art. ‹M.›, in: dies. (Hg.): Das Fischer Lex. Lit. (1965) 354f. – **9** vgl. Curtius 278f. – **10** vgl. Shearman [3] 187. – **11** vgl. M. Thalmann: Romantik und M. (1963) 14f. – **12** vgl. A. Hauser: Der M. Die Krise der Renaissance und der Ursprung der modernen Kunst (1964) 272. – **13** vgl. C.G. Dubois: Le maniérisme (Paris 1979) 38ff. – **14** Hauser [12] 12. – **15** vgl. Hocke [7] 25. – **16** vgl. Shearman [3] 29. – **17** vgl. Curtius 287. – **18** vgl. Shearman [3] 50ff. – **19** vgl. Hauser [12] 116. – **20** Peletier du Mans: Art poétique (1555) (Genf 1971). – **21** Du Bartas: La Semaine, Cinquième jour (1581) (Paris 1981). – **22** M. Scève: Délie. Object de plus haulte vertu (1544) (Paris 1987). – **23** Rabelais, zit. J. Eymard: Le thème du miroir dans la poésie française (1540–1815) (Paris 1975) 43. – **24** vgl. N. Boileau: L' Art poétique 2 (Paris 1970) 105ff. – **25** Hocke [7] 30. – **26** vgl. ebd. [7] 39. – **27** Das Stichwort *maniérisme* ist bspw. in der ‹Encyclopédie› von Diderot und d'Alembert nicht verzeichnet. – **28** vgl. Thalmann [11] 14. – **29** P. Valéry: Fragments du Narcisse (Paris 1996). – **30** vgl. Shearman [3] 218. – **31** vgl. Hauser [12] 356. – **32** vgl. Hocke [7] 166f. – **33** ebd. [7] 38. – **34** A. Artaud: Ci-Git, in: Œuvres complètes, Bd. 12, 95 (Paris 1964).

Literaturhinweis:
M. Raymond: La poésie française et le maniérisme (Paris 1971).
F. Wanning

III. *Spanien, Portugal.* **1.** *Begriffliches.* Im spanischen und portugiesischen Kontext wird ‹M.› meist als Stilbegriff verwendet, der eine selbstbezügliche, hochgradig formalisierte und auf Überraschungseffekte angelegte Kunstrichtung bezeichnet. Im Zusammenhang literarischer Epochenbestimmungen wird im Spanischen selten von *manierismo,* sondern vorwiegend von *conceptismo* bzw. nach dessen Hauptvertreter GÓNGORA auch von *góngorismo* oder von *culteranismo* gesprochen, wobei die Übergänge zwischen beiden Kunstkonzeptionen fließend sind. [1] Als ein Stilphänomen, das sich auf die *elocutio* beruft und die klassisch-rhetorische Tradition zugleich zu übertreffen sucht, werden *conceptismo* und *culteranismo* traditionell als Verfallserscheinungen der antiken Rhetorik beschrieben, ohne daß ihr innovativer Charakter berücksichtigt würde. Ihre pejorative Konnotation geht auf die klassischen Maßstäbe der Literaturkritik des 19. Jh. zurück und wird erst im 20. Jh. überwunden. [2] Als Kritiker des *conceptismo* und des *culteranismo* schuf M. Menéndez Pelayo die Voraussetzungen ihrer Rehabilitation, indem er in Graciáns Werken Ansätze einer ‹ideologischen› Rhetorik erkennt. Von hier aus konnte der *conceptismo* neu bewertet und die Ästhetik des ‹Siglo de oro› als Versuch interpretiert werden, die formale Rhetorik zugunsten eines «tieferen Mitteilungsdranges und einer verwickelteren Ausdrucksgebärde» zu überwinden. [3]

2. *Stilbegriff.* Die Kunst in Spanien und Portugal entwickelte einen eigenständigen M. und konnte sich nur selten vom Einfluß der italienischen Renaissance lösen. [4] Im Vergleich zu anderen europäischen Ländern bleibt der italienische Einfluß jedoch begrenzt, und es besteht zu keiner Zeit ein direktes Abhängigkeitsverhältnis zwischen Italien und Spanien. [5] Der manieristische Stil versteht sich als intellektuelles Spiel und versucht, Disparates durch die artifizielle Demonstration ästhetischer Möglichkeiten zusammenzustellen. In der spanischen Malerei läßt sich EL GRECO (1541–1614) als Manierist bezeichnen. [6] Ausgehend von der formalisierten und auf Überraschung des Rezipienten angelegten bildenden Kunst entwickelt der *conceptismo* ein innovatives literarisches Darstellungsmodell, das in der berühmten Definition von B. GRACIÁN (1601–1658) als «un acto del entendimiento, que exprime la correspondencia que se halla entre los objetos» (ein Akt des Einvernehmens, der den Zusammenhang ausdrückt, der zwischen den Objekten besteht) resümiert wird. [7] Der *conceptismo* gilt seither als literarisches Verfahren, das Heterogenes und Disparates synthetisiert. Unter dem Primat der Subjektivität des Künstlers überwindet er die antike Rhetorik insofern, als Redefiguren hier ihre traditionellen Funktionen einbüßen und nur noch als Mittel verstanden werden, um die Schönheit des *concepto* zu entfalten. Im Unterschied zu Dialektik und Rhetorik hat es der Dichter nicht mehr mit Logik oder inhaltlich-argumentativer Wirkung, sondern vorwiegend mit ästhetischer Suggestion zu tun. Sein Ziel ist nicht länger Klarheit, sondern Subtilität. [8] Zu diesem Zweck bevorzugen Konzeptisten lebhafte, extravagante, bizarre Metaphern und zugespitzte, überraschende, paradoxe Formulierungen. Dabei ist keine der genannten Stilfiguren von sich aus manieristisch. Erst durch ihr gehäuftes Auftreten, das nicht durch den Darstellungsgegenstand selbst begründet ist, entsteht die manieristische Form. Die häufig anzutreffenden Paradoxien spanischer Manieristen werden auch als markantes Kennzeichen wesentlicher Teile der spanischen Nationalliteratur gedeutet. [9] – Der *culteranismo* dagegen pflegt die artifizielle und an antiken Vorbildern geschulte Ausdrucksweise. Er orientiert sich inhaltlich und formal an klassischen Vorlagen und geht über die stilistischen Metaphern und Paradoxien des *conceptismo* hinaus. [10] Als Hauptvertreter gelten LOPE DE VEGA und CALDERÓN.

So verschieden auch die künstlerischen Ziele von Cervantes und Góngora, Lope und Calderón im einzelnen sind, so zeigen die überzeugten Konzeptisten immer wieder Affinitäten zum *culteranismo.* Beide Seiten sind darüber hinaus durch die Überzeugung verbunden, daß die Kunst eigene Regeln entwickeln muß und daß die Pflege des sprachlichen Ausdrucks über die künstlerische Nachahmung zu stellen ist. Inhaltlich bearbeiten beide Kunstrichtungen das Problem der ‹Subjektivität› oder sie setzen sich mit ästhetischen Fragen auseinander.

3. *Epochen.* Das 17. Jh. (‹Siglo de oro›) gilt in der spanischen und portugiesischen Literatur als manieristisches Zeitalter. Die Ursprünge reichen jedoch bis in die Antike zurück.

a. *Anfänge.* Spanische Dichtungen sind traditionell durch ihren Metaphernreichtum geprägt, was durch jahrhundertelange enge Verbindungen mit dem Asianismus, aber auch mit der späteren arabischen Kultur begründet ist. [11] Zahlreiche antike und mittelalterliche Dichter und Rhetoriker stammen aus der Hispania: SENECA, LUKAN und MARTIAL ebenso wie RAMÓN LLULL (auch RAIMUNDUS LULLUS). B. GRACIÁN versteht sie als beispielhaft für seine eigene literarische Produktion. Seine literaturtheoretischen Schriften basieren auf dem Gegensatz zwischen *estilo asiático* und *estilo conciso, lacónico.* [12] Auf der Grundlage dieser Unterscheidung läßt sich der spanische M. in zwei voneinander stilistisch unterscheidbare und auch zeitlich auseinandergehende Strömungen aufteilen. Die erste, die hauptsächlich von CERVANTES (1547–1616) und GÓNGORA (1561–1627) vertreten wird, stellt die eines vorwiegend formalen M. dar. Die zweite, die ihren bedeutendsten Vertreter in CALDERÓN (1600–1681) hat, ragt bereits in den Barock hinein und gewinnt ihre stilistischen Eigenarten vom Nachleben manieristischer Techniken.[13] Zwar macht die Forschung auch auf die stilistischen Gegensätze zwischen Cervantes und Góngora aufmerksam, die einander als realistisch-extrovertiert bzw. als irrealistisch-introvertiert gegenübergestellt werden.[14] Gerade in ihrer scheinbaren Gegensätzlichkeit zeigt sich jedoch die Breite des spanischen M.

b. *Conceptismo.* Im 17. Jh. entwickeln die Traktatisten besonders in Spanien, aber auch in Italien und England eine ‹Para-Rhetorik›, die als eine erste Abwendung von der klassischen Rhetorik zu verstehen ist.[15] Dem hochartifiziellen und hermetischen Kunstverständnis eines GÓNGORA stehen LOPE DE VEGA und QUEVEDO gegenüber, die sich der klassischen Sprache verpflichtet fühlen. Nichtsdestoweniger finden sich gerade auch bei LOPE Beispiele für die im *conceptismo* verbreiteten *versus rapportati*, bei denen sich die einzelnen Verse in komplexer Weise überschneiden und aufeinander beziehen: «Cuando a las manos vengo / Con el muchacho ciego, / Haciendo rostro embisto, Venzo, triunfo y resisto / La flecha, el arco, la ponzoña, el fuego [...].» (Wenn ich handgreiflich werde / mit dem blinden Jungen / mit entschlossenem Gesicht dränge ich vor / Siege, triumphiere und widerstehe / Dem Pfeil, dem Bogen, Gift und Feuer [...].)[16]

M. DE CERVANTES (1547–1616) wendet sich mit dem Roman ‹Don Quijote› gegen die literarische Fortschreibung tradierter Stereotype und weist zahlreiche manieristische Techniken auf.[17] Hierzu zählen beispielsweise die sog. *versos de cabo roto*. Es handelt sich um ‹abgekneipte› Verse, die sich nur deshalb reimen, weil die letzte Silbe jedes Verses abgeschnitten wird. Im Gedicht der Zauberin Urganda, das auf Cervantes Vorwort des ‹Don Quijote› folgt, heißt es: «Si de llegarte a los bue-, / Libro, fueres con letu-, / No te dirá el boquirru- / Que no pones bien los de-.» (Wenn zu Trefflichen zu ko-mmen / Du, mein Buch, erstreben ka-nnst, / Wird dir kein Gelbschnabel sa-gen, / Daß Du es nicht gut getroffen).[18] Cervantes parodiert im gleichen Werk manieristische Ausdrucksweisen wie die *distinctio*: «La razón de la sinrazón que a mi razón se haze, de tal manera mi razón enflaqueze, que con razón me quejo de la vuestra fermosura.» (Der Sinn des Widersinns, den ihr meinen Sinnen antut, schwächt meinen Sinn dergestalt, daß ein richtiger Sinn darin liegt, wenn ich über Eure Schönheit Klage führe.)[19] In der Parodie des Stils Feliciano da Silvas dokumentiert sich Cervantes' ambivalente Einstellung, da er sich mit Hilfe manieristischer Verfahren vom M. distanziert. Mit seinen autoreflexiven Passagen und intertextuellen Bezügen, seiner Dialogizität und eingeschobenen Erzählungen sowie seiner komplexen Erzählstruktur erweitert Cervantes das ästhetische Repertoire der Epik seiner Zeit und dokumentiert sein Interesse an formaler Besonderheit.

LUIS DE GÓNGORA (1561–1627) gilt als wichtigster Vertreter des spanischen M. In seinem Hauptwerk ‹Soledades› verknüpft er artifizielle sprachliche Manierismen mit umgangssprachlichen Wendungen. Auch scheut er sich nicht davor, das Geschlecht der Substantive aus Reimgründen zu wechseln.[20] Trotz seiner Nähe zur Alltagssprache wendet er sich strikt gegen Natürlichkeit und Klarheit als Stilprinzipien: «Natürlichkeit: was für eine Armut des Geistes! – Klarheit: was für eine Gedankenlosigkeit!»[21] Mit Hilfe umfangreicher Metaphorisierungen verfremdet er alltägliche Gegenstände und schafft eine außergewöhnliche sprachliche Wirklichkeit: Vögel bezeichnet er als ‹befiederte Kitharen› oder ‹Federorgeln›, die Armada als ‹ruhelosen Wald›, ein schlafendes Mädchen wird bei Góngora zum ‹schlafenden Kristall›, und Flußinseln bezeichnet er als ‹dichtbelaubte Parenthesen in der Strömung›. Neben solch kühnen Metaphern kennzeichnen irreale Vergleiche und Paradoxien seine Lyrik: Die Erde beschreibt er als blau wie eine Orange. Purpurne Stunden stehen neben einer weißhaarigen Zeit, die sich die Tage auskämmt. Die Technik indirekten Sprechens und poetisch-mythologischer Anspielungen kommt bereits in der ersten ‹Soledad› in vollem Umfang zum Tragen: «Era del año la estación florida / En que el mentido robador de Europa / Media luna las armas de su frente, / Y el sol todos los rayos de su pelo / Luciente honor del cielo / En campos de zafiro pace estrellas, Cuando el que ministrar podia la copa / A Júpiter mejor que el garzón de Ida / Náufrago y desdeñado, sobre ausente, / Lagrimosas de amor dulces querellas / Da al mar [...].» (Es war des Jahres blumenreiche Zeit, / in der, verkappt, Europas trügender Entführer / – ein Halbmond seiner Stirne Waffen, / und die Sonne all' die Strahlen seines Haars –, / leuchtend des Himmels Ehre, / auf saphirnen Gefilden Sterne weidet; / als einer, der kredenzen könnte Jupiter / den Kelch weit besser als vom Idaberg der Jüngling, / – schiffbrüchig, verschmäht und überdies getrennt, / Tränen der Liebe, süße Klagen / hingab dem Meer [...].)[22] Góngoras Hermetismus erscheint hier in Form von schwerverständlichen und oftmals weit hergeholten Assoziationen, mit denen er die direkte und banale Benennung des Gegenstands vermeidet. In Gestalt der S*ilva amorfa*, d.h. in sieben- und elfsilbigen Versen ohne geregelte Stropheneinteilung, zeigt sich, daß der geschliffene sprachliche Ausdruck der konventionellen Fabel übergeordnet ist.[23]

Zu den beliebtesten Stilmitteln Góngoras zählen Hyperbaton, Oxymoron und Metapher, deren exzessiver Gebrauch ihm häufig vorgehalten wurde.[24] Er steht hier in einer Reihe mit CALDERÓN und GRACIÁN, denen die Metapher als das wichtigste Stilmittel sowohl der Lyrik als auch der Epik gilt. Góngoras Lyrik greift häufig auf das Narziß-Motiv zurück und dokumentiert darin seine Affinität zum Subjektivitätsprimat manieristischer Kunst. Zahlreiche portugiesische Dichter des 17. Jh., wie z.B. F. CHILD ROLIM DE MOURA (1577–1640), waren in hohem Maß von GÓNGORA beeinflußt.

c. *Culteranismo.* Der spanische Jesuit B. GRACIÁN (1601–1658) verfaßte die erste systematische Poetik des M. In seiner Schrift ‹Agudeza e Arte de Ingenio en que se explican todos los modos y diferencias de Conceptos› (Erstausgabe 1642, erweiterte Auflage 1648) stellt er den *conceptismo* als pointierte gattungsübergreifende Stilkunst vor und vertritt die Auffassung, daß nicht die Referenz auf Wirklichkeit, sondern der sprachlich-suggestive Effekt den Wert eines Textes bestimme. Unter dem zentralen Begriff der *agudeza*, der mit Scharfsinn oder Geistesschärfe zu übersetzen ist, soll sich der Künstler von tradierten Regeln lossagen und mit Hilfe seines *ingenio* Disparates zusammenführen. Widerstrebendes wird zunächst sprachlich vereint, um schließlich aber auch Entsprechungen auf der Ebene der Referenzobjekte selbst herzustellen (‹concordar los extremos repugnantes›).[25] ‹Conceptuar› kennzeichnet für ihn das ‹moderno escribir›, das den Rezipienten als Miterfinder in die künstlerische Produktion einbezieht. Graciáns

Dichtungstheorie ist nicht doktrinär und vermag entgegengesetzte Vorzüge und Stilformen anzuerkennen.[26] Im Falle eines Widerspruchs wird jedoch das individuelle *ingenium* von Dichter und Leser dem regelorientierten *iudicium* übergeordnet.[27] Zur Verdeutlichung seiner Theorie zieht Gracián eine exemplarische Linie von MARTIAL bis GÓNGORA.

Ein häufig verwendetes Stilmittel des spanischen und portugiesischen M. ist die *annominatio*. Eines der bekanntesten Beispiele bietet P. CALDERÓN DE LA BARCA (1600–1681): «Granjas tengo en Balafor; / Cajas fueron de placer, / Ya son casas de dolor.» (Die Gehäuse [cajas] der Lust wurden zu Häusern [casas] des Schmerzes.)[28] Als Vertreter des *culteranismo* bezeichnet Calderón u.a. geistige Überheblichkeit metaphorisch als *hydrops* (Wassersucht): In ‹La vida es sueño› heißt es: «Con cada vez que te veo / Nueva admiración me das, / Y cuando te miro más, / Aun más mirarte deseo / Ojos hidrópicos creo / Que mis ojos deben ser [...].» (Jedesmal wenn ich Dich sehe / bewundere ich Dich aufs Neue / Und wenn ich Dich näher sehe / Wünsche ich mir mehr, Dich zu sehen / Wassersüchtige Augen, die sollen mein sein [...].)[29] Darüber hinaus zählt das lyrische Summationsschema, das die Parallelismen vorangegangener Strophen kurz rekapituliert, zu den beliebten Techniken Calderóns.[30] Insbesondere in seinen Ehrendramen wendet sich Calderón an ein aristokratisches Publikum, das seinen artistischen und komplexen Stilübungen folgen kann.

Im Portugiesischen finden sich culteranistische Ausschmückungen u.a. bei D. FRANCISCO DE PORTUGAL (1585–1632), der sowohl in spanischer als auch in portugiesischer Sprache dichtete.

4. Moderne. Im 18. Jh. verliert der M. literaturgeschichtlich an Bedeutung, weil die gesellschaftlichen Aufgaben, die der Dichtung übertragen werden, kaum Platz für artifizielle Stilübungen lassen. Die conceptistische Tradition der zugespitzten Pointierung findet erst in der literarischen Moderne ihre Fortsetzung. J.L. BORGES (1899–1986) versucht, mit Hilfe der Metapher, ‹neue Arten von Bezügen und Erregungen› im Geist des Lesers zu wecken.[31] J. ORTEGA Y GASSET (1883–1955) versteht die Metapher als ‹Gerät der Schöpfung› und zugleich als die größte Macht, die der Mensch besitzt.[32] Im Zuge moderner Autonomiebestrebungen finden manieristische Tendenzen hier ihre Fortsetzung.

Anmerkungen:
1 vgl. M. Blanco: Les Rhétoriques de la Pointe. Baltasar Gracián et le Conceptisme en Europe (Genf 1992) 6. – 2 W.H. Friedrich, W. Killy: Art. ‹M.›, in: dies. (Hg.): Das Fischer Lex. Lit. (1965) 357; Blanco [1] 1f. – 3 M. Menéndez y Pelayo: Historia de las ideas estéticas en España (Santander 1940) II. – 4 J. Shearman: M. Das Künstliche in der Kunst (1988) 30. – 5 A. Hauser: Der M. Die Krise der Renaissance und der Ursprung der modernen Kunst (1964) 236. – 6 Shearman [4] 31. – 7 B. Gracián: Agudeza y arte de ingenio, hg. von E. Correa Calderón (Madrid 1969) Bd.1, 55. – 8 G.R. Hocke: M. in der Lit. Sprach-Alchimie und esoterische Kombinationskunst (1959) 139. – 9 Hauser [5] 255. – 10 ebd. 309f. – 11 Hocke [8] 71. – 12 Gracián [7]. – 13 Hauser [5] 306. – 14 ebd. 306. – 15 Hocke [8] 59. – 16 Lope de Vega, in: M. Menéndez y Pelayo: Las cien mejores poesías de la lengua castellana (Mexico 1959) 106. – 17 vgl. Hauser [5] 9 u. 112. – 18 M. de Cervantes: Don Quijote, Vorrede (Madrid 1976). – 19 Cervantes [18] Bd.1, 1. – 20 vgl. Curtius 300; Hauser [5] 286. – 21 Góngora, zit. Hauser [5] 40. – 22 Góngora: Erste Soledad, Übers. E. Ahrendt (1974). – 23 Hauser [5] 307. – 24 Curtius 279. – 25 Gracián [7] Bd.1, 55. – 26 Curtius 304. – 27 Curtius 299. – 28 Calderón: Obras completas, hg. v. C. Keil (Madrid 1995) Bd.4, 202b. – 29 Calderón: La vida es sueño I, 4 in: Obras completas [28] Bd.1, 2b – 30 vgl. Curtius 293. – 31 J.L. Borges: La metáfora, in: Cosmópolis (Madrid, Nov. 1921) 64. – 32 J. Ortega y Gasset: Ensayo a manera de prólogo, in: ders.: La deshumanización del arte (Madrid 1925) 145–154.

Literaturhinweise
F. Lázaro Carreter: Sobre la dificultad conceptista, in: Estudios dedicados a Menéndez Pidal, Bd.6, Consejo Superior de Investigaciones Científicas (Madrid 1956) 355–386. – E. Sarmiento: Sobre la idea de una escuela de escritores conceptistas en España, in: Homenaje a Gracián, Zaragoza, Institución Fernando el Católico (1958) 145–153. – H.-J. Neuschäfer: Der Sinn der Parodie im Don Quichote (1963). – A. Porqueras Mayo: La teoría poética en el Renacimiento y Manierismo españoles (Barcelona 1986). – M. Blanco: El mecanismo de la ocultación. Análisis de un ejemplo de agudeza, in: Criticón 43 (Toulouse 1988) 13–36. – A. Porqueras Mayo: La téoria poética en el Manierismo y Barroco españoles (Barcelona 1989). – M.-P. Manero Sorolla: Los tratados retóricos barrocos y la exaltación de la imagen, in: Revue littéraire 53, 106 (1991) 445–483. – E. Forastieri-Braschi: Etsi Petrus Ramus taceret, res ipsa loquetur: sobre ramismo e conceptismo, in: Torre 6, 24 (1992) 461–475.

F. Wanning

IV. Deutschland. 1. Mittelalter. Geht man von der Annahme aus, daß der literarische M. ein Verfahren mit der Funktion ist, bei gewahrter konventioneller Basis poetische Artistik vorzuführen und dadurch Reaktionen auf eben diese Artistik herauszufordern[1], so trifft man schon in den mittelalterlichen Literaturen auf eine Vielzahl von Belegen dafür. Beispiele finden sich sowohl in den Volkssprachen als auch in der lateinischsprachigen Literatur (etwa die ‹Ecloga de calvis› des HUCBALD VON ST. AMAND als Beispiel für pangrammatische Artistik[2]), die hier allerdings nur am Rande berücksichtigt werden kann. Bei den deutschsprachigen Beispielen handelt es sich vielfach um formale Virtuosenstücke auf der Ausdrucksebene, also z.B. Anagramme, Akrosticha, Notarika, Abecedarien, Lipogramme oder auch Palindrome einzelner Autoren.[3] Solche Virtuosenstücke finden wir bis ins 20. Jh., sie können wegen ihrer Fülle für das Mittelalter nur zusammenfassend angesprochen werden. Von einem ersten manieristischen Schreibweisen-Genre im Mittelalter kann man aber insbesondere bei Texten nach der sogenannten 'Wende des Minnesangs' im 13. Jh. zum geblümten Stil hin sprechen. Unter ‹geblümtem› Stil versteht man einen Stil, der sich extensiv und offensichtlich in artistischer Absicht zahlreicher Techniken der Rhetorik bedient (Periphrasen, gesuchte Metaphern, seltene Wörter, Worthäufungen, Wiederholungen etc.); die Bezeichnung selbst leitet sich von dem schon in mittelalterlichen rhetorischen Zusammenhängen verwendeten Wort «blümen» her. Ein Schwellentext zum mittelalterlichen Manierismus hin ist WOLFRAMS VON ESCHENBACH ‹Titurel› (um 1210), ein wichtiger Belegfall für manieristisches Schreiben, das sich nicht nur im geblümten Stil erschöpft, sondern auch erzähltechnische und inhaltliche Elemente einbezieht, ist sodann der sogenannte ‹Jüngere Titurel› ALBRECHTS VON SCHARFENBERG (ca. 1278). Der Einfluß des ‹Jüngeren Titurel› auf die Entwicklung des geblümten Stils im Bereich der Minnerede (z.B. ULRICHS VON LICHTENSTEIN ‹Frauenbuch›, ca. 1257, HADAMARS VON LABER ‹Die Jagd›, ca. 1340, die anonyme ‹Minneburg›, 14. Jh.) wird als bedeutend eingeschätzt. Weitere wichtige Belege für manieristische Artistik sind sowohl in den Leichs, Sangsprüchen und Liedern FRAUENLOBS (1250–1318, HEINRICH VON MEISSEN) zu finden, als auch bei einem der vielseitigsten Dichter des Mittelalters, bei KONRAD VON WÜRZBURG (ca. 1220–1287). Sowohl Konrads Mariengedicht ‹Die goldene Schmiede› zeugt von Formvirtuosität, als auch mancher Text seiner kleinen Lyrik, namentlich etwa Nr. 26 (‹Gar bar lît wît walt›) als Beispiel für ein *logodaedalion* [4] sowie für reiche Reimartistik, und mehr noch Nr. 30 (‹Swâ tac erschînen sol zwein liuten›) als Belegfall für den ansonsten in der deutschen Dichtung ungebräuchlichen, hochartistischen All- oder Holoreim [5] (die niederländischen Rederijkers sprechen von «aldicht»), bei dem sich ganze Zeilen reimen. Bei Konrad von Würzburg zeigen sich die zwei der drei Hauptverfahren manieristischen Schreibens im Mittelalter – das Blümen und die Versartistik (die die Reimartistik einschließt). Die dritte, weit über das Mittelalter hinausreichende manieristische Technik ist die des artistischen Figurengedichtes (als bedeutendstes Werk des Mittelalters gilt hier das lateinische ‹De laudibus Sanctae Crucis› des HRABANUS MAURUS [6]). Im Hinblick auf die Versartistik schließt sich Konrad dabei wohl an einige Vorläufer im Bereich der späthöfischen Lyrik an, etwa GOTTFRIED VON NEIFFEN, ULRICH VON WINTERSTETTEN und BURKHARD VON HOHENFELS). [7] Von besonderem Interesse ist neben Konrad von Würzburg auch HEINRICH VON MÜGELN (1310–1370) – dies nicht allein wegen seiner poetischen Praxis in seinem Hauptwerk ‹Der Meide Kranz› (um 1355), sondern mehr noch wegen seiner Begründung dieser poetischen Praxis. Heinrich von Mügeln ist einer der ersten, die ausdrücklich und ausführlich auch in deutscher Sprache von der *ars rhetorica* als Grundlage der Poesie gehandelt haben. [8] In der sogenannten ‹Münchener Handschrift› finden sich lateinischsprachige Ausführungen Mügelns über die *artes liberales*, anschließend in deutscher Sprache aber auch einige Verse über die «rhetorica», in denen eine Poetik des Blümens («die blumen alles tichtes sinne zieren») entwickelt wird. Weitere Ausführungen hierzu finden sich in Mügelns Sangspruchdichtung (Strophe 7,3) sowie in ‹Der Meide Kranz› (Verse 269–318). Mügelns manieristische Schreibpraxis nutzt insbesondere Genitivmetaphern bzw. Genitivkonstruktionen als Techniken des Blümens, die schon auf eine Art Artistik der Uneigentlichkeit zielt und dabei preziöse Stilvaleurs mit umschließt. Wegen seiner großen Kunstfertigkeit wurde Heinrich von Mügeln (wie auch Frauenlob und Konrad von Würzburg) von den Meistersingern (namentlich in ADAM PUSCHMANNS ‹Gründlicher Bericht des deutschen Meistersangs›, 1571) zu den zwölf alten Meistern gerechnet, deren Themen, Darstellungsweisen und 'Töne', also Strophenformen, als vorbildlich galten.

2. *16. Jh.* Im Bereich des Meistersangs selbst stößt man denn auch auf Beispiele für manieristische Artistik im Übergang vom 15. zum 16. Jh. und im 16. Jh. Reim- und Versartistik gehören ebenso zu den Kennzeichen des Meistersangs wie insbesondere im frühen Meistersang der 'geblümte Stil'. Als Beispiele könnte man hier sowohl den ‹Marienpreis› [9] von JÖRG SCHILLER (15./16. Jh.) nennen, als auch das ‹Reimkunststück. Im verborgenen Ton› [10] von HANS FOLZ (1479–1515), die ‹Marienstrophe. In Sixt Beckmessers goldenem Ton› [11] von LIENHART NUNNENPECK (15./16. Jh.) oder auch die ‹Überkurze Senfkörnleinweise› [12] von AMBROSIUS METZGER (1573–1632). Der bedeutendste Beleg für manieristische Artistik im 16. Jh. findet sich allerdings in der Romanliteratur der Zeit, es ist die ‹Affentheurlich Naupengeheurliche Geschichtklitterung› des JOHANN FISCHART (1546–1590). Der 1570 in erster Auflage erschienene (und bis zur dritten Auflage 1590 immer manieristischere) Roman nach der Vorlage von ‹Gargantua et Pantagruel› des F. RABELAIS zeichnet sich im lexikalischen Detailbereich durch die amplifizierende, artistische Formung des morphologischen und phonologischen Materials aus (Wort- und Klangspiele, Reime, Alliterationen, Neologismen, exzessive Sprachmengerei), im einzelwortüberschreitenden und textbildenden Mittelbereich durch asyndetische und polysyndetische Reihungen und Worthäufungen, Kataloge, Digressionen und Amplifikationen, sowie auf einer textübergreifenden Ebene durch formale Manierismen in der Erzählerrede. [13] Dabei wird Fischarts manieristische Schreibweise durch zeitgenössische lateinischsprachige Poetiken bzw. Rhetoriken wenigstens ansatzweise legitimiert. Seit Beginn des 16. Jh. kommt es nämlich hier zu einer «Geschmacksverschiebung in Richtung der Stile des manieristischen Typs» [14], zu deren Hauptaspekten eine Uminterpretation bzw. eine Vernachlässigung der *inventio* im System der Rhetorik zugunsten der *elocutio* und der Affektenlehre gehört. Für das ausgehende 16. Jh. sind als weitere Fälle manieristischen Schreibens manche Dichtungen THEOBALD HOCKS (1573–ca. 1624) und CHRISTOPH VON SCHALLENBERGS (1561–1597) zu nennen, daneben ist aber auch auf die manieristische neulateinische Literatur aufmerksam zu machen, etwa bei PAUL SCHEDE MELISSUS (1539–1602), PETRUS LOTICHIUS SECUNDUS (1528–1560), FRIEDRICH TAUBMANN (1565–1613) oder auch CASPAR BARTH (1587–1658), die man zusammenfassend als ‹späthumanistische Artisten› bezeichnen kann.

3. *17. Jh.* Der Strang der neulateinischen Manieristen [15] reicht bis ins 17. Jh. hinein, zu ihnen zählen JACOB BALDE (1603–1668) und andere. Neben und seit der ‹Späthumanistischen Artistik› (1) (zu der im 17. Jh. durchaus auch einzelne Texte von Dichtern wie GEORG RODOLPH WECKHERLIN oder JOHANNES PLAVIUS gerechnet werden können) entwickelt sich in der deutschsprachigen Literatur des 17. Jh. ein ganzes Spektrum manieristischer Verfahren, zumal unter dem Einfluß der internationalen *argutia*-Bewegung. Es gibt kaum einen Dichter im 17. Jh., der nicht auch wenigstens in einzelnen Texten manieristische Artistik vorführte. Akrosticha oder «Vornläuffe» (SCHOTTEL), Anagramme oder «Letternwechsel» (PHILIPP VON ZESEN), Palindrome oder «Krebs-Gedichte» (von Zesen), Proteusverse und *versus rapportati*, Summationsschemata [16], Echoreime und Lipogramme, Embleme und Figurengedichte, pointierte Epigramme und zahlreiche andere manieristische Formen machen allein durch ihre Fülle das 17. Jh. zu einem Höhepunkt des M. in der deutschen Literatur. So erweist sich schon M. OPITZ in seiner Schrift ‹Aristarchus sive De contemptu linguae teutonicae› (1617) als Anagramm-Artist, unter seinen Gedichten und selbst im ‹Buch von der deutschen Poeterey› stoßen wir zudem auf eine Reihe manieristischer Kunststücke. Typologisch [17] läßt sich der ‹Späthumanistischen Artistik› die (2) ‹Nürnberger Artistik› zur Seite stellen, also die Artistik der sogenannten 'Pegnitz-Schäfer' – wie vor allem G. PH. HARSDÖRFFER oder auch J. KLAJ, deren Dichtungen sich immer wieder durch die charakteristischen Klangspiele (durch Reime, Pangrammatismen u.a.m.) auszeichnen. Daneben finden sich hier auch zahlreiche andere manieristische Techniken (etwa Lipogramm-Geschichten ohne L und M in Harsdörffers ‹Frauen-Zimmer Gespräch-Spielen›, Embleme u.a.m.). Ein Höhepunkt des Nürnberger M., der nach Harsdörffers Wort als «Vernunft-Kunst» bezeichnet werden kann, sind Klajs ‹Redeoratorien›

(1644) – geistliche Vorlesedramen, die nicht nur sprachliche Artistik zeigen, sondern von dem Vorlesenden eben auch Vortragsartistik verlangen. Aus der Perspektive des Nachbarock verbindet man mit dieser Zeit häufig auch das Stichwort «Schwulst», und die ‹Schwülstige Artistik› (3) kann tatsächlich als weitere Richtung des M. im 17. Jh. bezeichnet werden. 'Schwülstige Artistik', die wir im Zeitraum zwischen 1670 und 1720 in zahlreichen literarischen und rhetorischen Gattungen (Leichenrede, Predigt, Brief) antreffen, zeichnet sich durch großen rhetorisch-stilistischen Aufwand sowie eine demonstrative Instrumentalisierung von gelehrtem Wissen aus, die zusammengenommen zu dem übergreifenden Stil- und Kompositionsprinzip der Schwerverständlichkeit, ja Dunkelheit führen. Man hat allerdings betont, daß der Schwulst-Stil nicht etwa aus gesteigertem ästhetisch-artistischen Schmuckwillen entstanden sei, sondern aus rhetorischen Überredungstechniken, und die gehäufte Verwendung von Tropen und Figuren diene hier einem affektiven Überredungsverfahren. Die Basis dieses Verfahrens sei in dem Vertrauen in die Beweisvalidität sinnbildlich-analogiehafter Schulformen zu suchen.[18] Wichtigster Repräsentant einer schwülstigen Artistik ist sicherlich D.C. VON LOHENSTEIN, Beispiele seiner Artistik finden sich sowohl in metaphern- und anspielungsreichen Gedichten wie dem mit dem Titel ‹Venus› als auch in seinem 'labyrinthisch' konstruierten Roman ‹Grossmüthiger Feldherr Arminius›. Weitere Typen manieristischen Schreibens im Barock wären die ‹Galante Artistik› (4), repräsentiert etwa durch die eleganten, zur pointierten Concettistik neigenden Dichtungen CHR. HOFFMANN VON HOFFMANNSWALDAUS, sowie schließlich das, was man als ‹Spirituelle Artistik› (5) bezeichnen könnte. Hierzu sind solche manieristischen Texte zu rechnen, die zudem die Funktion haben, mit Hilfe ihrer Artistik religiöse Überzeugungen zu demonstrieren, zu vermitteln oder zu vertiefen. Höhepunkte dieser im 17. Jh. ubiquitären Konstellation bieten wohl die Dichtungen C.R. VON GREIFFENBERGS sowie diejenigen QU. KUHLMANNS. In seinem Werk ‹Himmlische Libes=Küsse› (1671) oder auch in den ‹Kühlpsaltern› (1677) präsentiert Kuhlmann ein Gemisch von kabbalistischer Sprach-und Zahlensymbolik als *ars combinatoria*, dunkler Metaphorik und Elementen religiöser Inbrunst. Gestützt wird die manieristische Dichtungspraxis im 17. Jh. insgesamt durch zahlreiche implizite oder explizite Dichtungslehren. Schon J.C. SCALIGERS, im 17. Jh. insbesondere in Deutschland breit rezipierten ‹Poetices libri septem› behandeln (allerdings eher distanziert) eine Fülle artistischer Einzeltechniken (z.B. Scaliger II, 28–30: παγγράμματος, pangrammatos – alle Buchstaben enthaltende Verse; *versus reciproci*, *versus correlativi*, *versus serpentini* u.a.m., mit nachweislichem Einfluß etwa auch auf den französischen Manieristen ESTIENNE TABOUROT), ebenso dann J.G. SCHOTTELS ‹Teutsche Vers- oder ReimKunst› (1656) oder auch Harsdörffers ‹Poetischer Trichter› (1647–53) und seine ‹Frauen-Zimmer Gespräch-Spiele› (1641–49), um nur einige zu nennen.

Am Beispiel von Harsdörffers ‹Poetischem Trichter› kann man noch einmal verdeutlichen, wie tiefgreifend die Poetik des M. seit der Wende zum Barock ist. So wird hier die *inventio*-Lehre elokutiven Absichten dienstbar gemacht, die Topoi dienen hier als Quellen sprachlicher Schmuckformen, die Verwunderung erregen und der *delectatio*-Funktion der Poesie genügen sollen.[19] Harsdörffers (und nicht nur Harsdörffers) manieristische

Schreibweise ist eng verflochten mit der Poetik der *argutia*-Bewegung (der u.a. J. MASEN mit seiner ‹Ars nova argutiarum›, 1660, oder auch D.G. MORHOF mit seiner ‹Commentatio de disciplina argutiarum›, 1693, zusammenfassende Darstellungen widmen). Flankiert und unterfüttert werden manieristische Poetik und Dichtungspraxis im 17. Jh. durch enzyklopädisch-spekulative Forschungen einzelner Gelehrter wie z.B. A. KIRCHER. Ihren Niederschlag findet 'manieristische Gelehrsamkeit' auch z.B. bei J.H. ALSTED, der in seiner ‹Encyclopedia› ein Kapitel ‹De technopagnio poetico Latino› bietet, in dem er allein sechzig manieristische Gestaltungsformen des Figurengedichtes präsentiert, angefangen beim ‹Acromonosyllabicum› und beendet mit dem Stichwort ‹Turris› (‹Turris poetica servit rebus magnificis & firmis exprimentis›).[20]

4. *18. und 19. Jh.* Schon gegen Ende des 17. Jh. wendet man sich allerdings im Zeichen eines neuen, aufgeklärten Geschmacks von Formen der barocken manieristischen Artistik ab, und so sind im 18. und noch im 19. Jh. (bis auf wenige Ausnahmen um 1800) nur mehr einzelne und eher spielerische Belegfälle für manieristische Artistik anzutreffen: beispielsweise Belegfälle für Lipogramme in B.H. BROCKES ‹Irdisches Vergnügen in Gott›, in den Gedichten (1788) und Erzählungen (1794) des 'Lipogramm-Spezialisten' G.W. BURMANN, in F. RITTLERS Roman ohne R ‹Die Zwillinge› (1813) und der Fortsetzung ‹Emma und Gustav von Falkenau› (1820) sowie in L. KOLBES ‹Keine Liebe ohne Qualen. Eine kleine Geschichte, einfach und doch künstlich› (1816) oder auch in den ‹Unterhaltenden Geduldsproben in kleinen Romanen, Novellen und Erzählungen, in welchen jedesmal ein bestimmter Buchstabe fortgelassen ist, nach der Reihenfolge des Alphabetes› eines gewissen F.A.C. KEYSER.[21] In diesen Zusammenhang gehört auch die gehäufte Scherzkatachrese, das Wippchen, wie sie in J. STETTENHEIMS ‹Wippchens sämtliche Berichte› (1878) anzutreffen ist. Die wohl wichtigste der angesprochenen Ausnahmen von einer doch alles in allem übergreifenden Abkehr von manieristischer Artistik als Dichtkunst im 18. und 19. Jh. ist JEAN PAUL. Dabei lehnt Jean Paul Formen des spielerisch-formalen M. wie gerade auch das Lipogramm oder das Akrostichon ausdrücklich ab[22] – und signalisiert dadurch zugleich das Ende eines rhetorisch geprägten M. und den Beginn einer Ästhetik des M. In seinem Romanwerk ab dem Fragment ‹Die unsichtbare Loge› (1793) zeigt sich insbesondere eine komplexe, textübergreifende Artistik der Uneigentlichkeit, deren technischer Variantenreichtum durch das bekannte Etikett der «Gleichnismanier» eher verdeckt wird. Die Entwicklung der manieristischen Schreibweise in Jean Pauls Werk geht einher mit der Herausbildung eines peripheren Ich-Erzählers: Im M. zeigt sich die Subjektivität der Erzählerfigur wie auch anderer humoristischer Charaktere. Jean Pauls Schreibweise findet in den zeitgenössischen Poetiken (und insbesondere in den frühromantischen) ansatzweise eine Legitimation, ohne doch hiervon abhängig zu sein.[23] Neben Jean Pauls M. der Uneigentlichkeit müssen sowohl einige Stücke L. TIECKS (z.B. ‹Der gestiefelte Kater›) mit ihrer kompositorischen und mit Fiktionsebenen spielenden Artistik genannt werden, als auch eine Reihe von Virtuosenstücken A.W. SCHLEGELS (etwa sein Sonett ‹Deutung›), F. SCHLEGELS (z.B. ‹Der Wasserfall›), C. BRENTANOS (‹Komm Kühle, komm küsse den Kummer / Süss säuselnd von sinnlicher Stirn›) und selbst J. VON EICHENDORFFS (etwa sein ‹Assonanzliedchen›). Die bedeutendste Ausnahme einer Abkehr vom M. neben Jean Paul aber ist F. RÜCKERT mit seiner umfang- und variantenreichen Vers- und Reimartistik aus gelehrt-orientalistischer Quelle [24] – der an mancher Stelle sogar den ansonsten komischen Schüttelreim als ernsthaftes Kunststück präsentiert (‹Die Klanggeister›).

5. *20. Jh.* In der deutschsprachigen Literatur des 20. Jh. ist eine Rückkehr zum M. zu beobachten – nicht selten steht sie im Zusammenhang mit dem dezidiert experimentellen Charakter von Literatur. Diese setzt nicht erst mit den manieristischen Kompositabildungen, Neologismen und Worthäufungen in A. HOLZ' ‹Phantasus› (1898/1925) ein (deren Tradition über J. FISCHARTS ‹Geschichtklitterung› bis in das deutschsprachige (H. VON TRIMBERG, BOPPE, ROSENPLÜT) und lateinische (z.B. DRACONTIUS, ‹De laudibus›) Mittelalter zurückreicht. [25] Vielmehr ist manieristische Artistik in der deutschsprachigen Literatur des 20. Jh. allenthalben zu finden, sowohl als artistisches (und oft scherzhaftes) Spiel – wie gelegentlich bei J. RINGELNATZ, CHR. MORGENSTERN [26], A. EHRENSTEIN (‹Die Quallade›), W. ÜBERZWERCH (‹Aus dem Ärmel geschüttelt›) und selbst bei F. KEMPNER (‹Gedicht ohne r›) – als auch als dezidiertes Virtuosenstück – wie etwa bei J. WEINHEBER (z.B. ‹Symphonische Beichte›; ‹Ohne e›; ‹Saar›), O. NEBEL (z.B. die Lipogramm-Gedichte ‹Unfeig› und ‹Das Rad der Titanen›) oder auch in der nachbarock arguten Stilartistik von K. KRAUS. [27] Die bedeutendsten Belegfälle für fiktionale manieristische Prosa im 20. Jh. finden sich bei A. SCHMIDT. Konsequent entwickelt Schmidt ab ‹Brand's Haide› eine Artistik der Vielbezüglichkeit, die in seinem Typoskript-Roman ‹Zettels Traum› (1970) gipfelt. [28] Schmidts semantisierte Interpunktion, seine Anspielungs-Ketten, die ubiquitäre Polyglossie, Sprachregister-Mischungen, Wortspiele und orthographische Überformungen prägen diese Artistik der Vielbezüglichkeit auf der Ausdrucksebene, allgegenwärtige Formen der Intertextualität (die man z.T. in die Tradition des Cento stellen könnte) und der Versuch einer konformen Abbildung von Handlungen und Sachverhalten (der eine formale Verwandtschaft mit den Prosagedichten von Francis Ponge aufweist) konstituieren die Artistik auf der Bedeutungsebene. Fortgesetzt werden die bis zu ‹Zettels Traum› entwickelten artistischen Techniken in Schmidts Lesedramen ab ‹Die Schule der Atheisten› (1972). In der Nachbarschaft Schmidts steht z.B. H. WOLLSCHLÄGERS Roman ‹Herzgewächse› (1982). Die manieristische Versartistik in der deutschsprachigen Literatur des 20. Jh. wird weitergeführt durch die anagrammatischen ‹Hexentexte› (1954) U. ZÜRNS ebenso wie durch E. JANDLS ‹Ottos Mops hopst›, durch O. PASTIORS ‹Anagrammgedichte› und seine Palindromgedichte in ‹Kopfnuß Januskopf› (1990) ebenso wie durch die Abc-Gedichte G. RÜHMS (‹geschlechterdings›, 1990) und durch die Artistik der Einsilbigkeit bei R. GERNHARDT (‹Kleines Lied›, ‹Beziehungsgespräch›, ‹Nachdem er durch Rom gegangen war›, ‹Indianergedicht› u.a.m). Ergänzt wird dies durch artistische Einzelfälle (wie U. HOLBEINS Essay ‹Im Garten der Genitivmetaphern› [29]) und manieristische Experimente in Theater und Film (u.a. der metafiktionale Kinofilm ‹Lola rennt›, 1998).

Anmerkungen:

1 vgl. dazu Verf.: Def. von ‹M.›, Sp. 872ff. – **2** vgl. A. Liede: Dichtung als Spiel, Bd. 2 (1963) 95. – **3** vgl. Liede [2] mit zahlreichen Beispielen; Curtius 286f. (Lipogramm), 287 (Pangrammatismus). – **4** vgl. Curtius 288. – **5** weitere Bsp. findet Liede bei M. Stern: Ausgew. Gedichte (1891). – **6** vgl. U. Ernst: Carmen figuratum. Gesch. des Figurengedichts von den antiken Ursprüngen bis zum Ausgang des MA (1991); Liede [2] Bd. 2, 190–204. – **7** Bsp. etwa bei Liede [2] Bd. 2, 146ff. – **8** vgl. K. Stackmann: Rhetoricae artis practica fontalisque medulla. Zur Theorie und Praxis des Blümens bei Heinrich von Mügeln (1955). – **9** Heidelberger Hs., Cod.pal.germ 392. – **10** in: A.L. Mayer: Die Meisterlieder des Hans Folz (1908) 17ff. – **11** Berliner Hs., Cod.germ.qu. 414. – **12** in: Th. Hampe: Sittenbildliches aus Meisterliederhss., in: Zs. für Kulturgesch., 4. Folge (1895) 42ff. – **13** vgl. R. Zymner: M. (1995) 86–167. – **14** vgl. H.-J. Lange: Aemulatio Veterum sive de optimo genere dicendi. Die Entstehung des Barockstils im 16. Jh. durch eine Geschmacksverschiebung in Richtung der Stile des manieristischen Typs (1974). – **15** K.O. Conrady: Lat. Dichtungstrad. und dt. Lyrik des 17. Jh. (1962); St. Zablocki: Bemerkungen über die Entstehung des lit. M. in der neulat. Dichtung im 16. Jh. (1979). – **16** Curtius 290ff. – **17** vgl. R. Zymner: Zwischen 'Witz' und 'Lieblichkeit'. M. im Barock (1995). – **18** vgl. P. Schwind: Schwulst-Stil. Hist. Grundlagen von Produktion und Rezeption manieristischer Sprachformen in Deutschland 1624–1738 (1977) 7–9. – **19** vgl. F.G. Sieveke: Topik im Dienst poetischer Erfindung (1976). – **20** vgl. U. Ernst: Flugblatt und M. Zur Textartistik eines frühneuzeitlichen 'Massenkommunikationsmittels' (1998). – **21** vgl. E. Schulz-Besser: Dt. Dichtungen ohne den Buchstaben R, Zs. für Bücherfreunde 1 (1909/19); Liede [2] 93. – **22** vgl. J. Paul: Kleine Nachschule zur Ästhetischen Vorschule, 1. Programm, §2. – **23** vgl. Zymner [13] 168–257. – **24** zahlreiche Bsp. bei Liede [2]. – **25** vgl. Curtius 289f.; Liede [2] 189f. – **26** vgl. Liede [2] 230f. – **27** vgl. R. Zymner: Emphatische Sprachkunst. Zum Verhältnis von Rhet. und Lit. bei K. Kraus (1995). – **28** vgl. Zymner [13] 258–352. – **29** Neue Zürcher Zeitung folio, Oktober 1994.

R. Zymner

V. *England.* **1.** *Begriffliches.* Texte, die stilistisch und nach der literarhistorischen Periodisierung unter dem Begriff ‹M.› subsumierbar sind, treten in England erstmals in der elisabethanischen Literatur auf, ohne deren Zentrum auszumachen. Der Hauptteil dieser Literatur, wenn auch rhetorisch geprägt, behandelt die Themen, die die neue Sicht des Zeitalters auf Welt und Mensch angeben, in humanistischer Perspektive. Dies gilt für die Sachprosa (HOLINSHED, HOOKER, HAKLUYT, RALEGH, BACON), aber auch für Dramatik und Dichtung (MARLOWE, SIDNEY, SPENSER, SHAKESPEARE). [1] Der englische M. ist demnach ein teils akzeptierter, teils umstrittener Nebenstrang der insularen Renaissanceliteratur im Zeitalter des europäischen M. [2] Er nutzt Verfahrensweisen, die in Transformationen bis zu den ‹Metaphysical Poets› nachwirken.

Im englischen M. verbinden sich glänzende Rhetorik und Wertrelativismus, der sich am höfischen Diskurs orientiert. Die Texte des englischen M. kennzeichnet ein intellektueller Prosastil (Erzählliteratur). Es gibt aber auch Einwirkungen des M. auf das elisabethanische Drama sowie auf die Formensprache der bildenden Kunst und Architektur. [3] Der überwältigende Erfolg des didaktischen Romans ‹Euphues or the Anatomy of Wit› (1578) [4] J. LYLYS läßt den M. in England als ‹Euphuismus› zur Modeerscheinung werden, die mehr als zehn Jahre herrscht. Ab Mitte des 16. Jh. ist das gebildete Lesepublikum für den M. aufnahmebereit, da die höhere Erziehung die Elemente der Redekunst einschließt (vor allem *inventio, dispositio, elocutio*). [5] Der manieristische Stil kann so vermittels der Raster elisabethanischer Rhetorik eine im Literatursystem spürbare Aufnahme finden. Kennzeichen des englischen M. sind Stilwille, Selbstbewußtsein, Freude an kunstvoll und geistreich geordneten Wörtern bis hin zur brillanten Zurschaustellung der Intelligenz, die mehr durch Schemata (lat. *figurae*, ital. *concetti*, engl. *conceits*) als nach Tropen arrangiert werden. Euphuistischer *wit* wird durch die *discordia concors* der *conceits* erzeugt, d. h. in «Kombinationen ungleichartiger Bilder oder Aufdeckung verborgener Ähnlichkeiten in anscheinend verschiedenen Dingen».[6] Im euphuistischen Roman wird die Handlung der narrativen Rhetorik nachgeordnet; letztere bedient sich neben den *conceits* auch anderer konstitutiver Elemente. Die dekorative *amplificatio* als Kennzeichen des manieristischen Prosastils wird mit den Redezielen der Eleganz und Geistesgegenwärtigkeit im Gespräch verknüpft; sie zeigt sich in zunehmender struktureller Verzierung des Vokabulars, welche nicht identisch ist mit der Lehnwörterflut der ersten Hälfte des 16. Jh. (*ink-horn terms*). Die manieristische *amplificatio* basiert auf Antithese, Parallelismus, Wortspiel, Wortwiederholung, Periphrase, aber auch auf Alliteration, Assonanz, Konsonanz und Reim. Diese Elemente als solche sind nicht neu, erzielen jedoch durch Kombination und Häufung eine bislang unbekannte Intensität des Prosastils. Steigerungen dieser textuellen Artifizialität werden hervorgerufen durch abgezirkelte Symmetrie und absichtsvollen Kontrast, ja durch bewußte Organisation von Lautlichkeit und Syntax, Bildlichkeit und Exempla. All diese Schreibstrategien dienen weder der Erklärung noch der Illustration, sondern sind vorwiegend durch die akzentuierte Novität ästhetischer Selbstzweck. Hierzu paßt die bei Lyly (von SIDNEY kritisierte) Verwendung der allegorischen Vergleiche aus den mittelalterlichen phantastischen Bestiarien, Lapidarien und Pflanzenbüchern[7] sowie die massive Zitierung von antiken mythologischen und historischen Beispielen. Die so erzeugte Unwirklichkeit der Prosa evoziert Grazie, Verfeinerung oder Spielerei, welche durch kurze Sätze unterstützt wird. Die Künstlichkeit der Texte des englischen M. steht in einem paradoxen Bezug zu ihrer Appellstruktur, die sich auf die rhetorische Darlegung moralischer Grundaussagen bezieht. Die überreiche Schmuckprosa bleibt dennoch argumentativ, zumal (vor allem von Lyly) Monologe (z.B. Vernunft versus Natur) benutzt werden, die als Selbstgespräche zur Klärung von Handlungsmotiven und Intentionen dienen, vornehmlich im Spiegel sittlicher Normativität; zuzeiten treten Debatten an ihre Stelle. Der Wandel vom stilistischen Aufwand zur ethischen Substanz ergibt sich paradigmatisch aus dem Handlungsverlauf von Lylys erstem ‹Euphues›-Roman: Euphues verbindet sich nach anfänglich langen Redeschlachten darüber, ob Vernunft oder Natur in der Liebe entscheiden soll, in betrügerischer Absicht mit Lucilla, der Verlobten seines Freundes Philautus, wird aber schließlich von dieser hintergangen, so daß sich die betrogenen Freunde versöhnen und Anlaß haben, sich in Klagereden über weibliche Untreue zu ergehen. Im Hintergrund steht die Tradition der *oratio aulica*, bekannt als rhetorisches Verfahren höfischer Wortgefechte.

Die kulturelle Situation des elisabethanischen England zwischen 1570 und 1590 wird zur Voraussetzung für den Erfolg des englischen M. Die Gründe sind mannigfach, sie entspringen neben dem kulturellen vor allem dem wirtschaftlichen Aufschwung der englischen Gesellschaft.[8] Der Hof als Zentrum der Macht mit seinen Zirkeln um die Königin bietet in der Idolisierung der ‹Astraea›[9] und der Nation Chancen für Spiel, Ritual und wahrt doch das Decorum, dessen Grenzen nicht überschritten werden dürfen. Insofern kann die Literatur des M. ohne sachliche Festlegungen das Selbstverständnis des elisabethanischen Zeitalters im Sinne einer Choreographie der Symbole und Manieren feiern und dabei eine ganze Fülle von Formen der eleganten Indifferenz oder *sprezzatura*[10] inszenieren, z.B. das Liebesspiel, das mit realer Liebe nicht verwechselt werden darf. Angesichts der Bewältigung der internen Krise zwischen protestantisch motivierter kirchlicher Unabhängigkeit und der Allianz der katholischen Mächte wird der englische Aufschwung begleitet oder bedingt vom Aufstieg der Künste, Naturwissenschaften, Technologien sowie der Staatswissenschaft, nicht zuletzt von der Anreicherung und Flexibilisierung der englischen Sprache.

2. *Epochen.* **a.** *Mittelalter.* Elemente des englischen M. finden sich bereits in den Mitteln des altenglischen Prosastils (z.B. Alliteration, schematische Strukturen, Antithesen, Vorliebe für Abstrakta und Nomina) und auch in der Tradition der Allegorisierung[11] sowie in der Debattenliteratur (z.B. in dem Werk ‹The Owl and the Nightingale›). Manieristische Elemente tauchen auch bei CHAUCER[12] auf sowie in dem von ihm übersetzten Rosenroman.

b. *Renaissance.* Die eigentlich Epoche des englischen M. ist das 16. Jh. Auch wenn erst LYLY dem englischen M. in seinen ‹Euphues›-Romanen paradigmatisch Ausdruck verlieh, tat er dies nicht voraussetzungslos. In frühen Jest-Books und Repartée-Manualen wurde die geschliffene Stilart Lylys antizipiert, so etwa in T. BERTHELETS ‹Merry Tales, Witty Questions, & Quick Answers› (1567), vor allem aber in dem eigentlichen Vorläuferbuch für Lyly: GEORGE PETTIES ‹A Petite Palace of Pettie his Pleasure› (1576). Pettie hat griechische Mythen in die englische Lebenswelt der Renaissance transponiert, so daß die Figuren ihre Fremdheit verlieren. Das Stilinventar Lylys ist bei Pettie in nuce bereits vorhanden, besonders Alliteration, Antithese und Vergleich. Lyly's ‹Euphues and his England› liefert eine Weiterführung der Liebessuche, bei der Philautus seine biedere englische Dame gewinnt, Euphues aber leer ausgeht, um sein Leben als Einsiedler in Griechenland zu beschließen. Der Akzent wechselt von der Frauenverdammung zur Verherrlichung ehrlicher Liebe. Der Text bietet reiche Anlässe zur Sprache des M., da lange Eulogien auf England und auf die Königin eingebaut sind. Lylys Dramen steigern dann den M. zu einer lebendigen Sprechweise, so daß seine Könnerschaft den Eindruck des Natürlichen erweckt.[13]

Die Lyly-Nachfolger wie BARNABE RICH, vor allem aber ROBERT GREENE transformieren den M. von der rhetorischen Ebene auf die narrative. Die Bizarrerie und das Extravagante ergeben sich nun aus der Farbigkeit der realistischen Handlung, d.h. der Hereinnahme verschiedenartiger Menschengruppen und einer ganzen Phänomenologie gesellschaftlicher und exotischer Abenteuer im zeitgenössischen England (z.B. ‹Mannillia›, 1580: Antwort auf Euphues zum Thema männlicher Unbeständigkeit); ‹Dorastus and Fawnia› oder ‹Pandosto›, 1588: Quelle von SHAKESPEARES ‹The Winter's Tale›). Ein letzter Höhepunkt des literarischen M. ist der Roman ‹Rosalynde› (1590)[14] von THOMAS LODGE, der seinen ästhetischen Reiz aus der hohen Künstlichkeit der Fiktionalität zieht. Der Strukturwandel des M. führt hier zur Entwicklung imaginativer und kreativer Stile im Sinne einer Steigerung der Attraktion für Zuhörer und Leser. Entsprechend hat RICHARD RAINOLDE betont, daß eine lebendige Verbindung von narrativer Kunst und Rhetorik das Publikum einbezieht.[15]

Unerachtet der Welle des M. nach dem Erfolg von Lylys Werken war der rhetorische Prosastil umstritten.

Zwar blieben Lylys Leistungen für die Verbesserung des englischen Stils nicht unerwähnt, doch finden sich auch kritische Stimmen. WILLIAM WEBBES ‹Discourse of English Poetrie› (1586) enthält ein Lob Lylys, insofern er die Grazie und Unterhaltsamkeit der Eloquenz gesteigert und damit für den Fortschritt der englischen Litertursprache Erhebliches geleistet habe. Hervorgehoben werden die passenden Wörter und Sätze. Damit erfährt der neue Stil eine ungewöhnliche Wertschätzung, da er den Normen der Rhetorik gut standzuhalten vermag: genannt werden flüssige Sprache, galante Tropen, klarer Sinn, kurzum literarische Perfektion.[16] Dagegen haben Autoren wie DRAYTON, GABRIEL HARVEY und Shakespeare Stellung gegen Lyly und den englischen M. bezogen. Drayton kritisiert Lyly und seine Nachfolger wegen «seiner lächerlichen Tricks» (his ridiculous tricks).[17] Es wird bemängelt, daß der englische M. zufällige, weithergeholte Vergleiche in phantastischen Katalogen zusammengestellt habe[18], und Harvey sagt offen, er könne das «Euphuisieren» von Vergleichen nicht leiden.[19] Ähnlich hat Shakespeare in ‹Love's Labour's Lost› (V.ii.406) Holofernes und Sir Nathaniel – die Vertreter des M. (oder Euphuismus) – angegriffen, weil sie ihre Suche nach gelehrten Beispielen und abstrusen Begriffen so sehr übertreiben, daß sie das Vermögen der Intelligenz lächerlich machen.[20] Shakespeare selbst hat den M. nur als eine (untergeordnete) Facette in manchen seiner Werke unter spezifisch dramaturgischem Interesse benutzt, z.B. in ‹Romeo and Juliet› (I. iv.) und in ‹Hamlet› (II. ii.: Hamlet – Polonius).

c. *17.–20. Jh.* Mit dem Beginn der *frühen Neuzeit* und dem Untergang des auf Harmonie und kosmische Analogien ausgerichteten elisabethanischen Weltbildes liefert das ‹Baconische Zeitalter› eine Neuorganisation und Neuorientierung des Kulturlebens, die zwei Vorstellungshorizonte, die der *antiqui* und der *moderni*, umgreift. Die zerbrechende alte Ordnung[21] wird als Herausforderung auch an die Literatur verstanden. Sie reagiert mit einem neuen intellektuellen Stil, der Elemente des englischen M. in innovative Formen gießt, wobei Deutlichkeit und Visualisierung die Geziertheit des Rhetorischen relativieren. Vor allem bei J. DONNE (‹Songs and Sonets›, 1633 posth.)[22] und den ‹Metaphysical Poets› werden weltanschauliche Probleme kompensiert durch die private Liebes-Metaphysik, wobei Liebe als letzte «unio mystica» in einer zerfallenen Welt gilt. Donnes Orientierungspunkte – christlich-anglikanische Religion und die neue Wissenschaft – stehen auf Grund des *ordo*-Verlusts in einem antinomischen bzw. dialektischen Verhältnis zueinander. Dies führt zur Vorliebe für das Paradoxon; es entsteht eine Metaphernsprache im Sinn eines neuen M. Die Dichtung des Zeitalters Jakobs I. bleibt jedoch individuell und bildet keine Schule des M. Der extensiven und intensiven Verwendung der conceits kommt hier eine dominante Rolle zu.[23] Die *conceits* bei Donne und den ‹Metaphysicals› führen zu einer Ausweitung der Redefiguren, indem die heterogensten Ideen verknüpft werden, ohne vereinigt zu sein. Eliot spricht vom Amalgam disparater Erfahrung, das neue Ganzheiten denkbar macht.[24] Der Modernisierungsprozeß im 17. Jh. läßt die Dichtung intellektueller und gefühlsärmer, jedoch inhalts- und anspielungsreicher sowie indirekter werden: die Dichtungen der ‹Metaphysicals› befassen sich primär mit mentalen Prozessen (vor allem der Wirkung inszenierter Welt auf das lyrische Ich) und betonen das Innen vor dem Außen. *Wit* als Voraussetzung des M. wird von ihnen als Anlaß absichtlicher Verblüffung (z.B. durch Kontraste, ungewöhnliche Metaphern[25]) meistens in einfacher Sprache eingesetzt, manchmal in 'rauhen' Zeilen: unabhängig vom Formenraster der Elisabethaner, d.h. jenseits glatter und harmonischer Schönheit, bricht diese Dichtung die Konventionen und Erwartungen des Rezipienten.[26] Es entfalten sich Spiralformen; Distorsion[27] des Natürlichen und Bizarrerie werden kultiviert, wobei letztlich die Kombination von Instabilität und individueller Eleganz den Kern des neuen M. bestimmt.[28] Damit sind Vorherrschaft der Argumentation und bildliche Ambiguität jenseits höfischer Eleganz und humanistischer Bildung zur Quelle des M. geworden[29], zu dessen Höhepunkt im 17. Jh. die spätere englische Literaturgeschichte kein Gegenstück bieten kann.

Werke der späteren englischen Literatur weisen zuweilen manirierte Züge auf, gehören aber nicht zur Literatur des M. im engeren Sinne.[30] Auch wenn in diesen Werken bildliche und argumentative Raffinesse vorkommen, oft vereint mit elaborierter Syntax und gehobener Diktion, lassen deren neue Modi der Realitätsverarbeitung den M. nicht mehr als Kriterium moderner Literarizität zu. Thesen vom zeitinvarianten M. als Ausdruck des Bildes vom «problematischen Menschen»[31] verkennen die Gefahr der Hypostasierung epochaler Ausdrucksformen in quasi-metaphysische Entitäten.[32] Als Beispiel manirierter Schreibweise in der älteren englischen Literatur gilt STERNE (‹Life and Opinions of Tristram Shandy, Gentleman›). In der neueren Literatur wird häufig auf die Lyrik von G.M. HOPKINS sowie auf PATER (‹Marius the Epicurean›), ELIOT und JOYCE (‹Finnegans Wake›, 1939) verwiesen.

Anmerkungen:

1 vgl. A.L. Rowse: The Elizabethan Renaissance: The Cultural Achievement (London 1972) 81–83. – 2 vgl. Curtius, Kap. 15; H.A. Hatzfeld: Mannerism is not Baroque, in: L'esprit créateur 6 (1961) 225–233; D.A. Carozza: For a Definition of Mannierism: The Hatzfeldian Thesis, in: Colloquia Germanica 1 (1967) 66–77. – 3 vgl. E. Panofsky: Meaning in the Visual Arts (Harmondsworth 1970) 137; 273–276; J. Shearman: Mannerism (Harmondsworth 1973) 81–134; O. Cook: The English Country House (London 1974) 55–93 (bes. Burghley House, 1580s; Wollaton Hall, 1580–85; Hardwick Hall, 1590–97). – 4 Ausg.: The Complete Works of John Lyly, ed. R.W. Bond (Oxford 1973) I–II. – 5 vgl. Wilson, a3ᵛ; A.F. Kinney: Rhetoric and Fiction in Elizabethan England, in: Murphy RF. 385–88. – 6 G.R. Hocke: Die Welt als Labyrinth (1978) 15. – 7 vgl. Ph. Sidney: A Defence of Poetry, ed. J.A. van Dorsen (Oxford 1988) 70. – 8 vgl. W.W. Rostow: Stadien des ökonomischen Wachstums, übers. v. E. Müller (1967) 49–52. – 9 vgl. F.A. Yates: Astraea. The Imperial Theme in the Sixteenth Century (Harmondsworth 1975) 29–87. – 10 vgl. H.A. Taine: History of English Literature, transl. by H. van Laun (Edinburgh 1873) Bd.1, 259–262; W.H. Halewood: Mannerism in English Poetry, in: Bucknell Review 11 (1963) 80–81. – 11 vgl. C.S. Lewis: The Allegory of Love (Oxford 1992) 44–111. – 12 vgl. D. Brewer: Chaucer's Poetic Style, in: P. Boitani & J. Mann (eds.): The Cambridge Chaucer Companion (Cambridge 1993) 227–242. – 13 vgl. C.S. Lewis: English Literature in the Sixteenth Century (Oxford 1968) 316; J. Lyly: Endymion, hg. von G.P. Barker (New York 1894). – 14 Quelle von Shakespeares ‹As You Like It›. – 15 vgl. R. Rainolde: The Foundacion of Rhetorike (1563), ed. by F.R. Johnson (New York 1945; repr. 1977) fol. iij. – 16 vgl. W. Webbe: A Discourse of English Poetrie (1586), in: G.G. Smith (Hg.): Elizabethan Critical Essays, Bd. 1 (Oxford 1904) 256. – 17 ebd. lix. – 18 vgl. ebd. lxviii. – 19 vgl. G. Harvey: An Advertisement for Pap-Hatchet and Martin Marprelate (1593), in: Smith [16] Bd. 2, 269. – 20 vgl. W. Clemen: The Development of Shakespeare's Imagery (London 1953) 31. – 21 vgl. J. Donne: An Anatomy of the World. The first Anniversarie, in: Poetical Works, hg. von H.J.C. Grierson (Oxford 1971)

206–221. – **22** Ausg. in: Poetical Works [21] 1–66. – **23** vgl. H. Gardner (Hg.): The Metaphysical Poets (Harmondsworth 1966) 15–29; T.S. Eliot: The Metaphysical Poets (1921), in: Selected Essays (London 1980) 281–291; J. Carey: J. Donne: Life, Mind and Art (London/Boston 1990) passim. – **24** vgl. Eliot [23] 287. – **25** vgl. Donne [21] 107 (Elegy XI: Going to Bed); 7 (The Good-Morrow). – **26** Halewood [10] 76–79. – **27** vgl. G. Vasari: The Lives of the Artists, übers. von G. Bull (Harmondsworth 1965) 249–250; M. Dvorák: Stud. zur Kunstgesch. (1989) 59–75; P. Burke: Die Gesch. des ‹Hofmann›. Zur Wirkung eines Renaissance-Breviers über angemessenes Verhalten (1996) passim. – **28** vgl. R. Herrick: Delight in Disorder, in: D. Norbrook, H.R. Woudhuysen (Hg.): The Penguin Book of Renaissance Verse 1590–1659 (Harmondsworth 1993) 351; L.L. Martz: Marvell and Herrick. The Masks of Mannerism, in: C.A. Patrides (Hg.): Approaches to Marvell (London/Henley/Boston 1978) 194–215. – **29** vgl. F. Kermode: J. Donne, in: ders.: Renaissance Essays (Glasgow 1973) 121. – **30** vgl. E. Boa: Art. ‹Mannerism›, in: R. Fowler (Hg.): A Dictionary of Modern Critical Terms (London 1978) 110. – **31** vgl. G.R. Hocke: M. in der Lit., in: Sprach-Alchimie und esoterische Kombinationskunst (1959) 302; 142–147. – **32** vgl. E. Panofsky: Renaissance and Renascences in Western Art (London 1970) 3; 113.

J. Klein

VI. *Slavische Literaturen.* **1.** *Begriffliches.* In den nationalen Geschichtsschreibungen der slavischen Literaturen ist M. kein durchgängig konstitutiver Begriff; für die polnische Literatur der Nachrenaissance gilt ausschließlich der bereits durch E. PORĘBOWICZ 1893 [1] eingeführte Barockbegriff, der epochenspezifische Stilphänomene erfaßt und eine schulemachende Auseinandersetzung mit dem Barock eröffnet, die bis in die Untersuchungen der letzten Jahre verfolgt werden kann. Die von E.R. CURTIUS und G.R. HOCKE propagierte Ablösung des Barock- durch den Manierismusbegriff wird nicht aufgenommen, die von letzteren unter M. verbuchten formalen und thematischen Spezifika werden hinsichtlich ihres Auftretens in der polnischen Literatur (von der Mitte des 16. bis ins erste Drittel des 18. Jh.) unter Berücksichtigung der für die polnische Kultur charakteristischen Zweiteilung in eine sarmatische (vom Adel repräsentierte) und eine volkstümliche Variante, als barocke qualifiziert. [2] In der kroatischen Literaturgeschichtsschreibung führt die kritische Auseinandersetzung mit der in Italien kontrovers geführten Manierismusdiskussion zur Profilierung eines Konzepts, das die Literatur von der Nachrenaissance bis zur Durchsetzung klassizistischer Tendenzen im ersten Drittel des 18. Jh. in ihren regionalen, sprachlich unterschiedenen Varianten unter Berücksichtigung manieristischer Züge als barocke beschreibt. [3] Während der Manierismusbegriff in der Geschichtsschreibung der böhmischen Literatur für den nämlichen Zeitraum keine Rolle spielt, figuriert er als Leitbegriff in der Kunstgeschichte. Die Situation der Literaturen der Slavia orthodoxa unterscheidet sich grundsätzlich von derjenigen der oben genannten. Zum einen kann schwerlich von Renaissance als einer die verschiedenen Strata der Kultur erfassenden Epoche die Rede sein, auch wenn es in Kunst, Literatur und beginnender Wissenschaft renaissancehafte Erscheinungen gibt. Zum anderen ist die russische Literatur vor dem 17. Jh. von der byzantinischen Rhetorik geprägt und schließt sich erst im Laufe des 17. Jh. an die über Polen und die Ukraine (durch die am Modell der Jesuitenschulen orientierten Bildungsstätten) vermittelte Rhetoriktradition an, die den Beginn der neueren russischen Literatur sowohl in ihrer geistlichen als auch in ihrer weltlichen Version mitbestimmt. [4] Den Manierismusbegriff als einen deskriptiven für die slavischen Literaturen (die russische, bulgarische, serbische, kroatische, slowenische, tschechische, slowakische und polnische) in ihren unterschiedlichen kulturellen Konstellationen fruchtbar zu machen bedeutet, an die aktualisierte Diskussion um die Legitimität des Manierismusbegriffs in Kunst- und Literaturwissenschaft und das darin sich ausdrückende Interesse an der Kanonisierung des ʻUnklassischen' [5] anzuknüpfen. Die konzeptuelle, Fragen der Kunst- und Literaturgeschichtsschreibung aufwerfende Diskussion gewinnt ihre Kontur in der Aufstellung divergierender (zum Teil wertender) Kriterien inbezug auf Thematik und Struktur der in den Blick genommenen Artefakte aus Kunst und Literatur: Hypertrophie der Form, Atrophie des Inhalts, Überfunktion des Stils, Artifizialität, Ent-Stellung statt Darstellung, Etablierung neuer Sehweisen, Überschreitung des klassischen Regelkanons der Rhetorik, Invention neuer Formen etc. Die Diskussion richtet sich aber auch auf die Frage nach einer neuen Episteme (die problematische Ähnlichkeit) und nach einem neuen Menschenbild (der exzentrische, entfremdete Mensch des M. als Prototyp des modernen, wie ihn A. HAUSER [6] entwirft). Aus den zirkulierenden Begriffsdefinitionen kann ein Kriterienkatalog ermittelt werden, der die Bestimmung von Phänomenen in den slavischen Literaturen als ʻmanieristische' erlaubt, ihre Partizipation an einem Fundus thematischer Elemente und formaler Verfahren behauptet und damit den M. als gesamteuropäische Erscheinung zu reklamieren nahelegt. Dies gilt es nun allerdings zu differenzieren, denn die zu beschreibenden Phänomene sind nicht zeitgleich, sondern treten phasenverschoben in einem Zeitraum von etwa der Mitte des 16. bis zur Mitte des 18. Jh. auf, – bevor sie im 20. Jh. fast synchron im Kontext der europäischen Avantgarden wieder sichtbar werden –, nehmen in den einzelnen Nationalkulturen unterschiedliche Funktionen wahr und sind auf unterschiedliche Weise mit der jeweils zeitgenössischen Kunst und Architektur verbunden. Zur Einkreisung des Phänomens ‹M.› wird es sich als unumgänglich erweisen, diesen weder als Revolte gegen noch als Inversion von Renaissance-Normen zu verstehen (denn das hieße, ihn seinerseits normativ zu beschränken), sondern in ihm die Äußerung eines Stilwillens zu sehen, der in den einzelnen Nationalliteraturen im Wechselspiel mit den jeweils geltenden sozialen, politischen, weltanschaulichen Verhältnissen zu einem jeweils anderen Zeitpunkt der kulturellen Entwicklung den Höhepunkt (oder die Höhepunkte) seines Ausdrucks erlangt.

2. *Nationalliteraturen: 16. bis 18. Jh.* **a.** *Rußland.* Die Art und Weise, wie neuere romanistische und germanistische Forschung literarische Erscheinungen, die in der älteren Forschung als der Dichtung des Mittelalters, der Hoch- oder Spätrenaissance zugehörige bzw. als barocke etikettiert worden sind, aufgrund neu überdachter Kriterien als manieristische interpretiert, ermutigt – mit dem Ziel der Europäisierung – zur Revision entsprechender Phänomene in slavischen Literaturen. Mit der Lizenz, die die Suspendierung der engen Epochenspezifik gewährt, ergibt sich die Möglichkeit zu einer Inspektion von Stilistika, die sich durch die Privilegierung bestimmter Tropen und Figuren, deren exzessiven oder spielerischen Gebrauch und durch einen zum Amimetischen tendierenden Typ der Darstellung auszeichnen und gattungsspezifische (in Lyrik, Dramatik und Homiletik) Unterschiede aufweisen. Die Theoriebildungen der concettistischen, ʻpararhetorischen' Traktate des 16. und 17.

Jh. schärfen den Blick nicht nur für die zeitgleiche poetische, wirkungsbezogene Hervorbringung 'akuter' und 'arguter' Formen, die aus Metapher, Hyperbel, Ellipse, Katachrese, Synekdoche, Oxymoron, Antithese, Paradox, figura etymologica, Asyndese, lusus verborum u.a. hervorgehen, sondern auch für eine manieristisch-concettistische Poetik vorangegangener und späterer Literaturphasen. So z.B. entwickelt die altrussische Literatur in Überbietung der geltenden, gleichwohl nicht kodifizierten rhetorischen Tradition eine als «Wortflechten» [7] bezeichnete poetische Praxis, die aufgrund ihrer Wortform, -klang und Semantik betreffenden Artifizialität in eine manieristische Anthologie gehört (dasselbe gilt für Beispiele aus der altbulgarischen und altserbischen Literatur). Aus der Berührung mit westeuropäischer Dichtpraxis und -theorie erwächst für die russische Literatur des 17. und 18. Jh. eine stilistische und poetologische Tradition, die die Kenntnis des Concettismus voraussetzt. Sowohl die lateinische Rhetorik- und Poetiklehre der Kiever, hernach der Moskauer Bildungsstätte als auch die erste russische Rhetorik (1748) des Polyhistors und Dichters LOMONOSOV beschäftigt sich konzeptuell und deskriptiv mit *acumen* und *argutia* bzw. Scharfsinnigkeit (russ. «ostroumie»). Dieser Lehre korrespondiert eine auf ingeniöser Bildfindung basierende emblematische, gelegentlich auf die Tradition der *carmina figurata* zurückgreifende, in einem künstlichen Idiom verfaßte, vorwiegend geistliche Dichtung, die mit dem Namen des Hofdichters S. POLOCKIJ (1629–1680) verbunden ist (und in der russischen Literaturgeschichte als Beginn der barocken Dichtphase bezeichnet wird). Ingeniöse Bildlichkeit, Paradoxa, Antithesen und ludistische Experimente zeichnen Dichtformen auch des 18. Jh. aus – einige Oden Lomonosovs, artifizielle Formen in der Dichtung A. RŽEVSKIJS (1737–1804), das hochreflexive, in der Metaphernbildung auffällige Werk P. BUSLAEVS ‹Seelische Geistesschau› (Umozritel'stvo duševnoe, 1734) [8] u.a. –, die sich neben der sich etablierenden antibarocken – und das heißt für diesen Zusammenhang: Manierismen verwerfenden –, klassizistisch orientierten Konvention bis zum Odendichter G. DERŽAVIN (1743–1816) durchhalten und in dem vom späten ukrainischen Barock mit seinen manieristischen Zügen bei I. VELYČKOVSKYJ und H. SKOVORODA geprägten Stilgebaren GOGOL'S zutagetreten.

b. *Polen.* Am M. des 16., hernach des 17. Jh. partizipiert die polnische Literatur als eine der ersten slavischen, indem sie mit P. KOCHANOWSKIS Übersetzung von TASSOS ‹Gerusalemme liberata› (‹Gofred abo Jeruzalem wyzwolona›, 1618) an die italienische Dichtung anschließt und mit der Polonisierung von CASTIGLIONES ‹Il Cortegiano› durch L. GÓRNICKI (‹Dworzanin polski›, 1566) eine Lebenskunst vorführt, die die polnische Adelselite mitprägt (Verfeinerung der Sitten, Mode, Konversationsformen). Erste Formen manieristischer Stilgestaltung lassen sich in der Dichtung des Hauptvertreters der polnischen Renaissance J. KOCHANOWSKI (1530–1583) feststellen: Raffinement der Versgestaltung, Metapherninvention, concettistische Gedankenkonstruktion führen an prominenten Stellen seiner Dichtung aus der Renaissance-Konvention heraus – legt man die aus der in der Forschung bekannten Kontroverse ARIOST (Renaissance) gegen Tasso (M.) erworbenen Kriterien an. Nicht von ungefähr zitiert der polnische Jesuit, Neulateiner und römische Rhetoriklehrer M. SARBIEWSKI (Sarbievius) in seinem concettistischen Traktat ‹De acuto et arguto› (1627) neben dem antiken Erzmanieristen MARTIAL J. Kochanowski als paradigmatischen Autor. Die in seinem Traktat explizierte Theorie, die Sarbievius in einer mit seinen Jesuitenkollegen RADERUS und BAUHUSIUS schriftlich geführten Debatte Kontur gewinnen läßt, trägt der ästhetischen und der kognitiven Seite einzelner Verfahren Rechnung, arbeitet ihre auf *admiratio* zielenden Effekte heraus und bemüht sich um eine präzise Definition des *acumen* einerseits und des *argutum* andererseits – beide sind Zentralbegriffe in den späteren Traktaten GRACIÁNS und TESAUROS. [9] Das *acumen* wird durch eine oxymorale Formel als *concors discordia* oder *consentaneum dissentanei* bezeichnet, wobei es um die unversöhnliche Friktion von Disharmonie und Harmonie geht, die in der akuten Metapher durch einen Akt der Ähnlichkeitserfindung Bekanntes und Unbekanntes in Beziehung setzt. Das weniger konzeptuell als vielmehr ornamental ausgerichtete *acumen* nennt er *argutum*, dessen *lusus verborum*-Formen er anführt: *annominatio, traductio, paronomasia, complexio, conduplicatio, disiunctio* etc., wobei er die Erzeugung von Ambiguität, *dubia significatio*, hervorhebt. Obwohl Sarbievius' 'pararhetorischer' Traktat innerhalb der slavischen Literaturen vereinzelt steht, erhellt er die polnische Dichtungspraxis des 17. Jh. und wirkt über die genannten Bildungsstätten in Kiev und Moskau auf die russische Literatur ein. Interpretiert man akut-argutes Dichten als manieristisches, so lassen sich in Polen Autoren wie M. SĘP-SZARZYNSKI (1551–1581), D. NABOROWSKI (1573–1614) [10], J.A. MORSZTYN (1613–1693), W. POTOCKI (1625–1996) u.a. als deren eindrucksvolle Repräsentanten bezeichnen sowohl in ihren erotischen wie in ihren religiösen, dem *vanitas*-Thema gewidmeten Dichtungen, die eine Stilistik des Oxymorons, der Antithese, der kühnen Metaphorik und Anaphorik mit komplizierten reim- und verstechnischen Operationen verbinden.

c. *Kroatien.* Die kroatische, in unterschiedlichen kulturellen Koalitionen stehende Literatur weist in ihrer dalmatinisch-ragusanischen Variante Berührungen mit dem italienischen M., d.h. dem Marinismus, auf und zeigt von der Nachrenaissance bis ins beginnende 18. Jh. eine Poetik akuter Metaphorik und des *lusus verborum*. Lassen sich Stilistika der genannten Art bei Autoren wie M. DRŽIĆ (1508–1576), I. GUNDULIĆ (1589–1638), I. BUNIĆ-VUČICEVIĆ (1594–1658), J. PALMOTIĆ (1606–1657), I. DORDIĆ (1675–1737) in unterschiedlichen Gattungen (Epos, Liebesdichtung, Drama) feststellen, so wird man sie unter Einbeziehung der von der kroatischen Barock- und Manierismusforschung erarbeiteten Kriterien, mit Ausnahme des zuletzt genannten, schwerlich zu den Manieristen rechnen können. Dennoch führen die für historische (Gundulićs Versepos ‹Osman›), erotische (die Lyrik Bunićs und Dordićs) und religiöse Themen (Gundulić, Dordić) entwickelten Formen Paronomasie, Polyptoton, Homoioteleuton, Oxymoron, Antithese vor, deren Reihung, Häufung und oft auch spielerischer Einsatz (Konzentration auf eine einzige Figur oder Trope, komische Lautwiederholung) die Dominanz des Stils und damit ein manieristisches Kriterium belegen. [11]

d. *Böhmen.* Die Beurteilung der böhmischen Literatur aus 'manieristischer Perspektive' erweist sich als schwierig, weil der Begriff für Werke der bildenden Kunst und insbesondere der Architektur, die in Prag prominente Beispiele zeigt, reserviert ist. P. PREISS' ‹Panorama manyrismu› (Panorama des M.) [12] entwirft ein Tableau manieristischer Kunst und stellt Stilistika heraus, die zur Erhellung verbaler Kunst beitragen könnten, insbesondere seine Beschreibung des phantastischen Moments in der Ornamentik des M., was Groteske, Arabeske und Schnörkelformen einschließt. Die böhmische Literatur, wie die deutsche von Reformation und Gegenreformation geprägt und wie diese vom dreißigjährigen Krieg, läßt in ihren prominentesten Werken religiös-weltanschauliche und theologische Fragen in scharfsinnigen Metaphern, Paradoxa, paronomastischen Formen und arguten Syllogismen hochkomplexe Gestalt annehmen. Sprach- und Gedankenartistik gilt für große Teile von J.A. KOMENSKÝS (Comenius) Prosa-Allegorie ‹Labyrinth der Welt und Paradies des Herzens› (Labyrint světa a raj srdce, 1617, 1622–23), ebenso wie für B. BRIDELS religiöses Poem ‹Was ist Gott? Was ist Mensch?› (‹Co Büh? člověk?› 1658); in beiden Werken wird ein der Welt als Fremdling ausgelieferter oder Gott fernstehender Mensch entworfen. Komenskýs Labyrinth besteht aus offenen Wortketten, die morphologischen Möglichkeiten des Slavischen nutzenden Homoioteleuta, paronomastischen und allitierenden Verfahren und folgt einer Semantik des ‹xenikon› im Sinne der Verfremdung.[13] Bridels Werk kennzeichnen eine exzessive Antithetik, eine pointierende, nicht ornamentale Anaphorik sowie theologische Probleme artikulierende Paradoxa.[14] In allen slavischen Varianten gibt es neben der spielerischen, formbezogenen, sprachreflexiven Ausprägung eine spekulative, die sich der formalen Mittel ingeniös bedient, ohne sie zum Gegenstand zu machen. Das Ausbrechen einzelner Stilzüge aus dem rhetorischen System, die das Außerordentliche, Überbietende, Verfeinernde verfolgende Poetik, die in ihren kapriziösen Erfindungen auch neue Weisen der Darstellung und des Sehens erarbeitet, operiert auf der Grundlage eines neuen, die überkommene Ordnung der Analogie und Korrespondenz ablösenden Darstellungsparadigmas. Dessen Provokation beantwortet die concettistisch-manieristische Poetik mit der Erfindung von Ähnlichkeiten, Analogien und Korrespondenzen, die am Paradox, der Antithese und der auf Verblüffung zielenden Metapher orientiert sind. Ästhetische werden dabei mit kognitiven Funktionen verknüpft. Diese Züge gelten trotz nationalkulturell bedingter Unterschiede für alle slavischen Literaturen im Zeitraum vom 16. bis ins zweite Drittel des 18. Jh.

3. *Moderne.* Im 20. Jh. tritt in allen slavischen Avantgarden im Kontext einer innovativen Ästhetik ein sich programmatisch als antiklassischer, in Ludismus, Ornamentalismus und Konzeptualismus artikulierender Stilgestus auf. Die die Sprache reflektierenden Konstrukte basieren auf deren semantische, syntaktische und phonische Möglichkeiten 'bloßlegenden' Tropen und Figuren.[15] Die poetische Extremform stellt die die Semantik suspendierende oder invertierende transrationale Sprache («zaum'») im russischen Futurismus (V. CHLEBNIKOV, D. BURLJUK, A. KRUČENYCH) dar. Die mit Allitterationen, Lautwiederholungen, Onomatopoieta arbeitende Euphonietechnik des russischen Symbolismus (BAL'MONT, BRJUSOV, BELYJ) wird weitergeführt (V. MAJAKOVSKIJ). Es kommt zu einer Radikalisierung der Spielgedichtsformen durch Erweiterung des Verfahrensfundus (Visualisierung): bouts rimés, proteische Gedichte, Akrosticha, anagrammatisch und palindromatisch strukturierende Versformen (Chlebnikov, I. SEVERJANIN, Kručenych). Lautliche (Alliteration, Homoioteleuton, Paronomasie), graphische (*carmina figurata, cancrina*) und die Schriftzeichen in ihrer ikonischen und semantischen Funktion ausstellende Verfahren (Alphabetgedicht, Buchstabenfiguration, visuelle Poesie – V. KAMENSKIJ, I. ZDANEVIČ) sind strukturbildend.[16] Den folgenreichen Konzeptualismus von Paradoxon und Nonsens repräsentieren die Oberiuten (Leningrader Spätavantgarde: D. CHARMS, A. VVEDENSKIJ).[17]

Die polnische Avantgarde, Futurismus (J. KUREK, J. BRZĘKOWSKI) und sog. ‹Krakauer Avantgarde› (T. PEIPER, J. PRZYBOS') bestimmen ornamental-spielerische sowie reim- und verstechnische Artistik neben einem ausgeprägten Konzeptualismus (Peiper, Przybos').[18]

Dieselben Charakteristika, wenn auch durch eine anders orientierte Programmatik motiviert, gelten für die tschechische Avantgarde, bes. den ‹Poetismus› (V. NEZVAL, J. SEIFERT, K. BIEBL, J. ŠTYRSKÝ).[19] Mit unterschiedlicher Gewichtung lassen sich Manierismen auch in den übrigen slavischen Literaturen der Avantgarde, der serbischen, kroatischen, slowenischen und slowakischen feststellen. Die in den 30er Jahren entstandene, polnische Spielformen mit Beispielen aus einzelnen europäischen Literaturen vereinende Sammlung (17.–20. Jh.) ‹Der sich aufbäumende Pegasus› (Pegaz dęba) von J. TUWIM[20] ist eine manieristische Anthologie avant la lettre. Der Barockforscher D. Tschižewskij dokumentiert in seiner Anthologie ‹Formalistische Dichtung bei den Slaven›, die Hypertrophie der Form herausstellend, manieristische Stilgesten vom 17. bis ins 20. Jh.[21] An die Tradition der klassischen russischen Avantgarde knüpfen einige Literaten der 80er und 90er Jahre (S. BIRJUKOV, V. NEKRASOV, S. SIGEJ, G. SAPGIR) an, deren exzessive, autothematische Palindrome, Akrosticha, Anagramme, Einzeiler, lusus verborum, Centos in einem ‹Zeugma. Russische Poesie vom M. zum Postmodernismus› (Zevgma. Russkaja poèzija ot man'erizma do postmodernizma)[22] betitelten 'Lesebuch' den Postmodernismus als M. des M. erscheinen lassen.

Anmerkungen:
1 E. Porębowicz: Andrzej Morsztyn, przedstawiciel baroku w poezji polskiej (A.M., Repräsentant des Barock in der polnischen Dichtung) (Krakau 1893). – **2** R. Pollak: Od renesansu do baroku (Warschau 1969). – **3** Z. Kravar: Manirizam i hrvatska književnost, in: Z. Kravar: Studije o hrvatskom književnom baroku (Zagreb 1975) 213–268. – **4** vgl. R. Lachmann: Art. ‹Barock: Slavische Länder›, in: HWRh, Bd. 1, Sp. 1350ff. – **5** U. Link-Heer: Zur Kanonisierung antiklassischer Stile: M. und Barock, in: R.v. Heydebrand (Hg.): Kanon – Macht – Kultur (1998) 156–176. – **6** A. Hauser: Der M. Die Krise der Renaissance und der Ursprung der modernen Kunst (1964). – **7** S. Mathauserová: Drevnerusskie teorii iskusstva slova (Altrussische Theorien der Wortkunst) (Prag 1976); E. Greber: Textile Texte. 'Wortflechten', Kombinatorik und poetologische Reflexion (Habil.schr. im Druck). – **8** V.N. Toporov: Eine Seite aus der Gesch. des russischen barocken Concettismus: P. Buslaevs Umozritel'stvo duševnoe, in: R. Lachmann (Hg.): Slavische Barocklit., Bd. 2 (1983) 57–86. – **9** R. Lachmann: Polnische Barockrhet.: Die problematische Ähnlichkeit und Maciej Sarbiewskis Traktat De acuto et arguto (1619/1623) im Kontext concettistischer Theorien, in: dies.: Die Zerstörung der schönen Rede (1994) 101–134. – **10** J. Dürr-Durski: Monografia z dziejów manieryzmu i baroku w Polsce (Monographie aus der Gesch. des M. und Barock in Polen) (Warschau 1966). – **11** P. Pavličić: Poetika manirizma (Zagreb 1988). – **12** P. Preiss: Panorama Manyrismu (Prag 1974). – **13** D. Tschižewskij: Das Labyrinth der Welt und das Paradies des Herzens des J.A. Comenius, in: Lachmann [8] 1–24. – **14** S. Mathauserová: Skladati i tkati, in: G. Zand, J. Holý (Hg.): Tschechisches Barock. Sprache, Lit., Kultur (1999) 71–80. – **15** Ž. Benčić, D. Fališevac (Hg.): Tropi i figure (Zagreb 1995). – **16** G. Janecek: The Look of Russian Literature. Avant-Garde Visual Experiments 1900–1930 (Princeton 1984). – **17** A.A. Hansen-Löve: Konzepte des Nichts im Kunstdenken der russischen Dichter des Absurden (Obėriu), in: Poetica 26 (1994) 308–373. – **18** H. Olschowsky (Hg.): Der Mensch in den Dingen (1986). – **19** K. Chvatik, Z. Pešat: Poetis-

mus (Prag 1967). – **20** J. Tuwim: Pegaz dęba (ND 1950), in: Specimina Philologiae Slavicae 66 (1986). – **21** D. Tschižewskij: Formalistische Dichtung bei den Slaven (1958). – **22** S. Birjukov (Hg.): Zevgma (Moskau 1994).

R. Lachmann

VII. *Bildende Kunst.* **1.** *Begriffliches.* Im Gegensatz zu anderen Epochenkonzepten wie Renaissance oder Aufklärung läßt sich die Konstitution des M. im Sinne einer eigenständigen Epoche nicht an das Selbstverständnis eines bestimmten Zeitraums rückbinden. Die kunstgeschichtliche Forschung erkennt im M. jenes historische Phänomen, das chronologisch zwischen der Hochrenaissance um 1520 und dem Beginn des Frühbarock um 1590/1610 liegt. Fragen nach dem historischen Platz, der Rolle und Wertung des M. als autonome Kunstperiode sind noch immer Gegenstand wissenschaftlicher Diskussion. [1]

Das italienische Wort ‹manierismo› wird in den bildenden Künsten erstmals und abwertend 1792 von L. LANZI verwendet, der ihn in seiner ‹Storia pittorica della Italia› als eine historische Erscheinung bestimmt, welche die «dritte Ära» der florentinischen und römischen Schule kennzeichnet. Er kann sich dabei auf den klassizistischen Kunstkritiker BELLORI beziehen, der bereits 1672 eine vergleichbare Formulierung gebraucht, als er seine Abneigung gegen den M. zum Ausdruck bringt: Die Maler nach Raffael «vernachlässigten das Studium der Natur, stützten sich auf die Praxis und nicht auf die Imitatio und verdarben die Kunst mit der *maniera* oder sagen wir mit der *fantastica idea*». [2] Mit dieser abschätzigen Bewertung wird nicht nur *maniera* oder Manier, sondern auch das ‹Manierierte› mit seiner Neigung zur Künstlichkeit als ein Epochenstil angesehen. Die negativ geprägte Sicht des M. setzt sich bis in die frühen Jahre des 20. Jh. fort. In Übereinstimmung mit den Kunstströmungen der eigenen Zeit (Expressionismus, Abstraktion, Dadaismus) nehmen jetzt Kunsthistoriker wie M. DVOŘÁK, W. FRIEDLÄNDER u.a. den M. nicht mehr als ‹Verfall› eines absoluten ästhetischen Ideals wahr, sondern als anti-klassisch und somit modern. [3] Gleichzeitig hebt man das Verdikt auf, die Kunst des M. sei eine Zersetzung der Renaissance gewesen, erklärt diese vielmehr aus einem neuen subjektiven Bewußtsein, das vorsätzlich auf organische Natürlichkeit verzichtet, seine Vorbilder in Kunstwerken sucht und deren künstlerische Lösungen kombiniert, ohne für das eigene Werk eine innere Einheit anzustreben. Im freien Spiel habe man ‹Kunst aus Kunst› gebildet und das mit artistischer Virtuosität vorgetragene *capriccio* als Zeichen eines großen *ingenium* bewundert.

Als Bezeichnung für eine wiederkehrende oder anhaltende Möglichkeit in der Kunst stellt sich zudem die Frage nach den überzeitlichen Varianten des M. [4] Grundsätzlich gilt, daß die Kunst erstmals im M. zu einem eigenen Bewußtsein kommt und sich mitunter im institutionellen Rahmen der Kunstakademie eine Kunsttheorie mit Spielregeln schafft, die sie sich selbst gibt und an denen sie streng festhält, oder auch bewußt von ihnen abweicht, bis hin zum Extravaganten und Außergewöhnlichen. In diesem Sinn verfügt der M. über die grundsätzlichen Mittel, den Realitätsgrad subjektiv zu wählen und anzuwenden, die künstlerische Formulierung als eine von vielen möglichen zu verstehen und sich des Neben- und Ineinanders von Stilformen und Ausdruckslagen frei zu bedienen. Gegenüber den Bestrebungen, aus dem M. einen geschichtlich weitgehend indifferenten, sich wiederholenden, jeweils die gleichen formalen Strukturen aufweisenden ‹antiklassischen› Stil zu machen, der nicht nur im Spannungsfeld von Klassik und Antiklassik, sondern auch von Naturalismus und Formalismus, Rationalismus und Irrationalismus, Sensualismus und Spiritualismus, Traditionalismus und Neuerungssucht, Konventionalismus und Revolte gegen jeden Konformalismus anzusiedeln ist oder aber im ‹Verlust der künstlerischen Unschuld› seine permanente Wirksamkeit bis ins 20. Jh. zu beweisen, wurde zunehmend die Forderung laut, den M. als abgeschlossene historische Erscheinung zu betrachten. Angesichts der definitorischen Verworrenheit hat man inzwischen eine starke Zurückhaltung im Umgang mit dem Begriff ‹M.› gefordert und die Wiedereinführung der historischen nicht-tendenziösen Bezeichnung *maniera* im Sinne VASARIS, eines Zeitgenossen der Manieristen, vorgeschlagen. [5]

2. *Die Spannung von ‹maniera› und M.* Der italienische Maler, Architekt und Kunsthistoriograph VASARI erklärt in seiner Schrift über Leben und Werk der italienischen Künstler der Renaissance (1550/1568), das als monumentaler Auftakt der neuzeitlichen Kunstgeschichte bezeichnet werden kann, die *maniera* zu einem Schlüsselkonzept, mit dessen Hilfe er alle für die Herstellung und Beschreibung eines historischen Kunstwerks relevanten Faktoren zu erfassen sucht. [6] Ein erster wichtiger Kontext, in dem *maniera* verwendet wird, ist der des Produzenten-Wissens und Könnens, ist zunächst die Produktionsweise, der technische Aspekt der Kunst, das, was durch ein spezifisches Ensemble von Regeln und Handlungsanweisungen weitergegeben, was erlernt werden kann. Der erste Aspekt von *maniera*, der vor allem für die Phasen des 14. und 15. Jh. gilt, meint ein Wissen, das auf ein Ensemble bewußter Regeln reduzierbar ist, das heißt von Normen, die durch Studium gelernt werden können. Im Zuge einer Unterscheidung zwischen Quattrocento und Cinquecento und dem Beginn der *terza maniera* bzw. der *maniera moderna* ist der Begriff ‹maniera› dabei, seine technische und didaktische Konnotation zu verlieren. Vasari beschreibt sie als Ausdruck einer neuen Ungebundenheit der Natur gegenüber, durch die der Künstler über das Vorbild der Natur, über Regeln und Normen hinausgehe, d.h. über eine Lizenz in der Regel verfügt, die, ohne selber regelhaft zu sein, sich doch der Regel unterordnen läßt und stehen bleiben kann, ohne Verwirrung zu stiften oder die Ordnung zu verderben. [7] Es handelt sich also um einen Streit der Regeln untereinander, einen Streit, der diese Regeln verletzt, sie aber voraussetzt und im Verletzen bestätigt. Dieses dualistische Konzept läßt *maniera* zugleich zu einem Paradigma für Originalität und Individualstil werden, auf das sich noch GOETHE – allerdings im Sinne eines Mangels an Stil – bezieht. [8] Ihre implizite Dialektik ist von Kant, Hegel, Vischer u.a. weiter ausgearbeitet worden.

3. *Theorie und Praxis.* In dem Maße, wie sich die neuzeitliche Kunsttheorie und -praxis an der Rhetorik orientiert, bildet sich im M. der Typus einer Bewegungsfigur aus, die auf MICHELANGELO zurückgeht und als *figura serpentinata* mit der rhetorischen *figura* als entlegene und von der alltäglichen gewohnten Redeweise abweichenden Ausdrucksweise in unmittelbarem Zusammenhang steht. Bereits QUINTILIAN hatte die schmucklose Rede mit der ausdruckslosen Ruhelage des Körpers oder einer archaischen Statue verglichen, während die *figura* die von der Ruhelage abweichende Körperhaltung des Menschen oder der Statue war. [9] Die *figura* ist dabei im Sinne der Neuheit und Abwechslung, die sie bietet, und des sich daraus ergebenden Genusses für den Betrachter zu verstehen.[10] Die ‹künstliche› Körperhaltung des von Myron geschaffenen Diskobolos, der aufgrund seiner gekrümmten Haltung und extremen Torsion zugleich Vorder- und Rückenansicht bietet, wird als ein Grenzfall begriffen. Mit ihm verknüpft sich die Frage, wann und unter welchen Umständen es geboten scheint, von der überkommenen festen Ordnung abzuweichen. Daß gewisse Fehler (*vitia*) nur scheinbare Fehler sind, da der Künstler mit besonderer Absicht gehandelt hat und dadurch eine besondere *licentia* zu einem solchen Gebrauch berechtigt, exemplifiziert Quintilian am Beispiel des Diskobolos.

Die *figura serpentinata* bedeutete letztlich eine Absage an die Auffassung der Renaissance, den menschlichen Körper und seine Bewegung auf geometrisch-konstruktivem Wege erfassen zu können. Michelangelo hatte – ebenso wie sein Nachfolger Vincenzo Danti – im ‹Sieg› (Abb. 1) die *figura serpentinata* verwirklicht und damit dem M. entscheidende Impulse gegeben.[11] Lomazzo, der diese Tradition in seinem Traktat über die Malerei (1584) fixiert, hebt hervor, daß die Figuren in der Serpentinata sich zu bewegen scheinen, da der Betrachter «sie sozusagen auch von den anderen Seiten sehe».[12] Die in sich gedrehte *figura serpentinata* gibt den Blick frei für unzählige, kaum faßbare Erscheinungsformen des menschlichen Körpers in Bewegung. Sie zwingt den Betrachter zu ständigem Umschreiten der Plastik, da jede der sich bietenden Ansichten gleichermaßen anziehend wie unvollständig ist. Ihr Prinzip sind die verschiedenen Möglichkeiten der Anschauung bzw. des Betrachterstandpunktes, wobei Polyperspektive und Diskontinuität im Zusammenhang mit der für die manieristische Kunst charakteristischen Vorliebe für verschiedene, unerwartete Ansichten aus exzentrischen Blickwinkeln zu sehen sind.[13] Diese Vielseitigkeit und die daraus resultierende Ambiguität unterscheidet sich wesentlich von der ciceronischen Forderung der *varietas*, die auf den Reiz der Abwechslung zielt, doch in seinem Gefallen an differenzierten Formen innerhalb des klassischen Kanons der Schönheit bleibt. Insbesondere bei der Anamorphose, die den Bildgegenstand auf streng geometrische Weise, aber von einem exzentrischen Blickpunkt aus darstellt, ihn übermäßig verkürzt oder verlängert und damit verzerrt, werden die Verfahren der Deformation und die Reflexion des Blicks augenscheinlich.[14] Der Betrachter wird vor die Aufgabe gestellt, jenen Blickpunkt zu finden, von dem er die fast bis zur Unkenntlichkeit verzerrte Gegenständlichkeit annährungsweise in ihre ursprüngliche Form zurückversetzen kann. In der Kunst und Kunsttheorie des M. bekommt die Verzerrung der Formen, die willentliche Abwandlung der natürlichen Proportionen eine neue, zentrale Bedeutung und tritt an die Stelle der Werte der schönen Gestalt und Proportion. Borghini empfiehlt den Malern, daß man «wenn man den Figuren *grazia* geben will, die Maße teils in die Länge ziehen, teils verkürzen muß».[15] Die Deformierung der menschlichen Gestalt wird mitunter durch Spiegel in konvexer oder konkaver Form erzeugt, während der Spiegel in der Renaissance vor allem zur Vervollständigung der gemalten Szene durch die Darbietung der sonst verborgen gebliebenen Ansichten diente. Parmigianinos bizarres ‹Selbstbildnis im Spiegel› (Abb. 2) zeigt dem jungen Maler nicht das getreu gespiegelte Abbild der Realität, sondern ein den Wirklichkeitsbezug in der Verzerrung leugnendes phantastisches Bild, das als Spiegel die Illusion erzeugt, ein Kunstwerk der Natur zu sein.[16] Dem

Abb. 1: Michelangelo, Der Sieg (um 1533–1534; Florenz, Palazzo Vecchio). Photo Alinari

rhetorischen Grundsatz des *celare artem* und der sozialästhetischen Norm der *grazia* bzw. *sprezzatura* entsprechend, wandelt sich Kunst hier zur zweiten Natur, erwekken sie die Illusion einer kunstlosen Natürlichkeit.[17] *Sprezzatura* erweckt den Eindruck einer vorgetäuschten

Abb. 2: Parmigianino, Selbstbildnis (1524; Wien, Kunsthistorisches Museum). Photo Museum.

Gleichgültigkeit, diskreten Lässigkeit und Ungezwungenheit, schließt aber auch eine Leichtigkeit ein, bewußt angegangene Schwere demonstrativ leicht, spielerisch zu bewältigen. Weder bloße Natur noch pure Artifizialität zu sein, sondern ein empfindliches Gleichgewicht zwischen beidem, darin besteht die auszeichnende, aber potentielle Gefährdung dieser Kulturform.

Bezeichnendes Beispiel für die mannigfachen Verbindungen von Werken des menschlichen Schaffens mit den Produkten der Natur sind die Kunst- und Wunderkammern mit ihrer Betonung des Raffinierten, Wertvollen und Außerordentlichen.[18] Orientiert sich der M. unter Verzicht auf das Naturvorbild am Kunstideal, so verschafft er dem Naturwerk selbst Eingang in die künstlerische Gestaltung.[19] Der Abbildung ekeleinflößender Tiere kommt dabei eine besondere Bedeutung zu, da sie Beweis für die Kunst und die Überlegenheit des Schöpfers ist. Tiere, die in der Wirklichkeit Abscheu und Entsetzung hervorrufen, erregen in der künstlerischen Darstellung Vergnügen, ja sogar ein heftigeres Gefallen als jene Schilderung vollkommener Schönheit. Die Autorität, die hinter den Bemühungen in der Kunst um vollkommene Naturwiedergabe mittels Tierabgüssen steht, ist Aristoteles.[20] Der Gedanke, in wertvollem Material ausgeführte Abgüsse von Tieren, deren Berührung in der Realität Ekel verursachen würden, auf Gebrauchsgegenstände zu applizieren, läßt sich der oberitalienischen Hof- und Humanistenkultur zuordnen und lebt als Gattung in Nordeuropa bei W. JAMNITZER in Deutschland und B. PALISSY (Abb. 3) in Frankreich weiter fort.[21] Der Konflikt, ob die Natur als die eigentliche, nämlich schon vorgegebene Ordnungsmacht zu begreifen, oder ob sie das schlechthin Ungeordnete, Chaotische, Ungeheuerliche und Barbarische ist, das es zu überwinden gilt und dem der Mensch seine artifizielle Ordnung entgegenzusetzen hat, ist Thema der manieristischen Gärten.

Abb. 3: B. Palissy, Runde Schüssel im Stil rustique (2. Hälfte 16. Jh.; Braunschweig, Herzog-Anton-Ulrich-Museum). Photo Museum.

So offenbart die Natur in Pratolino dem Besucher nicht länger Harmonie, sondern läßt ihn ihre Macht spüren, die Angst verbreiten könnte, wäre sie nicht durch Kunst und raffinierte Technik gezähmt. Der Hausherr, Francesco de' Medici, beherrschte sie nicht nur, sondern konnte sich ihrer bedienen, um Überraschung und wohlberechneten Schrecken zu erzeugen.

In der Architektur markieren insbesondere Michelangelo und G. ROMANO mit ihren Bauten die Anfänge des M. Sie üben Kritik an den architektonischen Maximen ihrer Zeit, ohne das klassische Formenvokabular der Renaissance aufzugeben.[22] Im Hinblick auf die Neue Sakristei Michelangelos benennt Vasari das spezifisch innovatorische Moment: «Hier brachte er eine Verzierung in gemischter Ordnung an, die mannigfaltigste, ungewöhnlichste, welche jemals alte oder neuere Meister anzuwenden vermochten. [...] Sie [die architektonischen Formen] sind völlig verschieden von dem, was die Menschen früher für Maß, Ordnung und Regel geachtet hatten, nach allgemeinem Brauch, sowie dem Vorbild Vitruvs und der Antike. [...] Solche Kühnheit ermutigte diejenigen, welche Michelangelos Verfahren sahen, ihn nachzuahmen».[23] Auch die beispielsweise absichtlich vorgelagerten Triglyphen im Palazzo del Té von Romano rechnen mit einem Betrachter, der so gebildet ist, daß er die Regeln kennt, entsprechende visuelle Erwartungen hegt und es als Irritation erlebt, wenn diese Erwartungen enttäuscht werden. Diese Schockempfindung, verursacht durch Regelverstoß, kalkulierte Neuheit und Abwechslung, kann der Rezipient gerade deshalb genießen, weil er der Regeln durch lange Vertrautheit mit ihnen entsprechend dem rhetorischen *taedium* überdrüssig geworden ist.[24] Insbesondere lassen jene unvermittelt nebeneinander gestellten, unbearbeiteten Steine des Baus an die rhetorische *structura aspera* denken.[25] Zwar galt es hier den *hiatus* zu vermeiden und die Worte bzw. Steine so zu fügen, daß sie weder hart zusammenstoßen noch auseinanderklaffen, sondern ganz fugenlos und glatt zusammenfinden, doch garantiert gerade diese absichtslose Nachlässigkeit als Ästhetik des Natürlichen die Schönheit der Rede bzw. des Baus.

Wenn im 16. Jh. die Grenzen zwischen Hauptwerk und Beiwerk, *ergon* und *parergon* zunehmend unsicher werden, so ist diese Entwicklung als Kritik an einer Kunst zu verstehen, die den Anspruch erhebt, die Ordnung der Dinge abzubilden. Indem der Künstler das bisher als unwesentlich Dargestellte betont, deformiert er bewußt den damals als verbindlich angesehenen Kunstkanon.[26] So überbietet in P. AERTSENS Bild ‹Christus im Hause von Maria und Martha› (Abb. 4) das Materialistische, das Weltliche in Form eines gewaltigen Fleischstükkes um ein Vielfaches das Religiöse im Hintergrund. Aus der ungewohnten Zusammenstellung dieser beiden Bereiche entsteht jener Schock, der das ästhetische Vergnügen des Betrachters ausmacht, wie die vielen Aufträge, die an Aertsen ergingen, beweisen.

Als Beiwerk besitzen insbesondere die Grotesken (*grottesche* der Logge des Vatikans, des Palazzo del Té, Fontainebleaus) keine *compositio* und keinen Rahmen, sie unterliegen nicht den Forderungen, die an ein Bild gestellt werden, sondern können sich in regelloser Freiheit entfalten (Abb. 5).[27] Unter diesen Voraussetzungen wird die Groteske im M. zum privilegierten Bild und Verfahren der Freiheit künstlerischer Einbildungskraft, die sich aus den Bindungen der *imitatio* löst und sich selbst ihre Regeln gibt. Der besondere Reiz der Groteske liegt in ihrer Uneindeutigkeit, denn hier löst sich das Bild mit der Darstellung des Unmöglichen und Phantastischen von der Verpflichtung auf Bedeutung, unterläuft die gestaltende Linie das Bild durch Ambivalenzen und Metamorphosen. So ergibt sich ein von Abbild und Wiederholung befreites Spiel der Formen, das im Miteinan-

Abb. 4: P. Aertsen, Christus im Hause von Maria und Martha (1552; Wien, Kunsthistorisches Museum). Photo Museum.

Abb. 5: Raffael, La Loggetta (Ausschnitt, 1519; Rom, Vatikan). Photo Vatikan.

der der Abweichungen und Übergänge, im Aufblitzen von Ähnlichkeiten, von Heterogenem und Verfremdungen des Vertrauten den Prozeß des Werdens von Gestalt nachzeichnet. Es entstehen Formen, in denen nicht mehr eine bestimmte Gestalt, sondern der Prozeß des Gestaltens selbst sichtbar wird.

In der Produktionsproblematik als Paradox eines Übermaßes an Originalität, das jederzeit in Automatismus umschlagen kann, liegen strittige Aspekte und Widersprüche des Konzepts der *maniera* und des M. begründet. Solange man sich auf die Kategorie der Mimesis eines idealen Modells (beispielsweise der Natur oder der Antike) beschränkt, muß sich die künstlerische Individualität vergessen, wenn sie das Modell, den Typ, das Ideal erreichen will. Indem die *maniera* als ein Mangel an hohem Stil durch die Maßlosigkeit von Individualität definiert wird, kann überhaupt erst ein ‹Individualstil› gedacht werden. Als ein Stil, der einen hinreichenden Grad an individueller Originalität bewahrt, um sich der einfachen Nachahmung der Natur zu entziehen, aber gleichzeitig auch auf etwas Allgemeineres wie ein ideales Modell bezogen ist, wird *maniera* zwei Jahrhunderte nach Vasari von GOETHE in der dreifachen Opposition: einfache Nachahmung der Natur, Manier, Stil bestimmt. [28] Wenngleich diese Synthese keine definitive Lösung ist, so sind die drei Ausdruckskategorien doch immer wieder bemüht worden. In der Positivierung von Manier und M. «als Kunst des Möglichkeitssinns» wird die Goethesche Trias später zur Erklärung des extremen Stilpluralismus in der Kunst des 20. Jh. herangezogen. [29]

Anmerkungen:
1 Darstellung des komplexen Problems bei E. Lachnit: Zur Gesch. des Manierismusbegriffs, in: Kat. Ausst. Zauber der Medusa. Europ. M., hg. von W. Hofmann (Wien 1987) 32–42; D. Arasse, A. Tönnesmann: Der europ. M.: 1520–1610 (= La Renaissance Maniériste) (dt. 1997) bes. 7–13; C. Dumont: Le Maniérisme (Etat de la Question), in: Bibliothèque d'Humanisme et de Renaissance 28 (1966) 439–457; allg. Übersicht in: Art. ‹M.› in: LDK (1975) Bd. 3, 137–142. – **2** G.P. Bellori: Le vite de' pittori, scultori e architetti moderni (Rom 1672), hg. von E. Borea (Turin 1976) 31. – **3** zu nennen sind vor allem W. Friedländer: Die Entstehung des antiklass. Stils in der ital. Malerei um 1520, in: Repertorium für Kunstwiss. 46 (1925) 49–86; ders.: Mannerism and Anti-Mannerism in Italian Painting (New York 1957); M. Dvořák: Über Greco und den M. Vortrag im Österr. Mus. für Kunst und Industrie am 28. Okt. 1920, abgedr. in: Kunstgesch. als Geistesgesch. (Wien 1924) 259 ff. – **4** weiteres bei W. Hofmann: Einträchtige Zwietracht, in: Kat. Ausst. Zauber der Medusa [1] 13–21; Lachnit [1]. – **5** vgl. hierzu die verschiedenen Beitr. in: M. Meiss u.a. (Hg.): The Renaissance and Mannerism. Studies in Western Art (Princeton 1961/1963) Bd. 2, ders. 200–221; H. Miedema: On Mannerism and *Maniera*, in: Simiolus 10 (1978/79) 19–45; Überblick bei Arasse [1] bes. 12ff.; M. Kroß: Altes und Neues über M. und Barock. Zu J. Shearman: M. Das Künstliche in der Kunst (1988) und M. Praz: Der Garten der Sinne. Ansichten des M. und des Barock (1988), Rez. in: Krit. Ber. 18 (1990) 92–95. – **6** hierzu und zum Folgenden U. Link-Heer: Maniera. Überlegungen zur Konkurrenz von Manier und Stil (Vasari, Diderot, Goethe), in: Stil. Gesch. und Funktionen eines kulturwiss. Diskurselements, hg. von H.U. Gumbrecht, K.L. Pfeiffer (1986) 93–114, bes. 96–103. – **7** G. Vasari: Le Vite de' più eccellenti pittori scultori ed architettori scritte da G. Vasari pittore aretino (1568), hg. von G. Milanesi, Bd. 4 (Florenz 1981; zuerst 1906) 9. – **8** J.W. Goethe: Einfache Nachahmung der Natur, Manier, Stil (1789); ders.: Diderots Versuch über die Malerei. Übers. und mit Anm. begleitet (1799), in: ders.: Schr. zur Kunst (= dtv-Gesamtausg.), Bd. 33 (1962) 34–38 und 107–148. – **9** Quint. II, 13, 9–11, zur Rezeption dieser Textquelle D. Summers: Maniera and Movement. The Figura Serpentinata, in: Art Quarterly 35 (1972) 269–301; K. Patz: Zum Begriff der ‹Historia› in L.B. Albertis ‹De Pictura›, in: Zs. für Kunstgesch. 49 (1986) 269–287. – **10** Quint. IX, 2, 63 und 66; IX, 3, 5; VIII, 3, 52; VIII 6, 51; II, 13, 11. – **11** Summers [9]; ders.: Contrapposto. Style and Meaning in Renaissance Art, in: The Art Bulletin 59 (1977) 336–361; ders.: Michelangelo and the Language of Art (Princeton, N.J. 1981). – **12** G.P. Lomazzo: Trattato dell'Arte de la Pittura, Scultura, ed Architettura (Mailand 1584; ND 1968) 252. – **13** W. Drost: Strukturen des M. in Lit. und Bildender Kunst. Eine Stud. zu den Trauerspielen Vicenzo Giustis (1532–1619) (1977) bes. 96–115. – **14** J. Baltrušaitis: Anamorphoses ou Perspectives Curieuses (Paris 1955). – **15** abgedr. bei E. Panofsky: Idea. Ein Beitr. zur Begriffsgesch. der älteren Kunsttheorie (1960, ¹1924) 89, vgl. auch den Faksimiledruck v. R. Borghini: Il riposo (1584), hg. v. M. Rosci (Mailand 1967). – **16** R. Preimesberger: G. Vasari, Ursprungslegende eines Selbstporträts (1550), in: Porträt, hg. von dems., H. Baader, N. Suthor (1999) 262–272; V. Stoichita: Das selbstbewußte Bild. Vom Ursprung der Metamalerei (= L'instauration du tableau) (dt. 1998, ¹1993) 243–47. – **17** Arasse [1] 418–423; M. Hinz: Rhet. Strategien des Hofmanns. Stud. zu den ital. Hofmannstraktaten des 16. und 17. Jh. (1992). – **18** J. von Schlosser: Die Kunst- und Wunderkammern der Spätrenaissance. Ein Beitr. zur Gesch. des Sammelwesens (1908); L. Salerno: Arte, scienza e collezioni nel manierismo, in: Scritti di storia dell'arte in onore di Mario Salmi, Bd. 3 (Rom 1963) 193–214; W. Liebenwein: Studiolo. Die Entstehung eines Raumtyps und seine Entwicklung bis um 1600 (1977). – **19** hierzu und zum Folgenden N. Gramaccini: Das genaue Abbild der Natur – Riccios Tiere und die Theorie des Naturabgusses seit Cennino Cennini, in: Kat. Ausst. Natur und Antike in der Renaissance (1985) 198–225. – **20** Arist. Poet.; Arist. Rhet. I, Kap. 9, 1371b. – **21** E. Kris: Der Stil ‹Rustique›. Die Verwendung des Naturabgusses bei W. Jamnitzer und B. Palissy, in: Wiener Jb., N.F. (1926) 137ff. – **22** Tönnesmann [1] 51–67. – **23** Vasari [7] Bd. 7, 193; zit. nach der Übers. v. E. Förster: G. Vasari: Leben der ausgezeichnetsten Maler, Bildhauer und Baumeister..., Bd. 5 (¹1847) 323f.; A. Prater: Michelangelos Medici-Kapelle. Architektur und Ornament (1979). – **24** ausführlich dazu E.H. Gombrich: Rückblick auf G. Romano, in: Kat. Ausst. Zauber der Medusa [1] 22–31. – **25** Lausberg Hb. 475–479. – **26** Stoichita [16] 15–22. – **27** hierzu und zum Folgenden: G. Schröder, B. Cassin, G. Febel, M. Narcy (Hg.): Anamorphosen der Rhet. Die Wahrheitsspiele der Renaissance (1997) 25ff. u. 86ff.; A. Chastel: Die Groteske. Streifzüge durch eine zügellose Malerei (Paris 1988, dt. 1997); N. Morel: Les Grotesques. Les figures de l'imaginaire dans la peinture italienne de la fin de la Renaissance (Paris 1997). – **28** vgl. oben Anm. 6 und 8. – **29** dazu W. Hofmann: ‹Manier› und ‹Stil› in der Kunst des 20. Jh., in: Studium generale 8 (1955) 1–11.

Literaturhinweise:
P. Barocchi: Trattati d'arte del cinquecento fra manierismo e controriforma, 3 Bde. (Bari 1960–1962). – J. Shearman: Mannerism (Harmondsworth 1967). – A. Chastel: La crise de la Renaissance (Genf 1968). – T. Klaniczay: Renaissance und M. Zum Verhältnis von Gesellschaftsstruktur, Poetik und Stil (1977). – W.J. Hofmann: Einl. zu: H. Sedlmayr: Europ. Kunst im Zeitalter des M., in: Wiener Jb. für Kunstgesch. 49 (1996) 75–90.

K. Patz

VIII. *Musik.* Die Musikwissenschaft ist die letzte kunsthistorische Disziplin, die sich mit dem Fachbegriff ‹M.› auseinandersetzt. Diskutiert wird der M. 1) als Epochenbezeichnung der Musikgeschichte zwischen Spätrenaissance und Frühbarock (B. CANNON, A. JOHNSON, W. WAITE 1960 [1]), die insbesondere bei deutschsprachigen Autoren auf Ablehnung stößt. 2) Die meist nicht bewußt genug vorgenommene Unterscheidung zwischen dem pejorativen Verdikt ‹manieriert› und einer wertneutralen historiographischen Kategorie ‹manieristisch› läßt ‹M.› als einen häufig negativen Wertungsbegriff (H. BESSELER 1966 [2]) erscheinen. 3) Die größte Akzeptanz erfährt ‹M.› als musikalischer Stilbegriff, vor allem seit erkannt wird, daß der M. seine Wurzeln in der Rhetorik (C.V.

PALISCA 1972 [3]) hat. Als stilistisches Konzept resultiert der M. aus einer besonderen ästhetischen Haltung und manifestiert sich in speziellen Kompositionstechniken sowie Gattungen und formalen Strukturen.

Vor dem Einsetzen der intensiven Diskussion seit den frühen 60er-Jahren des 20. Jh. gibt es eine sowohl terminologische als auch inhaltliche 'Vorgeschichte' von M. bzw. *maniera*, die jedoch für den heutigen musikwissenschaftlichen Wortgebrauch weitgehend belanglos ist. So bezeichnet der Heinrich-Schütz-Schüler CHR. BERNHARD (1628–1692) in seinem Traktat ‹Von der Singe-Kunst oder Maniera› mit *maniera* eine «künstliche Art des Singens» sowie auch «diejenigen Kunststücke, welche ein Singer beobachtend und anbringend eines Sängers Namen verdienet» [4] und meint damit den Kunstgesang und seine Verzierungspraxis. Diminutionen werden dann in der deutschen Musiktheorie des 18. Jh. durchgängig als ‹Manieren› bezeichnet. Wenn L. MOZART 1777 in einem Brief [5] seinen Sohn Wolfgang vor dem «vermanierierten Manheimer goût» warnt, so kritisiert er damit wohl die Vorliebe der Mannheimer Schule für effektvolle, aber standardisierte Motivfiguren und dynamische Kontraste. L. SCHRADE lehnt sodann 1934 in seiner Studie ‹Von der Maniera der Komposition in der Musik des 16. Jh.› [6] den Terminus ‹M.› wegen dessen pejorativen Konnotationen ab und überhöht hingegen das allgemeinsprachliche italienische Wort *maniera*, das nichts anderes als 'Art und Weise' bedeutet, zu einem Stilbegriff, mit dem die Musiktheoretiker des 16. Jh. den speziellen musikalischen Stil ihrer Zeitgenossen zwischen Renaissance und Barock bezeichnet hätten, was ganz und gar unhaltbar ist. [7] Umgekehrt gibt es vor allem in der älteren Musikgeschichte stilistische Haltungen und Ausprägungen, die den inhaltlichen Befund des ‹M.› erfüllen, aber heute mit anderen Termini bezeichnet werden. Dies gilt für die ostentative Artifizialität der *Ars subtilior* des 14. Jh. ebenso [8] wie für die *Musica reservata* des 16. und 17. Jh., die eine poetisch-musikalische Kompositionspraxis bezeichnet, die nur den in die artistischen Geheimnisse eingeweihten Kennern verständlich war. [9]

1. *Epochenbegriff.* Die musikwissenschaftliche Diskussion von ‹M.› als Epochenbezeichnung der Musikgeschichte zwischen Spätrenaissance und Frühbarock setzt als Reaktion auf die Übernahme des kunsthistorischen Epochenkonzepts für den Zeitraum zwischen 1520 und 1620 durch B. Cannon, A. Johnson und W. Waite (1960) in die Musikgeschichte ein. Es sind vor allem deutschsprachige Musikwissenschaftler, die diesen Epochenbegriff für ihr Fach als problematisch empfinden und ihn deshalb ablehnen. H. HUCKE kommt 1961 nach einer Erörterung der als manieristisch geltenden Elemente «Musik für Kenner», «kontrapunktische Künstelei», «Chromatik und Enharmonik» sowie «Irregularitäten im musikalischen Satz» zu dem Resultat, daß die daraus abgeleitete Periodizität ganz und gar nicht zur Diskussion um den M. passe, was wohl mit der «Ungleichzeitigkeit» der Musik mit den anderen Künsten zu tun habe. [10] H. FEDERHOFER konzediert 1970 zwar, daß man «Freude am geistreichen Spiel und Absonderlichkeiten, an künstlichen Formen, Gestalten und Aufzeichnungen, an den nur Kennern verständlichen und auf sie zählenden sinnreichen und versteckten Einfällen» als M. bezeichnen könne, der «Teil an allen Stilen» habe, aber «selbst kein Stil ist.» Als Epochenbegriff sei M. erst recht abzulehnen. [11] Vier Jahre später reagiert Federhofer geradezu polemisch, indem er die rhetorische Frage «Ist Palestrina ein Manierist?» [12] aufwirft und damit die kunsthistorische Periodisierung 1520–1620 für die Musikgeschichte ad absurdum führt. Massiv ablehnend reagiert 1981 auch V. RAVIZZA. [13] Ausgehend von einem «synchronistischen» Geschichtsverständnis und der Überzeugung, daß M. stets gegen eine vorhergehende Klassik opponiere bzw. deren Gehalt kritisch transformiere, vermißt Ravizza eine Klassik in der italienischen Musik vor 1520, womit sich das Problem für ihn von selbst löst. Im Gegensatz hierzu bedauert es 1971 H. CHR. WOLFF [14], daß es der Musikwissenschaft bislang «an einer grundlegenden Definition der Stilbegriffe eines musikalischen M.» und damit zusammenhängend an einem Epochenbegriff fehle. M. sei vor allem an seiner Wirkung erkennbar, sofern er «Verwunderung, Verzauberung, Erschütterung» auslöse. Allerdings erweist sich Wolff als ein Anhänger von CURTIUS, indem er Merkmale, deren Ursprung er in der Manierismusepoche im engeren Sinne sieht, als bis in das 19. Jh. weiterwirkend darstellt. [15] Neben R.E. WOLF (1957) [16] und H.W. KAUFMANN (1966) [17] ist es vor allem die kanadische Musikwissenschaftlerin R.M. MANIATES, die in ihrem repräsentativen Werk ‹Mannerism in Italian Music and Culture, 1530–1630› [18] zu einer sich mehr und mehr vergrößernden Akzeptanz des Epochenbegriffs M. beitragen dürfte. Wer heute noch selbst einen auf den Zeitraum 1580–1620 eingeschränkten musikalischen Epochenbegriff als problematisch ablehnt, steht vor dem noch weitaus größeren Problem, diejenigen Phänomene, die die Musik dieser Jahre charakterisieren, der Spätrenaissance oder dem Frühbarock zuzuordnen.

Noch umstrittener als der Epochenbegriff erweisen sich in der Musikwissenschaft die beiden ebenfalls aus der Kunstgeschichte übernommenen Konzepte von M., denen zufolge dieser einen «periodisch wiederkehrenden, mit dem Klassizismus abwechselnden Stil» bezeichnet oder – noch weiter gefaßt – einen «Merkmalkomplex» benennt, «der sich, ohne herrschender Stil zu sein, in verschiedenen Epochen findet.» [19] Daß diese weitesten Auslegungen des Begriffs zu dessen Überdehnung und Unschärfe beitragen, liegt auf der Hand. Von Federhofer 1970 kategorisch abgelehnt [20] vertritt Maniates ein Jahr später den Standpunkt, daß Manierismen periodisch in der Musikgeschichte von der isorhythmischen Motette der *Ars nova* (14. Jh.) bis hin zu J. Cages ‹Four Minutes and Thirty-Three Seconds› (1952) zu beobachten seien. [21] Und auch M. BRAUSS vertritt 1985 die Ansicht, daß «Manierismus als Sammelbegriff für charakteristische Stilelemente [...] unabhängig von Epochenbegrenzungen» sinnvoll sei und nennt als Exempla für «paradoxe Traditionsbezogenheit» unter anderen Phänomene wie «Ravels Dandismus» oder «Boulez' totalitären Serialismus.» [22]

2. *Wertungsbegriff.* Die meist nicht bewußt genug vorgenommene Unterscheidung zwischen dem pejorativen Verdikt ‹manieriert› und einer wertneutralen historiographischen Kategorie ‹manieristisch› läßt ‹M.› als einen häufig negativ besetzten Wertungsbegriff erscheinen. In der Folge von A. HAUSERS sozialgeschichtlich fundiertem Manierismusbegriff wird dieser als Ausdruck einer in einer «Krise» sich befindlichen, als eine «Verfallserscheinung» der Musik gedeutet, freilich aber auch – in positiver Wendung – als eine «Musik für Kenner». So beruht die Formulierung H. BESSELERS, daß die artifizielle Polyphonie, die zuerst in den Werken NICOLAUS GOMBERTS zu beobachten sei, «von der Tonalität und vom Menschlichen» wegführe, weshalb für dieses Phänomen der «kunsthistorische Begriff „Manierismus" angebracht» erscheine [23], auf dem alten Gegensatz ‹maniera› – ‹natura›. [24] Zuvor hatte bereits W. BOETTICHER im engeren Schülerkreis Lassos neben «Überragendem» auch «manieristische Verflachung» konstatiert. [25] Der Rückzug des Fürsten und seines Gefolges von den Staatsgeschäften, um sich auf eine esoterische Kunstproduktion konzentrieren zu können, wird als eine Krise der Aristokratie und ihrer Kunst interpretiert – auf musikalischem Gebiet personifiziert durch den Fürsten und «Erzmadrigalisten» CARLO GESUALDO DA VENOSA. [26] Dessen Zeitgenosse P. CERONE betont 1613 in einer Gattungsbestimmung die «Vornehmheit des Madrigals» und akzentuiert den Anspruch, den diese an die Kunst eines Komponisten stelle. [27] Umgekehrt bedingt die avancierte Madrigalkunst, die in einem eminenten Sinne «Musik für Kenner» ist [28], eine hochgebildete Zuhörerschaft. [29]

3. *Historische Stilmerkmale des musikalischen M.* Die größte Akzeptanz erfährt ‹M.› als musikalischer Stilbegriff, vor allem seit C. PALISCA 1972 dargelegt hat, daß sich der musikalische M. sehr viel besser in Anlehnung an die Literaturwissenschaft definieren läßt als über die Kunstgeschichte, zumal der M. seine Wurzeln in der Rhetorik hat. [30] Vorausgegangen war C. DAHLHAUS' Feststellung, daß M. «ein Stil eigenen Rechts» [31] sei und damit den Begriff auch im deutschen Musikschrifttum zu einer neutralen historiographischen Kategorie erhoben hatte.

Als stilistisches Konzept resultiert der M. aus einer besonderen ästhetischen Haltung, die mit dem Humanismus und dessen Kenntnis der antiken Literatur und Rhetorik in Verbindung gebracht wird. Während L. FINSCHER 1972 in Gesualdos hochchromatischen Madrigalen «das manieristische Prinzip» verwirklicht sieht, «Tradition so weit zu überspitzen, bis sie in ihr Gegenteil umschlägt» [32], weist C. Dahlhaus darauf hin, daß «Musikalischer Humanismus als Manierismus» in Erscheinung treten kann, nämlich dann, wenn «Teilmomente des Renaissancestils einseitig ins Extrem getrieben wurden» oder wenn «Merkmale, die in der Renaissance unauffällig miteinander vermittelt waren, durch Pointierung vermittlungslos in eine paradoxe Relation zueinander gebracht wurden.» [33] Zunehmend wird hierbei deutlich, daß die humanistischen Kreise der damaligen Akademien und Gelehrtenzirkel eine Voraussetzung für die Entstehung manieristischer Kunst und Musik im 16. Jh. sind und zunächst von deren Rückbesinnung auf die Antike ausgehen. [34] Den theoretischen «Grundpfeiler des musikalischen Manierismus» bildet zweifelsohne N. VICENTINOS Hauptwerk ‹L'antica musica ridotta alla moderna prattica› (Rom 1555), das drei Jahre vor G. ZARLINOS ‹Le istitutioni harmoniche› (Venedig 1558), dem theoretischen Grundpfeiler der «klassischen Vokalpolyphonie» des 16. Jh., erschienen war. Spätestens diese auffällige Gleichzeitigkeit der theoretischen Fixierung einer klassizistischen und einer manieristischen Stilhaltung in der Musik manifestiert, daß beide Tendenzen gleichzeitig existieren und miteinander konkurrieren. [35] Vincentinos pseudoantiker Versuch, die griechischen Tongeschlechter für die praktische Musik seiner Zeit zu restituieren, war in seiner ästhetischen Haltung ebenso manieristisch und zugleich ein «fruchtbares Mißverständnis» wie zwei Generationen später um 1600 der antikisierende Versuch der Florentiner Camerata, die griechische Prosodie wiederzubeleben, ein Experiment, dem die Oper ihre Entstehung verdankt. Ausgehend von der antiken Temperamentenlehre und der Rhetorik bilden die musikalische Affektenlehre und die Figurenlehre das Fundament der musikalischen «imitatione della natura», deren manieristische ausdrucksstarke Variante Regelverstöße und die Häufung von Stilmitteln legitimiert. Dabei ist wesentlich, daß es in der Absicht der manieristischen Künstler liegt, hierin die Antike an Kunstfertigkeit zu übertreffen, wie überhaupt die manieristische «Zeigelust» (*ostentatio ingenii*) sich als eine mit anderen Komponisten konkurrierende «Kunst des Überbietens» erweist. [36]

Diese ästhetische Haltung manifestiert sich in speziellen Kompositionstechniken. Daß nur an diesen sich letztlich festmachen läßt, ob eine Komposition als manieristisch gelten darf, macht J. HAAR 1970 nach Jahren der leidigen Epochendiskussion zu Recht geltend. [37] Zweifelsohne stellt der Gebrauch von *Chromatik und Enharmonik* eine der auffälligsten satztechnischen Abweichungen gegenüber dem diatonischen Stil der klassischen Hochrenaissance dar. Der Gebrauch der beiden pseudoantiken Genera als eines manieristischen Stilmittels erfährt seit Beginn der Manierismusdiskussion breiteste Akzeptanz. [38] Im Zentrum der Betrachtung stehen die späten Madrigalbücher L. MARENZIOS (1585–99) [39] und vor allem diejenigen C. GESUALDOS (1611), denen die meisten Studien [40] gewidmet sind, aber auch Werke wie A. WILLAERTS Motette ‹Quid non ebrietas› (1539) [41] und O. DI LASSOS ‹Prophetiae Sibyllarum› (nach 1562) [42], die bereits im 16. Jh. als *musica reservata* bezeichnet werden. Eine weitere manieristische Kompositionstechnik stellt die spezielle *Dissonanztechnik* dar, die als Mittel der Textausdeutung ebenfalls eine auffällige satztechnische Abweichung (im Sinne eines Regelverstoßes) gegenüber dem klassischen ‹Palestrinalstil› darstellt und die von C. MONTEVERDI als eine *Seconda prattica* (eine «Zweite Art der Komposition») bezeichnet wird. In dieser Satztechnik entstehen dadurch ausdrucksstarke *durezze* (Härten des Klangs), weil Vorhaltsdissonanzen nicht vorbereitet und auch regelwidrig aufgelöst werden. Während Monteverdi in seinem 5. Madrigalbuch (1605) [43] mit diesem Stilmittel noch relativ sparsam umgeht, überbieten ihn hierin S. D'INDIA (1606) [44] und H. SCHÜTZ (1611) [45] durch eine wuchernde Häufung solcher «fehlerhafter» Dissonanzen um ein Erhebliches. Die exaltierte Wirkung von starkfarbiger Chromatik, Enharmonik und lizenziösen Dissonanzen wird darüber hinaus noch durch den Kontrast einer 'fahlen' *povertà d'harmonia* [46] (Armseligkeit der Harmonie: unvollständige Dreiklänge) verstärkt, die die klassische Forderung nach einer *richezza dell' harmonia* (Reichtum der Harmonie: vollständige Dreiklänge) [47] eklatant verletzt.

Bestimmte musikalische Gattungen und formale Strukturen von Kompositionen gelten in besonderem Maße als dem M. zugehörig. Hier ist in erster Linie das *Madrigal* des 16. und frühen 17. Jh. zu nennen, das D. Harrán zufolge von seinen Anfängen an bei ARCADELT, VERDELOT und FESTA als M. zu deuten sei [48], weil es seine Raffinessen aus seinen manieristischen Textvorlagen übernommen habe: deren hochrhetorischen Antithesen, Metaphern, Oxymora, Überbietungsvergleiche, Pointen und *concetti*. Bei kritischer Betrachtung muß jedoch konstatiert werden, daß erst die Spätphase des Madrigals, für deren Vertonungen «schroffe Kontraste und Kontinuitätsbrüche, ferner Verfremdungseffekte, Ambiguitäten und Paradoxien» [49] charakteristisch sind, eine solche Betrachtungsweise stringent erlaubt, so daß die Unterteilung der Geschichte des Madrigals in drei Epochen – eine frühe (ca. 1520–1550), eine klassische (ca. 1550–1580) und eine manieristische (ca. 1580–1620) – gerechtfertigt erscheint. In dieser im engeren Sinne manieristischen Phase des Madrigals sind B. GUARINI (1538–1612) und G. MARINO (1569–1625) die am meisten vertonten Dichter. Ihre poetischen Madrigale weisen sämtliche Merkmale des literarischen M. auf und werden u. a. von MARENZIO, MONTEVERDI und SCHÜTZ vertont. Vergleichbares gilt für die frühe *Oper* seit 1600, deren «Flugmaschinen, Versenkungen, Verwandlungen, Verzauberungen», die «Staunen vor dem Wunderbaren und Überraschenden» hervorrufen, für Wolff zu deren «manieristischem Fundus» [50] gehören. Aber nicht nur ihre verblüffenden Bühneneffekte machen die frühe Oper zu einem «großen manieristischen Kunstwerk» [51], sondern auch ihre monodischen Gesänge, deren auf VICENTINO aufbauender Theoretiker V. GALILEI (gest. 1591) zusammen mit der Florentiner Camerata eine antiklassische «Herausforderung der übermächtigen Tradition des Kontrapunkts» [52] wagt. In diesem Sinne sind auch für Wolf CACCINI, PERI, Monteverdi und Schütz, die Meister der frühen Monodie, Manieristen. [53] Wenn die Vermischung von ursprünglich diametral unterschiedlichen Stilen und Gattungen als ein unverkennbares Kennzeichen manieristischer Komposition anzusehen ist, so müssen auch die *Parodiemesse* [54] und das *Geistliche Madrigal* [55] als typisch manieristische Gattungen gelten. Es ist mit Sicherheit kein Zufall, daß der Hofkapellmeister der «manieristischen Hofhaltungen» der beiden Habsburger Kaiser Maximilian II. und Rudolf II. in Wien und Prag F. DI MONTE (1521–1603) einer der Hauptmeister dieser Gattungen ist. Daß eine manieristische Ästhetik, der es an der Herausstellung schroffer Kontraste gelegen ist, auch an den formalen Strukturen einer Komposition abgelesen werden kann, zeigen Analysen von H. Poos und N.J. Barker. Während Poos an einem späten Madrigal Gesualdos überzeugend zeigt, wie dessen Formdisposition «die Furcht vor der Erstarrung klassischer Form zu lebloser Schönheit reflektiert» [56], kommt Barker in einem äußerst riskanten Vergleich von ROSSO FIORENTINOS ‹Kreuzabnahme› (1521) mit G. FRESCOBALDIS ‹Toccata undecima› (1614/15) zu dem fragwürdigen Resultat, daß beide Werke eine gemeinsame «Spannung zwischen den Strukturebenen» aufweisen. [57]

Anmerkungen:
1 B. Cannon, A. Johnson, W. Waite: Mannerism: 1520–1600, in: The Art of Music (New York 1960) 174–182; auch in: W. Hays (Hg.): Twentieth-Century Views of Music History (New York 1972) 139–147. – 2 H. Besseler: Das Renaissanceproblem in der Musik, in: Archiv für Musikwiss. 23 (1966) 1–10. – 3 C.V. Palisca: Ut oratoria musica: The Rhetorical Basis of Musical Mannerism, in: Fr.W. Robinson, St.G. Nichols Jr. (Hg.): The Meaning of Mannerism (Hanover/N.H. 1972) 37–65. – 4 veröff. in: J. Müller-Blattau (Hg.): Die Kompositionslehre H. Schützens in der Fassung seines Schülers Chr. Bernhard (²1963) 31. – 5 Brief vom 11. Dez. 1777, in: Mozart, Briefe und Aufzeichnungen, hg. von W.A. Bauer und O.E. Deutsch, Bd. 2 (1962) 181f. – 6 in: Zs. für Musikwiss. 16 (1934) 3–20, 98–117 und 152–170. – 7 vgl. H. Hucke: Das Problem des M. in der Musik, in: Literaturwiss. Jb. der Görres-Ges., hg. von H. Kunisch, N.F. 2 (1961) 221–223; H. Federhofer: Zum Manierismusproblem in der Musik, in: DVjs 44 (1970) 396f. – 8 Terminus 1963 von U. Günther eingeführt, vgl. Art. ‹Ars nova – Ars subtilior›, MGG², Sachteil, Bd. 1 (1994) 892–895. – 9 Terminus erstmals bei Adrianus Petit Coclico: Compendium musices (1552); vgl. B. Meier, in: HmT (1972). – 10 Hucke [7] 220, 238. – 11 Federhofer [7] 407; ders.: Der Manierismusbegriff in der Musikgesch., in: ABG 17 (1973). – 12 ders.: Ist Palestrina ein Manierist?, in: FS W. Boetticher, hg. von H. Hüschen und D.-R. Moser (1974) 34–43. – 13 V. Ravizza: M. – ein musikgeschich. Epochenbegriff?, in: Die Musikforsch. 34 (1981) 273–284. – 14 H.Chr. Wolff: M. und Musikgesch., in: ebd. 24 (1971) 243–250. – 15 ders.: Der M. in der barocken und romantischen Oper, in: ebd. 19 (1966) 261–269. – 16 R.E. Wolf: Renaissance, Mannerism and Baroque: Three Styles, Three Periods, in: Les colloques de Wégimont 4/1 (Brüssel 1957), gedruckt (Paris 1963) 35–59. – 17 H.W. Kaufmann: The Life and Works of Nicola Vicentino (Rom 1966). – 18 erschienen in: Chapel Hill, North Carolina 1979. – 19 C. Dahlhaus: Art. ‹M.›, in: Brockhaus Riemann Musiklex. (1979) 85. – 20 Federhofer [7] 408. – 21 M.R. Maniates: Musical Mannerism: Effeteness or Virility?, in: Musical Quarterly 51 (1971) 270–293. – 22 M. Brauß: ‹M.› Ästhet. und didaktische Aspekte einer Kompositionstechnik am Bsp. des Instrumentalen Rezitativs bei C.Ph.E. Bach, in: Musik und Bildung 17 (1985) 417. – 23 Besseler [2] 10. – 24 vgl. K. Wettig: Satztechnische Stud. an den Madrigalen C. Gesualdos (1990) 252. – 25 W. Boetticher: Orlando di Lasso und seine Zeit, Bd. 1 (1958) 710. – 26 vgl. D. Harrán: ‹Mannerism› in the Cinquecento Madrigal?, in: Musical Quarterly 55 (1969) 521–544, insbes. 525. – 27 P. Cerone, El melopeo y maestro (Neapel 1613) 692; vgl. L. Finscher: Gesualdos ‘Atonalität’ und das Problem des musikalischen M., in: Archiv für Musikwiss. 29 (1972) 1–16, insbes. 14. – 28 vgl. Hucke [7] 227f. – 29 vgl. Kaufmann [17], Kap. 4: Reservata: a Problem of Musical Mannerism. – 30 Palisca [3]. – 31 C. Dahlhaus: ‹Neue Musik› als hist. Kategorie, in: H.-P. Reinecke (Hg.): Das musikalisch Neue und die ‹Neue Musik› (1969) 26–39, insbes. 36f. – 32 Finscher [27] 14. – 33 C. Dahlhaus: Musikalischer Humanismus als M., in: Die Musikforsch. 35 (1982) 122–129, insbes. 123. – 34 E.E. Lowinsky: The Problem of Mannerism in Music: An Attempt of a Definition, in: Studi musicali 3 (Florenz 1974) 160ff. – 35 vgl. Wettig [24] 258ff. – 36 S. Schmalzriedt: M. als «Kunst des Überbietens». Anm. zu Monteverdis und D'Indias Madrigalen ‹Cruda amarilli›, in: FS U. Siegele zum 60. Geb. (1991) 51–66. – 37 J. Haar: Classicism and Mannerism in 16th-Century Music, in: The International Review of Music Aesthetics and Sociology 1 (1970) 57. – 38 Hucke [7] 228–231; Wolff [14] 248f. – 39 O. Cullin: Luca Marenzio: Madrigaux à 5 voix, livres 5 et 6, T. 1, in: Analyse musicale 25 (Nov. 1991) 53–64. – 40 z.B.: Finscher [27]; Dahlhaus [19]; Wettig [24]. – 41 S. Schmalzriedt: Chromatik in der Musik der Renaissance und des M.: Rezeption der Antike und moderner Affektausdruck (Vortrag Wien 1992). – 42 Federhofer [12] 48. – 43 Schmalzriedt [36]. – 44 ders.: ‹D'amor languisco e moro›: Annotazioni sul manierismo nel ‘Libro primo de madrigali’ (1606) di Sigismondo d'India, in: M.A. Balsano, G. Collisani (Hg.): S.d'I.: Report of the S.d'I. conference (Palermo 1993). – 45 ders.: ‹Quel dolce amaro›: Manieristische Ästhetik und Kompositionsweise in Schütz' Madrigalbuch von 1611, in: Kongreßber. Stuttgart 1985 (1987) Bd. 1, 37–52. – 46 Terminus bei Giovanni Maria Artusi: L'arte del contraponto (Venedig 1598) 36; vgl. Schmalzriedt [36] 63ff. – 47 Terminus bei Gioseffo Zarlino: Le istitutioni harmoniche (Venedig 1558). – 48 Harrán [26] 526–528. – 49 Dahlhaus [19]. – 50 Wolff [15] 261, 265. – 51 ders. [14] 246. – 52 Dahlhaus [31] 29. – 53 Wolf [16] 43f. – 54 Hucke [7] 236; S. Schmalzriedt: Filippo di Montes ‹Madrigalmesse› über ‹Ancor che col partire› (Vortrag Wien 1997). – 55 Harrán [26] 543; W. Pass: Die originelle Ansicht des Unendlichen: Die madrigali spirituali von Philippo de Monte, in: Colloquium Musica Bohemica et Europea 5 (Brünn 1974) 145–157; S. Schmalzriedt: Filippo di Montes geistliche Madrigale ‹Vorrei l'orecchia haver› und ‹Amor alza le voci› (Vortrag Wien 1998, im Druck). – 56 H. Poos: Gesualdos Madrigal ‹Moro lasso al mio duolo›: Eine Stud. zur Formtechnik des musikalischen M., in: H. Poos (Hg.): Chormusik und Analyse, Bd. 1 (1983) 87–102, insbes. 101. – 57 N.J. Barker: In Search of Mannerism: A New Approach to an Old Problem, in: South African Journal of Musicology 12 (Pretoria 1995) 11–19, insbes. 19.

Literaturhinweise:
M. R. Maniates: Mannerism in Italian Music and Culture, 1530–1630 (Chapel Hill, North Carolina 1979). – H.E. Rubio: Der M. in der Vokalpolyphonie des 16. Jh. (1982). – L. Finscher: Art. ‹M.›, in: MGG², Sachteil, Bd. 5 (1996) 1627–1635.

S. Schmalzriedt

→ Argutia-Bewegung → Asianismus → Attizismus → Barock → Cento → Conceptismo → Euphuismus → Figurengedicht → Gongorismus → Grands rhétoriqueurs → Groteske → Klassizismus, Klassik → Kombinatorik → Lullismus → Marinismus → Para-Rhetorik → Poetik → Stilbruch → Stillehre

Manifest
(engl. manifest, manifesto; frz. manifeste; ital. manifesto)
A. Das Wort ‹M.› ist entstanden aus lat. ‹manifestus› – ‹handgreiflich, offenbar›, zu ‹manifestare› – ‹etwas ans Licht bringen, offenbaren›. Im Gegensatz zu der älteren verbalen, adverbialen und adjektivischen Wortbildung ‹manifest-› ist das Substantiv erst seit dem 14. Jh. in der Romania belegt. Das Wort dürfte aus dem ital. ‹manifesto› (zuerst 1574) entstanden sein und ist heute in den romanischen und germanischen Sprachen sowie im Russischen mit geringen Abweichungen geläufig.

Von ‹M.› wird in unterschiedlichen Zusammenhängen gesprochen. Im Zollrecht bezeichnet ‹M.› bis heute einen Frachtbrief, der detaillierte Erklärungen über geladene Güter in Schiff oder Flugzeug enthält (diese Bedeutung wird im folgenden nicht weiter berücksichtigt). Unter ‹M.› wird zudem die öffentliche Stellungnahme als hoheitlicher Akt eines Fürsten oder einer Staatsregierung zu einer wichtigen Angelegenheit verstanden, insbesondere die Kriegserklärung. Diese Bestimmung gilt auch für Grundsatzerklärung oder Programm einer politischen Partei oder Organisation sowie von künstlerischen und literarischen Gruppen und Gruppierungen. Verwandte Bezeichnungen sind ‹Proklamation› und ‹Deklaration›, denen oft ein herrschaftlicher Charakter eignet, sowie ‹Aufruf› und ‹Appell›, ‹Erklärung›, ‹Pamphlet›, ‹Offener Brief›, manchmal auch ‹Vorwort›, die in der Regel oppositionelle Inhalte mit unterschiedlichem Anspruch auf Verbindlichkeit verkünden. Ein M. ist also eine öffentliche, programmatische Grundsatzerklärung, in der expositorisch mit eindeutiger Absicht genau bestimmte Intentionen und Ziele vermittelt werden sollen. Hierbei sind drei Bedeutungsfelder zu unterscheiden:

(1) Der Begriff dient als Selbstbezeichnung eines Textes. Solche 'selbsternannten M.'[1] sind z.B.: das ‹Manifeste contenant des iustes causes que le Roy a eues de declarer la guerre au Roy d'Espagne› von LUDWIG XIII. (1635); das ‹M. Seiner Majestät des Kaisers von Oesterreich, Königs von Ungarn [...]› (1813); ‹Das Kommunistische M.› von K. MARX und F. ENGELS (1848); das ‹M. des Surrealismus› von A. BRETON (1924). Die Selbstcharakterisierung als M. wird gelegentlich auch nur im Text selbst ausgesprochen. Eine explizite Selbstbezeichnung entfällt des öfteren bei Texten, die durch eine bestimmte, z.B. invektivische oder appellative, Titelgebung ihren manifestierenden Anspruch anmelden: ‹An alle Bühnen der Welt› (K. SCHWITTERS 1919) oder ‹Présentismus. Gegen den Puffkeismus der teutschen Seele› (R. HAUSMANN 1921). Derartige Texte gelten als M. im engeren Sinne mit einem gattungseigenen Anspruch auf eindeutig festgelegte Vermittlung von Inhalten.

(2) Der Begriff ‹M.› umfaßt weiterhin Texte, die erst im nachhinein als solche bezeichnet worden sind, selbst diesen Titel aber nicht tragen. Historisch sind dies die ältesten Wortbelege (seit 1574). So wird im Zusammenhang mit der Dreyfus-Affäre vom ‹M. der Intellektuellen› gesprochen, ohne daß der entsprechende Aufruf sich selbst als M. deklariert hätte.[2] Der Aufruf ‹An die Kulturwelt› von deutschen Intellektuellen (1914) ist nach der Zahl seiner Unterschriften als ‹M. der 93› in die Geschichte eingegangen.[3]

(3) Der Begriff bezeichnet im metaphorischen oder metonymischen Sinn auch nicht-textuelle Produkte, Begebenheiten oder Aktionen. Dies gilt zumal im Kontext des Wortes ‹Manifestation› für die Bezeichnung einer politischen Demonstration oder Aktion als ‹M. für/gegen etwas› oder für die Selbstbetitelung einer anderen Begebenheit, z.B. eine Kunstausstellung (etwa in Paris 1992).[4]

Einheitliche Kriterien des M. im Sinne spezifischer textueller Merkmale sind nicht zu definieren, trotz seines appellativen Chrakters mit Strategien der Anrede und Aufmerksamkeitserregung. Die Verbreitung ist stets öffentlich, nicht aber an spezielle Medien gebunden. So finden sich Buch, Broschüre, Zeitschrift und Zeitung, Plakat und Flugblatt als Manifestträger, aber (im 20. Jh.) auch der mündliche Manifestvortrag und die Wort-Bild-Kombination. Der Umfang reicht vom Kurzmanifest bis zum mehrere hundert Seiten umfassenden Großtext. Die Diktion kann analytisch-diskursiv, appellativ, pamphletistisch, sogar poetisch sein. Insbesondere die Avantgardebewegungen im ersten Drittel des 20. Jh. experimentieren mit der Gattung bis zur Selbstaufhebung des M. im Antimanifest. Angesichts der Heterogenität des Begriffs verweisen jüngste Forschungen darauf, daß mit M. primär «eine bestimmte Text*funktion*»[5] angesprochen wird. Diese funktionale, aufgrund des Wirkungsanspruchs rhetorisch grundierte Bestimmung erlaubt es, an der Einheitlichkeit des Begriffes festzuhalten und doch seiner inhaltlichen wie formalen Vielfältigkeit gerecht zu werden.

B. Die älteste und lange Zeit dominante Bedeutung von M. ist die des hoheitlich-herrschaftlichen Aktes. So ist von Anbeginn der Manifestgeschichte eine Appellfunktion und ein Öffentlichkeitsbezug des Begriffs im Sinne von ‹Deklarieren› nachweisbar. Bis ins 18. Jh. wird der Terminus bereits im Titel oftmals mit anderen Textgenres verknüpft, was auf seine Unschärfe und «funktionale Neutralität»[6] verweist (im Ital.: mit ‹apologia›; im Frz.: mit ‹déclaration›, ‹proclamation›, ‹protestation›, ‹édit›; im Dt.: mit ‹Deklaration›). In der Selbstbezeichnung als ‹Herrschafts-› und ‹Kriegsmanifest› ist das M. von benachbarten Genres durch spezifische Merkmale kaum unterscheidbar.[7] Es kann darüber hinaus auch Forum allgemein erörternder, politischer Willensbildung sein, sei es als Teil des herrschaftlichen M., sei es unabhängig von ihm als Medium der Information und der Vermittlung von Programmatiken (vgl. das ‹Manifeste de la Saincte Ligue› von 1585[8]; ‹M. der bayrischen Ultramontanen› von J.N. RINGSEIS von 1848). Dies gilt auch für Freimaurermanifeste des 18. und 19. Jh. (‹M. des Vereins deutscher Freimaurer an alle Grosslogen des Erdenrunds›, 1867).

Im Deutschland des 18. und 19. Jh. dominiert das ‹selbsternannte M.› im politisch-herrschaftlichen Bereich. Die Aufgabe lehrhafter Unterweisung und öffentlichkeitswirksamer Gestaltung verbindet es mit anderen wirkungsorientierten Formen der Gebrauchsliteratur. Das oppositionelle ‹Kommunistische Manifest› von MARX und ENGELS (1848) stellt eine Zäsur dar, weil es mit seiner rhetorisch-dialektischen Argumentationsweise, der aggressiven Metaphorik, der polarisierenden Bewertung und dem Sentenzenstil einen eigenen Diskurs begründet.[9] Durch die zahlreichen Übersetzungen innerhalb der Arbeiterbewegung findet es einen enormen Verbreitungsgrad und führt zu parallelen und auch Gegenmanifesten (z.B. von anarchistischer Seite). Das ‹Kommunistische Manifest› markiert die wachsende Loslösung vom Herrschaftsmanifest und die Übernahme in oppositionelle und revolutionäre Gruppenerklärungen.

Im 19. Jh. nimmt die metaphorische Verwendung des Wortes ‹M.› zu. Nun wird es auch erstmals auf künstlerische Erklärungen und auf literarische Texte übertragen. ‹M.› als Charakterisierung eines literarischen Textes ist erstmals 1828, und zwar im Französischen, belegbar. Als Selbstbezeichnung bleibt das Wort in den europäischen Hauptsprachen im 19. Jh. aber die Ausnahme, dient allerdings zunehmend zur Charakterisierung programmatischer Erklärungen auch in Dingen der Kunst und Literatur. So findet sich im deutschen Naturalismus als der ersten Literaturrevolution der Moderne kein Text mit der Selbstbezeichnung ‹M.›, statt dessen Programmtexte wie: ‹Offener Brief›, ‹Unser Credo›, ‹Zwölf Artikel›, ‹Thesen› u.a. Erst mit dem Auftreten der ‹historischen Avantgarde› und ihrer Bewegungen wird M. als Selbstbezeichnung für das Programm einer künstlerisch-literarischen Gruppierung geläufig. F.T. MARINETTI hat mit dem Gründungstext des von ihm inaugurierten Futurismus ‹Gründung und Manifest des Futurismus› einen regelrechten ‹Probelauf› [10] mit unterschiedlichen Titelversionen gestartet, um den Effekt des Textes in der französischen Fassung (Erstpublikation auf der Titelseite des Pariser ‹Figaro› am 20.2.1909) sowie der italienischen und anderer Versionen jeweils zu ermessen und eine regelrechte «Kunst, Manifeste zu machen», zu skizzieren. Mit der Lancierung des Futurismus und seiner alle Kunst- und Lebensbereiche erfassenden M. hat sich mit der Terminus als Selbstbezeichnung für künstlerisch-literarische Programme etabliert, so im Futurismus auch anderer Länder, im Dadaismus, Konstruktivismus, Surrealismus und in anderen Bewegungen der 10er bis 30er Jahre. Im Deutschen wird die Selbstbezeichnung zunächst zögernd übernommen, wie der Expressionismus zeigt, der eine Fülle von programmatischen Verlautbarungen kennt, diese aber nur in Ausnahmefällen ‹M.› nennt. Im Kontext der Novemberrevolution 1918 begegnet dann aber eine Fülle von M., die auch über den Bereich des Expressionismus und der Literatur hinausreichen.[11]

Experimente mit Form und Inhalt des M. unternehmen die Avantgardebewegungen. Während der Futurismus an der traditionellen Manifestbestimmung als Veröffentlichung eindeutig fixierter Programmpunkte festhält, radikalisiert ein anderer Strang der Avantgarde das Manifestieren in eine aktionistisch-performative Richtung. M. des Dadaismus und anderer Richtungen verstehen sich nun nicht mehr als Proklamationen bestimmter Inhalte, sondern bereits als Vertreter der Bewegung selbst.[12] Damit wird auch die Manifestform unterminiert und mündet im Antimanifest, das sich selbst destruiert und seinen Gattungscharakter, etwa durch das Aufstellen sinnloser Forderungskataloge, aber auch durch die Einfügung poetischer Elemente, dementiert. Dieses hebt das M., insbesondere bei Dada, auf eine metasemiotische Ebene; die Gattung selbst wird bis zur Selbstaufhebung traktiert.[13] Das Antimanifest erschließt dem avantgardistischen Anspruch, als ‹Vorhut› neues Terrain zu erkunden, einen Weg aus dem eindimensionalen Manifestantismus in eine komplexere, selbstreflexive und selbstreferentielle Weise des Manifestierens.

Mit dem Ende der Avantgardebewegungen in den 30er Jahren endet die Manifestkonjunktur. Seit dieser Zeit hat sich der Terminus als Selbstbezeichnung wie als rückblickende Benennung für programmatische Erklärungen aus dem Bereich von Kunst und Literatur durchgesetzt und ist heute in der Wissenschaftssprache wie der öffentlichen Rede geläufiger als die ursprüngliche Bedeutung als herrschaftliche Erklärung. Während die Studentenbewegung von 1968 weltweit ihre Erklärungen als M. bezeichnet bzw. solche mit Manifestcharakter publiziert hat, kennt die Postmoderne, ihrem anti-universalistischen Konzept gemäß, keine M. mehr. Gleichwohl findet die Gattungsbezeichnung in politisch und kulturell-künstlerisch oppositionellen Kreisen bis heute Verwendung.[14] Im Internet finden sich mittlerweile unter dem Suchwort ‹M.› weltweit Tausende von Texten der unterschiedlichsten Couleur.

Anmerkungen:
1 W. Fähnders: ‹Vielleicht ein M.›. Zur Entwicklung des avantgardist. M., in: W. Asholt, W. Fähnders (Hg.): ‹Die ganze Welt ist eine Manifestation›. Die europäische Avantgarde und ihre M. (1997) 21. – **2** D. Bering: Die Intellektuellen (1982) 38. – **3** M. Stark: ‹Werdet politisch!›. Expressionistische M. und historische Avantgarde, in: W. Asholt, W. Fähnders (Hg.): M. und Proklamationen der europ. Avantgarde (1909–1938) 239, 252. – **4** F. Malsch: Künstlermanifeste. Stud. zu einem Aspekt moderner Kunst am Beispiel des ital. Futurismus (1997) 30f. – **5** H. van den Berg, R. Grüttemeier: Interpretation, Funktionalität, Strategie. Versuch einer intentionalen Bestimmung des M., in: dies. (Hg.): M.: Intentionalität (1998) 25. – **6** F. Malsch: Künstlermanifeste. Stud. zu einem Aspekt moderner Kunst am Bsp. des ital. Futurismus (1997) 34. – **7** vgl. ebd. 30ff.; van den Berg, Grüttemeier [5] 19ff. – **8** Analyse bei Malsch [6] 44ff. – **9** vgl. F.-H. Robling: Kritik im Handgemenge. K. Marx und die Rhet. des ‹Kommunistischen M.›, in: Diskussion Deutsch (1987) H. 94, 129–145. – **10** Fähnders [1] 22ff.; vgl. M. Hinz: Die M. des Primo Futurismo Italiano, ebd. 109–131; ders.: Die M. des Secundo Futurismo Italiano, ebd. 132–160; Malsch [6]. – **11** vgl. Stark [3] 238–255. – **12** vgl. H. van den Berg: Zw. Totalitarismus und Subversion. Anm. zur politischen Dimension des avantgardistischen M., in: Asholt, Fähnders [1] 69. – **13** vgl. A. Backes-Haase: ‹Wir wollen triezen, stänkern, bluffen…›. Dada-Manifestantismus zw. Zürich und Berlin, in: Asholt, Fähnders [1] 256–274; W. Fähnders, H. Karrenbrock: ‹Ich sage nämlich das Gegenteil, aber nicht immer›. Die Avantgarde-M. von K. Schwitters, in: van den Berg, Grüttemeier [5] 57–90; P. Bürger: Der frz. Surrealismus. Stud. zur avantgardist. Lit. Um neue Stud. erweiterte Ausgabe (1996) 40ff. – **14** vgl. R. Grüttemeier: Das M. ist tot – Es lebe das M.! Über die poetologische Dimension der Debatte um postmoderne M., in: van den Berg, Grüttemeier [5] 367–384.

Literaturhinweise:
Littérature (Paris) H. 39 (1980) ‹Les manifestes›. – J. Schultz: Lit. M. der ‹Belle Epoque›. Frankreich 1886–1909. Versuch einer Gattungsbestimmung (1981). – A. Backes-Haase: Kunst und Wirklichkeit. Zur Typologie des Dada-M. (1992). – W. Asholt, W. Fähnders: Vorwort, in: M. und Proklamationen der europäischen Avantgarde (1909–1938), hg. von W. Asholt u. W. Fähnders (1995) XV–XXX.

W. Fähnders

→ Agitation → Appell → Flugblatt → Meinung, Meinungsfreiheit → offener Brief → Pamphlet → Pasquill → Polemik → Presse → Programma → Proklamation → Streitschrift

Manipulation (engl., frz. manipulation; ital. manipolazione)

A. Def. – B. I. Antike. – II. Neuzeit. – III. 20. Jh. (1. Hälfte). – IV. 20. Jh. (2. Hälfte). – V. Resümee und Folgerungen.

A. Der aus lat. *manus* (Hand) und *plere* (füllen) abgeleitete Terminus ‹M.› bezeichnet ursprünglich als *manipulus* (Handvoll, Bund oder Bündel von Gras, Heu etc.) im römischen Heerwesen eine Unterabteilung der altrömischen Legion, der ein Bündel Heu statt einer Fahne vorangetragen wurde.[1] Von dieser engen militärtechnischen Verwendung des Begriffs ausgehend kamen im 18. Jh. neue Bedeutungsnuancen hinzu. Mit der beginnenden Industrialisierung und dem Entstehen der Massengesellschaft erhält der Begriff vor allen im 20. Jh. eine breitgefächerte Bedeutungsskala. Bei den französischen Enzyklopädisten im 18. Jh. (Diderot, d'Alembert) werden mit M. noch mit der Hand ausgeführte Tätigkeiten im Gegensatz zu theoretischen Beschäftigungen bezeichnet, wobei im engeren Sinne an geschickte Handhabung und Kunstgriffe in Handwerk, Kunst, Medizin und Jurisprudenz gedacht ist. In Zusammenhang mit der Idee des magnetischen Heilverfahrens (sog. Mesmerismus) Ende des 18. Jh. bezeichnet man mit M. das geschickte Handauflegen in Verbindung mit Trance zum Heilen von Krankheiten. So bürgert sich das Verb *manipulieren* i. S. von handhaben, geschickt zu Werke gehen, arrangieren, steuern ein.

Die Fortschritte in Naturwissenschaft und Technik führen zu einer weiteren Ausdehnung des Bedeutungsfeldes. Zunächst wird eine operationalistische und wertneutrale Verwendung des Begriffs M. in den Naturwissenschaften, wie etwa in der Elektronik, Biologie, Gentechnik und medizinischen Gentherapie, Usus, wo z.B. gezielte Eingriffe ins Erbgut M. (Gen-Manipulation bei Pflanzen, Tieren, Menschen) genannt werden. Ferner bedient sich die Psychomedizin dieses Ausdrucks, um damit die Beeinflussung von Menschen durch den Einsatz von Drogen oder der Stimulierung bestimmter Hirnareale zur Verhaltenssteuerung zu kennzeichnen. Als Manipulatoren bezeichnet man ferner Apparate zur Übertragung menschlicher Handbewegungen auf nicht direkt zugängliche Gegenstände, etwa beim Umgang mit radioaktiven Substanzen.

Auch in den Sozialwissenschaften findet eine *wertneutrale* Definition von M. Eingang. So nimmt sich der amerikanische Behaviorismus (Watson, Skinner) das naturwissenschaftliche *stimulus-response*-Modell zum Vorbild und bezeichnet die elementaren menschlichen Wahrnehmungs-, Erkenntnis- und Lernvorgänge mit dem Ausdruck M. Ganz ähnlich argumentiert auch G.H. Mead (1863–1931), der Begründer des symbolischen Interaktionismus, der die M. physischer Dinge für eine unumgehbare Vermittlungsstufe im Prozeß menschlichen Handelns erklärt.

Eine neue *pejorative* Perspektive in der Begriffsbildung entsteht durch die amerikanische Massenkommunikationsforschung (Bernays, Lazarsfeld, Lasswell) seit den zwanziger Jahren des 20. Jh. Hier werden psychologische Techniken der Steuerung und Kontrolle zur emotionalen Beeinflussung und gezielten Steuerung der Menschen in der Massengesellschaft kritisch untersucht und mit dem Begriff M. benannt. Die zum erstenmal systematisch als politische Waffe eingesetzte Massenpropaganda der totalitären Diktaturen des Nationalsozialismus und Bolschewismus, die durch das Hinzukommen von Film und Rundfunk zu den traditionalen Printmedien gesellschaftlich umfassend möglich wurde, verschärft den Trend zu einer abwertenden Bedeutung des Begriffs ‹M.›. Die schon in der Antike methodisch betriebene Kunst der Fälschung und Verstellung, des Taktierens und Finessierens in Sprache und Rede (Verfallserscheinungen der sophistischen Rhetorik) mittels Sinnverschiebung (Tropen) und bestimmter Redefiguren wird im 20. Jh. systematisch zu einer Technik der politischen Propaganda in Kriegs- und Friedenszeiten, der Werbung zur Massenbeeinflussung usw. unter Ausnutzung der Erkenntnisse der neueren Psychologie (Theorie des konditionierten Reflexes) zur Veränderung des menschlichen Bewußtseins entwickelt. Diese konträren Verwendungsformen des Begriffes ‹M.› deuten allerdings keineswegs nur auf eine rein sprachliche Polysemie, der man etwa mit Wittgensteins Begriff ‹Familienähnlichkeit› beikommen könnte. Ein solcher bewußt skeptisch-provisorisch verstandener Ausdruck schützt zwar vor dogmatischen Verhärtungen und Fehldeutungen, wo sich Begriffe einer eindeutigen semantischen Fixierung entziehen oder Gattungsbegriffe ohne durchgehenden Wesenszug vorliegen, aber andererseits bleiben dadurch auch geschichtsphilosophische Deutungslinien im Dunkeln und Ursachen semantischer Veränderung außer Betracht. Das sich in der Sprache artikulierende sozial-historische Sein und Wissen reflektiert nicht nur die fertigen historischen Bestände, sondern weist auch auf noch nicht realisierte Möglichkeiten hin. In der Bedeutungsentwicklung des Begriffes ‹M.› spiegelt sich der immer tiefer klaffende Zwiespalt zwischen der Entwicklung der Wissenschaften und der Alltagswirklichkeit. So laufen zwei Bedeutungsstränge einander ausschließender Art scheinbar beziehungslos nebeneinander her, obwohl in ihnen eine übergreifende Bedeutungsdimension erkennbar ist, die sich allerdings an kategorial disparaten Phänomenen festmacht.

Die *philosophische* Bedeutungsdimension des Begriffes ‹M.› ist wesentlich älter als die Versuche einer definitorisch präzisen Erfassung. In strenger Dichotomie wird in der Geschichte der Philosophie Wahrheit und Lüge (Irrtum, Täuschung, Betrug, List etc.) getrennt. Das philosophische Grundmodell bildet die Ontologie des Parmenides (540–470), Denken sei identisch mit Sein. Trotz mannigfachster Abwandlungen bleibt seitdem eine Grundtendenz für die abendländische Philosophie bis zum 19. Jh. maßgeblich: Begriffliche Wahrheit erhält den Status der Allgemeinheit, Ganzheit, Totalität und Einheit und korrespondiert eng mit Seinsqualitäten wie Kraft und Macht. Formelhaften Ausdruck erhält diese Überzeugung in der Wahrheitsdefinition der mittelalterlichen Scholastik: veritas est adaequatio intellectus et rei (Wahrheit ist die Übereinstimmung von Gedanke und Sache). Mystisch-theologisch wird diese Wahrheitsvorstellung mit Metaphern des Lichts verklärt und überhöht, entsprechend Täuschung oder Betrug mit Nicht-Sein oder Finsternis assoziiert. Als Mainstream-Philosophie ist dieser Denktypus bis ins 19. Jh. dominant und erst nach dem Ende der Metaphysik (Heidegger) verliert die ontologische Wahrheitskategorie in der Philosophie in dem Maße ihren beherrschenden Status wie mit der wissenschaftlich-technischen Revolutionierung aller menschlichen Lebensverhältnisse die empirische Erfahrung und Praxis einen völlig neuen Stellenwert erhält. Im Zuge dessen kommt es auch zu einer Neubewertung des komplexen Phänomens M. und aller damit zusammenhängenden Erscheinungen. Erst unter den Bedingungen der Moderne und speziell des 20. Jh. erhält der Begriff ‹M.› seinen Stellenwert und die damit zusammenhängenden Konnotationen, die teilweise von der ursprünglichen etymologischen Herkunft des Wortes weit entfernt sind. Es geht dabei im wesentlichen um Macht und Ohnmacht menschlichen Denkens und Handelns und um die «Unstetheit der Gehalte und Formen», die der «kategorialen Apparatur» innewohnen. [2]

B.I. *Antike.* Das Verdienst, die Frage nach der Allgemeingültigkeit theoretischer und ethischer Wahrheit zum erstenmal kritisch gestellt zu haben, kommt den Sophisten (5. Jh. v. Chr.) zu, die als Redelehrer im Zeitalter der Demokratisierung der griechischen Gesellschaft einen enormen Anteil an der politischen Bewußtseinsbildung in der griechischen Polis-Gesellschaft haben. Obwohl die Sophisten kein in sich stringentes Lehrgebäude errichten, ist trotz der Differenzen in ihren Aussagen doch eine inhaltlich übergreifende Grundtendenz erkennbar. Es ist der Glaube an eine Omnipotenz der Sprache und Rhetorik, in der die Sophisten einen universellen Maßstab menschlicher Möglichkeiten im Denken erkennen (*Homo-mensura*-Satz des Protagoras), aus dem schließlich alle weiteren Doktrinen abgeleitet werden. Die Übersteigerung ihrer Ansprüche führt schließlich zur paradoxen Relativierung aller Erkenntnis, bis hin zum Skeptizismus und Nihilismus des GORGIAS, der die Meinung vertritt, alles sei Trug. In der Folge verflacht die sophistische Bewegung zu einem Sammelsurium von leeren Wortstreitereien (Eristik), effekthascherischen Fang- und Trugschlüssen (Sophismen) oder zu unverbindlichen Spielereien (Vexierfragen). Daher erhält sich der Schimpfname ‹Sophist› für einen Menschen, der mit verschiedenen logischen Tricks, dem Unterschieben von Begriffen usw. arbeitet, um absichtlich falsche Meinungen und Thesen als wahr zu hinzustellen. PLATON (427–347) versucht als erbitterter Gegner der Sophisten vom Standpunkt seiner Metaphysik aus die Schwachpunkte der sophistischen Lehre in einer prinzipiellen Kritik der Rhetorik aufzudecken. Für ihn muß sich Wissen am Maßstab der Wahrheit (ἀλήθεια, alétheia) bewähren, nicht jedoch am sophistischen Kriterium der Nützlichkeit (χρήσιμον, chrésimon). Mit der Unterscheidung von bloßer Meinung (δόξα, dóxa) im Gegensatz zum wahren Wissen (ἐπιστήμη, epistémē) will Platon die rhetorischen Ziele der Sophistik als falsch entlarven. Aufgabe des Philosophen und wahren Redners sei es, «die Wahrheit zu reden» (ῥήτορος δὲ τἀληθῆ λέγειν, rhétoros dé talēthē légein) [3]. Im Gegensatz zum schlechten Rhetor muß jener die «wahre Beschaffenheit» dessen kennen, worüber er reden will und auch über gut und böse wissend sein und nicht nur wie jene «Vornehmsten an Weisheit, die man Redner […] nennt», die nur die Vorstellung davon, was sie wollen, bewirken. [4] Ihren Erfolg verdanken sie nur bloßer Nachahmung und fälschender Abbildung der Urbilder. Diesen trügerischen Schein erreichen sie durch bestimmte Kunstfertigkeiten, Unterschiede zu verwischen oder Ähnlichkeiten mit Worten zu erzeugen, wo gar keine sind und mittels unscharfer Übergänge von einem Gegenstand zum anderen zu gelangen. Wer andere täuschen will, ohne selbst getäuscht werden zu wollen, muß sich mit der Ähnlichkeit und Unähnlichkeit der Dinge gründlich auskennen. [5] Die sophistische Jagd nach der bloßen Meinung führt nach Platon zu einer «gar lächerlichen und kunstlosen Redekunstlehre» [6] und bedeutet ontologisch gesehen, das Nichtseiende vorzustellen oder davon zu reden (τὰ μὴ ὄντα δοξάζειν ἢ λέγειν, ta mḗ ónta doxázein ḗ légein) [7]. Daher gehören Falsches und Irrtum (ψεῦδος, pseúdos) eng mit Täuschung (ἀπάτη, apátē) zusammen.

Gegenüber Platons Kritik der Rhetorik von seiner metaphysisch-ontologischen Zwei-Weltentheorie aus findet sich bei ARISTOTELES eine wesentlich nüchternere Beurteilung der rhetorischen Möglichkeiten und Gefahren, da Aristoteles seinen Blick anstatt auf die unsichtbare, unveränderliche Ideenwelt auf die veränderlichen Einzeldinge der Natur richtet. Von seinem philosophischen Motto ‹Rettung der Phänomene› (σώζειν τὰ φαινόμενα, sōzein ta phainómena) ausgehend zeigt sich Aristoteles viel mehr an der Untersuchung der Entwicklungsformen der natürlichen Gegenstände interessiert und analysiert von diesem Blickwinkel aus auch die Einzelheiten der rhetorischen Technik, wobei das wahrscheinliche oder überzeugende Vorgehen bei der Rede zentraler Punkt seiner Behandlung der Rhetorik ist. Ausführlich geht Aristoteles dabei auf die «unehrlichen Mittel» ein, welche die Sophisten bei ihren Fang-und Trugschlüssen anwenden. [8] In diesen vorwiegend technischen Ausführungen liegt alles daran, die falschen logischen Schlußformen zu erkennen, um entsprechend in der Alltagspraxis zu reagieren. Aktive Täuschung wie Betrug setzen die Möglichkeit einer Verschleierung der Wirklichkeit voraus, passive Selbsttäuschung hingegen beruht auf dem Faktum der Undurchschaubarkeit der Welt. Die von Platon ausgehende idealistische Ansicht, das Böse (κακόν, kakón) sei nur eine Beraubung (στέρησις, stérēsis) bzw. ein Mangel (πενία, penía), beherrscht die Theodizee-Erörterungen bis in den Rationalismus der Neuzeit hinein. Platons Höhlengleichnis liefert das Grundmodell philosophischer Anschauung: die Philosophie qua Dialektik (διαλεκτικὴ μέθοδος, dialektikḗ méthodos) zieht das «in barbarischem Schlamme» (ἐν βορβόρῳ βαρβαρικῷ, en borbórō barbarikṓ) versunkene «Auge der Seele» (τὸ τῆς ψυχῆς ὄμμα, to tḗs psychḗs ómma) hervor, um es zu den wahren Ursprüngen des Seins emporzuführen. [9] Philosophie erreicht eine «Seelenumlenkung» (ψυχῆς περιαγωγή, psychḗs periagōgḗ).

II. *Neuzeit.* Auch am Anfang der neuzeitlichen Philosophie, im Rationalismus von DESCARTES (1596–1650), steht ein von Täuschung befreiendes Evidenzerlebnis der Gewißheit. Während aber die platonische Befreiung unmotiviert plötzlich wie durch ein Wunder (ἐξαίφνης, exaíphnēs) [10] geschieht, ist sie bei Descartes Resultat einer methodischen Anstrengung des denkenden Subjekts, das sich dabei auch der Hypothese eines «täuschenden Gottes» (*deus malignus*) entledigt, der Verursacher aller Täuschungen der Sinne und des Denkens über die Welt sein könnte. In einer noch ganz mittelalterlichen Denkmustern verpflichteten Argumentationsweise überzeugt sich Descartes, «daß aller Betrug und Täuschung von einem Mangel abhängig ist» [11], während sein wahres Denken wie die Vollkommenheit Gottes davon nicht tangiert werde. In der Philosophie der Aufklärung wird Täuschung einem «verkehrten Denken» zugeordnet, das aus Nichtwissen und einem Mangel an Vernunft es sprachliche Zeichen falsch deutet (HOBBES, HUME) [12] sei es den «mächtigen Werkzeugen des Irrtums und Betrugs» der in großem Ansehen stehenden öffentlichen Beredsamkeit erliegt und damit den Neigungen «zu täuschen und getäuscht zu werden» nachgibt (LOCKE). [13] Eine Fortführung und zugleich Radikalisierung dieser aufklärerischen Motive findet der Gedanke in der neueren Sprachphilosophie WITTGENSTEINS, der in der Philosophie einen «Kampf gegen die Verhexung unseres Verstandes durch die Mittel unserer Sprache» [14] sieht.

In der Beurteilung von Lüge, Betrug und Täuschung für die Menschheit geht KANTS (1724–1804) idealistische Gesinnungsethik nicht von der empirischen Erfahrung aus, wie die Menschen sind, sondern beurteilt sie «nach der rationalen, wie sie der Idee der Menschheit gemäß sein sollen». [15] Der menschliche Hang zur Verstellung, vorsätzlichen Täuschung und Lüge, mit denen in Reden und Handeln betrügerische Absichten verfolgt werden, das «Übel der Unwahrhaftigkeit» [16] wird vom Philosophen des kategorischen Imperativs aufs schärfste verurteilt. In dieser menschlichen Eigenschaft gründet nach Kant das «radikal Böse», der «eigentlich faule Fleck in der menschlichen Natur». [17] Weder eine pragmatische, nur auf die schädigenden Wirkungen für andere schauende, noch eine juristische Definition der Lüge als Unrecht gegen einen anderen darf in Kants Ethik im

Vordergrund stehen, sondern einzig und allein die moralische Perspektive, die den Blick auf den Selbstwert der Person und in eins damit auf die «Menschheit überhaupt»[18] richtet. Sie allein könne verdeutlichen, daß Lüge und Täuschung mit ethischen Handlungsmaximen in keiner Weise zu vereinbaren seien, da sie die «größte Verletzung der Pflicht des Menschen gegen sich selbst als moralisches Wesen»[19] darstellen und damit eine «Wegwerfung und gleichsam Vernichtung seiner Menschenwürde»[20], wodurch sich der Mensch selbst zur bloßen Sache, zum Mittel erniedrigt. Da der «Mensch als moralisches Wesen (*homo noumenon*) [...] sich selbst als physisches Wesen (*homo phaenomenon*) nicht als bloßes Mittel (Sprachmaschine)»[21] mißbrauchen lassen soll, besteht für ihn eine unbedingte Selbstverpflichtung zur Wahrhaftigkeit (*veracitas*) in seiner Rede. Mag der Mensch auch aus «krummem Holze»[22] sein, aus dem niemals etwas völlig Gerades gezimmert werden kann, so handelt es sich doch für den Aufklärer Kant dabei nur um eine «Verkehrtheit», aber keine durch nichts zu korrigierende originäre Bosheit des Menschengeschlechts. Allein die «moralische Anlage in uns» berechtigt dazu, die Menschheit als «eine aus dem Bösen zum Guten in beständigem Fortschreiten unter Hindernissen emporstrebende Gattung vernünftiger Wesen darzustellen», in der der Mensch sein Ziel «in und zu der Gattung als einem System, das kosmopolitisch verbunden ist»[23] erreichen kann. Es gibt aber keinen naturgesetzlichen Automatismus in der Bildung des Menschen zum Weltbürger, vielmehr habe jeder so zu verfahren «als ob alles auf ihn ankomme».[24]

In Kants transzendentalphilosophischer Moralphilosophie kann der Zwiespalt im Wesen des Menschen und damit auch sein Hang zur Täuschung im Glauben an die mögliche Autonomie und Freiheit der Subjektivität überwunden werden. Im nachkantischen Idealismus HEGELS, in FEUERBACHS Anthropologie und der Ideologiekritik von MARX erhält der Problemkomplex M. eine neue Richtung. Während bei Kant Selbsterkenntnis «zu allererst die Wegräumung der *inneren* Hindernisse (eines bösen in ihm genistelten Willens), und dann die Entwickelung der nie verlierbaren ursprünglichen Anlage eines guten Willens *in ihm*»[25] notwendig macht, steht für Hegel von vornherein außer Frage, daß Selbstbewußtsein nur in einem Prozeß der Entäußerung und Vergegenständlichung in einer entgegengesetzten, fremden Wirklichkeit erreichbar sein kann. Realität und damit Geltung erhält das Selbstbewußtsein nur, indem es sich in der «harten Wirklichkeit» behauptet und aus der Entäußerung – freilich verwandelt – zu sich zurückkehrt. Konkret verläuft dieser Bildungsprozeß des Selbstbewußtseins über Sprache, indem sie die einzelne Existenz für andere setzt und somit «offenbart». Indem das Selbstbewußtsein sich nur über das Entgegengesetzte seiner selbst in «entfremdender Vermittlung»[26] zu erarbeiten vermag, erhält der Prozeß eine irrationale bzw. überrationale Grundtendenz, die in Hegels Begriff ‹List der Vernunft› expliziten Ausdruck findet. Die quasi-theologische Grundfärbung der Hegelschen Philosophie wird bei seinem Schüler L. FEUERBACH (1804–1872) in eine Projektionsanthropologie verwandelt: Der Bildungsprozeß des menschlichen Selbstbewußtseins wird als Enthüllung einer falschen Projektion gedeutet. Das menschliche Bewußtsein von Gott sei nur das an den Himmel projizierte Wesen des Menschen selbst, sein Gattungsbewußtsein. Nach der Erkenntnis des Grundes der Täuschung und Beschränkung des Selbstbewußtseins, die im menschlichen Egoismus wurzelt, kommt es zur «Vernichtung der Illusion» des Namens «Gott».[27] Bewußtseinsprozesse sind bei beiden solche der Verdoppelung bzw. Verkehrung des Denkens (Illusion, Täuschung), die in ihrem Wesen von der Philosophie enttarnt werden. Auch der junge MARX knüpft mit seiner Bestimmung der Religion als «*Opium* des Volkes»[28] an Feuerbachs Religionskritik an. Marx versteht Religion und Metaphysik als Ideologie, d.h. Verzerrung der wirklichen Welt, in die «Verhältnisse wie in einer Camera obscura auf den Kopf gestellt erscheinen».[29] Es sind «Nebelbildungen im Gehirn der Menschen», welche den «wirklichen Lebensprozeß»[30] verzerren. Die religiösen Phantasmen und philosophischen Mystifikationen der Wirklichkeit sind demzufolge nur «ideologische Reflexe und Echos»[31] des wirklichen Lebensprozesses, der materiellen Tätigkeit der Menschen. So heißt es beim frühen Marx: «Nicht das Bewußtsein bestimmt das Leben, sondern das Leben bestimmt das Bewußtsein.»[32] Grundsätzlich stehe der Mensch seiner produktiven Lebenstätigkeit im Gegensatz zum Tier als freies Wesen gegenüber, insofern er unabhängig vom physischen Bedürfnis universell produzieren und darin seinen Zweck, den Gattungscharakter des Menschen, erfüllen könne. Ideologien sind entweder Kompensationsakte der Phantasie in Ermangelung einer wahren Wirklichkeit (Religion) oder auch Verdrehung der Sachverhalte: Die allgemeinen «ewigen Wahrheiten» der Philosophie entpuppen sich als Folge «der deutschen kleinbürgerlichen Verhältnisse» und ihre Sprache als eine «verdrehte Sprache der wirklichen Welt»[33]: Partikuläre Klasseninteressen werden für Interessen der Allgemeinheit ausgegeben. In letzter Instanz sind diese verkehrten Verhältnisse eine Folge der in der Arbeitsteilung begründeten entfremdeten Arbeit, die die Erniedrigung des menschlichen Lebens auf das Niveau der bloßen Bedürfnisbefriedigung und Reproduktion der Arbeitskraft, die Entfremdung des Menschen von sich selbst, sowohl geistig wie leiblich, und der Menschen voneinander zu verantworten hat. Eine Aufhebung der menschlichen Selbstentfremdung kann nach Marx nur über revolutionäre gesellschaftliche Veränderungen (Aufhebung des Privateigentums) erfolgen, wobei in der Gegenwart die Industrie im Gegensatz zur «phantastischen Illusion» der Philosophie das «wirkliche geschichtliche Verhältnis des Menschen zur Natur und daher der Naturwissenschaft zum Menschen», wenn auch noch in der entfremdeten Gestalt der kapitalistischen Produktionsverhältnisse, verkörpert.[34] NIETZSCHE (1844–1900) hingegen nimmt von der Position einer individualistischen Lebensphilosophie und Kulturkritik eine ‹Umwertung aller Werte› in Angriff. Für ihn ist die Wahrheit nicht mehr länger Gradmesser der Erkenntnis, sondern wird durch einen subjektiven ‹Willen zur Wahrheit› ersetzt, der seine Wurzel wiederum nirgendwo anders als in einem «Willen zu Täuschung» hat.[35] Nietzsche ist der Meinung, daß Leben «auf Irrtum, Betrug, Verstellung, Blendung, Selbstverblendung angelegt» ist.[36] Die aus dem Widerspruch zur Wirklichkeit aufgebaute sogenannte «wahre Welt» der Philosophie ist auch nach Nietzsche nur eine Scheinwelt, «bloß eine moralisch-optische Täuschung»[37] und die Moral selbst eine «lange Fälschung».[38] Der Mensch erscheint Nietzsche als ein «vielfaches, verlogenes, künstliches und undurchsichtiges Tier».[39] Die «Verstellungskunst» erreicht im Naturwesen Mensch ihren Höhepunkt: Bei ihm ist «die Täuschung, das Schmeicheln, Lügen und Trügen, das Hinter-dem-Rücken-Reden [...] so sehr die

Regel und das Gesetz, daß fast nichts unbegreiflicher ist, als wie unter den Menschen ein ehrlicher und reiner Trieb zur Wahrheit aufkommen konnte».[40] Der menschliche Intellekt entfaltet rein funktionalistisch «seine Hauptkräfte in der Verstellung» zur Erhaltung des Individuums und der Gattung. Wie allgemein im Tierreich bedienen sich die Schwächeren im Kampf um die Existenz des Mittels der List. Obwohl niemand betrogen werden will, ist dies dennoch die allgegenwärtige Praxis im menschlichen Umgang.

III. *20. Jh. (1. Hälfte).* G. SIMMEL (1858–1918), der Soziologe der sozialen Differenzierung und Philosoph der modernen Kultur, betont im Unterschied zu Nietzsche, daß unser Leben – individuell wie gesellschaftlich – als Basis prinzipiell einer «bestimmten Proportion von Wahrheit und Irrtum»[41] bedarf, da wir in dauerndem Irrtum nicht überleben könnten. Allerdings sei gerade die moderne komplexe Gesellschaft viel mehr auf Wissen und Vertrauen angewiesen, da die zu treffenden Entscheidungen von den sozialen Akteuren nicht mehr im selben Maße wie in früheren Gesellschaftszuständen überprüft werden könnten. Umgekehrt sieht Simmel aber auch das «Verbergen von Möglichkeiten» und die «Verwendung des Geheimnisses als einer soziologischen Technik» geradezu als Voraussetzung für eine «ungeheuere Erweiterung des Lebens»[42], ohne sich aber anscheinend der Ambivalenz dieser Aussage bewußt zu sein. Zu dieser Thematik des Geheimnisses gehört auch die «aggressive Technik» der Lüge, die, vom «Nutzen der Verborgenheit» profitierend, gesellschaftliche Ziele einfacher erreichen läßt. Als Soziologe warnt Simmel davor, sich «durch den in ethischer Hinsicht negativen Wert der Lüge über die soziologisch durchaus positive Bedeutung» täuschen zu lassen.[43] Simmels Erkenntnis, daß «Wahrhaftigkeit und Lüge für die Verhältnisse der Menschen untereinander von weittragendster Bedeutung»[44] sind, wird von dem französischen Gesellschaftstheoretiker G. SOREL (1847–1922) in seiner Theorie des sozialen Mythos systematisiert: Der Mensch lebt ebensosehr von Illusionen wie von Realitäten.[45] Genauer heißt das für Sorel: die menschlichen Schöpfungskräfte haben ihren Ursprung nicht in Wahrheit oder Rationalität, sondern allein in der irrationalen Bildersprache des Mythos, mit der ein logisch weder zu beweisendes noch zu widerlegendes Ganzes antizipiert wird. Aber im Gegensatz zur Soziologie des Italieners V. PARETO (1848–1923), der von einer gegenaufklärerischen Position aus alle menschlichen Handlungen aus dem Verhältnis von Residuen (gefühlsmäßig bedingten Handlungsinstinkten) und Derivationen (nachgeschobenen scheinlogischen Begründungen) ableiten will und daher statt qualitativer Veränderungen im geschichtlichen Geschehen nur einen Kreislauf der Eliten annimmt, glaubt Sorel im Mythos ein Gegengewicht zur künstlichen Natur (*nature artificielle*) der modernen Technik gefunden zu haben. Aus der durch maximale Rationalisierung sämtlicher gesellschaftlichen Funktionen und durch staatliche Administration in ein geschlossenes Gefüge normierter Verhaltensweisen eingegliederten und bis in die innersten Regungen hinein standardisierten und «kommandierten Masse» ließe sich in revolutionärer Anstrengung der freie Mensch schaffen.[46] Da Sorel aber über das Wesen seines ‹Mythos› bewußt unklar bleibt, bekommt dieser als Instrument der gesellschaftlichen Revolution selbst manipulativen Charakter. Unbedingt erwähnt werden muß in diesem Zusammenhang auch die Ideologietheorie des deutschen Sozialisten P. SZENDE (1879–1934), der sämtliche wertenden und deutenden Stellungnahmen des Menschen zwei grundsätzlichen ideologischen Tendenzen zuordnen will: der Methode der Verhüllung und Verschleierung bestimmter Gruppen, die ein Interesse an der Aufrechterhaltung der bestehenden gesellschaftlichen Zustände haben, und umgekehrt derjenigen, die sich im Kampf der Ideologien für Enthüllung und Demaskierung zur Änderung der gesellschaftlichen Zustände einsetzen. Im Umkreis dieser Thematik von Verhüllung und Enthüllung bewegt sich auch K. MANNHEIMS (1893–1947) wissenssoziologische Unterscheidung von *partikularem* und *totalem* Ideologiebegriff. Auf der Ebene des partikularen Ideologiebegriffs werden Ideen nur für parteiliche Verhüllungen von Tatbeständen gehalten, um den Gegner zu täuschen und umfassen «eine ganze Skala von der bewußten Lüge bis zur halbbewußt instinktiven Verhüllung, von der Fremdtäuschung bis zur Selbsttäuschung [...]».[47] Beim totalen radikalen Ideologiebegriff soll es sich dagegen nicht mehr um eine psychologische Frage subjektiver, egoistischer Ausnutzung eigener Interessen handeln, wo aufgrund einer ökonomischen Konkurrenzsituation geschäftliche Heuchelei, Betrug, Suggestion oder auch Fälschungen für den kommerziellen Erfolg eingesetzt werden, sondern wo eine Unwahrhaftigkeit als Funktion einer sozialen Lagerung bzw. einer Seinslage eintritt; eine «bewußte oder unbewußte Fälschung von Fall zu Fall» wird dann zum «falschen Bewusstsein» überhaupt radikalisiert.[48] Unter der primär politischen Ausrichtung der Wissenssoziologie Mannheims lenkt sein Schüler N. ELIAS (1897–1990) in seinem bereits klassisch gewordenen Buch ‹Der Prozeß der Zivilisation› (1939) den Blick stärker auf soziologisch-kulturphilosophische Zusammenhänge. Statt von Seinsgebundenheit des Denkens spricht Elias von einer «Eigengesetzlichkeit der gesellschaftlichen Verflechtungserscheinungen»[49], um spezifische Veränderungen des menschlichen Verhaltens und der Mentalität im Laufe der zivilisatorischen Entwicklung zu kennzeichnen. Entscheidend für Elias' Ansatz ist die These, daß die «Eigendynamik» des Zivilisationsprozesses blind in Gang gesetzt wurde und keiner rationalen Planung zugänglich ist. Dessen ungeachtet weise der Zivilisationsprozeß dennoch eine ganz spezifische strukturelle Eigenart auf, insofern die über Jahrhunderte sich hinziehende radikale Umorganisierung gesellschaftlicher Beziehungen auch zu einer Veränderung des menschlich-individuellen Habitus geführt habe[50], die als Folge der wachsenden Differenzierung gesellschaftlicher Funktionen und damit einhergehend einer immer stärkeren Interdependenz der Menschen die rationale Durchorganisierung ihrer Einzelhandlungen i.S. der gesellschaftlichen Funktionserfüllung verlangte. Fremdzwänge verwandeln sich dabei in Selbstzwänge[51], die stärker sind als Wille und Vernunft der einzelnen Menschen. Diese «Modellierung des plastischen, psychischen Apparats» der gesellschaftlichen Individuen betrifft den gesamten «Seelenhaushalt», von der völlig unbewußt gewordenen Triebsteuerung bis zum Bewußtsein. In den durch Arbeitsteilung und Differenzierung «stärker pazifizierten Gesellschaften»[52] der Moderne führt dieser Selbstzwang zur Dämpfung der Affektäußerungen, die von den Ober- und Mittelschichten ausgehend, schließlich auch die unteren sozialen Schichten erreicht und damit gesamtgesellschaftlichen Charakter annimmt. Die Modellierung der Psyche im Sinne einer «Selbstzwangapparatur»[53] wird von Elias in Hinsicht auf die Möglichkeiten menschlicher Kommunikation zweifelsfrei positiv gewertet. Sein Bestreben geht dahin, eine ideologisch aufteilende Interpretation nach Verursachern und Nutznießern gesellschaftlicher Entwicklungen als unzureichend zum Begreifen der Verflechtungen von wirtschaftlicher Produktions- und Konsumtionssphäre mit den Monopolen physischer Gewaltausübung zurückzuweisen. Alles zusammen bildet erst das «Schloß der Ketten, durch das sich die Menschen gegenseitig binden». [54]

IV. *20. Jh. (2. Hälfte).* In seiner ‹Theorie des gegenwärtigen Zeitalters› (1955) gibt der Soziologe H. FREYER (1887–1969) nach dem Zweiten Weltkrieg eine zivilisationskritische Bestandsaufnahme eines neuen, von der Technik beherrschten «*automatischen* Zeitalters». Die soziale Ordnung dieser industriellen Gesellschaft wird soweit vom Gedanken der totalen Machbarkeit regiert, daß die Menschen bis in ihre innersten Antriebsmotive hinein davon beherrscht werden. Diese von Freyer «*sekundäre Systeme*» genannten Verhältnisse zielen auf eine vollkommene Subsumtion des Menschen unter die Institutionen und die Funktionalität der Sachprozesse ab. In ihnen soll der Mensch bis in seine innersten Antriebe hinein modellierfähig werden. [55] Doch diese Reduzierung des Menschen auf einen bloßen Funktionswert hat nicht mehr den Charakter der marxschen nackten Ausbeutung der Arbeiter, sondern wird kaum bemerkt, «weil sie im Gewand einer Bereicherung» und der Hebung des Lebensstandards einhergeht. [56] Diese Ordnungen wollen den Menschen nicht nur als Mitarbeiter ergreifen und normieren, sondern ihn gleichermaßen auch als «Mitkonsumenten» packen. [57] Dadurch wirken diese sekundären Systeme wie eine zweite Natur, wenn auch nicht im moralischen, so doch im faktischen Sinne. Trotz seiner politisch vollkommen konträren Einstellung befindet sich doch H. MARCUSE (1898–1979), der linksintellektuelle Philosoph der «Großen Weigerung», mit dem Konservativen Freyer in der Diagnose des technischen Fortschritts auf einer Linie: In der «fortgeschrittenen Industriegesellschaft» verschmelzen Technik, Kultur, Politik und Wirtschaft «zu einem allgegenwärtigen System, das alle Alternativen in sich aufnimmt und abstößt». [58] Im Vergleich zur Industrialisierung des 19. Jh., als die historischen Verhältnisse noch den Weg zu neuen Lebensformen eröffneten, werden nach Marcuse die Menschen der Gegenwart angesichts wachsender sozialer Kontrollen, repressiver Verwaltung und einer rein operationalistischen Wissenschaft verdinglicht und dabei so an diese falsche Gesellschaft gefesselt, daß allumfassende Kontrolle als «Verkörperung der Vernunft selbst zugunsten aller sozialen Gruppen und Interessen» [59] ausgegeben werden kann und Widerstand irrational erscheint. Den Grundzug dieser Gesellschaft bildet eine allgegenwärtige «Manipulation von Bedürfnissen» [60], die schließlich «ein falsches Bewußtsein, das gegen seine Falschheit immun ist» [61], erzeugt, und zur unmittelbaren Identifikation des Individuums mit dieser Gesellschaft führt. In seiner Argumentation stützt sich Marcuse u.a. auf damalige empirische Untersuchungen zum manipulierten Verbraucherverhalten und zur sozialen Kontrolle. [62] Die Identifikation der Menschen mit den angebotenen Waren führt zu einer Verdinglichung, einem eindimensionalen Denken und Verhalten, in dem ein Transzendieren dieser gesamtgesellschaftlichen Verhältnisse nicht länger im Bewußtsein der Menschen Platz hat. Auch die Sprache wird in diesem System der totalen Verwaltung funktionalisiert und operationalisiert. Es herrscht die «Logik der Manipulation» [63], die sich einer «funktionalisierten, abgekürzten und vereinheitlichten Sprache» bedient, der «Sprache des eindimensionalen Denkens». [64] Die Bedrohlichkeit dieser M. wächst deshalb, weil diese Strukturen in den Produktionsprozeß und in die Denkstrukturen der Menschen selbst eingedrungen sind und daher nirgendwo mehr personifizierte Agenten einer bewußten M. namhaft gemacht werden können. Die Umwandlung des Arbeitscharakters in der automatischen Fabrikation erzeugt neue Formen der Versklavung der Arbeitskraft und immer weiter anwachsende Repression, die allerdings durch zentrifugale Tendenzen im Innern des Systems selbst – so die Hoffnung Marcuses – durch eine perfektionierte Automation wieder durchbrochen und in eine neue Zivilisation führen könnte. [65]

Die «Verwüstung des Menschen» nach dem Beginn der «zweiten industriellen Revolution» steht auch im Zentrum der Analyse zur Situation der Gegenwart von G. ANDERS (1902–1992). Die Qualität der durch Menschen geschaffenen technischen Produkte habe inzwischen einen so hohen Standard erreicht, daß der Mensch seinen Apparaten an Kraft, Tempo und Präzision schon längst nicht mehr gewachsen sei und schließlich mit sich selbst «nicht mehr mitkommt». [66] In diesem «prometheischen Gefälle» [67] bleibe der Mensch weit hinter dem Stand seiner Produkte zurück. Angesichts der Langlebigkeit seiner Produkte, ihrer Serienexistenz, wird der kurzlebige Mensch sich umso schmerzlicher seiner Endlichkeit und Inferiorität bewußt. Allein in seinen Massenprodukten, die ganz auf ihn zugeschnitten zu sein scheinen, lebt der Mensch noch den Traum vom ewigen Leben. Diese «Verbiederung der Welt» [68] stülpe der Verfremdung bzw. Entfremdung der Welt eine Tarnkappe über, indem sie die Welt mit dem Schein des Vertrauten umgibt und durch den Warencharakter aller Erscheinungen alles in eine gleiche Scheinnähe rückt. So schrumpft im Zeitalter des «Konsumzwangs» und der «globalen Bilderflut» [69] die reale Welterfahrung des Menschen, um durch ein Phantom ersetzt zu werden. Durch diesen ununterbrochenen Konsum von Bildern und Worten werde die Außenwelt selbst nach innen, in unser Gehirn verlegt und den Konsumenten permanent eingeredet, in diesen künstlichen Modellen von Welt die Wirklichkeit selbst dargeboten zu bekommen. Doch der Pseudo-Realismus dieser Schablonen-Industrie führe zu einem Bumerang-Effekt: Die Wirklichkeit wird zum Abbild ihrer Bilder, d.h. die Realität muß nach dem Bilde ihrer Reproduktionen selbst umgeschaffen werden. Diese heutige Welt nennt Anders «post-ideologisch», «ideologie-unbedürftig», da ausdrückliche Ideologien in einer Welt, in der sich das «Geschehen der Welt […] als arrangiertes Schauspiel abspielt», obsolet werden: «Wo sich die Lüge wahrlügt, ist ausdrückliche Lüge überflüssig.» [70] Die Welt als Phantom und Matrize, das ist G. Anders' Umkehrung der marxschen eschatologischen Hoffnung auf ein Ende der Ideologie durch eine Verwirklichung der Philosophie, d.h. Erfüllung ihrer Wahrheitsverheißung. Stattdessen habe sich «nun umgekehrt die triumphierende Unwahrheit verwirklicht» [71]: Welt und Ansicht von Welt, Wirklichkeit und ihre Deutung sind eins geworden. In der stets und überall gesendeten, gelieferten Konsumentenwelt ist alles bereits vorgeprägt, arrangiert und geschieht möglichst glatt und reibungslos, leicht eingängig und entzieht sich gerade wegen seiner Widerstandslosigkeit dem Begreifen. In der Welt der vorfabrizierten Fertigwaren habe sich eine doppelte Entfremdung unseres Lebens eingestellt: «Nicht nur aus Arbeit ohne Frucht besteht es, sondern auch aus Frucht ohne Arbeit.»[72] In dieser Umpräge-Prozedur des modernen Lebens findet solchermaßen eine Umkehrung der ontologischen Rangfolge statt: Das Wirkliche spielt sich nur noch für die Reproduktionen ab.

Zur Zeit ihres Erscheinens vor knapp fünfzig Jahren fanden diese neuartigen Einsichten noch keinen Resonanzboden des Verstehens. Mit seinem Versuch einer Beschreibung der manipulativen Gesamtsituation der Zeit übersprang Anders gleichsam eine Generation und fand erst zu Beginn des multimedialen Zeitalters (1980) in der Zeitdiagnose des französischen Soziologen J. BAUDRILLARD eine verblüffend ähnliche Fortführung. Baudrillards Theorie der ‹Simulakren› und ‹flottierenden Zeichen› entdeckt in der Gegenwart die Epoche des Umkippens der materiellen Produktion, auf der die Geschichte der Neuzeit aufbaute, in die Konsumtionssphäre [73] und die einer unbegrenzten Reproduktion, wo die konkrete, gegenständliche Realität «von der Hyperrealität der Codes und der Simulation aufgesogen wird».[74] Auch bei Baudrillard wird das Original in der Serienproduktion durch die Reproduktion ersetzt und statt referentieller Botschaften, die an die Realität der materiellen Produktion geknüpft waren, bleibt nur noch die «gespenstische, marionettenhafte Referenz»[75] beliebig austauschbarer Zeichen übrig. Durch die «Allmacht der operationalen Simulation»[76] verschwinde die Differenz von Produktion und Konsumtion in der reinen Zirkulation. Die von Mode, Medien, Werbung, Informations- und Kommunikationsnetzen gebildete Reproduktionsebene läßt die ursprüngliche gesellschaftliche Finalität in der bloßen Serienproduktion untergehen, so daß die Technik als Medium die Oberhand über die Botschaft des Produkts und der Arbeitskraft gewinnt. Die Metaphysik des Codes findet sich in der Formel des amerikanischen Medientheoretikers M. MACLUHAN wieder: ‹Medium is message›. Die selbst zur Form und zum Prinzip einer neuen Sinnproduktion gewordenen Medien haben mit der Auslöschung des ursprünglichen Widerspruchs zwischen Realität und Imaginärem selbst jeden Sinn verloren. Es kommt zu einer Konvergenz zwischen der Sprache des Ökonomischen und des Politischen, zur Fusion von Propaganda und Werbung in derselben Marketing- und Verkaufsstrategie: Politische Botschaften und Werbesprüche vermengen sich in der Hyperrealität der Medien. Die öffentliche Meinung mit ihrem Untersuchungsinstrument der Umfragen manipuliert die Frage nach Realität oder Fiktion bis zu Unentscheidbarkeit. Wo schließlich die Realität dem Modell entspricht, ist die «absolute M.» erreicht [77], worauf die einer binären Logik gehorchende Moderne insgeheim zusteuert. Nicht der Bruch mit der Tradition und Vergangenheit ist ihr Signum, also die Umwertung aller Werte, sondern das ständige Alternieren der Moden in beliebigem Kontext, die Dialektik von Bruch und Recycling, die «Austauschbarkeit aller Werte, also ihre Kombinatorik und Ambiguität».[78]

V. *Resümee u. Folgerungen.* «Manipulation ist ein Grundphänomen unseres Menschseins.» (A. Portmann)[79] Derartige Formulierungen weisen sowohl auf die Breite des Bedeutungsfeldes von ‹M.› hin, offenbaren aber auch eine gewisse Hilflosigkeit, es definitorisch einzugrenzen. Das Problem der ‹M.› läßt sich nicht über scharfe logische Definitionen vollständig umfassen und abgrenzen, sondern muß als ein Begriff mit unscharfen Rändern (Wittgenstein) aufgefaßt werden, der sich am klarsten als rhetorisches Phänomen aufzeigen läßt.

Schon im alltäglichen Leben stellt Täuschung, die nicht mit böswilligen Betrugsabsichten (*dolus*) verbunden ist, eine allgemein gängige und gebilligte Handlungsweise der Kommunikation dar, welche auch der Undurchsichtigkeit des Lebens selbst zuzurechnen ist. Wo eine brutal ausgesprochene Wahrheit das Netz sozialer Beziehungen abrupt zerreißen kann, dient die fromme Lüge (*pia fraus*) der Aufrechterhaltung sozialer Beziehungen und kann auch als Selbsttäuschung dazu beitragen, die Identität und Selbstachtung zu wahren. Hierzu gehört der offiziell verachtete, insgeheim aber bei den meisten Menschen vorhandene Hang zur Eitelkeit und Lebenslüge. In diesen Fällen wird die Wahrheit nicht total verfälscht oder geleugnet, wohl aber ‹bearbeitet›. Für die hohe Stellung der Manipulationsproblematik im Denken der Menschen lassen sich aus allen Kulturen und Epochen unzählige Beispiele anführen: Verführung, Täuschung und Betrug spielen in den geschlechtlichen Beziehungen der Menschen eine überragende Rolle. Ihr Symbol, die Schlange, wird in der (christlichen) Religion bis auf den Anfang der Menschengeschichte zurückdatiert: Die Verführbarkeit der Menschen ist der Anlaß für ihre Vertreibung aus dem Paradies. Durch unscharfe Übergänge in gesellschaftlichen Entwicklungen ergeben sich ständig Spannungen und Konflikte, die natürlich durch dezidierten Machtanspruch gesellschaftlicher Subjekte gesteigert werden, vermittels deren aber auch Toleranzspielräume geschaffen werden, in denen das Spiel erlaubter M. abläuft, so in der kalkulierten Kunst des Anpreisens von Waren (Werbung, Marketing). Täuschungsformen als Teil der Überlebensstrategie finden sich schon im Tierreich (Camouflage, Mimikry). Die Täuschung ist auch eine wesentliche Erfolgskomponente bei der Organisation und Formung unterschiedlicher Individuen zu gemeinsamen Zielen. In gruppendynamischen Prozessen laufen manipulatorische Mechanismen ab, die für die Erreichung spezifischer Ziele notwendig sind, um die individuellen Unterschiede auszugleichen. Kriegsstrategien erfordern die Verheimlichung der eigenen Absichten. Odysseus, der Listenreiche (πολύτροπος, polýtropos), Archetyp menschlichen Verhaltens, hält Lüge nicht für eine Schande, wenn sie «Rettung zum Lohne bringt».[80] Noch andere Gründe für die Unvermeidlichkeit gewisser manipulativer Alltagspraktiken können angeführt werden: etwa die Unterschiedlichkeit des Auffassens von Wortbedeutungen hinsichtlich individueller Intelligenzkapazität, Schichtenzugehörigkeit oder auch die generelle Verschiedenheit der Sprachen. Dazu kommt: Menschliches Bewußtsein ist wesentlich selektiver Art; Motive, Gefühle, Erinnerungen werden immer nur partiell fokussiert. Die Bedeutung mancher Grundbegriffe wie Freiheit, Gerechtigkeit usw. ist nicht für alle Menschen gleich. Hier hat auch ein Teil der rhetorischen Traditionen (*ornate loqui*) seinen Ursprung. Die rhetorischen Kunstgriffe und Modifikationen der Verschiebung, Verdeckung oder Verbergung (*ars est artem celare, dissimulatio*) ganz bestimmter Absichten durch die Beeinflussungsmittel der Sprache, die metaphorischen Abschweifungen, elliptischen Verdichtungen, euphemistischen Umschreibungen oder metonymischen Verkleinerungen bieten ungezählte Möglichkeiten der Psychagogik, im positiven, aber auch im negativen Sinne. Denn eine *ars bene dicendi*, die bei aller Achtsamkeit auf die rhetorische Komposition ein ethisches Grundziel nicht aus den Augen verliert, muß sich selbst in der Ausnutzung des manipulatorischen Potentials der Sprache Zurückhaltung auferlegen. Neben dieser funktionalistischen Rechtfertigung von M. und verwandten Phänomenen [81] hat z.B. SARTRE eine ontologisch-existenzphilosophische Deutung von Lüge und Unwahrhaftigkeit (*mauvaise foi*) versucht. In der Lüge manifestiert sich für ihn die ontologische Dualität von Ich und Fremd-Ich, welche die existentielle Schranke, «von Natur aus dem anderen verborgen» [82] zu sein, markiert. Die Unwahrhaftigkeit als prinzipiell negative Einstellung des Menschen zu sich selbst wird nur in der Beziehung zum Anderen manifest.

M. ist eine Vokabel, die der Schule des Verdachts (Nietzsche) entstammt. ‹M.› wird überall dort vermutet, wo sich vom Subjekt unkontrollierbare, undurchschaubare Handlungen und Prozesse vollziehen. Manipulative Praktiken reichen daher von alltäglichen Verrichtungen bis hin zu verbrecherischen Handlungen, die das gesellschaftliche Zusammenleben in starkem Maße beeinträchtigen.

Gegenüber einer mehr individualpsychologischen Behandlung der Manipulationsfrage in der Vergangenheit tritt in der zweiten Hälfte des 20. Jh. mehr und mehr eine sozialpsychologische, gesellschaftspolitische und -philosophische Ansicht in den Vordergrund. Durch die neuen Informationstechnologien vollziehen sich permanent und größtenteils unbewußt Veränderungen der Wahrnehmung und des Bewußtseins. Wort und Bild sind die beiden Medien, über die manipulative Praktiken ablaufen. Da in der technisierten Welt eine Unermeßlichkeit von Einflüssen die individuellen Erscheinungen bestimmt, begünstigt in der Informationsgesellschaft nicht die Beschränkung von Informationen ‹M.›, sondern deren fast uferlose Ausweitung. Wie schon Wittgenstein bemerkte, liegt eine Hauptquelle menschlichen Mißverstehens darin, «daß wir den Gebrauch unserer Wörter nicht übersehen». [83] Noch viel weniger gelingt uns das mit der Daten-und Bilderflut im Zeitalter von Multimedia und Internet. Die digitale Technik erlaubt es heute nicht nur, Bilder unbegrenzt zu manipulieren, sondern es lassen sich ganz neue visuelle Wirklichkeiten erschaffen. In dieser immer undurchschaubarer werdenden, von Technik, Big Business und Big Science beherrschten Epoche ist der Mensch mit Goethes Zauberlehrling vergleichbar, der die Geister, die er rief, nicht wieder los und ihrer nicht mehr Herr wird. Der Charakter dieser Manipulationsform erscheint gleichsam unfaßbar, amorph und erlangt eine «Quasi-Unsichtbarkeit» [84], was die Versuche, die Manipulationssituation der gegenwärtigen Gesellschaft zu durchleuchten und die Individuen darüber aufzuklären, enorm erschwert. Hinter dem ubiquitären Manipulationsgeschehen ist keine personell intendierte Strategie oder Planung mehr auszumachen. Die Mittel selbst usurpieren die Ziele. M. erhält jetzt eine neue Bedeutungsdimension: Aus der einem subjektgebundenen Handlungskontext zugehörigen partikulären semantischen Zurechnung entsteht nun ein universaler, Subjekt und Objekt übersteigender Begriff atmosphärischer Unbestimmtheit, in dem sich das Unbehagen und die Unsicherheit der Menschen angesichts einer komplexen, immer undurchschaubarer werdenden Umwelt widerspiegelt. Das universell produzierende Wesen ‹Mensch› (Marx) nimmt unter der Erfahrung der Zerstörung der politischen Vernunft durch totalitäre Ideologien und der uneingeschränkten «Ideologie technokratischer Machbarkeit» [85] mehr und mehr Züge eines universell manipulierenden resp. manipulierten Wesens an, wofür dann gilt: Man kann nicht nicht-manipulieren. Die Verwechslung von Selbstmanipulation mit Selbstverwirklichung wird ein kennzeichnendes Symptom der modernen Mentalität. Die radikalen Aussagen über den rapiden Realitätsverlust der Gegenwart bilden so etwas wie die äußerste Grenze in der philosophischen Manipulationsproblematik und markieren zugleich die Trennungslinie zwischen Ideologie und M. Mit dem Terminus ‹M.› werden also vor allem solche post-ideologischen Verflechtungszusammenhänge der modernen Gesellschaft charakterisiert, denen keine eindeutige Freund-Feind-Beziehung mehr zuzuordnen ist. Die doppelte Verwendung des Begriffs ‹M.›, einmal im neutralen Sinne rational-technischer Bearbeitung, Beherrschung und Verwertung des Sachwelt und zweitens auch der Ratlosigkeit oder gar Blindheit gegenüber sich verselbständigenden objektiven Abläufen deutet auf die prinzipielle Ambivalenz der Lebensform des modernen Menschen. Wo in der Welt der künstlichen Herstellung und Präparierung alles scheinbar automatisch und reibungslos funktioniert, bedarf es gegenüber einem unkritischen Bild der Verharmlosung und Beschwichtigung des kritischen Korrektivs. Wenn in Adornos Theorie der Kulturindustrie allerdings in Bezug auf die «manipulierte Welt des Industriezeitalters und der Konsumgesellschaft» [86] von der «absoluten Fügsamkeit gegenüber der von den Lieferanten in Kundenschaft verzauberten Menschheit» [87] gesprochen wurde, so war damit M. auf den Status einer absoluten Größe außerhalb der Relationen von Bewußtsein und Wirklichkeit gebracht und damit die Interpretation in eine Sackgasse manövriert. Dies hat sich besonders im Studentenprotest der späten sechziger Jahre gezeigt, als die sogenannte Neue Linke gestützt auf die Thesen von Adorno, Marcuse u.a. mit einem radikalen Entlarvungsgestus im Namen einer angeblich manipulationsfreien Aufklärung die kapitalistische Gesellschaft als eine der totalen M. überführen wollte. Wo aber der gesellschaftliche – mit Adorno zu sprechen – «Schein [...] total geworden» [88] ist, besteht weder eine Chance der Veränderung noch der Erkenntnis. Jenseits jedes Determinismus ereignet sich in der gesellschaftlichen Entwicklung ständig Neues, was die Vorstellung Lügen straft, Gesellschaft verlaufe als Automatismus oder Mechanismus, in dem die einzelnen Mitglieder selbst nur funktionierende Rädchen darstellen. Die M. mag zwar ein universales Phänomen unserer Zeit sein, dies jedoch nicht in dem Sinne, daß sie von einer lückenlose Kontrolle her eine lückenlose Einflußnahme erreichen könnte. Die modernen Kommunikationsmedien lassen die orwellsche Vorstellung einer monolithischen Bewußtseins-Industrie obsolet werden, da Systeme (wie z.B. das Internet), die eine bestimmte kritische Größe überschritten haben, prinzipiell Undichtigkeiten aufweisen, doch gerade darum auch wieder ganz neue Möglichkeiten eröffnen. [89] Der Begriff ‹M.› umschreibt nicht nur bestehende Zustände und zeigt somit ein Tableau der Gegenwart, sondern hat auch einen antizipatorischen Gehalt, weist auf Zukunft hin, auf eine Zukunft ungeahnter Chancen wie auch freilich potenzierter Bedrohung und Gefährdung. Insofern darf man durchaus verschiedene Aussagen als ein – wie es Anders einmal formulierte – Übertreiben zur Wahrheit hin auffassen, um Phantasie und Angst gleichermaßen zu wecken. Beide müssen sich aber mit dem kritischen Bewußtsein verbinden, um wirksam zu werden.

Anmerkungen:
1 K.E. Georges: Ausführliches Lat. – Dt. Handwtb., 2. Bd. (^{8}1913, ND 1992) Sp. 798f., 806ff. – **2** K. Mannheim: Ideologie

und Utopie (1929) 38. – **3** Platon, Apologia 18a. – **4** ders., Theaitetos 201a. – **5** ders., Phaidr. 262a. – **6** ebd. 262c. – **7** ders., Sophistes 260c. – **8** vgl. Aristoteles, Sophistische Widerlegungen, Übers. E. Rolfes (1968) 38. – **9** Plat. Pol. 533d. – **10** ebd. 518c. – **11** R. Descartes: Unters. über die Grundlagen der Philos., in: Philos. Werke, Abt. 2, hg. von J.H. von Kirchmann (1870) 69. – **12** Th. Hobbes: Grundzüge der Philos., hg. von M. Frischeisen-Köhler (1949) 49. – **13** J. Locke: Versuch über den menschlichen Verstand, Bd. 2, hg. v. J.H. v. Kirchmann (1872) 119. – **14** L. Wittgenstein: Philos. Unters., hg. von E. v. Savigny (1998) §§ 109f. – **15** I. Kant: Met. der Sitten, Akad. Ausg., Bd. 6 (1902ff.) 405. – **16** ebd. 431. – **17** ders.: Verkündigung des nahen Abschlusses eines Tractats vom ewigen Frieden in der Philos., ebd. Bd. 8, 422. – **18** ders.: Über ein vermeintliches Recht aus Menschenliebe zu lügen, ebd. Bd. 8, 426. – **19** ders. [15] 429. – **20** ebd. – **21** ebd. 430. – **22** ders.: Idee zu einer allg. Gesch. in weltbürgerlicher Absicht, ebd. Bd. 8, 23. – **23** ders.: Anthropol. in pragmatischer Absicht, ebd. Bd. 7, 333. – **24** ders.: Die Religion innerhalb der Grenzen der bloßen Vernunft, ebd. Bd. 6, 101. – **25** ders. [15] 441. – **26** G.W.F. Hegel: Phänomenologie des Geistes, in: Werke, hg. v. E. Moldenhauer, K. Michel, Bd. 2 (1979) 19. – **27** L. Feuerbach: Das Wesen des Christentums (1956) 414. – **28** K. Marx: Frühe Schriften, Bd. 1, hg. von H.-J. Lieber und P. Furth (1975) 488. – **29** ebd. Bd. 2 (1971) 23. – **30** ebd. – **31** ebd. – **32** ebd. – **33** ebd. Bd. 2, 543. – **34** ebd. Bd. 1, 603f. – **35** F. Nietzsche: Jenseits von Gut und Böse, Werke in drei Bdn., hg. von K. Schlechta, Bd. 2 (1954) 568. – **36** ders.: Die fröhliche Wissenschaft, ebd. Bd. 2, 207–208. – **37** ders.: Götzen-Dämmerung, ebd. Bd. 2, 960. – **38** ebd. [35] 752. – **39** ebd. – **40** ders.: Über Wahrheit und Lüge im außermoralischen Sinne, ebd. Bd. 3, 310. – **41** G. Simmel: Soziol. Unters. über die Formen der Vergesellschaftung (^{3}1923) 271. – **42** ebd. 273. – **43** ebd. 262. – **44** ebd. 260. – **45** H. Barth: Masse und Mythos. Die Theorie der Gewalt: Georges Sorel (1959) 83. – **46** ebd. 95. – **47** Mannheim [2] 8. – **48** ebd. 23. – **49** N. Elias: Der Prozeß der Zivilisation, Bd. 2 (1939) 314. – **50** ebd. 315. – **51** ebd. 313. – **52** ebd. 327. – **53** ebd. 379. – **54** ebd. 437. – **55** H. Freyer: Theorie des gegenwärtigen Zeitalters (1955) 59. – **56** ebd. 91. – **57** ebd. – **58** H. Marcuse: Der eindimensionale Mensch. Stud. zur Ideologie der fortgeschrittenen Industrieges. (^{3}1968) 19. – **59** ebd. 29. – **60** ebd. 23. – **61** ebd. 32. – **62** vgl. V. Packard: Die geheimen Verführer (1957) und ders.: Die wehrlose Gesellschaft (1964). – **63** Marcuse [58] 108. – **64** ebd. 114. – **65** ebd. 54ff. – **66** G. Anders: Die Antiquiertheit des Menschen. Über die Seele im Zeitalter der zweiten industriellen Revolution (1961) 45. – **67** ebd. 16. – **68** ebd. 117. – **69** ebd. 2f. – **70** ebd. 195. – **71** ebd. – **72** ebd. 200. – **73** J. Baudrillard: Der symbolische Tausch und der Tod (1982) 29. – **74** ebd. 8. – **75** ebd. 9. – **76** ebd. 42. – **77** ebd. 103. – **78** ebd. 137. – **79** A. Portmann: M. des Menschen als Schicksal und Bedrohung (1969) 13. – **80** D. Nyborg: Lob der Halbwahrheit. Warum wir so manches verschweigen (1994) 232. – **81** vgl. ebd. – **82** J.P. Sartre: Das Sein und das Nichts. Versuch einer phänomenologischen Ontologie (1962) 93. – **83** Wittgenstein [14] 69. – **84** M. de Certeau: Kunst des Handelns (1988) 79. – **85** H. Lenk: Verantwortungsdifferenzierung und Systemkomplexität, in: F. Rapp (Hg.): Technik und Philos. (1990) 198. – **86** K. Pawek: Das optische Zeitalter (1963) 27f. – **87** Th.W. Adorno: Kulturkritik und Ges., in: ders.: Prismen (1969) 17. – **88** ebd. 20. – **89** H.M. Enzensberger: Das Nullmedium, in: ders.: Mittelmaß und Wahn (1991) 89–103.

B. Wirkus

→ Demagogie → Dissimulatio → Doxa → Glaubwürdige, das → Ideologie → Interesse → Lüge → Massenkommunikation → Peitho → Persuasion → Propaganda → Psychagogie → Sprachkritik → Suggestion → Überredung/Überzeugung → Werbung → Wirkung → Zensur

Märchen (engl. fairy-tale; frz. conte (de fées), fable; ital. fiaba, favola, storia)

A. *Definition*. **I.** *Gattungsbestimmung*. Das M. zählt zu den Grundtypen der frei erfundenen und in diesem Sinne literarischen Erzählung. Als anonyme, mündlich tradierte Überlieferung kann es Anspruch auf ein hohes Alter und eine weltweite Verbreitung in kulturspezifischen Varianten geltend machen; im Sinne einer literarischen Textgattung mit relativ deutlich konturierten inhaltlichen, formalen und stilistischen Erfordernissen ist das M. ein neuzeitliches Phänomen, dessen allgemein akzeptierte Idealform an den Namen der Brüder J. und W. GRIMM und der von ihnen herausgegebenen ‹Kinder- und Hausmärchen› (1812ff.) geknüpft ist. Zu diesem Gattungsideal gehören u.a. die Kürze der Erzählung und die Einfachheit der Sprache, stereotype Einleitungs- und Schlußformulierungen («Es war einmal …»), typische Figuren und typisierende Namen, die Darstellung eines Konfliktes, der mittels übernatürlicher Mächte einer feststehenden Moralvorstellungen entsprechenden Lösung zugeführt wird sowie ein glückliches Ende. Aus der Summe der Merkmale sowie aus der märchenspezifischen Funktion der Motive ergeben sich Unterschiede zu anderen, in den Motiven oder einzelnen formalen Aspekten verwandten Textgattungen wie Legende, Mythos, Fabel oder Schwank.[1] Die Genealogie eines Motivs weist jedoch immer auf diese Erzählformen zurück, weshalb sie sich teilweise auch in der Grimmschen Märchensammlung wiederfinden. Das Verhältnis von mündlicher Überlieferung und literarischen Quellen gehört zu den zentralen Problemen literaturwissenschaftlicher Märchenforschung[2]; es ist ebenso umstritten wie mögliche Erklärungen dafür, warum in verschiedenen Völkern und zu verschiedenen Zeiten gleiche oder ähnliche Märchenmotive existieren. Während das ‹Volksmärchen› dadurch definiert wird, daß es durch mündliche Weitergabe zumindest mitgeformt worden ist, spricht man von ‹Kunstmärchen›, wenn ein individueller Urheber bestimmbar ist. Die seit 1977 erscheinende ‹Enzyklopädie des M.› dokumentiert die moderne Forschungsentwicklung, die über rein literaturwissenschaftliche Ansätze hinaus volkskundliche, pädagogische, psychologische, soziologische etc. Perspektiven komparatistischer Erzählforschung integriert.[3]

II. *Wortgeschichte*. Während ‹M.› sich wortgeschichtlich auf das mhd. ‹maere› zurückführen läßt, ist seine Bedeutung als literarischer Gattungsbegriff einer neuzeitlichen Entwicklung zu verdanken. Das mhd. ‹maere› hat vor allem zwei Hauptbedeutungen: 1. Kunde, Bericht, 2. literarische Vorlage, kurze oder lange Erzählung (i.S. einer Erzählhandlung, nicht als Gattungsbezeichnung). Die Diminutivform ‹maerlín› ist vermutlich vor allem aus reimtechnischen Gründen entstanden.[4] Im 16. Jh. erfolgt die wortgeschichtliche Trennung von ‹Mär› (Botschaft), ‹Märe› (Gerücht) und ‹Märle› (Fabel, unnützes Geschwätz). Erst im 17. Jh. kristallisiert sich die Bedeutung von ‹Märle› als kürzere unterhaltsame Erzählung heraus, jedoch noch ohne daß die Erzählinhalte in irgendeiner Weise spezifiziert sind.[5] GOTTSCHED spricht dann 1730 in der ‹Critischen Dichtkunst› vom «Märchen» (der norddeutschen Form von Märle) im Sinne einer unwahren bzw. unglaubwürdigen Geschichte (im Zusammenhang mit seiner Kritik an Vergil, bei dem sich Bäume in Seenymphen verwandeln); in der 4. Auflage (1751) bringt er den Begriff ‹M.› explizit in Verbindung mit dem Wunderbaren, «Zaubereyen und bösen Geistern» wie dem Dr. Faustus.[6]

III. *Rhetorische Grundkonstellation des M*. Die Erzählungen aus ‹Tausendundeiner Nacht› (‹Alf Laila wa Laila›) scheinen, abgesehen von motivlichen Übereinstimmungen, wenig mit der europäischen Märchentradition gemein zu haben – die orientalischen M. sind oft von beträchtlicher Länge, bringen, statt auf ein gutes Ende zuzulaufen, immer neue Verwicklungen und weisen nicht nur eine reichere Vielfalt etwa an Einleitungsformeln, sondern auch insgesamt einen höheren Realitätsgehalt und größere Detailfreude auf. Ein wesentliches Gestaltungselement jedoch, die Rahmenhandlung, hat sich für die moderne Gattungsentwicklung der Novelle wie des M. gleichermaßen als traditionsstiftend erwiesen. Bei aller inhaltlichen Verschiedenheit beider Gattungen ist damit ein Hinweis auf ihre gemeinsame Herkunft aus der Tradition der mündlichen Erzählung gegeben. Bevor sich ‹Novelle› um 1300 in Italien zum Gattungsbegriff entwickelt, scheint es «zunächst (mündliches) Erzählen irgendwelcher neuer und aktueller – oder für aktuell gehaltener – Vorfälle zu bezeichnen; damit ähnelt es dem in Deutschland verwendeten Terminus "Märlein"».[7] Das literarische Konstrukt der Rahmenerzählung in ‹Tausendundeine Nacht› dient dazu, in einer akuten Krisensituation das Erzählen als lebensrettenden Akt darzustellen, also das rhetorische Agieren in einer existentiellen Funktion zu begründen: Dank ihrer Redekunst gelingt es Scheherazade, ihre Hinrichtung jede Nacht wieder hinauszuzögern und am Ende nicht nur ihr Leben zu retten, sondern auch den König von seiner Mordlust zu heilen. Auch innerhalb der Geschichten (einem Konglomerat von Sagen, Legenden, Exempla und M.) beginnen die neu hinzukommenden Personen sogleich zu erzählen und sich damit zu legitimieren (sozialisierende Funktion). Die mit dem Märchenerzählen im Volk oder für Kinder in Verbindung gebrachten Begründungen – Ablenkung von monotoner Arbeit, das Beschwichtigen (oder Schüren) von Ängsten, Vertreiben von Langeweile, Trostspenden – sind damit symbolisch genau erfaßt. In der modernen Novellistik, angefangen mit BOCCACCIOS ‹Decameron› (1338) und BASILES ‹Pentameron› (s. unten) über GOETHES ‹Unterhaltungen deutscher Ausgewanderten› (1794), E.T.A. HOFFMANNS ‹Serapions-Brüder› (1819–21) und HAUFFS Märchen-Almanachen (1825–28) bis hin zu KELLERS ‹Leuten von Seldwyla› (1856ff.) findet sich das Modell einer solcherart rhetorisch fundierten Rahmenerzählung in je eigener Weise wiederaufgenommen und Märchenerzählungen entweder darin integriert oder zu ‹Märchennovellen› verschmolzen. Auch in GRIMMS M. ist die Rede als konstitutives Handlungselement grundlegend: Das charakteristische Aufbauschema – Problemstellung oder sich entwickelnder Konflikt, Kampf und Sieg oder Aufgabe und Bewältigung, gutes Ende – ist an seinen Schlüsselstellen häufig an den rituellen Vollzug eines Sprechaktes gebunden. Die Macht, die übernatürliche Wesen haben, der Einfluß, den sie auf das Geschehen nehmen, findet in der Macht der Rede ihren Ausdruck und konkretisiert sich z.B. in Unheilsprophezeiungen (‹Dornröschen›) oder in der Verkündung der (unangenehmen) Wahrheit (der Spiegel bei ‹Schneewittchen›). Zauber- und Beschwörungsformeln sind es ferner, mit denen die handelnden Personen die übernatürlichen Mächte anreden, um Hilfe bitten oder bannen können. Das Versagen oder Vergessen der Rede dagegen, das Unvermögen, das richtige Wort zur richtigen Zeit (*Kairos*) zu sagen (vgl. «Sesam öffne dich», und das von Hauff nachgebildete Motiv in ‹Kalif Storch›: «Mutabor») kann ebenso zu dramatischen Höhepunkten führen wie die in letzter Minute erfolgreiche Suche nach dem 'richtigen Namen' («Rumpelstilzchen») Rettung und Erlösung bringt.[8]

B. *Geschichte.* **I.** *Antike bis 18. Jh.* Auf altägyptischen Papyri, im Gilgamesch-Epos, in Assyrien wie auch im alten Israel finden sich Spuren märchenhafter Erzählungen. Griechische Sagen weisen einzelne bekannte Märchenmotive und märchenhafte Handlungszüge auf (z.B. der Herakles-Mythos). Die römische Erzählung von Amor und Psyche birgt im Kern das M. vom Tierbräutigam. Einer der wichtigsten Stoff- und Ideenlieferanten für M. ist die Bibel, nachweisbar in den ältesten Sagen- und Märchenaufzeichnungen und noch bei TH. BERNHARD, in dessen ‹Wintermärchen› vom «Viktor Halbnarr» (1966) sich das Gleichnis vom barmherzigen Samariter wiederfindet.[9] Die mittelhochdeutsche Epik enthält eine Anzahl verbreiteter Märchenmotive sowie märchentypische Erzählstrukturen. In den Verserzählungen des STRICKER (1. H. 13. Jh.) gibt es Maeren wie ‹Die drei Wünsche›, ‹Der begrabene Ehemann› u.a., die menschliches Fehlverhalten, Konfliktsituationen oder Notlagen und ihre Bewältigung aufzeigen, womit bereits das märchencharakteristische Handlungsschema vorgezeichnet ist.[10] Es sind dann vor allem zwei literarische Phänomene aus dem Zeitraum um 1500, die auf die Entstehung und Entwicklung der Gattung M. prägend wirken: das (deutsche) Volksbuch und die (italienische) Novelle. In diesem Rahmen entsteht die in Deutschland wie in Italien oder Frankreich zunehmend beliebte Form der ‹kürzeren Prosaerzählung›. Das Eindringen märchenhaft-übernatürlicher Elemente in die Novelle erfolgt in G.F. STRAPAROLAS ‹Le piacevoli notti› (1550/1553), einer Novellensammlung, in der 21 Texte als M. bezeichnet werden können. Zur gleichen Zeit finden Märchenmotive auch Eingang in die prostestantische und die katholische Predigt. Schon LUTHER erwähnt das Aschenputtel; die barocken Kanzelredner bauen Märchenerzählungen, Schwänke und Anekdoten in ihre Predigttexte ein.[11] Die bürgerliche Unterhaltungsliteratur nimmt die überlieferten Erzählstoffe auf und transportiert sie in Prosaform weiter (J. PAULI, G. WICKRAM, M. MONTANUS, G.PH. HARSDÖRFFER, J.M. MOSCHEROSCH). Der erste bedeutende Erzähler von Kunstmärchen in der europäischen Literatur ist G. BASILE. ‹Lo cunto de li cunti› (‹Pentameron›, posthum 1634–36) bietet die älteste bekannte Vollform zahlreicher M. Aus Straparola und Basile schöpft wiederum PERRAULT, der 1697 seine ‹Histoire ou Contes du temps passé› veröffentlicht, von denen aus Aschenputtel, Frau Holle, Rotkäppchen, Dornröschen, Allerleirauh sowie Hänsel und Gretel Eingang in Grimms M. gefunden haben. Die Eingangsformel «Es war einmal» ist seit Perrault endgültig etabliert; auch findet sich hier bereits der Ansatz zu einer pädagogischen Grundhaltung, wenngleich gebrochen durch einen ironischen Erzählstil. Seine Erzählungen rufen in Frankreich die Mode der ‹contes de fées› hervor, die ab 1750 auch in Deutschland Verbreitung finden. Ab 1704 veröffentlicht J.A. GALLAND die Erzählungen aus ‹Tausendundeiner Nacht› in französischer Übersetzung bzw. einer dem höfischen Geschmack angepaßten Adaption, die sofort zum Publikumserfolg wird. Der wichtigste Herausgeber von Sagen und M. vor den Brüdern Grimm in Deutschland ist der Weimarer Gymnasiallehrer J.K.A. MUSÄUS. Seine ‹Volksmährchen der Deutschen› (5 Bände, 1782–1786) – gleichsam als Gegengift zu den pseudo-orientalischen Erzählungen in der Nachfolge von ‹Tausendundeiner Nacht› konzipiert – enthalten Mischformen verschiedener Gattungen wie Fabel, Legende, Anekdote, Novelle und M.; diese weisen jedoch noch nicht den charakteristischen Märchenstil auf.

II. *19. Jh.* Die ‹Kinder- und Hausmärchen› der Brüder J. und W. GRIMM sind bis heute das am häufigsten nachgedruckte und meistübersetzte Buch deutscher Sprache.[12] Nach ihrem eigenen Bekunden handelt es sich bei den Texten um durch den Mund des Volkes überlieferte M., in denen «lauter urdeutscher Mythus» verborgen liege.[13] Zu 63 ihrer M. geben die Herausgeber selbst eine literarische Vorlage als Quelle an (in welcher sie einen Niederschlag mündlicher Traditionen vermuten.[14]) Die übrigen Texte sind durch Aufzeichnungen mündlicher Beiträge zustandegekommen, doch ist die Klassifizierung als ‹Volksmärchen› in wesentlichen Punkten eine Fiktion: Die Märchenerzählerinnen stammen überwiegend aus dem (gehobenen) Bürgertum, erwiesen sich als literarisch vorgebildet und von den französischen Feenmärchen beeinflußt. Die erste Auflage trägt noch Züge einer wissenschaftlichen Materialsammlung, doch besteht diese von Anfang an nicht aus wortgetreuen Aufzeichnungen. Aus den schriftlichen Quellen wird alles getilgt, was Grimms Vorstellungen von 'Einfachheit, Unschuld und prunkloser Reinheit' zu gefährden scheint, wie katholische Anklänge, orientalische Elemente, Derbes und Anzügliches.[15]

Ab der zweiten Auflage (1819) weisen die ‹Kinder- und Hausmärchen› verstärkt sprachliche Merkmale auf, die einem mündlichen Erzählstil nachgebildet sind. Unübersehbar ist der intensive Einsatz rhetorischer Kunstmittel, sowohl auf der Ebene der Textdisposition (szenische Dialoge, das Interpolieren von über 400 sprichwörtlichen Redensarten, um den Eindruck von Volkstümlichkeit zu untermauern [16]) und des Satzbaus (Tendenz zur Aneinanderreihung von Hauptsätzen, häufig eingeleitet durch «da») als auch in der Ausdruckswahl (z.B. Archaismen, um Altertümlichkeit zu suggerieren) sowie durch den Einsatz zahlreicher rhetorischer Figuren, die z.B. dem Wirkungsziel dienen, den Glauben zu erwecken, die «Einfachheit, Unschuld und prunklose Reinheit»[17] des Volkes habe in den Texten unmittelbar Niederschlag gefunden. Der seither als charakteristisch geltende Märchenton geht ursächlich auf die Gebrüder Grimm zurück, die damit «den Stil des deutschen Buchmärchens recht eigentlich geschaffen» haben.[18] Hierfür haben allerdings die von JUNG-STILLING niedergeschriebenen M. wie die ‹Historie von Jorinde und Joringel›[19] ein entscheidendes Stilvorbild abgegeben. Zur Formierung von Grimms Märchenideal haben außerdem die von P.O. RUNGE gelieferten mundartlichen M. maßgeblich beigetragen. Der Kunstcharakter vorgeblicher Authentizität – die den rhetorischen Grundsatz *ars est artem celare* folgt – wird indirekt auch dadurch bestätigt, daß typische Merkmale einer mündlichen Erzählung, die als *vitia*, als fehlerhaft oder störend empfunden werden (wie Raffung, Vergessen, unreflektiertes Erzählen, Korrektur von Erzählpannen[20]), fehlen. Von den Brüdern Grimm angeregt, sammeln und publizieren Zeitgenossen eigene Märchen- und Sagenfunde; zu den populärsten gehören die Märchenbücher von BECHSTEIN (1845 und 1856, mit Illustrationen von L. Richter). Aus dem 19. Jh. stammen insgesamt über 500 Sammlungen mit ca. 20 000 Einzeltexten, wobei die Herausgeber in auffälliger Weise darum bemüht sind, ihre Texte an den Stil der ‹Kinder- und Hausmärchen› anzugleichen.[21]

Anmerkungen:
1 näher dazu M. Lüthi: M. ([9]1996) 6–15. – **2** vgl. z.B. H. Rölleke: Das Grimmsche M. ‹Der Teufel mit den drei goldenen Haaren› im Wechselspiel zw. schriftl. und mündl. Trad., in: Aus dem Antiquariat (1998) H. 10, A 709–714. – **3** R. Brednich u.a. (Hg.): Enzyklop. des M. Handwtb. zur hist. und vergleichenden Erzählforsch., begr. von K. Ranke, 12 Bde. (1977ff.). – **4** M. Clausen-Stolzenburg: M. und ma. Literaturtrad. (1995) 9f. – **5** vgl. ebd. 88. – **6** Gottsched Dichtk. 185. – **7** Clausen [4] 332, Anm. 634. – **8** vgl. K. Knüsel: Reden und Schweigen in M. und Sagen (Diss. Zürich 1980). – **9** vgl. M. Part: Thomas Bernhard für Kinder? Zu seinem M. ‹Viktor Halbnarr›, in: M. Mittermayer (Hg.): Die Rampe Extra. Thomas Bernhard, Johannes Freumbichler, Hedwig Stavianicek (Linz o.J.) 137–144. – **10** L. Röhrich: Märchenslg. und Märchenforsch. in Deutschland, in: D. Röth, W. Kahn (Hg.): M. und Märchenforsch. in Europa. Ein Hb. (1993) 36f. – **11** vgl. E. Moser-Rath (Hg.): Predigtmärlein der Barockzeit (1964); vgl. E. Rehermann: Das Predigtexempel bei protestant. Theologen des 16. und 17. Jh. (1977). – **12** Röhrich [10] 39. – **13** J. und W. Grimm: Kinder- und Hausmärchen, Vorrede zu Bd. 2 (1815) VIIf. – **14** H. Rölleke (Hg.): Grimms M. und ihre Quellen. Die lit. Vorlagen der Grimmschen M. synoptisch vorgestellt und kommentiert (1998). – **15** vgl. ebd. Vorwort. – **16** vgl. L. Bluhm, H. Rölleke: ‹Redensarten des Volks, auf die ich immer horche.› M. – Sprichwort – Redensart (1997). – **17** J. Grimm, Vorrede zur ersten Gesamtausgabe (1819), zit. Kinder- und Hausmärchen. Gesammelt durch die Brüder Grimm ([11]1987) 36. – **18** Lüthi [1] 53. – **19** J.H. Jung-Stilling: Lebensgesch. (1983) 71. – **20** vgl. W. Kosack: Der Gattungsbegriff ‹Volkserzählung›, in: Fabula 12 (1971) 18–47. – **21** vgl. Röhrich [10] 41.

Literaturhinweise:
H. Bausinger: Art. ‹M.›, in: R. Brednich: Enzyklop. des M., Bd. 9, 250–274. – M. Lüthi: Das europ. Volksmärchen ([4]1974). – V. Propp: Morphologie des M. (1975). – H. Rölleke: Die M. der Brüder Grimm ([3]1992). – W. Solms: Die Moral von Grimms M. (1999).

H. Mayer

→ Erzählung → Fabel → Legende → Mythos → Narratio → Parabel → Schwank → Sage

Marinismus (engl. *marinism*; frz. *marinisme*; ital. *marinismo*)

A. Als Terminus der Barockforschung hat ‹M.› eine höchst unscharfe Extension. In weitester Ausdehnung wird er als literarischer Epochenstil des italienischen Barock verstanden und als Synonym für *secentismo* verwendet.[1] Den geringsten Umfang hat er als durch direkte Nachahmung erweiterter Personalstil des italienischen Dichters GIAMBATTISTA MARINO (1569–1625). Hier ist er lediglich Teilbereich des barocken *secentismo*.[2]

Marino, Namensgeber des M., ist der schon zeitgenössisch bekannteste italienische Dichter des frühen 17. Jh. Nach Stationen an Adelshöfen seiner Heimatstadt Neapel, dem Zentrum des spätrinascimentalen Petrarkismus, als Sekretär des Kardinals Pietro Aldobrandini in Rom und als Hofdichter von Carlo Emanuele I. von Savoyen in Turin erreicht er den Gipfel seiner Karriere nach 1615 in Paris als Zeremonienmeister Ludwigs XIII.

Marinos Werke – die ‹Rime› (1602) und ‹La lira› (1614), die Predigtsammlung ‹Dicerie sacre› (1614), die Bildgedichte der ‹Galeria› (1619), die Idyllen der ‹Sampogna› (1620) oder das mythologische Epos ‹L'Adone› (1623) – lassen deutlich inhaltliche und formale Konstanten erkennen. Auf der Ebene der *inventio* nivelliert Marino das Spektrum der klassizistischen *cose poetabili*: Die Liebeslyrik der ‹Lira› tilgt die moralphilosphischen Implikate des Petrarkismus zugunsten eines Hedonismus nach dem Muster lateinischer Erotiker und spätantiker Epigrammatik der ‹Anthologia Graeca›. Die Narration des petrarkistischen *iter spirituale* weicht gleichzeitig einem paradigmatischen Ordnungsprinzip der Texte nach Gegenständen und Gattungen, das durch intertextuelle Bezüge auf Petrarca und den Petrarkismus die Differenzen zum verabschiedeten Modell stets unterstreicht.[3] Idyllisch-bukolische Überformung und paradigmatisierende Auflösung des Narrativen lassen sich auch in der geistlichen Lyrik und im Epos beobachten: Die *cose sacre* werden im Zeichen einer populären Liebesmystik ebenso idyllisiert und erotisiert[4] wie das traditionelle *poema eroico*, das bei Marino durch die Wahl eines erotisch-mythologischen Stoffes – der Liebe von Venus und Adonis – in ‹L'Adone› zu einem *poema di pace* wird, in dem wie in ‹La sampogna› die Verstärkung des deskriptiv-ekphrastischen Apparats die Schwäche des erzählerischen Gerüsts überdeckt.[5] Dieser erotisch-idyllischen Nivellierung entspricht insgesamt auch die stilistische Nivellierung des klassizistischen Drei-Stil-Systems zugunsten eines nun universell einsetzbaren *konzeptistischen* Stils, der die traditionell größeren stilistischen Lizenzen des mittleren Stils verabsolutiert: Das klassizistische Gebot des *celare artem* wird bei Marino offensiv durch das Herausstreichen des Rhetorisch-Kunsthaften, durch Oxymora, Paradoxa, Korrelationsschemata, Anaphernketten und insbesondere durch pointenhaft zugespitzte kühne Metaphern, die sog. *concetti*, verletzt. War die hierarchisch-normative Zuordnung von *res* und *verba* im Renaissance-Klassizismus integraler Bestandteil der referentiell orientierten Mimesis-Poetik, so zielt die konzeptistische Poetik Marinos auf das pragmatische Ziel der *meraviglia* und des *stupore* (der Verwunderung und des Erstaunens) des Rezipienten.

Dieses antiklassizistische «saper rompere le regole» (auf intelligente Weise die Regeln durchbrechen)[6] hat im Verein mit der Prominenz Marinos schon früh zur Identifizierung seines Namens mit diesem Stil des Regelbruchs geführt. Bereits im Zuge der klassizistischen Reform der ‹Arcadia› war *marinista* die polemisch-pejorative Bezeichnung für einen «vergifteten» (attossicato) Unruhestifter im Dichterhimmel.[7] P. METASTASIO (1698–1782) konstruierte dann die folgenreiche Opposition zwischen «libertinaggio marinista»und «chiara nobilità dello stile»[8], zwischen stilistisch-erotischer Unnatur und klassizistischer, natürlicher Klarheit.

Diese Begriffsbildung von M. aus dem späten 17., frühen 18. Jh. ist für dessen Unklarheiten und für drei hartnäckige Mißverständnisse verantwortlich: 1. Urheber oder Erfinder des M. ist Marino; 2. M. ist ein für die Barockliteratur universell gültiger Stilbegriff; 3. M. ist ein unnatürlicher, ästhetisch minderwertiger Schwulststil.[9]

Um dem fest in der Literaturwissenschaft etablierten Begriff ‹M. jedoch einen gewissen deskriptiven Wert zu sichern, sollte er weder als Epochen- noch als erweiterter Personalstil verstanden werden, sondern als epochenspezifischer Diskurs des italienischen 17. Jh. mit bestimmten erotisch-bukolischen Redegegenständen, mit Formulierungsregeln (stilistischer Konzeptismus, Gattungs-/ Gegenstandsnivellierung) und Grenzen zu anderen historischen Diskursen.[10] Da sich dieser Diskurs an der Wende vom 16. zum 17. Jh. parallel zu Marinos dichterischem Debüt ausprägt[11], ist er nicht sein Urheber, sondern wird allenfalls zu seinem prominentesten Repräsentanten, und auch das nicht durch Radikalisierung vorhandener Lösungen, sondern eher durch deren Konzentration und Abschwächung, was dann insgesamt die Verbreitung des Diskuses garantiert hat.

Weiterhin ist M. kein reiner Stilbegriff, wenn er auch vor dem Hintergrund von TESAUROS ‹Cannocchiale aristotelico› (1654) oder GRACIÁNS ‹Agudeza y arte de ingenio› (1648) darauf reduziert wurde. Der an sich gattungsindifferente Konzeptismus ist jedoch nur ein Element, das aber durch weitere – die Präferenz für bestimmte Inhalte und Gattungen – ergänzt wird: So ist eine konzeptistische Tragödie denkbar, aber keine marinistische. Abgrenzen ließe sich der M. so auch von nationalsprachlichen Spielarten der Barockdichtung in Frankreich (*préciosité*) oder Spanien (*gongorismo*), mit denen er zwar die konzeptistische Stilausrichtung, aber nicht alle diskursrelevanten Elemente teilt.[12] Ebenso unterscheidet sich der M. vom Petrarkismus, mit dem ihn insbesondere die germanistische Forschung gern in Zusammenhang bringt, weil sie diesen vornehmlich als stilistisches Repertoire, nicht als System auffaßt. Der M. hat den Petrarkismus vielmehr aufgelöst, nicht ihn übertrieben.[13] Aus demselben Grund unterscheiden sich auch M. und Manierismus[14], denn im Gegensatz zum Manierismus versucht der M. nicht mehr, innerhalb der Grenzen des ausgehenden Renaissance-Klassizismus zu verbleiben.

B.I. *Italien.* Wiewohl die Italianistik die qualitative Differenz zwischen Marino und den ‹maristi› (ACHILLINI, PRETI, SEMPRONIO, LUBRANO) betont, teilen diese das erotisch-bukolische Themenspektrum weltlicher wie geistlicher Thematik, den konzeptistischen Stil und die Konzentration auf die Lyrik, die bei den italienischen ‹marinisti› jedoch stärker ist als bei Marino selbst. In Italien bleibt der M. bis in das letzte Drittel des 17. Jh. eine der wichtigsten literarischen Strömungen; er koexistiert u.a. mit der heroisch-komischen Linie der Epik (A. TASSONI), der Burleskendichtung im Anschluß an F. BERNI oder dem eher melisch orientierten Canzonetten-Stil CHIABRERAS, der im letzten Jahrhundertdrittel in die klassizistische Reform der ‹Arcadia› mündet, die das Ende des italienischen M. bedeutet.[15]

II. *Frankreich.* Marinos hoher Status am Hof Ludwigs XIII. und die Veröffentlichung wichtiger Werke in Paris (‹La sampogna›, ‹La galleria›, ‹l'Adone›) erleichtern Verbreitung und Anerkennung seiner Dichtung als besonders avanciert. Das führt zu einer kurzen Phase des *marinisme*, der vielfach in direkter Abhängigkeit von Marino oder prominenter italienischer ‹marinisti› wie G. PRETI[16] steht. Er konzentriert sich im wesentlichen in der Lyrik und in stark deskriptiv orientierter Epik (SAINT-AMANT, G. DE SCUDÉRY, TRISTAN L'HERMITE, MALLEVILLE, RAMPALLE)[17] zwischen 1620 und der Jahrhundertmitte und wird spätestens mit dem klassizistischen Verdikt BOILEAUS gegen die «excès» («laissons à l'Italie / De tous ces faux brillants l'éclatante folie»; Lassen wir Italien den irren Glanz der falschen Brillanten[18]) für lange Zeit aus dem Kanon der französischen Literatur verbannt.

III. *Spanien.* ‹Gongorismo› und ‹culteranismo› werden gemeinhin als spanische Äquivalente für den M. verwendet, die in ihrer Extension allerdings ebenso zu klären wären wie der M. Da Gracián Marino zwar als ‹Góngora de Italia› bezeichnet hat, er aber in ‹Agudeza y arte de ingenio› Marinos Dichtung besonders auf epigrammatische und auf geistliche Texte reduziert[19], bleibt die erotisch-idyllische Komponente des M. ausgeblendet, was gegen eine vorschnelle Identifizierung von M. und stilzentriertem *gongorismo* spricht. Zwischen italienischer und spanischer Barockdichtung scheint es eher zu Einzeltext-Referenzen – wie zwischen Góngoras Epos ‹Polifémo› und Marinos Sonettenzyklus ‹Polifemeide› (1602)[20] – gekommen zu sein als zu einem kompletten Diskurs-Transfer wie im Fall des französischen *marinisme*.

IV. Deutschland. Die Lage in Deutschland läßt sich am ehesten mit der Situation in Frankreich vergleichen, denn auch hier kommt es zu einem Import wesentlicher Diskurselemente des M. bei G.P. Harsdörffer, Präsident des ‹Pegnischen Blumenordens› in Nürnberg, und C. Hofmann von Hofmannswaldau, die auf Italienreisen direkten Kontakt mit dem M. haben und die die konzeptistische Bukolik auch in ihrer erotisch-galanten Form in die deutsche Lyrik einführen. J.J. Bodmer nennt Hofmannswaldau deshalb den «schlesischen Marin».[21] Noch 1715 übersetzt B.H. Brockes Marinos ‹Strage degli innocenti›.[22]

Anmerkungen:

1 vgl. F. De Sanctis: Storia della letteratura italiana, hg. von G. Melli Fioravanti (Mailand 1983) II, 733ff.; S. Battaglia (Hg.): Grande dizionario della lingua italiana IX (Turin 1975) 809; H. Friedrich: Epochen der ital. Lyrik (1964) 536; G. v. Wilpert: Sachwtb. der Lit. (1979) 499f.; G. Hoffmeister: Dt. und europäische Barocklit. (1987) 9. – **2** vgl. B. Croce (Hg.): Lirici maristi (Bari 1910) I; M. Praz: The Flaming Heart (New York 1958) 252; J.V. Mirollo: The Poet of the Marvellous. Giambattista Marino (New York/London 1963). – **3** vgl. G. Regn: Systemunterminierung und Systemtransgression. Zur Petrarkismus-Problematik in Marinos ‹Rime Amorose›, in: K.W. Hempfer, G. Regn (Hg.): Der petrarkistische Diskurs (1993) 255–280. – **4** vgl. U. Schulz-Buschhaus: Barocke ‹rime sacre› und konzeptistische Gattungsnivellierung, in: K.-H. Körner, H. Mattauch (Hg.): Die religiöse Lit. des 17. Jh. (1981) 179–190; M. Föcking: 'Rime sacre' und die Genese des barocken Stils (1993) 251–281. – **5** vgl. Friedrich [1] 682, 684. – **6** G.B. Marino: Lettere, hg. von M. Guglielminetti (Turin 1966) 394. – **7** so Pier Iacopo Martello (1665–1727), s. ders.: Saggi critici, hg. von H.S. Noce (Bari 1963) 135. – **8** P. Metastasio: Opere, hg. von B. Brunelli (Mailand 1953f.) IV, 194. – **9** zur ästhetischen Minderwertigkeit des M. vgl. Friedrich [1] 534ff. – **10** zum Diskursbegriff vgl. M. Titzman: Kulturelles Wissen – Diskurs – Denksystem, in: Zs. für frz. Sprache und Lit. 99 (1989) 46–61. – **11** zur Madrigalistik der Jahrhundertwende vgl. U. Schulz-Buschhaus: Das Madrigal (1969) 148ff.; zur geistlichen Lyrik (insbesondere von A.Grillo) s. Föcking [4] 155ff. – **12** vgl. hingegen die Begriffsverwischung zwischen préciosité, M. und Petrarkismus bei G. Hoffmeister: Petrarkistische Lyrik (1973) 42. – **13** vgl. ders.: Barocker Petrarkismus: Wandlungen und Möglichkeiten der Liebessprache in der Lyrik des 17. Jh., in: ders. (Hg.): Europäische Tradition und dt. Literaturbarock (1973) 40. – **14** zu deren Gleichsetzung Friedrich [1] 593ff.; Hoffmeister [1] 147ff. – **15** s. L. Felici, in: ders. (Hg.): Poesia italiana del Seicento (Mailand 1978) VIIff. – **16** D. de Rampalles Idylle ‹La nymphe Salmacis› (1648) etwa ist eine Adaption einer Dichtung Pretis; vgl. J.-P. Chaveau (Hg.): Anthologie de la poésie française du XVIIe siècle (Paris 1987) 304ff., 461. – **17** s. J.-P. Chauveau [16] 31; M. Kruse: La Galeria del Cavalier Marino und Le Cabinet de Mr de Scvdery. Zur Bildgedichtsammlung im Zeitalter des Barock in Italien und Frankreich, in: B.Winklehner (Hg.): Ital.-europäische Kulturbeziehungen im Zeitalter des Barock (1991) 237–252. – **18** N. de Boileau, Œuvres complètes (Paris 1880) I 191 (L'art poétique I, 43f.). – **19** s. U. Schulz-Buschhaus: Gracián und Marino: Über das Bild des ‹Góngora de Italia› in Agudeza y arte de ingenio und El Criticón, in: Winklehner [17] 308. – **20** vgl. Friedrich [1] 674; s. zu Quevedo: U. Schulz-Buschhaus: Ein Petrarca-Sonett von Quevedo. Zur Poetik des barocken Sonetts in Spanien, in: Sinn und Sinnverständnis. FS L. Schrader (1997) 52–64. – **21** s. S. Filippon: L'imitazione di G.B. Marino in Hofmannswaldau (Triest 1909); Hoffmeister [13] 48; vgl. auch M. Szyrocki: Die dt. Lit. des Barock (1968) 123ff. – **22** s. L. Draghicchio: Der Einfluß G. Marinos auf Barthold Hinrich Brockes (Diss. Wien 1917).

Literaturhinweise:

S. Filoppon: Il marinismo nella letteratura tedesca, in: Rivista di letteratura tedesca 4 (1910) 3–128. – M. Praz: Seicentismo e marinismo in Inghilterra (Florenz 1925). – G.G. Ferrero (Hg.): Marino e i maristi (Mailand/Neapel 1954). – G. Weise: Manierismo e letteratura: Marinismo, Gongorismo e manierismo, in: Rivista di letterature comparate 26 (1973) 85–108; 27 (1974) 85–112. – F. Salsano: Marino e marinismo (Rom 1977). – M.Pieri: Marino e marinismo (Neapel 1990).

M. Föcking

→ Barock → Conceptismo → Concetto → Euphuismus → Gongorismus → Manierismus → Schwulst → Stil

Marxistische Rhetorik

A. Def. – I. Systemat. Stellung von Sprache und Rhet. – II. Rahmenbedingungen. – B.I. Hist. Entwicklungsstufen. – II. Techniken und Praxisformen. – III. Das Scheitern der marxistisch-kommunistischen Rht. 1989.

A.I. *Systematische Stellung von Sprache und Rhetorik.* Im Kontext der Geschichts- und Gesellschaftstheorie des Marxismus sowie seiner politischen Handlungslehren für Partei, Gesellschaft und Staat nimmt der Begriff ‹Rhetorik› keinen eigenständigen und strategisch besonders wichtigen Rang ein; daher fehlt er auch in den verbreiteten größeren und kleineren marxistischen Wörterbüchern und Lexika zur Philosophie und Politik nachweislich als speziell abgehandeltes Stichwort. Bedeutung und Funktion von ‹Rhetorik› in Theorie und Praxis des Marxismus wird man füglich im Kontext anderer marxistischer Grund- und Leitbegriffe implizit orten müssen, etwa im allgemeinen Zusammenhang einer marxistischen *Sprachtheorie*, wie sie zuerst von K. Marx und (umfassender und grundlegender) von F. Engels, später von Lenin und schließlich mit bemerkenswert innovativen Akzentuierungen von Stalin ausgearbeitet worden ist. *Sprache* als menschliches Vermögen wird bei den älteren Klassikern des Marxismus im Rahmen des Historischen und Dialektischen Materialismus eindeutig als Phänomen des Überbaus begriffen und abgehandelt, als «aus den Bedürfnissen des gesellschaftlichen Lebens, insbesondere der Produktionstätigkeit, hervorgegangenes und sich ständig entwickelndes System verbaler Zeichen, das der Formierung der Gedanken, dem Denken, im Prozeß der Erkenntnis der objektiven Realität durch die Menschen dient und den Austausch ihrer Gedanken und emotionalen Erlebnisse sowie die Fixierung und Aufbewahrung des erworbenen Wissens ermöglicht».[1]

F. Engels hebt besonders stark auf den kausalen Zusammenhang zwischen der Ausbildung menschlicher *Arbeit* und menschlicher *Sprache* ab; denn: Die Ausbildung menschlicher Arbeit sowie entsprechender Produktions- und Gesellschaftsverhältnisse habe im Laufe der Geschichte der Menschheit dazu beigetragen, «die Gesellschaftsmitglieder näher aneinanderzuschließen, indem sie die Fälle gegenseitiger Unterstützung, gemeinsamen Zusammenwirkens vermehrte und das Bewußtsein von der Nützlichkeit dieses Zusammenwirkens für jeden einzelnen klärte. Kurz, die werdenden Menschen kamen dahin, daß sie einander *etwas zu sagen hatten*».[2]

Der so konstituierte Sprachbegriff ist ein durchaus pragmatischer und instrumenteller; Sprache als weltkonstituierende *energeia* bleibt ihm unbekannt; entsprechend kommt hinzu, daß die ältere marxistische Sprachtheorie sowohl den *Klassen*- als auch den *Überbau*-Charakter der Sprache betont herausstellt. Damit sind drei entscheidende Kriterien der Sprache definiert, die auch das grundsätzliche Verständnis von ‹Rhetorik› im Marxismus-Leninismus maßgeblich präformieren.

Daß demgegenüber STALIN später in seiner Schrift ‹Marxismus und Fragen der Sprachwissenschaft› (1950), auch als Stalins ‹Linguistik-Briefe› bekannt [3], der Sprache (als Nationalsprache) einen eigenen Ort *unabhängig* von Basis und Überbau zuweist und zugleich auch die These vom Klassencharakter der Sprache verwirft, wie sie lange zum festen Bestand der marxistischen Sprachwissenschaft, etwa bei N. MARR, gehört hat, bedeutet gleichwohl keine prinzipielle Abkehr vom dominant instrumentellen Grundcharakter und Ursprung des menschlichen Sprachvermögens. Auch die spätere sowjetische Sprachwissenschaft bleibt dabei, die Sprache im Rahmen des Dialektischen und Historischen Materialismus und seiner Dogmatik zu situieren, wenn auch die Kommunikationsleistung der Sprache stärkere Betonung findet. [4]

In praktisch-politischer Hinsicht findet politische ‹Rhetorik› jedoch maßgeblich und verbindlich zuerst in der stark voluntaristischen Partei- und Revolutionstheorie LENINS ihre systematische Verortung: in der strategischen Lehre von *Agitation* und *Propaganda*, die auf systematische Weise verschiedene Ziele des instrumentellen Gebrauchs und Einsatzes von Sprache in Partei und Politik herausstellen und damit das eigentliche Aktionsfeld der M. im Ganzen umschreiben und zur Praxis der Parteiarbeit vermitteln. Diese neuen Einsatzweisen rhetorischer Sprachverwendung mit dem Ziel der Massenmobilisierung und -lenkung entstehen erst im ausgehenden 19. Jh. ganz allgemein im Kontext neuartiger politischer Massenbewegungen und der damit einhergehenden fundamentalen Veränderung des Politischen als Handlungsfeld und werden danach in den Dienst der marxistischen Ideologie genommen, die sich – bei Lenin – zunehmend als systematische «Anleitung zum Handeln» und später im Sowjetmarxismus als weltanschauliche Integrationsdoktrin definiert.

II. *Rahmenbedingungen.* Die Ausbildung neuartiger Aufgaben und Funktionen politischer Rhetorik im Kontext marxistischer Agitation und Propaganda wird indes nur vor dem Hintergrund grundlegender Wandlungsprozesse in Philosophie und Politik verständlich, wie sie sich seit der ersten Hälfte des 19. Jh. zu vollziehen beginnen.

HEGEL hat in seinem System die abendländische Philosophie für abgeschlossen und «vollendet» erklärt, so daß für die Linken unter seinen Schülern konsequent die Aufgabe übrig bleibt, nach der *Vollendung* der Philosophie nunmehr auf deren praktische *Verwirklichung* hinzuwirken. Daß dieses Verwirklichen der Philosophie auch eine *Rhetorisierung* der philosophischen Sprache zur Folge haben muß, ist naheliegend und wird besonders eindrucksvoll durch die sog. ‹Frühschriften›, z.B. durch die Dissertation von K. MARX belegt. Als literarische Rhetorik bleibt sie zunächst durchaus in der Tradition klassischer Rhetorik, um dann aber in den frühen publizistischen Arbeiten von Marx, in seinen Beiträgen zur ‹Rheinischen Zeitung› (1842) und den ‹Deutsch-Französischen Jahrbüchern› (1843/44) – nicht zuletzt unter dem wachsenden Druck der vormärzlichen Zensur im Deutschen Bund – zunehmend einen politisch-polemischen und gegenüber den bestehenden Verhältnissen subversiven Grundzug anzunehmen. Noch dient die Rhetorisierung dieser Texte nicht einer breiteren Massenwirkung, sondern bleibt sprachlicher Gestus einer philosophischen Kritik der religiösen, philosophischen und politischen Verhältnisse in Deutschland für den internen Kreis linkshegelianischer Intellektueller des Vormärz, durchaus aber bereits auf dem Sprung, in eine sich damals aus ersten Anfängen entwickelnde politische Öffentlichkeit parteilich engagierend einzutreten.

Dazu bedarf es indes noch einer ebenfalls fundamentalen Transformation des *Politischen* und damit zugleich auch der politischen Rhetorik in dessen Kontext.

Ist bis zur Mitte des Jahrhunderts der genuine und legitime Ort des Politischen das Parlament der bürgerlich-konstitutionellen Staaten mit ihren ideen- und interessengeleiteten Fraktionsbildungen gewesen, in dem die politische Rhetorik als Medium kontroverser Debatten und parlamentarischer Streitkultur eindeutig dem Zwecke der politischen Deliberation und der Herbeiführung konsensualer politischer Entscheidungen vermittels Überzeugung oder Überredung durch die Kraft rationaler Argumentation und Redekunst dient, wie sie J.St. MILL in seinem Essay ‹Über die Freiheit› (1859) unter dem Abschnitt ‹Über die Freiheit des Gedankens und der Diskussion› vorbildlich herausgearbeitet hat, so verlagert sich in der zweiten Hälfte des Jahrhunderts dieser Ort des Politischen zunehmend in den außerparlamentarischen Raum der Gesellschaft.

Die Demokratisierung der Massengesellschaften durch Wahlrechtsreformen, die Heraufkunft neuartiger sozialer Bewegungen in der Folge der rapiden Industrialisierung und technischen Revolution zwingen die politischen Parteien immer stärker dazu, sich jetzt außerparlamentarisch zu organisieren und sich in der politischen Öffentlichkeit vor Wahlen sprachlich zu artikulieren. Damit verändert sich Stellung und Funktion politischer Rhetorik rasch und grundlegend: sie transformiert sich unter den neuen politischen Gegebenheiten von einer argumentativen und deliberierenden Rhetorik des Parlamentarismus zu einer informativen, appellativen und emotionalen Rhetorik der Massenkommunikation. In diesem Kontext philosophischer und politischer Transformation entsteht in der zweiten Hälfte des 19. Jh. u.a. auch die M., zunächst in West- und Mitteleuropa, sodann auch im zaristischen Rußland.

B.I. *Historische Entwicklungsstufen.* Diese epochale Konstellation von *Philosophie* und *Politik*, konkreter: von zu *verwirklichender Philosophie* und zu *emanzipierendem Proletariat*, ist für die praktische Ausbildung einer spezifisch M. als Ausgangspunkt von entscheidender Bedeutung: Im Prozeß der intendierten politischen und sozialen *Revolution* ist – wie MARX schreibt – die Philosophie der «Kopf», das Proletariat das «Herz»; beide sind im Geschichtsprozeß aufeinander angewiesen: «die Philosophie kann sich nicht verwirklichen ohne die Aufhebung des Proletariats, das Proletariat kann sich nicht aufheben ohne die Verwirklichung der Philosophie». [5]

Dieses Grundverhältnis wird erstmals an dem maßgeblichen Paradigma der M., am ‹Manifest der Kommunistischen Partei› (1848), seit der 2. Auflage 1872 ‹Das Kommunistische Manifest› betitelt [6], deutlich. Marx und Engels entscheiden sich 1848 für die Form des ‹Manifests›, um ihren historisch-materialistisch begründeten «wissenschaftlichen Sozialismus» adäquat sprachlich formulieren und seinen wissenschaftlichen Wahrheitsanspruch wirksam geltend machen zu können. Die Rhetorik des ‹Manifests›, die in wesentlichen Aspekten noch der Tradition der ‹Rhetorik› des Aristoteles verpflichtet ist [7], dient indes – im deutlichen Unterschied zu jener – jetzt nicht mehr primär der offenen, diskursiven und auf öffentliche Konsensbildung angelegten Argumentation und Urteilsfindung über öffentliche Fragen und Zwecke, sondern wesentlich der ausschließenden Behauptung und Durchsetzung von (angeblich) wissenschaftlich gesicherten und daher nicht länger bezweifel- und diskutierbaren Wissensbeständen über den gesetzmäßigen Verlauf der geschichtlichen und gesellschaftlichen Entwicklung der Menschheit nach den Prinzipien des Historischen Materialismus zu praktisch-politischen und parteiorganisatorischen Zwecken. Insofern ist die Rhetorik des ‹Manifests› bereits eine *Rhetorik des Übergangs* von der ursprünglich kritischen Philosophie des jungen Marx zur marxistischen Weltanschauung, wie sie in der zweiten Hälfte des 19. Jh. immer stärker – besonders unter dem Einfluß der Schriften von F. ENGELS – zur Ausbildung, Entfaltung und Vorherrschaft kommt.

So wie die Sprache allgemein im Marxismus (als Überbauphänomen) ihre Gemeinwesen stiftende Kraft verloren hat, so jetzt auch die Rhetorik: Sie wird immer stärker zu einem bloßen Instrument der Transformation des (vorgeblich) unstrittigen, weil «wissenschaftlichen Sozialismus» und seiner dogmatisierten Wissensbestände über den notwendigen Gang der Gesellschaftsgeschichte von der wissenden kommunistischen Parteiführung zu den (noch) unwissenden Massen des sich allmählich erst zu eigenem Klassenbewußtsein entwickelnden Proletariats.

Diese neue Grundstruktur und Funktionszuweisung für die Rhetorik im Marxismus verstärkt sich nach der Jahrhundertmitte, nach dem enttäuschenden Ausgang der 48er Revolution überall in Europa zunehmend, so in den späteren politischen Schriften von Marx: in der ‹Inauguraladresse der Internationalen Arbeiterassoziation› (1864) und in der ‹Kritik des Gothaer Programms› (1875). Noch wesentlich bestimmender wird diese Tendenz jedoch in den späten weltanschaulichen Schriften von F. Engels wie ‹Herrn Eugen Dührings Umwälzung der Wissenschaft› (1878) und der posthumen ‹Dialektik der Natur›, die in dem Prozeß der Transformation des ursprünglichen Marxismus «von der Philosophie des Proletariats (beim jungen Marx) zur proletarischen Weltanschauung» (I. Fetscher) bei Engels und später Lenin eine entscheidende Rolle spielen und den Charakter des Marxismus tiefgreifend verändern. In deren Folge ist der Marxismus «überhaupt keine Philosophie mehr, sondern eine einfache Weltanschauung, die sich […] in den wirklichen Wissenschaften zu bewähren und zu bestätigen hat».[8] In der Ausbildung des Dialektischen Materialismus kommt es Engels darauf an, das epochale Weltanschauungsbedürfnis der Arbeiterschaft zu befriedigen und zugleich mit E. Dühring und E. Haeckel damals populäre Konkurrenten polemisch aus dem Felde zu schlagen. Das glaubt er durch die Umwandlung der Marxschen Philosophie des Historischen Materialismus in eine allgemeine «einfache Weltanschauung» zu erzielen, und wenn erst einmal «Natur- und Geisteswissenschaften die Dialektik in sich aufgenommen (haben), wird all der philosophische Kram […] überflüssig, verschwindet in der positiven Wissenschaft».[9]

Die affirmative Vermittlung dieser weltanschaulichen Wissensbestände des Dialektischen Materialismus bedarf kaum besonders rhetorischer Kunstmittel. Es kommt lediglich darauf an, diese Weltanschauung als Integrationsdoktrin der Arbeiterschaft schmackhaft und verbindlich zu machen: zur Befriedigung ihrer epochentypischen Weltanschauungsbedürfnisse. Dazu ist es – der Zeit gemäß – vor allem wichtig, die Unbestreitbarkeit des überlegenen wissenschaftlichen Geltungsanspruchs dieser nachdrücklich zu unterstreichen und gegen die Konkurrenz von Dühring, Häckel u.a. zu immunisieren. Das gelingt gegen Ende des Jahrhunderts in der (nach Aufhebung der Sozialistengesetze 1890 aufblühenden und erfolgreichen) deutschen Sozialdemokratie überzeugend, besonders, als sie sich – von E. BERNSTEIN dazu bewogen – auf den Weg des ideologischen und praktischen Revisionismus macht und sich zunehmend der Durchsetzung praktischer Politik im Reichstag zuwendet.

Charakteristisch davon unterschieden sind indes die Rezeptionsvoraussetzungen für den Marxismus im zaristischen Rußland vor und nach 1900, wo er zunächst nur von einer kleinen, aber sozialrevolutionären Intelligenzja rezipiert und auf die vergleichsweise rückständigen russischen Verhältnisse, um deren revolutionäre Umgestaltung es gehen sollte, angewandt wird.

Hier setzt sich bald LENIN gegen alle konkurrierenden Strömungen mit seiner stark voluntaristischen und aktionistischen Version des Marxismus durch. Besonders folgenreich – auch gerade für seine Konzeption der M. – wird, daß Lenin seine Variante des Dialektischen Materialismus im Unterschied zu Engels *erkenntnistheoretisch* begründet. In seiner philosophischen Hauptschrift ‹Materialismus und Empiriokritizismus› (1908/9), die die erkenntnistheoretischen Grundlagen für seine epochemachenden politischen Schriften von ‹Was tun?› (1902), ‹Ein Schritt vorwärts, zwei Schritte zurück› (1904) bis hin zu ‹Staat und Revolution› (1917) liefert, sind die Massen von sich aus erkenntnismäßig nicht in der Lage, den Gesamtzusammenhang von Gesellschaft, Ökonomie und Politik zu durchschauen; sie hätten allenfalls die Fähigkeit, im Hinblick auf die spontane Verbesserung ihrer aktuellen Lebensverhältnisse zu einem «tradeunionistischen» Standpunkt zu gelangen. Für eine umfassende Revolution bedürfe es demgegenüber aber eines «Bruches mit der Spontaneität», um so zu einem klaren politischen, d.h. revolutionären Klassenbewußtsein vorzustoßen. Dies kann aufgrund ihres Wissensvorsprungs nach Lenin nur die intellektuelle Avantgarde leisten, die daher berufen ist, die Führung der Partei der Arbeiterschaft zu übernehmen. Es entsteht somit in Lenins politischer Theorie eine neue Beziehung zwischen Philosophie/Theorie und Proletariat/Arbeiterschaft, die sich allerdings schon im Leninismus, noch stärker dann im Stalinismus und auch später im realexistierenden Sozialismus bis zu seinem Zusammenbruch als Ideologie und System 1989ff. zu einer *Diktatur* der Partei über die Massen der Arbeiterschaft entwickelt. Die Massen sind darin *fremd*bestimmt und bleiben in disziplinierter Abhängigkeit und Untergeordnetheit unter die Partei durch die marxistisch-leninistische Ideologie, die in dieser Entwicklungsphase des Sozialismus eindeutig die Funktionen einer Rechtfertigungs-, Integrations- und Sozialdisziplinierungsideologie übernimmt und zu diesen Zwecken in ein stark dogmatisches und doktrinäres, starres Denksystem transformiert wird, das jedes spontane und freiheitliche Denken und Reden in Politik und Gesellschaft, aber auch Kultur und Literatur strikt kontrolliert und – durch Zensur und Terror – unterdrückt.

In diesem starren ideologischen Denksystem mit seinen rigiden Zwecksetzungen findet auch die politische Rhetorik ihren engen Wirkungsbereich – nicht als einen autonomen Handlungsraum, sondern entsprechend streng eingebunden und instrumentalisiert im Rahmen der Leninschen Handlungsanleitungen für «Strategie und Taktik» sowie «Agitation und Propaganda» in seiner Staats- und Parteitheorie. Von diesem Rahmen her bestimmt sich konsequent die Praxis der M.

II. *Techniken und Praxisformen.* Das monolithische System der marxistisch-leninistischen Propaganda verdeckt, daß die M. in ihren Anfängen ein durchaus lebendiges Bild publizistischer Agitations- und Wirkungsformen bietet. Ansatzpunkt ist dabei die Auffassung der ‹Deutschen Ideologie› (1845/48) von MARX und ENGELS, daß «die Sprache [...] das praktische, auch für andere Menschen existierende, also auch für mich selbst erst existierende wirkliche Bewußtsein [ist], und die Sprache entsteht, wie das Bewußtsein, erst aus dem Bedürfnis, der Notdurft des Verkehrs mit anderen Menschen». [10] Die Auffassung von der Sprache als dem praktisch wirkenden Bewußtsein bestimmt die kämpferischen und polemischen Beiträge der beiden für die kritisch orientierte und revolutionär gesinnte Presse der damaligen Zeit, besonders die ‹Neue Rheinische Zeitung›. Einen Höhepunkt stellt zweifellos das schon erwähnte ‹Kommunistische Manifest› von 1848 dar. Die textliche Vorstufe, F. Engels' ‹Grundsätze des Kommunismus› (1847), folgt noch der damals verbreiteten literarischen Form des ‹politischen Katechismus›, der seine Botschaft in einer Folge dogmatischer Fragen und Antworten dem Publikum vermittelt. Diese Textform kommt aus dem Bereich der religiösen Literatur und adaptiert deren Formen für politisch-didaktische Zwecke. Das ‹Manifest› jedoch ist ein Text aus vier Teilen, der – ausgehend von einer knappen Analyse der geschichtlichen Entwicklung – die Forderungen der geplanten Kommunistischen Partei präsentiert. Darstellende Teile wechseln sich mit polemischen Passagen ab, wobei besonders die dialektisch-kritische Argumentationsweise hervorsticht [11], die zum Ausdruck der von Marx entwickelten materialistischen Geschichts- und Gesellschaftstheorie wird. Revolutionäre Publizisten bleiben Marx und Engels ihr ganzes Leben lang; und auch als Beiträger für viele Zeitungen innerhalb und außerhalb Deutschlands behalten sie ihren Sinn für die Merkmale eines schlagkräftigen und kämpferisch gesonnenen Journalismus. [12]

Treten die Begründer des Marxismus als Redner nur vereinzelt in revolutionären Zirkeln und zur Schulung der Arbeiterschaft auf [13], so finden später Stil bzw. Argumentationsweise der von ihnen maßgeblich geprägten M. auch Eingang in Wahlreden und parlamentarische Debatten. Das gilt weniger für die Mehrheits-Sozialdemokratie des wilhelminischen Kaiserreiches, obwohl auch hier sicher eine Untersuchung von Einflüssen der M. auf Reden und Schriften eines A. BEBEL und W. LIEBKNECHT fündig würde, als vielmehr für die linke Sozialdemokratie der Vorkriegszeit in Deutschland, aus der sich dann nach dem 1. Weltkrieg die Kommunistische Partei entwickelt. Doch hier setzt sich – trotz mancher Widerstände wie etwa von R. LUXEMBURG – die strikte funktionale Einbindung der Rhetorik in den Kontext der von LENIN verbindlich gemachten Parteitheorie mit ihrer Konzentration auf «Strategie und Taktik» sowie «Agitation und Propaganda» durch. Die rhetorische Praxis wird nahezu ausschließlich unter die Zwecke der Rechtfertigung und Legitimation parteilicher Beschlüsse und der Integration und Disziplinierung der Massen gestellt. Zu dieser massenpsychologisch und erkenntnistheoretisch begründeten Praxis gibt Lenin in ‹Agitation und Propaganda› (dt. 1929) die maßgeblichen Rahmenbedingungen und Vorschriften für den praktischen Gebrauch aus, die später in allen sozialistischen Regimes Verbindlichkeit bei der Schulung und Unterweisung der Funktionärskader gewinnen.

Die Mobilisierungs- und Demonstrationswirkung politischer Rhetorik ist in der Regel doppelt gerichtet: einmal nach *Innen*: auf die soziale Integration und Disziplinierung der Massen in die Einheit des sozialistischen Systems; zum anderen nach *Außen*: auf die Abgrenzung und Ausschließung des politischen Gegners, der als «Klassenfeind» definiert ist.

Die politische Rhetorik des Marxismus-Leninismus wird damit zu einem wirkungsvollen Herrschaftsinstrument in den Händen der Partei- und Staatsmacht zur Durchsetzung ihrer ideologischen Ziele. Die *Inhalte* der schriftlich fixierten Reden gewinnen – als Parteitags- oder Parlamentsdokumente – in der Regel kanonische oder dogmatische Geltung. Sie werden mit legitimationsverstärkenden Klassikerzitaten bestückt, und strenge Zensur sichert ihren Geltungsanspruch gegen subversive Interpretationen und bildet so die Ideologie zur Dogmatik weiter. So ist die parteiliche Rhetorik im Marxismus-Leninismus in ihrem wichtigsten Kern eigentlich *Textrhetorik*, insofern Schriftlichkeit in ungleich höherem Maße die dogmatische Verbindlichkeit sicherzustellen vermag als unfixierte, lebendige mündliche Rede. Diese Art von Kommunikation, wie sie sich auch auf den Bereich der Kunst und Literatur auszuweiten versteht, wird in den «geschlossenen Gesellschaften» sozialistischer Länder mit ihren eingewurzelten und abgesicherten Machtstrukturen und eingeübten sozialen Verhaltensweisen ergänzt und intensiviert: durch den zusätzlichen Gebrauch von Bildern, Photos, Filmen, Transparenten – vielfach kombiniert mit dem Einsatz von Spruchbändern, Parolen, Musik und Liedern, die den Übergang zu politisch motivierten Aufmärschen, Aktionen, Demonstrationen und kollektiven Inszenierungen bilden. [14] Belege dafür bietet die Geschichte aller Länder des ehemaligen kommunistischen Blocks von Rußland über die ‹Deutsche Demokratische Republik› bis zu den Staaten Osteuropas. –

Zur Geschichte der M. gehört aber nicht nur die dogmatische, sondern auch die undogmatische Tradition revolutionärer Rhetorik, wie sie sich in Opposition zum parteioffiziellen kommunistischen Sprachgebrauch seit den Dreißiger Jahren des 20. Jh. entwickelt. Repräsentanten dieser Strömung sind etwa E. BLOCH und W. BENJAMIN. Auch in den frühen Aufsätzen eines der Väter der Kritischen Theorie, M. HORKHEIMER, kann man Spuren der M. entdecken. Freilich ist für diese Spielarten der M. charakteristisch, daß sie Stilelemente und Argumentationsformen der Begründer des Marxismus nur zum Teil aufnehmen, diese dagegen eigenständig weiterentwickeln und Neues hinzufügen. Doch sind die konkreten Verfahrensweisen dieser Art von M. noch kaum erforscht.

III. *Das Scheitern der marxistisch-kommunistischen Rhetorik 1989.* Daß der Zusammenbruch des Sozialismus als System und Ideologie überall in Osteuropa 1989 auch das Ende einer für ideologische Zwecke instrumentalisierten Rhetorik bedeuten muß, ist unmittelbar folgerichtig. Verschwindet doch mit der kommunistischen Parteiherrschaft in diesen Ländern zugleich auch ihr System von Agitation und Propaganda mit ihren markanten Zielen der ideologischen Rechtfertigung und Legitimation, aber auch der politischen Integration und Massendisziplinierung, in das die Rhetorik als Instrument integriert war. Damit verliert sie ihre Stellung und alle ihre öffentlichen Funktionen. Daß indes das Scheitern dieser Rhetorik nicht lediglich als Folge und Auswirkung, sondern in einem angebbaren Sinn zugleich als Mitverursacher des Zusammenbruchs des Sozialismus anzusehen ist, erscheint hingegen weniger evident, ergibt sich aber letztlich zwingend aus den oben analysierten Wirkweisen der rhetorischen Praxis im Sozialismus: als ein – neben anderen, bis hin zu Zensur und Terror – wirkungsvolles Instrument politischer Herrschaftspraxis im Rahmen «geschlossener Gesellschaften» trägt die M. entscheidend zu jener Erfahrungs- und Wirklichkeitsverweigerung bei, wie sie für den realexistierenden Sozialismus in zunehmendem Maße typisch geworden ist und maßgeblich zur Reduktion seiner politischen Handlungskompetenz auf allen Gebieten der Innen- und Außenpolitik als Vorbedingung seines endgültigen Zusammenbruchs geführt hat. Insofern sich diese Rhetorik total in den Dienst der sozialistischen Ideologie und Praxis stellt und nicht an der Förderung rationaler Erkenntnisse und Entscheidungen orientiert ist, verliert ihre Sprache notwendigerweise jeglichen Bezug zur Wahrheit der Wirklichkeit als menschlichem Handlungsraum. Was es realistisch für das Leben sowohl des einzelnen Menschen als auch der Gesellschaft im Ganzen existentiell bedeutet, ein «Leben in der Unwahrheit und Lüge» als System unter der Herrschaft einer ideologischen Partei führen zu müssen, stellt V. Havel in seinen politischen Essays ausdrücklich aufgrund eigener Erfahrungen dar und analysiert es kritisch. Hier werden ex negativo am Beispiel der M. die Grenzen der Verfügbarkeit von Sprache zu praktisch-ideologischen Zwecken und die Gefahren ihrer Perversion für Gesellschaft und Politik offenbar.

Anmerkungen:
1 Kleines politisches Wtb. (³1978) 853f. – **2** Marx, Engels: Werke (MEW) Bd. 20 (1972) 446; Hervorhebung Verf. – **3** Ausg.: J. Stalin: Marxismus und Fragen der Sprachwiss. (1950) sowie: N. Marr: Über die Entstehung der Sprache (1926; ND 1972). – **4** vgl. Art. ‹Sprache und Sprachwiss.›, in: Marxismus im Systemvergleich, Ideologie und Philos. 3 (1973) Sp. 143ff. – **5** K. Marx: Werke, Schr., Briefe, Bd. 1: Frühe Schr., hg. v. H.J. Lieber (1962) 505. – **6** vgl. Th. Stammen, I. Reichardt (Hg.): K. Marx: Manifest der Kommunistischen Partei (1978). – **7** F.-H. Robling: Kritik im Handgemenge. K. Marx und die Rhet. des ‹Kommunistischen Manifests›, in: Diskussion Dt., H. 94 (1987) 131ff. – **8** F. Engels: Herrn Eugen Dührings Umwälzung der Wiss., in: MEW, Bd. 20 (1962) 129. – **9** ders.: Dialektik der Natur, in: MEW, Bd. 20 (1962) 480. – **10** MEW, Bd. 3 (1969) 30. – **11** vgl. dazu Robling [7] 135ff. – **12** vgl. K. Marx, F. Engels: Über Kunst und Lit., Bd. 1 (1967) 221ff., 226ff. – **13** vgl. H.M. Enzensberger (Hg.): Gespräche mit Marx und Engels, 2 Bde. (1973) z.Bd. 1 130, 143. – **14** vgl. dazu z.B. das parteioffizielle ‹Kulturpolitische Wtb.› der DDR (1978) unter den entsprechenden Stichwörtern.

Th. Stammen

→ Agitation → Dialektik → Manifest → Nationalsozialistische Rhetorik → Politische Rede → Polemik → Presse → Propaganda → Sozialistische Rhetorik

Massenkommunikation (engl. mass communication; frz. communication de masse; ital. comunicazione di massa) A. Def. – B. I. Geschichte. – II. Moderne Forschung. – 1. Interdisziplinäre Zugänge. – 2. M. und aktuelle Rhetorikforschung.

A. ‹M.› ist ein soziologischer Begriff aus der Gesellschaftstheorie der Moderne. Er bildet sich erst in den 60er Jahren des 20. Jh. analog zum amerikanischen Begriff ‹mass communication› heraus und findet auf dem Hintergrund der massenpsychologischen Theorien des ausgehenden 19. Jh. [1] und der Erfahrungen einer ganzen Generation mit Massenaufmärschen und Kriegsbegeisterung schnell seinen Weg in den öffentlichen Sprachgebrauch. M. meint eine spezifische, quantitativ und qualitativ von Kommunikationen außerhalb der M. zu unterscheidende Kommunikationsform. Nach einer älteren Auffassung versteht man unter M., «daß sich ein großes heterogenes Publikum relativ gleichzeitig Aussagen aussetzt, die eine Institution durch Medien übermittelt, wobei das Publikum dem Sender unbekannt ist» [2] und die Kommunikation «*für die Massen*» [3], nicht von den Massen vollzogen wird. Diese immer noch verbreitete Auffassung von M. gilt heute als stark vereinfachend, wenn nicht irreführend. So fehlen manche Merkmale, andere bleiben undifferenziert, so, wenn dem Publikum eine prinzipiell passive, der Medieninstitution eine nahezu omnipotente Rolle und Wirksamkeit zugeschrieben wird. ‹M.› wird in der heute gängigsten Form als komplexe soziale Kommunikation erfaßt, «bei der professionell produzierte Aussagen öffentlich, mittels technischer Verbreitungsmittel, indirekt und wesentlich einseitig einem prinzipiell selbstselektiven Publikum angeboten werden.» [4] Neben der öffentlichen Zugänglichkeit für jedermann, der Anonymität des Publikums, der Professionalität der Produktion und Distribution, die für die technisch, formal und institutionell komplexe Organisation der M. gegeben sein muß, der fehlenden Interaktivität, der Indirektheit und Einseitigkeit oder Asymmetrie des Kommunikationsprozesses zwischen Kommunikator und Rezipient ist auch die Ausdifferenzierung des einen massenhaften Publikums in «heterogene Großpublika» [5] ein wichtiges Kriterium der neueren M.-Definitionen. An zentraler Stelle fungiert für die heutige Forschung das Prinzip der Selektivität: Nicht nur der Rezipient wurde nach und nach als auswählender Leser, Zuschauer oder Hörer erkannt, Selektionen bestimmen letztlich alle Positionen der M., sowohl die Produktion wie die Distribution und Rezeption, und strukturieren den Massenkommunikationsprozeß insgesamt: Die verschiedenen im Prozeß operierenden Instanzen reagieren auf zeitliche, sachlich thematische, soziale und interpretierende reformulierende Selektionen ihrerseits immer wieder selbstreflexiv und selektiv [6] – nach N. Luhmann ein, wenn auch weitgehend unbegriffenes, ‹Selektions- und Konstruktionsgefüge›, gegen das von jeher ein genereller «Manipulationsverdacht» [7] ins Feld geführt wird, das aber nicht hintergehbar die «Wirklichkeit der Medien» generiert. Auf diesem Hintergrund gewinnen medienethische Forschungen heute zunehmend Bedeutung [8], andererseits kommt dem ‹Selektionsgefüge› M. nicht zuletzt auch eine wichtige entdifferenzierende und sozial entlastende Funktion zu, die auf die gesteigerte Komplexität und Pluralisierung der medialen Kommunikationen und Wissensdiskurse der Moderne antwortet.

M. kann systematisch in einer Zwischenstellung zwischen personaler Kommunikation einerseits und telekommunikativer und telematischer Kommunikation andererseits gesehen werden. [9] Von M. und Massenmedien spricht man bei den allgemein und öffentlich zugänglichen, nicht interaktiven Druckmedien (Zeitung, Zeitschrift, Buch, Plakat, Flugblatt), bei Rundfunk (Hörfunk/Radio, Fernsehen), Film/Kino sowie bei den Medien der Unterhaltungselektronik (Video, Schallplatte, Tonkassette, Compact Disc). M. wird so auf der einen Seite abgegrenzt von den verschiedenen Formen der personalen, interaktiven und informellen Kommunikation (intrapersonale, interpersonale und Gruppen-Kommunikation), die sich *face-to-face* oder über Zeichen, Bild und Schrift direkt und ohne technische Vermittlung vollziehen und unterhalb der Öffentlichkeitsschwelle zur M. bleiben, solange sie nicht selbst Gegenstand massenmedialer Übermittlung werden (Interview, Talk-Show). Auf der anderen Seite unterscheidet man von der M. und ihren Medien die ebenfalls technikgestützten Medien zum einen der Telekommunikation (Telefon, Sprechfunk, Telex, Teletext, Telefax, Telefoto, Bildtelefon), zum andern auch der digitalen Datenkommunikation, der «Telematik» (S. Nora), die sich aus der Verbindung von Telekommunikation und Informatik beziehungsweise von analoger Medien- und digitaler Computertechnik entwickelt hat. Sie setzen neue Formen technisch gestützter Interaktivität frei, in denen Individualkommunikationen und «spezialisierte» oder «kategoriale» informelle Kommunikationen gegenüber der M. wieder zunehmen.[10]

Allerdings lassen sich bereits heute diese Abgrenzungen nicht mehr so eindeutig definieren. Unter den Bedingungen der Computertechnologien und der Digitalisierbarkeit aller technischen Medien entwickelt sich die M. in Richtung auf einen Medienverbund, der unter dem Kennwort Multimedia «die Integration von Sprache, Text, Video, Audio, Telekommunikation, Unterhaltungselektronik und Computertechnik»[11] in eine einheitliche digital codierte Benutzeroberfläche meint.[12] Diese Entwicklung wird herkömmliche Unterscheidungen von Individual- und Massenkommunikation oder von privater und öffentlicher Kommunikation verwischen und ihren heuristischen Wert für Kommunikationsanalysen obsolet werden lassen.[13] Sie macht die klassischen Medien der M. bereits heute zu historischen Medien, ohne daß sie deshalb einfach verschwunden wären.[14] Nach H. Innis löschen Medien sich im historischen und sozialen Prozeß nicht einfach gegenseitig aus: Neue Medien verschieben die medialen Gebrauchsformen, Funktionen und Verfügungsstrukturen, darüber hinaus aber vervielfältigen und komplizieren sie die Kommunikationsverhältnisse intermedial und multimedial. Die Neuzeit beginnt mit einer solchen einschneidenden Umwälzung der Kommunikationsverhältnisse durch die Technologie der Druckerpresse. Erst die M. des 20. Jh. und die Telematik mit ihren Vernetzungen aber haben ein modernespezifisches Bewußtsein von der «Doppelgestalt» der Kommunikationsmedien, der «Bias of Communication»[15] geschaffen, auf der Basis komplexer Selektionsprozesse sowohl eine eigene Medienwirklichkeit zu konstituieren als auch selbst Wirklichkeit und Gegenstand von Wahrnehmung und (Selbst)Beobachtung zu sein. Der Zusammenhang von Selektivität, Selbstreferentialität und Reflexivität gehört daher zu den strukturbildenden, erst durch die neuere Kommunikationsforschung erschlossenen Merkmalen der M. Sie begründen die abstrakte, virtuelle Wirklichkeit der Medien und ihre Rolle bei der Ausbildung von Welt- und Menschenbildern der Moderne.[16]

Auf dem Hintergrund der neueren, in die Zukunft gerichteten Medientechniken und Kommunikationsformen verwendet die Kommunikationsforschung den Begriff ‹M.› zum Teil bereits mit Vorbehalt und nicht etwa, «weil er sachlich zutreffend, sondern nur deshalb, weil er ein eingeführter Begriff ist».[17] Ein gewichtiger, bereits älterer Einwand betrifft die Semantik des Begriffs M. selbst und seine Tradition. Danach verdeckt der Begriffsanteil ‹Masse› in ‹M.› die Vielfalt soziokultureller Praktiken, die an der Produktion, Distribution und Rezeption von M. beteiligt sind und rückt mit einer pauschalisierenden Abwertung die Phänomene der M. und Massenmedien in einen konstitutiven Zusammenhang mit einem antidemokratischen Verständnis von ‹Massengesellschaft› (Le Bon), mit gesellschaftlichen ‹Verfallserscheinungen› (Th. Geiger) und mit Manipulation, Propaganda und Demagogie. Als populärer Beleg für diese düster wertende Sicht der M., die erst durch die Ausdifferenzierung kommunikationswissenschaftlicher Analysen relativiert wurde[18], galt lange die Massenpanik, die O. Welles' Hörspiel ‹Die Invasion vom Mars›[19] in den USA ausgelöst hatte, aber auch die durchschlagende Wirkungsmacht der Goebbelschen Propaganda und der nationalsozialistischen Masseninszenierungen wurde häufig als Beweis angeführt für die Suggestibilität und Triebhaftigkeit der Masse. Gegenüber dieser auch heute anzutreffenden Vorstellung vom Publikum der M. als amorpher, haltloser und verführbarer ‹Masse› zieht man seit G. Maletzkes grundlegender Arbeit zur ‹Psychologie der M.› (1963) die Bezeichnung ‹disperses Publikum› vor, womit eine *verstreute* große Zahl räumlich getrennter, untereinander nicht in Beziehung stehender Individuen und Kleingruppen gemeint ist, die eine öffentliche Aussage eines Massenmediums empfangen und darauf – durchaus selektiv und unterschiedlich – reagieren. Entsprechend ist heute in der Forschung auch auf der Seite der Produktion von M. die komplexe, mehrfunktionale Auffächerung des institutionellen Kommunikators in einzelne, strukturell verknüpfte Instanzen vom Journalisten bis zum Verlagskonzern an die Stelle der subjektverbürgten journalistischen Persönlichkeit als individuellem Kommunikator der älteren Forschung getreten.[20]

Anmerkungen:

1 G. Le Bon: Psychologie des foules (Paris 1895, dt. [12]1964). – 2 O.N. Larson: Social Effects of Mass Communication, in: Handbook of Modern Sociol. (Chicago 1966) 348, zit. U. Apitzsch: Art. ‹M.›, in: HWPh, Bd. 5, Sp. 832. – 3 Apitzsch [2] ebd. – 4 K. Renckstorf: Kommunikationswiss. heute (1998) 11. – 5 U. Saxer: M., in: O. Jarren, U. Sarcinelli, U. Saxer (Hg.): Politische Kommunikation in der demokratischen Ges. (1998) 678. – 6 G. Ruhrmann: Ereignis, Nachricht, Rezipient, in: K. Merten, S.J. Schmidt, S. Weischenberg (Hg.): Die Wirklichkeit der Medien (1994) 242f.; K. Merten: Wirkungen von Kommunikation, ebd. 297ff.; W.J. Koschnick: Standard-Lex. für Mediaplanung und Mediaforschung in Deutschland, Bd. 2 ([2]1995) 1174f. – 7 N. Luhmann: Die Realität der Massenmedien ([2]1996) 9, 78f. – 8 R. Funiok (Hg.): Grundfragen der Kommunikationsethik (1996); W. Wunden (Hg.): Wahrheit als Medienqualität (1996). – 9 vgl. W. Schulz: Kommunikationsprozeß, in: E. Noelle-Neumann, W. Schulz, J. Wilke: Fischer Lex. Publizistik, M. ([2]1994) 140ff. – 10 H. Kleinsteuber: Informationsges., in: Jarren u.a. [5] 657. – 11 J. Wilke: Zukunft Multimedia, in: ders. (Hg.): Mediengesch. der Bundesrepublik Deutschland (1999) 751. – 12 N. Bolz: Computer als Medium – Einl., in: ders., F. Kittler, C. Tholen (Hg.): Computer als Medium (1994) 10. – 13 R. Burkart, W. Hömberg: M. und Publizistik, in: H. Fünfgeld, C. Mast (Hg.): M. (1997) 82f. – 14 Bolz [12] ebd. – 15 H. Innis: The Bias of Communication (1949), dt. in: K. Barck (Hg.): Harold A. Innis – Kreuzwege der Kommunikation (1997) 95–119; darin auch: K. Barck: Harald Adams Innis – Archäologe der Medienwiss., 3–13, hier 6. – 16 W. Schulz: Massenmedien und Realität, in: M. Kaase, W. Schulz (Hg.): M. Sonderheft der Kölner Zs. für Soziol. und Sozialpsych. (1989) 135–149; K. Merten: Wirkungen von Kommunikation, in: Merten u.a. [6] 291. – 17 K. Merten: Evolution der Kommunikation, in: ders.u.a. [6] 149. – 18 C. Ries: Joseph Goebbels (1950); Merten [6] 311. – 19 H. Cantril: Invasion from Mars (New York 1966), dt. in: D. Prokop (Hg.): Massenkommunikationsforschung (1973) 198–203. – 20 H.-D. Fischer: Dt. Publizisten des 15.–20. Jh. (1971) 13ff.

B.I. *Geschichte.* Kommunikation wird als unhintergehbares Anthropologikum, gleichwohl als historisch veränderlicher Zusammenhang von Kommunikation, Medien und sozialer und kultureller Umwelt des Menschen ver-

Kennzeichen/ Gesellschaft	Hauptproblem	Problemlösung	Produktion	Vertrieb	Kommunikation	Typus/Medien
Agrargesellschaft	Transport von Materie	Vernetzung von Wegen	Handwerk, segmentär, in Zünften, lokal	Markt, face-to-face, (Natural-Tausch)	face-to-face, Bild	oral, skriptographisch
Industriegesellschaft	Transport von Energie	Vernetzung von Energie	Fabrik, funktional differenziert, regional	Markt, Filiale/Büro, Geld	face-to-face, Presse, Film, Rundfunk	typographisch, elektronisch
Postindustrielle Gesellschaft/ Informationsgesellschaft	Transport von Information	Vernetzung von Information/Kommunikation	Konzerne, funktional differenziert, international	Bestellmarkt, Versandhaus/ Kataloge, Überweisung	face-to-face, Presse, elektronische Medien, PR	elektronisch, telematisch

nach K. Merten, J. Westerbarkey: Public Opinion and Public Relations, in: K. Merten, u. a. (Hg.): Die Wirklichkeit der Medien (1994) 190

standen. Kommunikationsmedien sind in diesem Sinne als ‹Generatoren sozialen Wandels› zu betrachten.[1] Die systematische Differenzierung der gesellschaftlichen Kommunikationsformen in personale Kommunikation, M. und Telematik führt daher mit Blick auf die historisch und kulturell jeweils vorherrschende Kommunikationsform und ihre Medien auch zu kulturgeschichtlichen Beschreibungsmodellen für die Epochenabfolge menschlicher Gesellschaft. So läßt sich aus heutiger Sicht «die Technologisierung des Wortes» als Entwicklungslinie von der oralen zur chirographischen in die typographische und schließlich in die elektronische Kultur entwerfen.[2] Die Unterscheidung von personaler Kommunikation, M. und Telematik bestimmt auch die soziologische Geschichts- und Kulturkonzeption des Struktur- und Systemwandels von der Agrargesellschaft über die Industriegesellschaft zur Informationsgesellschaft.[3] Das Modell ist vor allem seiner teleologischen Auslegung wegen nicht unumstritten, gewinnt aber immer mehr an Bedeutung für das politische, sozioökonomische und kulturelle Selbstverständnis der Gegenwart und ihre Zukunftsvorstellungen. Während die personale Kommunikation als bestimmende Kommunikationsform den Agrargesellschaften zugeschrieben wird, gilt M. als konstitutiv für die modernen Industriegesellschaften. Sie sind nicht nur durch die Entwicklung von Technik und Wirtschaft und durch den Verlust der sozialen und persönlichen Bindungen des Individuums in der industriellen Arbeitswelt gekennzeichnet, sondern Technik und Wirtschaft haben sich ihrerseits unter dem tiefgreifenden Einfluß der Verdichtung, Dynamisierung und Institutionalisierung der gesellschaftlichen Kommunikations- und Wissenspotentiale seit der Medienrevolution des Buchdrucks und seit dem Eintritt in die *Gutenberg-Galaxis* (M. McLuhan) entwickelt. So hat auch die heranwachsende Vorherrschaft der Massenmedien der Druckkultur (Buch, Flugblatt, Zeitung, Zeitschrift) die Demokratisierung der Gesellschaft, die «Inklusion der gesamten Bevölkerung» in den gesellschaftlichen Diskurs[4] und den industriellen «Aufstieg der Massenkultur»[5] gezeitigt. Noch im Horizont dieser Gutenberg-Welt zeichnet sich bereits der Einbruch neuer Bildtechniken (Photographie) und der elektrischen Medien (Kino, Radio, Fernsehen) sowie die technologische Revolution der Computerisierung ab. Die technischen und sozialen Entwicklungen der Digitalisierung und Telematisierung und die damit verbundenen Möglichkeiten neuer direkter Kommunikations- und Interaktivitätsformen überlagern in diesem Epochenmodell gesellschaftlichen Wandels die M., ein Vorgang, der als voranschreitende Ablösung der M. durch die multimedial vernetzte Informations- oder Wissenskommunikation interpretiert wird: An die Stelle der Industriegesellschaft der Moderne tritt zunehmend die technologisch modernisierte, multimediale «Kommunikations-» oder «Informationsgesellschaft»[6] einer globalisierten «zweiten Moderne».[7]

Aus historiographischer Perspektive wird der Begriff der ‹M.› aus der Entstehung der ‹Massenpresse› im 19. Jh. abgeleitet, über diese enge Kopplung an die Printmedien hinaus aber auch allgemein zur Beschreibung massenmedialer Kommunikationsprozesse und Strukturen eingesetzt.

Während zu den die ‹Massenpresse› des 19. Jh. unmittelbar vorbereitenden technischen Innovationen Erfindungen wie die Schnellpresse (1812), die dampfbetriebene Papiermaschine (1818), die Holzschliffbereitung (1844), die Stereotypie (um 1820) u.a.m. zählen[8], kann die Gutenbergsche Erfindung des Buchdrucks, genauer: des Druckverfahrens mit beweglichen Lettern Mitte des 15. Jh. als diejenige technische Errungenschaft gelten, über die sich allererst ein modernorientierter gesamtgesellschaftlicher Prozeß der Ausdifferenzierung und organisatorischen Vernetzung von Informationssystemen (ökonomischer, technischer, sozialer wie mentaler Art) vollzieht. So kann man mit M. GIESECKE die Etablierung des typographischen Kommunikationssystems in den manufakturellen und sich industrialisierenden Gesellschaften der frühen Neuzeit als Grundlage für die Entwicklung «interaktionsfreier *Massen*kommunikation» ansetzen.[9]

1. *15.–17. Jahrhundert.* Auf der Basis der von der traditionellen Buchgeschichtsforschung bereitgestellten ‹harten Daten› läßt sich der durch die Gutenbergsche Erfindung induzierte Übergang von der skriptographischen zur typographischen Epoche und damit «die Geburtsfrage eines neuen soziokulturellen Gesamtsystems»[10] auf das frühe 16. Jh. datieren. Nach neueren Einschätzungen kann davon ausgegangen werden, daß bereits um 1500 etwa 28.000 bis 30.000 Titel gedruckt waren und die Druckkunst zu diesem Zeitpunkt auch ihre europaweite Ausbreitung schon erreicht hatte.[11]

Als eine der zentralen Voraussetzungen für den raschen Erfolg der in ihren Anfängen durchaus nicht selten als *ars artificialiter scribendi* angefeindeten[12] und von Beginn an Zensurbestrebungen [13] ausgesetzten Technik der Schriftproduktion und -verbreitung gilt neben ihrer frühen und engen Anbindung an die Institutionen Kirche und Universität ihre reibungslose Integration in die infrastrukturellen Bedingungen und Potentiale der spätmittelalterlichen und frühneuzeitlichen Stadt. «Nur in den Städten standen Kapitalien zur Verfügung, nur in den Städten siedelten Kaufleute mit Absatzmöglichkeiten über das weite Land hin, nur die Städte boten einen Markt für das, was die gedruckten Bücher immer und vorzüglich gewesen sind, Waren, Produkte, die nicht mehr wie mittelalterliche Handschriften, oft auf gezielte Bestellung hin, in mühevoller, zeitraubender und kostspieliger Weise gefertigt, sondern als ‹Massenprodukt› für eine prinzipiell anonyme Käuferschaft auf Lager produziert wurden.» [14]

Neben das gedruckte Buch als dem aufgrund seiner prinzipiell uneingeschränkten Machbarkeit und entsprechend größeren Zugänglichkeit ersten Massenmedium der *Gutenberg-Galaxis* treten, forciert durch die veränderten kommunikativen Verhältnisse und Informationsbedürfnisse der Reformationsbewegung, als weitere Massenmedien etwa ab 1515 *Einblattdrucke, Plakate, Flugblätter, Broschüren.* [15] Dabei kommt den *Flugschriften* als «Massenmedium der Reformationszeit» [16] insofern eine paradigmatische Sonderstellung zu, als sich ihr rascher Erfolg von Anfang an aus der «synergetischen Überlagerung» von transportiertem agitatorischen Inhalt und profitabler «Produktdynamik» erklärt. [17] Die hohe wirtschaftliche Rentabilität des Printmediums Flugschrift, zu dessen Vorzügen als Ware neben dem geringeren Umfang die sehr viel kürzeren Produktionszeiten, der erheblich verminderte Kapitalbedarf zur Vorfinanzierung von Typenmaterial und Papier sowie eine schnelle Amortisierung zählen, bleibt nicht ohne Auswirkungen auf die äußere Gestalt der übrigen Druckerzeugnisse. Insbesondere das gedruckte Buch wird im Laufe des 16. Jh. kleiner, billiger und damit massenmarktgeeigneter. [18]

An der Wende vom 16. zum 17. Jh. etabliert sich als erstes *periodisches* Massenmedium die *Zeitung*, für deren Ausbreitung als weiterer spezifischer Bedingungsfaktor der Aufbau eines stabilen Verkehrssystems (Postwesen) zu nennen ist, welches «[...] Schnelligkeit, Reichweite und Intensität des Nachrichtenumschlags und damit sowohl Inhalt wie Periodizität der Z(eitung)» bestimmt und absichert. [19]

Vor dem Hintergrund der geistig-weltanschaulichen Konstellation der beginnenden Neuzeit markiert das Massenmedium Zeitung mit seiner Periodizität zugleich eine kommunikationsgeschichtliche Schwelle insofern, als sich damit eine spezifische, strukturell bis zum Status einer sozialen Institution verdichtete gesellschaftliche Kommunikationsform auszubilden beginnt, «deren Leistung [...] für die Bestandserhaltung eines hochentwickelten Gesellschaftssystems funktional notwendig ist». [20]

Kommunikationsgeschichtliche Klärungsansätze systemtheoretischer und konstruktivistischer Provenienz belegen, inwiefern gerade die der ersten periodischen Zeitungen – der ‹Aviso› in Wolfenbüttel und die Straßburger ‹Relation› (beide 1609) – bereits auf einen spezifisch gesellschaftlichen Bedarf zur «Konstruktion von Wirklichkeit durch Medien» [21] antworten. Das gesellschaftliche Interesse an Information, an Neuigkeiten und Nachrichten wird durch die Zeitungen nach und nach öffentlich institutionalisiert, die tägliche «Erwartbarkeit von Unerwartbarem» in diesem Sinne integraler Bestandteil des privaten wie gesellschaftlichen Alltags. [22] Dies trifft in besonderem Maße auf Deutschland zu, das aufgrund seiner territorialen Zersplitterung, seiner günstigen Lage im Schnittpunkt zahlreicher Verkehrswege sowie seines durch den konfessionellen Konflikt bedingten spannungsreichen Meinungsklimas bald über eine Vielzahl von Nachrichtenblättern verfügt.

Bereits gegen Ende des 17. Jh. läßt sich die Verfestigung eines medien- bzw. pressekritischen, durchaus widersprüchlichen Diskurses beobachten, der sich durch die Geschichte der M. zieht. Über die kritische Diskussion einer *angemessenen* Nachrichtenselektion wird versucht, das neue Informationsmedium ‹Zeitung› in den etablierten Bildungs- und Erziehungsdiskurs der Rhetorik einzuordnen. Gerade die für massenkommunikative Prozesse charakteristische Auffächerung der Rednerinstanz in verschiedene, getrennte, aber voneinander abhängige Positionen [23] wird dabei kritisch beobachtet und läßt früh auf die Ausbildung eines öffentlichen Problembewußtseins für die Wirklichkeitskonstruktion durch die Zeitung schließen. [24] So entsteht eine erste medienspezifische ‹Nachrichtentheorie›, die einerseits die Glaubwürdigkeit des Informationsmediums und seiner Benutzer sichern soll, die andererseits auffällige Parallelen zu Modellbildungen moderner Zeitungs- und Massenkommuniktionsforschungen aufweist. [25] K. STIELER, wohl der prominenteste Vertreter eines frühneuzeitlichen Pressediskurses neben CH. BESOLD, CH. WEISE, D. HARTNACK, T. PEUCER und dem deutlich abwehrend agierenden A. FRITSCH, führt in seiner 1685 erschienenen Schrift ‹Zeitungs Lust und Nutz› neben primär inhaltlich ausgerichteten Aspekten die auch heute noch tragenden strukturellen Kategorien der ‹Publizität›, der ‹Universalität› und der ‹Aktualität› von Nachrichten an und läßt am Rande den Faktor ‹Periodizität› erkennen. [26] Überlegungen zu Relevanz, Verständlichkeit und Informativität der auszuwählenden Nachrichten sind dabei gezielt auf die hörer- bzw. leser- und publikumsorientierte Kommunikativität des neuen Mediums gerichtet. [27] Deutlich tritt bereits hier ein Wissen um das grundsätzlich im beginnenden Massenmedium Zeitung angelegte aufklärerische Wirkungspotential in den Blick. [28]

Inhaltlich gilt die Zeitung des 17. Jh. als noch weitgehend einem ‹faktizistischen› Nachrichtenbegriff verpflichtet. [29] Neuere linguistisch orientierte Studien allerdings belegen für die publizistische Praxis dieser Zeit eine früh einsetzende Vermischung von informierenden und wertenden Bestandteilen der Nachrichtenvermittlung im satzsemantischen und syntaktischen Bereich sowie die Ausbildung eines Kategoriensystems typisch nachrichtenorientierter Sprachhandlungen. [30] Neben den obligatorischen Formen des Informierens und Berichtens treten dabei Typen wie etwa das kontextuelle Einordnen von Nachrichten oder die prüfende Legitimation unterschiedlicher Nachrichtenquellen auf. [31] Neue Wortschatzfelder, fachsprachliche Termini wie Typen fremdsprachiger Lexik [32] können im geographisch-ethnographisch stetig expandierenden Medium Zeitung [33] erschlossen und funktionalisiert werden. Überhaupt muß die Ausprägung einer standardisierten Hochsprache auf ihren publizistischen Ort – die ersten periodischen Zeitungen im 17. Jh. – zurückgeführt werden. Erst auf der Grundlage einer pressekommunikativ ausgebildeten Sprachkompetenz können Zeitungsnachrichten für jedermann zugänglich und verstehbar gemacht werden. Nur so können fremde Kontexte für jedermann einsehbar werden, interkulturelle Austauschprozesse gelingen und zur Schubkraft für die M. werden.

Vor dem Hintergrund dieser Forschungen werden die frühen politischen Zeitungen mittlerweile vorsichtig als bereits «konstituierende[s] Medium der demokratischen Moderne» interpetiert, als Fundament für die Möglichkeit eines «vernünftigen politischen Räsonnements», einer nicht mehr durch höfisch-absolutistische Arkanisierung von Information und durch ständische Schranken gehinderten «Diskussion und Meinungsbildung über die Handlungen politischer Herrschaftsträger»[34] und damit letztlich als Fundament für die im 18. Jh. beginnende Konstituierung einer bürgerlichen Öffentlichkeit.

2. *18. Jahrhundert*. Dieser «Strukturwandel der Öffentlichkeit» (J. HABERMAS) vollzieht sich im Jahrhundert der Aufklärung und bürgerlichen Emanzipation zunächst in Frankreich und England, mit einiger Verspätung auch in Deutschland. Er steht in engem Zusammenhang mit der Ausdifferenzierung und zugleich Standardisierung des Mediensystems hin zur M. Aspekte dieser Prozesse sind die Herausbildung und Kapitalisierung eines eigenständigen literarischen Marktes, die Entstehung neuer Publikationsorgane (Intelligenzblätter, Zeitschriften) und Institutionen der Literatur- und Wissensvermittlung (Bibliotheken, Lesegesellschaften) sowie die dezidierte Ausrichtung der Literatur auf ein allgemeines, ständeübergreifendes anonymes Publikum.[35] Informationsbedürfnis und Bildungsinteresse der für den literarischen Markt neu rekrutierten bürgerlichen Schichten werden dabei vor allem durch die periodische Presse befriedigt, deren Verbreitung bereits im 18. Jh. explosionsartig zunimmt.[36] Allein in Deutschland, das mit seinem weitverzweigten Netz von Zensurinstitutionen bis zum Ende des Jahrhunderts zum zeitungsreichsten Land der Erde avanciert (mit ca. 200–250 in der Regel bis zu dreimal wöchentlich im Quartformat herausgegebenen, ‹privilegierten› Blättern[37]), entstehen zwischen 1700 und 1790 nicht weniger als etwa 3.500 Zeitschriften (davon rund ein Drittel zwischen 1780 und 1790).[38] «Das Spektrum reichte von den Gelehrten- und Fachzeitschriften über die politisch-historischen Zeitschriften nach dem Beispiel Frankreichs bis hin zu den Vorgängern der heutigen Publikums- und Frauenzeitschriften, die typologisch unter den Begriff ‹Moralische Wochenschriften› fallen.»[39] Einfluß gewinnen auch die großen enzyklopädischen Projekte und Sachwörterbücher aus den verschiedenen Wissenschaftsdisziplinen. Die wichtige Funktion der Presse als Quelle historischer Daten bzw. als Feld historiographischer Untersuchungen bildet sich so aus. Die Berichterstattung der Druckmedien übernimmt eine zentrale memorative Funktion bei der Entfaltung eines modernetypischen sozialen Gedächtnisses.[40] Immer größere Anteile der bildungsgeschichtlichen *memoria* werden aus personenzentrierten Kommunikationsverhältnissen in die komplexen Textsortenmuster, Sprachhandlungstypen und Redestrukturen des neuen, massenkommunikativen Mediums ausgelagert und spezifisch abgespeichert.[41] Vor diesem Hintergrund verstehen sich die Journalisten selbst, ganz in der Rhetorik-Tradition der *vir bonus*-Lehre, als zuverlässige Chronisten, deren leserorientierte Aufzeichnungen das Zeitgeschehen nach rhetorischen Prinzipien wie *evidentia*, *perspicuitas* und *aptum* dokumentieren und archivieren, während im genuin literarischen Bereich sich ein autonomieästhetisches Poetik-Programm entwickelt.

Bis zum Ende des 18. Jh. weiten sich die nachrichtenbezogenen Kommentierungsformen zu eigenen journalistischen Sprachhandlungs- und Texttypen aus, die ausdrücklich die Kommunikationsstrategien der Medien selbst thematisieren.[42] Reflexive Kommentierungsleistungen greifen immer feinmaschiger in massenmediale Kommunikationsvorgänge ein[43] und suchen die Glaubwürdigkeit und Angemessenheit der neuen Medien tiefenstrukturell zu festigen. Auf grundsätzliche Potentiale zur Manipulation reagieren die Medien immer mehr mit einem kontrollierten Pluralismus an selbstreferentiellen Leistungen. Die Druckmedien des 18. Jh. entwickeln sich so zum «Ort, an dem das Gespräch unter den Aufklärern stattfindet»[44], als der Ort der ersten auch politischen Kommentierungen, Meinungen, gesellschaftskritischen Analysen, des ‹Räsonnements›.

3. *19. Jahrhundert*. Hatte sich die Druckschriftlichkeit im 18. Jh. zur «übergreifenden medialen Form der Präsentation und Verbreitung von literarischem, philosophischem und naturwissenschaftlichem Wissen» entwickelt[45], so setzt sich diese Tendenz im 19. Jh. zum einen nur um so beschleunigter fort. Zu den wichtigsten medientechnischen Innovationen auf dem Weg zur flächendeckenden M. zählt dabei neben den genannten Neuerungen (Schnell- und Rotationspresse, Maschinensatz im Zeilengußverfahren u.s.w.) der in der Jahrhundertmitte erreichte Durchbruch der *elektrischen Telegraphie* und die Erfindung des *Telefons* (1872), welche eine enorme Intensivierung des Nachrichtenhandels bewirken; unterstützt wird diese Tendenz zum anderen durch verkehrstechnische Innovationen wie die Etablierung des Transportmittels Eisenbahn, die Entstehung urbaner Entwicklungszentren, in denen sich Druck- und Verlagskonzerne (Cotta, Bertuch) zu bilden beginnen, sowie nicht zuletzt die im Laufe des Jahrhunderts zwar langsam, aber stetig ansteigende Alphabetisierungsrate.

Auf einer anderen Ebene ermöglichen die seit der Jahrhundertwende kontinuierlich vorangetriebenen Entwicklungen im Bereich der Illustrationstechnik (Lithographie seit 1797, Stahlstich, Renaissance des Holzschnitts, schließlich ab Mitte des Jahrhunderts die Fotografie) sehr früh schon eine Erweiterung der traditionellen publizistischen Produktpalette um Erzeugnisse, bei denen neben einer benutzerorientierten Mischung aus Bildung, Belehrung und Unterhaltung der gezielte Einsatz von Bildern den entscheidenden Faktor für die Erschließung immer weiterer Leserkreise der Mittel- und Unterschicht darstellt. So wird 1833 als erstes Blatt dieser Art das sog. ‹Pfenningmagazin der Gesellschaft zur Verbreitung gemeinnütziger Kenntnisse› gegründet, und bereits in den 1820er Jahren setzt sich u.a. durch die neuen Vertriebsformen der Kolportage und des Hausierbuchhandels das traditionsreiche Druckmedium der Bilderbögen, aus heutiger Perspektive gerne als ‹Bild-Zeitung des 19. Jahrhunderts› apostrophiert[46], zu einem wichtigen Massenkommunikationsmedium durch.

Eine weitere Ausdifferenzierung im Bereich der Printmedien, ohne die die Voraussetzungen für die Formierung eines Massenpublikums industriegesellschaftlicher Ausmaße kaum erreicht worden wären, stellen für die zweite Hälfte des 19. Jh. die sog. *Familienblätter* dar, als deren Prototyp die *Gartenlaube* gilt, welche sich bei ihrer Gründung im Jahre 1853 programmatisch «fern von aller raisonnierenden Politik und allem Meinungsstreit in Religions- und anderen Sachen»[47] verortet. Mit dem Anspruch, durch ihren Beitrag zur Popularisierung der

Wissenschaften sowie die Förderung der Familie, des bürgerlichen Gemeinsinns und der Vaterlandsliebe im nationalliberalen Sinn ‹Zeitung für alle› zu sein, paßt sich dieser Zeitschriftentyp den kommunikativen Bedürfnissen und Erwartungen v.a. des bürgerlichen Mittelstandes, aber auch solcher Leser und Leserinnen an, die zuvor oft noch kaum Lektüreerfahrungen hatten sammeln können. [48] Nach J. KIRCHNER erreichen die Familienblätter bereits kurz nach ihrem Entstehen 60 bis 70% der Bevölkerung, während sich beispielsweise Lektüre und Abonnement einer Tageszeitung erst um 1900 in allen Bevölkerungsschichten als eine Selbstverständlichkeit durchsetzen. [49]

Auch im Bereich der ‹gehobenen› Literatur und damit im Buchhandel im engeren Sinn läßt sich für die zweite Hälfte des 19. Jh. ein enormer Popularisierungs- und Demokratisierungsschub feststellen: Als für Autoren wie Goethe, Schiller, Lessing, Klopstock, Wieland, Herder, Jean Paul u.a. im sog. Klassikerjahr 1867 urheberrechtlich sämtliche Privilegien erlöschen, können diese nunmehr nicht nur massenhaft produziert und billig abgesetzt werden (Reclams ‹Universalbibliothek›), sondern auch je nach Bildungsniveau, Geschlecht, Alter, Konfession, Interessenrichtung der jeweils anvisierten Publika auf ganz spezifische Weise aufgemacht und angeboten werden. Der hinter dem Klassikerboom stehenden ideologischen Leitvorstellung einer «ideellen Einigung der Nation in der Klassikerverehrung» entspricht so, wie G. Jäger angemerkt hat, auf seiten des Marktes eine Diversifikation des Angebotes, bei der verstärkt die Produktgestalt als «soziale Differenzqualität» an Bedeutung gewinnt. [50]

Als eine ganz eigene, wenn nicht die «entscheidende Phase im Ausbau der modernen, aber noch weitgehend auf Druck, Buch und Presse gestützten Medienkultur» gilt in Deutschland die Zeit zwischen Reichsgründung und dem Ende des ersten Weltkriegs, denn mit dem Hervortreten eines neuartigen Typus der Tagespresse (*Generalanzeiger*), dem Aufbau einer Unterhaltungsindustrie sowie der Modernisierung und Umstrukturierung der Massenbilderproduktion kommt in dieser Phase «die sich seit dem 18. Jh. abzeichnende Entwicklung einer marktorientierten Massenkommunikation, die kaum noch eines kulturellen Auftrags bedarf» [51], zu einem ersten Abschluß. In politisch-rechtlicher Hinsicht stellt hierfür die in den Reichspressegesetzen von 1874 wiederhergestellte Pressefreiheit eine zentrale Voraussetzung dar. Damit wird erstmals seit der Märzrevolution wieder ein publizistischer Neuanfang möglich, der v.a. der im gesamten Jahrhundertverlauf immer wieder von scharfen Zensurmaßnahmen (Vorzensur, Konzessionszwang, Stempelsteuer) betroffenen sog. *Gesinnungspresse* zugute kommt – womit zum einen *Parteizeitungen* wie der frühe ‹Rheinische Merkur› (1814–16), die liberale ‹National-Zeitung› (1848) oder die dem linken Spektrum zuzurechnende ‹Neue Rheinische Zeitung› (wieder ab 1848), später der ‹Social-Demokrat› (1864f.) gemeint sind, zum andern unabhängige *Meinungsblätter* wie die konservative ‹Vossische Zeitung› oder die bürgerlich-liberale ‹Frankfurter Zeitung› (1856–1943).

Daß sich vor diesem Hintergrund jedoch gerade das als dezidiert unpolitisch entworfene und zum Zeitpunkt der Reichsgründung noch relativ neue Zeitungsgenre des *Generalanzeigers* zum führenden Massenblatt entwickelt (ein frühes Beispiel dafür ist der im September 1875 erstmals erschienene ‹Generalanzeiger der Stadt Köln›), hat wesentlich damit zu tun, daß es im Zusammenhang mit dem allgemeinen wirtschaftlichen Aufschwung seit 1871 gelingt, die Finanzierung dieses Zeitungstyps ganz und gar vom Vertriebserlös abzukoppeln und umzustellen auf die Einnahmen aus dem seit 1850 nicht mehr staatlich monopolisierten Anzeigengeschäft. Der Bezugspreis kann auf diese Weise extrem gering gehalten, die Auflagen entsprechend gesteigert werden. Als Bedingungsfaktoren spielen hier des weiteren gänzlich neue Methoden der Abonnentenwerbung sowie die zunehmende, großbetriebliche Kommerzialisierung der Presse eine zentrale Rolle. Die Namen SCHERL, ULLSTEIN und MOSSE stehen dabei nur für die drei ersten Konzerne des deutschen Zeitungswesens, die sich ab den frühen 1880er Jahren auszubilden beginnen.

Zu den wichtigsten Entwicklungen in der inneren Organisation der Zeitungen seit 1871 zählen der Ausbau der Redaktionen und der Nachrichtenbeschaffung durch Korrespondentennetze. Die Berichterstattung gliedert sich von da an in unterschiedliche Sachgebiete, die ‹berichtete Welt› wird jetzt klassifiziert nach Sparten, Ressorts und Rubriken der Zeitungen. Die ‹Medienrealität› erhält ihre thematische Struktur stringent durch die Kategorien ‹Politik›, ‹Wirtschaft› und ‹Kultur›. Zunehmende Bedeutung gewinnt das *Feuilleton* als diejenige Instanz, über die sich der Einfluß der Presse auf die Gesellschaft auszuweiten beginnt. Spezifische Arrangements zur angemessenen Anordnung von Texten und Bildern versuchen, publikumswirksam gesellschaftsrelevante Informationen und deren Kommentierungen zu vermitteln. [52] Spielarten des Berichtens, wie etwa reportagehafte Texte, aber auch deutlich an schulrhetorischem Bildungsinventar entlang ausgerichtete Varianten des Kommentierens mit glossierenden, aphoristischen und ansatzweise essayistischen Zügen, beginnen immer mehr ins standardisierte Repertoire des textsortenspezifischen Zeitungsensembles einzudringen. [53] Die Wirklichkeitsdarstellungen werden immer differenzierter medienspezifisch visualisiert. Dehnt sich die Breite des Nachrichtenfeldes im 19. Jh. auch auf außereuropäische Regionen aus, so wird mit der einsetzenden Lokalberichterstattung und dem anwachsenden Feuilleton zugleich die Tiefe innergesellschaftlicher Milieus erschlossen. [54] Die Räume gesellschaftlichen Handelns werden zum einen geöffnet und genauer kartographiert, zum anderen verändern, dynamisieren sich die temporalen Strukturen des Gesellschaftssystems: M. weist jetzt nicht allein einen permanent sich erhöhenden Aktualitätsgrad auf, sie wird auch in immer kürzeren, verdichteteren Abständen vom Publikum konsumiert und rezipiert. Die täglich aufs Neue errichtete Pressewelt, das «Textkontinuum und Textensemble» [55] der Zeitungen läuft gewissermaßen simultan und synchron zur «Ereignisrealität» [56].

Mit der beginnenden Ausdifferenzierung des literarischen Bereichs in die drei heuristisch unterscheidbaren Ebenen: der ‹Kunstliteratur› (mit dominant ästhetischen und artistischen Ansprüchen, von denen sich ab 1910 die Avantgarden abspalten), der ‹Bildungs- und Unterhaltungsliteratur› (die traditionelle Bildungsansprüche aktualisiert und für sich reklamiert) und der ‹Massenliteratur›, die als kulturindustriell erzeugte und vertriebene Ware ohne programmatische Legitimation auskommt [57], läßt sich vom Aufbau einer Unterhaltungsindustrie sprechen.

4. *20. Jahrhundert*. Die lange Geschichte der Printmedien hat den gesellschaftlichen, massenmedialen Raum vorbereitet, in dem im Verlauf des 19. Jh. zunächst die elektrische Nachrichtentechnik (Telegraph, Telefon), im Übergang zum 20. Jh. und mit einem großen Aufschwung in den 1920er Jahren dann Film und Rundfunk, später die elektronischen Medien mit Ton- und Bildübertragungen, und schließlich in der jüngsten Vergangenheit die digitale Datenverarbeitung und das Internet so mühelos Fuß fassen konnten. Abgesehen von der extensiven Nutzung für die industrielle Produktion, haben diese Techniken die heutige Informations- und Unterhaltungsindustrie mit einer breiten Palette an Kommunikations- und Speichermedien und einem kaum mehr überschaubaren ‹Kulturmarkt› entwickelt. Alle haben sie des weiteren spezifische Strukturen von Raum- und Zeitwahrnehmung und typische Merkmale eigener Medienrealitäten ausgebildet und tragen auf je spezifische Weise zur Konstitution gesellschaftlicher Bewußtseins- und Handlungswirklichkeiten bei.

Auf das veränderte, anonymisierte und nicht mehr primär interpersonal bestimmte Erfahrungswissen der modernen Metropolengesellschaft der Weimarer Republik reagieren die Zeitungen mit Ausweitung und Verdichtung ihrer Kommunikationsräume. Das *Feuilleton* wird zum institutionellen, massenkommunikativen Ort, an dem die Zeitungen und ihre Rhetorik sich rekonstruktiv und interpretativ in die großräumigen Verkehrs- und Informationsnetze der großstädtischen Industriegesellschaft einzuspannen versuchen.[58] Kommentierend zum täglichen politischen Nachrichtenfluß dringt die fragmentierende und verfremdende Textwelt der literarischen Moderne über das Feuilleton gegenläufig in das praktizierte Textensemble der Zeitungen ein, sucht hier seine öffentliche Wirksamkeit zu entfalten. Textuell vielschichtige und heterogene, jetzt explizit auch fiktionale und narrative Verfahren und Genres, wie sie etwa S. KRACAUER, J. ROTH, E. BLOCH oder W. BENJAMIN «zur alltäglichen Lese-Aufgabe des Publikums» machen, glossieren gezielt den ambivalent und fragwürdig werdenden hermeneutischen Umgang mit der modernen Industriewelt. Thesen wie Kracauers «die Wirklichkeit ist eine Konstruktion»[59] destruieren in diesem Zusammenhang das strikte Tatsachen-und Wirklichkeitsdenken des gewohnten massenmedialen Nachrichtenbegriffs. Im liberalen Feuilleton der Weimarer Republik beginnt die herkömmliche Grenze von Nachricht und Meinung im institutionellen Ordnungsregister der Zeitungen wie an der textuellen Oberfläche selbst durchlässig zu werden. Über die publizistische Pragmatisierung ästhetisch-literarischer Verfahren im Feuilleton wird der Konstruktionscharakter massenmedialer Nachrichten und Realitätsbilder reflektiert und zugleich die Sprecherkompetenz der Zeitungen als Interpretationskompetenz moderner Gesellschaftsstrukturen eingefordert.

Das erstmals 1895 in Paris und Berlin öffentlich vorgestellte Medium *Film* trägt «zur Umstrukturierung nicht nur des Kunstbegriffs und des Mediengefüges, sondern des gesamten Wahrnehmungsapparates»[60] bei und prägt sich tief in die gesellschaftlich-kulturellen Diskurse der industriellen Moderne ein. Zunächst sind es vor allem die in der sogenannten ‹Kinoreformbewegung› versammelten politisch-konservativen, pädagogischen und klerikalen Kräfte, die am Film resp. seinem Ort, dem *Kino*, die Suggestivität der sprachlosen Bilder und ihren unkontrollierbaren Einfluß auf die ungebildeten ‹Publikums-Massen› monieren, und deshalb immer wieder Präventivmaßnahmen gegen eine mögliche Gefährdung insbesondere von Jugendlichen, Frauen und Arbeitern fordern. Mit der beginnenden bürgerlichen Adaption des Mediums in der Zeit ab 1910 setzt eine heftige Diskussion um den Kulturwert des Kinos, seine Verortung in der tradierten Dichotomie zwischen hoher Kunst und niederer, kommerzialisierter Unterhaltung sowie seiner medienspezifischen Möglichkeiten der Wirklichkeitsbearbeitung (Zeitlupe und Zeitraffer, Schnitt- und Montagetechniken, Simultaneität, Faktizität) ein, an der sich nun zunehmend auch Vertreter der literarischen Intelligenz beteiligen.[61]

Zu einer unmittelbaren Wiederaufnahme dieser Film- und Kinodebatte kommt es nach dem Ersten Weltkrieg zum einen vor dem Hintergrund der emphatischen Rezeption des technisch progressiven russischen Revolutionsfilms. Sie ist darüber hinaus im Zusammenhang mit dem zügigen, schon 1917 mit der Gründung der ‹Universum Film AG› (Ufa) initiierten Aufbau einer deutschen Filmindustrie zu sehen, deren zumindest anfänglich ungebrochenem Boom sich allererst der nötige finanzielle Freiraum verdankt für die filmischen Experimente des Expressionismus. Die Trennung von Film als Kunst und Film als marktorientierter Massenunterhaltung, die sich mit künstlerisch so ambitionierten Filmen wie ‹Dr. Caligari› (1920) oder ‹Nosferatu› (1922) im öffentlichen Bewußtsein endgültig etabliert hat, verstärkt unter dem parallelen Eindruck einer zunehmenden Abhängigkeit der deutschen Filmindustrie vom kommerzialisierten Hollywood-Kino aus der Perspektive der bürgerlichen Intelligenz die Wahrnehmung einer allgemeinen ‹Film-Krise›. In der Praxis versucht man dieser Krise mit marktregulierenden Maßnahmen wie der Festlegung von Einfuhrquoten, Kooperationsverträgen und Großfusionen zu begegnen. Im Falle der Ufa, als dem größten deutschen Filmunternehmen der Weimarer Zeit, führt die zunehmende Konkurrenz durch ausländische Unternehmen 1927 zur Übernahme durch den bis dahin hauptsächlich im Printbereich tätigen deutschnationalen Hugenberg-Konzern. Der an der Filmbranche der Weimarer Republik exemplarisch ablesbare Trend zur Bildung großindustrieller Multimedia-Konzerne, wie er sich auch heute noch als Grundtendenz einer globalen Kommunikationsgesellschaft erkennen läßt[62], setzt sich in den folgenden Jahren, beschleunigt noch durch die kostenintensive Umstellung der Branche auf den Tonfilm (seit 1928/29), kontinuierlich fort und wird schließlich vom nationalsozialistischen Regime für den sytematischen Aufbau eines de facto schon ab 1936 vollständig staatlich kontrollierten Monopolunternehmens genutzt.[63]

Während frühe NS-Filme formal teilweise noch an experimentelle Filmarbeiten wie ‹Der blaue Engel› (1930) oder ‹Berlin Alexanderplatz› (1931) anknüpfen und inhaltlich auf eine explizite Ideologisierung setzen, werden später sehr viel stärker indirekte, auf Homogenisierung und Habitualisierung abzielende, auf die «‹reine Form› der inszenierten Selbstanschauung der Massen» ausgerichtete Wirkungskonzepte verfolgt, für die die Filme Leni Riefenstahls mit ihrer «exakten Erfüllung dessen, was W. Benjamin als die ‹Ästhetisierung› der Politik kritisiert hatte»[64], als exemplarisch gelten.

Ein weiteres ‹neues Medium› des frühen 20. Jh., das sich im Unterschied zum Film beinah schon avant la lettre zum wichtigsten Propagandainstrument der Nationalsozialisten entwickelt, ist der in Deutschland mit einem regelmäßigen Programm seit Oktober 1923 ausgestrahlte *Hörfunk*. In institutioneller Hinsicht ist das Medium von Anfang an als staatlich kontrolliertes Monopolunternehmen organisiert. Den insgesamt 11 seit

1925 in der Reichsrundfunkgesellschaft AG zusammengeschlossenen regionalen Sendeanstalten ist dabei zwar freie Hand bei der Gestaltung der Kultur-, Unterhaltungs- und Bildungsanteile ihrer Programme gelassen, doch bleibt auf der Grundlage der Reichsrundfunkordnung von 1926 sowohl die wirtschaftliche wie auch die Kontrolle über Nachrichtengebung den staatlichen Organisationen vorbehalten. Der hier realisierten strikten Trennung von Kultur und Politik liegt eine «politische Neutralitätsfiktion» zugrunde, die der Entwicklung neuer, radiospezifischer Programmformen wie etwa der Live-Reportage lange Zeit entgegenwirkt.[65] Statt dessen dominieren im Nachrichtenbereich so unverfängliche, weil eindeutig informationsbetonte und entpolitisierte Darstellungsformen wie Zeitansagen, Wetterbericht, Sportberichterstattung. Zwar lassen sich im Umkreis der Arbeiterbewegung ab etwa 1928 Tendenzen zur Öffnung des Rundfunks für gemäßigt politische, wertende Berichterstattungsformen erkennen, doch werden paradoxerweise gerade diese geöffneteren Kommunikationsformen des Rundfunks schnell zum «Einfallstor einer einseitig rechtsorientierten Politisierung»[66]. 1932 bereits schafft die Regierung von Papen die letzte Privatbeteiligung an den Rundfunkanstalten ab. Spätestens ab 1933 wird das Massenmedium Hörfunk endgültig zur «interministeriellen Kommunikationsbehörde»[67], werden die Möglichkeiten des Mediums als «denkbar großartigste[r] Kommunikationsapparat des öffentlichen Lebens»[68] auf die einseitige Distribution nationalsozialistischer Ideologeme reduziert.

Allgemein wird während des nationalsozialistischen Regimes das prinzipiell zur Verfügung stehende intermediale Reservoir an massenmedial vermittelten, kulturell vielfältigen Meinungsbildungs- und Verständigungsformen und ihrer Rhetorik zugunsten einer flächendeckenden, propagandistischen Inszenierung und Simplifizierung von Wirklichkeit entleert. Erst mit der demokratisch gesicherten Etablierung und Auffächerung einer dezentralisierten öffentlich-rechtlichen[69], mit der Einführung des dualen Systems ab 1984 dann auch privatkommerziellen[70] Rundfunkordnung der Bundesrepublik Deutschland steht wieder die institutionelle Plattform für die Vielheit und Vielstimmigkeit eines massenkommunikativen Meinungs- und Willensbildungsprozesses zu Verfügung. Der unabhängige, freie Zugang der Öffentlichkeit zu den massenkommunikativen Institutionen des Rundfunks, ab 1952 um das sich zunehmend etablierende und ausweitende Dispositiv *Fernsehen* erweitert[71], sowie der ungehinderte Zugriff auf das kommunikative Formenrepertoire der etablierten wie neuen Medien können als grundlegende Konstituenten für den Gründungsakt wie die Entwicklung der bundesrepublikanischen Demokratie gesehen werden.[72]

Entsprechend dieser Entwicklung ist auch im Bereich der bundesrepublikanischen Presse heute beobachtbar, wie eine «Fülle von textuellen und visuellen, typographischen und photographischen, mimetischen und fiktionalen, dokumentarischen und imaginativen, narrativ sukzessiven und stillgestellten, propositionalen und doxastischen Verfahren»[73] ressortübergreifend ausgeschöpft werden kann. Politisch berichtende wie kritisch kommentierende oder unterhaltende Texte setzen sich aus «modularen Clustern»[74] verschiedener visueller wie textueller Darstellungsformen zusammen, «die als Informationsmodule relativ selbständig sein können und gleichzeitig eine Clusterkohärenz aufweisen, also systematisch aufeinander abgestimmt sind.»[75] Ursprünglich im Feuilleton erprobte mehrstimmige «Texturen»[76] erzeugen neben der inhaltlichen eine operationale Informationsebene und garantieren den interaktiven selektiven Leserzugriff auf das massenkommunikative Informationsangebot. Die Zeitung wird zur hypertextuellen Darstellungsform, wie sie wiederum «heutige Online-Zeitungen kopieren» bis hin zur «Imitation von Zeitungsseiten als Bildschirm-Miniaturen».[77]

Auch in der Entwicklung des *Fernsehens* hin zum «zentralen Mediendispositiv»[78] läßt sich eine ‹clusterhafte› Vermischung von Nachricht und Meinung beobachten.[79] Mit der Etablierung des öffentlich-rechtlichen Fernsehens 1952 bis zur Einführung des dualen Systems[80], der damit einhergehenden ‹Ritualisierung›[81] wie Vervielfachung der Hauptnachrichtensendungen läßt sich bis heute eine Tendenz von der ‹Tagesschau zur Infoshow› beobachten: «Das Spektrum der Moderation reicht heute von der sachlichen Hinführung auf ein Nachrichtenthema, das dann in einem Filmbericht ausführlich behandelt wird, bis zur Kommentierung des Nachrichtengeschehens.»[82] Löst sich die technisch-körperliche Struktur televisionaler Wahrnehmung als stark beschleunigte, prozeßhaft-dynamische «Reizpunkt-Collage», durch ihre Verflüssigung von Nähe und Ferne, Privatheit und Öffentlichkeit von traditionellen massenkommunikativen Wahrnehmungsordnungen[83], so bleibt die gesellschaftlich-kommunikative Funktion des Massenmediums Fernsehen an erprobte und bewährte kommunikative, rhetorische Erzähltechniken gebunden. Fernsehnachrichten lassen sich als «audiovisuelle Texte» begreifen, «die entsprechend den Erzähltheorien Perspektivität und Sukzession in der Darstellung beinhalten, den Begriff der Vermittlung und der Herstellung von Ordnungen durch die Darstellung einschließen.»[84] Der Nachrichtensprecher wird zum auktorialen Erzähler, Moderator und ‹Navigator› einer virtuellen Medienrealität[85], die über die multimedial in Text und Bild inszenierte Interaktionssituation zwischen Sprecher und Zuschauer ihre Glaubwürdigkeit zu sichern sucht.[86]

Anmerkungen:
1 H. Innis: Kreuzwege der Kommunikation, hg. v. K. Barck (1997); A. Assmann, J. Assmann: Das Gestern im Heute, in: K. Merten, S.J. Schmidt, S. Weischenberg (Hg.): Die Wirklichkeit der Medien (1994) 114. – **2** W.J. Ong: Oralität und Literalität (1987) 135ff. – **3** D. Bell: Die nachindustrielle Ges. (1989); N. Luhmann: Das Problem der Epochenbildung und die Evolutionstheorie, in: H. Gumbrecht, U. Link-Heer (Hg.): Epochenschwellen und Epochenstrukturen im Diskurs der Literatur- und Sprachhistorie (1985). – **4** R. Münch: Dialektik der Kommunikationsges. (1991) 214. – **5** K. Maase: Grenzenloses Vergnügen. Der Aufstieg der Massenkultur 1850–1970 (1997). – **6** H.J. Kleinsteuber: Informationsges., in: O. Jarren, U. Sarcinelli, U. Saxer (Hg.): Politische Kommunikation in der demokratischen Gesellschaft (1998) 657. – **7** vgl. dazu: U. Beck, A. Giddens, S. Lasch: Reflexive Modernisierung (1966). – **8** W.v. Ungern-Sternberg: Medien, in: K.-E. Jeismann, P. Lundgreen (Hg.): Hb. der dt. Bildungsgesch., Bd. 3, 1800–1870. Von der Neuordnung Deutschlands bis zur Gründung des Dt. Reiches (1987) 383. – **9** M. Giesecke: Der Buchdruck in der Frühen Neuzeit (²1998) 954. – **10** W. Weyrauch: Der Buchdruck des 16.Jh. Prolegomena zur Genese des ‹typographical man›, in: P. Vodosek (Hg.): Das Buch in Praxis und Wiss. (1989) 687. – **11** W. Weyrauch: Das Buch als Träger der frühneuzeitlichen Kommunikationsrevolution, in: Michael North (Hg.): Kommunikationsrevolutionen. Die Neuen Medien des 16. und des 19. Jh. (1995) 2. – **12** H.J. Koppitz: Medien, in: N. Hammerstein (Hg.): Hb. der dt. Bildungsgesch., Bd. 1, 15.–17. Jh. Von der Renaissance und der Reformation bis zum Ende der Glaubenskämpfe (1996) 433. –

13 ebd. 440. – 14 Weyrauch [10] 684; s. dazu auch: E.L. Eisenstein: Die Druckerpresse (1977). – 15 Koppitz [12] 441. – 16 H.J. Köhler: Flugschr. als Massenmedium der Reformationszeit (1981). – 17 Weyrauch [10] 692. – 18 ebd. 694. – 19 J. Wilke: Zeitung, in: W. Faulstich (Hg.): Kritische Stichwörter Medienwiss. (1979) 382. – 20 ebd. 375. – 21 K. Merten: Evolution der Kommunikation, in: Merten u.a. [1] 152. – 22 ebd. 150. – 23 A. Todorow: Das Feuilleton der ‹Frankfurter Zeitung› in der Weimarer Republik (1996) 116f. – 24 J. Wilke: Nachrichtenauswahl und Medienrealität in vier Jahrhunderten (1984) 74. – 25 J. Gieseler: Vom Nutzen und richtigen Gebrauch der frühen Zeitungen, in: G. Fritz, E. Straßner (Hg.): Die Sprache der ersten dt. Wochenzeitungen im 17. Jh. (1996) 263. – 26 ebd. – 27 W. Lerg: Das Gespräch. Theorie und Praxis der unvermittelten Kommunikation (1970) 174f; Gieseler [25] 263ff.; Th. Schröder: Maximen des Informierens, in: Fritz, Straßner [25] 290. – 28 ebd. 291. – 29 Wilke [19] 384. – 30 U. Haß-Zumkehr: "Wie glaubwürdige Nachrichten versichert haben". Formulierungstraditionen in Zeitungsber. des 17. bis 20. Jh. (1998); U. Demske-Neumann: Bestandsaufnahme zum Untersuchungsbereich Syntax, in: Fritz, Straßner [25] 70–125. – 31 J. Gieseler, Th. Schröder: Bestandsaufnahme zum Untersuchungsbereich ‹Textstruktur, Darstellungsformen und Nachrichtenauswahl›, in: Fritz, Straßner [25] 54ff.; Haß-Zumkehr [30]. – 32 Th. Gloning: Verständlichkeit und Verständnissicherung in den frühen Wochenzeitungen, in: Fritz, Straßner [25] 339f. – 33 Wilke [24] 147ff. – 34 J. Weber: Der große Krieg und die frühen Zeitungen. Gestalt und Entwicklung der dt. Nachrichtenpresse in der ersten Hälfte des 17. Jh., in: Jb. für Kommunikationsgesch. 1 (1999) 24. – 35 S.J. Schmidt: Die Selbstorganisation des Sozialsystems Lit. im 18. Jh. (1989). – 36 H. Böning: Aufklärung und Presse im 18. Jh., in: H.-J. Jäger (Hg.): ‹Öffentlichkeit› im 18. Jh. (1997) 152. – 37 ebd. – 38 ebd. 155ff; U.E. Koch: Streifzüge durch die dt. Pressegesch. bis 1945, in: P. Albert, W.S. Freund, U.E. Koch (Hg.): Allemagne – France. Deux pays médiatiques. Frankreich – Deutschland. Medien im Vergleich (1990) 121. – 39 Koch [38] 121. – 40 Assmann, Assmann [1]. – 41 J.D. Müller: Das Gedächtnis der Universalbibl.: die neuen Medien und der Buchdruck, in: H. Böhme, K.R. Scherpe (Hg.): Lit. und Kulturwiss. (1996) 78ff. – 42 Haß-Zumkehr [30] 196f. – 43 Merten [21] 155. – 44 Böning [36] 155. – 45 P.M. Spangenberg: Mediengesch. – Medientheorie, in: J. Fohrmann, H. Müller (Hg.): Literaturwiss. (1995) 47. – 46 Ungern-Sternberg [8] 393. – 47 nach G. Jäger: Medien, in: Ch. Berg (Hg.): Hb. der dt. Bildungsgesch., Bd. 4, 1870–1918. Von der Reichsgründung bis zum Ende des Ersten Weltkriegs (1991) 477. – 48 Ungern-Sternberg [8] 399. – 49 zit. ebd. – 50 Jäger [47] 475. – 51 ebd. 497. – 52 G.v. Graevenitz: Memoria und Realismus, in: A. Haverkamp, R. Lachmann (Hg.): Memoria – Vergessen und Erinnern (1993) 291ff; Todorow [23] 155. – 53 U. Püschel: Journalistische Textsorten im 19. Jh., in: R. Wimmer (Hg.): Das 19. Jh. (1991) 437ff. – 54 Wilke [24] 226. – 55 Todorow [23] 156ff. – 56 Wilke [24] 131ff, 180. – 57 Jäger [47] 481. – 58 Todorow [23] 152. – 59 ebd. 155. – 60 E. Schütz: Medien, in: D. Langewiesche, H.E. Tenroth (Hg.): Hb. der dt. Bildungsgesch., Bd. 5, 1918–1945, Die Weimarer Republik und die nationalsozialistische Diktatur (1989) 371. – 61 Schütz [60] 377; A. Kaes (Hg.): Kino-Debatte (1978). – 62 R. Münch: Dialektik der Kommunikationsges. (1991) 16. – 63 J. Spiker: Film und Kapital. Der Weg der dt. Filmwirtschaft zum nationalsozialistischen Einheitskonzern (1975). – 64 Schütz [60] 382. – 65 ebd. 384; ders.: Kritik der lit. Reportage (1977) 97ff. – 66 ders. [60] 386. – 67 W.B. Lerg: Rundfunkpolitik in der Weimarer Republik (1980) 405. – 68 B. Brecht: Der Rundfunk als Kommunikationsapparat, in: Werke (Suhrkampausg.) Bd. 18 (1993) 129. – 69 A. Diller: Öffentlich-rechtlicher Rundfunk, in: J. Wilke (Hg.): Mediengesch. der Bundesrepublik Deutschland (1999) 146ff. – 70 R. Steinmetz: Initiativen und Durchsetzung privatkommerziellen Rundfunks, in: Wilke [69] 167ff. – 71 H.O. Halefeldt: Programmgesch. des Hörfunks, ebd. 211ff.; K. Hickethier (Hg.): Institution, Technik und Programm. Rahmenaspekte der Programmgesch. des Fernsehens (1993). – 72 Halefeldt [71] 211; H. Bausch: Rundfunkpolitik nach 1945, Teil 1: 1945–1962 (1980). – 73 A. Todorow: Das Feuilleton im medialen Wandel der Tageszeitung im 20. Jh., in: K. Kauffmann, E. Schütz (Hg.): Die lange Gesch. der kleinen Form (2000) 27f. –

74 H.-J. Bucher: Vom Textdesign zum Hypertext, in: W. Holly, B.U. Biere (Hg.): Medien im Wandel (1998) 67. – 75 ebd. – 76 M. Baßler: Die Entdeckung der Textur (1994) 4. – 77 ebd. 100. – 78 K. Hickethier: Fernsehen und kultureller Wandel, in: J. Wilke (Hg.): Massenmedien und Zeitgesch. (1999) 151. – 79 U. Püschel: Von der Pyramide zum Cluster, in: E. Hess-Lüttich (Hg.): Medienkultur – Kulturkonflikt (1992) 245ff. – 80 P. Ludes: Programmgesch. des Fernsehens, in: Wilke [69] 262. – 81 Hickethier [78] 150. – 82 M. Muckenhaupt: Von der Tagesschau zur Infoshow, in: H.J. Heringer u.a. (Hg.): Tendenzen der dt. Gegenwartssprache (1994) 81–120. – 83 G. Großklaus: Das technische Bild der Wirklichkeit, in: Friedericiana 45 (1990) 39–57. – 84 K. Hickethier: Fernsehnachrichten als Erzählung der Welt, in: G. Bentele, M. Haller (Hg.): Aktuelle Entstehung von Öffentlichkeit (1997) 514f. – 85 ebd. 515. – 86 ebd. 524; M. Elsner, Th. Müller, P.M. Spangenberg: Zur Entstehungsgesch. des Dispositivs Fernsehen in der Bundesrepublik Deutschland der fünfziger Jahre, in: Hickethier [71] 38.

II. *Moderne Forschung.* 1. *Interdisziplinäre Zugänge.* Die Erforschung des vielschichtigen und komplexen Gegenstandsfeldes M. ist auf Methodenpluralismus, Multiperspektivik der Betrachterstandpunkte sowie Interdisziplinarität angewiesen. *Philosophisch-anthropologische, sozial- und geschichtswissenschaftliche, wirtschaftliche, rechtliche, pädagogische, psychologische, sprach-, literatur-, musik-* und *kunstwissenschaftliche* Aspekte sind zu klären. Die einschlägigen Disziplinen sind allerdings mit unterschiedlicher Intensität an dieser Aufgabe beteiligt. An erster Stelle stehen die *Publizistik- und Kommunikationswissenschaft* und die verschiedenen Ausrichtungen der *Medienwissenschaften*. In der Kommunikationswissenschaft des frühen 20. Jh. ging man von einem positivistischen Faktoren-Modell der M. aus, von einem Sender – Mitteilung – Empfänger – Schema, in dem die Mitteilung in der Art einer klar umrissenen Information vom Kommunikator zum Rezipienten, dem einzelnen Individuum, transportiert wird und dort mit berechenbarer Wirkung ankommt (*Reiz-Reaktions-* oder *stimulus-response-*Schema). [1] Dieses Modell wird heute als einseitig-linear und kausal und deshalb, trotz der späteren Erweiterung um die Beachtung intervenierender Variablen wie ‹Meinungen› und ‹Einstellungen› [2], als überholt angesehen, bildet aber den historischen und systematischen Ausgangspunkt für die weitere Entwicklung der kommunikationstheoretischen Ansätze in der Publizistik- und Kommunikationswissenschaft.

Auf dem Reiz-Reaktions-Schema fußt die bekannte Frageformel von H.D. LASSWELL: «Who says what in which channel to whom with what effect?» [3] Sie gilt der Beschreibung und Gliederung des Massenkommunikationsprozesses in Grund-Bausteine und entsprechende wissenschaftliche Forschungsfelder: in die Kommunikator-, Aussagen-, Medien-, Rezipienten- und Wirkungsforschung also. Sie zeigt strukturell eine deutliche Analogie zu ihren «rhetorischen Ahnen» [4], zu den traditionsreichen topischen Such- und Ordnungsformeln der *Rhetorik* und ihrer Argumentationslehre, und verweist damit auf die Verwandtschaft des kommunikationswissenschaftlichen Grundschemas mit dem rhetorischen Modell von Redner, Rede und Hörer. Aber anders als die Massenkommunikationsforschung des 20. Jh. zerlegt die Rhetorik das Schema nicht in voneinander isolierte Faktoren, sondern betrachtet den rhetorischen Kommunikationsprozeß als Wirkungszusammenhang, der auf die pragmatische Geltung von Sachverhalten und auf die Handlungsorientierung des Menschen zielt.

Die komplexe aristotelische Leitfigur von der Rede, die auf dreierlei basiert – auf «dem Redner, dem Gegenstand, über den er redet, sowie jemandem, zu dem er redet, und seine Absicht zielt auf diesen»[5] – diese Leitfigur wird anders, als man es in der Forschungsliteratur häufig lesen kann[6], nicht linear, kausal berechenbar gedacht, sondern über *Glaubwürdigkeit* und *Angemessenheit* zurückgebunden in situationsabhängige Wechselbeziehungen mit sozialem Kontext und kultureller Plausibilität der Argumente. Einseitig berechenbare, eindimensionale Wirkung vom Redner zum Publikum findet sich zwar im instrumentellen Rhetorikverständnis der Sophistik oder auch im rhetorischen Denken späterer Jahrhunderte und ihrer rhetorisch-pädagogischen oder szientistischen Traditionsbildungen. Dies kann aber nicht über alle historischen und theoretischen Transformationen der Rhetorik hinweg allgemein für sie geltend gemacht werden. So vertritt ARISTOTELES gerade nicht «das Denken in absoluten und daher klassifizierenden Größen»[7], sondern betont, «daß die Rhetorik nun nicht teilhat an irgendeiner Art Festdefiniertem, sondern der Dialektik entspricht [... und] daß es nicht ihre Aufgabe ist zu überreden, sondern zu untersuchen, was an jeder Sache Glaubwürdiges vorhanden ist, [...], daß es ihr Geschäft ist, [bei jedem Gegenstand] das Glaubwürdige wie das scheinbar Glaubwürdige zu erkennen» und zu vermitteln.[8] Die rhetorische Ausgangsfigur Redner, Rede und Hörer ist also ein Funktionsmodell prozessualer, argumentativer und plausibler Kommunikation, die verankert ist in der je aktuellen Situation wie im sozialen und kulturellen Selbstverständnis, dem *sensus communis*, der jeweiligen Gesellschaft. Steht dieses Paradigma im Zentrum eines rhetorikwissenschaftlichen Ansatzes, so schließt neuerdings ein Beitrag von B. FRANTZ auch aus publizistik- und kommunikationswissenschaftlicher Perspektive an dieses Beschreibungsmodell an, «das Medien stärker in ihrer Funktion als ‹Instanzen von Bedeutungsvermittlung› in der Massenkommunikation über gesellschaftliche Issues berücksichtigt».[9]

So verschieden das publizistikwissenschaftliche und das rhetorische Modell von Kommunikation schon im Ansatz gedacht werden, so unterschiedliche Wege nehmen beide auch bei ihrer Entfaltung in der Kommunikationsforschung.

Die Massenkommunikationsforschung der *Publizistik- und Kommunikationswissenschaft*, wie sie seit den 20er Jahren, verstärkt seit dem Zweiten Weltkrieg aus der Propagandaforschung in den USA hervorgegangen ist und nach 1945 auch in Deutschland betrieben wird, bezieht sich in ihren amerikanischen Anfängen unter dem Stichwort *New Rhetoric* zwar durchaus auf die klassische Aristotelische Rhetorik und auf den Traditionsbestand an rhetorischem Wissen über Überredungs- und Überzeugungspotentiale des Sprachverhaltens, kann sich dabei aber im Gegensatz zu Aristoteles «auf den gesicherten Wissensbestand der modernen Psychologie im Hinblick auf menschliches Verhalten» stützen.[10] Das Interesse der *New Rhetoric* zielt auf eine neue Rhetorik der Gegenwart und auf deren Medienbedingungen in der modernen Massengesellschaft, wobei ihre Forschung nicht historisch, sondern pragmatisch, experimentell und empirisch ausgerichtet ist.[11] *New Rhetoric* und die sich aus ihr entwickelnde Massenkommunikationsforschung haben sich überwiegend mit den quantifizierenden analytischen Methoden der empirischen Sozialwissenschaften wie der *(Sozial)Psychologie*, der *Soziologie* und der *Politologie* und mit stark technisch und funktional orientierten, abstrakten Theoriemodellen durchgesetzt.

Dominierendes Paradigma der Publizistik- und Kommunikationswissenschaft ist das Konzept der intervenierenden Variablen geworden (*Variablenansatz*): «Innerhalb dessen Rahmen besteht die Forschung im wesentlichen darin, die unendliche Komplexität der Phänomene [der M.] auf Faktoren oder Variablen und deren funktionale Beziehung zueinander zu reduzieren. Die Kommunikationsforschung bestand und besteht weitgehend in dem Bestreben, immer neue Variablen zu ‹entdecken›, ihren Stellenwert innerhalb eines Modells zu bestimmen und ihre Einflüsse auf den Kommunikationsprozeß und insbesondere auf die ‹Wirkungen› zu untersuchen.»[12] Der Variablenansatz mit seinen vielen Spielarten hat in der empirischen Analyse des Kommunikationsprozesses eine Fülle von operationalen Klassifikationen von Variablen und Kategorien und von intersubjektiv überprüfbaren und beschreibbaren Merkmalen erbracht – sie schlagen sich in den o. g. Definitionen der M. nieder – und hat damit in dieser Hinsicht eine deutliche Überlegenheit gegenüber holistischen Ansätzen unter Beweis gestellt.

Zahlreiche Untersuchungen über die Empfänger von massenmedialen Übermittlungen als Individuen oder als Teile oder Mitglieder einer sozialen Gruppe haben seit der ersten Etablierung des einseitig-linearen und kausalen Reiz-Reaktions-Schemas 1927 durch Lasswell[13] dazu geführt, «den Empfänger inmitten der Struktur von Gruppen, Assoziationen, Organisationen und Institutionen, kurz inmitten des sozialen Systems, das ihn umgibt, zu sehen. Der fälschlicherweise als passiv hingestellte Empfänger wurde als ein im totalen sozialen Prozeß mitwirkendes aktives Mitglied erkannt.»[14] So weiß man, daß die direkte Wirkung von M. auf den Einzelnen relativ schwach ist und erst durch autoritätsorientierte Selektions- und Kumulationsprozesse aus der personalen und sozialen Umgebung verstärkt wird (*Two-Step-Flow* oder *Zweistufenfluß* der Kommunikation, Meinungsführerschaft).[15] Thesen und Stichwörter wie *Meinungsführerschaft* in den Wirkungsprozessen, *uses and gratification* (Unterhaltungs-, Identifikations- und Eskapismus-Funktion der M.)[16], *agenda-setting* (Themenkontrolle und -strukturierung durch die Massenmedien)[17], *Stereotypen* und Schemata (Wahrnehmungsselektionen und kognitive Muster in der journalistischen Arbeit)[18], *transaktionales Modell* (Verarbeitung einer Information unter dem Einfluß des Kommunikator-Bildes beim Rezipienten und unter dem Einfluß der Persönlichkeit des Rezipienten)[19] oder die Unterscheidung von öffentlicher und veröffentlichter Meinung bis hin zu ihrer besonderen Form der *Schweigespirale* (Steuerungs- und Anpassungsdruck auf die Meinung des Einzelnen durch Orientierung an als dominant wahrgenommenen mediatisierten Meinungen)[20] stehen für inzwischen weitverzweigte, detailreich ausgefächerte, methodisch weitgehend auf dem Variablenansatz beruhende Forschungszugriffe auf die M.[21] Sie bilden eine Fülle unterschiedlicher Aspekte und Faktoren eines hochkomplexen Massenkommunikationsprozesses ab, werden aber trotz gegenteiliger Zielsetzungen wenig miteinander verknüpft und spiegeln eher die Uneinheitlichkeit als einen zusammenhängenden Forschungsstand wider.

Mit der empirischen Wirkungsforschung, die einen Schwerpunkt dieser Forschungen ausgebildet hat, verbinden sich heute zunehmend *konstruktivistische* und *systemtheoretische* Entwürfe. Mit ihnen rückt der Begriff *Medienwirklichkeit* – als spezifisches *Dispositiv* der

Wirklichkeitskonstruktion des Menschen – und somit die Kategorien der Selektivität und Reflexivität ins Zentrum der Kommunikationswissenschaft.

Der aus der modernen Wissenssoziologie abgeleitete Begriff der ‹Medienwirklichkeit› ist eng verknüpft mit den Arbeiten von W. SCHULZ, der bereits in den 1970er Jahren auf die Konstruktionsleistung der Massenmedien und ihren Beitrag zum Aufbau und Erhalt gesellschaftlicher Wirklichkeit hingewiesen hat.[22] Dieser anschaulich als ‹kopernikanisch› apostrophierte Realitätsbegriff wird abgegrenzt von der sog. ‹ptolemäischen› Sichtweise, die auf dem Abbildcharakter massenmedialer Berichterstattung insistiert: «Die Realität, die in der *ptolemäischen* Auffassung als Gegenstand und Voraussetzung von Kommunikation angesehen wird, ist in der *kopernikanischen* Sichtweise deren Ergebnis.»[23] Auf diesem Hintergrund werden ‹Nachrichten› verstanden als dasjenige, «was Journalisten als ‹reale Ereignisse› wahrnehmen» und was «als diejenige soziale Wirklichkeit aufgefaßt werden [kann], auf deren Grundlage Selektionsentscheidungen getroffen werden.»[24] Systemtheoretisch formuliert sind es bei N. LUHMANN die kommunikativen Eigenleistungen der Massenmedien, die über die spezifisch selektiven Mechanismen Information, Mitteilung, Verstehen nicht nur die operative Geschlossenheit eines eigenständigen Subsystems ‹Massenmedien› bedingen, sondern darüber hinaus dessen zentrale Funktion für die Entstehung und Konstanz moderner Gesellschaften und ihrer Wirklichkeitsbilder überhaupt sichern.[25] Strikt wird hier die Interaktionslosigkeit zwischen Sender und Empfänger über das technische Verbreitungsmedium angenommen, um daraus einen abstrakten kommunikativen Freiraum der Massenmedien abzuleiten, innerhalb dessen die systemspezifischen Prozesse der Informationsverarbeitung «in Kantischer Terminologie [...] eine transzendentale Illusion» erzeugen, die das gesellschaftliche Bild von der Realität prägt.[26]

Vor allem K. MERTEN hat in mehreren Beiträgen seit den 70er Jahren Reflexivität als kommunikative ‹Grundkategorie›[27] und «Grundstruktur öffentlicher Meinung»[28] auf der Basis konstruktivistischer und systemtheoretischer Annahmen herausgearbeitet mit dem Ziel «einer Uminterpretation des Wirkungsprozesses» und eines «Mehrmethodenuntersuchungsansatzes».[29] Kommunikation ist danach ein gesellschaftlicher Prozeß, der auf der sozialen Konstituierung des Menschen beruht und sie zugleich fundiert: «Menschen können als soziale Wesen nur dann existieren, wenn sie Strukturen des Wahrnehmens, Wissens, Denkens, Meinens und Handelns besitzen. [...] Solche Strukturen werden in Prozessen generiert, die wir Kommunikation nennen.»[30] Dabei entsteht die intersubjektive und gesellschaftliche Gemeinsamkeit der Kommunizierenden, die Ergebnis und zugleich Voraussetzung der Kommunikation ist. M. stellt sich für Merten dann dar als ein eigenes soziales Kommunikationssystem neben dem interpersonalen Kommunikationsnetz mit einer «spezifische[n] Kombination verschiedener Reflexionsverhältnisse»[31], die anstelle der direkten Referentialität und Reflexivität interpersonaler Wechselseitigkeit die Verknüpfung mehrerer «virtueller» reflexiver Strukturen ohne direkte gegenseitige Wahrnehmbarkeit der Kommunikationsbeteiligten herausbildet: Aussagen oder Informationen und Kommentierungen von Aussagen und Kommentierungen von Kommentierungen generieren die «Konsentierung von Wissens- und Meinungsbeständen», das heißt den Abgleich zu gesellschaftlich bestimmendem Denken und Meinen, wie er «als Modeerscheinung, als Prozeß sozialer Kontrolle, vor allem aber als Prozeß der Bildung öffentlicher Meinung bekannt ist».[32] Die Entwicklung und Durchsetzung der Massenkommunikationsmedien und erst recht der Medien der Telematik und Multimedia erweitern die grundsätzliche Gemeinsamkeit von Kommunizierenden tendenziell unbegrenzt in einen anonymen, durch virtuelle bzw. fiktionale Kommunikation nicht Anwesender ausgezeichneten sozialen Raum von Öffentlichkeit und öffentlicher Meinung über das ‹Wahrnehmen, Wissen, Denken, Meinen und Handeln› anderer: Diese gesellschaftliche Kommunikation durch ein massenmedial geformtes Vorstellungsvermögen ist nach Merten der personal interaktiven «gerade durch die Nicht-Kenntnis anderer» in Wahrnehmung und Austausch überlegen, auch wenn sie als «virtuelles System immer auf reelle Interaktion der Kommunikanden angewiesen» bleibt.[33] M. erzeugt äußerst wirksam «ganz ausgezeichnete Konsens-Effekte».[34] In jüngerer Zeit ergibt sich damit in der Massenkommunikationsforschung vermehrt die Notwendigkeit, externe Kontexte stärker zu berücksichtigen und fiktionale Verfahren ebenso wie interpretative Selektionen als konstitutiv für die M. anzuerkennen. Aus dieser Perspektive müssen neben den sozialstrukturellen die hermeneutisch ausgerichteten Methodenfragen hinsichtlich der «Konsens-Effekte»[35] und der Erzeugung der öffentlichen Meinung durch die M. neu gestellt werden.

Nicht bei den Selektions- oder Konstruktionsleistungen der M. für Wahrnehmung, Bewußtsein und Wissen, sondern bei den technischen Apparaturen selbst – von der Photographie, Phonographie und Telegraphie bis zum Computer – und beim «Transfer des Bewußtseins in den Computer durch elektronische Simulation»[36] setzen neuere, sich postmodern definierende Medientheorien an, die – anders als in der subjektzentrierten Kultur der Schrift, in der der Mensch quasi «Souverän der Daten»[37] gewesen ist – den Menschen als Element in technischen Schaltkreisen von Zeichen oder Datenübertragungssystemen sehen: «Elektronik ist die globale Erweiterung unseres zentralen Nervensystems, das ja selbst als ein elektronisches Netz verstanden werden kann, das unsere Sinne koordiniert. Der Mensch – und auch sein Stolz: Phantasie, Kunst – zerfällt in Physiologie und Datenverarbeitung, die nur durch eine Medientheorie wieder zu integrieren wären. So können wir die beiden Grundvorgänge bestimmen, die das Gesicht der postmodernen Welt prägen – nämlich einmal die Entäußerung des Zentralnervensystems in den neuen Medien; zum anderen der Transfer des Bewußtseins in den Computer durch elektronische Simulation.»[38] Mit dem Bild vom Menschen als nichtapparativem 'Appendix' der Apparaturen und Maschinen verbieten sich dann allerdings Begriffe von M. und entsprechend von Massenmedien und Öffentlichkeit. Diese werden zum «Phantasma» eines «sich zum Geschichtssubjekt berufen fühlenden Bewußtseins», das nicht nur die Herkunft der technischen Medien aus dem Horizont der «Kriegs- und Arbeitswissenschaft» leugnet[39], sondern den subjektunabhängigen Status apparativer Wahrnehmung – etwa der Photographie oder des Computers – gegenüber der menschlichen Wahrnehmungsfähigkeit ebenso verkennt wie die Eigenweltlichkeit eines maschinell erzeugten, virtuellen Cyberspace[40], bzw. die «Substituierung des Realen durch Zeichen des Realen» anstelle von Imaginärem und Imitation der Repräsentationen.[41]

Ein weiteres grundsätzlich interdisziplinäres Forschungskonzept gewinnt außerhalb und zum Teil gegen die disziplinär etablierte Publizistik- und Kommunikationswissenschaft unter dem Sammelbegriff *Medienwissenschaften* zunehmend an Bedeutung bei der Erforschung der M. und ihrer neuen multimedialen Strukturveränderungen im Kontext der Digitalisierungstechnologien. Unter dem terminologischen Stichwort ‹Medienwissenschaften› verbinden sich unterschiedliche kulturwissenschaftliche, literatur-, kunst- und sozialwissenschaftliche Forschungsansätze zu einer methodenpluralen transdisziplinären Problemreflexion, die auf den Zusammenhang von technischen Apparaten, materieller und epistemischer Kultur und Medialität der Repräsentationen abhebt.[42] Neuere medienwissenschaftliche Theoriebildungen zielen nicht mehr auf eine Ganzheit des Subjekts als Produzent und Rezipient medialer Wirklichkeitskonstruktion, sondern auf die «Ganzheit einer Kommunikationssituation»[43], deren Organisationsbedingungen in den Mittelpunkt von Erklärungsmodellen rücken. Zu einem immer wichtigeren Begriff bildet sich in den letzten Jahren das ‹Dispositiv› heraus. Mit diesem Begriff hat M. FOUCAULT in seinen späten Arbeiten das «Bündel von Beziehungen» aller Elemente bezeichnet, die Macht und Wissen in der Gesellschaft bedingen und in ein je spezifisches produktives Verhältnis zueinander setzen.[44] Er hat damit in seinen späten Arbeiten den diskurstheoretischen Ansatz erweitert und gegen die Gefahr ideengeschichtlicher Reduktion stark gemacht: Danach ist als ‹Dispositiv› zu verstehen «ein entschieden heterogenes Ensemble, das Diskurse, Institutionen, architekturale Einrichtungen, reglementierende Entscheidungen, Gesetze, administrative Maßnahmen, wissenschaftliche Aussagen, philosophische, moralische oder philanthropische Lehrsätze, kurz: Gesagtes ebensowohl wie Ungesagtes umfaßt. Soweit die Elemente des Dispositivs. Das Dispositiv selbst ist das Netz, das zwischen diesen Elementen geknüpft werden kann.»[45] Unter dem Einfluß von J.-L. BAUDRY[46] ist der Dispositiv-Begriff zunächst in die Film- und Fernsehtheorie übertragen worden[47], über die hinaus er inzwischen immer mehr Eingang findet in die Medienwissenschaften.[48] Auch wenn er vorläufig häufig schneller zur Hand als materialiter ausgefüllt ist, kommt sein holistischer Zuschnitt der Notwendigkeit entgegen, jenseits herkömmlicher Subjektzentrierung umfassende Beschreibungsmodelle zu entwickeln, die Diskurse, Institutionen und mediale *hard-ware* als Kontext zu erschließen vermögen.

2. *M. und aktuelle Rhetorikforschung*. Angesichts der Fülle an methodischen und theoretischen Ansätzen in der Publizistik- und Kommunikationswissenschaft bleibt die Dürftigkeit der Forschung in bezug auf die Sprache, Bilder und Zeichen, auf die semiotischen Medien[49] der M. also und ihre rhetorische Konstitution bemerkenswert wie deren gänzliches Fehlen in den gängigen Definitionen von M. Die semiotischen Medien bewirken die mediale Codierung, Diskursivierung und Speicherung von Wissen und Meinung, von Bewußtsein und Gedächtnis im Massenkommunikationsprozeß, die Rhetorik deren Darstellbarkeit im technischen Medium. Wenn J. RAITH 1993 für die *Linguistik* feststellt, daß sie zur systematischen Erforschung des «Zusammenhangs von massenmedialem Sprachgebrauch und Entstehungs-, Funktions- und Wirkungsbedingungen von M.» nur wenig beigetragen habe[50], und dies, obwohl «die Massenmedien sich gerade durch eine sonst unerreichbare Vielfalt von Informationsanlässen und -zielen, Autoren, Empfängern, Textsorten, Sprachstilen und entsprechend selektivem Konsum auszeichnen»[51], so ändert sich dies für die Linguistik zwar in jüngster Zeit[52], gilt aber für die *Rhetorik*, wenn auch mit Einschränkungen, nach wie vor. Medien der Massenmedien sind die fundamentale menschliche Sprachlichkeit, sind die auditiven und visuellen Zeichen, Geräusche und Bilder geblieben. In deren nicht hintergehbarer Figuralität, in ihren grammatischen und amplifikatorischen Mustern, in ihren argumentativen Schlußverfahren und ihrer Symbolizität realisiert sich öffentliche Kommunikationspraxis als ‹Information› wie ‹Unterhaltung›, als Konsens wie Kritik. Medium der M. ist so auch die Meinung – als reflexives Strukturelement – wie sie Medium der Rhetorik ist.[53] M. kann nur im Zusammenhang mit einer allgemeinen Untersuchung des Denkens in Meinungen und ihrer auf die Praxis gerichteten Werturteile erfaßt werden. So läßt sich die Rhetorizität der Konstitution von Meinung wie die Rhetorizität ihrer Präsentationsstrategien unschwer auch in der M. erkennen. Eine Vielzahl gängiger Topoi, eingeübter Argumentationsmuster und symbolischer Kommunikationshandlungen sichern die öffentliche Darstellbarkeit wie Rezipierbarkeit von Ereignissen und Akteuren: Versteht man die Kommunikatoren auf der Produktionsseite der Massenmedien, ihre Akteure aus Politik und Gesellschaft auf der anderen Seite und das Publikum auf der Rezipientenseite als Kommunikationsbeteiligte, so gilt für alle drei, was H.-G. SOEFFNER für die politisch Handelnden feststellt: «Immer haben [sie] das Problem zu lösen, den jeweiligen Situationen und Rahmungen schnell und reibungslos die adäquaten Darstellungsformen zuzuordnen. Mehr oder weniger intuitiv nutzen sie dabei Mustersammlungen, in denen die gesellschaftlich anerkannten Lösungen ihrer Probleme *rahmengerecht* in Gestalt bestimmter kommunikativer Gattungen (Th. Luckmann) und Darstellungsformen abgelagert sind.» Im Rahmen der Sozialtheorie des *symbolischen Interaktionismus* wird hier die systematische Stelle kenntlich gemacht, an der die rhetorische Forschung zum Aufbau sozialer Wirklichkeit und kollektiv verankerter Deutungs- und Verhaltensmuster unter den medialen Bedingungen der Moderne sich neu zu orientieren hat.[54]

Zwar ist die Rhetorik mit fruchtbaren Studien zur Rhetorizität und zur rhetorischen Praxis einzelner Massenmedien hervorgetreten[55], bis heute aber gibt es keine ausreichende Theorie – Verbindung der Rhetorikwissenschaft mit dem Phänomen der M. Eine Ausarbeitung der semantischen, institutionellen, gesellschaftlichen und philosophisch-anthropologischen Dimensionen der Rhetorik der M. steht ebenso aus wie allerdings auch die endgültige Zurückweisung der häufig und apodiktisch vertretenen Annahme, daß rhetorische Strukturen unter negativem Vorzeichen an logozentrische und interpersonale Prämissen gebunden und in den technikgestützten kollektiven und «inkonsistenten» Kommunikationsformen der Moderne nicht mehr vorhanden seien.[56] Angesichts einer offensichtlichen «Renaissance der Rhetorik» in der Wissenschaftsentwicklung des 20. Jh. leisten J. BENDER und D. WELLERBY einen wichtigen Beitrag zum Bedingungszusammenhang von Modernität und Rhetorizität und berücksichtigen dabei explizit auch Phänomene der M.[57] Danach bildet sich mit Beginn der Moderne ein spezifischer «Kultur- und Diskursraum»[58], der die wissenschafts- wie gesellschaftsrelevanten Prämissen eines antirhetorischen Auf-

klärungsdenkens durchbricht und umkehrt. Wissenschaftsgeschichtlich ist dieses antirhetorische Denken der historisch-systematische Ort, an dem das traditionelle rhetorische Paradigma nicht nur von einem szientistischen Wissenschaftsbegriff, sondern auch von einem entsprechenden faktenorientierten Informations- und Nachrichtenbegriff der Publizistik getrennt werden.[59] Nach Bender/Wellbery schlägt in der Moderne dieses wissenschaftliche Objektivitäts- und Faktizitätsdenken ebenso in sein Gegenteil um wie damit einhergehenden Positionen des autonomen Subjektivismus, des Liberalismus sowie des Nationalismus. Massenmediale kulturgesellschaftliche Entwicklungen wie Film, Fernsehen und Rundfunk drängen die historisch konventionellen kulturellen Techniken des Lesens und Schreibens an den Rand einer multimedial-systemischen Informationsverarbeitung.[60] Rhetorik wird zur «Grundbedingung unserer Existenz»[61], indem «Rhetorizität» jetzt den veränderten, nicht mehr durch festgeschriebene Individualitäten, sondern durch wechselhafte und anonym bleibende Kollektiva generierten, epistemischen Diskursraum der Moderne charakterisiert. M. bezeichnet in diesem Sinne die für die Massengesellschaft der Moderne signifikante Kommunikationsform, indem sie einerseits durch synthetisch erzeugte, interaktionslose und virtuelle Konstruktionen der Entpersonalisierung gesellschaftlicher Erfahrungsinhalte Vorschub leistet, indem sie andererseits artifizielle, rhetorisch generierte, metonymische Substitute als scheinbar individuelle Identitäten ausgibt. Personalität wird zum rhetorischen Simulationsdesign einer kollektiv erzeugten massenkommunikativen Benutzeroberfläche. «Kollektive Bemühungen in großem Maßstab sind die Realität, die von der Individualität nur noch imaginär oder phantastisch repräsentiert wird. So werden Öffentlichkeiten manipuliert, indem man ihnen vortäuscht, die Produkte wären das Ergebnis individueller schöpferischer Anstrengung; dieses Phänomen ersetzt die alten Formen der Überredung.»[62] Auffällig erscheint hier, daß Bender/Wellbery letztlich wieder in einen kulturpessimistischen Begriff der manipulativen Rhetorik zurückfallen, wie er gerade dem als überlebt herausgestellten antirhetorischen Duktus der Aufklärung entstammt.[63] Das Manipulative einer rhetorischen «Oberflächenornamentierung»[64], wie es bereits Kant in seinem prominenten Diktum gegen die Rhetorik formuliert[65], wird unkritisch auf die Konstitution der M. übertragen. Damit aber wird eine konstruktive, frei von Reduktionismen beobachtende Sicht auf das Bedingungsfeld von M. und Rhetorik in bezug auf öffentliche Meinungsbildung blockiert.
Der Weiterführung jener historisch gewordenen «exemplarischen Exekution eines ‹antirhetorischen Methodologismus›»[66] auch innerhalb einer sozialwissenschaftlich orientierten Massenkommunikationsforschung ist die Einsicht entgegenzustellen, daß «sich der rhetorische und der hermeneutische Aspekt der menschlichen Sprachlichkeit auf vollkommene Weise [durchdringen]» und daß sie «auch für die Logik der Sozialwissenschaften beachtet» werden müssen.[67] In diese Richtung führen einige wichtige Arbeiten der letzten Jahrzehnte, deren Ansätze die Theoriefähigkeit der Rhetorik gerade auf der Grundlage ihrer differenzierten Transformationsgeschichte für die Beschreibung moderner kommunikativer Prozesse und Kommunikationsverhältnisse belegen.[68] Grundlegend hierbei ist die auf eine allgemeine anthropologische und epistemologische Disposition der Rhetorik ausgerichtete Studie H. BLUMENBERGS.[69] «Rhetorik schafft Institutionen, wo Evidenzen fehlen»[70] – programmatisch wird hier nicht nur der nicht hintergehbare ‹Evidenzmangel› von Kommunikation bzw. menschlicher Sprachlichkeit eingeklagt. Vielmehr öffnet sich mit Blick auf gesellschaftliche Praxis die grundlegende kommunikative Funktion der Rhetorik, menschliche Handlungszwänge über einen öffentlich institutionalisierten Meinungs- und Wissensaustausch zu kompensieren.[71]

Die historisch offengehaltene Argumentation Blumenbergs legt dabei ihre Fokussierung gerade auf Prozesse der M. und ihre gesellschaftliche Relevanz nahe, indem Rhetorik hier aus den oftmals zu eng gezogenen Grenzen allein individuell und personal und oral dialogisch verhandelter Sachverhalte herausgelöst wird, um ihre Funktion zur Schaffung kollektiver gesellschaftlicher Handlungsoptionen wieder freizulegen.[72]

Die von Blumenberg anthropologisch konstatierte «Verlegenheit des Menschen», sein Handeln nicht auf letzte Gewißheiten, sondern auf zeichengestützte und damit stets fragil bleibende gesellschaftliche Kommunikations- und Konstruktionsleistungen aufzubauen[73], wird bei L. BORNSCHEUER positiv als rhetorisch generierte konsensuelle Urteilsfähigkeit des Menschen reformuliert.[74] Das zeigt sich paradigmatisch im Bereich politischer Kommunikation. Die politische Rede kann als «repräsentativer Typ persuasiver Sprachverwendung» begriffen werden, an dem sich «rhetoriktheoretisch die soziale Koordinierungs- und Integrierungsfunktion persuasiver Rede bereichsspezifisch konkretisieren läßt.»[75] P. PTASSEK, B. SANDKAULEN-BOCK, J. WAGNER und G. ZENKERT haben[76] exemplarisch die Rehabilitierung eines philosophisch begründeten Meinungsbegriffs als Basis der Rhetorik vorangetrieben. Die ‹Macht der Meinung› erweist sich in Situationen praktischen Handlungsbedarfs im gelingenden kommunikativen «Vorgriff auf Gemeinsamkeit»[77]: Erst der rhetorisch organisierte Austausch von Meinungen kann Lebenswelt transsubjektiv erschließen, nur so kann eine vernunftorientierte Vertrauensbasis für gemeinschaftlich ausgehandelte Entscheidungsfindungen entstehen.[78] Die «Unterstellbarkeit der Akzeptiertheit von Themen» als systemtheoretische Formulierung des Begriffs von ‹Öffentlichkeit›[79] kann hier auf ihre basale rhetorische Verfaßtheit zurückgeführt werden. Die ‹Virtualität› von Öffentlichkeit, wie sie gerade mit Bezug auf ihre massenmediale bzw. massenkommunikative Beschaffenheit verstärkt zum Gegenstand kommunikations- wie medientheoretischer Diskussionen geworden ist[80], kann dann als Resultat der Rhetorizität von Meinungs- und Willensbildungsprozessen verstanden werden, indem ‹Rhetorizität› hier gerade den über «operativ wirksame Fiktionen»[81] gesicherten realen Handlungsvollzug meint. J. KOPPERSCHMIDT hat diesen grundlegenden Verbund rhetorischer Konstruktions- und Fiktionalisierungsleistungen mit öffentlicher Handlungspraxis exemplarisch präzisiert und konkretisiert, indem er einerseits im historischen Feld die «originäre Existenzweise» des Politischen auf seine rhetorische Konstitution zurückführt.[82] Darüber hinaus unternimmt er den Versuch, die derart historisch bewährte Kompetenz der Rhetorik unter den veränderten Dispositionen der Moderne zeitgemäß neu zu bestimmen.[83] Rhetorik erweist sich unter den Bedingungen einer «polyzentrischen Gesellschaft»[84] als praxisorientierte «Theorie methodischer Handlungskoordination»[85], indem rhetorisch generierte kommunikative Kompensationsleistungen typisch moderne und in diesem Sinne ‹massenkulturell› bedingte Erfahrungen wie beschleunigte Fragmentierung von Erfahrungswissen und Pluralisierung von Wertvorstellungen ausgleichen können. Im Konzept eines kommunikativ, d. h. persuasiv erzielten ‹Konsensus› läßt sich hierbei der ‹universalpragmatische› bzw. diskurstheoretische Ansatz von J. HABERMAS [86] auf seine eigentlich rhetorisch ausgerichteten Fragestellungen und Implikationen zurückbinden.[87] Prozesse diskursiver Verständigungsanstrengung, wie sie *diskurstheoretisch* zur Einlösung gesellschaftlicher Handlungsbedürfnisse vorausgesetzt werden, werden dann *diskurspraktisch* als Prozesse der «gelingenden Integration divergierender Meinungen ("doxai") in einem gemeinsamen Willen» und damit innerhalb eines explizit rhetorisch angelegten Musters beschreibbar.[88] Zwar wird der Anwendungsbereich der M. hier nicht eigens thematisiert, doch erscheint eine Überprüfung massenmedialer Wirklichkeitskonstruktionen wie Wissensvermittlungen auf ihre diskursive Funktionalität hin als überaus sinnvoll. Das bedeutet aber aus der hier vorgestellten rhetorikwissenschaftlichen Perspektive die Rückführung von Prozessen der M. auf ihre doxastisch ausgerichtete Grundlage.

In seinen literatur- und kulturhistorisch verfahrenden Arbeiten fokussiert G. VON GRAEVENITZ in diesem Zusammenhang die Funktion topischer Strukturen zur Einrichtung und Darstellung massenkommunikativer Wirklichkeitsbilder. Er weist nach, inwiefern mit Einführung des neuen Massenmediums Presse bei allem strukturellen Wandel der Öffentlichkeit rhetorisch generierte, topische Organisationstechniken mythologiegeschichtlicher Provenienz weit über das 18. Jh. hinaus die allgemeinen Wahrnehmungs-und Denkhaltungen prägen.[89] Die Einlösung des gesamtgesellschaftlichen Bildungsauftrags einer sich massenhaft und immer beschleunigter ausdifferenzierenden Zeitschriftenpresse kann erst über eine spezifisch topisch gesicherte Kombinatorik gelingen, die bewährte memorative Techniken den veränderten Umweltbedingungen der neuen Medien anpaßt.[90] Das «scheinbar [...] unversöhnlich Getrennte», traditionelle rhetorische téchnē und moderne Presse- und Kulturindustrie, arrangieren sich von Beginn an innerhalb massenmedialer Kommunikationsstrukturen [91] und erst ihre typisch mediale Vermischung und Ausdifferenzierung garantieren die Überschaubarkeit und somit die kollektive wie individuelle Benutzbarkeit massenkommunikativer Strukturen und Einrichtungen. Mit Blick auf das Feuilleton der Weimarer Republik als spezifisch massenkommunikativer Institution hat A. TODOROW gezeigt, inwiefern die Ausdifferenzierung der topisch enzyklopädischen Strukturen, die das Pressewesen des 19. Jh. aus dem Gelehrten-Schrifttum heraus für sich weiterentwickelt hat, die sichtbaren Organisationsprinzipien einer kulturpublizistischen Moderne begründen.[92] Es zeigt sich, daß Rhetorik nicht etwa auf Phänomene des Persönlichen beschränkt bleibt, sondern im täglich entfalteten Diskursgefüge der Zeitungen die vielschichtigen, changierenden, «gleitende[n] Übergänge von der Institution zur Person, vom hochorganisierten, komplexen Massenmedium Feuilleton zu den Feuilletonisten als Autoren, vom Kollektiv Welt zum Leser» [93] organisiert und realisiert. Erst die strukturell rhetorische Modellierung der massenkommunikativen Rednerinstanz als vielstimmiges Ganzes verbürgt deren Glaubwürdigkeit, deren Kompetenz und *auctoritas* als Forum öffentlicher Informations- und Meinungsbildung.[94] Dabei deutet die zunehmende Entgrenzung einer feuille-

tonspezifischen Rhetorik, die über gezielte Pragmatisierungen ästhetischer und fiktionaler Textstrategien die gewohnte Trennung von Nachricht und Kommentar aufbricht und durchmischt, auf eine grundsätzliche Verschiebung im Tatsachen- und Wirklichkeitsdenken, wie es massenkommunikativ und multimedial vermittelt wird. Formen der Ironie, des Paradoxes, der Antiphrase und andere *simulatio*-Formen dringen immer tiefer in konventionell faktenorientierte Felder der journalistischen Berichterstattung ein und öffnen damit das gesamte Forum der Massenmedien für eine rhetorisch konstituierte und meinungsbildende Diskursebene.[95]

Anmerkungen:
1 H. D. Lasswell: The Theory of Political Propaganda, in: American Political Science Review 21 (1927) 627–631. – **2** C. I. Hovland, A. A. Lumsdaine, F. D. Sheffield: Experiments on Mass Communication (Princeton 1949); ders., I. L. Janis, M. D. Kelly: Communication and Persuasion (New Haven 1953). – **3** H. D. Lasswell: The Structure and Function of Communication in Society, in: L. Bryson (ed.): The Communication of Ideas (New York 1948) 37–51. – **4** H. Prakke: Die Lasswell-Formel und ihre rhet. Ahnen, in: Publizistik 10 (1965) 285–291. – **5** Arist. Rhet. I, 3, 1358a 55. – **6** K. Merten: Wirkungen von Kommunikation, in: ders., S. J. Schmidt, S. Weischenberg (Hg.): Die Wirklichkeit der Medien (1994) 296. – **7** K. Merten: Die Entbehrlichkeit des Kommunikationsbegriffs, in: G. Bentele, M. Rühl (Hg.): Theorien öffentlicher Kommunikation (1993) 189. – **8** Arist. Rhet. I, 1, 1355a 14; 2, 1355b 1. – **9** vgl. Ueding / Steinbrink 162–165; B. Franz: Rhet. und massenkommunikative Meinungsbildung, in: H.-B. Brosius (Hg.): Kommunikation über Grenzen und Kulturen (2000). – **10** N. Maccoby: Die neue ‹wiss. Rhet.›, in: W. Schramm (Hg.): Grundfragen der Kommunikationsforschung (⁴1971) 57. – **11** W. Schramm: Communication in Modern Society (Urbana 1948); ders.: Mass Communication (Urbana 1949); ders. (Hg.) [10]; Hovland u. a. [2]; ders., Janis, Kelly [2]; vgl. auch H. Holocher: Anfänge der ‹New Rhetoric› (1996). – **12** G. Maletzke: Massenkommunikationstheorien (1988) 53. – **13** Lasswell [1]. – **14** A. Silbermann: Art. ‹M.›, in: W. Bernsdorf (Hg.): Wtb. der Soziol., Bd. 2 (1979) 529. – **15** P. Lazarsfeld, B. Berelson, H. Gaudet: The People's Choice (New York 1944). – **16** J. Blumler, E. Katz (eds.): The Uses of Mass Communication (Beverly Hills 1974). – **17** M. McCombs, D. Shaw: The Agenda-Setting Function of Mass Media, in: Public Opinion Quarterly 36 (1972) 176–187. – **18** W. Lippmann: Public Opinion (New York 1922); J. Galtung, M. Ruge: The Structure of Foreign News, in: Journal of Peace Research 2 (1965) 64–91. – **19** W. Früh, K. Schönbach: Der dynamisch-transaktionale Ansatz, in: Publizistik 27 (1982) 74–88; W. Früh: Medienwirkungen: das dynamisch-transaktionale Modell (1991). – **20** E. Noelle Neumann: Die Schweigespirale. Öffentliche Meinung – unsere soziale Haut (1980); dies.: Öffentliche Meinung. Die Entdeckung der Schweigespirale (1991). – **21** vgl. aus unterschiedlicher wissenschaftstheoretischer Richtung: G. Maletzke [12]; H. Pürer: Einf. in die Publizistikwiss. (⁵1993); E. Noelle-Neumann, W. Schulz, J. Wilke (Hg.): Fischer Lex. Publizistik, M. (1994); Merten, Schmidt, Weischenberg [6]. – **22** W. Schulz: Die Konstruktion von Realität in den Nachrichtenmedien. Analyse der aktuellen Berichterstattung (1976). – **23** W. Schulz: Massenmedien und Realität. Die ‹ptolemäische› und die ‹kopernikanische› Auffassung, in: M. Kaase, W. Schulz (Hg.): Massenkommunikation. Theorien, Methoden, Befunde (1989), [Kölner Zs für Soziol. und Sozialpsychol.; Sonderheft 30] 142. – **24** G. Ruhrmann: Ereignis, Nachricht und Rezipient, in: Merten u. a. [6] 240. – **25** N. Luhmann: Die Realität der Massenmedien (1996) 9, 173ff. – **26** ebd. 14. – **27** K. Merten: Reflexivität als Grundbegriff der Kommunikationsforschung, in: Publizistik 21 (1976). – **28** K. Merten: Wirkungen von Kommunikation, in: Merten u. a. [6] 310. – **29** ebd. 307, 309. – **30** ders.: Wirkungen der M., in: Publizistik 27 (1982) 33f. – **31** ders.: Kommunikation. Eine Begriffs- und Prozeßanalyse (1977) 166. – **32** Merten [27] 173. – **33** ebd. – **34** Merten [30] 35. – **35** ebd. – **36** Bolz: Computer als Medium – Einl., in: N. Bolz, F. Kittler, C. Tholen (Hg.): Computer als Medium (1994) 9. – **37** ebd. 13. – **38** ebd 9. – **39** B. Siegert: Es gibt

keine Massenmedien, in: R. Maresch (Hg.): Medien und Öffentlichkeit (1996) 114. – **40** M. Faßler, W. Halbach (Hg.): CyberModerne: Digitale Ferne und Renaissance der Nahwelt, in: ders.: Cyberspace (1994) 21–95. – **41** J. Baudrillard: Die Präzession der Simulakren, in: ders.: Agonie des Realen (1978) 9f. – **42** vgl. G.v. Graevenitz: Literaturwiss. und Kulturwiss., in: DVjs 73 (1999) 94–115, bes. 95f. – **43** D. Baacke, H.-B. Kübler (Hg.): Qualitative Medienforschung. Konzepte und Erprobungen (1989) 5. – **44** M. Foucault: Dispositive der Macht. Über Sexualität, Wissen und Wahrheit (1978) 126. – **45** ebd. 119f. – **46** J.-L. Baudry: Das Dispositiv: Metapsychol. Betrachtungen des Realitätseindrucks, in: Psyche 48, Nr. 11 (1994) 1047–1074. – **47** K. Hickethier: Film- und Fernsehanalyse (1993); J. Paech: Überlegungen zum Dispositiv als Theorie medialer Topik, in: Medienwiss. 4 (1997) 400–420. – **48** J. Dorer: Das Internet und die Genealogie des Kommunikationsdispositivs. Ein medientheoretischer Ansatz nach M. Foucault, in: A. Hepp, R. Winter (Hg.): Kultur-Medien-Macht. Cultural Studies und Medienanalyse (1997) 247–257. – **49** H. Schanze: Medienkunde für Literaturwissenschaftler (1974) 40ff. – **50** J. Raith: M., in: H. Glück (Hg.): Metzler Lex. Sprache (1993) 380. – **51** U. Schmitz: Sprache und M., in: U. Ammon, N. Dittmar, K.J. Mattheier (Hg.): Sociolinguistics, Bd. 1 (1985) 822. – **52** G. Stötzel, M. Wengeler (Hg.): Kontroverse Begriffe (1995); G. Fritz, E. Straßner (Hg.): Die Sprache der ersten dt. Wochenzeitungen im 17. Jh. (1996); H.-J. Bucher: Vom Textdesign zum Hypertext, in: W. Holly, B.U. Biere (Hg.): Medien im Wandel (1998) 63–102; U. Püschel: Von der Pyramide zum Cluster, in: E. Hess-Lüttich (Hg.): Medienkultur – Kulturkonflikt (1992) 245ff.; U. Haß-Zumkehr: «Wie glaubwürdige Nachrichten versichert haben» (1998); M. Muckenhaupt: Von der Tagesschau zur Infoshow, in: H.J. Heringer u.a. (Hg.): Tendenzen der dt. Gegenwartssprache (1994) 81–120. – **53** O. Ballweg: Medium jeder Rhet. ist die Meinung, in: Rhet. 15 (1996) 137–144. – **54** H.G. Soeffner: Erzwungene Ästhetik, in: H. Willems, H. Jurga (Hg.): Inszenierungsges. (1998) 217. – **55** vgl. im HWRh die Art. ‹Feature›, ‹Fernsehrhetorik›, ‹Feuilleton›, ‹Filmrhetorik›, ‹Journalismus›, ‹Leitartikel›, ‹Leser›, ‹Presse›, ‹Radiorhetorik›, ‹Reportage›, ‹Werbung›. – **56** K.-H. Göttert: Rhet. und Kommunikationstheorie, in: Rhet. 7 (1988) 86. – **57** J. Bender, D.E. Wellbery: Die Entschränkung der Rhet., in: A. Assmann (Hg.): Texte und Lektüren (1996) 79–104. – **58** Bender, Wellbery [57] 84. – **59** G. Ter-Nedden: Das Ende der Rhet. und der Aufstieg der Publizistik, in: H.G. Soeffner (Hg.): Kultur und Alltag (1988) 171–190. – **60** Bender, Wellbery [57] 84ff. – **61** ebd. 87. – **62** ebd. 96. – **63** H. Mayer: Lichtenbergs Rhet. (1999) 14f. – **64** Bender, Wellbery [57] 93. – **65** Kant KU, in: ders.: Werke in zehn Bänden, hrsg. v. W. Weischedel, Bd. 8 (1983) B 217f. – **66** J. Kopperschmidt: Rhet. nach dem Ende der Rhet., in: ders. (Hg.); Rhet., Bd. 1 (1990) 4. – **67** H.-G. Gadamer: Rhet., Hermeneutik und Ideologiekritik, in: Theorie-Diskussion: Hermeneutik und Ideologiekritik (1971) 65. – **68** G. Mainberger: Rhetorica I (1987) 16. – **69** H. Blumenberg: Anthropol. Annäherung an die Aktualität der Rhet., in: ders.: Wirklichkeiten, in denen wir leben (1981) 104–136. – **70** ebd. 110. – **71** H. Blumenberg: Höhlenausgänge (1989) 168, 809; vgl.: J. Kopperschmidt: Höhlenrhet., in: Th. Müller, J. Pankau, G. Ueding: «Nicht allein mit den Worten» (1995) 214–222. – **72** s. dazu Arist. EN 1173a. – **73** Blumenberg [69] 108, 124. – **74** L. Bornscheuer: Anthropol. Argumentieren, in: J. Kopperschmidt, H. Schanze (Hg.): Argumente – Argumentation (1985) 125. – **75** J. Kopperschmidt: Zwischen politischer Rhet. und rhet. Politik, in: ders. (Hg.): Politik und Rhet. (1995) 10. – **76** P. Ptassek, B. Sandkaulen-Bock, J. Wagner, G. Zenkert: Macht und Meinung (1992). – **77** ebd. 44. – **78** vgl. P. Ptassek: Rhet. Rationalität (1993). – **79** N. Luhmann: Öffentliche Meinung, in: W.R. Langenbucher (Hg.): Politik und Kommunikation (1979) 44; vgl. [25] 183–189. – **80** K. Merten, J. Westerbakey: Public Opinion und Public Relations, in: Merten u.a. [21] 198. – **81** J. Habermas: Vorstud. und Ergänzungen zur Theorie des kommunikativen Handelns (1984) 180; vgl. Merten, Westerbakey [80] 192. – **82** J. Kopperschmidt: Rhet. als Legitimationsstütze polit. Herrschaft: z.B. Platon, in: ders. (Hg.) [75] 46ff. – **83** ders.: Rhet. als Methodisierungschance der politischen Räsonnements: z.B. Wilhelm Hennis in: ders. [75] 210–238. – **84** H. Willke (1991): Die Ironie des Staates. Grundlinien einer Staatstheorie polyzentrischer Ges.; Kopperschmidt [75] 211. – **85** J. Kopperschmidt: Zu den modernitätsspezifischen Bedingungen einer ‹modernen› Rhet., in: J. Knape (Hg.): 500 Jahre Tübinger Rhet. (1997) 184. – **86** J. Habermas: Der Universalanspruch der Hermeneutik, in: ders.: Kultur. und Kritik (1973) 264ff. – **87** Kopperschmidt [83] 229ff. – **88** ebd. 231. – **89** G.v. Graevenitz: Mythos (1987) 196ff. – **90** ders.: Memoria und Realismus, in: A. Haverkamp, R. Lachmann (Hg.): Memoria – Vergessen und Erinnern (1993) 282–304. – **91** Graevenitz [89] 208. – **92** A. Todorow: Das Feuilleton der Frankfurter Zeitung in der Weimarer Republik (1996). – **93** dies.: „... die Welt zu gewinnen": Feuilletonrhet. und M., in: J. Döring, Ch. Jäger, Th. Wegmann (Hg.): Verkehrsformen und Schreibverhältnisse (1996) 167. – **94** Todorow [92] 116f. – **95** ebd.; dies.: Ironie in der Tagespresse, in: Publizistik 1 (1998) 55–75.

A. Todorow, M. Kahre, C. Reck

→ Adressant/Adressat → Fernsehrhetorik → Feuilleton → Filmrhetorik → Flugblatt, Flugschrift → Hörer → Journalismus → Kommunikationstheorie → Leser → Message → Öffentlichkeit → Persuasion → Plakat → Presse → Public relations → Publikum → Publizistik → Radiorhetorik → Wirkungsforschung → Zielgruppe

Materia (lat. auch materies; griech. ὕλη, hýlē; dt. Stoff, Stoffbereich; engl. subject-matter; frz. matière, objet; ital. materia)

A. *Def.* **I.** *Die M. der Rhetorik.* ‹M.› ist kein rhetorischer Fachterminus im strengen Sinne. ‹M.› (ursprünglich ‹(Bau-)Material›, ‹Holz›; als etymologische Erklärung wird häufig *mater* oder *mater rei*, ‹Mutter der Sache›, vorgebracht) [1] bezeichnet erstens den noch ungeformten, zu behandelnden 'Stoff' für ein konkretes Gedicht, eine bestimmte Rede etc. In diesem Sinne ist M. in mittelalterlichen Kommentaren und Accessus ein wichtiger Aspekt der Texterschließung neben Absicht, Nutzen, Titel u.a. (*intentio, utilitas, titulus*). – Zweitens wird bei der traditionellen Definition der *ars rhetorica* neben *genus, officium, finis, partes* [2] die M. der *ars* bezeichnet, d.h. das Stoffgebiet bzw. der Aufgabenbereich der Rhetorik insgesamt: M. einer *ars* ist, was die ganze *ars* bzw. die durch sie erworbene Fähigkeit zu tun hat, womit sie sich beschäftigt («materiam artis eam dicimus, in qua omnis ars et ea facultas, quae conficitur ex arte, versatur») [3] Die sich in den Quellen an diese Umschreibung des Wortes ‹M.› anschließenden inhaltlichen Bestimmungen betreffen – bei allem Unterschied in der Quantität – ausschließlich die praktische Seite der *ars*, nicht die theoretische. Es wird nirgends z.B. «systematische Analyse von Reden und Argumentationsgängen» als M. der Rhetorik genannt, sondern es wird die kollektive M. für alle denkbaren Werke bezeichnet; dabei wird zwischen M. der Rhetorik und M. des Redners häufig nicht unterschieden. [4]

Die Aufzählungen der möglichen Stoffe schwanken zwischen zwei Extremen: Die eingrenzende, minimalistische Definition beschränkt die M. auf konkrete, politische Themen bzw. Probleme des allgemeinen Interesses, zumeist bezeichnet als *civiles quaestiones, civilia negotia* und umschrieben z.B. als: «das, was im öffentlichen Leben Sitte und Gesetz betrifft», «was nicht zu einer bestimmten *ars* gehört […], worüber alle, die etwas Verstand haben, sprechen und urteilen können», «die Dinge, die nicht zu wissen peinlich ist und bei denen man dann so tut, als wüßte man». [5] Dagegen fordert die umfassende, maximalistische Definition als M. der Rhetorik alle möglichen Gegenstände bzw. Fragen («quaecumque res») [6], bezieht also auch Fachwissenschaften, -handwerke und Philosophie ein. Die Konfrontation der beiden Positionen führt schnell zur grundlegenden Diskussion über das Verhältnis von Rhetorik und Philosophie, über die Bedeutung der Redekunst, über die Forderungen an die Person des Redners. – In der nachmittelalterlichen Entwicklung der Rhetorik nimmt die Verwendung des Begriffs ‹M.› bei der Diskussion über die *ars* zwar ab, doch lassen sich weiterhin eine minimalistische und eine maximalistische Position ausmachen, wenn auch anders gelagert: Auf der einen Seite führt die Ausdifferenzierung der Gattungen sowie die verallgemeinernde Anwendung von Rhetorik auf sprachliche Äußerungen überhaupt zu einer maximalistischen Bestimmung des Anwendungsgebietes. Andererseits wird zuweilen infolge der Überlappung von Dialektik und Rhetorik die Rhetorik auf die *elocutio* beschränkt.

Andere, weniger ausführlich überlieferte Auffassungen, M. der Rhetorik bzw. des Redners seien die Rede, die Argumente, Streitfälle etc., spielen eine untergeordnete Rolle.

Daß die Frage nach der M. der *ars* bei anderen *artes* weniger auftritt, mag in der Verbindung zwischen rhetorischer Theorie und Praxis begründet sein, d.h. darin, daß der Redner konkret ein Werk (*opus*) aus einer M. herstellt. – Wichtig ist der Begriff ‹M.› auch in der Philosophie (M. und *forma*).

II. *Die M. der Dichtung.* Ganz allgemein ist M. der zu bearbeitende, noch ungearbeitete 'Stoff' (ähnlich, wenn auch seltener, ist von der M. eines Malers die Rede [7]), und zwar ganz allgemein z.B. der Name einer Figur des Mythos oder eines Kaisers, die besungene Geliebte, ein Krieg, ein Fachgebiet usw. [8] Als M. kann auch etwas ausführlicher ein auszuarbeitendes Handlungsgerüst dargestellt werden. [9] – M. (bei GALFRID VON VINSAUF in der ‹Poetria nova› als Herrin bezeichnet, der gedient wird) [10] ist nicht für sich allein zu betrachten, sondern steht in engem Verhältnis sowohl zum Autor als auch zu den *verba*. Der M. muß erstens der Autor bzw. sein Können entsprechen: Nicht jeder kann jede M. behandeln [11]; vor Beginn des Werkes soll der Autor gründlich überlegen, welcher M. seine Fähigkeiten entsprechen. [12] Eine M. kann als die Fähigkeiten übersteigend abgelehnt werden (*recusatio*). Die Unfähigkeitsbeteuerung, daß die M. des Werkes für den Autor (eigentlich) zu schwierig sei [13], und die Bitte um das Wohlwollen bzw. das unterstützende Gebet des Widmungsträgers bzw. Auftraggebers, gehören zur Bescheidenheits- bzw. Exordialtopik. [14] Das Niveau und das Ansehen der M. kann auf den Autor abfärben. [15] – Zweitens hängt von der M. die Art der Bearbeitung ab: Die M. kann ein bestimmtes Versmaß erfordern, z.B. «Waffen und Kriege» den Hexameter. [16] Das Streben nach Angemessenheit (*aptum*) erfordert, daß die M. den Stil und die Ausschmückung (*ornatus*) bestimmt; so erfordert etwa eine M. *demonstrativa* Sentenzen, Wortfiguren, Metaphern etc. [17] Daß sich das Verständnis der *genera dicendi* und damit das Verhältnis zwischen M. und Stil von der Antike zum Mittelalter wandelte, hat Quadlbauer gezeigt: An die Stelle der Diktion (*elocutio*) als Kennzeichen für die Stilhöhe tritt die von der Wortwahl unabhängige Qualität der M., d.h. der Rang der dargestellten Personen und Sachen. [18]

Häufig erscheint das Wort ‹M.› in den antiken und spätantiken Rhetorikhandbüchern auch im allgemeineren Sinne, z.B. unter den *loci communes a materia*: Das können z.B. in einer Gerichtsrede die Überlegungen sein, welche personellen und sachlichen Mittel bei der Ausführung der Tat zur Verfügung standen [19], oder auch Beschreibungen von gestohlenen Kunstgegenständen. [20]

Das Verhältnis zu benachbarten Begriffen ist nicht immer eindeutig, was hier nur exemplarisch angedeutet werden kann: QUINTILIAN bezeichnet «jede zur schriftlichen Bearbeitung bestimmte M.» als *argumentum*. [21] Gleichbedeutend mit ‹M.› wird zuweilen *thema* verwendet [22]; KONRAD VON MURE schreibt, entweder sei *thema* das gleiche wie M., oder aber *thema* sei eine ganz kurze Themenangabe und M. eine schon kunstvolle Formulierung (in seinem Beispiel etwa viermal so lang). [23] Mittelalterliche Definitionen von *artes* verwenden als Terminus für deren Gegenstandsbereich sonst das Wort *subiectum*.

In der mittelalterlichen Einführungs- und Kommentarliteratur zu literarischen Werken ist M. ein wichtiger Gesichtspunkt, wobei ganz pauschal formuliert wird; als M. der homerischen Epen wird z.B. angegeben «Troia und Griechenland» oder «Personen, die unrechtmäßig eine Heirat eingehen, woraufhin ein Krieg ausbricht»; M. von Ovids Heroidenbriefen sind «Helden und Frauen» usw. [24] BERNHARD VON UTRECHT nennt u.a. die Möglichkeit, zwischen der hauptsächlichen (*principalis*) und der untergeordneten (*secundaria*) M. zu unterscheiden [25]; dementsprechend unterscheidet der Verfasser eines Accessus zu Prudentius' ‹Psychomachie› «Abraham» und «alles andere». [26] Die Existenz zweier Verstehensebenen kann zweifache (*duplex*) M. genannt werden, d.h. die wörtliche und die allegorische Ebene (M. *historica* und *mistica* im ‹Summarium Anticlaudiani› bzw. *intrinseca* und *extrinseca* bei STEPHAN LANGTON). [27] – MATTHAEUS VON VENDÔME teilt die M. in bisher unbehandelte («illibata») und bereits von anderen gestaltete («primitus exsecuta»; «pertractata»); während WALTER VON CHÂTILLON in der Vorrede zur ‹Alexandreis› die Neuartigkeit seines Vorhabens hervorhebt, wird an anderer Stelle die gelungene Gestaltung einer M. *communis, usitata* mehr gelobt als die einer M. *nova, inusitata*. [28] Beim Wiedererzählen eines bekannten Stoffes erhält die M. eine neue Form. [29] – Auch bei den in Accessus behandelten Aspekten Titel (*titulus*) und Absicht (*intentio*) kann die M. eine Rolle spielen. Häufig wird z.B. darauf verwiesen, daß man die M. dem Titel entnehmen könne, siehe z.B. RADULF VON LONGCHAMPS über ‹De Antirufino› oder im Accessus zu Sedulius. [30]

B. *Geschichte.* **I.** *Antike, Spätantike, Mittelalter.* Erste Autorität für die maximalistische Position ist GORGIAS, wie er am Anfang von Platons gleichnamigem Dialog ankündigt, auf alle Fragen antworten zu können. [31] Zwar grenzt Gorgias im Verlauf dieses Gesprächs hin Sokrates' Frage hin, auf was für Dinge sich die Redekunst beziehe, die Redegegenstände eher ein («vor Gericht und [...] in Versammlungen Menschen zu überreden in bezug auf Gerechtes und Ungerechtes»), auch bestätigt Gorgias, daß sich die Rhetorik nicht auf alle Reden beziehe. [32] Doch erscheint nebenbei immer wieder die Formulierung «alle Dinge»: Aus der Definition «über *alles* zu reden, so daß [der Redner] den meisten Glauben findet» wird in der rhetorischen Systematik der erste Teil zur möglichen Definition der M. (und der zweite Teil zum *finis*). – PLATON bzw. Sokrates befassen sich mehr mit der Problematik des Überredens (πείθειν, peíthein) als mit den Redegegenständen. – ARISTOTELES geht aus seiner Beschäftigung mit der Beweisführung als Autorität für beide Positionen hervor: Die maximalistische Position stützt sich auf seine Definition, die Rhetorik sei die Fähigkeit zu erkennen, was in *jedem* Fall (περὶ ἕκαστον, perí hékaston) eine überzeugende Wirkung ermöglicht.[33] Die minimalistische Position beruft sich auf seine Einteilung der Beredsamkeit in drei *genera* (Rats-, Gerichts- und Festrede.)[34]

In den beiden frühesten lateinischen Anweisungen für Redner wird der Umfang der M. der Rhetorik bzw. des Redners beschränkt. Der AUCTOR AD HERENNIUM bestimmt als Gebiet des Redners die Sitten und Gesetze des öffentlichen Lebens und weist ihm die Aristotelischen Redegattungen zu.[35] Während der Auctor ad Herennium keinen Hinweis auf etwaige andere Auffassungen gibt, nennt CICERO in ‹De inventione› verschiedene Positionen, beginnend mit Gorgias von Leontinoi, der der Rhetorik eine unbegrenzte M. zugewiesen habe[36]; Cicero selbst schließt sich Aristoteles an, der der Rhetorik drei konkrete Bereiche zugewiesen habe. Cicero widerspricht HERMAGORAS und seiner Einteilung der M. in konkreten Fall (*causa* / ὑπόθεσις, hypóthesis) und allgemeine Frage (*quaestio* / θέσις, thésis), denn nach Ciceros Auffassung ist der Redner nur für den konkreten Fall zuständig, nicht aber für allgemeine Fragen, die die besten Philosophen viel Mühe kosten. Wie sich Cicero später insgesamt von dem schulmäßigen Werk ‹De inventione› distanziert, so urteilt er auch in der Frage der M. anders: In der Einleitung zu ‹De oratore› vertritt Cicero selbst die umfassende Definition, und er läßt im folgenden einen Dialogpartner für diese Position sprechen: Der Redner müsse über alles, was ihm begegnet, angemessen sprechen können, sich also in alles, was er nicht weiß, gründlich genug einarbeiten. Auch wenn Fachleute sich besser auskennen, könne doch der Redner mit den entsprechenden Informationen besser darüber sprechen; das gelte auch für philosophische Fragen.[37]

An Cicero wird deutlich, daß die Bestimmung der Grenzen der M. vom Zusammenhang abhängt, d.h. ob praktisch-technische, erlernbare Anweisungen gegeben werden sollen oder ob der ideale Redner beschrieben wird, bzw. ob man einen allenfalls durchschnittlichen oder einen hervorragenden Redner vor sich hat.[38] Wird die Rhetorik als Teil der *ratio civilis*, des politischen Lebens, definiert (so Cicero in ‹De inventione›)[39], dann sind folgerichtig *quaestiones civiles* die M. Wird aber wie in ‹De oratore› vom perfekten Redner gehandelt, so steigen entsprechend die Anforderungen. Diese gegensätzlichen Ausgangspositionen sind Gegenstand der Diskussion zwischen Rhetorik und Philosophie über das Wesen und die Fähigkeit der Rhetorik (als praktische Redekunst oder Theorie der Beredsamkeit) und des Redners.

Entsprechend fallen die Antworten anderer Autoren aus: QUINTILIAN, bei dem die Definition der Rhetorik im Rahmen umfassender Betrachtungen zu Erziehung und Bildung stehen, spricht sich (nach den Überlegungen, wer ein guter Redner sein könne) mit Berufung auf Aristoteles für die maximalistische Position aus.[40] – In spätantiken Handbüchern wird zumeist ohne Erwähnung der Gegenposition nur die minimalistische Position vertreten, so von IULIUS VICTOR, SULPICIUS VICTOR, FORTUNATIAN, CASSIODOR, ISIDOR, ALCUIN.[41] Auch AUGUSTIN bestimmt als Gegenstand der Rhetorik die *quaestiones civiles*, unterteilt diese dann aber in thésis und hypóthesis und erweitert damit unausgesprochen den Zustandsbereich wieder.[42] – BRUNETTO LATINI hält sich explizit eng an Ciceros ‹De inventione›; allerdings läßt er, anders als Cicero in ‹De inventione›, die Aristotelischen Redegattungen sowohl für konkrete als auch für allgemeine Fragen gelten. Latini bezieht das Sprechen über Privatangelegenheiten ein, betont aber, daß Erzählen ohne die Absicht, jemanden zu überzeugen, keine M. der Rhetorik sei.[43]

Eine weitere Definition von M. wird bei Quintilian kurz erwähnt und abgelehnt: Einige bezeichneten als M. der Rhetorik die Rede (*oratio*), doch tatsächlich sei diese das Werk (*opus*), das die Rhetorik hervorbringt; andere sähen als M. die überzeugenden Argumente, doch diese seien ein Teil des *opus*.[44] Diese Aspekte erscheinen wieder bei MARIUS VICTORINUS und MARTIANUS CAPELLA, die eine zweifache Sichtweise von M. nennen: wo (*ubi*) man die M. verwende, z.B. in einer Lobrede, und woraus (*unde*) sie bestehe, z.B. aus den Argumenten.[45] Iulius Victor bezeichnet an einer Stelle «Prozesse», «Streitfälle» und «Zeugenaussagen» als M. des Redners.[46]

Die Bedeutung des Begriffes ‹M.› für die antike bis mittelalterliche Poetik wurde bereits oben (A.II.) dargestellt.

II. 15.–18. Jh. Die ausdrückliche Frage nach der M. der Rhetorik hat ihren Platz zusehends mehr in Schulrhetoriken bzw. humanistisch-philologischen Lehrbüchern als in Diskussionen von Kritikern und Neuerern, wo die M. z.T. aber nebenbei erwähnt wird. Die Diskussion über Wesen und Gegenstand der Rhetorik wird häufig ohne Verwendung des Begriffes ‹M.› geführt – vielleicht, weil das Wort ‹M.› zu schnell an den konkreten 'Stoff' eines Werkes denken läßt und so die Diskussion sofort auf die Praxis lenkt anstatt auf die Theorie.

R. AGRICOLA[47] wirft denen, die dem Redner alle Themen zugewiesen haben, vor, die damit geweckten großen Erwartungen enttäuscht zu haben, indem sie dem Redner dann drei Fragen zuwiesen (Agricola meint allerdings nicht die drei Redegattungen, sondern er nennt drei der Fragen nach dem *status*); er benennt so (fast allzu) knapp die Diskrepanz zwischen der maximalistischen Forderung nach dem perfekten Redner und der Vorgehensweise der römischen Handbücher, die sich ja überwiegend auf die Gerichtsrede beziehen. Agricola selbst fragt nach der M. der Dialektik: Andere sähen die *argumentatio*, er selbst die «dictio probabilis» (das glaubwürdige Reden) als M. der Dialektik. Agricola bezeichnet so als M. nicht die kollektiven Fragen, für die Argumente gebraucht werden, definiert also nicht die praktische Seite der *ars*, wie es allenthalben für die Rhetorik geschieht, sondern die theoretische Seite, die 'Argumentationstheorie'. – Bei der Darstellung der engen Verknüpfung von Rhetorik und Dialektik (d.h. der Methode der Belehrung) erwähnt MELANCHTHON[48] die M. der Rhetorik: Die Rhetorik sei – entgegen der Einteilung der Alten – nicht nur mit Stoffen von Gericht und Beratungen befaßt, sondern mit allem, worüber zu reden sei.

DELMINIO widmet der M. einen ganzen Traktat mit vielen Beispielen, besonders aus Petrarca. Er vertritt unausgesprochen die maximalistische Position, indem er als M. des Redners alles bezeichnet, was von der Natur, vom Zufall oder von einer der Künste herkomme.[49] – SOAREZ betont bei der Frage nach der M. der Rhetorik den Unterschied der Redekunst (und der Dialektik) zu den anderen Künsten: Während die anderen Künste jeweils für sich allein stehen könnten, habe die Redekunst keinen begrenzten Bereich, sondern müsse über alles, was der Mensch betrachten könne, reden können.[50] – VOSSIUS bemüht sich offenbar, die gegensätzlichen Positionen zu vereinen bzw. bezieht nicht eindeutig Stellung, indem er vorgebrachte Positionen nicht ausdrücklich ablehnt, sondern im Vorübergehen modifiziert, z.B.: M. sei jedwede Frage, *besonders* des öffentlichen Interesses. Aristoteles habe *zurecht* alles als M. angesehen ...; *doch* die *eigentliche* M. sei auf die Praxis ausgerichtet, sei es eine konkrete oder eine allgemeine Frage ...; *doch die wirklich eigentliche* M. sei die konkrete Frage etc. [51]

Die maximalistische Position wird zunehmend ausgeweitet (zumeist ohne Definition der M., wenn es sich um praktische Anweisungen ohne theoretische Grundlegung handelt), und zwar hinsichtlich der Untergattungen, auf die Rhetorik bezogen wird, und damit gleichzeitig hinsichtlich des anwendenden Personenkreises: So definiert SATTLER, daß der Redner über «alle Sachen und Händel so immer fürfallen möchten» zu sprechen weiß, und er handelt u.a. über Einladungen, Danksagungen, Grabreden. [52] MEYFART spricht über den Nutzen der Redekunst im Krieg, bei Botschaften, in Gerichten, für Prediger; KINDERMANN behandelt Reden auf Verlöbnisse, Hochzeiten, Begräbnisse etc. [53] LAUREMBERG definiert als *objectum* der Rhetorik jede M., ob *quaestio* oder *causa*, über die Reden gehalten und bei der Zuhörer überredet werden können. [54]

FABRICIUS verweist schon im Untertitel der ‹Philosophischen Oratorie› auf die Allgegenwärtigkeit der Beredsamkeit, die sich «so wohl in öffentlichen reden, als auch im täglichen umgang, bey allerhand materien [...] zeigen müsse». M. zum Reden gebe alles, woran man denken könne; er gibt Anweisungen für Briefe, Empfehlungen, Einladungen etc. Im allgemeinen Umgang sei die Beredsamkeit sogar noch wichtiger als bei öffentlichen Vorträgen, da man im Alltag eher auf Widerspruch treffe, dem man entgegnen müsse. [55] Auf diese Weise ist die Rhetorik nicht mehr nur für den (Gerichts-) Redner oder Autor von Bedeutung, sondern betrifft (als «Wohlredenheit») allgemein die richtige Darstellung der Gedanken, den angemessenen Ausdruck. – Auch HALLBAUER und PEUCER vertreten die maximalistische Position, allerdings beide mit der Einschränkung, daß der Redner nur von «anständigen Sachen» reden dürfe, nicht z.B. die Trunkenheit loben. [56] – Anders als bei Cicero, nach dessen Ansicht der Redner über Fachwissenschaften besser reden könne als ihre Vertreter selbst, besteht hier die Forderung, daß jeder über sein Fach gut sprechen können muß (z.B. der Arzt mit dem Patienten).

III. 20. Jh. Mit dem Ende der traditionellen Rhetorik und durch die Spezialisierungen der Forschungszweige der Neuen Rhetorik ist die zuvor zwar strittige, aber problemlos zu stellende Frage nach *der* M. *der* Rhetorik zunehmend unmöglich geworden. Die Diskussion um Rhetorik als praktische Disziplin oder allgemeine Diskurswissenschaft geht zwar weiter, aber angesichts der Komplexität des Problems werden knappe Definitionen der *ars* unter Verwendung des Begriffes M. vermieden.

Anmerkungen:
1 z.B. Isid. Etym. IX, 5, 6; XIX, 19, 4; S. Pompeius Festus, De verborum significatu, ed. C.F. Mueller. (1839; ND 1975) p.160; Konrad von Mure, Summa de arte prosandi, hg. v. W. Kronbichler (Zürich 1968) 67. – **2** s. z.B. Cic. Inv. I, 4, 5. – **3** Cic. Inv. I, 5, 7; häufig übernommen, z.B.: Soarez I, cap. 1; G.B. Bernardi, Thesaurus Rhetoricae (Venedig 1599) 84. – **4** s. z.B. Cic. Inv. I, 6, 8; De or. I, 201; Quint. II, 21, 6; Tac. Dial. 31, 1. – **5** Auct. ad Her. I, 2; Iul. Vict. p.1, 1–9; Aug. Rhet. I, 4 Giomini; s. auch Cassiod. Inst. II, 2, 1. – **6** Cic. De or. I, 64. – **7** Valerius Maximus VIII, 11 ext. 7; Panegyrici latini VII (Maximiano et Constantino) 6, 3. – **8** s. z.B. Martial V, 53, 3f. Ovid, Tristia II, 69f.; Amores I, 3, 19; Ex Ponto IV, 13, 45f.; Columella XI, 1, 1. – **9** Plinius, Epist. IX, 33, 1. – **10** Galfrid 61–70. – **11** z.B. Iuvenal I, 150f. – **12** Hor. Ars 38f.; Ovid, Amores III, 1, 24f.; Konrad von Mure [1] 26. – **13** z.B. Ovid, Tristia I, 5, 55f. (= 5b, 11f.). – **14** z.B. Pomerius, De vita contemplativa, in: ML Bd. 59, Sp. 415c. – **15** Ausonius, Mosella 394. – **16** z.B. Ovid, Amores I, 1, 1f.; 19. – **17** Quint. VIII, 3, 11–14; Porphyrio zu Hor. Ars 1. – **18** F. Quadlbauer: Die antike Theorie der genera dicendi im lat. MA (Wien 1962). – **19** Iul. Vict. p.34, 15–24. – **20** Soarez I, cap. 26. – **21** Quint. V, 10, 9. – **22** z.B. Iul. Vict. p. 3, 20–22; Galfrid 54. – **23** Konrad von Mure [1] 66. – **24** R.B.C. Huygens: Accessus ad auctores. Bernard d'Utrecht, Conrad d'Hirsau (Leiden 1970) 26, 11f.; 29, 3. – **25** ebd. 67, 222. – **26** ebd. 19, 10. – **27** Summarium Anticlaudiani, in: R. Bossuat (Hg.): Alain de Lille, Anticlaudianus (Paris 1955) S. 201. – **28** Matth. v. Vend. IV, 3; IV, 16, in Faral 180; 184; Walter von Châtillon, in: ML Bd. 209, Sp. 463f.; Documentum, in Faral 309. – **29** s. dazu F.J. Worstbrock: Wiedererzählen und Übersetzen, in: W. Haug (Hg.): MA und frühe Neuzeit. Übergänge, Umbrüche und Neuansätze (1999) 128–142, bes. 135. – **30** Radulfus de Longo Campo, ed. J. Szulowski (Breslau u.a. 1972) 21, 8.; Huygens [24] 29, 13; so schon Plinius, Epist. V, 12, 3. – **31** Plat. Gorg. 447cd; s. auch z.B. 456c, 457a; Cic. Inv. I, 5, 7. – **32** Plat. Gorg. 449de, 452e, 454b, 455a. – **33** Arist. Rhet. I, 2, 1355b 27; Quint. II, 15, 16. – **34** Arist. Rhet. I, 3, 1358b 7f. – **35** Auct. ad Her. I, 2; II, 1. – **36** Cic. Inv. I, 5, 7. – **37** Cic. De or. I, 20; 57–64; 138. – **38** s. dazu z.B. Cic. Or. 45; 47. – **39** Cic. Inv. I, 5, 6. – **40** Quint. II, 15, 15f. – **41** Iul. Vict. p. 1, 1; Sulp. Vict. p.313, 17–314, 6; Fortun. Rhet. I, 1; Cassiod. Inst. II, 2, 1; Isid. Etym. II, 1, 1; Alcuin. p. 525, 12–15 Rhet. Lat. min. – **42** Aug. Rhet. I, 1–5. – **43** B. Latini, Tesoretto III, 2, 1–3; III, 2, 7. – **44** Quint. II, 21, 1. – **45** Marius Victorinus in: Rhet. Lat.min. p. 174, 3–11; Mart. Cap. V, 440. – **46** Iul. Vict. p.34, 21–25. – **47** Agricola II, Cap. 11; Cap. 6. – **48** Melanchthon Sp. 420. – **49** G.C. Delminio: Trattato delle materie, che possono venire sotto lo stile dell'eloquente, in: L'idea del teatro e altri scritti di retorica (Turin 1990) 125–166; bes. 129. – **50** Soarez I, cap. 3. – **51** Vossius I, cap. 1f. – **52** J.R. Sattler, Instructio oratoris (Frankfurt, Mayn 1618) 2. – **53** B. Kindermann: Der deutsche Redner (1660; ND 1974). – **54** P. Lauremberg, Euphradia, sive prompta ac parabilis eloquentia (Rostock 1634) 2. – **55** Fabricius 1. Teil, S. 32, § 4; 3. Teil, S. 409–411, § 1–4.; Vorbereitung, S. 5, § 4. – **56** Hallbauer Orat. 200; 202, Anm. 2; D. Peucer: Anfangsgründe der Teutschen Oratorie (Dresden ³1744) § 12, § 20.

Literaturhinweis:
Lausberg Hb. §§ 46–52; 1244.

B.-J. Schröder

→ Accessus ad auctores → Angemessenheit → Ars → Causa → Elocutio → Genera causarum → Inventio → New Rhetoric → Nouvelle Rhétorique → Redner, Rednerideal → Stoff / Form → Thema → These, Hypothese → Topik

Maxime (griech. γνώμη, gnómē; klassisch-lat. sententia; mlat. maxima; engl. maxim; frz. maxime; ital. massima)
A. Def. – B. I. Spätantike. – II. Mittelalter. – III. Neuzeit. – C. M. in der Rhet.

A. Das deutsche Substantiv ‹M.› wird in Wörterbüchern der Gegenwartssprache durch folgende Synonyme erklärt: ‹Grundsatz›, ‹Leitsatz›, ‹Lebensregel›, ‹Denkspruch›. [1] Sein Anwendungsbereich überschneidet sich außerdem mit den Anwendungsbereichen weiterer literarischer Begriffe: Was zu Recht ‹M.› genannt wird, kann gleichzeitig unter eine oder gar mehrere der folgenden Bezeichnungen fallen: ‹Aperçu›, ‹Aphorismus›, ‹Apophthegma›, ‹Devise›, ‹Epigramm›, ‹Gnome›, ‹Sentenz›, ‹Sinnspruch› und ‹Sprichwort›. ‹M.› wurde im 17. Jh. aus dem Französischen übernommen, nicht etwa unmittelbar aus dem Lateinischen übernommen, wie die Betonung auf der vorletzten Silbe bezeugt. Das französische Vorbild *la maxime* ist eine gelehrte, seit dem 14. Jh. belegte Nachbildung des mlat. *maxima* [2], dessen Bedeutung Du

Cange mit *recepta sententia* (anerkannter Grundsatz) und *regula* (Regel) umschreibt.[3]

B. I. *Spätantike.* Im klassischen Latein war *maxima* nur als weiblicher Superlativ des Adjektivs *magnus* (groß) bekannt. Die Verwendung dieses Superlativs zur Bezeichnung von Regeln und Grundsätzen geht auf BOETHIUS (ca. 480–524) zurück. In seinem Kommentar zur Topik Ciceros (‹In Topica Ciceronis Commentaria›) erklärt der gelehrte Rhetoriker und Philosoph, daß ein Syllogismus aus drei Sätzen bestehe: einer ‹größeren› und einer ‹kleineren› Prämisse sowie einem Schlußsatz. Im Latein des Boethius heißen diese Sätze: (*propositio*) *maior*, (*propositio*) *minor* und *conclusio*.[4] Von den beiden Prämissen heiße die erste zu Recht die ‹größere›, weil vor allem sie – und nicht die zweite – den Schlußsatz in sich trage. Wenn man aber hinsichtlich der Schlußträchtigkeit größere und kleinere Sätze unterscheide, so müsse es auch ‹größte Sätze› – *propositiones maximae* – geben, die ‹kleinere› in sich trügen, ohne selbst aus ‹größeren› abgeleitet zu sein. Diese ‹größten Sätze› sind nach Boethius immer universell, d.h. ihr Subjekt erhält den Quantor ‹alle› oder ‹kein› – wie in ‹Alle Menschen sind sterblich› und ‹Kein Mensch ist unsterblich›. Außerdem kommen sie in Argumentationen immer nur als Prämissen und nie als Schlußsätze vor, da sie zwar zum Beweis anderer Sätze gebraucht werden, selbst aber keines Beweises bedürfen. «Supremas igitur ac maximas propositiones vocamus, quae et universales sunt, et ita notae atque manifestae, ut probatione non egeant, eaque potius quae in dubitatione sunt probent.» (Als höchste und größte bezeichnen wir also Sätze, die sowohl universell sind wie auch so bekannt und evident, daß sie des Beweises nicht bedürfen und vielmehr ihrerseits zum Beweis dessen dienen, was zweifelhaft ist.)[5] Als Beispiele solcher *maximae propositiones* nennt Boethius die Sätze «Jede Zahl ist entweder gerade oder ungerade» und «Wenn man von gleichen Größen gleichviel abzieht, sind die Restgrößen wieder gleich». Die so verstandenen *propositiones maximae* seien den Topoi des Aristoteles gleichzusetzen: «Maximas igitur, id est universales et notissimas propositiones[...] in Topicis ab Aristotele conscriptis locos appellatos esse perspeximus [...].» (Wir haben gesehen, daß diese größten, d.h. universellen und in höchstem Maße anerkannten Sätze in der Topik des Aristoteles Topoi genannt wurden.)[6] An anderer Stelle bezeichnet Boethius die *propositiones maximae* auch als ‹propositiones principales›.[7]

II. *Mittelalter.* In der Scholastik wird das bei Boethius wohl nur adjektivisch vorkommende *maxima* substantiviert (wie auch bei den Adjektiven *maior* und *minor* das Trägerwort *propositio* entfällt), sonst aber durchaus im Sinne des Boethius und mit den Bedeutungen ‹oberster Grundsatz›, ‹Axiom› und ‹Topos› gebraucht. Es bleibt auch nicht auf den Bereich der Dialektik und Rhetorik beschränkt, wie die Gleichsetzung mit ‹Topos› nahelegen könnte, sondern dringt in alle Wissensbereiche vor. ALANUS AB INSULIS (12. Jh.), der die Theologie in ein axiomatisches System zu bringen versucht, bezeichnet seine Axiome als *regulae* oder *maximae*: «et cum caeterarum regularum tota necessitas nutet [...], necessitas theologicarum maximarum absoluta est.» (Und während die notwendige Geltung der übrigen Regeln auf wackligen Füßen steht, gelten die theologischen Maximen mit unbedingter Notwendigkeit.)[8]

III. *Neuzeit.* Seit dem späten Mittelalter wird der Terminus ‹M.› – sowohl im Lateinischen wie auch in volkssprachlichen Fassungen – vorzugsweise in den praxislenkenden Wissensbereichen verwandt: Es gibt M. der Jurisprudenz, der Politik, der Moral, der weltlichen Klugheit, des frommen Lebenswandels und des Verhaltens in der Liebe. Im 15. Jh. verwendet J. FORTESCUE *maxima* in der Bedeutung ‹Rechtsgrundsatz›.[9] Dieselbe Bedeutung hat im 17. Jh. das engl. *maxim*, wie folgende Wortfügung bezeugt: «a collection of some principall rules and maximes of the Common Law» (eine Zusammenstellung einiger Hauptregeln und Grundsätze des Gewohnheitsrechts).[10] Die Bedeutung ‹Leitsatz des politischen Handelns› läßt sich im 17. und 18. Jh. sowohl für das frz. *maxime*[11] wie auch für das dt. ‹M.›[12] und das engl. *maxim*[13] vielfach belegen. Das weite Feld der Moral sollte sich als der ergiebigste Anwendungsbereich des Terminus ‹M.› erweisen. Als Markstein auf dem Weg zu den berühmten Maximensammlungen der französischen Moralisten gilt eine 1647 erschienene Schrift des Spaniers B. GRACIÍN: ‹Oráculo manual y arte de prudencia› (Handorakel und Kunst der Weltklugheit). Dem zweiten Teil des Titels ist eine aufschlußreiche Ergänzung angefügt: ‹sacada de los aforismos que se discurren en las obras de Lorenço Gracián, que publica don Vincencio Juan de Lastanosa› (zusammengestellt aus den über die Werke des Lorenzo Gracián verstreuten Aphorismen und veröffentlicht von V.J. Lastanosa). Das Werk steht zwischen dem traditionellen Sentenzenkommentar und der Sammlung selbstgeprägter Maximen. Glaubt man dem Titelblatt, so hat – nach alter Weise – ein anderer aus den Werken des Gracián (der sich als Autor den Vornamen Lorenzo zu geben pflegte) Merksprüche ausgewählt und mit Kommentaren herausgegeben. Es gilt jedoch als sicher, daß nicht der befreundete Lastanosa, sondern Gracián selbst die Auswahl vorgenommen und die geschliffenen Kommentare verfaßt hat. Unter dieser Annahme sind – entgegen der Tradition – Sammler und Verfasser der Merksprüche identisch, aber – im Einklang mit ihr – die Merksprüche nicht eigens für die Sammlung verfaßt worden. Der Werktitel bezeichnet die 300 kommentierten Kurztexte nicht als M., sondern – im Rückgriff auf die hippokratische Tradition der Wissensüberlieferung – als Aphorismen. In Frankreich benutzt DESCARTES den Begriff, um die Leitsätze seiner ‹provisorischen Moral› zu benennen: «[...] je me formai une morale par provision, qui ne consistait qu'en trois ou quatre maximes [...]». (Ich legte mir eine vorläufige Moral zurecht, die nur aus drei oder vier Maximen bestand.)[14] Die ‹christlichen M.› (‹Maximes chrétiennes›) der MME DE LA SABLIÈRE weisen den Weg zu vertiefter Frömmigkeit[15], die ‹Maximes d'amour› des Grafen DE BUSSY-RABUTIN geben Orientierung im psychologischen Labyrinth des Liebeslebens.[16] Wenn der mondäne Graf den Frauen ans Herz legt, sich ihrem Liebhaber nie ganz zu offenbaren (M. 1), genießt sein Rat weder axiomatischen Rang noch ungeteilte Zustimmung. Nicht mehr die Brauchbarkeit als oberstes Glied einer Ableitungskette macht den Wert der M. aus, sondern die unmittelbare Aufschlußkraft des Wortlauts. Die M. neuer Art wollen nicht die Wahrheit nachgeordneter Sätze verbürgen, sondern in eigenem Namen belehren, überraschen, manchmal auch provozieren. Sie passen nicht immer in die engen Grenzen eines einzigen Satzes, wie es das Substantiv der Fügung *propositio maxima* eigentlich fordert. Die Formulierung einer M. kann mehrere Sätze oder – wie bei Bussy-Rabutin – mehrere Verse beanspruchen. Im 17. Jh. gewinnt das Wort ‹M.› Anwendungsbereiche hinzu, die ursprünglich den Wörtern ‹Sentenz›, ‹Sprichwort› und ‹Apophthegma› (denkwürdiger Ausspruch) vorbehalten waren. Das Einfallstor in das neue Verwendungsgebiet bilden vermutlich Sinnsprüche und geflügelte Worte, die als axiomatische Leitsätze oder oberste Lebensregeln gelten konnten – wie vielleicht die Devise ‹Fais ce que dois, advienne que pourra› (Tu deine Pflicht, mag kommen, was da will), die seit dem 15. Jh. belegt ist.[17] Vor dem 17. Jh. erscheint in den Titeln der zahllosen Sentenzen-, Apophthegmen- und Sprichwörtersammlungen kaum je das Wort ‹M.›. Seit dem 17. Jh. jedoch drängt es sich neben das Wort ‹Sentenz› oder gar an dessen Stelle. La Rochefoucaulds Maximenwerk (1665) trägt den Titel: ‹Réflexions ou Sentences et maximes morales›. Fénelon ersetzt in seiner ‹Explication des maximes des saints sur la vie intérieure› (1697) das vorher übliche *sentence* kurzerhand durch *maxime*. Die typischen Maximensammlungen des 17. Jh. (nicht allerdings Fénelons ‹Maximes des saints›) unterscheiden sich von den älteren Sentenzensammlungen in einem entscheidenden Punkt: Sie enthalten keine Lesefrüchte, sondern vom Ersteller der Sammlung höchstselbst verfaßte Texte. Sie bestehen nicht mehr – wie bei Gracián – aus einem kommentierten und einem kommentierenden Teil. Sie dienen auch nicht unbedingt der Lebenspraxis wie noch die *consejos* (Ratschläge) des Gracián. Neben den paränetischen gibt es zahlreiche kontemplative M. Gelegentlich sind die Einzeltexte umfangreicher, als man es von einer Sentenz oder M. erwarten würde. In diesem Fall mag sie der Leser als ‹réflexions› ansehen. Die Werktitel bieten neben den Begriffen ‹Sentenz› und ‹M.› auch die Begriffe ‹réflexion› und ‹pensée› an (in denen sich die Wendung ins Kontemplative andeutet): ‹Réflexions ou Sentences et maximes morales› (La Rochefoucauld, 1665), ‹Maximes et réflexions› (Bonaventure d'Argonne, 1691)[18], ‹Réflexions et maximes› (Vauvenargues, 1746), ‹Maximes et pensées› (Chamfort, 1795). La Rochefoucauld veredelt die M. zum literarischen Aphorismus[19], zu dessen notwendigen Merkmalen weder der axiomatische Rang noch die allgemeine Anerkennung noch die Tauglichkeit als Verhaltensregel gehören, dafür aber Originalität, blitzartige Erhellungskraft und sprachlicher Glanz. La Rochefoucauld bietet keine *arte de prudencia*, erst recht keine Aufforderung zum tugendsamen Leben, sondern ernüchternde psychologische Schlaglichter, die den *amour-propre* (die Liebe zu sich selbst) als unausschaltbares Motiv menschlichen Handelns aufspüren und so – der angesehenen stoischen Moral zum Trotz – die Unmöglichkeit der Tugend offenbaren. Im Gegensatz zu Gracián bezeichnen La Rochefoucauld und seine Nachfolger ihre M. nicht als Aphorismen.

Neben der neuen Bedeutung ‹literarischer Aphorismus› behält das Wort ‹M.› auch weiter die Bedeutung ‹Grundsatz des Handelns›, die es etwa bei Descartes hatte. Die Bedeutungen ‹Axiom› und ‹Topos› jedoch gehen verloren. Kants (1724–1804) Maximenverständnis, das bis in die Gegenwart nachwirkt, steht dem Descartesschen Wortgebrauch nahe. Der Begründer des transzendentalen Idealismus geht davon aus, daß vernunftbegabte Wesen ihren Willen durch Grundsätze bestimmen, aus denen praktische Detailregeln folgen. Solche Grundsätze heißen ‹M.›, solange der Willensträger sie nur als für ihn selbst gültig ansieht, ohne sich über einen weiteren Geltungsbereich Gedanken zu machen; sie heißen ‹praktische (oder moralische) Gesetze›, wenn er sie als für alle vernünftigen Wesen gültig anerkennt.[20] Der kategorische Imperativ, das oberste moralische Gesetz, legt fest, welcherlei M. moralisch vertretbar sind. Er verlangt von allen vernünftigen Wesen, ihren Willen ausschließlich durch solche M. zu bestimmen, die sie zugleich als M. aller anderen vernünftigen Wesen wollen können: «Handle so, daß die Maxime deines Willens jederzeit zugleich als Prinzip einer allgemeinen Gesetzgebung gelten könne.»[21] Ein fernes Echo auf den Kantschen Wortgebrauch vernimmt man bei P.H. Grice, der ein allgemeines ‹Kooperationsprinzip›, von dessen Beachtung das Gelingen des sprachlichen Informationsaustauschs abhängt, in spezifische Konversationsmaximen (*conversational maxims*) differenziert. Unter Bezugnahme auf Kant ordnet er diese M. den Kategorien ‹Quantität›, ‹Qualität›, ‹Relation› und ‹Modalität› zu. Zur Kategorie der Quantität gehören folgende zwei M.: «Mache deinen Beitrag so informativ wie (für die geltenden Zwecke des Austauschs) erforderlich» und «Mache deinen Beitrag nicht informativer als erforderlich».[22]

C. *Die der M. entsprechenden Redeformen als Lehrgegenstände der Rhetorik*. Die klassische Rhetorik behandelt einen Teil der Redeformen, die das Wort ‹M.› erfaßt (oder im Laufe seiner Geschichte erfaßt hat), unter den Bezeichnungen ‹γνώμη› (gnōmē; Gnome) und ‹sententia›. Im heutigen Englisch und Französisch werden beide Bezeichnungen unbedenklich mit ‹maxim› bzw. ‹maxime› wiedergegeben, während deutsche Übersetzer das Wort ‹M.› offenbar scheuen. Gegenstand des Interesses der Alten war nicht die Gnomen- oder Sentenzensammlung, die es zu Lebzeiten Quintilians durchaus gab[23], sondern die einzelne Sentenz als funktionaler Bestandteil eines Redezusammenhanges, der als ganzer keine Sentenz bildet und auch nicht aus lauter Sentenzen besteht. Aristoteles stellt (Rhet. II, 21) die Gnome in den Zusammenhang der Argumentationslehre (*argumentatio*). Er versteht unter ‹Gnome› eine allgemeine – in der Regel auch wertende – Aussage über Dinge, die bei der Lebensführung von Belang sind, namentlich über das, was zu erstreben oder zu meiden ist.[24] Unter den angeführten Beispielen findet sich folgender Vers des Euripides: «Es gibt keinen Menschen, der in jeder Hinsicht glücklich wäre»[25]. Der Redner verwendet die Gnome bei der Darlegung des strittigen Falles (*narratio*) und natürlich bei der Antragsbegründung (*argumentatio*).[26]. Ihre argumentative Funktion erfüllt sie als Obersatz, Schlußsatz oder Kurzfassung eines Enthymems.[27] Als Obersatz fungiert folgender gnomische Vers der Ilias: «Ein Narr, wer nach der Tötung des Vaters die Kinder verschont».[28] Die zugehörige Schlußfolgerung könnte lauten: Also müssen wir nach dem Vater auch die Kinder erschlagen, wenn wir keine Narren sein wollen. Als ausdrücklich formulierte Schlußfolgerung erscheint die Gnome, wenn ihr eine Begründung beigegeben wird: «Kein Mensch ist frei; denn er ist Sklave entweder seines Besitzes oder des Schicksals.»[29] Als Kurzfassung eines Enthymems kann ein gnomischer Satz Schlußfolgerung und Begründung in sich vereinen: «Hege als Sterblicher keinen unsterblichen Groll!»[30]: Die Sterblichkeit begründet die Aufforderung, vom Groll abzulassen. Aristoteles sieht in der Gnome nicht nur ein ‹logisches›, sondern auch ein ‹ethisches› Beglaubigungsmittel (im Sinne der Unterscheidung, die in Rhet. I, 2, 3 getroffen wird): Insofern Gnomen Werturteile ausdrücken, offenbaren sie das Ethos des Sprechers. Das Publikum glaubt einem Redner, den seine Werturteile als vertrauenswürdig erweisen.[31] Andererseits kann ein zu junger Redner durch unbedachten Gebrauch von

Gnomen als altkluger Besserwisser erscheinen.[32] Aristoteles erwähnt auch die günstige Wirkung einer Gnome, die persönliche Erfahrungen der Zuhörer ins Allgemeine hebt.[33] Wer unter bösen Nachbarn leidet, fühlt sich erleichtert, wenn die Gnome «Nichts ist schlimmer als Nachbarschaft» seine Empfindungen rechtfertigt. Der AUCTOR AD HERENNIUM und QUINTILIAN sehen das lateinische ‹sententia› als die übliche Übersetzung des griechischen ‹γνώμη› (gnṓmē) an.[34] Sie behandeln die Sentenz im Rahmen der Ausdruckslehre (*elocutio*)[35]: Aus dem Argument ist ein Stilmittel geworden. Die Herennius-Rhetorik unterscheidet – wie später HERMOGENES[36] und PRISCIAN[37] – zwischen beschreibenden und fordernden Sentenzen: «Sententia est oratio sumpta de vita, quae aut quid sit, aut quid esse oporteat in vita, breviter ostendit.» (Eine Sentenz ist ein aus dem Leben gegriffener Satz, der kurz aufzeigt, wie es im Leben zugeht oder zugehen sollte.)[38] Das deutsche Wort ‹M.› trifft im heutigen Sprachgebrauch eher auf die zweite Sentenzenart zu. Quintilian, dessen Rhetoriklehrbuch fast 180 Jahre jünger ist als das des Auctor ad Herennium, weitet den Sentenzenbegriff aus, um den inzwischen modisch gewordenen ‹sentenziösen› Stil – etwa des jüngeren Seneca – beschreiben und kritisieren zu können. ‹Sentenzen› heißen bei ihm rhetorische Glanzlichter (*lumina*), besonders wenn sie den effektvollen Schlußsatz einer Periode oder eines Absatzes bilden.[39] Wie die Beispiele zeigen, die Quintilian anführt[40], braucht eine Sentenz neuer Art weder auf das Allgemeine zu zielen noch Ratschläge für die Lebenspraxis anzubieten; sie muß vor allem knapp und schlagkräftig sein. Die altehrwürdige Gnome bildet nur noch eine von vielen Facetten des schillernden neuen Sentenzenbegriffs, auf den eher das frz. ‹*mot à effet*› als das dt. ‹M.› zutrifft. Im 20. Jh. holen C. PERELMAN und L. OLBRECHTS-TYTECA die M. in die Argumentationslehre zurück. Sie verstehen unter ‹M.› den gängigen Ausdruck eines anerkannten Werturteils. M. sind in ihren Augen schätzenswerte Argumente: Wer sie zurückweisen will, übernimmt eine schwere Beweislast und setzt sich der Gefahr sozialer Ächtung aus.[41] Die Autoren des ‹Traité de l'argumentation› bestätigen auch die Brauchbarkeit der M. als ‹ethisches› Beglaubigungsmittel: Gut ausgewählte M. stellen als «Zeichen kultureller Verwurzelung» den Redner in das Lager seiner Zuhörer.[42] Andererseits trifft die Verurteilung des Allgemeinplatzes[43] auch M. und Sprichwort. Das aufgeklärte Publikum habe längst gemerkt, daß die ‹ewigen Wahrheiten› des ererbten M.- und Sentenzenschatzes einander widersprechen.[44] Es akzeptiert eine überlieferte M. nicht von vornherein als stichhaltiges Argument, sondern will den Beweis, daß sie zu Recht auf den strittigen Fall angewandt wird. Die von Aristoteles und den Verfassern des ‹Traité de l'argumentation› gerühmte Kraft zur ethischen Beglaubigung droht in ihr Gegenteil umzuschlagen: «Der Gebrauch von Sinnsprüchen [darunter auch M.] offenbart einen Mangel an Phantasie und erzielt eine eher mäßige Wirkung. Er zeugt sowohl von intellektuellem Konformismus wie auch von einem Mangel an Bildung, insofern der Sprecher nur die Weisheit der Völker, das schwächste aller Autoritätsargumente, zu Hilfe ruft.»[45] Die Rhethorik hat sich ein Publikum herangezogen, das einen differenzierteren Maximengebrauch verlangt. Eine M. verfängt nicht überall, wo sie formal einschlägig wäre: Der Kunde bezahlt nicht jede überhöhte Handwerkerrechnung, nur weil man ihm sagt, daß Leistung sich lohnen müsse. Wer eine Preisforderung begründen will, muß zeigen, daß die zu bezahlende Leistung so kostengünstig erbracht wurde, wie es der Stand der wirtschaftlichen Entwicklung gestattet, und daß ein geringerer Preis dem Erbringer von seinen verdienten Lohn brächte. Dann erst überzeugt der Slogan ‹Leistung muß sich lohnen›. Der moderne Redner – zumal der Politiker – muß einem unterschiedlich konditionierten Publikum gleichzeitig gerecht werden. Einem – anspruchslosen oder voreingenommenen – Teil der Hörerschaft mag die bloße Nennung einer M. genügen. Er hält die Verschleppung einer beschlossenen Maßnahme für gerechtfertigt, wenn man ihm sagt: «Gut Ding will Weile»; er stimmt dem Fortfall der Unternehmensbesteuerung zu, weil Leistung sich lohnen muß, und er kümmert sich nicht um die praktischen Folgen einer moralischen Entscheidung, weil der Redner ihm einhämmert: «Fais ce que dois, advienne que pourra». Der aufgeklärte Hörer jedoch verlangt zu der M. einen Kontext, der die eigentliche Argumentationsarbeit leistet. Die M. selbst wird dann zum einprägsamen Logo, das den Argumentationsgang etikettiert.

Anmerkungen:
1 Duden. Das große Wtb. der dt. Sprache in 6 Bdn., Bd. 4 (1978) 1756; Etym. Wtb. des Dt. M – Z (1993) 652. – **2** W. von Wartburg: Frz. Etym. Wtb., Bd. 6, T. 1 (Basel 1969) 162ff.; A. Dauzat u.a.: Nouveau Dictionnaire étymologique (Paris 1964) 453. – **3** Du Cange: Glossarium mediae et infimae latinitatis, Bd. 4 (ND Graz 1954) 314. – **4** ML 64, Sp. 1051. – **5** ebd. C, Übers. Verf. – **6** ebd. C – D, Übers. Verf. – **7** Boethius, De topicis differentiis, ML 64, Sp. 1176, C – D, Übers. Verf. – **8** Regulae Alani de sacra theologia, ML 210, Sp. 621, B – C, Übers. Verf. – **9** J. Fortescue: De laudibus legum Angliae, lat.- engl. hg. von S.B. Crimes (Cambridge 1949) 20f. – **10** F. Bacon: The Elements of the Common Lawes of England Branched into a Double Tract: the One Contayning a Collection of Some Principall Rules and Maximes of the Common Law […] (London 1630), Übers. Verf. – **11** J. Puget de La Serre: Les Maximes politiques de Tacite […] (Paris 1664); A.G. de Méré: Maximes, sentences et réflexions morales et politiques (Paris 1697); E.-F. de Vernage: Nouvelles Réflexions ou sentences et maximes morales et politiques (Lyon 1690), Teilabdr. in: J. Lafond (Hg.): Moralistes du 17e siècle (Paris 1992) 273ff. – **12** C. Thomasius: Kurzer Entwurf der polit. Klugheit (1710) Vorrede; C.A. Heumann: Der politische Philosophus (^{3}1724) 11 u. 17. – **13** D. Hume: Political Essays (1752), hg. von C.W. Hendel (New York 1953) 15 u.ö. – **14** R. Descartes: Discours de la méthode (1637), hg. von É. Gilson (Paris ^{3}1962) 22. – **15** Réflexions ou Sentences et maximes morales de Monsieur de La Rochefoucauld … et les Maximes chrétiennes de M*** (Amsterdam 1705) 277ff., Teilabdr. in Lafond [11] 67f. – **16** C. de Sercy (Hg.): Recueil de pièces en prose …, T. 5 (Paris 1663) 387ff., abgedr. in Lafond [11] 40ff. – **17** M. Maloux: Dictionnaire des proverbes, sentences et maximes (Paris 1960) 129. – **18** L'Éducation. Maximes et réflexions de Monsieur de Moncade … (Rouen 1691), Teilabdr. in Lafond [11] 93ff. – **19** H. Fricke: ‹Aphorismus›, in: HWRh, Bd. 1, Sp. 773ff. – **20** I. Kant: Kritik der prakt. Vernunft, I,1,§ 1. – **21** ebd. § 7. – **22** H.P. Grice: Logic and Conversation, in: H.P. Grice: William James Lectures (Harvard University 1968) II, S. 6ff. – **23** A. Hummel: Art. ‹Gnome, Gnomik›, in: HWRh, Bd. 3, Sp. 1014ff., insbes. 1016. – **24** Arist. Rhet. II, 21, 2. – **25** ebd. – **26** ebd. 17, 9. – **27** ebd. 21, 2 und 6; M. Kraus: Art. ‹Enthymem›, in: HWRh, Bd. 2, Sp. 1197ff., insbes. 1199; J. Sprute: Topos und Enthymem in der Aristotelischen Rhet., in: Hermes 103 (1975) 68ff., insbes. 77f. – **28** Arist. Rhet. II, 21, 6. – **29** Euripides, Hekuba, 858, zit. Arist. Rhet. II, 21, 2. – **30** Arist. Rhet. II, 21, 6. – **31** ebd. 16. – **32** ebd. 9. – **33** ebd. 15. – **34** Quint. VIII, 5, 3. – **35** Auct. ad Her. IV, 17 bzw. Quint. VIII, 5. – **36** Hermog. Prog. 4. – **37** Praeexercitamenta Prisciani grammatici ex Hermogene versa, Kap. 4, in: Rhet. Lat. min. 553f. – **38** Auct. ad Her. IV, 17, 24. – **39** Quint. VIII, 5, 2. – **40** ebd. 12ff. – **41** Perelman 223ff. – **42** ebd. 240. – **43** H.G. Coenen: Art. ‹Locus communis›, in: HWRh, Bd. 5, Sp. 398–411. – **44** J.-J. Robrieux: Éléments de rhétorique et d'argumentation (Paris 1993) 157. – **45** ebd. 156f.

Literaturhinweise:
M. Kruse: Die M. in der frz. Lit. (1960). – S. Meleuc: Struktur der M., in: H. Blumensath (Hg.): Strukturalismus in der Literaturwiss. (1972) 295ff. – C. Rosso: La massima (Neapel 1968). – R. Bubner, U. Dierse: Art. ‹M.›, in: HWPh, Bd. 5, Sp. 941–944.

H.G. Coenen

→ Aphorismus → Apophthegma → Argutia-Bewegung → Denkspruch → Gnome, Gnomik → Locus communis → Motto → Sentenz → Sprichwort → Syllogismus → Topik

Medela

A. ‹Medel(l)a› ist als Teil des lateinischen Wortschatzes zweifelsfrei erst seit dem 2. Jh. n. Chr. nachweisbar.[1] Die Grundbedeutungen ‹Heilung›, ‹Heilmittel› und ‹Heilverfahren› entsprechen denen von griech. θεράπεια, therápeia. Schon frühe Belege bezeugen metaphorischen Gebrauch, jedoch nicht in rhetorisch-theoretischen Kontexten. ‹M.› bleibt bis ins 19. Jh. hinein Bestandteil der medizinischen Terminologie.[2] In medizinaltheologisch inspirierten Werken vor allem des 17. Jh. wird das Wort im Sinne von ‹Trost› gebraucht.[3]

B. Der einzige Beleg, der bislang für rhetorische Verwendung nachweisbar ist, stammt aus H. PEACHAMS ‹The Garden of Eloquence› (1593) und damit aus einer humanistischen Quelle. Die M. ist danach eine Gedankenfigur, die in der gerichtlichen Verteidigung ihren Ort hat, wo Täterschaft und Tatbestandsmäßigkeit nicht angefochten werden können und «mit Pflastern aus guten Worten und gefälliger Rede zu heilen»[4] versucht werden muß. Ein Beispiel biete CICERO in seiner Rede für Marcus Caelius Rufus: «Der lasterhafte Lebenswandel und der Aufruhr, deren Caelius bezichtigt wurde, waren zu groß, als daß Cicero sie zu verteidigen wagte, und lagen zu offen zu Tage, als daß er sie leugnen konnte. Trotzdem ließ er die Missetat durch zierliche Worte in milderem Licht erscheinen und beschwichtigte so weit wie möglich die in heftigem Zorn [...] entbrannten Richter. Er sagte, daß diese Dinge teilweise eher den Zeitläuften als dem Manne als Laster anzurechnen seien. Er behauptete, einiges sei dem [jugendlichen] Alter [des Angeklagten] zuzuschreiben. Er setzte dem Verstoß gegen die Gesetze die Hoffnung auf deren künftige sorgfältige Beachtung entgegen; und als ein Heilmittel gegen die Mißgunst, die die gegenwärtigen Taten und Unternehmungen des Caelius geweckt hatten, wendete er auch seine eigene Hoffnung auf die Mäßigung und das ehrenhafte Betragen des Caelius in der Zukunft an.»[5] Die angeführten Beispiele lassen sich nicht sinnvoll als Redeschmuck kategorisieren. Sie haben ihren systematischen Ort in der Beweislehre. Es sind technische, sich der Kunstfertigkeit des Redners verdankende Argumente, die bei der Erörterung des *status qualitatis*, der juristisch-ethischen Bewertung des Einzelfalls vorgebracht werden können. Sie dienen der *minutio* (Verkleinerung) und *excusatio* (Entschuldigung). Wenn Cicero die Zeitumstände für die Taten des Caelius verantwortlich macht, handelt es sich etwa um eine *translatio criminis*, eine Abwälzung der Schuld auf Dritte, hier die Mitlebenden.

Anmerkungen:
1 ThLL, Bd. 8 (1956) 517–519. – **2** J. Stachelhausen: De pseudarthroseos ... curatione et medela (1838). – **3** S. Sturm: Animae Fidelis Querela Et M.: Das ist: Einer gläubigen Seelen heftige Klage über grosse Hertzens-Angst und darwider kräfftiger Trost (Guben 1668). – **4** B.-M. Koll: H. Peachams ‹The Garden of Eloquence›, 1593, hist.-krit. Einl., Transkription und Komm. (1996) 170; Übers. Verf. – **5** ebd. 170; Übers. Verf.

V. Hartmann

→ Amplificatio → Excusatio → Gerichtsrede → Minutio → Plädoyer → Statuslehre → Verteidigungsrede

Medias-in-res (auch in medias res)

A. Der lateinische Ausdruck ‹M.› bzw. eigentlich ‹in medias res› bedeutet ‹mitten in die Dinge hinein›. In diesem Sinne und Wortlaut ist er zuerst erwähnt in der ‹Ars Poetica› des HORAZ, um den Stil Homers zu beschreiben: «semper ad eventum festinat et in medias res / non secus ac notas auditorem rapit [...]» (immer eilt er zum Ziel und mitten hinein ins Geschehen, als sei es bekannt, entführt er den Hörer).[1] Rhetorisch betrachtet bedeutet M., eine Rede gegen die Regel des *ordo naturalis*, d.h. ohne Einleitung (*exordium*) zu beginnen, wenn dies dem Parteiinteresse des Redners, der *utilitas* dient.[2] Poetisch charakterisiert M. die Erzähltechnik (besonders die des Epos), die den Leser gleich zu einem wichtigen Punkt der Handlung führt und die Vorgeschichte durch Rückblicke und Episoden während deren Verlauf nachholt. Der Ausdruck ‹M.› findet in seiner rhetorischen Gebrauchsweise seinen Eingang sogar in die deutsche Umgangssprache und hat die Bedeutung «ohne Einleitung und Umschweife zur Sache» zu kommen.[3]

B.I. *Antike*. Bereits ARISTOTELES führt in seiner ‹Poetik› Homers Epen als Vorbild für erzählende Dichtung an, die wie die Tragödie Anfang, Mitte und Ende haben soll, im Gegensatz zur Geschichtsschreibung aber nur einen Teil herausgreift und die übrigen Ereignisse in Episoden behandelt.[4] Horaz führt dies in der ‹Ars Poetica› weiter aus.[5] In der Zeit nach Horaz[6] wird der Ausdruck in zwei verschiedenen Richtungen aufgefaßt: Entweder versteht man unter dem Begriff ‹M.› Auslassung und Inhaltsraffung ganzer Passagen[7] oder einfache Inversion (ἐξ ἀναστροφῆς, ex anastrophés).[8] Letztere Interpretation wird dann, wohl in Analogie zu den *virtutes* des Redners, zur *virtus poetica* erklärt, die nun nicht mehr nur für das Epos, sondern auch für das Drama Gültigkeit besitzt. So formuliert z.B. DONAT: «wir müssen wissen, daß dichterisches Können [virtus poetica] darin besteht, daß es, beginnend bei dem aktuellsten Geschehen der Handlung, den Anfang und den Ursprung der Geschichte dem Zuschauer in Erzählung wiedergibt [...] Diesem [...] Verlauf sind nicht nur die Tragödien- und Komödiendichter gefolgt, sondern ihn hielten sogar Homer und Vergil ein.»[9] Ein ähnliches Konzept vertreten SERVIUS («a mediis incipere»)[10] und MACROBIUS («a rerum medio incipere»).[11]

In der lateinischen Literatur wird das Verfahren ‹M.› in der Bedeutung der strukturellen Umdrehung eines ganzen Werkes oder nur einer Phrase gebraucht und als typisch homerisch angesehen. So schreibt etwa CICERO, er wolle seinem Freund Atticus ὕστερον πρότερον Ὁμηρικῶς (in der Weise Homers, in umgekehrter Reihenfolge) antworten.[12] Dieselbe Auffassung vertritt PLINIUS.[13]

Für die Rhetorik ist dem Sinn nach ‹M.› zuerst bei QUINTILIAN in Zusammenhang mit der *dispositio* belegt: «Denn dann ist die Gliederung einer ganzen Prozeßrede am wirkungsvollsten, eine, die wirklich den Namen ökonomische Gliederung verdient, wenn sie gar nicht anders ihre feste Form gewinnen kann als gleichsam in unmittelbarer Gegenwart des Gegenstands der Verhandlung: wo man das Prooemium bringen muß, wo darauf verzichten; wo eine zusammenhängende Darlegung des Falles angebracht ist, wo eine verteilte; wo man dabei am Anfang beginnen muß, wo nach homerischer Erzählart in der Mitte oder gar am Ende [...].» [14] Auch Horaz spricht im Blick auf die richtige Anordnung des Stoffes von der «Leistung und Schönheit der Ordnung» (ordinis haec virtus erit et venus) [15], wohl in Anlehnung an die im Hellenismus aus der ἀρετὴ λέξεως (aretḗ léxeōs) des Redners für die Dichtung entwickelte ἀρετὴ τάξεως (aretḗ táxeōs). [16] Der griechische Begriff οἰκονομία (oikonomía), der sowohl die gesamte *dispositio* als auch ihr Ergebnis, den *ordo* [17] bezeichnet, wird auch in den Scholien zur ‹Ilias› verwendet, um deren Anfang zu charakterisieren: «Der Dichter [...] hat in einer geschickten Einteilung [οἰκονομικῶς] beim Ende begonnen.» [18] Der *ordo* teilt sich nach SULPICIUS [19] in *ordo naturalis* und *ordo artificiosus*, letzteren charakterisiert er als ein Umwenden der Reihenfolge durch das Auslassen des *exordium*, durch Aufteilung und Unterbrechung der *narratio* oder ihre unvollständige Wiedergabe. Gründe für die Aussparung des *exordium* sind z.B. die gute Vorkenntnis des Richters oder die äußerst knapp bemessene Zeit. [20]

Die inhaltliche Bestimmung des *ordo artificialis* hat sich demnach aus der Dichtungstheorie entwickelt, die des *ordo naturalis* aus der Rhetorik. [21] Die Forderung nach *brevitas*, für die auch Homer [22] Vorbild ist, formuliert Quintilian [23] für die *narratio* folgendermaßen: «Kurz [brevis] wird die Erzählung vor allem, wenn wir beginnen, den Sachverhalt von dem Punkt an darzustellen, wo sie den Richter angeht, zweitens, wenn wir nichts sagen, was außerhalb des Falles liegt, sodann auch, wenn wir alles streichen, durch dessen Entfernung weder der Rechtserkenntnis noch dem Nutzen für unsere Sache (utilitati) etwas genommen wird.» Gedankenkürze (*narratio brevis*) und Gedankenordnung (*ordo*) tragen also zum Erreichen gedanklicher Klarheit (*narratio aperta*) der Rede bei. [24]

II. *Mittelalter und frühe Neuzeit.* Hier läßt sich eine allgemeine Rhetorisierung der Dichtung und ihrer Theorie feststellen. Darstellung des Geschehensablaufes und des Erzählstoffes sind im Mittelalter meist einziges Anliegen der *dispositio*, die nur aus den beiden *ordines* besteht. GALFRID VON VINSAUF gibt dabei dem *ordo artificialis* in seiner ‹Poetria nova› eindeutig den Vorzug, untergliedert diesen sogar noch durch die Gestaltung eines *principium naturale* und *artificiale*, dessen zweite Variante u.a. auch «a medio» [25] beginnen kann. Er widerspricht dabei also an manchen Stellen, an denen in seiner Theorie das *prooemium* unerheblich wird, der konventionellen Auffassung von M.

In der Renaissance, so z.B. bei G. PONTANO [26], wird der «ordo enarrandarum rerum» wieder als Unterscheidungsmerkmal zwischen Geschichtsschreibung («rerum gestarum ordinem sequatur ac seriem»; sie folgt der Ordnung und der Abfolge des Geschehens) und Dichtung bemüht («persaepe a mediis, non numquam etiam pene ab ultimis narrandi principium capiat»; sie nimmt ihren Anfang der Erzählung sehr oft in der Mitte, bisweilen sogar fast am Schluß). Neben Homer und Vergil gilt ARIOST als weiteres vorbildliches Beispiel. [27]

In Deutschland fügt R. AGRICOLA den beiden bisherigen *ordines* zwar noch einen dritten, den *ordo arbitrarius* (willkürlicher Ordnung) hinzu, steht aber insofern in der Tradition, als die Dichtung sich von der Geschichtsschreibung nach wie vor durch den *ordo artificialis* unterscheidet, indem der Dichter bei seiner Erzählung zum Schein so weit die zeitliche Reihenfolge befolgt, wie es der Natur des Geschehens entspricht, die meisten Ereignisse aber durcheinanderbringt und von der Mitte aus anordnet («mediis orditur rebus»), um sie später in anderer Form nachzuholen. [28]

Anmerkungen:
1 Hor. Ars 148f. – **2** vgl. Lausberg Hb. § 452. – **3** Duden: Das Fremdwtb. (⁵1990) s. v. ‹in medias res›. – **4** Arist. Poet. 1459a (23). – **5** vgl. Hor. Ars 148f. – **6** vgl. C.O. Brink: Horace on Poetry: The 'Ars Poetica' (Cambridge 1971) 221f. – **7** Scholia Graeca in Homeri Iliadem, rec. H. Erbse, vol. 1 (1969) I, 1b. – **8** ebd. I, 8f.; vgl. auch ebd. vol. 4 (1975) Schol. Il XV, 56 a. – **9** Aeli Donati quod fertur commentum Terenti, rec. P. Wessner, vol. 1 (1902) Ter. Andr. praef. II, 2, Übers. Verf. – **10** Servii Grammatici qui feruntur in Vergilii carmina commentarii, rec. G. Thilo, H. Hagen, vol. 1 (1881) in Aen. I, 1, p. 4f. – **11** Macrobius, Saturnalia V, 2, 9. – **12** Cicero: Atticus-Briefe, lat.-dt., hg. von H. Kasten (²1976) I, 16, 1. – **13** siehe Plin. ep. III, 9, 28. – **14** Quint. VII, 10, 11. – **15** Hor. Ars 42–45. – **16** vgl. Brink [6] 127ff. – **17** Lausberg Hb. § 443. – **18** Scholia Graeca in Homeri Iliadem, ed. G. Dindorf (Oxford 1875) p. 4, 15. – **19** Sulp. Vict. 14, in: Rhet. Lat. min., p. 320. – **20** s. Quint. IV, 1, 72; vgl. Arist. Rhet. 1414b ff. (III 14). – **21** F. Quadlbauer: Zur Theorie der Komposition in der ma. Rhet. u. Poetik, in: B. Vickers: Rhetoric revalued. Papers from the Int. Soc. for the History of Rhet. (Birmingham/New York 1982) 118f. – **22** Hor. Ars 146f. – **23** Quint. IV, 2, 40. – **24** Lausberg Hb. § 316. – **25** Galfrid, Documentum de arte versificandi I, 7, in: Faral 266. – **26** s. G. Pontano: Dialoge, übers. v. H. Kiefer (1984) 423. – **27** B. Weinberg: A History of Literary Criticism in the Italian Renaissance (Chicago 1961) 145. – **28** Agricola 487ff.

M. Rühl

→ Dispositio → Exordium → Ordo → Prooemium

Mediation (lat. mediatio; griech. μεσιτεία, mesiteía; dt. Vermittlung; engl. mediation; frz. médiation; ital. mediazione)
A. Def. – B.I. Verfahren. – II. Rhetorik. – C. Gesch. I. Antike und Mittelalter. – II. Frühe Neuzeit. – III. Moderne und Gegenwart.

A. M. ist Streitbeilegung durch Vermittlung. Beilegung meint, daß die am Streit beteiligten Parteien an einer echten Klärung interessiert und bereit sind, den Streit friedlich auszutragen. Vermittlung kommt in Betracht, wenn ein der Sache nach verhandelbarer Streit vorliegt, die Streitparteien sich aber zur Aufnahme direkter Verhandlungen nicht mehr oder noch nicht in der Lage sehen. [1] Vermittlung bedeutet, daß dann ein unabhängiger Dritter die Parteien dahin bringt, daß sie in Verhandlung treten und ihren Streit in freiem Einvernehmen beilegen können. [2] Dabei ist er zu strikter Neutralität verpflichtet. [3] Gleichwohl kann er den Parteien auch eigene Vorschläge unterbreiten. Zur Streitentscheidung ist ein Vermittler jedoch nicht berechtigt. [4] Das Phänomen Vermittlung begegnet überall, wo Menschen in Streit geraten und dank der Hilfe Außenstehender wieder ins Gespräch finden. In seiner Alltäglichkeit bleibt dieses Phänomen oft unscheinbar und ohne besondere Bezeichnung. Von M. spricht man, wenn es sich um einen Streit von einigem Gewicht handelt, der Dritte ausdrücklich als Vermittler tätig wird und in dieser Funktion eine gesellschaftliche Zuständigkeit ausübt, mithin als professioneller Mediator [5] agiert. M. ist institutionalisierte Vermittlung. – M. bietet in erster Linie sachbezogene Verhandlungshilfe [6]; können Verhandlungen aufgrund starker persönlicher Verstrickung der Streitparteien nicht ohne weiteres aufgenommen werden, leistet M. vorrangig Klärungshilfe.[7] Über Zustandekommen und Erfolg einer M. entscheiden die Parteien: in der vollständigen Freiwilligkeit dieses Verfahrens liegt ihr Risiko und ihre Chance.[8] Das Wort ‹M.› ist antiken Ursprungs; es bildet sich im nachklassischen Latein.[9] So begegnet das Substantiv *mediatio* erstmals bei AUGUSTINUS, der damit das Verhältnis zwischen Mensch und Gottheit problematisiert.[10] Das Substantiv *mediator* ist schon im 2. Jh.n.Chr. bei APULEIUS nachweisbar.[11] Beide Formen folgen griechischen Vorbildern, die ebenfalls erst relativ spät greifbar sind.[12] Der Ausdruck für den Akteur (μεσίτης, mesítēs) ist auch hier die ältere Prägung. Sie erscheint bei dem Historiker POLYBIOS[13] und in verschiedenen urkundlichen Texten, die auf Papyrus überliefert sind.[14] Der Wortstamm deutet die Position des Mediators an: μεσίτης ist, wer in der Mitte (τὸ μέσον, to méson) steht, auf keiner Seite, sondern zwischen den Parteien. Entsprechend lautet der Name für die Tätigkeit μεσιτεία, mesiteía.[15] Der Begriff der M. wurzelt also in einer unmittelbar räumlichen Auffassung des Geschehens. Im übertragenen Sinne verbindet sich mit ihr die Vorstellung proportional angemessener Bestimmung: die Verbform μεσιτεύω, mesiteúō meint insbesondere ‹in das richtige Verhältnis setzen›.[16] Aus dem Lateinischen dringt ‹M.› Ende des 14. Jh. in die europäischen Nationalsprachen vor, zunächst in die englische[17] und in die französische Sprache.[18] Über das Französische als Sprache der neuzeitlichen Diplomatie[19] erreicht das Wort ‹M.› schließlich auch die deutsche Sprache, begünstigt durch Napoleon I., der 1803 die Schweiz mit einer «M.-Akte» zu befrieden sucht.[20] Doch erst im letzten Jahrzehnt des 20. Jh. gelangt der Ausdruck M. im Deutschen zu einiger Verbreitung, nunmehr als Lehnwort aus der anglo-amerikanischen Rechtssprache und Sozialwissenschaft.

Der Begriff der M. verdankt sein Profil der rationalen *Jurisprudenz* der Frühen Neuzeit. Sie formt ihn zu einem Terminus technicus ihres Natur- und Völkerrechts. Hier steht der Begriff innerhalb der Systematik friedlicher Streitbeilegung.[21] Diese Systematik unterscheidet Arten der Streitbeilegung normativ, nämlich nach Rechten und Pflichten der Mitwirkenden, namentlich Dritter, die an der Beilegung nicht als Partei beteiligt sind. M. ist diejenige Art, bei der ein Dritter zur Streitbeilegung aktiv beizutragen, aber den Streit nicht zu entscheiden hat. Entsprechend ist M. abzugrenzen: von nur passiver oder technischer Unterstützung einerseits, den sogenannten guten Diensten (*bons offices*), wie sie vorliegen, wenn der Dritte lediglich als Gastgeber fungiert, der einen neutralen Boden bereitstellt, und ausdrücklicher Schlichtung (*arbitrage*) andererseits, bei der der Dritte von den Parteien vertraglich ermächtigt wird, den Streit durch einen Schiedsspruch zu entscheiden. Praktische Bedeutung hatte diese Abstufung zunächst im Völkerrecht[22], da hier der Souveränitätsanspruch der Streitparteien eine Streitbeilegung durch ständige Gerichte lange Zeit ausgeschlossen erscheinen ließ; sie ist heute Teil der Charta der Vereinten Nationen.[23] – Doch ist eine Unterscheidung verschiedener Arten der Streitbeilegung auch innerstaatlich von Interesse: Denn nicht jeder Streit kann vor Gericht ausgetragen werden, und eine gerichtliche Klärung wird nicht in jedem Fall zu einer befriedigenden Beilegung führen. Eine generelle Verpflichtung auf gerichtliche Entscheidung muß geradezu illegitim erscheinen, wenn man dem einzelnen Menschen sittliche Autonomie zubilligt. Die vernunftrechtliche Jurisprudenz hatte deshalb ihre Lehre von der Streitbeilegung universal verstanden, und M. nicht nur im Völkerrecht, sondern auch im Verkehr freier und gleicher Bürger vorgesehen.[24] – Die juristische Bestimmung wird im 20. Jh. von einer sozialwissenschaftlichen Auslegung überlagert. *Soziologie* und *Politologie* thematisieren M. im Rahmen ihrer Friedens- und Konfliktforschung[25], vor allem aber bei der Untersuchung des Justizsystems und seiner gesellschaftlichen Alternativen.[26] Dabei folgen sie im Ansatz der juristischen Systematik zur Streitbeilegung, insofern auch sie die Mitwirkung Dritter zum Unterscheidungsmerkmal erheben und eine Skala abnehmender Parteiautonomie das Grundgerüst abgibt. Doch wenden die Sozialwissenschaften diese Einteilung deskriptiv: Verhandeln, Vermitteln, Schlichten und staatliches Richten werden in ihrer Funktionsweise beschrieben und auf empirisch-analytischer Basis erklärt. Die soziologische Konflikttheorie[27] bildet jeweils den Horizont der Interpretation.[28] M. wird hier als eine «Strategie der Konfliktbehandlung»[29] verstanden, die sich zur Lösung von Konflikten eines bestimmten Typus, insbesondere einer bestimmten Eskalationsstufe eignet. Diese Stufe ist erreicht, wenn die Parteien keine Möglichkeiten mehr für eine kooperative Streitbehandlung sehen, aber aufgrund ihrer Abhängigkeit voneinander an einer gütlichen Regelung interessiert sind.[30] Hier hilft ein Mediator den Parteien, neu anzusetzen und doch noch autonom zu einem Kompromiß zu finden. Die Bestellung eines Schlichters oder Schiedsrichters hingegen delegiert die Lösung an den herbeigerufenen Dritten. Die soziologische Analyse der Konfliktdynamik und der einzelnen Phasen möglicher Intervention hat viel zum technischen Verständnis der M. beigetragen, und damit eine Professionalisierung der M. ermöglicht, die auch der juristischen Seite zugute kommt. – In den USA ist die Institutionalisierung von M. am weitesten vorangeschritten: M. hat sich hier zur bedeutendsten Form außergerichtlicher Streitbeilegung («Alternative Dispute Resolution») entwickelt.[31] Funktionsprobleme der Justiz veranlassen inzwischen auch europäische Gesellschaften, nach amerikanischem Vorbild Mediationsverfahren einzuführen.[32]

B.I. *Verfahren.* Die Durchführung einer M. richtet sich nach funktionalen Gesichtspunkten, die zu einem informellen *Verfahren* ausdifferenziert werden können. – Zunächst müssen gewisse *Voraussetzungen* gegeben sein. Ein Streit hat vorzuliegen, der, auch wenn er rechtlich relevant ist, von den Parteien autonom beigelegt werden kann. Die Streitfrage muß als Antwort einen Kompromiß aller am Streit beteiligten Parteien zulassen, bei dem keiner alleiniger Sieger ist, sondern gewissermaßen alle Gewinner sind; für dessen Aushandlung muß ausreichend Zeit zur Verfügung stehen. Die Parteien müssen Rechtssubjekte sein, die in der Streitsache geschäftsfähig respektive entscheidungskompetent sind und im Verhältnis zueinander ungefähr gleiche Verhandlungsstärke aufweisen. Der Mediator schließlich muß das Vertrauen und die Anerkennung aller Parteien genießen, Konfliktstrukturen und -dynamik erkennen können, Einfühlungsvermögen und Mediationserfahrung besitzen und imstande sein, den rechtlichen Spielraum der Parteien einzuschätzen.[33] Fehlt es schon an einer dieser Voraussetzungen, hat eine M. keine Aussicht auf Erfolg; ein anderes, insbesondere gerichtliches Verfahren ist zur Streitbeilegung dann besser geeignet. Auch in dessen Rahmen bleibt noch die Möglichkeit, ein

Urteil abzuwenden und sich gütlich zu vergleichen, worauf ein Zivilrichter nach deutschem Recht sogar hinzuwirken hat.[34] Richterliche Vermittlung[35] ist aber nicht mehr M. im technischen Sinne.[36]

Der konkrete *Ablauf* einer M. ergibt sich aus den jeweiligen Umständen; in welcher Weise sie berücksichtigt werden, steht im Ermessen des Mediators. Er gliedert dazu den Gesamtvorgang in Phasen, die nacheinander zu durchschreiten sind.[37] Schon diese Strukturierung bietet den Parteien erhebliche Entlastung. Die Vorbereitungsphase dient der Kontaktaufnahme; es geht darum, alle am Streit beteiligten Parteien an einen Tisch zu bringen. Bei politischen, zumal internationalen Konflikten wird bereits in dieser Aufgabe die zentrale Schwierigkeit bestehen. Sie läßt sich lösen, wenn es gelingt, die Aufmerksamkeit der Parteien auf Interessen zu lenken, die sie im Hinblick auf die Zukunft miteinander teilen.[38] Nach einvernehmlicher Eröffnung des Verfahrens folgt eine Bestandsaufnahme, bei der eine jede Seite allen anderen ihre aktuelle Sicht der Dinge schildert. Die Parteien müssen einander anhören, gegenseitiges Unterbrechen ist ihnen grundsätzlich nicht gestattet. Daran schließt sich eine Phase der Vertiefung an, die der Aufhellung bis dahin verborgener, zur Streitbeilegung aber wesentlicher Hintergründe dient. Der informelle, nichtöffentliche Charakter der M. erleichtert es hier, Stimmungen auszuloten und Gefühle zu äußern, Wünsche auszusprechen und diejenigen Interessen freizulegen, um die es den Parteien letztlich geht. Die Vertiefungsphase bildet das Herzstück der M.: erst durch diese Weitung wird es möglich, den Streitpunkt so zu perspektivieren, daß sich der Horizont für eine Lösung öffnet.[39] Die gemeinsame Suche nach einer Lösung, von der alle profitieren, bildet die vierte Phase; ein schriftliches Übereinkommen der Parteien beschließt das Verfahren.[40] M. zielt auf ein konkretes Ergebnis, muß aber ergebnisoffen geführt werden, damit die Parteien das Ergebnis aus freien Stücken akzeptieren und die Verständigung als eigene Leistung erleben. Um die Bindungswirkung der Vereinbarung zu stärken, ist ein Nachgespräch angebracht, das den Vollzug der Übereinkunft prüft und es erlaubt, sie nötigenfalls zu korrigieren.[41] – Aus der Freiwilligkeit der M. resultieren auch Unwägbarkeiten, die immer wieder zu einer Verschärfung des Verfahrens Anlaß geben. So ist traditionell umstritten, ob und welche Druckmittel ein Mediator einsetzen darf, um die Parteien verhandlungsbereit zu stimmen.[42] Bei M. in politischen Fragen entstehen weitere Probleme: die Parteien müssen sich hier immer wieder der Zustimmung derer vergewissern, die sie vertreten[43], und die verfassungsmäßige Ordnung beachten, in der sie sich bewegen. Das Demokratieprinzip erweist sich dabei als durchaus ambivalent: es verlangt die Einbeziehung der Betroffenen in die politische Willensbildung, verweist aber grundsätzlich auf die aus allgemeinen Wahlen hervorgegangenen Instanzen, was partikular vereinbarten Aushandlungsgremien eine enge Grenze zieht.[44]

II. *Rhetorik.* In der Terminologie der klassischen Rhetorik ist der Begriff ‹M.› nicht inventarisiert; was nicht überrascht, da es sich um ein neuzeitliches Konzept handelt, das erst aufgekommen ist, als die Nomenklatur der Rhetorik schon abgeschlossen war. Doch fehlt es auch an funktionellen Äquivalenten. Das ist insofern bemerkenswert, als schon Isokrates die Streitbeilegung durch Vermittlung der richterlichen Streitbeilegung gegenüberstellte und sie sogar für ehrenwerter hielt.[45] Auch haben große Redner vielfach diplomatische Gesandtschaften geleitet.[46] Gleichwohl übergeht die Schulrhetorik diese Möglichkeiten informeller Streitbeilegung und bevorzugt Situationen finaler Zuspitzung: Situationen, in denen der Streit öffentlich und die Entscheidung Dritten übertragen ist. Zum Paradigma wurde der Parteiantrag, der an Dritte appelliert, im Gegner aber nur die Konkurrenz erblickt, die es zu verdrängen gilt. Diese Neigung erklärt sich aus der sophistischen Herkunft der Rhetorik, wonach es die artistische Herausforderung ist, die den Redner zuerst interessiert. Die Literarisierung der Rhetorik in hellenistischer Zeit tat ein übriges dazu, daß dramatische Situationen Beispiel blieben. – Will man M. rhetorisch klassifizieren, zeigt sich: M. bedeutet, einen Streitfall (*causa*), der der Gattung der Gerichtsrede (*genus iudiciale*) unterfällt, nach den Regeln der Beratungsrede (*genus deliberativum*) zu behandeln. Der Mediator initiiert und stabilisiert den Wechsel der Redegattung, er ist für die Transparenz (*perspicuitas*) des Verfahrens verantwortlich. Daß M. sich im Gespräch vollzieht, ist unwesentlich, denn für Gesprächsbeiträge gelten im Grundsatz die gleichen Regeln wie für Reden, wie schon Cicero bemerkt.[47] Den Teilen der Rede (*partes orationis*) entsprechen die Phasen des Gesprächs; die hier und im übrigen notwendigen Modifikationen sind am Prinzip der Angemessenheit (*aptum, decorum*) zu orientieren. Jedoch ergäben sich zunächst Empfehlungen für die Parteien, da die Rhetorik aus ihrer Perspektive denkt und auf ihre Tüchtigkeit abzielt. – Demgegenüber wählt die moderne Mediationsliteratur die Perspektive des Dritten; auch wo sie konkrete Anleitung erteilt, wendet sie sich an den Mediator. In ihren Handreichungen zur Gesprächsführung folgt sie den Erkenntnissen der modernen Psychologie.[48] Die Praxis der M. begreift sich als angewandte Sozial- und Verhaltenswissenschaft; professionelle Mediatoren intervenieren als von außen kommende Experten. Ihre Überzeugungskraft und Autorität als Vermittler rührt dennoch weniger aus ihrem Wissen als aus ihrer spezifischen Erfahrung und gesellschaftlichen Stellung.[49]

C. *Geschichte.* Vermittlung ist ein menschheitliches Phänomen, das in allen Zeiten und Kulturen angetroffen werden kann.[50] Der Begriff der M. hingegen setzt einen institutionellen und intentionalen Kontext voraus, der historisch nur in der westlichen Welt zu finden ist; insbesondere ein Gerichtswesen, das verschiedene richterliche Kompetenzen kennt, mit denen die Befugnis eines Mediators kontrastieren kann und soll.

I. In *Antike* und *Mittelalter* wird Vermittlung noch nicht als eigenständiges Verfahren angesehen. Wer als Vermittler im Streit angerufen wird, ist zumeist auch zur Entscheidung der Streitigkeit ermächtigt. Differenziert wird bei der Entscheidungsbefugnis danach, wie sie zustandekommt und auf welcher Grundlage die Entscheidung ergeht. – So trennt das *attische* Recht im 4. Jh.v.Chr. zwischen öffentlichen Richtern (δικασταί, dikastaí), die durch das Los bestimmt werden, einerseits, und privat bestellten Schiedsrichtern (διαιτηταί, diaitetaí) und Schlichtern (διαλλακταί, diallaktaí) andererseits.[51] Während die Richter nach strengem Recht urteilen, entscheiden Schiedsrichter und Schlichter nach Billigkeit[52]; im Gegensatz zu den Schlichtern sind die Schiedsrichter jedoch vereidigt, was bewirkt, daß ihr Schiedsspruch (δίαιτα, díaita) zu voller Rechtskraft erwächst. Der Schlichterspruch heißt dagegen nur διαλλαγή, diallagé[53], was zugleich Vermittlung bedeutet: ein Vorschlag zur Güte, der sich aber als Entscheidung versteht, und deshalb vom Vorschlag eines modernen

Mediators zu unterscheiden ist, der stets der Zustimmung der Parteien bedarf. Die Lehrbücher der Rhetorik behandeln die richterlichen Kompetenzen nicht oder setzen sie als schon bekannt voraus, wie ARISTOTELES, der sie nur knapp erörtert.[54] Wer die wahre Redekunst pflegt, wird der Richter und Schiedsrichter erst gar nicht bedürfen, sagt von sich selbst ISOKRATES. Er habe es nämlich verstanden, sich nichts zuschulden kommen zu lassen, und, wenn ihm Unrecht geschah, eine Bestrafung nicht auf dem Gerichtswege zu suchen, sondern die Streitigkeiten ἐν τοῖς φίλοις τοῖς ἐκείνων διαλύεσθαι περὶ τῶν ἀμφισβητουμένων (mit Hilfe der Freunde der Gegenseite aus dem Weg zu räumen).[55] Auch bei DEMOSTHENES steht das Verbum διαλύειν, dialýein), das das Moment des Vergleiches akzentuiert, synonym mit διαλλάττειν, diallátein gegen διαιτᾶν, diaitân.[56] In ähnlichen Wendungen äußern sich auch die Geschichtsschreiber, wenn sie Schlichtungsbemühungen im politischen Raum erwähnen.[57] In den Papyrus-Urkunden hellenistischer und römischer Zeit erscheint der Ausdruck μεσίτης, mesítēs, der sowohl Mittelsmänner und bestimmte Vertrauensleute, als auch Vergleichs-und Schiedsrichter bezeichnen kann[58]; in der Wortverbindung κριτὴς μεσίτης, kritḗs mesítēs[59] fungiert er als Übersetzung des römischen *arbiter* (Schätzrichter).[60] – Die *römische* Rechtssphäre kennt überhaupt nur autoritative Vermittlung. Dies zeigt sich in der Geschichtsschreibung[61] ebenso wie im Zivilprozeßrecht, das nur Richter- und Schiedsrichtertypen unterscheidet.[62] Die Ausdrücke *mediator* und *mediatio* sind erst im 6. Jh. in Rechtsquellen greifbar[63]; sie übersetzen die griechischen Termini mesítēs und mesiteía/mesitía, gewinnen aber keine eigenständige Bedeutung. – Die Quellen des lateinischen Mittelalters verwenden für Vermittlungsvorgänge und -aufgaben andere Bezeichnungen. Bei Amtsträgern heißt es formelhaft «reconciliavit», «sociavit», «pacificavit»; die Tätigkeit der Vermittlung zielt auf «compositio»[64] bzw. *amicabilis compositio*, wie die gütliche Beilegung vor Gericht in den Novellen heißt.[65] Vermittlung und Schlichtung werden der Sache nach geschieden, aber institutionell nicht getrennt, was den autoritativen Charakter der Vermittlung unterstreicht. Vergleichen sich die Streitparteien nicht, spricht der Vermittler als Schiedsrichter. Das kanonische Recht kleidet solche Personalunion im 13. Jh. in die Formel «arbiter arbitrator seu amicabilis compositor».[66] ‹Arbitrator› ist eine nachantike Prägung, die ebenfalls als Übersetzung für mesítēs dient.[67] Der wachsende Widerstand der weltlichen Mächte gegen päpstliche Vorherrschaft, insbesondere gegen eine obligatorische Schiedsgerichtsbarkeit der Kurie, führt im Spätmittelalter zu einer Entkoppelung von Vermittlung und Schlichtung, allerdings nur auf höchster Ebene. Zum Durchbruch kommt diese Tendenz im Frieden von Arras 1435, in welchem Frankreich und Burgund die päpstlichen Vermittler ausdrücklich «non tamquam iudices vel arbitros, sed velut mediatores et amicos communes» (nicht sowohl als Richter oder Schiedsrichter als vielmehr als Mittler und gemeinsame Freunde) berufen.[68] Mit dieser Abgrenzung ist der entscheidende Schritt zur M. getan.

II. *Frühe Neuzeit.* Im 16. Jh. wird M. in der diplomatischen Praxis dominant und verdrängt die traditionellen Schiedsverfahren; seit Mitte des 17. Jh. werden Friedensverträge, sofern Dritte an ihrem Zustandekommen beteiligt sind, fast nur noch im Wege der M. ausgehandelt.[69] Diese Entwicklung findet nach 1670 in der wissenschaftlichen Literatur schlagartig Beachtung.[70] Als erster Völkerrechtler spricht PUFENDORF von «mediatores pacis» (Friedensvermittlern), die von «arbitri proprie dicti» (Schiedsrichtern im eigentlichen Sinne) zu unterscheiden sind, weil sie allein durch Autorität, Vernunft und Bitten die Kriegsparteien zum Frieden führen. Unter gewissen Umständen hält Pufendorf sogar eine bewaffnete Vermittlung für gerechtfertigt, die durch Drohung mit einer militärischen Intervention den Frieden erzwingt[71]; durchgesetzt hat sich diese Ansicht freilich nicht.[72] Die Gegenposition vertritt J.W. TEXTOR, der den Mediator mit dem «arbitrator» (Schlichter) vergleicht: was dieser in privaten Streitigkeiten, ist jener in öffentlichen Angelegenheiten, die auch die bedeutenderen sind. Wenn schon ein Schlichter wegen Befangenheit abgelehnt werden kann, dann erst recht ein Mediator; und mehr noch: es steht Mediationsparteien frei, je nach Zeitpunkt und Umständen einen Vermittlungsvorschlag abzulehnen.[73] M. gelingt also nur, wenn die Rede des Vermittlers den Kairos trifft. Während Pufendorf meint, Rede notfalls durch Gewalt ersetzen zu können, ohne den Begriff der M. preiszugeben, fordert Textor von vornherein den Sinn für Angemessenheit, andernfalls M. ein aussichtsloses Unterfangen sei («sine spe vel effectu futurae»[74]). Auch an Artistenfakultäten wird die Vermittlerrolle diskutiert; inwieweit die dort erschienenen, zum Teil von Eloquenz-Professoren betreuten Dissertationen[75] Traditionsgut der Rhetorik rezipieren, ist bisher unerforscht. In der deutschen Sprache sind die Ausdrücke ‹Vermittler› und ‹Vermittlung› in politischer Bedeutung seit 1691 nachweisbar.[76] – Mitte des 18. Jh. ist die Entwicklung so weit fortgeschritten, daß nicht mehr nur die Stellung des Vermittlers erörtert, sondern M. als eigenständiges Institut aufgefaßt wird. Beide Aspekte verbindet WOLFF, dessen Lehrwerk die überlieferten Termini zu abschließender Klärung bringt.[77] In der kürzeren deutschen Ausgabe heißt es: «Einen Mittler (mediator) nennt man eine Person, welche sich bemüht, den Streit zwischen andern beyzulegen, ob sie gleich nicht das Recht dazu hat. Die Handlung aber, wodurch die Beylegung von einem dritten entweder zu stande gebracht, oder versucht wird, nennt man die Vermittelung (mediatio).»[78] Im Gegensatz zum Mittler sind Schiedsrichter (*arbiter*) und Schiedsmann (*arbitrator*) durch einen Schiedsvertrag der Parteien zum Spruch berechtigt; während der Schiedsrichter zu entscheiden hat, dürfen Schiedsmann und Mittler nur Rat geben. Der Schiedsmann äußert sich allein im Spruch, stimmen die Parteien zu, sind sie gebunden; der Mittler überlegt mit den Parteien und bezeugt schließlich deren Übereinkunft.[79] Die Streitigkeiten der Völker sind auf eben die Art beizulegen, «nach welchem man die Streitigkeiten der Privatpersonen in dem natürlichen Zustand zum Ende bringet», freundschaftlich, oder durch direkten Vergleich, oder «durch Vermittelung, oder durch einen Schiedsmann».[80] Entsprechend vereinfacht auch EMER DE VATTEL diese Systematik, indem er im Völkerrecht die Mitwirkung des Dritten nur nach M. und Schiedsgerichtsbarkeit unterscheidet.[81] Deutlicher als seine Vorgänger stellt Vattel heraus, daß es dabei auf Kriegsverhütung ankommt. Das Naturrecht verpflichtet nicht nur, zum jeweils mildesten Mittel der Streitbeilegung zu greifen[82], es verlangt auch, daß befreundete Mächte schon vor Ausbruch eines Krieges ihre M. anbieten und unparteiisch Vorschläge unterbreiten.[83] Da M. der Aussprache und gemeinsamer Verhandlungen bedarf, empfiehlt es sich zudem,

Konferenzen und Kongresse zwischen den Nationen abzuhalten, die aber nur dann Aussicht auf Erfolg haben, wenn alle Teilnehmer von dem aufrichtigen Wunsch nach Frieden und Einheit beseelt sind.[84] Die Praxis der M. im 18. Jh. entsprach denn auch durchaus nicht immer den Vernunftgeboten der Lehrbücher und scheute die Verpflichtung. Anders als die Literatur differenzierte die Diplomatie zusätzlich zwischen M. und guten Diensten als der geringeren Art der Einflußnahme Dritter auf die Streitbeilegung.[85]

III. *Moderne und Gegenwart.* Erst im 19. Jh. findet M. auch unabhängig vom Vorliegen konkreter Streitfälle Eingang in *völkerrechtliche* Verträge. Das erste Beispiel einer solchen Regelung bietet die Gründungsakte des Deutschen Bundes von 1815, die den Bundesgliedern vorschreibt, ihre Streitigkeiten der Bundesversammlung vorzutragen: «Dieser liegt alsdann ob, die Vermittlung durch einen Ausschuß zu versuchen».[86] Der erste internationale Vertrag, der seine Unterzeichner auf M. verpflichtet, ist der Pariser Vertrag zur Beendigung des Krimkrieges aus dem Jahre 1856.[87] Seit dem ‹Haager Abkommen zur Friedlichen Erledigung internationaler Streitfälle› vom 18. 10. 1907 sind «Gute Dienste und Vermittlung» allgemeinverbindlich positiviert.[88] Die Einrichtung internationaler Organisationen und Gerichtshöfe im 20. Jh. hat das Spektrum völkerrechtlicher Streitbeilegung erweitert, den völkerrechtlichen Begriff von M. aber nicht verändert.[89] Agieren Einzelpersonen als internationale Vermittler, wird auch von ‹conciliation› gesprochen.[90] – Auf *innerstaatlicher* Ebene hat die Institutionalisierung von M. erst im 20. Jh. begonnen, und zwar zunächst in den USA. Hier ist die Anwendung von M. in Arbeitskonflikten seit 1898 anerkannt, um Streikaktionen vorzubeugen. In den sechziger und siebziger Jahren des 20. Jh. hat sich M. in weiteren gesellschaftlichen Bereichen etabliert, vor allem dort, wo es gilt, Konflikte in Dauerbeziehungen zukunftsorientiert zu lösen. Im gleichen Zuge hat eine markante Professionalisierung der M. stattgefunden, die sich im Wachstum eines 1972 gegründeten Berufsverbandes dokumentiert. 1995 zählt die «Society of Professionals in Dispute Resolution» bereits mehr als 3000 Mitglieder, verteilt auf fünfzehn Sektionen.[91] Entsprechend vielfältig ist das Erscheinungsbild der M. geworden.[92] In der Bundesrepublik Deutschland wird nach amerikanischem Vorbild seit 1988 Umweltmediation[93], seit 1989 Familienmediation[94] praktiziert. Seit 1990 enthält das Jugendstrafrecht, seit 1994 das Erwachsenenstrafrecht den Täter-Opfer-Ausgleich.[95] Die 1996 neugefaßte Berufsordnung für Rechtsanwälte bezeichnet M. als originär anwaltliche Tätigkeit.[96] Doch sind auch Soziologen, Psychologen und Pädagogen als Mediatoren tätig, was bisweilen neue begriffliche Probleme aufwirft; etwa wenn es im Bereich der Familienmediation um die Abgrenzung gegenüber therapeutisch orientierter Gesprächsführung geht, die nicht Interessenausgleich, sondern Bewältigung seelischer Konflikte anstrebt.[97] Im Vordringen der M. auf innerstaatlicher Ebene manifestiert sich eine Differenzierung der gesellschaftlichen Institutionen zur Streitbeilegung, die Teil der Modernisierung moderner Gesellschaften am Ende des 20. Jh. ist. Auch das wiedererwachte Interesse an der rhetorischen Tradition läßt sich als Aspekt dieser Modernisierung deuten. Aufgabe des Redners ist es seit jeher, die jeweilige Streitsituation auf Handlungsmöglichkeiten hin auszulegen. Ein informelles Verfahren wie die M. verlangt weit mehr an Einsatz der Person und Sinn für Angemessenheit als ein durchnormiertes Gerichtsverfahren, das von sich aus die Situation beschränkt. Es wäre darum an der Zeit, überliefertes rhetorisches Wissen derart zu reformulieren, daß es auch dieser Herausforderung entspricht.

Anmerkungen:
1 F. Glasl: Konfliktmanagement ([2]1990) 380f. – **2** C.W. Moore: The M. Process. Practical Strategies for Resolving Conflict (San Francisco [2]1996) 15; C. Besemer: M., Vermittlung in Konflikten ([5]1998) 14. – **3** The Society of Professionals in Dispute Resolution: Ethical Standards of Professional Responsibility (1986), in: Moore [2] 381. – **4** Art.6 Haager Abkommen zur friedlichen Erledigung internat. Streitfälle; S. Breidenbach: M., Struktur, Chancen und Risiken von Vermittlung im Konflikt (1995) VII. – **5** J. Folberg, A. Taylor: M., A Comprehensive Guide to Resolving Conflicts witout Litigation (San Francisco 1984) 13. – **6** Folberg [5] 7. – **7** C. Thomann, F. Schulz v. Thun: Klärungshilfe (1988) 12f. – **8** M. Groner, B. Winograd: M., in: S. Büchner u.a.: Außergerichtliche Streitbeilegung (1998) Kap. E, 311. – **9** A. Walde: Lat.-etym. Wtb., Bd.2 ([3]1954) 57. – **10** Augustinus, Quaestiones in heptateuchum II, 19; De civitate Dei IX, 16, 2. – **11** Apuleius, Metamorphoses IX, 36. – **12** ThLL Bd. 8, 526; Thesaurus Linguae Graecae Bd.5, 811. – **13** Polybius, Historiae XXVIII, 15, 8. – **14** F. Preisigke, E. Kießling: Wtb. der griech. Papyrus-Urkunden, Bd.2 (1927) 77. – **15** frühester Beleg bei Iosephus, Antiquitates Iudaicae XX, 3, 2. – **16** Preisigke, Kießling [14] 77. – **17** The Oxford English Dictionary, Bd. 9 (Oxford [2]1989) 545. – **18** F. Godefroy: Dictionnaire de l'ancienne langue Française, Bd. 5 (Paris 1888) 212 b. – **19** C.G. Picavet: Le Français et les langues étrangères dans la diplomatie au temps de Louis XIV., in: Revue des sciences politiques 51 (1928) 578–592. – **20** D. Frei: M., in: H.Helbling u.a.: Hb. der Schweizer Gesch., Bd.2 (Zürich 1977) 841–869, 843. – **21** S. Pufendorf: De jure naturae et gentium (Lund 1672) V, 13, § 7; C. Wolff: Grundsätze des Natur- und Völkerrechts (1754) II, 18, § 768; E. de Vattel: Le droit des gens ou principes de la loi naturelle (Leiden 1758) II, 18, § 328. – **22** H. Duchhardt: «Friedensvermittlung» im Völkerrecht des 17. und 18. Jh., in: ders.: Stud. zur Friedensvermittlung in der Frühen Neuzeit (1979) 89–117. – **23** Charter of the United Nations: Chapter VI, Article 33. – **24** C. Wolff: Jus naturae methodo scientifica pertractatum (1745) V §§ 923–943. – **25** J. Bercovitch, J. Rubin (Hg.): M. in International Relations (New York 1992); F. Dukes: Resolving Public Conflict (Manchester 1996); H. Zilleßen (Hg.): M., Kooperatives Konfliktmanagement in der Umweltpolitik (1998). – **26** K. Röhl: Rechtssoziol. (1987) §§ 53–57; S. Goldberg, F. Sander, N. Rogers: Dispute Resolution (Boston [2]1992) 102. – **27** W. Bühl: Theorien sozialer Konflikte (1976); C. Mitchell: The Structure of International Conflict (London 1981); D. Pruitt, J. Rubin: Social Conflict (New York 1986). – **28** Besemer [2] 24–33; Moore [2] 3–40; Folberg [5] 18–37. – **29** Glasl [1] 361. – **30** ebd. 380ff. – **31** C. Duve: Alternative Dispute Resolution, in: Betriebs-Berater, Beilage 10 (1998) 9–14. – **32** H. Zilleßen: Institutionalisierung von M. in den USA und in anderen Ländern, in: ders. [25] 39–47. – **33** H. Zilleßen: M. als kooperatives Konfliktmanagement, in: ders. [25] 17–38, 31. – **34** Zivilprozeßordnung §279, Absatz 1. – **35** Breidenbach [4] 306–317. – **36** N.M. Alexander: Wirtschaftsmediation in Deutschland (1998) 103. – **37** Moore [2] 66f. (Abb.); Folberg [5] 38–72. – **38** A. Curle: In the middle. Non-Official M. in Violent Situations (Leamington Spa 1986) 15ff.; R. Fisher, W. Ury, B. Patton: Getting to Yes (New York 1991) 17ff. – **39** Folberg [5] 7; Moore [2] 231–243. – **40** Groner [8] 321. – **41** Folberg [5] 68ff.; Besemer[2] 83. – **42** A. Leser: Vermittlung und Intervention als völkerrechtliche Mittel zur Vermeidung eines Krieges (1917) 67ff.; S. Touval, I.W. Zartman: Practitioners Problems of Leverage, in: dies. (Hg.): International M. in Theory and Practice (Boulder 1985) 263–266; Breidenbach [4] 158ff. – **43** Besemer [2] 100f. – **44** A. Engelbert: Konfliktmittlung und Demokratieprinzip (1996) 193. – **45** Isocr. Or. XV, 238. – **46** E. Bayer: Art. ‹Diplomatie›, in: LAW 1, 761. – **47** Cic. De officiis I, 132. – **48** Folberg [5] 73–129; Besemer [2] 116–135; Thomann [7]. – **49** J.E. Beer: Peacemaking in Your Neighbourhood (Philadelphia 1986) 83ff., 109; Zilleßen [25] 26f. – **50** L. Nader (Hg.): Law in Culture and Society (Chicago 1969); P.H. Gulliver: Disputes and Negotiations in Cross-Cultural Perspective

(New York 1979). – **51** H.W. Wolff: Art. ‹Recht I: Griech. Recht›, in: LAW 2518–2520; T. Thalheim: Art. ‹Διαιτηται›, in: RE V.1 (1903) 313–316. – **52** J.H. Lipsius: Das attische Recht u. Rechtsverfahren (1905) 224. – **53** Lipsius [52] 222f. – **54** Arist. Rhet. 1374 b. – **55** Isocr. Or. [45] 27. – **56** Demosthenes, Or. 33,17; Lipsius [52] 223. – **57** Herodot, Historiae V, 95, 2; Xenophon, Hellenika II, 4, 38; Plutarch, Vitae parallelae, Demetrius 22. – **58** Preisigke [14] 77f. – **59** Papyrus 44, in: T. Reinach (Hg.): Papyri Grecs et Démotiques (Paris 1905). – **60** L. Mitteis: Neue Urkunden, in: Savigny-Zs. für Rechtsgesch. (= ZRG), Romanist. Abt. 26 (1905) 484–494, 490. – **61** T. Livius, Ab urbe condita XLIV, 14; Tacitus, Annales XII, 19. – **62** M. Kaser, K. Hackl: Das röm. Zivilprozeßrecht (^{2}1996) 28ff., 56ff., 639ff.; Digesta Justiniani 17, 2, 76. – **63** Iuliani Epitome Latina Novellarum Iustiniani c.115, §430; Papyrus Fuad I 85, 14. – **64** G. Althoff: Art. ‹Vermittler›, in: LMA 8 (1997) 1556. – **65** Novellae 86, 2. – **66** K.S. Bader: Arbiter arbitrator seu amicabilis compositor, in: ZRG, Kanonistische Abt. 77 (1960) 239–276, 271f.; K.H. Ziegler: Arbiter, arbitrator und amicabilis compositor, in: ZRG, Romanist. Abt. 84 (1967) 376–381, 379. – **67** G. Goetz (Hg.): Corpus Glossariorum latinorum, Bd. 2 (1888) 368. – **68** Duchhardt [22] 90; Zitat ebd. – **69** ebd. 91. – **70** D.H. v. Ompteda: Litteratur des gesammten sowohl natürlichen als positiven Völckerrechts (1785ff.; ND 1963) Bd. 2, §325, 667f. – **71** Pufendorf [21]. – **72** Duchhardt [22] 98f. – **73** J.W. Textor: Synopsis juris gentium (Basel 1680) XX, 50–53. – **74** ebd. XX, 53. – **75** F.W. Neumann: De Mediatoris officio, eiusque requisitis (Altdorf 1676); E.F. Meurer: Mediator (Jena 1678). – **76** Trübners Dt. Wtb., Bd. 7 (1956) 509. – **77** C. Wolff: Jus naturae methodo scientifica pertractatum (1745) V §§923–943; Jus gentium methodo scientifica pertractatum (1749) V §§569f.; VIII §§1036–1038. – **78** Wolff [21] §768. – **79** ebd. §770. – **80** ebd. §1157. – **81** Vattel [21] §§328f. – **82** ebd. §326. – **83** ebd. §328. – **84** ebd. §330. – **85** E. de Melville: Vermittlung und Gute Dienste (1920) 3, 17; H. Hunger: Die Völkerrechtsvermittlung (1931) 28ff.; H. Duchhardt: Arbitration, M. oder Bons Offices? Die engl. Friedensvermittlung in Nijmwegen 1676–1679, in: Duchhardt [22] 23–88, 87. – **86** Dt. Bundesakte, Artikel 11. – **87** Pariser Vertrag vom 30.03.1856, Art. 8. – **88** Haager Abkommen [4], Zweiter Titel, Art. 2–8. – **89** M. Schröder: Verantwortlichkeit, Völkerstrafrecht, Streitbeilegung und Sanktionen, in: W. Graf Vitzthum (Hg.): Völkerrecht (1997) 581–663, 557f. – **90** R.L. Bindschedler: Conciliation and M., in: R. Bernhardt (Hg.): Encyclopaedia of Public International Law, Bd. 1 (Amsterdam 1981) 47–51. – **91** Zilleßen [32] 39ff. – **92** Folberg [5] 130. – **93** M. Jeglitza, C. Hoyer: Dt. Verfahren alternativer Konfliktlösung bei Umweltstreitigkeiten, in: Zilleßen [25] 137–183. – **94** Groner [8] 287. – **95** §10 Absatz I Satz 3 Nr. 7 Jugendgerichtsgesetz; §46 a Strafgesetzbuch. – **96** §1 Absatz 2 §18 Berufsordnung für Rechtsanwälte. – **97** G. Mähler, H. Mähler: Trennungs- und Scheidungs-M. in der Praxis, in: Familiendynamik 4 (1992) 347–372, 355.

Literaturhinweise:
R. Binter: Das Verhältnis von Vermittlung und Schiedsgerichtsbarkeit nach dem Völkerbundpakt (1929). – R. Taubenschlag: Il sequestro nel diritto dei papiri, in: Iura 2 (1951) 76–81. – F. Edmead: Analysis and Prediction in International M. (London 1971). – L.L. Randolph: Third Party Settlement of Disputes in Theory and Practice (Leiden 1973). – K. Kressel, D.G. Pruitt (Hg.): M.-Research (San Francisco 1989). – W. Hoffmann-Riem, E. Schmidt-Aßmann (Hg.): Konfliktbewältigung durch Verhandlungen, 2 Bde. (1990). – F. Haft: Verhandeln, die Alternative zum Rechtsstreit (1992). – R. Lederle: Gesellschaftliche Reorientierung in Mediationsverfahren bei Umweltkonflikten (Fribourg 1995). – L. Boulle: M., Principles, Process, Practice (Sydney 1996). – P.L. Berger(Hg.): Die Grenzen der Gemeinschaft. Konflikt und Vermittlung in pluralistischen Gesellschaften (1997). – S. Breidenbach, M. Henssler (Hg.): M. für Juristen (1997). – R. Cario (Hg.): La médiation pénale (Paris 1997). – H. Kamp: Vermittlung in Konflikten im hohen MA (1997). – U. Hartmann: Staatsanwaltschaft und Täter-Opfer-Ausgleich (1998). – R. Ponschab, A. Schweizer: Kooperation statt Konfrontation (1997). – C. Duve: M. und Vergleich im Prozeß (1999).

A. Kemmann

→ Beratungsrede → Controversia → Juristische Rhetorik → Kairos → Konsens → Konflikt → Prozeß → Verhandlungsführung

Meditation (griech. μελέτη, melétē; lat. meditatio; dt. Betrachtung; engl. meditation; frz. méditation; ital. meditazione)

A. Unter rhetorischen Gesichtspunkten lassen sich drei Varianten der M. unterscheiden: 1. M. als ein Verfahren der Textverarbeitung, das der rhetorischen Aufgabe der *memoria* zuzuordnen ist: Es bildet sich heraus in Konkurrenz zur antiken Mnemotechnik, insbesondere zu der seit der Herennius-Rhetorik und von CICERO favorisierten *loci-imagines*-Lehre. Während letztere auf die optimale Merkfähigkeit von Texten zum Zwecke ihrer exakten Reproduktion in der *actio* abzielt, ist die M. auf die individuelle Aneignung des Textsinnes ausgerichtet. Ihre Grundlage bildet das Training des natürlichen Gedächtnisses. 2. M. als Verfahren der Seelenführung (Psychagogie), das der *dispositio* zugehört: Es findet sich sowohl in den sittlichen Exerzitien der Antike als auch in den geistlichen Exerzitien (*exercitia spiritualia*) des Spätmittelalters und der frühen Neuzeit und stellt eine systematische Methodik der seelischen Selbstbeeinflussung dar, die die geistige und affektive Selbstkontrolle bzw. die Ordnung der Seele für die Begegnung mit dem Göttlichen bezweckt. 3. M. als Verfahren der Gedankenfindung im Rahmen der rhetorischen *inventio*: Als solches wird sie in der neueren protestantischen Homiletik seit SCHLEIERMACHER verwendet. Zwischen historischer Exegese und Ausarbeitung der Predigt angesiedelt, besteht ihre Aufgabe im Sammeln von aktualisierbaren Aspekten eines Bibeltextes, die als Stoffgrundlage für die Predigt dienen und die homiletische *dispositio* vorbereiten.

Die Termini ‹meditatio› und ‹meditari› werden in der lateinischen Bibel (Vulgata) zumeist als Übersetzungen des hebräischen ‹haga› (brummen, stöhnen, murmeln) bzw. des griechischen μελετᾶν (meletán; dt. üben, pflegen, ersinnen) verwendet. [1] Das frühe Mönchtum bezeichnet damit das wiederholte laute Rezitieren biblischer Texte. Im Verlauf des Mittelalters rückt zunehmend die Aufgabe der intellektuellen Betrachtung des göttlichen Worts in den Vordergrund. Im Spätmittelalter und in der frühen Neuzeit wird darüber hinaus die Rolle der Einbildungskraft zur sinnlichen Vergegenwärtigung der Meditationsgegenstände hervorgehoben. In der Gegenwart wird M. verstanden als «eine methodische, Intellekt und Affekt des Menschen erfassende [...] Übung, welche auf erfahrungsmäßige Begegnung mit Gott zielt». [2]

Seit dem 11. Jh. bildet sich die M. als literarisches Genre aus, das der Gebetsliteratur verwandt ist. Im Unterschied zu dieser steht in der M. nicht die Rede zu Gott, sondern das Selbstgespräch im Zentrum. Diese Meditationsliteratur kann als Fortführung der antiken Soliloquienliteratur angesehen werden; sie vollzieht jedoch gegenüber dieser eine stilistische Wendung von der dialektischen Argumentation zur affektbetonten Rede. [3] Zugleich entsteht seit dem Hochmittelalter ein reiches Schrifttum zur Bestimmung von Gegenständen und Methoden der M.

Ziel der M. ist die Ausrichtung des Lebens nach ethischen Normen, im christlichen Kontext darüber hinaus das Verständnis der Heiligen Schrift (*lectio divina*) sowie das existenzielle Gewahrwerden Gottes (*contemplatio*). Gegenstand der christlichen M. sind zumeist biblische Texte und Stoffe, wobei die Themenschwerpunkte auf der Buße und auf der *vita Christi* (v.a. der Passion) liegen. Daneben bildet bereits seit der Antike die *meditatio mortis* eine wichtige Variante der M., die in dem Genre der *ars-moriendi*-Literatur ihren Ausdruck findet.[4]

B. I. *Antike.* Die M. bzw. das sittliche Exerzitium der Antike stellt einen Akt der Selbstbeeinflussung dar, der mit der bewußten Absicht eines bestimmten sittlichen Effekts ausgeübt wird; er weist insofern stets über sich hinaus, als er entweder selbst wiederholt oder mit anderen, gleichgerichteten Akten zu einem planvollen Ganzen verbunden wird.[5] Ihren philosophischen Ort hat die antike M. in den ethischen Lehren der hellenistischen Zeit, insbesondere in der Stoa. Als literarische Quellen für die Praxis der M. dienen die Werke MARC AURELS, PLUTARCHS, EPIKTETS und SENECAS. Häufige Themen bilden die Überwindung der Todesfurcht, die Ergebung in den Weltlauf, die Vergänglichkeit der Menschendinge oder die Freundestreue. Als Inhalte der M. fungieren oft affektive *loci communes*, auf das Gefühl wirkende Formulierungen philosophischer Gedanken. Die Methode der antiken M. steht in enger Beziehung zur Rhetorik. Vor allem die Mittel der *evidentia* und der *amplificatio* werden angewandt zur sinnlichen Vergegenwärtigung und affektiven Vertiefung der gedanklichen Gehalte.

Den systematischen Ort der M. innerhalb der antiken Rhetorik bildet die *memoria*. QUINTILIAN stellt im *memoria*-Kapitel der ‹Institutio oratoria› der *loci-imagines*-Lehre eine meditative Technik der *memoratio* gegenüber, welche die Einprägung der mit der Rede beschriebenen Wachstafeln zum Ziel hat, so daß sie in der *actio* vor dem geistigen Auge stehen und gleichsam vorgelesen werden können.[6] Diese Methode setzt die Internalisierung des 'Schrift-Bildes' voraus, die nicht, wie in der *loci-imagines*-Lehre, durch die Zerlegung der Rede in eine temporalisierte 'Raum-Narration' erfolgt, sondern durch das Meditieren über dem Text. Im murmelnden Vor-sich-hin Sprechen wird er visuell, artikulatorisch und auditiv angeeignet. Es handelt sich um eine tägliche Übung (*exercitatio*), die auf dem Training des natürlichen Gedächtnisses durch beständige Wiederholung beruht. Voraussetzung des Memorierens ist laut Quintilian ein guter Gesundheitszustand, insbesondere eine geregelte Verdauung. Der Text soll wie eine Speise wiedergekäut werden, vollständig verdaut aber wird er erst über Nacht; denn «seine Befestigung verdankt das Gedächtnis gerade der Zeit, die doch das Vergessen zu verursachen pflegt».[7] Diese Technik der *memoria* ähnelt der monastischen Auffassung von M. Der Überlieferungszusammenhang ist jedoch bislang nicht erforscht.

II. *Frühes Mittelalter.* In der monastischen Tradition tritt die enge Beziehung von M. und *memoria* deutlich zutage. M. heißt hier in erster Linie das laute bzw. murmelnde Rezitieren der Heiligen Schrift zum Zwecke der Memoration, das auf die jüdische Lektüre der Thora zurückgeht.[8] Als zentrale, häufig zitierte Anweisung zu dieser Praxis fungiert Ps 1, 1–2, der in der Vulgata lautet: «Beatus vir qui [...] in lege [Domini] meditabitur die ac nocte» (Wohl dem, der über das Gesetz des Herrn nachsinnt bei Tag und bei Nacht). Die Mönchsregeln kennen zwei Gelegenheiten zur M.: die Rezitation der Heiligen Schrift während der Arbeit und die Betrachtung während der Bibellektüre (*lectio divina*).[9] Bei der monastischen M. handelt es sich nicht um einen rein geistigen, innerlichen Vorgang, sondern um ein vernehmbares Aufsagen von Texten und Formeln, dem sich die Mönche allein oder in Gemeinschaft hingeben, wobei sie die Texte entweder auswendig hersagen oder vor sich hinlesen. Dem Inhalt nach hat diese Weise des Meditierens fast ausschließlich die Heilige Schrift zum Gegenstand.[10] Die Praxis der M. wird als Akt geistig-körperlicher Aneignung des Textes vorgestellt und mit dem Bild des wiederkäuenden Tieres (vgl. Lev 11, 3; Dtn 14, 6) verbunden: In der Lektüre wird die Schrift dem Magen des Gedächtnisses einverleibt und in der wiederholten Rezitation allmählich wiederkäuend verdaut (*ruminatio*). Mit den Worten AUGUSTINS: «Wenn du nämlich hörst oder wenn du liest, ißt du; wenn du darüber nachdenkst [cogitas], käust du wieder [ruminas], damit du ein reines Tier seiest und kein unreines.»[11] Dieser Konzeption der M. als *ruminatio* liegt der schriftmagische Gedanke der göttlichen Inspiration durch das Essen heiliger Texte zugrunde, der u.a. auch in der Bibel belegt ist (vgl. Ez 2, 8–3, 3; Offb 10, 9f.).[12] Die Vorstellung der *ruminatio* wird das ganze Mittelalter hindurch tradiert und findet sich noch in der Frömmigkeitsliteratur der protestantischen Orthodoxie und des Pietismus.

III. *Hochmittelalter.* Seit dem 11. Jh. sind religiöse Texte mit dem Titel ‹meditatio› überliefert. Es handelt sich hierbei um literarisierte M., deren textuelle Verfahrensweisen noch deutlich ihre Herkunft aus der monastischen M. verraten, welche auf der Fähigkeit des Mönchs beruht, sich spontan und ohne jede Anstrengung an biblische Zitate und Anspielungen zu erinnern, die sich gegenseitig hervorrufen, allein durch die Ähnlichkeit der Worte. Jedes Wort verweist auf ein oder mehrere andere Worte, die sich miteinander verknüpfen und so das Gewebe der Darstellung bilden.[13] Solche Meditationstexte sind u.a. von ANSELM VON CANTERBURY (‹Orationes sive Meditationes›), JEAN DE FÉCAMP (‹Soliloquia›, ‹Meditationes›, ‹Manuale›, überliefert unter dem Namen Augustins), BERNHARD VON CLAIRVAUX (‹Meditationes›) und BONAVENTURA (‹Meditationes vitae Christi›) erhalten. Es handelt sich um sorgfältig komponierte Texte, die in der spätantiken Tradition der Gebets- und Soliloquienliteratur stehen. Ihre grundlegende Form bildet das Selbstgespräch (im Wechsel mit dem Gottesgespräch des Gebets), das eine expressive, bilderreiche, deiktisch-appellative und antithetisch strukturierte Diktion in den Dienst sprachlich evozierter Selbstaffektion stellt (z.B. Anselms ‹Meditatio ad concitandum timorem›). Ziel dieser Affektion ist die Erfahrung des göttlichen Wortes: «Ich will erfahren, was ich höre, ich will fühlen, was ich glaube».[14] Diese Werke werden das ganze Mittelalter hindurch in zahlreichen Abschriften tradiert und seit dem 16. Jh. in die Volkssprachen übersetzt. Sie bilden den Grundbestand und die literarischen Vorbilder für die späteren Meditationstexte aller Konfessionen.[15]

Parallel zu den literarischen Werken des hohen Mittelalters versuchen die fast zeitgleich im 12. Jh. auftretenden Meditationstraktate, den Begriff der M. zu präzisieren. Der Übergang von der Patristik zur Scholastik äußert sich hier als semantische Ausdifferenzierung der *meditatio* im Kontrast zu *lectio*, *oratio* und *contemplatio*. Während die monastische *lectio divina* an der prinzipiellen Einheit von *lectio* und *meditatio* festhielt, löst sich nunmehr die M. von der Lektüre und wird zu einer intellektuellen Operation. «Die Meditation ist ein anhaltendes Nachdenken», lautet die knappe Definition des HUGO VON ST. VIKTOR.[16] Darin unterscheidet sie sich von dem affektiv geprägten Gebet ebenso wie von der existentiellen Gotteserfahrung in der Kontemplation. GUIGO II. der Kartäuser weist ihr einen genau definierten Ort innerhalb der 'Mönchsleiter' (*scala claustralium*) zu: «Die lectio besteht darin, daß man voll Eifer die Schrift kennenlernt. Die meditatio ist der Akt eines Geistes voller Erkenntnishunger, der sich unter der Führung seines eigenen Verstandes auf die Suche begibt, um eine verborgene Wahrheit zu entdecken. Die oratio ist eine innige Hinwendung des Herzens zu Gott, um vom Bösen befreit zu werden und das Gute zu erlangen. Die contemplatio ist der Aufschwung der Seele, die von Gott begeistert ewige Freuden kostet».[17] In dieser Konzeption wird die M. zu einer Theorie der allegorischen Schriftauslegung. Bei Hugo von St. Viktor dient sie zur Erkenntnis des historischen, heilsgeschichtlichen und moralischen Schriftsinnes (sensus historicus, allegoricus und tropologicus).[18] Im Laufe des Spätmittelalters wird die Aufgabe der M. zunehmend auf die Erfassung des tropologischen Schriftsinns reduziert.

IV. *Spätmittelalter.* In den Meditationstraktaten der spätmittelalterlichen Frömmigkeitsbewegung der *devotio moderna* (14./15. Jh.) wird die M. allmählich zu einer systematischen Methode geistlicher Übungen ausgebaut. GERHART GROOTE, der Begründer der *devotio moderna*, unterscheidet in seinem Werk ‹De quatuor generibus meditationum› vier Gegenstände der M.: die Bibel, die Offenbarungen der Heiligen, die scholastischen Lehrmeinungen und die vom Gläubigen selbst geformten Bilder. Seit FLORENTIUS RADEWIJNS (‹Tractatulus devotus›) stehen die *vita* bzw. die Passion Christi sowie die vier letzten Dinge (Tod, Jüngstes Gericht, Hölle, Paradies) im Zentrum der spätmittelalterlichen M. Erste Ansätze zur methodischen Systematisierung finden sich bei THOMAS VON KEMPEN, der in den ‹Sermones de vita et passione Domini› die Passionsmeditation in sieben Punkte gliedert, die er der dialektischen Topik entlehnt (Wer leidet? Warum, wie sehr und für wen leidet er? Wie lange, an welchen Orten und an welchen Gliedern leidet er?) Aus diesen Ansätzen zu einer Rhetorisierung der M. entwickelt WESSEL GANSFORT eine ‹Scala meditatoria›, die erstmals eine gegenstandsunabhängige Methode der M. darstellt und von JEAN MOMBAER in sein ‹Rosetum exercitiorum spiritualium› (1494) übernommen und popularisiert wird.[19] Diese *scala* organisiert die M. gemäß den Regeln der rhetorischen *dispositio*. Sie wird unterteilt in drei Partien, deren mittlere sich nach den drei Seelenkräften in Gedächtnis (*memoria*), Verstand (*intellectus*) und Willen (*voluntas*) gliedert. Der Vorbereitungsteil dient der Auswahl und Präsentation des Themas und fungiert somit als *exordium*. Der Gedächtnisteil entspricht der *narratio*: Der Meditierende kommemoriert den Gegenstand, zergliedert ihn in einer *divisio* gemäß den rhetorischen *loci*, erhellt ihn durch die Anwendung von Figuren, Vergleichen und Exempeln und erweitert ihn mit den Mitteln der *amplificatio*. Der intellektuelle Teil bringt die Techniken dialektischer Argumentation zum Einsatz, die zur Beurteilung und Diskussion unterschiedlicher Meinungen über den Gegenstand (*propositiones*), zu ihrer argumentativen Begründung (*argumentatio*) und Widerlegung (*refutatio*) dienen. An seinem Ende erhält die *ruminatio* ihren systematischen Ort: Sie faßt das Vorhergehende zusammen und durchdringt es immer tiefer, bis die sinnlichen Vermögen angesprochen sind. Die *ruminatio* leitet über zum affektiven Teil der M., bestehend u.a. aus dem Geschmack der göttlichen Süße (*gustatio*), dem Bekenntnis eigener Ohnmacht (*confessio*), der Bitte um göttliche Hilfe (*oratio*) und dem Vertrauen auf die Güte Gottes (*confidentia*). Auch in diesem Teil kommen dialektische *loci* zum Einsatz; die sprachliche Ausgestaltung wird berücksichtigt mit der Empfehlung von Figuren wie *exclamatio* und *interrogatio* zur Steigerung der Affekte. Der abschließende Teil, der der *peroratio* entspricht, gliedert sich in die Danksagung (*gratiarum actio*), die Anheimstellung (*commendatio*) und die Ergebung in den göttlichen Willen (*permissio*).

V. *Frühe Neuzeit.* **1.** *Katholizismus.* Die bekannteste neuzeitliche Meditationsform, des IGNATIUS VON LOYOLA ‹Exercitia spiritualia› (1548), stellt eine pragmatische Vereinfachung der Methoden der *devotio moderna* dar. Sie folgt nicht mehr strikt den rhetorischen Regeln der *dispositio*, sondern geht eklektizistisch vor. Das grundlegende Verfahren bei Ignatius bildet die von Gansfort/ Mombaer übernommene, jedoch nicht weiter ausdifferenzierte M. mit Hilfe der drei Seelenkräfte Gedächtnis, Intellekt und Willen. Die wichtigste Leistung des Gedächtnisses besteht in der *compositio loci* (Zurichtung des Schauplatzes nach Personen, Worten, Handlungen, Ursache, Zeit, Ort, Weise usw.), die nach den Regeln der rhetorisch-dialektischen Topik und Peristasenlehre verfährt; ihr Ziel ist es, «mit der Schau der Einbildung den leiblichen Ort zu sehen, an dem sich die zu betrachtende Sache befindet».[20] Der nachdrückliche Einsatz der Einbildungskraft ist eine der Neuerungen, die Ignatius gegenüber der *devotio moderna* durchsetzt, welche der *imaginatio* noch ambivalent gegenüberstand. Es folgt die Betrachtung durch den Intellekt, deren vornehmstes Mittel die rhetorische *amplificatio* (*per comparationem, per incrementum, per enumerationem, per partitionem*) darstellt: Durch Vergleich, Steigerung, Aufzählung und Zerlegung wird der Gegenstand ausgeweitet und vertiefend durchdrungen.[21] Die Applikation des Willens zielt auf die affektive Vergegenwärtigung und Aneignung des Gegenstandes. Hier kommt die Einbildungskraft ein zweites Mal zum Einsatz, diesmal in erweiterter Form als 'Anwendung der Sinne': Durch die Erfassung mit allen fünf Sinnesorganen wird die Präsenz des Meditierenden in der vorgestellten Szene simuliert; die rhetorische Technik, die dieses Verfahren bestimmt, ist die Lehre von der Anschaulichkeit (*evidentia*). Am Schluß der ignatianischen M. stehen das Kolloquium mit Gott bzw. Christus und das Gebet. Es werden drei Gebetsformen unterschieden: Die erste ist diskursiv ausgerichtet, die zweite beinhaltet die Wort-für-Wort-M. wichtiger Gebetstexte im Sinne der *ruminatio*, die dritte koordiniert Sprechen und Atmen zu einer psychomotorischen Übung. Der letztgenannte Gebetstyp entspricht dem in der Ostkirche seit dem Mittelalter gebräuchlichen sog. Jesus-Gebet, das in der rhythmisierten Wiederholung bestimmter Gebetsformeln besteht.[22]

2. *Protestantismus.* Obwohl LUTHER in seiner eigenen Meditationspraxis von der *devotio moderna* beeinflußt ist[23], lehnt er die mit der methodischen M. verbundene Vorstellung einer durch geistliche Exerzitien zu erlangenden religiösen Perfektion ab. Dies führt zu einer Entsystematisierung der M. im Luthertum, die einhergeht mit ihrer Ablösung von der Rhetorik und ihrer Hinwendung zur Hermeneutik. Ähnlich wie in der monastischen *lectio divina*, steht die M. im Dienste einer ganzheitlichen, auf die existentielle Begegnung mit dem Gotteswort ausgerichteten Schriftexegese. Luthers Trias von Gebet, M. und Anfechtung (*oratio, meditatio, tentatio*) bezeichnet in erster Linie keine geordnete Skala der M., sondern unterschiedliche Aspekte desselben religiösen Erlebens: einer den ganzen Menschen als geistig-affektive Einheit umfassenden, durch die Heilige Schrift vermittelten Erfahrung Gottes, die sich insbesondere in der Anfechtung ereignet.[24] Demgemäß sind auch die seit dem Ende des 16. Jh. erscheinenden lutherischen Meditationstexte wieder stark an der altkirchlichen Tradition orientiert. Häufig handelt es sich um dogmatisch bearbeitete Adaptationen von Werken (Pseudo-)Augustins, Anselms, Bernhards oder Taulers, so etwa bei MARTIN MOLLERS ‹Meditationes sanctorum Patrum› (1584) oder bei JOHANN GERHARDS ‹Meditationes sacrae› (1606). Im 17. Jh. wird die M. im Rahmen der lutherischen Kirchenreform (J. ARNDT, J. Gerhard, L. DUNTE, J. SCHMIDT) und später im Pietismus (PH. J. SPENER, A. H. FRANCKE) als zentrale Übung christlicher Frömmigkeit propagiert.[25] Zugleich etablieren sich die lutherischen Meditationstexte durch die Anlehnung an die rhetorische Stilistik (J.M. MEYFART) und an die Poetik (G. PH. HARSDÖRFFER) als eigenes Genre literarischer Kunstprosa (z.B. Meyfarts ‹Das himmlische Jerusalem› [1627] oder C.R. v. GREIFFENBERGS monumentale ‹Betrachtungen Von Allerheiligster Menschwerdung […] Unsers HERRN und Heilands JESU Christi› [1672–1693]). Aus der pietistischen Meditationsliteratur des 18. Jh. sind die Werke G. TERSTEEGENS hervorzuheben.[26]

Die Weiterführung der methodischen M. im Protestantismus erfolgt v.a. in England. Ihr wichtigster Vertreter ist der anglikanische Bischof JOSEPH HALL, dessen Schrift ‹The Arte of Divine Meditation› (1606) in ganz Europa verbreitet wurde. Dieses Werk enthält eine vereinfachte Version der *scala meditationis* Gansforts/Mombaers, deren Hauptschritte (*praeparatio, intellectus/voluntas, oratio*) beibehalten werden. Neben dieser ‹Meditation Deliberate› stellt Hall einen zweiten Typus vor, den er ‹Meditation Extemporal› nennt. Dabei handelt es sich um eine spontane, von äußeren Gegenständen und Anlässen ausgehende Gelegenheitsmeditation, die Elemente der mittelalterlichen Natur- und Dingallegorese sowie der frühneuzeitlichen Emblematik aufnimmt. Hall selbst hat diese Form der M. in seinen ‹Occasional Meditations› (1630) literarisch ausgeführt, denen insbesondere in Deutschland eine breite und produktive Rezeption zuteil wurde, die von Harsdörffer über CH. SCRIVER bis ins 18. Jh. zu B.H. BROCKES verfolgt werden kann.[27]

Aus sozialgeschichtlicher Perspektive erscheint die M. im 17./18. Jh. als wichtiger Faktor im Prozeß gesellschaftlicher Individualisierung.[28] Durch ihre introspektive, memorative Haltung, die auf individuelle Selbsterkenntnis zielt, unterstützt sie die Herausbildung subjektiver Innerlichkeit und liefert die Voraussetzungen zur 'wissenschaftlichen' Bestimmung des Menschen in der frühaufklärerischen Psychologie des 17. und frühen 18. Jh.[29]

VI. *19./20. Jh.* In der 2. Hälfte des 19. Jh. werden wichtige Meditationstexte der frühen Neuzeit wiederentdeckt und neu verlegt. Seit der Beschäftigung mit den indischen Religionen in der Romantik haben außereuropäische Meditationsformen eine zwar schwankende, aber anhaltende Konjunktur. Daneben ist ein verstärktes Interesse für die ignatianischen Exerzitien zu beobachten. Für die Rhetorik von Wichtigkeit ist die Integration der M. in die protestantische Predigtlehre (Homiletik). Schon Luthers hermeneutischer Meditationsbegriff steht in enger Beziehung zur Verkündigung.[30] Mit SCHLEIERMACHER erhält die M. eine zentrale Stellung in der Predigtvorbereitung. Er definiert sie als eine freiwillige oder absichtliche Gedankenerzeugung, die man nicht auf Formeln und Regeln zurückführen könne und deren Aufgabe darin bestehe, daß aus einem Keim, «gleichviel ob eine Einheit von Text und Thema für die thematische Rede oder eine allgemeine Ansicht der Schrifterklärung in der Homilie, Gedanken entwickelt werden».[31] Schleiermacher behandelt die M. im Rahmen der homiletischen *inventio*, sieht jedoch zugleich eine dialektische Wechselwirkung zwischen der Spontaneität der *inventio* und dem Schematismus der *dispositio*, die parallel voranzutreiben seien. Einzige methodische Richtlinie für die M. ist die Konzentration auf einen bestimmten thematischen Punkt und das Festhalten alles dessen, was sich in der freien Gedankenerzeugung auf diesen Punkt bezieht. Im übrigen solle «*jeder wirklich das thun [...] was seiner eigenthümlichen Natur gemäß ist*».[32] Die weitere Entwicklung der Predigtmeditation im 20. Jh. ist gekennzeichnet durch methodische Systematisierung und durch die zunehmende Bedeutung praktischer Anleitung. Hervorgehoben wird die systematisch-theologische Funktion der M. als Vermittlung zwischen der historischen Exegese und der konkreten Situation der Gemeinde. W. STECK bestimmt die Predigtmeditation als «Denkprozeß [...], der Exegese und Verkündigung, Vergangenheit und Gegenwart zusammenschließt».[33] Daraus ergeben sich zwei methodische Schritte: die exegetisch orientierte M. vom biblischen Text her und die homiletisch ausgerichtete M. auf die Predigt hin.[34] Unter Bezugnahme auf die Hermeneutik GADAMERS wird als Ziel der M. die «Horizontverschmelzung» von historischer und gegenwärtiger Verkündigung postuliert.[35] Der Schwerpunkt liegt einerseits auf der persönlichen Auseinandersetzung des Predigers mit dem Bibeltext, andererseits auf der methodischen Erarbeitung der aktuellen Textaussage. Im Mittelpunkt der von O. HAENDLER und M. SEITZ vertretenen Auffassung der Predigtmeditation steht die «unmittelbare Begegnung mit dem biblischen Text und die Bereitschaft, sich von ihm ergreifen zu lassen».[36] Andere Homiletiker wie L. FENDT und B. KLAUS ergänzen die persönliche Betrachtung des Predigers durch die rational-methodische «homiletische Besinnung», die sie in vier Arbeitsschritte gliedern: a) Erwägungen zur homiletischen Lage des Bibeltextes; b) Betrachtung der heutigen homiletischen Lage; c) Brückenschlag von der einstigen zur jetzigen Situation der Hörer; d) Überlegungen zur Gestalt der Predigt.[37] Wie bei Schleiermacher, ist die M. auch in der neueren protestantischen Homiletik im Rahmen der *inventio* angesiedelt: Sie dient dazu, die für die heutigen Hörer relevanten Aspekte des biblischen Textes zu finden und mündet in die *dispositio* der Predigt.

Hervorgegangen aus Sammlungen von Musterpredigten des 19. Jh., erscheinen im 20. Jh. vermehrt Hilfen zur Predigtarbeit, wie z.B. R.A. KOHLRAUSCHS Predigtdispositionen unter dem Titel ‹Vademecum Homileticum› oder K. HAUSSENS ‹Predigtstudien› (1928), die exegetisch-homiletische Bearbeitungen der kanonischen Predigttexte (Perikopen) enthalten. Daraus hat sich eine eigene Textsorte der Predigtmeditationen entwickelt, deren Modell die seit 1946 erscheinenden ‹Göttinger Predigtmeditationen› bilden, welche vor allem den Ertrag der historisch-kritischen Exegese für das Verständnis der einzelnen Perikopen zusammenzufassen suchen. Spätere Predigthilfen stellen deutlicher die Bedürfnisse der Frömmigkeit heraus. Die Verbindung von gegenwärtiger Situation und historischer Auslegung im Sinne der «homiletischen Besinnung» intendieren die 1968 von E. LANGE begründeten ‹Predigtstudien›.[38]

Anmerkungen:
1 vgl. E. v. Severus: Das Wort "Meditari" im Sprachgebrauch der Hl. Schrift, in: Geist und Leben 26 (1953) 365–375. – **2** M. Nicol: M. bei Luther (²1990) 15. – **3** vgl. G. Butzer: Rhet. der M., in: G. Kurz (Hg.): M. und Erinnerung in der Frühen Neuzeit

(2000). – **4** vgl. R. Rudolf: Die Ars-moriendi-Lit. des MA, in: JbIG 3/1 (1971) 22–29. – **5** vgl. P. Rabbow: Seelenführung (1954) 15–22. – **6** vgl. Quint. XI, 2, 32. – **7** ebd. XI, 2, 43. – **8** vgl. I. Illich: Im Weinberg des Textes (1991) 60f. – **9** vgl. A. de Vogüé: Les deux fonctions de la méditation dans les Règles monastiques anciennes, in: Rev. d'Histoire de la Spiritualité 51 (1971) 3–16. – **10** vgl. H. Bacht: "Meditatio" in den ältesten Mönchsquellen, in: Geist und Leben 28 (1955) 360–373. – **11** Augustinus: Enarr. in Ps XXXVI, Sermo III, 5, in: CChr. SL, Bd. 38, 371, Übers. Verf. – **12** vgl. G. Butzer: Pac-man und seine Freunde. Szenen aus der Gesch. der Grammatophagie, in: DVjs Sonderh. ‹Medien des Gedächtnisses› (1998) 228–244. – **13** vgl. J. Leclercq: Wiss. und Gottverlangen (1963) 83–102. – **14** Anselm von Canterbury: Oratio ad sanctum Iohannem Baptistam, in: ders.: Opera omnia, hg. von F.S. Schmitt, Bd. 3 (1946) 26–29, hier: 29, Übers. Verf. – **15** vgl. K. Erdei: Auf dem Wege zu sich selbst: Die M. im 16. Jh. (1990). – **16** Hugo von St. Viktor: De meditando seu meditandi artificio, in: ML, Bd. 176, 993–998, hier: 993, Übers. Verf. – **17** Guigo II der Kartäuser: Scala claustralium sive tractatus de modo orandi, c. 1, in: ML, Bd. 184, 475–484, hier: 476, Übers. nach R. Esser: ‹Cogitatio› und ‹meditatio› (1985) 96. – **18** vgl. Hugo von St. Viktor [16] 994. – **19** vgl. J. Mauburnus: Rosetum Exercitiorum spiritualium et sacrarum meditationum (Paris 1510) tit. XX, c. 1–8. – **20** Ignatius von Loyola: Exercitia spiritualia Nr. 47, übers. von H.U. v. Balthasar: Ignatius von Loyola: Die Exerzitien (^{11}1993) 26. – **21** vgl. Rabbow [5] 56–80. – **22** vgl. H. Bacht: Das "Jesus-Gebet" – seine Gesch. und seine Problematik, in: Geist und Leben 24 (1951) 326–338. – **23** vgl. Nicol [2] 21ff. – **24** vgl. O. Bayer: Oratio – meditatio – tentatio, in: Lutherjb. (1987) 7–59. – **25** vgl. U. Sträter: M. und Kirchenreform in der luther. Kirche des 17. Jh. (1995). – **26** vgl. M. Nicol: Ev. M. bei Gerhard Tersteegen, in: Theol. Beitr. 21 (1990) 136–150. – **27** vgl. U. Sträter: Sonthom, Bayly, Dyke und Hall (1987) 83–101. – **28** vgl. Kurz [3]. – **29** vgl. Th. Müller: Rhet. und bürgerl. Identität (1990). – **30** vgl. Nicol [2] 53f., 61, 63. – **31** F. Schleiermacher: Die prakt. Theol. nach den Grundsäzen der ev. Kirche, hg. von J. Frerichs (1850) 270. – **32** ebd. 272. – **33** W. Steck: Das homilet. Verfahren (1974) 32. – **34** vgl. J. Wolff: Anl. zur Predigtmeditation (1955). – **35** vgl. W. Trillhaas: Ev. Predigtlehre (^{5}1964) 78ff. – **36** M. Seitz: Zum Problem der sog. Predigtmeditation, in: ders.: Praxis des Glaubens (^{2}1979) 21–32, hier: 24. – **37** vgl. L. Fendt, B. Klaus: Homiletik (^{2}1970) 80–93. – **38** vgl. D. Rössler: Grundriß der Prakt. Theol. (1986) 356f.

Literaturhinweise:
P. Debongnie: Jean Mombaer de Bruxelles (Löwen 1928). – L. Zarncke: Die Exercitia Spiritualia des Ignatius von Loyola in ihren geistesgesch. Zusammenhängen (1931). – L.A.M. Goossens: De meditatie in de eerste tijd van de Moderne Devotie (Haarlem/Antwerpen 1952). – L. Claßen: Die "Übung mit den drei Seelenkräften" im Ganzen der Exerzitien, in: F. Wulf (Hg.): Ignatius v. Loyola (1956) 263–300. – H. Wolter: M. bei Bernhard von Clairvaux, in: Geist und Leben 29 (1956) 206–218. – H. Rahner: Die 'Anwendung der Sinne' in der Betrachtungsmethode des hl. Ignatius v. Loyola, in: Zs. für kath. Theol. 79 (1957) 434–456. – H.H. Eßer: Aufgabe und Leistung der Predigtmeditation, in: Monatsschr. für Pastoraltheol. 47 (1958) 221–230, 283–295. – M. Josuttis: Homiletik und Rhet., in: Monatschr. für Pastoraltheol. 57 (1968) 511–527. – F. Ruppert: Meditatio – Ruminatio, in: Erbe und Auftrag 53 (1977) 83–93. – E. v. Severus, A. Solignac, M. Goossens, M. Sauvage, J. Sudbrack: Art. ‹Méditation›, in: Dict. de Spiritualité, ascétique et mystique, Bd. 10 (Paris 1977–1980) 906–934. – P. Hadot: Exercices spirituels et philosophie antique (Paris 1981). – R.A. McCabe: Joseph Hall. A Study in Satire and Meditation (Oxford 1982). – E. Koch: Therapeut. Theol. Die Meditationes sacrae von Johann Gerhard, in: Pietismus und Neuzeit 13 (1987) 25–46. – F. Posset: Bible Reading "With Closed Eyes" in the Monastic Tradition: an Overlooked Aspect of Martin Luther's Hermeneutics, in: The Amer. Benedictine Rev. 38/39 (1987/88) 293–306. – M. Nicol: Art. ‹M. II›, in: TRE, Bd. 22 (1992) 337–353.

G. Butzer

→ Confessio → Erbauungsliteratur → Gebet → Homiletik → Memoria → Mystik → Predigt → Schriftauslegung → Rezitation

Meinung, Meinungsfreiheit (Meinung: griech: δόξα, dóxa; lat. opinio; engl. opinion, belief; frz. opinion; ital. opinione)
A. Def. – B. I. Antike. – II. Mittelalter und Humanismus. – III. Neuzeit. – 1. Wissenschaftsbegriff. – 2. Politik. – 3. Meinungsfreiheit und öffentliche Meinung.

A. ‹Meinung› wird im allgemeinen in epistemologischer Bedeutung als Ausdruck subjektiven Fürwahrhaltens aufgefaßt. Damit kann zum einen der intentionale Sinn des Meinens und das geistige Gerichtetsein bezeichnet werden (engl. meaning), zum anderen der Modus der Gewißheit, der sich im Vergleich zum Wissen als defizitär erweist (engl. belief). Meinung gilt dann entweder als eine Vorstufe des Wissens oder wird im Gegensatz zum Wissen als ein Hindernis wahrer Erkenntnis verstanden. Hinter diese Auffassung zurück führt die allgemeine Bedeutung des Begriffs, der ganz unspezifisch im Sinne von ‹Auffassung›, ‹Ansicht› oder ‹Überzeugung› gebraucht werden kann (engl. opinion). An diesen Sprachgebrauch ist aus rhetorischer Perspektive anzuknüpfen. Meinung in diesem Verständnis erschöpft sich nicht im Bejahen eines Satzes, sondern steht für ein dispositionales Wissen, das den Wirklichkeitsbezug und die Weltauslegung des Subjekts zum Ausdruck bringt. Meinungen besitzen insofern eine genuin praktische Bedeutung, als sie das Selbstverständnis des Individuums und dessen Orientierung repräsentieren.

Nur unter diesen Prämissen wird plausibel, inwiefern die Freiheit der Meinung ein politisch bekräftigter normativer Anspruch werden kann. Meinungsfreiheit wird verstanden als subjektives Recht auf freie Entfaltung insbesondere der religiösen und politischen Anschauungen. Sie beschränkt sich jedoch nicht auf die Freiheit des Denkens, sondern schließt in ihrer konsequenten Deutung die Äußerung der Meinung und die ungehinderte Verbreitung derselben ein. Im freien Spiel der Meinungen etabliert sich die öffentliche Meinung als das Organ gemeinsamer Orientierung, das im Rahmen politischer Verfassungen als Legitimationsinstanz in Anspruch genommen wird, dabei jedoch den Verdacht der Manipulierbarkeit erregt. In dieser ambivalenten Gestalt zeigt sich das ganze Potential, aber auch die Grenze der Meinung.

B. I. *Antike.* Meinung ist der Gegenstand und das Medium der klassischen Rhetorik, die insbesondere durch Aristoteles ihre Ausprägung erfahren hat. Ihr voraus liegt jedoch die Unterscheidung von Meinung (δόξα, dóxa) und Wissen (ἐπιστήμη, epistēmē), die sich im griechischen Denken seit den Vorsokratikern ausgebildet hat. Während bei PARMENIDES noch Meinung als Resultat der sinnlichen Wahrnehmung identifiziert und vom Wissen über das Seiende, das allein Wahrheit beanspruchen kann, unterschieden wird, sehen die Sophisten im Streit der Meinungen das Medium der Wahrheit, so zwar, daß dabei ein über die Meinung hinausweisender Begriff von Wahrheit bestritten wird. Die Rhetorik avanciert dadurch zum Medium des Logos, denn der Austausch der Meinungen gewährt Orientierung in theoretischen und praktischen Fragen gleichermaßen. Auf die sophistische Entdeckung des Potentials der Meinungen datiert auch der Machtzuwachs, den die Rhetorik im 5. Jh. erfahren hat. Die Redner verfügen über die Meinungen, sofern sie Meinungs- und Entscheidungsbildung strukturieren und dadurch Einfluß auf das Selbstverständnis der Einzelnen sowohl als der Gemeinschaft nehmen. Der Hintergrund für diesen Prestigegewinn der Rhetorik ist die im Zuge der Demokratisierung der Polis erfolgende «Politisierung der Polis-Ordnung»[1], eine Entwicklung, die auf dem Bewußtsein der Gestaltbarkeit von Praxis und Politik beruht. So sieht der Sophist GORGIAS in der Meinung die zwar trügerische, aber alternativenlose Instanz praktischer Orientierung.[2] PROTAGORAS' Vorstellung einer kollektiven doxastischen Handlungsbasis erhellt zugleich die konstitutive Bedeutung der Meinung für die demokratische Welt.[3] Die sophistische Rhetorik rekurriert auf die umlaufenden konkurrierenden Meinungen, die eine Handlungssituation ausleuchten und Handlungsmöglichkeiten erschließen. Daß Meinungen standpunktbezogen sind, muß nicht als Nachteil verbucht werden, wenn das Handeln selbst und insbesondere die politischen Entscheidungen diesen Standpunkten Rechnung tragen sollen. Wenn jedoch derselbe Protagoras sich damit brüstet, «den schwächeren Logos zum stärkeren» machen zu können[4], kommt die Ambivalenz dieses ganz auf Meinung gestützten Rhetorikkonzepts zum Ausdruck. Nicht nur die Orientierungsfunktion, sondern auch ein dramatisch zugespitzter Orientierungsbedarf läßt sich im Medium der Meinung darstellen, ohne daß deutlich wird, wie in dieser Dynamik des Wandels noch tatsächlich Orientierung gefunden werden kann. Letztlich mündet der sophistische Anspruch auf die unumschränkte Verfügbarkeit der Meinung in den Versuch einer Instrumentalisierung der Meinung für kontingente Zwecke, ein Ansinnen, das dem rhetorischen Ausgangspunkt, der Einsicht in die konstitutive Bedeutung der Meinung diametral entgegengesetzt ist.

Indem PLATON in seiner Kritik der Sophistik diese Problematik aufgreift, wird seine Skepsis gegenüber der Meinung plausibel. Gegen die sophistische Nivellierungstendenz gerichtet beharrt seine Philosophie auf der Differenz von Wissen (epistémē) und Meinen, wiewohl er wie kein anderer auf die Schwierigkeiten einer klaren Unterscheidung hinweist.[5] Es gibt kein externes Kriterium der Identifikation von Wissen. Wenn Platon den Rekurs auf das Gute als die entscheidende Qualifikation des Wissenden vorstellt, so ist damit jedoch die Frage nach dem Zweck des Wissens und Handelns, die von den Sophisten neutralisiert wurde, wieder in die Diskussion gebracht.[6] Meinungen sind damit nicht grundsätzlich diskreditiert, im Unterschied zum Wissen aber prinzipiell ambivalent. Platon ist deshalb die Rhetorik, die er in ihrer sophistischen Spielart präsentiert, insgesamt suspekt. Der strategischen Inanspruchnahme der Meinung und dem darauf gründenden Machtbewußtsein der Sophisten begegnet er dadurch, daß er das Wissen um die Zwecke des Handelns in Spiel bringt, das nicht rhetorisch, sondern dialogisch erschlossen wird.[7] Der Sophist verfügt nicht über wirkliche Macht, weil er das Worumwillen des Tuns vergißt und deshalb von einer Verfügbarkeit der Meinung ausgeht, die der Struktur von Praxis widerspricht.

Der Praxiszusammenhang als ganzer ist auch einer planmäßig verfahrenden Rhetorik nicht verfügbar. ARISTOTELES zieht daraus die Konsequenz einer Rhetorikkonzeption, die nicht instrumentell angelegt ist, sondern die Konstitution der Praxis nachzeichnet.[8] Dieses klassische Modell begründet die systematische Verbindung von Rhetorik und Meinung. Rhetorik zielt nach Aristoteles auf das «Glaubenerweckende»[9], die Meinung also, und wird in dieser Bedeutung der Dialektik an die Seite gestellt. Die Prämissen der Rhetorik beruhen freilich nicht auf wissenschaftlicher Erkenntnis, sondern auf wahrscheinlichen Sätzen. Diese wiederum stellen kein im Vergleich zur Wissenschaft minderes Wissen dar, sondern beziehen sich auf das, was sich meistens, aber nicht notwendig immer auf eine bestimmte Weise verhält.[10] Was unter diese Kategorie fällt, läßt sich nun nicht anders bestimmen als dadurch, daß es allen oder den meisten oder den Weisen einleuchtet. Deren logische Bestimmung faßt Aristoteles als ἔνδοξα, éndoxa, als allgemein geteilte Meinungen, die als Prämissen eines dialektischen Schlusses auftreten können.[11] Mit dieser sowohl ontologischen als auch epistemologischen Bestimmung ist der Horizont der Rhetorik abgesteckt, der identisch ist mit der Reichweite der Meinung als dem Bereich dessen, was mit größerer oder geringerer Plausibilität erschlossen werden kann.

Diese Sphäre des Möglichen, dessen, was so oder auch anders sein kann, ist die Welt der Praxis im weitesten Sinne. Meinungen sind insofern das Medium, in dem sich Handlungsräume erschließen und Entscheidungen fällen lassen. Meinungen eignen sich deshalb als Substrat der Rhetorik, weil sich in ihnen die drei Überzeugungsmittel, i.e. logische, ethische und pathetische Momente auf zwanglose Weise verbinden. Sowohl die Auslegung von Handlungssituationen als auch die Motivation der Handelnden basiert auf einem Konglomerat von Überlegungen, Gewohnheiten und affektiven Dispositionen, die in den Meinungen verschmelzen.

Indem Handlungen auf die Auslegung der jeweiligen Situation, auf die Entdeckung von Alternativen und die Bereitschaft der Beteiligten zur Kooperation angewiesen sind, erweist sich die Rhetorik, die den Umgang mit Meinungen systematisch anleitet, als genuin politische Disziplin. Der Mensch ist, gemäß der klassisch gewordenen Definition, das politische Lebewesen genau in der Bedeutung, daß er sich seine soziale Lebenswelt sprachlich erschließen muß. Die politische Welt ist nicht einfach als factum brutum vorgegeben, sondern konstituiert sich im Spiel der Meinungen. In den Meinungen schlagen sich die unterschiedlichen Dispositionen der Individuen nieder, lassen sich die Perspektiven der Handelnden darstellen und Differenzen sowohl als Gemeinsamkeiten artikulieren. Die politische Rede, deren Ideal die gemeinsame Beratung und der Austausch der Meinungen ist[12], wird so zum Organ der Orientierung in praktischen Verhältnissen.

Diese systematisch klar ausgewiesene Rolle der Meinung ist bedingt durch ein entsprechendes Praxiskonzept und eine Epistemologie, die dem Wahrscheinlichen im Sinne des Möglichen einen eigenen, vom Wahrheitsbegriff unabhängigen Stellenwert zuerkennt. Hinter dem modernen Verständnis von Meinung liegen fundamentale Veränderungen, die sowohl das Verständnis der Politik als auch die Unterscheidung von Meinung und Wissen betreffen. Das neue Politikverständnis ergibt sich aus der Emanzipation des Subjekts als eines Trägers natürlicher Rechte, die letztgenannte Voraussetzung dokumentiert sich in der Entstehung der neuzeitlichen Wissenschaften. Beide Entwicklungen hängen systematisch zusammen und bedingen das Interesse an der Freiheit der Meinung, die sich paradoxerweise einer politischen Depotenzierung der Meinung und einer gleichzeitigen normativen Aufwertung der Meinenden verdankt. In dem Maße, in dem die Meinung als Orientierungsinstanz der praktischen Welt fragwürdig wird, kann sie zum Indikator der rechtlich verbürgten subjektiven Freiheiten werden. Erst auf dieser Basis können dann die Meinungen eine konstitutive Funktion im Rahmen der politischen Ordnung übernehmen.

II. *Mittelalter und Humanismus.* In der spätantiken christlichen Tradition ist zunächst der Verfall der klassischen Rhetorik und damit der Bedeutungsverlust der Meinung zu verzeichnen. Die mit AUGUSTINUS einsetzende Vereinnahmung der Rhetorik für homiletische Zwecke setzt einen festen Bestand doktrinalen Wissens voraus, von dem aus die Wirkung auf die Meinungen veranschlagt werden kann, ohne daß den Meinungen selbst eine eigenständige Bedeutung zukäme.[13] Für das christliche Denken ist diese Weichenstellung entscheidend. Das ändert sich erst im Zusammenhang mit der Wiederentdeckung der aristotelischen Logik, die als Grundlage der Wissenschaften rezipiert wird. Die im 12. Jh. wieder zugängliche Topik des Aristoteles wird von JOHANNES VON SALISBURY als methodologische Struktur einer Argumentationslogik interpretiert, die eine auf M. gegründete Wissenschaft präfiguriert.[14]

Im weiteren wird diese methodologische Verknüpfung von rhetorischer Topik und dialektischer Logik beibehalten, aber erst der Humanismus sucht in Verbindung mit seinem Bildungsanspruch ein systematisches Verständnis der Meinung, das die aristotelische Konzeption der éndoxa wieder in den Kontext praktischer Orientierung überführt.[15] Charakteristisch für diese Entwicklung sind die ‹Dialecticae disputationes› (1439) von L. VALLA, die Wissenschaft durch die topischen Kategorien sprachlicher Weltauslegung zu begründen suchen. Es ist jedoch hervorzuheben, daß diese Funktion nicht der Rhetorik, sondern der Dialektik als der Leitwissenschaft aller Disziplinen zugeschrieben wird. Damit wird die praktische Funktion der Meinung nivelliert zugunsten eines universalen Methodenkonzepts. Letztlich scheitert aber die humanistische Wissenschaftskonzeption genau an diesem von ihr selbst proponierten methodologischen Konzept, das eine wirkliche Begründung des Wissens fordert und doch nicht zu liefern vermag.[16]

III. *Neuzeit. 1. Wissenschaftsbegriff.* Für die neuzeitliche Begründung der Wissenschaft sind damit die Kriterien ex negativo vorgegeben. BACONS ‹Novum Organum›, das auf dem Boden der rhetorischen Tradition verfaßt wurde, ist die neuzeitliche Antwort auf das Dilemma der Methodenfrage. Es zieht eine klare Trennungslinie zwischen den rhetorischen Mitteln, die auf Zustimmung angelegt sind, und den Kriterien der Wissenschaftlichkeit, die sich allein an der Sachangemessenheit orientieren.[17] Für die Meinungen, die den Fundus der traditionellen Dialektik bilden, hat Bacon demgemäß nur Verachtung übrig. Sein neues Wissenschaftsprogramm erbt zwar die rhetorischen Kategorien der Dialektik und ihren Anspruch, alle Regionen des Wissens methodisch zu erschließen, doch gelingt dies nur unter der Voraussetzung einer vollständigen Abkoppelung der Wissenschaft von den tradierten Meinungen und Begriffen. Wissenschaft basiert auf der Erforschung der natürlichen Zusammenhänge und darf nicht von ungeprüften Vormeinungen oder von tradierten Lehrsätzen verunklärt werden. In seiner Lehre von den sogenannten ‹Idolen› untersucht Bacon die Täuschungsursachen, die den Geist der Menschen verwirren.[18] Als Quellen solcher leeren Meinungen (*placita quaedam inania*) identifiziert er die Struktur der menschlichen Sinneswahrnehmung (*idola tribus*), die Idiosynkrasien und die Bedingungen der Sozialisation des Einzelnen (*idola specus*), den auf Konventionen beruhenden falschen Sprachgebrauch (*idola fori*) und die tradierten irrigen Lehrsätze und Dogmen (*idola theatri*). Indem Bacon die Einwirkungen dieser Meinungen auf den Verstand erläutert, skizziert er gleichsam eine Ethik des wissenschaftlichen Denkens. Der menschliche Verstand hat sich gegen die Verführungen des Willens und der Leidenschaften zu verwahren, die ihn bei den Meinungen verweilen lassen, statt sich der Wahrheit zuzuwenden.

DESCARTES entwickelt das Programm für diese Selbstdisziplinierung des Geistes, die sich in der Auseinandersetzung mit den Meinungen zu bewähren hat. Es gilt, dem Verstand eine verläßliche Methode zu bieten, denn wenn das Denken auf Wahrheit hin angelegt ist, so können die Irrtümer durch den falschen Gebrauch der geistigen Kräfte verursacht sein. Nicht der Methodengedanke als solcher ist neu, vielmehr verdankt dieser sich, wie die zahlreichen humanistischen Traktate seit dem Ende des 15. Jh. und insbesondere die ‹Dialecticae institutiones› (1543) des PETRUS RAMUS belegen, der Universalisierung rhetorischer Kategorien in der dialektischen Logik als Leitwissenschaft. Aber signifikant ist die Konsequenz, mit der Descartes das Substrat dieser Logik, die umlaufenden Meinungen, als Voraussetzungen des Wissens diskreditiert. Als Heilmittel gegen die Meinungen dient ein radikaler Skeptizismus, der jedoch nicht in die vollständige Urteilsenthaltung mündet, sondern lediglich dem Wissen das Fundament bereitet. Der Umsturz aller Meinungen ist eine Läuterung des Verstandes, der dann nach festen Regeln wissenschaftliche Wahrheit erschließt. Wenn nur das als wahr anzunehmen ist, was evidentermaßen einleuchtet und was sich dem Denken klar und distinkt darstellt[19], muß alles unsichere Wissen außer acht gelassen werden. So zeigt sich das Wahrscheinliche, das Meinen also, in unmittelbarer Nachbarschaft des Falschen.

Wenn G. VICO, ein zu seiner Zeit anachronistischer Verteidiger der rhetorisch-topischen Tradition, durch eine Rehabilitierung des Wahrscheinlichen diese Entwicklung der neuzeitlichen Wissenschaft zu korrigieren sucht, verkennt er gerade die entscheidende Pointe des kritischen Programms der Wissenschaften: die Orientierung am Prinzip der Gewißheit als Maßstab der Wahrheit. Er verrät schon durch die Benennung des Wahrscheinlichen als des Wahrheitsähnlichen, daß er die Idee unbedingter Wahrheit voraussetzen muß, um privativ die Wahrscheinlichkeit zu bestimmen. Die *verisimilia*, verstanden als ein Mittleres zwischen dem Wahren und dem Falschen[20], besitzen zwar als Alltagswissen eine gewisse Bedeutung, können aber nach Maßgabe der methodischen Regeln der Kritik keine wissenschaftliche Dignität beanspruchen. Dennoch bildet Vicos Werk die Brücke zur Tradition der klassischen Rhetorik und Topik, die er dem neuzeitlichen Wissenschaftsprogramm an die Seite stellen möchte. Die Topik als Kunst des richtigen Umgangs mit den Meinungen muß der Kritik und dem Beweis vorausgehen, weil erst die umfassende Kenntnis der Umstände ein klares Urteil verbürgt. Nicht zu ersetzen ist die Topik aber auch deshalb, weil nur sie den Zugang zu den Fragen der Moral und Politik erschließt. Nicht der wissenschaftliche Verstand, sondern allein der *sensus communis* wird der Komplexität der von M. geprägten Praxis gerecht.

Indessen setzt sich mit dem neuzeitlichen Wissenschaftsmodell die Auffassung durch, Meinung sei «ungewisse Erkenntniß in Sachen, da man doch eine Gewißheit haben kan»[21], auch wenn gleichzeitig noch die topische Tradition in Erinnerung ist. In dieser Haltung verbindet sich die Tendenz der Wiederbelebung des pyrrhonischen Skeptizismus, der in zweifelhaften Angelegenheiten die Urteilsenthaltung empfiehlt, mit der

Aussicht auf Gewißheit, die jedes methodische *procedere* gewährt. In diesem Sinne bildet bei BACON die Beseitigung der Irrtümer die Voraussetzung des Wissenschaftsprogramms. Seine Idolenlehre beabsichtigt als Propädeutikum eine Reinigung von allem Meinungshaften und disqualifiziert damit alles nicht methodisch erworbene Wissen als vorschnelles Urteil, als Vorurteil. Bei DESCARTES ist dieser Zusammenhang systematisch entwickelt. Sein Methodentraktat beschränkt sich zwar auf die Forderung, einmal im Leben an allem zu zweifeln [22], aber das Wissenschaftsverständnis ist durchgängig auf eine Kritik der Meinung gegründet, sofern vorschnelles Urteilen oder das Urteilen aufgrund vorgefaßter Meinungen eine dauernde Bedrohung der Wissenschaftlichkeit darstellt. Der gegen alle Meinungen ausgesprochene Verdacht ist deshalb konstitutiv für das ganze Unternehmen. Wenn Wahrheit die Leistung des Verstandes ist, so können Meinungen, analog zu Irrtümern, nur durch den Willen, durch eine unrechtmäßige Bejahung eines Urteils Akzeptanz finden. [23] Im Vorurteil manifestiert sich also eine moralisch anstößige Haltung.

Diese dispositionale Charakteristik der Meinung wird im weiteren vertieft. Die Logik von PORT-ROYAL betont die ethische Seite der Vorurteilskritik und identifiziert Eigenliebe und Autoritätsgläubigkeit als die entscheidenden Motive dafür, an Meinungen festzuhalten. [24] Einer so ansetzenden Vorurteilskritik kann nicht mit einem einmaligen Akt skeptizistischer Befreiung von den Meinungen entsprochen werden, sie fordert vielmehr eine ständige Bereitschaft, die Urteile zu revidieren. Vorurteilskritik wird dadurch ubiquitär.

Daß nicht die Meinung als solche zu diskreditieren ist, sondern nur die zu Irrtümern führenden Vorstellungen, wird von den Kritikern einer immer umfassender angelegten Vorurteilskritik ins Feld geführt. Vor allem im Namen der Religion wird die Unantastbarkeit sogenannter legitimer Vorurteile behauptet [25], ohne damit jedoch den Status der Meinung grundsätzlich anzugreifen. So wird, vermittelt über die wissenschaftliche Perspektive, die praktische Unverzichtbarkeit derselben dokumentiert, und obwohl die Meinungen damit nur verzerrt wahrgenommen werden, gewinnen sie damit zunehmend mehr Aufmerksamkeit. Die Autoren der Aufklärung bieten eine differenzierte Darstellung der Meinung in ihrer theoretischen und praktischen Funktion. [26] So insinuiert THOMASIUS eine an die aristotelische Klugheitslehre anschließende Reform der Lebenswelt, die auf einem reflektierten Umgang mit den Meinungen beruht. [27] Die dabei versuchte Verbindung von praktischer Klugheit und Vorurteilskritik schärft einerseits den Sinn für die Meinung und fordert andererseits unbegrenzte Kritikbereitschaft. Gleichzeitig wird das Wahrscheinliche wieder in die Logik integriert, aus der es im Namen der Wissenschaft verstoßen wurde. Der allgegenwärtige Vorurteilsverdacht bringt es mit sich, daß der Gewißheitsanspruch letztlich selbst ins Wanken gerät. [28]

2. *Politik*. In bezug auf die praktischen Verhältnisse wird jedoch ein anderer Weg eingeschlagen. Während sowohl Bacon als auch Descartes sich noch dagegen verwahren, die Kritik der Meinung auf die Welt des Handelns zu übertragen, die nur in den Meinungen ihre Stabilität finden kann, wagt HOBBES eine Übertragung des neuen Wissenschaftsverständnisses auf die Praxis. Seine *scientia civilis* begründet einen Neuanfang des politischen Denkens dadurch, daß die Meinung, statt die Vergemeinschaftung der Individuen zu befördern, als Ursache permanenten Streits aufgefaßt wird. Der durch die unterschiedlichen Meinungen hervorgerufene Krieg aller gegen alle kann nur durch eine radikale Umorientierung, durch den Rekurs auf das allen gemeinsame Interesse an der Selbsterhaltung sistiert werden. Die Rhetorik ist damit als Medium der Verständigung disqualifiziert. An ihre Stelle tritt die methodisch gereinigte Vernunft, auf deren Basis der Staat systematisch konstruiert wird. [29] Nicht das Spiel der Meinungen, sondern Befehlsstrukturen bilden das sprachliche Medium der politischen Gemeinschaft, die von einer Logik der Macht bestimmt wird. Das grenzenlose Machtstreben der Individuen wird durch das Machtmonopol des Leviathan, der sich als absoluter Souverän präsentiert, gebrochen. Realisiert wird diese Konstruktion nach der Formel eines Vertrags, in dem sich die Einzelnen zusammenschließen und gemeinsam einer zentralen Gewalt unterwerfen. Nach diesem Modell wird Politik als reine Wissenschaft begründet und unabhängig von den kontingenten und kontroversen Meinungen ins Werk gesetzt. Mit dem Vertragskonstrukt sind nicht nur die Meinungen, sondern auch der Wahrheitsanspruch für politische Belange neutralisiert. Für Verständigungsprozesse läßt das hobbessche Staatsmodell deshalb wenig Raum, und der Leviathan selbst greift auf die Meinung nur in strategischer Absicht zurück. Diese Suspendierung aller subjektiven und insbesondere religiösen Meinungen dient dazu, politische Ordnung jenseits der Kontingenz der Handlungswelt zu etablieren, ersetzt aber damit jede sachliche Orientierung der Politik durch das Kriterium bloßer Sicherheit. Dies bedeutet für die Meinungen, daß sie in der Perspektive des Herrschaftssystem gleichgültig werden, also dem Belieben der Einzelnen überantwortet werden. Die Diskreditierung der Meinung eröffnet aber gleichzeitig einen neuen Spielraum, in dem das Subjekt unterhalb der Ebene staatlichen Handelns, allerdings um den Preis seiner politischen Bedeutungslosigkeit, neue Freiheit gewinnt. Mit dieser Trennung einer öffentlichen und einer privaten Sphäre ist bereits das liberale Verständnis der Meinung vorgezeichnet.

LOCKES «law of opinion», das als Regulativ neben die göttlichen und bürgerlichen Gesetze tritt [30], verweist auf diese praktische Funktion der Meinung unterhalb der staatlichen Handlungsebene. Das Urteilen auf der Basis der Maximen und Konventionen einer Gesellschaft bildet gewissermaßen ein natürliches Medium der Orientierung, in dem sich eine Gesellschaft als moralische Welt etabliert. Auffällig im Unterschied zur französischen Tradition ist dabei die Verschränkung von Meinungsbildung und Kritik (*private censure*), die Ausdruck einer rhetorischen Verständigungsleistung der Sphäre rationaler Argumentation ist. Trotz ihrer unbezweifelbaren Kontingenz zeigt sich damit wieder die praktische Bedeutung der Meinungen, die jenseits rechtlicher und politischer Strukturen einen fundamentalen Konsens verkörpern und zugleich den Differenzen der Standpunkte Rechnung tragen. Lockes Konzeption bleibt jedoch insgesamt ambivalent, sofern er diese Basis rhetorischer Orientierung durch Meinung nicht mit der vertraglich konstruierten Staatlichkeit zu vermitteln weiß. Das *law of opinion* ist explizit auf den Skopus privaten Urteilens beschränkt.

In der anglo-schottischen Moralphilosophie des 18. Jh. wird der Versuch unternommen, auch die politische Dimension der Meinung wiederzugewinnen. Der Rekurs auf den *common sense*, den Alltagsverstand und die Üblichkeiten der Lebenswelt soll die Defizite einer wissenschaftlichen Konzeption von Praxis korrigieren. SHAFTESBURY, HUME und SMITH [31] erheben Einspruch gegen die theoretische Auflösung des praktischen Selbstverständnisses einer historisch gewachsenen Sittlichkeit und wenden sich im Namen der Meinung gegen das methodische Konstrukt einer vertraglich begründeten Gemeinschaft. Während bei Shaftesbury diese Idee des *common sense* durch die metaphysische Voraussetzung einer in den Meinungen dokumentierten quasi natürlichen Sozialität erkauft wird, berücksichtigt Hume die den Meinungen eigene Perspektivität, die ganz entscheidend zur Gemeinschaftsbildung beiträgt und der Möglichkeit eines Konsenses keineswegs widerspricht, diesen vielmehr erst ermöglicht. Dies zu zeigen gelingt Hume jedoch nur unter der Voraussetzung der Einbindung des individuellen Meinens in die Statik fester Traditionen, die in der modernen Welt freilich zunehmend fragwürdig werden.

Dieses Spannungsverhältnis von individueller und kollektiver Meinung bestimmt die politischen Auseinandersetzungen um die Meinung in der Phase des Konstitutionalismus, wobei die angelsächsischen Länder auf eine lange Tradition der Etablierung von Grundrechten zurückgreifen können. [32] Für J. MADISON ist die viel beklagte Differenz der Meinungen schlechterdings konstitutiv für das politische Leben. Er rekurriert nicht auf eine untergründige Gemeinsamkeit, sondern beleuchtet die Bedingungen einer Kultivierung dieser unterschiedlichen Meinungen im Rahmen einer republikanischen Verfassung, die dem Prinzip der Repräsentation verpflichtet ist. [33] Die institutionell garantierte Entfaltung der Meinung wird so zur Bedingung des Zusammenhalts der politischen Gemeinschaft.

Der vormals private Austausch der Meinungen hat so den Rang eines die Verfassung tragenden Prinzips gewonnen. Am Vorabend der Französischen Revolution sucht E. BURKE den erfolgreichen Kampf der Amerikaner um ihre Unabhängigkeit seinen Wählern nahezubringen mit der Formel: «That general opinion is the vehicle and organ of legislative omnipotence.» (Diese allgemeine Meinung ist das Ausdrucksmittel und Organ einer uneingeschränkten gesetzgebenden Gewalt.) [34] Zwar sind die damit verbundenen verfassungstheoretischen Vorstellungen recht vage, doch deutet sich bereits eine Verbindung von freier Meinungsäußerung und repräsentativer Artikulation der öffentlichen Meinung an.

3. *Meinungsfreiheit und öffentliche Meinung.* Im politischen Kontext wird die ursprünglich naturrechtlich aufgefaßte Gedankenfreiheit in die Forderung nach Meinungsfreiheit umgemünzt. Aber erst mit der *französischen* ‹Déclaration des droits de l'homme et du citoyen› von 1798 wird die Meinungsfreiheit als Rechtsanspruch kodifiziert und 1791 in die französische Verfassung übernommen. Damit ist jedoch noch keineswegs eine Lösung gefunden für die Frage, wie die divergenten Meinungen sich mit der Organisation der politischen Gemeinschaft vereinbaren lassen. Der Liberalismus propagiert im Anschluß an die Aufklärung die unbeschränkte Meinungsfreiheit in der Hoffnung auf eine Gesellschaft, in der mit der Ausbreitung der Vernunft allmählich die Last staatlicher Herrschaft reduziert oder diese zumindest kontrolliert werden kann. So verteidigt MILL die Meinungsfreiheit mit dem Argument, daß sich nur unter der Bedingung konkurrierender Meinungen die Wahrheit durchsetzen kann. [35] Damit scheint sich Meinung auf Dauer selbst überflüssig zu machen. Andererseits aber ist mit der Idee der Meinungsfreiheit das Programm einer Beteiligung der Bürger am politischen Geschehen verbunden, das die meist nationalen demokratischen Bewegungen bestimmt. Doch erweist sich für diese demokratische Perspektive die Subjektivität der Meinung insofern als ein Problem, als die Meinungsbildung der Einzelnen im Kontext der Meinungen anderer und deshalb nicht ohne äußeren Einfluß stattfindet. Wenn die individuelle Meinung unter den Druck der Mehrheitsmeinung gerät, reduziert sich die Chance einer Realisierung der Vernunft und die vermeintliche Kontrolle der Herrschaft schlägt um in eine Tyrannei der Mehrheit. TOCQUEVILLE hat diese Gefahr feinsinnig registriert und vor der Gefahr totalitärer Tendenzen unter dem Deckmantel der Demokratie gewarnt. [36]

Das entscheidende Problem, das Verhältnis von Meinung und Vernunft im Spannungsfeld individueller und kollektiver Orientierung, ist damit indes noch nicht berührt. Daß das liberale Freiheitsrecht sich mit den kollektiven Meinungsbildungsprozessen verträgt, versteht sich nicht von selbst. R.L. D'ARGENSON klagt diesen Zusammenhang ein und fordert, allerdings noch unter dem Stichwort des «Interesses der Öffentlichkeit», eine Berücksichtigung der Disposition der Beherrschten seitens der Regierenden, die allein die Lebendigkeit des Staates gewährleistet. [37] Damit wird Politik auf den zwanglosen Prozeß der Verständigung zwischen Herrscher und Beherrschten verpflichtet, ein Programm, das schließlich ROUSSEAU mit letzter Konsequenz ausgearbeitet hat. Zwar spricht auch Rousseau ganz im Sinne der Aufklärer noch despektierlich von den bloßen Meinungen im Sinne von Vorurteilen [38], prägt aber andererseits den Terminus der öffentlichen Meinung als Kollektivsingular. [39] Die öffentliche Meinung ist der gesellschaftliche Reflex der Sitten und dient als Bindeglied zwischen der Regierung und dem Volk zunächst in dem Sinne, daß die Regierung Einfluß auf die Sitten gewinnt. Die in Lockes *law of opinion* explizit privat verstandenen Meinungen erhalten nun das Siegel des Öffentlichen. Im ‹Contrat social› wird dieser Umdeutung Rechnung getragen. Dort werden die Meinungen im Sinne der öffentlichen Meinung als «la véritable constitution de l'Etat» ausgewiesen. [40] Die öffentliche Meinung ist das Medium, in dem das substantiell Gemeinsame zum Ausdruck kommt, das ROUSSEAU in Gestalt der *volonté générale* zum Grundprinzip politischer Ordnung erhebt. Der opake Gemeinwille bedarf einer Vermittlungsinstanz, die mit der öffentlichen Meinung zur Verfügung steht. Die öffentliche Meinung ist jedoch nicht schlechthin mit dem Gemeinwillen identisch. Dazwischen spannt sich vielmehr der Bogen subtiler Interpretation, die den Inbegriff politischer Kunst darstellt, eine Fähigkeit, die selbst nicht methodisch angeleitet werden kann und in deutlichem Kontrast zum kontraktualistischen Programm des ‹Contrat social› steht. Die öffentliche Meinung bedarf eines Fachmannes, der als «Censeur» auf ihre Artikulation verpflichtet wird. [41] Dies ist eine genuin rhetorische Aufgabe, die im Wandel von der privaten Kritik des lockeschen *law of opinion* zur öffentlichen Funktion unter den Druck des staatlichen Machtmonopols gerät. Dennoch ist nicht zu bestreiten, daß Rousseau damit an die klassische Rhetorik anknüpft und sich explizit von der seit Descartes üblichen Einschätzung der Rhetorik als Kunst der Manipulation distanziert. Ihre Grenze findet diese Konzeption in den als Bezugspunkt unterstellten Sitten eines Volkes, die Rousseau als feste Größe und als Basis des Gemeinwesens betrachtet. Weil die öffentliche Meinung letztlich nur als

Ausdruck der daraus resultierenden *volonté générale* gilt, erübrigt sich ein freier Meinungsaustausch. Der rhetorische Spielraum der Meinung beschränkt sich auf die Interpretationsleistung des Politikers. Dabei bleibt offen, wie sich die Instanz des Volkes als Subjekt der öffentlichen Meinung konstituiert. Die öffentliche Meinung in Korrespondenz zur Verfassung setzt einen homogenen politischen Körper voraus, dessen Konstitution offenbar nicht mit rhetorischen Prozessen rechnet und damit um so rätselhafter erscheint. So gilt die öffentliche Meinung als eigentliche Verfassung und setzt doch wiederum eine Verfassung als Legitimationsgrund voraus.

Mit dieser Hypothek ist öffentliche Meinung belastet, wenn sie im Vorfeld der Französischen Revolution als Organ der Aufklärung in Anspruch genommen wird. DU MARSAIS[42] kann die öffentliche Meinung bereits als fest etablierte Instanz betrachten, die im Gefüge der Gesellschaft eine beträchtliche Macht verkörpert. Neu ist, daß diese Macht nun von der intellektuellen Elite der Aufklärer in Anspruch genommen wird, wie MERCIER deutlich macht, und damit die Möglichkeit des Einflusses der Intellektuellen auf die Regierung eröffnet.[43] Die Macht der öffentlichen Meinung beruht auf einer rhetorisch begründeten Kompetenz, die sich aber nicht als solche offenbart, sondern durch den Wahrheitsanspruch der Aufklärer einerseits und die Mittel politischer Herrschaft andererseits verdeckt wird.

Der Anspruch auf die Meinungsführerschaft der Intellektuellen begrenzt zunächst den Geltungsbereich der öffentlichen Meinung auf den Kreis der Aufklärer. So erscheint diese als Vehikel der Durchsetzung der Vernunft, die sich aufgrund ihrer eigenen Machtlosigkeit dieses Mediums bedient. Doch schlägt diese Instrumentalisierung der Meinung und ihrer rhetorischen Dimension auf die Vernunft selbst zurück. Das macht sich bemerkbar im Werk CONDORCETS, der sich publizistisch auf die öffentliche Meinung beruft und von ihr die Unterstützung für die politischen Ziele der Physiokraten erhofft, zugleich aber eine Eigendynamik der Meinung diagnostiziert, die den Anspruch der Vernunft bedroht. So kommt er zur Abgrenzung der «opinion publique» von der «opinion populaire»[44], eine Unterscheidung, die vor allem das Mißtrauen gegenüber dem Medium, dessen sich die Aufklärer bedienen, deutlich macht. Durch drei verschiedene Instanzen kann die öffentliche Meinung beeinflußt werden: durch die Meinung der Aufklärer, durch die Meinung der Herrschaftsträger und durch die Vorurteile des Volkes selbst, das in dieser Hinsicht nicht als politisches Volk, sondern als Pöbel (*populace*) ausgezeichnet wird.[45] Ganz im Sinne Rousseaus nimmt Condorcet die öffentliche Meinung als Organ des Gemeinwillens, das den Umweg über die korrumpierbare Instanzen der Repräsentation ersparen soll.[46] In dieser Funktion muß sie erst durch die Vernunft geläutert werden, um nicht der als sophistisch aufgefaßten Rhetorik zum Opfer zu fallen. So sucht dieser Rekurs auf die Meinung sich zum Zwecke der Verbreitung der Wahrheit und der Interpretation des Gemeinwillens der rhetorischen Möglichkeiten zu bedienen, muß aber gleichzeitig deren Wirkungen ausblenden.

In der Umsetzung physiokratischer Politik durch TURGOT kommt dieses Dilemma zum Ausdruck. Er beruft sich auf die öffentliche Meinung als Legitimationsgrundlage seines politischen Handelns. In dieser Bedeutung als Tribunal erweist sich die rhetorische Kraft der öffentlichen Meinung, sofern sie sich durch Kritik und Zustimmung explizitert und konkretisiert. Doch auch Turgot rechnet mit der aufgeklärten Meinung, die durch die von ihm proponierten Maßnahmen erst zu bilden wäre. LA HARPE, Kritiker der Politik Turgots, weiß um dessen zweifelhafte Inanspruchnahme der Meinung. Er gesteht ihm zu, als erster die Politik nicht im Sinne souveräner Entscheidungen, sondern kraft Raisonnement und Überzeugung (*persuasion*) betrieben zu haben, schränkt diese Würdigung aber sogleich ein durch den Zusatz, daß dieser nicht dem Geist der Diskussion vertraut, sondern auf die unmittelbare Wirkung der Wahrheit setzt.[47]

Im Gegenzug verkörpert die Politik NECKERS das populistische Spiel mit der öffentlichen Meinung, die nun als «sentiment général» zum unmittelbaren Ausdruck der Empfindung des Volkes stilisiert wird. Dessen angebliche Eindeutigkeit und Einheitlichkeit erübrigt jede Interpretation oder Vermittlung.[48] Insgeheim muß aber auch diese Strategie die Strömungen der Meinungen rhetorisch entschlüsseln und mit den eigenen politischen Vorhaben in Beziehung setzen. Was Necker aus dieser Perspektive als Legitimationsgrundlage ausgibt, erscheint seinen Gegnern mit dem gleichen Recht als Ausdruck kontingenter Strömungen, die jederzeit manipulierbar sind.

Die Politik der öffentlichen Meinung führt unweigerlich zu einer Spannung zwischen der normativen Auffassung der öffentlichen Meinung und ihrer desillusionierenden Wirklichkeit.[49] Dies gilt für die Aufklärer nicht weniger als für die Verfechter einer originären Meinung des Volkes. Wenn eine Wahrheitsinstanz außerhalb der Dimension der Meinung veranschlagt wird, sind die rhetorischen Möglichkeiten ebenso überfordert, wie sie mit Gleichsetzung von öffentlicher Meinung und Volksempfinden unterschätzt werden. Die Instrumentalisierung der Meinung im Dienste der Wahrheit verkennt die Eigendynamik der Meinung ebenso wie ihre Inanspruchnahme zu kontingenten Zwecken. Letztlich relativieren sich die gegensätzlichen Einschätzungen der öffentlichen Meinung dadurch, daß diese in beiden Perspektiven zwischen der Gestalt einer manipulierbaren Einstellung und einer unumgänglichen Legitimationsinstanz oszilliert.

In der Tat ist diese widersprüchliche Diagnose ein Resultat der Reduktion des rhetorischen Potentials der öffentlichen Meinung. Sowohl die Erscheinungsweise der öffentlichen Meinung als auch ihr Stellenwert als Legitimationsinstanz bleiben dadurch im Dunkeln. Die Situation ändert sich schlagartig durch die Erhebung des bislang pejorativ bewerteten Volkes zum Subjekt der öffentlichen Meinung und insbesondere durch dessen Identifikation mit dem politisch repräsentativen Teil, dem Dritten Stand, den SIEYÈS kurzerhand mit der Nation gleichsetzt. Das Vorbild der amerikanischen Verfassung und ihrer Nationalrepräsentation ist dafür wegweisend. Aber auch Sieyès muß unterstellen, daß die Nation letztlich mit einer Stimme spricht und einen gemeinsamen Willen zum Ausdruck bringt.[50] Der komplexe Prozeß kollektiver Meinungsbildung erscheint hier in extremer Verkürzung, wird aber durch den Anspruch, die Nation zu repräsentieren, zumindest zum greifbaren Problem. Unmittelbar vor der Französischen Revolution wird die öffentliche Meinung als Instanz bekräftigt, die sich mit ihren hohen Legitimationsforderungen für unterschiedliche Zwecke und Programme in Anspruch nehmen läßt. So wird ein politisches, im Kern ein rhetorisches Potential freigesetzt, das den Rahmen überkommener Politik sprengt.

Der Liberalismus *angelsächsischer* Prägung setzt ebenfalls auf die Legitimationsleistung der öffentlichen

Meinung, die sich nun jedoch als Kontrollmacht und als Forum der Öffentlichkeit manifestiert. Dafür liefert BENTHAM im Blick auf die französischen Verhältnisse den Grundriß, in dem die Rolle der öffentlichen Meinung im Parlamentarismus bestimmt wird.[51] Ihre primäre Aufgabe ist die Kritik der politischen Macht. Es zeichnet Benthams Umgang mit der öffentlichen Meinung aus, daß er diese nicht als homogene Instanz auffaßt, sondern mit einer Pluralität kontroverser Meinungen rechnet, die sich jeder Reduktion auf einen unterstellten Gemeinwillen verweigern. Dennoch beharrt er darauf, daß die öffentliche Meinung in der Gesamtheit der perspektivischen Meinung die ganze Weisheit und Gerechtigkeit des Volkes artikuliert und dem Parlament zugänglich macht. Zugleich ist die öffentliche Meinung auf die Institution des parlamentarischen Forums angewiesen, um sich zu qualifizieren und angesichts der Gefahr, bloße Vorurteile und Irrtümer zu kolportieren, entsprechend zu läutern. Damit sind sowohl die Meinungsäußerung als auch die Meinungsbildung in ihrer rhetorischen Komplexität erkannt. Dennoch bleibt auch Benthams Ansatz, wie das liberale Denken überhaupt, der Opposition von Meinung und politischer Herrschaft verhaftet. Einer rhetorischen Gestaltung der Politik sind damit enge Grenzen gesetzt, sofern die Meinung zwar als Kontrollorgan Macht verbürgt, damit aber ihrer eigentlichen Repräsentation in den politischen Entscheidungsprozessen selbst im Wege steht. Letztlich ist dafür der Maßstab einer dem Meinen entzogenen Vernunft verantwortlich zu machen, der unter der Hand auch die liberale Auffassung der öffentlichen Meinung prägt und im Unterschied zur klassischen Konstellation der Rhetorik die Differenz zwischen Wissen und Können, Wahrheit und Macht zementiert.

Mit der Sensibilität für die Vieldeutigkeit der öffentlichen Meinung kommt indessen die rhetorische Dimension der Meinung zum Vorschein, die durch das Konzept der *volonté générale* und der Engführung von Meinung und Vernunft verdeckt wird. Dadurch wird aber zugleich die Ambivalenz sichtbar, die der Meinung zu eigen ist, wenn sie für die Zwecke der Legitimation politischer Macht in Anspruch genommen wird. HEGEL hat diese Zweideutigkeit mit paradoxer Zuspitzung auf den Begriff gebracht indem er fordert, daß die öffentliche Meinung ebensosehr zu achten als zu verachten ist, denn sie enthält gleichermaßen das wahre Urteil bezüglich der öffentlichen Angelegenheiten als das Besondere des Meinens der Vielen.[52] Diese Einschätzung kann als treffende Diagnose ihrer theoretischen Indienstnahme gelten, läßt aber die Frage nach ihrer Orientierungsleistung offen. Nur *via negationis* läßt sich ihr rhetorisches Moment erschließen, sofern der Umgang mit der öffentlichen Meinung eine Auslegungs- und Vermittlungsaufgabe darstellt.

Das Problem der Meinungsfreiheit erfährt dadurch eine neue Beleuchtung, sofern die Meinungen einerseits eine über die Legitimation hinausgehende, die Konstitution der politischen Gemeinschaft betreffende Aufgabe übernehmen, und andererseits diese durch die Subjektivität des Meinens permanent unterlaufen. Eine Verabsolutierung der Meinungsfreiheit verbietet sich damit ebenso wie eine Instrumentalisierung der Meinung im Dienste einer höheren Wahrheit. Tatsächlich ist das Verhältnis der ephemeren Meinung und der sich in der öffentlichen Meinung ausdrückenden signifikanten Allgemeinheit im Prozeß politischer Verständigung fallweise stets neu auszulegen.

Die gegenwärtige Praxis dieser Auslegung verbindet dementsprechend das subjektive Recht auf Meinungsfreiheit mit dem demokratischen Organ der öffentlichen Meinung, dessen Voraussetzung und Korrektiv es ist.[53] Demgegenüber geht die psychologische und die darauf basierende demoskopische Auffassung von einer starren Opposition individualistischer und kollektivistischer Meinungen aus. In der modernen Massenpsychologie gibt sich die Enttäuschung Ausdruck, daß sich die Meinungen dem Maßstab der Vernunft nicht fügen wollen. Während das Urteil des Einzelnen einerseits mit dem Ideal wissenschaftlicher Vernunft konfrontiert wird, muß anderseits das Individuum in der Masse mit gesetzmäßiger Notwendigkeit regredieren zu einem Faktor kollektiven Wahns.[54] Dagegen erscheint das auf Operationalisierbarkeit zugeschnittene Konzept der Demoskopie eigentümlich neutral, muß jedoch deshalb die Orientierungsfunktion der Meinung systematisch ausblenden.[55] Die methodisch betriebene Isolierung der Einzelmeinungen kann sich auch durch deren statistische Verrechnung nicht mehr der politischen Bedeutung vergewissern, die sie gerade im Zeichen demokratischer Meinungsbildung beansprucht. Die unbestreitbare Treffsicherheit der Umfragen bezüglich der Berechnung sozialer Trends wird im politischen Rahmen konterkariert durch den erklärten Verzicht, diese Dynamik selbst theoretisch einzuholen und zu begreifen.[56] Gerade darin zeigt sich aber die methodisch nicht reduzierbare rhetorische Dimension der Meinungen, die praktische Orientierungen nicht nur widerspiegeln, sondern im Grunde selbst stiften.

Anmerkungen:
1 Chr. Meier: Die Entstehung des Politischen bei den Griechen (1983) 145. – **2** Gorgias 8f. – **3** J. Ober: Mass and Elite in Democratic Athens (Princeton 1989). – **4** nach Arist. Rhet. 1420a 24. – **5** Platon: Theaitetos 187b ff. – **6** Plat. Pol. 505d. – **7** Plat. Gorg. 466a ff. – **8** s. dazu insgesamt P. Ptassek, B. Sandkaulen-Bock, J. Wagner, G. Zenkert: Macht und Meinung. Die rhet. Konstitution der politischen Welt (1992); zur antiken Rhet. vgl. Kap. I-III. – **9** Arist. Rhet. 1355b 31. – **10** ebd. 1357a 3ff. – **11** Arist. Top. 100b 18ff. – **12** Arist. Rhet. I, 4. – **13** vgl. Aug. Doctr. Buch IV. – **14** Joh. v. Sal., vgl. etwa 871 d ff. – **15** s. dazu W. Schmidt-Biggemann: Topica universalis. Eine Modellgesch. humanistischer und barocker Wiss. (1983). – **16** P. Ptassek: Rhet. Rationalität (1993) Kap. II. – **17** F. Bacon: Novum Organum (London 1620) I, 29. – **18** ebd. I, 38ff. – **19** Descartes: Discours de la méthode (1637) in: Ch. Adam, P. Tannery (Hg.): Œuvres complètes Bd. IV, (Paris 1910) II, 7. – **20** Vico: Stud. Kap. III. – **21** J. G. Walch: Philos. Lex. (⁴1775) Art. ‹Meinung›. – **22** Descartes: Meditationes de prima philosophia (1641) in: Œuvres [19], Bd. 8, I § 1. – **23** ders.: Principia philosophiae (1644) in: Œuvres [19] Bd. 8, I § 34. – **24** A. Arnauld, P. Nicole: La logique ou l'art de penser (Paris 1662) Kap. XX: Du mauvais raisonnement que l'on commet dans la vie civile. – **25** A. J. du Plessis, Duc de Richelieu: Traitté, qui contient la méthode la plus facile et plus assurée pour convertir ceux, qui se sont separés de l'Église (Paris 1651); G. Voetius: Disputatio de praejudiciis verae religionis (1643) in: ders.: Selectae disputationes II (Utrecht 1655). – **26** W. Schneiders: Aufklärung und Vorurteilskritik. Stud. zur Gesch. der Vorurteilstheorie (1983). – **27** Chr. Thomasius: Einl. in die Vernunftlehre (1691); ders.: Ausübung der Vernunftlehre (1691). – **28** vgl. A. Rüdiger: De sensu veri et falsi (1722); A. F. Müller: Einl. in die philos. Wiss. (²1733). – **29** Th. Hobbes: Leviathan (London 1651); s. dazu Ptassek et. al. [8] 102ff. – **30** J. Locke: An Essay Concerning Human Understanding (London 1690) II, Kap. XXVIII, 10–13. – **31** A. A. C. Earl of Shaftesbury: An Inquiry concerning Virtue, or Merit (London 1711); D. Hume: A Treatise of Human Nature (London 1739–40); A. Smith: The Theory of Moral Sentiments (London 1759). – **32** Für die Meinungsfreiheit ist insbesondere das Werk J. Miltons

‹Areopagitica› von Bedeutung: hg. v. E. Arber (London 1868). – **33** A. Hamilton, J. Madison, J. Jay: The Federalist (1787/88) Nr. 10. – **34** E. Burke: Politics, hg. v. R.J.S. Hoffman, P. Levack (New York 1949) 106, Übers. Verf. – **35** J. St. Mill: On Liberty (London 1859). – **36** A. de Tocqueville: De la démocratie en Amérique, Bd. I (Paris 1835). – **37** R.L. d'Argenson: Considérations sur le Gouvernement ancien et présent de la France (1737) übers. v. H. Hömig (1985) 59. – **38** J.-J. Rousseau: Discours qui a remporté le prix à l'Académie de Dijon. En l'année 1750. Sur cette question proposée par la même Académie: Si le rétablissement des Sciences & des Arts a contribué à épurer les mœurs (Genf 1750) 3. – **39** ders.: Lettre à M. d'Alembert sur les spectacles, hg. v. M. Fuchs (Lille/Genf 1948) 98; s. dazu W. Hennis: Der Begriff der öffentlichen Meinung bei Rousseau, in: Archiv für Rechts- und Sozialphilos. 43 (1957); zur öffentlichen Meinung insgesamt: J. Habermas: Strukturwandel der Öffentlichkeit (1962); G. Zenkert: Die Macht der öffentlichen Meinung, in: Der Staat 31.3 (1992). – **40** ders.: Du contrat social, in: Œuvres complètes Bd. 3, hg. v. B. Gagnemin u. M. Raymond (Paris 1964) II 12, 394. – **41** Rousseau [40] IV 7, 458f. – **42** C.C. Du Marsais: Essai sur les préjugés (London 1770) 299. – **43** L.S. Mercier: Notions claires sur les gouvernements (Amsterdam 1787) VIf. – **44** M.J.A.N.C. de Condorcet: Avertissements insérés par Condorcet dans l'édition complète des œuvres de Voltaire, in: Œuvres, hg. v. A. Condorcet-O'Connor, M.F. Arago (Paris 1847–49) Bd. 4, 418. – **45** ders.: Réflexions sur le commerce, in: Œuvres [44] Bd. 9, 201. – **46** ders.: Sur l'état des protestants en France, ebd. Bd. 5, 521. – **47** J.F. de La Harpe: Correspondance littéraire, Bd. 1 (Paris 1820) 368f. – **48** J. Necker: Sur la législation et le commerce des grains (Paris 1780) 153f. – **49** R. Reichardt: Reform und Reformation bei Condorcet. Ein Beitr. zur späten Aufklärung in Frankreich (1973) 292–312. – **50** E.J. Sieyès: Politische Schr., hg. v. E. Schmitt, R. Reichardt (1975) 237. – **51** J. Bentham: Tactiques des assemblées politiques délibérantes (Genf 1816) Kap. 3. – **52** G.W.F. Hegel: Grundlinien der Philos. des Rechts (1821) §§ 315ff. – **53** H. Ridder: Meinungsfreiheit, in: F.L. Neumann, H.C. Nipperdey, U. Scheuner (Hg.): Die Grundrechte (1954). – **54** G. Le Bon: Psychologie des foules (Paris 1895). – **55** F.H. Allport: Towards a Science of Public Opinion, in: Public Opinion Quarterly 1 (1937). – **56** E. Noelle-Neumann: Öffentliche Meinung. Die Entdeckung der Schweigespirale (1989), kritisch dazu Ptassek et al. [8] 261ff.

G. Zenkert

→ Doxa → Endoxa → Episteme → Interesse → Iudicium → Manipulation → Öffentlichkeit → Politische Rhetorik → Redefreiheit → Wahrheit, Wahrscheinlichkeit

Memoria (griech. μνήμη, mnémē; dt. Gedächtnis; engl. memory; frz. mémoire; ital. memoria)
A. Def. – B. I. Antike. – II. Mittelalter. – III. Frühe Neuzeit. – IV. Aufklärung. – V. 19. Jh. – VI. 20. Jh./Forschungsgeschichte.

A. I. Die Wortbedeutung von M. bleibt von der Antike bis zur Gegenwart stabil, hängt funktional indessen von den medizinisch-physiologischen, psychologischen, soziologischen, theologischen bzw. kulturwissenschaftlichen Fassungen des Gedächtnisses ab. Die M. als kulturelles Gedächtnis ist die Basis für die Selbstvergewisserung und Identitätsbildung des einzelnen wie des Kollektivs, vermittelt nicht zuletzt über die Künste; Mnemosyne, die Göttin der Erinnerung, ist daher die Mutter der Musen.

Damit sind zum einen wesentliche Gegenstandsbereiche der theoretischen Begründung der M. angedeutet. Zum anderen ist ablesbar, warum die M. heute einen nahezu ubiquitären Gegenstand der geisteswissenschaftlichen Forschung ausmacht: Sie erfordert interdisziplinäre Fragestellungen bis hin zu den Naturwissenschaften (Gehirnphysiologie, Kognitionswissenschaft, Empirische Psychologie) einerseits, zumal dort, wo das Individual- als Erfahrungsgedächtnis zur Disposition steht. Sie erfordert andererseits besonders die disziplinäre Extension hin zur Ethnologie und zur allgemeinen Kulturtheorie, wenn das kulturelle bzw. soziale Gedächtnis in den Blick kommt. Kreuzungspunkte beider Bereiche von – gerade auch politischer – Aktualität sind jene Debatten, die eine Krise des Erfahrungsgedächtnisses in seiner Abkoppelung von der Vergangenheit feststellen und als Heilmittel gegen das Vergessen eine öffentliche Gedenkmanie inszenieren. [1]

II. Als Arbeitsgebiet der Rhetorik ist die M. das Ins-Gedächtnis-Einprägen der zu haltenden Rede (*M. verborum*) bzw. ihrer Gegenstände (*M. rerum*) zum Zweck der Wiedererinnerung (*reminiscentia*) im mündlichen Vortrag (*actio/pronuntiatio*). [2] Bereits die antike Rhetorik entwickelt dieses Gebiet theoriegeleitet zu einer *ars memorativa* (auch: *M. artificialis*, griech. Mnemonik) [3], d.h. zu einer Gedächtniskunst, die das natürliche Gedächtnis (*M. naturalis*) als die physiologische Grundlage der Erinnerung stärken soll. 'Kunst' ist hier zu verstehen im Sinne des alten Bedeutungshorizontes als 'Technik', d.h. als lehr- und lernbare Fertigkeit. Der historisch konstanten Wahrnehmung einer Mnemonik als operativem Gegenstandsbereich stehen entsprechend historisch variante Mnemotechniken gegenüber.

Möglichkeitsbedingung für die Stärkung des natürlichen Gedächtnisses durch eine *ars* ist die Annahme einer analogen Verfaßtheit beider Sphären. Diese Analogie beruht auf einer Beziehung von Merkörtern (*loci*), die in einer je spezifischen Ordnung verfügbar sind, und darein gesetzten Merkbildern (*imagines*). [4] Das natürliche Gedächtnis läßt sich diätetisch kräftigen durch alles, was im Sinne der Humoralpathologie seine notwendige Wärme und Feuchtigkeit garantiert (ausreichender Schlaf, Schutz vor Hitze und Kälte, Vermeidung von »Unkeuschheit« und heftigen Affekten, ausgewogene Ernährung usw.). [5]

Die M. ist also zum einen der Aufbewahrungsort aller Gedächtnisinhalte. Die gängigsten Metaphern bzw. Allegorien der M. sind das Schatzhaus bzw. die Wachstafel, das Pergament oder das Papier. Die ‹Rhetorica ad Herennium› formuliert: «Nunc ad thesaurum inventorum atque ad omnium partium rhetoricae custodem, memoriam, transeamus.» (Nun wollen wir zum Schatzhaus der gefundenen Gedanken und zum Hüter aller Teile der Redekunst übergehen, dem Gedächtnis.) [6] Die Bestimmungen der M. in der antiken Rhetorik bleiben formal und ohne theoretischen Anspruch. Am ehesten hat man eine solchen in jener Passage zu erkennen, wo QUINTILIAN auf affekttheoretischer Basis die Metapher des geistigen Sich-Einprägens (*imprimi*) formuliert, das sich analog zum Einprägen eines Siegelrings in Wachs verhält. [7] Umgekehrt ist die M. aber jener Ort, von dem Gedächtnisinhalte durch Wiedererinnern (lat. *reminiscentia*, griech. ἀνάμνησις, anámnēsis) abgerufen werden können, was sie zur notwendigen Grundlage aller rhetorischen oder künstlerischen *inventio* macht. Da das Gedächtnis eine Struktur, eine Ordnung, besitzt, ist auch die *dispositio* einer Rede oder eines Kunstwerkes von der M. geprägt.

Die zentrale Rolle, die bereits die Antike dem Gedächtnis als conditio sine qua non der Identitätsbildung zumißt, schlägt sich in einem reichen – anekdotischen oder exempelhaften – Inventar nieder, das in zahlreichen Texten aus dem Genus der *ars memorativa* Gedächtnishelden und Vergeßliche quer durch die Zeiten verzeichnet. [8] In den einschlägigen Erzählungen finden sich u.a. als antike Heroen der M. JULIUS CAESAR, CHARMADAS, APPIUS CLAUDIUS, CRASSUS, KYROS, LUCIUS SCIPIO, METRODOROS VON SKEPSIS, MITHRIDATES, SENECA d. Ä., THEMISTOKLES sowie aus neuerer Zeit GUIDO UBALDO, der Kardinal DU PERRON, JACOBUS MAZONIUS oder JOHANNES PAÓPP. Es handelt sich zum einen um Herrscher, Feldherren, Diplomaten u. dgl. sowie zum anderen um 'Herrscher' der Gelehrtenrepublik. Diesen ist v.a. die Rolle zugemessen, die Effektivität der jeweils vorgeführten Mnemotechnik(en) zu belegen. Jenen, den politischen Führungskräften, dagegen hat von Geburt her eine hervorragende *M. naturalis* zu eignen, die ihre Herrschaftsbefugnis legitimiert.[9] Die Theorie des perfekten Fürsten geht bis weit in die Neuzeit hinein davon aus, daß seine individuelle M. so umfangreich wie die kollektive sein müsse, daß er durch seine Erinnerung so scheinen müsse, als habe er zu allen Zeiten gelebt.[10]

Wird ein solches gleichsam übermenschliches Vermögen nicht der hohen Geburt wegen vorausgesetzt, sondern ist es Resultat einer *ars*, einer Kunstfertigkeit, kann diese auch den Verdacht der Magie auf sich ziehen. Das gilt für die Verfasser von mnemotechnischen Schriften wie im metonymischen Sinn für die Texte selbst: «Der Magievorwurf oder auch jener der pseudomagischen Scharlatanerie trifft unter anderen Roger Bacon, Raymundus Lullus, Thomas Murner, Agrippa von Nettesheim und Giordano Bruno. Er zielt auf Geheimwissen aus nichtchristlicher Tradition, wobei die Kritik oft kaum mehr ist als der Grauschleier jenes Pauschalverdachts, mit dem alle akademisch und konfessionstheologisch nicht akkreditierten Wissenschaften und Wissenstechniken überzogen werden.»[11]

Als komplementäres Gegenstück zum starken und tüchtigen Gedächtnis gibt es selbstverständlich auch das Phänomen des Vergeßlich-Seins. Es ist so sehr der Anlaßgrund für die Theorien und Praktiken der *M. artificialis*, daß es häufig nur dann in einiger Ausführlichkeit thematisch wird, wenn es als Verlust einer vorher grandiosen M. wahrnehmbar ist. In gleicher anekdotischer Gestalt wie die Gedächtnishelden werden die beklagenswerten Gedächtnisschwächlinge von der mnemotechnischen Literatur vorgeführt. Beispiele sind die griechischen Rhetoren DEMOSTHENES und HERMOGENES wie auch aus neuerer Zeit der niederländische Poet und Gelehrte D. HEINSIUS.

So wie der lamentabel ist, der sich nicht erinnern kann, ist es indessen auch derjenige, dem kein Vergessen gegönnt ist. Die Möglichkeit einer «Vergeßkunst» (*ars oblivionalis*, Amnestonik) wird denn auch sowohl in anekdotischer wie systematischer Hinsicht verhandelt. Unter Berufung auf CICERO [12] berichtet etwa TH. GARZONI in der ‹Piazza Universale› von THEMISTOKLES, einem athenischen Politiker, der stets als ein Heros der *M. naturalis* dargestellt wird. SIMONIDES [13] habe offeriert, ihn die Kunst des Gedächtnisses zu lehren. Darauf habe Themistokles geantwortet, «er wolte lieber eine Vergeßkunst lernen: Dann / sagt er / es gedencket mir mehr / als mir lieb ist / vnd kan nicht vergessen / was ich gerne vergessen wolte.».[14]

Damit ist bereits ein modernes Theorem formuliert, nämlich die Autonomie des Erinnerns bzw. die Unmöglichkeit des intentionalen, d.h.: partiellen – Vergessens.[15] So sehr die zeitgenössische Forschung auf vornehmlich semiotischer Grundlage betont, daß es kein willentliches Vergessen geben könne [16], so sehr macht die mnemotechnische Literatur doch immer wieder den Versuch, eine *ars oblivionalis* zu formulieren. Zwei Wege werden vorgeschlagen, die beide auf einer Verödung des Gedächtnisses beruhen: erstens die Veräußerlichung des Gedächtnisinhaltes, wie sie bereits PLATON als grundlegende Kritik an der Schrift konzipiert hatte.[17] «Derohalben man auch in der täglichen Erfahrung / wie Plato meldet / spüret / daß die Schrifften der memoriae zuwider seynd: Sintemal man gemeiniglich keinen grossen Fleiß oder Gedancken auff die Ding schläget / die man beschrieben / oder schrifftlich verfasset hat: Vnd ist zuverwundern / wie die hergegen / so weder schreiben noch lesen können / ihre Sachen so ordentlich wissen in ihrem Gedächtnuß zubehalten.»[18] In dieser Hinsicht ist auch der Satz von KANT legitimiert, den er in sein Tagebuch schrieb, als sein Diener Lampe ihn bestohlen hatte: «Der Name Lampe muß nun sofort vergessen werden.»[19] Hierbei handelt es sich also um eine Art des zuversichtlichen Verlierens eines Gedächtnisinhaltes, ausgelöst durch seine Externalisierung.

Zweitens gibt es Vorschläge zur Amnestonik, die sich des Repertoires der Mnemonik selbst bedienen und damit integraler Bestandteil der Gedächtniskunst sind: eine Art Bilderlöschkunst. Sie kennt einen graduellen Übergang von der ersten Methode her, wenn empfohlen wird, einmal besetzte Merkörter nicht wiederzuerinnern und sie so langsam ins Vergessen gleiten zu lassen.[20] Aber auch die radikalere Variante hat ihre Anhänger (u.a. L. DOLCE, L. SCHENCKEL und A. BRUXIUS): Die *imagines*, die an einem Merkort untergebracht sind, sollen durch neue *imagines* überblendet und unsichtbar gemacht werden.[21]

Möglichkeitsbedingung für alle angeführten Operationen des Gedächtnisses ist die entweder medizinische, theologische oder affekttheoretische Konstruktion der M. Die Rhetorik partizipiert in ihrem Theorieaufwand nur ansatzweise an den genannten Bereichen, ohne sie jedoch eigenständig weiterzuentwickeln. Von der Antike bis ins 18. Jh. blieb das Drei-Kammer-Modell des Gehirns virulent.[22] Es wurde erst durch die Kraniologie (auch Organologie) F. GALLS (1758–1828) entscheidend modifiziert, wobei auch Gall die räumlich-topologische Anordnung der Vermögen des Gehirns im Sinne einer Lokalisationstheorie bewahrte. Das Drei-Kammer-Modell beruht, in kurzen Zügen und schematisch beschrieben, auf folgenden Annahmen. Seit GALEN (129–199), oder eigentlich, neueren Forschungen zufolge, bereits seit HEROPHILOS (330–250 v. Chr.) wird die M. physiologisch im Gehirn, und zwar allgemein im Hinterhaupt, angesiedelt als letztes Glied der Reihe der drei Gehirnkammern (*cellulae, ventriculi*). Diese Reihe verläuft von *sensus communis / ratio* über *imaginatio / phantasia* zur M. Die Kammern sind nacheinander durch schlauchartige Gänge (*vermes*) verbunden, die ihre Kommunikation ermöglichen. – Das sich auf distinkte Ventrikel stützende Gehirnmodell findet eine analoge Fortsetzung in den Prinzipien der Mnemotechniken von der Antike bis zur Neuzeit, die ebenfalls topologisch organisiert sind: Sie berufen sich in ihrer Wahl von Merkörtern auf Architektur, teilweise im öffentlichen Raum der Stadt, teilweise aber auch explizit auf das Haus selbst mit seinen Zimmern, darüber hinaus auf Hand-, Baum- und Zodiacus-Schemata etc.[23]

Die Botschaften, die den fünf Sinne an den *sensus communis* übermitteln, werden von diesem vereinheitlicht, abstrahiert und der Beurteilung (*ratio*) zugeführt. Von dort gelangen sie an das Vorstellungsvermögen, um schließlich in der M. verwahrt zu werden. Der Akt des Erinnerns befördert die Gedächtnisinhalte über die Imagination in den *sensus communis* bzw. die *ratio* und macht sie damit wieder anschaulich bzw. der Erkenntnis zugänglich. Bei Versagen der Erinnerung können leichte Schläge auf das Hinterhaupt dieser Bewegung von hinten nach vorne nachhelfen.

Wenn in Räumen Bewegung stattfinden soll, dann muß es ein Medium geben, das diese Bewegung ermöglicht. In der galenischen Tradition wird angenommen, daß in den Gehirnventrikeln, den Verbindungsschläuchen und in den Nervenbahnen ein Gleitfluidum, die Lebensgeister (*spiritus*, πνεῦμα, pneúma) existiert, «eine Art von Seelenatem, der als Prinzip und Medium aller Empfindlichkeit und Beweglichkeit angesehen wird.».[24] Dieses *pneuma* «bewerkstelligt den Transport der Sinnesempfindungen vom Sinnesorgan zum Hirn und gewährleistet ihren Bearbeitungs- und Verwandlungsprozeß auf dem Wege durch die Hirnkammern».[25]

Damit ist man an jenem Punkt angelangt, wo der letzte Grund für die kognitiven, imaginativen und memorativen Funktionen des Gehirns in die Seelenvermögen verlegt wird. Denn es ist die Seele, die letztlich den Körper an die Außenwelt anbindet. Die Seele, auch im christlichen Sinne als *pneuma* verstanden, korrespondiert physiologisch dem Atem.[26] Die vordere Gehirnkammer ist nach dieser Vorstellung dafür verantwortlich, daß das Hirn ein- und ausatmet und dabei den *spiritus animae* (ψυχικὸν πνεῦμα, psychikón pneúma) bereitet. «Dan gleich wie wir alle Augenblick wahrnemen / daß unser Auge kan alles erblicken / unser Ohr alles anhören / wie solches aber geschehe / kaum und fast nicht recht man begreiffet: also können die / immer aus dem Gehirn schweiffende Geisterlein / an- und zu sich nehmen das Vorbild der Dinge / wie die äusserliche Sinne selbige vorgestellet / und leiten es geschwind mit sich ins Gehirn: Das Gehirn bewegt sich dabey nach seiner Kraft / und würket so fort die Erkentniß / den Unterscheid und die Gedanken […].»[27]

Damit ist die Physiologie in der Metaphysik gelandet, die in ihren theoretischen Annahmen vorchristliche Wurzeln besitzt.[28] Die Übernahme von Konzepten hauptsächlich (neu)platonischer und aristotelischer Provenienz formiert in christlicher Adaptation die Vorstellungen von Seele und Gedächtnis bis weit in die Neuzeit hinein. Erst die moderne Gehirnphysiologie[29] argumentiert ohne Metaphysik, das Erinnerungsvermögen ist eine neuronale Funktion auf der Grundlage von elektrochemischen Prozessen. Daneben ist 'Gedächtnis'/'Erinnerung' auch eine Fähigkeit bzw. Funktion, die dem Immunsystem eignet (*memory cells*).

Abendländische Gesellschaften neigen dazu, den Menschen als Allegorie der jeweils fortgeschrittensten Technologie zu beschreiben. Von daher rührt der Vergleich des Gedächtnisses bzw. der Seele mit einer Wachstafel, mit Pergament oder Papier. Das Zeitalter der Mechanik, das mit der Erfindung der Räderuhr im späten Mittelalter beginnt, ersetzt dieses Bildinventar durch die Maschine, mit der kosmische, soziale und physiologische Vorgänge bzw. die Seelenvermögen analogisiert werden.[30] Die Entwicklung der elektronischen Datenverarbeitung mit ihren immens werdenden Speichermedien[31] hat schließlich die populäre Vorstellung in die Welt gesetzt, das Gehirn funktioniere wie ein Rechner, sei also ein vernetzter Speicher. Im Umkehrschluß wird der Versuch unternommen, den Menschen oder wenigstens seine kognitiven Fähigkeiten im Technizismus des elektronischen Rechners zu reproduzieren (*artificial intelligence*). Allen diesen Beschreibungsversuchen des Menschen liegt als Gemeinsames zugrunde, daß die M. als das Kernstück individueller wie kollektiver menschlicher Identität begriffen wird.

Anmerkungen:

1 vgl. dazu A. Assmann: Erinnerungsräume. Formen und Wandlungen des kulturellen Gedächtnisses (1999). – 2 Lausberg Hb. §§ 1083–1090 – 3 H. Blum: Die antike Mnemotechnik (1969). – 4 vgl. dazu B.I. – 5 vgl. W. Neuber: Der Arzt und das Reisen. Zum Anleitungsverhältnis von Regimen und Apodemik in der frühneuzeitlichen Reisetheorie, in: U. Benzenhöfer, W. Kühlmann (Hg.): Heilkunde und Krankheitserfahrung in der frühen Neuzeit. Stud. am Grenzrain von Literaturgesch. und Medizinhistorie (1992) 94–113. – 6 Auct. ad Her. III, 28. – 7 Quint. XI, 2, 4; vgl. H. Weinrich: Typen der Gedächtnismetaphorik, in: ABG 9 (1964) 23–26. – 8 J.J. Berns, W. Neuber: Nachwort der Herausgeber, in: dies. (Hg.): Das enzyklop. Gedächtnis der Frühen Neuzeit. Enzyklopädie- und Lexikonart. zur Mnemonik (1998) 377–392, bes. 385–388. – 9 vgl. A. Traninger: Domänen des Gedächtnisses. Das Scheitern der Mnemotechnik und der *memoria* des absoluten Herrschers, in: J.J. Berns, W. Neuber: Seelenmaschinen. Gattungstraditionen, Funktionen und Leistungsgrenzen der Mnemotechniken vom späten MA bis zum Beginn der Moderne (1999) 37–51. – 10 vgl. W. Neuber: Locus, Lemma, Motto. Entwurf zu einer mnemonischen Emblematiktheorie, in: J.J. Berns, W. Neuber (Hg.): Ars memorativa. Zur kulturgesch. Bedeutung der Gedächtniskunst 1400–1750 (1993) 351–372, hier 367f. – 11 Berns, Neuber [8] 392. – 12 vgl. Cic. De or. II, 299. – 13 vgl. unten B.I. – 14 Thomaso Garzoni: Piazza Universale (Venedig 1589), hier zit. in der dt. Übers. (Frankfurt 1641) nach: Berns, Neuber [8] 41. Ein modernes Beispiel für jemanden, der aufgrund einer psychophysischen Störung nicht vergessen kann, ist Venjamin Solomonovic Seresevskij; zu ihm vgl. R. Lachmann: Die Unlöschbarkeit der Zeichen. Das semiotische Unglück des Mnemonisten, in: A. Haverkamp, R. Lachmann (Hg.): Gedächtniskunst. Raum – Bild – Schrift. Stud. zur Mnemotechnik (1991) 111–141; P. Rossi: Che cosa abbiamo dimenticato sulla memoria? In: ders.: Il passato, la memoria, l'oblio (Bologna 1991) 35–59, bes. 37ff. – 15 vgl. B.V. – 16 vgl. U. Eco: Ars oblivionalis. Sulla difficoltà di costruire un'Ars oblivionalis, in: Memento. Techniche della memoria e dell'oblio (= Kos III [1987], no. 30) 40–53; ders.: An Ars Oblivionalis? Forget It!, in: Publications of the Modern Language Association of America 103 (1988) 254–261; H. Weinrich: Lethe. Kunst und Kritik des Vergessens (²1997). – 17 vgl. dazu B.I. – 18 Garzoni [14] 45. – 19 F. Gross: I. Kant. Sein Leben in Darstellungen von Zeitgenossen. Die Biogr. von E.L. von Borowski, R.B. Jachmann und E.A.Ch. Wasianski (1993) 234. – 20 vgl. S. Izquierdo: Pharus Scientiarum (Lyon 1659); vgl. Berns, Neuber [8] 190–231, hier bes. 230f. – 21 L. Dolce: Dialogo […] nel quale si ragiona del modo di accrescere, et conservar la memoria (Venedig 1575); L. Schenckel: De memoria libri duo (Douai 1593); A. Bruxius: Simonides redivivus, sive ars memoriae, et oblivionis (Leipzig 1610); zu Bruxius vgl. W. Neuber: Die vergessene Stadt. Zum Verschwinden des Urbanen in der *ars memorativa* der Frühen Neuzeit, in: Berns, Neuber [9] 91–108. – 22 vgl. W. Sudhoff: Die Lehre von den Hirnventrikeln in textlicher und graphischer Tradition des Altertums und MA, in: Archiv für Gesch. der Medizin 7 (1913) 149–205; E. Clarke, K. Dewhurst: Die Funktionen des Gehirns. Lokalisationstheorien der Antike bis zur Gegenwart. Aus dem Engl. übertr. u. erw. von M. Straschill (1973) 11ff.; L. Bolzoni: La fabbrica del pensiero: dall'arte della M. alle neuroscienze (Florenz 1990). – 23 vgl. dazu B.I-III. – 24 Berns, Neuber [8] 389. – 25 ebd. – 26 vgl. Art. ‹Geist›, in: LThk³, Bd. IV 370f. – 27 J.G. Schottelius: Ethica (1669, ND 1980) 95. – 28 vgl. B.I. – 29 vgl. W. Singer: Gehirn und Kognition (1990). – 30 B. II-IV. – 31 vgl. G.-L. Darsow (Hg.): Metamorphosen. Gedächtnismedien im Computerzeitalter (1999).

B.I. *Antike.* Bereits in der Antike wird die M. einer Seelenfakultät, d.h. einem Vermögen der Seele, zugeschrieben. PYTHAGORAS (um 600/570–um 509 v. Chr.) und EMPEDOKLES (um 492–432 v. Chr.) messen der Seele durch die Erinnerung die Gabe zu, der Wahrheit teilhaftig zu werden.[1] Dieses Konzept ist für die Philosophie Platons von Konsequenz.

Auch PLATON denkt die M.[2] grundsätzlich als Seelenvermögen. Für ihn ist die Seele ein selbstbewegendes Prinzip, das den Kosmos und – als Individualseele – den Körper am Leben, d.h. in Bewegung erhält. Diese unsterbliche Seele ist der Träger von immer schon präexistent gedachtem Wissen – sei es auf der Grundlage einer früheren Inkarnation, sei es auf der Grundlage des intelligiblen Urbildes (παράδειγμα, parádeigma), das von Platon als Idee (εἶδος, eídos) bezeichnet wird: als wirkliches Urbild, das im Abbild der Dinge, d.h. ihrer materiellen Gestalt, gegenwärtig ist. Aus dieser Annahme ergibt sich das Paradox, daß jede Form des Lernens nur als Akt der Erinnerung verstanden werden kann. Denn nur wenn man von einer Sache bereits etwas verstehe, dann könne man sie auch erlernen. «Lernen» ist daher kein Wissenserwerb, sondern Erinnerung.

Mehrere Aspekte der M.-Konzeption Platons finden sich auch bei ARISTOTELES[3] wieder. Wie sein Lehrer versteht dieser die M. als eines der Seelenvermögen und übernimmt die Metapher des 'Abdruckes' in der Seele als Bild für die Speicherung.[4] Im Unterschied zu Platon aber betont Aristoteles die Fähigkeit der Seele, das zu bewahren, was ihr durch die Vermittlung der Sinne anvertraut bzw. eingeprägt wurde. Solcherart erlaubt das Gedächtnis die Wahrnehmung der Zeit.[5] Aristoteles unterscheidet drei Teile der Seele, nämlich φαντασία, phantasía, μνήμη, mnémē und ἀνάμνησις, anámnēsis, lokalisiert deren Sitz allerdings nicht im Gehirn, wie es auch der jüngeren galenischen Medizintradition entspricht, sondern im Herzen.

Damit sind jeweils nur die seeleninternen Möglichkeiten der M. berührt, noch nicht aber das grundsätzlich prekäre Verhältnis von externer Speicherung und innerem Gedächtnis. Vor allem das Verhältnis von Schrift und M. erscheint als grundlegendes Problem früher Kulturen.[6] Für die abendländische Tradition am folgenreichsten ist Platons Position, der Schrift und Gedächtnis in eine Beziehung der wechselseitigen Ausschließung setzt; er sieht die Schrift als ein Medium der M., das nur uneigentliche Erinnerungen hervorrufen bzw. gar dem Vergessen Vorschub leisten könne.

Im ‹Phaidros›[7] läßt Platon seinen Lehrer Sokrates dazu folgende Argumentation führen: Der Zauberer Theuth preist dem König Thamus die von ihm erfundene Schrift als eine Kunst an, die die Ägypter «weiser» und «gedächtnisreicher» machen werde, da sie ihnen ein φάρμακον, phármakon, ein «Heilmittel für Gedächtnis und Weisheit» biete. Thamus hält dem entgegen, daß die Buchstaben des Alphabets «den Seelen der Lernenden vielmehr Vergessenheit einflößen aus Vernachlässigung der Erinnerung, weil sie im Vertrauen auf die Schrift sich nur von außen vermittels fremder Zeichen, nicht aber innerlich sich selbst und unmittelbar erinnern werden. Nicht also für die Erinnerung, sondern nur für das Erinnern hast Du ein Mittel erfunden, und von der Weisheit bringst du deinen Lehrlingen nur den Schein bei, nicht die Sache selbst.»[8]

Darüber hinaus kritisiert Sokrates den Umstand, daß jene, die sich der Schrift bedienen, tatsächlich denken, der schriftlich festgehaltene Gedanke sei mehr als ein Mittel, sich dessen zu erinnern, was man schon weiß. Sie sagen nicht, daß das Wort im Buch in «ehrwürdigem Schweigen»[9] verharre und übersehen so, daß die schriftliche Mitteilung als Ersatz des mündlichen Unterrichts die Grundmechanismen des Dialogs sprengt, der eine stete Veränderung des sprachlichen Ausdrucks voraussetzt. Das geschriebene Wort reagiert nicht auf die Befragung durch den Leser, sondern bedeutet endlos das Gleiche; die Schrift ist stumm.

Dennoch ist es der Prozeß der Durchsetzung der Schrift, der die M., die vormals als Göttin Mnemosyne im Olymp angesiedelt war, in die Welt der Stadt und der menschlichen Berufe hereinholt und auch die Wahrnehmung der Seele verändert. Seele und Geist erscheinen als etwas, das eine räumliche Ausdehnung besitzt, und geistig-seelische Vorgänge werden in Begriffen der Bewegung beschrieben. Diese Grundannahmen sind von langer Dauer. Die christliche Welt erbt sie von der heidnischen und verändert sie nach den eignen Anforderungen.[10]

Unter christlichen Prämissen[11] gerät so die *M. naturalis* schon bei AUGUSTINUS[12] (354–430) zu einem theologischen Gegenstand, ja zum zentralen Austragungsort von Welt- und Gotteserkenntnis.[13] In Aneignung der (neu)platonischen Ideenlehre sieht Augustinus die M., vermittelt über die Seele, als des göttlichen Prinzips teilhaftig, da sonst Vorstellungen wie z.B. Gott und das Selige Leben nicht gedacht, d.h. erinnert werden könnten.[14] Diese künftighin unhintergehbare Theologisierung des Gedächtnisses hat Konsequenzen für den Begriff der Ordnung. Ordnung ist ja nach dem Sündenfall nicht mehr in den Phänomenen oder Dingen selbst, sondern sie entspringt einem kognitiven Akt in heilsgeschichtlicher Absicht: «Die Aussicht auf universales Wissen und auf eine zureichende mnemotechnische Beherrschung dieses Wissens konnte [...] die Funktion eines Kompensationsmediums gegenüber der Läsion durch den Sündenfall erhalten.»[15] Dies gilt nicht allein für die universalwissenschaftlichen Anstrengungen späterer Zeiten[16], sondern auch schon bei Augustinus für die Funktionsweise der *M. artificialis*. Als er Lehrern der Heiligen Schrift Ratschläge gibt[17], schlägt er vor, nicht einfach dem Schüler alles auswendig zu rezitieren, sondern die Gegenstände der biblischen Geschichte aus einer Zusammenfassung des wortgetreuen Materials nachzuerzählen und zu erläutern, sei es *summatim* oder nach dem Modus der *M. rerum*. Diese summarischen *res* können von den Lehrern als textuelle Stücke aufgelöst oder ausgeweitet, d.h. als Stücke präsentiert werden, die die richtige Größe besitzen, um sie als einzelne Blocke zu memorieren.[18] Diese Praxis einer Fundierung der *M. artificialis* hat ihre Wurzeln in den jüdischen[19] wie auch in den römischen Schulen. Die *M. naturalis* ist bei Augustinus hingegen eine Folge von gleichsam prästabilierten Kammern bzw. Hallen, die untereinander in Beziehung stehen. Der Rekurs auf die räumliche Struktur der von der Rhetorik ausgebildeten Merkörterlehre der *ars memorativa* bzw. deren Schatzhaus-Metapher ist hier evident und angesichts des bürgerlichen Berufes von Augustinus (Rhetoriklehrer) lediglich konsequent.

Die antike Rhetorik tradiert nicht allein Anweisungen zur Stärkung der *M. naturalis* durch eine *ars memorativa*, sondern auch die Gründungslegende der Gedächtniskunst, die als ein Ordnungsmodell verstanden wird, das aus dem Chaos, der Katastrophe, geboren wurde. Es korrespondiert solcherart strukturell mit der christlichen Schöpfungsmythologie und läßt sich in nachheidnischen Zeiten ebenfalls ohne Probleme aneignen. Als legendärer Begründer der Gedächtniskunst gilt für Cicero und Quintilian SIMONIDES VON KEOS (um 557–467 v. Chr.); bis ins 19. Jh. werden neben ihm auch wiederholt Hippias von Elis, Metrodoros, Pythagoras und Theodektes genannt. Simonides jedenfalls sei während eines Gastmahles im Hause des Skopas vor die Türe gerufen worden; in demselben Augenblick, als Simonides das Haus verließ, stürzte es ein. Alle Gäste seien nicht allein getötet, ihre Leichen seien vielmehr bis zur Unkenntlichkeit entstellt worden. Nur durch die Erinnerung an jene Orte, wo jeder Gast gelegen habe, sei Simonides in der Lage gewesen, die Toten zu identifizieren: «Tum Simonides dicitur memor ordinis, quo quisque discubuerat, corpora suis reddidisse.» (Dann soll Simonides, eingedenk der Ordnung, in welcher ein jeder gelegen hatte, die Körper [der getöteten Gäste] den Ihren zurückgegeben haben.) [20] Der Vorgang der räumlichen Erinnerung veranlaßt Simonides zu erkennen, welche Bedeutung der Ordnung für das Gedächtnis zukommt: «hac tum re admonitus invenisse fertur [Simonides] ordinem esse maxime, qui memoriae lumen adferret» (durch diesen Umstand aufmerksam geworden, soll Simonides herausgefunden haben, daß es hauptsächlich die Ordnung ist, die Licht in das Gedächtnis bringen kann). [21]

Über eine räumliche Ordnung wird eine Erinnerung vermittelt, die erst die individuelle Bestattung der Toten erlaubt. [22] Die M. ermöglicht also eine spezifische kulturelle Praxis und zwar aufgrund einer topologischen Grundstruktur: «tanta vis admonitionis inest in locis, ut non sine causa ex iis memoriae ducta sit disciplina» (eine so große Kraft der Erinnerung wohnt den Orten inne, daß nicht ohne Grund aus ihnen die Gedächtniskunst gezogen worden sein soll.) [23]

Die M.-Lehre der lateinischen Rhetoriken [24] greift dieses Prinzip auf und erweitert es systematisch zur Trias von *loci*, *ordo* und *imagines*: Der Redner solle sich städtische Orte, *loci*, einprägen, die er im Geiste abschreiten könne, weil sie ihm vertraut sind (*ordo*). Ebenfalls im Geiste sollen an diese Gedächtnis-Örter gleichsam 'lebende Bilder' (*imagines agentes*) gesetzt werden, die die Worte der Rede oder ihre Gegenstände versinnbildlichen. Das geistige Auge soll zumal durch ihre Schockwirkung (aufgrund von Grausamkeit, Obszönität, Lächerlichkeit etc.), d.h. auf der Basis der Selbstaffizierung, zur leichteren Erinnerung geleitet werden.

Die mnemonischen *loci* der antiken Rhetorik [25] verdanken sich dem je individuellen Zugriff auf den physischen urbanen Raum. Die rhetorische Leitschrift des späten Mittelalters und der Frühen Neuzeit, die als *Rhetorica secunda* Cicero zugeschriebene ‹Herennius-Rhetorik›, schlägt als Örter «aedes, intercolumnium, angulum, fornicem, et alia quae his similia sunt» [26] vor, also: ein Haus, eine Kolonnade, einen Winkel, einen Bogen und anderes, was diesen Dingen ähnlich ist. Dieses zunächst nur architekturtypologische Programm wird zur architektonischen Landschaft geweitet: «Cogitatio enim quamvis regionem potest amplecti, et in ea situm loci cuiusdam ad suum arbitrium fabricari et architectari» (Das Denken kann nämlich jede beliebige Gegend umfassen und in ihr die Anlage eines Orts nach eigenem Gutdünken herstellen und bauen.) [27] Aus dem Haus und den genannten architektonischen Versatzstücken wird ein urbaner Raum konstruiert, der dem Gedächtnis zur Verfügung steht und in zugleich metaphorischer wie eigentlicher Weise mit dem Begriff *architectari* belegt erscheint.

Deutlicher noch wird die Beziehung des imaginären Merkraums auf den physischen urbanen Raum bei CICERO. Die Verdeutlichung liegt, was nur auf den ersten Blick paradox anmutet, in einem Übergehen. [28] Cicero geht von den Voraussetzungen aus, daß sich das am besten dem Gedächtnis einprägt, was man durch den Gesichtssinn wahrgenommen hat [29], und daß «corpus intellegi sine loco non potest» [30], daß man sich einen Körper nicht ohne seinen Ort vorstellen kann. Daran fügt er den Satz: «Qua re [...] locis est utendum multis, inlustribus, explicatis, modicis intervallis.» (Deshalb [...] muß man viele auffallende, deutlich abgegrenzte und durch mäßige Abstände getrennte Örter verwenden.) [31] Woher die Örter zu nehmen sind – nämlich aus dem täglich visuell wahrgenommenen Lebensraum des Städters –, ist so selbstverständlich, daß es nicht gesagt zu werden braucht; wichtig ist allein der Hinweis auf die gleichsam zeichentheoretische, d.h. differenziell bestimmte, Verfaßtheit der *loci*, die zahlreich, auffallend, deutlich abgegrenzt und durch mäßige Abstände getrennt sein sollen. Auch die ‹Herennius-Rhetorik› hatte dies herausgestrichen: «Praeterea dissimiles forma atque natura loci conparandi sunt, ut distincti interlucere possint.» (Außerdem sind Örter zu schaffen, die sich in ihrer Form und Natur unterscheiden, damit sie sich klar abheben können.) [32]

QUINTILIAN schließlich ist, dem großen Umfang und der Detailliertheit seiner Anweisungen entsprechend, am explizitesten. Die Rückkehr an einen physischen Ort stimuliert sofort die Erinnerung an das, was man dort erlebt hat. [33] Auf diese Feststellung folgt die Aufzählung von physischen Orten, die als mnemonische *loci* in Frage kommen: ein großes Haus (*domum forte magnam*), öffentliche Bauten (*in operibus publicis*), ein langer Weg (*in itinere longo*), der Saum einer Stadt (*urbium ambitu*) oder auch Bilder (*picturis*). [34] In der Hauptsache sind dies Gegebenheiten, die dem empirischen Raumvollzug des Städters entsprechen.

Daß dies ein spezifisch kulturgeschichtlich geprägter Ansatz ist, oder – *ex negativo* –, daß dies kein Konstrukt ist, welches der antiken Mnemonik a priori inhärent wäre, läßt sich durch die Tatsache erweisen, daß die Gründungslegende der *ars memorativa* nicht den öffentlichen Raum zum Ausgangspunkt nimmt, sondern die Katastrophe eines massenhaften Todes in einem geschlossenen Privatraum, dem Haus des Skopas. Der physische Raum als Organisationsmuster der mnemonischen Strukturbildung wird von der römischen Rhetorik übernommen, jedoch in den urbanen Raum übersetzt.

Aus dieser Umorientierung – die von der Republik bis weit in die Kaiserzeit hinein gültig bleibt – läßt sich daher schließen, daß es eine Affinität der forensischen Situierung der Rhetorik mit Wahrnehmungsmustern gibt, die durch die allgemeine verbale und visuelle Kultur genährt sind. [35] Der physische urbane Raum ist als Strukturvorgabe kultureller Selbstwahrnehmung zu betrachten, er ermöglicht dem Akt des intentionalen Erinnerns die größtmögliche Geläufigkeit im Sinne einer störungsfreien Orientierung innerhalb seines tiefensemantisch besetzten Gefüges von Örtern: Denn die urbanen *loci* werden in der Rede nicht kommunikativ aktualisiert, sondern dienen der imaginativen Orientierung des Redners in einem ihm identifikatorisch angemessenen Habitat.

Die Serialität der *loci* fungiert dabei als Garant für die individuell freie Beweglichkeit. Sie setzt distinktive und signifikante Merkmale der Architektur voraus [36] – eine zeichentheoretische Verfaßtheit, die bereits in der ‹Herennius-Rhetorik› und bei Cicero feststellbar war, und die auch von Quintilian wiederholt wird: «Loca deligunt quam maxime spatiosa, multa varietate signata.»

(Man wählt Örter aus, die möglichst geräumig und durch große Mannigfaltigkeit gekennzeichnet sind.) [37] Ordnung bleibt jedoch für die antike Rhetorik ein formaler Begriff, ein Faktor, der die kognitiven Fähigkeiten auf die Wahrnehmung eines physischen Raumes bezieht, um durch dessen Kohärenz die Kohärenz der *argumentatio* zu verbürgen: «Item putamus oportere ex ordine hos locos habere, ne quando perturbatione ordinis inpediamur.» (Daher glauben wir, daß es sich schickt, aus der Ordnung diese Örter zu gewinnen, damit wir niemals durch eine Störung der Ordnung behindert werden.) [38] Ordnung ist hier, anders als unter christlichen Prämissen, nicht weiter theoretisch begründet, sondern das schlichte Gegenteil von *perturbatio*. Damit ist indessen ein semiotisches Modell für die *ars memorativa* gegeben, dessen Struktur in ihrer Wiederbelebung im 13. Jh. [39] beibehalten, aber teils auf einen anderen Zeichenapparat bezogen wurde.

Anmerkungen:
1 vgl. C. Baroin: Art. «Erinnerung», in: DNP 4, Sp. 70f. – 2 vgl. Platon, Menon 81a-98a, Phaidr. 72e-77a. – 3 vgl. Aristoteles, περὶ μνήμης καὶ ἀναμνήσεως, Perí mnḗmēs kai anamnḗseōs, in: ders.: Kleine naturwiss. Schr. (Parva Naturalia), übers. und hg. von E. Dönt (1997) 87–100; vgl. dazu F. Berndt: Aristotle: Towards a Poetics of Memory, in: Th. Wägenbauer (Hg.): The Poetics of Memory (1998) 23–42. – 4 vgl. Platon: Theaitetos 191c-192a; Aristoteles [3] 450a-b. – 5 vgl. ebd. 449b. – 6 vgl. unten B.VI. – 7 vgl. Plat. Phaidr. 274c-275c. – 8 ebd. 275a. – 9 ebd. 275d. – 10 vgl. L. Bolzoni: La stanza della memoria. Modelli letterari e iconografici nell'età della stampa (Turin 1995) XVIIIf. – 11 vgl. Th. Leinkauf: *Scientia universalis*, *memoria* und *status corruptionis*. Überlegungen zu philos. und theol. Implikationen der Universalwiss. sowie zum Verhältnis von Universalwiss. und Theorien des Gedächtnisses, in: J.J. Berns, W. Neuber (Hg.): Ars memorativa. Zur kulturgesch. Bedeutung der Gedächtniskunst 1400–1750 (1993) 1–34. – 12 vgl. Augustinus, Bekenntnisse, Lat. und Dt. Eingel., übers. und erl. von J. Bernhard (1987), bes. Buch X. – 13 vgl. J. Kreuzer: *Pulchritudo*. Vom Erkennen Gottes bei Augustin. Bemerkungen zu den Büchern IX, X und XI der ‹Confessiones› (1990) 16–104; S. Ferretti: Zur Ontologie der Erinnerung in Augustinus' ‹Confessiones›, in: A. Assmann, D. Harth (Hg.): Mnemosyne. Formen und Funktionen der kulturellen Erinnerung (1991) 356–362. – 14 vgl. Augustinus, Confessiones Lib. X 20f. – 15 vgl. Leinkauf [11] 7. – 16 vgl. v.a. B.III. – 17 vgl. Augustinus, De catechizandis rudibus 3, in: CChr.SL Bd. 46, 124–126. – 18 vgl. M. Carruthers: Rhet. M. und die Praxis des Erinnerns. Boncompagno da Signas ‹Rhetorica novissima›, in: J.J. Berns, W. Neuber: Seelenmaschinen. Gattungstraditionen, Funktionen und Leistungsgrenzen der Mnemotechniken vom späten MA bis zum Beginn der Moderne (1999) 15–36, hier 33. – 19 vgl. dazu B. Gerhardsson: Memory and Manuscript (Uppsala 1961), bes. Kap. 11. – 20 Quint. XI, 2, 13. – 21 Cic. De or. II, 353. – 22 vgl. dazu S. Goldmann: Statt Totenklage Gedächtnis, in: Poetica 21 (1989) 43–66. – 23 Cicero, De finibus bonorum et malorum V, 1–2. – 24 vgl. Auct. ad Her. III, 16–24; Cic. De or. II, 350-360; Quint. XI, 2, 1–51. – 25 vgl. dazu H. Blum: Die antike Mnemotechnik (Hildesheim/New York 1969) 3–12. – 26 Auct. ad Her. III, 29. – 27 ebd. III, 32. – 28 vgl. F.A. Yates: The Art of Memory (Chicago/London ⁷1987) 45; vgl. ebenso M. Carruthers: The Book of Memory in Medieval Culture (Cambridge 1990) 28. – 29 vgl. Cic. De or. II, 357. – 30 ebd. II, 358. – 31 ebd. – 32 Auct. ad Her. III, 31. – 33 vgl. Quint. XI, 2,17. – 34 ebd. XI, 2,18 u. 21. – 35 vgl. E.W. Leach: The Rhetoric of Space. Literary and Artistic Representation of Landscape in Republican and Augustan Rome (Princeton 1988) 78. – 36 vgl. ebd. 77. – 37 Quint. XI, 2,18. – 38 Auct. ad Her. III, 30. – 39 vgl. B.II.

II. Das *Mittelalter* [1] kennt bis zum Einsetzen der Aristoteles-Rezeption im 13. Jh. durchaus Abhandlungen zur M., nicht aber im Sinne einer *ars memorativa*. Es existieren nur diagrammatische und phonetisch-graphematische Mnemotechniken zu homiletischen oder schulischen Zwecken, die seit dem 9. Jh. in der Unterrichtspraxis eingesetzt wurden, ohne daß ihre Prinzipien systematisch schriftlich niedergelegt worden wären. [2] Dazu kommen klösterliche Meditations- [3] und *inventio*-Traktate. [4] In den Bildungsanstalten, im Gottesdienst [5] und an den Höfen bündeln sich standesspezifische Varianten der Herausbildung eines kollektiven Gedächtnisses durch einen gemeinsamen Lebensvollzug und Bildungserwerb, wie allgemein pädagogisch-didaktische Praxis, Kanon, Ritus, Zeremoniell und Fest eine zentrale Funktion bei der Herstellung von erinnernder Gruppenidentität besitzen. [6]

Die Anfänge der volkssprachlichen Laienkultur tragen ganz überwiegend die Züge einer Memorialkultur, in der Rechts- und Besitzverhältnisse [7] ebenso wie dynastische Traditionen [8] und poetische, kultische und alltagspraktische Überlieferungen schriftlos mittels Erinnerungszeichen bewahrt werden. Erst seit dem 12. Jh. beginnt auch in der laikalen Oberschicht der Schriftgebrauch Formen und Inhalte kultureller Überlieferung durchgreifend zu verändern. Es sind aber vorerst begrenzte Sektoren (Herrschaftsausübung, Recht [9], Geschichtsschreibung), in denen die Schrift das schriftlose Erinnern verdrängt. Im Spätmittelalter erfaßt die Verschriftlichung des Bewahrenswerten auch Gebrauchstexte. [10] Es entstehen Möglichkeiten zur individuellen Erinnerung des Selbst in adligen und bürgerlichen Memoiren, Autobiographien, Reiseberichten und verwandten Textsorten.

Wie die antiken Schriften zur M. unterscheiden auch jene des Mittelalters – über die Differenz von *M. rerum* und *M. verborum* – zwischen dem, was heute verbales und visuelles Gedächtnis genannt wird. Diagramme der Schrift werden jedoch ebenso als visuell eingeschätzt wie das, was heute als Bild gilt: Als Ergebnis dieser Verhältnisse wird die Seite als Ganzes, mit ihrer Schrift und ihrem gesamten Schmuck, für ein kognitiv wertvolles Bild angesehen. AUGUSTINUS [11] wie noch ALKUIN (732–804) nehmen an, daß die *phantasia* bzw. die *vis imaginativa* eine Art von Übersetzung des Gelesenen vollzieht, so daß die Worte Bilder in der Imagination aufkommen lassen. Darüberhinaus können die Bilder in der Imagination gemischt und neu zusammengesetzt werden, um eine neue Anordnung zu schaffen. [12]

Im Mittelalter werden aber gegenüber der Antike eigenständige Formen der Gedächtnisübung entwickelt, die im engen Zusammenhang mit der zeitgenössischen Schreibkultur stehen und die ein neues Memoriaverständnis voraussetzen. So gibt es alphabetische bzw. numerische *loci*, die am Seitenrand den Text markieren, oder Merkörter in Form der Tierkreiszeichen oder anderer graphischer Marken, die einen geschriebenen Text segmentieren und die Segmente dem Gedächtnis einprägen helfen. Mit diesen Modellen wird einerseits «dem rascheren Wissensumschlag in der an Raum und Bedeutung gewinnenden akademischen Lehre (quantitativer Aspekt), aber auch dem Bedürfnis nach partikularen Zugängen zum Text für die Belange der wissenschaftlichen Diskussion (qualitativer Aspekt) Rechnung getragen.» [13] Die mittelalterlichen Formen der Memorierhilfen sind jedenfalls wesentlich dadurch gekennzeichnet, daß sie sich grundlegend am Medium Buch orientieren und seine visuellen Gestaltungsmöglichkeiten zu mnemonischen Zwecken nutzen. [14] Die Mnemotechniken des Mittelalters sind hauptsächlich auf zweidimensionale Modelle von Örtern hin orientiert (Diagramme, Raster etc.). [15] «Mit der Orientierung auf den Entwurf systemhaft geordneter Gedächtnisflächen entspricht die *ars memorativa* methodisch den verschriftlichten Texterschließungsformen.» [16]

Eine die lebensweltliche Erfahrung des physischen Raums restituierende Mnemonik, die zugleich wieder den Namen einer *ars* verdient [17], kommt erst mit dem 13. Jh. zustande, als durch die Rezeption der Aristotelischen Schrift ‹De anima› mit ihrem Anhang ‹De memoria et reminiscentia› [18] die pragmatische Problematik des Memorierens von Texten erstmals und folgenreich aus dem Bereich der Rhetorik ausgegliedert und in den Bereich der Logik bzw. Ethik übergeführt wurde. [19] So wie etwa wenig später erstmals die bekannten mathematischen Regeln der Optik auf das Sehen angewendet wurden – was zur Erfindung der Zentralperspektive führte –, so wurde nun erst das bekannte theologische Fundament des Gedächtnisses mit dem Akt des Merkens und Erinnerns zugleich gedacht.

ALBERTUS MAGNUS kommentiert in seiner Schrift ‹De bono› [20] erstmals unter aristotelischen Voraussetzungen die architektur-mnemonischen Passagen der ‹Rhetorica ad Herennium›. Er zeigt jedoch spezifische Adaptationen des in der antiken Anleitung vorgeschlagenen Architektur-Repertoires, das bei ihm nun weniger durch einen antikischen Urbanismus gekennzeichnet ist, als vielmehr durch den Reflex eines Klerikers auf sein genuines Habitat. Wo die antike Schrift *aedes*, *intercolumnium*, *angulus* und *fornex* als *loci* vorschlägt, da versammelt Albertus Versatzstücke eines – wenn auch u. U. im urbanen Verband gelegenen – Klosters: *templum*, *intercolumnium* (vermutlich ist jedoch nicht eine Kolonnadenordnung gemeint, sondern ein Kreuzgang oder ein Kirchenschiff) [21], *pratum* und *hospitale*. [22] Diese Tradition geht weiter zum ‹Foenix› von PETRUS RAVENNAS (Venedig 1491) und der Schrift ‹Artis memorativae naturalis et artificialis certa, facilis et verax traditio› von LORENZ FRIES (Straßburg 1523) [23], die beide den Raum einer realen Kirche als *locus*-Modell vorschlagen. Albertus reagiert mit seiner Rekonstruktion, die sich als folgenreich erweisen sollte [24], in der Tat auf die gestiegene Gelegenheit und Notwendigkeit öffentlicher Rede im geistlichen wie im säkularen Bereich (z.B. Universität, Volkspredigt, Hof, Stadt). [25]

Generell läßt die wissensvermittelnde Literatur des Zeitalters der Scholastik eine neue Etappe in der Geschichte der M. erkennen, was auf der Basis des Dargestellten zu zwei grundlegenden Konsequenzen führt. Erstens wird die *ars memorativa* selbständig, d.h. es wächst die Zahl der von Rhetoriken unabhängigen mnemotechnischen Anweisungsschriften. Eine genuin deutsche Texttradition ist hierbei nicht anzusetzen; «Deutsche Texte sind ausschließlich über ihren Quellen- bzw. Kontextbezug zur lateinischen Tradition zu verstehen.» [26] Zweitens ist schon im 15. Jh. «das meditative *memoria*-Konzept […] zumindest aus der mnemotechnischen Traktatliteratur nahezu vollständig verschwunden.» [27] Anders formuliert: Mit dem 15. Jh. tritt ein neuer Typus der mnemonischen Literatur auf, der in den klassischen Rhetoriken nur rudimentär verankert ist und der mit der frömmigkeitspraktischen Funktion der mittelalterlichen Traktate und ihrer ‚Ethik des Lesens' bricht.

Zu der restituierten Mnemonik nach antiken Strukturmustern – doch mit neuer funktioneller Ausrichtung – tritt im Mittelalter die Maschinisierung [28] der M., die sich auf der Grundlage einer funktionalen Analogie vollzieht: jener zwischen den Prozessen der Seele und jenen der Mechanik. Generell sind zwei Typen von Seelenmaschinen zu unterscheiden: göttliche und menschliche. Gott schafft die menschliche Seele und gibt ihr ein Strukturgesetz (göttliche Seelenmaschine). Der Mensch versucht, diese göttliche Seelenmaschine zu optimieren, indem er bestimmte Seelenvermögen – wie etwa das Gedächtnis – unter Respektierung ihres Strukturgesetzes regelgeleitet beeinflußt (menschliche Seelenmaschine).

Die Implantierung des Maschinenbegriffs in die Seele ist kein mittelalterlicher, frühneuzeitlicher oder auch nur anticartesianisch gemeinter Akt, sondern ein Vorgang innerhalb der mittelalterlichen Theologie, der in der griechisch-römischen Antike bereits präludiert ist. Denn der Begriff ‹Seelenmaschine› partizipiert an der alten, schon in der Antike sich konstituierenden und in Spätantike und Mittelalter sich verzweigenden Metapher der Maschine selbst, die bereits im Mittelalter den Bedeutungshorizont des modernen Begriffs der ‹Methode› vorwegnahm (Agrippa von Nettesheim etwa konzipiert die Lullistische Kombinatorik als eine inventionelle Denkmaschine, die das *omne scibile*, alles Wißbare, zur Erörterung bringen kann). [29] Im großen Zeitalter der Mechanik [30] war dann die Maschinenmetapher auf nahezu alles zu beziehen, was als in regulierter dynamischer Bewegung befindlich gedacht werden konnte: die Welt bzw. den Kosmos, den Staat [31], den Menschen und eben die Seele. Die technischen Begriffe *fabrica* und *machina* treten schon in der Antike auch in übertragener Bedeutung auf. [32] Der menschliche Körper, die Welt, die Natur werden in diesen semantischen Feldern metaphorisiert. Metaphorisch sprechen bereits Cicero und Lukrez von der *fabrica mundi* oder *machina mundi*, Cicero auch von der *fabrica naturae*. Diese übertragene Rede bleibt mindestens bis ins 18. Jh. lebendig. [33]

Erst christliche Lehrer waren es, die, zumeist jedoch unter Rückgriff auf platonische Vorstellungen, die Maschinentopik in den spirituellen und seelischen Bereich transponierten. So sprechen Augustinus, Caesarius, Bischof von Arles und Gregor d.Gr. von der christlichen Lehre als *fabrica spiritalis,* und in solchem Kontext kommt es denn auch erstmals (sofern das beim heutigen Kenntnisstand mit Bestimmtheit gesagt werden darf) zu expliziten Erwähnungen von Seelenmaschinen: Macrobius spricht gegen Ende des 4. Jh. von der *mundanae animae fabrica*, Gregor d. Gr. von der *machina mentis*. [34] Prüft man, in welchem Zusammenhang diese vier Autoren von *fabrica spiritalis* und Seelenmaschinen sprechen, so ergibt sich, daß sie in Predigt, Bibelexegese und Erbauungspoesie neutestamentliche Architekturmetaphorik, die das Leib/Seele-Verhältnis bezeichnet – so etwa im 1. Korintherbrief 3,9 oder im 1. Petrusbrief 2,5 – mit griechisch-römischen Kosmologievorstellungen verknüpfen. Darlegungen zu dem Problem, wie *machina mundi* und *machina mentis* konkret zu denken sind, gibt es in Antike und Frühmittelalter nicht.

Erst BONCOMPAGNO DA SIGNA macht in seiner ca. 1235 fertiggestellten ‹Rhetorica novissima› [35] ein Maschinenmodell wichtig, das eine Koppelung von Weltmaschine und Seelenmaschine darstellt. Boncompagno entwickelt im neunten Buch seiner Rhetorik, das ‹De adornationibus› handelt, eine Metaphernmaschine. Das Wesen der (bild)geschmückten Rede, der *adornatio*, sieht er in der Übertragung, der *transumptio*: «Transumptio est mater omnium adornationum que non desinit dicendorum genera circuire: vel transumptio est quedam imago loquendi in qua unum ponitur et reliquum intelligitur; vel transumptio est transmutatio locutionum, que semper intellectum imaginarium representat: vel transumptio est positio unius dictionis vel orationis pro altera, que quandoque ad laudem, quandoque ad vituperium rei transumpte redundat; vel transumptio est quoddam naturale velamen, sub quo rerum secreta occultius et secretius proferuntur.» (Die *transumptio* ist die Mutter jeglicher Ausschmückung, welche nicht aufhört, die Arten des Aussagens zu umschreiben: Oder die *transumptio* ist irgendein Redebild, in dem ein Teil gesagt und der übrige Teil verstanden wird; oder die *transumptio* ist eine Vertauschung der Wörter, die immer ein bildliches Verständnis darstellt: oder die *transumptio* ist der Ersatz einer Aussage oder Rede durch eine andere, der einmal zum Lob, einmal zum Tadel einer Sache in Übertragungen ausschweift; oder die *transumptio* ist gewissermaßen ein natürlicher Schleier, unter dem die Geheimnisse der Dinge verborgener und heimlicher gezeigt werden.)[36]

In einer Vision sieht Boncompagno dann im 3. Kapitel dieses 9. Buches, wie die Weltmaschine mittels eines Räderwerks eine *transumptio* der Künste und Berufe leistet. Das System der *artes et professiones* erscheint der *machina mundialis* als ein Getriebe von elf *rotae principales* und fünf *rotulae subtiles* implantiert: Das Werk der elf großen Räder, denen jeweils besondere (Bild-) Bereiche zugedacht sind, besteht aus den ‹Sieben Freien Künsten› sowie *ius civile*, *ius canonicum* und Theologie. Ergänzt werden die elf *rotae principales* dann durch fünf Rädchen, in denen theologisch und akademisch dubiose Künste begriffen sind (Nekromantie, Geomantie, Pyromantie, Spatomantie und Alchemie).[37] Durch die Umwälzung dieser elf Räder entsteht eine solche Unmenge von Übertragungsmöglichkeiten, daß niemand sie realisieren kann.[38] Das Räderwerk, dessen technische Gegebenheiten Boncompagno nicht weiter erläutert, ist Weltmaschine, *machina mundialis*, und zugleich enzyklopädische Wissens- und Wissenschaftsmaschine, indem es alles partikulär Gewußte miteinander kombinierbar und somit alles Wißbare durch *transumptiones* ermittelbar macht. Doch schließlich ist es auch Seelenmaschine, *machina mentis*, sofern ohne die durch die *transumptiones* entstehenden Formen *allegoria, tropologia, moralitas, metaphora et quelibet locutio figurata* die Seelenpotenzen *ratio, intellectus* und *memoria* nicht realisiert werden könnten.

Die Koppelung von Seelenmaschine und Weltmaschine war keine individuelle Wahnvision des Bologneser Rhetorikprofessors, sondern wurde wohl in vielen Klöstern und Universitäten gedacht und materialisierte sich zu Beginn des 14. Jh. anschaulich, hörbar und handgreiflich in einem Getriebe: jenem der Räderuhr als Zeitmaschine. Deren sinnliche Attraktivität bestand zum einen in der visuellen Demonstrativität des Räderwerkes als *transumptio* der *machina mundi*; deren akustische Sensation aber bestand im Schlagwerk, das seine Würde als Hilfsinstrument der M. hatte. Die Räderuhr des 14. Jh. ist eine Erfindung, die auf eine maschinelle Transformation von Himmelsarbeit und Seelenarbeit angelegt ist.

Um 1430, also rund 200 Jahre nach Boncompagnos Maschinenvision, findet sich, wie L. Bolzoni gezeigt hat, in GIOVANNI FONTANAS mnemotechnischem Traktat ‹Secretum de thesauro experimentorum ymaginationis hominum›[39] der Entwurf einer Maschine, die zum Chiffrieren dient. Die Chiffre allerdings hilft nicht nur, das Geheimnis durch Verschlüsselung zu bewahren, sondern vor allem dazu, den Inhalt memorieren zu helfen.[40] Die Maschine ist die Verlängerung, die Projektion, des mentalen Mechanismus. Bei Fontana wird letztlich dieselbe Analogiebeziehung zwischen seelisch-kognitiven und mechanischen Prozessen postuliert, die Boncompagno schon als Vision vorschwebte und die Leibniz dann nochmals rund zweieinhalb Jahrhunderte später im Hinblick auf die Perzeptionen behauptet wird.[41]

Diese Analogiebeziehung, zunächst von der Seele aus gedacht, kann auch ihre Richtung umwenden. Fontana schreibt: «Aus diesen und aus anderen Motiven scheint es, daß die Uhren erfunden worden sind, die für uns die Erinnerung vergangener Zeiten und Taten konservieren.» Er fährt fort, daß er selbst bereits Uhren gebaut habe, die ihn zur Arbeit gerufen hätten, auch wenn er selbst nicht daran gedacht habe: «gleichsam als ob sie in sich ein wahres und eigenes Gedächtnis hätten.»[42] Die Interdependenz zwischen Seele und Maschine ist damit austauschbar, die Seelenmaschine mehr als eine Metapher. Eine externalisierte M. kann analog zu jener internen gedacht werden, die traditionell eine Seelenpotenz darstellt. Diese Konzeption bleibt die gesamte Neuzeit über virulent.

Anmerkungen:

1 vgl. H. Hajdu: Das mnemotechnische Schrifttum des MA (Budapest 1936); M. Carruthers: The Book of Memory. A study in medieval culture (Cambridge 1990) 28; B. Roy, P. Zumthor (Hg.): Jeux de mémoire. Aspects de la mnémotechnie médiéval (Montréal/Paris 1985). – **2** vgl. S. Heimann-Seelbach: *Ars memorativa*. Genese, Überlieferung und Funktion der mnemotechnischen Traktatlit. im 15. Jh. (Phil. Habil. masch. 1998) 12. – **3** vgl. J. Coleman: Das Bleichen des Gedächtnisses. Des Hl. Bernhards monastische Mnemotechnik, in: A. Haverkamp, R. Lachmann (Hg.): Gedächtniskunst. Raum – Bild – Schrift, Stud. zur Mnemotechnik (1991) 207–227; M. Carruthers: The Craft of Thought. Meditation, Rhetoric, and the Making of Images, 400–1200 (Cambridge, MA 1998); J. Kreuzer: Der Seelengrund als Subjekt und Objekt der Erinnerung bei Eckhart und Tauler, in: J.J. Berns, W. Neuber: Seelenmaschinen. Gattungstraditionen, Funktionen und Leistungsgrenzen der Mnemotechniken vom späten MA bis zum Beginn der Moderne (1999) 169–186. – **4** M. Carruthers: Rhet. ‹memoria› und die Praxis des Erinnerns. Boncompagno da Signas ‹Rhetorica novissima›, in: Berns, Neuber [3] 15–36, hier 15, zur M. als «sacra pagina». – **5** vgl. K. Schmid, J. Wollasch (Hg.): M. Der gesch. Zeugniswert des liturgischen Gedenkens im MA (1984). – **6** vgl. H. Wenzel: Hören und Sehen, Schrift und Bild. Kultur und Gedächtnis im MA (1995). – **7** vgl. M.T. Clanchy: From Memory to Written Record (London 1979). – **8** vgl. O.G. Oexle: M. und Memorialüberlieferung im frühen MA, in: Frühmittelalterliche Studien 10 (1976) 70–95; ders.: M. als Kultur (1995); K. Schmid: Gebetsgedenken und adliges Selbstverständnis im MA (1983); B. Stock: The Implications of Literacy (Princeton 1983). – **9** vgl. L. Kuchenbuch: Verrechtlichung von Erinnerung im Medium der Schrift (9. Jh.), in: A. Assmann, D. Harth (Hg.): Mnemosyne. Formen und Funktionen der kulturellen Erinnerung (1991) 36–47. – **10** vgl. J.D. Müller (Hg.): Wissen für den Hof (1994). – **11** vgl. S. Ferretti: Zur Ontologie der Erinnerung in Augustinus' ‹Confessiones›, in: A. Assmann, D. Harth (Hg.): Mnemosyne. Formen und Funktionen der kulturellen Erinnerung (1991) 356–363. – **12** vgl. Carruthers [4] 30. – **13** vgl. Heimann-Seelbach [2] 13. – **14** vgl. Carruthers [1] 80. – **15** vgl. ebd. 144; vgl. zudem M. Evans: The Geometry of the Mind, in: Architectural Association Quarterly 12 (1980) 32–55. – **16** Heimann-Seelbach [2] 13. – **17** vgl. Carruthers [1] 153. – **18** Aristoteles, Kleine naturwiss. Schr. (Parva Naturalia), übers. und hg. von E. Dönt (1997). – **19** vgl. Carruthers [1] 153. – **20** Albertus Magnus, De bono tract. IV, quaest. II, art. 2, eine engl. Übers. vgl. ebd. 267–280. – **21** vgl. Carruthers [1] 139. – **22** vgl. ebd. – **23** vgl. L. Fries: Ein kurzer bericht wie man die gedechtniss wund'barlichen stercken mag … (1523), abgedr. in: J.M. Massing: Laurent Fries et son ‹Ars memorativa›. La Cathédrale de Strasbourg comme espace mnémonique, in: Bulletin de la Cathédrale de Strasbourg XVI (1984) 69–78. – **24** vgl. B.III. – **25** vgl. Carruthers [1] 154. – **26** Heimann-Seelbach [2] 11. – **27** ebd. 9. – **28** vgl. generell J.J. Berns, W. Neuber: Seelenmaschinen. Zur Konstruktion einer Gattungsgesch. der ma. und frühneuzeitlichen *ars memorativa*, in: dies. [3] 745–764. – **29** vgl. Agrippa von Nettesheim, In Artem brevem Raymundi Lulli commentaria (Köln 1513); dazu: R. Friedlein, A. Traninger: Art. ‹Lullismus›, in: HWRh, Bd. 5. – **30** vgl. dazu exemplarisch J.-C. Beaune: L'automat et ses mobiles (Paris 1980); A. Sutter: Göttliche Maschinen. Die Automaten für Lebendiges bei Descartes, Leibniz, La Mettrie und Kant (1988); H. Möbius, J.J. Berns (Hg.): Die Mechanik in den Künsten. Stud. zur ästhetischen Bedeutung von Naturwiss. und Technologie (1990). – **31** vgl. B. Stollberg-Rilinger: Der Staat als Maschine. Zur polit. Metaphorik des absoluten Fürstenstaats (1986); D. Peil: Unters. zur Staats-und Herrschaftsmetaphorik in lit. Zeugnissen von der Antike bis zur Gegenwart (1983). – **32** vgl. A. Rehmann: Die Gesch. der technischen Begriffe *fabrica* und *machina* in den romanischen Sprachen (Diss. 1935). – **33** vgl. K.-H. Ludwig, M. Popplow: Art. ‹Maschine›, in: LMA VI, Sp. 362f.; W. Schmidt-Biggemann: Art. ‹Maschine›, in: HWPh V, Sp. 790–802. – **34** zu *fabrica spiritalis* s.: J. Zycha (Hg.): Augustinus, Contra Faustum, in: Corpus scriptorum eccl. Latinorum, Bd. 25, 1 (1891) Buch 1, 3; Caesarius v. Arles: Epistula de humilitate ad monachos, Kap. 2, 3, in: C. F. Arnold: Caesarius v. Arelate und die gallische Kirche seiner Zeit (1894) 468–490; M. Adriaen (Hg.): Gregorius d. Gr., Moralia in Job, in: CChrSL, Bd. 143 A (1979) Buch XVII, 42; zu *mundanae animae fabrica* s.: J. Willis (Hg) Macrobius, Commentarii in somnium Scipionis (1963) Buch I, 12, 6 (unter Beziehung auf Plato); vgl. außerdem Buch I, 6, 65 und 15, 5; s. auch ders. (Hg.): Macrobius, Saturnalia (1963) Buch VII, 4, 3: ipsa natura, fabricae huius auctor et nutrix; zu *machina mentis* s. M. Adriaen (Hg.): Gregor d. Gr., Moralia in Job, in: CChrSL, Bd. 143 (1979) Buch VI, 58; vgl. auch V, 55: *contemplationis machina*. – **35** vgl. die Ausg. Boncompagni Rhetorica Novissima, in: Bibliotheca Iuridica Medii Aevi, ed. A. Gaudenzi, Bd. 2 (Bologna 1892) 249–297. – **36** ebd. 281; Übers. Verf. – **37** vgl. ebd. 285. – **38** vgl. ebd. 285f. – **39** vgl. L. Bolzoni: La stanza della memoria. Modelli letterari e iconografici nell'età della stampa (Turin 1995) 103–111. – **40** vgl. ebd. 103. – **41** vgl. B. III. – **42** vgl. Bolzoni [39] 104f.

III. In der *Frühen Neuzeit* steigt die Zahl der mnemonischen Traktate, die unabhängig von Rhetoriken entstanden, sprunghaft an, so daß man hier legitimerweise von der Blütezeit der *ars memorativa* sprechen kann. Beginnend mit der Erfindung des Buchdruckes, lassen sich bis zum Jahr 1700 in Europa – den slawischen Teil einmal ausgenommen – rund 800 Autoren nachweisen, die circa 1000 mnemonische Traktate verfaßt haben, welche ihrerseits in gut 2500 Druckausgaben nachzuweisen sind.[1] Ein universalistischer Geltungsanspruch der M. wie auch der Mnemonik ist hierfür geltend zu machen, der die unterschiedlichsten kulturellen Bereiche berührt und teils divergente Formen und Memoriakonzepte nach sich zieht. Er erweist sich auf verschiedenen Ebenen. Zum einen gehören gerade die gegenstandsunabhängigen Traktate zur Gedächtniskunst zu den erfolgreichsten und auflagenhäufigsten Publikationen aus dem Genus der *ars memorativa*. Zum anderen wird die Mnemonik für weite Bereiche der zeitgenössischen Wissenschaftstheorie strukturkonstitutiv.[2] Zum dritten operieren mnemonische Traktate selbst mit dem Nachweis ihrer universellen gesellschaftlichen Nützlichkeit, so etwa im Titel von JOHANN ROMBERCHS ‹Congestorium Artificiose Memorie›. Das Werk sei ein «opus omnibus Theologis: predicatoribus et confessoribus: Juristis: iudicibus procuratoribus: aduocatis et notarijs: medicis: philosophis: Artium liberalium professoribus. Jnsuper mercatoribus nuntijs et tabellarijs pernecessarium» (ein überaus notwendiges Werk für alle Theologen, Prediger und Beichtväter, Juristen, Richter, Prokuratoren, Advokaten und Notare, Ärzte, Philosophen, Lehrer der freien Künste, außerdem Händler, Gesandte und Briefboten).[3] Der gleiche Anspruch findet sich noch fast 200 Jahre später analog formuliert, wenn es auf dem Titelblatt von JOHANN HEINRICH DÖBELS ‹Collegium Mnemonicum› [4] heißt: «Gantz neu eröffnete Geheimnisse Der Gedächtniß=Kunst / Darinn / Vermöge der in Kupfer gestochenen Gedächtniß=Stube / Der unvergleichliche Vortheil angewiesen wird / Die H. Bibel / Jurisprudenz, Chronologie, Oratorie &c. Nebst denen Mathematischen und andern Wissenschaften gleichsam spielend in kurtzer Zeit dem Gedächtniß zu inspirieren.»

Schon diese förmliche Explosion von mnemonischen Traktaten in der Frühen Neuzeit legt eine grundlegende Veränderung gegenüber dem Mittelalter nahe, die sich einem neuen Verständnis der M. verdankt. Diese Veränderung kann auch in inhaltlicher Hinsicht markiert werden. Trotz einer Fülle von Autoritätsberufungen auf Thomas von Aquin, Albertus Magnus und Hugo von St. Viktor läßt sich die *ars memorativa* seit dem 15. Jh. nicht lückenlos auf ihre mittelalterliche Gattungstradition zurückführen. Zwar hat die Maschinisierung des Seelenkonzeptes grundlegende Auswirkungen auf die Theorie der M.; zwar reaktiviert Albertus Magnus den memorialen Typus des räumlichen gegenüber dem bis dahin vorherrschenden Typus des an der Schrift und an der Buchseite orientierten Flächengedächtnisses – doch hat das Mittelalter kein geschlossenes mnemotechnisches Regelwerk bereit gehalten, das auf beliebige Fälle anzuwenden gewesen wäre. Zwei Gründe sind im wesentlichen für diese Diskontinuität verantwortlich zu machen. Zum ersten fehlen in «den deutschsprachigen Schreiberhandbüchern des 15. Jh. […] die Gedächtnislehren normalerweise, weil die *memoria* außerhalb der Schriftlichkeitsprozesse steht.» [5] Hier pflanzt sich der alte Platonische Gegensatz von Schrift und M. fort.[6] Am radikalsten wird im 16. Jh. der Begriff des Textes in einer Weise neu formuliert, die ihn an das Medium der Schrift anschließt und damit den Akt der mündlichen Performanz als sekundär erscheinen läßt. In der Folge wird der Memorialteil der traditionellen Rhetoriken ausgedünnt und geht im protestantischen Bereich fast gänzlich verloren.[7] Die Gymnasialrede bleibt der nahezu ausschließliche praktische Motivationsgrund für die M. innerhalb der Schulrhetorik.

Zum zweiten ist die mit dem 15. Jh. einsetzende Systematisierung und Autonomisierung der Mnemonik gegenüber der Rhetorik einem Rückgriff auf andere antike Quellen als jene der römischen Rhetorik geschuldet. Die mnemonischen Traktate des 15. Jh. reaktivieren «den in den klassischen Quellen in nurmehr rudimentärer Form bewahrten Diskurs über die natürliche Entstehung und zivilisatorische Wirkung der Künste, ihre ethische Dignität und lebenspraktische Nützlichkeit, ihre Lehrbarkeit und Anbindung an eine elitär gedachte Gruppe von Inhabern des entsprechenden Spezialwissens.» [8] Dieser Diskurs wurzelt in der Sophistik und ist damit wiederum rhetorisch vermittelt. Die *ars memorativa* des 15. Jh. vorfindlichen Typs geht «auf eine Sekundärrezeption der griechischen Mnemonik zurück […], welche im zweiten Jahrzehnt des [15.] Jh. einsetzte und von bestimmten greco-romanischen Gelehrten humanistischer Ausrichtung getragen wurde.» [9] Ihre rasche Ausbreitung und vielfältige Bearbeitung läßt sich nicht auf deren personelle Beziehungen reduzieren. Sie erklärt sich vielmehr aus der dieser Gedächtniskunst zugeschriebenen Leistungsfähigkeit und manifestiert sich «in einer 'technischen' und einer epistemischen Engführung der Lehre [...]. *Memoria rerum* und *memoria verborum* können [...] in diesem Zusammenhang zu Leitbegriffen werden, in welchen die Teilhabe der Gedächtniskunst an paradigmatisch in Opposition zueinander stehenden Konzepten kultureller Erinnerung beschlossen liegt.»[10] Das heißt, daß auch und gerade in der Frühen Neuzeit sich zahlreiche Belege dafür finden, daß kulturelles Gedächtnis und *ars memorativa* unmittelbar aufeinander bezogen bzw. miteinander verschränkt sind.

Zwar spielt etwa die nicht mnemotechnisch intendierte M. eine bedeutende Rolle in der Herrschaftspraxis der Frühen Neuzeit wie in der durch sie vermittelten kulturellen Identitätsbildung. Das Beispiel von Kaiser Maximilians I. Ruhmeswerken (Ehrenpforte, Triumphzug, Tewrdannckh, Weißkunig, Freidal) zeigt, wie die individuelle Lebenserinnerung, aus der privilegierten Position des Herrschers, sich literarisch und bildlich zum Exemplarischen überhöhen kann.[11] In beiden Medien ist ebenso eine kollektive Erinnerung beabsichtigt, wie sie durch andere Formen fürstlicher Erinnerungszeichen (Monumente etc.) im öffentlichen Raum formuliert wird.[12]

Dazu tritt jedoch erstens die mnemotechnische Instrumentalisierung von realer Architektur, wie sie bereits im Hinblick auf Petrus Ravennas und Lorenz Fries angesprochen wurde.[13] Diese mnemonische Nutzungsmöglichkeit gebauter Urbanität erstreckt sich über die gesamte Frühe Neuzeit. Als Beispiele unter vielen sind FRIEDRICH RIEDERERS ‹Spiegel der waren Rhetoric› (1493)[14], JOHANN ROMBERCHS ‹Congestorium Artificiose Memorie› (1533)[15] und ERHARD WEIGELS ‹Wienerischer Tugend-Spiegel› (1687)[16] zu nennen. Dazu kommen, zweitens, weitere Mnemoniken, die auf Realien bezogene Modellkonstruktionen vorschlagen, wie z.B. Chartiludien (etwa THOMAS MURNERS ‹Logica memorativa›[17]), Handmnemoniken, die schon in der mittelalterlichen Erzählpraxis und seit GUIDO VON AREZZO (um 992–ca. 1050) für die Musizierpraxis genutzt wurden[18], standesspezifische Requisitenalphabete (etwa bei Romberch), Ahnentafeln und Stammbäume.[19] Im weiteren Sinne gehören dazu auch rhythmisch-akustische Merktechniken, wie Verse[20], Melodien[21] und Reime[22] etc. Drittens ist im Kontext der Verschränkung von kulturellem Gedächtnis und Mnemonik auf die Entstehung zahlreicher Formen der gegenstands- oder funktionsspezifisch applizierten Gedächtniskunst, etwa für die Bibel, die Homiletik, die Logik, die Annalistik, das Corpus juris etc. hinzuweisen, die sich sämtlich einer kulturellen Praxis bzw. dem Einüben in die M. kulturell relevanter Gegenstandsbereiche verdanken. Die Metaphorisierung der Realität in mnemonischen Baumschemata[23] und Architekturen[24], die sich als Palast-[25] und Theatrum-memoriae-Modelle[26] exemplarisch bei GIULIO CAMILLO[27] und ROBERT FLUDD[28] aufzeigen läßt, verweist zugleich bereits auf der Ebene der *loci* auf eine zunehmende Kodifizierung einer aus dem kulturellen Gedächtnis gespeisten Imagination und M., wie sie sich auch in der Instrumentalisierung anderer vorfindlicher Bildtypen – etwa des Reichsadlers[29] – niedergeschlagen hat.

Wie deutlich mnemotechnisch intendierte Architekturmodelle auf die Einübung kulturell verbindlichen Wissens orientiert sind, können nicht zuletzt die frühneuzeitlichen Utopien belegen. Als literarische Entwürfe einer idealen Gesellschaft operieren Utopien seit ihrem Initialtext, der ‹Utopia›[30] von THOMAS MORUS (Louvain 1516), mit der Denkfigur einer idealen Ordnung, die häufig auch das Wissen über die Welt und seine didaktische Vermittlung betrifft. Der Schriftraum der Utopie bildet einen perfekt geordneten fiktionalen Raum, in dem sich die Idealgesellschaft eingerichtet hat. Die Mauern und Gebäude der utopischen Städte gliedern und versinnlichen nicht allein die soziale Struktur, sondern fungieren gleichzeitig oft als gebaute mnemonischdidaktische Enzyklopädien, gleichsam als Bildarchive der Schöpfung, als geordnete Sammlungen aller ihrer Zeichen.

Die wichtigsten Beispiele dafür finden sich zu Beginn des 17. Jh.: in der ‹Civitas Solis›[31] TOMMASO CAMPANELLAS und in der davon beeinflußten ‹Christianopolis›[32] JOHANN VALENTIN ANDREAES. Die *Civitas Solis* ist auf einen runden Hügel gebaut und als riesige Ringanlage konzipiert, deren sieben konzentrische Bauglieder explizit nach den damals bekannten sieben Planeten des Sonnensystems benannt sind und damit die kosmische Ordnung selbst abbilden. Auch der Tempel im Zentrum der Stadt ist von vollkommen runder Gestalt. In seiner Mitte befindet sich der Altar, der eine große Kugel trägt, auf der das Firmament abgebildet, und eine weitere Kugel, auf die die Erde gemalt ist. Die Wölbung der großen Kuppel des Tempels zieren die sieben Ordnungen der Gestirne; jeweils drei Verse geben ihre Namen an sowie die Kräfte, mit denen sie auf die irdischen Dinge einwirken. Eine strikte, ins Objektive des Kosmischen gewendete Ordnung von *loci* ist mit *imagines* versehen, deren Ausdeutung bzw. Sinnstiftung durch kurze Texte ebenfalls objektiv abgesichert erscheint.

Dieses mnemonisch-didaktische Prinzip durchzieht alle sieben ringförmigen Bauordnungen der *Civitas Solis*. Ihre sämtlichen Mauern sind innen und außen sowie oben und unten mit Bildern und dazugehörigen erläuternden Versen geschmückt, die die Wissenschaften darstellen. Auf die Gestirne, die sich im Tempel abgebildet finden, folgen auf den Mauern des innersten Ringes alle Figuren der Mathematik. Daran schließen sich, nach außen fortschreitend bzw. absteigend, die folgenden Disziplinen: Kosmographie, physische und politische Geographie, Mineralogie, Limnologie, Klimatologie, Botanik, Heilkunde, systematische Zoologie, dann die mechanischen Künste. Eine Bildergalerie aller Entdecker und Erfinder wissenschaftlicher und technischer Dinge sowie aller Gesetzgeber schließt am äußersten Ring das gigantische Bildprogramm des Sonnenstaates ab. Seine Gesellschaft bedarf der ständigen Erinnerung durch die räumliche Ordnung und die visuellen Bildzeichen, daß sie in ihrer idealen Gestalt Teil, Spiegel und Vollzug der Schöpfungsharmonie ist. Alle in diese Gesellschaft Hineingeborenen werden anhand des Programms von Merkörtern und Bildern sozialisiert.

Analoges gilt für die *Christianopolis*: Die Regelmäßigkeit der Architektur stellt Beziehungen unter den verstreuten Dingen der Welt her, die im Bild repräsentiert werden. Die Bedeutung ist den Dingen der Schöpfung nicht immanent, sondern wird, in einem Versuch, den Sündenfall und seinen Verlust an Heilserkenntnis wettzumachen, durch die örtliche Bindung bzw. kategoriale Verräumlichung der Dinge erst hergestellt. Die mnemonisch intendierte räumliche Ordnung ist, weil sie das Wesen der Dinge in ihrer heilsgeschichtlichen Bedeutung erschließt, mit dem Heilsplan konform und damit von objektiver Bedeutung.

Die Rückübersetzung der kategorialen Heilsordnung in den physischen urbanen Raum gelingt allerdings nur unter der Voraussetzung einer narrativischen Konstruktion, die als Basis eines durch die M. gestifteten rationalen Weltzusammenhangs gesehen werden kann. Es läßt sich nämlich feststellen, daß ein wesentlicher Zweig der frühneuzeitlichen Gattungskonstitution der *ars memorativa* bereits um 1600 im Hinblick auf den physischen urbanen Raum die antike Theoriebildung preisgibt: Das mnemonische Modell des physischen urbanen Raumes verschwindet im Sinne einer Nicht-Aktualisierung, die auf der systemlogischen Disfunktionalität des Modells beruht.[33] Dabei läßt sich zugleich zeigen, daß die *loci*-Systeme der *ars memorativa* mehr sind als sinnfreie formale Strukturen; ihnen eignet vielmehr der Status von tiefensemantisch besetzten Formationen mit kognitiven Aufgaben und einem strikten Wechselbezug zum jeweils beanspruchten Inventar der *imagines*.

Für das Verschwinden des physischen urbanen Raums in einem bedeutsamen Teilbereich der *ars memorativa* der Frühen Neuzeit sind gedächtnistheologische wie mediale Gründe zu nennen. Denn im Sinne einer theologisch kollektivierten und heilsgeschichtlich orientierten M. konnte der Rückgriff auf den physischen urbanen Raum der römischen Rhetorik nur als Störfaktor begriffen werden, der seiner Individualität und Arbitrarität wegen eliminiert bzw. durch andere Modelle substituiert werden mußte.

Wenn der physische urbane Raum in diesem Kontext nur unter den Bedingungen heilsgeschichtlicher Idealität noch mnemoniktauglich ist, dann ist zu beschreiben und zu erklären, was mit ihm innerhalb des gattungsgeschichtlichen Funktionskontinuums der frühneuzeitlichen *ars memorativa* geschieht. Zwei Traditionen sind hier zu unterscheiden: erstens die mnemonischen Passagen innerhalb der rhetorischen Anleitungsliteratur[34] im weiteren Sinne und zweitens Mnemoniken, die – häufig von Medizinern verfaßt – außerhalb des rhetorischen Zusammenhangs angesiedelt sind und aufgrund ihres topischen Universalismus zunächst tendenziell und zu Beginn des 17. Jh. auch tatsächlich den methodologischen Bemühungen der *scientia universalis* zuzuschreiben sind.

BERNHARD HIRSCHFELDERS Handschrift mit dem Titel ‹Ars memorativa›[35] (1470–1475) ist am Beginn des rhetorischen Gattungszusammenhanges der Mnemonik zu nennen. Hirschfelder verfaßte den Traktat vermutlich im Zusammenhang mit seinen Bemühungen um den deutschen Briefstil innerhalb seiner Kanzleipraxis. Er bezieht die antiken Anweisungen zur Konstruktion von *loci* und *imagines* aktualisierend auf die zeitgenössische städtische Wirtschaftspraxis, indem er die *loci* aus dem Haus und dem «Handl», der in dem Haus angesiedelt ist, gewinnt. Nicht die Architektur allein, sondern auch «weib», «kindt», «magt» und «knecht» und die guten und schlechten Eigenschaften dieser Menschen dienen der Gewinnung der Merkörter.[36] Die *loci* müssen immer in einem Kausalverhältnis zu ihrem *imago*-Inhalt stehen, sonst ist die «locierung vergesslich nicht ordenlich noch geRecht».[37] Hirschfelder greift damit auf jenes Modell der römischen Mnemonik zurück, das die *loci* als Tiefenstruktur kultureller Selbstwahrnehmung formulierte. Der kennzeichnende Unterschied besteht darin, daß bei Hirschfelder wie auch in den Anweisungen von Riederer vor allem die Innenräume des Bürgerhauses diese Selbstwahrnehmung semantisch zu leisten haben, nicht aber der urbane öffentliche Raum.[38]

F. Riederers ‹Spiegel der waren Rhetoric›[39] aus dem Jahr 1493 schließt hier an. Riederer übersetzt im wesentlichen die ‹Rhetorica ad Herennium›. Er konzipiert die *loci* jedoch wie Hirschfelder vornehmlich aus den Innenräumen des Hauses, aus seinen Türen, Kammern und Stuben, bzw. aus seinen Bewohnern, dem Hausvater, der Werkstätte oder dem Kontor, der Familie und dem Gesinde. Diese anschaulichen *loci* können auch ersetzt werden, indem alphabetisch geordnete Wörter die städtische Lebenswirklichkeit im Sinne der Tiefensemantik der Örter repräsentieren: vom «Barbierer» über den «bettler», den «bittel», den «Bogner» bis zum «Burger».[40]

Von hier ist es nur noch ein kleiner Schritt zu Romberchs ‹Congestorium Artificiose Memorie› (1533).[41] Romberch verbindet das alphabetische Verfahren Riederers mit dem räumlichen des physischen urbanen Raums, indem er den Raum selbst alphabetisiert, d.h. nach Prinzipien ordnet, wie sie in einer Fixierung vermittels Schrift gesucht werden müssen. Wie sein mnemonisches Stadtbild[42] zeigt, wird damit aus dem empirischen, physischen Raum, der körperlich durchwandert werden mußte, ein urbaner Schrift-Raum, der sich in seiner Alphabetisierung nicht der individuellen Erfahrung verdankt, sondern dem kollektiven Wissen um die ständische Ordnung des Gemeinwesens zugeschrieben werden muß: von der «Abatia» über den «Barbitonsor», den «Bellator», den «Bibliopola» und den «Bovicida» zum «Bvbvlcvs». Man kann diesen Rekurs auf eine kulturelle M. zugleich als Imaginationsdisziplinierung bezeichnen, die auf einer grundsätzlich theologisch motivierten Selbstvergewisserung der gottgegebenen ständischen Gesellschaftsordnung beruht. Romberchs Zusammenführung von christlicher Ständeordnung und dem physischen Stadtraum ist der erste Schritt zu dessen Eliminierung, und zwar vermittels Enträumlichung: In seiner schriftlichen Fassung verschwindet der physische urbane Raum in der universellen Topik des Mediums Buch, das seine formalen Wissensordnungen auf alle *loci*-Systeme ausdehnt. – Soweit der rhetorische Gattungskontext.

Der medizinisch-universaltopische Gattungszusammenhang der *ars memorativa* ist demgegenüber zunächst durch einen strikten Empirismus des Urbanen gekennzeichnet. WALTER HERMANN RIFFS ‹De memoria artificiali› (1541) rekurriert ohne jede auf das Medium Buch abstellende Überformung auf die Anweisungen der römischen Rhetorik. Es gibt einen Weg, eine infinite Menge an *loci* zu schaffen und zu entwerfen: «cum neminem lateat situs ciuitatis originalis» (denn niemandem bleibt die ursprüngliche Anlage der Stadt verborgen).[43] Riff schlägt einen geistigen Rundgang durch verschiedene Stadtteile vor, damit man sich die Häuser von Freunden, die Gebäude der Reichen, Amtsgebäude vergegenwärtige, bzw. ein großes Haus mit seinen Räumen.[44]

Analog dazu sind die Anweisungen zur *loci*-Konzeption bei GUGLIELMUS GRATAROLUS in seinem Traktat ‹De memoria› (1553), einer Schrift, die die erfolgreichste Mnemonik des 16. Jh. ist und deren Druckgeschichte bis weit in das 17. Jh. hineinreicht. Gratarolus folgt Riff fast wörtlich: «cum neminem lateat ciuitatis originalis situs vel in qua diu habitauit» (denn niemandem bleibt die ursprüngliche Anlage der Stadt verborgen, besonders wenn er lange in ihr gewohnt hat). Gratarolus schlägt die geistige Vergegenwärtigung der Häuser von Freunden, der öffentlichen oder Amtsgebäude vor bzw. ein großes Haus mit seinen Räumen.[45]

Auch GIAMBATTISTA DELLA PORTAS ‹Ars Reminiscendi› (1602) favorisiert den räumlichen Empirismus. Man soll, sagt er, sich zuerst die *loci* vorstellen, wo etwas geschehen ist, um sich das Geschehene selbst in Erinnerung zu rufen. Dieser Rat betrifft authentische Erlebnisse und damit wohl auch die *M. naturalis*; für die Gewinnung von *loci* zu mnemonischen Zwecken schlägt er ein großes Haus vor, in dem wir wohnen oder oft aus und ein gehen, zitiert aber auch wörtlich die ‹Rhetorica ad Herennium›: «cogitatio enim quamuis regionem amplecti potest, & in ea situm loci cuiusdam ad suum arbitrium fabricari, & architectari» (Die gedankliche Vorstellungskraft nämlich kann jede beliebige Gegend umfassen und in ihr die Lage eines gewissen Ortes nach ihrem Gutdünken schaffen und aufbauen.).[46] Hier taucht wieder die aus der römischen Rhetorik stammende Architektur-Metapher für das Funktionieren der M. auf. Wie bei Riff und Gratarolus auch, kann bei della Porta ein unmittelbarer Bezug auf die Empirie des physischen urbanen Raums festgestellt werden, der sich des städtischen Ambientes im Sinne einer kulturellen Selbstvergewisserung bedient.

Daß dieses Konzept sich gerade bei Medizinern findet, scheint wenig überraschend. Die Medizin muß neben der Erdkunde, der sie wissenschaftssystematisch verwandt[47] ist, als die empirische Wissenschaft des 16. Jh. schlechthin bezeichnet werden. Gerade die Ärzte sind es denn auch, die sich als Kosmographen betätigen und, wie etwa Gratarolus, sich der Gattung der Apodemik zuwenden, die auf topischer Grundlage die empirische Raumerschließung zu systemischer Vollständigkeit und Regelhaftigkeit führte. Apodemik und Mnemonik sind einander insofern verwandt[48], als beide mit Topiken des Raums operieren; sie unterscheiden sich darin, daß der physische urbane Raum für die Apodemik die Wissensmaterie darstellt, für die Mnemonik aber die Wissensform im Sinne einer identitätsanzeigenden Tiefensemantik des Gedächtnisses.

Die Architekturmetaphorik des Gedächtnisses, wie die ‹Rhetorica ad Herennium› und mit ihr della Porta sie formulierten, ist schließlich im Wege einer metaphorischen Substitution unmittelbar für die Eliminierung des physischen urbanen Raumes als M.-Substrat im vorliegenden Kontext verantwortlich. Dies läßt sich am Beispiel von ADAM BRUXIUS' Traktat ‹Simonides Redivivus› zeigen, einer ramistisch geprägten Schrift, deren wesentlicher Teil in fortschreitender Begriffszerlegung mit dem äußeren Kennzeichen der geschwungenen Klammern besteht. Bruxius war, was seinen gedächtnistheoretischen Ansatz betrifft, ebenso Aristoteliker wie die anderen Ärzte unter den Mnemonikern. Die zentrale Modifikation gegenüber Riff, Gratarolus und della Porta ist um so aufschlußreicher.

Eine klassifikatorische, dialektische Topik konstituiert bei Bruxius das *locus*-System, das mit jenem Begriff besetzt wird, der von der ‹Rhetorica ad Herennium› her bekannt ist, nämlich mit dem Wort *architectari*. Umgekehrt formuliert: Durch die Modellsubstitution von Architektur durch ein begriffslogisches Topos-System verliert der Begriff *architectari* seinen eigentlichen Sinn und geht in einen ausschließlich metaphorischen Sinn über – «etsi igitur maximam partem ex auditu & visu, rerum species architectemur, distinctionesque accipiamus» (auch wenn wir größtenteils die Begriffe der Dinge aus dem Hören und Sehen aufbauen und Unterschiede wahrnehmen)[49]; dabei besteht eine Privilegierung eines Sinns, des Sehens, denn der Satz betont in seiner Fortsetzung den Primat des Sehsinns vor dem Hören. – Es geht Bruxius nicht um die Repräsentation der Dinge, sondern um ihre begriffliche Reduzierbarkeit und Klassifikation, die metaphorisch als Architektur bezeichnet wird. Die Architektur des physischen urbanen Raums ist damit hinfällig.[50]

Die Betonung der topischen Seite der M., d.h. der Ordnungsfunktion der mnemonischen Örter, ist ein allgemeiner Prozeß der Frühen Neuzeit. Er führt dazu, daß sie zum Substrat von Wissenschaftstheorie sowie Enzyklopädik wird, was die M. in spezifischer Weise mit den Wissensordnungen verknüpft. Die frühneuzeitliche Mnemonik ist in wesentlichen Zügen durch den Ramismus[51] sowie durch die Rezeption jener Schriften grundiert, die unter dem Namen von RAMÓN LLULL (Raimundus Lullus) überliefert wurden.[52]

Die *loci* gehorchen bei PETRUS RAMUS nur in äußerster Formalisierung den Prinzipien der antiken Gedächtniskunst. Ihnen ist jedes Moment einer empirischen Räumlichkeit ebenso abhanden gekommen wie die Bilder insgesamt – sie beziehen sich nicht mehr auf eine imaginierte Reihe von architektonischen Örtern, sondern nur noch auf ein System von Begriffen. Denn Ramus hatte die beiden Disziplinen der Rhetorik und der Dialektik neu formuliert. Die Rhetorik war dabei, ihrer antiken und humanistischen Gestalt gegenüber, fast gänzlich zerstört worden. Nach der neuen Definition der Rhetorik durch Ramus waren ihr von fünf Arbeitsbereichen nur die *elocutio* und die *actio* geblieben, die anderen drei Teile hatte er der Dialektik, die als Lehre von der Erkenntnisbildung seine Einheitswissenschaft begründen sollte, zugeschlagen. Neuer Schlüsselbereich für die Dialektik wird nun die Topik, d.h. die Lehre von den Merk- und Fundörtern der Argumente.

Damit ist in einem technischen Sinn festgehalten, daß der M., die seit jeher die reziproken Vorgänge von Merken und Erinnern, von Ablegen und Finden geregelt hatte, bei Ramus eine wissenschaftsbegründende Stellung zukam. Doch nicht allein in einem technischen, sondern auch in einem theologisch-psychologischen Sinn steht die Theorie des Gedächtnisses an der Basis des Ramismus. Ramus beschreibt die M. einerseits als das Vermögen, die geschichtlichen Erfahrungen, d.h. das topische Argumentationsmaterial, zu speichern, und andererseits als das Vermögen, die Vorgänge der Urteilskraft festzuhalten, die die geschichtlichen Erfahrungen ordnen und bewerten.[53] Die Urteilskraft bedarf, weil sie durch den Sündenfall verdunkelt ist, also der M. Die M. aber ist topisch, nach Merk- bzw. Fundörtern, organisiert, was den Prinzipien sowohl der Gedächtniskunst als auch der Dialektik entspricht.

Die zweite wesentliche Begründung einer *scientia universalis* auf der Grundlage einer universellen, topischen M. ist durch den Lullismus[54] gegeben. Das Kernstück[55] der lullischen Philosophie ist die ‹Ars magna›, die weniger als Philosophie denn als Universalgrammatik geplant war, durch die eine gemeinsame Beschreibung von christlichen und moslemischen Sprachen geleistet werden sollte. Das Konzept bietet sich jedoch für eine Theorie der Universalsprache ebenso an wie für eine Theorie des universellen Wissens, da es für beide «die identische Begründung einer Teilhabe am göttlichen Wissen» gab.[56] Lullus' Philosophie bot zudem eine Menge von Begriffen, die sich als *loci communes* verstehen ließen und die daher eine Anbindung an alle topischen Modelle der M. ermöglichten.

Das große Interesse an den lullistischen Texten verweist auf ihre Bedeutung als *ars combinatoria* und *ars inveniendi* nicht allein für die Wissensorganisation und Heuristik, sondern auch für die Überführung der Kombinatorik in die Mathematik. «Schon Agrippa von Nettesheim begreift die *ars memoriae* nur noch als Teil der 'ars Lullii'. Izquierdo, Morhof und selbst noch Krünitz folgen dieser Ansicht.» [57] SEBASTIÍN IZQUIERDO [58] etwa meint, die *M. localis* könne die *ars combinatoria* unterstützen, die der wichtigste Teil der *scientia universalis* sei. Und D.G. MORHOF führt über die Mnemonik aus: «Sie wird gewissermaßen für einen Sproß der Lullianischen Kunst gehalten, und man glaubt, sie gründe auf denselben Prinzipien. Da nämlich das Gedächtnis die Ordnung der Dinge voraussetzt, die Lullianische Kunst aber darum bemüht ist, alle Dinge auf bestimmte Ordnungen und Klassen zurückzuführen, scheint dieses geradezu von selbst aus ihnen zu folgen, außer wenn vielleicht ein anderer Modus der Anwendung übernommen wird. Lullus selbst neigt dem ausdrücklich zu [...].» [59]

Die Rezeption des Lullismus hat eine lange Verlaufsgeschichte, in deren mnemonischen Kontext des 16. Jh. wesentlich G. Bruno gehört. [60] Doch «über die Gleichrichtung mit anderen Wissensvorstellungen einerseits und über die grammatische Kombinatorik mit Buchstabensymbolen andererseits konnte der Lullismus erst hinauskommen, als er mit der systematischen Wissenschaftsauffassung im Anschluß an den Ramismus zusammentraf.» [61] Dies war bei J.H. ALSTED der Fall, in dessen ‹Encyclopaedia› [62] das topisch-mnemonische Strukturprinzip der Enzyklopädie seinen systemischen Höhepunkt erreicht. Alsted bestimmt die Mnemonik als eine Disziplin, «die sich in allen anderen Disziplinen und in sich selbst repetiert». [63] «Die Enzyklopädie ist das veräußerlichte, das auswendige topische Gerüst der Mnemonik, ist das Regulativ, das die Mnemonik durch innere Bewegung im Geist zu verlebendigen und zu bewähren hat. Die Mnemonik ist auf Enzyklopädik derart bezogen, daß die memoria die Gesamtheit der Disziplinen – den circulus disciplinarum, die catena scientiarum – in ihrem Geist bewegt, sie erinnernd vergegenwärtigt und Revue passieren läßt.» [64]

So bleibt denn auch das Konzept der Seelenmaschine im Horizont der Mnemonik virulent. Es grundiert beispielsweise die Andachtspraxis [65], wirft jedoch zugleich theoretische Probleme auf. So muß sich LEIBNIZ gegen P. Bayles Empörung wehren, wie denn die einfache und unteilbare Seele mit einem Uhrwerk verglichen werden könne. Leibniz antwortet: «Der Vergleich der Seele mit einer Uhr bezog sich nur auf die geregelte Genauigkeit der Veränderungen, die selbst in den besten Uhren nur unvollkommen, in den Werken Gottes dagegen vollkommen ist, sodaß man die Seele einen der genauesten, immateriellen Automaten nennen kann.» [66] Die Empfindung der Seele setzt sich für Leibniz «stets aus einer Reihe von Perzeptionen zusammen [...], was für unsren Zweck genau dieselbe Wirkung hat, wie wenn sie sich gleich einer Maschine aus Teilen zusammensetzte. Denn jede vorhergehende Perzeption hat einen Einfluß auf die folgenden, entsprechend einem Ordnungsgesetze, das so gut für die Perzeptionen wie für die Bewegungen gilt.» [67]

Freilich bleiben für Leibniz die Maschineneffekte abhängig vom Willen Gottes, der die Maschine selbst gebaut hat. Wenn Gott ein in sich selbst bewegendes Kunstwerk schafft, dann stattet er es nicht nur mit einer Ordnung aus, sondern auch mit dem «Mittel, dieselbe zu bewerkstelligen. Dies ist ein Gesetz, welches in seine Natur eingeschrieben ist; oder eine Confirmation. Er giebt gedachtem Kunstwerke eine Structur, vermöge welcher die Handlungen zusammen, so dasselbe nach göttlichem Willen vollziehen soll, in eben der Ordnung, natürlicher Weise, aus ihm selbst erfolgen. Eben diesen Begriff habe ich von der Seele. Ich betrachte sie als ein immaterielles Automa; dessen innerliche Einrichtung und Verfassung eine Concentration, oder Abbildung eines materiellen Automatis ist; die sodann in dieser Seele einerley Wirkung, abschildernder Weise, hervorbringet.» [68]

Das Seelenmaschinenmodell kann als theologisches Substrat sämtlicher mnemonisch motivierter Bemühungen um die *scientia universalis* angesehen werden, deren kategoriale Seite sich allerdings auf die Konzeption und kombinatorische Vernetzung der *loci* konzentriert. Die Faszinationslogik eines universalwissenschaftlich intendierten und in der Mnemonik verankerten Systems von *loci* strahlt solcherart über das ganze 17. Jh. aus. A. KIRCHER [69] bemüht sich, das lullistische Alphabet mit einem Symbolinventar zu kombinieren, das als kombinatorische ‹Ars magna sciendi› [70] systematischen Erkenntnisanspruch erhebt. Ihre inneren Grenzen erreicht diese Kunst in ihrer «Unfähigkeit [...], zu argumentieren und zu begründen. [...] solange sie mit der Kombinatorik nichts über den Sinn und den Zusammenhang der Ergebnisse der Invention aussagen konnte, blieb diese Kunst steril.» [71] Letzten Endes sind auch die Anstrengungen, die Leibniz [72] zur Gewinnung einer *scientia generalis* unternimmt, zum Scheitern verurteilt, weil sich die dominanten Systemteile, Ramismus und Lullismus, als nicht kompatibel erwiesen. «Daß Leibniz diesen Konflikt zugespitzt hat, daß er ihn, weil er nicht zu lösen war, dennoch durch die Nicht-Veröffentlichung seiner Werke zur Scientia universalis ausgehalten hat, gehört zu seinen bemerkenswertesten Taten.» [73]

Wenngleich die theoretischen Bemühungen um eine Universalwissenschaft auf mnemonischer Grundlage nicht aufgehen können, so zeitigen sie dennoch Folgen in der praktischen Philosophie [74] und in der angewandten Kategorienlehre, die beide ohne eine Fundierung in der M. nicht auskommen. Zu dem zweiten Komplex gehören die Wunderkammern [75], aber auch die Emblematik [76], die zugleich eine Schnittstelle des topischen und des bildlichen Bereichs der *ars memorativa* darstellt.

Dieser Bildbereich verdeutlicht zu guter Letzt nochmals, als wie stark die Verschränkung der Mnemonik mit dem kulturellen Gedächtnis angesehen werden muß. Hatte die gesamte *scientia-universalis*-Debatte über ihre unterschiedlichen Topiken die ‹Struktur der gesellschaftlichen Einbildungskraft› [77] definiert, so kodifizierten auch die mnemotechnischen Traktate mit ihren Anweisungen zur Verfertigung der *imagines* die kulturelle Imagination. Gegenüber der antiken Rhetorik wird in der Frühen Neuzeit ein gewaltiges Inventar an äußerlichen Bildern mobilisiert, das sich durch den Buchdruck [78] verbreitet. Die entsprechenden Anleitungsschriften spannen ihren thematischen Bogen von der Bibelmnemonik [79] bis hin zur Universalgeschichte. [80] In diesem weiten Horizont ist die von den mnemotechnischen Traktaten behauptete universelle Geltung der *ars memorativa* keine bloße Behauptung oder Chimäre. Sie erweist sich nicht zuletzt in der mnemonischen Grundierung potentiell aller literarischen Gattungen der Frühen Neuzeit. [81]

Anmerkungen:
1 vgl. dazu künftig: J.J. Berns, W. Neuber (Hg.): Bibliogr. der Quellenschr. zur Mnemonik. Drucke bis 1700 (2002). – **2** vgl. dazu unten. – **3** J. Romberch: Congestorium Artificiose Memorie. V.P.F. Joannis Romberch de Kyrspe. Regularis obseruantie predicatorie: Omnium de memoria preceptiones aggregatim complectens ... [Am Ende:] Venezia: Melchiore Sessa 1533; Übers. Verf. – **4** J.H. Döbel: Collegium Mnemonicum (Hamburg 1707). – **5** J. Knape: F. Riederers ‹ars memorativa› (1493), in: J.J. Berns, W. Neuber (Hg.): Seelenmaschinen. Gattungstraditionen, Funktionen und Leistungsgrenzen der Mnemotechniken vom späten MA bis zum Beginn der Moderne (1999) 53–65, hier 53. – **6** vgl. oben B.I.; vgl. dazu außerdem: D. Thiel: Schrift, Gedächtnis, Gedächtniskunst. Zur Instrumentalisierung des Graphischen bei Francis Bacon, in: J.J. Berns, W. Neuber (Hg.): Ars memorativa. Zur kulturgesch. Bedeutung der Gedächtniskunst 1400–1750 (1993) 170–205. – **7** vgl. J. Knape: Die Stellung der *memoria* in der frühneuzeitlichen Rhetoriktheorie, in: Berns, Neuber [6] 274–285. – **8** vgl. S. Heimann-Seelbach: Ars memorativa. Genese, Überlieferung und Funktion der mnemotechnischen Traktatlit. im 15. Jh. (Phil. Habil. masch. 1998) 549. – **9** ebd. 14. – **10** ebd. – **11** vgl. J.-D. Müller: Gedechtnus. Lit. und Hofges. um Maximilian I. (1981). – **12** vgl. S. Schama: Landscape and Memory (London 1995). – **13** vgl. B.II. – **14** [Friedrich Riederer:] Spiegel der waren Rhetoric. vß M. Tullio. C. vnd andern getütscht [...]. [Freiburg i.Br.] [Durch fridrichen Riedrer versamelt / gedruckt / vnd volendet. An mittwoch vor sant Lucien tag nach desselben vnsers lieben herren gottes Jhesu christi geburt vier zehenhundert Nüntzig vnd drü iar gezalt.] – **15** Romberch [3]. – **16** E. Weigel: Wienerischer Tugend=Spiegel. Darinnen alle Tugenden [...] vorgestellet [...] werden [...]. Nürnberg / bey Wolffgang Moritz Endtern (MDCLXXXVII); vgl. dazu U. Schütte: Fortifizierte Tugenden. Praktische Philos., Mathematik und Gedächtniskunst in E. Weigels ‹Wienerischem Tugend=Spiegel› (1687), in: Berns, Neuber [5] 661–675. – **17** Th. Murner: Logica memorativa (Straßburg: Grüninger 1508, ND Nieuwkoop 1967); vgl. dazu M. Stoffers, P. Thijs: De ‹Logica memorativa› van Th. Murner, in: Jaarboek voor Nederlandse Boekgeschiedenis 5 (1998). 7–26; dies.: A Question of Mentality. The Changed Appreciation of Th. Murner's Logical Card Game, in: W. Reinink, J. Stumpel (Hg.): Memory & Oblivion (Dordrecht 1999) 275–293; D. Hoffmannn: Die mnemonischen Kartenspiele Th. Murners, in: Berns, Neuber [5] 585–604. – **18** vgl. W. Brückner: Hand und Heil im ‹Schatzbehalter› und auf volkstümlicher Graphik, in: Anzeiger des Germanischen Nationalmuseums (1965) 60–109; ders.: Bildkatechese und Seelentraining. Geistliche Hände in der religiösen Unterweisungspraxis seit dem Spätma., ebd. (1978) 35–70; C. Berger: The Hand and the Art of Memory, in: Musica disciplina 35 (1981) 87–120; F.R. de la Flor: La mano mnemónica, in: Fragmentos (1991) 170–175; J. Harders: Hand und Gedächtnis in der Musik von Guido von Arezzo bis Herder. Raum- und Zeitvorstellungen in Musiktheorie und Musizierpraxis des MA und der Frühen Neuzeit, in: Morgen-Glantz. Zs. der Christian Knorr von Rosenroth-Ges. 7 (1997) 285–310. – **19** vgl. H. Schadt: Die Darstellung der Arbores Consanguinitatis und der Arbores Affinitatis. Bildschemata in juristischen Hss. (1982); K. Heck: Ahnentafel und Stammbaum. Zwei genealogische Modelle und ihre mnemotechnische Aufrüstung bei frühneuzeitlichen Dynastien, in: Berns, Neuber [5] 563–584. – **20** vgl. L. Benkert: Der historiographische Merkvers. (Phil. Diss. 1970); E. Bockelmann: Vers – Kognition – Gedächtnis, in: Berns, Neuber [6] 297–312. – **21** vgl. L. Schmidt: Andachtsmnemonik im italienischen geistlichen Madrigal, in: Berns, Neuber [5] 727–742. – **22** vgl. G. di Stefano: A propos de la rime mnémonique, in: B. Roy, P. Zumthor (Hg.): Jeux de mémoire (Paris/ Montréal 1985) 35–42. – **23** vgl. P. Dronke: Arbor Caritatis, in: P.L. Heyworth (Hg.): Medieval Studies for J.A.W. Bennett (Oxford 1981) 207–243; Schadt [19]. – **24** vgl. F.A. Yates: Architecture and the Art of Memory, in: Architectural Association Quarterly 12 (1980). Heft 4. 4–13. – **25** vgl. S. Sinisi: Il palazzo della memoria, in: Arte Lombarda 18 (1973) 150–160; J.D. Spence: The Memory Palace of Matteo Ricci (New York 1984). – **26** vgl. F. Ruffini: Teatri prima del teatro. Visioni dell'edificio e della scena tra Umanesimo e Rinascimento (Rom 1983); F.R. de la Flor: El Teatro de la memoria. Siete Ensayos sobre Mnemotecnica española de los siglos XVII y XVIII (Salamanca 1988). – **27** vgl. G. Camillo: L'idea del teatro. A cura di L. Bolzoni (Palermo 1991); vgl. dazu F.A. Yates: The Art of Memory (London 1966), dt.: Gedächtnis und Erinnern. Mnemonik von Aristoteles bis Shakespeare (1990); L. Olivato: Dal teatro della memoria al grande teatro dell'architettura: Giulio Camillo Delminio e Sebastiano Serlio, in: Bolletino del Centro Internazionale di Studi di Architettura ‹Andrea Palladio› 21 (1979) 233–252; G. Barbieri: L'artificiosa rota. Il Teatro di Giulio Camillo, in: ders.: Architettura e utopia nella Venezia del Cinquecento (Mailand 1980); L. Bolzoni: Il teatro della memoria. Studi su Giulio Camillo (Padua 1984); dies.: La stanza della memoria. Modelli letterari e iconografici nell'età della stampa (Turin 1995) passim. – **28** vgl. R. Fludd: Utriusque cosmi maioris scilecet et minoris metaphysica, physica atque technica historia (Oppenheim 1617–19); vgl. dazu W. Schmidt-Biggemann: R. Fludds ‹Theatrum memoriae›, in: Berns, Neuber [6] 154–169. – **29** vgl. J.J. Berns: *Aquila Biceps*. Die mnemonische Belastbarkeit des Reichsadlers und das Problem der Schemaüberblendung, in: Berns, Neuber [5] 407–461. – **30** vgl. A. Prevost: L'Utopie de Thomas More. Présentation texte original, apparat critique exégèse, traduction et notes (Paris 1978); Th. More: Utopia. Latin text and English translation. Edited by G.M. Logan, R.M. Adams and C.H. Miller (Cambridge 1995). – **31** T. Campanella: Realis philosophiae epilogisticae partes quatuor, hoc est de rerum natura, hominum moribus, politica [...] & oeconomica, cum adnotationibus physiologicis [...] A Thobia Adami nunc primum editae. (Appendix politicae Civitas solis.) (Frankfurt: Impensis G. Tampachii 1623). – **32** V. Andreae: Reipublicae Christianopolitanae Descriptio (Straßburg 1619). – **33** vgl. W. Neuber: Die vergessene Stadt. Zum Verschwinden des Urbanen in der *ars memorativa* der Frühen Neuzeit, in: Berns, Neuber [5] 91–108. – **34** vgl. dazu W. Neuber: Fremde Welt im europäischen Horizont. Zur Topik der dt. Amerika-Reiseberichte der Frühen Neuzeit (1991) 186–197. – **35** [B. Hirschfelder:] Ars memorativa Ein kurtzer tractat Der edln vnd hochgelerten kunst der gedechtnus. Ms. der Bayerischen Staatsbibliothek. Sign. cgm. 4413. Fol. 143^v–184^v. – **36** vgl. ebd. Fol. 145^v–146^r. – **37** ebd. Fol. 146^r–146^v. – **38** das gleiche gilt für den «im deutschen Sprachraum weitestverbreitete[n] anonyme[n] Memoriertraktat des 15. Jh.s» (S. Heimann-Seelbach: Memoriertraktate der Schedelschen Bibliothek, in: Ars memorativa [8] 126–144, hier: 129), den Heimann-Seelbach in der Fassung cgm. 4413a ediert hat (vgl. ebd. 131–141). – **39** Riederer [14]. – **40** vl. ebd. LX^v. – **41** Romberch [3]. – **42** vgl. ebd. Fol. 35^v. – **43** W.H. Riff: DE MEMORIA ARTIFICIALI QVAM MEMORATIVAM ARTEM vocant. ... (Anno MDCXLI) 8. – **44** ebd. – **45** zit. nach der Ausg. DE MEMORIA REPARANDA, AVGENDA, SERVANDAQVE ... (Zürich 1553) 76f. – **46** Giambattista della Porta: ARS REMINISCENDI. IOAN. BAPTISTAE PORTAE NEAPOLITANI. ... (Neapel 1602) 6 f., vgl. Auct. ad Her. III, 32. – **47** vgl. G. Reisch: Margarita Philosophica cum additionibus nouis ... (Basel 1517). – **48** zum Verhältnis von Mnemonik und Apodemik vgl. Neuber [34] 169–179. – **49** A. Bruxius: SIMONIDES REDIVIVUS, SIVE ARS MEMORIAE, ET OBLIVIONIS ... (Leipzig 1610) 20. – **50** vgl. M. Mulsow: Seelenwagen und Ähnlichkeitsmaschine. Zur Reichweite der praktischen Geometrie in der *Ars cyclognomica* von Cornelius Gemma, in: Berns, Neuber [5] 249–277. – **51** vgl. W. Ong: Ramus: Method and the Decay of Dialogue (Cambridge MA 1958, ND New York 1979); ders.: Ramus and Talon Inventory (Folcroft PA 1969); W. Schmidt-Biggemann: Topica universalis. Eine Modellgesch. humanistischer und barocker Wiss. (1983) bes. 31–66. – **52** einschließlich der Tradition der Pseudo-Lulliana. – **53** vgl. Schmidt-Biggemann [51] 49. – **54** vgl. ebd. 156–176; P. Rossi: Clavis universalis. Arti mnemoniche e logica combinatoria da Lullo a Leibniz (Mailand/Neapel 1960). – **55** vgl. Schmidt-Biggemann [51] 157. – **56** ebd. – **57** J.J. Berns, W. Neuber: Nachwort, in: dies. (Hg.): Das enzyklop. Gedächtnis der Frühen Neuzeit. Enzyklopädie- und Lexikonart. zur Mnemonik (1998) 391. – **58** vgl. S. Izquierdo: Pharus Scientiarum (Lyon 1659); vgl. Berns, Neuber [57] 190–231. – **59** D.G. Morhof: Polyhistor literarius, philosophicus et practicus (1708); vgl. Berns, Neuber [57] 258–309, hier 267. – **60** vgl. S. Clucas: Amorem, artem, magiam, mathesim. Brunian Images and the Domestication of the Soul, in: Zeitsprünge 3 (1999) 5–24; A.B. Kilcher: *Ars memorativa* und *ars cabalistica*. Die Kabbala in der Mnemonik der Frühen Neuzeit,

in: Berns, Neuber [5] 199–248. – **61** Schmidt-Biggemann [51] 157. – **62** Alsted; vgl. Berns, Neuber [57] 144–187; vgl. dazu Schmidt-Biggemann [51] 100–154; Th. Leinkauf: *Systema mnemonicum* und *circulus encyclopaediae*. J.H. Alsteds Versuch einer Fundierung des universalen Wissens in der *ars memorativa*, in: Berns, Neuber [5] 279–307. – **63** ebd. 281; vgl. auch U. Ernst: *Memoria* und *ars memorativa* in der Tradition der Enzyklop. Von Plinius zur Encyclopédie française, in: Berns, Neuber [5] 109–168. – **64** vgl. Berns, Neuber: Nachwort, in: dies. [57] 383. – **65** J.J. Berns: ‹Vergleichung eines Vhrwercks, vnd eines frommen andächtigen Menschen.› Zum Verhältnis von Mystik und Mechanik bei Spee, in: I.M. Battafarano (Hg.): Friedrich von Spee. Dichter, Theologe und Bekämpfer der Hexenprozesse (Gardolo di Trento 1988) 101–206; E. Locher: Der Bildersaal der Seele bei F. Spee. Zwischen Aristoteles' ‹De anima› und J. Bernoullis Permutation und Kombination, in: Berns, Neuber [6] 206–221. – **66** G.W. Leibniz: Aufklärung der Schwierigkeiten, die H. Bayle in dem neuen ‹System der Vereinigung von Seele und Körper› gefunden hat (1688), in: Hauptschr. zur Grundlegung der Philos. Übers. von A. Buchenau, hg. von E. Cassirer, Bd. 2 (³1966) 276–286, hier 282. – **67** ebd. 283f. – **68** G.W. Leibniz: Art. ‹Rorarius›, in: P. Bayle: Hist. und Critisches Wtb. Nach der neuesten Aufl. von 1740, ins Dt. übers. von J. Chr. Gottsched, Bd. 4 (1744, ND Hildesheim/New York 1978) 78–94, hier 93. – **69** vgl. Schmidt-Biggemann [51] 176–186; Th. Leinkauf: Mundus combinatus. Stud. zur Struktur der barocken Universalwiss. am Beispiel A. Kirchers SJ (1602–1680) (1993). – **70** A. Kircher: Ars magna sciendi, in XII libros digesta… (Amsterdam 1669). – **71** Schmidt-Biggemann [51] 186. – **72** vgl. J. Neubauer: Symbolismus und symbolische Logik. Die Idee einer *Ars combinatoria* in der Entwicklung der modernen Dichtung (1978); Schmidt-Biggemann [51] 186–211; M. Cambi: L'interpretazione leibniziana della logica di Lullo. Riflessioni sulla ‹Dissertatio de Arte Combinatoria› (1666), in: Atti dell'Accademia di Scienze Morali e Politiche 96 (Neapel 1985) 335–362. – **73** Schmidt-Biggemann [51] 211. – **74** vgl. E. Locher: Hypotypose und memoria in der Ästhetik Harsdörffers, in: Berns, Neuber [5] 67–88. – **75** vgl. A. Lugli: Naturalia e Mirabilia. La collezione enciclopedica nelle Wunderkammern d'Europa (Mailand 1983). – **76** vgl. J. Knape: Mnemonik, Bildbuch und Emblematik im Zeitalter S. Brants (Brant, Schwarzenberg, Alciati), in: W. Bies, H. Jung (Hg.): Mnemosyne. FS für M. Lurker zum 60. Geburtstag (1989) 133–178; vgl. W. Neuber: Locus, Lemma, Motto. Entwurf zu einer mnemonischen Emblematiktheorie, in: Berns, Neuber [6] 351–372. – **77** vgl. L. Bornscheuer: Topik. Zur Struktur der ges. Einbildungskraft (1976). – **78** vgl. J.J. Berns: Umrüstung der Mnemotechnik im Kontext von Reformation und Gutenbergs Erfindung, in: Berns, Neuber [6] 35–72. – **79** vgl. J.M. Massing: From Manuscript to Engravings. Late Medieval Mnemonic Bibles, in: Berns, Neuber [6] 101–115. – **80** vgl. G.F. Strasser: Johannes Bunos mnemotechnische Verfahren, in: Berns, Neuber [5] 639–660. – **81** vgl. dazu exemplarisch Neubauer [72]; K.A. Ott: Die Bedeutung der Mnemotechnik für den Aufbau der Divina Comedia, in: Dt. Dante-Jb. 62 (1987) 63–193; H.F. Plett: Topik und Memoria. Strukturen mnemonischer Bildlichkeit in der engl. Lit. des XVII. Jh., in: D. Breuer, W. Schanze (Hg.): Topik (1981) 307–333; Neuber [34] 166–214; U. Ernst: ‹Ars memorativa› und ‹Ars poetica› in MA und Früher Neuzeit. Prolegomena zu einer mnemonistischen Dichtungsteorie, in: Berns, Neuber [6] 73–100; P.J. Smith: Gedächtnis und Gedächtniskunst bei Rabelais, ebd. [6] 222–236; D. Breuer: ‹Gedächtnis-Kunst› oder ‹Gedächtnis-Gunst›? Grimmelshausens Diskurs über das Gedächtnis und die manieristische Gedächtnislehre, ebd. [6] 237–249; Locher [73]; A. Traninger: Mühelose Wiss. Lullismus und Rhet. in den deutschsprachigen Ländern der Frühen Neuzeit (Phil. Diss. masch. Wien 1998).

Literaturhinweise:
L. Volkmann: *Ars memorativa*, in: Jb. der Kunsthist. Sammlungen in Wien. N.F. 3 (1929) 111–200. – E. Locher: *Curiositas* und M. im dt. Barock (Wien/Lana 1990). – S. Rieger: Speichern/Merken. Die künstlichen Intelligenzen des Barock (1997).

IV. *Aufklärung.* Zwar erhalten sich die Modelle einer mit *locus/imago*-Kombinationen operierenden *ars memorativa* auch im 18. Jh., doch ist in den entsprechenden praktischen Anleitungsschriften [1] kein Reflex darauf festzustellen, was die Innovation der M.-Konzeption zu dieser Zeit ausmacht: ihre psychologische, anthropologische und geschichtsphilosophische Fassung. Durch sie verliert die Rhetorik als Systemort für die Reflexion der M. nochmals weiter an Bedeutung. Auffällig ist zudem, daß alle Formen von Ordnungen, die einen inneren Nexus der Welt in Kategorien einer topischen M. formulieren, einer grundsätzlichen Modifikation bzw. Kritik unterzogen werden.

Das gilt erstens für die Enzyklopädien nach dem Muster von ALSTEDS ‹Encyclopaedia› oder IZQUIERDOS ‹Pharus›. Ihr topisches Strukturprinzip kann einerseits das rasch wachsende Wissen nicht mehr aufnehmen. Zum anderen gehorchen sie explizit wie implizit einer – wie auch immer theologisch bzw. philosophisch begründeten (vgl. ‹Philosophia perennis› [2]) – Wissenshierarchie, die im 18. Jh. zugunsten einer alphabetischen und damit egalitären, aber zugleich formalistischen Anordnung der Lemmata aufgegeben wird.

Das gilt zweitens auch für die kombinatorische Belastbarkeit der M., die das Zentralstück ihrer lullistischen Tradition ausgemacht hatte. Das kombinatorisch mechanisierte Gedächtnis in J. SWIFTS Satire ‹Gulliver's Travels› [3] (1726) etwa fordert im Negativbild das beseelte Gedächtnis ein, das als 'Genie' oder als Ergebnis von 'Studium' entworfen wird. Der Text führt eine riesige Maschine vor, die sich in der Akademie von «Lagado» befindet. Sie enthält alle Wörter des Lexikons. Die Maschine bzw. ihr Rahmen ist «Twenty Foot square […]. The Superficies was composed of several Bits of Wood, about the Bigness of a Dye [i.e. a small cube], but some larger than others. They were all linked together by slender Wires. These Bits of Wood were covered on every Square with Paper pasted on them; and on these Papers were written all the Words of their Language in their several Moods, Tenses, and Declensions, but without any Order.» (Zwanzig Fuß im Quadrat […]. Die Oberfläche war aus zahlreichen Holzteilen zusammengesetzt, ungefähr von der Größe eines kleinen Würfels, aber einige größer als andere. Sie waren alle durch dünne Drähte miteinander verbunden. Diese Holzteile waren auf allen Flächen mit Papier beklebt, und auf diesen Papierstücken waren alle Wörter ihrer Sprache in ihren verschiedenen Modi, Zeiten und Deklinationsformen, jedoch ohne irgendeine Ordnung niedergeschrieben.)

Mit Kurbeln wird der Apparat in Bewegung gesetzt und produziert Wortkombinationen; jene, die drei oder vier Worte enthalten, die Teil eines Satzes sein könnten, werden in ein Buch notiert. Darauf wird die Operation wiederholt, insgesamt sechs Stunden täglich. Der Professor, der Erfinder dieser Maschine, plant, die Satzfragmente eines Tages zusammenzusetzen «und der Welt aus diesem reichhaltigen Material ein komplettes Corpus aller Künste und Wissenschaften zu schenken». Der Witz daran ist, daß diese Maschine selbst – und gerade in der Ordnungslosigkeit ihres Sekundärmaterials, der Wörter – ein exteriorisiertes Gedächtnis darstellt, mit dessen Hilfe «selbst die ungebildetste Person für eine angemessene Gebühr und mit ein wenig körperlicher Arbeit Bücher der Philosophie, Poesie, Politik, des Rechts, der Mathematik und Theologie schreiben könnte, und das ohne die geringste Unterstützung durch Genius oder Studien.» Der Genius fehlt der Apparatur, die Erinnerungsordnung ist zerstört, die Seelenmaschine ist seelenlos geworden, das Gedächtnis nichts weiter als ein Trümmerhaufen aus Kurbeln, Holzklötzchen, Drähten und Papierfetzen. Die Erinnerungsarbeit ist mechanisch und führt zu einer ‹écriture automatique›, die noch nicht die hermeneutische Würde des Unbewußten erlangt hat. Und auch die Würde der Theologie und der Philosophie als der besichernden Leitdisziplinen der Maschinenmetapher hat sich auf das egalitäre Niveau von Jurisprudenz, Politik, Mathematik und Poesie nivelliert. Hier manifestiert sich, nicht zuletzt im Postulat des ‹Genius›, die Renaturalisierung des Gedächtnisses als Seelenvermögen, wie sie als kritischer Einwand gegen alle Formen einer Gedächtnis*kunst* seit Melanchthon immer wieder formuliert worden war.

Daß die kombinatorische M. auf der Basis des Maschinenmodells der Seele im 18. Jh. in eine Krise geraten war, läßt sich der historisch referierenden Übersicht des Artikels ‹Seele› entnehmen, die ZEDLERS ‹Universal Lexicon Aller Wissenschafften und Künste› 1743 bietet. Hier wird unter anderem berichtet, daß die «neuern Materialisten» – Spinoza und Hobbes – die Existenz einer Seele leugneten; indem nämlich Spinoza «die Seele vor keine von dem Cörper wesentlich unterschiedene Substanz»[4] halte, während Hobbes die Substanzialität der Seele leugne, zugleich aber behaupte, «das das Wort Substantz und Cörper einerley bedeute, woraus man leicht schliessen kan, was er vor einen Unterscheid unter der Seele und dem menschlichen Cörper gemacht habe».[5] In Deutschland sei 1713 anonym ein Buch mit dem Titel ‹Zweyer Freunden vertrauter Brief-Wechsel vom Wesen der Seele› erschienen, das sich noch deutlicher artikuliert: «Es stellet sich der Verfasser den Menschen ohne Seele für, und was man sonst Seele nennt, hält er nur vor gewisse Kräfte, die aus einer mechanischen Wirckung ihren Anfang nehmen, daraus er das gantze Werck des Verstehens und Wollens erklären will.»[6]

Auch CHR. WOLFF muß sich, von seiten des lutherischen Theologen Johann Franciscus Buddeus, den Vorwurf gefallen lassen, seine Philosophie lege es darauf an, «die Seele aller Freyheit zu berauben. Dahin gehöre denn auch, daß er die Seele nicht anders als ein Uhrwerck concipire, darinnen alle perceptiones cogitationum, volitionum, decretorum, ja alle Bewegungen in einer unverrückten Ordnung, wie in der mechanischen Welt, auseinander folgten.»[7] Wolff war hierin Leibniz gefolgt, dessen Philosophie im 18. Jh. wirkungsmächtig blieb. Leibniz hatte postuliert, daß die Seelen ihre Vorstellungen durch die M.[8] verknüpfen und daß die Monade nie ganz ohne Vorstellungen («les petites ou insensibles perceptions»[9]) sei, was als (neu-)platonisch-augustinischer Rest verstanden werden kann. So ist für ihn der Zusammenhang denkbar, der das Seiende mit dem Universum verbindet und die Identität des Individuums stiftet. Sogar wenn das Individuum keine ausdrückliche Erinnerung an die «insensibles perceptions» mehr hätte, so würden sie diese Erinnerung doch im Laufe der Entwicklung wieder erwecken. Damit ist es möglich geworden, die M. aus dem Gebiet der Metaphysik auf das der Geschichte, deren Einheit sie stiftet, zu übertragen.

Was sich bereits bei P. Ramus und F. Bacon abgezeichnet hatte und bei Leibniz konkretisiert wurde, führt die ‹Encyclopédie› fort. Sie weist die M. der Geschichte zu: Aufgrund des assoziativen Verkettungsvermögens der «perceptions» entsteht die M. Ein Mensch, «chez qui les idées n'ont jamais pû se lier [...] seroit sans imagination & sans mémoire, il seroit absolument incapable de réflexion, ce seroit un imbecille» (bei dem die Ideen sich nie verbinden konnten, wäre ohne Vorstellungskraft und ohne Erinnerung, er wäre völlig unfähig zur Reflexion, wäre ein Idiot).[10] Im umgekehrten Fall garantiert die Ideenverkettung erst das, was als kulturelles Gedächtnis bezeichnet werden kann: «Avec quelque rapidité que la conversation change de sujet, celui qui conserve son sang-froid & qui connoît un peu le caractère de ceux qui parlent, voit toujours par quelle liaison d'idées on passe d'une matière à une autre.» (Egal, mit welcher Geschwindigkeit das Gespräch sein Thema wechselt, sieht doch immer derjenige, der die Ruhe bewahrt und ein wenig den Charakter des Sprechenden kennt, durch welche Ideenverbindung man von einem Thema zum nächsten gelangt.)[11]

Eine analoge Wende in der Konzeption der M. läßt sich bei dem Neapolitaner Rhetorikprofessor G. VICO[12] beobachten, wenngleich unter anderen Prämissen. Vico geht über den Systemrahmen der Rhetorik hinaus und gestaltet die M. «zur Matrix eines neuartigen kulturhistorischen Gedächtnisses» um, in das «die klassische Gedächtniskunst, [...] die Anamnese als philosophisches, ideenvermittelndes Gedächtnis und das gemeinschaftliche, soziale Tradition stiftende Gedächtnis gleichermaßen einbezogen werden».[13] Homer wird für Vico zum Symbol einer M., die «die Identität von Nation und lebendigem, epischem, kollektivem Gedächtnis»[14] verbürgt. Als archaisches Gedächtnis ist diese Form der M. allerdings nicht wiederherzustellen und historisch geworden. Da für Vico das Gedächtnis allerdings auch in einem ontogenetischen Kontext steht, kann er bildungsstrategische Ansätze entwickeln, in denen die M. durch ihre beinahe völlige Identität mit der Phantasie zumal bei der Jugend gefördert werden kann: «Denn wie das Alter im Verstand, so hat die Jugend ihre Stärke in der Phantasie, und sie, die man seit jeher für das glücklichste Zeichen künftiger Begabung gehalten hat, darf man doch bei den Knaben unter keinen Umständen ersticken. Auch das Gedächtnis, das sich mit der Phantasie, wenn nicht ganz, so doch beinahe deckt, muß bei den Knaben, in keiner anderen Fähigkeit so viel vermögen, mit Sorgfalt ausgebildet werden. Auch dürfen die Geister für die Künste, die ihre Kraft aus der Phantasie, dem Gedächtnis oder beiden zusammen schöpfen, wie Malerei, Dichtkunst, Redekunst, Jurisprudenz, ja nicht unempfänglich gemacht werden».[15] Der anticartesianische Reflex[16], der Vicos Überlegungen motiviert, hat gemeinsam mit der Koppelung der Anthropologie an die Geschichtsphilosophie seine Fortsetzung bei Hamann und Herder gefunden.

J.G. HERDER sieht im Anschluß an Leibniz die Seele als «Spiegel des Weltalls».[17] Die Entwicklung ihrer Kräfte ist das Ziel der Bildung zur Humanität, die die Geschichtsphilosophie darstellt.[18] Die Geschichte dieser Bildung kann sich nicht anders vollziehen denn durch die Sprache, indem sie die Erkenntnisse der Anschauung «durchs Wort dem Gedächtnis, der Rück-Erinnerung, dem Verstande, ja endlich dem Verstande der Menschen, der Tradition, einverleibt.»[19]

Eine Vorform der psychologischen Neukonzeption der M. findet sich bereits bei CHR. THOMASIUS. Er hatte in seiner Rezension von D.G. Morhofs ‹Polyhistor›[20] zur Unterstützung des Gedächtnisses je nach individueller Nützlichkeit Metrum und Reim, Hilfswörter, Symbola und *imagines* toleriert. Zugleich aber hatte er gewarnt, die *imagines* könnten verrückt machen, weil sie den *ordo naturalis*, auf dem die menschliche Vernunft und Erkenntniskraft beruhen, bedrohten; gegen Morhof stellt Thomasius die lullistische Kombinatorik daher nicht zur Logik, der der *ordo naturalis* entspricht, sondern zur Mnemonik mit ihrem artifiziellen *ordo*.

Die Natürlichkeitsprämisse der M. wirkt zum einen direkt in die Individualitäts- und Geniediskussion des 18. Jh.: «Je vollkommener das Genie eines Menschen (d.i. die sämmtlichen Erkenntnißvermögen und ihre gehörige Proportion untereinander) ist, je gesunder und beweglicher sein Körper gebauet ist, desto besser muß auch das angeborne Gedächtniß seyn.» [21] Und F. SCHILLER kann über Philipp II. sagen, er habe «alle Eigenschaften zu einem großen Staatsmann – einen lebhaften Geist, ein erstaunendes Gedächtnis, eine unermüdete Arbeitsamkeit» [22] besessen. Dies ist ein eklatanter Bruch der ausgehenden Frühen Neuzeit gegenüber. JACOBUS BOSCHIUS etwa hatte in seiner ‹Symbolographia› (1701) [23] noch den Versuch unternommen, den späteren Kaiser Karl VI. dadurch herrschaftstüchtig zu machen, daß dieser durch mnemonische Hilfsmittel sein Gedächtnis extendieren sollte. [24]

Zum anderen wirkt die Natürlichkeitsprämisse der M. nicht weniger unvermittelt in die Anthropologie via Psychologie. Bereits bei Thomasius deutet sich diese Wende an, nach der die M. strikt als natürliches Vermögen aufgefaßt und zum Gegenstand einer ‹Psychologia empirica› [25] gemacht wurde – mit weitreichenden Konsequenzen. Denn letztlich hängt auch LESSINGS Auffassung von der Katharsis im bürgerlichen Trauerspiel von dieser Psychologie ab: Die Erinnerung an die empirische Welt als soziales System ist implizite Voraussetzung für das Funktionieren der empathetischen Identifikation mit den Helden auf der Bühne (Furcht-und-Mitleid-Dialektik).

Anmerkungen:
1 vgl. L. Volkmann: *Ars memorativa*, in: Jb. der Kunsthist. Sammlungen in Wien. N.F. 3 (1929) 111–200, hier 95–97. – **2** vgl. W. Schmidt-Biggemann: Enzyklop. und Philosophia perennis, in: F.M. Eybl u.a. (Hg.): Enzyklop. der Frühen Neuzeit. Beitr. zu ihrer Erforschung (1995) 1–18; ders.: Philosophia perennis: Hist. Umrisse abendländischer Spiritualität in Antike, MA und Früher Neuzeit (1998). – **3** J. Swift: Gulliver's Travels. Complete, Authoritative Text with Bibliographical and Historical Contexts, Critical History, and Essays from Five Critical Perspectives. Ed. by Chr. Fox (Boston/New York 1995) 173–175; Übers. der folg. Zit. Verf. – **4** Art. ‹Seele›, in: Zedler Bd. 36 (1743) Sp. 1051–1143, hier 1053. – **5** vgl. ebd. 1054. – **6** vgl. ebd. 1056. – **7** vgl. ebd. 1084. – **8** Leibniz: Monadologie § 19–26 = Philos. Schr., hg. v. C. J. Gerhardt (PSG), Bd. 6 (1885, ND 1965) 610–611. – **9** ebd. § 21 = PSG 6, 610. – **10** vgl. Diderot Encycl., in: J.J. Berns, W. Neuber (Hg.): Das enzyklop. Gedächtnis der Frühen Neuzeit. Enzyklopädie- und Lexikonart. zur Mnemonik (1998) 325–335; hier 334; Übers. Verf. – **11** ebd; Übers. Verf. – **12** vgl. W. Busch: Archaische Mentalität und kollektives Gedächtnis in G. Vicos ‹Nuova Scienza›, in: J.J. Berns, W. Neuber (Hg.): *Ars memorativa*. Zur kulturgesch. Bedeutung der Gedächtniskunst 1400–1750 (1993) 250–273. – **13** ebd. 272. – **14** ebd. 273. – **15** Vico Stud. 28f. – **16** vgl. K.-O. Apel: G. Vicos Anticartesianismus und sein Programm einer ‹Neuen Wiss.›, in: Zeitsprünge 3 (1999) H. 1/2. 209–245. – **17** J.G. Herder: Ideen zur Philos. der Gesch. der Menschheit, in: ders.: Werke, hg. von B. Suphan, Bd. 13 (1887) 199. – **18** vgl. ebd. 352f. – **19** ebd. 357. – **20** vgl. Chr. Thomasius: Freimütige, lustige und ernsthafte, jedoch vernunftmäßige Gedanken oder Monatsgespräche. Bd. II. Juli-Dezember 1688 (ND 1972), bes. 606–619. – **21** J.G. Krünitz: Oeconomische Encyclopädie, in: Berns, Neuber [10] 337–349; hier 339. – **22** F. Schiller: Philipp der Zweite, König von Spanien (1786), in: Sämtliche Werke, hg. von G. Fricke, H.G. Göpfert, Bd. 4: Hist. Schr. (^{5}1976) 25. – **23** vgl. Jacobus Boschius: Symbolographia sive de arte symbolica sermones septem (1701, ND Graz 1972). – **24** vgl. W. Neuber: Locus, Lemma, Motto. Entwurf zu einer mnemonischen Emblematiktheorie, in: Berns, Neuber [12] 366f. – **25** vgl. Chr. Wolff: Psychologia empirica methodo scientifica pertractata, qua ea, quae de anima humana... experientiae fide constant, continentur et ad solidam philosophiae... ac theologiae tractationem via sternitur (Frankfurt/Leipzig 1732).

Literaturhinweise:
C. v. Bormann: Art. ‹Erinnerung›, in: HWPh II, Sp. 636–643. – F.E. Weinert: Art. ‹Gedächtnis›, ebd. III, Sp. 35–42.

V. *19. Jh.* Ab der Wende zum neuen Jahrhundert werden Strategien einer Formierung des kollektiven Gedächtnisses kritisiert und unterlaufen. Auf der einen Seite erlauben die Massenkommunikationsmittel einen immer wirksameren Zugriff auf kollektive Bewußtseinsinhalte, zu denen die Selektion und Strukturierung der Bilder von der Vergangenheit gehören. Auf der anderen Seite wird die verordnete oder manipulierte M. als Entfremdung vom individuellen Verhältnis des Subjekts zu dem, was ihm vorausliegt, erkannt.

Die Gedächtniskunst gerät nicht zuletzt in anthropologischer und philosophischer Fassung der M. unter Druck. KANT geht in seiner ‹Anthropologie in pragmatischer Hinsicht› (1798) davon aus, daß Gedächtnis und Erinnerung auf Assoziation beruhen. Er unterscheidet drei Arten des Memorierens, das mechanische, das ingeniöse und das judiziöse. [1] Mechanisches Memorieren ist Auswendigkeit ohne Verständnis des Sinns. Ingeniöses Memorieren entspricht technisch der Mnemonik und beruht auf einer Assoziation ohne Sinnverwandtschaft; aus Kants Sicht belastet es das Gedächtnis mehr, als ihm zu helfen. Nur das judiziöse Memorieren ist mit der nötigen Dignität des Verstehens ausgestattet, es bezieht sich auf Gedankensysteme bzw. Topiken. Hinsichtlich der Mnemonik kommt Kant zu dem Urteil: «Eine Gedächtniskunst (*ars mnemonica*) als allgemeine Lehre gibt es nicht.» [2] D.h. es gibt nur mnemotechnische Spezialfälle, von denen Kant als einzigen «die Denksprüche in Versen (*versus memoriales*)» [3] nennt; dies ist ein letztes Echo des historischen Phänomens, daß in den Regelpoetiken seit der Frühen Neuzeit [4], die nichts und als eine Sonderform der rhetorischen Anleitungsliteratur, die ordnungslogische Stelle der M. durch die Metrik vertreten wurde. – Schließlich fordert Kant, daß zu einem guten Gedächtnis die Urteilskraft treten müsse, um die «rohe Materie» [5] zu verarbeiten.

Dem entspricht mutatis mutandis HEGELS Position in der ‹Enzyklopädie› (1817). Er geht von der Feststellung aus, daß «das Gedächtnis, das im gemeinen Leben oft mit Erinnerung, auch Vorstellung und Einbildungskraft verwechselt und gleichbedeutend gebraucht wird, es überhaupt nur mit Zeichen zu tun hat.» [6] Von dieser Position aus formuliert er einen scharfen Angriff auf die Vorstellung, die M. operiere mit Bildern, und auf die Mnemonik. Das «*reproduzierende* Gedächtnis hat und erkennt im Namen die Sache und mit der Sache den Namen, ohne Anschauung und Bild.» [7] Die «vor einiger Zeit wieder aufgewärmte und billig wieder vergessene» Bildmnemonik hat «das Gedächtnis wieder zur Einbildungskraft» herabgesetzt, indem sie es auf «schale, alberne, ganz zufällige Zusammenhänge» reduzierte. Gedächtnis aber entspricht der Auswendigkeit, es operiert «eigentlich von *innen* heraus», hat es mit einem «Dasein» zu tun, «welches das Produkt der Intelligenz selbst ist». Die Mnemonik dagegen bleibt äußerlich, liest «vom Tableau der Einbildungskraft sozusagen» [8] ab. Entsprechend übernimmt Hegel von Kant den Begriff des mechanischen Gedächtnisses, der eine Auswendigkeit ohne Sinnverständnis meint, und setzt ihm ein Gedächtniskonzept entgegen, das den «Übergang in die Tätigkeit des *Gedankens*»[9] offenhält.

Kants und Hegels Aufwertung des Gedächtnisses im Sinne des Verstehens und des Denkens bezeichnet idealistische Positionen, die von der antiidealistischen Herbartianischen Psychologie angegriffen und von der experimentalpsychologischen Memoriaforschung des späten 19. Jh. methodisch radikal widerlegt werden. J.F. HERBART, dessen psychologische und formalästhetische Konzepte sich aus der Leibniz-Wolffschen Tradition herleiten[10], übt grundsätzliche Kritik am Konzept von M. und Imagination. Es komme auf diesem Gebiet «nur darauf an, ob wohl mit und neben den Gesetzen der Mechanik von der unmittelbaren und der mittelbaren Wiedererweckung der Vorstellungen an eine Wirksamkeit solcher besonderen Vermögen, wie Gedächtnis und Einbildungskraft, könne gedacht werden.»[11] Herbart schließt diese Möglichkeit aus. Auch W. WUNDT geht davon aus, daß die vermögenspsychologische Kategorie der M. erst durch eine assoziationspsychologische Analyse fruchtbar gemacht werden könne.[12] Insgesamt bevorzugen zahlreiche Ansätze zur Psychologie des Gedächtnisses im 19. Jh. daher Begriffe wie ‹Assoziation›, ‹Reproduktion› und ‹Vergessen›. H. EBBINGHAUS schließlich geht in seiner bahnbrechenden experimentalpsychologischen Arbeit ‹Über das Gedächtnis› (1885) davon aus, daß ein Verständnis des Funktionierens des Gedächtnisses nur über das Memorieren von nicht in einem Sinnzusammenhang stehenden Partikeln möglich sei. Sein weiter Gedächtnisbegriff umfaßt dabei alle Vorgänge des sprachlichen Lernens und Behaltens, der Assoziation und der Reproduktion; seinen Niederschlag findet dieses Konzept v.a. in der modernen Lernpsychologie.

Trotz dieses psychologietheoretischen Scheiterns der Positionen von Kant und Hegel sind ihre Invektiven gegen die praktische Gedächtniskunst insofern folgenreich, als diese weiter jeder modernen Memoriakonzeption entraten muß. Schon zu Beginn des 19. Jh. ist die Gedächtniskunst historisch geworden, was an den Anleitungsschriften abgelesen werden kann.[13] Hier ist exemplarisch auf GREGOR VON FEINAIGLE[14], JOHANN CHRISTOPHER VON ARETIN[15], CHRISTIAN KÄSTNER[16], KARL MORGENSTERN[17], JOHANN GRAF MAILÁTH[18] und HERMANN KOTHE[19] zu verweisen, deren Werke das gesamte 19. Jh. prägen, die aber weder gedächtnistheoretisch noch merktechnisch über ihre antiken und frühneuzeitlichen Vorbilder hinausgelangen können.

Gerade der Idealismus formuliert in geschichts- wie in subjektphilosophischer Hinsicht die markantesten Aussagen zum Gedächtnis am Beginn des Jahrhunderts. Was an geschichtsphilosophischen Fassungen der M. aus dem 18. Jh. tradiert wurde, hat Hegel zusammengefaßt, der das Werden des Geistes in der Geschichte als sich vermittelndes Werden versteht, als Erinnerung: Indem die Vollendung des Geistes «darin besteht, das, was *er ist*, seine Substanz, vollkommen zu *wissen*, so ist dies Wissen sein *Insichgehen*, in welchem er sein Dasein verläßt und seine Gestalt der Erinnerung übergibt.»[20] Die «*Er-Innerung*» hat die «Erfahrung der früheren Geister» als Geschichte aufbewahrt und ist «das *Innere* und die in der Tat höhere Form der Substanz.»[21] Das Ziel der Geschichte ist das absolute Wissen, wobei die Geschichte und «die *Wissenschaft des erscheinenden Wissens*» einander durchdringen müssen; «beide zusammen, die begriffene Geschichte, bilden die Erinnerung und die Schädelstätte des absoluten Geistes».[22]

SCHELLING sieht im «transzendentalen Gedächtnis» der Vernunft die Stufen, die die Naturphilosophie beschreibt, ins Bewußtsein geholt, so daß der Weg zur Selbstanschauung vollendet werden kann. «Alles Philosophieren besteht in einem Erinnern des Zustandes, in welchem wir eins waren mit der Natur.»[23] Nicht zuletzt ist es das Ich, das sich im Akt des Philosophierens historisch selbst aufspüren kann: «Die Philosophie ist insofern für das Ich nichts anderes als eine Anamnese, Erinnerung dessen, was es in seinem allgemeinen (seinem vorindividuellen) Sein getan und gelitten hat.»[24]

Damit wird die M. ebenso im Kontext eines Ursprungsmythos angesiedelt, wie dies bei Augustinus oder bei Vico der Fall gewesen war und wie es sich auch bei F. NIETZSCHE darstellt. In der zweiten Abhandlung ‹Zur Genealogie der Moral› (1887) betrachtet Nietzsche den Menschen am Beginn der Geschichte als ein Tatwesen, das wesentlich von einer Vergeßlichkeit geprägt ist, die es ihm erlaubt, ohne Rück-Sicht vorwärts zu leben. Verstöße – in einem vormoralischen Sinne gedacht – gegen Regeln der Gemeinschaft werden von dieser mit Züchtigung geahndet: «nur was nicht aufhört, *weh zu tun*, bleibt im Gedächtniss»[25]. Auf diese Weise erzeugt die Gesellschaft durch Züchtigung erst die M. Die Bestrafungen prägen sich ein, bis sie schließlich zu einem Gewissen verinnerlicht werden, «das mit der Überzeugung verbunden ist, nicht aus Furcht vor Sanktionen der Allgemeinheit zu willfahren, sondern aus innerstem Antrieb heraus moralischen Gesetzen zu gehorchen.»[26] Bei Nietzsche werden die geschichts- und die subjektphilosophische Fassung der M. in einer Weise zusammengedacht, die für das 19. Jh. insgesamt prägend ist. Bereits die romantische Erinnerung ist «onto- wie phylogenetisch zu verstehen als Sehnsucht nach den verlorenen Zeiten kindheitlichen Gefühls und darin nach dem einheitlichen Ursprung, dem 'zunächst' die Kindheit angesiedelt ist».[27] Besonders im Sinne eines individualgeschichtlichen Rekonstruktionsprozesses, an dessen Ende die Konstitution des subjektiven Ich steht, wird diese Konzeption der M. literarisch fruchtbar. Einschlägig sind hier alle Formen von autobiographischen Texten, die sich als «Erinnerungstexte»[28] verstehen lassen und die den Austragungsort des literarischen Subjektdiskurses darstellen.

Diese Erinnerungstexte des 19. Jh. sind durch eine mnemotechnische Topik organisiert. In Erinnerungsräumen «deponieren die autobiographischen Helden [...] ihre Erinnerungen auf den Stationen ihres Lebensweges, gewissermaßen nachträglich an den dafür vorgesehenen Orten, als szenisch präsentierte, einander nicht chronologisch, sondern assoziationslogisch hervorrufende Bilder, Szenen und Episoden.»[29] Da Biographie wie Autobiographie des 18. und 19.Jh. von der Topik der Leichenrede strukturiert werden, und zwar nach den rhetorischen *loci a persona*[30], läßt sich die Gesellschaftlichkeit individueller Erinnerung leicht erweisen; sie führt in letzter Konsequenz zu einer Enteignung der Subjektivität. Demnach bilden die Erinnerungstexte des 19.Jh. nicht die individuelle oder subjektive M. ab, «sondern die *Memoria der Erinnerung* als spezifischen Beziehungsmodus»[31]; ihr liegen ein verbindliches Bildarchiv und ein narratives Paradigma zugrunde. Der Akt des Schreibens selbst ist eine Gedächtnishandlung, die M. wird «zum räumlichen Modell eines Textes, der als ein generatives System Bilder produziert und die Rolle eines sich selbst tradierenden und bearbeitenden kulturellen Speichers übernimmt.»[32]

Trotz des Verschwindens der Schulrhetorik in den gymnasialen Curricula des 19. Jh. ist damit eine aus der Rhetorik und aus der Mnemonik stammende Grundstruktur der M. nachweisbar. Sie ist nicht zuletzt für den psychologischen Kulminationspunkt des 19. Jh., die Psychoanalyse, anzusetzen. Zum einen wurzelt FREUDS Betonung der Rolle, die die Kindheitseindrücke als unbewußte Erinnerung für das spätere Leben des Individuums spielen, in den romantischen Memoriakonzepten. Für Freud «sind unsere Erinnerungen, die am tiefsten uns eingeprägten nicht ausgenommen, an sich unbewußt. [...] Was wir unseren Charakter nennen, beruht ja auf den Erinnerungsspuren unserer Eindrücke, und zwar sind gerade die Eindrücke, die am stärksten auf uns gewirkt hatten, die unserer ersten Jugend, solche, die fast nie bewußt werden.»[33] – Was von den Kindheitseindrücken gilt, gilt mutatis mutandis von den Hysterikern. In den mit seinem Lehrer J. Breuer verfaßten ‹Studien über Hysterie› (1892) wird eingangs programmatisch festgehalten, daß der Hysterische unter Reminiszenzen leide. Diese werden zunächst in der Hypnose, die als Memoriatechnik zu verstehen ist, später in der freien Assoziation aktiviert, damit sie zu bewußten Erinnerungen umgeformt werden können. Dabei steht der Erinnerungsvollzug, der erst die Therapie ermöglicht, im Vordergrund, nicht der Erinnerungsinhalt. In seiner romantischen Begründung nimmt dieser Prozeß seinen Weg vom Gefühl zur Reflexion.[34]

Zum anderen sind jedoch die antiken Wurzeln von Freuds Memoriakonzept geltend zu machen.[35] So hatte bereits der Auctor ad Herennium darauf hingewiesen[36], daß die Eindrücke der Kindheit einen prägenden Charakter besitzen (freilich ohne die Kategorie des Unbewußten). Zurecht wurde festgestellt, daß sich zumal im Konzept der Deckerinnerung, die frühkindliche Erlebnisse camoufliert, Freuds Psychoanalyse als eine *ars memorativa* verstehen läßt, als «a technique for deciphering the psychic intent encoded in screen memories» (eine Technik, um die psychischen Absichten zu entziffern, die in Deckerinnerungen kodiert sind).[37]

Dazu kommt der ebenfalls deutlich auf die Tradition der *ars memorativa* verweisende Begriff der «imago» bei Freud.[38] Und selbst die Beobachtung des unwillkürlichen Funktionierens der M. ist in der Geschichte der *ars memorativa* lange vor Freud belegt. Schon 1852 konnte «die durch die Thatsachen der Erfahrung und des Bewußtseins zur Genüge bewiesene Ohnmacht des Willens dem Gedächtniß gegenüber»[39] festgestellt werden. Die Vorläuferschaft der Beobachtung, daß die M. eigenmächtig operiert, ist indessen bereits im 17. Jh. zu finden. Als Simonides dem Themistokles offerierte, ihn in der *ars memorativa* zu unterweisen, «habe er geantwortet / er wolte lieber eine Vergeßkunst lernen: Dann / sagt er / es gedencket mir mehr / als mir lieb ist / vnd kan nicht vergessen / was ich gerne vergessen wolte.»[40]

In letzter Konsequenz ist zu erkennen, daß Freud den Memoriabegriff durch einen Zeichenbegriff ersetzt: Die Psychoanalyse formuliert den Sachverhalt, daß die M. sich jedem Konzept von Wahrheit entzieht, wesenhaft deutungsbedürftig ist. Besitzt für Freud die erinnernde freie Assoziation wissenschaftspraktische Bedeutung, so lehnt er sie doch für weite Teile jener künstlerischen Praxis, die sich auf ihn beruft, ab (écriture automatique, Surrealismus). Dennoch kann der Modellcharakter der Psychoanalyse für die literarische Praxis kaum überschätzt werden. SCHNITZLER etwa führt wiederholt, z.B. in der ‹Frage an das Schicksal› (1889) aus dem ‹Anatol›-Zyklus oder im ‹Paracelsus› (1898) vor, daß die subjektive Verfaßtheit der M. jeden zwischenmenschlichen Austausch, geschweige denn kollektive Formen der Identitätsbildung, äußerlich bleiben läßt.[41] Kennzeichnend für die Moderne ist, daß die Erinnerung weniger als subjektiv zu steuernde Technik denn als nicht willentlich zu beeinflussendes Geschehen verstanden wird: Die *mémoire involontaire* in M. PROUSTS Roman ‹A la recherche du temps perdu› kann als Poetik der Erinnerung gelesen werden, so wie der Roman in seiner Gesamtheit als Simulation von Freuds Modell des Unbewußten.[42]

Anmerkungen:
1 vgl. I. Kant: Anthropologie in pragmatischer Hinsicht, hg. u. eingel. von W. Becker (1983) 107. – 2 ebd. 109. – 3 ebd. – 4 als eines der spätesten Beispiele vgl. die ‹Institutio ad eloquentiam› (Wien 1805); vgl. dazu W. Neuber: Zur Dichtungstheorie der österr. Restauration. Die ‹Institutio ad eloquentiam›, in: H. Zeman (Hg.): Die österr. Lit. Ihr Profil an der Wende vom 18. zum 19. Jh. (1750–1830) (Graz 1979) 23–53. – 5 Kant [1] 109. – 6 G.W.F. Hegel: Enzyklop., in: Werke, hg. von E. Moldenhauer und K.M. Michel, Bd. 10 (1986) §458. – 7 ebd. §462. – 8 ebd. – 9 ebd. §464. – 10 vgl. G. Jäger: Die Herbartianische Ästhetik – ein österr. Weg in die Moderne, in: Zeman [4] 195–219. – 11 J.F. Herbart: Lehrbuch zur Psychol. (³1882) 47. – 12 vgl. W. Wundt: Grundriß der Psychol. (⁵1902) 296. – 13 vgl. K.H. Scheidler: Art. ‹Gedächtnißkunst›, in: J.S. Ersch, J.G. Gruber: Allg. Enzyklop. der Wiss. und Künste. Erste Section. A-G. 55. Theil (1852) Sp. 401b-412a; L. Volkmann: *Ars memorativa*, in: Jb. der Kunsthist. Sammlungen in Wien. N.F. 3 (1929) 111–200, hier 197–199. – 14 vgl. G. von Feinaigle: Notice sur la mnémonique (Paris 1806); Mnemonik oder praktische Gedächtniskunst zum Selbstunterricht nach den Vorles. des Herrn von Feinaigle. Mit vielen Kupfern und Holzstichen (1811); ders.: The New Art of Memory (London ³1813). – 15 vgl. J. Chr. Freyherr von Aretin: Systematische Anleitung zur Theorie und Praxis der Mnemnonik, nebst den Grundlinien zur Gesch. und Kritik dieser Wiss. (1810). – 16 vgl. Chr. A.L. Kästner: Briefe über die Mnemonik. Noch ein Versuch, die Ehre einer Verkannten zu retten (1828). – 17 vgl. Caroli Morgensternii Commentatio de arte veterum mnemonica secundis curis recognita et aucta, in: Scholae semestres, in Caesarea Universitate litteraria, quae Dorpati constituta est, a d. XII. Ian. usque ad d. X. Iun. MDCCCXXXV. habendae (1834) I-XLIV. – 18 vgl. J. Graf Mailáth: Mnemonik, oder Kunst, das Gedächtniß nach Regeln zu stärken, und dessen Kraft außerordentlich zu erhöhen (Wien 1842). – 19 vgl. H. Kothe: Mnemonik der Bibel. Praktische Anleitung … sich … die genaue Angabe von Buch, Capitel und Vers in wenigen Tagen fest einzuprägen (1853); ders.: Mnemonik der griech. Sprache. Praktische Anleitung für angehende Schüler im Griech., sich die nothwendigsten Vocabeln und Würzelwörter dieser Sprache … in wenigen Tagen fest einzuprägen (1853); ders.: Katechismus der Mnemotechnik oder Gedächtnislehre (Leipzig 1854, ⁵1882). – 20 G.W.F. Hegel: Phänomenologie des Geistes, in: Werke, hg. von E. Moldenhauer, Bd. 3. (1970) 590. – 21 ebd. 591. – 22 ebd. – 23 F.W.J. Schelling: Allg. Deduktion des dynamischen Prozesses oder der Kategorien der Physik (1800), in: Werke, hg. von K.F.A. Schelling. Bd. 4 (1859) 77. – 24 ders.: Zur Gesch. der neueren Philos. (1827), in: Werke [23] Bd. 10 (1861) 94f. – 25 F. Nietzsche: Zur Genealogie der Moral, in: Sämtl. Werke. Krit. Studienausg., hg. von C. Colli und M. Montinari Bd. 5 (²1988) 295. – 26 M. Koch: ‹Mnemotechnik des Schönen›. Stud. zur poetischen Erinnerung in Romantik und Symbolismus (1988) 121. – 27 ebd. 102. – 28 F. Berndt: Anamnesis. Stud. zur Topik der Erinnerung in der erzählenden Lit. zwischen 1800 und 1900 (Moritz – Keller – Raabe) (1999) 5. – 29 ebd. 8. – 30 vgl. ebd. – 31 ebd. 12. – 32 ebd. 49. – 33 S. Freud: Die Traumdeutung, in: GW, hg. von A. Freud. Bd. 2/3 (London 1942) 545. – 34 vgl. Koch [26] 281f. – 35 vgl. etwa Platons Wachstafelmodell der M. aus dem Theaitetos; S. Freud: Notiz über den Wunderblock, in: GW Bd. 14 (⁵1976) 3–8. – 36 Auct. ad Her. III, 22, 35. – 37 P.H. Hutton: The Art of Memory Reconceived: From Rhetoric to Psychoanalysis, in: Journal of the History of Ideas 48 (1987) 371–392, hier 388; Übers. Verf. – 38 vgl. zudem H. Blum: Die antike Mnemotech-

nik (Hildesheim/New York 1969) 172–185 zur Korrespondenz der antiken Mnemonik mit Theorien der Psychologie, sowie J.Ph. Antoine: The Art of Memory and Its Relations to the Unconscious, in: Comparative Civilizations Review 18 (1988) 1–21. – **39** vgl. Scheidler [13] 367. – **40** Th. Garzoni: Piazza universale (1641) zit. J.J. Berns, W. Neuber (Hg.): Das enzyklop. Gedächtnis der Frühen Neuzeit. Enzyklopädie- und Lexikonart. zur Mnemonik (1998) 41. – **41** vgl. W. Neuber: Paradigmenwechsel in psycholog. Erkenntnistheorie und Lit.: Zur Ablöse des Herbartianismus in Österreich (Herbart und Hamerling, Freud und Schnitzler), in: H. Zeman (Hg.): Die österr. Lit. Ihr Profil von der Jahrhundertwende bis zur Gegenwart (1880–1980) (1989) 441–474. – **42** gl. Berndt [28] 2.

Literaturhinweis:
K. Dockhorn: ‹M.› in der Rhet., in: Dockhorn 96–104.

VI. *20. Jh. und Forschungsgeschichte.* Die M. als Teilbereich der Rhetorik spielt heute keine Rolle mehr. Zwar haben sich Memorieranleitungen nach dem Muster «Verbessern Sie Ihr Gedächtnis» oder «Improve Your Memory» etc., teilweise auch als applizierte Anweisungen etwa für Studierende, als Rest der alten Gedächtniskunst bis heute in einer breiten Palette auf dem Buchmarkt erhalten.[1] Diese Präsenz der Mnemonik ist jedoch nicht das Wichtige, das über den Begriff der M. für das 20. Jh. festzuhalten wäre. Wesentlich ist vielmehr die kulturwissenschaftliche Konzeptualisierung der M., die bedeutende Implikationen für die Literaturwissenschaft besitzt. (Von einer Forschungsskizze der physiologischen, theologischen oder psychologischen M.-Theorien muß hier abgesehen werden.)

Die moderne kulturwissenschaftliche Memoriaforschung beginnt fast gleichzeitig in den zwanziger Jahren auf den Gebieten der Mnemonik und des kollektiven Gedächtnisses. Dessen Erforschung setzt mit M. HALBWACHS [2] ein und basiert auf dem soziologischen bzw. kulturanthropologischen Nachweis, daß die Familie, religiöse Gruppen und gesellschaftliche Klassen als Instanzen des kollektiven Gedächtnisses von größter Bedeutung sind. Namen, Riten und Symbole sind nicht äußerliche Speichermedien oder historisches Sediment, sondern Voraussetzung für die Selektion und Strukturierung gegenwärtiger Erfahrungen in Relation zu ihrem geschichtlichen Kontext. Dazu treten geschichtliche Überlieferung, Zeit- und Raumvorstellungen.[3] Individuelle Erinnerung ist, wenn sie nicht bewußt reflektiert wird, häufig nichts als die Repräsentation kollektiven Wissens, wie es sich im Prozeß der gesellschaftlichen Interaktion unbemerkt akkumuliert. Je stärker der einzelne der Beeinflussung von außen nachgibt, desto mehr glaubt er, selbst frei zu denken und zu fühlen. Individualität ist damit ein Akt des erinnernden Widerstandes gegen die Gruppenidentität.

Eine zweite Richtung ergibt sich aus den Forschungen zu den Verbindungen von Schrift und Gedächtnis, die erneut seit den zwanziger Jahren, maßgeblich von den Altphilologen M. PARRY und E.A. HAVELOCK [4] geprägt und in jüngster Zeit von J. DERRIDA [5] philosophisch zugespitzt wurden. Kulturen, so die Kernannahme dieser Richtung, sind durch ihre Aufzeichnungs-, Speicher- und Übertragungsmedien definiert. Konkreter gesprochen, geht es um den Fragenkomplex von Mündlichkeit und Schriftlichkeit, um die kulturtheoretischen Implikationen der *oral poetry*, deren Memorieren auf ständige Rezitation bzw. Repetition angewiesen ist, und die Medialität der Schrift als kulturelles Speichersystem. Nach Havelock fällt dem Dichter in einer oralen Kultur die Rolle zu, der Hort des Gedächtnisses zu sein und das Privileg zu genießen, das verbindliche Wissen über die Welt zu verwalten. Dichtung wäre demnach hier noch die ausschließliche Organisationsform der kulturellen M., die ein personales Dispositiv darstellt und nur performativ zu realisieren ist. Erst die Entwicklung der Alphabetschrift läßt den Menschen die Verfügungsgewalt über sein Gedächtnis gewinnen, indem er nunmehr seinen literarischen Schöpfungen reflektierend gegenübertreten und solcherart zu Individualisierung und Ich-Konstitution gelangen konnte. Im Medium der Schrift muß Dichtung nicht mehr die Gesamtheit des Wissens präsent halten, kann sich thematisch wie auch im Hinblick auf die Gattungen ausdifferenzieren.

An diese sowie die erstgenannte Forschungsrichtung schließen die zahlreichen Arbeiten von A. und J. ASSMANN an.[6] Literatur wird bei ihnen im weitesten Sinne als Schriftkultur verstanden und Schrift ihrerseits als Notationssystem, das als ein externer Zwischenspeicher die «zerdehnte Kommunikation», also die Mitteilung und Reaktualisierung der Mitteilung über einen langen Zeitraum hinweg, erlaubt. Schriftkultur erscheint mithin als Sonderfall des kulturellen Gedächtnisses, und umgekehrt läßt sich kultureller Wandel auch in jener Rolle beschreiben, die der Schrift als Kommunikations- und Speichermedium zukommt. Kulturelle Überlieferung basiert demnach in oralen Gesellschaften auf performativer Repetition, in skripturalen Gesellschaften auf dauerhafter Speicherung, die ohne rituelle Erneuerung auskommt. Da Schrift selbst jedoch kein Gedächtnis ist, sondern nur dessen Medium, muß eine bestimmt Form von Erinnerungskultur dem Speicher dort zuhilfe kommen, wo eine besonders lange zerdehnte Kommunikation den primären Sinnzugang nicht mehr erlaubt (z.B. Exegese und Kommentar kanonischer, unantastbarer Texte etc.).

Ebenfalls auf die zwanziger Jahre geht die von M.M. BACHTIN [7] initiierte Memoriakonzeption zurück, die Parallelen zu Havelock aufweist. Im Unterschied zu Havelock weist Bachtin die Repetition/Reflexion-Dichotomie den Kategorien Epos/Roman zu; der Roman (seit der Frühen Neuzeit) sei durch Reflexion als Denk-, Sprach-, Schreib- und Lebensform geprägt, durch Vielstimmigkeit und Prozessualität. Bachtins Ansatz wurde von J. KRISTEVA und v.a. von R. LACHMANN [8] weiterentwickelt. Hier gerät die M. in den Zusammenhang der Intertextualitätstheorie und ist für die Literaturwissenschaft von größter Bedeutung. Lachmann betont den systemischen Charakter des kulturellen Gedächtnisses, seine Funktion als Modellbildung des kulturellen M. Eines dieser Modelle sind literarische Texte. Sie selbst besitzen ein Gedächtnis, das durch intertextuelle Bezüge auf die Vergangenheit konstituiert ist: Texte werden als Möglichkeitsbedingung für neue Texte angesehen, die jene aufheben bzw. überschreiben. Erinnern erscheint demnach nicht allein als Bewahren, sondern auch als Umschrift und Aktualisierung. Literaturwissenschaft wird hier als Kultursemiotik gefaßt.

Zeitgenössische Ansätze sind bemüht, die Intertextualitätsdebatte auf die Topik zu beziehen.[9] Eine nicht zu übersehende Vorläuferschaft in diesem Bereich wie im Hinblick auf Lachmann kommt E.R. CURTIUS [10] zu, der die Topik als Restitution eines kollektiven Gedächtnisses und konseqenterweise die literarische bzw. künstlerische *inventio* schlechthin als Erinnerungsakt versteht. Jegliche Einbildungskraft muß auf die Elemente des kollektiven Gedächtnisses zurückgreifen. Curtius kann sich seinerseits auf das große Projekt des ikonographisch-kulturanthropologischen Mnemosyne-Atlas von A. WARBURG[11] beziehen.

Diese wie alle anderen topologischen Konstruktionen des kulturellen Gedächtnisses bindet es an die rhetorische M. zurück. Sogar der soziologische Ansatz von Halbwachs hält diese Verbindung auf zwei Ebenen gegenwärtig. Erstens auf der Ebene des rednerischen Appells an die *endoxa*, die gemeinsamen Überzeugungen einer Gruppe: «Die gesamte Kunst des Redners besteht vielleicht darin, seinen Zuhörern die Illusion zu verschaffen, daß die Überzeugungen und Gefühle, die er in ihnen wachruft, ihnen nicht von außen her eingegeben worden sind, daß sie sie von sich selbst aus entwickelt haben, daß er lediglich erraten hat, was im geheimen ihres Bewußtseins entstand, und daß er ihnen nur seine Stimme geliehen hat.»[12] Und zweitens auf der strukturellen Ebene des Raums[13] mit seiner «Macht des materiellen Milieus»[14], einem unmittelbaren Rekurs auf die antike Lehre der Merkörter.

Neben dieser kulturwissenschaftlichen Orientierung der M. ist schließlich auf die Erforschung der *ars memorativa* zu verweisen, die die Rhetorikforschung im engeren Sinne weiterführt und zugleich auf zahlreiche Disziplinen verteilt, was die Bedeutung der Rhetorik als kulturelles Basisphänomen nochmals unterstreicht. Die moderne Forschung zur M. qua Mnemonik beginnt auf kunstwissenschaftlichem Gebiet (VOLKMANN 1929) und wird von Philosophiehistorikern weitergeführt (ONG 1958; ROSSI 1958 und 1960; SCHMIDT-BIGGEMANN 1983); aus beiden Richtungen speist sich auch die grundlegende Arbeit von YATES (1966 u.ö.), deren notwendige Unzulänglichkeiten erst seit den neunziger Jahren systematisch wahrgenommen und durch interdisziplinäre Ansätze korrigiert werden (BOLZONI 1990 u. 1995; CARRUTHERS 1990; BERNS/NEUBER 1993, 1998 u. 1999). Diese Forschungsliteratur ist mittlerweile bibliographisch erschlossen.[15] Zu guter Letzt ist darauf zu verweisen, daß durch den Einsatz der elektronischen Rechnertechnologie das Modell und der Begriff des Speichers für die Leistung der M. eine bedeutsame Aufwertung erfahren haben. Zugleich werden Konzepte der antiken Mnemonik aktiviert, wo es um das Entwerfen von Benutzeroberflächen[16] und um das 'Navigieren' im Internet[17] geht.

Anmerkungen:
1 vgl. exemplarisch R.W. und R. Fry: Improve Your Memory (Franklin Lakes, NJ 1996); G. Beyer: Gedächtnistraining. Gedächtnis- und Konzentrationsleistung spielend verbessern (1998). – 2 M. Halbwachs: Das Gedächtnis und seine sozialen Bedingungen (1966). – 3 vgl. ders.: Das kollektive Gedächtnis. Mit einem Geleitwort zur dt. Ausg. v. H. Maus. Aus dem Frz. von H. Lhoest-Offermann (1991). – 4 vgl. E.A. Havelock: Schriftlichkeit. Das griech. Alphabet als kulturelle Revolution. Mit einer Einl. von A. u. J. Assmann (1990); ders.: Als die Muse schreiben lernte (1992). – 5 vgl. J. Derrida: La Pharmacie de Platon. In: Phèdre / Platon. Trad. inéd., intr. et notes par L. Brisson. Suivi de La Pharmacie de Platon de J. Derrida, Ed. corr. (Paris 1997). – 6 vgl. J. Assmann, T. Hölscher (Hg.): Kultur und Gedächtnis (1988); A. Assmann, D. Harth (Hg): Mnemosyne. Formen und Funktionen der kulturellen Erinnerung. (1991); A. Assmann, J. Assmann, C. Hardmeier (Hg): Schrift und Gedächtnis (1983); A. Assmann: Erinnerungsräume. Formen und Wandlungen des kulturellen Gedächtnisses (1999); J. Assmann: Das kulturelle Gedächtnis, Schrift, Erinnerung und polit. Identität in frühen Hochkulturen (1992). – 7 vgl. M.M. Bachtin: Unters. zur Poetik und Theorie des Romans, hg. von E. Kowalski, M. Wegner (1986). – 8 vgl. R. Lachmann: Gedächtnis und Lit. Intertextualität in der russ. Moderne (1990); S. Shahadat: Intertextualität: Lektüre – Text – Intertext, in: M. Pechlivanos u.a. (Hg.): Einf. in die Literaturwiss. (1995) 200–206. – 9 vgl. dazu W. Neuber: Topik und Intertextualität. Begriffshierarchie und ramistische Wissenschaft in Th. Zwingers ‹Methodus Apodemica›, in: W. Kühlmann, W. Neuber (Hg.): Intertextualität in der Frühen Neuzeit. Stud. zu ihren theoretischen und praktischen Perspektiven (1994) 253–278. – 10 vgl. Curtius. – 11 vgl. A. Warburg-Mnemosyne-Atlas: Begleittexte zur Ausstellung ‹Aby Warburg – Mnemosyne›, Akademie der Bildenden Künste Wien, Red.: W. Rappl (Wien 1993). – 12 Halbwachs [3] 27. – 13 vgl. ebd. 127–163. – 14 ebd. 127. – 15 vgl. J.J. Berns, W. Neuber: Ars memorativa. Eine Forschungsbibliogr. zu den Quellenschr. der Gedächtniskunst von den antiken Anfängen bis um 1700. Unter Mitwirkung von S. Heimann und B. Keller sowie redaktioneller Mitarbeit von U. Looft, in: Frühneuzeit-Info 3 (1992) H. 1, 65–87. – 16 vgl. O. Wrede: Mnemotechnik in grafischen Benutzeroberflächen, in: formdiskurs – Zs. für Theorie und Design, H. 1 (1997). – 17 A. Dieberger: Navigation in Textual Virtual Environments Using a City Metaphor (Diss. Wien 1995).

Literaturhinweise:
Die Erfindung des Gedächtnisses. Texte, zusammengestellt und eingel. von D. Harth (1991). – S. Schama: Landscape and Memory (New York 1995). – K.-U. Hemken (Hg.): Gedächtnisbilder. Vergessen und Erinnern in der Gegenwartskunst (1996). – D. Harth: Das Gedächtnis der Kulturwiss. und die Klass. Tradition, in: ders.: Das Gedächtnis der Kulturwiss. (1998) 79–121.

W. Neuber

→ Actio → Dispositio → Elocutio → Emblem, Emblematik → Exercitatio → Imaginatio → Imago → Imitatio → Intertextualität → Inventio → Lullismus → Merkdichtung → Mündlichkeit → Ordo → Phantasie → Psychologie → Ramismus → Topik

Merkdichtung

A. An sich ist alle Dichtung M., da sie Merk-Würdiges bewahren möchte. Im engeren Sinne können wir von M. dort sprechen, wo poetische Mittel wie Vers und Reim, Rhythmus, Alliteration und markante syntaktische Bauformen zur Fixierung und Tradierung bewahrenswerter Inhalte eingesetzt worden sind. ‹Poesie ist Nachricht› nennt G. Kalow sein diesem Phänomen gewidmetes Buch.[1] Der Hexameter hat bei der mündlichen Tradierung der Epen Homers und seiner Vorgänger sicher seine Bedeutung gehabt, der Antike war die konservierende Wirkung des Verses auch theoretisch geläufig[2], experimentell hat sie an Schülern unseres Jahrhunderts R. Wessely nachgewiesen.[3]

In der weitläufigen Gattung des *Weisheitsspruches*, reichend von den altindischen Veden und den Weisheitsbüchern des Alten Testaments, von den spätantiken ‹Disticha Catonis› und ihren mittelalterlichen Nachfolgern, von der altnordischen ‹Havamal› bis hin zu unseren Inschriften an Haus und Gerät («Das Schönste auf dem Erdenrund / ist trautes Heim auf festem Grund.»), nicht zu vergessen das Sprichwort[4], ist dieses Phänomen bis heute am lebendigsten zu beobachten. Alle Bereiche vernünftigen, 'zivilisierten' menschlichen Verhaltens von der Religion bis zu Tischmanieren werden von dieser Gattung erfaßt.[5]

Im engsten Sinne wird unter M. ein poetisches Gebilde verstanden, das nicht Weisheit, sondern *Wissen* fördern will. Merkverse finden sich in fast allen Disziplinen schulischen und universitären Unterrichts und darüber hinaus in allen möglichen Alltagsbereichen, wobei mit zunehmender Verschriftlichung ihre Verbreitung zurückgeht. Auch sie bedienen sich poetischer Mittel zur Unterstützung des Gedächtnisses, «weil der Rhythmus einen regelmäßigen Sylbenfall enthält, der dem Mechanism des Gedächtnisses sehr zum Vortheil gereicht»[6], und sind deshalb von anderen verbalen mnemotechnischen Hilfsmitteln wie künstlich gebildeten Merkwörtern und -sätzen u.a. zu trennen. Es besteht kein Zusammenhang zur klassischen antiken, sich auf visuell-räumliche Repräsentationsmodelle stützenden Gedächtniskunst.

B. I. Der geläufige Merkvers der *Antike*, die aus den großen Epikern entnommene Sentenz[7], gehört in den Bereich des Weisheitsspruches. Als Zeugen für die mnemotechnische Wirkung des Verses werden die Rhetoriker EUENOS und THEODEKTES genannt.[8] Die von H. Weis gesammelten lateinischen Merkverse zu den zwölf olympischen Göttern (ENNIUS), zu den neun Musen, den sieben Weisen, den zwölf Tierkreiszeichen u.a. dürften weitgehend jüngeren Ursprungs sein.[9]

Beherrschte der Hexameter bzw. das Distichon den antiken und lange noch den mittelalterlichen Merkvers, so hatten die Germanen auf lang- und kurzzeiliger Stabreimbasis eine Form der M. geschaffen, mit der katalogartig mythisches, heroisches, geschichtliches und poetologisches Wissen transportiert worden ist, die sog. ‹Thula›. Sie ist uns in erster Linie in dem Niederschlag erhalten, den sie in altnordischen Helden- und Skaldenliedern, im altenglischen ‹Wídsíth›, aber auch in der Gotengeschichte des JORDANES gefunden hat.[10]

II. Das *Mittelalter* entwickelt neuen Wissensstoff durch die Christianisierung, durch die Intensivierung der Ausbildung in den *septem artes liberales,* die später in das humanistische Gymnasium verlagert wird, und durch die Entstehung der Universität mit ihren typischen Fakultäten. In vielen Disziplinen werden Merkverse zur Unterstützung der noch weitgehend mündlichen Stoffvermittlung eingesetzt.

Für die *septem artes liberales* gibt es den verbreiteten Merkvers «Gram loquitur, Dia vera docet, Rhe verba colorat, / Mus canit, Ar numerat, Geo ponderat, Ast docet astra» (Gram[matik] spricht, Dia[lektik] lehrt Wahres, Rhe[torik] schmückt Worte aus, / Mus[ik] singt, Ar[ithmetik] zählt, Geo[metrie] mißt, Ast[ronomie] lehrt die Gestirne).[11] Merkverse zu den drei Disziplinen des *Triviums* verzeichnet Alsted [12]. Im Bereich der Grammatik wurden aus hexametrisch versifizierten Lehrbüchern wie dem ‹Doctrinale› des ALEXANDER DE VILLA DEI (1199) und anderen einzelne Merkverse isoliert, wie im späteren ‹Exercitium puerorum grammaticale› (ab 1485 vielfach gedruckt) und in spätmittelalterlichen Vokabularen geschehen.[13] Das gilt auch für die Verslehre.[14] In die Logik gehört der verbreitete, von PETRUS HISPANUS (= Johannes XXI., 13. Jh.) stammende Vers «Barbara, celarent, darii, ferion, baralipton, / Celantes, dabitis, fapesmo, frisesomorum; / Cesare, camestres, festino, baroco; darapti, / Felapto, disamis, datisi, bocardo, ferison.», in dem es auf die Vokalfolgen (aaa, eae usw.) ankommt, Symbole für bestimmte Prämissen und Schlußfolgerungen.[15] Die verschiedenen Methoden (*modi*), eine lehrreiche Anekdote (Chrie) rhetorisch zu behandeln, werden in dem Merkvers «Quis, quid, cur, contra, simile, exemplaria, testes?» (Wer, was, warum, Gegenteil, Ähnliches, Beispiele, Zeugen?) zusammengefaßt, der von MATTHAEUS VON VENDÔME (12. Jh.) stammen soll.[16] Merkverse aus dem Bereich des *Quadriviums* sind wenig erschlossen, Hinweise einschließlich astrologischer, alchemistischer und komputistischer Fachliteratur gibt D. Klein.[17] Kalendarischer Merkvers ist der ‹Cisiojanus› nur dort, wo er versifiziert ist; bemerkenswert sind die frühen, unbeholfenen deutschen Hexameter in der Bauernregel «Sä Korn Aegidii, Habern, Gersten Benedicti, / Sä Flachs Urbani, Wicken, Ruben Kiliani, / Sä Hanf Urbani, Viti Kraut, Erbes Gregori, / Linsen Jacobique Philippi, grab Ruben Vincula Petri, / Schneide Kraut Simonis et Judae, / Trag Sperber Sixti, fahe Wachteln Bartholomaei, / Kleib Stuben Calixti, heiß warm Natalis Christi, / Iß Lammsbraten Blasii, gut Häring Oculi mei, / Heb an Martini, trink Wein per circulum anni.»[18]

In der *Theologie* entsteht der Typus des ‹Bibelmemoriale›, dessen teilweise komplex gebaute Merkverse Orientierung über den Inhalt der einzelnen biblischen Bücher und ihrer Kapitel ermöglichen. Markante Beispiele sind das ‹Summarium biblicum› des ALEXANDER DE VILLA DEI (um 1200) und das ‹Roseum memoriale divinorum eloquiorum› des PETRUS VON ROSENHEIM (1423–26).[19] Der Typus wird in der Neuzeit fortgeführt, jetzt auch mit eingestreuten deutschen Versen. Der praktischen Theologie dienen katechetische Merkverse.[20]

Im *Rechtswesen* finden wir Einschlägiges einmal im weiten Bereich des deutschen Rechtssprichwortes, das sich im Mittelalter durchaus produktiv auch auf der Grundlage des kanonischen und des römischen Rechts entwickelt.[21] Daneben ist noch das zweisprachige Unikum der ‹Termini Iuristarum› anzuführen.[22]

Lateinische Merkverse aus dem Bereich der *Medizin* sammeln sich im ‹Regimen sanitatis Salernitanum›, einem ständig anschwellenden und in unterschiedlichsten Zusammenstellungen überlieferten Textkorpus, dessen Nachwirkungen noch in jüngeren Jahrhunderten – zunehmend in die Volkssprache übergehend – zu spüren sind.[23] Gedruckte Kalender und Almanache des 15. und 16. Jahrhunderts enthalten gerne deutsche Merkverse zum Aderlassen, Abführen, Baden usw.[24]

Außerhalb des Bildungsbetriebes bewegt sich der *historiographische* Merkvers, für den Benkert zahlreiche Beispiele aus mittelalterlichen Geschichtswerken zusammengetragen hat.[25]

III. Im Merkvers der *Neuzeit* dominiert zunehmend die Volkssprache, womit auch Hexameter und Distichon durch endgereimte Sprüche ersetzt werden. Der Fächerkanon des Gymnasiums macht sich zunehmend bemerkbar, und weitere Alltagsbereiche werden einbezogen. Deutsche Lehrbücher zur lateinischen Grammatik enthalten häufig Merkverse, von denen einige bis heute geläufig sind. Großen Erfolg hat die von JOH. GOTTFR. GROSS wohl geschaffene und anonym herausgegebene Merkverssammlung ‹Der angehende Lateiner›.[26] Auch geographische und geschichtliche Merkverse werden bis heute mündlich weitergegeben, sichere Quellen ließen sich nicht finden.[27] Im außerschulischen Bereich haben sich insbesondere die gereimten Bauernregeln stark ausgebreitet.[28] Nicht nur diese, sondern auch andere Typen des Merkverses werden gerne parodiert: «Wenn Silvester hell und klar, / ist am nächsten Tag Neujahr.»[29]

Anmerkungen:
1 G. Kalow: Poesie ist Nachricht (1975). – **2** Quint. XI, 2, 39; zu diesem und ähnlichen Zeugnissen aus jüngerer Zeit s. U. Ernst: Ars memorativa und Ars poetica in MA und Früher Neuzeit, in: J.J. Berns, W. Neuber (Hg.): Ars memorativa (1993) 73–100, hier 76ff. – **3** R. Wessely: Zur Frage des Auswendiglernens, in: Neue Jbb. für das klass. Altertum 16 (1905) 297–309, 373–386, hier 303ff. – **4** G. Peukes: Untersuchungen zum Sprichwort in Dt. (1977) 65–73: ‹Zur Funktion von Reim und Rhythmus in der Aussage des Sprichworts›. – **5** s. dazu die Kap. ‹Offizien-, Virtus-

und Civilitaslit.› in: Th. Brüggemann, O. Brunken (Hg.): Hb. zur Kinder- und Jugendlit., Bd. 1–3 (1982–1991). – **6** J.S. Ersch, J.G. Gruber (Hg.): Allg. Enzyklop. der Wiss. und Künste, Bd. I/55 (1852) 406b. – **7** Curtius 68. – **8** Plat. Phaidr. 267a; H. Blum: Die antike Mnemotechnik (1969) 100ff. – **9** H. Weis: Bella bulla. Lat. Sprachspielereien (^{5}1969) 16ff. – **10** A. Heusler: Die altgerman. Dicht. (^{2}1941) 79ff.; H. de Boor in: Germ. Altertumskunde, hg. von H. Schneider (1938) 358ff. – **11** H. Walther: Initia carminum ac versuum medii aevi posterioris Latinorum (^{2}1969) Nr. 7273. – **12** Alsted 466f. – **13** D. Klein: Zur Praxis des Lateinunterrichts. Versus memoriales in lat.-dt. Vokabularen des späten MA, in: N. Henkel, N. Palmer (Hg.): Latein und Volkssprache im dt. MA 1100–1500 (1992) 337–350. – **14** J. Leonhardt: Dimensio syllabarum (1989) 107ff. – **15** Walther [11] Nr. 2068; J.M. Bochenski: Formale Logik (^{5}1996) 244ff (§ 32). – **16** Weis [9] 20; Walther [11] Nr. 25427ff. mit Varianten. – **17** Klein [13] 338ff.; zu komputistischen Merkversen s. B. Bischoff: Ma. Studien, Bd. 2 (1967) 192–227. – **18** W. Wackernagel: Gesch. des dt. Hexameters und Pentameters bis auf Klopstock (1831) 11ff.; A. Holtorf: ‹Cisioianus›, in: VerfLex.², Bd. 1, 1285ff. – **19** J.M. Massing: From Manuscript to Engravings. Late Medieval Mnemonic Bibles, in: Ars memorativa [2] 101–115, hier 107f.; H. Rosenfeld: ‹Peter von Rosenheim›, in: VerfLex², Bd. 7, 518–521; F.J. Worstbrock: Libri pauperum, in: Chr. Meier u.a. (Hg.): Der Codex im Gebrauch (1996) 41–60, hier 48ff. – **20** E. Weidenhiller: Unters. zur deutschsprachigen katechetischen Lit. des späten MA (1965) 190ff.; D. Harmening: Katechismuslit., in: N.R. Wolf (Hg.): Wissensorganisierende und wissensvermittelnde Lit. im MA (1987) 91–102, hier 98; K. Baumann: Aberglaube für Laien (1989) 193ff. – **21** J. Grimm: Von der Poesie im Recht, in: Kleinere Schriften, Bd. 6 (1882) 152–191; R. Schmidt-Wiegand, U. Schowe: Dt. Rechtsregeln und Rechtssprichwörter. Ein Lex. (1996). – **22** K. Kirchert: Die ‹Termini Iuristarum›. Lat.-dt. Sprachmischung ‹in abscheulichen Versen›, in: Henkel, Palmer [13] 296–309. – **23** K. Sudhoff: Das Salernitaner Regimen in kürzester Gestalt, in: Arch. für Gesch. der Medizin 16 (1925) 222; G. Keil: ‹Regimen sanitatis Salernitanum›, in: VerfLex², Bd. 7, 1105ff. – **24** W.-D. Müller-Jahnke: Astrologisch-magische Theorie und Praxis in der Heilkunde der frühen Neuzeit (1985) 179ff. – **25** L. Benkert: Der historiographische Merkvers (Diss. Würzburg 1960); B.U. Hucker: Hist. Merkverse als Quellen der Landesgesch., in: Bll. für dt. Landesgesch. 120 (1984) 293–328. – **26** Halle²1742, ⁶1795. – **27** A. Hummel: Hilfsbuch für den Unterricht in der Erdkunde (1885) 115–134; J.Chr. Lose (Losius): Singende Geographie (Hildesheim 1708), dazu ausführlich I. Hruby, in: Brüggemann, Brunken [5] Bd. 2, 593–626. – **28** A. Hauser: Bauernregeln. Eine schweizerische Slg. mit Erl. (1973). – **29** P. Köhler (Hg.): Poetische Scherzartikel (1991) 130ff.

Literaturhinweise:
A. Canel: Recherches sur les jeux d'esprit (Évreux 1867) 333–357; H. Hajdu: Das mnemotechnische Schrifttum des MA (Budapest 1936; ND 1967) 46–56; H.A. Hilgers: Versuch über dt. Cisiojani, in: V. Honemann u.a. (Hg.): Poesie und Gebrauchslit. im dt. MA (1979) 127–163; N. Henkel: Dt. Übersetzungen lat. Schultexte (1988) Register; E. Bockelmann: Vers – Kognition – Gedächtnis, in: J.J. Berns, W. Neuber (Hg.): Ars memorativa (1993) 297–312; G. Bernt: ‹Merkverse›, in: LMA Bd. 6, 541; R.M. Kully: Denk- und Merkverse als Gebrauchspoesie, in: Ze hove und an der strâzen, FS V. Schupp (1999) 134–151.

A. Holtorf

→ Dichtung → Didaktik → Katalog → Gebrauchsliteratur → Lehrdichtung → Memoria

Message (dt. Botschaft, Mitteilung, Nachricht; frz. message; ital. messagio)

A. *Definitorische Aspekte.* Der engl. Begriff ‹M.› stammt aus dem Altfranzösischen (*message*), ursprünglich aus dem Mittellatein (*missaticum*; Sendbotenbezirk, Auftrag, Gesandschaft). M. wird in seiner allgemeinen Bedeutung je nach Kontext mit ‹Botschaft›, ‹Mitteilung› oder ‹Nachricht› ins Deutsche übersetzt, wobei die Übersetzung des englischen Ausdrucks mit gewissen Schwierigkeiten verbunden ist (das Gleiche gilt für den entsprechenden französischen Ausdruck *message*). Folgende grundlegende Bedeutungen können unterschieden werden: (1) eine mündliche oder schriftliche Mitteilung, die von einer Person an eine andere geschickt wird; (2) als Erweiterung von (1): eine Nachricht; (3) eine göttlich inspirierte Mitteilung durch einen Propheten, eine religiöse Botschaft; (4) eine offizielle Mitteilung des Königs oder der Königin ans Parlament, eine offizielle Ansprache; (5) eine implizite Aussage oder Moral, z.B. in einem Kunstwerk. Aus diesen Bedeutungen erfährt der Begriff in der Moderne eine Ausweitung sowie eine Bedeutungsveränderung. Als Fachbegriff wird er in mehreren Gebieten verwendet, wobei sich zwei wesentliche Bedeutungsfelder unterscheiden lassen: (a) eine Nachricht, (b) die Konklusion oder Quintessenz, die sich aus einer Gesamtheit von Informationen direkt oder indirekt erschließen läßt.

‹M.› als Fachbegriff ist ursprünglich ein Terminus der modernen Kommunikationstheorie, der allerdings in einem sehr engen kommunikationstechnischen Sinn verwendet wird. Er wird dann von der Semiotik aufgenommen und als wesentlicher Bestandteil von Theorien über das Verhältnis von M., Signalen, Informationen und Codes im Rahmen globaler Zeichen- und Kommunikationstheorien weiterentwickelt. Auch in der Sprachwissenschaft wird ‹M.› gelegentlich als Terminus verwendet. Besonders durch die Anwendung bestimmter semiotischer Theorien auf andere Wissensbereiche (insb. die Massenkommunikation) erfährt der Terminus dann eine weite Verbreitung und damit verbunden eine Bedeutungserweiterung.

B. *Bereiche und Disziplinen.* **I.** *Kommunikationstheorie.* Als *terminus technicus* taucht der Begriff erst nach dem 2. Weltkrieg im Rahmen einer ursprünglich mathematisch ausgerichteten, speziell für die Nachrichtentechnik entwickelten Informations- bzw. Kommunikationstheorie auf (Shannon, Weaver [1]; nach Cherry sowie Shannon und Weaver gehen diese Theorie sowie Termini wie ‹Information›, ‹Signal›, ‹M.› auf den Ansatz von HARTLEY nach dem 1. Weltkrieg zurück [2]). Nach dem informationstheoretischen Modell von SHANNON und WEAVER enthält jedes Kommunikationssystem folgende Teile [3]:

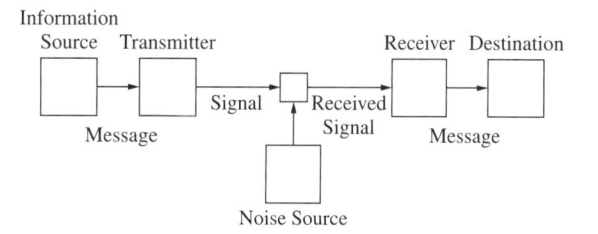

Dabei wählt die *information source* (Informationsquelle) eine *desired message* (gewünschte Nachricht) aus einer Menge möglicher Nachrichten. Der *transmitter* (Sender) nimmt die Nachricht an, wandelt sie in ein Signal um und sendet sie über den Kommunikationskanal an den *receiver* (Empfänger), der das Signal in die Nachricht zurückwandelt. [4] *Signal* bezieht sich hier auf die physikalische Form der M.; auch die Termini ‹M.› und ‹Information› werden in einem technischen Sinn verstanden: so ist die

Information ein quantitatives Maß für die Wahlmöglichkeiten bei der Auswahl einer M., sie hat also nichts mit semantischer Bedeutung zu tun.[5] Semantische Aspekte bleiben ausdrücklich ausgeklammert: «[...] semantic aspects of communication are irrelevant to the engineering aspects» (semantische Aspekte der Kommunikation sind für die technischen Aspekte irrelevant).[6] Diese Theorie, die sogar eine mathematische Weiterentwicklung (*formal message theory*[7]) fand, wird zur Standardtheorie in der Nachrichtentechnik. Der Ausdruck ‹M.› wird in der nachfolgenden Diskussion meistens im Zusammenhang des Komplexes Signal-M.-Information gebraucht. Obwohl sich dieses Modell ausdrücklich auf die physikalisch-technischen Aspekte der Kommunikation beschränken will, ist es von verschiedenen Seiten wegen der Ausklammerung semantischer Aspekte, der Linearität und der Vereinfachung der komplexen Kommunikationssituation kritisiert worden.[8]

Dennoch sollte dieses Kommunikationsmodell zum zentralen Bezugspunkt der späteren Diskussion werden, nicht nur innerhalb der Nachrichtentechnik, sondern auch innerhalb aller mit Kommunikation befaßten Disziplinen wie z.B. in der Psychologie.[9] Die mit dem Modell verbundenen Probleme von Sinn, Bedeutung, Referenz und Denotation – zentrale Themen der modernen Semantik, Semiotik und Pragmatik – können allerdings innerhalb der Kommunikationstheorie nicht völlig gelöst werden.

II. *Semiotik.* Durch Verwendung dieses Terminus in der Semiotik entsteht eine Verbindung zu den Zeichentheorien von Peirce, Morris und Saussure, bei manchen Autoren wird M. sogar zum Schlüsselbegriff. Als einer der ersten sieht JAKOBSON die M. als einen wesentlichen und konstitutiven Faktor jedes Kommunikationsereignisses an: sein Modell weist eine gewisse Ähnlichkeit mit dem Kommunikationsmodell von Shannon und Weaver auf und berücksichtigt insgesamt sechs Faktoren: *addresser* (Sender), *addressee* (Empfänger), *context* (Zusammenhang), *contact* (Kanal), *code* und M.[10] Jakobson versteht dieses Modell auch als Erweiterung des Modells von BÜHLER, der jedoch nur die drei ersten Faktoren (bzw. die damit verbundenen Funktionen *Symptom*, *Appell*, *Symbol*) unterscheidet.[11] Nach Jakobson entsprechen den genannten Faktoren folgende Sprachfunktionen[12]: *emotive*, *conative* (konativ), *referential* (referentiell), *phatic* (phatisch), *metalingual* (metasprachlich) und *poetic* (poetisch) – wobei die poetische Funktion den Skopus bzw. das Interesse auf die M. selbst lenkt.[13] Hauptsächlich durch das Jakobsonsche Modell erfährt der Terminus ‹M.› besonders in der Sprachwissenschaft eine weitere Verbreitung (vgl. etwa MARTINET[14] zu *code-message*; HYMES[15] spricht u.a. von *addressor* (Sender), *addressee* (Empfänger), *code, channel* (Kanal), *forms of messages*; LEECH übernimmt das Jakobsonsche Modell und VANOYE macht es sogar zur Grundlage seiner Text- und Stilanalyse[16]).

Bei PRIETO, dessen Theorie eine Synthese von Elementen der Zeichentheorie von Saussure mit einer dem Shannonschen Modell teilweise ähnlichen Kommunikationstheorie darstellt, wird M. (mit *Nachricht* ins Deutsche übersetzt) zum zentralen Terminus vor allem in seinem Werk ‹Messages et signaux› (dt. ‹Nachrichten und Signale›)[17]: für ihn besteht die Aufgabe von Signalen darin, Nachrichten (*messages*) zu übermitteln.[18] Darauf aufbauend entwickelt er eine komplexe Theorie von Kommunikationsakten der Nachrichtenübermittlung zwischen Sendern und Empfängern mittels Codes. Allerdings wird bei ihm – wie bei Jakobson – der Ausdruck M. nie eindeutig definiert.

BARTHES, dessen Semiotik auch in der Tradition von HJELMSLEV steht, verwendet ebenfalls den Terminus M. im Sinne von ‹Mitteilung›, wobei er die Jakobsonsche Relation Code – M. mit der Saussureschen Unterscheidung zwischen *langue* und *parole* gleichsetzt.[19] Innerhalb der soziokulturellen Semiotik Barthes' wird M. jedoch in einem so weiten Sinne verstanden, daß Barthes z.B. behaupten kann, die M. eines Bartes sei, «ich bin eine unabhängige Person», die M. einer Werbung für italienische Nahrungsmittel «Frische» und «Italienisch»; und sogar, die M. aller Werbung sei die ausgezeichnete Qualität des jeweiligen Produkts bzw. die gesamte Werbung sei eine M.[20] Nach Barthes bilden diese konnotativen Botschaften eigenständige sekundäre Codes beispielsweise in der Mode oder in der Werbung, deren Inhalte durch Ideologien bzw. deren Mythen bestimmt sind (auch Mythen sind für Barthes *messages* [21]). Dieser breit gefaßte Barthessche Ansatz sollte dennoch – vor allem in kritischen Abhandlungen zur Werbung und zu den Massenmedien – eine weite Verbreitung finden.

Auch bei ECO wird M. zum zentralen Terminus der Semiotik: «[...] alle Kommunikationsformen [funktionieren] als Sendung von Botschaften auf der Grundlage von zugrundeliegenden Codes»[22]; in einer Untersuchung der *television message* (Botschaft des Fernsehens) definiert er M. wie folgt: «The message is the objective complex of sign vehicles built on the basis of one or more codes to transmit certain meanings, and interpreted and interpretable on the basis of the same or other codes» (die M. ist der objektive Komplex von Zeichenträgern, konstruiert auf der Grundlage einer bzw. mehrerer Codes, um bestimmte Bedeutungen zu übertragen; sie wird interpretiert und interpretierbar auf der Grundlage der gleichen oder anderer Codes).[23] Eco versucht, die verschiedenen Strömungen der Semiotik bzw. Semiologie und Kommunikationstheorie in einer weit gefaßten Synthese zu verbinden, die sich von der Ästhetik und Rhetorik hin zur Werbung und Massenkommunikation und sogar zur Architektur auf die verschiedensten Felder der menschlichen Kultur anwenden läßt.[24] Dabei besteht allerdings die Gefahr, daß die Spezifik der einzelnen Kommunikationsfelder nicht immer in den Blick kommt.

Auch in der neueren *social semiotic*-Theorie von HALLIDAY und anderen – hier handelt es sich um einen Versuch, der Semiotik eine soziale Dimension zu geben – spielt die M. eine zentrale Rolle als kleinste semiotische Einheit. M. wird – ähnlich wie bei Eco – wie folgt definiert: «A message must have a material existence in which at least two units of meaning, that is *signs*, are organized into a *syntagmatic structure* or syntagm» (Eine M. muß eine materielle Existenz haben, wobei zwei Bedeutungseinheiten, nämlich Zeichen, zu einer syntagmatischen Struktur oder einem Syntagma verbunden werden).[25]

III. *Massenmedien und Werbung.* Aufgrund seiner breiten Bedeutung im Englischen und in den romanischen Sprachen und teilweise aufgrund der semiotischen Theorien von Barthes, Eco u.a. wird M. – meistens in einem recht weiten Sinn – in vielen wissenschaftlichen und populärwissenschaftlichen Abhandlungen über Massenmedien, Massenkommunikation und Werbung verwendet. SILVERSTONE z.B. spricht – ähnlich wie Eco – von der «message of television» (die Botschaft des Fernsehens), die er anhand von strukturalistischen und semiotischen Theorien wie die oben diskutierte von Barthes im wesentlichen als Botschaft bzw. Botschaften auf einer konnotativen Metaebene analysiert.[26]

In der Diskussion um die Auswirkungen der Massenmedien in der modernen Gesellschaft finden vor allem auch die Thesen des kanadischen Wissenschaftlers McLuhan große Resonanz – insb. sein Diktum «the medium is the message» (Das Medium ist die Botschaft), Titel des ersten Kapitels seines bekanntesten Werkes ‹Understanding Media› (dt. ‹Die magischen Kanäle›).[27] Hier wird der Ausdruck in einem metonymischen Sinne verwendet, da normalerweise Medien *Träger* von Nachrichten und nicht die Nachrichten selbst sind. Dieses Diktum meint zunächst, daß der *Inhalt* eines Mediums blind macht, wenn es darum geht, seine eigentlichen und tiefgreifenden Auswirkungen auf Mensch und Gesellschaft zu verstehen: «It is the medium that shapes and controls the scale and form of human association and action» (Es ist das Medium, das Ausmaß und Form des menschlichen Zusammenlebens und Handelns gestaltet und steuert).[28] McLuhan illustriert das u.a. am modernen, d.h. elektronischen Zeitalter (*the electric age*), welches das mechanische Zeitalter der Fragmentierung und Zentralisierung ablöst und einen Übergang in die Dezentralisierung, die Gleichzeitigkeit und die Ganzheit der Betrachtung bewirkt. An anderen Stellen ist dieses Diktum sogar noch radikaler als Aufhebung der Unterscheidung Medium/M. gedacht: genauso wenig wie wir nach dem Inhalt einer Melodie, eines Hauses oder eines Kleids fragen können, genauso wenig können wir nach dem Inhalt bzw. der M. eines Mediums fragen.[29] Die Thesen von McLuhan sind von verschiedener Seite kritisiert worden: Williams z.B. tadelt seinen *technological determinism*, wonach die Technik einseitig unsere Kultur und Gesellschaft bestimmt – McLuhan würde diese Medien nur als Ursache darstellen, ohne deren soziales und kulturelles Umfeld zu berücksichtigen.[30]

Auch in der modernen Diskussion über die Massenmedien wird ‹M.› zu einem wichtigen Terminus; bei manchen Autoren wird er sogar zum Schlüsselbegriff. So bestimmt etwa Gerbner seine *message system analysis* wie folgt: «Communication is interaction through messages. Messages are formally coded symbolic or representational events of some shared significance in a culture, produced for the purpose of evoking significance» (Die Kommunikation ist durch Nachrichten vermittelte Interaktion. Nachrichten sind formal kodierte symbolische bzw. Repräsentationsereignisse, deren Bedeutung in einer Kultur geteilt wird; sie werden produziert, um Bedeutung hervorzurufen).[31]

In der Werbung schließlich wird der Ausdruck ‹M.› häufig gebraucht, sowohl in seiner Alltagsbedeutung [32] als auch als Fachausdruck – in vielen Fällen von Jakobson, Barthes oder Eco übernommen. Victoroff beispielsweise diskutiert u.a. das Barthessche Modell mit seinen problematischen Begriffen und Unterscheidungen und konfrontiert es mit anderen Ansätzen.[33] Vestergaard und Schrøder gehen eklektisch vor: sie verwenden z.T. das Jakobson-Leech-Modell zur Analyse von *verbal messages* und *visual messages* (M. wird auch hier in der Alltagsbedeutung verwendet).[34]

IV. Rhetorik. Die gezeigte Fülle von Verwendungen und Bedeutungen des Ausdrucks ‹M.› in der Kommunikationstheorie, Semiotik und Sprachwissenschaft wie auch in den Diskussionen über Massenkommunikation und Werbung und die damit verbundene fortschreitende Vagheit dieses Terminus erklären vielleicht, daß ‹M.› als wissenschaftlicher Terminus heute kaum noch verwendet wird.

Dennoch erlaubt gerade die Bedeutungsbreite des Ausdrucks ‹M.›, einen allgemeinen und spezifischen Bezug zur klassischen Rhetorik herzustellen. Auf einer sehr allgemeinen Ebene kann in der Tat die M. im Sinne Quintilians als *sermo* (Rede) verstanden werden, die notwendig *res et verba* besitzt, d.h. einen sachlichen Inhalt und eine sprachliche Form.[35] Bedenkt man, daß die *res*, der sachlich-gedankliche Inhalt, in der traditionellen rhetorischen *inventio* und *dispositio* behandelt wird, die *verba* dagegen in der *elocutio*, wird jedoch auch deutlich, daß die Bestimmung der M. als ‹Nachricht› oder ‹Information› zu kurz greift. Deshalb liegt auch die klassische rhetorische Fragestellung nach der Art und Weise der Darstellung von Information zu Sachverhalten oder Ereignissen *(narratio)* sowie ihrer argumentativen Inszenierung *(argumentatio)* jenseits des Fragehorizonts der skizzierten modernen Kommunikationsmodelle. Umgekehrt ergibt sich in der linguistischen Variante des Kommunikationsmodells bei Jakobson und Nachfolgern ein spezifischer, ja sogar direkter Bezug zur traditionellen *elocutio*, der sich u.a. darin zeigt, daß Jakobson selbst zur Bestimmung der poetischen Funktion neben phonetischen Eigenschaften der Poesie auch semantische Verfahren wie Metapher oder Metonymie unterscheidet und sich sogar ausdrücklich auf die mittelalterliche Unterscheidung zwischen einem schweren und leichten Redeschmuck *(ornatus difficilis* vs. *facilis)* bezieht [36]: damit können – ja sogar: *müssen* – alle von der klassischen Rhetorik unterschiedenen rhetorischen Figuren und Tropen zur Analyse der poetisch-rhetorischen Funktion von *messages* angewendet werden. Diese Konsequenz hat Victoroff explizit für die Analyse von Werbetexten und -bildern gezogen, da für ihn allein eine rhetorische Analyse der M. einer Werbeanzeige, ja sogar einer ganzen Werbekampagne eine befriedigende Interpretation der darin enthaltenen Sinndimensionen liefert.[37]

Anmerkungen:
1 C.E. Shannon, W. Weaver: The Mathematical Theory of Communication (Urbana 1949). – **2** C. Cherry: On Human Communication. A Review, a Survey, and a Criticism (Cambridge, MA 1957) 41ff; vgl. Shannon, Weaver [1] 31; vgl. R.V.H. Hartley: Transmission of Information, in: Bell System Technical Journal (1928); vgl. J. Lyons: Semantics I, II (Cambridge 1977): 32ff. – **3** Shannon, Weaver [1] 7; vgl. K. Bühler: Sprachtheorie. Die Darstellungsfunktion der Sprache (1934). – **4** Shannon, Weaver [1] 7. – **5** vgl. Lyons [2]; vgl. G. Miller: Language and Communication (New York 1951) 41ff.; vgl. U. Eco: Einf. in d. Semiotik (1972) 52ff. – **6** Shannon, Weaver [1] 8. – **7** vgl. z.B. D. Harrah: Formal M. Theory, in: Y. Bar-Hillel (Hg.): Pragmatics of Natural Languages (Dordrecht 1971) 69–83. – **8** vgl. z.B A. Mattelart, M. Mattelart: Theories of Communication (London 1998) 50ff.; vgl. Y. Bar-Hillel: Language and Information (Reading, MA 1964) 222ff. – **9** vgl. Miller [5] 6ff., 41ff. – **10** R. Jakobson: Linguistics and Poetics, in: T.A. Sebeok (Hg.): Style in Language (Cambridge, MA 1960) 353; vgl. auch R. Jakobson: Selected Writings (Den Haag 1962); vgl. auch R. Jakobson, M. Halle: Fundamentals of Language (Den Haag 1956) 15, 75ff.; vgl. auch Miller [5] 7 sowie Eco [5] 19. – **11** Bühler [3]. – **12** vgl. ebd. 28. – **13** Jakobson [10] (1960) 356. – **14** A. Martinet: Grundzüge der Allg. Sprachwiss. (1963), frz.: Éléments de linguistique générale (Paris 1960). – **15** D. Hymes: Towards ethnographies of communicative events, in: P.P. Giglioli (Hg.): Language and Social Context (Harmondsworth 1972). – **16** G.N. Leech: Semantics (London 1974) 49ff. u. F. Vanoye: Expression. Communication (Paris 1973). – **17** L.J. Prieto: Nachrichten und Signale (1972), frz.: Messages et signaux (Paris 1966). – **18** ebd. 14. – **19** R. Bar-

thes: L'aventuresémiologique (Paris 1985) 24ff.; vgl. L. Hjelmslev: Prolegomena to a Theory of Language (Madison 1961). – **20** R. Barthes: Mythologies (Paris 1957); ders.: Image-Music-Text. Essays Selected and Translated by Stephen Heath (Glasgow 1977); Barthes [19]; vgl. E. Eggs: Art. ‹Konnotation/ Denotation›, in: HWRh 4 (1998) Sp. 1242–1256. – **21** Barthes: Mythologies [20] 215. – **22** Eco [5] 19. – **23** U. Eco: Towards a semiotic inquiry into the television M., in: J. Corner, J. Hawthorn (Hg.): Communication Studies. An Introductory Reader (London 1980) 135; vgl. C. Morris: Signs, Language, and Behavior (New York 1946) 20ff. – **24** Eco [5] 50ff. – **25** R. Hodge, G. Kress: Social Semiotics (Cambridge 1988) 262. – **26** R. Silverstone: The M. of Television. Myth and Narrative in Contemporary Culture (London 1981). – **27** M. McLuhan: Understanding Media (London 1964), zit. n. der Ausg. v. 1967, dt.: Die magischen Kanäle (1968). – **28** ebd. 16. – **29** ebd. 21. – **30** R. Williams: Television, Technology and Cultural Form (London 1974). – **31** G. Gerbner: Mass Media Discourse: M. System Analysis as a Component of Cultural Indicators, in: T.A. van Dijk (Hg.): Discourse and Communication. New Approaches to the Analysis of Mass Media Discourse and Communication (Berlin 1985) 14. – **32** vgl. J.C. Dastot: La publicité. Principes et méthodes (Verviers 1973); vgl. K.B. Rotzoll: Advertisements, in: T.A. van Dijk (Hg.): Discourse and Communication. New Approaches to the Analysis of Mass Media Discourse and Communication (Berlin 1985) 94 – 105. – **33** D. Victoroff: La publicité et l'image. L'image de la publicité. (Paris 1978). – **34** T. Vestergaard, K. Schrøder: The Language of Advertising (London 1985). – **35** Quint. III, 1, 1; vgl. Lausberg Hb. § 45. – **36** Jakobson: Linguistics [10] 374. – **37** Victoroff [33] 131, 148, 153; vgl. dazu auch R. Barthes: Rhet. des Bildes, in: Alternative 54 (1967) 107ff.

D. McElholm

→ Adressant/Adressat → Feedback → Code → Information → Kommunikationstheorie → Massenkommunikation → Semiotik → Werbung

Metalepsis (dt. auch Metalepse; griech. μετάλη(μ)ψις, metálē(m)psis,; lat. metale(m)psis, translatio bzw. tran(s)sumptio; engl. metalepsis; frz. métalepse; ital. metalepsi oder metalessi).
A. Seit der griechischen Antike findet der Begriff der M. (von μεταλαμβάνειν, metalambánein – teilnehmen, übernehmen, übertragen, verändern) sowohl in der Status- als auch in der Tropenlehre Verwendung. Im Rahmen der Statuslehre bezeichnet M. die *translatio*, d.h. den für das *genus iudiciale* typischen Versuch des Angeklagten, die Zuständigkeit des Gerichts bzw. die Rechtmäßigkeit des Verfahrens in Zweifel zu ziehen. [1] In dieser Lesart ist der Begriff seit der Spätantike nur noch von geringer Bedeutung. Als Tropus ist die M. im Laufe ihrer Begriffsgeschichte extrem unterschiedlich definiert worden, wobei von alters her konkurrierende Begriffsbestimmungen vermischt worden sind. Trotz der Dominanz eklektischen Zitierverhaltens hat sich daher auch nicht ansatzweise eine allgemein akzeptierte Definition herausbilden können. Allein für die Zeitspanne von der Antike bis in die Barockrhetorik lassen sich drei recht unterschiedliche M.-Begriffe ausmachen, an denen sich die jeweils späteren Autoren dennoch zumeist in gleichem Maße orientieren: Nach ihren geschichtswirksamen Urhebern läßt sich dabei eine 'tryphonisch-quintilianische' von einer 'donatischen' und einer 'melanchthonschen' M. unterscheiden. Als 'tryphonisch-quintilianische' M. ist die Verwendung des falschen, d.h. kontextuell nicht gemeinten Teilsynonyms eines homonymen (bzw. polysemen) Wortes zu bestimmen (im letzteren Fall kann sie es als bewußtes Wortspiel oder als Übersetzungs- bzw. Wortselektionsfehler auftreten). In den beiden anderen Fällen wird die M. als Spezialfall der Metonymie aufgefaßt (wobei dieser keineswegs auf die 'substantivische Funktion' eingeschränkt ist [2]): Bei der 'donatischen' M. handelt es sich um eine auf der Evokation einer Kette von assoziativen Verbindungen im selben Erfahrungsrahmen beruhende (Fern-) Metonymie, bei der 'melanchthonschen' dagegen um eine einfache Metonymie auf der Basis der Grund-Folge-Relation. Folglich ist die M. konzeptuell *entweder* als Sonderform der Synonymie *oder* als Subtyp der Metonymie, nicht jedoch als «Tropus zwischen Metapher und Metonymie» [3] zu betrachten, wo sie allerdings in den Tropenlehren traditionell unter systematischen Gesichtspunkten zumeist eingeordnet wird. Schon in der Rhetorik des 18. Jh. war die M., in ihrer metonymischen Lesart, zu einer speziellen (z.T. euphemistischen) Variante indirekten Formulierens geworden. Hieran anschließend wird der Begriff in der modernen Literaturtheorie auf unterschiedliche Erscheinungsformen der textuellen Anspielung ausgedehnt – bis hin zur Bezeichnung der bewußten oder unbewußten Wiederaufnahme von Motiven und Formulierungen früherer Autoren als literarisches Zitat, Reminiszenz oder kulturelles Echo. In der strukturalistischen Literaturwissenschaft kann er sogar die explizite Durchbrechung der narrativen Sphären durch einen (auktorialen) Erzähler bezeichnen.
B. I. *Antike.* Schon bei den griechischen Rhetorikern und Grammatikern erscheint der Begriff der M. in einer semantischen Heterogenität, die für die gesamte Geschichte seiner Verwendung bis heute prägend geblieben ist.

Als Status ist die M. zwar seit Aristoteles [4] bezeugt, der Begriff scheint jedoch auf Hermagoras zurückzugehen [5]. Im attischen Recht ist die M. oder auch παραγραφή (paragraphé) ein Einwand gegen die Gültigkeit einer Klage: «wenn der Verklagte die ihm Schuld gegebene That weder leugnen, noch deren Bezeichnung durch den Kläger verwerfen, noch endlich sie vertheidigen kann, [bleibt] ihm noch viertens die Behauptung übrig […], die Klage werde nicht auf die richtige Weise erhoben, d.h. er kann die Competenz des Klägers oder des Gerichtshofes angreifen, oder versuchen, aus sonst irgendwelchem Grunde die Entscheidung über die Klage hinauszuschieben» [6]. Es findet hier also eine ζήτησις (Erwägung) statt, περὶ τοῦ εἰ δεῖ τὸν ἀγῶνα εἰσελθεῖν (darüber, ob das Verfahren in Gang gebracht werden soll) [7]. Dem griechischen Begriff entspricht im römischen Gerichtswesen der der *translatio* (Verschiebung). Der ‹Rhetorica ad Herennium› zufolge entsteht aus der *translatio* eine Streitfrage, «wenn der Angeklagte sagt, der Termin müsse verschoben werden oder der Ankläger bzw. die Richter müßten ausgetauscht werden» (Ex translatione controversia nascitur, cum aut tempus differendum, aut accusatorem mutandum, aut iudices mutandos reus dicit) [8]. Eine solche Vorgehensweise ist in der römischen Gerichtspraxis jedoch selten. [9] Quintilian spricht in seiner Statuslehre von der μετάλημψις, «quam nos varie translativam, transumptivam, transpositivam vocamus» (M., die wir je nachdem die Übertragungs-, Übernahme- oder Umstellungsart nennen), gliedert sie jedoch unter dem lateinischen Synonym *translatio* aus der Gruppe der Gesetzesstatus. [10] Augustinus dagegen greift den (griechischen) Begriff – unter Berufung auf Hermagoras – wieder auf: Von den meisten römischen Gelehrten werde die M. *translatio*, von wenigen *reprehensio* (Widerlegung) genannt; beides sei berechtigt: «Die einen sagten *reprehensio*, deswegen versteht sich, weil besonders dann, wenn eine Sache vor den

Richter kommt, versucht wird, sie anzufechten (*reprehendere*) und gleichsam aufzuhalten, die anderen *translatio*, weil der Angeklagte das Klagerecht nicht gänzlich ausschließt, sondern, um sich der gegenwärtigen Prozeßlage zu entziehen, die Klage auf ein andersartiges Verfahren verschiebt (*transferre*), das entweder bereits stattgefunden hat oder noch stattfinden soll.» [11] SULPICIUS VICTOR, der sich dem Status der M. besonders ausführlich widmet [12], nennt als weiteres Synonym *praescriptio* [13].

Als Tropus verdankt die M. oder lateinisch *transsumptio* «wohl lediglich der falschen Interpretation einiger Homerstellen» ihren Ursprung. [14] Nach TRYPHON ist sie eine λέξις ἐκ συνωνυμίας τὸ ὁμώνυμον δηλοῦσα (Ausdruck, der mit einem synonymen Wort einen [mit dem gemeinten] homonymen Begriff bezeichnet) [15]. In diesem Sinne bestimmt, setzt die M. sowohl das Vorhandensein eines homonymen Ausdrucks als auch die Existenz eines Synonyms zu einer von dessen Teilbedeutungen voraus; die M. besteht dann darin, daß anstelle der gemeinten Teilbedeutung des Homonyms das Synonym der nicht-gemeinten verwendet wird. So setzt Homer [16] an die Stelle von νῆσοι ὀξεῖαι (spitze Inseln) νῆσοι θοαί (schnelle Inseln), wobei ὀξύς sowohl ‹scharf, spitz› als auch ‹schnell› bedeuten kann, während θοός – so zumindest die Lesart bei Tryphon oder Quintilian [17] – nur in der Bedeutung ‹schnell› gebräuchlich ist (ein gegenwartssprachliches Beispiel wäre etwa die Formulierung «Die Mahlzeit beschließt» statt «Das Gericht beschließt», in der die Homonymie von «Gericht» als a) ‹Justizbehörde› und b) ‹Mahlzeit› wortspielerisch ausgenutzt wird). Eine M. enthalten angeblich auch die Zeilen eines unbekannten Dichters: Τεῦκρος δὲ τόξου χρώμενος φειδωλίᾳ / ὑπὲρ τάφρου πηδῶντας ἔστησε Φρύγας (Teukros aber mit seines Bogens Kargheit / brachte den Ansturm der Phryger über den Graben zum Stehen). Statt ἀκρίβεια (Gründlichkeit, Sparsamkeit) soll hier φειδωλία (Sparsamkeit, Kargheit) gesetzt sein; der Anonymus gibt dazu folgende Erläuterung: «Denn der φειδωλία [Sparsamkeit, Kargheit] ist synonym die ἀκρίβεια κατὰ δόσιν [Genauigkeit im Geben], dieser wiederum ist homonym die ἀκρίβεια κατὰ τέχνην [Genauigkeit in der Arbeit], d.h. die εὐστοχία [Treffsicherheit].» [18] Der Homer-Kommentator EUSTATHIOS (12. Jh.) findet eine M. in Homers Wendung ἔρρε κακὴ γλήνη (Pack' dich, feige Pupille) anstelle von ἔρρε ὦ δειλὸν κοράσιον (Pack' dich, du nichtsnutziges Mädchen) [19], denn κόρη ist ein Homonym, das sowohl ‹Mädchen› als auch ‹Pupille› bedeuten kann, γλήνη dagegen ist – als partielles Synonym – nur in letzterem Sinne gebräuchlich. Ohne nähere Angaben erklärt Eustathius jedoch die so verstandene M. als von derjenigen der Redner verschieden: «Denn jene ist denen, die sich poetisch ausdrücken, unerwünscht». Indem er an anderer Stelle die Metonymie als eine Art M. bestimmt und sogar schreibt: «Die erläuternde Deutung von Ausdrücken wird ‹M.› und ‹nützliche Umschreibung› [μετάφρασις καίριος] genannt», zeigt sich bei ihm von der ohnehin schwierigen M. kein klarer Begriff. Bei QUINTILIAN [20] wird die M. mit dem lateinischen Begriff *transsumptio* (Übernahme) gleichgesetzt und zwischen Katachrese (*abusio*) und Epitheton behandelt. In dieser Lesart ist sie für ihn ein Tropus, der dadurch ein Wortspiel ermöglicht, daß ein polysemes Wort – zumeist scherzhaft oder in polemischer Absicht – durch ein (partielles) Synonym ersetzt wird, das anstelle der ursprünglich gemeinten Teilbedeutung eine andere, kontextuell ungeeignete, insofern «semantisch schiefe» [21], aber inhaltlich mit der ersten verbundene zum Ausdruck bringt. Eine M. liegt demnach z.B. vor, wenn man einen Zentauren, der Chiron (Χείρων: 'geringer', i.S.v. 'sozial niedrigstehend') heißt, Ἥσσων ('geringer' i.S.v. 'weniger') nennt oder, wie oben schon im Zusammenhang mit Tryphon erläutert, νῆσοι ὀξεῖαι (steile Inseln) als νῆσοι θοαί (schnelle Inseln) bezeichnet. Einige weitere Beispiele deuten darauf hin, daß bei den Römern ein polemischer Gebrauch der M. bei Eigennamen in der politischen Rede eher verpönt gewesen sein muß, denn, so fragt Quintilian rhetorisch: «Wer würde es von uns hinnehmen, wenn wir Verres ('Eber') 'Schwein' oder Aelius Catus ('den Schlauen') 'gebildet' nennen wollten?» (nos quis ferat, si Verrem 'suem' aut Aelium Catum 'doctum' nominemus?). Das Wesen der M. sieht Quintilian darin, «ut inter id, quod transfertur, et id, quo transfertur, sit medius quidam gradus, nihil ipse significans, sed praebens transitum» (daß es zwischen dem, was übertragen wird, und dem, worauf es übertragen wird, gleichsam eine mittlere Stufe gibt, die selbst nichts bezeichnet, sondern nur einen Übergang bietet). [22] Das zusätzlich angeführte Beispiel «cano» (ich besinge) – «canto» (ich singe), wobei «canto» «dico» (ich sage) bedeute und die Mittelstufe darstelle, ist zwar in Anbetracht der gegebenen Definition wenig erhellend, jedoch nicht ohne Auswirkungen auf spätere Begriffsbestimmungen geblieben. Für Volkmann fällt die M. auch bei Quintilian mit der Metonymie zusammen, «nur dass eben hier die Metonymie mittelst einer Homonymie zu Stande kommt». [23] Diese Auffassung stehe jedoch nicht ganz in Einklang mit der Erklärung «quae ex alio tropo in alium velut viam praestat» (die von einem Tropus zum anderen gewissermaßen einen Übergang bietet) [24], denn es sei keineswegs klar, wo ein solcher Übergang stattfinden solle, zumal gerade das auf Vermittlung von *verres* (‹Eber›) beruhende Verres-Beispiel zeige, daß von einer semantischen Leere des «medius gradus» nicht die Rede sein könne. [25] Auch die Antwort auf die Frage, zwischen welchen Tropen der Tropus der M. den Übergang biete, ist Quintilian der Nachwelt schuldig geblieben. Während er jedenfalls bei den Römern als «rarissimus und improbissimus» (sehr selten und ungezogen) gelte, sei dieser Tropus bei den Griechen häufiger anzutreffen. Allenfalls in der Komödie sieht Quintilian für die M. einen poetischen Nutzen.

Einen deutlichen Zugewinn an begrifflicher Klarheit bringen die Definitionen der lateinischen Grammatiker des 3. und 4. Jh. Schon DONATUS, der die M. im ‹De Tropis› betitelten Kapitel seiner ‹Ars Grammatica› nach Metapher und Katachrese, aber unmittelbar vor der Metonymie behandelt, findet die für die weitere Begriffsgeschichte bis in die Barockrhetorik hinein bestimmenden Formulierungen: Für ihn ist die M. eine «Redeweise, die schrittweise zu dem vordringt, was sie zeigt» (Metalepsis est dictio gradatim pergens ad id quod ostendit). [26] Indem er das Terenz-Zitat «quasi tu dicas, factum id consilio meo» (als ob du sagst, es sei durch meinen Rat geschehen) [27] erläutert als «dicas pro credas, non enim dicimus, nisi quod credimus; ab eo quod sequitur id quod praecedit, figura μετάληψις a posterioribus ad priora» ("du sagst" für "du glaubst", wir sagen nämlich nichts, was wir nicht glauben; von dem, was folgt, auf das, was voraufgeht; Figur der M. von den späteren Dingen auf die früheren) [28], versteht Donatus die M. anscheinend zugleich als indirekten Sprechakt auf der Basis der Metonymie, aber nicht mehr, wie Quintilian, als zwischen zwei anderen Tropen vermittelnden Meta-Tropus. Dennoch schließt er dabei unverkennbar an Quintilians «cano – canto»-Beispiel an. In fast wortgleicher Beschreibung wird die M. auch von den lateinischen Grammatikern CHARISIUS und DIOMEDES ausschließlich als Tropus behandelt. Die von ihnen gegebene Definition folgt im wesentlichen derjenigen Tryphons: «Metalepsis est per transsumptionem dictionum proprietatis dilatio, dictio gradatim homonymiae ad propriam significationem descendens» (die M. ist das Hinausschieben der Bedeutung von Ausdrücken durch Übertragung, Ausdruck von Homonymie, der stufenweise zur tatsächlichen Bedeutung hinabsteigt).[29] Offenbar wird die M. von beiden Autoren als eine letztlich durch enzyklopädisches Wissen ermöglichte Kette von Assoziationen bzw. Konnotationen verstanden, deren einzelne Glieder durch Zugehörigkeit zum selben Erfahrungsrahmen so eng miteinander verknüpft sind, daß eine Art Fern-Metonymie entsteht. Als Beispiel dient jeweils die Wendung «speluncis abdidit atris» (er verbarg [sie] in farblosen Höhlen) [30]; von der Farblosigkeit werde hier nämlich auf die Schwärze, von der Schwärze auf die Finsternis und dadurch auf unermeßliche Tiefe geschlossen (ab atris enim nigrae intelleguntur, ex nigris tenebras habentes, et per hoc in praeceps profundae). Wie dieses geht wohl auch das zweite der in späteren Ausführungen zur M. bis in die Barockzeit als Beispiele immer wieder reproduzierten Vergil-Zitate letztlich auf Donatus zurück: «post aliquot mea regna videns mirabor aristas» (nach einigen Ähren werde ich, mein Reich sehend, staunen) [31]. Von POMPEIUS wird es dahingehend erläutert, daß *aristae* (Ähren) auf die *segetes* (Saaten auf den Feldern) verweise, *segetes* auf die *aestates* (Sommer) und *aestates* schließlich auf *anni* (Jahre); «post aliquot aristas» (nach einigen Ähren) bedeute daher ‹nach einigen Jahren›[32]. Weil ihre Interpretation stets eine solche Assoziationskette voraussetzt, wird die M. von POMPEIUS – noch klarer als bei Quintilian, Donatus, Charisius oder Diomedes – als «accessus quidam gradatim perveniens ad finem, sed longo ordine» (eine über eine lange Stufenfolge ans Ziel gelangende Annäherung)[33] bestimmt. Während schließlich SACERDOS Donatus' Formulierungen nur paraphrasiert [34], dreht IULIAN die in dessen Definition angegebene Schluß-Richtung um; die Vergil-Beispiele aufnehmend sagt er nämlich, auch die Vertauschung von dem, was voraufgeht, mit dem, was folgt, werde M. genannt (dicta autem metalepsis ab eo quod praecedit id quod sequitur), und erläutert dies u.a. an dem Beispielsatz «inque manus chartae nodosaque venit arundo» (und in die Hand gelangt das Papier und das knotige Schilfrohr) [35], in dem mit *manus* (Hand) die *verba* (Worte) und mit *arundo* (Schilfrohr) die *litterae* (Buchstaben) gemeint seien.[36] Auch hier zeigt sich, daß die M. nunmehr zu einer – an die Metapher angrenzenden – Metonymie auf der Basis der Kausalrelation geworden ist.

II. *Mittelalter.* In eben diesem Sinne – und mit demselben Beispiel – wird der Begriff der M. von ISIDOR aufgegriffen und zwischen Metapher und Metonymie sehr knapp abgehandelt, ohne daß zu diesen eine Beziehung hergestellt würde. Auch für ihn ist die M. der Tropus vom Vorhergehenden auf das, was folgt («Metalempsis est tropus a praecedente quod sequitur»). [37] In vergleichbarer Weise bestimmt BEDA die M. als eine «dictio gradatim pergens ad id quod ostendit, et ab eo quod praecedit id quod sequitur insinuans, ut Labores fructuum tuorum manducabis [Ps 127, 2]; labores enim posuit pro his quae laborando adquiruntur bonis» (eine Redeweise, die schrittweise zu dem vordringt, was sie zeigt, und die von dem her, was vorausgeht, das andeutet, was folgt, wie in ‹Du wirst die Mühen Deiner Früchte verzehren›; 'Mühen' steht nämlich für die Güter, die durch Arbeit erworben werden). [38] Als rhetorischer Terminus scheint die M. im gesamten mittelalterlichen Diskurs von allenfalls marginaler Bedeutung gewesen zu sein; der Begriff ist daher wenig frequent. Zwar nimmt OCKHAM in seine Liste der *modi*, in denen «die Ausdrücke von ihrer eigentlichen in eine uneigentliche Bedeutung überführt werden», auch die *metalempsis* auf [39], doch geschieht dies bezeichnenderweise in einem der Kapitel, die die *modi aequivocationis* (Arten von Mehrdeutigkeit) behandeln und in dem Teil der ‹Summa Logicae› zu finden sind, der «De Fallaciis» (Von den Fehlschlüssen) überschrieben ist.

III. *Humanismus, Barock.* Ist die 'tryphonisch-quintilianische' M. als lexikalisch-semantische Relation zwischen einem Homonym und dessen Teilsynonym zu bestimmen, so kann die 'donatische' als auf enzyklopädisch bedingten Assoziationen beruhende Fern-Metonymie beschrieben werden. Obgleich alle Autoren der frühen Neuzeit, die sich mit der M. beschäftigen, sowohl die Begriffsbestimmungen Quintilians als auch diejenigen Donatus' mehr oder weniger wortwörtlich übernehmen und in der Regel dieselben Beispiele anführen und fast wortgleich diskutieren, ist diese prinzipielle Differenz offenbar – mit Ausnahme von Vossius – keinem von ihnen bewußt geworden. Dennoch lassen sich bei aller Ähnlichkeit der Argumentation, die mit dem Rückgriff auf dieselben Quellen verbunden ist, durchaus unterschiedliche Akzentuierungen erkennen.

Nach ERASMUS steht die M. auf der Grenze zur Katachrese («Abusioni confinis est»); dennoch wird sie in der Reihenfolge der Darstellung zwischen Onomatopöie und Metonymie bzw. Synekdoche eingeordnet. Sie begegnet in der Dichtung («in carmine») häufiger als in der freien Rede («oratio soluta») und kommt dort zustande, «wo stufenweise zu dem übergegangen wird, was wir zeigen»; insofern könne sie auch als eine «Unterart der Synekdoche» betrachtet werden.[40] Entsprechend wird die M. im späteren Ausgaben mitabgedruckten Kommentar von VELTKIRCHIUS als «translatio uerbi a causa uel adfectu sumpta» (von der Ursache oder dem Verursachten her genommene Übertragung eines Wortes) erläutert. So spreche man etwa auf metaleptische Weise von ‹trauriger Armut› (tristis egestas), weil diese traurige Menschen hervorbringe.[41] Wenngleich Erasmus – neben der illustrativen Verwendung der kanonisierten Vergil-Zitate – auch das bei Tryphon und Quintilian diskutierte Homer-Beispiel anklingen läßt («Graeci uocant acutum quod uelox intelligi uolunt» – die Griechen nennen das spitz, was sie als schnell verstanden wissen wollen), steht sein M.-Begriff doch demjenigen Donatus' näher. Anders als bei den übrigen Bestimmungsstücken ist ihm aber die Nachwelt – mit Ausnahme von MINTURNO [42], der sogar Erscheinungen wie das Setzen von ‹Achilles› für ‹der Unbezwingbare› als hierhergehörig betrachtet – bei der Klassifikation der M. als Synekdoche nicht gefolgt. Den Autoritäten der Spätantike folgend, wird die M. auch von MELANCHTHON im «De Tropis et Schematibus» überschriebenen Kapitel von ‹De Elementis Rhetorices› nach der Metapher und vor Synekdoche und Metonymie behandelt. Für ihn wird dort von einer M. gesprochen, «wo nicht wie oben [d.h. bei der Metapher] eine Benennung von Ähnlichem übertragen, sondern von der Ursache oder Wirkung her genommen wird»; als Beispiel nennt er u.a. «pallida mors» (bleicher Tod), weil dieser die Körper erbleichen lasse, und "Ich bin die Auferstehung und das Leben", d.h. der Wiedererwecker und Lebendigmacher.» Grammatikern, die einwenden könnten, daß es sich hier um Metonymien handele, macht Melanchthon mangelnde Genauigkeit bei der Unterscheidung der Figuren zum Vorwurf. Er selbst, so führt er aus, fasse derartige Benennungen «nach griechischer Gepflogenheit» als M. und trenne damit schärfer zwischen beiden Tropen, als dies andere täten, nur um ohne Mühe erkennen und unterscheiden zu können. [43] Trotz dieser Begründungsversuche geht jedoch aus den von Melanchthon angeführten Beispielen unzweifelhaft hervor, daß die M. für ihn nichts anderes als eine einfache Metonymie auf der Basis der Grund-Folge-Relation darstellt. Von einigen späteren Autoren ist seine Konzeption auch in diesem Sinne aufgenommen worden. SUSENBROTUS' Bestimmung der M. ist den beiden großen Vorbildern aus der Antike gleichermaßen verpflichtet. Wie für Donatus (aber, wie an den Formulierungen unschwer zu erkennen ist, vermittelt über Melanchthon) liegt für ihn dort eine M. bzw. *transumptio* vor, wo «stufenweise zu dem übergegangen wird, was gezeigt wird». Erläuternd setzt er jedoch hinzu: «Oder vielmehr besteht sie darin, daß ein Ausdruck etwas von seiner eigentlichen Bedeutung Verschiedenes, nämlich etwas von dem, was vorhergegangen ist, bezeichnet.» Zur Beschreibung der «Natur» der M. übernimmt er dagegen exakt den Wortlaut der Definition Quintilians, fügt ihr jedoch die Bemerkung hinzu, die M. unterscheide sich von benachbarten Tropen dadurch, daß sie gleichsam über mehrere Stufen zu dem fortschreite, was wir zu verstehen geben wollen [44]. Obwohl beide Zusätze Susenbrotus' z.T. paraphrasierend sind, legen sie doch die Vermutung nahe, daß die als «poetischer und überaus seltener» Tropus gekennzeichnete und durch die Standard-Vergil-Zitate exemplifizierte M. hier nicht mehr als Relation zwischen zwei Tropen, sondern als semantischer Prozeß verstanden wird. In ähnlicher Weise wird die M. von CAVALCANTI fast zeitgleich als «Art der Vertauschung» (modo di mutatione) bestimmt, «die uns vom gewählten vertauschten Wort gleichsam stufenweise zur gemeinten Sache führt, wobei die mittlere Stufe nur als Weg dazu dient» (che dalla parola presa, & tramutata, ci conduce alla cosa significata, quasi per gradi, non ci seruendo il grado di mezo ad altro, che a darci la uia). [45] Mit Verweis auf Quintilian, dessen Definition fast wörtlich wiederholt wird, und unter Rückgriff auf die schon von den lateinischen Grammatikern des 4. Jh. stereotyp wiederholten Vergil-Beispiele wird die M. auch bei SOAREZ in die Reihe der Tropen eingefügt und in einem eigenen (kurzen) Kapitel behandelt. [46] Zwar wird die Gradualität («gradatim») des interpretativen Übergangs ‹ex alio in aliud› (von dem einen zum anderen) als charakteristisches Merkmal dieses Tropus hervorgehoben, doch nicht, wie bei Quintilian selbst, auf die Beziehung zwischen zwei Tropen eingeschränkt. Eine eigene Akzentuierung ist auch darin zu erkennen, daß der Tropus der M. nicht nur als «rariβimus» (sehr selten), sondern auch als «maximè improprius» (in höchstem Grade uneigentlich) bezeichnet wird. Selbst wenn auch er die typischen Vergil-Beispiele aufnimmt (denen er jedoch einige weitere Belegstellen an die Seite stellt), bewahrt VEREPAEUS in seinem Kapitel «Quod est Metalepsis?» ein überraschendes Maß an Eigenständigkeit. Zwar liegt auch für ihn eine «Metalepsis, vel Transumptio» dann vor, «wenn gleichsam stufenweise zu dem übergegangen wird, was durch die Worte gezeigt wird», doch stellt sich Verepaeus die Frage, warum dieser an sich eher seltene Tropus bei den Dichtern häufiger als bei den Rednern zu finden sei: «Wenn du nämlich diese Figur in der ungebundenen Rede gebrauchst, wird die Ausdrucksweise dunkler sein und für den Verstand schwierig. Deshalb ist sie weniger notwendig als vielmehr gekünstelt. Deren Erkenntnis schaut also mehr darauf, daß wir wissen, wo und warum die Dichter transsumptive Worte gebraucht haben, als daß wir sie selbst mit dieser Freiheit gebrauchen. Fürwahr, wenn die M. die Ursache aus der Wirkung zu verstehen gibt, wird deutlich, daß sie zur Metonymie gerechnet werden kann. Aber bei der Metonymie bezeichnet die Wirkung die Ursache auf kürzere, bei der M. allerdings auf längere Weise, wodurch sie doch endlich stufenweise zu dieser vordringt.» [47] Weil also der pragmatische Sinn dieses Tropus darin liegt, den Adressaten durch Nennung der Wirkung zur stufenweisen assoziativen Rekonstruktion der Ursache zu animieren, erweist sich die M. zugleich als zu komplex für die Bewältigung der alltäglichen Normalkommunikation.

In ‹The Garden of Eloquence› holt PEACHAM die überlieferte Begriffsbestimmung mitsamt eines der charakteristischen Beispiele in die englische Rhetorik ein: «Metalepsis, when we goe by degrees to that which is shewed, a fygure sildom vsed of Oratours, and not ofte of Poets, as to saye, he lyeth in a darcke Dungeon. Now in speaking of darknesse, we vnderstand closenesse, by closenesse, blacknesse, by blacknesse, deepenesse. Virgil by eares of Corn, he signifyeth harvestes, by haruestes, sommers, and by sommers, yeares.» (M., wenn wir uns stufenweise zu dem hinbewegen, was gezeigt wird, eine von Rednern selten und auch von Dichtern nicht oft benutzte Figur, wie z.B. Er liegt in einem dunklen Verlies. Indem wir nun von Dunkelheit reden, denken wir an Abgeschlossenheit, bei Abgeschlossenheit an Schwärze, bei Schwärze an Tiefe. Vergil verweist mit Ähren auf Ernten, mit Ernten auf Sommer und mit Sommer auf Jahre). [48] Diese aus der Antike übernommene Bestimmung, der von der stufenweisen Überwindung einer semantischen bzw. assoziativen Distanz als Prinzip zugrunde liegt, hat PUTTENHAM [49] sehr anschaulich auf den Punkt gebracht, indem er die M. als «the figure of the farre-fet» (Figur des Weithergeholten) bezeichnet: «as when we had rather fetch a word a great way off then to use our nerer hand to express the matter aswel & plainer» (als wenn wir ein Wort lieber von weiter entfernt herholten, als die näher bei der Hand liegenden zu benutzen, um die Sache ebensogut und schlichter auszudrücken).

Für VOSSIUS ist die M. ein «tropus multiplex in voce unâ; sive, cùm gradatim ex unâ significatione procediter in alienam» (ein mehrfacher Tropus in einem einzigen Wort; oder wenn schrittweise von einer Bedeutung zu einer anderen übergegangen wird). [50] Natürlich wird dies an einem der bekannten Vergil-Zitate exemplifiziert. In seinem Hauptwerk behandelt er die M. neben Antonomasie, Koinótēs, Syllepsis, Litotes und Euphemismus im Kapitel über die «Unterarten der primären Tropen» (De primariorvm troporvm speciebvs). Hier stellt sie zunächst, unter Rekurs auf Donatus, als einen Spezialfall der Metonymie dar, der dadurch entsteht, daß «aus der Ursache die Folge oder aus der Folge die Ursache verstanden wird» (ex antecedente intelligitur consequens, aut ex consequente antecedens). [51] Die Zeichenrelationen zwischen *scriptura* (Schrift), *oratio* (Rede), *conceptus* (Begriff) und *res* (Sache) sind insofern als metaleptische Beziehungen zu betrachten. Eine M. des ersten Typs (metálēpsis consequentis) liegt daher z.B. vor, wenn für *credere* (glauben) bzw. *sentire* (fühlen) *dicere* (sagen) gesetzt wird, während die Verwendung von *facere* (tun, handeln) für *dicere* (sagen) oder *narrare* ([die Taten] erzählen, berichten) als «metálēpsis antecedentis» zu bestimmen ist.[52] Unter Berufung auf Quintilian und Eustathius unterscheidet Vossius von der M. als spezieller Metonymie darüber hinaus die M. «gradationis», die darin besteht, daß «schrittweise von einer Bedeutung zu einer anderen übergegangen wird». In dieser Lesart sei die M. «nicht Subtyp irgendeines primären Tropus, sondern vielmehr ein Akzidens der Tropen» (non tam tropi alicujus primarij species est, quàm troporum accidens), die sowohl bei der Metapher als auch bei der Metonymie in Erscheinung treten könne. Im Vergil-Zitat «saepe etiam effossis, si vera est fama, latebris / sub terra fovere larem» (sind ihre Schlupfwinkel aufgegraben, so pflegen sie, falls die Überlieferung zutrifft, oft noch den Hausgott unter der Erde) [53] sind für Vossius beide Möglichkeiten zu finden: Als Bezeichnung des Hausgottes stehe hier *lar*, metonymisch für das Haus (*domicilium*) selbst, welches wiederum metaphorisch die Bienenhöhle bezeichne. Deutlich auf die M. bezogen ist das Beispiel: «tum silvis scaena coruscis / desuper, horrentique atrum nemus imminet umbra» (dann in den zitternden Wäldern der Schauplatz / von oben herab, für den Schaudernden, beherrscht der Schatten den lichtlosen Hain).[54] Der Hain (*nemus*), so Vossius, werde hier lichtlos (*ater*) anstelle von finster (*tenebricosus*) genannt, *tenebricosus* wiederum stehe für *densus* (dicht); die Dichtheit (*densitas*) sei aber der Grund dafür, daß der Hain schattig (*opacus*) und dadurch lichtlos (*ater*) sei.[55] Die M. in diesem Sinne ist also als das rhetorische Nahelegen eines Schlusses von der Bedeutung des verwendeten Wortes über eines oder mehrere vermittelnde, im selben Erfahrungsrahmen miteinander verbundene Zwischenglieder auf eine tatsächlich gemeinte Bedeutung zu bestimmen. Für Vossius paßt die M. besser zum Dichter als zum Redner, aber selbst von diesen werde sie eher selten verwendet, weil sie, wenn sie allzu weit verdichtet oder hergeholt werde, zur Dunkelheit der Rede beitrage; wenn sie dagegen weder in zu dichter Abfolge erscheine noch schwerfällig sei, werde man ihr Lob zollen, weil sie wegen der Stufenfolge die Empfehlung des Scharfsinns (*ingenium*) habe.[56] Im Sinne der – letztlich von Donatus inspirierten – ‹M. gradationis› ist der Begriff von Burmeister, annähernd zeitgleich, in seine musikalische Figurenlehre übernommen worden, in der rhetorische Termini auf die Musik übertragen werden. Hier bezeichnet er eine Gestaltungstechnik der Fuge, «in der zwei Motive von hier nach dort in die Harmonie übernommen und in die Fuge verwandelt werden» (in quo duae Melodiae in Harmonia hinc inde transsumuntur & in fugam vertuntur).[57]

Im Gegensatz zu Vossius' Begriffsbestimmung ist diejenige von Kirchmannius, wie schon die verwendeten Beispiele nahelegen, eindeutig auf Melanchthon bezogen. Für Kirchmannius liegt eine «Metonymia Effectus» vor, «wenn ein im eigentlichen Sinne einen Effekt bezeichnender Ausdruck an die Stelle der wirkenden Ursache gesetzt wird». Indem die M. so als (spezielle) Metonymie konzipiert ist, wird Melanchthons These von der Eigenständigkeit der M. als Tropus implizit zurückgewiesen: Von anderen Rhetorikern werde es dagegen M. genannt und als besondere Art von Tropus betrachtet (wie Kirchmannius am *aristas*-Beispiel erläutert), «wenn gleichsam stufenweise zu dem übergegangen wird, was bezeichnet wird».[58] Für Uhse stellt die M. einen Spezialfall der Metonymie dar und tritt in zwei Erscheinungsformen auf: «a. Antecedens PRO Consequente: Er hat gelebt. i.e: Er ist todt. b. Consequens PRO Antecedente: Du wirst bald taumeln. i.e.: Du wirst bald besoffen seyn.»[59]

Mit «Antecedens pro consequente & v. v.» läßt auch Fabricius zwei Varianten der M. zu. Erhellend sind seine Beispiele, in denen die Notwendigkeit der kognitiven interpretativen Anreicherung des tatsächlichen Ausdrucks deutlich wird: Für ihn liegt eine M. vor, wenn man etwa statt «memento mori» (gedenke des Todes) sagt «meditare funus tuum» (bedenke deine Beerdigung) oder an die Stelle der ergebnisorientierten Formulierung «wann das frauenzimmer courtesirt, verliert es seine renommee» die Beschreibung der Voraussetzungen für eine solche Aussage setzt und etwa sagt: «Wo ein frauenzimmer sich gewöhnt in den fenstern zu liegen, und nach denen iungen herren zu sehen, von ihnen visiten anzunehmen, mit verliebten blicken zu spielen, sich beschencken zu lassen, da ist es von hertzen gefehlt.»[60] In derselben Weise wird die M. auch bei Hallbauer zur Metonymie gerechnet. Als Beispiele für die Variante «antecedens pro consequente» führt er an: «er hat aus gestohlen, d.i. er ist am Galgen»; die Form «consequens pro antecedente» wird exemplifiziert durch «hóte dich fór dem Tabulat, d.i. mache keine Schulden».[61]

Am Ende eines langen und verworrenen Überlieferungsprozesses bleibt es Vico vorbehalten, zumindest in die Bestimmung der 'donatischen' M. und in Quintilians kryptische These, wonach die M. zwischen zwei Tropen einen Übergang biete, eine gewisse abschließende Klarheit zu bringen. An einem der in der Literatur immer wieder angeführten Beispiele kann er nämlich zeigen, daß die M. ein «plurium troporum nexus» (eine Verknüpfung mehrerer Tropen) ist, denn bei Vergil werde mittels einer Synekdoche ‹Ähren› für ‹Ernte›, dann durch Metonymie ‹Ernte› für ‹Sommer› und schließlich wiederum mittels Synekdoche ‹Sommer› für ‹Jahr› gesetzt.[62] Implizit hebt er später in seiner ‹Scienza Nuova› die, so könnte man sagen, evolutionäre Rationalität dieses assoziativen Denkprozesses hervor, wenn er schreibt, dieses Band der Synekdoche bzw. Metonymie wie in «Es war die dritte Ernte» entstehe ohne Zweifel durch Naturnotwendigkeit, denn es hätten weit mehr als tausend Jahre vergehen müssen, damit bei den Nationen dieser astronomische Begriff ‹Jahr› entstanden sei.[63]

IV. *Von der Aufklärung bis in die Gegenwart.* Wie sich spätestens bei Hallbauer andeutet, ist die ('donatische') M. zu Beginn der Aufklärung vollends zur metonymischen Anspielung geworden. Dies zeigt sich schon bei Gottsched, der den Begriff mit ‹Zustandswechsel› verdeutscht und zwei Varianten unterscheidet: «1) Das vorhergehende fórs nachfolgende. Z.E. Man sagt: [...] Er ist reich gewesen, fór; er ist verarmet: Er hat wohl studiret, an statt, er ist sehr gelehrt: [...]. 2) Das Nachfolgende fórs Vorhergehende: Er hat nicht viel vergessen, an statt, er hat nicht viel gelernet: [...] Er wirds nicht lange machen; das heißt, er ist todtkrank.»[64]

Noch deutlicher ist Adelung[65], der den «Zusammenhang zwischen dem Vorhergehenden und Nachfolgenden, welcher oft als ein eigener Trope aufgestellt, und alsdann die *Metalepse* genannt wird», ausdrücklich als Spielart der Metonymie behandelt. An seinen wie an

Gottscheds Beispielen, die stets die metonymietypische Relation der Zusammengehörigkeit im selben Erfahrungsrahmen einschließen, wird erkennbar, daß die M. hier zuweilen in die Nähe des Euphemismus rückt.

Nach der Aufklärung als rhetorischer Terminus kaum noch wahrgenommen, von Grammatiken und (Fremd-)Wörterbüchern allenfalls als Metonymie der Grund-Folge-Relation behandelt[66] oder, zumindest andeutungsweise, als Prinzip (letztlich auf der Metonymie beruhenden[67]) semantischen Wandels in den Blick genommen[68], wurde der Begriff der M. erst von der modernen Literaturtheorie wieder aufgegriffen, dabei aber zugleich den eigenen Interessen anverwandelt. Unter Rekurs auf FONTANIER[69] wird die M. von GENETTE[70] im Rahmen der strukturalistischen Literaturtheorie als erzähltechnischer Kunstgriff bestimmt, durch den die in erster Linie auf der unterschiedlichen Zeitstruktur beruhende «bewegliche Grenze» (frontière mouvante) zwischen der realen und der erzählten Welt bzw. zwischen verschiedenen Erzählwelten überschritten bzw. verwischt wird. Eine solche ‹métalepse narrative› ist vor allem für den auktorialen Roman typisch, dessen Erzähler sich seinem Leser gegenüber gern kommentierend oder informierend in die fiktionale Handlung (‹Diegese›) einmischt. Generell besteht sie in der «intrusion du narrateur ou du narrataire extradiégétique dans l'univers diégétique (ou de personnages diégétiques dans un univers métadiégétique, etc.), ou inversement» (Eindringen des Erzählers oder der extradiegetischen Erzählung in das diegetische Universum (oder von diegetischen Figuren in ein metadiegetisches Universum usw.) oder umgekehrt).[71] Genettes M.-Begriff kann auch die wechselseitige Durchdringung verschiedener semiotischer Welten bezeichnen (etwa das fiktive Heraustreten von Personen aus Fotos oder Büchern). Indem er den Begriff auf die Assoziation bzw. den (mehr oder weniger) bewußten Einsatz literarischer und mythologischer Motive sowie eines (mehr oder weniger) kanonisierten Schatzes an Zitaten oder Symbolen ausdehnt, hat HOLLANDER[72] der M. als Tropus im Rahmen einer eher postmodernen Literaturkonzeption eine diachronische Dimension gegeben. Als literarische Anspielung oder kulturelles Echo ist die M. damit zugleich die vor allem lexikalisch-semantische bzw. syntaktische Form ästhetischer Intertextualität; insofern ist die Interpretation solcher «diachronic, allusive figures» (diachronischen Anspielungsfiguren)[73] derjenigen von Bildcollagen in der modernen Kunst analog. Obwohl sich Hollander auf Quintilian beruft[74], steht seine Konzeption historisch der 'donatischen' am nächsten und rückt die M. in eine bedenkliche Nähe zum Topos.

Angesichts der beschriebenen Vielzahl und Vielfalt der Begriffsbestimmungen ist die Beobachtung überraschend, daß von den drei die Geschichte des Begriffs der M. als Tropus weitgehend beherrschenden Definitionen in neueren Rhetorik-Handbüchern ernsthaft nur die 'tryphonisch-quintilianische' in die Gegenwart eingeholt wird, während die begriffsgeschichtlich viel bedeutsamere M. der Grund-Folge-Metonymie allenfalls beiläufige Erwähnung findet. So bestimmt Lausberg die M., unter Rekurs auf Quintilian, als die «Setzung eines in dem betreffenden Kontext ungeeigneten Synonyms»; in diesem Sinne ist sie mit der Metonymie lediglich «verwandt».[75] Ein solcher Fall liege vor, wenn etwa Goethes Fügung «Natur und Geist»[76] durch das nur partielle Synonyma enthaltende ‹Landschaft und Gespenst› wiedergegeben werde. Als typische, semantisch bedingte Fehler bei der Wortselektion, die in der automatischen Übersetzung besonders häufig auftreten, können M. dieser Art zu «chaotische[n] Erscheinung[en] der Übersetzungs-Technik»[77] werden. Einen Sonderfall stellt die Verwendung eines (appellativen) Synonyms anstelle eines *nomen proprium* dar (etwa wenn ein Herr Krämer als ‹Herr Einzelhändler› angesprochen wird).

Als Bezeichnung einer auf der Grund-Folge-Relation basierenden einfachen Metonymie hat der Begriff der M. durch zu starke Verengung an Brauchbarkeit verloren; als Bezeichnung kultureller Echos ist er von der modernen Literaturtheorie überdehnt worden. Im Sinne der – bewußten oder unbewußten – Ersetzung eines Wortes durch ein kontextuell unpassendes partielles Synonym, der Anspielung durch Fern-Metonymie oder eines wichtigen Prinzips des semantischen Wandels könnte er sich dagegen – über die Rhetorik hinaus – für die linguistische Semantik bzw. Pragmatik durchaus als nützlich erweisen.

Anmerkungen:
1 Ueding/Steinbrink 28f. u. 334. – 2 Lausberg El. § 218 2) b). – 3 Metzler Lit. Lex., hg. von G. und I. Schweikle (1984) 282; Metzler Lex. Sprache, hg. von H. Glück (1993) 386. – 4 Arist. Rhet. III, 15, 1416a 33. – 5 vgl. Quint. III, 6, 60; Fortun. Rhet. I, 12 sowie Aug. Rhet., in: Rhet. Lat. min. p. 143, 11. – 6 Volkmann 84f. – 7 Hermogenes, De statibus, in: Rhet. Graec. Sp., Bd. 2, p. 141f. – 8 Auct. ad Her. I, 12, 22. – 9 vgl. auch Cic. Inv. II, 19, 57. – 10 Quint. III, 6, 46 u. III, 6, 66ff.; vgl. dazu auch Ars Rhetorica Clodiani, in: Rhet. Lat. min. p. 590, 11. – 11 Aug. Rhet., in: Rhet. Lat. Min. p. 143, 12–17. – 12 Sulp. Vict. p. 338ff. – 13 ebd. p. 338, 31ff. – 14 Volkmann 427. – 15 Tryphon, Περὶ τρόπων, in: Rhet. Graec. Sp., Bd. 3, p. 195. – 16 Odyssee XV, 299. – 17 Quint. VIII, 6, 37; vgl. dagegen die polysemantische Erläuterung von θοός bei W. Pape: Griech.-Dt. Handwtb., Bd. 1 (1849) 1101. – 18 Anonymus, Περὶ τρόπων, in: Rhet. Graec. Sp., Bd. 3, p. 209. – 19 Ilias VIII, 164; vgl. Eustathius zu Il. I, 198 p. 79. – 20 Quint. VIII, 6, 37ff.; VI, 3, 52. – 21 Lausberg El. § 173. – 22 Quint. VIII, 6, 38. – 23 Volkmann (¹1872) 365. – 24 Quint. VIII, 6, 37. – 25 Volkmann [23] 365. – 26 Donati Ars Grammatica, in: Gramm. Lat., Bd. 4, 353–402, 400. – 27 Terenz, Andria 502. – 28 Donatus, Commentum Andriae III, 22, in: Commentum Terentii, ed. P. Wessner (1966) Bd. 1, 33–261; 170; zit. Volkmann [23] 365. – 29 Fl. Sosipater Charisius V.P.: Instit. Gram. Lib. IV, in: Gramm. Lat., Bd. 1, 1–296, 273; Diomedis Artis Grammaticae Libri III, in: Gramm. Lat., Bd. 1, 297–529, 458. – 30 Verg. Aen. I, 60. – 31 Vergil, Eclog. I, 69. – 32 Pompeii Commentum Artis Donati, in: Gramm. Lat., Bd. 5, 81–312, 306. – 33 ebd. – 34 Marii Plotii Sacerdotis Artium Grammaticarum Libri Tres, in: Gramm. Lat., Bd. 6, 415–546, 467. – 35 Persius, Saturae III, 11. – 36 Excerpta ex Iuliani commentario in Donatum, in: Gramm. Lat., Bd. 5, 317–328, 324. – 37 Isid. Etym. I, 37, 7–9. – 38 Beda, De schematibus et tropis, in: Rhet. Lat. min. p. 612, 25. – 39 Venerabilis Inceptoris Guillelmi de Ockham Summa Logicae (St. Bonaventure, N.Y. 1974) III, 3, 92. – 40 Des. Erasmi Roterodami De duplici Copia uerborum ac rerum Commentarij duo (Basel 1520) 15f. – 41 Des. Erasmi Roterodami De duplici copia verborum ac Rerum Commentarij (Köln 1542) 88f. – 42 A. Minturno, De poeta (Venedig 1559; ND München 1970) VI, p. 461. – 43 De Elementis Rhetorices, in: Operum Philippi Melanchthonis Tomi Quinque (Basel 1541) Tom. V, 239–287, 265. – 44 I. Susenbrotus, Epitome Troporum ac Schematum et Grammaticorum & Rhetorum (Zürich 1541) 11f. – 45 B. Cavalcanti: La Retorica (Venedig 1560) 262. – 46 C. Soarez: De Arte Rhetorica libri tres (Köln 1590) 100f. – 47 S. Verepaeus, Praeceptiones De Figuris seu De Tropis et Schematibus (Köln 1590) 49. – 48 Peacham, s.v. ‹M.›. – 49 G. Puttenham: The Arte of English Poesie (London 1589), ed. G.D. Willcock, A. Walker (Cambridge 1936) 183. – 50 G.J. Vossius, Elementa Rhetorica, Oratoriis ejusdem Partitionibus accommodata (Amsterdam 1646) 22. – 51 Vossius, Pars II, p. 160. – 52 ebd. p. 161. – 53 Vergil, Georgica IV, 42f. – 54 Verg. Aen. I, 164f. – 55 vgl. Vossius, Pars II, 164f. – 56 vgl. ebd. 165 – 57 J. Burmeister: Musica Poetica (Rostock 1606; ND Basel 1955) 58; vgl. dazu D. Bartel: Hb. der musikalischen Figurenlehre (1985) 24 und 206ff.

– 58 J. Kirchmannius, Rudimenta Rhetoricae (Braunschweig 1646) 46. – 59 E. Uhse: Wohl-informirter Redner, ... (Leipzig ⁵1712; ND 1974) 24; ähnlich in Frankreich auch C.C. DuMarsais: Traité des tropes (1757), hg. v. F. Douay-Soublin (Paris 1988) 110–114. – 60 Fabricius 186f. – 61 Hallbauer Orat. 472. – 62 G.B. Vico: Institutiones Oratoriae, in: Opere, ed. F. Nicolini, Bd. 8 (Bari 1941) § 42. – 63 ders.: Principj di Scienza Nuova (Neapel 1744; ND Florenz 1994) 158. – 64 Gottsched Redek. 249; vgl. auch ders.: Handlex. der schönen Wiss. und freyen Künste (Leipzig 1760; ND Hildesheim 1970) 1089 sowie Zedler, Bd. 20, 1215. – 65 J.Chr. Adelung: Ueber den Deutschen Styl. Erster Theil (Berlin 1785) 396f. – 66 vgl. z.B. H. Bauer: Vollständige Gramm. der nhd. Sprache, Bd. 5 (1833) 279; J. Kehrein: Fremdwtb. (1876). – 67 A. Burkhardt: Zwischen Poesie und Ökonomie. Die Metonymie als semantisches Prinzip, in: ZGL 24 (1996) 175–194. – 68 Morier 667f. – 69 P. Fontanier: Les Figures du discours (Paris 1968) 127–129. – 70 G. Genette: Figures III (Paris 1972) 243–246. – 71 ebd. 244. – 72 J. Hollander: The Figure of Echo (Berkeley / Los Angeles / London 1981) 113–149. – 73 ebd. 114. – 74 ebd. – 75 Lausberg Hb. § 571; vgl. auch § 568, Anm. sowie Lausberg El. §§ 175 und 218. – 76 Faust II 1, 4897. – 77 Lausberg El. § 173.

Literaturhinweise:
Ernesti Graec. 212ff. – Lausberg Hb. § 131, 568.3, 571. – L.A. Sonnino: A Handbook to Sixteenth-Century Rhetoric (London 1968) 186f.

A. Burkhardt

→ Homonymie → Metonymie → Statuslehre → Synekdoche → Synonymie → Tropus

Metapher (griech. μεταφορά, metaphorá; lat. metaphora, translatio; engl. metaphor; frz. métaphore; ital. metafora)
A. Definitorisch-systematische Zuordnung. – B.I. Griech. und lat. Antike. – II. Mittelalter. – 1. Bibelexegese. – 2. Dichtungslehre. – III. Renaissance, Barock, Aufklärung. – IV. Spätes 19. und 20. Jh. – 1. M. in der Sprache. – 2. Kognitive Basis der M. – 3. Konstitution der M.

A. Schon in der Antike galt die M. als «der häufigste und bei weitem schönste Tropus». [1] Im 20. Jh., insbesondere in den letzten 30 Jahren, sollte sie zum in allen Geistes- und Sozialwissenschaften nahezu ausschließlich diskutierten Tropus werden. Indem sie sich fast nur auf ARISTOTELES bezieht, unterscheidet sich die moderne Forschung wesentlich von der Tradition, in der die Diskussion der M. durch die in der lateinischen Rhetorik entwickelte Figuren- und Tropenlehre bestimmt wird. Da sich damit die Bedeutung der M. erst aus ihrer Stellung innerhalb der Tropen (und der Denkfiguren) ergibt, muß die Geschichte der Theorien zur M. notwendig die jeweils vorgenommenen Abgrenzungen zu den übrigen Tropen – insbesondere zu den Ähnlichkeitstropen wie die Allegorie, die Antonomasie oder das Ikon – berücksichtigen. Die lateinische Figuren- und Tropenlehre bildet freilich nur den Klassifikationsrahmen, innerhalb dessen neue Aspekte der M. gesehen und begrifflich gefaßt werden. Diese neuen Sichtweisen werden jedoch in der Regel durch einen mehr oder weniger expliziten Bezug auf Aristoteles erst möglich gemacht. In diesem Rückbezug geht es nicht nur um sprachliche und stilistische Merkmale der M., sondern um ihre logischen, philosophischen und kognitiven Dimensionen. Diese werden zwar bei Aristoteles angesprochen, nicht aber systematisch erörtert. So ist auffallend, daß er die M. und das Argument aus der Analogie unterscheidet, ohne jedoch systematisch auf ihre Gemeinsamkeiten und Unterschiede zu reflektieren. Der Zusammenhang von auf Analogie oder Ähnlichkeit gründenden Sprachformen und den entsprechenden Text- und Denkformen wird nicht erörtert. Dennoch bleiben in der antiken Rhetorik diese Text- und Denkformen des Ähnlichen nicht ausgeblendet, da sie nicht nur im Zusammenhang der *inventio* bzw. Argumentationslehre, sondern gerade auch innerhalb der *elocutio* bzw. Stillehre berücksichtigt werden. Schon der AUCTOR AD HERENNIUM unterscheidet nämlich auf Ähnlichkeit gründende rhetorische Figuren wie den auf Analogie basierenden Vergleich oder das sich auf historische Einzelfälle stützende Exemplum. Und seit DONATUS, der diese Denkfiguren im Tropus der ὁμοίωσις (homoíōsis) zusammenfaßt, sind sie bis ins 18. Jh. integraler Bestandteil der Stil- und Tropenlehre, wie sie in Rhetoriken, Poetiken, Grammatiken, Lehrbüchern usw. tradiert wird. Insofern finden sich selbst in reduktionistischen Rhetoriken der Neuzeit, die sich als reine *elocutio* bzw. Stillehre verstehen, Teile und Spuren der alten Argumentationslehre. Da sich gerade in den Erörterungen dieser auf Ähnlichkeit gründenden Text- und Argumentationsformen wichtige Zusammenhänge und Unterschiede aufzeigen lassen, müssen diese so weit wie nötig und möglich behandelt werden.

Wesentliches Ergebnis der Erörterung der griechischen und lateinischen Rhetorik ist einmal, daß die M. durchgängig als *Übertragung* und nicht – wie ein heute noch weit verbreitetes Vorurteil unterstellt – als Substitution verstanden wurde, zum andern, daß die antike Rhetorik den spezifischen *semiotischen* Status der M. – d.h. die ihr eigentümliche Form des *Anders-Sagens* – im Vergleich zur Allegorie, Ironie oder sogar zu den Nachbarschaftstropen Metonymie oder Synekdoche nicht begrifflich bestimmen konnte. Dies gilt besonders auch für das Mittelalter, das 'Zeitalter der (Bibel-)Allegorese', das den spirituellen Sinn der Bibel, der Dinge und der Welt zu dechiffrieren sucht. Im Zentrum der Suche steht deshalb die Allegorie und nicht die M. Dennoch kommen in den großen *Neuen Poetiken* von GALFRID VON VINSAUF, von GERVASIUS VON MELKLEY und von JOHANNES VON GARLANDIA neue Aspekte, ja sogar Zusammenhänge zwischen den einzelnen Tropen in den Blick. So sieht etwa schon Galfrid den metaphorischen Charakter der individuellen Antonomasie, und Gervasius entwirft eine systematische Wort-, Tropen- und Figurenlehre, deren Grundlage die Kategorien *Identität, Ähnlichkeit* und *Konträrietät* sind, eine Lehre, die in ihrer Ausarbeitung bedeutend differenzierter als die für die große Mehrheit der modernen Ansätze typische Reduktion der Tropen auf die M. und Metonymie ist. Deshalb überrascht es nicht, daß auch die Moderne das *semiotische* Problem der Sinnkonstitution durch die M. nicht klären kann – obwohl in der Renaissance und besonders in der *Philosophischen Grammatik* wichtige Grundsteine gesetzt werden.

Die vielfältigen Strömungen der Renaissance, die etwa beim 'rhetorischen' Dialektiker AGRICOLA zur Einsicht in das inferentielle Analogiepotential der M. führte, sollen dadurch überschaubar bleiben, daß hier neben einem *minimalistischen* und *maximalistischen* Traditionsstrang eine *traditionalistische* Strömung unterschieden wird, die sich auch letztlich durchsetzen konnte. Die minimalistische Richtung, die RAMUS in seiner Reduktion der Tropen auf die M., die Metonymie, die Synekdoche und die Ironie verfolgt, beeinflußt – vermittelt über G. VICOs spekulativen Entwurf der metaphorisch-tropischen Ursprache – bis in die Moderne anthropologische Theorien zur Phylogenese, aber auch zur Ontogenese des Denkens und der Sprache. Die maximalistische Richtung, vor allem durch SCALIGER und PUTTENHAM repräsentiert, will nicht nur eine möglichst vollständige Liste der Tropen und Figuren aufstellen, sondern beansprucht auch, besonders bei SCALIGER, diesen vielfältigen Stoff in ein neues Ordnungssystem bringen zu können. Beide unterscheiden sich aber wesentlich dadurch, daß bei Puttenham noch die argumentative Funktion von den auf Ähnlichkeit und Analogie gründenden Textformen bewußt bleibt, während Scaliger diese, einschließlich der Tropen, *ent-logisiert*. Darin sollten ihm Poetiken der Aufklärung wie etwa die GOTTSCHEDS folgen. Fortan sind Gleichnis, Fabel, Exempel oder Parabel keine argumentativen, sondern nur noch *literarische* Texte. Innerhalb der traditionalistischen Strömung kann man eine mehr aristotelische und eine mehr quintilianische Richtung unterscheiden. Erstere, die in Italien und Spanien in den Manierismus und die Argutiabewegung mündet und in Deutschland vor allem von HARSDÖRFFER vertreten wird, holt ihr Credo, daß der Dichter durch seine scharfsinnigen Vergleiche und Metaphern ungewöhnliche und überraschende Zusammenhänge aufzeigen muß, mehr oder weniger direkt von Aristoteles' entsprechenden Ausführungen in der ‹Rhetorik›. Der Bezug auf Quintilian kennzeichnet hingegen protestantische und jesuitische Rhetoriken, aber auch die im Kontext der Logik und Allgemeinen Grammatik von PORT-ROYAL entstandene Rhetorik von LAMY über DUMARSAIS und BEAUZÉE bis FONTANIER. Wesentliches und meist übersehenes Kennzeichen dieser Konzeption ist, daß mit Tropen und damit auch Metaphern keine *Gefühle*, *Affekte* oder *Passionen* ausgedrückt werden – wie fast alle anderen Denkrichtungen unterstellen –, sondern *kognitive* Tätigkeiten vollzogen werden: Tropen dienen dazu, die Begleitvorstellungen, die wir von den Dingen haben, auszudrücken und mitteilbar zu machen. Diese kognitionsphilosophische Bestimmung erklärt, daß die Tropen wie andere Sprachformen in der ‹Philosophischen Grammatik› abgehandelt werden. Das Resultat dieser systematischen Erörterung der Tropen ist nicht nur die völlige Neubestimmung der Worttropen (M., Metonymie, Synekdoche und Antonomasie) bei Fontanier, sondern auch die fundamentale Unterscheidung in *habitualisierte*, in einer Sprache lexikalisierte Tropen und M. einerseits und in *neue* tropische Verwendungen der Sprache andererseits. Eine unmittelbare Konsequenz dieser Unterscheidung ist, daß die Katachrese nicht mehr als Trope begriffen wird, sondern als ein zur Sprache gehörendes Wort, dem sprachgeschichtlich gesehen ein tropischer Prozeß zugrunde liegt. Zur gleichen Zeit wird freilich noch von ROUSSEAU die metaphorische Sprache als Ursprache der Gefühle begriffen, eine Vorstellung, die im benachbarten Deutschland durch HERDER zur Idee des Geistes einer Nation, der sich in M. ausdrückt, hypostasiert wird. Selbst für HEGEL sind im Gegensatz zu KANT Metaphern und Vergleichungen noch im Dienste der Empfindungen stehende Ausdrucksformen.

Die Unterscheidungen Fontaniers werden – leider nur zum Teil – von der historischen Sprachwissenschaft übernommen und führen etwa bei H. PAUL zur Differenzierung in *usuelle* und *okkasionelle* Bedeutung, aber auch zu einer Fülle von sprachgeschichtlichen Untersuchungen, die detailliert nachweisen, welche metaphorischen oder tropischen Prozesse zur für jede Sprache typischen *Polysemie* geführt haben. Um zu zeigen, daß die moderne Sprachwissenschaft nicht über den systematischen Erkenntnisstand der ‹Allgemeinen Tropologie› von Beauzée und Fontanier hinauskommt, soll in einem ersten Durchgang durch die Moderne dargestellt werden, wie die historische, die strukturalistische und die kognitivistische Sprachwissenschaft das Problem der M. diskutiert. Ein überraschendes Ergebnis ist vielleicht, daß LAKOFF sich nicht wesentlich von der historischen Sprachwissenschaft eines DARMESTETER unterscheidet. Ein wesentliches Ergebnis dieser Erörterungen ist freilich der Nachweis, daß der Strukturalismus (gleichgültig ob in der reduktionistischen Variante von JAKOBSON einschließlich ihrer Anwendung bei LACAN, der rhetorischen der ‹groupe μ› oder der merkmalsemantischen von RASTIER) auf Grund seines Sprachimmanentismus vor dem Phänomen der M. scheitern muß. Deshalb zeigt dieser Durchgang auch, daß zwei zentrale Fragen, nämlich das Problem der Analogie und das Problem der Konstitution der M. in Äußerungen, ungelöst geblieben sind.

Das erste Problem wird im zweiten Durchgang durch die Moderne unter dem Titel ‹Die kognitive Basis der M.: Ähnlichkeit, Analogie, Projektionen und Interaktionen› behandelt. Untersucht werden dabei sowohl die literarisch-philosophische Interaktionstheorie von RICHARDS, die verstehenspsychologische von STÄHLIN oder die konnotative und modelltheoretische von BLACK, als auch die mehr naturwissenschaftlich orientierten Ansätze bei HESSE oder GENTNER. Am Beispiel von KITTAY soll schließlich exemplarisch gezeigt werden, daß das von der Interaktionstheorie, aber auch der strukturalistischen und kognitivistischen Sprachwissenschaft nicht gelöste Problem des Verhältnisses von Sprache, Denken, Wirklichkeit, d.h. von sprachlicher Bedeutung, begrifflicher Aneignung der Wirklichkeit und Strukturen der Wirklichkeit zu Aporien bei der konkreten Analyse von M. führen muß.

Das zweite Problem wird im dritten und letzten Durchgang durch die Moderne diskutiert. Wie der programmatische Titel dieses Teils ‹Die Konstitution der Metapher: Äußerungen, Texte, Argumentationen› anzeigt, geht es nicht nur um die Konstitutionsbedingungen der M. (M. sind Wörter in Äußerungen, die nur in Texten erkannt werden können) und um die Klärung der spezifischen semiotischen Form der Sinnanzeige durch die M. im Vergleich mit den übrigen Tropen, sondern auch um die notwendige (Wieder-)Integrierung von Texten und Argumentation in das Problemfeld der M. Die wenigen seriösen textlinguistischen Ansätze (z.B. WEINRICH, KALLMEYER) können deshalb nicht überzeugen, weil sie den von der Interaktionstheorie, aber auch den von der traditionellen Rhetorik, insbesondere bei Fontanier, und Dialektik entwickelten Grad der Systematisierung und Differenzierung nicht erreichen. Auch die ‹Neue Rhetorik› von PERELMAN/OLBRECHTS-TYTECA, die als erste die M. systematisch im Kontext der auf Analogie gründenden Argumentationsformen untersuchen, kann trotz einer Fülle von faszinierenden Einzelbeobachtungen nicht überzeugen, weil Sprache – wie schon bei Aristoteles – als immer schon vorgegebenes, sinnkonstituierendes System ausgeblendet ist. Deshalb bleibt als nicht unbedingt negatives Ergebnis, daß die Moderne den von der traditionellen Rhetorik hinterlassenen Forschungsauftrag noch erfüllen muß, nämlich zu untersuchen, in wie vielfältiger Weise die M. mit anderen Formen des Ähnlichen in Texten verknüpft ist, aber auch welche inferentiellen Prozesse beim Verstehen von Metaphern in bestimmten Texttypen vorausgesetzt werden müssen und wie diese mit den expliziten Text- und Argumentationsformen des analogischen Schließens, also etwa den *a fortiori-* und den *ad absurdum*-Argumenten, verzahnt und verdichtet werden.

Anmerkungen:
1 Quint. VIII, 6, 4, Übers. Verf.

B.I. *Griechische und lateinische Antike.* Die erste systematische Erörterung der M. findet sich in der ‹Poetik› und in der ‹Rhetorik› von ARISTOTELES. Sie wird – oft nur indirekt – Bezugs- und Angelpunkt späterer Auseinandersetzungen mit der M. bleiben. In der Poetik definiert er die M. als «das Übertragen (ἐπιφορά, epiphorá) eines *anderen* Wortes, entweder von der Gattung zur Art oder von der Art zur Gattung oder von der Art zur Art oder gemäß der Analogie».[1] Diese Idee der Übertragung findet sich sinngemäß in *allen* späteren rhetorischen Abhandlungen. Die Formulierung «Übertragung eines anderen Wortes» ist hier ganz entsprechend der Aristotelischen Sprachauffassung *begriffsrealistisch* zu verstehen: Die Metapher ist die Übertragung eines Wortes, das 'von Haus aus' eine andere Sache bezeichnet. Genau das sagt auch die ‹Rhetorik an Herennius›: «Translatio est, cum verbum in quandam rem transferetur ex alia re» (Eine Übertragung (= M.) liegt vor, wenn ein Wort von einer anderen Sache auf eine bestimmte Sache übertragen wird).[2] Die moderne Idee einer *Substitution* oder *Ersetzung* eines eigentlichen Wortes durch ein uneigentliches ist somit der traditionellen Rhetorik völlig fremd. Eine interpretierende Übersetzung wie etwa «Eine Metapher ist die Übertragung eines Wortes (das somit in uneigentlicher Bedeutung verwendet wird)»[3] verdeckt diesen Zusammenhang. Deshalb sind gerade in der Moderne vertretene Auffassungen, die antike Rhetorik habe eine «Substitutionstheorie» – der zufolge «bei der Metapher das eigentliche Wort durch ein fremdes ersetzt (substituiert)» wird – vertreten, die im wesentlichen «auf Aristoteles zurückgehe»[4], irrig. Ebenso falsch ist die besonders seit RICHARDS im angelsächsischen Raum vertretene Auffassung, Aristoteles habe die M. bloß als «ein Mittel der *poetischen* Redeweise»[5] bestimmt. Das Gegenteil ist der Fall: Für Aristoteles ist die M. kein abweichender oder ungewöhnlicher Sprachgebrauch: «Alle Leute unterhalten sich nämlich, indem sie metaphorische, gemeinübliche und wörtliche Ausdrücke verwenden».[6] Und nicht erst die Moderne hat erkannt, daß die M. nicht nur dem Schmuck der Rede dient. Seit Aristoteles wird formelhaft wiederholt, daß die M. gerade auch dann notwendig ist, wenn in der Umgangssprache für eine bestimmte Sache kein Wort vorhanden ist.[7] Richtig ist hingegen die Auffassung, Aristoteles habe eine «Vergleichstheorie»[8] vertreten, sofern man diese auf die beiden letzten der von ihm unterschiedenen Formen der M. beschränkt. Doch: Was ist unter dieser Vergleichstheorie zu verstehen? Zunächst muß festgehalten werden, daß Aristoteles die drei ersten Formen der M. nicht vergleichstheoretisch, sondern begriffslogisch bestimmt, insofern in ihnen die drei möglichen Übertragungen innerhalb einer Begriffspyramide reflektiert werden:

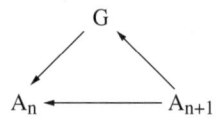

```
         G
        ↗ ↖
      ↙     ↘
    Aₙ ←——→ Aₙ₊₁
```

Ein Beispiel für die Übertragung eines Wortes, das eine G(attung) bezeichnet, auf die A(rt) ist: «Mein Schiff steht still» (Stillstehen (G) wird hier auf die Art und Sache «Vor-Anker-Liegen» übertragen). Umgekehrt wird in «Odysseus hat *tausende* edler Taten vollbracht» das Wort für die Art *(tausende)* zur Benennung der Gattung ‹viele› verwendet und in «*Abschöpfend* ihm mit dem Schwert die Seele/das Leben» wird eine Art des *Wegnehmens* (G), nämlich *Abschneiden* (A_x) durch *Abschöpfen* benannt.[9] Im Gegensatz zu diesen drei Formen der Übertragung gründen sich M. gemäß der Analogie auf in bestimmten Hinsichten ähnliche Dinge. Sagt man nämlich «Das Alter ist der *Abend* des Lebens», so vergleicht man implizit den Bereich ‹Tag› mit dem Bereich ‹Leben›. Aristoteles präzisiert sogar die Art des Vergleichs, indem er als zugrundeliegende Analogie «So wie der Tag zum Abend, so das Leben zum Alter» setzt. Von hier aus ergibt sich seine Definition der Bestimmung der M. gemäß der Analogie; sie kann nämlich gebildet werden, wenn das Zweite zum Ersten sich ähnlich (ὁμοίως, homoíōs) verhält wie das Vierte zum Dritten; dann kann man nämlich statt des Zweiten das Vierte und statt des Vierten das Zweite sagen.[10] Auffallend ist nun, daß bei der Erörterung der Funktionen der M. und der Einzelbeispiele die begriffslogische Bestimmung keine Rolle spielt: Die beiden ersten Formen – von der Gattung zur Art und umgekehrt – werden in der ‹Rhetorik› zwar erwähnt, aber nicht erörtert; im Zentrum steht die M. gemäß der Analogie, von der aus auch die M. von der Art zur Art gedacht wird. Dieses äußere Indiz erklärt natürlich noch nicht, warum in der späteren Rhetoriktradition die beiden ersten Formen der Übertragung nicht mehr als M., sondern meistens als Metonymien bzw. Synekdochen bestimmt wurden. Der innere Grund für diese Entwicklung ist freilich darin zu suchen, daß die Übertragung von der Art auf die Art und die gemäß der Analogie zwei wesentliche Eigenschaften teilen: sie können nur gebildet werden, wenn Dinge in andersartigen bzw. heterogenen Erfahrungsbereichen als ähnlich, d.h. in bestimmten Hinsichten identisch bestimmbar sind. Aufgrund dieser Heterogenität darf die M. gemäß der Analogie nicht im Sinne der mathematischen Proportion (a:b ≈ c:d) verstanden werden.[11] Das mögen neben der schon erwähnten M. zwei weitere Beispiele verdeutlichen:

R (Tag, Abend)   ≈ Q (Leben, Alter)
R (Haken, Kleidungsstück) ≈ Q (Anker, Schiff) (1412a 15)
   a   b   c   d

Beide Analogien erfüllen die genannten Kriterien, da die Relationen R und Q jeweils andersartigen Wirklichkeitsbereichen zugehören. Das zweite Kriterium, die Ähnlichkeit oder das In-bestimmten-Hinsichten-Identische, ergibt sich bei *Abend* und *Alter* daraus, daß beide Endphasen des jeweils zuerst Genannten sind; das Identische in der zweiten Analogie ist: «Das erste dient jeweils zur Befestigung des Zweiten», ihr wesentlicher *Unterschied* besteht, wie Aristoteles selbst betont, im «von unten» und «von oben». Offenbar lassen sich auch M. von der Art auf die Art nach diesem Analogieschema verstehen. Das sei an der Stoppelmetapher verdeutlicht: «Wenn der Dichter das Alter *Stoppel* nennt, dann belehrt er uns und bewirkt mittels der Gattung eine Erkenntnis – beide sind nämlich Abgeblühtes».[12]

R (Stoppel, Halm) ≈ Q (Alter, Mannesalter)

In gleicher Weise läßt sich die bekannte M. «Achill, der Löwe, stürzte sich auf ihn»[13] als eine M. aus der Analogie begreifen:

R (Löwe, Tiere) ≈ Q (Achill, Menschen)

Das In-bestimmten-Hinsichten-Identische ist *mutig*; deshalb konnte, so Aristoteles, «der Dichter den Achill, indem er übertrug, einen Löwen nennen». [14] M. aus der Art auf die Art und M. gemäß der Analogie reflektieren somit unterschiedliche Aspekte des gleichen Vorgangs: Die erste Bestimmung berücksichtigt die Tatsache, daß die verglichenen Begriffe und Sachen immer *gleichrangig* sein müssen, die zweite Bestimmung hebt sowohl hervor, daß analoge Dinge in *heterogenen Bereichen* verglichen werden können, als auch, daß analoge Ähnlichkeit immer nur *relational* und zwar als *Identität* von Relationen in *bestimmten Hinsichten* begriffen werden kann. [15] Warum aber spricht Aristoteles in Fällen wie «Abschöpfen mit dem Schwert das Leben» oder etwa der Stoppelmetapher, aber auch bei Sprichwörtern oder Redewendungen von einer Übertragung von der Art auf die Art? «Wenn jemand z.B. in Erwartung eines Vorteils etwas an sich nimmt, später aber dadurch einen Schaden erleidet, dann sagt man: „Wie der Karpathier mit dem Hasen": beide haben nämlich den schon erwähnten Schaden erlitten" [16] – wie bekanntlich auch in der Neuzeit die Australier mit der Einführung des Kaninchens. Die Antwort scheint wohl darin zu liegen, daß es in all diesen Fällen primär nicht um die analogen Dinge, sondern um die analoge Relation geht. Am Beispiel der ersten M. erläutert:

Abschöpfen (Eimer, Wasser) ≈ *Abschneiden* (Schwert, Seele)
⎿――――――――――――――――――――⏋
           Wegnehmen

Hier wird deutlich, daß mit jeder Art-zur-Art- und Analogiemetapher eine indirekte Induktion und Begriffsbildung vorgenommen wird. [17] Um die M. «Abschöpfend mit dem Schwerte ihm die Seele/das Leben» zu verstehen, muß man nicht nur nachvollziehen, daß der Vorgang des Abschneidens mit dem Wort einer anderen gleichrangigen Art bezeichnet wird, sondern auch, daß beide *Arten des Wegnehmens* sind. Und um etwa das metaphorische Rätsel «Ein Richter und ein Altar sind dasselbe» zu verstehen, muß man das ihnen Gemeinsame – nämlich: «zu beiden nimmt man Zuflucht, wenn man Unrecht erleidet» [18] – wie auch immer diffus begriffen haben. Diese Betonung der kognitiven Funktion der M. steht keinesfalls, wie NIERAAD annimmt, im Gegensatz zu Stellen in der ‹Topik›, in denen Aristoteles auf die Gefahren der mehrdeutigen und metaphorischen Rede für das logische Schließen hinweist. [19] Mit mehrdeutigen und metaphorischen Reden können in der Tat keine konsistenten Schlüsse vollzogen werden.

Auffallend ist nun nicht nur, daß Aristoteles bei Rätseln und Vergleichen wie der erwähnten Karpathieranalogie von M. spricht. Selbst ein hypothetischer Vergleich wie «Die gefall'ne junge Mannschaft ist aus der Stadt verschwunden – wie wenn jemand einem Jahr den Frühling nähme» stellt für ihn eine M. dar. Dem entspricht eine auf den ersten Blick widersprüchliche Bestimmung des Vergleichs (εἰκών, eikón) im Hinblick auf die M. Einmal nämlich bestimmt er die M. als kürzere Form des Vergleichs (a), zum andern hingegen umgekehrt den Vergleich als M. (b).

Zu (a): So ist die oft zitierte Formulierung «Achilles stürzte sich *wie* ein Löwe auf ihn» ein Vergleich (eikón) und «ein Löwe stürzte sich auf ihn» eine M. Dementsprechen Stellen, in denen Aristoteles betont, daß sich Vergleich und M. nur hinsichtlich «der Form der Darstellung» unterscheiden; der Vergleich ist «weniger angenehm», weil er «weitläufiger formuliert ist», und er «bringt nicht zum Ausdruck, daß dieses jenes ist». [20] Die Tatsache, daß sich ähnliche Aussagen bei CICERO oder QUINTILIAN finden, hat bis heute das Vorurteil erhalten, die traditionelle Rhetorik habe ausgehend von Aristoteles eine «Vergleichstheorie» vertreten, der zufolge «die Metapher ein um die Partikel «wie» verkürzter Vergleich» [21] sei. Nun zeigen schon die zitierten Beispiele, daß eikón nicht als einfacher grammatischer Vergleich, sondern vielmehr als Vergleich von heterogenen Dingen zu verstehen ist. Daß es Aristoteles zudem nicht um die Partikel ‹wie› geht, zeigt schon der erwähnte hypothetische Vergleich, aber auch Vergleiche wie das Volk ist *ähnlich* einem Schiffsführer, der zwar stark, aber ziemlich taub ist». [22] Deshalb betont er, daß ein Vergleich nur dann gut ist, «wenn eine Übertragung (metaphorá) stattfindet». [23] «Gut angesehene Vergleiche sind auf eine gewisse Weise Metaphern; denn sie werden immer aus zwei Dingen so wie die Metapher aus der Analogie gesagt; wir sagen z.B. "der Schild ist die Trinkschale des Ares" […]; wenn wir aber den Schild "Trinkschale" nennen, dann ist das einfach». [24]

Zu (b): Von hier aus läßt sich verstehen, daß Aristoteles unmittelbar vor dem Achillesbeispiel sagt: «Das eikón ist auch eine M.» [25] Berücksichtigt man, daß Aristoteles oft den gleichen Ausdruck als Art- und Gattungsbegriff verwendet [26], so kann M. hier allgemein als Gattungsbegriff im Sinne von *Übertragung* verstanden werden. Bezeichnet man den Bereich, *aus dem* der Vergleich oder die M. entnommen ist, als *Vergleichsbereich*, so läßt sich diese Stelle eindeutig bestimmen im Sinne von: die eikón ist auch eine Übertragung aus einem andersartigen Vergleichsbereich. Deshalb ist eikón oft im Sinne von ‹Gleichnis› bestimmt und übersetzt worden. Da ‹Gleichnis› im Deutschen zu stark die biblische oder moralische Allegorie konnotiert, wird im folgenden für das hier Gemeinte die Bezeichnung *Analogievergleich* verwendet. Bezeichnet man nun den Bereich, *in den* übertragen wird, als *thematischen* Bereich, so gilt offenbar, daß in einer M. wie «Achill ist ein Löwe» jeweils eine Sache aus dem Vergleichsbereich (Löwe) und eine aus dem thematischen Bereich (Achill) genannt sind. Dies ist eine M. *in praesentia*. Bei einer *absoluten* M. wie «Der Löwe stürzte sich auf ihn» ist dieses Thema nicht explizit genannt, also *in absentia*. Daraus ergibt sich folgendes Bild der aristotelischen Metaphernkonzeption:

```
                    Metaphern
           ↙           ↓           ↘
Gattung → Art    Art → Gattung   ┌──────────────────────────┐
                                 │ Art → Art    gemäß der   │
                                 │              Analogie    │
                                 │ – Sprichwort/Redewendung │
                                 │ – Analogievergleich      │
                                 │ – Metapher in praesentia │
                                 │   und in absentia        │
                                 │ – Metaphorisches Rätsel  │
                                 └──────────────────────────┘
```

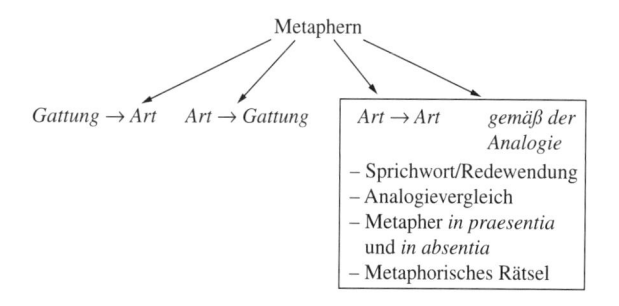

Der in diesem Schema eingerahmte Bereich bildet bis heute das Problemfeld der M. für die gesamte nacharistotelische Diskussion. Obwohl Aristoteles selbst nicht explizit von heterogenen Bereichen spricht – der Ausdruck stammt von Perelman und Olbrechts-Tyteca, die ihre Metapherntheorie ganz in die Tradition der aristotelischen Analogiekonzeption stellen [27] –, ist das damit Gemeinte sachlich dadurch umschrieben und präsent, daß er von «Verwandtem» [28] spricht: «Man muß Metaphern [...] von Verwandtem und nicht Offensichtlichem bilden, wie es ja auch in der Philosophie ein Zeichen eines scharfsinnigen Verstandes ist, das Ähnliche (ὅμοιον, hómoion) in weit auseinander liegenden Dingen zu schauen». [29] In der Tat nimmt schon in der ‹Topik› und später in der ‹Metaphysik› das Sehen von Analogem eine zentrale Rolle ein. So ist das Schauen des Ähnlichen im Verschiedenen in der ‹Topik› ein zentrales Erkenntnisinstrument: «Wie z.B. der Augapfel im Auge, so auch die Vernunft in der Seele; so wie die Ruhe im Meer, so auch die Windstille in der Luft; dies muß man auch bei Begriffen und Sachen üben, die weit auseinander liegen» [30]; der Topos aus der Analogie spielt nicht nur in der ‹Topik›, sondern auch in der ‹Rhetorik› als Form des Schließens und Argumentierens eine herausragende Rolle. [31] In der ‹Metaphysik› wird das Aufzeigen von Analogien als Form der Begriffsbestimmung beschrieben: «Was wir unter *enérgeia* verstehen wollen, kann durch Epagoge (Induktion), die sich auf Einzelfälle stützt, klargemacht werden; man muß nämlich nicht immer eine Definition suchen, man kann auch das Analoge zusammensehen: so wie *bauen* zu *Fähigkeit-zu-Bauen*, so *Wachsein* zu *Schlafen*, so *derjenige, der sieht* zu *derjenige, der die Augen geschlossen hat* [...]. Der Unterschied ist, daß das erste dieser Vergleichsglieder immer *enérgeia* (In-Tätigkeit) ist, während das zweite *dynatón* (fähig-zu) ist». [32] Auch in naturwissenschaftlichen Abhandlungen ist das Aufzeigen von Analogien ein legitimes Erkenntnismittel, sofern diese sachlich zutreffen. So hebt Aristoteles etwa die Analogie von Lungen und Kiemen bezüglich der Atmungsfunktion und die von Zunge und Saugrüssel (bei Insekten) bezüglich des Geschmackssinns hervor [33], wendet sich aber etwa gegen die Analogie von EMPEDOKLES, wonach das Meer «der Schweiß der Erde» [34] sei. Empedokles' naturwissenschaftliche Analogien – wie etwa die Erklärung der Atmung durch den Vorgang des Wasserschöpfens mit der Klepsydra (eine Tonröhre, die am Boden mit mehreren kleinen Öffnungen versehen ist, durch die das Wasser genauso wie die Luft durch die Hautporen eindringen kann) oder die des Aufbaus des Auges durch die Laterne [35] – setzen zwar auf der Ebene der jeweiligen konkreten Analogie heterogene Erfahrungsbereiche voraus; dadurch aber, daß diese Analogien in eine kosmologische Weltdeutung eingefügt sind, in der Mikrokosmos und Makrokosmos, Inneres und Äußeres, Subjekt und Objekt durch gleiche Prinzipien (Liebe/Haß, Gleiches zum Gleichen) 'magisch' regiert werden, sind sie Teil eines homogenen Raums, in dem Verschiedenes als Gleiches wahrgenommen wird: «Dasselbe sind Haare und Blätter und der Vögel dichte Federn und Schuppen». [36] Damit fehlt bei Empedokles nicht nur das Bewußtsein der Heterogenität der in Analogien oder M. verglichenen Erfahrungsbereiche, sondern gerade auch das Bewußtsein der Übertragung. [37] Dies ist der fundamentale Unterschied zu Aristoteles, dessen Metapherdefinition genau dieses Bewußtsein als wesentlich setzt.

Die kognitive und erkenntnistheoretische Fundierung der M. bei Aristoteles geht in den lateinischen Rhetoriken verloren. Die aristotelischen rhetorisch-stilistischen Bestimmungen gehen hingegen ungebrochen in die rhetorische Tradition über. Eine metaphorische Rede ist gelungen, wenn sie zu ihrem Gegenstand paßt und wenn sie «deutlich (σαφές, saphés), anmutig (ἡδύ, hēdý) und fremdartig (ξενικόν, xenikón)» [38] ist. Passend wird sie, wenn man die Analogie beachtet und z.B. prüft, ob ein «einem jungen Mann passendes Purpurkleid auch für einen Greis schicklich ist». [39] Gelungen ist eine Rede schließlich, wenn sie «sich auf eine M. aus der Analogie stützt und das Gemeinte vor Augen führt». [40] Dieses *Vor-Augen-Führen* wird dadurch erreicht, daß man Unbeseeltes zu Beseeltem macht und, vor allem, daß man die Dinge *in actu* (ἐνέργεια, enérgeia) zeigt. [41]

So übernimmt der AUCTOR AD HERENNIUM wörtlich das Vor-Augen-Führen (*ante oculos ponere*), betont die Kürze (*brevitas*) der M., bei ihm und den Lateinern als *translatio* bezeichnet, wie auch die Möglichkeit, durch metaphorische Rede obszöne Ausdrücke vermeiden zu können und führt die Funktion der M. für die *amplificatio* und den *ornatus* an. Auch das Merkmal des Passenden und Schicklichen wird erwähnt, es wird freilich nicht an die Analogie, sondern allgemein an das Ähnliche gebunden: «Die Übertragung (*translatio*), sagt man, muß bescheiden und schicklich (*pudens*) sein, damit sie mit gutem Grund auf eine ganz ähnliche (*consimile*) Sache übergehe und nicht der Eindruck entsteht, als sei sie ohne Überlegung unabsichtlich und gierig auf eine unähnliche Sache hinübergesprungen». [42] Auch bei CICERO klingt diese moralische Konnotation an, betont er doch, die M. müsse «behutsam und schicklich (*verecundus*) sein». [43] Bei QUINTILIAN tritt das Kriterium der Ähnlichkeit in den Hintergrund – M. sollen nicht «zu unähnlich» sein und keine «weitläufige Ähnlichkeit» zeigen – und die Wertungskriterien selbst erhalten eine eher ästhetisch-stilistische Orientierung: Schlechte M. können Überdruß (*taedium*) erregen, schmutzig und ekelerregend (*sordidus*) oder auch deformiert und häßlich (*deformis*) wirken. [44]

Die *brevitas*, bei Aristoteles noch als Nebenaspekt behandelt, tritt dann bei den Lateinern immer mehr ins Zentrum. So bestimmt Cicero in ‹De oratore› die M. als «Kurzform eines zu einem einzigen Wort zusammengezogenen Vergleichs, ein Wort nämlich, das an einer fremden Stelle steht, so als ob es seine eigene wäre» (Similitudinis est ad verbum unum contracta brevitas, quod verbum in alieno loco tamquam in suo positum [...] [45]). Auch hier muß ‹Vergleich› (*similitudo*) als Analogievergleich verstanden werden. Gelungen sind diese Übertragungen, wenn sie eine Sache anschaulicher und deutlicher (*clarior*) machen. Im ‹Orator› führt Cicero die Anmut sogar als wesentliches Definitionsstück auf: M. sind Stilfiguren «die aufgrund einer Ähnlichkeit auf eine andere Sache, entweder um der Rede Anmut zu verleihen oder aus Mangel, übertragen werden» (quae per similitudinem ad aliam rem, aut suavitatis, aut inopiae causa, transferuntur [46]). Die beiden angeführten Gründe für die Bildung der M. – Anmut oder Schmuck und Notwendigkeit wegen Ermangelung eines Wortes – fassen die Überlegungen von Aristoteles formelhaft zusammen, freilich unter Ausblendung der kognitiven Dimension. Bei TRYPHON gelten diese Gründe nicht nur für die M., sondern für alle Tropen. [47] Und mit DONAT wird für alle Tropen die Formel «ornatus necessitatisque causa» (aus Schmuck und Notwendigkeit) für die weitere Tradition verbindlich. Und wie schon vor ihm der Auctor ad Herennium bezeichnet Tryphon M. und Tropen, die in Ermangelung eines Wortes gebildet werden müssen, als Katachresen (κατάχρησις, katáchrēsis; *abusio*). Neu bei Tryphon und den ihm folgenden Rhetorikern ist die Einteilung der M. in vier Übertragungsarten: Belebtes → Belebtes; Unbelebtes → Unbelebtes; Belebtes → Unbelebtes; Unbelebtes → Belebtes. Ein wesentliches Detail ist, daß Tryphon immer von der Übertragungsrichtung her definiert (*von Belebtem auf Unbelebtes*), Quintilian hingegen das gleiche Phänomen vom Ergebnis her beschreibt (*für Unbelebtes Belebtes*).[48] Vielleicht wurde diese Viererklassifikation, wie Lausberg vermutet, von Aristoteles angeregt[49] – freilich muß man dann hinzufügen, daß Aristoteles nur die dritte im Zusammenhang des Vor-Augen-Führens und Lebendig-Machens durch *enérgeia* behandelt und angeraten hat.[50]

Wesentlich ist, daß immer mehr rhetorisch-stilistische Gütemerkmale und Gründe zur Bestimmung der M. angeführt werden, die tendenziell die kognitiv-erkenntnistheoretische Dimension der M. verdecken. Ein Indiz für dieses Verdecken und Vergessen ist, daß in den angeführten M.-Definitionen die Analogie verschwunden ist: es geht nur noch allgemein um die Ähnlichkeit (*similitudo*), in der jedoch noch diffus das ganze Bedeutungsfeld vom Analogischen bis hin zum Vergleich mitschwingt. Mit diesem Verdecken und Vergessen geht zugleich die noch bei Aristoteles gegebene Zentralität der M. verloren: Sie wird neben andere Sinnfiguren bzw. Tropen (τρόποι, *trópoi*) gestellt und abgehandelt. So findet sich schon beim Auctor ad Herennium die M. neben 9 weiteren Tropen (*exornationes verborum*)[51]:

nominatio (Onomatopöie/ Lautmalerei)	*superlatio* (Hyperbel)
pronominatio (Antonomasie)	*intellectio* (Synekdoche)
denominatio (Metonymie)	*abusio* (Katachrese)
circumitio (Periphrase)	*translatio* (Metapher)
transgressio (Hyperbaton)	*permutatio* (Allegorie; mit Ironie)

Die drei letzten Tropen gründen auf Ähnlichkeit (zur Antonomasie s.u.). Quintilian übernimmt diese Liste in seinem Kapitel über die Tropen[52], verwendet aber in der Regel die griechischen Bezeichnungen und fügt die Metalepse (*transsumptio*) und das Epitheton (*adpositum*) hinzu. Die von ihm ebenfalls aufgeführten Tropen Rätsel (*aenigma*) und Ironie gehören zur Allegorie. Eine Spur der alten Zentralität der M. ist sicher darin zu sehen, daß Quintilian sie als erste behandelt.[53] Sicher findet sich auch noch bei Quintilian die Idee, daß die M. ein kürzerer Analogievergleich ist («in totum autem metaphora brevior est similitudo» (insgesamt aber ist die M. ein kürzerer [nicht: verkürzter!] Vergleich).[54] Die bei Aristoteles noch gegebene Uneindeutigkeit wird von ihm so gelöst, daß er die Übertragung mit Partikel (*wie* Achill) als *comparatio* (Vergleichung) bezeichnet. Doch an anderer Stelle nimmt er der M. ihre *differentia specifica*, da die Ähnlichkeit als Legitimationsinstanz der Übertragung fehlt: «Übertragen wird also ein Nomen oder ein Verb von dem Ort, in dem es eigentlich verwendet wird, in den Ort, in dem entweder ein eigenes Wort fehlt oder ein übertragenes besser als das eigentliche Wort ist» (transfertur ergo nomen aut verbum ex eo loco, in quo proprium est, in eum, in quo aut proprium deest aut translatum proprio melius est).[55] Daß diese Definition nicht mehr begriffsrealistisch gelesen werden darf, wird klar, wenn man sie im Hinblick auf die Definition des Tropus liest: dieser ist nämlich «die gelungene Änderung eines Wortes oder eines Ausdrucks von der eigentlichen *Bedeutung* in eine andere» (verbi vel sermonis a propria *significatione* in aliam cum virtute mutatio [Hervorh. Verf.]).[56] Hier wird der Tropus und damit die M. als *sprachliches Phänomen* der Bedeutungsveränderung bestimmt.

Fortan können Tropen und M. nicht mehr begriffsrealistisch als das Verwenden eines Ausdrucks verstanden werden, der von Haus aus eigentlich eine *andere Sache* bezeichnet, sondern als Verwendung eines Ausdrucks im *uneigentlichen Sinn*.

Freilich dürfen diese Stellen in keinem Fall wie bei Lausberg als Beleg für die These gelesen werden, die Lateiner hätten eine Theorie der *Substitution* bzw. der *immutatio* vertreten: «Der *tropus*», so Lausberg, «als *immutatio* setzt ein semantisch verwandtes Wort an die Stelle eines *verbum proprium*».[57] Selbst in der von Lausberg unmittelbar darauf zitierten Quintilian-Stelle wird nicht gesagt, daß an die Stelle des eigentlichen Wortes ein anderes gesetzt wird: «Es ist also der *Tropus* eine Rede, die von der natürlichen und hauptsächlichen Bedeutung auf eine andere, um die Rede auszuschmücken, übertragen wird» (est igitur *trópos* sermo a naturali et principali significatione translatus ad aliam ornandae orationis gratia); man mag, trotz des Partizips *translatus* (von *transferre*, übertragen) und der lokalen Präpositionen *a* → *ad* (d.h. *von einer Stelle auf die andere*) hier noch eine Substitutionstheorie herauslesen. Dies wird jedoch durch den folgenden Satz Quintilians ausgeschlossen: «oder, wie die Grammatiker meist definieren, ein Ausdruck, der von der Stelle, in der er zu Hause ist, auf eine andere Stelle übertragen wird, in der er nicht zu Hause ist» (vel, aut plerique grammatici finiunt, dictio ab eo loco, in quo propria est, translata in eum, in quo non est).[58] Es wird hier, um das Gemeinte zu verdeutlichen, *proprius* mit ‹zu Hause› übersetzt. Die Lausbergsche These kann sich deshalb nur auf den Sprachgebrauch Quintilians stützen, der in der Tat oft die von ihm zitierten Beispiele – wie die oben genannten Übertragungsarten – mit der Substitutionsformel ‹A für B› präsentiert. Gesprochen wird hier deshalb nicht vom Lausbergschen *Mißverständnis*, sondern von der Lausbergschen *Reduktion*. Diese Reduktion der Tropen auf die Substitution wird die moderne Diskussion nachhaltig bestimmen.

Die Begrifflichkeit der lateinischen Tropenlehre, insbesondere die der Herennius-Rhetorik, läßt einen noch starken Einfluß der stoischen Sprach- und Tropenlehre erkennen. Barwick hat plausibel gemacht, daß die Stoiker drei Übertragungsarten unterschieden haben: *similitudo, vicinitas, contrarium* (Ähnlichkeit, Nachbarschaft, Gegensätzliches).[59] M., Katachrese, Metalepse und Allegorie können der Ähnlichkeit, Antonomasie, Metonymie und Synekdoche der Nachbarschaft und die Ironie der Gegensätzlichkeit zugeordnet werden. Dennoch hat diese nach *sachlogischen* Relationen aufgebaute ‹Dreierlehre› zu keiner lateinischen systematischen Tropenlehre geführt, der diese Übertragungsarten als Einteilungsprinzip zugrunde läge. Dies deshalb, weil es den Lateinern gar nicht um sachlogische oder logische Fragen geht, sondern um das *semiotische* Problem des *Etwas-anders-Sagen-als-Meinen*. Dieses Problem jeder *tropischen* Rede als solches überhaupt gesehen zu haben (ohne es freilich theoretisch lösen zu können), ist sicher das große Verdienst der lateinischen Rhetorik.

Um dies zu verdeutlichen, müssen auch noch die anderen Formen des Übertragens mittels Ähnlichkeit – Katachrese, Allegorie und Rätsel (zur Antonomasie s.u.) – behandelt werden. Die Katachrese (*abusio*), beim Auctor ad Herennium noch die ungebräuchliche Verwendung von Adjektiven, wird bei Quintilian allgemein zur Bezeichnung jeglichen Übertragens im Falle einer fehlenden Benennung.[60] Die Allegorie *(permutatio, inversio)* definiert der Auctor ad Herennium als eine Rede, die «durch die Worte anderes als durch den Sinn anzeigt» (oratio aliud verbis aliud sententia demonstrans) [61]; dieses ‹Anders-Sagen-als-Meinen› wird mit Hilfe der Kriterien *ähnlich* und *gegensätzlich* in zwei Arten zerlegt: im ersten Fall werden mehrere M. aus dem gleichen Vergleichsfeld verwendet, im zweiten Fall handelt es sich um das ‹Gegenteil-des-Gemeinten-Sagen›, also um die Ironie. Der erste Fall, die ‹durchgeführte M.› oder Ähnlichkeitsallegorie, entspricht dem, was in der Moderne als *métaphore filée* (vernetzte M.) bezeichnet wird. Für beide Arten unterscheidet der Autor zusätzlich noch den Fall, in dem historische Fakten oder Personen das Vergleichsfeld bilden, also etwa, wenn man einen Menschen, der seinen Vater ehrt, in Form einer Ähnlichkeitsallegorie als «Aeneas» bezeichnet, oder im Falle der Ironie, wenn man einen gewissenlosen Vatermörder als «Aeneas» bezeichnet.[62] Dieser hier gesehene wesentliche Unterschied zwischen zwei Arten des Anders-Sagens, nämlich der Ähnlichkeits- und der Gegenteilallegorie, wird bei Quintilian verdeckt, da er die Allegorie in die beiden Arten des *Anders*-Sagens und des *Gegenteil*-Sagens (Ironie, Sarkasmus, u.a.) einteilt.[63] Damit werden Logik (etwas aus einem *ähnlichen* Vergleichsbereich nehmen) und Semiotik (etwas *anders* sagen) vermischt. Im Gegensatz zum Auctor werden *Rätsel* und *historische Beispiele (exempla)* als eigenständige Arten der Allegorie bestimmt. Das Rätsel verbindet Quintilian wie Cicero und Tryphon mit der dunklen M. oder Allegorie [64] – sicher ein Anklang an Aristoteles, der freilich noch die kognitive Funktion «gut gemachter» Rätsel kannte: diese nämlich «vermitteln eine Einsicht und werden durch eine Metapher gesagt».[65] Für die *exempla*, die auf die Logik der *inventio* und Topik verweisen, betont Quintilian, daß nur die als Allegorie bezeichnet werden dürfen, in denen der gemeinte Sinn nicht expliziert wird (etwa «wie Dionys in Korinth»).[66] Auffallend ist, daß bei Quintilian eine wesentliche von Cicero gesehene Bestimmung fehlt, nämlich daß die Aneihung von M. in der Allegorie ein Ganzes ausmachen.[67] Auch in ‹De Oratore› betont Cicero, daß die Wirkung der Allegorie nicht eine «des Wortes, sondern der Rede/des Textes» *(non verbi, sed orationis)* ist – das Gleiche gilt auch für das Rätsel.[68] Damit kommt bei Cicero die Allegorie als spezifische *Textform* in den Blick. Deshalb ist der Unterschied zwischen M. und Allegorie, wie Lausberg annimmt, zumindest bei Cicero nicht bloß «quantitativ».[69] Da bei Quintilian die Allegorie nicht als Text-, sondern als Darstellungsform konzipiert ist, kann er eine Mischform «ohne Metapher» unterscheiden, in der Beschreibungen oder Handlungen wörtlich zu nehmen sind, die gemeinten Personen hingegen allegorisch benannt sind.

In diesem Ausblenden der Allegorie als Textform bleibt Quintilian dem theoretischen Rahmen der aristotelischen Tropenlehre verpflichtet. Dieser hatte zwar die Allegorie nicht begrifflich unterschieden, sachlich ist sie aber in seiner Erörterung von klugen Sentenzen implizit gegeben – in diesen ist nämlich «das, was man sagt, nicht das, was man meint».[70] Der Grund ist darin zu suchen, daß auch Aristoteles das metaphorische Sprechen ausschließlich als Form der λέξις, léxis, d.h. des sprachlichen Ausdrucks, diskutiert; der *Text* als eigenständige und sinnordnende Ebene bleibt ausgeblendet, und das Übertragen des Ähnlichen kommt bei ihm erst auf einer höheren Ebene in den Blick, nämlich der Argumentation. Auf dieser Ebene unterscheidet er nicht nur den Schluß aus der Analogie, sondern auch verschiedene Formen des argumentativ zu verstehenden παράδειγμα, parádeigma, d.h. der rhetorischen ἐπαγωγή, epagōgḗ (Induktion), nämlich historische Beispiele, Fabeln und Parabeln.[71] Diese logisch-argumentativen Formen des Ähnlichen werden deshalb auch bei Cicero in den Abhandlungen ‹De inventione› und ‹Topica›[72] und bei Quintilian in den Beweiskapiteln des V. Buchs diskutiert; und in diesem Zusammenhang bemerkt Quintilian, daß die Ähnlichkeit nicht nur zum Beweisen, sondern auch «ad orationis ornatum» (zum Schmuck der Rede) [73] herangezogen wird. Der Zusammenhang zwischen diesen Formen der Ähnlichkeit wird auch bei Quintilian nicht systematisch diskutiert. Auf Ähnlichkeit gründendes Denken und metaphorisches Sprechen gehören wie schon bei Aristoteles zwei wohlgetrennten Seinsbereichen zu. Dies erklärt, daß Quintilian an den wenigen Stellen, an denen er das Verhältnis dieser Bereiche thematisiert, oft zu widersprüchlichen Aussagen kommt, so z.B., wenn er betont, daß «auch in den Beispielen *(exempla)* eine Allegorie gegeben ist, wenn sie verwendet werden, ohne daß man vorher ihren Sinn angibt».[74] Hier wird eine Denkform (das *Beispiel*) zu einer Sprachform (die *Allegorie*) einfach dadurch, daß eine pragmatische Bedingung jeden Vergleiches, nämlich daß der Vergleichsbereich bekannt sein muß, nicht erfüllt ist.

Nun wäre es falsch, würde man diese Trennung von Denken und Sprechen als historische Grenze der traditionellen Rhetorik bestimmen. Wenn dieser Zusammenhang auch nicht systematisch diskutiert wird, so wird er doch faktisch durch die Unterscheidung von *Gedankenfiguren* hergestellt. So kennt schon der Auctor ad Herennium drei auf Ähnlichkeit gründende *exornationes sententiarum* (Gedankenfiguren): *exemplum, imago, similitudo*. Das Exemplum entspricht dem historischen Beispiel, die Imago ist das Vergleichen von sich ähnlichen Formen oder Gestalten (Tiere und/oder Menschen) [75], die Similitudo, d.h. der Analogievergleich, schließlich kennt vier Arten: Gegensatz, Negation, Zusammenstellung *(conlatio)*, kurzer Vergleich. Die letzte Art bezeichnet die sprachliche Form, die drei ersten hingegen logische Möglichkeiten der Analogie. Eine *gegensätzliche* Analogie liegt vor, wenn gezeigt wird, daß analoge Dinge im Vergleichs- und thematischen Bereich konträr sind (im Gegensatz zum Fackelträger, der *erschöpft* dem folgenden Träger der Fackel übergibt, übergibt der Feldherr, der sich zurückzieht, *in voller Kraft und Kompetenz* die Macht an seinen Nachfolger) [76]; bei der *negativen* Analogie wird von Negativem auf Negatives geschlossen (genauso wenig wie im Vergleichsbereich V, genauso wenig im thematischen Bereich T) – im Gegensatz zur Parallelisierung *(conlatio)*, bei der vom Gleichen auf Gleiches geschlossen wird.[77] Diese logischen Formen werden vom Auctor ad Herennium nun dadurch in die Stillehre integriert, daß er die schon bei Aristoteles entwickelten Gütekriterien – Klarheit und Kürze, das Vor-Augen-Führen, das Angemessene – übernimmt. Ein Beispiel für eine passende Analogie ist: «Genauso wie die Schwalben im Sommer bei uns bleiben und beim ersten Frost wegziehen [...].» Aus der gleichen Analogie *(similitudo)* ergibt sich nun, wenn wir Wörter metaphorisch *(per translationem)* verwenden: «Genauso bleiben falsche Freunde bei uns in friedlichen Zeiten, und sobald sie den Winter unseres Schicksals gesehen haben, fliegen sie weg, allesamt».[78] In dieser für die gegebene Fragestellung zentralen Stelle wird zwar der Zusammenhang zwischen Analogie als Denkform und M. als Sprachform aufgezeigt, nicht aber systematisch reflektiert. Da auch der Auctor Sprache nur als 'Kleid des Denkens' begreifen kann und nicht als 'Ort des Denkens', kann er nicht die epistemologischen Grenzen seiner Zeit überschreiten. Das kommt auch in seinen die Behandlung der Gedankenfiguren einleitenden Worten zum Ausdruck: «Eine Wortfigur liegt vor, wenn die feine Ausschmückung in der Rede selbst eingezeichnet und erkennbar ist. Eine Gedankenfigur erhält ihren Wert nicht aus den Worten, sondern aus den Sachen selbst.»[79]

Diese Trennung der Sprache und des durch die Logik der Sache bestimmten Denkens kennzeichnet auch die weitere Behandlung dieser auf Ähnlichkeit gründenden Denkfiguren. Eine Ausnahme scheint Quintilian zu bilden, der in klassischer Manier das Vergleichen *(comparatio)* explizit aus der Gruppe der Gedankenfiguren ausschließt, da es auch ein «Beweismittel» *(probatio)* ist und deshalb auch in der *inventio* behandelt werden muß.[80] Dort freilich versteht er unter den vergleichenden Schlüssen *a fortiori*-Argumente («Wer einen Tempelraub begeht, wird doch wohl auch einen einfachen Diebstahl begehen») oder *a pari*-Schlüsse.[81] Doch Quintilian ist nicht konsequent, in der gleichen Formen wieder im VIII. Buch zum Stil als Formen des *Steigerns und Abschwächens* behandelt.[82] Und im gleichen Buch wird auch die *similitudo*, d.h. der Analogievergleich, erörtert, jedoch nicht als Gedankenfigur, sondern als Wortschmuck.[83] Wenn die *similitudo* argumentativ eingesetzt wird, dann ist sie ein Beweismittel («Wenn Selbstbeherrschung eine Tugend ist, dann doch auch die Enthaltsamkeit»)[84], wenn sie hingegen verwendet wird, um von den Dingen ein Bild *(imago)* zu vermitteln[85], dann gehört sie zum Wortschmuck («Einem Geier gleich kreist er um sein Opfer»). Der hier gemeinte wesentliche Unterschied zwischen argumentativer und deskriptiver Verwendung des Ähnlichen wird nach Quintilian wieder lange verdeckt werden, wohl auch deshalb, weil er von ihm nicht systematisch erörtert wird. Durchsetzen wird sich die Einteilung von DONAT, der neben dem Auctor ad Herennium als Referenzautor des Mittelalters gelten kann. Donat folgt zwar dem Auctor, behandelt aber im III. Buch seiner Grammatik die Formen der Ähnlichkeit nicht mehr als Denkfiguren, sondern als *Tropen* der Ähnlichkeit *(homoíōsis)*. Donat unterscheidet drei Arten der homoíōsis: Ikon, Parabole, Paradigma.[86] Dies entspricht genau den Figuren *imago, conlatio, exemplum* beim Auctor. Im Gegensatz zu diesem wird freilich nur eine Unterart der *similitudo*, eben die *conlatio* bzw. die *parabole*, berücksichtigt. Ein Blick in Ciceros argumentationstheoretische Frühschrift ‹De inventione› zeigt jedoch, daß Cicero die Donatsche Einteilung vorformuliert hatte (nämlich als *imago, collatio, exemplum*).[87]

Durch die Donatsche Behandlung der Gedankenfiguren des Ähnlichen als Tropen der homoíōsis wird nun nicht nur das auf Analogie gründende Denken auf eine grammatische Sprachfigur reduziert; auch der sachliche Zusammenhang *und* Unterschied im Vergleich mit der M. und der Allegorie wird verdeckt. In diesem Verdecken liegt aber auch ein begriffliches Konfliktpotential, das mit aller Schärfe in der Renaissance und im Barock aufbrechen wird. Dann wird nämlich der in der homoíōsis verdeckte Bezug zur metaphorischen und sogar poetischen Rede explizit (wieder)hergestellt werden.

Anmerkungen:
1 Arist. Poet. 1457b 6, Übers. Verf. – **2** Auct. ad Her. IV, 34, 45. – **3** Arist. Poet. 21, 1457b, Übers. Fuhrmann, 67; zur Metapherntheorie bei Aristoteles siehe P. Ricœur: La métaphore vive (Paris 1975) 13ff u. 325ff.; I. Tamba-Mecz, P. Veyne: Metaphora et comparaison chez Aristote, in: Revue des études grecques 92 (1981) 77–98; E. Eggs: Die Rhet. des Aristoteles (1984) 316ff.; A. Cazzullo: La verità della parola (Mailand 1987); J. Lallot: Metaphora: le fonctionnement sémiotique de la métaphore selon Aristote, in: La métaphore. Actes du colloque du 14/15 octobre 1987 (Grenoble 1988) 47–58; A. Petit: Métaphore et mathésis dans la Rhétorique d'Aristote, ebd. 59–71; R. Harris, T.J. Taylor: Landmarks in Linguistic Thought (London 1989) 20–34. – **4** G. Kurz: M., Allegorie, Symbol (1982) 7; vgl. u.a. G. Kurz, T. Pelster: M. Theorie und Unterrichtsmodell (1976) 7ff.; M. Johnson: Philosophical Perspectives in Metaphor (Minneapolis 1981) 24ff.; R. Drux: M. und Metonymie, in: B. Sandig (Hg.) Stilistisch-rhet. Diskursanalyse (1988) 63–74; J.P. van Noppen: Einl.: M. u. Religion, in: ders (Hg.): Erinnern, um Neues zu sagen. Die Bedeutung der M. für die religiöse Sprache (1988) 7–52, 18ff; M. Pielenz: Argumentation u. M. (1992) 61ff.; G. Frieling: Unters. zur Theorie der M. (1996) 27f.; A. Goatly: The Language of Metaphor (London 1997) 116ff. – **5** so Kurz [4] 8. – **6** Arist. Rhet. 1404b 34. – **7** siehe Arist. Poet. 1457b 25ff. und Eggs [3] 325ff. – **8** Kurz [4] 8. – **9** Arist. Poet. 1457b 10. – **10** vgl. ebd. 16. – **11** siehe etwa H. Weinrich: Art. ‹M.›, in: HWPh, Bd. 5, Sp. 1179–1186. – **12** Arist. Rhet. 1410b 14. – **13** ebd. 1406b 22. – **14** ebd. 1406b 23. – **15** vgl. Eggs [3] 326ff. – **16** Arist. Rhet. 1413a 18. – **17** vgl. Eggs [3] 334 u. W. Schmidt: Theorie der Induktion (1974) 95ff. – **18** Arist. Rhet. 1412a 14. – **19** J. Nieraad: Bildgesegnet u. bildverflucht: Forsch. zur sprachlichen Metaphorik (1977) 85ff.; vgl. Arist. Top. 106a 9ff. u. 139b 32ff. – **20** Arist. Rhet. 1410b 18; vgl. dazu Ricœur [3] 34ff. – **21** Kurz [4] 8. – **22** Arist. Rhet. 1406b 35. – **23** ebd. 1413a 5. – **24** ebd. 1412b 34. – **25** ebd. 1406b 20. – **26** vgl. Eggs [3] 59, 63, 165, 189, 265, 329, 344. – **27** Perelman 535. – **28** Arist. Rhet. 1405 a 35. – **29** ebd. 1412a 11; vgl. ebd. 1405a 35. – **30** Arist. Top. 108a 9; vgl. Eggs [3] 402ff. – **31** vgl. Eggs [3] 392ff. – **32** Aristoteles, Metaphysik 1048a 35; vgl. H. Happ: Hyle. Stud. zum aristotelischen Materie-Begriff (1971) 680ff. – **33** Aristoteles, De partibus animalium 645b u. 679a; vgl. A. Steudel-Günther: Analogie u. Paraphrase in Fach- und Gemeinsprache (1995) 20ff. – **34** Aristoteles, Meteorologie, Übers. H. Strohm (1970) 48. – **35** vgl. VS Frg. 84 u. 100; dazu Aristoteles, Parva naturalia 437b 24 u. 473a 15; vgl. D. O'Brien: The Effect of a Simile: Empedocles' Theories of Seeing and Breathing, in: The Journal of Hellenic Studies 90 (1970) 140–179 u. Steudel-Günther [33] 32ff.; allg. W. Kranz: Empedokles (Zürich 1949). – **36** VS Frg. 82. – **37** vgl. G.E.R. Lloyd: Polarity and Analogy. Two Types of Argumentation in Early Greek Thought (Cambridge 1966) 228f u. Steudel-Günther [33] 44ff. – **38** Arist. Rhet. 1405a 8. – **39** ebd. 1405a 13. – **40** ebd. 1411b 22. – **41** ebd. 1411b 24ff. – **42** Auct. ad Her. IV,34,45. – **43** Cic. De or. III, 165; vgl. 163. – **44** Quint. VIII, 6, 14–17. – **45** Cic. De or. III, 157. – **46** Cic. Or. 27, 92. – **47** Tryphon, Perí trópōn p. 191, 12, in: Donat, Ars maior III,6. – **48** vgl. Tryphon [47] p. 192, 14 u. Quint. VIII, 6, 9. – **49** Lausberg Hb § 559, S. 286. – **50** Arist. Rhet. 1411b 24ff. – **51** Auct. ad Her. IV, 42–46; vgl. Lausberg Hb. 282ff (§ 552ff.); Martin 261ff. – **52** Quint. VIII, 6. – **53** ders. VIII, 6, 4. – **54** ders. VIII, 6, 8. – **55** ders. VIII, 6, 5. – **56** ders. VIII, 6, 1. – **57** Lausberg Hb. § 552. – **58** Quint. IX, 1, 4. – **59** K. Barwick: Probleme der stoischen Sprachlehre und Rhet. (1957) 89ff.; vgl. Jün-tin Wang: Modi significandi. Logik der Tropen u. signum signorum, in: T.T. Ballmer, R. Posner (Hg.): Nach-Chomskysche Linguistik (1985) 115–123. – **60** Quint. VIII, 6, 34–36. – **61** Auct. ad Her. IV, 46. – **62** ebd. – **63** Quint. VIII, 6, 44. – **64** ebd. 6,14 und ebd. 6,52; vgl. Cic. De or. III, 167 u. Tryphon [47] p. 193, 14. – **65** Arist. Rhet. 1405a 24; vgl. 1405b 3. – **66** Quint. VIII, 6, 52. – **67** vgl. Cic. Or. 28, 94. – **68** Cic. De or. III, 169 u. 167. – **69** Lausberg Hb. 441f. (§ 895). – **70** Arist. Rhet. 1412a 22. – **71** vgl. Eggs [3] 264ff. – **72** Cic. Inv. I, 46–49 u. Cic. Top. 68–71. – **73** Quint. V, 11, 5. – **74** Quint. VIII, 6, 52. – **75** Auct. ad Her. IV, 62. – **76** ebd.

IV, 59. – **77** ebd. IV, 60. – **78** ebd. IV, 61. – **79** ebd. IV, 18. – **80** Quint. IX, 2, 100. – **81** ders. V, 10, 87. – **82** ders. VIII, 4. – **83** ders. VIII, 3, 72–81. – **84** ders. V, 10, 89. – **85** ders. VIII, 3, 72. – **86** Donat, Ars maior III, 6. – **87** Cic. Inv. I, 30, 49.

II. *Mittelalter.* M. als Form eines auf Ähnlichkeit gegründeten Anders-Sagens ist in der mittelalterlichen Bibelauslegung und Allegorese allgegenwärtig. Daneben wird in rhetorischen und grammatischen Abhandlungen die römische Behandlung der M. – im wesentlichen die des Auctor ad Herennium und des Donat – fortgeschrieben. Neue oder verdeckte alte Aspekte kommen erst in den um 1200 entstehenden *Poetriae Novae* (Neue Dichtungslehren) in den Blick.

1. *Bibelexegese.* Die mittelalterliche Allegorese kann als Christianisierung der antiken Textexegese und Textallegorese und zugleich als Hermeneutisierung der Rhetorik bestimmt werden. [1] Die christliche Bibelexegese gewinnt im 3. Jh. mit ORIGENES und ein Jh. später mit CASSIAN erste feste Konturen. Bei Cassian findet sich schon die Unterscheidung vom vierfachen Sinn der Heiligen Schrift: der (i) *wörtlich-historische* Sinn einerseits und drei spirituelle Sinndimensionen andererseits: (ii) *tropologisch* (Bedeutung für das menschliche Leben), (iii) *allegorisch* (Bedeutung – in der Regel einer Gegebenheit des AT – für das NT bzw. für Christus oder die Kirche), (iv) *anagogisch* (Bedeutung für das Verstehen des Himmels und der jenseitigen Dinge). [2] Insbesondere der allegorische Sinn wird dann im 5. Jh. von AUGUSTINUS normbildend für das Mittelalter ausdifferenziert. Die M. als Tropus wird von ihm nur kurz behandelt [3], sie spielt eine nur nebensächliche Rolle. So schreibt er in der Schrift ‹Contra mendacium› der M. wie auch den übrigen rhetorischen Tropen eine besondere Form der Wahrheit zu. Da sie die Übertragung «eines Wortes von der eigentlich bezeichneten Sache auf eine ihm nicht eigene Sache» (de re propria ad rem non propriam verbi alicuius translatio) [4] ist, versteht man ihre Wahrheit und ihren Sinn, wenn man sie auf das, was sie eigentlich bezeichnet, zurückbezieht. [5] Beides unterscheidet die M. von der Lüge, in der es nur den wörtlichen Sinn gibt, der zudem falsch ist. Zentral ist bei ihm dagegen das allegorische Anders-Meinen. Augustin, schon geschult in Grammatik, Rhetorik und Dialektik, lernte beim Mailänder Bischof AMBROSIUS, einem 'Virtuosen auf dem Gebiet der Allegorese', den *dunklen* und *rätselhaften* Bibelstellen ihren eigentlichen und tieferen, d.h. theologischen Sinn zuzuordnen. In dieser ‹Hermeneutisierung der Rhetorik› und ‹Christianisierung der heidnischen Textexegese und Textallegorese› [6] bleibt der rhetorische Begriff der Allegorese erhalten und erfährt zugleich eine Erweiterung, da der gemeinte, spirituelle Sinn als wesentlicher gesetzt wird. [7] So ist der von Kain getötete *Abel* allegorisch und figuraliter als der von den Juden getötete *Christus* zu verstehen, ebenso ist der anstelle Isaaks geopferte *Widder* als *Christus* oder die *Arche Noah* als «figura der in den Fluten der Welt sicher gesteuerten Kirche» zu deuten. [8] Das AT wird hier, wie schon beim Apostel Paulus, als eine Art ‹Vorausanalogie› – oder neuplatonisch formuliert: als ‹Schatten› *(umbra;* σκιά, skiá) – für die sich in Christus vollendende Heilsgeschichte gedeutet. In diesem Begriff der ‹Figur› verdichten sich bei Augustin die rhetorische Bedeutung der *figura* als uneigentliche Form der Rede mit dem philosophischen Sinne von ‹gestalteter Form›, aber auch mit dem theologischen Sinn von τύπος, týpos als ‹gestaltetem Vor-Bild›: «In diesem Sinne war Adam týpos Christi, Vorbild des Künftigen». [9] Deshalb können spätere Exegeten statt von Typus je nach Art der *figura* (Person, Tier, Sache, Ereignis) auch bedeutungsgleich von *imago* (Bild), Symbol, (Vor-)Zeichen oder Exempel sprechen. Die Bedeutung dieser Lehre vom spirituellen Sinn zeigt sich schon in den ‹Etymologiae› ISIDORS VON SEVILLA (560–636), die eine wichtige Grundlage für die ‹Allegorischen Wörterbücher› des Mittelalter werden. Diese wiederum bilden wesentliche Vorbilder mittelalterlicher Dichtung. Für die deutsche Dichtung gilt die Enzyklopädie ‹De Universo› von HRABANUS MAURUS (776–856) [10] als wichtiges Bezugswerk, das auch in der zweiten Hälfte des 9. Jh. die Grundlage des ersten deutschen allegorischen Wörterbuchs und Bibelkommentars von OTFRID VON WEISSENBURG bildet. [11] Die Bibel wird so zum von Gott erschaffenen «allegorischen Kunstwerk» [12], das wie die von ihm erschaffene Welt der Exegese bedarf. Biblische Textallegorese und Dingallegorese bilden letztlich eine Einheit. Diese Omnipräsenz des Allegorischen erklärt einmal, daß die allegorische Darstellung auch für neue Dichtung zur Norm wird [13], und zum anderen, daß die Allegorese nicht nur auf die Bibel, sondern auch auf die antike Dichtung angewendet wird – wie etwa im Aeneiskommentar (Ende 12. Jh.) von BERNHARDUS SILVESTRIS, der auf die ‹Saturnalien› von MACROBIUS (Anfang 5. Jh.) zurückgreift – ein Kompendium für die Auslegung antiker Dichter, vor allem Vergils. [14] Auch für THOMAS VON AQUIN (1225–74) bedürfen Bibel und Welt der Allegorese, damit der ihnen von Gott gegebene spirituelle Sinn deutlich werde. «Die äußere Schöpfung wie die literarische der Bibel ist dem menschlichen Fassungsvermögen zuliebe hervorgebracht worden, damit auf diese sichtbare Weise das Unsichtbare, die Wahrheit um Gott, allegorisch dargestellt werde». [15] Die Welt ist bei Thomas pyramidenförmig auf Gott hin zentriert. Zwar bestimmt er die Ordnung der Welt durch sich selbst, hinsichtlich der Ausführung aber läßt er die körperlichen Dinge durch die geistigen und die niederen Geister durch die höheren regieren. Die menschlichen Sinne sind in diesem spirituellen System nur deshalb nützlich, weil sie zur geistigen Erkenntnis führen. [16] Überraschend ist jedoch, daß der Aquinate diese körperlich-sinnlichen Dinge in seiner ‹Summa theologiae› als M. bezeichnet. «Alle menschliche Erkenntnis hat ihren Anfang im Sinnlichen. Deshalb wird uns in der Heiligen Schrift Spirituelles als Metaphern von Dinglich-Konkretem (sub metaphoris corporalium) überliefert». [17] Wenn dagegen Dichter M. benutzen, dann machen sie das «wegen der *repraesentatio*. Diese ist nämlich dem Menschen von Natur aus angenehm» *(Repraesentatio enim naturaliter homnini delectabilis est)*. In der Bibel aber werden M. «aus Notwendigkeit und Nützlichkeit» *(propter necessitatem et utilitatem)* verwendet. [18] Hier deutet Thomas offenbar die alte rhetorische Formel von den Entstehungsgründen der M. – Notwendigkeit oder Schmuck – theologisch um: die Notwendigkeit wird der Bibel zugeordnet, der Schmuck der nicht-biblischen Dichtung. Das läßt sich auch am hier verwendeten Begriff der *repraesentatio* verdeutlichen; *repraesentatio* bedeutet nicht nur ‹Gegenwärtig-Machen›, sondern auch, als rhetorischer Terminus, ‹Vor-Augen-Führen›. In der römischen Rhetorik wird die *repraesentatio* (griech. ὑποτύπωσις, hypotýpōsis) als Gedankenfigur behandelt und oft in Zusammenhang mit der ἐνάργεια, enárgeia, also dem ‹sinnlichen Vor-Augen-Führen›, gebracht. [19] Quintilian behandelt sie auch im 8. Buch im Zusammenhang mit dem Wortschmuck, wo er sie nicht nur mit dem Schmuckmittel enárgeia gleichsetzt, sondern auch gegen die *perspicuitas* (begriffliche Klarheit) abgrenzt.[20] Neben dieser theologischen Bedeutung der M. als *allegorisches Bild* verwendet Thomas diesen Ausdruck noch im traditionellen Sinn als *sprachlichen Tropus*. Tropen gehören dann zum Literalsinn, wenn das von ihnen Gemeinte keinen spirituellen Sinn hat: «*sub sensu litterali includitur parabolicus seu metaphoricus*» (unter dem Literalsinn ist der parabolische wie der metaphorische eingeschlossen).[21] Das verdeutlicht Thomas am rhetorischen Schulbeispiel *pratum ridet* (die Wiese lacht), das im Sinne von «die Wiese ist erblüht» zu verstehen ist. Damit stellt sich freilich das auslegungspraktische Problem, wann ein Tropus nicht bloß literal, sondern allegorisch zu verstehen ist. Daß für jeden einzelnen Exegeten ein großer spekulativer Spielraum gegeben war, kann schon ein kurzer Blick auf die verschiedenen Bibelexegesen verdeutlichen.[22] Mit dieser Verdoppelung des Begriffs der M. als *sprachlicher Tropus* und als *allegorisches Bild* nimmt Thomas eine fundamentale Trennung vor: ersterer bleibt als alltagsweltlicher Modus des Sagens an die Sprache gebunden, letzteres ist ein *von der Sprache losgelöstes* Bild, sinnlich-konkretes Zeichen oder Symbol, das auf einen 'tieferen', ja geheimnisvollen und nur dem Wissenden und Eingeweihten zugänglichen Sinn verweist, der zugleich seinsmäßig 'höher' steht.

Im Gegensatz zum Theologen ist für den Logiker Thomas von Aquin die M. Quelle von Trug und Schein (das gilt für alle Tropen). Deshalb dürfen die Prämissen in der logisch stringenten Rede nicht mehrdeutig sein – «*ex tropicis locutionibus non est recta argumentationis processio*» (aus tropischen Reden entsteht kein korrektes logisches Verfahren).[23] Das entspricht der Auffassung der Scholastik und der Tradition der Logik und Dialektik, die sich auf die ‹Topik› von Aristoteles zurückführen läßt: dort nämlich wird dem Dialektiker empfohlen, *vor* jeder Argumentation zu prüfen, ob keine *Mehrdeutigkeit* vorliegt – dies könnte ja zu Trug- oder Scheinschlüssen führen.[24]

2. *Dichtungslehre*. In den rhetorisch-grammatischen Abhandlungen, die sich ausschließlich auf die sprachliche M. beziehen, verläuft auf den ersten Blick die Geschichte der Bestimmung des metaphorischen Anders-Sagens weniger spekulativ. Neben der ‹Rhetorica ad Herennium›, die Cicero zugeschrieben wurde, wird das dritte Buch der ‹Ars maior› Donats, das Figuren und Tropen behandelt – auch als *Barbarismus* (nach dem ersten Wort dieses Buchs) verbreitet –, im Mittelalter zur wichtigsten Quelle für die Darstellung der rhetorischen Figuren und Tropen. Deshalb bleibt die M. eine nicht besonders ausgezeichnete Trope – bis auf wenige Ausnahmen. So übernehmen etwa ISIDOR VON SEVILLA in seinen ‹Etymologien› und BEDA in seiner Abhandlung über ‹Figuren und Tropen› (De schematibus et tropis)[25] nicht nur die Definition des Tropus, sondern auch die Einteilung Donats in dreizehn Tropen, d.h. einschließlich der Homöosis. Bei der M. spricht Isidor von *translatio usurpata* («M. est verbi alicuius usurpata translatio»)[26], und Beda definiert die M. als «rerum verborumque translatio», also als «Übertragung von Dingen und Wörtern»[27], eine 'dunkle' Definition, die nur einen Sinn erhält, wenn man sie als Ausdruck des nicht geklärten Problems des Verhältnisses von Sachwissen und sprachlicher Bedeutung interpretiert. Dagegen betont er sehr klar den argumentationslogischen Charakter der homoíōsis, da er sie als *demonstratio*[28] definiert. Auch in den großen Lerngrammmatiken des Mittelalters, dem ‹Doctrinale› von ALEXANDER DE VILLA DEI und dem ‹Graecismus› des EBERHARD VON BÉTHUNE findet sich die Donatsche Einteilung.[29] Das ‹Doctrinale› behandelt drei homoíōsis-Formen (Ikon, Paradigma, Parabel), während im ‹Graecismus›, der die Figuren und Tropen am Anfang behandelt, auffällt, daß er die Ähnlichkeitstropen Allegorie, Paradigma und schließlich M. abschließend als *eine* Gruppe erörtert (bei Donat steht die M. an erster Stelle).[30] Dies ist sicher auf die im 13. Jh. entstandenen *poetriae novae* zurückzuführen – das sind Dichtungslehren, die ihren Gegenstand durch Rückgriff auf die Rhetorik neu zu bestimmen suchen.[31] Die wichtigsten sind die 1210 noch in Hexametern geschriebene ‹Poetria nova› GALFRIDS VON VINSAUF, die Prosaschrift ‹Ars poetica› (um 1215) von GERVASIUS VON MELKLEY und die ‹Parisiana Poetria› von JOHANNES VON GARLANDIA (um 1235). Alle drei Autoren sind Engländer, die zwar die römische Figurenlehre übernehmen, sie aber mit unterschiedlichem Rückgriff auf Aristoteles neu bestimmen. Das zeigt sich äußerlich schon daran, daß in Galfrids Abhandlung, einem mit didaktischem Geschick geschriebenen Lehrwerk, das metaphorische Übertragen, bei ihm *transumptio*, wieder zur zentralen Figur wird. Die didaktische Intention Galfrids zeigt sich schon in den ersten Zeilen seiner fast zweihundert Verse umfassenden Darstellung der M.: «Wenn es ein Mensch ist, über den ich rede, so werde ich Ausdrücke von etwas Ähnlichem auf diesen Gegenstand übertragen [...]. Wenn du z.B. folgendes sagen willst: *Der Frühling schmückt den Boden, die ersten Blumen wachsen aus dem Boden, das Wetter wird schön* [...], so frage dich, welche Worte über unser menschliches Leben genauso passend gesagt werden können»; also etwa: «Der Frühling *bemalt* den Boden mit Blumen; die Blumenknospen werden *geboren*; das milde Wetter *verführt* uns».[32] Die hier klare Trennung von Vergleichsbereich und thematischem Bereich ist wohl der Grund dafür, daß Galfrid – neben der M. (*transferatio*), der Allegorie (*permutatio*) und der Neubenennung (*nominatio*) – auch die Antonomasie (*pronominatio*), die in der Tradition die Verwendung eines für eine Person *typischen* Gattungsnamens statt eines Eigennamens bezeichnet (also etwa *der Philosoph* für ‹Aristoteles›), zu den durch Ähnlichkeit legitimierten Übertragungen (*transsumptiones*) zählt. Auch die übrigen Tropen – Metonymie, Hyperbel, Synekdoche, Katachrese, Hyperbaton – sind für Galfrid *transsumptiones* (Übertragungen der Bezeichnungen für eine Sache auf eine andere Sache). Diese sind freilich von «geringerem Wert»[33] und werden deshalb auch kürzer behandelt; noch kürzer werden die homoíōsis-Formen (Vergleich, Exempel, Gleichnis) vorgestellt – freilich, wie beim Auctor ad Herennium, als Denkfiguren.[34] Wesentlich ist jedoch, daß Galfrid bei der Antonomasie neben der ab- oder aufwertenden Verwendung von Eigennamen («Dieser *Paris* da...») nur den Fall des übertragenen Gebrauchs von *Eigennamen* berücksichtigt: «Dieser Meister, unser *Tiphis*, lenkt unser Boot»; und er unterscheidet sogar die ironische Verwendung als Antiphrase, wie wenn man z.B. von einem ungehobelten Sprecher sagt, er sei ein «richtiger *Cicero*».[35] Die ganze Darstellung folgt offenbar der des Auctor ad Herennium, freilich hatte dieser eine solche Verwendung von Eigennamen als ‹historische Allegorie› bezeichnet. Die seit Lausberg gängige Auffassung, diese Form der Antonomasie sei zuerst von VOSSIUS 1630 unterschieden worden – daher der Name ‹Vossianische Antonomasie›[36] – muß deshalb berichtigt werden.

Obwohl er die Funktion der metaphorischen Rede für die Dichtung lobend hervorhebt, bleibt Galfrid in Aufbau und Gliederung ganz der Herennius-Rhetorik verpflichtet. Völlig anders gehen Gervasius von Melkley und Johannes von Garlandia vor. Johannes' ‹Poetria›, inhaltlich und in der didaktischen Intention stark von Galfrid beeinflußt, steht sowohl in der Tradition der antiken Poetik und vor allem der rhetorischen Stillehre als auch der *ars dictaminis* (Briefe und Urkunden), will also vor allem praktische Hinweise für das Schreiben, insbesondere von Briefen, geben. Dieser Mischcharakter zeigt sich in der Gliederung (*inventio*, Wahl des Themas, Anfang und *dispositio*, Teile des Briefes, Fehler in Versen und Briefen, Schmuck in Versen und Prosa, Stoffsammlung). Dies erklärt, daß Johannes die ‹Wort- und Sinnfiguren› – er spricht genauso wenig wie Galfrid von Tropen – nicht nur im Schmuckkapitel, in dem er sich in seinen Definitionen eng an die römische Tradition hält, behandelt. So untersucht er im *inventio*-Kapitel die M. unter der Fragestellung: «Wie sind Verben metaphorisch zu verwenden?», unterscheidet Verben, die zum Bereich ‹Geist›, von solchen, die zum Bereich ‹Körper› gehören und betont, daß sie wechselseitig übertragen werden können, sofern sie kongruent sind.[37] Im 2. Kapitel behandelt er das gleiche Problem und gibt den Hinweis, daß der Artbegriff «laufen», der für Belebtes im eigentlichen Sinn sagbar ist, auch metaphorisch vom «Wasser» und von der «Zeit» ausgesagt werden kann, da ihnen ein gemeinsamer Gattungsbegriff, eben «sich bewegen» zugrunde liegt[38] – in diesem praktischen Hinweis wird offensichtlich die M. von der Art auf die Art bei Aristoteles angewendet. Von hier aus erstaunt es nicht, daß die homoíōsis-Techniken (*imago, exemplum, similitudo*) wie bei Galfrid als Denkfiguren abgehandelt werden.[39]

Im Gegensatz zu den praktisch-didaktischen Lehrwerken von Galfrid und von Johannes ist Gervasius von Melkley insofern systematischer und philosophischer, als er die traditionelle Figurenliste auf dem Hintergrund der scholastischen Sprach- und Grammatiktheorie völlig neu gliedert. Alle Formen der Rede (Wort, Satz, Text) einschließlich rein grammatischer Erscheinungen werden nämlich semiotisch in drei Gruppen – Identität (*idemptitas*), Ähnlichkeit (*similitudo*), Gegensätzlichkeit (*contrarietas*) – eingeordnet. Diese Gliederung ist streng von der stoischen, nach sachlogischen Kriterien vorgenommenen Unterscheidung (Ähnlichkeit, Nähe, Gegensätzliches) zu unterscheiden, da es hier um das Verhältnis von *dictio* und *res*, von *Wort* und *Sache*, geht. Jedes Wort hat zwei Seiten: den Wortkörper (*vox*) und die Bedeutung (*significatio*). Die Bedeutung kann lexikalisch (*significatio*) oder grammatikalisch (*consignificatio*) sein. Deshalb kann Gervasius nicht nur bei gleichen Wortkörpern oder Konstruktionen von Identität sprechen, sondern auch bei verschiedenen Wortkörpern oder Konstruktionen, die *bedeutungsgleich* sind, und bei Redefiguren, die sich auf die *gleiche* Sache beziehen. Die *idemptitas* bezieht sich deshalb zunächst auf die grammatisch korrekte Rede, aber auch auf Figuren, bei denen keine der drei Änderungskategorien (Hinzufügen, Wegnehmen, Umstellung) wirkt, also Klang- und Wiederholungsfiguren wie etwa Paronomasie oder Reim. Wirken die drei Änderungskategorien, so handelt es sich um Veränderungen (*mutationes*), die sich ebenfalls auf Morphologie und Grammatik beziehen können wie z.B. Appositionen oder Relativsätze, die bezogen auf den Elementarsatz, mit dem sie strukturell identisch sind, als ‹Hinzufügungen› begriffen werden können – oder ‹Transmutationen› wie «ein *mutiger* Mann» in «ein Mann *mit Mut*», die aufgrund ihrer Bedeutungsgleichheit als identisch bestimmt werden können.[40] Auch Schmuckfiguren wie die generische Antonomasie oder die Teil-/Ganzes-Synekdoche sind deshalb Identitätsfiguren, weil sie die gleiche Sache wie der eigentlich zu verwendende Ausdruck bezeichnen.[41] Entsprechend manifestiert sich die *contrarietas* in allen Formen antithetischer Darstellung oder Argumentation, aber auch in der ‹negativen Allegorie›, der Ironie.[42]

Ebenso weit ist die Ähnlichkeit gefaßt. Sie umfaßt drei Arten: Neuzuschreibung (*assumptio*), Übertragung (*transumptio*) und explikatives oder argumentatives Vergleichen (*omiosis*). Eine Neuzuschreibung liegt z.B. vor bei grammatikalischen Ableitungen (im Deutschen etwa *wässern* aus *Wasser* aufgrund der Ähnlichkeit der *voces*) oder bei Umkategorisierungen (so wird in der Umkategorisierung des Verbs *gehen* zum Nomen *Gehen* dieser *vox* eine weitere grammatische Bedeutung zugeschrieben (*consignificatio*)). In *drei Achilles* wird einer *vox* mit einer festen *significatio* eine weitere – *drei Soldaten* – hinzugefügt. Auch dies ist eine Form der *assumptio*.[43] In der zweiten Art, der *transumptio*, wird die eigentliche *significatio* eines Wortes oder eines Satzes (*oratio*) auf ein anderes Wort (= M.) bzw. einen anderen Satz (= Allegorie) übertragen.[44] Dies entspricht ganz der Tradition. Neu ist, daß Gervasius die verschiedenen Möglichkeiten unter dem Titel ‹Absolute M.› nach Wortarten abhandelt. So ist das Schulbeispiel «Die Wiese *lacht*» eine absolute M. mit übertragenem *Verb*, weil die Vergleichssache, eben ‹Mensch›, nicht genannt ist. Absolute M. sind offenbar nichts anderes als das, was in der Moderne als *konventionalisierte M.* bezeichnet wird. Gervasius untersucht nicht nur die metaphorischen Übertragungen hinsichtlich der Wortarten, sondern auch Übertragungen auf andere Wortarten, nämlich Eigennamen statt Allgemeinnamen oder statt Adjektiven, also etwa *kein Hektor* für ‹kein guter Soldat› oder *Er war Paris, dann Hektor* für ‹Er war schön, dann tapfer›[45], also das, was Galfrid als Antonomasie bezeichnet hatte. Neu ist die zweite Gruppe, die ‹bezogene M.› (*respectiva transumptio*), die Gervasius ebenfalls nach Wortarten untersucht, wie z.B. *Zuweilen ist er warm, zuweilen kalt* oder *Jetzt verlangt er nach dem Pferd, jetzt nach dem Esel* für ‹er ist unentschlossen/wechselhaft (*inconstans*)›[46] – hier werden zwar immer zwei Worte (warm/kalt, Pferd/Esel) aufeinander bezogen, strenggenommen handelt es sich aber um eine Form der Generalisierung. Die dritte Art der auf Ähnlichkeit basierenden Redetechniken ist die homoíōsis, die in Ikon, Paradigma und Analogievergleich (*comparatio*) zerlegt wird, wobei, wie bei Beda, deren argumentative Funktion (*demonstratio*) hervorgehoben wird. Beim Paradigma ist dagegen die aristotelische Tradition erkennbar, da es in den *apologus* (= realiter nicht möglich, wie z.B. Fabel) und die *parabola* (= real mögliche Geschehnisse) zerlegt wird.[47]

Das ergibt folgendes Schema:

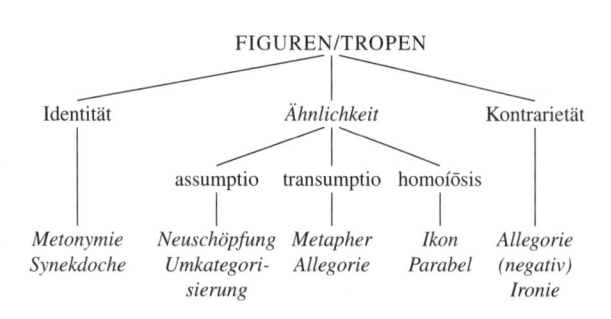

```
                    FIGUREN/TROPEN
         ┌──────────────┼──────────────┐
      Identität      Ähnlichkeit     Kontrarietät
                ┌────────┼────────┐
           assumptio transumptio homoíōsis

  Metonymie  Neuschöpfung  Metapher   Ikon      Allegorie
  Synekdoche Umkategori-   Allegorie  Parabel   (negativ)
             sierung                            Ironie
```

Dieses Schema zeigt drei zentrale Mängel: Die *semiotische* Tatsache, daß Metonymie und M. eine wesentliche Gemeinsamkeit haben, eben Tropen zu sein, wird nicht berücksichtigt. Ebenso zeigt die doppelte Klassifizierung der Allegorie, daß – wie schon bei Quintilian – *sachlogische* (Kontrarietät) und *semiotische* (Etwas-anders-Sagen-als-Meinen) Modi zusammengedacht werden; das wesentliche Merkmal der Ähnlichkeitsallegorie und der Ironie, nämlich tropische Formen des *Anders-Sagens* zu sein, kommt so überhaupt nicht in den Blick. Und innerhalb der Ähnlichkeitsfiguren findet sich das Problem, ob denn die neue Zuschreibung einer *(con-)significatio* zu einer *vox* genauso wie das Verändern einer *significatio* in eine andere *significatio* im Falle der M. überhaupt gleich behandelt werden kann. Auch hier stellt sich die *semiotische* Frage, ob denn die Relation Wortkörper/Inhalt genauso wie die Relationen Inhalt/Inhalt, Inhalt/Sache oder Sache/Sache behandelt werden kann. Mehr noch: ob Inhalt/Inhalt-Relationen wie Umkategorisierungen genauso wie tropische Formen des Anders-Sagens behandelt werden können. Dies zeigt sich gerade auch in einer widersprüchlichen Behandlung der tropischen Verwendung von Eigennamen. Gervasius behandelt diese, wie gezeigt, sowohl als Übertragung *(transumptio)* (Das ist kein *Hektor*) und ausdrücklich als Neuzuschreibung *(assumptio)* (Soldaten, alles *Hektoren*). Und in diesem Beispiel erkennt er zusätzlich eine Synekdoche, also eine Identitätstrope.[48] Diese uneinheitliche Behandlung der singulären Antonomasie verweist letztlich auf das auch im Mittelalter theoretisch nicht gelöste *semiotische* Problem des tropischen und metaphorischen Anders-Sagens. *Praktisch* freilich hatte Galfrid in seinem Vorgehen und der Wahl seiner Beispiele dieses Problem gelöst – und auch das Problem, daß Tropen nur als solche erkannt werden können, wenn klar ist, um welche Sache es eigentlich geht, d.h. wenn das *Thema* einer Rede konstituiert ist.

Anmerkungen:
1 vgl. C.P. Mayer: Die Zeichen in der geistigen Entwicklung und der Theol. des jungen Augustinus (1969) 116ff.; J. Pépin: Saint Augustin et la fonction protreptique de l'allégorie, in: Recherches. Aug. Suppl. 1 (1958) 243–286; zur Allegorik im antiken Schrifttum H.-J. Klauck: Allegorie u. Allegorese in synoptischen Gleichnistexten (1978) 32ff. – **2** vgl. Johannis Cassiani consolationes XXIIII, ed. M. Petschenig (Wien 1886) 14,8; vgl. H. de Lubac: Exégèse Médiévale. Les quatre sens de l'écriture, I–IV (Paris 1959–63, zit. n. d. Ausg. 1993) I, 139ff.; bes. E. Winkler: Exegetische Methoden bei Meister Eckhart (1965) 1–18; W. Blank: Die dt. Minneallegorie (1970) 15ff.; U. Krewitt: M. und tropische Rede in der Auffassung des MA (1971) 443ff. – **3** Aug. Doctr. III, 29, 40. – **4** ders., Contra mendacium 10, 24. – **5** ebd. 5, 7. – **6** Mayer [1] 341ff.; Pépin [1] 243–286; vgl. Krewitt [2] 109ff., 118ff. – **7** vgl. bes. Aug. Doctr. IV, 7, 15. – **8** Mayer [1] 340f; vgl. Augustinus, De diversis questionibus 83, in: ML, Bd. 40, 42. – **9** Mayer [1] 334. – **10** Hraban, ML 111, 12D/13A; Isidor, Allegoriae ML 83, 97 (= Isid. Etym. I, 37, 22); Ps-Hraban, ML 112, 850B; F. Ohly: Vom geistigen Sinn des Wortes im MA, in: ZDA 89, 1–23 (Sonderdruck 1966); vgl. ders.: M. für die Sündenstufen u. die Gegenwirkungen der Gnade (1990). – **11** vgl. R. Hartmann: Allegorisches Wtb. zu Otfrieds von Weissenburg Evangeliendichtung (1975). – **12** H.H. Glunz: Die Literaturästhetik des europäischen MA (1963; ¹1937) 166ff. – **13** H. Brinkmann: Ma. Hermeneutik (1980). – **14** J. Jones, E. Jones (Hg.): Commentum quod dicitur Bernardi Silvestris super sex libros Eneidos Virgilii (London 1977); vgl. Curtius 118ff., 441ff.; P. Klopsch: Einf. in d. Dichtungslehren des lat. MA (1980) 96ff. – **15** Glunz [12] 394; vgl. Lubac [2] I, 124ff. u. IV, 272. – **16** Thomas v. Aquin, Summa contra gentiles III, 83 und III, 33. – **17** ders., Summa theologiae I, 1, 9. – **18** ebd. – **19** vgl. Quint. IX, 2, 40ff.; vgl. Lausberg Hb. §§ 810–813. – **20** Quint. VIII, 3, 61. – **21** Thomas v. Aquin, Super ad Galatas I,7; vgl. ders. [17] IV, 1, 10. I tr 1 q 5 m; Winkler [2] 7ff. – **22** vgl. u.a. Hartmann [11] etwa zu Eckhart u. Winkler [2] 60ff. und 86ff.; allg. H. u. M. Schmidt: Die vergessene Bildersprache christlicher Kunst (²1982). – **23** vgl. Thomas v. Aquin, In 4 libros sententiarum magistri Petri Lombardi III, 11, 1; In libros posteriorum analyticorum II, 16; In librum Boethii de trinitate II, 3, 5. – **24** Arist. Top. 1, 15. – **25** Beda, De schematibus et tropis, in: Rhet. Lat. min. 607ff. – **26** Isid. Etym. I, 37, 2. – **27** Beda [25] 611. – **28** ebd. 618. – **29** Alexander de Villa-Dei: Doctrinale, hg. v.D. Reichling (1893) 167ff. (V. 2497–2572). – **30** Eberhard von Béthune, Graecismus, hg. v.J. Wrobel (1887, ND 1987), 8ff.; vgl. Murphy RM 36ff., 151ff. – **31** Murphy RM 168ff.; Klopsch [14] 44ff. u. 64ff.; H. Brinkmann: Zu Wesen u. Form ma. Dicht. (1928) 68ff. – **32** Galfrid 55ff., v. 771ff.; vgl. Krewitt [2] 313ff. – **33** Galfrid 64, V. 962. – **34** ebd. 80ff, V. 1258ff. – **35** ebd. 62, V. 932ff. – **36** Lausberg Hb. § 581. – **37** Joh v. Garl. 28. – **38** ebd. 48. – **39** ebd. 131ff. – **40** Gervasius von Melkley, Ars Poetica, hg. v.H.J. Gräbener (1965) 48ff. u. 76ff.; vgl. Krewitt [2] 364ff. – **41** ebd. 67ff. – **42** ebd. 155ff. – **43** Gervasius [40] 89, 5–107, 19. – **44** vgl. ebd. 108,2ff. – **45** ebd. 109ff. und 111ff. – **46** ebd. 123ff. – **47** ebd. 150ff. – **48** vgl. ebd. 100ff.

III. *Renaissance, Barock, Aufklärung.* In Randbereichen des Denkens der Renaissance vollzieht sich eine Art Säkularisierung christlicher Allegorese und neuplatonischer Mystik, die sich freilich auf eine lange Tradition des magischen und kosmogonischen Denkens stützen kann. Die Übergänge von der Allegorese zur Mystik bis hin zur Magie sind fließend. Genauso wie die Allegorese sich auf die Relationen der Nachbarschaft (Metonymie) und der Ähnlichkeit (Analogie/M.) stützt, genauso kann der Magier sich der «ansteckenden» und der «homöopathischen» Magie [1] bedienen. Für M. Foucault repräsentiert das sich auf Ähnlichkeit gründende Denken von PARACELSUS, AGRIPPA VON NETTESHEIM oder CAMPANELLA sogar die ‹Episteme› der Renaissance, d.h. das ihr zugrunde liegende Denk- und Wissenssystem. Foucault unterscheidet vier Formen der Ähnlichkeit: *convenientia, analogia, aemulatio,* Sympathie/Antipathie.[2] Es überrascht, daß für Foucault die *convenientia*, d.h. das räumliche Nebeneinander, eine Form der Ähnlichkeit und *nicht* der metonymischen Nachbarschaft ist. Foucault kann diese Auffassung nur durch die spekulative These abstützen, daß die «Nachbarschaft nicht eine äußere Beziehung zwischen den Dingen ist, sondern das Zeichen einer zumindest dunklen Verwandtschaft».[3] Auch die beiden letzten Formen sind im strengen Sinn keine Arten des Ähnlichen, sondern aus der Analogie mit menschlicher Erfahrung selbst ableitbare Anthropomorphisierungen. Das läßt sich leicht zeigen. Nur Dinge, die in einer Analogierelation stehen, können nämlich miteinander wetteifern *(aemulatio)*. So reflektieren sich – wie Spiegel – *Sterne, Augen*, aber auch *Gräser*; sie wetteifern miteinander, weil sie an der gleichen Stelle der kosmologischen Analogierelation: *Sterne/Himmel* ≈ *Augen/Gesicht* ≈ *Gräser/Erde* ≈ *Mineralien/Felsen* ≈ *Hautflecken/Körper* usw. stehen. Die Augen leuchten nicht nur wie die Sterne, sie haben auch beim Magier und Seher die Kraft, Verborgenes und Dunkles, also auch die Geheimnisse des Himmels, der Erde und des Schicksals zu schauen. Umgekehrt kann man in den Sternen sein Schicksal lesen, ja das Firmament selbst ist ein magisches Buch, voller *Signaturen*, das von der Imagination – der «Sonne im Menschen»[4] – dechiffriert werden muß. Wie schon bei Empedokles meint Analogie nicht bloß, daß sich analoge Dinge gleich verhalten, sondern vielmehr, daß sich Gleiches anzieht (liebt) und Ungleiches abstößt (haßt). Dieses anthropomorphisierte Analogieprinzip erklärt die vierte Art der Ähnlichkeit, die *Sympathie* und *Antipathie*. So ist für Agrippa in ‹De occulta philosophia› (1510) wie schon für «die Ägypter die Natur eine Magierin [...], d.h. die magische Kraft selbst, die sich durch Anziehung des Ähnlichen durch das Ähnliche, des Übereinstimmenden durch das Übereinstimmende äußert. Diese Anziehung in Folge der gegenseitigen Übereinstimmung der Dinge, des oberen mit dem unteren, nannten die Griechen συμπάθεια (sympátheia); so stimmt mit der Erde das Wasser in der Kälte, das Wasser mit der Luft in der Feuchtigkeit, die Luft mit dem Feuer in der Wärme, das Feuer mit dem Himmel in der Materie überein, und es vermischt sich das Feuer mit dem Wasser nur durch die Luft, die Luft mit der Erde nur durch das Wasser. So verbindet sich auch die Seele mit dem Körper nur durch den Lebensgeist, und der Verstand mit dem Lebensgeist nur durch die Seele».[5] Doch diese Welt ist wie in der neuplatonischen Mystik und bei Thomas von Aquin stufenförmig von oben nach unten geordnet: «Denn es herrscht in der Natur ein solcher Zusammenhang und eine solche Übereinstimmung, daß jede obere Kraft durch das einzelne Untere in langer und ununterbrochener Reihe ihre Strahlen austeilend bis zum letzten strömt, und andererseits das Untere durch die einzelnen Stufen des Oberen bis zum Höchsten gelangt».[6] So wie «unter den Oberen Freundschaft und Feindschaft besteht, so richten sich auch danach die Neigungen der ihnen untergebenen Dinge unserer Welt».[7] Zwischen *gleichrangigen* Dingen besteht Sympathie und Antipathie, Liebe und Haß: «Jedes Ding hat etwas Furchtbares, Schreckliches, Feindliches und Zerstörendes, und dagegen etwas Freundliches, Freudiges, Stärkendes und Erhaltendes. So ist unter den Elementen das Feuer ein Gegner des Wassers und die Luft eine Feindin der Erde [...]. Im Tierreich besteht Freundschaft zwischen Amsel und Drossel, zwischen der Krähe und dem Reiher, zwischen den Pfauen und Tauben». Antipathie und Widerwillen hingegen haben z.B. Ameisen «gegen Majoran, gegen die Flügel einer Fledermaus und das Herz eines Wiedehopfes, vor deren Gegenwart sie fliehen. [...] Die Gurken hassen das Öl dergestalt, daß sie sich hakenförmig krümmen, um es nicht zu berühren».[8] Daß Sympathie und Antipathie nur zwischen *gleichrangigen* Dingen entstehen kann und *darf,* übersieht Foucault. Diese universelle Analogie, dieses Wetteifern, Anziehen und Abstoßen hat für den Menschen auch praktische Konsequenzen: analoge Dinge nämlich, Dinge also, die sich anziehen, haben auch für AGRIPPA die Fähigkeit, Qualitäten des Dinges, mit dem sie sympathetisch wetteifern und von dem sie angezogen werden, zu übernehmen. Wenn wir nämlich z.B. Liebe erwecken wollen, «so müssen wir ein Tier suchen, das in der Liebe sich auszeichnet. Dahin gehören die Taube, der Sperling, die Schwalbe, die Bachstelze. Von diesen Tieren müssen wir diejenigen Teile oder Glieder nehmen, in denen hauptsächlich der Liebestrieb herrscht»[9] – analoge Dinge übertragen nicht bloß *metaphorisch*, sondern auch *faktisch* ihre Eigenschaften, freilich nur dann, wenn sie in ein räumliches Nebeneinander mit den ihnen analogen Ding gebracht werden. Diesem magisch-kosmogonischen Denken fehlt offenbar nicht nur das Bewußtsein der Übertragung und damit der Andersartigkeit der analogen Dinge, sondern auch das Bewußtsein, daß diese Übertragungen Formen der an Sprache gebundenen *begrifflichen Repräsentierung* der Wirklichkeit sind. Beides wird zwar erst im 18. Jh. in der von der ‹Allgemeinen Grammatik› entwickelten Tropenlehre systematisch herausgearbeitet, ist aber im Kernbereich des Denkens des Humanismus und der Renaissance vorbereitet.

Ein wesentlicher Aspekt dieses Kernbereichs ist durch einen Ciceronianismus bestimmt, der sich jedoch nicht mehr an Logik, Grammatik und rhetorischer Figurenlehre, sondern am Ideal des *perfectus orator* orientiert. Der Stilist und Redner Cicero und der Gelehrte Quintilian werden bei P. BEMBO, B. VARCHI, SPERONE SPERONI oder PICO DELLA MIRANDOLA zu neuen Leitbildern.[10] Rhetorik ist nicht mehr trockene *ars dicendi*, sondern Habitus einer Elite. Gegen diesen Universalanspruch wendet sich schon früh in mehreren gegen Cicero und Quintilian gerichteten Schriften PETRUS RAMUS. Er und seine Nachfolger werden hier zur *minimalistischen* Richtung der neuzeitlichen Tropen- und Figurenlehre gerechnet (1.). Daneben lassen sich eine *maximalistische* (2.) und eine *traditionalistische* (3.) Richtung unterscheiden: erstere ist durch eine Erweiterung bzw. zumindest vollständige Auflistung aller bisher in der Tradition unterschiedenen Figuren und Tropen gekennzeichnet, letztere versucht dagegen, die traditionelle Tropenlehre durch verschiedene Präzisierungen zu verbessern.

1. Für Ramus gehören *inventio* und *argumentatio* zu den einschlägigen Disziplinen Logik und Dialektik, nicht aber zur Rhetorik, die sich um die *elocutio* und *pronuntiatio* zu kümmern hat. Die Tropen selbst führt er auf vier Arten zurück: Metonymie, Ironie, M., Synekdoche. In allen findet eine «mutatio propriae significationis in verbo» (eine Vertauschung der eigentlichen Bedeutung im Wort) statt und zwar «von den Ursachen auf die Wirkung bzw. den Subjekten (*subjecta*) auf das ihnen akzidentell Zukommende (*adjuncta*) und umgekehrt» (Metonymie), «von Gegensätzlichem auf Gegensätzliches» (Ironie), «von Ähnlichem auf Ähnliches» (M.) und «vom Ganzen auf den Teil und umgekehrt» (Synekdoche).[11] Die übrigen Tropen werden als echte oder nur scheinbare Unterarten dieser vier ‹genera› bestimmt. Im Unterschied zur systematischen Tropenlehre der Stoa werden hier die Einteilungskriterien – nebeneinanderliegend, gegensätzlich, ähnlich – den entsprechenden Tropen zugeschrieben, und innerhalb des Nebeneinanderliegenden wird zusätzlich die Teil-Ganzes-Beziehung neben der Metonymie unterschieden. Von hier aus ist klar, daß sich Ramus vehement gegen die Subsumierung der Ironie unter die Allegorie bei Quintilian wendet; aber auch, da er den Tropus als eine Veränderung *im Wort* bestimmt (*mutatio in verbo*), daß er die Allegorie, sofern ihr eine M. zugrunde liegt, nicht als Textform, sondern als Aneinanderreihung von mehreren M. bestimmt.[12] In der Klassifikation von Ramus, aber auch in seiner Definition des Tropus liegt eine radikale Abkehr von der lateinischen Rhetorik vor. Dadurch, daß er den Tropus als *mutatio in verbo* bestimmt, wird die tropische Rede zu einer *inhaltlichen* Veränderung, die *im Wort* geschieht. Zugleich ist diese Bestimmung eine Abkehr von der in der mittelalterlichen Bibelallegorese teilweise vorgenommenen Vergegenständlichung der M. als (Voraus-) Bild und natürlich eine Abkehr von jeglicher mystischen und magischen Auslegung. Eine weitere Konsequenz des ramistischen Systems ist, daß die logischen und argumentativen Ähnlichkeitsformen, also etwa das Paradigma, aber auch die von Donat und dem Mittelalter noch unterschiedenen Formen der homoíosis, zur Dialektik und Logik gerechnet werden. Kurz: die M. gehört zur Sprache, das Paradigma – d.h. Vergleichen und Folgern aus dem Ähnlichen – zur Logik. Diese radikale Trennung wird vom 'rhetorischen' Dialektiker AGRICOLA in ‹De inventione dialectica› nicht vorgenommen, da er bei der Erörterung des Topos aus der Ähnlichkeit auf den Nutzen der M., die «ohne Verzögerung die Ähnlichkeit» aufzeigt, hinweist. Will man nämlich nachweisen, daß Liebe ein Übel ist, so soll man nachschauen «was von der Liebe in metaphorischer Bedeutung gewöhnlich gesagt wird». So kann man z.B. in der M. «aus Liebe *entbrannt*» schnell ein Argument aus der zerstörerischen und alles vernichtenden Kraft des *Feuers* gewinnen.[13] Hier ist angedeutet, was schon bei Aristoteles angelegt ist und in der Moderne systematisiert wird, nämlich daß die der M. implizit zugrundeliegenden Inferenzen sich nicht wesentlich von den in expliziten Argumenten verwendeten Ähnlichkeitsschlüssen unterscheiden.

Das ramistische Viererschema findet sich nicht nur in der lateinischen ‹Rhetorica› (1547) und der französischen ‹Rhétorique› (1555) seiner Schüler O. TALON und A. FOUQUELIN – zwei fast identischen Abhandlungen –, sondern auch in vielen protestantischen und anglikanischen Rhetoriken bis ins 18. Jh.: KECKERMANN (1612), FARNABY (1625) und VOSSIUS (1605/1630), ja sogar GOTTSCHED übernimmt in seiner ‹Critischen Dichtkunst› (1742) dieses Schema.

Fouquelin behandelt ganz im Sinne von Ramus die Katachrese, die Allegorie, das Rätsel und die Hyperbel als Formen der M., die er, sofern diesen überhaupt eine *translation* zugrunde liegt, *respective* als hart klingende, mehrfache, dunkle und über- bzw. untertreibende M. bestimmt.[14] Die M. wird nach der Metonymie und Ironie behandelt. Die Frage der Gütekriterien wird nur kurz erörtert, freilich mit explizitem Bezug auf Aristoteles' Begriff des ‹Vor-Augen-Führens› und der Projektion von Beseeltem auf Unbeseeltes. Ganz der ramistischen Doktrin entsprechend fehlen in dieser Rhetorik die dialektischen Teile *inventio* und *dispositio*. Beide Teile finden sich wieder im II. und III. Buch der Rhetorik von Vossius, freilich meint *inventio* nicht mehr die Argumentationslehre, sondern das Finden des passenden *Ethos* und *Pathos*. Die *inventio* im alten Sinn wird nur kurz im I. Buch vorgestellt. In dieser Ent-Logisierung der Rhetorik folgt Vossius den Ramisten, ebenso wie in seiner Unterscheidung von vier Haupttropen, die er aber im Gegensatz zu Fouquelin in der Reihenfolge M., Metonymie, Synekdoche, Ironie abhandelt. Die M. definiert er intensional: eine M. liegt vor, «cùm vox à propriâ significatione deflectitur ad alienam propter similitudinem» (wenn ein Wort von seiner eigentlichen Bedeutung zu einer anderen aufgrund einer Ähnlichkeit verändert wird).[15] Da das hier verwendete Verb *deflectere* auch *Verbiegen* konnotiert, wird hier der metaphorische Sprachgebrauch zugleich als *Abweichung* bestimmt. Vossius unterscheidet, wie schon vor ihm Galfrid, neben der traditionellen generischen Antonomasie die singuläre Antonomasie; beides sind Unterarten der Synekdoche, die erste entspricht der *generalisierenden* Synekdoche, die zweite der *partikularisierenden* Synekdoche. Dies hindert ihn freilich nicht daran, in bestimmten Fällen (etwa «Er ist ein römischer *Jupiter*») die singuläre Antonomasie auch als M. zu bestimmen.[16] Wie bei Ramus bilden Allegorie und Katachrese keine besonderen Tropen, da sie aus anderen Tropen gebildet werden;[17] als Arten der Allegorie unterscheidet Vossius ganz traditionell die Fabel, den Mythos, das Rätsel, das Sprichwort.[18] Auch die Denkfiguren der homoíōsis werden behandelt[19], freilich unter Rückgriff auf SCALIGER, der diese Formen ent-logisiert hatte.

Bei GOTTSCHED steht die M. wieder im Zentrum der Tropen bzw. der «verblümten Redensarten», die er deshalb auch vor der Metonymie, der Synekdoche und der Ironie behandelt. In seiner begriffsrealistischen Definition der M. folgt er fast wörtlich Aristoteles: «Die Metaphore ist also eine verblümte Redensart, wo man anstatt eines Wortes, das sich in eigentlichem Verstande zu der Sache schicket, ein anderes nimmt, welches eine gewisse Aehnlichkeit damit hat, und also ein kurzes Gleichniß in sich schließt».[20] Kennzeichnend für diese Dichtkunst ist freilich, daß die argumentativen Ähnlichkeitsformen nicht mehr als solche, sondern nur noch als Textformen, nämlich als *Gleichnis* und *Vergleichung*, gesehen werden.[21]

Von großer Bedeutung für die Moderne wurde, daß G. VICO nicht nur in seiner Rhetorik, den ‹Institutiones Oratoriae› (1711)[22], sondern auch in seiner ‹Scienza Nuova› (1725/44) die ramistische Einteilung übernimmt und spekulativ auf die Entwicklung der menschlichen Sprache anwendet. Vico unterscheidet drei Zeitalter, das der Götter (Theokratie), das der Heroen (Aristokratie) und das der Menschen (Republik), denen drei ‹Sprachen› entsprechen: die natürlich-mythische, die poetische und die Volks- bzw. Epistolarsprache. Der poetischen Sprache liegen die vier Tropen M., Metonymie, Synekdoche und Ironie, die sich nacheinander herausbilden, zugrunde. Diese Tropen sind «notwendige Ausdrucksmodi der ersten poetischen Nationen» und nicht bloß «geistreiche Erfindungen» (ingegnosi rítruovati) von Dichtern.[23] Da Vico diese Abfolge der Zeitalter und der Tropen zugleich diachron und synchron, phylogenetisch und ontogenetisch denkt, liegen die Tropen auch einer jeden Volkssprache *(volgare)* zugrunde und sind notwendig für den Spracherwerb. Daraus folgt weiter, daß die tropische Rede, *vor* der eigentlichen, von den Grammatiken privilegierten prosaischen Sprache war und ist. Genau dieser Gesichtspunkt sollte in der Moderne von einer zugleich kulturanthropologischen und psychologischen Theorie der Entstehung der Sprachen wieder aufgegriffen werden.[24] Von den Tropen ist die M. wie schon für Aristoteles oder Quintilian die «hellste, notwendigste, häufigste» (la più luminosa, la più necessaria, la più spessa). Sie verlangt *ingegno* und *fantasia*, Geist und Einbildungskraft. Sie wird am meisten gerühmt, wenn sie «unbelebten Dingen» (cose insensate) «Gefühl und Leidenschaft» (senso e passione) verleiht.[25] Mit dieser *stilistischen* Anthropomorphisierung der Dinge durch die M. wendet Vico, wie schon vor ihm das Barock, das aristotelische Gütekriterium des Vor-Augen-Führens und energetischen Beseelens spekulativ. Da er gleichzeitig aber auch durch viele Beispiele zeigt, daß in den historischen Sprachen selbst die «Mehrzahl der Ausdrücke für unbelebte Dinge vom menschlichen Körper und seinen Teilen, von seinen Sinnen und seinen Leidenschaften übertragen wurden»[26], sollte er Ende des 19. Jh. nicht nur zu einem Vorläufer der historischen Sprachwissenschaft, sondern auch zu einem wichtigen Bezug für neuere Erkenntnis- und Wissenschaftstheorien werden.

2. Neben der ramistischen Reduktion findet sich in dieser Epoche auch die entgegengesetzte Bewegung: so unterscheidet etwa N. CAUSSIN in ‹De eloquentia sacra et humana› (1643) über zweihundert nicht differenzierte und alphabetisch aufgelistete Tropen und Figuren. Vorbild für diese maximalistische Richtung ist I.C. SCALIGER mit seinen monumentalen ‹Poetices libri septem›. Bei Scaliger wird diese Ausweitung durch eine Verallgemei-

nerung des Terminus ‹Figur› möglich, die bei ihm jede «tolerierbare Darstellung der Begriffe, die vom normalen Gebrauch abweicht»[27] umfaßt, also *alle* traditionellen Tropen und Wort-, Stellungs- oder Satzfiguren, aber auch die syllogistischen Schlußfiguren, die ja vom «gewöhnlichen Sprachgebrauch» weit entfernt sind.[28]

Die sprachlichen Figuren selbst teilt Scaliger in zwei Gruppen ein: (a) «solche, die das, was ist» und (b) «solche, die dessen Gegenteil» *(aut id quod est aut contrarium)* ausdrücken. In der ersten Gruppe unterscheidet er vier Arten, je nachdem, ob eine Figur das, was ist, «in gleicher Weise oder durch mehr oder durch weniger oder anders» *(aut aeque aut plus aut minus aut aliter)* sagt.[29] Die M. *(translatio)* gehört zur ersten Art und wird von Scaliger neben dem Bild, dem Beispiel, der Vergleichung und dem Vergleich *(imago/translatio, exemplum, collatio, comparatio)* unter dem Oberbegriff der *Annäherung (assimilatio)* zusammengefaßt, wobei der Aristoteliker Scaliger bei Exemplum ausdrücklich auf den griechischen Terminus παράδειγμα, *parádeigma)* hinweist. Neu ist nicht nur, daß die M. als eine Unterart des Bildes behandelt wird, sondern vor allem, daß Bild und M. der gleichen Gruppe wie die drei übrigen, eben der *assimilatio*, zugeordnet werden. Deshalb betont Scaliger zu Recht, daß «die Alten» für diese Gruppe «noch keinen gemeinsamen Namen kannten».[30] Doch dieses Zusammenbringen der verschiedenen Ebenen, auf denen Ähnlichkeit wirken kann – Wort, Text, Argumentation – führt nicht zu einer Präzisierung der Gemeinsamkeiten und Unterschiede dieser Redefiguren, sondern vielmehr zu ihrer Verwischung. So übernimmt Scaliger zwar die aristotelische realistische Definition der M.: eine M. liegt vor, «wenn wir das, was ist, von einer Sache auf eine [andere] übertragen» *(quoties e re in rem transferimus id quod est)* – wie etwa «die Welle der Grüßenden».[31] Da diese M. jedoch gleichzeitig als *Bild* begriffen wird, verliert die M. ihre Besonderheit, nämlich eine Form des tropischen Anders-Sagens zu sein. *Bilder* müssen für Scaliger nämlich nicht immer auf einer metaphorischen Übertragung gründen, es genügt, daß sie «zwei Dinge durch eine *assimilatio*, die man ὁμοίωσις (homoíōsis) nennt, unter eine und die gleiche Vorstellung bringen». Das unterscheidet das Bild auch vom *exemplum*, das verwendet wird, «damit etwas auf bestimmte Weise geschehe».[32] Hier hat das *exemplum* keine argumentative Funktion mehr, es ist rein deskriptiv und kann deshalb, wie Scaliger selbst hervorhebt, als Figur behandelt werden. Die gleiche Ent-Logisierung läßt sich für die Behandlung der *comparatio* und der *conlatio* feststellen, die sich beide auf «voneinander getrennte Dinge» beziehen. Die *comparatio* meint nicht mehr wie noch bei Quintilian die *a fortiori*- oder die *a pari*-Argumentation, sondern nur noch Vergleiche, bei denen zuerst der Vergleichsbereich und dann «das, wovon die Rede ist»[33], also das Thema genannt wird. Bei der *collatio* werden zwei voneinander getrennte Dinge oder Sachverhalte miteinander verglichen, um ihre Ähnlichkeit («Unwürdig ist es, wenn x die Handlung P und wenn y die Handlung Q vollziehen») oder ihre Unähnlichkeit («x ist nicht überlegen wegen P, sondern wegen Q») kontrastierend darzustellen. Wenn Scaliger sowohl für das positive wie auch das kontrastierende Vergleichen als Beispiele *a fortiori*-Argumente anführt («Wenn ich nach des Turnus Tod bereit bin, sie [die Feinde] als Bundesgenossen herbeizurufen, warum soll ich dann nicht, solange er noch lebt, die Streitigkeiten beenden?»)[34], dann darf dies nicht als Indiz für den argumentativen Charakter der *collatio* bei Scaliger gelesen werden, sondern muß umgekehrt als Beleg für die Vermischung von darstellendem und argumentativem Vergleichen interpretiert werden: *collatio* meint somit bei Scaliger nur noch *allgemein* das positive oder das kontrastierende Gegenüberstellen von Vergleichbarem.

Die gleiche Verflachung läßt sich bei der Behandlung der *Allegorie* feststellen. Scaliger behandelt sie zunächst als eine spezifische Form der *comparatio*, bei der vor dem eigentlichen Thema eine Geschichte oder zumindest eine zusammenhängende Darstellung gegeben wird; deshalb bezeichnet er diese auch als *praetextum*.[35] Die «wahre Allegorie» gehört freilich zur vierten Art der Figuren, die das, was ist, *anders* sagen. Scaliger bezieht sich nun zwar am Ende seiner Darstellung der allegorischen Figuren auf die ontologische Auffassung, daß «die Allegorie durch Ähnlichkeit und Metaphern entsteht»[36], ohne daß dies aber seine Erörterung beeinflussen würde. In dieser Erörterung werden nämlich u.a. die Fabel, die Erzählung (mýthos), das Rätsel oder das Sprichwort behandelt. Auch hier werden offenbar ursprünglich argumentative Formen (Aristoteles behandelte die Fabel noch als eine Form des Paradigmas) mit Textformen (Rätsel) und Ausdrucksformen (Sprichwort) zusammengebracht. Dieses Vermischen bewirkt auch hier insofern eine Ent-Logisierung, als der argumentative Charakter der Fabel verloren geht. Da durch dieses Vermischen auch die spezifischen Differenzen der anderen allegorischen Figuren verwischt werden, bleibt für sie letztlich nur die allgemeine Bestimmung, die Scaliger für ihre Gattung, eben die Allegorie gibt: sie ist «eine Figur, die etwas anderes sagt, aber etwas anderes ähnliches meint» *(figura aliud dicens, aliud intellegens simile)*.[37] Der Zusatz *ähnliches (simile)* macht klar, daß auch Scaligers systematische Figurenlehre genauso gegenüber dem *semiotischen* Problem des Anders-Sagens blind bleibt, wie in der Antike die Stoa oder im Mittelalter der große Entwurf des Gervasius von Melkley.

Ein weiteres Beispiel in dieser Gruppe der extensiven Behandlung der Figuren ist die ‹Arte of English Poesie› (1589) von PUTTENHAM. Im Gegensatz zu Scaligers ontologischer Klassifikation gliedert er die Figuren linguistisch und zugleich pragmatisch – sozusagen: in englischer Manier – in «auricular figures» und «sensable figures»; erstere, die «Ohr Figuren», betreffen die Wort- und Konstruktionsfiguren, also die *voces* bzw. Signifikanten, letztere sind Sinnfiguren «because they alter and affect the minde by alteration of sence» (weil sie den Verstand durch Sinnveränderung wandeln und beeinflussen).[38] Und innerhalb dieser Gruppe unterscheidet er ganz traditionell die Sinnfiguren in Einzelwörtern, d.h. die Tropen, und die, welche den Sinn von ganzen Sätzen und Reden *(in whole clauses and speeches)* verändern.[39] Daß Puttenham Allegorie, Ironie oder das Rätsel zur letzten Untergruppe zählt, wird von seinem pragmatischen Ansatz her nahegelegt. Ebenso naheliegend ist, daß er die Katachrese und die M. zur ersten Untergruppe zählt. Die M. *(transport)* wird als erste und am ausführlichsten in dieser Untergruppe behandelt. Seine Definition der M. ist intensional: «a kinde of wresting of a single word from his own right signification, to another not so naturall, but yet of some affinitie or convenience with it» (eine Art Wegnehmen eines Wortes von seiner eigenen richtigen Bedeutung, hin zu einer anderen, nicht so natürlichen, aber doch mit ihm verwandt und zu ihm passend).[40] Freilich nimmt Puttenham eine wesentliche

Uminterpretation der M. und der Tropen vor, wenn er die Allegorie wie auch jede Übertragung als eine Art von *dissimulatio* («a kinde of dissimulation») bezeichnet. Das *celare artem* (die Kunst verbergen) war bei Cicero ein Stilkriterium, das allzu artifizielle und gekünstelte Techniken verhindern sollte, hier – wie auch im Barock – wird es jedoch zu einem wesentlichen Kennzeichen tropischer Rede überhaupt. [41] Dies ist sicher auf die in der französischen ‹Pléiade› entwickelte Idee, daß sich wahre Kunst verbirgt, zurückzuführen, aber auch auf den in der italienischen Renaissance besonders von CASTIGLIONE entwickelten Begriff der *sprezzatura*, durch den sich die höfische Elite in einer Art edler Distanz und Verachtung gegenüber dem Gemeinen abgrenzen will. Diesen Zusammenhang stellt Puttenham selbst her, wenn er das geflügelte Wort «Qui nescit dissimulare nescit regnare» (Wer nicht weiß, wie man verbirgt, weiß nicht, wie man regiert) als Bestätigung zitiert. [42] Die Darstellungsformen der Ähnlichkeit (Ikon, Parabel, Paradigma) werden in der dritten Gruppe, den «sententious figures», in denen Ohr und Sinn zugleich angesprochen wird, wie in der Tradition als homoíōsis, «the figure of resemblance» (Ähnlichkeitsfigur), behandelt, wobei Puttenham ganz der Tradition entsprechend das Ikon als die auf Übertragungen zurückgreifende Porträtierung und das Paradigma als historisches Beispiel bestimmt. Bei der Parabel benennt Puttenham sogar den metaphorischen Charakter: «Wann immer man durch Ähnlichkeit eine Moral oder gute Lehre vermitteln will», so Puttenham, «indem man eine natürliche Sache metaphorisch auf eine andere, oder einen Fall auf den andern anwendet, und aus ihnen auf eine ähnliche Konsequenz in anderen Fällen folgert, dann nennen das die Griechen Parabel.» (whensoever by your similitude ye will seeme to teach any moralitie or good lesson [...], metaphoricall applying one naturall thing to another, or one case to another, inferring by them a like consequence in other cases, the Greekes call it *Parabola*).[43] Hier ist metaphorisch offenbar ganz im Sinne von *analogisch* zu verstehen. R. SHERRY hatte knapp vierzig Jahre vorher in seinem ‹Treatise of Schemes and Tropes› (1550), einer Kompilation aus Stillehre *und* dialektischer Beweislehre, das Problem des Verhältnisses von Tropen und Argumentationsformen ganz anders gelöst. Letztere behandelt er nämlich im Teil *proves* – das sind die Beweisformen. Und da er sich mehr an der Behandlung der *inventio* in den Topiken als in den Rhetoriken orientiert, unterscheidet er nicht mehr wie die Donat-Tradition die homoíōsis-Textformen, sondern, wie schon Aristoteles, das Exemplum und danach die Parabel. [44] Dies erklärt wiederum, daß er die M. selbst realistisch erklärt: «a worde translated from the thynge that it properlye signifieth, unto another whych may agre with it by a similitude» (ein Wort, das von einer Sache, die es eigentlich meint, auf eine andere übertragen wird, die mit ihm durch eine Ähnlichkeit übereinstimmen mag). [45] Vergleicht man diese englischen Abhandlungen mit Scaliger, so fällt auf, daß in ihnen wie in der Tradition die Unterschiede zwischen Wort, Text und Satz gesehen werden, ja sogar, daß Puttenham ihre Gemeinsamkeiten hervorhebt, ohne jedoch ihre Unterschiede zugunsten eines recht allgemeinen Textbegriffs wie Scaliger zu verwischen.

3. Langfristig sollte sich aber die konservative Lösung, d.h. die vorsichtig-kritische Fortschreibung der Tradition, insbesondere Quintilians, durchsetzen. Für diese Richtung spielt die klar und gut geschriebene, mehrmals aufgelegte Abhandlung von ERASMUS ‹De Utraque Verborum ac Rerum Copia› (Vom Reichtum der Wörter und Sachen) (1516) eine große Rolle. Es handelt sich um keine systematische Abhandlung, sondern um eine Illustrierung der wichtigsten sich auf Wörter, zum Teil auf Sätze beziehenden Sinnfiguren (= Kp. I) und der sich auf Texte beziehenden Gedankenfiguren (= Kp. II) beim Auctor ad Herennium, Cicero und Quintilian. Im Kapitel zu den Sinnfiguren finden sich deshalb auch die wichtigsten Tropen der lateinischen Rhetorik, freilich mit einigen spezifischen Akzentuierungen. Bei der M. unterscheidet Erasmus nämlich neben den traditionellen vier Übertragungsarten – (un)belebt ↔ (un)belebt – die *deflexio*, d.h. die M. von der Art zur Art, die er sogar für die wichtigste hält, und zeigt, daß vielen *Adagia* (Sprichwörtern) eine Allegorie oder M. zugrunde liegt. [46] Von den Textfiguren der Ähnlichkeit behandelt Erasmus im II. Buch Exempel, Parabel und Imago im Zusammenhang der «11. Methode», d.h. einen Text auszuschmücken und zu amplifizieren – das ist bei Erasmus noch die Methode, die sich auf die traditionelle rhetorische Beweislehre stützt. Da Exempel und Parabel das gleiche Verfahren zugrunde liegt, hält Erasmus die Unterscheidung in *einzelnes historisches* Exempel vs. *in Natur oder Zufall* liegende Parabel für eine Haarspalterei – was sicher nicht die Zustimmung der Logiker seiner Zeit fand, da ersteres logisch gesehen ein *Paradigma*, letztere freilich ein *Analogieargument* darstellt. Ganz der logischen Tradition, die hier auch Quintilian einbezieht, entspricht, daß er die rhetorische *comparatio* als *a fortiori*-Argumentation begreift. Traditionell ist auch sein Hinweis, daß verkürzte Exempla als M. oder Allegorie verstanden werden können.

In der Erasmus-Tradition stehen mehrere italienische Rhetoriken und Poetiken wie z.B. B. DANIELLOS ‹Della Poetica› (1536), in der vor allem die Ähnlichkeitstropen M. und Allegorie neben einer Reihe von Konstruktionsfiguren ausführlich am Beispiel der italienischen Klassiker – Dante, Boccaccio, Petrarca – kritisch diskutiert werden [47], und die dialektische Stillehre ‹La topica, o vero della elocuzione› (ca. 1540) von G. CAMILLO DELMINIO, der, viel radikaler als etwa Agricola, die Dialektik auf die Rhetorik projiziert. Er entwirft nämlich eine «Topica delle figurate locuzioni» (Topik der übertragenen Redeformen), denen im wesentlichen die gleichen Topoi wie bei Agricola – also auch die Topoi von «verwandten Dingen, vom Ähnlichen und vom Verglichenen» zugrunde liegen. [48] Daneben behandelt er die «einfachen» figurativen Wortfiguren (Synekdoche, Metonymie) und die «übertragenen», d.h. die M., die er wie Quintilian, freilich begriffsrealistisch, definiert. [49] Wie Erasmus unterscheidet er neben den vier Übertragungsformen eine fünfte, die er jedoch enger als dieser bestimmt, nämlich als M. «vom benachbarten Teil im selben Individuum» («da vicina parte nel medesimo individuo») – damit sind M. von der Art zur Art wie «sprechende Augen» gemeint, in denen der für einen Körperteil spezifische Ausdruck auf einen anderen Körperteil übertragen wird. Bedeutend systematischer und konservativer geht etwa MELANCHTHON in seinen ‹De rhetorica libri tres› (1519) vor, der die Allegorie aus den Worttropen ausschließt, da «sie nicht im Wort, sondern im Sinn ist» *(non est in verbo, sed in sententia)*. Der noch andauernde Einfluß der mittelalterlichen Allegorese zeigt sich darin, daß er den vierfachen Schriftsinn *(litteralis, tropologicus, allegoricus, anagogicus)* ausführlich behandelt. Die M. selbst bestimmt er wie die Lateiner: sie liegt vor, «wenn aufgrund einer Ähnlichkeit ein Wort von seiner eigentlichen Bedeutung übertragen wird».[50] Und wie bei Quintilian werden die Textformen der Ähnlichkeit nicht als Schmuck-, sondern als Argumentationstechniken behandelt, denen die *loci dialectici* 'aus dem Ähnlichen' *(ex similibus)* zugrunde liegen.[51]

Auch die erste englischsprachige Rhetorik, die ‹Arte of Rhetorique› (1553) von TH. WILSON, übernimmt die quintilianische Tropenliste, schließt aber die Allegorie als eigenständigen Tropus aus, da sie nichts anderes als «eine M., die über einen ganzen Satz oder eine ganze Rede verwendet wird» darstelle (a Metaphore used throughout a whole sentence, or Oration).[52] Wie bei Quintilian wird die M. als erster Tropus behandelt und auch intensional definiert: «Die M. ist die Veränderung *(alteration)* eines Wortes von der eigentlichen und natürlichen Bedeutung *(proper and naturall meaning)* zu der, die nicht eigentlich ist [...] aufgrund einer Ähnlichkeit».[53] Im Gegensatz zu Quintilian unterscheidet Wilson drei Übertragungsarten: Körperliches auf Geistiges, Vernunft-Habendes auf Dinge ohne Vernunft, Belebtes auf Unbelebtes. Die homoíōsis-Techniken werden – der Donat-Tradition entsprechend – bei den Tropen aufgeführt, jedoch – mit ausdrücklichem Hinweis auf Quintilian – den Schmuckfiguren zugeordnet. Dabei werden unter dem Oberbegriff ‹Similitudo› sowohl der Analogievergleich als auch die *a fortiori*-Argumentationen zusammengefaßt. Auffallend bei der ausführlichen Darstellung der *Exempla* ist, daß nicht nur historische Beispiele und biblische Gleichnisse, sondern Beispiele aus der apokryphen mythisch-magischen Tradition behandelt werden.[54]

Die konservative Lösung ist auch für die meisten jesuitischen Rhetoriken in der Nachfolge von C. SOAREZ' ‹De arte rhetorica› (1560) bis hin zu L. VULCANOS ‹Sagata Pallas› (1687/88) kennzeichnend. Wie Quintilian beginnt Soarez mit der M., dieser folgen Synekdoche, Metonymie, Antonomasie, Katachrese, Onomatopöie, Metalepse, Allegorie, Periphrase, Hyperbaton und Hyperbel, also ohne die homoíōsis-Tropen. Trotz der Nähe zu Quintilian wird die M. wieder extensional definiert: sie ist eine «Übertragung *(translatio)* von dem Ort, in dem es zuhause *(proprium)* ist, in den Ort, in dem das eigentliche Wort fehlt oder in dem es besser als das eigentliche ist».[55] Auch Vulcano behandelt im III. Buch (= *Elocutio*) die gleichen Tropen, die M. freilich wird, wie bei Quintilian, intensional definiert: «Die M. ist ein Tropus, in dem aus Ähnlichem Ähnliches gemeint wird» (Metaphora tropus est quo ex simili simile significatur).[56] Die Ähnlichkeitstechniken – *de similitudine, de dissimilitudine* und *de comparationis* – werden im Zusammenhang mit der Argumentationslehre im I. Buch (= *Inventio*) behandelt. Diese klare Trennung von Logik und Sprache ist nicht nur auf Quintilian zurückzuführen, der die *comparatio* ebenfalls in der *inventio* behandelte, sondern sicher auch auf den Einfluß der ramistischen Schule. Auffallend ist freilich, daß die beiden ersten Techniken zwar von der ‹Herennius-Rhetorik› übernommen, nicht aber wie dort innerhalb der Gedankenfiguren behandelt werden. Die Verdoppelung der Ähnlichkeitsformen in Gedankenfiguren *(elocutio)* und Argumentationen *(inventio)* wird somit wieder zurückgenommen, wobei freilich die alten Bezeichnungen erhalten bleiben. Die erste Technik *(similitudo)* umfaßt nämlich Analogieargumente vom Ähnlichen auf Ähnliches, die zweite *(dissimilitudo)* entspricht der gegensätzlichen Analogie beim Auctor ad Herennium, die dritte schließlich ist identisch mit der *comparatio* bei Quintilian, also als *a fortiori*- und *a pari*-Argumentation zu verstehen. Diese Bezüge, aber auch wesentliche Unterschiede, werden verdeckt, wenn man einer langen Tradition entsprechend diese drei Techniken resp. mit «Gleichnis», «Gegenbild» und «Vergleich» übersetzt.[57]

Auch die Bibelrhetorik im 17. Jh. steht ganz in der Tradition der lateinischen Rhetorik und der Kirchenväter (Augustin, Isidor, Beda): B. WESTHAMMER veröffentlicht 1528 eine für Theologen bestimmte Tropenlehre, die 1551 durch eine allgemeine Stillehre ergänzt wird; 1591 wird von H. ACHEMIUS eine kurze Tropenlehre unter dem Titel ‹Technologia Rhetorica› publiziert, in der nicht nur die traditionellen Definitionen zu finden sind, sondern auch sinngemäß die traditionelle Begründung für ihre Verwendung, nämlich Notwendigkeit und Anmut *(iucunditas/delectatio)*[58], vorgebracht wird.

Von besonderer Bedeutung für das Verständnis der deutschen Barockrhetorik und -poetik ist, daß in ihr der bei Agricola explizit hergestellte Zusammenhang der M. mit anderen wort- und satzübergreifenden Redeformen des Ähnlichen weitergeführt wird. Bei BIRKEN, HARSDÖRFFER, KINDERMANN oder MÄNNLING wird – wie schon ein Jahrhundert vorher bei Camillo Delminio – die rhetorische *inventio* zusammen mit den Topoi oder *loci* (und damit auch der *locus a simile*) auf die Poetik projiziert.[59] Das ist der wesentliche Unterschied zu Scaliger *und* der ramistischen Schule. Dies erklärt, daß Harsdörffer Mitte des 17. Jh. in seinem ‹Poetischen Trichter› nicht mehr die M., sondern das *Gleichnis* als «Königin» der Figuren bestimmt. 'Gleichnis' bedeutet bei Harsdörffer *Analogievergleich*: «Hangen etliche Sachen durch eine Gleichniß aneinander / daß man eines an Statt deß andern setzen kann / und entstehet also die *Umsetzung*»,[60] d.h. die M. Der kognitive und erkenntnistheoretische Charakter des Gleichnisses wird von ihm dann so bestimmt: «Der Lehrbegierige Verstand hat zwey Mittel sich zu vergnügen: 1. In Erkanntniß der Sachen selbsten [...]. 2. Durch Gegenhaltung gleichständiger Sachen / wann man viel auf einmahl anschauet / und solche gegeneinander hält / ihre Gleichheit und Ungleichheit betrachtet / und diese Erkanntniß vergnüget den Verstand so vielmehr / so viel weiter sie sich erstreket / eine Sache vollständiger an das Liecht setzet».[61] Damit formuliert Harsdörffer auch zentrale Einsichten der modernen Metapherndiskussion. Hier aber – wie etwa Willems – 'Gleichnis' als «allegorisches Bild»[62] zu verstehen, stellt ein Mißverständnis dar; ebenso die Folgerung von Willems, für die Harsdörffersche Poetik stelle Dichtung «wesentlich uneigentliche Rede, uneigentliche wesentlich bildliche Rede und Bildlichkeit wesentlich allegorische Bildlichkeit» dar.[63] Daß die Harsdörffersche Poetik nicht wie bei Willems nur vom aristotelischen Begriff der ‹Mimesis› her gedacht werden kann, zeigt sich schon darin, daß Harsdörffer an der zitierten Stelle fast wörtlich die zentralen Gedanken von Aristoteles zur Erkenntnisfunktion der M. aus der Analogie übernimmt.[64] Die Erkenntnisfunktion des analogischen Vergleichens verdeutlicht Harsdörffer zusätzlich durch die Hebel-Metapher: «Diesem nach ist die Gleichniß der Hebel oder die Hebstangen / welche durch Kunstfügige Ein- und Anwendung aus dem Schlamm der Unwissenheit empor schwinget».[65] Dem folgt, nach einem expliziten Hinweis auf Aristoteles eine ausführliche Diskussion der quintilianischen Unterscheidung von erklärenden und beweisenden Analogievergleichen *(similitudines)*.[66] Die gleichen Unterscheidungen hatte Harsdörffer schon im II. Teil seines ‹Poetischen Trichters› vorgenommen, in dem er im vierten Kapitel als vierte Quelle poetischer «Erfindung» das Gleichnis behandelt, aus welchem «viel hellscheinende Gedanken herfließen».[67] Die kognitive, ja sogar argumentationstheoretische Grundbedeutung des Gleichnisses wird auch in den von Harsdörffer unterschiedenen Arten von Gleichnissen greifbar; es sind dies *Lehrgedichte*, *Exempla* und *Geschichten* (zu denen die *a fortiori*- und *a pari*-Argumente zählen) und mehrere zu einem Zweck verwendete Gleichnisse. Damit sind mehrere aus verschiedenen Bereichen genommene Analogieargumente gemeint, die argumentativ auf die gleiche Konklusion hin koorientiert sind.[68] Dem folgt eine ausführliche Behandlung der Gütekriterien der M. («wann nemlich eine Sache wegen grosser Gleichheit mit der anderen ümsetzt oder für die andere gesetzt wird»)[69] – nicht zu gehäuft, nicht angemessen, zu heterogen, zu unpassend («wiedrig») – die ganz der lateinischen Stillehre entsprechen.

Ein Blick auf die von Harsdörffer zitierten Beispiele zeigt, daß ihm nicht nur die griechisch-lateinische Rhetorik der Antike und die allegorisch-mittelalterliche Tradition, sondern auch der neuzeitliche, von Italien ausgehende Manierismus bzw. die Argutia-Bewegung bekannt sind. Ein erstes Beispiel sind die 14 rhetorischen Übungen ‹I Furori della gioventù› (1629) von G.B. MANZINI und das tragikomische Epos ‹La secchia rapita› (1622–1630) von A. TASSONI, in dem verschiedene Gattungstraditionen und Stilebenen auf burleske und ingeniöse Weise gemischt werden. Die Argutiabewegung will bewußt die Grenzen der überlieferten Regelpoetik und Normativität des Angemessenen überschreiten, ohne sich freilich von der Tradition lösen zu wollen: die dort unterschiedenen Techniken sollen nämlich mit Scharfsinn *(argutia)* und geistreicher Phantasie *(ingenium)* so verwendet werden, daß überraschende und neue Zusammenhänge aufscheinen und 'aufblitzen'. Deshalb erscheinen im Untertitel der wichtigsten theoretischen Abhandlung dieser Bewegung in Italien, dem ‹Cannocchiale Aristotelico o sia Idea dell'arguta e ingegnosa Elocutione› (1655) – dem ‹Aristotelischen Fernrohr› – von E. TESAURO, die beiden Schlüsselbegriffe dieser Bewegung. Die M. ist für Tesauro nicht nur «die Mutter der Poesie, der Symbole und der allegorischen Sentenzen *(imprese)*» und «aller scharfsinnigen Gedanken *(argutezze)*», sondern auch die wichtigste und höchste der «ingeniösen Figuren» *(figure ingegnose)*, mit denen neue und überraschende begriffliche Zusammenhänge aufgezeigt werden. Deshalb widmet er der M. in seiner Abhandlung fast 250 Seiten – mehr als ein Drittel des Gesamttextes.[70] Tesauro liest gleichsam die gesamte rhetorische Tradition mit dem aristotelischen Fernrohr, d.h. mit dem aristotelischen Lehrgebäude, freilich in barocker Manier. Das zeigt seine Unterteilung der *einfachen M.* in acht Arten – Ähnlichkeit, Attribution, Zweideutiges *(equivoco)*, Hypotypose, Hyperbel, Lakonismus, Opposition, Enttäuschung *(decettione)*. Diese Arten werden zudem unter Rückgriff auf die aristotelischen Kategorien in jeweils zehn Unterarten ausdifferenziert. Bei der M. aus der Ähnlichkeit, die der aristotelischen M. aus der Analogie und der von der Art zur Art entspricht, unterscheidet Tesauro zusätzlich noch mehrere Vergleichsbereiche (Recht, Militär, Medizin, Seefahrt, Architektur usw.).[71] Die M. der Attribution und des Lakonismus umfassen die aristotelische M. von der Art auf die Gattung und umgekehrt, aber auch die individuelle und generische Antonomasie; ihr Unterschied besteht darin, daß erstere eher oberflächlich und explizit, letztere eher tief und implizit ist.[72] Wenn jemand vom Gesetzgeber *Drakon* sagt, er sei kein Mensch, sondern ein *Dragone* (= Drachen), dann liegt für Tesauro eine M. aus dem Zweideutigen vor[73]; die M. umfaßt somit bei ihm auch Wortfiguren wie die Paronomasie bzw. die Antanaklasis. Da Tesauro die M. aus dem Zweideutigen mit der M. aus der Analogie zur Unterart des Ähnlichen *(simile)* zusammenfaßt (wobei erstere aus einer Ähnlichkeit der Namen, letztere aus einer Ähnlichkeit der Sachen entsteht), verwischt er zudem den wesentlichen Unterschied zwischen Wortfiguren und Tropen.[74] Die M. der Opposition und der Dezeption gehören zur Unterart des Gegensätzlichen *(contrario)*, wobei in der Opposition ein sachlicher Gegensatz, in der Dezeption hingegen ein subjektiv empfundener zum Ausdruck kommt.[75] All diesen Formen der M. liegt ein Vergleichen zugrunde, während die Hyperbel und die Hypotypose für Tesauro absolute Zuschreibungen darstellen.[76] Diese einfachen Formen der M. werden wie in der Tradition durch die *metafore continuate* ergänzt, also durch die in den «schönsten scharfsinnigen Sentenzen und der Allegorie» (i più bei Motti Arguti, & l'Allegoria)[77] durchgeführten M. Das illustriert Tesauro mit der M. «Rose, *Königin* der Blumen» (rosa, *Reina* de' Fiori) wiederum anhand der aristotelischen Kategorien.[78] Doch auch Argumente können für Tesauro 'metaphorisch' sein, vor allem dann, wenn sie «scharfsinnige Gedankengänge»*(concetti arguti)* zum Ausdruck bringen. Gelingt dies, so manifestiert sich zugleich eine «enthymematische Urbanität» *(urbanità entimematica)*. Daß diese Urbanität für Tesauro gerade durch scharfsinnige Trugschlüsse, Paradoxien und Paralogien erreicht wird, folgt fast mit Notwendigkeit aus seiner Bestimmung der M. als 'Mutter aller scharfsinnigen Gedanken'.[79] Der Klassifikationseifer Tesauros findet dann in einer Darstellung der scharfsinnigen *concetti*, die mit jeder der von ihm unterschiedenen Metaphernarten vollzogen werden können, ihren krönenden Abschluß.[80] Ergebnis dieser sicher geistreichen Zusammenschau von Verschiedenem und Entlegenem durch Tesauro selbst ist freilich, daß wesentliche, von der Tradition mühevoll herauskristallisierte Differenzen verwischt werden.

Zentraler Bezugsautor Tesauros ist G. MARINO, der vor allem durch seine Gedichtsammlung ‹La Lira› (1602–15) zum Vorbild der nach ihm benannten Marinisten wurde. Auch B. GRACIÁN bezieht sich in seiner rhetorisch-poetischen Abhandlung ‹Agudeza y Arte de Ingenio› (1649) mehrfach auf Marino – freilich neben den griechischen und römischen Klassikern sowie den spanischen Autoren QUEVEDO, JUAN RUFO, GÓNGORA und vor allem LOPE DE VEGA.[81] Da Gracián sich an das traditionelle Lehrgebäude der Rhetorik hält, ist er zwar im Vergleich zu Tesauro konservativer, dennoch beansprucht aber auch er schon im ‹1. Discurso› seiner Abhandlung, Regeln für die Rede mit Scharfsinn *(agudeza)* aufstellen zu können und zu müssen, da die Alten diese nur für den Syllogismus und die tropische Rede gefunden hätten[82] – daher der zweite Teil des Titels ‹Arte de Ingenio› *(ars der geistvollen Imagination)*. Daraus folgt, daß das von einer Kunst geleitete Herstellen *(artificio)* der *agudeza* nicht mit dem von der Dialektik geleiteten Finden der Argumente einerseits noch dem von der Rhetorik erklärten Herstellen einer durch Figuren und Tropen ausgeschmückten Rede andererseits verwechselt werden darf. Die geistvolle Imagination *(ingenio)* begnügt sich nicht wie das Urteil mit der Wahrheit *(verdad)* und strebt auch nicht bloß Anmut *(hermosura)* an.[83] Das ganze traditionelle Gebäude der «Tropen und rhetorischen Figuren» bildet nämlich die Materie der *agudeza* und dient als ihr «Fundament».[84] Von daher erklärt sich die Bestimmung der *agudeza*: «Consiste, pues, este artificio conceptuoso, en una primorosa concordancia, en una armónica correlación entre dos o tres cognoscibles extremos, expresado por un acto del entendimiento» (Dieses begriffliche *artificio*, das in *einem* Akt des Verstehens und Erkennens ausgedrückt wird, besteht somit in einer vollkommenen Übereinstimmung, in einer harmonischen Korrelation zwischen zwei oder drei weit auseinander liegenden Sachen).[85] Daß damit nicht nur das aristotelische Gütekriterium (Schauen des *Analogen* in weit Auseinanderliegendem) gemeint ist, sondern ein verblüffender Zusammenhang von in irgendeiner Hinsicht *Ähnlichem*, wird durch den eigentümlichen Aufbau der Abhandlung von Gracián deutlich. Er durchgeht gleichsam die *ganze* rhetorische Stillehre unter der Fragestellung, inwieweit die geforderte *agudeza* erfüllt ist, um dies dann an seinen Bezugsautoren zu illustrieren. Deshalb behandelt er nicht nur die auf Analogie beruhenden Formen der Ähnlichkeit (Analogievergleich, M., Allegorie, Rätsel, Fabel, Parabel usw.[86]), sondern auch Wortfiguren wie etwa Paronomasien zwischen *Dios* (Gott) und *di os* (ich habe euch gegeben) oder zwischen *modestia* (Bescheidenheit) und *molestia* (Belästigung)[87] oder den scharfsinnigen Gebrauch von mehrdeutigen Wörtern, von Paradoxien oder von antithetischen Konstruktionen usw.[88] Dadurch freilich, daß Gracián die verschiedenen Formen des Ähnlichen als bekannt voraussetzt und nicht systematisch diskutiert, werden auch bei ihm, trotz seiner Zentrierung auf die kognitive Dimension von Vergleichen, Analogien, Metaphern oder Allegorien, deren Unterschiede verwischt. Dies gilt besonders für die *semiotische* Differenz der M. im Vergleich zu anderen Formen des sprachlichen Ausspielens des Ähnlichen.

Doch auch in den anderen, bisher behandelten rhetorisch-poetischen Abhandlungen der Neuzeit, in denen die aristotelischen oder quintilianischen Definitionen formelhaft wiederholt werden, bleibt die spezifische Semiotik der M. ungeklärt. Hier wird die im Rahmen der *Allgemeinen Grammatik* in Frankreich entwickelte Theorie der Tropen einige für die Moderne verbindlich werdende Unterscheidungen herausarbeiten können. Das semiotische Problem der M. zeigt sich schon in der Rhetorik von B. LAMY (1676), die der *rationalistischen* Schule von Port-Royal zuzurechnen ist. Ihr Einfluß zeigt sich u.a. darin, daß sie 1753 ins Deutsche übersetzt wurde. Daß auch Lamys Rhetorik traditionalistisch ist, belegt ein Blick auf die von ihm behandelten Tropen: *Metonymie, Synekdoche, Antonomasie, M., Allegorie, Litotes, Hyperbel, Ironie, Katachrese*. Diese Nähe zur Tradition zeigt sich auch in der Definition des Tropus: «Quand on se sert, pour signifier une chose, d'un mot qui ne luy est pas propre, & que l'usage avoit appliqué à un autre sujet, cette maniere de s'expliquer est figurée; & ces mots qu'on transporte de la chose qu'ils signifient proprement, pour les appliquer à une autre qu'ils ne signifient qu'indirectement, sont appelez Tropes [...]. Les Tropes ne signifient les choses auxquelles on les applique, qu'à cause de la liaison & du rapport que ces choses ont avec celles dont ils sont le propre nom» (Wenn man sich, um eine Sache zu bezeichnen, eines Wortes bedient, das dieser nicht eigen ist, und das der Gebrauch für einen anderen Gegenstand verwendet hatte, dann ist diese Art sich auszudrücken übertragen; und die Wörter, die man von der Sache überträgt, die sie eigentlich bezeichnen, um sie für eine Sache zu verwenden, die sie nur indirekt bezeichnen, nennt man Tropen [...]. Die Tropen bezeichnen die Sachen, auf die man sie anwendet, nur auf Grund der Verbindung und der Beziehung, die diese Sachen mit jenen haben, für die sie die eigentlichen Namen sind).[89] Da hier der allgemeine aristotelische Metaphernbegriff für alle Tropen verwendet wird, überrascht es nicht, daß Lamy an anderer Stelle mit Hinweis auf die griechische Bedeutung betont, daß «alle Tropen *Metaphern*» sind, wie auch, daß die M. im engen Sinn vorliegt, wenn man «ein fremdes Wort für das eigentliche *(propre)* setzt, das man von einer Sache entlehnt, die der, worüber man redet, ähnlich ist».[90] Auf die römische Tradition verweisen seine Ausführungen zur Allegorie, die wie bei Quintilian als «Fortführung mehrerer Metaphern» bestimmt wird, die, wenn zu dunkel, zu «Rätseln» *(énigmes)* werden können.[91] Dennoch sind diese Bestimmungen überraschend, weil sie im Gegensatz zur *rationalistischen* Sprachkonzeption von Port-Royal stehen. In der Tat steht die *begriffsrealistische* These, daß die Bedeutung der Tropen aus der «Verbindung und der Beziehung» hervorgehe, in denen die im wörtlichen Gebrauch gemeinte Sache zu andern Sachen steht, quer zum Rationalismus von Port-Royal. Für die ‹Logik› von Port-Royal sind nicht nur die «idées principales», sondern auch die «idées accessoires», die durch Begleitvorstellungen oder durch rhetorische Techniken hervorgerufen werden, Produkt des menschlichen Geistes.[92] Das berücksichtigt Lamy, wenn er einleitend sagt, daß keine Sprache reich genug ist, «pour fournir des termes capables d'exprimer toutes les différentes faces sous lesquelles l'esprit peut se représenter une même chose» (um Ausdrücke bereitzustellen, welche all die unterschiedlichen Gestalten ausdrücken, unter denen der Geist sich die gleiche Sache vorstellen kann).[93] Das sich damit für Lamy ergebende Dilemma zwischen begriffsrealistischer Tradition und rationalistischer Sprachtheorie bleibt somit bei ihm ungelöst. Ebenso unvereinbar mit dem offiziellen Verständnis von Port-Royal, nach dem den Begleitideen und rhetorischen Techniken *Affekte* zugrunde liegen («neben der hauptsächlichen Sache bringen die übertragenen Ausdrücke die innere Bewegung und das Gefühl des Redenden zum Ausdruck» [94]), ist die Behandlung der Tropen bei Lamy. Er ordnet nämlich nur den Stellungs- und Sinnfiguren die Affekte zu, nicht aber den Tropen. Die Tropen drücken wie die eigentlichen Ausdrücke die Bewegungen unseres «Willens» *(volonté)* und unserer «Gedanken» *(pensées)* aus, die *passions* hingegen haben eine eigene Sprache *(langage particulier)*, die der «Figuren».[95] Dies erklärt, daß er bei der Behandlung der traditionellen Gütekriterien der Tropen nur die Forderung nach Klarheit und Angemessenheit diskutiert, nicht aber die an die Affekte gebundene *suavitas*.[96] Zu den Figuren freilich, welche die Affekte ausdrücken, gehören nicht nur *exclamation* (Ausruf), Ellipse oder Wiederholung (d.h. Figuren, die von der natürlichen Anordnung *(ordre naturel)* der Wörter abweichen), sondern auch die alten logischen Verfahren *similitude* und *comparaison*, d.h. beide sind bei Lamy nur noch Beschreibungen, denen eine Analogie zugrunde liegt, wobei letztere etwas lebendiger als erstere ist. Die gleiche Auffassung wird ein Jahrhundert später auch von JAUCOURT im Artikel ‹Figure› der ‹Encyclopédie› vertreten: «In der Verwirrung eines heftigen

Affekts *(passion violente)*» gebraucht man Wendungen, die man als «*hyperboles, similitudes, prosopopées, hyperbates*» bezeichnet, «also Wortfiguren oder Gedankenfiguren».[97] Der Aufwertung der Tropen als begriffliche Verfahren entspricht so eine Abwertung der logisch-argumentativen Funktion der Denkfiguren bei Lamy und der *Grammaire Générale*. In dieser Behandlung der Tropen unterscheidet sich Lamy wesentlich von den poetisch-rhetorischen Abhandlungen der Renaissance und des Barock, für die auch die Tropen an die Affekte gebunden sind.[98] Wenn aber die eigentlichen wie die tropisch gebrauchten Wörter gleichermaßen zum gewöhnlichen Sprachgebrauch gehören, drängt sich der Gedanke, daß der «Reichtum der Sprachen besonders in den Tropen liegt»[99], geradezu auf. Das ist ein neuer, epochemachender Gedanke. Er bildet das Zentrum des 1730 erschienenen ‹Traité des Tropes› von DUMARSAIS und sollte eineinhalb Jahrhunderte später von der historischen Sprachwissenschaft wieder aufgegriffen werden.

Es erstaunt deshalb nicht, daß Dumarsais die Lehre und Analyse der Tropen und der M. zur Grammatik rechnet. Sicher wurden diese auch in den antiken Grammatiken mit aufgeführt – freilich als eine Art Anhängsel, nicht als «wesentlicher Teil» *(partie essentielle)* der Grammatik, welche die «wirkliche Bedeutung der Wörter verstehbar machen» muß.[100] Es ist deshalb konsequent, daß Dumarsais vor seiner Erörterung der Tropen das Verhältnis von eigentlicher und übertragener Bedeutung diskutiert. Doch auch ihm gelingt es nicht, das Dilemma zwischen der begriffsrealistischen Tradition und der rationalistischen Grundkonzeption zu lösen, da er einmal die verschiedenen, eine Sache begleitenden Umstände und Gegebenheiten («Les objets [...] sont toujours accompagnés de différentes circonstances qui nous frappent»), also einen sachlichen Bezug, hervorhebt und zum andern, im gleichen Atemzug, als Quelle und Ursprung der übertragenen Bedeutungen die «zwischen den Begleitvorstellungen *[idées accessoires]* gegebene Verbindung» angibt. Auch die traditionellen Gütemerkmale Klarheit, Vor-Augen-Führen und Lebendigkeit *(vivacité)*, Schmuck und wieder das ästhetische Gefallen sowie ihre negativen Pendants finden sich bei ihm, ja sogar Aristoteles' *enérgeia*-Theorie klingt an («Die Tropen geben unseren Ausdrücken mehr Energie» *(plus d'énergie)* [101]), und Lamys Idee des durch Tropen gegebenen Reichtums einer Sprache wird sogar radikalisiert: «Es gibt vielleicht überhaupt kein Wort, das nicht in irgendeinem Sinne übertragen verwendet wird».[102] Von hier aus ergibt sich, daß er sich gegen die Auffassung wendet, zuerst seien Worte aus Mangel, danach um auszuschmücken tropisch verwendet worden[103], wie auch, daß er als ersten Tropus die Katachrese behandelt, bei ihm zu verstehen als jede sprachliche Neuschöpfung, der eine tropische Übertragung, also nicht nur die M. zugrunde liegt. Daß Dumarsais wieder eine große Liste von Tropen behandelt – nämlich: *Katachrese, Metonymie, Metalepse, Synekdoche, Antonomasie, Communication, Litotes, Hyperbel, Hypotypose, M., Oratorische Syllepse, Allegorie, Allusion, Ironie, Euphemismus, Antiphrase, Periphrase, Hypallage, Onomatopoeia* – ist sicher aus dem zentralen Anspruch dieser Abhandlung zu erklären, *alle* in einer Sprache gegebenen tropischen Prozesse zu behandeln. Vielleicht erklärt dieser fast schon *sprachwissenschaftliche* Blick von Dumarsais, daß er im Gegensatz zu Lamy bei der Definition der M. den sachlogischer Rahmen völlig aufgibt: «La *métaphore* est une figure par laquelle on transporte, pour ainsi dire, la signification propre d'un mot à une autre signification qui ne lui convient qu'en vertu d'une comparaison qui est dans l'esprit» (Die M. ist eine Figur, durch die man sozusagen die eigentliche Bedeutung eines Wortes auf eine andere Bedeutung überträgt, die zu ihm nur dank eines Vergleichs paßt, der im Geiste ist).[104] Hier wird die M. zum ersten Mal rein begriffs-rationalistisch ohne jeglichen Sachbezug definiert.

Dieser begriffsrationalistische Rahmen dominiert auch bei den Definitionen der übrigen Tropen. Die Allegorie wird von Dumarsais zwar ganz traditionell als eine «fortgeführte Metapher» definiert, dennoch gelingt es ihm, ihren Unterschied zur M. zu präzisieren, indem er zeigt, daß in einer Rede mit M. wie «das Feuer in ihren *Augen*» immer ein Term mit wörtlicher Bedeutung verwendet wird, während in der Allegorie *alle* Terme zunächst unter einer wörtlichen Bedeutung präsentiert werden, welche nicht mit der eigentlich gemeinten übereinstimmt, die wiederum durch einen Vergleich *(comparaison)* erschlossen wird.[105] Auch wenn Dumarsais ganz traditionell Rätsel und Sprichwörter als allegorische Formen der Rede behandelt, unterscheidet er sich doch dadurch wesentlich von der rhetorischen Tradition, daß er auch die Fiktionen *(fictions)*, nämlich «Lehrfabeln, Parabeln und moralische Fabeln»[106] als Allegorien behandelt. Damit wird endgültig die letzte Spur und der letzte Hinweis auf die ursprüngliche argumentative Funktion dieser homoíōsis-Techniken gelöscht. Auch die Ironie wird nicht mehr zum allegorischen Anders-Sagen-als-Meinen gerechnet und wie bei Ramus als «das Gegenteil von dem, was man sagt, meinen»[107] bestimmt. Bei der Antonomasie behandelt er wie vor ihm schon Lamy sowohl die generische als auch die singuläre Antonomasie, subsumiert sie aber nicht wie dieser unter die Metonymie, sondern unter die Synekdoche.

In dieser Behandlung sollte ihm 1821/1830 P. FONTANIER mit seinen ‹Figures du Discours› (die für die französischsprachige Diskussion bis heute wohl wichtigste Abhandlung) folgen, der die Antonomasie als Individuums-Synekdoche *(synecdoque d'individu)* bezeichnet, im Gegensatz zur gewöhnlichen Synekdoche, bei der eine *Art* für einen Gattungsnamen oder umgekehrt verwendet wird.[108] Freilich vermerkt er am Ende seiner Diskussion dieser Trope, daß sie in der zweiten Form (Eigennamen für Gattungsnamen) «am häufigsten»[109] eine M. darstellt. Damit wird 600 Jahre nach GALFRID VON VINSAUF wieder der sachliche Zusammenhang einer metaphorischen Übertragung durch Verwendung des Eigennamens («Das ist ein richtiger Cicero») und der durch Verwendung einer Art («Cicero ist der Stern der Rhetorik») gesehen. Auch an einer anderen Stelle, der Einordnung der Tropen nämlich, geht er über die Tradition hinaus. Er unterscheidet Tropen, die aus einem Wort bestehen – Metonymie, Synekdoche (Antonomasie) und M. –, von aus mehreren Wörtern bestehenden Tropen, die für ihn im strengen Sinn keine Tropen sind, da sie «nie aus Notwendigkeit verwendet werden».[110] In dieser zweiten Gruppe der 'uneigentlichen' Tropen unterscheidet er drei Arten: Tropen mit *fiktivem* Sinn (u.a. Personifizierung, Subjektivierung, Allegorie, Allegorisierung), Tropen mit *reflexivem* Sinn (u.a. Hyperbel, Andeutung, Litotes, Metalepse) und Tropen mit *oppositivem* Sinn (u.a. Ironie, Asteismus). Der Realisierungsrahmen für alle drei Arten ist, was oft übersehen wird[111], die Aussage *(proposition)*; die beiden letzten unterscheiden sich dadurch, daß das wörtlich Gesagte bei reflexiven Tropen die *gleiche* Orientierung wie das eigentlich Gemeinte hat, im letzten Fall hingegen eine *gegensätzliche*. Für beide Propositionstropen gilt jedoch, daß die zwei notwendigen Sinnebenen im Rahmen alltagsweltlicher Prädikation verbleiben, während in der ersten Form, den Tropen mit fiktivem Sinn, die wörtlich gesagte Ebene insofern fiktiv ist, als sie in keinem direkten Zusammenhang mit der Alltagswelt steht. Dabei setzt Fontanier, hier wieder ganz der Tradition entsprechend, Allegorie und Allegorismus mit der M. in Beziehung. Der Unterschied zwischen beiden liegt nicht darin, wie TODOROV meint, daß im ersten Fall zwei Behauptungen, im zweiten hingegen nur eine vollzogen werden [112], sondern darin, daß in der Allegorie *beide* Bedeutungen präsent sind, während im Allegorismus nur eine Sinnebene dominiert, da die allegorische Spannung im Text *selbst* aufgelöst wird. So etwa die folgenden Worte Cäsars:

«Dieser schreckliche Koloß, der sich zu seinem Fall hinneigt [das allegorisch Gemeinte ist *Rom*] [...] verlangt meinen Arm, um sein Haupt zu stützen». [113] Trotz dieser wichtigen Differenzierung, die sich schon bei Quintilian findet, und trotz der damit verbundenen Loslösung vom Einzelwort, kommt auch bei Fontanier die Ordnungsfunktion des Textes nicht in den Blick – obwohl er mit seiner Abhandlung explizit den Anspruch erhebt, die Lücken und Mängel der Abhandlung von Dumarsais aufzulösen. So wirft er diesem schon in den Vorbemerkungen vor, die Frage nicht geklärt zu haben, welche Arten von Ideen unterschieden werden müssen und, vor allem, wie diese Ideen sprachlich ausgedrückt werden. Die von Fontanier dann in den ersten Kapiteln entwickelte Sprachtheorie stützt sich ganz auf die *Grammaire Générale,* insbesondere in ihrer Ausprägung in der ‹Encyclopédie› und bei BEAUZÉE. Dadurch kommt zwar die Tatsache in den Blick, daß sich tropische Rede in *Sätzen* realisiert, andererseits aber geht der bei Dumarsais noch vorhandene begriffsrealistische Rest bei der Bestimmung der tropischen Rede völlig verloren. Der Sachbezug, der nicht völlig mit dem modernen Terminus der Referenz gleichgesetzt werden kann [114], wird als *sens objectif* bezeichnet und vom *sens littéral* und *sens intellectuel (spirituel)* unterschieden. [115] Der letzte bezieht sich auf die Proposition und umfaßt die drei schon behandelten Propositionstropen (fiktiv, reflexiv, oppositiv), wohingegen der *sens littéral* den Worttropen zugrunde liegt. Dieser *sens littéral,* dieser Wortsinn, umfaßt nicht nur den «ursprünglichen, natürlichen und eigentlichen», sondern auch den «abgeleiteten und tropologischen Sinn». [116] Dieser tropologische Sinn kann nun «übertragen» *(figuré)* oder «erweitert» *(extensif)* sein. Damit meint Fontanier, was oft übersehen wird, einen einfachen Tatbestand: Wortbedeutungen sind dann extensiv, wenn bestimmte tropologische Prozesse in einer Sprache *habitualisiert* und *lexikalisiert* sind; diese Veränderungen können zu einer 'Ausdehnung' *(sens étendu)* der Gegenstände führen, die unter einen bestimmten Begriff fallen (also etwa Stuhl*bein*), sie können aber auch eine 'Einschränkung' *(sens restreint)* nach sich ziehen (im Französischen umfaßte *chef* (lat. *caput)* noch den menschlichen Kopf, seit dem Mittelalter wird dafür aber *tête* verwendet). 'Ausdehnende' und 'einschränkende' *Bedeutungsveränderungen* entstehen somit in der *Diachronie* einer Sprache, neue und im strengen Sinn 'übertragene und uneigentliche' *(figuré)* tropologische Effekte hingegen sind nur bezogen auf die jeweilige *Synchronie* einer Sprache bestimmbar, d.h. auf die in ihr habitualisierten und lexikalisierten Bedeutungen. Damit ist die von F. DE SAUSSURE, dem Begründer der modernen strukturalistischen Sprachwissenschaft, getroffene Unterscheidung zwischen Sprachgeschichte und Sprachsystem, zwischen Diachronie und Synchronie, vorweggenommen. [117] Der tropologische Sinn, so läßt sich jetzt Fontanier verstehen, «ist entweder übertragen *(figuré)* oder rein erweitert *(extensif),* je nachdem, ob die neue Bedeutung [...] dem Wort frei und gleichsam spielerisch gegeben wurde, oder ob sie eine erzwungene, habituelle, fast eine genauso eigentliche *(propre)* Bedeutung wie die ursprüngliche Bedeutung geworden ist. [118] Von hier aus wird klar, warum Fontanier die Katachrese nicht mehr zu den Tropen rechnet. Katachresen sind für ihn habitualisierte, ursprünglich aus einem tropologischen Prozeß entstandene Bedeutungserweiterungen, die aufgrund einer Sprachlücke notwendig waren. Diese werden deshalb von ihm auch gesondert in einem «Supplement» zur Theorie der Tropen behandelt. [119] Genau diese Bestimmung der Katachrese findet sich schon bei BEAUZÉE: «Die Tropen sind die Quellen der Katachrese, weil sie von da ihre notwendigen Entlehnungen hernimmt; aber sie ist überhaupt kein Tropus». [120] Damit ist die in der Logik von Port-Royal formulierte Idee, daß Wörter neben der ursprünglichen Bedeutung auch tropologische Bedeutungen haben, die Ausdruck der «idées accessoires» sind, zu einem sprachwissenschaftlichen Faktum geworden. [121] Die Nähe Fontaniers zu Port-Royal zeigt sich auch darin, daß er die Tatsache, daß in einer Sprache die tropologischen Bedeutungen die ursprünglichen ersetzen können, mit einer spekulativen Reflexion über Begleitvorstellungen zu begründen sucht: «Es ist nicht selten, daß die Begleitvorstellungen *(idées accessoires)* die Vorstellungskraft *(imagination)* viel stärker prägen und für sie viel gegenwärtiger als die Grundbedeutung sind». [122]

Die Tropen selbst oder – wie jetzt gesagt werden kann – die Begleitvorstellungen teilt Fontanier wie schon vor ihm Beauzée in drei Gruppen ein: Worttropen (a) der Entsprechung *(correspondance)* oder Metonymien, (b) der Verknüpfung *(connexion)* oder Synekdochen und (c) der Ähnlichkeit *(ressemblance)* oder M. [123] Innerhalb der Verknüpfung wird noch die Antonomasie berücksichtigt. Alle vier können auch als «gemischter Tropus» in Form der *Syllepse* verwendet werden, d.h. wenn in *einer* Aussage ein Lexem sowohl in wörtlicher als auch tropischer Bedeutung auftaucht («Ein Affe bleibt immer ein *Affe*» – «Er ist mehr *Nero* als Nero selbst»). [124] M. bestehen darin, daß «eine Vorstellung [idée] unter dem Zeichen einer anderen, überraschenderen und bekannteren Vorstellung vorgebracht wird, die mit der ersten durch keine andere Verbindung als der einer gewissen Übereinstimmung oder Analogie [conformité ou analogie] zusammengehalten wird». [125] Der sprachwissenschaftliche Zugriff Fontaniers zeigt sich auch darin, daß er nicht nur die vier Übertragungsarten (± belebt ↔ ± unbelebt) unterscheidet, sondern auch M. nach Wortarten (Nomen, Adjektiv, Partizip, Verb, Adverb). Das System Fontaniers stellt sich somit wie in Abb. 1 dar.

Dieser sprachwissenschaftliche Zugriff zeigt sich vor allem aber darin, daß in ihm von den alten und oft langen Tropenlisten nur noch die Metonymie, die Synekdoche, die Antonomasie und die M. berücksichtigt sind. Die Propositionstropen sind, wie betont, für Fontanier keine Tropen im strengen Sinn. Das ist ein bisher überhaupt noch nicht in seiner revolutionären Bedeutung gesehenes *Novum* in der Geschichte der Theorien zur übertragenen Rede, das *nicht* mit den logischen Ansätzen der

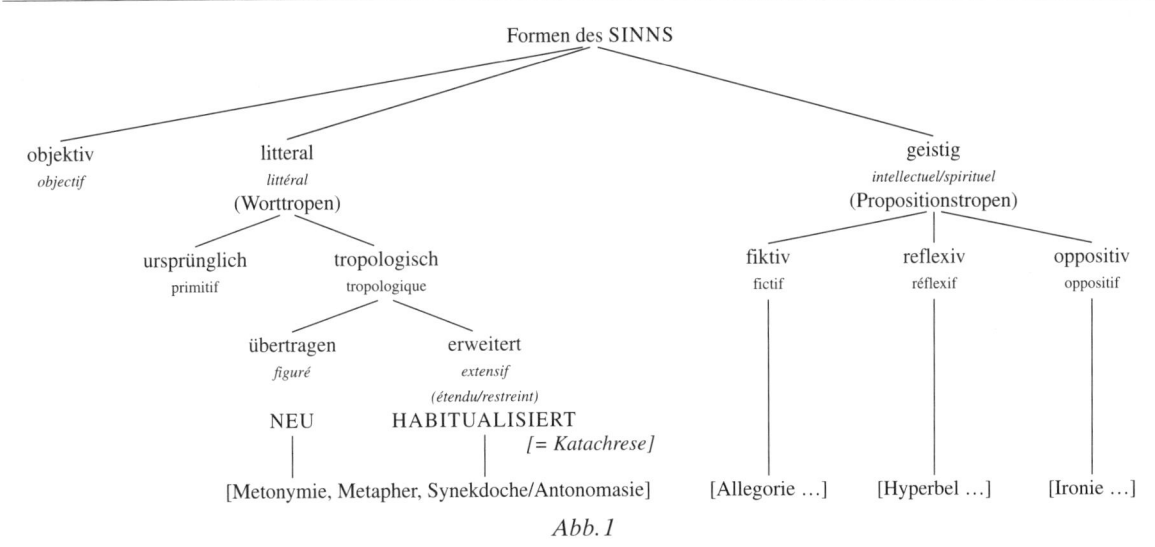

```
                          Formen des SINNS
         ┌───────────────────┼──────────────────────────┐
    objektiv            litteral                     geistig
    objectif            littéral                intellectuel/spirituel
                      (Worttropen)              (Propositionstropen)
                   ┌──────┴──────┐           ┌──────────┼──────────┐
              ursprünglich   tropologisch   fiktiv    reflexiv   oppositiv
               primitif      tropologique   fictif    réflexif   oppositif
                         ┌──────┴──────┐
                     übertragen     erweitert
                       figuré       extensif
                                (étendu/restreint)
                        NEU       HABITUALISIERT
                                    [= Katachrese]

              [Metonymie, Metapher, Synekdoche/Antonomasie]   [Allegorie ...] [Hyperbel ...] [Ironie ...]
```
Abb. 1

Stoa, von Gervasius oder von Ramus gleichgesetzt werden kann, weil dort der Unterschied zwischen Wort und Aussage nicht gesehen und das Gegensätzliche als grundlegendes Klassifikationskriterium genommen wird. Warum aber gerade diese vier Tropen? Die Antwort ist verblüffend einfach: Metonymie, M., Synekdoche und Antonomasie können, habitualisiert, die Bedeutung der Wörter verändern, sie betreffen also die *langue* im Sinne von F. de Saussure, d.h. das Sprachsystem; die übrigen Tropen betreffen die *parole*, genauer den *pragmatischen Sinn* von Aussagen in spezifischen Kommunikationssituationen; deshalb können sie nie in den *semantischen* Kernbereich der Sprache eindringen, in dem das historische Apriori jeglicher Kommunikation geregelt wird, den Bereich der *Bedeutung* der Wörter.

Der Preis dieser historischen Errungenschaft ist freilich recht hoch. Denn in dieser systematischen sprachwissenschaftlichen und sprachphilosophischen Reflexion auf die litterale und tropologische Bedeutung der Wörter hat die Logik, die Argumentation, ja sogar die Kognition keinen systematischen Ort mehr. Deshalb wird die historische, aber auch die strukturalistische Sprachwissenschaft versuchen, die Tropen als *sprachimmanente* Prozesse zu beschreiben. Daß dies scheitern muß, folgt aus der Tatsache, daß sie den von der ‹Allgemeinen Grammatik und Tropologie› mitgeschleppten und ungelösten Widerspruch unbefragt übernimmt. Wenn nämlich die Tropen Ausdruck der *idées accessoires* sind, die mit den verschiedenen Konstellationen, in denen sie sich *sachlich* befinden können, kognitiv assoziiert werden, dann sind die Tropen nicht bloß ein sprachliches oder begriffliches Phänomen, sondern eben auch ein *sachlich-logisches* Problem.

Genau diesen Aspekt verdeutlicht KANT in seinen zur gleichen Zeit wie die Schriften Beauzées erschienen Kritiken zur ‹Reinen Vernunft› (1784) und zur ‹Urteilskraft› (1790). Genauso wie die *Grammaire Générale* die M. durch ihre Behandlung als grammatisches Phänomen aufwertet, genauso bricht Kant – in der philosophischen Tradition – mit der dominierenden Auffassung, daß M. nur zur Veranschaulichung oder der Erweckung von Leidenschaften dienten, und so eher von wahrer Erkenntnis weg- als hinführten. Kant reflektiert, um zu zeigen, daß das Schöne «Symbol des Sittlich-guten» [126] ist, auf die M. In diesem Kontext analysiert er das von ihm gegebene Beispiel – «ein monarchischer Staat ist eine Handmühle» – wie folgt: der monarchische Staat ist hier «nur *symbolisch* vorgestellt. Denn, zwischen einem despotischen Staate und einer Handmühle ist zwar keine Ähnlichkeit, wohl aber zwischen der Regel, nach beide und ihre Kausalität zu reflektieren». Dies führt ihn zur Beobachtung, daß «unsere Sprache voll» ist «von dergleichen indirekten Darstellungen nach einer Analogie, wodurch der Ausdruck nicht das eigentliche Schema für den Begriff, sondern bloß ein Symbol für die Reflexion enthält». Als Beispiele führt er u.a. *Grund* (Stütze, Basis) oder *abhängen* (von oben gehalten werden) an, und betont, daß es sich dabei nicht «um schematische, sondern symbolische Hypotyposen», handelt.[127] Hypotyposen versteht Kant ganz im Sinne der Rhetorik- und Philosophietradition (s.o. Thomas von Aquin) als bildliche Darstellung, als Veranschaulichung und «Versinnlichung» eines Begriffs. Kann ein Begriff durch eine Anschauung direkt dargestellt werden, handelt es sich um eine *schematische* Hypotypose; ist dies nur analogisch möglich, so liegt eine *symbolische* Hypotypose vor, in der freilich nicht der Begriff selbst «dem Inhalte nach» veranschaulicht wird, sondern bloß die «Regel» bzw. die «Form der Reflexion» angegeben wird.[128] Aus diesen Ausführungen folgt nicht, daß Kant hier *Symbol* im Sinne von M. verwendet, sondern nur: bestimmte M. können als Symbole verstanden werden, welche jeweils die Regel und Form anzeigen, in der die Urteilskraft mittels einer Analogie den gemeinten Begriff erschließen muß. Das radikal Neue ist freilich in der Beobachtung Kants zu sehen, daß diese symbolischen M. bei Begriffen notwendig sind, denen «vielleicht nie eine Anschauung direkt korrespondieren kann».[129] Diese Idee formuliert schon einige Jahre vorher LAMBERT in seinem ‹Organon›. Sprachen haben nämlich für Lambert ein «sehr allgemeines Mittel, unbekanntere und auch gar nicht in die Sinne fallenden Dinge durch bekanntere vorstellig zu machen, [...] die *Metaphern*. Auf diese Weise drücken wir alles, was zur Intellektualwelt gehört, durch Wörter aus, die nach ihrem buchstäblichen Verstande sinnliche Dinge vorstellen, und es ist wohl auch nicht möglich, die abstrakten Begriffe anders als auf diese Art bei andern zu erwecken». Grund dieser «Vergleichung» ist die «Ähnlichkeit des Eindrucks der äußerlichen und inneren Empfindungen».[130]

Ganz anders HEGEL, der in seinen ‹Vorlesungen zur Ästhetik› die alte Abwertung von M. und Analogievergleich fortführt. M. und Gleichnis entstehen aus «der bloß schwelgerischen Lust der Phantasie» oder «dem bloßen Schwelgen der Phantasie»[131]; die M. dient oft «nur als äußerer Schmuck» und kann «leicht ins Pretiöse, Gesuchte oder Spielende ausarten»: «Die Italiener besonders haben sich in dergleichen Gaukeleien eingelassen; auch Shakespeare ist nicht ganz frei davon»[132]; und Vergleichungen dienen dem «Verweilen» im Vergleichsbereich; und im «Okzident» wird dieses Verweilen «vornehmlich ein Interesse der *Empfindungen*, besonders der Liebe».[133] Neu ist freilich seine Einteilung der ‹vergleichenden Kunstformen›. Die erste Gruppe, die u. a. Fabel, Parabel und Sprichwort umfaßt, bleibt insofern im Konkreten, als sie sich auf eine Darstellung des Vergleichbereichs beschränkt: «Das Vergleichen aber der allgemeinen Bedeutung und des einzelnen Falls als *subjektive* Tätigkeit ist noch nicht *ausdrücklich* herausgestellt».[134] In der nächsten Gruppe auf der «*zweiten* Stufe» ist dagegen «die *Bedeutung* das erste, was vor dem Bewußtsein steht, und die konkrete Verbildlichung derselben das nur Danebenstehende und Beiherspielende»; hierzu zählen M., Rätsel, Allegorie, Bild und Gleichnis. Die dritte Gruppe schließlich wird aus Lehrgedichten und «beschreibender Poesie» gebildet, beides höhere Kunstformen, weil in ihnen das «Herauskehren der allgemeinen Natur der Gegenstände» klar getrennt ist vom «Schildern ihrer konkreten Erscheinung»; «wahrhafte Kunstwerke» entstehen freilich erst, wenn beide Ebenen zu einer «echten Ineinsbildung» zusammengefügt werden.[135]

Trotz dieser partiellen Aufwertung der M. bleibt sie auch bei Hegel im Gegensatz zu Lamy und der ihm folgenden *Allgemeinen Grammatik* an die Affekte gebunden. Freilich kann man innerhalb dieser Affekttheorie zwei Richtungen unterscheiden: einmal die dominierende Auffassung, die, wie etwa VOLTAIRE, der M. jeglichen Erkenntniswert abstreitet,[136] zum andern die vor allem in der Romantik in Nachfolge von ROUSSEAU vertretene Aufwertung, daß in der metaphorischen Sprache die Ursprache der Menschheit zu suchen sei: «Da», so Rousseau apodiktisch, «die ersten Motive, die den Menschen sprechen ließen, die Affekte [*passions*] waren, waren auch die ersten Ausdrücke die Tropen».[137] Diese Idee greift HERDER auf und projiziert sie sogar auf den Charakter einer Nation. Der «Metapherngeist» lebt in «allen wilden Sprachen [...]; nur freilich in jeder nach Maß der Bildung der Nation und nach Eigenheit ihrer Denkart [...]. Eine feurige Nation offenbart ihren Mut in solchen Metaphern». «War Gott», so Herder an der gleichen Stelle mit pointiert rhetorischer Frage, «[nicht doch] so sehr Liebhaber von Hyperbolen, ungereimten Metaphern, daß er diesen Geist bis in die Grundwurzeln seiner Sprache prägte»?[138]

Beide Traditionen werden in JEAN PAULS ‹Vorschule der Ästhetik› (1813) vermittelt: «Der bildliche Witz kann entweder den Körper *beseelen* oder den Geist *verkörpern*». Ebenso waren M. ursprünglich «wie bei Kindern, nur abgedrungene Synonymen des Leibes und Geistes. [...] Das tropische Beseelen und Beleiben fiel noch in *eins* zusammen, weil noch Ich und Welt verschmolz. Daher ist jede Sprache in Rücksicht geistiger Beziehungen ein Wörterbuch erblaßter Metaphern».[139]

Anmerkungen:

1 vgl. J. Frazer: The Golden Bough: A Study in Magic and Religion I (New York ³1935) Kp. III; vgl. die kritische Diskussion in: E. Leach: Kultur u. Kommunikation (1978) 39ff. – **2** M. Foucault: Les mots et les choses (Paris 1966) 32ff. – **3** ebd. 33. – **4** vgl. Paracelsus: Mikrokosmos u. Makrokosmos. Okkulte Schriften, hg. von H. Werner (1989) 227. – **5** Agrippa v. Nettesheim: De occulta philosophia (1519), zit. nach d. dt. Übers. ‹Geheime Philosophie u. Magie› (1982) 82f. – **6** ebd. 83. – **7** ebd. 47. – **8** ebd. 46ff. – **9** ebd. 44. – **10** zu Renaissance-Poetiken: H.F. Plett: Renaissance-Poetik: Zwischen Imitation und Innovation, in: ders. (Hg.): Renaissance-Poetik (1994) 1–20. – **11** P. Ramus: Scholarum rhetoricarum ... (Frankfurt 1581; ND 1965) 148. – **12** ebd. 145ff.; zu Ramus W.J. Ong: Ramus, Method, and the Decay of Dialogue (Cambridge 1958). – **13** R. Agricola: De inventione dialectica libri tres (1528; ND 1976), I, 25 (dt. 130); weitere Lit. zu Ramus u. Agricola in: E. Eggs: Art. ‹Argumentation›, in: HWRh I, 973ff. – **14** A. Fouquelin: La Rhétorique françoise (1555) zit. nach d. Ausg. von F. Goyet, in: Traités de poétique et de rhétorique de la Renaissance (Paris 1990) 345–464, 367ff.; eine alphabetische Liste der wichtigsten Definitionen zu den rhet. Figuren in: L.A. Sonnino: A Handbook to Sixteenth-Century Rhetoric (London 1968). – **15** Vossius IV, p. 83. – **16** ebd. p. 171ff. – **17** ebd. p. 192f. – **18** ebd. p. 198ff. – **19** ebd. p. 380ff. – **20** Gottsched Dichtk., I und II (³1742), zit. n. Gottsched, Ausg. Werke, hg. von J. Birke u. B. Birke, VI, 1 und VI, 2 (1973) VI, 1 326. – **21** ebd. 404ff. – **22** Vico Inst. or., in: F. Sa. Pomodoro (ed.): Opere di G. Vico, Bd. 8 (Neapel 1869). – **23** G. Vico: La scienza nuova (1744), hg. v. P. Rossi (Mailand 1977) 287; vgl. bes. M. Mooney: Vico in the Tradition of Rhetoric (Princeton 1985), bes. 47ff.; allg. K.O. Apel: Die Idee d. Sprache in d. Tradition des Humanismus von Dante bis Vico (³1980) 350ff.; B. Vickers: In Defence of Rhetoric (Oxford 1988) 439ff. – **24** H. White: Topics of Discourse (Baltimore 1978) 197ff.; M. Danesi: Vico, Metaphor, Origin of Language (Bloomington 1993) 60ff. – **25** Vico [23] 283. – **26** ebd. 284ff. – **27** Scaliger III, 29, S. 372. – **28** ebd. III, 70. – **29** ebd. III, 31, S. 382. – **30** ebd. III, 49, S. 431. – **31** ebd. III, 49, S. 422. – **32** ebd. III, 49, S. 433. – **33** ebd. – **34** ebd. S. 438. – **35** ebd. III, 52, S. 463. – **36** ebd. III, 83, S. 543. – **37** ebd. III, 528. – **38** G. Puttenham: The Arte of English Poesie (London 1589; ND Menston 1968) 148; ein Vergleich dieser Schrift mit Scaligers Poetik in: H.F. Plett: The Place and Function of Style in Renaissance Poetics, in: Murphy RE 356–375. – **39** ebd. 155. – **40** ebd. 148. – **41** siehe Cic. De Or. II, 1, 1; H.F. Plett: Rhet. der Affekte (1975) 82f. – **42** Puttenham [38] 155; vgl. D. Javitch: Poetry and Courtliness in Renaissance England (Princeton 1978); W.G. Müller: Das Problem des Stils in der Poetik der Renaissance, in: Plett [10] 133–146. – **43** Puttenham [38] 205. – **44** R. Sherry: A Treatise of Schemes and Tropes (1550; ND New York 1977) 78ff. u. 88ff. – **45** ebd. 40. – **46** Erasmus: De Utraque Verborum ac Rerum Copia (1516) I, Kp. 16 u. 17. – **47** B. Daniello: Della Poesia, in: B. Weinberg (Hg.): Trattati di poetica e retorica del Cinquecento, 4 Bde. (Bari 1979) I, 227–318. – **48** G.C. Delminio: La Topica, o vero della elocuzione (ca. 1540), in: Weinberg [47] I, 357–407, 384ff. – **49** ebd. 364. – **50** P. Melanchthon: De rhetorica libri tres (Wittenberg 1519), zit. n. Corpus reformatorum 13, Melanchthons Werke IV, 464ff. – **51** ebd. 490. – **52** Thomas Wilson: Arte of Rhetorique (1553; ND Amsterdam 1969) Fol. 94. – **53** ebd. Fol. 92. – **54** ebd. Fol. 94 u. 101ff. – **55** Soarez 143. – **56** N. Vulcano: Sagata Pallas sive pugnatrix eloquentia (1687/8), zit. n. der Ausg. T. Feigenbutz u. A. Reichensperger, 2 Bde. (1997) II, 178ff. – **57** ebd. I, 155ff., 161ff. u. 165ff. – **58** Henricus Achemius: Technologia Rhetorica (Helmstedt 1591); vgl. Dyck 162ff. – **59** vgl. Dyck 51ff. – **60** G.P. Harsdörffer: Poetischer Trichter III (Nürnberg 1653) 56, § 52. – **61** ebd. 57 § 53. – **62** G. Willems: Anschaulichkeit (1989) 249. – **63** ebd. 250. – **64** vgl. bes. die oben zitierten Stellen aus Arist. Rhet.: 1405a 35, 1410b 10 u. 1412a 11. – **65** Harsdörffer [60] 57 § 53. – **66** vgl. oben u. Quint. 8, 3, 72. – **67** G.P. Harsdörffer: Poetischer Trichter II (Nürnberg 1648) 10, 49. – **68** ebd. 54ff. – **69** ebd. 59. – **70** E. Tesauro: Il Cannochiale Aristotelico (Turin 1670), zit. n. d. Ausg. v. A. Buck (1968) 266. – **71** ebd. 305–341. – **72** ebd. 342–364 u. 434–441. – **73** ebd. 285 u. 365–396. – **74** ebd. 304f. – **75** ebd. 441–481. – **76** ebd. 304f. u. 396–433. – **77** ebd. 481. – **78** ebd. 484ff. – **79** ebd. 487ff. – **80** ebd. 501–540. – **81** Baltasar Gracián: Agudeza y Arte de Ingenio (Huesca 1649), zit. n. d. Ausg. v. E. Correa Calderón (Madrid 1969) 2 Bde.; vgl. Curtius 297ff. – **82** Gracián [81] I, 47. – **83** ebd. 54 (= disc. 2). – **84** ebd. 204 (= disc. 20). – **85** ebd. 55 (= disc. 2). – **86** ebd. I, 114ff. (disc. 9–13), II, 105ff (= disc. 40) u. II, 179ff., 191ff. (= disc. 55–57). – **87** ebd. II, 45ff. (= disc. 32). – **88** ebd. 53ff. (= disc. 33). – **89** Lamy 58f. – **90** ebd. 62. – **91** ebd. 63/4. – **92** A. Arnauld, P. Nicole: La logique ou l'art de penser (1662/83), Ausg. 1683, zit. n. d. Ausg. v. L. Marin (Paris 1970) 130ff. – **93** Lamy [89] 57. – **94** vgl. Logique [92] 130. – **95** Lamy 76. – **96** ebd. 67–75. – **97** Diderot Encycl., Vol. I, Bd. 6, 766 (Art. ‹Figure› von M. de Jaucourt). – **98** vgl. etwa Puttenham [38] 128ff. u. Dyck 84ff.; allg. Plett [41]. – **99** Lamy [89] 67. – **100** Dumarsais: Traité des tropes (1730), zit. n. d. Ausg. Paris 1977, 22. – **101** ebd. 29. – **102** ebd. 63. – **103** ebd. 32ff. – **104** ebd. 112. – **105** ebd. 129. – **106** ebd. 132. – **107** ebd. 141. – **108** Fontanier 95. – **109** ebd. 97. – **110** ebd. 109. – **111** vgl. T. Todorov: Théories du symbole (Paris 1977) 96ff. – **112** vgl. ebd. 98ff. – **113** Fontanier 116. – **114** ebd. 93ff. – **115** ebd. 55ff. – **116** ebd. 57ff. – **117** F. de Saussure: Cours de linguistique générale (Lausanne 1916; Paris 1968). – **118** vgl. Fontanier 77. – **119** ebd. 209ff. – **120** N. Beauzée: Encyclopédie méthodologique, I–III (Paris 1782–86) I, 581. – **121** Logique [92] 134ff. – **122** Fontanier 160. – **123** ebd. 79ff., 87ff., 99ff.; vgl. Beauzée [120] III, 581 u. Diderot/D'Alembert [97] Vol. 3, Bd. 6, 699. – **124** Fontanier 106. – **125** Fontanier 99. – **126** Kant KU, 254 (§ 59); vgl. H.H. Holz M., in: J. Sandkühler (Hg.): Europ. Enzyklop. zu Philos. und Wissenschaftslehre (1990) III, 379ff.; P. de Man: The Epistemology of metaphor, in: S. Sacks (Ed.): On Metaphor (Chicago 1978) 11–28, 24ff.; A.T. Nuyen: The Kantian Theory of Metaphor, in: PaR 22 (1989) 95–109. – **127** Kant [126] 253. – **128** ebd. 252. – **129** ebd. 254. – **130** J.H. Lambert: Neues Organon II (Leipzig 1764), zit. n. d. Ausg. Berlin 1990, 556 (§ 192). – **131** G.W.F. Hegel: Vorlesungen über die Ästhetik, in: Werke (Frankfurt 1970) Bd. 13, 522 u. 534. – **132** ebd. 518 u. 519. – **133** ebd. 529. – **134** ebd. 489. – **135** ebd. 490f.; vgl. 507ff. u. 539ff. – **136** vgl. Voltaire: Dialogues entre Lucrèce et Posidonius, in: Mélanges (Paris 1961) 327ff.; J.-J.: Rousseau: Essai sur l'origine des langues (1781), zit. n. d. Ausg. Bordeaux 1970, 9,10. – **137** Rousseau [136] 45 (= Kp. III). – **138** J.G. Herder: Abh. über d. Ursprung der Sprache (Berlin 1772), zit. n. d. Ausg. Stuttgart 1966, 64. – **139** J. Paul: Vorschule d. Ästhetik (1813); zit. n. d. Ausg. v. N. Miller (1990) 184.

IV. Spätes 19. und 20. Jh. Die Moderne. Fontanier hatte seine Abhandlung für Schüler Höherer Lehranstalten geschrieben. Seine Theorie wird auch in Lehrwerken für die verschiedenen Lernstufen, insbesondere in den *classes de rhétorique* (Rhetorik-Klassen) bis in die 2. Hälfte des 20. Jh. Eingang finden. Dies erklärt, daß man heute noch in anspruchsvolleren Wörterbüchern unter *Trope* die vier ‹königlichen› Tropen findet, eben M., Antonomasie, Metonymie und Synekdoche, oft auch zusammen mit der Katachrese. [1] In eher populären Wörterbüchern werden freilich nur die M. und die Metonymie angegeben. [2] Während die erste Liste eine spezifisch französische Entwicklung widerspiegelt, ist die Zweierliste Ausdruck neuerer sprachwissenschaftlicher, aber auch anthropologischer und psychoanalytischer Theorien. Beide Richtungen sind jedoch von der neuesten Forschung oft vehement in Frage gestellt worden, weil sie die logisch-kognitive Dimension ausklammern. Da wesentliche Erkenntnisse der *Allgemeinen Grammatik und Tropologie* noch im 19. Jh. von der *historischen Sprachwissenschaft* übernommen wurden, beginnt dieser Abschnitt mit einer Erörterung der sprachwissenschaftlichen Forschung von der historischen Sprachwissenschaft über strukturalistische bis hin zu modernen kognitiven Ansätzen (ausgeklammert bleiben textlinguistische Modelle) (= 1.). Diese Erörterung wird zeigen, daß zwei Problemfelder ungelöst bleiben, einmal nämlich das Problem der *Analogie*, zum andern das Problem der *Konstitution* von M. in Äußerungen, Texten und Argumentationen. Die Forschung, die sich vornehmlich auf die damit angeschnittenen Fragen bezieht, wird nacheinander in den Abschnitten 2. und 3. behandelt.

1. *M. in der Sprache: Von der historischen bis zur kognitiven Sprachwissenschaft.* Die von der *Allgemeinen Grammatik und Tropologie* ererbte Tropenliste findet sich auch in der Semantik-Abhandlung ‹La Vie des mots étudiée dans leurs significations› (1887) von A. DARMESTETER. Wie bei Fontanier wird Antonomasie als Art der Synekdoche behandelt. Darmesteter bezieht sich selbst auf diese Tradition, freilich um sich von dieser abzugrenzen, da diese nur stilistische und nicht linguistische Aspekte berücksichtigt hätte. «Zwischen den Stilfiguren eines Dichters und denen der Volkssprache gibt es keinerlei Unterschied». [3] Die M. ist somit nicht nur ein Problem des *Stils*, sondern auch der *Sprache*. Mehr noch: an den in einer Sprache lexikalisierten Tropen und besonders an den M. kann man «den Geist» (*le génie*) einer Sprache und einer Nation ablesen. [4] Mit diesem Gedanken greift Darmesteter die von LAMY und vor allem von VICO vertretene Auffassung wieder auf, daß sich in den Tropen und Metaphern einer Sprache deren Reichtum zeigt, freilich in der über RIVAROL, ROUSSEAU und HERDER bis in die Romantik tradierten politisch-ideologischen Version, wonach jede Sprache in ihren Tropen und M. den Geist und die Weltanschauung einer Nation ausdrückt. [5] M. BRÉAL wird jedoch in der einige Jahre später erschienenen Untersuchung zur historischen Semantik diesen Topos relativieren: die M. einer Sprache drücken nämlich den «Geist von jedermann aus, der von einer Nation zur andern nicht sehr variiert»; deshalb geht es der Sprachwissenschaft nicht darum, «diese Bilder zu bewundern, sondern zu zeigen, daß die Sprache voll von ihnen ist». [6]

Die M. selbst definiert Darmesteter rationalistisch und sachlogisch; sie ist nämlich «eine Figur, durch die der Geist [*esprit*] den Namen eines Objektes auf ein anderes anwendet, dank eines gemeinsamen Charakterzugs, der sie zusammenrücken und vergleichen läßt». [7] Neu in der Abhandlung Darmesteters ist nicht nur, daß er an einer Fülle von Beispielen vor allem des Französischen zeigt, wie vielfältig in der Bedeutungsgeschichte die tropischen Prozesse wirken, oder daß er verschiedene für bestimmte Sprachen typische Vergleichsbereiche (Landwirtschaft, Krieg, Spicl, usw.) verdeutlicht, sondern auch, daß er zwei komplexe tropische Verfahren unterscheidet: die Ausstrahlung (*rayonnement*) und die Verkettung (*enchaînement*), die oft auch miteinander verbunden werden. Eine Ausstrahlung liegt vor, wenn der einer M. zugrunde liegende Vergleichsbereich in mehrere analoge Bereiche projiziert wird (etwa *Zahn* eines Kamms, einer Säge, eines Antriebrades, usw.), in der Verkettung bauen die tropischen Prozesse hingegen auf die ihnen vorgängigen Bedeutungsveränderungen auf (etwa *plume* im Französischen: Vogel*feder* → Schreib*feder* → Schreib*feder* aus Metall/*Feder*halter). [8] H. PAUL wird diese Überlegungen, die auch in Deutschland von F. HAASE, L. TOBLER oder O. HEY gemacht wurden, im Kapitel ‹Wandel der Wortbedeutung› seiner ‹Prinzipien der Sprachgeschichte› (1886) aufgreifen und zusätzlich zwischen *usueller* und *okkasioneller* Bedeutung unterscheiden; die usuelle Bedeutung umfaßt «den gesamten Vorstellungsinhalt, der sich für die Angehörigen einer Sprachgenossenschaft mit einem Worte verbindet», die okkasionelle Bedeutung ist hingegen der «Vorstellungsinhalt, welchen der Redende, indem er das Wort ausspricht, damit verbindet». [9] Dies entspricht der einige Jahre später von F. DE SAUSSURE getroffenen Unterscheidung von *langue* (Sprache) und *parole* (Rede) bzw. von sprachlicher Bedeutung und Redesinn. Die Tropen drükken immer eine okkasionelle Bedeutung aus. Okkasionelle Bedeutungen können zu usuellen Bedeutungen werden, sofern eine Sprachgemeinschaft diesen Gebrauch übernimmt. Aufgrund der Komplexität dieses

Prozesses sind die Grenzen zwischen usueller und okkasioneller Bedeutung fließend.[10] Pauls Unterscheidung entspricht somit Fontaniers Differenzierung in einen usuellen litteralen und einen tropologischen Sinn, freilich mit dem wichtigen Unterschied, daß Paul mit ‹okkasionell› nur den tropologisch übertragenen *(figuré)* Sinn meint; der tropologisch erweiterte *(extensif)* Sinn wird hingegen zur usuellen Bedeutung gerechnet. Damit gehören bei Paul «Der *Hahn* kräht» und «Er dreht den *Hahn* auf» zur usuellen Bedeutung, «Der *Hahn* beleidigt schon wieder unsere Kunden» (im Sinne von «eine Person, die sich wie ein Hahn verhält oder so aussieht») zur okkasionellen Bedeutung. Dagegen übernimmt er die von Fontanier getroffene Unterscheidung in Bedeutungsausdehnung und -einschränkung, bei ihm jedoch als *Verallgemeinerung* und *Spezialisierung* bezeichnet. Der Einfluß der traditionellen Rhetorik in Pauls Theorie des Bedeutungswandels ist unverkennbar (er unterscheidet neben der M. die Ironie, die Litotes und den Euphemismus), jedoch ist auffallend, daß er bei den sprachgeschichtlich zentralen Tropen die rhetorische Terminologie vermeidet. So spricht er etwa nicht von Antonomasie, sondern von der «Verwandlung von Eigennamen in Appellativa», bei der Synekdoche verweist er auf «die aus der lateinischen Stilistik als pars pro toto bekannte Figur» und die Metonymie wird als «Übertragung auf das räumlich, zeitlich oder kausal Verknüpfte» umschrieben.[11] Dennoch fällt Paul – aus sprachwissenschaftlicher Sicht – hinter die *Allgemeine Grammatik und Tropenlehre* zurück, da er neben den vier linguistischen Tropen weitere Tropen zuläßt. Wie stark Paul von der alten Rhetorik abhängt, ohne dies freilich im historischen Kontext einer sich als objektive Wissenschaft verstehenden Sprachwissenschaft zugeben zu können, zeigt sich schließlich darin, daß er die seit Aristoteles formelhaft wiederholten Entstehungsgründe für die M. reproduziert: M. werden nämlich nicht nur in Fällen verwendet, in denen «noch keine adäquaten Bezeichnungen existieren», sondern auch da, «wo eine schon bestehende Benennung zur Verfügung steht, treibt oft ein innerer Drang zur Bevorzugung eines metaphorischen Ausdrucks. Die M. ist eben etwas, was mit Notwendigkeit aus der menschlichen Natur fliesst und sich geltend macht und nicht bloss in der Dichtersprache, sondern auch in der volkstümlichen Umgangssprache».[12] Diese Formulierung kann offenbar nicht im Sinne der Substitutionstheorie gelesen werden. Daß Pauls Konzeption durchaus mit der klassischen Übertragungstheorie vereinbar ist, folgt schon aus seiner Entgegensetzung von usuellem und okkasionellem Gebrauch: die Rede vom okkasionellen Gebrauch eines Wortes impliziert ja gerade nicht, daß ein anderes Wort ersetzt wird, sondern nur, daß es übertragen verwendet wird.

Diese Theorie des Bedeutungswandels bildet bis weit in die 2. Hälfte des 20. Jh. den theoretischen Rahmen der historischen Semantik. Ihre Evidenz scheint so groß, daß sie nicht nur eher traditionell orientierte Forscher wie PORZIG[13] übernehmen; selbst der Strukturalist BLOOMFIELD grenzt ganz im Sinne der alten Rhetorik die «normale (oder zentrale)» von der «marginalen (metaphorisch oder übertragen)» Bedeutung ab.[14] Dennoch lassen sich zwei Tendenzen feststellen: einmal die Tendenz, die *Anzahl* der Tropen zu reduzieren, zum andern die schon bei Paul angelegte Tendenz, die Tropen der *Stilistik* zuzuschreiben. So unterscheidet etwa STERN 1931 in einer Morphologie und Semantik umfassenden Klassifikation[15] – neben der *Verkürzung* und der *Analogie* (die hier im sprachwissenschaftlichen Sinne als Verwendung analoger Formen zu verstehen ist) – die *Benennung (naming)*, die *Übertragung* und die *Permutation*. Unter das letzte Verfahren fallen Synekdoche und Metonymie (in «hundert *Segel* sah ich kommen» wird die Weise des Zugriffs auf *Segel* permutiert, da es nicht bloß als *Segel*, sondern als Teil des Schiffes zu verstehen ist), die M. fällt unter die Benennung und die Übertragung. Eine größere Verbreitung sollte die Klassifikation von ULLMANN[16] finden. Ullmann wendet die alten stoischen Unterscheidungskriterien – Ähnlichkeit und Nachbarschaft – auf den Wortinhalt *(sense)* und die Wortform *(name)* an. Es gibt einmal *Sinnähnlichkeit* (Hut, Mütze, Helm) und *Sinnkontiguität* (Hut, Kopf, Hals) sowie *Namensähnlichkeit* (Hut, Mut, tut) und *Namenskontiguität* (Damenhut, Hutmacher), also Ähnlichkeit und Kontiguität der *Signifikate* einerseits und der *Signifikanten* andererseits. Die M. ist die typische Form der Sinnähnlichkeit, Synekdoche und Metonymie sind die typischen Formen der Sinnkontiguität. Auch für Ullmann ist die M. die wichtigste und häufigste Form: «Die M. ist derart in die Struktur der Sprache verflochten, daß wir ihr schon in verschiedenster Gestalt begegnet sind: als Hauptelement der Motivierung, als Ausdrucksmittel, als Quelle der Synonymie und Polysemie, als Ventil für starke Emotionen, als Mittel, Lücken im Wortschatz zu schließen, und noch in anderen Formen».[17] Die M. definiert er als «kondensierten Vergleich», bei dem immer «zwei Glieder gegenwärtig [sind]: das eigentlich Gemeinte und dessen Vergleichsbereich». Wie Ullmann selbst betont, entspricht das eigentlich Gemeinte der «Sachsphäre» bzw. dem «Tenor» bei RICHARDS, der ‹Vergleichsbereich› entspricht der «Bildsphäre» bzw. dem «Vehikel» beim selben Autor.[18] Auch diese Definition kann offenbar nicht das alte Dilemma zwischen sprachimmanenter Sinnveränderung und sachlogischer Begründung lösen. Hinzu kommt, daß sie deshalb *nicht* der traditionellen Auffassung entspricht, weil nicht nur das wesentliche Bestimmungsstück – Übertragung eines Wortes – fehlt, sondern auch, weil ‹kondensierter Vergleich› nicht mit ‹kürzerem Vergleich› identisch ist. Ganz im Sinne der traditionellen Rhetorik sind freilich die von Ullmann unterschiedenen Metaphernarten, nämlich *anthropomorphe* und *synästhetische M.*, *Tiermetapher* sowie die *Übertragung vom Konkreten zum Abstrakten*.[19]

Von großer Bedeutung wurde, daß JAKOBSON 1956 *Ähnlichkeit* und *Kontiguität* nicht nur als die beiden wesentlichen Prinzipien menschlicher Sprache und Rede bestimmte, sondern sie auch zwei Typen der Aphasie, der *Selektions*- und *Kontiguitätsaphasie*, zugrunde legte. Da Jakobson diese Unterscheidung explizit mit den beiden von der strukturalistischen Sprachwissenschaft unterschiedenen Konstitutionsprinzipien *Paradigma* und *Syntagma* verbindet, bedeutet die *Selektionsaphasie*, daß Sprecher mit einer Selektionsaphasie zwar Wörter zu Syntagmen und Sätzen verbinden, nicht aber die sachlich notwendigen Wörter selegieren können; in der Kontiguitätsaphasie hingegen können sie keine korrekten Syntagmen oder Sätze mehr bilden (Agrammatismus). Doch Jakobson geht noch einen Schritt weiter: «Den ersten Weg könnte man den *metaphorischen*, den zweiten den *metonymischen* Weg bezeichnen, da diese Wege durch die M. bzw. die Metonymie am besten zum Ausdruck kommen».[20] Mit dieser Bedeutungserweiterung wird offenbar der spezifische Unterschied der M. – eben eine *tropische* Form der Rede zu sein – im Vergleich zu anderen Formen semantischer Ähnlichkeit verwischt.

Deshalb ist auch von verschiedener Seite darauf hingewiesen worden, daß damit nicht entscheidbar ist, ob ein Ausdruck synonym oder metaphorisch zu verstehen ist, oder ob sogar eine semantische Anomalie vorliegt.[21]

Die Reduktion der Tropen auf M. und Metonymie wird in der Anthropologie – dort schon vorbereitet durch die Unterscheidung von FRAZER in eine 'homöopathische' Ähnlichkeits- und eine 'ansteckende' Kontiguitätsmagie – etwa von LEACH übernommen.[22] Große Verbreitung fand sie in der Psychoanalyse durch LACAN, der sie nach seiner strukturalistischen Wende zu einem Grundpfeiler seiner Lehre machte. Freilich wird oft übersehen, daß Lacan, geprägt vom französischen Erziehungssystem, für die Bestimmung der *mécanismes de l'inconscient* (Mechanismen des Unbewußten) auf die Rhetorik zurückgreift: «Die Periphrase, das Hyperbaton, die Ellipse, das Zer- und Unterbrechen der Syntax, die Vorwegnahme, die Darstellung durch das Gegenteil, die Digression und die Ironie sind Stilfiguren [*figurae sententiarum* bei Quintilian], genauso wie die Katachrese, die Litotes, die Antonomasie und die szenische Darstellung Tropen sind, deren Namen sich der Feder als die angemessensten aufdrängen, um diese Mechanismen zu bezeichnen. Kann man in ihnen bloß eine einfache Art des Sagens sehen, wenn gerade diese Figuren in der Rhetorik der tatsächlich vom Analysierten geäußerten Rede am Werk sind?»[23] Für Lacan beginnt erst mit der 'Machart' des Textes des Analysierten oder Traumerzählers das 'Wichtige' – «C'est à la version du texte que l'important commence» – und «dieses Wichtige ist nach Freud in der Ausarbeitung des Traumes, das heißt in seiner Rhetorik gegeben».[24] Diese Rhetorik des Traumes umschreibt Lacan wie folgt: «Ellipse und Pleonasmus, Hyperbaton oder Syllepse, Regression, Wiederholung, Apposition, das sind die syntaktischen Verschiebungen; Metapher, Katachrese, Antonomasie, Allegorie, Metonymie und Synekdoche, das die semantischen Verdichtungen, an denen Freud uns die wichtigtuerischen oder demonstrativen, die heuchlerischen oder überzeugenden, die zurückweisenden oder die verführerischen Intentionen lehren will, mit denen das Subjekt seinen Traumdiskurs moduliert».[25] Von hier aus überrascht es, daß Lacan nicht nur sämtliche sprachlich-rhetorischen Prozesse auf die *M.* und die *Metonymie* zurückführt, sondern beide auch mit den von Freud unterschiedenen Verfahren der *Verdichtung* und *Verschiebung* gleichsetzt.[26] Die Problematik dieser Gleichsetzung zeigt sich u.a. darin, daß sich die *Verdichtung* bei Freud nicht bloß auf den Inhalt, sondern auch auf den Ausdruck bezieht (so ist etwa *alcoholidays* eine Verdichtung von *alcohol* und *holidays* mit Mischwortbildung),[27] ebenso meint *Verschiebung* allgemein Verschiebung des psychischen Akzentes und in der Witzabhandlung sogar eine bestimmte logische Technik des Scheinschlusses.[28] Die M. und die Metonymie definiert Lacan nicht inhaltlich, sondern ausschließlich als Operationen mit Zeichenkörpern *(signifiants)*: die M. wird als «un mot pour un autre» (ein Wort für ein anderes)[29] bestimmt, also als Substitution, wobei das metaphorische Wort eine neue Bedeutung erhält, die Metonymie hingegen als «mot à mot» (Wort an Wort). Metonymie ist hier ganz im Sinne von Jakobson zu verstehen, für den schon die *Kontiguität von Zeichenkörpern*, also ihr Nebeneinander in einer Zeichenkette, eine Form der Metonymie darstellt. So ist nach Lacan *trente voiles* (dreißig Segel) für *bateaux* (Schiffe) – es handelt sich im strengen Sinn um eine Synekdoche – als *trente voiles [de bateaux]*, d.h. Kontiguität der Zeichenkörper *voiles + bateaux*, zu verstehen: «Die Verknüpfung vom Schiff und dem Segel ist nirgendwo anders als im Signifikanten, und die Metonymie stützt sich gerade auf dieses Wort an Wort dieser Verknüpfung».[30] Anders gesagt: die Ordnung der Sprache bestimmt die Ordnung der Vorstellungen und der Dinge. Nun läßt sich diese weitgehende These, daß erst durch Sprache Beziehungen gesetzt werden, leicht widerlegen. Danach müßte ja allein schon die *Wort-an-Wort*-Verknüpfung «Dreißig Planken eines Schiffes sind schon angefault» genügen, um *Planke* als Synekdoche für *Schiff* verwenden zu können, was offensichtlich nicht der Fall ist. Wenn *Planke* nicht als Synekdoche fungieren kann, dann sicher auch deshalb, weil Planken keine *herausragenden* und *typischen* Teile von Schiffen sind.

Auch die strukturalistische Semantik kann die von der traditionellen Rhetorik offengelassenen Probleme nicht klären. Das gilt sowohl für die der Tradition gegenüber offenere *angelsächsische* Variante, wie sie etwa bei LYONS zum Ausdruck kommt, als auch für die eng an den Systemgedanken gebundene *französische* Variante. So betont Lyons in seinem Standardwerk ‹Semantics› (1977) zwar, daß die M. nicht bloß die Stilistik, sondern auch den Bedeutungswandel und – in der Synchronie – die Bildung von Komposita und vor allem die Frage der Homonymie und der Polysemie betrifft, d.h. die Frage der Einheit und Anzahl der in einer Sprache existierenden Wörter. Bei der Behandlung des letzten Problems verwendet er ‹M.› als Oberbegriff für M. *und* Metonymie, also im Sinne von ‹Tropus›. *Homonymie* liegt vor, wenn *verschiedene* Wörter den gleichen Signifikanten haben (etwa *Futter* für Tiere und *Futter* im Mantel); *Polysemie* ist gegeben, wenn *ein* Wort *mehrere* Bedeutungen hat, die voneinander tropisch ableitbar sind (etwa *abgebrannt* im Sinne von *niedergebrannt* und *kein Geld mehr haben*). In Wörterbüchern erhalten homonyme Wörter in der Regel *verschiedene* Einträge, die Bedeutungen eines polysemen Wortes werden hingegen innerhalb *eines* Eintrags erläutert. Deshalb kann Lyons betonen, daß «Polysemie – das Produkt metaphorischer Kreativität – wesentlich für das Funktionieren von Sprachen als flexible und effiziente semiotische Systeme ist».[31] *Wie* jedoch diese Kreativität sich im einzelnen zeigt und beschreiben läßt, wird von Lyons nicht diskutiert.

Auch die französische strukturalistische Semantik, die einen konsequenten Sprachimmanentismus vertritt, da sie die M. ausschließlich als Relationen zwischen Bedeutungsmerkmalen *(traits sémantiques)* bzw. Semen zu beschreiben sucht, kommt über das in der rhetorischen Tradition Gesehene nicht hinaus. Das zeigt sich besonders deutlich in der in mehrere Sprachen übersetzten ‹Rhétorique générale› von DUBOIS u.a., eine Lütticher Forschergruppe, die sich auch ‹groupe μ› nannte. Ungewöhnlich ist, daß diese Gruppe die traditionellen Änderungskategorien – Hinzufügen *(adiectio)*, Wegnehmen *(detractio)*, Ersetzen *(immutatio/substitutio)*, Umstellen *(transmutatio/permutatio)* –, die in der Antike nur für die Beschreibung der Wort- und Satzfiguren, also für morpho-phonologische *(Metaplasmen)* und syntaktische Veränderungen *(Metataxen)* herangezogen wurden, auch auf die Tropen und Inhaltsfiguren anwendet. So werden etwa die generische Antonomasie *(der Redner* für Cicero) als Wegnehmen, die singuläre Antonomasie (Peter ist kein *Cicero*) hingegen als Hinzufügung klassifiziert.[32] Diese erstaunliche Klassifikation ist nur möglich, wenn man als Bezugsgröße nicht Wörter, sondern Bedeutungsmerkmale nimmt: aus dieser Sicht werden in der generischen Antonomasie *Cicero* gleichsam Bedeutungsmerkmale weggenommen. Erstaunlich ist auch, daß die M. als Ergebnis von zwei Synekdochen beschrieben wird. [33] So haben nach Auffassung der Autoren in «Ein junges Mädchen ist eine *Birke*» *junges Mädchen* und *Birke* das gemeinsame Bedeutungsmerkmal *(sème) biegsam.* Nun könnte man statt *Birke* auch *die Biegsame* und statt *das biegsame (Ding)* auch *das junge Mädchen* sagen, im ersten Fall handelt es sich für die Autoren um eine *generalisierende* Synekdoche, im zweiten Fall um eine *partikularisierende* Synekdoche. Von hier aus ist es nur noch ein Schritt, die M. «Ein junges Mädchen ist eine *Birke*» als Ergebnis einer generalisierenden und einer partikularisierenden Synekdoche zu beschreiben, wobei das gemeinsame Merkmal, das *tertium comparationis*, unausgesprochen bleibt. Damit wird bei der ‹groupe µ› nicht nur das Wort als Bezugsgröße aufgegeben, sondern auch das zentrale Definitionsstück der ungewöhnlichen *Übertragung.* M. wird so zu einem 'Spiel mit Semen', hier sogar mit einem einzigen gemeinsamen Sem. Genau dies wurde schon früh von RUWET moniert: «[...] im allgemeinen rufen die Metaphern, vor allem die gelungenen, ein ganzes Bündel von mehr oder weniger starken und klaren Assoziationen und Analogien wach». [34]

Auch bei RASTIER wird das Wort als Bezugsgröße aufgegeben wie auch die Idee der Übertragung. Freilich bestehen zwischen der ‹groupe µ› und Rastier wichtige Unterschiede, die sich vor allem daraus ergeben, daß sich Rastier nicht mehr auf die lateinische, insbesondere quintilianische Tradition, sondern direkt auf Aristoteles bezieht. So beschreibt Rastier 1972 – in Anlehnung an die von POTTIER und besonders GREIMAS entwickelte strukturelle Semantik – am Beispiel des Gedichtes ‹Salut› von Mallarmé die M. als «Isotopienbündel [...], das zwischen zwei verschiedenen Feldern angehörenden Sememen oder Gruppen von Sememen hergestellt wird». [35] Damit ist gemeint, daß in ‹Salut› Wörter mit Bedeutungen *(Sememe)* aus dem Bereich ‹Seefahrt› und solche aus dem Bereich ‹Bankett› verwendet werden (Wörter, die inhaltlich *einem* Bereich zugehören, bilden eine Isotopie). Es geht also nicht mehr um den tropologischen Gebrauch eines Wortes, sondern um spezifische Konstellationen von Isotopien. In einer neueren systematischen Abhandlung bestimmt Rastier in Auseinandersetzung mit verschiedenen Kritikern die *Isotopie* als «Wiederholung einer linguistischen Einheit», die sich syntagmatisch manifestiert. Diese linguistischen Einheiten sind semantische Merkmale (Bedeutungskomponenten) von Wörtern. [36] So sorgt etwa in «Der *Kapitän* ließ die *Segel* setzen» das Sem /Schiffahrt/ für eine Isotopie, da es in den beiden *Sememen* (d.h. den Bedeutungsinhalten von *Kapitän* und *Segel*) enthalten ist. Isotopien sind nicht an die Syntax gebunden, da sie auch satzübergreifend formuliert werden können: «Der *Kapitän* kam um 8 Uhr. Kurz danach ließ er die *Segel* setzen». Diese Isotopie ist *generisch.* Dagegen ist die Isotopie in «Die Morgendämmerung zündete die Quelle an» *spezifisch*, da in ihr dreimal das spezifische Sem /inchoativ/ bzw. /steht am Anfang/ syntagmatisch manifest ist. Isotopien können zusätzlich *inhärent* oder *adhärent* sein, je nachdem, ob die Seme zum denotativen Bedeutungskern oder zur konnotativen Nebenbedeutung gehören. [37] Daraus ergibt sich für M., daß sie *poly-isotopisch* sind. So bildet etwa in «Dieser *Polizeihund bellt*» zwei Isotopien enthalten: die erste Isotopie wird durch das «makro-generische» inhärente Sem /Tier/ gebildet, die zweite hingegen durch das adhärente Sem /menschlich/; dieses ist adhä-rent, weil es durch den situativen oder textuellen Kontext beigebracht werden muß. Solche allgemeinen Seme bezeichnet Rastier auch als «Klasseme»; diese bilden *semantische Dimensionen.* Gleichzeitig wird das «axiologische» – hier pejorative – Merkmal von *Hund* und *bellen* in der zweiten Isotopie «aktualisiert». [38] Zwischen den Klassemen besteht für Rastier, ganz der traditionellen Auffassung entsprechend, eine Inkompatibilität, gleichzeitig teilen aber die Sememe (Wortbedeutungen) von *bellen* und *schreien* ein Sem, nämlich /Art-des-sich-mit-der-Stimme-Äußerns/. Daraus ergibt sich folgende Definition: «Wir nennen jede Verbindung *(connexion)* von lexikalisierten Sememen (oder Gruppen von Sememen) metaphorisch dergestalt, daß es eine Inkompatibilität zwischen mindestens einem Merkmal ihres Klassems, und eine Identität zwischen mindestens einem Merkmal ihrer begrifflichen Kernbedeutung *(sémantème)* gibt.» [39] Entsprechend könnte man in einer gängigen M. wie «[Wir haben gute Argumente.] Mit *diesen Waffen schlagen wir sie*» die beiden inkompatiblen Klasseme sehr allgemein als /abstrakt/ vs. /konkret/ und das identische Sem als /Mittel der Auseinandersetzung/ bestimmen. Man könnte hier statt der semantischen Dimensionen /abstrakt/ vs. /konkret/ auch von «meso-generischen» Merkmalen, also etwa von /Argumentation/ vs. /Kampf/ sprechen. In diesem Fall spricht Rastier von «domaines sémantiques», also von *semantischen Bereichen.* [40] Da Rastier das Verhältnis dieser beiden Strukturierungen nicht systematisch diskutiert, wird nicht klar, wann Isotopien nach abstrakten Dimensionen, wann nach Bereichen konstituiert werden. Klar ist freilich, daß die makro-generischen Dimensionen ganz den seit TRYPHON in der Rhetorik unterschiedenen Übertragungsarten entsprechen. Auch das Verhältnis zwischen den beiden Isotopien bestimmt Rastier ganz traditionell: im gegebenen Fall ist nämlich die zweite Isotopie: *mit Waffen schlagen* die «isotopie comparante» *(vergleichende Isotopie)*, die erste *mit Argumenten schlagen* die «isotopie comparée» *(die verglichene Isotopie).* [41] Das entspricht der Unterscheidung in *Vergleichsbereich (comparant)* und *thematischem Bereich (comparé).* Im Gegensatz zur ‹groupe µ› wird in diesem *konfigurationalen* Ansatz die M. nicht als Substitution, sondern als *Kontraktion* von Semen begriffen, die durchaus auch *reziprok* sein kann. [42] Und ganz im Sinne von Aristoteles unterscheidet Rastier *analogische* Beziehungen zwischen den Isotopien; so liegt etwa eine nicht einfache Analogie im Aristoteles-Beispiel «Der Schild ist der *Becher des Ares*», die nach Rastier, im Gegensatz zu Aristoteles, nur drei Terme impliziert, vier Terme liegen hingegen vor in «Das Militärrecht (A) steht zum Recht (B) *wie* die Militärmusik (C) zur Musik (D)». Zwischen A und C und zwischen B und D bestehen «connexions métaphoriques» (metaphorische Verknüpfungen), eine These, die Rastier nach eigener Auffassung «avec maint auteur depuis Aristote» (mit manchem Autor seit Aristoteles) vertritt. [43] Das ist offensichtlich ein metonymischer Sprachgebrauch, da nach Aristoteles die genannten Relationen nur die *Grundlage* oder *Basis* für bestimmte M. bilden. Hinzu kommt, daß im zitierten Beispiel überhaupt keine M. vorkommt, handelt es sich doch um einen *Vergleich.* Auch im Aperçu von Sartre: «La musique de jazz, c'est comme les bananes, ça se consomme sur place» (Die Jazzmusik, das ist *wie* Bananen: das wird sofort konsumiert) – das Rastier als ein Beispiel für den Fall analysiert, in dem das identische Sem /leichtverderblich/ («périssable») [44] adhärent ist, also nur konnotativ erschlossen wird – ist keinerlei M. vorhanden. Eine M. im engeren Sinne wäre «Die Jazzmusik ist eine Banane. *(Beide sind leichtverderblich)*». Es ist leicht zu erkennen, daß das Sartre-Aperçu in dieser Form die gleiche Struktur wie die Stoppelmetapher hat: «Das Alter ist eine Stoppel. *(Beide sind abgeblüht)*».

Die gegebenen Beispiele machen zunächst deutlich, daß auch der Ansatz von Rastier den wesentlichen Unterschied zwischen M. und Vergleich nicht zu erklären vermag. Dem entspricht seine Klassifikation von metaphorischen «Konnektoren». Die drei Formen sind: (i) die «contextes équatifs», das sind die «gleichsetzenden Kontexte» wie etwa «Männer (N1) sind Papiertiger (N2)», in denen die Verbindung zwischen zwei Isotopien syntaktisch hergestellt wird; (ii) die «enclosures» (engl. *hedges*; Hecken, Einzäunungen), d.h. Vergleichspartikel *(wie, als)* oder Ausdrücke bzw. Umschreibungen *man könnte sagen*, die anzeigen, daß es sich um unterschiedliche Bereiche (Allotopien) handelt; (iii) die polysemen Wörter («Seine Rede ist *platt* wie […]»).[45] Diese Formen sind zwar «weder notwendig noch hinreichend» (die M. ist für Rastier letztlich nur über inkompatible Isotopien bestimmbar), dennoch aber zeigen sie nicht nur, daß M. und Vergleich nicht unterschieden werden, sondern auch, daß Rastier *usuelle* Sprachbedeutung und *okkasionellen* Äußerungssinn gleich behandelt; die Folge ist einmal, daß überraschende und *nicht lexikalisierte* Vergleiche oder M., wie etwa das Sartresche Aperçu, genauso wie gängige Redewendungen behandelt werden, zum andern, daß Rastier keinerlei Kriterien zur Unterscheidung des Vergleichsbereichs und des thematischen Bereichs angibt (woraus sich seine Terminologie *comparant* vs. *comparé* erklärt). Rastiers *konfigurationale* Semantik- und Metapherntheorie kann, weil sie die Syntax auf der konkreten Äußerungsebene ausblendet, nicht systematisch zwischen *Redegegenstand* (Thema) und *Prädikationen* (direkt vs. indirekt über Tropen) über diesen Gegenstand unterscheiden. Daß diese Unterscheidung notwendig ist, zeigt wiederum seine Differenzierung in *comparant* vs. *comparé*, die ja eine Hierarchisierung in Vergleichsgeber und Verglichenes voraussetzt. Rastiers Einwand, daß in poetischen Texten oft nicht entscheidbar ist, welche Isotopie dominierend ist[46], greift deshalb nicht, weil jede Interpretation notwendig eine Isotopie als themakonstituierend herausgreifen muß. Sind in einem Text verschiedene Isotopien als themabildend möglich, so ist dies kein Beleg dafür, daß die Unterscheidung in Vergleichsbereich und thematischen Bereich obsolet oder unsinnig ist, sondern ein Beleg dafür, daß die Ebenen in bestimmten Texten *poetisch* 'ausgespielt' werden können.

Will man diese Belege positiv wenden, so hat der Strukturalismus gezeigt, daß eine *sprachimmanente* und/oder *konfigurationale* Erklärung nicht hinreicht, um dem Phänomen M. gerecht zu werden, einmal, weil die Syntax auf der Ebene der Äußerung ausgeblendet ist, zum andern, weil nicht systematisch zwischen sprachlicher Bedeutung *(meaning)* und Gebrauchsbedeutung *(use)* unterschieden wird. M. ist nicht bloß ein semantisches oder kognitives Phänomen, sondern umfaßt notwendig Syntax und Pragmatik.

Das Beispiel von Rastier zeigt jedoch auch, daß die Substitutionstheorie nicht notwendig an die strukturalistische Merkmalstheorie gebunden ist. Auffallend ist, daß diese Theorie bis in die 80er Jahre gerade auch im Strukturalismus dominierte. Vielleicht ist dadurch zu erklären, daß RICŒUR in seinen Untersuchungen zur *métaphore vive*, die Anfang der 70er Jahre in kritischer Auseinandersetzung gegen den dominierenden Strukturalismus geschrieben wurden, unterstellt, daß auch Fontanier die Substitutionstheorie vertreten habe – für Ricœur Ausdruck des «Niedergangs der Rhetorik».[47] Entsprechend unterstellt er, daß die von ihm als Beleg für die Substitutionstheorie zitierten Lexika und Handbücher für die ganze Rhetorik typisch sind.[48] Auch in deutschsprachigen, dem Strukturalismus nahestehenden Abhandlungen wie etwa PLETT (1975) findet sich diese Idee. Für Plett besteht sogar *jeder* Tropus «(1) aus einem ersetzenden Ausdruck, dem Substituens […]; und (2) einem ersetzten Ausdruck, dem Substitutum».[49] Doch auch in neueren deutschsprachigen Stilistiken und Rhetoriken wird diese Substitutionstheorie nicht nur vertreten, sondern in der Regel auch der traditionellen, insbesondere lateinischen Rhetorik zugeschrieben.[50] Plett selbst hatte auch in einer früheren, noch mehr der traditionellen Rhetorik verpflichteten Untersuchung diese Theorie zur Grundlage seiner Beschreibung der Tropen gemacht.[51] Im deutschen Sprachraum scheint die Auffassung, die traditionelle Rhetorik habe eine Substitutionstheorie vertreten, fast zum Gemeinplatz geworden zu sein.[52] Dies ist sicher auch auf die oben aufgezeigte *Lausbergsche Reduktion* zurückzuführen. So überrascht es nicht, daß in französischen, nicht-strukturalistischen Abhandlungen in der Regel die Übertragungstheorie zu finden ist, die sich entweder auf Dumarsais oder Fontanier beruft, in neuerer Zeit immer mehr auf Aristoteles.[53]

Das Scheitern des Strukturalismus ist notwendige Konsequenz des ihm zugrundeliegenden Dogmas, daß nicht nur phonologische, morphologische oder syntaktische, sondern auch semantische Phänomene sprachimmanent erklärt werden können. Man muß deshalb von einer Ironie der Geschichte der neueren Sprachwissenschaft sprechen, daß LAKOFF, der seine Semantik- und Prototypentheorie immer vehement gegen Aristoteles und die historische Sprachwissenschaft abgegrenzt hat, sich wieder den Erkenntnissen eben dieser historischen Sprachwissenschaft *und* auch der traditionellen Rhetorik annähert. So zeigt Lakoff im Anschluß an DIXON (1982), daß im australischen Dyirbal jedes Wort zu einer der folgenden Kategorien gehört: *bayi, balan, balam* und *bala*. Unter die Kategorie *bayi* fallen z.B.: *Männer, Känguruhs, Opossums, Fledermäuse, die meisten Schlangen, die meisten Fische, einige Vögel, die meisten Insekten, der Mond, Stürme, Regenbogen, Boomerangs, Angelspeere* usw.[54] Die einzelnen Exemplare der Kategorie *bayi* haben zwar kein gemeinsames Merkmal, sie sind aber jeweils durch eine lokale Ähnlichkeit verbunden. So ist z.B. der Mond in dieser Kategorie, weil er in Dyirbal-Mythen immer als Ehemann auftaucht (daher seine Ähnlichkeit mit Männern). Angelspeere gehören in diese Kategorie, weil sie mit Fischen in einer metonymischen Beziehung stehen. Lakoff geht bei seinen Erklärungen wie die historische Sprachwissenschaft davon aus, daß es zentrale Basiselemente, also Grundbedeutungen, gibt (hier: Männer), daß alle Elemente über die Basiselemente miteinander verzahnt sind (weshalb sie keine gemeinsamen Merkmale haben müssen), und daß diese «chainings» (Verzahnungen) motiviert sind («centrality, chaining, no common properties, motivation»); formal lassen sich diese Verzahnungen oder Verkettungen vor allem als metonymische und metaphorische Prozesse beschreiben – genau das hatte Darmesteter unter der ‹Verkettung› verstanden. Und ebenso wie die historische Sprachwissenschaft geht Lakoff davon aus, daß die Motivierungen inhaltlich durch die spezifische natürliche Umwelt oder durch spezifische Wissensformen (darunter auch Mythen) erklärbar sind. Ergebnis dieser tropologischen Prozesse sind *polyseme* Kategorien bzw. Wörter. Neu ist bei Lakoff freilich, daß er seine Analysen durch eine allgemeine Kognitionstheorie begründet. Lakoff vertritt einen realistischen kognitiven Konstruktivismus, wendet sich also gegen den naiven Empirimus, der etwa die Prototypentheorie von ROSCH kennzeichnete.[55] Nach diesem «conceptual relativism» [56] wird Wirklichkeit über *Idealized Cognitive Models* (ICM) (idealisierte kognitive Modelle) angeeignet: so ist etwa das skizzierte Dyirbal-Klassifikationssystem, aber auch die Einteilung der Woche in sieben Tage ein ICM; ebenso ist der Begriff ‹Junggeselle› in westlichen Gesellschaften ein ICM, das eine Gesellschaft mit monogamer Ehe und ein typisches Heiratsalter impliziert (deshalb sind Priester, Homosexuelle, sehr alte unverheiratete Männer, auf einer Insel ausgesetzte Männer im heiratsfähigen Alter, usw. *keine* Junggesellen).[57]

Auch M. sind ICM, kognitive Modelle der Wirklichkeit. Diesen Gedanken hatten LAKOFF/JOHNSON schon 1980 in einer – die neuere Linguistik in weiten Bereichen lange als *novissima et ultima ratio* dominierenden – Untersuchung formuliert, in der neben der M. nur noch die Metonymie unterschieden wird. Solche Modelle sind etwa: Argumentation-ist-Krieg, Liebe-ist-eine-Reise, Gesellschaft-ist-eine-Person, Die-Inflation-ist-ein-Gegner oder Ideen-sind-Gegenstände.[58] Man beachte, daß hier unter dem Terminus ‹Modell› nicht nur der Vergleichsbereich, sondern auch der thematische Bereich gefaßt wird.

Den ersten vier Modellen liegen offenbar *Metaphernfelder* zugrunde, die zumindest für moderne Industriegesellschaften typisch sind, beim letzten hingegen handelt es sich um eine traditionelle *Übertragungsart*. Man muß nun das letzte Modell nur als *konkret → abstrakt* paraphrasieren, um zu sehen, daß diese Idee zum *historischen* Erfahrungsschatz der Rhetorik gehört und sogar über Lamy, Dumarsais u.a. in die Philosophie (Lambert, Kant, u.a.) und die ganze historische Sprachwissenschaft (Darmesteter, Ullmann, u.a.) ‘ausstrahlte’. Faßt man den Begriff ‹abstrakt› weit, so können auch die ersten vier Modelle dieser Übertragungsart zugeordnet werden. Solche Übertragungsarten *(belebt → unbelebt / konkret → abstrakt)* sind sicher universell; ontologisch gesehen handelt es sich um *Seinsbereiche,* linguistisch gesehen um durch *Klassifikationsmerkmale* oder *Klasseme* differenzierbare Bereiche. Ganz anders ist das bei den *Metaphernfeldern*: diese Felder sind historisch gewachsene Erfahrungs-, Produktions- und Handlungsbereiche. Sie unterscheiden sich offenbar nicht nur, wie Rastier annimmt, durch ihren Allgemeinheitsgrad von den klassematischen Seinsbereichen (meso- vs. makrogenerisch): ontologische Kategorien wie Klasseme kann man nämlich nicht unmittelbar erleben, wohl aber *Kriege, Reisen, Argumentationen,* usw. Auch hier gibt es einen reichen Erfahrungsschatz, nicht nur in der Rhetorik, sondern gerade auch in der neueren Forschung. Von den oft faszinierenden neueren Untersuchungen seien hier exemplarisch die Untersuchungen CURTIUS' zum *Buch* genannt, die WEINRICHS zu den Metaphernfeldern *Münze,* die Arbeit von STOLT zur *Waffenmetaphorik* in der frühneuhochdeutschen Literatur und vor allem die Arbeiten von J. SCHLANGER zum *Organismus* im 19. Jh. und von G. BACHELARD zum *Feuer,* zur *Erde* und zur *Luft.* Gerade die letzten beiden Untersuchungen haben gezeigt, daß diese Felder durch mehrere *Erfahrungskomplexe* strukturiert sein können: so unterscheidet etwa Bachelard für das Feuer u.a. den *Prometheus-,* den *Empedokles-* und den *Novaliskomplex.*[59]

Die zuletzt aufgeführten Bildbereiche decken die ganze Spanne von alltagsweltlicher bis hin zur wissenschaftlichen Metaphorik oder sogar Modellbildung ab. Die von Johnson und Lakoff behandelten Bildbereiche gehören hingegen zum Standardinventar alltagsweltlichen Denkens und Sprechens. Es ist sicher ein Verdienst beider Autoren, im Detail gezeigt zu haben, daß und wie diese in der Alltagssprache funktionieren. Doch welchen kognitiven und epistemologischen Status haben diese metaphorischen ICM? Und in welchem Verhältnis stehen sie zu den Übertragungsarten? Diese zentralen Fragen bleiben bei Johnson und Lakoff genauso wie bei Rastier (der sie immerhin terminologisch unterscheidet) ungeklärt. Die Richtung, in der die Lösung dieser Fragen zu suchen ist, ergibt sich, wenn man mit Fontanier die ICM als habitualisierte tropologische Formen alltagssprachlicher Kommunikation bestimmt. Bei der M. liegt dieser Form, wie Fontanier mit der rhetorischen Tradition formulierte, eine «Gleichförmigkeit oder Analogie» [60] zugrunde. Damit stellt sich auch bei Lakoff wie beim modernen Strukturalismus wieder das Problem der Analogie. Daß Lakoff selbst dieses Problem sieht, zeigt sich äußerlich schon darin, daß er in neueren Publikationen die ICM nicht mehr als *X-ist-Y* formuliert, sondern *X-ist-WIE-Y;* die alten Formulierungen seien, sagt Lakoff jetzt, aus mnemotechnischen Gründen gewählte Ausdrücke gewesen, «mnemonic names»; sachlich richtig sei «Target-Domain as Source-Domain» (Ziel-Bereich als Ausgangs-Bereich); bezogen auf die «Projektion» *(mapping)* Liebe/Reise bemerkt er dann: «Wenn ich von der *Liebe ist eine Reise-Metapher* spreche, benutze ich eine mnemotechnische Menge von ontologischen Übereinstimmungen [*correspondences*], die eine Projektion charakterisieren, nämlich: *Liebe als Reise-Projektion.* Die Liebenden entsprechen Reisenden».[61] Damit ist Lakoff nach einer langen Reise wieder bei Aristoteles und der so geschmähten Vergleichstheorie angekommen – ohne freilich die wesentliche Erkenntnis von Fontanier und der ihm folgenden historischen Sprachwissenschaft in seine Theorie zu integrieren, eben die Notwendigkeit, zwischen sprachlicher Bedeutung und okkasionellem Redesinn zu unterscheiden.

Es wundert deshalb nicht, wenn im Umfeld von Lakoff die M. sogar als *Analogie* bezeichnet wird. So hat etwa M. TURNER die Frage untersucht, auf welchen semantischen oder kognitiven Ebenen eine M. überhaupt möglich ist, und festgestellt, daß *über* und *unter* dem «basic level» (Basisebene) keine M. möglich sind. In der Prototypensemantik ist diese Basisebene konstituiert durch Kategorien, die in der Regel auf Arten verweisen, mit denen wir praktisch und kognitiv konkret umgehen: *Brot, Messer, Fahrrad, Stuhl, Schlüssel, Katze, Felsen, Argument, Reise,* usw. Über dieser Ebene (etwa *Lebewesen sind anorganische Dinge*) und unter dieser Ebene (etwa *Eine Rose ist eine Nelke*) sind keine M. oder Analogien möglich. Auf der Basisebene ist dies nur möglich, wenn es sich um «contrasting mental models» (kontrastierende mentale Modelle) handelt. Zwei mentale Modelle bzw. zwei Begriffe sind dann «sehr verschieden [*very different*], wenn eine Kategorie, die höher als die Basisebene ist, einen dieser Begriffe, nicht aber den andern, enthält».[62] Als Beispiele für die höheren *mental models* führt Turner u.a. an: *physisch/nicht-physisch, Person/ Nicht-Person, Ereignis/Nicht-Ereignis*, also die klassischen Übertragungsarten.[63] Freilich weist Turner darauf hin, daß unterhalb der Basisebene zwar *Ein Pekinese ist ein Doberman* nicht möglich ist, wohl aber *Dieser Pekinese ist ein Doberman*. Daß nur bei dieser *singulären* Referenz, nicht aber bei der *generischen* Referenz eine Analogie möglich ist, kann Turner nur dadurch erklären, daß im ersten Fall *Doberman* «nicht als Name einer Kategorie, sondern als M.» zu verstehen ist.[64] Damit behandeln Lakoff und Turner die M. letztlich wie Rastier *konfigurational*. Deshalb bleibt auch ungeklärt, *welche* Bedingungen erfüllt sein müssen, damit in einem konkreten *Redeakt* ein Ausdruck als M. verstanden wird. Ebenso ungeklärt bleibt, wie die *Analogie* beim Verstehen einer M. überhaupt 'ins Spiel kommt'. Die neuere Forschung wird hier zunächst im Hinblick auf die zweite Fragestellung diskutiert.

2. *Kognitive Basis der M.: Ähnlichkeit, Analogie, Projektionen und Interaktionen.* Ausgehend von einer Stelle der aristotelischen ‹Rhetorik› untersucht Turner in einer neueren Studie die Frage, welche Bedingungen gelungene metaphorische Projektionen erfüllen müssen. Eine der von Aristoteles genannten Bedingungen ist, daß die M. zu ihrem Gegenstand «passen» muß. Dafür muß die «Analogie» beachtet werden. Das sei genauso, wie man zu prüfen habe, ob das «einem jungen Mann angemessene Purpurkleid auch für einen Greis schicklich ist».[65] Obwohl hier eigentlich die ethisch-ästhetische Angemessenheit der M. angesprochen wird, kommt bei Turner nur die kognitive Dimension in den Blick, da er nur die Frage, «was eine M. konzeptuell passend macht», untersucht. Turners Hypothese, die er in dieser Studie zu begründen sucht, ist, daß metaphorisch-analogische Projektion die «Bildstruktur des Zielbereichs nicht verletzen darf».[66] Auffallend ist, daß Turner hier selbst terminologisch auf die in der neueren Forschung im angelsächsischen Sprachraum lange vehement kritisierte Vergleichs- und Analogietheorie von Aristoteles zurückgreift. Obwohl man diese veränderte Sicht als Paradigmawechsel bezeichnen könnte, ist es wohl sinnvoller, von einer die neuere Forschung kennzeichnenden Rückbesinnung auf Aristoteles zu sprechen, die zunächst ablehnend-kritisch war. So ist Stein des Anstoßes für RICHARDS' ‹Philosophy of Rhetoric› (1936) – eine Abhandlung, die nicht nur Lakoff, sondern die ganze angelsächsische Forschung bis in die 90er Jahre wesentlich bestimmt hat – eine Bemerkung von Aristoteles in der ‹Poetik›, wonach «gut Metaphern bilden» nicht von einem andern übernommen werden kann, sondern Zeichen eines «Talents» (εὐφυία, euphyía) ist.[67] Der griechische Ausdruck bedeutet ursprünglich «guter Wuchs», von daher dann «gute Natur», «gute Disposition», «Naturgabe», «Talent» oder «Begabung». In der von Richards benutzten Übersetzung findet sich die auf die Romantik zurückgehende Übersetzung «genius».[68] Daraus folgert Richards, Aristoteles habe behauptet, die Fähigkeit, M. zu bilden, sei eine besondere «Gabe», über die nicht alle verfügten. Dieses Mißverständnis läßt sich leicht klären, da Aristoteles nicht von der Fähigkeit, M. zu bilden, spricht, sondern von der Fähigkeit, *gut* M. zu bilden. Damit ist auch der zweite Kritikpunkt Richards' hinfällig, mit dem er zum Ausdruck bringt, daß ihm nicht einsichtig ist, warum man M. nicht übernehmen bzw. erlernen kann. «Als Individuen erwerben wir den Umgang mit Metaphern», so der Einwand Richards, «genauso wie wir alles andere lernen, was uns spezifisch menschlich macht»[69] – genau das sagt auch Aristoteles in einer Rhetorikstelle, in der es ihm nicht um das *gut*-Metaphern-Bilden geht: «Alle Leute unterhalten sich nämlich, indem sie metaphorische, gemeinübliche und wörtliche Ausdrücke verwenden».[70] All dies führt nach Richards zum «dritten und schlimmsten» Punkt, «wonach die Metapher im Sprachgebrauch etwas Besonderes und Außergewöhnliches sei, eine Abweichung [*deviation*] von ihrer normalen Funktionsweise».[71] Offenbar erübrigt sich auch dieser Kritikpunkt. Trotz dieser Kritik an Aristoteles nähert sich Richards nach einer berechtigten Kritik von Metaphernkonzepten seiner Zeit, in denen vage Termini wie ‹Vorstellung›, ‹Bild›, ‹Figur›, ‹Bedeutung› usw. verwendet werden, wieder der aristotelischen Konzeption, indem er die M. als eine «Doppeleinheit» (*double unit*) bestimmt, die aus einem «tenor» und einem «vehicle» besteht. Diese Doppeleinheit ist nicht an Sprache gebunden, da sie auch in der Wahrnehmung etwa dann entstehen kann, «wenn ein Gebäude, das wir betrachten, ein Gesicht zu haben scheint».[72] Hier ist *Gebäude* das ‹principal subject› (Hauptgegenstand), der Tenor, das *Gesicht* hingegen das Vehikel. Aus dieser Erweiterung folgt nicht nur, daß Richards die M. *kognitionspsychologisch* denkt, sondern auch, daß das Problem des Verhältnisses Sprachbedeutung vs. Begriff ausgeblendet bleibt. Seine eigentliche Fragestellung ist somit: Welche kognitiven Prozesse liegen dem Erfassen der Doppeleinheit M. zugrunde? Genau dies ist offenbar auch die Fragestellung von Johnson und Lakoff. Richards versucht, diese Frage noch zu klären, indem er, ganz aristotelisch, auf die möglichen Beziehungen zwischen Tenor und Vehikel reflektiert – und nicht wie Johnson und Lakoff durch die Konstruktion von idealisierten Modellen. Dabei unterstellt er wie die Tradition, daß zwischen beiden eine Analogie vorliegt, die sich zudem als eine ihnen gemeinsame «Basis» (*ground*), d.h. dem *tertium comparationis*, bestimmen läßt. Daher auch seine ganz traditionelle Fragestellung nach «der Basis der Verschiebung» (the ground of the shift). Diese Basis ist bei *Bein eines Pferdes* und *Bein eines Tisches* leicht bestimmbar (etwa «der Tisch steht» usw.), nicht aber, wenn wir jemanden «duck» (Ente) nennen; hier liegt nämlich keine unmittelbare und tatsächliche Ähnlichkeit vor, sondern eine, die sich auf unsere «attitudes» (Einstellungen) gründet. Im gegebenen Fall ist dies nach Richards «irgendwie ein Gefühl zärtlicher und amüsierter Zuwendung», das er aus einer tropologischen Bedeutung von *duck*, nämlich: «entzückender oder reizender Gegenstand» ableitet.[73] Hier werden diese beiden Formen als *sachliche* vs. *konnotative* Analogie bezeichnet. Die fehlende Reflexion auf die Rolle der Sprache führt ihn freilich zu einigen Fehlurteilen. So folgert er etwa aus seiner Beobachtung, daß es sich beim *Holzbein* eines Menschen sowohl um ein «metaphorisches» als auch «wörtliches Bein» handelt, daß «ein Wort *simultan* sowohl wörtlich (*literal*) als auch metaphorisch sein kann».[74] Zunächst muß man festhalten, daß *Holzbein* keine M. ist, sondern ein normales Kompositum (Ein Bein *aus* Holz); deshalb liegt etwa in «Das *Holzbein* ist schon wieder da» eine Synekdoche vor (sofern klar ist, daß es sich um eine Person mit einem Holzbein handelt); und in «Er geht mit seinem *Holzbein* ganz normal» wird man nicht sagen wollen, daß *Holzbein* metaphorisch ist, sondern eben nur, daß es sich um kein echtes Bein handelt. Dagegen wird man zu *Tischbein* sagen können, daß es sich – diachronisch gesehen – um eine habitualisierte M. handelt, weshalb das gleiche Wort in einer Äußerung

wie «Das rechte *Tischbein* ist kürzer» in seiner heutigen wörtlich-literalen Bedeutung verwendet wird.

Richards will mit seinen Überlegungen den Nachweis führen, (i) daß zwischen dem Tenor und dem Vehikel verschiedene Arten der *Interaktion* möglich sind, (ii) daß diese Interaktionen nicht auf eine «Verschiebung und Verdrängung von Wörtern» beschränkt sind, sondern «in allererster Linie Austausch und Verkehr von *Gedanken*» darstellen, und (iii) «daß es in diesen Interaktionsarten zwischen gleichzeitig präsenten Gedanken *(co-present thoughts)* eine immense Vielfalt gibt».[75] Deshalb kann er auch pointiert formulieren: «*Denken* ist metaphorisch und geht vergleichend vor; von daher leiten sich die Metaphern der Sprache ab.»[76] Da man in diesem Satz das Adverb *metaphorisch* im Sinne von *vergleichend* verstehen muß, steht er nicht im Gegensatz zur aristotelischen Auffassung – genauso wenig wie die Punkte (ii) und (iii). Neu – bezogen auf die im 18. Jh. auch in England vertretene, auf Aristoteles zurückgreifende Analogietheorie – ist jedoch die in Punkt (i) formulierte *Interaktionstheorie*. Warum kann es dann nach Richards auch M. geben, bei denen nicht die Ähnlichkeit, sondern die *Unähnlichkeit* wichtig ist?[77] Einmal deshalb, weil er einen eingeschränkten Analogiebegriff (im Sinne von ‹faktisch oder konnotativ ähnlich›) verwendet; daß es auch negative Analogien gibt, ist von der Tradition nie ausgeschlossen und sogar terminologisch in den verschiedenen Formen der auf Analogie basierenden Denkfiguren herausgearbeitet worden. Zum andern deshalb, weil er sich selbst in der Analyse des zentralen Beispiels zur Abstützung dieser Unähnlichkeitsthese widerspricht. In diesem Beispiel, einem Gedicht von DENHAM, wird auf verschiedenen Ebenen die Analogie zwischen dem Tenor «Einbildungskraft *(mind)* des Dichters» und dem Vehikel «Fluß» ausgeschrieben. Zur Zeile «Though deep, yet clear; though gentle, yet not dull» (Obwohl tief, so doch klar; obwohl sanft, so doch nicht schwerfällig) bemerkt er, daß *deep* hier bezogen auf die Einbildungskraft u.a. meint: «geheimnisvoll, eine Menge Aktivität, reich an Kenntnis und Kraft» und somit «nicht vom Fluß herrührt».[78] Diese Beschreibung überrascht, weil sie im Gegensatz zu Richards' eigener Analyse der konnotativen M. steht, bei der er ja selbst betont hatte, daß die sachliche Ähnlichkeit keine zentrale Rolle spielt. In diesem Sinne wäre eher richtig zu sagen, daß es sich um eine rhetorische *Syllepse* handelt, also eine Wortfigur, in der zwei Bedeutungen eines Wortes, hier die ursprüngliche und die habitualisierte metaphorische, präsent sind. Berücksichtigt man zusätzlich die globale Argumentationsstruktur des Textes von Richards, so fällt auf, daß es ihm gar nicht um die Widerlegung der Analogietheorie geht, sondern – ganz aristotelisch – um die «rechte Mitte». Das *Zuwenig* sind Theorien, welche die M. auf sachlich identische Vergleichsbereiche reduzieren, das *Zuviel* sind surrealistische Konzeptionen, die in der Tradition des Manierismus oder Concettismus den Vergleich «als bloßes Zusammenfügen zweier Dinge, um zu sehen, was passiert» bestimmten, «eine zeitgenössische modische Verirrung, die den Extremfall für die Norm nimmt». Als besonders herausragenden «Anführer» dieser Richtung gilt ihm A. BRETON, den er wie folgt zitiert: «Zwei denkbar weit voneinander entfernte Gegenstände vergleichen, oder sie durch irgendein anderes Verfahren plötzlich und auffallend aneinanderhalten, bleibt die höchste Aufgabe, welche die Poesie erstreben kann.»[79] In seiner vehementen Kritik, die sogar im Vorwurf vom «surrealistischen Kult künstlerischer Paranoia»[80] gipfelt, liest Richards nur den zweiten Teil nach *oder* (versteht es somit als exklusive *(aut)* und nicht als inklusive *(vel)* Konjunktion) und übersieht somit, daß das ‚plötzliche Aneinanderhalten' eine implizite Form des Vergleichens ist. Deshalb ist es ganz im Sinne von Breton, wenn Richards gegen ihn betont: «Das wichtigste, was geschieht – zusätzlich zu einer allgemeinen Verwirrung und Anspannung – sind die Anstrengungen des Denkens, sie zu verknüpfen», d.h. eine Analogie herzustellen. Dies wiederum erklärt, daß er selbst die surrealistische Konzeption der *kühnen* M. vertritt: «Wenn die beiden zusammengebrachten Objekte entfernter voneinander liegen, wird die Spannung größer. Diese Spannung ist mit der Elastizität des Bogens vergleichbar, der Quelle der Durchschlagskraft des Schusses».[81] Das gleiche hatte Breton mit einer *moderne* Erfahrung reflektierenden M. ausgedrückt: «Der Wert eines Bildes *(image)* hängt von der Schönheit des erhaltenen Funkens ab; er ist deshalb eine Funktion des Spannungswiderstandes zwischen zwei Leitern.»[82]

Wie bei Richards ist auch STÄHLINS Zugriff in seiner Abhandlung zur ‹Psychologie der M.› (1914) kognitionspsychologisch; diese luzide Untersuchung wurde im deutschen Sprachraum kaum[83] und auch in der nicht deutschsprachigen Forschung fast nicht zur Kenntnis genommen. Stählin reflektiert nicht allgemein auf die der M. zugrundeliegenden Denkprozesse, sondern versucht, die sprachpsychologische Frage zu klären: «Was geht in uns vor, wenn wir gehörte oder gelesene Metaphern verstehen?»[84] Seine Antwort ist zunächst, daß «bei der M. ein Gegenstand mit dem Namen eines anderen Gegenstandes, der einer anderen Sphäre zugehört, bezeichnet [wird], ohne daß diese Übertragung selbst sprachlich zum Ausdruck kommt».[85] Hier wird zum ersten Mal klar unterschieden zwischen dem *Gegenstand* und der *Sphäre* (bzw. dem *Erfahrungsbereich),* der dieser Gegenstand zugehört (bei Richards umfassen Tenor und Vehikel beides). Das metaphorische Verstehen selbst bestimmt Stählin als «die Bewußtseinslage der doppelten Bedeutung»: der metaphorische Ausdruck steht nämlich «jedesmal in einer *gewissen Spannung* mit dem Zusammenhang . Er stammt aus einem Gebiet, von dem hier nicht die Rede ist, und wird auf ein Gebiet angewendet, auf dem er nicht daheim ist». Dadurch entsteht die für das Verstehen der M. eigentümliche Bewußtseinslage: zunächst kommen wie bei jedem Wortverstehen «Merkmale zum Bewußtsein, Beziehungen tauchen auf, Beziehungsgegenstände fallen ein, Gefühlswerte klingen an, und vor allem: es wird eine Sphäre bewußt, in die der Gegenstand hineingehört. *Gleichzeitig* aber bin ich durch den Zusammenhang gezwungen, ein anderes Stoffgebiet, eine andere Sphäre ins Auge zu fassen. Der Zusammenhang liefert mir die Beziehungsgegenstände, mit denen das Wort hier in Beziehung gesetzt werden soll, und es sind *andere* Beziehungsgegenstände, als die mir sonst wohl bei diesem Wort einfallen möchten».[86] Genau dies bezeichnet Stählin als Bewußtseinslage der doppelten Bedeutung. Wesentlich ist, daß in Stählins Verstehenstheorie *nicht* unterstellt wird, daß sich die Bedeutung des als M. dienenden Ausdrucks verändert. Das unterscheidet ihn nicht nur von der Substitutionstheorie, sondern auch von neueren noch zu behandelnden Theorien zur M. Das wird deutlich, wenn man ein von Stählin für die doppelte Bewußtseinslage gegebenes Beispiel betrachtet: «Das Kamel ist das Schiff der Wüste». Stählin zeigt, wie nach ihm Richards, daß zwischen beiden Bereichen verstehenspsychologisch eine

Interaktion stattfindet, «ein Austausch der Merkmale, eine Vereinigung der beiderseitigen Sphären, eine Verschmelzung von Bild und Sache».[87] Diese Verschmelzung darf offenbar nicht zur Identität führen, da damit die Spannung und Nicht-Identität zwischen beiden Bereichen aufgehoben wäre. Damit läßt sich das Verstehen allgemein im Sinne von Stählin als gleichzeitige Bewegung hin zum Identischen und zum Nicht-Identischen bestimmen. Daraus folgt, daß Stählin im Gegensatz zu Richards katachretische Verwendungen wie «*Haupt* einer Räuberbande», «*Fuß* des Berges» oder «Lebens*gang*» nicht als M. bestimmt, da keine doppelte Bewußtseinslage entsteht. Mit dieser sachlich richtigen Auffassung (s.u.) steht er quer zu den in der Moderne dominierenden Theorien. M. im strengen Sinn können somit wie schon bei Fontanier und Paul nur bei den übertragenen tropologischen Sinneffekten bzw. den okkasionellen Bedeutungen entstehen. Die sachliche Nähe zur *Allgemeinen Grammatik und Tropologie*, die Stählin wohl nicht bekannt ist, zeigt sich auch darin, daß die Beziehungsgegenstände und Gefühlswerte, die einem in beiden Sphären einfallen, durchaus mit den *idées accessoires* bei Port-Royal oder bei Lamy und Dumarsais gleichgesetzt werden können. Umgekehrt kann die Spannung auch dann verloren gehen, wenn die Bildsphäre so stark in den Vordergrund rückt, «daß ein gehörtes Bild die Aufmerksamkeit so lebhaft beschäftigt, so intensive Bedeutungserlebnisse auslöst, den auffassenden Geist so gewaltsam oder verführerisch in sein entlegenes Gebiet reißt, daß der Faden des Zusammenhangs darüber vollkommen abgerissen»[88] wird. Hier spricht nicht nur der Theologe und Psychologe Stählin (wie er selbst betont) von seinen eigenen Erfahrungen bezüglich der Reaktionen mancher Zuhörer auf seine Predigten; hier sind offenbar auch wesentliche Überlegungen der rhetorischen Tradition zur enárgeia, zur Hypotypose oder zum Bild kondensiert zusammengefaßt. Von hier aus ist klar, daß Stählin jede *Vergleichstheorie* ablehnen muß, welche das Erkennen des *tertium comparationis* als wesentliche Bedingung des Verstehens einer M. hypostasiert.[89] Auch die Auffassung von W. STERN, der im Anschluß an Aristoteles die M. als «unbewußte Analogietätigkeit»[90] bestimmt hatte, erscheint ihm, obwohl sachlich adäquater als die Vergleichstheorie, nicht angemessen, weil diese «erst nachträglich» in das metaphorische Verstehen «hineininterpretiert» wird, «es ist das logische Präparat aus einem Vorgang, der nichts weniger als ein logischer Denkakt ist».[91] Ein naheliegender Einwand ist, daß Stählin selbst bei seiner Beschreibung dieses logischen Denkaktes ‹M.› genau diese Analogietätigkeit unterstellt. Berücksichtigt man den Einwand von DAVIDSON, daß jede Vergleichstheorie (dies gilt auch für die Analogietheorie) daran scheitern muß, daß sie nicht erklären kann, wie aus einem Vergleich, in dem ja die Ausdrücke *wörtlich* verwendet werden, eine M. mit *übertragener* Bedeutung entstehen kann [92], so wird man dennoch Stählin zustimmen müssen: M. ist nicht bloß eine unbewußte Analogietätigkeit, sondern, wie wir bisher immer betonten, ein spezifischer *semiotischer* Prozeß, dem eine mehr oder weniger bewußte Analogietätigkeit zugrunde liegt. In welchem Grad diese Analogietätigkeit bewußt ist, hängt in hohem Maße vom Verwendungskontext ab: bei einer für einen didaktischen oder wissenschaftlichen Zweck konzipierten M. wird dieser Grad bedeutend höher sein als etwa bei einer alltagsweltlichen M., die spontan zur Auf- oder Abwertung verwendet wird. Im ersten Fall kann dies sogar, wie Aristoteles betont, zu einer spontanen Begriffsbildung führen.

Die theoretische Bedeutung der These der doppelten Bewußtseinslage ist von der im Umfeld von Stählin entstandenen entwicklungspsychologischen Untersuchung von H. WERNER über die ‹Ursprünge der M.› (1919) – eine sicher spekulative, aber doch in vielen Punkten bedenkenswerte Arbeit – aufgezeigt worden. Da Werner wie Stählin vom «Bewußtsein einer Zweiheit» ausgeht, kann er die auf Vico zurückgehende romantische Auffassung der metaphorischen Sprache als Ursprache der Menschheit gleichsam umkehren. Das Bewußtsein einer Zweiheit, das für das Verstehen einer M. notwendig ist, ist vielmehr das Ergebnis der menschlichen Entwicklungsgeschichte. Genauso wenig wie man bei ‹Primitiven› von einer metaphorischen Sprache sprechen kann, genauso wenig wird man sagen können, daß ein Kind, das ein Flugzeug als *Vogel* bezeichnet, eine M. verwendet. Warum sollen Dinge, die fliegen können, nicht den gleichen Namen haben? Für Außenstehende, die aufgrund ihrer Sprachkonventionen diese beiden Gegenstände *verschiedenen Arten* zuordnen, mag dies sicher zutreffen. Freilich sollten diese bedenken, daß sie etwa mit *Stuhl* Dinge bezeichnen, auf denen man *liegen (Liegestuhl)* oder überhaupt *nicht* sitzen kann *(Lehrstuhl)*, ganz zu schweigen vom *Stuhlgang*.[93] Wie in der Ontogenese dieses private Sehen und vergleichend-analogische Identischsetzen mit dem Erwerb einer konventionalisierten Sprache verzahnt ist, hat WYGOTSKI gezeigt.[94]

Phylogenetisch ist die metaphorische Bewußtsein nach Werner aus dem Tabu entstanden, das sich in drei Formen manifestiert: Kontakt-, Ähnlichkeits- und Kontrasttabu. Kontakt- oder Kontiguitätstabuierung zeigt sich etwa schon früh darin, «daß das Eigentum des Toten ebenso tabuiert wurde, wie der Tote selbst.»[95] Ebenso darf der Name des Toten nicht genannt werden. Aus der Notwendigkeit nun, sich auf tabuierte Objekte zu beziehen und doch gleichzeitig so tun zu müssen, als ob man sich nicht auf sie bezöge, entstand die M.: sie ist nämlich eine «doppelzüngige» Sprachform, mit der man zugleich lügen und die Wahrheit sagen kann, in ihr kommt ein «zwiespältiges Streben des Verhüllens und Enthüllens» zum Ausdruck, sie ist eine Form der «offenen Heimlichkeit».[96] Werner geht zusätzlich davon aus, daß «Wortmetaphern» zuerst sprachlos als «Dingmetaphern» sozial eingeübt wurden, also etwa, wenn ein Mann ‹dingmetaphorisch› «Wasser aus einem Teich in den Mund nimmt, es nach allen Seiten hin ausspuckt und die Flüssigkeit auch auf sich selbst gießt», um Regen herbeizuzaubern.[97] Der Zusammenhang zwischen diesen positiven Dingmetaphern, in denen keinerlei Verbot erkennbar ist, und der Tabuierung als zweitem Ursprung der Wortmetapher wird aus den Ausführungen von Werner nicht ersichtlich. Diese Vagheit zeigt sich auch darin, daß Werner zwei Metaphernarten unterscheidet, die Symptom- und die Gleichnismetapher, denen Berührungs- bzw. Ähnlichkeitsassoziationen zugrunde liegen. Erstere kann sogar in die zweite übergehen. Wenn z.B. ein Mann eine Schwalbe mit sich trägt, um seinen Feinden *schnell* auszuweichen, dann ist das eine dinghafte Symptometapher, in der ein «symptomatischer Teil», eben die Schnelligkeit genommen wird; wird hingegen die Schnelligkeit als «tertium comparationis» und «Mittler aufgefaßt [...] zwischen dem Tiere und dem Wilden, der diese Eigenschaft besitzen will [Ich möchte so schnell sein wie eine Schwalbe]», dann ist eine Gleichnismetapher entstanden.[98] Das Beispiel läßt erkennen, daß Werner M.

im weiten Sinne als *Tropus* versteht (die Symptommetapher entspricht der Synekdoche oder der Metonymie). Es überrascht deshalb auch nicht, daß er für spätere Entwicklungsstufen zwei «Satzmetaphern» – eine «Metapher des Spottes» (das hyperbolische Abwerten) und eine «Metapher der Ironie» – unterscheidet.[99] Wie schon Vico projiziert Werner damit die Tropenlehre auf die Entwicklungsgeschichte der Menschheit, freilich mit dem Unterschied, daß die M. erst *nach* den Kontiguitätstropen Metonymie und Synekdoche angesetzt wird und vor allem, daß die Tropen im strengen Sinn als Bewußtsein einer Zweiheit erst am Ende eines langen Entwicklungsprozesses stehen.

Dieser Problemzusammenhang mit den übrigen Tropen geht in der modernen Forschung verloren oder wird auf den Gegensatz zwischen M. und Metonymie reduziert. So geht es Black in seinen epochemachenden Untersuchungen ‹Models and Metaphors› (1962) nur noch um die Theorie der M. Black übernimmt, wie nach ihm Lakoff und viele andere, zentrale Gedanken der Interaktionstheorie von Richards, grenzt sich aber von diesem dadurch ab, daß er die M. nicht als einfachen Ausdruck, sondern als *statement* (Aussage) bezeichnet. Von daher erklären sich auch seine neuen Begriffspaare: in einem metaphorischen *statement* wie «der Mensch ist ein *Wolf*» ist *Wolf* die M., der Rest, wörtlich verwendet, bildet den *frame* (Rahmen). Doch auch Black nimmt in einem zweiten Schritt eine Verdoppelung vor, und zwar innerhalb einer metaphorischen Aussage, die *zwei* unterschiedliche *subjects* (Gegenstände) hat: «a principal subject and a subsidiary one» (einen Haupt- und einen Nebengegenstand). Haupt- und Nebengegenstand entsprechen Tenor und Vehikel bei Richards. Diese Gegenstände «sind oft am besten eher als System von Gegenständen denn als Gegenstände zu betrachten».[100] Dieses System von Gegenständen bezeichnet Black auch als «system of associated commonplaces» (System von assoziierten Gemeinplätzen) oder als «system of associated implications» (System von assoziierten Implikationen).[101] In einem späteren Aufsatz umschreibt er diesen «association-complex» als die Menge der éndoxa im Sinne von Aristoteles, d.h. als die Menge der «gängigen Meinungen, die von Mitgliedern einer Sprachgemeinschaft geteilt werden».[102] Eine metaphorische Aussage entsteht nun dadurch, daß das System der Gemeinplätze des Nebengegenstandes auf den Hauptgegenstand angewandt oder «projiziert» wird (dies schließt auch *ad hoc*-Implikationen ein), so daß zwischen beiden eine Interaktion stattfindet, die «Merkmale des Hauptgegenstandes dadurch auswählt, hervorhebt, unterdrückt und organisiert, daß sie Aussagen über ihn einbezieht, die normalerweise auf den Nebengegenstand angewandt werden.» Dabei geht Black, wie schon Quintilian, davon aus, daß dieser Prozeß eine *Bedeutungsveränderung* mit sich bringt, im Gegensatz zur rhetorischen Tradition aber behauptet er, daß diesem Prozeß nicht notwendig eine Ähnlichkeit oder eine Analogie zugrunde liegt. Freilich bleibt Black den Beweis für seine These schuldig. Was er zeigt, ist, daß es «im allgemeinen keine einfache Basis [ground]» für die M. gibt.[103] Hier hätten ihm sicher die Vertreter der traditionellen Theorie der M. als Übertragung zugestimmt. Und Vertreter der *Allgemeinen Tropologie* hätten darauf hingewiesen, daß – da ja das Blacksche System der Gemeinplätze ihren *Begleitideen* entspricht – nur in dem Punkt ein wesentlicher Unterschied besteht, daß sie eine wie auch immer geartete Ähnlichkeit in *andersartigen* Bereichen annehmen. Genau diese Annahme hätte Black gehindert, das schöne Wort von Sir Th. Brown «Light is but the shadow of God» (Licht ist nur ein Schatten Gottes) als M. zu begreifen, handelt es sich doch, wie schon die Alten wußten, um ein *Oxymoron*. Eine weitere Konsequenz der Theorie der Gemeinplätze ist, daß Black das Phänomen der überraschenden M. nicht erklären kann, in der ja *neue* Zusammenhänge, Ähnlichkeiten und Analogien aufscheinen können. Das scheint Black selbst gesehen zu haben, wenn er in einem späteren Aufsatz «mit besonderem Nachdruck» hervorhebt, «daß der Produzent einer M. einen neuen und nicht trivialen Implikationskomplex einführen kann».[104] Dies steht offenbar im Widerspruch zur Bestimmung des Implikationskomplexes als Menge der gängigen éndoxa zu einer Sache. Greift man auf die alte Annahme der Analogie zurück, so läßt sich dieses Phänomen leicht bestimmen: eine überraschende M. entsteht dann, wenn zwischen *heterogenen* Implikationskomplexen verblüffende Analogien aufgezeigt werden.

Black unterscheidet sich somit in doppelter Hinsicht wesentlich von Richards: (i) dadurch, daß er als Realisierungsrahmen der M. die *Aussage* setzt; (ii) daß die Interaktion nicht bloß zwischen Gedanken, sondern zwischen *Implikationskomplexen* stattfindet. Die Bedeutung der zweiten Annahme für das naturwissenschaftliche Denken ist von M.B. Hesse in Anlehnung an Black untersucht worden. Eine fast notwendige Konsequenz dieser Annahme ist die Idee, durch M. veränderten sich nicht nur unsere Vorstellungen über die Gegenstände im thematischen Bereich, sondern auch im Vergleichsbereich. Für Black bewirkt die Wolfmetapher, daß «der Wolf menschlicher zu sein scheint».[105] Die gleiche Idee und das gleiche Beispiel findet sich auch bei Hesse. «Natur», so ein weiteres Beispiel, «wird mehr wie eine Maschine in der mechanischen Philosophie, und tatsächliche, konkrete Maschinen ihrerseits werden so betrachtet, als ob sie bis auf ihre wesentlichen Qualitäten von Masse in Bewegung entblößt seien».[106] Diese Idee der Beeinflussung der Analoga entspricht offenbar der *aemulatio* im magischen Denken der Renaissance. Freilich besteht für Hesse ein wesentlicher Unterschied zwischen der poetischen M. und dem wissenschaftlichen Modell. Erstere ist «unerwartet», soll «verblüffen» und soll als Ganzes «genossen» und nicht in «pedantischen Details» analysiert werden. «Wissenschaftliche Modelle sind jedoch glücklicherweise nicht so schwer zugänglich». Sie setzen einen wohlbekannten Vergleichsbereich voraus, der als Modell «in neuen Beobachtungsbereichen» ausgewertet wird.[107] Vielleicht erklärt dies, daß Hesse nur annimmt, daß sich bei Anwendungen eines Modells auf ein *Explanandum*, also den zu erklärenden thematischen Bereich (M → T), die Bedeutung der verwendeten Terme verändert und oft auch vorgängige Beschreibungen und Erklärungen durch das Modell präzisiert oder verändert werden, nicht aber, daß das Erklärungsmodell selbst aufgrund seiner Projektion auf einen anderen Bereich gleichsam retroaktiv geändert werden muß oder sogar nicht bloß als Modell, sondern auch als inadäquate Erklärung für den Vergleichsbereich (E →/ V) aufgegeben werden muß. Hier gibt es jedoch Beispiele in der Wissenschaftsgeschichte – wie etwa die Phlogistontheorie im 17./18. Jh.[108] oder die aktuellen Theorien zum Atomkern[109] –, in denen sich all diese Interaktionen, also auch die Aufgabe der ursprünglichen Auffassungen über den Vergleichsbereich, beobachten lassen. Wesentlich für das Verständnis der M. (und der Tropen) ist freilich, daß Hesse zeigt, daß die Relationen in einer Analogie R(a,b) ≈ Q(c,d) im Gegensatz zur mathematischen Proportion von «verschiedener Art» [110], also heterogen sind, wie auch, daß in Modellen horizontale von vertikalen Relationen zu unterscheiden sind. Im Erfahrungsbereich *Schall* bestehen vertikale Relationen z.B. zwischen Echo, Lautstärke, Tonhöhe, durch das Ohr wahrnehmbar, im Bereich *Licht* entsprechend Spiegelung, Helligkeit, Farbe, durch das Auge wahrnehmbar. Zwischen den jeweils entsprechenden Elementen in beiden Reihen bestehen horizontale Relationen der *Ähnlichkeit*. Die vertikalen Relationen bezeichnet Hesse auch als *Kausalrelationen*. [111] Diese entsprechen offenbar den Nachbarschaftsbeziehungen in der traditionellen Rhetorik bzw. den Kontiguitätsbeziehungen in der strukturellen Semantik, die horizontalen Beziehungen entsprechen den Ähnlichkeitsbeziehungen. Wie betont, gehören die Kontiguitätsbeziehungen zu einem *homogenen* Raum, die Ähnlichkeitsbeziehungen verknüpfen hingegen *heterogene* Räume. Die Erklärungskraft eines Modells kann sich damit prinzipiell auf die Elemente oder die Relationen zwischen ihnen beziehen, also:

(i) R(a,b) ≈ Q(c,?) (ii) R(a,b) ≈ ?(c,d)

(die kursiv gedruckten Relationen gehören zum Thema und Explanandum)

Ein einfaches Beispiel mag das illustrieren. Wenn man z.B. weiß, daß Vögel (a) Lungen (b) *zum Überleben in der Luft* (R) brauchen, und daß Fische *(c) im Wasser überleben (Q)*, nicht aber womit, kann man gezielt nach einem *Organ (d)* suchen, das eine vergleichbare Funktion wie (b) erfüllt. Wenn man hingegen weiß, daß Fische *(c) Kiemen (d)* haben, nicht aber in welcher *Relation (Q)* beide stehen, kann man das ‹Vogelmodell› zu Hilfe nehmen und R in den zu erklärenden thematischen Bereich projizieren. Beide Projektionen sind für Hesse auch Fälle der *materialen Analogie*. Es ist leicht zu erkennen, daß die Erklärung (i) der M. aus der Analogie, die Erklärung (ii) hingegen der M. von der Art auf die Art entspricht (s.o.) und zwar als *Katachrese*, d.h. wenn sie aus *Notwendigkeit* wegen einer Sprachlücke gebildet werden müssen – (i) liegt nämlich auch der Katachrese *Tischbein* zugrunde, (ii) der Katachrese *vergehen*. Nun gibt es auch Analogien, in denen alle Gegenstände und Relationen bekannt sind, das ist der *ornatus*-Fall der traditionellen Rhetorik. Hier spricht Hesse von *formaler Analogie*. In ihren Grundannahmen steht Hesse somit ganz in der Tradition der Rhetorik, freilich mit dem wesentlichen Unterschied, daß die Erklärungsprinzipien nicht mehr auf sprachliche Bedeutungsbeziehungen, sondern auf sachliche bzw. begriffliche Relationen angewendet werden.

Die erkenntnis- und wissenschaftstheoretischen Überlegungen zur Analogie werden im angelsächsischen Sprachraum vor allem von D. GENTNER, zunächst mit eher didaktischer Fragestellung, weitergeführt. Gentner untersucht deshalb auch nicht primär die logische Struktur analogischen Denkens, sondern vielmehr die Bedingungen, die erfüllt sein müssen, damit eine Analogie in wissenschaftlichem, aber auch alltagsweltlichem Denken als plausibel und überzeugend akzeptiert wird. Dies sind (i) strukturelle Konsistenz (Objekte im Quell- und Zielbereich müssen in einer Eins-zu-eins-Beziehung stehen); (ii) Fokussierung auf Relationen (die Relationen werden beibehalten und die besondere Gestalt oder Konstitution der Objekte ausgeblendet); (iii) Systematizität (je allgemeiner die analogen Relationen und je mehr besondere Relationen durch sie impliziert werden, um so erklärungsadäquater und akzeptierbarer die Analogie); (iv) keine fremden oder unwesentlichen Assoziationen (no extraneous associations) (nur die wesentlichen Gemeinsamkeiten zählen); (v) keine gemischten Analogien (als Quellbereich soll nur *ein* relationales Netzwerk gewählt werden); (vi) Analogie ist kein Kausalprinzip (analoge Dinge stehen in keinem ursächlichen Verhältnis zueinander). [112] Die ersten Punkte stellen offenbar eine Präzisierung der Grundbestimmung der Analogie durch Aristoteles dar (identische Relationen in heterogenen Bereichen begrifflich schauen; theōreín), der letzte Punkt ist gegen das alchimistische und magische Denken des ausgehenden Mittelalters und der Renaissance gerichtet. Die wichtigsten Unterschiede des alchimistischen im Vergleich zum modernen Denken sehen GENTNER und JESZIORSKI nicht in formaler Hinsicht, sondern in der *Vagheit* der alchimistischen Analogien, dann in den «komplexen Zielen» der Alchimisten, die nicht nur die materielle Welt erklären, sondern auch zur «geistigen Transzendenz» gelangen wollten, und schließlich in deren Machtanspruch. [113] Im Gegensatz zu Gentner, die (i) allgemeine Prinzipien der sachlich plausiblen Analogie herausarbeiten will, ohne freilich (ii) auf die sprachliche Form und damit das Problem der M. zu reflektieren, versucht A. STEUDEL-GÜNTHER, beide Problemfelder in ihren historischen Ausprägungen wissenschaftsgeschichtlich *und* sprachgeschichtlich zu analysieren. Deshalb ist ihr Text, bei aller Übereinstimmung mit Gentner, bedeutend konkreter und dichter. Als Grundlage der Analyse des sprachlichen Aspekts dient die moderne Wissenschaftsmetaphorik in populärwissenschaftlichen Texten am Beispiel des Autoabgaskatalysators, des elektrischen Stroms und des HIV-Virus. [114] Die wissenschaftstheoretischen Grundlagen der Analogie werden in konstruktiver Weiterentwicklung von Aristoteles erörtert, einmal durch eine Gegenüberstellung mit dem Analogiebegriff bei Empedokles, zum andern durch eine differenzierte Analyse der Herausbildung der neuzeitlichen Chemie bei Lavoisier u.a. am Beispiel der Begriffe ‹Wärme›, ‹Licht›, ‹Elektrizität› und vor allem dessen Auseinandersetzung mit der Phlogistontheorie und der daraus resultierenden Entdeckung des Sauerstoffs. [115]

Die «nachhaltige Modellfunktion der M.» [116] für die *Wissenschafts-* und *Geistesgeschichte* hat vor allem H. BLUMENBERG verdeutlicht. Diese Funktion zeigt sich nicht nur darin, daß das Modell die Sicht auf den Gegenstand modelliert, sondern auch darin, daß die an ein bestimmtes Modell gebundenen M. mit dessen Kanonisierung zur «residualen Hintergrundmetaphorik» verblassen und nicht mehr wahrgenommen werden. [117] Im Gegensatz zu Hesse oder Gentner, für die die M. nicht bloß eine heuristische, sondern eine konstitutive, Wirklichkeitserkenntnis erst ermöglichende Funktion hat, hebt Blumenberg jedoch das Suggestiv-Verführische der M. hervor: «Als Erklärung erscheint, was doch nur Konfiguration ist.» Die M. «nutzt die Suggestion der Anschaulichkeit und ist dadurch nicht nur Vorstufe oder Basis der Begriffsbildung, sondern verhindert sie auch oder verleitet sie in Richtung ihrer Suggestionen». [118] Auch bei BACHELARD klingt der alte Skeptizismus der Logiker gegen die M. an, da für ihn unreflektiert angewendete alltagsweltliche M. zu «Hindernissen» *(obstacles)* für den wissenschaftlichen Fortschritt werden können. Als Beispiel dient ihm das «arme Wort *Schwamm*», dessen alltagsweltliche Erklärungsstruktur – Flüssiges anzuziehen und es bei Druck abzustoßen – in verschiedene Bereiche (Wärme, Lust, Elektrizität) projiziert wurde. Der Schwamm ist so «un *denkmittel* de l'empirisme naïf» (ein Denkmittel des naiven Empirimus).[119] Deshalb entsteht für Bachelard der wahre wissenschaftliche Fortschritt erst aus einem Bruch zwischen alltagsweltlicher und wissenschaftlicher Erkenntnis.[120]

Den zuletzt skizzierten Ansätzen ist gemeinsam, daß sie das Problem der Analogie von der *sachlich* richtigen Analogie her denken, wobei Steudel-Günther zusätzlich auf die sich daraus ergebenden sprachlichen Manifestationen reflektiert. Ganz im Gegensatz dazu steht die Untersuchung von E.F. KITTAY zur M., deren Untertitel ‹Its Cognitive Force and Linguistic Structure› (Ihre kognitive Kraft und sprachliche Struktur) schon anzeigt, daß sie eine neue Theorie entwerfen will, die Lakoff mit der strukturellen Semantik verknüpft. Da sie aber gleichzeitig Unterscheidungen von Richards und Black übernimmt, ergibt sich eine Art Mischprodukt. Die M. bestimmt sie mit Rückgriff auf HJELMSLEV als *konnotatives* Zeichen, in dem das Vehikel als Ausdrucksebene für das «Thema» *(topic)* fungiert, das damit die sekundäre konnotative Bedeutung bildet. So ist etwa in «[Arbeiter] *Bienen* von England schmieden Waffen» das Vehikel *Bienen* zunächst wörtlich als ein Zeichen mit einer Ausdrucks- und Inhaltsebene zu verstehen (A-I_V) und dieses ganze Zeichen wiederum bildet die Ausdrucksebene für den *topic*-Inhalt (I_T); eine M. hat somit folgende Struktur: [A–I_V]I_T.[121] Diese Anwendung der Hjelmslevschen Zeichentheorie ist mehrfach problematisch: Hjelmslev hat immer *Zeichensysteme* im Blick; ein konnotatives System bezieht sich nicht nur auf die Inhaltsseite, wie die M., sondern auch auf die Ausdrucksseite eines denotativen Systems (so umfaßt etwa das Konnotationssystem *süddeutscher Sprachstil* das primäre Denotationssystem *Deutsch* in seiner ganzen Breite, also in Aussprache, Syntax, Semantik oder Stil); das Modell kann nicht klären, daß in der Regel als Vehikelbedeutung I_V gerade nicht die denotative, sondern die konnotative Bedeutung ausgespielt wird (vgl.: Petra ist eine *Biene*). Dies erklärt, daß die von Kittay angegebenen Bedingungen des Verstehens einer M. nicht mit diesem Zeichenmodell übereinstimmen. Diese Bedingungen sind: (i) dem Vehikel wird zunächst seine primäre Bedeutung («first-order sense») zugeschrieben; (ii) ein Teil der *Kontrast- und Affinitätsrelationen*, in denen der Vehikelterm mit anderen Termen in seinem *eigenen* semantischen Feld («in its own semantic field») steht, wird auf einen Teil des Begriffsbereichs («concept domain») eines *anderen* («different») semantischen Feldes projiziert, nämlich dem des *topic*; die sich daraus ergebende Interpretation wird dem Vehikelterm zugeschrieben; (iii) dadurch wird bewirkt, daß die Struktur eines Teils des *topic*-Bereichs *homomorph* zu der im Vehikelbereich wird; (iv) das Feld, das als *Quelle der Analogie* («source of the analogy») dient, wird präsent gehalten und liefert so der ganzen Interpretation der M. eine konnotative Struktur.[122] Die kursiv hervorgehobenen Wörter machen zunächst deutlich, daß Kittay letztlich die traditionelle Übertragungstheorie vertritt: ein Wort wird von dem Ort, der ihm eigen ist, auf einen anderen aufgrund einer *Analogie* übertragen. Daß der Vergleichs- und der Themabereich im Hinblick auf die verglichenen Dinge und Relationen homomorph ist, gehört ebenfalls zum traditionellen Wissensbestand. Neu ist freilich, daß diese Übertragung als Basis semantische Felder bzw. Begriffsbereiche hat. Worin unterscheiden sich diese? Klar ist, daß Kittay damit die alte Erkenntnis wieder aufgreift, daß M. oft an eine bestimmte Sprache gebunden sind, wie auch, daß ihnen nicht bloß sprachliche, sondern auch kognitive Prozesse zugrunde liegen. Unklar ist jedoch, wie diese semantischen Felder auf die Begriffsbereiche zu beziehen sind. Der Grund für die Vagheit ist einmal darin zu sehen, daß Kittay wie Saussure und Hjelmslev davon ausgeht, daß erst durch sprachliche Bedeutungen das Denken geformt wird, gleichzeitig aber annimmt, daß es «von Einzelsprachen unabhängige begriffliche Substrata»[123] gibt, zum andern, daß sie semantische Felder nicht nur im strukturalistischen Sinn als konfigurationale, *paradigmatisch* bestimmbare Wortfelder (Berufsbezeichnungen, Wochentage, Denken, Fortbewegung, usw.)[124] begreift, sondern auch – in Anlehnung an PORZIG, aber auch an neuere Ansätze [125] – *syntagmatisch* bestimmt: so ist *reiten* mit jeglicher Art von *Reittier (Pferd, Esel, Kamel)* verbindbar, *kicken* impliziert *Fuß* und bei *fällen* denkt man an *Baum*. Solche Beziehungen sind lexikalische Solidaritäten[126], also sprachlich habitualisiert und lexikalisiert. Gilt dies auch für «Er fällte den Baum mit einer Säge?» Sicher nicht, da man Bäume auch mit dem *Beil* fällen und mit *Sägen* nicht nur Bäume zertrennen kann. Eine gängige Lösung wäre hier, daß man «Er fällte den Baum mit einem Instrument» als Grundstruktur annimmt, freilich wäre dies wieder zu allgemein, da man sehr wohl weiß, daß man dies nur mit bestimmten Arten von Instrumenten tun kann. Von den möglichen Beziehungen, in denen ein Gegenstand steht, ist offenbar nur ein kleiner Teil sprachlich lexikalisiert, der größte Teil gehört zu unserem Wirklichkeitswissen. Wo ist die Grenze zwischen Sprach- und Sachstrukturen, zwischen Sprachwissen und Wirklichkeitskenntnis, zwischen semantischen Feldern und Begriffsbereichen? Da all diese Fragen bei Kittay ungeklärt bleiben, überrascht es nicht, daß sie bei ihren konkreten Analysen oft gar nicht auf semantische Felder zurückgreift, sondern auf typisierende Beschreibungen oder Geschichten. So führt sie etwa die Sokratische Maieutik auf folgende Vehikelstruktur zurück: «Eine Hebamme hilft einer Mutter (sic!) – und hindert diese nicht –, ein Kind zu gebären mittels Getränken und Beschwörungen», sowie die *topic*-Struktur: «Sokrates hilft seinen Schülern – und hindert diese nicht –, richtige (und nicht falsche) Ideen mittels seiner Dialektik zu gebären».[127] Die erste Struktur gehört zum Feld der Kindgeburt *(field of childbirth)*, die zweite zum Feld des Lernens,[128] also nicht, wie erwartet, zum ‹Begriffsbereich›. Kittay betont am Ende einer langen detaillierten Beschreibung dieser Strukturen dann noch, daß diese M. sehr komplex und produktiv sei, weil auch neues Wissen über die Geburt in sie integriert werden kann. So findet etwa die Nachgeburtsdepression ihr Analogon im Gefühl eines Studenten oder Schriftstellers, der sich nach Vollendung seines Werks von diesem lösen muß.[129] Das mag allgemein sicher zutreffen, entspricht aber nicht mehr der sokratischen (oder platonischen) Intention. Das in diesen beiden Bereichen für Sokrates Wesentliche ist ja bekanntlich gar nicht die von Kittay skizzierte homomorphe Struktur, sondern sein pädagogisches Konzept, daß Schüler (oder allgemein Menschen) nicht eines Lehrers bedürfen, der als allein Wissender ihnen die Wahrheit beibringen muß, da sie in sich selbst wahre Gedanken haben, die freilich erst durch die dialektische Gesprächskunst des Lehrers das ‹Licht der Welt› erblicken, d.h. ihnen bewußt werden. Deshalb heißt es im ‹Theaitetos›: «Geburtshilfe zu leisten nötigt mich der Gott, erzeugen aber hat er mir verwehrt. Daher bin ich selbst keineswegs etwa weise, habe auch nichts dergleichen aufzuzeigen als Ausgeburt meiner eigenen Seele». Und diejenigen, so Sokrates, «denen es der Gott vergönnt, kommen im Gespräch zu wahren Gedanken ganz offenbar ohne jemals irgend etwas von mir gelernt zu haben, sondern nur aus sich selbst entdecken sie viel Schönes und halten es fest; die Geburtshilfe indes leisten dabei der Gott und ich».[130] Deshalb könnte man das hier Gemeinte auch durch folgende rhetorische Frage, in der ein auf Analogie gegründetes *ad absurdum* – Argument enthalten ist, ausdrücken: «Wer wollte denn von einer Hebamme verlangen, selbst die Kinder, bei deren Geburt sie hilft, auf die Welt zu bringen?» Dieses Argument ist offenbar gegen Leute mit einem dogmatischen Erziehungskonzept gerichtet. Daraus folgt weiter, daß das *Thema* der ganzen platonischen Passage gar nicht das Feld des Lernens ist, sondern die Frage nach dem rechten Erkenntnis- und Erziehungskonzept.

Das gegebene Beispiel zeigt exemplarisch, daß man für das Verstehen einer M. den *intentionalen* und/oder *argumentativen* Kontext kennen muß, in dem sie verwendet wird. Dies gilt gerade auch bei Standardmetaphern wie etwa «Sie ist eine Biene», die man in Standardsituationen *by default* – d.h. in Ermangelung zusätzlicher Information – im Sinne von ‹fleißig› interpretieren wird. Hat man solche Informationen, dann wird man der M. nicht nur einen anderen Sinn, sondern auch der ganzen Äußerung eine spezifische Intention des Sprechers zuschreiben können: «Sie singt den ganzen Tag monoton vor sich hin. Sie ist eine Biene (die mir den Kopf zersägt).»

3. *Konstitution der M.: Äußerungen, Texte, Argumentationen.* Bei aller Varietät und Verschiedenheit haben die bisherigen Erörterungen doch gezeigt, daß in der modernen Forschung über die Schulen und Theorien hinaus ein recht breiter Konsens darüber gegeben ist, daß die M. eine Erscheinung der *konkreten Äußerung, der Rede, der Parole, des Diskurses* oder *des Textes* ist. Deshalb muß streng zwischen *usueller* und *okkasioneller* Bedeutung, zwischen *Bedeutung* in einer Sprache und *Sinn* in einem spezifischen Kontext, kurz: zwischen *meaning* und *use* unterschieden werden. Ebenso breit ist der Konsens darüber, daß bei der *Interpretation* einer M. nicht nur *sprachliche*, sondern auch *begriffliche* und *assoziativ-konnotative* Wissenselemente ins Spiel kommen. Zusätzlich muß, was im letzten Beispiel deutlich und auch von vielen Autoren hervorgehoben wird, der *konkrete* Verwendungszusammenhang, d.h. die *singuläre* Redesituation, berücksichtigt werden. Da es sich dabei um ein Wissen von einzelnen Fakten handelt, kann man von *enzyklopädischem* Wissen sprechen. Wenn man das assoziativ-konnotative Element nicht bloß wie Black als *éndoxa* (Meinungen, Plausibilitäten) bezeichnet, sondern ganz im Sinne der rhetorischen und dialektischen Tradition als *topisch*, so läßt sich einfach sagen, daß jede M. im Spannungsfeld von *sprachlichem, kognitivem, topischem* und *enzyklopädischem* Wissen entsteht. Damit erscheint die provokante These von DAVIDSON, daß ein metaphorischer Ausdruck nur eine *wörtliche* Bedeutung und keine wie auch immer geartete konnotative, figurative oder uneigentliche Bedeutung habe, durchaus gerechtfertigt, sofern man sich klar macht, daß Davidson hier die *sprachliche* Bedeutung im Blick hat und nicht den Gebrauch *(use)*.[131] Da die enzyklopädischen Kontexte prinzipiell unendlich sind, betont Davidson auch zurecht, daß sich «kein Ende für das ausmachen läßt, was man mit einer M. meinen kann».[132] Ebenso liegt der Unterschied zwischen *Lüge* und *M.* nicht in der Bedeutung von Wörtern, sondern in der *Verwendung* von Wörtern in *Sätzen.*[133] So hält man sich bei der Lüge durchaus an den gängigen Sprachgebrauch, man *tut* aber *so*, als ob man eine bestimmte Aussage für wahr hält, obwohl dies nicht der Fall ist. Auch im metaphorischen *Gebrauch* eines Wortes liegt keine – wie GRICE meint – Verletzung der Maxime der *Aufrichtigkeit* (bzw. der Qualität) vor, sondern eben ein spezifischer Gebrauch eines Wortes. Die M. ist jenseits von wahr und falsch.[134] So berechtigt freilich die Thesen von Davidson erscheinen, er kann gerade nicht den durch metaphorischen und tropischen Gebrauch bewirkten sprachlichen *Bedeutungswandel* erklären. Hier wird man sicher ein differenzierteres Modell als die Allgemeine Tropologie und historische Sprachwissenschaft entwickeln müssen, ohne jedoch die Grunderkenntnis in Frage zu stellen, daß dieser Bedeutungswandel Ergebnis einer Habitualisierung von ursprünglich tropologischen Verwendungsweisen ist.

Doch auch bei Davidson bleibt die Frage der Konstitution der M. ebenso ungeklärt wie bei dem von ihm kritisierten Black. Black hatte die M. immerhin als *statement* mit zwei verschiedenen Gegenständen, dem Haupt- und Nebengegenstand begriffen. WEINRICH geht in seiner Theorie einen Schritt weiter, indem er die M. als ein *Textphänomen* bestimmt: «Wort und Kontext machen zusammen die M.» So wird etwa in dem Vers von Verlaine «Votre âme est un *paysage* choisi» (Ihre Seele ist eine erlesene *Landschaft*) die Determinationserwartung von *Landschaft* durch den gegebenen Kontext *konterdeterminiert*. Mit Black ließe sich sagen, daß die Bedeutungserwartung des *Fokus* durch den *Rahmen* enttäuscht wird. Mit dem Terminus *Determinationserwartung* geht Weinrich freilich über den rein intensionalen Bedeutungsbegriff hinaus, da damit Wörter gemeint sind, die Dinge und Sachverhalte bezeichnen, die – wie wir sagen wollen – zum *Erfahrungsbereich* ‹Landschaft› passen: «Das Wort *paysage* setzt die Erwartung eines Kontextes, in dem wahrscheinlich weiter von Landschaftlichem die Rede sein wird.» [135] Da nun *Landschaft* in einem Kontext auftaucht, in dem keines dieser erwarteten Wörter verwendet wird, «entsteht ein Überraschungseffekt und eine Spannung zwischen der ursprünglichen Wortbedeutung und der vom Kontext erzwungenen Meinung» [136], d.h. dem spezifischen Sinn, den das Wort durch den Kontext erhält. Diese Theorie entspricht durchaus einer Variante der klassischen Übertragungstheorie (ein Wort wird an einem Ort, an dem es nicht zuhause ist, verwendet). Was fehlt, ist die diese Verwendung legitimierende Basis, eben die Ähnlichkeit. Im Hinblick auf die Interaktionstheorien ist erstaunlich, daß die Spannung nicht zwischen zwei verschiedenen Begriffsfeldern oder Erfahrungsbereichen entsteht, sondern *innerhalb* des Wortes zwischen dessen Sprachbedeutung und okkasionellem Textsinn, der zudem noch *einseitig* vom konterdeterminierenden Kontext *aufgezwungen* wird. Doch in einer früheren Untersuchung zur kühnen M., die noch innerhalb der traditionellen Fragestellung bleibt, kehrt sich das Verhältnis um: dort nämlich bestimmt der «Bildspender» den «Bildempfänger (Sache)»[137] – d.h. im gegebenen Beispiel: *Landschaft* bestimmt die *Seele*. Diese *sachlogische* Bestimmung steht offenbar im Gegensatz zur *textlinguistischen* Erklärung der M.

Auch KALLMEYER u.a., die in ihrem textlinguistischen Ansatz Überlegungen von Weinrich zu der strukturalistischen Isotopie-Theorie (Greimas, Rastier) integrieren, umgehen dieses Problem, indem sie die Frage der Konterdetermination ausblenden. Von Weinrich übernehmen die Autoren deshalb nur die Termini ‹Bildspender› und ‹Bildempfänger›, zwischen denen auch für sie eine «gerichtete Beziehung» besteht.[138] Im Gegensatz zu Weinrich gehen die Autoren von *Geschichten* aus, auf die in Texten referiert wird. So sind etwa in «In diesem Küstenabschnitt wachsen Hotels, blüht der Tourismus [...]» eine botanische und eine touristische Geschichte enthalten, beiden entsprechen sprachlich wie bei Rastier *Isotopieebenen*, die *inkompatibel* sind; beide sind gerichtet, da eine Ebene die bildspendende, die andere die bildempfangende Isotopie bildet. Bezogen auf die dargestellten Geschichten sprechen die Autoren auch von *Projektionsebene* (Bildspender) und *thematischer Ebene*, zwischen beiden Ebenen muß eine Analogie oder Ähnlichkeit bestehen. Dies erklärt, daß für die Autoren M. innerhalb von Projektionen von *Geschichten* möglich sind.[139] Da nun die Textform dieser Geschichten offensichtlich der 'gemischten' rhetorischen Allegorie entspricht, folgt aus dieser Theorie, daß die M. an eine *besondere Textform* gebunden ist und von dieser auch abgeleitet werden muß. Nun gibt es eine Fülle von kreativen M., die in einfachen *Aussagen* vorkommen, die nicht an diese Textform gebunden sind; deshalb hat die rhetorische Tradition die Allegorie als *metaphora continuata* (und nicht die M. als *allegoria contracta*) bestimmt.

Man muß deshalb an den Ursprungsort der M., die *Aussage*, zurückkehren und fragen, wie M. an diesem Ort konstituiert werden. Wie betont, ist in «Sally ist ein *Eisblock*» nach Black *Sally* der Hauptgegenstand und *Eisblock* der Nebengegenstand. Das ist nicht einsichtig. Vergleicht man diese Aussage mit «Sally *zeigt wenig Emotionen*» oder «Sally *ist in der Küche*», so gilt, daß alle drei Aussagen einen Referenten als Aussagegegenstand haben, eben *Sally*. Anders gesagt: Sally ist in allen drei Fällen das *Thema*. Sie unterscheiden sich jedoch in der Art ihrer Prädikate. Das betont auch SEARLE. Freilich will Searle am ersten Beispiel die Vergleichstheorie widerlegen. Sein zentrales Argument ist, daß zwischen *Sally* und *Eisblock* keinerlei sachliche Ähnlichkeit gegeben ist.[140] Nun ist im Gegensatz zu referentiellen M. wie «Er befindet sich *im Abend* seines Lebens», in dem Vergleichs- und thematischer Bereich sachlich korrelieren, dieser unmittelbare Sachbezug bei konnotativen Metaphern wie «Sally ist ein *Eisblock*» nicht gegeben. In dieser M. geht es offenbar gar nicht um objektive Ähnlichkeit, sondern eben um eine spezifische Form des *analogischen* Vergleichens. Die Skala der *sozialen und emotionalen Kommunikation* wird nämlich mit der *Temperaturskala* korreliert, wobei offenbar der graduierbare Topos ‹Je wärmer, um so besser› gilt. Da dieser Topos auf das soziale und emotionale Verhalten übertragbar ist, wird mit einer M. wie «Sally ist ein *Eisblock*» nicht nur ein Wert *innerhalb* der Skala, sondern die *ganze* Skala mit dem Topos in den thematischen Bereich projiziert. Offenbar ist die große Mehrzahl der Wörter in diesem Bereich *katachretisch* (vgl. «Sie ist freundlich, *hat viel Wärme*, ist immer ausgeglichen und wirkt nie *hitzig*»). Hier wird deutlich, daß der Topos ‹Je wärmer, um so besser› nur für das rechte Maß gilt, da sich bei Extremen die Wertung umkehrt.[141] Hier wird also nicht nur, wie Lakoff gegen Searle kritisch anmerkt, ein idealisiertes Modell (Gefühl ist wie Temperatur) angewendet[142], sondern ein im Vergleichsbereich geltender Topos. Im Gegensatz zu wissenschaftlichen oder zumindest plausiblen Analogien können in metaphorischen Alltagswertungen durchaus mehrere Quell- oder Vergleichsbereiche ausgespielt werden. Hier könnte etwa auch der an das Kontinuum ‹runde...eckige Gegenstände› gebundene Topos ‹Je runder, um so besser› evoziert werden und wie folgt verstärkt werden: «Sie ist ein *sperriger Eisblock*». Damit kann festgehalten werden, daß bei sachanalogischen M. Analogien zwischen Relationen, bei konnotativen M. hingegen graduierbare Topoi (in der Regel Bewertungstopoi) zugrunde liegen.

Damit ist freilich noch nicht geklärt, wie das Thema in einer metaphorischen Äußerung konstituiert wird. Hört oder liest man eine Äußerung wie: «Der *Eisberg* schmilzt dahin», wird man in Standardsituationen (d.h. *by default*) *Eisberg* wörtlich nehmen. In diesem Fall spricht man von direkter Referenz, d.h. *Eisberg* ist das Thema. In Kontexten, in denen klar ist, daß Sally gemeint ist, wird man *Eisberg* als Tropus mit schiefer Referenz begreifen: «Sally ist kalt und rücksichtslos, doch der Tod ihrer Katze hat sie ganz durcheinander gebracht. Endlich: Dieser *Eisberg* schmilzt dahin». In diesem Fall bildet nicht *Eisberg* das Thema, sondern eben *Sally*. Aus diesen Beispielen folgen zwei fundamentale Regeln (da diese nicht nur für M. gelten, wird hier von Tropen gesprochen):

(i) Ob ein Wort wörtlich oder tropisch zu verstehen ist, läßt sich nur aus dem *Äußerungs- und Verwendungszusammenhang* schließen (dies wendet sich sowohl gegen die heute noch weit verbreitete Auffassung, daß der wörtliche Gebrauch der normale und primäre ist, wie auch gegen ihre Umkehrung, daß die tropische Rede die ursprüngliche ist).

(ii) Zur Bestimmung des Themas einer Äußerung genügt es nicht, wenn man das Referenzobjekt einer Äußerung kennt (in vielen Fällen ist das der Gegenstand, der vom Satzsubjekt denotiert wird); prinzipiell läßt sich ohne Kenntnis des *Textzusammenhangs* das Thema einer Äußerung nicht bestimmen (die Konsequenz dieser Regel ist, daß Tropen, obwohl im Gebrauch eines Wortes innerhalb einer Äußerung angezeigt, sich nur auf der Textebene bestimmen lassen, wobei in Standardsituationen eine einzelne Äußerung den minimalen Textzusammenhang bilden kann).

Daraus folgt weder, daß die M. eine Aussage oder Äußerung (Black) ist, noch, daß sie ein Text (Kallmeyer u.a.) ist, sondern vielmehr: die M. ist eine spezifische semiotische Verwendung eines Ausdrucks in Äußerungen, die als solche nur auf der Textebene erkannt werden kann. Damit läßt sich auch Stählins Auffassung, daß Katachresen wie *Tischbein* keine Metaphern sind, leicht begründen. So sind etwa in: «Peter$_a$ kam recht spät nach Hause. Er$_a$ setzte sich in die Ecke. *Der* Bär$_b$ war mal wieder mürrisch» *Peter* und *der Bär* nicht koreferent. In Standardsituationen wird man sagen können, daß *Bär* wörtlich verwendet wird und damit auf den echten *Bär* referiert. Sagt man hingegen: «Peter$_a$ kam recht spät nach Hause. Er$_a$ setzte sich in die Ecke. *Dieser* Bär$_a$ war mal wieder mürrisch», so ist klar, daß *dieser Bär* metaphorisch, also in schiefer Referenz verwendet wird. Da sich die beiden Texte nur durch den Gebrauch des Artikels und des Demonstrativpronomens unterscheiden, muß ihr Unterschied in der Bedeutung dieser beiden Ausdrücke gesucht werden. Vereinfacht gesagt gilt, daß sich Demonstrativpronomen immer auf ein vorher im Text genanntes identisches Referenzobjekt beziehen (müssen), während der bestimmte Artikel in dieser Textposition alle möglichen Assoziationen und Implikationen eines vorher genannten Referenzobjektes anzeigen kann, dieses muß nur bekannt und determiniert, nicht aber *identisch* sein (also nicht nur: «Gestern sah ich einen Engländer. *Der* Mann trug einen grünen Hut» sondern auch: «Er näherte sich dem Ofen. *Die* Hitze wurde unerträglich» (im zweiten Fall handelt es sich um eine *assoziative Anapher*). [143] Man kann leicht sehen, daß in diesen Kontexten der bestimmte Artikel immer einen *wörtlichen* Gebrauch indiziert. Deshalb kann man den bestimmten Artikel als *Indikator* für den wörtlichen Gebrauch eines Ausdrucks verwenden. Dazu die Probe für das *Tischbein*: «Peter setzte sich auf den Tisch. *Das* linke Tischbein, schon leicht morsch, zerbrach». Hier ist offenbar *Tischbein* wörtlich und in direkter Referenz verwendet. Gleiches gilt etwa für *Wärme* als Ausdruck für Emotionen: «Sie war sehr sympathisch. *Die* Wärme, die sie ausstrahlte, ergriff selbst mich». *Wärme* ist somit wie *Tischbein* eine Katachrese. Nimmt man hingegen den Blackschen *Wolf* («Peter$_a$ drückte sich vor der Verantwortung. *Der* Wolf$_b$ rannte weg»), so kann man an der unterschiedlichen Referenz feststellen, daß *Wolf* keine habitualisierte Bedeutung hat, also auch keine Katachrese ist. Deshalb muß man, um *Wolf* metaphorisch auszuspielen, im gegebenen Kontext *dieser* verwenden. Damit läßt sich die dritte Konstitutionsregel der M. kurz formulieren:

(iii) Wenn ein tropischer Ausdruck in der Position einer Anapher durch den bestimmten Artikel indiziert werden kann, handelt es sich um eine Katachrese. Muß das Demonstrativpronomen verwendet werden, handelt es sich um einen Tropus.

Die Regel gilt *mutatis mutandis* für Verbmetaphern. So läßt sich an «Er *attackierte* jeden Punkt meiner Argumentation» durchaus «*Die* Attacken griffen allesamt ins Leere» anschließen. Dies ist in «Er *kochte (vor Wut). Das Kochen* dauerte den ganzen Vormittag an» offenbar unmöglich. Damit ist die Einsicht von Beauzée, Fontanier, Stählin u.a. präzisiert, daß Ausdrücke wie *Tischbein, Wärme* oder *attackieren* keine Metaphern sind, sondern katachretische Ausdrücke, denen sprachgeschichtlich ein tropischer Prozeß zugrunde liegt. Diese Ausdrücke wurden oft als *lexikalisierte* M. bezeichnet, was insofern berechtigt ist, als jedem Sprecher bewußt ist (oder bewußt gemacht werden kann), daß metaphorische Katachresen auf Grund einer Ähnlichkeit *tropisch abgeleitete* Ausdrücke sind; ungenau wird diese Bezeichnung freilich, wenn verdeckt bleibt, daß in lexikalisierten M. ein wesentliches Bestimmungsstück der M., eben ihre *Doppelbödigkeit*, fehlt, die in der Rede durch die Kopräsenz eines *Vergleichs-* und eines *Themabereichs* manifest ist. Damit sind nur Fälle wie «Peter ist ein *Wolf*» oder «Jazzmusik ist eine *Banane*» im strengen Sinn M. Um diese beiden Metapherntypen zu unterscheiden, wird hier von *konventionellen* im Gegensatz zu neuen (bzw. *kreativen*) M. gesprochen.

Wodurch unterscheidet sich die M. von anderen Formen analogischen Übertragens wie der Antonomasie, der Redewendung, dem Sprichwort oder der Allegorie? Hier wurde gezeigt, daß die die moderne Forschung kennzeichnende Reduktion der Tropen auf M. und Metonymie wesentliche Unterschiede im Hinblick auf die Antonomasie und Synekdoche verdeckt. Der M. und Antonomasie ist gemeinsam, daß sie Beziehungen zwischen *distinkten Räumen* aufzeigen, während Synekdoche und Metonymie nur in *homogenen Räumen* operieren.[144] Wenn etwa eine Bedienung in einem Restaurant sich auf einen Gast mit «Der *Rundkopf* ist weg ohne zu bezahlen» bezieht, handelt es sich um eine Synekdoche, geht es hingegen um einen Gast, der Salat bestellt hatte, kann sie «Der *Salat* ist weg ohne zu bezahlen», also eine Metonymie, verwenden. Der wesentliche Unterschied zwischen diesen beiden Nachbarschaftstropen ist, daß die Metonymie *zwei* Gegenstände voraussetzt, zwischen denen alle möglichen Beziehungen bestehen können, während die Synekdoche nur *einen* Gegenstand, genauer: *eine Gestalt*, zur Basis hat, wobei, wie im gegebenen Beispiel, der Ausdruck für einen *Teil* zur Bezeichnung der ganzen Gestalt verwendet wird, oder wenn – wie in «Peter ist *braungebrannt*» (wenn man nur sein Gesicht sehen kann) – der Ausdruck für die *ganze Gestalt* nur einen Teil bezeichnet. Freilich können nur *herausragende* und/oder *typische* Teile für das Ganze stehen, weshalb man etwa nicht «*100 Bretter* sah ich kommen» für *Schiff* verwenden kann. Wie in der Rhetorik an Herennius, bei Ramus u.a. zählen hier nur Teil/Ganzes-Übertragungen zur Synekdoche, die seit Quintilian mitberücksichtigten Art/Gattungs-Übertragungen sind nicht nur logisch und sachlich, sondern auch sprachlich fundamental so von den ersteren unterschieden, daß mit ihnen *keine* Tropen im strengen Sinn gebildet werden können. [145]

M. operieren hingegen über heterogenen Räumen und implizieren eine Analogie zwischen Relationen (sachanalogische M.) oder durch einen graduierbaren Topos orientierte Kontinua (konnotative M.). In beiden Fällen aber werden Terme, die *Arten* bezeichnen (Appellativa), aus dem Vergleichsbereich auf den thematischen Bereich übertragen; das ist der wesentliche Unterschied zur (singulären) Antonomasie, in der immer nur *Eigennamen* aus dem Vergleichsbereich übertragen werden: «Hans kann zwar schreiben, aber er ist kein *Goethe*». Im thematischen Bereich können sich die übertragenen Appellativa und Eigennamen auf Individua oder auf Arten beziehen. Daraus ergeben sich zwei wesentliche Unterschiede zwischen M. und Antonomasie:

(i) Bei der M. wird neben dem Wirklichkeitswissen das *sprachliche* Wissen über die Artbegriffe mit ausgespielt, bei der Antonomasie hingegen nur das *enzyklopädische* Wissen; ohne Kenntnis der für ein Individuum herausragenden und typischen Fakten bleibt die Antonomasie unverstanden. Deshalb gilt: eine kreative M. «zerbricht eine vorgängige Kategorisierung»[146], zeigt neue Zusammenhänge auf und kann, wenn habitualisiert, zu einer neuen sprachlichen Kategorisierung führen; eine Antonomasie hingegen ist der sprachliche Ort, an dem enzyklopädisches Wissen über Individuen *versprachlicht* wird.

(ii) Der M. und der Antonomasie liegen *distinkte* Erfahrungsbereiche zugrunde, diese sind jedoch bei der M. *heterogen*, bei der Antonomasie *gleichartig*.

Da das Kriterium der *Distinktivität* von der generischen Antonomasie nicht erfüllt wird und sie zudem ein gängiges Verfahren anaphorischer Verknüpfung in Texten ist («A. berichtete von Goethe. *Der Dichterfürst* war an diesem Tag [...]»), stellt diese Form keinen Tropus dar. [147]

Die getroffenen Unterscheidungen entsprechen denen der Stoa (*vicinitas, similitudo, contrarium*; Nachbarschaft, Ähnlichkeit, Gegensätzliches) mit der Ausdifferenzierung innerhalb der *vicinitas* in Teil/Ganzes-Beziehungen (Synekdoche) und *subiecta/adiuncta*-Beziehungen bei Ramus, freilich mit dem Unterschied, daß hier die Ironie (mit dem Gegensätzlichen als Basis) nicht zu den Worttropen gerechnet wird. Dies schließt zwar an die Allgemeine Tropologie an (Beauzée, Fontanier), unterscheidet sich aber dadurch, daß hier die Antonomasie mit der M. zu einer Gruppe zusammengefaßt ist: ihnen ist das *Doppelbödige* gemeinsam, d.h. zwei distinkte Bereiche, die bei der Sinnzuschreibung präsent sind. Da die Unterscheidung Antonomasie vs. M. der Differenz zwischen *Eigennamen* und *Appellativa* entspricht, ist sie nicht nur in logischer, sondern gerade auch in linguistischer Hinsicht *fundamental*. Dennoch ist mit diesen Unterscheidungen, wie hier immer wieder betont wurde, das *semiotische* Problem der *Form der Anzeige des Sinns* noch nicht bestimmt. Dieses Problem läßt sich lösen, wenn man die Bestimmung der M. durch Aristoteles im Lichte der Tradition und der aktuellen Diskussion liest: wenn man die eigentliche *(proprium)* Verwendung eines Wortes als die Verwendung bestimmt, in der *das Wort thematisch daheim ist* (= usuelle Standardverwendung), kann man die M. wie folgt definieren: die M. ist die Verwendung eines Wortes in einem Kontext, in dem es thematisch nicht daheim ist, wobei eine Analogie (voraus-)gesetzt ist. Diese Definition setzt voraus, daß M. nur in Kontexten möglich sind, in denen das *Thema* schon konstituiert ist, wobei sich diese Konstitution auf der Textebene innerhalb von Äußerungen vollzieht. Dies impliziert keinesfalls eine Abweichungstheorie. Man muß ja nur mit Aristoteles den Sprachgebrauch als *gewöhnlich* bestimmen, in dem Wörter mit ihrem eigentlichen oder übertragenen Sinn sowie Fremdwörter verwendet werden. Da nun im *Analogievergleich* (d.h. des Vergleichens über heterogene Räume) (i) die Form der Analogie *ausdrücklich* angezeigt und (ii) die Wörter *nicht doppelbödig* verwendet werden, muß man präzisieren:

Die M. ist die doppelbödige Verwendung eines Wortes in einem Kontext, in dem es thematisch nicht daheim ist, wobei die (voraus-)gesetzte Analogie nicht ausdrücklich angezeigt wird.

Das ist zugleich die Form des *semiotischen Anders-Sagens* durch die M. Damit lassen sich auch alle Formen des *Analogievergleichs* wie folgt definieren:

Ein Analogievergleich ist die ausdrücklich angezeigte vergleichende Gegenüberstellung von mindestens zwei Sachverhalten, die eine Analogie (voraus-)setzen.

In dieser Formulierung ist die in der neueren Forschung oft betonte Tatsache, daß M. Analogien nicht nur voraussetzen, sondern selbst *setzen* können, berücksichtigt.[148] Bei kreativen M. wird der Zuhörer in der Regel durch eine wie in der obigen Metapherdefinition bestimmten Verwendung eines Wortes *aufgefordert*, neue Analogien zu schauen. Damit kann man die quintilianische Kurzformel ‹Die M. ist ein kürzerer Vergleich› präzisieren, indem man die spezifischen Unterschiede des Analogievergleichs benennt: (i) im Vergleich werden Wörter in ihrem *usuellen* Sinn gebraucht; (ii) die Form des Vergleichs wird *ausdrücklich* angezeigt; (iii) im Fokus des Vergleichs stehen deshalb *Sachverhalte*.

So läßt sich das (metaphorische) *Rätsel* als ein *Analogietext* definieren, in dem bei ausdrücklicher Benennung der heterogenen Bereiche nach der gemeinsamen Vergleichsdimension gefragt wird. Die *Allegorie* als *Redewendung* ist die Verwendung von einer ein *Ganzes* bildenden Wortgruppe (bzw. *eines* aus mehreren Wörtern bestehenden *Signifikanten*), die aufgrund einer *habitualisierten* Zuordnung einen Sachverhalt im thematischen Bereich und nicht den im Vergleichsbereich bei wörtlicher Lesart denotierten *analogen* Sachverhalt bezeichnet. Die *Allegorie als Text* unterscheidet sich dadurch, daß *mehrere* zu einer *Geschichte* gehörende Sachverhalte aufgrund einer habitualisierten Zuordnung nicht bloß wörtlich im Vergleichsbereich, sondern im auf den thematischen Bereich übertragenen Sinn verstanden werden müssen. Um Redewendungen zu verstehen, muß man *sprachliche* Konventionen beherrschen, allegorische Texte kann man dagegen nur verstehen, wenn man *literarische* Konventionen versteht. Wird in Texten die strukturelle Identität der Vergleichs- und Themageschichte ausdrücklich angezeigt, handelt es sich um eine Form des Analogievergleichs. In diesen Definitionen ist unterstellt, daß Redewendungen und Allegorietexten *metaphorische* Projektionen zugrunde liegen. Das steht quer zur in der rhetorischen Tradition oft vorgebrachten These, die Allegorie ließe auch andere Tropen zu, wie auch zur in der neueren Forschung vertretenen Auffassung, Redewendungen lägen oft auch Metonymien zugrunde.

So ist etwa nach GOOSSENS der Ausdruck ‹to be a close-lipped person› (geschlossene Lippen haben, schweigsam sein) ein 'metaphtonymischer' Ausdruck, d.h. eine aus einer Metonymie gebildete M.[149] Nun kann eine Äußerung wie ‹The close-lipped man is still here› sowohl als Metonymie – genauer: als Synekdoche – verstanden werden (= der Mann, der die ganze Zeit über seine Lippen geschlossen hatte) oder als M. (= der Schweigsame). Da der Mann im zweiten Fall offenbar keine geschlossenen Lippen zu haben braucht, liegen nur in diesem Fall zwei heterogene Bereiche vor (eben im Vergleichsbereich ein Mann mit geschlossenen Lippen und im thematischen Bereich ein Mann, der schweigt). In dieser Verwendung handelt es sich somit nicht um ein metaphtonymisches Zwitterwesen, sondern um eine metaphorische Redewendung, der im Vergleichsbereich eine Kontiguitätsbeziehung zugrunde liegt. Umgekehrt stellt für Goossens «to get up on one's hind legs» (sich auf seine Hinterbeine stellen) eine «M. innerhalb der Metonymie» dar.[150] Die zugrundeliegende Metonymie ist «He is on his legs» im Sinne von «Er steht (auf seinen Beinen), um eine öffentliche Rede zu halten». In diesem Fall will er nicht nur eine Rede halten, sondern steht auch *tatsächlich* auf den Beinen. Deshalb kann dieser Satz auch ganz wörtlich gemeint sein (z.B. Das Kind liegt nicht mehr im Sand, sondern steht fest auf seinen Beinen). Zudem kann das Prädikat in diesem Satz, was Goossens nicht sieht, als metaphorische Redewendung verstanden werden (im Sinne von gesund und nicht bettlägerig sein) – deshalb kann man durchaus sagen: «He is in bed, but he is on his legs» (Er liegt zwar im Bett, ist aber gesund). Nach Goossens wird nun durch Hinzufügung von *hind* in dieser Metonymie «He is on his hind legs» eine metaphorische Interpretation der Metonymie indiziert. Richtig ist, daß «He is on his hind legs» wie im Deutschen als metaphorische Redewendung – also nicht wörtlich – zu verstehen ist (wobei im Vergleichsbereich wohl das sich aufbäumende Pferd anzunehmen ist). Damit gilt, daß Redewendungen *prinzipiell* in dem Sinne *metaphorisch* sind, daß sie heterogene Bereiche voraussetzen. Es gibt zwar 'Signifikantenzwitter' bzw. 'Verdichtungen mit Mischwortbildung' (wie HEINES «Ich habe mich mit Rothschild ganz *famillionär* unterhalten»)[151], 'Tropenzwitter' wie Metaphtonymien gibt es nicht. Das Gleiche gilt für allegorische Texte, wobei natürlich nicht ausgeschlossen ist, daß *innerhalb* der Vergleichsgeschichte alle möglichen Tropen und Figuren verwendet werden. Redewendungen sind zudem streng von *Sprichwörtern* zu unterscheiden. Die linguistische Forschung hat beide lange in einer Kategorie zusammengefaßt und dabei übersehen, daß Redewendungen eine Form des *allegorischen Anders-Sagens* sind, während Sprichwörter populäre *generische* Aussagen sind, die *alle* Formen von Topoi abdecken können: so etwa spezifische Topoi («Ein Hund, der bellt, beißt nicht») oder gemeinsame Topoi bzw. Schlußregeln («Eine Schwalbe macht noch keinen Sommer»).[152] Deshalb wurden Sprichwörter zusammen mit Maximen auch in der traditionellen Rhetorik im Argumentationsteil behandelt.

Damit können zwei weitere Unterschiede zwischen M. und Antonomasie einerseits und Metonymie und Synekdoche andererseits leicht bestimmt werden. (i) Alle vier Tropen können referentiell gebraucht werden, aber nur die M. und die Antonomasie auch prädikativ (referentiell: Peter kam verspätet. *Dieser Bär...* / Ich habe einen großartigen Schriftsteller kennengelernt. *Dieser Goethe* ...; prädikativ: Er *ist ein Bär / ein Goethe*). (ii) Im Falle der M. und Antonomasie handelt es sich bei referentiellem Gebrauch, wie betont, um eine *schiefe* Referenz, weil *Dieser Bär* und *Dieser Goethe* nicht 'gerade' auf ihr eigentliches Objekt, sondern auf das vorher im Kontext hergestellte thematische Objekt referieren. Deshalb sind diese Formen der Referenz immer auch *doppelbödig*. Diese Eigenschaft fehlt Metonymien und Synekdochen, weil sie immer wörtlich, d.h. auf ihr eigentliches Objekt, referieren: «Der *Salat* ist weg, ohne zu bezahlen» referiert genauso auf tatsächlich vorhandene Objekte wie etwa «30 *Segel* sah ich kommen». Freilich durchbrechen die beiden Tropen die von Ramus und Port-Royal gesehene Korrespondenzregel der Referenz, wonach der Referenzausdruck der gemeinten Seinskategorie entsprechen muß. Diese wären in den gegebenen Beispielen ‹Der Mann (der Salat bestellt hatte)› und ‹Schiffe (mit 30 Segeln)›. In beiden Fällen sind die gemeinten Seinskategorien Substanzen oder *subiuncta*, mit den Referenzausdrücken werden aber *adiuncta* bzw. *idées accessoires* (Begleitvorstellungen) denotiert. Deshalb wird hier bei den Kontiguitätstropen von *verschobener* Referenz gesprochen. Damit besteht die spezifische Form des *Anders-Sagens* bei Kontiguitätstropen im wörtlichen Gebrauch von Referenzausdrücken, freilich *mit verschobener Referenz*. Diese zeigt sich sprachlich als *Ellipse*.[153] Bleibt abschließend die *Ironie*, die ja noch beim ‹Auctor ad Herennium› zur Allegorie gerechnet wurde. Im Gegensatz zur M. setzt die Ironie nicht zwei heterogene Bereiche voraus, sie ist nicht doppelbödig und damit auch nicht durch die doppelte Bewegung des gleichzeitigen Ver- und Enthüllens gekennzeichnet. Sie ist *doppelzüngig*, da sie das Gegenteil von dem sagt, was sie meint, und dieses durch paralinguistische oder rhetorische Mittel anzeigt. Man kann's auch mit der englischen Redewendung «to talk with one's tongue in one's cheek» (in ironischer Weise reden) sagen, daß sie ihre wahre Zunge in der Wange versteckt. Da die Ironie, wie schon Fontanier hervorhob, keine Wort-, sondern eine Propositionstrope ist, müssen keine Negations- oder Oppositionsterme verwendet werden, damit hinter dem Lob der Tadel, hinter der Informationsfrage die scharfe Kritik oder hinter der freundlichen Feststellung der entlarvende Vorwurf aufscheint.

Gerade die letzten Beispiele machen deutlich, daß das Verstehen von Tropen bestimmte Formen von impliziten *Inferenzen* notwendig voraussetzt. So muß etwa, um das Segelbeispiel verstehen zu können, der spezifische Topos ‹Segel sind typische Teile eines Bootes› wie auch die Schlußregel der *Abduktion* bekannt sein («Wenn man Segel von der und der Form am Horizont auf dem Wasser sieht, dann kann man schließen, daß es sich um ein Segelboot handelt»); und um zu verstehen, daß Jazz eine *Banane* ist, muß man nicht nur die spezifischen Topoi im Vergleichsbereich ‹Bananen sind leicht verderblich› und thematischen Bereich ‹Jazzmusik ist nur kurzlebig›, sondern auch den generalisierenden *Analogieschluß* auf das *tertium analogiae* kennen (beide sind vergänglich).[154]

Kann man mit M. argumentieren? Sicher nicht. Man kann jedoch Argumente vorbringen, in denen M. vorkommen, M. selbst sind aber keine Argumente, sondern 'schiefe' Behauptungen. Deshalb kann man auch *gegen* M. bzw. die in ihnen vorausgesetzte Analogie argumentieren. So läßt sich ja gegen «Jazz ist eine *Banane*» argumentativ einwenden: «Aber Jazz ist doch inzwischen *klassisch*!». Dieser Einwand bezieht sich offenbar auf den im thematischen Bereich vorausgesetzten spezifischen Topos. PIELENZ hat in einer neueren Arbeit die These vertreten, daß «*jeder* Topos letztlich metaphorisch vermittelt» ist. Das gilt weder für spezifische (bzw. materiale) noch gemeinsame (bzw. formale) Topoi. So ist sicher der spezifische Topos «Die Arbeit ist eine Tretmühle»[155] eine generische metaphorische Aussage, nicht aber Aussagen wie «Einen stärkeren Gegner greift man nicht an», «Bananen verderben leicht» oder «Je seltener, um so besser» und dergleichen mehr. Und die Behauptung, auch gemeinsame Topoi bzw. Schlußregeln seien M., ist in Anbetracht des in der Tradition damit Gemeinten (u.a. auch den *modus ponens*) nachgerade erstaunlich. Dies gilt gerade auch für den vom Autor angeführten «Vergleichstopos», den er mit Quintilian einführt.[156] Damit sind die *a pari* – und *a fortiori*-Schlußregeln (s.o.) gemeint, also etwa ‹Wenn das weniger Wahrscheinliche der Fall ist, dann kann man schließen, daß auch das eher Wahrscheinliche der Fall ist›. Hier ist nichts Metaphorisches zu entdecken, es sei denn, man wolle unter metaphorisch allgemein *vergleichend* verstehen. Dies gilt auch für die Anwendung dieses Topos: «A., der schon mehrfach einen Tempelraub begangen hat, dürfte doch wohl auch diesen einfachen Diebstahl begangen haben». Hier geht es nicht um Analogie oder Ähnlichkeiten, sondern um *relative Wahrscheinlichkeiten*.[157]

Deshalb sind diese Argumente auch von PERELMAN/ OLBRECHTS-TYTECA als Argumente der «doppelten Hierarchie» behandelt worden, während die Analogieargumente nach der Argumentation aus dem Beispiel, der Illustration und dem Modell als Denkformen, «welche die Struktur des Wirklichen begründen» diskutiert werden.[158] Die Autoren beziehen sich bei ihrer Diskussion der M. einmal auf die Tradition «der Logiker, von Aristoteles bis John Stuart Mill»[159], zum andern auf Richards. Von der logischen Tradition übernehmen sie die Grundthese, daß der M. eine Analogie zugrunde liegt. J.S. MILL hatte in seinem ‹System of Logic› (1843) die M. im Kontext der «fallacies of generalisation» (Trugschlüsse der Generalisierung) behandelt und wie die ganze logische Tradition vor ihm *bestimmte* Formen der Analogie und M. als 'Verirrungen' (*aberrations*) bestimmt: «Wir kommen immer wieder zum Resultat, daß diejenigen die größten Sklaven der metaphorischen Sprache sind, die nur einen Satz *(set)* von Metaphern haben».[160] Daß diese Kritik durchaus berechtigt und nötig ist, mag folgende Stelle belegen: «Neger waren niemals so zivilisiert wie Weiße es manchmal sind, deshalb ist es unmöglich, daß sie jemals so sein dürften. Von Frauen, als einer Klasse, nimmt man an, daß sie bis jetzt intellektuell nicht mit den Männern gleich gewesen sind, deshalb sind sie notwendigerweise minderwertig *(inferior)*».[161] Dennoch erscheint ihm die Analogie, sofern bestimmte wissenschaftliche Standards eingehalten werden, als ein durchaus plausibles Verfahren.[162] Auch die M. kann eine wissensförderliche Funktion haben. M. sind keine Argumente, sondern «unterstellen *(assume)* die Proposition, für deren Beweis sie beigebracht wurden: ihr Nutzen besteht darin, bei deren Erfassen *(apprehension)* behilflich zu sein; und auch, daß das, was die Person, welche die M. verwendet, deutlich machen will, klar und lebendig verstanden wird *(clearly and vividly)*.»[163] Das entspricht offenbar der alten aristotelischen und rhetorischen Auffassung des *Vor-Augen-Führens* und damit auch der *repraesentatio* bzw. der Hypotypose bei Thomas von Aquin. Im Gegensatz zu Mill sehen Perelman/Olbrechts-Tyteca in der Analogie – wie die rhetorische und dialektische *inventio*-Lehre – ein plausibles Argumentationsverfahren, das sich «von keinem anderen Raisonnement unterscheidet, denn für alle gilt, daß ihre Konklusionen immer einer neuen Prüfung unterworfen werden können».[164] Da sie letztlich eine argumentative Konsenstheorie vertreten, ist ihnen auch die bei Aristoteles angedeutete und in der modernen epistemologischen Analogieforschung oft vertretene Idee fremd, daß durch Analogien neue Weltentwürfe aufgezeigt werden. Die M. selbst bestimmen sie als «eine verdichtete Analogie, welche aus der Verschmelzung *(fusion)* eines Elementes aus dem Vergleichsbereich *(phore)* mit einem Element aus dem thematischen Bereich *(thème)* [wie Richards als Doppeleinheit von *phore* (Vergleichsbereich)] resultiert».[165] Die Definition zeigt, daß das Begriffspaar *phore* vs. *thème* mit der Unterscheidung von Richards in *vehicle* vs. *tenor* zwar analog, nicht aber identisch ist. Bei Richards meinen diese Begriffe primär die zwei semantischen Pole der Doppeleinheit M., die *im* Wort kontrahiert werden und kopräsent sind. Bei Perelman/Olbrechts-Tyteca, die diese Begriffe bei der Analyse der Analogie als Argumentationsform festlegen, bezeichnen diese Begriffe heterogene Erfahrungsbereiche, die durch eine bestimmte Form der Analogie korreliert werden, wobei in Argumentationen (d.h. *Texten*) notwendig ein Bereich als Vergleichsbereich in den das Thema der Argumentation bildenden Bereich projiziert wird. In einer detaillierten Diskussion einer Fülle von Beispielen – die sich wohltuend von der großen Mehrheit moderner Abhandlungen unterscheidet, die meinen, mit wenigen Beispielen ihrem Gegenstand gerecht werden zu können – zeigen Perelman/Olbrechts-Tyteca, daß der M. alle Formen der Analogie zugrunde liegen können. Ebenso machen sie immer wieder deutlich, daß M. in den von ihnen untersuchten argumentativen Texten nie isoliert, sondern immer mit anderen Formen des Analogievergleichs, aber auch innerhalb von nicht-analogischen Argumenten vorkommen. Die dabei gemachten Beobachtungen sollen hier nicht im Einzelnen vorgestellt werden. Dies auch deshalb, weil sie an manchen Stellen nicht immer vollständig sind. Die Grauzone dieser *Neuen Rhetorik* ist ja, daß in ihr die *elocutio,* also die ganze rhetorische Stillehre, nur noch in Form der M. vertreten ist. Deshalb wäre es zuviel verlangt, wenn man von ihr das fordern wollte, was die *Alte Rhetorik*, aber auch die moderne Linguistik, nicht geleistet haben: die *semiotischen* Formen des Anders-Sagens von Wörtern, Sätzen und Texten zu bestimmen. Freilich haben Alte und Neue Rhetorik gerade in ihren Grauzonen, Unstimmigkeiten und Widersprüchen deutlich gemacht, daß das Problem der M. zugleich ein Problem der Tropen und der Gedankenfiguren der homoíōsis, aber auch der auf Ähnlichkeit gründenden Text- und Argumentationsformen ist. Damit haben die Alte und Neue Rhetorik der Moderne, insbesondere der Literatur- und Sprachwissenschaft, einen immer noch nicht eingelösten Forschungsauftrag hinterlassen, nämlich zu untersuchen, in wie vielfältiger Weise all diese Formen in Texten und bestimmten Textgattungen verknüpft sind. Daß dabei auch das Problem der *Intertextualität* berücksichtigt werden muß, mag der erste Satz von BRECHTS ironisch-liebevoller (oder sarkastisch-bösartiger?) Erzählung ‹Der verwundete Sokrates› anzeigen: «Sokrates, der Sohn der Hebamme, der in seinen Zwiegesprächen so gut und leicht und unter so kräftigen Scherzen seine Freunde wohlgestalteter Gedanken entbinden konnte und sie so mit eigenen Kindern versorgte, anstatt wie andere Lehrer ihnen Bastarde aufzuhängen, galt nicht nur als der klügste aller Griechen, sondern auch als einer der tapfersten.» [166]

Anmerkungen:
1siehe die letzte Ausg. des Petit Robert: Dictionnaire de la langue française (Paris 1980ff.); Bibliogr. zur M.: W. Shibles: Metaphor: An Annotated Bibliography and History (Whitewater 1971); J. Bosque: Bibliografía sobre la metáfora, in: Revista de Literatura 46 (1984) 173–194; J.-P. van Noppen u.a. (Hg.): Metaphor: A Bibliography of Post-1970 Publications (Amsterdam 1985); dies.: Metaphor II: A Classified Bibliography of Publications from 1985–1990 (Amsterdam 1991); allg. zur M.: H.H. Lieb: Der Umfang des historischen Metaphernbegriffs (Diss. Köln 1964); J. Nieraad (Hg.): Linguistik der M., in: Linguistik u. Didaktik 1973 (Sonderheft); J. Molino u.a. (Hg.): Problèmes de la métaphore, Langages 54 (1979); R.R. Hoffman: Recent Research on Metaphor (Trier 1982); D.S. Miall (Hg.): Metaphor: Problems and Perspectives (Brighton 1982); W. Paprotté, R. Dirven (Hg.): The Ubiquity of Metaphor (Amsterdam 1985); W. Köller: Dimensionen des Metaphernproblems, in: Zs. f. Semiotik 4 (1986) 379–410; Nuessel: Metaphor and Cognition: A Survey of Recent Publications, in: Journal of Literary Semantics 20 (1991) 37–52; W. Bergem u.a. (Hg.): M. u. Modell (Trier 1996); A. Goatly: The Language of Metaphor (London 1997). – **2**siehe die Ausg. d. Dictionnaire Hachette encyclopédique (Paris 1980ff.). – **3**A. Darmesteter: La Vie des mots étudiée dans leurs significations (Paris 1887), zit. n. d. Ausg. Paris 1979, 46. – **4**ebd. 88f. – **5**J.G. Herder: Abh. über d. Ursprung der Sprache (Berlin 1772), zit. n. d. Ausg. Stuttgart 1966, 63ff. – **6**M. Bréal: Essai de sémantique (Paris 1897) 125. – **7**Darmesteter [3] 51. – **8**ebd. 68ff. – **9**H. Paul: Prinzipien d. Sprachgesch. (^{5}1920) 75. – **10**ebd. 84. – **11**ebd. 83, 93ff. u. 98ff. – **12**ebd. 94. – **13**W. Porzig: Das Wunder d. Sprache (Bern ^{4}1967) 38ff. u. 121ff. – **14**L. Bloomfield: Language (London 1935) 149. – **15**G. Stern: Meaning and Change of Meaning (Göteborg 1931). – **16**S. Ullmann: The Principles of Semantics (Glasgow 1951); vgl. P. Ricœur: La métaphore vive (Paris 1975) 142ff. – **17**S. Ullmann: Semantics. An Introduction to the Science of Meaning (Oxford 1962), zit. n. d. dt. Ausg. Frankfurt 1973, 266. – **18**ebd. 267; vgl. I.A. Richards: The Philosophy of Rhetoric (Oxford 1964; zuerst 1936) 96ff. – **19**Ullmann [17] 268ff. – **20**R. Jakobson: Der Doppelcharakter d. Sprache (dt. Übers.), in: J. Ihwe (Hg.): Literaturwiss. und Linguistik I (1971) 328; zuerst in: R. Jakobson, M. Halle: Fundamentals of Language, Part II, 2 u. 5 (Den Haag 1956). – **21**vgl. H. Hörmann: Semantische Anomalie, M. und Witz, in: Fol 5 (1971) 310–330. – **22**J. Frazer: The Golden Bough: A Study in Magic and Religion I (New York ^{3}1935) Kp. III; E. Leach: Kultur u. Kommunikation (1978) 25ff u. 39ff.; vgl. Ricœur [16] 227ff. – **23**J. Lacan: L'instance de la lettre dans l'inconscient *ou la raison depuis Freud* (1957) in: J. Lacan: Ecrits I (Paris 1966) 249–289, 280f. – **24**J. Lacan: Fonction et champ de la parole et du langage en psychanalyse (1953), in: Ecrits I (Paris 1966) 111–208, 146. – **25**ebd. – **26**vgl. Lacan [23] 265ff. – **27**vgl. S. Freud: Der Witz u. seine Beziehung zum Unbewußten (1905), zit. n. Studienausg. IV (1970) 25; zur

M. in d. Psychoanalyse u. bei Freud: R. Rogers: Metaphor. A Psychoanalytic View (Berkeley 1978); D.L. Carveth: Die M. des Analytikers, in: M.B. Buchholz (Hg.): Metaphernanalyse (1993) 15–71. – **28** ebd. 47ff. – **29** Lacan [23] 265. – **30** ebd. 263. – **31** J. Lyons: Semantics 2 (Cambridge 1977) 567. – **32** vgl. Schema in J. Dubois u.a.: Rhétorique générale (Paris 1970) 49; das Schema findet sich auch im Art. ‹Änderungskategorien›, in: HRW I, 563/4; zur Kritik vgl. Ricœur [16] 173ff u. 201ff. – **33** Dubois [32] 106ff. – **34** N. Ruwet: Synecdoques et métonymies, in: Poétique 6 (1975); zit. n. d. dt. Übers. in: A. Haverkamp (Hg.): Theorien der M. (1983) 252–282, 257; vgl. d. Kritik in M. Le Guern: Sémantique de la métaphore et de la métonymie (Paris 1973) 13f. u. in F. Keller-Bauer: Metaphorisches Verstehen (1984) 38ff. – **35** F. Rastier: Systématique des isotopies, in: A.J. Greimas (Hg.): Essais de sémiotique poétique (Paris 1972) 80–106, 88; zit. n. d. dt. Übers. in W. Kallmeyer et al. (Hg.): Lektürekolleg zur Textlinguistik (1974) 166/7. – **36** F. Rastier: Sémantique interprétative (Paris 1987) 91ff., 130ff. – **37** ebd. 112ff. – **38** ebd. 178f. – **39** ebd. 187. – **40** ebd. 51ff. u. 112ff. – **41** ebd. 202ff. – **42** ebd. 191ff. – **43** ebd. 189. – **44** ebd. 192. – **45** ebd. 194f. – **46** ebd. 211ff. – **47** Ricœur [16] 63ff. – **48** M. Black: Models and Metaphors (Ithaca 1962) 31ff. – **49** H.F. Plett: Textwiss. u. Textanalyse (1975) 256. – **50** vgl. etwa B. Asmuth, L. Berg-Ehlers: Stilistik (1974) 122; M.D. Kuznec, J.M. Skrebnev: Stilistik d. engl. Sprache (²1968) 23ff. – **51** H.F. Plett: Einf. in d. rhet. Textanalyse (²1973) 70ff. – **52** vgl. G. Kurz, T. Pelster: M.. Theorie und Unterrichtsmodell (1976) 7ff.; W. Berg: Uneigentliches Sprechen (1978) 100ff.; G. Wolff: Metaphorischer Sprachgebrauch. Arbeitshefte f. d. Unterricht (1982) 12ff.; R. Drux: M. u. Metonymie, in: B. Sandig (Hg.): Stilistisch-rhet. Diskursanalyse (1988) 63ff.; B. Sowinski: Stilistik (1991) 133ff.; G. Frieling: Unters. zur Theorie d. M. (1996) 27ff. – **53** vgl. H. Suhamy: Les figures de style (Paris 1981) 20ff.; A. Reboul: La rhétorique (Paris 1986) 45ff.; P. Bacry: Les figures de style (Paris 1992) 40ff.; M. Aquien: Dictionnaire de poétique (Paris 1993) 176ff. u. 306ff.; G. Molinié: Dictionnaire de rhétorique (Paris 1992) 213ff. u. 329f. – **54** R.M.W. Dixon: Where have all the adjectives gone? (Berlin 1982); G. Lakoff: Classifiers as a Reflection of Mind, in: C. Craig (Hg.): Noun Classes and Categorization (Amsterdam 1986) 13–51; G. Lakoff: Women, Fire, and Dangerous Things (Chicago 1987). – **55** E. Rosch: Natural Categories, in: Cognitive Psychology 4 (1973) 328–350; E. Rosch, B.B. Lloyd (Hg.): Cognition and categorization (Hillsdale 1973); dazu G. Kleiber: Prototypes et prototypes: encore une affaire de famille?, in: D. Dubois (Hg.): Sémantique et cognition. Catégories, prototypes, typicalité (Paris 1991) 103–129; vgl. dazu die Rez. von E. Eggs in: Zs. f. frz. Sprache u. Lit. 105 (1995) 65–73. – **56** Lakoff [54] (1987) 334. – **57** ebd. 70ff. – **58** G. Lakoff, M. Johnson: Metaphors We Live By (Chicago 1980) 5ff., 16ff. 43ff. u. G. Lakoff: The Contemporary Theory of Metaphor, in: A. Ortony: Metaphor and Thought (Cambridge ²1994) 202–251; dazu M. Pielenz: Argumentation u. M. (1992) 66ff. – **59** Curtius 306ff.; H. Weinrich: Münze und Wort, in: ders. Sprache in Texten (1976) 276–290; B. Stolt: Wortkampf (1974); J. Schlanger: Les métaphores de l'organisme (Paris 1972); G. Bachelard: La psychanalyse du feu (Paris 1949); ders.: La terre et les rêveries de la volonté (Paris 1948); ders.: L'air et les songes (Paris 1943). – **60** Fontanier 99. – **61** Lakoff [58] (1994) 207. – **62** M. Turner: Categories and Analogies, in: D.H. Helman (Hg.): Analogical Reasoning (Dordrecht 1988) 3–24, 11; vgl. Rastier [36] 187f. u. G. Kleiber: Métaphore: le problème de la déviance, in: Langue française 101 (1994) 35–56. – **63** Turner [62] 11–13. – **64** ebd. 16/7. – **65** Arist. Rhet. 1405a 13 (s.o.). – **66** M. Turner: An Image Schematic Constraint on Metaphor, in: R.A. Geiger, B. Rudzka-Ostyn (Hg.): Conceptualizations and Mental Processing in Language (New York 1993) 291–306, 292; vgl. 303 Anm.1. – **67** Arist. Poet. 1459a 7. – **68** Richards [18] 89; vgl. dt. Übers. in Haverkamp [34] 31ff. – **69** ebd. 92. – **70** Arist. Rhet. 1404b 34. – **71** Richards [18] 92. – **72** ebd. 116/7. – **73** ebd. 177ff. – **74** ebd. 118. – **75** ebd. 93ff. – **76** ebd. 94. – **77** ebd. 119ff. – **78** ebd. 122. – **79** ebd. 123; zit. n. A. Breton: Les vases communicants (Paris 1970) 129, Anm.1; vgl. A. Breton: Manifeste du surréalisme (1924), in: ders.: Manifestes du surréalisme (Paris 1970) 31ff.; vgl. H. Weinrich: Semantik der kühnen M., in: ders. [59] 295–316, 297. – **80** Richards [18] 124. – **81** ebd. 124/5.; vgl. R.A. Sayce: Style in French Prose (Oxford 1953) 62ff.; Ullmann [17] 268 u. M.-C. Bertau: Sprachspiel M. (1966) 158ff. – **82** Breton [79] (1924) 52. – **83** vgl. aber Kurz, Pelster [52] und G. Kurz: M., Allegorie, Symbol (1982). – **84** W. Stählin: Zur Psychol. u. Statistik der M., in: Archiv f. Psychol. 31 (1914) 297–425, 311. – **85** ebd. 321. – **86** ebd. 321/2. – **87** ebd. 324. – **88** ebd. 327. – **89** vgl. ebd. 339ff. – **90** ebd. 341; vgl. W. Stern: Die Analogie im volkstümlichen Denken (1893) 151ff. – **91** ebd. 342. – **92** D. Davidson: What Metaphors Mean, in: S. Sacks (Hg.): On Metaphor (Chicago 1979) 29–47, 36/7. – **93** vgl. H. Gipper: Sessel oder Stuhl? In: Sprache – Schlüssel z. Welt, Fs. f. L. Weisgerber (1959) 271–292; U. Hoinkes: Immer wieder 'Stuhl', in: U. Hoinkes (Hg.): Panorama der lexikalischen Semantik (1995) 307–328. – **94** vgl. L.S. Wygotski: Denken u. Sprechen (1969). – **95** H. Werner: Die Ursprünge der M. (1919) 45. – **96** ebd. 52f. – **97** ebd. 57. – **98** ebd. 61f u. 63f. – **99** ebd. 94ff. u. 103ff. – **100** Black [48] 44; dazu Ricœur [16] 109ff.; H. Edmonds: Metaphernkommunikation (1986) 51ff.; H. Hülzer: Die M. (1987) 161ff. – **101** Black [48] 40 u. 44. – **102** M. Black: More about Metaphors, in: A. Ortony (Hg.): Metaphor and Thought (Cambridge 1979) 28f. – **103** Black [48] 41 u. 44f. – **104** Black [102] 28f. – **105** ebd. 44. – **106** M.B. Hesse: Models and Analogies in Science (Notre Dame 1966) 163. – **107** ebd. 168f. – **108** vgl. A. Steudel-Günther: Analogie u. Paraphrase in Fach- und Gemeinsprache (1995) 50ff. – **109** vgl. C. Sutton: The Heart of the Atom, in: New Scientist 83 (1995) 1–4; vgl. die linguistische Analyse in: D. McElholm: Text and Argumentation in English for Science and Technology (Diss. Hannover 1999) 325ff. – **110** Hesse [106] 67. – **111** ebd. 60ff. – **112** D. Gentner, M. Jeziorski: From metaphor to analogy in science, in: Ortony [58] 447–480. – **113** ebd. 471ff. – **114** Steudel-Günther [108] 180ff. – **115** ebd. 13ff., 71ff. u. 111ff. – **116** H. Blumenberg: Paradigmen zu einer Metaphorologie, in: ABG 6 (1960) 5–142 u. 301–305, 80. – **117** vgl. B. Debatin: Die Modellfunktion der M., in: H.J. Schneider (Hg.): M., Kognition, Künstliche Intelligenz (1996) 83–103; zur M. in d. Sprache d. Soziol.: W. Bühl: Zur Ordnung des Wissen (1984) 155ff. – **118** H. Blumenberg: Beobachtungen an M., in: ABG 15 (1971) 212. – **119** G. Bachelard: La formation de l'esprit scientifique (Paris 1938) 74ff.; vgl. dazu kritisch Steudel-Günther [108] 115ff.; vgl. allgemein: Colloque de Cerisy: Bachelard (Paris 1974). – **120** G. Bachelard: Le matérialisme rationnel (Paris 1963) 207ff. – **121** E.F. Kittay: Metaphor. Its Cognitive Force and Linguistic Structure (Oxford 1987) 28ff. u. 146ff.; vgl. L. Hjelmslev: Prolegomena to a Theory of Language (Madison 1961) u. E. Eggs: Art. ‹Konnotation/Denotation›, in: HWRh, Bd. 4, Sp. 1252ff. – **122** Kittay [121] 156f. – **123** ebd. 226ff. – **124** ebd. 230ff. – **125** vgl. Porzig [13] 123ff., C.J. Fillmore: Types of Lexical Information, in: D. Steinberg, L.A. Jakobovits (Hg.): Semantics (Cambridge 1971) 370–392; Lyons [31] 2, 261ff. – **126** vgl. E. Coseriu: Lexikalische Solidaritäten, in: Poetica 1 (167) 293–303. – **127** Kittay [121] 278ff. – **128** ebd. 285. – **129** ebd. 283f. – **130** Platon, Theaitetos 150 c–d. – **131** Davidson [92] 30ff. – **132** ebd. 44. – **133** ebd. 40ff. – **134** vgl. H.P. Grice: Logic and Conversation., in: P. Cole, J.L. Morgan (Hg.): Syntax and Semantics, Bd. 3 (London 1975) 41–58; dazu E. Eggs: Eine Form des 'uneigentlichen' Sprechens: die Ironie, in: Fol (1979) 413–435. – **135** H. Weinrich: Allgemeine Semantik der M., in: Weinrich [59] 317–327, 319. – **136** ebd. 320. – **137** Weinrich [79] 297f. – **138** W. Kallmeyer: Lektürekolleg zur Textlinguistik, Bd. 1 (³1980) 165. – **139** ebd. 166ff. – **140** J.R. Searle: Metaphor, in: Ortony [58] 83–111, 91f. – **141** vgl. E. Eggs: Grammaire du discours argumentatif (Paris 1994) u. ders.: Die Bedeutung der Topik für eine linguistische Argumentationstheorie, in: G. Ueding (Hg.): Rhet. und Topik (2000). – **142** Lakoff [58] (1994). – **143** vgl. G. Kleiber: L'anaphore associative roule-t-elle ou non sur des stéréotypes?, in C. Plantin (Hg.): *Lieux communs, topoi, stéréotypes, clichés* (Paris 1993) 355 – 371 u. Eggs [141] (1994). – **144** Eggs [141] (1994) 187ff. – **145** vgl. ebd. 195ff. u. Ricœur [16] 231f. – **146** Ricœur [16] 251. – **147** vgl. Eggs [141] (1994) 196ff.; vgl. K. Jonasson: Les noms propres métaphoriques, in: Langue française 92 (1991) 64–81; G. Kleiber: Y a-t-il de la métaphore sous les noms propres en antonomase?, in: Studia Romanica Posnaniensia 19 (1994) 37–52. – **148** vgl. Richards [18]; Weinrich [79]; H. Weinrich u.a.: Die M. Bochumer Diskussion, in: Poetica 2 (1968) 100–130, 118f. – **149** L. Goossens: Metaphtonymy. The Interaction of Metaphor and Metonymy ..., in: ders., P. Pauwels u.a. (Hg.): By

Word of Mouth (Amsterdam 1995) 159–174, 169f. – **150** ebd. 171ff. – **151** vgl. Freud [27] 20ff. – **152** vgl. P. Guiraud: Les locutions françaises (Paris 1961); A. Thun: Probleme der Phraseologie (1978); N. Norrick: How Proverbs Mean (1985); G. Gréciano (Hg.): Phraséologie contrastive (Strasbourg 1989); J.-C. Anscombre: Proverbes et formes proverbiales, in: Langue française 102 (1994) 95–107; G. Kleiber: Sur la définition du proverbe, in: ders.: Nominales (Paris 1994) 207–224; Eggs [141] (1994) 122ff.; R.W. Gibbs u.a: Proverbs and Metaphorical Mind, in: Metaphor and Symbolic Activity 11 (3) (1996) 207–216. – **153** siehe E. Eggs: Art. ‹Metonymie›, in: HWRh, Bd. 5, Sp. 1203. – **154** siehe E. Eggs: Art. ‹Logik›, in: HWRh, Bd. 5, Sp. 414ff. – **155** M. Pielenz: Argumentation u. M. (1993) 136/7. – **156** ebd. u. 121; vgl. Quint. V, 10, 87. – **157** vgl. Eggs [141] (1999). – **158** Perelman 461ff; 471ff. – **159** ebd. 539. – **160** J.S. Mill: System of Logic (London 1916; zuerst 1843) 521 (= 5, 5, 6). – **161** ebd. 516 (= 5, 5, 4). – **162** ebd. 364ff. (= 3, 20, 1–3). – **163** ebd. 524. – **164** Perelman 500. – **165** ebd. 535. – **166** B. Brecht: Der verwundete Sokrates, in: ders.: Gesch. (1962) 109.

E. Eggs

→ Allegorie → Analogie → Antonomasie → Comparatio → Elocutio → Hyperbel → Imago → Ironie → Katachrese → Litotes → Metonymie → Ornatus → Personifikation → Similitudo → Synekdoche → Tropus → Verbum proprium → Wortschöpfungstheorien

Metaplasmus (griech. μεταπλασμός, metaplasmós; lat. metaplasmus, transformatio; engl. metaplasm; frz. métaplasme; ital. metaplasmo)

A. Der M. betrifft verschiedene Formen der absichtlichen und gestatteten Abweichung von der Sprachrichtigkeit im Einzelwort (*Latinitas in verbis singulis*) und als Stilmittel eingesetzte Verstöße gegen die sprachliche Orthographie und Orthoepie. Im grammatisch-rhetorischen System wird der M. als ein Problem der *virtutes et vitia elocutionis* und der Figurenlehre behandelt. Typologisch unterscheidet man im klassischen Lehrsystem vier Änderungskategorien einer Umformung von Wörtern gegenüber ihrer regulären Form [1]: die ‹Detractio› (Aphärese, Synkope, Apokope, Systole, Synizese und Synaloephe), die ‹Adiectio› (Prosthese, Epenthese, Paragoge, Dihaerese und Ektasis), die ‹Immutatio› (Ersetzung von Einheiten) und die ‹Transmutatio› (Inversion, Palindrom, Anagramm). Innerhalb dieser vier Grundoperationen kann man noch präziser nach den *tria loca* (Wortanfang, -mitte und -ende), ferner nach den von den Änderungen betroffenen Buchstaben, Vokalquantitäten, dem Akzent oder der Aspiration differenzieren. M. können nur im gesprochenen (*pronuntiatio*) oder im geschriebenen Wort (*scriptum*) zum Ausdruck kommen. [2]

Eine besonders konsequente Scheidung beider eng verwandter Begriffe *barbarismus* und *metaplasmus* findet sich in der ‹Ars de barbarismis et metaplasmis› [3] des Grammatikers CONSENTIUS im 5. Jh. n. Chr. Er beginnt mit der grundlegenden Feststellung, daß der *barbarismus* und der M. aus den gleichen sprachlichen Operationen entstehen und daher nur im Zusammenhang miteinander definiert und im Einzelfall voneinander abgegrenzt werden können: «quia quidam modi, ex quibus proveniunt, ipsis communes sunt, coniuncte de his dicendum est» (Weil einige Weisen, wodurch diese entstehen, ihnen gemeinsam ist, kann man auch nur über sie in Verbindung miteinander sprechen). [4] Er definiert den M. zunächst mit Bezug auf die Dichtung: «Barbarismus est, ut quidam volunt, una pars orationis vitiosa in communi sermone. haec definitio separat metaplasmum eo, quod fieri barbarismum dixi in communi sermone, quoniam, si in poemate pars aliqua orationis vitiosa sit, metaplasmum dicunt» (Nach der Meinung einiger [Gelehrter] ist der Barbarismus ein fehlerhafter Teil der Rede in der Umgangssprache. Diese Definition trennt den Metaplasmus vom Barbarismus der, wie gesagt, in der Umgangssprache stattfindet, weil man es einen Metaplasmus nennt, wenn in einem Gedicht irgendein Teil der Rede fehlerhaft ist). [5] Dann wird aber diese Definition des M. auch auf andere Gattungen ausgeweitet: «metaplasmus est una pars orationis figurata contra consuetudinem vel ornatus alicuius causa vel metri necessitate cogente» (Ein M. ist ein entweder zum Zweck der Zierde oder aus zwingenden metrischen Gründen gegen die Sprachgewohnheit ausgeschmückter Teil der Rede) [6]; und weiter: «ergo inter barbarismum et metaplasmum hoc interest, quod barbarismus in communi sermone, metaplasmus in poemate est, item quod barbarismus citra auctoritatem lectionis inperite nunc a quibusdam praesumitur, metaplasmus autem ille est, qui ex vetere scriptorum auctoritate praeiudicatae consuetudinis ratione profertur, item quod metaplasmus [...] a doctis fit scienter, barbarismus vero ab inprudentibus nulla aut veterum aut consuetudinis auctoritate perspecta adsumitur». (Also besteht zwischen dem Barbarismus und dem M. dieser Unterschied, daß der Barbarismus in der Prosaliteratur, der M. aber in einem Gedicht auftritt, und ebenfalls, daß der Barbarismus ohne eine autoritative Belegstelle aus der Literatur und ohne sprachliche Kenntnisse seit von irgendwelchen Leuten verwendet wird, der M. aber jene Abweichung ist, die gestützt auf die alte Autorität bestimmter Autoren und nach der Regel einer bewährten sprachlichen Gewohnheit vorgetragen wird, und ebenfalls [...], daß der M. kundig von Gelehrten eingesetzt wird, der Barbarismus aber von Ungebildeten ohne Bezug auf eine Autorität der alten Schriftsteller oder die sprachliche Gewohnheit benutzt wird). [7]

QUINTILIAN und die römischen Grammatiker bis zu Consentius führen eine wertvolle Anzahl von Beispielen für die einzelnen Formen des M. auf, die meist aus VERGIL und anderen bedeutenden Dichtern stammen. Der M. ist also nach antiker Auffassung primär eine in der Poetik durch den Grundsatz der *licentia* geduldete Abweichung, sofern er von anerkannten, gebildeten Autoren mit der Absicht eingesetzt wird, gezielt Affekte zu erregen, an die Hörer zu appellieren, zu archaisieren, dem Gedicht *ornatus* oder einen regionalen *color* zu verleihen, eine für das Ohr unangenehme Massierung von Silben zu vermeiden oder (als Reim-M.) ein bestimmtes Metrum zu wahren. In der Poetik und Metrik betreffen daher metaplastische Phänomene die absichtliche Dehnung, Kürzung, Kontraktion bestimmter Silben oder Worte zur Wahrung eines bestimmten Reim- oder Rhythmussystems und die Akzentsetzungen. Vergil benutzt z.B. in der ‹Aeneis› die Form *repostum* statt *repositum*. [8] Der Reim-M. bedient sich gerne veralteter, mundartlicher oder seltener Wortformen, die Fach- und Sondersprachen entstammen, und bildet oft 'unreine', fehlerhafte Reime.

Alle absichtlichen Änderungen gegenüber der sprachlichen *consuetudo* und *norma rectitudinis*, d.h. alle metaplastischen Deviationen, können als rhetorische Mittel ihre Wirkung nur bei Hörern oder Lesern als Rezipienten erreichen, die mit der korrekten Regelgrammatik, der Orthographie und Orthoepie vertraut sind. Ohne eine allgemein anerkannte *norma rectitudinis* kann man keine lizensierten Abweichungen absichtlich einsetzen. Die Verwendung von M. als rhetorisches Kunstmittel ist in solchen Epochen seltener zu beobachten, in denen sich die meisten Autoren und Redner besonders um die Durchsetzung einer sprachlichen *norma rectitudinis* und die Etablierung einer einheitlichen Hochsprache bemühen. Auch als Reaktion gegen einen zu starken Einfluß einer Fremdsprache (z.B. des Griechischen in Rom oder des Französischen und Englischen im modernen Europa) werden M. in Dichtung und Prosa zeitweise zur Wahrung der Sprachreinheit, der Orthographie und Orthoepie kritisch eingeschätzt.

Da sich gesprochene Sprachen stetig weiterentwickeln, können bestimmte M. im Laufe der Zeit für bestimmte Bereiche einer Sprache, von einzelnen Sprechergruppen oder auch allgemein als grammatisch korrekt akzeptiert werden und dann in den Bereich der sprachlichen *norma rectitudinis* übergehen. Barbarismen und M. sind für Sprachwissenschaftler und Philologen wichtige Zeugnisse der Sprachentwicklung, weil sie ansonsten in Texten der Hochsprache einer jeweiligen Epoche selten schriftlich fixierte Provinzialismen und regionale Dialekte, Vulgarismen und Archaismen überliefern. Ein typisches Beispiel für den sprachgeschichtlichen Quellenwert der Barbarismen und M. ist die komplizierte Entwicklung vom spätantiken Latein zu den romanischen Volkssprachen.[9]

In der modernen Rhetorik des 20. Jh. werden M. insbesondere in der strukturalen Rhetorik und der neuen Figuren- und Tropenlehre diskutiert. Mitglieder der ‹groupe μ› unterscheiden z.B. M. (Wortform) und Metasememe (Sinn) auf der Wortebene und Metataxen (Form) und Metalogismen (Sinn) auf der Satz- oder gesamten Textebene. H. PLETT entwirft eine neuartige Figurenlehre, in der M. als gezielt eingesetzte, regelverletzende Operationen eingestuft werden.

Anmerkungen:
1 zur Lehre von der *quadripertita ratio* siehe Lausberg Hb. § 462 und 500; W. Ax: Quadripertita ratio. Bemerkungen zur Gesch. eines antiken Kategoriensystems (Adiectio – Detractio – Transmutatio – Immutatio), in: HL 13 (1986) 191–214. – **2** zur Def. des M. siehe Martin 250; M. Leumann: Laut und Formenlehre, in: Leumann – Hofmann – Szantyr: Lat. Gramm., Bd. 1, HdAW II, 2.1 (1977) 448; Lausberg Hb. § 462 und 471–495; G.O. Rowe: Style, in: S.E. Potter (Hg.): A Handbook of Classical Rhet. in the Hellenistic Period 330 B.C. – A.D. 400 (Leiden u.a. 1997) 121–157, insb. 122; K.-H. Göttert: Einf. in die Rhet. Grundbegriffe – Gesch. – Rezeption (²1994) 42–43. – **3** Ausg.: M. Niedermann: Consentii ars de barbarismis et metaplasmis. Victorini fragmentum de soloecismo et barbarismo (Neufchâtel 1937). – **4** ebd. p.1,4–5 Niedermann; Übers. Verf. – **5** ebd. p.1, 10–13. – **6** ebd. p.2, 11–13. – **7** ebd. p.3, 5–13. – **8** Verg. Aen. I, 26. – **9** vgl. Ch.H. Grandgent: From Latin to Italian (Cambridge 1927); R. Wright: Late Latin and Early Romance in Spain and Carolingian France (Liverpool 1982); H. Lausberg: Formenlehre, in: Roman. Sprachwiss., Bd. 3 (²1972).

B.I. *Antike.* Zahlreiche Varianten des M., die sich aus den vier grundlegenden Änderungskategorien ergeben, werden schon im 5. und 4. Jh. v. Chr. beobachtet, von PLATON aber im ‹Kratylos› als billige Sophistenkünste bezeichnet.[1] Der Barbarismus und der M. werden erst unter dem Einfluß der sprachwissenschaftlichen Theorien der Stoa von hellenistischen und kaiserzeitlichen griechischen und lateinischen Grammatikern und seltener von Rhetoriklehrern systematisch diskutiert und definiert.[2] Auch in der lateinischen Grammatik und in den modernen Fremdsprachen bleibt die Terminologie für die *species* des M. an den griechischen *termini technici* orientiert.[3] Kaiserzeitliche Grammatiker finden einen weitgehenden Konsens über die Definition des M., wenn es auch in der Anzahl und Benennung einzelner *species* geringfügige Unterschiede gibt. QUINTILIAN behandelt Barbarismus und M. in den Grammatikkapiteln der ‹Institutio oratoria›.[4] Er nennt als Anhänger der Sprachrichtigkeit, des *emendate loqui*, sowohl den Barbarismus als auch den Soloecismus ausdrücklich eine *foeditas*, doch würden zuweilen sogar klare *vitia* entschuldigt «durch den Sprachgebrauch, eine Autorität, Alter oder schließlich gar durch die nachbarschaftliche Verbindung mit Vorzügen – denn oft ist es schwer, sie von den Figuren zu trennen –, [daher] muß der Grammatiker, damit ihn nicht eine so heikle Beobachtung täusche, seinen Scharfsinn auf den feinen Unterschied richten».[5] Er verweist auf die dichterische Freiheit, die *licentia*, als eine Wurzel des M. «ut vitia ipsa aliis in carmine appellationibus nominentur: μεταπλασμούς enim et σχηματισμούς et σχήματα ut dixi, vocamus» (daß sogar die eigentlichen Fehler in einem Gedicht andere Namen erhalten: wir nennen sie nämlich M., Schematismen und, wie ich schon erwähnte, Schemata).[6] Quintilian gibt einen Katalog verschiedener Formen des Barbarismus. Liest man diesen als eine Aufzählung von erlaubten Abweichungen, ergibt sich eine Differenzierung der *species* des M.

Mehrere kaiserzeitliche Grammatiker befassen sich mit der Definition und den *species* des M., z.B. APOLLONIOS DYSKOLOS (2. Jh. n. Chr.) in ‹Περὶ ἐπιρρημάτων›.[7] MARIUS PLOTIUS SACERDOS (3. Jh. n. Chr.) definiert in seinen ‹Artium grammaticarum libri›: «Metaplasmus vel figura est dictio aliter composita quam debet metri vel decoris causa» (Ein M. oder eine Figur ist eine Redeweise, die wegen des Metrums oder des *decus* anders gebildet ist, als sie es korrekt sein sollte).[8] DIOMEDES übersetzt in seiner einflußreichen ‹Ars grammatica› im 4. Jh. n. Chr. den M. knapp als eine *transfictio* oder *transformatio*.[9] Auch Grammatiker, die sich besonders mit Problemen der Orthographie und Orthoepie befassen, wenden ihre Aufmerksamkeit dem M. zu. NONIUS MARCELLUS widmet Buch 8 seines Traktates ‹De compendiosa doctrina› mit dem Untertitel ‹De mutata declinatione› z.T. metaplastischen Operationen.[10] Für die folgenden Jahrhunderte werden jedoch die Definitionen des CONSENTIUS und des DONATUS in seiner ‹Ars maior› autoritativ.

Nach Meinung aller antiken Grammatiker und Rhetoren liegt das entscheidende Kriterium darin, *wer* eine Abweichung von der *norma rectitudinis* in einem einzelnen Wort anwendet. Bei Schülern oder sonstigen mit der griechisch-römischen Literatur und ihren grammatischen Regeln Unvertrauten ist eine solche Abweichung nämlich einfach als ein Fehler, ein *barbarismus*, einzustufen, bei Kennern der grammatischen Regeln und der Literatur sowie mit Berufung auf kanonische Autoren wird die gleiche sprachliche Operation dagegen als rhetorisch-grammatische Figur anerkannt. Diese Unschärfe der Definition findet sich in vielen Äußerungen. AUGUSTINUS, selbst ausgebildeter Rhetor, bemerkt z.B.: «puer in barbarismo reprehensus, si de Virgilii metaplasmo se vellet defendere, ferulis caederetur» (Wenn ein Knabe, bei einem Barbarismus getadelt, sich mit einem M. des Vergil verteidigen wollte, würde er mit Ruten geschlagen werden).[11] Ähnlich räumt SERVIUS in seinem Kommentar zu Vergils ‹Äneis› ein: «Der M. und die Figur sind mittlere [= wertneutrale rhetorische Phänomene] und sie unterscheiden sich durch Kundigkeit oder Unkundigkeit».[12] Die angemessene Beurteilung von

Barbarismus oder M. ist also in jedem Einzelfall von der *peritia* oder *imperitia* des Redners oder Dichters aus zu beurteilen.

Anmerkungen:
1 vgl. Platon, Kratylos 394b; 399a und 431c. – 2 vgl. W.O. Neumann: De barbarismo et metaplasmo quid Romani docuerint (Diss. Königsberg 1917) 22ff. und ausführliche Belegstellen in ThLL s.v. *metaplasmus*, vol. 8 (1936–1966) 876f. – 3 Curtius 53. – 4 Quint. I, 4–8 mit Komm. von M. Niedermann: M. Fabii Quintiliani Institutionis Oratoriae libri primi capita de grammatica (I, 4–8) (Neufchâtel 1947). – 5 Quint. I,5,5. – 6 ebd. I, 8, 14. – 7 Apollonios Dyskolos, Ausg.: Gramm. Graec. II, 1, 1, p. 184–185. – 8 Claudius Sacerdos, Ausg.: Gramm. Lat. Bd. 6, 427ff, insb. 451–453; Übers. Verf. – 9 Diomedes, Ausg.: Gramm. Lat. Bd. 1, 440–443 und 456, 1. – 10 Nonius Marcellus, Ausg.: W.M. Lindsay (1903) 774–793. – 11 Augustinus contra Faustum Manichaeum 22, 25, Ausg.: ML 42, 417, Übers. Verf. – 12 Servius, Comm. in Aen. V, 120, eine wichtige Quelle für Isid. Etym. I, 35, 7, Übers. Verf.

II. *Mittelalter.* Die Lehre von den M. wird in den Fächern Grammatik und Rhetorik des Trivium überliefert und in zahlreichen ‹artes grammaticae› und ‹artes poetriae› diskutiert.[1] Die mittelalterlichen Grammatiker, die der *ars recte loquendi* verpflichtet sind, übernehmen die antiken Lehren von den Barbarismen, Soleozismen, M. und grammatischen Figuren. Die Definition und die Differenzierung der *species* des M. wird vor allem aus dem Werk des DONATUS tradiert. Das dritte Buch seiner ‹Ars maior› mit einer Diskussion der *schemata* und *tropi* erhält den geläufigen Nebentitel ‹Barbarismus› und ist als grundlegendes Werk auch zum M. im Mittelalter in separaten Schriften im Umlauf. Donatus unterscheidet 14 *species* des M.: «Metaplasmus est transformatio quaedam recti solutique sermonis in alteram speciem metri ornatusve causa. Huius species sunt quattuordecim: prosthesis, epenthesis, paragoge, aphaeresis, syncope, apocope, ectasis, systole, diaeresis, episynaliphe, synaliphe, ecthlipsis, antithesis, metathesis.» (Der M. ist eine rhetorisch kunstvolle Veränderung der korrekten Sprachform in eine andere Art wegen des Metrums oder des Schmuckes. Es gibt 14 Arten dieses M.: die Prosthese, die Epenthese, die Paragoge, die Aphairesis, die Synkope, die Apokope, die Ektase, die Systole, die Dihairese, die Episynaliphe, die Synaliphe, die Ekthlipse, die Antithese und die Metathese.)[2] Einflußreich ist auch die knappe Bestimmung des M. in den ‹Etymologiae› des ISIDOR VON SEVILLA: «Metaplasmus Graeca lingua, Latine transformatio dicitur. Qui fit in uno verbo propter metri necessitatem et licentiam poetarum.» (M. ist ein Begriff aus der griechischen Sprache und auf Lateinisch heißt dies *transformatio*. Dieser entsteht in einem einzelnen Wort wegen einer metrischen Notwendigkeit oder der dichterischen Freiheit.)[3] Er schließt mit der treffenden Bemerkung: «Ergo metaplasmi et schemata media sunt et discernuntur peritia et inperitia» (Also sind M. und Schemata mittlere [rhetorische Erscheinungen] und unterscheiden sich durch Kundigkeit oder Unkundigkeit).[4] Diese Auffassung wird von anderen mittelalterlichen Autoren nur geringfügig hinsichtlich der Zahl und Benennung der *species* und des empfohlenen Umfanges der Anwendung des M. in verschiedenen Gattungen variiert, z.B. von CLEMENS SCOTUS im späten 8. Jh., dem Verfasser einer kompilativen ‹Ars grammatica›[5] für die Hofschule Karls d. Gr. und Ludwigs des Frommen, wenig später im 9. Jh. von SEDULIUS SCOTUS im Kommentar ‹In maiorem Donatum grammaticum›[6], von HUGO VON ST. VIKTOR im frühen 12. Jh. in ‹De grammatica›[7] sowie von JOHANNES VON SALISBURY im ‹Metalogicus› (1159). Dieser legt Wert auf eine solide grammatische Ausbildung, die auch die lizensierten M. einschließt: «So wie andere Ausdrucksformen sollten Grammatiker auch Metaplasmen, Schemata und Tropen behandeln […]».[8] EBERHARD VON BÉTHUNE (1212) unterscheidet im ‹Graecismus›, einer kompilativen und weit verbreiteten versifizierten Darstellung der lateinischen Grammatik, sogar folgende *figurae metaplasmi* als *permissivae*: «prothesis, auferesis, syncopa, epenthesis, apocope, paragoge, systole, diastole, extasis, elipsis, synalimpha, eclipsis, aposiopasis, pleonasmos, diaeresis, synaeresis, temesis, synthesis, epidiasis, metathesis, anastropha, hysteron proteron, paralange, epibasis, metabole, epimone, epizeusis, hypallage et exallage».[9] Diese wohl umfangreichste mittelalterliche Aufzählung nennt allerdings außer den klassischen *species* des M. noch weitere, im strengen Sinne hiervon zu trennende *figurae*. ALEXANDER VON VILLA DEI diskutiert im ‹Doctrinale puerorum›[10] (1199), der bis zur Humanistenzeit am weitesten verbreiteten, versifizierten und daher leichter als DONATUS und PRISCIANUS erlernbaren Grammatik, M. unter den drei Arten der *figurae loquelae, schema, tropus* und M., und nennt 16 *species*, wobei er sich auf den Katalog des Donatus bezieht, aber einige Formen des M. anders benennt.[11] JOHANNES BALBUS aus Genua schließlich geht im ‹Catholicon seu summa prosodiae› (1286) in der Anerkennung der M. als legitimem Teil der Figurenlehre besonders weit. Es gebe drei Arten der *figurae*: M., *allothecae* (Schemata) und Tropen.[12]

Anmerkungen:
1 vgl. Murphy RM 33–34; F. Quadlbauer: Art. ‹Barbarismus›, in: LMA Bd.1 (1980) 1436; B. Gansweidt: Art. ‹M.›, in: LMA Bd. 6 (1993) 576. – 2 vgl. Buch III der ‹Ars maior›, Ausg. Gramm. Lat. Bd. 4, 367–402, insb. Kap.5, p.395–397 und Zitat p.395, 28–31; Übers. Verf. – 3 Isid. Etym. I, 35, 1; Übers. Verf. – 4 ebd. I, 35, 7. – 5 Clemens Scotus, Ausg. J. Tolkiehn: Philologus Suppl. XX, 3 (1928). – 6 Sedulius Scotus, Ausg. D. Brearley, Pontifical Inst. of Mediaeval Studies, Toronto Studies and Texts XXVII (Toronto 1975). – 7 Ausg. R. Baron: Hugonis de Sancto Victore Opera propaedeutica, Publ. in Mediaev. Studies. Univ. of Notre Dame XX (Notre Dame, Ind. 1966). – 8 vgl. Joh. v. Sal. I, 24; Übers. Murphy RM 129. – 9 Ausg. J. Wrobel: Eberhardi Bethuniensis ‹Graecismus›, in: Corpus grammaticorum medii aevi, I (Breslau 1887) Kap. I, 1–42. – 10 vgl. Alexander von Villa Dei, Doctrinale Puerorum, Ausg. D. Reichling: Monumenta Germaniae Paedagogica XII (1893) 157, v. 2362. – 11 siehe zu den Unterschieden Murphy RM 149. – 12 Johannes Balbus ‹Catholicon› Kap. 102; vgl. G. Zedler: Das Mainzer Catholicon (1905).

III. *Renaissance – 20. Jh.* Die Lehrbücher der Rhetorik, Poetik und Grammatik aus den Epochen der Renaissance und des Barock sind dem klassischen lateinischen System bei QUINTILIAN und den antiken Grammatikern auch hinsichtlich der Definition und des erlaubten Einsatzes des M. verpflichtet. Das stilistische Ideal des durch Werke CICEROS und VERGILS verkörperten klassischen Latein verlangt aber zunächst einen sparsamen Einsatz von M. in Dichtung und Prosa. Häufigeren Gebrauch von M. machen erst wieder Autoren des Manierismus. Nur beiläufige Bemerkungen über M. findet man in MELANCHTHONS ‹Elementa rhetorices› (Kapitel Figurenlehre) (1531)[1], in JOHANNES SUSENBROTUS' ‹Epitome troporum ac schematum et grammaticorum et rhetoricorum› (1541)[2] und in HENRY PEACHAMS ‹The Garden of Eloquence. A Rhetorical Bestiary› (1577;

²1593)[3], wo *virtutes* und *vitia* jeder *figura* einander gegenübergestellt sind.

Die antike Definition der Schulgrammatik und -rhetorik wird im 18. Jh. nochmals in ZEDLERS ‹Universallexikon› (1739) zusammengefaßt: «Metaplasmus, Transformatio, ist eine Figur in der Rede-Kunst, da man gewissen Wörtern und Redens-Arten durch bloße Versetzung der Buchstaben oder andere Orthographische Kónsteleyen eine gantz andere Gestalt giebt.»[4] Ähnlich stark sind C. CHESNEAU DU MARSAIS in dem für die Figurenlehre seiner Zeit wichtigen Traktat ‹Des Tropes› (1730; ²1757)[5] und J. CHR. ERNESTI im ‹Lexicon Technologiae Graecorum Rhetoricae› (1795)[6] noch von klassischen Definitionen beeinflußt.

Während des 19. und 20. Jh. geht die Bedeutung der klassischen Schulrhetorik und der normativen Grammatik zurück. Dagegen steigt in fast allen modernen europäischen Nationalsprachen die Toleranz der Hörer oder Leser gegenüber grammatischen Deviationen und damit auch gegenüber den Spielarten des M., die nun oft von Autoren oder Rednern verwendet werden, welche mit der antiken Lehre des M. nicht mehr vertraut sind. Angesichts der Offenheit der Definition des Begriffes des M. nach dem Ende der Verbindlichkeit der antiken Definition beschränken sich moderne Handbücher zu rhetorischen Fachtermini im 20. Jh., z.B. B. DUPRIEZ: ‹Gradus. Les procédés littéraires› oder R.A. LANHAM: ‹A Handlist of Rhetorical Terms›, auf eine knappe Begriffserklärung des M. und wenige Beispiele.[7] Einen tiefergehenden Ansatz zu einer neuartigen Figurenlehre und einem modernen Verständnis metaplastischer Phänomene entwirft dagegen die ‹groupe µ› um J. DUBOIS, F. EDELINE und J.-M. KLINKENBERG. Ihre ‹Allgemeine Rhetorik› enthält vor allem eine neuartige Darstellung des Bereiches der *elocutio* und ein für den M. wichtiges Figurenmodell: «Metaplasmen, Metataxen und Metasememe teilen sich so das Feld der Abweichungen vom Kode».[8] Der Bereich der M. «umfaßt diejenigen Figuren, die auf die lautliche oder graphische Seite der Wörter und der dem Wort untergeordneten Einheiten einwirken, die sie gemäß folgenden Modellen [sc. Wort, Phonem und Graphem] zerlegen».[9] Der M. ist daher eine «Operation, durch welche die phonische oder graphische Kontinuität der Nachricht, d.h. die Form des Ausdrucks soweit sie phonische oder graphische Manifestation ist, verändert wird».[10] Es gibt vier mögliche Abweichungen von einer Nullstufe (degré zéro): die Detraktion (suppression), Adjunktion (adjonction), die Immutation (suppression-adjonction) und die Transmutation (transmutation). Diese Operationen können sich auf Wort-, Satz- oder Bedeutungsebenen vollziehen, woraus sich dann M., Metataxen oder Metasememe ableiten. Wenn der logische Wert des gesamten Satzes verändert wird, spricht man von Metalogismen. Ein anderes einflußreiches modernes Figurensystem vertritt H. PLETT. Er differenziert fünf sprachliche Operationen, vier regelverletzende (Addition, Subtraktion, Substitution und Permutation) und eine regelverstärkende (Äquivalenz), die noch weiter aufgegliedert wird.[11] Von diesen Operationen ausgehend, unterscheidet er phonologische, morphologische, syntaktische, semantische und graphemische Figuren. Der M. gehört zu den absichtlich eingesetzten, regelverletzenden Operationen. Barbarismen und M. werden in der modernen Linguistik und in den verschiedenen Philologien auch unter den Themen der Orthographie und Orthoepie sowie der verbindlichen Hochsprachlichkeit in der Schulbildung, der Grammatikalität und Akzeptabilität behandelt. Denn diese Begriffe und Konzepte sind durch das zunehmende Selbstbewußtsein sprachlicher Minderheiten und weltweite Migrationsphänomene problematisch geworden. Das Altgriechische als die Sprache, an der das klassische System der *species* des M. entwickelt wurde, ist durch eine stärker phonetische Graphie ausgezeichnet als viele modernen Sprachen, z.B. Deutsch, Französisch oder Englisch. So gibt es im Griechischen Akzente, Hauchzeichen, im Schriftbild ausgedrückte Längen und Kürzen der Buchstaben und Silben, die direkten phonologischen und metrischen Wert haben, die aber vor allem in der Dichtung in vielen modernen Sprachen nach dem Verlust der quantitierenden Metrik als Ansatzpunkte für M. zurückgehen. Die Freiheit der modernen Autoren, M. in nationalsprachlichen Literaturen, insbesondere in der Dichtung und der Belletristik, einzusetzen, ist trotzdem größer als für antike Autoren.[12] Moderne Sondersprachen, z.B. das französische ‹Argot› oder das ‹Franglais›, der englische ‹Slang› und die verschiedenen Jugendsprachen, zeigen einen deutlich höheren Anteil an M. als die jeweiligen Hochsprachen. In den Massenmedien haben M. vor allem für Komödien, Kabarett, Sketche und Parodien, sowie als rhetorisches Kunstmittel der persuasiven Kommunikation in der Werbung große Bedeutung. Denn ein M. erregt die Aufmerksamkeit stärker als die regelgrammatische Form eines Wortes, solange die Hörer, Leser oder Zuschauer trotz abnehmender sprachlich-grammatischer Bildung derartige gezielte Abweichung noch als solche wahrnehmen. M. erfüllen damit auch heute noch ihre klassischen Zwecke, poetisch-rhetorischen *ornatus* zu verleihen, durch Affekterregung der Persuasion zu dienen und den sprachlichen Spieltrieb zu befriedigen.

Anmerkungen:
1 Melanchthon 463 ff. – **2** zu Susenbrotus siehe L.A. Sonnino: A Handbook to Sixteenth-Century Rhet. (London 1968). – **3** Peacham E II ff. und vgl. auch die Ausg. von W.R. Espy u.a. (New York 1983). – **4** Zedler, Vol. 20 (1739; ND Graz 1961) Sp. 1269. – **5** Ausg. C. Ch. du Marsais: Oeuvres complètes, Bd. 3 (Paris 1797) – **6** Ernesti Graec. 216. – **7** vgl. Dupriez 289; Lanham 1968, 66–67; vgl. auch C. Ottmers: Rhet. (1996) 149 und 211; H. Beristáin: Diccionario de Retórica y poética (Mexiko 1988) 322–324. – **8** Dubois 44. – **9** ebd. 56, Übersicht über die Arten der Metabolien 78f. und Beispiele 80–109. – **10** ebd. 80. – **11** H. Plett: Textwiss. und Textanalyse: Semiotik, Linguistik, Rhet. (1975) 151ff und 196ff; ders.: Die Rhet. der Figuren. Zur Systematik, Pragmatik und Ästhetik der 'Elocutio', in: Plett (Hg.): Rhet. Krit. Positionen zum Stand der Forsch. (1977) 125–165, insb. 128–130 mit Schema. – **12** vgl. A. Liede: Dichtung als Spiel, Stud. zur Unsinnspoesie an den Grenzen der Sprache, 2 Bde. (²1992).

J. Engels

→ Änderungskategorien → Aphaerese → Apokope → Barbarismus → Dihaerese → Epenthese → Figurenlehre → Groupe µ → Licentia → Orthoepie → Orthographie → Prosthese → Sprachrichtigkeit → Synaloephe → Synizese → Synkope → Systole → Virtutes-/Vitia-Lehre

Metasprache/Objektsprache (engl. metalanguage/object language; frz. métalangage/langage-objet; ital. metalinguaggio/linguaggio oggetto)

A. In gängiger Verwendungsweise bezeichnet ‹Metasprache› das Sprechen über bzw. die Darstellung von Sprache und Objektsprache; die Objektsprache ist das Objekt dieser Darstellung, d.h. der Gegenstand der

Metasprache. So gehören in der Rhetorik etwa die Regeln der *Latinitas* zur Wohlgeformtheit der Wortkörper, aber auch der gesamte terminologische Bereich der *elocutio*, der Verfahren zur sprachlichen Ausgestaltung der Rede, zum metasprachlichen Bereich. Ihren Ursprung finden die modernen Begriffe ‹Meta-› und ‹Objektsprache› in der formalen Logik bei A. TARSKI[1] und R. CARNAP[2], in der die Metasprache, von Carnap ‹Syntaxsprache› genannt[3], als Beschreibungsmittel einer besprochenen, formalen Objektsprache dient. Neben diesem metasprachlichen Zeichenvorrat, wie ihn etwa das Deutsche bezüglich einer zu beschreibenden symbolischen Objektsprache darstellt, zählt zur Metasprache auch die von Carnap als ‹autonym› bezeichnete Verwendung sprachlicher Zeichen mit Bezug auf sich selbst (*Tasse* hat zwei Silben).[4] Diese für alle sprachlichen Zeichen mögliche reflexive Verwendungsweise findet sich in der Terminologie von W.V.O. QUINE als ‹Erwähnung› (*mention*) wieder, die im Gegensatz zum objektsprachlichen ‹Gebrauch› (*use*) des Zeichens steht («Die Tasse ist zerbrochen»).[5]

Bei der Verwendung des Begriffs ‹Objektsprache› sind verschiedene Interpretationen feststellbar: Zum einen kann, wie bei Carnap und Tarski, ‹Objektsprache› die Sprache bedeuten, die Objekt der Metasprache ist[6], zum anderen kann mit ‹Objektsprache› eine sich auf außersprachliche Objekte beziehende Sprache gemeint sein (im Gegensatz zur Metasprache, die sich auf Sprachliches bezieht). Meist tritt diese zweite Interpretation erst bei späteren linguistischen Thematisierungen von Meta- und Objektsprache auf[7], sie ist jedoch schon bei H. REICHENBACH[8] und B. RUSSELL, der ‹Objektsprache› im Sinne einer Objekte bezeichnenden ‹Primärsprache› versteht, angelegt.[9] Da nun die beiden Lesarten häufig zusammenfallen (wenn nämlich die Objektsprache außersprachliche Objekte bezeichnet und gleichzeitig Objekt der Metasprache ist), gibt es eine schon bei Carnap zu beobachtende Tendenz zum Übergang von der einen zur anderen Verwendung.[10]

Im Hinblick auf die Metasprache wird die explizite Erkenntnis der modernen Logik, daß Sprachen auch Mittel zur Selbstbeschreibung enthalten und damit ihre eigene Metasprache sein können, später von Z. HARRIS für die Linguistik mit Nachdruck formuliert: «Every natural language must contain its own metalanguage» (Jede natürliche Sprache muß ihre eigene Metasprache enthalten).[11] Dieser für die Rhetorik und Linguistik elementaren Einsicht liegt die Annahme zugrunde, daß man mit Sprache über alle Dinge der Welt, und somit auch über Sprache, die ja ebenfalls ein Gegenstand der Welt ist, sprechen kann. Mit der Übernahme des Begriffspaares ‹Meta-/Objektsprache› in die Linguistik durch L. HJELMSLEV[12] und R. JAKOBSON[13] beginnt für die Metasprache eine noch fortdauernde Phase des Ausbaus und der Verzweigung ihrer Inhalte und Anwendungsbereiche, während die Begriffsbestimmung von ‹Objektsprache› in den Hintergrund tritt.[14] In seinem Kommunikationsmodell unterscheidet Jakobson verschiedene Funktionen der Sprache im Gebrauch, darunter auch die in Äußerungen wie «Was meinen Sie damit?» operierende metalinguistische Funktion zur Steuerung von Gesprächsabläufen.[15] Hjelmslev versteht unter Metasprache ein System zur Sprachbeschreibung wie es etwa die Linguistik ist.[16] E. COSERIU bezieht sich mit dem Terminus ‹sprachliche Metasprache› auf metasprachliche Beschreibungsapparate wie z.B. die Sprache der Rhetorik, der Linguistik und der Grammatik und mit ‹Metasprache der Rede› auf die autonyme Sprachverwendung[17], von M. Ulrich auch ‹Metasprache im engeren Sinn› genannt.[18] Wollte man Coserius Terminologie folgen, so wären der sprachlichen Metasprache auch die 'von Natur aus' metasprachlichen Wörter[19] der Alltagssprache wie *Wort*, *meinen*, *Sprache* zuzuordnen; zur Metasprache der Rede sollten auch die Verwendung dieser Wörter und Jakobsons Äußerungen mit metalinguistischer Funktion sowie sämtliche Arten des Sprechens über Sprache und Sprachgebrauch gehören. In der Rede ist es kaum möglich, eine genaue Grenze zwischen Metasprache und Objektsprache zu ziehen: Ein Satz wie «Worüber *reden* Sie eigentlich?» kann zwar als ‹metasprachlich› bezeichnet werden; die Zuordnung der Äußerung «Warum sind Sie denn so wütend?» aber, die sich auch ohne expliziten Hinweis auf metasprachlichen Gebrauch auf sprachliche Äußerungen beziehen kann, ist weit schwieriger.

B. Obgleich schon in der *Antike* ein Bewußtsein für zwei unterschiedliche Sprachebenen besteht, werden Meta- und Objektsprache noch nicht systematisch getrennt und reflektiert. Mit der Unterscheidung von Fehlern innerhalb und außerhalb der sprachlichen Äußerung (*fallaciae dictionis* und *fallaciae extra dictionem*) bei Scheinschlüssen begreift ARISTOTELES bereits in den ‹Sophistischen Widerlegungen›[20] die Sprache als eigenständigen Gegenstand und legt den Grundstein für ihre metasprachliche Behandlung. Bei der Untersuchung des Wermutstrugschlusses («Niemand gibt ein Prädikat zu trinken; nun ist *Wermut trinken* ein Prädikat; also gibt niemand Wermut zu trinken»), der auf dem Wechsel vom metasprachlichen zum objektsprachlichen Gebrauch von *Wermut trinken* beruht, verwendet dann die megarisch-stoische Schule die Unterscheidung zwischen Metasprache und Objektsprache, ohne sie systematisch zu diskutieren.[21] Auch CHRYSIPP behandelt in Erklärungsansätzen zur Antinomie des Lügners eine Problematik[22], deren Lösung im Mittelalter und später in der modernen Logik durch eine «totale Aufsplitterung»[23] der Sprache in Meta- und Objektsprache gesucht wird. In der Spätantike unterscheidet PORPHYRIOS bezüglich der Sprachentstehung zwischen den ursprünglichen Wörtern zur Bezeichnung von Dingen und den später zur Kategorisierung dieser Wörter verwendeten Ausdrücken.[24] AUGUSTINUS spricht in der Dialogschrift ‹De magistro› ausführlich von der Autonymie[25] und von der natürlichen Reflexivität von Wörtern wie *Wort*, *Nomen*, die «unter den Dingen, die sie bezeichnen, auch sich selbst bezeichnen.»[26] Er unterscheidet damit zwischen Wörtern, die wiederum Wörter (*nomen nominis*) und solchen, die Dinge benennen (*nomen rei*): *Wort* bezeichnet Wörter wie *Tier* oder auch *Wort*, das Wort *Tier* aber bezeichnet – außer in autonymer Verwendung – ein Tier.

Im *Mittelalter* findet sich die Trennung von *nomen rei* und *nomen nominis* in den ersten und zweiten Intentionen (*intentio prima, secunda*) wieder, wobei mit dem nicht immer einheitlich definierten Begriff ‹intentio› in etwa die Art des Begriffsinhalts gemeint ist.[27] Wörter der ersten Intention gehören nach moderner Terminologie zur Objektsprache und sind Zeichen für Dinge, die keine Zeichen sind.[28] Begriffe wie ‹Nomen›, ‹Verb›, aber auch ‹Gattung› oder ‹Art› sind Wörter der zweiten Intention und werden zum Sprechen über Wörter der ersten Intention und ihrer Relationen verwendet. Die Suppositionslehre des Mittelalters wendet sich dann von der Klassifizierung des sprachlichen Zeicheninventars nach Intentionen zu den verschiedenen Gebrauchsweisen sprachlicher Ausdrücke im Kontext. Sie stellt die materiale Supposition, d.h. die metasprachliche, autonyme Verwendung eines Wortgebildes, der formalen (mit WILHELM VON OCKHAM der einfachen und personalen [29]) Supposition gegenüber, die dem objektsprachlichen Gebrauch entspricht. WILHELM VON SHERWOOD unterscheidet gar zwischen der reflexiven Verwendung eines Wortes *nur* für seine Ausdrucksseite und für die Ausdrucks- *und* Inhaltsseite [30]; W. BURLEIGH nimmt auch in dem Satz «Daß der Mensch ein Lebewesen ist, ist eine sprachliche Äußerung» für «Daß der Mensch ein Lebewesen ist» materiale Supposition an, da es für das Wortgebilde «Der Mensch ist ein Lebewesen» supponiere. [31]

Eine Neuerung gegenüber dieser sehr diffenzierten Reflexion zu Metasprache und Objektsprache ist in der nachmittelalterlichen Zeit nicht mehr auszumachen; erst nach der Unterscheidung von Darlegungssprache (Metasprache) und Hilfssprache (Objektsprache) bei G. FREGE [32] ergeben sich im Rahmen der modernen Logik wieder neue Aspekte der Metasprache.

Anmerkungen:
1 A. Tarski: Der Wahrheitsbegriff in den formalisierten Sprachen (1935), ND in: K. Berka, L. Kreiser (Hg.): Logik-Texte (1973) 447–559. – 2 R. Carnap: Logische Syntax der Sprache (Wien 1934, ²1968). – 3 ebd. 4. – 4 vgl. ebd. 109 ff. – 5 W.V.O. Quine: Mathematical Logic (New York 1940) 23 ff. – 6 vgl. Carnap [2] 4 f.; Tarski [1] 463 f.; A. Tarski: Die semant. Konzeption der Wahrheit und die Grundlagen der Semantik, in: J. Sinnreich (Hg.): Zur Philos. der idealen Sprache (1972, zuerst englisch 1944) 67 f. – 7 vgl. J.M. Bocheński: Formale Logik (³1970) 25 f.; B. Schlieben-Lange: Metasprache und Metakommunikation, in: dies.: Sprachtheorie (1975) 189 f. – 8 vgl. H. Reichenbach: Elements of Symbolic Logic (New York 1966, zuerst 1947) 9 ff. u. 15 ff. – 9 B. Russell: An Inquiry into Meaning and Truth (Edinburgh 1940, ⁷1966) 62 ff. – 10 vgl. Carnap [2] 3 ff. u. 210 ff. – 11 Z. Harris: Mathematical Structures of Language (New York/London/Sydney/Toronto 1968) 17. – 12 L. Hjelmslev: Prolegomena zu einer Sprachtheorie (1974; zuerst dänisch 1943). – 13 R. Jakobson: Two Aspects of Language and Two Types of Aphasic Disturbances, in: ders., M. Halle: Fundamentals of Language (Den Haag 1956, Den Haag/Paris ²1971) 67–96. – 14 vgl. J. Rey-Debove: Le métalangage (Paris/Montréal 1978) 14 ff. – 15 R. Jakobson: Linguistique et poétique, in: Essais de linguistique générale (Paris 1963, zuerst englisch 1960) 209–248. – 16 vgl. Hjelmslev [12] 115 ff. – 17 E. Coseriu: Die Gesch. der Sprachphilos. von der Antike bis zur Gegenwart, T. 1 (1975) 129 f. – 18 vgl. M. Ulrich: Die Sprache als Sache. Primärsprache, Metasprache, Übers. (1997) 326 ff. – 19 vgl. J. Rey-Debove: Etude linguistique et sémiotique des dictionnaires français contemporains (Den Haag/Paris 1971) 51 f. – 20 vgl. E. Eggs: Die Rhet. des Aristoteles (1984) 287 ff.; s. auch C.L. Hamblin: Fallacies (London 1970). – 21 vgl. Sextus Empiricus, Pyrrhonei hypotyposeis II 229–235 (= FDS fr. 1200) – 22 vgl. Bocheński [7] 151 ff. – 23 W. Stegmüller: Das Wahrheitsproblem und die Idee der Semantik (Wien 1957, ²1968) 39. – 24 vgl. J. Pinborg: Logik und Semantik im MA (1972) 33 ff. – 25 Augustinus, De magistro, übers. v. C.J. Perl: Aurelius Augustinus, Der Lehrer (1959) 15 ff. – 26 ebd. 22. – 27 vgl. Pinborg [24] 35 f. und 90 f. – 28 vgl. M. Kaufmann: Begriffe, Sätze, Dinge. Referenz und Wahrheit bei Wilhelm von Ockham (1993) 49 f. – 29 Wilhelm v. Ockham: Summe der Logik, Aus Teil I: Über die Termini, hg. u. übers. v. P. Kunze (1984). – 30 William of Sherwood: Introductiones in Logicam, hg. u. übers. v. H. Brands, Chr. Kann (1995) 137 f. – 31 W. Burleigh: Von der Reinheit der Kunst der Logik, Erster Traktat, hg. u. übers. v. P. Kunze (1988) 11 f. – 32 vgl. G. Frege: Nachgelassene Schr., hg. v. H. Hermes, F. Kambartel, F. Kaulbach (1969) 280 f.

S.v. Frieling

→ Bedeutung → Logik → Res-verba-Problem → Semantik → Sprachphilosophie → Sprachwissenschaft → Universalsprache

Metastasis (lat. translatio temporum, transmotio, remotio criminis; griech. μετάστασις, metástasis, auch μετάβασις, metábasis; frz. métastase, removance, déplacement; engl. metastasis, transmission, changing)

A. In der antiken Rhetorik ist die M., lateinisch *remotio criminis* (‹Schuldabwälzung›), als Terminus der Statuslehre zunächst Bestandteil der Gerichtsrhetorik. Sie bezeichnet die Zurückweisung der Schuld etwa bei Notwehr, Normenkonflikt, Pflichtenkollision oder Befehlsnotstand. [1] Der Angeklagte überträgt die Verantwortung für seine prinzipiell als schuldhaft anerkannte Tat auf eine andere Person oder Sache. [2] Diese spezifische Bedeutung des Begriffs weicht um den Beginn unserer Zeitrechnung einer breiteren Verwendung, die wohl mit der Offenheit der Grundbedeutung des Wortes – ‹Veränderung›, ‹Umstellung›, ‹Verschiebung› – einhergeht. Seit der Spätantike existiert die M. als Homonym für verschiedenste Phänomene. (1) Als Gedankenfigur tritt sie auf im Sinne der *transmotio*, der Abwälzung der Schuld in Nebenfragen. Die ‹Umstellung› kann sich aber neben dem Gegenstand der Rede auch auf Person, Zeit und Ort beziehen und ist dann ebenfalls der Figurenlehre bzw. der Poetik zuzurechnen, und zwar (2) als mehrfach wechselnde *Apostrophe* im Sinne der *variatio* und (3) als Umstellung der Zeitstufen zum Zwecke der *descriptio*.

B. HERMAGORAS' Statuslehre nennt im *status qualitatis* (ποιότης, poiótēs) als eine Möglichkeit der extrinsischen Rechtfertigung (*qualitas assumptiva* / ἀντίθεσις, antíthesis) die Abwälzung der Schuld (M.) auf einen Dritten (‹höhere Gewalt›): eine Person oder äußere Umstände (etwa den Krieg oder eine Seuche, scherzhaft auch die Liebe oder den Wein) oder sogar das Opfer selbst. [3] Der Angeklagte erkennt seine Tat als Unrecht an, sieht sich aber frei von Schuld. Diese grundlegende Bedeutung findet sich noch bei QUINTILIAN: «Wenn eine Rechtfertigung weder in der Tat an sich noch in hinzugezogenen Hilfsmitteln gegeben ist, so ist es das Nächste, die erhobene Beschuldigung wenn möglich auf einen anderen abzuwälzen. Dabei konnte die Auffassung vertreten werden, die Abwälzung fiele auch in den Bereich der Grundfälle für die Streitbestimmung [*status*], die es nicht mit dem geschriebenen Gesetzestext zu tun haben. So wird zuweilen die Schuld auf einen Menschen abgeschoben, wenn etwa Gracchus, wegen des Vertrages mit Numantia unter der Anklage, deren Drohung offenbar auch der Grund war, daß er in seinem Tribunat die Gesetze einbrachte, die die Volksmenge in Bewegung brachten, behauptete, er habe als Abgesandter seines Oberfehlshabers gehandelt. Bisweilen wird sie auf einen Sachverhalt abgelenkt, wenn etwa jemand, der eine Testamentsbestimmung nicht erfüllt hat, behauptet, die Erfüllung sei von Gesetzes wegen nicht möglich gewesen. Diesen Fall nennt man μετάστασις [Verschiebung].» [4] Die M. steht in dieser frühesten Bedeutung sowohl der *concessio*, dem Leugnen der bösen Absicht, als auch der *comparatio*, dem Rekurs auf positive Folgen der Tat, nahe. [5]

In die *Figurenlehre* geht die M. durch Ableitung und literarische Verallgemeinerung als eine *figura sententiae* ein, eine Gedankenfigur, die, herausgelöst aus Statuslehre und *inventio*, dem gedanklichen *ornatus* zuzurechnen ist. [6] Dies ist freilich nur eine Figur, sofern es sich bei der Schuldfrage nicht um die Grundfrage handelt, auf der die ganze *causa* beruht. Die ‹Schemata dianoeas› bereits verwenden ‹M.› und *transmotio* als Synonyme, ähnlich AQUILA ROMANUS: «Transmotionem quidam inter figuras nominavit, cum rem a nobis alio transmovemus non ita ut ibi causam constituamus (Die ‹Übertragung› hat jemand unter die Figuren eingereiht: wenn wir etwas auf einen anderen übertragen, ohne aber darauf den Streitfall zu gründen).»[7] In der Spätrenaissance schränkt H. PEACHAM die M. im Sinne der *transmotio* auf den Fall ein, daß die Schuld dem Zuweisenden selbst übertragen wird («to them which laid them to us»).[8] Um 1800 schreibt J. Chr. G. ERNESTI sie der *traiectio in alium* zu und erkennt eine freiere Verwendung.[9]

Von diesem juristischen Hintergrund gänzlich losgelöst erscheint die M. auch mit dem Objekt der angeredeten Person. Hier wird das Gewicht von der Verteidigung auf den Schmuck verlagert, auf die Steigerung des Ausdrucks.[10] Auf die Gedankenfigur der mehrfachen *Apostrophe*, den fortgesetzten Wechsel der angesprochenen (an- oder abwesenden) Personen, verweist bereits RUFINIANUS, demzufolge die M. ein Synonym der *metábasis* darstelle, von der H. LAUSBERG sie freilich unterscheidet.[11] H. MORIER rekurriert auf die Dialektik der Figur und führt ein Beispiel aus der Genesis an (3, 9–14): «Gott, der Herr, rief Adam zu und sprach: Wo bist du? Er antwortete: Ich habe dich im Garten kommen hören; da geriet ich in Furcht, weil ich nackt bin, und versteckte mich. Darauf fragte er: Wer hat dir gesagt, daß du nackt bist? Hast du von dem Baum gegessen, von dem zu essen ich dir verboten habe? Adam antwortete: Die Frau, die du mir beigesellt hast, sie hat mir von dem Baum gegeben, und so habe ich gegessen. Gott, der Herr, sprach zu der Frau: Was hast du da getan? Die Frau antwortete: Die Schlange hat mich verführt, und so habe ich gegessen. Da sprach Gott, der Herr, zu der Schlange: Weil du das getan hast, bist du verflucht unter allem Vieh und allen Tieren des Feldes. Auf dem Bauch sollst du kriechen und Staub fressen alle Tage deines Lebens.»

Dies stellt nicht allein einen Grenzfall zwischen der Gedankenfigur der *transmotio* und dem *status causae* dar, sondern markiert zugleich die Grenze zur *Apostrophe*: eine doppelte *remotio* und zugleich eine fortgesetzte *aversio*.[12] Hier ist die Verbindung und zugleich Differenz zwischen M. und *metábasis* signifikant, die neben dem Redner und dem Gegenstand eben auch den Zuhörer im Sinne des Angesprochenen wechseln kann.

Gerade in der Renaissance, etwa von MELANCHTHON, der den Personenwechsel betont, werden wie bei Rufin die Begriffe ‹M.› und μετάβασις synonym verwendet.[13] Vor allem die englische Rhetorik bezieht die Figur auf den Inhalt der Rede. G. PUTTENHAM versteht die M. vornehmlich als flüchtiges Eilen von einem Gegenstand zum nächsten: «To flit from one matter to another, as a thing meet to be forsaken and another entered upon.»[14] J.A. CUDDON nennt sie heute nur mehr «a changing» und erläutert, die Beiläufigkeit betonend: «A cursory treatment of a matter; a glossing over as if it were of no importance.»[15]

In der auch für die Poetik wichtigen eindringlichen Schilderung (ἔκφρασις, ékphrasis / *descriptio*) wird ‹M.› als Terminus für die Veränderung der Zeitfolge, aber auch des Ortes, verwendet. Die M. dient hier vornehmlich der Steigerung der *evidentia*. Die Darstellung eines Ereignisses in einer anderen als der logisch korrekten Zeitstufe, die den Zuhörer durch einen «Sprung ins Präsens»[16] quasi zum Augenzeugen macht, steht dabei neben der rhetorischen Lokalisierung fernen Geschehens in der Anwesenheit, etwa den Teichoskopien der klassischen Tragödien (τοπογραφία, topographía). Die Vergegenwärtigung von vergangenem, zukünftigem oder hypothetischem Geschehen kann dabei mit Einleitungsformel geschehen oder aber durch «bloße terminologisch nicht fixierte Übertragung eines Geschehenswortes aus der lokalen Abwesenheit in die lokale Anwesenheit».[17] Quintilian illustriert anhand von Cicero die Anwendung der M. als suggestive Gedanken- und Redefigur, deren unmittelbare Anschaulichkeit durch die Umstellung der Zeitstufen («translatio temporum») erreicht wird.[18] Das Unmittelbar-vor-Augen-Stellen (*sub oculos subiectio*) erfolgt hierbei häufig nach einleitenden Worten, etwa bei Cicero: «haec, quae non vidistis oculis, animis cernere potestis» (Das, was ihr mit euren Augen nicht gesehen habt, könnt ihr im Geist deutlich erblicken).[19]

Während die Statuslehre in der Barockrhetorik nur mehr eine Nebenrolle zu spielen scheint, «nur in Spezialfragen» noch Verwendung findet[20], wird die M. als rhetorische Figur in der Renaissance-Poetik durchaus diskutiert, freilich ohne grundlegenden Bedeutungswandel.[21] Auch J. Chr. G. Ernesti verweist vor allem auf den Wechsel in der Anwendung der M. von der *remotio criminis* zur *translatio temporum*.[22] In dieser letzteren Form steht die M. der *metalepsis* nahe, die die Umstellung der Zeitfolge auf der Ereignisebene bezeichnet.

Anmerkungen:
1 vgl. einführend Fuhrmann Rhet. 103–108 und ThLL VIII, 877. – 2 Lausberg Hb. §§ 183–185. – 3 vgl. ebd. – 4 Quint. VII, 4, 13f. – 5 vgl. Fuhrmann Rhet. 107f. – 6 Lausberg Hb. § 755. – 7 Aquila Romanus 16; vgl. Schem. dian. 14, in: Rhet. Lat. Min. p. 26 und 73. – 8 Peacham 181–182; vgl auch L.A. Sonnino: A Handbook to Sixteenth-Century Rhet. (London 1968) 184. – 9 Ernesti Lat. 400. – 10 Ueding / Steinbrink 285. – 11 Ps. Iul. Ruf. 25, in: Rhet. Lat. min. p. 54; vgl. Lausberg El. § 54,2. – 12 Morier 717; vgl. Lausberg Hb § 185; Bibelzitat nach d. Einheitsübers. Stuttgart 1994. – 13 Ph. Melanchthon: De Rhetorica (1519) g; vgl. Lausberg El. § 431. – 14 G. Puttenham: The Arte of Engl. Poesie (London 1589; ND Birmingham 1869) 233 und 240; vgl. Sonnino [8] 184 und H.F. Plett: Rhet. der Affekte (1975) 81. – 15 J.A. Cuddon: A Dict. of Lit. Terms and Lit. Theory (Oxford ³1991) 545. – 16 Lausberg Hb. § 814. – 17 G. Ueding: Einf. in die Rhet. (1976) 260–261. – 18 Quint. IX, 2, 40–41. – 19 Cicero, Pro S. Roscio Amerino 35. – 20 vgl. Barner 270. – 21 vgl. Plett [14] 76. – 22 vgl. Ernesti Graec. 216.

R. Wartusch

→ Apostrophe → Descriptio → Gedankenfigur → Metalepsis → Statuslehre

Metonymie (griech. μετωνυμία, metōnymía, auch ὑπαλλαγή, hypallagé; lat. metonymia, denominatio, transnominatio; engl. metonymy; frz. métonymie; ital. metonimia)
A. Def. – B. Gesch. – I. Antike und MA. – II. Renaissance, Barock, Aufklärung. – 1. Traditionelle Rhetoriken. – 2. Ramistische Rhetoriken. – III. 19. und 20. Jh. Die Moderne.

A. Die erste überlieferte *Definition* der M. findet sich in der ‹Rhetorik an Herennius›: «Die M. ist eine Figur, welche von benachbarten und angrenzenden Sachen den Ausdruck hernimmt, durch welchen die Sache, die nicht mit ihrem Wort benannt wird, verstanden werden kann.»[1] Die gleiche referenzlogische Definition nimmt FAUCONNIER in einer neueren kognitionslinguistischen Untersuchung vor, wenn er die M. als eine *verschobene* Referenz bestimmt, die dadurch gekennzeichnet ist, daß ein Ausdruck A_x, der von Haus aus für ein Objekt x steht, zur Bezeichnung eines Objektes y verwendet werden kann, wenn x und y durch eine «pragmatische Funktion» verbunden sind.[2] Daß die M. eine *Übertragung* von

'Namen' ist, bringt auch der lateinische Terminus für M., nämlich *denominatio* (d.h. 'Umbenennung') sehr klar zum Ausdruck. Diese Übertragungstheorie der M. wird bis in die Neuzeit dominieren – vor allem auch aufgrund der grammatischen Tradition, in der die M. in der Regel als *transnominatio* [3] bestimmt wird. Daneben bildet sich mit QUINTILIAN eine Substitutionstheorie heraus, nach der der Ausdruck A$_y$, der 'von Haus aus' zur Bezeichnung der Sache y dient, durch den Ausdruck A$_x$ *ersetzt* wird. Dennoch bleiben die in der Quintiliantradition stehenden Texte insofern mehrdeutig, als die gegebenen Beispiele oft im Sinne der Übertragungstheorie (ein Ausdruck A$_y$ wird *für* die Sache y verwendet) zu verstehen sind. Die gleiche Mehrdeutigkeit findet sich auch in vielen Abhandlungen der Neuzeit, wobei auffallend ist, daß die M. im allgemeinen Sinn wie jeder Tropus als Substitution, im spezifischen Sinn hingegen als Namensübertragung verstanden wird. Erst mit der modernen strukturalistischen Sprachwissenschaft, die nicht nur die M., sondern alle Tropen als rein sprachliche Prozesse zu beschreiben sucht, wird sich die Substitutionstheorie durchsetzen, die jedoch aufgrund der Forschung der letzten fünfzehn Jahre wieder der alten referenzlogischen Definition weichen mußte.

Diese alte 'sachlogische' Auffassung macht verständlich, daß die Bestimmung der möglichen Relationen zwischen in einem homogenen Raum benachbarten Sachen eine zentrale Fragestellung bilden mußte. Schon die ‹Rhetorik an Herennius› unterscheidet vier Relationen: (i) Erfinder für Erfindung oder umgekehrt; (ii) Werkzeug / Besessenes für Träger / Besitzer; (iii) Ursache für Wirkung oder umgekehrt; (iv) Enthaltendes für Enthaltenes oder umgekehrt. [4] Diese Unterscheidungen bilden die Basis aller nachfolgenden Klassifikationen, die in der Regel diesen Kernbestand leicht variieren, präzisieren oder auch ergänzen. So wird etwa in (i) oder zusätzlich zu (i) die Relation ‹Autor für sein Werk› oder in (iii) oder zusätzlich zu (iii) die Relation ‹Vorausgehendes für Nachfolgendes› oder umgekehrt unterschieden. Im Gegensatz zu diesen noch an die alltagsweltliche Erfahrung gebundenen Relationen stehen die in den mittelalterlichen *Poetriae* (insbesondere bei GERVASIUS VON MELKLEY) unterschiedenen *substanzlogischen* Relationen wie ‹das Mitfolgende für das Mitfolgende› (*concomitans pro concomitante*), ‹Materie für gestaltete Materie› (*materia pro materiato*) oder ‹Eigenschaft für Subjekt›. Wenn sich auch diese logische Klassifikation nicht durchgesetzt hat, finden sich doch von der Renaissance bis zu neueren sprachwissenschaftlichen und besonders sprachhistorischen Untersuchungen die beiden zuletzt genannten Relationen (oft unter anderen Namen wie ‹Stoff für Form› oder ‹Akzidentien / Accessoires für Substanz / Sache› oder einfach ‹das 'Drumherum' für die Sache›). Mit diesen Erörterungen ist immer auch das Problem der Abgrenzung zu anderen verwandten Tropen wie Antonomasie, Metalepse und insbesondere Synekdoche verbunden. Die in der rhetorischen Tradition oft geäußerte Auffassung, daß die M. sich nur schwer von der Synekdoche (im wesentlichen als Beziehung ‹Teil für Ganzes und umgekehrt› zu verstehen) unterscheiden lasse, wird unter dem Einfluß der strukturalistischen Sprachwissenschaft und der modernen Forschung dahingehend radikalisiert, daß neben der Metapher nur noch die M. (einschließlich aller übrigen 'Kontiguitätstropen') unterschieden wird. Damit wird die bei BEAUZÉE in der ‹Allgemeinen Grammatik› und nach ihm bei FONTANIER angelegte – nach logischen und sprachsemiotischen Kriterien auch sachlich notwendige – Unterscheidung in M., Metapher, Synekdoche und Antonomasie verdeckt. Dieses 'Vergessen' ist umso erstaunlicher, als gerade die historische Sprachwissenschaft die Bedeutung der vier genannten Tropen aufgezeigt hat.

Will man wichtige begriffsgeschichtliche 'Brüche' im Sinne eines Paradigmawechsels unterscheiden, so wird man neben der substanzlogischen Erklärung der in der M. vorausgesetzten Relationen die bei Beauzée und Fontanier zum ersten Mal systematisch vorgenommene Trennung von habitualisierten und in einer Sprache lexikalisierten Metonymien (oder Tropen) einerseits und neuen 'okkasionellen' Metonymien (oder Tropen) nennen müssen. Freilich wird erst in der aktuellen, nicht in der rhetorischen Tradition stehenden sprachphilosophischen und linguistischen Forschung die Frage systematisch diskutiert, wie sich der Übergang von neuen über usuelle bis hin zu lexikalisierten Metonymien vollzieht. Wesentliche Erkenntnisse sind dabei, daß bestimmte Metonymien zum gängigen Sprachgebrauch gehören (ohne lexikalisiert zu sein) wie auch, daß es 'Diskursregeln', d.h. konventionalisierte Formen des Gebrauchs von Metonymien gibt (etwa Autor für Werk oder Dienstleistung für Kunde), die erklären, daß 'neue' *ad hoc*-Metonymien (wie etwa ‹Das Omelett ist weg ohne zu bezahlen›) sofort verstanden werden können, wenn man weiß, daß diese Äußerung in einem bestimmten Rahmen ('frame') gemacht wurde, eben einem *Restaurant*. Da in der aktuellen Forschung auch zum ersten Mal die Frage nach der den M. zugrundeliegenden semiotischen und den zum Verstehen notwendigen kognitiven Prozesse systematisch gestellt wird, stellt diese insofern den radikalsten 'Bruch' mit der Tradition dar, als sie das in dieser als selbstverständlich Vorausgesetzte auf den Begriff bringen will.

Anmerkungen:
1 Auct ad Her. IV, 32, 43 (Übers. hier und i.f. vom Verf.). – **2** G. Fauconnier: Espaces mentaux (Paris 1984) 16. – **3** vgl. etwa Donatus, Ars maior III, 6. – **4** Auct. ad Her. IV, 32, 43.

B. I. *Antike und Mittelalter*. Der Ausdruck μετωνυμία, metōnymía findet sich als *terminus technicus* im Sinne von ‹Umbenennung› erst im 1. Jh. v. Chr. in rhetorischen und grammatischen Abhandlungen. Nach PROKLOS hat schon DEMOKRIT ein Wort, mit dem eine Sache umbenannt wird, als μετώνυμον, metōnymon bezeichnet. [1] Der AUCTOR AD HERENNIUM definiert die M., bei ihm *denominatio*, wie folgt: «Denominatio est, quae ab rebus propinquis et finitimis trahit orationem, qua possit intellegi res, quae non suo vocabulo sit appellata» (Die M. ist eine Figur, welche von benachbarten und angrenzenden Sachen den Ausdruck hernimmt, durch welchen die Sache, die nicht mit ihrem Wort benannt wird, verstanden werden kann). [2] LAUSBERG interpretiert diese Stelle wie folgt: «Die M. verwendet also ein Wort in der Bedeutung eines anderen Wortes, das semantisch mit dem verwendeten Wort in einer realen Beziehung steht.» [3] Diese oft übernommene Interpretation ist nicht nur problematisch, weil sie unterstellt, daß Wörter semantisch in einer 'realen Beziehung' stehen können, sondern auch, weil die M. als rein sprachliche Substitution begriffen wird. Daß der ‹Auctor› die M. als *Übertragung* begreift, folgt nicht nur aus seiner Definition, sondern auch aus den von ihm gegebenen Beispielen. So liegt etwa eine Umbenennung vor, wenn man die *Gallier* als «transalpinische Lanzen» bezeichnet: hier wird nämlich das Wort «vom Werkzeug» (*ab instrumento*) her genommen und auf den Benutzer dieses Werkzeugs übertragen.[4] Bei diesen Umbenennungen werden Wörter nicht 'in der Bedeutung von anderen Wörtern' verwendet, sondern auf andere *Sachen* übertragen. Die M. wird vom Auctor somit nicht sprachimmanent, sondern in doppelter Hinsicht begriffsrealistisch definiert: einmal, weil jede Sache ihr 'eigenes' Wort hat, zum andern, weil die Wahl des metonymischen Wortes dadurch legitimiert ist, daß es 'von Haus aus' eine Sache bezeichnet, die mit der gemeinten Sache in einer *realen* Beziehung steht. Im Gegensatz zur Metapher, in der Beziehungen in *heterogenen* Räumen verglichen werden, liegt der M. somit eine reale Beziehung (R) zwischen *zwei* verschiedenen Sachen (x, y) in einem *homogenen* Raum zugrunde.

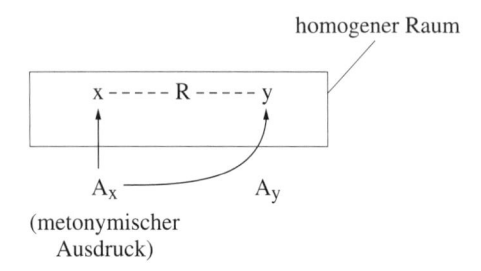

homogener Raum

$$x \text{-----} R \text{-----} y$$

A_x A_y

(metonymischer Ausdruck)

Genau diese Beziehung R muß bekannt sein, damit man verstehen kann, daß mit der Verwendung des Ausdrucks A_x (‹transalpinische Lanze›) nicht x, sondern y bezeichnet wird, auf das 'von Haus aus' mit A_y (‹Gallier›) referiert wird. Deshalb kann CICERO auch sagen, daß ein metonymisch verwendeter Ausdruck A_x das gleiche wie A_y bezeichnet. Cicero definiert nämlich im ‹Orator› Metonymien als *mutata* ('vertauschte Wörter'), «in denen statt des eigentlichen Wortes ein anderes untergeschoben wird, welches – da aus irgendeiner mitfolgenden Sache genommen – das gleiche bezeichnen soll» (mutata, in quibus pro verbo proprio subicitur aliud, quod idem significet, sumptum ex re aliqua consequenti).[5] An der gleichen Stelle weist er darauf hin, daß Rhetoren dieses Verfahren als *Hypallage*, Grammatiker hingegen als M. bezeichnen. Cicero definiert hier die M. eindeutig als *Substitution* (‹statt A_y wird A_x verwendet›) und nicht wie der Auctor ad Herennium oder etwa TRYPHON[6] als Übertragung (‹*für* y wird die Benennung A *von* x genommen›). Dennoch bleibt in der Formulierung der von ihm gegebenen Beispiele noch ein Rest von Mehrdeutigkeit. So bemerkt er in ‹De oratore›, daß in ‹Afrika erzittert› «Afrika *statt* die Afrikaner genommen wird» (pro Afris est sumpta Africa).[7] Wir haben hier *pro* mit ‹statt› übersetzt und damit dieses Beispiel als Substitution begriffen. Die ebenfalls mögliche Übersetzung mit ‹für› (*für* die *Afrikaner* steht ‹Afrika›) interpretiert diese Stelle hingegen als Übertragung (*für* die Sache x wird der Ausdruck A_y genommen). Die gleiche Mehrdeutigkeit findet sich auch bei QUINTILIAN, der einerseits zwar die M. ausdrücklich als Substitution bestimmt («nominis pro nomine positio» – das Setzen einer Benennung für eine andere)[8], andererseits aber bei den Beispielen neben der Verwendung der Präposition *pro* sogar auf die für die Übertragungstheorie typische Formulierung *ex* (‹von / aus›) zurückgreift. So ist etwa in «'wohl gesittete' (A_y) Städte» der Ausdruck A_y «von dem, was enthalten ist» (ex eo, quod continetur)[9] hergenommen.

Erwähnt sei hier die ungewöhnliche und in der Forschung einmalige These WEINRICHS, wonach an all diesen Stellen mit *res* nicht ‹Sache›, sondern ‹Argument› gemeint sei. Er bezieht sich dabei auf eine Bemerkung Lausbergs, daß die möglichen Beziehungen zwischen den in der M. vorausgesetzten Sachen denen entsprechen, «welche im Inventions-Hexameter aufgezählt sind», der nach Lausberg seit dem 12. Jh. belegt ist. Da nun die für das Finden von Argumenten formulierte Merkformel («quis, quid, ubi, quibus auxiliis, cur, quomodo, quando» – wer, was, wo, womit, warum, wie, wann) in der antiken Rhetorik *nicht* zur Bestimmung der in Metonymien möglichen Relationen benutzt wurde, können weder Lausberg noch Weinrich ihre These belegen.[10]

Bis heute konkurrieren beide Theorien – Übertragung und Substitution – miteinander. Im Gegensatz zur Moderne wird im Späthellenismus und im Mittelalter jedoch die Übertragungstheorie im Vordergrund stehen. Dies deshalb, weil nicht nur ‹Cicero› (der als Autor der ‹Herennius-Rhetorik› galt), sondern auch DONATUS zu den zentralen Bezugsautoren wurden. Auch Donat vertritt eine Übertragungstheorie, da er die M. als *transnominatio* bestimmt: «Metonymia est quaedam veluti transnominatio» (die M. ist gewissermaßen eine 'übertragende Umbenennung').[11] CHARISIUS bezeichnet die M. sogar als «übertragenen Ausdruck» (oratio translata) und M. PLOTIUS SACERDOS hatte schon vorher von einer «Redeweise (dictio)» gesprochen, die «von einer eigentlichen Bezeichnung abstammt (descendens)».[12] Die Definition Donats wird dann von BEDA[13] wörtlich übernommen, ISIDOR greift zusätzlich auf den Auctor ad Herennium zurück, wenn er die Basis dieses 'Hinübertragens' einer Bezeichnung auf eine andere Sache, eben die ‹räumliche Nähe› (*proximitas*) benennt.[14] Auch die großen *Poetriae* des Mittelalters bestimmen die M. als Übertragung. So übernimmt JOHANNES VON GARLANDIA (um 1235) zentrale Definitionsteile vom Auctor, da er die M. als ‹Umbenennung› (denominatio) definiert, die dann gegeben ist, «wenn von benachbarten Sachen der Ausdruck genommen wird» (cum a rebus finitimis trahit orationem).[15] Noch einen Schritt weiter geht GALFRID VON VINSAUF (um 1210), der *alle* Tropen als *transumptiones* (Übertragungen) bestimmt, da allen ja gemeinsam sei, daß ein Wort auf eine andere Sache übertragen wird[16]; dabei grenzt er die Gruppe Metapher, Allegorie, Antonomasie und Onomatopöie von der Gruppe der «leichteren» Tropen (M., Hyperbel, Synekdoche, Katachrese und Hyperbaton) ab.[17] GERVASIUS VON MELKLEY (um 1215) hingegen übernimmt den Terminus *transnominatio* von Donat: so nimmt man etwa mit ‹In seiner Hand glänzt *Gold*› «die Materie *für* das ‹aus Materie Gemachte›» (*materiam pro materiato*), d.h. für den ‹Ring›.[18] Dagegen wird in den großen Lerngrammatiken des Mittelalters, dem ‹Doctrinale› und dem ‹Graecismus›, die M. als Substitution bestimmt.[19]

Aus diesen konkurrierenden Definitionen der M. ergibt sich ein begriffsgeschichtlich wesentlicher Unterschied zur Metapher. Die Metapher wurde nämlich in der rhetorischen Tradition durchgängig als Übertragung (*translatio*) definiert. Soll man daraus folgern, daß die Metapher eher eine Übertragung ist, die M. hingegen eher eine Substitution? LAUSBERG (und mit ihm große Strömungen der modernen Forschung) gibt auf diese Frage eine eindeutige Antwort: alle Tropen sind *immutationes*, also Ersetzungen eines in einem Kontext 'eigentlich' erwarteten Ausdrucks.[20] Da sich diese Antwort für die Metapher nicht aufrecht erhalten läßt, bleibt die Frage, ob die Lausbergsche Substitutionstheorie zumindest für die M. zutrifft. In der Tat hätte man ja im Herennius-Beispiel *statt* ‹die transalpinische Lanze› (A$_y$) auch ‹die Gallier› (A$_x$) sagen können. Auch in einer situationsspezifischen M. wie ‹Der Wein ist weg ohne zu bezahlen› könnte man *statt* ‹Wein› auch ‹die Person, die einen Wein bestellt hatte› sagen. In beiden Fällen kann man freilich nicht von einer Substitution sprechen, da im strengen Sinn kein Wort durch ein anderes ersetzt wurde. Richtiger ist vielmehr, daß in beiden Fällen ein Ausdruck A$_x$ zur Bezeichnung eines Gegenstandes y verwendet wurde, auf den man sich auch mit dem *eigentlichen* Ausdruck A$_y$ hätte beziehen können. Das ist auch der wesentliche Unterschied zur Metapher, die nicht durch einen eigentlichen Ausdruck ersetzt werden kann. Von hier aus ergibt sich auch der tiefere Sinn des lateinischen Terminus *denominatio* ('Umbenennung') für die M.: eine Sache y erhält eine andere Benennung, die sich eigentlich auf die Sache x bezieht, wobei diese Umbenennung durch eine reale Beziehung zwischen x und y legitimiert ist.

Von hier aus wird verständlich, daß die Bestimmung der M. immer auch die Klärung der in Metonymien vorausgesetzten realen Beziehungen beinhaltete. So unterscheidet schon die ‹Herennius-Rhetorik› folgende Fälle: (i) Erfinder für Erfindung oder umgekehrt; (ii) Werkzeug/Besessenes für Träger/Besitzer; (iii) Ursache für Wirkung oder umgekehrt; (iv) Enthaltendes für Enthaltenes oder umgekehrt.[21] Diese Klassifikation, die bis ins Hochmittelalter die Folie für die Bestimmung der Metonymien bildet, ist offenbar *personenzentriert*. Dies gilt auch für (iii) und (iv), für die der Auctor als Beispiele Menschen oder Götter anführt. Für Griechen und Römer gehört auch die in Mythen und Kosmologien vorgestellte Welt zur 'realen' Welt. Deshalb überrascht es nicht, daß auch 'mythologische Metonymien'[22] wie ‹Ceres› für das *Getreide* und ‹Mars› für *Krieg* angeführt werden. Dabei wird ‹Ceres› als Erfinderin des Getreides in (i), ‹Mars› hingegen in «*Mars* hat dich notwendig gezwungen, so zu handeln» in (iii) eingeordnet, d.h. als *Verursacher* für die Wirkung ('Krieg') verstanden. Als Beispiel für den Fall (iv) nennt der Auctor «*Italien* kann nicht mit Waffen besiegt werden» (für die darin 'enthaltenen' Italer) und umgekehrt das im Reichtum enthaltene 'Gold' (etwa in: ‹Man sieht ihm sein Gold an›). Von diesen Fällen findet sich bei Tryphon [23] nur der Fall (i), Cicero gibt im ‹Orator› und vor allem in ‹De Oratore› einige Beispiele, ohne sie systematisch zu gliedern, Quintilian hingegen erörtert alle Fälle, wobei jedoch bei ihm eine *normativ-stilistische* Fragestellung dominiert: so sind für ihn die Metonymien ‹Erfinder für Erfundenes› und ‹Besitzer für Besessenes› stilistisch besser als die umgekehrten Umbenennungen. Zum zweiten Fall rechnet er auch «Von *Hannibal* wurden bei Cannae 60000 erschlagen» oder «den *Vergil*» für dessen Gedichte. Der Fall (iii) ‹Wirkung für Ursache› (etwa «*Blasse Krankheiten* hausen dort») findet sich nach ihm häufig bei Dichtern und Rednern; und im Fall (iv) ist es angemessen, «wohl gesittete Städte» für die darin enthaltenen Einwohner zu sagen, doch nur Dichter sollten die umgekehrte Verfahren wählen (so etwa VERGIL mit «Als nächster brennt *Ucalegon*» (für ‹das Haus von Ucalegon›).[24] Mit Donat wird dann die Spätantike und das Mittelalter bis zu den *Artes poetriae* formelhaft betonen, daß es mehrere Arten der M. gibt, wobei die Anzahl variieren kann. In Grammatiken finden sich Dreierlisten mit den Fällen ‹Erfinder / Erfundenes› (i), ‹Ursache / Wirkung› (iii) und ‹Behälter / Inhalt› (iv) [25]; Donat und POMPEIUS hingegen nennen nur (i) und (iv) [26]; Isidor fügt dem wieder ‹Ursache / Wirkung› (iii) hinzu, das ‹Doctrinale› und der ‹Graecismus› kennen hingegen nur den 'Behälter-Fall' [27].

Da diese Kategorien recht weit gefaßt sind – so kann (iii) auch den Fall ‹Vorangehendes / Folgendes› abdecken oder (iv) den Fall ‹Nation / Einwohner› usw. –, können sich Überschneidungen mit anderen Tropen ergeben. So wird etwa im ‹Doctrinale› die Metalepse als «durch das Vorhergehende das Folgende ausdrücken» bestimmt; diese Bedeutung wird sich auch in der Neuzeit durchsetzen. Daß es sich hier um eine mehrfache Bedeutungsverschiebung handelt, zeigt das im ‹Doctrinale› gegebene Beispiel ‹Ähre› für *Jahr*. Dieses Beispiel findet sich schon bei Pompeius und Donat. Pompeius erläutert dies freilich so, daß «man durch ‹Ähren› die Saatfelder, durch ‹Saatfelder› die Sommer, durch ‹Sommer› die Jahre bezeichnet» [28] Donat definiert die Metalepse entsprechend als «eine Redeweise, die schrittweise zu dem, was man meint, hinbringt» (*dictio gradatim pergens ad id quod ostendit*) [29]. Aus dieser Definition wie auch aus dem gegebenen Beispiel folgt offenbar nur, daß man das Gemeinte mit mehreren Schritten ableiten muß, nicht aber, daß diese *zeitlich* aufeinanderfolgen müssen. In dieser Definition fehlt freilich ein wichtiges von Quintilian noch genanntes Bestimmungsstück bzw. 'Zwischenglied', nämlich: die Ableitung wird über Synonyme bzw. Homonyme garantiert. So könnte man im Lateinischen ‹sus› (Schwein) für *Verres* sagen, dies deshalb, weil ‹Verres› (für die Person) homonym ist mit ‹verres› (Eber). Damit kann auch bei Quintilian die Metalepse (die er auch als *transsumptio* bezeichnet) als 'Umbenennung' verstanden werden, die sich jedoch von der M. dadurch unterscheidet, daß sie nicht durch eine reale Kontiguitätsrelation, sondern durch ein sprachliches Zwischenglied legitimiert wird. Daß Quintilian solche Wortspielereien nicht hochschätzt und allerhöchstens für die Komödie zuläßt, wundert nicht.

Erst mit den *Artes poetriae*, die unter dem Einfluß der scholastischen Logik und Sprachtheorie stehen, kommen neue Aspekte bei der Bestimmung der Arten der möglichen Relationen in den Blick. Johannes von Garlandia unterscheidet nämlich neben dem ‹Werkzeug für den Besitzer› auch den Fall des ‹Werkzeugs für die Handlung› (*instrumentum pro actu*) und vor allem den Fall (v) der ‹Materie für das aus der Materie Gemachte› (*materia pro materiato*). [30] Zusätzlich führt er eine sprachlich fundierte Unterscheidung der M. *ohne* und *mit* Beschreibung (*descriptio*) ein. Keine Beschreibung liegt bei 'Ein-Wort'-Metonymien wie ‹Frankreich zertrampelt dieses mit Pferden› oder ‹Ich lese Vergil›; eine *denominatio cum descripcione* ist: «die bevölkerungsreiche Stadt der Franzosen, in der die lernbegierige Menge umherstreift» [31] für *Paris*. Der Fall (v) findet sich, wie erwähnt, schon bei Gervasius, der nicht nur die vier Herennius-Fälle erörtert, sondern auch folgende Umbenennungen: (vi) das Bezeichnende für das Bezeichnete (*significans pro significato*), wie etwa ‹Bacchus› für *Wein*; (vii) Antezedens für Konsequens oder umgekehrt (etwa das Konsequens ‹Er ist bleich› für das Antezedens *Er fürchtet sich*); (viii) das Begleitende für das Begleitende (*concomitans pro concomitante*) wie etwa ‹Plektrum› für *Saite*; (ix) Teil für Ganzes wie ‹Dezember› für *Jahr* oder umgekehrt ‹Saiteninstrument› für *Zither*; (x) Eigenschaft für das Subjekt (wie «Die *Güte des Königs* nützt uns» für *der gütige*

König).[32] Mit diesen sprach- und substanzlogischen Kategorien 'entpersonalisiert' Gervasius die alte Ordnung – ein sicherlich radikaler Bruch mit der Tradition. Bedeutend vorsichtiger und didaktischer geht Galfrid vor, vielleicht auch deshalb, weil es um eine stilistische Bewertung geht. Er unterscheidet nämlich neben den klassischen Fällen ‹Ursache / Wirkung›, ‹Werkzeug / Benutzer› und ‹Behälter / Enthaltenes› nur noch (v) und (x); für (v) gibt er Standardbeispiele wie ‹Gold› für *Ring aus Gold* und im Fall (x) spricht er aber von ‹abstrakter Form› für ‹konkrete Sache› (*forma pro re*).[33] – eine Darstellung, die nicht nur eine große Nähe zum Auctor ad Herennium und Quintilian zeigt[34], sondern eben auch zu Gervasius und zur scholastischen Philosophie. Doch nicht nur in diesem sprach- und substanzlogischen Zugriff ist das Novum der mittelalterlichen Poetiken zu sehen. Für den 'Theoretiker des poetischen Stils' Galfrid sind nämlich Metonymien deshalb stilistisch besser, weil sie das Gemeinte *kürzer* als die ausführliche Form ausdrücken. Jede M. kann deshalb auch als *Ellipse* oder, wie Galfrid sagt, als «Zeugma»[35] bestimmt werden.

Daß sich die *Artes poetriae* zwar sehr eng an die Herennius-Rhetorik halten, diese aber in logischer Hinsicht präzisieren, zeigt sich vor allem auch in der Abgrenzung der M. gegen die *Synekdoche*. Alle drei Poetiken bestimmen diese als Bezeichnung des *Ganzen* durch den Ausdruck, der den *Teil* bezeichnet, und umgekehrt. Johannes von Garlandia verteht hierunter nur die Beziehung einer einzigen Sache zu einem Teil von ihr (wie etwa ‹Glocke› für *Kirche*); Galfrid führt neben der Relation ‹Jahreszeiten / Jahr› Beispiele an, in denen dem Ganzen Prädikate zugeordnet werden, die streng genommen nicht für das Ganze zutreffen müssen (wie ‹ein reißender Fluß› oder ‹ein verregneter Tag›); auch Gervasius bringt vergleichbare Beispiele (‹der kurzlockige Cäsar› oder ‹ein wunderschönes Jahr›).[36] Damit übernehmen alle drei Autoren freilich nur eine der beiden vom Auctor ad Herennium unterschiedenen Unterarten.[37] Dieser hatte nämlich für die Synekdoche (lat. *intellectio*) neben der *pars / totum*-Relation noch die Einzahl / Mehrzahl-Beziehung angeführt. So wird etwa in ‹Dem Punier eilte der Spanier zu Hilfe› «von einem her mehreres verstanden» (*ab uno plura intellegentur*).[38] Diese Ausblendung der Einzahl / Mehrzahl-Relation stützt sich auf Donat, der ebenfalls nur die Teil / Ganzes-Relation berücksichtigt (wie z.B. ‹Heck› (*puppis*) für *Schiff* oder ‹Das Meer sturzte auf unser Schiff› für *eine Welle*).[39] Dem folgen auch andere Grammatiken. Dabei verwenden sie in der Regel zur allgemeinen Beschreibung eine *graduierende* Formulierung wie etwa Pompeius: die Synekdoche «sagt weniger und bezeichnet mehr oder sagt mehr und bezeichnet weniger».[40] Davon ist der logische Topos *a minore ad maius* oder umgekehrt fernzuhalten[41], da es bei diesem um relative Wahrscheinlichkeiten geht und nicht um Formen der sprachlichen Referenz und Bezeichnung. Man muß diese *pars / totum*-Konzeption der Synekdoche auch als eine implizite Kritik an Quintilian verstehen, der eine *maximalistische* Auffassung vertritt. So liegen nach Quintilian der Synekdoche folgende Relationen zugrunde: Teil / Ganzes, Art / Gattung, Vorausgehendes / Folgendes, Anzahl (d.h. Einzahl / Mehrzahl), Anzeichen / Sache. Zur letzten Relation (etwa: ‹Die Rinder am Joch führen die Pflüge heimwärts› als Anzeichen für *Abend*) bemerkt er jedoch kritisch, daß damit eher ein Aspekt der Argumentation als des Ausdrucks (*elocutio*) angesprochen ist.[42] Die Berücksichtigung der Art / Gattung-Relation ist wohl auf die peripatetische Schule bzw. ARISTOTELES zurückzuführen, dessen weiter Metaphernbegriff auch Übertragungen von der Art auf die Gattung und umgekehrt einschließt.[43] Mißt man die quintilianische Liste nicht nach logischen Kriterien, sondern an der Intention Quintilians, eine Art Forschungsbericht über die Auffassungen zu den verschiedenen Tropen zu geben, wird man diese durchaus positiv bewerten müssen. So erwähnt Quintilian auch eine Auffassung, nach der die Synekdoche eine Ellipse ist, da sie auf ein Wort (*verbum*) verweist, das unausgesprochen bleibt – «aus Worten (= Synekdoche) ist nämlich ein Wort erkennbar» (*verbum enim ex verbis intellegi*)[44]. Diese 'Auslassungstheorie' läßt sich, wie das Beispiel von Galfrid zeigt, leicht auf die M. übertragen. Dies auch deshalb, weil Quintilian selbst betont, daß die M. «nicht weit»[45] von der Synekdoche entfernt ist. Diese Formulierung Quintilians wiederum ist eine Paraphrase zu Cicero, der in ‹De oratore› die Synekdoche (die er nicht explizit benennt) als «benachbart» zur M. (bei ihm *immutatio*) bestimmt.[46] Cicero selbst unterscheidet wie die Herennius-Rhetorik nur die Teil / Ganzes- und die Einzahl / Mehrzahl-Beziehung.

Bedenkt man zudem, daß Synekdoche und M. sich sachlich auf Kontiguitätsbeziehungen in einem homogenen Raum stützen, läge es durchaus nahe, die Synekdoche – wie die Moderne – als Sonderfall der M. zu behandeln und diese gegen die Metapher, die über heterogenen Räumen operiert, abzugrenzen. Genau das ist in der Scholastik *nicht* geschehen, da sie versucht hat, 'in Anerkennung der Autoritäten' den logisch-sachlichen Unterschied zwischen der M. und der Synekdoche herauszuarbeiten. Dies erklärt, daß Gervasius, der selbst auf die Abgrenzungsproblematik von M. und Synekdoche hinweist, nur die Teil / Ganzes-Beziehung eines *einzigen* Ganzen zur Synekdoche rechnet, Beispiele wie ‹Dezember› für *Jahr* oder ‹Saiteninstrument› für *Zither* hingegen – als Element / Klasse- und Art / Gattung-Beziehungen – zur M. rechnet.[47]

Damit hinterlassen Antike und Mittlealter ein mehrfach problematisches Erbe: zunächst das *semiotische* Problem der M. (Übertragung einer Bezeichnung oder Substitution einer 'Bedeutung'?); dann das Problem der *Abgrenzung* zur Synekdoche; und schließlich, damit verbunden, das *sachlogische* Problem der möglichen Relationen von benachbarten Dingen. Für die Lösung des letzten Problems hat die Antike ein personenbezogenes oder *alltagsweltliches* Modell entworfen, die Poetiken des Mittelalters hingegen tendenziell ein *substanzlogisches* Modell.

Anmerkungen:
1 Proklos, In Cratylum 16 = VS Demokrit B 26. – **2** Auct. ad Her. IV, 32, 43. – **3** Lausberg Hb. § 565. – **4** ebd. § 568. – **5** Cic. Or. 27, 92. – **6** Tryphon, Περὶ τρόπων, in: Rhet. Graec. Sp., Bd. 3, p. 195, 20. – **7** Cic. De or. III, 167. – **8** Quint. VIII, 6, 23. – **9** ebd. 24. – **10** H. Weinrich: Zur Def. der M. und zu ihrer Stellung in der rhet. Kunst, in: A. Arens (Hg.): Text-Etymologie, FS H. Lausberg (1987) 105–110; Lausberg El. § 42 u. 216. – **11** Donatus, Ars maior III, 6. – **12** Charisius, Ars gramm. III, 4, in: Gramm. Lat., Bd. 1, 273; Plotius Sacerdos, Ars gramm. 1, ebd. Bd. 6, 467. – **13** Beda, De schematibus et tropis, in: Rhet. Lat. min. p. 612. – **14** Isid. Etym. I, 37, 8–10. – **15** Joh. v. Garl. 126. – **16** Galfrid 64, Vv. 950–970. – **17** ebd. 64–70, Vv. 971–1065. – **18** Gervasius von Melkley, Ars poetica, hg. v. H.J. Gräbener (1965) 68ff. – **19** Alexander de Villa Dei: Doctrinale, hg. v. D. Reichling (1893) 168, V. 2510; Eberhard von Bethune, Graecismus, hg. v. J. Wrobel (Breslau 1887; ND Hildesheim 1987) 9, V. 104. – **20** vgl. Lausberg Hb. § 552. – **21** Auct ad Her. [2]. – **22** vgl. Lausberg Hb. § 568 b. – **23** Tryphon [6] p. 195, 20–26. – **24** Quint. VIII, 6, 23–25. –

25 vgl. Plotius Sacerdos [12] p. 467. – 26 Donat [11]; Pompeius, Commentum, in: Gramm. Lat., Bd. 5, p. 307. – 27 Donat [11]; Beda [13]; Isid. [14]; vgl. Doctrinale [19]. – 28 ebd p. 168, V. 2507; Pompeius [26] p. 306. – 29 Donat [11]; vgl. identisch Beda [12] p. 612, 25; vgl. L. Holtz: Donat et la tradition de l'enseignement grammatical (Paris 1981) 209ff. – 30 Joh. v. Garl. 126, V. 282f. – 31 ebd. 128, V. 289f. – 32 Gervasius [18] 68f. – 33 Galfrid 64–66, Vv. 971–1017. – 34 vgl. E. Gallo in seinem Kommentar zu Galfrid 204ff. – 35 Galfrid 66, V. 990. – 36 Joh. v. Garl. 128, Vv. 302–04; Galfrid 68, Vv. 1017–42; Gervasius [18] 73. – 37 vgl. dag. E. Gallo in seinem Kommentar zu Galfrid 206f. – 38 Auct. ad Her. IV, 33, 45. – 39 Donat [11]. – 40 Pompeius [26] 307; vgl. Plotius Sacerdos [12] 468; Charisius [12] 274; Donat [11]; Beda [13] 613, 24. – 41 vgl. etwa Lausberg El. § 193. – 42 Quint. VIII, 6, 19–22. – 43 vgl. Arist. Poet. 1457b 6. – 44 Quint. VIII, 6, 21. – 45 ebd. 23. – 46 Cic. De or. III, 168. – 47 Gervasius [18] 69 u. 73.

II. *Renaissance, Barock, Aufklärung.* Man kann die Rhetoriken vom 16. bis 18. Jh. hinsichtlich der Behandlung der Kontiguitätstropen in zwei Gruppen einteilen. Dies ist einmal die ramistische Gruppe, die – im wesentlichen dem substanzlogischen Modell folgend – nur vier Arten von Tropen (M., Ironie, Metapher und Synekdoche) unterscheidet, und eine traditionelle Gruppe, innerhalb derer eine Richtung sich mehr auf die Wiedergabe der *kanonischen* Liste von Arten der M. beschränkt, während eine zweite Richtung diese erweitert. Auffallend ist, daß diese Erweiterung sich vor allem auf die Synekdoche bezieht.

1. *Traditionelle Rhetoriken.* Diese kanonische Liste besteht aus den drei in der Spätantike und im Mittelalter für die M. tradierten Fällen ‹Erfinder / Erfundenes› (i), ‹Ursache / Wirkung› (iii) und ‹Behälter / Inhalt› (iv), denen manchmal noch der in der Herennius-Rhetorik und bei Quintilian unterschiedene Fall ‹Besessenes / Besitzer› (ii) hinzugefügt wird. Für die Synekdoche werden wie in der Herennius-Rhetorik ‹Teil / Ganzes› und ‹Zahl› (‹Einzahl / Mehrzahl›) und / oder – wie bei Quintilian – ‹Art / Gattung› unterschieden. Diese Liste findet sich etwa bei DELMINIO [1] oder bei LAMY [2]. Oft wird noch die substanzlogische Relation ‹Materie / Form› (bzw. ‹geformte Materie›) hinzugefügt. Typisch für spanische Rhetoriken des 16. und 17. Jh. ist die Darstellung von SANTAYANA, der neben ‹Ursache / Wirkung› (und umgekehrt) und ‹Inhalt / Behälter› noch zusätzlich – ähnlich wie schon Galfrid im Mittelalter – ‹Materie / Form› unterscheidet. Für die Synekdoche differenziert er nur zwischen Teil / Ganzes- und Art / Gattung-Relationen. [3] Diese Gemeinsamkeiten schließen nicht aus, daß die M. selbst semiotisch unterschiedlich bestimmt wird. Delminio bestimmt sie als Übertragung – die M. «gibt den Namen einer ihrer Korrelativa dem anderen» (dà il nome di uno de' suoi correlativi all'altro), Lamy hingegen als Substitution: «Métonymie signifie nom pour un autre» (M. bedeutet Namen für einen anderen). Diese weite Definition erlaubt ihm, die M. als allgemeinsten Tropus zu bestimmen und ihr «den ersten Platz» in seiner Tropenliste zu geben. [4] Eine leichte Variation findet sich bei dem Jesuiten SOAREZ, da er neben ‹Ursache / Wirkung› (iii) und ‹Behälter / Inhalt› (iv) noch die Relation ‹Zeichen / Sache› aufführt, die Quintilian zur Synekdoche gerechnet hatte; für die Synekdoche unterscheidet er neben ‹Teil / Ganzes› nur noch ‹Vorangehendes / Folge›. [5]

Diese Listen sind jedoch für jesuitische Rhetoriken nicht verbindlich; so führt etwa VULCANO neben den kanonischen Fällen (i)–(iv) noch ‹Zeichen für Bezeichnetes›, ‹Feldherr für Heer› und ‹Beinamen (d.h. bestimmte Kennzeichnungen) für Personen und Sachen› an. Zur Synekdoche gehören: ‹Teil / Ganzes›, ‹Art / Gattung›, ‹Eines / Vieles› und ‹Materie / Produkt›. [6] Ein wichtiger Bezugsautor für diese erweiterten Listen ist ERASMUS. Erasmus folgt dem alltagsweltlichen Modell, das er noch mehr auf den Menschen hin zentriert: so folgt er im wesentlichen Quintilian, unterscheidet aber zusätzlich für die M. noch explizit ‹Autor für Werk›, ‹Führer für Geführte›, ‹Frevel für den Frevler›, ja sogar alle Prädikate, die von Dingen und Personen gesagt werden können (z.B. ‹eloquentes Werk› für eloquenten Autor; ‹mutige Person› für mutige Tat), sind für ihn M.; zur Synekdoche rechnet er wiederum wie Quintilian die Beziehungen ‹Teil / Ganzes›, ‹Einzahl / Mehrzahl›, ‹Art / Gattung›, ‹Vorausgehendes / Nachfolgendes›, führt dem aber noch das substanzlogische ‹Material / geformtes Material› hinzu. Deshalb kann er auch «kurz» sagen, daß eine Synekdoche immer dann vorliegt, «wenn eine Sache von einer anderen her verstanden wird.» [7]

MELANCHTHON führt für die Synekdoche außer der Beziehung ‹Art / Gattung› die gleiche Liste wie Erasmus auf und betont, daß in der Heiligen Schrift von diesen Modi «unendlich viele Figuren» zu finden sind; für die M., die mit der Synekdoche «verwandt» (cognata) ist und in der «der benachbarte Namen für das Benachbarte genommen wird» (vicinum nomen pro vicino sumitur), unterscheidet er ‹Zeichen für Bezeichnetes› (wie ‹Szepter› für *Herrschaft* oder ‹Toga› für *Frieden* – die Beispiele finden sich schon in Ciceros ‹De oratore›), dann ‹Art für Gattung› (hier führt er das ‹Lamm Gottes› an, das für die Gattung *Opfer* steht, bezieht sich also auf die christliche Allegorese), und schließlich ‹Verursacher / Autor für Sache› (hier führt er neben den klassischen nicht-christlichen die biblischen Beispiele ‹Moses› für *Gesetz* und ‹Christus› für *Evangelium* an). Auch hier betont er, daß in der heiligen Schrift die M. «vielfältig» sind. [8]

Die Gegenüberstellung dieser beiden Autoren kann schon Doppeltes deutlich machen: einmal, daß die Synekdoche – unter Rückgriff auf Quintilian – immer weiter ausdifferenziert wird; zum andern, daß kein Konsens über den Status der substanzlogischen Relation ‹Materie / Form› gegeben ist, da Erasmus diese zur Synekdoche, Melanchthon hingegen zur M. rechnet.

R. SHERRY nähert sich der ursprünglichen referenzlogischen Auffassung, wenn er die M. als «transnomacion» bezeichnet. Sie liegt vor, «wenn ein Wort, das eine ihm zugehörige eigentliche Bezeichnung hat, indem es auf eine andere Sache bezogen wird, eine andere [Bezeichnung] hat» (when a word that hathe a proper significacion of hys owne, beynge referred to another thing, hathe another). Deshalb überrascht es nicht, daß er sich, obwohl er fast ausschließlich biblische Beispiele gibt, auch bei der Bestimmung der metonymischen Fälle eng an die Herennius-Rhetorik hält. [9] Bei der Synekdoche hingegen führt er die große auf Quintilian bzw. Erasmus zurückgehende Liste auf, begreift also auch ‹Materie / Form› als Synekdoche.

Auch PUTTENHAM hält sich bei der M. an die kanonische Liste, bei der Synekdoche hingegen bezieht er sich auf die Quintilian- und Erasmustradition. Neu sind jedoch seine Umschreibungen dieser «Figuren». So bezeichnet er die M. als «falsche oder andersartige Benennung (wrong or otherwise naming), die zu einer «Veränderung des Sinns» (alteration of sence) führen, kurz: die M. ist ein «Misnamer», ein «Mißbenenner»; die Synekdoche hingegen umschreibt er als «Figur des schnellen Begreifens» (figure of quick conceite). [10] Hier werden offenbar zwei Tendenzen des barocken

Denkens – die Welt als Schein und das scharfsinnig-manieristische Zusammenschauen – den beiden altehrwürdigen Tropen zugeschrieben.[11] Da dieser Scharfsinn *(argutezza)* sich vor allem in der Metapher manifestiert, erklärt sich, daß die M. in Poetiken des Barock nur am Rande behandelt wird. Freilich muß man hier präzisieren. So ist die Relation ‹Art / Gattung› etwa bei TESAURO gleichsam versteckt, da sie von ihm – entsprechend dem weiten Metaphernbegriff bei Aristoteles – als Metapher der Attribution und des Lakonismus behandelt wird.[12]

DUMARSAIS wird ein Jh. später in seinem ‹Traité des Tropes› (1730) diese breite Ausdifferenzierung der M. und der Synekdoche systematisch diskutieren. Dabei fällt unmittelbar auf, daß er die kanonische Darstellung sowohl in Richtung alltagsweltlicher Erfahrung als auch in Richtung logischer Abstraktion erweitert. Seine noch heute besonders im französischen Sprachraum die aktuelle Diskussion bestimmenden Unterscheidungen sind für die M.: (i) Ursache für Wirkung, (ii) Wirkung für Ursache, (iii) Behälter für Inhalt, (iv) Ort der Herstellung für Produkt, (v) Zeichen für bezeichnete Sache (‹Szepter› für *königliche Autorität*, ‹Toga› für *Frieden*), (vi) abstrakter Name für konkreten Namen (‹dein Unglück› für *du Unglücklicher*), (vii) Körperteile für Gefühle (‹Er hat kein *Herz / Hirn*›), (viii) Name des Hausherrn für Haus (‹Ucalegon brennt› für *das Haus von Ucalegon*).[13] Die Beispiele für (v) zeigen, daß diese Relation nicht sprachsemiotisch zu verstehen ist. Die wenigen hier aufgeführten Beispiele zeigen zudem, daß sich Dumarsais eng an Cicero und Quintilian anlehnt, die er freilich auch korrigiert: so hatte Quintilian etwa das Beispiel für (viii) als ‹Enthaltenes für Enthaltendes› klassifiziert (s.o.); und (vi) kann als eine präzisierende Generalisierung des von Cicero unterschiedenen Falls ‹Tugenden / Laster für Träger› wie etwa ‹Die Treue hat sich durchgesetzt› verstanden werden [14]; diese Präzisierung geht freilich weit über den Fragehorizont Ciceros hinaus, da sie auch Äußerungen wie ‹An jedem Tag wächst uns ein neuer Sklave›, in dem ‹Sklave› abstraktgenerisch verwendet wird, einschließt.

In der Liste Dumarsais' zur M. fehlt die Relation ‹Vorangehendes / Folgendes›, da er diese gesondert als Metalepse («eine Art von M.») behandelt. Damit ist die schon im mittelalterlichen ‹Doctrinale› beobachtete begriffliche Umdeutung der Metalepse festgeschrieben. Hier führt Dumarsais Beispiele auf, die Einsichten der neueren linguistischen Pragmatik vorwegnehmen. So zeigt er, daß etwa ‹Was würden sie *sagen*?› als ‹Was *glauben* sie?› zu verstehen ist (die Folge ‹sagen› steht hier für das Vorangehende *glauben*), daß ‹Er *vergißt die Wohltaten*› für ‹Er ist *nicht dankbar*› oder daß ‹Er *hat gelebt*› für das nachfolgende ‹Er ist *tot*› steht.[15]

Die Synekdoche, ebenfalls «eine Art von M.», definiert Dumarsais graduierend («Man nimmt das *mehr* für das *weniger* und umgekehrt»); er unterscheidet folgende Fälle: (i) Synekdoche der Gattung (d.h. Namen der Gattung für die Art), (ii) Synekdoche der Art, (iii) Synekdoche in der Zahl, (iv) Teil für das Ganze und das Ganze für den Teil, (v) Materie für das daraus hergestellte Produkt. Für die Synekdoche der Zahl (iii) unterscheidet er folgende Fälle: a) Einzahl für Mehrzahl (‹Der Feind greift an›), b) Mehrzahl für Einzahl (‹Wir meinen› für *ich*), c) bestimmte Zahl für unbestimmte (‹Ich habe es ihm *hundert Mal* gesagt› für *viele Male*), d) eine 'volle' Zahl für die größere oder kleinere exakte Zahl (‹die Bibelübersetzung der Siebzig› (*Septuaginta*) für *zweiundsieb-*

zig).[16] Zusätzlich ist für Dumarsais die Antonomasie eine Unterart der Synekdoche, und zwar ist die generalisierende Antonomasie eine Unterart von (i) und die individuelle, partikularisierende Antonomasie eine Unterart von (ii).[17] Genau diese Unterscheidungen bilden die Basis der ‹Allgemeinen Rhetorik› der Lütticher ‹groupe μ› von 1970, welche die aktuelle Forschung wesentlich beeinflußt.

Doch schon der bisherige Überblick hat gezeigt, daß neben der Beziehung ‹Materie / Form› gerade auch die Relation ‹Art / Gattung› allein schon deshalb problematisch ist, weil kein Konsens darüber herrscht, ob sie zur M. oder zur Synekdoche gerechnet werden sollen. Auch das semiotische Problem (Übertragung oder Substitution) bleibt ungelöst. Das läßt sich gerade auch an Dumarsais zeigen. Einerseits nämlich definiert er – ganz der rationalistischen Grundauffassung der ‹Allgemeinen Grammatik› entsprechend – die Metonymien als rein sprachliche Substitutionsprozesse, andererseits aber argumentiert er am Ende seiner Erörterung in einer zusammenfassenden Gegenüberstellung referenzlogisch. So wird die Synekdoche als «eine Art M.» bestimmt, «durch die man einem Wort eine besondere Bedeutung gibt, das im eigentlichen Sinn eine allgemeinere Bedeutung hat» (par laquelle on donne une signification particulière à un mot, qui, dans le sens propre, a une signification plus générale) oder umgekehrt.[18] In der zusammenfassenden Gegenüberstellung betont er freilich, daß «es bei beiden Figuren eine Beziehung zwischen dem Objekt, von dem man reden will, und dem, von dem man den Namen entlehnt, gibt; gäbe es nämlich keinerlei Beziehung zwischen diesen Objekten, gäbe es keine Begleitvorstellung (*idée accessoire*), also auch überhaupt kein Tropus». Hier folgt Dumarsais der Logik von PORT-ROYAL und Lamy, für die Begleitvorstellungen, die man mit einer Sache verbinden kann, Basis sämtlicher tropischen Prozesse sind.[19] Doch auch die beim Auctor ad Herennium implizit angelegte Erkenntnis, daß der M. zwei Gegenstände, der Synekdoche hingegen nur *ein* Ganzes zugrunde liegen, wird von Dumarsais expliziert: «Die Beziehung zwischen diesen Objekten ist jedoch bei der M. so, daß das Objekt, von dem man den Namen entlehnt, unabhängig von dem Objekt, dessen Vorstellung es hervorruft, weiter existiert und keinesfalls ein Ensemble mit diesem bildet.» Die Synekdoche hingegen setzt voraus, «daß diese Objekte ein Ensemble wie das Ganze und der Teil bilden; ihre Verbindung ist überhaupt keine einfache Beziehung, sie ist viel innerlicher».[20]

2. *Ramistische Rhetoriken*. Auch die auf PETRUS RAMUS zurückgehenden Rhetoriken können die skizzierten Probleme nicht klären, obwohl ihnen ein logisch konsistentes Modell zugrunde liegt. Ramus definiert nämlich die von ihm unterschiedenen Basistropen M., Ironie, Metapher, Synekdoche wie folgt: die M. ist durch eine «Vertauschung (*mutatio*) von den Ursachen auf die Wirkung bzw. den Subjekten (*subjecta*) auf das ihnen akzidentell Zukommende (*adjuncta*)» und jeweils umgekehrt gekennzeichnet; die Ironie durch eine Vertauschung «von Gegensätzlichem auf Gegensätzliches»; bei der Metapher findet eine *mutatio* «von Ähnlichem auf Ähnliches» und bei der Synekdoche «vom Ganzen auf den Teil und umgekehrt» statt. Überraschend ist, daß Ramus, obwohl er auch auf substanzlogische Kriterien zurückgreift, Tropen allgemein als «mutatio propriae significationis in verbo» (eine Vertauschung der eigentlichen Bedeutung im Wort) definiert.[21] Daß die Synekdoche auch die Art / Gattung-Beziehung einschließt, zeigen seine Schüler O. TALON und A. FOUQUELIN, die beide Relationen bei der Behandlung der Synekdoche unterscheiden.[22] Dies schließt freilich nicht aus, daß seine Schüler bei der semiotischen Bestimmung der M. wieder auf die Übertragungstheorie zurückgreifen. So übernimmt Talon die Ersetzungstheorie von Ramus[23], dagegen ist die Definition der M. in der französischen Rhetorik von Fouquelin nicht als bloße Ersetzung zu verstehen, denn die M. ist für ihn «ein Tropus, durch den die gefundene und eingesetzte Rede – die eigentlich die Ursache von irgendeiner Sache bezeichnet – genommen und verwendet wird, um die Wirkung zu bezeichnen» (un Trope par lequel la diction trouvée et instituée pour signifier proprement la cause de quelque chose que ce soit, est mise et usurpée pour signifier l'effet).[24]

Auch GOTTSCHED wird sich zu Beginn des 18. Jh. wieder ausdrücklich auf die Übertragungstheorie beziehen. So betont er, daß ‹Metapher› und das lateinische Äquivalent *translatio* eine allgemeine Bedeutung haben und «sich auch so gar für die Metonymie, Synekdoche und Ironie» schicken. «Deutsch müßte man sie eine Versetzung, oder einen Wechsel nennen; [...] die M. aber, als die andere Gattung verblümter Redensarten, könnte eine Namensänderung heißen.»[25] An anderer Stelle bezeichnet er die M. als «Namenlehn»: «Man setzet aber darinn entweder die Ursache, und meinet die Wirkung derselben.»[26] Die Substanz / Akzidens-Relation wird von ihm als Beziehung zwischen «Hauptursache» und «Nebending» bezeichnet. Die dafür gegebenen Beispiele formuliert er freilich auch als Substitution. So unterscheidet er – unter Rückgriff auf Quintilian – für «die Hauptursache an statt eines Nebendings» fünf Unterarten: (i) Behältnis für Enthaltenes, (ii) Besitzer statt Eigentum, (iii) Feldherr für seine Soldaten, (iv) Zeichen für die bezeichnete Sache, (v) Sachen in der Zeit statt der Zeit selbst. Bei der umgekehrten M. – «ein Nebending an statt der Hauptursache» – unterscheidet er die Fälle (i), (iv) und (v); dem fügt er hinzu: Tugend oder Laster statt der Leute, die sie ausüben, Gemütsregung statt des Gegenstands, das Vorhergehende statt des Nachfolgenden (und umgekehrt).[27] Daß Gottsched damit eine Mixtur aus Übertragungs- und Ersetzungstheorie einerseits sowie substanzlogischem und alltagsweltlichem Modell vorstellt, zeigt sich auch bei seiner Erörterung der Synekdoche. Zu dieser rechnet er nicht nur die Teil / Ganzes-, sondern auch die Kleineres / Größeres-Beziehung, also die *Hyperbel* und die verkleinernde *Tapeinosis*; zur Synekdoche gehören auch Art / Gattung-Umbennungen und – wie bei Dumarsais – die beiden Formen der Antonomasie. Auch die Beispiele, die Gottsched für die Zahl gibt («eins für vieles und umgekehrt», ‹bestimmte Zahl für unbestimmte› und ‹volle Zahl für größere oder kleinere›) entsprechen den Unterscheidungen bei Dumarsais.[28]

Das Beispiel Gottsched zeigt, daß die ramistische Klassifikation durchaus mit den traditionellen Unterscheidungen vereinbar ist. Ein gelehrtes Beispiel findet sich schon ein Jh. vorher in der Rhetorik von G.J. VOSSIUS. Auch Vossius gründet seine Einteilung auf die vier ramistischen Grundpfeiler Ursache, Wirkung, Subjekt und Adjunkt, differenziert dann aber in verschiedene Formen der Ursache wie die *causa efficiens* und *causa materiae* (dieser ordnet er die alte Unterscheidung *materia pro materiato* zu)[29]; und bei der Erörterung der Umbenennung von Subjekt und Adjunkt integriert er wie Gottsched die alten für die M. unterschiedenen Fälle.[30] Auch bei der Synekdoche finden sich die traditionellen, im wesentlichen auf Quintilian zurückgehenden Unterscheidungen in Teil / Ganzes, Art / Gattung und Anzahl, aber auch die individuelle und generische Antonomasie.[31]

Ganz anders geht VICO in seiner ‹Scienza Nuova› (1725 / 44) vor. Ihm dient die ramistische Vierereinteilung nicht dazu, das alte rhetorische Lehrgebäude darin zu integrieren; er nimmt sie vielmehr als Grundlage für seinen philosophischen Geschichts- und Wissensentwurf der Menschheit. So liegen die vier Tropen Metapher, M., Synekdoche und Ironie, die sich nacheinander herausbilden, der ursprünglichen poetischen Sprache zugrunde, die sich *vor* der von den Grammatikern und Philosophen privilegierten 'wörtlichen' Sprache herausbildet. Da Vico diese These auch am Beispiel der Sprachgeschichte illustriert, wird er zu einem wichtigen Vorläufer der Historischen Sprachwissenschaft. Doch auch seine spekulativen Erklärungen dieser 'tropologischen' Ur- und Grundsprache kommen heute wieder ins Blickfeld der modernen Forschung. So haben nach Vico die 'poetischen Nationen' deshalb die M. ‹Akzidens für Substanz› verwendet, «weil sie die Formen (*forme*) und die Eigenschaften (*qualità*) noch nicht vom Subjekt (*subietto*) zu abstrahieren wußten». Die Synekdoche ‹Sterbliche› für *Menschen* wurde verwendet, weil man zuerst an diesen die Sterblichkeit bemerkte; und ‹Haupt› drängte sich für *Kopf* auf, weil man «in Wäldern vom Menschen den Kopf von weitem» sehen kann.[32] Damit nimmt Vico eine wesentliche Erkenntnis der neueren Forschung vorweg: Kontiguitätstropen setzen voraus, daß nicht nur eine *typische*, sondern auch *herausragende* Eigenschaften vorliegen.

Will man eine Bilanz dieser Epoche ziehen, wird man sicher feststellen müssen, daß die drei von der Antike und dem Mittelalter hinterlassenen Probleme (Semiotik der M., Abgrenzung von der Synekdoche, bei beiden Kontiguitätstropen vorausgesetzten Relationen) ungelöst blieben. Dennoch zeigte die Erörterung von Dumarsais, daß die vielen und vielfältigen, sicher noch eng an antike und mittelalterliche Traditionsstränge gebundenen Rhetoriken doch eine differenziertere Sicht, insbesondere hinsichtlich der beiden ersten Probleme, ermöglicht haben. Das zeigt sich mit aller Deutlichkeit in FONTANIERS ‹Figures du Discours› (1821 / 1830), einerseits eine reflektierte Synthese des Denkens der traditionellen Rhetorik zu Sprache und Stil, andererseits aber eine wichtige Grundlage für die Historische Sprachwissenschaft und für die aktuelle Diskussion. So hat Fontanier in Nachfolge von BEAUZÉE[33] den wesentlichen Unterschied zwischen sprachlich lexikalisierten und neuen überraschenden Tropen terminologisch festgeschrieben. Daraus folgt eine bei Dumarsais schon vorgezeichnete andere Behandlung der *Katachrese*, die nicht mehr als Tropus gesehen wird, sondern als eine sprachlich habitualisierte und lexikalisierte Bedeutung, der irgendein tropologischer (also auch metonymischer) Prozeß zugrundeliegt, der die ursprüngliche Bedeutung eines Wortes erweitert hat («sens tropologique extensif»).[34] Doch auch in seinen Definitionen der M. und der Synekdoche hat er im wesentlichen die Problematik der Semiotik und damit auch des fundamentalen Unterschieds zwischen beiden gelöst. Die M. bestimmt er als einen ‹Verbindungstropus›, den er wie folgt definiert: «Les Tropes par correspondance consistent dans la désignation d'un objet par le nom d'un autre objet qui fait comme lui un tout absolument à part, mais qui lui doit ou à qui il doit lui-même plus ou moins, ou pour son existence, ou pour sa manière d'être. On les appelle métonymies, c'est-à-dire, changements de noms, ou noms pour d'autres noms» (Die Tropen durch Verbindung bestehen in der Bezeichnung eines Objektes durch den Namen eines anderen Objektes, das wie jenes ein völlig für sich bestehendes Ganzes bildet, das aber jenem oder dem jenes selbst mehr oder weniger entweder hinsichtlich seiner Existenz oder hinsichtlich seiner Seinsweise verbunden ist. Wir nennen sie M., d.h. Namensvertauschungen oder Namen anstelle anderer Namen).[35]

In dieser Definition, die nach zweitausend Jahren das in der Herennius-Rhetorik alltagsweltlich Gesehene auf den Begriff bringt, ist offenbar der einzige Hinweis auf eine Substitutionstheorie die 'wörtliche' Übersetzung des griechischen μετωνυμία. Gleiches gilt für Fontaniers Definition der «Verknüpfungstrope» (*trope par connexion*) Synekdoche, die «in der Bezeichnung eines Objektes durch den Namen eines anderen Objektes besteht, mit dem es ein Ensemble bildet, ein entweder physisches oder metaphysisches Ganzes, wobei die Existenz oder Idee des einen in der Existenz oder Idee des andern enthalten ist.»[36]

Ungeklärt bleibt freilich auch bei Fontanier das Problem der möglichen Relationen zwischen und innerhalb von Ensembles und ihrer Zuordnung zur M., zur Synekdoche, zur Metalepse und zur Antonomasie. So unterscheidet er zwar mit Dumarsais für die M. die Fälle ‹Ursache für Wirkung›, ‹Wirkung›, ‹Behälter›, ‹Ort›, ‹Zeichen›, ‹Körperteile bzw. Physisches für Gefühle› und ‹Herr für Haus bzw. Besitz›, zusätzlich übernimmt er aber wieder das alte ‹Instrument für Träger bzw. Besitzer›, das bei ihm jedoch auch Fälle wie ‹eine ausgezeichnete Feder› für *guter Schriftsteller* umfaßt, und unterscheidet schließlich noch eine «M. der Sache», in der ein *typischer* Gegenstand genommen wird, wie etwa ‹Hüte› oder ‹Perücken› für *Männer*, ‹Hauben› für *Frauen* oder ‹Wagen› für *Pferde* (etwa in ‹Der Wagen hört auf keine Stimme und keine Zügel›). Damit führt Fontanier den wichtigen Unterschied zwischen Teil und typischem Accessoire einer Sache ein. Dumarsais hatte nämlich das letzte Beispiel noch als Synekdoche interpretiert; dagegen argumentiert Fontanier, daß selbst angeschirrte Pferde keinen Teil des Wagens bilden.[37] Auch bei der Synekdoche folgt Fontanier zwar der Darstellung von Dumarsais, fügt aber die «Abstraktionssynekdoche» (etwa ‹Jugend› für *junge Leute* oder ‹Wut› für *der Wütende*) hinzu, die Dumarsais noch als M. ‹Abstraktes für Konkretes› behandelt hatte.

Bei der Behandlung der Metalepse, «die man mit der M. verwechselt hat», grenzt sich Fontanier sogar radikal von Dumarsais ab, indem er sie nicht mehr als Wort-, sondern als Propositionstropus bestimmt, bei dem «ein Sachverhalt durch einen andern begreiflich gemacht wird, der ihm vorangeht oder folgt oder ihn begleitet, irgendein Umstand, oder schließlich, der mit ihm derart verknüpft und verbunden ist, daß er ihn unmittelbar dem Denken vergegenwärtigt».[38] In der Tat fallen die von Dumarsais gegebenen Beispiele unter diese Definition Fontaniers, in der schon wichtige Aspekte der in der modernen linguistischen Pragmatik herausgearbeiteten impliziten Formen des Sprechens – indirekte Sprechakte wie konversationelle Implikaturen [39] – vorweggenommen sind. Auch in der Erörterung der Synekdoche, die wie Dumarsais als Individuumsynekdoche klassifiziert, löst sich Fontanier von diesem, indem er zeigt, daß der Fall ‹Eigenname für Gattungsname› in der Regel als Metapher zu verstehen ist.[40]

In Fontaniers Theorie spielt nun auch die ramistische Unterscheidung von Subjekt und Adjunkt eine fundamentale Rolle. Sie findet sich nämlich verallgemeinert als Unterscheidung zwischen *idées* principales (Hauptideen) und sekundären *idées* accessoires (Nebenideen) wieder, die freilich nicht nur zur Erklärung der M., sondern *aller* Tropen dient. Diese Auffassung ist ein wesentliches Charakteristikum der Allgemeinen Grammatik und Tropenlehre, die sich aus der Logik von Port-Royal entwickelte. Danach entstehen die Tropen aus den Begleitideen: «Es ist nun nicht selten, daß diese *Begleitideen* unsere Vorstellung viel stärker frappieren und in ihr viel präsenter sind als die *Hauptidee*. [...] Was passiert dann oft? Nun, wir halten bei einer dieser *Begleitideen* inne und ersetzen beim Ausdrücken unseres Denkens das gewöhnliche und gängige Zeichen der *Hauptidee* durch das Zeichen der *Nebenidee*.»[41] Daß diese Verallgemeinerung letztlich auf den Kontiguitätstropen gründet, kann eine Bemerkung Dumarsais' verdeutlichen: «Es sind oft auch diese Begleitideen [...], welche die Gegenstände entweder mit mehr Energie oder mit mehr Anmut zeichnen. Von daher das Zeichen für die bezeichnete Sache, die Ursache für die Wirkung, der Teil für das Ganze, das Vorangehende für das Folgende und alle anderen Tropen.»[42]

Ergebnis der Figuren- und Tropenlehre Fontaniers ist einmal die die aktuelle Diskussion noch bestimmende Reduzierung der Worttropen auf M., Synekdoche, Metapher und – gleichsam zwischen den beiden letzten – Antonomasie, zum andern mehrere ungelöste Probleme, die sich freilich genau bestimmen lassen: das sind einmal die von der Antike und dem MA ererbten Probleme der genauen Abgrenzung der Relationen ‹Teil / Ganzes›, ‹Art / Gattung›, ‹Einzelnes / Vieles (Generisches)›, ‹Materie / Form›, ‹Konkretes / Abstraktes› und, zum andern, damit verbunden, die neuen Fragen nach dem Unterschied zwischen Teil eines Ganzen und typischem Accessoire, zwischen zeitlichen, kausalen und logischen Folgebeziehungen, aber auch konversationellen Implikaturen. Hinzukommt das semiotische Problem der Abgrenzung der Formen der 'uneigentlichen Rede' auf der Ebene des Wortes, des Satzes und des Textes.

Anmerkungen:
1 G.C. Delminio: La Topica, o vero della elocuzione (ca. 1540), in: B. Weinberg (Hg.): Trattati di poetica e retorica del Cinquecento, Bd. 1 (Bari 1970) 357–407, 366ff. – **2** Lamy 59f. – **3** vgl. J.R. Verdu: La Retórica española de los siglos XVI y XVII (Madrid 1973) 326f. u. 344f. – **4** Delminio [1] 366; Lamy 59. – **5** Soarez 148 u. 150. – **6** N. Vulcano: Sagata Pallas sive pugnatrix eloquentia (1687/8); hg. v. T. Feigenbutz u. A. Reichensperger, Bd. 2 (1997) 183f. – **7** Erasmus Copia I, 22f., p. 68–72. – **8** Melanchthon 464f. – **9** R. Sherry: A Treatise of Schemes and Tropes (1550; ND New York 1977) 42f. – **10** G. Puttenham: The Arte of English Poesie (London 1589; ND Menston 1968) 150f. u. 154f. – **11** vgl. E. Eggs: Art. ‹Metapher›, HWRh, Bd. 5, Sp. 1128f. – **12** E. Tesauro: Il Cannocchiale Aristotelico (Turin 1670), ND hg. v. A. Buck (1968) 342–364 u. 434–441 – **13** C.C. Dumarsais: Traité des tropes (1730; Neudr. Paris 1977) 61–80. – **14** vgl. Quint. VIII, 6, 24 u. Cic. De or. III, 168; dazu Lausberg Hb. § 568, 4). – **15** Dumarsais [13] 80–86. – **16** ebd. 86–98. – **17** vgl. dazu Eggs [11]. – **18** Dumarsais [13] 86. – **19** vgl. A. Arnauld, P. Nicole: La logique ou l'art de penser (1683), Neudr. hg. v. L. Marin (Paris 1970) 130ff.; vgl. T. Todorov: Théories du symbole (Paris 1977) 100ff. u. Art. ‹Metapher› Sp. 1135 ff. – **20** Dumarsais [13] 97f. – **21** P. Ramus: Scholae rhetoricae (Frankfurt 1581; ND 1965) 148. – **22** A. Talaeus: Rhetorica e P. Rami praelectionibus observata (Frankfurt 1982) 61ff.; A. Fouquelin: La Rhétorique françoise (1555), hg. v. F. Goyet, in: Traités de poétique et de rhétorique de la Renaissance (Paris 1990) 345–464, 374. – **23** vgl. Talaeus [22] 3 u. 38. –

24 Fouquelin [22] 354. – 25 J.C. Gottsched: Versuch einer crit. Dichtkunst (³1742), in: Ausgew. Werke, hg. v. J. u. B. Birke, VI, 1 (1973) 326. – 26 ebd. 331. – 27 ebd. 332–334. – 28 ebd. 334–340. – 29 Vossius, B. IV, p. 113ff. u. 117f. – 30 ebd. 123–135. – 31 ebd. 135–151. – 32 G. Vico: La scienza nuova (1744), hg. v. P. Rossi (Mailand 1977) 285f.; zu Vico vgl. Eggs [11] Sp. 1126. – 33 vgl. N. Beauzée: Encyclopédie méthodologique, Bd. 1 (Paris 1782) 581. – 34 vgl. Schaubild zu Fontaniers Sprachsemiotik in: Eggs [11] Sp. 1138ff. – 35 Fontanier 79. – 36 ebd. 87. – 37 ebd. 79–86. – 38 ebd. 127f. – 39 vgl. J.R. Searle: Indirect Speech Acts, in: P. Cole, J.L. Morgan (Hg.): Speech Acts (New York 1975) 59–82; H.P. Grice: Logic and Conversation, in: P. Cole, J.L. Morgan (Hg.): Syntax and Semantics, Bd. 3 (London 1975) 41–58; allg. O. Ducrot: Dire et ne pas dire (Paris 1972); G. Leech: The Principles of Pragmatics (London 1983). – 40 Fontanier 97f.; vgl. E. Eggs: Grammaire du discours argumentatif (Paris 1994) 195ff. – 41 Fontanier 160. – 42 Dumarsais [13] 28.

III. *19. und 20. Jh. Die Moderne.* Die Ausgrenzung der Katachrese und die damit verbundene Unterscheidung zwischen in einer Sprache lexikalisierten und neuen, im Diskurs hergestellten tropologischen Prozessen durch Beauzée und Fontanier geht wissenschaftsgeschichtlich einher mit der Herausbildung der Sprachwissenschaft als eigenständiger Disziplin. Der damit verbundene fortschreitende Ansehensverlust der Rhetorik erklärt, daß die von der Rhetorik hinterlassenen Problemfelder, die ja fundamentale ontologische, logische und sprachphilosophische Fragen betreffen, zwar übernommen, aber nicht mehr systematisch diskutiert wurden. Auffallend ist, daß trotz der Abkoppelung der Rhetorik in linguistischen Abhandlungen die in der Rhetorik unterschiedenen Relationstypen im wesentlichen bis in die aktuelle Forschung übernommen werden. Der in der *Historischen Sprachwissenschaft* etwa bei REISIG (1839) und später bei DARMESTETER (1887) [1] noch gegebene explizite Bezug zur traditionellen Tropenlehre – beide sehen die Metapher, die M. und die Synekdoche als wesentliche Prozesse des Bedeutungswandels an –, wird dann Ende des 19. Jh. aufgegeben. Das läßt sich exemplarisch an der Bearbeitung von Reisigs Bedeutungslehre durch HEERDEGEN (1890) zeigen. Basis der Klassifikation Heerdegens sind nämlich nicht mehr die genannten rhetorischen Tropen, sondern die wortsemantische Unterscheidung in zwei Formen der Bedeutungsveränderung: (i) Bedeutungsübertragung oder Translation; (ii) Bedeutungsverengerung (sic!) oder Determination. Zur ersten Form gehört nicht nur die Metapher, sondern auch die M. So ist nach Heerdegen etwa die Verwendung des ursprünglich 'abstrakten' lateinischen *magistratus* (‹Amt›) in der 'konkreten' Bedeutung als ‹Amtsträger› oder ‹Beamter› «eine Übertragung, welche die Rhetorik unter die Rubrik M. einzureihen pflegt». [2] Zur zweiten Form gehören Determinationen wie z.B. lateinisch *orare* von ‹reden› über ‹bitten› hin zu ‹beten›. [3] Im begriffslogischen Sinne handelt es sich offenbar um Ausdifferenzierungen von Artbegriffen.

Die gleiche wortsemantische Fragestellung findet sich etwa bei PAUL (1908). Für Paul kann neben dem «bildlichen Ausdruck» auch die okkasionelle Bedeutung eines Wortes, die «mit dem usuellen Bedeutungsinhalt nach allgemeiner Erfahrung räumlich oder zeitlich oder kausal verknüpft ist», zu einem sprachlichen Bedeutungswandel führen, sofern dieser von der jeweiligen Sprachgemeinschaft übernommen und habitualisiert wird. Daß Paul der damit angesprochene Bezug zur traditionellen *elocutio* noch gut bekannt ist, zeigt die daran anschließende Bemerkung: «Hierher gehört die aus der Lateinischen Stilistik als pars pro toto bekannte Figur, wie manches andere [...].» [4] Deshalb erstaunt es nicht, daß Paul bei der Diskussion der Einzelfälle wieder auf die altbekannten Fälle zurückgreift: so der Teil fürs Ganze (‹Ein Segel taucht auf›), der typische Gegenstand für den Besitzer (‹der Rundhut›), Körperliches für Gemütsbewegungen (‹Das Herz schlägt ihm›), Symbole für Handlungen (‹auf den Thron setzen›), Eigenschaft bzw. Tätigkeit für Träger bzw. Substanz (‹Regierung›), Hervorbringendes für Hervorgebrachtes (‹lingua› [ursprünglich ‹Zunge›] für *Sprache*), Name des Autors für seine Werke, Spitznamen (‹Beinamen›) für eine Person oder ein Tier (‹Wauwau› für *Hund*) etc. Freilich nimmt Paul aufgrund seines spezifischen linguistischen Zugriffs weitere Differenzierungen vor, wie etwa die Fälle, in denen Bezeichnungen von Eigenschaften bzw. Tätigkeiten nicht auf den Träger oder das Subjekt, sondern auf das Objekt übergehen, wobei er «innere Objekte» wie ‹Stich›, ‹Holzschnitt› oder ‹Vertiefung› von «äußeren Objekten» wie ‹Saat›, ‹Durchgang› oder ‹Kleidung› unterscheidet. [5] Auffallend ist, daß er die alten Termini ‹Synekdoche› und ‹M.› nicht verwendet – im Gegensatz zum «auf Ähnlichkeit gründenden bildlichen Ausdruck», den er explizit als Metapher bezeichnet. Darmesteter hingegen hatte nicht nur die traditionellen Termini für die Kontiguitätstropen verwendet, sondern auch noch die zentralen Fälle unterschieden: Ursache / Wirkung, Enthaltenes / Behälter, Ort / Produkt, Zeichen / Bezeichnetes, Abstraktes / Konkretes für die M., Art / Gattung, Einzahl / Mehrzahl, Teil / Ganzes, Eigennamen / Gattungsnamen (= Antonomasie) für die Synekdoche. [6] Neu bei Darmesteter ist die Unterscheidung komplexer tropologischer Prozesse in Ausstrahlung (*rayonnement*) – das sind mehrere metaphorische Übertragungen mit der gleichen Basis (‹Wurzel› auf *Zahnwurzel*, *Wurzel des Übels*, usw.) – und Verkettung (*enchaînement*): in diesem Fall, dem alle Tropen zugrunde liegen können, operieren Bedeutungsveränderungen auf vorgängig lexikalisierten Bedeutungsveränderungen. Identische Beobachtungen finden sich ein Jh. später bei LAKOFF. [7]

Die schon bei Paul angelegte Reduzierung des Bedeutungswandels auf Ähnlichkeit und Kontiguität wird dann bei ULLMANN mit Bezug auf die Strukturalisten DE SAUSSURE und HJELMSLEV explizit vorgenommen. Deshalb wendet er diese Unterscheidung auf den Signifikanten (*name*) und das Signifikat (*sense*) an. Es gibt somit einmal *Namensähnlichkeit* (Hut, Mut, tut) und *Namenskontiguität* (Damen*hut*, *Hut*macher), also Lautähnlichkeit und syntagmatische Beziehung eines Wortes zu anderen Wörtern; zum andern gibt es *Sinnähnlichkeit* (Hut, Mütze, Helm) und *Sinnkontiguität* (Hut, Kopf, Hals). [8] Da die Metapher zur Sinnähnlichkeit, die M. (einschließlich der Synekdoche) hingegen zur Sinnkontiguität gehört, wäre es aus der Sicht der traditionellen Rhetorik exakter, statt von ‹Sinnkontiguität› von *Referenzkontiguität* zu sprechen. Dies auch deshalb, weil Ullmann bei der Darstellung der «Sinnberührung», d.h. der M. und der Synekdoche, die bei Paul und der rhetorischen Tradition unterschiedenen Fälle ohne Anspruch auf Systematik auflistet. [9] JAKOBSON wird diese Verallgemeinerung der Termini ‹Metapher› und ‹M.› noch weiter führen, da er auch paradigmatische Selektionsprozesse und syntagmatische Kontiguitätsverknüpfungen als ‹metaphorische› und ‹metonymische› Wege bezeichnet. [10] Diese Verschiebung des Metapher- und Metonymiebegriffs hin auf den Signifikanten bildet gleichsam die wissenschaftsgeschichtliche Voraussetzung für die Bestimmung der M. bei LACAN, der sie als «mot à mot» (Wort an Wort), also bloß noch als Kontiguität von Signifikanten bestimmt; die Metapher wird dementsprechend als reine Substitution von Signifikanten definiert.[11] Obwohl sich Lacan selbst auf die traditionelle Rhetorik beruft, stellt seine ‹Umbenennung› den sicher radikalsten Bruch mit der rhetorischen Tropenlehre dar.

Die Arbeiten von Ullmann, Jakobson und Lacan stehen exemplarisch für die bis in die 80er Jahre dominierende Forschung, die gleichsam fächerübergreifend die tropischen Prozesse auf die Metapher und M. – mit fast ausschließlichem Blick auf die Metapher – reduziert. Das zeigt sich schon äußerlich in einer Fülle von Publikationen zur Metapher und einer bedeutend geringeren Anzahl von Abhandlungen zur M. *und* Metapher.[12] In der Regel wird zwar die Synekdoche als ein besonderer Fall der M. bestimmt, die M. selbst aber gegenüber der Metapher als kategorial verschiedenes Verfahren begriffen. Der Unterschied zwischen diesen beiden Tropen wird in strukturalistisch orientierten Untersuchungen als der zwischen auf Ähnlichkeit vs. Kontiguität beruhenden Prozessen bestimmt. Oft, wie etwa von LE GUERN oder LAKOFF / JOHNSON,[13] wird auch der Aspekt betont, daß die M. extensional als referentielle Verschiebung, die Metapher hingegen intensional als neue Bedeutungsgebung verstanden werden kann. Nicht durchgesetzt haben sich Auffassungen, die beide Tropen gleich behandeln: so etwa die von HENRY, für den die Metapher «auf einen doppelten Metonymiemechanismus gegründet»[14] ist, oder die der ‹groupe μ›, die M. wie Metapher als doppelte Synekdochen analysieren. In strukturalistischen Abhandlungen wird die M. (genauso wie die Metapher) in der Regel als Substitution begriffen. So stützen sich etwa nach PLETT die «Kontiguitätstropen (Metonymien) [...] auf die semantische Nachbarschaft (Kontiguität) der Substitutionselemente».[15] Auffallend ist, daß in deutschsprachigen Untersuchungen, die in der Tradition der Rhetorik stehen, wohl aufgrund des Einflusses von Lausberg, die Substitutionstheorie vertreten wird,[16] während in Frankreich durch die über Dumarsais und Fontanier vermittelte Tradition und die Kritik der Substitutionstheorie durch RICŒUR[17] nicht nur die Metapher, sondern auch die M. in der nicht-strukturalistischen Forschung als Übertragung (oder als ‹Umbenennung› im Sinne der Herennius-Rhetorik) verstanden wird. Dies gilt selbst für sprachwissenschaftliche Abhandlungen: so bestimmt etwa GUIRAUD die M. und die Metapher als «Sinnübertragungen» (*transfers de sens*).[18] Da beide Theorien die Diskussion in Frankreich bestimmten, erklärt sich, daß in der Jakobson verpflichteten Stillehre von BACRY eine ‹Mischtheorie› vertreten wird, da die Metapher als Substitution, die M. dagegen als Verschiebung (*déplacement*) definiert wird.[19]

Erstaunlich ist, daß selbst in linguistischen Abhandlungen, die sich von der traditionellen Rhetorik abgrenzen, bei der Detailanalyse der M. immer wieder auf die alten Unterscheidungen zurückgegriffen wird. So unterscheiden etwa Lakoff / Johnson Teil für Ganzes, Hersteller für Produkt, benutzter Gegenstand für Benutzer, Ort für Ereignis oder Institution, Institution für die Verantwortlichen (‹Der Senat hat beschlossen›) und Verantwortliches für den Handelnden (‹Ein Mercedes hat ihn umgefahren›).[20] Im Gegensatz zur traditionellen Rhetorik wollen die Autoren diese Relationen jedoch als ICM (*Idealized Cognitive Models*), kognitive Modelle also, die Wirklichkeit organisieren, verstanden wissen. Eine Synthese zwischen moderner Linguistik und traditioneller Rhetorik nimmt etwa SCHIPPAN vor, die einerseits M. und Metapher als «semantische Grundfiguren» bestimmt, andererseits bei der Behandlung der «Bezeichnungsübertragung» durch die M. die großen traditionellen Listen aufführt, also auch Substanz / Akzidens (sie spricht von «begleitenden Merkmalen» einer Sache) und Materie / Form (die sie als «Stoff / Produkt aus diesem Stoff» bezeichnet); auch die referenzlogische Besonderheit der M. kommt in den Blick: bei der M. handelt es sich «um eine Bezeichnungsübertragung auf Grund tatsächlich gegebener Zusammenhänge zwischen Bedeutungen und den in ihnen widergespiegelten Objekten».[21] Deshalb repräsentiert die zuerst 1900 erschienene, inzwischen in der sechsten Auflage vorliegende Untersuchung zum «Bezeichnungswandel» von DORNSEIFF immer noch den vorherrschenden Forschungsstand. Dornseiff liest sich wie eine rhetorische Abhandlung zum Bezeichnungswandel, in der die alten Fälle in freilich veränderter Form als Klassifikationskriterien fungieren: Raum für Bewohner, Eigenschaft für Träger, Abstracta für Einzelwesen, Mittel für Produkt, Eigenschaft für Mittel, Aktion für Ergebnis, Aktion für Objekt oder Ort, Aktion für Mittel, Ergebnis für Mittel, Ding für Handlung, das Drum und Dran für die Sache.[22] Man erkennt leicht, daß hier u.a. das alte ‹Verursachendes / Verursachtes› in mehrere Fälle ausdifferenziert wird, und natürlich, daß mit dem «Drum und Dran» die schwerfälligen ‹Akzidens› oder ‹Accessoire› für die ‹Substanz› auf leicht verständliche Weise formuliert werden. Von hier aus überrascht es nicht, daß Dornseiff nicht mehr explizit von der Synekdoche spricht, sondern nur *pars pro toto* untersucht (eine Benennung, in der «ein charakteristischer Teil stellvertretend für das zugehörige Ganze gesetzt wird»[23]). Man muß daraus schließen, daß für Dornseiff die von der rhetorischen Tradition unterschiedenen Fälle Einzahl / Mehrzahl und Art / Gattung für die 'Rhetorik der Sprachgeschichte' irrelevant sind. Sein kluger und umsichtiger Umgang mit der Tradition erklärt, daß auch bei ihm die M. als «Übertragung» oder «Verschiebung» einer Bezeichnung bestimmt.[24]

Auch neuere Klassifikationen verlassen nicht den durch die rhetorische Tradition gesetzten Rahmen. So ändert etwa KUBCZAK die alte Klassifikation nur dadurch, daß er die Relationen verbal formuliert, also etwa statt ‹Ursache / Wirkung›: «... ist bewirkt von ...» setzt.[25] BLANK nimmt eine vorsichtige und kluge Uminterpretation und Erweiterung vor und gruppiert die verschiedenen Fälle in die drei Gruppen der *temporalen*, *räumlichen* und *kausalen* Kontiguität.[26] Insgesamt lassen sich ähnliche Tendenzen wie in der rhetorischen Tradition beobachten. So reduziert etwa SCHIFKO die Liste auf Zeit, Ort, Kausalität und Instrument, wobei er jedoch bei der Kausalität die mittelalterlichen Formen der Ursache (*causa materialis, formalis, efficiens, finalis*) berücksichtigt.[27] Umgekehrt und sehr eng an die französische Tradition gebunden geht BONHOMME vor, indem er weitere Unterscheidungen hinzufügt, die er in die Gruppen (I) situative und (II) aktantielle Metonymien einteilt. Zu (I) gehören: zeitliches und räumliches Zusammen, Zugehörigkeit, Evaluierung (Gewicht und Preis: ‹ein 30-Tonner›; ‹Da liegen fünf Millionen› für *Schmuck*), Disposition (‹Warteschlange von Pleiten› für *Pleitemacher*); zu II: Ursache, Quelle, aktantieller Rahmen (frz. ‹un Damas› für *ein in Damaskus hergestellter Säbel*), Instrument, Prozeß, Herausführung (*efférence*: z.B. ‹Dauerfeuer› für *Ofen*), Ziel. Zusätzlich unterscheidet er, die Diskussion bei Dumarsais, Fontanier und Le

Guern aufgreifend, drei «Peri-Metonymien», nämlich die Metalepse-, die Symbol- und die Synekdochemetonymie.[28]

Von diesem 'konservativen' und zugleich vorsichtigen Umgang mit der Tradition ist die strukturalistische ‹Allgemeine Rhetorik› (1970) von DUBOIS u.a. (‹groupe μ›) weit entfernt. Die Autoren setzen nämlich Art / Gattung und Teil / Ganzes, also zwei Formen der Synekdoche, als Basis *sämtlicher* tropischen Prozesse. Im ersten Fall sprechen sie von «logischer Summe Σ» (Baum = Eiche *oder* Pappel *oder* Birke …), im zweiten hingegen von «logischem Produkt Π» (Baum = Wurzel *und* Stamm *und* Zweige …). In beiden Fällen kann die Synekdoche generalisierend (‹Baum› statt ‹Pappel› oder ‹Stamm›) oder, umgekehrt, partikularisierend sein. Dies führt zur Erklärung einer Metapher wie ‹Birke› für ‹junges Mädchen› als doppelte Synekdoche nach dem Modus Σ: zunächst eine generalisierende Synekdoche (‹biegsam› für ‹Birke›) danach eine partikularisierende Synekdoche (‹biegsam› für ‹junges Mädchen›). Diese Erklärung, die offenbar der traditionellen Auffassung, daß Metaphern ein *tertium comparationis* zugrundeliegt, entspricht, verstehen die Autoren zudem als Semanalyse, da ‹Birke› und ‹junges Mädchen› das Sem (Bedeutungsmerkmal) ‹biegsam› teilen.[29] Auch M. werden nach diesem Schema als doppelte Synekdochen interpretiert. So liegen für die Autoren der M. ‹Nehmen Sie den Cäsar in die Hand› (etwa die Schrift ‹De bello Gallico›) folgende Synekdochen nach dem Modus Π zugrunde: zunächst eine generalisierende (‹Cäsar› für ‹Alles, was das Leben Cäsars betrifft› [= Totum]), dann eine partikularisierende (‹Totum› für ‹De bello Gallico›).[30] Mit dieser Semanalyse werden offenbar nicht nur die wesentlichen Unterschiede zwischen Synekdoche, M. und Metapher verwischt, sondern auch die in der Tradition formelhaft wiederholte Erkenntnis, daß hier eine Umbenennung von ‹Autor für sein *Werk*› vorliegt.[31]

Die skizzierte Forschungslage macht verständlich, daß neue Fragestellungen und Einsichten nicht in der in der Rhetorik oder der historischen Sprachwissenschaft verpflichteten Forschung entwickelt wurden, sondern in sprachwissenschaftlichen und sprachphilosophischen Untersuchungen zur Referenz. Von großer Bedeutung sind die Untersuchungen von FAUCONNIER zu den ‹Gedankenräumen›, die Überlegungen zur Referenz von NUNBERG und, daran anschließend, von KLEIBER.[32] Fauconnier begreift die M. als Sonderfall der *verschobenen Referenz*, die er im Anschluß an Nunberg wie folgt bestimmt (leicht vereinfacht): ‹Wenn zwei Objekte (im allgemeinsten Sinn) a und b durch eine pragmatische Funktion F verbunden sind, kann eine Deskription von a, nämlich d_a, benutzt werden, um sein Gegenstück zu identifizieren.› Dieser Verbindung können psychologische, kulturelle oder an die Redesituation gebundene Gründe zugrundeliegen.[33] Dies ist offenbar eine allgemeinere Formulierung der Definition der M. in der Herennius-Rhetorik. Nunberg hat gezeigt, daß solche Beschreibungen bzw. zur Referenz dienenden Ausdrücke in der Regel mehrdeutig sind. So bezieht sich etwa ‹die Zeitung› in ‹Die Zeitung wiegt ein Pfund› und ‹Die Zeitung hat Peter gefeuert› einmal auf ein singuläres *Zeitungsexemplar*, zum andern auf die *Verlagsleitung* dieser Zeitung.[34] Eine wiederum andere Referenz ist in ‹Diese Zeitung lese ich nicht mehr› oder ‹Die Zeitung spielt heute keine zentrale Rolle mehr› gegeben. Die gleiche referentielle Unbestimmtheit zeigt sich auch bei Eigennamen: ‹Gestern habe ich Günther Grass gesehen›, ‹Ich habe mir doch den Grass gekauft›, ‹Er schreibt nicht schlecht, aber er ist doch kein Grass›. Da alle Verwendungsweisen gängig sind und somit auch keine Verständnisprobleme hervorrufen dürften, ist die Rede von ‹der referentiellen Polysemie oder Unbestimmtheit› offenbar nur dann sinnvoll, wenn man die Referenzausdrücke ‹die Zeitung› oder ‹Grass› *isoliert* behandelt. Im Gegensatz dazu ist eine Äußerung wie ‹Der Grass ist schon verstaubt› mehrdeutig, da sie metaphorisch oder metonymisch (im Sinne von ‹Das Buch von Grass im Regal›) verstanden werden kann; formuliert man hingegen ‹Mein Grass ist schon verstaubt› oder gar ‹Mein Grass, den ich erst vor zwei Wochen ins Regal gestellt habe, ist schon verstaubt›, wird eher, im zweiten Fall fast eindeutig, die metonymische Lesart nahegelegt. Doch kann in beiden Fällen nicht ausgeschlossen werden, daß es sich um eine Statue von Grass handelt. Damit ist eine Reihe von Problemen angedeutet, welche die aktuelle Forschung bestimmen: (i) offenbar sind einige M. wie ‹Die Zeitung hat ihn gefeuert› oder etwa ‹Die Uni hat ihn doch eingestellt› schon lexikalisiert oder zumindest usueller als andere; (ii) einige metonymische Projektionen (etwa ‹Autor für Werk›) sind gängiger als andere (‹Name für Bild oder Statue›); (iii) der Grad der Eindeutigkeit der Interpretation hängt von der syntaktischen, textuellen und situativen Umgebung ab. Punkt (i) formuliert das zentrale, von Fontanier offengelassene Problem des Übergangs neuer Tropen oder Metonymien zu usuellen und lexikalisierten sprachlichen Bedeutungen. Die Historische Sprachwissenschaft hat zwar die allgemeinen Bedingungen (eine M. muß von allen Sprachteilnehmern akzeptiert werden) und die besonderen Formen (d.h. verschiedenen Kontiguitätsbeziehungen) dieses Übergangs bestimmt, aber nicht gesehen, daß es in jeder Sprache ein Kontinuum von als neu empfundenen über mehr oder weniger konventionalisierte bis hin zu lexikalisierten M. gibt. So gehört etwa die M. ‹Autor für Werk› zu einer konventionalisierten Form des Sprechens bzw *Diskursregel*.[35] Kleiber hat gezeigt, daß bestimmte M. (zu denen so auch die Synekdoche zählt) so sehr in die Sprache integriert sind, daß der eigentliche Ausdruck ungewöhnlich ist («Prinzip der integrierten M.»). So würde es sicher als bizarr empfunden werden, statt ‹Peter ist ganz braun› die Formulierungen ‹Peters Haut ist ganz braun› oder gar ‹Peters Kopf ist ganz braun› (wenn Peter bekleidet ist) zu wählen. Nicht möglich sind dagegen solche *globalen* Aussagen in Fällen wie ‹*Peter ist grün›, wenn damit auf dessen grüne Augen Bezug genommen wird. Kleiber erklärt dieses Phänomen – wie schon Vico – so, daß globale metonymische Prädikationen nur bei einer «saillance perceptive» (hervorstechendes Wahrnehmungsmerkmal) möglich sind. Im Anschluß an Fauconnier zeigt er zudem, daß ‹George Sand steht auf dem linken Regal. *Sie* ist eine glänzende Schriftstellerin› möglich ist, nicht aber ‹*Das Omelett ist weg, ohne zu bezahlen. *Es* war ungenießbar›. Möglich wird dieser Satz nur, wenn sich das anaphorische Pronomen auf den gemeinten Referenten, also den Gast, bezieht: ‹Das Omelett ist weg, ohne zu bezahlen. *Er* hatte kein Geld›. Man kann daraus folgern, daß ‹Autor für Werk› eine stärker konventionalisierte Diskursregel darstellt als ‹bestellte Speise für Gast›.[36] Zur Erklärung der skizzierten Phänomene hat Nunberg zusätzlich zur perzeptiven ‹Salienz› das Kriterium der *noteworthiness* (für den oder die Kommunikationsteilnehmer besonders beachtenswert) eingeführt: ein Maler kann nämlich durchaus metonymisch von sich sagen: ‹Ich bin im Whitney-Museum›, nicht aber ‹*Ich bin in der Transportkiste›.[37] Gegen diese Analyse kann man natürlich einwenden, daß eine empörte Äußerung des gleichen Malers wie ‹Warum bin ich immer noch in dieser Transportkiste?› – kurz vor einer geschäftlich vereinbarten Ausstellung seiner Bilder – durchaus nachvollziehbar ist.

Die gegebenen Beispiele zeigen, daß die Frage, ob eine Äußerung als ungewöhnlich erfahren wird, nicht allein davon abhängt, ob sie metonymisch ist, sondern auch von einer Reihe weiterer Aspekte wie Art der M., Grad der Konventionalisierung, Häufigkeit und Verbindlichkeit einer Diskursregel oder perzeptive und kommunikative ‹Salienz›. Hinzu kommt, daß die Akzeptanz auch vom syntaktischen, textuellen und situativen, besonders aber auch vom (individual-)geschichtlichen Kontext bestimmt wird. So kann man sich in einem individualgeschichtlichen Kontext etwa mit ‹Der Quintilian kann auch kein Spanisch› durchaus auf einen Studenten beziehen, der nicht wußte, daß Quintilian der bekannte und berühmte Verfasser der ‹Institutionum Oratoriarum libri XII› war. Da in solchen 'transparenten' Situationen die Art der realisierten Relation und der Grad der Konventionalisierung offenbar eine nur geringe Rolle spielt, kann man durchaus eine folgende Akzeptanzregel formulieren: ‹Je transparenter eine Situation, um so geringer die Bedeutung und der Grad der Konventionalisierung der zugrundeliegenden Relationen bzw. Diskursregeln›. Gegen die skizzierte Forschung ist zudem einzuwenden, daß einige Analysen dadurch falsch oder zumindest ungenau werden, daß sie, dem aktuellen Trend entsprechend, mit einem recht vagen Begriff der M. (der die Synekdoche und die Antonomasie einschließt) arbeiten. Man kann nämlich zeigen[38], daß die genannten Akzeptanzkriterien auch davon abhängig sind, ob eine individuelle Antonomasie (‹Das ist doch kein Grass›) oder eine M. mit Eigennamen (‹Ich habe den Grass doch gekauft›) vorliegt. Dies impliziert, daß man nicht nur zwischen prädikativem und referentiellem Gebrauch eines Ausdrucks, sondern auch zwischen singulärer und generischer Referenz unterscheidet (so wird etwa in (a) ‹Die Zeitung spielt heute keine zentrale Rolle mehr› *die Zeitung* generisch verwendet). Dies deshalb, weil M. (und Synekdochen) *weder* prädikativ *noch* in generischer Referenz verwendet werden können. Deshalb ist (a) keine metonymische Äußerung, sondern eine generische Behauptung zur ‹Zeitung-in-der-heutigen-Zeit›. Auch eine Äußerung wie ‹Elsässer trinken Bier› ist eine zwar nicht absolut wahre, wohl aber typisierende allgemeine Behauptung und damit keine M. Nach Kleiber gilt aber für diese Aussage sogar das Prinzip der integrierten M.[39] Diese Interpretation als M. (genauer wäre Synekdoche) resultiert daher, daß Kleiber der französischen rhetorischen Tradition entsprechend offenbar dieses Beispiel als ‹Vieles für Weniges› (Anzahl) – möglich wäre auch: ‹das Ganze für den Teil› – begreift. Diese Relation steht, wie wir jetzt sagen können, im Gegensatz zum Begriff der M. (oder Synekdoche) selbst, da im strengen Sinn keine Umbenennung vorliegt: man kann sich ja auf *einige, wenige, viele* oder *alle* der gemeinten Personen mit dem gleichen Namen, eben ‹Elsässer›, beziehen. Ebenso ist die von Quintilian eingeführte und von vielen Rhetoriken übernommene Umbenennung der Art durch die Bezeichnung der Gattung (und umgekehrt) kein Tropus, sondern ein gängiges anaphorisches Verfahren: ‹Gestern sind meine drei Freunde aus Straßburg angekommen. *Die Elsässer* waren sehr müde›. Genauso wenig wird man, wenn ich mich auf diese Elsässer mit ‹Wo sind denn bloß die Elsässer?› beziehe, diese Frage als metonymisch oder metaphorisch (im Sinne des weiten Metaphernbegriffs bei Aristoteles) bezeichnen wollen.[40] Damit bildet nur die Umbenennung nach dem Teil / Ganzes-Modus einen Tropus bzw. eine Synekdoche. Diese Feststellung entspricht der aufgezeigten Tendenz in der aktuellen Forschung, nur noch das *pars pro toto* zu berücksichtigen.

Das letzte Beispiel, in dem vorausgesetzt ist, daß die gemeinten Elsässer bekannt sind, kann eine weitere, bisher in der Forschung noch nicht systematisch diskutierte Besonderheit der M. verdeutlichen: In jeder M. muß nämlich das eigentlich gemeinte Referenzobjekt schon *vor* der metonymischen Äußerung den Diskursteilnehmern bekannt oder vorher erwähnt worden sein. Die unmittelbare Evidenz dieser Feststellung mögen Beispiele wie ‹Ich habe mir einen Grass gekauft›, ‹Die Uni hat ihn eingestellt› oder ‹Die transalpinischen Lanzen greifen an› verdeutlichen. Die gleiche Beobachtung ist sinngemäß auch von Papafragou gemacht worden, die im Anschluß an die Relevanztheorie von Sperber / Wilson die M. als «Echo-Gebrauch» – in einer korrigierten Fassung spricht sie von «interpretativem Gebrauch» – analysiert hat. Damit ist gemeint, daß sich ein Ausdruck 'echoartig' auf etwas bezieht, was vorher gesagt oder gedacht wurde. Wesentlich ist, daß damit zugleich zu dieser Sache «eine Haltung» ausgedrückt wird.[41] Das entspricht der alten rhetorischen Einsicht, daß mit Tropen ein Gegenstand herausgehoben, relieffartig hervorgehoben und oft auch moralisch oder emotional bewertet wird. Auch ihr wichtiger Hinweis, daß solche für Personen verwendeten metonymischen Echoausdrücke zu Spitznamen mit eindeutiger Referenz werden können[42], gehört zum Wissensbestand der Rhetorik.

Betrachtet man nun die verwendeten Referenzausdrücke, so fällt auf, daß an der Subjektstelle in der Regel ein definiter Ausdruck (‹ich›, ‹der / dieser N›, ‹Peter›, usw.) steht, der per se eine *spezifische* Referenz garantiert; an der Objektstelle sind auch indefinite Ausdrücke möglich, die freilich immer eine spezifische Lesart erhalten. Damit läßt sich der Prozeß der Rekonstruktion der *verschobenen* Referenz bei der M. – im Gegensatz zur *schiefen* Referenz bei der Metapher[43] – an einem einfachen Beispiel in groben Umrissen wie folgt rekonstruieren: In einer Äußerung wie ‹Das Omelett ist weg, ohne zu bezahlen› wird (i) zunächst ‹Omelett› die Standardreferenz zugewiesen; (ii) diese Zuordnung wird durch den syntaktischen Kontext enttäuscht; (iii) da dieser Kontext auf einen Sachverhalt verweist, der für Menschen typisch ist, wird ein Referenzobjekt gesucht, für das dieses Kriterium zutrifft und das in einem realen Zusammenhang mit dem *Omelett* steht; (iv) da dieser Zusammenhang als gegeben und damit auch als bekannt vorausgesetzt werden kann, wird ‹das Omelett› als verschobene Referenz für der Gast, der das Omelett bestellt hat, interpretiert. Je höher die Transparenz und der Grad der Konventionalisierung, um so automatischer werden die Prozesse ablaufen. Da alle Schritte prinzipiell nur als kognitive Operationen ablaufen, die wiederum eine bestimmte Struktur und Form der Wissensorganisation voraussetzen, darf dieses Modell nicht im Sinne eines naiven Realismus verstanden werden.

Unsere Rekonstruktion sollte auch deutlich machen, daß das Verstehen von Metonymien notwendig den syntaktischen Äußerungskontext einbeziehen muß. Von hier aus überrascht es, daß die 'Syntax der M.' erst in neueren Untersuchungen wie bei Nunberg oder systematischer bei WALTEREIT [44] (freilich vornehmlich für lexikalisierte M.) in den Blick kommt. Doch die Satz- oder Äußerungsebene genügt nicht, um den gemeinten Tropus identifizieren zu können. Daß auch M. – wie Metaphern – letztlich nur auf der Textebene identifiziert werden können, mag folgendes Beispiel verdeutlichen: ‹Das Omelett ist auf einen Schlag verschwunden›. Dies kann wörtlich oder metonymisch gemeint sein. Der erste Fall liegt bei einem Text vor wie ‹Das Omelett ist auf einen Schlag verschwunden. *Es* hat auch so gut geschmeckt›, der zweite Fall, wenn ein Satz wie ‹*Er* hatte kein Geld› folgt. Offenbar haben die anaphorischen Pronomen das gleiche grammatische Geschlecht wie die Namen der jeweils gemeinten Referenzobjekte. Ebenso mehrdeutig ist etwa ‹Das Omelett ist runtergefallen›, da es nicht nur wörtlich, sondern auch *metaphorisch* gemeint sein kann, dann nämlich, wenn ‹das Omelett› ein Spitzname ist: ‹Das Omelett ist einfach runtergefallen. Warum muß *der* auch so viel essen?›

Unsere Darstellung sollte deutlich machen, daß die von der Allgemeinen Grammatik- und Tropenlehre unterschiedenen Worttropen Metapher, Antonomasie, M. und Synekdoche notwendig sind, um den Gebrauch von Wörtern im Diskurs und in der Wortgeschichte erklären zu können. Ob auch die in der rhetorischen und linguistischen Tradition unterschiedenen Relationstypen notwendig sind, ist umstritten. So argumentieren etwa Papafragou und Waltereit, daß die bisherigen Listen nicht nur zu heterogen, sondern auch viel zu unvollständig seien, um alle möglichen *ad hoc*-Metonymien beschreiben zu können. Dem ist – bezogen auf transparente Kontexte – sicher zuzustimmen. Je weniger freilich diese Transparenz gegeben ist, um so mehr wird eine Berücksichtigung der Relationstypen notwendig. Nur so lassen sich sprachgeschichtlich wesentliche Formen und Prozesse der Lexikalisierung von Tropen erklären. Dics gilt auch für kognitiv-psychologische Prozesse, denen offenbar ebenfalls verschiedene Relationsmuster zugrundeliegen. Das bestätigt letztlich auch Waltereit, da er in seinen konkreten Untersuchungen im Gegensatz zu seinen prinzipiellen Behauptungen zwischen einer «E-metonymischen» (das ist die Teil / Ganzes-Beziehung) und einer «E-Kontiguitätsbeziehung» (das ist die M.) unterscheidet. [45]

Welche Unterscheidungen sinnvoll und notwendig sind, läßt sich aufgrund des aktuellen Diskussionsstandes nicht eindeutig entscheiden. Aus der Geschichte der Auseinandersetzung um die M. ergeben sich jedoch einige methodologische und forschungspraktische Konsequenzen. Zur Bestimmung der relevanten Typen wird eine Konkretisierung hin zur persönlich-subjektiven Erfahrungswelt und gesellschaftlichen Wirklichkeit sowie *zugleich* eine Verallgemeinerung hin zu logischen Strukturen und Verstehensprinzipien notwendig sein. So legen die gegebenen Restaurantbeispiele, die leicht durch Beispiele aus anderen Dienstleistungsbetrieben ergänzt werden können, nahe, eine Relation ‹erbrachte Dienstleistung für *Nutznießer*› anzusetzen. Umgekehrt müssen neben substanzlogischen auch aussagenlogische Prinzipien, aber auch topische Schlußverfahren berücksichtigt werden. So basiert etwa ‹Wir sollten die Hitze abstellen›. Sonst führt das zu einer Explosion› im Sinne von *den Ofen abstellen* auf Topoi wie ‹Je größer die Energiezufuhr und Wärme in einem Ofen, desto größer die Gefahr einer Explosion› und ‹Die Energiezufuhr läßt sich an Öfen des Typs x durch Betätigung der Aggregate a, b oder c regeln›. Da in diesem Beispiel der Referent *Wärme* einen Zustand darstellt, der wiederum als Sachverhalt dargestellt werden kann, stellt sich zudem die Frage, wie sich diese Zustands- oder Sachverhaltsmetonymien von den Metonymien mit einem individuierten und abzählbaren Referenten abgrenzen lassen. Dies setzt offenbar nicht nur voraus, daß man das zeitliche, kausale oder logische Vorher und Nachher unterscheidet, sondern auch, daß man die mit der Metalepse gestellten Probleme, die ja auch die kommunikative Ebene betreffen, löst. All dies läßt sich auch als einfaches Forschungsprinzip formulieren: Man muß die in der rhetorischen Tradition festgestellten, oft nur vage und sogar widersprüchlich analysierten Probleme nur zur Kenntnis nehmen und sich fragen, warum sie nicht gelöst werden konnten. Das wiederum setzt voraus, daß man eine bessere Theorie hat.

Anmerkungen:
[1] Ch. K. Reisig: Vorles. über lat. Sprachwiss., T. II: Semasiologie, hg. v. F. Haase (1839) 286–307, neubearb. v. F. Heerdegen (1890); A. Darmesteter: La Vie des mots étudiée dans leurs significations (Paris 1887), zit. n. d. Ausg. Paris 1979; vgl. auch H. Hatzfeld: Leitfaden d. vergleichenden Bedeutungslehre (²1928). – [2] Reisig [1] (1890) 120. – [3] ebd. 57ff. u. 133ff. – [4] H. Paul: Prinzipien der Sprachgesch. (⁵1920) 83. – [5] ebd. 97–100. – [6] Darmesteter [1] 47–51. – [7] ebd. 68ff.; G. Lakoff: Women, Fire, and Dangerous Things (Chicago 1987); vgl. dazu E. Eggs: Art. ‹Metapher›, in: HWRh, Bd. 5, Sp. 1154ff. – [8] S. Ullmann: The Principles of Semantics (Glasgow 1951); zit. n. d. dt. Ausg. Berlin 1967, 204ff. – [9] ders.: Semantics. An Introd. to the Science of Meaning (Oxford 1962), zit. n. d. dt. Ausg. Frankfurt 1973, 274ff. – [10] R. Jakobson: Der Doppelcharakter d. Sprache (dt. Übers.), in: J. Ihwe (Hg.): Literaturwiss. und Linguistik I (1971) 328; zuerst in: R.J., M. Halle: Fundamentals of Language, Part II (Den Haag 1956) 2 u. 5. – [11] J. Lacan: L'instance de la lettre dans l'inconcient ou la raison depuis Freud (1957), in: Écrits I (Paris 1966) 263ff.; vgl. ausführlich Eggs [7]. – [12] vgl. A. Henry: Métonymie et métaphore (Paris 1971); M. Le Guern: Sémantique de la métaphore et de la métonymie (Paris 1973); L. Goossens: Metaphtonymy. The Interaction of Metaphor and Metonymy, in: L. Goossens, P. Pauwels u.a. (Hg.): By Word of Mouth (Amsterdam 1995) 159–174, 169f.; H. Kubczak: Metaphern u. M. als sprachwiss. Untersuchungsgegenstände, in: ZDPh. 105 (1986) 83–99; R. Dirven: Metonymy and Metaphor: Different Mental Strategies of Conceptualisation, in: Leuvense bijdragen 82 (1993) 1–28. – [13] Le Guern [12] 27ff.; G. Lakoff, M. Johnson: Metaphors We Live By (Chicago 1980) 35ff. – [14] Henry [12] 66. – [15] H.F. Plett: Textwiss.u. Textanalyse (1975) 267; idem J. Dubois u.a.: Rhétorique générale (Paris 1970) 49; P. Blumenthal: Semantische Dichte (1983) 92ff.; Preminger 783f. – [16] H.F. Plett: Einf. in die rhet. Textanalyse (²1973) 77. – [17] P. Ricœur: La métaphore vive (Paris 1975) 63ff. – [18] P. Guiraud: La sémantique (Paris ⁵1966) 43; idem H. Suhamy: Les figures du style (Paris 1981) 46ff.; O. Reboul: La rhétorique (Paris ²1986) 42ff.; M. Aquien: Dictionnaire de poétique (Paris 1993) 179. – [19] P. Bacry: Les figures de style (Paris 1992) 47ff. u. 84ff. – [20] Lakoff, Johnson [13] 37ff. – [21] T. Schippan: Einf. in die Semasiologie (²1975) 182ff. – [22] F. Dornseiff: Bezeichnungswandel unseres Wortschatzes (⁶1966) 71–87. – [23] ebd. 88. – [24] ebd. 73. – [25] Kubczak [12] 97. – [26] A. Blank: Prinzipien des lexikal. Bedeutungswandels am Beispiel der roman. Sprachen (1997) 250ff. – [27] P. Schifko: Die M. als universales sprachl. Strukturprinzip, in: Grazer Linguistische Studien 10 (1979) 240–264. – [28] M. Bonhomme: Linguistique de la métonymie (Bern 1987) 60ff. – [29] Dubois [15] 98ff. u. 108ff. – [30] ebd. 118. – [31] vgl. die Kritik in Ricœur [17] 173ff.; N. Ruwet: Synecdoques et métonymies, in: Poétique 6 (1975), zit. n. d. dt. Übers. in: A. Haverkamp (Hg.): Theorien der Metapher (1983); H. Bredin: Metonymy, in: Poetics Today 5 (1984) 45–58; Bonhomme [28] 3ff.; vgl. dagegen K.B. Basilio: La mécanique et le vivant. La métonymie chez Zola (Genf 1993) 85ff.; R. Waltereit: M. und Grammatik. Kontiguitätsphänomene i. d. frz. Satzsemantik (1998). – [32] G. Fauconnier: Espaces mentaux (Paris 1984); G.D. Nunberg: The Non-

Uniqueness of Semantic Solutions: Polysemy, in: LPh 3 (1979) 143–184; G. Kleiber: Les nominales (Paris 1994). – **33** Fauconnier [32] 16; N. Nunberg: The Pragmatics of Reference (Indiana 1978). – **34** vgl. Nunberg [32] 148. – **35** zu diesem Begriff Waltereit [31] 27. – **36** Kleiber [32] 136–159, 151ff. – **37** G. Nunberg: Transfers of Meaning, in: Journal of Semantics 12 (1995) 109–132, 113ff.; vgl. Waltereit [31] 29ff. – **38** zum folgenden vgl. Kritik des Verf. zu Kleiber [32] in: Zs. f. frz. Sprache u. Lit. 107 (1997) 235–250. – **39** Kleiber [32] 155; dazu Eggs [38] 246ff. – **40** dazu E. Eggs: Grammaire du discours argumentatif (Paris 1994) 191ff. – **41** A. Papafragou: On Metonymy, in: UCL working papers in Linguistics (London 1965) 141–175, 153ff. (korr. Fassung in: Lingua 99 [1966] 169–195, 179ff.); allg. D. Sperber, D. Wilson: Relevance (Oxford 1986). – **42** ebd. 159. – **43** s. Eggs [7], Sp. 1177. – **44** vgl. Waltereit [31]. – **45** ebd. 22ff., 116ff, 134ff.

E. Eggs

→ Color → Figurenlehre → Metalepsis → Metapher → Proprietas / Improprietas → Synekdoche → Tropus

Metrik (griech. μετρική τέχνη, metriké téchnē; lat. [ars] metrica; engl. metrics; frz. métrique; ital. metrica)
A. Def. – I. Metrum und Rhythmus. – II. Rhet. Aspekte der M. – B. Hist. Entwicklung. – I. Antike. – II. Mittelalter. – III. Neuzeit.

A. M. ist die Lehre von den Versmaßen und strukturbildenden Gesetzmäßigkeiten der Dichtersprache. [1] Für die rhetorische Kunstprosa gewinnt die Verslehre insofern Bedeutung, als metrische Phänomene hier bewußt zur klanglichen Untermalung oder Verstärkung des auszudrückenden Gedankens herangezogen werden. Im System der Rhetorik somit Bestandteile des *ornatus* (Redeschmuck) – hier: *in verbis singulis* [2] –, sind diese in den Arbeitsgängen des Redners als Tugend der *elocutio*, der sprachlichen Ausformulierung und Stilisierung, sowie der *actio* oder *pronuntiatio*, dem Vortrag, zuzuweisen.

I. *Metrum und Rhythmus*. Innerhalb der M. als umfassender Vers- und Strophenlehre bezeichnet μέτρον/ *metrum* in einem weiteren Sinne das Aufbauprinzip des Verses nach Quantität oder Akzent, bestehend aus einer regelmäßigen Abfolge von Versfüßen (*pedes*), in einem engeren Sinne diese *pedes* selbst als kleinste strukturgebende Einheiten poetisch gebundener Sprache. Die wichtigsten Gliederungsprinzipien der M. sind das *quantitierende* (nach langen und kurzen) der griechisch-lateinischen M. und das *akzentuierende* (nach betonten und unbetonten Silben) der deutschen und englischen M.; das *silbenzählende* der romanischen Metriken sowie das *akzentzählende* Prinzip bilden die rhythmische Gestalt des Verses durch eine feste Anzahl von Silben überhaupt bzw. betonten Silben. Über die M. hinaus führt die Beobachtung, daß (im Griechischen und Lateinischen) *jede* sprachliche Äußerung in «einer irgendwie gearteten Abfolge von langen und kurzen Silben» besteht [3], deren kunstgemäße Gestaltung sowohl die *ars poetica* als auch die *ars rhetorica* zum Gegenstand haben. Der Unterschied zwischen den beiden *artes* besteht darin, daß die *poetica* die *gesamte* sprachliche Äußerung in eine regelmäßige Abfolge von Versfüßen faßt und damit das *metrum* konstituiert [4], die *rhetorica* dagegen in einer freieren Anordnung quantitierender oder akzentuierter Silben ihr sprachliches ‹Rohmaterial› durchgliedert, besonders aber das Kolon- bzw. Periodenende metrisch fügt (*Klausel*) und so für den *oratorius numerus*, den Prosa-Rhythmus sorgt. [5] In der Dichtung wird Rhythmus durch die Spannung zwischen wiederkehrender metrischer Festlegung und wechselnder sprachlicher Füllung hergestellt, hält das *metrum* sozusagen das äußere Schema für den Rhythmus als Innenleben bereit. Dabei ist – historisch gesehen – für die antike Theorie der ῥυθμός (rhythmós) allgemein jeder durch zeitliches Regelmaß gegliederte Bewegungsablauf, das μέτρον der an das sprachliche Material gebundene Versrhythmus, während das Mittelalter mit *rhythmi* akzentuierende (lateinische und volkssprachliche) Dichtungen im Unterschied zu den quantitierenden (lateinischen) *carmina metrica*, mithin verschiedene Versprinzipien bezeichnete. [6]

II. *Rhetorische Aspekte der M*. Den Stilisierungsmöglichkeiten dichterischer Sprachform durch das Versmaß stellt im 5. Jh.v.Chr. der Rhetor GORGIAS von Leontinoi eine Prosa gegenüber, deren Rhythmus (bei syntaktisch einfacherer Textgestalt) durch formale wie inhaltliche Responsion bestimmter σχήματα (schémata, ‹Figuren›) wie *antithetischer Parisosis* (*Isokolie, Parallelismus*), *Alliteration* und *Homoioteleuton* [7] erreicht wurde. Die Übertragung dieser ‹gorgianischen Figuren› auf komplexere Satzgebilde führt im 4. Jh.v.Chr. namentlich durch den Redner THRASYMACHOS von Chalkedon zur Ausbildung der kunstvollen, nach *Kolon* und *Komma* gegliederten Periode [8] und zur Rhythmisierung bestimmter ihrer Abschnitte, insbesondere der *Kadenz*, durch eine festgelegte Abfolge langer und kurzer Silben. [9]

In dichterischen Einheiten entspricht die Periode die (bis zur vierzeilige) Strophe, dem Kolon der Einzelvers und dem Komma ein durch Zäsur abgetrennter Versteil. [10] Die Abgrenzung formuliert ARISTOTELES: τὸ δὲ σχῆμα τῆς λέξεως δεῖ μήτε ἔμμετρον εἶναι μήτε ἄρρυθμον […] ὁ δὲ τοῦ σχήματος τῆς λέξεως ἀριθμὸς ῥυθμός ἐστιν, οὗ καὶ τὰ μέτρα τμήματα· διὸ ῥυθμὸν δεῖ ἔχειν τὸν λόγον, μέτρον δὲ μή· ποίημα γὰρ ἔσται. [11] (Die Beschaffenheit des sprachlichen Ausdrucks darf weder in *metrischer Bindung* noch im *Fehlen des Rhythmus* bestehen […] Das Zahlsystem für die Beschaffenheit des sprachlichen Ausdrucks aber ist der Rhythmus, wovon die einzelnen Metra Abschnitte sind. Daher muß die Prosarede einen Rhythmus haben, jedoch kein Metrum; sonst wird sie nämlich zum Gedicht.). CICERO: «Denn auch die Dichter haben die Frage an uns herangetragen, was jenes denn sei, wodurch sie sich selbst von den Rednern unterschieden: zuvor schienen sie das durch Rhythmus [*numerus*] und Versmaß [*versus*], nun aber hat sich bei den Rednern ebendieser Rhythmus bereits ausgebreitet. Denn was auch immer unter ein mit den Ohren wahrnehmbares Maß [*aurium mensura*] fällt, *auch wenn es sich vom Vers fernhält – denn das jedenfalls ist in der Rede ein Fehler –* wird ‹Numerus› genannt, welcher auf Griechisch ‹Rhythmus› heißt.» [12] Wenngleich man sich also zur Erzeugung des Prosarhythmus (neben der Periodik im Stile eines Isokrates oder Demosthenes) metrischer Strukturen bedient, sind dennoch 'poetisch' klingende Rhythmen wie daktylische oder jambische zu vermeiden, da diese den gängigen Sprechversen allzu nahe kommen. Empfohlen wird hingegen der Paion. Uneinigkeit besteht in der antiken Theorie über die Grenzen dessen, was metrisch in der Prosa erwünscht oder auch nur zulässig sei [13]; eine Rede aber überhaupt ohne *numeri* gilt als «ungebildet und bäurisch» [14].

Neben rhythmuserzeugenden Metren, die in der Kunstprosa als zu ‹versmäßig› verpönt sind, treten in der Dichtung auch bestimmte Stilmittel wegen des Verszwanges häufiger auf als in der Prosa: Dies sind die grammatischen, insbesondere die syntaktischen Figuren wie das *Hyperbaton* [15] (Sperrung) – auch in seiner zur *obs-*

curitas führenden Häufung als *Synchysis* [16] oder als *Tmesis* [17] – und die *Enallage* bzw. *Hypallage* [18] (Bezugsverschiebung).

Gerade das *Hyperbaton* kann zusammen mit der ‹Sperrungszäsur› der Betonung von Begriffen oder Sachverhalten dienen [19], mithin rhetorisch eingesetzt werden. Weitere, rhetorischen Absichten entsprechende Gestaltungen des Versmaßes – und diese keineswegs nur in den ausgesprochenen Redesituationen der Dichtungsgattungen, wie dem Agon in Epos und Drama, der fiktiven Rede in der Lyrik, dem Gedicht als 'Ansprache' etc. [20] – sind beispielsweise das Verhältnis von Versgrenze und Ende eines Satzes oder Gedankens; ihr Zusammenfallen, in zu dichter Abfolge als spannungsarm und ermüdend empfunden, wird bevorzugt von Catull und Lukrez, von Vergil seit der ‹Aeneis› eher gemieden [21]; dieser baut, unter dem Einfluß der Prosa Ciceros, als erster römischer Dichter rhythmisch ausgewogene und übersichtliche Perioden [22]. Das Übergreifen des grammatischen Satzes über das Versende (*Enjambement*) trägt zu rhythmischem Gleichmaß bei; die Versgrenze gibt dem folgenden Demonstrativum eine *Emphase*stellung, erzeugt Spannung durch Trennung einer Wortgruppe, wirkt (mitunter *sperrend*) als Symmetrieachse [23]. Häufungen von Längen vermitteln neben einer gewissen Statik auch Gewicht und Bedeutung: «Álbanīque patrés atque áltae moénia Rómae» ([daher] die Stadtväter von Alba Longa und die Mauern des hochragenden Rom) [24], eine Vielzahl von Kürzen dynamische Bewegung [25]. Ebenso werden auch Aufregung, Spannung, Lebendigkeit klanglich abgebildet – jeweils mit entsprechender Wirkung auf das Publikum im Sinne des Rhetors: «auditorem benevolum, attentum, docilem parare» (den Zuhörer wohlwollend, gespannt und aufnahmebereit machen) [26]. Die *Emphase* als eine Figur 'uneigentlichen Sprechens' verleiht bei gleichzeitigem Wortabzug der Formulierung inhaltliche Dichte und dient der *perspicuitas* (Deutlichkeit) [27].

Die *vorplatonische Musiktheorie* (DAMON aus Athen) weist einzelnen Arten von Metra entsprechende Verfassungen der menschlichen Seele zu. ARISTOTELES unterscheidet drei Rhythmengeschlechter nach dem (zeitlichen) Teilungsverhältnis im Versfuß: das heroisch-daktylische (1:1), das jambisch-trochäische (2:1) sowie das paionische (1,5:1) [28] und bewertet diese nach ihrer *Ausdrucksqualität*: «Unter den Rhythmen aber ist das heroische Metrum feierlich, für die Prosaredeweise nicht geeignet und ohne melodischen Tonfall. Das jambische dagegen entspricht gerade der Redeweise der Massen. Daher bringt man von allen Metren beim Reden vornehmlich Jamben zum Ausdruck. Nun soll aber der sprachliche Ausdruck würdevoll sein und sich von der gewöhnlichen Redeweise entfernen. Der Trochäus ist zu sehr nach Art des [der Alten Komödie zugehörigen und ausserhalb dieser als unsittlich und würdelos geltenden] Kordaxtanzes. [29] Das veranschaulichen die Tetrameter; denn die Tetrameter sind ein schnell dahinrollender Rhythmus [...] Es ist aber der Päan ein dritter Rhythmus [...] Die Anderen Rhythmen nun muß man [...] wegen ihres metrischen Charakters beiseite lassen. Den Päan dagegen muß man anwenden; denn von all den genannten Rhythmen entsteht aus ihm allein kein Metrum. Folglich bleibt er am ehesten unentdeckt.» [30]

In der *lateinischen Redetheorie* finden sich diese Vorgaben für die Anwendung von Metren in der Kunstprosa sinngemäß wieder, so mit vorsichtiger, gleichwohl größere Freiheiten einräumender Zustimmung bei CICERO und QUINTILIAN. [31] Nach der *Stilhöhe* der drei Versgeschlechter weist Cicero das jambische dem *genus subtile*, das paionische dem *genus grande* und das daktylische beiden *genera* zu, und Quintilian bemerkt, daß HOMER die Stilarten mit der typischen Redeweise seiner Helden verbunden habe [32].

B. *Historische Entwicklung.* **I.** *Antike.* In der quantitierenden M. der Antike ist der Vers bemessen nach einer sich in Hebung und Senkung teilenden Abfolge von langen und kurzen Silben. Die wichtigsten Maße [33]: *Daktylus* – ∪ ∪ und *Anapäst* ∪ ∪ –; *Jambus* ∪ – und *Trochäus* – ∪; *Bakcheus* ∪ – – und *Kretikus* – ∪ –; *Jonikus* ∪ ∪ – – (*a minore*) oder – – ∪ ∪ (*a maiore*) [34] und *Chorjambus* – ∪ ∪ – [35]; *Dochmius* ∪ – – ∪ – [36] und *Hypodochmius* – ∪ – ∪ –. Die wechselseitige Ersetzbarkeit von einer Länge und zwei Kürzen ergibt als weitere Formen *Spondeus* – – und *Prokeleusmatikus* ∪ ∪ ∪ ∪, *Tribrachys* ∪ ∪ ∪ sowie den *Molossus* – – –; der *Pyrrhichius* ∪ ∪ ist die Auflösung einer langen Silbe, der *Päon* – ∪ ∪ ∪ (*primus*) oder ∪ ∪ ∪ – (*posterior*) [37] eine Variante des *Kretikus*. Das anapästische, das jambische und trochäische Metrum wird von je zwei Füßen gebildet. Die *Hebung* liegt auf der exspiratorisch stärker betonten Länge, ihre Abfolge konstituiert den Vers*iktus* (Taktschlag), die *Senkung* bezeichnet den unbetonten Teil des Versfußes. Die *äolischen* Maße (benannt nach Sappho und Alkaios von Lesbos in der kleinasiatischen Aiolis) werden nur in lyrischer Dichtung (Anakreon, Horaz) verwandt; Urmaß ist der *Glykoneus* × × – ∪ ∪ – –, benannt nach (nicht erfunden von [38]) dem alexandrinischen Dichter GLYKON und bestehend aus der ‹äolischen Basis›, einem Chorjambus und einem jambischen Fuß. Der *Hipponakteus* × × – ∪ ∪ – ∪ – × ist eine Verlängerung, der *Pherekrateus* × × – ∪ ∪ – – eine Verkürzung dieser Grundform.

Neben der *stichischen*, den Einzelvers wiederholenden Anordnung sind das (elegische) *Distichon* und die *Epode* (Archilochos, Horaz) sowie *strophische Systeme* aus gleich oder verschieden gebauten Verszeilen in der Lyrik (*asklepiadeische*, *sapphische* und *alkäische* Strophen) und in den Gesangspartien des Dramas (Chorlieder) zu unterscheiden. Das *Asynarteton* umfaßt zwei an sich selbständige, durch Dihärese getrennte metrische Einheiten in einer Zeile (*Eupolideus*, *Priapeus*, *Elegiambus* / *Jambelegus* u.a.). Ein weiteres Merkmal des Verses bilden die Einschnitte als Sprechpausen und Mittel der Gliederung entweder zwischen Metren (*Dihärese*) oder innerhalb eines Metrons / Fußes (*Zäsur*), wobei neben Anfang und Ende eines Verses diese Teilungsstelle besondere Betonung erhält; die häufigsten Zäsuren sind – als Beispiel im daktylischen Hexameter – die *Pent-hemi-meres* (nach dem fünften), die *Hepht-hemi-meres* (nach dem siebten) und die *Trit-hemi-meres* (nach dem dritten Halbfuß), in bukolischer Dichtung beliebt die *Dihärese* nach dem vierten Fuß.

Der Daktylus ist als *Hexa*-(sechs)-*metron* das Versmaß des Epos, des (epischen) Lehrgedichts (Hesiod; Lukrez) und – verbunden mit dem *Penta*-(fünf)-*metron* – der Elegie (u.a. Tyrtaios, Solon; Properz, Tibull); er gehört nach Aristoteles [39] aufgrund seiner Feierlichkeit (σεμνότης, semnótēs) zur erhabenen Dichtung, ursprünglich zu Hymnen und Preisliedern, sodann zu den Heroendichtungen Homers. Diesen gegenüber stehen Rüge-(*Invektive*) und Spottgedichte in jambischen Versen, so daß ἰαμβίζειν (iambízein) synonym für ‹verspotten› wird. Der dramatische Gehalt des Epos führt zur Tragödie, das ἰαμβεῖον (iambeîon) als Spottvers zur Komödie. Der Jambus, welcher auch in der Sprache der alltäglichen Unterhaltung häufig gebildet wird, dem gewöhnlichen, dem wahren Leben also am nächsten kommt (Cicero spricht von der *similitudo veritatis*), löst als *Sprechvers* (*iambischer Tri-*[drei]-*meter*) für die Tragödie den *trochäischen Tetra-*[vier]-*meter* wegen dessen Herkunft aus dem Spottlied und seiner Nähe zum Tanz ab; dieser verbleibt in der Komödie. Die übrigen Maße finden sich vorwiegend im *Singvers*.

Neben der respondierenden Anordnung von Strophen, insbesondere der triadischen aus Strophe, Anti-(Gegen)Strophe und Epode ('Nachgesang') in der Chorlyrik[40] (Pindar, Bakchylides), sind Beispiele vorgegebener *Versschemata* für bestimmte dramatische Situationen die Zuspitzung des Agons in der Tragödie durch die *Stichomythie*, in der Komödie durch das *Pnigos*: indem zum Ende des tragischen Agon die Konfrontation an ihren Höhepunkt gelangt, kulminiert diese im affektischen Einzel-(auch Halb- oder Doppel-)vers-Stakkato der Kontrahenten; nicht anders übersteigert im epirrhematischen Agon der Komödie das Pnigos mit einer Folge von Kurzversen, welche dem Sprecher keine Pause zum Atemholen, sein Schmähen in der Erregung 'ersticken' (πνίγειν, pnígein) läßt, zum Abschluß jeweils Rede wie Gegenrede.[41]

Häufig zeigen auch poetische Passagen Strukturen, die der rhetorischen τέχνη entnommen sind: so gestaltet der römische Komiker TERENZ im Jahre 160 v.Chr. die pädagogische Programmrede zu Beginn seiner ‹Adelphoe› ganz nach den Bauregeln der Redetheorie, wie sie im (etwas jüngeren) Handbuch des HERMAGORAS VON TEMNOS niedergelegt waren[42]; die Trugrede des Sinon vor den Trojanern im zweiten wie das Rededuell zwischen Venus und Iuno zu Beginn des zehnten Buches von VERGILS ‹Aeneis› sind rhetorisch stark ausgebildet, und auch OVID zeigt sich in seiner dem Pythagoras in den Mund gelegten, popularphilosophischen Suasorie aus dem letzten Buch der ‹Metamorphosen› deutlich unter dem Einfluß schul- und zunftgemäßer Rhetorik[43].

II. *Mittelalter.* Zum Ende des 4. nachchristlichen Jh. beginnt die lateinische Dichtung, das quantitierende Prinzip (nach Silbenlängen) durch das akzentuierende zu ersetzen, den Vers nicht mehr ‹metrisch›, sondern ‹rhythmisch› nach Wortakzenten zu bauen; frühestes Beispiel ist AUGUSTINS ‹Psalmus contra partem Donati›, in der metrischen Theorie wird dies erstmals niedergelegt bei BEDA VENERABILIS (673–735).[44] Der Zusammenfall der natürlichen Wortbetonung, welche in der silbenmessenden antiken Metrik zugunsten des Versiktus zurücktritt, mit dem Versakzent (schon bei Vergil in der *Kadenz*, also den letzten 3–4 Silben eines Verses, eingehalten) kommt volkssprachlichen Dichten entgegen, und die Länge- und Kürze-Zeichen der nunmehr ‹rhythmischen Versmaße› stehen nur noch für betonte bzw. unbetonte Silben. Trochäische Rhythmen gelten als *fallend*, jambische als *steigend*, so daß man je nach Silbenzahl eines Verses auch von ‹steigenden› oder ‹fallenden Achtsilbern› u. dgl. spricht. Gelegentliche Differenzen zwischen Wort- und Verston werden durch die Melodie überspielt.

Während spätantike Dichter wie PRUDENTIUS (348–nach 404) und BOETHIUS (480–524) noch dieselben antiken lyrischen Systeme wie Horaz und Seneca verwenden, wird bestimmend für die geistliche wie weltliche Dichtung des Mittelalters die von dem Kirchenvater AMBROSIUS (Bischof von Mailand seit 374) begründete *Hymnenstrophe* aus je vier (akatalektischen) jambischen Dimetern, deren acht wiederum den Hymnus bilden. Die Umgestaltung der ‹ambrosianischen Strophe› durch SEDULIUS weist Mitte des 5. Jh. eine Vorstufe des Reims (in Form der vokalischen *Assonanz*, also des Anklingens gleicher Vokale) auf.[45] Dieser ist zunächst eine Neuerung der nachantiken *metrischen* (daktylischen) Poesie: so reimt im – vom Redeschmuck der Kanzleiprosa Papst LEOS d. Gr. (440–461) hergeleiteten – ‹leoninischen Reim› die Zäsur nach der dritten Hebung des Hexameters mit dem Versschluß.[46] Als rhetorisches Mittel findet der Reim sich bereits in der klassischen Kunstprosa (in korrespondierenden Satzgliedern: *Homoioteleuton*), aber auch in den Vershälften des ovidischen Distichon oder in der Asklepiadeischen Strophe des Horaz[47], jedoch nicht als Endreim. Dieser wird, zunächst einsilbig, sodann von der letzten Hebung an[48], um 870 mit OTFRIDS von Weissenburg Evangelienharmonie (anstelle des Stabreims oder Alliterationsverses) in der althochdeutschen, seit dem 10./11. Jh. auch in der mittellateinischen Dichtung üblich.

Der Gesangescharakter rhythmischer Dichtung im Mittelalter schafft zwei große, anfangs im religiösen Bereich ausgebildete Formengruppen:

1) die *Sequenz* teilt (in freier Stimmführung) das lange Melisma über dem Schluß-a des Alleluia der Messe in Abschnitte, die, je zweimal hintereinander gesungen, mit einem Prosatext als Gedächtnisstütze unterlegt werden: doppeltem Melodieteil entspricht somit zweifach gleichgebauter Textteil (Doppelstrophen); ursprünglich zu Beginn und am Schluß, finden sich in den entwickelten Formen der ‹Carmina Burana› Einzelstrophen an verschiedenen Liedstellen.[49] Aus der Zweigliedrigkeit der Sequenz (in Deutschland dichtet NOTKER BALBULUS [9. Jh.] als erster Sequenzen zu Weihnachten und Pfingsten) geht der *Leich* mit strophisch wechselndem Bau und durchkomponierter, nicht wiederholter Melodie hervor[50] und mündet Ende des 12. Jh., mit rhythmischer Textgestalt und Reim versehen, in den deutschen Minnesang[51], insbesondere nachdem die einseitige Ausrichtung des unstrukturierten Textes an der Melodie einer originären und eigenständigen Wort- wie Liedkomposition gewichen ist.

2) Unter den vielgestaltigen *rhythmischen Strophenliedern* andererseits sind die bekanntesten die ‹Vagantenstrophe› aus vier Vagantenzeilen (trochäische endbetonte vierhebige Siebensilbler plus dreihebige Sechssilbler mit Dihärese nach der 4. Hebung) mit Endreim[52] sowie die (sechszeilige) ‹Stabat-mater-Strophe› aus (zweimal gesetzt) zwei akatalektischen und einem katalektischen trochäischen Dimeter[53]. Vielfach gliedert Refrain (*Kehrreim* der Gruppe) den (Einzel-)Gesang oder aber unterstreicht das Anliegen des Dichters.[54]

Parallel dazu verläuft die Entwicklung einer genuin deutschen Verslehre: am Beginn steht der *Stabreimvers* etwa des altgermanischen ‹Hildebrandliedes› aus der Zeit der Völkerwanderung oder des altsächsischen ‹Heliand› (zwischen 822 und 840), in welchem der Reim durch den anlautenden Konsonanten der betonten (nach den Akzentregeln der germanischen Sprachen der Stamm- bzw. ersten) Silben der Nomina gebildet wird (= *Stab*, als Stilfigur in der Rhetorik *Alliteration*), so daß die natürliche Betonung der Prosasprache stärker als im *alternierenden* (d.h. jambischen oder trochäischen) *Vers* besonders der romanischen Dichtung gewahrt bleibt. Je zwei Verse ergeben durch Stab der ersten und zweiten Haupthebung (im *Anvers*) mit der dritten (im *Abvers*) eine Langzeile, wobei die eher fallende rhythmische Linie durch die Hervorhebung der bedeutungsschweren

Wörter im Stabreim den syntaktischen Zusammenhang nachzeichnet.

Der *Silbenreim*, welcher über den Hymnus zu allgemeiner Verbreitung gefunden hatte, wird zum einen nach Art und Zahl der gebundenen Silben unterschieden in den *rührenden* (Gleichklang auch der Konsonanten der reimenden Silbe), den *identischen* (neben Laut- auch Bedeutungsgleichheit), den *erweiterten* (mehrsilbigen) *Reim*, den *Schüttelreim* (Vertauschung der den mehrsilbigen Gleichklang einleitenden Konsonanten), den *grammatischen* (durch verschiedene Formen oder Ableitungen vom gleichen Wortstamm) oder den *gebrochenen Reim* (der erste Teil eines Wortes bildet Versende und Gleichklang mit dem Ende des folgenden Verses). Die Stellung des Reimes innerhalb des Verses ergibt zum anderen den *Binnenreim* (bei unmittelbarer Folge der gleichklingenden Wörter *Schlagreim*), den *Anfangsreim*, den *Pausenreim* (Gleichklang von Anfangs- und Endwort) sowie den *übergehenden Reim* (Reimbindung zwischen Schlußwort und dem Beginn der neuen Zeile). Der *Endreim* schließlich markiert Versgruppen und gliedert die vielfältigen Strophenformen (u.a. *Nibelungen-, Hildebrands-, Kudrun-Strophe*) als *Paarreim* (aa bb cc dd), als *Kreuzreim* (ab ab cd cd), als *Zwischen-* oder *Schweifreim* (aab ccb) oder als *umarmender Reim* (abba cddc). Die mittelhochdeutsche Epik des 12. und 13. Jh. (HARTMANN VON AUE, WOLFRAM VON ESCHENBACH, GOTTFRIED VON STRASSBURG) übernimmt unter romanischem Einfluß (CHRÉTIEN DE TROYES) das Prinzip der *Alternation*, die Forderung des *reinen Reimes* sowie die *Reimbrechung*, bei welcher sich die syntaktische Einheit Satz und die metrische Einheit Verspaar überschneiden; Grundmaß ist der Vierheber.[55] In der *Lyrik*, welche sich neben dem Leich in *Spruch* und *Minnesang* des 12. bis 14. Jh. zeigt und in die *Meistersangstrophe* des 15. / 16. Jh. führt, tritt neben die metrisch-rhythmische Form der Licddichtung – wie schon in den Strophenformen der Helden- oder im höfischen Reimpaarepos – als gleichzeitig gestaltendes Element, nicht freilich gebunden an einen bestimmten Inhalt, die *Melodie*.

III. *Neuzeit*. Im *16. Jh.* stehen das alternierende und silbenzählende Versprinzip im Meistersang und im *strengen Knittelvers* (einer Fortsetzung des paarweise gereimten Vierhebers des Mittelalters) der Schwänke, Satiren und Fastnachtsspiele (HANS SACHS u.a.) mit ihrer eher monotonen Stilisierung dem akzentuierenden Prinzip im metrisch variableren Volks- und Gesellschaftslied und im *freien Knittelvers* gegenüber, bis mit M. OPITZ' ‹Buch von der Deutschen Poeterey› (1624) in der neuhochdeutschen Versdichtung den natürlichen Betonungsverhältnissen der Sprache durch das akzentuierende Prinzip entsprochen wird (anfangs vorwiegend in den alternierenden Maßen Jambus und Trochäus).

In der *Dichtung des Barock* (Opitz, A. GRYPHIUS, ANGELUS SILESIUS) setzt sich als Versmaß von Drama und Lyrik der *Alexandriner* durch (ursprünglich aus der französischen Alexanderepik des 12. Jh., im Deutschen ein jambischer Sechsheber mit Mitteldihärese nach der 3. Hebung und einer dem Versbau entsprechenden Neigung zu inhaltlicher Antithetik, nach der Reimstellung aa bb *heroisch*, ab ab *elegisch*)[56], während der Knittelvers sich in volkstümlichen Formen behauptet, bis er in der 2. Hälfte des 18. Jh. insbesondere durch GOETHE eine literarische Renaissance erlebt[57]. In der ursprünglich italienischen, vor allem durch PETRARCA bekannten Strophenform des *Sonetts* ersetzt der Alexandriner nun den dort – wie in der achtzeiligen *Stanze* – herkömmlichen *Endecasillabo* (im Deutschen jambischer Fünfheber). Das Sonett, bestehend aus je zwei Quartetten und Terzetten (Reimschema abba cdc), wird von der Aufklärung gemieden, von den Romantikern zu Beginn des 19. Jh. erneut aufgenommen.

Im Epos des *18. Jh.* wird der Alexandriner vom Hexameter, im Drama vom (aus der englischen Dichtung des 16. Jh. kommenden) *Blankvers*, einem reimlosen jambischen Fünfheber, abgelöst. Überhaupt beginnt die Dichtung, sich vom Reim zu befreien; es kommt im Zuge der ‹Klopstockschen Reform› zu einer Neubelebung antiker Versmaße und reimloser Strophenformen (Oden), die über die *Anakreontik* des *Rokoko* (um 1740–1770) mit ihren aus der italienischen Dichtung des 14. Jh. entlehnten *Madrigal*formen in die vielfältig variierbaren ‹Freien Rhythmen› des lyrischen Sprechverses bei Goethe, HÖLDERLIN, NOVALIS, HEINE u.a. ausläuft.[58] Zur gleichen Zeit werden metrische Formen der Volksliteratur und der altdeutschen Dichtung wiederentdeckt, im *Sturm und Drang* und beim jungen Goethe aber bereits nach entsprechenden Stoffen differenziert.[59]

Wie die Verskunst der *Klassik* zeichnet sich auch die *Romantik* (BRENTANO, VON ARNIM, UHLAND, EICHENDORFF u.a.) nicht durch originäre Neuschöpfung als vielmehr durch Experiment und individuelle Nachbildung vorhandener metrischer Formen aus. Dem *Naturalismus* des ausgehenden 19. Jh., der jeden metrischen Formzwang sprengt, steht im Übergang zum 20. Jh. die Formstrenge und -vielfalt der lyrischen und dramatischen Dichtung GEORGES und HOFMANNSTHALS entgegen; Auflösungserscheinungen wiederum bei RILKE weisen für das *20. Jh.* schließlich auf diese beiden Tendenzen dichterischer Gestaltung voraus. Wesentlich für die Interpretation metrisch-rhythmischer Gebilde bleibt gleichwohl – vor dem Hintergrund, daß metrische Formen und Inhalte grundsätzlich beliebig miteinander verknüpfbar sind – das Verhältnis zwischen Metrum als künstlerischer Form und der Aussageabsicht des Dichters in ihrem geistigen wie historischen Kontext; bleibt die Bindung der Form an einen Inhalt in diesem Sinne ein Problem der Rhetorik ebenso wie der Poetik.

Anmerkungen:

1 vgl. Sachwtb. der Lit., hg. von G. v. Wilpert (⁷1989) s.v. ‹M.›; A. Binder u.a.: Einf. in M. und Rhet. (⁵1987); Metzler Lit.-Lex., hg. von G. u. I. Schweikle (²1990) s.v. ‹M.›. – **2** vgl. Lausberg Hb. § 540. – **3** so Lausberg Hb. § 977 mit Quint. IX, 4, 61. – **4** vgl. Arist. Rhet. 1408b 21; Quint. IX, 4, 45f.; Lausberg Hb. § 979. – **5** Arist. Rhet. 1408 b 29 ῥυθμός; Cic. Or. 67; Quint. IX, 4, 54; Lausberg Hb. § 980, Lausberg El. § 459. – **6** Arist. Poet. 1447a 21ff., dazu Fuhrmann Dicht. 16f. ; vgl. Arist. Rhet. 1408b 28–32; Cic. De or. III, 186; Hephaistion, Περὶ μέτρων, ed. M. Consbruch (1906) p.76, 19ff. u. 83,1ff; ferner ‹Versus Rufini ... de compositione et de metris oratorum›, in: Rhet. Lat. min., p.575–584; P. von der Mühll: Der Rhythmus im antiken Vers (Aarau 1918); U. v. Wilamowitz-Moellendorff: Griech. Verskunst (1921; ND 1975) 26f.; Ch. S. Baldwin: Medieval Rhetoric and Poetic (to 1400) (New York 1928); E. Vandvik: Rhythmus und Metrum, Akzent und Iktus (Oslo 1937); H. Drexler: Rhythmus und Metrum, in: Glotta 29 (1941) 1–28; A. Schiaffini: Tradizione e poesia nella prosa d'arte italiana dalla latinità medievale a G. Boccaccio (Rom ²1943); A. Dihle s.v. ‹Prosarhythmus› (Griech.) und J.W. Halporn id. (Latein.) in LAW; W.S. Allen: Accent and Rhythm. Prosodic Features of Latin and Greek (Cambridge 1973); M. van Raalte: Rhythm and Metre: Towards a Systematic Description of Greek Stichic Verse (Assen 1986); D. Norberg: Les vers latins iambiques et trochaïques au moyen âge et leurs répliques rhythmiques (Stockholm 1988); v. Wilpert u. Metzler Lit.-Lex. [1] s.v. ‹Rhythmus›; D. Attridge: Poetic Rhythm – an Introd. (Cambridge 1995) sowie die entspr. Kap. in den Metriken (s. Literaturhinweise). – **7** Arist. Rhet. 1410a 24-b 5; Gorgias, Helena 7 (VS 82, B 11; Radermacher B VII, 39). – **8** Arist. Rhet. 1409a 2 u. 35ff.; 1409b 5f., 8f. (zur περίοδος), 13–32 (zum κῶλον); Cic. Or. 211 u. 223 (zu *membrum* und *incisum/* κόμμα); Quint. IX, 4, 122–130. – **9** Thrasymachos in: Radermacher B IX, 14–17. – **10** Cic. Or. 223; Quint. IX, 4,125; Lausberg Hb. § 927. – **11** Arist. Rhet. 1408b 21f./ 28–31. – **12** Cic. Or. 66–68; vgl. ferner Quint. IX, 4, 52–57 u. 72ff. – **13** Arist. Rhet. 1408b 32–1409a 9 sowie u. [31]; zur Fortführung der Theorie des Prosarhythmus in hellenistisch-röm. Zeit s. Ps.-Demetr. Eloc. 186–189; Dion. Hal. Comp. c. 11 u. 17f.; Hermog. Id. p. 223ff. Rabe. – **14** Quint. IX, 4, 56; zum rhythm. Satzschluß im einzelnen s. P. Dräger: Art. ‹Klausel›, in: HWRh, Bd. 4 (1998) Sp. 1088–1104. – **15** Auct. ad Her. IV, 44; Quint. VIII, 6, 62–67; Homer, Ilias IV, 75; XI, 684; Odyssee XVII, 197; Verg. Aen. VI, 137; 862 u. ö.; Lausberg Hb. §§ 716–718. – **16** Quint. VIII, 2, 14 *mixtura verborum* mit Verg. Aen. I, 109. – **17** Homer, Ilias I, 39f.; 98; II, 413; Odyssee X, 201; XI, 599f. u. ö.; Ennius, Annales, ed. O. Skutsch (1985) fr. spur. 5; Vergil, Georgica III, 381. – **18** Vergil, Eclogae IX, 46; Aen. I, 7; III, 411; IV, 494; VI, 30; IX, 269f.; XI, 654; XII, 267; 859 u. ö.; Horaz, Carmina I, 15, 19f.; Ovid, Amores III, 7,21; dazu Lausberg Hb. § 685, 2; zur terminol. Frage sowie den versch. Spielarten der Hypallage W. Görler: Beobachtungen zu Vergils Syntax, in: Würzburger Jb. f. Altertumswiss., N.F. 8 (1982), hier 76–81. – **19** Homer, Ilias I, 69 mit 75; Verg. Aen. II, 3; VII, 483; X, 245. – **20** z. B. Homer, Ilias I, 122–244; Sophokles, Antigone 446–525, Electra 516–633; Aristophanes, Nubes 952–1104; Menander, Epitrepontes 230–362; Catull 29; Horaz, Carmina I, 15; Sappho, in: Poetarum Lesbiorum fragmenta, ed. E. Lobel, D. Page (Oxford 1955; ND 1968) Frg. 31 mit Catull 51. – **21** Catull 64, 1–30; Lukrez I, 1–49; Verg. Aen. I, 1–11; VII, 37–45. – **22** dagegen Lukrez VI, 58–66; hierzu im ganzen W. Görler s.v. ‹Eneide: 6. La lingua›, in: Enciclopedia Virgiliana, hg. von F. Della Corte, Bd. 2 (Rom 1985) 274. – **23** D. Korzeniewski: Griech. M. (1968) 17f. (ausführl. Beispielslg.) und 29 (zum epischen Hexameter). – **24** Verg. Aen. I, 7; Homer, Ilias I, 1 (dagegen Odyssee I, 1), 102, 145; XI, 130 (Bittflehen); XXIII, 221 (Trauer); Odyssee XV, 334 (Last). – **25** vgl. Homer, Ilias I, 600 (der keuchende Hephaistos) gegenüber VI, 511 oder Odyssee XI, 598 (Rollen des Sisyphos-Felsens: Dion. Hal. Comp. 20); Il. I, 530; XI, 113f.; XXIII, 116; Od. XVII, 529 (die Aufregung Penelopes); Quint. IX, 4, 83. – **26** Auct. ad Her. I, 11; Cic. Top. 97; Quint. IV, 1,5. – **27** Quint. VIII, 2 ,11; 3, 83–86; Verg. Aen. II, 262 u. III, 631; vgl. Lausberg Hb. §§ 578 u. 905. – **28** VS 37 B 9 = Plat. Pol. 400ab; Arist. Rhet. 1409a 4–6; Quint. IX, 4, 46f. – **29** Cic. Or. 193; Quint. IX, 4, 88. – **30** Arist. Rhet. 1408b 32ff.; Poet. 1449a 21–28. – **31** Cic. Or. 188–196; De or. III, 182f.; Quint. IX, 4, 87–92; vgl. auch Ps.-Demetr. Eloc. 38–43; R. Kassel (Hg.): Aristotelis Ars rhetorica (1976) p. 162f. – **32** Cic. Or. 196f.; Quint. XII, 10, 64f. zu Homer, Ilias III, 213–15 (Menelaos: *subtile*), I, 249 (Nestor: *medium*) und III, 221–23 (Odysseus: *grande*); Lausberg Hb. § 1079. – **33** Cic. Or. 215–218; Quint. IX, 4, 79–82. – **34** Marius Victorinus (4. Jh.) in: Gramm. Lat., Bd. 6, p. 42, 20–24 und 89, 17 – 96, 8; Martianus Capella (5. Jh.) in: Rhet. Lat. min, p. 477, 23f. – **35** Hephaistion [6] c. 9; Victorinus [34] p. 47, 18–20. – **36** Quint. IX, 4, 97. – **37** Thrasymachos [9] B IX 12f. (Erfinder); Arist. Rhet. 1409a 10–21; Cic. De or. III, 183; Quint. IX, 4,47 und 96. – **38** gegen Hephaistion [6] c. 10,2. – **39** Arist. Poet. 1448b 24–1449a 6 u. 20–28; Cic. Or. 191. – **40** Sophokles, Aias 172–200; Trachiniae 497–530; Electra 472–515; Oedipus Coloneus 1211–1250. – **41** Sophokles, Aias 1120–1162, Antigone 726–765; Aristophanes, Vespae 621–630, 719–724; dazu W. Jens: Die Stichomythie in der frühen griech. Tragödie (1955); B. Seidensticker: Die St., in: W. Jens (Hg.): Die Bauformen der griech. Tragödie (1971) 183–220; Th. Gelzer: Der epirrhemat. Agon bei Aristophanes (1960). – **42** Terenz, Adelphoe 26–81a, dazu M. P. Schmude: Micios Erziehungsprogramm – zur rhet. Form von Ter., Adelphoe I, 1, in: Rheinisches Museum N.F. 133 (1990) 298–310; zu Ad. 855–881 G. Lieberg, in: Grazer Beiträge 15 (1988) 73–84. – **43** Verg. Aen. II, bes. 77–104; X, 18–95, dazu Görler [22] 275; Ovid, Metamorphosen XV, 75–478, dazu M. Komm. von F. Bömer (1986) 272f. et passim. – **44** Beda, Ars metrica, in: Gramm. Lat., Bd. 7, p. 258f.; J. Leonhardt: Dimensio syllabarum. Stud. zur lat. Prosodie- und Verslehre von der Spätantike bis zur frühen Renaissance [mit einem ausführl. Quellenverzeichnis bis zum Jahr 1600] (1989); Lat. Lyrik des MA, ausgew., übers. u. komm. von P. Klopsch (1985); Carmina Burana

– Die Lieder der Benediktbeurer Hs., nach der krit. Ausg. von A. Hilka, O. Schumann u. B. Bischoff [1930–1970], Übers. der lat. Texte von C. Fischer, der mhd. von H. Kuhn, Anm. u. Nachw. von G. Bernt (Zürich / München 1974; ND 1979). – **45** Ambrosius, Text 1 (Weihnachtshymnus); Sedulius, Text 4 (Hymnus abecedarius) bei Klopsch [44]; Venantius Fortunatus (6. Jh.), Hymnus an das Kreuz. – **46** in gereimten Distichen die beiden Troja-Gedichte Carm. Bur. [44] 101 (12. Jh.) u. 102 (Aeneis). – **47** Auct. ad Her. IV, 28; Cicero, In Catilinam II, 1; Pro Caelio 78; Ovid, Ars amandi I, 59 u. 64; II, 5 u. 8; III, 235 u. 238; Horaz, Carmina III, 9, 18; IV, 5, 5 u. 11; zur Gesch. des Reims s. Norden, Bd. 2, 810–908. – **48** Anonymus, Pfingstsequenz (Anf. 13. Jh.): Veni, Sancte Spiritus (Endsilbe betont); Thomas v. Aquin (13. Jh.): Lauda, Sion, Salvatorem; Thomas von Celano (13. Jh.): Dies Irae (vorletzte Silbe betont). – **49** Carm. Bur. [44] 36 (Grundform), 100 (Dido), 60 (11. / 12. Jh., mit Drei- u. Vierfachstrophe), 63 (Petrus v. Blois, 12. Jh.); Refrain nach jeder Strophe. – **50** Carm. Bur.[44] 26 u. 27 (Philipp der Kanzler, 13.Jh.); strenger Leich in Carm. Bur. 43 (12. Jh.) u. 61: Wiederholung einer Folge verschieden gebauter Strophen. – **51** so Walthers v.d. Vogelweide (12. / 13. Jh.) Marien-Leich. – **52** Carm. Bur. [44] 191: ‹Vagantenbeichte› des Archipoeta (um 1165) u. 219: ‹Ordenslied der Vaganten›. – **53** Text 98, in Klopsch [44], 13. Jh., Jacopone di Todi (?). – **54** Carm. Bur. [44] 1 u. 3 (12. Jh., Walther v. Châtillon); 180 (11. / 12. Jh.), 181 (12. Jh.), 182; 200, 204f. u. a. – **55** z. B. Gottfried († um 1210), Tristan 12279–12302. – **56** z. B. Gryphius (1616–1664): Abend; aber auch noch in Goethes Faust II, 10849–11042. – **57** u. a. in ‹Hans Sachsens poetischer Sendung›, in Teilen des Ur-Faust, im ‹West-Östlichen Divan› oder den Epigrammen der ‹Zahmen Xenien›; auch im ersten Teil von Schillers Wallenstein-Trilogie (‹Das Lager›, 1798). – **58** z. B. Lessing: Die eheliche Liebe; Goethe: Faust I, 2011ff. (‹Faustverse›). – **59** so im Ur-Faust, vgl. [57]; zur Diskussion um Gestaltung der Verszeile und Reimbindung seit dem beginnenden 17. Jh. vgl. A. Binder, M. Schluchter, G. Steinberg: Aspekte neuhochdeutscher Verse, in: H. Brackert, J. Stückrath (Hg.): Literaturwiss. Ein Grundkurs (1992) 101–117.

Literaturhinweise:
Metriken in Auswahl: *griech.*: P. Maas: Greek Metre, transl. by H. Lloyd-Jones (Oxford 1962). – B. Snell: Griech. M. ([4]1982). – M.L. West: Introd. to Greek Metre (Oxford 1987). – C.M.J. Sikking: Griech. Verslehre (1993). – *lat.*: F. Crusius: Römische M., neubearb. von H. Rubenbauer ([8]1992). – H. Drexler: Einf. in die röm. M. ([3]1980). – P. Klopsch: Einf. in die mlat. Verslehre (1972). – M.P. Schmude: Materialien zur mlat. M. (1994). – *ital.*: W.Th. Elwert: Ital. M. ([2]1984). – *span.*: R. Baehr: Span. Verslehre auf hist. Grundlage (1962). – *frz.*: Th. Spoerri: Frz. M. (1929). – W.Th. Elwert: Frz. M. ([4]1992). – H.G. Coenen: Frz. Verslehre (1998). – *engl.*: M. Kaluza: Engl. M. in hist. Entwicklung (1909). – J.Raith: Engl. M. (1962). – E. Standop: Abriß der engl. M., mit einer Einf. in die Prosodie der Prosa (1989). – *dt.*: A. Heusler: Dt. Versgesch. mit Einschluß des altengl. und altnord. Stabreimverses, 3 Bde. (1925–29). – W. Hoffmann: Altdt. M. ([2]1981). – S. Beyschlag: Die M. der mhd. Blütezeit in Grundzügen ([4]1961). – O. Paul, I. Glier: Dt. M. ([8]1970). – H. Blank: Kleine Verskunde – Einf. in den dt. u. roman. Vers (1990). – Chr. Wagenknecht: Dt. M. – eine hist. Einf. ([3]1993). – D. Breuer: Dt. M. und Versgesch. ([3]1994). – E. Arndt: Dt. Verslehre. Ein Abriß ([13]1996). – L.L. Albertsen: Neuere dt. M. ([2]1997).

M.P. Schmude

→ Ars poetica → Cursus → Dichtkunst → Gebundene / ungebundene Rede → Kadenz → Klausel → Licentia → Lyrik → Poetik → Rhythmus

Mimesis (griech. μίμησις, mímēsis; lat. imitatio naturae; dt. Nachahmung der Natur; engl. imitation of nature; frz. imitation de la nature; ital. imitazione della natura)
A. Def. – B. Ästhetik, Poetik. I. Griechische Antike. 1. Vorplatonische Philosophie, Dichtung. – 2. Platon, Aristoteles. – II. Römische Antike, Patristik. – III. Mittelalter. – IV. Humanismus, Renaissance. – V. Barock. – VI. Aufklärung. – VII. 19./20. Jh. – C. Bildende Kunst. – D. Musik.

A. Der griechische Begriff ‹M.› (μίμησις, mímēsis), der in der Bedeutung von ‹Nachahmung der Natur› (*imitatio naturae*) in die Rezeption eingegangen ist und hier im Unterschied zur Nachahmung literarischer Muster oder sittlicher Vorbilder (*imitatio auctorum* bzw. *imitatio morum*)[1] definiert wird, kennzeichnet eine grundlegende Kategorie abendländischer Kunsttheorie, die in der geistesgeschichtlichen Entwicklung den Stellenwert eines ästhetischen Paradigmas erhält. Historisch betrachtet geht die theoretische Fundierung des M.-Konzeptes vor allem auf die Auseinandersetzung in Dichtungstheorien, insbesondere unter dem Einfluß der Aristotelischen ‹Poetik›, sowie in rhetorischen Lehrschriften zurück. Die Diskussionen um das Mimesisverständnis im poetologischen Kontext ist wiederum von maßgeblicher Bedeutung für den weiter gefaßten, kunsttheoretischen Geltungsbereich, d.h. für die Grundlegung von M.-Theorien in bezug auf Malerei, Plastik oder Musik.

Angesichts der begriffsgeschichtlich keineswegs durchgängigen systematischen Verwendungsweise des Terminus ‹M.›, seiner unterschiedlichen Bedeutungskonnotationen sowie der voneinander abweichenden Begründungsansätze einer Theorie der M. erweist sich eine Begriffsbestimmung als schwierig. Nach wie vor ist die Frage einer adäquaten Übersetzung des griechischen Begriffs ‹mímēsis› in der Forschungsliteratur umstritten.[2] Entsprechend divergent sind die Einschätzungen der historischen Bedeutungsdimension des Nachahmungsparadigmas in der Geschichte der Dichtungs- bzw. Kunsttheorie.

Im weitesten Sinne definiert steht der Begriff ‹M.› für eine Weise künstlerischer Wirklichkeitsauffassung und -darstellung bzw. für einen ‹mimetischen› Naturbezug der Kunst, der allerdings nicht schlichtweg auf eine bloß abbildliche ‹Nachahmung› des Sichtbaren zu reduzieren ist, sondern auf ein weitaus komplexer gefaßtes Bedeutungsspektrum verweist. Im Hinblick auf den geistesgeschichtlichen Bedeutungswandel des M.-Konzeptes im Bereich der Kunsttheorie, auf die postulierte Wirk- und Mitteilungsfunktion künstlerischer Mimese und auf das der jeweiligen Auffassung zugrundegelegte Erkenntnismodell sei daher zunächst eine, wenn auch vereinfachende, Differenzierung nach zentralen Aspekten vorgenommen. Es ließen sich demnach als solche Hinsichten anführen: eine Bestimmung des mimetischen Charakters der Künste über die Maßgeblichkeit der sinnlich wahrnehmbaren Naturdinge (Nachahmung der sinnfälligen Natur); die Akzentuierung des künstlerischen Ausdrucks- oder Darstellungsmodus in produktionsästhetischer Perspektive; die wirkungsästhetische Betrachtung des intendierten Effektes künstlerischer Wirklichkeitstransformation (Fiktion, Illusion, Simulation, Evokation von Lebendigkeit etc.); ein mimetisches Verhalten der Kunst, das sich auf eine allgemeine, ideale oder exemplarische Struktur der erfahrbaren Wirklichkeit bezieht (Nachahmung in dem Möglichen); ein Nachahmungsverständnis, das sich ausgehend von einer Teilhaberelation auf eine normative, intelligible Natur der sichtbaren physischen Welt begründet (Nachahmung einer eidetischen Natur); und schließlich ein am Modell ‹kunstgeleiteten› Herstellens (ποίησις, *poíēsis*) expliziertes Nachahmungsverständnis, d.h. die strukturelle Analogsetzung eines natürlichen Entstehensprozesses und des entsprechenden Hervorbringungsvorgangs von Artefakten (Nachahmung einer prozessualen Genese oder Schöpfertätigkeit). Die hiermit unterschiedenen Bedeutungshinsichten sind in der historischen Entwicklung von M.-Theorien nicht selten in verschränkter Form zu finden. Gleichwohl mag an einer solchen Differenzierung nicht nur deutlich werden, daß der Begriff ‹M.› in der Geschichte der Kunsttheorie keineswegs auf ‹eine› durchgängige theoretische Grundlegung rekurriert, sondern auch, daß sich erst anhand der je spezifischen Auffassung des mimetischen Charakters der Kunst nachvollziehen läßt, was theoriegeschichtlich den Gegenstand des Streits um Wertschätzung, Verurteilung oder Zurückweisung künstlerischer Naturnachahmung ausmacht.

Die Schwierigkeit, eine eindeutige und umfassende Definition des Begriffes ‹M.› zu formulieren, beruht nicht zuletzt auf der Vielschichtigkeit von Bedeutungsnuancen, die der griechische Terminus ‹mímēsis› in Abhängigkeit von seinem je spezifischen Anwendungszusammenhang zeigt. Abgeleitet vom griechischen μῦμος, *mímos*, womit sowohl der Schauspieler wie die dramatische Handlung gekennzeichnet werden kann, findet das denominative Verb μιμεῖσθαι, *mimeísthai* in vorplatonischen Quellen des 5. Jh. in der Bedeutung von ‹etwas nachahmen› bzw. ‹sich etwas ähnlich machen›, ‹nachbilden› oder ‹darstellen› Verwendung. Wenngleich die kulturhistorische Herleitung des Mimesisverständnisses in der Forschung umstritten ist, liegt der Akzent auf dem Ausdruckscharakter mimetischer Darstellung, der sich in Verbindung von Musik, Tanz und dichterischer Sprache manifestiert. Hierdurch wird das Verständnis der Ausdruckskraft und affektstimulierenden Wirkmacht der Musik in der griechischen Musiktheorie maßgeblich geprägt. In Verbindung mit der Ethoslehre wird die μουσική, *mūsikē* als Einheit von dichterischer Rede, Rhythmik und Melodieführung sowohl bei PLATON wie bei ARISTOTELES als ‹mimetische› Kunst diskutiert. Als Darstellung oder Nachahmung zum Zwecke der Affektstimulierung bzw. der sittlichen Erziehung tritt hiermit ein Aspekt künstlerischer Mimese zu Tage, der, in Überschneidung von *imitatio naturae* und *imitatio morum*, wegbereitend für die theoretische Begründung dichterischer bzw. rhetorischer M. ist.

Während M. im vorplatonischen Sprachgebrauch den Nachahmungs-, Darstellungs- bzw. Ausdruckscharakter einer Handlung oder Repräsentationsform bezeichnet, ohne auf die ‹musischen› Künste beschränkt zu sein, tritt mit Platon ein am handwerklichen Tun (τέχνη, *téchnē*) orientierter Aspekt prinzipieller künstlerischer M. hinzu, der nachhaltigen Einfluß auf ein verändertes Begriffsverständnis nimmt, sofern hiermit die Frage nach dem Verhältnis zum Gegenstand der Nachahmung, nach dem Wahrheitsgehalt bzw. der Form des Wissens, die das künstlerisch-mimetische Verhalten begleitet bzw. sich über die Nachahmung vermittelt, außerordentliches Gewicht erhält.

Neben den kontextgebundenen Bedeutungsvarianten ergeben sich Komplexität und Bedeutungsumfang des Mimesisverständnisses vor allem aus der korrelativen Bestimmung des Mimesisbegriffs im Verhältnis zu seinem Bezugsbegriff. Wenn von M. in der Bedeutung von ‹Nachahmung der Natur› die Rede ist, dann ist nicht nur zu klären, was jeweils unter ‹Natur› oder ‹Wirklichkeit› als dem Gegenstand des mimetischen Verhaltens der Kunst zu verstehen ist, sondern gleichermaßen, in welcher Art dieses Bezugsverhältnis gedacht wird. An dem zugrundegelegten Begriff von Natur, also anhand der Auffassung dessen, worauf sich die künstlerische Mimese bezieht, orientiert sich das Verständnis von M. vice versa. Denn gleichermaßen impliziert die jeweilige

Weise eines Naturbezugs der Kunst, sei es im Sinne von Nachahmung, Darstellung, Vergegenwärtigung etc. ein spezifisches Naturverständnis. Wegbereitend für die rezeptionsgeschichtliche Entwicklung und den Bedeutungswandel von M.-Theorien ist insbesondere die Auseinandersetzung mit dem mimetischen Charakter der Künste bzw. die begriffliche Bestimmung künstlerischer Mimese bei Platon und Aristoteles.

Die platonische Mimesisauffassung, die über den Begriff der Teilhabe auf die Realisierung einer Idee bezogen ist, bestimmt in der Rezeptionsgeschichte ein Verständnis von Nachahmung im Sinne der Nachschöpfung eines inneren, geistigen Vorbildes. Eine M.-Theorie, die sich auf Platon beruft, wird daher in erster Linie den Gedanken der Orientierung an einer intelligiblen ‹Natur›, d.h. der Darstellung gemäß einer Idee in den Vordergrund rücken.

Von einem mimetischen Verhältnis der Künste zur ‹Natur› ist auch in den naturphilosophischen Schriften des Aristoteles ausdrücklich im Kontext der Bestimmung menschlichen Wissens bzw. wissensgeleiteter Herstellungstechniken in Orientierung an der teleologischen Struktur natürlicher Entstehensvorgänge die Rede. Die künstlerische bzw. dichterische M., die vor allem in der ‹Poetik› grundgelegt wird, ist dagegen nach Aristoteles durch einen Wirklichkeitsbezug gekennzeichnet, der sich nicht auf eine abbildliche Nachahmung der empirischen Realität reduziert. Vielmehr basiert diese Form der M. auf der Erkenntnis von über die Faktizität des Empirischen hinausweisenden allgemeinen Realitätsprinzipien. In der Rezeptionsgeschichte wird das Aristotelische Mimesisverständnis zum Ansatzpunkt, die dichterische Phantasie und Gestaltungsfreiheit in Rekurs auf das Mögliche bzw. Wahrscheinliche gegen eine strikt naturgetreue Wirklichkeitsdarstellung zu emanzipieren.

Auf eine veristische oder naturalistische Abbildtheorie läßt sich das Verständnis von M. weder vor dem Hintergrund der platonischen noch der aristotelischen Grundlegung verkürzen. Für das Verständnis der M.-Konzeptionen im Sinne von ‹Nachahmung der Natur› bzw. für die Systematisierung historischer Auslegungsarten ist es daher wichtig, sowohl den zugrundegelegten Natur- oder Wirklichkeitsbegriff zu beachten wie die jeweils thematisierte Weise einer künstlerischen Bezugnahme auf einen Gegenstand, d.h. den Modus mimetischen Verhaltens. Hieran scheiden sich in der Rezeption und Tradition Ansätze einer eher aristotelisch oder platonisch fundierten Mimesislehre. Dies gilt gleichermaßen für die lateinische Übertragung des griechischen Terminus mit der Wendung *imitatio naturae* bzw. für die Formel *ars imitatur naturam*, die sich, geprägt durch die lateinische Übersetzung der Aristotelischen ‹Physik›, als ein Topos in der lateinischen Literatur des Mittelalters und der frühen Neuzeit verfolgen läßt.

Auch der Begriff ‹Nachahmung›, wenngleich im alltagssprachlichen Verständnis nicht selten irreführend und auf ein kopierendes Abbildverhältnis verengt gebraucht, ist als Übertragung des griechischen Begriffs *mímēsis* (lat. *imitatio*) im Zusammenhang mit dem Verständnis von Natur (griech. φύσις, phýsis, lat. *natura*) nicht schlichtweg in Einschränkung auf eine veristische Nachbildung definiert. Dem Wortsinn nach ist mit Nachahmung zunächst einmal die Maßgeblichkeit eines Vorbildes bezeichnet. «Die sinnliche bedeutung ‹nachvisieren, nachmessen› [...] ging über in die abstracte ‹nach maszgabe, nach einem vorbilde, muster ähnlich darstellen›, wobei das vorbild eine person (d.h. deren werke, handlungen, sitten, art und weise) oder eine sache und demgemäsz die nachbildende darstellung sinnlicher oder geistiger art sein kann.» (J. u. W. GRIMM) [3]

Es ist weiterhin kennzeichnend für die geistesgeschichtliche Tradierung und Weiterentwicklung der M.-Doktrin, daß nicht nur die unterschiedlichen Aspekte der von Aristoteles in den naturphilosophischen Schriften bzw. in der ‹Poetik› formulierten Definitionen eine Verbindung eingehen, sondern ebenso aristotelische und platonische Theorieansätze miteinander verwoben werden. Diese Theorieüberlagerungen und dementsprechend voneinander abweichenden Auffassungsweisen des Nachahmungsgedankens zeigen sich bereits in der mittelalterlichen Literatur und prägen die kontrovers geführten Auseinandersetzungen um den imitativen Naturbezug der Künste insbesondere in den Poetiken und Rhetoriklehren der Renaissance.

Über die Renaissancepoetiken geht die für die gesamte Folgezeit bestimmende formelhafte Wendung von der ‹Kunst als Nachahmung der Natur› in den deutschen Sprachraum ein, die in der Dichtungstheorie des 17. und 18. Jh. als maßgebliches kunsttheoretisches Paradigma firmiert. Im Zuge der Aufklärung gewinnt die schöpferische Gestaltungskraft des gottähnlichen, mögliche Welten erzeugenden Dichters an Bedeutung. Die Vereinbarkeit von künstlerischer Phantasie, Erfindungsgabe, subjektiver Ausdruckskraft mit dem Postulat der Naturnachahmung wird dann im ausgehenden 18. Jh. zunehmend problematisch und Gegenstand zahlreicher Auseinandersetzungen um den Ähnlichkeits- und Naturbegriff bzw. die Frage einer naturanalogen künstlerischen Produktivität. So erfährt der Mimesisbegriff im Kontext der Genie- und Schöpfungsästhetik eine entscheidende Umdeutung. An die Stelle eines sinnlich-rezeptiven Wirklichkeits- oder Naturbezugs tritt die Hervorhebung der autonomen künstlerischen Einbildungs- und Gestaltungskraft, die schöpferische Ausformung einer inneren subjektiven Natur und Empfindung.

Nicht zuletzt sind es innerhalb dieser Entwicklung ein auf die Präsenz des physisch Sichtbaren reduzierter Naturbegriff wie ein auf die wirklichkeitsgetreue Abbildung eingeschränkter Imitations- oder Nachahmungsbegriff, die zu einer nachhaltigen Diskreditierung künstlerischer Mimese führen.

Mit der endgültigen Abwendung von einem auf die Außenwelt bezogenen Verständnis künstlerischer Naturnachahmung in der idealistischen Ästhetik verliert die Theorie der M. ihre Rolle als kunsttheoretisches Paradigma. Hier setzt eine ästhetische Neuorientierung ein, die, während die Formel von der ‹Kunst als Nachahmung der Natur› schal geworden ist, das Verhalten der Kunst in Hinblick auf das Verhältnis von Wirklichkeits- und Möglichkeitsbegriff thematisiert und in einem wirkungsästhetischen Kontext neu begründet, wobei der Schein, die künstlerische Fiktion und Illusion von Wirklichkeit in den Vordergrund treten. Auch im 20. Jh. besitzt das mimetische Verhalten der Kunst einen Stellenwert in der ästhetischen Theorie, ohne daß damit eine abbildende Wiedergabe der Wirklichkeit impliziert ist. Vielmehr zielt die mimetisch verfahrende Kunst auf Weisen der Wirklichkeitstransformation, -utopie bzw. -transzendierung.

Anmerkungen:
1 vgl. den Artikel zum Stichwort ‹Imitatio›, in: HWRh Bd. 4, Sp. 235–303. – **2** vgl. J.H. Petersen: ‹M.› versus ‹Nachahmung›. Die ‹Poetik› des Aristoteles – nochmals neu gelesen, in: arcadia

Zs. für Vergleichende Literaturwiss. 27 (1992) 3–46. – **3** s. das Stichwort ‹Nachahmung›, in: Grimm Bd. 13, Sp. 17.

Literaturhinweise:
A. Tumarkin: Die Überwindung der Mimesislehre in der Kunsttheorie des 18. Jh., in: H. Maync u.a.: FS S. Singer (1930) 40–55. – H. Blumenberg: ‹Nachahmung der Natur›. Zur Vorgesch. der Idee des schöpferischen Menschen, in: Studium Generale 10 (1957) 266–283. – G. Bien: Bemerkung zu Genesis und ursprünglicher Funktion des Theorems von der Kunst als Nachahmung der Natur, in: Bogawus. Forum für Lit., Kunst, Philos. 2 (1964) 26–43. – S.A. Jørgensen: ‹Nachahmung der Natur›. Verfall und Untergang eines ästhetischen Begriffs (Kopenhagen 1969). – G. Gebauer, Chr. Wulf: M. Kultur – Kunst – Ges. (1998). – J.H. Petersen: M. – Imitatio – Nachahmung. Eine Gesch. der europäischen Poetik (2000).

B. I. *Griechische Antike.* **1.** *Vorplatonische Philosophie, Dichtung.* Die frühesten Verwendungsnachweise der vom griechischen ‹mímos› abgeleiteten *mimeísthai*-Wortgruppe im 5. Jh. gehen auf PINDAR wie AISCHYLOS zurück. Hierauf gründet sich die Deutung H. Kollers, wonach M. auf den kultischen Hintergrund des rituellorgiastischen Tanzes weist und in frühen Quellen die tänzerische Ausdrucksbewegung bezeichnet, mittels derer der *mímos* sich dem Göttlichen in Haltung, Gebärde, Gestik gleichsam anverwandelt, um in rhythmischer Bewegung, Melodie- und Stimmführung ein göttliches Geschehen zu vergegenwärtigen. Im Zusammenhang mit der Musiktheorie DAMONS ist M. demnach im Sinne von ‹Darstellung› oder ‹Ausdruck› zu verstehen. [1] Diese kulturhistorische Herleitung ist in der Forschung kontrovers dikutiert und revidiert worden. G.F. Else führt die *mímos*-Wortfamilie auf einen Dramentypus der dorischen Tradition zurück und differenziert unter Hinweis auf die dramatische Aufführungspraxis als Ursprungsbereich der Bedeutung von M. zwischen drei grundlegenden Hinsichten: der direkten Repräsentation (*representation*) von Aussehen, Handlungen und/oder Äußerungsweisen von Menschen oder Tieren in Rede, Gesang und auch Tanz als dramatische oder protodramatische M.; der nachahmenden Darstellung (*imitation*) einer handelnden Person durch eine andere in Hinsicht auf allgemeine Charakteristika (im Unterschied zur physischen Mimikry); und der Nachbildung (*replication*) einer Person, Sache oder eines Bildes über ein materielles Medium. [2] In kritischer Aufnahme dieser Differenzierung weist der von ‹mímos› abgeleitete Begriff ‹M.› nach G. Sörbom in erster Linie auf eine Handlung (*activity of imitating*) und steht in Anlehnung an die Darstellungsweise des traditionellen Mimen für Formen der lebendigen Repräsentation typischer Eigenschaften eines Phänomens oder die Auswahl charakteristischer Qualitäten. [3] Wenngleich die *mimeísthai*-Wortgruppe (bei AISCHYLOS, EURIPIDES, ARISTOPHANES, HERODOT, THUKYDIDES bis hin zu XENOPHON) vornehmlich im außerästhetischen Kontext Anwendung findet, zeichnet sich als gemeinsame Grundbedeutung eine eigenschaftsbezogene, verlebendigende Verähnlichung in Hinsicht auf das Typische eines Vorbildes ab. So weist *mimeísthai* bei DEMOKRIT auf die Assimilation tugendhafter Charaktere («Man muß entweder gut sein oder einen Guten nachahmen.») oder kennzeichnet bei Xenophon das Nacheifern in bezug auf ein sittliches Vorbild. [4] Im Sinne einer vorbildorientierten Rede ist der früheste Beleg in der rhetorischen Tradition bei ISOKRATES zu finden. [5] In den ausdrücklich auf die künstlerische Darstellungspraxis Bezug nehmenden Quellen steht die Wiedergabe typischer Charakterzüge oder allgemeiner Merkmale im Vordergrund. Die eingehende Auseinandersetzung mit dem mimetischen Verhalten der bildenden Kunst in den ‹Memorabilien› Xenophons thematisiert die Frage der künstlerischen Wiedergabe von innerseelischen Regungen, Charaktereigenschaften bzw. der wahren Natur der sichtbaren Dinge in Hinsicht auf ein geistiges Vorbild. [6] Zusammenfassend betrachtet, steht der Begriff ‹M.› in der vorplatonischen Verwendungsweise für ein Ähnlichkeitsverhältnis in bezug auf ein Verhalten oder Handeln [7] bzw. eine lebendige Darstellung typischer Eigenschaften.

Anmerkungen:
1 vgl. H. Koller: Die M. in der Antike. Nachahmung, Darstellung, Ausdruck (1954) 25. – **2** vgl. G.F. Else: ‹Imitation› in the fifth Century, in: ClPh 53/2 (1958) 79; vgl. G. Gebauer, Chr. Wolf: M. Kultur – Kunst – Ges. (1992) 45. – **3** vgl. G. Sörbom: M. and Art. Studies in the Origin and Early Development of an Aesthetic Vocabulary (Uppsala 1966) 13, 20, 27, 38. – **4** Demokrit DK 68 B 39; Xenophon, Memorabilien I, Bd. 2, 2–3; vgl. Sörbom [3] 34f. – **5** vgl. Stichwort ‹Imitatio auctorum›, in: HWRh Bd. 4, Sp. 239ff. – **6** Xenophon [4] III, 10, 1–8; vgl. Sörbom [3] 78ff. u. 96. – **7** vgl. Demokrit DK 68 B 154.

2. *Platon, Aristoteles.* Gekennzeichnet durch das ‹Hervorbringen von Bildern› ist die künstlerische M. bei PLATON als spezifische Form einer Poiesis (ποίησις, poíēsis) [1] definiert. Die Art und Weise des Ähnlichkeitsverhältnisses und damit des Gegenstands- oder Wahrheitsbezugs der ‹Nachahmungen› steht im Zentrum der kritischen Auseinandersetzung mit den mimetischen Künsten. [2] Die durch den Begriff ‹M.› bezeichnete Ähnlichkeitsrelation kann sich bei Platon auf die leiblich-gestische Nachahmung sinnfälliger Phänomene [3], auf die Verkörperung einer Person oder Adaption einer Handlungsweise [4], auf die Darstellung wahrnehmbarer Qualitäten [5] oder Eigenschaften [6] sowie die sprachliche Repräsentation von Charakteren, Handlungen oder intelligiblen Gegenständen [7] beziehen. Im ‹Kratylos› kennzeichnet er den mimetischen Charakter der Rede, das Wesen (οὐσία, ūsía) der Dinge in Worte zu fassen. [8]

Im dritten Buch der ‹Politeia› setzt sich Platon im Kontext der Diskussion um die sittliche Erziehung in der Polis mit der charakterbildenden Wirkmacht dichterischer Rede (λόγος, lógos) und Darstellungsweise (λέξις, léxis) auseinander. [9] Aufgrund der Gefährdung der Seele durch sittlichkeitsverletzende, die Wahrheit verfälschende dichterische Fiktionen ist darüber zu wachen, daß sie, vergleichbar einem wirklichkeitsgetreuen Gemälde, das Gute in angemessener Form zur Sprache bringen. [10] Verfehlt die dichterische Erzählung diese sittlich normative, nicht-narrative Wahrheit [11], zeugt dies von einer schlechten Gesinnung des Dichters, denn die Reden sind gleichsam bildlicher Ausdruck (εἴδωλον, eídōlon) und Darstellungen (μίμημα, mímēma) einer seelischen Verfassung. [12] Gleichzeitig besteht die Ambivalenz einer jeden ‹Nachahmung› für Platon darin, daß sie Gewohnheit werden und in die Natur des Nachahmenden übergehen kann, sei es als körperliche, sei es als geistige Assimilation. [13] Eingebettet in die Ethoslehre ist die Aufgabe der Dichtung, das Bild eines guten Charakters (ἦθος, éthos) im Medium der Sprache hervorzubringen. [14] M. steht im Kontext der Erziehung in direkter Verbindung mit einem sittlichen Handeln (πρᾶξις, práxis): «sich ähnlich zu machen in Reden oder Taten». [15]

Platons Zurückweisung einer ausschließlich mimetisch verfahrenden Dichtung [16] (Tragödie / Komödie) steht nicht nur im Zusammenhang mit der betonten identifikativen Wirkung der Rede, sondern weist bereits auf ein metaphysisches Verständnis von M. Die Forderung nach wahrheitsgemäßer Darstellung eines nachahmungswürdigen Vorbilds verbindet sich mit einem epistemischen Konzept, wonach ein ausweisbares Wissen allein durch die Teilhabe an einer Idee gewährleistet ist.

Ein Dichter oder Rhetor, der ohne Berücksichtigung des sittlich Schönen beliebige Charaktere nachbildet, zielt, so der Vorwurf Platons, mit äußerem Blendwerk auf die Affektion der Leidenschaften. Desorientierung und Fehlleitung der Seelen der Hörenden sind die Folge.[17] Auch in der Musik sind Harmonie und Rhythmus als Ausdrucksformen einer Lebensweise (βίου μιμήματα, bíu mimḗmata)[18] auf Wohlgemessenheit und Wohlklang zu verpflichten, um, der Rede folgend, einen besonnenen Charakter zur Darstellung zu bringen.

Im Buch X der ‹Politeia› schlägt Platon hinsichtlich des Gehalts, der Darstellungsweise und der Wirkung der Dichtung schärfere Töne an. Diese Kritik prägt später die geistesgeschichtliche Auseinandersetzung um die künstlerische M. nachhaltig. Dargelegt am Modell handwerklichen Herstellens bestimmt Platon das wissensgeleitete Hervorbringen von Artefakten über die Ausrichtung des Verfertigenden an einer Idee (εἶδος, eídos) oder einem begrifflichen Wissen. Hiervon ausgehend werden die Produkte künstlerischer M. an ihrem Ideenbezug gemessen und sowohl, was ihren ontischen wie epistemischen Status angeht, verurteilt. Während Gott als Wesensbildner (φυτουργός, phyturgós) die eidetische Natur eines jeden wahrhaft Seienden hervorbringt, fertigt ein Handwerker (δημιουργός, dēmiurgós) seine Werkstücke im Blick auf eine unveränderliche Idee, wohingegen Maler (oder Dichter) als Nachahmer (μιμητής, mimētḗs) die je schon abbildlichen Artefakte nachbilden und hierbei lediglich einen aspektiven Widerschein, eine ‹Erscheinungsweise› darstellen. Somit um das Dreifache von der Wahrheit abstehend[19] sind die Werke der mimetischen Maler wie Dichter bloß äußerliche Abspiegelung vielfältigster Erscheinungsweisen, d.h. nichts als trügerische Phantasmen.[20] Der Anspruch eines ideenbezogenen Wissens oder zumindest richtigen Meinens als Bedingung einer jeden Kunst (τέχνη, téchnē) liefert die argumentative Basis, den mimetischen Künsten eine der Einsicht entbehrende Trugbildnerei vorzuwerfen. Denn dann sind die «Dichter nur Nachbildner von Schattenbildern der Tugend», ohne die Wahrheit zu berühren, vergleichbar einem Maler mit Worten, der «Farben gleichsam von jeglicher Kunst in Wörtern und Namen auftrage, ohne daß er etwas verstände als eben nachzubilden».[21] Platon verurteilt die Nachbildnerei (μιμητική, mimētikḗ) aufgrund ihrer Wahrheitsferne.[22] Der Täuschungscharakter der Malerei steht vielerorts prototypisch für die durch ihre Affektstimulanz verführenden Wortgemälde der Dichter und Rhetoren bzw. den problematisierten Wahrheitsbezug sprachlicher Darstellungen.[23] Als poietische Kunst, die suggeriert, schlichtweg «alles machen zu können»[24], ist Malerei eine Art von Spielerei, die Täuschungen vor Augen stellt.[25] In Parallelführung mit der malerischen M. entlarvt Platon im ‹Sophistes› das Scheinwissen der Rhetoren, deren Reden nicht auf einer Kenntnis um die Dinge selbst beruhen, sondern die mit gesprochenen Bildern (εἴδωλα λεγόμενα, eídōla legómena) und rhetorischen Phantasmen operieren.[26] Beurteilungskriterium der bilderzeugenden (εἰδωλοποιική, eidōlopoiikḗ) oder mimetischen Kunst ist der Wirklichkeits- bzw. Wahrheitsbezug.[27] Die trugbildnerische Kunst (φανταστική, phantastikḗ) der Rhetoren aber ist eine auf unsicheres Meinen gestützte Doxomimetik (δόξομιμητική, dóxomimētikḗ). Unhintergehbare Voraussetzung der adäquaten sprachlichen Präsentation ethischer Prinzipien ist nach Platon eine ausweisbare Kenntnis (ἐπιστήμη, epistḗmē).[28]

In Verbindung mit der Methexislehre etabliert Platon einen Ansatz, der als Konzept einer Ideenmimese gefaßt werden kann. Im kosmologischen Mythos ‹Timaios› bildet der göttliche Demiurg das sichtbare Weltall im Blick auf die paradigmatischen Ideen als ein bewegliches Abbild der Ewigkeit gemäß dem Vorbild der ewigen Natur. Das sichtbare All ist dem noetischen Kosmos so weit als möglich ähnlich gestaltet in «Hinsicht auf die Nachahmung seiner ewigen Natur»[29]. Diese Art von ‹Naturnachahmung› – im Unterschied zur kritisierten Mimese der sichtbaren Phänomene – führt auf einen eidetischen Naturbegriff. Gemeint ist das Teilhabeverhältnis, das zwischen den vorbildlichen ewigen Ideen (παραδείγματος εἶδος, paradeígmatos eídos) und dem abbildlichen Kosmos (μίμημα παραδείγματος, mímēma paradeígmatos) besteht.[30] Die Kunsttätigkeit des Demiurgen steht gleichsam prototypisch für eine ideenbezogene Hervorbringungstechnik, die im Platonischen Mythos ihre Fortsetzung in einer «Imitation zweiter Ordnung», der vorbildbezogenen Weiterführung der göttlichen Schöpfertätigkeit und -kraft findet.[31] Das Platonische Modell einer ideenbezogenen Poiesis ist wegbereitend für den kunsttheoretischen Mimesisbegriff bzw. dessen platonistische Auslegung im Sinne künstlerischer Ideenmimese, und es birgt den Ansatz einer Analogsetzung künstlerischer und göttlicher Schöpfertätigkeit.

Bei ARISTOTELES kennzeichnet M. in genereller Hinsicht den imitativen Naturbezug einer Kunst (τέχνη, téchnē), d.h. die strukturelle Analogie zwischen natürlichen, auf die Verwirklichung eines Werdeziels ausgerichteten Entstehensprozessen und ‹technischen› Herstellungsvorgängen oder nutzenorientierten Handlungen. Diese Auffassung einer das natürliche Werden imitierenden Technik läßt sich auf Demokrit wie die medizinische Schrift ‹De victu› zurückverfolgen.[32] Vor dem Hintergrund der Kritik an der Platonischen Ideenlehre[33] tritt bei Aristoteles die Natur (φύσις, phýsis) als Ursache der Entwicklung und des Werdens an die Stelle des Platonischen Demiurgen.[34] Bei physischen Entstehensvorgängen ist es die ursächliche Natur, aufgrund derer sich eine Form in einem materiellen Substrat zu einer immanent bereits angelegten Gestalt entfaltet, d.h. ihr natürliches Telos erreicht.[35] Aristoteles expliziert die Finalität von Naturprozessen an der Zielgerichtetheit technischen Herstellens.[36] Ein Technit oder Handwerker, der einem Stoff die Form (μορφή, morphḗ) verleiht und damit einen Gegenstand hervorbringt, trägt die intendierte Gestalt (εἶδος, eídos) des zu Verfertigenden bereits in seiner Seele.[37] Die menschliche Kunst ahmt die teleologische Struktur natürlichen Werdens nach, indem sie Vorgänge der Natur, die auf einer naturimmanenten Vernunft (λόγος, lógos) basieren, weiterführt oder erst zur Vollendung bringt.[38] Nach Aristoteles liegt in der Natur des Menschen, seiner naturgegebenen Vernunftfähigkeit, die noetische Voraussetzung technischen Handelns, die im Akt der Herstellung (poíēsis) realisiert wird.[39] Mit der in der ‹Physik› gegebenen Bestimmung, wonach die Kunst die Natur nachahmt[40], prägt Aristoteles eine Formulierung, die noch vor dem Bekanntwerden der ‹Poetik› gleichsam als

Topos («ars imitatur naturam») in die Aristotelesrezeption des lateinischen Abendlandes eingeht.

Die Dichtkunst (ποιητική, poiētikē) als künstlerische M. im engen Sinne geht nach Aristoteles auf eine dem Menschen eigene, natürliche Veranlagung zur Nachahmung (mimeísthai) zurück. Im Unterschied zu anderen Lebewesen ist der Mensch besonders zur Nachahmung befähigt, erwirbt durch die Freude an der Nachahmung seine Kenntnisse.[41] Künstlerische M., speziell die von Aristoteles ins Zentrum gerückte Dichtkunst, bringt Charaktere (ἦθος, éthos), Leiden (πάθος, páthos) und Handlungen (πρᾶξις, práxis) zur Darstellung, wobei sich die Gattungen nach dem Darstellungsmedium (Vers, Rhythmus, Melodie), dem Gegenstand (Charaktertypus eines handelnden Menschen) oder der Art und Weise der Darstellung (Bericht, Epos, Drama) unterscheiden.[42] Aristoteles, der in der ‹Poetik› in erster Linie eine Tragödientheorie entwickelt, etabliert die M. als spezifische Qualität der Dichtung. Die Tragödie ist M. «einer guten und in sich geschlossenen Handlung von bestimmter Größe, in anziehend geformter Sprache».[43] Die Darstellung einer Handlung (μίμησις πράξεως, mímēsis práxeōs) oder Lebenswirklichkeit (μίμησις βίου, mímēsis bíū) im Mythos bzw. der Fabel ist das Fundament der dramatischen Dichtung.[44] Ziel dieser dichterischen M. ist eine Weise der Geschehnisverkettung, die unter Berücksichtigung der handelnden Charaktere und ihrer Erkenntnisfähigkeit eine in sich schlüssige Handlungsstruktur darstellt. Der Wirklichkeitsbezug der Dichtung besteht nicht in der Nachahmung konkreter historischer Personen und Sachverhalte, ist keiner detailgetreuen Historiographie des Geschehenen im Besonderen verpflichtet. M. stellt eine Handlung dar, deren Einheit, Folgerichtigkeit und Glaubwürdigkeit auf allgemeinen, kausalen Prinzipien wirklichen Geschehens beruht. Die dichterische M. repräsentiert eine fiktive Wirklichkeit nach Plausibilitätskriterien, d.h. stellt ein ‹mögliches› Geschehen nach den Regeln der Wahrscheinlichkeit (εἰκός, eikós) oder Notwendigkeit (ἀναγκαῖον, anankaíon) dar.[45] Dichterische Fiktion erhält damit gerade in Abweichung von empirischer Faktizität eine Legitimation, sofern sie vergleichbar der philosophischen Erkenntnis auf allgemeine Prinzipien rekurriert. Das Kriterium der Wahrscheinlichkeit oder eines in sich schlüssigen Kausalzusammenhangs einer dargestellten Ereignisfolge wie das Kriterium der Notwendigkeit bzw. unveränderlichen Regularität oder Wirklichkeitsstruktur garantieren die spezifische Wahrheit dichterischer M. und eröffnen eine Möglichkeitsdimension.[46]

Dichtungs- wie Rhetoriklehren der Folgezeit werden durch den bei Aristoteles angelegten, wirkungspoetisch begründeten Spielraum künstlerischer Invention, Imagination und Wirklichkeitsillusion maßgeblich bestimmt. Gegen Platon ist Dichtung keine Vortäuschung, sondern ausdrücklich fiktionale Ausgestaltung eines im Sinne des ‹Möglichen› wirklich wirkenden, aber nicht tatsächlichen Geschehens. In ihrer exemplarischen Qualität ist die dichterische M. der Tragödie ein Medium der moralischen Belehrung wie der Erkenntnisförderung.[47] Wie ein guter Porträtmaler[48], der einen Charakter ähnlich und zugleich idealisierend darstellt, bringt die Tragödie Charaktertypen bzw. entsprechende Handlungsgefüge zur Darstellung, die in ihrem Modellcharakter die Identifikationsmöglichkeit des Rezipienten gewährleisten. Der Eindruck des Lebenswirklichen der Handlung in Verbindung mit der M. des Schaudererregenden und Jammervollen[49] erzeugt eine kathartische Wirkung, d.h. führt über die emotional affizierende Darstellung zur Läuterung.

Diese erzieherisch-sittliche Funktion künstlerischer M. betont Aristoteles in Anknüpfung an die Platonische Ethoslehre in der ‹Politik› am Beispiel der Musik, die in Rhythmus und Melodie Charaktereigenschaften oder Leidenschaften so auszudrücken vermag, daß eine Darstellung (mímēsis), sofern sie der wahren Natur ähnlich ist[50], den Hörenden unmittelbar in eine entsprechende Seelenverfassung versetzt. M. ist zweckgerichtet, dient der Charakterbildung, erzeugt eine kathartische Wirkung und verhilft über die Freude am Genuß zur rechten Lebensführung.[51] In der ‹Rhetorik› betont Aristoteles außerdem den von Staunen begleiteten Lerneffekt, der von Werken der nachahmenden Künste (Malerei, Bildhauerei, Dichtung) ausgeht, eine Lernfreudigkeit, die durch das Wiedererkennen des nachgebildeten Gegenstandes ausgelöst wird.[52]

Anmerkungen:
1 Platon, Symposion 205b-c; Sophistes 265b; Plat. Pol. 599a u. 601b. – 2 G. Sörbom: M. and Art. Studies in the Origin and Early Development of an Aesthetic Vocabulary (Uppsala 1966) 103ff. – 3 Platon, Kratylos 423a-b. – 4 ders., Hippias maior 287a u. 292c. – 5 ders., Leges 668a-b; Pol. 400df., Kratylos 423d. – 6 ders., Protagoras 342b; Plat. Politikos 306d. – 7 Plat. Politikos 300c4. – 8 ders., Kratylos 423e, 424b u. 431d. – 9 Plat. Pol. 392c. – 10 ebd. 377e. – 11 S. Halliwell: The ‹Republics›. Two Critiques of Poetry, in: O. Höffe: Platon. Politeia (1997) 319. – 12 Plat. Pol. 382b. – 13 ebd. 395cff. – 14 ebd. 401b. – 15 ebd. 396a.; Platon, Leges 668c. – 16 Plat. Pol. 392dff. – 17 ebd. 397d–398b u. Platon, Leges 668bff. – 18 Plat. Pol. 400a, vgl. ebd. 401a. – 19 ebd. 597e u. 599a. – 20 ebd. 598b. – 21 ebd. 600e-f. – 22 ebd. 603a-b. – 23 ebd. 472d, 484c-d, 500–501c, Platon, Kratylos 425a. – 24 ders., Sophistes 233d; Plat. Pol. 596c-d. – 25 ders., Sophistes. 234b; vgl. Pol. 602b. – 26 ebd. 234cff. – 27 ebd. 236cff. – 28 ebd. 267bff. – 29 Platon, Timaios 39e; vgl. 37dff. – 30 ebd. 48e5ff. – 31 H.G. Zekl: Einl., in: Platon, Timaios, hg. u. übers. von dems. (1992) XXXVII; Platon, Timaios 41c; 42e. – 32 Demokrit, DK 68 B 154; Corpus Hippocraticum, De victu I, 2ff. – 33 Aristoteles, Metaphysik 991b1ff. – 34 Aristoteles, De generatione animalium 731a 24, De partibus animalium 645a 9, 654b32; De incessu animalium 711a17. – 35 Aristoteles, Protreptikos B11. – 36 F. Solmsen: Nature as a Craftsman in Greek Thought, in: ders., Kl. Schriften I (1968) 344f. – 37 Aristoteles, Metaphysik 1032a32. – 38 ders., Physik 199a15–20 u. 199b28ff.; Protreptikos B13, B14, B23, B47-B50. – 39 vgl. H. Schneider: Das griech. Technikverständnis. Von den Epen Homers bis zu den Anfängen der technologischen Fachlit. (1989) 188ff. – 40 Aristoteles, Physik 194a21f.; Meteorologica 381b6f. – 41 Arist. Poet. 4, 1448b5ff. – 42 ebd. 1447a13ff. – 43 ebd. 1449b24ff. – 44 ebd. 1450a16ff. – 45 ebd. 1451a 36ff. – 46 S. Halliwell: The Poetics of Aristotle, Translation and Commentary (London 1987) 109. – 47 ebd. 72. – 48 Arist. Poet. 1454b8ff. – 49 ebd. 1449b25ff.; 1452a1ff.; 1453a30ff. – 50 Arist. Pol. 1340a15–40. – 51 ebd. 1341b36–1342a1. – 52 Arist. Rhet. 1371b5ff.; Arist. Poet. 4.1448b8ff.

Literaturhinweise:
G. Finsler: Platon und die aristotelische Poetik (1900). – E. Stemplinger: M. im philos. und rhet. Sinne, in: Neue Jb. für das klass. Altertum, Gesch. und Dt. Lit. und für Pädagogik, Jg. 16 (1913) 20–36. – W.J. Verdenius: M. Plato's Doctrine of Artistic Imitation and its Meaning to us (Leiden 1949). – J.L. Dotts: Aristotle. On the Art of Fiction (Cambridge 1953). – P. Moraux: La ‹mimesis› dans les théories anciennes de la danse, de la musique et de la poesie. A propos d'un ouvrage récent, in: Les Études Classiques 23 (1955) 3–13. – W. Tatarkiewicz: Gesch. der Ästhetik I, Die Ästhetik der Antike (1979). – G.F. Else: Plato and Aristotle on Poetry, hg. v. P. Burian (Chapel Hill / London 1986). – V. Gray: M. in Greek Historical Theory, in: AJ Ph. 108/3 (1987) 467–486. – M. Kardaun: Der Mimesisbegriff in der griech. Antike. Neubetrachtung eines umstrittenen Begriffes als

Ansatz zu einer neuen Interpretation der platonischen Kunstauffassung (Amsterdam 1993). – P. Murray (Hg.): Plato on Poetry (Cambridge 1996).

II. *Römische Antike, Patristik.* In der ältesten erhaltenen römischen Rhetorik, der ‹Rhetorica ad Herennium›, greift der anonyme Autor den Topos der naturnachahmenden Kunst auf: «Imitetur ars igitur naturam, et, quod ea desiderat, inveniat, quod ostendit, sequatur.» [1] Die Kunst ahmt die Natur nach, indem sie herausfindet, wonach sich diese sehnt, um dem, was die Natur zeigt, zu folgen. Der nicht zuletzt stoisch geprägte Naturbegriff steht hier für die Naturanlage oder natürliche Begabung (*ingenium*), die durch Unterweisung (*doctrina*) zu schulen ist. Die Kunst stärkt und vermehrt die Vorteile der Natur («ars porro naturae commoda confirmat et auget»). [2] Dies gilt besonders für die Ausbildung des Rhetors. In der rhetorischen Gedächtniskunst (Mnemotechnik) heißt es, das natürliche Gedächtnisvermögen (*memoria naturalis*) durch die Kunst auszubilden und gleichzeitig die künstliche Memorierung (*artificiosa memoria*) an der Natur zu orientieren. [3] Weil sich naturgemäß außergewöhnliche oder neuartige Ereignisse stark einprägen, wählt der Rhetor Bilder (*imagines*) von einer Wirkkraft, die einen Sachverhalt lebhaft in Erinnerung treten lassen.

Bei CICERO wird der imitative Naturbezug in genereller Hinsicht im Kontext des sittlich Schicklichen (*decorum*) diskutiert, das sich im Handeln, in den Worten, in Körperhaltung und Bewegung in Schönheit (*formositas*), Ordnung (*ordo*) und Schmuck (*ornatus*) zeigt. Um des Anstandes willen gilt es der Natur, die diese Kriterien allerorten berücksichtigt, zu folgen. («Hanc naturae tam diligentem fabricam imitata est hominum verecundia.» [4] In Orientierung an der Gesamtnatur («natura universa») ist zunächst einmal die je eigene Natur, nicht die Nachahmung anderer, der Maßstab und die Regel jeglichen Studiums. [5] Diese lehrende Natur («natura docens») mit den Verstandesgaben ‹nachahmend› («imitata ratio»), d.h. seine individuellen Naturanlagen ausbildend, erwirbt der Mensch seine unzähligen Künste und lebensnotwendigen Fertigkeiten bzw. erlangt die Tugend als zur Vollkommenheit geführte Natur («perfecta et ad summum perducta natura»). [6] Die Ausbildung der individuellen Anlagen steht im Kontext der Rhetorik nicht im Widerspruch zur Nachahmung von literarischen Vorbildern (*imitatio auctorum*), sondern wird durch diese unterstützt. Hinsichtlich der Ausbildung des vollkommenen Rhetors, der sich als *orator sapiens* durch eine umfassende philosophische Bildung auszeichnet, betont Cicero die Entfaltung der je spezifischen Naturgaben. So ist etwa bei der Schulung der Stimmführung, die zum Bereich der Körpersprache («quasi corporis quaedam eloquentia») gehört und eine wesentliche Bedingung wirkungsvoller Redekunst ist, der Natur zu folgen, die der Kunst die Regeln einer angemessenen Akzentuierung und des erfreuenden Wohlklangs vorgibt. [7] Die wirkungsvolle (*ornate*) und angemessene (*apte*) Ausschmückung einer Rede, die in der Verbindung der Worte auf der rhythmischen Stellung (*conlocatio*), der Melodie (*modus*) und der Ausgewogenheit (*forma*) (basierend auf Kriterien der Dichtungs- bzw. Musiktheorie [8]) beruht, orientiert sich insofern an den Naturerscheinungen, als auch in diesen eine Ordnung hervortritt, innerhalb derer jedes Teil notwendig ist und zur Schönheit des Ganzen beiträgt. [9] Zwar besiegt die Wirklichkeit, d.h. der unmittelbare, natürliche Gemütsausdruck, jede Nachahmung («in omni re vincit imitationem veritas»), doch weil die Gemütsbewegung, die der Vortrag (*actio*) auszudrücken und nachzuahmen hat («declaranda aut imitanda»), sich nur verworren und verdeckt zeigt, ist es Aufgabe des Redners, den Charakteristika einer Gemütsregung in Miene, Tonfall und Gebärde mittels der Kunst zum deutlichen Ausdruck zu verhelfen. [10]

Nach HORAZ' ‹Ars Poetica›, die in der abendländischen Tradition als Weiterführung der M.-Theorie der Aristotelischen ‹Poetik› und zugleich als rhetorische Stillehre rezipiert wird, sind die Dichtkunst wie die Malerei entsprechend dem berühmten Diktum «ut pictura poesis» [11] in ihren Erfindungen sowohl auf das sittlich Angemessene, eine klare Ordnung wie eine der Vernunft bzw. der Erfahrung nicht widersprechende Darstellung verpflichtet. Der kundige Nachahmer («imitator doctus») [12] wählt einen vorbildlichen Charakter oder ein beispielhaftes Leben («exemplar vitae morumque»), um mit der Dichtung zu nutzen oder zu erfreuen («aut prodesse volunt aut delectare poetae»). [13] Auch für Horaz ist es unabdingbar, eine natürliche Fähigkeit durch methodische Schulung zu fördern. [14] Voraussetzung, um mit der dichterischen Rede fesselnde Wirkkraft und damit eine psychagogische Qualität zu entfalten, ist der authentische Ausdruck einer innerseelischen Verfassung. [15]

Für QUINTILIAN zeichnet es den Schmuck (*ornatus*) der Rede (*narratio*) aus, eine Anschaulichkeit (ἐνάργεια, enárgeia; *evidentia*) zu entfalten, die einen Gegenstand über die Einsichtigkeit (*perspicuitas*) und das Wahrscheinliche (*probabilis*) hinaus in einer Weise vergegenwärtigt, daß er gleichsam greifbar vor dem geistigen Auge des Hörers steht. [16] Die Wirkung wird in der sprachlichen Darstellung erreicht, wenn die Dinge wahrscheinlich wirken («si fuerint veri similia»), wobei nichts hindert, Falsches zu erfinden («licebit etiam falso adfingere»), sofern es der Erfahrung nicht widerspricht. [17] Um diese höchste Kraft der Rede zu erlangen, gilt es die Natur ins Auge zu fassen, ihr Folge zu leisten. («naturam intuemur, hanc sequamur»), d.h. die je eigene Natur belehrt über die Mittel einer identifikativen Wirkkraft sprachlichen Ausdrucks. [18] Wie bei Cicero geht es nicht um eine tatsachengetreu abbildende, sondern um eine lebensecht wirkende und damit bewegende Darstellungsqualität der Rede.

Als ein bedeutender Vertreter der späten Stoa greift SENECA D. J. in Auseinandersetzung mit der Platonischen wie Aristotelischen Ursachenlehre den Topos einer Analogie von Naturprozessen und künstlerischen Hervorbringungsvorgängen auf und entfaltet ihn vor dem Hintergrund der stoischen Naturphilosophie. Der Gedanke der ‹Naturnachahmung› steht einerseits im Zusammenhang mit der sittlichen Ausbildung des Menschen. Die höchste Tugendhaftigkeit oder Vernunft besteht in Übereinstimmung mit der Vernunftordnung der Natur («naturae imitatio»). [19] Andererseits ist die Natur insofern maßgeblich für die künstlerische Hervorbringung von Artefakten, als jede Kunst auf ‹Nachahmung› der Natur beruht: «Omnis ars naturae imitatio est.» [20] Strukturell entspricht die Herstellung von Artefakten dem Wirken der göttlichen Erstursache oder der alles hervorbringenden Natur der Dinge, denn so wie diese eine Idee («idea») oder ein ewiges Vorbild («exemplar aeternum») verwirklicht, so greift auch ein Maler in Nachbildung eines Vorbildes («exemplar picturae») auf eine Idee («idea») zurück, um sie als Gestalt («idos» im Sinne von εἶδος, eídos) auf sein Werk zu übertragen. [21]

Wenngleich theoretisch nicht weiter ausgeführt, findet bei Seneca die künstlerische Transformation einer vorbildlichen Idee, wobei es keine Rolle spielt, ob sie vor Augen steht oder im Geiste entworfen wird [22], zur formgebenden Gestalt des Kunstwerkes Betonung. Der Künstler verhält sich aufgrund seiner vorbildbezogenen Verfahrensweise mimetisch zur Natur.

Die eklektizistische M.-Auffassung des kaiserzeitlichen griechischen Autors DIONYSIOS VON HALIKARNASSOS steht in enger Verbindung mit der Nachahmung literarischer Vorlagen (*imitatio auctorum*) wie der Mimese vorbildlicher Lebens- und Handlungsweisen (*imitatio morum*). [23] In Berufung auf das vielerorts bemühte Elektionsverfahren des Malers Zeuxis [24] zeigt Dionysios in der Schrift ‹De imitatione›, daß es gilt, die rhetorischen Stilqualitäten ausgewählter literarischer Vorbilder aufzunehmen bzw. zum Zweck der Darstellung herausragender Charaktere jeweils das Beste nachzuahmen und in eine neue Zusammensetzung zu überführen, um damit die Vorlagen zu übertreffen (ζήλωσις, zélōsis). [25] Über diese Synthese fügt sich ein Bild, das wahrhafter Ausdruck der eigenen produktiven Natur ist. [26] Vorbildlich sind die gelungenen Sittengemälde (ἠθοποιία, ēthopoiía) des Redners Lysias, dessen M. von Charakteren und Affektzuständen Angemessenheit (πρέπον, prépon) zeigt, unter großem künstlerischem Aufwand den Eindruck von Natürlichkeit (φυσικόν, physikón), Glaubwürdigkeit und Überzeugungskraft vermittelt [27] und dabei vergessen läßt, daß die Kunst die Natur nachahmt. [28] Diese dem Vorbild eines Lysias oder Homer folgende Qualität künstlicher Wahrheitsdarstellung zeichnet einen Dichter oder Redner als Nachahmer der Natur aus. [29] Die literarische M. des Natürlichen ist bei Dionysios von Halikarnassos einer eklektizistischen *imitatio auctorum* untergeordnet [30], führt aber im Sinne der *aemulatio* über diese hinaus und zielt in Verknüpfung mit der *imitatio morum* auf die natürliche Wirkung kunstvoller Charakterzeichnungen.

Basierend auf der rhetorischen Affektenlehre mißt PSEUDO-LONGINUS der wirkungspoetischen Dimension der Dichtung in der Schrift ‹Über das Erhabene› größte Bedeutung bei. Die erhabene Rede sucht die Hörer mitzureißen, stellt mittels der bilderzeugenden Phantasie [31] eine fiktive, aber dennoch glaubwürdige Welt vor Augen. Durch die Intensität des leidenschaftlichen Ausdrucks der inneren Natur (Anlage) und Seelengröße des Dichters entfaltet die sprachliche Fiktion eine bewegende, vergegenwärtigende Wirkung. [32] Die Nachahmung literarischer Vorbilder erhält bei Ps.-Longinus den Charakter einer Inspirationsquelle [33], befördert ein Schaffen aus eigener Natur in Rekurs auf Vorbilder. Ausbildung und Schulung des künstlerischen Sachverstandes sind notwendig, um der großen Natur (μεγαλοφυία, megalophyía) zur Darstellung des Erhabenen zu verhelfen. [34] Neben begeistertem Pathos und einer natürlichen Fähigkeit zur erhabenen Rede sind es die Mittel der Kunst, rhetorische Figurenlehre, Wortwahl und -fügung, wodurch der Dichter oder Rhetor das Wirken der Natur nachahmt mit dem Ziel, daß die Kunst als Natur erscheint bzw. die Natur die Kunst einschließt [35], so daß die rhetorischen Kunstgriffe verborgen bleiben. [36] Eine gelungene sprachliche Komposition gleicht dem organischen Zusammenhang eines Körpers. [37] Sofern die erhabene Rede das Niedrige und Gemeine meidet, ahmt sie die hervorbringende Natur nach. [38] M. weist bei Ps.-Longinus auf den durch Kunstregeln und Einsicht erst zur Vollkommenheit geführten erhabenen Ausdruck der Natur- und Seelengröße des Schriftstellers. Die mit rhetorischen Stilmitteln erzeugte Wirklichkeitsillusion sucht eine unmittelbar vergegenwärtigende, bewegende Wirkkraft zu erzielen, die den Kunstcharakter vergessen läßt.

In pädagogischer Hinsicht betrachtet sind die trügerischen Wirklichkeitsfiktionen und vielfachen Lügen der Dichter [39] für PLUTARCH kennzeichnend für die als μιμητικὴ τέχνη, mimētikḗ téchnē [40] bestimmte dichterische Poiesis. Die wirkungsorientierte dichterische Erfindung erzeugt, gleich den Farben in der Malerei, eine Illusion des Lebendigen und erfreut dadurch mehr als eine nüchterne Wirklichkeitsschilderung oder Tatsachenbeschreibung. [41] «Dichtung ist», nach dem berühmten, Simonides zugeschriebenen Diktum, «ein sprechendes Gemälde, Malerei ein stummes Gedicht». [42] Im Unterschied zum Wahrheitsanspruch philosophischer Lehren beruht die Anziehungskraft der mimetischen Fiktionen gerade auf der Konstruktion lehrreicher Lügen. Denn das Vermögen, gelungene Nachbildungen hervorzubringen (καλῶς μιμεῖσθαι, kalōs mimeísthai) – nicht der Darstellungsinhalt derselben – bzw. die Glaubwürdigkeit der Fiktionen lösen Bewunderung aus und sind der philosophischen Anfangserziehung der Jugend, das Wissen um den Lügencharakter vorausgesetzt, förderlich. [43] Aufgrund einer natürlichen Affinität des menschlichen Verstandes zu den Hervorbringungen der nachahmenden Künste, deren listenreiche mimetische Darstellungen (μιμήσει πανουργία, mimḗsei panurgía) Kunstfertigkeit und Verstand manifestieren, üben diese Werke mehr Reiz aus als die Wirklichkeit. [44] Die der Malerei wie der Dichtung eigenen Mittel einer lebendigen Veranschaulichung (γραφικὴ ἐνάργεια, graphikḕ enárgeia) von Charakteren oder Emotionen zeichnen als rhetorisches Stilmittel auch eine gelungene Geschichtsschreibung aus. Durch das wirkungsvolle sprachliche Bild eines Geschehens wird der Rezipient gleichsam zum Augenzeugen, vollzieht die dargestellten Leidenschaften innerlich nach. [45] Sofern die dichterische Fiktion auf die wirklichkeitsabbildende Geschichtsschreibung zurückgreift, gilt sie als Bilderzeugung zweiten Grades. Plutarch betont somit den lügnerischen, wirklichkeitsfernen Charakter dichterischer Fiktion, legt jedoch den Akzent auf die Veranschaulichungsqualität bzw. Illusionswirkung bilderzeugender M. [46]

Eine entschiedene Verteidigung der künstlerischen Wirklichkeitsillusion formuliert FLAVIUS PHILOSTRATUS. Jegliche Kunst geht auf eine dem Menschen natürliche Erfindung, auf die angeborene Fähigkeit zur M. zurück. [47] Das von Natur aus mimetische Verhalten (μιμητικὴ ἐκ φύσεως, mimētikḕ ek phýseōs) ist zum einen definiert als eine Tätigkeit des Geistes oder der Phantasie [48], zum anderen als ausgeübte Darstellungsweise, sei es in Malerei oder Dichtung. M. umfaßt bei Philostratus das Moment der geistigen Anschauung wie der sinnlichen Umsetzung im künstlerischen Werk. [49] Die praktische Ausführung ist jedoch keine Nachbildung des Wirklichen im Besonderen, sondern basiert auf dem produktiven Vorstellungsvermögen des Geistes, einer bildlichen Verdichtung in der Darstellung von Charakteren oder Handlungen. Kunstverstand (σοφία, sophía) und ein glücklicher Moment (καιρός, kairós) sind die maßgeblichen Kriterien künstlerischer M., die dem Wahrscheinlichen bzw. einer «inneren Wahrheit» des Wirklichen verpflichtet ist. [50]

Der Mimesisgedanke wird in der spätantiken Literatur einerseits (im Rückgang auf die Lehren der Aristotelischen ‹Poetik› wie nach rhetorischen Kategorien) in Hinsicht auf die vergegenwärtigende Wirkung bzw. den Lerneffekt künstlerischer Fiktionen thematisiert. Die Wirkintention entbindet die mimetische Darstellung einer konkreten Wirklichkeitsschilderung, verpflichtet sie aber auf allgemeine Prinzipien der Glaubwürdigkeit bzw. naturkonformen Wahrscheinlichkeit. Andererseits wird M. in Rekurs auf Platons eidetischen Naturbegriff oder die Idee diskutiert, die etwa bei Cicero als ein dem menschlichen Geist innewohnendes Vorbild gefaßt wird [51] bzw. den stoischen Ansatz eines Seneca prägt. Im Sinne einer Ideenmimese weist diese Auslegung des M.-Gedankens auf die produktionsästhetischen Voraussetzungen künstlerischer Hervorbringungen.

So bezieht der Neuplatoniker PLOTIN in Fortführung des ideenmimetischen Konzeptes Platons künstlerische M. nicht auf die Abbildung sinnfälliger Naturdinge, sondern auf die Verwirklichung rationaler Formen (λόγοι, lógoi). Keinesfalls sind daher die Künste geringzuschätzen, weil sie in ihrer Erzeugungstätigkeit die Natur nachahmen [52], sofern die Natur ihrerseits die Weltseele bzw. den Geist nachahmt, indem sie die intelligiblen Formen in den physischen Dingen verwirklicht. Die Natur des Alls schafft die körperlichen Dinge als kunstreiche Nachahmung (μίμησις, mímēsis) rationaler Formen, vermittelt wie ein Dolmetscher (ἑρμηνευτική, hermēneutiké) zwischen intelligibler und irdischer Welt. [53] Gleichermaßen verfährt der menschliche Künstler, indem er die der Seele innewohnenden Ideen in Artefakten zur Darstellung bringt. In der Kunst wird ‹wie› in der Natur eine Idee zur Entfaltung gebracht, wobei für Plotin die innerseelische Tätigkeit der entscheidende Vorgang ist, nicht die sinnliche Repräsentation.

PROKLOS setzt in seinem Kommentar zum Platonischen ‹Timaios› wie Plotin die Natur als vierte Hypostase. Die menschliche Kunst ahmt das Wirken dieser hervorbringenden Natur nach, so Proklos in Bezugnahme auf die Aristotelische ‹Physik›. [54] Die Verbindung des Platonischen Schöpfungsmythos mit der Aristotelischen Ursachenlehre findet vermittelt über CALCIDIUS als vielzitierte Formel Eingang in die mittelalterliche Literatur.

Die christlichen Autoren der Spätantike suchen zunächst die Einflüsse antiker Dichtung ob ihrer verführerischen Wirkung wie der Abweichung von der Wirklichkeit der göttlichen Schöpfung zurückzudrängen. So verurteilt der frühchristliche Apologet TERTULLIAN nicht nur philosophische Lehren, die sich von der biblischen Offenbarung entfernen, sondern vor allem die pagane Tradition der Schauspiele, Wettstreite und ruchlosen Spektakel. Die Erstellung von Bild- und Blendwerk verbietet sich vor Gott. Da alles, was entstanden ist, auf die göttliche Schöpfung zurückgeht, sind die künstlichen Erzeugnisse Teufelswerk, Ausdruck der Verführung schlechthin: «Quod nascitur, opus Dei est. Ergo quod infingitur, diaboli negotium est.» [55] Der Schöpfer der Wahrheit liebt nichts Falsches, alle Erdichtung ist ihm Verfälschung: «Non amat falsum auctor veritatis: adulterium est apud illum omne quod fingitur.» [56] Der großen Skepsis, mit der die frühen Kirchenväter den Wirklichkeitsfiktionen ‹heidnischer› Künste, dem verführerischen Täuschungscharakter wie der Eitelkeit der Künstler [57] begegnen, steht auf der anderen Seite eine große Bewunderung der Ausdruckskraft, des rhetorisch kunstvollen Stils und der belehrenden Wirkung der Dichtung gegenüber. [58]

Kennzeichnend für das assimilative Verhältnis der christlichen Apologeten zur antiken Überlieferung ist die Aufnahme rhetorischer Lehren in christlich amalgamierter Form. Die Kirchenväterliteratur wird wegweisend für die Entwicklung einer christlichen Stil- und Auslegungslehre, indem die Bibel als herausragendes rhetorisches Sprachkunstwerk gegen die heidnische Überlieferung etabliert wird, so daß die Prinzipien antiker Rhetorik in den Dienst einer Vermittlung christlicher Lehren gestellt werden können. [59] Poesie und vor allem Rhetorik nach antikem Vorbild gewinnen als Formen der allegorischen, sinnbildlichen oder figuralen Offenbarung christlicher Wahrheit in kunstvoller Sprache immense Bedeutung. Nach der Auffassung des christlichen Rhetorikers LACTANZ sind die antiken Dichter keine Lügner, wie man ihnen irrtümlich vorwirft, denn sie erfinden nicht die Ereignisse selbst («non ergo ipsas res gestas finxerunt poetae»), sondern verleihen der Schilderung historischer Tatsachen durch eine dichterische Farbgebung («poeticus color») eine Ausschmückung. Aufgabe («officium poetae») und Maß dichterischer Gestaltungsfreiheit («poeticae licentiae modus») bestehen darin, wahre Ereignisse im Gewand schmuckvoller Figurationen in anderer Gestalt vorzustellen, gleichsam zu übersetzen. [60] Die dichterische Einkleidung birgt eine verhüllte Wahrheit («veritas involuta»). [61] Angesichts der ihrerseits poetisch gefaßten Offenbarungswahrheiten der biblischen Schriften kann die Poesie im christlichen Kontext als verborgene Theologie gerechtfertigt werden. Neben Laktanz ist es vor allem AUGUSTINUS, der die poetische Fiktion als bildliche Darstellung der Wahrheit («figura veritatis») gegen der Vorwurf der Lüge verteidigt, sofern sie auf eine tiefere Wahrheit verweist, wie es die heilige Schrift selbst zeigt, deren verborgener Sinn in poetisch-allegorischen Bildern und Gleichnissen ausgedrückt ist, um auf diese Weise die Offenbarung des wahren Gottes zu vermitteln. Eine Erdichtung, die sich auf eine Wahrheit bezieht («Fictio igitur quae ad aliquam veritatem refertur»), so Augustinus im Kommentar zum Matthäusevangelium, ist eine Rede in bildlicher Einkleidung («figura»); lediglich sofern dieser Wahrheitsbezug fehlt, ist von einer Lüge («mendacium») zu sprechen. [62] Augustinus, seinerseits als Rhetoriklehrer Kenner der antiken Lehre, verschafft der Bibel als Buch höchster Weisheit wie rhetorischer Kunst (*locutio figurata*) in ‹De doctrina christiana› höchste Geltung und gibt damit den für die geistesgeschichtliche Entwicklung folgenreichen Anstoß zur Entstehung einer Fülle von Lehrschriften zur christlichen Redekunst. Im Kontext der rhetorischen Fundierung christlicher Schriftexegese bzw. der Vermittlung religiöser Wahrheiten finden poetische Fiktionen und Gleichnisse, wenngleich zunächst in Einschränkung auf die Vermittlung christlicher bzw. moralischer Wahrheiten, eine Rechtfertigung.

ISIDOR diskutiert in den ‹Etymologiae› den Wirklichkeitsbezug der überlieferten antiken Dichtungen. Die Fabeln sind rein sprachliche Fiktionen, leiten sich nicht von den Tatsachen, sondern vom Hörensagen ab («Fabulas poetae a fando nominaverunt, quia non sunt res factae, sed tantum loquendo fictae»). Anders als historische Darstellungen, die sich entweder auf wahre oder zumindest mögliche Geschehnisse beziehen, widerstreiten die Gegenstände und Handlungen der Fabeln geradewegs der Natur: «contra naturam sunt». [63] Dennoch dienen, wie Isidor anerkennt, Fabeln als dichterische Fiktionen teils der Ergötzung, teils dem Verständnis der Natur der Dinge und nicht wenige der moralischen Belehrung. [64]

Vor dem Hintergrund der Rhetorizität der biblischen Schriften als Weise der sprachlichen Ausschmückung einer verborgenen Wahrheit, deren Gehalt sich weder auf den Literalsinn beschränkt noch an einem historischen Wirklichkeitsbezug zu messen ist, erfahren die poetischen Fiktionen eine Aufwertung, sofern sie der sittlichen Unterweisung dienen. Diese veränderte Haltung zu den *fabulae fictae* angesichts der Tatsache, daß die Bibel selbst Prototyp einer in dichterischen Allegorien, in Erdichtungen und Hüllen («figmentis et velatis») offenbarten Lehre ist [65], wird wegbereitend für die mittelalterliche Tradition.

Anmerkungen:
1 Auct. ad Her. III, 22, 36. – 2 ebd. III, 16, 28; vgl. Cic. De or. I, 113f. – 3 Auct. ad Her. III, 16, 29; vgl. Cic. De or. II, 356ff.; Quint. III, 3, 4. – 4 Cicero, De officiis I, 126–127. – 5 ebd. I, 110. – 6 Cicero, De legibus I, 26. – 7 Cic. Or. 17, 55-18, 58. – 8 Cic. De or. III, 174. – 9 ebd. III, 178ff. – 10 ebd. III, 214ff. – 11 Hor. Ars. 361. – 12 ebd., 318. – 13 ebd., 333. – 14 ebd., 408. – 15 ebd., 99ff. – 16 Quint. VIII, 3, 61f. – 17 ebd. VIII, 3, 70. – 18 ebd. VIII, 3, 71. – 19 Seneca d. J., Epistulae morales 66, 39ff. – 20 ebd. 65, 3. – 21 ebd. 58, 19ff. – 22 ebd. 65, 7ff. – 23 T. Hidber: Das klassizistische Manifest des Dionys von Halikarnass. Die Praefatio zu ‹De oratoribus veteribus›. Einl., Übers., Komment. (1996) 56–74. – 24 Cic. Inv. II, 1ff.; Plinius, Naturalis historia XXXV, 64; Xenophon, Memorabilien III, 10, 1. – 25 Dionysios von Halikarnassos, De imitatione, 2, 1, 1–4. – 26 ebd., 2, 2, 1. – 27 ders., Lysias 10, 1. – 28 ders., Isocrates 16, 1. – 29 ders., Lysias 8, 7. – 30 Hidber [23] 64. – 31 Ps.-Long. Subl. 15, 1f. – 32 U.J. Beil: Rhet. «Phantasia». Ein Beitr. zur Archäologie des Erhabenen, in: arcadia. Zs. für vergleichende Lit.wiss. 28 (1993), 234ff. – 33 Ps.-Long. Subl. 13, 2 u. 14, 1. – 34 ebd. 9, 1; 36, 3f. – 35 ebd. 22, 1. – 36 ebd. 17, 1ff. – 37 ebd. 10, 1; 24, 1;40, 1. – 38 ebd. 43, 5. – 39 Plutarch, De audiendis poetis 16 A 10. – 40 ebd. 17F. – 41 ebd. 16 B 19f.; Aristoteles, Metaphysik I 2, 983a. – 42 Plutarch [39] 17F2ff.; De gloria Atheniensium 2, 346F. – 43 ders., De audiendis poetis 18D5. – 44 ders., Quaestiones convivales V 1, 673F. – 45 ders., De gloria Atheniensium 3, 347C. – 46 ebd. 4, 348B. – 47 Philostratus, Imagines I, 1. – 48 ders., Vita Apollonii VI, 19. – 49 ebd. II, 22. – 50 ders., Imagines I, 9, 5; Philostratos: Die Bilder, nach Vorarbeiten von E. Kalinka hg., übers. und erl. v. O. Schönberger (1968) 55f. – 51 Cic. Or. 2, 7. – 52 Plotin, Enneaden V, 8, 1, 33–40. – 53 ebd. IV, 3, 11, 7–20. – 54 Proklos, In Timaeum 28 AB; Aristoteles, Physik 194a21ff. – 55 Tertullian, De cultu feminarum II, 5, 4, in: CChr. SL I (1954). – 56 ders. ebd.: De spectaculis 23, 4–6; vgl. Eusebius, Praeparatio evangelica MG 21, 1063 Bff. – 57 vgl. Clemens Alexandrinus, Cohortatio ad gentes, MG Bd. 8, 144 A ff. – 58 ebd. 156 A ff.; Basilius Maximus, Sermo de legendo, MG Bd. 31, 563C–90A. – 59 vgl. Dyck 23 u. 142ff. – 60 Lactantius, Divinae institutiones I, 11, ML Bd. 6, 171 A-B. – 61 ebd. 172f. – 62 Augustinus, Quaestionum Evangeliarum Libri Duo II, 51, ML Bd. 35, 1362. – 63 Isid. Etym. I, 40. – 64 ebd I, 44. – 65 Hrabanus Maurus, Allegoriae in universam sacram scripturam, ML 112, 849.

Literaturhinweise:
Curtius. – Norden. – Borinski. – Ch. Gnilka: Χρῆσις. Die Methode der Kirchenväter im Umgang mit der antiken Kultur Bd. 1 (1984), Bd. 2 (1993). – Fuhrmann Dicht. – Kennedy Christ.

III. *Mittelalter.* In den Schriften des lateinischen Mittelalters läßt sich die Auseinandersetzung mit dem Mimesisgedanken zum einen im Kontext eines christlichen Platonismus verfolgen, zum anderen findet sie ihren Niederschlag in der vorrangig aristotelisch geprägten scholastischen Literatur. In platonischer wie aristotelischer Rezeptionslinie, die sich nicht durchgängig scharf trennen lassen, bezieht sich die Diskussion des Status der Kunst als *imitatio naturae* zunächst in einem unspezifischen Sinne auf kunstgeleitete, menschliche Herstellungstätigkeiten. Dies entspricht dem weit gefaßten Begriff von *ars* gemäß dem griechischen téchnē-Verständnis. Auf der Basis rationalen Wissens ist eine Kunst prinzipiell durch regelgeleitetes Hervorbringen definiert. [1] Eine wichtige Voraussetzung für die Entwicklung einer explizit auf die Kunst- bzw. Dichtungstheorie bezogenen Thematisierung von M. ist die Neubestimmung des Verhältnisses der Disziplinen des Trivium und des Quadrivium innerhalb des mittelalterlichen Wissenschaftssystems und die damit verbundene Wiederbelebung des Studiums der Beredsamkeit nach antikem Vorbild, womit eine Aufwertung der bis dato als randständig betrachteten Dichtkunst einsetzt. In Zusammenhang mit dem erstarkenden Interesse für die rhetorischen Schriften der Antike in der intellektuellen Kultur des 12. Jh. gewinnen, nicht zuletzt in Anknüpfung an die patristische Tradition der Schriftexegese, die dichterischen Fiktionen als poetische Formen der Wahrheitsvermittlung an Bedeutung. [2]

1. *Christlicher Platonismus.* Ein Grundzug der mittelalterlichen, durch einen christlich assimilierten Platonismus bestimmten philosophischen Ausrichtung des 12. Jh., die als Schule von Chartres gefaßt wird, ist die Bemühung um eine rationale Fundierung christlicher Theologie. Eine naturwissenschaftlich-kosmologische Orientierung auf der Grundlage der quadrivialen Diziplinen geht einher mit dem Postulat einer notwendigen Verknüpfung mit dem Studium des Trivium. [3] Die durch die geforderte Verbindung von *eloquentia* und *sapientia* eingeleitete Nobilitierung literarischer Gestaltungsformen, ihrer rhetorischen wie dichterischen Qualitäten, legitimiert im Kontext einer christlich dominierten Lehrtradition die verstärkte Hinwendung zu den Überlieferungen antiker Schriftkultur. Mit aller gebotenen Vorsicht läßt sich diese Tendenz als ‹humanistischer› Zug charakterisieren. [4]

Dieses Wissenschaftsverständnis manifestiert sich anhand der Interpretation des Platonischen Dialogs ‹Timaios›, der als Hauptwerk Platonischer Lehre rezipiert wird und in Hinsicht auf die Diskussion der Nachahmungsproblematik zentrale Bedeutung gewinnt. Wegbereitend ist hierfür die Tatsache, daß die naturphilosophische Kosmologie des Platonischen Mythos für die Chartreser Philosophen gewissermaßen prototypisch eine philosophische Weltentstehungslehre in literarischer Einkleidung (*integumentum*) darstellt, was in zweierlei Hinsicht von entscheidender Bedeutung ist. Zum einen wird damit die geforderte Verbindung von Philosophie und Philologie untermauert. Mehrfach weist WILHELM VON CONCHES in seinen ‹Glosae super Platonem› darauf hin, daß Platons Philosophie im ‹Timaios› in dichterischer Metaphorik (*more integumento*) zur Sprache kommt. [5] Diese in literarischen Figuren versteckte Wahrheit hat bereits MACROBIUS in seinem Kommentar zu Ciceros ‹Somnium Scipionis› unter Bezugnahme auf Platons ‹Timaios› als entsprechend der Natur verfahrende Qualität der Dichtung herausgestellt. [6] Gerade am Platonischen Mythos bzw. an Platons Weise, über die Philosophie in dichterischer Rede zu sprechen («modum Platonis loquendi de philosophia per integumenta») [7], läßt sich somit das Hand-in-Hand-Gehen rhetorisch-poetischer Texthermeneutik und philosophischer Analyse demonstrieren. In latenter Form ist hiermit die Möglichkeit einer Revision des Platonischen Verdikts gegen die trugbildnerische Wirklichkeitsmimese der Dichter/Rhetoren angelegt, sofern die dichterische Form als Vermittlung einer philosophischen Lehre aufgefaßt werden kann. Dieser Wahrheitscharakter poetischer Sprache birgt in Hinsicht auf die spezifisch christliche Interpretation des bei Platon angelegten Nachahmungskonzeptes einen zweiten bedeutsamen Aspekt. Sie erlaubt es, im poetisch verdichteten Platonischen Mythos eine philosophische Wahrheit nach christlicher Lesart freizulegen.

Die Tradierung des Platonischen ‹Timaios› stützt sich im 12. Jh. (neben MACROBIUS und BOETHIUS) insbesondere auf eine von CALCIDIUS vorgelegte lateinische Teilübersetzung und Kommentierung, die auf das 4. Jh. zurückgeht. Der Nachahmungstopos kommt darin an zentraler Stelle zur Sprache. Ausgehend von der bei Platon diskutierten Ursachenproblematik trifft Calcidius eine dreifache Unterscheidung ursächlichen Entstehens. «Alles was ist, ist entweder ein Werk Gottes oder der Natur oder des die Natur nachahmenden menschlichen Künstlers.» (Omnia enim quae sunt uel dei opera sunt uel naturae uel naturam imitantis hominis artificis.) [8] Damit wird zwischen dem überzeitlichen Schöpfungswirken Gottes, einem innerzeitlichen Wirken der Natur, welche die der Materie in Form von Seminalgründen innewohnen Ideen in der Weise eines permanenten Werdens hervortreten läßt, und einem menschlichen, die natürlichen Entstehensvorgänge imitierenden Hervorbringen differenziert. Calcidius rekurriert auf die Aristotelische Formulierung eines mimetischen Verhältnisses der Kunst zur Natur wie auf den Timaioskommentar des Neuplatonikers Proklos. Platonische und Aristotelische M.-Konzeption sind also bereits in diesem Kommentarwerk in einer gewissen Verschränkung zu finden. Die von Calcidius geprägte Formel bestimmt Nachahmung als Orientierung der Kunst an einem von intelligiblen Formen ausgehenden, gestaltgebenden Hervorbringen der Natur. Wilhelm von Conches knüpft in seinem ‹Timaios›-Kommentar an die bei Calcidius grundgelegte Dreigliederung an. «Jedes Werk ist entweder ein Werk des Schöpfers oder der Natur oder des Künstlers, der die Natur nachahmt.» (Omne opus vel est opus Creatoris, vel opus nature, vel artificis imitantis naturam.) [9] Der platonische Demiurg wird als christlicher Schöpfergott interpretiert, die Natur ist die den Dingen innewohnende fortzeugende Kraft, vermittels derer Ähnliches aus Ähnlichem entsteht («est natura vis rebus insita similia de similibus operans»), die menschliche Kunstfertigkeit, die in ihrem Verfahren die Natur nachahmt («in omnibus que agit naturam imitatur»), umfaßt in erster Linie handwerkliche Tätigkeiten.

Wenngleich sich die Bestimmung des mimetischen Naturbezugs vor allem auf ‹technische› Herstellungsvorgänge bezieht, sind die Weise der Nachahmung wie der zugrundegelegte Naturbegriff für die spätere kunst- bzw. sprachtheoretische Mimesis-Auslegung von Bedeutung. Das abbildliche Werk («effigiatum opus») steht in einer Ähnlichkeitsrelation zu einem idealen Vorbild («ad similitudinem exempli») und verweist auf die geistige Potenz des hervorbringenden Künstlers. Vor dem Hintergrund der platonischen Ideenlehre artikuliert sich ein Ansatz, der das Verhältnis von göttlichem Schöpfungswirken bzw. dessen Vermittlung über die fortzeugende Natur und menschlicher Hervorbringungsfähigkeit thematisiert und sich auf das Verhältnis von Vorbild / *exemplum* und Ausgestaltung / *opus* konzentriert. So wie sich nach dem Vorbild der göttlichen Weisheit («divina sapientia») die kreatürliche Welt ausformt, ebenso ist die menschliche Weisheit («humana sapientia») ein Vorbild für die kunstgeleiteten Hervorbringungen. [10] In der Schrift ‹Dragmaticon philosophiae› unterscheidet Wilhelm von Conches zwischen der Werktätigkeit Gottes, der Natur und des Künstlers («Omne opus uel est creatoris, uel naturae, uel artificis») [11], um zu betonen, daß es sich bei letzterem um eine Weiterführung des Operationsmodus der Natur («homo, adiuuante natura») und damit indirekt der göttlichen Schöpfungs- und Scheidungstätigkeit handelt. Voraussetzung des menschlichen werksetzenden Tuns ist ein rationaler Nachvollzug des göttlichen Schöpfungswirkens vermittelt über die Natur als Werkzeug Gottes («instrumentum divine operationis») [12], um ausgehend von der Erkenntnis physischer Prozesse bzw. in Aufnahme einer Verfahrensweise der Natur («opus artificis est imitantis naturam») [13] handwerkliche wie künstlerische Fertigkeiten zu entwickeln. In Parallelführung von Kunst und Natur bezieht sich *imitatio naturae* auf den Vorgang des Zusammenfügens von Verschiedenem in Rückgang auf ein Vorbild. Der imitative Naturbezug wird durch die Parallelsetzung eines operativen Vorgangs in Hinblick auf die Aktualisierung rationaler Formen oder eines eidetischen Potentials thematisiert. In dieser Hinsicht verstanden ahmt die menschliche Kunst über die Erkenntnis der Naturordnung letztendlich die göttliche Kunst nach.

Deutlich tritt diese Auslegung einer Ideenmimese im sogenannten ‹Librum Hunc›, einem anonymen Kommentar zu Boethius' ‹De trinitate›, hervor. [14] Der Dreischritt einer Unterscheidung des Werkes Gottes, der Natur bzw. des imitativ vorgehenden Künstlers kehrt in zeitgenössischen Texten unter verschiedener Schwerpunktsetzung vielfach wieder. DANIEL VON MORLEY greift ihn im ‹Liber de naturis inferiorum et superiorum› in Anknüpfung an die Timaiosinterpretation bei Wilhelm von Conches aus naturphilosophischer Deutungsperspektive auf. «Jedes Werk ist nämlich entweder das Werk Gottes oder das Werk der Natur oder das Werk des die Natur nachahmenden Künstlers. […] Jedes Werk aber bezieht seine Qualität von seinem Werkmeister». [15] Die Natur ist als prokreative Kraft und kunstreiche Dienerin («velut artificiosa ministra») bzw. als Instrument Gottes definiert [16], die am handwerklichen Herstellen explizierte Nachahmung der Natur wiederum als zusammenfügende bzw. verbindende Tätigkeit auf der Basis einer Erkenntnis natürlicher Gesetzmäßigkeiten, die ihrerseits auf eine intelligible göttliche Schöpfungsordnung zurückgehen. In der von der Chartreser Philosophie beeinflußten literarischen Tradition tritt die Natur, gegenüber der *creatio prima* Gottes als weltimmanente *creatio continua* gefaßt, vielfach als personifizierte Künstlerin und Vorbild schöpferischer Gestaltungskraft auf. [17]

Eine Modifikation des dreistufigen Modells formuliert HUGO VON ST. VIKTOR in seinem ‹Didascalicon›. Die Unterscheidung zwischen dem Werk Gottes, der Natur und dem naturnachahmenden Künstler wird in ausdrücklichem Bezug auf die mechanischen Künste thematisiert wird. («Sunt etenim tria opera, id est, opus Dei, opus naturae, opus artificis imitantis naturam.») [18] Die mechanischen Künste, die als künstlich nachmachende (*adulterina*) nicht auf die Natur, sondern den erfindungsreichen menschlichen Verstand zurückgehen, ahmen dennoch die Natur nach («opera artificium, etsi natura non sint, imitantur tamen naturam»), sofern sie der Natur als Beispiel in Hinsicht auf Gestaltungsprinzipien folgen. [19] Charakterisiert ist dies wiederum durch das Zusammenfügen des Getrennten bzw. die Trennung des Verbundenen. Auf der Basis eines rationalen Nachvollzugs natürlicher Konstitutionsprinzipien, d.h. entsprechend dem *opus naturae*, aber durchaus in Abweichung von den naturgegebenen Dingen, bringt die menschliche Erfindungsgabe ihre Werke hervor, «so daß wir neben der Natur nicht minder auch den schaffenden Menschen mit Bewunderung betrachten.» [20] Die Erfindungsgabe der menschlichen Vernunftnatur erhält hiermit besondere Dignität. Während die bildenden Künste im Kontext der mechanischen Inventionen Behandlung finden, wird die Dichtkunst lediglich als Anhang zu den Künsten erwähnt.

Über VINZENZ VON BEAUVAIS, der die Auslegung des Viktoriners im ‹Speculum maius›, *der* Enzyklopädie der mittelalterlichen Wissenschaften des 13. Jh., verschiedentlich aufgreift, aber auch die Chartreser Philosophie darstellt, wird dieses Verständnis von *imitatio naturae* zum Allgemeingut. [21] Zugleich dokumentiert dieses enzyklopädische Werk eine veränderte Haltung zu den *fabulae fictae* der Dichtung im Dienste sittlicher Belehrung, die auf die Etablierung von Rhetorik und Dichtung im 12. Jh.zurückweist.

Wegbereitend ist insbesondere das durch Ansätze der Wissenschaftslehre Hugos von St. Victor wie die Weiterführung der Chartreser Philosophie geprägte ‹Metalogicon› des JOHANNES VON SALISBURY. In dieser Apologie der logischen Wissenschaften erhält der Nachahmungsgedanke als sprachliche *imitatio naturae* einen neuen Geltungsbereich. Innerhalb der Logik, bestehend aus der *ratio disserendi* (Rhetorik und Dialektik) und der Grammatik, erhält letztere als Wissenschaft vom richtigen Sprachgebrauch («scientia recte loquendi scribendique») und Basis der gesamten Philosophie [22] einen immensen Stellenwert. Wenngleich menschliche Einrichtung, ist gerade die Grammatik durch ein imitatives Verhältnis zur Natur gekennzeichnet («si naturalis non sit naturam imitatur») [23], sofern sie sich auf ein naturkonformes Verfahren sprachlicher Unterscheidung, Differenzierung und Begriffsbildung gründet. In der strukturellen Ausformung sprachlicher Mittel und ihrer grammatikalischen Ordnung tritt der menschliche Verstand gleichsam in die Fußstapfen der Natur [24] und setzt die generative Formungskraft der Natur auf sprachlicher Ebene fort. Als Fundament jeglicher Rede (*sermo*) begreift sie auch die Naturnachahmung in der Dichtkunst ein («in poetica naturam imitatur») [25], sofern die Grammatik dem Dichter die Regeln und rhetorischen Mittel an die Hand gibt, in Habitus, Gestus und Wortwahl, eine natürliche Lebendigkeit zu evozieren und darin der Natur selbst zu folgen. In Berufung auf Horaz formuliert Johannes von Salisbury ein Verständnis von Naturnachahmung, das sich auf eine sprachliche Ausdruckskraft bezieht, deren Formenreichtum in der Grammatik grundgelegt ist. In der Dichtkunst drückt sich dieses mimetische Verhalten zur Natur in einer Gestaltungsweise aus, die *wie* die Naturdinge, einen lebendigen Eindruck vermittelt, Stimmungen hervorruft, eine Gemütsverfassung ‹natürlich› wiedergibt. Kraft der Rhetorizität ihrer Ausdrucksmittel bringt die Dichtkunst die innere Natur des Künstlers zur Sprache. *Imitatio naturae* meint hier sowohl die regelgeleitete Ausbildung eines naturgegebenen Talents (*ingenium*) wie einen sprachlichen Modus der Ausgestaltung analog dem schöpferischen *modus operandi* der Natur. Die poetisch-rhetorische Gestaltkraft der Sprache ist gewissermaßen ein Pendant zur schöpferischen Vitalität und Varietät der Natur. Der allegorische Verweischarakter der Kunst entspricht einer gleichermaßen als sinnbildliche Manifestation göttlichen Wirkens interpretierten Natur. [26] M. als Weise einer naturanalogen poietischen Hervorbringung, die auf das menschliche Verstandesvermögen zurückgeht, dieser Gedanke prägt auch die aristotelische Tradition.

2. Mittelalterlicher Aristotelismus. Obwohl die aristotelische ‹Poetik› im 13. Jh. in der lateinischen Übersetzung von WILHELM VON MOERBEKE vorliegt bzw. bereits im 12. Jh. Ansätze aristotelischer Dichtungstheorie über den sogenannten ‹Mittleren Kommentar› des AVERROES zur Schauspielkunst in Umlauf kommen, formiert sich die Tradierung und Rezeption der Aristotelischen Mimesislehre zunächst über die Definition in den naturwissenschaftlichen Schriften. Zwar entstehen im Übergang vom 12. zum 13. Jh. eine Reihe von Werken zur Rhetorik wie zur Dichtungslehre, die eine *poetria nova* zu begründen suchen. [27] Eine Auseinandersetzung mit der dichterischen M. gemäß der Definition der Aristotelischen ‹Poetik› setzt aber erst in Dichtungs- und Rhetoriklehrbüchern der Renaissance ein. Die mittelalterliche Auffassung eines mimetischen Verhältnisses der Kunst zur Natur legt ein alle ‹poietischen› *artes* einbegreifendes Modell von Herstellungswissen («recta ratio factibilium») [28] zugrunde, das für die regelgeleitete Formung eines geistigen Materials, beispielsweise der rhetorischen Disposition eines Stoffes, wie für die künstlerische Gestaltung eines materiellen Substrats gilt. Mit den Aristoteleskommentaren des THOMAS VON AQUIN geht die M.-Definition der ‹Physik› in die Scholastik ein. Die Kunst ahmt die Operationsweise der Natur nach. («"Ars enim" in sua operatione, "imitatur naturam".») [29] Der Modus der M. wird in Analogie zur teleologischen Struktur von Naturvorgängen gefaßt. Die sinnlich wahrnehmbaren Naturdinge können deshalb mittels der Kunst nachgeahmt werden, weil sie auf ein geistiges Prinzip verweisen, das in der gesamten Natur eine finale Ordnung gewährleistet. In Entsprechung zu diesem Werk der Natur, das auf eine jegliches Hervorgehen auf ein Ziel hinordnende Intelligenz zurückgeht («ut sic opus naturae videatur esse opus intelligentiae»), verfährt die Kunst in der Weise ihrer Hervorbringungen («quod etiam in operando ars imitatur»). [30] Die Kunst basiert auf der Regelhaftigkeit eines zielgerichteten Prozesses, dessen Voraussetzung die Idee im Geiste des Künstlers ist. Auch Thomas unterscheidet ein dreifaches Werk: «Wie das Kunstwerk das Werk der Natur voraussetzt, so setzt das Werk der Natur das Werk des erschaffenden Gottes voraus.» [31] Die der Natur innewohnende göttliche ‹Kunst› («ratio artis divinae») ist es, kraft derer alle Naturvorgänge durch die Hinordnung auf ein definites Ziel bestimmt sind. Alle Formen, die sich in der materiellen Welt in den Arten ausprägen, präexistieren im göttlichen Intellekt, «so wie die Formen der Kunstwerke im Verstand des Künstlers im voraus bestehen und aus diesen in Wirkungen übergehen.» [32] Die aristotelische Naturteleologie verbindet sich mit einem platonisch gefaßten Begriff intelligibler Vorbilder, die nach der christlichen Deutung des Aquinaten im Geist des Schöpfers präexistieren. Der Primat der Natur und damit indirekt Gottes gegenüber jeglicher Hervorbringung qua Kunst bleibt unangetastet. «Ars imitatur naturam, in quantum potest.» (Kunst ahmt die Natur nach, soweit sie es vermag.) [33] Mit einer servilen Nachbildung von konkreten Naturdingen hat diese Setzung nichts gemein. Die verstehensgeleitete Orientierung an natürlichen Vorgängen vollzieht sich in künstlerisch-technischen wie geistigen Verfahrensweisen im Zusammenfügen oder Verbinden.

Die sprachlichen Repräsentationen der Dichtung rekurrieren auf einer zusammengesetzte Vorstellung, die aus unterschiedlichen Gegenständen der sinnlichen Wahrnehmung gewonnen, durch die Einbildungskraft (*phantasia*) verbunden werden. Sie ist gleichsam die Schatzkammer («quasi thesaurus quidam formarum per sensum acceptarum»)[34] sinnlicher Eindrücke, aus deren Verbindung sich die künstlerischen Fiktionen speisen. Anders als im Kontext der Chartreser Schule achtet Thomas von Aquin den Modus dichterischer Rede (*modus poeticus*) nicht als Übermittler einer verborgenen Wahrheit; er steht geradezu für den niedrigsten Lehrgehalt (*infima doctrina*). [35]

Diese Ansicht wird bei DANTE revidiert. Unter dem Einfluß des Aquinaten wie in Anknüpfung an den aristotelischen Mimesisbegriff stellt Dante in der ‹Comedia› die Natur als Tochter der göttlichen Kunst und Weisheit vor, die nachzuahmen der Kunst, gleichsam Enkelin Gottes («a Dio quasi è nepote»), aufgegeben ist.[36] Während die trügerischen, die Natur nachäffenden Techniken zu verurteilen sind [37], wird der Erfindungsreichtum der Dichtkunst bei Dante, in Rekurs auf Horaz, nobilitiert, sofern die Poesie vermitels der rhetorischen Fiktionen (*fictio rhetorica*) einen gleichermaßen erfreuenden wie lehrreichen Charakter besitzt.[38] Anknüpfend an Dante unterstreicht BOCCACCIO den Nutzen der Dichtkunst als Vermittlung einer verborgenen Theologie. Die poetische Fabel ist definiert als exemplarische bzw. durch Erdichtungen demonstrierende Rede («fabula est exemplaris seu demonstrativa sub figmento locutio»), welche die Absicht des Erzählenden in fiktivem Gewand zeigt.[39] Der Dichter ist demnach keine Lügner, sondern im positiven Sinne ein «Affe der Natur»[40], der wie diese eine verborgene göttliche Wahrheit erfindungsreich in sinnbildlicher Form darstellt. Auf diese wie PETRARCAS Verteidigung der Dichtkunst werden die Renaissancepoetiken sich vielfach beziehen.

Eine philosophische Rechtfertigung des Erfindungsreichtums menschlicher Kunst in Verbindung mit der Betonung individueller menschlicher Gestaltungskraft prägt die Definition der Kunst als *imitatio naturae* in den Schriften des NIKOLAUS VON KUES. Entsprechend der göttlichen Schöpfung, Gottes ontologischer Entfaltung in den existierenden Dingen bzw. den Formen des Natürlichen («creator entium realium et naturalium formarum») bringt der menschlichen Geist die Begriffe oder die Formen der künstlichen Dinge hervor («rationalium entium et formarum artificialium»).[41] Im Verhältnis zum divinen *creator mundi* ist der menschliche Künstler ein *creator artium*. Unter Natur versteht der Cusaner in platonistischer Tradition eine weltimmanente, formverleihende und bewegende Kraft, vermittels derer sich die Einheit des göttlichen Geistes in der Vielheit von Gestaltgebungen ausfaltet. Die Imitation der Natur mittels der menschlichen Kunst besteht in einer entsprechenden Produktivität des menschlichen Geistes. Grundlage hierfür ist einerseits die Erforschung der Naturkräfte, anderseits eine dem Menschen eigene Erfindungsgabe. Der schöpferische göttliche Geist (*mens divina*) liegt qua Teilhabe auch dem menschlichen Tun zugrunde und manifestiert sich im menschlichen Geist in den Gestaltungen der begrifflichen Welt. Die Vorstellung eines geistigen Konzipierens, Verbindens und Zusammenfügens tritt in den Vordergrund. Beispielhaft hierfür ist der Bereich der Sprache. Wie in der Natur anmutige und anregende Verbindungen aus elementaren Bestandteilen hervorgehen, ist auch die Redekunst (*ars dicendi*) durch die Kombination und den Zusammenklang der Worte bestimmt. So wie Gott vermitels der Natur die Vielfalt der Dinge ausformt, bildet der Mensch aus den Zeichen und Worten für die Dinge seine Wissenschaft und er fügt «Schmuck und Übereinstimmung, Schönheit, Kraft und Tugend der Kunst der Rede (*ars orationis*) zu den Worten hinzu, indem er die Natur nachahmt (*naturam imitando*). Ebenso fügt er der Grammatik die Rhetorik bei, die Dichtkunst, Musik, Logik und die anderen Künste, welche Künste alle Zeichen der Natur sind.»[42] Der menschliche Geist transformiert gewissermaßen die sinnlich wahrnehmbare Welt in der Sprachkunst und offenbart darin eine der göttlichen Schöpfungstätigkeit ähnliche Produktivität, deren er sich in seinen geistigen Erzeugungen bewußt wird.[43] Die Kunst ist wie die Natur eine Ausdrucksform der göttlichen *ars infinita*. Im Geist des Menschen setzt sich damit letzendlich eine göttliche Schöpfungsbewegung fort.

Das Cusanische Verständnis von *imitatio naturae* im Sinne einer produktiven, begrifflich erzeugenden Kraft des menschlichen Geistes ist wegweisend für das Denken der Renaissance.

Anmerkungen:
1 vgl. Cassiodor, De artibus ac disciplinis liberalium litterarum, ML 70, Praef., 559 C; Isid. Etym. I, 2, 73. – **2** vgl. J. Fried (Hg.): Dialektik u. Rhet. im früheren und hohen MA (1997) XI. – **3** vgl. Thierry de Chartres: Prologus in Eptatheucon, ed. E. Jeauneau, in: MS XVI (1954) 174; vgl. Wilhelm von Conches: De philosophia mundi; unter Honorius Augustodunensis: Opera, pars I, ML 172, lib. I , Praef. u. lib. IV, c. 41, 100; vgl. ders.: In Boetium de Consolatione, Paris 6406, fol. 7, in: J.M. Parent: La Doctrine de la Création dans L'École de Chartres, Études et textes (Paris/Ottawa 1938) 21; vgl. Johannes von Salisbury: Metalogicon I, 1, ML 199, 827 B. – **4** vgl. K. Flasch: Das philos. Denken im MA. Von Augustin zu Machiavelli (1986) 228. – **5** Guillaume [Wilhelm] de Conches: Glosae super Platonem, Texte critique avec introduction, notes et tables par E. Jeauneau (Paris 1965) 209. – **6** vgl. Petrus Abaelardus: Introductio ad Theologiam, ML 178, 1023 B u. 1024 A; Bernardus Silvestris: Commentum quod dicitur Bernardi Silvestris super sex libros Eneidos Vergilii, ed. J.W. Jones, E.F. Jones (London 1977) II, 70ff. – **7** E. Jeauneau: L'usage de la notion d'‹integumentum› travers les gloses de Guillaume de Conches, in: Archives d'histoire doctrinale et littéraire du moyen âge XXIV (1957) 35–100, hier: 53. – **8** Timaeus a Calcidio translatus commentarioque instructus, ed. J.H. Waszink, in: Plato Latinus, ed. R. Klibansky, Vol. IV (London 1962) Comment. 73. – **9** Guillaume [Wilhelm] de Conches [5] 104. – **10** ebd. 105. – **11** ders: Dragmaticon Philosophiae I, 7, cura et studio I. Ronca, CChrCM, Bd. 152, 30. – **12** ders.: Gloses sur la consolation de Boèce, in: Parent [3] 28. – **13** Guillaume [Wilhelm]de Conches [12] 120. – **14** vgl. K. Flasch: Ars imitatur naturam. Platonischer Naturbegriff und ma. Philos. der Kunst, in: Parusia, Stud. zur Philos. Platons und zur Problemgesch. des Platonismus (1965) 277f. – **15** David von Morley: Liber de naturis inferiorum et superiorum nach der Hs. Codex Arundel 377 des Britischen Museums zum Abdruck gebracht von K. Sudhoff, in: Archiv für die Gesch. der Naturwiss. und der Technik Bd. 8 (1917) 12. – **16** David von Morley [15] 17f. – **17** vgl. G.D. Economou: The Goddess Natura in Medieval Literature (Cambridge, Mass. 1972); M. Modersohn: Natura als Göttin im MA, Ikonogr. Stud. zu Darstellung der personifizierten Natur (1997). – **18** Hugo von Sankt Viktor: Didascalicon de studio legendi, Studienbuch, übers.u. eingel. v. Th. Offergeld (1997) lib. I, c. IX, 138. – **19** Hugonis de Sancto Victore: Didascalicon de studio legendi. A critical text by Ch. H. Buttimer (Washington 1939) lib. I., c. IV, 11; vgl. c. IX, 16f. – **20** Hugo von Sankt Viktor [18] 143. – **21** vgl. Vincentius Bellovacensis: Speculum Quadruplex sive Speculum maius, Vol. I: Speculum naturale (Douai 1624; ND Graz 1965) 35. – **22** Joannis Saresberiensis: Metalogicon, ed. J.B. Hall

(Turnhout 1991) CChrCM Bd. 98, cap. 13, 32. – **23** ebd. cap. 14, 33. – **24** ebd. cap. 14, 34. – **25** ebd. cap. 17, 41 f. – **26** vgl. U. Eco: Kunst und Schönheit im MA (1993) 107. – **27** vgl. Faral; Murphy ME. – **28** Sancti Thomae Aquinatis Opera omnia iussu impensaque Leonis XIII, tomus VI (Rom 1891) 57, 4. – **29** Thomas von Aquin: Summe gegen die Heiden/Summae contra Gentiles libri quattuor, hg. u. übers. v. K. Allgaier, Bd. 3 (1990) Teil 1, Kap. 10, 40; vgl. Aristoteles, Physik II 2. – **30** Sancti Thomae Aquinatis [28] tomus II (Rom 1884): Commentaria in octo libros Physicorum Aristotelis, lib. II, lect. IV, c. II, 6. – **31** Thomas von Aquin [29] lib. III, 65, S. 271. – **32** ders. [29] lib III, 24, S. 93. – **33** ders. [28] tomus I (Rom 1882): In Anal. post. I, 1, 5. – **34** ders. [28] tomus V (Rom 1889) Summa theologiae I, 78, 4. – **35** ders. [28] tomus IV (Rom 1888) Summa theologiae I, 1, 9. – **36** Dante Alighieri: Die göttliche Komödie, ital./dt., übers. v. H. Gmelin (1949) Bd. 1, Inferno 11, 99ff. – **37** ebd. Inferno 29,139. – **38** ders.: De vulgari eloquentia, II, 4. – **39** G. Boccaccio: Genealogie deorum gentilium, ed. V. Romani, Vol. 1.2 (Bari 1951) lib. XIV, cap. IX, 706. – **40** Boccaccio [39]; vgl. G. E. B. Saintsbury: A History of Criticism and Literary Taste in Europe from the Earliest Texts to the Present Day, vol. 1 (Genf 1971) 462. – **41** Nikolaus von Kues: Über den Beryll, in: Philos.-Theol. Schr., hg. von L. Gabriel, übers. v. D. u. W. Dupré, Bd. 3 (Wien 1989) cap. 6, 8. – **42** ders.: Compendium, in: [41] Bd. 2, 713. – **43** ebd. 707.

Literaturhinweise:
Faral. – E. de Bruyne: Etudes d'esthétique médiévale, 3 Bde., (Brügge 1946) – R. Bachem: Dichtung als verborgene Theol. Ein dichtungstheoretischer Topos vom Barock bis zur Goethezeit und seine Vorbilder (1956). – Borinski.

IV. *Humanismus, Renaissance.* Mit der von Italien ausgehenden humanistischen Bewegung gewinnt die Mimesislehre in der Renaissance sowohl für die theoretische Grundlegung der Dichtkunst wie für die Kunst- und Musiktheorie zentrale Bedeutung. In den dichtungstheoretischen Schriften gilt die Diskussion um die Rolle und Bewertung künstlerischer M. (*imitatio naturae*) vor allem einer Rechtfertigung der Dichtkunst. Gegen den tradierten Vorwurf der moralisch verwerflichen, wahrheitsfernen bzw. sinnlich-verführerischen Wirkung fokussiert sich die theoretische Auseinandersetzung auf die Bestimmung der Kriterien des sittlich Angemessenen, auf den Schönheits- und Wahrheitsbegriff wie die psychologische Wirkung. [1]

Stützt sich die Verteidigung der Poesie zunächst maßgeblich auf Horaz' ‹Ars poetica›, so erhält die Auseinandersetzung mit dem Bekanntwerden der Aristotelischen ‹Poetik› um die Mitte des 16. Jh. eine neue Stoßrichtung. Das Mimesisverständnis der Aristotelischen Dichtungslehre wird zur entscheidenden Grundlage einer Apologie der Dichtung gegen die platonistische Tradition der Dichterkritik. Die Konsequenz hieraus ist allerdings keine strikte Polarisierung platonischer und aristotelischer Lehren. Die Betonung der sittlich-erzieherischen, moralisch läuternden Funktion dichterischer Fiktionen macht es möglich, Platon geradezu als Gewährsmann für die Dignität der Dichtung heranzuziehen. Bedingt durch die intendierte Harmonisierung von Begründungsansätzen läßt sich in den Renaissancekommentaren daher oftmals nicht von einer Divergenz aristotelischer bzw. platonischer Positionen sprechen, sondern eher von der Dominanz einer Interpretationstendenz. An die Begründungsansätze der humanistischen Tradition (Petrarca, Boccaccio) anknüpfend, wird die Inspirations- oder Begabungslehre in den Renaissancepoetiken immer wieder aufgegriffen, um den Dichter als Künder philosophischer bzw. göttlicher Wahrheiten in allegorischer Einkleidung (*poeta theologus*) gegen den Vorwurf trügerischer Wirklichkeitsdarstellung zu verteidigen bzw. eine spezifisch dichterische Mitteilungsform des Wahren zu etablieren.

Wegbereitend ist ferner die Neubestimmung der Dichtkunst als *ars* oder *facultas poetica* innerhalb des Systems der Künste. Als eigenständige Diziplin wird die *Poetica* den diskursiven Künsten des Trivium bzw. der rationalen Philosophie zugeordnet. Insbesondere die enge Beziehung zwischen Rhetorik und Poetik ist prägend für die Dichtungstheorien und Poetik-Kommentare der Renaissance. Großen Raum nimmt die Diskussion um die Zweckbestimmung der Dichtung, d.h. die Gewichtung von Unterhaltungs-, Lehr- und Erziehungsfunktion ein. Die rhetorischen Prinzipien der sprachlichen Überzeugungskraft der Rede (*delectare, movere, docere*), die Angemessenheit von Gegenstand und sprachlichen Stilmitteln (*decorum*), die publikumsbezogene Effektivität (*evidentia*) und die von Cicero geforderte universalwissenschaftliche Bildung des vollkommenen Redners fließen in die Legitimation der Dichtkunst ein. Nicht zuletzt die rhetorische *Exempla*-Lehre wird vielfach herangezogen, um das Aristotelische M.-Konzept, wonach der Dichter im Unterschied zu historischen Tatsachenbeschreibungen etwas Allgemeines (*universale*) nach Kriterien des Möglichen (*possibile*) darstellt, mit der Platonischen Ideenlehre in Verbindung zu bringen und den Wahrheitsgehalt des Fiktiven zu begründen. Das Verhältnis der Dichtung zur Wirklichkeit, d.h. die Problematisierung des Fiktiven in Auslegung des begrifflichen Spektrums von Wahrscheinlichkeit (*verisimile*), Glaubwürdigkeit (*probabile*) und Notwendigkeit (*necessarium*) bildet eine zentrale, kontrovers diskutierte Thematik der Renaissancepoetiken.

Die Auseinandersetzung mit dem Mimesisbegriff prägt auch die Schriften zur Malerei, Bildhauerei und Musik. Die emanzipativen Bestrebungen, Malerei und Bildhauerei als wissenschaftliche Disziplinen zu etablieren, manifestieren sich einerseits in einer methodischen Grundlegung gemäß den quadrivialen Wissenschaften. Kennzeichnend ist andererseits die Orientierung an rhetorischen Kompositions- und Gestaltungsprinzipien (*inventio, compositio, copia, varietas, elocutio*). Im Hintergrund steht stets das vielzitierte Horazische Diktum einer Entsprechung von Malerei und Dichtung (*ut pictura poesis*). Auch die Neubestimmung der Musik als theoretische wie praktische Wissenschaft orientiert sich an den diskursiven Künsten Poetik und Rhetorik. [2] Unter dem Einfluß der Dichtungstheorie steht die veränderte Grundlegung der Musiktheorie im 16. Jh., die sich auf die musikalische Affektenlehre und ihre sittlich-erzieherische Wirkkraft stützt. Die Virulenz dieser Ansätze im Kontext der Emanzipationsbemühungen der Künste schlägt sich nicht zuletzt in einem Rangstreit der Künste (*Paragone*) nieder, der sich durch kunst- wie dichtungstheoretische Schriften zieht. [3]

Daß der Mimesisbegriff keineswegs ausschließlich im engen Sinne einer Abbildtheorie oder Tatsachenschilderung diskutiert wird, läßt sich schließlich anhand der Deutung der immer wieder bemühten Zeuxisanekdoten verfolgen. Als Topos der kunsttheoretischen Literatur wird hieran die idealisierende, die Natur übertreffende Qualität auswählender Darstellungsverfahren (*electio*) wie die Illusionswirkung künstlerischer Gestaltungen thematisiert. In Berufung auf die Deutung Ciceros [4] gewinnt die auf eine geistige Form gegründete M. der sinnfälligen Dinge richtungsweisende Bedeutung. [5]

1. *Renaissanceplatonismus.* Nach der philosophischen Lehre des Platonikers M. Ficino zeugen die Hervorbringungen der menschlichen Künste von einer gottähnlichen Würde. Keineswegs als ihr Sklave, sondern die Natur gleichsam übertreffend («non servi simus naturae, sed aemuli») imitiert die menschliche Kunst die Werke der göttlichen Natur und vollendet, korrigiert und verbessert so die niedere Natur («homo omnia divinae naturae opera imitatur et naturae inferioris opera perficit, corrigit et emendat»).[6] Der kunsttätige Mensch gleicht hinsichtlich seiner Vermögen (*phantasia, cogitatrix ratio, ingenium*), durch die er unzählige Künste erfindet, nahezu der göttlichen Natur[7], sofern die Seele kraft der ihr innewohnenden intelligiblen Formen hervorbringend tätig wird. Einen herausragenden Status besitzt neben der Musik die Dichtung. Während die musikalischen Rhythmen in ihrer Wohlgemessenheit die göttliche Sphärenharmonie zum Ausdruck bringen («coelestem Musicem imitantur»), teilen die Worte der Dichtung die Idee der Schönheit in wirkungsvollster Darstellung der kosmischen Harmonie mit. («efficacissimam harmoniae coelestis imitatricem»).[8] Die Seele des Dichters wird durch eine Form göttlicher Begeisterung zu einer höheren Erkenntnis erhoben, die Ficino in Kommentierung der Platonischen Inspirationslehre[9] als «furor poeticus» faßt.[10] In der humanistischen Tradition des 14. Jh. gilt die dichterische Begabung in Berufung auf Cicero[11] als Begeisterung durch göttliche Inspiration (*afflatus divinus*). Im 15. Jh. verleiht L. BRUNI in seiner Phaidros-Übersetzung dem von göttlichem Furor ergriffenen Geist (*ingenium*) als Quelle dichterischer Begabung unbedingte Priorität gegenüber einer wissenschaftlichen Dichterausbildung.

G. FRACASTORO unternimmt in der Schrift ‹Naugerius sive de poetica dialogus› (1555) den Versuch, den Aristotelischen M.-Begriff mit der Platonischen Ideenlehre zu verbinden. Die mimetische Dichtkunst («imitatoria ars») kann als eine Form der Vergegenwärtigung («repraesentare» bzw. «repraesentatio») bestimmt werden.[12] Hinsichtlich des Gegenstands «materia propria»/«res» dichterischer «repraesentatio et imitatio» bzw. ihres «modus dicendi» bestehen Aufgabe und Zielsetzung des Dichters («poetae officium ac finem»)[13] in der Betrachtung eines Allgemeinen («poeta vero universale consideret»)[14], um die Dinge im Ausgang von der universalen und schönsten Idee so nachzubilden, wie sie sein sollen.[15] Während es den Philosophen entspricht, nach den Ursachen der Dinge zu forschen, so Fracastoro in ‹Turris sive de Intellectione›, suchen die göttlich inspirierten Dichter, von der Schönheit der Dinge ergriffen, diese nachzubilden («imitari») und auszudrücken («explicare»). Die dichterische Fiktion zeigt die Dinge in größerer Vervollkommnung, die Dichter erfreuen sich gewissermaßen am Erzeugen («poetae quasi parere gaudent»). Über die Begründung dieser dichterischen Naturanlage zur Imitation («Poetae vero ad imitandum magis [nati sunt]»)[16] etabliert Fracastoro ein Mimesisverständnis, wonach in den dichterischen Fiktionen die Idee der Schönheit eine Wiedervergegenwärtigung (*repraesentatio*) erfährt.

F. PATRIZI weist in ‹Della poetica› (1586) ausgehend von der Frage, ob die Dichtung Imitation sei («si la poesia sia imitazione»), die Aristotelische Definition der Dichtung als M. (*imitatio*) ob ihrer Vieldeutigkeit zurück.[17] Unzureichend ist ihm auch eine in Berufung auf Platon formulierte Definition der Poesie als bilderzeugende Kunst («idolopoetica») in Hinsicht auf das Ähnlichkeitsverhältnis («rassomiglianza») zu einem Vorbild. «Die Dichtungen sind keine Imitationen […] Es ist nicht die Kraft der Ähnlichkeit oder der Imitation, was die Dichtung ausmacht.» (Le poesie non sono imitazioni […] non è la forza della rassomiglianza, o imitazione, che faccia la poesia.)[18] Was den Dichter ausmacht, ist weder der Ausdruck eines Beispieles, das er im Geiste trägt, noch ist er Imitator oder stellt Ähnlichkeiten her («imitatore e rassomigliatore»). Er bringt seine Phantasie zum Ausdruck («espressore della sua fantasia»).[19] Das eigentliche Charakteristikum des Dichters ist die Hervorbringung von Fiktionen. Er ist ein Schöpfer («fattore e facitore») und Gestalter («fingitore e formatore»), sofern er in seinen Dichtungen Wunderbares hervorruft («facitore del mirabile») und durch Transformation seines Gegenstandes neue Gestalten erzeugt.[20] Patrizi wertet die dichterische Fiktion als eine spezifische Fähigkeit, das Wahre im Gewand des Fingierten mitzuteilen, auf. Grundlage dieser dichterischen Befähigung ist wiederum göttliche Inspiration: der Enthusiasmus oder «furore poetico».[21] Kennzeichnend für die Dichtungstheorien aus der platonistischen Tradition – hier ließe sich auch auf G. BRUNO verweisen – ist der Versuch, der Dichtung einen spezifischen Wahrheitsstatus zu verleihen und die individuelle dichterische Befähigung gegen eine an der Aristotelischen Dichtungslehre ausgebildete normative Regelpoetik zu setzen.

2. *Horaz-Rezeption.* Die maßgebliche Grundlage der dichtungstheoretischen Diskussionen im Cinquecento ist die Aristotelische ‹Poetik›. Noch bevor die Auseinandersetzung mit der Aristotelischen Mimesislehre jedoch Eingang in die Poetiktraktate findet, ist es die Horazische ‹Ars poetica›, die als Lehrbuch regelgeleiteter Dichtkunst großen Einfluß nimmt und, so die Lesart der Kommentatoren, auf einer rhetorischen Systematik basiert. Der große Einfluß der Rhetorik als paradigmatischer Wissenschaft für die Dichtkunst im Sinne des *poeta rhetor* wird hieran deutlich. Vermittelt durch die Edition spätantiker Horaz-Kommentare und Scholien von HELENIUS ACRON und PORPHYRIO wie durch die Kommentare von C. LANDINO und I.B. ASCENSIUS findet diese rhetorische Grundlegung Eingang in die später einsetzende Aristotelesrezeption. Die Sprache der Dichtung, so Acron in Kommentierung des Horazischen Diktums von der innerlich formenden Natur[22], erzeugt dann eine bewegende Wirkung auf die Hörerschaft, wenn sie in fiktiver Darstellung von Leidenschaften einen natürlichen Gefühlszustand in glaubwürdiger, wahrscheinlich wirkender Weise zum Ausdruck bringt.[23]

C. Landino begründet die besondere Fähigkeit der Dichter in seinem Horaz-Kommentar (1482) auf der Grundlage der platonischen Tradition des *furor poeticus*. In Vereinigung höchster Weisheit und Eloquenz[24] hüllt der inspirierte Dichter («divino furore afflatus»), analog der Schöpfung Gottes, der die Welt wie ein Poet gleichsam als göttliches Gedicht hervorgebracht hat, seine tiefe Einsicht in schmuckreiche, allegorische Fiktionen. Der göttlichen *creatio ex nihilo* ähnlich, bringt der Dichter seine Fiktionen («figmenta») nahezu aus dem Nichts («pene ex nihilo») hervor.[25] Landino hebt den Sonderstatus der Erdichtungen hervor, indem er zwischen dem Falschen («falsum»), dem Fiktiven («fictum») und dem nichtigen Schein («vanum») differenziert.[26] Das Fiktive ist Ausdruck eines spezifisch dichterischen Vermögens, ruft durch die Varietät der dichterischen Ausdrucksmittel Gefallen und Entzücken hervor. Vor dem Hintergrund des rhetorischen Prinzips des *decorum* gilt die Verpflichtung der Künste auf einen imitativen Naturbezug («omnis ars naturam imitetur»[27]) im

Sinne der Wahrung von Wahrscheinlichkeit und Glaubwürdigkeit, d.h. eine der Naturordnung gemäße Entfaltung dichterischer Fiktion. Landino sucht die platonistische Vorstellung einer göttlich inspirierten, dem divinen Schaffen verwandten dichterischen Gestaltungskraft [28] mit den rhetorischen Kriterien der Eloquenz zu verbinden.

Für P. GAURICO, der in seinem Kommentarwerk ‹Super Arte poetica Horatii› (Erstdruck 1510) eine rhetorische Kategorisierung der ‹Ars poetica› vorlegt, steht es den Dichtern wie Malern frei zu erfinden, solange sie die Grenzen des Natürlichen und damit des Glaubwürdigen nicht überschreiten, nicht von der Natur abweichen («a natura non recedant») und diese Übereinstimmung (*convenientia*) in der Wahl der Stilmittel wahren. «Derjenige Stil ist als der beste anzusehen, der die Natur einer Sache, von der er handelt, imitativ darstellt.» (Optimum illum videri stilum: qui eius rei de qua agitur naturam imitabitur.) [29] Ausdrücklicher noch führt G. BRITANNICO DA BRESCIA in seinem umfassenden Horaz-Kommentar die normative Bedeutung der Natur im Hinblick auf die dichterischen Gestaltungen aus. «Die kunstvolle dichterische Fiktion muß die Natur nachahmen.» (Debet enim fictio artificiosa naturam imitari.) [30] Die Dichtung vermag dann zu erfreuen, wenn sie Natürliches oder Wahrscheinliches repräsentiert. In Hinsicht an Angemessenheit (*decorum*) und Stimmigkeit (*convenientia*) ist eine den Gesetzen der Natur nicht widersprechende Naturkonformität zu berücksichtigen, um zu überzeugen, zu gefallen und zu nutzen. [31]

In den Horaz-Kommentaren steht die Forderung nach einer *imitatio naturae* in unmittelbarem Zusammenhang mit dem *decorum*, bestimmt als Verhältnis der Angemessenheit von Gegenstand (*res*) und Sprache (*verba/oratio*). Bedingung einer durch Glaubwürdigkeit überzeugenden, bewegenden Rede ist eine nicht gegen die Naturzusammenhänge verstoßende Wahrscheinlichkeit (*verisimilie*) der fiktiven Darstellungen.

In diesem Sinne formuliert A. G. PARRASIO, daß «die Dichtkunst nichts anderes ist als eine Imitation der Natur» (poetica nihil aliud est, quam imitatio naturae) [32], was heißt, eine Repräsentation des Lebens und der Sitten («imitatio vitae et morum»), deren Aufgabe es ist, die Hörer mit rhetorischen Mitteln zu affizieren, um sie zu einem sittlichen Leben zu führen. Kriterium der Angemessenheit (*decorum*) der dichterischen Rede (*oratio*) ist es, daß die Fiktionen der Dichter darstellen, was in die Natur fällt, ihre Ordnung nicht durcheinanderbringen («ut quae in naturam cadunt fingantur, illius ordo non perturbetur»). [33]

Auch die einflußreiche Dichtungslehre ‹De arte poetica› (1527) von M.H. VIDA basiert wesentlich auf der ‹Ars poetica› des Horaz in Verbindung mit Ansätzen rhetorischer Lehren (Cicero, Quintilian). Die Kunst versucht nichts anderes, als sich der Natur ähnlich zu machen («nil conarier artem, Naturam nisi ut assimulet») [34], weshalb der Dichter stets den Spuren der Natur, seiner Lehrmeisterin («magistra») folgen muß, will er in einer dem Gegenstand angemessenen («aptum») sprachlichen Gestalt ein der Natur entsprechendes Bild unterschiedlicher menschlicher Charaktereigenschaften oder Haltungen geben. [35] Die sprachliche Nachbildung der Natur mißt sich an der ‹natürlichen› Wirkung, nicht an der Abbildung konkreter Phänomene.

Eine wichtige, vieldiskutierte Komponente der Diskussion um den Imitationsbegriff ist die Frage, ob der dichterischen Naturbegabung (*natura* bzw. *ingenium*) oder der regelgeleiteten Schulung nach rhetorischem Vorbild (*ars*) die Priorität zuzuerkennen ist. B. DANIELLO, dessen Dichtungslehre ‹Della Poetica› (1536) vor allem an Horaz anknüpft, aber ebenso Einflüsse der Aristotelischen ‹Poetik› zeigt, weist ausgehend von der Formulierung, daß die Kunst die Natur imitiert und ihr folgt («che essendo essa natura dall'arte imitata e seguita») [36], die Meinung zurück, wonach dichterische Kunst allein auf Naturanlage beruht und keiner Ausbildung bedarf. Vielmehr imitiert die Kunst als Ausdruck der intellektuellen Fähigkeit des Menschen nicht lediglich die Natur («non pure imita la natura») [37], sondern die natürlichen Voraussetzungen (*ingenium*) werden vielmehr erst durch die Kunst kultiviert und vervollkommnet. [38] Ausbildung wie die Schulung an beispielhaften Vorbildern sind Grundlage für das dichterische Schreiben («descrivere poeticamente»), dessen Gegenstand die ausgewogene Mischung von Wahrem und Fiktivem («mescolar le cose vere, con le false e fitte») ist, um die Hörer durch Wunderbares und Neues zu erfreuen. [39] Der Dichter genießt das außerordentliche Privileg der fingierten, vom Tatsächlichen (*ordo naturalis*) abweichenden, durch Imagination und Erfindungen ausgeschmückten Darstellung von Handlungen (*ordo artificialis*), solange der Lehreffekt durch den Anschein des Wahrscheinlichen (*verisimile*) gewährleistet ist.

Das Verhältnis von Natur und Imitation ist Hauptgegenstand des Traktates ‹De Imitatione› (1541) von B. RICCI. Die Natur als alle natürlichen Dinge erzeugende Kraft ist das Vorbild aller Künste und Prinzip des menschlichen Ingeniums. Ricci weist einen zweifachen Imitationsbegriff aus: einerseits im Sinne einer der eigenen Natur imitativ folgenden Entfaltung von angeborenen Fähigkeiten («sua tantum natura, quancunque nacta sit, imitanda» [40]), andererseits im Sinne der *imitatio auctorum* als vollkommene Angleichung an Vorbilder, und sucht beide Imitationsbegriffe ineinander zu überführen. Daß nahezu alle Künste der Natur als Führerin folgen und diese Lehrerin imitieren («artes fere omnes naturam ducem sequi atque imitari magistram») schließt nicht die gezielte Ausbildung und Schulung von Fähigkeiten aus. [41] Vergleichbar der Kultivierung natürlicher Kräfte im Ackerbau (ein Topos zur Erklärung der Relation *ars – natura*) ist die imitative Ausrichtung an Stil- und Ausdrucksformen bedeutender Vorbilder geradezu eine Anleitung zur Entfaltung der individuellen Fähigkeiten. [42]

Die Verbindung der rhetorischen *imitatio auctorum* mit einem Imitationsverständnis, das sich auf die je eigene Naturanlage bzw. den gesetzmäßigen Naturzusammenhang insgesamt als normativen Horizont dichterischer Fiktionen beruft, verdeutlicht in charakteristischer Weise eine Zusammenführung rhetorischer und poetologischer Konzepte in Dichtungstheorien des 16. Jh. Ein solcher supplementärtheoretischer Ansatz [43] in Verbindung von Rhetorik und Poetik kennzeichnet auch die Kommentare zur Aristotelischen ‹Poetik›, die vor dem Hintergrund der Horazischen Lehre rezipiert wird.

3. *Aristoteles-Rezeption.* F. ROBORTELLO legt mit seinen ‹In Librum Aristotelis de Arte Poetica Explicationes› 1548 das erste umfassende Kommentarwerk zur Aristotelischen ‹Poetik› vor. Die spezifische Qualität der Dichtkunst (*poetica facultas*) als eine Form der Rede (*oratio*), die am weitesten von der Mitteilung des Wahren abweicht [44], ist die «oratio ficta et fabulosa», eine fiktive, fabelhafte und lügenreiche Rede («oratio mendaciorum plena») [45] in bezug auf Dinge, die sind, die sein

können oder über althergebrachte Auffassungen der Menschen vermittelt sind. Es charakterisiert den Dichter, entweder eine wahre Handlung aufzugreifen oder unter Berücksichtigung des Möglichen zu erfinden [46], so daß diese im Rahmen des Möglichen («possibile») gemäß dem Wahrscheinlichen oder Notwendigen («secundum verisimile, aut necessarium») in sich stimmig ist. In Unterscheidung eines zweifachen Modus zu fingieren und zu lügen («duplici modo fingere, et mentiri»), gibt es neben naturgemäßen («secundum naturam») Darstellungsweisen eine über die Natur der Dinge hinausführende («praeter naturam») Form von Fiktionen, die gegen das Kriterium des in der natürlichen Wirklichkeit Möglichen verstoßen (z.B. Götter- und Heldengeschichten), die aber dennoch durch die Überlieferungstradition gewissermaßen eine kulturelle Glaubwürdigkeit besitzen. [47] Sucht der Rhetor vermittels der Rede zu überzeugen («sermo persuadens»), so will der Dichter durch die imitierende Rede («sermo imitans») erfreuen, um so auch zu nutzen. In Berufung auf Cicero ist Dichtung eine fiktive Darstellung des Lebens («imitatio vitae»), ein Spiegel kultureller Lebensformen («speculum consuetudinis») bzw. ein Bild der Wahrheit («imago veritatis») [48] und stellt dem Hörenden ein mögliches Geschehen (nach dem rhetorischen Prinzip der *evidentia*) gleichsam sichtbar vor Augen. Dabei muß die Darstellung einer in sich geschlossenen Handlung die Natur zum Vorbild nehmen («Oportet, ut ars imitetur naturam.») Analog der finalen Struktur von Naturvorgängen beruht die Einheit der Handlung («imitatio actionis integrae.») auf der in sich stimmigen («conveniens»), angemessenen («apte») Verbindung von Teilen zu einer zielgerichteten Handlung. [49] Die dichterische Repräsentation einer handelnden Person orientiert sich an einem allgemeinen Charaktertyp («versari circa universale»). In Berufung auf die Forderung Platons an die Maler, sich an einer Idee zu orientieren («ad Ideam respicere»), heißt dies nach Auslegung Robortellos, idealtypisch darzustellen. [50] Der Dichter richtet sich auf die Natur und das vollkommene Vorbild der Sitten («ad naturam ipsam, et perfectum exemplar morum»), auf das, was sowohl Platon wie Cicero Ideen nennen. Robortello verteidigt damit die dichterische Fiktion gegen die Platonische Kritik. Dichtung bringt, rhetorischen Kriterien folgend, indem sie sich von der Wirklichkeitsbeschreibung löst, im Rahmen des Notwendigen bzw. für die Hörer Wahrscheinlichen etwas Exemplarisches zur Darstellung. «Vermittels der dichterischen Lügen werden falsche Grundlagen für wahr genommen, und aus diesen werden wahre Schlußfolgerungen gezogen.» [51]

In ähnlicher Argumentationsführung wird in einem anonymen Fragment zur Aristotelischen ‹Poetik›, das L. GIOCOMINI zugeschrieben wird, die dichterischen Imitation als bilderzeugende Rede bestimmt. Die Dichtung ist eine fiktive und lügnerische Rede, die nicht wahrheitsgetreu erzählt, sondern mit einer gewissen Lüge und Falschheit die wahren Handlungen und Dinge imitiert. («E adunque la poesia orazione finta et mendace, la quale con l'orazioni non vere da se narrate, et con qualunque mendacio e falsità imita le vere azzioni et le cose veraci.») [52]

In Reaktion auf Robortellos Kommentar akzentuieren V. MAGGI und B. LOMBARDI in dem gemeinsamen Kommentarwerk ‹In Aristotelis Librum de poetica communes explicationes› (1550) den sittlich-erzieherischen Nutzen als Aufgabe der Dichtkunst. Die Dichtung ist eine Form der Moralphilosophie («Poesim veré philosophiam quandam moralem esse.») [53]. Ziel des nach Regeln geformten sprachlichen Kunstwerkes ist es, diejenigen Handlungen, Affektzustände und Sitten in wohlgemessener Rede imitativ darzustellen («suavi sermone imitationem»), die zu einer guten und glücklichen Lebensweise beitragen [54] und den menschlichen Geist vervollkommnen. Gemäß dieser unbedingten ethischen Ausrichtung ist der Gegenstand der Dichtung die Darstellung des Exemplarischen gemäß der Wahrscheinlichkeit und der Notwendigkeit («verisimile et necessarium»), und damit letztendlich die Natur der Dinge, denn die Natur ist etwas Allgemeines. («Natura vero quidpiam universale est.») [55]. Dichtung, verstanden als *imitatio*, ist hier nicht etwa Nachbildung der Wirklichkeit, sondern in sprachlich wohlgeformter Darstellungsweise («suavi sermone scrivere») der methodengeleitete angemessene Ausdruck («aptè imitando») einer exemplarischen Wesensnatur oder Handlung zwecks moralischer Läuterung. [56]

Im Kontrast zu dieser moralphilosophischen Auslegung steht die Position, die L. CASTELVETRO in seinem italienischen Kommentar ‹Poetica d'Aristotele vulgarizzata, et sposta› (1570) vertritt. Nach Castelvetro dient Dichtung der Ergötzung des Publikums, bewirkt durch die Neuartigkeit dichterischer Erfindungen. Der Dichter erfindet oder imaginiert seine Gegenstände kraft des Ingeniums [57] zum Zweck der Unterhaltung und Entspannung («per dilettare et per ricreare») und richtet sich an das gemeine Volk, das keine subtilen Vernunftschlüsse und Argumente versteht. [58] Um die Menge zu erfreuen werden Fabeln erfunden, die dem Historischen ähneln, vor allem aber durch Neuartigkeit und Wunderbares begeistern. [59] Castelvetro setzt an Stelle des Begriffes *imitatio/imitazione* den italienischen Terminus «rassomiglianza» bzw. «rassomigliare» (Ähnlichkeit, ähneln). Die Dichtung beansprucht lediglich eine Ähnlichkeit zum Empirisch-Faktischen.

Eine strikte Unterscheidung einer spezifischen dichterischen Wahrheit von einer historischen Tatsachenbeschreibung betont auch A. PICCOLOMINI. Der Dichter verbindet das Allgemeine, oder das, was sein soll, mit dem Wahrscheinlichen und dem der Wirklichkeit Nachgebildeten zu etwas Neuem, das den Beurteilungskriterien von wahr und falsch entzogen ist. [60]

In einer Zusammenschau der dichtungstheoretischen Positionen von Robortello, Maggi, Lombardo, Castelvetro und Piccolomini etabliert P. TORELLI in seinem ‹Trattato della poesia lirica› (1594) mit Nachdruck die moralphilosophische Zielsetzung der Dichtkunst: Die Dichter sind Lehrer und korrigieren die Lebensführung («I poeti sono e maestri i correttori della vita.») [61] Aufgabe der Dichtung ist, die Affekte zu mäßigen, die Seele von den Leidenschaften zu reinigen, die widerstreitenden Seelenteile zu harmonisieren, um so die Seele zu Gott zu führen. [62] Dies vermag die Dichtung mittels der Imitation. Torelli weist sowohl die Vorstellung einer Ideenmimese im Sinne Platons zurück wie eine Definition der Dichtkunst gemäß der Setzung, daß alle Künste die Natur imitieren («immitano l'arti la natura»), indem sie analog der zielgerichteten Wirkkraft einer produktiven Natur operieren. [63] Die Dichtkunst, insbesondere die von Torelli herausgehobene Lyrik, ist eine imitative, durch die lebendige, effektvolle Darstellung von Charakteren auf die sittliche Erziehung gerichtete Kunst. Torelli etabliert damit die bildlich-imitative Darstellungsweise als Charakteristikum der Dichtung («Presupponiamo dunque che altro non sia immitare che un esprimere con rappresentare.») bzw. die Hervorbringung von Bildern, die dem Wahren ähnlich sind («simile al vero») [64], aber nicht an ihrem Wahrheitsgehalt, sondern an ihrem Wirkgehalt gemessen werden, d.h. ihrem sittlich-erzieherischen Nutzen.

Entschiedener noch verteidigt G. A. VIPERANO in ‹De Poetica libri tres› (1579) die Wirklichkeitsabweichungen dichterischer Fiktionen, sofern die Dichtungen gerade durch das Wunderbare und Neue auf wirkungsvollste Weise erfreuen und belehren. Ein Dichter ahmt in gewisser Weise Gott nach («Deum videtur imitari»), indem er, nahezu aus dem Nichts schaffend, staunenerregende Dinge hervorbringt («paene ex nihilo confingendo admirabilia quaedam producit») bzw. Neues darstellt, Bilder von Dingen vor Augen ruft, die nicht existieren bzw. existente Gegenstände in schönerer Weise veranschaulicht. [65] Viperano rechtfertigt die dichterischen Fiktionen über ihre moralphilosophische Funktion («docere simul et delectare»). [66] Mit der Darstellung menschlicher Handlungen («humanarum actionum imitatione») fungiert die «poësis» als philosophische Lehre der rechten Lebensführung («ratio vivendi») und des sittlich Angemessenen. [67] Als grundlegende Bedingung der Glaubwürdigkeit gilt es entweder Dinge darzustellen, die sind, oder von denen die Sage ist, daß sie auf solche Weise gewesen sind oder von denen man glaubt, daß sie auf diese Weise sind («atque imitari debet ea quae vel sunt, vel fama est ita fuisse, vel ita esse creduntur»). Unter dieser Voraussetzung ist die Erdichtung von Wunderbarem («mirabilia fingendi»), nicht zuletzt angesichts des doppelten Effekts von Belehrung und Erfreuen, ein wesentliches Mittel der Dichtung. [68] Die moralphilosophische Einbettung und die Akzentuierung der wirkungspoetischen Dimension erlauben es, ein Mimesisverständnis zu etablieren, das den Spielraum künstlerischer Fiktion ausweitet.

Als einflußreichste Renaissancepoetik gilt das enzyklopädisch angelegte Werk ‹Poetices libri septem› (1561) von J.C. SCALIGER. [69] Scaliger begreift Philosophie, Rhetorik und Dichtkunst als Gattungen der Sprachkunst (*oratio*) und verbindet hiermit eine Drei-Stadien-Theorie kultur- bzw. zivilisationshistorischer Entwicklung der Menschheit. Die Dichtkunst fügt dem Wahren Erfundenes hinzu oder stellt das Wahre durch Fiktionen imitativ dar («aut addit ficta veris aut fictis vera imitatur». Dichtung (*poesis*), die sowohl Gegenstände, die sind, wie solche, die nicht sind, in einer Weise repräsentiert, als ob sie seien bzw. wie sie sein können oder müssen, beruht ganz auf ‹Nachahmung› («tota in imitatione sita fuit») zum Zweck der mit dem Angenehmen verbundenen Belehrung («docendi cum delectatione»). [70]

Der Dichter schafft nicht nur eine zweite Natur («natura altera»), sondern eine Fülle neuer Lebensschicksale und besitzt so den Status eines zweiten Schöpfergottes («deus alterus»). «Dessen nämlich, was der Erschaffer aller Dinge hervorgebracht hat [omnium opifex condidit], sind die anderen Wissenschaften sozusagen Darsteller [reliquae scientiae tamquam actores sunt]; die Dichtkunst dagegen, da sie das, was ist, ansehnlicher vorführt und den Schein dessen, was nicht ist, hervorruft, scheint nicht, wie die anderen Künste, einem Schauspieler vergleichbar, einfach wiederzugeben [quasi histrio narrare], sondern sie wie ein zweiter Gott zu erschaffen [velut alter deus condere].» [71] Die dichterische Darstellung (*imitatio*) ist eine Weise der ‹Naturnachahmung›, die in idealisierender Darstellung über das Gegebene hinausgeht. Wie in der Bildhauerei oder der Malkunst realisiert der Dichter in seinem Werk die Ideen der Dinge («rerum ideae»), worunter das Exemplarische, Idealtypische zu verstehen ist, im Sinne einer Transformation von Prinzipien und Gesetzmäßigkeiten des Naturzusammenhangs sowie einer methodisch dem kausalen Naturgeschehen vergleichbaren regelgeleiteten, zielgerichteten Erzeugungstätigkeit. [72] Das von Scaliger explizierte Verständnis einer *imitatio naturae* wird dem Prinzip der *imitatio auctorum* untergeordnet. «Was in der Natur existiert, muß im Schoße der Natur aufgespürt werden, dann davon abgetrennt und der menschlichen Betrachtung unterworfen werden. Um dies so zweckmäßig wie möglich zu tun, müssen wir bei dem Dichter Beispiele suchen, der als einziger diesen Namen verdient. Ich meine Vergil […].» [73]

Diese Konzeption einer indirekten *imitatio naturae* durch die Rückwendung auf antike Vorbilder (*imitatio auctorum*) bestimmt die Diskussion der Barockpoetiken und ist wegbereitend für die Formalisierung der dichterischen Stillehre in den klassizistischen Dichtungstheorien bzw. die Bemühungen um eine Regelpoetik. Im Zeichen einer Orientierung an der Stil- und Formenlehre antiker Literatur steht nicht zuletzt die Etablierung der volkssprachlichen Literatur im ausgehenden 16. Jh. Die über die lateinischen Dichtungslehren des Renaissancehumanismus vermittelten Prinzipien rhetorischer Eloquenz, die Nachahmung antiker Stilmuster wie die Gattungslehre gemäß der Aristotelischen ‹Poetik› bilden die Grundlage, um einen normativen Kanon von Dichtungsregeln für die Literatursprachen aufzustellen. [74]

Der große Einfluß des italienischen Renaissancehumanismus auf die Dichtungstheorien in *England* ist in exemplarischer Weise anhand der Schrift ‹The Defence of Poetry› (1595) von SIR PH. SIDNEY zu verfolgen. Sidney knüpft u.a. an die dichtungstheoretischen Ansätze Scaligers an, verbindet Argumente der rhetorischen Horaz-Interpretation mit Elementen aristotelischer wie platonischer Lehre. Als sprechendes Gemälde verfolgt Dichtung das Ziel, zu belehren und zugleich zu erfreuen («to teach and delight»). [75] Kraft seiner Erfindungsgabe über die physische Wirklichkeit erhaben, geht der Dichter Hand in Hand mit der Natur («he goeth hand in hand with nature»), indem er Dinge verbessert, die die Natur hervorgebracht hat, neue Gestalten entstehen läßt, die in der Natur nicht existieren, vermöge seines Ingeniums («wit») die Werke der Natur in der dichterischen Darstellung in anziehender Schönheit präsentiert. [76] Auf Imitation und Fiktion («imitation or fiction») beruhend sind diese Gestaltungen Ausdruck einer Idee («idea») oder eines profunden Wissens («conceit») und nicht etwa, so Sidney, rein imaginative Luftschlösser («castles in the aire»). Als Inbegriff der Gottebenbildlichkeit des Menschen ist der Dichter nach Sidney ein durch göttliche Inspiration begabter Schöpfer («maker»), der in seinen Dichtungen gleichsam eine zweite Natur («second nature») hervorbringt. «Dichtung ist deshalb eine Kunst der Imitation [Poesie therefore, is an Art of Imitation], wie Aristoteles es mit der Bezeichnung ‹M.› definiert, d.h. eine Fähigkeit der Repräsentation, der Nachahmung oder, um es metaphorisch auszudrücken, der figurativen Darstellung [a representing, counterfeiting, or figuring forth to speake Metaphorically].» [77] Auch bei Sidney ist die moralphilosophische Funktion der Dichtung Legitimation ihrer schöpferähnlichen fiktiven Hervorbringungen. [78]

In *Frankreich* schlägt sich die Auseinandersetzung mit der italienischen Dichtungstheorie um die Mitte des

16. Jh. bei den Begründern der Pléiade, P. Ronsard, J. Peletier und J. Du Bellay nieder. Du Bellays ‹Deffence et illustration de la langue francoyse› (1549) ist in erster Linie eine Verteidigung des Französischen als Literatursprache, verbunden mit der Forderung, die Dichtung in französischer Sprache durch die Nachahmung herausragender Vorbilder der antiken Literatur zu befördern. Ausgehend von der rhetorischen Trias *inventio, dispositio, elocutio* ist für Ronsard die Invention die zentrale Voraussetzung der Poesie. Die Erfindung («l'invention»), so Ronsard, ist nichts anderes als ein natürliches Vermögen oder das gute Naturell einer Einbildungskraft («bon naturel d'une imagination»), das die Ideen oder Gestalten aller möglichen, vorstellbaren Dinge einbegreift, um sie hernach zu vergegenwärtigen, zu beschreiben und nachzubilden («representer, descrire, et imiter»). Ziel des Dichters ist es, so Ronsard in Modifikation der Aristotelischen Formulierung, Dinge, die sind, sein können oder von den Alten für glaubwürdig gehalten wurden, nachzubilden, zu erfinden und zu repräsentieren. («D'imiter, inventer, et representer les choses qui sont, qui peuvent estre, ou qui les anciens ont estimé comme veritables.»)[79] Der Begriff der *imitatio*, in unmittelbarem Zusammenhang mit der rhetorischen *inventio* betrachtet, steht für die sprachliche Darstellung einer dichterischen Idee, die auf der natürlichen Einbildungskraft basiert. In Hinsicht auf die lebendige Wirkung dichterischer Rede bzw. Ausdrucks- und Stilmittel («l'elocution») empfiehlt Ronsard ausdrücklich Naturvergleiche und -beschreibungen, wobei es gilt, neben der Hinwendung zu den natürlichen Phänomenen die stilistischen Darstellungsqualitäten der Dichtungen eines Homer nachzuahmen.[80] Auch Peletier fordert, daß der Dichter ein Nachahmer der Natur sei («que le Poète soit imitateur de la Nature»)[81], womit wie bei Ronsard die Ausbildung der natürlichen dichterischen Begabung gemeint ist, und betont die Betrachtung der lebendigen Naturphänomene als eine wesentliche Voraussetzung.[82] Der direkte Bezug zur Lebenswirklichkeit bzw. zur sinnfälligen Natur als Voraussetzung einer lebendigen Darstellung natürlicher Phänomene gewinnt bei den Dichtern der Pléiade, sei es direkt oder indirekt über die Orientierung an den Stilmustern antiker Literatur, an Bedeutung.

In *Deutschland* steht die Entwicklung der Dichtungstheorie im 15. und 16. Jh. maßgeblich unter dem Einfluß der Horaz-Rezeption und -imitation. Die humanistische, durch rhetorische Prinzipien fundierte Ausrichtung der Dichtung auf eine moralisch-erzieherische Funktion wie eine affizierende Wirkqualität bestimmt die Poetiken der Neulateiner. In der ‹Ars versificandi› (1486) fordert K. Celtis, daß der Poet eine philosophische Welterkenntnis besitzen muß, um gemäß dem ciceronischen Ideal einer Verbindung von *eloquentia* und *sapientia* «durch geschmückte und anmutige Gewebe von Rede und Gedicht Verhaltensweisen, Handlungen, Geschichten, Gegenden, Völker, die Lage von Ländern, Flüsse, den Lauf der Gestirne, die Eigenschaften der Dinge und die Bewegungen von Geist und Seele mit übertragenen Zeichen nachzubilden». Der Dichter soll das wahre Bild der Dinge durch das geeignete Versmaß bzw. passende Figuren «schön abmalen», um der Rede hierdurch Lebendigkeit zu verleihen.[83] J. von Watt greift in ‹De Poetica et carminis ratione› (1518) den Topos auf, wonach Gott der Schöpfer/Poet die Welt als sein maßvolles Gedicht entstehen läßt. In Entsprechung hierzu sieht er die Tätigkeit des gottebenbildlichen menschlichen Dichters, der nach den Gesetzen von Zahl, Harmonie und Wohlklang das Werk des Schöpfers in der dichterischen Sprache nachformt. Dichtung sucht die Erhabenheit der Natur in schmuckvollster Weise auszudrücken, um durch die bewußte Verschleierung der Naturwelt wie die verschlüsselte Rede von den göttlichen Dingen besonderen Reiz auszuüben. Der Dichter ist Nachahmer der Natur («poeta naturae est imitator»), trachtet danach, vermöge seiner qua göttlicher Inspiration verliehenen Gabe, «alles Erdenkliche bildend darzustellen».[84]

Wenngleich die Poetiken der Renaissance wie des Barock durchgängig auf rhetorischen Kategorien basieren, ist dies ein wiederholt bemühtes Differenzkriterium, um den Poeten vom Rhetor zu unterscheiden.

Anmerkungen:
1 J.E. Spingarn: A History of Literary Criticism in the Renaissance (New York 1899) 3ff. – **2** C.V. Palisca: The Poetics of Music, in: Humanism in Italian Renaissance, Musical Thought (New Haven/London 1985) 369–407. – **3** E. Zilsel: Der Paragone, in: Die Entstehung des Geniebegriffs (Hildesheim/New York 1972) 150ff. – **4** vgl. Cic. Or. 2, 7. – **5** vgl. E. Panofsky: Idea. Ein Beitrag zur Begriffsgesch. der älteren Kunsttheorie (1960) 9ff. – **6** Marsile Ficin [M. Ficino]: Théologie Platonicienne de l'Immortalité des Âmes (Paris 1964) tom. II, lib. XIII, cap. 3, 223. – **7** ebd. 224. – **8** ders.: De divino furore, in: Opera (Paris 1641) I, 599f.; vgl. A. Buck: Ital. Dichtungslehren vom MA bis zum Ausgang der Renaissance (1952) 90. – **9** Platon, Ion 534; Plat. Phaidr. 245a, 265b. – **10** M. Ficino: Über die Liebe oder Platons Gastmahl [De amore] übers. v. K.P. Hasse, hg. u. eingel. v. P.R. Blum (1984) 253f.; vgl. ders. [8] 599f. – **11** Cicero, Pro Archia Poeta 8, 18. – **12** G. Fracastoro: Naugerius, sive de poetica dialogus, fol. 114v, in: Hieronymi Fracastorii Veronensis Opera Omnia (Venedig 1574). – **13** ebd. fol. 115r. – **14** ebd. fol. 115v. – **15** ebd. fol. 116r. – **16** ders.: Turris sive de Intellectione II, fol. 148r, in: Opera Omnia [12]. – **17** F. Patrizi: Della poetica. La deca disputata, edizione critica a cura di D.A. Barbagli, Vol. 2 (Florenz 1969) 61–71. – **18** ebd. vol. 3 (1971) ebd. 85f. – **19** ebd. 88. – **20** ebd. vol 3 (1971) 19. – **21** Patrizi [17] 25. – **22** Hor. Ars 108. – **23** F. Hauthal: Acronis et Porphyrionis commentarii in Q. Horatium Flaccum (1864) Bd. 2, 594; B. Weinberg: A History of Literary Criticism in the Italian Renaissance (Chicago 1961) Bd. 1, 77. – **24** A. Chastel: M. Ficin et l'Art (Genf 1975) 132. – **25** Quintus Horatius Flaccus, Opera (Venedig 1490) Kommentar Porphyrio, Landino, fol. 145r. – **26** ebd., fol. 145v. – **27** ebd. fol. 145v; vgl. Horatii Flacci Opera cum interpretatione C. Landini (Venedig 1486) zit. Weinberg [23] Bd. 1, 79ff. – **28** Chastel [24] 129ff. – **29** P. Gaurico: Super Arte poetica Horatii, in. Weinberg [23] 89. – **30** G. Britannico de Brescia [Ioannes Britannicus Brixianus]: Quintii Horatii Flacci poemata (Mailand 1518) CXXXVI, in: Weinberg [23] 93. – **31** Weinberg [23] 93. – **32** A.G. Parrasio: In Q. Horatii Flacci Artem Poeticam Commentaria (1531) 78, in: Weinberg [23] 99. – **33** ebd. 7; in: Weinberg [23] 99. – **34** [Marcus Hieronymus Vida:] The De arte poetica of Marco Girolamo Vida, translated with commentary, & with the text of 1517 edited by R.G. Williams (1976) 72. – **35** ebd. 66. – **36** B. Daniello: La Poetica (1536; ND 1968) 4. – **37** ebd. 5. – **38** ebd. 6. – **39** ebd. 41. – **40** Bartholomaei Riccii De Imitatione Libri Tres (Venedig 1545) fol. 3v, in: B. Weinberg: Trattatti di poetica e retorica del Cinquecento (Bari 1970) Bd. 1, 419ff. – **41** ebd. – **42** ebd. fol. 11r u. 13r. – **43** Weinberg [23] 102. – **44** F. Robortello: In librum Aristotelis De arte poetica explicationes. Paraphrasis in librum Horatii, qui vulgo De arte poetica ad Pisones inscribitur (Florenz 1548; ND 1968) 1. – **45** ebd. 2. – **46** ebd. 86. – **47** ebd. 86f.. – **48** ebd. 2. – **49** ebd. 80. – **50** ebd. 91. – **51** ebd. 2. – **52** Weinberg [23] 63. – **53** B. Lombardi, V. Maggi: In Aristotelis Librum de poetica communes explicationes (1550; ND 1969) 16. – **54** ebd. 9. – **55** ebd. 131. – **56** ebd. 13. – **57** L. Castelvetro: Poetica d'Aristotele vulgarizzata e sposta (1570; ND 1967) fol. 16r. – **58** ebd. fol. 16v. – **59** ebd. fol. 17r. – **60** Buck [8] 149. – **61** P. Torelli: Trattato della poesia lirica (1594), in: Weinberg [40] Bd. 4 (1974) 245. – **62** ebd. 259. – **63** ebd. 275. – **64** ebd. 273 u. 275f. – **65** G.

Antonii Viperani [A. Viperano] De Poetica libri tres (Antwerpen 1579; ND 1967) 15 – **66** ebd. 21. – **67** ebd. 6. – **68** ebd. 47. – **69** Scaliger Bd. 1 (1994) Einl. XXXII ff. – **70** Scaliger Lib. I, cap. I, 60 (1a). – **71** ebd. Lib. I, cap. I, 70f. (3a-b). – **72** ebd. Lib. III, cap. IIII, 100 (85b). – **73** ebd. Lib. III, cap. II, 80 (83a). – **74** vgl. Buck [8] 117f. – **75** Sir Ph. Sidney: The Defence of Poesie, hg. v. W. Clemen (1950) 11. – **76** ebd. 10. – **77** ebd. 11. – **78** ebd. 29. – **79** P. de Ronsard: Abbrege de L'Art Poëtique Francoys (1565); Art Poëtique Francoys (1585; Genf 1972) fol. 5v. – **80** ebd. fol. 6v; A. Py: Imitation et Renaissance dans la Poésie de Ronsard (Genf 1984) 11. – **81** Py [80] 24. – **82** A. Boulanger: L'Art Poëtique de J. Peletier du Mans (1555). Publié d'après l'édition unique avec introduction et commentaire (Paris 1930) Introduction 41f. u. Lib. II, 92. – **83** C. Celtis: Ars versificandi et carminum (Leipzig 1486) fol. 7r, in: E. Schäfer: Dt. Horaz. Conrad Celtis. Georg Fabricius. Paul Melissus. Jacob Balde. Die Nachwirkung des Horaz in der Neulat. Dichtung Deutschlands (1976) 9. – **84** Joachim Vadianus [J. von Watt]: De poetica et carminis ratione, krit. Ausg. mit dt. Übers. und Kommentar v. P. Schäffer, Bd. 1 (1973) 237.

Literaturhinweise:
M.T. Herrick: The Fusion of Horatian and Aristotelian Literary Criticism, 1531–1555 (Urbana 1946) – G. Saintsbury: A History of Criticism and Literary Taste in Europe from the Earliest Texts to the Present Day, 3. Vol. (Edinburgh 1961). – B. Hathaway: The Age of Criticism. The Late Renaissance in Italy (New York 1962). – W.J. Kennedy: Rhetorical Norms in Renaissance Literature (New Haven 1978). – C.C. Greenfield: Humanist and Scholastic Poetics, 1250–1500 (Lewisburg 1981). – T.M. Greene: The Light in Troy. Imitation and Discovery in Renaissance Poetry (New Haven 1982). – M.W. Ferguson: Trials of Desire. Renaissance Defenses of Poetry (New Haven 1983). – Murphy RE. – P. Brooks: The Cambridge History of Literary Criticism (Cambridge 1997).

V. Barock. Über die lateinischen Humanistenpoetiken findet die in den italienischen wie französischen Dichtungstheorien des Cinquecento geführte Diskussion des Mimesisbegriffs im beginnenden 17. Jh. Eingang in die deutschen Barockpoetiken. Nach der ‹Poeticarum institutionum libri tres› (1594) des Jesuiten J. PONTANUS ist die Aufgabe der Dichtung die mit Gefallen einhergehende Belehrung durch die Nachahmung menschlicher Handlungen in gebundener Rede. Die Dichtkunst ist eine Kunst der Hervorbringung («ars faciendi»), spezifiziert als fiktive bzw. imitative Kunst («[ars] fingendi sive imitandi»), d.h. der Dichter ist gleichermachen ein «factor» oder «fictor» bzw. «imitator».[1] Die Begriffe *imitari*, *fingere*, *effingere* sind nahezu als Synonyme zu verstehen. Die imitierende Rede der Dichtung stellt über die Hervorbringung von Bildern im Ähnlichkeitsverhältnis zu einem existenten oder möglichen Gegenstand her und läßt gewissermaßen aus dem Nichts im Rahmen des Möglichen Neues und Wunderbares entstehen.

Der niederländische Scaliger-Schüler D. HEINSIUS, dessen Werk großen Einfluß auf Opitz und dessen Nachfolger nimmt, folgt in seiner Schrift ‹De tragoediae Constitutione liber› (1611) der Aristotelischen ‹Poetik›. Heinsius definiert die Dichtung prinzipiell als Imitation («Tota poesis imitatio est.»).[2] Ziel der Tragödie ist nicht die nackte Repräsentation von Tatsachen («nec nude explicat res gestas»), sondern die imitative Darstellung von Personen und Handlungen, um die Seele durch die Erregung von Schrecken und Mitleid von der Schwächung («defectus») durch die Affekte bzw. einem Übermaß («excessus») der Leidenschaften zu reinigen («expiare»/«purgare») und in einen Zustand der Ausgeglichenheit («mediocritas») zu versetzten.[3] Dichterische Imitation bzw. Fiktion ist als Mittel zum Zweck der Temperierung der Leidenschaften (*palaestra affectuum*)[4] gerechtfertigt. Das so begründete Wirkziel der Mäßigung durch Affekterregung wird von aristotelisch orientierten Theoretikern wie etwa D.G. MORHOF und A. CHR. ROTTH aufgegriffen.[5]

Im Unterschied hierzu stellt G.J. VOSSIUS in den ‹Tractatus philologici de Rhetorica, de poetica, de artium et scientiarum natura ac constitutione› (1643) die moralisch-belehrende Wirkdimension der Dichtung über die Darstellung sittlicher Handlungen. In modaler Unterscheidung steht der Begriff der *imitatio* nach Vossius für das Verhältnis zum Gegenstand, während *fictio* die dichterische Darstellung selbst bezeichnet. «Die Dichter ahmen menschliche Handlungen nach [imitantur actiones humanas], aber sie fingieren Fabeln, mit denen sie menschliche Handlungen ausdrücken [sed fingunt fabulas, quibus exprimunt actiones humanas]. Die Handlung, die sie nachahmen, ist wahr [vera est actio, quam imitantur], die fingierte Handlung ist dem Wahren ähnlich [verae similis est actio, quam fingunt].» [6] Die solchermaßen wahrscheinenden dichterischen Fiktionen, so Vossius in Bezugnahme auf Augustinus, sind bildliche Darstellungen der Wahrheit. («Fictio igitur [...] figura est.»)[7] Die Charakterisierung dichterischer Fiktionen als Ausdruck des Wahrscheinlichen (*verisimile*) in Rekurs auf den aristotelischen Möglichkeitsbegriff wie rhetorische Anforderungen an eine überzeugende, glaubwürdige Darstellung geht in das Imitations- bzw. Fiktionsverständnis der Barockpoetiken ein. *Verisimile* steht vor allem für innerliterarische Qualitäten wie Folgerichtigkeit, Schlüssigkeit bzw. Klarheit und Angemessenheit (*aptum*), d.h. bezieht sich auf die Konsistenz einer fiktiven Rede im Sinne des *ordo artificialis*. Die dichterische Imitation löst sich von der Wirklichkeit, bildet nicht ab, besitzt aber dennoch einen Wahrheitsbezug im Sinne des Möglichen bzw. eine Glaubwürdigkeit nach den Konventionen des kulturell Überlieferten.[8] Nach der Definition von J. MASEN kennzeichnet der Begriff «verisimiliter» ein Ähnlichkeitsverhältnis, das nicht auf die historische Wahrheit («veritas historica») verpflichtet. Vielmehr steht es dem Dichter als Mittel deutlicher Vergegenwärtigung frei, Gegenstände und Begleitumstände kraft seines Ingeniums dem Wahren ähnlich zu erdichten («ad veri similitudinem effingere»).[9] Nach rhetorischen Vorgaben definiert auch O. AICHER das Wahrscheinliche («verisimile») als Darstellungsweise eines Gegenstandes, die auf eine bewegende Wirkung angelegt ist und in angemessener wohlklingender Erzählung einen glaubwürdigen Gegenstand vorstellt («aptè concinnata narratio rem probabilem enuntiet»). In Akzentuierung der Wirkdimension rückt der Dichter als «factor», «fictor» und «imitator» von der Wahrheit ab («poeta veré abstrahit à veritate»), um im Modus der wahrscheinlichen Rede Wirkung zu erzielen.[10]

In den deutschen Barockpoetiken findet die rhetorische Fundierung der Dichtkunst in Anknüpfung an die Horaz- bzw. Aristoteles-Interpretationen des Cinquecento bzw. auf der Basis der klassischen Rhetorik eine Fortsetzung. Gleichzeitig artikuliert sich im 17. Jh. immer stärker der Anspruch, die muttersprachliche Dichtkunst als eigenständige Literatursprache und als gleichberechtigte Sprachkunst über die Aufstellung von Dichtungsregeln, Form- und Topoilehren zu etablieren. Auch kommt eine ausdrücklich christliche Zweckbestimmung der Dichtung zum Tragen. So formuliert etwa der Nürnberger S. VON BIRKEN, anders als in der heidnischen Dichtung müsse bei den Christen «die Ehre Gottes» die erste Stelle vor dem Belehren und Erfreuen einnehmen.[11] In Weiterführung des Horazischen Diktums *ut pictura poesis* gilt die Dichtkunst den Barocktheoretikern vor allem als eine Wortmalerei oder eine farbige Ausgestaltung mittels sprachlicher Figuren, Rätsel, Allusionen und Gleichnisse. Poesie ist wesentlich eine Sinnbildkunst oder allegorische Darstellungsweise und Klangmalerei. Das Verständnis poetischer Imitation weist nicht auf eine Abbildungsqualität, sondern auf die Ausdruckskraft und -steigerung (*amplificatio*) bzw. die Varietät (*varietas*) sinnbildlicher Bezüge und ihre verlebendigende Repräsentation. Entsprechend der gottgeschaffenen sinnlichen Welt, die in ihrer Vielfältigkeit und ihrem Reichtum als Allegorie einer intelligiblen göttlichen Wahrheit begriffen werden kann, führen die farbenreichen, lautmalerischen Wendungen sprachlicher Gemälde eine allegorische Weltsicht vor Augen, stehen im Dienst der Tugendlehre und führen letztendlich zur christlichen Gottesfurcht. Der «Schmuckwille» steht in direktem Zusammenhang mit der Wirkungsabsicht.[12] Dabei bleibt der Spielraum sinnbildlicher dichterischer Fiktionen bzw. die Wirklichkeitsabweichung imitativer Wortmalerei in Berufung auf die Aristotelische ‹Poetik› an die Auslegung des Möglichkeitsbegriffs, an die Wahrung von Wahrscheinlichkeit und Glaubwürdigkeit gebunden. Das Naturgemäße oder die Natürlichkeit der imitativen Darstellung steht in direktem Zusammenhang mit rhetorischen Vorschriften einer angemessenen Darstellung, wobei der Begriff des Angemessenen in den Barockpoetiken aus einer christlichen Weltsicht bestimmt ist. Mittels der Sprache gilt es den göttlichen *ordo* der Welt zum Zwecke christlicher Unterweisung zur Darstellung zu bringen, nicht als Abschilderung des Tatsächlichen, sondern in Hinführung auf eine in der wahrnehmbaren Welt verdeckte höhere Wahrheit.[13] Daneben gewinnen im Zuge der Bestrebungen, die deutsche Sprachkunst in ihrer Eigenständigkeit zu entfalten, die Klangfarbe, der Anspielungsreichtum neuer Bilder, die Eleganz sinnenreicher Erdichtungen und die unmittelbar aufreizende Vergegenwärtigungsqualität figuraler Rede zunehmende Bedeutung. Das «Empfinden des [...] Sprechers» und die Sichtweise einer veränderlichen Welt erhalten größeres Gewicht neben oder gegenüber einer normativen Theorie sprachlicher Richtigkeit bzw. Wahrheit als angemessener Darstellung einer objektiv unveränderlichen Weltordnung.[14]

In der ersten deutschsprachigen Poetik, dem ‹Buch von der Deutschen Poeterey› (1624), beruft sich M. OPITZ, eingedenk der Tatsache, daß die Poeterey «anfangs nichts anders gewesen als eine verborgene Theologie»[15], auf die sittlich-konstitutive Funktion der Dichtung, um in Aufnahme dieses Dignitätstopos den Status dichterischer Wirklichkeitsfiktionen, insbesondere in Hinblick auf Erbauung und Hinführung zu christlicher Gottesfurcht zu betonen. Die Dichtung zeigt deshalb nicht in jeder Hinsicht eine Übereinstimmung mit der Wahrheit oder dem Empirisch-Faktischen, weil «die gantze Poeterey im nachäffen der Natur bestehe / und die dinge nicht so sehr beschreibe wie sie sein / als wie sie etwan sein köndten oder solten.»[16] Opitz verbindet diese Begründung der dichterischen ‹Nachahmung der Natur› – der Ausdruck «nachäffen» weist auf eine nachbildende Aneignung als Grundlage dichterischer Transformation des Faktischen ins Fiktive – mit der rhetorischen *inventio*-Lehre. Im Unterschied zur Rhetorik beruht die dichterische Erfindungsgabe auf der Einbildungskraft. «Die erfindung der dinge ist nichts anders als eine sinnreiche faßung aller sachen die wir uns einbilden können / der Himlischen und irrdischen / die Leben haben und nicht haben / welche ein Poete ihm zue beschreiben und herfür zue bringen vornimpt»[17], so Opitz in Aufnahme einer Formulierung Ronsards. In der «disposition oder abtheilung» läßt der Dichter aus, «was sich nicht hinschicken will» bzw. integriert das, was «newe und unverhofft ist [...] zue erweckung der verwunderung in den gemütern», wobei die Darstellung nicht realen Geschehnissen folgt, sondern auf eine dichtungsimmanente ‹natürliche› Wirkung zielt.[18]

In Parallelisierung mit der Malkunst sieht J.P.TITZ in seinem Werk «Zwey Bücher Von der Kunst Hochdeutsche Verse und Lieder zu machen» (1642) in den Dichtungen Nachahmungen eines Dinges «wie es ist / seyn köndte oder sollte». Die in poetischer Art verfaßte imitativ darstellende Rede kennzeichnet ein «Nachmachen / nachthun / nachfolgen»[19], wobei es sich nicht um die bloße Wiedergabe der faktischen Wirklichkeit handelt, sofern der Poet «auch das / was nicht ist / durch seine Göttliche Kunst machet / wie es seyn köndte / oder solte / fürstellet.»[20] Diese gottähnliche Dignität dichterischer Erfindungsgabe zeigt sich in der Ausgestaltung des nach Wahrscheinlichkeitskriterien Möglichen. Die in sprachlich anmutigen Malereien ausgestaltete poetische Fiktion, die über das Seiende hinaus ein «Sein-Können» zum Gegenstand macht, ist gerechtfertigt, soweit sie hiermit einem «Sein-Sollen (Moral- und Idealforderung)»[21] zum Ausdruck verhilft.

Ein auf die poetische Invention gegründetes Verständnis von Imitation im Sinne einer wahrscheinlichen, schicklichen und darin naturähnlichen malerischen Fiktion der Wirklichkeit prägt auch A. BUCHNERS Schrift ‹Kurzer Weg-Weiser zur Deutschen Ticht-Kunst› (1663). Dichtung sucht von jeher die Dinge mit «bunten und glatten Worten gleich als lebendigen Farben» auszuschmücken, um ihre Gegenstände «fast schöner / als sie für sich selbst waren»[22] vor Augen zu stellen. Ausschmückung (*ornatus*) bzw. Vervollkommnung (*auxesis*) zum Zwecke der Vergegenwärtigung (*evidentia*) kennzeichnen die Fabeln eines Dichters, der Tugend und Weisheit lehrt, «in dem er nicht allein die in Wahrheit wesende Sachen / fast herrlicher / als sie für sich selbst beschaffen / darstellete / sondern auch die niemals gewesen / gleich als weren sie ihme fürbracht».[23] Buchner betont insbesondere diesen schöpferischen Charakter der Dichtkunst, ein «Schaffen», das «nichts anders ist / als entweder ein neuerfundes oder nach einem andern gefertigtes Werck zu Liecht bringen [...] was es entweder ist / sein soll oder mag».[24] Wenngleich die Dichtkunst in den Barockpoetiken in Hinsicht auf Aufgabe und Ziel bzw. die dichterischen Mittel (Stillehre, Topik) die *praecepta* der Rhetorik aufnimmt, so daß HARSDÖRFFER beide als Schwesterdisziplinen bezeichnen kann[25], gilt die dem divinen Schöpfungsakt ähnliche Weise dichterischen Erfindens, die sich ihrerseits auf eine höhere göttliche Begabung gründet, als entscheidendes Differenzkriterium zwischen dem Rhetor und dem Poeten, dem eine größere Freiheit (*licentia poetica*) zugestanden wird. Dennoch darf die als Spezifikum des Poeten herausgestellte Erfindungsgabe nicht als Ausdruck des Individuellen oder subjektiver Schöpferkraft im Sinne des 18. Jh. interpretiert werden.[26] In den Erfindungen und Erdichtungen kommt etwas Wahrscheinliches, etwas der Wirklichkeit Verwandtes und in Absicht auf die Glaubwürdigkeit Exemplarisches zum Vorschein. Die dichterische Fabel präsentiert, so Buchner, Exempla dessen, «was zu thun oder zu lassen sey»[27] in ebenso angenehmer wie angemessener Darstellungsform.[28] Wie die Malerei soll die Dichtung «der Natur nachahmen», d.h. eine naturgemäße Stimmigkeit im Sinne einer Verhältnismäßigkeit der Wertigkeit von Gegenstand und sprachlicher Gestaltung wahren.[29] Wie ein Maler wird der Dichter seiner Aufgabe gerecht, «wann er etwas so abgebildet / daß mans erkennen kan / was es sey / Ob gleich die innerlichen Beschaffenheiten und sein gantzes Wesen nicht angedeutet ist». Anders als bei einem Philosophen genügen «äuserliche Erkändnüß» und «gemeine Erfahrung», um etwas in sinnlich-anschaulicher Präsenz wie in einem Sittenspiegel vor Augen zu führen.[30]

G. PH. HARSDÖRFFER teilt die Rechtfertigung des Fiktiven oder Ersonnenen zum Zwecke der sittlichen Belehrung, zeigt jedoch deutliche Vorbehalte gegenüber der affektstimulierenden Verführungskraft. In Absehen auf Nutzen und Belustigung[31], hat sich ein Poet an die Schranken des christlich Ziemlichen zu halten. Dies vorausgesetzt, zeichnet es ihn aus, in «sinnreichen Gedancken» fernab des Gesehenen und Bekannten gleichsam «aus dem / was nichts ist / etwas» zu machen oder ausgehend vom Gegebenen etwas «wie es seyn könte / kunstzierlich» zu gestalten.[32] Das Aussinnen oder Erdichten folgt den rhetorischen Anforderungen an eine reizvoll ausgeschmückte (*ornatus*) und zugleich angemessene (*aptum*) und darin natürliche Rede, sofern der Poet «die natürlichen Farben / ich will sagen die poetischen Wörter / zierlich und wolschicklich» anbringt.[33] Durch die figurenreiche Ausmalung mit «kunstschicklichen Wortfarben»[34] aber erzielt die Dichtung eine gefallenerregende und bewegende Qualität der Vergegenwärtigung (*evidentia*).[35] Einerseits betont Harsdörffer den *exnihilo*-Charakter[36] und die Sinnbildlichkeit der «verkünstelte[n] Poeterey», die eher bemüht ist, «das natürliche Wesenbild zuverstellen / als vorzustellen», d.h. ihre Gegenstände in dichterischer Ausmalung anders zeigt, als sie sind oder trachtet «das zu erfinden / was nirgendwo befindlich ist».[37] Zum anderen ist die «Nachahmung deß Poeten» an die gegebene Wirklichkeit gebunden, d.h. sie transformiert die *res factae*, denn «Ob nun wol der Poet bemühet ist neue Erfindungen an das Liecht zu bringen / so kan er doch nichts finden / dessen Gleichheit nicht zuvor gewesen / oder noch auf der Welt wäre».[38]

Mit Nachdruck betont J.G. SCHOTTELS ‹Ausführliche Arbeit Von der Teutschen Haubt-Sprache› (1663), daß nicht die Kunst bzw. die Fülle wissenschaftlicher Lehren und literarischer Beispiele den befähigten Poeten hervorbringen, sondern eine vorausgehende göttliche Begabung unbedingte Voraussetzung ist, denn «ein Poetischer Geist, ist von sich selbst von Sinnreichen anmuthigen Einfällen / voll Feuers / steiget unnachfölgig / kekkes Unternehmens / flügelt sich mit Göttlicher Vernunft / übertrifft die Alltags-Erfindungen / und übersteigt das / was nur erlernet wird».[39] Vor jeder regelgeleiteten Ausbildung liegt in der inventiven Fähigkeit, Neues sinnreich wie sinnfällig zu erdichten, die eigentliche Begabung des poetischen Geistes. Bei Schottel steht diese Hervorhebung der poetischen Begabung im Zusammenhang mit der Etablierung der deutschen Dichtkunst, deren Beförderung er über eine am weltgeschichtlichen Lauf auszurichtende künstlerische Naturnachahmung untermauert. Denn so wie sich die Welt verändert hat, «Also muß auch die Kunst / die Nachäffin der Natur / sich nach der itzigen Natur der Welt richten » und daß heißt Abstand nehmen vom «Handgekläpper der Griechen oder Römer».[40] Dichterische Imitation hat in bezug auf ihre darstellerischen Mittel wie den situativen Kontext einem geschichtlichen Wandel Rechnung zu tragen.

Für S. VON BIRKEN ist die göttliche Begeisterung die entscheidende Grundlage dichterischer Befähigung, was allerdings keineswegs die Belehrung überflüssig macht. Der rechte Poet bedarf, um «von allen Dingen zu poetisieren», universaler wissenschaftlicher Kenntnisse, besonders der natürlichen und himmlischen Dinge, um wie «Mahler / durch den Pinsel des Verstandes / mit Wortfarben ausbilden [zu] können / alle Dinge nach ihrem Wesen und Gestalt […] und alle deren Handlungen / also daß es gegenwärtig scheine».[41] Die lebendige Vergegenwärtigung als Wirkziel der Dichtung erhält bei von Birken besonderes Gewicht. Diese Fähigkeit wie das Erdichten neuer Gegenstände geht nicht allein auf die göttliche Naturgabe eines «hurtigen Geistes / als einer redefärtigen Zunge oder Feder» zurück, zugleich muß «ein Poet seyn Scharfsinnig», denn das «das Dichten / hat den Namen vom Denken / und fließet aus den Gedanken in Worte».[42] In der Scharfsinnigkeit (*acumen*), der pointenreichen, ironischen, durch Sprachwitz und überraschende Effekte spitzen Rede zeigt sich der ingeniöse Dichter. Das Vermögen, «durch Spitzfindigkeit die Worte zu drehen», so K. STIELER in der Schrift ‹Teutsche SekretariatsKunst›[43], kennzeichnet bei von Birken in besonderem Maße die Kunstfertigkeit des Dichters. Der scharfe Verstand findet auch in der 1667 unter der Verfasserschaft von G. NEUMARK erschienenen Schrift ‹Poetische Tafeln› (Verfasser des umfangreichen Kommentarteils ist M. KEMPE) besondere Betonung. Nach Kempe reicht das Gebiet der ‹Poetery› so weit, als «sich die Schärffe unsers Verstandes ausbreitet».[44] Die Kunst ist nicht in die engen Schranken der Tatsachenbeschreibung verwiesen, sondern zeichnet sich durch ihren Erfindungsreichtum aus, durch die sinnlich-anschauliche Qualität der Erdichtungen wie durch «anmuthige Verblümungen»[45] der Rede. Wie Vossius unterscheidet Kempe Nachahmen und Erdichten als zwei Hinsichten dichterischen Hervorbringens und stützt sich in der Rechtfertigung bildhafter Rede als Form der Vermittlung einer höheren Wahrheit im Dienst der christlichen Gottesverehrung auf die Kirchenväter, die in der Barockpoetik immer wieder zur Rechtfertigung «christliche[r] Unterweisung in rhetorisch-kunstvollem Stil» herangezogen werden.[46] Wenn Kempe, dessen dichtungstheoretische Ausführungen exemplarisch für maßgebliche Tendenzen der Barockpoetik stehen können, Einfallsreichtum und Verstandesschärfe hervorhebt, ist damit nicht die Forderung nach der Entfaltung einer individuellen Künstlernatur oder eines subjektiven dichterischen Erlebens im dichterischen Werk verbunden. Ingenium und Erfindungsgabe gehören «zum Idealbild des Barockpoeten»[47], sind aber der anhand rhetorischer Darstellungsregeln formulierten Aufgabe und Zielsetzung der Dichtung verpflichtet. Dichterische Erfindung bleibt an das *verisimile* gebunden und ist einem christlichen Wahrheitsbegriff unterstellt.[48]

Auch wenn die Forschungsliteratur weitgehend darin übereinstimmt, daß die Barockpoetiken, in der Tradition des Cinquecento und vor allem der Rhetorik stehend, kaum neue Ansätze zeigen, sind doch zumindest Akzentverschiebungen hinsichtlich der überlieferten Nachahmungslehre zu erkennen. Dies betrifft etwa die christliche Konnotation des Begriffs der Angemessenheit, die starke Betonung der sinnbildlich-allegorischen und sinnlich-vergegenwärtigenden Form sprachlicher Malerei als spezifisch dichterischer Weise der ‹Naturnachahmung› und nicht zuletzt den manieristischen Zug in Betonung der ingeniösen Spitzfindigkeit.[49]

Anmerkungen:
1 J. Pontanus: Institutio Poetica (Ausz.), in: J. Buchler: Thesaurus phrasium poeticarum (Köln 1617) 3. – 2 Danielis Heinsii [D. Heinsius]: De Tragoediae constitutione liber. In quo inter caetera, tota de hac Aristotelis sententia delucide explicatur (Leiden 1611) 15. – 3 Heinsius [2] 29f. – 4 H. Wiegmann: Palaestra affectuum. Unters. zum Einfluß der Tragödienlehre der Renaissancepoetik auf die Romantheorie des Barock, in: GRM 3 (1976). – 5 vgl. D.G. Morhof: Unterricht von der Teutschen Sprache und Poesie / Deren Ursprung / Fortgang und Lehrsätzen / Sampt dessen Teutschen Gedichten (Lübeck/Frankfurt 1700); A. Chr. Rotth: Vollständige Dt. Poesie / in drei Theilen (Leipzig 1688) Vorrede, III. Teil, fol. 7v. – 6 Gerardi Joannis Vossii [G.J. Vossius]: Tractatus philologici de rhetorica, de poetica, de artium et scientiarum natura ac constitutione (Amsterdam 1697) 44. – 7 ebd. 45. – 8 L. Fischer: Gebundene Rede. Dichtung und Rhet. in der lit. Theorie des Barock in Deutschland (1968) 68. – 9 J. Masen: Palaestra eloquentiae ligatae (Köln 1661) Pars I, 4; Fischer [8] 68. – 10 O. Aicher: Iter poeticum Quo intra septem dierum spatium tota ferè Ars Poetica absolvitur (Salzburg 1674) 2f.; Fischer [8] 69. – 11 S. von Birken: Teutsche Rede-bind- und Dicht-Kunst (Nürnberg 1679; ND 1973) 185. – 12 vgl. Dyck 16; Dockhorn 53. – 13 Fischer [8] 264ff.; Dyck 112. – 14 vgl. Fischer [8] 269f. – 15 M. Opitz: Buch von der dt. Poeterey, hg. v. R. Alewyn (1624, ND 1963) 7. – 16 ders. ebd. 11 – 17 ders. ebd. 17. – 18 ders. ebd. 20. – 19 J.P. Titz: Zwey Bücher Von der Kunst Hochdeutsche Verse und Lieder zu machen (Danzig 1642) fol. Ai v. – 20 ebd. fol. Ai r. – 21 B. Markwardt: Gesch. der dt. Poetik, Bd. 1: Barock und Frühaufklärung (1937) 66. – 22 A. Buchner: Kurzer Weg-Weiser zur dt. Dichtkunst (Jena 1663, ND 1977) 7. – 23 ebd. 11. – 24 ebd. 23. – 25 G.Ph. Harsdörffer: Poetischer Trichter. Die Teutsche Dicht- und Reimkunst ohne Behuf der Lat. Sprache / in VI Stunden einzugiessen (1648–53, ND Hildesheim/New York 1971) Teil III, fol. III v. – 26 G. Fricke: Die Bildlichkeit der Dichtung des A. Gryphius (1932) 19f.; Dyck 50. – 27 Buchner [22] 25f. – 28 ebd. 44. – 29 ebd. 45. – 30 ebd. 22–24. – 31 Harsdörffer [25] Teil I, 7. – 32 ebd. Teil I, 4. – 33 ebd. Teil I, 6. – 34 ders. [25] Teil II, 33 u. 37; Teil III, 36 ff., dazu Markwardt [21] 77; vgl. auch Frauenzimmer Gesprächspiele / so bey Ehr- und Tugenliebenden Gesellschaften / mit nutzlicher Ergetzlichkeit / beliebet und geübet werden mögen, hg. von J. Böttcher (1644 ff., ND 1968) Bd. 4, 157ff., Bd. 8, 208ff. – 35 ders. [25] Teil I, 6. – 36 ebd. Teil I, 101. – 37 ebd. Teil III, Vorrede, fol. III rf. – 38 ebd. Teil II, 8. – 39 J.G. Schottel: Ausführliche Arbeit Von der Teutschen Haubt-Sprache, hg. von W. Hecht, II. Teil, Poetica Germanica, Teutsche Verskunst oder Reimkunst (1967) 800f. – 40 Schottel [39] Bd. 1, 109. – 41 Birken [11] 185f. – 42 ebd. 170. – 43 K. Stieler: Teutsche SekretariatKunst (Nürnberg 1681) 173. – 44 G. Neumark: Poetische Tafeln oder Gründliche Anweisung zur Teutschen Verskunst aus den vornehmsten Authorn in fünfzehen Tafeln zusammen gefasset und mit ausführlichen Anmerkungen erklähret, hg. v. J. Dyck (1667; ND 1971) 31. – 45 ebd. 38. – 46 Dyck 23. – 47 Dyck 65. – 48 H. Wiegmann: Gesch. der Poetik. Ein Abriß (1977) 50. – 49 ebd.

Literaturhinweise:
J. Dyck: Philosoph, Historiker, Orator und Poet. Rhet. als Verständnishorizont der Literaturtheorie des XVII. Jh., in: Arcadia 4 (1969) 1–15. – Barner. – K. Dockhorn: Affekt, Bild und Vergegenwärtigung in der Poetik des Barock, in: GGA 225 (1973) 135–156. – J. Dyck: Rhet. Argumentation und poetische Legitimation. Zur Genese und Funktion zweier Argumente in der Literaturtheorie des 17. Jh., in: H. Schanze (Hg.): Rhet., Beiträge zu ihrer Gesch. in Deutschland vom 16.–20. Jh. (1974) 69–86. – H.-G. Kemper: Gottebenbildlichkeit und Naturnachahmung im Säkularisierungsprozeß. Problemgesch. Stud. zur dt Lyrik im Barock und der Aufklärung, 2 Bde. (1981). – R. Baur: Didaktik der Barockpoetik. Die deutschsprachigen Barockpoetiken von Opitz bis Gottsched als Lehrbücher der ‹Poeterey› (1982).

VI. *Aufklärung.* Im 18. Jh. vollzieht sich ein weitreichender Wandel der Mimesisauffassung. Unter der Wendung ‹Nachahmung der Natur›, der in Dichtungs- und Kunsttheorie nach wie vor zentrale Bedeutung zukommt, formieren sich divergierende ästhetische Konzeptionen. Die allmähliche Ablösung der Nachahmungsdoktrin im ausgehenden 18. Jh. steht im Zusammenhang mit einer theoretischen Neubestimmung der Begriffe ‹Nachahmung› bzw. ‹Natur›.[1] Wegbereitend für die Neuorientierung der Diskussion sind die Rezeption des von England ausgehenden Empirismus und des französischen Rationalismus. Prinzipiell kennzeichnet die enge Beziehung von philosophischer Theoriebildung und Literaturkritik bzw. Dichtungstheorie die systematischen Entwicklungen im 18. Jh. bis hin zur Begründung der Ästhetik als eigenständiger Wissenschaft.

Leitbegriffe der Aufklärungsphilosophie, die Betonung der Vernunft (*ratio, raison*) bzw. des gesunden Menschenverstandes (*sensus communis, bon sens*), die Etablierung der Kategorie des Geschmacks als Urteilsvermögen (*goût*), Prinzipien rationalistischer Erkenntnistheorie wie Ordnung und Klarheit, das Verständnis einer kausalen, rational faßbaren Gesetzmäßigkeit der Natur in Entsprechung zu den Regeln der Vernunft gehen in die Konzeption des Nachahmungsverständnisses ein.

Neben den rationalistischen Tendenzen beeinflussen Ansätze des Empirismus und des Sensualismus die Thematisierung der konstitutiven Rolle von Sinneserfahrung, Empfindung und Einbildungskraft und verleihen der subjektiven Erfahrung immensen Stellenwert. Die Frage nach einer Verhältnisbestimmung von vernunftbestimmter Regularität künstlerischer Wirklichkeitsmimese im Sinne der Repräsentation einer objektiven Wahrheit und sinnlich-imaginativer Produktivität des poietischen Vermögens in Rekurs auf die subjektive Empfindung von Schönheit gewinnt im 18. Jh. im Kontext der Diskussion des Geschmacksbegriffs an Virulenz. Anstoßgebend hierfür ist insbesondere die Rezeption der dichtungstheoretischen Auseinandersetzungen der französischen Klassik bzw. des englischen Klassizismus.

1. *Klassizistische Voraussetzungen (früh)aufklärerischer Dichtungstheorie.* In Frankreich manifestiert sich die Auseinandersetzung um das M.-Verständnis bzw. die Situierung und Definition künstlerischer M. im Bezugsrahmen von Vernunft (*raison*), Gefühl (*sentiment*), Geschmack (*goût*) nicht zuletzt in einem Streit um die Vorbildlichkeit und Verbindlichkeit der Antike für die Moderne, der ‹Querelle des Anciens et des Modernes›, die im ausgehenden 17. Jh. ihren Höhepunkt erreicht und große Wirkung auf die kunst- bzw. dichtungstheoretischen Diskussionen im 18. Jh. zeitigt.[2]

Gemäß der *doctrine classique* gelten Formstrenge, Regelhaftigkeit und die strukturelle Einheit der dichterischen Form, insbesondere in Anwendung auf die Theorie der Tragödie, als die Kriterien einer nach Maßgabe der Vernunft systematisch zu befolgenden Dichtungstheorie. Garant einer der Naturwahrheit adäquaten, vernunftbestimmten Reglementierung bzw. objektiven, d.h. zeitlos gültigen Richtigkeit dichterischer Regeln ist die Auffassung einer ihrerseits nach Vernunftgesetzen strukturierten natürlichen Wirklichkeit. Die Vertreter der *Anciens* berufen sich auf antike Vorbilder einer nach Vernunftregeln in idealtypischer Weise nachgeahmten Natur. Als einer der einflußreichsten Repräsentanten der Position der *Anciens* sei stellvertretend N. BOILEAU-DESPRÉAUX genannt, der in der ‹Art poétique› (1674) für die klassizistische Doktrin regeltreuer Dichtung eintritt. Bei Boileau ist die menschliche Vernunft (*raison*) die Instanz der Bestimmung von Darstellungskriterien und

-formen in Korrespondenz mit dem gesunden Menschenverstand (*bon sens*). Oberste Forderung an die Dichtung ist die Wahrung der *bienséance*, einer angemessenen bzw. geschmackvollen Darstellungsweise, sowie der Wahrscheinlichkeit (*vraisemblance*), Folgerichtigkeit und Klarheit dargestellter Handlungszusammenhänge unter Ausschluß des Phantastischen oder Übersteigerten. Diese als Regel der Naturnachahmung gefaßte vernunftgeleitete Darstellung einer Naturwahrheit, wobei Natur für das Schickliche, der Konvention entsprechende steht, sieht Boileau in der Dichtung der Antike in vollendeter Weise verwirklicht. Zugleich formuliert Boileau mit dem Prinzip des Geschmacks (*goût*) einen Ansatz, der auf eine uneinholbare Komponente (*je ne sais quoi*) dichterischer Gestaltungskraft hinführt und über die bloße Regelgebundenheit der Dichtung hinausweist.

An der Frage der Gültigkeit der überlieferten Regeln antiker Dichtungstheorie für die Beurteilung zeitgenössischer Literatur entzündet sich ein Streit, der schließlich in Abkehr vom starren Akademismus den unbedingten Vorbildcharakter der antiken Vorbilder aufhebt. Dennoch bewahren Grundlagen der *doctrine classique* auch bei den Kritikern des Akademismus nachhaltige Gültigkeit.[3] Eine wesentliche Komponente dieser Entwicklung ist die Emanzipation einer historischen Sichtweise. Die Position der *Modernes* ist gekennzeichnet durch die Zurückweisung der strikten Bindung literarischer Produktion an ein starres Regelsystem verbunden mit der Infragestellung des postulierten Vollkommenheitsanspruchs der antiken Vorbilder, um mit den Kategorien des guten Geschmacks, der Vernunft bzw. des freien Urteils über das nunmehr in relativer Hinsicht Schöne (*beau relatif*) eine «historische Relativierung ästhetischer Normen» einzuleiten.[4]

Nach J.B. Abbé Dubos ist der Endzweck der Poesie, zu rühren und zu gefallen. In den ‹Réflexions Critiques sur la Poésie› (1719) stellt er die wirkungspoetische Zielsetzung über die Einhaltung dichterischer Regeln. Dichtung sucht durch die Nachahmung geeigneter Objekte künstliche Leidenschaften hervorzurufen, die wie die natürlichen Dinge affizierend wirken.[5] Die Erregung subjektiver Empfindungen wird zur Beurteilungsinstanz künstlerischer Werke. Nicht die Vernunft ist der Probierstein, sondern allein ein inneres Gefühl, vermöge dessen alle Menschen ohne Kenntnis künstlerischer Regeln wahrnehmen können, was an einem Werk gelungen ist.[6]

Wichtige Anstöße für die frühaufklärerischen Dichtungstheorien gehen vom *englischen* Klassizismus aus. J. Dryden hebt im ‹Essay on Dramatic Poesy› (1688) die Dichtung eines Shakespeare gegen die Nachahmung der Alten hervor. A. Pope betont im ‹Essay of Criticism› (1711) Regelhaftigkeit, Klarheit und Ordnung als Voraussetzung einer Dichtung, die den Prinzipien der Naturordnung Folge leistet, ohne die dichterische Abweichung vom Regelkanon als Ausdruck subjektiver künstlerischer Eigenleistung zu verkennen. Pope verbindet Kriterien der klassizistischen Dichtungstheorie mit der Qualität des individuellen geistigen Vermögens des Künstlers (*wit*, Witz), einer künstlerischen Produktivität, deren Entfaltung die vernünftige Naturordnung als Strukturprinzip aufnimmt.

Durch J. Addisons ‹Spectator›-Beiträge bzw. R. Steeles ‹Tatler›-Aufsätze wird die Diskussion um die Individualität künstlerischer Darstellung vermöge des produktiven Geistes (*wit*) in weiten Kreisen publik. Nach Addison zeichnet sich das natürliche Genie (*natural genius*), prototypisch ist neben Homer Shakespeare, durch eine nicht an Regeln gebundene Individualität und Originalität aus.[7] Von großem Einfluß auf die Entwicklung der Genieästhetik im 18. Jh. ist A.A. Earl of Shaftesbury. Nach platonischer Auffassung sind die Mannigfaltigkeit der sinnfälligen Schönheit, die Wunder der sichtbaren Welt nach Shaftesbury Schatten einer ersten Urschönheit, abbildliche Mitteilungen einer göttlichen Vernunftnatur.[8] Dieser «göttlichen Natur» des «allumfassenden, regierenden Genius (universal and souveraign Genius)»[9] gilt es innezuwerden. Der sittliche Künstler, der diese wahre Schönheit als seiner Seele innewohnende Idee kraft seiner Imagination schaut, ahmt in der künstlerischen Hervorbringung die göttliche Schöpfung nach. «Ein solcher Dichter ist in der Tat ein zweiter ‹Schöpfer› [...] Wie jener allerhöchste Werkmeister oder jene allgemein bildende Natur (Plastick Nature) schafft er ein Ganzes, stimmig und wohlausgewogen in sich selbst.»[10]

In *Deutschland* wird die Aufklärungsphilosophie Leibniz-Wolffscher Prägung bestimmend für die dichtungstheoretischen Auseinandersetzungen. Wenn Leibniz Gott als den Schöpfer der besten aller möglichen Welten bestimmt, und damit die Möglichkeit anderer, über das Bestehende hinaus möglicher Welten impliziert, ist hiermit die Möglichkeitsdimension eröffnet, die Legitimationsbasis dichterischen Schaffens wird. Mit Leibniz' Bestimmung der intelligenten monadischen Substanzen, die als lebendige Spiegel des Universums nach dem Bilde des göttlichen Geistes geschaffen, «mit Erkenntnis auf die Nachahmung der göttlichen Natur hinwirken können»[11], findet das individuelle Vernunftvermögen und seine freie, schöpferische Kraft Betonung. «Der Mensch ist also gleichsam ein kleiner Gott in seiner eigenen Welt oder seinem Mikrokosmos, den er nach seiner Weise regiert: er schafft Wunderwerke darin und oft ahmt seine Kunst die Natur nach.»[12] Dieser metaphysische Ansatz wirkt sich in Applikation auf die Dichtungstheorie des 18. Jh. als Rechtfertigung einer Schöpfung in dem Möglichen, der Hervorbringung des Wunderbaren vermöge der Einbildungskraft aus.[13]

2. *Gottsched und die Schweizer.* Der vollständige Titel der beiden ersten Auflagen von J. Chr. Gottscheds ‹Versuch einer Critischen Dichtkunst› (1730, 1737) weist in programmatischer Weise darauf hin, ‹Daß das innere Wesen der Poesie in einer Nachahmung der Natur bestehe›. Kriterien einer gelungenen, auf moralische Wirkung angelegten dichterischen Nachahmung der Natur sind die Wahrung der Wahrscheinlichkeit und die innere Widerspruchslosigkeit. Voraussetzungen hierfür ist eine weitläufige philosophische Gelehrsamkeit sowie eine durch die Unterweisung in Geist- und Sittenlehre [14] fundierte Menschenkenntnis des Dichters. Um die «unsichtbaren Gedanken und Neigungen menschlicher Gemüther nachzuahmen»[15] muß er so dichten, «daß es noch einigermaßen gläublich herauskomme, und der Natur ähnlich sey».[16] Das angeborene dichterische Naturell (*ingenium*), eine lebendige Einbildungskraft, natürlicher Witz und Scharfsinn sowie eine «gesunde Vernunft und gute Einsicht in philosophische Wissenschaften legen den Grund zur wahren Poesie». Der «Poet ist ein Nachahmer der Natur, wenn ich so sagen darf: und zwar soll er ein gelehrter Nachahmer seyn».[17] Der Dichter muß die Gesetze der Natur kennen, die ihre Entsprechung in den Regeln der Vernunft finden, denn sie «haben ihren Grund in der unveränderlichen Natur der Dinge selbst; in der Uebereinstimmung des Mannigfaltigen, in der Ordnung und Harmonie. Diese Gesetze [...] bleiben unverbrüchlich und feste stehen».[18] Gottsched vermittelt diese Konzeption einer Entsprechung von Natur- und Vernunftordnung mit dem rhetorischen Prinzip einer (im Sinne des *decorum/ aptum*) ‹natürlichen› Darstellungsweise.[19] Die Vernunftorientierung wird zum Korrektiv dichterischer Erfindungen und Fiktionen bzw. zur Beurteilungsinstanz über Wahrscheinlichkeit und Glaubwürdigkeit, gemessen an der gesetzmäßigen Ordnung der Natur. Gottsched unterscheidet drei Gattungen poetischer Naturnachahmung. Während die erste als bloße Beschreibung und lebhafte Schilderung einer natürlichen Sache definiert ist, fällt die zweite als Repräsentation einer Person in den Bereich der theatralischen Poesie, wobei Natürlichkeit in der Wirkung gegen das Gekünstelte, gegen übertriebenes Pathos und Schwulst gesetzt ist. Die dritte, eigentliche poetische Nachahmung besteht darin, «gute Fabeln zu erfinden», was für Gottsched nicht allein eine stimmige Fügung von Wahrem und Falschem (Fiktivem) umfaßt, sondern vor allem darauf zielt, eine moralische Lehre einzukleiden. Die Fabel, das Herzstück der Poesie, muß «was Wahres und was Falsches in sich haben: nämlich einen moralischen Lehrsatz, der gewiß wahr seyn muß; und eine Einkleidung desselben in eine gewisse Begebenheit, die sich aber niemals zugetragen hat, und also falsch ist.»[20] Gegen den Sinnenreichtum barocker Allegorik begreift Gottsched die Fabel in Berufung auf die Leibniz-Wolffsche Metaphysik[21] als «Erzählung einer unter gewissen Umständen möglichen, aber nicht wirklich vorgefallenen Begebenheit, darunter eine nützliche moralische Wahrheit verborgen liegt. Philosophisch könnte man sagen, sie sey ein Stücke von einer andern Welt.»[22] Nach dieser Maßgabe diskutiert Gottsched die Berechtigung des Wunderbaren in der Poesie. Die «glückliche Nachahmung der Natur» gestattet das Wunderbare in den Schranken der Natur, um «noch natürlich und glaublich» zu sein.[23] Natürlichkeit weist gemäß tradierter rhetorischer Auffassung auf eine wirkungspoetische Qualität der Dichtung, nicht auf eine Abbildlichkeit zur vorfindlichen Wirklichkeit. Bei völlig realitätsfernen Fiktionen, etwa den Lehrfabeln eines Äsop, ist eine bedingte oder «hypothetische Wahrscheinlichkeit»[24] dann gegeben, wenn die Voraussetzungen, unter denen etwas in einer anderen Welt in dieser Weise möglich und wahrscheinlich sein könnte, benannt sind. Innerliterarische Widerspruchslosigkeit und eine zumindest durch die kontextuelle Verankerung gewährleistete Glaubwürdigkeit bilden die Kriterien dichterischer Nachahmung der Natur.

Bei J.J. BODMER und J.J. BREITINGER (genannt die ‹Schweizer›) wird die Anwendung der Leibniz-Wolffschen Philosophie auf die Dichtungstheorie zur Basis, dem Wunderbaren in der Poesie größte Geltung zu verschaffen. Das Hauptwerk der Dichtung besteht nach Breitinger in einer «Nachahmung der Natur in dem Möglichen»[25]. Die Kunst ist «nichts anders [...], als eine nachgeahmte Natur»[26], doch eingedenk des zugrundegelegten Natur- bzw. Gottesbegriffs bezieht sich der «poetische Wahre»[27] auf eine zweite Gattung des Wahren in der Natur, auf die unzähligen möglichen Welten, die in der Kraft des Schöpfers bzw. der Natur gegründet sind. Ebensoweit wie die Natur «erstrecket sich das Vermögen seiner Kunst».[28] Der Dichter ist eine Art Schöpfer, sofern er Unsichtbares sinnlich vergegenwärtigt bzw. Dinge aus dem Bereich der Möglichkeit in die Wirklichkeit versetzt, ihnen den Schein des Wirklichen verleiht. «Diese Art der Schöpfung ist das Hauptwerck der Poesie [...], daß sie die Materie ihrer Nachahmung allezeit lieber aus der möglichen als aus der gegenwärtigen Welt nimmt.»[29] Auf der Basis der Leibnizschen Metaphysik kann sich die Dichtkunst auf die Dimension des Möglichen berufen und wird in der Ausgestaltung neuer Zusammenhänge, des Erstaunlichen und Wunderbaren, als wohlerfundene Historie aus einer anderen Welt legitimiert. Das Verständnis der Nachahmungsdoktrin verschiebt sich bei den Schweizern in Richtung auf eine Natürlichkeit, die als Wirkungssteigerung nicht vorrangig durch eine an Vernunftregeln orientierte Glaubwürdigkeit gewährleistet wird, sondern auf eine den Naturkräften entsprechende Weise der Affektion angelegt ist. Die Regeln hierfür sind in der «würckenden Natur» selbst aufzusuchen.[30] Die genaue Kenntnis, Untersuchung und Auffassung einzelner Gegenstände sowie der Erfahrungsreichtum[31] verleihen der Einbildungskraft die Fähigkeit, eine lebendig-affizierende, gemäß dem rhetorischen Prinzip der Vergegenwärtigung (*evidentia*)[32] natürlich wirkende Poesie hervorzubringen. Durch überzeugende Nachahmungen wird der Rezipient herausgefordert, einen Vergleich der Kraft und Wirkweise auf das Gemüt zwischen Urbild und dichterischer Fiktion anzustellen. Diese innerpsychischen Momente als Wirkungen auf die Einbildungskraft erhalten immenses Gewicht.

An die Stelle der rationalistischen Dominanz des Vernunftprinzips tritt die Einbildungskraft als Quelle lebendiger Naturerfahrung und dichterischer Wirklichkeitstransformation. In der Darstellung des Neuen, der «Mutter des Wunderbaren», vermag das «poetische Wahre» unmittelbares Gefallen auszulösen. Dieser «hell leuchtende [...] Strahl des Wahren» ist das «poetisch Schöne».[33] Das Wunderbare geht über das Neue, das sich in den Grenzen der Wahrscheinlichkeit hält, noch hinaus, es tritt geradezu in Widerstreit mit dem Bekannten, setzt das Gemüt in Verwirrung, erzeugt den Schein von Falschheit, des Unmöglichen und Unwahren. Und doch ist dies «nur ein Schein», durch den das Wunderbare seine besondere Wirkkraft auf das Gemüt entfaltet.[34] Das Wunderbare bedarf des Scheins von Wahrheit, um zu bewegen, zugleich muß dieses Wahrscheinliche den Zauber des Wunderbaren tragen, um Aufmerksamkeit zu erzeugen. «Folglich muß der Poet das Wahre als wahrscheinlich und das Wahrscheinliche als wunderbar vorstellen.»[35] Dichterische Erfindung bewegt sich in den Grenzen einer poetischen Wahrscheinlichkeit, stützt sich logisch auf den Satz des Widerspruchs wie den Satz vom zureichenden Grund, wahrt den Schein einer Übereinstimmung mit herrschenden Meinungen und Erkenntnissen. Quelle des Wunderbaren in der Poesie ist letztlich die unerschöpfliche Natur, sofern die Kunst nichts anderes ist als eine Verwandlung dessen, was die Natur als Mögliches birgt. Dies ist die Nachahmung in dem Möglichen im eigentlichen Sinne.[36] Mit dieser Begründung, daß die dichterische Naturnachahmung vor allem *abstractio imaginationis,* «Abgezogenheit der Einbildung»[37] von der wirklichen Welt ist, um auf diesem Wege durch neuartige und wunderbare Bilder die lebhafteste Wirkung auf das Vorstellungsvermögen des Rezipienten zu erzielen, wird das Wunderbare als Form einer möglichen Naturwahrheit etabliert. Die Schweizer entwickeln damit nicht allein eine «psychologisch fundierte Wirkungspoetik»[38], sondern verleihen dem dichterischen Schaffen über die Betonung der Einbildungskraft eine subjektive Komponente.

3. Ästhetik. Mit A.G. BAUMGARTENS wissenschaftlicher Grundlegung der Ästhetik wird erstmals eine klare begriffliche Distinktion zwischen dem rationalen und dem sinnlichen Erkenntnisvermögen vorgenommen. Das Gedicht (*poema*) ist nach Baumgarten eine vollkommene sensitive Rede (*oratio sensitiva perfecta*), eine sprachliche Vermittlung sensitiver, d.h. auf das sinnliche Erkennen (*cognitio sensitiva*) zurückgehender Vorstellungen (Empfindungen, Einbildungen).[39] Je klarer, anschaulicher es dem *analogon rationis* solche Vorstellungen repräsentiert, je mehr es das Publikum zu affizieren vermag, desto vollkommener ist ein Gedicht. Wie die Schweizer hebt Baumgarten im Kontext der psychologischen, wirkungspoetischen Kraft der Dichtung das Wunderbare hervor.[40] Neben wahren Erdichtungen (*figmenta vera*), deren Gegenstände in der existierenden Welt möglich sind, kann die Dichtung auf Vorstellungen, deren Gegenstände in anderen Welten als möglich vorgestellt werden können (*heterocosmica*) zurückgreifen, während utopische Vorstellungen (*utopica*), die sich auf absolut Unmögliches gründen, nicht in den Bereich der Poesie fallen.[41] Der Dichter ist «gewissermaßen ein Schaffender, ein Schöpfer», d.h. er sucht eine möglichst lichtvolle Verknüpfung von Vorstellungen, eine Ordnung, die in größtmöglicher Anschaulichkeit (extensiver Klarheit) vermittelt. In diesem Sinne muß «ein Gedicht [...] gleichsam eine Welt sein».[42] Wenn Baumgarten die Dichtung als ‹Nachahmung der Natur› bestimmt, wobei ‹Natur› als das innere Prinzip der Bewegung und Veränderung des Universums definiert ist, bezieht sich dies auf die Ähnlichkeit in der Wirkung. «Wenn ein Gedicht eine Nachahmung der Natur oder eine von Handlungen heißen soll, so wird verlangt, daß seine Wirkung denen der Natur ähnlich sei.»[43]

Daß dichterische Nachahmung keine Widerspiegelung der sichtbaren Wirklichkeit verfolgt, daß die «Nachahmung der Sache, der man nachahmet, zuweilen unähnlich werden müsse»[44], mit dieser Setzung stößt J.E. SCHLEGEL eine kritische Neubestimmung der M.-Doktrin an. Schlegel stellt die wirkungspoetische Zielsetzung, das Vergnügen (*delectare*) als Endzweck der Poesie, über die belehrende Funktion.[45] Indem Nachahmung, bestimmt als bilderzeugende Handlung, nicht darauf festgelegt wird, ein Vorbild lediglich abzuschildern, sondern ihren Gegenstand vielmehr von neuem erschafft, löst er die Poesie von der Darstellung einer Naturwirklichkeit weitgehend ab und etabliert eine Eigenständigkeit poetischer Wahrheit, die sich an der Wirkung auf die subjektive Vorstellungswelt des Rezipienten bemißt. «Derjenige, welcher nachahmet, muß sich nach den Vorstellungen derer richten, die das Bild vergnügen soll. Das ist, wenn sie eine andere Vorstellung von dem Vorbilde haben, als es in der That beschaffen ist; muß er nicht mehr die Sache selbst, die er nachahmet, sondern die Begriffe derer, denen zu gefallen er sein Bild verfertigt, zu seinem Vorbilde nehmen, und sein Bild muß der Sache unähnlich werden, damit es desto eher mit den Begriffen derselben über ein komme.»[46] Damit fließen in der Nachahmungsdoktrin ein wirkungspoetisches und ein rezeptionsästhetisches Moment zusammen. Die Einbildungskraft des Nachahmenden bezieht sich in erster Linie auf diejenige des Rezipierenden, auch wenn dessen Begriff oder Vorstellung von der Wahrheit abweicht, sofern das Vergnügen an der Nachahmung durch ein Gegeneinanderhalten von Vorbild und Bild in der Einbildungskraft ausgelöst wird. Deshalb ist es für Schlegel kein Fehler, die tatsächlichen Sachverhalte zu vernachlässigen, sondern «ein Kunststück, Unähnlichkeit in die Nachahmung zu bringen».[47] Schlegel bindet Nachahmung als Erschaffung von Bildern an das ästhetische Erleben des Subjektes.

Nach Ch. BATTEUX, dessen in verschiedenen Übersetzungen publizierter ‹Traité des beaux arts réduit à un même principe› (1746) großen Einfluß auf die deutschen Poetiken nimmt[48], besteht der Zweck der schönen Künste (*beaux arts*) allein darin, Vergnügen (*plaisir*) hervorzurufen. Der Geist des Künstlers («génie») erweist sich nach Batteux nicht darin, etwas zu erdichten, was nicht sein kann, sondern ausfindig zu machen, was bereits in der Natur angelegt ist.[49] Der menschliche Geist wird zum Schöpfer («créateur»), wenn er ein genauer Beobachter («observateur») der Natur ist.[50] Die schönen Künste der Natur, imitieren sie durch Nachbildung («imiter, c'est copier un modèle.»), d.h. kopieren ein Original oder Muster («original», «prototype»), dessen Züge durch ein Nachbild («copie») repräsentiert werden. Dieser Prototyp oder all das, was sein kann oder leichthin vorstellbar ist, das ist die Natur («La Nature [...] voilà le prototype ou le modèle des Arts.»), die sowohl die existierende physische, politische, moralische oder bürgerliche Welt, wie die historische Welt, die Welt der Fabelwesen («monde fabuleux») und eine ideale oder mögliche Welt («le monde idéal ou possible»), in der gleichsam allgemeine Muster möglicher künstlerischer Ausgestaltungen im Besonderen existieren, umfaßt.[51] Künstlerisches Genie zeigt das Ideale oder Schöne im Schein des Natürlichen. Die Künste müssen so nachahmen, daß man die Natur erblickt, jedoch nicht so, wie sie an sich ist, sondern so, wie sie sein kann und sich für den Geist vergegenwärtigen läßt («une imitation, où on voie la Nature, non telle qu'elle est en elle-même, mais telle qu'elle peut être, & qu'on peut la concevoir par l'esprit»).[52] Dies ist die schöne Natur («belle Nature») oder das Wahre, wie es sein könnte («le vrai qui peut être»).[53] Imitation der schönen Natur («imiter la belle Nature») bzw. der Ausdruck der Natur in ihrer Schönheit («l'expression de la Nature dans son beau») ist das Prinzip aller schönen Künste: eine idealisierende Darstellung des Naturschönen.

In den anonym in Verbindung mit der Batteux-Übersetzung ‹Einschränkung der schönen Künste auf einen einzigen Grundsatz› (1751) publizierten Abhandlungen von J.A. SCHLEGEL wird die Position Batteux', Dichtung sei gleichsam ein Auffinden und Nachahmen des in der Natur idealtypisch Verborgenen, entschieden zurückgewiesen. Für Schlegel ist die Poesie ein von der Wirklichkeit der Naturdinge unabhängiger Bereich und die dichterische Nachahmung ein schöpferischer Prozeß, der, lediglich an eine hypothetische Wahrscheinlichkeit gebunden, eine in sich gefügte poetische Wirklichkeit entwirft und «seinen Wahrheitsgehalt nicht mehr aufgrund irgendeines Zusammenhanges mit einer Wahrheit jenseits des Werkes, mit der realen Wirklichkeit, sondern durch eine innere Konsequenz, eine werkimmanente Ordnung»[54] gewinnt.

D. DIDEROTS Auseinandersetzung mit der Weise dichterischer *imitatio naturae*, die für die deutsche Spätaufklärung wichtig wird, mündet in eine Theorie der Illusion bzw. des ästhetischen Vergnügens an einer mittelbaren Erkenntnis des Natürlichen über die bewußte Wahrnehmung dichterischer Kunst als Täuschung. Nicht die Wirklichkeitsdarstellung sondern die vollkomme Wirklichkeitsillusion bzw. der Schein von Wahrheit bestimmen das Verständnis von Naturnachahmung.[55]

4. *Spätaufklärung.* Eine Verschiebung des Nachahmungsbegriffs im Sinne einer naturhaften Schöpfung, die Betonung des subjektiven Charakters poetischen Schaffens wie des ästhetischen Erlebens und die hiermit einhergehende Verselbständigung der poetischen Wahrheit prägt die Verwendung der Nachahmungsformel in der Spätaufklärung. G.E. LESSINGS ‹Hamburgische Dramaturgie› (1767/69) erteilt der klassizistisch-rationalistischen Tradition eine Absage. Dichtung ist nicht auf den Vergleich von Wirklichkeit und Darstellung angelegt, sie lebt vielmehr aus dem Reiz der Täuschung, entwirft eine Welt der Illusion, die im Drama auf die Erregung von Furcht und Mitleiden zielt. Wenn Lessing dennoch konstatiert, «nichts kann ein Fehler sein, was eine Nachahmung der Natur ist»[56], oder mit Diderot fragt: «Gibt es denn auch eine andere Regel, als die Nachahmung der Natur?»[57], stehen diese Äußerungen im Zusammenhang mit der Forderung nach einem einheitlichen, schlüssigen Handlungsaufbau in der Tragödie, die als gelungene künstlerische Illusion ihren fiktiven Charakter vergessen läßt und die Rezipienten ganz in ihre Welt zieht, so daß «wir es nicht als das Produkt eines einzeln Wesens, sondern der allgemeinen Natur betrachten.»[58] Es genügt, wenn Handlungen aufgrund einer inneren Konsistenz «poetisch wahr sind», d.h. wahrscheinlich wirken.[59] Das Genie komponiert eine nach individuellen dichterischen Schöpfungsprinzipien geordnete Welt[60], zeigt Charaktere und Geschehnisse, «ob sie schon nicht aus dieser wirklichen Welt sind, sie dennoch zu einer andern Welt gehören könnten» und läßt Handlungen in moralisch-belehrender Absicht als wirklich in Erscheinung treten, damit sie für möglich erkannt werden können.[61] Die «Welt eines Genies» entspricht in der kausalen Verbindung von Ursachen und Wirkungen der Ordnung der bestehenden Welt, um somit «das höchste Genie [Gott] im Kleinen nachzuahmen», denn die poetisch wahre Welt, «das Ganze dieses sterblichen Schöpfers sollte ein Schattenriß von dem Ganzen des ewigen Schöpfers sein».[62] ‹Nachahmung› ist nicht zuletzt eine Weise der symbolischen Verdichtung moralischer Kategorien mit Mitteln der Wirklichkeitsillusion. Anhand des wirklichkeitsüberschreitenden, transitorischen Momentes unterscheidet Lessing im ‹Laokoon› zwischen dichterischer und malerischer Nachahmung. Der Poesie obliegt die fortschreitende Nachahmung einer Handlung in der Zeit.[63] Verwandlung des körperlich Gleichzeitigen in eine Folge, der Reiz des Schönen in der Bewegung, diese transitorische Wirkung kennzeichnet die poetische Illusion. «Zeitfolge ist das Gebiete des Dichters, so wie der Raum das Gebiete des Malers.»[64] Damit wird nicht nur die tradierte Formel *ut pictura poesis* einer kritischen Revision unterzogen. Mit dem Begriff ‹Nachahmung› faßt Lessing vorrangig eine gottähnliche poietische Tätigkeit der Einbildungskraft, die eine Welt der Illusion hervorbringt.

Die starke Tendenz der Verinnerlichung oder Psychologisierung der künstlerischen Produktion wie ihrer Wirkweise in der Literatur- und Kunsttheorie des 18. Jh. führt zu einer tiefgreifenden Änderung in Hinsicht auf den Wirklichkeitsbezug der Kunst und mündet in eine Trennung der Sphären des Natur- bzw. Kunstschönen. Mit der Fokussierung auf die innere Natur (Genie) als Ort künstlerischer Einbildungs- und Schaffenskraft verliert der Nachahmungsgedanke zunehmend an Bedeutung.

M. MENDELSSOHN hebt in seinen ästhetischen Schriften den Täuschungscharakter künstlerischer Nachahmungen und ihre die Präsenz der konkreten Naturdinge übertreffende Wirkkraft hervor. Vor allem Ansätze von Shaftesbury und Dubos weiterführend wird die Wirkung auf die Psyche des Rezipienten, die Empfindung des Schönen, zu einem maßgeblichen Kriterium. Batteux' Grundsatz, «Nachahmung der Natur sey das allgemeine Mittel, dadurch uns die schönen Künste gefallen», ist für Mendelssohn unzulänglich, sofern dieser außer acht läßt, wodurch die Empfindung des Schönen in der Seele mittels der Kunst im Unterschied zur Natur geweckt wird. «Diese ursprünglichere Naturgesetze müssen wir aufsuchen, die so wohl den allervollkommensten Erfinder, als den Nachahmer verbinden, so bald sie den Vorsatz haben, *zu gefallen.*»[65] Schönheit, definiert als vollkommene sinnliche Vorstellung, «bezaubert uns in der Natur, wo wir sie ursprünglich, aber zerstreuet antreffen; und der Geist des Menschen hat sie in Werken der Kunst nach zu bilden und zu vervielfältigen gewußt.»[66] Schönheit ist hiernach nicht Eigenschaft eines Gegenstandes, sondern beruht als Empfindung des Gefallens auf einer subjektiven Sinnestätigkeit. Aufgabe der schönen Künste ist es, vermöge einer «durch die Kunst vorgestellten sinnlichen Vollkommenheit», d.h. mittels der ästhetischen Illusion die Sinne so lebendig zu affizieren, daß «wir die Sache selbst zu sehen glauben» und zugleich erinnert werden, «daß wir nicht die Natur selbst sehen».[67] Diese Spannung zwischen den oberen und den unteren Seelenkräften, dem Urteil der Vernunft und der Empfindung, macht das Vergnügen an den Nachahmungen aus. «Soll ein Nachahmung schön seyn, so muß sie uns ästhetisch illudiren; die obern Seelenkräfte aber müssen überzeugt seyn, daß es eine Nachahmung, und nicht die Natur selbst sey.»[68] Die Vollkommenheit eines produktiven Geistes schlägt sich in der Natur wie in der nachahmenden Kunst, in der Mannigfaltigkeit der Teile bei gleichzeitiger Ordnung und Regelmäßigkeit nieder. Einheit im Mannigfaltigen ist das Grundprinzip des Schönen bzw. Voraussetzung einer vollkommenen sinnlichen Vorstellung. Die Kunst erreicht diesen Endzweck, indem sie sich über die sinnfälligen Naturgegenstände erhebt, die angesichts des unermeßlichen Planes der Natur lediglich anteilhaft von einer idealischen Schönheit zeugen können. Aufgabe des künstlerischen Genies ist es nicht, Vorbilder zu kopieren, sondern , «das idealisch Schöne aus den Werken der Natur zu abstrahiren». Diese idealische Schönheit, die in der gottgeschaffenen Mannigfaltigkeit der sichtbaren Welt in einer alles umspannenden Ganzheit gegenwärtig ist, sucht der Künstler in einem eingeschränkten Bezirke vorzustellen. «Was sie [die Natur] in verschiedenen Gegenständen zerstreuet hat, versammelt er in einem einzigen Gesichtspunkte, bildet sich ein Ganzes daraus, und bemühet sich, es so vorzustellen, wie es die Natur vorgestellt haben würde, wenn die Schönheit dieses begränzten Gegenstandes ihre einzige Absicht gewesen wäre.» Dies ist nach Mendelssohn die eigentliche Bedeutung von «*die Natur verschönern, die schöne Natur* nachahmen».[69] Endzweck der Kunst ist die Intensivierung eines ästhetischen Erlebens nach Maßgabe einer «poetischen Idealschönheit».[70] Nachahmung zeigt einen Gegenstand «wie ihn Gott geschaffen haben würde, wenn die sinnliche Schönheit sein höchster Endzweck gewesen wäre».[71] Mit der Konzentration des Idealschönen in der künstlerischen Illusion ist die Naturnachahmungsdoktrin in gewisser Hinsicht überwunden. Die sinnlich vollkommene Schönheit subjektiven Empfindens bleibt jedoch gebunden an eine objektiv verständliche Vollkommenheit der göttlichen Weltordnung.[72]

5. *M. und Geniegedanke*. E. YOUNG etabliert mit seiner Schrift ‹Conjectures on original composition› (1759, dt. Erstübersetzung 1760), die unbedingte Priorität schöpferischer Originalität und prägt damit eine Entwicklung, die im europäischen Kontext zur Emanzipation des Geniegedankens führt. Young unterscheidet zwischen zwei Arten von Nachahmung (‹imitation›)[73]: «In einigen wird die Natur, in andern werden die Autoren nachgeahmet. Wir nennen die erstern ‹Originale› [‹originals›] und behalten den Namen der Nachahmung [‹imitation›] nur für die letztern.»[74] Mit dem Terminus ‹imitation› (‹Nachahmung›), der ausschließlich für die *imitatio auctorum* steht, hebt Young gegenüber denjenigen Dichtern, die in Ermangelung eigenen Genies durch Fleiß und das Studium literarischer Vorbilder Duplikate («duplicates») ins Werk setzen, die naturanalogen Hervorbringungen der Originalschreiber («original writer») als die eigentliche dichterische Kunst hervor. «Man kann von einem ‹Originale› sagen, daß es etwas von der Natur der Pflanzen an sich habe: es schießt selbst aus der belebenden Wurzel des Genies auf; es ‹wächset› selbst, es wird nicht durch die Kunst ‹getrieben›.»[75] Neben solchen Pflanzenmetaphoriken, anhand derer Young die naturwüchsige Produktivität und Entfaltung der individuellen dichterischen Genies verdeutlicht, verwendet er topographische Metaphern zur Betonung der Wirkkraft dichterischer Originalität. Das Genie berichtet gleichsam aus einem fremden Land, weicht von ausgetretenen Pfaden ab, weckt über den Reiz des Neuen Erstaunen und Bewunderung, so daß der Rezipient in imaginäre Realitäten entführt wird.[76] «Das Genie ist eine angebohrne, uns ganz eigenthümliche Wissenschaft [genius is knowledge innate, and quite our own]», es besitzt eine Weisheit, die gleichsam nicht von dieser Welt ist. «In dem bezauberten Lande der Einbildungskraft kann das Genie wild umher schweifen; da hat es eine schöpferische Gewalt, und kann willkührlich über sein Reich von Chimären herrschen. Auch liegt das weite Feld der Natur ihm offen; hier kann es unbegränzt umher irren, soviel Entdeckungen machen, als es nur kann, über ihre unendlichen, nie ganz durchforschten Gegenstände sich erfreuen, so weit als die sichtbare Natur sich erstrecket, und diese Gegenstände so reizend malen, als es nur will.»[77] Die Frage des Wirklichkeitsbezugs bzw. der Wahrscheinlichkeit der Dichtung spielt keine entscheidende Rolle mehr. Young betont die schöpferische Potenz und Spontaneität der individuellen Einbildungskraft, ihre eigenständige kompositorische Kraft, denn die Natur «bringt uns alle als ‹Originale› auf die Welt», so daß ein äffischer Nachahmer den Naturabsichten zuwiderhandelt.[78] Die Grenzenlosigkeit des innerseelischen Vermögens manifestiert sich in der Hervorbringung von imaginären, «unbekannten Welten» weit über das wirklich Existierende hinaus. «Solche ganz originale Schönheiten können wir paradisische Schönheiten – *Ohne Saamen entsprossene Blumen* – nennen.»[79] Das Original ‹imitiert› die Natur lediglich insofern, als es vergleichbar der Produktivität der Natur schöpferisch tätig wird. In der Entfaltung des je eigenen Genies setzt sich gewissermaßen die individuierende Kraft der Natur fort. Vor dem Hintergrund dieses Naturbegriffs gewinnt die tradierte Nachahmungsauffassung eine völlig andere Bedeutung.

Insbesondere in Anknüpfung an Addison, Shaftesbury und Young definiert J.G. SULZER in der ‹Allgemeine[n] Theorie der Schönen Künste› (1771–74) den «Originalgeist» im Unterschied zum Nachahmer als einen Erfinder, der «nicht aus Nachahmung, sondern aus Trieb des eigenen Genies Werke der schönen Kunst verfertiget», wofür eine außergewöhnliche Lebhaftigkeit der Phantasie und der Empfindung neben einem ausgeprägten Gefühl für das Schöne die naturgegebenen Voraussetzungen sind.[80] Sulzer kritisiert die gebräuchlichen Übersetzungen des griechischen Mimesisbegriffs («Imitation» und «Nachahmung»), die der eigentlichen Bedeutung des Terminus kaum gerecht werden und zu Fehldeutungen der Grundsätze der Schönheits- und Geschmackslehre geführt haben.[81] Sulzer gibt die traditionsreiche aristotelische Doktrin, die Kunst sei eine ‹Nachahmung der Natur› nicht auf, sondern korrigiert eine auf das Abschildern und damit auf eine äffische Spielerei verengte Verständnisweise. Der Grundsatz der Nachahmung der Natur bewahrt seine Gültigkeit für die schönen Künste, wenn der zugrundegelegte Naturbegriff richtig interpretiert wird. «Da der Künstler ein Diener der Natur ist, und mit ihr einerley Absicht hat, so brauche er auch ähnliche Mittel zum Zwek zu gelangen. Da diese erste und vollkommenste Künstlerin zur Erreichung ihrer Absichten so vollkommen richtig verfährt, daß es unmöglich ist, etwas besseres dazu auszudenken, so ahme er ihr darin nach.» Es gilt die Mittel, wodurch die Natur die Empfindung des Vergnügens oder Mißvergnügens, des Schönen und Guten in den Gemütern weckt, wirkungspsychologisch zu erkunden, um eine intendierte Wirkweise adäquat hervorrufen zu können. In wirkungspoetischer Absicht ist «die Natur [...] die wahre Schule, in der er die Maximen seiner Kunst lernen kann, und wo er durch Nachahmung ihres allgemeinen Verfahrens die Regeln des seinigen zu entdeken hat.»[82] Der Dichter zeigt seinen Gegenstand nicht «wie er in der Welt vorhanden ist, sondern wie sein fruchtbares Genie ihn bildet, wie seine Phantasie ihn schmüket, und was sein empfindungsvolles Herz noch dabey empfindet, läßt er uns mit genießen.»[83] Die Intensität des subjektiven Erlebens und Empfindens ist Voraussetzung dichterischer Wirkkraft. Das Genie erweist sich an der Fähigkeit sinnlicher Vergegenwärtigung verbunden mit Qualität einer Wahrscheinlichkeit in der Wirkung. «Sobald die Erdichtung wahrscheinlich ist, so begreifen wir die Möglichkeit der erdichteten Sache.»[84] Das Hervorbringen einer solchen als-ob-Wirklichkeit zeichnet den Dichter als einen zweiten Schöpfer aus, denn das dichterische Genie ahmt im eigentlichen Verständnis die bildende Kraft der allgemeinen Natur oder den göttlichen Künstler nach.

Diese Interpretation der Naturnachahmungsdoktrin im Sinne einer Entfaltung der je eigenen subjektivschöpferischen Natur ist charakteristisch für die Genieästhetik im ausgehenden 18. Jh. Wichtig für diese Entwicklung ist der Einfluß KLOPSTOCKS (für Sulzer der Prototyp eines Originalgeistes), der in Rekurs auf Young die innerseelische Empfindungstiefe als Quelle wahrer Dichtkunst betont. Klopstocks Begeisterung für die Schönheit der göttlichen Schöpfung und die Gefühlsstärke dichterischen Naturerlebens, wie sie sich im ‹Messias› ausdrückt, ist von großem Einfluß auf die subjektivistische Ausprägung der zeitgenössischen Dichtungsauffassung und die entschiedene Betonung individueller Schöpfungskraft. Für Klopstock ist die lebendige Stimme des Herzens die Quelle dichterischer Wirkmacht auf die Gemüter. Das subjektive Erleben und tiefe

Gefühl läßt den Dichter Wirklichkeitserfahrungen in Absicht auf eine hinreißende, erregende Wirkung fügen. Um Begeisterung und die Empfindung des Schönen, tiefes Erschauern wie innerseelische Erregung zu wecken, ahmt der Dichter «der Religion» nach [...] wie [...] in einem nicht viel verschiedenen Verstande der Natur»[85], die gleichsam Ausdruck einer göttlichen Poesie ist. Wie diese sinnliche Offenbarung Gottes in der Natur trachtet das poetische Genie in gottähnlicher Schöpfungtätigkeit danach, durch eindrückliche, in tiefe Rührung versetzende Sprache des Herzens unmittelbare Wirksamkeit zu erlangen.

6. Sturm und Drang, Klassik. Daß die Poesie als Form einer verborgenen Theologie einen Offenbarungscharakter besitzt, eine göttliche Wahrheit sinnlich erlebbar vergegenwärtigt und in der Ursprünglichkeit ihrer sprachlichen Welterzeugung den Akt der göttlichen Schöpfung im Wort nachahmt, dieser Gedanke prägt insbesondere das Dichtungsverständnis von J.G. HAMANN. Nach Hamann ist die Schöpfung «eine Rede an die Kreatur durch die Kreatur», deren Sinnzusammenhang verloren gegangen ist, denn «wir haben an der Natur nichts als Turbatverse und *disiecti membra poetae* zu unserm Gebrauch übrig. Diese zu sammeln ist des Gelehrten; sie auszulegen, des Philosophen; sie nachzuahmen – oder noch kühner! – sie in Geschick zu bringen, des Poeten bescheiden Theil.»[86] Während die wissenschaftlich-rationalistischen Abstraktionen die Natur ihrer sinnlich-affizierenden Kraft entkleidet haben, ist es Aufgabe der Poesie, die «ausgestorbene Sprache der Natur»[87] in ihrer gleichnishaften Sinnlichkeit und ihrem bildreichen Offenbarungscharakter wieder zum Leben zu erwecken. In diesem Sinne ist die Poesie die Muttersprache des menschlichen Geschlechts und eine «Nachahmung der schönen Natur»[88], d.h. der sinnlich-gleichnishaften Offenbarung Gottes in der Chiffrenschrift der Natur, deren Wahrheit die Poesie in Gleichnissen und Bildern übersetzt.[89] «Natur und Schrift also sind die Materialien des schönen, schaffenden, nachahmenden Geistes».[90] Die Poesie ist ihrerseits gleichnishaftes Offenbarwerden einer unaussprechlichen Wahrheit, wie sie die Natur birgt, und der Dichter gottähnlicher Schöpfer einer poetischen Welt. Wenngleich die Betonung der dichterischen Originalität den Gedanken der Nachahmung schließlich völlig verdrängt, ist es doch der poietische Aspekt des tradierten Mimesisbegriffs, der dieser Entwicklung zum Durchbruch verhilft. Dichtung ist gewissermaßen eine naturhafte Schöpfung, Fortbildung einer schöpferischen Tätigkeit der Gesamtnatur (im Sinne der *natura naturans*), deren Kräfte sich vermöge des dichterischen Genies individuell ausformen. Der Begriff der Naturnachahmung führt, gerade wenn man dieses Naturverständnis zugrundelegt, auf die Entfaltung der subjektiv-schöpferischen Natur des Einzelnen und stützt damit den Geniegedanken. «Wie anders spricht die Natur Jedem, der in ihrer Ansicht, in ihrem Genuß und Gebrauch Verstand und Herz verbindet!»[91], so HERDER, für den die panentheistisch gefaßte Gottnatur sich im Menschen in den Formen der Kultur ausprägt. Menschliches Tun und Denken, seine Schöpfergabe ist eine «Nachahmung der Gottheit!».[92] Diese gottähnliche Schöpferkraft beseelt die Dichtung, die ‹der›, nicht ‹die› Natur nachahmt. Das dichterische Genie ist für Herder wie für Shaftesbury ein zweiter Prometheus, Ebenbild des göttlichen Poeten. Der Begriff ‹Nachahmung› verliert im Kontext der Genieästhetik zunehmend an Bedeutung, findet aber bei Herder durchaus noch Verwendung. So ist der sinnlich-lautmalerische, gefühlsbestimmte Reichtum der ältesten Sprache in seiner poetischen Kraft eine «Nachahmung der tönenden, handelnden, sich regenden Natur», d.h. Ausdruck des innerseelischen Erlebens der vieltönenden göttlichen Natur, die sich vermöge der Innigkeit von Fühlen und Denken in klingender Poesie ausspricht: «Ein Wörterbuch der Seele [...] Was ist Poesie anders?»[93]

Geprägt durch die Rezeption Youngs wie Hamanns spricht H.W. VON GERSTENBERG an Stelle von «Nachahmung» von einer «Nachbildung» der Natur, wobei hiermit die innere Natur des Menschen gemeint ist, deren emotionale Kraft sich in den poetischen Illusionen einer produktiven Einbildungskraft manifestiert.[94]

Weil die Natur nichts Sinnfälliges ist, so SCHILLER, sondern eine Idee unseres Geistes, ist es Aufgabe der Kunst, diese in idealisierender Form zur sinnlichen Erscheinung zu bringen. Schönheit, definiert als Freiheit in der Erscheinung, ist in Hinsicht auf das Kunstschöne von zweierlei Art: «a) Schönes der Wahl oder des Stoffes – Nachahmung des Naturschönen. b) Schönes der Darstellung oder der Form – Nachahmung der Natur.»[95] Ersteres bezieht sich auf die Beschaffenheit des Gegenstandes künstlerischer Darstellung. «Schön ist ein Naturprodukt, wenn es in seiner Kunstmäßigkeit frei erscheint.» Letztere kennzeichnet die Art und Weise künstlerischer Darstellung. «Schön ist ein Kunstprodukt, wenn es ein Naturprodukt frei darstellt.»[96] Der Nachahmungsbegriff steht in unmittelbarem Zusammenhang mit der freien Darstellung, bezeichnet die Weise, einen Gegenstand der Einbildungskraft als durch sich selbst bestimmt vorzustellen. Sofern aber das «Kunstschöne [...] nicht die Natur selbst [ist], sondern nur eine Nachahmung derselben in einem *Medium*, das von dem *Nachgeahmten* materialiter ganz verschieden ist», kann die Nachahmung, sieht man von der Beschaffenheit des Darstellungsmediums wie der Eigenart des Künstlers ab, allein auf einer ‹formalen› Ähnlichkeit beruhen.[97] Künstlerische Nachahmung, will sie einen Gegenstand frei darstellen, muß ihren Stoff wie den ausführenden Künstler ganz vergessen machen. Voraussetzung hierfür ist die Vermeidung jeglichen heteronomen Einflusses wie subjektiver Einmischungen (Manier) zugunsten einer rein objektiven Vergegenwärtigung der Form (Stil). Wenn Natur als dasjenige zu begreifen ist, bei dem inneres Prinzip der Existenz und Form (Autonomie und Heautonomie) eins ausmachen müssen, um Schönheit hervorzubringen, so ist es der Kunst aufgegeben, diese ideale Einheit in der Erscheinung hervorzurufen. «Natur [...] ist schön, wenn sie aussieht wie Kunst; Kunst ist schön, wenn sie aussieht wie Natur»[98], so Schiller in Anlehnung an KANTS ‹Kritik der Urteilskraft›, wonach die regelgeleitete Zweckmäßigkeit bzw. Intentionalität in den Hervorbringungen der schönen Kunst von allem Zwange willkürlicher Regeln frei scheinen muß, «als ob es ein Produkt der bloßen Natur sei».[99] Auf diesen Schein der Absichtslosigkeit eines Kunstwerkes, dessen Hervorbringung gleichwohl auf künstlerische Zwecksetzung in Übereinstimmung mit Regeln basiert, gründet sich Kants Grundlegung des Geniekonzeptes. «Genie ist das Talent (Naturgabe), welches der Kunst die Regel gibt».[100] Dieses angeborene produktive Vermögen des Genies, die «Natur im Subjekte»[101] gibt der Kunst die Regel, woraus folgt, «daß Genie dem Nachahmungsgeiste gänzlich entgegen zu setzen sei».[102] Die Originalität des Genies als Talent zur schönen Kunst beruht gerade darauf, daß in der künstlerischen Produktion die

Naturgabe selbst als regelgebende wirksam wird. Was das Genie ausmacht, ist nach Kant zum einen die Einbildungskraft als produktives Erkenntnisvermögen, vermöge derer das Genie in der Lage ist zur «Schaffung gleichsam einer andern Natur aus dem Stoffe, den ihr die wirkliche gibt», wobei diese sinnliche Vorstellung als ästhetische Idee in keinem Begriff adäquat gefaßt werden kann. [103] Zum anderen die glückliche Verbindung der Einbildungskraft mit dem Verstand, dessen Begriffen sie «ungesucht, reichhaltigen unentwickelten Stoff» [104] liefert. Frei von Anleitungen und Regeln der Nachahmung ist es die Originalität der Natur im Subjekte, die sich im freien Gebrauch der Erkenntnisvermögen zeigt.

GOETHE unterscheidet in der Schrift ‹Einfache Nachahmung der Natur, Manier, Stil› (1789) die einfache Nachahmung als detailgetreue Nachbildung von Naturgegenständen in ihrer sinnfälligen Präsenz von einer durch die subjektive Auffassungsweise geprägten Nachahmung (Manier) und einer über die äußere Wahrnehmung der Dinge hinausgehenden, das innere Wesen oder die urbildliche Natur der Dinge begreifenden Nachahmung (Stil). Eine solche geistig-organische Schöpfung ist die eigentliche Bestimmung der Kunst – nicht die äußerliche Abbildung von Naturphänomenen, sondern deren geistige Durchdringung als Voraussetzung einer idealisierenden Hervorbringung. «Ein vollkommenes Kunstwerk ist ein Werk des menschlichen Geistes, und in diesem Sinne auch ein Werk der Natur. Aber indem die zerstreuten Gegenstände in eins gefaßt, und selbst die gemeinsten in ihrer Bedeutung und Würde aufgenommen werden, so ist es über die Natur.» [105] Goethe faßt das künstlerische Genie als Inbegriff der schöpferischen Gesamtnatur, denn: «Jedes schöne Ganze der Kunst ist im kleinen ein Abdruck des höchsten Schönen, im ganzen der Natur. Der geborne Künstler begnügt sich nicht, die Natur anzuschauen; er muß ihr nachahmen, ihr nachstreben. [...] Der Horizont der tätigen Kraft muß bei dem bildenden Genie so weit wie die Natur selber sein.» [106] Die eigengesetzliche Sphäre der Kunst mißt sich nicht an einer Ähnlichkeit mit dem Sichtbaren und doch ist gerade bei Goethe die Kunst ein Organ der Vermittlung lebendiger Naturerfahrung, denn der Künstler gibt «dankbar gegen die Natur, die auch ihn hervorbrachte, ihr eine zweite, aber eine gefühlte, eine gedachte, eine menschlich vollendete zurück». [107]

K. PH. MORITZ' Schrift ‹Über die bildende Nachahmung des Schönen› (1788) reagiert auf die Diskussion des nunmehr nahezu als Gegensatz künstlerischer Autonomie geltenden Nachahmungsbegriffs. Für Moritz ist ‹Nachahmen› im Sinne eines Nachstrebens oder Wetteiferns zu verstehen. Die künstlerische Nachahmung ist, wie von Goethe aufgegriffen, ein Abdruck des höchsten Schönen im Ganzen der Natur, «welche das noch *mittelbar* durch die bildende Hand des Künstlers nacherschafft, was unmittelbar nicht in ihren großen Plan gehörte». [108] Dem Künstler ist von der Natur ein Sinn für die höchste Schönheit eingepflanzt, eine Bildekraft, vermöge derer er das Schöne für die Einbildungskraft faßbar bzw. für die Sinne anschaulich an einem Gegenstande ausformt. «Der Horizont der thätigen Kraft aber muß bei dem bildenden Genie *so weit, wie die Natur selber*, seyn: das heißt, die Organisation muß so fein gewebt seyn, und so unendlich viele *Berührungspunkte* der allumströmenden Natur darbieten, daß gleichsam die *äußersten* Enden von allen Verhältnissen der Natur im Großen, hier im Kleinen sich neben einander stellend,

Raum genug haben, um sich einander nicht verdrängen zu dürfen.» [109] Das bildende Genie empfindet ahnend das Ganze der Natur und dieses Naturgefühl, alle die in ihm schlummernden Verhältnisse jener großen Harmonie, sucht es bildend und schaffend aus sich heraus zu stellen. Dies ist für Moritz die Bedeutung einer bildenden Nachahmung des Schönen.

Anmerkungen:
1 vgl. H.R. Jauß (Hg.): Nachahmung und Illusion. Vorlagen und Verhandlungen (1964). – **2** T. Pago: Gottsched und die Rezeption der Querelle des Anciens et des Modernes in Deutschland (Frankfurt a.M./Bern/New York/Paris 1989) 151ff. – **3** H. Dieckmann: Die Wandlung des Nachahmungsbegriffes in der frz. Ästhetik des 18. Jh., in: Jauß [1] 33. – **4** G. Gebauer, Chr. Wulf.: M. Kultur – Kunst – Ges. (1998) 162. – **5** J.B. Du Bos: Réflexions critiques sur la Poésie et sur la Peinture (1719, ND Genf 1976) 27. – **6** U. Hohner: Zur Problematik der Naturnachahmung in der Ästhetik des 18. Jh. (1976) 164ff. – **7** vgl. The Spectator, London 1826, Nr. 160 u. Nr. 417; Hohner [6] 138ff. – **8** A.A.-C. Earl of Shaftesbury: Ein Brief über den Enthusiasmus. Die Moralisten. Übers. von M. Frischeisen-Köhler, hg. v. W. Schrader (1980) 185. – **9** ebd. 151. – **10** ders.: Soliloquy, in: Sämtliche Werke, ausg. Briefe und nachgelassene Schr. engl.-dt. v. G. Hemmerich u. W. Benda, Bd. 1 (1981) I, 3, 111. – **11** G.W. Leibniz: Kleine Schr. zur Metaphysik, III. Metaphysische Abh., in: Philos. Schr. Bd. 1, hg. v. H.H. Holz (1985) 160f. – **12** ders.: Theodizee, in: [11] Bd. 2/1, hg. v. H. Herring, 459. – **13** vgl. J. Schmidt: Die Gesch. des Geniegedankens in der dt. Lit., Philos. und Politik 1750–1945, Bd. 1 (1995) 12. – **14** Gottsched Dichtk., zit. n. der Ausgabe von 1742, 53; vgl. IV § 5, 200. – **15** ebd. II § 14, 154. – **16** ebd. 92. – **17** ebd. 87f. – **18** ebd. III § 8, 174. – **19** vgl. H.P. Herrmann: Naturnachahmung und Einbildungskraft. Zur Entwicklung der dt. Poetik von 1670 bis 1740 (1970) 135; J. Bruck, E. Feldmeier, H. Hiebel, K.-H. Stahl: «Der Mimesisbegriff Gottscheds und der Schweizer. Krit. Überlegungen zu H.P. Herrmann: Naturnachahmung und Einbildungskraft. Zur Entstehung der dt. Poetik von 1670–1740, in: ZDPh 90 (1971) 565. – **20** Gottsched Dichtk. 1742 [14] IV § 7-8, 202f. – **21** G. Kaiser: Von der Aufklärung bis zum Sturm und Drang, 1730–1785 (1966) 23. – **22** Gottsched Dichtk. 1742 [14] IV § 9, 204. – **23** ebd. IV § 25–26, 246f. – **24** ebd. VI § 3, 256. – **25** J.J. Breitinger: Crit. Dichtkunst Worinnen die Poetische Mahlerey in Absicht auf die Erfindung Im Grunde untersucht und mit Beyspielen aus den berühmtesten Alten und Neuen erläutert wird. Mit einer Vorrede eingeführt von J.J. Bodmer, hg. von W. Bender, Bd. 1. (1740; ND 1966) 57. – **26** Bodmer [25] X2 v. – **27** Breitinger [25] 61. – **28** ebd. 57. – **29** J.J. Bodmer: Crit. Abhandlung von dem Wunderbaren in der Poesie und dessen Verbindung mit dem Wahrscheinlichen in einer Vertheidigung des Gedichtes J. Miltons von dem verlohrnen Paradiese; Der beygefüget ist J. Addisons Abhandlung von den Schönheiten in demselben Gedicht, hg. von W. Bender (1740, ND 1966) 32; vgl. Breitinger [25] 60. – **30** Bodmer [25] X5 v. – **31** Th. Vetter (Hg.): Discourse der Mahlern 1721–22, Erster Teil (Frauenfeld 1891) 91; vgl. Herrmann [19] 164. – **32** ebd. 168. – **33** Breitinger [25] 110, 112. – **34** ebd. 131. – **35** ebd. 139. – **36** ebd. 268. – **37** ebd. 286. – **38** K.-H. Stahl: Das Wunderbare als Problem und Gegenstand der dt. Poetik des 17. und 18. Jh (1975) 174. – **39** A.G. Baumgarten: Meditationes Philosophicae de Nonnullis ad Poema Pertinentibus 1735, in: H. Boetius, (Hg.): Dichtungstheorien der Aufklärung (1971) § 9, 31. – **40** Stahl [38] 182ff. – **41** Baumgarten [39] § 51–51, 36f. – **42** ebd. § 68, 37f. – **43** ebd. § 109, 39. – **44** J.E. Schlegel: Abhandlung, daß die Nachahmung der Sache, der man nachahmet, zuweilen unähnlich werden müsse, in: Boetius [39]. – **45** ders: Abh. von der Nachahmung, Zweyter Abschnitt, Von den Eigenschaften und Regeln der Nachahmung, in so weit ihr Endzweck das Vergnügen ist, in: Beiträge zur Crit. Historie der Dt. Sprache, Poesie und Beredsamkeit, hg. von einigen Liebhabern der dt. Litteratur, Bd. 8/31 (Leipzig 1743) § 16, 372. – **46** ebd. § 20, 388f. – **47** ders. [44] 61. – **48** vgl. I. v. der Lühe: Natur und Nachahmung (1979) – **49** Ch. Batteux: Les Beaux Arts réduits à un même principe (1773; ND Genf 1969) 31f. – **50** ebd. 32. – **51** ebd. 33. – **52** ebd. 45. – **53** ebd. 47. – **54** Stahl [38] 190. – **55** vgl. Dieckmann [3] 47ff. – **56** G.E.

Lessing: Hamburgische Dramaturgie, in: Werke, hg. v. H.G. Göpfert (1996), Bd. 4, Dramaturgische Schr. 69. St., 552. – **57** ebd. 84. St., 621. – **58** ebd. 36. St., 398; W. Preisendanz: M. und Poiesis in der dt. Dichtungstheorie des 18. Jh., in: W. Rasch et al. (Hg.): Rezeption und Produktion zwischen 1570 und 1730, FS G. Weydt (1972) 548. – **59** Lessing [56] 2. St., 243. – **60** Stahl [38] 202. – **61** Lessing [56] 34. St., 386; vgl. 21. St., 330. – **62** ebd. 34. St., 386; 79. St., 598. – **63** G.E. Lessing: Laokoon, in: Werke [56] Bd. 6, Kunsttheoretische und kunsthist. Schr. (1996) 10 u. 102. – **64** ebd. 116. – **65** M. Mendelssohn: Ueber die Hauptgrundsätze der schönen Künste und Wiss., in: Ästhetische Schr. in Auswahl, hg. v. O.F. Best (1974) 175. – **66** ebd. 174. – **67** ebd. 177. – **68** ders.: Von der Herrschaft der Neigungen, in: Ästh. Schr. [65] § 12, 170. – **69** ders.: Hauptgrundsätze [65] 181. – **70** ebd. 199. – **71** ebd. 181. – **72** ders.: Über die Empfindungen, in: Ästh. Schr. [65] 44f. – **73** E. Young: Conjectures on Original Composition, in: ders.: The complete Works, Poetry and Prose, Vol. 2 (1854; ND 1968) 551. – **74** ders.: Gedanken über die Original-Werke. Aus dem Engl. von H.E. von Teubnern (1760; ND hg. von G. Sauder 1977) 15. – **75** ebd. 17; ders. [73] 552. – **76** ders. [74] 18; [73] 552. – **77** ders. [74] 36f.; [73] 559f. – **78** ders. [74] 40 [73] 561. – **79** ebd. 60f.; ders. [74] 570. – **80** Sulzer, Stichwort ‹Originalgeist›, 625. – **81** ebd., Stichwort ‹Nachahmung›, 491. – **82** ebd., Stichwort ‹Nachahmung›, 488f. – **83** ders. Bd. 1, Stichwort ‹Dichtkunst, Poesie›, 619f. – **84** ebd. Stichwort ‹Dichtungskraft›, 684. – **85** F.G. Klopstock: Ausg. Werke, 2 Bde., hg. v. K.A. Schleiden (1981) 1007f. – **86** J.G. Hamann: Sokratische Denkwürdigkeiten, Aesthetica in nuce, mit einem Kommentar hg. von S.-A. Jørgensen (1968) 87. – **87** ebd. 129. – **88** ebd. 111. – **89** ders.: Biblische Betrachungen eines Christen, in: Sämtliche Werke, hg. v. J. Nadler, Bd. 1 (1949) 112. – **90** ders. [86] 127. – **91** J.G. Herder: Früchte aus den sogenannt-goldnen Zeiten des achtzehnten Jh., in: Sämtliche Werke, hg. v. B. Suphan, Bd. 23 (1891; ND 1967) 311. – **92** ders.: Älteste Urkunde des Menschengeschlechts in: Sämtliche Werke Bd. 6 [91] 250; vgl. O. Walzel: Das Prometheussymbol von Shaftesbury zu Goethe (1968) 29. – **93** J.G. Herder: Abh. über den Ursprung der Sprache, hg. v. H.D. Irmscher (1985) 51. – **94** G. Sauder: Nachwort, in: [74] 43f. – **95** F. Schiller: Kallias oder über die Schönheit. Über Anmut und Würde, hg. v. K.L. Berghahn (1979) 56. – **96** ebd. 57. – **97** ebd. 58. – **98** ebd. 45. – **99** Kant KU, § 45, A 177. – **100** ebd. § 46, B 181. – **101** ebd. § 46, B 182. – **102** ebd. § 47, B 183. – **103** ebd. § 49, B 193. – **104** ebd. § 49, B 198. – **105** J.W. v. Goethe: Über Wahrheit und Wahrscheinlichkeit der Kunstwerke. Ein Gespräch, in: Sämtliche Werke in 18 Bd., hg. v. E. Beutler u.a. (1977) Bd. 13, 180. – **106** ders.: Moritz-Rezension, in: [105] Bd. 13, 73. – **107** ders. [105] 210. – **108** K.Ph. Moritz: Über die bildende Nachahmung des Schönen, in: Dt. Litteraturdenkmale des 18. und 19. Jh. in Neudrucken, hg. v. B. Seuffert, Bd. 31 (1888, ND Nendeln; Liechtenstein 1968) 14. – **109** ders. ebd. 17.

Literaturhinweise:
A. Köster: Die allg. Tendenzen der Geniebewegung im 18. Jh. (Leipzig 1912). – J. Bruck: Der aristotelische Mimesisbegriff und die Nachahmungstheorie Gottscheds und der Schweizer (1972). – H.-G. Kemper: Gottebenbildlichkeit und Naturnachahmung im Säkularisierungsprozeß. Problemgesch. Stud. zur dt. Lyrik in Barock und Aufklärung (1981). – H.-M. Schmidt: Sinnlichkeit und Verstand. Zur philos. und poetologischen Begründung von Erfahrung und Urteil in der dt. Aufklärung (Leibniz, Wolff, Gottsched, Bodmer und Breitinger, Baumgarten) (1982). – U. Möller: Rhet. Überlieferung und Dichtungstheorie im frühen 18. Jh. Stud. zu Gottsched, Breitinger u. G. Fr. Meier (1983). – H.O. Horch, G.-M. Schulz: Das Wunderbare und die Poetik der Frühaufklärung. Gottsched und die Schweizer (1988). – N. Rath: Zweite Natur. Konzepte einer Vermittlung von Natur und Kultur in Anthropologie und Ästhetik um 1800 (1996).

VII. *19., 20. Jh.* Wenngleich insbesondere der poietische Aspekt des Mimesisgedankens in der Romantik weiterwirkt, etwa bei W.H. WACKENRODER, der in den ‹Herzensergießungen› (1797) den Künstlergeist als ein die ganze Natur empfangendes Werkzeug faßt, welches diese in schöner Verwandlung wiedergebiert [1], wird der Begriff der Nachahmung endgültig verdrängt. «Es ist in der Welt der Künstler gar kein höherer, der Anbetung würdigerer Gegenstand als: – ein ursprünglich Original! – Mit emsigem Fleiße, treuer Nachahmung, klugem Urteil zu arbeiten – ist *menschlich*; aber das ganze Wesen der Kunst mit einem ganz neuen Auge zu durchblicken, es gleichsam mit einer gar neuen Handhabe zu erfassen – ist *göttlich*.» [2] Das gottähnliche Genie des Künstlers orientiert sich weder an der sichtbaren Wirklichkeit noch an Vernunftregeln. Aus der Tiefe der Empfindung, Einbildungskraft und visionären Phantasie entspringt sein Schaffen. Eine solchermaßen als poietisch begriffene Kunst, die, wie bereits bei Hamann und Herder formuliert, vor allem in der Ursprünglichkeit der Poesie gegenwärtig ist, ahmt nichts Vorhandenes nach, sondern ist ähnlich der ihrerseits poietischen Natursprache Gottes sinnbildreiche Erschaffung einer dichterischen Welt. NOVALIS weist eine Nachahmung der Natur als Darstellung des Wirklichen an berühmter Stelle zurück. «Ja keine Nachahmung der Natur. Die Poesie ist durchaus das Gegenteil. Höchstens kann die Nachahmung der Natur, der Wirklichkeit nur allegorisch [...] gebraucht werden. Alles muß *poetisch* sein.» [3] Quell der Poesie und Ort der Erfahrung einer urbildlichen Natur ist die Seele, nicht die Außenwelt. «Was brauchen wir die trübe Welt der sichtbaren Dinge mühsam zu durchwandern? Die reinere Welt liegt ja in uns, in diesem Quell. Hier offenbart sich der wahre Sinn des großen, bunten, verwirrten Schauspiels», die Natur in ihrem verborgenen Sinn, die durch die Empfindung erfahrbar wird. [4] Der Dichter, so A.W. SCHLEGEL, ist nicht an die Gegenstände gebunden, sondern konstituiert in der Sprache eine Welt, wodurch sich das Innere im Äußern offenbart. [5] Kunst soll die Natur nicht nachahmen, sondern wie die Natur schaffend, selbständig bildend lebendige Werke hervorbringen. «Alle heiligen Spiele der Kunst sind nur ferne Nachbildungen von dem unendlichen Spiele der Welt, dem ewig sich selbst bildenden Kunstwerk» [6], heißt es bei F. SCHLEGEL, Allegorien der Schönheit, die eine unaussprechliche Wahrheit versinnbildlichen. Poesie ist im unmittelbaren Wortsinne eine Schöpfung, die ihre Voraussetzung in der subjektiven Phantasie hat. Der Nachahmungsbegriff, sofern hierin die Orientierung an einer äußeren Instanz gesetzt ist, sei es in Hinsicht auf ein literarisches Vorbild oder auf Bedingungen der Wirklichkeit bzw. Wahrscheinlichkeit, widerstrebt dem romantischen Poesiekonzept. Auch steht der Naturbegriff nicht für die sinnfällige Wirklichkeit noch für eine mit Verstandeskräften rational faßbare Vernunftordnung. Die Wahrheit der unmittelbaren, schaffenden Natur, die in der sichtbaren Welt lediglich chiffrenhaft, als stumme Bilderschrift und geheimnisvolles Rätsel aufscheint [7], wird im ahnenden Gefühl, in Traum und Vision erfahrbar und in der Poesie sinnlich gegenwärtig. «Was wir Natur nennen», so SCHELLING im ‹System des tranzendentalen Idealismus› (1800), «ist ein Gedicht, das in geheimer wunderbarer Schrift verschlossen liegt. [...] Die Natur ist dem Künstler nicht mehr, als sie dem Philosophen ist, nämlich nur die unter beständigen Einschränkungen erscheinende idealische Welt, oder nur der unvollkomne Widerschein einer Welt, die nicht außer ihm, sondern in ihm existiert.» [8] HÖLDERLIN faßt die Kunst als eine Vollendung der lebendigen Natur, womit nicht ein subjektives künstlerisches Schaffen gegen oder über die naturierende Natur gesetzt ist, sondern Kunst als ‹Natur in der Natur› vielmehr aus einer wiederzugewinnenden Einheit mit dieser zu begreifen ist. [9] JEAN PAUL, der den Nachahmungsgedanken in der ‹Vorschule der ‹Ästhetik› (1804) noch einmal aufgreift, versteht unter poetischer Nachahmung eine Prozeß der Verwandlung, eine «Brotverwandlung ins Göttliche», die sich über die subjektive Aneignung und Darstellung vollzieht, d. h. indem «eine doppelte Natur zugleich nachgeahmt wird, die äußere und die innere, beide ihre Wechselspiegel» werden.[10] Dichtkunst ist keine Wiederholung der Wirklichkeit, sondern eine Weise der Entzifferung eines verborgenen Sinns.[11]

In der Kunst- und Literaturtheorie des 19. und 20. Jh. spielt die ‹Nachahmung der Natur› begrifflich keine Rolle mehr, wenngleich literarische Strömungen wie etwa der sogenannte ‹Bürgerliche Realismus› bzw. der ‹Naturalismus› im 19. Jh. oder der ‹sozialistische Realismus› im 20. Jh. eine spezifische Weise des literarischen Wirklichkeits- bzw. Naturbezugs zur Grundlage machen. Weder im Kontext der Naturlyrik noch in der Romantheorie ist von Naturnachahmung die Rede. Ebenso verliert der Begriff in der ästhetischen Theorie seine Bedeutung. HEGEL thematisiert die künstlerische Nachahmung in der ‹Ästhetik› nur am Rande, mißt ihr keinerlei Bedeutung zu und trennt überdies die Bereich des Natur- und Kunstschönen endgültig. Nur die Kunst ist als das «sinnliche Scheinen einer Idee» objektiver Ausdruck einer Idee des menschlichen Geistes und schön zu nennen.[12] Die Widerspiegelungstheorie von G. LUKÁCS faßt das Kunstwerk als etwas, das über das bloß empirisch Wirkliche hinausweisend ein «Abbild von etwas, das immer und nie da ist» gibt und darin die Qualität einer utopischen Vergegenwärtigung eines Kommenden birgt.[13] E. BLOCH begreift das Kunstwerk als Vor-Schein eines Noch-Nicht der Realität, von Tendenzen und Latenzen des Wirklichen, die im Kunstwerk als Antizipation möglicher, ungelebter Wirklichkeiten zur Darstellung kommen.[14] In der ästhetischen Theorie TH. W. ADORNOS spielt die der Kunst «immanente Dialektik von Rationalität und Mimesis»[15] eine entscheidende Rolle für die Begründung der Funktion der Kunst als Form einer Reflexion und des Eingedenkens der Natur. W. BENJAMIN thematisiert das mimetische Verhalten im Kontext der Sprach- und Erfahrungstheorie.[16] Auch J. DERRIDA begreift M. weder als Nachahmung noch als Darstellung, sondern als «Produktion eines Produkts der Natur durch ein Produkt der Kunst. [...] Der Künstler ahmt nicht die Dinge in der Natur, d. h. in der *natura naturata* nach, sondern die Handlungen der *natura naturans*, die Operationen der Physis.»[17] Nach der Symboltheorie N. GOODMANS beruht der Begriff ‹Nachahmung› im Sinne einer Abbildtheorie auf einem zu kurz gegriffenen Verständnis von Repräsentation. Die Gegenstandswahrnehmung ist keine Widerspiegelung, sondern erzeugt ihr Objekt vielmehr erst, ist kreativ, d. h. der Gegenstand ist «nicht vorgefertigt, sondern das Ergebnis der Art und Weise, wie wir die Welt verstehen.»[18] Die wirkungsvolle künstlerische Repräsentation und Beschreibung beruht auf Erfindung, Klassifikation und Organisierung, einer Formung und Verbindung von Bezugsobjekten. «Die Natur ist ein Produkt aus Kunst und Diskurs.»[19] A. C. DANTOS Theorie künstlerischer Weltrepräsentation bestimmt der ästhetischen Rezeptionsakt als Kriterium für die Bestimmung eines Werkes als Kunst, wobei die Unterscheidbarkeit von Kunst und Gegenstandswelt in Berufung auf den Mimesisgedanken aristotelischer Prägung konstitutiv ist. «Wir sind doch von Anfang an von der Einsicht des Aristoteles betroffen gewesen, daß das Vergnügen an Werken der Mimesis das Wissen voraussetzt, daß sie Nachahmungen sind, denn dieses Vergnügen wird man nicht an den Originalen finden, wie ununterscheidbar Original und Nachahmung auch immer sein mögen.»[20]

Wenngleich das 'tradierte' M.-Paradigma im 20. Jh. endgültig als obsolet gilt, spielt es im Kontext von Ästhetik wie Sprachtheorie in vielerlei Hinsicht als Folie einer Auseinandersetzung mit rezeptions-, produktions- wie wirkungsästhetischen Fragen weiterhin eine Rolle.

Anmerkungen:
1 W. H. Wackenroder, L. Tieck: Herzensergießungen eines kunstliebenden Klosterbruders (1983) 70. – **2** ebd. 79. – **3** Novalis: Brief an den Bruder Karl, März 1800 in: Novalis Werke, Tagebücher und Briefe F. v. Hardenbergs, hg. v. H.-J. Mähl u. R. Samuel (1999) Bd. 1, 737 – **4** Novalis: Die Lehrlinge zu Sais (1798), 2. Die Natur, in: [2] 212 – **5** A. W. Schlegel: Briefe über Poesie, Silbenmaß und Sprache, in: Krit. Schr. und Briefe, hg. v. E. Lohner, Bd. 1 (1962) 152 ff. – **6** F. Schlegel: Gespräch über die Poesie (1799), in: ders.: Charakteristiken und Kritiken I, hg. v. H. Eichner, Krit. F. Schlegel-Ausg., hg. v. E. Behler u. a. (München/Paderborn/Wien/Zürich 1967) Bd. 2, 318. – **7** ders.: Philos. der Gesch. (1828), in: ders. [6] Bd. 9, 30, 13. – **8** F. J. W. Schelling: System des transzendentalen Idealismus, hg. v. R.-E. Schulz (1957) 297. – **9** N. Rath: Zweite Natur. Konzepte einer Vermittlung von Natur und Kultur in Anthropologie und Ästhetik um 1800 (1996) 83 ff. – **10** W. Preisendanz: M. und Poiesis in der dt. Dichtungstheorie des 18. Jh., in: W. Rasch, G. Geulen, K. Haberkamm (Hg.): Rezeption und Produktion zwischen 1570 und 1730, FS G. Weydt (1972) 547. – **11** J. Paul: Vorschule der Ästhetik, Programm § 1–5, in: ders.: Sämtliche Werke, Abt. I, Bd. 5, hg. v. N. Miller (2000). – **12** G. W. F. Hegel: Ästhetik, 2 Bde., hg. v. F. Bassenge (1976) 19. – **13** G. Lukács: Ästhetik, Bd. 2 (1972) 22 f. – **14** vgl. E. Bloch: Ästhetik des Vor-Scheins I, hg. v. G. Ueding (1974) 20. – **15** Th. W. Adorno: Ästhetische Theorie, in: Gesamm. Schr. 7 (1972) 86. – **16** W. Benjamin: Über das mimetische Vermögen, in: Gesamm. Schr., hg. v. R. Tiedemann u. H. Schmeppenhäuser, Bd. 2, 1, 210–213 (1980). – **17** J. Derrida: Economimesis, in: ders. u. a.: Mimésis des articulations (Paris 1975) 55–93, 67; Übers. ist. G. Gebauer, Chr. Wulf: M.: Kultur – Kunst – Ges. (1992) 417. – **18** N. Goodman: Sprachen der Kunst. Entwurf einer Symboltheorie (1997) 41; vgl. zum Begriff ‹Nachahmung› ebd. 17 ff. – **19** ebd. 42. – **20** A. C. Danto: Die Verklärung des Gewöhnlichen. Eine Philos. der Kunst (1984) 148.

Literaturhinweise:
J. Leineweber: Mimetisches Vermögen und allegorisches Verfahren. Stud. zu W. Benjamin und seiner Lehre vom Ähnlichen (1978). – J. Früchtl: M. Konstellation eines Zentralbegriffs bei Adorno (1986). – W. Burwick, W. Pape (Hg.): Aesthetic Illusion. Theoretical and Historical Approaches (Berlin / New York 1990). – W. Jung: Von der M. zur Simulation. Eine Einf. in die Gesch. der Ästhetik (1995). – A. Kablitz, G. Neumann (Hg.): M. und Simulation (1998).

A. Eusterschulte

C. *Bildende Kunst* **I.** *Definitorisches.* Der altgriechische Begriff ‹M.›, der für die bildende Kunst mit PLATON und ARISTOTELES für die Ausformulierung der Aufgaben und Möglichkeiten des Bildes grundlegend wird, scheint bereits mit seiner lateinischen Übersetzung *imitatio*, die ins Italienische und Französische abgeleitet den kunsttheoretischen Diskurs seit der Renaissance bis zur Klassik wesentlich bestimmte, von verschiedenen Bedeutungen überlagert zu sein. Die kunsthistorische Grundannahme, die sich eher mit der Begriffsbildung der *imitatio* als mit der der M. deckt, die Geschichtlichkeit der Nachahmung, ist weder von Platon noch von Aristoteles bedacht. Die *imitatio auctoris* als bewußte Wahl eines künstlerischen Vorbildes reflektiert das kulturelle Erbe der Darstellungskonventionen, die immer schon die künstlerische Sicht auf Natur vorstrukturieren. Das Verhältnis von *ars-natura* bestimmt sich demnach in jeder Epoche und jeder Kunstgattung neu.[1] Auf die akademische Unverbrauchtheit des Begriffs ‹M.›, der im strengen Sinne nur die antiken Grundlagentexte der Nachahmungstheorie betrifft, richtet sich aber das Interesse, das in neueren Untersuchungen gerade ihm «als ein in diszipliniertes Denken hineingeholtes Wildes»[2] und eben nicht dem theoriebefrachteten Begriff *imitatio* entgegengebracht wird. Die Verwurzelung des Begriffs ‹M.› in einer magischen Bildpraxis, die einer Logik der Spur im Sinne der Aufspürung einer materiellen Teilhabe folgt, wird mit dem Begriff *imitatio* nicht aufgefangen, mit welchem seit der Renaissance verstärkt die Genealogie der Kunst aus der Kunst bestimmt wird und vor dessen Folie die Nachahmung der Natur als technische Leistung ohne tieferen Bezug zum Dargestellten betrachtet wird.

Die Funktion der M. als menschliche Grundierung der Wirklichkeit ist in der anthropologischen Fundierung des Begriffs faßbar, der sich aus einer spannungsvollen Absetzung von ‹Mimikry› (Anverwandlung) und ‹Methexis› (Teilhabe) bildet, und mit welcher der Horizont von M. über die technische Nachahmung des Naturvorbilds, deren künstlerischer Wert schon in der Antike fragwürdig ist, hin zu einer schöpferischen Aneignung von Welt eröffnet wird.[3] M. mit Nachahmung der Natur im Sinne einer Abbildung abzutun verkennt, daß von Anbeginn der Begriffsgeschichte M. nicht nur eine äußerliche Vorbildlichkeit der Natur für die Kunst bezeichnete, sondern vielmehr eine ursächliche Ableitung des Kunstprinzips aus dem Naturprinzip im Auge hatte. M. kann unter dieser Auslegung derart definiert werden, daß der Begriff ebenfalls das Kunstprinzip der nonfigurativen Kunst bezeichnen kann, welche die Nachahmung der Natur als Paradigma der Kunst aufkündigt.[4] Denn auch wenn abstrakte Bilder nicht vordergründig mimetisch die Realität abbilden, betreiben sie – wenn sie unter die Kategorie des Bildes fallen und nicht reine Kunst-Objekte sind – «Stoffwechsel mit der Wirklichkeit».[5] Gegen die tradierte, enge Definition der M. als naturgetreue Nachahmung wendet, für die die Kategorie der veristischen Ähnlichkeit der zentrale Qualitätsmaßstab ist, stellt H.-G. GADAMER den Begriff «Darstellung», der das performativ Schöpferische in der Repräsentation mitzubedenken erlaubt, ins Zentrum seiner Überlegung zur Seinsvalenz des Bildes. Er bezeichnet ihn als «Seinszuwachs» – womit der Kunst selbst als ihr wesentlich das Moment von Kreatürlichkeit zugesprochen wird – von Repräsentativität des Urbildes, das erst in der Repräsentation konkret faßbar und somit wirklich wird.[6]

Die Bedeutung der Rhetorik für die Ausbildung der Mimesistheorie der bildenden Kunst liegt in der Anvisierung dieses Mehrwerts des Kunstwerks im Verhältnis zum Vorbild als erklärtes Ziel der künstlerischen Darstellung. Das unmißverständliche Mehr-Begreifen über die *Evidenz* der Darstellung wird durch eine Literalisierung der bildenden Kunst im Sinne einer Anverwandlung des Horazischen Mottos «ut pictura poesis» vorbereitet, welche die Lesbarkeit des Bildes in der Gattung der ‹Historia› fordert, die, entsprechend der aristotelischen Forderung für die M. der Tragödie, den Menschen als Handelnden zeigt.[7] Die Theorie der *Eloquenz* des stummen Bildes ist am Modell der Rhetorik geschult, welches affektive Wirkungsstrategien im Sinne des *movere* und *delectare* des Betrachters bereithält, um ihn zu belehren (*docere*). *Mimik* und *Gestik* als Elemente einer wortlosen, jedoch codifizierbaren Sprache des Bildes, in der Rhetorik unter der *actio* der Vortragskunst verhandelt, sind die wirkungsmächtigsten, die Sympathie des Betrachters am stärksten affizierenden Mittel der bildenden Kunst, da sie in ein Sujet unmittelbar vor Augen stellen. Die stumme *Gestik* wird dem Redner als rhetorisches Mittel nahegelegt, da die Gesten in ihrer persuasiven affektiven Kraft die Wirkung des bloßen Wortes übersteigen.[8] Als natürliche Äußerungsformen, die unmittelbar die inneren Affekte symptomatisch ausdrücken, können die Gesten, rhetorisch genutzt, in ein konventionelles Vokabular überführt werden, wobei die symbolische Kommunikation auf die Effektivität der unmittelbaren Anteilnahme, die die körperlichen Gefühlsäußerungen beim Betrachter bzw. Zuhörer auslösen, setzt. Der Begriff des *decorum* (ital. *convenevolezza*, frz. *bienséance*) im Sinne der würdigen Angemessenheit des Dargestellten in Bezug auf Haltung, Gesten, Kleidung und Verortung der Handlung ist rhetorische Leitkategorie, aufgrund welcher die Versprachlichung und Konventionalisierung des klassischen Bildes betrieben wird und gegen die sich schließlich die Moderne richtet.

Das Verhältnis zwischen bildender Kunst und Rhetorik ist wechselseitig: der Versprachlichung des Bildes respektive des Historienbildes über eine Orientierung der Bildstrategien an Rhetorik und Poesie steht eine Verbildlichung der Vortragskunst, die ihre mimetischen Verfahren dem Bild respektive der Malerei abgeschaut hat, gegenüber. Auch das *Ornat* des rhetorischen Bildes sollte durch Farbe und Relief bestechen, um die Aufmerksamkeit des Betrachters zu fesseln.[9] Diese *Eloquenz* der Farbe, die als ureigene Bildmagie, die unmittelbar Gefühle im Betrachter hervorzurufen vermag, sich der Versprachlichung entzieht, ist wirkungsmächtiger Grenzbereich der Rhetorik.

II. *Geschichte.* **1.** *Antike.* Die Bedeutung der Rhetorik für die Ausformulierung des Mimesisbegriffs zeigt sich bereits in der 'Geburtsstunde' der Seinsfrage des Bildes, wenn PLATON in seinen Dialogen ‹Politeia› und ‹Sophistes› eine Parallele zwischen Sophistik und bildender Kunst zieht, um dieser schließlich aufgrund der Analogie mit der täuschenden, die Seele verwirrenden Redekunst den Anspruch auf Wahrheit abzusprechen.[10] Platon differenziert hier zwischen zwei Arten der Nachahmung: μίμησις εἰκαστική, *mímēsis eikastiké* bietet gleichsam eine Kopie der Realität, während μίμησις φανταστική, *mímēsis phantastiké* mit unlauteren, sophistischen Mitteln wie der der Augen täuschenden perspektivischen Verkürzung in der Skulptur und der schmeichlerischen, die Wirkungen von Dreidimensionalität in der Bildfläche suggerierenden Farbe arbeitet.[11] Die für den ästhetischen Diskurs folgenschwere, da das Kunstwerk unter das Vorzeichen der täuschenden Scheinhaftigkeit stellende Definition, wonach das Bild etwas zur Darstellung bringt, was es selbst nicht ist, «scheinbar [...], jedoch nicht in Wahrheit seiend»[12], exemplifiziert Platon am Bild des Künstlers als Spiegelträger, der «auf gewisse Weise alle diese Dinge verfertigt, auf andere aber wieder nicht.»[13] Die Gefahr der bildenden Kunst liegt jedoch weniger in dieser Seinsdefizienz des *eikastischen* Abbildes, das Platon als dreifach von der Wahrheit abstehendes Schattenbild bezeichnet[14], sondern vielmehr in der Täuschungskraft des *phantastischen*, die Einbildungskraft des Betrachters überlistenden Trugbildes, das die Trennung von Urbild und Abbild außer Kraft setzt, um gleichsam, nicht über die Wirklichkeit als Abbild dieser Ideen vermittelt, sondern mit «Farben und anderem sterblichen Flitterkram» die Transzendenz des «göttlich Schöne(n)» [15] zu verunreinigen, indem es sich als Repräsentanz der Idee behauptet. Die Gefährlichkeit der die Sinne betäubenden Farbe, die mit dem griechischen Begriff φάρμακον, phármakon angezeigt ist, der die Färbemittel in die Dialektik von «Gift» – «Arznei» einspannt, liegt in der Erzeugung eines künstlichen Trugbildes, das dem Betrachter etwas «vorgaukelt», was nicht da ist. Diesem moralisch verwerflichen Bild setzt Platon Grenzen, wenn er ihm die als archaisch zu bezeichnende Vorstellung eines Ebenbildes entgegenhält, das, als Schattenbild bezeichnet, seine M. der Natur abgeschaut hat. Diese Fundierung der künstlerischen M. in der natürlichen Bildproduktion nehmen später PLINIUS und QUINTILIAN in ihre Schilderung der Ursprungslegende der bildenden Kunst aus der Schattenrißzeichnung auf. [16]

ARISTOTELES nimmt auf die *eikastische* M. bezug, wenn er in den beiläufig in seiner Poetik eingefügten Beispielen für die M. der bildenden Kunst, die der Poetik als Vorbild dienen, in diesen der abzubildenden Wirklichkeit sich anpassenden Bildern das Ziel der Kunst erblickt. Die Produktivität des aristotelischen M.-Modells liegt in der Eröffnung eines künstlerischen Mehrwerts des Bildes im Vergleich zum Original. Wenn Aristoteles vom «guten» Porträtmaler fordert, den Dargestellten «ähnlich und zugleich schöner» [17] zu gestalten, dann ist in dieser Addierung zweier durchaus quer zueinander stehender Beurteilungskriterien die künstlerische Herausforderung der Überbietung der Natur in ihrer Nachahmung formuliert. Einige antike Künstlerlegenden, welche zu kunsttheoretischen Allgemeinplätzen ausgebildet durch die Jahrhunderte hindurch, als Mimesisexempla tradiert, in der kunsttheoretischen Literatur einen autoritativen Status erhalten, um auf zeitgenössische Künstler bezogen zu werden, veranschaulichen die geforderte Idealisierung in der Gattung des Porträts. Während der Bildhauer DEMETRIOS für seine übertriebene Sorgfalt in der minutiösen Nachahmung gescholten wurde [18], ist es beispielsweise der Kunstgriff des Malers APELLES, in welchem die Einlösung der beiden ambivalenten Forderungen wieder und wieder in der Kunsttheorie gefeiert wird, der entgegen der Bildtradition des frontal ausgerichteten Bildnisses den einäugigen Antigonos im Profil darstellte, um den Makel zu verbergen. [19] Aristoteles gewinnt selbst der *eikastischen*, d.h. naturgetreuen M. eine ästhetische Dimension ab. Die Paradoxie des ästhetischen Genusses am Abstoßenden «in einer möglichst getreuen Abbildung», welcher die Imitation von dem Imitierten als selbständige Größe abtrennt und die Kunst an sich, als das, was an der Darstellung des Abstoßenden anzieht, zu beurteilen erlaubt, erklärt Aristoteles mit dem Drang des Betrachters zu lernen. [20] Der ästhetische Mehrwert, d.h. Lustgewinn gründet sich auf das platonische Skandalon des Bildes: sein Nicht-Sein. Daß Aristoteles sich neben abstoßenden Tieren als Bilder, die «Freude» erregen, Leichname ausmalt, wirft ein Licht auf die künstlerische Obsession für anatomische Studien, die von dieser gewissermaßen lustvollen Faszination am Grauenerregenden zeugen – womöglich weil das Abzubildende der eigenen Phantasie übersteigt bzw. anheizt. Diese Abbildungen medizinischer oder naturwissenschaftlicher Dinge erheischen nicht nur, indem sie die Wißbegier des Betrachters am Unansehnlichen erregen, Bewunderung und Gefallen an der künstlerischen Darstellung, sie erheben den Künstler in den Rang eines Naturforschers, wie Aristoteles anhand der Dichtungen des Empedokles herausstellt. [21] Der entscheidende Einschnitt des aristotelischen Mimesisbegriffs liegt in der fundamentalen Umdefinierung der Ähnlichkeitsbeziehung, die ihre Äußerlichkeit verliert, vielmehr tiefer gelegt wird, um das Verhältnis von *ars* und *natura* über die oberflächliche Abbildlichkeit hinaus prinzipieller zu denken. Aristoteles verknüpft in seiner Physikvorlesung *ars* und *natura* auf struktureller Ebene, wenn er daraufhinweist, daß «in der Struktur des menschlichen Hervorbringens die Struktur der Naturproduktion wiederkehrt und also von der Natur gelten muß, was vom menschlichen Herstellen gilt» [22], um die jeweiligen Produktionsprozesse begreifbar zu machen. [23] Doch diese wechselseitige Verwiesenheit von Kunst und Natur in der Gleichsetzung ihrer Produktionsstruktur, die beide Begriffe als unverfügbare, hypothetische ausweist und damit eine gewisse Bodenlosigkeit in der Ableitung der Kunst aus der Natur zu erkennen gibt, wendet das Oppositionsverhältnis in eines der Affinität, das durch die *Analogie* gestiftet wird. In Absetzung der hergestellten Dinge von den Naturprodukten, die in sich selbst das Prinzip ihrer *Genese* tragen, unterscheidet Aristoteles im zweiten Buch der ‹Physik› vier Ursachen der Skulptur: das Erz als Stoff, die Bildhauerei als Kunst, den menschlichen Körper als Form und den Auftrag als Beweggrund für die Herstellung der Skulptur.

SENECA nimmt später den aristotelischen Gedanken auf. Seine Pointe besteht in der unmittelbaren Übertragung der göttlichen Kreation auf die bildende Kunst, die Platon mit der Beschreibung des Demiurgen als Handwerker und eben nicht als Künstler zu umgehen versuchte. Seneca, der in seinem 65. Brief an Lucilius Aristoteles' M.-Konzept griffig definiert: «Omnis ars naturae imitatio est» (jede Kunst ist Nachahmung der Natur) [24], fügt den aufgelisteten vier Ursachen der Skulptur als fünfte Ursache die platonische Idee hinzu. Doch nicht nur in dieser Erweiterung, sondern auch in der den aristotelischen Analogieschluß paraphrasierenden Formulierung «deshalb übertrage das, was ich über die Welt insgesamt gesagt habe, auf das, was vom Menschen gestaltet werden muß» [25], zeigt sich der Versuch, die aristotelische Vorstellung von der künstlerischen Produktion mit dem platonischen Modell der Weltentstehung, wie es im Dialog ‹Timaios› entwickelt ist, zu verbinden. Auch CICERO bezieht sich im ‹Orator› nicht auf Platons bildkritische M.-Konzeption im ‹Staat› als vielmehr auf den ‹Timaios›, um das Wissen der platonischen Ideenwelt, das Platon dem Künstler abspricht, im schöpferischen Geist des Künstlers selbst zu verorten. Cicero, der die M. einer die sinnliche Wahrnehmung überschreitenden, idealschönen Gestalt problematisiert [26], erklärt zur Grundlage ihrer künstlerischen Erzeugung ein inneres Bild. Dieses transzendente Bild, das gleichsam als Verinnerlichung der platonischen Idee im Geist des Künstlers begriffen werden kann, beschreibt Cicero als «erhabene Vorstellung der Schönheit», nach welcher der Künstler «Kunst und Hantierung lenkt». [27] Bezeichnenderweise entwickelt Cicero diese Vorstellung in Anbetracht der Frage, auf welcher Grundlage Phidias die Götterbilder des Zeus und der Athene schuf. Ciceros Schilderung der Herstellung des legendären Helenabildes des antiken Malers ZEUXIS für die Stadt Kroton, der von den schönsten Jungfrauen fünf Modelle auswählte, um aus deren jeweils vorbildlichsten Körperteilen die ideale Gestalt von weiblicher Schönheit zusammenzusetzen, erklärt die künstlerische Freiheit mit dem

Prinzip der Wahl. (Abb. 1) Das Idealisierungsverfahren der *electio*, das Cicero auf die Auswahl künstlerischer Vorbilder bezieht und das im Klassizismus zur Doktrin erhoben werden wird, ist Paradigma für die Überlegenheit der Kunst über die Natur in deren empirisch begründeter Nachahmung. [28] Die Zurückweisung der platonischen Bildkritik im ‹Staat› ist ausdrücklich in Ciceros Umwertung des Verhältnisses des Künstlers zum Handwerker faßbar, wenn er im ‹Brutus› ausruft: «[...] ich für meinen Teil möchte lieber Phidias sein als der beste Zimmermann!» [29]

Bereits in der Antike gilt ‹Phantasie› als Gegenbegriff zur M. PHILOSTRAT D. Ä. feiert in der Lebensbeschreibung des ‹Apollonios von Tyana›, wo nach den Vorbildern der Götterbilder des Phidias und des Praxiteles gefragt ist, die Phantasie als künstlerisches Prinzip, das er über die Nachahmung stellt, da diese an das Sichtbare gebunden ist, während jene in den Bereich der wahrhaften Ideen vorstoßen kann. [30]

2. *Mittelalter.* Der künstlerische Freiraum, der den antiken Künstlern in der Schaffung der Götterbilder eingeräumt wurde, wird im Mittelalter Anstoß zu einer christlichen Mimesisvorstellung, die die künstlerische Phantasie stark beschränkt, wenn nicht gar den Künstler als Instanz in der Herstellung des Bildes vollständig auszulöschen gedenkt. Die Verurteilung der antiken Götterstatuen begründet sich mit der Referenzlosigkeit der künstlerischen M., weshalb, so die Fundamentalkritik, der Künstler selbst sich zum Schöpfer der Götter erheben kann. [31] Den als blasphemisch verdammten, «von Menschenhand gefertigten» [32] Idolen setzt das Christentum das Wunder der *vera icon* (des wahren Abbilds) entgegen, eine Tuchreliquie, die später als ‹Schweißtuch der Veronika› bekannt wird, auf der Christus «eigenhändig» sein Gesicht abgedrückt haben soll. Dieses Bildmodell des ἀχειροποίητος, acheiropoíētos (nicht von Menschenhand gefertigt) hat jedoch bereits antike Vorläufer. Cicero bezeichnet ein Gemälde der Ceres, welches vom Himmel gefallen sein soll, als «non humana manufactum» (nicht von Menschenhand gefertigt). [33] Die Unverbürgtheit der Himmelsgabe fängt das Christentum mit der Entwicklung einer eigenen Bildursprungslegende auf. Theologische Grundlage dieser Erdung des himmlischen Bildes ist die *Inkarnation* Gottes in Christus als seinem Bild, die das Bilderverbot des Alten Testaments aufhebt. PAULUS' Bezeichnung des Sohnes als ἀπαύγασμα, apaúgasma (Abglanz) der Herrlichkeit Gottes und als χαρακτήρ, charaktḗ (Abdruck) seiner Person [34] scheint einer Bildvorstellung den Weg geebnet zu haben, welche im unkünstlerischen, die künstlerische Intervention auslassenden und daher Authentizität beanspruchenden Abdruck der ‹Veronika› von St. Peter

Abb. 1: F. A. Vincent (1746–1816): Zeuxis, die schönsten Mädchen von Kroton als Modelle auswählend (Paris, Louvre). Copyright: Photo RMN.

(einem Gemälde) bzw. in deren syrischem Vorläufer, dem *Mandylion*, seine dogmatisch verbindliche Form findet. Die Haftung des Originals für den Abdruck nimmt das Platonische Modell der *eikastischen* M. auf, welche das Bild platonisch gesprochen als Abbild des Abbildes des Urbildes kreditiert; zugespitzt und umgewendet wird die Bildkritik Platons, wenn *Methexis* und nicht mehr M. die Grundlage des Abbildungsvorgangs ist. Die Vervielfältigung der *vera icon* wird als automatischer Reproduktionsvorgang beschrieben. Im schützenden Tuch drückt sich das Gesicht auf wunderbare Weise ab. Diese materielle Teilhabe des Abdrucks am Original verleiht dem Tuchbild als «physisches Dokument»[35] den Status einer Berührungsreliquie.[36] Während das Bild als ‹charaktḗr› den dokumentarischen Wert der *vera icon* als Zeugnis der Existenz Christi bestimmt, ist es das ‹apaúgasma›, welchem das Bild seine Anbetungswürdigkeit, die sich auf Christus als Bild Gottes richtet, verdankt. Die magische, auratische Wirkung des «wahren» Bildes wird in der Verschleierung der ‹Veronica› in St. Peter faßbar, die die Unsichtbarkeit, d.h. die Unmöglichkeit des Anblicks Gottes im Antlitz Christi für den menschlichen Blick ansichtig macht. Die Minderwertigkeit des *eikastischen* Schattenbildes Platons wird aufgehoben durch das ‹apaúgasma›, die ‹gratia› des Bildes, die sich in der Heilswirkung auf den Betrachter, wie in der Legende auf den Kaiser Tiberius bzw. auf den syrischen König Abgar, äußert. JOHANNES VON DAMASKUS, der die Entstehung des «wahren Bildes» beschreibt, erklärt den Mißerfolg des Porträtmalers, den Abgar zu Christus schickte, mit dem für das menschliche Auge unerträglichen göttlichen Glanz, der das Gesicht Christi erstrahlen ließ. Doch kraft dieses Glanzes lichtete schließlich Christus selbsttätig das eigene Porträt, sein Gesicht mit dem Mantel bedeckend, um sein Bild darin abzudrücken, im *Mandylion* ab und bezeugte hiermit seine Gottsohnschaft.[37]

Die von Platon kritisierte, für das Bild konstitutive Verflechtung von Seiendem und Nichtseiendem wird in der christlichen M. zur Bedingung der Möglichkeit der Darstellung des Undarstellbaren. Gerade im Scheitern der christlichen Ikone als repräsentatives Bild offenbart sich das für menschliche Augen Unsichtbare. Im Gegensatz zum heidnischen Idol, in welchem Gott als präsent gedacht ist, durchwirken sich im Tuch des «wahren Bildes» die Erinnerung an die Vergangenheit der historischen Person Jesu Christi, von dem die Spuren auf der *vera icon* zeugen, und die Erwartung seiner Erscheinung, die im blendenden Glanz angezeigt ist. Die Verhüllung des Bildes, im Sinne des eingetrübten Spiegelbildes im Paulinischen Gleichnis, die den Betrachter vor einem direkten Anblick von Angesicht zu Angesicht schützt, verleiht dem präsentierten Antlitz Christi eine endzeitliche Zukünftigkeit und öffnet dieses auf eine Vision des inneren Auges des gläubigen Betrachters hin, der erst eigentlich die M. leistet.[38] Die Illusion des ‹apaúgasma› resultiert also nicht aus einer täuschenden Ähnlichkeit des Abdrucks mit dem Original, sondern setzt sich von dieser *verisimilitudo* (illusionären Wahrscheinlichkeit) in ihre Überblendung ab.

Während die Theologen des Mittelalters die Nachahmung der Natur in der bildenden Kunst zunehmend abschätzig als bloß äußerliche, «tote» Verdoppelung der im Bild unerreichbaren Schöpfung Gottes beurteilen[39], wird jedoch bezeichnenderweise im tradierten, u.a. von PSEUDO-DIONYSIUS AREOPAGITA und MEISTER ECKHART aufgegriffenen Bildhauergleichnis des PLOTIN, das die christliche Selbstvervollkommnung als Annäherung an das idealschöne, d.h. sündenfreie Menschenbild beschreibt, die künstlerische Praxis als geistiges Tun gewürdigt.[40] Doch sollte erst der Renaissance-Künstler Michelangelo, genannt ‹il divino›, diese Idealisierung der künstlerischen Technik als nobilitierendes Konzept seiner Bildhauerei nutzen.

3. *Neuzeit.* Die M. der bildenden Kunst der Neuzeit steht unter dem Vorzeichen der *superatio* (Überhebung) der Kunst über die Natur. Die künstlerische Vervollkommnung des Naturvorbildes, die sich an einem Mehrwert bemißt, sei es die Naturerkenntnis bei Leonardo, das künstlerische Temperament bei Michelangelo, die sensuelle Erfahrung an der Malerei bei Tizian, um nur die drei repräsentativsten Künstler für die grundlegende Veränderung des Mimesisbegriffs in der Neuzeit zu nennen, wird zur Nobilitierungsstrategie. Der Beiname ‹il divino›, am ausdrücklichsten auf MICHELANGELO gemünzt, wird zum favorisierten Qualitätssiegel der Kunstkritik der Renaissance. Die «wahrhaft göttliche Kraft» der Malerei spricht bereits der Kunsttheoretiker L.B. ALBERTI ihrer Funktion zu, die Lebendigkeit des Dargestellten über den Tod hinaus für die Nachwelt zu erhalten.[41] Der neuzeitliche Künstler ahmt die Natur nicht demütig und einfältig nach, sondern begreift sich im Wettstreit mit ihr[42], wenn er LEONARDO zufolge selbst Fiktionen von Natur schafft, Ausdruck eines kreativen Vermögens, mit welchem Leonardo die Göttähnlichkeit des Malers begründet.[43] Doch die Kunst hat die Natur bei diesem Wetteifern scharf im Auge zu behalten. Leonardo erklärt das Abhängigkeitsverhältnis der künstlerischen Einbildung von der Wirklichkeit mit dem Vergleich des schattenwerfenden Körpers.[44] Der schöpferische Freiraum verdankt sich keiner Abkehr von der Natur, sondern vielmehr einer vollständigen Internalisierung.[45] Die Verfügungsgewalt über die Natur im Bilddenken erwächst aus einer notwendigen Unterordnung im gründlichen Studium, die im Bild des Spiegels als Abbildungsparadigma illustriert ist.[46] Die Positivwendung eines in Platons Sinne minderwertigen, hinter das Naturvorbild ontologisch zurückfallenden Spiegelbildes gelingt mit der Unterfütterung dieser rein technischen *eikastischen* M. mit Erkenntnis. Der naturwissenschaftliche Rang, den Leonardo der Malerei zuspricht[47], ist in seinem Ratschlag greifbar, das Ausdrucksspektrum des Gesichts und der Hände in *Mimik* und *Gestik*, die die inneren Seelenbewegungen anzeigen, an der Körpersprache der Stummen zu studieren, um in der Malerei die geistige Verfassung des Menschen zu ergründen. (Abb. 2) Ohne diese Gefühlsvermittlung, denn die Affektübertragung auf den Betrachter belebt das Bild rückwirkend, ist nach Leonardo die Malerei doppelt tot.[48] Der Hofmaler von Ludwig XIV., LE BRUN, wird schließlich in einem Vortrag, betitelt ‹Conférence sur l'expression des passions› (1668), systematisierend die Affektstudien Leonardos fortsetzen, um eine lesbare Codifizierung der *Mimik* zur Steigerung der *Eloquenz* des Historienbildes zu erstellen.

Die Epoche der Frührenaissance läßt sich an der rationalen Durchdringung der M. bestimmen. BRUNELLESCHIS Entwicklung der Zentralperspektive, die den Bildraum vereinheitlicht[49], kann ebenso als epochaler Einschnitt begriffen werden, wie die Rhetorisierung der Bildsprache in Albertis Traktat ‹De Pictura› (1435/36), der im *decorums*-Begriff, der dann in der gegenreformatorischen Kunstkritik zur Disziplinierung der künstlerischen Freiheit benützt wird, seine moralische Tragweite

Abb. 2: Leonardo da Vinci, Kopf eines Kriegers. Studie zur Schlacht von Anghiari, 1503–1504 (Budapest, Museum of Fine Arts). Copyright: Museum.

erhält.[50] Alberti vergleicht das Bild mit einem geöffneten Fenster, wodurch das Dargestellte gesehen wird, und schließt an diese Vorstellung die Darlegung der Perspektivkonstruktion an.[51] Diese Einzeichnung einer Tiefendimension in die Flächigkeit des Bildträgers bindet das Bild an den imaginativen Akt, den der Betrachter in der Realisierung des Dargestellten immer schon geleistet hat. Diese Konstruktion, die den Betrachter hinter das Bild führt, um ihn von der Präsenz des Dargestellten zu überzeugen, bringt eine Doppelbödigkeit in das Konzept des neuzeitlichen Bildes, das erst dann im klassischen Sinne als gelungen betrachtet werden kann, wenn es sich selbst, d.h. seine konstitutive Begrenzung auf zwei Dimensionen, durchkreuzt, um eine scheinhafte Welt zu eröffnen. Alberti, der als erster eine umfassende Kunsttheorie entwickelte, hat bereits zwanzig Jahre nach Wiederauffindung der rhetorischen Hauptschriften Ciceros, ‹De oratore›, ‹Orator›, ‹Brutus›, diese für seine Konzeption der bildlichen ‹Historia› rezipiert.[52] Ausdrücklich empfiehlt er dem Maler das Studium der antiken Rhetorik. Albertis Rezeption der Poetik des Aristoteles für die Ausbildung einer Sprachkompetenz der stummen Werke der bildenden Kunst wird später von F. BOCCHI aufgriffen, um auf der Grundlage des Horazischen Leitspruches «ut pictura poesis» auf eine konforme Analogie gebracht zu werden.[53] Die in der Kunsttheorie praktizierte, mit Albertis Schrift ihren Anfang nehmende Angleichung der bildenden Kunst an Rhetorik und Geometrie ist als Nobilitierungsstrategie zu verstehen, die die bildende Kunst in den Rang einer freien Kunst erhebt. Während noch C. CENNINI in seinem ‹Libro dell'arte› dem Künstler praktische Hilfestellungen zur mimetischen Illusionserzeugung in der Malerei bietet, weist sich Albertis Abhandlung in Aufbau und Tonfall als wissenschaftliche Studie aus, die der Kunst eine diskursive Kompetenz unterstellt.

Die paradigmatische Vorbildlichkeit der Antike insbesondere in der Darstellung des menschlichen Körpers erklärt sich in der Frührenaissance weniger wie später im ästhetizistischen Klassizismus des 18. Jh. durch den ‹Geschmack/ grand goût›, den die antiken Skulpturen beispielhaft verkörpern, als durch das Künstlerwissen, das ihrer Bildung zugrunde liegt und welches aus der Perspektive der Renaissance betrachtet im Mittelalter verschüttet wurde. Polyklets ‹Kanon› (die Regel), ein Titel, der signifikanterweise sowohl die Skulptur wie ihre theoretische Grundlegungsschrift bezeichnet, ist ein Werk, dem pythagoreische Zahlenspekulationen zugrundeliegen. Die ‹Geometria› als Schlüssel für das Geheimnis der vollendeten Proportion empfiehlt DÜRER im Anschluß an seinen ‹Meistersatz›: «Denn wahrhaft steckt die Kunst in der Natur, wer sie heraus kann reißen, der hat sie.» [54]

Die ‹generelle› Natur, die zu erforschen Aufgabe der Kunst ist, wird zunehmend mit der Kategorie der Schönheit besetzt. Als Beurteilungskriterium des Kunstwerks ausgebildet richtet sie sich schließlich gegen die Natur als deren Anderes, das allein aus der Kunst gebildet ist. Der Kontur, dessen Abmilderung Leonardo zugunsten des *sfumato*-Effekts, der Volumen in der Fläche suggeriert, empfiehlt, wird in der neoklassizistischen Kunsttheorie zum Kunstprinzip erhoben. Daß die Regeln der Kunst nicht mehr den Gesetzen der Natur folgen, wird J.J. WINCKELMANN schließlich Mitte des 18. Jh. mit der Künstlichkeit des Kontur erklären: «Könnte auch die Nachahmung der Natur dem Künstler alles geben, so würde gewiß die Richtigkeit im Kontur durch sie nicht zu erhalten sein; diese muß von den Griechen allein erlernet werden.» [55]

Die Begriffsopposition ‹imitare-ritrarre› des Bildhauers V. DANTI, die sich auf Aristoteles' Differenzierung dreier Nachahmungsweisen beruft, privilegiert das *imitare* als künstlerische M. gegenüber dem technischen *ritrarre* (darstellen). Die die äußere Wirklichkeit und künstlerische Vorbilder kopierende M. wird unter dem Begriff *ritrarre* verhandelt [56], terminus technicus der naturgetreuen Nachahmung, die in der niederen, da als unkünstlerisch eingestuften Gattung des *ritratto* (Porträt) am stärksten gefordert wird. In Absetzung vom *ritrarre* wird die Leistung des *imitare* in der geistig durchdrungenen Aneignung der Wirklichkeit verortet, die im Sinne einer Intervention des Künstlers zwischen der individuellen, konkreten Natur und einer *generellen*, ideellen Natur die Partikularitäten der Erscheinungswelt hinter sich läßt, um eine ideelle Vorstellung von ihr zu entwickeln, am stärksten gefordert für die hohe Gattung des Historienbildes, in welcher der Maler sich als Poet ausbildet. Daß beide Arten der M. notwendigerweise in einem spannungsvollen Antagonismus relational verbunden sind, illustriert ein Kupferstich G.P. BELLORIS aus seinem Buch ‹Le vite de' Pittori, Scultori et Architetti moderni› (1672) einem Werk, mit welchem er bedeutend auf den akademischen Diskurs über bildende Kunst einwirkte. (Abb. 3) Eine ‹Imitatio sapiens›, eingegraben auf den steinernen Sockel, auf dem die weibliche Allegorie der Weisheit sitzt, ist nicht denkbar ohne die Unterjochung der sklavischen Nachahmung, für die der *Affe* sinnbildlich steht. Auf diesen 'fußend' erdet sich die geistige Reflexion, d.h. wird konkret. Eine eindeutig pejorative Besetzung des Affenbildes, welches für eine veristische Nachahmung steht [57], läßt sich spätestens mit dem Anspruch der bildenden Künste auf Nobilitierung, der nicht zuletzt mit der Gründung der ‹Accademia del Disegno› 1562 in Florenz manifest geworden ist, feststellen.[58] Doch nicht allein die naturgetreue Abbildung,

Abb. 3: G. Bellori, Imitatio sapiens (Paris, Bibliothèque d'art et d'archéologie Jacques Doucet). Copyright: Bibliothek.

auch die einfältige, unoriginelle «Nachäffung» eines künstlerisches Vorbild wird mit der Belegung dieses Tierbildes verurteilt, wenn beispielsweise L. DOLCE von den «Affen des Michel Angelo»[59] spricht. Als Gegenbild zum Affen, jedoch weit weniger prominent in der Kunsttheorie vertreten, steht die *Biene* metaphorisch für eine geistreiche Nachahmung der Natur im Sinne des *imitare*. Senecas in der Dichtungstheorie häufig rezipierte Aufforderung, die Bienen in ihrer Sammeltätigkeit und Honiggewinnung nachzuahmen[60], wird von A. FÉLIBIEN, Historiograph von Ludwig XIV., pointiert, wenn er die mit Vorsicht formulierte Vermutung Senecas, daß es sich in der Gewinnung des Honigs um einen Verdauungsvorgang handelt, in welchem etwas Neues gewonnen wird, als Gewißheit setzt und es zur Transformationsleistung, die aus bitteren Pflanzen süßen Honig, d.h. aus Häßlichem Schönes macht, zuspitzt.[61] Schon Dürer greift das Bienengleichnis in seinen ‹Vier Büchern von menschlicher Proportion› auf, um in Anlehnung an die Zeuxisanekdote das künstlerische Verfahren der *electio* der schönsten Körperteile zu beschreiben.[62] Der Michelangelo-Biograph A. CONDIVI nimmt diese Verbindung des Bienengleichnisses mit der Legende der krotonischen Jungfrauen auf. Bezeichnend ist dort jedoch der Wortlaut der Nacherzählung der Zeuxisanekdote: Die künstlerische Lösung der Aufgabe, 'eine' Venus zu malen, kann dann als geglückt betrachtet werden, wenn der Künstler sie als 'seine' Venus sich aneignet.[63] Inwieweit mit dieser idealisierenden Form der Nachahmung die Grenze des Mimesisbegriffs angezeigt ist, verdeutlicht die Definition der ‹bella maniera› des Kunsthistoriographen G. VASARI, der sie als die Gewinnung einer idealschönen Figur, die aus dem steten Kopieren der schönsten Dinge sich ausbildet, bezeichnet.[64] Entsprechend folgert G.B. ARMENINI, daß Zeuxis nur aufgrund einer besonderen Manier (*singular maniera*) die verschiedenen Züge, die er ihrer Schönheit wegen bei den verschiedenen Mädchen ausgewählt hat, in Einklang bringen konnte.[65] Eine RAFFAEL zugeschriebene Erklärung besagt, daß er sich für die *electio* einer bestimmten Idee bedient, die ihm aus dem Geiste kommt.[66] Die ‹bella maniera› ist das künstlerische Vermögen, die aus der *electio* verschiedener Naturvorbilder gewonnene Figur durch die Kraft des *disegno* (Zeichnung, Entwurf) in sich stimmig zu machen, jedoch weniger im materiellen Sinne einer künstlerischen Handschrift, die den Kontur umreißt, als im transzendenten Sinne eines künstlerischen Ingeniums, das die Vorbilder gut 'verdaut' hat, um aus ihrer Substanz die Essenz für die Bildung einer neuartigen Figur zu gewinnen, in der sich Naturwahrheit konzentriert.

Vasaris Definition des *disegno*, den er aus dem Intellekt hervorgehen läßt, als «Vater» der drei Künste: Architektur, Skulptur, Malerei und die Bestimmung seiner Äußerungsform als ‹cavare› (graben, herausnehmen) eines ‹giudizio universale› (Allgemeinurteils) aus vielen Dingen[67], welches einer Form oder einer Idee gleicht, ruft das Bildhauergleichnis Plotins in Erinnerung und erklärt die Sonderstellung, die dem Bildhauer Michelangelo, der alle drei Künste beherrscht, in Vasaris

Kunstgeschichte als Meister der Zeichnung zugesprochen wird. Auch scheint Vasari das *Paragone*-Argument des Bildhauers, wonach dessen Kunst im Gegensatz zur lügenhaften Malerei allein Anspruch auf Wahrheit hat, zu bestätigen. Michelangelos provokante Aussage: «Man zeichnet mit dem Hirn und nicht mit der Hand, und wer keinen freien Geist haben kann, bedecke sich mit Scham» [68], die sich vor der Folie des *Paragone*-Diskurses, dem Wettstreit der Künste, als Entkräftung des Arguments Leonardos liest, der die Vorherrschaft der Malerei mit der Mühsal des bildhauerischen Handwerks erklärt [69], verdeutlicht die Doppelbödigkeit des *disegno*-Begriffs, der nicht nur die Zeichnung, sondern auch den ‹concetto› (Entwurf) im Geiste des Künstlers bezeichnet, eine Zweiteilung, die in F. ZUCCAROS theoriebildender Differenzierung zwischen *disegno esterno* und *disegno interno* gipfelt. Während die «äußere» Zeichnung in die Lehre der Natur geht, ist es die «innere» Zeichnung, mit welcher der Künstler, seinerseits die Natur bemeisternd, sie übersteigt. [70] Mit der Abspaltung der bloß äußerlichen Zeichnung, d.h. der Technik von der Kunst, begründet der Dichter P. ARETINO sein Künstlerlob, wenn er über Michelangelo äußert, er male mit der «maestà del giudizio» (Herrlichkeit des Urteils) und nicht mit der «meschino del'arte» (Kleinlichkeit der Kunstfertigkeit). [71] Michelangelo selbst betreibt in seinen schriftlichen Äußerungen eine Vergeistigung seines Handwerks. Er unterscheidet zwei Vorgehensweisen in der Bildhauerei: das «per via di porre» (Weg des Hinzufügens) grenzt er als plastische Modellierung, die der Malerei in ihrer Technik ähnelt, von der eigentlichen bild-«hauerischen» Tätigkeit ab, die über den Weg des Wegnehmens, «per via di levare», die Skulptur hervorbringt. In seinem wohl bekanntesten Gedicht: «Non ha l'ottimo artista alcun concetto» [72] beschreibt er die Tätigkeit des Bildhauers als das Freilegen eines im Marmor, in der Materie also selbst, enthaltenen «concetto», der durch die vom Geist des Künstlers geleitete Hand ausgeführt wird.

Aus der Kritik dieser Profilierung der *maniera* gegenüber der M., die im Manierismus ihre stilistische Ausformulierung findet, entwickelt sich bald eine die Malerei im Verhältnis zur Zeichnung stärkende Kunsttheorie, die dem künstlichen Kontur die natürliche Farbe entgegenhält und die Bindung der Malerei an die Natur erneuert. Die Definition der Malerei des venezianischen Schriftstellers P. PINO als eine Form der Naturphilosophie, die in ihrem Anspruch an die Ideale der Frührenaissance anschließt [73], sowie Dolces Einschränkung, daß nur *der* Maler tatsächlich ‹Maler› genannt zu werden verdient, dessen Werk der Kategorie der Ähnlichkeit genügt [74], formulieren das erneute Interesse an einer sich durch Naturnähe auszeichnenden M. Die Aufmerksamkeit, welche dabei gerade der venezianischen Malerei entgegengebracht wird, respektive TIZIAN, kann als Zurechtweisung der Kritik Vasaris begriffen werden, die den Mangel an *disegno* konstatiert, den dieser aus dem fehlenden Antikenstudium erklärt. Der Maler A. CARRACCI wird Vasari in seinen Randbemerkungen zur Vita Tizians im Exemplar seiner Viten als «goffo» (Tölpel) und «bestia» (Esel) beschimpfen, weil es für angemessener hält, die Natur in der antiken Skulptur als in ihrer eigentlichen Form zu studieren. Doch solle man nach seiner Ansicht nicht die zweiten Dinge, sondern «le prime e principalissime», die also, welche lebendig sind, nachahmen. [75] Ähnliche Bedenken äußert RUBENS gegenüber dem Antikenstudium, wenn er anmerkt, die Malerei dürfe «auf keinerlei Weise nach dem Stein schmecke(n)» [76], eine Beobachtung die auch schon Dolce formuliert, wenn er bemerkt, «daß viele ein Fleisch malen, das an Farbe und Härte wie Porphyr aussieht». [77] Der ‹rilievo› (plastische Wirkung), der in der Bildfläche die Illusion eines erhabenen Körpers evoziert, von Leonardo als erste Aufgabe der Malerei formuliert [78], wird im 16. Jh. zunehmend als malerisches und nicht nur als Problem des korrekten *disegno* erkannt. Die Beobachtung des Florentiner Kunstgelehrten F. BOCCHI an der ‹Madonna del Sacco› des A. DEL SARTO, «daß die Kunstfertigkeit in Lebendigkeit und die Farben in Fleisch übergegangen sind», führt ihn zur Schlußfolgerung, daß diese suggestive Wirkung des Bildes den Betrachter unmittelbar auf das dargestellte Geschehen lenkt, da sich die Kunst «selbst in Vergessenheit bringt», im Sinne der antiken Forderung der Rhetorik: *ars est celare artem*, die auch schon Dolce als Ziel der Malerei anerkennt, wenn er urteilt, daß es eine Kunst ist, die Kunst zu verdecken. [79] Die Darstellung der Fleischlichkeit und der Weichheit, die den geforderten Eindruck von Lebendigkeit hervorruft, wird jetzt zur ausgezeichneten malerischen Aufgabe. Wenn Pino Tizians künstlerische Leistung mit der Variation der Hauttöne («carni»), die dem Zustand des Körpers entsprechen, erklärt [80], ist die Farbe gleichsam das Fleisch selbst. Diese wesentliche Zweideutigkeit des *Inkarnats*, Farbe und zugleich Fleisch bzw. Hautoberfläche zu sein und nicht nur darzustellen, spiegelt sich bereits in dem Bedeutungsspektrum des Begriffs ‹chromata›, der sowohl die Haut, die Oberfläche des Körpers wie die Fleischfarbe bezeichnet. Die Aufhebung einer Trennung zwischen Medium und Darstellung in der sinnlichen Wahrnehmung zeigt auch der Begriff der ‹morbidezza› (Weichheit) an, der eine Qualitätsbestimmung der Malerei wie auch des Fleisches selbst ist und mehr noch als eine optische Erfahrung eine taktile Empfindung bestimmt. [81] Bei all dieser Indifferenz in der Bezeichnung, die Platon mit der Stigmatisierung der Farbe als ‹phármakon› verurteilt, gründet sich deren ‹vaghezza› (Lieblichkeit, Unbestimmtheit). Diese Beurteilung der Farbwirkung, die im lebensweltlichen Bezug mit ‹Weiblichkeit› konnotiert wurde, wird zur ästhetischen Kategorie, die insbesondere für die kunstkritische Bestimmung der Eigenart der venezianischen Malerei benutzt wurde, um den verführerischen Zauber der Gemälde zu bezeichnen. Diesen bedenkend, erklärt Pino die legendäre illusionistische, die Augen täuschende M. der antiken Maler mit der «vera alchimia della pittura». [82] Michelangelo, Aristoteles' Anthropologisierung der Form als «männlich» und des Stoffes als «weiblich» aufnehmend, diffamiert die Ölmalerei, deren Technik Vasari «Fleiß und Liebe» zuschreibt [83], als «weiblich», um ihre Formlosigkeit im Fehlen des *disegno* zu verurteilen. [84] Die spezifisch coloristische Wirkung der venezianischen Malerei, in Anbetracht derer das Auge weniger als Erkenntnis-, denn als Sinnesorgan ausgebildet wird, beschreibt der ihr anerkennend zugewandte R. DE PILES als Ziel der M., denn dieses besteht in der «Verführung», d.h. in der Täuschung der Augen. [85] De Piles differenziert in seiner Malereitheorie die Kategorie der «beauté», welche durch die Regeln gefällt, von der «grâce» (Grazie), die regellos gefällt, und definiert diese als das, was unmittelbar, ohne den Verstand ins Spiel zu bringen, das Herz erobert. [86]

Am Ende des 17. Jh. wird der beherrschende Gesamteindruck des Bildes, der über die Tonalität des Kolorits das Gemüt des Betrachters auf die Affektlage des Sujets einstimmt, zum Kritierium der Bildbetrachtung. Die Sensibilisierung der Kunstanschauung, die die affektiven Wirkungsstrategien der Malerei in den Blick nimmt, betrifft jedoch weniger die mimetisch-expressiven als zunehmende die rationalen, eine bildimmanente Ordnung aufbauenden Aspekte der Malerei, um in ihnen die hohe Kunst zu entdecken. Diese Wahrnehmung des Bildes als in sich stimmiger Organismus, der abgezogen vom dargestellen Sachverhalt an sich Gegenstand des ästhetisches Genusses schon ist, wird mit De Piles' ästhetischer Kategorie des «toute-ensemble», dessen Einheitlichkeit sich über künstlerische Mittel bestimmt, vorbereitet. De Piles wendet sich gegen die Literalisierung der Malerei im französischen akademischen Diskurs mit einer auf eine spezifischen Visualisierungsstrategien gerichteten Kunsttheorie.[87] De Piles Trennung von «véritables couleurs» und «couleurs artificiels» erlaubt den ästhetischen Genuß des Bildes in den bildeigenen, autonomen, d.h. nichtmimetischen Aspekten zu verorten. «Le général du Tableau» (das Ganze des Bildes) wird durch das auf der Grundlage der artifiziellen Farben entwickelte «clair-obscur» bestimmt, das nicht nur den einzelnen Gegenständen Plastizität gibt, sondern vielmehr das Bild als in sich geschlossenes System herstellt.[88] In diesem das Ganze des Bildes beherrschenden Hell-Dunkel verortet De Piles den ästhetischen Genuß, der sich in «repos» (Erholung) ergötzt. Im 20. Jh. wird der Maler H. Matisse von einer Kunst des Gleichgewichts, der Reinheit und der Ruhe träumen, «[...] die für jeden Geistesarbeiter ein Beruhigungsmittel», ein ‹phármakon› also ist.[89]

Die klassische Gattungshierarchie, wonach das Historienbild die höchste, das Stilleben, da es bloß unbewegliche, tote Gegenstände abbildet, folglich die niederste Gattung darstellt, löst sich im Zuge des 18. Jh. auf. Die Bindung an die Poetik der Literatur im Sinne der «ut pictura poesis» wird aufgekündigt, um eine eigene bildimmanente «Poesie» auszubilden, die ekphrastisch, zu umschreiben Schriftsteller wie beispielsweise Diderot und Baudelaire als Herausforderung begreifen, die Grenzen des eigenen Sprachsystems zu erweitern. Diderot bezeichnet schließlich den Maler Chardin als größten Magier, d.h. aus der Perspektive Platons als größten Sophisten, um die koloristische Kraft dieses Malers zu rühmen, der in der niedersten Gattung des Stillebens sich zum «Sklaven der Natur» macht, um sich in ihr zum «Herrn der Kunst» zu erheben.[90]

4. Moderne. Während in der Neuzeit der Ausdruck von Lebendigkeit in den illusionserzeugenden Mitteln der künstlerischen Medien, die sich darin selbst in Vergessenheit bringen, gefeiert wird, bezieht sich die geforderte Lebendigkeit in der modernen Kunsttheorie nicht mehr auf das Dargestellte als vielmehr auf die Darstellung selbst. Die schillernde opake Undurchdringlichkeit der Bildoberfläche rückt zunehmend ins Augenmerk der Betrachtung. Die Gefangennahme des Betrachters wird durch die Anteilnahme an der Realisierung des Dargestellten erreicht, durch welche das Auge des Betrachters sich mit dem Blick des Künstlers vertraut macht, um mit dessen Augen die Welt neu zu entdecken.[91] Der Impressionismus als radikale Absage an die kulturelle Perspektivierung von Wirklichkeit durch tradierte Bildkonventionen entdeckt in den ureigenen Grundlagen der Malerei – Licht und Farbe – die Bedingung der Möglichkeit von Wahrnehmung überhaupt, und schlägt mit dieser im «plein air» – Studium entwickelten phänomenologischen Sicht auf Natur ein neues Kapitel in der Geschichte der Kunst als eine Art der Naturwissenschaft auf.

Wenn im 19. Jh. im großen französischen Wörterbuch ‹Larousse› unter dem Stichwort «trompe-l'œil» steht: «Die Realität so nachzuahmen, daß eine Illusion entsteht, daß das Auge des Betrachters getäuscht wird – darin besteht für den gemeinen Mann das höchste Ziel der Kunst. Leute von Geschmack fordern etwas anderes [...]»[92], dann wird gegen die Täuschungskraft der bildenden Kunst der «grand goût» als ästhetisches Urteilsvermögen behauptet. Nicht zuletzt ist mit der technischen Entwicklung der Photographie der künstlerische Wert einer möglichst naturgetreuen Darstellung fragwürdig geworden. Die Kultivierung der Kunstanschauung bereitet die «ästhetische Unterscheidung»[93] vor, die es erlaubt, die künstlerische Leistung, abgezogen von der Dignität des Sujets, für sich zu würdigen. Die im Laufe des 19. Jh. zunehmende Entfesselung der bildnerischen Mittel aus ihrem repräsentativen Soll betrifft neben der Farbe gleichermaßen die Zeichnung, die aus der Begrenzung der Linie auf den Kontur ausbrechend Fluchtlinien in Form von Arabesken zieht, um im Ornament als Kunstform neue Wurzeln zu schlagen.[94] Der mit dem Beginn der Moderne fragwürdig gewordene Bezug zur Natur erneuert sich mit der Absage an eine naturgetreue Darstellung durch die Fundierung des kreativen Prinzips auf der Grundlage eines dynamischen Naturbegriffs im Sinne der «natura naturans» (das produktive Prinzip) im Gegensatz zur «natura naturata» als die generierte Gestalt, die nur äußerliches Vorbild sein kann. Der Momentaneität des atmosphärischen Natureindrucks wird im Impressionismus mit einer flüchtigen Malweise entsprochen, die sich aus einzelnen Pinselstrichen – «taches» (Flecken, Fehler) – bildet. Cézanne, der einzig die Natur als Lehrmeisterin anerkennt und sich damit des Ballastes der bildnerischen Tradition entledigt, überbietet in seinem Konzept der M. die Forderung nach Wahrscheinlichkeit im Sinne der Ähnlichkeit mit dem quasi philosophischen Anspruch auf Wahrheit. Gegen den die täuschende Illusion von Tiefe in der Bildfläche erzeugenden Kunstgriff der Perspektivkonstruktion, der seit der Renaissance das formale Gerüst für das klassische Bild darstellt, setzt Cézanne die Modulation der Farben, in welchen sich die Sichtbarkeit der Wirklichkeit, die er in einem malerischen Äquivalent einzufangen versucht, artikuliert – seinem Leitsatz entsprechend, daß Bild habe eine «Harmonie parallel zur Natur» aufzubauen.[95] (Abb. 4) Auch der sensuellen Hervorrufung von taktilen Empfindungen durch die Illusion von greifbarer Stofflichkeit des Dargestellten, wie sie in der venezianischen Malerei gefeiert wurde, entsagt Cézanne, wenn er das Bild aus *einem*, die Bildfläche in toto bedeckenden Stoff bildet, der sich nun nicht mehr mit der Vortäuschung einer Variation von anderen Materialien verhüllt: die Farbe.

Der Aufbau eines Bildorganismus, der, um mit H. Matisse zu sprechen, gleichsam eine eigene «neue [...] lebendige Welt»[96] schafft, um auf dieser Ebene der Analogie sich der Natur erneut zu versichern, ist ein in den Äußerungen zur modernen Kunst oft beschriebenes Phänomen.[97] Der Schweizer Maler P. Klee, der die Autonomie der Bildes mit seiner Eigengesetzlichkeit erklärt, beschreibt diese mit einer Analogie zur Anatomie des menschlichen Körpers: «Wie der Mensch, so hat auch das Bild Skelett, Muskeln und Haut.» Aus diesem Vergleich heraus, der die Kunst durch die strukturelle

Abb. 4: P. Cézanne, Straße mit Bäumen am Bergeshang, ca. 1904 (Riehen/Basel, Fondation Beyeler).

Annäherung von *ars* und *natura* aus ihrer Abbildungspflicht entläßt, schlußfolgert Klee, daß der menschliche Akt nicht «menschlich-anatomisch», sondern «bild-anatomisch» zu gestalten sei.[98] In den Schriften zur modernen Kunst wird häufig die semantische Spannung zwischen Kunst und Natur als produktive Zündung der künstlerischen M. forciert. Diese in den Blick nehmend erarbeitet TH. W. ADORNO in seiner ‹Ästhetischen Theorie› eine Entgrenzung des Mimesisbegriffes[99], die die Kunst von dem bildkritischen, auf Platon zurückgehenden Vorwurf ihrer täuschenden Scheinhaftigkeit freispricht, ohne jedoch die Referenz auf Natur damit einzubüßen, die vielmehr tiefer gelegt wird, wenn er schreibt: «Je strenger die Kunstwerke der Naturwüchsigkeit und der Abbildung von Natur sich enthalten, desto mehr nähern sich die gelungenen der Natur.»[100] Von der Natur, als das «Andere der Kunst» begriffen[101], muß das Kunstwerk sich abgrenzen, um zu ihr auf einer prinzipielleren Ebene zurückzufinden. Das Verhältnis von *ars-natura* als eines der wesensmäßigen Differenz in der vorgetäuschten Identität des Bildes mit dem Dargestellten, wie es Platon in seiner bildkritischen M.-Konzeption entwirft, wendet Adorno ein in ein Verhältnis der Identität, als die innere Gesetzlichkeit, die Kunst und Natur als identische Systeme ausweist, die sich aus einer äußersten Differenz zwischen Natur und Kunst heraus aufbaut. Mit der Aufkündigung einer verbindlichen Weltordnung, deren sinnvoller Zusammenhang vom *logos*, der die transzendente Welt der Ideen geschaffen hat, gestiftet wurde, hat die Natur ihre Vorbildlichkeit für die M. der bildenden Kunst verloren, ohne jedoch ihre Verbindlichkeit einzubüßen. Diese besteht in der metaphorischen Umschreibung des Schöpfungsvorgangs der Kunst mit einer der Naturbeschreibung entlehnten Begrifflichkeit. Der schillernde Begriff «Natur», der von der Bezeichnung der äußeren Wirklichkeit abgezogen wird, steht vielmehr funktional für das Enigma des unbegründbaren Schöpferischen in der Kunst ein. Dieser Kunstgriff, der Natur und Kunst auf einer prinzipiellen, rein gedanklichen Ebene gleichsetzt, dient jedoch keiner Fortschreibung der exemplarischen Mustergültigkeit der Natur für die Kunst, sondern ganz im Gegenteil wird mit ihm die «Umkehrung des Platonismus» eingeläutet.[102] Die klassische Vorrangigkeit des Urbildes, dem das Abbild sich in der Nachahmung unterordnet, wird aufgelöst und das Bild erhebt den Anspruch auf Originalität. Es selbst produziert aus sich heraus eine Resonanzbeziehung zur Wirklichkeit, die sich demnach vielmehr von der Kunst her ableitet. In der Epoche der Romantik bereits hat F.W.J. SCHELLING, der sich gegen die Naturnachahmung als Kunstprinzip ausspricht, in seinem ‹System des transzendentalen Idealismus› (1800) das Verhältnis der Ableitung umgewendet, wenn er folgert, daß die Kunst der Natur die Beurteilungskriterien für deren bloß kontingente Schönheit vorgibt.[103] Der Realitätseffekt der Bilder, der zu einer Verkehrung des *ars-natura*-Verhältnisses in der M. führt, hat H. BLUMENBERG zufolge erkenntnistheoretische Konsequenzen: «Nicht zufällig hat die Kunst in der Philosophie seit dem Idealismus überall dort, wo man nach dem, was "Sein" ist, glaubt fragen zu können, eben den exemplarischen Rang eingenommen, den in der Antike und der von ihr abhängigen Metaphysik die Natur innehatte».[104]

Anmerkungen:
1 vgl. die Buchreihe: Die Gesch. der klass. Bildgattung in Quellentexten und Kommentaren, hg. v. Kunsthist. Institut der Freien Univ. Berlin (1996–2000). – **2** G. Gebauer, Chr. Wulf: M. Kultur-Kunst-Ges. (1992) 425. – **3** s. W. Benjamin: Lehre vom Ähnlichen u. Über das mimetische Vermögen, in: ders.: Ges. Schr. II,I, hg. v. R. Tiedemann, H. Schweppenhäuser (1977) 204–213. – **4** B. Recki: M.: Nachahmung der Natur. Kleine Apologie eines mißverstandenen Leitbegriffs, in: Kunstforum international (1991) Bd. 114, 116ff. – **5** G. Boehm: «Zuwachs an Sein. Hermeneutische Reflexion und bildende Kunst», in: H.-G. Gadamer (Hg.): Die Moderne und die Grenzen der Vergegenständlichung (1996) 106. – **6** H.-G. Gadamer: Wahrheit und Methode. Grundzüge einer philos. Hermeneutik, GW Bd. 1 (1986); C.L. Hart-Nibbrig (Hg.): Was heißt ‹Darstellen›? (1994); H. Feldmann: M. und Wirklichkeit (1988). – **7** R. Lee: Ut pictura poesis. The Humanistic Theory of Painting (New York 1967). – **8** vgl. Quint. XI, 3, 67. – **9** vgl. Cic. De or. III, 96. – **10** Plat. Pol. 596d. – **11** Platon, Sophistes 236b, 264c; Pol. 602 c-d, vgl. R. Preimesberger: ‹C. Plinius Secundus der Ältere: Ähnlichkeit (77n. Chr.), in: ders., H. Baader, N. Suthor (Hg.): Porträt (1999) 127ff. – **12** Plat. Pol. 596e. – **13** ebd. 596d. – **14** ebd. 599c. – **15** Platon, Symposion 211e. – **16** Plinius, Naturkunde XXXV, 21–23, 150f.; Quint. X, 2, 7, vgl. V.I. Stoichita: A Short History of the Shadow (London 1997). – **17** Arist. Poet. 1545b. – **18** Quint. XII, 10, 9. – **19** Quint. II, 13, 12–13; Plinius [16] 70f.; vgl. Preimesberger [11] 134ff. – **20** Arist. Poet. 1448b, 9–17; vgl. Arist. Rhet. 1371b, 23. – **21** Arist. Poet. 1447b, 18–22. – **22** ebd. – **23** Aristoteles, Physik II, 2, 194 a, 21f., übers. v. H. Wagner: Aristoteles: Physikvorlesung (1967). – **24** Seneca, Briefe an Lucilius, hg. u. übers. v. R. Rauthe (1990) VII, 65, 3. – **25** ebd. – **26** Cic. Or. 2. – **27** ebd. – **28** Cic. Inv. 2, 1. – **29** Cic. Brut. 257. – **30** Philostratus, The Life of Apollonios of Tyana, Vol. II (Cambridge 1960) VI, XIX. – **31** vgl. Athenagoras, Legatio pro Christianis, in: BKV. Frühchristl. Apologeten und Märtyrerakten (1913) 35. – **32** Apg 19, 23. – **33** E. v. Dobschütz: Christusbilder. Unters. zur christl. Legende (1899) Beleg 37c. – **34** Hebr 1, 3. – **35** H. Belting: In Search of Christ's Body. Image or Imprint?, in: H. Kessler, G. Wolf (Hg.): The Holy Face and the Paradox of Representation (Rom 1998) 3. – **36** H. Belting, Bild und Kult (1991) 66. – **37** Johannes von Damaskus, Genaue Darlegung des orthodoxen Glaubens IV, Kap. 16: ‹Von den Bildern›, übers. von D. Stiefenhofer, in: BKV Bd. 44 (1923) 229; vgl. G. Wolf: Innozenz III.: Veronika. Paradoxien des wahren Bildes (1216) in: Preimesberger, Baader, Suthor [11] 150ff. – **38** J. Trilling: The Image Not Made by Hands and the Byzantine Way of Seeing, in: Kessler, Wolf [35] 122f. – **39** T. Lentes: Auf der Suche nach dem Ort des Gedächtnisses. Thesen der Umwertung der symbolischen Formen in Abendmahlslehre, Bildtheorie und Bildandacht des 14.- 16. Jh., in: K. Krüger, A. Nova (Hg.): Imagination und Wirklichkeit. Zum Verhältnis von mentalen und realen Bildern in der Kunst der frühen Neuzeit (2000). – **40** Plotin, Enneaden, in: Plotins Schr. 1a, übers. v. R. Harder (1956) 23; vgl. zu Meister Eckhart und Ps. Dionysios Areopagita: Lentes [39]. – **41** L.B. Alberti's Kleinere kunsttheoretische Schriften, hg. u. übers. v. H. Janitschek (1970) 88f. – **42** vgl. Leonardo da Vinci: Die Schr. zur Malerei, hg. u. komm. v. A. Chastel, übers. v. M. Schneider (1990) 162. – **43** ebd. 146. – **44** Leonardo da Vinci: Das Buch von der Malerei, nach dem Codex Vaticanus (Urbinas) hg. u. übers. v. H. Ludwig (Wien 1882) § 2. – **45** ders. [42] 164. – **46** ebd. – **47** ders. [44] § 7. – **48** ders. [44] Bd. 1, 373; vgl. zur scheinhaften Lebendigkeit der Bilder: H. Baader: Sehen, Täuschen, Erkennen. Raffaels Selbstbildnis aus dem Louvre, in: C. Göttler u.a.: Diletto e Maraviglia. Ausdruck und Wirkung in der Kunst von der Renaissance bis zum Barock (1998). – **49** F. Büttner: Rationalisierung der M. Anfänge der konstruierten Perspektive bei Brunelleschi und Alberti, in: A. Kablitz, G. Neumann (Hg.): M. und Simulation (1998) 55ff. – **50** vgl. K. Patz: Zum Begriff der ‹Historia› in L.B. Albertis ‹De Pictura›, in: Zs. f. Kunstgesch. 49 (1986) 269ff; U. Müller-Hofstede: Malerei zwischen Dichtung und Skulptur – L.B. Albertis Theorie der Bilderfindung, in: Wolfenbüttler Renaissance-Mitteilungen 2 (1994) 56–73; K.W. Forster, H. Locher (Hg.): Theorie der Praxis. L.B. Alberti als Humanist und Theoretiker der bildenden Künste (1999). – **51** vgl. Alberti [41] und Büttner [49]. – **52** vgl. Patz [50] 270. – **53** vgl. A.C. Gampp: Diletto e maraviglia, piacere e stupore. Donatellos hl. Georg aus der Sicht des F. Bocchi, in: Göttler [48] 253–271. – **54** A. Dürer, ‹Aus den Vier Büchern von menschlicher Proportion›, in: Schr. und Briefe, hg.

v. E. Ullmann (1989) 232. – **55** J.J. Winckelmann: Gedanken über die Nachahmung der griech. Werke in der Malerei und Bildhauerkunst (1991) 12. – **56** vgl. R. Preimesberger: V. Danti: Das Allgemeine, nicht das Besondere – ‹imitare› statt ‹ritrarre› (1567) in: ders., Baader, Suthor [11] 273ff. – **57** H.W. Janson: Apes and Ape Lore. In the Middle Age and the Renaissance (London 1952) 293. – **58** W. Kemp: Disegno. Beitr. zur Gesch. des Begriffs zwischen 1547 und 1607, in: Marburger Jb. für Kunstwiss. 19 (1974) 219–240. – **59** L. Dolce: Aretino oder Dialog über Malerei, übers. v. C. Cerri (Wien 1871) 13. – **60** Seneca, Briefe an Lucilius [24] Buch VIII, 84, 3; vgl. K. Irle: Der Ruhm der Bienen. Das Nachahmungsprinzip der ital. Malerei von Raffael bis Rubens (1997). – **61** A. Félibien: Entretiens sur les Vies et sur les Ouvrages des plus excellens Peintres anciens et modernes, dixième entretien (1725), hg. v. Mortier (London 1705) Vol. IV, 341. – **62** Dürer [54] 162. – **63** A. Condivi: Das Leben des Michelangelo Buonarroti, übers. v. R. Valdek (1874) 89. – **64** G. Vasari: Le Vite de'più eccellenti Pittori Scultori ed Architettori, hg. v. G. Milanesi (Florenz 1878) 4, 8. – **65** vgl. A. Blunt: Kunsttheorie in Italien 1450–1600 (1984) 105. – **66** L. Dolce: Lettere di diversi eccellentissimi huomini (Venedig 1559), zit. E. Panofsky: IDEA. Ein Beitr. zur Begriffsgesch. der älteren Kunsttheorie (1985). – **67** Vasari [64] 1, 168–9. – **68** G. Milanesi: Le lettere di Michelangelo (Florenz 1875) 489. – **69** Leonardo da Vinci [42] 147. – **70** vgl. Panofsky [66] 47ff. – **71** P. Aretino, Brief vom 24. Nov. 1537 in: Lettere sull'arte di Pietro Aretino, hg. v. E. Camesasca (Mailand 1957) I, 88 (S.82). – **72** M. Buonarroti: Rime, hg. v. E.N. Girardi (Bari 1960) Nr.151. – **73** P. Pino, Dialogo di Pittura (1548), in: P. Barocchi (Hg.): Trattati d'Arte del Cinquecento. Fra Manierismo e Controriforma, Vol. I: (Bari 1960) 109. – **74** Dolce [59] 20. – **75** G. Perini: Gli scritti dei Carracci (Bologna 1990) 161. – **76** P.P. Rubens: Über die Nachahmung ..., zit. M. Warnke: P.P. Rubens. Leben und Werk (1977) 193f. – **77** Dolce [59] 66. – **78** Leonardo da Vinci [42] 18. – **79** F. Bocchi: Le Bellezze della Citta di Fiorenza (Florenz 1591, ND 1971) 229ff.; Dolce [59] 14. – **80** Pino [73] 117. – **81** J. Lichtenstein: La couleur éloquente, Rhétorique et peinture à l'âge classique (Paris 1989) 61, 73, 181. – **82** Pino [73] 123. – **83** Vasari-Bettarini-Barocchi: Le Vite Testo (Florenz 1966) Vol. I, 133; vgl. R. Preimesberger: Vasari, Ursprungslegende eines Selbstporträts (1550), in: ders., Baader, Suthor [11] 262ff. – **84** vgl. Ph. Sohm: Gendered Style in Italian Art Criticism from Michelangelo to Malvasia, in: Renaissance Quarterly Vol. XLVIII, Nr.4 (1995) 760. – **85** R. de Piles: Cours de Peinture par Principes, hg. v. Th. Puttfarken (Nîmes 1990) 202. – **86** R. de Piles: L'idée du peintre parfait (London 1707, ND Paris 1993) 22; vgl. zur Vorgesch. dieser Trennung: U. Müller-Hofstede, K. Patz: Bildkonzepte der Verleumdung des Apelles, in: W. Reinink, J. Stumpel (Hg.): Memory & Oblivion. Proceedings of the XXIXth International Congress of the History of Art (Dordrecht 1999) 293–254. – **87** vgl. Th. Puttfarken: Roger de Piles' Theory of Art (Yale Univ. Press 1985). – **88** vgl. H. Körner: Von der ‹Komposition der Körper› zur Bildkomposition, in: ders.: Auf der Suche nach der ‹wahren Einheit›. Ganzheitsvorstellungen in der frz. Malerei und Kunsttheorie (1988). – **89** H. Matisse: Über Kunst (Zürich 1992) 75. – **90** D. Diderot: Salon 1769. Ästhetische Schr. Bd. 2, hg. v. F. Bassenge (1984) 265. – **91** vgl. P. Picasso: «Alle Vorstellungen, die wir von der Natur besitzen, verdanken wir Malern. Wir sehen sie durch ihre Augen.» in: ders.: Über Kunst (Zürich 1988) 27. – **92** zit. nach P. Mauriès: Trompe-l'œil. Das getäuschte Auge, übers. v. H. Faust (1998) 255. – **93** vgl. Boehm [5]. – **94** vgl. W. Busch: Die notwendige Arabeske. Wirklichkeitsaneignung und Stilisierung in der dt. Kunst des 19. Jh. (1985). – **95** M. Doran (Hg.): Gespräche mit Cézanne (Zürich 1982) 137; vgl. K. Badt: Die Kunst Cézannes (1952); G. Boehm: Montagne Sainte-Victoire (1988). – **96** Matisse [89] 115. – **97** vgl. Recki [4]. – **98** F. Klee (Hg.): Tagebücher von Paul Klee 1898–1918 (1957) 241. – **99** vgl. J. Früchtl: M. Konstellation eines Zentralbegriffes bei Adorno (1986). – **100** Th.W. Adorno: Ästhetische Theorie (1990) 129. – **101** ebd. 17. – **102** Begriff Nietzsche's, der von G. Deleuze aufgegriffen wird in: Deleuze: Logik des Sinns (1993) 311ff.: ‹Platon und das Trugbild›. – **103** F.W.J. Schelling: Texte zur Philos. der Kunst (1982) 115. – **104** H. Blumenberg: Nachahmung der Natur, in: ders.: Wirklichkeiten, in denen wir leben (1981) 64.

Literaturhinweise:
E. Battisti: Il concetto d'imitazione nel Cinquecento, in: Commentari 7 (1956) 86ff., 249ff. – J.R. Spencer: Ut pictura rhetorica. A study in Quattrocento Theory of Painting, in: Journal of the Warburg and Courtauld Institute, 20 (London 1957) 26–44. – M. Baxandall: Giotto and the Orators. Humanistic observers of painting in Italy and the discovery of pictorial composition 1350–1450 (Oxford 1971). – G. Le Coat: The Rhetoric of The Arts, 1550–1650 (Bern u.a. 1975). – M. Kemp: From «Mimesis» to «Fantasia». The Quattrocento Vocabulary of Creation, Inspiration and Genius in the Visual Arts, in: Viator 8 (1977) 347–398. – D. Summers: Michelangelo and the Language of Art (Princeton 1981). – C. Goldstein: Rhetoric and Art History in the Italian Renaissance and Baroque. Art Bulletin (Dec. 1991), LXXIII/ 4, 645–652. – O. Bonfait (Hg.): Peinture et rhétorique. Actes du colloque de l'Académie de France à Rome (Paris 1994). – R. Williams: Art, Theory, and Culture in Sixteenth-Century Italy. From Techne to Metatechne (Cambridge 1997). – C. Göttler u.a.: Diletto e Maraviglia. Ausdruck und Wirkung in der Kunst von der Renaissance bis zum Barock. Fs. R. Preimesberger (Emsdetten 1998). – V. v. Rosen: M. und ihre bildkünstlerische Reflexion. Stud. zum venezianischen Malereidiskurs (2000).

N. Suthor

D. Musik. I. Allgemeines. In der musikwissenschaftlichen Lexikographik der neueren Zeit taucht der Begriff ‹M.› vornehmlich im Zusammenhang mit der Erläuterung der lateinischen Übersetzung als *imitatio* auf und dort im Zuge der unumgänglichen Vorstellung der Auffassungen vor allem bei PLATON und ARISTOTELES. [1] Erscheint der Begriff ‹M.› als eigenständiges Stichwort, so wird an ihm lediglich ein Ausschnitt der Bedeutungsgeschichte dargestellt. [2] Bei J.G. WALTHER (1732) wird das Lemma in kurzer, jedoch problematischer Erläuterung aufgeführt, da er sogleich die lateinische Übersetzung (*imitatio*) bringt und deren Bedeutung rein musikalisch-satztechnisch versteht: «heisset in einer Composition: wenn ein gewisses thema in einer Stimme immer wiederholt wird.» [3] Die Bedeutungsbreite von M. als musikalisch-klangliche Nachahmung einerseits und musiktheoretisch-satztechnisches Phänomen andererseits wird auf die musikalisch-rhetorische Figur der *repetitio* eingeengt.

Versucht man den Begriff ‹M.› in der Musikauffassung lediglich mit *Nachahmung* zu übersetzen, so wird schnell deutlich, daß sowohl in theoretisch-ästhetischen Betrachtungen als auch in musikimmanenter Analyse die Bedeutung zu eng genommen ist. Eine Übersetzung als *Darstellung* und gesteigert als *Ausdruck,* erst danach *Nachahmung,* wie es neuerdings häufiger vorgeschlagen wird, käme dem ursprünglichen Sinn sicherlich näher. [4] Bemerkenswert in diesem Zusammenhang ist, daß H. KOLLER [5] den Mimesisbegriff insgesamt aus der griechischen Musiktheorie her versteht, wie sie sich im kultischen Tanz manifestiert, der als «Gesamtkunstwerk» aufgefasst wird, bestehend aus Musik, Gebärde und Tanzfiguren, aber auch Wort. [6] Abgesehen von dieser unsicheren Herleitung der Wortbedeutung kann von einer einheitlich-inhaltlichen Anwendung des Mimesisbegriffs bereits in der griechischen Antike nicht ausgegangen werden.

II. *Bedeutungsgeschichte des Mimesisbegriffs.* **1.** *Der musikalische Mimesisbegriff in der Antike.* Die ambivalente Einschätzung der M. bei PLATON, wie er sie vor allem in seiner ‹Politeia› III und X darstellt, erscheint in allen heutigen Erläuterungen. Eine Erweiterung des Verständnisses von Platon, vor allem auch, was die Musik betrifft, findet sich im ‹Kratylos›-Dialog, eine Stelle, die bislang nicht beachtet wurde. Zunächst weist Sokrates darauf hin, daß mit Hilfe der M. Gegebenheiten wie ‹unten› bzw. ‹schwer› und ‹oben› bzw. ‹leicht› verdeutlicht werden können, ein laufendes Pferd und andere Tiere aber auch z.B. durch Körperbewegungen. M. wird in diesem Falle als 'Körpersprache' aufgefaßt. Aber auch mit der menschlichen Stimme können irgendwelche Dinge oder Phänomene nachgeahmt werden. Sokrates: «Das Wort also ist [...] eine Nachahmung der Stimme [stimmliche Nachahmung] dessen, was es nachahmt und derjenige benennt etwas, der, was er nachahmt, mit der Stimme nachahmt?» Sein Gesprächspartner bejaht dies. [7] Sokrates fährt fort, indem er herausstellt, daß Nachahmung keinerlei Benennung durch die Stimme darstellt und erkennt dabei für die Musik, daß sie zwar einerseits in der Lage ist, bestimmte Dinge nachzuahmen – gewissermaßen eine äußerliche klangliche Darstellung –, aber andererseits darüberhinaus das Wesen der nachgeahmten Dinge verklanglichen kann bzw. verklanglichtes Sein darstellt, da für ihn Musik und Malerei gleichfalls eine eigene Seins-Wirklichkeit besitzen («[...] hat nicht zuerst gleich Farbe und hat nicht Stimme selbst jedes sein Wesen? Und so alles, dem überhaupt diese Bestimmung, das Sein, zukommt?» [8]). M. wird in diesem Zusammenhang als das Mittel angesehen, die Wirklichkeit des Seins, das Wesen der Dinge darzustellen («[...] wenn eben dies, das Wesen eines jeden Dinges, jemand nachahmen und darstellen könnte durch Buchstaben und Silben, würde er dann nicht kundmachen, was jedes ist [...]». [9] Mit Hilfe der M. vermag die Musik also nicht nur 'nachzuahmen', sondern indem sie nachahmt, gleichfalls das Wesen der 'nachgeahmten' Dinge und Phänomene 'darzustellen' und damit zu verdeutlichen.

Eine Bedeutungserweiterung erhält der musikalische Mimesisbegriff bei ARISTOTELES, da er zwischen den Mitteln, Gegenständen und der Art der Nachahmung unterscheidet, die durch dreierlei z.T. nur der Musik zugehörige Elemente vollzogen wird: Rhythmus, Wort und Harmonie [10], wobei letztere natürlich als ein proportionales Phänomen und nicht als vertikale Mehrstimmigkeit aufzufassen ist. Desweiteren bedeutet für Aristoteles M. nicht nur eine besondere Qualität der «Teilhabe» (Ähnlichkeit mit dem Wahren), sondern ferner eine Darstellung der inneren «Wahrscheinlichkeit» (εἰκός, eikós) eines Dinges oder einer Begebenheit, womit er sich in gewissem Sinne der Auffassung Platons nähert. Den Schritt weiter jedoch vollzieht Aristoteles, wenn er in der M. ein Mittel sieht, Wirkung im Sinne von Katharsis im Hörer zu erzielen.

In der Musik braucht die M. nicht durch Analogieschluß von Abbild und Urbild vollzogen zu werden, da z.B. konkret klanglich-praktisch und mathematisch, physikalisch-theoretisch die ganzzahligen Proportionsverhältnisse der Naturtonreihe an einer schwingenden Saite oder einer Glocke demonstriert werden können (PYTHAGORAS), wodurch man die Darstellung einer kosmischen Harmonie auf Erden erreicht zu haben glaubte. Noch subtiler muß der Mimesisbegriff im Zusammenhang des Resonanzphänomens gewertet werden, das ARISTEIDES QUINTILIANUS [11] anführt, um Methoden der Ethoslehre, Psychagogie und Musiktherapie zu verdeutlichen. [12] Gemeint ist mit dem Phänomen die Naturerscheinung, daß ein Verursacher-Ton mit seiner ihm charakteristischen Frequenz einen Fremdgegenstand mit gleicher oder annähernd gleicher Frequenz zum Schwingen und damit zum Tönen bringen kann.

Diese Naturgesetzlichkeit in ihrer Nachahmung, Darstellung und Interpretation ist ein konkreter Teil der musikalischen M., die darüberhinaus beteiligt war an der Auffassung (Aristoteles), daß eine bestimmte Kunstfertigkeit (τέχνη, téchnē), worunter sowohl das Künstliche wie das Künstlerische [13] zu verstehen ist, die Natur (φύσις, phýsis) nachahmen oder darüber hinaus «zu Ende führen» kann. [14] Mit dieser Mimesisdeutung ist ein Problem umrissen, das später vor allem in Renaissance und Neuzeit Grundlage ästhetischer Diskussionen wurde.

2. *Affekt und M. in der Musikanschauung des Mittelalters.* Parallele antike Gedanken finden sich bei AUGUSTINUS, allerdings in christliche Zusammenhänge übernommen, wenn er fordert, daß die «nachahmende Tätigkeit des Künstlers [...] in erster Linie auf die göttlichen Prinzipien und Ideen ausgerichtet sein» muß. [15] Der Mensch-*artifex* ist in diesem Verständnis derjenige, der in seinen Werken den *Deus-artifex* nachahmt, der der Schöpfer der schönen Natur ist, wobei jedoch zwischen beiden der existentielle Unterschied besteht, daß Gott die Schönheit aus dem Nichts erschafft, der Mensch-*artifex* jedoch eine bestehende Schönheit nachahmt, die die Schönheit Gottes ist. [16] Neben diesem Mimesisverständnis der Darstellung des Makrokosmos (harmonische Ordnung im Weltall) im Mikrokosmos durch den und im Menschen (*musica mundana – musica humana*) – jetzt jedoch in christlicher Deutung –, der konstitutive Grundlage jeglichen Musikverständnisses des Mittelalters ist, tritt früh der Gedanke der Wirkung der Musik in Erscheinung. Schon bei ISIDOR VON SEVILLA (um 560–636) findet sich die Feststellung: «Musica movet affectus et provocat in diversum habitum sensus» (die Musik bewegt die Gefühle und bringt das Gemüt in eine neue Stimmung) [17], was auf die Fähigkeiten der *musica humana* hinweist, auf die psychologische Gestimmtheit des Menschen einzuwirken. [18] Konkret wird in der ‹Musica enchiriadis› (9. Jh.) gefordert, daß der Gesang stets den Affektgehalt des Textes darstellen müsse: ruhige Melodien zeichnen ruhige Inhalte nach, lebhafte, melismatische, kurznotige sollen zur Darstellung von bewegten, erregten Texten benutzt werden. Ähnliche Forderungen finden sich ferner bei GUIDO VON AREZZO in seinem ‹Micrologus› (um 1025): «[...] ut rerum eventus sic cantionis imitetur effectus, ut in tribus rebus graves sint neumae» ([...] daß die Durchführung des Gesangs die Begebenheiten so nachahme, daß bei traurigen Gegenständen die Melodie tief ist.) [19]

Einige Beispiele aus dem Repertoire des Gregorianischen Gesangs seien aufgeführt, da das Phänomen der mimetischen Darstellung noch nicht eingehender erforscht wurde. Im ‹Quinque prudentes virgines› (Notenbeispiel 1) wird an der Stelle *media autem nocte* der

Gesang syllabisch in ruhigen Notenwerten gestaltet, um dann aber bei *clamor* in ein vielnotiges erregtes Melisma überzugehen. [20] Ferner sei hingewiesen auf die formelhafte, fast notengetreue unmittelbare Wiederholung des *clamor*-Beginns, dessen Ende als Abstieg im Hexachord-Umfang zweimal am Ende dieses *communio*-Gesangs im Schlußmelisma des *Dominus* wieder erscheint, womit insgesamt die inhaltliche Gegebenheit des Textes durch äußerlich-musikalische Topoi mimetisch dargestellt wird. Ein weiteres Beispiel stellt der Weihnachts-Introitus ‹Dominus dixit› [21] (Notenbeispiel 2) dar, in dem die

melodische Führung bei *Dominus* und *ego* (*hodie genui te*) identisch ist, so daß mit Hilfe der M. die grundlegende christliche Glaubenslehre zur Darstellung kommt (weitere Beispiele: *Communio* ‹Passer invenit sibi domum, et turtur nidum› [22] – der Flügelschlag der Taube wird durch Aufschwünge von der Hauptnote nachgezeichnet (Notenbeispiel 3); *Responsorium* ‹Plange, quasi virgo› –

Textstelle ‹ululate, pastores›; *Alleluia*: ‹Veni Domine›; *Offertorium* ‹Jubilate Deo›; *Communio* ‹Fili, quid fecisti›; *Antiphon* ‹Domine, tu mihi› (Notenbeispiel 4) – Fuß-

waschungszene am Gründonnerstag, die Stelle ‹lavas› (das Wasserschöpfen ist in der Bewegung nachgezeichnet); *Communio* zu Pfingsten ‹Factus est repente› Quinte hinauf und herunter.

Der liturgische Gesang der lateinischen Kirche, der gemeinhin als Gregorianischer Choral bezeichnet wird, aus dem heraus die Musik des Abendlandes gewachsen ist, verdankt Entstehung und Entwicklung seiner ältesten konstitutiven Elemente den kultischen Bedürfnissen einer rhetorischen bzw. deklamatorischen Erschließung der Schriftlesungen, sowie dem Psalmen- und Hymnenvortrag. Daher kann nicht verwundern, daß sich in dieser von instrumentalen Beeinflussungen freien Vokalmusik neben den noch älteren, gewissermaßen selbständigen Melodiemodellen (z.B. Alleluia) und musikalischen Wendungen ein inniges Wort- Ton-Verhältnis in gegenseitiger Bedingtheit entwickelt hat, wie es in der Musikgeschichte in dieser Ausprägung nicht wieder erscheint. Grundsätzlich schöpft der Gregorianische Choral alle zu Gebote stehenden Mittel der Interpunktion, Affektbehandlung, Verdeutlichung musikalischer Gestik, Leitmotivtechnik und sogar programmatische Veranschaulichung aus. Allerdings herrscht in allen mimetischen Nachahmungen eher die Kontemplation als die Aktion vor. Sämtliche Texte sind so eng mit der Musik verknüpft, daß sie in keinem Falle von dieser getrennt werden können. Der aristotelische Naturnachahmungstopos, wie er bei ELIAS SALOMO [23] noch erscheint («ars imitatur naturam, in quantum potest» [24]), findet sich z.B in der Vorstellung des von den Engeln geschaffenen Lobgesangs Gottes, aber auch in der Äußerlichkeit z.B der *proportio tripla* (Dreizeitigkeit des Tactus) in der mittelalterlichen Mehrstimmigkeit, wodurch nicht nur ein musikalisches Ordnungsprinzip erscheint, sondern gleichzeitig die christliche Dreieinigkeit zur Darstellung kommt. Diese hier begründete Tradition findet sich noch z.B. bei H. SCHÜTZ (1585–1672, Konzert ‹Fürchte dich nicht, ich bin mit dir›, wo jeweils bei ‹ich bin mit dir› ein Wechsel vom geraden zum Dreiertakt erfolgt) bis hin zu J.S. BACH (1685–1750) (z.B. im Gloria der h-Moll-Messe: ‹Gloria in excelsis Deo› steht im Dreier-Takt, der unmittelbar folgende Teil ‹et in terra pax hominibus› im geraden Vierviertel-Takt, wobei die *proportio sesquialtera* – 3 zu 2 (das Zeitmaß von 3 Achteln dauert nur noch 2 Achtel) den Wechsel von himmlischer und irdischer – göttlicher und menschlicher – Sphäre verdeutlicht.). – Die musikalische M. war im Mittelalter das Mittel, christlich-theologische Wesenheiten einerseits durch naturwissenschaftliche Gegebenheiten der Musik konkret nachvollziehbar zu spiegeln, andererseits durch Nachahmung Inhaltliches augenscheinlich werden zu lassen.

3. *Das Mimesisprinzip in der Renaissance und im Frühbarock.* **a.** Wandlungen im Verständnis von M. In der Musik der Renaissance-Zeit – man könnte nach JOHANNES TINCTORIS den stilistischen Wandel um 1430 ansetzen [25] und sie musikwissenschaftlich exakter 'frankoflämische Musik' nennen – ist allgemein ein autonomeres Verständnis des Mimesisbegriffs bzw. eine vom mittelalterlichen Gebrauch der M. unterscheidbare Auffassung und Verwendung zu konstatieren. Einerseits ist es sicherlich die sich schon vorher ankündigende Instrumentalmusik, aber dann ebenfalls die größere Eigenständigkeit gegenüber der kirchlichen Gebundenheit der Musik allgemein, die in der Freiheit der neuen Musiksprache und des selbstbewußteren Kompositionswillens neue musikalische Ausdrucksweisen hervorbrachte. Hinweise auf eine mimetische Übernahme von außermusikalischen Ereignissen finden sich früh in der musikalischen Literatur, denkt man an Satzbezeichnungen wie *caccia* (Jagd) im italienischen Trecento oder das Geschehen nachzeichnende *battaglia* (Schlacht, Kampf), die auch in der Vokalmusik des 15. Jh. vorkommt. Darüberhinaus werden die Texte antiker Autoren gelesen und in zahlreichen Veröffentlichungen zu Gewährsleuten herangezogen. Der bereits erwähnte Tinctoris zitiert in seinem ‹Complexus effectuum musices› (vermutlich 1473/74) Platon, Sokrates, Aristoteles und aus römischer Zeit u.a. Quintilian. [26]

Die Darstellung außermusikalischer Ereignisse als eine Form der plakativen Mimetik wird frühzeitig kontrovers beurteilt, gar als «Nachäffung» aufgefaßt: *ars simia naturae* (die Kunst ist der Affe der Natur) erscheint als Schlagwort.[27] Trotz dieser kunsttheoretischen Herabwürdigung sind Kompositionen dieser Art äußerst zahlreich und zeichnen sich häufig durch besonders hochstehende Könnerschaft aus. In der heutigen Literatur werden solcher Werke dem Genre «Tonmalerei» zugeordnet, eine Bezeichnung, die den Umfang von M. jedoch in keinem Falle erreicht, zum anderen den abwertenden Beigeschmack der minderen Qualität der Äußerlichkeit bereits in der Konjunktion des aus beiden Künsten neugebildeten Hilfsworts beinhaltet, der in der späteren ästhetischen Diskussion bis zur Gegenwart hin virulent ist. Diesem Genre zugehörig sind zahlreiche vier- und fünfstimmige Chansons von CLÉMENT JANEQUIN (um 1472–75, gest. um 1559/60), was sich in Titeln wie ‹Chant des oiseaux›, ‹La Guerre›, ‹La Chasse›, ‹L'alouette›, aber auch ‹Las povre coeur› (um 1528), ‹Le rossignol› (1537) leicht ablesen läßt. Die vermeintliche Vordergründigkeit eines so gearteten Mimesisverständnisses erhält spätestens bei C. MONTEVERDI (1567–1643) eine andere zusätzliche Bedeutungsebene, wenn er in einem Brief anführt: «Wie, lieber Herr, kann ich die Sprache der Winde imitieren, wenn sie nicht sprechen?» (Come, caro Signore, potr' io imitare il parlar de' venti, se non parlano?)[28] In seinem ‹Il Combattimento di Tancredi e Clorinda› (1624) werden äußere klangliche Gegebenheiten wie Pferdegetrappel und Kampfeslärm eingebunden in die Darstellung des inneren Geschehens der dramatischen Szene, so daß es bereits hier zu einem Mimesisverständnis kommt, das später bei BEETHOVEN in der 6. Symphonie von ihm als «mehr Ausdruck der Empfindung als Malerey» beschrieben wird. Hierdurch ist ein Verständnis geschaffen, das für die spätere Opernentwicklung von großer Bedeutung werden sollte.

b) *M. als musikalisch-rhetorische Figur.* M. wird in der Kompositionslehre des 17.–18. Jh. zur musikalisch-rhetorischen Figur, worunter einerseits nach BURMEISTER (1606) eine Aufeinanderfolge zweier *Noemata* (Gedanken) verstanden wird – im polyphonen Satz die Hervorhebung eines textlichen Höhepunkts durch einen homophonen konsonanten Abschnitt (aus dem Noema abgeleitete Figuren: Analepsis, Anadiplosis, Anaploke) –, zum anderen die Figur der Hypotyposis (Abbildung, Vorbild, Muster), die in der Nachfolge von L. LOSSIUS' ‹Erotemata› (1544) das «musikalische Abzeichnen» (Hypotyposis vel descriptio) dessen meint, «was hinter dem Text verborgen ist».[29] Als Figur der *musica poetica* bezeichnet die Hypotyposis das veranschaulichende Abbilden des Sinn- und Affektgehalts von Wörtern, indem musikalische Figuren und sämtliche musikalische Mittel adäquat dem Textinhalt geformt werden (Freude, Schmerz, Seufzen, Trauer, Wasser, Gewitter, Himmelfahrt, Höllensturz, Pauken, Trompeten usw.). Nach CHRISTOPH BERNHARD (1627–1692) soll «das freudige, freudig, das traurige, traurig, das geschwinde, geschwind, das langsame, langsam etc. machen». Zur Klasse der Hypotyposis-Figuren gehören als musikalische Verbildlichung weitere Formen wie Anabasis, Katabasis, Circulatio, Tirata, Passus duriusculus, Suspiratio u.a.[30]

In der Tradition Quintilians stehend bedeutet M. bei einigen Theoretikern des 18. Jh. wie SPIESS (1745) und GOTTSCHED (1750) «Nachahmung» mehr im Sinne von «Nachäffen», erhält also einen pejorativen Sinn[31], wie es schon im 15. Jh. z.T. aufgefaßt wurde.

4. *M. in der Diskussion der musikalischen Nachahmungsästhetik seit Beginn des 17. Jh.* Im gesamten 17. Jh. sind grundlegende Erkenntnisse zur Mimesisbezogenheit, wie sie in der griechischen Antike gedacht wurden, weiterhin lebendig. Das Diktum ἡ τέχνη μιμεῖται τὴν φύσιν: Die Kunst stellt die Natur dar (Aristoteles)[32], behält seine Bedeutung, da Natur Vorbild und Urbild der Kunst, «die Kunst [...] Abbild und Nachbild der Natur» ist.[33] Mattheson verweist in diesem Zusammenhang auf 7 Cembalo-Suiten (verlorengegangen) von D. BUXTEHUDE (1637–1707), in denen «Natur und Eigenschafft der Planeten [...] artig abgebildet wurden».[34] Musik als M. kosmischer Spiegelung findet sich als Konstrukt bei J. KEPLER (1571–1630; ‹Harmonices mundi›, Linz 1630)[35], A. KIRCHER (1601–1680; ‹Musurgia universalis›, Rom 1650)[36] bis hin zu A. WERCKMEISTER (1645–1706)[37], praktisch wohl auch noch in J.S. BACHS (1685–1750) ‹Clavier-Übung› III, in der eine intendierte Abbildung 1. der «himmlische(n), übernatürliche(n) [supranaturale(n)] Welt», 2. «[...] des Makrokosmos, also der außermenschliche(n) Natur mit der wiederum höchsten Rangstufe der Gestirnwelt» und 3. des «Mikrokosmos, d.h. der Welt des Menschen»[38] gesehen wird.

Abgesehen von diesem Traditionsstrang bildet sich jedoch im 17. Jh. ein neuartiges Mimesisverständnis heraus, das nach Serauky (1929) als ‹Nachahmungsästhetik› schlagwortartig gekennzeichnet wird. Serauky betrachtet hier «die musikalische Nachahmung der Natur» unter den Aspekten der «Nachahmung der menschlichen Affekte, der Sonorlaute aus beseelter wie unbeseelter Natur, [...] der 'Inflexionen der Sprache'».[39] Bei dem neuartigen Verständnis geht es im Grunde nicht mehr um ein ‹Gedankenkonstrukt›, um Mimesistheorien, sondern um konkretes Abbilden und Darstellen von außermusikalischen Begebenheiten, Phänomenen klanglicher, bildlicher wie charakterlicher Erscheinungen, was wiederum den Terminus ‹Tonmalerei› aufbringt. Eine späte theoretische Grundlage wird durch CH. BATTEUX (1715–1780) in seiner Schrift ‹Les Beaux Arts réduits à un même principe›[40] geschaffen, dessen Grundsatz sämtlicher Kunstproduktion in der Forderung der *imitation* der *belle nature* gipfelt.[41] Nach Sachs[42] formuliert GOETHE die gesamte Problematik dahingehend, daß Batteux «Apostel des halbwahren Evangeliums der Nachahmung der Natur» sei, «das allen so willkommen ist, die bloß ihren Sinnen vertrauen und dessen was dahinter liegt sich nicht bewußt sind».[43]

Beispiele für diese vermeintlich lediglich deskriptive Nachahmungsästhetik reichen von J. J. WALTHER (1650–1717), der in seinen ‹Scherzi da Violino solo› (1676) eine Sonate ‹Imitatione del Cuccu› nennt, H. I. F. VON BIBER (1644–1704), der seine nachahmende Inspiration in den ‹15 Mysterien aus dem Leben Mariae› (ca. 1676) mit vorangestellten Vignetten verdeutlicht, bis zu J. KUHNAU (1660–1722), der den Kampf zwischen David und Goliath in einer Cembalo-Komposition verbildlicht. J. J. FROBERGER (1616–1667) ‹malt› die Himmelfahrt der Seele des verstorbenen Ferdinand IV. mit einer ‹Jakobsleiter› genannten Anabasis-Figur, bei den französischen Clavecinisten wie F. COUPERIN (Le Grand, 1668–1733) erhalten Suiten-Sätze Überschriften, die z.B Namen von Gönnern, Freunden oder wie auch immer gearteten Zeitgenossen sein können, wodurch ein musikalisches Portrait entsteht (in Couperins Kompositionen finden sich darüberhinaus sämtliche Arten einer verbildlichenden M.). In den Opern G. FR. HÄNDELS (1685–1759; z.B. ‹Rinaldo›, 1711, Arie ‹Augeletti che cantate, zefirelli che spirate› [44]) werden Gefühle und äußere Gegebenheiten wie Vogelstimmen u.ä. durch Melodik, Satzkunst, Tempo und musikalisch-rhetorische Figuren dargestellt, was zum selbstverständlichen Wesen dieser Gattung schlechthin gehört. Einen besonders umfangreichen Katalog an Darstellungs-Möglichkeiten durch Musik verwendet A. VIVALDI (1678–1741) in seinen sog. ‹Quattro staggioni›, vier Violin-Konzerten, in denen Ereignisse der vier Jahreszeiten musikalisch 'berichtet' werden, aber auch in Konzerten, die Titel tragen wie ‹Il gardellino› [45], ‹La tempesta di mare› [46], ‹La notte› [47], ‹Il ritiro› [48] usw.

Das Moment der ‹Darstellung› ist in der Musik des 18. und 19. Jh. allgegenwärtig, sei es in Opern, Sinfonien (HAYDNS Tageszeiten-Sinfonien [49] ‹Il terremoto›; letzter Satz aus dem Oratorium ‹Die sieben letzten Worte› [50], BEETHOVENS ‹Wellingtons Sieg oder die Schlacht bei Vittoria› [51]), in der Kammermusik (z.B. F.J. FREYSTÄDTLER (1768–1841): ‹Die Belagerung Belgrads, eine Historisch, Türkische Fantasie, oder Sonata für das Clavier mit Begleitung einer Violine›) bis hin zu den Sinfonischen Dichtungen z.B. bei F. LISZT (1811–1886), M. MUSSORGSKIS ‹Bilder einer Ausstellung› (1874) für Klavier und den Sinfonien G. MAHLERS (1860–1911) oder sei es in den ästhetisch-theoretischen Untersuchungen von CHR. G. KRAUSE (1719–1770), G. WEBER (1779–1839), J.J. ENGEL (1741–1802), FR. L. SEIDEL (1765–1831), F.A. KANNE (1778–1833), A.B. MARX (1795–1866) u.a. bis hin zu den Versuchen einer Versprachlichung (Hermeneutik= «Dolmetschkunst») von z.T. vermeintlich mimetischen Bezügen in der Instrumentalmusik bei H. KRETZSCHMAR (1848–1924) [52] u.a.

Bei CHR. G. KRAUSE nimmt die M. als Nachahmung in der Musik keine nur negative Stellung ein. Die «Schilderung eines Sturms», «das Rieseln eines Baches», «das Lispeln eines Zephyrs», aber auch «den Gesang einer Nachtigall» [53] vermag Musik wie ein «Landschaftsmaler» nachzuahmen, ein Bild, das Platon bereits im ‹Kratylos› benutzt. Musik vermag aber nach seiner Überzeugung durch diese Nachahmungen, den Zuhörer zu rühren («Die Schildereyen in Noten sind gar nicht das Hauptwerk der Tonkunst, und nur in so weit musikalisch, als sie zur Erregung eines Affects oder eines besonderen Wohlgefallens etwas beytragen.» [54]). Krauses Gedanken basieren teils auf denjenigen von Batteux und Dubos, aber vor allem auch auf denen der englisch-schottischen Philosophen Shattesbury, J. Addison und A. Smith, bei denen die Loslösung von der M. zugunsten einer reinen Ausdrucksästhetik innerhalb einer neuartigen Genieästhetik erstrebt wird. Bei D. WEBB (1718/19–1798), der in seinen ‹Observations on the correspondence between poetry and music› [55] die Wirkung der Musik zwar innerhalb seiner «Bewegungstheorie» anders erklärt, aber die Bedeutung des mimetischen Vermögens anerkennt («Die Musik hingegen wirkt auf eine zwiefache Art, als eine Kunst des Eindrucks sowohl, als der Nachahmung»), findet sich ein Beispiel für eine spezielle Aufführung, die z.T. auf A. Gerards zurückzugehen scheint. [56] CHR. F. MICHAELIS (1770–1834) lehnt die reine Nachahmung des Außermusikalischen in der Musik ab («Was für eine armselige Kunst würde sie seyn, wenn sie nichts wäre, als eine Wiederholung der Töne, welche die leblose oder lebendige Welt ohne alle Kunstregeln hören läßt!» [57]), definiert aber die Musik als eine mimetische Kunst an sich: «Sie [die Musik, Verf.] besteht in modificirter Darstellung der hörbaren Natur, dem Gesetz der vereinigten Mannigfaltigkeit gemäß in Form und Stoff bestimmt, wozu aber noch die Erweiterung hinzutritt: Sie ist die Kunst, durch mannigfaltige Verbindungen der Töne das Gefühl zu rühren, die Fantasie zu beleben, und das Gemüth zu Ideen des Schönen und Erhabenen zu stimmen.» [58]

Neben der allgemeinen gedanklichen Auseinandersetzung mit der M. innerhalb der Nachahmungs- bzw. Gefühlsästhetik des 18. Jh. erkennt z.B. CHR. FR. D. SCHUBART (1739–1791) eine konkret musiktheoretische Verknüpfung, indem er in der Sonatenform die mimetisch-klangliche Darstellung eines Gesprächs sieht: «Die Sonate ist mithin musikalische Conversation, oder Nachäffung des Menschengesprächs mit todten Instrumenten, wobei die Stimmen eben so viel Freunde (sind), die sich im traulichen Chore mit einander unterhalten.» [59] Ähnliche Gedanken finden sich später in A. REICHAS (1770–1836) Kompositionslehre (1833), in der er die Melodie «eine Nacheinanderfolge von Tönen, […] wie das Gespräch eine Reihe von Worten» nennt. [60] Ein zutiefst romantischer Geist spricht aus den Adaptionen und der Interpretation des Mimesisbegriffs des sächsischen Komponisten, Freund Beethovens und später dann Musikkritikers und Mitarbeiters der ‹Allgemeinen Musikalischen Zeitung› in Wien F.A. KANNE. Im Unterschied zum Maler muß der Musiker durch Töne nicht nur Äußeres nachbilden, sondern durch sie die gesamte menschliche Vorstellungskraft befriedigen, damit der Hörer existenziell ergriffen wird: «Der Mahler wird […] in Betrachtung der Natur und vorhandenen Körperwelt sein Ideal suchen, der Musiker aber das seine aus einer weit geistigeren Anschauung erschaffen müssen, weil er nichts körperliches vorhandenes vorfindet, wie jener, durch dessen Nachahmung er seinem Bilde Gestalt geben könnte; sondern er muss auf dem entgegengesetzten Wege zu Werke gehen, und wie der Mahler alles vor seiner Seele verkörpert nach den Gesetzen des ihm gerade innewohnenden Schönheitssinnes – so muss er alle Gestalt und Bewegung der Welt, die er anschaut, entkörpern, im Gemüthe auffassen, und in Tönen gleichsam vergeistern oder beseelen.» [61] Noch deutlicher spricht Kanne das Weiterbestehen von Nachahmungs- und Empfindungsästhetik in seinem Aufsatz ‹Über die musikalische Mahlerey› (1818) aus: der Musiker könne «sich mit dem darzustellenden Gegenstande vermählen, und sich darstellen, vor Furcht bebend, wie er den Wasserfall rauschen hört, und schnell die Maske vertauschen, und den Wasserfall selbst mahlen in seinem Stürzen, Rauschen und Donnern; denn derselbe ist freylich zu sehen durch das Auge, aber auch zu hören durch das Ohr». [62] Zur Schilderung der formalen Gestaltung von Musik bezieht sich Kanne auf rhetorische Traditionen: «Wie in der rhetorischen Kunst, wo der Hauptsatz durch alle Künste der schönen Rede dargestellt, und durch Fragen und Antworten, durch selbst erregte Zweifel und deren natürliche Auflösung, durch Vergleichung und bildliche Versinnlichung, durch Anhäufung der Gründe, durch Steigerung des Feuers bis zur höchsten Klarheit und zur evidentesten Kraft geführt wird, bis der Redner plötzlich innehält, und durch dieses Stratagem seine Zuhörer gleichsam elektrisirt, und nach dem daraus gewonnenen Vortheile der in allen Zuhörern erregten höchsten Aufmerksamkeit – nun wieder ruhig seine Schlussfolge macht, welche die Wahrheit in höchster Schönheit verklärt darstellt – eben so verfährt der Tonkünstler in seinem Satze und bringt sein Thema in immer neuer Gestalt, und immer glänzender Farbenmischung der harmonischen Kunst zum Vorschein, bis es sich nach zusammengedrängter Recapitulation in seiner interessantesten Verbindung, und in höchster Wahrheit und Schönheit der Seele des Zuhörers eingeprägt, und mit derselben verschmolzen hat.».[63] Die tiefere Bedeutung der Nachahmung außermusikalischer Klanggegebenheiten stellt A.B. MARX heraus[64], wenn er darlegt, daß eine Theatermaschine zwar Sturm und Donner nachahmen kann, was aber nur ein «todtes Geräusch» darstellt, «während das Orchester die Vorstellung des Künstlers von ihrem Leben in lebendigem Abbilde giebt».[65] Der bremische Hauptschullehrer W. CHR. MÜLLER (1752–1831) sieht den Sinn von Naturlautnachahmungen durch Musik auch darin, daß sich der Ungebildete daran erfreuen kann, während der Denkende in ihnen «Ideen und Stoff zu Ideen» sieht.[66] Bei W.A. AMBROS (1816–1876) wird Instrumentalmusik in manchen Fällen als Mimesis psychologischer Prozesse gedeutet und an Beispielen vornehmlich von Beethoven[67] und Schumann erläutert.[68]

Mit der verbalen Deutbarkeit von absoluter Musik, die er eine «redende Kunst» nennt («die Laien reden von Tondichtungen, von Tonsprache»[69]) beschäftigte sich H. KRETZSCHMAR, der große Hermeneutiker der Musik und Mitbegründer der universitären Musikwissenschaft, zu Beginn des 20. Jh. In Werken wie seinem ‹Führer durch den Konzertsaal› (1887–90) versucht er auf diese Weise, Musik bildhaft und verständlich zu machen.

Das mimetische Darstellen durch Musik wird allgemein als Mittel angesehen, Außermusikalisches durch Klang zu verdeutlichen, wobei nicht nur das musikalische Nachgestalten als vordergründiges Klangereignis bedeutsam ist, sondern auch die Tatsache, daß absolute Musik 'verstanden' werden kann und durch sie Empfindungen erregt werden können.

5. *Das Mimesisverständnis in der Neuen Musik.* Zu Beginn des 20. Jh. findet sich ein intensives Eingehen auf die mimetische Ästhetik vor allem in impressionistischen Kompositionen, z.B. CL. DEBUSSYS ‹Prélude à l'après-midi d'un faune› (1895), ‹La mer› (1905), ‹Childrens Corner› (1906–08) und in zahlreichen anderen Klavierkompositionen; M. RAVELS (1875–1937) ‹Jeux d'eaux› (1902), ‹Oiseau triste› aus ‹Miroir› (1906); A. WEBERNS (1883–1945) ‹Im Sommerwind› (1904). Die Darstellung von alltäglich in der Umwelt wahrzunehmenden Klängen und Geräuschen (D. MILHAUD (1892–1974): ‹Les machines agricoles›, 1919; A. HONEGGER (1892–1945): ‹Pacific 231› (1923), A. MOSSOLOW (1900–1973): ‹Die Fabrik (Eisengießerei)› 1926, D. SCHOSTAKOWITSCH (1906–1975): ‹14. Sinfonie› (1969) u.a.) wird als konstitutives Moment in das Komponieren aufgenommen. Die Vogelstimmen-Kompositionen O. MESSIAENS (1908–1992), betitelt: ‹Oiseaux exotiques›, 1952; ‹Catalogue d'oiseaux›, 1956–58; ‹Chants d'oiseaux›, 1951) stellen nach tiefgläubigem christlichen Verständnis des Komponisten das Wunder der göttlichen Schöpfung dar, eine Haltung, die sicherlich durch die gesamte Musikgeschichte ähnliche Bedeutung hatte. Eine Ausweitung ins Darstellerische erhält der Mimesisbegriff im Werk K.H. STOCKHAUSENS, wenn in instrumentalen Kompositionen zum klanglichen Vortrag der Ausübende tänzerische Gestik und Mimik ausführen muß (z.B. ‹Harlekin› 1975), ein Mimesisverständnis, wie es oben für die griechische Antike erläutert wurde, aber auch schon in den Balletten I. STRAWINSKIS (1882–1971) im Zusammenwirken von Musik, Tanz und Bühnenbild als gesamt-mimetisches Unternehmen konzipiert erscheint. Wie in der musikalischen Praxis das mimetische Moment weiterbesteht, so auch in der ästhe-

tisch-philosophischen Theorie, wofür z.B. die ‹Widerspiegelungstheorie› von G. Lukács[70] Zeugnis ablegen mag.

Anmerkungen:
1 vgl. K.-J. Sachs: Art. ‹Imitation›, Sachteil, in: MGG^2 Bd.4, Sp.511–526. – **2** vgl. Art. ‹M.›, in: W. Gurlitt (Hg.): Riemann Musik Lex. (^{12}1967) 573. – **3** vgl. J.G. Walther: Musicalisches Lex. oder musicalische Bibliothec (1732) 406; zur Bedeutungstrad. dieser Auffassung s. II, 4. – **4** vgl. R. Kasel: Art. ‹M.›, in: LAW Sp.1961; ferner Sachs [1] Sp.511. – **5** vgl. H. Koller: Die M. in der Antike. Nachahmung, Darstellung, Ausdruck (Bern 1954), zit. Sachs [1] Sp.511. – **6** auf erhobene Kritik einer solchen Herleitung und Übersetzung durch G.E. Else 1958 und G. Sörbom 1966 macht Sachs [1] Sp.511 aufmerksam. – **7** vgl. Platon, Kratylos 423b, übers. von F. Schleiermacher. – **8** ebd. 423e. – **9** ebd. – **10** vgl. Sachs [1] Sp.512. – **11** Aristeides Quintilianus: Περὶ μουσικῆς II, 18, in: R. Schäfke (Hg.): Aristeides Quintilianus. Von der Musik (1937); vgl. auch R. Schäfke: Gesch. der Musikästhetik in Umrissen (1934) 302f. – **12** vgl. Sachs [1] Sp.512. – **13** vgl. H. Blumenberg: ‹Nachahmung der Natur›. Zur Vorgesch. der Idee des schöpferischen Menschen, in: Studium generale 10 (1957) 266–283, hier 266. – **14** vgl. Sachs [1] Sp.512. – **15** vgl. G. Pochat: Gesch. der Ästhetik und Kunsttheorie von der Antike bis zum 19. Jh. (1986) 100, zit. Sachs [1] Sp.512. – **16** vgl. R. Assunto: Die Theorie des Schönen im MA (1963; ^{2}1987) 40. – **17** vgl. H. Hüschen: Art. ‹Isidor von Sevilla›, in: MGG Bd.6, Sp.1436. – **18** vgl. Assunto [16] 93, nach Guido von Arezzo, Otloh von St. Emmeran und Absalon von Springiersbach. – **19** zit. Sachs [1] Sp.514. – **20** Graduale romanum sacrosanctae Romanae Ecclesiae de tempore et de Sanctis (Paris/Tournai/Rom 1938) 416. – **21** ebd. 27. – **22** ebd. 126. – **23** vgl. E. Salomo: Scientia artis musicae (1274), in: M. Gerbert (Hg.): Scriptores ecclesiastici de musica sacra, 3 Bde. (St. Blasien 1784; ND Graz 1905 u. Mailand 1931) Bd.3, 35a-b, zit. nach Sachs [1] Sp.514. – **24** ebd. – **25** vgl. H.H. Eggebrecht: Musik im Abendland (1991) 277. – **26** vgl. J. Tinctoris: Complexus effectuum musices (1476) Neuausg. hg. v. A. Seay, in: Corpus scriptorum de musica, Bd.22 (1975) 161–177, hier: 165/168. – **27** zit. nach Sachs [1] Sp.514, der sich auf H.W. Janson: Apes and Ape Lore in the Middle Ages and the Renaissance (London 1952) 287–325 bezieht. – **28** vgl. C. Monteverdi: Lettere, a cura di V. Lax, in: Studi e testi per la storia della musica, Bd.10 (Florenz 1994) 19. – **29** vgl. Art. ‹Hypotyposis›, in: Riemann [2] 386. – **30** vgl. D. Bartel: Hb. der musikalischen Figurenlehre (1985) 210, 196; umfassend: H. Krones: Art. ‹Musik und Rhet.›, in: MGG^2 Bd.6, Sp.814–852. – **31** vgl. Bartel [30] 213. – **32** Aristoteles, Physik II 2, 194; vgl. R. Dammann: Der Musikbegriff im dt. Barock (1967) 412, Anm.54. – **33** vgl. Dammann [32] ebd. – **34** ebd. 412; J. Mattheson: Der vollkommene Kapellmeister (1739) Faks. hg. v. M. Reimann (1954) 130, §73. – **35** vgl. Dammann [32] 405. – **36** ebd. 406ff. – **37** ebd. 405. – **38** ebd. 410f. – **39** vgl. Sachs [1] Sp.518; W. Serauky: Die musikalische Nachahmungsästhetik im Zeitraum von 1700 bis 1850 (1929) XIII; Kritik durch Sachs [1] Sp.518. – **40** vgl. Ch. Batteux: Les beaux arts réduits à un seul principe (Paris 1746), dt. Übers. von J.A. Schlegel unter dem Titel: ‹Batteux' Einschränkung der schönen Künste auf einen einzigen Grundsatz› (1759). – **41** ders. zit. Sachs [1] Sp.518. – **42** ebd. Sp.518. – **43** Goethe: Anm. zu Rameaus Neffen, in: Sämtliche Werke nach Epochen seines Schaffens (Münchner Ausg.) Bd.7 (1991) 658. – **44** G.F. Händel: Werke, Bd.58, hg. v. F. Chrysander (1874) 31; eine Battaglia ebd. 109ff. – **45** vgl. P. Ryom: Verz. der Werke A. Vivaldis (1974) 428. – **46** ebd. 433. – **47** ebd. 439. – **48** ebd. 294. – **49** vgl. A.v. Hoboken: J. Haydn: thematisch-bibliogr. Werkverz. (1957–1978) 6, 7, 8. – **50** ebd. XX, 2. – **51** L. van Beethoven: op. 91, vgl. G. Weber: Über Tonmalerei, in: Cäcilia, eine Zs. für die musikalische Welt, 3. Bd. (1825) 125–172, hier 156ff. – **52** ebd. 168. – **53** vgl. Chr. G. Krause: Von der musikalischen Poesie (1752) 53. – **54** ebd. 54. – **55** vgl. D. Webb: Observations on the correspondence between poetry and music (London 1769, dt.: J.J. Eschenburg, 1771). – **56** ebd. 22 u. 93; vgl. dazu auch: N. de Palézieux: Die Lehre vom Ausdruck in der engl. Musikästhetik des 18. Jh. (1981) 17, 19. – **57** vgl. Chr.F. Michaelis: Über das Idealische der Tonkunst, in: Allg. Musikalische Ztg. (1808) Sp.449–452, hier: 449; C. Dahlhaus: Klass. und romantische Musikästhetik (1988)

17. – **58** vgl. Chr. F. Michaelis: Über den Geist der Tonkunst (1800) 39. – **59** vgl. Chr. F. D. Schubart: Ideen zu einer Ästhetik der Tonkunst (Wien 1806) 360. – **60** zit. J. Bužga: Art. ‹J. Reicha›, in: MGG, Bd. 11, Sp. 149. – **61** vgl. F.A. Kanne:: Der Zauber der Tonkunst, in: Allg. Musikalische Ztg. 34 (1821) Sp. 264 ff., hier: Sp. 265. – **62** ebd. Sp. 385. – **63** ebd. Sp. 282; Krones [30] Sp. 843. – **64** vgl. A.B. Marx: Ueber Malerei in der Tonkunst (1828). – **65** ebd. 63. – **66** W. Chr. Müller: Aesthetisch-hist. Einl. in die Wiss. der Tonkunst (1830) 328. – **67** W.A. Ambros: Quartett op. 18,6 letzter Satz: Malinconia. – **68** vgl. ders.: Die Grenzen der Musik und Poesie (1872) 132 f. – **69** vgl. H. Kretzschmar: Anregungen zur Förderung musikalischer Hermeneutik, Jahrbuch Peters (1902) 172. – **70** vgl. Sachs [1] Sp. 518; A. Riethmüller: Die Musik als Abbild der Realität. Zur dialektischen Widerspiegelungstheorie in der Ästhetik, in: Beih. zum Archiv für Musikwiss. 15 (1976).

Literaturhinweise:
J.J. Walther: Scherzi da Violino solo (1676), Neuausg. in: Das Erbe dt. Musik, Bd. 17 (1941) 57. – J. Kuhnau: Musicalische Vorstellung einiger Biblischer Historien in 6 Sonaten auff dem Klaviere zu spielen (1700, ²1710; ND 1973). – F. Kanne: Über die musikalische Mahlerey, in: Allg. Musikalische Ztg. 2 (1818) Sp. 385. – H. Kretzschmar: Führer durch den Konzertsaal, 3 Bde. (1887–90). – J.J. Froberger: Lamento sopra la dolorosa perdita della Real Maiestà di Ferdinando IV ..., in: G. Adler (Hg.): Denkmäler der Tonkunst in Österreich 6, 2 (Wien 1899; ND Graz 1959) 32–33. – J. Müller-Blattau: Die Kompositionslehre H. Schützens in der Fassung seines Schülers Chr. Bernhard (1926, ²1963). – W. Flemming: Der Wandel des dt. Naturgefühls vom 15. zum 18. Jh. (1931). – H. Unverricht: Hörbare Vorbilder in der Instrumentalmusik bis 1750. Unters. zur Vorgesch. der Programmusik (Phil. Diss. 1954, mschr.). – M. Ruhnke: J. Burmeister. Ein Beitr. zur Musiklehre um 1600 (Kassel/Basel 1955). – G. Else: ‹Imitation› in the Fifth Century, in: Classical Philology 53 (1958) 73–90. – H. Koller: Musik und Dichtung im alten Griechenland (Bern 1963). – G. Sörbom: M. and Art. Studies in the Origin and Early Development of an Aesthetic Vocabulary (Uppsala 1966). – H. Kretzschmar: Ges. Aufsätze der Musikbibliothek Peters, hg. v. K. Heller (1973). – H. Koller: Art. ‹M.›, in: HWPh Bd. 5 (1980) Sp. 1396–1399. – F. Reckow: Zwischen Ontologie und Rhet.: die Idee des *movere animos* und der Übergang vom Spätma. zur frühen Neuzeit in der Musikgesch., in: W. Haug, B. Wachinger (Hg.): Traditionswandel und Traditionsverhalten (1991) 145–178. – M. Kardaun: Der Mimesisbegriff in der Antike: Neubetrachtungen eines umstrittenen Begriffes als Ansatz zu einer neuen Interpretation der platonischen Kunstauffassung (Amsterdam 1993).

D. Guthknecht

→ Ästhetik → Fiktion → Idee → Imitatio → Klangrede → Lautmalerei → Manierismus → Personifikation → Poetik → Repräsentation → Rhetorik → Similitudo → Wahrheit, Wahrscheinlichkeit

Mimik (lat. vultus; engl. facial expression; frz. mimique; ital. mimica)
A. Begriffliche Klärungen. – I. Lokalisierungen von M. – II. Begriffsgesch. – III. Begriffliche Dimensionen. – IV. Funktionale Gesichtsbereiche. – V. M. als Teil des kommunikativen Körpers. – B.I. Affine Disziplinen. – 1. Physiognomik. – 2. Phrenologie. – 3. Pathognomik. – 4. Pantomimik. – II. Kulturgesch. der M. – 1. M. in der Gesch. der Bildenden Kunst. – 2. M. in der lit. Gattungstrad. – 3. M. und Maske. – 4. Römische Ganzheitlichkeit. – III. Rhet. Systematik und Praxis. – 1. Pronuntiatio. – 2. Wirkungsnormen. – 3. Die M. in der Affektenlehre. – IV. Die M. in den Wiss. – 1. Inhalte, Disziplinen, Methoden. – 2. M. und Emotionen. – 3. Analyseinstrumentarien und -methoden. – 4. Blickkommunikation. – V. Enkodierung und Dekodierung als Kulturpraxis. – 1. Intrakulturelle Normen und Interpretationen. – 2. Interkulturelle mimische Verhaltensweisen.

A. *Begriffliche Klärungen.* **I.** *Lokalisierungen von M.*
Der Begriff ‹M.› gehört in den komplexen Zusammenhang von ‹Körpersprache› bzw. ‹Nonverbaler Kommunikation›. [1] Deren Umfang ‹von Kopf bis Fuß› bzw. noch darüber hinaus (Kleidung, Duft, u.a.) spezifiziert er durch präzise Lokalisation: ‹M.› umfaßt nämlich in ganzheitlicher Sichtweise die (festen) Teile und die (beweglichen) Organe des menschlichen (und, analog dazu gemeint, des tierischen) Kopfes, die durch direktes Ansehen des Gegenüber im Blick sind (d.h. also das Ensemble des Vorderkopfes, das Gesicht): (1) *Stirn*, (2) *Augenbrauen*, (3) *Augen* (mit der zentralen Funktion der Blickkommunikation; s.u. B. IV. 4.), (4) *Nase*, (5) *Wangen*, (6) *Mund* und (7) *Unterkiefer* (Kinn) sind im Gesicht die Orte mimischen Ausdrucksrepertoires [2], deren Rahmenbedingung für eine ganzheitliche Beurteilung mimischen Verhaltens die (8) *Kopfhaltung* ist, wie entsprechende Experimente in den frühen achtziger Jahren mit sukzessiven Kippungen des Kopfes von Gemäldefiguren bei gleichbleibender Miene erwiesen haben. Die seitliche Kippbewegung des Kopfes war schon seit Anfang der siebziger Jahre Gegenstand gezielten Forschungsinteresses in Frankreich (Besançon) und in der Schweiz (Bern): deren Signalkraft reicht als Eindrucksqualität für den Partner von ‹überheblich› zu ‹freundlich›, von ‹empfindsam› bis zu ‹kalt›. Die Experimente an Frauenfiguren in der Malerei, deren Kopfhaltung systematisch variiert wurde, lassen bei gleichbleibender M. z.B. dieselbe Maria aus einer Verkündigungsszene «demütig, ehrlich, folgsam und nachgiebig» erscheinen, mit demselben, nun aber leicht gehobenen Kopf dagegen «hochmütig, stolz, kritisch und abweisend». So gründet – als ein Ergebnis solcher Kippungsexperimente – das als rätselhaft empfundene Lächeln der Mona Lisa in ihrer Kopfhaltung (ein Erklärungsangebot an die Kunstwissenschaft). Im übrigen gibt es hierzu noch durchaus auffällige Differenzierungen je nach dem Geschlecht der betrachtenden und die Eindrucksqualität entscheidenden Person (s.u. B. V. 1. b). [3]

Die festen Teile, die durch die Formen der Schädelknochen vorgegeben sind (wie Stirnverlauf, Augen[höhlen]abstand, Nasenhöcker, Wangenknochen, Kinn), bieten den Rahmen (oder die ‹Bühne›) für das sog. *Mienenspiel*, die *Miene*, d.h. für die Ausdrucksbewegungen, die von den beweglichen, weichen Teilen und Organen des Gesichts ausgeführt werden. Diese sind als manifeste Regungen abhängig von situativen Gegebenheiten, auf die spontan reagiert wird und wodurch sich – kaum willentlich gesteuert – die aktuelle Befindlichkeit des Menschen kundtut; sie sind aber auch, ebenfalls wieder situationsbezogen, bewußt und kontrolliert einsetzbar, als intendierte Ausdrucksbewegungen, um auf den Partner, der diese M. sieht, Eindruck zu machen und auf dessen reaktives Handeln einzuwirken (beide Vorkommensweisen können sich in primären Kommunikationssituationen zeigen, können aber auch in sekundären [abgeleiteten, dargestellten] auftreten, wie sie schauspielerisch, als Imitation, somit gelernt, auf der Theaterbühne ablaufen). Im Englischen wird diese Ambivalenz aufgelöst durch terminologische Trennung: ‹M.› in primären Kommunikationssituationen ist *facial expression* (*to express s.th. facially*), in sekundären *mimicry* (Adj. *mimic*). [4]

Die biologisch konstanten Gegebenheiten (Vorderschädel mit Stirnverlauf, Augenhöhlen, Nasenbein, Wangenknochen, Kinn) und das situationsabhängig flexible, dynamisch ablaufende Gesichtsverhalten (muskelgesteuertes Mienenspiel, kommunikatives Gesicht) gehören also bei ‹M.› begrifflich zusammen und werden auch als ‹Gesichtsausdruck› gefaßt. [5] Dennoch liegt der Primat der Eindrucksqualitäten klar bei den *Prozessen* im Gesicht, bei den Regungen der Gesichtssegmente, wie sie sich als Muskelbewegungen (z.B. in der Mundpartie: Verziehen, Spannen, Spitzen, Öffnen, u.a., stark verbunden mit der Wangenmuskulatur) und als veränderliche Hautfaltungen (wie auf der Stirn, stark verbunden mit den Bewegungen der Augenbrauen) nach außen zeigen.

II. *Begriffsgeschichte.* ‹Gesicht› (Körperteil) und ‹M.› (‹Miene[n]›, ‹Gesichtsausdruck›, ‹kommunikatives Gesicht›) sind durch eine komplexe Begriffsgeschichte geprägt, die im Lateinischen mit einem differenzierten Wortfeld einsetzt[6]: (1) *facies* (Aussehen, Äußeres, Anblick, Angesicht), das meistverbreitete Wort, stammt, etymologisch nicht sicher geklärt, von *facere* (machen, verfertigen, herstellen, schaffen, bewirken) oder von der Wurzel *fa* (erscheinen) ab; auf dieser semantischen Ambivalenz fußt die Tradition physiognomischer Interpretationsbemühungen; im Frz. *la face* bis zum 17. Jh., in dem dann *le visage* eingeführt wird und so den Gesichtssinn favorisiert. – (2) *vultus* (Gesichtsausdruck, Gesichtszüge, Miene, Blick), das in der klassischen Zeit und in der rhetorischen Analyse, insbesondere im Bereich der *pronuntiatio* (Vortragsweise), Verwendung findet (s.u. B. III. 1.), bot sich wohl über seine Herkunft aus *velle* (wollen, wünschen) mit der intentionalen Semantik dafür an. – (3) *visio, visus* (Sehen, Ansehen, Anblick, Blick, Erscheinung) lenkt das Verstehen dagegen über *videre* (sehen) auf den Gesichtssinn, der auch im Deutschen dominant ist, dabei auch die Miene (*vultus*) mit einbezieht (vgl. «ein saures/langes Gesicht machen»). – (4) *os* (Gen. *oris*) (Antlitz, Gesicht, Mund; metonym. Mundwerk, Aussprache) ist eher organisch ausgerichtet und bestimmt den Teil für das Ganze.

Die Idiomatiken und die Sprichwörter oder Redensarten der Einzelsprachen mit ‹Gesicht› (Ort der M.) und mit ‹Miene› (als dem Mittel des Gesichts zur M.) sind reich und nuancieren die M. der erlebten und mitgeteilten Welt unter pragmatischen, funktionalen – nicht unter analytischen – Aspekten: «sein wahres G. zeigen», «jdm. nicht ins G. blicken können», «den Tatsachen ins G. sehen», «zu G. stehen», «im G. geschrieben stehen», «sein G. verlieren», «Miene machen, etw. zu tun», «gute Miene zu bösem Spiel machen» und viele weitere, auch in den Fremdsprachen.

III. *Begriffliche Dimensionen.* Das dominante Merkmal der Lokalisation im Gesicht, d.h. auf der Vorderseite der Schädeloberfläche, wird noch durch komplementäre Aspekte ergänzt, die im Begriff ‹M.› grundsätzlich mitschwingen:

(a) die *Momentgebundenheit*, zu der das Erlebte (Gehörte, Gesehene, Empfundene), auch dessen psychische Verarbeitung, gehören;

(b) die *Kommunikativität*: man will – körpersprachlich, hier: gesichtskommunikativ – etwas zum Ausdruck bringen oder seinen Mitteilungswunsch körperlich unterstützen; Abläufe im Gesicht, die organischen Bedingtheiten unterliegen (z.B. Bewegungen der Wangenmuskeln beim Kauen) oder durch Reflexe entstehen (z.B. bei Lichteinfall Augenlider zusammenkneifen und Abschatten durch Aufwulsten der Augenbrauen nahe der Nasenwurzel) sowie konstante Beobachtbarkeiten wie Sommersprossen, starke Altersfaltung der Haut, Aknepickel, Hohlwangen u.a. sind *von sich aus* nicht kommunikativ (sie können aber natürlich als Kommunikationsanlässe, z.B. für medizinische Diagnosen, für den Gegenüber dienen) und gehören deshalb nicht zur M.; vielmehr ist der M. eine dynamische Ausdruckspotenz eigen, die (1) dazu verhilft, von sich und seiner aktuellen Disposition etwas kundzutun (z.B. Stimmungslagen, Angst, Zärtlichkeit), oder/und die (2) dazu eingesetzt wird, etwas zu erreichen – und zwar meist: eine Reaktion des Gegenüber anzuregen; somit ergibt sich zwangsläufig:

(c) die *Partnergerichtetheit*: (1) Signal an den Gegenüber, er soll den wahrgenommenen Gesichtsausdruck verstehen, d.h. dazu die Leistung des *Ersehens*, der Interpretation des gesehenen Gesichts erbringen; und er soll darauf reagieren und dies möglichst entsprechend den Intentionen des anderen. Es ist dabei eine fundamentale Erfahrung, daß man selbst seine eigene M. gar nicht wahrnehmen kann, weil das Gesicht zu den wenigen Körperteilen gehört, die der Mensch ohne Hilfsmittel an sich selbst nicht sieht; die eigene Ausdruckskraft und deren Kontrolle (und Schulung) sowie die Wirkung des mimisch aktiven eigenen Gesichts mißt sich somit an der (körperlichen sowie sprachlich-begrifflichen [Typ: ‹mach nicht so ein ernstes/erstauntes/dummes Gesicht›]) Reaktion des Partners, was mit zunehmendem Alter einen kontinuierlichen Erfahrungsprozeß aufbaut, der seinerseits gesellschaftsgebunden und somit kulturspezifisch ist.

Es verwundert somit nicht, daß (2) die *Spiegelung* – das Spiegelbild (Wasser) und der Spiegel (als kulturelle Artefakte, beginnend mit Metall [7] und Glas) – ein zentrales Motiv der Mythen und des Volksaberglaubens (z.B. zerbrochener Spiegel als Omen für siebenjähriges Unglück), der Kunst [8], der Psychologie (Narzißmus), der Theologie und moralisierenden Gesellschaftslehre (*speculum mundi* oder *vitae*; *vanitas* [Eitelkeit]), der Philosophie und der Literatur (poetisches Motiv [9] mit Weiterentwicklungen wie ‹Doppelgänger› oder ‹Fenster›) darstellt; der Blick in den Spiegel gilt seit Jahrhunderten als eine Metapher für Bewußtwerdung über das eigene Ich, für Identitätsfindung und Ich-Projektionen.

(d) Der Partnerbezug – s.o. (c) – spielt sich in *dialogischen Situationen* ab, in denen (1) das Mienenspiel, die M., wahrgenommen werden kann; (2) dort hat sie eine sprachersetzende (d.h. als praktisch allein verwendetes Kommunikationsmittel gegenüber der Verbalsprache überwertige) oder eine sprachbegleitende (d.h. in Bezug auf die Verbalsprache gleichwertige) Funktion inne; (3) sie erfüllt mit diesen Funktionen verhaltens(mit)steuernde Aufgaben.

(e) Die *Medialität*, in der diese Austauschprozesse ablaufen, ist die Mündlichkeit; die Schriftlichkeit ist kein genuines Medium der Körpersprache (dorthin gehört, analog zur Körpersprache, das Bild bzw. die Abbildung, Skizze, Zeichnung, das Diagramm). Dennoch findet Körpersprache, und hier vorzugsweise die M., die beschreibende Beachtung von Schriftstellern (z.B. außerordentlich reichhaltig im Realismus / Naturalismus des 19. Jh.; dies gilt auch für die Trivialliteratur (Liebesromane, Kriminalromane) [10] und Reportagen (z.B. in Zeitungsberichten zum körperlichen Verhalten von Schwerverbrechern bei spektakulären Gerichtsverhandlungen), die auf diese Weise Leserreaktionen steuern.

IV. *Funktionale Gesichtsbereiche.* Die körpersprachlich wichtigen Teile (fest) und Organe (weich, flexibel), die die kommunikativen Bereiche des Gesichts, den Ort der M., des Mienenspiels, bestimmen, lassen sich taxonomisch aufzählen (s.o. A.I.) und funktional kurz charakterisieren [11]:

(a) Die *Stirn* hat sich in der Evolution durch die starke Vergrößerung des Hirns gegenüber dem Volumen bei den Menschenaffen herausgebildet und wirkt als kommunikative Fläche in Verein mit der Behaarung des Kopfes (Flächenwirkung) sowie dem Aussehen und der Dynamik der

(b) *Augenbrauen* (medizinisch *Supercilia*). Deren (1) Senken – in aggressiven wie auch in defensiven Situationen – hat physiologische Konsequenzen für die Stirn (Furchenbildung) und für die Eindrucksqualität der Augenpartie (Verengung). Deren (2) Anheben wirkt sich ebenfalls, aber in anderer Erscheinungsweise und somit anderer Signalkraft, auf Furchenbildung der Stirn und Augenöffnung aus. (3) Sie sind körperkommunikative Geschlechtssignale (weibliche Augenbrauen sind deutlich weniger buschig; bei Männern wirken starke Augenbrauen maskulin und attraktiv) und als solche kulturspezifischen Wertungen und Behandlungen (Zeitgeist, Mode, Bräuche, Schönheitsideale u.a.) unterworfen.

(c) Die *Augen*, die die eigene Orientierung im Lebensumfeld ermöglichen, begleiten oder steuern auch die Kommunikation als außerordentlich ausdrucksvolle und für die Partnerbindung zentrale Organe. (s. u. B. IV. 4.). (1) Hier spielt das Weiß beidseitig der farbigen Iris (Regenbogenhaut) im menschlichen Auge (Affen z.B. zeigen dort Braun) eine wichtige Rolle bei der Orientierung: an dessen Stellung bestimmt nämlich der Gesprächspartner die Blickrichtung (und somit die Aufmerksamkeit) seines Gegenüber. (2) Auch die Größe der schwarzen Pupille (Sehloch), die sich physiologisch als Blendenkorrektur der Iris je nach Lichteinfall verengt oder erweitert, übt je nach ihrer Größe unterschiedliche Wirkung auf den Partner aus (von ‹warm und zärtlich› bei weiter Pupille bis ‹kalt und hart› bei kleiner). (3) Die üblich erwartete Bewegung im Blickverhalten kann sich kommunikativ unangenehm und bedrohlich entwickeln, wenn es zu direktem Auge-in-Auge und zum Anstarren wechselt. (4) Der Mensch kann aufgrund seiner physiologischen Möglichkeit (Tränendrüsen) vor Rührung oder bei Schmerz weinen (was kein Tier vollbringen kann), so dienen seine Augen als ein auffälliger und direkt beeindruckender Ort für Gefühlsbekundung und Emotionsdeutung. (5) Augen werden *beredt*, also aussagestark und spezifisch interpretierbar, wenn sie eine als normal (somit neutral) empfundene Blickweise auffällig verändern: so Augen aufreißen/zusammenkneifen, Schielen, mit einem Auge schauen, Augenzwinkern, Augenrollen, Abschweifen u.a., mit denen bestimmte Haltungen oder Verhaltensweisen (Gelangweiltsein, Erstaunen, Haß, Flirten, u.a.) in den verschiedenen Kulturen kodiert sind. (6) Zum Ausdrucksrepertoire der Augen steuern auch die *Augenlider* bei, deren Schnitt ethnische Informationen (z.B. aus europäischer Sicht die sog. ‹Schlitzaugen›) liefern und die den Größeneindruck der Augen bestimmen sowie mit der Art und Frequenz der Lidschläge Rückschlüsse zulassen (Nervosität, Flirtverhalten u.a.). (7) Auch die *Wimpern* prägen Einschätzungen, die bei langen, dichten, schwarzen Wimpern nach europäischem Schönheitsempfinden den Augen Sanftmut und Ausdrucksstärke verleihen, bei schwacher Sichtbarkeit (blonde Wimpern) oder Fehlen (Asiaten) dagegen kühl und irritierend wirken.

(d) Die *Nase* spielt wegen ihrer Festigkeit als ein mimisches Kommunikationsmittel nur eine geringe Rolle (Naserümpfen, angewidertes Schnauben, ängstliches Zucken oder Zornesbeben der Nasenflügel, Schnüffeln als Reaktion auf Geruchsreizung u.a.); sie unterliegt eher physiognomischen Einschätzungen (Größe, Form) und prägt auch den ethnischen Gesamteindruck des Gesichts.

(e) Die *Wangen*, der weichste Teil des Gesichts, bringen die Gesichtsfarbe als kommunikative Qualität in die M. ein: Erröten und Erbleichen werden speziell in dieser Region wahrgenommen und entsprechend interpretiert (Schamhaftigkeit, Zorn, Entsetzen u.a.). Die Glattheit oder Zerfurchung sind wichtige Determinanten, ebenso Grübchen beim Lächeln und Lachen, wenn die M. eines Menschen als Anzeichen für Gefühlszustände bewertet wird.

(f) Der *Mund* wirkt zusammen mit den Zahnreihen, der Zunge, dem gelegentlich sichtbaren Rachenraum sowie den Lippen (die sich unter den Primaten allein beim Menschen nach außen gekehrt haben) als ein neben den Augen dominanter Gestalter der M. Spannung und Entspanntheit, Freude oder Ärger (charakteristische Mundlinien des Smiley-Piktogramms), Lächeln und Lachen, Aggressivität und Libido sowie das die Aggression des Partners hemmende Schmollen [12] werden hier mimisch signalisiert, wobei die Wangen mit einbezogen sind (Hautfalten durch Verändern der Mundwinkel). Die Kulturen haben zum Teil divergierende eigene Präsentationsformen und Interpretationsweisen entwickelt. Die Evolutionsbiologie und die Vergleichende Ethologie (hier insbesondere: Verhalten von Menschen und von Schimpansen als deren engste Verwandten) haben vier mimische Gegensatzpaare herauskristallisiert, über die, wie auch Beobachtungen bei Blindgeborenen beweisen, jeder Mensch anatomisch und lippen- bzw. mundmimisch je nach emotionaler Lage verfügt; diese Grundmuster können dann vielfältig kombiniert und im Laufe der Ontogenese kulturspezifisch überformt oder verfeinert werden [13]: (1) ‹offen – geschlossen›; (2) ‹vorgestülpt – zurückgezogen›; (3) ‹nach oben – nach unten gezogen›; (4) ‹angespannt – schlaff›. [14]

V. *M. als Teil des kommunikativen Körpers.* Auch wenn die M. eine körperlich klar festlegbare Position (Kopf, Gesicht) und in der mündlichen Kommunikation eine herausragende Funktion nonverbaler Signalgebung sowie im verfügbaren Mitteilungsspektrum die höchsten organischen Differenzierungsmöglichkeiten [15] innehat, kann sie als Mittel nonverbaler Kommunikation nicht isoliert betrachtet werden; sie funktioniert als Teil der Körpersprache, die ganzheitlich abläuft und auch ganzheitlich wahrgenommen und interpretiert wird.

(a) Zunächst sei auf die (gern vergessene [16]) Artikulation (Intonation, Akzentuierung, Emphatisierung, Lautstärke) hingewiesen, also die Funktion der *Stimme* in Verein mit der M. hervorgehoben, ein gegenseitiges Verhältnis, das sich im Theater und im Bereich der Rhetorik (hier schon in der Herennius-Rhetorik klassifizierend beachtet, dann bei Cicero und Quintilian (XI, 3) mit jeweils eigenen Kategorien systematisiert [17]), bei der Predigt und in der Politik immer wieder pragmatisch bewähren muß. [18]

(b) Dann vor allem die Hände und Schultern (*Gestik, Gebärden*), die komplementäre Signalträger im Verlauf des mimischen Ausdrucksverhaltens sind; M. und Gestik bilden als zwei Regionen mit spezifischen Ausdrucksweisen eine kommunikative Einheit des Oberkörpers. [19]

(c) Dabei können sich Arme und Hände stark partnergerichtet engagieren: im Berührverhalten, der *Haptik*, zu der natürlich auch wieder eine entsprechende M., ihrerseits partnergerichtet, mit einem den Gegenüber anschauenden Gesicht, gehört.

(d) Hierzu verbleiben Rumpf und Beine, verantwortlich für die Haltung des Körpers, seine Stellung im Raum und seine Bewegung, nicht starr, so daß ein wiederum zum kommunikativ agierenden Oberkörper entsprechend sich haltender und bewegender Unterkörper das Bewegungsverhalten steuert und die Gesamthaltung mitbestimmt (*Kinesik*).

(e) Wie zentral der kinetische Eindruck gewertet wird, zeigt sich in der Bemessung der Abstandswahrung, der partnerbezogenen Bewegung auf ihn zu oder von ihm weg in der Kommunikation: das Distanz- und Näheverhalten (*Proxemik*) unterliegt dabei neben situativen und persönlichen auch dominanten kulturellen Konventionen; und auch die mißfällige Reaktion auf Normverstöße fällt ganzheitlich aus: Körperbewegung, spezifische Gebärde(n) (z.B. Sperrung durch spreizende Armhaltung) und Abwehrmimik spielen hier zusammen, als körpersprachliche Orchestrierung einer kommunikativ wirkenden Eindrucksqualität (z.B. ‹bleib mir vom Leibe› oder ‹ich fühle mich wegen des kühl wirkenden Abstands unwohl›).

Anmerkungen:
1 s. H. Kalverkämper: Art. ‹Körpersprache›, in: HWRh, Bd. 4 (1998) Sp. 1339–1371. – **2** vgl. z.B. T. Nummenmaa: The Language of the Face (Jyväskylä 1964); K. Leonhard: Der menschliche Ausdruck in M., Gestik und Phonetik (1976). – **3** zu den Experimenten s. S. Frey: Die nonverbale Kommunikation (1984). – **4** vgl. Begriffsgesch. in Abschnitt A.II. – **5** vgl. z.B. K.R. Scherer, H.G. Wallbott (Hg.): Nonverbale Kommunikation: Forschungsberichte zum Interaktionsverhalten (^{2}1984) Kap. A.1.; s. auch ‹Gesichtssprache› wie in der dt. Übers. des Titels ‹Emotions in the Human Face› (1971) von P. Ekman, W.V. Friesen, Ph.C. Ellsworth (Hg.): Gesichtssprache. Wege zur Objektivierung menschlicher Emotionen (Wien u.a. 1974). – **6** hierzu J. Renson: Les dénominations du visage en français et dans les autres langues romanes. Étude sémantique et onomasiologique, 2 vol. (1962); K.E. Georges: Ausführliches lat.-dt. Handwtb., 2 Bde. (^{8}1913; ND 1995); vgl. auch G. de Zordi: Die Wörter des Gesichtsausdrucks im heutigen Englisch (Diss. Bern 1972). – **7** L. Balensiefen: Die Bedeutung des Spiegelbildes als ikonographisches Motiv in der antiken Kunst (1990) 16. – **8** ebd. – **9** nach singulärem Auftauchen in der griech. Lit. (Apollonios Rhodios [ca. 295–215 v.Chr.] dann bei den Römern mit Ovid (43 v.Chr. – 18 n.Chr.) und Statius († ca. 96 n.Chr.); vgl. Balensiefen [7] 15–18; vgl. auch Artikel ‹Spiegel›, in: H.S. Daemmrich, I. Daemmrich: Themen und Motive in der Lit. Ein Hb. (1987; ^{2}1995). – **10** vgl. H. Kalverkämper: Lit. und Körpersprache, in: Poetica 23 (1991) 328–373. – **11** in solcher Weise segmentierend: D. Morris: Körpersignale. Bodywatching (1986) (engl. Orig.: Bodywatching. A field guide to the human species, London 1985). – **12** I. Eibl-Eibesfeldt: Der vorprogrammierte Mensch. Das Ererbte als bestimmender Faktor im menschlichen Verhalten (^{5}1984) 99, 133f. – **13** s. dazu Morris [11] 108. – **14** ebd. 94. – **15** die hochdifferenzierten Muskelorganisationen des Gesichts referiert vor dem Hintergrund einschlägiger Unters. I. Eibl-Eibesfeldt: Die Biologie des menschlichen Verhaltens. Grundriß der Humanethologie (^{3}1995) 622–665; in der Tradition von Leonardo da Vinci, die Erkenntnisse der Wissenschaft (Anatomie) und das Vermögen der Kunst in harmonischen Einklang zu bringen, steht G. Bammes: Die Gestalt des Menschen (^{9}1999) Kap. 10: ‹Kopf› mit detaillierten Muskelstudien zu emotionalen Gesichtsausdrücken. – **16** vgl. aber W. Wundt: Stimmlaute als Ausdrucksbewegungen, in: K.R. Scherer, A.S. Stahnke, P.W. Winkler: Psychobiologie (1987) 292–297. – **17** vgl. B. Steinbrink: Art. ‹Actio› in: HWRh, Bd. 1 (1992) Sp. 46–51. – **18** Leonhard [2]; K.-H. Göttert: Gesch. der Stimme (1998). – **19** vgl. C. Schmauser, Th. Noll (Hg.): Körperbewegungen und ihre Bedeutungen (1998); C. Müller: Redebegleitende Gesten. Kulturgesch. – Theorie – Sprachvergleich (1998).

B.I. *Affine Disziplinen.* Der Kopf, das Gesicht, die M. sind als hochkommunikativ wirkende Körperbereiche im Laufe der Kulturgeschichte Gegenstand verschiedener Reflexionen, Theorien und angewandter Kunst geworden, die im Umfeld von ‹M.› zu unterscheiden sind:
1. *Physiognomik.* Die harten, unveränderlichen Schädelmaße – das Gesicht in Ruhe mit seinen permanenten Merkmalen – und deren (wertende, dabei vorzugsweise auf das Profil bezogene) Beurteilung durch den Betrachter sind Gegenstand der Physiognomik[1] (insbes. J.C. LAVATER [1741–1801]), so daß man die M. dazu als Pendant *ausdrucksvarianter Kommunikation* verstehen kann.
2. *Phrenologie.* Eng mit der Physiognomik verbunden ist um 1800 die Phrenologie, die sich – mit außerordentlicher gesellschaftlicher Resonanz im 19. Jh. – speziell mit der Vermessung des Schädels beschäftigt (F.J. GALL [1758–1828] und sein Schüler K. SPURZHEIM)[2], um aus der Schädelform Rückschlüsse auf den Charakter und die Anlagen des Menschen ziehen sowie Prognosen zu seinem Werdegang aufstellen zu können.[3]
3. *Pathognomik.* Was die weichen Teile des Kopfes betrifft, die sich ja im Gesicht (mit den Ohren) befinden und dessen Lebendigkeit ausmachen und damit die Kommunikativität des Gesichts, die M., überhaupt erst ermöglichen, so gerieten sie, als Gegengewicht zur Physiognomik des 18. Jh. konzipiert, mit der sog. *Pathognomik* (auch *Pathognomie* oder *Pathognostik*) in den analytischen Blick (insbes. G.C. LICHTENBERG [1742–1799]); in dieser älteren Bedeutung – später wird diese medizinisch, im Sinne der Krankheitserkennung durch Symptome, spezialisiert – beschäftigt sie sich mit dem geschulten Erkennen psychischer (insbesondere emotionaler, speziell affektiver) Zustände, wie sie aus den Ausdrucksweisen des Gesichts (aber auch weiter verstanden: der Gestik oder Gebärden und der Körperhaltung) ablesbar sind[4]; sie nimmt sich auch des expressiven Gesichtsausdrucks auf der Theaterbühne an (insbes. J.J. ENGEL, LESSING, LICHTENBERG – sie deuten M. und Gestik als die äußeren Zeichen unsichtbarer innerer Gemütszustände) und gibt differenzierte Beschreibungen von mimischen (sowie gestischen und körperlichen) Ausdruckswirkungen für den Schauspieler, der Affekte im Drama (Tragödie, Komödie) beherrschen will.[5]
4. *Pantomimik.* Die Pantomimik (oder *Pantomime*, dies zuerst für den Ausführenden, den Schauspieler, Tänzer; griech. παντομῖμος, pantomimos – alles Nachahmender) ist von der M. insofern zu trennen, als

(a) sie eine *Kunstform* ist (dem Tanz verwandt und dem Theater nahestehend), die den Körper als Erzählmedium einsetzt; als μῖμος, mímos (Nachahmer, Nachahmung, Schauspieler) nachweisbar seit dem 6. Jh. v.Chr. in der griechischen Antike (als literarische Gattung zuerst bei Aristoteles, *Poetik* 1447b 10); dann sehr beliebt – und seit der Zeitenwende auch so bezeichnet – in der römischen Kaiserzeit (31 v.Chr. – ca. 6. Jh. n.Chr., Verbot durch Iustinianus [oström. Kaiser 527–565]); im Mittelalter durch Autoritäten wegen der körperlichen Darstellung als obszön empfundener Inhalte bekämpft (Karl der Große; Konzilsbeschlüsse); dann im 16. Jh. über den Weg des Volkstheaters – vermittelt über spanische und italienische Komödianten und als Gattung bestens geeignet für Aufführungen in fremden Sprachgebieten (Frankreich) – konstitutiv (und ergänzt durch improvisierte Texte eines grob strukturierten Handlungsschemas [*scenario*]) für die *Commedia dell'arte* (*Commedia all'improvviso*; frz. *Comédie italienne, Arlequinade sautante*; Stegreifkomödie); im 17. und 18. Jh. als eigene Gattung entwickelt (im 18. Jh. als Ersatz für verbotene Sing- und Sprechtheater), um dann im 19. Jh. in Konkurrenz zum *Ballett* und schließlich, ab Beginn des 20. Jh., verbunden über die Musik sogar in Partnerschaft mit ihm (frz. *ballet-pantomime*, mit Vorläufern im Frankreich des 18. Jh.) zu treten (als bekannte Vertreter der Pantomimenkunst des 20. Jh. gelten z.B. Jean Louis Barrault, Marcel Marceau, Samy Molcho u.a.).

Das mit dem beginnenden 20. Jh. entstehende Medium *Film* nimmt im Stummfilm mimische und gestische Elemente der Pantomimen-Tradition – zum Teil mit neuartiger künstlerischer Wirkung überzeichnend – auf, bis sie sich mit der Entwicklung des Tonfilms wieder daraus lösen; die Wirkung der M. (auch der Gestik) wird nun durch ausgefeilte Kameraführung (Nahaufnahmen, szenische Details) und eher wieder am Theater, an der Bühnenspielweise orientiert in Szene gesetzt;

(b) sie versteht sich, wenn auch in ihrer Geschichte in wechselnder Weise – s. o. (a) – als alleiniges kommunikatives Ausdrucksmittel, *ohne die Verbalsprache* (worin sich sicherlich ein Teil des künstlerischen Anspruchs begründet): als eine stumme Darstellungskunst und visuelle Dramenform;

(c) sie bezieht den *ganzen Körper* als Ausdrucksmittel mit ein, auch mit M., wenngleich sie vorzugsweise die Arme und Hände, also die Gestik (Gebärden) verwendet, aber auch die Körperhaltung und Schrittweisen, z.T. akrobatisch, mit einsetzt (mit Musik als Tanz).

Anmerkungen:
1 s. H. Kalverkämper: Art. ‹Körpersprache›, in: HWRh, Bd. 4 (1998) Sp. 1339–1371. – **2** E. Clarke, K. Dewhurst: Die Funktionen des Gehirns. Lokalisationstheorien von der Antike bis zur Gegenwart (1973); St.J. Gould: Der falsch vermessene Mensch (1983). – **3** s. F.J. Gall: 1758–1828, Naturforscher und Anthropologe; ausgew. Texte, eingel., übers. und kommentiert von E. Lesky (1979). – **4** G.Chr. Lichtenberg bestimmt sie in seinem berühmten Essay ‹Über Physiognomik› [1778] (in: ders.: Aphorismen – Essays – Briefe. Hg. v. K. Batt, ⁴1985, Zitat 350) als «Semiotik der Affekten». – **5** vgl. das zweibändige Werk von J.J. Engel: Ideen zu einer M. (1785–1786); ebenso G. Austin: Die Kunst der rednerischen und theatralischen Declamation nach ältern und neuern Grundsätzen über die Stimme, den Gesichtsausdruck und die Gesticulation aufgestellt ..., dt. Übers. d. engl. Orig. ‹Chironomia or a treatise on rhetorical delivery ...›, London 1806 (1818; faks. ND 1969); J. Jelgerhuis (1770–1836): Lessons on the theory of gesticulation and mimic expression. Given to students enrolled in classes for the training and instruction of dramatic artists (engl. Übers. d. holländ. Orig. ‹Theoretische lessen over de gesticulatie en mimiek›, Amsterdam 1827) als Teil von; A.S. Golding: Classicistic acting. Two centuries of a performance tradition at the Amsterdam Schouwburg (New York, London 1984); A. Vincent-Buffault: Histoire des larmes. XVIIIᵉ – XIXᵉ siècles (Paris/Marseille 1986); D. Barnett: The Art of Gesture: The practices and principles of 18th century acting (1987).

II. *Kulturgeschichte der M.* Die Kunst, hier zuerst die darstellende, und zwar speziell die *theatralische Kunst* – dann aber auch die bildende Kunst (zuerst die attische [Vasen-]Malerei: menschliche Antlitze [Polygnotos, nach Mitte 5. Jh. v.Chr.]; ihr folgt die Bildhauerei: Skulpturen) – führt dazu, daß das Kommunikationsmittel und Wirk(ungs)instrument M., das dem Menschen naturgegeben ist, aber darüber hinaus in bestimmten Zügen auch erziehungsgeleitet, somit letztlich kulturgebunden ist, wirkungssystematisch beachtet und dann auch erlernt wird.

1. *M. in der Geschichte der Bildenden Kunst.* Die Bildende Kunst hat diesen Weg insofern mitvollzogen, als die ersten Zeugnisse von Malerei und skulpturalem Schaffen in prähistorischer – d.h. hier: eiszeitlicher (jüngeres Pleistozän) – Zeit (vor 30.000 bis 35.000 Jahren) mimisch indifferent gehalten sind, entweder mit Andeutung der gesichtsausprägenden Orientierungspunkte (Augen, Nase, Mund), oder als Votiv- und Magie-Skulpturen (z.B. Venus-Figuren als Fruchtbarkeitssymbole) ganz ohne gestaltete Gesichter. Erst am Ende der letzten Eiszeit (Würm-Glaziale) vor ca. 10.000 Jahren lassen sich dann Portraitdarstellungen des paläolithischen Menschen nachweisen.

Die Kunstgeschichte weiß für die einzelnen Epochen und Kulturkreise Vorlieben, ästhetische Grundsätze und künstlerische Arbeitsweisen zu benennen, so auch zwischen griechischer und römischer Plastik und Skulpturkunst, die sich im Prinzip zwischen realistischer und idealisierender Darstellung insbesondere des Gesichts und des mimischen Ausdrucks bewegt. [1] Die hohe Zeit des mimisch interessanten Gesichts ist die Renaissance, zudem mit deren Königin der Künste (nach dem Urteil des Leonardo da Vinci: ‹Trattato della pittura›; 1498), der Malerei: die Gattung des *Porträts* (‹Bildnis›) entwickelt sich ab 1420 und entfaltet sich bis zur Mitte des 17. Jh. Es tritt aber auch schon in den Spätstufen der Kunst von vorhergegangenen Kulturen auf, so in der altägyptischen Amarna-Zeit (14. Jh. v. Chr.), im Hellenismus (Kulturepoche seit der Zeit Alexanders d. Gr. [356–323 v. Chr.] bis Augustus [63 v. Chr.–14 n. Chr.], dann als spätrömisches Mumienbildnis oder, im Mittelalter, als Grab- und Stifterfigur. Die Psychologie der Fremdbeobachtung wie auch, bei den Selbstporträts (von denen die über 100 Selbstbildnisse Rembrandts [1606–1669] als Seelenstudien berühmt sind), die affektbezogene Individualität machen den Reiz dieser Malgattung aus, die im 17. Jh. tatsächlich mit den zeitgenössischen Affektenlehren Verbindungen eingeht und zu physiognomischen Studien Anlaß gibt; «das Gesicht – als Zentrum der Person – wird als symbolisch-expressive Repräsentanz von Gefühlen begriffen». [2]

Im 18. Jh. und der folgenden Zeit lenken *Karikatur* und *Bildergeschichte* (Vorläuferin des *Comic*) als zeichnerische Kunstgattungen neue Aufmerksamkeit auf das Gesicht und seine Verfremdung, meist Überzeichnung mimischer Verhaltensweisen und physiognomischer wie auch pathognomischer (theatralischer) Auffälligkeiten. Zeichner wie der Engländer W. Hogarth (1697–1764), der Schweizer R. Toepffer (1799–1846) oder die Franzosen Ch. Le Brun (1619–1690; ‹Méthode pour apprendre à dessiner les passions, proposée dans une conférence sur l'expression générale et particulière›, Paris 1698; faks. ND d. Ausg. Amsterdam 1702: Hildesheim, Zürich, New York 1982), H. Daumier (1808–1879) und G. Doré (1832–1883) oder der Deutsche W. Busch (1832–1908) schaffen das neue Genre des Bilderromans; zu ihm gesellt sich die Karikatur, die sich aufteilt in die politische Karikatur und die Sittenkarikatur und deutlich vom Mimischen aus kritisch weiter ausgreift auf Gestik, Haltung und generelle Verhaltensweisen.

Das 20. Jh. verfremdet das Gesicht und schafft damit neue Aussagen, die auch die Funktion der M. durch Mittel der künstlerischen Umbrüche neu befragen lassen. Expressionismus, Kubismus, Picassos Köpfe, Salvador Dalí, René Magrittes Verweigerung individueller Gesichtszüge und situativer Emotionen durch persönliche M. in seinen Portraits – die moderne Kunstgeschichte wäre unter dem Aspekt, ob und gegebenenfalls wie das kommunikative Gesicht wahrgenommen und wiedergegeben ist, zu sichten, woraus sich die Frage nach der neuen Sinnstiftung ergibt.

2. *M. in der literarischen Gattungstradition.* Im Bereich der Kunstprosa bildet sich in der Antike eine eigenständige literarische Gattung(stradition) (mit den Sizilianern Sophron aus Syrakus, um 430 v.Chr.; Theokritos aus Syrakus, Anfang 3. Jh. v.Chr.) als *Mimus* (μῖμος, mímos) heraus, die volkstümliche, oft derbe Stoffe aus dem Alltag monologisch und dialogisch verarbeitet. Sie darf – anders als die hohen dramatischen Gattungen ‹Tragödie› und ‹Komödie› – ohne Maske gespielt werden und gewinnt nach dem Rückgang des Interesses an den vornehmen Gattungen vom 4. Jh. v.Chr. an eine wachsende, mit dem 3. Jh. v.Chr. eine beherrschende Stellung auf den Bühnen, beliebt im römischen 1. Jh. v.Chr. (was die soziale Stellung der im antiken Griechenland gering geachteten *mimi* bzw. *mimae* [hier durften Frauen als Schauspieler mitwirken] deutlich anhebt); bis ins 6. Jh. n.Chr. hält sich die Gattung, deren als unliterarisch geltende Texte nicht überliefert sind, da Stegreif, Situationsposse, Improvisation und Tageskomik ein locker strukturiertes Gerüst ausfüllen.[3] Tanz und Musik sowie Gestik (Gebärdenspiel) und M. als ausdrucksvolle Darstellungsweisen beherrschen die theatralische Wirkung. Diese kommt speziell durch das Fehlen der Maske auf, was dem individuellen Ausdruck mehr Freiheit schafft, indem dieser dem Schauspieler anheimfällt, nicht dem Dichter, der in den hohen Gattungen mit ihren Masken vielmehr auf die Illusionsfähigkeit des Publikums setzen muß und, wenn auch mit gelegentlichen Hinweisen, für das Spiel nur σχήματα (schémata; Haltungen, Stellungen, Gebärden, Benehmen) und κινήσεις (kinéseis; Bewegungen, Veränderungen)[4] verwenden kann.

3. *M. und Maske.* Die Maske (πρόσωπον, prósōpon; Gesicht, Miene, Blick, Auge, Aussehen, Person, Maske, Rolle; lat. *persona*) als artifizielles Gesicht mit starr mimischem Ausdruck gibt es in fast allen Kulturen (ausgenommen der islamischen, die die Abbildung von Menschen verbietet) – sie darf durchaus als ‹face of culture› gelten[5] – und stammt aus alten religiös-magischen Bräuchen (Tiermasken der Jäger schon in Höhlenmalereien des Paläolithikums [mehr als 1. Mill. Jahre–ca. 8000 v. Chr.], der Altsteinzeit in Europa, vor 20.000 Jahren). Als (1) kultische *Tanzmaske* (aus der sich die Theater- und Karnevalsmasken entwickelten), als (2) *Totenmaske* oder als (3) *Kriegsmaske* sollte sie dem Träger ein neues Wesen verleihen, indem die eigene Identität verdeckt, ja versteckt wird (diese nimmt also schon vorgeschichtlich am erkennbaren Gesicht und der individuellen M. ihr Maß [so ist, gerade prähistorisch, der Maskierte durchaus ansonsten nackt], was bis heute gilt).

In Europa (gegenüber z.B. der japanischen, afrikanischen oder präkolumbianischen Tradition) in Griechenland aus dem Dionysos-Kult hervorgegangen, behält das griechische Theater von Anfang an (etwa 500 v.Chr.) die Maske für die Schauspieler der Tragödie (sowie des Satyrspiels) und der Komödie bei: somit können sie in verschiedene Rollen schlüpfen und auch Frauenrollen (als männliche Darsteller) übernehmen. Mit asymmetrisch gestalteten Masken, die der Schauspieler den Zuschauern zuerst von der einen, dann von der anderen Hälfte zuwendet, wird ein Wechsel des Gesichtsausdrucks, eine Art binäre M., erreicht.[6] Die stuckierte Leinenmaske ist (gemäß gewissen Regeln) bemalt (Augenbrauen, Lippen, Weiß der Augen, Hautfarbe) und mit Haaren und (bei Männermasken) mit Bart beklebt. Der Gesichtsausdruck zeigt bei dem ersten großen Tragiker Athens, Aischylos (525–456 v.Chr.), wohl nur ein angedeutetes Lächeln, und es gibt «bis Mitte 5. Jh. v.Chr. nur geringe Versuche, Schmerz und Leidenschaft durch Stirnfalten und vorgeschobene Lippen wiederzugeben».[7] Der Mund ist anfänglich wenig geöffnet, wird dann aber immer offener und «nahm in röm. Zeit groteske Formen an».[8]

Es ist naheliegend, daß sich hier physiognomische Typisierungen festsetzen, z.B. signalisieren «sehr hohe Augenbrauen Frechheit».[9] Für charakteristische Typen (wie Satyr, Hetäre, Sklave, Heroe, Gott), Lebensalter oder gesellschaftliche Status bilden sich (insbesondere ab der italischen Zeit [ca. 4. Jh. v.Chr.]) wiedererkennbare mimisch-physiognomische Masken gerade für den Typenvorrat der Komödie heraus (z.B. «knollige Nase, gierige, runde Augen», «die Sklaven unten aufgebogene, an der Wurzel stark eingedrückte Nasen»[10]). Später, in der italienischen Renaissance ab dem 16. Jh., sind die Typen und Rollen in der *Commedia dell'arte* (bis Ende 18. Jh. in ganz Europa verbreitet) kanonisiert, insbesondere bei den Dienerfiguren (*Zanni*).[11]

4. *Römische Ganzheitlichkeit.* Die Römer sublimieren die Typisierung des theatralischen Gesichtsausdrucks und die Starrheit der Masken-M. auf der Bühne mit einer sorgfältig beachteten Gebärdenkunst, zu der sich auch (dramen-)gattungsspezifische Regeln entwickeln und es schauspielerische Anweisungen gibt.[12] Der Auftritt mit M., Gestik und gesprochenem Text wird als ganzheitliche Ausdruckseinheit gesehen.

Anmerkungen:

1 vgl. J. Boardman (Hg.): Reclams Gesch. der antiken Kunst (1997); K. Fittschen (Hg.): Griech. Porträts (1988). – **2** N. Schneider: Porträtmalerei. Hauptwerke europäischer Bildniskunst 1420–1670 (1992) 113; Rembrandts Selbstbildnisse (Ausstellungskatalog London, Den Haag) (1999); L. Goldscheider: Fünfhundert Selbstporträts von der Antike bis zur Gegenwart (Plastik, Malerei, Graphik) (Wien 1936). – **3** vgl. H. Wiemken: Der griech. Mimus. Dokumente zur Gesch. des antiken Volkstheaters (1972); K. Vretska: Art. ‹Mimus›, in: KlP Bd. 3 (1979) 1309–1314. – **4** C. Fensterbusch: Art. ‹Mimik›, in: KlP Bd. 3 (1979) 1308. – **5** vgl. J. Nunley, C. McCarty: Masks. Faces of Culture (St. Louis, Houston 1999). – **6** Art. ‹Maske›, in: O. Hiltbrunner: Kleines Lex. der Antike ([6]1995); vgl. auch C. Fensterbusch: Art. ‹Maske›, in: KlP Bd. 3 (1979) 1063–1065. – **7** Fensterbusch [6] 1063. – **8** ebd. – **9** ebd. – **10** ebd. 1064. – **11** vgl. z.B. M. Sand: Masques et buffons. Comédie italienne (Paris 1862); W. Krömer: Die ital. Commedia dell'arte (1976, [2]1987); D. Esrig (Hg.): Commedia dell'arte. Eine Bildgesch. der Kunst des Spektakels (1985). – **12** Fensterbusch [4].

III. *Rhetorische Systematik und Praxis.* **1.** *Pronuntiatio.* Die römische Bewertung (s. o. B. II, 4) ist deutlich durch die mit der Schauspielkunst wetteifernde Redekunst beeinflußt, deren Brückenschläge (als zwei praktische Künste, *artes in agendo positae*[1]) – nämlich (1) Schauspieler/Redner, (2) Bühne/Forum, (3) Öffentlichkeit, (4) gesprochener Text, (5) körperliche Präsenz, (6) Wirkung auf das Publikum – eine gegenseitige Befruchtung in theoretischer Reflexion und praktischer Erprobung (Empirie) ermöglichen (wobei QUINTILIAN – auch aus der Rhetoriktradition her resümierend – feststellt, der Vortrag einer Rede dürfe nicht zur Schauspielerei entarten, denn: «[...] varias manus, diversos nutus actor adhibebit. aliud oratio sapit nec vult nimium esse condita: actione enim constat, non imitatione»; der Schauspieler wird wechselnde Handbewegungen und verschiedene Kopfbewegungen anbringen. Einen anderen Geschmack verlangt die Rede; sie wünscht keine so starke Würze: denn ihr Wesen liegt im Vortrag bei der Verhandlung, nicht im Nachahmen). [2] Doch schon ARISTOTELES empfiehlt in der ‹Metaphysik›, nur dem Gesichtssinn als dem verläßlichsten aller menschlichen Sinne zu trauen; das Sehen und das Gesehenwerden (d.h. die Wirkung auf das insbesondere über die Augen wahrnehmende Publikum) stehen als zentrale Komponenten sozialer Beeinflussung neben dem Reden und dem Hören der Rede.

So findet auch die M. des Redners in der ‹Rhetorik› des Aristoteles mit seinem Begriff der ὑπόκρισις (hypókrisis; lat. *actio*; Auftreten) ihre Beachtung. Im thematischen Umfeld der Verarbeitungsphasen (*tractatio*) – und zwar (nach *inventio*, *dispositio*, *elocutio* und *memoria*) in der fünften, der *pronuntiatio*, also dem konkreten Halten der Rede mit Stimmführung, M., Gestik (Gebärden), Körperhaltung und weiteren Indikatoren (z.B. Kleidung) – hat sie als körpersprachliche Äußerungsform und somit als bedeutsamer Wirkungsfaktor ihren Platz. Hierzu finden sich die literarischen Analogien, die Aristoteles bereits gezogen hat: im Vortrag der Epen (ῥαψῳδεῖν, rhapsōdeín), der Lyrik (διᾴδειν, diádein) und des Dramas (ἡ ὑποκριτική, hē hypokritiké). [3] Für die rhetorische Praxis fällt die Körpersprache – und hier dann auch das mimische Ausdrucksverhalten des Gesichts – unter die *actio* (was den Begriff der *pronuntiatio* eher zum Verbalen hin gewichtet) [4]: Mit Blick auf CICERO wird die Metapher von der körperlichen Beredsamkeit (*eloquentia corporis*) etabliert und der von Cicero geprägte Terminus ‹Körpersprache› (*sermo corporis*) übernommen. Stimme, Mienenspiel und nahezu alles in der Körperhaltung dienen dazu, intensive Gefühlswirkungen zu erzielen («adfectus omnes languescant necesse est, nisi voce, vultu, totius prope habitu corporis inardescunt» [5]). Die forensische Situation – ein großes Publikum, auf das man einwirken will – schafft in diesem Ensemble der *actio* dementsprechend Gewichtungen zugunsten einerseits der *Stimme* (*vox*), die über die Ohren beeinflußt, und andererseits der *Gebärden* (*gestus*), die über die Augen ihre Wirkung ausüben; der Primat der Sinne, «durch die jede Gefühlsregung in das Innere dringt» («omnis ad animum penetrat adfectus» [6]), fällt hier der Stimme zu, weil «dieser sich ja auch das Gebärdenspiel anpaßt» («cui etiam gestus accommodatur» [7]); die M. ist auf Distanz zwischen Redner und Publikum nicht mehr gut zu erkennen und somit, gegenüber den Möglichkeiten der Stimme, nicht ausschlaggebend wirkungsvoll.

2. *Wirkungsnormen.* Dennoch widmet sich QUINTILIAN dem Gesichtsausdruck, der M. (*vultus*), ausführlich, sogar mit dem einleitenden Hinweis auf deren beherrschende Funktion («dominatur autem maxime vultus» [8]), weil sich über das Gesicht die gesamte Ausdruckswelt der vielfältigen Lebensdispositionen abbildet, von deren Reichtum er Beispiele anführt (u. a. flehend, drohend, schmeichelnd, heiter, stolz, unterwürfig erscheinen [9]), was wiederum Analogien zum Theater und seinen Gesichtsmasken (*personae*) mit ihren verschiedenen Gefühlsausdrücken (*adfectus*) nahelegt. [10] Quintilian bietet eine Analyse des Zusammenspiels funktionaler Ausdrucksteile der M. an, indem er die hauptsächlich beteiligten Gesichtsbereiche isoliert:

(a) Die *Augen* (*oculi*), denen die größte Ausdruckskraft des Inneren nach außen eigen ist («in ipso vultu plurimum valent oculi, per quos maxime animus emanat» [11]); sie passen sich dem Ablauf des Redeinhalts an: «motu vero intenti, remissi, superbi, torvi, mites, asperi fiunt: quae, ut actus poposcerit, fingentur» (Wenn die Augen in Bewegung sind, so blicken sie gespannt, gelassen, stolz, wild, sanft oder hart, wie es der Vorgang verlangt). [12] Für das rhetorische Anliegen sei es dagegen prinzipiell unstatthaft («numquam esse debebunt»), «starr und aufgerissen oder matt und glasig oder glotzend, ungezügelt, umherirrend, schwimmend und gleichsam wollüstig oder schielend und sozusagen in Liebesglut oder etwas fordernd oder verheißend» [13] zu sein.

(b) Dann die *Augenlider* (*palpebrae*) und die *Wangen* (*genae*), die den Augenausdruck stark unterstützen («et ad haec omnia exprimenda in palpebris etiam et in genis est quoddam deserviens iis ministerium» [14]).

(c) Auch die *Augenbrauen* (*supercilia*) helfen beim funktionalen Aufbau der M.: «sie geben im gewissen Grade den Augen ihre Form und beherrschen die Stirn.» [15] Als Fehler (*vitium*) bewertet er es, wenn sie «entweder völlig unbewegt sind oder allzu beweglich oder von ungleicher Gestalt, so daß sie [...] nicht zusammenpassen oder entgegen dem, was wir sagen, gebildet werden» [16]; in der künstlerischen Tradition der theatralischen Masken für das Drama setzt Quintilian eine Art konditionaler Gleichung fest zwischen dem Ausdrucksträger (Körperteil) und seiner Ausdrucksgestalt einerseits und der Ausdrucksbedeutung andererseits (Typ: ‹wenn der Körperteil so und so aussieht, bedeutet das› – z.B. Kummer): «Zorn kommt nämlich durch gerunzelte, Trauer durch gesenkte, Heiterkeit durch entspannte Augenbrauen zum Ausdruck. Auch im Zusammenhang mit dem Zustimmen oder Ablehnen werden sie gesenkt oder gehoben». [17]

(d) Die *Stirn* (*frons*) erhält ihre mimische Ausdrucksveränderung durch die Augenbrauen, mit denen sie «gerunzelt, gehoben und entspannt» wird («contrahitur, attollitur, remittitur» [18]).

(e) *Nase* (*nares*, plur.) und *Lippen* (*labium*, meist plur. *labia*; auch *labrum*, plur. *labra*) gelten in rhetorisch-praktischer Hinsicht als mimisch unbedeutend. Sie werden jedoch gern benutzt, um «Hohn, Verachtung und Abscheu zu kennzeichnen» («naribus labrisque non fere quicquam decenter ostendimus, tametsi derisus iis, contemptus, fastidium significari solet.» [19]). Die Gründe dafür, sie nicht zur rhetorischen Wirkung einzusetzen, sind nicht körperkommunikativer, sondern ästhetischer Art: seit Horaz gelte es als «unfein» («indecorum est») und «unschön» («deforme est») oder «schlecht» («male»), zum Beispiel die Nase krauszuziehen («corrugare nares») oder sie zu blähen (*inflare*), die Nasenlöcher zu spreizen (*diducere*), die Lippen hochzuziehen oder weit aufzusperren und die Zähne zu entblößen («labra adstringuntur et diducuntur et dentes nudant») oder die Lippen zur Seite und fast bis zum Ohr zu ziehen, sie gleichsam in Abscheu aufzuwerfen («in latus ac paene ad aurem trahuntur et velut quodam fastidio replicantur»), oder auch sie zu lecken oder zu beißen («lambere quoque ea et mordere»). [20] Der Rhetor habe die Lippenmimik zugunsten der Mundartikulation dezent zu halten, «wie ja schon beim Bilden der Wörter ihre Bewegung nur zurückhaltend sein darf; denn man soll mehr mit dem Mund als mit den Lippen sprechen» («ore enim magis quam labris loquendum est»). [21] Aus Aspekten der Schicklichkeit (*decorum*), die als ästhetische Richtlinien ja zeitabhängig und gesellschaftsgebunden sind, leiten sich also mimische Verhaltensweisen ab, die im Rahmen der rhetorischen Wirkung als Erwartungsnormen gesetzt werden.

Und so wird vom Redner für seinen Vortrag, der *gewinnend* (geneigt machend), *überzeugend* und *erre-*

gend, d.h. auch: *unterhaltend* sein soll («conciliet, persuadeat, moveat, quibus natura cohaeret, ut etiam delectet» [22]), als körpersprachlich angemessene Verhaltensweise in ganzheitlicher Sicht – darin also auch, wie hier folgend als Ausschnitt zitiert, in Beachtung der M. – verlangt: «Die Haltung sei aufrecht, [...], die Schultern entspannt, die Miene ernst, nicht düster, auch nicht starr oder schlaff, [...].» («vultus severus, non maestus nec stupens nec languidus»). [23]

3. *Die M. in der Affektenlehre.* Die Forderung an eine kontrollierte M. versteht sich im Rahmen der Aufgaben des Redners (*officia oratoris*). Er hat drei Redeziele einzulösen, um die Zustimmung des Publikums zu erlangen: *belehren, erregen* und *unterhalten* («tria sunt item, quae praestare debeat orator, ut *doceat, moveat, delectet.* haec enim clarior divisio quam eorum, qui totum opus in *res* et in *adfectus* partiuntur.» Als Begründung fügt QUINTILIAN also an: «Denn diese Einteilung ist klarer als die andere, deren Verfechter die ganze Aufgabe des Redners in *Sachfragen* und *Fragen der Gefühlserregung* teilen.» [24]). Dies knüpft an den ciceronischen Anspruch an den Redner an («erit igitur eloquens [...] is qui in foro causisque civilibus ita dicet, ut *probet*, ut *delectet*, ut *flectat*»; der vollkommene Redner spricht auf dem Forum und in Zivilprozessen so, daß er *beweist, unterhält* und *beeinflußt* [25]. Cicero begründet diese Reihung konsequenterweise psychopragmatisch: «Beweisen ist Sache der Notwendigkeit, Unterhalten ist die Frage des Charmes, Beeinflussen bedeutet den Sieg.») und modifiziert ihn im Bereich der rational-logischen, intellektuell angelegten, auf Einsicht des Zuhörers zielenden Darlegungsweise (das argumentative *probare* = beweisen um das instruktive *docere* = belehren); aber im Bereich des Affektiven, der Emotionssteuerung, sind einmütig die Aspekte des (zweckfreien) Erfreuens (*delectare*) und des (zweckgerichteten) Gewinnens (geneigt Machens, in der Gesinnung Verbindenden) (*conciliare*) einerseits und des inneren Bewegens (*movere, commovere*) und Aufstachelns (*concitare*) andererseits vertreten.

Diese beiden Aspekte – (1) *delectare* und *conciliare* sowie (2) *movere* und *concitare* – werden schon in ARISTOTELES' ‹Rhetorik› einerseits (1') als sanfter Affektstufe, dem besänftigenden *Ethos* (ἦθος, éthos; Charakter, Denkweise, ruhiger Seelenzustand, sanfte Sinnesart; *affectus mites atque compositi*) und andererseits (2') als heftigere Affektstufe, dem erregenden *Pathos* (πάθος, páthos; Gemütsbewegung, Stimmung, Leidenschaft, Affekt; *affectus concitati*), unterschieden, die der Redner als Überzeugungsmittel einsetzt, um auf die Gemütsverfassung (Emotionen, Affekte) der Zuhörer und Zuschauer parteigünstig einzuwirken. [26] Seine vergleichsweise breit angelegten Ausführungen zum Thema ‹Pathos› im Buch II [27] beschäftigen sich mit folgenden zehn Affekten, die eine Rolle in normalen Redesituationen spielen: *Zorn* und *Verachtung* (II, 2), *Besänftigung* (II, 3), *Freundschaft* und *Liebe* bzw. *Feindschaft* und *Haß* (II, 4), *Furcht* und *Mut* (II, 5), *Scham* (II, 6), *Freundlichkeit* (*Wohlwollen, Gunst*) (II, 7), *Mitleid* (II, 8) und sein Gegensatz: *gerechter Unwille* (II, 9), *Neid* (II, 10), *Rivalität* bzw. *Eifersucht* (II, 11). Seine Hinweise beziehen sich allerdings nicht auf mimische Manifestationsweisen, wenngleich praktisch alle diese Affekte sich primär über das Gesichtsverhalten vermitteln.

Dennoch liegt hier die *erste Persönlichkeitspsychologie* des Abendlandes (gegenüber den außereuropäischen Entwürfen des Altertums, so der ostasiatischen Philosophie [Laotse, Konfuzius]) vor, die aus den rhetorischen Handlungskontexten, empirisch gestützt, abgeleitet aus Wirkungsbeobachtungen von Sprachverwendung und Körpereinsatz, ausdrücklich kriterienbewußt (somit in diesem Sinne wissenschaftlich) und getrieben von dem Willen zweckgeschulter Menschenführung, eine *Ausdruckskunde, Emotionenanalyse* und *Körpersemiotik* (kommunikatives Körperverhalten) entwickelt.

Diese Leistung zeitigt einerseits die Herausbildung einer soziopsychologischen Selbstreflexion des Menschen mit Hilfe von Typisierungen, Klassifizierungen, Kategorisierungen (Physiognomik, Temperamentenlehre, Charakterologien, Typologien, Konstitutionslehren u.a.) und andererseits fundamentale Auswirkungen auf die Literatur und ihre Poetik, deren so gewachsene psychologische und psychoanalytische Kategorien (z.B. im literarischen Porträt) das literarische Schaffen Europas seither, bis in die heutige Zeit bestimmten (und sei es unter dem Signum des Gegenentwurfs, des Antiprogramms, wie zu Anfang des 20. Jh.). Diesem Themenspektrum widmen sich seit den neunziger Jahren anthropologische Literaturstudien [28] als Vorarbeiten einer künftigen Literaturanthropologie.

Anmerkungen:
1 Lausberg Hb. § 10, 2 und § 1091. – 2 Quint. XI, 3, 182. – 3 Arist. Poet. 26, 6; vgl. Lausberg Hb. § 1091. – 4 Quint. XI, 3, 1; vgl. auch B. Steinbrink: Art. ‹Actio›, in: HWRh, Bd. 1 (1992) Sp. 46–51. – 5 Cic. De or. III, 222; Quint. XI, 3, 2. – 6 ders. XI, 3, 14. – 7 ebd. – 8 ders. XI, 3, 72. – 9 ebd. – 10 ders. XI, 3, 73–74. – 11 ders. XI, 3, 75. – 12 ebd. – 13 ders. XI, 3, 76. – 14 ders. XI, 3, 77. – 15 ders. XI, 3, 78. – 16 ders. XI, 3, 79. – 17 ebd. – 18 ders. XI, 3, 78. – 19 ders. XI, 3, 80. – 20 ders. XI, 3, 80–81. – 21 ders. XI, 3, 80. – 22 ders. XI, 3, 154. – 23 ders. XI, 3, 159. – 24 ders. III, 5, 2. – 25 Cic. Or. 21, 69. – 26 Arist. Rhet. I, 2, 4ff. und II; wegen der Konsequenzen für Gattungen (*genera*) und Stile vgl. Lausberg El. §§ 67–70; Lausberg Hb. § 257; zur Begriffsgesch. vgl. den Art. ‹Affektenlehre›, in: HWRh, Bd. 1 (1992) Sp. 218ff.; als Überblick über die Gesch. der Philos. der Affekte vgl. z.B. J. Lanz: Art. ‹Affekt›, in: HWPh, Bd. 1 (1971) 89–100. – 27 zum ‹Ethos› s. Arist. Rhet. II, 12–17 und Lausberg Hb. §§ 1226–1230, § 1185, § 257. – 28 weit vor der Zeit bahnbrechend H. Weinrich: Das Ingenium Don Quijotes. Ein Beitr. zur lit. Charakterkunde (1956); für die aktuelle Zeit vgl. P. v. Matt: «... fertig ist das Angesicht»; zur Literaturgesch. des menschlichen Gesichts (1983); M. Albert: Unausgesprochene Botschaften; zur nonverbalen Kommunikation in den Romanen Stendhals (1987); J. Starobinski: Kleine Gesch. des Körpergefühls (1987); T. Kleinau: Der Zusammenhang zwischen Dichtungstheorie und Körperdarstellung in der frz. Lit. des 17.–19. Jh. (1990); H. Kalverkämper: Lit. und Körpersprache, in: Poetica 23 (1991) 328–373; Th. Koch: Lit. Menschendarstellung. Stud. zu ihrer Theorie und Praxis (1991); R. Behrens, R. Galle (Hg.): Leib-Zeichen. Körperbilder, Rhet. und Anthropologie im 18. Jh. (1993); B. Korte: Körpersprache in der Lit. Theorie und Gesch. am Beispiel engl. Erzählprosa (1993); R. Behrens, R. Galle (Hg.): Menschengestalten. Zur Kodierung des Kreatürlichen im modernen Roman (1995); C. Schmauser: Die ‹Novelas ejemplares› von Cervantes. Wahrnehmung und Perspektive in der spanischen Novellistik der Frühen Neuzeit (1996); C. Benthien: Im Leibe wohnen. Lit. Imagologie und historische Anthropologie der Haut (1998); R. Krüger: Fare le corna: literary and anthropological considerations on the etymology of an italian gesture, in: C. Müller, R. Posner (Hg.): The semantics and pragmatics of everyday's gestures (2000).

IV. *M. in den Wissenschaften.* **1.** *Inhalte, Disziplinen, Methoden.* Was die Künstler – Maler, Bildhauer, Redner, Literaten, Schauspieler – an sich und den Mitmenschen erkannt und dargestellt haben, wird erst ab der zweiten Hälfte des 19. Jh. in modernem Sinne *wissenschaftlich* untersucht.

(a) Seitdem – wenngleich in Anknüpfung an die Erfahrungen der antiken Rhetorik und ihrer Tradition (s. o. B. III.) sowie ihrer theatralischen Verwertung (s. o. B. II. 2.) – gilt die M. von Tier und Mensch als ein Kommunikationsmittel zwischen Partnern, als äußerlich-körperliche und somit öffentliche Kundgabeweise der eigenen Befindlichkeit an wahrnehmende und interpretierende Gegenüber sowie als Appellform an den Kommunikationspartner und somit Steuerungsmittel seiner (antizipierten, potentiellen) Reaktion.

(b) Diese funktional definierende Beurteilung ergibt sich aus Zentralfragen, die die Zusammenhänge von Verhalten, Handeln, Kommunikation, Körper thematisieren: (1) Persönlichkeit und Verhalten, (2) individuelles und soziales Verhalten, (3) biologische Grundlagen des Verhaltens, (4) Zeichenstatus, Repertoire und Zeichenverbund (Sequenzialität) [1] des mimischen Ausdrucksverhaltens bei Emotion(alität).

(c) Sie markieren die komplexen Problemkreise, die sich für *Disziplinen* herauskristallisiert haben wie (1) Ethologie (oder Verhaltensbiologie), insbesondere mit ihrem Evolutionskonzept [2]; (2) Wahrnehmungs-, Kommunikations-, Emotions-, Persönlichkeitspsychologie (hier insbes. die Theorie der Gestalteigenschaften / Konstitutionstypen und die Temperamentenlehre) [3] und Kulturpsychologie [4]; (3) diese beiden Wissenschaftsbereiche (1) und (2) lassen sich integrieren unter dem Etikett ‹Psychobiologie› [5]: sie beschäftigt sich mit der Evolution, den Funktionen und den Kulturfaktoren des Verhaltens, somit auch der Kommunikation und der sozialen Ordnung; (4) Semiotik [6]; (5) Anthropologie und Kulturanthropologie; (6) außerdem auch: Translationswissenschaft (speziell Dolmetschwissenschaft) [7], Kunstgeschichte, Portraitistik, Theaterwissenschaft, Medienwissenschaft, Literaturanthropologie, Interkulturelle Wirtschaftskommunikation, Verhandlungsrhetorik, Journalismus (bestimmte Textsorten der Berichterstattung, z.B. bei spektakulären Gerichtsverfahren).

(d) Man darf somit M. als ein inzwischen interdisziplinär interessierendes Phänomen einschätzen (was naturgemäß für das übergeordnete Phänomen ‹Körpersprache› erst recht gilt [8]), hier insbesondere unter folgenden Aspekten: (1) *Analyse* als mit wissenschaftlichen Kriterien erarbeitete Segmentierung und Sequenzialisierung mimischer Abläufe unterschiedlicher Größenordnung (von einzelner Aktion wie ‹Stirnrunzeln› zu Verhaltenseinheiten im Gesicht wie ‹Blickkommunikation› (s. u. B. IV. 4.): also Reduzierung wahrgenommener Komplexität im Gesicht auf kommunikativ bedeutsame Elemente und ihre Beziehungen); (2) *Zeichenstatus* (Ausdrucks-Inhalts-Relation; Zuweisung von Bedeutungen; vor allem für die Semiotik interessant); (3) *Wirkungspotenzen* (steuernde Einwirkung auf das reaktive Verhalten des Gegenüber; dies ist ein besonders attraktiver Reflexionsbereich für Rhetorik, Ethologie und Sozialpsychologie) sowie (4) *Vermittelbarkeit* (Lehre und Lernen des mimischen Ausdrucksrepertoires, Didaktisierung unbewußter oder normorientierter körperlicher – hier speziell: gesichtskommunikativer, also mimischer – Verhaltensmuster); dies ist wichtig in intrakulturellen, gesellschaftsinternen Beziehungen, es ist aber dringend notwendig in interkulturellen, gesellschaftenübergreifenden Beziehungen.

Die anzustrebende Interdisziplinarität als wissenschaftliche, hier speziell methodologische Antwort auf ein komplexes Analysefeld wie ‹Gesicht› wird wohl die (Human-) Ethologie als Leitdisziplin akzeptieren, nahegelegt durch die Bindung an das Verhalten des Menschen, und hier insbesondere durch den Begriff der ‹Emotion›.

2. *M. und Emotionen.* Zentral dürfte die Rolle der *Emotion* sein. Sie ist ein komplexes Muster von Prozessen, das physiologische Erregung (neurale, hormonale, viszerale und muskuläre Veränderungen), Gefühle (affektiver Zustand wie ‹gut / schlecht› oder spezielle Disposition wie ‹Freude› oder ‹Ekel›), kognitive Prozesse (Interpretationen, Erinnerungen, Erwartungen) und Verhaltensweisen (Weinen, Lächeln, zu Hilfe Rufen) einschließt, «die in Reaktion auf eine Situation auftreten, welche ein Individuum als persönlich bedeutsam wahrgenommen hat.» [9]

Wenngleich die Emotionen als *körperganzheitliche* Anzeichen kundgetan und auch so wahrgenommen und interpretiert werden, hat doch der Gesichtsausdruck, die M., dabei die zentrale Rolle inne. Er gilt als direkte Möglichkeit, Emotionen zu zeigen: die M. folgt der emotionalen Disponiertheit, den inneren Gefühlsbewegungen (Rückmeldungsfunktion).

(a) Diese Zusammenhänge, die aber auch mit dem Versuch hinterfragt werden, die Anatomie *vor* die Emotionen zu setzen (J. Waynbaum, R. Zajonc) [10], haben die *Evolutionstheorie* und die *Ethologie* (Verhaltensforschung) schon seit ihren Anfängen (CH.R. DARWIN, 1809–1882) funktional interpretiert: Darwin untersucht die Frage nach den Ursachen spezifischer Gesichtsausdrücke (z.B. weit aufgerissene Augen und angehobene Augenbrauen und leicht geöffneter Mund bei ‹Überraschung›); er erklärt in seinem 1872 erschienenen Werk ‹The expression of emotions in man and animals› [11] die Emotionen – wie Freude, Furcht, Ärger oder Abscheu/ Ekel (s. u. (c)) – als phylogenetisch entwickeltes Mittel zum Überleben. Daß bestimmte Situationen Emotionen bewirken, die ihrerseits mit ihnen gekoppelte Verhaltensweisen des Körpers veranlassen (z.B. Übergriff auf Territorium erzeugt die Emotion ‹Wut› als körperliche, physiologische Vorbereitung auf den Verteidigungskampf), läßt sich, laut Darwin, aus drei zusammenhängenden Erklärungsprinzipien ableiten:

(1) *Prinzip der zweckdienlichen assoziierten Gewohnheiten* («principle of serviceable associated habits»): Expressive Bewegungen gehen auf Verhaltensweisen zurück, die zu einem nutzbringenden Ziel führten, das, war es erreicht, zu einer Reduktion des Bedürfnisses führte, was wiederum eine entsprechende Empfindung mit sich brachte; durch Wiederholungseffekt verband sich dann allmählich die Verhaltensweise aufs engste mit den (ihren) Empfindungen; aus dem so durch Erfahrung Erlernten entstand ein genetischer Code, der mit der Fortpflanzung weitergegeben wurde: Emotion und Verhaltensweise werden fest assoziiert. – (2) *Prinzip des Gegensatzes* («principle of antithesis»): In Folge zu (1) entsteht die zu einer solchen festen Assoziation konträre Emotion in auch entsprechend entgegengesetzten Verhaltensweisen, wobei diese Assoziation dann nicht mehr eigens gelernt wird; so ist z.B. das mimische Verhaltensmuster bei ‹Trauer› – Mund, Mundwinkel, Stirn, Augenbrauen – analog konträr zu dem bei ‹Freude›. – (3) *Prinzip der direkten Wirkungen des Nervensystems* («principle of direct action of the nervous system»): Bei spezifischen Emotionen werden Nervenregionen in bestimmten Gesichtsregionen besonders gereizt, was sich im Ausdrucksverhalten umsetzt (Wut – Zusammenpressen der Zähne; innere Anspannung – Erröten; u.a.); diese physiologischen Zusammenhänge zwischen Ner-

ven(system), Erregungszustand (engl. *arousal*) und expressivem Verhalten mit Körperteilen bzw. Gesichtsregionen oder -organen werden auch in der modernen Ethologie anerkannt, indem sie die emotionalen Ausdrucksweisen des Gesichts als genetisch programmiert erklärt.[12] Die Ausdrucksbewegungen des Menschen liegen entwicklungsgeschichtlich in einer Linie mit bestimmten zweckgerichteten Bewegungen der Tiere; die Ähnlichkeiten sind nur mit der Evolution zu erklären.

So zeigt Darwin neben vielen anderen Fällen des Gefühlsausdrucks, daß z.B. (1) das menschliche *Stirnrunzeln* – eine M., die entsteht, wenn der Mensch mit einem Problem zu «kämpfen» hat (dies ist schon eine Metapher jenes Urhandelns) – auf die durch Stirnrunzeln entstehende Schutzverdickung der Augen beim kämpfenden Tier zurückzuführen ist; – oder (2) die M. des *weinenden* Menschen: sie leitet sich ab aus der Gesichtshaltung des Wimmerns oder Schreiens mit entblößten Zähnen bei Primaten (Schimpansen); – (3) das *Spielgesicht* (sog. ‹entspanntes Mund-offen-Gesicht›; engl. *relaxed open mouth display*) des Menschen [13] zeigt überzeugende Analogien zum Gesichtsverhalten des spielerisch balgenden Nachwuchses verschiedener Affenarten: sie äußern keine Laute und entblößen nicht die oberen Schneidezähne; – (4) das *Schmollen* als Aggressionshemmer [14]; – (5) das *Lächeln*, das ja eine entwaffnende, beruhigende, unbedrohliche, freundlichkeitsstiftende Wirkung, eine Kontaktbereitschaft ausstrahlt, geht auf das Furchtgrinsen zurück, das Primaten aufsetzen, um in Unterlegenheitssituationen den Partner zu beschwichtigen und keine Aggressionshandlung heraufzubeschwören; – (6) *Lachen* dagegen ist «nicht angstmotiviert, sondern draufgängerisch-freundlich aggressiv» [15] (Auslachen). Lachen wird im übrigen – in Gegenwart anderer Menschen – begleitet von einem Furchtsignal, einer Geste mit Defensionsfunktion, nämlich dem (wiederholten) Hochziehen (und nach vorne Strecken) der Schultern (vgl. «sich schütteln vor Lachen», «vor Lachen beben»): dies zeigt, daß für das Empfinden des Menschen mit Komischem und Humor auch Furcht und Erschrecken verbunden sind, woraus man zwar erleichtert lachend herauskommt (deshalb das wiederholte Heben und Senken der Schultern, die bei wirklich berechtigter Angst oben blieben), aber die Schulterhaltung beschützt immer noch vor einem imaginären Schlag oder Angriff. [16] Das Lachen als emotionale Gesichts-Laut-Äußerung ohne körperlich-nervliche Reizung («Kitzeln») gehört zu den Spezifika der *conditio humana* [17], und so verwundert es nicht, daß es von verschiedenen Disziplinen in eigener Weise zum Reflexionsgegenstand erhoben worden ist, was eine reiche und auch kontroverse Tradition in der (hier: abendländischen, aber sicher auch universalen) Kulturgeschichte herausgebildet hat: beteiligt sind vor allem die Philosophie, Temperamentenlehre, Literatur(wissenschaft) (mit entsprechendem Gattungsarsenal, allen voran der Komödie), Kunst(wissenschaft), Rhetorik, Theologie, Erziehung und Bildung (Konversationsbücher, Benimmvorschriften, Verhaltenskodizes, Höflichkeitsrituale), Soziologie, Humorforschung, Ethologie, Anthropologie oder Semiotik.[18]

So dürfte die menschliche M. ihre genetische Verwandtschaft mit Verhaltensweisen der Tiere – hier zeigt sich die Homologie mit den Menschenaffen und anderen Primaten am eindringlichsten – und deren gesichtskommunikativen Organisationsformen des sozialen Umgangs bei aller evolutionären Veränderung noch am deutlichsten offenbaren. Gerade hieraus wird auch für die menschliche M. zwar der ganzheitliche Eindruck (das Mienenspiel) betont, aber doch gegebenenfalls auf eine mögliche funktionale Trennung in den kommunikativen Augenbereich und Mundbereich Wert gelegt.

Die These, daß Emotionen sich entwickelt hätten, um das Lebewesen zu veranlassen (zu motivieren), die neuen Anforderungen adaptiv zu bewältigen, und daß sie somit als die primären motivierenden Kräfte menschlichen Handelns [19] gelten können, findet auch heute noch ihre Akzeptanz in der Emotionspsychologie [20] und in der Sozialpsychologie [21] sowie in der Kunst- und Kulturgeschichte.[22] Mit dieser Meinung postuliert Darwin die Angeborenheit von Emotionen (anlagebedingt), nicht deren Erlernen aus Erfahrung oder Anleitung (umweltbedingt).

(b) Das Zeigen von Emotionen ist an die *körperlichen Möglichkeiten* gebunden: die starke Differenzierung der Gesichtsmuskeln des Menschen gegenüber anderen, einfachen Lebewesen ermöglicht auch eine hohe Variabilität der emotionalen Verhaltensweisen im Gesicht [23]; die M. ist so nicht den wenigen schematischen, sondern den variabel auftretenden Situationen flexibel und nuanciert angepaßt (vgl. Abb. 1).[24] Der Emotionsausdruck ist also von den organischen Gegebenheiten abhängig; außerdem hängt er mit der körperlichen Entwicklung zusammen: So entsteht z.B. das Lächeln bei den Säuglingen aller Kulturen erst nach dem Ausbau der dafür notwendigen Nervenbahnen mit ihren Myelinschichten, d.h. etwa ein bis zwei Monate nach der Geburt. [25] Prinzipiell wird die M. des Menschen «vom limbischen System und dem Neocortex kontrolliert. Bei Verletzungen der Hirnrinde kann die Willkürmimik wegfallen, die spontane Stammhirnmimik kann dabei durchaus erhalten bleiben. [...] Die Fähigkeit, die Emotionalität der Mimik zu erfassen bzw. emotionell auf sie anzusprechen, ist in der rechten Hirnhälfte lokalisiert.» [26]

(c) Die These von der *Angeborenheit* von Emotion wird kaum bestritten, allerdings ist die zugehörige M. im einzelnen nicht immer unstrittig (so wird ‹Ekel› und das von ihm veranlaßte ‹Ekel-Gesicht› auch als abhängig vom Lebensalter und vom kulturellen Lernumfeld eingeschätzt). R. PLUTCHIK unterscheidet acht prinzipielle angeborene Emotionen, eingespannt in vier gegensätzliche Paarungen: *Freude* und *Traurigkeit*; *Furcht* und *Wut*; *Überraschung* und *Vorahnung*; sowie *Akzeptanz* und *Ekel*. Sie sind ihrerseits eingebunden in ein Kreis-Modell der «Dimensionen der Emotionen».[27] Alle anderen Emotionen sind demnach Mischungen dieser grundlegenden acht. Von diesen Grundemotionen manifestieren sich sechs zentral über die M., mit denen Menschen ihre Befindlichkeit über das Gesicht ausdrücken und die von den Mitmenschen entsprechend auch stabil gedeutet werden und folglich «als natürliche Einheiten ausgewiesen sind», wobei es allerdings auch Alternativvorschläge gibt, oft über andere methodische Ansätze erarbeitet, die (ähnliche oder mehr) Emotionen festlegen oder aber prinzipielle Dimensionen (wie ‹Aufmerksamkeit vs. Zurückweisung› oder ‹positive vs. negative Emotionen›) zugrunde legen. [28]:
(1) *Freude / Glück / Fröhlichkeit* – (2) *Traurigkeit / Trauer* – (3) *Furcht / Angst* – (4) *Wut / Zorn / Ärger* – (5) *Überraschung / Erstaunen* – (6) *Ekel / Abscheu*; diese Liste der als universell geltenden, genetisch determinierten Emotionen des Menschen ist inzwischen um eine siebte erweitert worden: (7) *Verachtung* [29] (vgl. Abb. 2 und 3).

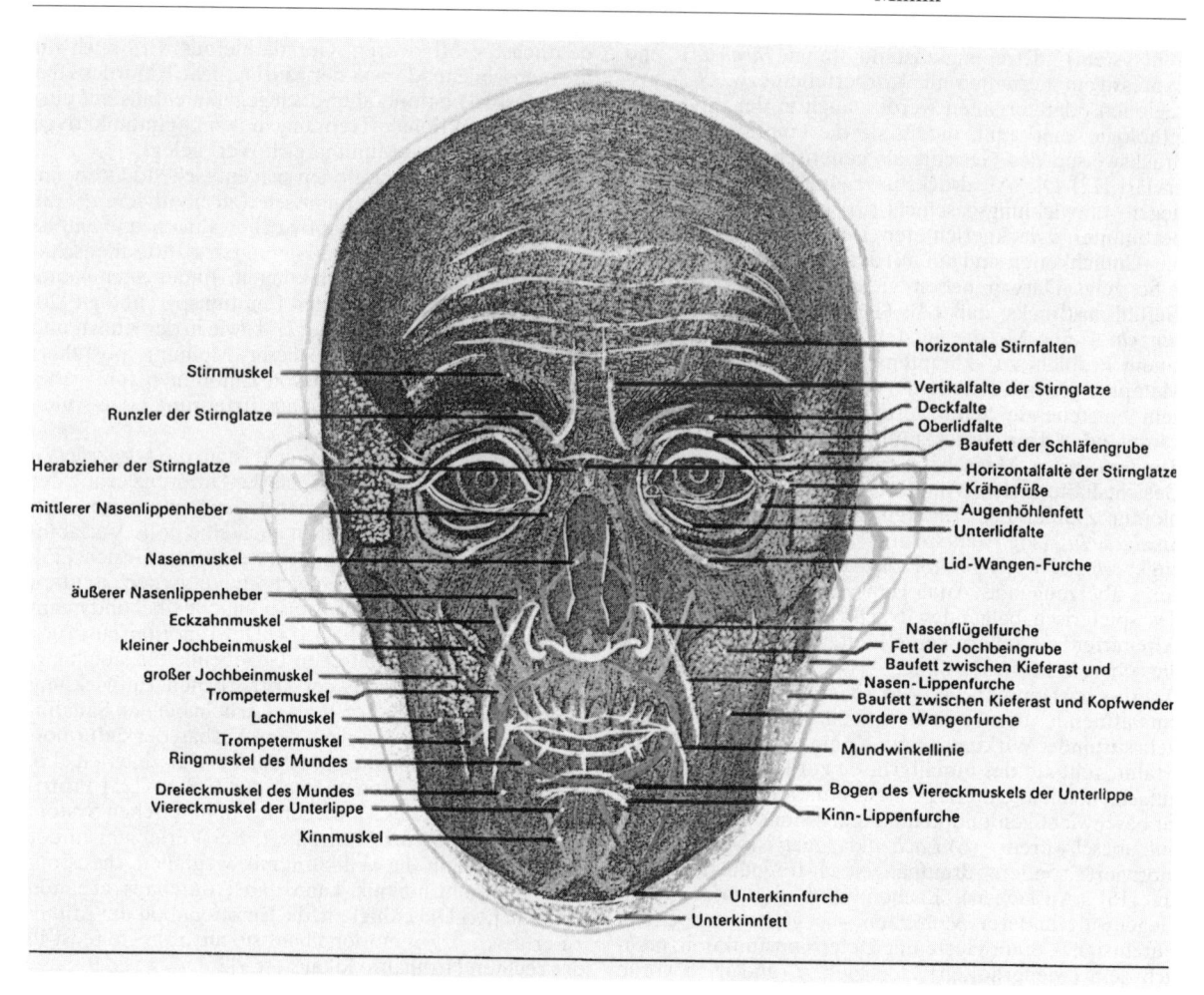

Abb. 1: Muskeln, die die mimische Oberfläche des Gesichts formen

3. *Analyseinstrumentarien und -methoden.* Im körpersprachlichen Ausdrucksrepertoire hat der *Gesichtsausdruck*, die M., die zentrale Rolle inne. Dort verläuft Kommunikation am effektivsten, sind die Varianz und somit die Bedeutungsbesetzung der sichtbaren Veränderung, die Mienen (oder das Mienenspiel), am differenziertesten. Die Primaten steuern noch ihre sozialen Hierarchien über den emotionalen Ausdruck des Gesichts.[30] Alle unverzichtbaren nonverbalen Kommunikationsorgane [31] sind ja im Gesicht auf engstem Raum angesiedelt und ermöglichen so ein nuanciertes Zusammenspiel des Signalisierens an den Partner und eröffnen eine weite, dabei strukturierte Palette des Interpretierens durch den wahrnehmenden Gegenüber, gemeinschaftlich mit stimmlichen Äußerungsweisen; hier zeigt sich eine emotionsgebundene Beziehung: «die Tatsache, daß viele mimische Bewegungen, die aufgrund von Emotionen ausgeführt werden, normalerweise von Vokalisationen begleitet sind, deutet auf den Zusammenhang zwischen Mimik und Sprechen hin».[32]

(a) Während die praktische Rhetorik zwar über eine geschulte Intuition für den Körpereinsatz und eine feine Sensibilität für die Wirkung auf den Partner bzw. das Publikum verfügte, schlug sich dieser Erfahrungsschatz nicht so systematisierend in der theoretischen Redelehre bzw. Anleitungsrhetorik (*institutio*) nieder; hier herrschen Beschreibungen exemplarischer Fälle und Urteile über die verschiedenen Wirkungsweisen vor.[33] So setzen in diesem Sinne *wissenschaftliche Analysen* erst im 19. Jh., mit herausragender Wirkung Darwins (1872), ein: mit theoretischem Konzept, Kriterien und methodischen Instrumentarien, um die funktionalen Teile der M. zu segmentieren, sie in ihren isolierten Sequenzen zu beschreiben, ihnen Bedeutungen zuzuweisen und sie in ihrer ganzheitlichen Ausdrucksweise, erst recht in Affekte-Kontexten, zu erfassen. Dabei interessierten auch die biomechanisch-physiologischen Möglichkeiten des Ausdrückens von Emotionen, speziell die funktionendifferenzierte Vielfalt der Gesichtsmuskeln (auch im Kontrast zu den Anlagen bei Tieren, insbesondere der Primaten) – Mienenspiel als Muskelspiel –, womit ein methodisch relativ objektives und somit brauchbares Beschreibungsinstrumentarium gefunden zu sein scheint, das zwar auch für das Bewegungsverhalten (funktionelle Einheiten) entwickelt worden ist[34], sich aber für die Gesichtsbewegungen als doch deutlich effizienter herausgestellt hat[35]: «Die menschliche Mimik eignet sich für diese Art der Aufzeichnung besonders gut, da sich die Muskelkontraktionen auf der Gesichtsfläche deutlich ablesen lassen» (vgl. Abb. 4).[36] Es verhilft dazu, das methodische Problem der impressionistischen Begrifflichkeiten aus der Ausdruckspsychologie

(1)   (2)   (3)

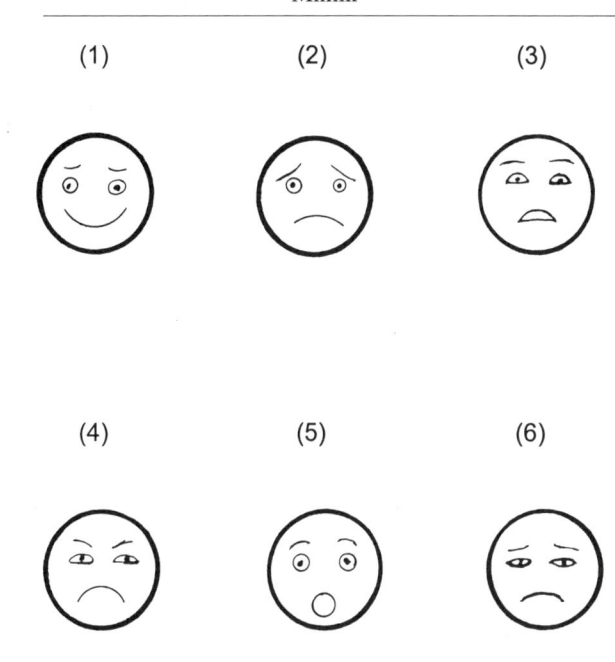

(4)   (5)   (6)

Abb. 2: Grundformen des Gesichtsausdrucks

zu vermeiden [37]: diese kondensieren die körperlichen Bewegungsabläufe (als ‹Lächeln›, ‹Lachen›, ‹Blick›, ‹Miene› u.a.) und erfassen die wahrnehmbare Eindrucksqualität ganzheitlich (als ‹zornig›, ‹freudestrahlend›, ‹lächelnd›, ‹verächtlich› usw.) und komprimieren beide zu einer Interpretationsformel (Sprechersicht) für den Hörer oder Leser [38], der die gemeinte, sprachlich umrissene Emotion vor dem Hintergrund seines Erfahrungswissens nachvollziehen soll (als ‹süßliches Lächeln›, ‹abgefeimtes Grinsen›, ‹haßerfüllter Blick›, ‹freundliche Miene› usw.).

(b) Die Forschungstradition zum mimischen Ausdrucksrepertoire bei Emotionen [39] zeigt verschiedene *Methoden* [40], die (schon von Darwin) angewandt werden, um das mimische Kontinuum – Ausdrucksverlauf (Sender) und linearer mimischer Eindruck (wahrnehmender Partner) – in seinen (1) relevanten *Einheiten* (wie den mimikgestaltenden Augenbrauen oder den Mund) und (2) ausdruckstragenden *Gesichtspartien* (die Segmentierung in die drei Zonen ‹Stirn›, ‹Augenbereich›, ‹untere Gesichtshälfte› hat sich seit Mitte der sechziger Jahre etabliert [41]) sowie den (3) kommunikativen *Sequenzen* (die z.B. ein ‹Lächeln› von einem ‹Lachen› abgrenzen) zu erfassen: Beurteilungen von gestellten oder natürlichen Gesichtsphotographien und Filmausschnitten, Befragungen, Experimente mit Kommutationsproben der verschiedenen Gesichtsteile (Augenbrauen, Mund, u.a.) zur Beurteilung der Mimikbedeutungen, mimikbezogene Beobachtungen von Säuglingen und Kleinkindern sowie von Taubblind-Geborenen, Vergleiche von Verhaltensweisen zwischen Primaten und Menschen, interkulturelle Kontrastierungen, aufwendige (maschinelle) analytische Beschreibungs- und Synthetisierungs-Codes wie das seit Beginn der siebziger Jahre in den USA entwickelte *Facial Action Coding System* (FACS) [42] mit numerierten Kodierungsdimensionen und Muskelaktionen (*facial action patterns*) bzw. physiologischen Aktionseinheiten (*action units*) zum mimischen Verhalten, also den kommunikativen Gesichtsbewegungen. In Verbindung mit anderen computergestützten Beschreibungssystemen – so für das Bewegungsverhalten oder die paraverbalen Äußerungsformen [43] – findet es auch in Deutschland weiterverwendende Anwendung. [44]

4. *Blickkommunikation.* Schon CICERO hat im Rahmen seiner Bestimmung «in ore sunt omnia» (vom Gesicht hängt alles ab) die *Augen* prädestiniert: «in eo autem ipso dominatus est omnis oculorum» (im Gesicht selbst herrschen aber ganz die Augen vor). Die kommunikative Gesamtwirkung baut sich über die Beziehungen der drei verschiedenen Funktionsträger auf: «animi est enim omnis actio et imago animi vultus, indices oculi» (der ganze Vortrag ist ja ein Ausdruck des Geistes und sein Abbild das Gesicht, die Augen seine Zeichen). [45] Mit den Augen allein kann man Regungen des Gemüts hervorbringen, und «es gibt niemand, der das fertigbringt, wenn er die Augen schließt». [46] Es kommt somit der *Blickkommunikation* eine Schlüsselfunktion zu, schafft sie doch zuerst und allein den kommunikativen Bezug zum Gegenüber (der seinerseits als ein solcher erst dann entsteht, wenn er vom Partner angesehen wird); mit der Blickbrücke wird bestimmt, wer bei der ganzgesichtlichen M. als Sender wirkt und wer als Interpretierender und somit Reagierender gemeint ist: «*Öffnen des Gesichtes* als Zeichen der Zuwendung», «*Verschließen des Gesichtes* als Zeichen der Ablehnung». [47] «Tote», «leere», starre, maskenhafte Augen irritieren, zerstören die Kommunikation, lassen aggressiv werden (Anstarren, bis hin zum Drohstarren [48]); verdeckte Augen (z.B. maskierte oder dunkel bebrillte Augenpartie, oder Balken über den Augen auf Zeitungsbildern) verhindern die Identifizierung und rauben Identität. Dies zeigt sich auch im Bedecken des Gesichts: z.B. Frauenkleidung in orientalischen Kulturen; Maske mit neuer Identitätsschaffung (s.o. B. II. 3.) bis hin zur Verhüllung des Kopfes (Geheimbünde, z.B. Ku-Klux-Klan; Kapuzentracht bei bestimmten Osterprozessionen, insbesondere im mediterranen Kulturbereich; Autodafé der Inquisition im Spanien und Portugal des 14./15. Jh.). «Der sprechende Ausdruck der Augen ist deshalb wesentlich» [49] im Blickkontakt. Zudem ist das Auge das einzige Sinnesorgan (außer vielleicht noch den Hautsinnen), «das im Vollzug seiner Wahrnehmung selbst wahrgenommen werden kann», also neben Sinnesorgan auch Sinnesobjekt zu sein, was seine zentrale Rolle für die Kommunikation miterklären dürfte. [50]

Was Cicero anspricht, wird auch in der modernen Forschung (Miremik) im Bereich *visuellen Verhaltens* (engl. *visual behavior*) oder, dieses Verhalten enger, nämlich im Sinne des Handelns, verstanden [51]: in der *visuellen Interaktion* (engl. *visual interaction*) und, noch spezifischer: in der *Augenkommunikation* bzw., die Aktion der Augen herausstellend: in der *Blickkommunikation*, auseinandergehalten:

(a) das *Anblicken* (engl. *gaze* [52]), bei dem eine Augen-Reaktion des Partners nicht vorhanden ist oder nicht erwartet wird; ist dieses von beiden Partnern aufeinander gerichtet, entsteht eine kommunikative Wertigkeit (die für das Wegblicken als kommunikatives Signal, z.B. des Desinteresses oder des Erwägens bzw. Überlegens [«deliberatives Wegblicken»] [53], auch nur dann gegeben ist, wenn zuvor ein gegenseitiges Anblicken [engl. *mutual gaze* [54]], also Blickkontakt gegeben war):

(b) der *Blickkontakt* (engl. *eye contact*) (oder *Blickaustausch*), der gegenseitiges Anblicken, die Blickbrücke mit der Blickerwiderung des Partners und somit eine

(1)

Die gehobene lebensbejahende Stimmung breitet sich über das ganze Gesicht insofern aus, als sich die Lippen breit öffnen und sich die Wangenhaut zu charakteristischer Stauung zusammenschiebt, die hinaufreicht bis zu den Augen und den Lidspalt verengt.

(3)

Der entscheidende Anteil der Formung der Miene liegt im Bereich der Augen, die sich übernormal weit öffnen. Der Mund scheint sich für eine Lautgebung «a»! auftun zu wollen und gibt damit das Unvorhergesehene und nicht Vorausschaubare in Verbindung mit Furcht zu erkennen.

(5)

Die nahe beieinanderliegenden Formen der Interessiertheit haben im voll aufgeschlossenen Auge ihren sprechendsten Vertreter. Das Mitöffnen des Mundes zeigt die gleichzeitig willentliche Erschlaffung dieser Zone an und damit den Mangel an unbedingter Handlungsbereitschaft.

(6)

Die mimischen Zeichen bestehen im Klaffen des Mundes, als gelte es, Bitteres auszuschwemmen durch Hoch- und Herabziehen der Mundwinkel, im Rümpfen der Nase mit Querfaltung über der Nasenwurzel und in abwehrender Verkleinerung des Lidspaltes. Eine Miene, die praktisch das ganze Gesicht erfaßt.

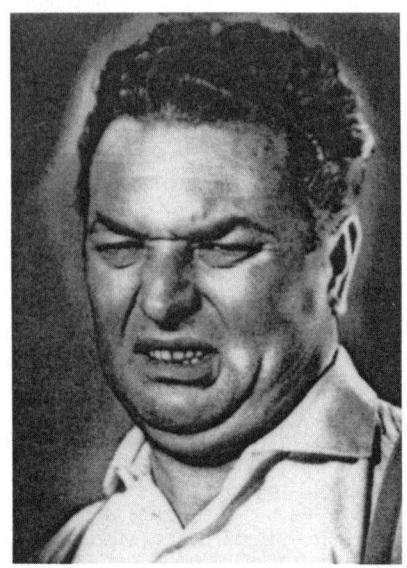

Abb. 3: Beispiele und Erklärungen zu einigen Gesichtsausdrücken

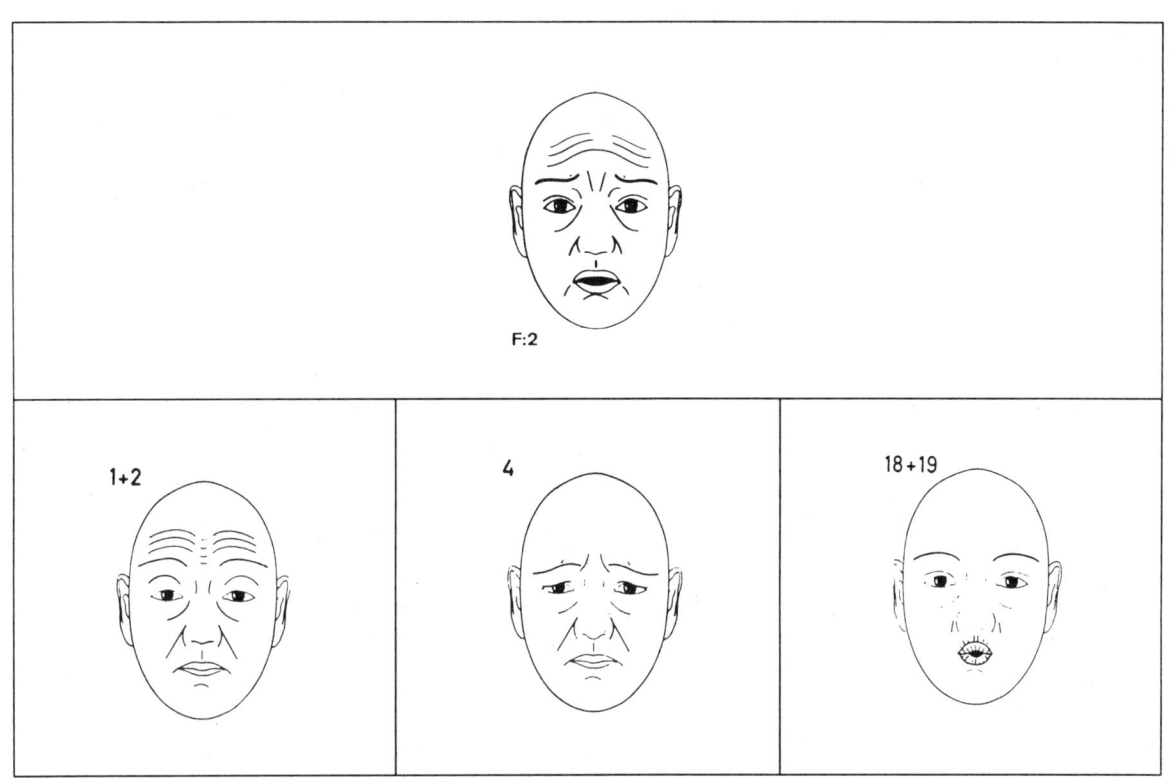

Abb. 4: Schematische Darstellung des (als Beispiel) erschreckten Gesichtsausdrucks «F2» (nach C. H. Hjortsjö [102]), der sich als ganzheitlicher Eindruck aus Kontraktionen mehrerer Gesichtsmuskeln (1 + 2, 4, 18 + 19, hier jeweils ohne medizinische Termini) zusammensetzt

prinzipielle Kommunikativität meint; gegenseitiges Ziel des Ansehens sind die Augen des Partners, mit dem orientierenden Blickpunkt ‹Pupillen›, deren qualitativ einschätzende Wahrnehmung – wie man experimentell nachweisen kann – mit ihrer Größe und mit dem Geschlecht des Sehenden zusammenhängt [55] (das Ansehen anderer Gesichtsbereiche wirkt irritierend, zu langes Ansehen von Körperteilen außerhalb des Gesichts während der verbalen Kommunikation wird im abendländischen Kulturkreis als störend, als Wegschauen, als unhöflich oder als Unsicherheit des Partners empfunden).

Natürlich läßt sich die prinzipielle Dualität von ‹Anblicken› und ‹Blickkontakt› auch in eine Intensitätsskala des Blickverhaltens bringen: mit dem (1) *Blickkontakt* als stärkster Manifestation der Blickkommunikation (gegenseitig in die Augen), dann abnehmend (2) *gegenseitiger Blick* (ins Gesicht), (3) *einseitiger Blick* (was dem ‹Anblicken› entspricht), (4) *Blickbewegung* / Blickwechsel, (5) *Blickunterlassung* (eines Partners), (6) *Blickvermeidung* (Wegblicken eines Partners), (7) *gegenseitige Blickvermeidung*. Diese Typologie kann man noch verfeinern zu einer «umfassenderen Taxonomie der Blickkommunikation» [56], wie sie als «Ausdrucksrepertoire des Auges» vorliegt. [57]

Der Blickkontakt hat eine hohe soziale Funktion inne, und viele *soziale* und *kulturelle Variablen* bestimmen die Ausprägung des Blickkontakts [58], (1) seine Intensität, (2) seine Häufigkeit, (3) seinen alters- und generationenabhängigen Einsatz, (4) die sexusspezifische Blickweise, (5) das typenbestimmte Vorkommen (intro-/extrovertierte, schizophrene, depressive Personen, u.a.), (6) seine Zeichenhaftigkeit in den interpersonalen Beziehungen (*Expressivität* [Symptom], die sich – experimentell mit Augenbildern, isoliert vom übrigen Gesicht, erwiesen – recht stabil als Emotion der Freude, der Überraschung, der Verärgerung u.a. mitteilt [59]; *Appellativität* [Signal] bei Einstellungen wie Sympathie, Aggression, Dominanz oder Intimität [60]; *Informativität* [Symbol] [61]), (7) seine Orientierungsfunktion in Beziehungen (augengeleitete Zuwendung in der Gesicht-zu-Gesicht-Kommunikation zwischen Mutter und Kind, physiologisch angelegt [62]).

Anmerkungen:
1 zu dieser Systematik vgl. H. Kalverkämper: Art. ‹Körpersprache›, in: HWRh, Bd. 4 (1998) Sp. 1346f. (Abschn. B.2.). – **2** vgl. z.B., Bd. D. Franck: Verhaltensbiologie. Einf. in die Ethologie (^{2}1985). – **3** vgl. z.B. J.B. Asendorpf: Psychol. der Persönlichkeit. Grundlagen (1996) Kap. 4. – **4** erste systematische Orientierung z.B. bei H. Benesch: dtv-Atlas zur Psychol. Tafeln und Texte. 2 Bd. (^{6}1997). – **5** hierzu K. Immelmann, K.R. Scherer, Chr. Vogel, P. Schmoock: Psychobiologie. Grundlagen des Verhaltens (1988); vgl. auch K.R. Scherer, A. Stahnke, P. Winkler: Psychobiologie. Wegweisende Texte der Verhaltensforschung von Darwin bis zur Gegenwart (1987). – **6** vgl. z.B. P. Ekman, W.V. Friesen: The repertoire of nonverbal behavior: Categories, origins, usage, and coding, in: Semiotica 1 (1969) 49–98; W. Nöth: Hb. der Semiotik (1985) Kap. IV, 329–338; N. Galley: Die Organisation von Augenbewegungen: Fallstudie einer mehrkanaligen Semiose, in: R. Posner, K. Robering, Th.A. Sebeok (Hg.): Semiotik / Semiotics. Ein Hb. zu den zeichentheoretischen Grundlagen von Natur und Kultur (1997) 330–344; R. Luccio: Body behavior as multichannel semiosis, in: ebd. 345–

356. – **7** vgl. H. Kalverkämper: Translationswiss. als integrative Disziplin, in: H. Gerzymisch-Arbogast, D. Gile, J. House, A. Rothkegel (Hg.): Wege der Übersetzungs- und Dolmetschforschung (1999) 55–76. – **8** s. Kalverkämper [1]. – **9** Ph. G. Zimbardo: Psychol., dt. Übers. ([5]1992) 380. – **10** s. ebd. 394. – **11** Erstausg. 1872; dt. Übers. von J.V. Carus: Der Ausdruck der Gemüthsbewegungen bei dem Menschen und den Thieren (1872). – **12** z.B. mit großer Wirkung P. Ekman: Universals and cultural differences in facial expressions of emotion, in: J. Cole (Hg.): Nebraska Symposium on Motivation 1971 (Lincoln 1972) 207–283; vgl. auch R.J. Andrew: Vom Ursprung des Gesichtsausdrucks [1965], in: K.R. Scherer, H.G. Wallbott (Hg.) Nonverbale Kommunikation ([2]1984) 43–50; C.E. Izard: The face of emotion (New York 1971); P. Ekman (Hg.): Darwin and Facial Expression (New York, London 1973); P. Leyhausen: Die phylogenetische Anpassung von Ausdruck und Eindruck, in: Scherer, Stahnke, Winkler [5] 202–220. – **13** vgl. I. Eibl-Eibesfeldt: Die Biologie des menschlichen Verhaltens ([3]1995) 191–194. – **14** s. ders.: Der vorprogrammierte Mensch ([5]1984). – **15** ders. [13] 193; vgl. auch 628. – **16** vgl. D. Morris: Körpersignale. Bodywatching (1986) Kap. ‹Schultern›, spez. 132f., 136. – **17** s. allerdings Eibl-Eibesfeldt [13] 191, Abb.3.17. – **18** nur auswahlweise bibliogr. Hinweise, jeweils mit spezifisch weiterführenden Literaturangaben: H. Plessner: Ges. Schr. VII: Ausdruck und menschliche Natur (1982) Aufs. 6 u. 9; K.-J. Kuschel: Lachen. Gottes und der Menschen Kunst (1994, ND 1998); L. Fietz, J.O. Fichte, H.-W. Ludwig (Hg.): Semiotik, Rhet. und Soziol. des Lachens. Vergleichende Stud. zum Funktionswandel des Lachens vom MA zur Gegenwart (1996); St. Köhler: Differentes Lachen. Funktion, Präsentation und Genderspezifik der Ridicula im zeitgenössischen engl. Roman (1997); P.L. Berger: Erlösendes Lachen. Das Komische in der menschlichen Erfahrung (1998). – **19** s. dazu S.S. Tomkins: Affect, imagery, consciousness. Vol. 1 (New York 1962); s. auch ders.: The quest for primary motives: Biography and autobiography of an idea, in: Journal of Personality and Social Psychology 41 (1981) 306–329. – **20** vgl. z.B. Izard [12]; G. Mandler: Mind and emotion (New York 1975); R. Plutchik: Emotion: A psychoevolutionary synthesis (New York 1980); Tomkins [19]; P. Ekman: Expression and the nature of emotion, in: K.R. Scherer, P. Ekman (Hg.): Approaches to emotion (Hillsdale, NJ 1984) 319–343; H. Leventhal: A perceptual motor theory of emotion, ebd. 271–291; P. Ekman: Gesichtsausdruck und Gefühl (1988). – **21** vgl. R. Sennett: The Fall of Public Man (New York 1974), dt. Übers.: Verfall und Ende des öffentlichen Lebens. Die Tyrannei der Intimität ([10]1999); D. Riesman, R. Denney, N. Glazer: The lonely crowd – A study of the changing American character (New Haven 1950), dt. Übers.: Die einsame Masse. Eine Unters. der Wandlungen des amerikanischen Charakters. Mit einer Einführung v. H. Schelsky (1956) und J. Habermas: Strukturwandel der Öffentlichkeit. Unters. zu einer Kategorie der bürgerlichen Ges. (1961; ND 1990). – **22** dazu F. Saxl: Die Ausdrucksgebärden der bildenden Kunst [1932], in: A.M. Warburg: Ausg. Schr. und Würdigungen, hg. v. D. Wuttke ([3]1992) 419–431. – **23** s. Eibl-Eibesfeldt [13]. – **24** vgl. K.R. Scherer: On the nature and function of emotion: A component process approach, in: Scherer, Ekman [20] 293–317; Abb.1 in: G. Bammes: Die Gestalt des Menschen ([9]1999) 441. – **25** vgl. Zimbardo [9] 382. – **26** Eibl-Eibesfeldt [13] 663. – **27** Plutchik [20]. – **28** P. Ekman: Cross-cultural studies of facial expression, in: P. Ekman (Ed.): Darwin and facial expression. A century of research in review (New York, London 1973) 169–222; Eibl-Eibesfeldt [13] 663 [Zitat]; s. zu den Alternativen H. Wallbott: Einf. zum Kap. ‹Gesichtsausdruck›, in: Scherer, Wallbott [12] 35–42, hier 39. – **29** P. Ekman, W.V. Friesen: A new pan-cultural facial expression of emotion, in: Motivation and Emotion 10 (1986) 159–186; Abb.2 in: T. Landau: Von Angesicht zu Angesicht (1993) 148f.; Abb.3 in: Bammes [24] 438f. – **30** vgl. Eibl-Eibesfeldt [14]. – **31** darüber hinaus vgl. z.B. Eibl-Eibesfeldt [13] Kap. 6.2 und 6.3.1.2. – **32** s. Wallbott [28] 38; Andrew [12]. – **33** s. B. III. 2. sowie Kalverkämper [1] Sp.1345. – **34** R.L. Birdwhistell: Kinesics and context. Essays on body-motion communication (Harmondsworth, Middlesex 1973); K.R. Scherer, H.G. Wallbott, U. Scherer: Methoden zur Klassifikation von Bewegungsverhalten. Ein funktionaler Ansatz, in: Zs. für Semiotik 1 (1979) 177–192. – **35** bekannt und von Darwin methodisch verwertet: der frz. Neurologe G.B. Duchenne: Méchanisme de la physiognomie humaine (Paris 1862); C.H. Hjortsjö: Man's face and mimic language (Malmö 1969); Eibl-Eibesfeldt [13] 628–633; vgl. zu FACS: P. Ekman, W.V. Friesen, Ph.C. Ellsworth: Emotions in the human face. Guidelines for research and an integration of findings (New York 1971); P. Ekman, W.V. Friesen, S.S. Tomkins: Facial affect scoring technique: A first validity study, in: Semiotica 16 (1971) 37–58; P. Ekman, W.V. Friesen: The facial action code: A manual for the measurement of facial movement (Palo Alto, Cal. 1978). – **36** Eibl-Eibesfeldt [13] 162; Abb.4 ebd. S.628f. – **37** vgl. z.B. Th. Piderit: M. und Physiognomik (1867 [[4]1925]) 42–52; Ph. Lersch: Gesicht und Seele. Grundlinien einer mimischen Diagnostik (1932 [[6]1966]) 40–81; K. Leonhardt: Der menschliche Ausdruck in M., Gestik und Phonetik (1976) 120–136. – **38** vgl. H. Kalverkämper: Lit. und Körpersprache, in: Poetica 23 (1991) 328–373. – **39** vgl. als Überblicksdarstellungen z.B. R.G. Harper, A.N. Wiens, J.D. Matarazzo: Nonverbal Communication: The State of the Art (New York 1978); Wallbott [28]; Nöth [6]; Eibl-Eibesfeldt [13] Kap. 6.3.1.1. – **40** vgl. K.R. Scherer, P. Ekman (Hg.): Handbook of methods in nonverbal behavior research (Cambridge/ London/ New York 1982). – **41** T. Nummenmaa: The Language of Face (Jyväskylä 1964); Ekman, Friesen, Tomkins [35]. – **42** Ekman, Friesen, Ellsworth [35]; P. Ekman, W.V. Friesen: Unmasking the face (Englewood Cliffs, N.Y. 1975); Ekman, Friesen [35]; Kurzorientierung bei Wallbott [28] 40 oder Eibl-Eibesfeldt [13] 630–640. – **43** vgl. Kalverkämper [1]. – **44** vgl. S. Frey: Die nonverbale Kommunikation (1984). – **45** Cic. De or. III, 221. – **46** ebd. – **47** Eibl-Eibesfeldt [13] 637; Cic. De or. III, 221. – **48** Eibl-Eibesfeldt [14] 133f.; ders. [13] 528–533. – **49** Cic. De or. III, 221. – **50** H. Wallbott: Einf. zum Kap. ‹Blickkontakt›, in: Scherer, Wallbott [12] 59–63, hier 59. – **51** vgl. dazu die Stufung des Handelns in: Kalverkämper [1] Sp.1340. – **52** vgl. M. Argyle, R. Ingham, F. Alkema, M. McCallin: The Different Functions of Gaze, in: Semiotica 7 (1973) 19–32. – **53** s. dazu K. Ehlich, J. Rehbein: Augenkommunikation. Methodenreflexion und Beispielanalyse (Amsterdam 1982) Kap. 6. u. 7. – **54** M. Argyle, M. Cook: Gaze and mutual gaze (Cambridge 1976). – **55** S.M. Anstis, J.E. Mayhew, T. Morley: The perception of where a face or television «portrait» is looking, in: American Journal of Psychology 82 (1969) 474–489; Eibl-Eibesfeld [13] 622ff. – **56** Nöth [6] 336. – **57** Ehlich, Rehbein [52] Kap.5., mit Aufarbeitung der einschlägigen Forschungslit. bis Anfang der achtziger Jahre. – **58** vgl. Ph.C. Ellsworth, L.M. Ludwig: Visuelles Verhalten in der sozialen Interaktion [1972], in: Scherer, Wallbott [12] 64–86; M. Argyle: Bodily communication (London 1975); Wallbott [49] 62f.; Nöth [6] 335. – **59** Nummenmaa [41] 26, 46; Argyle, Cook [54] 94f.; Ekman, Friesen [42] 21ff. – **60** Argyle, Cook [54]; Harper, Wiens, Matarazzo [39] 189–215. – **61** bezogen auf das Organon-Modell von K. Bühler: Sprachtheorie. Die Darstellungsfunktion der Sprache. Mit einem Geleitwort von F. Kainz ([2]1965). – **62** Eibl-Eibesfeldt [13] 619, 621.

V. *Enkodierung und Dekodierung als Kulturpraxis.* Das Gesicht gilt in Kulturgeschichte, Rhetorik und Ethologie (hier seit Darwin) als Ausweis der Emotionen und als Ort, ihnen primär zu begegnen. Hieran knüpft sich allerdings die unabwendbare Frage der Dekodierung und damit verbunden der Interpretation der wahrgenommenen mimischen Ausdrucksbewegungen.

1. *Intrakulturelle Normen und Interpretationen.* Das Gesicht als Ort und die M. als Mittel der körpersprachlichen Kommunikation unterliegen trotz der körperlichen Präsentation allerdings – wohl gerade wegen ihrer prinzipiellen Öffentlichkeit – einem hohen Maß individueller Kontrolle. Diese Normen, Konventionen, Erwartungen sollen bei emotional aufgeladenen Situationen die *wahren Gefühle* zu verbergen helfen und Interpretationen in andere, als erträglicher empfundene Bahnen lenken: man will über die wirkliche Verfassung hinwegtäuschen und nicht ‹das Gesicht verlieren›; das dient der Erleichterung des komplexen sozialen Verhaltens.

(a) Hierbei spielen Darbietungsregeln (engl. *display rules*) eine Rolle, die festlegen, in welchen Kontexten es jeweils sozial angemessen erscheint, bestimmte Gefühle – welche, wann, wie lange – zu zeigen bzw. zu verbergen.[1] Ekman nennt dazu vier strukturelle Überformungsprozesse: Abschwächung, Verstärkung, Neutralisierung, Maskierung (d.i. Ersatz durch eine andere Emotionsangabe). Diese Prozesse der emotionalen Selbststeuerung durch Kontrolle und Überdeckung (um den Begriff der ‹Täuschung› zu vermeiden) gelten innerhalb einer Gesellschaft – sie werden dort imitiert bzw. erlernt und auch, bei Verstoß, entsprechend sanktioniert – und finden als persönliche (z.B. undurchsichtiges *poker face* am Spieltisch; Schmerz nicht anmerken lassen) und als gruppenspezifische Darstellungsregeln (‹die Jugend›, ‹die Jungen›, ‹die Frauen›, ‹die Ärzte›, ‹die Mercedesfahrer› usw.) ihren Ausdruck. Sie wirken *intrakulturell* und liegen – als Phänomen – durchaus nahe an den Klischees, den gedanklichen Mustern, den Vorurteilen, mit denen sich der kommunizierende Mensch mentale Erleichterung gegenüber der unübersichtlichen Differenziertheit der Lebenswelt schafft.

(b) Eine für die Beurteilung von M. offensichtlich starke intrakulturelle Divergenz gründet in *geschlechtsspezifischen* Sicht- und Interpretationsweisen: z.B. reagieren, experimentell erwiesen, auf die (originale) *seitliche* Kopfhaltung einer Mädchenfigur in einem Picasso-Gemälde männliche und weibliche Beurteilende recht einhellig mit positiv besetzten Wertungen wie ‹freundlich, zärtlich, empfindsam, lieb› u.a.; dagegen divergieren die Beurteilungen einer (durch Montage) *aufgerichteten* Kopfhaltung des Mädchens außerordentlich: während Frauen die Version positiv werten mit ‹sympathisch, anteilnehmend, empfindsam, angenehm, zärtlich, freundlich, ehrlich, bescheiden, ruhig, zugewandt, weich, einladend, lieb› (vgl. Abb.5), urteilen hier die

Abb. 5: Original (1) und Montage (2)

Männer auffallend stark in jeweils gegenteiliger Richtung. Die Schlüsse aus solchen Erkenntnissen sind allerdings ebensowenig gezogen wie jene empirisch belegbaren Inkongruenzen entsprechend verwertet sind, die sich über die M. hinaus auch noch für die (divergente) geschlechtsgebundene Wahrnehmung von Gestik und Haltung in echten Kommunikationssituationen ergeben haben.[2] Hier und hinsichtlich der sozialen Einflußnahme auf Kooperativität und körpersprachliches Verstehen besteht noch weiterer soziopsychologischer Forschungsbedarf.

2. *Interkulturelle mimische Verhaltensweisen.* Die Beobachtungen zu den intrakulturellen Divergenzen in der Einschätzung mimischer Gefühlsausdrücke erzeugen die (ältere, seit Darwin gestellte) Frage nach der Angeborenheit von mimischen Verhaltensweisen.

(a) Sie ist mehrfach an Fällen mit «definierten Bedingungen des Erfahrungsentzuges»[3], nämlich bei Blind- und Taubgeborenen, geprüft worden[4], woraus sich Lächeln, Lachen, Weinen, Angst, Wut (mit senkrechten Stirnfalten und Zusammenbeißen der Zähne) als deutliche emotionale mimische Grundäußerungen ergeben haben – wenn auch weniger differenziert als bei Sehenden. Die Liste der sechs oder sieben ethologisch, soziopsychologisch und psychobiologisch erkannten genetisch bestimmten Universal-Emotionen (s.o. B. IV. 2. (c)), die über eine lange Evolution aus überlebensnotwendigen Verhaltensweisen (z.B. Zeigen der Zähne durch Lippen-Öffnen, Augenbrauen-Verdicken, Augen-Aufreißen) abgeleitet und als menschliche M. in neuer Anpassung über die Generationen hinweg entstanden sind (s.o. B. IV. 2. (a)), setzt als *universalistische* Hypothese der Vergleichenden Verhaltensforschung zugleich voraus, daß die Menschen sich emotional gleich oder sehr ähnlich verhalten und darin dann auch interpretierend in gleicher Weise verstehen können.

(b) Dieser Auffassung wird von den (anthropologischen) Vertretern einer *relativistischen* Auffassung[5] mit dem Hinweis auf die Kulturgebundenheit von Körpersprache, somit auch des emotionalen Verhaltens in der M., begegnet; folglich lasse sich M. auch nur als Erfahrung, als kulturspezifisches Imitat, als erlernte Äußerungsform verstehen. Zum einen ahmen tatsächlich Säuglinge die ihnen vorgespielten Gesichtsausdrücke – wie Erstaunen (geöffneter Mund), Schmollen (vorgestreckte Lippen), Freude (lächelnd geöffnete und geweitete Lippen) u.a.[6] – nach (und belegen damit ihre Fähigkeit zum Gesichter Erkennen). Als – ihrerseits auch wieder diskutierte – Erklärung könnte gelten, daß die Fähigkeit, das Vorbild «im eigenen Verhalten zu kopieren, und zwar vor individueller Erfahrung», «die Existenz von Strukturen voraus[setzt], die im Grunde genommen ähnliches leisten, was angeborene Auslösemechanismen bewirken».[7]

(c) Die letzte Aussage kündigt eine Vermittlung zwischen universalistischer und relativistischer Position an. Die seit den sechziger, verstärkt mit den siebziger Jahren vorgestellten *interkulturellen* Analysen – besonders deutlich in den Blick geraten mit Arbeiten von P. EKMAN[8] – lassen die Hypothese zu, daß eine «interaktionistische» Sichtweise angebracht sein dürfte[9], die einerseits eine genetische Determiniertheit des mimischen Verhaltens annimmt, andererseits die kulturspezifischen Ausformungen dieser Anlagen und deren Erweiterung im Rahmen soziokultureller Bedürfnisse einbezieht: Ekman nennt seinen Entwurf eine *neurokulturelle* Theorie der M.[10]

Hierzu liegt ein Anfang der achtziger Jahre durchgeführter Versuch mit der Fragestellung vor, «inwiefern kulturell stilisierter Ausdruck (Theatermimik) interkulturell verstanden wird».[11] Anhand von Mimikphotos japanischer Kabuki-Schauspieler schätzten japanische und westeuropäische Probanden deren Ausdrucksgehalt in einem Fragebogen auf der Basis der sechs Universal-Emotionen mit fünf Intensitäten ein. Es treten «markante Unterschiede zwischen Japanern und Europäern [...] vor allem beim Deuten der Freude (besonders des Mannes) auf» (vgl. Abb.6); ansonsten zeigen sich ähnliche Deutungen zwischen Japanern und Europäern, wobei «tendenzmäßig» «die Japaner eindeutiger ein[stu-

Abb. 6: Kulturell stilisierter Ausdruck (Theatermimik) eines Kabuki-Schauspielers: Gesichtsausdruck der Freude (des Mannes)

fen] als die Europäer».[12] «Das Spannende an der Untersuchung von Theatermimik liegt darin, daß im Gegensatz zur spontanen M. die Elemente der kulturellen Überformung deutlich hervortreten und damit das Nebeneinander von Natur und Kultur am Leib selber anschaulich werden.»[13]

Die pankulturelle, universelle Grundlage durch genetische Programmierung dürfte mit Ekman[14] zwar als physiologisch-neurologische Voraussetzung gegeben sein, dennoch nutzen die Menschen in ihren Kulturen die Gesichtsmuskulatur für ihre affektiven Bedürfnisse in spezifischer Weise. Dabei können (1) die *Ereignisse*, die die Emotionen auslösen (engl. *elicitors*), durch Lernprozesse kulturell und individuell unterschiedlicher Art sein; (2) außerdem können *Darbietungsregeln* (s.o. B. V. 1. (a)) stark kontrollierenden Einfluß auf die Präsentation mimischen Verhaltens ausüben (und entsprechende Überwachungstechniken der Gemeinschaft ausprägen); (3) schließlich organisieren die Kulturen die *Konsequenzen* des emotionalen Verhaltens in jeweils eigener Weise.[15]

Anmerkungen:
1 vgl. J.R. Averill: Emotion and anxiety: Sociocultural, biological, and psychological determinants, in: M. Zuckerman, C.O. Spielberger (Hg.): Emotion and anxiety: New concepts, methods, and applications (Hillsdale, NJ) 87–130; P. Ekman: Universals and cultural differences in facial expressions, in: J. Cole (Hg.): Nebraska Symposion on Motivation 1971 (Lincoln 1972) 207–283; ders.: Gesichtsausdruck und Gefühl (1988). – **2** vgl. Chr. Tramitz: Irren ist männlich. Weibliche Körpersprache und ihre Wirkung auf Männer (1993); Abb. 5 in: S. Frey: Die nonverbale Kommunikation (1984) 58f. – **3** I. Eibl-Eibesfeldt: Die Biologie des menschlichen Verhaltens ([3]1995) 59ff. – **4** F.L. Goodenough: Expression of the emotions in a blind-deaf child, in: Journal of Abnormal and Social Psychology 27 (1932/33) 328–333; D.G. Freedman: Smiling in blind infants and the issue of innate versus acquired, in: Journal of Child Psychology and Psychiatry 5 (1964) 171–184; I. Eibl-Eibesfeldt: The expressive behavior of the deaf-and-blind-born, in: M. von Cranach, I. Vine (Hg.): Social communication and movement (London 1973) 163–194; ders. [3] Kap. 2.2.1. – **5** seit O. Klineberg: Emotional expression in Chinese literature, in: Journal of Abnormal and Social Psychology 33 (1938) 517–520. – **6** Forschungsüberblick bei Eibl-Eibesfeldt [3] 88–93. – **7** ebd. 90, mit referierenden Hinweisen zur Diskussion. – **8** P. Ekman, E.R. Sorenson, W.V. Friesen: Pan-cultural elements in facial displays of emotion, in: Science 164 (1969) 86–88; P. Ekman: Zur kulturellen Universalität des emotionalen Gesichtsausdrucks [1970], in: K.R. Scherer, H.G. Wallbott (Hg.): Nonverbale Kommunikation ([2]1984) 50–58; Ekman [1]; ders. Cross – cultural studies of facial expression, in: ders. (Hg.): Darwin and the facial expression. A century of research in review (New York/London 1973) 169–222; P. Ekman, W.V. Friesen: Constants across cultures in the face and emotion, in: Journal of Personality and Social Psychology 17 (1971) 124–129; dies.: A new pan – cultural facial expression of emotion, in: Motivation and Emotion 10 (1986) 159–186. – **9** H. Wallbott: Einf. zum Kap. ‹Gesichtsausdruck›, in: K.R. Scherer, ders. (Hg.): Nonverbale Kommunikation ([2]1984) 41. – **10** Ekman [8] und ders. (Hg.) [8]. – **11** Eibl-Eibesfeldt [3] 219–226. – **12** ebd. 221; Abb. 6 ebd. 225. – **13** ebd. – **14** Ekman [1]; vgl. auch Wallbott [9] 42 und W. Nöth: Hb. der Semiotik (1985) 332f. – **15** s. dazu Ekman [10] 229f.

Literaturhinweise:
Sante de Sanctis: Die M. des Denkens (1906). – J. Schänzle: Der mimische Ausdruck des Denkens (1939). – H. Bergson: Le rire. Essai sur la signification du comique ([143]1961). – M. Löpelmann: Menschliche M. Psychol. Betrachtungen mimischer Vorgänge in der Natur und in der Kunst (1941). – H. Strehle: Mienen, Gesten und Gebärden. Analyse des Gebarens (1954). – R. Buser: Ausdruckspsychol. Problemgesch., Methodik und Systematik der Ausdruckswiss. (1973). – H. Bouillier: Portraits et miroirs. Études sur le portrait dans l'œuvre de Retz, Saint-Simon, Chateaubriand, Michelet, les Goncourt, Proust, Léon Daudet, Jouhandeau (Paris 1979). – C.E. Izard: Die Emotionen des Menschen. Eine Einf. in die Grundlagen der Emotionspsychol. (1981) (amerikan. Orig.: Human Emotions, New York 1977). – P. Winkler (Hg.): Methoden der Analyse von Face-to-Face-Situationen (1981). – H.A. Euler, H. Mandl (Hg.): Emotionspsychol. Ein Hb. in Schlüsselbegriffen (1983). – J.-J. Courtine, C. Haroche: Histoire du visage: exprimer et taire ses émotions; du XVIe siècle au début du XIXe siècle (Paris, Marseille 1988). – A. Bierach: In Gesichtern lesen. Menschenkenntnis auf den ersten Blick (Genf 1990). – H.G. Wallbott: M. im Kontext. Die Bedeutung verschiedener Informationskomponenten für das Erkennen von Emotionen (1990). – I. Eibl-Eibesfeldt, Chr. Sütterlin: Im Banne der Angst. Zur Natur- und Kunstgesch. menschlicher Abwehrsymbolik (1992). – T. Landau: Von Angesicht zu Angesicht. Was Gesichter verraten und was sie verbergen (1993) (amerik. Orig.: About faces, New York 1989). – H. Kalverkämper: Kulturreme erkennen, lehren und lernen. Eine kontrastive und interdisziplinäre Herausforderung an die Forschung und Vermittlungspraxis, in: Fremdsprachen Lehren und Lernen 24 (1995) 138–181. – G. Koch (Hg.): Auge und Affekt. Wahrnehmung und Interaktion (1995). – P. Zanker: Die Maske des Sokrates. Das Bild des Intellektuellen in der antiken Kunst (1995). – E. Bänninger-Huber: M. – Übertragung – Interaktion. Die Unters. affektiver Prozesse in der Psychotherapie (1996). – Y. de Sike: Les masques. Rites et symboles en Europe (Paris 1998). – J. Cole: Über das Gesicht. Naturgesch. des Gesichts und unnatürliche Gesch. derer, die es verloren haben (1999) (amerikan. Orig.: About face, Cambridge/Mass. 1998).

H. Kalverkämper

→ Actio → Affektenlehre → Chironomie → Gebärde → Gestik → Körpersprache → Mimesis → Nonverbale Kommunikation → Physiognomik → Pronuntiatio → Psychologie → Schauspiel → Tanzkunst → Theater

Minutio (lat. auch *diminutio, extenuatio, detractio*; griech. μείωσις, meíōsis; ταπείνωσις, tapeínōsis. – Gegensatz: amplificatio / αὔξησις, aúxēsis). – A. Def. – B. Gesch.: I. Antike – II. Mittelalter. – III. Neuzeit.

A. (1) Die M. (lateinisch auch *diminutio*[1], *extenuatio*[2], *detractio*[3]; griechisch μείωσις[4], ταπείνωσις[5]) ist ein rhetorisches Grundverfahren, welches die Wirkung einer Rede auf die Zuhörer dadurch zu steigern versucht, daß entweder die scheinbare (affektierte) Herabsetzung der eigenen Partei-*causa* als Gestus (Topos) der Bescheidenheit (*understatement*, als *captatio benevolentiae* im Mittelalter häufig formelhaft [6]) den gegenteiligen Eindruck festigt, daß Schwierigkeiten oder Übel verharmlost oder aber – ihrerseits ggfs. amplifizierte – Werte, Gedanken oder Personen der Gegenseite geschmälert bzw. verächtlich gemacht werden, eine Form also der indirekten Widerlegung (μέθοδος κατὰ μείωσιν)[7]; in letzterem Sinne bedient sich die M. der Ironie und des Lächerlichen. Die Verkleinerung des Redegegenstandes[8] und/oder seines (affektischen oder moralischen) Wertes kann – wie bei der *amplificatio*[9] – sowohl auf der inhaltlichen Ebene der in der *inventio* aufzufindenden *argumenta* geschehen als auch auf der Ausdrucksebene der *elocutio* (*copia rerum et verborum*), also qualitativer wie quantitativer Natur sein; auf dieser zweiten Ebene ist sie – nach Maßgabe des *aptum* – Aufgabe des Redeschmucks (*ornatus*). Die M. benutzt zum einen rhetorische Figuren (u.a. Euphemismus, Emphase), wird zum anderen ihrerseits unter diese Stilmittel, genauer eigentlich: die Tropen (‹Übertreibung nach unten hin›) [10], eingereiht. Die Verringerung der Stilhöhe selbst (*genus subtile* oder *humile*) kann wie die Kürze der gesamten Darstellung (*brevitas*) eine M. des Gegenstandes bewirken. Regeln und Modi der M. in Rhetorik, Grammatik und Poetik, aber auch in der Musiktheorie entsprechen in jeweils umgekehrtem Sinne denen der *amplificatio* und werden daher in den Lehrbüchern meist nicht eigens behandelt.[11]

(2) Die musikalische Figurenlehre des Barock unterscheidet zwei Formen der M.: a) die Aufteilung der Note(n) längeren Taktschlages in eine entsprechende Anzahl von Noten eines kürzeren, zurückgehend auf «Verzierungen, die durch Zerlegung einzelner Gerüsttöne oder Tonschritte in Gruppen von kleinen, rascheren Noten zustande kommen»[12], Aufgliederungen (zu verzierender) langer Noten nach einem (in den hoch- und spätmittelalterlichen Flores) schon früh vorhandenen, im 16./17. Jh. systematisierten Inventar an Figuren wie *tremoli, groppi, circoli* u.a. (G. DALLA CASA 1584) in einer oder mehreren Stimmen eines Tonsatzes, ohne die Partien als Ganze dabei zu verkürzen. J.G. WALTHER, in Weimar musikalisch wie persönlich befreundet mit J.S. Bach, setzt sie 1732 in seinem ‹Musicalischen Lexicon› mit der *coloratura* und damit der *variatio* gleich als Oberbegriff der *figurae simplices* oder *Manieren* [13], während M. SPIESS die *diminutio* als (dem ausübenden Musikanten, nicht dem Komponisten zukommende) *Manier* der *variatio* unterordnet. [14] Dieser spricht (b) im ‹Tractatus musicus compositorio-practicus› (1745) neben der *diminutio notarum* im o.g. Sinne der Aufsplitterung auch von einer 'Verminderung des Gegenstandes' durch Veränderung seines ursprünglich gewichtigen Taktschlages insbesondere in den Nebenstimmen: «Diminutio Subjecti oder Thematis [...] wann das Subjectum, so in langgültigen Noten bestehet, durch andere Nebenstimmen durch kleinere Noten mit- und fortgeführt wird; welche meistens zu geschehen pflegt, da das musicalische Stuck vollstimmig zuende getrieben wird»; dies weist auf die Verkürzung der Notenwerte eines Themas und kommt dem rhetorischen Verständnis der M. als Untertreibung nahe – weiter geht, abgesehen vom gemeinsamen Begriff, die Beziehung zwischen musikalischer und rhetorischer Figur indes nicht. [15]

B.I. *Antike.* Für ARISTOTELES stellen αὔξειν (aúxein) und μειοῦν (meiũn) Enthymeme dar πρὸς τὸ δεῖξαι ὅτι μέγα ἢ μικρόν, ὥσπερ καὶ ὅτι ἀγαθὸν ἢ κακόν, ἢ δίκαιον ἢ ἄδικον, καὶ τῶν ἄλλων ὁτιοῦν (mit dem Ziel aufzuzeigen, daß etwas groß oder klein, wie auch, daß etwas gut oder schlecht, gerecht oder ungerecht oder anderes dergleichen sei). [16] Sie haben ihren vornehmlichen Platz im zweiten Teil des ἐπίλογος (epílogos) [17] und ihre ursprüngliche Verankerung im γένος ἐπιδεικτικόν (génos epideiktikón) [18], doch wenn für die *amplificatio* (in ihren Topoi der Stilhöhe des hohen Stils, *genus grande* zugeordnet [19]) auch im übrigen Verlauf der Rede Gelegenheit ist [20], so gilt dies vice versa für die *minutio* gleichermaßen wie die weitere Verwendung im γένος συμβουλευτικόν (génos symbuleutikón) und δικανικόν (dikanikón). [21] Somit bildet die Theorie der M. in der Praxis der drei Redegattungen das Gegenstück zur Theorie der *amplificatio*.

Der AUCTOR AD HERENNIUM bestimmt in den achtziger Jahren des letzten vorchristlichen Jh. im Rahmen seiner Lehre von den Stilmitteln [22] die M. «quom aliquid inesse in nobis aut in iis, quos defendimus, aut natura aut fortuna aut industria dicemus egregium, quod, ne qua significetur adrogans ostentatio, deminuitur et adtenuatur oratione, [...]» (wenn wir sagen werden, daß in uns oder in denen, welche wir verteidigen, von Natur aus oder durch Schicksal oder Fleiß etwas Herausragendes liege, was in der Rede aber, damit nicht eine anmaßende Zurschaustellung zum Ausdruck kommt, vermindert und abgeschwächt wird). Für CICERO unterstreicht die M. (bei ihm *extenuatio*, 'Schmälerung' genannt) als «gedankliches Glanzlicht» (*lumen sententiae*) im gleichen Sinne wie die «*percursio* [ἐπιτροχασμός] [...] et plus ad intellegendum, quam dixeris, *significatio* [ἔμφασις] et distincte concisa *brevitas* [βραχυλογία] et [...] huic adiuncta *inlusio* [διασυρμός / χλευασμός]» (das 'Hindurcheilen' und die Andeutung von mehr, als man sagt, sowie die Kürze ohne Verlust an Klarheit und dieser verwandt die Verspottung) [23] die gedankliche Wirkung des Gesagten; auch dient sie dem Erweis des «liebenswürdigen Charakters» (*amabiles mores*) des Redners und führt zum *delectare* der Hörer, «si aut augendi alterius aut minuendi sui causa alia dici ab oratore alia existimari videntur idque comitate fieri magis quam vanitate» (wenn, um einen Anderen größer oder sich selbst kleiner zu machen, etwas Anderes vom Redner gesagt als gedacht zu werden und dies aus Freundlichkeit eher denn aus Eitelkeit zu geschehen scheint) [24]. QUINTILIAN (um 35–96 n.Chr.) sieht *amplificatio* wie M. als Funktionen des Tropus der *hyperbole*, der «decens veri superiectio: virtus eius ex diverso par, augendi atque minuendi» [25] (eine schickliche Übersteigerung der Wahrheit: ihre Leistung ist von Entgegengesetztem her die Gleiche, nämlich die des Steigerns wie die des Verkleinerns), bezeichnet als *vitia* des *ornatus* (Wortschmucks) mit ταπείνωσις (tapeínōsis) aber auch eine der Größe oder Würde der Sache unangemessene Schmälerung im Ausdruck [26] und mit μείωσις Unvollständigkeit der Rede, welche zu mangelnder Deutlichkeit führe. [27]

II. *Mittelalter.* ISIDOR VON SEVILLA (um 560–636) spricht von der «Hyperbole [...] quo tropo non solum augetur aliquid, sed et minuitur, ut: mollior pluma, durior saxo» [28] ([...] durch welchen Tropus nicht nur etwas gemehrt, sondern auch gemindert wird, wie: "weicher als eine Flaumfeder", "härter als Fels"). ALKUIN († Tours 804) empfiehlt in seiner ‹Disputatio› mit Karl d. Gr. unter Rückgriff auf Ciceros ‹De inventione› zwei Methoden der *amplificatio vel extenuatio causae*, die (affektische) *impulsio* sowie die (überlegte) *ratiocinatio* [29]: das eine Verfahren bewirkt, daß «animus ita videtur affectus fuisse, ut rem perspicere cum consilio et cura non potuerit et id, quod fecit, impetu quodam animi potius quam cogitatione fecerit» (der Geist in solchem Zustand gewesen zu sein scheint, daß er eine Sache nicht mehr mit Umsicht und Sorgfalt durchschauen konnte und das, was er getan hat, durch Ungestüm eher als mit planvoller Absicht tat). Das andere besteht darin, «cum faciendi aliquid aut non faciendi certa de causa vitasse aut secutus esse animus videbitur» (wenn es so aussehen wird, daß der Geist etwas [zu tun oder nicht zu tun] aus einem genau bestimmten Grunde gemieden oder verfolgt habe); es folgen Beispiele, wie Kläger oder Verteidiger sich dieser Darstellungsverfahren im jeweils eigenen Parteisinne bedienen können.

Gegenüber diesen in der Nachfolge Quintilians die gedankliche Qualität von *amplificatio* und damit auch M. betonenden *praecepta* steht für die weitere mittelalterliche Theorie das quantitative Moment im Vordergrund: so läßt die ‹*Ars dictandi* aus Orléans› Ende des 12. Jh. eine *diminucio* um einzelne Teile der *epistola* als der Gattung wie dem Anliegen des Schreibens entsprechende Stilqualität zu. So kann z.B. auf den Briefschluß (*conclusio*) verzichtet werden, «quia nimis prolixa est epistola, et prolixitas fastidium generat» [30] (weil der Brief allzu ausgedehnt ist und die Weitschweifigkeit Überdruß hervorruft). Auch dem höfischen Redner steht es wohl an, insbesondere einer höhergestellten Persönlichkeit nicht mit einem ausufernden Vortrag zur Last zu fallen. Der Normanne GALFRID VON VINSAUF bespricht (zwischen 1208 und 1213) die M. unter dem Aspekt der *brevitas* (ebenso die *Ars dictandi* des JEAN DE SICILE) im Rahmen seiner Figurenlehre. M. wird hier bewirkt durch *emphasis*, *articulus* (κόμμα) und *asyndeton*, Verschmelzung mehrerer Aussagen in einem Satz (etwa vermittels Partizipialkonstruktionen) oder aber ‹Andeutung in der Auslassung› (*intellectio*) sowie durch Vermeidung jeder *repetitio*. [31] Dieselben Kürzungsverfahren empfehlen die (wenig jüngeren) Distichen Eberhards des Deutschen und die ‹*Poetria*› des JOHANNES VON GARLANDIA. [32] Ist also die M. in den *Artes dictaminis* ein Bescheidenheitstopos, dient sie in den *Artes poetriae* des Mittelalters vornehmlich als Umkehrung der weitläufigen Ausschmückung (*dilatatio*).

Eine wieder stärker inhaltliche Qualität erhält die M. in der *humanistischen* Diskussion um das Verhältnis zwischen Dialektik und Rhetorik: in enger Anlehnung wiederum an die *loci*-Lehre des Auctor ad Herennium und Ciceros stellt R. AGRICOLA (1515) die M. in Bezug auf die Affekte und im Wechselspiel mit einer (je nach Redeziel und Zuhörerschaft bemessenen) *amplificatio* dar und nennt als wirksamste Form das Lächerlichmachen eines zuvor amplifizierten Gegenstandes: «ergo commotos augmentatione affectus, detracta rursus magnitudine rebus, ad rationem revocamus […] potentissimus autem ad solvendos subitos & recens concitatos affectus est risus» [33] (also rufen wir die durch Steigerung erregten Leidenschaften, indem wir den Dingen die Großartigkeit wieder entziehen, zur Vernunft zurück […] am geeignetsten aber ist das Lachen, plötzliche und soeben erregte Affekte aufzulösen). ERASMUS ordnet 1512, von den antiken Stilvorgaben (Quintilian) ausgehend, die *diminutio* in quantitativ-mittelalterlichem Sinne als Mittel der *variatio* der Ausdrucksfülle (*copia verborum*) zu (z.B. ‹attingere› – anrühren für ‹pulsare› – schlagen, ‹laedere› – verletzen für ‹vulnerare› – verwunden), dagegen stellt er *extenuatio* als gedankliches Gegenverfahren zur *amplificatio* in die Kategorie der Gedankenfülle (*copia rerum*). [34] Bei J. SUSENBROTUS finden wir in seinem Lehrwerk von 1541 neben der *diminutio* (μείωσις) *duplex* (*verborum / rerum*) eine Umkehrung der vier Arten von *amplificatio* Quintilians: *decrementum* ('Steigerung nach unten'), *comparatio* (Vergleich), *ratiocinatio* (Schlußfolgerung) und *congeries* (Häufung); abschließend wird für ein anspruchsvolles Publikum vor zu grober M. gewarnt und stattdessen die subtileren Formen der Ironie und des feinen Spottes empfohlen. [35] Vorwiegend inhaltliche Aspekte nennen auch SCALIGER (Herabsetzung in der Wortwahl, Minderung der Stilhöhe, *comparatio*) und HOSKINS (Litotes und Ironie). [36]

III. *Neuzeit.* In der Rhetorik des *Barock* behandelt G.J. VOSSIUS 1630 die *Tapinosis* unter den «Schemata διανοίας, quae plus aut minus dicunt» (die Gedankenfiguren, die mehr oder weniger sagen). Sie ergibt sich, «wenn wir eine gewichtigere Sache mit einem schwächeren Begriff ansprechen», und sie «mindert das Gewicht der Sache durch Abschwächung der Benennung». [37] Seine Beispiele entnimmt er aus Cicero: «Venio nunc ad istius, quemadmodum ipse appellat, studium, ut amici eius, morbum et insaniam, ut Siculi, latrocinium; ego, quo nomine appellem, nescio» (ich komme nun zu dieses, wie er selbst es nennt, *Eifer*, wie seine Freunde, *Krankheit und rasende Begierde*, wie die Sizilier, *Räuberei*; mit welchem Namen es zu benennen soll, weiß ich nicht), aber auch aus der röm. Dichtung, hier Catull (*gurges* [Strudel] für *mare* [Meer]) oder Horaz (Gebrauch von *tangere* [berühren] für *percutere, pungere, laedere* [schlagen, stoßen]). [38] Das Schulprogramm der jesuitischen Rhetorik weist der M. die Funktion zu, *res parvae* gegenüber den (allein amplifizierbaren) *res graviores* zur Geltung zu bringen: N. CAUSSIN widmet gerade die M. eines soeben besonders exaggerierten (hier = qualitativ erhöhten) Sachverhaltes durch Erweis seiner Nicht-Amplifizierbarkeit und dementsprechende Lächerlichkeit als besonders wirksame Form einer *amplificatio*; dabei suggeriere die ‹ponderosa sobrietas› (gewichtige Nüchternheit) und der sachliche Vortrag dem Zuhörer, aus Bescheidenheit manches ausgelassen zu haben, was dieser sich dann seinerseits hinzudenke. [39] Diese Kombination von Understatement und Bescheidenheitstopos läßt nicht zuletzt Augustinus' Vorstellung anklingen, *res magnae* (die christl. Botschaft) bedürften keines *stilus grandis*. [40] Zum Ende des 17. Jh., in welchem die Rhetorik überhaupt als Hilfsdisziplin der Logik eingegliedert oder aber auf die *elocutio* beschränkt wird, während *inventio* und *dispositio* allein Sache der Logik sind [41], führt CHR. WEISES ‹Politischer Redner› die M. als Verfahren der Komplimentierkunst innerhalb der Briefstellerei vor: Selbsterniedrigung zielt im zweiten Teil des Komplimentes (in der *insinuatio*) auf Schmeichelei und Sympathiewerbung beim ranghöheren Adressaten, während in *Condolenz-Complimenten* die auf verschiedene Weisen vorgebrachte *Extenuation* des Unglücks als eines der Argumente «zum Trost dienet». [42]

Für die *Aufklärung* zählt J.A. FABRICIUS (1724) im Kapitel «von dem Ausdruck der Gedancken überhaupt» *meiosis* oder *tapinosis* als «manieren» der *hyperbole* (*plus vel minus quam intelligitur*) zu den *Tropen* «an statt: Judas hat bey seiner verrätherey gottloß gehandelt, setze: Judä verrätherischer kuß und falsches hertze verdienet gewiß keinen panegyricum» [43], und F.A. HALLBAUER bestimmt unter den *Figurae sententiarum*, «welche ad exaggerationem oder extenuationem dienen, als [...] Tapinosis, wenn man die Sache gar zu geringe macht, oder zu gelinde ausdruckt: Hans gibt seinem Nachbar eine derbe Maulschelle, und sagt hernach: ich habe ihn kaum angerühret». [44] Indes setzt neben dieser durchaus traditionellen Definition schon bei Hallbauer und in der weiteren Ausbildung der Ästhetik und Stilistik, für welche die Rhetorik nurmehr die praktische Außenseite liefert (LINDNER 1755/ 1771 u.a.), eine Abwertung technischer Schul-*praecepta* für die *amplificatio* – und analog eben auch für das rhetorische Verfahren der M. – als Mittel einer künstlichen, vornehmlich auf Affekte ausgerichteten Argumentationsstrategie ein zugunsten eines ungezwungen-natürlichen, inhaltlich allein an der Sache, an Zweckmäßigkeit und gedanklicher Klarheit (KANT), sprachlich am (situativen) *aptum* orientierten Ausdruckes [45]; andererseits kann noch für ERNESTI 1770 (nach Ps.-Longins Περὶ ὕψους) bisweilen gerade eine gewollte *brevitas* als «vierte Quelle» des Erhabenen gedankliche Erhabenheit unterstreichen, wo *copia* den Affekten oder der vornehmen Haltung (altitudo animi) entgegenstünde [46], und damit wiederum amplifizierend wirken. Überhaupt bleiben nicht-regelgebundene, ungeplante und spontan dem künstlerischen Genius entspringende Formen von *amplificatio* wie M. stets in Wertschätzung, als literarisches Grundverfahren beispielsweise in J. SWIFTS ‹Gulliver's travels› von 1726, aber auch auf dem Feld der politischen Debatte, wo die M. etwa in der Diffamierung des weltanschaulichen Gegners als fester Topos der Demagogie insbes. totalitärer Rhetorik des 20. Jh. dient. [47]

Anmerkungen:
1 Auct. ad Her. IV, 50 *deminutio*. – **2** Quint. IX, 2, 3; Ernesti Lat. p. 160. – **3** Quint. I, 5, 38; IX, 2, 37; vgl. Fortun. Rhet. III, 10, in: Rhet. Lat. min. p. 127, 5–15. – **4** LSJ (⁹1940) s.v. μειόω; Anon. [Κορνούτου] techn. 230 in: Rhet. Graec. Sp.-H., Bd. 1, p. 393, 11. – **5** Ernesti Graec. p. 348 s.v. ταπεινὰ ὀνόματα und ταπεινοῦν; Anax. Rhet. 1443a 9f. – **6** Arbusow 105 (Devotion). – **7** Volkmann 244–246. – **8** Sachwtb. der Lit., hg. von G. v. Wilpert (⁷1989) und Metzler Lit.-Lex., hg. von G. und I. Schweikle (²1990) s.v. ‹Meiosis›; Sachwtb. d. Mediävistik, hg. von P. Dinzelbacher (1992) s.v. ‹diminutio›. – **9** B. Bauer s.v. ‹Amplificatio› in: HWRh 1 (1992) 445–471; L. Calboli Montefusco s.v. ‹A.› in: DNP 1 (1996) 629. – **10** Arbusow 91 (Unterart der *hyperbole*). – **11** Quint. VIII, 4, 28f.; Lausberg Hb. § 259; Ueding / Steinbrink 271, 284. – **12** Riemann Musik-Lex., Bd. 3: Sachteil, hg. von H.H. Eggebrecht (¹²1967) s.v. ‹Diminution›. – **13** D. Bartel: Hb. der musikal. Figurenlehre (²1992) 146f. sowie zur Quellenlage 43f. – **14** zur unscharfen Differenzierung zwischen Figuren und Manieren bei Spieß u.a. vgl. J.A. Scheibe: Critischer Musicus (Leipzig 1737–1790) 684; zu Quellen (bes. Vogt 1719) u. Verhältnis zum Figurenbegriff Burmeisters (1606) und Bernards (ab 1648) Bartel [13] 57f. – **15** Spieß (Augsburg 1745) 156 und Bartel [13] 147. – **16** Arist. Rhet. 1403a 16–23 (zum Ende der *inventio*). – **17** ebd. 1419b 12; 19–24 (zu den einzelnen Topoi 1363b 5–1365b 20; 1366a 23–1368a 37; 1374b 24–1375a 21; 1385a 16-b 10; 1397a 7–1402a 28 und Sieveke [1980] p. 224). – **18** Arist. Rhet. 1368a 10: 26–37. – **19** Auct. ad Her. IV, 11 (zur *figura extenuata* s.o. [2]). – **20** Cic. Part. 52ff. – **21** Anax. Rhet. [5] 1426b12–22; 1428a 2–5; 9–11 (zu μετριότης μήκους [λόγου] καὶ βραχυλογία); Martin 153. – **22** Auct. ad Her. IV, 19ff., hier IV, 50; vgl. auch zu IV, 44 (*superlatio* [*veritatis*] – Cic. De or. III, 203 = Quint. IX, 1, 29) u. 45 (*translatio* [...] *minuendi causa*) bei Fortunatian, in: Rhet. Lat. min. p. 132, 20f. (*loci communes* [...] *auctivi an minutivi*). – **23** Cic. De or. III, 202 (mit Wilkins, Komm. [1892] z.St.) = Quint. IX, 1, 28; vgl. Cic. Or. 137 u. Quint. VI, 3, 52. – **24** Cic. Part. 22; Quint. X, 1, 12; Volkmann 499f. – **25** Quint. VIII, 6, 67 (VIII, 4, 29; vgl. Ps.-Long. Subl. 38, 6 und 43, 3/6), dazu auch Ueding / Steinbrink 293f. sowie 289 (*litotes*) u. 298f. (*eironeia*). – **26** vgl. Cic. Or. 100f.; Charisius in: Gramm. Lat., Bd. 1 (1857) p. 271 und Diomedes ebd. p. 450; Isid. Etym. I, 34, 11; Morier 1177 s.v. ‹tapinose›. – **27** Quint. VIII, 3, 48–50; Volkmann 404; Preminger 754f. s.v. ‹Meiosis›; zur stilkritischen Debatte zwischen 'attischer Schlichtheit' und 'asianischem Schwulst' s. Cic. Brut., Quint. XII, 10, 10ff., Ps.-Long. Subl. 11, 3–12, 2 sowie (mit Augustins Distanz wiederum zum *stilus grandis* bei gleichwohl erhabenem Gegenstand) Bauer [9] Sp. 448f. – **28** Isid. Etym. I, 37, 21. – **29** Rhet. Lat. min. p. 533, 19 – 534, 15 = Cic. Inv. II, 17–20; 25f. – **30** Rockinger, 1. Abt., 109f. – **31** Faral 61 u. 85 sowie Galfrid von Vinsauf, Poetria Nova, vv. 690–736 (Faral 218–220) und ders., Documentum de arte versificandi II 2, 30–44 (Faral 277–280). – **32** Eberhardus Alemannus, Laborintus (zw. 1212 u. 1280), vv. 337–342 (Faral 348); Johannes von Garlandia, Poetria, hg. v. G. Mari, in: RF 13 (1902), hier 913. – **33** R. Agricola, De inventione dialectica libri omnes integri (Köln 1552), lib. III, 3, 369. – **34** Erasmus, De duplici copia verborum ac rerum libri duo, in: Opera omnia (Leiden 1703), Bd. 1, 3–110, hier 22 (*copia* bzw. *brevitas* in quantitativer Auffassung betreffen mithin Wort*anzahl* ebenso wie Wort*gewicht*) und 83f.; zu *copia* und *brevitas* in Bezug auf die *partes orationis* wie auch innerhalb dieser selbst 105f. bzw. 109f.; zum 'augustinischen' Vorbehalt des Erasmus gegen die Mittel des *hohen Stils* Bauer [9] Sp. 454f. – **35** I. Susenbrotus: Epitome troporum ac schematum et grammaticorum exercitiorum (Zürich 1541) 81–84 mit Beispielen aus Vergil (Aen. XI, 164–166), Livius (auc. XXI, 30, 4–8 Hannibal), Cicero (Pro Murena 19–29) und NT (Jesus), aber auch Terenz (Heautontimoroumenos 876f.); Quint. VIII, 4, 3–27. – **36** Erasmus [34] 22 *hyperbole* ‹brevior Pygmaeo. Minus habet quam nihil› (Kürzer als ein Pygmäe. Er hat weniger als nichts); J.C. Scaliger, Poetices libri septem (Lyon 1561) l. III, 81 (unter dem Tropus *eclipsis)*; G. Puttenham: The Arte of English Poesie (London 1589), ed. A. Walker, G.D. Willcock (Cambridge 1936) 185 und 259; J. Hoskins: Direccions for Speech and Style (London 1599), ed. H. Hudson (Princeton 1935) 35f.; L.A. Sonnino: A Handbook to Sixteenth-Century Rhetoric (London 1968) 95f. und 104 (weitere Beisp. aus Wilson 1553, Peacham 1577 / ²1593). – **37** Vossius, Pars II, p. 335 u. 344f. – **38** Cicero, In Verrem II 4, 1; Catull c. 64, 18; Horaz, Oden II, 1, 33; II, 7, 12; III, 3, 54; III, 26, 12; Verg. Aen. I, 118. – **39** N. Caussin SJ, De eloquentia sacra et profana libri XVI (Paris ³1630) c. 43, 294ff., hier 296. – **40** hierin gegen Cic. Or. 101; vgl. Bauer [9] Sp. 461. – **41** zu Logik und Rhet. zwischen Barock und Aufklärung M. Beetz: Rhet. Logik – Prämissen der dt. Lyrik im Übergang vom 17. zum 18. Jh. (1980) insbes. 109–120; zu Chr. Weise 27–50. – **42** Weise 189f. und 286f. und D. Till s.v. ‹Komplimentierkunst› in: HWRh 4 (1998) Sp. 1213–1215. – **43** Fabricius 187 sowie (unter den *figurae* [*sententiae*] *amplificatoriae* ähnlich Hallbauer Orat. 486) 197. – **44** Hallbauer 486. – **45** hierzu im einzelnen Bauer [9] Sp. 463–469. – **46** J.A. Ernesti, Initia rhetorica (Leipzig 1770) 194. – **47** zur psychagogischen Rhet. des Nationalsozialismus R. Sluzalek: Die Funktion der Rede im Faschismus (1987) / Analyse der Hitler-Rede vom 10. Dez. 1940 ebd. 61–81, zu Formen von M. (hier: der Demokratie oder Englands und Frankreichs) 66f., 70.

M.P. Schmude

→ Amplificatio → Bescheidenheitstopos → Brevitas → Copia → Hyperbel → Ironie → Lachen, das Lächerliche → Litotes

Mittlerer Stil (lat. genus [dicendi] mediocre bzw. stilus mediocris, auch genus floridum bzw. temperatum; engl. middle style; frz. style médiocre; ital. stile mediocre)
A. Def. – B. Gesch. – I. Antike. – II. MA. – III. Neuzeit (16.–18. Jh.).

A. Der M. hat seinen kategorialen Ort in der Zielsetzung der Rhetorik, die Vielfalt der Redeweisen durch Klassifikation zu bändigen und für Reproduktion offen zu halten, wofür die Antike unterschiedliche Systeme hervorbringt. Konzeptuell ist der M. gebunden an das Modell einer triadischen Stiltypologie, und definitionshistorisch ist er aufs engste verknüpft mit dem Werk CICEROS. In dem Bemühen, sein Redeideal mit den praktischen Erfordernissen der römischen Forensik zu verbinden, entwirft Cicero eine dreiteilige Systematik von Redetypen, in der aufgrund der weitreichenden Nachwirkung des römischen Rhetors auch der M. seine gleichsam orthodoxe Ausprägung für die antike Rhetorik und darüber hinaus gefunden hat. Mit Ciceros resoluter Formel «Es gibt insgesamt drei Stilarten» (tria sunt omnino genera dicendi)[1] gewinnt das triadische Stilschema nicht nur systemhafte Selbstverständlichkeit; mittels einer im Angemessenheitspostulat fundierten Serie von Merkmalen wächst dem M. zudem auch jene Identität zu, die es der antiken und postantiken Rhetorik und auch Poetik ermöglicht, als dritte elocutionelle Kategorie normatives, textgeneratives Potential zu entfalten. Als M. begreift und beschreibt Cicero neben dem die Alltagssprache raffiniert-diskret verfremdenden einfachen Stil einerseits und dem hohen Stil, der auf der anderen Seite seine Dignität aus kraftvollen Gedanken und majestätischer Bildhaftigkeit bezieht, diejenige Redeweise, die mittelwichtige Stoffe zwischen privater Partikularität und gesellschaftlicher Allgemeinheit unter maßvoller und doch zugleich demonstrativer Ausspielung des gesamten Inventars rhetorischer Schmuckmöglichkeiten gestaltet. Beim M. handelt es sich «um einen auffälligen, reich geschmückten Stil, bunt und zierlich, in dem alle Schönheiten der Wörter, alle Schönheiten der Sätze zusammen erscheinen» (insigne et florens orationis pictum et expolitum genus, in quo omnes verborum, omnes sententiarum illigantur lepores).[2] Funktionale Fluchtlinie solchen ornatdurchsetzten Sprechens (bzw. Dichtens) ist die Anmut (*suavitas*).[3] Hierdurch erlangt dieses dritte Stilregister auch seinen distinkten Standort im Spektrum rhetorischer Funktionsmöglichkeiten. Dem redetheoretischen Axiom folgend, wonach das «Unterhalten eine Frage des Charmes» sei (delectare suavitatis [est])[4], wird dem M. von Cicero zur Herbeiführung des Redeerfolgs die Aufgabe der *delectatio*, die Unterhaltung, zugewiesen. Aus moderner texttheoretischer Sicht liegt mit dem M. also ein frühes Paradigma jener Selbstbezüglichkeit der Textgestaltung vor, die R. JAKOBSON unter der Kategorie der poetischen Sprachfunktion zu erfassen sucht.[5] Diese auf Cicero zurückgehende Struktur-Funktions-Interdependenz hat in der Literaturwissenschaft verschiedentlich zu der Annahme geführt, der M. sei die sprachliche Fundierungsgröße, aus der sich alle auf ästhetetisches Wohlgefallen hin organisierte Rede und Dichtung, die (Liebes-)Lyrik zumal, durch die Jahrhunderte hindurch gespeist habe. Daß eine solche Korrelation von rhetorischer Stilistik und Gattungspoetik allerdings nur in Einzelfällen stattfand, ergibt sich aus der überaus vielschichtigen Geschichte dieses Stils: Bei näherer Betrachtung erweist sich der M. nämlich infolge mannigfacher struktureller wie funktionaler Verschiebungen und Mißverständnisse in der Antikerezeption der folgenden Epochen weniger als rhetorisch-poetische *Passe-partout*-Kategorie denn als problematische Stilinstanz mit beschränkter textgenerierender Wirksamkeit.

Anmerkungen:
1 Cic. Or. 20; vgl. Auct. ad Her. IV, 11. – **2** ebd. 96. – **3** ebd. 92. – **4** ebd. 69. – **5** vgl. R. Jakobson: Linguistik u. Poetik, in: H. Blumensath (Hg.): Strukturalismus in der Lit.wiss. (1972) 118–147.

B. I. *Antike.* Insofern am Beginn der abendländischen Stilistik die Suche und die Reflexion über das wahre Stilideal steht, eine Klassifikatorik der Stile mithin in der antiken Kultur erst um die Zeitenwende herum greifbar wird, hinterläßt die griechische Rhetorik noch keine elaborierte Systematik der Stile sondern – vor allem in Gestalt der Pluralität von Stiltugenden bei THEOPHRAST – nur wichtige Vorstufen hierzu, die sehr wohl in die römische Stildiskussion hineinwirken. Als besonders einflußreich hierbei erweist sich das Sprachideal des ARISTOTELES, der jegliche Tugend prinzipiell als ein mittleres Verhalten (μέσον, méson) zwischen einem Zuviel und einem Zuwenig definiert. Der Rhetorik und Poetik beschert dieses Konzept eine Idealität der Angemessenheit, die ihre bündige Formel in der aristotelischen Poetik findet: «Die vollkommene sprachliche Form ist klar und zugleich nicht banal» (Λέξεως δὲ ἀρετὴ σαφῆ καὶ μὴ ταπεινὴν εἶναι).[1] Solcher Assoziation von Vollkommenheit eines mittleren Maßes steht allerdings vielfach, in ästhetischer Hinsicht wohl am folgenreichsten in der Poetik des HORAZ, das Gegenkonzept von Mittelmäßigkeit als Begrenztheit künstlerischer Leistung und Leistungsfähigkeit gegenüber.[2] Und dieses Moment der freiwilligen oder unfreiwilligen Selbstbescheidung steckt auch, ins Positive verkehrt, ja zum Verhaltensideal verklärt, in der berühmten Formel von der *aurea mediocritas*, wie sie Horaz vor allem in seiner Ode II, 10 propagiert hat. Von Anfang an steht das Wort- und Bildfeld der Mitte also im Zeichen einer fundamentalen Ambivalenz.[3]

Rhetorikgeschichtlich aktenkundig nach ersten, eher binären Typologisierungsversuchen wird der M. in der römischen Rhetorik mit der ‹Rhetorica ad Herennium›. Deren Autor postuliert freilich den M. mehr, als daß er ihm konkrete Merkmale zu verleihen vermag. Definiert wird die *mediocris oratio* nämlich mehr über das, was ihr im Vergleich mit den anderen Stilebenen fehlt, als über positive Komponenten. Dem M. geht einerseits das Pathos der hohen Rede, andererseits die Nacktheit des einfachen Stils ab.[4]

Positiv merkmalshaft bestimmt und kanonisiert wird diese ‹neue› mittlere Stilebene erst im CICEROS rhetorischen Hauptschriften, vor allem im ‹Orator›. Und was dieser für die Rhetoriktheorie durchsetzt, findet schließlich durch QUINTILIAN Eingang in den Schulbetrieb.[5] Mit Quintilian beginnt die Tradition, die Ornatkomponente dieses Stils über das Bild des Blühens (*floridum*) zu transportieren. Zur Erleichterung der Nachahmung des gemeinten Redeverhaltens beim Schüler exemplifiziert er die drei Stile durch drei Figuren aus Homer, wobei Nestor die Aufgabe zufällt, das *genus floridum* zu verkörpern.

Quintilian übernimmt ein Verfahren, das vor ihm schon praktiziert wurde, nämlich die Illustration eines abstrakten Redetyps durch dem Lernenden bekannte prominente Persönlichkeiten aus Literatur und Geschichte. So exemplifiziert M. TERENTIUS VARRO die stilistische *mediocritas* in der römischen Literatur durch den Komödiendichter TERENZ, P. Rutilius Rufus schreibt sie unter den drei Rednern der athenischen Philosophengesandtschaft von 155 v. Chr. dem Stoiker DIOGENES zu. Freilich ist hier die Skala der Stile gegenüber der ciceronischen Einteilung deutlich verschoben. Die Beredsamkeit des Diogenes sei nämlich in erster Linie von *modestia* und *sobrietas* geprägt gewesen. Bemerkenswert an dieser Variante der *tripartita varietas* ist nicht allein die Tendenz zur ornamentalen Bescheidenheit und Nüchternheit, die Rufus für den M. reklamiert, sondern auf der anderen Seite auch die Tatsache, daß Gellius, der diese Zeugnisse überliefert, die Funktionskategorie der Anmut, die *venustas*, im einfachen Stil ansiedelt. So sehr also Gellius mit seiner Auffassung, diese drei *genera dicendi* fänden gleichermaßen in Rhetorik und Poesie Anwendung, römisches Gemeingut reproduziert, so unverkennbar deutet sein Verständnis vom M. auf ein Weiterwirken der aristotelischen Konzeption, durch Verzicht auf ostentativen Schmuck für Deutlichkeit des Ausdrucks zu sorgen.[6]

II. *Mittelalter.* Auch wenn der antiken Stildoktrin in der christlichen Weltanschauung im allgemeinen und der Bibel im besonderen ein bedrohliches Umfeld erwächst, lebt die ciceronische Trias im frühen Mittelalter zunächst weiter, nicht zuletzt dank AUGUSTINUS, der in seiner ‹Doctrina christiana› diese Stilistik nicht pauschal verwirft, sondern sie nur der Zweckhaftigkeit einer christlichen Beredsamkeit unterwirft. Unter diesen Auspizien wird auch der M. übernommen, sogar unter Einschluß seines Schmuckreichtums und der Unterhaltungsfunktion; allerdings wird diese Komponente der *delectatio* unter Hereinnahme der Tugend der Bescheidenheit vom Kirchenvater den übergeordneten ethisch-didaktischen Zielen dienstbar gemacht.[7]

Daß gleichwohl im Hochmittelalter trotz fortbestehender Hochschätzung Ciceros die kulturelle Wirksamkeit seiner Stillehre für geraume Zeit abbricht bzw. nur im Lichte spürbarer Veränderungen wahrzunehmen ist, liegt zum einen daran, daß diejenigen seiner Schriften, in denen er die Stiltrias präzis differenziert, dem Mittelalter nicht häufig sind, und zum anderen an einem gewandelten Sprach- und Stilverständnis. Die hochmittelalterliche Art der Kategorisierung betrachtet die Stile nämlich nicht länger als Verfahren unterschiedlicher Schmuckinszenierung gemäß der Würde des behandelten Themas und einem intellektuellen oder emotionalen Redeziel folgend. Vielmehr sind in den mittelalterlichen *styli materiae* die dinglichen Teilklassen des fraglichen Stoffbezirks gemäß der Ständehierarchie organisiert, wie sie die Werke VERGILS scheinbar vorgaben. In einem weitverbreiteten, aus Schulzwecken in Radform angelegten Schema der drei Stile wird der M. systematisch den ‹Georgica› zugeordnet – mit langanhaltenden Konsequenzen für seine strukturelle wie auch funktionale Prägung. M. liegt eben nach dem Verständnis dieser *rota Vergilii* dann vor, wenn sachlich korrekt vom Bauern und den seine Lebenswelt konstituierenden Dingen wie Pflug, Rind usw. in einem Text gesprochen wird; zugleich verleiht der paradigmatische Kanontext diesem *stilus* den Charakter eines Lehrgedichts. Da ferner sich die Komponente des Redeschmucks im Mittelalter als Lehre von den *colores rhetorici* neu organisiert, lebt der ursprüngliche Kern der antiken Stilistik im Grunde jenseits der sog. *styli materiae* weiter, als binäres Stilschema von *ornatus facilis* und *ornatus difficilis*, also von leichtem und schwerem Schmuck.[8] Im Gefolge dieser Parallelisierung zwischen den *styli* und den Werken Vergils tritt also eine auffällige Dissoziierung des M. von seiner einstmals als wesenhaft empfundenen Qualität der *delectatio* ein.

Diese gravierende funktionale Umdefinition von der Unterhaltung zur Belehrung tangiert im Verständnis der Kulturträger die Identität dieses Redetyps so nachhaltig, daß selbst, als es im 15. Jh. im Zuge der Wiederentdeckung der zentralen ciceronianischen Texte zu einer allmählichen Rückgewinnung des antiken Stilbegriffs kommt, speziell für den M. diese mittelalterliche Einfärbung durch die Tradition der *rota Vergilii* bestimmend bleibt, was die Restitution des ciceronianischen *genus floridum* erheblich behindert. Weiterhin wird der M. als ein Diskurstyp aufgefaßt, bei dem es teils um moralische Belehrung, teils um wissenschaftliche Unterweisung geht. Dementsprechend kann als Musterbeispiel für den so verstandenen *stilus mediocris* sogar ein Text wie die horazische Poetik, eben ein Lehrwerk in Versen, angeführt werden.[9] Bis an die Schwelle zur Neuzeit ist und bleibt der M. solchermaßen gegen seine anfängliche Funktionsbestimmung der Unterhaltung mittels wohlinszenierten Schmuckes als Redetyp ornamentaler Sparsamkeit zum Zweck der Belehrung definiert.

III. *Neuzeit.* Mit den sich in der Renaissance in ganz Europa intensivierenden Bestrebungen um eine Revitalisierung der antiken Rhetorik und Poetik durch einen Rückgang *ad fontes* kommt es auch zu einer allmählichen Schärfung des Blickes für die einzelnen, teils verwandten, teils divergierenden, teils dualen, teils triadischen und noch komplexeren Stilkonzepte der griechischrömischen Antike. Hiervon profitiert langfristig auch der M. Zur Wiederherstellung von dessen ciceronianischer Authentizität tragen nicht unwesentlich auch die lateinischen Traktate und Manuale der Renaissance bei. Während allerdings die Poetiken der Humanisten in ihrem Anliegen, sich der üppigen Vielfalt der Traditionsströme bis hin zu der sieben ‹Ideen› umfassenden Stillehre des HERMOGENES zu öffnen, zu keinem operablen M. finden, wie etwa die Stilkontaminationen SCALIGERS oder STURMS belegen, verlaufen die entsprechenden Aktivitäten der (vor allem jesuitischen) Schulrhetorik erfolgreicher, weil sich die Verfasser meist auf Cicero und seinen römischen Verbreiter Quintilian konzentrieren. Bahnbrechend bei der Wiederherstellung der ciceronianischen Orthodoxie wirkt das im letzten Drittel des 16. Jh. sich über ganz Europa in vielen Drucken verbreitende Lehrwerk des Spaniers CYPRIANO SOAREZ (von 1565), in dem großenteils in Ciceros eigenen Formulierungen der M. hinsichtlich seiner Struktur wie seiner funktionalen Zweckgerichtetheit präzise charakterisiert wird.

Gleichwohl verläuft die Institutionalisierung der *tripartita varietas* und mit ihr des *genus mediocre* in den volkssprachlichen Literaturen durchaus unterschiedlich, sowohl in der zeitlichen Dynamik wie auch in der konzeptuellen Durchdringung wie schließlich in der gattungspoetischen Ergiebigkeit. Auch diesbezüglich gelingt es Italien als erstem Land, die Stilreflexion schrittweise von ihren mittelalterlichen Residuen zu befreien. TASSO bleibt es vorbehalten, als erster neuzeitlicher Dichter-Theoretiker antike Ideale und Typologien klar zu unterscheiden: Souverän reserviert er das aristotelische Ideal der Deutlichkeit für die Prosarede und ordnet die triadische Typologie Ciceros der Pluralität der Verspoetik zu.[10] Schrittweise macht sich auch die deutsche Barockpoetik den M. als Vertextungskategorie zu eigen. Wohl sind in der Anfangsphase die Definitionen noch nicht von Unsicherheiten frei, wie z.B. bei HARSDÖRFFER, in dessen ‹schiefer› Trias der M. im Grunde die (positive) Rolle des (bei ihm negativ definierten) einfachen Stils übernimmt. Im 17. Jh. entwickelt sich in Deutschland größeres Interesse für stildefinitorische Feinarbeit: Dabei fallen auch für den M. – etwa bei STIELER – wesentliche Differenzierungen bis hin zu den Details der geeigneten rhetorischen Figuren ab. Zu solcher stiltheoretischen Präzisierung gelangen freilich nicht alle europäischen Länder. Nur zögernd dringt – obwohl spätestens ab WILSON und PUTTENHAM bekannt – das Dreistilschema in die Dichtungspraxis der englischen Literatur; dominierend bleibt für geraume Zeit eine binäre Stilistik, über die sich zudem der lange Mantel der mittelalterlichen *colores*-Lehre legt.[11]

Paradigmatisch für die prinzipielle Verlegenheit der europäischen Rhetorik und Poetik der Neuzeit ist *Frankreich*. Im 16. Jh. kapitulieren die stiltheoretischen Bemühungen dort zunächst vor der widerspruchsreichen und vielgestaltigen Heterogenität der Traditionsströme; im Schattendasein, das die Stiltheorie im Vergleich zur mächtig aufblühenden Dichtungspraxis führt, bilden die Rhetoren und Dichter fürs erste eine duale Stiltypologie unter humanistisch-gelehrten Auspizien aus: Die französischen Renaissance-Autoren bewegen sich durchwegs tastend-tentativ in einer instabil-prekären Typologie zwischen einem ‹schönen einfachen Stil› (*beau style bas*) und einem weniger pathetischen als vielmehr an Bildungsgütern reichen erhabenen Stil (*vers hautement grave*).[12] Im Rahmen einer wachsenden Theoretisierungsbereitschaft werden im 17. Jh. die unterschiedlichen Definitionsvorgaben zwischen aristotelischer mesótēs, stoischer Bescheidenheit und ciceronianischer Ornatentfaltung probeweise durchgespielt. Klarheit und Einheitlichkeit in der Definition des M. setzen sich allerdings erst im Laufe des 18. Jh. durch.

Diese langanhaltende definitorische Unsicherheit zwischen elocutioneller Nüchternheit am Rande der Schlichtheit und reichlicher Ornamentik an der Grenze zur Pracht des *genus grande* einerseits und das gespaltene Erbe hinsichtlich der diesem Stil zukommenden Funktion zwischen Unterhaltung in der Antike und Belehrung im Mittelalter zum anderen verhindern noch in der Neuzeit eine verläßliche gattungspoetische Assoziation des M. mit antiken oder neuentstandenen prominenten Prosa- oder Versgattungen. In der Stil-Gattungs-Diskussion der Neuzeit fehlt somit weiterhin dem M. eine identitätsstiftende Bezugsgattung: Wohl werden die Werke Vergils nunmehr von den zwei dramatischen Genera Tragödie und Komödie als Referenzpole abgelöst; insofern nun aber in diesen zwei Dramentypen seit alters der hohe bzw. der einfache Stil regiert hatten, geht der immer schon nachgeordnete dritte Stil bei dieser Illustrationsmechanik zwangsläufig leer aus. Nur in Italien, das eine eigene Hauptgattung Lyrik ausbildet, kommt es mit Tasso zur Zuordnung des M. auf diese ‹dritte› Gattung. In den anderen Nationalliteraturen hingegen wird der M. hier der Elegie, dort dem Brief, bald der Historiographie, bald der Tragikomödie, daneben aber auch der Festrede und nach wie vor dem Lehrgedicht zugeordnet. Vom 16. Jh. bis zu seiner Aufhebung im Konzept des klassizistisch-romantischen Individualstils bleibt der M. Opfer einer Denkweise, die noch VOLTAIRE vertritt, wenn er sagt: «Jede Stilart hat ihre unterschiedlichen Nuancen; im Grund lassen sich diese vielen Stile aber zu zwei reduzieren, den einfachen und den erhabenen».[13]

Anmerkungen:
1 Arist. Poet. Kap. 22. – **2** Hor. Ars 366–378. – **3** vgl. F. Schalk: Mediocritas im Romanischen, in ders.: Exempla roman. Wortgesch. (1966) 211–254. – **4** Auct. ad Her. IV, 8, 11. – **5** Quint. XII, 10. – **6** A. Gellius, Noctes Atticae VI, 14. – **7** Aug. Doctr. 55. – **8** Faral 86–89. – **9** so der Horazhg. u. -kommentator J. Badius Ascensius in seiner Ausg. ‹Q. Horatij Flacci opera› (Paris 1511). – **10** T. Tasso: Discorsi dell'arte poetica e del poema eroico (1587; ND Bari 1964), v.a. Buch IV. – **11** D.C. Peterson: The Engl. Lyric from Wyatt to Donne. A History of the Plain and Eloquent Styles (Princeton 1967). – **12** Formulierung Ronsards in seiner poetolog. Elegie ‹A son livre›, in: Œuvres complètes, ed. J. Céard et al., Bd. 1 (Paris 1993) 171, V. 174. – **13** Art. ‹Genre de style› im ‹Dictionnaire philosophique› in: Œuvres complètes, ed. L. Moland, Bd. 19 (Paris 1877–1885) 248.

Literaturhinweise:
F. Quadlbauer: Die genera dicendi bis Plinius d.J., in: Wiener Studien 71 (1958) 55–111. – Ders.: Die antike Theorie der genera dicendi im lat. MA (1962). – L. Fischer: Gebundene Rede. Dicht. u. Rhet. in der lit. Theorie des Barock in Deutschland (1968). – H. Lindner: Der problematische M. Beitr. zur Stiltheorie und Gattungspoetik in Frankreich vom Ausgang des MA bis zum Beginn der Aufklärung (1988).

H. Lindner

→ Deinotes → Dreistillehre → Erhabene, das → Schlichter Stil → Stil → Stillehre

Mittelalter (nlat. medium aevum; engl. middle ages; frz. moyen âge; ital. medioevo)
A. Rhet. – I. Die Epoche. – II. Felder rhet. Praxis. – III. Proxemik. – IV. Oratoren. – V. Medien. – VI. Kommunikationsregulative. – VII. Episteme. – VIII. Lat. Theorie. – IX. Deutschsprachige Theorie. – B. Musik. – I. Grammatische, rhet. und ontologische Denkformen in der ma. Musikgesch. – II. Rhet. geprägte Konzepte in der Musiktheorie. – 1. Wirkungsorientierte imitatio. – 2. Lehre von den Tonartencharakteren. – 3. Musikalisch-rhetorische Figuren. – 4. Angemessenheit. – III. Rhet. Gestalten in der kompositorischen und interpretatorischen Praxis. – C. Bildende Kunst.

A.I. *Die Epoche.* Als europäisches M. bezeichnet man seit dem Renaissance-Humanismus die mehr als tausend Jahre umfassende Epoche zwischen Antike und Früher Neuzeit. Für die mittelalterliche Rhetorikgeschichte Westeuropas, insbesondere des deutschsprachigen Raums, die im folgenden nur knapp skizziert werden soll, ist die Auflösung der antiken Strukturen auf allen Gebieten des sozialen und kulturellen Lebens von entscheidender Bedeutung. Politisch treten das römische Erbe in diesem Zeitraum die byzantinischen Kaiser im Osten und die zahlreichen lehensrechtlich verankerten Monarchien im Westen Europas sowie das sich seit dem 9./10. Jh. ausprägende römisch-deutsche Kaisertum an. Die Kultur ist wesentlich agrarisch-feudal geprägt, erst seit dem 13. Jh. bekommen Städte in Westeuropa wieder größeres Gewicht. Das Katholische Christentum wird zum gemeinsamen religiösen Band mit entscheidendem sozialpsychologischen und kulturellen Einfluß. Rhetorikhistorisch bedeutsam ist dabei auch, daß die Kirche so gut wie alle für die Tradierung rhetorischen Wissens maßgeblichen Bildungseinrichtungen unterhält. Zwar kann sich die theoretische Rhetorik als Bildungsgut – trotz anfänglicher Widerstände gegen römisch-pagane Traditionen – aufgrund des Engagements bedeutender Kirchenautoritäten wie AUGUSTINUS († 430) in die Episteme des christlichen Zeitalters retten, insgesamt aber bekommt die mittelalterliche Rhetorik einen vom antiken Standard abweichenden Charakter.

Die Rhetorik steht als sozial-kommunikatives Interaktionsphänomen immer in komplexen Bedingungskontexten.[1] Wesentlicher Untersuchungsgegenstand sind dabei die impliziten und expliziten kommunikativen Regulative und Dispositive, d.h. normierenden Prinzipien und machtausübenden Kräftefelder. Wesentlich ist fürs M., daß jede metabolische (wechselerzeugende) Rhetorik vor dem Hintergrund mittelalterlicher Ordnungstheorien problematisch erscheinen muß. Offene Rhetorik, die zu erkennen gibt, daß sie auf Veränderung aus ist, ist aus ideologischen Gründen nur eingeschränkt möglich, z.B. im Ausnahmefall bestimmter Literatur- und Unterrichtsformen, religiöser Bekehrungssituationen oder im Disputationswesen. Infolgedessen findet das Ausagieren eigener Interessen in offener Kommunikation regelmäßig nur unter rituell entschärften, hochformalisierten Bedingungen statt. Dabei haben wir es mit systatischer (bindungsfördernder) Rhetorik zu tun. Über die Realitäten mittelalterlicher verdeckter Kommunikation wissen wir zu wenig. Für die autochthone Rhetoriktheorie des M. hat all dies zur Folge, daß sie oft nur eine epideiktisch grundierte Persuasionsauffassung vertritt, bei der man dann eher von einer Standardisierungstheorie sprechen muß. Vor diesem Hintergrund ist das große Gewicht zu sehen, das E.R. Curtius der mittelalterlichen Topik zuspricht.[2] Mit anderen Worten: Die komplexe Theorie der alten *ars persuadendi* wird vielfach auf eine restringierte Theorie hoch konventionalisierten Formulierens verkürzt und damit auf den Aspekt der *ars bene dicendi* reduziert. Die Argumentationslehre wird an die Dialektik abgetreten.

II. *Felder rhetorischer Praxis.* Im Vergleich zur antiken Rhetorik ist die mittelalterliche geprägt von epochenspezifisch veränderten Anforderungen auf ihren drei großen Praxisfeldern. Schon Aristoteles stellt fest, daß rhetorische Praxis bei drei Arten von Kommunikationsfällen im sozialen Leben in Erscheinung tritt. In Anbetracht dessen formuliert er seine Dreiertypologie der *genera causarum*, die in der römischen Rhetoriktheorie weiterentwickelt wird. Es ist in Hinsicht auf die mittelalterlichen Verhältnisse erhellend zu sehen, wie sich auch NOTKER TEUTONICUS (oder LABEO – 'mit der Lippe') von St. Gallen (†1022), der erste deutsche Rhetoriker, damit in seiner vor 1017 entstandenen Rhetorik auseinandersetzt. Ohne einen rhetorikrelevanten Fall, eine *causa* (ahd. *strît*), habe die Rhetorik keine Aufgabe, sagt Notker, wie ja auch die Medizin erst eine Krankheit brauche, um verabreicht zu werden (ahd. cap. 11).[3] Die Rhetorik hat es mit Fragestellungen zu tun, die in Angelegenheiten des 'bürgerlichen', zivilen Lebens (*quaestiones civiles / púrchlîche strîte*) auftreten, auch auf dem flachen Land (lat. cap. 35). Drei Falltypen kommen vor. 1. Rechtsrhetorik: Streitet man um Recht oder Unrecht, wie man das im *dinge* tut, dann handelt es sich bei dieser Art der Auseinandersetzung um eine *causa iudicialis* oder eine *dinchlîcha* (gerichtliche). 2. Vorzeigerhetorik (Epideiktik): Geht es um eine Amtsstellung, etwa wer zum König tauge oder zum Bischof, dann liegt eine *causa demonstrativa* oder *zéigonta* (vorzeigende) bzw. *chîesenta* (feststellende) vor. Man muß in diesem Fall durch eine Rede die Fähigkeiten und Eigenschaften des Bewerbers vorzeigen, also sein Ansehen oder seine Mängel, und ihn loben oder tadeln. 3. Politische Beratungsrhetorik: Streitet man darum, was nützlicherweise zu tun oder zu lassen sei, heißt die Auseinandersetzung *causa deliberativa* oder *sprâchlîcha* (beratende). Beispiele sind die römischen Debatten über den Krieg mit Karthago oder die der biblischen Ältesten in Bethulia bezüglich einer Übergabe der Stadt an Holofernes (lat. cap. 2–3).

An dieser Stelle ist ein Wort zur Quellenlage nötig. Bis zum Spätmittelalter haben wir keine Überlieferungen wirklich authentischer weltlicher Redetexte. Eine Ausnahme machen die von Thomas Haye in einer repäsentativen Auswahl herausgegebenen lateinischen Deklamationen, die man als Schulübungen oder Versuche der Musterbildung ansehen muß.[4] Allerdings können wir in ihnen auch Reflexe der oratorischen Praxis erkennen.[5] Ihre Zahl ist begrenzt. Dagegen sind mittelalterliche Predigten in großer Zahl erhalten.[6] Man hat sie geradezu als forensisch-politischen Rhetorikersatz betrachtet.[7] Sie werden im Rahmen des kirchlichen Ritus oder kirchlich organisierter Veranstaltungen gehalten und repräsentieren, was ihre Bedeutung, Überlieferungsdichte und Qualität angeht, den wichtigsten Redenbereich im Mittelalter. Allerdings gibt es erst Ansätze einer fundierten rhetorikhistorischen Auseinandersetzung mit diesen Texten.[8] Bei authentischen 'Staatsreden', von denen Curtius spricht[9], ist die Quellenlage extrem ungünstig. In Chroniken und anderen literarischen Werken finden sich in der Regel nur nachträgliche Rekonstruktionen.[10]

Als einen Sonderfall der Epideiktik sieht man im M. viele Formen der Dichtung an. «Die Bedeutung der Rhetorik für die mittelalterliche Literatur» ist «kaum je bestritten, wenn auch nicht immer gebührend beachtet worden», stellt Max Wehrli 1984 in dem vorzüglichen Rhetorikkapitel seiner poetologischen Einführung zur ‹Literatur im deutschen Mittelalter› fest. «Gesamthaft läßt sich sagen», resümiert er, «daß das Mittelalter poetologisch nicht ohne die mächtige, grundlegende Tradition der antiken Rhetorik im allgemeinsten Sinne verstehbar ist.»[11] Seit der althochdeutschen Zeit suchen in Deutschland viele Autoren mit schulrhetorischen Mitteln für ihre Texte einen höheren Elaborierungsgrad zu erreichen. Man kann davon ausgehen, daß die meisten bedeutenden volkssprachlichen Autoren rhetorisch beeinflußt waren. Bei erzählenden Texten bieten die Werkprologe Gelegenheit zur Reflexion[12] und die *descriptiones* zur Entfaltung entsprechender Ausdrucksideale.[13] Aber auch bei der Lied- und Spruchdichtung läßt sich das Bemühen um rhetorische Überformung vielfach nachweisen. Das *Florieren* oder *Blümen*, also figürliches Überformen, gilt im Spätmittelalter als erstrebenswertes ästhetisches Ideal in laudativer Dichtung.[14] Bei der mittelhochdeutschen Epik ist der große Anteil wörtlicher Rede interessant, weil sich die Erzählliteratur hier unter rhetorikhistorischer Perspektive als Übungsfeld oder Schule elaborierten Sprechens ausweist. Rhetorikhistorisch interessant sind hier Reden in bestimmten Situationen: Thronrat, Schlachtenrede, Totenklage bzw. -preis, Briefe, Liebesmonologe usw. Der quantitative Anteil der Rede in den Texten insgesamt fällt zwar gegenüber antiken Vorläufern etwas geringer aus, bleibt aber dennoch signifikant hoch. Zum Vergleich: Fast die Hälfte der Ilias und über zwei Drittel der Odyssee sind wörtliche Reden der handelnden Personen[15], der erste Teil des Nibelungenlieds enthält 38%, der zweite Teil 46% Reden; das mittelhochdeutsche Rolandslied 47%, das französische 44%; HARTMANNS ‹Iwein› 52%; laut P. Wiehl bestehen mittelhochdeutsche Versepen generell zu 30–40% aus wörtlichen Reden.[16]

Die oben erwähnten allgemeinen Veränderungen in den drei rhetorisch-kommunikativen Funktionsfeldern, auf die sich die *genera-causarum*-Lehre bezieht, betreffen insbesondere die Aspekte Proxemik, Orator, Medium und Kommunikationsregulative.

III. *Proxemik.* Es gibt bis auf wenige Ausnahmen (z.B. die spätmittelalterliche Schweizer Landgemeinde) keine Forumskultur mehr. Bezüglich der Orte des rhetorischen Geschehens muß man in makroproxemischer Hinsicht von lokaler Streuung, teils auch Instabilität und Transitorik, Distanz und Weiträumigkeit sprechen. Dauerhafte und klar definierte Macht- und Kommunikationszentren wie das alte Rom sind im Früh- und Hoch-M. nicht die Regel. Für die Makroproxemik entscheidend ist der Ausfall der Polis als urbanem Zentrierungspunkt rhetorischer Entfaltung. Erst im Spätmittelalter ändert sich dies. Im Italien der Frührenaissance (13./14. Jh.) etwa kann die Stadt in der *ars arengandi* auch wieder zum Schauplatz öffentlicher politischer Oratorentätigkeit werden. Die Gerichte suchen sich zunächst ihre Thingplätze okkasionell unter freiem Himmel; im Hoch- und Spätmittelalter werden dann zunehmend feste Lokale wie die Gerichtslauben installiert. In den hohen Schulen gibt es Disputationsräume. Die reichspolitische Kommunikation ist dezentriert und weiträumig. Symptomatisch für die politische Kommunikation ist das deutsche Reisekönigtum, das Herrschaft ohne Hauptstadt, meist von Pfalz zu Pfalz ziehend, ausübte. Lediglich die Kirchen sind von Anfang an feste, religiös-oratorische Kommunikationsplätze, die auch für politische Zwecke genutzt werden. Sie sind, mikroproxemisch gesehen, wie die offenen oder geschlossenen Gerichtsräume, kommunikationsfreundlich zugeschnitten und eingerichtet (z.B. mit Sprecherbühne / Ambo). H. Wenzel hat sie als synästhetisch wirkende Sinnlichkeits-, vor allem auch Schau- und Hörräume charakterisiert.[17]

IV. *Oratoren.* Der Zugang zur öffentlich akzeptierten Oratorrolle ist streng reglementiert. An ein allgemeines Recht auf freie Meinungsäußerung ist nicht zu denken. Frauen haben prinzipiell zu schweigen, Ausnahmen sind genau definiert. Vor Gericht treten die beiden Parteien, Kläger und Beklagter sowie sein 'Fürsprecher' als Anwalt, in die Oratorrolle. In der politischen Kommunikation können nur wenige Prozent der Bevölkerung, Adlige und Freie, hervortreten. In den spätmittelalterlichen Städten hängt das Mitspracherecht vom Stadtbürgerrecht ab. Wenn man von bestimmten religiösen Bewegungen seit dem 12. Jh. absieht, ist unter Klerikern jedes oratorische Auftreten abhängig von der Legalisierung durch die kanonisch installierten Oberen. Auch die religiös-oratorisch intensiv tätigen Missionare (z.B. Bonifatius, † 754, bei der Missionierung Mitteldeutschlands, oder die Kreuzzugsprediger) handeln nur in päpstlichem Auftrag.[18] Eine Sonderstellung nehmen die mittelalterlichen Spruchsprecher und politischen Dichter ein. Ihre öffentliche Rolle als Propagandisten wird in der Forschung unterschiedlich eingeschätzt. So hat man etwa WALTHER VON DER VOGELWEIDE immer wieder auch als eine Art Meinungs-Botschafter oder gar Diplomaten in Fürstendiensten sehen, seine um 1200 entstandene politische Dichtung teilweise auch als Ausdruck oratorischer Stellvertretertätigkeit interpretieren wollen.[19]

V. *Medien.* Die mittelalterliche oratorische Kultur ist im Prinzip mündlich, die Verschriftlichung einschlägiger Texte muß gewöhnlich als Sekundärphänomen betrachtet werden. Eine gesellschaftlich relevante Verlagerung oratorischer Aktivitäten in die Schrift, wie sie kennzeichnend für die 'Gutenberg-Galaxis' ist, nimmt erst im Hochmittelalter ihren Anfang.[20] Das weltliche Prozeßwesen ist mündlich und wird erst in der Frühen Neuzeit durch das römisch-rechtliche Schriftprinzip abgelöst. Auch die kirchliche Verkündigung und das gelehrte Disputationswesen erfolgen mündlich. Einschränkend muß allerdings festgestellt werden, daß im Lauf der Jahrhunderte innerhalb der *clerici*-Kommunikation, also innerhalb der Welt der Ordensleute, sonstigen Kleriker und Gelehrten, zunehmend Schrifttum zum rein kontemplativen Gebrauch, für interne Diskussion und Gedankenaustausch, entstand.[21] Entscheidend ist dabei allerdings, daß die Texte in der hermetischen Bildungssprache Latein abgefaßt sind. Unter den Gelehrten gibt es also eine sektorale Vorform der Öffentlichkeit.

Der Begriff ‹Öffentlichkeit› ist seit J. Habermas' Buch ‹Strukturwandel der Öffentlichkeit› von 1962 terminologisch spezifisch gefüllt und wird als «soziales Ordnungsprinzip»[22] auf die kommunikativen, gesamtgesellschaftlich etablierten Vorgänge neuzeitlicher Machtkontrolle bezogen. Dabei geht es um die Möglichkeit, in einem komplex organisierten Mediensystem durch kritische Intervention und kommunikative Interaktion Einfluß auf Machtdispositive nehmen zu können. Dies setzt ortsüberschreitende und situationsunabhängige Mediensysteme wie z.B. die Publizistik der 'Gutenberg-Galaxis' voraus. Davon kann im M. nur eingeschränkt die Rede sein. Es gibt situative Heimlichkeit oder situative Offenheit bei primären Kommunikationsakten, von ‹Öffentlichkeit› als transsituativem und gesamtgesellschaftlichem System kann man jedoch nur ansatzweise sprechen. Trotz der um die Frage entstandenen Debatte[23] sollte man für das M. mit dem neuzeitlich besetzten Begriff ‹Öffentlichkeit› vorsichtig umgehen und besser von mittelalterlicher Sozialoffenheit bei bestimmten Formen der Kommunikation sprechen.

Wie in der Kirche gibt es auch unter den politisch aktiven Adeligen eine Art sektoraler Öffentlichkeit. B. Thum spricht von «okkasioneller Öffentlichkeit».[24] Dabei werden unterschiedliche Medien genutzt, je nachdem, welche Art «Medienwechsel» die Art «kommunikativer Nähe» bzw. Distanz erfordert.[25] Neben der wichtigsten Primärform, der korporal-mündlichen Verhandlung der Amtsinhaber selbst bei der Nahkommunikation, gibt es im Fall von Distanzkommunikation ein entwickeltes Mediatoren-und Botenwesen[26] sowie den diplomatischen Briefverkehr, der von den Hofkapellen bzw. Kanzleien organisiert wird.[27] Welchen Einfluß all diese medialen Bedingungen auf den oratorischen Prozeß hatten und welche rhetorischen Strategien zur Überwindung des medialen Widerstands in dieser Zeit eingesetzt wurden, ist noch nicht umfassend untersucht.

VI. *Kommunikationsregulative.* Im M. ist man noch sehr weit von der Tendenz zur Deregulierung der Kommunikationsverhältnisse entfernt, wie sie für die Neuzeit charakteristisch ist. Jede Art offener Kommunikation ist an ein striktes Reglement gebunden. Die Begriffe ‹Formel›, ‹Formular› und ‹Schema› müssen daher als Schlüsselbegriffe für das Verständnis mittelalterlicher Kommunikation aufgefaßt werden.[28] Jeder genuin rhetorische, persuasive Akt hat auf die hoch regulierten Bedingungen Rücksicht zu nehmen, sie als Widerstandspotential einzukalkulieren. Vor Gericht können die Parteien ihre Interessen verbal vertreten und durchaus auch Einfluß auf das Verhalten des Gegners nehmen, doch sind im Verfahren streng festgelegte Formeln und Beweisverfahren ausschlaggebend.[29] Allerdings gibt es kaum Quellen, die Auskunft über die konkreten Redevorgänge in den mündlichen Prozessen geben.

Ein besonderes Problem stellt die politische Rhetorik im M. dar. Notker Teutonicus bestätigt, daß die Rhetorik nach wie vor bei den Urteilen im Prozeßwesen (*iudicia plebis*) und in den Beratungsgremien der Fürsten (*consilia principum*) in Ansehen stehe (lat. cap. 59).[30] Doch es fällt auf, daß er bei der oben erwähnten Darstellung der *genera causarum* im Fall der politischen Beratungsrede nicht auf Beispiele aus der politischen Praxis seiner Zeit verweist. Der Hintergrund ist klar: Öffentliche politische Debatten mit wirklich entscheidungsrelevanten Reden gibt es bis zum Spätmittelalter nicht. In einer Reihe von Arbeiten hat G. Althoff die besonderen 'Spielregeln' der politischen Kommunikation im M.

untersucht und dabei die Habermas-These spezifiziert, im M. habe es im Gegensatz zur nachaufklärerischen ‹Öffentlichkeit› nur eine «repräsentative Öffentlichkeit» gegeben, in der sich die «Aura feudaler Autorität» dem «Volk» zur Schau stellte.[31] Die ursprünglich politische Entscheidungsfindung unterliegt regelmäßig dem Arcanumsprinzip und läuft in vertraulichen Sachberatungen und verdeckten Mediationsvorgängen ab, über deren konkrete Form wir fast nichts wissen. Der später folgenden, sozialoffenen Beratung haftet dann «in gewisser Weise der Charakter der Inszenierung an». Es finden keine «kontroversen Aussprachen» statt, sondern «Beratungen» nach «Regeln», die «das ungeschützte Aufeinanderprallen von Meinungen soweit wie möglich verhinderten» und keine unnötigen Festlegungen mit sich brachten, weshalb sie sich auch ungewöhnlich «resistent» gegen «das Eindringen von Schriftlichkeit» erwiesen. Die Ergebnisse wurden dann «häufig in großangelegten Ritualen veröffentlicht».[32] Die in situativer Offenheit ausagierte symbolische Politik des M. ist gekennzeichnet von «Allgegenwart» und hohem «Stellenwert von Zeichen und rituellen Verhaltensweisen». Bemerkenswert ist, daß «das gesprochene Wort» in primären, also mündlich-korporalen Kommunikationssituationen demgegenüber eher in den Hintergrund tritt und «daß es sich bei einer ganzen Reihe von verbalen Äußerungen in der Öffentlichkeit um so etwas wie rituelle Sprechakte handelt, die die Funktion hatten, eine Haltung oder Entscheidung eindeutig und unzweifelhaft zum Ausdruck zu bringen».[33]

Für die bei Distanzkommunikation nötige Schriftlichkeit etabliert sich im sozialoffenen Raum, seit es Urkunden gibt, ein analoges Modell. Am Ende des M. wird der Austausch von Briefen, Urkunden und anderen Manifestationen immer wichtiger. Die Produzenten von solchen Texten, die die sozialoffenen Kommunikation in die Schriftform transponieren müssen, stehen vor dem Problem, daß bei der Kommunikation zwischen Sender und Empfänger der audio-visuelle Kanal fehlt, über den z.B. Gebärden, etwa als Ausdruck der Unter- oder Überordnung, sichtbar gemacht werden können. Auch der Ausdruck von Hierarchie durch Positionierung im Raum (körperliche Nähe zum Herrscher) entfällt. Dies hat schon seit der Spätantike im sogenannten Formularwesen[34] zur Folge, daß sich bei Diplomatica, Briefen und Urkunden, ein Strukturschema etabliert, das ähnlich wie im Ritual ein Höchstmaß an Demonstrativität und Vorhersehbarkeit zuläßt und vor allem die Ränge der Kommuniaktionspartner zum Ausdruck bringt. Man kann daher sagen, daß das Formular in der Schriftwelt des M. die Analogkonstruktion zum Ritual in der mündlichen Kommunikationswelt darstellt. Beim Briefschema, wie es die *ars dictandi* lehrt, ist die Betonung der Salutations- und Titelformeln am Beginn und die kaum vorhandene Ausarbeitung der *argumentatio* wichtig. Es wird vermieden, den Anschein von Persuasion zu erwecken, vielmehr sind die Schreiben auf das Huld- und Gewährungsprinzip eingestellt.

All dies heißt, daß im M. das *genus deliberativum* (die Beratungsrede) durch das *genus demonstrativum* (die Vorzeigerede) im politischen Sektor ersetzt wird, wenn es um sozialoffene oratorische Kommunikationsakte geht. Notkers Äußerungen zu den drei Genera deuten darauf hin, daß außerhalb der Gerichtsrhetorik die Enkomiastik oder Herrscherpanegyrik zur wichtigsten Gattungen wird.[35] In Byzanz ist dies schon früh in römischer Prinzipatstradition eingetreten.[36] Mittelalterliche Herrscher legen Wert darauf, daß die in situativer Offenheit vorgebrachten Entscheidungen und Machtdemonstrationen ihre gottverliehene Autorität affirmieren, nie in Frage stellen können. So spiegeln sich im Kommunikationsreglement die Strukturen von Macht und Legitimität, die letztlich als Ausdruck des göttlichen Ordo verstanden werden sollen, nicht etwa als Ergebnis eines pragmatistischen Verhandlungswesens. Die Akzentuierung ritueller, vor allem auch nonverbaler symbolischer Handlungen, deren generellen Stellenwert auch H. Wenzel herausgestellt hat[37], läßt sich an das Evidenz-Paradigma der antiken Rhetoriktheorie binden. Evidenz besteht für QUINTILIAN in einem Unmittelbar-vor-Augen-Stellen (*sub oculos subiectio*[38]); er erläutert dies im Narrationskapitel genauer, wo es heißt, Evidenz sei ein großer Vorzug («evidentia est magna virtus»), wenn etwas Wahres nicht nur sprachlich auszudrücken, sondern gewissermaßen in einem Vorzeigeakt vorzuführen ist («cum quid veri non dicendum, sed quodammodo etiam ostendendum est»[39]).

VII. *Episteme.* Das aus der Antike stammende theoretische Wissen um solche Rhetorikphänomene wird im M. zu verschiedenen Zeiten in unterschiedlicher Intensität gepflegt. Die Tradition bricht nie völlig ab, auch wenn es nach der scholastischen Hochphase des 13./14. Jh. praktisch einer humanistischen Neuentdeckung der großen Rhetoriken Ciceros und Quintilians bedarf. Rudimentäres rhetorisches Wissen überliefern verbreitete Enzyklopädien oder enzyklopädisch angelegte Werke wie das Buch II, 2 der ‹Institutiones› CASSIODORS (6. Jh.), das Buch II der ‹Etymologiae› ISIDORS VON SEVILLA (570–636) oder das V. Buch der allegorischen Wissensdichtung ‹De nuptiis Mercurii et Philologiae› des MARTIANUS CAPELLA (5. Jh.). In der Theorie behält die Rhetorik an sich immer ihren gleichberechtigten systematischen Platz innerhalb des schulischen Triviums (Grammatik, Rhetorik, Dialektik), also innerhalb der drei Basisfächer der *artes liberales*.[40] Die Schulmänner des Frühmittelalters pflegen die antike Rhetoriktradition im Rahmen enzyklopädischer Wissensvermittlung, seltener in eigener theoretischer Auseinandersetzung wie im herausragenden Fall Notkers von St. Gallen. M. Grabmann zeigt 1932 in einem konzentrierten Überblick über die lateinischen rhetorischen Schultexte antiker Herkunft, daß die klassische Rhetoriktradition auch im Hochmittelalter immer präsent ist.[41] Das wird in neueren Arbeiten bestätigt.[42] Auch die griechischen Rhetoriken macht man sich verfügbar, wenn auch nicht unter dem Dach der Rhetorik. HERMANNUS ALEMANNUS († 1272) und WILHELM VON MOERBEKE († ca. 1286) übersetzen die aristotelische Rhetorik ins Lateinische, kurze Zeit später entsteht auch eine lateinische Version der ‹Rhetorik an Alexander› sowie der erste Kommentar zur Aristoteles-Rhetorik von AEGIDIUS ROMANUS († 1316) auf der Grundlage von Moerbekes Übersetzung.[43]

Im ‹Heptateuchon› des THIERRY VON CHARTRES († nach 1149) erfahren wir, welche Text- und Quellenbücher im Rhetorikunterricht der berühmten Schule von Chartres im 12. Jh. benutzt wurden[44]: CICEROS ‹De inventione› und ‹Partitiones oratoriae›, die ‹Rhetorica ad Herennium›, die ‹Praecepta artis rhetoricae› des IULIUS SEVERIANUS (4. Jh.)[45] und das Rhetorikkapitel aus Martianus Capella. Auch die mittelalterlichen Bibliothekskataloge zeigen, daß es immer eine Grundversorgung mit rhetorischen Standardwerken gegeben hat, insbesondere mit Manuskripten der ciceronianischen *rhetorica vetus* und der *rhetorica nova*, d.h. Ciceros ‹De inventione› und der für ein Werk Ciceros gehaltenen ‹Rhetorica ad Herennium›. Auch Quintilian war nicht unbekannt. Im 14. Jh. verändert sich das Lehrkorpus. An der Prager Universität liest man zu dieser Zeit die aristotelische Rhetorik im Rahmen der praktischen Philosophie ganz auf Latein; als weiteres antikes Werk im Artesstudium den Auctor ad Herennium, sodann zwei Werke der *ars grammatica* mit rhetorischen Anhängen (EBERHARDUS BETHUNIENSIS, † 1212, ‹Graecismus›; ALEXANDER DE VILLA DEI, † ca. 1250, ‹Doctrinale›), drei Werke der *ars poetriae* (GALFRIDUS DE VINO SALVO, † ca. 1210, ‹Poetria nova›; EBERHARDUS ALEMANNUS, 13. Jh., ‹Laborintus›; NIKOLAUS VON DYBIN, † vor 1387, ‹Sertum rhetorice›) und zwei Werke der *ars dictandi* (BONCOMPAGNO, † 1243, ‹Rhetorica novissima›; Nikolaus von Dybin, ‹Viaticus dictandi›). [46]

Die epistemologische Position der Rhetorik ist im M. Schwankungen unterworfen. Dies gilt insbesondere in Hinblick auf die Fächerhierarchie sowie die alltägliche Schulpraxis. Insgesamt bekommt die Rhetorik kein so eigenständiges fachliches Gewicht wie später im Humanismus. Sie steht zwischen Grammatik und Dialektik und leibt im Unterricht meistens nur ein auf Figurenlehre konzentriertes Anhängsel der Grammatik oder eine argumentationstheoretische Dienerin der scholastischen Logik / Dialektik. Die gesamte lateinische Sprachausbildung liegt in den Händen von Grammatikern, die sich zumeist nur für die grammatische Ausbildung interessieren und poetologische, rhetorische oder dialektisch-logische Fragen im Unterricht nur mitverhandeln. JOHANNES VON SALISBURY († 1180) beschreibt dies in seinem ‹Metalogicon› als Lehrmethode des berühmten BERNHARD VON CHARTRES († 1124/30) wie folgt: «Während er Aspekte der Grammatik aufzeigte, zeigte er auch auf rhetorische Färbungen, sophistische Argumentationen und wie der Text, den er diskutierte, mit anderen Disziplinen in Zusammenhang stand – ohne allerdings alles zur selben Zeit lehren zu wollen, sondern seinen Stoff auf die Zeit und die Studenten wohl bemessend. Und, da die Schönheit eines literarischen Werkes entweder in seiner eleganten und passenden Vereinigung von Verben und Adjektiven mit Substantiven liegt oder im Gebrauch von Metaphern oder anderen Redefiguren, benutzte er jede Gelegenheit, dies den Studenten einzuhämmern.» [47]

Johannes kritisiert im selben Werk, daß die sich seit dem 12. Jh. entwickelnde Scholastik die Akzente ganz anders setze. Man mache die Logik zur trivialen Leitdisziplin, die man nur noch um ihrer selbst willen zu verfeinern suche. Die anderen Disziplinen stelle man jetzt hintan, klagt Johannes im Jahre 1159. Alles meine man neu machen zu können: «die Grammatik wurde neu gefaßt und die Rhetorik verachtet» (grammatica innovabatur, contemnebatur rhetorica [48]). Wenn es jedoch um Überlegungen zum Wissenssystem geht, bleibt die Rhetorik auch in der Scholastik Gegenstand theoretischer Erörterungen. Wie R. McKeon eindringlich dargestellt hat, besteht die Hauptfrage darin, ob die Rhetorik eher eine sprachlich-logische oder eine ethisch-praktische Disziplin sei. Man kommt zu keiner generellen Festlegung. [49] Bei der aristotelischen Rhetorik ist das insofern anders, als man deren psychologischen und handlungstheoretischen Grundsatz im System der mittelalterlichen Disziplinen nur praktisch-philosophisch verorten kann. Daher ordnet man die Rhetorik des Aristoteles jenem Teil seiner Schriften zu, «den man im weiteren Sinne im scholastischen Mittelalter als Moralphilosophie aufgefaßt hat». [50]

VIII. *Lateinische Theorie.* Zu einem der Grundlagenwerke mittelalterlicher Rhetoriktheorie wird das 427 entstandene vierte Buch ‹De doctrina christiana› des Kirchenvaters Augustinus. Es ist bis zum 15. Jh. in hoher Überlieferungsdichte kontinuierlich präsent [51] und sichert der Disziplin Rhetorik durch patristische Autorität ihren Rang. Augustinus stützt die christliche Rhetorik mit zwei Begründungen, einer hermeneutischen und einer homiletischen. [52] Rhetorisches Wissen kann dem Schriftstudium dienen und zugleich der Verbreitung des Glaubens und der Schriftinhalte. Die auf solche und ähnliche Auffassungen gestützte, bedeutende hermeneutische Rhetoriktraditon des M. hat R. Copeland untersucht. [53] Wichtig ist, daß Augustinus gemäß dem Grundsatz «sapienter et eloquenter dicere» auch die sprachlich-elokutionäre Kompetenz aufwertet [54], die von spiritualistischen Positionen aus auch später immer wieder in Frage gestellt wird, z.B. bei Papst GREGOR DEM GROSSEN († 604). Von Augustinus ermutigt fassen eine ganze Reihe gelehrter *clerici* des M. auch reine *elocutio*- bzw. Figurentraktate ab, die einzig der stilistischen Verfeinerung und Vervollkommnung dienen. [55]

Die antike Rhetoriktheorie wird bisweilen in florilegienartigen oder epitomatischen Bearbeitungen tradiert. So bietet etwa der ‹Libellus 'Graecia nobilium'› des ULRICH VON BAMBERG aus der Zeit vor 1127 eine Auswahl antiker Stellen aus der *elocutio*, schwerpunktmäßig aus der *compositio* des Satzes, der Metaphern- und Figurentheorie. [56] Ebenso gibt die ‹Ad Herennium›-Epitome des Codex Vaticanus latinus 2995 (geschrieben nach 1295) einen knappen Überblick über die Systematik des Werkes mit deutlicher Konzentration auf *elocutio*, *pronuntiatio* und lediglich Teilen der *inventio*. [57] Allgemeinrhetorische Traktate oder Lehrbücher, die sich wirklich selbständig mit dem gesamten antiken Fünf-Officia-System auseinandersetzen, gibt es nur sehr wenige. Notkers bereits mehrfach erwähnte ‹Rhetorica nova› ist hier bis zu GEORG VON TRAPEZUNTS humanistischem Neuanfang von ca. 1430 das auch qualitativ unerreichte Theorie-Glanzstück. [58] In den mittelalterlichen Spezialrhetoriken findet eine produktive Aneignung von Teilen der antiken Theorie auf je eigene Weise statt. Ein bekanntes Beispiel ist die 1235 fertiggestellte ‹Rhetorica novissima› des BONCOMPAGNO DA SIGNA. Sie erhebt den Anspruch, die verbreiteten Rhetoriken ‹De inventione› und ‹Ad Herennium› des mittelalterlichen Corpus Ciceronianum im politisch-juristischen Sektor zu ersetzen, indem sie die Rhetoriktheorie an die zeitgenössischen Bedingungen anpaßt. [59]

Das Werk gehört zu jenen Gruppen mittelalterlicher Spezialrhetoriken, für die sich die Begriffe *ars dictandi* und *ars arengandi* eingebürgert haben. Zwei weitere spezialrhetorische Gattungsgruppen sind die *ars poetriae* und die *ars praedicandi*. Zu diesen vier Gruppen gehören Werke, die für die Schulung in spezifischen Kommunikationsbereichen geschaffen wurden und die die eigentliche rhetorische Theorieleistung des M. repräsentieren. Diese Theorietraditionen nehmen ihren Ausgang mit ersten wichtigen Texten in den auch auf anderen Gebieten herausragenden kulturellen Innovationsdekaden der Zeit um 1200.

«Unter den Begriff der Ars dictandi fallen jene mittelalterlichen Lehrschriften, die der zweck- und kunstgerechten Abfassung von Briefen gelten, Briefen zwischen Amtsträgern und Institutionen wie auch der persönlichen Korrespondenz.» [60] Die Theorie dieser Werke beschränkt sich beinahe ausschließlich auf die Briefteile nach dem Grundschema der *partes orationis*, insbesondere auch auf die Salutationsformeln und das Titulaturregister. Es gibt Hunderte von Texten dieser mittelalterlichen Tradition mit insgesamt gut 3000 Handschriften. [61]

Die ebenfalls relativ weit verbreiteten Werke der *ars poetriae* sind Textrhetoriken mit hohem textgrammatischen Standard. Sie dienen im Schulbetrieb als praktische Anleitungen zu einem vertieften Verständnis der Vertextungsvorgänge mit ästhetischem Anspruch auf dem Feld von lateinischer Versdichtung und Kunstprosa. Sie erörtern die Möglichkeiten des elaborierten Formulierens, knüpfen dabei auf vielfältige Weise an die *elocutio*- und *compositio*-Teile der klassischen Rhetoriken an, doch sie gehen über die Schematalisten der mittelalterlichen Figurentraktate hinaus. [62] Für das Verständnis dieser Poetorhetoriken sind zwei Aspekte wichtig, die sich aus ihrer Bindung an die Rhetoriktradition ergeben: 1. Sie sind vom ganzen Ansatz her Produktionstheorien, stehen also gänzlich im Dienst von Textgenerierungs- oder Konstruktionsvorgängen. 2. Sie sind außerdem oratortheoretisch ausgerichtet, d.h. sie denken vom Autor her. Diese für das M. ganz selbstverständliche auktoriale Handlungsperspektive (*auctor = actor*) [63] thematisiert z.B. MATTHÄUS VON VENDÔME, wenn er in seiner vor 1175 entstandenen ‹Ars versificatoria› schreibt: «Si in eodem exemplo incidat attributorum diversitas, referendum est non ad effectum sermonis, sed ad affectum sermocinantis: verba etenim notanda sunt ex sensu ex quo fiunt, non ex sensu quem faciunt.» (Wenn in ein und demselben Exempel Widersprüchlichkeiten bei den Attributen auftreten, ergibt sich der Sinn nicht aus der tatsächlichen Ausführung des Textes, sondern aus der Absicht des Sprechers. Denn die Wörter sind vom intendierten Sinn her zu verstehen, nicht vom Sinn her, den sie erzeugen. [64])

Dic *artes praedicandi* dienen der Unterweisung von Predigern, die die eigentliche deliberative Rhetorik des M. vertreten. Diese Artes widmen sich teils dem Verhalten des Predigers selbst, teils der Predigt, vor allem was Themenbehandlung, Textgestaltung, aber auch die Vortragsweise betrifft. [65]

Bleibt noch die *ars arengandi* (von ital. *arenga* – öffentliche Rede), unter der man seit dem 13. Jh. in der kommunalen Praxis italienischer Städte die jetzt wieder «auflebende Fertigkeit, Reden in öffentlichen Angelegenheiten zu halten», versteht. [66] Im Dienst dieser rhetorischen Aktivitäten entstehen *Podestà-Spiegel* und *Diceria-Sammlungen* als arengatorische Spezialrhetoriken. In ihnen werden Anleitungen und Ratschläge zu den einzelnen Amtshandlungen, ethische Ermahnungen und Musterreden bzw. Redemodelle für typische Anlässe zusammengestellt. [67]

IX. *Deutschsprachige Theorie.* Mit der italienischen *ars arengandi*-Literatur des 13. Jh. beginnt in Westeuropa die Tradition volkssprachiger Rhetoriktheorien. In Deutschland gibt es zwar einen ersten Ansatz bereits im 11. Jh., als Notker Teutonicus in seine Boethius-Übersetzung eine kurze althochdeutsche Rhetorik einfügt [68], doch setzt die eigentliche deutschsprachige Theoriebildung erst im 15. Jh. ein. Aus mittelhochdeutscher Zeit sind keine deutschen Traktate oder Lehrbücher zur Rhetorik, sondern nur didaktische Reimversdichtungen erhalten, die auf den Fächerkanon der *septem artes liberales* eingehen, mithin auch die Rhetorik behandeln: im 12. Jh. THOMASIN VON ZERKLÍRE, ‹Der welsche Gast› (Vv. 8917ff.), im 14. Jh. HEINRICH VON MÜGELN, ‹Der meide kranz› (Vv. 269–318). [69] Auch in Spruchgedichten ist bisweilen von der Rhetorik unter Betonung der Figurierungs- oder Kolorierungsfunktion der Rede, z.B. bei Heinrich von Mügeln: «Rhetorica, die ferbt / der sprüche blumen […] / Auch leret sie die kint, / wie das der farben sechzig sint.» [70]

Dies sind Reflexe der lateinischen Schulbildung. Seit ca. 1400 entstehen dann erste deutschsprachige Handreichungen rhetorischen Inhalts. [71] Es beginnt mit Briefmustersammlungen (z.B. den schlesisch-böhmischen Briefmustern) [72] und setzt sich in der ersten Hälfte des 15. Jh. mit *ars dictandi*-Texten in deutschsprachigen Briefstellern fort (z.B. bei FRIEDRICH VON NÜRNBERG). Für den deutschsprachigen Kanzleibetrieb verfaßte NIKLAS VON WYLE in der zweiten Hälfte des 15. Jh. seine *elocutio*-bezogenen Anweisungen: die erstmals 1478 in Esslingen gedruckte ‹18. Translatze› und die 1464/65 entstandenen ‹Colores rhetoricales›. Erst 1493 erscheint mit FRIEDRICH RIEDERERS ‹Spiegel der wahren Rhetorik› die erste Vollrhetorik in deutscher Sprache.

Anmerkungen:

1 vgl. W. Herles: Rhet. und Poetik, in: A. Ebenbauer, P. Krämer (Hg.): Ältere dt. Literatur. Eine Einf. (Wien 1985) 175–196, hier 181. – **2** vgl. Curtius. – **3** Die ahd. Kurzrhetorik in: Notker der Deutsche: Boethius, De consolatione philosophiae, Buch I/II, hg. v. P.W. Tax. (1986), cap. 10–14; die lat. Rhet. in: Die Schriften Notkers und seiner Schule, hg. v. P. Piper, Bd. 1. (1882) 623–684 und Notker der Deutsche: Die kleineren Schriften, hg. v. J.C. King, P.W. Tax (1996) 105–187. – **4** Th. Haye (Hg.): Oratio. Ma. Redekunst in lat. Sprache (1999). – **5** ebd. 115ff. – **6** R. Cruel: Gesch. der dt. Predigt im MA. (1879); A. Nebe: Zur Gesch. der Predigt, 3 Bde. (1879); A. Linsenmayer: Gesch. der Predigt in Deutschland von Karl dem Großen bis zum Ausgang des 14. Jh. (1886); H. Caplan: Classical Rhet. and the Medieval Theory of Preaching, in: Classical Philology 28 (1933) 73–96; J.B. Schneyer: Die Gesch. der kath. Predigt (1968); K. Morvay, D. Grube: Bibliogr. der dt. Predigt des MA. Veröffentlichte Predigten (1974); J. Longére: La prédication médiévale (Paris 1983); D. D'Avray: The Preaching of the Friars (Oxford 1985). – **7** W. Taylor: Tudor Figures of Rhet. (Whitewater 1972) 11. – **8** H. Fromm: Zum Stil der frühmhd. Predigt, in: Neuphilol. Mitt. 60 (1959) 405–417; M. Hansen: Der Aufbau der ma. Predigt. Unter Berücksichtigung der Mystiker Eckhart und Tauler (Diss. Hamburg 1972); H.-J. Schiewer: Spuren von Mündlichkeit in der ma. Predigtüberlieferung, in: Editio 6 (1992) 64–79; B. Hasebrink: Das Predigtverfahren Meister Eckharts. Beobachtungen zur thematischen und pragmatischen Kohärenz der Predigt Q 12, in: V. Mertens, H.-J. Schiewer: Die dt. Predigt im MA (1992) 150–168. – **9** Curtius 164 u. 73. – **10** M. Richter: Sprache und Ges. im MA. Unters. zur mündlichen Kommunikation in England von der Mitte des elften bis zum Beginn des vierzehnten Jh. (1979) 118f.; zu Schlachten-Reden in Chroniken vgl. J.R.E. Bliese: Medieval Rhetoric: Its Study and Practice in Northern Europe from 1050 to 1250 (Diss. msch. Kansas 1969) 156ff. – **11** M. Wehrli: Lit. im dt. MA. Eine poetologische Einf. (1984) 114–142. – **12** vgl. E. Lutz: Rhetorica divina: mhd. Prologgebete und die rhet. Kultur des MA (1984). – **13** G. Hübner: Lobblumen (2000). – **14** K. Stackmann: Der Spruchdichter Heinrich von Mügeln (1958); J. Kibelka: ‹der ware meister›. Denkstile und Bauformen in der Dicht. Heinrichs von Mügeln (1963) 238–260; Hübner [13]. – **15** W. Schmid: Gesch. der griech. Lit. I/1 (1929) 92. – **16** W. Schwarzkopf: Rede und Redeszenen in der dt. Erzählung bis Wolfram von Eschenbach (1909); F. Göppert: Die Rolle der Reden im Nibelungenlied (Diss. Marburg 1944) 6; H.J. Gernentz: Formen und Funktionen der direkten Reden … in der dt. epischen Dicht. von 1150 bis 1200 (Habil.-Schr. Rostock 1958) 90, 133, 142; P. Wiehl: Die Redeszene als episches Strukturelement in den Erec- und Iwein-Dichtungen Hartmanns von Aue und Chrestiens de Troyes (1974) 11. – **17** H. Wenzel: Hören und Sehen, Schrift und Bild. Kultur und Gedächtnis im MA (1995) 95ff. – **18** F. Flaskamp: Die Missionsmethoden des hl. Bonifatius (1917); ders.: Die homiletische Wirksamkeit des hl. Bonifatius

(1926); V. Cramer: Die Kreuzzugspredigt zur Befreiung des Heiligen Landes 1095–1270 (1939 = Das Heilige Land 79–82). – **19** zusammenfassend B.U. Hucker: Ein zweites Lebenszeugnis Walthers?, in: Walther von der Vogelweide. Beitr. zu Leben und Werk., hg. v. H.-D. Mück (1989) 1–30. – **20** vgl. Richter [10]; I. Illich: Im Weinberg des Textes. Als das Schriftbild der Moderne entstand. Ein Kommentar zu Hugos ‹Didascalicon› (1991). – **21** W. Hartmann: Rhet. und Dialektik in der Streitschriftenliteratur, in: J. Fried (Hg.): Dialektik und Rhet. im frühen und hohen MA (1997) 73–95. – **22** L. Hölscher: Öffentlichkeit und Geheimnis (1979) 11. – **23** zur Diskussion siehe G. Althoff: Spielregeln der Politik im MA. Kommunikation in Frieden und Fehde (1997) 229f. – **24** B. Thum: Öffentlichkeit und Kommunikation im MA. Zur Herstellung von Öffentlichkeit im Bezugsfeld elementarer Kommunikationsformen im 13. Jh., in: Höfische Repräsentation. Das Zeremenoniell und die Zeichen, hg. v. H. Ragotzky, H. Wenzel (1990) 65–87, hier 70ff. – **25** P. Koch: Urkunde, Brief und Öffentliche Rede. Eine diskurstraditionelle Filiation im Medienwechsel, in: Das MA 3 (1998) 13–44. – **26** Überblick bei Hucker [19]; B.K. Stengl: Die lit. Botendarst. in der mhd. Epik des 12. und 13. Jh. (Diss. Tübingen 1995); H. Wenzel: Boten und Briefe. Zum Verhältnis körperlicher und nichtkörperlicher Nachrichtenträger, in: Gespräche – Boten – Briefe. Körpergedächtnis und Schriftgedächtnis im MA, hg. v. H. Wenzel (1997) 86–105. – **27** W. Faulstich: Medien und Öffentlichkeit im MA 800–1400 (1996); Althoff [22]. – **28** P. Herde, U. Nonn, W. Koch, P. Csendes, W. Seibt: Art. ‹Formel, -sammlungen, -bücher›, in: LMA, Bd. 4 (1989) 646–655; J. Knape, B. Roll: Art. ‹Formularbuch›, in: RDL³, Bd. 1 (1997) 621–623. – **29** J.W. Planck: Das dt. Gerichtsverfahren im MA, Bd. 1 (1879) 227ff. – **30** Notker [3]. – **31** J. Habermas: Strukturwandel der Öffentlichkeit (1962) 19ff.; Althoff [22] 229f. – **32** ebd. 166f. und 182f. – **33** ebd. 254; vgl. auch H. Wenzel: Öffentlichkeit und Heimlichkeit in Gottfrieds ‹Tristan›, in: ZDPh 107 (1988) 335–361. – **34** vgl. Knape, Roll [27]. – **35** Curtius 164f. – **36** G. Kustas: Studies in Byzantine Rhetoric (Thessaloniki 1973); G. Kennedy: Greek Rhet. under Christian Emperors (Princeton, N.J. 1983); H. Hunger: Art. ‹Rhetorik. Byzanz›, in: LMA, Bd. 7 (1994), 789–791. – **37** Wenzel [17]. – **38** Quint. IX, 2, 40. – **39** ebd. IV, 2, 64. – **40** L. de Rijk: On the Curriculum of the Arts of the Trivium at St. Gall from c. 850-c. 1000, in: Vivarium 1 (1963) 35–86; K. Fredborg: The Scholastic Teaching of Rhet. in the Middle Ages, in: Cahiers de l'Institut du Moyen-Age Grec et Latin 55 (1987) 85–105; R. Bolgar: The Teaching of Rhet. in the Middle Ages, in: B. Vickers (Hg.): Rhet. Revalued (Binghamton, New York 1982) 79–86; P. v. Moos: Rhet., Dialektik u. "civilis scientia", in: Fried [21] 133–155. – **41** M. Grabmann: Eine lat. Übers. der pseudo-aristotel. Rhetorica ad Alexandrum aus dem 13. Jh. (1932) 3ff. – **42** H. Buttenwieser: The Distribution of the Manuscripts of the Latin Classical Authors in the Middle Ages (Diss. msch. Chicago 1930); Bliese [10]; J.O. Ward: Artificiosa eloquentia in the Middle Ages. The Study of Cicero's ‹De Inventione›, the ‹Ad Herennium› and Quintilian's ‹De Institutione Oratoria› from the Early Middle Ages to the Thirteenth Century, with Special Reference to the Schools of Northern France (Diss. msch. Toronto 1972); M.D. Reeve: The Circulation of Classical Works on Rhet. from the 12th to the 14th Century, in: C. Leonardi, E. Menestò (Hg.): Retorica e Poetica tra i secoli XII e XIV (1988) 109–124; G. Knappe: Traditionen der klassischen Rhet. im angelsächs. England (1996). – **43** B. Schneider: Die ma. griech.-lat. Übersetzungen der aristotelischen Rhet. (1971). – **44** Grabmann [41] 4f. – **45** Iulius Serverianus, Praecepta artis rhetoricae, hg. v. R. Giomini (Rom 1992). – **46** K. Brandmeyer: Rhetorisches im ‹ackerman› (Diss. Hamburg 1968) 49ff. – **47** Johannes von Salisbury, Metalogicon, hg. v. J.B. Hall, K.S.B. Keats-Rohan (Turnhout 1991) cap. 1, 24; dt. zit. n. P. Schulthess, R. Imbach: Die Philos. im lat. MA (Zürich / Düsseldorf 1996) 119. – **48** Joh. v. Sal. [47] cap. 1, 3. – **49** R. McKeon: Rhet. in the Middle Ages, in: Speculum 17 (1942) 1–32. – **50** M. Grabmann: Methoden und Hilfsmittel des Aristotelesstudiums im MA (1939) 139. – **51** J. Knape: Augustinus' ‹De doctrina christiana› in der ma. Rhetorikgesch. Mit Abdr. des ret. Augustinusindex von Stephan Hoest (1466/67), in: Traditio Augustiniana. Stud. über Augustinus und seine Rezeption. FS Eckermann, hg. v. A. Zumkeller, A. Krümmel (1994) 141–173, hier 147ff. – **52** ebd. 143. – **53** R. Copeland: Rhet., Hermeneutics, and Translation in the Middle Ages. (Cambridge 1991). – **54** Chr. Steffen: Augustins Schrift ‹de doctrina christiana›. Unters. zum Aufbau, zum Begriffsgehalt und zur Bedeutung der Beredsamkeit (Diss. msch. Kiel 1964); Knape [49] 147. – **55** Übersicht bei J. Knape: Art. ‹Elocutio›, in: HWRh II (1994) 1022–1083, hier 1035f.; vgl. U. Krewitt: Metapher und tropische Rede in der Auffassung des MA (1971). – **56** F.J. Worstbrock, M. Klaes, J. Lütten: Repertorium der Artes dictandi des MA, Teil I: Von den Anfängen bis um 1200 (1992) 112. – **57** Grabmann [41] 14ff. – **58** J. Knape: Allgemeine Rhetorik. Stationen der Theoriegesch. (2000). – **59** T.O. Tunberg: What is Boncompagno's ‹Newest Rhetoric›?, in: Traditio 42 (1986) 299–334, hier 303. – **60** Worstbrock [56] IX. – **61** ebd. IX; M. Camargo: ‹Art. Ars dictandi, dictaminis›, in: HWRh I (1992) 1040–1046. – **62** P. Klopsch: Einf. in die Dichtungslehren des lat. MA (1980); D. Kelly: Art. ‹Ars versificatoria›, in: HWRh I (1992) 1071–1080; Knape [55] 1036ff. – **63** A.J. Minnis: Medieval Theory of Authorship. Scholastic Literary Attitudes in the Later Middle Ages. (London 1984) 26 u. 157. – **64** Matth. v. Vend. I,115. – **65** T. Charland: Artes praedicandi: Contribution à l'histoire de la rhétorique au moyen âge (Paris / Ottawa 1936); Ph.B. Roberts: Art. ‹Ars praedicandi›, in: HWRh I (1992) 1064–1071. – **66** P. Koch: Art. ‹Ars arengandi›, in: HWRh I (1992), 1033–1040, hier 1033. – **67** ebd. 1034. – **68** Notker [3]. – **69** A. Sieber: Dt. Rhetorikterminologie in MA und Früher Neuzeit (1996) 19ff. u. 264ff. – **70** Heinrich von Mügeln: Spruchsammlung, Nr. 283, Vv. 1–6. – **71** Rhetorica deutsch. Kleine rhet. Schriften des 15. Jh., hg. v. J. Knape, B. Roll (2001). – **72** K. Burdach: Schlesisch-böhmische Briefmuster aus der Wende des 14. Jh. (1926).

Literaturhinweise:
W.H. Atkins: English Literary Criticism: The Medieval Phase. (Cambridge 1943; ND 1961). – Arbusow. – E. Garin: Gesch. und Dokumente der abendländischen Pädagogik I (1964) [reiche Textbelege und Literaturangaben]. – W. Jens: Art. ‹Rhet.›, in: RDL², Bd. 3 (1977) 432–456 [Literaturüberblick zum MA 451ff.]. – Murphy ME. – R. Brandt: Kleine Einf. in die ma. Poetik und Rhetorik. Mit Beispielen aus der dt. Lit. des 11. bis 16. Jh. (1986). – H.-B. Gerl: Rhet. und Philos. im MA, in: H. Schanze, J. Kopperschmidt (Hg.): Rhet. und Philos. (1989) 99–120. – J.J. Murphy: Medieval Rhetoric. A Select Bibliography (Toronto ²1989). – Murphy RM (⁶1990). – Th.M. Conley: Rhet. in the European Tradition (Chicago ²1994). – H. Weddige: Einf. in die germanistische Mediävistik (1997; ¹1987). – J. Knape, A. Sieber: Rhet.-Vokabular zur zweispr. Terminologie in älteren dt. Rhetoriken (1998). – G. Kennedy: Classical Rhet. and its Christian and Secular Tradition from Ancient to Modern Times. 2ⁿᵈ ed., rev. and enlarged (Chapel Hill 1999).

J. Knape

B. *Musik.* **I.** *Grammatische, rhetorische und ontologische Denkformen in der mittelalterlichen Musikgeschichte.* Eine der grundlegenden Weichenstellungen der europäischen Musikgeschichte liegt in der Orientierung des Musikdenkens und Musikmachens an Modellvorgaben der sprachlichen Disziplinen seit dem frühen M. Dabei kommt zunächst und vor allem der Grammatik und Metrik eine prägende Rolle zu: Im Zuge der karolingischen Vereinheitlichungsbestrebungen soll der bislang schriftlos überlieferte liturgische Gesang standardisiert und für das ganze Reich in dieser standardisierten Form verbindlich werden. Die Grammatik kann hierbei als Modelldisziplin wesentliche Dienste leisten, indem sie Begriffe, Kategorien und Interpretationsmodelle bereitstellt, die die Melodie als einen Text *sui generis* analysierbar machen und sich zu einer normativen Lehre vom Choralgesang bündeln lassen.

Zu den entscheidenden Konsequenzen dieser Bestrebungen gehören die schriftliche Fixierung von Musik in der Neumennotation und eine dadurch erreichte Überprüfbarkeit melodischer Prägungen auf ihre Konvergenz mit vorgegebenen Standards. Die Aufzeichnung von

Musik, die sich seit dem 11. Jh. wie die heute gebräuchliche Notation eines terzabständigen Liniensystems bedient, bildet zugleich die Basis für stabile Überlieferung und zuverlässige Verbreitung der *cantilena romana*.

Darüber hinaus wird Musik nach dem Muster der Sprache einer konsequenten Elementarisierung unterzogen, d.h. der Einzelton wird mit dem Buchstaben, das Intervall mit der Silbe, der melodische Abschnitt mit dem Satzteil, der Gesang mit dem Textganzen analogisiert. Auf dieser Grundlage kann Komponieren in der europäischen Tradition in wachsendem Maße als ein planendes, durchrationalisiertes Zusammenfügen von Elementen begriffen werden, in dem musikalische Strukturen nach dem Vorbild textlicher Sinneinheiten gleichsam reißbrettartig entworfen und beziehungsreich durchorganisiert werden.

Genuin grammatikalische Begriffe finden Eingang in die Lehre vom Choralgesang, um die Kongruenz musikalischer und textlicher Formelemente zu verdeutlichen. Dies gilt etwa für Ausdrücke wie *littera, sillaba, comma, colon, pes, periodus, clausula* oder *copula*. Seit der Karolingerzeit haben Autoren auf der Basis dieses kategorialen Instrumentariums eine Lehre entwickelt, die sich in ihrer grammatisch-normativen Sichtweise vor allem auf das Einhalten von Regeln und die Korrektur von Gesängen konzentriert, die wegen ihrer Normabweichungen als fehlerhaft eingestuft werden.

Seit dem frühen 11. Jh. ist in der Musiktheorie die direkte Parallelisierung der Tätigkeiten von *musicus* und *metricus* greifbar. GUIDO VON AREZZO zufolge ist aber der Musiker nicht in gleichem Maße an einen rigorosen Regelzwang gebunden wie der metrische Dichter. Das für den Musiker geltende Gestaltungsziel bezeichnet er als «vernunftgemäße Vielfalt» (rationabilis varietas). Diese Mannigfaltigkeit entziehe sich jedoch oft dem rationalen Zugriff. Dennoch werde dasjenige für vernunftgemäß gehalten, durch welches der Geist, in dem ja Vernunft stecke, erfreut werde («Quam rationabilitatem etsi saepe non comprehendamus, rationabile tamen creditur id quo mens, in qua est ratio, delectatur»).[1] Man wird diese Argumentation als ästhetisch im Sinne einer rudimentären Theorie der sinnlichen Erkenntnis bezeichnen können. In derartigen Entwürfen zeigt sich eine Tendenz, die gestalterische Tätigkeit des *musicus* von den Vorgaben der Modelldisziplinen Grammatik und Metrik zu emanzipieren: Guido versucht, eine für das Komponieren eigene Art des Gestaltens zu umreißen.

Tatsächlich vermag die grammatische Denkform in ihrer einseitigen Beschränkung auf normative Durchrationalisierung des Gesangs den Bedürfnissen und Zielsetzungen musikalischen Gestaltens nicht vollständig gerecht zu werden. Neben der bei Guido greifbaren Betonung irrational-ästhetischer Momente kommt es vor allem der Rhetorik und Poetik zu, den engen Horizont des grammatischen Modells zu erweitern und zu bereichern. Dies geschieht in Richtung auf ein kompositorisches Gestalten, das vom Gedanken der Wirkensabsicht vermittels affektischer Vereinnahmung bestimmt ist. Das wirkungsorientiert-rhetorische Konzept des *animos movere* betrachtet den Regelverstoß als Mittel besonders nachhaltiger Wirkung; die Abweichung von der musikalischen 'Normalsprache' kann als rhetorische Figur der Verdeutlichung und Intensivierung der Aussage eines Textes mit musikalischen Mitteln dienen. Der grammatische Fehler (*vitium*) erscheint unter diesen Voraussetzungen als rhetorischer Schmuck (*color rhetoricus*).

Rückgebunden sind derartige Verfahren in den grundlegenden rhetorischen Konzepten der Ausschmückung (*ornatus*) und der Angemessenheit (*aptum*): So wie die mehrstimmige Darbietung eines ursprünglich einstimmigen Choralgesangs dem *ornatus* dient, so betrachten mittelalterliche Autoren auch die affektbewegende Intensivierung des Textgehalts durch musikalische Mittel als einen Akt des Schmückens, der einen Gesang besonders schön und nachdrücklich macht.

Die Orientierung eines Gesangs auf seinen textlichen Gegenstand, seinen situativen Kontext und seine Zweckbestimmung hin ist in letzter Instanz dem rhetorisch-poetologischen Konzept der Angemessenheit verpflichtet, dessen kompositorisches Korrelat die individualisierende Durchgestaltung eines Stückes gemäß den inhaltlichen und affektischen Vorgaben sowie kontextuellen Bedingungen des zu vertonenden Textes darstellt.

Das Arbeiten mit rhetorischen und grammatischen Analogiebildungen bewegt sich im mittelalterlichen Musikdenken vor dem Hintergrund einer ontologischen Grundvorstellung, die Musik in pythagoreisch-platonischer Tradition als klingendes Abbild einer zahlhaften, den gesamten Kosmos und die menschliche Seele durchdringenden Ordnung begreift. Als Disziplin der vier mathematischen Künste des Quadriviums zielt die *ars musica* vor allem auf eine universelle und zeitlos gültige Fundierung der Musik in der unwandelbaren Zahlhaftigkeit (*numerositas*) und damit Vernunftgebundenheit (*rationabilitas*) der musikalischen Proportionen. Ihr Musterautor BOETHIUS bringt jedoch im Proömium des 1. Buches von ‹De institutione musica› auch den Gesichtspunkt der *moralitas* ausführlich zur Sprache [2] und thematisiert damit für die mittelalterliche Musiktheorie nachdrücklich die wirkungstheoretische Fragestellung. Die rein ontologische Begründung der ethischen Wirksamkeit von Musik, wie sie Boethius in der Ähnlichkeit der zahlhaften Organisation von Musik und menschlicher Seele erblickt, wird in der mittelalterlichen Musiklehre mit skeptischer Zurückhaltung aufgenommen. Tatsächlich ist das mittelalterliche Musikdenken insgesamt durch ein spannungsvolles, stimulierendes Wechselverhältnis zwischen einem Verständnis von Musik als (zeitlos gültigem) Sinnbild einer höheren Ordnung und einem Konzept von Musik als einer (wandelbaren) Sprache der menschlichen Affekte und Ausdrucksweisen gekennzeichnet.

II. *Rhetorisch geprägte Konzepte in der Musiktheorie.* **1.** *Wirkungsorientierte imitatio.* Um 900 beschreibt die ‹Musica enchiriadis› die affektbewegende *imitatio* als Mittel der musikalisch-rhetorischen Gestaltung. Die im Text enthaltenen Affekte und Vorgänge sollen durch den Gesang intensiviert und verdeutlicht werden, indem die Melodie ihre Eigenschaften nachahmt: «Nam affectus rerum, quae canuntur, oportet, ut imitetur cantionis effectus: ut in tranquillis rebus tranquillae sint neumae, laetisonae in iocundis, merentes in tristibus; quae dura sint dicta vel facta, duris neumis exprimi; subitis, clamosis, incitatis et ad ceteras qualitates affectuum et eventuum deformatis» (Der Ausdruck des Gesangs soll die Affekte der besungenen Gegenstände nachahmen, so daß bei ruhigen Gegenständen die Melodiebewegung ruhig fließend sei, bei fröhlichen jubelnd, bei traurigen klagend; was rauh und hart gesagt oder getan wurde, soll mit ebensolchen Tonverbindungen ausgedrückt werden; man möge aber auch hastige, schreiende, aufgeregte Melodien gebrauchen und weitere, die gemäß den übrigen Eigenschaften der Affekte und Vorgänge geformt sind).[3] Um 1025 übernimmt Guido von Arezzo den Passus in gekürzter Form in seinen ‹Micrologus›: «Item ut rerum eventus sic cantionis imitetur effectus, ut in tristibus rebus graves sint neumae, in tranquillis iocundae, in prosperis exultantes et reliqua» (Desgleichen soll der Ausdruck des Gesangs die im Text auftretenden Inhalte nachahmen, und zwar dergestalt, daß bei traurigen Gegenständen die Tongruppen tief liegen, hingegen bei ruhigen die Melodie angenehm, bei glücklichen fröhlich ist und dergleichen mehr).[4]

Da Guidos Text in der Folgezeit zu der am stärksten rezipierten Abhandlung der mittelalterlichen Musiklehre avanciert, erfährt das *imitatio*-Konzept schon allein durch die ‹Micrologus›-Überlieferung weite Verbreitung. Es wird aber auch in anderen Musiktraktaten kommentiert und weiterverarbeitet. So exemplifiziert um 1100 JOHANNES in seinem ebenfalls einflußreichen Traktat ausgehend von Guido verschiedene text- und affektbezogene Arten der Melodiebildung am Choralrepertoire. Derartige Verfahren seien allerdings nicht immer notwendig; sie dienten vielmehr dem Schmuck eines Gesangs («Hoc autem non adeo praecipimus ut semper necesse sit fieri, sed quando fit, ornatui esse dicimus»).[5] Die ‹Summa musice› erweitert im 13. Jh. offenbar unter dem Einfluß des Aristotelischen *medietas*-Konzepts den Katalog unterschiedlicher textlicher Gegenstände und ihrer kompositorischen Umsetzung durch eine mittlere Kategorie: Wenn der textliche Gegenstand sich in einem mittleren Bereich bewege, so müsse sich demselben auch der Gesang anpassen.[6] Gemeint ist damit eine Kompositionsweise, die sich des mittleren Tonraums bedient und auffällige Intervallbildungen (wie z.B. große Sprünge) vermeidet. Erweiterungen um empirische Details erfährt Guidos Satz aber auch im 14. Jh. bei GUIDO VON SAINT-DENIS [7] und im ‹Tertium principale› [8].

2. *Lehre von den Tonartencharakteren.* Für die wirkungsorientierte Umsetzung textlicher Gehalte in der Komposition ist die Wahl der Tonart (*modus, tonus, tropus*) wegen der unterschiedlichen melodischen und affektischen Charaktere der acht Modi von großer Bedeutung. Die antike Lehre vom Ethos der Tonarten wurde dem M. vor allem durch BOETHIUS überliefert. Eine systematische Auseinandersetzung mit der Frage nach der affektischen Wirkung von bestimmten Tonarten setzt jedoch erst der konzise, schlagwortartig formulierte, zudem unvollständige Katalog von Tonartencharakteren in Guidos ‹Micrologus› in Gang: «Atque ita diversitas troporum diversitati mentium coaptatur ut unus autenti deuteri fractis saltibus delectetur, alius plagae triti eligat voluptatem, uni tetrardi autenti garrulitas magis placet, alter eiusdem plagae suavitatem probat; sic et de reliquis» (Und die Unterschiede der Kirchentöne passen so zu den verschiedenen geistigen Veranlagungen, daß der eine sich an den gebrochenen Sprüngen des authentischen Deuterus [3. Modus] erfreut, der andere die Üppigkeit des plagalen Tritus [6. Modus] bevorzugt, dem einem mehr die Geschwätzigkeit des authentischen Tetrardus [7. Modus] gefällt und der andere die Lieblichkeit des zugehörigen Plagalis [8. Modus] schätzt; so ist es auch bei den übrigen).[9]

Guidos Katalog regt eine Fülle von Vervollständigungen, Kommentierungen und Neuformulierungen der tonartbezogenen Ethoslehre an; als besonders wirkungsmächtig erweisen sich die Tonartencharakteristik bei Johannes [10] und das erstmals im 2. Drittel des 12. Jh. greifbare ‹mobilis et habilis›-Lehrstück [11], das in versifizierter und kommentierter Gestalt [12] bis ins 16. Jh.

hinein tradiert wird. In dieser streng systematisierten Charakteristik werden jedem Modus zwei Beschreibungswörter zugewiesen: der erste ist «mobilis et habilis» (beweglich und geschmeidig), der zweite «gravis et flebilis» (dunkel und jammervoll), der dritte «severus et incitabilis» (streng und heftig), der vierte «blandus et garrulus» (schmeichelnd und geschwätzig), der fünfte «modestus et delectabilis» (maßvoll und ergötzlich), der sechste «pius et lacrimabilis» (fromm und klagend), der siebte «lascivus et iocundus» (ausgelassen und fröhlich) und der achte «suavis et morosus» (lieblich und gelassen).[13]

HIERONYMUS DE MORAVIA löst im 13. Jh. die schematisch-apriorische Zuordnung von *materia* und Modus auf, indem er zwar die Auflistung aus Johannes' ‹De musica› übernimmt, aber stillschweigend die Modus-Zählung eliminiert, so daß eine indifferente Zusammenstellung musikalischer Charaktere übrigbleibt. An die Stelle der tradierten Affektzuweisungen setzt Hieronymus ein System von sechs Graden der Melodiegestaltung, deren sich der Komponist je nach textlichem Gegenstand bedienen solle. Die Spanne reicht vom «sehr schönen» (gradus pulcherrimus) bis zum «sehr häßlichen Grad» (gradus turpissimus).[14] Die dem textlichen Gegenstand entsprechende Melodiegestaltung ist also nicht von vornherein durch die Tonartenwahl gewährleistet, sondern muß erst innerhalb des jeweiligen Tonartrahmens durch eine ‘schöne' oder ‘häßliche', in jedem Fall aber individualisierende Gestaltung hergestellt werden.

Ein neues Paradigma der Tonartenethik tritt Ende des 13. Jh. im Zuge der lateinischen Übersetzung und Kommentierung des 8. Buches der ‹Politik› des ARISTOTELES in Konkurrenz zu den tradierten Systematiken. Die Aristotelische Konzeption ist von dem Gedanken eines Ausgleichs polarer Affektkonstellationen in einer idealen Mitte geprägt. Diese ideale Mitte wird für Aristoteles durch die dorische Tonart repräsentiert. Ihr kommt deshalb auch die entscheidende Rolle bei der musikalischen Erziehung der Jugend zu.[15] Guido von Saint-Denis überträgt im frühen 14. Jh. die Bestimmungen der Aristotelischen Tonartenethik und ihrer ersten Kommentierung durch PETRUS DE ALVERNIA [16] in die Sphäre der Chorallehre und baut sie zu einer aristotelisierenden Systematik der acht Modi aus.[17] Unter dem Einfluß des Aristotelischen *medietas*-Konzepts werden aber auch tradierte Systematiken wie das ‹mobilis et habilis›-Lehrstück revidiert und modifiziert, so etwa im späten 15. Jh. durch Nicolé BURZIO.[18]

3. *Musikalisch-rhetorische Figuren.* Für die Benennung und Beschreibung besonderer kompositorischer Verfahren, die der Textausdeutung dienen, greift vor allem die spätmittelalterliche Musiktheorie auf das begriffliche und kategoriale Instrumentarium der rhetorischen Figurenlehre zurück. Allerdings zitiert schon im späten 11. Jh. ARIBO die Ausführungen des AUCTOR AD HERENNIUM zum *compar* [19], um dieses Stilmittel in Parallele zur Verwendung gleichlanger melodischer Phrasen in der Melodiegestaltung zu setzen: «Talis consideratio similis est rethorico colori, qui compar dicitur, qui constat fere ex pari numero syllabarum» (Eine derartige Erwägung ähnelt der rhetorischen Figur des Compar, die aus einer fast gleichen Anzahl von Silben besteht).[20]

Der Kommentar zu einer anonymen ‹Summula› aus der 2. Hälfte des 14. Jh. weist darauf hin, daß bewußte Normverstöße entschuldigt werden könnten, wenn sie im textlichen Gegenstand durch rhetorische Figuren wie die *antonomasia* oder *exclamatio* legitimiert seien.[21] Um 1380 zeigt Heinrich EGER in einer ausführlichen Darstellung, wie die Gesänge des tradierten liturgischen Repertoires auf bestimmte textlich-affektische Inhalte bis ins Detail hinein abgestimmt sind. Er weist dabei auf Wiederholungsfiguren zum Ausdruck von Freude oder Schmerz sowie auf das insistierende Verweilen auf einer Tonstufe hin, das den Eindruck entstehen lasse, daß die Sänger vor lauter Jammer außerstande seien, das reguläre Maß der Gesänge zu beachten. Eger beschreibt aber auch das Verfahren der gezielten Ambitusüberschreitung zur musikalischen Darstellung hoher Gegenstände, wie etwa beim Wort *mons* (Berg). Derartige Kompositionstechniken sind als satztechnische Fehler (*vitia*) ausdrücklich erwünscht, wenn sie der Textverdeutlichung und Textintensivierung und damit einer besonderen affektisch-theologischen Wirkensabsicht, die Eger als «devotio specialis» bezeichnet, dienen.[22]

4. *Angemessenheit.* Die Übertragung der rhetorischen Aptumlehre auf musikalische Gegenstände wird besonders greifbar in Johannes' ‹De musica›. Der Gesang müsse gemäß dem jeweiligen Sinn der Worte unterschiedlich gestaltet werden. So wie ein Dichter darauf zu achten habe, daß er die Tatsachen mit den Worten in Einklang bringe und nicht Dinge sage, die den Lebensumständen dessen, den er beschreibe, unangemessen seien, so müsse der Sänger seinen Gesang so angemessen verfertigen («ita proprie cantum componat»), daß dieser dasjenige auszudrücken scheine, was die Wort sagten («ut quod verba sonant cantus exprimere videtur»).[23] Auch hier hatte Guido von Arezzo einen Ausgangspunkt formuliert, indem er in seinem Kompositionskapitel von der «commoda vel componenda modulatio» (der angemessenen Tonbewegung und wie man sie verfertigen müsse) handelte.[24] Guido von Saint-Denis betont ausdrücklich, daß man liturgische Gesänge nicht irgendwie, sondern angemessen («convenienter») auf den Textinhalt hin orientieren müsse.[25]

Eine Nähe zur rhetorischen Aptum- und Stillehre artikuliert auch Hieronymus de Moravia, wenn er seine sechs Grade der melodischen Gestaltung mit dem Hinweis rechtfertigt, daß jeder von ihnen den Erfordernissen der textlichen Materie Rechnung trage («secundum materiae exigentiam unusquisque competens esse monstretur»). Hieronymus setzt die nach Textinhalten abgestufte kompositorische Gestaltung mit der Gepflogenheit der Dichter («poetarum mos») in eins, ihre Texte gemäß unterschiedlichen affektischen Stilstufen auszuarbeiten.[26]

III. *Rhetorisches Gestalten in der kompositorischen und interpretatorischen Praxis.* Der Beschreibung und Kategorisierung rhetorischer Verfahrensweisen in der Musiktheorie entspricht der bewegende Nachvollzug affektbestimmten Redeverhaltens, die abbildhafte Vergegenwärtigung von Textinhalten sowie die Steigerung von Eindringlichkeit durch ungewohnte Gestaltungsweisen bis hin zum gezielten Normverstoß in der kompositorischen und interpretatorischen Praxis der mittelalterlichen Musik. Dies gilt sowohl für das weltliche wie das geistliche Schaffen, für die einstimmige wie die mehrstimmige Musik, das liturgische Basisrepertoire ebenso wie die neuen einstimmigen Gattungen des Tropus und der Sequenz sowie für das neue geistliche Lied der Zeit um 1100, für das mehrstimmige Notre-Dame-Repertoire um 1200 wie für das Conductus und Motette des 13. Jh., vor allem aber auch für die weltliche Liedkunst des 14. und 15. Jh.

An kompositorischen Techniken, die hierbei in den Dienst einer individuellen und nachdrücklichen Textvertonung gestellt werden, sind zu nennen: der affektgemäße Tonartengebrauch, melodische Korrespondenzen zur Verdeutlichung textlicher Beziehungen, homorhythmische Deklamation aller Stimmen in einem polyphonen Umfeld (sogenanntes *noema*) zur Hervorhebung wichtiger Textteile, Dehnungen oder Kürzungen von Einzelnoten sowie abrupte Sprünge zur Betonung einzelner Wörter, Veränderungen des deklamatorischen Rhythmus zur Hervorhebung von Gegensätzen, Wiederholung von Textteilen in steigernder Vertonung und Einsatz exklamatorischer Prägungen als Ausdruck heftiger affektischer Bewegung, Verwendung ungewöhnlicher oder dissonanter Intervall- und Klangverbindungen als Abbild von Schmerz und Trauer, Singen in besonders tiefer oder hoher Lage zur Versinnlichung räumlicher Verhältnisse (Höhe, Tiefe, Aufsteigen, Absteigen, Überschreitung von Grenzen), aber auch zum Ausdruck von Freude oder Trauer, Einsatz rhetorischer Pausen zur Umsetzung eines spannungsvollen Zögerns, Gebrauch komplementärrhythmischer Bildungen (*hoquetus*) zur Darstellung des Seufzens oder Schluchzens und verschiedener 'stockender' Bewegungsformen u.a.

Rhetorische Gestaltungsmomente sind aber auch bestimmten Interpretationsvorschriften zu eigen, die in der Notation niedergelegt sind. So kann in der Neumennotation vor allem durch den Gebrauch von Zusatzzeichen (*episemata*) die Sinngliederung eines Textes angezeigt und dadurch ein dynamisch und agogisch sinngemäßer, wirkungsvoller Textvortrag ermöglicht werden, der Textinhalte differenziert zur Geltung bringt.

Die musiktheoretischen Belege wie die analytischen Befunde aus den musikalischen Denkmälern lassen keine andere historiographische Deutung zu, als daß ein wirkungsorientiert-rhetorisches Gestalten und ein ebenso individualisierender wie intensivierender Zugriff auf die Vertonung von Texten keine exklusiven Merkmale der Neuzeit in der Musikgeschichte darstellen. Die viel beschworene 'Rhetorisierung' und damit 'Versprachlichung', ja 'Vermenschlichung' von Musik ist als Kritierium für die Begründung einer musikgeschichtlichen Neuzeit nicht tauglich. Es erscheint daher adäquater, von der Vorstellung einer geschichtlichen Grundlageneinheit zwischen Musik und Rhetorik auszugehen, die vom M. bis in die Musik unserer Tage die europäische Kompositionsgeschichte in unterschiedlichen Ausprägungen bestimmt hat.

Anmerkungen:
1 Guido von Arezzo: Micrologus, hg. von J. Smits van Waesberghe (Rom 1955) 167. – **2** Boethius, De institutione musica libri quinque, hg. von G. Friedlein (1867; ND 1966) 178–187. – **3** Musica et scolica enchiriadis, hg. von H. Schmid (1981) 58, Übers. Verf. – **4** Guido von Arezzo [1] 174, Übers. Verf. – **5** Johannes (dictus Affligemensis sive Cotto): De musica cum tonario, hg. von J. Smits van Waesberghe (1950) 118. – **6** Summa musice, hg. von Chr. Page (1991) 196. – **7** Guido von Saint-Denis: Tractatus de tonis, Hs. London, British Library, Harley 281, fol. 76v. – **8** Tertium principale, in: C.E. de Coussemaker: Scriptorum de musica medii aevi nova series, Bd. 4 (Paris 1876; ND Hildesheim 1963) 247b. – **9** Guido von Arezzo [1] 159, Übers. A. Traub: Zur Kompositionslehre im MA, in: Beitr. zur Gregorianik 17 (1994) 69. – **10** Johannes [5] 109. – **11** Anonymus Pannain (Schneider): Tractatus de musica, Teiledition hg. von M. Schneider: Gesch. der Mehrstimmigkeit, 2. T. (1935) 109. – **12** vgl. Summula. Tractatus metricus de musica glossis commentarioque instructus, hg. v. E. Vetter (1988) 41–43 u. 72. – **13** Anonymus [11], Übers. Verf. – **14** Hieronymus de Moravia: Tractatus de musica, hg. v. S. Czerba (1935) 174 und 176–179. – **15** Arist. Pol. 1339a 11–1342b 34; vor allem 1340a 38–1340b 9 und 1342a

28–1342b 34; vgl. Aristoteles: Politicorum libri octo. Cum vetusta translatione Guilelmi de Moerbeka, hg. von F. Susemihl (1872) 346–372. – **16** Petrus de Alvernia: In Politicorum continuatio, hg. von R. Busa: S. Thomae Aquinatis Opera Omnia, Bd. 7: Aliorum Medii Aevi Auctorum Scripta 61 (1980) 475–480 (lib. 8, lectio 2–3). – **17** Guido von Saint-Denis [7], fol. 74v-76v. – **18** N. Burzio: Musices opusculum (Bologna 1487; ND 1969), tractatus II, cap. 5 (nach e iiij). – **19** Auct. ad Her. IV, 20, 27. – **20** Aribo: De musica, hg. von J. Smits van Waesberghe (1951) 50. – **21** Summula [12] 87; vgl. Gobelinus Person: Tractatus musicae scientiae (1417), hg. von H. Müller in: Kirchenmusikalisches Jb. 20 (1907) 195. – **22** Heinrich Eger von Kalkar: Cantuagium, hg. von H. Hüschen (1952) 56–60. – **23** Johannes [5] 117. – **24** Guido von Arezzo [1] 162. – **25** Guido von Saint-Denis [7] fol. 76v. – **26** Hieronymus de Moravia [14] 176.

Literaturhinweise:
W. Gurlitt: Musik und Rhetorik. Hinweise auf ihre gesch. Grundlageneinheit, in: Helicon 5 (1944) 67–86; auch in ders.: Musikgesch. und Gegenwart I (1966) 62–81. – B. Meier: Die Hs. Porto 714 als Quelle zur Tonartenlehre des 15. Jh., in: Musica Disciplina 7 (1953) 175–197. – C. H. Rawski: Notes on Aribo Scholasticus, in: Natalicia musicologica. FS K. Jeppesen (1962) 19–29. – W. Dömling: Aspekte der Sprachvertonung in den Balladen G. de Machauts, in: Die Musikforschung 25 (1972) 301–307. – K. Hofmann: Untersuchungen zur Kompositionstechnik der Motette im 13. Jh. (1972). – R. Flotzinger: Vorstufen der musikalisch-rhetorischen Tradition im Notre-Dame-Repertoire?, in: T. Antonicek, R. Flotzinger, O. Wessely (Hg.): De ratione in musica. FS E. Schenk (1975) 1–9. – O. Wessely: Über den Hoquetus in der Musik zu Madrigalen des Trecento, ebd. 10–28. – M. Bielitz: Musik und Grammatik. Studien zur ma. Musiktheorie (1977). – M. Haas: Musik und Affekt im 14. Jh.: Zum Politik-Kommentar Walter Burleys, in: Schweizer Jb. für Musikwiss., NF 1 (1981) 9–22. – W. Arlt: Musik und Text im Liedsatz franko-flämischer Italienfahrer der ersten Hälfte des 15. Jh., ebd. 23–69. – F. A. Gallo: Beziehungen zwischen gramm., rhet. und musikalischer Terminologie im M., in: D. Heartz, B. Wade (Hg.): Report of the Twelfth Congress Berkeley 1977 (1981) 787–790. – W. Arlt: Aspekte der Chronologie und des Stilwandels im frz. Lied des 14. Jh., in: Aktuelle Fragen der musikbezogenen MAforschung (1982) 193–280. – M. Haas: Studien zur ma. Musiklehre I: Eine Übersicht über die Musiklehre im Kontext der Philos. im 13. und frühen 14. Jh., ebd. 323–456. – F. Reckow: Vitium oder color rhetoricus? Thesen zur Bedeutung der Modelldisziplinen grammatica, rhetorica und poetica für das Musikverständnis, ebd. 307–321; überarbeitet in: M. Walter (Hg.): Text und Musik (1992) 77–94. – W. Arlt: Musik und Text. Verstellte Perspektiven einer Grundlageneinheit, in: Musica 37 (1983) 497–503. – F. Reckow: rectitudo – pulchritudo – enormitas. Spätma. Erwägungen zum Verhältnis von materia und cantus, in: U. Günther, L. Finscher (Hg.): Musik und Text in der Mehrstimmigkeit des 14. und 15. Jh. (1984) 6–36. – U. Günther: Sinnbezüge zwischen Text und Musik in ars nova und ars subtilior, ebd. 229–268. – K. v. Fischer: Das Madrigal «Si com' al canto della bella Iguana» von Magister Piero und Jacopo da Bologna, in: W. Breig, R. Brinkmann, E. Budde (Hg.): Analysen. Beitr. zu einer Problemgesch. des Komponierens. FS H. H. Eggebrecht (1984) 46–56. – W. Arlt: Der Beitr. der Chanson zu einer Problemgesch. des Komponierens: «Las! j'ay perdu …» und «Le m'est si grief …» von Jacobus Vide, ebd. 57–75. – F. Reckow: processus und structura. Über Gattungstrad. und Formverständnis im MA, in: Musiktheorie 1 (1986) 5–29. – F. Reckow: «Pictoribus atque poetis licet incipere quod volunt»: Interdisz. Voraussetzungen für das Verständnis ma. Musik, in: J. O. Fichte, K. H. Göller und B. Schimmelpfennig (Hg.): Zusammenhänge, Einflüsse, Wirkungen. Kongreßakten zum ersten Symposium des Mediävistenverbandes in Tübingen 1984 (1986) 117–129. – D. Harran: Word-Tone Relations in Musical Thought (1986). – Chr. Berger: Tonsystem und Textvortrag. Ein Vergleich zweier Balladen des 14. Jh., in: Ges. für Musikforsch., Bericht über den Musikwiss. Kongreß Stuttgart 1985 (1987) 202–211. – L. Agustoni, J. B. Göschl: Einf. in die Interpretation des gregorianischen Chorals (1987). – C. M. Bower: The Grammatical Model of Musical Understanding in the Middle Ages, in: P. J. Gallacher, H. Damico (Hg.): Hermeneutics and Medieval Culture (Albany 1989) 133–145. – O. Wessely: Wort und Ton in der weltlichen Liedkunst des Trecento, in: H. Krones (Hg.): Wort und Ton im europäischen Raum (1989) 37–54. – F. Reckow: Zwischen Ontologie und Rhetorik: Die Idee des 'movere animos' und der Übergang vom Spätmittelalter zur frühen Neuzeit in der Musikgesch., in: W. Haug, B. Wachinger (Hg.): Traditionswandel und Traditionsverhalten (1991) 145–178. – H. Möller, R. Stephan (Hg.): Die Musik des MA (Neues Hb. der Musikwiss. 2, 1991) – G. Joppich: Die rhet. Komponente in der Notation des Codex 121 von Einsiedeln, in: O. Lang (Hg.): Codex 121 Einsiedeln. Kommentar (1991) 119–188. – W. Arlt: Italien als produktive Erfahrung franko-flämischer Musiker im 15. Jh. (1993). – B. Sullivan: Grammar and Harmony: The Written Representation of Musical Sound in Carolingian Treatises, Diss. Univ. of California (Los Angeles 1994). – W. Arlt: Machauts Pygmalion Ballade mit einem Anhang zur Ballade 27 Une vipere en cuer, in: J. Willimann, D. Baumann (Hg.): Musikalische Interpretation (1998) 23–57. – W. Hirschmann: Das Kompositionskapitel als Modell poietischer Reflexion: Zur pragmatischen Transformation der ars musica in der Musiktheorie des Hoch- und Spätmittelalters, in: U. Schaefer (Hg.): Artes im MA (1999) 174–186. – G. Björkvall, A. Haug: Verslehre und Versvertonung im lat. MA, ebd. 309–323. – H. Danuser, T. Plebuch (Hg.): Musik als Text. Bericht über den Int. Kongreß der Ges. für Musikforsch. Freiburg i. Br. 1993 (1998).

W. Hirschmann

C. *Bildende Kunst.* Die mittelalterliche Bildkunst erscheint in Materialität und Formgebung extrem vielfältig, ist uns thematisch aber fast ausschließlich als christliche Kunst überliefert. Es liegt daher nahe, dem ganzen Komplex *a priori* eine rhetorische Zweckbestimmung zuzuschreiben: mittelalterliche Kunst als Persuasionstechnik zur Vermittlung christlicher Glaubensinhalte und Wertvorstellungen. Die andere rezeptionsgeschichtlich vorgegebene Möglichkeit, mittelalterliche Rhetorik und Bildkunst in Verbindung zu bringen, liegt im gemeinsamen Merkmal der Antikenrezeption. E. Panofsky hat zumindest ansatzweise die Geschichte der mittelalterlichen Kunst als eine Folge von Renaissancen (des 9., 10., 12./13. Jh.) beschrieben.[1] Eine Verbindung zwischen der Rezeption antiker Kunst und der Bezugnahme auf antike Rhetorik läßt sich aber kaum herstellen. Bei der Charakterisierung ästhetischer Konzepte des M. stehen in der Regel andere Bereiche im Vordergrund: die Dialektik von funktionalistischer Zweckbestimmung der Bildkünste als *artes mechanicae* und ihrem metaphysischen Bezug[2], die allegorische Funktion und der angewandte vierfache Schriftsinn[3] sowie die Einwirkung von Aristotelesrezeption und neuplatonischer Ideenlehre[4] fügen sich aber kaum zu einer Geschichte oder gar zu einem System mittelalterlicher Ästhetik bzw. Kunsttheorie, wie es noch von R. Assunto postuliert worden ist.[5] Unvermittelte Bezugsetzungen zwischen Schriftquellen und Bildkünsten können sich als sehr problematisch erweisen, wie z. B. die Theorie von der 'Erfindung' der Gotik aus dem Geist der Scholastik und der Lichtmetaphysik zeigt.[6]

In jüngster Zeit hat sich die kunsthistorische Forschung vermehrt Aspekten der mittelalterlichen Kunst gewidmet, die den Charakter einer immanenten bzw. praktizierten Rhetorik tragen. Die auf vielen formalen und inhaltlichen Ebenen der Bildkunst anzutreffende Dreistufigkeit weist enge Verbindungen zur Dreistillehre der Rhetorik auf.[7] Auch sind Parallelen zu den Performanzstadien der Rede unverkennbar: Wie in der mittelalterlichen Literatur ist in der Bildkunst die Memorialfunktion stark ausgeprägt.[8] Zudem gibt es viele Gemeinsamkeiten zwischen dem in mittelalterlichen Bildern ausdifferenzierten Kanon von Gesten und der *actio* der Redekunst.[9] Von besonderer Bedeutung ist (entgegen früheren Auffassungen) die Rolle des Rezipienten. Er darf nicht als willenloses Opfer visueller christlicher Persuasionstechniken gelten, sondern ist vielmehr aktiver Bestandteil eines Kommunikationssystems. In einer Fallstudie zum mittelalterlichen Andachtsbild hat H. Belting hervorgehoben, daß in religiösen Bildern ab dem 13. Jh. «eine Bildrhetorik entsteht, die das Auge zu beeindrucken weiß».[10] Bei der *imago pietatis*, dem Passionsbildnis Jesu, weiche die alte zeichenhafte Stellvertreterrolle des Bildes einer suggestiven Inszenierung des toten Christus, der z.B. den Betrachter aus dem Bild heraus gestisch anspricht, oder der mit Zeigegesten, Vorhängen und anderen inszenatorischen Mitteln ins Bild gesetzt wird. Belting läßt keinen Zweifel daran, daß diese Entwicklung nur als integraler Bestandteil christlicher Kultpraxis vollzogen werden konnte, der neue «Sprachrealismus des Bildes» aber gleichzeitig Merkmale des neuzeitlichen Tafelbildes vorwegnehme.[11] In einer großangelegten Studie hat Belting eine ‹Geschichte des Bildes vor dem Zeitalter der Kunst› geschrieben.[12] Hier geht der Verfasser so weit, mittelalterlichen Bildern – unter denen er vor allem personale Bildnisse versteht – jeden Kunstcharakter abzusprechen und sie weitgehend in ihrer kultischen Funktion aufgehen zu lassen. Es entsteht so eine Geschichte des mittelalterlichen Bildes, bei der bis etwa 1200 Byzanz und Westeuropa in der Gestaltung der Kultbilder (als Ikonen oder Statuen) ähnliche Wege gingen, während danach im Westen das Spätmittelalter in die «Krise des alten Bildes am Beginn der Neuzeit» führte.[13] In diesem Prozeß bewirke in Byzanz die enge Verknüpfung rhetorischer und liturgischer Formen seit dem 11. Jh. die Bereicherung von Festikonen mit erzählenden Zyklen, die bis ins Detail rhetorischen Prinzipien (Anschaulichkeit, Zuspitzung von Antithesen) folgten. Ansonsten scheidet Belting aber strikt das Kultbild (*imago*) von der *narratio*, dem anderen großen Aufgabenfeld der mittelalterlichen Kunst.[14]

Die Reflexion der Koexistenz von Wort und Bild durchzieht die ganze mittelalterliche Kunstgeschichte.[15] Das betrifft sowohl die Monumentalkunst mit ihrem Spannungsverhältnis zwischen Bildern, Tituli und Inschriften, als auch die Buchmalerei, für die die Kombination der beiden Medien sogar konstituierend ist. Die Wechselwirkungen zwischen Schrift und Bild sind für die Entstehung einer visuellen Rhetorik im M. von großer Bedeutung. So kommt es in der Kunst der Initiale oftmals zu einem rhetorisch zugespitzten, gelegentlich sogar witzig selbstreflexiven Umgang mit dem Zeichencharakter von Buchstaben und Bildern.[16] Eine andere Dimension der Bild-Text-Relation im M. eröffnet die Bezugnahme der Bildkunst auf kanonische Texte der christlichen Religion, vor allem auf die Bibel und Heiligenviten. Eine ikonographisch ausgerichtete Kunstgeschichte postuliert hier eine einseitige Abhängigkeit der Bilder von den Texten. Die Umsetzung in das visuelle Medium wird dabei potentiell als Verlust an Kohärenz und Dichte beurteilt. In dieser Sichtweise sind die mittelalterlichen Bilderzählungen vor allem ein Mittel zur Belehrung der *illiterati*. Dafür scheint die Stellungnahme GREGORS DES GROSSEN, nach der die Bebilderung der Kirchenräume die Schaffung einer *biblia laicorum* zum Ziel habe, einen Beleg zu liefern.[17] Diese vielzitierte Äußerung darf aber nicht als abstrakte Lehre verstanden werden, sondern bezeichnet eine kontextbezogene Argumentationsfigur in einem Bilderstreit, der es zudem um eine Stärkung des Sprachcharakters der Bilder geht.[18] Eine kunsthistorische Erzählforschung hat dann auch die tendenzielle Abwertung der Bild- gegenüber den Worterzählungen in Frage gestellt. So hat W. Kemp nicht nur den narrativen Modus als die wichtigste Ausdrucksform christlicher Kunst bezeichnet[19], sondern auch in mehreren Fallstudien die extrem dichte Strukturierung vieler mittelalterlicher Bilderzählungen nachgewiesen.[20] Die für das M. bezeichnende zyklische Narration in zahlreichen Erzählstationen ist zuallererst Dispositionskunst, die mit der beziehungsreichen Anordnung narrativer Ergebnismomente auf der Fläche oder im Raum arbeitet. Die Parallelen zu den rhetorischen Produktionsstadien und Redeteilen *dispositio* und *narratio* liegen auf der Hand. Die besten Beispiele mittelalterlicher Bilderzählung lassen sich ohne weiteres mit den Begriffen der rhetorischen Stiltheorie beschreiben: Amplifikationsfiguren, Tropen und Argumentationsfiguren erzeugen eine rhetorische bzw. poetische Struktur. Scheinbar abstrakte theologische Dogmen wie die biblische Typologie dienen zur Herausarbeitung anschaulicher Sinnbezüge. Diese Qualitäten werden in verschiedensten Medien bereits in der Spätantike entwickelt, gehen auch in der Zeit von ca. 800 bis 1200 nie verloren (Mailand, Goldaltar von S. Ambrogio, 9. Jh.; Hildesheim, Bronzetür, 11. Jh.) und explodieren im frühen 13. Jh. An dem einzigartigen Komplex der hochgotischen narrativen Glasfenster insbesondere in Chartres und Bourges hat Kemp einen Qualitätssprung entdeckt, den er mit gleichzeitigen Entwicklungen in Theorie und Praxis der Predigt vergleicht.[21] Dabei geht es nicht um inhaltliche Äquivalenzen, sondern um rhetorische Strukturprinzipien (*divisio, subdivisio, parallelismus membrorum* etc.). Eine systematische Beschreibung mittelalterlicher Bilderzählungen mit rhetorischer Terminologie ist allerdings noch nie durchgeführt worden. Als sinnvoll haben sich aber Analysen erwiesen, die mit strukturalistischer bzw. semiotischer Methodik arbeiten.[22] Insgesamt legt es die rhetorische Durchgliederung der mittelalterlichen Bildzyklen nahe, von einer immanenten Poetik zu sprechen, die trotz des Fehlens einer eigentlichen Kunstreflexion die Rede von mittelalterlicher 'Kunst' rechtfertigt. Unter den Einwänden gegen eine ästhetische Funktion mittelalterlicher Bilder findet sich neben dem Hinweis auf ihren prinzipiell antinaturalistischen Duktus auch die Kritik an der scheinbar automatischen Reproduktion immergleicher Bildmuster[23], die allerdings kaum Techniken autoritätsgläubiger Tradierung zuzuschreiben ist, sondern eher den Charakter «von syntaktischen Regeln einer Bildgrammatik»[24] trägt. In diesem Zusammenhang ist eine von S. Bogen hervorgehobene spezifische Ausprägung des Deus-Artifex-Gleichnisses von Bedeutung, nach der sich die mittelalterlichen «Bildgestalter die unvorstellbaren Handlungen Gottes über ihre eigenen Handlungen als Bilderzähler vorgestellt haben»[25] Die Analogie zwischen der göttlichen Gestaltung der Geschichte(n) und der Dispositionskunst der Bilderzähler wirft auch ein differenzierendes Licht auf die Charakterisierung der mittelalterlichen Kunst als reiner Persuasionstechnik: einerseits ist sie völlig unrhetorisch, weil es ihr um Wahrheit, nicht um Wahrscheinlichkeit geht. Andererseits ist aber das Gleichnis selbst Rhetorik und trägt, sobald es in seiner Funktionsweise reflektiert wird, zu einem Bewußtsein von der Fiktionalität der Bilder bei. In dieser Hinsicht muß die franziskanische Kunst des 13. und beginnenden 14. Jh. eine Schlüsselrolle zugeschrieben werden.[26] Die endgültige Auflösung mittelalterlichen Bilddenkens erfolgt dann im 15. Jh. nicht zufällig gleichzeitig mit dem Aufkommen der neuzeitlichen rhetorischen Kunsttheorie.

Anmerkungen:
1 E. Panofsky: Die Renaissancen der europ. Kunst (³1984) 55ff. – 2 R. Assunto: Die Theorie des Schönen im MA (²1987) 20ff. – 3 F. Ohly: Schriften zur ma. Bedeutungsforschung (1977) 1ff., 171ff. – 4 E. Panofsky: Idea. Ein Beitr. zur Begriffsgesch. der älteren Kunsttheorie (²1975) 17ff. – 5 Assunto [2] passim. – 6 E. Panofsky: Abbot Suger on the Abbey Church of St. Denis and its art treasures (Princeton 1946). – 7 W. Kemp: Sermo corporeus. Die Erzählung der ma. Glasfenster (1987) 132ff.; J.K. Eberlein: Miniatur und Arbeit (1995) 296ff.; R. Suckale: Der ma. Kirchenbau im Gebrauch und als Ort der Bilder, in: Goldgrund und Himmelslicht. Die Kunst des MA in Hamburg, Katalog der Ausstellung in der Kunsthalle Hamburg (1999) 22. – 8 H. Wenzel: Hören und Sehen. Schrift und Bild. Kultur und Gedächtnis im MA (1995). – 9 J.-C. Schmitt: La raison des gestes dans l'Occident médiéval (Paris 1990); Kemp [7] 180ff. – 10 H. Belting: Das Bild und sein Publikum im MA (1981) 126. – 11 ebd. 112. – 12 H. Belting: Bild und Kult. Eine Gesch. des Bildes vor dem Zeitalter der Kunst (1990). – 13 ebd. 9. – 14 vgl. dazu kritisch M. Camille, in: The Art Bulletin 74 (1992) 514ff. – 15 M. Camille: The Book of Signs: writing and visual difference in Gothic manuscript illumination, in: Word & Image 1.2 (1985) 133ff. – 16 vgl. U. Nilgen: Frühe Buchmalerei in Cîteaux, in: Cîteaux 1098–1998, Katalog der Ausstellung im Landesmus. Mainz (1998) 25ff. – 17 Gregor I.: Ep. 9 (209), in: CChr. SL 140 A 768f. – 18 vgl. C.M. Chazelle: Pictures, books, and the illiterate: Pope Gregory I's letters to Serenus of Marseilles, in: Word & Image 6.2 (1990) 138ff. – 19 W. Kemp: Christliche Kunst. Ihre Anfänge, ihre Strukturen (1994) 89. – 20 Kemp [7] 23ff., 88ff., 242ff.; Kemp [19] 21ff., 149ff., 223ff. – 21 Kemp [7] 190ff. – 22 J. Karpf: Strukturanalyse der ma. Bilderzählung. Ein Beitr. zur kunsthist. Erzählforschung (1994). – 23 Eberlein [7] 330ff. – 24 S. Bogen: Denkformen in Bildergeschichten. Traumbilder in der christlichen Erzählkunst bis 1300 (Diss. Marburg 1997) 65. – 25 ebd. 68. – 26 ebd. 235ff.; K. Krüger: Der frühe Bildkult des Franziskus in Italien (1992) 11.

B. Mohnhaupt

→ Ars arengandi → Ars dictandi, dictaminis → Ars poetica → Ars praedicandi → Ars versificatoria → Artistenfakultät → Cursus → Grammatik → Grammatikunterricht → Homiletik → Lehrbuch → Notariatskunst → Poetik → Predigt

Mode (engl. *fashion*; frz. *mode*; ital. *moda*)
A. Wortgesch. und Def. – B. I. Modetheorien. – II. Semiotik und Rhet. der M. – C. Gesch.: I. Antike und MA. – II. 16.–18. Jh. – III. Moderne und Postmoderne.

A. Das französische Wort *mode*, das sich aus dem lateinischen *modus* – 'Art und Weise' – herleitet, wurde in Frankreich schon im 14. Jh. für die Bezeichnung der zeitgenössischen Art und Weise, sich zu kleiden, verwendet sowie für die Charakterisierung jener Sitten und Erscheinungen, die in enger Beziehung zu der Zeit gesehen wurden.[1] In Deutschland (sowie generell auch in den anderen Ländern Europas) setzt sich der Ausdruck ‹M.› erst im 17. Jh. (ca. 1620) durch, und zwar zunächst ausschließlich in bezug auf die sich stets wandelnde Art, sich zu kleiden. Parallel zur Verbreitung dieses Begriffs erscheinen, oft im Kontext von Satiren und Polemiken, die Adjektive *à la mode* und *alamodisch*.[2] Später wird der Begriff ‹M.› auch auf andere Artefakte ausgedehnt und auf jegliches Verhalten bezogen, das vom *Prinzip des zyklischen und obligatorischen Wandels* geregelt wird.

Unter M. wird im heutigen Sinn zum einen das soziale Phänomen des zyklischen Wandels im Bereich von Konsumgegenständen (etwa von Kleidung, Einrichtungen, Lebens- und Verkehrsmitteln) und in Sprachstilen, Verhaltensformen und Denkweisen verstanden. Darüber hinaus ist ‹M.› auch der allgemeine Terminus für die Gesamtheit der Institutionen, die in neuerer Zeit den Verlauf der Modephänomene steuern. Exemplarisch und maßgebend sind in dieser Hinsicht die Institutionen, die die Kleidermoden steuern: die *Haute-Couture* und die *Konfektionsindustrie* in enger Verbindung mit verschiedenen Kommunikationsmedien. Obwohl die Kleidung nur eines der von der M. geregelten Gebiete ist, ist die Kleidermode, vor allem vom Gesichtspunkt ihrer Institutionalisierung und Regelung her gesehen, das meist untersuchte Gebiet der M. Des öfteren werden dabei Modeanalysen und Kleidungsanalysen, Geschichte der M. und Kostümgeschichte verwechselt. Für U. VOLLI hängt diese häufige Vermischung von Ebenen damit zusammen, daß die Kleidermode zum einen aufgrund ihrer hohen sozialen Sichtbarkeit die am meisten entwickelte Modeform ist und zum anderen im Laufe der europäischen Kulturgeschichte die Modalitäten ihres Wandels, ihr besonderes Verhältnis zum Äußerlichen, auf viele andere soziale Bereiche projizierte.[3]

B. I. *Modetheorien.* Theoretische und systematische Reflexionen über die M. sind, gemessen am historischen Bestehen von Modephänomenen, relativ neu und vereinzelt. Theoretische Überlegungen über den sozialen Charakter der M. sind erst seit der zweiten Hälfte des 19. Jh. zu finden, denn bis dahin wird die M. nur in literarischen Zusammenhängen, in Satiren und Polemiken thematisiert. Ob in fragmentarischer Form, wie etwa die Überlegungen BAUDELAIRES [4] über die M. sowie W. BENJAMINS Anmerkungen zu diesem Thema im Rahmen des ‹Passagenwerkes› [5], oder in systematischeren Formen, wie u.a. in der Modetheorie von G. SIMMEL aus dem Jahre 1895, steht die Thematisierung der M. in der zweiten Hälfte des 19. Jh. meist in engem Zusammenhang mit allgemeineren Theorien der Moderne und der Modernität. [6]

Ausgehend von verschiedenen Gesichtspunkten versucht die moderne Modereflexion die Fragen zu beantworten, (1) warum M. entstehen bzw. welches die Bedingungen für die M. sind, und (2) wie sich die M. verbreiten bzw. wie der Modewandel modelliert werden kann.

G. Simmel [7] widmet sich einer sozialpsychologischen Analyse der M. und identifiziert in der *Nachahmung* und in der *Distinktion* die zwei entgegengesetzten psychischen Bedürfnisse, die der moderne Mensch, dessen Leben sich zunehmend in sozialen, öffentlichen Situationen abspielt, zu befriedigen versucht. Auf die Wechselwirkung dieser zwei Tendenzen ist nach Simmel die Entwicklung der M. zurückzuführen, denn die M. ermögliche den Menschen, ihre Gruppenzugehörigkeit und gleichzeitig ihre Unterschiedenheit von anderen zum Ausdruck zu bringen. So sei die Aufteilung der Gesellschaft in unterschiedliche Klassen oder soziale Gruppen, die sich voneinander abzugrenzen versuchen, eine grundsätzliche Bedingung der Mode. Auf dieser Bedingung basiert das Modell der Modeverbreitung, das in Simmels Theorie enthalten ist. Später in der Soziologie als *Tropfenmodell* oder als *trickle-down*-Phänomen bezeichnet [8], besagt Simmels Erklärung der Modeverbreitung, daß die M. an der Spitze der sozialen Hierarchie entsteht und sich progressiv in die unteren Schichten ausbreitet, bis sie die Basis der Gesellschaft erreicht. Wenn die M. in den untersten Schichten der Gesellschaft angekommen ist, widmet sich die obere Schicht bereits einer neuen Mode. Damit ist nicht nur die Wechselhaftigkeit der M., sondern auch die Regelmäßigkeit ihrer Zyklen erklärt.

Indem sie die Wechselhaftigkeit des Geschmacks zur Regel macht, löst die M. den aus zweckmäßigen Gründen erfolgenden Wandel ab und führt mit sich Formen von *ästhetischer* oder *kommunikativer* Abnutzung ein.[9] In Anbetracht dieses Phänomens ordnet T. VEBLEN die M. der Kategorie des *verschwenderischen Aufwandes* zu, wodurch Menschen oder Institutionen ihre finanzielle Macht signalisieren. Das Prinzip der Neuheit, welches allein und unabhängig von praktischen Gründen den ständigen Wechsel der M. motiviert, ist für Veblen nichts anderes als eine Ableitung aus dem Gesetz der *demonstrativen Verschwendung*.[10]

Aus einer ökonomischen Perspektive, d.h. in Verbindung mit den Veränderungen im Bereich des modernen Wirtschaftslebens bzw. mit der Entwicklung und Konsolidierung kapitalistischer Strukturen, betrachtet W. SOMBART[11] die M. Angesichts der Mechanismen, die die moderne Industriegesellschaft regeln, erscheint Sombart die M. – vor allem durch ihre Wechselhaftigkeit und dadurch, daß sie zu einer Vereinheitlichung des Konsums führt – gleichzeitig als Produkt und als Triebkraft des kapitalistischen Systems, als «des Kapitalismus liebstes Kind».[12]

Daß auf die genannten Theorien, die eng mit dem historischen Kontext ihrer Entstehung verknüpft sind, auch im späteren Verlauf des 20. Jh. immer wieder zurückgegriffen wird, werten viele als ein Symptom dafür, daß die Theoretisierung und Thematisierung der M. in eine schwer zu überwindende Sackgasse geraten sei. Aus dieser Überzeugung heraus setzt G. LIPOVETSKY[13] die Theoretisierung der M. in einen breiteren historischen Zusammenhang und sucht die Gründe und die Entstehungsbedingungen der M. in soziokulturellen Verhältnissen, die die Entwicklung der westlichen Kultur in besonderer Weise geprägt haben. Die progressive Ausdehnung des Modeprinzips, welches das Neue und das Belanglose zu anerkannten sozialen Werten umwandelt, auf alle soziale Gebiete in der Moderne und in zugespitzter Form in der Postmoderne ist für Lipovetsky das Resultat von drei miteinander verbundenen historischen Prozessen, die die Entwicklung der modernen westlichen Kultur tief beeinflußt haben: 1. die Befreiung der Individuen von der Autorität der Vergangenheit; 2. die Individualisierung der Bedürfnisse und des Genusses; 3. die immer größer werdende Leidenschaft für das Äußerliche, für das Dekorative.

Das Modeprinzip legt fest, daß das Neue unter verschiedenen Gesichtspunkten *besser* ist als das, was man bisher gehabt hat. Mit anderen Worten: Jede neue M. wird als eine *Verbesserung* empfunden. In Anbetracht dieses Aspektes sollte nach Volli[14] die Entwicklung der M. in der westlichen Kultur im Zusammenhang mit der Entwicklung des Begriffs von *Fortschritt* betrachtet werden.

II. *Semiotik und Rhetorik der M.* Von einer kultursemiotischen Perspektive aus betrachtet, ist die M. einer der dynamischen Mechanismen, die im Rahmen der Kultur im allgemeinen sowie auf der Ebene einzelner Zeichensysteme das Verhältnis zwischen Permanenz und Wandel regeln.[15] Anders ausgedrückt: Die M. kann als eine *Modalität des Kodewandels* verstanden werden, die in vielen Bereichen der westlichen Kultur dominant geworden ist. Durch ihre Fähigkeit, *das Unbedeutende signifikant zu machen*[16], Aspekte oder Sphären der Kultur hervorzuheben und andere folgerichtig beiseite zu lassen, ist die M. ein wesentlicher Teil im Prozeß der ständigen Semiotisierung und Entsemiotisierung der Kultur.[17]

Die Regel des obligatorischen und zyklischen Wandels selbst kann überdies in der semiotischen Terminologie als *Kode* aufgefaßt werden, der die Produktion bestimmter Zeichen steuert. In bezug auf ihre Bildung unterscheiden sich Kodes in *natürliche Kodes*, in *künstliche Kodes* und in *hybride Typologien von Kodes*, die R. KELLER als *Kodes der dritten Art* bezeichnet. Hierunter sind spontane Ordnungen zu verstehen, welche aber dem Kumulationsprozeß einzelner menschlicher Handlungen entspringen.[18] Modephänomene können dieser letzten Kategorie von Kodes zugeordnet werden, weil sie eine spontane Homogenität von Verhalten, etwa hinsichtlich der Kleidung oder der Eßgewohnheiten, produzieren, welche aber auf unterschiedliche, von Einzelnen getroffene Entscheidungen zurückzuführen sind. Die Entscheidungen auf der Mikroebene werden dabei ihrerseits von verschiedenen Maximen wie etwa – im Bereich der Kleidung – den Maximen der sozialen Zugehörigkeit, der Unauffälligkeit oder des Sich-Unterscheidens von anderen sozialen Gruppen gesteuert.[19]

Die Semiotik bietet sich nicht nur für die Analyse der M. als soziokulturellem Phänomen an, sondern auch für die Untersuchung der verschiedenen Institutionen, die seit dem 19. und 20. Jh. in der Gesellschaft der Massenkommunikation den Modewandel zunehmend strukturieren und bedingen. Im Bereich der Kleidermode sind dies z.B. die *Haute-Couture* und die *Konfektionsindustrie*, welche regelmäßig neue Modelle vorschlagen und somit in semiotischer Hinsicht als *Sender* bestimmter M. betrachtet werden können. Die Funktion dieser Institutionen, die über eigene Werbemedien verfügen, wird von der spezialisierten Modepresse ergänzt, welche durch visuelle und verbale Mittel (Bilder, sprachliche Texte) zur Verbreitung der M. beiträgt.

Die verschiedenen Kommunikationsformen, die die Modesender operationalisieren, können insgesamt der Kategorie der *konativen Kommunikation* zugeordnet werden. Die konstativen Äußerungen («das ist es, was man macht») sind dabei aber weit häufiger als direkte Aufforderungen zum Kauf, da die M. eher auf den Mechanismus der Verführung setzt.[20] Auch wenn die Modeinstitutionen den Modezyklus stark beeinflussen, indem sie zu ritualisierten Terminen neue M. hervorbringen, dokumentieren oder kommentieren, bleibt das letzte Wort über die tatsächliche Verbreitung einer M. schließlich bei den Konsumenten, den *Empfängern* der Modebotschaften. Der Modewandel kann also nicht mit dem Inkrafttreten eines neuen Gesetzes verglichen werden. Er entsteht vielmehr im Kontext gesellschaftlicher Prozesse auf der Ebene der Interaktion zwischen individuellen und sozialen Bedürfnissen sowie in der Wechselwirkung zwischen Menschen und medialen Repräsentationen. Gerade aufgrund der Unvorhersehbarkeit des tatsächlichen Erfolgs einer M. sind Modeinstitutionen auf die ständige Verfeinerung und Anpassung ihrer Kommunikationsstrategien angewiesen. So entwickeln Modeinstitutionen eigene *Metasprachen*, eine eigene Art und Weise, sich auf die M. und auf die Welt zu beziehen. Die Diffusion der M. und unser gesamter Zugang zu ihr sind immer mehr von bestimmten *Texten* vermittelt. Die M. ist heutzutage, wie R. BARTHES schreibt, zunehmend auf *Transformationsprozesse* angewiesen, die reale Gegenstände bzw. reale Kleider in sprachliche oder bildliche Texte umwandeln.[21] Dieser Prozeß fängt bereits in der Präsentation der neuen M. an, etwa im Kontext der Modenschau, und entwickelt sich weiter in der Werbung und in den Beschreibungen und Abbildungen, die die Modepresse den Konsumenten zur Verfügung stellt. In jedem dieser *Zeichensysteme* kann man eine *rhetorische Ebene* identifizieren, auf welcher die jeweils dargestellten Kleider mit Hilfe verbaler oder visueller rhetorischer Operationen mit einer Reihe von Bedeutungen in Form von psychologischen und sozialen Werten, Lebensstilen etc. in Verbindung gebracht werden.

Barthes konzentriert seine Analyse auf die M., die aus den sprachlichen Beschreibungen in Modezeitungen hervorgeht. Im Korpus der «geschriebenen M.» erkennt er ein komplexes rhetorisches System, in welchem drei verschiedene Ebenen identifiziert werden können: 1. eine *Rhetorik des Signifikanten*, d.h. der verwendeten Sprache: arm und stereotyp, die, vor allem durch die Verwendung von automatisierten Metaphern, eine *Poetik* des Kleidungsstücks artikuliert; 2. eine *Rhetorik des Signifikats* (welches für Barthes entweder die Welt oder die M. selbst ist[22]), durch welche die Welt, auf die sich die Sprache der M. bezieht, in eine hochstilisierte Zusammensetzung aus immer wiederkehrenden geographischen Orten, Gesellschaftsereignissen sowie beruflichen, psychologischen und sozialen Menschentypen umgewandelt wird; 3. eine *Rhetorik des Zeichens*, die die ersten beiden Ebenen verbindet und letztendlich die *Gründe* für die M. liefert. Die Rolle der Rhetorik auf der Ebene des Zeichens besteht darin, die eigentlich willkürliche Relation zwischen Signifikat und Signifikant zu *rationalisieren*, diese in ein Gesetz oder in eine Selbstverständlichkeit umzuwandeln.[23]

C. Eine *Geschichte der M.* befaßt sich im Unterschied zur *Kostümgeschichte* mit den historischen Bedingungen, die die Durchsetzung der M. in den unterschiedlichen kulturellen Gebieten ermöglicht haben, sowie mit der Evolution der Verbreitungsmodelle und Institutionen der M. Die Untersuchung der M. vom Gesichtspunkt ihrer historischen Entwicklung konzentriert ihre Aufmerksamkeit auf die Zeit zwischen dem 14. und 16. Jh., als die Epoche in der europäischen Geschichte, die die Bedingungen für die Einführung und für die Definition des Modesystems schuf. Denn historisch gesehen ist die M., so wie wir sie heute kennen, ein spezifisch europäisches Phänomen, das sich im Laufe dieser drei Jahrhunderte festigt und eine Wende im Bereich des Konsums und der Lebensstile hervorbringt. Diese Festlegung einer Anfangszeit (14. Jh.) und eines geographischen Raums (Europa) schließt nicht aus, daß auch in früheren Epochen oder in anderen Ländern und Kulturen die Kleidung sowie andere Lebensbereiche dem Wandel unterworfen waren. Damit ist nur gemeint, daß das Phänomen M., als Kode des zyklischen Wandels verstanden, in früheren Epochen nicht registriert werden kann.

I. Die *Antike und das Mittelalter* verfügen zwar über *Kleidungssysteme*, die die Kleidung mit bestimmten Normen, Bedeutungen, Symbolen korrelieren, welche auf den sozialen Status, auf das Alter oder auf die verschiedenen gesellschaftlichen Situationen Bezug nehmen, charakteristisch für diese Epochen ist aber die relative Stabilität dieser Systeme. Exemplarisch sind in dieser Hinsicht die ägyptische Kleidung, die für mehrere Jahrtausende unvariiert blieb, sowie die griechischen und römischen Gewänder, die unter grundsätzlicher Beibehaltung ihrer einfachen Linie als drapierte Kleider nur geringfügige Veränderungen erfuhren.

Das langsame und progressive Auftauchen von Modephänomenen am Ende des Mittelalters wird traditionell in Verbindung mit einer radikalen Veränderung sowohl der männlichen als auch der weiblichen Kleidung gesehen.[24] Das lange und formlose Gewand der Männer wird zu dieser Zeit von einer zweiteiligen Kombination aus kurzem Hemd und engliegenden Beinkleidern ersetzt, welche der Militärbekleidung entspringen. Auch die weiblichen Gewänder werden enger und betonen nun das Dekolleté. In beiden Fällen bewirkt die Kleidung eine Betonung bestimmter Körperteile, die mit einer deutlicheren Ausprägung der Details einhergeht. Beide Ebenen stecken das Terrain ab, auf dem die M. im Laufe der Zeit durch die Hervorhebung eines Körperteils oder Details zyklisch Änderungen vornehmen wird. Die Gründe für diese Veränderungen sind in verschiedenen historischen Entwicklungen zu suchen: Der Zugang zu neuen Textilien durch den Austausch mit dem Orient, Fortschritte im Bereich der Textilmanufakturen, Arbeitsteilung und Spezialisierung. Darüber hinaus sind auch soziokulturelle Gründe ausschlaggebend, von denen G. Lipovetsky etwa die einmalige *kulturelle Stabilität* nennt, die Europa zu dieser Zeit genießt, sowie die graduell wachsende *Urbanisierung des Territoriums* während des Mittelalters, die zu einer Dynamisierung der Gesellschaftsstruktur führt.[25] Überdies spielt der spätmittelalterliche *Hof* mit seinen Festen, Spielen und Ritualen eine große Rolle bei der Durchsetzung von Modemechanismen, von Distinktions- und Nachahmungsprozessen durch die Kultivierung der äußerlichen Erscheinung. Das höfische Leben im späten Mittelalter verbindet die Kleidung mit einem früher nicht gekannten spielerischen Element, das sich von ihrer Wechselhaftigkeit speist. In diesem Sinne werden die phantasievollen und sich schnell wandelnden Kopfbedeckungen, wie z.B. die Hornhaube, interpretiert, die am Ende des Mittelalters und in der frühen Renaissance entwickelt werden.[26]

II. 16.–18. Jh. Die tragende Rolle des Hofes und der Stadt bei der Entstehung und Verbreitung von M. setzt sich in der frühen Renaissance und im Laufe des 16. Jh. in ganz Europa durch. Die Höfe der Renaissance, man denke neben den italienischen Beispielen z.B. auch an die Höfe in Paris und London, schenken der Herstellung der eigenen Fassade und der Entwicklung und Kultivierung einer *ästhetischen Dimension des Lebens* in Anlehnung an die Kunst immer mehr Aufmerksamkeit.[27] In der Renaissance verfestigt sich zudem die Beziehung zwischen M. und geographischer Identität, welche zu dieser Zeit vor allem in Bezug auf die Herkunftsstadt konstruiert wird.[28]

Vom Gesichtspunkt ihrer Entstehung und Verbreitung ist die M. weiterhin eng mit den ökonomischen und kulturellen Machtzentren verknüpft und betrifft fast ausschließlich die oberen Schichten der Gesellschaft. Da sich die Konkurrenzbeziehungen zwischen den europäischen Höfen und Städten nun auch auf der Ebene der M. manifestieren, steht der Modewechsel in enger Verbindung mit Machtwechseln und dem Wechsel der kulturellen Hegemonie. Die strenge spanische M. der Gegenreformation etwa wird als die erste europäische M. im engeren Sinn gesehen, denn sie erreichte eine sehr große Verbreitung und setzte sich selbst in reformierten Ländern wie England und Deutschland durch.

Das Spektakuläre der M. im Kontext des Hoflebens erreicht seinen Höhepunkt an den europäischen Höfen der Barockzeit. Die M. entwickelt sich hier in Einklang mit den hyperbolischen und manieristischen Formen, die diese Epoche so unverwechselbar markieren. Am Hof von Versailles, der größten Manifestation des Absolutismus unter Ludwig XIV. und dem Modell für die europäischen Höfe im 17. und 18. Jh., erfährt die M. nicht nur in bezug auf die Kleidung, sondern in bezug auf Gestik, Mimik und Verhaltensformen schnelle und überraschende Veränderungen, die die legendären Konkurrenzbeziehungen und Machtkämpfe dieses Ortes begleiten. Der Hof von Versailles gilt somit als Musterbeispiel für eine nach dem Tropfenmodell verlaufende Modeverbreitung [29], ausgehend vom König und den ihm nahen gesellschaftlichen Kreisen. Die Kultivierung und Normierung der äußerlichen Erscheinung, die während dieser Zeit eine selten wieder erreichte Übersteigerung erfahren, dienten Ludwig XIV. als politisches Instrument, um den Adel mit sich selbst zu beschäftigen und so von der Macht fernzuhalten.

Im Laufe des 18. Jh. reflektiert die M. den Dualismus und später das Aufeinanderprallen von Strukturen und Lebensstilen des Ancien Régime und des bürgerlichen Zeitalters. An den Höfen wandelt die M. die übertriebene Dekorativität der Barockzeit in gedämpftere, aber dennoch affektiert wirkende Formen, wie etwa die M. der gepuderten Perücken. Die Haltung des Bürgertums zur M. ist zwiespältig: Auf der einen Seite ahmt es die Adelsmoden weiter nach, auf der anderen Seite entwickelt es aber auch eigene, meist zweckorientiertere M. Unter dem Gesichtspunkt des Verhältnisses zwischen diesen beiden Klassen zeichnet sich mit der französischen Revolution auch im Bereich der M. eine Wende ab. Die politische Konsolidierung des Bürgertums zeigt sich immer deutlicher auch durch den Einfluß dieser Klasse auf Lebensstile und M. Ein Symbol für diese Wende ist die M. der langbeinigen Hose der Sansculotten, die nach der Restauration allmählich auch vom Adel übernommen wird und die mit Seidenstrümpfen getragenen Kniehosen ablöst. [30]

Für die weitere Entwicklung der Modegeschichte ist die Französische Revolution auch deshalb so wichtig, weil sie letztlich zur offiziellen Abschaffung der Kleiderordnungen und der Luxusgesetze führt, die seit dem Mittelalter die sozialen Unterschiede auch äußerlich fixieren und den Konsum bestimmter Luxusartikel steuern sollten. Die tatsächliche Wirksamkeit solcher Gesetze im Laufe der Geschichte ist schwer überprüfbar; sicherlich haben sie jedoch zur *moralischen Sanktionierung* der M. und des Konsums bestimmter Güter beigetragen. [31] Die französische Revolution institutionalisiert die Freiheit, sich nach ökonomischen Möglichkeiten und nicht nach sozialem Status zu kleiden.

Mit dem Aufstieg des Bürgertums ist überdies ein weiteres Phänomen im Bereich der männlichen Kleidermode verbunden. Im Laufe des 19. Jh. standardisiert sich die männliche Kleidung auf die Grundsilhouette und auf die Kleidungsstücke, die sie heute noch kennzeichnet und steht, abgesehen von der Variation kleiner Details, dem Modewandel relativ unsensibel gegenüber. Im Bereich der Kleidung betrifft der Modewechsel von jetzt an also vorwiegend die weibliche Kleidung, wo die M. immer schneller, jedoch auch in einer zunehmend geregelten Form aufeinanderfolgen. Die M. beginnt im bürgerlichen Zeitalter eine wesentliche Rolle in der *Polarisierung der Geschlechterrollen* zu spielen und somit zur instrumentalisierten Trennungslinie zwischen handlungsorientierten Männern auf der einen und auf die äußerliche Erscheinung konzentrierten Frauen auf der anderen Seite zu werden.

III. *Moderne und Postmoderne.* In der zweiten Hälfte des 19. Jh. erfährt die M. wichtige Veränderungen, die für ihr Funktionieren in der Dynamik moderner Gesellschaften von erheblichem Gewicht sind. Diese Veränderungen betreffen sowohl die Art und Weise, in welcher M. entstehen, als auch den Mechanismus ihrer Verbreitung und ihre zeitliche Regelung.

Der Pariser Couturier C.F. Worth wird traditionell als der Begründer des *Haute-Couture-Systems*, der wichtigsten Kleidermodeinstitution der Moderne, bezeichnet. Mit ihm setzen sich zwei Grundzüge der modernen M. durch: 1. Der Vorschlag für neue Modelle geht vom Couturier oder Modehaus aus, und zwar unabhängig von den Kundinnen; 2. die Entwürfe werden in periodisch stattfindenden Präsentationen vorgestellt, die damit zum *Beginnakt* einer möglichen neuen M. werden. Dieser Mechanismus, durch welchen die M. *offiziell* und *öffentlich* wird, schafft weiterhin zwei neue Bedingungen: 1. die Einführung des Etiketts des Modehauses, das aus jedem Kleidungsstück ein *Original* macht und es somit mit einem zusätzlichen Wert besetzt; 2. die Möglichkeit, für diejenigen, die sich kein Original leisten können, sich durch das Kopieren der Modelle trotzdem modisch zu kleiden, was wiederum die Garantie einer immer umfassenderen Verbreitung der M. ist. Als Multiplikatoren der M. funktionieren im Laufe des 19. Jh. auch die sich verbreitenden Modezeitschriften, die die neue M. illustrieren, kommentieren und zum Teil als Kunstform thematisieren. [32]

Das Modell der Modeverbreitung ist zu dieser Zeit teilweise noch pyramidal, da die neue M. sich tendenziell zunächst in den oberen Klassen durchsetzt. Am Ende des 19. und im 20. Jh. beschreibt aber die Verbreitung der M. eine Bewegung von den Modezentren, d.h. den Großstädten und ihren mondänen sozialen Räumen, zu den Peripherien derselben bis zur ländlichen Provinz, welche die neuen M. erst mit einer gewissen Zeitverschiebung rezipiert. Eher als mit dem klassischen Tropfenmodell der Modeverbreitung läßt sich diese Situation mit dem Bild von immer breiter werdenden Modekreisen oder mit dem sich auf die Epidemie-Metapher stützenden *Ansteckungsmodell* beschreiben. [33]

Diese stark vom *Haute-Couture*-System geprägte Phase in der Modegeschichte hält sich mit gewissen Veränderungen bis zur zweiten Hälfte des 20. Jh. Indem die M. ihre Institutionen konsolidiert und ihre rhetorischen Mittel an die gesellschaftliche Dynamik anpaßt, stärkt sie immer mehr ihre soziale Rolle und erreicht immer neue Schichten der Gesellschaft. Die *totale Diffusion* der M., die von dem neuen Massenmedium Kino eindeutig unterstützt wird, läßt sich schon in den 20er Jahren des 20. Jh. beobachten. In diesen Jahren festigt die Kleidermode ihre Rolle in der Strukturierung und Ausdifferenzierung sozialer Räume und Situationen. So differenziert sich die M. in Abend- und Tagesmoden, Tanzmoden, Sportmoden etc. Die Spezialisierung der M. auf unterschiedliche Bereiche des sozialen Lebens führt zu einer Vervielfältigung der Mechanismen ihrer Verbreitung und ihres Wandels, die sich nun graduell von den vorgegebenen Zyklen der Haute-Couture zu lösen beginnen.

Das bereits skizzierte Modesystem, das im Verlauf von hundert Jahren (1850–1950) zu einer Massenverbreitung der M. und zur Durchsetzung des Modeprinzips in jeglichem Konsumverhalten führte, erfährt in der sogenannten *Postmoderne* in verschiedener Hinsicht Radikalisierungen und Veränderungen. Die Vervielfältigung der gesellschaftlichen Rollen findet seit den fünfziger Jahren des 20. Jh. in zahlreichen *Jugendmoden, Gegenmoden* und *Straßenstilen* ihren Ausdruck, die das Spektrum der Modephänomene enorm erweitern. Die *Pluralisierungsmechanismen*, die sich in der Postmoderne in verschiedenen Bereichen erkennen lassen, prägen die M. sowohl auf der Ebene ihrer Entstehungs- und Verbreitungsprozesse als auch auf der Ebene ihres kreativen Vorgehens. M. entstehen ab den 50er Jahren zunehmend spontan und überall, in Zentren und an Peripherien; ihr Geltungsbereich ist dafür fragmentierter, wobei ihre Zyklen immer weniger vorhersehbar werden, zumal sich die M. oft gegenseitig beeinflussen und ineinander übergehen. Auch auf formaler Ebene zeigen M. typische postmoderne Merkmale: Zitate, Plagiate, Collagen und Nostalgiewellen gehören zu den gebräuchlichsten stilistischen Verfahren, durch die sich die M. erneuern. Diese Tendenz läßt sich nicht nur am Beispiel der Kleidung feststellen, sondern in ähnlicher Weise bei Gebrauchsgegenständen und Einrichtungsstilen. Im Bereich der Kleidermode ist die *normative Wirksamkeit*[34] der Haute-Couture geschwächt. Ihre Rolle wird nun von anderen institutionellen oder inoffiziellen Modequellen begleitet und langsam ersetzt. Die *Konfektionsindustrie* etwa liefert mit ihren gezielten *Marketingstrategien* ein Beispiel für eine sich an ein breiteres Publikum richtende M., in welcher sich Tendenzen der Straßenmode und *Images* der traditionellen Modehäuser mischen.

Die progressive Pluralisierung und Fragmentierung der M. in der Postmoderne geht mit einer Ausdehnung des Modeprinzips auf alle sonstigen Konsumbereiche, auf die Kulturindustrie sowie auf die Politik einher, die ebenfalls auf eine ständige Erneuerung ihres Images angewiesen ist.[35] Man könnte sagen, daß das Modeprinzip und die rhetorischen Strategien, die ursprünglich für die Vermarktung von Konsumartikeln entwickelt wurden, in der Postmoderne die Formen und Regeln in jedem Bereich der *öffentlichen Kommunikation* bestimmen.

Anmerkungen:
1 vgl. s.v. ‹M.› in: Grimm, Bd. 16 (1885) Sp. 2435–2437. – **2** vgl. s.v. ‹M.› in: Brockhaus Enzyklopädie, Bd. 14 (1991) 705; s.v. ‹M.› in: C. Battisti, G. Alessio: Dizionario etimologico italiano, Bd. 4 (Florenz 1954) Sp. 2483 . – **3** vgl. U. Volli: Contro la moda (Mailand 1990) 50. – **4** Ch. Baudelaire: Le peintre de la vie moderne, in: Écrits sur l'Art, Bd. 2 (Paris 1971) 133 – 194. – **5** W. Benjamin: Das Passagenwerk, in: Gesamm. Schr., hg. von R. Tiedemann (1982) Bd. 5/1, 110–132. – **6** vgl. D. Kolesch: M., Moderne und Kulturtheorie – eine schwierige Beziehung. Überlegungen zu Baudelaire, Simmel, Benjamin und Adorno, in: G. Lehnert (Hg.): M., Weiblichkeit und Modernität (1998) 20–46. – **7** G. Simmel: Die M. (1895), ND in S. Bovenschen (Hg.): Die Listen der M. (1986) 179–207. – **8** vgl. Volli [3] 67 ff. – **9** vgl. U. Volli: Per il politeismo (Mailand 1992) 186. – **10** vgl. T. Veblen: Theorie der feinen Leute; engl. Orig.: The Theory of the Leisure Class (1899), in: Bovenschen [7] 145. – **11** vgl. W. Sombart: Wirtschaft und M. Ein Beitr. zur Theorie der modernen Bedarfsgestaltung (1902), in: Bovenschen [7] 80–105. – **12** ebd. 104. – **13** G. Lipovetsky: L'empire de l'éphémère: la mode et son destin dans les sociétés modernes (Paris 1987). – **14** Volli [3] 83. – **15** vgl. J.M. Lotman: La cultura e l'esplosione (Mailand 1993) 103 ff.; russ. Orig.: Kul'tura i vzryv (Moskau 1992). – **16** vgl. ebd. 104. – **17** R. Posner: Was ist Kultur? Zur semiotischen Explikation anthropol. Grundbegriffe, in: M. Landsch, H. Karnowski, J. Bystrina (Hg.): Kultur-Evolution: Fallstudien und Synthese (1992). – **18** vgl. R. Keller, H. Lüdke: ‹Kodewandel› in: R. Posner, K. Robering, T.A. Sebeok (Hg.): Semiotik: Ein Hb. zu den zeichentheoretischen Grundlagen von Natur u. Kultur, Bd. 1 (1997) 414–435. – **19** ebd. – **20** vgl. Volli [9] 180–182; E. Landowski: Il capriccio e la necessità: moda, politica e cambiamento, in: G. Ceriani, R. Grandi: Moda: Regole e rappresentazioni (Mailand 1995) 32. – **21** vgl. R. Barthes: Système de la mode (Paris 1967), dt.: Die Sprache der M. (1985) 15 f. – **22** ebd. 30–48. – **23** ebd. 231–278. – **24** vgl. F. Piponnier: Le costume et la mode dans la civilisation médiévale, in: Österr. Akademie der Wiss. (Hg.): Mensch und Objekt im MA und in der frühen Neuzeit. Leben – Alltag – Kultur (Wien 1990) 377–379. – **25** vgl. Lipovetsky [13] 48 ff. – **26** vgl. Piponnier [24] 379 ff. – **27** vgl. E. Garbero Zorzi: Court Spectacle, in: S. Bertelli (Hg.): Italian Renaissance Courts (London 1986) 127–187. – **28** vgl. S. Guarracino: Storia dell'Età Moderna (Mailand 1988) 336. – **29** vgl. Volli [9] 150; D. Roche: La culture des apparences (Paris 1989). – **30** vgl. I. Weber-Kellermann: Die frz. Revolution als Wendepunkt in der europ. Kostümgesch., in: Hessische Blätter für Volks- und Kulturforschung 25 (1989) 85–98. – **31** vgl. F. Pouillon s.v. ‹Lusso›, in: Enciclopedia Einaudi, Bd. 8 (Turin 1979) 584–593. – **32** vgl. A. Kleinert: Die frühen Modejournale in Frankreich (1980); dies.: La Dernière Mode: une tentative de Mallarmé dans la presse féminine, in: Lendemains 17/18 (1980) 167–178. – **33** vgl. Volli [9] 154. – **34** vgl. R. Grandi: L'efficacia normativa del sistema Moda nel postmoderno, in: Ceriani, Grandi [20] 54–81. – **35** vgl. Lipovetsky [13] 204–211.

Literaturhinweise:
M. v. Boehn: Bekleidungskunst und M. (1918). – J.C. Flügel: Symbolik und Ambivalenz in der Kleidung, in: Int. Zs. f. Psychoanalyse 15 (1929) 306–318. – W.F. Haug: Ideologische Werte und Warenästhetik am Bsp. der Jeanskultur, in: Zs. f. Semiotik 3 (1981) 184–201. – P. Bourdieu: Die feinen Unterschiede (1982); frz. Orig.: La distinction (Paris 1979). – W. Enninger: Kodewandel in der Kleidung, in: Zs. f. Semiotik 5 (1983) 23–48. – H. Brinkmann, R. Konersmann s.v. ‹M.›, in: HWPh, Bd. 6 (1984) 41–45. – H. Brost: Kunst und M.: eine Kulturgesch. Vom Altertum bis heute (1984). – H.J. Hofmann: Der Gebrauch von Kleidung, in: Zs. f. Semiotik 7 (1985) 189–201. – R. König: Menschheit auf dem Laufsteg. Die M. im Zivilisationsprozeß (1985). – O. Burgelin (Hg.): Parure, pudeur, étiquette (Paris 1987); dt.: Vom ewigen Zwang zu gefallen: Etikette und äußere Erscheinung (1994). – R. Klein: Kostüme und Karrieren: zur Kleidersprache in Balzacs ‹Comédie humaine› (1990). – P. Calefato (Hg.): Moda & mondanità (Bari 1992). – F. Davis: Fashion, Culture, and Identity (Chicago 1992).

A. Giannone

→ Actio → Angemessenheit → Ethos → Geschmack → Geschmacksurteil → Kleidung → Körpersprache → Neue, das → Nonverbale Kommunikation → Redner, Rednerideal → Semiotik

Moderne (engl. modern trend, modernity; frz. modernité, tendences modernes; ital. tempi moderni)
A. Def. – B. I. Begriffsgeschichte. – II. Topik der M.-Debatten. – III. Typologische Unterscheidungen. – IV. M. in Kultur- und Kunstwissenschaften. – V. Literarische M., rhetorische M. – VI. M. in der Musik. – VII. M. in der Bildenden Kunst.

A. Mit Ende des Postmodernismus-Streits hat die M.-Debatte (fürs erste) an Brisanz verloren. Daraus folgt jedoch nicht, daß es gelungen wäre, zu einer konsensfähigen Bestimmung des als M. zu bezeichnenden Gegenstandes zu kommen. Allenfalls ist zu beobachten, daß M., in verschiedenen Kontexten, mit zunehmend großer Selbstverständlichkeit *wie ein Epochenbegriff* verwendet werden darf, auch wenn dessen historische und sachliche Begrenzungen von Fall zu Fall – etwa durch zusätzliche Prädikate – erst zu klären sind. Prägungen wie ‹Historische›, ‹Klassische›, oder auch ‹Zweite› M. werden kaum noch als Oxymora empfunden. Obwohl es also nicht gelungen ist, die M. formell zu beenden, schreitet ihre Historisierung, systematische Zerlegung und Partialisierung mit erhöhtem Tempo voran.[1] Ob dies bedeutet, daß sich M. als Denkfigur erschöpft hat, oder ob es lediglich zu einem Wechsel des Namens kommen wird, steht noch dahin. Die folgende Darlegung hat nicht zum Ziel, die historischen und systematischen Facetten des Gebrauchs von M. sämtlich zu erfassen. Sie soll vielmehr die Gründe für die geradezu universale Brauchbarkeit des Begriffs aufweisen, sie wird beschreiben, wie M. ‹funktioniert› und zeigen, welchen Argumentationszwecken sie dient – all dies im Hinblick auf die Frage nach rhetorischen Implikationen des Konzeptes einerseits, nach einer spezifisch modernen Rhetorik moderner literarischer Texte andererseits.

B. I. *Begriffsgeschichte.* Das Nomen ‹M.› hat 1886 E. WOLFF, ein Mitbegründer des naturalistischen Literatur-Vereins ‹Durch!› geprägt; rasche Verbreitung fand der Begriff durch die Schriften von H. BAHR (‹Zur Kritik der M.› 1890).[2] Der Sache nach hat die M.-Diskussion jedoch eine erheblich längere Geschichte. Das Wort ‹modern› und mit ihm Nominalbildungen wie ‹das Moderne› oder ‹die Modernen› wandern im Laufe des 18. Jh. aus dem Französischen ins Deutsche ein; sie erreichen in der ersten Hälfte des 19. Jh. bereits inflationäre Verbreitung.[3] In problemgeschichtlicher Perspektive stellt der Klassizismus-Streit einen Leitdiskurs der sog. Sattelzeit um 1800 dar. Das Spiel mit dem Gegensatz von Antike und M., das in Deutschland mit J.J. WINCKELMANNS ‹Gedancken über die Nachahmung der Griechischen Wercke in der Mahlerey und Bildhauer-Kunst› (1755/56) beginnt, ist jedoch in gesamteuropäischer Perspektive zumindest bis auf die ‹Querelle des Anciens et des Modernes› zurückzuführen. Diese nimmt ihren Anfang in der Sitzung der Académie Française vom 27. Februar 1687, und sie stellt ihrerseits nicht zuletzt eine Verhandlung über die Aktualität der Renaissance und ihres Bildungsprogramms dar.[4] Die lateinischen Begriffe *modernus* und *modernitas* als Relationsbegriffe zu *antiquus* und *antiquitas* sind schließlich schon in der Literatur des Mittelalters breit belegt.[5] Von derlei lexikalischen Nachweisen ist jener extensive Gebrauch des Modernebegriffs zu unterscheiden, der (notabene: modernen) Autoren die Applikation einschlägiger Kategorien auf historisch noch frühere Gegenstände, nicht zuletzt auf die Antike selbst erlaubt. Ein solcher Wortgebrauch setzt eben jene Funktionalität der Kategorie M. bereits voraus, die im folgenden zu erläutern ist.

II. *Topik der Modernedebatten.* Nicht selten wird M. überhaupt mit jenen Debatten eins gesetzt, die sich von Beginn an an den Fragen nach ihrem Status, ihrer Extension, ihrer Datierung und nicht zuletzt ihrer Legitimität entzündet haben. Diese Verkürzung hat insoweit ihr Recht, als M. konstitutiv ein strittiger Begriff ist, der deskriptiv nur gebraucht werden kann, nachdem man zuvor in die M.-Debatte eingetreten ist und in ihr Stellung bezogen hat. Dieser Befund zeigt an, daß M. im Grunde stets geblieben ist, was sie bei ihrer Erfindung war: eine Art Eigenname, nicht eine analytische Kategorie. Vor allem ist M., gegen ein verbreitetes Vorurteil, kein im strengen Sinn historischer Terminus. Jeder Datierung, jeder systematischen oder paradigmatischen Eingrenzung des Begriffsinhalts haftet von daher ein Charakter von Willkür an, der sich nicht tilgen läßt. Von M. sprechen heißt, sich auf eine vorgängige Setzung berufen, die nur dezisionistisch verfügt werden kann. Ist diese Setzung erfolgt, können freilich historische und systematische Konzeptualisierungen aller Art an sie angeschlossen werden.

Dabei ist es kein Zufall, daß die Setzung von M. regelmäßig als Bestimmung ihres Anfangs erfolgt. Der Modernebegriff nämlich induziert zunächst nicht mehr als eine binäre Unterscheidung; er zieht jene Grenze, die das modern zu Nennende vom Vormodernen trennt. Diese Unterscheidung ist stets nominalistisch zu verstehen und rein formaler Art. Aus eben diesem Grund funktioniert der Begriff ‹M.› anders als noch so weiträumig konzipierte Epochenbegriffe. ‹M.› bezeichnet keinen Zeitraum, der sich aufgrund konstitutiver Merkmale identifizieren ließe – ‹M.› markiert vielmehr einen Moment des qualitativen Sprungs, einen singulären Bruch im historischen Kontinuum. Der Beginn der M. koinzidiert also jeweils mit einer Epochenschwelle – z.B. Mittelalter / Neuzeit – oder, noch schlichter, mit kalendarischen Skandierungen: 1800; 1900. Er geht jedoch in keiner dieser Anwendungen auf, sondern er stellt vielmehr die Voraussetzung dafür dar, solche Einschnitte als fundamentale Brüche, Wenden, Grenzlinien zu inszenieren.

Dies unterscheidet den Modernebegriff vom Begriff der Modernisierung, der, um Veränderungen auf historische Prozesse zurückzuführen, eines skalierten Zeitindex und gegenstandsbezogener Parameter bedarf. Modernisierung stellt die formale Entsprechung zu Zentralbegriffen ‹modernen› Geschichtsdenkens wie Fortschritt und Entwicklung bereit (sie hat inzwischen, da sie einen Richtungs-, aber nicht notwendig einen Zielsinn angibt, die diskursive Funktion dieser, von einem fragwürdig gewordenen Geschichtsoptimismus geprägten, Kategorien teilweise übernommen). Im Geltungsbereich von Modernisierungs-Paradigmen herrscht der Komparativ: nichts kann so modern sein, als daß es nicht von einem noch Moderneren überholt werden könnte. M.-Konzeptionen dagegen lassen solche Beziehungen nicht zu; in ihnen fungieren Modernität und Modernes als Absoluta.

Nur scheinbar schreibt die binäre Polarität zwischen Vormoderne und M. lediglich die universale Unterscheidung zwischen Altem und Neuem fort. Streitigkeiten zwischen Alt und Neu (‹Konservativen› und ‹Progressiven›) lassen sich meist als Generationenkonflikte darstellen und kulturtheoretisch unter die Traditions-Problematik fassen. Der Vorschlag, hier mit dem Modernebegriff anzusetzen und aus ihm generalisierend ein Grundprinzip abendländischer Kultur-Geschichte abzuleiten[6], hat sich jedoch aus guten Gründen nicht durchsetzen können. Denn mit Erfindung der M. ist eben der (niemals erfüllbare) Anspruch markiert, jene Mechanik außer Dienst zu stellen, die jedes Neue mehr oder weniger schnell veralten läßt. Die singuläre Grenze, die durch Setzung einer Zeitenwende im historischen Kontinuum stipuliert wird, soll eine qualitative, unhintergehbare Differenz des Jetzigen vom Früheren hervorbringen und den Beginn einer neuen Zeitrechnung erzwingen. Zur Grundausstattung jeder stilechten M.-Proklamation gehört darum ein reich bestücktes Arsenal apokalyptischer, messianischer und chiliastischer Topoi. (Damit ist aber keineswegs ausgemacht, daß M. auch der Sache nach als Produkt der Säkularisierung zu betrachten ist. Vielmehr muß in Rechnung gestellt werden, daß die Offenheit des binären Schematismus dazu einlädt, ihn sekundär durch alle möglichen jeweils kulturell verfügbaren Begriffsoppositionen zu überschreiben.)

Die Möglichkeit der Teilung von Geschichte unter dem Signum der M. stellt ein genuin neuzeitliches Phänomen dar. Sie geht mit jener Herausarbeitung des ‹modernen› Begriffs von Geschichte Hand in Hand[7], die ihrerseits durch diverse, nicht zuletzt die ästhetischen M.-Debatten nachhaltige Impulse erhält. Zugleich jedoch widersteht der Modernebegriff aufgrund seines dezisionistischen, tendenziell totalitären Charakters einem Verständnis von Zeit, in dem Geschichte als Subjekt ihrer selbst und ihre Produktion als ein unabschließbarer, ergebnisoffener Prozeß gedacht wird. 'Moderne' Geschichtskonzeptionen operieren darum mit der Kategorie der Modernisierung oder verwandten Schemata; den Absolutismus der M. schließen sie methodisch aus. Da aber auch die Modernisierung einen Anfang haben muß, entgehen auch solche Konzeptionen der Ursprungsfrage nicht. Spätestens dort, wo die Geschichte der Bedingungen erzählt wird, unter denen Modernität zu denken möglich wurde, ist das M.-Paradigma wieder virulent. Dem ihm inhärenten Dezisionismus läßt sich nur durch einen unendlichen Regreß entkommen, in welchem man jeder Modernisierung bereits eine andere vorausgehen läßt.

Mit diesen Hinweisen ist die Interdependenz zwischen M. und Modernisierung bezeichnet: Die Setzung von M., in binärer Differenz zur Vormoderne, ist eine transzendentale Prämisse des genuin historischen Denkens, und sie bleibt dies selbst dort, wo zugestanden wird, daß derlei Setzungen in einer Konzeption von Geschichte als offenem Prozeß fragwürdig sind und allenfalls heuristischen Status haben können. Diese schwierige Relativität jeder Modernesetzung erscheint in anderen Diskursen im Status einer durchaus handfesten Zweideutigkeit. M. ist, dem Wortverständnis nach bei BAHR oder WOLFF, der Sache nach auch bei SCHILLER oder SCHLEGEL, zunächst ein Schlagwort, ein (im weitesten Sinn) politischer Kampf- und Parteibegriff. Sie ist zudem, aufs ganze der Verwendungsmöglichkeiten gesehen, ein frei verfügbares Label oder Etikett, das sich beliebigen Gegenständen anheften läßt. Bisher ist es nicht gelungen, M. vollständig von ihrer Herkunft aus diesen polemischen Zusammenhängen zu reinigen; zum Zentralbegriff ausdifferenzierter wissenschaftlicher Paradigmen kann sie darum nur erhoben werden, wenn man rigorose terminologische Restriktionen erläßt. Sobald dies geschieht, kommt freilich ein Prozeß der Mulitiplikation von Modernen aller Art in Gang, der nicht aufzuhalten ist und sich nicht in einem Meta-Paradigma von M. überhaupt integrativ auffangen läßt. Wo es einschlägige Projekte gegeben hat und gibt, sind sie mitsamt ihrem Arsenal definitorischer Bestimmungen im Handumdrehen veraltet. Die Vielfalt spezifizierter Modernebegriffe mit partialer Geltung, die in je verschiedenen Sachzusammenhängen je verschiedene Ordnungsfunktionen übernehmen, koinzidiert nicht in einer Theorie der M., die die divergierenden Applikationen sämtlich umfaßt, sortiert und systematisiert. Eine solche Theorie ist auch in Zukunft nicht zu erwarten, denn sie könnte erst am Ende der M. stehen; die M. beenden aber hieße, den so umschriebenen Diskurs der M. insgesamt abschließen. Das Ende der M. wäre, für uns, das Ende der Geschichte.

Ein solches Ende hat auch die Postmoderne-Debatte nicht herbeigeführt. Genau besehen lag dies auch gar nicht in ihrer Absicht. Die Stoßrichtung des Postmodernismus war keineswegs gegen die M. als solche gerichtet, sondern sie zielte im Kern darauf, dem Namen ‹M.› seine über die Funktion eines historischen Epochennamens hinausreichenden Bezeichnungsdimensionen abzuschneiden. Im Fall des Gelingens hätte dies ermöglicht, durch Markierung eines rezenten Bruchs die Grenze zwischen Jetzt und Vorher ein weiteres Mal ins Zeitgenössische zu ziehen: Das Ende der M. wäre Beginn eines radikal Neuen gewesen, an dem sich Postmoderne als die wahre, weil: jüngere M. hätte ausweisen können. So verstanden, wurde im Streit um die Postmoderne nicht über das Ende, sondern (wie schon so oft) über den Anfang der M. debattiert. Der Postmodernismus-Streit hat damit vor allem auf ein für die zweite Hälfte des 20. Jh. eigentümliches Phänomen und dessen kontroverse Beurteilung hingewiesen, nämlich auf das allmähliche Veralten des Moderne*begriffs*, dem die Historisierung einer bestimmten Phase des Modernisierungsprozesses zur ‹Klassischen M.› entspricht. Strittig ist geblieben, inwieweit das Altern des Namens auch das mit ihm Bezeichnete als überkommen ausweist; strittig ist ebenfalls, ob nicht just das Ausbleiben neuer, vergleichbar integrationsfähiger Selbstbezeichnungen von Zeitgenossenschaft – der ‹Postismus› [8] – ein Spezifikum der jüngeren M. sein könnte.

III. *Typologische Unterscheidungen.* Idealtypisch können in allen Applikationen des Modernebegriffs drei Aspekte unterschieden (aber nicht von einander getrennt) werden [9]: ein normativer, der M. als Wert (oder Unwert) bestimmt; ein historischer, der die Differenz zwischen M. und Vormoderne auf einen Ursprung datiert; schließlich ein, je nach Argumentationsweise, materialer, systematischer oder phänomenologischer – er liefert positive Beschreibungen dessen, was als modern zu gelten hat.

In der modernistischen Polemik, der es seit jeher um die Entmachtung des Alten durch Proklamation des Neuen als des Modernen geht, fallen diese Hinsichten schon darum unproblematisch in eins, weil die historisch-normative Setzung keiner weiteren Explikation bedarf. Die europäischen Avantgardebewegungen um 1900 setzen M. emphatisch als Zeitenwende im Hier und Jetzt an und verbinden deren Epiphanie mit der Heraufkunft ihrer selbst. «Wie einen Markstein» – «als Grenzscheide zweier Zeiten» setzt zum Beispiel A. HOLZ seine «Neue Wortkunst» in die «Geschichte menschlicher Wortkunst». [10] M. wird unmittelbar als neue Norm etabliert, alles bisherige als überkommen entwertet. Diese Operation läßt sich im Zweifelsfall durch Proklamation eines Manifestes von wenigen Zeilen bewerkstelligen; sie kann aber auch in einer Doktrin von beträchtlichem Umfang kodifiziert werden. Meist folgt aus dem ersten das zweite; der Grund hierfür liegt darin, daß die einfache Deixis, das Zeigen auf eine Praxis im Hier und Jetzt, den Modernisten nur selten und niemals auf Dauer genügt. Die Lieblingsfigur modernistischer Rhetoriken ist darum die Prolepse: Das Hier und Jetzt einer neuen Übung steht stellvertretend für ein allgemein Neues ein, das erst noch kommen soll und dessen Kommen meist als zwangsläufig verheißen wird.

Dem Modernismus steht die Analepse antimodernistischer Polemiken spiegelbildlich gegenüber. Gleichwohl müssen die hier entwickelten Semantiken komplexer strukturiert sein, da M. zwar erstens als schlecht Bestehendes aus dem Verfall eines (oder dem Abfall von einem) früheren Guten abzuleiten ist, zweitens jedoch, anders als im traditionell-restaurativen Konservatismus, Zukunft nicht ohne weiteres als Wiederkehr einer abgeschiedenen Vergangenheit gedacht werden kann. Genuine Antimodernismen – man denke etwa an ein Oxymoron wie ‹Konservative Revolution› – setzen aus Einsicht in die Unwiederholbarkeit vom Geschichte (i. e. aus Anerkennung stattgehabter Modernisierung) nicht auf Restauration, sondern auf eine wie immer geartete Revision der M. Darum erweist sich eine naive Antithese zwischen Modernismus und Antimodernismus als inadäquat: In den im Lauf der Modernisierung zunehmend ausdifferenzierten Gesellschaftssystemen des späten 19. und erst recht des 20. Jh. ist keine Figur gängiger als die antimodernistische Begründung der M. Aus allgemeinen, oft diffusen kulturellen Bestandsaufnahmen – Befund: Krise – wird die Notwendigkeit eines revolutionären Neubeginns (beispielsweise) der Kunst oder Literatur abgeleitet, der seinerseits wiederum zum Ausgangs- und Brennpunkt einer gesamtgesellschaftlichen Reintegration werden soll.

Dieses Schema hat rein formalen Charakter und steht für verschiedene Wertbesetzungen oder ideologische Funktionalisierungen zur Verfügung. Es kommt auch dort zur Anwendung, wo M.-Konzeptionen jener dritten Art entwickelt werden, die man pauschalierend als dialektische bezeichnen kann, da sie den Doppelcharakter der M. – als Krise und Chance zugleich – zum Skopus ihres Arguments machen. Historisch betrachtet, sind derart komplexe Fassungen des Modernebegriffs keineswegs die späteren Erscheinungen. Sie stehen vielmehr am Beginn der Debatte – wohl darum, weil die Setzung von M. hier noch mit dem entschiedenen Widerstand konkurrierender, älterer Geschichtskonzeptionen zu rechnen hat. Schon bei PERRAULT, der sich in der ‹Querelle› auf seiten der Antimodernisten einreiht, treibt eben die Parteinahme für die Alten die Einsicht hervor, daß den Hervorbringungen der Modernen ein irreduzibles Eigenrecht zuzusprechen ist. Vollständig ausgebildet und vielfach variiert findet sich diese Denkfigur bei den prominenten Vertretern des deutschen Klassizismus der 1790er Jahre: bei SCHILLER und F. SCHLEGEL, HÖLDERLIN und SCHELLING, im Ansatz auch bei GOETHE.[11] Ebenfalls dialektisch aus dem Gegensatz zur klassischen Antike wird die M. von HEGEL und anfangs auch noch von NIETZSCHE konstruiert. Im 20. Jh., beim frühen LUKÁCS, bei BENJAMIN und ADORNO wird die Antithetik weitgehend preisgegeben, der Vexierbild-, ja Verhängnischarakter einer autonom ‹aus sich› gesetzten M. dafür entschieden verstärkt. Die Grundfigur der proleptisch-analeptischen Doppelbesetzung von M. bleibt jedoch in Benjamins berühmtem Bild vom Engel der Geschichte[12] ebenso gewahrt wie in Adornos Rede von der Negativen Dialektik.[13]

Zu den Eigentümlichkeiten der dialektischen M.-Konzeptionen gehört schließlich noch ein weiteres charakteristisches Moment: die Projektion der M. aus dem Hier und Jetzt zurück in den Raum der Geschichte – im klassizistischen Diskurs: ihre Rückverlagerung in die nunmehr weder als ahistorisch vorbildhaft noch als naiv überwindbar begriffene Antike selbst. Schon Goethe hat moderne Züge ausgerechnet bei Homer als dem ältesten griechischen Textzeugen erkennen wollen[14]; HORKHEIMER und ADORNO sind ihm mit ihrer ‹Dialektik der Aufklärung› gefolgt. Geradezu topischen Charakter hat schon früh die Berufung auf die Trias der bedeutenden attischen Tragödiendichter angenommen, wobei Euripides im Gegensatz zu Sophokles und erst recht dem ‹ursprungsnahen› Aischylos geradezu zum Prototyp des modernen Intellektuellen ernannt wurde. Wiederum wird deutlich: Ist der binäre Schematismus, der M. vs. Vormoderne setzt, einmal installiert, können potentiell unendlich viele ‹Modernen› an beinahe jedem historischen Gegenstand hervorgetrieben werden. Diese Multiplikationstendenz, die oft als Devaluation eines längst abgeblaßten Konzeptes, wenn nicht gleich als genuin ‹postmoderner› Zug mißverstanden wird, ist dem polemischen Charakter des Modernebegriffs von vornherein mitgegeben.

IV. *M. in Kultur- und Kunstwissenschaften.* Die Diskussion über den systematischen Umfang und die historische Reichweite, die dem Begriff der ästhetischen bzw. literarischen M. zukommen soll, hat es mit dem gesamten Bestand von Problemen und Aporien zu tun, der der M.-Diskussion insgesamt aufgegeben ist; dies umso mehr, als die Debatte über die Legitimität der M. historisch als Streit um die Möglichkeit einer ästhetischen M. begonnen hat. So liegt es hier besonders nahe, den Diskurs der M. kurzerhand mit dem als ‹M.› Bezeichneten zu identifizieren und dort nach den Kennzeichen des Modernen zu suchen, wo explizit über M. geredet wird. Zwar kann so der Nominalismus des Modernebegriffs nicht unterlaufen werden, doch erscheint es durchaus naheliegend, die Terminologiebildung an geschichtsphilosophisch belastbare Diskurse anzuschließen, wie sie besonders von der deutschsprachigen Begriffstradition angeboten werden. Daraus erklärt sich der wissenschaftsgeschichtliche Befund, nach dem in Deutschland die Diskussion der M. in Kunst und Kultur von dialektischen Konzepten dominiert wird, die mehr oder minder unmittelbar auf die Ästhetik des Idealismus und seine in marxistische Kategorien transformierten nachhegelianischen Fortschreibungen zurückgreifen. (Diese Dominanz erklärt sich zudem daraus, daß in konkurrierenden, auf Kontinuität und Tradition verpflichteten Konzepten – wie Geistesgeschichte und Hermeneutik – die Moderneproblematik ihre Virulenz nicht entfalten konnte.)

Was daraus folgt, sei exemplarisch am Beispiel der Literatur (als Kunst) gezeigt. Das vorherrschende Verständnis der literarischen M. orientiert sich weithin noch heute an zwei Stichworten, die bereits um 1800 die Trinität von Klassik, Romantik und philosophischem Idealismus vorgegeben hat: ‹Autonomie-Ästhetik› und ‹Ende der Kunst›. Das Schlagwort von der Autonomisierung der Künste bezeichnet zum einen literatursoziologisch, jüngst auch systemtheoretisch erhobene Befunde: die Emanzipation des Künstlers aus den Abhängigkeitsverhältnissen des höfischen Absolutismus, das Ende der Auftrags-, den Beginn der ‹freien› Kunst und entsprechender biographischer Entwürfe bzw. Selbstdefinitionen von Künstlern. Kunst- und literaturtheoretisch entspricht dieser Emanzipation die Proklamation einer Kunst, die ihren Sinn – von äußeren Zweckbindungen unberührt – allein aus dem durch sie selbst gesetzten Zusammenhang expliziert, und gerade von daher zum Organon (oder Kunstsymbol) menschlicher Freiheit und Identitätsbildung werden kann. In diesem Sinn ist die freie Kunst stets eine bürgerliche Kunst, die ihre Programmatik schon zeitgenössisch mehr oder weniger emphatisch mit den Idealen der Französischen Revolution von 1789 in Verbindung bringt. Zugleich ist die autonome Kunst jedoch auch eine antibürgerliche Kunst, die womöglich in ihren Repräsentationen geschichtlich nicht eingelöste emanzipatorische Ansprüche aufbewahrt. Von hier aus läßt sich nicht allein die für die gesamte neuere Literatur oder jedenfalls ihre Geschichtsschreibung charakteristische Grundspannung zwischen den Positionen einer «poésie pure» und einer «littérature engagée» etablieren, sondern von daher läßt sich auch HEGELS notorisches Diktum aufnehmen und fruchtbar machen, Kunst sei in der M. ‹funktionslos› geworden und bleibe «nach der Seite ihrer höchsten Bestimmung für uns ein Vergangenes».[15] – Unmittelbarkeit sei durch Abstraktion, Anschauung durch Reflexion für immer verdrängt.

Die Literatur der M. ist demnach eine der ‹Kunstrevolution› und der ‹großen Krise› zugleich entsprungene

Literatur. In neueren Versuchen, diesen Gedanken literaturtheoretisch zu wenden, erscheint sie als das Projekt, aus der Diagnose der problematischen Freiheit und unhintergehbaren Reflexivität der neuen Kunst die positiven, nicht zuletzt repräsentationslogischen Konsequenzen zu ziehen. Das heißt: die literarische M. verhält sich sentimentalisch statt naiv zu ihren Gegenständen; sie unterhält eine notwendig kritische Beziehung zu ihrem Material, der Sprache, und sie setzt sich, tendenziell, in ein bedingtes, oft ironisches Verhältnis zu dem ihr eigenen Anspruch, sich selbst in der (Ab-)Geschlossenheit eines Kunstwerks zu präsentieren. Mit alldem soll Literatur zugleich die Fähigkeit erlangt haben, auf Probleme einer modernisierten Welt, Gesellschaft, Wahrnehmung, Seinsverfassung etc. nicht mehr nur referentiell hinzuweisen, sondern sie – qua Form – auf exemplarische Weise darzustellen.

Diese hier (in freilich unzulässiger Verkürzung) kondensierte literaturwissenschaftliche *communis opinio* hat seit den 1970er Jahren weite Verbreitung gefunden. Sie läßt sich, wie angedeutet, in ihren initialen Impulsen auf Ansätze der Kritischen Theorie (ADORNO, BENJAMIN) zurückführen, erhält jedoch mindestens ebenso bedeutsame Anstöße von einer Neubewertung sowohl der Frühromantik als auch der Literatur um 1900. (Im Zuge dieser Neubewertung ist beispielsweise HOFMANNSTHALS sog. ‹Chandos-Brief› zu einer Art Manifest der krisenhaften M. erhoben worden, dessen Titel sich längst vom Text abgelöst hat und nurmehr als Schlagwort verwendet wird.) Die poststrukturalistische bzw. dekonstruktionistische Wende der 1980er Jahre, der sie zahlreiche Anschlußmöglichkeiten bietet, hat sie unbeschadet überstanden; auch den aktuellen Tendenzen zu einer ‹Kulturalisierung› oder ‹Anthropologisierung› der Textwissenschaften kommt sie durchaus entgegen. Für monographische Forschungen im Bereich der jüngsten deutschsprachigen Literaturwissenschaft ist freilich eine eher lässige Verwendung von M. kennzeichnend, in der je nach Bedarf verschiedene, ja heterogene Aspekte aktualisiert werden: Nach wie vor fungiert Modernität unbefragt als Wert, das heißt: noch immer besteht der Anreiz, Modernes proleptisch im vermeintlich Überkommenen aufzuspüren und dieses so zu nobilitieren. Nach wie vor wird M. aber auch mit kulturkritischen Gemeinplätzen wie ‹Ende des Subjekts›, ‹Sinnverlust›, ‹Sprachkrise› identifiziert, ganz als ob eine wechselseitige Erhellung von Unterbegriffen und Oberbegriff selbstverständlich vorauszusetzen wäre. Insgesamt hat M., aufgrund ihres Oszillierens zwischen metahistorischer Allgemeinheit und quasi-epochaler Konkretion, die Funktion einer heuristischen Folie von hoher Abstraktheit und mäßigem Erklärungswert übernommen. Immerhin zeichnet sich in jüngster Zeit eine Tendenz zur Konsensbildung ab, die sich aber mehr einem vorbegrifflichen ‹gentlemen's agreement› als einer Verständigung in der Sache verdankt. Dies ist insbesondere daran abzulesen, daß der Partialbegriff ‹Klassische M.› zunehmend widerspruchslos akzeptiert wird, und daß mit ihm weitgehend unbestritten der seither kanonisch gewordene Teil des Textbestandes aus den Jahren zwischen ca. 1880 und 1940 bezeichnet werden darf.

V. *Literarische M., rhetorische M.* Ihren Vexierbild-Charakter verliert die literarische M. durch solche Konventionalisierungen nicht. Erst recht kann man von derart unausdrücklichen Mechanismen der Begriffsbildung nicht hoffen, daß sie Antworten auf die Frage nach rhetorischen Spezifika moderner Literatur hervorbringen. Und läßt sich die Konzeptualisierung von M. mit ihrem binären Schematismus als rhetorische Operation beschreiben, so ist damit selbstverständlich noch nichts über die unter einem solchen Schema begriffenen Gegenstände gesagt. Die Frage, ob mit Mitteln rhetorischer Analyse über eine Bestandsaufnahme divergierender moderner Sprechmöglichkeiten hinauszukommen ist, das heißt: die Frage, ob es eine Art Figurenlehre der M. geben kann, läßt sich nach dem bisher Gesagten nicht allgemein beantworten, sondern nur im Hinblick auf bestimmte, bereits spezifizierte oder noch zu spezifizierende Modernebegriffe. Im Hinblick auf eine extensive Konzeptualisierung, die den Anfang der M. ins 18. oder gar ins 15. oder 16. Jh. verlegt, läßt sie sich mit Bestimmtheit verneinen. Ebensowenig kann das Unternehmen gelingen, wenn als Gegenstandsbereich das gesamte Schrifttum eines historischen Zeitraums ins Auge gefaßt wird. Vielversprechend dagegen erscheint eine Beschränkung auf jene Periode um 1900, in der die ‹Hochliteratur› sich binnen weniger Jahrzehnte fundamental neue Sprech- und Schreibmöglichkeiten erschließt – das heißt, eine Beschränkung auf die Klassische M. Diese Restriktion läßt sich dadurch legitimieren, daß gerade hier ein rhetorisches Interesse an Literatur durch Texte herausgefordert wird, die sich schon im Phänotyp neu und anders präsentieren als alle früheren – Texte, für deren Beschreibung vielfach deskriptive Kategorien erst noch entwickelt werden müssen.

Auch im Hinblick auf diese Periode scheint es freilich, als könne die Frage nach einer Rhetorik der M. allenfalls im Plural gestellt werden, das heißt, als sei sie adäquat nur im Rahmen eines Paradigmas der Modernisierung von Literatur zu verfolgen. An Versuchen, die Konstituentien moderner literarischer ‹Epochen› in Form von Epochen-Stilen zu systematisieren, hat es vor allem in der älteren Forschung nicht gefehlt. Es ergab sich dabei jedoch eine Reihe charakteristischer Schwierigkeiten: Die empirische Materialbasis erwies sich, wenn sie nicht in einer *petitio principii* von vornherein sehr eng gefaßt war, als heterogen (Epochenstile zerfielen in Personalstile; Personalstile in werkbiographisch kleinteilige Phasen); die Ergebnisse andererseits waren historisch nicht hinreichend spezifisch (so hat die Verwendung bestimmter Stilmittel ihre wiederkehrenden Konjunkturen). Die naive Anlehnung an unter ganz anderen Voraussetzungen geprägte Epochenbegriffe schließlich führte zu einer Substantialisierung dieser meist problematischen Kategorien und trug so nur noch mehr zur Fragmentierung der modernen Literatur in eine Literatur der ‹Ismen› bei.

Ein aussichtsreicherer Weg, rhetorische Eigentümlichkeiten der literarischen M. zu ermitteln, läßt sich mit einem Verweis darauf erschließen, daß es nicht zuletzt technische Errungenschaften im Umgang mit Sprache sind, an denen seit jeher die divergierenden Datierungen der literarischen M. verankert werden. In diesem Zusammenhang ist zuallererst an NIETZSCHE zu erinnern, der dem ‹rhetoric turn› im Selbstverständnis der M. entschieden vorgearbeitet und, etwa in seiner Décadence-Definition, bereits auf entscheidende Charakeristika moderner Textualität hingewiesen hat: «Das Wort wird souverain und springt aus dem Satz hinaus, der Satz greift über und verdunkelt den Sinn der Seite, die Seite gewinnt Leben auf Unkosten des Ganzen – das Ganze ist kein Ganzes mehr.» [16] Die breiteste, aus rhetorischer Sicht freilich auch die am meisten diffuse Debatte hat sich dem Begriff der modernen Allegorie angelagert, der von BENJAMIN ins Spiel gebracht und mit einem (gestandenen Philologen bis heute suspekten) geschichtsphilosophischen Index versehen wurde. Die Erhebung der Allegorie in den Stand einer repräsentationslogischen Zentralkategorie hat allerdings im Gefolge der Dekonstruktion vollends dazu geführt, eventuelle Spezifika genuin modernen Allegorisierens zu verwischen; einer literaturgeschichtlich interessierten Rhetorik, die sich als Formenlehre historisch verschiedener Semantiken versteht, bleibt gleichwohl aufgegeben, hier auf Genauigkeit der Deskription zu dringen. Andere einschlägige Phänomene hat man meist aufgrund der durch sie evozierten referentiellen Effekte klassifiziert: Technische Mittel wie – beispielsweise im Bereich der Prosa – die ‹erlebte Rede› oder der ‹innere Monolog› bzw. ‹stream of consciousness› stellen historisch datierbare, jeweils belegbar neue Formen der Vertextung dar, die zwar meist auf ein psychologisch intendiertes Substrat hin gelesen werden, zunächst aber nichts anderes darstellen als in ihren rhetorischen Funktionen gut beschreibbare Kunstgriffe zur Erzeugung von Rede-Effekten.

Ganz generell kann festgehalten werden, daß jene Texte, die im Kanon der Klassischen M. Platz gefunden haben, sich zunächst durch auffällige Eigentümlichkeiten an der Textoberfläche auszeichnen, schlichter gesagt: Texte aus dieser Tradition sind leicht, oft schon auf den ersten Blick zu erkennen. Die Literaturwissenschaft hat diese Sorte von Modernität lange mit Verlegenheit behandelt; sie hat im Modus des 'nicht mehr' von Verfallsformen gesprochen oder das Befremdliche der Texte zum Zeichen für anderes (den Zustand der modernen Welt, des modernen Ich, der modernen Gesellschaft) erklärt. Zudem hat sie mit Emphase Begriffe geprägt, von denen jedenfalls die klassische Rhetorik sich nichts hat träumen lassen. Erinnert sei nur an die ‹absolute› Dichtung, die ‹absolute› Prosa oder, erst recht, die ‹absolute› Metapher – Termini, die zum Teil an Selbstbeschreibungen moderner Autoren anschließen und deutlich vom propagandistischen Dezisionismus des jeweils unerhört Neuen geprägt sind. Als analytische Kategorien taugen solche Namen dagegen nur bedingt, umso mehr bedürfen sie einer kritischen Reformulierung.

Es lassen sich aber auch Angebote der Literaturwissenschaft ausmachen, die als Prolegomena zu einer Rhetorik der literarischen M. dienen können, da sie zu einer intensivierten Reflexion auf das Verhältnis der rhetorischen und der semiotischen Sprachdimension herausfordern. Eine souverän angelegte Synthese einschlägiger Perspektiven bietet BODES Studie über «Funktion und Bedeutung von Mehrdeutigkeit in der Literatur der M.», die von dem rezeptionsgeschichtlichen common-sense-Urteil ausgeht, «Schwerverständlichkeit und Mehrdeutigkeit» würden «geradezu als Ausweis, als Kriterium für Modernität» von Texten aufgefaßt [17], und die von daher – für Lyrik und Prosa der M. – ein differenziertes Spektrum jener Techniken induktiv entfaltet, mit deren Hilfe Ambiguität in klassisch moderner Literatur erzeugt wird. Das radikale Extrem solcher Vertextungsstrategien, der Text an der Grenze der Verständlichkeit oder jenseits dieser Grenze, ist neuerdings auch mit dem Begriff der ‹Textur› bezeichnet worden [18]; im gleichen Zusammenhang, aber auf breiterer Materialbasis hat man auf einen Zusammenhang zwischen Historismus und literarischer M. hingewiesen, der hier insoweit von Interesse ist, als sich unter dieser Perspektive ein reich bestücktes Arsenal im modernen Text sehr eigentümlich modellierter rhetorischer Verfahren erkennen läßt. Das beginnt bei den verschiedenen Ausformungen des Katalogs als eines Aufzählungsverfahrens, schließt allerlei Techniken des Sprachspiels ein und endet – vorläufig – bei historisch voneinander abhebbaren Möglichkeiten, die (als Voraussetzung der Semiose) kulturell vorgegebene Enzyklopädie zu manipulieren. [19] Wenn der damit erhobene, generelle Befund einer Emanzipation des lexikalischen Materials aus seinen semantischen Bindungen für die Klassische M. insgesamt zutrifft, dann können die in kleinteiligen Epochenbegriffen versteinerten ‹Ismen› und Personalstile dieser Zeit als je spezifische Variationen dieses Prinzips verstanden werden und stellen zunächst einmal Verfahrensanweisungen für Vertextungsstrategien dar; dies mag im übrigen auch für Texte gelten, die sich seither und bis heute der um 1900 erfundenen Techniken bedienen, um damit womöglich ganz andere Effekte zu erzielen.

Wenn sich die Sache so verhält, kommt es freilich auf die mit diesen Mitteln erzeugte Textoberfläche (*elocutio*) zumindest ebenso sehr an wie auf jene, im gängigen Diskurs der literarischen M. vermeintlich schon gesicherte, semantische Tiefenstruktur, der sich von Fall zu Fall mit dem wohlvertrauten Begriffsrepertoire kaum differentielle Merkmale abgewinnen lassen. Insofern wird gerade dort, wo die emphatische Selbstbestätigung des offenen Kunstwerks und der unendlichen Sinnerzeugung allzu nahe liegt [20], minutiöse Deskription benötigt. «Die Reflexion über die besonderen Verfahren der Semiose moderner texturierter Texte ist bislang noch arm an positiven Begriffen.» [21] Die literaturwissenschaftliche Reflexion in diesem Sinne zu bereichern, wird Aufgabe einer Rhetorik der literarischen M. sein.

Anmerkungen:
1 vgl. jüngst: G.v. Graevenitz (Hg.): Konzepte der M. (1999). – **2** vgl. G. Wunberg: Vorwort, in: Die lit. M. Dokumente zum Selbstverständnis der Lit. um die Jahrhundertwende (²1998) 11–20; E. Wolff: Die jüngste dt. Literaturströmung und das Prinzip der M., ebd., 27–81; H. Bahr: Die M., ebd., 97–102. – **3** vgl. H.U. Gumbrecht: Art. ‹Modern, Modernität, M.›, in: Gesch. Grundbegriffe Bd. 4 (1978) 107f. – **4** vgl. H.R. Jauß: Ästhetische Normen und gesch. Reflexion in der ‹Querelle des Anciens et des Modernes›, Einl. zu: Ch. Perrault: Parallèle des Anciens et des Modernes en ce qui regarde les Arts et les Sciences (München 1964, ND d. Ausg. Paris 1688–1697) 8–64. – **5** vgl. Gumbrecht [3] 96f. – **6** vgl. dazu Curtius. – **7** vgl. stellvertretend: R. Koselleck: Art. ‹Gesch.› (V–VII), in: Gesch. Grundbegriffe, Bd. 2 (1975) 647–717. – **8** vgl. G. Plumpe: Epochen moderner Lit. Ein systemtheoretischer Entwurf (1995). – **9** ähnlich: U. Japp: Kontroverse Daten der Modernität, in: Kontroversen, alte und neue. Akten des VII. Internationalen Germanisten-Kongresses, Bd. 8 (1986) 125–134. – **10** A. Holz: Die neue Wortkunst (Das Werk, Bd. X) (1925) I. – **11** vgl. P. Szondi: Poetik und Geschichtsphilos., 2 Bde. (1974). – **12** vgl. W. Benjamin: Über den Begriff der Gesch., in: Illuminationen. Ausg. Suhr. (²1980) 251–261. – **13** vgl. Th. W. Adorno: Negative Dialektik (1966); ders.: Ästhetische Theorie (1970). – **14** vgl. U. Japp: Lit. und Modernität (1987) 100–147. – **15** G.W.F. Hegel: Vorles. über die Ästhetik I (Werke, Bd. 13) (1970) 25. – **16** F. Nietzsche: Der Fall Wagner. Ein Musikanten-Problem, in: KSA, Bd. 6 (²1988), 9–52, hier: 27. – **17** C. Bode: Ästhetik der Ambiguität (1988) 1. – **18** M. Baßler: Die Entdeckung der Textur. Unverständlichkeit in der Kurzprosa der emphatischen M. 1910–1916 (1994). – **19** vgl. M. Baßler, C. Brecht, D. Niefanger, G. Wunberg: Historismus und literarische M. (1996). – **20** Bode [17]; U. Eco: Das offene Kunstwerk (1973). – **21** vgl. Baßler u.a. [19] 234.

Literaturhinweise:
H.R. Jauß: Literaturgesch. als Provokation (1970); ders.: Stud. zum Epochenwandel der ästhetischen M. (1989). – P. Bürger: M., in: Fischer Lex. Lit. (1996) Bd. 2, 1287–1319.

Chr. Brecht

VI. *Musik.* Das Wort ‹modern› ist im Musikschrifttum seit dem frühen 19. Jh. als Gegenbegriff zu Worten wie ‹antik›, ‹klassisch› usw. gebräuchlich, ohne dabei die Bedeutung eines Terminus zu haben.[1] Zahlreiche Beispiele für diesen noch nicht-spezifischen Gebrauch finden sich etwa bei dem Musikkritiker E. HANSLICK, und im Lexikon von G. SCHILLING, in dem es bereits einen Artikel ‹Modern› gibt, heißt es, «daß der Ausdruck moderne Musik [...] wegen seiner Unbestimmtheit nicht ganz passend erscheint.»[2] Da er jedoch gebräuchlich ist, versucht Schilling vorsichtige Definitionen und Einordnungen.

Als musikgeschichtliche Epoche bezeichnet ‹M.› die Zeit etwa um 1900, beginnend mit Werken vom Ende der 1880er Jahre, die musikalisch einen Neubeginn andeuten (H. WOLF: ‹Mörike-Lieder›, 1888; R. STRAUSS: ‹Don Juan›, 1889). Das Ende dieser Epoche wird jedoch verschieden gesetzt: mit den Anfängen der Atonalität um 1908 oder mit dem durch den Beginn des Ersten Weltkriegs bedingten Einschnitt, wobei die Auffassung vertreten wird, daß sich danach eine eigene Epoche der Neuen Musik anschließt.[3] Die Zeit zwischen 1890 und 1910 wird in den Künsten, so auch in der Musik, ausgehend von der Literaturgeschichte, regional als ‹Wiener Moderne› bezeichnet.[4] Des weiteren steht das Jahr 1924 als Endpunkt des Expressionismus zur Diskussion, ebenso das sehr späte Datum um 1965, da in dieser Zeit die sogenannte Postmoderne als neues kulturelles und gesellschaftliches Phänomen einsetzt. Die Entwicklung von der Seriellen Musik bis zur Postmoderne (1950–1965) wird häufig, vor allem im Selbstverständnis der Komponisten, als Avantgarde verstanden. Für die Musik des 20. Jh. existieren daher in der deutschen Musikgeschichte drei umfassende Begriffe: ‹neue/Neue Musik›, ‹moderne Musik› und ‹Avantgarde›.[5] Sie sind allerdings aufgrund ihres sprachlichen Gebrauchs nicht generell zu differenzieren, denn sie überschneiden sich und benennen meist gleiche Phänomene, auch wenn sie in manchem Detail entscheidende Nuancen herausheben können. Im folgenden wird unter dem Begriff ‹M.› die gesamte Entwicklung der Musik von 1890 bis zur Gegenwart diskutiert, einschließlich der Postmoderne, also auch die als Neue Musik verstandenen Jahrzehnte mit ihren zahlreichen und eigenständigen Entwicklungen und ästhetischen Orientierungen. Andere Gesamtdarstellungen bevorzugen den Oberbegriff ‹Neue Musik›.[6]

Der Aufbruch in die M. um 1900 vollzieht sich in verschiedene Richtungen und ist in seinen ästhetischen Ausrichtungen sehr komplex.[7] Die nicht zeitgleichen Neuansätze schwanken zwischen sehr unterschiedlichen Arten des Weiterführens (Zweite Wiener Schule) und Wiederaufnehmens von Traditionen, insbesondere historischen (Klassizismus), unter neuen Vorzeichen und einem radikalem Bruch mit dem Willen zu bedingungslosem Neubeginn (Futurismus, Dadaismus). Diese verschiedenen Strömungen der M. wirken auf die Musikkultur bis zum Zweiten Weltkrieg mit zahlreichen und eigenständigen Entwicklungen und ästhetischen Orientierungen und bieten eine immense Stilpluralität. Unterschiedliche, die Disziplinen übergreifende Kunst- und Kulturmodelle werden wirksam. Die wichtigsten sind: Spätromantik, Impressionismus, Futurismus, Expressionismus, Neoklassizismus, Neue Klassizität. Dabei spielen zugleich übergeordnete Orientierungen an Folklorismus und Exotismus, Archaik, Mythos und Antike eine wichtige Rolle.

Die expressionistische und die klassizistische M. sind zwei äußerst gegensätzliche Kunstauffassungen, doch dürfen diese nicht zu eng und einseitig auf Personen fixiert werden, wie dies TH. W. ADORNO an A. SCHÖNBERG kontra I. STRAWINSKY illustriert hat.[8] Denn selbst bei diesen beiden von Tradition, Ästhetik und Kompositionsart so unterschiedlichen Persönlichkeiten, die auf je eigene Weise die zeitgenössische Musik über Jahrzehnte hinweg geprägt haben, gibt es übergreifende theoretische und kreative Beispiele; und auch andere Komponisten wie B. BARTÓK und P. HINDEMITH sind nicht ausschließlich in eine dieser beiden wichtigen Entwicklungsstränge einzuordnen. Es erschlossen sich zudem individuelle Material- und Ausdrucksschichten, die Vorbild für andere wurden: Bartók z.B. mit seinen verschiedenen Spielarten eines artifiziellen Folklorismus, Hindemith mit der Gebrauchsmusik. Deutlich verschiedene Auffassungen zeigen sich, unabhängig von einer dodekaphonen oder neotonalen Kompositionsart, bei der Textwahl und -vertonung. Schönberg sucht Ausdruck und Deklamation des Textes unmittelbar in Musik umzusetzen. Er erschließt dadurch gerade in seinen expressionistischen Werken neue Klangdimensionen und sprengt zu diesem Zweck auch die tonalen Grundlagen und die mit ihnen verbundenen formalen Vorgaben (Schönberg: Monodram ‹Erwartung› op. 17, Text von M. PAPPENHEIM, 1909; Melodram ‹Pierrot lunaire› op. 21, Text von A. GIRAUD, dt. von O.E. HARTLEBEN, 1912). Strawinsky und die ihm nahestehenden Komponisten ordnen dagegen die Texte deutlich nach musikalischen, vor allem rhythmischen Ordnungsprinzipien, auch auf Kosten der Sprachstruktur (Strawinsky: ‹Les noces›, 1914–23) und suchen eine gewisse Distanz. Strawinsky orientiert sich nach tonalen Prinzipien, die er allerdings neu faßt, und greift häufig auf historische Formen zurück (‹L'histoire du soldat›, Text: CH.-F. RAMUZ, 1918); erst im Spätwerk findet er zur Reihenkomposition eigener Prägung. Wie vielfältig die musikalischen Erscheinungen in einer Stilrichtung sein können, zeigt das Werk F. BUSONIS. Seine Auffassung von Klassizität ist von der Strawinskys verschieden, seine Kompositionen verwenden traditionelle Formen und die Tonalität auf ganz eigene Weise. Aufschlußreich ist seine Überlegung zum Begriff einer Einheit in der Musik[9], die nicht a priori in Gattungen zerfällt, sondern erst durch Zufügungen, vor allem sprachlicher Art (Text, Titel) scheinbar eine gattungsartige Vielfalt gewinnt. Eine Musik wird zur Kirchenmusik, wenn sie einen kirchlichen Text erhält, ändert sich, wenn dieser sich entsprechend verändert und wird beispielsweise zu einer Opernszene; werden die Worte weggelassen, entsteht ein symphonischer Satz. Busonis Oper ‹Doktor Faust› (1916–24) bringt dafür einleuchtende Belege. Die von ihm aus der Nähe zum Futurismus entwickelten radikalen Ideen zur Befreiung von den Grenzen der Konvention als Voraussetzung für eine neue Musik (neue Notenschrift, elektronische Klangerzeugung, Erweiterung des Tonsystems durch erweiterte Aufteilungen des Ganztons) hat er selbst kompositorisch nicht verwirklicht. Ein systematisches Arbeiten mit Mikrotönen findet sich erst bei A. HÁBA.[10] Er erschließt damit in seiner Vierteltonoper ‹Matka› (Die ‹Mutter›, 1931) der Sprache neue Ausdrucksschichten.

Für die Komponisten der Zweiten Wiener Schule gilt weiterhin der Sprachcharakter der Musik auf allen Ebenen und dies, obgleich durch die Aufgabe der Tonalität wichtige Momente der musikalischen Grammatik verloren gegangen sind.[11] Das führt in der Anfangszeit der sog. Atonalität dazu, daß nur kurze Stücke komponiert werden können und die meisten Werke sich auf Texte als Grundlage für den formalen Verlauf stützen und aus ihnen zugleich ihren musikalischen Ausdruck beziehen. Stets kann die Nähe der Musik zur Sprache in struktureller sowie in semantischer Hinsicht beobachtet werden.[12] Die Übernahme der Textdeklamation in den Gesangsvortrag ist dabei selbstverständlich. In zahlreichen Kompositionen können private Inhalte nachgewiesen werden, die durch Zahlen-, Buchstabensymbolik und Zitate nur für den Eingeweihten verständlich waren. Ein bekanntes Beispiel ist A. Bergs ‹Lyrische Suite› (1925/26).[13] Wie eng Sprache und Musik in der Wiener Schule zusammenhängen und in der Tradition der abendländischen Musik stehen, belegt A. Weberns historischer Abriß in seinem 1933 gehaltenen Vortragszyklus ‹Der Weg zur Neuen Musik› (Wien 1960), in dem er eine Analogie der Musik zur Sprache zieht. Musik ist nach seiner Vorstellung entstanden aus der Notwendigkeit, etwas in Tönen zu sagen, «einen Gedanken auszudrücken, der nicht anders auszudrücken ist als in Tönen. [...] Die Musik ist in diesem Sinne eine Sprache.»[14] Auch die davon ausgehende Idee eines sprechenden Musizierens findet sich, z.B. in den Vortragsanweisungen, die P. Stadlen am Beispiel von Weberns Klaviermusik, die er mit dem Komponisten einstudiert hat, nachweist.[15] Die Analogie von Sprache und Musik im Denken dieser Zeit wird durch die Auffassung des Wiener Sprachphilosophen L. Wittgenstein bestätigt: «Das Verstehen eines Satzes der Sprache ist dem Verstehen eines Themas in der Musik viel verwandter, als man etwa glaubt.»[16]

Die Tradition der musikalisch-rhetorischen Figuren lebt in der M. weiter, beispielsweise in der Zweiten Wiener Schule und ihrer Umgebung und bei Komponisten, die sich ein offenes Verhältnis zur Tradition bewahrt haben (G. Bialas ‹Introitus – Exodus für Orgel und Orchester›, 1976). Einen späteren Sonderfall bietet H. Holliger in seiner nach seriellen Prinzipien gestalteten Klavierkomposition ‹Elis. Drei Nachtstücke für Klavier› (1961/66), die sich auf Textfragmente von G. Trakl gründet. Er deutet die Gedichtfragmente zusätzlich durch indische Rhythmen, die er während seines Studiums bei O. Messiaen kennengelernt hat, aus. Allerdings muß er sie im Notentext kennzeichnen und erklären, da ein geregelter Satz, von dessen Norm die Figuren in der Barockmusik für den Kenner hör- und sichtbar abweichen, in seiner Kompositionsart als erkennbarer Grundbezug fehlt.

Ähnlich wie die Futuristen setzen sich die Dadaisten in allen Künsten für eine radikale Erneuerung der Ausdrucksmittel ein. Es kommt zu einer Demontage der Sprache und des ihr zugehörenden Wortsinns. Sprachmusikalische Erscheinungen ergeben sich durch die Reduktion auf den Buchstaben als neue Einheit in der dadaistischen Lautpoesie und seine Neuordnung, wobei auf Semantik verzichtet wird (R. Hausmanns Plakatgedicht ‹fmsbwtözäu›, H. Balls nur aus einer Reihung von Vokalen bestehendes ‹Concert de voyelles›). Dabei wurden zum Teil lyrische Formen nachgebildet und visuelle Einflüsse verarbeitet (R. Hausmanns optophonetisches Gedicht ‹kp'erioUM›). Das Simultangedicht, «Gleichnis der Verworrenheit und Sinnlosigkeit»[17] wurde vielfach im simultanen Chorgesang vorgetragen, bei dem sich die Ausführenden mit einem «infernalisch-bruitistischen Orchester» begleiteten, erzeugt durch «nur rhythmisch gesteuerte Ballung von Pfeifen, Stampfen, Blechschlagen, Kinder-Knarren, Gebimmel, Getrommel, Okarinogeblas und Geschrei».[18] Mit ihren Experimenten von zuweilen spielerischer und stets provozierender Qualität wollen die Dadaisten neue imaginative schöpferische Impulse freisetzen. Zahlreiche ihrer Findungen, die als hintersinniger Spaß deklariert sind, werden in der Kunstmusik der 1960er Jahre neu gedacht, vor allem im Bereich der Sprachkomposition und der Aleatorik (J. Cage: ‹Music of changes›, 1951). In Europa entfalten sich Zufallsoperationen überwiegend als Reaktion auf die zunehmend einengende Prädetermination des musikalischen Materials. Ein spezielles Weiterwirken des Dadaismus läßt sich bei den Wienern O.M. Zykan (‹Polemische Arie›, 1968) und A. Logothetis (‹Hörspiele›) beobachten, die in verschiedener Weise mit Satz- und Wortzerteilungen bzw. -umstellungen arbeiten, dabei aber bewußt zu neuen Semantisierungen gelangen.[19]

Eine besondere und extreme Situation finden wir in der Avantgarde am Beginn der 1950er Jahre bei den frühen und konsequent durchgeführten Zeugnissen der Seriellen Musik, in der allein die kompositionstechnischen und nicht auch die ästhetischen Prämissen der Zwölftonmusik der Zweiten Wiener Schule weitergedacht sind. Hier suchen die Komponisten nach einer Einheit aller musikalischen Parameter. Sie wollen damit jegliche Spuren traditioneller Formung und stilistischer Reminiszenzen tilgen und zugleich außermusikalische Inhalte und damit auch semantische Werte ausschließen. Boulez rechtfertigt dies in seinem Kommentar zu den ‹Structures pour deux pianos, premier livre› (1951/52) als Prozeß der Reinigung. Die Anwendung serieller Verfahren auf die Mikrointervallik des Tones und das Erschließen des Sinustons als nun kleinste Organisationseinheit bringt die Elektronische Musik. Das Neuaufbauen von Tönen entgegen ihrer naturgegebenen Obertonreihe hat zu heftigen und polemischen Diskussionen geführt mit der Frage, ob dies überhaupt Musik sei, wobei auch ethische Überlegungen einbezogen wurden.[20] Auffallend ist, daß die Komponisten der Avantgarde sehr früh wieder versuchen, Sprachbezüge aller Art in die elektronischen Kompositionen zu integrieren, zunächst durch geistliche Texte, die diesen neuen und ungewohnten Klangwelten eine religiöse Aura geben sollen (K. Stockhausen: ‹Gesang der Jünglinge›, 1956; E. Krenek: ‹Pfingstoratorium›, 1956). Zahlreiche Kompositionen versuchen aus der Sprache und in Anlehnung an Sprache und Deklamation schöpferisches Potential zu beziehen. In seiner ‹Mikrophonie II für Chor, Hammondorgel und 4 Ringmodulatoren› (1965) bereichert Stockhausen den Text aus H. Heissenbüttels ‹Einfachen grammatischen Meditationen› (1960), in denen die Wortbedeutung gegenüber syntaktischen Prinzipien zurücktritt, durch Ausdrucksschichten, die er aus diversen Vortragsarten (z.B. «feierlicher Levitenton», «gröhlend mit Schluckauf») neu gewinnt. Ähnlich verfährt er mit bedeutungslosem phonetischem Material in Gestalt von Silben und Phonemen in seinen ‹Momenten für Solosopran, 4 Chorgruppen und 13 Instrumentalisten› (1969). Der Komposition ‹Tema – Omaggio a Joyce› (1958) von L. Berio liegt die Erfahrung zugrunde, daß der Sprachklang losgelöst von der semantischen Bedeutung des Textes existieren kann. Beispiel dafür ist das unterschiedliche Klangbild, das man bei der Übersetzung in andere Sprachen gewinnt und das man in einer unbekannten Sprache als rein akustisches Phänomen wahrnimmt. Dafür experimentiert Berio mit Lesungen des Sirenen-Kapitels aus dem Roman ‹Ulysses› von J. Joyce, das er von Frauen-

und Männerstimmen in italienischer, französischer und deutscher Sprache vortragen läßt. Bei der Komposition sucht er aber nicht primär onomatopoetische Effekte herauszustellen, sondern er will die dem Text von Joyce innewohnenden polyphonen Strukturen in ihrem klanglichen und gestischen Reichtum darstellen und entwickeln; er verzichtet dabei weitgehend auf die Wortverständlichkeit. Die musikalische Geste als Ausdrucksmittel prägt auch Berios Radio-Komposition ‹Visage› (1961), die er als «Tonstreifen für ein 'Drama', das nie geschrieben worden ist» erklärt.[21] Hier wird eine imaginäre Handlung durch Klanggesten artikuliert und suggeriert, die sich vornehmlich im Onomatopetischen abspielt: als Flüstern, Weinen, Lachen, Schreien, Sprechen und Singen. Als einziges Wort wird das italienische ‹parole› (=Wörter) verwendet. Alle anderen an fremde Sprachen erinnernden Lautbildungen sind erfunden, so wird etwa in einer nicht existenten Sprache ein Märchen erzählt. Kompositorische und sprachgestische Prinzipien vermitteln beziehungsreich zwischen vokalem und elektronischem Material. Ähnlich verfährt G. LIGETI in seiner elektronischen Komposition ‹Artikulation› (1958), in der er sich musikalisch an der Gestik von Sprache und Sprechen orientiert, sein musikalisches Material aber rein synthetisch herstellt. Die Kompositionen von L. NONO enthalten überzeugende Beispiele für die vielfältige Auseinandersetzung mit der semantischen Schicht von Sprache und Sprechen. So soll bei ihm die durch technische Mittel verfremdete Stimme auf negative soziale und menschliche Situationen verweisen. In ‹La fabbrica illuminata› (1964) ist sie Zeichen für die Unterdrückung des Menschen durch gesellschaftliche Zwänge und die Technik infolge unwürdiger Arbeitsbedingungen. In ‹Ricardo cosa ti hanno fatto in Auschwitz› (1966) stehen die elektronisch bis zur Anonymität denaturierten Stimmen der Kinder und der Sopranistin (Nono gewinnt das Klangmaterial aus Phonemen und Klängen der menschlichen Stimme) als Symbol für die namenlosen Gefangenen in den Konzentrationslagern, für die Vergewaltigung des Menschen und für die gepeinigte Kreatur.

Das komplexe kompositorische Interesse an Texten unterschiedlichster Provenienz, von Dichtung bis zur Umgangssprache sowie von Worten, Silben und Phonemen wird ergänzt durch den Klang von Sprechen und Singen, überhaupt jegliche lautliche Äußerung (Menschenmassen, Vogelsprache etc.). Selbst die Tonerzeugung beim Menschen (D. SCHNEBEL: ‹Maulwerke für Artikulationsorgane und Reproduktionsgeräte›, 1968–74, aus der Reihe ‹Produktionsprozesse›[22]) und von Instrumenten sowie das Atmen (HOLLINGER: ‹Pneuma für Bläser›, 1970) wird zur schöpferischen Grundlage von Kompositionen.

In seiner auf Sprache bezogenen Komposition ‹Adieu m'amour. hommage guillaume dufay – für violine und violoncello› (1982/83) erschließt M. SPAHLINGER auch neue, von Sprache semantisch unabhängige Dimensionen. Die ungewöhnlichen Spieltechniken sollen die Interpreten für ihr Instrument und ihr Spielen neu sensibilisieren, ebenso des Hörer. Damit will er zugleich Gesellschaftskritik an der traditionellen Instrumentalausbildung und an festgefahrenen Hörgewohnheiten üben, ebenso soll eine Tradition des 15. Jh., die als lebendige Selbstverständlichkeit nicht mehr zu erfahren ist, in ihrer Distanz bewußt gemacht werden. Diese engagierte kompositorische Beschäftigung mit Sprache in den Jahren nach 1950 schlägt sich auch in Werktiteln nieder.[23]

So tastet N. A. HUBER in seinem ‹Versuch über Sprache› (1969) vier Texte in der Reichweite von der griechischen Antike bis zu K. Marx im Bezug auf Musik ab; dabei werden die Verse von F. Hölderlin elektronisch so hoch transponiert, daß aus Sprache ein schwirrendes Klangband entsteht. In seinem ‹Herbstfestival für 4 Schlagzeuger› (1988) gewinnen die Instrumentalisten aus ihrem ausdrucksvollen stummen Lesen von Hölderlins ‹Herbst› (‹Das Glänzen der Natur›) rhythmisierte Klangpunkte.

Eine neue ästhetische und musikalische Dimension erfährt Sprache in Stockhausens ‹Intuitiver Musik›, die ohne Noten auskommt, da sie «aus der geistigen Einstimmung der Musiker durch kurze Texte entsteht»[24], die Stockhausen vorgegeben hat und als Kompositionen versteht. Sie konkretisiert sich in jeweils einmaligen Aufführungen durch improvisatorische Leistungen der Interpreten (wobei ihre Anzahl und die Instrumente nicht festgelegt, nur in Einzelfällen angedeutet sind), die er als musikalische Meditationen versteht. Hier zeigen sich, wie in vielen anderen Kompositionen in dieser Zeit, Einflüsse von außereuropäischer Musik und asiatischem Denken (insbesondere aus Indien, China und Japan). Verwandt ist, wenngleich anderen ästhetischen Ursprungs, D. SCHNEBELS ‹MO-NO. Musik zum Lesen›[25], ein Lese- und Bilderbuch, das Musik im Kopf des Lesenden entstehen lassen will.

Die unter dem Begriff der musikalischen Postmoderne seit Mitte der 1970er Jahre einsetzende Entwicklung, an der eine neue Komponistengeneration, darunter wegweisend W. RIHM, ebenso aber die neue ästhetische Einstellung von etablierten Komponisten (K. STOCKHAUSEN) teilhaben, richtet sich gegen den primär auf Materialdenken gerichteten Fortschrittsglauben der Avantgarde der 1950er Jahre und ihren Absolutheitsanspruch. Schlagworte wie etwa Neue Einfachheit, Neue Subjektivität begleiten die Anfänge des Wandels. Sie kennzeichnen die Unsicherheit bei der Suche nach neuen Wegen, die aus der Eingrenzung auf eine einheitliche Kunstidee hinausführen soll, die die Kompositionsgeschichte seit dem Zweiten Weltkrieg, unterstützt von Theorie und Ästhetik (TH.W. ADORNO) und von Musikinstitutionen (Internationale Ferienkurse für Neue Musik Darmstadt[26], Donaueschinger Musiktage[27]) ausgebildet hatte, und die Andersdenkende (wie z.B. H.W. HENZE) rigoros ausgrenzte. Allmählich entfaltet sich eine Offenheit für den Pluralismus musikalischer Sprachen, die auch einem Weiterwirken avantgardistischen Denkens Raum gewährt (H. LACHENMANN). Zitat, Collage und Montage sind dabei häufige kompositorische Verfahren. Der Gegensatz zwischen «hoher» und «niederer» Kunst wird aufgebrochen, es kommt verstärkt zu schöpferischen Begegnungen zwischen Folklore, Jazz, außereuropäischer Musik und Kunstmusik. Der Einfluß fernöstlichen Denkens weckt neue schöpferische Kräfte (I. YUN, P.M. HAMEL). Historische Stile stehen nun der musikalischen Sprache ganz selbstverständlich zur Verfügung. Sie werden aber neu gedacht und miteinander verbunden (A. SCHNITTKE). Diese ästhetischen Einstellungen verändern auch das Hörverhalten und erschließen der Kunstmusik neue Publikumsschichten, die sich bislang von ihr ausgeschlossen fühlten. Dies alles hat selbstverständlich Einfluß auf die Rhetorik der Musik in all ihren Bereichen und ergänzt sie durch die Vielfalt an Erscheinungen, die vor der M. maßgebend waren. Komponisten, die sich den avantgardistischen Doktrinen verweigert haben, kommen zu neuer Geltung (W. KILLMAYER).[28]

Die beschriebenen rhetorischen Aspekte finden sich auch im Musiktheater, teilweise in extremer Verdichtung, die in der Nähe zum Experiment steht. So komponiert Z. FIBICH mit seiner ‹Hippodamie› (1883–1891, Text: J. VRCHLICKÝ) eine melodramatische Trilogie von Wagnerschem Ausmaß. C. ORFF verwendet in seinem ‹Prometheus› (1963–67) den altgriechischen Text des Aischylos, um daraus einen besonderen musikalisch-gestischen Sprachduktus zu gewinnen; allerdings muß er aus musikalischen Gründen weitgehend auf die Versbindung der quantitierenden Originalsprache verzichten und die Wort- und Versakzente größtenteils frei setzen. Der von W. EGK für B. BLACHERS ‹Abstrakte Oper Nr. 1› (Uraufführung 1953) verfaßte abstrakte Text ohne zusammenhängende Handlung ist das Ergebnis einer Auflösung von Sprache in Laute, Silben und Satzteile. Das semantische Defizit wird durch den gestischen Charakter der Musik ausgeglichen, der Elemente des traditionellen Musiktheaters nachahmt. Das Werk weist voraus auf das experimentelle «instrumentale Theater» von M. KAGEL (‹Sur scène›, 1962), aber auch auf die Musiktheater-Konzeption von O.M. ZYKAN, der die (serielle) Ordnung seiner Musik mit bewußten Störungen durchsetzt, die durch Gestik oder durch Bewegungen angezeigt werden und solcherart zu einer inhaltsvermittelnden 'optischen Rhetorik' führen (‹Inscene II›, 1967).

Anmerkungen:
1 R. Stephan: Art. ‹M.›, MGG. Sachteil 6 (1997) Sp. 392–397. – 2 Art. ‹Modern›, in: G. Schilling: Encyklop. der gesammten musikalischen Wiss. oder Universal-Lex. der Tonkunst 4 (1837). – 3 C. Dahlhaus: Die Musik des 19. Jh. = Neues Hb. der Musikwiss. 6 (1980). – 4 G. Wunberg (Hg.): Die Wiener Moderne. Lit., Kunst und Musik zwischen 1890 und 1910 (1981). – 5 Chr. v. Blumröder: Der Begriff ‹neue Musik› im 20. Jh., = Freiburger Schr. zur Musikwiss. 12 (1981); Was heißt Fortschritt? = Musik-Konzepte, H. 100 (April 1998). – 6 H. Danuser: Art. ‹Neue Musik›, in: MGG. Sachteil 7 (1997) Sp. 75–122. – 7 ders.: Die Musik des 20. Jh. = Neues Hb. der Musikwiss. 7 (1984). – 8 Th.W. Adorno: Philos. der neuen Musik (1949). – 9 F. Busoni: Von der Einheit der Musik (1922). – 10 P. Andraschke: Kompositionsart und Wirkung von A. Hábas Musik im Sechsteltonsystem, in: Music of the Slavonic Nations and Its Influence upon European Musical Culture (Brünn 1981) 233–251. – 11 H. Krones: Art. ‹Musik und Rhet.›, in: MGG Sachteil 6 (1997) Sp. 814–852. – 12 P. Andraschke: Lied und Lyrik: A. Weberns Trakl-Vertonungen, in: Freiburger Universitätsblätter, H. 100 (1988) 91–107. – 13 vgl. die Aufsätze von C. Floros und G. Perle in: A. Berg. Kammermusik I = Musikkonzepte, H. 4 (April 1978). – 14 A. Webern: Der Weg zur Neuen Musik (Wien 1960) 17. – 15 ders.: Variationen für Klavier Op. 27. Weberns Interpretationsvorstellungen erstmals erläutert anhand der Faksimiles seines Arbeitsexemplares mit Anweisungen Weberns für die Uraufführung (Wien, Universal Edition Nr. 16845, 1979). –16 L. Wittgenstein: Philos. Unters. I (Oxford 1953) 527. – 17 R. Hausmann: Texte bis 1933, Bd. 1: Bilanz der Feierlichkeit, hg. von M. Erlhoff (1982) 98. – 18 Vortragsmanuskript von H. Höch, zit. bei E. John: Absolute Respektlosigkeit. Jefim Golyscheff 1919, in: Neue Zs. für Musik 155 (1994) H. 3, 29f. – 19 H. Krones: Vom Wortbruchstück zur Sentenz und zurück: O.M. Zykans Konzept der Sprachkomposition zwischen Reihenmechanik und Neo-Dadaismus, in: H. Danuser, T. Plebuch (Hg.): Musik als Text. Bericht über den Internationalen Kongreß der Ges. für Musikforschung Freiburg im Breisgau 1993, Bd. 1 (1998) 409–415. – 20 F. Blume: Was ist Musik? Ein Vortrag. = Musikalische Zeitfragen. Eine Schriftenreihe. Im Auftrage des Dt. Musikrates hg. von W. Wiora, Bd. 5 (1959). – 21 L. Berio im Plattenkommentar zu FSM CE 31027. – 22 vgl. D. Schnebel, H.R. Zeller: Werkverzeichnis, in: Musik-Konzepte, H. 16 (November 1980) 128. – 23 W. Gruhn: Musiksprache – Sprachmusik – Textvertonung. Aspekte des Verhältnisses von Musik, Sprache und Text (1978). – 24 K. Stockhausen: Aus den sieben Tagen (Einführungstext für das Programmheft der Int. Kurse für Neue Musik in Darmstadt, geschrieben 31. VII. 69), in: Texte zur Musik 1963–1970, Bd. 3: Einf. und Projekte. Kurse. Sendungen. Standpunkte. Nebennoten, hg. von D. Schnebel (1971) 123. – 25 D. Schnebel: MO-NO. Musik zum Lesen (1969). – 26 G. Borio, H. Danuser (Hg.): Im Zenit der M. Die Int. Ferienkurse für Neue Musik Darmstadt 1946–1966. Gesch. und Dokumentation, 4 Bände. = Rombach Wiss. Reihe Musicae, Bd. 2 (1997). – 27 J. Häusler: Spiegel der Neuen Musik: Donaueschingen. Chronik – Tendenzen – Werkbesprechungen (1996). – 28 H. Krones: Warum gibt es in Österreich immer schon eine/keine Postmoderne?, in: W. Gruhn (Hg): Das Projekt M. und die Postmoderne (1989) 211–246.

P. Andraschke

VII. *Bildende Kunst.* **1.** *Zur Topik von Utopia: M. als künstlerisches Projekt nach dem Ende humanistischer Kunsttheorie.* Unter dem Stichwort der M. wird künstlerische Gültigkeit gerade aufgrund der Gebundenheit an die Erfahrung der Gegenwart beansprucht. Weder als Epochenbegriff noch als Haltung kann das jeweils 'Moderne' fixiert werden. Der Begriff, der Aktualität und Fortschritt in Richtung auf eine nicht näher bestimmte Zukunft in den Vordergrund des Urteils stellt, entzieht sich insofern der Bestimmung. In der Praxis erlebt sich die Kunst als gegenwärtig, bevor sie sich als *modern* bestimmt. Programme und Manifeste sind daher nicht der richtige *Ausgangspunkt*, um die M. in der bildenden Kunst zu verstehen. Am Anfang muß sich der Blick auf künstlerische *Verfahren* richten. Erst von dort aus kann man die Wandlungen der künstlerischen *Projekte* der M. nachvollziehen. Anders als die von der Architektur ausgehenden Ansätze zur Problemgeschichte der künstlerischen M., die in der Debatte um die Postmoderne im Vordergrund standen, geht der folgende Versuch von der Malerei aus.

a. ‹*Modernism*›. Der amerikanische Kritiker C. GREENBERG, der den Durchbruch des abstrakten Expressionismus begleitet hat, beschrieb 1939 die Jahrhunderte währende Abhängigkeit der bildenden Künste von der Literatur. Diese gehe auf die humanistische Kunstauffassung der Renaissance zurück und habe schließlich in der Bürgerkultur des 19. Jh. letzte Triumphe gefeiert. Nicht nur den Inhalten der Literatur sei die bildende Kunst verpflichtet gewesen, sondern auch der spezifisch literarischen Form spannender Unterhaltung. Der Betrachter sollte ebenso wie der Leser von dem Stoff absorbiert sein, auf das Medium (etwa der Malerei) also nicht achten. Der Befreiung von diesem Diktat sei die Selbstfindung der Kunst zu danken. Angebahnt habe diese sich zunächst, im 19. Jh., in einer von den Zwängen des bürgerlichen Kunstgeschmacks befreiten Bohème, dann, im 20. Jh., in den programmatischen Avantgardebewegungen.[1] Greenbergs Vision, zuerst in der marxistischen Zeitschrift ‹Partisan Review› veröffentlicht, ist die wirksamste und vielleicht anspruchsvollste Formulierung eines Verständnisses des ‹modernism›, dem die Reduktion der bildenden Künste auf ihre ureigensten Mittel der Farbe, der Pinselführung, der Form und des bewußten Umgangs mit dem Material als Prozeß der Selbstfindung galt.[2] Greenbergs historische Rechtfertigung der abstrakten Kunst steht stellvertretend für eine M., an welcher sich schon seit den sechziger Jahren Tendenzen einer intervenierenden Kunst, die über ihren eigenen Status reflektiert, dann die Postmoderne oder die zweite M. reiben. Bis heute wirkt diese Vision eines autonom künstlerischen Fortschritts, an dem sich die jeweilige Modernität bemißt, untergründig oder in ironischer Brechung fort. An einem Grundanliegen der historischen Avantgardebewegungen und der abstrakten Kunst der vierziger und fünfziger Jahre, das Greenberg zum Eckpfeiler seiner Kunstkritik machen sollte, hält auch die Kunst der Gegenwart weitgehend fest: der Künstler ist bestrebt, die visuellen Medien, derer er sich bedient, transparent zu machen, zu bewußtem Sehen einzuladen, statt seine Mittel zu verbergen, sie dem Zweck der Erzeugung einer möglichst eindrucksvollen Fiktion unterzuordnen. Seit der Konzept- und Kontext-Kunst wird dieses Anliegen jedoch erweitert auf die gesamte soziale und institutionelle Situation der Kunstproduktion und -rezeption.[3] Kunst wird dadurch zum ästhetischen Spiegel des gesamten gesellschaftlichen Lebens und der Kommunikation – allerdings vorbei an den Wegen des kommerziellen Bildes. Vor dem Hintergrund der seit den siebziger Jahren sich durchsetzenden semiotischen und poststrukturalistischen Kulturkritik bemißt sich die M. der Kunst nicht mehr an einem nur künstlerischen Projekt, sondern an kritischer Zeitgenossenschaft.

b. *Voraussetzungen: von der humanistischen Kunsttheorie zum Subjektivismus der Romantik.* Greenbergs *modernism* löst ein Modell des künstlerischen Fortschritts ab, welches der Vergewisserung über das in der jeweiligen Gegenwart Erreichte seit der Renaissance die entscheidenden Kriterien an die Hand gibt. Die neuere Diskussion hat verdeutlicht, daß nicht erst in der M., sondern bereits in G. VASARIS Modell des künstlerischen Fortschritts das Bewußtsein für eine autonome Geschichtlichkeit der Kunst und für deren Aktualität Hand in Hand gingen.[4] In seinen 1550 in erster, 1568 in zweiter Auflage erschienenen ‹Vite› berühmter Künstler konstruiert der künstlerische Verwalter des Kunstbetriebes im frühen Großherzogtum Toskana die Geschichte der italienischen Kunstentwicklung seit Giotto, Duccio und N. Pisano als Fortschritt in Richtung auf verbesserte Naturhaftigkeit, intensivere Bilderzählung und gesteigerte Mimesis. Im Werk Michelangelos sieht er einen Höhepunkt; die Entwicklung zu einer ausdifferenzierten künstlerischen Sprache schildert er insofern nicht als offen, sondern als prinzipiell abgeschlossen. Der künstlerische Fortschritt erscheint Vasari als eine formal beendete Teleologie. In der posthistorischen Wirklichkeit des sich herausdifferenzierenden Absolutismus gilt es, das Erreichte vor allem durch eine rationale Kunstförderung, eine Art künstlerischen Landesausbau zu mehren.[5] Der Begriff der Mimesis, einer idealisierenden Nachahmung, wurde zum Schlüsselbegriff der Kunsttheorie des Humanismus, den die M. ablösen sollte.

Die klassische Historienmalerei ist Teil einer humanistischen, zu einem Korpus erstarrten Rhetorik. Die Geschichte der klassischen Bildrhetorik entwickelt sich in mancher Hinsicht parallel zur Textrhetorik. Geboren als Strategie, eine Zuhörerschaft von einem Argument zu überzeugen, in Volksversammlungen, Gerichtsverfahren sowie philosophischen oder ideologischen Debatten Entscheidungen zu befördern, wird die Rhetorik in Schulen und Akademien gelehrt.[6] Mit dem Ende der römischen Republik wandelt sich die Rhetorik bekanntlich zeitweise von einer Technik des Überzeugens zu einer der Ausschmückung der Rede.[7] Mit der politischen Freiheit schwindet in der Kaiserzeit die Debattierbarkeit der Wahrheit.[8] Im staatlichen und diplomatischen Ritual ebenso wie in der Panegyrik wird die Rhetorik dann zu einer normativen Technik der Verwaltung unbefragter Urteile und Vorurteile. Die Renaissance belebt im Ergebnis vor allem diese Form der Rhetorik wieder.[9] Seit ALBERTIS Malereitraktat steht auch die bildende Kunst unter der Herrschaft der «schönen Rede» (R. Lachmann).[10] Die künstlerische Phantasie wirkt im Gleichschritt mit den Verfahren zur Ausarbeitung kunstvoller Rede: der *inventio* und *dispositio* entspricht die Anlage der Figurenkomposition in spannungsvollen Gruppen, der *elocutio* ist der gestische oder mimische Ausdruck der Figuren analog, schließlich wiederholt sich das rhetorische *decorum*, die für dieses oder jenes Argument angemessenen Topoi und Tropen, in den Stereotypen des Ambientes (wie z.B. *locus amoenus*, heroische Landschaft etc.) oder in der ethischen Angemessenheit eines bescheidenen oder armen, strengen oder üppigen etc. Dekors.[11] Es geht der humanistischen Kunst nicht darum, neue Wahrheit aufzuweisen, sondern sie ist vor allem bemüht, die alten Wahrheiten in attraktiveren, eindrucksvollen Bildern vorzuführen. Dem entsprechen auch die Situation und die Absichten des Künstlers als Erzähler: Er 'spricht' nicht als Individuum zu noch unbekannten Betrachtern, die sich vor dem Werk einfinden würden. Vielmehr äußert er sich im Namen einer Rezeptionsgemeinschaft, deren Werte er teilt und exemplarisch ausdrückt. Gleich ob er sich religiösen, dramatischen oder epischen Stoffen zuwendet, er spricht in der Regel mit der Stimme des epischen Erzählers.[12]

Das Empfinden der Zeitgenossenschaft einer pointiert als modern empfundenen Kunst bereitet sich zunächst in den Bahnen der klassischen Kunsttheorie vor. CH. PERRAULT hatte 1687 in der Académie Française die ‹Querelle des anciens et des modernes› eingeleitet. Die M., so insistiert Perrault, seien die ‹Alten›, die nicht mehr im Schatten der antiken Vorbilder stünden. Dabei greift Perrault in keiner Weise den Wertmaßstab der humanistischen Maxime einer Perfektion im Namen des unbefragten Ideals an. Vielmehr resümiert er den seit der Antike (und der Renaissance) erreichten Fortschritt gerade im Sinne des Ideals zugunsten der Gegenwart.[13] Unterschwellig bereitet so die Aufwertung einer gegenwärtigen, sich als modern empfindenden Geschmackskultur dem «Abbau des klassisch-universalistischen Welt- und Menschenbildes» (H.R. Jauß) den Weg.[14]

Erst seit der Aufklärung befreit sich die bildende Kunst aus dem Horizont der *ut pictura poesis*-Doktrin.[15] Seit dem späten 17. Jh. bestehen Literatur- und Kunsttheoretiker immer mehr auf der spezifischen Wirkung unterschiedlicher Künste sowie verschiedener literarischer und künstlerischer Genres.[16] ‹La Logique de Port Royale› von ARNAULD und NICOLE benennt bereits 1662 den Unterschied zwischen «natürlichen» und «institutionellen» Zeichen.[17] Sowohl DIDEROT als auch LESSING bestehen auf den spezifischen ästhetischen Funktionen von Literatur und Kunst, der diskursiv-diachronischen Rezeption literarischer Werke und der kontemplativ-synchronischen Erschließung von Werken der Kunst, auf den verschiedenen Wegen zur Schönheit.[18]

Auf dieser Grundlage entdecken die bildenden Künste bald ihre Visualität neu. Das betrifft auch die Bildrhetorik. Immer stärker bauen visuelle Überzeugungsstrategien auf die genuinen Mittel visueller Suggestion. Die Kunsttheorie und -kritik des Klassizismus und der Romantik verlangt von den Künsten, mit ihren ureigensten Mitteln zu wirken. Entsprechend wenden sich GOETHE und H. MEYER gegen barocke Symbole und Allegorien.[19] Immer weniger wird seither die Bildrhetorik nur an die literarischen Inhalte der Bilderzählung geknüpft. Der Handlungskern, die dramatische Gruppierung der Figuren, die Charaktere und ihre Physiognomik, Mimik und Gestik, das Ambiente mit all seinen Details, das Decorum, haben auch in der Historienmalerei des 19. Jh. nach wie vor der literarischen Vorlage zu entsprechen. Doch tritt die rhetorisch-literarische Verbürgung des Ereignisses allmählich in den Hintergrund. Bedeutsamer werden sowohl historische wie auch psychologische Strategien zur Vermittlung von Authentizität, welche an die Erfahrungswelt eines immer mehr verbürgerlichten Lebens anschließen.[20] Wenn Kritiker wie Diderot das persönliche, subjektive Erleben zum Kriterium der Kunsttheorie erheben, so berufen sie sich dabei auf *modernes* Empfinden.[21]

Die im Zuge von Aufklärung und Empfindsamkeit neu entdeckte Subjektivität ist die Voraussetzung für das Bewußtsein der Modernität des Kunstempfindens. Das höhere Gewicht der künstlerischen Individualität kündigt sich in der Beurteilung der Details des malerischen Verfahrens an. Mehr und mehr preisen die Kenner die individuelle Handschrift, das glückliche Zusammentreffen von Subjektivität und Objektivität, von einfacher, persönlicher Handschrift und geglückter poetischer ‹Wahrheit› – oder auch nur treffendem Effekt. *Die Geste*, welche der Künstler mit Zeichenstift oder Pinsel auf dem Papier oder der Leinwand vollführt, ihr Korrespondieren mit dem gestischen Ausdruck einer dargestellten Figur – oder auch mit einer Art innerer Ausdrucksbewegung der Natur – tritt an die Stelle *der Gesten*, welche die Figuren in einem Historiengemälde ausführen. Bildrhetorik wandelt sich zu einer allein visuell vermittelten Einladung, den Malakt betrachtend nachzuvollziehen.

Einen unumkehrbaren Höhepunkt erreicht diese Umwertung in der Malerei der Schule von Barbizon, die den französischen Naturalismus und den Impressionismus vorbereitete. In den Landschaftsbildern und -skizzen zuerst von P. HUET und T. ROUSSEAU, dann von G. COURBET und CH.F. DAUBIGNY wandelt sich die Natur zu einem Geheimnis, das sich hinter den malerischen Gesten, die es erfassen sollen, letztlich doch verbirgt. In den Landschaften, zugleich dem Gefüge gestischer Pinselzüge, verbindet sich die Subjektivität des Malers mit dem Sujet. Die Natur, welche diese Malerei zu erfassen sucht, ist zugleich die innere des Subjekts und die äußere des Sujet. Beide entziehen sich der gültigen Erfassung: die Malerei wird solcherart zur unabschließbaren Exkursion in eine Natur, deren Einheit nur im Kunstwerk erahnt, niemals jedoch erreicht werden kann. Mit den Erwartungen des Humanismus an die Kunst bricht diese Malerei in zweierlei Hinsicht: zum einen werden mit Naturszenarien in zurückgebliebenen Gegenden in der Umgebung von Paris gänzlich unbedeutende Sujets gewählt. Zum anderen zeugt die Aufwertung der gemalten Skizze und die Akzeptanz einer unvollendet anmutenden, skizzenhaften Malweise von der Unabschließbarkeit dieser Ästhetik. Diese Skizzenhaftigkeit der Technik, die den Standards der Vollendung widerspricht, wurde bis zum Impressionismus als Zumutung abgewiesen.[22] Die anfangs vehemente Kritik ist insofern konsequent, als beide Provokationen systematisch zusammenhängen: wenn das Sujet nicht per se Anspruch auf das Interesse des Publikums erheben kann, so nur die visuelle Sprache, mit der es vorgeführt wird. Künstlerische Subjektivität tritt mit einem vorher ungekannten Anspruch auf.[23]

Seit der Malerei der Künstler von Barbizon und des frühen Naturalismus wandelt sich der kunsttheoretische Stellenwert der inneren und äußeren Natur. Der Maler erlebt im Akt des Malens nicht nur die Natur, sondern das Sehen und seine Realisation in der persönlichen Handschrift auf der Leinwand. Eine ebenso grundsätzlich visuelle wie subjektive Bildrhetorik löst die humanistische ab. Die Beobachtung der äußeren Natur schließt nun die Beobachtung des Selbst, der inneren Natur mit ein – oder, wie Zola in seiner Verteidigung des Impressionismus es später faßte, das Erleben des künstlerischen Temperaments. Beide Wendungen der Beobachtung, nach innen und nach außen, durchkreuzen einander im Werk. Und beide verweisen auch über das Werk hinaus. Schon die Künstler von Barbizon vermögen oft nicht, die endgültige Ansicht eines einsamen Tümpels im Wald von Fontainebleau oder der Schleuse eines Bewässerungskanals hinter einer Wiese malerisch zu verwirklichen. In endlosen Werkprozessen, in seriellen Wiederholungen ringen Maler von ROUSSEAU bis zu MONET und CÉZANNE um eine nie zum Ziel gelangende Realisation.[24] Die künstlerische Arbeit ist in eine neue Situation geraten, die R. Shiff mit dem paradoxen Begriff einer «technique of originality» charakterisiert hat: paradox ist in der Tat die Entwicklung einer Technik, die als solche ja prinzipiell als Verfahren wiederholbar sein soll, und die gleichzeitige Beanspruchung von Originalität, mithin Einzigartigkeit und Unwiederholbarkeit.[25]

Der Relativierung des Ästhetischen durch seine Verortung im individuellen Erleben entspricht auch ein neues, historisch relativiertes Geschichtsbild. Beide gehen – dies hat Gadamer gezeigt – Hand in Hand.[26] Daß die Subjektivierung der Ästhetik durch KANT die romantische Hermeneutik und das Geschichtsverständnis des Historismus vorbereitete, läuft freilich nicht nur auf eine neue Form subjektiv bejahten Traditionsverständnisses hinaus. Vielmehr wird die Geschichte, einmal aus den normativen Teleologien des Humanismus freigestellt, einem nicht mehr wertenden, sondern nur noch ästhetisch genießenden Zugang verfügbar. Diese Verfügbarkeit manifestiert sich auf drei verschiedene Weisen: Zunächst stehen die ästhetischen Erzeugnisse der Vergangenheit bereit, um in der bürgerlichen Seelenlandschaft den Ort bestimmter Phantasien, des 'gotischen' Schauers, des brutalen Individualismus der Renaissance, oder einer 'klassischen' Ausgeglichenheit u.ä. zu besetzen. Auf einer höheren Ebene wird die spezifische Werthaftigkeit vergangener Kunst, ihr unmittelbar 'Göttliches' in Epocheninterpretationen ergründet. HEGEL schließlich zwängt die Reihe der historischen Visionen in eine Teleologie, deren Ziel nur die moderne Freiheit und ihr Garant, die verfaßte Staatlichkeit, sein kann. Damit jedoch ist die Relativierung des Historischen, wie sie der Historismus betrieb, verlassen. Für den Künstler als Künder gegenwärtigen Epochenverständnisses hat der Historismus eine entscheidende Bedeutung: Sobald sich Subjektivität in ihrer historischen Relativität akzeptiert, liest man aus dem kondensierten Erleben des letztlich erfolgreichen Künstlers auch die visuelle Sensibilität seiner Epoche heraus.[27] Der Dreischritt wiederholt sich mit Blick auf die spezifisch ästhetische Konstruktion des Modernen: Die Kunst drückt die Erfahrung des Heutigen als Seelenzustand aus, sie sucht aus der Gegenwart epochale Werte herauszudestillieren, und sie kann die Entwicklung des ästhetischen Bewußtseins als konsequent im Sinne einer geschichtlichen Teleologie begreifen. Dieser Schritt zerstört jedoch die

Relativität, die mit dem paradoxen Begriff der M. immer mitgemeint ist: die von Baudelaire beschworenen Ewigkeitswerte einer verfließenden Lebenswelt können letztlich keinen Entwicklungsschritt mit Blick auf ein Ziel der Geschichte markieren.

Sosehr der Mythos des originellen, alles aus sich selbst schöpfenden und die Welt neu erfindenden Individuums mit dem der Avantgarde verbunden ist und den Status des Künstlers bis heute bestimmt, ist auch dessen Phantasie, wie R. Krauss betont, nur ein Ereignis im gesellschaftlichen Diskurs, an dem viele teilnehmen, der keine Besitzer kennt. Es gehört zu den Methoden des *modernism*, eine oft vielschichtige, weit verzweigte Zusammenarbeit im geistigen Klima, aus dem Kunstwerke erstehen, auf einen genialen Schöpfungsakt ex nihilo hin zu verkürzen.[28] Doch ist die romantische Idee des Künstlers als Medium der Natur nicht zum Verschwinden zu bringen: nach dem «Tod des Autors» (R. Barthes) wird das Genie nun nicht mehr als Demiurg seines Werkes, sondern als Sonderexistenz, als psychoanalytisches Naturereignis wiedergeboren.[29]

c. *Kunst als Utopie: Ursprünglichkeit und Stilisierung nach dem Ende der ‹ut pictura poesis›-Doktrin.* Die Romantik hat mit dem Begriff der Mimesis auch die Vorstellung eines privilegierten Verhältnisses der Kunst zu außerkünstlerischer Wahrheit in die Krise gebracht. Das Werk von K.Ph. Moritz zeigt den Bruch, während andere Theoretiker der Romantik ihn vollzogen haben.[30] Das von Moritz attackierte (und später von A.W. Schlegel und anderen verabschiedete) Schlüsselkonzept der älteren Kunsttheorie ist das der idealisierenden Nachahmung. Moritz lehnte Vorstellungen einer göttlichen Idealität der Natur nicht vollends ab. Wie Shaftesbury sieht er den Künstler als einen modernen Prometheus. Dennoch transformiert er das Gedankenmodell in einer Weise, die dessen Erosion nach sich ziehen muß: Für Moritz liegt die (göttliche) Perfektion – zugleich die Schönheit – jenseits einer möglichen Erkenntnis durch den Künstler. Dem akademischen Regelwerk idealisierender Perfektionierung und rhetorischer Präsentation ist damit der Boden entzogen. Der Weg des Künstlers wandelt sich für Moritz zur Suche nach etwas Unbekanntem, einer göttlichen Schönheit. Das Göttliche liegt dem künstlerischen Prozeß nicht mehr als Garant zugrunde; auch hat sich das Idealschöne nicht in der kunsthistorischen Tradition offenbart. Schönheit wird zum Ziel einer nie zu vollendenden Teleologie. In der Welt des Humanismus stand die Kunst am Anfang und Ende des Werkprozesses. Nun steht sie nur noch am Ende, als eine Utopie, die sich stets auch entzieht.[31] Für Kant zeigt sich im Schönen und Erhabenen die Natur so, als sei sie nicht nur für uns, sondern an sich gemäß den Kategorien und Postulaten unserer Vernunft strukturiert, wiewohl es dafür keinen weiteren Beleg gibt.[32]

Die romantische Kritik am klassischen Mimesis-Konzept zieht auch ein neues Verständnis des künstlerisch Schönen nach sich. Statt die individuellen Bemühungen in einem idealen Kosmos zu überwölben, erscheint das Schöne nun radikal als subjektiv und zugleich als autonom – in dem Sinne, daß die Schönheit nun nicht mehr durch andere Perfektionen oder gar Interessen definiert wird, wie es im System klassischer Kultur und religiöser Bindungen der Fall war.[33] Kunst wird zur Religion, kann in ihren Anspruch eintreten, sie sogar ersetzen. Die Werte des Schönen und der Kunst sind zwar nach wie vor zwischen Gott und dem Ich angesiedelt: doch wie das Selbst zu einem unbekannten Kontinent wird, zu einer niemals auslotbaren inneren Natur, so entzieht sich auch Gott und verblaßt zum Postulat einer pantheistischen Einheit, einer nur erahnten Sinnhaftigkeit. Die Einheit dieser Positionen – der Schönheit, des Göttlichen, des Selbst, vormals in einem System etablierter Werte verankert, wird in der Kunst jetzt nur noch als Mysterium beschworen, dadurch aber auch zu ihrem ureigensten Anliegen. Das Kunstwerk ist im romantischen Diskurs intransitiv: es existiert für sich selbst, ohne Bezugnahme auf Außerkünstlerisches. Zugleich erscheint es als eine Entäußerung des Selbst, welches sich an einem Abgrund zwischen innerer und äußerer Natur plaziert und ihn zugleich zu füllen trachtet.[34] Novalis zieht aus dieser radikalen Umwertung der Kunsttheorie die Konsequenz: Kunst ist für ihn nicht mehr Nachahmung der Natur, sondern Natur. Während Novalis die Kunst als Manifestation der Natur sieht, neigt Schelling dazu, den künstlerischen Prozeß der Natur parallel zu setzen, als eine Erneuerung der geheimen Produktivität der Natur. Ausdrücklich vergleicht er ein Kunstwerk mit einem biologischen Phänomen wie einer Pflanze. Das klassische Konzept des künstlerischen als einer idealeren Natur wird ersetzt durch das einer Kunst, welche die genetischen Kräfte der Natur, ihre geheime Produktivität, ihr organisches Wachstum im kreativen Subjekt neu inszeniert.[35] Noch J. Pollock antwortet angeblich auf die Frage, wie sich seine Malerei auf die Natur beziehe: «I am nature.»[36]

Die von deutschen Theoretikern so eloquent inszenierte romantische Wendung wird in der bildenden Kunst Frankreichs vielleicht radikaler vollzogen als in der deutschen Kunstlandschaft. Doch spätestens seit der Malerei C. Blechens wird auch in Deutschland die persönliche Pinselschrift auf der Leinwand zur Schnittstelle, zum medialen Schirm, an dem die innere Natur des Künstlers und die äußere aufeinandertreffen.[37]

Natürlich ist es immer noch möglich, die künstlerischen Ideale klassischer Kunst weiterzuführen, allerdings lediglich in charakteristischen Brechungen. Obwohl, nicht nur an den Akademien, weiterhin großformatige historische oder mythologische Szenen oder idyllische wie heroische Landschaften entstehen, sind diese Werke nunmehr nicht in unbefragten humanistischen Werten verwurzelt. Mehr und mehr fehlt ihnen die Legitimation durch eine Rhetorik des Bildes. Natürlich finden mittelmäßige Künstler auch mittelmäßige Theoretiker, um das Festhalten an alten Modellen zu begründen. Aber die genialeren transformieren die alten Genres – ohne sie vollends aufzugeben –, und passen sie den gewandelten Verhältnissen an. Als Schlüsselbeispiel sei Ingres' ‹Goldenes Zeitalter› herangezogen, 1849 für das Schloß von Dampierre gemalt. Für das klassische Sujet bedient sich Ingres eines idyllischen Registers, passend zum humanistischen Ideal vollendeten Glücks. Schon durch das Thema faßt das ‹Goldene Zeitalter› die Erwartungen des Humanismus an die Kunst zusammen. Kunsthistoriker haben die idealisierten, fast arabeskenhaften Figuren bei Ingres oft voreilig in die humanistische Kunsttradition gestellt. Es trifft durchaus zu, daß Ingres – hier noch der auf rhetorischen Einfluß zurückgehenden *imitatio* verpflichtet – Vorbilder von der antiken Skulptur bis hin zur Malerei von Giorgone bis Raffael verarbeitet. Dennoch weicht seine Malerei grundsätzlich von idyllischen Visionen gemäß der humanistischen Kunsttheorie ab. Bei Ingres führen die unverhohlenen Rückgriffe auf klassische Modelle ein zweites Thema in die Szene ein: die Tradition der Kunst selbst.[38] Der Stil der

Idealisierung greift zwar Verfahren von Phidias, Raffael und Canova zur Harmonisierung des Flächenkonturs auf, dient aber dabei nicht dem klassischen Postulat idealisierender Mimesis, sondern einer neuen Art der Tradition: einer autonomen Kunstgeschichte. Ingres' Strategien der Ornamentalisierung von Körperkonturen sowie ihrer Harmonisierung in der ebenfalls ornamentalen Bildformel verwirklichen eine stilisierte, fast affektiert künstlerische Grazie, deren Schönheitsideal die Zeitgenossen mit moderner Nervösität verbanden.[39] Der Inhalt der Sprachform wird zusammen mit einem Sujet stilisiert, das lediglich einen literarisch-künstlerischen Topos rhetorisch ausfüllt.[40] Der Schatz, den die Kunst hütet, ist nunmehr die Kunst selbst und ihre Tradition. Das Kunstwerk erschließt sich zugleich von zwei unterschiedlichen Kontexten her: dem seiner gegenwärtigen Rezeption und dem der Rezeption vorhergehender Meisterwerke. Der Künstler gibt in seinem Werk dem eine Stimme, was zuvor durch andere Werke gesagt worden war. Er schaltet sich dabei nicht als Kommentator ein, der sich auf das Zitat bezöge und es bewundernd oder distanzierend kommentierte. Er bemüht sich im Gegenteil, seine 'Stimme' mit den herbeizitierten «Stimmen» zu vermischen, die Bildrhetorik der Vorbilder mit der eigenen zu verschmelzen. Er fügt insofern nicht nur Vorbilder zu einem neuen Werk zusammen, sondern äußert sich selbst im Namen der solcherart kondensierten Tradition. Stilisierung ist der Begriff für diese Verschmelzung zunächst unterschiedlicher Ebenen verschiedener Traditionslinien, dann des eigenen Duktus mit diesen, schließlich der künstlerisch nobilitierten Sprache mit dem visuellen Jargon modischer Eleganz.[41]

H. MATISSES programmatische Leinwand ‹Bonheur de vivre› (Abb. 1) verdeutlicht, daß in künstlerischen Traditionen, die auf dem Zitat und der Stilisierung beruhen, nicht das klassische Ideal fortwirkt. Nahezu jede Figur zitiert Matisse aus dem Gemälde von Ingres oder aus ebenso berühmten Bildern Tizians oder anderer klassischer Künstler. Ohne Zweifel ist sein Bild vom Glück ein Kunstwerk über die Kunst. Dennoch spricht der Künstler nicht nur im Namen der künstlerischen Tradition, auch nicht nur im Namen des Mediums der Malerei, deren dekorative Flächenhaftigkeit Matisse unterstreicht. Seine Eingriffe, basierend auf der ungebrochenen, 'orientalischen' Farbe, auf Konturen, die auf der gestischen Einfühlung in körperliche Bewegungen basieren (diese gar als Sprache haptisch-erotischer Erfahrung im Gegensatz zu Voyeurismus verwenden), führen eine andere Sprache ein, die des Künstlers, der in einem Werk von höchster *Präsenz* mit *präsent* bleibt, diese Gegenwärtigkeit jedoch zugleich als historisch dimensioniert. Als polyphones Werk ist ‹Bonheur de vivre› in seinem stilisierten Meta-Klassizismus ein moderner Ausdruck des irdischen Paradieses.[42]

Stilisierende Malerei entspricht insofern einer äußerst indirekten Rede, zusammengesetzt aus ernsten und nur

Abb. 1: H. Matisse: Bonheur de vivre. 1906, Öl auf Leinwand. The Barnes Foundation, Merion Station/Pennsylvania. Photograph © reproduced with the Permission of the Barnes Foundation™ All rights reserved.

bisweilen ironischen Pointen. Der Jargon ‹naturalistischer› oder ‹realistischer› Malerei bezeichnet das andere Extrem. Dort spricht der Künstler im Namen seiner inneren Natur, und folgt der Maxime einer unbedingten Treue gegenüber einer authentischen, unvermittelten Wahrnehmung. In E. ZOLAS Diktum, ein Kunstwerk sei «ein Stück Natur, durch ein Temperament gesehen», ist eine Konzeption künstlerischer Kreativität verdichtet, die Naturalismus und Individualismus miteinander verkettet. Zolas Temperamentsästhetik läuft darauf hinaus, daß die ästhetische Selbstwahrnehmung einer Gesellschaft gerade einem eminent unabhängigen (und insofern der Gesellschaft entrückten) Individuum zu verdanken seien. Letztlich huldigt Zola einem liberalistischen Wahrheitsideal. Künstler wie Courbet oder Manet sind für ihn freier als andere von überkommenen Vorurteilen über die Kunst. Radikale Emanzipation hat sie in besonderem Maße befähigt, den Imperativen ihres Temperaments zu folgen. Ihre frischen, unbefangenen Visionen würden sich gewiß, obwohl sie gesteigerter Subjektivität zu verdanken seien, in der gesellschaftlichen Phantasie durchsetzen. Gegen alle Vorurteile *müßten* sich diese Werke als Ausdruck der M. anbieten. Zola ist auch der Überzeugung, daß ein frischer, unbefangen malerischer Impuls, wie er in der sichtbaren Pinselschrift in Primamalerei ersichtlich bleibe, ein Erkennungsmerkmal einer solchen als eminent frei qualifizierten Malerei sei.[43] Zu Anfang des 20. Jh. wird J. MEIER-GRAEFE die Entwicklung einer immer stärker malerischen Technik mit dem gesellschaftlichen Fortschritt zur liberalen Demokratie und dem modernen Individualismus verbinden.[44] Zola und Meier-Graefe sind gleichermaßen davon überzeugt, daß die Spuren einer gestisch arbeitenden Zeichnung und Malerei Merkmale einer spontanen, authentischen Wahrnehmung befreiter 'Temperamente', liberaler Individuen seien.

Nach dieser Vision wird der Künstler zum Garanten ästhetischer Wahrheit für seine jeweilige Gegenwart. Die ästhetische Wahrheit ist dabei historisch relativ. Das Bemühen des Künstlers um Selbstausdruck wird zum Spiegel des gesellschaftlichen Wegs zu individueller Freiheit. Der Romantik galten die innere Natur des Selbst, die Schönheit und die äußere Natur letztlich als teleologische Leitbilder, deren Einheit nur eine göttliche Instanz gewährleisten konnte. Bei Zola wird das göttliche Prinzip dann ersetzt durch den Fortschritt, denkbar nicht anders denn als Fortschritt zur Freiheit.

d. *Mit den Augen der Mnemosyne: Die M. als immer schon erinnerte Gegenwart.* Auch das in CH. BAUDELAIRES Vorstellung der *modernité* codierte, epochale Selbstverständnis muß mit Blick auf die dem Begriff impliziten Verfahren beschrieben werden. C. GUYS hält als reisender Bildberichterstatter die Gesellschaft seiner Zeit in flüchtig-intensiven Aquarellen fest, denen er um den Preis einer etwas rätselhaften Naivität die Aura zeitgenössischen Auftretens verleiht. Ihn begrüßt Baudelaire 1859 als «peintre de la vie moderne», dessen Vision der Gegenwart geeignet sei, Geschichte zu werden, oder, wie Baudelaire mit Blick auf das Urteil der bildungsbürgerlichen Louvre-Besucher formuliert, die Würde der Antike zu erreichen. Dem Dichter geht es dabei weniger um den Begriff der M. als um den der Schönheit, den er in der Erfahrung des Gegenwärtigen verankern will. So preist er Guys für sein Bemühen, «in der Mode das offenzulegen, was sie an Poetischem im Historischen enthalten kann, das Ewige aus dem Vorübergehenden zu ziehen».[45]

Diese Verankerung des Schönen als Ewigkeitsaspekt der gelebten Jetzt-Zeit setzt das Verständnis der Gegenwart in ihrer historischen Relativität voraus. Baudelaire geht es um die Gegenwart als einst erinnerte. Der Begriff der ‹modernité› projiziert sich in die vergangene Zukunft. Er faßt epochale Gegenwärtigkeit im Kontext einer historischen Sicht auf die Kunst und die Geschichte zusammen, und zwar in zweierlei Hinsicht. Zum einen setzt er voraus, daß der Geschichte kein teleologisches 'Projekt' zugrundeliegt, vielmehr die geschichtlich aufeinanderfolgenden Formen ästhetischer Selbstwahrnehmung gleichermaßen sinnvoll sind. Dabei verortet er das individuelle Erleben – ein Begriff, der die Freiheit der Lebensplanung und -gestaltung voraussetzt, im geschichtlichen Prozeß, insofern, als es sich gerade darin als 'modern' empfindet. Zum anderen setzt das Postulat der ‹modernité› sich selbst jeweils als paradoxes Ziel des eigentlich schon ziellos gewordenen Geschichtsverlaufs. Die Freiheit, jener Katalysator gegen die geschichtliche Teleologie, die Zielhaftigkeit der Geschichte nur noch auf sich selbst hin zuläßt, ist insofern die Schwester der ‹modernité›. Von vornherein wird unter dem Epochenbewußtsein der M. zum (unerreichbaren, als jenseitig postulierten) Ziel der Geschichte deren Ende, deren Erfüllung im Hier und Jetzt. ‹Modernité› ist demnach die zugleich relativierte und verabsolutierte Gegenwart. Dieses Ende, das *éternel* im *transitoire*, ist für das Subjekt und von diesem ausgehend für ein künftiges Erinnern ein unbedingter, vitaler Wert, der sich als *antiquité* über das Verfließen des *transitoire* erhebt.

Baudelaires Neuprägung des Begriffs ‹modernité› öffnet eine Konstellation des Epochenselbstverständnisses, die grundsätzlich noch unser eigenes Empfinden für die Werthaftigkeit der jeweiligen Gegenwart strukturiert.[46] Durchweg scheinen die verschiedenen Traditionen der M. auf die paradoxe Enthistorisierung dessen abzuzielen, was doch als eminent geschichtlich gedacht ist. Bezeichnet man mit dem Baudelaireschen Begriff der ‹modernité› die Qualität eines Kunstwerks, sei es nur eines Aquarells der modernen Gesellschaft aus dem grandios naiven Pinsel des C. Guys, so verlangt sie zunächst vor allem nach der Verortung des künstlerischen Chronotops, um einen Bachtinschen Begriff zu verwenden, im Hier und Jetzt einer raumzeitlich bestimmten Gegenwart. Was das bewußte Erleben der Eigenzeit in ihrer Historizität angeht, zugleich dessen Fixierung in der künstlerischen Darstellung, so fordert Baudelaire zugleich jedoch nach Selektion jener Aspekte der Gegenwartserfahrung, die grundsätzlich vom Standpunkt einer Ewigkeit aus betrachtet werden könnten, und gerade von diesem Standpunkt aus ihren Wert erweisen würden. Die Ansiedlung des Erfahrungsinhalts von ‹modernité›, sozusagen der *fabula*, im Hier und Jetzt wird also durchkreuzt dadurch, daß diese *fabula* als *Sujet* mit Blick auf einen entlegenen Standpunkt jenseits jeglicher Kontingenz aufgebaut werden muß. Insofern ist die ‹modernité› nicht nur durch die Gegenwärtigkeit des künstlerisch vermittelten Epochenbewußtseins vermittelt, sondern auch dadurch, daß die Geschichte in ihren 'antiken', überzeitlichen Wertsetzungen mit präsent ist. G. SEURATS ‹Fries der zeitgenössischen Gesellschaft wie auf dem panathenäischen Fries› steht für die Gegenläufigkeit gleichzeitiger Nähe und Entrückung.[47] (Abb.2) Modern ist das mit Blick auf die Geschichte Gültige, ja das der Geschichte sozusagen in einer zweiten Geschichte der Vollendungen Überhobene am Gegenwärtigen. Der Vermittler der ‹moder-

Abb. 2: G. Seurat: Ein Sonntagnachmittag auf der Insel <La Grande Jatte>. 1884–1886, Öl auf Leinwand. The Art Institute of Chicago, Chicago. Photograph © Courtesy of The Art Institute of Chicago. All rights reserved.

nité> ist ein über alle Distanzierungstechniken hinaus entrückter Erzähler, oder, um ein Wort M. Frieds zu verwenden, «painter-beholder».[48] Das oberflächliche Postulat der ‹modernité› nach unbedingter Zeitgenossenschaft wird also ergänzt um das Postulat einer größtmöglichen Verfremdung, ein transitives Fremd-Machen im Sinne von V. Sklovskijs *ostranenje* – keinesfalls ein intransitives Fremd-Werden des Erfahrungsinhalts durch das künstlerische Verfahren.[49]

2. *Nähe und Entrückung – das Paradox der M.* **a.** *Verfremdung und ‹détachement›.* Der Widerspruch von Nähe und Entrückung ist seit BAUDELAIRE aus den Strategien moderner Kunst nicht mehr wegzudenken. Die unterschiedlichen Verfahren der Verfremdung setzen bald das *détachement*, eine sich selbst beobachtende Beobachtung, eine scheinbar desinteressierte Involviertheit voraus. Seit der Romantik geht das Sich-selbst-Fremdwerden des künstlerischen Subjekts der Verfremdung voraus. Zugleich nahe und befremdlich ist vor allem das Verdrängte, jener entrückte Teil der eigenen Natur, der nicht auf einen göttlichen Ursprung zurückverweist. Auch die ‹Wirklichkeit› von Realismus und Naturalismus ist zunächst die des Verdrängten, der Phantasmen, die das Pathos pantheistischer Schau durchbrechen und untergründig zur Sichtbarkeit vorstoßen. Doch auch der beruhigte Naturalismus des späteren 19. Jh. bleibt von der paradoxen Begegnung von Nähe und Entrückung, Vertrautheit und Fremdheit bestimmt.

In der jüngsten Debatte hat TH. GÉRICAULT als Begründer einer französischen Tradition des Realen Gewicht gewonnen.[50] Seine Malerei triumphiert 1819 im Gemälde ‹Das Floß der Medusa›, dem Bild der nach einem Schiffbruch auf einem Floß treibenden, letzten Überlebenden. Dem Gemälde liegt ein reales Ereignis zugrunde, zugleich aber wird unter Rückgriff auf die künstlerische Tradition ein pathetisches Bild heroischer Auflehnung gegen den unvermeidlichen Tod, gegen *abjection* und Kastration gezeigt.[51] Die Imagination wird vor allem deswegen in die Gegenwart geführt, weil der morbide Schrecken des Zeitungsereignisses alle narrativ entrückten, mythisch überhöhten oder ideologisch überwölbten Grausamkeiten übertrifft. Man will sich abwenden, und schaut doch hin. Das morbid Entsetzliche, in seiner Bedrohung jeglichen vitalen Interesses in den Blick genommen, dominiert den kuriosen Blick als dessen Nachtseite. Für die Zeitgenossen überbot das Gemälde die Wirkungsmacht von Michelangelos ‹Inferno› im Weltgerichtsfresko an der Stirnwand der Sixtinischen Kapelle, an dem sich Géricault zur Ästhetisierung selbst toter Körper doch orientierte. Der künstlerische Mythos strukturiert die Gegenwärtigkeit des Unabwendlichen. Der Tod schreibt sich der Geschichte ein. Gegenwärtigkeit drückt sich in dieser komplexen Metapher als verzweifeltes Aufbäumen gegen das Vergessen aus. Die ‹Realität›, der Nullpunkt im chronotopischen Koordinatensystem, wird nicht durch den distanzierten Blick, durch *détachement* erreicht, sondern umgekehrt durch das gebannte Schauen auf das Andere des Lebens.[52]

G. COURBET, der essentielle Realist, malt nicht im Sinne von Tod und Furcht, sondern er betreibt eine Anverwandlung der Welt an die Bedürfnisse unbewußten Lebensdrangs. Das Second Empire verarbeitet er in einem Blick in sein Atelier, welches in allegorischen Substitutfiguren (ein Jäger steht für Napoleon III. etc.) auf der linken Seite und in Porträts einflußreicher Freunde auf der rechten die moderne geschichtliche Situation in die Intimität des Subjekts aufnimmt. Das Gemälde hat den konkret-phantastischen Titel ‹L'atelier du peintre, allégorie réelle déterminant une phase de sept années de ma vie artistique›.[53] Courbet thematisiert den Prozeß des Malens und des sehenden Erschließens oft in der Malerei, besonders aber in diesem Kunstwerk über die Kunst unter den Bedingungen des Second Empire. Während Courbet an einer Landschaft malt, blickt ihm die Natur, die er doch ins Bild bannen wollte, in Gestalt einer wohlgestalteten, nackten Frau über die Schulter. Wider Erwarten erscheint das Ateliermodell nicht im Gemälde, welches Courbet auf der Staffelei hat. Dennoch repräsentiert es nicht einfach die Natur oder deren Wahrheit – eine Deutung, die auf Th. Silvestre zurückgeht. Auch der Maler identifiziert sich mit der durch dieses Ateliermodell symbolisierten Natur. Er wiederholt ihre Kontur in der Landschaft, und das Laken, welches sie an die Brust hält, im Wasser. Wie der Maler identifiziert sich auch der Betrachter mit dem Blick dieser betrachteten Betrachterin. Kaum kann er entscheiden, ob deren Blick auf dem Maler, auf seinem Werk oder auf beiden zugleich ruht.[54] In diesem quintessentiell realistischen (und als solchem während der Weltausstellung 1855 in einem Pavillon gezeigten) Gemälde präsentiert Courbet die innere und die äußere Natur als ineinander verwoben, ebenso, wie er zeitlose Naturhaftigkeit und unausweichliche Gegenwärtigkeit als korrelativ vorführt. Sowohl der allegorische als auch der psychische Gehalt des Geschehens auf der Leinwand greift auf das Geschehen davor aus. Courbet vereint die materielle Welt, die den Betrachter vor dem Bild mit einschließt, und das im Bild Gesehene in einer verallgemeinernden Kontinuität. In dieser ‹materiellen› Welt manifestieren sich die vitalen, letztlich sexuellen Wirkkräfte, ein zugleich narzisstisch verzweifelter und rebellischer Überlebenswille, der auch den malerischen Gestus des bisweilen heftig mit dem Palettenmesser Farbmaterie aufspachtelnden Künstlers regiert.[55] In diesem verschlüsselten Bild politischer Zeitgenossenschaft richtet sich die Perspektive der Einheit von Mensch und Gegenwart gegen diese, sie ist nur als vitales Bedürfnis im Leiden an der M. präsent. Doch in der stillen Solidarität der anwesenden Zeitgenossen, sämtlich betrachtete Betrachter, deutet sich die Möglichkeit einer auf Akzeptanz der vitalen, psychischen Interessen beruhenden, materialistischen Ordnung an. Zeitgenossenschaft nimmt Zukunft vorweg.

Das Reale, welches im Zentrum des Projekts der M. stand, wie es das 19. Jh. formuliert hat, zeigt sich insofern

Abb. 3: É. Manet: Eine Bar in den Folies-Bergère. 1881–1882, Öl auf Leinwand. London, Courtauld Institute of Art Galleries. Photograph © reproduced with the Permission of the Courtauld Institute.

als psychisch durchwirktes Lebensambiente. É. MANET scheut sich nicht, das inzwischen von der Kunstkritik allseits beschworene moderne Leben sogar in Bildern von Prostituierten (‹Olympia›, 1863) oder Barmädchen im Variété (‹Bar aux Folies-Bergère›, 1889) (Abb. 3) zusammenzufassen. In beiden Gemälden tritt der Betrachter selbst als Beteiligter, als Kunde auf. Dieser Einschluß des Betrachters, den die Hauptfigur meist unverblümt anblickt und in die Szene einbezieht, steht Courbets Malerei diametral entgegen, worin der Betrachter systematisch in die Identität einer Substitutfigur im Gemälde gezwungen wird.[56] Manet öffnet das Werk aus der Welt der Kunst auf das gegenwärtige Publikum hin. Rückgriffe auf kunsthistorische Welten etwa eines Velazquez garantieren, daß die Grenze des Werkes zur Jetzt-Welt nicht allzusehr verschwimmt, wiewohl den konservativen Kritikern diese Versicherungen nicht ausreichten.[57] Neuerdings hat man hervorgehoben, daß die Tradition aus Manets Malerei nicht einfach verdrängt, sondern der Prozeß ihrer semantischen Stillegung im Bild mitreflektiert wird.[58]

Um die Annäherung an das moderne Leben im Werk wieder aufzuheben, radikalisiert Manet vor allem eine zuvor nicht ausdrücklich konzeptualisierte künstlerische Strategie: unter dem Stichwort des ‹détachement› kann man seine distanzierte Selbstbeobachtung im Werkprozeß umschreiben.[59] Er notiert zwar seine Involviertheit in das Sujet, seine Sympathie und Antipathie, Ironie ebenso wie ernste Einfühlung, in einer durchwegs nervösen Pinselschrift auf der Leinwand. Grob skizzierte, fast karikierte Figuren stehen oft neben fein ausgearbeiteten, deren Züge Manet mit Aufmerksamkeit und Liebe festhält. Dabei jedoch wahrt er eine kühle Distanz zur eigenen Emotion, indem er etwa das Motiv immer wieder wegwischt, bis ihm der passende malerische Duktus mit leichter Hand gelingt. In einer Pinselschrift, die Aufmerksamkeit, persönliches Empfinden gewissermaßen aus der Perspektive eines weit außen oder neben sich Stehenden aufzeichnet, rekonstruiert Manet auf der Leinwand ein am Augenblick erlebendes Sehen.[60] In der Distanz zum eigenen Bezug etwa zum Modell wiederholt sich Baudelaires Versuch, die ‹modernité› als eine sich selbst entrückte Involviertheit in die Gegenwart zu begreifen, die dabei schon als historisch empfunden erscheint.

b. *Der Wettlauf zwischen Kunst und Nichtkunst: Medien und Avantgarden.* Nach dem Verblassen der humanistischen Kunsttheorie ist auch das Konzept der künstlerischen Illusion ein anderes als unter dem Diktat klassischer Bildrhetorik. Man hatte erkannt: die Bildkünste zeigen, sie demonstrieren nicht. Die Malerei etwa ist ein paradoxes Medium. Im Extremfall, dem *trompe l'œil*, kann man, was sie zeigt, mit der Wirklichkeit verwechseln. Die Malerei überbietet sich dann selbst, löscht im Betrachter das Bewußtsein aus, daß das, was er sieht, durch ein Medium vermittelt wurde. Die Sprache kann als diskursives Medium diesen Punkt niemals erreichen. Doch auch, als akademisch geschulte Salonmalerei im Vorgriff auf das Kino den Illusionismus immer weiter steigert, bleibt der Abstand von der Wirklichkeit das Hauptthema. Selbst eine Welt, die den banalen Wünschen, den Ängsten, Gelüsten und Illusionen eines immer ungebildeteren Salonpublikums immer besser entgegenkommt, macht gerade durch die Steigerung des Illusionismus den Abstand von der enttäuschenden Wirklichkeit zu ihrem eigentlichen Thema. Die Malerei folgt, wie später das Kino, der Bilderarbeit des Traums, der die Verschiebungen des Wunsches von einem Objekt zum nächsten in endlosen Fahrten inszeniert, dem das Zeichen das bezeichnete Wunschobjekt ersetzen kann.[61] Vollends malt der Symbolismus das dramatische Szenario der bürgerlichen Psyche aus, die sich seither in Verdrängung ihrer Historizität als das Subjekt der Anthropologie schlechthin fehleinschätzt.[62] Bald dichtet der hochgetriebene Illusionismus der Salonmalerei den sozialen Kosmos des imperialistischen Zeitalters zum Traum paternaler Macht und leidender Weiblichkeit um.[63] Seit den 1870er Jahren bereichern naturalistische Exkursionen in alle Facetten der sozialen Welt, Exotismen und Primitivismen den Themenkanon der zum Massenspektakel entfalteten Welt- und Großausstellungen.[64]

Das künstlerische Programm der M. fällt so lange mit den illusionistischen und naturalistischen Tendenzen zusammen, bis diese zur leicht konvertierbaren Währung einer Welt werden, in der alle Gesellschaftsschichten, alle Formen klassenspezifischer Idylle, alle ‹Typen› visualisiert und im visuellen Kosmos einer mehr und mehr industrialisierten Phantasie klassifiziert sind. Naturalistische Bilder werden in der illustrierten Presse reproduziert und imitiert, bevor ihre Residuen schließlich zum Material des Films werden. Dieses Programm des künstlerischen Fortschritts wird nicht nur durch Foto und Film obsolet, auch nicht nur durch die Abnutzung des ‹skaz›, des visuellen Jargons von Künstlern, die im Namen der unvoreingenommenen Beobachtungsgabe ihres Publikums ‹treffende› (und dabei oft unterschwellig rassistische) Charakterisierungen vorführen. Das Absinken im medialen Apparat der Kulturindustrie läßt den Naturalismus ins kinematographische Melodram, in Kitsch übergehen – mit Blick auf die Anfänge, auf die Bedeutung psychischer Impulse bei der Wahl des Sujets eine konsequente Entwicklung.

Kommerzielle Illusionskunst von der Salonmalerei bis zum Kino läßt den Betrachter im Medium versinken, und führt ihn in den Traum des Bildes. Im Gegenzug stellen die Avantgarden das Medium als Vermittler der Illusion ins Zentrum der Aufmerksamkeit. Sie suchen das Sehen bewußt zu machen, das Erleben von den Inhalten auf das Sehen selbst zu verlagern. Vor einem Aquarell des reifen oder späten CÉZANNE ist niemals nur das Motiv Gegenstand des visuellen Erlebens, sondern stets auch die knapp auf der Bildfläche notierten Pinselzüge, Zeichen für Licht und Schatten, für Farben in einfachen Ordnungen und für die Übertragung des Gesehenen auf die Bildfläche – ein Medium, das wie ein Gedicht seine eigene Ordnung hat.[65] Wie der Künstler spielt der Betrachter mit dem Material, mit Pinselzügen und Flächen, mit Leerstellen und Lineament. Dies gilt nicht nur für Kunst, die wie noch die Werke des Kubismus einen gegenständlichen Inhalt hat, also figurativ zu 'lesen' ist.[66] Auch in ganz unkonkreten Formen sieht man dies und das. Man betrachtet etwa eine Farbfläche als einen Farbraum o.ä. R. Wollheim bezeichnet dieses ‹Sehen als› mit ‹representational› im Unterschied zu ‹figurative›. Das andere Extrem des *trompe l'œil* wäre das Kunstwerk, das nur als materielles Objekt, als flächiges *objet-tableau* gesehen werden will. Sinnvoll sind solche Reduktionen der medialen Kraft von Kunst auf Null jedoch nur im Rahmen des Mediums: Derartige Werke thematisieren gerade, was ein visuelles Medium normalerweise suggerieren kann. *Inhaltlich* fokussieren sie gerade durch die Entleerung auf die sozusagen zum Schweigen gebrachte Fiktionalität des Mediums. *Institutionell* spielen sie mit den Erwartungen der Rezipienten an das Medium bzw. mit der sozialen Identität des Rezipientenkreises.[67] Ersteres gilt für C. MALEVITCHS Schwarzes Quadrat auf weißem Grund, 1914 ausgestellt. Letzteres trifft auf M. DUCHAMPS Flaschentrockner zu, den er im gleichen Jahr in einem Kaufhaus ersteht und als Kunstwerk ausstellt.[68] Die Avantgarde betreibt mit der Negation des Werkbegriffs letztlich nur dessen Ausweitung.[69] Nach der Wende vom 19. zum 20. Jh. reicht die Spannbreite der bildenden Künste vom *trompe l'œil* bis zum *objet-tableau* sowie zum Alltagsobjekt, das als *ready-made* zum Kunstwerk erklärt wird.

Die moderne Kunst verwirklicht sich – jedenfalls gemäß der Greenbergschen Vision – im Rahmen dieses Gegeneinander: der (kapitalistischen) Nutzung des Mediums als Träger einer die Aufmerksamkeit absorbierenden Illusion steht die Nutzung des Mediums zur Offenlegung seiner grundsätzlichen fiktionalen Potenz in möglichst genuin auf es selbst bezogenen Wahrnehmungsereignissen gegenüber. Mit letzterer Option verbindet sich die Utopie, daß in einer revolutionär umgestalteten Welt eine unverstellte Phänomenologie der Wahrnehmung einem jeden möglich sein würde, die Kunst also ins Leben aufgeht. Die Kunst der Avantgarden arbeitet an ihrer Selbstauflösung. Sie bezieht ihre Modernität aus einer endzeitlichen Zukunft, welche ihrerseits nicht als modern, da nicht als geschichtlich bezeichnet werden könnte.

c. *M. auf der Seite der Aufklärung oder der Verdrängung? Verborgener Sinn und seine transversalen Ströme.* Seit dem Symbolismus geht die bildende Kunst mit den literarischen Stoffen und den Mythen, denen sie sich widmet, wie der Traum vor. Im Kino sollten sich die festgefügten Codierungen der von den Gebildeten einer Gesellschaft verstandenen Bildzeichen vollends auflösen. Eine Ikonographie, für die unterschiedlichen Rezipientenkreise – Gläubige, eine Nation oder einfach Gebildete – verbindlich festgelegt, beschränkt sich nun auf repräsentative Dekorationen, offizielle Auftragskunst und politische Denkmäler.[70] Codierte Figuren aus der antiken und der religiösen Bildwelt verblassen zu Bildformeln wie A. WARBURGS ‹Nymphe›, deren Struktur – und damit ein Teil ihres ursprünglichen Pathos – entliehen werden kann, um neue psychische Erfahrungen, Wünsche und Befürchtungen bildnerisch zu formulieren. Schon die Historienmalerei der P. DELAROCHE, J.-L. GÉRÔME, J.P. LAURENS oder H. MAKART widmet sich den Themen von Triumph und Tod, Reinheit und Schrecken, paternaler Autorität und legitimer Rebellion, jungfräulicher Schönheit und medusenhaftem Grauen in emotional aufgeladenen Szenen, in welchen die bürgerlichen Psyche weniger mit historischen Werten als mit ihrem archaischen Urgrund konfrontiert wird.[71] Im Symbolismus wird der Schatz der tradierten Sujets vollends zu Motivzitaten zertrümmert, zu Pathosformeln, die an überlieferten Bildsinn erinnern mochten. Herodias und Salome gemahnen weniger an das Martyrium des Täufers als an die Bedrohung männlicher Autorität durch weibliche Korruptheit, die in der entstehenden Konsumgesellschaft der Großstädte mit nicht mehr kontrollierbarer Prostitution zur Obsession wird.[72] Die in S. Freuds ‹Traumdeutung› geschilderten Strategien der Traumarbeit, Verschiebung und Verdrängung oder Kondensation sind als künstlerische Verfahren von den symbolistischen Werken längst bekannt.[73]

Die Strategien der Erzeugung transversalen Sinns sind zum oft unbewußt wirksamen Arsenal der Sprache des Films geworden. Sie lassen sich beschreiben durch die bipolaren Paare von Verschiebung und Kondensation, paradigmatischer und syntagmatischer Ordnungen und der rhetorischen Figuren von Metonymie und Metapher. Auf der Ebene der Primärprozesse der Vermeidung von Unlust ist das Wünschen nur allzu bereit, ein Objekt der Befriedigung durch ein anderes zu ersetzen. Die Libido kann ihre Energie von unerreichbaren oder tabuisierten Objekten der Begierde auf erreichbare verschieben. Im Register der Sprache wie der sekundären Verarbeitung entspricht diesen Verschiebungen die paradigmatische Reihe der Objekte einer gleichen Ordnung, die einander als in Hinsicht auf Gleichartigkeit und Verschiedenheit bestimmt subtituieren können. Doch im Sekundärprozeß hat das Wünschen jene Übermächtigkeit verloren, die es vollständig mit den Objekt einswerden läßt. Im Traum schließlich werden fortwährend Erlebnisse durch verdrängende Kondensation verarbeitet: eine Figur ersetzt eine andere, nimmt Eigenschaften einer dritten an, und verhält sich so, wie ein weiteres Erinnerungsfragment es nahelegt. Auf der Ebene der bewußten oder vorbewußten Sekundärprozesse entspricht dem die syntagmatische Ordnung, die Verkettung des Gegebenen in komplexen Sinngebilden, deren jedes Element erst durch die anderen seinen Sinn erhält. Wie das Unbewußte und das Bewußtsein sind die Primärprozesse und die Sekundärprozesse gegeneinander abgeschottet, obschon doch die Gebilde sekundärer Sinngebung ihre Wirksamkeit nur dadurch erhalten, daß mit dem Unbewußten der primäre Wunsch sich in ihnen manifestiert. Die rhetorischen Verfahren der Metonymie und der Metapher vollends ermöglichen den Brückenschlag von der symbolischen Ordnung zum Unbewußten. Metonymien sind Ersetzungen eines Objekts durch ein in gleichartigen Reihen benachbartes, etwa eines Ganzen durch einen Teil (Synekdoche), eines Aspekts durch einen anderen. Metaphorisch ist die kondensierende Ersetzung eines ganzen Zusammenhangs durch einen anderen, wobei die Verbindung für das Bewußtsein unauslotbar ist.[74] Schon der Symbolismus verflüssigte den codierten Sinn in Formen, welche der Sinnerzeugung in die Perspektive des Wünschens und Fürchtens verlagerten. Der Surrealismus versucht vollends, die transversalen Ströme einer wunschgeleiteten Erzeugung von Sinn offenzulegen.[75]

Die Sublimierung des Wunschens durch Ästhetisierung verdeutlicht das Werk von J.B. CHARDIN. Seine frühen Stilleben wie das mit dem Rochen zeugen von aggressivem Umgang mit inkarnathaftem Fleisch. Eine fauchende Katze hat hier dem prächtigen Fisch den Bauch aufgerissen. Später wird derart metaphorische Gewalt, auch präsent in ‹gekreuzigten› Hasen und anderem Wildbret, durch die metonymische Bildordnung ersetzt. Ein Gegenstand spiegelt sich im nächsten, die beiden reimen sich in Form und Farbe mit einem dritten, alle sind durch die ästhetische Verspannung auf der Bildfläche dem Zugriff entzogen. Jedes Objekt steht in einer dem primären Impuls von Attraktion und Ekel entzogenen, paradigmatischen Ordnung für ein anderes.[76] CÉZANNES Äpfel entziehen sich vollends jedem Gedanken an den Primärprozeß – die Frage ihrer Eßbarkeit oder gar Schmackhaftigkeit wird durch das ästhetische Gefüge beiseite geschoben.[77]

Verschiebung und Kondensation, Metonymie und Metapher, das Spiel mit paradigmatischen und syntagmatischen Ordnungen, dies sind die rhetorischen Charakteristika des visuellen Diskurses der Kunst nach dem

Ende des humanistischen Themenkanons. Wenn im Symbolismus und später im Surrealismus neue Themen von suggestiver Wirkung erschlossen werden, mobilisiert die Kunst nicht die aufklärerische Kraft der Analyse, sondern geht vielmehr mit der ritualisierenden Verdrängung einher, wie sie etwa durch Prozesse der Neurosenbildung bekannt sind. Der Nachvollzug dieser Verfahren in der analytischen Beschreibung kann diese Verdrängungsprozesse transparent machen. Er geht dabei beständig auf Fragen der Semiosis ein, um gerade den Prozeß der Akkumulation vorgeblichen Beobachtungsmaterials bis zu dem Punkt nachvollziehen zu können, da sich Bedeutung untergründig neu konstituiert. Die psychologische Ebene dieses Prozesses ist dabei semantisch erschließbar als die Suche des psychischen Empfindens nach visueller Symptomatisierung, auch als Stereotypenbildung, welche mit der fortschreitenden Herausbildung neuer künstlerischer oder kinematographischer Genres einhergehen kann.

Die heute diskutierte Frage, ob die Strategien künstlerischer Sublimation eher aufklärerischen oder eher symptombildenden Charakter haben, wiederholt eine seit Beginn der historischen Avantgardebewegungen geführte Kontroverse um die M.: Die einen sehen sie als Quintessenz eines entfremdeten, an der Gegenwart leidenden Lebens, das auf dem Bodensatz dieses Leidens zu einer vielfach gebrochenen Idealität strebt. Die Anderen binden das Konzept der M. an den Fortschritt und leiten die Idealität der Gegenwart von einem auf Verwirklichung abzielenden Projekt her.[78] Die Frage, ob Kunst eher der Neurose oder der Analyse parallel verläuft, ist auch für das von Greenberg aufgewiesene Problem des institutionalisierten Neben- und Miteinander massenhafter Bildproduktion und reflektierender Kunst entscheidend. Die naheliegende Zuweisung des analytischen Potentials an die Hochkunst und der neurotischen Verdrängung durch Mythenbildung an die ‹Kulturindustrie› wäre sicher kurzschlußhaft. Die Fragestellung muß vielmehr an beide Bereiche zunehmend voneinander getrennter Bildproduktion herangetragen werden. Zudem zeigt sich seit der postmodernen Dikussion um G. Deleuze (hier ist der Ausdruck ‹postmodern› angebracht), daß nicht nur aufklärerische Strategien der Offenlegung gegen Mythen und Stereotypen gelenkt werden können, sondern Verfahren alternativer, neuer und ironischer Mythenbildung möglicherweise effizienter sind.[79] Medienbewußtsein und Suggestion, Aufklärung und Stereotypenbildung bezeichnen nicht die Grenzlinie von U- und E-Kultur, sie führen in allen Kunstformen einen Wettlauf miteinander. In der Rhetorik des Bildes durchkreuzen sich Strategien des Traums mit solchen der Analyse. Die M. ist sich selbst zugleich immer unbekannt, fremd und schon erschlossen, vertraut.

3. *Signaturen der Moderne im 20. Jh.* **a.** *Die Entleerung des Blicks und die moderne Vision der Vision.* Das entrückte Betrachten ist in Baudelaires Konzept der M. angelegt. Ein sehend sich selbst betrachtendes Sehen verfestigt sich im Ausgang von Manet als Paradigma einer nur künstlerischen Kunst, welcher das entrückte Betrachten zu dessen eigenem Thema, dessen Selbstbefreiung zum Substrat des künstlerischen Fortschritts und damit der M. wird.[80] Cézanne und der Kubismus bereiten einer Verabsolutierung den Weg, bei der die Kunst beansprucht, die Phänomenologie der Perzeption zu erschließen, das Sehen in seiner prozessualen Reinheit zu sich selbst zu befreien. Nicht nur, daß die Äpfel nicht mehr eßbar sind, die Objekte um ihrer puren Sichtbarkeit willen gestaltet werden, keinen Wert mehr für sich haben, vielmehr nur im Rhythmus des gesamten visuellen Feldes, in ihren Wiederholungen und Entsprechungen im anderen Objekt noch verständlich sind. Nicht nur, daß Farbe nicht mehr relational ist, sondern die Einzelfarbe als syntagmatische Setzung auf die Skala verweist, aus der sie ausgewählt wurde.[81] Vielmehr macht das Kunstwerk sich selbst zum Thema und zum Ziel. Die Genres werden von Cézanne und stärker noch im Kubismus auf Stilleben, Landschaftsbild und Halbporträt reduziert, die traditionellsten aller Gattungen des Staffeleibildes. Und in ihnen strahlt der Rhythmus des rahmenden Bildgevierts auf das Sujet zurück, die Fläche organisiert das Motiv im *objet-tableau*.[82] Die entrückte Analyse des Selbstverständlichen an der Kunst ist der Ausgangspunkt eines neuen Projekts der M.

P. Mondrian steht 1916 am Meer und notiert die in die Fläche ‹umkippende› Tiefenausstreckung mit Plus- und Minus-Zeichen im ovalen Bildausschnitt. Die Konvention des ansonsten meist rechteckigen Rahmens liefert den Code. Das Meer wird zur Parallele eines immer weniger Faktisches erschließenden, immer mehr sich selbst erlebenden Sehens, zugleich einer Leinwand, die als *écran* verdeutlicht wird, und erst auf dieser Grundlage zum bewußten ‹Sehen als› einlädt. Was Mondrian anstrebt, ist die Auflösung eines nach Grund und Form differenzierenden visuellen Schemas. Dem auf objektivierendes Wiedererkennen festgelegten Sehen wird mit dem Gegenstand der End- und Zielpunkt genommen.[83] R. Delaunay greift gleichzeitig auf pointillistische Erfahrungen zurück, durch welche die mediale Oberfläche der Malerei mit der Potentialität der Retina identifiziert worden war. 1912 blickt er durch den halb geschlossenen Vorhang auf Sonne oder Mond und beobachtet sodann die Nachbilder des Lichtereignisses, das auf der Retina fortwirkt. Das Sehen bringt die Farbigkeit der allmählich verschwindenden Nachbilder selbst hervor. Das Gestirn wird dabei zum Äquivalent der Macht des Auges, zum Endpunkt der seit der Romantik mit unstillbarer Sehnsucht in die größte Ferne reichenden Blicke. Das Sehen erlebt sich in seiner unaufhebbaren Zeitlichkeit als immer schon bewegt. Seine vitale Bewegung ist eine andere als die der Objekte, wie sie etwa der Film zeigt.[84] Das sich in seinem eigenen Kreisen erlebende Sehen überspitzt Delaunay 1914 in einem wie eine Zielscheibe in konzentrischen Kreisen angelegten kreisrunden Gemälde. Die Malfläche deckt sich mit dem leeren Sehkegel, in den hinein sich das Ereignis des sich selbst im Erblicken erschließenden Sehens vollzieht.[85]

Das als nur künstlerisch konstruierte, von allem anderen entleerte Sehen ist Symptom für die Herausdifferenzierung der Kunst im gesellschaftlichen System als Sonderbereich, dessen Selbständigkeit in Produktion und Rezeption garantiert ist, der mit eigenen Wegen zu besonderen, nämlich ästhetischen Wahrheiten findet. Die Kunst hat die untergeordnete Bedeutung überwunden, die frühere Gesellschaften einer nur an die Wahrnehmung, den Schein gebundenen Sichtweise zugestanden.[86] Das Projekt des ‹modernism› und einer verabsolutierten Abstraktion ist ein pointierter Ausdruck dieser Emanzipation und Selbstfindung zugleich. Wie M. Schapiro schon 1939 erkannt hat, waren nicht zufällig die Träger dieser Kultur neben der gesellschaftlich ortlosen Bohème jene Erben der industriellen Gründerphase, welche mit ihrem Reichtum gleichgesinnte Künstler von den Zwängen des gesellschaftlichen Systems teilweise freistellten.[87]

b. *Die andere M.: das immer schon volle Sehen.* Die übermächtige Logik der M. als eines Fortschritts im autonom Künstlerischen, in jedem Blick, der außer sich selbst nichts mehr faßt, läßt ein zweites Projekt moderner Kunst zunächst nur als Subversion zu. Delaunays phänomenologische Rekonstruktion des Sehens auf der tabula rasa bleibt nicht unwidersprochen. Ausdrücklich auf Delaunay beziehen sich DUCHAMPS 1935 entstehende ‹Rotoreliefs›. Bereits im Jahre 1920 hatte sich Duchamp mit einem optischen «Präzisionsinstrument», wie er es nannte, auf der Pariser Erfindermesse präsentiert. Auf dem Apparat rotieren Scheiben mit konzentrischen Kreisen, die mit einigen nicht konzentrisch Kreiselementen interferieren. 1925 überträgt er den Effekt auf eine Halbkugel. Jeder, der diese Apparate in schneller Bewegung gesehen hat, beschreibt die Wirkung als einigermaßen obszön. Es entsteht die plastische Illusion eines gewölbten, weichen Objektes, das sich in weichen Stößen nach außen oder nach innen zu bewegen scheint. Indem Duchamp ein optisches Erleben inszeniert, das nirgendwo reell stattfindet, sondern sich beim Betrachten der rotierenden Scheiben 'im Auge' einstellt, begibt er sich auf das Terrain des sich selbst eruierenden Sehens der abstrakten Kunst. Doch setzt er an die Stelle des entleerten Sehens das gegenständliche Sehen ein, das, statt sich selbst in reiner Phänomenologie zu erleben, ein psychisch archaisches, erotisches Wunschobjekt halluziniert. Er führt das Paradigma des leeren Blicks ad absurdum, indem er gerade diesen in das immer schon volle Blicken einmünden läßt. Den auf sich selbst fixierten Blick bindet Duchamp an das Wunschobjekt ironisch zurück. Nicht einmal der ‹abstrakte› Blick entkommt der Befangenheit in den Ketten der Objekte der Begierde, der ‹Traumarbeit› von Verschiebung und Verdrängung, Metonymie und Metapher, den symbolischen Ordnungen. [88] «Es gibt keine ersten Blicke, und auch keine letzten.» [89]

Dada und Surrealismus fühlen sich einer anderen M. verpflichtet als dem Projekt der Abstraktion. Wie später die Pop-Art sind sie der gesellschaftlichen Bildproduktion unausweichlich verbunden. Sie verwenden Material aus vorgefundenen medialen Kontexten, aus eben jener Bilderflut, in die der Naturalismus, die Historien- und Salonkunst eingemündet waren. Einer so verstandenen M. ist nicht nur immer schon das Objekt vorgegeben, entnommen aus der Welt der Fabeln und Motive, der Klischees und Stereotypen der gesellschaftlichen Bilderwelt, sondern auch der Dritte, der mit mir und mich mit betrachtende Betrachter, unter dessen Macht und Einfluß mein wünschendes Betrachten sich auf die Suche nach seinen Objekten macht. Mit den entlehnten Elementen aus der gesellschaftliche Bildersprache dringt die semantisch vorstrukturierte Kette der visuellen Narrative in die M. Gegen das Andere [90], die vorgefundene symbolische Ordnung, artikuliert sich die künstlerische Subjektivität einer M., die sich nur als Rebellion, als zweite Schicht der entfremdeten Eigenzeit entgegenstellen kann. Malerei wird zum Traum, welcher die Struktur des Wachzustandes, der kulturell codierten visuellen Welt, offenlegt.

c. *M. ohne Teleologie: Postmoderne oder neuer Historismus?* Seit den sechziger Jahren arbeitet die Kunst vor allem in Auseinandersetzung mit ihren eigenen Voraussetzungen – nicht mehr nur der ästhetischen, sondern besonders der kulturellen: das Bild thematisiert sein Anknüpfen an das ‹Archiv› der visuellen, auch der kunsthistorischen Erinnerung, sowie seine Abhängigkeit von Rollenfestlegungen, etwa auf rassisch hegemoniale oder geschlechtsspezifische Stereotypen, innerhalb der symbolischen Ordungen. Im engeren Sinne geraten auch die institutionellen Voraussetzungen der Kunst in der hochdifferenzierten Gesellschaft in den Blick, etwa die Rezeption im Museum. [91] Schon in der ‹Minimal Art›, um so stärker aber in der Konzeptkunst und in den Tendenzen einer zweiten M. durchkreuzen sich Strategien einer offenlegenden Phänomenologie verfremdenden Sehens und solche, welche an die gesellschaftlich geprägte Ästhetik und Semiotik anknüpfen. Die Postmoderne stellt sich dabei sowohl in die Traditionen der Avantgarden als auch der bürgerlichen Kunstproduktion des 19. Jh.. Intellektuelle Paradigmen der Avantgarde, die Ableitung der künstlerischen Utopie aus der ethisch postulierten Geschichtsentwicklung, die Legitimation der Gegenwart aus der Zukunft, waren letztlich doch leicht zu erledigen. Die visuelle Erfahrung, die codierte Utopie ist aber weniger leicht zu verdrängen. Sie überlebt in ironisierenden Vexierbildern, die der ästhetischen Faszination sogleich die historische Relativität des solchermaßen faszinziert Erblickten gegenüberstellten. Künstler, die aus der ‹concept art› hervorgingen, wie B. NAUMAN, D. GRAHAM und J. WALL, knüpfen an Verfahren der ‹Minimal Art› und der abstrakten Kunst ebenso wie an die Kunst des 19. Jh. an, um ästhetische Distanz zur Alltagswelt herzustellen. [92] Doch dienen entsprechende Ästhetisierungen bei ihnen der Transparentmachung der unbewußten Gegenwart und ihrer unbewußten, mythischen Struktur. Insofern relativieren sie die Utopie der Avantgarden in einem neuen Historismus. (Abb. 4)

Mit der gesellschaftlichen Utopie wird nicht nur der Optimismus der modernen Kunst relativiert, ihr Glaube an eine endzeitliche Zukunft. Zugleich wird ihr das Thanathos-Prinzip ausgetrieben: das Zutreiben auf ein Ende. Die M. dekliniert sich wieder als die zukünftige Vergangenheit: als das Gegenwärtige, welches einstmals Geschichte gemacht haben wird.

Anmerkungen:
1 C. Greenberg: Avant-Garde and Kitsch, sowie ders.: Towards a Newer Laocoon [1939, 1940], in: F. Frascina (Hg.): Pollock and After. The Critical Debate (New York 1985) 21–46. – **2** M. Imdahl: Farbe. Kunsttheoretische Reflexionen in Frankreich (1987). – **3** B. Buchloh, J.-F. Chevrier, C. David: Das politische Potential der Kunst, in: C. David (Hg.): Politics-Poetics. Das Buch zur Documenta X (1997) 374–403, 624–643. – **4** D. Summers: The judgment of sense. Renaissance naturalism and the rise of aesthetics (Cambridge 1987); G. Didi-Huberman: Devant l'image. Question posée aux fins d'une histoire de l'art (Paris 1990) 65–103. – **5** G. Vasari: Le vite de' più eccellenti pittori scultori ed architettori, hg. von G. Milanesi (Florenz 1906). – **6** R. Barthes: L'aventure sémiologique (Paris 1985) 85–165; R. Lachmann: Rhet. – alte und neue Disziplin, in: Berichte zur Wissenschaftsgesch. 4 (1981) 21–29. – **7** G. Ueding: Klass. Rhet. (1995). – **8** ebd. 41ff. zu Cicero, 46ff. zu Quintilian. – **9** J. Monfasani: Humanism and Rhetoric, in: A. Rabil Jr. (Hg.): Renaissance Humanism. Foundations, Forms, and Legacy, Bd. 3: Humanism and the Disciplines (Philadelphia 1988) 172–235. – **10** R. Lachmann: Die Zerstörung der schönen Rede: rhet. Trad. und Konzepte des Poetischen (1994) 1–20. – **11** L.B. Alberti: De la peinture. De pictura [1435], hg. v. J.L. Schefer (Paris 1992); Curtius 191–209; vgl. auch T.W. Gaehtgens: Historienmalerei. Zur Gesch. einer klass. Bildgattung und ihrer Theorie, in: ders., U. Fleckner: Historienmalerei. Gesch. der klass. Bildgattungen in Quellentexten und Kommentaren (1996) 18, 21–24. – **12** M.M. Bachtin: Unters. zur Poetik und Theorie des Romans (1986) 262–506. – **13** Ch. Perrault: Parallèle des anciens et des modernes en ce qui regarde les arts et les sciences (Paris 1688–1697, ND

Abb. 4: J. Wall: Picture for Women. 1979, Photo-Transparent in Leuchtkasten. Collections Mnam/Cci – Centre Georges Pompidou. Photo: © Photothèque des collections du Mnam/Cci.

mit einer Einl. v. H.R. Jauß, 1964). –**14**H.R. Jauß: Literaturgesch. als Provokation (1970) 11–66, bes. 29–35. – **15**R.W. Lee: Ut pictura poesis. The Humanistic Theory of Painting (New York 1967) 16–23, 61–66. – **16**T. Todorov: Symboltheorien, dt. v. B. Gyger (1995). – **17**A. Arnauld, P. Nicole: La logique ou l'art de penser [¹1662, ²1683], hg. v. L. Marin (Paris 1970). – **18**Todorov [16] 129–142. – **19**H. Meyer: Über die Gegenstände in der bildenden Kunst [Propyläen 1798], in: ders.: Kleine Schr. zur bildenden Kunst, in: Dt. Literaturdenkmäler des 18. u. 19. Jh., XXV (1886) 3–56. – **20**W. Busch: Das sentimentalische Bild. Die Krise der Kunst im 18. Jh. und die Geburt der M. (1993). – **21**H. Kohle: Ut pictura poesis non erit. D. Diderots Kunstbegriff (Hildesheim / Zürich / New York 1989); S. Germer, H. Kohle: Spontaneität und Rekonstruktion. Zur Rolle, Organisationsform und Leistung der Kunstkritik im Spannungsfeld von Kunsttheorie und Kunstgesch., in: P. Ganz, M. Gosebruch, N. Meier, M. Warnke (Hg.): Kunst und Kunsttheorie, 1400–1900, Wolfenbütteler Forschungen 48 (1991) 287–312. – **22**K. Herding (Hg.): Realismus als Widerspruch. Die Wirklichkeit in Courbets Malerei (1979); W. Drost: Art social zwischen ästhetisiertem Elend und sozialer Häßlichkeit – zur Rezeption von Courbet, Breton und Millet, in: H. Pfeiffer, H.R. Jauß, F. Gaillard (Hg.): Art social und art industriel (1987) 344–358; N. McWilliam: Le paysan au Salon: critique d'art et construction d'une classe sous le Second Empire, in: J.-P. Bouillon (Hg.): Critique d'art en France, 1850–1900 (Saint-Etienne 1989) 81–94. – **23**N. Green: The Spectacle of Nature. Landscape and Bourgeois Culture in Nineteenth-Century France (Manchester / New York 1990). – **24**G.M. Thomas: The Practice of ‹Naturalism›: The Working Methods of Th. Rousseau, in: A. Burmester, Ch. Heilmann, M.F. Zimmermann (Hg.): Barbizon. Malerei der Natur – Natur der Malerei (1999) 139–152. – **25**R. Shiff: Cézanne and the End of Impressionism. A Study of the Theory, Technique, and Critical Evaluation of Modern Art (Chicago/London 1984) 55–98; R.L. Herbert: Impressionism, Originality and Laissez-faire, in: Radical History Review 38 (Sommer 1987) 7–15. – **26**H.-G. Gadamer: Wahrheit und Methode. Grundzüge einer philos. Hermeneutik (³1986); K.-O. Apel, C. v. Bormann, R. Bubner, H.-G. Gadamer, H.J. Giegel, J. Habermas: Theorie-Diskussion. Hermeneutik und Ideologiekritik (1971); R. Koselleck: Vergangene Zukunft. Zur Semantik gesch. Zeiten (³1984). – **27**J. Crary: Techniques of the Observer. On Vision and Modernity in the 19th Century (Cambridge, Mass. / London 1990). – **28**R.E. Krauss: The Originality of the Avant-garde and Other Modernist Myths (Cambridge / Mass. / London 1985) 151–170. – **29**K. Kris, O. Kurz: Die Legende vom Künstler. Ein gesch. Versuch [1934] (1980); R. Barthes: Le bruissement de la langue. Essais critiques, IV (Paris 1984) 63–71; M. Thévoz: Le miroir infidèle (Paris 1996). – **30**Todorov [16] 143–146; K.Ph. Moritz: Schr. zur Ästhetik und Poetik, hg. von H.J. Schrimpf (1962); vgl. auch: A. Wünsche, K.Ch.F. Krause (Hg.): A.W. Schlegels Vorles. über philos. Kunstlehre (1911); H. Schanze (Hg.): F. Schlegel und die Kunsttheorie seiner Zeit (1985). – **31**Moritz [30] 63–93; vgl. Todorov [16] 148–151. – **32**Kant KU; Gadamer [26] 48ff.. – **33**P. Bürger: Theorie der Avantgarde (1974); R. Poggioli: The Theory of the Avant-Garde (Cambridge, Mass. / London 1968) 42–59. – **34**Todorov [16] 148–160, bes. 151. – **35**ebd. 163–169. – **36**B. Glaser: J. Pollock: an interview with L. Krasner, in: Arts Magazine 41, 6 (April 1967) 36–39; vgl.: H. Namuth: L'atelier de J. Pollock (Paris 1978). – **37**P.-K. Schuster (Hg.): C. Blechen. Zwischen Romantik und Realismus, Kat.Ausst. Nationalgalerie Berlin (1990); C. Keisch, M.U. Riemann-Reyher (Hg.): A. Menzel, 1815–1905, Kat.Ausst. Paris, Washington, Berlin 1996–1997 (1997). – **38**N. Bryson: Tradition and Desire. From David to

Delacroix. (Cambridge, Mass. 1984); S. Germer: Historizität und Autonomie. Stud. zu Wandbildern im Frankreich des 19. Jh. (Hildesheim / Zürich / New York 1988) 118–226. – **39** C. Ockman: Ingres' Eroticized Bodies. Retracing the Serpentine Line (New Haven / London 1995); vgl. auch: A. Potts: Flesh and the Ideal. Winckelmann and the Origins of Art History (New Haven / London 1994); G.L. Hersey: The Evolution of Allure. Sexual Selection From the Medici Venus to the Incredible Hulk (Cambridge, Mass. / London 1996). – **40** J. Friedrich: Der Gehalt der Sprachform. Paradigmen von Bachtin bis Vygotskij (1993) 7–16, 140–186. – **41** Bachtin [12]; Todorov [16] 68–73. – **42** J. Elderfield: The Wild Beasts. Fauvism and its Affinities. Katalog der Ausstellung New York u. a. (New York 1976) 97–140; ders.: H. Matisse. A Retrospective. Ausstellungs-Kat. New York (New York 1992) 48–56, 133–177. – **43** Shiff [25] 2–52. – **44** J. Meier-Graefe: Entwickelungsgesch. der modernen Kunst. Vergl. Betrachtung der bildenden Künste, als Beitrag zu einer neuen Aesthetik, 3 Bde. (1904); K. Moffett: Meier-Graefe as Art Critic (1973); Th.W. Gaehtgens: Les rapports de l'histoire de l'art et de l'art contemporain en Allemagne á l'époque de Wölfflin et de Meier-Graefe, in: Revue de l'Art 88 (1990) 31–38. – **45** Ch. Baudelaire: Le peintre de la vie moderne, in: Oeuvres complètes (Paris 1950) 884–885. – **46** Jauß [14] 50–57; W. Drost: Kriterien der Kunstkritik Baudelaires. Versuch einer Analyse in: A. Noyer-Weidner (Hg.): Baudelaire (1976) 410–442; ders.: Des principes esthétiques de la critique d'art du dernier Baudelaire. De Manet au Symbolisme. In: J.-P. Bouillon (Hg.): La critique d'art en France, 1850–1900 (Saint-Etienne 1989). – **47** M.F. Zimmermann: Seurat. Sein Werk und die kunsttheoretische Debatte seiner Zeit (Antwerpen / Weinheim 1991). – **48** M. Fried: Absorption and Theatricality. Painter and Beholder in the Age of Diderot (Berkeley / Los Angeles / London 1980). – **49** V. Sklovskij: Die Kunst als Verfahren. [1916], in: J. Striedter (Hg.): Russ. Formalismus (^{5}1994) 2–35; A.A. Hansen-Löve: Der russ. Formalismus. Methodologische Rekonstruktion seiner Entwicklung aus dem Prinzip der Verfremdung (Wien 1978) 19–42, 71–89, 238–242. – **50** R. Michel: Géricault. L'invention du réel (Paris 1992); S. Laveissière, R. Michel: Géricault. Kat.Ausst. Grand Palais, 1991–1992 (Paris 1991). – **51** J. Kristeva: Pouvoirs de l'horreur. Essai sur l'abjection (Paris 1980). – **52** R. Michel: Géricault wird geschlagen. Nachgesch. Meditationen über den Trug des Subjektes, in: S. Germer, M.F. Zimmermann (Hg.): Bilder der Macht – Macht der Bilder. Zeitgesch. in Darstellungen des 19. Jh (1997) 208–238. – **53** H. Toussaint: Le dossier de ‹L'Atelier› de Courbet, in: A. Bowness, M.-Th. de Forges, M. Laclotte, H. Toussaint: G. Courbet, 1819–1877. Kat.Ausst. Paris, Grand Palais, London, Royal Academy (Paris 1977) 241–272; K. Herding: ‹Das Atelier des Malers› – Treffpunkt der Welt und Ort der Versöhnung, in: ders. (Hg.): Realismus als Widerspruch. Die Wirklichkeit in Courbets Malerei (1979) 223–247. – **54** M. Fried: Courbet's Realism (Chicago / London 1990) 155–164. – **55** K. Herding: Farbe und Weltbild. Thesen zu Courbets Malerei, in: W. Hofmann, K. Herding (Hg.): Courbet und Deutschland, Kat.Ausst. Hamburg, Kunsthalle, Frankfurt am Main, Städtische Galerie im Städelschen Kunstinstitut, 1978–1979 (1978) 478–492. – **56** M. Fried: Manet's Modernism or, The Face of Painting in the 1860's (Chicago / London 1996). – **57** G.H. Hamilton: Manet and His Critics (New Haven 1954). – **58** Fried [56] 1–184; H. Loyrette, G. Tinterow (Hg.): Impressionnisme. Les origines, 1859–1869. Kat. Ausst. Paris, New York 1994–1995 (Paris 1994). – **59** Herbert [25]; M.F. Zimmermann: «Il faut tout le temps rester le maître et faire ce qui amuse». Zum Stand der Debatte um Manet, in: Kat.Ausst. E. Manet. Augenblicke der Gesch., Kunsthalle Mannheim 1992 – 1993 (1992) 132–148. – **60** J. Crary: Suspensions of Perception: Attention, Spectacle, and Modern Culture (Cambridge, Mass. 1999). – **61** J.L. Baudry: The Apparatus, übers. von J. Andrews und B. Augst, in: Camera Obscura 1 (1976) 104–128. – **62** J. Clair (Hg.): Lost Paradise, Symbolist Europe, Kat. Ausst. The Montreal Museum of Fine Arts (1995). – **63** H. Weidmann: Flanerie, Sammlung, Spiel. Die Erinnerung des 19. Jh bei W. Benjamin (1992); R. Rosenblum, M.A. Stevens, A. Dumas (Hg.): 1900: Art at the Crossroads. Kat. Ausst. London, New York 2000 (New York 2000). – **64** G.F. Koch: Die Kunstausstellung. Ihre Gesch. von den Anfängen bis zum Ausgang des 18. Jh (1967); M. Drechsler: Zwischen Kunst und Kommerz. Zur Gesch. des Ausstellungswesens zwischen 1775 und 1905 (1996). – **65** F. Baumann, E. Benesch u.a. (Hg.): Cézanne: vollendet, unvollendet, Kat. Ausst. Wien, Zürich 2000 (2000). – **66** M.F. Zimmermann: Kritik und Theorie des Kubisesmus. A. Soffici und D. -H. Kahnweiler, in: U. Fleckner und Th.W. Gaehtgens (Hg.): Prenez garde á la peinture. Kunstkritik in Frankreich, 1906–1945, Passagen/Passages I (1999) 425–280. – **67** J. Simmen: K. Malewitsch: das Schwarze Quadrat. Vom Anti-Bild zur Ikone der Moderne (1998). – **68** A. Schwarz: The Complete Works of Marcel Duchamp (New York 1997). – **69** Bürger [33] 76–116. – **70** M. Warnke: Politische Landschaft. Zur Kunstgesch. der Natur (München/Wien 1992). – **71** M. Thévoz: L'académisme et ses phantasmes (Paris 1980); S. Bann: P. Delaroche. History Painted (London 1997); G.M. Ackerman: La vie et l'oeuvre de J.-L. Gérôme (Courbevoie 1986). – **72** Ch. Bernheimer: Fetishism and Decadence. Salome's Severed Heads, in: E. Apter, W. Pietz (Hg.): Fetishism as Cultural Discourse (Ithaca, N.Y./ London 1993) 62–83. – **73** S. Freud: Die Traumdeutung [1900], Studienausg. 2, hg. von A. Mitscherlich, A. Richards, J. Strachey (1994). – **74** R. Jakobson: Randbemerkungen zur Prosa des Dichters Pasternak [1935], in: ders.: Poetik. Ausg. Aufsätze, 1921–1971, hg. v. E. Holenstein, T. Schelbert (1979) 192–211; ders.: Linguistik und Poetik [1960], ebd., 83–121; J. Lotman: Die Struktur lit. Texte (^{4}1993) 122–141; J. Lacan: Les psychoses. Séminaire III, Sitzung vom 2.5. und 9.5. 1956 (Paris 1981) 243–262; ders.: L'instance de la lettre dans l'inconscient ou la raison depuis Freud, in: ders.: Écrits (Paris 1966) 493–528; C. Metz: Le siginifiant imaginaire (Paris 1993) 177–371; K. Silverman: The Subject of Semiotics (New York 1983) 87–125; D. Davidson: Was Metaphern bedeuten, in: ders.: Wahrheit und Interpretation (1990) 343–371. – **75** W. Spies: M.E. Loplop. Die Selbstdarstellung des Künstlers (1982). – **76** R. Démoris: Chardin, la chair et l'objet (Paris 1991). – **77** M. Thévoz: Le miroir infidèle (Paris 1996) 80–93. – **78** ebd. 55–60. – **79** G. Deleuze, F. Guattari: Capitalisme et schizophrénie. L'Anti-Œdipe, 2 Bde. (Paris ^{2}1972–1973). – **80** A. Barr: Cubism and Abstract Art. Painting, Sculpture, Constructions (New York 1936); Imdahl [2]. – **81** G. Monnier: The Late Watercolors, in: W. Rubin (Hg.): Cézanne. The Late Work (New York 1977) 113–118. – **82** Y.-A. Bois: Painting as Model (Cambridge, Mass./London 1990) 65–97; Zimmermann [66]. – **83** S. Deicher: P. Mondrian – Prostestantismus und Modernität (1995); Bois [82] 157–183; R. Krauss: The Optical Unconscious (Cambridge / Mass. / London 1993) 1–30. – **84** M.F. Zimmermann: Delaunays ‹formes circulaires› und die Philosophie H. Bergsons, in: Wallraff-Richartz-Jb. (1987–1988) 335–364. – **85** Krauss [83] 95–146. – **86** N. Luhmann: Die Kunst der Ges. (1995) 215–300. – **87** M. Schapiro: Das Wesen der abstrakten Malerei [1937], in: Moderne Kunst – 19. und 20. Jh. (1982) 209–237. – **88** Schwarz [68] II, 391–404, 710–715, 750–752. – **89** M. Wetzel, Vortrag am 30.11. 1999, erscheint in. M.F. Zimmermann (Hg.): Filmgesch. - Kunstgesch. (2001); vgl. auch M. Wetzel: Die Enden des Buches und die Wiederkehr der Schrift (1991). – **90** J.-A. Miller (Hg.): Le séminaire de J. Lacan, Buch IV: Le moi dans la théorie de Freud et dans la technique de la psychanalyse, 1954–1955, (Paris 1978) 275–288. – **91** B. Buchloh: Formalisme et historicité. Autoritarisme et regression. Deux essais sur la production artistique dans l'Europe contemporaine (Paris 1982). – **92** B. Nauman: Interviews 1967–1988, hg. von C. Hoffmann (Amsterdam 1996); F. Thürlemann: Gegenräume für Doppelgänger. B. Naumans Erfahrungsarchitekturen und ihre Rezipienten, in: W. Kemp (Hg.): Zeitgenössische Kunst und ihre Betrachter (1996) 111–120; B. von Bismarck: B. Nauman. Der wahre Künstler (1998); B. Buchloh: D. Graham. Video – Architecture – Television: Writings on Video and Video Works, 1970–1978 (Halifax / New York 1979); G. Stemmrich: J. Wall: Essays und Interviews, hg. von G. Stemmrich (Amsterdam / Dresden 1997)

M. F. Zimmermann

→ Ästhetik → Aufklärung → Biedermeier → Dekonstruktion → Klassizismus, Klassik → Musik → Naturalismus → Postmoderne → Realismus → Romantik

Monodie (griech. μονῳδία, Einzelgesang; lat. monodia; ins Lat. übersetzt sincinium bzw. sicinium; auch canticum; ital. monodia; engl. monody; frz. monodie)
A. Def. – B. Historische Entwicklung. – I. Griech. Antike. – II. Röm. Antike. – III. Renaissance. – IV. Instrumental begleiteter Sologesang um 1600. – V. Weitere Deutungen.

A. Das Wort ‹M.› ist griechischer Herkunft. Seine beiden Bestandteile μόνος (mónos; einzeln, allein) und ᾠδή (ōdḗ; Gesang) fügen sich ursprünglich zu einer Kennzeichnung des Alleingesanges oder des Einzelgesanges. Die geschichtlichen Quellen verweisen jedoch auf unterschiedliche Verwendungsmöglichkeiten des Begriffs, die sich jeweils mehr oder weniger präzise nachzeichnen lassen. Mindestens zwei bedeutende Anwendungsfelder sind erkennbar, denen sich der Begriff ‹M.› im Laufe seiner historischen Entwicklung zuordnen läßt:

1. In der Antike wird ‹M.› vielfach als poetologischer Terminus technicus gebraucht. Die frühesten, bis heute bekannt gewordenen Zeugnisse stammen aus der 2. Hälfte des 5. Jh. v.Chr. Mit dem Wort M. wird hier die monologisierende Vortragsart, vor allem – jedoch nicht nur – auf der Theaterbühne und primär – jedoch nicht ausschließlich – als Ausdruck der Klage bezeichnet. Als unter dem Einfluß des Neuen Dithyrambus und der Neuen Musik die Tragödien des Euripides (gest. 406 v.Chr.) die Bühne beherrschen, kommt es zu einer ersten Blüte solcher Solodarbietungen, die dann – das ‹mónos› einzig auf den Textvortrag beziehend – häufig von Flöte oder Kithara begleitet werden. Bei Euripides wird die M. zum tragenden Ausdrucksmittel für das dramatische Geschehen. Er erschließt ihr neue szenische und dramatische Möglichkeiten. Dabei wird der Anteil des Chores zurückgedrängt. In den Dramen des Euripides erscheint bereits das gesamte Potential der M. zu einer expressiven Vereinigung von Wort, Musik, Mimetik und lautmalerischer Effekte im Dienste der Darstellung seelischer Vorgänge. Die M. dient in der Antike als Medium der Darstellung und Vermittlung großer Affekte – ernst gemeint wie bei Euripides oder auch parodistisch wie bei Aristophanes – und damit einer genuin rhetorischen Zielsetzung. Dieser rhetorische Aspekt vor allem wird im 17. Jh. wieder aufgegriffen. Er eröffnet mit Bezug auf die antiken Szenarien ein zweites Verwendungsfeld des Begriffs M.

2. Zur Zeit des Frühbarock wird der Monodiebegriff mit der Wiederbelebung griechischer Theatertraditionen untrennbar verknüpft. Auf spezifische Weise verbindet er sich dabei mit der in dieser Zeit bereits hoch entwickelten europäischen Musikkultur. Als redeanaloge Gattung wird die M. mit Bezug auf die antiken Quellen zum Ideal des neuentstehenden, instrumental begleiteten Sologesanges. In Abkehr von der bisher maßgeblichen kontrapunktischen Kompositionsart fordert der neue rezitativische Kompositionsstil die Hinwendung zum oratorischen Moment des *recitar cantando*. Erst eine solche rhetorisch orientierte musikalische Darstellungsweise ermöglicht in der Zeit nach 1600 die Entstehung neuer musikalischer Gattungen wie Oper, Oratorium und Kantate, bei denen Monologe, Dialoge und Ensembleszenen zu vertonen sind.

Zweifellos hat das Wiederaufleben der M. im 17. Jh. auch die Sicht der Musiktheorie auf die antike Auffassung von M. beeinflußt. Das wird beispielsweise an der Verwendung von neuzeitlich-modernen Begriffen wie Arie für die antiken monodischen Formen sichtbar. Da auch die Geschichtsschreibung die zeitspezifischen Prägungen ihrer Einsichten nicht leugnen kann, nehmen wir also heute die antike Verwendung und Bedeutung des Monodiebegriffs in doppelter Brechung wahr.

Festzuhalten bleibt, daß in der Antike wie im Frühbarock die Rolle der M. in ihrer eminenten Bühnenwirksamkeit gesehen wird. Beide Monodieformen haben zum Ziel, die Expressivität des gesprochenen Wortes und damit auch seine Wirkung auf den Zuhörer musikalisch und gestisch zu verstärken. Hierin besteht ihre rhetorische Funktion.

B. *Historische Entwicklung.* **I.** *Griech. Antike.* Bereits in klassischer Zeit und insbesondere seit den Tragödien des Euripides steht die M. für den instrumental begleiteten Sologesang der griechischen Tragödie und läßt sich pauschal als «eine vom Schauspieler gesungene [...] Partie von größerem Umfang und relativer Eigenständigkeit» definieren. [1] In den ausgedehnten solistischen Partien, die – freilich wenig glücklich – auch mit dem neuzeitlichen, aus der Oper stammenden Begriff ‹Arie› bezeichnet werden, artikulieren sich in der Regel Hauptpersonen, deren Äußerungen im Gegensatz zu denen der Chorlieder in einem unmittelbaren Bezug zum dramatischen Geschehen stehen. Die Musik zu diesen Soloabschnitten ist allerdings nicht überliefert.

Bereits bei ihrem ersten Auftreten werden μονῳδία (monōdía) bzw. das Verb μονῳδεῖν (monōdeín) offensichtlich als Termini technici verwendet. Vielfach schwingt zugleich aber auch die vokabulare Bedeutung mit, die primär das ‹Alleinsingen› meint. Von archäologischen Befunden gestützte literarische Zeugnisse deuten darauf hin, daß die M. in der Regel vom Aulos, bisweilen auch von der Leier oder der Kithara begleitet werden. Das bestätigt die pseudo-aristotelische Schrift ‹Problemata physica› (Mitte 3. Jh. v.Chr.). Der Autor bevorzugt als Begleitinstrument für den Sologesang die Flöte, an zweiter Stelle die Leier: «Warum hören wir Einzelgesang [μονῳδία] als etwas Angenehmeres, wenn jemand zur Flöte als wenn er zur Leier singt? Doch wohl, weil jede Sache, mit etwas Angenehmerem vermischt, noch angenehmer ist, die Flöte aber angenehmer ist als die Leier, so daß auch die Mischung des Gesanges mit ihr angenehmer als mit der Leier ist». [2] Mit ‹M.› ist zugleich immer wieder auch Klage konnotiert. Erst bei dem Rhetor MENANDER (3. Jh. n.Chr.) und dann vollends bei den Scholiasten und Lexikographen wird ‹M.› zum Fachbegriff für Klage und Trauerrede.

Die frühesten bekannten Belege für das Auftreten des Begriffs finden sich in Komödien: zuerst in zwei einzeiligen Fragmenten aus der Komödie ‹Hōrai› von KRATINOS, dann in den Komödien des ARISTOPHANES. In den beiden Fragmenten des Kratinos ist lediglich vom ‹allein singen› die Rede: «er dürfte wohl nicht allein singen, wenn er erschrocken wäre». [3] Aristophanes bezieht die M. dann ausdrücklich und vornehmlich auf den Tragödiengesang des Euripides. Er nimmt in seinen Komödien parodierend auf die für Euripides typischen und neuartigen Schauspielermonologe Bezug, die sich insbesondere durch eine Darstellung und Nachahmung von Affekten wie Schmerz oder Freude auszeichnen (z.B. Frösche V. 849, V. 944, V. 1330; Thesmophoriazusen V. 1077; Frieden V. 1012; Tagenistai, fr. 686A).

Die M. der Euripideischen Tragödie hat man in der Forschung in zwei Gruppen eingeteilt: in die Gruppe der eher handlungstragenden M. des Prologs (z.B. Ion V. 82–183) und in solche M., die im Drama an zentraler Stelle stehen. Diese fungieren – und darin sind sie der Arie wohl vergleichbar – wesentlich als Reaktion auf ein Ereignis. Bei Euripides gehört zu diesem Monodientypus beispielsweise die ‹Phrygerarie› (Orest V. 1369–1502). Insbesondere in dieser pathetischen Form der M. werden bevorzugt schmerzliche, klagende Affekte ausgedrückt, was sie der Spottlust des Aristophanes in besonderer Weise aussetzt.

In seiner kenntnisreichen und satirischen Auseinandersetzung mit Euripides macht Aristophanes dies vielfach deutlich, insbesondere in seinen Komödien ‹Frösche› und ‹Thesmophoriazusen›, die sich auf die Tragödie als Kunstform beziehen. Aristophanes' Kritiken lassen so ex negativo erkennen, was die Besonderheit der Tragödienmonodien gewesen ist: der große Aufwand an darstellerischen Mitteln, der Einsatz rhetorischer Figuren zum Ausdruck der Textaffekte und der metrische Variationsreichtum, der die Erregtheit des Singenden unterstreicht. In den M. des Euripides zeigt sich eine Rhetorisierung, durch die die damals neue, affekterregende Musik Eingang ins Drama findet und das Pathos gesteigert wird.

Neben der Parodie eines konkreten, wiedererkennbaren Euripideischen Originals gibt es in den ‹Fröschen› auch eine Attacke auf die Euripideische M. schlechthin durch den im Stück auftretenden Aischylos (V. 1331–1363). Auch hier dienen eine variantenreiche metrische Gestaltung sowie rhetorische Figuren (z.B. Anadiplosis und Apostrophe) als Ausdrucksmittel zur Darstellung von Erregung und Klage. Aristophanes' grundsätzliche Kritik an den M. des Euripides richtet sich gegen das Auseinanderklaffen von Inhalt und Form, die Darstellung im Grunde banaler Geschichten in einer hochpoetischen Gestalt. Dadurch verstößt Euripides in den Augen des Aristophanes gegen den erhabenen Charakter der Tragödie.[4] Aristophanes parodiert deswegen die Euripideischen M., indem er diese Unverhältnismäßigkeit von pathetischer Form und trivialem Inhalt auf die Spitze treibt.[5] Damit übt er zugleich Kritik an den Manierismen der Neuen Musik, die in der 2. Hälfte des 5. Jh. mehr und mehr virtuose Solopartien bevorzugt. In bisweilen manieristischer Übersteigerung werden hier mimetische Effekte eingesetzt, an die Stelle der erzieherischen Funktion treten Unterhaltung und ästhetisches Vergnügen der Zuschauer.[6]

Ein Beispiel für die Diskrepanz von Form und Inhalt bei Euripides findet sich im Botenbericht des phrygischen Sklaven, der sog. ‹Phrygerarie› aus dem Orest (V. 1369–1502). Als rhetorische Mittel zur Darstellung der Erregtheit des Phrygers, der von den dramatischen Ereignissen im Palast der Helena berichtet, werden Wortwiederholungen, Apostrophen und Klagelaute eingesetzt, außerdem ist die Metrik durch zahlreiche Rhythmenwechsel variiert.[7] Hinzu kommen Hinweise auf eine gestische Darstellung des Textinhalts.[8] Die sprachliche Gestalt entspricht zwar tragischer Diktion, die gezogenen Register rhetorischer Kunst wirken jedoch exaltiert und übersteigert. Auch in Ions sog. ‹Putzlied› (Ion V. 82–183) steht die erhabene Form in einem krassen Gegensatz zum banalen Inhalt des Stücks.[9] Aristophanes parodiert jedoch die M. des Euripides nicht nur, er verwendet die monodische Form auch selbst zu Effekten der Verfremdung, wenn er beispielsweise – wie in den ‹Wolken› – nach der Gattungstradition vom Chor gesungene Lieder monodisch-monodisch besetzt.[10]

Vermutlich sind die M. nicht nur das jüngste, sondern auch ein sehr umstrittenes Element der attischen Tragödie gewesen.[11] Außerdem scheinen die antiken Zeugnisse das Wort μονῳδία (monōdía) nicht nur in *einer* Bedeutung zu verwenden. Eine scharfe Abgrenzung von den im Drama sonst noch vorkommenden Schauspielergesängen ist häufig nicht möglich.

Auch außerhalb eines Dramen-Kontexts findet man in der Antike M. Dies zeigen die begleiteten Sologesänge von Dichtern wie ALKAIOS, ANAKREON, ARCHILOCHOS, HIPPONAX oder SAPPHO aus der 2. Hälfte des 7. Jh., die man als monodische Lyrik bezeichnet, wenngleich μονῳδία (monōdía) als terminus technicus erst für die Tragödienmonodie belegt ist. PLATON sieht die M. als Gegenpart zur Chorodia (χορῳδία; chorōdía) und bringt sie mit dem mimetischen Vortrag der Rhapsoden, der Sänger zur Kithara und der Flötenspieler in Verbindung.[12] Die grundsätzliche Einteilung in monodische Lyrik und in Chorlyrik läßt sich daraus jedoch nicht unmittelbar ablesen und entstammt wohl hellenistischem Bemühen um Systematisierung und Klassifizierung.

ARISTOTELES (gest. 322 v. Chr.) erwähnt die M. in seiner Poetik nicht. Er spricht vielmehr von «Liedern, die von der Bühne herab» gesungen werden (τὰ ἀπὸ τῆς σκηνῆς [μέλη]).[13] Dabei hebt er ausdrücklich hervor, daß diese Sololieder zu den Besonderheiten ganz bestimmter Tragödien gehören und nicht in jeder Tragödie vorhanden sind.[14] Heute werden in der Regel Klagemonologe als M. bezeichnet. Explizit findet die Kopplung von M. und Klage erstmals bei den spätantiken Rhetorikern statt, der Sache nach ist die damit verbundene Akzentuierung – sozusagen als pars pro toto – bereits für die klassisch-antiken M. zutreffend.

Die in der M. artikulierten Äußerungen von Trauer und Klage werden von Menander in einer nach rhetorischen Gesichtspunkten entwickelten Leichenrede (Epitaphios) funktionalisiert. Trotz der rhetorischen Vorgaben zeichnet sich die M. bei ihm durch innere Beteiligung und individuelle Gestaltung der Klage aus. Dabei fordert diese Form der expressiven Leichenrede auch allerhöchste Emotionen: Nur anläßlich des Todes von jungen, vorzeitig und unerwartet Verstorbenen kann sie gehalten werden, niemals beim Tode eines alten, nach erfülltem Leben verstorbenen Menschen.[15]

Beim Rhetoriker HIMERIOS (ca. 320–380 n.Chr.) setzt sich die Funktionalisierung der M. als Trauerrede fort. Himerios verfaßt unter höchster innerer Beteiligung eine sehr persönlich gestaltete Trauerrede auf den Tod seines erst 15-jährigen Sohnes (‹Trauerrede auf den Tod seines Sohnes Rufinus›).[16] Die Form ist pathetisch, der Mittelteil des Stücks besteht aus einer Mischung von Lob und Klage.

Die explizite Gleichsetzung von M. und Klage ist dann erst in der Zeit der byzantinischen Lexikographie vollzogen. Wohl erstmals ist das im Lexikon des PHOTIOS (9. Jh. n.Chr.) der Fall, wo – unter dem Stichwort monōdía – mit Bezug auf die Formulierung des Aristoteles «alle Lieder, die in den Tragödien von der Bühne herab gesungen werden», als Klagen bezeichnet sind.[17] Die in der Antike bereits vorhandene Tendenz zur Kopplung von M. und Klagegestus ist somit als Hauptbedeutung festgeschrieben und bleibt für die weitere Entwicklung der M. bestimmend. Auch der Autor des Lexikons ‹Suda› folgt Photios in dieser Deutung.[18]

Neben dieser Einengung ihrer Funktion auf die Trauerklage ist monōdía als 'neutraler' Theaterbegriff auch im nachklassischen Griechenland weiterhin üblich und gebräuchlich. Zur Kennzeichnung fester Abläufe im Theater verwendet ihn FLAVIUS PHILOSTRATOS (gest. zw. 244 und 249) in seinem ‹Leben des Apollonios von Tyana›. Dort erwähnt er Sologesänge neben Parabasen

(Prozessionsgesänge) und rhythmischen Gesängen als Bestandteile von Komödien und Tragödien, ein Hinweis darauf, daß die M. in der Tradition des Euripides und des Aristophanes noch im 3. Jh. n. Chr. als Formelement des Dramas lebendig war.

II. *Röm. Antike.* Der Einzelgesang gewinnt in den Theaterwerken der Römer gegenüber dem Chorgesang weiter an Bedeutung, Rezitative und Cantica nehmen einen großen Raum ein. Als Cantica im engeren Sinn werden im szenischen Kontext polymetrisch strukturierte, lyrische Verspartien bezeichnet, wie sie vor allem PLAUTUS in seinen Komödien bevorzugt. Die Herkunft dieser solistischen Partien ist allerdings umstritten. Als mögliche Wurzeln gelten im Hellenismus übliche Darbietungen monodischer Lyrik, in der Tradition des Euripides stehende monodische Stücke und außerdem auch «musikalisierte» Sprechverspartien.[19] Für die aus so verschiedenen Einflüssen resultierenden Gesänge wird das lateinische Wort *canticum* verwendet. Vorgetragen werden die solistischen Partien in einer Art Monolog, der von der Flöte begleitet wird.

Bezeichnet haben die Römer die Solopartien ihrer Dramen offensichtlich nicht mit dem griechischen Begriff *monōdía*, sondern mit dem unspezifischen Terminus *canticum*, auch wenn in einigen Fällen *monodiarius* als römische Berufsbezeichnung für die Begleiter von M. in (griechischen?) Theaterstücken überliefert ist.[20] Eine lateinische Lehnübersetzung des griechischen *monōdía* findet sich in dem Wort *sincinium* bzw. *sicinium* (aus *semel*, einmal und *canere*, singen). Sie ist allerdings nicht explizit auf die Bühnenmusik bezogen und erst im 2. Jh. n.Chr. (SEXTUS POMPEIUS FESTUS) und dann wieder im frühen 7. Jh. bei ISIDOR VON SEVILLA belegt («Wenn aber einer singt, wird das griechisch monodia, lateinisch sicinium genannt»[21]). Eine Gleichsetzung von *canticum* und *monodia* zur Bezeichnung antiker Sologesänge unternimmt erst G. B. DONI in seinen Untersuchungen zur antiken Musikpraxis.[22]

III. *Renaissance.* An die legendären Wirkungen der Tragödie im antiken Theater knüpfen humanistisch gebildete Gelehrte der italienischen Renaissance an. Was sie an der Antike fasziniert, suchen sie auch für die Musik ihrer Zeit zurückzugewinnen. Insbesondere sind sie an der Darstellung großer Affekte wie Klage oder Schmerz und damit folgerichtig an der M. interessiert.

In den Poetiken der italienischen Humanisten spielt insbesondere die Kopplung an die Konnotation Klage eine wichtige Rolle. Hierin zeigt sich auch die in der Renaissance neu aufkeimende Vorliebe für subjektive Äußerungen. Humanisten wie PATRIZI oder SCALIGER definieren die M. als Klagegesang und setzen sie mit der Nänie gleich.[23] In POLIZIANOS Werkausgabe ist sein Trauergedicht auf den Tod von Lorenzo de' Medici (1492) ‹Quis dabit capiti meo aquam› («Monodia in Laurentium Medicem») abgedruckt[24], das H. ISAAC vertont hat.[25] In dieser Tradition sind in der Renaissance auch zahlreiche weitere Klagemonodien auf den Tod berühmter Persönlichkeiten verfaßt worden, so die von B. APPENZELLER und N. GOMBERT vertonte Nänie auf den Tod Josquins.[26] Auch in englischen Poetiken dieser Zeit wird der Klage- und Begräbnisgesang eines einzelnen als *monody* bzw. *monodia* bezeichnet[27], und noch Lord Byron verwendet *monody* in diesem Sinne.[28]

IV. *Instrumental begleiteter Sologesang um 1600.* In der Renaissance öffnet sich der Blick für die Einzelpersönlichkeit. Die geistige Elite findet Orientierung am Menschenbild der Antike und an den Produkten antiker Kultur. Die Versuche des Anknüpfens oder gar des Wiederbelebens sind vielfältig. Der einzelne drängt danach, seinen eigenen Empfindungen Ausdruck zu verleihen, wie er sich auch mitempfindend den anderen öffnet. Auf der Bühne wird die Darstellung menschlicher Affekte angestrebt, wie sie im antiken Drama als präsent wahrgenommen wird. Die M. erscheint in den Diskussionen maßgeblicher Musiktheoretiker um 1600 als das geeignete Medium des Ausdrucks und der Übermittlung seelischer Erregung, und die kompositorische wie die dramatische Realisierung bestätigen diese Auffassung. Am antiken Vorbild orientiert, gelangt die M. in der Musik dieser Zeit und ihrer Theorie zu neuer Blüte.

Obwohl man von der antiken Musik nicht viel kannte, hat man sich in den Akademien der Stadt Florenz seit Jahrzehnten mit der Musik der Antike theoretisch und praktisch auseinandergesetzt und über Wege diskutiert, diese Musik zu neuem Leben zu erwecken. Theoretiker und Komponisten wie Girolamo Mei, Vincenzo Galilei, Jacopo Peri oder Giulio Caccini sind an diesen Diskussionsrunden beteiligt. Man vertritt die These, die musikalische Melodie sei bei den Griechen ein Abbild der Sprachmelodie und ahme so die rhythmischen und melodischen Bewegungen der erregten Sprache nach.

Schriftlose Musikpraktiken, die auf die Entwicklung des monodischen Gesangs vorausweisen, sind bereits für das 16. Jh. bekannt. So rezitiert man beispielsweise in Kreisen der Gebildeten an italienischen Höfen epische Dichtung zur Instrumentalbegleitung. B. Castiglione beschreibt diese Musikpraxis in seinem ‹Buch vom Hofmann› und hebt dabei insbesondere die beeindruckende Wirkung des Gesangs zur Viola hervor, der «den Worten so viel Schönheit und Wirkung (*efficacia*) [verleihe], daß es ein wahres Wunder ist».[29] Vorformen solcher Musizierpraxis werden offensichtlich schon im Florenz des 15. Jh. gepflegt: Von Marsilio Ficino, dem Vermittler antiker Musiktheorie an die Zeit der Renaissance, wird berichtet, er habe im Kreise seiner Akademie nach antikem Vorbild Hymnen zur Begleitung der Lyra rezitiert.[30]

Auch theoretische Konzeptionen der späteren Florentiner Camerata finden sich bereits in der Renaissance, freilich ohne die kompositionspraktischen Konsequenzen, die dann zur Oper führen. Im 16. Jh. bewertet man die wunderbaren Wirkungen, die von dem Vortrag eines einzelnen zum Klang der Lyra oder der Leier hervorgerufen werden, als vorbildlich.[31] Denn der Einstimmigkeit der antiken Musik schreibt man die Kraft zu, die Herzen zu bewegen, der zeitgenössischen kontrapunktischen Polyphonie dagegen wird eine solche Wirkungskraft abgesprochen. Hier helfen mythische Berichte über die Wirkungen der antiken Musik, das neue Ideal zu begründen und zu rechtfertigen. So führt die Abkehr von der kontrapunktischen Kompositionsart über die Orientierung an (bisweilen natürlich nur vermeintlich) antiken Vorbildern zu einem neuen Ideal instrumental begleiteter Einstimmigkeit. Nicht mehr am Einzelwort und seiner musikalisch-rhetorischen Ausdeutung im kontrapunktischen Satz will man sich nun orientieren, sondern am Gesamtaffekt des Textes, am Duktus einer erregt vorgetragenen Rede. Eine großangelegte Polemik gegen die zeitgenössische mehrstimmige Musik hat 1581 als erster der Florentiner Theoretiker V. GALILEI veröffentlicht[32] und damit weitere Diskussionen zur neuen Musik angestoßen, die auf das neue musikalische Ideal des Affektausdrucks zielten. Die klagenden, leidenden oder zornigen Affekte sind hierbei für die Komponisten zwangsläufig von besonderem Interesse. Die Rede solle Herrin der Musik sein und nicht Dienerin, fordern nun die Komponisten, allen voran C. MONTEVERDI.[33] Das heißt, die Musik folgt nicht mehr ihren eigenen satztechnischen Gesetzmäßigkeiten, sondern sie wird zum Ausdrucksmedium für die – freilich eher typisierten als individuellen – Leidenschaften und Affekte der Protagonisten. Nachdrücklich rückt hierbei die Emotion der Rede in den Mittelpunkt, der Sologesang zeichnet sich gegenüber der überkommenen kontrapunktischen Satzart außerdem durch Dramatisierung und Individualisierung von Text und musikalischer Darstellung aus. Während solche Konzeptionen in der Kompositionstheorie erst einmal kaum beachtet werden, führen sie in der Praxis zum instrumental begleiteten Sologesang, der als Sprechgesang (Rezitativ) vom Generalbaß gestützt wird.

Zweifellos findet man monodische Prinzipien (z.B. die Technik des Generalbasses) auch in geistlichen Werken verwirklicht. Es ist jedoch üblich und auch vertretbar, erst im Zusammenhang mit den frühen Opern von M. zu sprechen, denn in der Oper – und ganz besonders in den frühen Werken dieser Gattung – wird das Potential der M. zum bühnenwirksamen Ausdruck von Freude und Leid erstmals erkannt und in vollem Umfang genutzt. Die M. eröffnet der expressiven Deklamation eine neue Dimension.

Wie nun die Komponisten und Theoretiker dieser Zeit ihr monodisches Stilideal verstanden haben, das erläutern sie in programmatischen Vorreden, allerdings ohne den Ausdruck ‹M.› selbst zu gebrauchen. Der Sänger und Komponist G. Caccini beispielsweise hebt das Singen im Affekt (*cantare con affetto*) als zentrales Kennzeichen des Sologesangs hervor, der, von einem einfachen Saiteninstrument begleitet, die Kraft habe, den Affekt des Gemüts zu bewegen.[34] Monteverdi seinerseits spricht von Nachahmung der Leidenschaften der Rede («immitatione delle passioni del'oratione»), wenn er seine ästhetische Vorstellung des *recitar cantando* zu konkretisieren sucht.[35] Rhetorische Denkformen bestimmen die neue Konzeption, die der musikalisch adäquaten Darstellung des gesprochenen Wortes bzw. der Rede den Vorrang vor den Regeln des Kontrapunkts einräumt. Diese neue, von Monteverdi «zweite Kompositionsart» (*seconda pratica*) genannte Schreibweise vermag – wie auch die erregte Rede selbst – die Leidenschaften des Protagonisten auszudrücken und beim Rezipienten zu erregen.

Als Paradigma der monodischen Kompositionsart fungiert in der ersten Hälfte des 17. Jh. (und auch noch lange danach) der Klagegesang der verlassenen Arianna aus Monteverdis gleichnamiger Oper (1608), die bis auf dieses Stück verloren ist.[36] An diesem Lamento, das Monteverdi selbst sehr geschätzt hat, rühmen auch seine Zeitgenossen die Macht der Musik und den starken Affekt, der die Zuhörer tief bewegt.[37] Als M. hat Monteverdi den Klagemonolog freilich nicht bezeichnet. Erst der Operntheoretiker DONI, der sich mit der dramatischen Musik seiner Zeit auseinandersetzt, verwendet explizit den Begriff ‹M.›. Er führt 1635 – sozusagen post festum – die Benennung *monodia* für den Sologesang im *stile recitativo* ein[38] und gibt kurz darauf eine systematische Untergliederung vor.[39] Dabei unterteilt er die *monodia* in drei verschiedene Stilarten, die berühmten Kompositionen seiner Zeit zugeordnet werden und deren rhetorisches Gewicht stufenweise zunimmt. Der sogenannte *stile monodico* umfaßt somit den *stile narrativo*, den *stile recitativo speciale* und den *stile espressivo*.

Die musikalische Ausdrucksweise des *stile narrativo* wird vorrangig auf Erzählungen und Botenberichte bezogen, musikalisch bewegt sie sich auf einem Rezitationston und ähnelt dabei dem gewöhnlichen Sprechen. Doni nennt als Beispiel dafür den Bericht von Euridices Tod in Peris ‹L'Euridice› (1600). Der eigentliche *stile recitativo* steht zwischen den beiden anderen Schreibweisen, ist liedhafter gestaltet als der *stile narrativo* und eignet sich für Prologe und die Rezitation epischer Gedichte. Erst der *stile espressivo* (auch *rappresentativo* genannt) ist der wahre Bühnenstil und gilt Doni als das eigentlich Neue und Bahnbrechende. Weder einfaches Sprechen, noch liedhafte Diktion, sondern Affektausdruck (*bene esprimere gli affetti*) und leidenschaftliches Deklamieren (*parlare patetico*) sind seine Besonderheiten, denn nur hier ist – im Verbund mit der entsprechenden gestischen Darstellung – die rhetorische Dimension einer Beherrschung der Zuhörer möglich. Erst im *stile espressivo* kann die M. ihre größte Macht über die menschlichen Gemüter entfalten und zur Freude oder zur Klage bewegen (*commuovere*). Alle Darstellungsmittel sind hierbei möglich und erlaubt, wenn sie im Dienste einer vom Affektgehalt bestimmten Rede stehen.

Möglicherweise steht hinter dieser von Doni vorgestellten Systematik eine noch viel grundsätzlichere Einteilung, nämlich die an der Dichtungslehre Platons orientierte, in der die Gattungen der Dichtung in mimetische (Tragödie, Komödie; *espressivo*), narrative (Dithyrambos; *narrativo*) und Mischformen (Epos; *recitativo*) eingeteilt werden.[40] Diese erweiterte Sicht der Dinge böte die Möglichkeit, eine Verknüpfung herzustellen zwischen dem monodischen *stile espressivo* und seinem Vorbild, der Tragödien- und Komödienmonodie der Antike. Möglicherweise leitet Doni so implizite die M. des *stile espressivo* aus der antiken Tragödienmonodie her.

V. Weitere Deutungen. Die beiden zentralen Anwendungsfelder des Begriffs ‹M.›, wie sie sich in Antike und Frühbarock konstituieren, werden bereits im Laufe des 17. Jh. wieder verlassen. Nach einer Blütezeit in der frühen Oper verliert die M. nicht zuletzt auch deshalb an Bedeutung, weil man des Rezitativstils überdrüssig wird. Für die nachlassende Prägnanz, die sich nun mit dem Begriff verbindet, lassen sich manche Beispiele anführen. Sie kündigt sich bereits im 16. Jh. an, wenn mit dem lateinischen Wort *monodia* der Choralgesang[41], seit dem 17. Jh. dann auch generell die Einstimmigkeit bezeichnet wird.[42] Außerdem wird die M. im 18. Jh. zu einer Metapher für den Gesang schlechthin, der – nach den ästhetischen Vorstellungen der Zeit – «ins Herz dringen soll».[43] Spätestens hier sind dann auch die rhetorischen Implikationen wieder präsent.

Im 20. Jh. rücken die antiken und neuzeitlichen Belege im Zuge einer Erforschung der historischen Quellen erneut ins Blickfeld. Daneben werden den Begriffen ‹M.› und ‹monodisch› neue Bedeutungskomponenten hinzugefügt. In der Musikgeschichtsschreibung beispielsweise deutet F. BLUME «das monodische Prinzip» in der protestantischen Kirchenmusik als Darstellung des Textgehalts in der Musik, unabhängig von der Anzahl der beteiligten Stimmen.[44] Dagegen ist es für L. Nono, der im Jahr 1951 ein Stück mit dem Titel ‹Polifonia-monodia-ritmica› schreibt, die expressive, melodische Qualität des Mittelteils, die die Bezeichnung monōdía rechtfertigt. ADORNO seinerseits versteht unter M. die Idee einer liedhaften Melodie, gekoppelt an den Ausdruck eines autonomen Subjekts.[45] Solche Facetten der Deutung lassen erkennen, daß der Begriff ‹M.›, der schon in der Antike weit gefaßt und nicht präzise definiert ist, insbesondere im 20. Jh. zu einem Gefäß für unterschiedlichste Bedeutungsinhalte wird.

Anmerkungen:
1 W. Barner: Die M., in: W. Jens (Hg.): Die Bauformen der griech. Tragödie (1971) 279. – 2 Aristoteles: Problemata physica, übers. von H. Flashar (= Aristoteles: Werke, Bd. 19) (1975) 167. – 3 Kratinos, fr. 260A b, in: J.M. Edmonds: The Fragments of Attic Comedy, Bd. 1 (Leiden 1957) 116f. – 4 vgl. B. Zimmermann: Die griech. Tragödie (²1992) 95. – 5 vgl. ders.: Unters. zur Form und dramatischen Technik der Aristophanischen Komödien, Bd. 1 (1984) 219. – 6 s. ders.: Dicht. und Musik. Überlegungen zur Bühnenmusik im 5. und 4. Jh. v.Chr., in: Lexis 11 (1993) 30ff. – 7 s. ebd. 3. – 8 vgl. A. Riethmüller, Fr. Zaminer (Hg.): Die Musik des Altertums (= Neues Hb. der Musikwiss., Bd. 1) (1989) 164. – 9 s. Zimmermann [4] 26. – 10 vgl. Zimmermann [5] Bd. 2, 39f. – 11 vgl. Barner [1] 278. – 12 Platon, Nomoi VI, 764d. – 13 Arist. Poet. 1452b. – 14 Arist. Poet. 1452b, p. 36f. – 15 vgl. J. Soffel: Die Regeln Menanders für die Leichenrede (1974). – 16 Himerii declamationes et orationes, hg. von A. Colonna (Rom 1951) 64ff. – 17 Photii Patriarchae Lexicon, hg. von Chr. Theodoridis, Bd. 2 (Berlin/New York 1998) 578. – 18 Suidae Lexicon, hg. von Th. Gaisford, Bd. 2 (Oxford 1834) Sp. 2522f. – 19 vgl. H.-G. Nesselrath: Art. ‹Canticum›, in: DNP, Bd. 2 (1997) Sp. 967; s. auch G.E. Duckworth: The nature of Roman comedy (Princeton 1952) 375–380. – 20 Inscriptiones Vrbis Romae Latinae, Bd. 6, 2 (1882) Nr. 10120, Nr. 10132; vgl. W. Frobenius: Art. ‹M.›, in: HMT, 12. Auslieferung (1984) 4. – 21 Isid. Etym. VI, 19, 5/6, Übers. Verf. – 22 s. G. B. Doni: Sopra la musica scenica, ca. 1625, in: ders.: Lyra barberina (Florenz 1763) Bd. 2, 199. – 23 s. F. Patrizi da Cherso: Della poetica, hg. von D. Aguzzi Barbagli, Bd. 1 (Florenz 1969) 71; Scaliger, Bd. 1, 414. – 24 A. Poliziano: Opera omnia (Paris 1519) II, f. XCVII'. – 25 abgedruckt in: Denkmäler der Tonkunst in Österreich, Jg. XIV/1, Bd. 28, 45–48; vgl. W. Osthoff: Theatergesang und darstellende Musik in der ital. Renaissance (15. und 16. Jh.), Bd. 1 (1969) 177ff. – 26 vgl. Frobenius [20] 7f. – 27 z. B. Th. Elyot: Dictionary (1538); G. Puttenham: The Arte of English Poesie, B. 1 (London 1589) Kap. 24. – 28 Byron: Monody on the death of the Right Hon. R.B. Sheridan (1816), in: ders.: Poetical Works, hg. von F. Page (Oxford 1970) 96f.; vgl. Osthoff [25] 171. – 29 B. Castiglione: Das Buch vom Hofmann, übers. von Fr. Baumgart (1986) 122f. – 30 s. A. della Torre: Storia dell'Accademia Platonica (Florenz 1902; ND Turin 1968) 789. – 31 s. G. Zarlino: Istitutioni harmoniche (Venedig ³1573) II, 9, Übers. M. Fend (1989) 228f. – 32 V. Galilei: Dialogo della musica antica et della moderna (Florenz 1581) bes. 80–90. – 33 s. G.C. Monteverdi: Dichiaratione (1607). – 34 s. G. Caccini: Le nuove musiche, Florenz 1602, hg. von Fr. Schmitz (1995) 18 bzw. 22. – 35 z.B. in der Vorrede zu: Monteverdi: Combatimento di Tancredi et Clorinda (veröff. 1638). – 36 vgl. dazu U. Michels: Das "Lamento d'Arianna" von Claudio Monteverdi, in: Analysen. Beitr. zu einer Problemgesch. des Komponierens. FS H.H. Eggebrecht (1984) 91–109. – 37 vgl. F. Follino: Compendio delle sontuose Feste … (Mantua 1608) 30. – 38 s. G. B. Doni: Discorso secondo del diatonico equabile di Tolomeo, 1635, in: ders. [22] Bd. 1, 357; Index. – 39 s. ders.: Annotazioni sopra il compendio de' generi, e de' modi della musica (Rom 1640) 60ff. – 40 vgl. Frobenius [20] 11. – 41 z. B. bei S. Heyden: De arte canendi (Nürnberg 1540) 137. – 42 Alsted, Bd. 2, 1203. – 43 J. Mattheson: Critica Musica, Bd. 1 (1722) 262. – 44 F. Blume: Das monodische Prinzip in der protestant. Kirchenmusik (1925) 88. – 45 Th.W. Adorno: Die Funktion des Kontrapunkts in der neuen Musik, in: Musikalische Schr., Bd. 1 (Klangfiguren) (= Gesamm. Schr., Bd. 16, hg. von R. Tiedemann) (1978) 148.

Literaturhinweise:
F. Ghisi: Alle fonti della monodia (Mailand 1940). – H.H. Eggebrecht: Art. ‹M.›, in: MGG, Bd. 9 (1961) Sp. 475–479. – Ders.: Art. ‹M.›, in: Riemann Musiklex., Sachteil (1967) 584–585. – E. Apfel: Grundlagen einer Gesch. der Satztechnik, Teil 2: Polyphonie und M. Voraussetzungen und Folgen des Wandels um 1600 (1974). – G. Tomlinson: Madrigal, Monody, and Monteverdi's "via naturale alla immitatione", in: J. of the American Musicological Soc. 34 (1981) 60–108. – B. Russano Hanning: Some Images of Monody in the Early Baroque, in: Con che soavità. Studies in Italian Opera, Song, and Dance, 1580–1740, hg. von I. Fenlon und T. Carter (Oxford 1995) 1–12. – C.V. Palisca: Art. ‹M.›, in: MGG², Bd. 6 (1997) Sp. 466–471. – B. Zimmermann: Art. ‹M.›, in: DNP, Bd. 8 (2000).

S. Ehrmann-Herfort

→ Affektenlehre → Deklamation → Klagerede, -gesang → Musik → Musikalische Figurenlehre → Rezitation → Sprechgesang → Tragödie

Monolog, monologisch (dt. auch Selbstgespräch; griech. μονολογία, monología, 'Alleinrede'; lat. soliloquium, monologium; frz. monologue; engl. soliloquy, monologue; niederländ. alleenspraak; ital. monologo, soliloquio)
A. Def. – B. I. Das Selbstgespräch in Antike und MA. – II. Der M. vom 16. – 19. Jh. – III. Monologisches seit dem späten 19. Jh.

A. *Definition.* Das Wort ‹M.› ist griechischen Ursprungs (von μόνος, mónos, einzig, allein; λόγος, lógos, Rede). Es erhält seine begriffliche Prägung, speziell seine Ausrichtung aufs Drama, erst in der Neuzeit. Um 1500 erscheint frz. ‹monologue›, «als gräzisierendes Gegenstück zu *Dialog* gebildet»[1], als Synonym für die Gattung des im Spätmittelalter beliebten ‹sermon joyeux›, eines burlesken, auf die Inszenierung einer lustigen Rolle (Verliebter, Scharlatan usw.) beschränkten kleinen Redespiels.[2] Im 17. Jh. bezeichnet das Wort die Einpersonenrede bzw. -szene im ansonsten dialogischen Drama. In dieser Bedeutung wird es seit 1756 zunächst vorwiegend in weiblicher Form als ‹Monologe›[3], vereinzelt auch ‹Monologie›[4], daneben aber auch von vornherein[5] und seit Ende des 18. Jh. vorherrschend in der heutigen männlichen Form[6] ins Deutsche übernommen, anfänglich mit der Flexionsform und dem Plural ‹Monologen›. «Eine Person, die allein spricht», bemerkt K.W. RAMLER in einem Abschnitt über das dramatische Gespräch, «macht einen Monologen oder ein Selbstgespräch».[7] Vorher waren die Wörter ‹M.› und ‹Selbstgespräch› im Deutschen offenbar unbekannt. ZEDLERS ‹Universal-Lexicon› enthält keinen entsprechenden Artikel. GOTTSCHED spricht von M. umschreibend als «Auftritten [...], wo nur eine Person auftritt», und gleichbedeutend von «einzelnen Szenen».[8]

Näher als ‹Selbstgespräch› ist dem Ursprungssinn von ‹M.› die niederländische Übersetzung ‹alleenspraak›, deren deutsche Entsprechung ‹Alleinrede› außer in Lexikonartikeln kaum vorkommt. ‹Alleinrede› bezeichnet das Hauptmerkmal des M. im engeren Sinn, das Sprechen im Zustand des Alleinseins. ‹Selbstgespräch› zielt auf ergänzende Merkmale, erstens auf die dialogähnliche Struktur, die der M. als Gespräch mit sich selber oft aufweist, zweitens und heute im Vordergrund stehend auf den hauptsächlichen Redeinhalt, die Selbstbetrachtung in Form «langer gesammelter Selbstäußerung»[9] als «Ausdruck des Innern».[10] In vielen M. spielen die drei Bedeutungskomponenten zusammen, redet der Sprecher zugleich für sich (allein), mit sich und über sich.

Der Begriff ‹M.› im engen Sinn der einsamen Rede paßt vor allem zum geschlossenen Drama des 16. bis 19. Jh., für das er entwickelt wurde. Das Wort ‹M.› ist zwar heute auch für antike Texte gebräuchlich, doch im Ausmaß seiner diesbezüglichen Anwendbarkeit umstritten, wie Schadewaldts Kritik an Leo zeigt.[11] Ursache des Definitionsstreits ist die oft kommunikative Einbettung der antiken Selbstgespräche, indem diese z.B. von Mitakteuren belauscht und kommentiert werden. Das Wort ‹Selbstgespräch›, dem lateinischen ‹secum loqui› entsprechend, trifft diese Eigenart besser als der in der klassischen Antike nicht vorkommende Begriff ‹M.›.

Das dem ‹M.› etymologisch vorausgehende Wort μονολογία (monología) und dessen Verwandte (z.B. μονολόγιστος, monológistos) entstehen mit ihrer vorwiegend religiösen Bedeutung offenbar erst im Zusammenhang des christlichen Einsiedler-Ideals in der Übergangszeit zwischen Spätantike und Mittelalter.[12] μονολόγιστοι (monológistoi, Singular: monológistos) werden Mönche genannt, weil sie nur dem Gebet zugewandt sind («μονολόγιστοι dicti monachi quod uni duntaxat orationi intenti sunt»).[13] BENNS Äußerung, «der monologische Charakter der Lyrik» mache aus ihr «eine anachoretische Kunst»[14], berührt diesen Zusammenhang. Die Vorläufer des Wortes ‹M.› bezeichnen ursprünglich nicht die Beschränkung auf einen Sprecher, sondern auf Einsilbigkeit im Sinne kurz angebundenen Sprechens (lat. *breviloquentia*), aber auch auf bloße Gedanklichkeit, auf das Gebet als Äußerungsform der Mönche oder auf Jesus als alleinigen Ansprechpartner.[15] JOANNES CLIMACUS († 649) zitiert ‹monología› als Gegenteil von πολυλογία (polylogía, Geschwätzigkeit).[16] ‹Monología› in diesem Sinn unterscheidet sich also gründlich von dem zur Länge neigenden M. Auch lat. *soliloquium* (Alleinrede), das auf den Kirchenvater AUGUSTINUS zurückgeht, hat zunächst religiöse Qualität. Es bedeutet ursprünglich das schriftlich gefaßte, längere Selbstgespräch vor Gott. Über seine gräzisierende mittellateinische Entsprechung *monologium* (nebst den Varianten *monologion* und *monoloquium*) gelangt die Vorstellung der Alleinrede in den Begriff ‹M.›.[17]

Problematisch ist der Begriff ‹M.› nicht nur im Hinblick auf die Antike, sondern in anderer Weise auch für das 20. Jh. Nach dem im Naturalismus proklamierten «Wegfall des Monologs»[18] lebt dieser im neueren Drama durchaus weiter, besonders als Symptom moderner Sprach- und Kommunikationsskepsis. Zugleich erweitert sich jedoch der Begriff. Erstens kommt der ‹innere M.› der Erzählliteratur hinzu. Zweitens ist gemäß dem Sprachgebrauch strukturalistischer Linguistik und unter dem Einfluß von engl. ‹monologue› heute jede längere Rede als M. verstehbar. Das aus dem Französischen übernommene Wort hat sich gegenüber dem für die einsame Rede vorherrschenden ‹soliloquy› [nach lat. *soliloquium*] schon im frühen 17. Jh. in England verselbständigt. Es dient zwar auch als Synonym für ‹soliloquy›, bedeutet aber besonders die überlange Rede, darüber hinaus auch – wie ‹monologian› und ‹monologist› – den Redner selbst, der sich gern reden hört, andere nicht zu Wort kommen läßt oder sehr viel über sehr wenig sagt.[19] Drittens erzielt das Adjektiv ‹monologisch›, vor 1950 nur gelegentlich vorkommend, in der zweiten Hälfte des 20. Jh. allgemeine Verbreitung und fachbegriffliche Qualität. Es gerät zum Schlagwort für den nichtkommunikativen Charakter moderner Dichtung, insbesondere der Lyrik.

Dem dramatischen M. verwandt ist das *Beiseitesprechen* (engl. aside, frz. à part, ital. a parte) innerhalb einer Mehrpersonenszene. Die in der antiken Tragödie häufige *Monodie*, der Gesang einer einzelnen Person, ist eigentlich kein M., wird aber als Variante oft einbezogen, zumal ihr Hauptinhalt, die Trauerklage, spätere M. beeinflußt hat.[20] Die gesungene oder gesprochene Äußerung des Chors im Drama läßt sich nur mit Vorbehalt als eine «Art kollektiven *Monologs*» bezeichnen.[21] Der Begriff ‹Chormonolog›, den Heusler mit der Bitte um Nachsicht («sit venia verbo») für eine Form des isländischen Situationsliedes vorschlägt, wird von Walker als ‹Kollektivmonolog› bekräftigt.[22] Das *Monodrama*, das im 18. Jh. durch ROUSSEAU (‹Pygmalion›, 1762) in Mode kommt, besteht aus dem langen M. einer einzigen Person.[23] Kein wirklicher M., sondern wegen seiner Sprachlosigkeit geradezu dessen Gegenteil ist der im 20. Jh. so genannte *Gebärdenmonolog*, eine mittels Bühnenanweisung beschriebene kurze Solopantomime, die einen aufgewühlten Seelenzustand körperlich sichtbar macht. Er ersetzt im Naturalismus den M., kommt aber im Gefolge des von Diderot geweckten Interesses an der Pantomime («Wenig Reden, aber viel Bewegung»[24]) schon bei IFFLAND vor.

B. I. *Das Selbstgespräch in Antike und Mittelalter.* Das Selbstgespräch ist seit Beginn der literarischen Überlieferung verbreitet. Gelegentlich wird es auch kurz erörtert. So definiert PLATON durch den Mund des Sokrates Denken (διανοεῖσθαι, dianoeísthai) als «Rede, welche die Seele bei sich selbst durchgeht über dasjenige was sie erforschen will», wobei «sie nichts anders tut als sich unterreden [διαλέγεσθαι, dialégesthai], indem sie sich selbst antwortet, bejaht und verneint.»[25] PLUTARCH unterscheidet in seiner Abhandlung ‹Daß ein Philosoph sich vornehmlich mit Fürsten unterhalten müsse› «zwischen einer inneren und einer äußeren Rede», zwischen Selbstgespräch (λόγος ἐνδιάθετος, lógos endiáthetos) und Gespräch. «Beide hätten Freundschaft zum Ziel; ersteres Freundschaft mit sich selbst, letzteres Freundschaft mit andern.»[26] Als Schutzherrn des Selbstgesprächs nennt er Hermes, den Gott des Denkens und der Redekunst.[27] Während Platon für seine Schriften die Dialogform bevorzugt, wird das philosophische Selbstgespräch zur Äußerungsform der späten Stoa (z.B. MARC AURELS εἰς ἑαυτόν, eis heautón, Selbstbetrachtungen). Aus dieser Tradition erwachsen die religiösen Betrachtungen des Christentums, vor allem die ‹Soliloquiorum libri duo› (Zwei Bücher Selbstgespräche) des AUGUSTINUS.[28]

Lateinische Bezeichnungen für das Selbstgespräch vor dem Aufkommen von *soliloquium* sind ‹secum volutare› und ‹secum loqui›. Während die erstgenannte eher das stille Denken bedeutet[29], steht die zweite auch für das laute Selbstgespräch, nicht zuletzt im Zusammenhang mit der Rhetorik. CICERO «spricht oft vom *secum loqui*»[30] oder auch von Menschen, denen es in ihrer Trauer gefällt, mit ihrer eigenen Einsamkeit zu reden (*cum ipsa solitudine loqui*).[31] Für ihn ist das Selbstgespräch nichts Pathologisches, sondern eine Erscheinungsform der schmuckvollen Rede.[32] Das laute Einüben des Redevortrags[33] erfolgt am ehesten in Form des Selbstgesprächs. «Der Monolog des höchstgesteigerten Affects ist zur stehenden [rhetorischen] Schulübung geworden. Die Beispiele, die Ap[h]thonius (progr. 11) für die Ethopöie gibt, sind fast alle monologisch».[34] Gesonderte Beachtung verdient der Einsatz des ‹secum loqui› als Stilmittel innerhalb der öffentlichen Rede. Dabei macht sich der Redner mögliche Fragen oder Einwände des Publikums in Form von Gedankenfiguren zu eigen und beantwortet sie umgehend selber.[35]

Die Verankerung des Selbstgesprächs in der Antike belegen einige nichtfiktionale und zahlreiche dichterische Zeugnisse. SENECA berichtet von einem nächtlichen M. des Kaisers Augustus.[36] Plutarch zitiert den M. des

Marcus Antonius vor dessen Selbstmord. Antonius redet hier die abwesende Kleopatra an, die er fälschlich für tot hält.[37]

Schon HOMER «hat den Monolog zwar in beschränktem Umfang, aber in deutlich bestimmten Typen durchgebildet.»[38] Er «unterscheidet scharf zwischen der stillen Überlegung und dem mit der Überlegung oder dem Affect verbundenen Selbstgespräch.»[39] Wichtig ist, daß diese Selbstgespräche «ausdrücklich als Reden bezeichnet werden, daß das Epos seine Helden in einsamer Überlegung, Verwunderung, Klage laut mit sich selber reden läßt.»[40] Auch VERGIL nennt das Selbstgespräch Rede, hält aber Homers «scharfe Sonderung von stiller und lauter Überlegung nicht ein.»[41]

In den Versepen von Homer, Vergil und OVID [42] wie auch in den antiken Romanen (ACHILLEUS TATIOS, APULEIUS), wo er besonders häufig vorkommt [43], dient der M. dem Ausdruck von Gefühlen und handlungswichtigen Überlegungen [44], in Verbindung damit auch der indirekten Charakterisierung der Sprecher in Form der Ethopoiie.[45] Typisch ist eine Gruppe von Selbstgesprächen in Homers ‹Ilias›: «der Krieger in gefahrvoller Lage», z.B. Hektor vor seinem Todeskampf mit Achill [46], «erwägt, zu seinem θυμός [thymós] redend, ob er stehen oder weichen solle, [...] und kommt zum Entschlusse».[47] Ein Beispiel aus Vergils ‹Aeneis› ist der M. der von Aeneas verlassenen Dido vor ihrem Selbstmord.[48] J.M. MEYFART zitiert ihn als Beispiel der Gedankenfigur *addubitatio*.[49]

Differenzierter ausgeprägt als im Epos zeigt sich der M. in der griechischen und römischen Tragödie, besonders bei EURIPIDES und Seneca, in anderer Weise auch in der Komödie (MENANDER, PLAUTUS, TERENZ). Unter dem Formzwang der beiden Dramengattungen entwikkelt der M. eine je eigene Gestalt. Maßgeblich und umfassend dargestellt hat dies F. Leo [50], der übrigens im M. eine den Griechen natürliche Äußerungsform sieht [51] und seine Verbannung durch IBSEN und die deutschen Naturalisten als «sehr einseitige nordländische Auffassung» tadelt.[52]

Hauptaufgabe des M. ist im Drama ähnlich wie in der Epik, dem Innenleben der Figuren Ausdruck zu verleihen. Berühmtestes Dramenbeispiel sind die Konfliktmonologe der Medea vor der Ermordung ihrer Söhne in den Tragödien von Euripides und Seneca.[53] Charakteristisch für Seneca erscheint «das affektpsychologische Interesse», das in den griechischen Tragödien «noch kaum vorhanden ist».[54] Im Zusammenhang seiner stoischen Philosophie, die Selbstbeherrschung und Gefühlskontrolle bis hin zur Empfindungslosigkeit (Apathie) empfiehlt, dient die Darstellung der zur Katastrophe führenden Affekte beim Publikum nicht der Einfühlung, sondern der Abschreckung. Die Gefühlsstürme der Bühnenhelden bis hin zum Wahnsinn bilden die Grundlage für die rhetorische Ausgestaltung von Senecas Stücken, speziell auch des M. Freundlichere Qualität hat der Liebesmonolog in Menanders Komödien, an den Ovids ‹Metamorphosen› anknüpfen.[55]

Eine zweite, besonders in der Komödie ausgeprägte Funktion des M. ist technischer Art: Er dient dem Auf- und Abtreten der Bühnenfiguren und in der Komödie darüber hinaus auch der Strukturierung der Szenenfolge. Die Tragiker AISCHYLOS und Euripides haben Auftrittsreden, in denen der Agierende den Grund seines Kommens angibt.[56] In der Komödie Menanders tritt uns «ein ganzes System von Monologen entgegen».[57] Leo unterscheidet hier wie auch bei dem lateinischen Nachdichter Plautus Auftritts-, Zutritts-, Abgangs- und Übergangsmonologe.[58] Er betont den «Zusammenhang des Monologs mit der Disposition der Handlung»[59] angesichts seiner bevorzugten Plazierung an den Aktgrenzen.[60] Grimm hält den M. besonders im Drama für natürlich und geradezu «geboten, weil sonst alle personen zugleich abtreten müßten, keine zurückbleiben könnte». Für die Natürlichkeit spreche außerdem, daß er «einen schlüssel zu den herzen gibt».[61]

Die antike Rhetorik hat bei ihrer Orientierung am Drama auch von dessen M. gelernt. Die Gefühlswirkungen und besonders das Mitleid, die QUINTILIAN an den Tragödien des Euripides lobt, beruhen nicht zuletzt auf deren affektbestimmten M.[62] Er berichtet auch von der Schulung an den Prologen Menanders.[63]

Besonders beim Drama zeigt sich, daß der Begriff ‹M.› in seiner Anwendung auf die Antike problematisch ist und dem damaligen ‹secum loqui› eher die deutsche Übersetzung ‹Selbstgespräch› entspricht. Schadewaldt stellt fest: «Monolog und Selbstgespräch sind in der Tragödie nicht ein und dasselbe.»[64] ‹Selbstgespräch› ist weniger auf die einsame Rede fixiert, betont eher die am Dialog ausgerichtete Strukturierung. Das Selbstgespräch ist zwar im antiken Drama vielfach mit dem Alleinsein verbunden, findet aber kaum weniger oft im Beisein von Zeugen statt.

Da der Begriff ‹M.› zu den Texten der vorchristlichen Antike nicht recht paßt, führt seine Anwendung hier zu Problemen. Leo unterscheidet zwischen M. im engen Sinn der einsamen Rede und den für das antike Drama charakteristischeren «Monolog-Surrogaten»[65] mit auf der Bühne anwesenden Zuhörern, die in der Tragödie dominieren [66] und die er als M. im weiteren Sinn mitbehandelt. Im übrigen sind die «Schwierigkeiten» des M. in der Tragödie für ihn weniger begrifflicher als sachlicher Natur. Er führt sie nämlich auf die durchgängige Anwesenheit des Chors nach dem Prolog zurück.[67] Nur im Prolog, wo er bei Euripides die Regel sei, also vor Einzug des Chors, könne sich der M. ungehindert entfalten.[68] Dort aber wirke er in seiner Hauptfunktion als Affektgipfel eher verfrüht; denn, so hat schon Grimm gesehen, «die besten monologe des ausgebildeten drama werden auch in dessen mitte oder mehr gegen den schlusz hin fallen».[69] Heinze rückt Leos Erkenntnisse vorsichtig zurecht: «die Surrogate des Monologs, das affektische Sprechen ohne Beachtung der Anwesenden [...] steht in Wahrheit mit dem Monolog poetisch auf einer Linie.»[70] Schadewaldt plädiert bei aller Anerkennung der von Leo geleisteten Erschließungsarbeit für eine begriffliche Kehrtwendung. Er bevorzugt den Begriff ‹Selbstgespräch›: «Solange *der* Monolog Maßstab war und die äußere Einsamkeit sein Hauptkriterium, erwiesen sich die meisten und in ihrer Art vollkommenen Selbstgespräche als Surrogate. Mit dem Monolog als Maßstab fällt auch der Begriff des Monologsurrogates.»[71]

Daß der neuzeitliche Begriff ‹M.› im Hinblick auf die Antike im Grunde ein Anachronismus ist, zeigt sich auch in anderer Hinsicht: Der M. wird seit Einführung des Begriffs als Gegenteil des Dialogs verstanden; als solches gilt in der Antike aber weniger die einsame Rede, sondern eher die an ein Publikum gerichtete *oratio continua* oder *perpetua*.[72] Cicero nennt die Fähigkeit, «weit ausgreifend und in Fülle zu reden» (fuse lateque dicendi), charakteristisch für den vollkommenen Redner.[73] «Der Monolog hat nicht einmal einen Namen außer dem allgemeinen ῥῆσις [rhḗsis].»[74]

In der Antike erscheint das Selbstgespräch alles in allem kommunikativer als in der Neuzeit, ist vom Dialog weniger streng abgesondert und teilweise geradezu «von geselliger Natur».[75] Diese Ausrichtung zeigt sich selbst dort, wo der Sprecher allein ist. Ein verhältnismäßig fester Bestandteil des antiken Selbstgesprächs ist nämlich die Selbstanrede, d.h. die Ansprache des eigenen ‹thymós› (Herz, Gemüt, lat. *animus*) oder später mittels Namensnennung gar der ganzen eigenen Person, was ansatzweise schon bei Homer, HESIOD und in der altgriechischen Lyrik, z.B. bei PINDAR, vorkommt[76] und im Drama in differenzierter Form fortlebt.[77] Homer führt das eigentliche Selbstgespräch, das bei ihm «für Momente des Affects und der Überlegung aufgespart» ist, als Rede ans eigene Herz ein.[78] Grimm, der auch Belege aus mittel- und neuhochdeutscher Dichtung anführt, findet diesen «dumonolog» als M. zweiten Grades «stärker» als den «ichmonolog» oder M. ersten Grades.[79] Die Selbstanrede gibt es auch in der Tragödie, bei Seneca weit mehr als bei den Griechen. Bei ihm «spielt der Held gleichsam mit sich selbst Theater, das heißt er spricht mit den entsprechenden Gebärden seinen eigenen Mut, Schmerz, Zorn, seine Schamhaftigkeit, sein Leben und Alter an [...]. Hinzu kommen Glieder, wie Herz, Hand und Fuß».[80] Die saloppe Redewendung «Schmerz, laß nach!» erinnert heute daran. Konkurrierende Äußerungsform ist die im antiken Drama ebenfalls häufige Anrede (Apostrophe) von Göttern oder nicht anwesenden Personen.[81]

Auch in ihrer Abfolge sind Selbstgespräch und Dialog weniger deutlich getrennt als in der Neuzeit. Die Übergänge erscheinen eher fließend. Dialoge werden oft kurzzeitig in monologischer Form unterbrochen.[82] Besonders die Ansprache anwesender Personen oder des Chors geht vielfach in ein Selbstgespräch über oder daraus hervor.[83] In der Komödie, wo die Schwierigkeiten mit dem Chor wegen dessen Abschaffung entfallen[84], werden viele M. heimlich belauscht und von den Lauschern zwischendurch oder anschließend kommentiert.[85] Menander «läßt seine Personen Monologe wiedererzählen, die sie mitangehört haben ([...]), im Monolog Selbstgespräche wiederholen, die sie mit sich selber geführt haben».[86] Auftritte mit zwei Personen starten oft als Doppelmonolog.[87] Die auftretende Person beginnt und motiviert ihr Heraustreten aus dem Bühnenhaus üblicherweise, indem sie dorthin zurückspricht.[88] Selbst wenn eine Komödienfigur sich allein auf der Bühne befindet, kommt es nicht notwendigerweise zum einsamen M., sondern bei Menander und Plautus, nicht allerdings bei Terenz, mit einiger Regelmäßigkeit zur Anrede des Publikums, die ebenfalls als M. bezeichnet wird.[89]

Das *Mittelalter* ist im Hinblick auf den M. und dessen rhetorische Ausgestaltung weniger ergiebig. Das gilt besonders für das Schauspiel der Epoche, das mit dem antiken wie dem neuzeitlichen in keinem historischen Zusammenhang steht.[90] Beachtung verdienen allerdings die Selbstgespräche der höfischen Epen.[91] Die mittelhochdeutschen Epiker, deren Werke bis zu gut zehn Prozent (z.B. bei HEINRICH VON VELDEKE)[92] aus Selbstgesprächen bestehen, folgen mit den von ihnen bevorzugten Liebesmonologen französischen Quellen und letztlich dem Vorbild OVID.[93]

Begriffsgeschichtlich bedeutsam ist die Nachwirkung des AUGUSTINUS. Neben seinen ‹Soliloquien› «gibt es noch ein Buch *Pseudosoliloquien*, meistens betitelt *Soliloquiorum animae ad Deum liber unus* (Ein Buch Selbstgespräche der Seele, gerichtet an Gott): Es handelt sich dabei um ein unter dem Namen Augustins verbreitetes Werk eines mittelalterlichen Mönchs, das einfache kontemplative Betrachtungen mit viel augustinischem Gedankengut enthält [...]. Diese *Pseudosoliloquien* fanden sogar größere Verbreitung als die echten *Selbstgespräche*.»[94] Der Übersetzerkreis um ALFRED DEN GROSSEN, wenn nicht sogar König Alfred selber, überträgt das Werk des Augustinus vor 900 ins Altenglische.[95] Nachgewiesen ist das Wort ‹soliloqium›, bezogen auf Augustinus, in einem englischen Text um 1380.[96] In der Tradition Augustins steht auch das 1076 verfaßte ‹Monologion› (auch ‹Monologium› genannt), eines der beiden Hauptwerke des die mittelalterliche Scholastik begründenden Theologen ANSELM VON CANTERBURY.[97] Er spricht auch von ‹monoloquium›.[98] Anselm führt weniger ein Selbstgespräch mit als über Gott. Ein Kommentator erläutert: «solus enim in eo et secum loquitur.» (Er spricht darin nämlich allein und mit sich selber.)[99] Die bis zur frühen Neuzeit primär religiöse Prägung von ‹soliloquium› bekunden noch die 1626 erschienenen ‹Soliloquios amorosos de un alma a Dios› (Liebesmonologe einer Seele an Gott) des spanischen Dichters LOPE FÉLIX DE VEGA CARPIO.[100]

II. *Der M. vom 16. bis 19. Jh.* In der Neuzeit etabliert sich von Frankreich aus ‹M.› als Fachbegriff. Zugleich wird der M. im Drama, später auch im Roman in breiter Form praktiziert und hinsichtlich seiner Eignung fürs Drama theoretisch erörtert.

Die Verwendung des M. verdankt sich der mit der Renaissance einsetzenden Neubelebung und Nachahmung des antiken Dramas, vorwiegend in dessen lateinischer Ausprägung. Eine intensive Rezeption griechischer Dichtung erfolgt erst im 18. Jh. Zunächst dominiert der Einfluß von Terenz' Komödien. Seit dem späten 16. Jh. rücken die affekt- und rhetorikbetonten Tragödien Senecas ins Zentrum, der vorher eher durch seine von stoischem Denken geprägten philosophischen Schriften bekannt ist; «an der Schwelle aller nationaleuropäischen Tragödiendichtung steht jeweilen die Auseinandersetzung mit Seneca»[101], «bei dem ein Viertel des Ganzen aus M.en besteht».[102] Maßgebend für den Einfluß Senecas sind der in den Niederlanden aufkommende Neustoizismus (J. LIPSIUS: ‹De constantia›, 1584) und die für die Barockepoche grundlegende Umorientierung vom klassischen Stil Ciceros zur silbernen Latinität des 1. Jh. n. Chr. (Seneca, Tacitus). Ausgehend von Italien (GIRALDI CINZIO), werden die mit Senecas Namen verbundenen zehn Dramen, darunter als bekannteste ‹Thyestes› und ‹Medea›, in Frankreich (JODELLE, GARNIER, CORNEILLE, RACINE), England (KYD, MARLOWE, SHAKESPEARE) und den Niederlanden (HOOFT, VONDEL), teilweise in Spanien, schließlich auch in Deutschland (GRYPHIUS, LOHENSTEIN) inhaltlich wie formal zum Modell der volkssprachlichen Tragödie.[103] Auch das lateinische Jesuitendrama ist Seneca verpflichtet.[104] Allerdings ersetzen die neuzeitlichen Dramatiker Senecas mythologische Stoffe durch eher biblische und historische. Letztere beruhen vor allem auf Tacitus' Darstellung der römischen Kaiserzeit mit Nero im Zentrum. SCALIGER, der Seneca höher schätzt als Euripides[105], findet in der Tragödie die Affekte wichtiger als die Handlung.[106] Benjamin zitiert diese von Aristoteles abweichende Auffassung als «Maßstab zur Feststellung barocker Elemente» im deutschen Trauerspiel des 17. Jh.[107]

Schon der Prolog, bei Seneca überwiegend monologisch gehalten und in seinem Gefolge als Anfangsmonolog oft den ersten Akt eröffnend, ist bei den Tragödiendichtern der frühen Neuzeit manchmal von erregender Wirkung, dient allerdings in erster Linie der Exposition der Handlungsvoraussetzungen und der Problemlage, wie sie zum Beispiel der Titelheld von Gryphius' ‹Papinianus› mit figurenreicher Redekunst ausbreitet. Zu ungehinderter Entfaltung gelangt das Hin und Her der Gefühle im Innern der Tragödien. Anders als der antike Chor, der das Alleinsein erschwert, sind die barocken Chöre, nach niederländischem Muster ‹Reyen› genannt, nicht durchgängig anwesend, sondern nur – bei ständig wechselnder Zusammensetzung – am Ende der Akte. Ein Musterbeispiel amplifizierender Rhetorik ist – genau in der Mitte des ‹Papinianus› [108] – der M. des Intriganten Laetus, der zwischen wiederholt bekundeter Todesbereitschaft («Stirb, Laetus! stirb!») und trotzigem Aufbegehren schwankt. [109] Lohenstein artikuliert in seinen M. den Konflikt von sexueller Begierde und politischer Vernunft, den er meist mit dem Sieg der «Wollust» enden und so zur Katastrophe führen läßt. [110] «Der berühmteste aller Monologe, "To be or not to be" [aus Shakespeares ‹Hamlet›], ist eine vom *genus deliberativum* der Rhetorik inspirierte Pro-und-Contra-Rede über den Selbstmord». [111]

Monologische Qualität haben oft auch die von Seneca inspirierten, damals allgemein üblichen Geister- und Zauberszenen. Charakteristisch für die erstrebte Wirkung ist der Doppelmonolog eines Rache fordernden Geistes und seines angstvoll aufwachenden Mörders. In Lohensteins ‹Agrippina› läßt z.B. die Erscheinung des Britannicus dessen Halbbruder Nero aus dem Schlaf aufschrecken: «Hilf Himmel! ich erstarr! ich zitter! ich vergeh!» [112] Nicht Überredung, sondern Erschrecken der handelnden Personen und Abhärtung des Publikums bezweckt dieses Arrangement. Durch das oft blutige Bühnengeschehen suchen die barocken Tragiker im Sinne stoischer Moral und in Umdeutung der aristotelischen Katharsis die Zuschauer «von allerhand vnartigen vnd schädlichen neigungen zu säubern». [113] Mit der Koppelung von Geister- und Angstszene macht vor allem der Holländer Hooft Schule. [114]

Mit der Ablösung der höfischen Barockkultur durch das bürgerliche Denken des 18. Jh. ändert sich das Erscheinungsbild des M. Angesichts der nunmehr angestrebten Natürlichkeit des Sprechens auch tragischer Helden verringern sich Stilhöhe und durchschnittlicher Umfang des M. LESSING bevorzugt, sieht man von den ausführlichen Selbstgesprächen seines ‹Philotas› ab, kurze M., die er strukturbildend einsetzt. In seiner ‹Emilia Galotti› spricht z.B. im ersten Akt der Prinz drei M., im fünften Odoardo ebenfalls drei. [115]

Bedeutsamer als die sprachliche ist die inhaltliche Veränderung. Zwar bleibt der M. nach wie vor von Emotionen geprägt, aber das Zeitalter der Empfindsamkeit liebt weniger den rein ausgeprägten starken, moralisch anrüchigen Affekt als die sympathischeren sanften und gemischten Gefühle. Der M. ist nun nicht mehr in erster Linie Sprachrohr eines im Affektsturm außer sich geratenden oder unschlüssig schwankenden Helden. Abgesehen von SCHILLER, der eine kurze «Phase der "Re-Pathetisierung"» verkörpert [116], wartet der M. auch nicht mehr mit der barocken Fülle rhetorischer Mittel auf, die dem Schauspieler Gelegenheit zur Deklamation bieten und das Publikum beeindrucken sollen. Im Zuge des aufkommenden Individualismus und der entsprechenden Akzentverschiebung von der Handlung des Dramas zu den Personen und ihren Beweggründen wandelt sich der M. zum Ausdrucksmedium der Psyche bzw. des Charakters. Mehrere M. einer Person geraten zu Stationen einer charakterlichen Entwicklung, einer sogenannten inneren Handlung, die vorher wegen der von Aristoteles und Horaz [117] verlangten Unveränderlichkeit der Charaktere so nicht zulässig ist. Auch für übergreifende Vergleiche eignet sich der M. «An Charakter und Funktion der "Alleinrede" einer Bühnenfigur läßt sich die Entwicklung von G.[oethes] dramatischem Werk gut ablesen.» [118]

Angesichts des im bürgerlichen Trauerspiel verkörperten Bestrebens, die ständische und affektive Abgehobenheit der Helden zu beseitigen und diese als «mit uns von gleichem Schrot und Korne» darzustellen [119], soll der M. den Zuschauer nicht mehr erschrecken, sondern sein Mitgefühl ansprechen, ihm Gelegenheit zur «Einfühlung» bieten. [120] Im Sturm und Drang gewinnt der dramatische M. geradezu lyrische Qualität. [121] Umgekehrt kann SULZER feststellen: «Das lyrische Gedicht hat [...] gar viel von der Natur des empfindungsvollen Selbstgespräches». [122] HERDER unterscheidet zwei Arten der Ode: «Die Ode des Affekts ist Monologe; die Ode der Handlung wird selbst ein kleines Drama». [123] Die lyrische Flamme, bemerkt JEAN PAUL, «dringt ins Drama als Chor, zuweilen als Selbstgespräch». [124] Für den dramatischen M. bedeutet dies: «Um das feine Gewebe psychologischer Regungen darzustellen, muß der Dichter die Sprache des Herzens reden können. Er wird die starke "demagogische Wirkung" zu meiden suchen, alles übermäßige Pathos dämpfen und mäßigen, nur in lyrischen Empfindungen seine Sprache gestalten.» [125] Die um 1750 in großem Maß einsetzende Wirkung SHAKESPEARES steht dem nicht entgegen. Sie paßt sich dem empfindsamen Zeitgeist an. Mehr als Shakespeares grausame Herrscherfiguren (Richard III., Macbeth) dient sein sensibler Zweifler und Zauderer Hamlet der neuen Monologkunst als Vorbild.

Als «Charakterisierungsmittel» [126] kennzeichnet der M. nicht nur die jeweils redende Einzelfigur, sondern vielfach auch die von ihr verkörperte soziale Rolle. Dem hinterhältigen Intriganten dient er, wie in Ansätzen schon früher, als Sprachrohr böser Wahrheit (z.B. Franz Moor in Schillers ‹Die Räuber›). Der M. artikuliert die Einsamkeit [127] der Könige (z.B. des Königs Philipp in Schillers ‹Don Carlos›). «O ein Fürst hat keinen Freund!» klagt Prinz Gonzaga in Lessings ‹Emilia Galotti›. [128] Im M. zum Ausdruck kommen das Isolationsbewußtsein des um Erkenntnis ringenden Forschers (GOETHES ‹Faust›, zunächst als Monodrama geplant), die «Disproportionalität des Talents mit dem Leben» beim Künstler [129] (Goethes ‹Torquato Tasso›), die Verlassenheit des politischen Gefangenen (Goethes ‹Egmont›), die Rebellion der großen Kerls des Sturm und Drang gegen bürgerliche Konventionen (Schillers Karl Moor) [130], das Aufbegehren des braven Bürgers gegen fremde Tyrannei unter der Devise «Der Starke ist am mächtigsten *allein*» [131] (Schillers ‹Wilhelm Tell›). An Tells langem M. vor dem Geßlerschuß in der hohlen Gasse, den Schiller selbst als «das beste im ganzen Stück» lobt, tadelt EICHENDORFF «eine mit fühlbarer Herablassung ins Bäurische übersetzte Rhetorik». [132]

Der M. des Dramas beeinflußt auch die Erzählliteratur. Dies gilt weniger für die kurzen Selbstanreden in GRIMMELSHAUSENS ‹Simplicissimus› [133] als für die M. der eigentlich barocken, mit rhetorischer Pracht ausgestatteten Romane. ZIGLER UND KLIPHAUSEN z.B. beginnt seine ‹Asiatische Banise› (1689) mit einem wortstarken M. des Prinzen Balacin. Später bringt er den «Seelenstreit» des verliebten Tyrannen Chaumigrem monologisch zur Sprache.[134]

Im Roman des 18. Jh. wird das erzählte Selbstgespräch gelegentlich ironisch kommentiert, z.B. von WIELAND: «Immer Selbstgespräche, hören wir den Leser sagen».[135] Im übrigen dominiert wie im Drama der empfindsame Ton. «Die Autobiographien und Romane dieser Zeit, die bestimmte oder fingierte Sturm- und Dranghelden schildern, verfehlen nie, deren Gewohnheit, sich in Monologen zu ergehen, hervorzuheben.»[136] Vor allem Goethe schenkt dem Selbstgespräch Beachtung. Zahlreich sind die M. seines Werther.[137] Über seinen Wilhelm Meister schreibt er, daß er in Shakespeares ‹Hamlet› «anfing, die stärksten Stellen, die Selbstgespräche und jene Auftritte zu memorieren, in denen Kraft der Seele, Erhebung des Geistes und Lebhaftigkeit freien Spielraum haben, wo das bewegte Gemüt sich in einem gefühlvollen Ausdrucke zeigen kann».[138] Ähnlich klingen Goethes Jugenderinnerungen in ‹Dichtung und Wahrheit›: «Hamlet und seine Monologen blieben Gespenster, die durch alle jungen Gemüter ihren Spuk trieben. Die Hauptstellen wußte ein jeder auswendig und rezitierte sie gern, und jedermann glaubte, er dürfe ebenso melancholisch sein als der Prinz von Dänemark, ob er gleich keinen Geist gesehn und keinen königlichen Vater zu rächen hatte.»[139] Um Hamlets M. geht es auch in MORITZ' ‹Anton Reiser›.[140] Die Novelle ‹Wer ist der Verräter?› in Goethes ‹Wanderjahren› enthält mehrere M., «psychologisch motiviert durch Lucidors Enttäuschungen, Gehemmtheit, Ausdrucksbedürfnis»[141]; «sein volles Herz ergoß sich daher in Monologen, sobald er allein war».[142] Im 19. Jh. tut sich FONTANE als Erzähler von Selbstgesprächen hervor (z.B. Botho von Rienäckers in ‹Irrungen Wirrungen›)[143], inspiriert durch seinen Vater, einen in einer Kate «von Madame Fontane getrennt lebende[n] Einsiedler, der sein Plauderbedürfnis durch Selbstgespräche kompensieren mußte».[144] «Er dachte laut; das war immer seine Aushilfe».[145] Andererseits deutet sich schon früh die Sprach- und Kommunikationsskepsis der Moderne an. Gegen Anfang seiner Erzählung ‹Lenz› schreibt BÜCHNER über die Titelfigur: «er wollte mit sich sprechen, aber er konnte nicht».[146]

Die theoretische Erörterung des M. beschränkt sich im wesentlichen auf seine Verwendung im Drama. In SCALIGERS Poetik von 1561 kommt der Begriff ‹M.› noch nicht vor. Als ‹Szene› (scaena) gilt ihm nur das Gespräch von zwei oder mehr Personen («duae pluresve personae colloquuntur»).[147] Er berücksichtigt allerdings die Monodie[148] und das Beiseitesprechen.[149] Laut HARSDÖRFFER hält er es «für einen Fehler / wann jemand beyseits redend eingeführt wird / daß es die Zuhörer vernemen können / welche vielmals entfernet; der aber auf der Binne [Bühne] nahend darbeystehet / soll es nicht hören.»[150]

Ausdrücklicher, von vornherein umstrittener Gegenstand der Dramentheorie ist der M. seit dem 17. Jh. zunächst in Frankreich, seit dem 18. Jh. auch in Deutschland. Meistgenannte Vorteile sind, daß der Zuschauer in die Seele der jeweiligen Person Einblick gewinnt und daß er die Wahrheit über ihre geheimen Pläne erfährt. Beklagt werden der Mangel an Natürlichkeit und an Attraktion.

Grundlegend ist ein Kapitel über M. oder Reden einer einzelnen Person (‹Des monologues ou discours d'un seul personnage›) in der 1657 veröffentlichten ‹Pratique du théâtre› (Praxis des Theaters) des ABBÉ HÉDELIN D' AUBIGNAC. Er gibt zu, es sei manchmal wohl angenehm, auf der Theaterbühne jemanden, der allein ist, den Grund seiner Seele öffnen zu sehen und ihn kühn all seine geheimsten Gedanken aussprechen, seine Empfindungen erklären und alles sagen zu hören, was seine Gefühlsgewalt ihm eingibt; aber es sei gewiß nicht immer leicht, dies mit Wahrscheinlichkeit zu tun.[151] Schon vorher hat LA MESNARDIÈRE das Beiseitesprechen als ‹Aparte› benannt und wie sein Gewährsmann Scaliger für lächerlich erklärt.[152] CORNEILLE wendet sich bei seinen Empfehlungen zur Szenenverknüpfung (‹liaison des scènes›) gegen separate, mit den Nachbarszenen nicht verbundene M., wie er sie in Sophokles' ‹Ajax› und Terenz' ‹Eunuchus› vorfindet.[153]

Im 18. Jh. hält MARMONTEL es für ganz natürlich, mit sich selber zu sprechen («il est tout naturel de se parler à soi-même»[154]). Das gelte besonders bei erregter Leidenschaft. Aber der M. passe auch für ruhiges Nachdenken, sofern sich dies traumartig-vagabundierend gestalte.[155] Origineller wirken DIDEROTS verstreute Notizen. Die M. sind ihm wichtig, «weil sie mir die geheimen Anschläge einer Person vertrauen».[156] Er bemerkt, daß der M. «mehr den Hang nach der Tragödie, als nach der Komödie hat».[157] Als einzige Regel gilt ihm, daß der M. «für die Handlung ein Augenblick der Ruhe, und für die Person ein Augenblick der Unruhe».[158] In seinen ‹Unterredungen über den "Natürlichen Sohn"› bespricht er einen M., den einer der beiden Gesprächspartner «schön, aber unausstehlich lang» findet. Das führt zu der Beobachtung, daß etwas, was einem in Verbindung mit Pantomime «bei der Vorstellung kurz geschienen hat, bei dem Lesen lang vorkömmt».[159] Im übrigen kennt Diderot «die Kunst des Selbstgesprächs» auch nichtfiktional. Er empfiehlt es als «geheime Prüfung», durch die man ein besserer Schriftsteller werden und sich schlechte Laune vertreiben könne.[160]

Die erste markante Äußerung aus deutscher Feder stammt von STIELER: «Ein Aufzug [= Szene, Auftritt], der sich dehnt, erwecket gern Verdruß, / wie lange Reden auch. Zumal, wenn einem muß / allein man hören zu. Es muß da seyn ein Leben. / Zur Last und Munterkeit sind Predigten nicht eben. / Redt einer nur allein, der mach' es kurz und gut. / Ein ander lös' ihn ab. Geschwinder Wechsel tuht / ein großes zu der Lust.»[161]

Im übrigen wiederholen die Deutschen zunächst die Argumente der Franzosen. GOTTSCHED schreibt unter Berufung auf Hédelin d'Aubignac über Auftritte, «wo nur eine Person auftritt»: «Kluge Leute aber pflegen nicht laut zu reden, wenn sie allein sind; es wäre denn in besondern Affecten, und das zwar mit wenig Worten. Daher kommen mir die meisten einzelnen Scenen sehr unnatürlich vor».[162] In Gottscheds eigenem Trauerspiel ‹Sterbender Cato› spricht allerdings die Titelfigur zu Beginn des fünften Aktes einen M. von 50 Versen. Mehrere andere Szenen klingen mit einem kurzen M. aus.

Gegenstand intensiverer Erörterung wird der M. seit den 1750er Jahren in LESSINGS Berliner Bekanntenkreis. Hier tauchen das deutsche Wort ‹M.› und dessen Übersetzung ‹Selbstgespräch› erstmals auf. Über die Äußerungen von RAMLER, NICOLAI und MENDELSSOHN berichtet ausführlich F. Düsel.[163] Lessings eigener Beitrag zur Theorie des M. beschränkt sich auf seine 1760 veröffentlichte Übersetzung Diderots. Hervorhebung verdient Nicolais für die Epoche der Empfindsamkeit typische Einschätzung. Wichtiger als die Wahrscheinlichkeit des M. ist ihm dessen rührende Wirkung. «*Wenn der Dichter unter zwo Handlungen oder unter zwo Arten eine Handlung vorzustellen, zu wählen hat, deren eine natürlich, die andere zur Rührung geschickter ist, so muß er die letztere wählen.*» [164] Der Wiener Theaterkritiker J. VON SONNENFELS beschränkt die Monologlizenz eher gemäß der älteren Tradition auf Momente, in denen «die *Leidenschaft* auf das Höchste gespannt» ist. «In solchen Augenblicken», heißt es bei ihm ähnlich wie bei Marmontel, «stößt der unruhvolle Mensch einzelne, unzusammenhängende Reden aus; er spricht nicht, *er artikulirt gebrochene Töne*, er ist unstätt, sitzt, steht, läuft hin und wieder, gebehrdet sich wunderbarlich. Das ist das Muster, die Regel der Monologe, für den Schriftsteller und Schauspieler.» [165] Hier, so hat es einst HARSDÖRFFER ausgedrückt, «ist oft die Wolredenheit übel reden». [166]

SULZER gibt sich in seiner ‹Allgemeine[n] Theorie der Schönen Künste› dem M. gegenüber aufgeschlossen. Er wiederholt zwar den alten Einwand, daß M. «meistentheils wider die Wahrscheinlichkeit seyn, indem es überaus selten ist, daß ein Mensch mit sich selbst laut spreche». Im Drama findet er sie jedoch «nothwendig» und «angenehm». Er empfiehlt nur, «die Wahrscheinlichkeit nicht allzusehr zu beleidigen, sonst geht das Vergnügen verloren», und «diese Auftritte so natürlich zu machen, als möglich ist». [167] J.J. ENGEL beurteilt den M. nach seinem Verhältnis zur Handlung. Angesichts des Bedenkens, daß M. «die Handlung aufhielten», unterscheidet er zwischen solchen, die «gleichsam nur die Brücken sind, die den Schriftsteller von der einen Scene zur andern hinüberhelfen» und die auch Engel sich ohne langes «Räsonnement» wünscht, und «bessern Monologen, die in dem Gemüthszustande der Handelnden, und eben dadurch in der ganzen Handlung selbst, eine wichtige Veränderung bewirken». Er mißt auch den Affektmonolog an dieser Unterscheidung und wünscht sich, daß «die Imagination darinn nicht zu wild, zu diffus, zu prächtig wird, nicht zu lyrisch von der jetzigen wirklichen Situation abschweift». [168]

Im 19. Jh. nennt HEBBEL M. «die lauten Atemzüge der Seele». [169] Ansonsten wird der Ton nüchterner. Laut HEGEL äußert sich in M. «das einzelne Innere, das sich in einer bestimmten Situation der Handlung für sich selbst objektiv wird. Sie haben daher besonders in solchen Momenten ihre echt dramatische Stellung, in welchen sich das Gemüt aus den früheren Ereignissen her einfach in sich zusammenfaßt, sich von seiner Differenz gegen sich oder seiner eigenen Zwiespaltigkeit Rechenschaft gibt oder auch langsam herangereifte oder plötzliche Entschlüsse zur letzten Entscheidung bringt.» [170] Im übrigen bleibt, etwa in dem Brockhaus-Artikel von 1830, das Argumentationsmuster erhalten, Für und Wider des M. gegeneinander abzuwägen und wünschenswerte Formen von weniger genehmen abzugrenzen. [171] G. FREYTAG weiß, daß gelungene M. «Lieblinge des Publikums» sind und «von dem heranwachsenden Geschlecht gern vorgetragen» werden. Er räumt allerdings ein, daß «jede Isolierung des Einzelnen einer gewissen Entschuldigung bedarf. Nur wo ein reicheres inneres Leben im Zusammenspiel längere Zeit gedeckt war, erträgt der Hörer die geheimen Offenbarungen desselben». Um das Publikum bei einer Intrige ins Vertrauen zu ziehen, findet er den M. ungeeignet. Im übrigen wünscht er ihm «dramatischen Bau». [172] O. LUDWIG verteidigt ungefähr gleichzeitig den M. unter Bezugnahme auf Shakespeare. Es könne keinen größeren Mißverstand geben als «die jetzt geltende Regel» «so wenig als möglich Monologe». [173]

III. *Monologisches seit dem späten 19. Jh.* Der «Wegfall des Monologs», laut A. KERR eines der Hauptkennzeichen des «realistischen Dramas» IBSENS und der deutschen Naturalisten [174], leitet eine neue Entwicklung ein. Sie führt im Drama selbst nicht zu dauerhafter Abschaffung des M., wohl aber zur Änderung seiner Funktion. Hinzu tritt eine gründliche wissenschaftliche Beschäftigung mit den geschichtlichen Formen des M. Auffälligste Neuerung ist indes die Ausweitung des Begriffs ‹M.›.

Im Drama des 20. Jh. hält das Verdikt gegen den M. nicht lange stand. Der «konsequente[n] Verbannung von Monolog und Beiseitesprechen» [175] im Naturalismus folgt eine Wiederaufnahme des M. in der Ich-Dramatik STRINDBERGS und des Expressionismus. Bei neueren Autoren (P. HANDKE, TH. BERNHARD, B. STRAUSS) kommt es geradezu zu einem «Übergewicht monologischen Sprechens». [176] Aber der M. dient nun nicht mehr primär der rhetorischen Deklamation oder der Offenbarung des Innenlebens. Er gerät zum Symptom moderner Sprach- und Kommunikationsskepsis. In der um 1900 spürbaren «Krise» des Dramas [177] «zerreißt der Dialog in Monologe» [178], wie P. Szondi bemerkt, wird «das Zwischenmenschliche durch Innermenschliches verdrängt [...] und der Dialog, die zwischenmenschliche Ausspracheform, zum Gefäß monologischer Reflexionen». [179] An die Stelle des vom Dialog klar getrennten M. tritt das kurzfristige Monologisieren innerhalb von Gesprächen, deren Partner zudem oft aneinander vorbeireden. Auch das Beiseitesprechen erhält so einen anderen Stellenwert. [180] V. Klotz bringt das neue Erscheinungsbild des M. in Zusammenhang mit der Verschiebung vom geschlossenen Drama klassischer Prägung zum modernen Drama der offenen Form. «Monolog und Dialog des geschlossenen Dramas sind in Funktion und Gestalt deutlich von einander geschieden.» [181] Dagegen «nähern sich im offenen Drama Monolog und Dialog einander an.» [182] Das neue Denken bezieht teilweise sogar den älteren M. mit ein. P. von Matt sieht im M. generell das «Prinzip von der imaginären Vergegenwärtigung des gesellschaftlichen Ganzen im Medium der exkommunizierten dramatis persona» wirksam und meint, daß «die Monolog-Situation als solche im Zuschauer das helle Echo seiner eigenen Exkommunikationserfahrungen wachschlägt». [183]

Die literaturgeschichtliche Erkundung des M., die nach der Vorarbeit von Grimm um 1900 mit den Abhandlungen von Picot, Düsel und Leo einsetzt, sich über Grußendorf, Schadewaldt, Hürsch und andere bis zu dem Shakespeare-Buch von Clemen fortsetzt [184] und auch die Neuerungen des 20. Jh. nicht ausspart [185], ist nicht zuletzt eine Reaktion auf die naturalistische Absage. Daß speziell «Leo einen geheimen Kampf gegen die Ibsensche Verbannung des Monologs kämpft, beweisen viele Stellen, die überall in seiner Abhandlung verstreut sind.» [186]

Andere, eher systematisch orientierte Forscher suchen die historische Vielfalt typologisch zu ordnen. R. Petsch hält Brücken-, Kern- und Rahmenmonolog auseinander, im Bereich des Kernmonologs den «subjektiven Bekenntnis- oder Selbstoffenbarungsmonolog» bzw. «Selbstcharakterisierungsmonolog», den «mehr objektiven Reflexionsmonolog», den «aktiven Entschlußmonolog» und den «mehr passiven Affektmonolog». [187] W.

Kayser unterscheidet fünf Funktionstypen: den technischen, epischen, lyrischen, reflektierenden und den dramatischen, in einer Konfliktsituation zur Entscheidung führenden M. [188] M. Pfister trennt aktionale und nicht-aktionale M., unterteilt letztere in informierende und kommentierende. [189] Inzwischen hat sich auch die Linguistik des Themas angenommen. [190]

Die moderne Ausweitung bzw. Aufweichung des Begriffs ‹M.› deutet sich bereits in Leos Unterscheidung zwischen M. im engeren Sinn und M.-«Surrogaten» an. Bedeutsamer ist, daß die Darstellung des Innenlebens, die im M. ihr klassisches Sprachrohr findet, sich seit dem späten 19. Jh. überwiegend in die Erzählliteratur verlagert, wo sie in den neuen, im frühen 20. Jh. auch neu benannten Formen der erlebten Rede und des inneren M. Gestalt gewinnt. ‹Innerer M.›, als Formulierung schon 1890 von G. HAUPTMANN verwendet (in seinem Drama ‹Das Friedensfest› beschreibt er Roberts Einwortäußerung «Kinderkomödie!» «gleichsam als Trümmerstück eines inneren Monologes» [191]), wird durch die Schrift ‹Le monologue intérieur› des Franzosen E. DUJARDIN 1931 zum Fachbegriff für eine Erzähltechnik, die dieser selbst schon 1888 (‹Les lauriers sont coupés›) praktiziert, A. SCHNITZLER (‹Lieutenant Gustl›, 1900; ‹Fräulein Else›, 1924) aufgreift und J. JOYCE(‹Ulysses›, 1922) international berühmt macht. [192] Der Begriff ‹innerer M.› bezeichnet manchmal die stumme Gedankenfolge einer Person (unter Einschluß der erlebten Rede, die auch als ‹erzählter M.›, ‹narrated monologue› [193], oder, jedenfalls bei längerem Gedankengang, als ‹erzählter Innerer M.› bezeichnet worden ist [194]), meist aber in engerem Sinn und im Unterschied zur erlebten Rede die Wiedergabe dieser Gedankenfolge in direkter Rede ohne begleitende Signale des Erzählers, also ohne Anführungszeichen und Redewiedergabeformeln (z.B. «dachte er»). [195] Beim inneren M. richtet sich das Gestaltungs- und Interpretationsinteresse weniger auf die sprachlich-rhetorische Ausprägung als auf die Integration verschiedener Inhalte (Wahrnehmung gegenwärtigen Geschehens, Erinnerungen, Zukunftsvorstellungen) und das Zusammenspiel mit anderen Formen der Gedankenwiedergabe (erlebte Rede, verkürzender Gedankenbericht).

Darüber hinaus wird es seit der Wendung zu kommunikativem Sprechen und Schreiben um 1970 üblich, den Begriff ‹M.›, oft mit kritischem Unterton, auch auf nichtfiktionales Reden auszudehnen. Während die Monologartikel früherer Nachschlagewerke sich gewöhnlich auf den dramatischen M. beschränken oder allenfalls noch Monologisches in der Lyrik und den inneren M. der Epik zur Kenntnis nehmen, heißt es nun in Meyers Lexikon, der M. im weiteren Sinn sei «an bestimmte konkrete Kommunikationssituationen gebunden. [...] Die Erzählung, der Vortrag, die Predigt vor schweigenden Zuhörern werden in diesem Sinn als M. verstanden.» [196] Daß schon F. SCHLEIERMACHER seine Abhandlungen als ‹Monologen› veröffentlichte (1800), ist eher eine Ausnahme. Für J. Mukařovský ist sogar jede Rede ein M. «im linguistischen Sinn». [197] In alltagssprachlicher Ironie bedeutet ‹M.› ähnlich wie schon früher engl. ‹monologue› einen Redeschwall, der keine Unterbrechung duldet und den Zuhörern lästig erscheint.

Das Adjektiv ‹monologisch› erweitert den begrifflichen Spielraum noch mehr. Schon A. MÜLLER kennt es. Er assoziiert es mit Tragödie und Monarchie, ‹dialogisch› mit Komödie und Demokratie. [198] NIETZSCHE umschreibt Einsamkeit als «monologisches Leben». [199]

Im Hinblick auf Kunstwerke unterscheidet er: «Alles, was gedacht, gedichtet, gemalt, komponiert, selbst gebaut und gebildet wird, gehört entweder zur monologischen Kunst oder zur Kunst vor Zeugen. [...] Ich kenne keinen tieferen Unterschied der gesamten Optik eines Künstlers als diesen: ob er vom Auge des Zeugen aus nach seinem werdenden Kunstwerke (nach "sich") hinblickt oder aber "die Welt vergessen hat": wie es das Wesentliche jeder monologischen Kunst ist – sie ruht *auf dem Vergessen*, sie ist die Musik des Vergessens.» [200] 1923 nennt der Altphilologe Heinze die zeitgenössische Lyrik monologisch. im Unterschied zur dialogischen, adressatenbezogenen der Antike. [201] Seit der Mitte des 20. Jh. gerät ‹monologisch› zum Schlagwort für die nichtkommunikative Qualität moderner Dichtung. P. Szondi schildert diese in seinen obigen Äußerungen zum Drama mit dem Bewußtsein eines Defizits. [202] Im Hinblick auf Lyrik dominiert dagegen zunächst ein elitäres Bewußtsein. BENN spricht vom «monologische[n] Charakter der Lyrik» überhaupt, insofern sie «eine anachoretische Kunst» sei [203], beansprucht dies jedenfalls für «das moderne Gedicht, dessen monologischer Zug außer Zweifel ist». [204] Unter Bezugnahme auf ihn stellt H. Friedrich die «moderne Vereinsamung des Dichters» als Bedingung seines Schaffens hin: «Die Poetiken betonen den unendlichen Abstand der Lyrik vom erzählenden, dramatischen, auf Sachzusammenhang und Logik gegründeten Schrifttum. Es ist der Abstand zwischen monologischem und kommunikativem Schreiben.» [205] Mit der kommunikativen Wende um 1970 sind die Beschränkung auf das monologische, absolute Gedicht und der damit verbundene «Gestus des dunklen Dichters» [206] allerdings in die Kritik geraten, bemüht man sich im Gegenteil, «dem Gedicht soviel wie nur irgend möglich vom wirklichen Leben mitzugeben». [207] Im übrigen wird das Wort ‹monologisch› in einem weniger engen, wertneutralen, formalsprachlichen Sinn mittlerweile auch auf kommunikative Lyrik mit Du-Anrede bezogen. [208]

Mit seinem kommunikationskritischen Nebensinn beschränkt sich das Adjektiv ‹monologisch› nicht auf poetische Gegenstände. H.M. ENZENSBERGER sieht im Gegensatz zum gedruckten Buch, das «ein monologisches Medium» sei, die elektronischen Medien der Moderne, obwohl auch sie «die autoritären und monologischen Züge» mitschleppen, ihrer Struktur nach auf Interaktion angelegt. [209] Der Literaturkritiker M. REICH-RANICKI beklagt «das Monologische meines Daseins» während seiner Tätigkeit für die Hamburger Wochenzeitung ‹Die Zeit›. [210]

Mit dem Begriff ‹Selbstgespräch› verbinden sich dagegen bis heute auch positive Assoziationen. M. WALSER zieht der «adressierten Sprache», die auf Durchsetzung einer «Meinung», also auf Überreden und «Rechthaben» ausgerichtet sei, die «Sprache des Selbstgesprächs» vor. Diese «Innensprache» oder «unwillkürliche Sprache», wie er sie auch nennt, findet er zwar nicht irrtumsfrei, aber authentischer, denn es sei «sicher jeder im Selbstgespräch am meisten enthalten». Der Zuhörer bzw. Zeuge eines Selbstgesprächs müsse nichts übernehmen, schon gar nichts glauben, er könne jedoch «eine Art Freiheit erleben», «teilnehmen am Risiko eines nicht immer schon abgesicherten Sprachgebrauchs». [211] Walsers Überlegungen erinnern an Nietzsches Unterscheidung von ‹monologischer Kunst› und ‹Kunst vor Zeugen›.

Das Selbstgespräch eignet sich im übrigen als unkonventionelle Äußerungsform auch heute noch für komische Wirkungen. Das illustriert eine Anekdote, die der 1999 verstorbene Journalist J. GROSS gern von sich erzählte. «Sie handelt von der Rechnung für eine Flasche Dom Perignon, die der Redakteur Gross bei seinem Verlag eingereicht hatte. Der Verlag fragte nach dem Anlass. Gross: ein dienstlicher. Rückfrage: welcher Art? Gross: Ich habe ein Gespräch geführt. Rückfrage: mit wem? Gross: mit einer wichtigen Persönlichkeit. Rückfrage: mit welcher? Gross: mit mir selbst.» [212]

Anmerkungen:
1 F. Kluge: Etym. Wtb. der dt. Sprache, bearb. von E. Seibold (^{23}1995) 568 (Art. ‹M.›). – **2** vgl. É. Picot: Le Monologue dramatique dans l'ancien théâtre français, in: Romania 15 (1886) 358–422; ebd. 16 (1887) 438–542; ebd. 17 (1888) 207–262; M. Zink: Art. ‹Sermons joyeux›, in: LMA, Bd. 6, 762. – **3** so bei F. Nicolai: Abh. von dem Trauerspiele (1757), in: G.E. Lessing, M. Mendelssohn, F. Nicolai: Briefwechsel über das Trauerspiel, hg. von J. Schulte-Sasse (1972) 31; Das Theater des Herrn Diderot, aus dem Frz. übers. von G.E. Lessing (1760; ^{2}1781), hg. von K.-D. Müller (1986) 118.144.369; noch Sulzer (Bd. 4, 354 [Art. ‹Selbstgespräch›]) hat den Singular ‹Monologe›, allerdings ohne Artikel; weitere Belege bei F. Düsel: Der dramatische M. in der Poetik des 17. und 18. Jh. und in den Dramen Lessings (1897; ND 1977) 9ff. und bes. 78f., Anm. 19. – **4** [Rezension über Lessings ‹Philotas›.] Staats- und Gelehrte Zeitung des Hamburgischen unpartheyischen Correspondenten, Hamburg, 30. 6. 1759. Abdruck in: G.E. Lessing: Philotas, hg. von W. Grosse (1986) 85. – **5** K.W. Ramler: Einl. in die schönen Wiss. Nach dem Frz. des Herrn Batteux, mit Zusätzen vermehrt, Bd. 2 (1756) 246. – **6** so bei J.J. Engel: Über Handlung, Gespräch und Erzählung. Faksimiledruck der ersten Fassung von 1774, hg. von E.Th. Voss (1964) 51 (227). – **7** Ramler [5] 246; zit. Düsel [3] 7; vgl. auch F. Kluge: Etym. Wtb. der dt. Sprache (^{18}1960) 702 (Art. ‹Selbstgespräch›). – **8** Gottsched Dichtk. 648. – **9** W. Schadewaldt: M. und Selbstgespräch. Unters. zur Formgesch. der griech. Tragödie (1926) 16. – **10** ebd. 28. – **11** F. Leo: Der M. im Drama. Ein Beitr. zur griech.-römischen Poetik (1908); Schadewaldt [9]. – **12** vgl. [H.] Stephanus [Estienne]: Thesaurus Graecae linguae [1572], Neubearbeitung (1831–65; ND Graz 1954) Vol. 6, 1175; E.A. Sophocles: Greek Lexicon of the Roman and Byzantine Periods (from B.C. 146 to A.D. 1100), Vol. 2 (New York ^{3}1887) 767; G.W.H. Lampe (Hg.): A Patristic Greek Lexicon (Oxford 1961[-68]) 882. – **13** Stephanus [12] 1175. – **14** G. Benn: Probleme der Lyrik (^{7}1961) 14. – **15** vgl. die Belege bei Lampe [12] 882; Stephanus [12] 1175; Sophocles [12] 767. – **16** Lampe [12] 882. – **17** vgl. Art. ‹monologion›, in: Novum glossarium mediae Latinitatis ab anno DCCC usque ad annum MCC, Bd. M-N, hg. von F. Blatt (Hafnia [= Kopenhagen] 1959–69) 791f. – **18** A. Kerr: Technik des realistischen Dramas (1891), in: K. Hammer (Hg.): Dramaturgische Schr. des 19. Jh., Bd. 2 (1987) 983. – **19** Belege in: The Oxford English Dictionary, Vol. 6 (Oxford 1933; ND 1961) 621 (Art. ‹Monologue›); Vol. 10 (Oxford 1933; ND 1961) 402 (Art. ‹Soliloquy›); vgl. M. Pfister: Das Drama (^{8}1994) 180. – **20** vgl. W. Barner: Die Monodie, in: W. Jens (Hg.): Die Bauformen der griech. Tragödie (1971) 277–320; S. Ehrmann-Herfort: Art. ‹Monodie›, in: HWRh, Bd. 5, passim. – **21** K. Weimar: Art. ‹Chor›, in: RDL^3, Bd. 1, 302; zum ‹Beiseite› vgl. H. Keiper: Art. ‹Bühnenrede›, in: RDL^3, Bd. 1, 283. – **22** A. Heusler: Der Dialog in der altgerman. erzählenden Dichtung, in: ZDA 46 (1902) 232; E. Walker: Der M. im höfischen Epos (1928) 7. – **23** vgl. J. Raffelsberger: Das Monodrama in der dt. Lit. des 18. Jh. (Diss. Wien 1955). – **24** D. Diderot: Von der dramat. Dichtkunst, in: Das Theater [3] 389; vgl. ebd. 381ff.; vgl. auch Diderot: Lettre sur les sourds et muets [Brief über die Taubstummen] (o. O. 1751). – **25** Platon, Theaitetos 189e-190a; vgl. Leo [11] 5. – **26** C. Schmölders (Hg.): Die Kunst des Gesprächs (1979) 71; Plutarch, Moralia 49, 777 B-C. – **27** vgl. Plutarch: Œuvres morales. Tome XI. Première partie. Texte établi et traduit par M. Cuvigny (Paris 1984) 122, Anm. 4. – **28** vgl. M. Zelzer: Art. ‹Aurelius Augustinus: Soliloquiorum libri duo›, in: Kindlers neues Literaturlex., hg. von W. Jens, Bd. 1 (1988) 879f. – **29** Belege bei K.E. Georges: Ausführliches lat.-dt. Handwtb. (^{10}1959), Bd. 2, Art. ‹voluto›. – **30** Leo [11] 112. – **31** Cicero, Tusculanae disputationes III, 63; zit. Leo [11] 117. –
32 Cic. De or. III, 23. – **33** Quint. XI, 2, 33. – **34** Leo [11] 90; vgl. ebd. 74. – **35** Näheres hierzu und Belege bei Lausberg Hb. § 823; vgl. ebd. §§ 766–779 über Figuren der Frage. – **36** Seneca, De clementia I, 9; vgl. Leo [11] 90. – **37** Plutarch, Antonius, Kap. 76; vgl. Leo [11] 111f. – **38** Leo [11] 2. – **39** ebd. 2. – **40** ebd. 3. – **41** ebd. 5. – **42** vgl. ebd. 6. – **43** ebd. 111. – **44** vgl. ebd. 2f. 6. 13. 19. 26f. 29. 32f. 90f. 94. – **45** ebd. 74. – **46** Homer: Ilias XXII, 99ff.. – **47** Leo [11] 3. – **48** Verg. Aen. III, 533ff. und 584ff. – **49** Meyfart 397–399. – **50** Leo [11] passim. – **51** ebd. 4.86.114f.; gegen die Herabsetzung des M. als «unnatürlich» votiert schon J. Grimm: Über den Personenwechsel in der Rede. Kleinere Schr., Bd. 3 (1866; ND 1965) 293. – **52** Leo [11] 4. – **53** Euripides: Medea, Vv. 364–409; Seneca: Medea, Vv. 893–953. – **54** O. Regenbogen: Schmerz und Tod in den Tragödien Senecas [1927/28] (Sonderausgabe 1963) 31. – **55** Leo [11] 117f. – **56** ebd. 30f. – **57** ebd. 42. – **58** Leo [11] 48f. und 87. – **59** ebd. 63. – **60** ebd. 50–62. – **61** Grimm [51] 293. – **62** Quint. X, 1, 67f.; vgl. HWRh, Bd. 2, Sp. 909. – **63** Quint. XI, 3, 91; vgl. Leo [11] 73. – **64** Schadewaldt [9] 25. – **65** Leo [11] 26. – **66** vgl. ebd. 6 und 35. – **67** ebd. 6 und 35; vgl. ebd. 9 und 19. – **68** ebd. 26. – **69** Grimm [51] 293. – **70** R. Heinze: Ovids elegische Erzählung (1919) 123; zit. Schadewaldt [9] 26. – **71** Schadewaldt [9] 26. – **72** Quint. VI, 4, 1–3; vgl. ebd. II, 20, 7; dazu K. Dockhorn: Rhetorica movet, in: H. Schanze (Hg.): Rhet. Beitr. zu ihrer Gesch. in Deutschland vom 16. bis 20. Jh. (1974) 22, Anm. 8; zum Selbstgespräch als dritter Form vgl. Lausberg Hb. § 823. – **73** Cic. Or. 113. – **74** Leo [11] 114; vgl. B. Mannsperger: Die Rhesis, in: Jens [20] 143–182. Sie registriert eine Entwicklung von der Informationsrede zur – bei Euripides dominierenden, oft monologischen – Reflexionsrede, «vom aufklärenden Bericht zur "Prunkrede" um ihrer selbst willen» (ebd. 153). – **75** Leo [11] 35. – **76** vgl. ebd. 2–6. – **77** ausführliche Belege und Differenzierungen ebd. 94–113. – **78** ebd. 2. – **79** Grimm [51] 293; vgl. Leo [11] 94. – **80** Th. Thomann: Einf., in: Seneca: Sämtl. Tragödien, Bd. 1 (Zürich 1961) 54. – **81** Leo [11] 9f.13.26; vgl. A.W. Halsall: Art. ‹Apostrophe›, in: HWRh, Bd. 1, Sp. 830f. – **82** Leo [11] 10f. – **83** ebd. 26–29. – **84** ebd. 116f. – **85** ebd. 68 und 74f. – **86** ebd. 86. – **87** ebd. 47.63–66.83f.88. – **88** ebd. 67f.89. – **89** ebd. 80f.; vgl. ebd. 117. – **90** vgl. Art. ‹Drama›, in: HWRh, Bd. 2, Sp. 911f. – **91** vgl. Walker [22]; etliche Stellennachweise schon bei Grimm [51] 284–292. – **92** Walker [22] 190. – **93** vgl. Walker [22] 195–197. – **94** Zelzer [28] 879f. – **95** nach W. Erzgräber: Humanismus und Renaissance in England im 16. Jh., in: Humanismus in Europa, hg. von der Stiftung ‹Humanismus heute› des Landes Baden-Württemberg (1998) 159. – **96** Art. ‹Soliloquy›, in: The Oxford English Dictionary [19]. – **97** vgl. F.S. Schmitt: Art. ‹Anselm von Canterbury: Monologion›, in: Kindlers neues Literaturlex. [28] 531f. – **98** Art. ‹monologion›, in: Novum glossarium mediae Latinitatis [17] 791f. – **99** Rob. Torig. (chron. IV p. 90); zit. Art. ‹monologion› [17] 792, Übers. Verf. – **100** vgl. Art. ‹Lope de Vega: Soliloquios …›, in: Kindlers neues Literaturlex. [28] Bd. 17, 29. – **101** Thomann [80] 11. – **102** H. Schauer, F.W. Wodtke: Art. ‹M.›, in: RDL^2, Bd. 2, 419. – **103** vgl. die Überblicke zu diesen Ländern bei E. Lefèvre (Hg.): Der Einfluß Senecas auf das europ. Drama (1978); vgl. auch J.A. Worp: De invloed van Seneca's treurspelen op ons tooneel (Amsterdam 1892); P. Stachel: Seneca und das dt. Renaissancedrama (1907) mit Auflistung von M. auf S. 353; R.S. Miola: Shakespeare and Classical Tragedy. The Influence of Seneca (Oxford 1992); vgl. auch Erzgräber [95] 175–180. – **104** vgl. F.G. Sieveke: Art. ‹Jesuitendrama›, in: W. Killy (Hg.): Literaturlex., Bd. 13 (1992) 455–457 (dort weitere Lit.). – **105** zit. C. Wanke: Die frz. Lit., in: Lefèvre [103] 177. – **106** J.C. Scaliger: Poetices libri septem (Lyon 1561; ND 1987) 348 (= Buch VII, Kap. 3); vgl. Regenbogen [54] 17. – **107** W. Benjamin: Ursprung des dt. Trauerspiels, revidierte Ausg. besorgt von R. Tiedemann (1963) 99; vgl. auch W. Clemen: Die Tragödie vor Shakespeare (1955) 31f. – **108** Gryphius: Papinianus III, 281ff. – **109** P. Knüppelholz: Der M. in den Dramen des Andreas Gryphius (1911); M.L. du Toit: Der M. und Andreas Gryphius (Wien 1958); D. Wintterlin: Pathetisch-monologischer Stil im barocken Trauerspiel des Andreas Gryphius (1958); vgl. auch W. Flemming: Andreas Gryphius (1965) 131f. – **110** vgl. B. Asmuth: Daniel Casper von Lohenstein (1971) 44f. – **111** U. Suerbaum: Shakespeares Dramen (1980) 135; vgl. generell W. Clemen: Shakespeares M. (1964; erweiterte Neufassung 1985). – **112** D. Casper von Lohenstein: Agrippina IV, 63. – **113** A. Gry-

phius: Leo Armenius, Vorrede. – **114** vgl. B. Asmuth: Die niederländische Lit., in: Lefèvre [103] 255f. – **115** vgl. Düsel [3]. – **116** I. Strohschneider-Kohrs: ‹Unterschriften› als szenisch-dramatische Aktion, in: Aratro corona messoria. FS G. Pflug (1988) 224. – **117** Arist. Poet., Kap. 15; Hor. Ars 125–127. – **118** B. Jeßing, B. Lutz, I. Wild (Hg.): Metzler Goethe Lex. (1999) 340 (Art. ‹M.›); zur Entwicklung des M. bei verschiedenen Autoren vgl. I. Hürsch: Der M. im dt. Drama von Lessing bis Hebbel (Diss. Zürich 1947). – **119** Lessing: Hamburgische Dramaturgie, 75. Stück. Werke, hg. von H.G. Göpfert, Bd. 4 (1973) 580f. – **120** vgl. K. Weimar: Art. ‹Einfühlung›, in: RDL³, Bd. 1, 427–429. – **121** vgl. H. Grußendorf: Der M. im Drama des Sturms und Drangs (1914) 3–9. – **122** Sulzer, Bd. 3, 299 (Art. ‹Lyrisch›). – **123** J.G. Herder: Fragmente einer Abhandlung über die Ode. Sämmtl. Werke, hg. von B. Suphan, Bd. 32 (1899) 77; vgl. Grußendorf [121] 3–5. – **124** Jean Paul: Vorschule der Ästhetik, hg. von N. Miller (1963) 272 (§ 77). – **125** Grußendorf [121] 38. – **126** ebd. 12. – **127** vgl. J.G. Zimmermann: Von der Einsamkeit (1773); ders.: Über die Einsamkeit, 4 Bde. (1784–85); Chr. Garve: Über Ges. und Einsamkeit (1797–1800); L. Maduschka: Das Problem der Einsamkeit im 18. Jh. (1933); W. Milch: Die Einsamkeit. Zimmermann und Obereit im Kampf um die Überwindung der Aufklärung (1937). – **128** Lessing: Emilia Galotti, 1. Aufzug, 6. Auftritt. Über den Fürsten als «Paradigma des Melancholischen» vgl. Benjamin [107] 154ff. – **129** Caroline Herder an ihren Mann Mitte März 1789 unter Berufung auf ein Gespräch mit Goethe; zit. Goethes Werke, Hamburger Ausg., Bd. 5 (⁴1960) 442. – **130** vgl. Grußendorf [121]. – **131** Schiller: Wilhelm Tell I, 3, 437. – **132** nach F. Schiller: Wilhelm Tell. Erläuterungen und Dokumente, hg. von J. Schmidt (1969) 91 und 99; Weiteres zur Monologgestaltung bei Hürsch [118]. – **133** zit. Grimm [51] 291. – **134** H.A. von Zigler und Kliphausen: Asiatische Banise (1965) 15f. und 239f.; vgl. Grimm, Bd. 16, 33 (Art. ‹Seelenstreit›); das Wort dient als Übersetzung für ‹Psychomachia› (Titel einer Dichtung des Prudentius). – **135** Chr. M. Wieland: Gesch. des Agathon, B. I, Kap. 7 am Ende; vgl. Grimm, Bd. 16, 474. – **136** Grußendorf [121] 13. – **137** vgl. ebd. 14. – **138** Goethe: Wilhelm Meisters Lehrjahre IV, 3, in: Werke, Hamburger Ausg., Bd. 7 (⁴1959) 217. – **139** Goethe: Dichtung und Wahrheit, B. 13, in: Werke [138] Bd. 9 (³1959) 582. – **140** vgl. Grußendorf [121] 13f. – **141** E. Trunz: Anmerkungen, in: Goethes Werke [138] Bd. 7, 627. – **142** Goethe: Wilhelm Meisters Wanderjahre I, 8, in: Werke [138] Bd. 8 (⁴1959) 90. – **143** vgl. W. Müller-Seidel: Theodor Fontane. Soziale Romankunst in Deutschland (²1980) 262 mit Anm. 53 (auf S. 522). – **144** W. Jens: Wer am besten redet, ist der reinste Mensch. Über Fontane (2000) 90. – **145** Th. Fontane; zit. Jens ebd. – **146** G. Büchner: Lenz. Sämtl. Werke und Briefe, hg. von W.R. Lehmann, Bd. 1 (o. J., ca. 1970) 7. – **147** Scaliger, Bd. 1, 158f. – **148** ebd. 414f. – **149** ebd. 286–289. – **150** G.Ph. Harsdörffer: Poetischer Trichter (1648–53; ND 1969) T. II, 84. – **151** s. F. Hédelin d'Aubignac: La pratique du théâtre. Auszug in: W. Floeck (Hg.): Texte zur frz. Dramentheorie des 17. Jh. (1973) 70. – **152** J. de la Mesnardière: La Poétique (Paris 1639) Kap. 9; nach Düsel [3] 3, der 1640 als Erscheinungsjahr nennt. – **153** P. Corneille: Discours des trois unités d'action, de jour, et de lieu. Œuvres complètes, hg. von A. Stegmann (Paris 1963) 841f. – **154** J.-F. Marmontel: Poétique françoise (Paris 1767 [zuerst 1763]), Bd. 1, 359ff.; zit. Düsel [3] 13. – **155** nach Düsel [3] 13f. – **156** D. Diderot: Von der dramatischen Dichtkunst, in: Das Theater [3] 337. – **157** D. Diderot: Unterredungen über den "Natürlichen Sohn", in: Das Theater [3] 144. – **158** Diderot [156] 369. – **159** Diderot [157] 118. – **160** Diderot [156] 308f. – **161** K. Stieler: Die Dichtkunst des Spaten, 1685, hg. von H. Zeman (Wien 1975) Vv. 2675–2681. – **162** Gottsched Dichtk. 648. – **163** Düsel [3] 7–12. – **164** F. Nicolai: Abh. von dem Trauerspiele (1757), in: Briefwechsel über das Trauerspiel [3] 30. – **165** J. von Sonnenfels: Briefe über die Wienerische Schaubühne (Wien 1768) 649ff.; zit. Düsel [3] 15; vgl. den Neudruck, hg. v. H. Haider-Pregler (Graz 1988). – **166** Harsdörffer [150] T. 2, 85. – **167** Sulzer, Bd. 4, 354f. (Art. ‹Selbstgespräch›). – **168** Engel [6] 52f. (228f.); vgl. Düsel [3] 17–19. – **169** zit. Schauer, Wodtke [102] 419. – **170** G.W.F. Hegel: Vorlesungen über die Ästhetik, T. 3: Die Poesie, hg. von R. Bubner (1971) 278. – **171** Allg. dt. Real-Encykl. der gebildeten Stände in 12 Bdn., Bd. 7 (1830) 488f. (Art. ‹M.›). – **172** G. Freytag: Die Technik des Dramas, 1863 (¹³1922; ND 1965) 193–195. – **173** O. Ludwig: Der M., in: ders.: Shakespeare-Stud., hg. von M. Heydrich (²1901) 300. – **174** Kerr [18] 982. – **175** ebd. 988. – **176** H.-P. Bayerdörfer: "Le partenaire". Form- und problemgesch. Beobachtungen zu M. und Monodrama im 20. Jh., in: Literaturwiss. und Geistesgesch., FS R. Brinkmann (1981) 559. – **177** P. Szondi: Theorie des modernen Dramas (1956) 62. – **178** ebd. 73. – **179** ebd. 62; vgl. ebd. 30–33. – **180** ebd. 114–118. – **181** V. Klotz: Geschlossene und offene Form im Drama (²1962) 191. – **182** ebd. 197. – **183** P. von Matt: Der M., in: W. Keller (Hg.): Beitr. zur Poetik des Dramas (1976) 87f. – **184** vgl. Grimm [51]; Picot [2]; Düsel [3]; Leo [11]; Grußendorf [121]; Schadewaldt [9]; Hürsch [118]; Clemen [111]; weitere Lit. nennt Pfister [19] 402, Anm. 40. – **185** vgl. Bayerdörfer [176] 529–563; W.G. Müller: Das Ich im Dialog mit sich selbst. Bemerkungen zur Struktur des dramatischen M. von Shakespeare bis zu Samuel Beckett, in: DVjs 56 (1982) 314–333. – **186** Schadewaldt [9] 28, Anm. 1. – **187** R. Petsch: Wesen und Formen des Dramas (1945) 361–375. – **188** W. Kayser: Das sprachliche Kunstwerk (⁴1956) 200; die gleichen «Grundformen» außer der technischen hat schon Meyers Konversationslex., Bd. 14 (1906) 78. Die epische, dort erzählend genannt, wird als «Notbehelf» getadelt. – **189** Pfister [19] 190f. – **190** vgl. P. Canisius: M. und Dialog. Unters. zu strukturellen und genetischen Beziehungen zwischen sprachl. Solitär- und Gemeinschaftshandlungen (1986). – **191** G. Hauptmann: Das Friedensfest, Akt 2. Das gesammelte Werk, Abt. 1, Bd. 1 (1942) 426. – **192** vgl. J. Zenke: Die dt. Monologerzählung im 20. Jh. (1976); W. Neuse: Gesch. der erlebten Rede und des inneren M. in der dt. Prosa (New York 1990); J. Vogt: Aspekte erzählender Prosa (⁷1991) 191. – **193** D. Cohn: Transparent Minds. Narrative Modes for Presenting Consciousness in Fiction (Princeton 1978) 109–112. – **194** M. Martinez, M. Scheffel: Einf. in die Erzähltheorie (1999) 58 und 60. – **195** zum uneinheitlichen Begriffsgebrauch vgl. Vogt [192] 191f. – **196** Meyers enzykl. Lex., Bd. 16 (1976) 447 (Art. ‹M.›); ähnlich I. Ackermann: Art. ‹M.›, in: G. und I. Schweikle (Hg.): Metzler Lit. Lex. (1980) 290. – **197** J. Mukařovský: Dialog und M., in: ders.: Kapitel aus der Poetik (1967) 108ff. – **198** A. Müller: Über die dramatische Kunst (1812), in: Hammer [18] Bd. 1 (1987) 166–176; vgl. E. Behler: Klassische Ironie, romantische Ironie, tragische Ironie (1972) 100f.; W. Hinck: Das moderne Drama in Deutschland (1973) 217f. – **199** F. Nietzsche: Menschliches, Allzumenschliches, Nr. 625. Werke in 3 Bdn., hg. von K. Schlechta (1954–56; ND 1997) Bd. 1, 721. – **200** Nietzsche: Die fröhliche Wiss., Nr. 367, in: Werke, ebd. Bd. 2, 241. – **201** R. Heinze: Die horazische Ode, in: ders.: Vom Geist des Römertums (³1960) 172–189, bes. 176. – **202** Szondi [177]; kritisch dazu R. Zimmer: Dramatischer Dialog und außersprachlicher Kontext. Dialogformen in dt. Dramen des 17. bis 20. Jh. (1982) 14–16; vgl. auch G. Bauer: Zur Poetik des Dialogs (1969) 5, Anm. 8. – **203** Benn [14] 14. – **204** ebd. 44. – **205** H. Friedrich: Die Struktur der modernen Lyrik (¹²1971) 146. – **206** vgl. etwa J. Theobaldy: Das Gedicht im Handgemenge, in: H. Bender, M. Krüger (Hg.): Was alles hat Platz in einem Gedicht? (1977) 171. – **207** ebd. 175. – **208** D. Lamping: Das lyrische Gedicht (1989) 63–66; B. Asmuth: Art. ‹Lyrik›, in: HWRh, Bd. 5, Sp. 690–727 – **209** H.M. Enzensberger: Baukasten zu einer Theorie der Medien, 1970, in: ders.: Palaver. Polit. Überlegungen (1974) 123f. – **210** M. Reich-Ranicki: Mein Leben (1999) 421. – **211** M. Walser: Über das Selbstgespräch, in: Die Zeit, Nr. 3 (13.1. 2000) 42f. – **212** Nachruf Johannes Gross, in: Der Spiegel, Nr. 40 (1999) 322.

B. Asmuth

→ Dialog → Drama → Lustspiel, Komödie → Lyrik → Monodie → Tragödie

Montage (engl. montage, editing; frz. montage)
A. Def. – B. I. Antike. – II. Mittelalter, Humanismus, Barock. – III. 18., 19. Jh. – IV. 20. Jh.

A. I. Mit dem Begriff ‹M.› bezeichnet man eine künstlerische *Verfahrensweise*, die vorgeformte Textelemente heterogener Herkunft in einem Text unvermittelt zusammenführt, sowie das *Ergebnis* dieser Verfahrensweise. Ursprünglich von der Avantgarde und im Film praktiziert, wurde die ‹M.› (von frz. *monter* = zusammenfügen, anbringen, aufstellen) zu einer verbreiteten künstlerischen Technik der Moderne.[1] Inzwischen ist die M. ein Bestandteil der Alltagskultur geworden und wird beispielsweise im Bereich der Werbung und des Videoclips exzessiv eingesetzt. Auch die Verwendung des Begriffes ist inflationär, zudem unscharf: so ist die Abgrenzung zwischen den Begriffen ‹M.› und ‹Collage› kritisch.[2] Einige Autoren verwenden die Begriffe synonym[3], andere betonen die Beziehung des Begriffs ‹Collage› zu dem Bereich der bildenden Kunst[4] oder sehen in der Collage einen Extremfall von M. und kennzeichnen mit dem Begriff ‹Collage› Texte, die ausschließlich oder überwiegend entlehnte Elemente enthalten.[5]

II. *Systematische und ästhetische Aspekte.* Für die M. zentrale ästhetische Fragestellungen werden im rhetorischen System an verschiedenen Punkten behandelt. Bei der *dispositio* gilt es, argumentative 'Fertigteile' zu einem Text zusammenzufügen. Für diese Aufgabe stehen im rhetorischen System zwar einige Regeln zur Verfügung, aber ein angemessener Aufbau läßt sich nach QUINTILIAN nur mit Hilfe des *iudicium* erreichen.[6] Das wirkungsbezogene Denken, das die Rhetorik an dieser Stelle fordert, ist für spätere Formen der M. instruktiv. Auch im Film und im Montageroman regeln wirkungsästhetische Überlegungen den Aufbau. Besonders deutliche Parallelen lassen sich von der *elocutio*-Lehre zu den Techniken der M. ziehen. E. KAEMMERLING geht so weit, die rhetorischen Figuren insgesamt als «linguistische Montageformen»[7] zu bezeichnen. Rhetorische Wortfiguren wie Klimax, Antithese, *geminatio*, *redditio*, Anapher, Epipher, Polyptoton, Parallelismus lassen sich in literarischen Montagewerken ebenso realisieren wie in Bild-, Film-, und Tonmontagen. Die genannten rhetorischen Figuren dokumentieren, daß man sich schon in der antiken Rhetorik der Wirkungen bewußt war, die man mit Hilfe von hyperstrukturierenden Textelementen erreichen kann.[8] Auch die Idee, durch Brüche in einem Text Aufmerksamkeit zu erzeugen, ist in der Figurenlehre mit Techniken wie der *aposiopesis* bzw. *reticentia* dokumentiert.[9]

Eine einheitliche Typologie der Montageverfahren brachten Kunst-, Film- und Literaturtheorie bisher nicht hervor. Grundsätzlich scheint jedoch in vielen Punkten eine Übertragung der rhetorischen Figurenlehre auf die M. möglich. In diese Richtung weist schon ein früher Ansatz der Systematisierung von W.I. PUDOWKIN, der fünf Typen der M., nämlich Kontrastmontage, Parallelmontage, Symbolismus, Gleichzeitigkeit und Leitmotiv unterschied, deren Nähe zur rhetorischen Figurenlehre deutlich zu erkennen ist[10]: Antithese, Parallelismus, Symbol und Figuren der Widerholung bilden die rhetorischen Parallelfälle, lediglich die Gleichzeitigkeit findet keine systematische Entsprechung, da sie im linearen Zeitverlauf einer Rede nur selten umgesetzt wird.

Doch lassen sich die schon im System der antiken Rhetorik bekannten Mittel der Textstrukturierung nicht unbeschränkt mit den Verfahren der M. gleichsetzen. Die rhetorische Formel «variatio delectat» mag erkennbare Zäsuren in einem Text fordern, sie bietet jedoch keine Lizenz für einen Angriff auf die Einheit des Textes.[11] Auch eine allzu deutliche Betonung der Konstruktionsleistung des Autors gilt es gemäß der rhetorischen Regel der *dissimulatio artis* zu vermeiden.[12] Das organische Textmodell und das Prinzip der *dissimulatio artis* werden in der modernen M. jedoch außer Kraft gesetzt. Hier tritt die Konstruktionsleistung des Autors in den Vordergrund, und deutliche Diskontinuitäten des Textflusses werden geradezu gefordert.

Die moderne M. artikuliert durch die Verwendung der M. Zweifel an der Angemessenheit tradierter künstlerischer Verfahren, Zweifel an der Sinnhaftigkeit von Welt und Kunst. Doch der Angriff auf den Sinn, der mit der M. verbunden ist, bedeutet – P. BÜRGER weist darauf hin – keine generelle Abkehr von der «Intention der Sinnsetzung»[13], die ja sogar im künstlerischen Hinweis auf die Sinnlosigkeit noch zu erkennen ist. Zudem verlangen die Bruchstücke, die der Künstler aus ihrem Kontext reißt und neu kombiniert, so W. ISER, nach Erklärungen, wodurch es zu Interferenzen der Textteile kommen kann, die neue Sinnmöglichkeiten nahelegen.[14] Das deplaziert erscheinende *objet trouvé* verfolgt ganz andere Wirkungsstrategien als ein Zitat, das in einen organischen Text integriert wird ‹V. KLOTZ›.[15] Die Wirkung der M. beruht auf dem ‹Schock›, den dieses Verfahren durch seine unkonventionellen Formen erreicht und durch seine Tendenz, die Wahrnehmungsfähigkeiten des Menschen an ihre Grenzen zu führen, indem in kurzer Zeit oder auf knappen Raum eine Vielzahl heterogener Elemente zusammengestellt werden. Diese Schockwirkung besitzt, wenn sie gekonnt eingesetzt wird, eine hohe Illusionskraft, wie W. BENJAMIN an Hand des Films deutlich macht.[16] Das Publikum muß sich kaum auf einen Film einlassen, der filmische ‹Chock› wirkt sogar auf zerstreute und unaufmerksame Rezipienten und macht M. zu einem machtvollen, aber auch gefährlichen Mittel.[17] «Bürgerliche Leermontage»[18] hat E. BLOCH Montageverfahren genannt, die den status quo stützen und bei denen das kritische Potential des Schocks verloren ging. Das bloße Sammeln von Fakten reicht auf Dauer eben nicht aus, um künstlerische Wirkungen zu erzielen, der anfangs erhellende Schock verliert schnell an aufklärerischem Potential, wie TH.W. ADORNO deutlich macht.[19] Die M. versucht also cinerseits, übliche Mittel der künstlerischen Kommunikation zu überwinden, kann sich aber andererseits den strategischen Notwendigkeiten menschlicher Kommunikation, also der Rhetorik, nicht völlig entziehen.

B. *Geschichte.* **I.** *Antike.* In der rednerischen Praxis ist es der «Zwang rascher Produktion oder häufig wiederkehrender Anlässe»[20], der zum Einsatz montageartiger Verfahren führt. So berichtet PLATON von der Eigenheit erfolgreicher Redner, Redeteile vorzubereiteten und diese zu verschiedenen Anlässen in immer neuen Kombinationen vorzutragen. Συγκολλάειν, synkolláein: zusammenkleistern, nennt er dieses Verfahren[21], das auch von QUINTILIAN bezeugt wird.[22] Dabei ist es anders als bei der modernen M. jedoch Aufgabe des Redners, die verwendeten Fertigteile möglichst zu kaschieren.

In der *antiken Tragödie* ergeben sich einige montageartige Phänomene aus entstehungsgeschichtlichen Gründen. Als im 6. Jh. zu dem Chor, der kultischen Ursprungs ist, die Aktion der Schauspieler tritt, sind diese Elemente nur wenig miteinander verbunden, eine Tendenz, die sich im 4. und 3. Jh. mit dem Entstehen von Wanderbühnen, die sich jeweils durch örtliche Chöre begleiten lassen, noch verstärkt.[23] Diese Art M. wird aber nicht als künstlerischer Effekt verstanden. In der Komödie hingegen werden Brüche zuweilen bewußt eingesetzt, werden Konventionen verletzt, um komische Effekte zu erzielen.[24] So finden sich in ARISTOPHANES' ‹Fröschen› neben possenhaftem Spiel und unflätigen Witzen Referenzen auf verschiedene Mysterienkulte, Gedanken zur politischen Situation der Zeit und lyrische Chorlieder. «Montage ist hier das Prinzip der ganzen Gattung.»[25] Das komische Potential der M. machen sich auch die *cento*-Dichtung, in der Verse bekannter Dichter mit neuem, oft parodistischem Sinn zusammengestellt werden (AUSONIUS)[26], und die römische Satire, in der zuweilen ein breites Panorama von Erfahrungen und Eindrücken zusammenstellt ist (PERSIUS)[27], zunutze.

II. *Mittelalter, Humanismus, Barock.* Im Mittelalter ist der Rückgriff auf antike Autoritäten Mittel der Legitimation im wissenschaftlichen Diskurs wie in der Literatur. Die wörtliche Übernahme von Textstellen in einem neuen Zusammenhang bestimmt Kompendienliteratur und Enzyklopädik (VINCENZ VON BEAUVAIS und ISIDOR VON SEVILLA). In der Kunstliteratur finden sich zahlreiche Referenzen und Zitate, deren Entdeckung zum Vergnügen der Literaturkundigen gehört, so die Übernahme von Motiven aus den Artusromanen in des STRICKERS ‹Daniel von dem Blühenden Tal› und das Zitieren von Iwein-Motiven in WIRNTS VON GRAVENBERC ‹Wigalois›. Zudem bewirkt der mündliche Charakter mittelalterlicher Literatur eine Tendenz zur Aufnahme von an anderer Stelle wahrgenommenen Formulierungen beim Vortragen eines Textes[28], und der Rückgriff auf die Topik, die neben formaler Erkenntnismethode Wissensreservoir geworden ist, führt zur wiederholten Bearbeitung antiker und christlicher Motive, die so den Charakter von Fertigteilen bekommen.[29] Im Bereich der Briefsteller, die durch die Verwendung von Mustertexten von jeher eine gewisse Nähe zur M. besitzen, experimentiert LAURENTIUS VON AQUILEGIA mit der Konstruktion von Briefen aus sprachlichen Fertigteilen.[30]

In der *Renaissance* bringt die Wiederentdeckung der Antike den umfangreichen Einsatz von Fertigmaterial mit sich, so karikiert ERASMUS einen Pedanten, der sich weigert, Wendungen zu benutzen, die bei Cicero nicht auftauchen.[31] Auch gibt es Hinweise darauf, daß bisweilen ‹Produktionsdruck› zum Einsatz von Montageverfahren führt. So erlaubt es die Verwendung von vorgefertigten und gelegentlich mehrfach benutzten Kartons mit Skizzen der zu malenden Figuren MICHELANGELO, die Ausführung größerer Arbeiten wie z.B. in der Sixtinischen Kapelle mit Hilfe von Schülern zu realisieren.[32] Aus der Antike überlieferte Kunstwerke werden in der Renaissance bisweilen zu Fertigteilen, die zahlreich zum Einsatz kommen. Bei RAFFAEL und Michelangelo finden sich etwa verschiedene Ausgestaltungen des Torsos vom Belvedere (z.B. in der Farnesina und in der Sixtinischen Kapelle).[33]

Im *Barock* ist Literatur bestimmt durch die manieristische Umgestaltung von *topoi* und *exempla*.[34] PH. VON ZESEN bekennt in seinem Roman ‹Assenat› ganz frei, daß inhaltliche Innovation keines seiner Ziele ist.[35] Der beständige Rückgriff auf eine begrenzte Anzahl von *topoi* und *exempla* besitzt eine Nähe zur M., die sich noch dadurch erhöht, daß dabei häufig Erfahrungen von Weltzuwendung und Weltabwendung, von Elend und Glanz kontrastreich nebeneinandergestellt werden (HOFMANNSWALDAU und GRYPHIUS).[36]

III. *18., 19. Jh.* Zur Betonung des *ingenium* des Künstlers scheinen Fertigteile und Erkennbarkeit des mechanisch-technischen Aspekts der Textproduktion gar nicht zu passen. Doch spätestens in der ästhetischen Diskussion zwischen GOETHE und SCHILLER wird deutlich, daß sich die Einheit des im klassischen Sinne gelungenen Kunstwerks nur noch durch Konstruktion hervorbringen läßt.[37] Diese Konstruktionen sollen jedoch nicht wie in der Montagekunst erkennbar sein, sondern natürlich erscheinen.[38] Im Zuge der frühromantischen Bewegung entstehen Texte, in denen formale und inhaltliche Diskontinuitäten deutlich zu erkennen sind. Das Zusammenstellen unterschiedlicher Textfragmente gilt geradezu als eine Voraussetzung des Romans (F. SCHLEGEL).[39] NOVALIS' fragmentarischer Roman ‹Heinrich von Ofterdingen› ist durchzogen von Legenden und Märchen, Gesängen und wundersamen Gestalten. In Goethes Roman ‹Wilhelm Meisters Lehrjahre›, der romantische Methoden adaptiert, finden sich gar von fremder Feder produzierte und inspirierte Elemente (z.B. Klettenbergs ‹Bekenntnisse einer schönen Seele›[40] und das von E. Waller inspirierte Gedicht ‹Kennst Du das Land, wo die Zitronen blühn›[41]). Eine Destruktion des Textkörpers wird durch das Bekenntnis zum Fragment aber nicht angestrebt, ganz im Sinne der Tradition herrschen organische Textmodelle («Arabeske») vor.[42] Mit dieser Tradition bricht man höchstens spielerisch, so im zeitweise populären *Cross-Reading*, bei dem in Kolumnen gedruckter Text über die Kolumnengrenzen hinweg gelesen wird.[43]

IV. *20. Jh.* Die Entdeckung der Montagetechnik vollzieht sich zu Beginn des 20. Jh. in der bildenden Kunst und im Film. Ab 1912 experimentieren PICASSO und BRAQUE im Bereich der *bildenden Kunst* mit Montagetechniken: sie kleben Materialien wie ein Korbgeflecht oder einen Zeitungsfetzen auf ihre Bilder (*papiers collés*).[44] Herrscht im Kubismus noch das Primat der Malerei, vollziehen die Dadaisten einen grundsätzlichen Wandel der ästhetischen Maßstäbe, suchen Material zur Provokation, wie R. HUELSENBECK in seiner Berliner Dada-Rede aus dem Februar 1918 deutlich macht.[45] SCHWITTERS setzt dieses Konzept in seinen ‹Merz›-Bildern um, indem er Materialien völlig ungehemmt mischt.[46] In der Lyrik wird sogar zunehmend auf aleatorische Mittel gesetzt (T. TZARA und H. ARP), um auf diese Weise den Zwängen der tradierten Ästhetik endgültig zu entgehen.[47]

Im Kreis der Berliner Dadaisten wird die Provokation von R. HAUSMANN, G. GROSZ und J. HEARTFIELD mit der Erfindung der Fotomontage, bei der durch das Zusammenkleben von Fotos und anderen Materialien Werke mit zahlreichen Bildebenen und Blickpunkten entstehen, zu einer persuasiven Strategie umformuliert.[48] Der konstruktiven Tätigkeit kommt dabei alle Aufmerksamkeit zu, man will nicht erfinden wie ein Maler, sondern bauen wie ein ‹Ingenieur›.[49] Auf diese Weise entstehen effektvolle Werke wie Hausmanns M. ‹ABCD› (vgl. Abbildung 1 in der durch verschiedene Bildebenen der Eindruck von Tiefe erzeugt wird und schwarz-weiße Flächen und Farbelemente kontrastreich zusammengestellt werden). Die von Heartfield veröffentlichten regimekritischen Fotomontagen[50] aktualisieren mit Überschrift, Erläuterung und Bild formale Bausteine der Emblematik (*inscriptio, pictura* und *subscriptio*) und lassen sich auf diese Weise als Kunstform in die rhetorische Tradition einordnen.

In der *Filmkunst* bezeichnet M. anfangs ein technisches Verfahren: das Aneinanderkleben von Filmrollen, das wegen der begrenzten Kapazität der damals verfügbaren Filme nötig war. D.W. GRIFFITH, der selbst wiederum in der Tradition von E. STRATTON PORTER und der Schule von Brighton steht, erkennt dann aber, daß die M. der Filmbänder, die man zunächst als Störung des zeitlichen Kontinuums betrachtet hatte, auch ein Instrument

Abb. 1: R. Hausmann, ABCD (1923). Copyright: VG Bild-Kunst, Bonn 2000.

dramaturgischer Gestaltung sein kann, und geht damit einen ersten Schritt zur Entwicklung eines eigenständigen filmischen Zeichensystems.[51] W. PUDOWKIN («die Montage ist die Sprache des Filmregisseurs»[52]) und mehr noch S. EISENSTEIN erweitern das künstlerische Potential der M. und die argumentativen Techniken filmischer Persuasion. Die von Eisenstein bei der Theaterarbeit entwickelte Idee einer M. der Attraktionen, bei der man mit Hilfe von Emotionalisierungen überzeugen will, hat deutlichen Bezug zur rhetorischen Affektenlehre: es ist das *pathos* («emotionelle Erschütterungen des Aufnehmenden»[53]), mit dem Eisenstein das Publikum zu überzeugen versucht. Im Film ‹Panzerkreuzer Potemkin› setzt er seine Überlegungen zur M. in technisch und künstlerisch innovativer Form um. Figuren der Wiederholung wie Anapher und Polysyndeton und antithetische Zusammenstellung der Aufnahmen (Großaufnahmen gegen Totalen, Standbilder gegen bewegte Bilder) sollen Gedanken beim Publikum entstehen lassen.[54]

Ausgehend von bildender Kunst und Film entwickelt die M. sich schließlich zu einem Verfahren der *Literatur*. A. DÖBLIN (‹Berlin Alexanderplatz›) gilt häufig als «Begründer des Montageromans»[55], auch J. DOS PASSOS (‹Manhattan Transfer›), J. JOYCE (‹Ulysses›) und L. ARAGON (‹Le paysan de Paris›) werden genannt. Es ist also zunächst der Großstadtroman, in dem Verfahren der M. Anwendung finden. In Döblins ‹Berlin Alexanderplatz› wird ein Panorama des Großstadtlebens mit seinem Reichtum unterschiedlichster Eindrücke präsentiert: Kinderverse stehen neben Gassenhauern, Wahlreden neben Börsenmeldungen, Bibelzitate neben Dialektpassagen. Die Nähe dieses Stils zu den Techniken des Kinos ist den Autoren bewußt. Döblin formuliert: «Die Darstellung erfordert bei der ungeheuren Menge des Geformten einen Kinostil. In höchster Gedrängtheit und Präzision hat "die Fülle der Gesichte" vorbeizuziehen. Der Sprache das Äußerste der Plastik und Lebendigkeit abzuringen. [...] Von Perioden, die das Nebeneinander des Komplexen wie das Hintereinander rasch zusammenzufassen erlauben, ist umfänglicher Gebrauch zu machen.»[56] Auch BRECHT stellt den Einfluß des Films auf die menschliche Wahrnehmung zur Diskussion und eruiert die Auswirkungen einer zunehmenden Technifizierung und Massenproduktion auf die Literatur.[57] Im *Theater* experimentiert E. PISCATOR mit Techniken der M. Er setzt an der Berliner Volksbühne Filmpassagen und das Spiel auf mehreren Bühnenebenen und hinter Gaze-Vorhängen ein, projiziert aktuelle Aufsätze und Zeitungsberichte, um politische Fragen der Zeit anzugehen.[58] Brecht setzt auf Epiloge, Songs und Projektionen, um mit Hilfe von Verfremdungen die Aufmerksamkeit des Publikums zu erreichen.[59] Nach dem Zweiten Weltkrieg ist es zunächst G. BENN («Der Stil der Zukunft wird der Roboterstil sein, Montagekunst.»[60]), der an der Technik der M. festhält. Suchten die Dadaisten Material zur Provokation, verzichtet Benn auf den Schock. M. ist für ihn ein Mittel, um auf die Gefahr der Zerstörung zu reagieren.[61] Benn befreit Worte von ihrem überkommenen Sinn, setzt auf Assoziationen und emotionale Reaktionen, um «Wirklichkeitszertrümmerung»[62] zu erreichen.

In den 60er Jahren greift die experimentelle Literatur die M. wieder auf. G. RÜHM, H.C. ARTMANN und H. HEISSENBÜTTEL proklamieren eine Literatur, die von den dargebotenen Fakten lebt, nicht von der Phantasie des Schriftstellers. Die dokumentarischen Fertigteile sollen als *signa* wirken und zu Argumenten werden.[63] Gelegentlich gehen die Texte völlig in der M. auf, so bei Heißenbüttels Roman ‹Deutschland 1944›, der Passagen aus Werken E. Jüngers, Benns und Reden der Nazigrößen enthält.[64] Auch das in den 60er Jahren populäre dokumentarische Theater, bei dem mit Hilfe historischer Studien und genauer Verarbeitung von authentischen Zitaten gearbeitet wurde, setzt auf Techniken der M. (z.B.: P. WEISS ‹Die Verfolgung und Ermordung Jean Paul Marats›). Die Tendenz zur dokumentarischen M. findet sich zudem im Hörspiel (Benn: ‹Die Stimme hinter dem Vorhang›), das als Medium ohnehin wie der Film nicht ohne M. auskommen kann, und in der Musik (B.A. ZIMMERMANN, K. STOCKHAUSEN), bei der ebenso schon durch das Medium eine Tendenz zur M. vorgegeben ist.[65]

In den 70er und 80er Jahren verliert die dokumentarische Literatur zunehmend an Bedeutung. Innovativer Umgang mit der M. wird wieder wichtig, das bloße Montieren von Wirklichkeitspartikeln erfüllt den Anspruch an Literatur nicht mehr. In dieser Zeit entsteht von E. JELINEKS Sprachmontage ‹wir sind lockvögel baby›, die sich von Underground, Science-fiction und Comic beeinflußt zeigt[66], über Theater- und Filmmontagen R.W. FASSBINDERS[67] bis zu CHR. RANSMAYRS Roman ‹Die letzte Welt›, der Motive und Texte aus Ovids ‹Metamorphosen› in einen zeitlich kaum zu fassenden Erzählraum montiert[68], eine breite Palette von Werken, die mit

Verfahren der M. experimentiert. Der Umgang mit der M. wird spielerischer, und es läßt sich häufig kaum noch unterscheiden, ob ein wirkliches oder bloß ein vermeintliches Fertigteil zur M. benutzt wird. Auch das heutige Kino zeichnet sich durch eine große Vielfalt von Montageformen aus. Deutliche Kontrastmontagen, wie sie Eisensteins Filme kennzeichneten, bleiben dem experimentellen Film vorbehalten und werden im Hollywood-Kino, das im Dienste des narrativen Elements auf den verdeckten Schnitt (*découpage classique*) setzt, nur an ausgewählten Stellen eingesetzt.[69] Die Angemessenheit dem Publikum und der Aussage gegenüber steht im Vordergrund. Verschiedene *mis en scène*-Techniken wie der *deep focus shot*, bei dem durch große Tiefenschärfe verschiedene Handlungen in einer einzigen Einstellung filmisch festgehalten werden, stehen zudem als Alternative zur M. zur Verfügung. Kontrastreiche M. finden ihren Platz im Bereich des Musikvideos und der Werbung.[70]

Provokative Wirkungen lassen sich inzwischen mit Mitteln der M. nur noch schwer erzielen, denn die Bruchstückhaftigkeit eines Textes fällt kaum noch auf. Sie ist zum Normalzustand einer durch Medien in selektiver Form vermittelten Wirklichkeit geworden. Auch auf die Redekultur hat diese Entwicklung längst Einfluß genommen: die Zunft der Redenschreiber hat sich inzwischen der Montagewirklichkeit angepaßt, indem sie Reden auf Kernsätze (Schwundformen der *sentencia*) hin anlegt, die als «soundbites» ihren Weg in die Medien finden sollen, um, wie J. BAUDRILLARD formuliert, durch Reproduktion den Status «Realität» zu erlangen.[71]

Techniken der M. finden sich heute also en masse, eine begriffliche Klärung des Phänomens, die auch die Rhetorik einbezieht, steht aber, wie die bislang fehlende Typologie der Montageformen zeigt, noch an ihrem Beginn. Erst die Rückbesinnung auf den Ursprung der M. in Film und bildender Kunst und auf die Intentionen, die mit dem Entstehen der M. verbunden waren, wird dem Begriff wieder deutliche Konturen verleihen und die Abgrenzung zu Phänomenen der Intertextualität gewährleisten.

Anmerkungen:
1 P. Bürger: Theorie der Avantgarde (⁴1984) 97; H. Kreuzer: Zur Avantgarde- und Montagediskussion, in: LiLi 46 (1982) 7. – **2** W. Seibel: Die Formenwelt der Fertigteile. Künstlerische Montagetechniken und ihre Anwendung im Drama (1988) 103–111. – **3** R. Döhl: M., in: G. u. I. Schweikle (Hg.): Metzler Lex. Lit. (1990) 310. – **4** V. Hage: Lit. Collagen. Texte, Quellen, Theorie (1981) 11. – **5** V. Žmegač: M./Collage, in: D. Borchmeyer und V. Žmegač (Hg.): Moderne Lit. in Grundbegriffen (1994) 286; V. Klotz: Zitat und M. in neuerer Lit. und Kunst, in: Sprache im technischen Zeitalter 60 (1976) 277. – **6** Quint. VI, 5, 1–2; VII, 1, 3–6. – **7** E. Kaemmerling: Rhet. als M., in: F. Knilli (Hg.): Semiotik des Films (1971) 94. – **8** Quint. IX, 3, 28–96. – **9** ders. IX, 2, 54. – **10** W.I. Pudowkin: Filmtechnik, Filmmanuskript und Filmregie (Zürich 1961) 75–79. – **11** Arist. Rhet. 1371a; Cic. De or. III, 25, 100. – **12** Quint. IV, 2, 127. – **13** Bürger [1] 95. – **14** W. Iser: Image und M., in: Immanente Ästhetik. Ästhetische Reflexion (1966) 378. – **15** Klotz [5] 259–262. – **16** W. Benjamin: Das Kunstwerk im Zeitalter seiner technischen Reproduzierbarkeit (Zweite Fassung), in: Gesamm. Schr., Bd. 1, 2, hg. von R. Tiedemann und H. Schweppenhäuser (1974) 495. – **17** ebd. 503–505. – **18** E. Bloch: Erbschaft dieser Zeit, in: Gesamtausg., Bd. 4 (1962) 222, 280. – **19** T.W. Adorno: Ästhetische Theorie, hg. von G. Adorno und R. Tiedemann (1970) 232–233. – **20** J. Blänsdorf: M., Intertextualität, Gattungsmischung, Kontamination? Beschreibungsmodelle für produktions- und rezeptionsästhetische Phänomene des antiken Dramas, in: H. Fritz (Hg.): M. in Theater und Film (1993) 4. – **21** Platon, Menexenos 236b. – **22** Quint. X, 7, 30. – **23** Arist. Poet. 1448b-1449b; Blänsdorf [20] 10–11. – **24** J. Ritter: Über das Lachen, in: ders.: Subjektivität (1989) 63. – **25** Blänsdorf [20] 14–15. – **26** C. Hoch, F. Kunzmann: Art. ‹Cento›, in: HWRh, Bd. 2, 148–156. – **27** Blänsdorf [20] 6–8. – **28** E.R. Haymes: Das mündliche Epos (1977) 11–13. – **29** Curtius 89, 92. – **30** Murphy RM 260–263. – **31** P. Burke: Die europäische Renaissance. Zentren und Peripherien (1998) 132. – **32** F. Mancinelli: Michelangelo. Das Problem der Werkstatt, in: C. Pietrangeli (Hg.): Die Sixtinische Kapelle (Solothurn 1993) 51. – **33** C. Schwinn: Die Bedeutung des Torso vom Belvedere für Theorie und Praxis der bildenden Kunst (1973) 21–28. – **34** Barner 61f. – **35** P. von Zesen: Assenat, in: Sämtliche Werke, hg. von F. van Ingen, Bd. 7 (1990) 10. – **36** Barner 86–89. – **37** Schiller: Über die ästhetische Erziehung des Menschen in einer Reihe von Briefen, 6. Brief, in: Nationalausg., Bd. 20, hg. von B. von Wiese (1962) 322–323; Goethe: Winckelmann und sein Jahrhundert in: Sämtliche Werke nach Epochen seines Schaffens, Münchner Ausg., hg. von K. Richter u.a., Bd. 6, 2 (1988); ders.: Shakespeare und kein Ende, ebd. Bd. 11, 2 (1994) 177–181. – **38** ders.: Einl. in die Propyläen, ebd. Bd. 6, 2 (1988) 13; ders.: Einfache Nachahmung der Natur, Manier, Stil, in: ebd., Bd. 3, 2 (1990) 188–191. – **39** F. Schlegel: Gespräch über die Poesie, in: Krit. F.-Schlegel-Ausg., hg. von E. Behler, 1. Abt., Bd. 2 (1967) 316. – **40** H.-J. Schings: Kommentar, in: Goethe [37], Bd. 5 (1988) 784–789. – **41** H. Jantz: Kontrafaktur, M., Parodie: Tradition und symbolische Erweiterung, in: W. Kohlschmidt, H. Meyer (Hg.): Trad. und Ursprünglichkeit. Akten des III. Int. Germanistenkongresses (1966) 61–62. – **42** Schlegel [39] 318–319; ders.: Über Goethes Meister, ebd. 140. – **43** K. Riha: Cross-reading und Cross-Talking. Zitat-Collagen als poetische und satirische Technik (1971). – **44** H. Wescher: Die Collage. Gesch. eines künstlerischen Ausdrucksmittels (1968) 20–29. – **45** H. Richter: DADA – Kunst und Antikunst (1973) 107–108. – **46** K. Schwitters: Die Merzmalerei, in: Das lit. Werk, hg. von F. Lach, Bd. 5 (1981) 37. – **47** F. Mon: Collagetexte und Sprachcollagen, in: ders.: Essays (1994) 212–213. – **48** R. Hausmann: Am Anfang war Dada, hg. von K. Riha u. G. Kämpf (1992) 56–59. – **49** ebd. 49. – **50** J. Heartfield: Krieg im Frieden. Fotomontagen zur Zeit 1930–1938 (1977). – **51** F.-J. Albersmeier: Die Auseinandersetzung um die M. als filmhist. Paradigma, in: Fritz [20] 204–205. – **52** Pudowkin [10] 108. – **53** ders.: M. der Attraktionen, in: ders.: Schr. 1: Streik, hg. von H.-J. Schlegel (1974) 217. – **54** S. Eisenstein: Dialektische Theorie des Films, in: Materialien zur Theorie des Films, hg. von D. Prokop (1971) 67–69. – **55** O. Keller: Döblins Montageroman als Epos der Moderne (1980) 55. – **56** A. Döblin: An Romanautoren und ihre Kritiker. Berliner Programm, in: Schr. zu Ästhetik, Poetik und Lit. (1989) 121–122. – **57** B. Brecht: Über Film, in: GW., Bd. 18 (1967) 156–157. – **58** E. Piscator: Das politische Theater (1968) 66–67; Seibel [2] 56–62. – **59** F.N. Mennemeier: M. und Menschenbild: Brecht, Benn, Jelinek, in: Fritz [20] 56–64. – **60** G. Benn: Doppelleben, in: GW., hg. von D. Wellershoff, Bd. 4 (1961) 162. – **61** Mennemeier [59] (1993) 66. – **62** G. Benn: Probleme der Lyrik, in: GW. [60] Bd. 1 (1959) 512. – **63** H. Heißenbüttel: Zur Trad. der Moderne (1972) 81; Quint. V, 9, 1–4. – **64** J. Stückrath: H. Heißenbüttels ‹Deutschland 1944›. Deutung und Theorie einer Zitatmontage, in: Replik 4–5 (1970) 16–32. – **65** S. Fricke: Art. ‹Collage›, in: MGG², Sachteil Bd. 2, 938–944; H. Pöllmann: M. und Musiktheater, in: Fritz [20] 191. – **66** Mennemeier [59] 72–81. – **67** Seibel [2] 159. – **68** E. Bockelmann: Chr. Ransmayr, in: H.L. Arnold (Hg.): Krit. Lex. zur deutschsprachigen Gegenwartslit., 34. Nachlieferung, 4. – **69** E. Pincus, S. Ascher: The Filmmaker's Handbook (New York, N.Y. 1984) 275–282. – **70** K. Neumann-Braun, A. Schmidt: Mc Music, in: K. Neumann-Braun (Hg.) Viva MTV! Popmusik im Fernsehen (1999) 13–14; W. Kroeber-Riel: Strategie und Technik der Werbung (1993) 107–109. – **71** J. Baudrillard: L'échange symbolique et la mort (Paris 1976) 114.

O. Kramer

→ Antithese → Ästhethik → Bild, Bildrhetorik → Cento → Filmrhetorik → Fragment → Intertextualität → Kunst → Moderne → Verfremdung, rhetorische → Werbung

Motiv (von griech. κινητικόν, kinētikón; mlat. motivum, von lat. movere, bewegen; dt. Antrieb, Triebfeder, Beweggrund, Anlaß, Zweck; engl. motive; frz. motif; ital. motivo)
A. Def. – B.I. Scholastik, Rhetorische Tradition. – II. Neuzeitliche Philosophie, Psychologie. – III. Literaturwissenschaft. – IV. Musik- und Kunstwissenschaft.

A. Der mit dem Terminus ‹M.› bezeichnete philosophische Begriff ist handlungstheoretischen Ursprungs und entstammt der Aristotelischen Analyse des Prozesses (κίνησις, kínēsis), in der er die bewegende Prozeßursache (κινητικόν, kinētikón) bezeichnet, die ihrerseits das bewegte Prozeßobjekt (κινητόν, kinētón) in Gang setzt und hält.[1] Auch bei Thomas von Aquin bezeichnet *motivum* im allgemeinen Verstande die einen Prozeß aktuierende Prozeßursache.[2] Indem die Vermögen des Auffassens (*vis apprehensiva*) und des Strebens (*vis appetitiva*) sich zueinander wie *motivum* und *mobile* verhalten, wird M. qua zielhafter (*finis*), endzweckorientierter innerer Willensakt (*voluntas*) einem äußeren Handlungsakt (*actio humana*) unterlegt, der seinerseits zugleich Gegenstand sittlicher Bewertung ist. Die neuzeitlichen Auswirkungen einer solchen terminologischen Fundierung sind über Renaissance und Aufklärung bis in moderne sprachanalytische Kontexte hinein zu verfolgen, etwa dort, wo die von J.L. Austin begründete, von J.R. Searle modifizierte Sprechakttheorie einen *illokutiven* Akt, der die kommunikationssituative Intention einer Äußerung festlegt, von einem wirkungsbezogenen *perlokutiven* Akt einerseits und einem *lokutiven* Akt bzw. Äußerungsakt andererseits unterscheidet, wobei letzterer zusätzlich noch einem objektreferentiell-prädikativen, dem *propositionalen* Akt kontrastiert ist.

Anmerkungen:
1 Aristoteles, Physik III, 1, 200b 28–32. – 2 Thomas von Aquin, Kommentar zur Physik, III lect. 4, nr. 9.

B.I. *Scholastik, rhetorische Tradition.* Gemäß der handlungstheoretischen Herkunft des Begriffs M. behandelt die Scholastik im Rahmen ihrer Willenslehre den Beweggrund einer Handlung als spezifische Sonderform des allgemeinen Prinzips bewegender und Wirkung zeitigender Potenzen überhaupt, wobei Potenz (*potentia*) zu Akt (*actus*) sich verhält wie Möglichkeit (δύναμις, dýnamis) zu Wirklichkeit (ἐνέργεια, enérgeia), beide ihrerseits entelechial verknüpft. In Anlehnung an die Aristotelische Unterscheidung einer im Inneren verbleibenden Wirkung (*actio immanens*) von einer Wirkung nach außen (*actio transiens*), fungiert die *actio humana* als eine überlegter Willensentscheidung entspringende Handlung, d.h. als Transformation eines inneren Willensakts in einen äußeren Handlungsakt. Damit ist zugleich jener Ort bezeichnet, den der Motivbegriff innerhalb des rhetorischen Systems markiert. Die in Aristotelisch-Quintilianischer Traditionslinie stehende Rhetorik knüpft an den spezifischen Begriff des Handlungsmotivs (*causa*) an, den sie im Rahmen der rhetorischen Statuslehre bzw. der Gerichtsrede thematisiert. Die dikanische Rede oder Gerichtsrede (*genus iudiciale*) gilt als Modell-*genus* der Statuslehre [1], welche die Frageform sachverhaltbezogener Redegegenstände nach der einer anhängigen Gerichtssache zugrundeliegenden Tat regelt. Können prinzipiell Redegegenständen zugrundeliegende Fragen erstens entweder konkret und begrenzt (*finit*) oder allgemein und unbegrenzt (*infinit*) heißen, oder aber zweitens als einfach, als zusammengesetzt oder als vergleichend auftreten, so strukturiert drittens die Statuslehre die Rechtsfragen eines Falles, deren Begründungsform sie gemäß Situations- und Sachstand steuert, auf vierfache Weise: ob eine Tat geschehen (*status coniecturae*), wie sie juristisch zu definieren (*status definitionis*), wie sie zu werten und zu beurteilen (*status qualitatis*) und ob die gewählte Prozeßart ihr angemessen sei (*status translationis*).[2] Materiellrechtlich wird die *causa* mit Blick auf Argumentation und Beweisführung wesentlich im *status qualitatis* avisiert, wo die Motivanalyse die Tätermotive anhand gegebener oder nichtgegebener Faktizität (*an fecerit*), Täter-Tat-Bezug (*auctor-factum*-Relation) sowie personen-oder sachbezogener Suchformeln und Beweisfundstätten (*loci a persona* oder *a re*) zergliedert. Im Vordergrund stehen hier die seelischen *causae*, so der zwischen Beweggrund und Willenshandlung vermittelnde Willensakt (*voluntas*), die Affektlage (*affectus, impulsio*) oder aber der mit mehr oder weniger Vorsatz (*dolus*) einhergehende, triebgesteuerte Drang (*appetitus*) sowie die am Nutzen orientierte Zweckvorstellung (*utilitas, cui bono*).

Während die Gerichtsrede in vorhellenistischer Tradition verfahrensrechtlich die fünf Redeteile Einleitung, Fallschilderung, positiver Beweis, negativer Beweis und Schluß (*exordium, narrratio, confirmatio, refutatio* und *peroratio*) aufweist, zeigen die hellenistischen und römischen Lehrbücher eine der Argumentation gewidmete Fünfgliederung der Arbeitsstadien des Redners: Auffinden, Gliederung, Darstellung, Memorieren und Vortrag (*inventio, dispositio, elocutio, memoria* und *actio*). Vor allem *elocutio* und *actio* perspektivieren das Problemfeld M. in ganz anderer Weise, insofern sie nämlich die am Prozeß beteiligten Entscheidungsträger direkt oder indirekt zu einer bestimmten Auffassung motivieren oder eine bereits vorhandene gebahnte Motivation zur Entscheidungsfindung modifizieren sollen. Im Regelverfahren bildet der Rechtsfall (*causa iuris*) die Grundlage einer Klage (*actio*).[3] Die reichhaltige Typologie von *causa* weist neben den logischen Ursachen *causa efficiens, finalis, formalis* und *materialis* (Wirk-, Zweck-, innere gestaltende und äußere stoffliche Ursache) und den metaphysischen Gründen *causa sui, exemplaris, essendi, cognoscendi* und *occasionalis* (Selbstbestimmung, Urbild, Seins-, Erkenntnis- und Gelegenheitsgrund) Kategorien auf, die bis ins moderne Kirchenrecht hineinreichen, u.a. *causa iusta, necessaria, gravis, congrua* (gerechter, zwingender, schwerwiegender, angemessener Grund) sowie neben der *causa finalis* (Beweggrund) die *causa movens* oder *motiva*, welche den ausschlaggebenden Grund einer Entscheidung markiert.[4] Ziel der mit einer *actio* verknüpften dikanischen Rede ist es, mittels der persuasiven Trias des *docere, movere* und *delectare* die Entscheidungsträger bei Gericht für ein bestimmtes Urteil über M., Täter und Handlung zu gewinnen, sie mitzureißen, ja zu zwingen.

Anmerkungen:
1 vgl. Ueding/Steinbrink 28, 255f. – 2 vgl. A. Weische: Art. ‹Rhet.›, in: HWPh 8, 1018ff; s.a. W. Henckmann u. K. Lotter (Hg.): Lex. der Ästhetik (1992) 205f. – 3 vgl. W. Gast: Art. ‹Causa›, in: HWRh 2, Sp. 140ff. – 4 vgl. ebd. 144ff.

II. *Neuzeitliche Philosophie, Psychologie.* Hatte Thomas von Aquin sein mit M. oder Ziel (*finis*) identifiziertes Objekt des inneren Willensaktes, das er vom Objekt des äußeren Aktes unterscheidet, in der Vorstellung eines vernunftgeleiteten Affekts (*appetitus rationalis*) fundiert, lehnt J. Locke, wie vor ihm schon Th. Hobbes, die Annahme eines *appetitus rationalis* ab; und während

A.A.L. SHAFTESBURY und F. HUTCHESON Lockes These vom Egoismus als letztem M. sittlichen Handelns durch eine Differenzierung der Affekte zu begegnen suchen, durchtrennt D. HUME das thomistische Band von reiner Vernunft und Willensakt, um im Kontext seines ethischen Determinismus die vernunftindifferenten Affekte als Agenten der M. des Handelns zu bestimmen.[1] Für die im Anschluß an LEIBNIZ verfochtene rationalistische Gegenposition steht CHR. WOLFF, wenn er, ähnlich wie SPINOZA, die Unterscheidung zwischen sinnlichem und vernünftigem Streben (*appetitus sensitivus* und *rationalis*) von der Differenz verworrener und klarer Vorstellungen des sittlich Guten (*idea boni confusa* und *distincta*) ableitet, wiederkehrend in A.G. BAUMGARTENS Trennung sinnlicher Triebfedern (*stimuli*) für das untere und eigentlicher Beweggründe (*motiva*) für das obere Begehrungsvermögen, woran auch I. KANT vor Ausformulierung seiner rigoristischen Gesinnungs- und Pflichtethik terminologisch anschließt, indem er in der ‹Grundlegung zur Metaphysik der Sitten› die Triebfeder als subjektiven Grund des Begehrens vom Beweggrund als objektiven Grund des Wollens scheidet.[2] In der nachkantischen Philosophie wächst das Interesse an der systematischen Durchleuchtung der Affekte zunehmend; und wie der eine materiale Sozialethik ausbauende Utilitarist J. BENTHAM eine Bewertung der Handlung auf Grund des M. ablehnt, so kann nach H. SIDGWICK richtiges oder falsches Handeln nicht anhand des M., sondern allein mit Blick auf die Intention entschieden werden. Demgegenüber kennt die in einer Mitleidsethik kulminierende negative Willensmetaphysik A. SCHOPENHAUERS dreierlei Formen von Kausalität und hält neben der anorganischen Ursache und dem organisch-vegetativen Reiz fest am M. allen bewußtseinsgeleiteten Handelns. Allerdings führt die Theorie der Affekte heute – mit Ausnahme etwa der Kategorien des Perspektivischen bei E. BLOCH, oder J.P. SARTRES existentialistischer Auffassung, M. seien nicht handlungsbestimmend, sondern erst im Feld des Handlungsentwurfs sichtbar – mehr und mehr ins Gebiet der Psychologie. Im Grenzbereich liegt hier vornehmlich E. HUSSERLS phänomenologischer Begriff der Motivation im Sinne einer Motivierung der Bewußtseinsdisposition durch Aufweis der Einstellungen auf Grundlage einer motivationalen Einheit von Beweggründen. Nach Husserl meint vernünftige Motivation u.a. 1. den in der «originären Gegebenheit von Etwas» liegenden ursprünglichen Rechtsgrund jeder Setzung des Bewußtseins; 2. die «Wesensgesetzlichkeit», wonach das «den reellen Seinsgehalt des transzendentalen Ego» ausmachende Universum intentionaler Erlebnisse zur Einheit kommt; 3. die von exakter, physikalischer Kausalität divergente, «alles Geschehen» im Feld «der natürlich-personalistischen Einstellung beherrschende» Gesetzmäßigkeit; 4. den Hang, die in der Primordialsphäre auftretende Fremderfahrung des Körpers des anderen in Analogie zum eigenen Leib einfühlend und verstehend zu appräsentieren.[3]

Es liegt auf der Hand, daß die Zusammenhänge motivationaler Wahrnehmung, wie sie im Mitbedingtsein der Wahrnehmung durch das Motivationsgefüge gegeben sind, auch für die Soziologie bedeutsam sind. «Motiv heißt ein Sinnzusammenhang, welcher dem Handelnden selbst oder dem Beobachtenden als sinnhafter ‹Grund› eines Verhaltens erscheint»[4], definiert M. WEBER, dem zufolge die wesentlichen Motivgruppen aus Überlieferung, aus Vernunftüberlegung und Gefühlsantrieben erwachsen, häufig Situationsgebundenheit aufweisen, und neben echten M. auch Scheinmotive und unechte oder pseudologische Scheinsysteme auftreten können. Ein um den Motivbegriff zentrierter, im Grenzbereich zwischen Philosophie und Geschichte angesiedelter Wissenschaftszweig ist die ideen-, religions-und theologiegeschichtlich orientierte südschwedische Motivforschung, die, seit den 1920er Jahren von A. NYGREN, G. AULÉN und R. BRING als typologische oder Strukturforschung ausgebaut, Typus und Struktur von Religionen erforscht, indem sie deren jeweiliges Grund-M., ihre tragende Mitte thematisiert, wie Nomos-, Eros- oder Agapemotiv, wie Heiligkeits-, Eschatologie- oder Gemeinschaftsmotiv.[5] Daneben entwickelt sich eine Vielzahl von Forschungsrichtungen, die mit Blick auf Zwecksetzung oder aber bewußter wie unbewußter Verhaltensdisposition unter M. die Gesamtheit der Antriebe einschließlich der Bedürfnisse, gerichteten Gefühle und Triebe hinsichtlich ihrer propulsiven Gerichtetheit ins Auge fassen und alle Schichten der Person befragen, wobei der Grundwiderspruch mechanistischer und kognitivistischer Motivtheorien unschlichtbar erscheint. So klassifiziert der von W. JAMES und J. DEWEY angeregte, durch J.B. WATSON und E.L. THORNDIKE begründete Behaviorismus M. oft als Herabsetzen eines Spannungszustandes, setzt die experimentelle Motivpsychologie der Würzburger Schule des von W. WUNDT beeinflußten O. KÜLPE wie auch die später von H. ROHRACHER und von K. LEWIN vertretenen Richtungen bei Fragen der Willensentscheidung und Determination des Handelns an, oder behandelt die durch J. RUDERT, H. THOMAE und PH. LERSCH, aber auch E. SPRANGER betriebene Variante als deskriptive Motivationspsychologie; und während W. HELLPACH unter ethnopsychologischem Aspekt institutionell bedingten Motivschwund und auf historischen Paradigmensprüngen beruhende Motivstiftung untersucht, tritt die jüngere amerikanische Sozialpsychologie wesentlich als Motivforschung auf, die neben der Arbeitsmotivation etwa auch unterschwellige und unbewußte M. im Rahmen motivanalytischer Marktforschung diagnostiziert.[6]

Galt Theoretikern wie J. ST. MILL oder H. SPENCER das Gefühl, E. V. HARTMANN und dann der Psychoanalyse S. FREUDS das Unbewußte als eigentliches Handlungsmotiv, so versteht die ältere Bewußtseinspsychologie unter M. vorwiegend die bewußten Gründe – nicht Ursachen – von Wahlverhalten, so wenn A. PFÄNDER den motivationalen fordernden vom verursachenden Willensgrund abgrenzt.[7] Der heute drohenden Unbestimmtheit des Begriffs, die jeden antezedenten und zielorientierten psychologischen oder physiologischen Faktor als M. gelten läßt, suchen etliche Motivationstheorien durch Segmentierung zu entgehen: Begreifen D. MCCLELLAND und E. TOLMAN Motive als stets gelernte Antizipationen von Lohn und Strafe, gehen J.W. ATKINSON und, in seiner Nachfolge, H. HECKHAUSEN der Zieltendenz und prospektiven Orientierung von M. nach; versteht G.W. ALLPORT unter M. jede Handeln und Denken induzierende Persönlichkeitsdisposition und billigt ihr funktionelle Autonomie zu, so bauen C.L. HULL und N.E. MÜLLER ihre Theorie *sekundärer* Motivation oder lernbarer Antriebe auf Grundlage erworbener Bedürfniskomplexe aus, welche die *primäre* Motivation durch angeborene Bedürfnisse – bisweilen konfligierend – überlagern oder modifizieren. Daneben klassifiziert die klinische Psychologie H.S. SULLIVANS nach der Qualität gesuchter Befriedigung in *konjunktive* und *disjunktive* M. Hat sich auch die motivationspsychologische Einteilung in *Annäherungs-* und *Meidungsmotive* durchgesetzt, oder die

Unterscheidung *extrinsischer* und *intrinsischer* Motivation als fruchtbar erwiesen, so werden «aus der Fülle der in [...] Umgangssprache wie in [...] Psychiatrie gebräuchlichen Motivationsformen» hauptsächlich «*Affekt, Antrieb, Bedürfnis, Begehren, Drang, Emotion, Instinkt, Interesse, Stimmung, Strebung, Trieb* und *Wille*» genannt, ohne daß sich «methodische Möglichkeiten der verbindlichen Unterscheidung» abzeichneten.[8] Werden im Sprachgebrauch der marxistischen Theoriebildung M. und Motivation als notwendige Momente der historisch-gesellschaftlichen Determination des Menschen in Tätigkeit, Arbeit, Praxis und Geschichte begriffen[9], die ebenfalls zu entwicklungsakzentuierten, zu biotisch, konkret-individuell oder sozial gewichteten funktionsakzentuierten oder auch zu subjekt- und objektakzentuierten Ansätzen führen, bieten sich die nichtmarxistischen Forschungen derzeit als disparate Fülle ethologisch, lern- oder persönlichkeitspsychologisch motivierter Richtungen dar, die u.a. als Erwartungs-, Attribuierungs- oder Dissonanztheorien in Erscheinung treten oder im Sinne intentionaler oder auch sozialer Theorien systematisiert sind.[10]

Anmerkungen:
1 vgl. F. Ricken: Art. ‹M.›, in: HWPh 6, Sp. 211 ff. – **2** vgl. ebd. – **3** vgl. P. Janssen: Art. ‹Motivation›, ebd. Sp. 221. – **4** M. Weber: Wirtschaft und Ges. (1921, ⁵1972) 5; s.a. J. Hoffmeister (Hg): Wtb. der philos. Begriffe (1954, ²1955) 415. – **5** vgl. G. Hornig: Art. ‹Motivforschung›, in: HWPh 6, 222f. – **6** vgl. W. Hehlmann: Wtb. der Psychol. (⁸1968) 364f; s.a. P.R. Hofstätter: H.-abschn. (G) ‹Motivation›, in: Psychol. (⁸1964) passim. – **7** vgl. C.F. Graumann: Art. ‹M.› und ‹Motivation›, in: HWPh 6, 217ff. – **8** vgl. ebd. 219f. – **9** vgl. G. Klaus, M. Buhr (Hg): Art. ‹M.›, in: Philos. Wtb. 2 (1964, ⁸1972) 749ff. – **10** vgl. J. Erpenbeck: Art. ‹Motivation›, in: H.J. Sandkühler (Hg): Europ. Enzykl. zu Philos.u. Wiss. 3 (1990) 479ff.

III. *Literaturwissenschaft.* Im allgemeinen Sinne bewegender und einwirkender Potenzen dringt der Begriff des M. im 18. Jh. nach französischem Vorbild auch in den ästhetischen Bereich ein und wird bei der Analyse inhaltlicher Elemente wie auch handlungsbezogener Situationen und Beweggründe angewendet.[1] Neben dem voluntativen Beweggrund handelnder dramatischer oder epischer Personen im Kontext streng motivierter, d.h. durch M. veranlaßter Handlungsgefüge, und neben dem ideellen Beweggrund des Dichters für das Aufgreifen eines bestimmten Stoffs angesichts eines zu künstlerischer Gestaltung anregenden Gegenstands (M., Sujet), der die genauere Stoffwahl regelt, meint M. auch die strukturelle Einheit als typische bedeutungsvolle Situation, welche generelle thematische Vorstellungen umfaßt – im Gegensatz zum durch konkrete Züge festgelegten und ausgestatteten Stoff, der wiederum mehrere M. enthalten mag – und unabhängig von einer Idee als bewußt geformtes Stoffelement Ausgangspunkt eigener Erlebnis- und Erfahrungsgehalte im Rahmen symbolischer Interaktion werden kann.[2] Folgen A.W. SCHLEGEL und die Literaturkritik der sich entfaltenden Germanistik nach dem Vorbild LESSINGS der Methode des Motivvergleichs, und glauben J. und W. GRIMM nach Maßgabe übereinstimmender Stoffe und M. auf einen Urmythos in den Literaturen der Völker schließen zu können, wird der Motivbegriff erst im 19. Jh. und unter Eindruck der Märchenforschung der Finnischen Schule um A. AARNE und K. KROHN für literaturwissenschaftliche Belange differenziert, wobei die Wertung gegenüber der Richtungsgenese in den Hintergrund tritt. Als kleinste inhaltliche Einheit eines literarischen Gefüges wird

das M. dann von W. SCHERER und seiner Schule auf die in Leben und Werk des Dichters sedimentierte Erfahrung bezogen, um die Artefakte so kausalgenetischer Erklärung zuzuführen. Demgegenüber soll die geisteswissenschaftlich orientierte Motivlehre W. DILTHEYS die Psyche und Poetologie des Dichters erkennen und verstehen helfen, eine Perspektive, die auch O. WALZEL und F. GUNDOLF einnehmen, wenn sie ‹M.› als poetisierte stoffliche Verfestigung eines Problems verstehen und Motivgeschichte (P. MERKER) in Problemgeschichte überführen, was wiederum den methodischen Ansatz von J. KÖRNER lanciert, literarische M. mit Blick auf die Freudsche Psychoanalyse zu deuten.[3] Unter dem Einfluß neuer poetologischer Tendenzen treten Methoden in Erscheinung, die das M. morphologisch untersuchen (M. LÜTHI, H. STOLTE, E. AUERBACH, H. PYRITZ) oder seiner tektonischen Stellung und künstlerischen Funktion nach innerhalb eines literarischen Ganzen bestimmen: Wo R. PETSCH eine Gliederung gemäß des kompositorischen Gewichts in *Kern-, Rahmen-, Füll-* und *Nebenmotiv* vorschlägt, bevorzugt W. KROGMANN die positionale Einteilung nach *Mittel-, Rand-* und *Seitenstellung*, während andere Typologien neben *Ur-* und *Lehnmotiv*, neben *Leit-, Kehr-, Zentral-* sowie *Schmuckmotiv*, neben *blinden* oder *stumpfen* M. auch Kategorien wie *musikalisches, atektonisches* oder *tektonisches* M. aufweisen.[4] Zudem kommen über das einzelne M. hinaus und im Rahmen von Toposforschung und Emblematik durch E.R. CURTIUS befördert auch Motivketten, -gruppen oder -komplexe und -konstellationen in den Blick samt ihrer von einer Art *Motivbiologie* diagnostizierten Erscheinungen wie Motivkonstanz oder -steigerung, Motivüberblendung oder -übertragung, Motivhäufung oder -gemeinschaft.[5]

Die zunehmend der ursprünglichen Bedeutung als Beweggrund wieder zuneigende begriffsanalytische Arbeit sucht neben den inhaltlichen vor allem die formalen Aspekte zu klären, da das M. einerseits zwar immer schon inhaltlich gefüllt ist, andererseits aber von der inhaltlichen Füllung und Prägung solcher konkreten Züge abstrahiert werden muß, um das Motivschema in seiner strukturellen Festigkeit zu erfassen. Während die werkimmanente Interpretation W. KAYSERS – der im übrigen ähnlich wie der fundamentalontologisch orientierte E. STAIGER eine wesentlich gattungsspezifische Motivik betreibt – ‹M.› als «sich wiederholende, typische [...] menschlich bedeutungsvolle Situation»[6] begreift, die in ihrer über sich hinausweisenden Spannung nach Lösung verlangt und zwar desto mehr, je stärker im Laufe der ästhetischen Transformation das inhaltliche Element des stofflichen Vorwurfs gegenüber dem motivierenden Element zurücktritt, betont mit der werktranszendente Paradigmatik L. POLLMANNS am M., daß «kleinste situationelle Grundelement der Literatur [...] die Kraft hat, sich als stofflich abgelöstes in der Überlieferung zu halten.»[7] Die Kategorie des M. wird hier in Zusammenhang mit den übrigen überindividuellen Werkaspekten, den ebenfalls werkintern wie -extern bestehenden Größen *Stoff, Thema, Mythe* resp. *Fabel* und *Sujet* erläutert, um die relative begriffliche Unschärfe zu beheben, welche auf der Dreiheit terminologischer Verwendungsreihen beruht. Unterschieden werden kann so das außerwerkliche Vorkommen des potentiellen Vorwurfs von der innerwerklichen Existenz und Werkwirklichkeit, beides distanziert zugleich zu jenem produktions- wie rezeptionsästhetischem psychogenen Feld, das neben *außer-* oder *überpersönlichen* M. (Kultur, Bildung, Geschmack, Mode) auch die in *allgemeine* (Erleben, Ausdruck, Darstellung) und *individuelle* (Begabung, Haltung, Perspektive) Typen gegliederten *persönlichen* M. enthält.[8] Wie das traditionsgebundene Vorgegebensein von Stoffen und Mythen durch ihr Ins-Werk-Setzen aufgehoben wird, so schlägt das gegebene ins *aktualisierte* Thema, das gegebene ins *behandelte* Sujet, das gegebene ins *wirkende* M. um.[9] Der verstärkte Rückgriff auf das movierende Element eröffnet sowohl der kritischen Hermeneutik als auch strukturalistischen wie poststrukturalistischen Richtungen einen neuen Zugriff auf das M. So sucht die literaturwissenschaftliche Hermeneutik die im M. kondensierte menschlich bedeutsame Situation als erkenntniskonstitutiv zu erfassen und zum Ansatz literarischer Interpretation zu wenden.[10] Hatten bereits die russischen Formalisten und deutsche Form-Analytiker wie W. DIBELIUS das durch M. periodisierte epische Handlungsgefüge als Metastruktur aufgefaßt, wobei die Fabel als Handlungsschema und Summe aller M. dem Sujet als deren poetische Darbietungsform gegenübertrat[11], wird im Strukturalismus der im M. kondensierte situationelle Niederschlag in seinem Modellcharakter zum Gegenstand der Untersuchung, so etwa in der Strukturanalyse von Mythen, Sagen und Märchen bei C. LÉVI-STRAUSS, V. PROPP, A.J. GREIMAS oder R. BARTHES.

Wie die verschiedenen epistemologischen Regionalisierungen bereits nahelegen, beruhen funktionale Vielfalt und Wirkungsreichtum von M. auf ihren kombinatorischen und variativen Möglichkeiten innerhalb eines literarischen Gesamtzusammenhanges, der von Interpretation, Kommentar und Kritik aufzuhellen ist. Hier reicht der Motivbegriff in das seit der antiken Rhetorik bedeutsame Gebiet der *Topik* hinein, welche als Lehre von den Gemeinplätzen, den *Topoi*, respektive von den allgemeinen Gesichtspunkten bei der Erörterung eines Themas das Auffinden von Beweisgründen erleichtert und besonders die systematische Darlegung allgemein anerkannter Lehrsätze und Begriffe durch Analogie, Induktion und ähnliche Beweise regelt. Hatte LEIBNIZ der Topik in Opposition zu den Cartesianern zugebilligt, das Wahrscheinliche aus der Natur der Dinge selbst abzuleiten, sie so über Geschichte, Moral und Meinungswissen hinaus auf methodische Wirklichkeitserfassung ausdehnend, wird sie von BAUMGARTEN in die Ästhetik überführt, wo sie als ästhetische Topik jene kombinatorischen Elemente enthält, die im sinnlichen Erkenntnisvermögen das Schöne zur Erscheinung bringen.[12] Nach wechselvoller Entwicklung und einer Phase fortschreitender Reduzierung auf tabellarisch eingeschränkte Prinzipienkataloge wird die Topikforschung erstmals wieder durch E.R. CURTIUS aktiviert, der in der literarischen Tradition fortlebendes inhaltliches M. als Topos bezeichnet. Topoi gelten nun als gefestigte Klischees oder Denk- und Ausdrucksschemata, die vorwiegend aus der antiken Literatur stammen, über das Mittellateinische in die volkssprachlichen europäischen Literaturen eindringen und sich bis in Aufklärung und Empfindsamkeit hinein als geprägte Formeln, Phrasen, Wendungen, Zitate, Bilder, Embleme, technische Anordnungs- und Darbietungsweisen erhalten haben. Sie gelten quasi als literarische Kulisse (so etwa der *locus amoenus* im Rahmen anakreontischer Dichtung), fungieren als spezifisch rhetorische M. (wie Musenanruf, Ahnenlob, Unsagbarkeits- und Widmungsfloskeln) oder treten als poetisch präformierte Elemente in Erscheinung (so Abend, Liebe, Freundschaft, Vergänglichkeit). Nach Abklingen der durch Curtius erfolgten Impulse setzt sich die gemäßigtere Ansicht durch, Topoi seien deutlich von Klischees oder rhetorischen Floskeln zu unterscheiden.[13] Als bloße sprachliche Floskeln überbietende, individuell formalisierte literarische Elemente sollen sie hinsichtlich ihrer Tradition und ihres historischem Wandel unterworfenen Verhältnisses zur Wirklichkeit untersucht werden. So spiegelt die Topik, ihrem argumentativen Wesen nach als Denkform ernstgenommen, die Substanz herrschender Meinung, deren außer- und innerliterarische Anwendungsfunktion einem Topos erst Evidenz verleiht.[14]

Eine *typologisch* orientierte, strukturale Motivforschung setzt in ihrer Funktionsanalyse gewöhnlich beim *Stoff* an, der im Gegensatz zu dem durch ihn transportierten Ideengehalt den sachlich-gegenständlichen Vorwurf meint, die *Fabel*, die als erzählbarer – überlieferter, erlebter oder erdachter – Grundriß im Handlungsverlauf epischer oder dramatischer Dichtung die Zentralmotive bereits vor Konkretion ihrer Züge markiert. (In der Lyrik ist solcher das Handlungsschema generierende Stoff durch den Reflex poetischer Unmittelbarkeit ersetzt.) Wird der Stoff als durch Handlungskomponenten verknüpfter, außerhalb der Dichtung bereits präformierter Plot bestimmt, der als Erlebnis, Vision, Bericht, Ereignis, mythogene Überlieferung oder historische Begebenheit die dichterische Inspiration in Gang setzt, können die M. als die elementaren, keim- und kombinationsfähigen Momente isoliert werden, die in ihrer movierenden Verknüpfung dem Stoff lebendige Gestalt verleihen.[15] Dabei fällt eine ausgeprägte Gattungsspezifik der M. in den Blick. Während in der Lyrik häufig M. wie Nacht, Schlaf, Grab, Landschaft, Einsamkeit und Abschied gestaltet werden, handelt das Drama vornehmlich von den M. Familienzwist, Verwandtenmord, Kindsaussetzung, Doppelgänger oder Wiedergeher; während Balladen sich M. wie Untreue oder dem Erscheinen Verstorbener oder Geliebter zuwenden und Märchen von M. wie Ring- oder Schuhprobe, Verzauberung und Erlösung, Rätsel und Preis handeln, werden etwa für die Untergattung des Geschehnisromans überwiegend die M. Schiffbruch, Überfall, Gefangenschaft, Liebe oder Verwechslung genannt. Gattungsabhängig sind auch Maß und Dichte der Motivation. Wo die Tragödie, der Kriminal- oder Detektivroman eine zwingende Motivierung verlangen, fällt sie beim Schwank, im Schelmenroman oder in der Komödie schwächer aus und kann, im Absurden Theater etwa, beinahe ganz fehlen oder negativ funktionalisiert sein. Wenn sowohl in der epischen Situation mit ihrem poetologisch minimalen Direktheitsgrad der Mimesis, wie auch in der dramatischen Situation mit ihrem maximalen mimetischen Direktheitsgrad Handlungen der objektiven Wirklichkeit motiviert werden, so zeigen typische lyrische M. eine andere Struktur: sie sind Situationsschemata subjektiver Wirklichkeit.[16] Dabei ist die für die jeweilige *Stilebene* verantwortliche Gattungsstruktur wirksam, die in der Lyrik Stil als Erinnerung, in der Epik Stil als Vorstellung, in der Dramatik Stil als Spannung realisiert. (Die Moderne arbeitet oft mit Brechung dieser Charaktere.) So differiert die individuell-zufällige Motivation des Lyrischen von einer teilautonomen additiv-akzelerierten Motivierung im Epischen einerseits und einer teleologischen funktionell-prozessualen Motivierung im Dramatischen andererseits. Neben der Gattungsspezifik ist auf der Stilebene zugleich auch eine geschmacksbildende besondere Epochenspezifik zu berücksichtigen. So werden für das Schicksalsdrama des Sturm und Drang neben dem M. des Verwandtenmordes vor allem M. wie Inzest, Heimkehr Totgeglaubter, Verbrechensweissagung oder Unglücksvoraussage angeführt. Zudem sind bei der Motivanalyse nicht zuletzt auch Prägungen durch National- wie Individualstil anzusetzen. Bereits Pseudo-Longinos, der das Erhabene, das Hypsos zum absoluten Maßstab von Dichtung und Rede erhebt, belehrt darüber, daß die Stimmigkeit der M. und des Stils abhängen davon, wie im M. und seinen Zügen Inhalt und Sprachgestalt übereinstimmt.[17]

Ob ein M. kausalgenetisch-situativ auftritt, ob seine Häufung oder Steigerung durch seine stratigraphische Eigenstruktur bedingt ist, sind Fragen, die nur auf der Ebene der *Narration* zu entscheiden sind. Deren durch die Erzählhandlung gestiftete funktionale Einheit erweckt den Eindruck von Wahrheit auf Grund ihrer Verknüpfung poietisch-fiktionaler mit rhetorisch-argumentativen Momenten.[18] Hier hat auch die der zufallsaffinen Geschichtsschreibung gegenüber konstitutive Überlegenheit der Poesie ihren Ort, die weniger ein Gewesenes, als vielmehr das Wahrscheinliche als eine am Notwendigen orientierte Möglichkeit thematisiert. Die *Fabel* als Plot und Summe aller M. ist hier dem Sujet als Diskurs und ästhetische Darbietung dieser M. eingeschrieben. Indem die epische Architektonik von der Fügung der Ereignisse in einem Vorgang oder Handlungszusammenhang abhängt, repräsentiert die Fabel weniger das Analogon eines wirklichen, zufallsabhängigen und teilweise akausalen Geschehens, als vielmehr Gerüst und Gestalt des fiktionalen Gewebes, die Muster einer durchgängig kausalen Motivierung, wobei Wirklichkeit nicht vorausgesetzt ist, sondern von den disponiblen Figuren selbst vollzogen wird.[19] Die Fabelkomposition vermittelt so zwischen praktischer Erfahrung und ihren diskursiv eröffneten Verstehensmöglichkeiten und Deutungen. Alles entscheidend ist hierbei die narrative Verknüpfung selbst, der von Horaz in die *forma* übersetzte Aristotelische Begriff des *Mythos*. Aristoteles denkt seine Trias von Poiesis, die philosophischer sei als die Geschichte, von Mimesis, die als Mimesis der Handlung die fiktionale Sphäre des Als-ob eröffnet, und von Mythos qua Fabel und Plot dergestalt, daß das Tun der Sprache, die Poiesis, auf der Verbindung von Mimesis und Mythos beruht.[20] Verwendung und Funktion von M. sind nicht zuletzt vom *Zeitgeschmack* und den damit zusammenhängenden *Wirkungszielen* bestimmt, den vom Text her bedingten Momenten der Konkretisation oder Traditionsbildung, mit deren Gesamt die Rezeption der Adressaten befaßt ist. M. steuern die Kohärenz, Evidenz und Plausibilität, welche die Identifikation mit dem Text und seine im phantasierenden Nachvollzug realisierte Konkretisation ermöglichen. M. sind zudem verantwortlich für Illusionsbildung und -verstärkung von Wirklichkeit, für den kausalen Konnex zwischen Handlungsbegründung und Begleitumständen, deren einleuchtende Folgerichtigkeit und Schlüssigkeit der Leser nachvollziehen kann. Die zudem historischem Wandel unterworfenen Wirkungsgrade und Funktionsrichtungen von M. können darüber hinaus im Falle von Motivhäufung Weite, Tiefe und Dichte eines literarischen Ganzen suggerieren, oder im Falle von Motivkonflikten zur gezielten Irreführung und Verrätselung des poetischen Raums führen. So produziert die motivierende Funktion nicht nur einen ästhetischen Gegenstand für das Subjekt, sondern auch ein Subjekt für den ästhetischen Gegenstand.

Anmerkungen:
1 vgl. W. Veit: Art. ‹M.›, in: Lit. II, 2, hg. v. W.-H. Friedrich, W. Killy (1965, ²1968) 400ff; s.a. ders: Art. ‹M.›, in: HWPh 6, 214f. – **2** vgl. G.v. Wilpert: Sachwtb. der Lit. (⁴1964) 441f. – **3** vgl. Veit [1]. – **4** vgl. I. Braak: Poetik in Stichworten (⁶1980) 133. – **5** vgl. W. Veit: Art. ‹Topos›, in: Lit. II 2 [1] 563ff. – **6** W. Kayser: Das sprachl. Kunstwerk (1948; ¹⁰1964) 60; s.a. E. Frenzel: Stoff-, M.- und Symbolforschung (1963) 28f. – **7** L. Pollmann: Literaturwiss. und Methode (1971; ²1973) 187. – **8** vgl. E. Meumann: System der Ästhetik (1914) 40ff; s.a. E.L. Kerkhoff: Kleine deutsche Stilistik (1962) 12f. – **9** vgl. Pollmann [7] 185f. – **10** vgl. Veit [1] 215. – **11** vgl. R. Wellek; A. Warren: Theorie der Lit. (1942; ³1963) 194f. – **12** vgl. S. Goldmann: Art. ‹Topik; Topos›, in: HWPh 10, 1281ff. – **13** vgl. W. Veit: Toposforsch., in: DVjs 37, H. 1 (1963) 162. – **14** vgl. L. Bornscheuer: Topik (1976) 208. – **15** vgl. E. Frenzel: Stoffe der Weltlit. (1962) V. – **16** vgl. Veit [1] 405f. – **17** vgl. M. Fuhrmann: Dichtungstheorien der Antike (1972) 172ff.; s.a. Chr. Pries: Art. ‹Erhabene, das›, in: HWRh 2, Sp. 1381ff.; D. Mathy: Zur frühromatischen Selbstaufhebung des Erhabenen im Schönen, in: Das Erhabene, hg. v. Chr. Pries (1989) 152f. – **18** vgl. K. Stierle: Die Struktur narrativer Texte, in: Funkkolleg Lit. (1976) SBB 4, 32; s.a. ders.: Art. ‹Narrativ, Narrativität›, in: HWPh 6, 389ff. – **19** vgl. Wellek, Warren [11]; s.a. V. Lange: Art. ‹Epische Gattungen›, in: Lit. II, 1 [1] 232f. – **20** vgl. J. Mattern: Ricœur (1996) 123.

IV. *Musik- und Kunstwissenschaft.* Ursprünglich findet die ästhetische Wendung des Motivbegriffs im Rahmen der Musiktheorie statt. Hier bedeutet M. die kleinste thematisch sinnvolle Einheit, bestimmt durch ein Intervall oder eine Intervallfolge und einen charakteristischen Rhythmus, neben der Phrase, der kleinsten rhythmisch-metrischen Sinneinheit, die Gestaltungsgrundlage der musikalischen Form eines Werks, wobei Thema und Melodie sich aus *Fortspinn-* oder *Entwicklungsmotiven* aufbauen.[1] Geleistet wird die zu Satz, Periode, Thema oder Melodie führende, Motivik oder motivische Arbeit genannte kompositorische Umbildung und Weiterführung des M. durch Wiederholung (Ostinato), Sequenz und Imitation, Augmentation, Diminution, Inversion, Variation, Progression und Kombination. Die zu Anfang des 18. Jh. bei S. DE BROSSARD auftretende Dichotomie des Begriffs in *motivo di cadenza* innerhalb der Harmonielehre und *la principale pensée d'un air* im Rahmen der Formenlehre kehrt bei ROUSSEAU wieder als Differenz von Teilmotiven (*motifs particuliers*) und Grundidee (*motif principal*).[2] Spricht J. MATTHESON in Analogie zur antiken Theorie des Versfußes noch 1739 von Klangfüßen, die dann zu Beginn des 19. Jh. der durch J.J. DE MOMIGNY formulierten elementaren Dynamik der den Taktstrich grundsätzlich überspielenden Kadenzen weichen müssen[3], impliziert ‹M.› in seiner modernen, von E. v. WOLZOGEN auf R. WAGNER bezogenen Fassung qua *Leitmotiv* das Prinzip thematischer, von der Dichtung her legitimierter Wiederholung.[4] In grundsätzlich verwandtem Sinne ist das M. für H. RIEMANNS Rhythmik ein Melodiebruchstück, wobei das zumeist zweitaktige M. seither sein Prinzip im auftaktigen Aufschwung zum Taktschwerpunkt hat, abtaktige M. als schwach und uninteressant gelten – eine Auffassung, welche die organische Musiklehre von A.B. MARX samt ihrer molekularen, Keime genannten M. vorbereitete.[5] Aus der Musiktheorie wird der Begriff zunächst in die Poetik übertragen (A.M. SALVINI) und von dort, wie seine vorkünstlerische Akzentuierung durch GOETHE zeigt, auf Malerei und Plastik ausgedehnt, auf Architektur und angewandte Kunst[6], und als motivgeschichtlich und motivkundlich erfaßtes gegenständliches oder ungegenständliches (auch abstraktes) Pendant dem in der bildenden Kunst seit langem gebräuchlichen ideenzentrierten

Sujet zur Seite gestellt, dessen gedanklicher Sinn und symbolischer Gehalt mit Hilfe von *Ikonographie* und *Ikonologie* (A. WARBURG-Kreis, E. PANOFSKY) zu erfassen sind. Sprichwörtlich ist CÉZANNES Wendung, ausschließlich *sur le motif* zu arbeiten. Gemeingut sind Begriffe wie photographisches M. oder auch Motivsucher, ein technisches Gerät zur Formatfindung. Neben TH. HETZERS Begriff des *Bildmotivs*, der auf die künstlerische Anschauungseinheit von gegenständlichem M. und übergegenständlicher Bildfiguration zielt[7], ist nicht zuletzt auf die Ansätze Z. CZERNYS zu verweisen, der für den Bereich allgemeiner Kunstwissenschaft eine generalisierte Theorie des M. anvisiert.

Anmerkungen:
1 vgl. F. Hirsch: Das große Wtb. der Musik (1993) 300; s.a. E. Ansermet: Die Grundlagen der Musik im menschlichen Bewußtsein (1961; ⁵1991) passim. – **2** vgl. W. Kambartel: Art. ‹M.›, in: HWPh 6, Sp. 216. – **3** vgl. W. Seidel: Art. ‹M.›, in: M. Honegger, G. Massenkeil (Hg.): Das große Lex. der Musik (1976; ³1992) Bd. 5, 365. – **4** vgl. D. Mathy: Von der Metaphysik zur Ästhetik (1994) 57ff. – **5** vgl. [2] u. [3]. – **6** vgl. Art. ‹M.› u. ‹Motivkunde›, in: L. Alscher (Hg) Lex. der Kunst (1983) III 425ff; s.a. W. Hütt: Vom Umgang mit der Kunst (1974) 154ff. – **7** vgl. [2] 217.

Literaturhinweise:
A. Pfänder: Phänomenologie des Wollens (1900); ders.: M. und Motivation (1911, ³1963). – B. Käubler: Der Begriff der Triebfeder in Kants Ethik (1917). – E. Staiger: Grundbegriffe der Poetik (1946, ⁶1963). – E. R. Curtius: Europ. Lit. und lat. MA (1948, ¹¹1993). – H. Bürger-Prinz: M. und Motivation (1950). – W. Tomann: Dynamik der M. (1954); ders.: Motivation und Persönlichkeit (1963). – R. Barthes: Mythen des Alltags (1957, 1964). – H.F.J. Kropff: Motivforschung (1960). – H. Heckhausen u.a.: Anfänge und Entwicklung der Leistungsmotivation (1962/5); ders.: M. und ihre Entstehung, in: F.E. Weinert (Hg): Funk-Kolleg Pädag. Psychol. 1 (1974). – H. Thomae (Hg): Die Motivation menschl. Handelns, in: Hb. der Psychol., 2: Allg. Psychol. II: Motivation (1965). – H.R. Jauß: Literaturgesch. als Provokation der Literaturwiss. (1969). – G. Schiwy: Strukturalismus in der Literaturwiss. (1972). – B. Rang: Kausalität und Motivation (1973). – W. Seidel: Über Rhythmustheorien der Neuzeit (1975).

D. Mathy

→ Absehen → Appetitus → Causa → Erzähltheorie → Gerichtsrede → Handlungstheorie → Intention → Statuslehre → Thema → Topik → Topos

Motto (ital./engl. motto; frz. devise, épigraphe)
A. Unter M. versteht man 1. einen Wahlspruch, der eine autorisierte Aussage beinhaltet und den eine Person sich als Leitidee zu eigen macht oder der ihr von anderen als Leitidee zugeschrieben wird; 2. einen Sinnspruch als *lemma* oder *inscriptio* eines Emblems; 3. eine Passage von geringem Umfang – in der Regel ein Zitat oder ein originaler Text, der ein Zitat simuliert – welche literarischen und nicht-literarischen Texten oder Textabschnitten vorangestellt wird und der vom Autor und Leser strategische und/oder rezeptionslenkende Funktionen zugedacht werden. ‹M.› geht etymologisch zurück auf mlat. *muttum* (Mucksen, Wort), welches aus dem lat. Verb *muttire* (mucksen, halblaut reden) abzuleiten ist. Über ital. *motto* (Wort) wird M. im 18. Jh. u.a. ins Englische, Niederländische und Deutsche entlehnt. Der *terminus ante quem* für das Deutsche ist 1756, wobei M. sich gegen die älteren und allgemeineren Bezeichnungen ‹Sinnspruch› und ‹Lemma› durchsetzt.[1] Dieser Prozeß wird aus drei Quellen gespeist.[2] Zunächst durch die im 14. Jh. aufkommende Devisen- oder Impresenkunst, in der die Devise als kurzer, einprägsamer Text, dem der Träger sich verpflichtet weiß, mit einer sinnbildlichen Darstellung als Erkennungszeichen auf Wappen oder Schild verbunden wird. Vom 16. Jh. an findet die Devisenkunst in Italien im Bürgertum Verbreitung und von da aus auch Eingang in Bücher, als Exlibris oder als Verlegersignet. An der Wiege des M. steht die auf die Sprache reduzierte Wort-Devise, die in literarischen Werken als Unterschrift fungiert. Die Ortsveränderung vom Ende an den Anfang eines Textes und der damit einhergehende Funktionswandel von (für sich sprechender) Unterschrift zu Zuordnung zum Text wird zum Anlaß genommen, die ersten M. in JOSEPH HALLS 1597/98 erschienener Satirensammlung ‹Virgidemiae› zu lokalisieren, in der jeder einzelnen Verssatire der letzten drei Bücher ein kurzer Spruch eines antiken Autors zugeordnet wurde.[3] Als zweiter Faktor für die Entwicklung der M. ist die Emblematik im Gefolge von A. ALCIATUS' ‹Emblematum liber› (1531) zu nennen. Die Dreiteilung der Emblemata in Sinnbild, *inscriptio* (Lemma, M.) und *subscriptio* (Epigramm) knüpft einerseits an die Devisen- und Impresenkunst an, variiert diese aber insofern, als das M. nicht auf die individuelle Gesinnung oder Handlungsmaxime beschränkt ist, sondern den unterschiedlichsten Text- und Bildzusammenhängen zugeordnet wird. Insbesondere das Emblem als Titelkupfer oder Vignette auf dem Titelblatt und die damit verbundene Dislozierung von *inscriptio* und *subscriptio* war für die Entwicklung des M. von Bedeutung. Schließlich ist, drittens, auf die Tradition der *argumenta* zu verweisen. *Argumenta* liefern, oft auf dem Titelblatt, aber auch vor einzelnen Abschnitten, eine prägnante Zusammenfassung des Inhalts und sind vor allem im 17. Jh. stark verbreitet. In J.T. Hermes' Briefroman ‹Sophiens Reise von Memel nach Sachsen› (1770–72) ist der Übergang zwischen M. (u.a. aus HORAZ' ‹Ars poetica›) und *argumenta* vor einzelnen Briefen fließend.

Das M. unterhält eine Vielzahl von Beziehungen zur Rhetorik. M. können bei der Produktion von Texten als Ausgangspunkt dienen (*inventio, topos*), wie etwa bei Kierkegaard, von dem unverwirklichte Pläne vorliegen, die nur aus einem M. bestehen.[4] Aus der exordialen Position ergeben sich Anknüpfungspunkte für *illustratio* und *amplificatio*. Als 'schöne Stelle' ist das M. von Bedeutung im Hinblick auf den *ornatus*. Durch den Bezug auf die Antike oder andere Autoritäten verleihen die M. dem Text und seinem Verfasser *auctoritas*.[5] Die Form der M. wird durch *brevitas* und/oder Sentenzenhaftigkeit geprägt, auch Ironie (*dissimulatio*) kann eine Rolle spielen. Viele M. zielen auf die Ethik des Lesers und haben appellhaften Charakter, wie etwa die lateinische Version eines Aphorismus des Hippokrates in Schillers erster Schauspielfassung der ‹Räuber›: «Quae medicamenta non sanant, ferrum sanat, quae ferrum non sanat, ignis sanat.» (Was Medikamente nicht heilen, heilt das Eisen, was das Eisen nicht heilt, heilt das Feuer.) Sowohl metonymische als metaphorische Verfahren der Bedeutungsproduktion spielen beim M. eine Rolle: metonymisch ist das M. insofern, als es als *pars pro toto* für einen anderen Text (ob als Zitat oder Schein-Zitat) steht und mit dem nachfolgenden Text in eine Kontiguitätsbeziehung tritt; metaphorisch insofern, als es interpretatorisch über Similarität mit Teilen oder dem Kern des nachfolgenden Textes verbunden werden kann.
B.I. *Geschichte.* Seit den Anfängen sind die bevorzugten Quellen für M. in erster Linie die lateinischen Auto-

ren, gefolgt von den griechischen und von Bibelzitaten. Die Präferenz für die Römer – vor allem Horaz – belegen etwa Opitz' Buch von der ‹Deutschen Poeterey› (1624), dem als M. ein Horaz-Zitat aus der ‹Ars poetica› vorangeht, oder die M. vor Joost van den Vondels Dramen. Das gilt auch noch für die ‹Moralischen Wochenschriften›, wo das M. bereits expliziter Gegenstand der Reflexion ist.[6] Weitreichende Veränderungen im Umgang mit M. zeichnen sich seit der Mitte des 18. Jh. ab.[7] So spielt, vor allem in England, die Nationalsprache und die nationale Tradition eine stets größere Rolle bei den Quellen für M. War gegen Mitte des 18. Jh. ein Zitat am Anfang des Textes die Regel, so wird gegen Ende des Jahrhunderts in Romanen vom Publikum ein M. für jeden Absatz erwartet, was zu W. Scotts berühmtem Stoßseufzer in seinem Tagebuch vom 24. März 1826 führte: «J.B. clamorous for a motto. Go to. D-n the mottoes.» (J.B. schreit nach einem M. Also los. Verdammte M.)[8] Von Scott ist ebenfalls überliefert, daß er M. selber produzierte, ohne dies erkennen zu lassen. M. als Selbstzitate oder für den jeweiligen Anlaß verfertigte Formulierungen bzw. Schein-Zitate findet man unter anderem bei G. Eliot, R. Kipling[9], Jean Paul[10] oder dem niederländischen Dichter Leopold («[...] et inexpugnabile seclum»).[11] M., an deren auktorialen Status es keinen Zweifel geben kann, finden sich in der zweiten Auflage von Goethes ‹Werther›, u.a. auf der Titelseite des zweiten Teils: «Du beweinst, du liebst ihn, liebe Seele/ Rettest sein Gedächtnis von der Schmach;/ Sieh dir winkt sein Geist aus seiner Höhle:/ Sei ein Mann und folge mir nicht nach.» Wenn nach der «quantitativ besonders herausragende[n] Epoche»[12] des 19. Jh. – zumindest in England und in der frz. Romantik[13] – im 20. Jh. ein gewisses Abflauen des Mottogebrauchs in literarischen Texten zu beobachten ist, so steht das begrenzten 'Wellenbergen', wie G. Genette sie für die am Poststrukturalismus orientierte Produktion der 70er und 80er Jahre konstatiert[14], nicht im Wege.

II. *Funktion.* Die gängigen Funktionszuschreibungen lassen sich unterteilen in textinterne (Relation M.-Text, werkinterne *dispositio, elocutio*) und textexterne (Relation M.-Autor/Leser/Kritiker, werkexterne *dispositio*). Die Literaturwissenschaft hat die meiste Aufmerksamkeit dem funktionalen Bezug zwischen M. und Text gewidmet, ohne jedoch bislang eine befriedigende Systematik vorzulegen. Als Problem stellt sich dabei zunächst die zugleich klar abgegrenzte als auch evident dem Text zugeordnete Position des M. dar, die sowohl als «kontaktiv»[15] als auch mit «Isolation» und «Inselhaftigkeit»[16] umschrieben wird. Bei Betonung des Aspekts ‹Isolation› wird z.B. Juvenals «Vitam impendere vero.» (Sein Leben der Wahrheit weihen), das Schopenhauers ‹Parerga und Paralipomena› vorangeht, als Ausdruck des Selbstverständnisses des Autors ohne besonderen Bezug zum folgenden Text interpretiert.[17] Damit ist aber nicht gesagt, daß eine detaillierte Untersuchung der Beziehung dieses Zitats zum folgenden Text nicht zu spezifischen Ergebnissen in bezug auf eben diesen Text führen könnte. So kann das M. bisweilen Teile des Textes erläutern (etwa das John Donne entnommene M. vor Hemingways ‹For Whom the Bell Tolls›)[18] oder es kann, häufiger, als Kommentar zu Form oder Inhalt des folgenden Textes verstanden werden, wie etwa Birus in seiner exemplarischen Analyse des M. in Lessings ‹Nathan der Weise› vorführt: «Introite, nam et heic Dii sunt. Apud Gellium» (Tretet ein, denn auch hier sind Götter. Bei Gellius).[19] Diese Bezüge werden im wesentlichen als Einstimmung (Spannungserzeugung, emotionale oder rationale Vorbereitung der Interpretation), Interpretationsvorgabe (Autorintention), Bestätigung, Abweichung oder Kritik konkretisiert. Aus dieser *kontaktiven* Sicht wird jedoch die Polyfunktionalität des M. die Regel und so ist die Funktionszuschreibung in großem Maße ins Ermessen des jeweiligen Interpreten gestellt.

Die textexternen Funktionszuschreibungen des M. richten sich demgegenüber auf die Möglichkeiten des Autors, durch gezieltes Lancieren von M. seine eigene Position in der Gunst der Leser und Kritiker zu verbessern. So fällt bei W. Scott die Häufigkeit auf, mit der er Shakespeare zitiert: Shakespeare liefert das M. zu 202 Kapiteln und mit einer Ausnahme fehlt Shakespeare als M.-Spender in keiner der Waverley-Novels. Die Schlußfolgerung, daß Scott auf diese Weise die vielfachen zeitgenössischen Vergleiche zwischen der Einbildungskraft Shakespeares und seiner eigenen auf subtile Weise provoziert hat, liegt nahe.[20] Allgemein formuliert läßt sich hieraus ableiten, daß M. in der Literatur auch dazu dienen, eine bestimmte Poetik zu propagieren.[21]

Anmerkungen:
1 vgl. H. Birus: *Introite, nam et heic Dii sunt.* Einiges über Lessings Mottoverwendung und das M. zum *Nathan*, in: Euphorion 75 (1981) 379. – **2** vgl. K. Segermann: Das M. in der Lyrik (1977) 11–40; J.E. Antonsen: Text-Inseln (1998) 24–32. – **3** Antonsen [2] 27. – **4** W. Rehm: Kierkegaards M., in: Späte Stud. (1964) 227. – **5** vgl. Segermann [2] 43ff. – **6** J. Addison, in: Spectator 2 (1711) 194 (13.11. 1711). – **7** vgl. R. Böhm: Das M. in der engl. Lit. des 19. Jh. (1975) 10ff.; D.A. Berger: ‹Damn the mottoe› : Scott and the Epigraph, in: Anglia 100 (1982) 374ff. – **8** zit. Berger [7] 373. – **9** vgl. Böhm [7] 102. – **10** Antonsen [2] 117ff., 188ff. – **11** J.D.F. van Halsema: Dit eene brein (Groningen 1999) 110. – **12** Böhm [7] 14. – **13** Segermann [2] 10. – **14** G. Genette: Paratexte (1992) 155. – **15** R. Beier: Von Goethe, Bernhard Grzimek und Bob Dylan: M. in sprachwiss. Texten, in: J.Hennig, J. Meier (Hg.): Varietäten der dt. Sprache (1996) 211. – **16** Antonsen [2] 49. – **17** ebd. 113ff. – **18** vgl. Genette [14] 152f. – **19** vgl. Birus [1]. – **20** Berger [7] 382. – **21** K. Beekman: Het motto in de moderne Nederlandse literatuur, in: Spektator 15 (1985–86) 330.

Literaturhinweise:
J.M. von Radowitz: Die Devisen und M. des späten MA (1850). – L. Volkmann: Bilderschriften der Renaissance (1923). – W. Karrer: Titles and Mottoes as Intertextual Devices, in: H.F. Plett: Intertextuality (1991) 122–134. – R. Gläser: Das M. im Lichte der Intertextualität, in: J.Klein, U. Fix (Hg.): Textbeziehungen (1997) 259–301.

R. Grüttemeier

→ Denkspruch → Emblem, Emblematik → Formel → Imprese → Maxime → Paratext → Sentenz → Zitat

Movere (lat. auch *concitare, inpellere, flectere, excitare*; griech. ἐξιστάναι, existánai; dt. bewegen, mitreißen; engl. move, affect, touch; frz. émouvoir, toucher; ital. commuovere)

A. Neben dem *docere* und dem *delectare* bezeichnen das M. und seine lateinischen begrifflichen Varianten[1] eine der Wirkungsfunktionen (*officia oratoris*)[2] der Rede bzw. einen der drei Grade des *persuadere* (πειϑώ, peithó): In seiner emotionalen oder affektiven Orientierung erzeugt es «eine (als solche nur momentane, wenn auch in ihrer Wirkung durchaus nachhaltige) seelische Erschütterung des Publikums im Sinne einer Parteinahme für die Partei des Redners».[3] Für Quintilian gilt dabei: «Solcher Gefühlsregungen aber gibt es [...] zwei Arten: die eine nennen die Griechen πάθος, was wir im Lateinischen [...] mit Affekt (adfectus) wiedergeben, die andere ἦθος [...]. Sie haben [...] gesagt, πάθος seien erregte Gefühle, ἦθος sanfte und ruhige [...]. Manche Lehrer fügen hinzu, ἦθος sei dauernd, πάθος nur zeitweilig.»[4] Wie die beiden anderen *officia oratoris* ist auch das M. einer spezifischen Stilart, dem *genus grave* oder *grande*, zugeordnet: Es hat «energisch und leidenschaftlich» zu sein, da es hier «für den Redner darum geht, die Einstellung der Menschen zu verändern und sie mit allen Mitteln umzustimmen».[5] Das M. ist neben dem *delectare* die Hauptdomäne des Redners, in der er seine ganze Kunst zu zeigen hat, da die in der Natur des Falles liegenden Beweisgründe, selbst wenn sie in größerer Zahl vorhanden sind, nur bewirken, daß die Richter (die Hörer) einen parteilichen Standpunkt für den besseren halten; die Affekte bewirken jedoch, daß sie das auch wollen: «sed id, quod volunt, credunt quoque».[6] Notwendig ist, daß alle Erregungen (*motus*), zu denen der Redner den Richter bringen will, dem Redner selbst eingebrannt und eingeprägt erscheinen.[7] Besonders in der *peroratio*, aber auch in allen anderen Redeteilen ist die Affekterregung von Bedeutung.[8] Lediglich in der *narratio* gilt es, eine gewisse Zurückhaltung zu üben, doch kann man den Richter (den Hörer) auch hier bereits in seinen Gefühlen erregen, um ihn nachher bei den Beweisgängen leichter lenken zu können.[9] Die Affektbeeinflussung in der *narratio* richtet sich insbesondere nach dem behandelten Gegenstand, und wird, wenn es sich um eine *maior res* handelt, in höherem Grade stattfinden, jedoch ohne daß die Empfindungen voll ausgespielt werden.[10] Von Bedeutung sind die Affekte in der *argumentatio* um so mehr, wenn ihnen die Beglaubigung der Tatsachen zugrundeliegt, «cum se didicisse iudex putat» (wenn der Richter glaubt, er sei wirklich unterrichtet).[11] Alle Register seines Könnens muß der Redner in der *peroratio* ziehen («quamvis autem pars haec iudicialium causarum summa praecipueque constet adfectibus [...]»; Nun ist zwar dieser Teil der Gerichtsrede der wichtigste und beruht hauptsächlich auf den Gefühlswirkungen [...][12]), wo gegenüber der *repetitio rerum* das *adfectus commovere* weitaus wirkungsvoller ist.[13] Da auch im *exordium* die Möglichkeit zur gefühlsorientierten Einflußnahme besteht, kommt es hier besonders darauf an, die Gunst des Publikums zu gewinnen bzw. sie vom Gegner abzuwenden.[14] Der Redner selbst soll sich alles, was in seinem Fall von Bedeutung ist, vor Augen stellen: «et cum viderit, quid invidiosum, favorabile, invisum, miserabile aut sit in rebus aut videri possit, ea dicat, quibus, si iudex esset, ipse maxime moveretur» (und wenn er sieht, was in dem Sachverhalt Neid, Gunst, Abscheu und Mitleid erweckend ist oder scheinen kann, soll er das sagen, wodurch er selbst, wenn er Richter wäre, am stärksten erregt würde).[15] Die Mittel der Pathoserregung, des M., liegen sowohl im Vortrag, in der Vorführung von Realien, von Bildern, von Angehörigen der Angeklagten, in einer expressiven Gestik («non solum autem dicendo, sed etiam faciendo quaedam lacrimas movemus»; nicht allein durch Reden aber, sondern auch durch bestimmte Handlungen rühren wir zu Tränen [16]), wobei nicht der schmale Grat zum Lächerlichen überschritten werden darf[17], als auch in gedanklich-sprachlichen Mitteln. Bestimmte Dinge sind dabei aus sich pathoserregend, andere bedürfen der pathetischen *amplificatio*, wie etwa der schreckenerregenden Darstellung (δείνωσις,

deínōsis). Zur Erzielung der Affekte stehen dem Redner eine Fülle von *loci communes*, etwa zur Mitleiderregung (*loci misericordiae*)[18], zur Verfügung.[19]

B. Grundlegend ist das Dispositionsschema der Aristotelischen Rhetorik[20] mit den drei Überzeugungsmitteln πράγματα, ἤθη, πάθη (prágmata, éthē, páthē), wobei die beiden letzten die emotionale Wirkung gegenüber der rationalen bezeichnen und lateinisch als *adfectus mitis atque compositus* (ἦθος, éthos) bzw. *adfectus concitatus* unterschieden werden.[21] Bei ARISTOTELES wird auch bereits die Angemessenheit der sprachlichen Formulierung hinsichtlich des zugrundeliegenden Sachverhalts gefordert[22], also die Stilart der jeweiligen Redefunktion zugeordnet. Cicero, bei dem zum ersten Mal die Theorie von den drei *officia oratoris* in Verbindung mit einer jeweils spezifischen und angemessenen Stilart formuliert ist, betont die Bedeutung der Pathoserregung: «[...] flectere victoriae; nam id unum ex omnibus ad obtinendas causas potest plurimum» (Beeinflussen aber bedeutet den Sieg: dieses eine vermag ja am meisten von allem die Entscheidungen zu bestimmen).[23] Das dreiteilige Wirkungsschema von *docere*, *delectare* und M. wird über die römische Rhetorik, Ciceros ‹De oratore› und ‹Orator› sowie Quintilians ‹Institutio oratoria› dem «Abendland zu dauerndem Bildungsbesitz»[24] weitergegeben. Die emotionalen Wirkungsfunktionen, Ethos und Pathos, *delectare* und M. sind in ihrer Verbindung zum *anmutenden* bzw. *großen* Stil Ausgangspunkt für die verkoppelnde Antithetik des «Anmutenden» und «Großen», damit Ausgangspunkt für die Ästhetik des «Schönen» und «Erhabenen», die dann als «Anmut» und «Würde» die Diskussion des 18. Jh. beherrschen, wie das DOCKHORN in seinen Arbeiten gezeigt hat.[25] Die Lehre von den drei Wirkungsfunktionen und den damit verbundenen Aufgaben des Redners findet sich in allen Abschnitten der Rhetorikgeschichte, so bei AUGUSTINUS, der sich dabei an Cicero hält und ausdrücklich das *flectere* als Aufgabe des kirchlichen Redners hervorhebt.[26] Sie findet sich bei LUTHER, der sich in seinen eigenen Predigten «durchaus nicht vor pathetischem Aufschwung, der heftigen Gemütsbewegung scheute»[27], ebenso wie im Manierismus der Barockrhetorik, die in der Praxis «alle Möglichkeiten des *movere* und/oder des *delectare* bis an die Grenzen auszuschöpfen sucht».[28] Kennzeichnend für die Entwicklung seit Ende des 17. Jh. ist die Rezeption der Schrift ‹Vom Erhabenen› (PSEUDO-LONGINOS), die hier erst ihre eigentliche Bedeutung erlangte. Die rational-argumentativ interessierten Rhetoriken der Aufklärung unterscheiden zwischen Bewegungs- und Beweisgründen, die das Spannungs- und Intensivierungsverhältnis von M. und *docere* spiegeln: Bei FABRICIUS stehen den *argumenta probantia* die *argumenta commoventia (pathetica)* gegenüber, mit denen die «neigungen des zuhörers oder lesers» beeinflußt werden und in denen «sich also die rechte kunst zu überreden» zeigt.[29] Für HALLBAUER geht es darum, mit Bewegungsgründen Affekte wie Verlangen, Freude, Furcht und Haß zu erregen oder zu unterdrücken, und Gottsched thematisiert in dieser Hinsicht die *utilitas* der Affekte für die eigene Partei und bespricht die Erregung oder Dämpfung der «Gemüths=Bewegungen» im «Beschlusse» der Rede (*peroratio*).[30]

In der deutschen Literatur kommt es insbesondere mit der durch KLOPSTOCK und LESSING einsetzenden Gegenbewegung zur Rationalität der Normpoetik zu einer in der Folge bestimmenden Neubewertung der beiden emotionalen Wirkungsfunktionen, des *delectare* und des

M. Die Funktion der Literatur wird in sittlicher Läuterung durch Erregung von Emotionen (Furcht und Mitleid in der Tragödie) eher als in bloß moralischer Belehrung gesucht. Daß auch die Ästhetik der Romantik durch die rhetorische Affektenlehre bestimmt wird, haben Dockhorns Untersuchungen erwiesen. In Schlegels Begriff der «enthusiastischen Rhetorik» [31] spiegelt sich das Verständnis einer Beredsamkeit, die in der Affekterregung, im M. ihr eigentliches Ziel sieht.

Anmerkungen:
1 Quint. III, 8, 12; Cic. De or. II, 211f.; Anon. techn. 94, I p. 369,9 – **2** siehe Ueding/Steinbrink, 277ff. – **3** Lausberg Hb. § 257, 2. – **4** Quint. VI, 2, 8–10. – **5** Cic. De or. II, 211; vgl. Cic. Or. 69; Quint. XII, 10, 59. – **6** Quint. VI, 2, 5. – **7** Cic. De. or. II, 189; vgl. Arist. Rhet. III, 7, 1408a23f.; Quint. VI, 2, 26. – **8** Mart. Cap. 21, 473; Quint. VI, 1, 51; VIII, pr. 7. – **9** Quint. IV, 2, 111. – **10** ebd. IV, 2, 120. – **11** ebd. IV, 8, 3; zur Affekterregung in der *refutatio*: ebd. V, 13, 2; 55. – **12** ebd. VI, 2, 1. – **13** ebd. IV, pr. 6; vgl. VIII, pr. 11. – **14** vgl. ebd. IV, 1, 14 und VI, 1, 11. – **15** ebd. VI, 1, 11. – **16** ebd. VI, 1, 30; Cic. Brut. 50, 188. – **17** Quint. VI, 1, 38. – **18** Cic. Inv. I, 55, 107–156, 109. – **19** ausführliche Darstellung bei Martin 161ff. – **20** Arist. Rhet. I, 2, 3, 1356a2ff. – **21** Quint. VI, 2, 8f. – **22** Arist. Rhet. III, 7, 1408a10f. – **23** Quint. Or. 21, 69. – **24** Dockhorn 51. – **25** ebd., bes.: ‹Wordsworth u. die rhet. Tradition in England› u. ‹Die Rhet. als Quelle des vorromantischen Irrationalismus i. d. Lit.- und Geistesgesch.›, daraus Zitat 9, 57. – **26** Aug. Doctr. IV, 13, 29. – **27** siehe Ueding/Steinbrink 80ff. – **28** ebd. 95. – **29** Fabricius 120f. – **30** vgl. Hallbauer Orat. 316ff.; Gottsched Redek. 116f. – **31** F. Schlegel: Krit. Schr., hg. von W. Rasch (³1971) 42.

Literaturhinweise:
L. Fischer: Gebundene Rede. Dichtung und Rhet. in der lit. Theorie des Barock in Deutschland (1968) bes. 106ff. - K. Dockhorn: Rhetorica movet. Protestantischer Humanismus und karolingische Renaissance, in: H. Schanze: Rhet. Beitr. zu ihrer Gesch. in Deutschland vom 16. – 20. Jh. (1974) 17–42.
G. Wöhrle

→ Affectatio → Affektenlehre → Delectare → Docere → Dreistillehre → Erhabene, das → Ethos → Leidenschaft → Logos → Officia oratoris → Pathos → Persuasion → Wirkung

Mündlichkeit (engl. orality; frz. oralité; ital. oralità)
A. Def. – B. I. Antike. – II. Mittelalter. – III. Renaissance, Humanismus, Reformation. – IV. Barock. – V. Aufklärung, 18. Jh. – VI. 19. Jh. – VII. 20. Jh.

A. Auf die Priorität der M. verweist die metonymische Benennung des Gesamtsystems ‹Sprache› nach dem physiologischen Hauptartikulationsorgan *Zunge*, griech. γλῶσσα, *glôssa*, lat. *lingua*; frz. *langue*; engl. *mothertongue*; adjektivisch: mündlich (vs. schriftlich); engl. *oral*; frz. *oral*; ital. *orale*; neugriech. γλωσσικός, *glōssikós*. – Auf das Sprachsystem bezogen: gesprochene vs. geschriebene Sprache; lat. *verbo* vs. *scripto*, engl. *spoken* vs. *written language*; frz. *langue orale* vs. *langue écrite*; ital. *a viva voce* vs. *per iscritto*.

Das Abstraktum ‹Sprache› bedeutet bis ins 16. Jh. *Vorgang und Fähigkeit des Sprechens*, vgl. noch die im Nhd. üblichen von ‹sprechen› abgeleiteten Komposita Ab-, An-, Aus-, Ein-, Mit-, Rück-, Vor*sprache* sowie die unmittelbar von *sprechen* An-, Ein- Vor-, Wider-, Zu*spruch* bzw. von *reden* gebildeten Formen: An-, Aus-, Ein-, Vor-, Wider*rede*. Neben den Substantivformen *das Sprechen* und *das Schreiben* (engl. *the spoken* vs. *the written*, frz. *le parler* vs. *l'écrit*) gibt es seit dem 19. Jh. als Antonym zu *Rede* die *Schreibe*, in jüngster Zeit fachsprachlich zur Bezeichnung tatsächlicher M. oder in den AV-Medien sprechbarer Texte auch die ‹Spreche›. M. ist vorrangig orientiert an der komplementären Wahrnehmung durch Hören; engl. *oral – aural*; frz. *oral – audible*; ital. *orale – udibile*.

Religions- und allgemein kulturgeschichtlich (Schamanismus) interessant ist das Phänomen der *Glossolalie*, des in Trance verzückten prophetischen Sprechens, das seit Ende des 19. Jh. in Nachfolge des pfingstlichen Zungenredens der Apostel (Apg 2; 1. Kor 14) die weltweite Heiligungsbewegung der ‹Pfingstler› bestimmt; säkularisiert gilt es in der Psychiatrie als Symptom schizophrenen Sprachzerfalls und kehrt im Dadaismus als eine Form phonischer Poesie wieder.

E. A. HAVELOCK definiert: «Orality [...] deals with societies which do not use any form of phonetic writing.» (M. bestimmt Gesellschaften, die keinerlei phonetische Schrift benutzen). [1] In diesen schriftlosen Gesellschaften wird M. nicht zum Problem, aber seit der Übernahme der Vokal-Konsonanten-Schrift durch die Griechen im 8. vorchristlichen Jh. gibt es in den 'literaten' Gesellschaften ein spannungsreiches Nebeneinander von Oralität und Literarität. Dieser «Zusammenhang öffnet sich», nach W. ONG, «nicht reduktionistischer, sondern relationaler Betrachtungsweise.» [2]

Im klassischen System der Rhetorik gehört M. zur *actio* bzw. *pronuntiatio* [3] als «Realisierung der Rede durch Sprechen». [4] Entsprechend findet sich die *pronuntiatio* als *ars in agendo posita* im künstlerischen Vortrag der Epen, der Lyrik und des Dramas. [5] M. prägt die alltäglichen Gespräche, deren organisierte Formen Gegenstand der *Gesprächsrhetorik* [6] sind, von den Redeformen vor allem die situativ entstehende *Stegreifrede* (die *ex tempore dicendi facultas*). [7]

Insgesamt gibt es in literaten Gesellschaften weder eine «mündliche M.» noch eine rein «schriftliche Schriftlichkeit», vielmehr sind «in schriftlichen, sogar in literarischen Äußerungen Formen aus mündlichen rhetorischen Diskursen zu finden, wie umgekehrt in den Formen rhetorischer Kommunikation Formen schriftsprachlicher oder literarischer Darstellungsarten.» [8] Es gibt keine «simple oral versus written dichotomy» [9], sondern in sämtlichen sektoralen Rhetoriken «verschiedene Formen *mündlich geprägter Schriftlichkeit*» und «verschiedene Formen *schriftgeprägter Mündlichkeit*». [10] D. TANNEN nennt die Dichotomie einen Mythos [11], und W. KLEIN meint, es sei irreführend, zwischen 'mündlichen' und 'schriftlichen' Kulturen, sinnvoll sei es, «zwischen mündlichen Kulturen mit und ohne Schrift» zu unterscheiden. [12]

Mit der Erfindung des Buchdrucks neigt sich die Waage auf die Seite der *litterati*, der Schrifteliten, doch mit der Erfindung der elektronischen Medien scheint die Zeit einer «secondary orality» (Ong) angebrochen. «Das elektronische Zeitalter ist auch eine Periode der 'sekundären Oralität', der Oralität von Telefonen, des Radios und des Fernsehens, die es ohne die Schrift und den Druck nicht geben würde.» [13] Zwar hat sich mit der Gutenberg-Galaxis (MCLUHAN) [14] die Welt der *litterati* verändert, aber in den technischen Netzen des Computerzeitalters entwickelt sich eine neue ‹literarity›. Innerhalb der literaten Gesellschaften vergrößert sich erneut die Kluft zwischen den *litterati* und den *illitterati* (*eruditi* und *rudes*), allerdings teilweise mit veränderten Konsequenzen auch für die Rhetorizität, wie Art und Zahl der Analphabeten zeigen, gibt es doch nicht nur Schrift-, sondern auch Fernseh- (DOELKER) [15] und Internetanalphabeten. [16]

Anmerkungen:
1 E.A. Havelock: The Muse Learns to Write. Reflections on Orality and Literary from Antiquity to the Present (New Haven 1986) 65. – **2** W.J. Ong: Orality and Literacy. The Technologizing of the Word (London 1982; dt. 1987) 173. – **3** vgl. B. Steinbrink: Art. ‹Actio›, in: HWRh Bd. 1, Sp. 43–74. – **4** Lausberg Hb. 527. – **5** Arist. Poet. 26, 6. – **6** H. Geißner: Gesprächsrhet., in: LiLi 43/44 (1981) 66–89; ders.: Art. ‹Gesprächsrhet.› in: HWRh Bd. 3, Sp. 953–964; W. Kallmeyer (Hg.): Gesprächsrhet. Rhet. Verfahren im Gesprächsprozeß (1996). – **7** Quint. X, 7, 1. – **8** H. Geißner: mündlich : schriftlich. Sprechwiss. Analysen ‹freigesprochener› u. vorgelesener Berichte (1988) 20. – **9** A. Rubin: A Theoretical Taxonomy of the Difference between Oral and Written Language, in: Spiro, R.J. et al (Hg.): Theoretical Issues in Reading Comprehension (Hillsdale, NJ 1980) 411–438, hier 412. – **10** Geißner [8] 25. – **11** D. Tannen: The Myth of Orality and Literacy, in: W. Frawley (Hg.): Linguistics and Literacy (New York 1982). – **12** W. Klein: Gesprochene Sprache – geschriebene Sprache, in: LiLi 59 (1985) 9–35, 10. – **13** Ong [2] 10. – **14** M. McLuhan: The Gutenberg Galaxy: The Making of Typographic Man (Toronto 1962), dt.: Die Gutenberg Galaxis. Das Ende des Buchzeitalters (1968). – **15** C. Doelker: Kulturtechnik Fernsehen. Analyse eines Mediums (1989) 50. – **16** M. Faßler: Was ist Kommunikation? (1997) 215.

Literaturhinweise:
H.A. Innis: The Bias of Communication (Toronto 1951). – ders.: Empire and Communications. Revised by M.Q. Innis. Foreword by M. McLuhan (Toronto 1950, 1972). – J.W. Carey, J.J. Quirk: The Mythos of the Electronic Revolution, in: The American Scholar 39 (1970) 2,219–241; 3,395–424. – A.Kroker: Technology and the Canadian Mind: Innis, McLuhan, Grant (Montreal 1984). – K. Jahandrie: Spoken and Written Discourse: A Multi-Disciplinary Perspective (Stamford, Ct. 1999).

B.I. *Antike.* Ungefähr 300 Jahre bevor in Griechenland die ersten rhetorischen τέχναι, téchnai formuliert werden, dominiert die M. Dabei ist weniger an die redensartliche Stentorstimme zu denken [1] als an die von HOMER beschriebene Eloquenz Nestors [2] und die mächtige Stimme des Odysseus, der «kein sterblicher Mann widerstehen» konnte [3], vor allem aber an den «göttergleichen» Achill, den «Redner der Worte» und «Täter der Taten». [4] In der ‹Odyssee› sind es die göttlichen Sänger, die ἀοιδοί, aoidoí [5], die von den alten Heldentaten künden.

In den beiden folgenden Jahrhunderten verändert sich mit der Ausbreitung der Schrift die Grundlage der Homerrezitation. Die *Rhapsoden* sind nicht nur die professionellen Homerinterpreten, sondern die 'Wächter' der homerischen Texte, der korrekten Sprachgestalt und ihrer Sprechgestaltung in Rhythmus und Aussprache. [6] «Ein Rhapsode verdankte dem Schreiben seine Existenz, doch er verwirklichte diese geschriebenen Worte mündlich.» [7] Auf ähnliche Weise entwickelt sich eine Beziehung zwischen schriftlicher und mündlicher Kommunikation in der Prosaliteratur, bei den *Logographen*, bei HESIOD und HERODOT. [8] R. Enos präzisiert: «Rhapsoden, Historiker, Redner und Logographen bewiesen eine wechselseitige Beziehung zwischen mündlicher und schriftlicher Komposition, lange bevor rhetorische Systeme formalisiert wurden.» [9] In den 350 Jahren zwischen Homer und ARISTOTELES «lernte die Muse zu schreiben» wie Havelock sagt [10], nicht auf dem Festland, sondern 'overseas', in Ionien. Ein theoretischer Ansatz zur M. findet sich in ‹Peri hermeneias›. ARISTOTELES stellt eine Beziehung her zwischen ‹Stimme» (φωνή, phōné und ‹Seele» (ψυχή, psyché); Stimme sei Ausdruck der Seele wie das Geschriebene (γραφόμενα, graphómena) der der stimmlichen Laute. [11]

Eine Lehre vom mündlichen Vortrag, der ὑπόκρισις, hypókrisis, ist noch kaum ausgearbeitet, auch in der rhapsodischen und tragischen Vortragskunst erst spät. [12] In der epischen Darbietung bedarf nach der ‹Poetik› «ein verständiges Publikum» keiner Gestikulation, eher ein ungebildetes in der tragischen. Rhapsoden wie Schauspieler könnten durch überflüssige oder ungeschickte Gesten und Bewegungen ablenken, denn «die Tragödie tut auch ohne jede Aktion ihre Schuldigkeit.» [13] In der Rede ist nach der ‹Rhetorik› der Vortrag wichtig, «es genügt nicht, das zu wissen, *was* man sagen soll, sondern es ist auch notwendig, *wie* man dies sagen soll», denn auch davon hänge die Wirkung der Rede ab. [14] Wesentlich sei die Stimme in ihrer affektbezogenen Klangfülle, die Tonhöhe und rhythmische Variation. Bei sachbezogener Argumentation sei das alles entbehrlich, aber doch notwendig «wegen der Verderbtheit der Zuhörer». [15]

Wenn nun «der Vortrag für den Redner am meisten nützlich ist» (pronuntiationem [...] maxime utilem oratori esse) [16], dann ist es erforderlich, «die Gestaltung der Stimme» (Umfang, Stärke und Geschmeidigkeit) und «Haltung des Körpers» (Bewegung und Gesichtsausdruck) zu betrachten, was in der HERENNIUS-RHETORIK mit vielen Beispielen geschieht. CICERO präzisiert, spricht aber nicht von einer ‹Körper*sprache*›, sondern von «körperlicher Ausdrucksweise» (*sermo corporis*) [17] und «körperlicher Beredsamkeit» (*eloquentia corporis*), denn «der Vortrag ist nämlich eine Art der körperlichen Beredsamkeit» [18], und fährt fort, «insofern er auf der Stimme (*vox*) und auf der Bewegung (*motus*) beruht.» Die Gestik (*gestus*) sei weniger wirkungsvoll als der Gesichtsausdruck (*vultus*) [19], vor allem der «Ausdruck der Augen». [20] Cicero bindet alle «Vortragselemente» an die «Würde der Dinge und Wörter» (ex rerum et verborum dignitate) [21]; auch «Mienenspiel, Gestik und Gang» müssen angemessen (*aptum*) sein «dem Zeitpunkt und der Person». [22] Deshalb ist es erforderlich, «Zunge, Atem, Stimmklang» beweglich zu halten, auch sich um korrekte Aussprache zu bemühen [23], allerdings nur, soweit das bei den Naturanlagen von «Gesicht, Ausdruck und Stimme», die «wir uns nicht schaffen können» (ea, quae nobis non possumus 'fingere'), möglich ist. [24] Bei QUINTILIAN wird die Doppelstruktur der M. noch deutlicher. Er ordnet die Ausdrucksmerkmale nach den «beiden Sinnen, durch die jede Gefühlsregung ins Innere dringt.» [25] Durch die Ohren wirken die 'Elemente' der *pronuntiatio* (Atem, Aussprache, Betonung, Klangfarben, Pausen, Stimme), durch die Augen alles Sichtbare der *actio* (Kopf, Gesicht, Augen, Nase, Lippen, Nacken, Handhaltungen, Fingerspiel, Fußstellungen, Gangarten). [26] Trotz lehr- und lernbarer Regeln solle aber «jeder *sich* kennen lernen und nicht nur aus den allgemeinen Regeln, sondern auch aus seiner natürlichen Eigenart die Überlegung gewinnen, wie er seinen Vortrag zu gestalten hat». [27] Dies gilt für den reifen Redeschüler, der die Ausdrucksformen der *urbanitas* beherrscht. In der Kindererziehung müsse es Lehrer geben, «die die Gebärden und Bewegungen des Körpers ausbilden, daß man die Arme richtig hält, die Hände nicht plump und bäurisch bewegt, sich in schöner Haltung hinstellt, wohl weiß, wie man die Füße vorzusetzen hat und wie Kopf und Augen von der Neigung des übrigen Körpers nicht abweichen. Denn niemand könnte bestreiten, daß dies zum Gebiet des Vortrags (*pronuntiatio*) gehört, der Vortrag selbst läßt sich nicht vom Redner trennen.» [28]

Anmerkungen:
1 Homer, Ilias V, 785–786. – 2 ebd. I, 247–249. – 3 ebd. III, 221–224. – 4 ebd. IX, 443. – 5 ders., Odyssee XIII, 27–28. – 6 R.L. Enos: Greek Rhetoric before Aristotle (Prospect Heights, Ill. 1993) 17. – 7 T.M. Lentz: Orality and Literacy in Hellenic Greece (Southern Illinois University 1989) 44. – 8 E.A. Havelock: The Muse Learns to Write. Reflections on Orality and Literacy from Antiquity to the Present (New Haven 1986) 13. – 9 Enos [6] 139. – 10 Havelock [8] 16.- 11 Aristoteles, Hermeneutik oder vom sprachlichen Ausdruck. gr.-dt. übers. von H.G. Zekl (1998) 16a, 3–4. – 12 Arist. Poetik. gr.-dt. hg. v. M. Scheidt (1875) 19. – 13 ebd. 26. – 14 Arist. Rhet. 1403b. – 15 ebd. 1404a. – 16 Auct. ad Her. III, 19. – 17 Cic. De or. III, 222. – 18 Cic. Or. 55. – 19 ebd. 60. – 20 Cic. De or. III, 222. – 21 Cic. Inv. I,7,9. – 22 Cic. Or. 74. – 23 Cic. De or. III, 40. – 24 ebd. I, 127. – 25 Quint. XI, 3, 14. – 26 ebd. 65–161. – 27 ebd. XI, 3, 180. – 28 ebd. I, 11, 15–17.

Literaturhinweise:
E.A. Havelock: The Literate Revolution in Greece and its Cultural Consequences (Princeton 1982). – R.L. Enos: Oral and Written Communication. Historical Approaches (Newbury Park 1990). – G. Vogt-Spira (Hg.): Strukturen der Mündlichkeit in der röm. Lit. (1990); ders. (Hg.): Beiträge zur mündlichen Kultur der Römer (1993). – W. Kullmann, M. Reichel (Hg.): Der Übergang von der Mündlichkeit zur Lit. bei den Griechen (1990). – S. Usener: Isokrates, Platon u. ihr Publikum. Hörer u. Leser von Lit. im 4. Jh. (1994). – E. Schiappa: The Beginning of Rhetorical Theory in Classical Greece (Yale Univ. Press 1999). – L. Benz (Hg.): Die röm. Lit. zwischen Mündlichkeit u. Schriftlichkeit (2000).

II. *Mittelalter*. Im christlichen Mittelalter verändert sich die Gestalt der M. Die Lehre vom «fleischgewordenen Wort» war im Ursprung mündlich. Jesus hat wie Sokrates nichts geschrieben. Erst die Evangelisten formten aus der mündlichen Überlieferung seiner Worte und Wundertaten, von Kreuzestod und Auferstehung die ‹Heilige Schrift›. Für Jahrhunderte bestimmt einerseits die *lectio*, das ‹laute Lesen› [1], das Leben der Christen, andererseits in der Messe sowohl die mündliche Verkündigung der *Predigt*, als auch die Eucharistiefeier, die begleitet von demonstrativen Gesten – wie alle Sakramente – mündlich vollzogen werden muß.

Zur Meßfeier gehört seit dem 6. Jh. als Gestalt der M. der zunächst einstimmige, unbegleitete *Gregorianische Choral*, der *antiphonisch* (zwei Halbchöre) oder *responsorial* (Chor und Solostimme) gesungen werden kann. [2] In der Textdarstellung werden *accentus* (Lesestil) [3] und *concentus* (Gesangsstil) unterschieden. [4] Die Melodien werden zunächst in *Neumen* notiert, aus der Chironomie [5] abgeleitete Handzeichen zur Angabe der Tonhöhe. Die Pflege des Chorals (‹Antiphonale Romanum›) obliegt seit seiner Gründung (Monte Cassino 529 n. Chr.) dem Benediktinerorden. [6]

Andere Orden, vor allem der 1219 gegründete ‹Ordo praedicatorum› der Dominikaner, fanden ihre Aufgabe in der Predigt. Die mittelalterlichen *artes praedicandi* wurzeln im 4. Buch von AUGUSTINUS' ‹De Doctrina Christiana› [7], weniger in seinen Anweisungen zum Lehrvortrag in ‹De catechizandis rudibus›. [8] In der ‹Doctrina› entwickelt der frühere Rhetoriker Augustinus seine Lehre von einer christlichen Beredsamkeit nach Inhalten, Stilen und Vortragsarten, angemessen an die großen Dinge, «die vor dem Volk oder vor einzelnen, vor einem oder vor mehreren, vor Freunden oder vor Feinden, in fortlaufender Rede oder in der Unterredung [...] behandelt werden», auch «in Abhandlungen oder in Büchern, in sehr langen oder ganz kurzen Briefen». [9] Die große Bedeutung der M. für die Predigt ergibt sich aus der Forderung der Synode von Tours 813, «daß die Bischöfe die Predigten in linguam rusticam romanam aut theotiscam übersetzen sollten», damit «die Leute leichter verstehen könnten, was gesagt wird.» [10] Wenige Jahre später erklärt HRABANUS MAURUS den Predigern, sie sollen nicht nur selbst ausdrucksvoll sprechen, sondern aus dem Mienenspiel der schweigenden Hörer schließen, ob sie verstanden wurden, dann ihren Inhalt immer von einer neuen Seite darstellen, bis sie verstanden worden sind. [11]

Es ist verwunderlich, daß die Meinung vom «gesprächslosen» Mittelalter entstehen konnte, als ob es die Zeugnisse der Agonistik, der dialogischen Streitschriften, der dialektischen Disputationen nicht gegeben hätte. [12] Interessant ist die Verbindung von M. und Schriftlichkeit. So kommt es zwar z.B. im Juni 1140 das ‹Rededuell› zwischen ABAELARD und BERNHARD VON CLAIRVAUX in Sens nicht zustande, weil Bernhard sich dem Accusationsverfahren dadurch entzieht, daß er am Vorabend nach einer persuasiven Rede an die versammelten Bischöfe in Abwesenheit Abaelards die «häretischen Sätze» einzeln vorlesen läßt, Satz um Satz fragt, ob er zu verdammen sei und mit dem chorischen «damnamus» die Verurteilung der ‹Ketzerliste› erreicht. [13] Ein anderes Beispiel liefert der ‹Dialogus Ratii› des EBERHARD VON YPERN, ein mehrschichtiger Dialog aus «Belehrung und Debatte, Lehrgespräch und Disput» [14] mit der «Dialektik von Hören und Lesen, Gespräch und Text». [15] Neben «Glossen zur Mimik und Gestik» gibt es «kritische Bemerkungen zur Gesprächsführung, aus denen man eine kleine Konversationslehre, ein Stück jener dem Mittelalter fehlenden (mehr als nur dialektischen) *ars dialogica* rekonstruieren könnte.» [16] Auf andere Weise werden M. und Schriftlichkeit als «dialogische Interaktion» verbunden, die «nicht mehr allein im mündlichen Unterricht» erlernt, sondern auch «der *ars dictaminis* anvertraut wird. [17] Erforderlich ist dazu «die Rückgewinnung dialogischer Mündlichkeit mit Hilfe und im Spiegel schriftlicher Fachprosa (*ars dictaminis* und Geschichtskompilatorik) in den letzten Jahrhunderten des Mittelalters.» [18] Überhaupt verwirft die Mittelalter-Forschung die «unselige Alternative 'hie Mündlichkeit – hie Schriftlichkeit' [...]». [19] Die Literaturwissenschaft relativiert die Formel «Verse zum Hören und Prosa zum Lesen» [20], da im 12. Jh. Werke in der Volkssprache zum Vorlesen und zum «allein lesen» [21], zur privaten Lektüre geschrieben werden. Es gibt also ein zumindest potentielles ‹Lesepublikum›. Wenn im 12. Jh. von *illitterati* die Rede ist, dann sind keine Analphabeten gemeint, sondern Menschen, die «des Lateinischen nicht mächtig» sind. [22] Lesen lernen damals viele in den Pfarr- und Stadtschulen für Laien; ein Dekret des 3. Laterankonzils von 1179 verlangt, armen Kindern die Gelegenheiten zu erhalten, lesen zu lernen und sich weiterzubilden. [23]

Anmerkungen:
1 J. Balogh: Voces Paginarum. Beiträge zur Gesch. des lauten Lesens u. Schreibens, in: Philologus 82 (1927) 84–109 u. 202–240. – 2 Zur Gesch. vgl. R. Flender: Der biblische Sprechgesang u. seine mündliche Überlieferung in Synagoge u. griech. Kirche (1988). – 3 F. Kunzmann: Art. ‹Accentus›, in: HWRh Bd.1, Sp.24–27. – 4 vgl. K.W. Niemöller: Art. ‹Gesang›, in: HWRh Bd.3, Sp.825. – 5 vgl. F.R. Varwig: Art. ‹Chironomie›, in: HWRh Bd.2, Sp.175–190; vgl. F. Schweinsberg: Die stimmliche Ausdrucksgestaltung im Dienste der Kirche (1946) 261. – 6 Einzelheiten zur Gregorianik in: dtv-Atlas zur Musikgesch. (1971) Bd.1, 184, 191. – 7 Aug. Doctr. – 8 ders.: De catechizandis rudibus, Des Heiligen Aurelius Augustinus Ausgewählte praktische Schriften homiletischen u. katechetischen Inhalts. Aus dem Lat.

übers. von P.S. Mitterer (= BKV Bd. 49 (1925) 227–309. – **9** Aug. doctr. IV, 37, 195. – **10** I. Weithase: Zur Gesch. der gesprochenen dt. Sprache, 2 Bde. (1961) I, 10 – **11** ebd. 10. – **12** W. J. Ong: Orality and Literacy. The Technologizing of the Word (London 1982; dt. 1987) 114ff. – **13** L. Kolmer: Abaelard u. Bernhard von Clairvaux in Sens, in: Zs d. Savigny-Stiftung für Rechtsgesch. 98 (1981) 121–147. – **14** P. v. Moos: Lit. u. bildungsgesch. Aspekte der Dialogform im lat. MA. Der ‹Dialogus Ratii› des Eberhard von Ypern zwischen theolog. *disputatio* u. Scholaren-Komödie, in: Trad. u. Wertung. FS F. Brunhölzl (1989) 165–209; 174. – **15** ebd. 178 Anm. 32. – **16** ebd. 182f. – **17** P. v. Moos: Zwischen Schriftlichkeit u. Mündlichkeit. Dialogische Interaktion im lat. Hochma., in: Frühma. Stud. 25 (1991) 300–314; 307. – **18** ebd. 300. – **19** M. G. Scholz: Lesen u. Hören. Studien zur primären Rezeption der Lit. im 12. u. 13. Jh. (1980) 91. – **20** ebd. 185. – **21** ebd. 229. – **22** ebd. 228; vgl. H. Grundmann: Litteratus – illitteratus. Der Wandel einer Bildungsnorm vom Altertum zum MA, in: Archiv f. Kulturgesch. 40 (1958) 1–65. – **23** vgl. Scholz [19] 204.

Literaturhinweise:
H. Schreiber: Stud. zum Prolog im dt. Minnesang (1935). – Murphy RM. – M. T. Clanchy: From Memory to Written Record, England 1066–1307 (Cambridge, Mass. 1977). – P. Linell: The Written Bias in Linguistics (Linköping 1982). – W. Erzgräber: Mündlichkeit u. Schriftlichkeit im engl. MA (1988). – C. Schmitt: La raison des gestes dans l'Occident-Mediéval (Paris 1990); dt.: Die Logik der Gesten im europäischen MA (1992). – K. Jacobi (Hg.): Gespräche lesen. Philos. Dialoge im MA (1999).

III. *Renaissance, Humanismus, Reformation.* Das Auffinden einer vollständigen Ausgabe der ‹Institutio Oratoria› 1416 hat auch die Beschäftigung mit Fragen der M. belebt, hatte sich doch Quintilian detailliert mit dem Vortrag, mit *vox* und *motus* bis in Einzelheiten der Chironomie beschäftigt. [1] Seine Zuordnung von Stimmausdruck und Gestik zu Einleitung, Erzählung, Beweisführung und Epilog [2] wird z. B. von HERBETIUS 1574 aufgegriffen: «Die Einleitung [...] erfordert [...] eine maßvolle Gestik und eine leichte Bewegung des Rumpfes auf beide Seiten, wobei die Augen der Bewegung folgen. Die Erzählung [erfordert] eine deutliche Gestik mit weiter vorgestreckter Hand.» Es folgen in ähnlicher Weise die Teile ‹Beschreibung› und ‹Redeschluß›. [3] Das Muster hält sich durch Jahrhunderte. In gefälliger Barockmanier sagt BRETON (1703): «Das *exordium* verlangt gewöhnlich eine gemäßigte Sprechweise. [...] Gemäßigter Tonfall, zurückhaltende Gesten und wohlgeordnete Bewegungen werden immer erfreuen. [...] Die *narratio* fordert mehr Handlung, größere Gesten [...], aber alles noch verhaltener als in der *refutatio* oder der *peroratio*.» [4]

LUTHERS These von der vorrangigen theologischen Geltung des Schriftprinzips könnte zu der Annahme verleiten, M. sei für ihn unwichtig. Aber das Evangelium «ist eygentlich nicht das, das ynn büchern stehet und in buchstaben verfasset wirt, sondernn mehr eyn mundliche predig und lebendig wortt, und eyn stym, die da ynn die gantz wellt erschallet und offentlich wirtt außgeschryen das mans uberal höret.» [5] In den ‹Tischreden› hat er seine ‹Anforderungen an einen guten Prediger› (*Conditiones boni praedicatoris*) genau beschrieben: Er müsse «fein richtig und ordentlich lehren können», «soll einen feinen Kopf», «eine gute Stimm», «ein fein Aussprechen» haben, auch «ein gut Gedächtnis», schließlich «soll er wissen aufzuhören.» [6] Von Gebärden hält er nicht viel, gesteht sie aber weltlichen Rednern zu, denn «es will die welt betrogen sein, dazu muss man geberden machen.» [7]

Zwischen M. und Schriftlichkeit, «zwischen Hören und Sprechen» [8] bewegen sich auch Sprachgesellschaften und Meistersang. Neben den traditionellen Übungsinhalten gewinnt in Jesuiten- und Humanistenschulen das Komödienspielen an Boden, die ehemals strikte Trennung zwischen Redner und Schauspieler wird aufgegeben. Besonders beliebt sind Szenen aus TERENZ und den ‹Colloquia familiaria› des ERASMUS. Wiederentdeckt werden die ‹Schülergespräche›. [9] Die Schule soll zur Entwicklung einer angemessenen Latinität – wie der Straßburger Rektor STURM schreibt – «alle ihre Veranstaltungen benutzen, die *psalmodiae* und *contiones*, die *scriptiones*, die *declamationes*, sowohl *de scripto* als *memoriter*, die *dramata* und die *ludi*, endlich die *collocutiones*, welche zu förmlichen disputationen werden.» [10] Stärker vom Ausdruck als von der Sprachentwicklung aus argumentiert J. WILLICH: «Denn es geht nicht nur um die Stimme, sondern auch um die Mimik, Gebärden und Eleganz.» [11] Dieses Ziel liegt in der Nähe von CASTIGLIONES ‹Il Cortegiano› (1528), dem es in der Erziehung des Hofmanns um die lässige Verbindung von Körper, Auftreten und Geist geht. Der Höfling soll eine Grazie beherrschen, «die ihn jedem, der ihn sieht, beim ersten Anblick angenehm und liebenswert macht». [12]

In allen Veränderungen bleibt die traditionelle Doppelstruktur der M. als *actio* und *pronuntiatio* erhalten. Außerhalb der Lateinschulen und Höflingserziehung gewinnen die volkstümlichen Spiele große Bedeutung, die erst innerhalb des Kirchenraums, dann auf Treppen und Plätzen vor der Kirche aufgeführten Mysterien- und Passionsspiele (z. B. seit 1634 Oberammergau). Vom ursprünglich liturgischen Anlaß führt der Weg z. B. von den Krämerszenen in der Passion zum Fastnachtsspiel, das literarisch zwischen 1430 und 1600 belegt ist. Masken, Schwänke und Satiren verbinden sich regional unterschiedlich im Fastnachtsbrauchtum bis in die Gegenwart. [13] Von der Mainzer Revolution her reklamieren bis heute die Uniformen der Garden, die Gegenregierung des ‹Elferrats›, die Rede-Freiheit in der ‹Bütt›, ihren Anspruch auf Satire und politische Parodie. Das paßt gut in die von Bachtin für das späte Mittelalter vorgetragene These von der karnevalistischen Befreiungs-Lachkultur der unteren Schichten. [14] Doch inzwischen wird kritisch angemerkt, «daß bisher weder die Idee einer 'Lachkultur' des Mittelalters überzeugend nachgewiesen wurde noch die nahezu beliebige Verwendung des Karnevalsbegriffs einen Erkenntnisgewinn gebracht hat. Man sollte deshalb auf beides künftig verzichten. [15] Unabhängig von dieser Kontroverse gilt: Lachen ist eine genuin mündliche Ausdrucksform. Mündlich sind z. B. alle volkstümlichen Erzählformen Witz, Märchen, Rätsel, Spruch und – wie der Name verrät – Sagen (A. Jolles). [16]

Ein Umschwung kam erst mit GUTENBERG: «[...] dank des Buchdrucks existierte im großen Maßstab Information ohne Stimme, Kommunikation ohne Aufbereitung durch die *actio*.» [17] Nicht zu übersehen ist allerdings, daß nahezu gleichzeitig ein neues Verhältnis von Rhetorik und Musik entsteht. Nach der Lehre der *musica poetica* soll Komponieren und Dichten parallelisiert werden. Eine spezifische Ausprägung findet sich im Madrigal mit der Absicht, bestimmte Affekte darzustellen. Während also in der Vokalmusik eine neue Äußerungsform gefunden wird, verändert J. Gutenbergs Erfindung die M. nicht nur in der face-to-face-Kommunikation.

Anmerkungen:
1 Quint. I, 1 u. XI, 3 – **2** ebd. XI, 3, 161–174. – **3** J. Herbetius: De oratore (Paris 1574) 64f., zit. J. Barnett: Art. ‹Gestik›, in: HWRh Bd. 3, Sp. 982. – **4** Breton: De la Rhétorique (Paris 1703), zit. Barnett [3] 983. – **5** vgl. I. Weithase: Zur Gesch. der gesprochenen dt. Sprache (1961) I, 97. – **6** ebd. 86f. – **7** ebd. 89. – **8** I. Spriewald: Lit. zwischen Hören u. Lesen. Wandel von Funktion u. Rezeption im späten MA bei Beheim, Folz u. H. Sachs (1990). – **9** G. Streckenbach: Stiltheorie u. Rhet. der Römer im Spiegel der humanistischen Schülergespräche (1979). – **10** J. Sturmius: De admissa dicendi ratione (Straßburg 1538) II, 49; zit. H. Geißner: Art. ‹Kolloquium›, in: HWRh Bd. 4, Sp. 1134. – **11** J. Willich: Liber de pronuntiatione rhetorica doctus et elegans (1540) 5; zit. A. Košenina: Art. ‹Gebärde›, in: HWRh Bd. 3, Sp. 567. – **12** B. Castiglione: Das Buch vom Hofmann, übers. von F. Baumgart (1986) 36. – **13** W. Mezger: Narrenidee u. Fastnachtsbrauch (1991); G. Thürmer-Rohr: Verlorene Narrenfreiheit (1994). – **14** M. Bahtin: Lit. u. Karneval. Zur Romantheorie u. Lachkultur (1985). – **15** D.-R. Moser: Lachkultur des MA? M. Bahtin u. die Folgen seiner Theorie, in: Euphorion 84 (1990) 89–111; vgl. auch H. Bausinger: Lachkultur, in: Th. Vogel (Hg.): Vom Lachen. Einem Phänomen auf der Spur (1992) 9–23. – **16** A. Jolles: Einfache Formen. Legende, Sage, Mythe, Rätsel, Spruch, Kasus, Memorabile, Märchen, Witz (1930; ⁷1999). – **17** K.-H. Göttert: Gesch. der Stimme (1998) 456.

Literaturhinweise:
A. Kästner: Ma. Lehrgespräche (1978). – Murphy RE. – L. Röhrich: Volksdichtung zwischen M. u. Schriftlichkeit (1989). – Plett. – T. Unger, B. Schultze, H. Turk (Hg.): Differente Lachkulturen? Fremde Komik u. ihre Übersetzung (1995). – D.D. Davis: Breaking Up (at) Totality. A Rhetoric of Laughter (Carbondale, Ill. 2000).

IV. *Barock.* «Ein jedes Zeitalter schafft sich ein Gleichnis, durch das es im Bild seine Antwort gibt auf die Frage nach dem Sinn des Lebens. […] Die Antwort des Barock lautet: Die Welt ist ein Theater.» [1] Auf ihre Weise wollen die Menschen in diesem Welttheater mitspielen, ihre Gefühle und Stimmungen ungebunden äußern, soweit das innerhalb und außerhalb kirchlicher und höfischer Zeremonien möglich ist. Das soziale Leben wird, wenn auch ständisch differenziert, allgemein theatralischer, ein Prozeß, an dem gesprochene und gesungene *vox* ebenso beteiligt sind wie interaktionaler und repräsentativer *motus.* «Im Barock erlebte die Rhetorik in Theorie und Praxis ihre letzte Hochblüte» [2], so daß sich «Theatralik» als eine andere Form sektoraler Rhetorik bezeichnen ließe; denn «die Rhetorik regelt im 17. Jh. den gesamten Bereich *sozialer Kommunikation*, mit Einfluß auf die meisten Künste.» [3]

Für den alltäglichen Umgang finden sich Vorschläge zum Verhalten in ‹Konversationen›, etwa J.A. WEBERS ‹Hundert Quellen der von allerhand Materien handelnden Unterredungskunst› (1676). [4] Einige Autoren sorgen sich jetzt besonders darum, daß die 'Damen' dazu ausgebildet werden, in den Gesprächen mithalten zu können. Diesem Zweck dienen eigens G.PH. HARSDÖRFFERS ‹Frauenzimmer-Gespraechsspiele›; denn auch den Frauen ist «wohl Teutsch zu reden und recht zu schreiben so nötig als zierlich: nötig in der Auferziehung ihrer Ehepflantzen […], zierlich aber, weil sie ihre schönen Gedanken mit unartigen Worten ausreden mögen.» [5] In Gesprächen zeigen sich die geltenden Umgangsformen, so daß sich von höfischem Verhalten bei CASTIGLIONE abgeleiteten allgemeinen *Höflichkeitsregeln* angeführt werden [6], selbst die Schicklichkeit von Komplimenten z.B. bei Tisch, Hochzeiten, Taufen, Tänzen in *Komplimentierbüchern* [7] in einer der Tendenz nach insgesamt «zwiespältigen *Anstandsliteratur*» [8], in der unklar bleibt, wie mit den Affekten umgegangen wird. Auch die vermeintlich 'natürlichen' Äußerungsformen sind wie die Gefühle nicht naturwüchsig, sondern sozial gelernt und von Interessen überformt. [9]

Daß Affekte vorwiegend durch Modulationen der Stimme und Bewegungen des Körpers ausgedrückt werden, ist für L. CRESSOLLIUS [10], der die *actio* in seinen ‹Vacationes autumnales› (1622) nach *Sprechsituationen* differenziert, so gewiß wie für G.J. VOSSIUS [11], J.M. MEYFARTH [12] und B. LAMY. [13] Sie folgen mehr oder weniger dem Werk ‹De eloquentia sacra et humana› des N. CAUSSIN (1619): «Es gibt nämlich eine gewisse Beredsamkeit des Körpers, durch die es geschieht, daß die Seele, die von den besten Empfindungen Überfluß hat, in den Körper hinausfließt und ihm […] ihr edles Aussehen aufdrückt. Wie also das Licht von der Sonne, so strömt die *actio* aus dem innersten Geist hervor; ja, der Geist selbst zeigt sich in der *actio* wie in einem Spiegel; und durch die Miene, durch die Augen, durch die Hände, durch die Stimme, das beste Werkzeug der Beredsamkeit, verbreitet er sich nach außen: und da das, was im Innern ist, für die Gemüter der Menge, die alles mit den Augen zu messen pflegt, weniger zugänglich ist, dagegen was gesehen und gehört wird, durch die Wahrnehmung übertragen die Herzen heftiger erschüttert, geschieht es, daß die Redner, die in der *actio* stark waren, den ganzen Beifall davongetragen haben.» [14] Auf derartige Ideen stützen sich noch heute Gesichts- und Stimmdeuter, Physiognomen und Phonognomen bis hin zu den wundersamen 'Exegesen' mancher ‹Körpersprachler›.

Es liegt auf der Hand, daß *Schulen*, – lateinische wie deutsche, Gymnasien wie Hochschulen – versuchen, junge Menschen in die theatralische Welt hinein zu erziehen. Dazu dienen einerseits auch praktische Übungen zu Logik und Dialektik; über die formal geregelte *disputatio* hinaus entwickelt sich eine *ars colloquendi*. [15] Andererseits wird gesteigerter Wert gelegt auf den Affektausdruck mit Stimme, Gestik und Bewegung, integriert im Theaterspielen. Beide Methoden werden nicht nur schulintern, sondern in *actus*, Prunkreden, Deklamationen und Aufführungen öffentlich *(declamatio publico)* praktiziert. Reformatorisches Humanistentheater und gegenreformatorisches Jesuitentheater verfolgen auf kontroverser Grundlage formal ähnliche Unterrichtsziele. [16] Wenn nun die 'höheren' Schüler unter geistlicher Obhut schauspielern, dann muß auch der Beruf des Schauspielers «ehrlich» gemacht, d.h. sozial anerkannt werden. [17] Wenigstens in der *actio scenica* wird die alte Chironomie praktiziert, von der G. PANCIROLLUS zwar meint: «Die Kunst ist verloren, sie läßt sich aus der Literatur nicht rekonstruieren» [18], der aber von L. Cressollius neue Anerkennung verschafft wird. Sein Werk sollte nach Varwig «bis zum Ende des 18. Jh. zum Standardwerk der Rekonstruktion von antiker *actio* avancieren». [19] Kritischer urteilt Göttert: Cressollius wurde zum «neuen Quintilian auf dem Gebiet der *actio* – für alle, die auf die Sinnlichkeit und die körperlichen Zeichen setzen.» [20] Auch der englische Arzt J. BULWER [21] kennt Cressollius, aber im Unterschied zu den traditionalistischen Gestikern kann man ihn den ersten 'Gesturalisten' nennen, der für die rhetorische *chironomia* eine fundamentale *chirologia* sucht. «Es gibt kein Naturgesetz, keine absolute Notwendigkeit dafür, daß die Gedanken, die in einem fruchtbaren Geist entstehen, durch die Vermittlung unserer Zunge in einem Lautstrom von Wörtern herausfließen müssen.» [22] Das Schicksal der Gehörlosen, die man ‹taubstumm› nennt, regt ihn an zur Entwicklung eines weder vokalen noch skripturalen, sondern gesturalen Verständigungssystems. Der *sermo corporis* wird hier weit mehr als rhetorischer Ausdruck, er wird zur Zeichensprache. Dies sei das einzige Mittel der Kommunikation, das das Glück hatte, «dem Fluch der Verwirrung von Babel zu entkommen». [23]

Im Barock gewinnt unter dem Gesichtspunkt der M. die *Vokalmusik* an Bedeutung. Zwischen dem normalen Sprechen (*parlar ordinario*) und der Gesangsmelodie (*melodia del cantare*) verwendet J. Peri in seiner Oper ‹Euridice› ein «Mittelding» (*cosa mezzana*). Was das bedeutet, brachte C. Monteverdi auf den Punkt: «Die Rede sei die Gebieterin der Musik und nicht ihre Dienerin.» [24] Praktisch beschreibt diese Forderung das *Rezitativ*, ein Sprechgesang, der in verschiedenen Kulturen bei liturgischen Rezitationen üblich ist. Das Rezitativ verwendet rhetorische Figuren und folgt der Dreistillehre: *stilo narrativo* (erzählend, ohne Aktion), *stilo recitativo* (vortragend, gehobener Sprechgesang), *stilo rappresentativo* (darstellend, Affekte mit Gesten, Dialog und dramatischer Handlung). Das Zusammenspiel von Monodie und Chor im antiken Drama übernehmen die ersten Opern im Zusammenspiel von Rezitativ und Chören. Dieses Muster gilt noch in den frühen *responsorialen Passionen*. Später werden die Passionen durchkomponiert und erreichen ihren Höhepunkt in den *oratorischen Passionen*, der Johannes- (1724) und Matthäus-Passion (1729) von J.S. Bach.[25] «Beim Recitativ hat man sich bestrebt [...] die Rhetorischen Figuren so anzubringen, daß die in der Poesie befindlichen Regungen erweckt werden mögen», sagt Telemann (1731). [26] Für den *musicus poeticus* gilt: «Das rhetorische Sprechen, das stets zugleich eine Auslegung des Textes bedeutet, ist für ihn der Ausgangspunkt der Melodiebildung. Die Dauer der Töne, ihre Stellung im Takt, ihre Hoch- und Tieflage und -führung sind dem natürlichen Sprechen eines Satzes nachempfunden, so dass die musikalische Deklamation eine möglichst wirklichkeitsgetreue Nachbildung der redenden Deklamation darstellt.» [27] Die Verwirklichung dieser Ziele verlangt eine sängerische Deklamationskunst, eine spezifische Gesangspädagogik, die den Sprechausdruck einschließt; denn wie J.A. Hiller meint: «Gut gesprochen ist halb gesungen.» [28] Kant beschreibt mit einer präzisen Bestimmung der vokalen M. den Reiz der Tonkunst ähnlich: «daß jeder Ausdruck der Sprache im Zusammenhang einen Ton hat, der dem Sinne desselben angemessen ist; daß dieser Ton mehr oder weniger einen Affekt des Sprechenden bezeichnet und gegenseitig auch im Hörenden hervorbringt, der dann in diesem umgekehrt auch die Idee erregt, die in der Sprache mit solchem Tone ausgedrückt wird; und daß, so wie die Modulation gleichsam eine allgemeine jedem Menschen verständliche Sprache der Empfindungen ist, die Tonkunst diese für sich allein in ihrem ganzen Nachdrucke, nämlich als Sprache der Affekten ausübe [...].» [29]

Anmerkungen:
1 R. Alewyn, K. Sälzle: Das große Welttheater. Die Epoche der höfischen Feste in Dokument u. Deutung (1959) 48. – **2** J. Knape: Art. ‹Barock›, in: HWRh Bd. 1, Sp. 1285–1332, hier 1285. – **3** ebd. Sp. 1323. – **4** J.A. Weber: Hundert Quellen der von allerhand Materien handelnden Unterredungskunst (1676). – **5** vgl. H. Geißner: Art. ‹Gesprächsspiel›, in: HWRh Bd. 3, Sp. 964–969, hier 966. – **6** vgl. M. Beetz: Frühmoderne Höflichkeit (1990). – **7** vgl. Knape [2] 1296. – **8** vgl. K.-H. Göttert: Art. ‹Anstandsliteratur›, in: HWRh Bd.1, Sp. 658–675. – **9** P. Bourdieu: Ce que parler veut dire (Paris 1982; dt. 1990) 62–70. – **10** L. Cressollius: Vacationes autumnales sive de perfecta oratoris actione et pronuntiatione libri III (Paris 1620) – **11** Vossius. – **12** Meyfart. – **13** B. Lamy: De l'art de parler (Paris 1676). – **14** N. Caussin: De eloquentia sacra et humana libri XVI (1699), zit. K.-H. Göttert: Gesch. der Stimme (1998) 236. – **15** Barner 289. – **16** ebd. 344–352; B. Bauer: Jesuitische 'ars rhetorica' im Zeitalter der Glaubenskämpfe (1986). – **17** vgl. F. Lang: Abhandlung über die Schauspielkunst (1727); übers. u. hg. v. A. Rudin (1975), zit. Barner 349. – **18** G. Pancirollus: Rerum memorabilium sive deperditarum pars prima (1599; ²1646) 137. – **19** F.R. Varwig: Art. ‹Chironomie›, in: HWRh Bd. 2, Sp. 175–190, 182. – **20** Göttert [14] 238. – **21** J. Bulwer: Chironomia, or the Art of Manuall Rhetorique ... (London 1644); ders.: Chirologia, or, the natural Language of the Hand (London 1644). – **22** Bulwer, Chirologia [21] 4. – **23** ebd. 7. – **24** D. Gutknecht: Art. ‹Gesang›, in: HWRh Bd. 3, Sp. 828. – **25** dtv-Atlas zur Musik (1977) 138. – **26** G. Ruhnke: Art. ‹Barock: Musik›, in: HWRh Bd. 1, Sp. 1353–1357, hier 1356. – **27** Th. Tröger: Art. ‹Klangrede›, in: HWRh Bd. 4, Sp. 968 nach H. Eggebrecht: H. Schütz – musicus poeticus (²1985) 112. Die ‹Tonsprache› wird vollzogen als Tonsprechen. – **28** J.A. Hiller: Anweisung zum musikalisch-zierlichen Gesang (1780) 25 – **29** Kant KU, in: Werke, hg. v. W. Weischedel (1957) Bd. 5, 432.

Literaturhinweise:
F.G. Sieveke: Eloquentia sacra (1974). – H. Schanze: Romantik u. Rhet., in: ders. (Hg.): Rhet. (1974) 126–144. – U. Geitner: Die Sprache der Verstellung (1992). – W.F. Bender: Vom 'tollen Handwerk' zur Kunstübung (1992). – A. Košenina: Anthropologie u. Schauspielkunst (1995).

V. 18. Jh., *Aufklärung*. Mit der Emanzipation des bürgerlichen Standes ändert sich das Rednerideal zum vernünftigen, aufgeklärten Menschen, der sich überall zu benehmen weiß, keineswegs nach barocker Manier übertreiben, sondern «natürlich und klar» reden möchte. J.A. Fabricius empfiehlt: «Überhaupt muß man sich hier die muster vernünftiger leute fürstellen, und ihnen das angenehme, wodurch sie sowohl in öffentlichen reden als familiären discoursen und complimenten, die hertzen der zuhörer an sich ziehen, und welches in weitläufige regeln zu fassen, viel mühe, wenig nutzen haben würde, abzulernen suchen.» [1] In der traditionellen Spannung zwischen *ars* und *natura* schlägt das Pendel in der Aufklärung zur Natur. Für die M. fordert F.A. Hallbauer (1736): «Das *gesicht* muß von dem inwendigen affect des redners am meisten zeigen» [2], «die *geberden* nebst der gantzen stellung und veränderung des *leibes* müssen nach dem wohlstand und den gesetzen der Bescheidenheit und Ehrerbietigkeit eingerichtet seyn» [3], «die *Stimme* soll laut, klar und rein, und die *Aussprache* deutlich und hinlänglich stark seyn.» [4] J.G. Sulzer beschließt seine Darlegungen ‹Ueber den Vortrag der Rede› (Deklamation und Aktion) mit einem Mahnkapitel ‹Ueber den rednerischen Anstand›: der habe «blos in dem gemäßigten Inhalt statt» und bleibe «dem gesetzten Wesen und einer ruhigen Gemüthsverfassung eigen.» [5] Genauere Ratschläge für den «Umgang der Menschen», für die Alltagsrhetorik, erteilt der Freiherr von Knigge: «Ein großes Talent und das durch Studium und Achtsamkeit erlangt werden kann, ist die Kunst, sich bestimmt, fein, körnicht, nicht weitschweifig auszudrücken, lebhaft im Vortrage zu seyn. [...] Dabei soll man sein Äußeres studieren, sein Gesicht in seiner Gewalt haben, nicht grimaciren. [...] Der Anstand und die Geberdensprache sollen *edel* seyn.» Was ‹edel› bedeutet, wird in Einzelheiten erklärt. «Man soll nicht bei unbedeutenden, *affectlosen* Unterredungen, wie Personen aus den niedrigsten Volksklassen, mit Kopf, Armen und andern Gliedern herumfahren und um sich schlagen; man soll den Leuten *gerade*, aber *bescheiden* und *sanft* ins Gesicht sehn, sie nicht bey den Ermeln, Knöpfen und dergleichen zupfen.»[6]

Die räumliche Bedeutung von ‹miteinander umhergehen›: *con-versari* hatte sich bereits im 17. Jh., in der «Epoche der Konversation»[7], auf den mündlichen Umgang spezialisiert. Aus dieser gesellschaftlichen Veränderung hat sich im 18. Jh. eine ‹Rhetorik des Gesprächs›[8] entwickelt. Aus der *ars conversationis* wird eine lehrbare Umgangsrhetorik. C. GARVE: «Das, was man im Gespräche lernt, hat auch gleich die Form und den Ausdruck, in welchen es sich am leichtesten wieder an andre im Gespräche mitteilen läßt.»[9] Die den häuslichen Umgang überschreitenden Gespräche werden erleichtert, wenn die Conversierenden einander einschätzen können.

Die offizielle, die öffentliche «körperliche Beredsamkeit» H.H. CLUDIUS'[10] wird unterstützt durch J.C. LAVATERS Physiognomik, die verspricht, «durch das Äußere eines Menschen sein Innres zu erkennen.»[11] Ein kritischer Kopf wie G.CH. LICHTENBERG prognostiziert: «Die Physiognomen fangen jetzt ein ungeheures Gebäude an, um darauf das Geheimarchiv der Seele zu erklettern. Die vernünftige Seele steht oben und lächelt, denn sie sieht voraus, daß, noch ehe dieses babylonische Denkmal ein Viertel seiner Höhe erreicht haben wird, sich die Sprache der Maurergesellen verwirren wird, so es unvollendet liegen lassen werden.»[12] Lichtenberg steuert mit dem ‹Fragment von den Schwänzen›[13] nicht nur eine köstliche Parodie bei, sondern mit der Unterscheidung von Physiognomie und Pathognomie einen im 20. Jh. von K. Bühler[14] und F. Trojan[15] aufgegriffenen Beitrag zur Ausdruckstheorie. Wie jeder Mensch seine eine ‹physiognomische› Stimme ständig – nach Personen, Stimmungen, Inhalten – ‹pathognomisch› variiert, so auch alle anderen Ausdrucksbewegungen. Lichtenberg pointiert: «Pathognomische Zeichen: eine Stimme für die Augen.»[16]

Die Lehre vom *sermo corporis* betrifft die «redenden Künste»[17], Rhetorik und Poetik, angewandt als Deklamatorik und Schauspielkunst; diese berührt sich mit den avokalen, aphonischen Künsten: Pantomimik und Tanz. G.E. LESSING unterscheidet in der Skizze ‹Von der Beredsamkeit des Körpers› traditionell «die Lehre von der *Action*», die «Modificationen des Körpers, welche in das *Gesicht* fallen», von der «Lehre der *pronunciation* (Aussprache)», die «Modific. des Körpers, welche in das *Gehör* fallen.»[18] In der ‹Hamburgischen Dramaturgie› geht er auf die Wirkung der M. ein. «[...] Eben so ist ausgemacht, daß kein falscher Accent uns muß argwohnen lassen, der Akteur plaudere, was er nicht verstehe. Er muß uns durch den richtigsten, sichersten Ton überzeugen, daß er den ganzen Sinn seiner Worte verstanden habe.» Allerdings ist dies eine Frage der «Moral» und der «Situation», nicht der Technik, denn «die richtige Accentuation ist zur Not auch einem Papagei beizubringen.»[19] Was «richtige» Stimme, Gebärde, Bewegung seien, kann keine «Geberdenkunst» abstrakt festlegen, wird doch «eine und dieselbige Veränderung der Seele von verschiedenen Menschen unendlich verschieden ausgedrückt.» Deshalb «komme es» (beim Ausdruck) – heißt es aufklärerisch bei J.J. ENGEL – «auf National- und persönlichen Charakter, auf Stand, Alter, Geschlecht, auf hundert andere Umstände an, welches jedesmal der mehr bedeutende, mehr angemessene sey.»[20]

Das gilt nicht nur für die M. in Gespräch und Rede, sondern für die von der bürgerlichen Gesellschaft als neue Form «geselliger Kunstausübung» entdeckte *Deklamation*. Sie muß nach H.H. Cludius «auch beim Vorlesen geist- und affektvoller Aufsätze, beim Vorlesen didaktischer, epischer und lyrischer Poesie, auf dem Theater usw. stattfinden».[21] Von dieser Auffassung führt der Weg einerseits zu den Dramenvorlesern des 19. Jh., andererseits in der Vokalmusik zum *Rezitativ*, dem «Mittel zwischen dem eigentlichen Gesang und der allgemeinen Deklamation.»[22] Gegen Ende des 18. Jh. kommt zu den oft gesprochene Dialoge verwendenden ‹Singspielen›, zu den ein- und mehrstimmigen Madrigalen die durch J.G. HERDERS ‹Von deutscher Art und Kunst› (1773) ausgelöste *Volkslied*-Bewegung, die in Wort und Ton das Einfache als das Natürliche verklärt, bis in die romantisierende Wandervogel-Rhetorik weiterlebt und in der Hitlerjugend uniformiert wird.

Die Rückbesinnung auf Volk und Sprache bringt mit dem Gedanken der «Nationalerziehung»[23] verstärkt Rhetorisches in die Schule. Es vollzieht sich nach I. Lohmann zwischen 1750 und 1850 die «Transformation des rhetorischen in das didaktische Paradigma.»[24] Dabei geht es nicht mehr nur um das Lehren der Beredsamkeit, sondern um die Beredsamkeit des Lehrens als Voraussetzung des Lernens – nicht nur der Beredsamkeit. Rhetorik wird zur allgemeinen Didaktik. GOTTSCHEDS ‹Akademische Redekunst› (1759) mutiert bei J.B. BASEDOW zum mündlichen Diskurs als wichtigster «Lehrart»[25], zur «Unterredung»: «Haltet ihnen also keine Vorlesungen, verlangt nicht von ihnen, daß sie euch bloß zuhören, sollen, sondern laßt euren Vortrag eine beständige Unterredung sein.»[26] Dieser Wandel setzt allerdings bei den Lehrenden die Einsicht voraus, daß Erziehung «als eine besondere Kunst von ihren eigenen Leuten getrieben und nicht länger als eine Nebensache angesehen wird.»[27] Dazu gehören zwar auch noch «Ton, Miene und Anstand des Körpers» der Lehrenden, aber selbst das «richtige Sprechen» bedeutet nicht vorrangig Körperliches. «Richtig sprechen» sagt F. GEDICKE (1789), «ist das zweite notwendige Vorübung, um richtig zu schreiben [...]. Es muß ihm [dem Lehrer] indessen überhaupt nicht bloß um die Beförderung der grammatischen Richtigkeit im Sprechen zu thun sein, sondern er muß seine Schüler auch zu der Geschicklichkeit gewöhnen, gut d.i. nicht bloß richtig, sondern auch verständlich, zusammenhängend, fließend, ordentlich, bestimmt, ohne Beimischung unwesentlicher oder gar nicht zur Sache gehöriger Umstände, zu sprechen.»[28]

Dieser Umstrukturierungsprozess wird durch die französische Revolution beschleunigt, einmal durch die Wirkungen der im ‹Convent› gehaltenen Reden und ihrer Institutionalisierung, zweitens dadurch, daß nach 1805 auch das ‹Regelwerk› der traditionellen Rhetorik aus dem Fächerkanon der Gymnasien verschwindet, drittens durch die Herausforderungen der Befreiungskriege.[29] Schon 1748 räsoniert C.G. MÜLLER: «Unsere Zeiten sind viel zu aufgeklärt [...] die Kunst ist brodtlos».[30]

Anmerkungen:
1 Fabricius 536. – **2** ebd. – **3** Hallbauer Polit. Bered. 345. – **4** F.C. Baumeister: Anfangsgründe der Redekunst (1754; ND 1974) 57. – **5** J.G. Sulzer: Theorie u. Praktik der Beredsamkeit, hg. v. A. Kirchmayer (1786) 254. – **6** A. Freiherr v. Knigge: Ueber den Umgang mit Menschen (1788; ⁵1796) 92. – **7** C. Schmölders: Die Kunst des Gesprächs (1979) 139. – **8** M. Fauser: Das Gespräch im 18. Jh. (1991); vgl. H. Geißner: Art. ‹Gesprächsrhet.›, in: HWRh Bd. 3, Sp. 953–964, 960. – **9** Chr. Garve: Über Ges. u. Einsamkeit (1797), in: Schmölders [7] 228. – **10** H.H. Cludius: Grundriß der körperlichen Beredsamkeit (1792). – **11** C.J. Lavater: Physiogno-

mische Fragmente, 4 Bde. (Leipzig / Winterthur 1775; ND Zürich 1968) Bd. 1, 13. – **12** G.C. Lichtenberg: Aphorismen, Briefe, Schr. hg. v. P. Requadt (1939) 93. – **13** ebd. 442–449. – **14** ebd. 98. – **15** K. Bühler: Ausdruckstheorie (1933; ND 1968) 14–35. – **16** F. Trojan: Der Ausdruck von Stimme u. Sprache (Wien / Düsseldorf 1948). – **17** vgl. Kant KU in: Werke, hg. von W. Weischedel, Bd. 5 (1957) 422: «Die redenden Künste sind Beredsamkeit u. Dichtkunst». – **18** G.E. Lessing: Von der Beredsamkeit des Körpers (1774), in: Werke hg. v. H.G. Göpfert (1996) Bd. 4, 733. – **19** ebd. 244. – **20** J.J. Engel: Ideen zu einer Mimik, 2 Bde. (1785/86; ND 1804) 23. – **21** Cludius [10] 40f. Anm. 3. – **22** Sulzer [5] 4; vgl. J. Sandstede: Art. ‹Deklamation›, in: HWRh Bd. 2, Sp. 481–507. – **23** vgl. H.J. Frank: Gesch. des Deutschunterrichts (1973) 377–442. – **24** I. Lohmann: Bildung, bürgerliche Öffentlichkeit u. Beredsamkeit. Zur pädagogischen Transformation der Rhet. zwischen 1750 u. 1850 (1993). – **25** J.B. Basedow: Vorstellung an Menschenfreunde u. vermögende Männer über Schulen, Stud. u. ihren Einfluß auf die öffentliche Wohlfahrt [1768] o. J., 82. – **26** J.G. Salzmann: Ameisenbüchlein (1806), hg. v. F. Jonas (1911) 59. – **27** E.C. Trapp: Von der Nothwendigkeit, Erziehen u. Unterrichten als eine eigene Kunst zu studieren (1779; ND 1977) 9. – **28** F. Gedicke: Ges. Schulschr. (1789/95) Bd. 2, 24, zit. G. Ueding: Art. ‹Aufklärung›, in: HWRh Bd. 1, Sp. 1213. – **29** ders. (1789) 381. – **30** C.G. Müller: Die Weisheit des Redners (1748), zit U. Stötzer: Dt. Redekunst (1962) 241.

Literaturhinweise:
D. Breuer: Schulrhet. im 19. Jh., in: H. Schanze (Hg.): Rhet. (1974) 145–179. – H.U. Gumbrecht: Funktionen parlamentarischer Rhet. in der Frz. Revolution. Vorstud. zur Entwicklung einer hist. Textpragmatik (1978). – C. Schmölders: Der exzentrische Blick. Gespräch über Physiognomik (1996). – M. Botzenhart: Reform, Restauration, Krise. Deutschland 1789–1847 (1997).

VI. 19. Jh. Die politischen Veränderungen zu Beginn des 19. Jh. – napoleonische Besetzung, Befreiungskriege, Wiener Kongreß, Karlsbader Beschlüsse – spiegeln sich in den Facetten rhetorischer M. wider. FICHTE fordert in seinen ‹Reden an die deutsche Nation› (1807/8) im besetzten Berlin eine nationale und demokratische Erziehung, Mut der Deutschen, sich gegen die Fremdherrschaft zu erheben.[1] Die öffentlich noch immer zurückgesetzten geistreichen Jüdinnen R. LEVIN-VARNHAGEN, D. VEIT-SCHLEGEL, H. HERTZ entwickeln in ihren Salons mit der Elite Berlins eine weltoffene Gesprächskultur, die die früheren Muster bürgerlicher Geselligkeit überwindet.[2] Restaurativ sind dagegen die Ziele der von A. v. ARNIM und A. MÜLLER gegründeten ‹Christlich-Deutschen Tischgesellschaft›, die mit dem ab 1816 geführten Namen ‹Christlich germanische Gesellschaft› den Inhalt ihrer nationalistischen, antisemitischen, konservativen Zusammenkünfte noch genauer bestimmt.[3] Es ist derselbe A. Müller, der 1812 während des Wiener Kongresses, von Metternichs Polizisten bespitzelt, seine ‹Zwölf Reden über die Beredsamkeit und deren Verfall in Deutschland› gehalten hatte, in denen er realistische und nostalgische Ansichten mischt. «Eine Rede ist also nichts anderes als ein abgeschlossenes Gespräch, welches in allen seinen wesentlichen sichtbaren und unsichtbaren Teilen durch den Mund *eines* Menschen in die Welt tritt.»[4] Das Dialogische hat Priorität; denn das «Gespräch (ist) die Quelle der Beredsamkeit überhaupt.»[5] Wenn er sagt: «Niemand kann ein größerer Redner sein als Hörer»[6], dann bezeichnet das weniger die Physiologie als die politische Sozialisation, aber deshalb muß kein «gemeinschaftliches Gesetz des Anstandes und Wohllautes zwischen ihnen [Redenden und Hörenden] obwalten»[7], kein «gemeinschaftlicher Himmel über beiden» sich wölben.[8]

Im Unterschied zur deklamatorischen «Schönsprechkunst», die J.C. WÖTZEL [9] weiterhin pflegen will, fordert L. BÖRNE freie, geistige Betätigung. «Dieses kann nur geschehen durch Gewährung der Redefreiheit, der mündlichen in volksvertretenden Versammlungen und der schriftlichen durch die Presse. [...] Die Regierungen, welche die Freiheit der Rede unterdrücken, weil die Wahrheiten, die sie verbreitet, ihnen lästig sind, machen es wie die Kinder, welche die Augen zuschließen, um nicht gesehen zu werden.»[10] Doch die öffentliche M. bleibt beschränkt durch Zensur, eingeschränkt auf Kommando und Gehorsam. C.G. JOCHMANN schreibt: «Das öffentliche Leben der Deutschen geht in Schreibstuben und auf Paradeplätzen vor [...] und was das Friedensheer der Beamten verdarb, machte das Kriegsheer der Söldner nicht wieder gut.»[11] Dagegen wird in den Festen auf der Wartburg, auf dem Hambacher Schloß opponiert, dagegen werden im Vormärz trotz Verbot Vereine und Versammlungen organisiert, die mit parlamentarischen Verfahren interne Demokratie praktizieren.[12] In der Revolution von 1848/9 zeigt sich, was insgeheim an «Versammlungsfreiheit» erstritten war.

Es sind Versuche einer anderen M. für eine andere Politik, die auch in den Verhandlungen in der Paulskirche und in der Berliner Nationalversammlung auftauchen. Diese Versuche können auch Juristen mitgestalten; denn nach Abschaffung der schriftlichen Geheimverfahren wird nachrevolutionär M. in der Ausbildung der Juristen wieder wichtig. K.S. ZACHARIÄ betont schon 1810 in seiner ‹Anleitung zur gerichtlichen Beredsamkeit› die Bedeutung des Vortrags vor allem im Kriminalprozeß. Er empfiehlt ein sprechdenkendes Erarbeiten der Rede. Man sammelt zunächst nur Hauptpunkte und «führt dann für sich (privatim) diesen Entwurf laut in Worten aus, gleich als ob man öffentlich spräche, jedoch ohne die Worte niederzuschreiben.»[13] Für den Vortrag gibt er einige Winke: Die «Körpersprache wird zweckmässig seyn, wenn sie ausdrucksvoll, natürlich, anständig und für das Auge gefällig ist.»[14]

Nach 1848 entstehen die ‹Allgemeine deutsche Arbeiterverbrüderung›[15], auch ‹Vaterlands- und Volksvereine›[16], aus denen sich später politische Parteien entwickeln. Die lange umstrittene ‹Preßfreiheit› ist nur für die Lesekundigen ein Erfolg. Also richteten die Vereine ‹Lesestuben› ein, in denen aus Zeitungen «vorgelesen» wurde, die «Illiteraten wurden schließlich durch revolutionäre Lieder in die politischen Ereignisse hineingezogen.» Aufrufe, Flugblätter, Bänkelsänger benutzten die regionalen Mundarten.[17] Im 19. Jh. «wurde die Vereins- zur Massenbewegung».[18]

Die längerfristig fruchtbaren Gedanken der Sprachtheorie entwickeln sich abseits der ‹neuen› Ausdrucksformen volkstümlicher M. W. v. HUMBOLDT erkennt M. als Fundament der Sprachwissenschaft, wenn er in ‹Über den Dualis› (1827) schreibt, daß das Gespräch «gleichsam der Mittelpunkt der Sprache [ist]»; denn «Alles Sprechen beruht auf der Wechselrede.»[19] SCHLEIERMACHER entwirft in seiner ‹Dialektik› (1832) eine Gesprächstheorie, in der er freie, zweckgebundene, wahrheitssuchende Gespräche unterscheidet.[20] Auf die unmittelbare Praxis der M. geht G.v. SECKENDORFF in den ‹Vorlesungen über Deklamation und Mimik› ein. (1816) Er spricht wie ENGEL von «Gebehrden*kunst*»[21] (so übersetzt er «Mimik»), möchte jedoch weitergehen zu einer «Gebehrden*wissenschaft*».[22] Die Gebärdenkunst «wendet die Gebehrde zur Hervorbringung des Schönen an», die Gebärdenwissenschaft «lehrt die

Gesetze kennen, nach denen die Seele sich durch Gebehrden ausdrückt.»[23] Da es keine Mimik a priori gebe, sei die Wissenschaft von der «Gebehrdung», aus der eine «Gebehrdensprache» hervorgehe, eine «Erfahrungswissenschaft».[24] Seckendorff entwickelt an z.T. notierten Beispielen seine Lehre von der «deklamatorischen Musik der Sprache»[25], gibt dann eine verästelte Darstellung der Gestik und des Mienenspiels.[26] Er sieht bereits, daß «bald die Gestikulation das Mienenspiel, bald dieses jene beherrschen kann»[27], meint jedoch, «das letztere finde bei den gemäßigten edlern, jenes bei den unedlen Gemüthszuständen statt».

In der sektoralen Rhetorik der geistlichen Beredsamkeit[28] ist die M. der Predigt als vor der Gemeinde abgelegtes Glaubenszeugnis weder durch private Schriftlesung noch durch Traktate zu ersetzen. Mündlich sind auch alle Formen des Pastoral, der seelsorgerlichen Gespräche, der – je nach konfessioneller Auffassung – rituellen oder sakramentalen Handlungen, auch noch die Katechese im Religionsunterricht. Mündlich zu vollziehen sind bis heute säkulare, judikable Akte wie Eid oder Ehegelöbnis, im Prinzip auch Versprechen oder Fluch. Jedoch nur für die Predigt finden sich zu Beginn des Jahrhunderts noch «Anweisungen zur körperlichen Beredsamkeit», in der J. MIKA Wort-, Ton- und Gebärdensprache behandelt, soweit das in einem Buch möglich sei; denn «jede Kunst, die den Grad der Vollkommenheit erreichen soll, fordert beydes, Theorie und Uebung.»[29] Je nach Vorliebe der Autoren wird bald der stimmliche, bald der gestische Ausdruck betont, bald schlicht quintilianisch, bald «modernistisch.» So beschäftigt sich H. SCHOTT in ‹Die Theorie der Beredsamkeit› besonders mit Fragen der geistlichen Gestik[30], H.A. KERNDÖRFFER stärker mit dem «guten deklamatorischen Vortrag»[31], sogar mit der «richtigen und würdevollen deklamatorischen Behandlung der in den königlichen Preußischen Landen angeordneten Kirchen-Agende.»[32] Als nach dem Tode Kerndörffers der Leipziger Universitätsprediger um einen neuen Lehrer für Deklamation nachsucht, meint der Dekan der Philosophischen Fakultät am 6. 8. 1847: «Das scheint mir denn doch den Zielen der Universität wenig angemessen. Deklamationsübungen gehören auf die Schule», und Professoren der theologischen Fakultät sprechen sich gegen eine Wiederbesetzung der Stelle aus, weil «Betonungsdrill» und einseitige Übungen «das Gegentheil einer lebendigen und gewandten Declamation bewirkten.»[33] Das trifft sich mit der Ansicht des Praktikers H. ALLIHN, der in ‹Der mündliche Vortrag und die Gebärdensprache des evangelischen Predigers› meint, daß «in der Tat kein Geistlicher unserer Tage mit solch speciellen Beschreibungen und direkten Anweisungen etwas anfangen kann.» Sie seien gänzlich überflüssig, denn aufmerksame Beobachtung helfe «die richtigen und verständigen Gesten an rechter Stelle zwanglos und fast unbewußt anzuwenden.»[34]

Im Verlauf von 100 Jahren haben sich die Ansichten über Nutzen und Lehrbarkeit der Gesten gewandelt. Bei G. AUSTINS ‹Chironomia or a Treatise on Rhetorical Delivery› (1806)[35], übersetzt von C.F. MICHAELIS[36], stehen sie im Mittelpunkt, bei ALLIHN ist sie nur vorläufiger Endpunkt erreicht; denn im 20. Jh. erwacht das Interesse an der Lehrbarkeit des *sermo corporis* wieder.

Der Wandel betrifft mit der Predigt die öffentliche Rede, nicht den Schauspielunterricht. Eine Mittelstellung nimmt die bürgerliche «Salonkunst» der *Dramenvorleser* ein: TIECK, SCHALL, HOLTEI, IMMERMANN, PALLESKE.[37] In ihrem «Ersatztheater» pflegen sie den «edlen Konversationston», lesen meistens sitzend, reduzieren so die Gebärden und gewinnen ihre «Gemeinden» vorwiegend mit der Faszination ihres stimmlichen Ausdrucks. Eine Ausnahme ist der nicht vorlesende, sondern frei gestaltende Rhapsode W. JORDAN, der auch eigene Epen (‹Nibelungen›) vorträgt.[38]

Zur Sololeistung entwickelt das 19. Jh. auch den Typ des *deutschen Kunstliedes,* in dem Gehalt und Rhythmus des zu vertonenden Textes die Klavierbegleitung und Gesangspartie prägen; eine gegenteilige Lösung wählt SCHÖNBERG mit der durchkomponierten Sprechpartitur im ‹Pierrot Lunaire›.[39]

Seit dem Vormärz werden «die Grenzen zwischen den zur mündlichen Redefertigkeit hinführenden Unterrichtsinhalten und Unterrichtsmethoden als fließend angesehen».[40] Die Verbindung von *akroamatischer*[41] – der Lehrer trägt ununterbrochen vor, die Schüler sind nur Zuhörer – und *erotematischer,* d.h. fragender Lehrform (ähnlich: katechisieren, sokratisieren, sokratische Gespräche[42]), von Vortrag und Unterredung, erleichtert in den Unterklassen der Gymnasien den Umgang mit größeren Schülergruppen. Bei den Inhalten wird nach MARG unterschieden zwischen Redeübungen in einem weiteren Sinn «Lesen, Recitiren, Declamiren, Sprechen» und einem engeren Sinn: «Übungen im freien und zusammenhängenden Vortrage eigener Gedanken.»[43]

Vom Lehrer werden nicht nur inhaltliche Kenntnisse, sondern auch methodische Fähigkeiten verlangt; «endlich muß sein Vortrag munter und lebhaft seyn; auch muß er sich einer reinen, gefälligen Aussprache befleißigen, und in seinem Äußern – in Mienen und Gebärden, ja selbst in der Kleidung alles sorgsam vermeiden, was den Kindern anstößig sein dürfte.»[44] In den Hochschulen bleiben die traditionellen Formen der M. erhalten: Vorlesungen, Seminare, Promotions- und Habilitationsdisputationen oder – kolloquien sowie Teile der Prüfungen.

Insgesamt zeigen sich in den vielfältigen Formen der M. im 19. Jh. die zentrifugalen Kräfte einer «Gesellschaft im Aufbruch.»[45] Im Übergang zum Kaiserreich entwickelt sich eine entpolitisierte «Sprechkultur im bürgerlichen Zeitalter»[46], eine kämpferische politische Beredsamkeit, werden Parteien gegründet, organisiert sich die Arbeiterschaft in Gewerkschaften, etabliert sich Parlamentarismus in der konstitutionellen Monarchie, verändert sich das Schulsystem, verdichtet sich die völkische Ideologie, floriert nach 1871 die Wirtschaft.[47] Doch entscheidend für die Zukunft der M. sind nicht ‹Gründerzeit›, Bismarckreden, Sozialistengesetze und Kulturkampf, sondern EDISONS Erfindungen *Telefon* (1876), *Phonograph* und *Grammophon* (1878).[48] Sie sind entscheidend, auch wenn sie technisch der transkontinentalen Telegraphie mit Transatlantikkabel und Morsealphabet (1837/1844) nachhinken, denn sie markieren die entscheidende Öffnung von der Elite- zur Massenkultur.

Anmerkungen:

1 J.G. Fichte: Reden an die dt. Nation 1807/8; vgl. I. Weithase: Zur Gesch. d. gesprochenen dt. Sprache, 2 Bde. (1960) Bd. 1, 403–407. – **2** H. Arendt: R. Varnhagen. Lebensgesch. einer dt. Jüdin in der Romantik (1959; ND 1981); D. Hertz: Die jüdischen Salons im alten Berlin (Yale Univ. 1988; dt. 1991); P. Wilhelmy: Die Berliner Salons im 19. Jh. (1989); C. Stern: Der Text meines Herzens. Das Leben der R. Varnhagen (1996). – **3** A. v. Arnim, A. Müller: Christlich-Dt. Tischges.; vgl. Arendt [2] 119f. – **4** A. Müller: Zwölf Reden über die Beredsamkeit u. deren

Verfall in Deutschland (1812), hg. v. W. Jens (1967) 59. – **5** ebd. 62. – **6** ebd. 64; vgl. G. Ueding: Niemand kann ein größerer Redner sein als Hörer, in: Th.Vogel (Hg.): Über das Hören (1996) 45–67; H. Geißner: Voiceless or Silenced, in: E. Slembek (Hg.): The Voice of the Voiceless (1999) 25–36. – **7** ebd. 52. – **8** ebd. 54. – **9** J.C. Wötzel: Grundriß eines allg. u. faßlichen Lehrgebäudes oder Systems der Declamation nach Schocher's Ideen (1814). – **10** L. Börne, zit. J. Proelß: Das junge Deutschland (1892) 66f. – **11** C.G. Jochmann: Über die Sprache. (1828; ND 1968) 236. – **12** W. Siemann: Die dt. Revolution von 1848/49 (1997) 41f. – **13** K.S. Zachariä: Anleitung zur gerichtlichen Beredsamkeit (1810) 167. – **14** ebd. 191. – **15** Siemann [12] 95. – **16** ebd. 100. – **17** ebd. 122f. – **18** W. Siemann: Ges. im Aufbruch. Deutschland 1848–1871 (1997) 263f. – **19** W. v. Humboldt: Schr. zur Sprachphilos., in: Werke, hg. v. A. Flitner u. A. Giel (^{8}1996) Bd. 3, 137. – **20** D.F. Schleiermacher: Dialektik, hg. v. R. Odebrecht (1942; ND 1976) 8ff. – **21** G. v. Seckendorff: Vorles. über Deklamation u. Mimik, 2 Bde. (1816) Bd. 1,18. – **22** ebd. Bd. 2, 7. – **23** ebd. Bd. 2, 12. – **24** ebd Bd. 2, 14. – **25** ebd. Bd. 1, 222; vgl. C. Winkler: Elemente der Rede. Die Gesch. ihrer Theorie in Deutschland. 1750–1850 (1931; ND 1974). – **26** Seckendorff [21] Bd. 2, 120–206. – **27** ebd. Bd. 2, 207. – **28** H.M. Müller: Art. ‹Homiletik›, in HWRh Bd. 3, Sp.1496–1519. – **29** J.M. Mika: Anweisung zur körperlichen Beredsamkeit (Prag 1802) 348. – **30** H. Schott: Die Theorie der Beredsamkeit (1815–1828). – **31** H.A. Kerndörffer: Anleitung zur gründlichen Bildung des guten declamatorischen Vortrags, besonders für geistliche Beredsamkeit (1823). – **32** H.A. Kerndörffer: Anleitung zur richtigen u. würdevollen declamatorischen Behandlung in den königlichen Preußischen Landen angeordneten Kirchen-Agende (1831). – **33** zit. H. Geißner: Wege u. Irrwege der Sprecherziehung (1997) 20. – **34** H. Allihn: Der mündliche Vortrag u. die Gebärdensprache des ev. Predigers (1898) 337. – **35** G. Austin: Chironomia or a Treatise on Rhetorical Delivery (London 1806). – **36** C.F. Michaelis: Die Kunst der rednerischen Declamation nach alten u. neuen Grundsätzen (1818); vgl. D. Barnett: Art. ‹Gestik› in HWRh Bd. 3, Sp. 972–989. – **37** vgl. M. Weller: Die fünf großen Dramenvorleser. Zur Stilkunde u. Kulturgesch. des dt. Dichtungsvortrags von 1800–1880 (1939); W.L. Höffe: K. v. Holtei als Dramenvorleser (1939); I. Weithase: Gesch. der dt. Vortragskunst im 19. Jh. (1940) 200–257. – **38** ebd. 283–292. – **39** E. Urbanczyk: Zum Problem der Sprechmelodie in A. Schönbergs ‹Pierrot Lunaire›, in : Sprache und Sprechen 22 (1990) 117, 126. – **40** I. Lohmann: Bildung, bürgerliche Öffentlichkeit u. Beredsamkeit. Zur päd. Transformation der Rhet. zwischen 1750 u. 1850 (1993) 156. – **41** M.C. Münch: Universal-Lex. der Erziehungs- u. Unterrichtslehre (^{2}1844) Bd. 1, 48. – **42** ebd. Bd. 1, 372. – **43** Marg: Redeübungen (1867) 816. – **44** Münch [41] Bd. 2, 47. – **45** Siemann [18]. – **46** K.-H. Göttert: Gesch. der Stimme (1998) 373–398. – **47** H.-P. Ullman: Das dt. Kaiserreich. 1871–1918 (1997). – **48** F.A. Kittler: Grammophon – Film – Typewriter (1986).

Literaturhinweise:
O. Ludwig: Der Schulaufsatz. Seine Gesch. in Deutschland (1988). – W. Gruhn: Gesch. der Musikerziehung. Eine Kultur- u. Sozialgesch. vom Gesangsunterricht der Aufklärungspädagogik zu ästhetisch-kultureller Bildung (1993). – F.A. Kittler: Aufschreibesysteme 1800–1900 (^{3}1995). – G. Kalmbach: Der Dialog im Spannungsfeld von Schriftlichkeit u. Mündlichkeit (1996). – H.-U. Wehler (Hg.): Moderne dt. Gesch., 12 Bde. u. Gesamtreg. (1997).

VII. *20. Jh.* Die Fragmentierung der Gesellschaft hat sich im 20. Jh. fortgesetzt, zugleich damit die sehr unterschiedliche Bedeutung der M. nicht nur in ihrer sozialen Funktion, sondern auch in ihrer Reichweite, sowohl zur Erweiterung als auch zur Einschränkung ihrer Möglichkeiten. Dabei werden unterschiedlich literarisierte Gruppen auf verschiedene Weise bevorzugt oder benachteiligt, Angehörige ‹schriftelitärer› Berufe anders als ‹illiterate›. Zwischen den Eckpunkten ‹literat-illiterat› gibt es markante Zwischenstufen. Das gilt für eine komplementäre Skala ‹oral-anoral› in vergleichbarer Weise, wenngleich sich die *litterati/eruditi* um unterschiedliche Ausprägungen ihrer Oralität eher selten gekümmert haben, noch weniger um die Grade der Anoralität der anderen. Das Verhältnis von Oralität und Literarität bestimmt Grade der Rhetorizität.

In seiner ‹Archäologie› hält FOUCAULT es für leichtfertig, von einer Kontinuität des Wissens auszugehen; denn es wurde in der «Wende zum 19. Jh. die Schwelle einer Modernität» erreicht, an der «der Mensch seinerseits zum ersten Mal in das Feld des abendländischen Denkens eintritt», aus dem «wir immer noch nicht herausgekommen sind.»[1] Immer mehr Wissenschaften beschäftigen sich mit immer mehr Eigenheiten der Menschen, ihren Tätigkeiten, ihren Empfindungen, ihren Erfindungen. Deshalb ist nicht zu erwarten, daß rhetorisch wichtige Untersuchungen sich weiterhin in traditionellen Bahnen bewegen können. Dies gilt vor allem im Bereich der M., in der es nicht länger traditionell – oder besser: traditionalistisch – um *vox* und *motus,* um *actio* und *pronuntiatio* gehen kann, ohne zu überlegen, *was* sie unter veränderten sozialen und technischen Bedingungen bedeuten und *wofür* sie intra- und interkulturell nützlich sind.

Cicero hat einmal im Hinblick auf Sokrates und Platon[2] auf die Oralität des Sokrates und die Literarität des Platon – gefolgert: «Hinc discidium illud exstitit quasi linguae atque cordis, absurdum sane et inutile et reprehendendum, ut alii nos sapere, alii dicere docerent.» (Daher stammt jene so unsinnige, nutzlose und tadelnswerte Trennung gleichsam zwischen Zunge und Gehirn, die dazu führte, daß uns die einen denken, die andern reden lehrten.)[3] Vieles wurde seither in alten Schläuchen überliefert, gelegentlich mit modisch klingenden Etiketten vermarktet. So ist beispielsweise der Unterschied zwischen den Ansichten von E. PALLESKE (1880)[4], K.S. KRAUP (1885)[5] oder R. BENEDIX (1852/1924)[6] und (^{7}1913)[7] und der ersten Phase der ‹Sprecherziehung› nur unwesentlich[8], vertreten etwa durch M. SEYDEL (1909)[9], E. GEISSLER (1910)[10] und E. DRACH (1922).[11]

Zu Beginn des 20. Jh. gibt es in der rhetorischen Praxis – Predigt, Debatte, Unterricht, Stimmbildung, Sprechtechnik – eher marginale Änderungen, auffällige dagegen in der Folge von Poetik und Kompositorik in den Aufführungsstilen von Musik- und Sprechtheater sowie in der Straßenagitation während der Weimarer Zeit. Gravierend aber sind die – nur theoretisch trennbaren, praktisch verwobenen – Veränderungen im Bereich der M. durch

– den Paradigmenwechsel zur mündlichen Kommunikation
– die elektronischen Medien
– die Ergebnisse der Einzelwissenschaften.

Wenn nach W. V. HUMBOLDT «das Wechselgespräch schon an sich gleichsam der Mittelpunkt der Sprache»[12] ist, dann kann mit G. WEGENER gefolgert werden: «Die Sprache ist Verkehr der Menschen untereinander»[13], und das bedeutet mit G. VON DER GABELENTZ: Sie muß «vermitteln» zwischen «beiden Parteien» und ist deshalb «von beiden Parteien abhängig: Ich muß reden, daß du es verstehst, sonst verfehlt meine Rede ihren Zweck. Mit anderen Worten […] ich muß annähernd so reden wie du zu reden und zu hören gewohnt bist.»[14] Dieser ‹oral-aural›-Verkehr beruht auf der wechselseitigen Einwirkung, ist weder einbahnig noch mit dem «Übergeben eines Stoffs vergleichbar»[15], sondern, so

O. BEHAGHEL: «Die Rede ist in hohem Maße [...] das gemeinsame Erzeugnis des Sprechers und des Hörers.»[16] Weil der «Vorstellungsinhalt selbst unübertragbar (ist)»[17], erzeugen Hörende ihre eigenen Vorstellungen. «Im wörtlichen Sinn übertragen werden nicht die sprachlichen Inhalte, sondern die phonetischen Einheiten» (G. UNGEHEUER [18]), werden nicht die Gefühle, sondern die uneindeutigen somatischen Zeichen.

Die Einstellung zur M. hat sich verändert. Es geht nicht mehr ausschließlich um Lehrbarkeit mündlichen Ausdrucks, sondern um die Differenzierung des hörenden Eindrucks. Dieser Paradigmenwechsel vollzieht sich langsam. Zunächst geht es individualistisch um «das Sprechen des Menschen» (E. Drach)[19], dann sprachpsychologisch um den «sprechenden Menschen» (C. WINKLER)[20], schließlich sozialpragmatisch um «die miteinander sprechenden Menschen» (H. GEISSNER)[21], zusammengefaßt in Theorie und Didaktik der «mündlichen Kommunikation» (H. Geißner).[22]

Dieser Prozeß wurde von der Entwicklung der elektro-akustischen Geräte beeinflußt, von der zunehmenden «Verkabelung der Sprache».[23] Den Anfang macht 1877 das *Telefon*, das die räumliche und zeitliche Unmittelbarkeit der face-to-face-Kommunikation auflöst.[24] Die an räumliche Kopräsenz gebundenen stummen *motus*-Elemente fallen aus, erhalten bleiben die – wenn auch von der Kabelkapazität frequenziell beschnittenen – Ausdrucksmittel der *vox*. Im Jahr darauf stellt A. EDISON den Prototyp seines *Phonographen* vor, der bald zum *Grammophon* umgewandelt wird.[25] Die für große Räume in Artikulation und Phonation passenden Sprech- und Singstile müssen geändert werden. Nachdem z.B. CARUSO (1902) Arien auf Platte gesungen hat, erscheinen in den folgenden Jahren über 1000 Platten von bis dahin wenig bekannten Sängern, die seinen unüblichen Singstil kopieren. Die Wirkung der Schallplatte steigert sich mit Einführung des *Rundfunks* (1923 auch in Deutschland)[26], der zur Verringerung von Produktionskosten auf sie angewiesen ist. «Zur masselosen und eben darum massenhaften Übertragung von Schallplatten entstand der zivile Rundfunk», meint F.A. KITTLER.[27]

Mit Telefon, Schallplatte und Rundfunk haben sich im Sprechen und Singen Artikulation und Stimmgebung, Phonomimik und Gestik geändert, sowohl die Ausdrucksmuster der Produzierenden als auch die Hörmuster der ‹Konsumierenden›, die verinnerlicht wieder unbewußt zu Sprechmustern werden.[28] Frappierend ist der Wechsel von face-to-face- zu Mikrofonstimmen, von unbeobachtetem Gebaren zu öffentlichem Auftreten. Für die Rede kommt (1925) mit dem *Lautsprecher* eine weitere Möglichkeit der nicht nur stimmlichen Oberflächenvergrößerung hinzu. Schallplatte und Rundfunk (Schulfunk) werden außerdem pädagogisch genutzt[29], rezeptiv in Rede-, Gedicht-, Lied-, und Opernanalysen, Schallplatten auch produktiv zur Entwicklung und Kontrolle des mündlichen Ausdrucks beim Sprechen und Singen.

Einen weiteren Entwicklungsschritt bringen die mobilen *Magnetophongeräte*, später die handlichen *Kassettenrekorder*. Sie ermöglichen es, Mündliches in alltäglichen Situationen aufzunehmen, zu konservieren und zur späteren Analyse beliebig oft zu reproduzieren. Eine parallele Entwicklung nimmt das Audiovisuelle vom *Stummfilm*, mit Übertreibungen von Bewegungen, Haltungen, Gestik, über die Kombination von bewegten Bildern und Rundfunk im *Tonfilm*, pädagogisch genutzt zur Analyse von Gesprächen, Reden, Versammlungen, Aufmärschen (Rhetorik der Demonstrationen), bis hin zu den mobilen *Videogeräten*, mit deren Hilfe konkrete Kommunikationsereignisse aufgenommen, gespeichert, zur Analyse beliebig oft reproduziert und in pädagogischen Prozessen verwendet werden können. Die audiovisuellen Geräte liefern für die Erforschung der M. neue Quellen.

Wie die Sprachwissenschaft nicht beliebige Buchstabenkombinationen untersucht, sondern als Graphemik die zum System gehörenden Grapheme [30], (die Phonemik oder Phonologie) N.S. TRUBETZKOY ‹Grundzüge der Phonologie›, 1936[31]) nicht beliebige Laute, sondern die kleinsten bedeutungsdifferenzierenden Lautoppositionen in einem System als *Phoneme*, so wird es jetzt möglich, auch andere Bereiche des *sermo corporis* mit K.L. PIKE (‹Language in Relation to a Unified Theory of the Structure of Human Behavior›, 1967) in ihrer Struktur[32] zu untersuchen und zu klassifizieren. Werden z.B. die Merkmale des mündlichen Ausdrucks als *Expresseme* verstanden und die suprasegmentalen phonischen Einheiten als interpretative oder prosodische, dann lassen sich – nach einem Vorschlag von G. HEIKE (‹Sprachliche Kommunikation und linguistische Analyse›, 1969) – systemspezifische Melodiebewegungen als *Intoneme* und komplexe Ausdrucksbewegungen als *Prosodeme* unterscheiden.[33] Auf diese Weise können die *vox*-Elemente der M. nicht nur impressionistisch beschrieben, sondern – wie G.L. TRAGER (‹Paralanguage›, 1958[34]) vorgeschlagen hat – systematisch als paralinguistische Einheiten untersucht werden. Die paraverbalen sind von den extraverbalen Ausdrucks-Eindrucksbahnen geschieden; es ist wenig förderlich, sie unter dem Etikett ‹nonverbal› wieder zusammen zu rühren.[35] Zu warnen ist vor der einschlägigen Ratgeberliteratur, die in ihren ‹Trainingsunterlagen› anhand suggestiv getexteter Fotos oder Zeichnungen ‹Eindeutigkeit› behauptet, wo es um komplexe person-, situations-, und schichtabhängige uneindeutige Bewegungsabläufe geht. «Die Simplizität derartiger Äquivalenz-Vokabularien und somit ihre Verführung zu allzu platten Rezepten selbstkontrollierten Verhaltens (Sprecher) bzw. pseudowissenschaftliche (kriteriengestützte) Bewußtheit des Partner-Beobachtens und Interpretierens (Rezipient) ist insbesondere deswegen zu kritisieren, weil keinerlei Kontext dazu mitgeliefert wird,» so H. KALVERKÄMPER.[36] In seiner ‹Kommunikation für Manager› schreibt (1991) R. LAY: «Da ein aktives Training des situativen eigenen Ausdrucksverhaltens etwa in Seminaren zur 'Körpersprache' ein grober Kunstfehler ist, da es die Spontaneität des Ausdrucks mindert und dem Partner verfälschte Signale über die kommunikative Situation gibt, ist eine wirksame Sensibilisierung nur durch häufiges Hinhören und Zuschauen zu erreichen.» [37]

Auch die *motus*-Elemente sind inzwischen in verläßlichen Theorien gefaßt. E.T. HALL: ‹The Hidden Dimension› (1966) gliedert die kulturspezifischen Distanzen, *Proxeme*, in einer Proxemik[38], BIRDWHISTELL: ‹Introduction to Kinesics› (1952) die Bewegungsabläufe als *Kineme* in einer Human-Kinesik.[39] Seit längerem wird versucht, diese Taxonomien zu verknüpfen; z.B. W.LA BARRE: ‹Paralinguistics, Kinesics, and Cultural Anthropology› (1972).[40] Auf diese Weise entsteht ein Netz von – bis jetzt noch nicht vollständig kompatiblen – ‹Emiken›, die als *Kultureme* [41] Grenzen der interkulturellen Kommunikation erklären und ihre Überwindung erleichtern könnten.[42]

Die Welt der Sprache ist jedoch nicht nur entweder mündlich oder schriftlich strukturiert, sondern mehrdimensional angelegt. Die Sprachgemeinschaft müsse zur Kenntnis nehmen, meint J. REE (‹I see a Voice› 1999), «daß die Taubstummen umfassend begabt sind mit einer besonderen Form der Kommunikation, die aus Gesten besteht, die nichts zu tun haben mit gesprochenen oder geschriebenen Wörtern.» [43] Diese Zeichensprache, modellbildend die ‹American Sign Language› (ASL), ist keine Pantomime nach der Art sog. ‹Körpersprachler›, sondern ein komplexes Kommunikationssystem, das vor allem W. STOKOE (‹Classification and Description of Sign Languages›, 1974) systematisiert hat. Stokoe bezeichnet die kleinsten bedeutungsdifferenzierenden Merkmale als *Chereme,* von denen er im Feld ihrer ‹Allochereme› 55 festlegt. [44] Zu studieren ist nicht nur die ASL, sondern sind mit ihrer Hilfe in der Gallaudet-Universität sämtliche Fächer. Inzwischen gibt es zur ASL ein komplettes ‹Dictionary› (1976) [45] und ein Computerprogramm (1987). [46] Es gibt mehrere ‹nationalsprachliche› Systeme von Gebärdensprachen, die ineinander übersetzbar sind; Gruppen mit verschiedenen Sign-Languages können Gespräche führen, sogar miteinander Theater spielen. «Die Vorstellung, daß eine metaphysische Kluft die Kommunikation durch sichtbare Gesten von der Kommunikation mit hörbaren Worten trennt, ist kurz gesagt eine Fantasie ohne jede Begründung, eher eine Halluzination als eine Theorie.» [47]

In der aphonischen, gesturalen Kommunikation dominiert der *motus,* wie in der vokalen Kommunikation die *vox,* ohne jedoch wie diese an der scripturalen Kommunikation zu partizipieren. Die «Gebehrdung» ist unterschieden von «Sprechen» und «Schreiben», ist motorischer als Schreiben und sichtbarer als Sprechen. Bei öffentlichen Reden gibt es auch in Deutschland immer häufiger «Gebärdendolmetscher», im Fernsehen auch in Nachrichten- oder Diskussionssendungen.

Seit dem Ende des 2. Weltkriegs hat sich die anfänglich militärischen Zielen dienstbare Erforschung der komplexen M. zivilisiert und in unterschiedlichen Feldern ihre pädagogischen und therapeutischen Anwendungen gefunden, aus denen sie Material für neue Untersuchungen gewinnt. Gerade weil die in den letzten Jahren entstandene sektorale *Medienrhetorik* es in Radio, Film und Fernsehen – abgesehen von einigen Veranstaltungen mit Präsenzpublikum – nicht mit Prozessen der face-to-face-Kommunikation zu tun hat, lassen sich Ausdrucksmuster des Rhetorischen focussieren. [48] Das Schall-Instrument *Radio* hat neben der Rhetorik von Gespräch und Rede, mit den persuasiven Zielen *docere, movere, delectare* [49], im *Hörspiel* eine genuine literarische Gattung geschaffen, ein ‹Theater im Dunkeln›, Psychodrama, Sprechdenkspiel, Schallspiel [50] und eine neue «akustische Kunst» im Fließbereich von Klang und Geräusch, vokal, instrumental oder vom Synthesizer. [51] In den letzten Jahren ist als Derivat der in ‹Blindenbüchereien› hergestellten vorgelesenen Texte für Blinde das literarische Genre der *Hörbücher* entstanden, die auf Tonband oder CD mündliche Interpretationen durch bekannte Sprechkünstler anbieten. [52]

Als komplexes ‹Ton-Bild-Wort-Medium› (C. DOELKER [53]) ist das *Fernsehen* prinzipiell rhetorisch, nicht nur einzelne Gesprächs- oder Redesendungen, spätestens seit der Live-Berichterstattung über die olympischen Sommerspiele in Berlin 1936. [54] Die Rhetorizität des *Films* zeigt sich nicht nur in der kruden politischen Agitation, sondern eher subkutan in den entpolitisierenden Streifen [55], die auf jeden Fall wie die Funk- und Fernseh*werbung* das Leben und Zusammenleben der Menschen beeinflussen.

Im Unterschied zu den ‹Heimempfängern› Radio und Fernsehen ermöglicht der in den 20er Jahren erfundene *Lautsprecher* für das realpräsente Publikum einer kirchlichen oder politischen Versammlung wenigstens die passive Teilnahme an der Verbindung von *actio* und *pronuntiatio;* für das Fern-Publikum verschieben sich die Akzente wieder je nach übertragendem Medium, eine Situation, die, zumal vor dem Großlautsprecher, neue rhetorische Stilformen verlangt, aber auch vor dem Kleinlautsprecher eines Megaphons. Wenn auch die politischen Massenkundgebungen seltener geworden sind, ohne Lautsprecher kommen weder Sportveranstaltungen aus noch open-air-Konzerte, ‹Feldgottesdienste›, Rummelplätze oder Ansagen auf Bahnhöfen und Flughäfen; mit dem ‹Lautsprecherwagen› werden jetzt Ankündigungen und Bekanntmachungen «ausgeschallt», die früher der Ortsdiener «ausgeschellt» hat.

Nach der Erfindung des PC hat sein Anschluß ans Telefon die «stille Post» des *e-mail* eingerichtet und seine weltweite Vernetzung im Internet. Während der Lautsprecher Menschenmassen erreicht, erreicht der Leisesprecher gleichzeitig viele Vereinzelte. In den *chatrooms* entsteht das Getöse einer *silent rhetoric.* Es ist möglich, on-line mit Politikern oder Experten zu diskutieren, «virtual town meetings, press conferences and other public forums» abzuhalten; vorstellbar ist, meint G. SELNOW, daß das Web zu einer «cyberspace meeting hall» wird. [56] Die Rhetorizität des Internet verlangt – trotz der noch nicht allgemein anwendbaren, aber technisch entwickelten M. – schon jetzt nach einer eigenen Rhetorik.

Was mit Telegraph und Teletext begann, hat sich über Telefax und Internet zu einer neuen Schriftlichkeit ausgewachsene. Wie ONG die durch elektronische Geräte entstandene M. eine «secondary orality» nannte, so läßt sich die neue, durch andere elektronische Geräte entstandene, nicht-literarische Schriftlichkeit als «secondary literarity» bezeichnen. (WELSH) [57]

Trotz aller Möglichkeiten der Maschinenkommunikation führen nicht alle Wege «Von der Stimme zum Internet.» [58] Auch in Gesellschaften mit Schrift bleiben die Menschen weiterhin angewiesen auf ihre M.; denn ihre Lebenswelt ist mündlich, und vorwiegend in mündlicher Kommunikation entwickeln sich die Prinzipien einer dialogischen Ethik. [59]

Anmerkungen:
1 M. Foucault: Les mots et les choses (Paris 1966, dt. 1991) 26f. – **2** E. Havelock: The Orality of Socrates and the Literacy of Plato, in: E. Kelly (Hg.): New Essays on Socrates (Washington, D.C. 1984) 67–93. – **3** Cic. De or. III, 61. – **4** E. Palleske: Die Kunst des Vortrags (1880). – **5** K. Skraup: Die Kunst der Rede u. des Vortrags (1894). – **6** R. Benedix: Der mündliche Vortrag, 3 Bde., Bd. 1 (1852; [13]1924), Bd. 2 ([6]1921), Bd. 3 ([6]1920). – **7** ders.: Redekunst. Anleitung zum mündlichen Vortrag, hg. v. M. Seydel (1875; [7]1913). – **8** H. Geißner: Wege u. Irrwege der Sprecherziehung. Personen, die vor 1945 im Fach anfingen u. was sie schrieben (1997); für die Entwicklung in den USA vgl. H. Cohen: The History of Speech Communication. The Emergence of a Discipline 1914–1945 (Annandale, Va. 1994). – **9** M. Seydel: Grundfragen der Stimmkunde (1909). – **10** E. Geißler: Rhetorik. Richtlinien für die Kunst des Sprechens (1910). – **11** E. Drach: Sprecherziehung. Die Pflege des gesprochenen Wortes in der Schule (1922). – **12** W. v. Humboldt: Über den Dualis, in: Werke Bd. 3 (1963) 81. – **13** P. Wegener: Unters. über die Grundfragen des Sprachlebens (1985) 181. – **14** G. v. d. Gabelentz: Die Sprach-

wiss. (²1901) 181 f. – **15** Humboldt [12] Bd. 3, 430. – **16** O. Behaghel: Gesprochenes Deutsch (1899; 1927) 15. – **17** H. Paul: Prinzipien der Sprachgesch. (1883; ⁴1909) 15. – **18** G. Ungeheuer. Sprache und Kommunikation (1972) 231. – **19** Drach [11] 4. – **20** C. Winkler: Dt. Sprechkunde und Sprecherziehung (1954; ²1969) 19. – **21** H. Geißner: Sprechwiss., in: Sprache und Sprechen 2 (1969) 38. – **22** ders.: Sprechwiss. Theorie der mündlichen Kommunikation (1981; ²1988) und: Sprecherziehung. Didaktik und Methodik der mündlichen Kommunikation (1982; ²1986). – **23** R. Weingarten: Die Verkabelung der Sprache. Grenzen der Technisierung der Kommunikation (1989). – **24** R. Campe: Pronto! Telefonate und Telefonstimmen, in: Diskursanalysen 1 (1986) 68–93. – **25** O. Driesen: Das Grammophon im Dienste des Unterrichts und der Wiss. Systematische Sammlung von Grammophonplatten vom Kindergarten bis zur Univ. (1913). – **26** P. Dahl: Radio. Sozialgesch. des Rundfunks für Sender und Empfänger (1983). – **27** F. A. Kittler. Grammophon-Film-Typewriter (1986) 146. – **28** H. Geißner: Höreindruck: Sprechausdruck. Individuelle Marken oder soziale Muster, in: ders. (Hg.): Stimmen hören (2000). – **29** A. Parzer-Mühlbacher: Die modernen Sprechmaschinen (Phonograph, Graphophon und Grammophon), deren Behandlung und Anwendung. Praktische Ratschläge für Interessenten (1902); R. Lothar: Die Sprechmaschine. Ein technisch-ästhetischer Versuch (1924). – **30** D. Crystal: The Cambridge Encyclopedia of Language (Cambridge / New York / Melbourne 1987; dt. 1993) 195–207. – **31** N. S. Trubetzkoy: Grundzüge der Phonologie (Prag 1939; ²1958). – **32** K. Pike: Language in Relation to a Unified Theory of the Structure of Human Behavior (The Hague 1967). – **33** G. Heike: Sprachliche Kommunikation und linguistische Analyse (1969) 72–79. – **34** G. L. Trager: Paralanguage: A First Approximation, in: D. Hymes (Hg.): Language in Culture and Society (New York / Evanston / London 1964) 274–288. – **35** z. B. J. Fast: Body Language (New York 1970; dt. 1979); S. Molcho: Körpersprache (1983); V. Birkenbihl: Signale des Körpers. Körpersprache verstehen (²1986); G. Rebel: Was wir ohne Worte sagen. Übungsbuch der Körpersprache (1986). – **36** H. Kalverkämper: Art. ‹Körpersprache›, in: HWRh Bd. 4, Sp. 1339–1371, 1350. – **37** R. Lay: Kommunikation für Manager (1991) 31 f.; vgl. H. Geißner: Über den Brustton der Überzeugung. Zur Sozialkritik des Imponiergehabes, in: H. Gundermann (Hg.): Die Ausdruckswelt der Stimme (1998) 102 108; 103. – **38** E. T. Hall: The Hidden Dimension (Washington D.C. 1966); dt. Die Sprache des Raums (1976); O.M. Watson: Proxemic Behavior (Den Haag / Paris 1970). – **39** R. L. Birdwhistell: Introduction to Kinesics (Washington D.C. 1952). – **40** W. la Barre: Paralinguistics, Kinesics, and Cultural Anthropology, in: T. A. Sebeok et al. (Hg.): Approaches to Semiotics (The Hague 1972) 191–237. – **41** E. Oksaar: Kulturemtheorie (1988). – **42** H. Kalverkämper: Kultureme erkennen, lehren und lernen, in: Fremdsprachen lehren und lernen 24 (1995) 138–191. – **43** J. Rée: I see a Voice. A Philosophical History of Language, Deafness, and the Senses (London 1999) 310. – **44** W. C. Stokoe: Sign Language Structure. An Outline of the Visual Communication Systems of the American Deafs (Buffalo 1960) 30–40. – **45** W. C. Stokoe, D. C. Casterline, C.G. Croneberg: A Dictionary of American Sign Language on Linguistic Principles (Silver Spring, Md. 1976). – **46** D. Newkirk: Sign/Font. Handbook (für PC) (San Diego, Ca. 1987). – **47** Barre [40] 324; vgl. H. Sacks: Seeing Voices. A Journey into the World of the Deafs (Berkeley / Los Angeles 1989); dt.: Stumme Stimmen (1990) – **48** H. Geißner: Zur Rhetorizität des Fernsehens, in: ders.: Vor Lautsprecher und Mattscheibe. Medienkritische Arbeiten 1965–1990 (1990) 119–142; N. Gutenberg: Mündlichöffentlich-dialogisch. Medienrhet. und politische Kommunikation, in: R. Dahmen, A. Herbig, E. Wessela (Hg.): Rhet. für Europa (1993) 53–80; P. Bourdieu: Sur la télévision (1996; dt. 1998). – **49** H. Geißner: Über das Rhetorischsein der Moderation von Politmagazinen, in: ders. [48] 143–151; 144. – **50** K. Schöning (Hg.): Neues Hörspiel (1970); R. Döhl: Das neue Hörspiel. Gesch. und Typologie des Hörspiels (1988); ders.: Das Hörspiel zur NS-Zeit (1992). – **51** K.-H. Stockhausen: Elektronische Musik 1952–1960. Compactdisk mit Begleitheft (1992); K. Schöning: Studio für akustische Kunst. WDR (seit 1994). – **52** z. B. A. Schmidt: Das Gesamtwerk gelesen von J. Ph. Reemtsma, 25 CDs mit Begleitbuch (2000). – **53** C. Doelker: Kulturtechnik Fernsehen. Analyse eines Mediums (1989) 24; ders.: Ein Bild ist mehr als ein Bild. Visuelle Kompetenz in der Multimedia-Gesellschaft (1997). – **54** W. Faulstich: Grundwissen Medien (1994) 161. – **55** G.M. Pruys: Die Rhet. der Filmsynchronisation. Wie ausländische Filme in Deutschland zensiert, verändert und gesehen werden (1997). – **56** G. Selnow: Electronic Whistle Stop. The Impact of the Internet on American Politics. (Westport, Ct. / London 1998) 166f; vgl. R.W. McCheney: Rich Media – Poor Democracy. Communication Politics in Dubious Times (Carbondale, Ill. 1999). – **57** K. E. Welsh: Electric Rhetoric: Classical Rhetoric, Oralism, and a New Literacy (Cambridge, Mass. 1999). – **58** D. Schöttker (Hg.): Von der Stimme zum Internet (1999). – **59** H. Geißner: Über dialogische Ethik, in: Rhetorica 13, 4 (1995) 443–453.

Literaturhinweise:
A. Leroi-Gourhan: Le geste et la parole, 2 Bde. (Paris 1964); dt. Hand und Wort. Die Evolution von Technik, Sprache und Kunst (1984). – K. Scherer (Hg.): Vokale Kommunikation (1982). – H.M. Müller: Evolution, Kognition, Sprache (1987). – J. Goody: The Interface Between the Written and the Oral (Cambridge 1987). – V. Edwards, T.J. Sienkewicz: Oral Cultures Past and Present (London 1990). – N. Teich (Hg.): Rogerian Perspectives: Collaborative Rhetoric for Oral and Written Communication (Stamford, Ct. 1992). – S. Hiegemann et. al. (Hg.): Hb. der Medienpäd. (1994). – H. Geißner, A. Herbig, E. Wessela (Hg.): Europäische Versammlungskultur (1995). – D.P. Armstrong, W.C. Stokoe, S.E. Wilcox: Gesture and the Nature of Language (Cambridge, Mass. 1995). – U. Quasthoff (Hg.): Aspects of Oral Communication (1995). – C. Schmölders: Das Vorurteil im Leibe. Eine Einf. in die Physiognomik (1995). – U. Biere, R. Hoberg (Hg.): M. und Schriftlichkeit im Fernsehen (1996). – R. Campe, M. Schneider (Hg.): Gesch. der Physiognomik. Text-Bild-Wissen (1996). – K. Hickethier: Gesch. des Fernsehens (1997). – R. Kühn: Der poetische Imperativ. Interpr. experimenteller Lyrik (1997). – W. Erzgräber: J. Joyce. M. und Schriftlichkeit im Spiegel der experimentellen Erzählkunst (1998). – K.-H. Göttert: Gesch. der Stimme (1998). – P. Ludes: Einf. in die Medienwiss. Entwicklungen und Theorien (1998). – K. Plake: Talkshows. Die Industrialisierung der Kommunikation (1999). – D. Schöttker (Hg.): Von der Stimme zum Internet (1999). – E. Slembek (Hg.): The Voice of the Voiceless (1999). – P. Winterhoff-Spurk: Medienpsychologie (1999). – H. Geißner: Kommunikationspädagogik. Transformationen der 'Sprech'-Erziehung (2000). – L. A. Somovar: Oral Communication. Speaking Across Cultures (Roxbury 2000)

H. Geißner

→ Accentus → Actio → Actus → Ars praedicandi → Beredsamkeit → Chironomie → Deklamation → Diskussion → Drama → Fernsehrhetorik → Filmrhetorik → Höflichkeit → Gebärde → Gesang → Gesprächsrhetorik → Gestik → Hörspiel → Klangrede → Kolloquium → Körpersprache → Schrift, Schriftlichkeit → Semiotik → Sprechwissenschaft → Stegreifrede

Musica poetica
A. Def. – B. I. M. und Figurenlehre. – II. Beziehungen zw. M. und Rhet.

A. Der Begriff M. bezeichnet im musiktheoretischen Schrifttum des deutschsprachigen Raumes vom 16. bis ins 18. Jh. die Kompositionslehre in Abgrenzung von *Musica theor[et]ica* (den rein gelehrten Kenntnissen über Musik) und *Musica practica* (dem Schrifttum zur Praxis der musikalischen Aufführung). Diese Begrifflichkeit entstand nach 1530 wohl im Rückgriff auf Quintilians Einteilung der *artes* in theoretische, praktische und poietische [1], die wiederum auf die Wissenschaftslehre des Aristoteles mit der Dreiteilung von διάνοια πρακτική, ποιητική und θεωρητική (diánoia praktikē, poiētikē und theōrētikē) [2] zurückgeht, welche schon bei Boethius [3] auf die Musik bezogen worden war. Der erste explizite terminologische Beleg findet sich in der

‹Musica› von Nikolaus Listenius (Wittenberg 1537), einem Lehrbuch für den Musikunterricht an protestantischen Lateinschulen, wo es heißt: «[Musica] theorica beschränkt sich nur auf die Reflexion der musikalischen Erfindung und auf die Erkenntnis der Sache; ihr Ziel ist das Wissen. [...] [Musica] practica bezieht sich [...] auf das Werk selbst und erschöpft sich im Vollzug; ihr Ziel ist die Aufführung. [...] [Musica] poetica gibt sich weder mit der Kenntnis der Sache noch mit der bloßen Ausübung zufrieden, sondern läßt auch nach der Arbeit noch etwas schriftliches Fixiertes übrig, z.B. wenn von jemandem eine Musiklehre [Musica] oder ein Tonsatz [Musicum carmen] verfaßt wird. Ihr Ziel ist die Herstellung eines vollendeten und abgeschlossenen Werks. Sie besteht aus dem Tun oder Herstellen, das heißt, in einer Tätigkeit, die selbst nach dem Tod des Autors ein perfektes und absolutes Werk zurückläßt.» [4]

Abgeleitet ist der Begriff vom griechischen Verbum ποιεῖν (poieín), das in den Kompositionslehren des 17. Jh. jedoch eine Bedeutungsverschiebung vom reinen «machen, herstellen» (facere) zum «dichten» (effingere) erfährt: «*Musica Poëtica*, oder die *musicali*sche Dicht-Kunst à ποιέω, *effingo*, wird sie genennet deswegen, weil ein *Componist* nicht allein die *Prosodie* so wohl als ein *Poët* verstehen muß [...]; sondern auch, weil er ebenfalls etwas dichtet, nem.[lich] eine Melodey, von welcher er auch genennet wird *Melopoëta* oder *Melopoeus*» (J.G. Walther). [5] Damit wird die musikalische Komposition nicht mehr als rein handwerkliche Verfertigung von Tonsätzen begriffen, sondern als schöpferischer Vorgang. Zugleich wird damit die enge Verbindung mit der Poetik und der Rhetorik betont sowie die Zugehörigkeit zu den redenden Künsten des Triviums unterstrichen. Mit der Begrifflichkeit der M. verschiebt sich im Humanismus die bisher dominierende Zuordnung der Musik zur Mathematik hin zur Orientierung an der Rhetorik als Theorie der Produktion von Werken; die alte, quadriviale *ars musica* als spekulative Musiktheorie verliert in der Musiklehre an Gewicht und wird nun entsprechend auf die Teillehre der *musica theorica* reduziert. Schon Listenius stellt dabei die traditionelle Bewertung, wie man sie bei Aristoteles und Boethius findet, auf den Kopf: Bei ihm nimmt nicht mehr der *theoricus* die höchste Position ein, sondern der *poeticus*, während die *musica theorica* eine drastische Abwertung erfährt. [6]

Die Lehre der M. ist ein spezifisches Phänomen der Musiktheorie des deutschsprachigen Raumes. Sie erwächst aus dem von Melanchthon geprägten Bildungssystem der späthumanistisch-protestantischen Gelehrtenkultur [7]: Die Autoren der ersten Traktate hatten ausnahmslos die Universität Wittenberg besucht, auch später sind die Verfasser der M.-Traktate meist protestantische Kantoren bzw. Lehrer an Lateinschulen. Die Schriften zur M. orientieren sich dabei am Lehrsystem der Rhetorik, wie es im Rahmen der *artes dicendi* an den protestantischen Lateinschulen von zentraler Bedeutung war. [8] Schon die grundlegende Definition der Musik bei Listenius 1537 («rite ac bene cantandi scientia» [9]) verweist unübersehbar auf Quintilians Definition der Rhetorik als «bene dicendi scientia». [10]

In zwei zentralen Punkten unterscheidet sich die Kompositionslehre der M.-Schriften von den Kompositionslehren seit dem 18. Jh. Die M. lehrt zum einen nur die Komposition von kirchlicher Vokalmusik; die (durchaus entwickelte) Instrumentalmusik wird erst im 18. Jh. theoriefähig. Dann stellt das Regelwerk der M. keine «Lehre vom musikalischen Zusammenhang» (A. Schönberg) dar, was für die Kompositionslehren seit dem 18. Jh. zunehmend zentral wurde. Dieses ästhetische Problem existiert für die Verfasser von M.-Traktaten nicht, weil der innere Zusammenhalt eines *carmen musicum* durch den Text gewährleistet schien. Musikalisch 'autonome' Strukturen, wie sie der modernen Kompositionslehre (z.B. in der Formenlehre) zugrunde liegen, sind nicht Gegenstand der M. – auch wenn sie in der realen Musik der Zeit durchaus zu beobachten sind. Doch die Grundlage der M. liegt nicht in der ästhetischen Theorie, sondern in der Rhetorik. Beide Lehrsysteme, Rhetorik wie M., zielen auf die Verfertigung von Werken unter dem Primat ihrer Wirkungsbezogenheit, wofür Techniken des Ausschmückens (*exornare*) und der Affektlenkung konstitutiv sind.

B.I. *M. und Figurenlehre.* Die Lehrschriften folgen meist dem aus der Schulrhetorik geläufigen Dreischritt von *praecepta, exempla* und *imitatio*. Mit diesem Schema sollte ein Schüler die verfügbaren musikalischen Mittel vermittelt bekommen, um Texte musikalisch auszudrücken. Diese Ausdrucksart, die sog. *explicatio textus*, wiederum ergab sich aus dem Selbstverständnis der protestantischen Kirchenmusiker (*praedicatio sonora*). [11] Das Herstellen (*poiesis*) eines musikalischen Satzes sollte nicht «ex naturali quodam instinctu» [12] geschehen, sondern ebenso wie die rhetorische Textproduktion bestimmten didaktisch vermittelbaren Regeln folgen, um die angestrebte Wirkung erreichen zu können: «Damit die Töne nicht verkehrt verbunden werden, muß eine vernünftige Methode den Prozeß der Verbindung leiten.» [13]

Die Lehrbücher behandeln ein Gemisch aus (1) satztechnischen Phänomenen, die mit Hilfe der rhetorischen Terminologie beschrieben werden, und (2) speziellen Abweichungen vom 'normalen' Satz, die als Figuren durch eine bestimmte semantische Aussageabsicht gerechtfertigt und klassifiziert werden konnten: «eine Figur ist eine musikalische Passage, die von der einfachen Methode der Komposition abweicht». [14] Im Verlauf des 17. Jh. wird daher in der M. meist zwischen zwei Klassen von Figuren unterschieden: (1) den «figurae fundamentales» (Chr. Bernhard), d.h. Ausschmückungen des Satzes ohne direkte inhaltliche Bezüge, die als «poeticum decorum», als Schmuck (*ornatus*) der musikalischen Rede begriffen werden (z.B. Klauseln [15], besondere Stimmführungen, Wiederholungen oder spezielle Satztypen wie die Fuge); andererseits (2) den «figurae superficiales» (Bernhard), die direkt mit Bedeutungen und Affekten verknüpft sind. Die inhaltliche oder affektive Bedeutung dieser Figuren kann auf verschiedene Weisen der Abweichung vom normalen Satztypus der kontrapunktischen Vokalmusik entstehen: durch die Art und den Grad dieser Abweichung, durch Wiederholungen, durch äußerliche Ähnlichkeit der Tongestalt mit dem Bezeichneten (z.B. *color*), durch Analogien zwischen äußeren Gegebenheiten und inneren Bedeutungen oder durch Anschluß an Traditionen der Affektenlehre. Die Beschreibungen der Figuren vereinen oft Aspekte des *delectare* und des *movere*; Klassifizierungsversuche, z.B. in emphatische, expressive, abbildende und exegetische Figuren, sind weder im zeitgenössischen Schrifttum noch in der modernen Forschung stringent gelungen. [16] Der Modellanspruch der Rhetorik für die M. bleibt dennoch deutlich, wenn z.B. Bernhard feststellt, es sei «auff unsere Zeit die Musica so hoch kommen, daß wegen der Menge der Figuren [...] sie wohl einer Rhetorica zu vergleichen» sei. [17] Zu Beginn des 18. Jh. wird der Begriff M. zunehmend als veraltet empfunden und abgelöst durch den der «musicalischen Composition»[18]; doch erst der Stilwandel um 1750, der mit dem Zusammenbruch des alten Systems der (Schul-)Rhetorik einhergeht, ersetzt nach und nach die alte Kompositionslehre durch ein neues, nicht mehr an den Kategorien der Rhetorik orientiertes musiktheoretisches Denken.[19]

II. *Beziehungen zwischen M. und Rhet.* Die Lehrbücher des 16. und 17. Jh. teilen M. meist ein in *sortisatio* als Lehre von der Stegreifausführung der mehrstimmigen Vokalmusik und die eigentliche *compositio*-Lehre als Lehre vom Kontrapunkt und von den musikalischen Figuren. Die Lehrschriften von der M. sind durch große Niveauunterschiede und durch hohe Heterogenität gekennzeichnet; sie gehen selektiv vor, lassen sich nicht zu einem übergreifenden Theoriesystem zusammenschließen und erheben, anders als die moderne Kompositionslehre, auch keinen enzyklopädischen Anspruch, weil sie nicht auf das musikalische Kunstwerk als einen lückenlos in sich geschlossenen Funktionszusammenhang zielen. Entsprechend bestehen beträchtliche terminologische und inhaltliche Differenzen zwischen den einzelnen Autoren. In der Regel umfassen die Schriften die Lehre von den Tönen und Intervallen, von den Intervallverbindungen und von der Dissonanzbehandlung, die Lehre von den Klauseln, die die Kirchentonarten geltende Moduslehre sowie die Lehre von den Satzteilen und der Textapplikation.[20] Dabei steht die Frage nach dem Ausdruck des Textes und den dazu nötigen musikalischen Mitteln im Zentrum. In Anlehnung an die antike Rhetorik wird der Kompositionsvorgang als Übertragungsprozeß verstanden, bei dem der *Musicus poeticus* dem Text als *res* die passenden musikalischen *verba* zuzuordnen habe; Ausgangspunkt ist der Text mit seinen Affekten, die der Musiker umsetzen und verstärken solle («affectus exprimere»). Dazu versuchen die M.-Schriften beizutragen, indem sie semantische Potentiale von Konsonanz und Dissonanz, langen und kurzen Notenwerten, raschen und langsamen Rhythmen, Akzidentien (Vorzeichen) und Affektbereiche der Modi zu bestimmen versuchen. Daneben weisen sie auf Einzelbedeutungen von Wörtern hin, die musikalische Assoziationen oder Analogien ermöglichen: affektbezogene Wörter (z.B. «gaudere», «tristis», «dolor»), Wörter der Bewegung («currere»), der Farbe («niger»), Zahlwörter etc. (vgl. z.B. J. NUCIUS [21], J. Crüger [22], A. Herbst [23]).

Von der Terminologie der Schulrhetorik her betrachtet, stehen im Zentrum der M. die Bereiche von *inventio*-, *dispositio*- und *elocutio*-Lehre, während *memoria* und *actio* eher in den Bereich der *musica practica* fallen.

Die Bedeutung der *inventio* wird schon bei G. DRESSLER betont und in den Lehrschriften des 17. Jh. zu einer umfangreichen Lehre ausgebaut, wie Komponisten aus dem Text musikalische Einfälle ableiten können.[24] Manche M.-Schriften enthalten richtiggehende Sammlungen von *loci topici*. Im Bereich der *dispositio*-Lehre wird die Gliederung längerer Werke anhand den Regeln der Schulrhetorik vorgenommen (Dreßler gliedert 1563 in *expositio, medium, finis*; J. BURMEISTER 1606 in *exordium, confirmatio, epilogus* [25]). In den Bereich der *elocutio* schließlich fällt die Lehre von den Figuren und Soloezismen, d.h. Verstößen gegen grundlegende Satzregeln, die aber aus inhaltlichen Gründen ausnahmsweise gerechtfertigt werden können.

Bei Burmeister findet sich schließlich auch eine Stillehre, die nach dem Vorbild der *genera dicendi* der Schulrhetorik gestaltet ist; er unterscheidet analog drei musikalische Stile, das *genus humile, grande* und *medio-cre*, fügt eigenständig aber noch ein *genus mixtum* als oberste Kategorie hinzu. Bezugspunkt ist dabei meist die Musik der späten Vokalpolyphonie. Burmeister und S. CALVISIUS beziehen sich zentral auf O. di Lasso. Durch die hohe Bedeutung dieser *exempla* im Rahmen der M.-Lehre kommt es in diesen Lehrschriften auch zu den ersten Analysen musikalischer Werke: Burmeisters Analyse (1606) der Motette ‹In me transierunt› von O. di Lasso zählt zu den Pionierleistungen musikalischer Analyse überhaupt. Dabei zielt Burmeister neben dem Hinweis auf Figuren und satztechnische Phänomene besonders auf die *dispositio* der Motette, die er aus der rhetorischen Struktur des Textes ableitet. Wie sich an solchen Analysen zeigt, ist die Orientierung an der Rhetorik somit nicht nur produktions-, sondern auch rezeptionslenkend. M.-Lehrbücher vermitteln nicht nur Anleitungen zum Tonsatz, sondern auch das *iudicium* über Einzelheiten eines musikalischen Werkes und wollen damit zu einem vertieftem Musikverständnis der Rezipienten beitragen.

Trotz der zentralen Vorbildfunktion der Rhetorik zeigen sich auch charakteristische Abweichungen. Die Implikationen der rhetorischen Tradition, ob Fachbedeutungen der einzelnen Figuren oder die Grundlagen ihrer Verwendung, stimmen nicht mit denen der M. überein.[26] Die M.-Schriften benutzen die hochentwickelte Rhetorik eher als Beschreibungsinventar, mit dessen Hilfe bisher theoretisch kaum erfaßbare Phänomene der musikalischen Praxis nun präzisiert werden sollen, als daß sie aus der Sicht der Rhetorik konsistent wären. Auch zeigt sich in der Verwendung rhetorischer Fachbegriffe ein Anschlußstreben der M.-Autoren (z.B. bei Burmeister) an das Wissenschaftssystem der Zeit. Die rhetorische Begrifflichkeit und die Betonung der affektlenkenden *explicatio textus* machen die Musiktheorie wieder anschlußfähig an die rhetorisch geprägte, späthumanistische Standeskultur.

Zugleich liegt ein wirkungsgeschichtlich zentraler Aspekt der M.-Schriften darin, daß dem schriftlich ausgearbeiteten Tonsatz hier der Rang eines «opus perfectum et absolutum» zugebilligt wird und die musikalische Komposition damit als Kunsttext begriffen wird.[27] Diese entschiedene Hochwertung der schriftlich fixierten Werkgestalt vor der realen Klanglichkeit, die Wendung vom *actus* zum *opus*, ist aus der weiteren Entwicklung der Musiktheorie nicht mehr wegzudenken. Mit der Abkehr von mathematisch-quadrivialen Vorstellungen und der nachdrücklichen Zuordnung der Musik zu den sprachlichen Disziplinen des Triviums erhält der Text zudem maßgeblichen Einfluß auf die konzeptionelle Gestaltung der Musik selbst.[28] Das Verständnis von Musik als Fortsetzung der Sprache und als sprachähnliche Kunst wird zentral für die Musikauffassungen der folgenden Jahrhunderte.

Anmerkungen:
1 Quint. II, 18, 1–5; vgl. P. Cahn: 'Ars poetica' und M. – Quintilian und Horaz in der Musiktheorie und Kompositionslehre des 15. und 16. Jh., in: AINIΓMA, FS H. Rahn, hg. v. F.R. Varwig (1987) 23–34. – **2** Aristoteles, Metaphysica VI, 1025b. – **3** Boethius, De institutione musica I, 34. – **4** N. Listenius: Musica (Wittenberg 1537) A iiij f., Übers. Verf. – **5** J.G. Walther: Praecepta der Musical. Composition, Weimar 1708, hg. v. P. Benary (Leipzig 1955) 75; weitere Belege bei M. Bandur: Compositio/Komposition, in: HMT (1996) 24f. – **6** vgl. Cahn [1] 24f. – **7** H.H. Eggebrecht: Heinrich Schütz. Musicus poeticus (1959, ²1984) 60. – **8** vgl. J. Krämer: Zur Frühgesch. der musikal. Rhet.: Joachim Burmeister, in: International Journal of Musicology 2 (1993) 101–112. – **9** Listenius [4] A iiij. – **10** Quint. II, 15, 38. – **11** vgl. H.H. Egge-

brecht: Zum Wort-Ton-Verhältnis in der 'M.' von J.A. Herbst, in: W. Gerstenberg (Hg.): Ber. über den internat. musikwissenschaftl. Kongreß 1956 (1957) 77–80. – **12** M. Ruhnke: Musica theoretica, practica, poetica, in: MGG, Bd. 9 (1961) Sp. 952. – **13** J. Burmeister: M. (Rostock 1606; ND 1955) 1, Übers. Verf.; vgl. auch lat./engl. Neuausgabe in: J.B.: Musical Poetics (New Haven/London 1993). – **14** ebd. 55, Übers. Verf. – **15** vgl. S. Calvisius: Melopoiia sive melodiae condendae ratio, quam vulgò Musicam Poeticam vocant (Erfurt 1592) cap. 13. – **16** vgl. C. Dahlhaus: Zur Geschichtlichkeit der musikal. Figurenlehre, in: FS M. Ruhnke (1986) 83–93 sowie die Übersicht in: H. Krones: Musik und Rhet., in: MGG², Sachteil Bd. 6 (1997) Sp. 814–852, bes. Sp. 828 ff. – **17** Chr. Bernhard: Ausführl. Ber. vom Gebrauche der Con- und Dissonantien, vor 1682, hg. v. J.M. Müller-Blattau (1926, ²1963) 147. – **18** vgl. Walther [5] 15. – **19** eine Endposition markiert in dieser Hinsicht: J.N. Forkel: Grundriß für den Aufbau einer musikal. Rhet. (1788). – **20** detaillierte, wenngleich unkritische Übersicht in: W. Braun: Dt. Musiktheorie des 15. bis 17. Jh., 2. T.: Von Calvisius bis Mattheson (1994) Kap. 13–19. – **21** vgl. J. Nucius: Musices poeticae ... praeceptiones (Neiße 1613; ND Leipzig 1976). – **22** vgl. J. Crüger: Synopsis Musica (Berlin 1630, ²1654). – **23** vgl. J.A. Herbst: M. (Nürnberg 1643). – **24** vgl. G. Dreßler: Praecepta Musicae Poëticae, Magdeburg 1563, hg. v. B. Engelke in Geschichtsbl. für Stadt und Land Magdeburg XLIX/L (1914/1915) 213–250. – **25** vgl. Burmeister [13]. – **26** vgl. Krämer [8]. – **27** vgl. P. Cahn: Zur Vorgesch. des 'Opus perfectum et absolutum' in der Musikauffassung um 1500, in: K. Hortschansky (Hg.): Zeichen und Struktur in der Musik der Renaissance, Kgr.-Ber. Münster 1987 (1989) 11–26. – **28** vgl. K.W. Niemöller: Die musikal. Rhet. und ihre Genese in Musik und Musikanschauung der Renaissance, in: Plett 292 ff.; umfassend Don Harrán: Word-Tone Relations in Musical Thought (1986).

Literaturhinweise:
H. Faber: M. (Ms. Hof 1548; Neudruck vgl. Stroux 1976). – H. Finck: Practica Musica (Wittenberg 1556). – J. Oridryus: Practicae Musicae utriusque praecepta brevia ... (Düsseldorf 1557). – J. Avianius: Isagoge in libros musicae poeticae ... edendos (Erfurt 1581). – C. Schnegaß [Snegass]: Isagoges Musicae libri duo ... (Erfurt 1591). – J. Burmeister: Hypomnematum musicae poeticae ... synopsis (Rostock 1599). – Ders.: Musica αὐτοσχεδιαστικοῦ (sic) ... (Rostock 1601). – J. Thüring: Opusculum bipartitum (Berlin 1624). – J.H. Schein: Manuductio ad musicam poeticam (Ms. verschollen). – S. Otto: Etliche notwendige Fragen von der poetischen oder Tichtmusik (Freiberg 1632; Ms. verschollen). – Chr. Bernhard: Tractatus compositionis augmentatus (1648/49). – W.C. Printz: Phrynis Mytilenaeus oder Satyrischer Komponist (Quedlinburg 1676–1679). – M. Spiess: Tractatus Musicus Compositorio-Practicus (Augsburg 1745/1746). – M. Ruhnke: Joachim Burmeister. Ein Beitr. zur Musiklehre um 1600 (1955). – H.H. Eggebrecht: Zum Figur-Begriff der M., in: Archiv für Musikwiss. 16 (1959) 57–69. – A. Schmitz: Musicus poeticus, in: Universitas, FS A. Stohr, Bd. 2 (1960). – W. Wiora: M. und musikal. Kunstwerk, in: FS K.G. Fellerer, hg. v. H. Hüschen (1962) 576–589. – C. Dahlhaus: M. und musikal. Poesie, in: Archiv für Musikwiss. 23 (1966) 110–124. – R. Dammann: Der Musikbegriff im dt. Barock (1967, ²1984). – Chr. Stroux: Die M. des Magisters Heinrich Faber [1548]. (Diss. msch. Port Elizabeth 1976). – B.V. Rivera: German Music Theory in the Early Seventeenth Century: The Treatises of Johannes Lippius (Ann Arbor 1980). – H.F. Plett: Poeta Musicus. Musikästhet. Konzepte in der Elisabethan. Literaturtheorie, in: W. Rüegg, A. Schmitt (Hg.): Musik in Humanismus und Renaissance (1983) 55–76. – F. Rekkow: Zwischen Ontologie und Rhet.: Die Idee des *movere animos* und der Übergang vom Spätma. zur fr. Neuzeit in der Musikgesch., in: W. Haug, B. Wachinger (Hg.): Traditionswandel und Traditionsverhalten (1991) 145–178. – H. Federhofer: M. und musikal. Figur in ihrer Bedeutung für die Kirchenmusik des 16. und 17. Jh., in: Acta musicologica 65 (1993) 119–133. – A. Forchert: H. Schütz und die M., in: Schütz-Jb. 15 (1993) 7–23.

J. Krämer

→ Affektenlehre → Color → Deklamation → Klangrede → Monodie → Musik → Musikalische Figurenlehre → Poetik → Ut-pictura-poesis

Musik

A. Definitorische Aspekte: I. Μουσική und Rhetorik. – II. Rhet. und M. – III. M. als 'Sprache'. – B. Kategorien der musikalischen Rhet.: I. Gesamtsicht. – II. Grammatik und Rhetorik. – III. Periodik, Form und Gattung. – IV. Wort-Ton-Verhältnis, Semantik und Figurenlehre. – V. Deklamation und Vortrag. – C. Die Kompositionslehre der musikalischen Rhet.: I. Allgemeines. – II. Arbeitsstufen der musikalischen Rhet.: 1. Inventio. – 2. Dispositio. – 3. Elaboratio. – 4. Memoria. – 5. Pronuntiatio. – III. Virtutes elocutionis: 1. Tropen. – 2. Musikalisch-rhet. Figuren. – IV. Res und verba. – D. Geschichtlicher Überblick: I. Antike. – II. MA und Renaissance: 1. Textausdeutung und Wirkung. – 2. 'Rhetorisches' Bewußtsein. – 3. 'Humanistische' Kompositionen. – 4. M. und Rhet. im Bildungskanon. – III. Die Hochblüte (1599–1821). – IV. Nachwirken bis in die Gegenwart.

A. *Definitorische Aspekte.* **I.** *Μουσική und Rhetorik.* Ἡ μουσική besitzt als ‹Musenkunst›, die sie in der griechischen Antike ist und als welche sie ein gegenüber heute weitaus breiteres, allgemein künstlerisches Spektrum vertritt, von vornherein ein semantisches Feld, das einerseits *ratio* und *emotio* verbindet und andererseits dem Element der Vermittlung eine hohe Bedeutung zumißt. Die Gabe der schönen Rede verleiht vor allem die Muse Kalliope, ‹die Schönstimmige›, die laut HESIOD [1] den jungen Königen Tau auf die Zunge träufelt, wodurch diesen honigsüße Worte von den Lippen fließen. Ein μουσικὸς ἀνήρ (mūsikós anḗr) ist dann seit dem 5. Jh. v. Chr. ganz allgemein ein Mann, der sich auf die Musenkünste versteht, er kann also (u.a.) Musiker, Dichter, Philosoph oder auch Redner sein. Im ‹Hippolytos› von EURIPIDES werden diejenigen, die für die Menge «im Reden bezaubernder» sind, als μουσικώτεροι λέγειν (mūsikṓteroi légein) beschrieben. [2] PLATON bezeichnet gar die Philosophie als «die mächtigste M.» [3], spricht anderenorts «von dem Teil der M., der es mit den Reden und Fabeln zu tun hat» [4], hebt aber auch den Lyriker Stesichoros gegenüber Homer als μουσικὸς ὤν (mūsikós ṓn) hervor, als «einen den Musen Vertrauten», als «musischen Menschen» [5]. Selbst die Kunst des Liebens soll laut ihm nicht nur besonnen, sondern auch gemäß der Kunst der Musen (also verständig, poetisch, anmutig, rhythmisch etc.) vor sich gehen: σωφρόνως τε καὶ μουσικῶς ἐρᾶν (sōphrónōs te kai mūsikṓs erān). [6] Schließlich nähert sich das Bedeutungsfeld von μουσικός (mūsikós) auch dem unseres Begriffes ‹harmonisch›, wenn Platon jenes pekuniäre Vermögen als «harmonischstes und bestes» (μουσικωτάτη τε καὶ ἀρίστη) bezeichnet, das «keine Schmeicheleien hervorruft, aber auch nicht der natürlichen Bedürfnisse ermangelt» [7].

II. *Rhetorik und M.* Hand in Hand mit der Verwandtschaft alles Musischen im Rahmen der 'Musenkunst' und speziell gemäß der Bezugnahme der μουσική auf die Rede(kunst) sieht man M. und Rhetorik (Dichtung, Sprache) nun bereits in der griechischen Antike als verwandte Künste und als auf einer gemeinsamen ästhetischen Basis stehend an. Bezüglich der Rede selbst gelten zudem die musikalischen Qualitäten der Sprache als wichtig für die Steigerung der Wirkung. So vertritt ARISTOTELES die Meinung, daß es bei einer Prosarede einerseits allzu feierliche (und daher ungeeignete), andererseits günstige Rhythmen gebe; die Rede solle zwar einen Rhythmus aufweisen, aber kein Metrum, da sie sonst zum Gedicht würde. Daher seien speziell der Jambus und der Päan für die Rede geeignet. [8] Ähnliches vertritt dann CICERO, der sich ausdrücklich auf Aristoteles beruft und zunächst ebenfalls betont, daß die Prosa keine Verse besitzen dürfe, sehr wohl aber rhythmische Gliederungen; im Gegensatz zu dem griechischen Autor ist er aber der Meinung, daß für sie eine «Mischung und Ordnung der Rhythmen, die weder ganz gelockert noch ganz geregelt ist», am besten sei.[9] Schließlich widmet sich auch QUINTILIAN der Frage der Rhythmen, wobei er am meisten ins Detail geht und zahlreiche Beispiele analysiert. Auch er gelangt zu der Erkenntnis: «Die Anordnung [der Wörter] muß schicklich, ansprechend und abwechslungsreich sein. Sie besteht aus drei Arten [Teilen]: der Anordnung, der Verbindung und der rhythmischen Gliederung [der Wörter]» (Compositio [...] debet esse honesta, iocunda, varia. eius tres partes: ordo, coniunctio, numerus).[10]

Da ein guter Redner laut Quintilian auf möglichst vielen Gebieten ein Grundwissen besitzen soll, muß er in vielen Fächern Unterricht erhalten; darunter auch in der Musik. Dies zunächst deshalb, weil nach pythagoreischer Lehre die ganze Welt nach «harmonischen» Gesetzen geordnet sei.[11] Daher ergibt sich (und dies schon laut Platon, den Quintilian zitiert) die Notwendigkeit, daß jeder Staatsbürger die M. verstehe und pflege.[12] Doch darüber hinaus «waren einst Grammatik und M. verbunden», laut ihm hielten manche sogar die Grammatik für der M. untergeordnet.[13] Schließlich betont Quintilian die spezielle Bedeutung der M. für den Redner; sie bestehe darin, daß die M. in den Bereichen von Rhythmus, Stimmklang (μέλος, mélos), Körperbewegung und Gebärdensprache Ordnungen («numeros») besitze. Diese Elemente, die die ‹Affektenlehre der M.› begründen, würden somit auch der Rede den gewünschten Ausdruck, die notwendige Überzeugungskraft und daher die intendierte Wirkung verleihen.[14]

Nach dem Vorbild der genannten antiken Autoren betonen dann zahlreiche Autoren des 16.–18. Jh. sowohl die innere Verwandtschaft von Sprachrhythmus und M. als auch deren Beziehungen zur Rhetorik. So bezeichnet z.B. G. PUTTENHAM «verses or rime» als «kind of Musicall utterance, by reason of a certaine congruitie in sounds pleasing the eare»[15], und ähnlich lautet es bei TH. CAMPION[16]; auch (u.a.) CHR. WEISE beleuchtet die Beziehungen zwischen den beiden Künsten[17].

III. *M. als 'Sprache'.* M. und Sprache gelten auch aus wissenschaftstheoretischen Gründen als verwandte Künste: Beides sind Ausdrucksformen, die sich einerseits im zeitlichen Nacheinander von (zumeist semantisch aufgeladenen) akustischen Bausteinen konstituieren und die andererseits durch diese Bausteine a priori Mitteilungscharakter besitzen. (Zudem erscheinen sie gerade auf dem Gebiet der Kunst oft zu gemeinsamem Wirken vereinigt.) Seit Urzeiten besitzt die M. (auch die textlose) in Kult und Gottesdienst eine Mitteilungsfunktion, und ebenso unbestritten ist die – je nach geschichtlichem Ort anders geartete – Absicht der meisten 'Tondichter', mit ihren Werken dem jeweiligen 'Publikum' etwas mitzuteilen, es zu affizieren, sein Gefühl 'anzusprechen', es zu rühren oder auf dieses irgendeine andere Wirkung auszuüben (bis hin zu politischer oder soziologischer Indoktrinierung).[18]

Die Verwandtschaft von M. und Sprache kann sich allerdings auch ausschließlich auf der Außenseite der beiden Künste dokumentieren: durch ähnlich gestaltete zeitliche Abläufe, durch das Zusammenfügen von Kleinbausteinen in ganz besonderer, gleichsam periodischer Art und Weise oder auch durch das Darbieten der Elaborate in ähnlich 'artikulierter', also 'sprachlich' erlebter Form. Diese Außenschicht konstituiert zunächst tektonische sowie metrorhythmische Bezüge zwischen M. und Sprache. Darüber hinaus basieren Sprache und M. auf einer ‹Idee›, auf einem «Gedanken», einem «Thema» (auch «Subject»), welche Kategorien in der M. zwar auch rein formal-kompositionstechnische Prinzipien ansprechen können, aber von Beginn an (auch) inhaltliche bzw. affektive Bezüge aufweisen; zudem werden sie deutlich aus dem Bewußtsein der Analogie von Sprache und M. heraus auf die Tonkunst übertragen. Den Terminus ‹Idee› verwenden u.a. L. CHR. MIZLER VON KOLOF[19] oder H. CHR. KOCH[20], von «[musikalischen] Gedan[c]ken» sprechen u.a. J.G. NEIDHARDT[21], J. MATTHESON[22], J.D. HEINICHEN[23], J.A. SCHEIBE[24] sowie F.W. RIEDT[25], während der (auf die M. bezogene) Begriff ‹Thema› bis ins 16. Jh. zurückreicht.

Die semantische Funktion einer 'Sprache' besitzt M. schließlich in dem Moment, in dem die Absicht einer Mitteilung primär oder doch zumindest evident erscheint. Diese Mitteilung findet dadurch statt, daß die M. in konnotativer oder denotativer Form Botschaften weitergibt, insbesondere aber Gefühle, Emotionen oder Stimmungen darstellt bzw. auch suggeriert ('erweckt'). Denotate vermitteln kann sie insbesondere dann, wenn durch allgemein akzeptierte (durch Konvention 'bekannte') Zuordnungen bzw. durch «kulturelle Einheit»[26] gleiche Rezeptionshaltungen vorliegen, wenn also aus verschiedensten semantisch besetzten Bausteinen eine Art 'Vokabular' entsteht. Dessen 'Verstehen' kann durch ein gefühlsmäßiges Erfassen von einzelnen musiksprachlichen Elementen vonstatten gehen, es kann aber auch durch ein Wissen um eine Symbolsprache gewährleistet sein, die durch musikerzieherische o.ä. Maßnahmen allgemeine Bekanntheit genießt.

Ein Beispiel für letztgenannten Fall tritt uns in der Zeit des beginnenden Humanismus mit der bis weit ins 19. Jh. hinein wirkenden ‹Musikalischen Figurenlehre› entgegen; in ihr finden die Musiker eine Möglichkeit, ein vorhandenes semantisches Netzwerk zum Zwecke von Mitteilungen durch musiksprachliche Symbolik zu adaptieren. Die ‹musikalische Rhetorik› wird solcherart in jener Periode allgemein verstärkter symbolsprachlicher Absichten (wie sie die Zeit des 14., 15. und 16. Jh. darstellt) nicht nur in ihren tektonischen und formalen Funktionen genützt; sie steigt vielmehr zu einem weiten Kreisen der musikalisch Gebildeten bekannten Symbolfundus auf, der dann in der Zeit zwischen ca. 1600 und ca. 1800 in vielen Lehrbüchern angesprochen, allerdings nie in seiner Gesamtheit tradiert wird. Die allgemeine Verwendung dieser ‹musikalisch-rhetorischen Figuren›, aber auch die 'sprachähnliche' Formung und Wiedergabe von M. lassen es jedoch ziemlich sicher erscheinen, daß wir es hier mit einem damals auch in seiner Gesamtheit weitgehend akzeptierten Bildungsgut zu tun haben, das in vielen Details primär mündlich weitergegeben wird und jeweils nur partiell zu schriftlicher Darstellung gelangt. Viele Aussagen noch in Lehrwerken des späten 18. und frühen 19. Jh., das selbstverständliche Voraussetzen rhetorischer Begriffe bis weit ins 19. Jh. hinein sowie die ebenso selbstverständliche Verwendung jener semantisch aufgeladenen Elemente bis in die Gegenwart unterstreichen das Gesagte.

B. *Kategorien der musikalischen Rhetorik.* **I.** *Gesamtsicht.* Eine systematische Gesamtsicht der Beziehungen zwischen M. und Rhetorik liegt uns bis Ende des 18. Jh. nicht vor, wenngleich die bei vielen Autoren vorhandene Breite der Äußerungen eine solche zumindest partiell vermuten lassen. Erst der letzte Musikschriftsteller, der die ‹musikalische Rhetorik› als einheitliches Gebäude tradiert, J.N. FORKEL, stellt in seiner zweibändigen

Schrift ‹Allgemeine Geschichte der M.› (1788) eine solche auf, worauf er selbst voll Stolz hinweist. [27] Er setzt ‹die musikalische Rhetorik› zunächst einmal deutlich von der ihr gleichsam vorausgehenden ‹musikalischen Grammatik› ab: Denn diese lehre «weiter nichts, als die Zusammensetzung einzelner Gedanken aus Tönen und Accorden, von ihrer ersten Bildung und Biegung an, bis zur allmähligen Zusammensetzung erst einzelner, dann mehrerer musikalischen Wörter zu einem Satze. Aber alles dieses ist zu einer an einanderhängenden musikalischen Rede noch nicht hinreichend. Zur Schilderung einer Empfindung mit allen ihren unendlichen Modificationen werden nicht blos einzelne, in einem Satz verbundene Töne und Accorde, sondern eine Reihe von Sätzen, eine ganze Reihe mit einander verbundener Gedanken erfordert.» Und «diese Verbindung ganzer Gedanken lehrt die musikalische Rhetorik. Sie ist in der M. von eben dem Umfang als in der Sprache» und besitzt bei beiden «ganz einerley Zweck und Absicht, nemlich die gehörige und beste Anwendung der Ton- oder Ideensprache» zu garantieren. Forkel geht also deutlich von der semantischen Absicht, vom Mitteilungscharakter der M. aus und findet darin die Hauptparallele dieser Kunst mit der Sprache. [28]

Danach systematisiert er die musikalische Rhetorik, die «aus fünf Haupttheilen, und einer Hülfswissenschaft nach folgender Ordnung besteht: 1) Die musikalische Periodologie. 2) Die musikalischen Schreibarten. 3) Die verschiedenen Musikgattungen. 4) Die Anordnung musikalischer Gedanken in Rücksicht auf den Umfang der Stücke, die man auch die ästhetische Anordnung nennen kann, nebst der Lehre von den Figuren. 5) Den Vortrag oder die Declamation der Tonstücke. 6) Die musikalische Kritik»; letztere ist die «Hülfswissenschaft». [29] Die breit dargestellte «Lehre von den Figuren» umfaßt dann laut Forkel sämtliche «Hülfsmittel des Ausdrucks», seien sie nun von der «Absicht auf Empfindung» getragen, «für den Verstand» gedacht oder «für die Einbildungskraft» angewendet, wodurch hier schließlich auch «alle sogenannten musikalischen Malereyen» eingereiht werden. [30]

Forkels Systematik gibt in verblüffend moderner Weise einen Überblick über die verschiedenen Ebenen der «musikalischen Rhetorik»: Die erste betrifft alle Analogien von M. und Sprache bezüglich Aufbau, Gliederung, Periodik und zeitlicher Erstreckung, und zwar bis hin zu den Kategorien Form, Stil und Gattung; für Forkel waren das die Felder «musikalische Grammatik», «Periodologie», «Schreibarten», «Musikarten» und «Anordnung der Gedanken». Über dieser Ebene steht die Idee der 'M. als Sprache', einerseits als (vor allem auf ihr Äußeres bezogene) metaphorisch-unbestimmt verstandene «Klangrede» [31] bzw. «Tonsprache» im modernen Sinne, andererseits als semantisch aufgeladene (Meta-)Sprache mit Mitteilungsfunktion und somit als Kommunikationssystem. Dabei geben verschiedenste Symbole und 'Zeichen'(-Systeme) wie die «Lehre von den Figuren» (samt den «musikalischen Malereyen») dem Komponisten die semantischen Bausteine an die Hand. Das historisch überblickbare Feld reicht hier von der Idee, M. sei eine 'natürliche' Universalsprache aus Affektlauten [32], über die Ansicht, M. sei selbst ein spezielles Zeichensystem (insbesondere einer Sprache der Empfindung u.ä.), bis hin zu (z.B. militärischen) Signalsprachen, die durch postulierte Zuordnungen denotative Eindeutigkeit besitzen. Neben diese 'kompositorische' Seite der Rhetorik tritt schließlich die Kategorie der Ausführung, laut Forkel des «Vortrags oder der Declamation der Tonstücke», die die Kategorie der *executio* bzw. *pronuntiatio* vertritt.

II. Grammatik und Rhetorik. «Die Vorschriften zur Verbindung einzelner Töne und Accorde zu einzelnen Sätzen, sind in der musikalischen Grammatik enthalten, so wie die Vorschriften zur Verbindung mehrerer einzelner Sätze in der musikalischen Rhetorik.» [33] Zu ersterer zählen laut Forkel gleichsam sämtliche Elemente der elementaren Musiklehre: «Die musikalischen Tonarten» (Intervall- und Akkordlehre, Wissen um Tongeschlechter und Tonleitern sowie um deren «Charakteristik»), «Die Lehre von der Harmonie» und «Die musikalische Prosodie (Rhythmopöie)» («Accente, Tonfüße, Takt-Arten, Sectionalzeilen») sowie als «Hülfstheile» noch Akustik, «Canonik (Eintheilungslehre der Klänge)» («Ausmessung der Tongrößen» samt der «Temperatur» und dem «Einfluß der Akustik und Canonik auf die Instrumentalbaukunst») und «Die musikalische Zeichenlehre (Semeiographie)»; letztere lehrt die Liniensysteme, Schlüssel, Noten, Pausen, Akzidentien, Artikulationszeichen sowie «die musikalische Orthographie (Rechtschreibung)». [34] Die Grammatik ist also gleichsam elementare Musiklehre im weitesten Sinne und somit der musikalischen Rhetorik, der eigentlichen Kompositionslehre (der «musica poetica» [35] im alten Verständnis) vorgelagert.

Ganz ähnlicher Ansicht ist bereits die mittelalterliche Musiktheorie, die insbesondere die Metrik und somit auch die Moduslehre unter dem Gesichtspunkt der Grammatik sieht [36], woher auch der notationstechnische Begriff der *prolatio* stammt, das 'Aussprechen' in einer speziellen (metrischen) Art und Weise. J. BURMEISTER wählt nach dem Vorbild der ‹Grammatica Philippi Melanchthonis› (1544) des L. LOSSIUS [37] für das Zusammensetzen von Konsonanzen zu Akkorden sowie von Akkorden zum einfachen Satz Note gegen Note den Terminus «syntax» [38], grammatikalische Fehler («solœcismi») werden von ihm (z.T.) ebenfalls mit Termini aus der Rhetorik bezeichnet, von denen uns zwei, *catachresis* und *simploce*, als Bezeichnungen für musikalisch-rhetorische Figuren wiederbegegnen. Auch seine Stilbegriffe (besser: Stilhöhen-Bezeichnungen) nimmt Burmeister aus Rhetorik-Lehrbüchern des L. Lossius; entsprechend den Stilhöhen der Rede spricht er von «genus humile», «genus grande» und «genus mediocre», ergänzt diese Genera aber durch das «genus mixtum», das je nach Beschaffenheit des Textes anzuwenden sei [39] – in diesem Wechsel liegt für Burmeister die höchste Kunst.

In besonders systematischer Weise vergleicht O.S. HARNISCH, vielleicht an Burmeister anknüpfend, Grammatik und M.: Die M. bestünde wie erstere aus zwei Teilen; der erste sei der Etymologie vergleichbar und lehre die *ratio* der einzelnen Töne, der andere gleiche der Syntax und lehre ihre *structura* und *compositio*. [40] In ähnlicher Form findet J. LIPPIUS zu einer Hierarchie der sprachlichen Bausteine sowie zu einer Systematik der musikalischen Rede; dabei ordnet er die Grammatik der einfachen Rede zu, die Rhetorik hingegen der geschmückten, die insbesondere Aufgaben im affektiven Bereich habe: «commovere hominem». [41]

Der Begriff einer ‹musikalischen Grammatik› hält sich dann bis ins 18. und 19. Jh. hinein. R. NORTH etwa bezeichnet Ch. Butlers ‹The Principles of Musick, in Singing and Setting› von 1636 als «Musical Grammar» [42], und auch W. TANSURS Traktat ‹A Compleat Melody or the Harmony of Sion› (1734) erscheint unter dem Titel ‹A New Musical Grammar›. J. MATTHESON [43] spricht ebenso wie L. MOZART [44] und andere Autoren immer wieder von der «Grammatik», 1806 wird in London eine elementare Musiklehre wie die von J.W. CALLCOTT als «A Musical Grammar» bezeichnet, und noch 1817 nennt J.G. WEBER im 1. Band seiner ‹Theorie der Tonsetzkunst› «das technisch oder grammatikalisch Richtige der Tonkunst» die «Grammatik der Tonsprache» [45]. Schließlich erscheint der «blosse Grammatiker» bei F.A. KANNE sogar als pejoratives Attribut für einen «blossen Schulmeister in der Setzkunst», der die «Freyheiten [...] der musikalischen Rhetorik» [46] nicht verstünde und gleichsam nur, wie C.F.D. SCHUBART dies Jahrzehnte zuvor ausgedrückt hatte, «das Todtengerippe der M.» [47] sehe.

III. *Periodik, Form und Gattung.* Forkel betont, «daß das Verhältnis der in den Tonleitern liegenden einzelnen Töne eine Aehnlichkeit mit dem habe, was man in der Sprache Redetheile nennt. In der Sprache dienen diese Redetheile zur Bezeichnung der Beziehungen und Verhältnisse, worin ein Gegenstand, er sey Gedanke oder Körper, steht. [...] In der Tonsprache, als Ausdruck unserer Empfindungen betrachtet, hat es ganz die nemliche Beschaffenheit. Jeder in den Tonleitern liegende Ton hat in eben derselben Tonleiter Töne, die aus ihm entspringen, und von ihm unzertrennlich sind. Diese unzertrennlichen und so nahe miteinander verwandten Töne nun, dienen vorzüglich zum Ausdruck nahe verwandter Gefühle, das heißt: eines Gefühls mit seinen Beziehungen». Auf dieser Verwandtschaft «gründen» nun «alle Regeln einer zusammenhängenden und fließenden ausdrucksvollen Melodie», aber auch der Harmonie. [48] Schließlich bezeichnet Forkel «die rhythmische Verbindung der Töne zu musikalischen Worten und Sätzen» als wichtigen Teil der Grammatik, wobei der Rhythmus «zur Bestimmung der Accente, der Tonfüße, der Taktarten, und des Verhältnisses der aus den Tonfüßen zusammengesetzten sogenannten Sectionalzeilen gebraucht wird». [49]

In der Sprache wie in der M. gilt also ein «Satz» als kleinste Einheit der musikalischen «Unterredung». Er besitzt hier wie dort zwei unentbehrliche Glieder: «Subjekt und Prädikat» in der Sprache, in einem «melodischen Satze die Haupt-Idee desselben und den ihr beygelegten Charakter»; für seinen «vollständigen Sinn in der Melodie» sind «vier einfache Takte nöthig» [50]. Ähnliche Parallelen findet man für andere Bausteine, Abschnittsbildungen und Gliederungszeichen, so daß logischerweise der Punkt mit der Kadenz gleichgesetzt wird: Beides sind «vollkommene Ruhepunkte des Geistes» [51] und als solche auch die wichtigsten Hilfsmittel für die Gliederung.

Der 'periodologischen' Einssetzung von M. und Sprache samt dem aus ihr folgenden Bezug zur Klausellehre begegnen wir schon im frühen 16. Jh., besonders schön bei J. GALLICULUS: «Etenim, ut in sermonis ductu, necesse est fieri quasdam silentii distinctiones, cum ut auditor intellegat clausularum diversitatem, tum etiam ut is, qui loquitur, captato spiritu majori acrimonia pronunciet [...]» (Denn wie im Verlauf einer Rede gliedernde Einschnitte gesetzt werden müssen, sowohl damit der Hörer die verschiedenen Satzschlüsse erkennt, als auch damit der Sprechende nach dem Atemholen mit größerer Schärfe artikuliert [...]). [52] Noch deutlicher spricht G. DRESSLER die Periodologie an («Was aber in der Rede Satzgefüge und Komma sind, das sind in der M. die Klauseln [Kadenzen]») [53], und im 17. Jh. postuliert dann J. LIPPIUS jenes Verdikt, das in ähnlicher Form von Autoren wie H. GRIMM, J.G. AHLE und schließlich J. MATTHESON übernommen wurde: «Item velut Oratio Commatis, Colis et Periodis debitis, ita Cantilena Harmonica pro natura Textus compta distinguitur Pausis minoribus et majoribus, atque Clausulis nativis Primariis, Secundariis, Tertiariis, ac peregrinis, imperfectioribus et perfectioribus [...]» (Und wie die Rede durch die erforderlichen Kommata, Kola und Perioden, so wird der harmonische, gemäß der Natur des Textes komponierte Gesang gegliedert durch kurze und lange Pausen sowie durch ursprüngliche und fremde primäre, sekundäre und tertiäre und durch unvollkommene und vollkommene Klauseln [...]). [54]

Das Wissen um die «Ab- und Einschnitte der Klang-Rede», also um die «Incisionen, welche man auch distinctiones, interpunctationes, posituras u.s.w. nennet» [55], gilt unter anderem auch allen Autoren von Instrumentalschulen wie z.B. L. MOZART [56] sowie Enzyklopädisten wie H.CHR. KOCH [57] als besonders wichtiger Gegenstand der Melodielehre, aber auch der Lehre vom richtigen («sprechenden») musikalischen Vortrag (siehe B.V.). Und in gleicher Weise hängt die Lehre von der Quadratur des Periodenbaues, die von J. RIEPEL als «unserer Natur dergestalt eingepflanzet» bezeichnet wird, «daß es uns schwer scheinet, eine andere Ordnung (mit Vergnügen) anzuhören» [58], mit der Vorstellung von viertaktigen «Satz» nach sprachlichem Muster zusammen.

Da nun die Komponisten den 'Sprachtonfall' als Vorbild für ihre Melodik (für die «Klangrede») nehmen, kann es nicht ausbleiben, daß sich deutliche Artikulations- und Phrasierungsunterschiede in der M. der verschiedenen Nationen ergeben; dies auch unter dem Aspekt, daß die «Einschnitte in dem Gesange sind, was der Vers in dem Gedicht ist» [59]. Zahlreiche versmäßig gebaute Themen – speziell auch noch bei Beethoven [60] – zeigen, daß diese Erkenntnis Allgemeingut ist. Die Gleichsetzung von musikalischem Einschnitt und Vers läßt zudem zahlreiche Autoren (u.a. Matteson, Sulzer und Koch) die Taktarten mit Hilfe von Versmaßen erklären, läßt J.G. AHLE [61] seine Anweisungen zur richtigen Textvertonung ausschließlich an Hand von gebundener Sprache geben, läßt F.A. Kanne das Verdikt sprechen «denn jedes gute Tonstück ist ein Gedicht» [62] und läßt gar Komponisten noch des 19. Jh. Instrumentalwerke «in modo di scena cantante» (L. SPOHR, Violinkonzert Nr. 8 a-Moll, op. 47 [1816]) schreiben.

Die allgemein akzeptierte Verwandtschaft von Rhetorik und M. prägt naturgemäß auch Anlage und Struktur der Formen und Gattungen. Ist eine Komposition für einen einzelnen Musiker eine «Rede», so ergibt sich durch mehrere Ausführende ein «Gespräch»: «drey Stimmen sind eben so viel Freunde, die sich im traulichen Chore mit einander unterhalten. Die Sonate ist mithin musikalische Conversation, oder Nachäffung des Menschengesprächs» [63], die Symphonie «vertritt [...] die Stelle des Chors, und hat demnach, so wie das Chor, den Ausdruck der Empfindung einer ganzen Menge zum Zwecke» [64], eine Fuge hat die «Empfindung einer versammelten Volksmenge [...] auszudrücken», während ein Konzert als «leidenschaftliche Unterhaltung des Concertspielers mit dem ihm begleitenden Orchester» charakterisiert erscheint; «diesem theilt der Concertspieler gleichsam seine Empfindungen mit; dieses winkt ihm durch kurze eingestreute Nachahmungen bald seinen

Beyfall zu, bald bejahet es seinen Ausdruck [...] Kurz, das Concert hat viele Aehnlichkeit mit der Tragödie der Alten, wo der Schauspieler seine Empfindungen nicht gegen das Parterre, sondern gegen den Chor äußerte [...]» [65]. Auch für J.S. PETRI [66] sowie für andere Autoren (bis hin zu F. Schlegel [67]) sind Konzerte und andere größere Gattungen «Reden» und «Disputationen», eine Ansicht, die sich nicht zuletzt in Formen wie den instrumentalen *Conversations* und später dem (insbesondere in Paris gepflegten) *Quatuor dialogué* sowie gleichermaßen im *Trio dialogué* widerspiegelt.

Spezielle rhetorische Muster ahmt man auch bei der formalen Gliederung von Musikwerken, der *dispositio*, nach (s. C.II.2.); dabei werden sowohl Melodien als auch ganze Formverläufe unter rhetorische Prämissen gestellt. Das gilt in besonders prägendem Maße für das Schema der Sonatenhauptsatzform. Forkel meint z.B. allgemein, die «eine!» «Hauptempfindung, die hier der Hauptsatz, das Thema ist», müsse «vorzüglich genau bestimmt werden», und dazu habe man sich der «Zergliederung», «passender Nebensätze», «möglicher Zweifel» und schließlich der «Bekräftigung» zu bedienen [68]. FR. GALEAZZI bezeichnet das «Motiv» als «Hauptgedanken der Melodie» und «Thema der [...] musikalischen Rede» [69], H.Chr. Koch [70] spricht von «interpunctischer Form» mit sprachanaloger Gliederung, deren [ein!] Hauptgedanke den Affect und Charakter des ganzen Stückes bestimme. Schließlich sehen A. REICHA und wohl auch sein Übersetzer C. CZERNY noch dreißig Jahre später die Sonate als zweiteiliges [!] Drama über ein «Thema» (im inhaltlichen Sinne), in welchem der 1. Teil die «Exposition der Vorgeschichte» abgebe, während sich im 2. Teil die «Schürzung des Knotens» (die «Intrige») sowie seine «Auflösung» ereigneten. [71] In besonders schöner Weise erscheint die rhetorische Sicht der Sonatenhauptsatzform schließlich auch bei F.A. Kanne [72] dokumentiert, der den Sonatensatz als zweiteilige «wohlgeordnete Rede» sieht, mit «Seelengesprächen» oder «Dialogen» vergleicht und zudem «jedes gute Tonstück» als «Gedicht» bezeichnet, «so gut als das, welches [ein] Declamator declamirt».

IV. *Wort-Ton-Verhältnis, Semantik und Figurenlehre.* Um mit Hilfe der M. 'außermusikalische' Inhalte möglichst verständlich (sowie gleichsam 'auffallend') ausdrücken bzw. abbilden zu können, wenden die Komponisten spezielle Kunstgriffe an: verschiedenste symbolsprachliche Mittel wie Zahlensymbolik, Notationschiffren (samt der 'Augenmusik'), Zitattechniken oder semantisch aufgeladene Stilelemente, im Zusammenhang mit der Rhetorik insbesondere aber die sogenannten musikalisch-rhetorischen Figuren. Für sie führt erstmals J. TINCTORIS [73] den Terminus *figura* ein; er sieht die Figuren wie in der sprachlichen Rhetorik als Lizenzen, und zwar im Sinne eines «cantus irregularis» bzw. «color rhetoricus», welche Bezeichnungen G. PERSONA bereits 1417 [74] anwendet.

Diese Figuren, die partiell offensichtlich bereits eine Jahrhunderte alte Geschichte aufweisen [75], werden erstmals von J. BURMEISTER, letztmals von Forkel systematisch erfaßt und zum Teil mit speziellen Symbolgehalten versehen. Burmeister lehnt sich dabei in besonderer Weise an die sprachliche Rhetorik an, betont aber deutlich, daß die Figuren auch bloß eine «schmückende» Aufgabe (losgelöst von semantischen Absichten) besitzen könnten. Im Laufe der Entwicklung erfährt letztere dann eine deutliche Aufwertung, bis schließlich Forkels weite Fassung des Begriffs der Figurenlehre fast als systemsprengend erscheint, da sie gleichsam sämtliche symbolsprachlichen Möglichkeiten der M. beinhaltet. Bei näherer Beschäftigung mit den mehr als 100 überlieferten Figuren zeigt sich nämlich, daß diese in ihrer Gesamtheit alle bedeutungsgenerierenden Bausteine in sich tragen und einerseits sowohl emotional als auch rational zu erfassende sowie bildlich 'nachahmende' Konnotationen bzw. anderseits sogar Denotationen darstellen. Dabei umfassen sie nahezu sämtliche Möglichkeiten der *explicatio textus*, wenn man von speziellen zahlen- oder notationssemantischen Kunstgriffen einerseits, von Zitat- und Verweistechniken anderseits absieht.

V. *Deklamation und Vortrag.* Wenn Musiker eine nach rhetorischen Gesichtspunkten verfertigte «Klangrede» vortragen, haben sie gemäß übereinstimmender Meinung sämtlicher Autoren alle diese Gesichtspunkte zu bedenken. Bereits G. ZARLINO sieht den «accento Rhetorico» als höchste Tugend der Ausführenden an und stellt ihn über den «accento Grammatico», der lediglich die Silbenqualität, nicht aber den Gesamtsinn beachtet. [76] E. DE CAVALIERI betont im Vorwort zu seiner ‹Rappresentatione di anima et di Corpo› (Rom 1600), daß ein Sänger nicht nur über eine schöne Stimme und gute Intonation sowie über expressiven Ausdruck verfügen, sondern seinen Gesang auch mit Gesten und Bewegungen unterstützen müsse, um die Affekte noch besser darzustellen. Das Einbeziehen des gestischen Elements in die Gesamtsicht der (allgemeinen) Rhetorik wird im übrigen auch durch die Tatsache dokumentiert, daß englische [77] und deutsche [78] Autoren die Gesten systematisieren und gemäß ihrem Ausdruckscharakter den semantischen Feldern zuordnen. Und auch in Rhetorik-Lehrbüchern wird die musikalische mit der sprachlichen Deklamation verglichen. So stellt J.M. MEYFART 1634 fest: «Eine künstliche Rede ist eine heimliche Harmoney oder Musica» und meint, «es ist eine unglaubliche Zierde, Lust, Frewde, Wonne, und Dapfferkeit, wenn der Redener sich kan von unten auff in die Septimam schwingen, oder die Sextam, wie die Musicanten reden» [79], was nicht zuletzt speziell den auf den Ausdrucksgehalt der Intervalle aufbauenden Bereich der musikalischen Affektenlehre anspricht.

Im 18. Jh. wird es schließlich auch Pflicht der Instrumentalisten, wie ein Deklamator zu akzentuieren, Sätze, Perioden und Ruhepunkte zu erkennen, die Abschnittsbildungen zu verstehen sowie peinlich genau die «musikalische Interpunktion» [80] nachzuempfinden. Sollte ihnen dies schwerfallen, können sie – wie dies z.B. Beethoven insbesondere seinen Klavierinterpreten empfiehlt – auf die «Methode gebildeter Sänger» zurückgreifen, «die nicht zuviel und nicht zuwenig tun» und «bisweilen passende Worte einer streitigen Stelle unterlegen und sie singen» [81]; denn schließlich hat ja auch schon der Tonsetzer wohl daran getan, «wenn er sich allemal den Charakter einer Person, oder eine Situation, eine Leidenschaft, bestimmt vorstellt, und seine Phantasie so lang anspannt, bis er eine in diesen Umständen sich befindende Person glaubt reden zu hören. Er kann sich dadurch helfen, daß er pathetische, feurige, oder sanfte, zärtliche Stellen, aus Dichtern aussucht und in einem sich dazu schikenden Ton declamirt, und alsdenn in dieser Empfindung sein Tonstük entwirft. Er muß dabey nie vergessen, daß die Musik, in der nicht irgendeine Leidenschaft, oder Empfindung sich in einer verständlichen Sprache äußert, nichts, als ein bloßes Geräusch sey». [82] Noch C. Czerny vergleicht in seiner Pianoforteschule von 1842 die Notenwerte mit kurzen und langen Silben und spricht von musikalischer «Deklamation».[83]

Zum «redenden und verständlichen Vortrag»[84] gehört jene kleingliedrige Artikulation, die aus gleichsam silbenähnlichen Zweier- und Dreiergruppen besteht und heute insbesondere von Verfechtern der 'historischen Aufführungspraxis' wieder gepflegt wird. Originale Fingersätze aus dem frühen 16. bis späten 18. Jh. (z.B. schon in H. BUCHNERS ‹Fundamentum› von ca. 1520, später bei J.S. und C.Ph.E. Bach sowie noch bei D.G. Türk) belegen dies ebenso wie Bogenführungs-Anweisungen in Unterrichtswerken für Violine (z.B. bei G. MUFFAT[85] oder L. Mozart) sowie Artikulationssilben in Flötenschulen (z.B. bei J.M. HOTTETERRE 1707 oder J.J. QUANTZ 1752). Vor dem Hintergrund dieser Tatsachen ist auch das Lob Forkels für J.S. Bach zu sehen: «Er sah die Musik völlig als eine Sprache, und den Componisten als einen Dichter an, dem es, er dichte in welcher Sprache er wolle, nie an hinlänglichen Ausdrükken zur Darstellung seiner Gefühle fehlen dürfe»; an anderer Stelle heißt es, «daß jedes Stück unter seiner Hand gleichsam wie eine Rede sprach», bzw. daß Bach «seine Stimmen gleichsam als Personen ansah, die sich wie eine geschlossene Gesellschaft mit einander unterredeten».[86] Auch die 'sprechende Pause' zählt zu den speziell von der Rhetorik geprägten Vortragselementen, die z.B. für Beethoven dokumentiert erscheint, von dessen «Redekunst am Pianoforte» A. Schindler[87] emphatisch berichtet. Denn schließlich war jede Instrumentalmusik «Nachahmung des Gesanges» und somit nach dem Vorbild textierter Melodien auszuführen.

Die Sicht des Konzertes als «Nachahmung des Sologesanges mit vollstimmiger Begleitung»[88] oder der Sonate als Drama in zwei Teilen führt dazu, daß Komponisten in solche Werke durchaus reale, deklamatorisch (rhetorisch) vorzutragende Inhalte legen, wie sie uns u.a. durch Schindler[89] von Beethovens Werken dieser Gattung sowie durch 'inhaltliche Angebote' des Komponisten selbst verbürgt sind; so heißt es in seinem Brief an J. Kanka vom 8.4. 1815: «[...] womit soll ich ihnen in meiner Kunst dienen, sprechen sie wollen sie das selbstgespräch eines geflüchteten Königs oder den Meyneid eines *Usurpators* besungen haben – oder das Nebeneinanderwohnen zweier Freunde, welche sich nie sehen?».[90] Schindler bezeichnet solche Programme später als «poetische Idee»[91] und meint damit offensichtlich etwas Handfesteres als die romantische Musikästhetik. 'Inhalte' besitzen auch etliche Symphonien J. HAYDNS, der etwa laut A.C. DIES[92] und G.A. GRIESINGER[93] in einer solchen eine «Unterredung zwischen Gott und einem leichtsinnigen Sünder» wiedergibt und laut seinem italienischen Biographen G. CARPANI[94] vielen Werken «una specie di romanzo ossia programma» unterlegt und die Ausarbeitung der Gedanken und Schattierungen («le idee, i colori musicali») auf diese 'Inhalte' bezieht.

Speziell in bezug auf diese semantische Komponente von Bedeutung ist Forkels Definition des Vortrags; er sei «das, wodurch ein Tonstück nach seinem wahren Charakter und Inhalt hörbar wird»[95]. Um ihn zu erkennen, ist die Kenntnis aller symbolsprachlichen Mittel, insbesondere der bedeutungstragenden musikalisch-rhetorischen Figuren, notwendig; denn erst sie bringen, wie schon J.G. WALTHER betont, sowohl den Ausführenden als auch dem Publikum die «gantze Meinung»[96] der Kompositionen nahe. Vor diesem Hintergrund hat sich der Vortragende «in den Affekt des Stüks [zu] setzen»[97] und dann alle «musikalische Gedancken nach ihrem wahren Inhalte und Affeckt singend oder spielend dem Gehöre empfindlich zu machen», wie dies C.Ph.E. BACH den «Clavier=Spielern»[98] ans Herz legte. Denn, wie hier sei abschließend J. Mattheson zitiert, ohne von der «schätzbaren Rhetoric» sowie der «werthen Poesie [...] die gehörige Kundschafft zu haben, greifft man das Werck, ungeachtet des übrigen Bestrebens, doch nur mit ungewaschenen Händen und fast vergeblich an».[99]

C. *Die Kompositionslehre der musikalischen Rhetorik.*
I. *Allgemeines.* Gemäß dem Vorbild der (insbesondere protestantischen) Lateinschulen, in denen seit dem 16. Jh. die *artes dicendi* nach den Prinzipien von Regel (*praeceptum*), Beispiel (*exemplum*) und Nachahmung (*imitatio*) gelehrt werden, geht nun auch die musikalische Unterweisung vor sich. Stoff des Unterrichts sind dabei (ebenfalls) die verschiedenen *genera* (Stilhöhen, Stilbereiche) der 'musikalischen Rede', die Arbeitsstufen der Rhetorik samt ihren speziellen Erfordernissen (auch unter dem Aspekt der Trennung in *res* und *verba*) sowie die *virtutes elocutionis*. Die Begegnung mit der musikalischen Rhetorik setzt dabei im Kompositionsunterricht nach der satztechnischen Unterweisung (der *musica poetica*) ein, also nach dem Studium der Vorschriften und Regeln (*praecepta*) der 'musikalischen Grammatik' (s. B.II.). Auf dieser höchsten Stufe nun «lernte der Schüler die Mittel kennen, mit denen er eine Komposition kunstvoller gestalten und einen Text musikalisch ausdrücken konnte»[100], also auch sämtliche Techniken bzw. Möglichkeiten der *explicatio textus*. Dabei eifert er zunächst guten *exempla* nach, um durch diese *imitatio* zu selbständiger Meisterschaft zu gelangen. So berichtet uns J. MAINWARING[101] von G.F. HÄNDELS Unterricht bei F.W. ZACHOW: «[...] and, that he might equally advance in the practical part, he frequently gave him subjects to work, and made him copy, and play, and compose in his head»; Händel besitzt zudem «a common-place book» mit Abschriften zahlreicher Muster aus dem Œuvre bekannter Meister: «They were probably exercises adopted at pleasure, or dictated for him to work upon, by his master.»[102] In diesem Zusammenhang ist auch die Ansicht Matthesons interessant, daß angesichts der «Verwandschafft mit der Oratorie oder Rhetorique» insbesondere *elaboratio* und *executio* der musikalischen Werke erlernbar seien.[103]

Die Stelle der *genera* nehmen in der M. die «Stile» ein, die einerseits nach Kriterien des Affekts, andererseits nach ihrer Funktion bzw. nach dem Ort, an dem die M. erklingt, definiert werden. J. Mattheson etwa unterscheidet in seiner 1717 herausgegebenen Schrift ‹Das Beschützte Orchestre› zunächst nach grundsätzlichen Affektsphären zwischen den «Stylus lustig= und frölicher Musicken» sowie «dem ernsthafften und ernstlichen», weist sodann auf die drei 'Funktionsstile' für Kirche, Theater und Cammer und bedenkt daraufhin den Unterschied von italienischem und französischem Stil: Ersterer sei «scharff, bunt und ausdrückend», zweiterer «natürlich, fliessend, zärtlich etc.» Schließlich faßt er alle diese Unterscheidungen folgendermaßen zusammen: «Der alte und neue Styl; der Italiänische, Frantzösische, Teutsche=Styl etc. Der Kirchen= Opern= und Cammer=Styl etc. Der lustige, frölige, bunte, scharffe, ebenträchtige, ausdrückende, ehrbahre, ernsthaffte, majestätische Styl; der natürliche fliessende, zärtliche, bewegende Styl; der grosse, hohe, galante Styl; der gewöhnliche, gemeine, niederträchtige, kriechende Styl etc.»

Dieser nach äußerst unterschiedlichen Kriterien, nämlich nach historischen, geographischen, funktionalen, satztechnischen und affektiven Gegebenheiten aufgelisteten Darstellung läßt Mattheson die italienische «Ordnung» der Stilzuteilungen gemäß dem ‹Dictionnaire de musique› (Paris 1703) von S. DE BROSSARD folgen, dessen Kategorisierung insbesondere auf dem Parameter der unterschiedlichen Affekte in den einzelnen Gattungen beruht und nur ganz selten kompositionstechnische Aspekte bedenkt: Die «eigene Nahmen vor alle diese Sorten» von Stilen lauten bei den «Italiänern» laut Brossard bzw. Mattheson folgendermaßen: «Stilo Dramatico oder Recitativo», «Stilo Ecclesiastico», «Stilo Motectico», «Stilo Madrigalesco», «Stilo Hyporchematico», «Stilo Simfoniaco», «Stilo Melismatico», «Stilo Fantastico» und «Stilo Choraico». Daß diese Aufzählung für Mattheson aber nur eine Auswahl darstellt, ersehen wir aus seinem Nachsatz: «Wir würden nimmer zu Ende kommen, wenn wir sie [also die «Style»] alle hier erzehlen solten.» [104]

Mattheson ergänzt die erwähnten Stile noch durch den «Stylum Canonicum», der bei Brossard fehlt, und er bringt auch weitere inhaltliche Korrekturen an, insbesondere was die Zuordnung der Affekte betrifft. Letzten Endes gelangt Mattheson aber dann doch zu der Ansicht, daß es trotz feiner Unterschiede in gewissen Spezialfragen eigentlich nur drei Stile gebe, unter welche alle anderen subsumiert werden könnten: den «Stylus Ecclesiasticus», den «Stylus Theatralis» und den «Stylus Camerae», also Kirchen-, Theater- und Kammerstil. Die Untergliederungen dieser drei nach Kriterien von Inhalt und Affekt geschiedenen Stile berücksichtigen dann eher kompositions- und satztechnische Besonderheiten, wodurch einige solcher Spezialstile (die er als *species* kategorisiert) «subalterni» von zwei oder gar drei der grundsätzlichen «Genera Stylorum» seien. So gäbe es innerhalb des Kirchenstils folgende «Styli»: «Ligatus. Motecticus. Madrigalescus. Symphoniacus. Canonicus»; der Theaterstil kenne die Stile «Dramaticus. Symphoniacus. Hyporchematicus. Phantasticus. Melismaticus»; und der Kammerstil «Symphoniacus. Canonicus. Choraicus, Madrigalescus. Melismaticus.» [105]

22 Jahre später kommt Mattheson erneut auf diese Dreiteilung zu sprechen, wobei er sie hier aus dem Sprachcharakter und der Sprach-Ähnlichkeit der M. her ableitet: «WEil die besondre Anwendung und Zusammenfügung gewisser Wörter, Redens=Arten, Ausdrücke und Formalien, sowol in heiliger Schrifft, als im Gericht, bey Hofe, in Kantzeleien, auf Lehr=Stühlen, in Briefen und täglichem Umgange einen mercklichen Unterschied des Styls, es sey im reden oder schreiben, hervorbringt: so stehet leicht zu erachten, daß die Ton=Kunst, da sich ihr Nutz und Gebrauch über Gottes=Häuser, Schaubühnen und Zimmer erstrecket, nothwendig auch, durch dergleichen Anwendung und Zusammenfügung gewisser Klänge, Gänge, Fälle, Zeit=Ordnungen und Geltungen, in ihrer Schreib- und Setz=Art, sehr verschieden seyn müsse.»

Mattheson ordnet sogar «das so genannte hohe, mittlere und niedrige in allen Schreib=Arten» diesen drei grundsätzlichen Stilen unter, da dies «nur Neben=Dinge und zufällige Ausdrücke» seien, «Unter=Theile, die für sich selbst keinen Kirchen= Theatral= noch Kammer=Styl ausmachen können: Denn alle und jede Ausdrücke, sie mögen was erhabenes, mäßiges oder geringes begreiffen, müssen sich unumgänglich nach obbesagten dreien vornehmsten Geschlechtern der Schreib=Art, mit allen Gedancken, Erfindungen und Kräfften, als Diener nach ihren Herren, ohne Ausnahm richten.» [106]

Auch in Bezug auf die Idiomatik der drei Stile gibt uns Mattheson nähere Informationen. Die Notwendigkeit, sich je nach der Ausrichtung der Werke einer anderen Schreibweise zu bedienen, wird uns jedoch besonders schön von J.A. SCHEIBE nahegebracht: «Diesen Umstand zu erläutern, müssen wir die Eigenschaften der Kirchenmusik, der theatralischen Stücke und der Kammermusik voraus setzen, und untersuchen, worinnen eigentlich das wahre Wesen dieser Gattungen musikalischer Stücke bestehet, und was sie insonderheit von einander unterscheidet.» Diesbezüglich kommt Scheibe etwa für die «hohe Schreibart» zu folgendem Schluß: Im «Kirchenstyl» habe man hier «auf eine durchdringende Harmonie, auf eine prächtige und ernsthafte Ausführung eines nachdrücklichen Hauptsatzes, und überhaupt auf die Vollstimmigkeit, und auf ein männliches, ansehnliches und gesetztes Wesen» zu achten. Im «theatralischen Styl» hingegen sei «auf eine feurige, nachdrückliche und prächtige Melodie zu sehen», während «die Harmonie nur zur Begleitung nöthig ist; sie thut also allhier keinesweges die Dienste, welche sie wohl im Kirchenstyl thut». Im «Kammerstyl» hingegen müßten «Harmonie und Melodie mit vereinigten Kräften arbeiten». [107]

Mattheson spezifiziert dies noch genauer: «Es erfordert sonst dieser Styl in der Kammer weit mehr Fleiß und Ausarbeitung, als sonst, und will nette, reine Mittel=Partien haben, die mit den Ober=Stimmen beständig, und auf eine angenehme Art gleichsam um den Vorzug streiten. Bindungen, Rückungen, gebrochene Harmonien, Abwechselungen mit tutti und solo, mit adagio und allegro &c. sind ihm solche wesentliche und eigene Dinge, daß man sie meistentheils in Kirchen und auf dem Schau=Platz vergeblich sucht: weil es daselbst immer mehr auf die Hervorragung der Menschen=Stimmen ankömmt, und der Instrument=Styl nur ihnen zu Gefallen und zur Begleitung oder Verstärckung da ist; wogegen er in der Kammer schier die Herrschafft behauptet [...].» [108] Und schließlich betont er noch, daß selbst die Art und Weise der Verzierung je Stil und gar je Gattung anders zu erfolgen habe.

II. *Arbeitsstufen der musikalischen Rhetorik.* Die Autoren, die sich mit der 'musikalischen Rhetorik' befassen, gehen zumeist von denselben fünf oder sechs Arbeitsstufen aus, von denen in der sprachlichen Rhetorik die Rede ist: *inventio, dispositio, elocutio (elaboratio), decoratio,* eventuell *memoria* sowie *executio* (bzw. *actio* oder *pronuntiatio*) [109]; doch werden auch verkürzte Folgen wie *inventio-dispositio-elocutio* oder *inventio-elaboratio-executio* genannt. Daneben existiert die Zusammenfassung von *inventio* und *dispositio* zur Kategorie *res*, der dann die Kategorie *verba* entgegentritt; hier unterscheidet man also jene Arbeitsgänge, die den Inhalt (die 'Sachen') der Rede betreffen, von der sprachlichen Ausführung jener *res*, der *elocutio* (s. C.IV.). Im 18. bzw. 19. Jh. werden dann die Namen der drei kompositionstechnischen Arbeitsphasen *inventio, dispositio* und *elaboratio* von den Begriffen «Anlage», «Ausführung» und «Ausarbeitung» abgelöst, die rhetorische Sicht der Kategorien bleibt aber grundsätzlich gleich: «Die Bestimmung des Charakters oder der Empfindung eines Tonstücks, insbesondere aber die Erfindung der wesentlichen Theile desselben, durch welche die Empfindung ausgedrückt werden soll, wird die Anlage des Tonstückes genannt. Bey der Ausführung werden diese wesentlichen Theile des Ganzen in verschiedenen Wendungen und Zergliederungen in den Perioden durchgeführt, damit die auszudrückende Empfindung die nöthigen Modifikationen, und der Satz den Stoff zur Fortdauer des Ausdruckes dieser Empfindung erhalte. […] Die Ausarbeitung beschäftiget sich sodann mit den zufälligen Schönheiten des Werks, mit Hinzufügung der Neben- und Füllstimmen, und mit dem, was man bey Kunstwerken die Feile nennt.» In der Ausarbeitung wird jedoch auch «die Wirkung erwogen, welche durch die Neben- oder Füllstimmen erhalten werden kann», und außerdem wird hier «der grammatische Theil des Ganzen berichtiget».[110]

1. *Inventio.* Auch in der M. bildet die Topik eine Art 'Vorratsmagazin', in welchem man durch das Aufsuchen bzw. Abfragen der einzelnen 'Örter' (*loci*) des Raumes Ideen und Themen 'findet'. Das Prinzip dieser *loci topici* basiert auf Ph. Melanchthons Schrift ‹Loci communes rerum theologicarum› von 1521 und somit auf Quintilians «loci communes» bzw. «loci argumentorum»; die *loci* geben auch in der M. «bisweilen ziemlich artige Hülffs=Mittel zum Erfinden […] an die Hand».[111] Für die M. spricht als erster H. Glarean die *inventio* an, die Findung des Einfalls: In seinem ‹Dodekachordon› von 1547 ist von einer «thematis inventio» die Rede.[112] G. Dressler wendet den Begriff dann für kompositionstechnische Unterweisungen an.[113] Im 17. und 18. Jh. wird die *inventio* zu einer umfangreichen Lehre ausgebaut, wie Komponisten zu Einfällen gelangen könnten. J. A. Herbst[114] verschreibt sich dabei der kontrapunktischen Satztechnik, F. E. Niedt[115] der 'Erfindung' von Generalbaß-Aussetzungen, A. Kircher[116] betont (im Kapitel ‹De Partibus Rhetoricae Musurgicae›) insbesondere den notwendigen Zusammenhang zwischen Text und Musik.

Ein besonders rationales Verfahren der *inventio* schlägt J. Kuhnau in der Einleitung zu seiner Sammlung ‹Texte zur Leipziger Kirchen-Music› vor: Man solle im Falle einer Vertonung von Bibeltexten bei Ausbleiben der *inventio* «auch andere Versiones in andern uns bekannten Sprachen zur Hand» nehmen, wobei er vornehmlich an die drei ‹heiligen› Sprachen Latein, Griechisch und insbesondere Hebräisch denkt, da vor allem «die Grund-Sprache zur Invention nicht wenig beytragen»[117] könne – ein Verfahren, das uns auch schon von H. Schütz überliefert ist[118]. In seinem Roman ‹Der Musicalische Quack-Salber›[119] hingegen ironisiert Kuhnau in köstlicher Form allzu äußerliche Verfahren der *inventio*.

Eine kritische Sicht vertritt dann zunächst auch J. Mattheson. Er warnt vor einer Überbewertung der *loci topici*, die nur vermeintliche «Wunder-Wercke» seien, und betont, daß die *inventio* insgesamt «keine zu erlangende, sondern eine angebohrne gute Eigenschafft»[120] darstelle. Nach seiner Beschäftigung mit (u.a.) F. X. A. Murschhausers ‹Academia Musico-Poetica Bipartita› (1721) schwächt er diese Meinung aber in späteren Publikationen mehr und mehr ab[121] und legt schließlich 1739 die umfangreichste Lehre von der Bedeutung sowie Erlernbarkeit der musikalischen *inventio* vor, wobei er Überlegungen von Chr. Weise (‹Politischer Redner›, 1677) und C. Weissenborn (‹Gründliche Einleitung zur teutschen und lateinischen Oratorie und Poesie›, 1713) auf das Gebiet der M. überträgt.

Zunächst meint er hier allgemein zu den *loci topici*: «Diese Specialien müssen aber nicht so genommen werden, daß man sich etwa ein Verzeichniß von dergleichen Brocken aufschreibe, und, nach guter Schulweise, daraus einen ordentlichen Erfindungs-Kasten machen müste; sondern auf dieselbe Art, wie wir uns einen Vorrath an Wörtern und Ausdrückungen bey dem Reden, nicht eben nothwendig auf dem Papier oder in einem Buche, sondern im Kopffe und Gedächtniß zulegen, mittelst dessen hernach unsre Gedancken, es sey mündlich oder schrifftlich, am bequemsten zu Tage gebracht werden können, ohne deswegen allemahl ein Lexicon um Rath zu fragen. […] Zwar wem es anstehet, und den die Noth dazu treibet, der mag sich immerhin eine solche schrifftliche Sammlung anschaffen […].»[122]

Die *loci* im einzelnen geben dann laut Mattheson versinnbildlichende Möglichkeiten mehrerer Art: 1) «Locus notationis»: Notationssymbolik (Notennamen werden gleichsam als Buchstaben eingesetzt, ferner sind hier 'Spiele' mit Noten und deren räumlicher Anordnung zu nennen, u.a. Kanons). 2) «Locus descriptionis»: Beschreibungen von «Gemüths-Bewegungen» gemäß der Affektenlehre. 3) «Locus generis & speciei»: Symbolik durch kompositorische Gattungen und Formen. 4) «Locus totius & partium»: Symbolik durch die Gesamtanlage und die Einzelstimmen. 5) «Locus causae efficientis»: Assoziationen zu Ursachen oder Antrieben. 6) «Locus materialis»: Symbolik durch musikalisches Detail-Material (Ausdrucksmöglichkeiten von Konsonanz oder Dissonanz, Text und Besetzung). 7) «Locus formalis»: Symbolik durch Detailformen und Phrasierungen. 8) «Locus finalis»: Fragen nach Sinn und Bestimmung (Preis Gottes, Theater etc.). 9) «Locus effectuorum»: Symbolik durch die Plazierung von Effekten. 10) «Locus adjunctorum»: Möglichkeiten programmatischer Durchdringung. 11) «Locus circumstantiarum»: Weitere Assoziationen zu dieser. 12) «Locus comparatorum»: Vergleiche mit ähnlichen Dingen. 13) «Locus oppositorum»: Möglichkeit des Gegensatzes zu konträren Beispielen. 14) «Locus exemplorum»: «Nachahmung anderer Componisten, wenn nur feine Muster dazu erwehlet». 15) «Locus testimoniorum»: Zitate.[123]

Schließlich gibt Mattheson anhand eines zu vertonenden Textes ein Beispiel, wie mit Hilfe der «ars combinatoria» *inventiones* zu finden seien. Neben diesen zahlreichen *loci* zeigt Matthesons Betonen einer «inventio ex abrupto, inopinato, quasi ex enthusiasmo musico», die der Autor aus C. F. Hunolds (Künstlername: Menantes) Schrift ‹Allerneueste Art Zur Reinen und Galanten Poesie zu gelangen› (1707) übernimmt, daß er auch bereits der Naturgabe des *ingenium*, die sich für die Poetik des späteren 18. Jh. so bedeutend erweisen wird, ein wichtiges Augenmerk zumißt.[124]

Ein anderer wichtiger Gewährsmann für die Bedeutung der *inventio* in der Komposition ist J. D. Heinichen. Er zeigt am Beispiel «etlicher seichter Texte» von Opern, wie sich durch «Antecedentia, Concomitantia, & Conseqventia Textus» selbst hier eine akzeptable Vertonung finden lasse, wenn man «die Umstände der Person, der Sache, des Wesens, des Uhrsprungs, der Arth und Weise, des Entzweckes, der Zeit, des Ortes etc. wohl erwege».[125] Im übrigen ist uns durch J. Mainwaring (bzw. seinen Übersetzer Mattheson) überliefert, daß Händels Lehrer F. W. Zachow sich im Unterricht insbesondere bemühte, «die Erfindungskunst […] in bessern Stand zu setzen»[126], und auch J. S. Bach sieht seine zwei- und dreistimmigen ‹Inventionen› (bzw. ‹Sinfonien›) laut eigenem Vorwort als «Anleitung […] gute Inventiones nicht alleine zu bekommen, sondern auch selbige wohl durchzuführen»[127].

2. *Dispositio.* In besonders hohem Maße sehen rhetorisch geschulte Musiker die *dispositio*, die Gliederung der Kompositionen, analog zur Rhetorik. Bereits G. Dressler versteht die Abschnitte *exordium*, *medium* und *finis* als Teile der musikalischen Rede [128], und J. BURMEISTER weist gar die rhetorische *dispositio* einer Motette von O. DI LASSO nach [129]. Schon Aristoteles hatte das *proaulion* des Aulosspielers mit dem *exordium* verglichen, und die Übersetzung dieses Terminus als «Ricercar» führt dann zur Entwicklung der gleichnamigen Gattung; ein Ricercar kann sowohl frei improvisiert (gemäß Quintilians «extemporalis oratio» oder Ciceros «principium») als auch in strenger Polyphonie gestaltet sein (imitatorisch mit sich gleichsam 'einschleichenden' Stimmen im Sinne der «insinuatio» Ciceros), also als Vorform der Fuge. [130]

Auch A. BERARDI spricht am Beispiel des Fugenbaus von einer *dispositio*; er koppelt Elemente der Logik und der Rhetorik und bezeichnet die Themenaufstellung als «la propositione», die Imitationen als «silogismo» und den stretta-artigen Schluß als «il concludere». [131] An ihn schließt 1718 in variierter Form der Dresdener Kapellmeister J.C. SCHMIDT [132] in einem Brief an Mattheson an; sein Modell basiert auf der *chria*, einer aus pädagogischen Gründen 'verständlicher' gestalteten Variante der klassischen *dispositio*, und koppelt *propositio* («Dux»), *aetiologia* («Comes»), *oppositum* («Inversio varia Fugae»), *similia* (die veränderten Figuren der *propositio*), *exempla* (verschiedene Varianten einschließlich Augmentation und Diminution), *confirmatio* (kanonische Varianten) und *conclusio* (Imitationen über einem Orgelpunkt). [133]

Mattheson, der die *dispositio* in seinen frühen Publikationen noch nicht nennt, faßt seine Sicht dieser rhetorischen Arbeitsstufe dann in seinem Hauptwerk folgendermaßen zusammen: «Unsre musicalische Disposition ist von der rhetorischen Einrichtung einer blossen Rede nur allein in dem Vorwurff, Gegenstande oder Objecto unterschieden: dannenhero hat sie eben diejenigen sechs Stücke zu beobachten, die einem Redner vorgeschrieben werden, nemlich den Eingang, Bericht, Antrag, die Bekräfftigung, Wiederlegung und den Schluß. Exordium, Narratio, Propositio, Confirmatio, Confutatio & Peroratio.» [134] Er koppelt hier zwei verschiedene Anordnungsprinzipien aus der lateinischen Rhetorik: einerseits aus Ciceros ‹De oratore›, in welchem insbesondere die politische, öffentliche Rede vor dem Volk gelehrt wurde (Teile: *exordium, narratio, propositio, confirmatio, peroratio*), andererseits aus Quintilians ‹Institutionis oratoriae libri XII›, welche vor allem die Gerichtsrede beschreiben (Teile: *prooemium* [*principium, exordium*], *narratio, probatio, refutatio, peroratio*), wobei die 'streitbare' *refutatio* Quintilians bei Mattheson wahrscheinlich nach dem Vorbild M.C. WEISSENBORNS [135] zur *confutatio* abgeschwächt wird. [136]

Laut Mattheson wird im *exordium*, dem «Eingang und Anfang einer Melodie», «der Zweck und die ganze Absicht derselben angezeiget», die *narratio* ist ein «Bericht», der «die Meinung und Beschaffenheit des instehenden Vortrages» andeutet, die *propositio* «oder der eigentliche Vortrag enthält kürtzlich den Inhalt oder Zweck der Klang=Rede», die *confutatio* «ist eine Auflösung der Einwürffe», die *confirmatio* «eine künstliche Bekräfftigung des Vortrages» und die *peroratio* schließlich «der Ausgang oder Beschluß unsrer Klang=Rede»; eine Analyse einer Arie von B. Marcello nach Kriterien der rhetorischen *dispositio* untermauert Matthesons Sicht. [137] Im übrigen konnte eine Analyse des ‹Brandenburgischen Konzerts Nr. 3› von J.S. Bach unlängst aufzeigen, daß dieses Werk genau gemäß der Matthesonschen Sicht der rhetorischen *dispositio* gebaut ist. [138]

Einen speziellen rhetorischen Aufbau scheint aber auch das aus mehreren Teilen mit verschiedener Besetzung bestehende ‹Musicalische Opfer› von J.S. Bach zu besitzen, das laut einer umfassenden Analyse nach dem Vorbild von Quintilians ‹Institutio oratoria› aus folgenden Teilen besteht: *Exordium I* (*Principium*): ‹Ricercar›; *Narratio brevis*: ‹Canon›; *Narratio longa*: ‹Canones›; *Egressus*: ‹Fuga›; *Exordium II* (*Insinuatio*): ‹Ricercar›; *Argumentatio* (*Quaestiones*, bestehend aus *Probatio* und *Refutatio*): ‹Canones›; *Peroratio in adfectibus*: ‹Sonata›; *Peroratio in rebus*: ‹Canon›. [139]

3. *Elaboratio (elocutio).* Bei der Ausarbeitung der 'musikalischen Rede', der *elaboratio* oder *elocutio*, bedient sich der Komponist nun sowohl sämtlicher bedeutungsgebenden als auch sämtlicher schmückenden Hilfsmittel. Zu ihnen zählen zunächst für beide Bereiche vor allem die musikalisch-rhetorischen Figuren, andere Möglichkeiten der Symbolik bzw. der Verzierung ergänzen den Gesamtfundus. Die *elaboratio* ist jedenfalls für jedweden (auch inhaltlichen) Schmuck (*ornatus*) einer Komposition verantwortlich und wird von Mattheson gemeinsam mit der *decoratio* als «Ausarbeitung und Zierde» (der Melodien) bezeichnet. Dementsprechend behandelt dieser Autor nach der allgemeinen «Ausschmückung» und den «Zierathen» sofort die Figuren (s. B.IV).

4. *Memoria.* Die *memoria*, das Lernen, vornehmlich aber das Auswendiglernen der Rede (bzw. für unseren Bereich des musikalischen Vortrages), wird in der musiktheoretischen Literatur nicht thematisiert, zumindest nicht im Hinblick auf die Verwandtschaft dieser Tätigkeit mit der sprachlichen Rhetorik. Da das 'Memorieren' allerdings für den gesamten pädagogischen Bereich von Bedeutung ist, können wir davon ausgehen, daß es auch bei der Ausführung von (vor allem solistischer) M. einbedacht erscheint.

5. *Pronuntiatio (actio, executio).* Auch die *pronuntiatio* (*actio, executio*), die Ausführung der M., hat rhetorischen Gesetzen zu gehorchen (s. B.V.). Dabei gilt das affektiv geprägte Singen, insbesondere das rezitativische, vielen Autoren [140] ohnehin als eine Art Mittel zwischen Gesang und Sprechen. Besonders schön drückt dies J.G. WALTHER aus: Das Rezitativ habe «eben so viel von der Declamation als von dem Gesange, gleich ob declamirte man singend, oder sänge declamirend». [141] Ähnlich lautet es in allen wichtigen Lehrwerken der nächsten Generation, wobei die dem natürlichen Sprachduktus entsprechende Ausführung als Ziel hervorgehoben erscheint. [142] Schließlich wird in J.G. SULZERS ‹Allgemeine Theorie der schönen Künste› das Rezitativ als «eine Art des leidenschaftlichen Vortrages der Rede» bezeichnet, «die zwischen dem eigentlichen Gesang, und der allgemeinen Declamation das Mittel hält» [143], und kein Geringerer als W.A. MOZART betont, daß im Rezitativ «nicht gesungen, sondern declamirt wird» [144]. Wenn andererseits W. BYRD um 1600 meint, jedermann solle singen lernen, um eine perfekte Aussprache zu gewinnen und ein guter Redner zu werden («it is the best means to procure a perfect pronunciation, and to make a good orator» [145]), so schließt sich der Kreis in deutlicher und stringenter Weise.

III. *Virtutes elocutionis.* Während eine Rede in der sprachlichen Rhetorik vier spezielle Qualitäten (*virtutes elocutionis*) vorzuweisen hat, um allen Anforderungen gerecht zu werden, so beschränken sich diese in der M. auf eine bzw. zwei. Denn sowohl jedes Abgehen von der *puritas* (bzw. *latinitas*), der sprachlichen Korrektheit, als auch von der *perspicuitas* (Deutlichkeit) kann nur im Sinne einer kompositionstechnischen Lizenz gesehen werden und ist somit eo ipso als *figura* zu verstehen. Die dritte Kategorie, der *ornatus* (Schmuck), stellt hingegen für die M. die wichtigste «Tugend» dar; er wird (s.a. C.II.3.) im Arbeitsgang der *elaboratio* eingebracht und im Sinne der Rhetorik vor allem durch die musikalisch-rhetorischen Figuren bewerkstelligt, während die (für die kunstvolle Sprache wichtigen) Tropen für die M. keine spezielle Bedeutung besitzen. Die vierte rhetorische «Tugend», das *aptum* (bzw. *decorum*), die Angemessenheit bzw. 'Schicklichkeit' der (musik-)sprachlichen Mittel, bezieht sich in der Musik(geschichte) auf die Verwendung des dem Zweck der Komposition entsprechenden 'richtigen' Stiles, also auf die Kategorie der *genera* (s. C. I.).

1. *Tropen.* Tropen sind in der sprachlichen Rhetorik Veränderungen eines Wortsinnes durch Übertragung oder Verschiebung der Bedeutung. Da musikalische Bausteine kaum jemals denotativ eindeutige inhaltliche Bedeutungen besitzen, kann es in der M. keine Tropen im strengen Wortsinn geben. Dennoch vergleicht S. CALVISIUS [146] die Anwendung von Tropen und Figuren in der Rede mit dem Gebrauch verschiedener Intervalle, Zusammenklänge, Klauseln und Fugen in der M., und auch F. BACON stellt fest, daß es in der M. «certain Figures, or Tropes» gäbe, «almost agreeing with the Figures of Rhetorike; And with the Affections of the Minde, and other Senses» [147]. Einen inhaltlichen Unterschied zwischen diesen beiden *artes* definieren diese beiden Autoren aber ebensowenig wie alle anderen, wobei die meisten die Tropen gar nicht erwähnen.

2. *Musikalisch-rhetorische Figuren.* In der mittelalterlichen Musiktheorie wird der Begriff *figura* (entsprechend der sprachlichen Grammatik, die darunter das geschriebene Wort versteht) für die geschriebene Note verwendet, die einen Klang (insbesondere auch seine Dauer) symbolisiert. Seit J. TINCTORIS (1477) bedeutet der Terminus dann in Anlehnung an die sprachliche Rhetorik eine satz- bzw. ganz allgemein kompositionstechnische Lizenz (s. B.IV.). Ist eine Figur bei Quintilian eine Abweichung von der allgemeinen, sich zuerst anbietenden Art zu sprechen, so gilt sie in der M. nun laut J. BURMEISTER (der sich in seinen Schriften deutlich auf Quintilian beruft) in gleicher Weise als «tractus musicus», der sich von der einfachen Art der Komposition unterscheidet. [148]

Die Figuren leisten in der M. laut A. KIRCHER «idem, quod colores, tropi, atque varij modi dicendi in Rhetorica». [149] Wichtig für das Abweichen von den Gesetzen des Kontrapunktes ist dabei vor allem dessen Zweck bzw. Rechtfertigung durch inhaltliche Gründe. Dieses Abweichen kann zunächst durch Ausschmückung (Verzierung) der Stimmführung und des Satzes bewerkstelligt werden und ist in diesem Falle «Schmuck» (*ornatus*), bei Burmeister «poëticum decorum» [150] der musikalischen Rede. Diese gleichsam musikalisch autonomen, nur im Ausnahmefall 'Inhalte' darstellenden Figuren gelten als «figurae principales» bzw. «figurae fundamentales», weil sie den Fundamentalsatz bzw. den *stylus gravis* betreffen und auch in der polyphonen Fundamentalkomposition verwendet werden. Auf der anderen Seite gibt es die primär bedeutungstragenden, Affekte darstellenden (bzw. erregenden) sowie Inhalte, Bilder, Gefühle und Emotionen transportierenden Figuren: die «figurae minus principales». Sie werden später auch «figurae superficiales» genannt, sind im *stylo moderno* bzw. im *contrapunctus luxurians* zu Hause und betreffen insbesondere die Dissonanzbehandlung.

IV. *Res und Verba.* Mit dem Terminus *res* bezeichnen in Anlehnung an die antike Rhetorik Kompositionslehren des 16.–18. Jh. den – nach gewissen Kategorien aufgeschlüsselten – Inhalt bzw. Sinn eines zu vertonenden Textes, der durch musikalische Mittel dargestellt werden soll. Die semantischen Möglichkeiten dieser Mittel rekrutieren sich dabei zunächst aus dem Unterschied von Konsonanz und Dissonanz, von langen und kurzen Notenwerten sowie von raschen und langsamen Rhythmen. Aber auch zusätzliche Akzidentien samt ihren tonalen Ausweichungen sowie insgesamt die Affektfelder der Modi erscheinen diesen Inhalten gemäß ganz bestimmten Ausdrucksbereichen zugeordnet. G. ZARLINO empfiehlt dabei z.B. für 'harte' Ausdrucksbereiche («asprezza, durezza, crudeltà, amaritudine» usw.) große imperfekte Konsonanzen sowie langsame Synkopen-Dissonanzen, für 'weiche' («pianto, dolore, cordoglio, sospiri, lagrime» usw.) kleine imperfekte Konsonanzen sowie akzidentielle (durch zusätzliche frei gesetzte Vorzeichen hervorgerufene) Tonveränderungen. [151] Bei S. CALVISIUS [152] erscheinen die Ausdrucksbereiche hingegen weitgehend auf Lust oder Unlust beschränkt. Seinen «res profundae» setzen dann J. LIPPIUS [153] und J. CRÜGER [154] die «res divinae et humanae» zur Seite; Lippius kategorisiert dabei folgendermaßen: «Res vel grandes, graves: vel humiles, leves: vel mediocres. Eaeque porro vel lenes, jucundae, hilares, vel durae, acerbae, tristes: vel moderatae sunt» (Die Gegenstände sind entweder erhaben und ernst oder niedrig und leicht oder mittelmäßig. Ferner sind sie entweder milde, angenehm und heiter oder hart, bitter und traurig oder gemäßigt).

Unter *verba* verstehen die Theoretiker demgegenüber ein musikalisches Vokabular, das Einzelbedeutungen von Wörtern ausdeutet, wobei J. NUCIUS [155], J. THURINGUS [156], W. SCHONSLEDER [157], J.A. HERBST [158] und J.M. CORVINUS [159] Bedeutungsfelder zu Wortklassen verbinden; es gibt hier «verba affectuum» (z.B. *laetari* oder *gaudere*), «verba motus & locorum» (*currere*), «adverbia temporis [et] numeri» (wie *celeriter* oder *bis*), «[adverbia] numerorum indefinitorum» (u.a. *rursus* oder *raro*), Vokabeln mit Hinweisen auf Lichtverhältnisse (wie *lux* oder *nox*), Lebensalter, Charakterzüge (*superbus, contemptus* u.a.) oder auch «verba frigoris». Diesen *verba* werden nun Gestaltungsmittel wie Bewegung und Farbe der Noten, Tonart, Klausel oder «toni mutatio» zugeordnet, wobei es immer wieder auch Stimmen gibt, die sich gegen diese allzu eindimensionale Übertragung von Inhalten aussprechen. [160]

D. *Geschichtlicher Überblick.* **I.** *Antike.* Bereits in der griechischen Antike sieht man M. und Sprache (und somit auch Dichtung) als verwandte Künste an. In ihrer Koppelung manifestiert sich die höchste Stufe menschlicher Kunstäußerung: In den (selbst in ‹Gesänge› gegliederten) Epen HOMERS wird berichtet, daß der epische Sänger die in Hexametern gehaltenen Heldenerzählungen gleichsam metrisch musikalisiert (in singendem Tonfall, mit 'musikalischem' Tonhöhenakzent versehen) und mit einer Phorminx begleitet vortrage, und aus diesen und ähnlichen Zeugnissen können durchaus Rückschlüsse auf die Ausführung der beiden Epen selbst gezogen werden. Zudem erscheint der Dichter-Sänger hier immer als höchste Autorität, als gleichsam gottähnlicher Künstler, der oft als θεῖος (theíos, der Göttliche) bezeichnet wird. In der klassischen Tragödie ist es der Chor, der, über dem Geschehen stehend, die Funktion des von den Göttern eingesetzten Erzählers, Kommentators sowie auch Bekenners und Mahners einnimmt. Der Dichter-Sänger ist gleichzeitig Dichter-Komponist und wird als solcher u.a. von PLATON oder QUINTILIAN angesprochen[161]; seine nahezu göttliche Sendung spiegelt sich nicht zuletzt in seiner Aufgabe wider, die Menschen zu Moral und Götterfurcht anzuhalten[162]. Wichtig ist hierbei die Überzeugung, daß die M. – noch mehr als die Sprache – Affekte nicht nur darstelle, sondern auch hervorrufe und daher (insbesondere laut ARISTOTELES) im Menschen die verschiedensten, insbesondere auch läuternden (kathartischen) Wirkungen zeitige. Die M. wird somit zu einer speziellen 'Sprache' und hat sogar staatspolitische und pädagogische Aufgaben zu erfüllen. Während PLATON dabei noch in erster Linie den alten Begriff der Musenkunst (die M. mit Dichtung und Tanz vereinigt) im Sinne hat, denkt ARISTOTELES bereits an die M. im engeren Sinne und erkennt sowohl die Kitharistik als auch (mit Einschränkungen) die Auletik an; nicht zuletzt ist für ihn die Metrik bereits eine rein musikalische, vom Wort unabhängige Kategorie, und folgerichtig widmet er in seiner ‹Rhetorik› den (gleichsam musikalisierten) Sprachrhythmen hohes Augenmerk.[163]

Musikalische Kenntnisse bzw. das Wissen um die musikalischen Qualitäten der Sprache gelten auch den römischen Rhetoren als günstig und wünschenswert, um die Effektivität ihrer Reden zu steigern, was u.a. CICERO[164] oder QUINTILIAN[165] deutlich unterstreichen. Cicero vertritt zudem die Ansicht, daß das Sprechen einen gewissen verborgenen Gesang beinhalte. Quintilian betont speziell noch die ethische Funktion der M. bei der Heranbildung eines *vir bonus*, insbesondere aber ihre Ähnlichkeit mit der Sprache, was Form, Klang, Vortrag (Gestik) und Rhythmik betrifft; er kommt dabei zu dem Schluß, daß die Rede wie der Gesang Wortfügung und Ton («compositio et sonus») gemäß dem Inhalt und Affekt der Aussage zu wählen habe. Außerdem unterstreicht er die affektive Wirkung der Musik.[166]

II. *Mittelalter und Renaissance.* 1. *Textausdeutung und Wirkung.* Die Überzeugung, daß die M. 'Sprache' sei und sowohl Mitteilungs- als auch Wirkungsfunktionen besitze, pflanzt sich auch in Mittelalter und Renaissance fort.[167] Zu dieser Meinung tragen sowohl die Rezeption antiker Autoren als auch die grundsätzliche Andachtshaltung des Kirchengesanges bei; JOHANNES TINCTORIS etwa führt 20 «effectus» der M. an.[168] Die Ausführung des gregorianischen Chorals ist hier ebenso rhetorischen Gesetzen verpflichtet[169] wie die Darbietung späterer Kompositionen, und sowohl die Notation als auch die Komposition basieren auf deklamatorisch-rhetorischer Logik und verdeutlichen nicht selten die Textinhalte in symbolischer Weise. Selbst jene Ende des 9.Jh. in der ‹Musica enchiriadis› mitgeteilte Notation, die ein am griechischen *spiritus asper* orientiertes und *dasia* genanntes Basiszeichen abwandelt, besitzt ihre Wurzel in der (rhetorischen, aber gleichsam 'musikalisierten') Vortragskunst.

Eine bewußte, musiksprachliche *explicatio textus* gibt es auch in der frühen Mehrstimmigkeit: Schon im Notre-Dame-Repertoire können «Vorstufen der musikalisch-rhetorischen Tradition»[170] festgestellt werden (wichtige Worte erscheinen verdeutlichend hervorgehoben), man wählt den Modus gemäß Textinhalt und Affekt, und auch Formprinzipien gehorchen rhetorischen Vorstellungen. Im 14.Jh., also in der Zeit des beginnenden Humanismus, unterstreichen z.B. gerade jene Trecento-Madrigale, die hochstehende Gedichte von BOCCACCIO oder PETRARCA in M. setzen, den Textsinn in musikalisch besonders kunstvoller Weise und finden dabei einerseits zu allegorischen Darstellungen im Sinne der «imitazione della natura», andererseits zu Textausdeutungen im Sinne der späteren Figurenlehre. Ähnliches gilt (u.a.) für Werke GUILLAUMES DE MACHAUT[171] sowie anderer Meister der ‹ars nova› und der ‹ars subtilior›.

Noch höhere Beachtung erfährt das Wort-Ton-Verhältnis im 15.Jh., die hier in der Forderung des F. GAFFORI gipfelt, die M. müsse sich den Worten anpassen: «Studeat insuper cantilenae compositor cantus suavitate cantilenae verbis congruere» (Darüber hinaus soll sich der Komponist einer Melodie bemühen, durch die Süße des Gesanges den Worten zu entsprechen).[172] Auch JACOBUS FABER STAPULENSIS[173] sowie JOHANNES COCHLAEUS[174] unterstreichen, daß der *orator* dem *cantor* sowie der *rhetor* dem *musicus* zu vergleichen sei, daß aber letzten Endes jeder ein Rhetor sein müsse. Als sehr wichtig sehen in diesem Zusammenhang alle Autoren die Wirkung der M. an, die nach wie vor ethische Aufgaben besitze, wie (u.a.) AGRIPPA VON NETTESHEIM[175] betont. G. ZARLINO postuliert dann 1558 nicht nur, daß die M. der *oratione* zu folgen habe, sondern handelt auch seitenweise über die (weitgehend von der Sprache bzw. vom Text hervorgerufenen) «rühmlichen Wirkungen der Musik».[176]

Sehr früh gelangen auch Aspekte der Figurenlehre zur Sprache, ohne daß zunächst deren theoretische Begründung oder gar systematische Darstellung stattgefunden hätte. Etliche Figuren erfahren jedoch sehr früh eine namentliche Erwähnung sowie eine angedeutete Spezifizierung ihrer Bedeutung, und schließlich analysiert J. BURMEISTER (1601 und 1606) eine Motette O. di Lassos mit Mitteln der Figurenlehre und nennt auch (u.a.) J. Clemens non Papa, I. de Vento, A. Utendal, J. Regnart, L. Lechner oder L. Marenzio als für dieses Gebiet beispielgebende Meister.[177]

2. *'Rhetorisches' Bewußtsein.* Das allgemeine Wissen um Gesetze und Mittel der Rhetorik bringt es mit sich, daß Textausdeutung, emotionale Affizierung und Wirkung der M. mit Elementen der Rhetorik gleichgesetzt werden. So vergleicht MARCHETUS VON PADUA bereits um 1325 die «colores ad pulchritudinem consonantiarum» (Ausschmückungen zur Schönheit der Konsonanzen) in der M. mit den «colores rhetorici ad pulchritudinem sententiarum» (Ausschmückungen zur Schönheit der Sätze) in der Grammatik und versteht sie als Mittel des Textausdrucks, die sich sogar «falscher» Wendungen bedienen dürften.[178] Laut anderen Autoren sind sie *varietas* sowie Mittel für den *ornatus*, und beides sei dem Inhalt des Textes anzupassen: «Ornatus etiam habet musica proprios sicut rhetorica.» (Wie die Rhetorik hat die M. ihre eigentümlichen Schmuckmittel.)[179] Schließlich fordert Tinctoris das rhetorische Prinzip der *varietas*, um Langeweile («satietas») und Überdruß («taedium») zu verhindern, und wendet für kompositionstechnische Lizenzen in Anlehnung an Quintilian den Begriff *figura* an.[180]

Das 'rhetorische' Bewußtsein prägt auch in hohem Maße die vom Humanismus beeinflußten Überlegungen bezüglich der Funktion und dem Aufgabenbereich von M. und Musiker, wobei auch alte Vorstellungen von der ‹Musenkunst› eine Rolle spielen. So unterscheidet J. COCHLAEUS 1511 folgende vier «genera musicorum»: «1. Oratores, 2. Poetae, 3. Histriones, Mimi, 4. Musici, Cantores».[181] Hier schlägt nicht zuletzt dem Komponisten in seiner späteren Bedeutung als Künstler, ‹Tondichter› usw. die Geburtsstunde, wobei seine seit dem 14. Jh. relevant werdende künstlerische Individualität eine deutliche Steigerung erfährt. [182] Eine grundsätzlich systematische Sicht der Verbindungen zwischen M. und Rhetorik finden wir schließlich bei S. CALVISIUS. Für ihn ist zunächst [183] die Kadenz- und Klausellehre Pendant zum *ornatus* der Rede, später vergleicht er [184] die Tropen und Figuren der Rede mit der bewußten Anwendung von Intervallen, Kon- und Dissonanzen sowie Klauseln und Fugen. Höhepunkt und Zusammenfassung des Wissens um die ‹musikalische Rhetorik› sind dann die Schriften Burmeisters. [185] Einer seiner Buchtitel, ‹Musica poetica›, begegnet uns im übrigen auch bei etlichen anderen Autoren, und zwar nicht zuletzt als kompositionstechnischer Begriff, als Ausdruck der erkannten Verwandtschaft von M. und Sprache; er bedeutet soviel wie Kompositionslehre und dokumentiert die Ansicht von der Lehr- und Erlernbarkeit der Poetik wie der Musik. N. LISTENIUS führt die «musica poetica» 1537 zudem als gleichberechtigte Kategorie ein und stellt sie der «musica theorica» und der «musica practica» gegenüber; für ihn ist die M. zudem «rite et bene canendi scientia», was eindeutig auf Quintilians Definition der Rhetorik als «bene dicendi scientia» verweist. [186]

Auch in Italien und England setzt sich die Erkenntnis von der Wesensgleichheit von M. und Sprache [187] durch. Man sieht die Kadenz als eine Zäsur, die mit einem Satzende zusammenfallen solle [188], oder fordert die Affekteinheit von Text, Komposition und musikalischem Vortrag [189]. In England spricht H. PEACHAM D.J. gar die M. als «sister to Poetrie» an und fragt: «hath not Musicke her figures, the same which Rhetorique?». [190]

3. *'Humanistische' Kompositionen.* Schon die mittelalterliche Modalrhythmik basiert auf einer versmaßadäquaten Setzung von Längen und Kürzen. Im Zuge der ‹humanistischen Bestrebungen› versuchen dann zahlreiche Komponisten des 14.–16. Jh., zu einer noch höheren Einheit von M. und Sprache zu gelangen, wobei das Ideal des griechischen Dichter-Sängers bzw. Dichter-Komponisten als Vorbild fungiert. Wenn H. GLAREAN 1547 Josquin mit Vergil, Obrecht mit Ovid und P. de la Rue mit Horaz vergleicht [191], so ist dies nicht nur ein höchstes Lob für die genannten Meister, sondern darüber hinaus auch eine Aufwertung ihrer Kunst, die als gleichsam sprachliche (und daher 'redende') apostrophiert erscheint. Entscheidend für diese Sicht ist letzten Endes die Rezeption der Poetik des ARISTOTELES (die 1498 in einer lateinischen Übersetzung und 1508 in der Originalsprache gedruckt wird), in der die M. als «nachahmende» (cap. 1) und somit inhaltlich bestimmte Kunst gilt.

In Deutschland streben die dem Humanismus verpflichteten Komponisten seit dem 15. Jh. vor allem einen rhythmischen Nachvollzug der Prosodie an. Das führt im Bereich des lateinischen Schuldramas zu syllabischen Chorgesängen an den Aktschlüssen und schließlich 1501 in K. CELTIS' ‹Ludus Dianae› zu im Versmaß des Distichons metrisch gesungenen Chören. Celtis regt dann seinen Schüler P. TRITONIUS zur homophon-metrischen Vertonung von Horazischen Oden an, deren Längen und Kürzen genau im Verhältnis von 2:1 rhythmisiert erscheinen. Schließlich läßt M. HAYNECCIUS in seinem deutsch bearbeiteten ‹Almansor› von 1582 den Chor lateinische Horazische Gedichte metrisch (gleichsam 'sprechend') singen und dazu tanzen, um dem griechischen Vorbild auch diesbezüglich gerecht zu werden.

In Frankreich, wo schon 1392 E. DECHAMPS die Verbindung von M. und Poesie thematisiert [192] und wo 1555 PONTUS DE TYARD den «Musicien-poëte» ebenso wie den «Poëte-musicien» [193] verherrlicht, kommt es durch den musikalischen Humanismus ebenfalls zu 'sprechenden' Kompositionen; zunächst bei C. MAROT, dann bei L. BOURGEOIS (1547) und C. GOUDIMEL (1565), die sich an den deutschen Oden orientieren. Im Rahmen der mit Unterstützung von König Karl IX. 1570 gegründeten ‹Académie de Poésie et de Musique› vertonen dann J. MAUDUIT und C. LE JEUNE «vers mesurés» und verwenden dabei lediglich je einen Notenwert für kurze und für lange Silben. Später wird dieses Prinzip auch auf ‹Psaumes en vers mesurez› übertragen.

In Italien erscheint «der gesungene Vortrag von Dichtung, improvisiert oder nach Melodiemodellen und mit Begleitung eines Instruments [...], von den Humanisten aufgegriffen und zur Wiedergeburt antiker Dichtungs- und Gesangspraxis stilisiert». [194] Die mit solchen Vorträgen umherziehenden Sänger gelten bald als Nachfahren des Orpheus, wodurch erneut der Aspekt der Wirkung der M. gegeben ist. Von hohem Interesse sind auch einige in der lateinischen Grammatik des F. NIGER (Venedig 1480) abgedruckte Melodien für antike Versmaße. Für die Formen von Sonett oder Terzine, denen dann jeder einschlägige Text unterlegt werden konnte («Modo di cantar sonetti» oder «Modus dicendi capitula»), sind ebenfalls Musterbeispiele erhalten, und auch ein ‹Aer versi latini› aus der Feder von A. CAPREOLI (Anfang 16. Jh.) ist eine ‹forma generalis› für alle Gedichte im gleichen Versmaß. Schließlich entstehen im Zuge der humanistischen Bestrebungen am Hofe der Medici im Umkreis der Florentiner Camerata sowohl der monodische Sprechgesang als auch die Oper.

4. *M. und Rhetorik im Bildungskanon.* Ist die M. im Rahmen der im Mittelalter als Bildungsgut etablierten *septem artes liberales* fester Bestandteil des Quadriviums, so setzt sich unter dem Einfluß des Humanismus ab dem späten 15. Jh. immer mehr die Ansicht durch, die M. gehöre durch ihre Verwandtschaft mit Poetik und Rhetorik zu den ‹artes dicendi›, den (aus Grammatik, Dialektik und Rhetorik bestehenden) ‹redenden Künsten›, also in den Verband des Trivium. Bald ordnet man die M. in das humanistische Lehrsystem ein, in Nürnberg z.B. in die Lehrpläne der 1496 gegründeten, von K. Celtis angeregten Poeten-Schule. Celtis leitet dann ab 1502 in Wien das von Kaiser MAXIMILIAN I. gegründete ‹Collegium poetarum et mathematicorum›, das die Fächer von Quadrivium und Trivium mit der M. vereinigt. Auch an anderen Institutionen kommt es zu einer engen Verbindung von M. und Poetik, hingegen betont der Reorganisator des lutherischen Schulwesens PH. MELANCHTHON die Verbindung von Rhetorik und M. und unterstreicht dabei auch die Predigt-Funktion der letzteren. Schließlich hebt Luther hervor: «grammatica et musica sunt conservatores rerum», behält durch die Forderung, Kinder «müßten mir nicht allein die Sprachen und Historien hören, sondern auch singen und die Musica mit der ganzen Mathematik lernen» aber auch deutlich die quadrivialen Grundlagen der Tonkunst im Auge. [195]

III. *Die Hochblüte (1599–1821).* Die zeitliche Begrenzung der Hochblüte des ostentativen Betonens der Verwandtschaft von Rhetorik und M. ergibt sich durch das Erscheinen der ersten systematischen Figurenlehre einerseits [196], letztmaligen breiten Hinweisen auf die rhetorische Faktur von Musikwerken andererseits [197]. In diesem Zeitraum werden nicht nur zahlreiche ‹Figurenlehren› gedruckt, sondern nahezu sämtliche Lehrbücher musikalischer Ausrichtung betonen die Verwandtschaft von M. und Sprache, von M. und Rhetorik oder doch zumindest von M. und 'sprachlicher' Artikulation (bei der Ausführung). Auf der anderen Seite kann bei sämtlichen Komponisten jener Zeit deutlich ein Arbeiten mit dem 'Vokabular' der musikalisch-rhetorischen Figuren und/oder mit rhetorischen Formprinzipien festgestellt werden, und nicht selten gibt es Äußerungen, die ein tiefes rhetorisches Verständnis der Musiker vermuten lassen.

Grund für diese breite Akzeptanz der Rhetorik ist die Allgegenwart der ‹artes dicendi› in den protestantischen Lateinschulen Deutschlands sowie in den katholischen Ausbildungsstätten jener Zeit. Doch auch im Elisabethanischen England sowie im katholischen Westen und Süden Europas wird dieses Bildungsgut in ähnlicher Form gepflegt. Vor diesem Hintergrund lehren zahlreiche Autoren die Parallelen zwischen M. und Rhetorik, die sich insbesondere im (privaten oder institutionalisierten) Kompositionsunterricht niederschlagen; auch hier kann das «bewährte Lehrsystem der Rhetorik» [198] Pate stehen. Insbesondere die deutschen Autoren sind dabei bestrebt, in der Figurenlehre speziell auf Affekt und Effekt (Wirkung) der Figuren einzugehen, aber auch ganz allgemein auf Sprachtonfall und Sprachstil. Für diese Sicht nicht unwichtig ist B. LAMYS Schrift ‹De l'art de parler› (Paris 1675), deren Einfluß unter anderem in J.C. GOTTSCHEDS Lehrbüchern ‹Ausführliche Redekunst, nach Anleitung der Griechen und Römer, wie auch der neuern Ausländer› (Leipzig 1736) und ‹Versuch einer Critischen Dichtkunst› (Leipzig 1730) sowie in J.A. SCHEIBES von Gottsched geprägter Wochenschrift ‹Critischer Musicus› (Leipzig 1737ff.) nachwirkt.

Der Sprachcharakter der M. ist dabei sowohl, wie dies etwa C. BERNHARD (1648/49) penibel unterscheidet, durch einen geschärft theatralisch-dramatischen Ausdruck («stylus theatralis») innerhalb des «stylus luxurians» (der «die Affecten bewegen») gegeben als auch ganz allgemein durch den Text ausschmückende Ausgestaltungen des strengen Satzes («stylus gravis»), der bei freier Gestaltung zum «stylus communis» wird. [199]

Auch in England beschäftigen sich zahlreiche Autoren mit der Verwandtschaft von M. und Rhetorik, allerdings nicht in jener systematischen Form wie im deutschen Sprachraum, sondern eher im Zusammenhang mit allgemeinen Darstellungen; zudem finden sich diesbezügliche Erwähnungen oft eher bei Poeten bzw. in Rhetorik-Lehrbüchern, von denen G. PUTTENHAMS ‹The Arte of English Poesie› (London 1589) einen großen Einfluß ausübt. Bei T. MACE findet sich dann 1676 der Topos von der instrumentalen (Kammer-)M. als 'Gespräch', wenn er von den «Pavins, Allmaines, Solemn, and Sweet Delightful Ayres» schreibt, sie seien ebensoviele «Pathettical Stories, Rhetorical, and Sublime Discourses; Subtil, and Accute Argumentations; so Suitable, and Agreeing to the Inward, Secret, and Intellectual Faculties of the Soul and Mind», daß sie nicht genug gepriesen werden könnten und Worte dafür nicht ausreichten. [200]

Sowohl in Frankreich als auch in Italien fehlen zwar grundlegende Traktate über die Beziehungen zwischen M. und Rhetorik, doch nehmen Bemerkungen über diese Thematik (vor allem im Zuge von Betrachtungen der Fuge oder des Prinzips der Wiederholung) einen hohen Stellenwert ein. In Italien beschäftigen sich zudem gegen Ende des 16.Jh. zahlreiche Schriften mit dem Wort-Ton-Verhältnis, und G. CACCINI strebt vollends eine M. an, mit der man gleichsam spricht. [201] Die theoretische Verbindung von «seconda prattica» (also des neuen monodischen Stils) und Figurenlehre findet allerdings nicht bei italienischen Autoren, sondern bei C. BERNHARD statt, der ein Beispiel aus einem Werk G. CARISSIMIS im *stylus luxurians* heranzieht, um eine spezielle Form des *passus duriusculus* zu erklären. [202]

Allen Schriften gemeinsam ist – trotz der weiten zeitlichen Erstreckung – einerseits die Bestrebung, «to couple […] Words and Notes lovingly together» [203], andererseits die Grundansicht, «daß die Musik mit der Dichtkunst und Redekunst sehr genau verbunden ist» [204]. Dabei muß betont werden, daß Figurenlehre und rhetorisches Denken nicht nur als Gegenstand theoretischer Beschäftigung erscheint, sondern auch im kompositorischen Denken eine Rolle spielt. So rügt J. KUHNAU einige ältere Meister wegen ihrer Versuche, «die schlechte und natürliche Vermischung der Consonantien und Dissonantien gleichsam unter denen Oratorischen Figuren vernunfftmäßig zu verstecken». [205] G.PH. TELEMANN unterstreicht 1731 im Vorwort zur ‹Fortsetzung des Harmonischen Gottesdienstes›, in den Rezitativen bestrebt gewesen zu sein, «die Aussprache vernehmlich zu machen, die Unterscheidungs-Puncte möglgst in acht zu nehmen, und die Rhetorischen Figuren so anzubringen, dasz die in der Poesie befindliche Regungen erwecket werden mögen» [206], und er diskutiert in seinem Briefwechsel mit C.H. GRAUN Deklamationsfragen im italienischen und französischen Rezitativ im Zusammenhang mit der «Redner-Kunst» und der Affektdarstellung [207]. Und schließlich überliefert J.A. BIRNBAUM J.S. Bachs Beschlagenheit in der Kunst der musikalischen Rhetorik folgendermaßen: «die Theile und Vortheile, welche die Ausarbeitung eines musikalischen Stücks mit der Rednerkunst gemein hat, kennet er so vollkommen, daß man ihn nicht nur mit einem ersättigenden Vergnügen höret, wenn er seine gründlichen Unterredungen auf die Aehnlichkeit und Uebereinstimmung beyder lenket; sondern man bewundert auch die geschickte Anwendung derselben in seinen Arbeiten». [208]

Für die Präsenz rhetorischen Denkens in der Mitte des 18.Jh. sind uns dann vor allem die Instrumentalschulen wichtige Zeugen. Sie legen den Interpreten auf Schritt und Tritt nahe, M. «sprechend» oder «kantabel» bzw. «singend» wiederzugeben, wobei sie auch unter «singend» einen deklamatorischen, «sprechend» artikulierten Vortrag mit gleichsam mitgedachtem Text verstehen. Bereits J.S. BACH nennt 1723 im Vorwort zu seinen ‹Inventionen› die «cantable Art im Spielen» als Ziel der Ausführung, 1739 fordert MATTHESON, «alle Stimmen und Parteyen müssen ein gewisses Cantabile aufweisen» [209], und 1753 spricht C.PH.E. BACH davon, daß die Ausführenden für den Vortrag «singend dencken» [210] lernen müßten. J.J. QUANTZ vergleicht den musikalischen Vortrag «mit dem Vortrage eines Redners» und bezeichnet die M. als «künstliche Sprache, wodurch man seine musikalischen Gedanken dem Zuhörer bekannt machen soll» [211], und L. MOZART betont gar, daß sowohl «ein guter Grammatikus, noch mehr ein Rhetor und Poet, […] aber auch ein guter Violinist wissen» müßten, was «Incisiones, Distinctiones, Interpunctiones, u.s.f.» [212] seien. In ähnlicher Form meint D.G. TÜRK, «daß ein ganzes Tonstück füglich mit einer Rede verglichen werden könne», vergleicht falsche musikalische Artikulationen mit Fehlern von Rednern und fordert, daß beim Vortrag «die Töne gleichsam zur Sprache der Empfindung werden». [213]

Auch in theoretisch-ästhetischen Schriften bleibt die musikalische Rhetorik präsent. C.G. KRAUSE betont 1752 ganz allgemein die Parallelen von Poesie und M. und bezieht sich dabei in erster Linie auf die Darstellung von Affekten in der zu vertonenden Dichtung. [214] Der Hannoversche Schulkantor J.C. WINTER, Mitglied der Mizlerschen ‹Korrespondierenden Societät der musicalischen Wissenschaften› zu Leipzig (der auch Bach, Händel und Telemann angehören), trägt 1764 in seiner Dissertation das einschlägige Wissen um die Verwandtschaft von M. und Rhetorik zusammen [215], und auch J.F. DAUBE fordert 1771, der Komponist müsse «die Regeln der Redekunst [...] wohl in Acht» [216] nehmen. Besonders schön spiegeln bei J.G. SULZER [217] viele Artikel zu musikalischen Sachbegriffen, die von J.P. KIRNBERGER und J.A.P. SCHULZ verfaßt werden, die ungebrochene rhetorische Tradition des späten 18. Jh. wider, die sich dann in J.A. SCHEIBES Fragment gebliebener Kompositionslehre von 1773 sowie besonders schön in J.N. FORKELS Arbeiten bestätigt: zunächst in dessen Schrift ‹Ueber die Theorie der Musik›, in welcher zunächst eine erste Systematik der «musikalischen Rhetorik» dargelegt wird, ehe die Figuren als «Ausdruck der unterschiedenen Arten, nach welchen sich Empfindungen und Leidenschaften äussern», angesprochen erscheinen. Weiter heißt es hier: «Die Empfindungen stehen bisweilen still, brechen ab, entstehen wieder, werden verstärkt, aufgehalten, steigen höher, kehren wieder zurück, u.s.w. daraus entsteht der besondere Ausdruck der Ellipsis, Hyperbaton, Repetition, Paronomasia, Antithesis, Suspension, Epistrophe, Gradation, u.s.w.» [218]

In Forkels ‹Geschichte der Musik› erscheint dann 1788 das Gebäude der musikalischen Rhetorik eigentlich erst- und letztmalig in vollständiger Systematik (s. B.I.). Dabei ist insbesondere auch das Formdenken deutlich von der rhetorischen Grundidee der Zergliederung, Kommentierung, In-Zweifel-Setzung und schließlichen Bekräftigung des Themas geprägt, ein Element, das noch in H.C. KOCHS dreibändigem ‹Versuch einer Anleitung zur Composition› [219] sowie in dessen ‹Musikalischem Lexikon› im Zuge der Darlegung der Bauprinzipien der «interpunctischen Formen» [220] vehement vertreten wird. Koch listet zudem in penibler Form zahlreiche Figuren auf und erklärt sie großteils auch mit ihrem semantischen Feld.

In hohem Maße sind auch die von C.F.D. SCHUBART 1784 verfaßten und erst 1806 erschienenen ‹Ideen zu einer Ästhetik der Tonkunst› von rhetorischer Sicht geprägt; u.a. wird hier die Meinung vertreten, alle Instrumente seien nur «Nachahmungen des Gesanges», und nicht zuletzt deswegen müsse der «Tonsetzer alles wissen, was Dichter und Redner kennen sollen» [221]. Schließlich bietet F. CLEEMANN im März 1800 ein (dann wohl nie erschienenes) ‹Handbuch der Tonkunst› an, dessen zweiter Teil u.a. «Die Rhetorik, von der Komposition des Tonkunstwerks, seinen Eigenschaften, Gattungen, dem Charakter und den Schreibarten» hätte beinhalten sollen. [222] Charakteristisch für diese Zeit ist zweifellos auch, in welch hohem Maße L.A. SABBATINI die Form der Fuge unter Gesichtspunkten der rhetorischen *dispositio* sieht. [223]

In Frankreich empfindet man die M. in einem besonderen Maß als Sprache und meint, speziell unter dem Blickwinkel der Nachahmungsästhetik, daß sie wegen ihres reichen Vokabulars geradezu eines Wörterbuches bedürfe. [224] Sie gilt aber auch als Sprache der Empfindung, deren Wirkung auf die menschliche Psyche groß sei. [225] Zudem sieht man im Frankreich des 18. Jh. eine M. ohne Inhalt, ohne Programm oder zumindest «Nachahmungen» sogar als sinnlosen Lärm an. [226]

Im 19. Jh. bleiben die Elemente der musikalischen Rhetorik sowohl bei Theoretikern als auch bei Komponisten weiter präsent; nicht zuletzt wirkt auch, zumindest partiell, deren «Wertesystem» [227] weiter, das auf Erziehung, Bildung und Übung und somit auf ethisch-moralische Kategorien zielt. In frappant hohem Maße ist sich zum Beispiel die frühe Romantik der Verwandtschaft von M. und Rhetorik als zweier gleichermaßen poetischer wie ‹sprechender› Künste bewußt. So meint Friedrich Schlegel 1804, von Ciceros Satz «Omnis enim motus animi suum quendam a natura habet vultum et sonum et gestum» (Jede Gemütsbewegung hat von Natur einen eigenen Gesichtsausdruck, Klang und Gestus) [228] ausgehend, «die unendliche Sehnsucht, Wehmuth und Erinnerung kann nur durch M. erweckt werden», und kommt zu dem Schluß: «M. und Rhetorik sind also der Philosophie und auch der Religion unentbehrlich» [229], während er 1798 M. vollends als eine Art tönenden Diskurses anspricht: «Muß die reine Instrumentalmusik sich nicht selbst einen Text erschaffen? und wird das Thema in ihr nicht so entwickelt, bestätigt, variiert und kontrastirt, wie der Gegenstand der Meditazion in einer philosophischen Ideenreihe?» [230] Schließlich ist selbst GOETHE zu nennen, der am 9. November 1829 in einem Brief an C.F. ZELTER meint, in einem Streichquartett höre man «vier vernünftige Leute sich untereinander unterhalten» und glaube «ihren Diskursen etwas abzugewinnen». [231] Selbst E.T.A. HOFFMANN, der oft ausschließlich als Vertreter einer nur dem «unnennbaren Gefühl» verpflichteten romantischen Gefühlsästhetik gesehen wird, erscheint insbesondere in seinen Beethoven-Rezensionen deutlich von dem Wissen um die musikalische Rhetorik geprägt. So spricht er bei der Betrachtung der 5. Symphonie an zentraler Stelle von einer das Geschehen steigernden «Klimax» und findet immer wieder zu aus kleinen bedeutungstragenden Bausteinen (zumeist musikalisch-rhetorischen Figuren) gewonnenen semantischen Deutungen. Außerdem weiß sich Hoffmann, Schüler einer protestantischen Gelehrtenschule, auch in seinen eigenen Kompositionen in geradezu verblüffendem Maße des Vokabelschatzes der Figurenlehre zu bedienen. [232]

Eine gegenüber seinen Vorläufern zwar wesentlich variierte, aber ungemein breit angelegte musikalische Figurenlehre bietet uns 1817 der Prager Kantor und Lehrer J.S.J. RYBA [233], der 31 Figuren aufzählt, die in überaus interessanter Weise Altes und Neues koppeln. Einerseits stellen sie traditionelle Figuren aus dem Vorrat der musikalischen Rhetorik dar, andererseits sind sie «musikalische Malereien», die J.J. ENGELS Darlegungen [234] nachempfunden scheinen, und schließlich fassen sie auch verschiedenste akustische Nachahmungen unter diesen Begriff. Sie zeigen in ihrer Gesamtheit genau jene Mehrpoligkeit der Figurenlehre, wie sie 1788 von Forkel beschrieben und ein Jahr nach Rybas Lehrbuch von F.A. KANNE als «ob- und subjective Vermischung» [235] bezeichnet wird; die ‹alte› Nachahmungsästhetik tritt hier gleichberechtigt neben die ‹neue› Gefühlsästhetik und bildet im Verein mit ihr ein enormes Kompendium von text- und inhaltsausdeutenden Mitteln auf der Basis und in Weiterentwicklung der musikalischen Rhetorik.

F.A. Kanne ist uns sodann der letzte Zeuge einer umfassenden Sicht der musikalischen Rhetorik; diese ist insbesondere in seinem 1821 publizierten ‹Versuch einer

Analyse der Mozartischen Clavierwerke› [236] überliefert. Hier behandelt er Mozarts Sonaten als Dialoge, als Seelengespräche, sieht dabei – ganz im Sinne A. Reichas – die Sonatenhauptsatzform als zweiteiliges, einthematisches Drama und zieht aus seiner Kenntnis von allgemeiner Symbolik und Figurenlehre bisweilen auch inhaltliche Bilder von überzeugender Nachschöpfung. Er ist vor allem der Meinung, daß «der Tonkünstler in seinem Satze wie in der rhetorischen Kunst verfährt, wo der Hauptsatz durch alle Künste der schönen Rede dargestellt, und durch Fragen und Antworten, durch selbst erregte Zweifel und deren natürliche Auflösung, durch Vergleichung und bildliche Versinnlichung, durch Anhäufung der Gründe, durch Steigerung des Feuers bis zur höchsten Klarheit und zur evidentesten Kraft geführt wird, bis der Redner plötzlich innehält, und durch dieses Stratagem seine Zuhörer gleichsam elektrisirt, und nach dem daraus gewonnenen Vortheile der in allen Zuhörern erregten höchsten Aufmerksamkeit – nun wieder seine Schlußfolge macht, welche die Wahrheit in höchster Schönheit verklärt darstellt.» [237]

Solche und ähnliche Analysen sind naturgemäß nur möglich, wenn die Komponisten der betreffenden Werke tatsächlich 'rhetorisches Bewußtsein' besitzen und die Figurenlehre anwenden. Daß dem (zumindest partiell) so ist, beweisen sowohl verschiedenste Äußerungen als auch die tatsächliche kompositorische Praxis von Haydn, Mozart oder Beethoven. Haydn meint, seine «Sprache» verstehe man «durch die ganze Welt» [238], und ist auch überzeugt, mit Mitteln der M. «einen Baum, einen Vogel, eine Wolke copiren» [239] zu können, wobei diese Mittel insbesondere «Mahlereyen» sowie rhetorische Figuren darstellen. [240] Mozart drückt laut eigenen Worten «durch töne gesinnungen und gedancken» aus [241], und auch er setzt das Vokabular der Figurenlehre wohlüberlegt ein. [242] Beethovens enges Verhältnis zur Rhetorik ist in hohem Maße dokumentiert [243]; seine «Redekunst am Pianoforte», die auch «rhetorische Pausen» [244] kennt, wird schon zu seinen Lebzeiten überschwenglich gerühmt. Beethoven bietet z.B. einem Auftraggeber an, eines der folgenden 'Programme' in M. zu setzen: «womit soll ich ihnen in meiner Kunst dienen, sprechen sie wollen sie das selbstgespräch eines geflüchteten Königs oder den Meyneid eines *Usurpators* besungen haben – oder das Nebeneinanderwohnen zweier Freunde, welche sich nie sehen?» [245]; er stellt in seiner ‹Missa solemnis› die Textinhalte vor allem mit rhetorischen sowie auch allgemein symbolsprachlichen Mitteln dar [246] und setzt Graf Moritz Lichnowsky gar «seine Liebesgeschichte in Musik», wie wir dies von ihm selbst verbürgt haben. [247]

IV. *Nachwirken bis in die Gegenwart.* Die Überzeugung, daß die M. eine 'Sprache' sei, bleibt im 19. und 20. Jh. sowohl allgemein erhalten als auch in Bezug auf damit verbundene semantische Implikationen. Selbst HEGEL, der von vielen als Vertreter einer autonomen Sicht der M. angesehen wird, zeigt sich in seinen erstmals 1818 gehaltenen, aber erst 1835 publizierten Vorlesungen über die Ästhetik deutlich vom rhetorischen Charakter der M. überzeugt. Denn ihm gelten «die Interjektionen» als «Ausgangspunkt der M.», ihm ist «schon außerhalb der Kunst der Ton als Interjektion, als Schrei des Schmerzes, als Seufzen, Lachen die unmittelbare lebendige Äußerung von Seelenzuständen und Empfindungen». In Fortführung dieser Denkweise prägt Hegel die Definition, M. sei eine «kadenzierte Interjektion», die sich ihr «sinnliches Material» nun «künstlerisch zuzubereiten» habe, um «in kunstgemäßer Weise den Inhalt des Geistes auszudrücken», wobei es gleichgültig sei, «ob dieser Inhalt für sich seine nähere Bezeichnung ausdrücklich durch Worte erhalte oder unbestimmter aus den Tönen […] müsse empfunden werden» [248]. Folgerichtig sieht Hegel das Gegeneinander der Instrumente in den Symphonien Mozarts in alter Tradition «wie eine Art von Dialog» mit «Erwiderungen» [249], Fortführungen und Ergänzungen. In ähnlicher Weise ist für SCHOPENHAUER die M. «eine ganz allgemeine Sprache, deren Deutlichkeit sogar die anschauliche Welt übertrifft» [250].

Ein wichtiger Gewährsmann für das Weiterleben der Rhetorik in der M. ist uns C. CZERNY, der u.a. durch seine Übersetzung von A. Reichas ‹Traité› die Sicht von der Sonate als zweiteiligem Drama tradiert. Im 3. Teil seiner eigenen ‹Vollständigen theoretisch-practischen Pianoforte-Schule› stellt er insbesondere die Ebene des Vortrags unter rhetorische Prämissen. Er vergleicht u.a. die Notenwerte mit kurzen und langen Silben, spricht von «musikalischer Deklamation» und ordnet z.B. den Vortragsarten ganz bestimmte 'sprachliche' Elemente zu: dem Ritardando «sanfte Überredung, leise Zweifel, oder unschlüssiges Zaudern, zärtliche Klage, ruhige Hingebung, […] Seufzer und Trauer, Zulispeln eines Geheimnisses», dem Accelerando «plötzliche Munterkeit, eilende oder neugierige Fragen, […] unwillige Vorwürfe, Übermuth und Laune, furchtsames Entfliehen». [251]

Jüngere Forschungen haben belegt, daß Czernys rhetorische Vortragsästhetik ebenso wie seine semantische Sicht auch in den Werken der Komponisten jener Epoche ihre Entsprechungen finden. Dies gilt in erster Linie für Schubert, dessen «Verfahren der 'Übersetzung' vom Begrifflichen ins Musikalische» nicht nur deutlich «an das barocke Prinzip der musikalisch-rhetorischen Figuren erinnert» [252], sondern wohl tatsächlich von einem tiefen Wissen um dieses erfüllt ist [253]; als einem Schüler A. SALIERIS und Zeitgenossen F.A. Kannes kann ihm dieses System gar nicht fremd gewesen sein.

Dem Topos von der M. als Sprache (‹Tonsprache›) hängen selbst Vertreter des Autonomie-Prinzips wie E. HANSLIK an – er allerdings ohne semantische Implikationen: «In der M. ist Sinn und Folge, aber musikalische; sie ist eine Sprache, die wir sprechen und verstehen, jedoch zu übersetzen nicht imstande sind.» [254] Komponisten, die der Gefühls- bzw. Ausdrucksästhetik verpflichtet sind, kennen aber zumindest indirekt durch das Lernen am Objekt auch die Symbolsprache der rhetorischen Figuren: ‹neudeutsche› Meister wie F. LISZT, ferner der durch C.T. WEINLIG sicher in die musikalische Rhetorik eingeführte R. WAGNER, ferner H. WOLF, aber auch der von A. REICHA 'rhetorisch' unterwiesene H. BERLIOZ. [255] Liszt bezeichnet die M. gar als «Zwillingsschwester der Sprache» und stellt rückblickend fest, daß das «Gebären musikalischer Grammatik, Logik, Syntax und Rhetorik eines langen Zeitraums bedurfte» [256]. Selbst R. Schumann, A. Bruckner und J. Brahms wenden die 'alten' Figuren immer wieder in bedeutungsgenerierender Weise an [257]; Schumann befindet zudem, daß ihm seine M. «so sprachvoll aus dem Herzen» [258] käme, und war der Meinung, «Musick stünde zwischen Sprache u. Gedanke» [259].

Noch 1844 sieht der Lexikograph G. SCHILLING in der M. Grammatik («Regeln, nach welchen die Töne und Accorde zur Bildung eines ganzen Tonstücks an einander gereiht werden») und Rhetorik («diejenige Wissenschaft der Tonsetzkunst, nach welcher einzelne melodische Theile nach einem bestimmten Zwecke und Maßstabe zu einem Ganzen verbunden werden») ganz im Sinne Forkels.[260] 40 Jahre später stellt J.C. LOBE Beethovens Streichquartette als Ergebnis eines nach rhetorischen Denkmustern vorgehenden Schaffensprozesses dar[261], und lediglich das ‹Conversations-Lexikon› von MENDEL-REISSMANN schränkt die Rhetorik auf die «Lehre von der Deklamation [der] Gesänge» sowie auf die daraus resultierende, von «den nachdichtenden Tondichtern» zu berücksichtigende «Sprachmelodie» ein.[262] Dieser Sicht steht aber u.a. das ab 1894 erscheinende Leipziger Periodikum ‹Die redenden Künste› unmißverständlich entgegen, eine Publikation, die sich vor allem mit Wagners M. beschäftigt und deutlich die Meinung vertritt, M. spreche Inhalte sowie Bedeutungen aus und besitze die Fähigkeit der «Aussage». R. STRAUSS meint 1903 sogar, daß der «Ausbau der grammatikalischen und stilistischen Elemente» der «Ton-Sprache» zu einer «stetig wachsenden Erweiterung des Sprachschatzes der Musik» führen werde.[263]

In besonderem Maße sind die drei Vertreter der Wiener Schule, A. SCHÖNBERG, A. BERG und A. WEBERN, von der ʼSprachlichkeitʼ der M. überzeugt. Einerseits beweisen sowohl Selbstzeugnisse als auch zahlreiche Untersuchungen, daß die Komponisten in ihre Werke ʼInhalteʼ (oft privatester Natur) gelegt haben und diese mit symbolsprachlichen Mitteln traditioneller (nicht zuletzt musikalisch-rhetorischer) Provenienz[264] darstellten; dementsprechend vertritt A. WEBERN in seiner 1933 gehaltenen Vortragsreihe ‹Der Weg zur Neuen Musik› sogar die Meinung, daß die M. nur deswegen entwickelt wurde, weil die «Notwendigkeit» vorgelegen sei, «einen Gedanken auszudrücken, der nicht anders auszudrücken ist als in Tönen. [...] Die Musik ist in diesem Sinne eine Sprache.» [265] Andererseits sind diese Komponisten auch bezüglich der Ebene des Vortrags immer von der Idee eines ʼsprechendenʼ Musizierens erfüllt, wie dies u.a. von P. STADLEN [266] für Webern verbürgt und dokumentiert ist. Und an diese nicht zuletzt strukturell zu sehende «Sprachlichkeit» denkt auch der gleichzeitig wirkende Wiener Sprachphilosoph L. WITTGENSTEIN, der den Vergleich zieht: «Das Verstehen eines Satzes der Sprache ist dem Verstehen eines Themas in der Musik viel verwandter, als man etwa glaubt».[267]

Diese Sicht vertreten bis in die Gegenwart zahlreiche weitere Komponisten, die eine betont ʼsprechendeʼ M. schreiben, seien sie rezitativisch oder dialogisierend angelegt, seien sie von periodischen ‹Satz›-Strukturen geprägt. Viele Werke besitzen aus sprachlichem Vokabular oder aus bühnenhaftem Denken gewonnene Titel wie ‹Rufe›, ‹Stimmen›, ‹Abenteuer› (‹Aventures›), ‹Dialoge› oder auch ‹Canti›, ahmen Stimmen oder einen Sprachgestus instrumental nach oder geben – in Vokalwerken – gar den Sprechakt bis ins Detail wieder (wie dies etwa in der 1961 geschriebenen ‹Glossolalie› von D. SCHNEBEL der Fall ist). Hier wirken bis heute Elemente des Dadaismus, Futurismus und Lettrismus nach, welche Stilrichtungen mit asemantischen, nur assoziativ zu verstehenden Sprachlauten arbeiten und die Sprachlichkeit vor allem artikulatorisch und klanglich (ʼmusikalischʼ) erfüllen (und suggerieren). Im Falle der ‹Glossolalie› geht es einerseits darum, daß «Gesprochenes aller Art als Musik genommen» und «das Gesprochene Material wie früher etwa eine Auswahl von Tonqualitäten wird»; auf der anderen Seite entwickelt der Komponist «die Instrumentalpartien nun ihrerseits in Richtung Sprache». Sein Kommentar bezüglich der Verwandtschaft der beiden Künste liest sich wie ein altes Lehrbuch der musikalischen Rhetorik: «Und dann die vielen Analogien von Sprache und Musik – daß sich in beiden Haupt- und Nebensätze finden, Kommata, Punkte [...].»[268]

In anderer Form verschreibt sich etwa der in der Tradition der Wiener Schule stehende R. SCHOLLUM der musikalischen Rhetorik: Er arbeitet ganz bewußt mit den musikalisch-rhetorischen Figuren und zieht deren Ausdruckspotential in traditioneller Form symbolsprachlich heran. Andere Komponisten verzichten bewußt auf die ʼSprachlichkeitʼ, insbesondere in Werken ohne metrorhythmische Zeitordnung bzw. in primär die Parameter des Materials auskomponierenden Stücken von experimentellem Charakter. Doch gerade die jüngste Entwicklung zeigt, daß die Komponisten in vermehrtem Maße auf (Satz-)Periodik, rezitativische Deklamationen, rhetorischen Gestus sowie auch auf den Fundus traditioneller Symbolik zurückgreifen, der naturgemäß in vielen Bereichen auf den musikalisch-rhetorischen Figuren basiert oder doch zumindest gemeinsame Wurzeln mit diesen besitzt.

Anmerkungen:
1 Hesiod, Theogonie 81–84. – **2** Euripides, Hippolytos 989. Übers. Verf. – **3** [...] ὡς φιλοσοφίας οὔσης μεγίστης μουσικῆς (Phaidon 61a). – **4** μουσικῆς τὸ περὶ λόγους τε καὶ μύθους (Pol. III, 398b, Übers. Verf.). – **5** Phaidr. 243a, Übers. Verf. – **6** Plat. Pol. III, 403a, Übers. Verf. – **7** Platon, Nomoi V, 729a, Übers. Verf. – **8** Arist. Rhet. III, 8. – **9** Cic. Or. 172, 187 und 196, Übers. Verf. – **10** Quint. IX, 4, 146f., Übers. Verf. – **11** ebd. I, 10, 12. – **12** ebd. I, 10, 15. – **13** ebd. I, 10, 17. – **14** ebd. I, 10, 22–27, Übers. Verf. – **15** G. Puttenham: The Arte of English Poesie (1589), zit. G.G. Smith (Hg.): Elizabethan Critical Essays, Bd. 2 (Oxford 1971) 67/24–27. – **16** Th. Campion: Observations in the Art of English Poesie (1602), zit. ebd. 329/7–11; s. H.F. Plett: Rhet. der Affekte (1975) 155ff. – **17** Chr. Weise: Politischer Redner (1677) 139ff. – **18** s.a. H. Krones: Art. ‹M. und Rhet.›, in: MGG² 6 (1997) 814–852. – **19** L.Chr.Mizler v. Kolof: Musikalischer Staarstecher (1740) 114. – **20** H.Chr. Koch: Art. ‹Periode›, in: Musikal. Lex. (1802) 1149f. – **21** J.G. Neidhardt: Sectio canonis harmonici (1724) A 2v. – **22** J. Mattheson: Critica Musica, Bd. 2 (1725) 99. – **23** J.D. Heinichen: Der General-Baß in der Komposition (1728) 32, 48. – **24** J.A. Scheibe: Der Critische Musicus (1737–40) passim. – **25** F.W.Riedt in: Marpurgs Kritische Briefe über die Tonkunst 3 (1764) 108f. – **26** U. Eco: Einf. in die Semiotik (1972) 74f. – **27** J.N. Forkel: Allg. Gesch. der M. (1788) Bd. 1, 37f. – **28** ebd. 36f. – **29** ebd. 39. – **30** ebd. 53–59. – **31** J. Mattheson: Der Vollkommene Capellmeister (1739) 180ff. – **32** M. Mersenne: Harmonie universelle (1636). – **33** Forkel [27] 21. – **34** ebd. 35f. – **35** s. H. Krones: Art. ‹Humanismus: 2. M.,› in: HWRh Bd. 4, Sp. 73. – **36** s. M. Haas: Die Musiklehre im 13. Jh. von J. de Garlandia bis Franco, in: Fr. Zaminer (Hg.): Die ma. Lehre von der Mehrstimmigkeit (1984) 132ff. – **37** s. M. Ruhnke: J. Burmeister. Ein Beitrag zur Musiklehre um 1600 (1955) 166f. – **38** J. Burmeister: Musica poetica (1606) 17ff. – **39** ebd. 26ff. und 75. – **40** O.S. Harnisch: Artis musicae delineatio (1608) cap. 1. – **41** J. Lippius: Disputatio musica tertia (1610) B 4b. – **42** zit. G.G. Butler: Fugue and Rhetoric, in: Journal of Music Theory 21/1 (1977) 60f. und 103. – **43** Mattheson [31] 181 – **44** L. Mozart: Versuch einer gründlichen Violinschule (1756) 107. – **45** zit. A. Liebert: Die Bedeutung des Wertesystems der Rhet. für das dt. Musikdenken im 18. und 19. Jh. (1993) 22. – **46** F.A. Kanne: Über die Bildung des Tonsetzers, in: Allg. Musikal. Zeitung, mit bes. Rücksicht auf den österr. Kaiserstaat 4 (1820) 586f. – **47** C.F.D. Schubart: Ideen zu einer Ästhetik der Tonkunst (1784), hg. von L. Schubart (1806) 1. – **48** Forkel [27] 21f. – **49** ebd. 26f. – **50** Koch: Art. ‹Absatz›, in: [20] 31f. – **51** ebd. 1150, Art. ‹Periode› – **52** J. Galliculus: Isagoge de compositione cantus (1520), zit. Ruhnke [37] 135. – **53** G. Dressler: Praecepta musicae poeticae (1563), hg. von B. Engelke, in: Geschichtsbl. für Stadt und Land Magdeburg 49/50 (1914/15) 213–250, cap. 9, Übers. Verf. – **54** J. Lippius [41] H 2v. – **55** J. Mattheson [31] 180. – **56** L. Mozart [44] 107. – **57** Koch [20] 943f., Art. ‹Melodie›. – **58** J. Rie-

pel: De Rhythmopoeia, Oder von der Tactordnung (1752) 23. – **59** Sulzer, Bd. 2, Art. ‹Einschnitt. (Musik)› [Autor: J.Ph. Kirnberger] 36. – **60** H. Goldschmidt: Vers und Strophe in Beethovens Instrumentalmusik, in: Beethoven-Symposion Wien 1970 (Wien 1971) 97–120. – **61** J.G. Ahle: Musikalisches Sommer=Gespräche (1697) 16f.; s. H. Krones: Die Figurenlehre bei Bachs Amtsvorgänger J.G. Ahle, in: Österreich. Musikzs. 40 (1985) 89–99. – **62** F.A. Kanne: Versuch einer Analyse der Mozartischen Clavierwerke mit einigen Bemerkungen über den Vortrag derselben, in: AMZöK [46] 5 (1821) 33f.; s. H. Krones: "denn jedes gute Tonstück ist ein Gedicht". "Rhet. Musikanalyse" von J. Mattheson bis F.A. Kanne; in: G. Gruber (Hg.): Zur Gesch. der musikal. Analyse (1996) 45–61. – **63** Schubart [47] 360. – **64** Koch [20] 1386, Art. ‹Sinfonie oder Symphonie›. – **65** ebd. 610 und 354, Art. ‹Fuge› und ‹Concert›. – **66** J.S. Petri: Anleitung zur praktischen M. (²1782) 266. – **67** s. Liebert [45] 17. – **68** Forkel [27] 50. – **69** F. Galeazzi: Elementi teorico-pratici di musica, Bd. 2 (1796); s. S. Schmalzriedt: Charakter und Drama. Zur hist. Analyse von Haydnschen und Beethovenschen Sonatensätzen, in: Archiv für Musikwiss. 42 (1985) 37–66. – **70** H.Chr. Koch: Versuch einer Anleitung zur Composition, Bd. 3 (1793) 57ff. – **71** A. Reicha: Traité de haute Composition Musicale, Bd. 2 (Paris 1826) 296ff. – **72** Kanne [62] 364, 26f., 44 und 33f. – **73** J. Tinctoris: Liber de arte contrapuncti (1477), in: Opera theoretica II, hg. von A. Seay (Rom 1975) 140. – **74** H. Müller (Hg.): Der ‹tractatus musicae scientiae› des Gobelinus Person (1358–1421), in: Kirchenmusikal. Jb. 20 (1907) 195. – **75** s. Krones [35]. – **76** G. Zarlino: Sopplimenti musicali (Venedig 1588; ND New York 1979) 325. – **77** J. Bulwer: Chironomia: or The Art of Manuall Rhetorique (London 1644; ND New York 1975). – **78** F. Lang: Dissertatio de actione scenica (1727). – **79** Meyfart 12f. – **80** D.G. Türk: Klavierschule (1789) 340. – **81** A. Schindler: Biogr. von L. van Beethoven, Bd. 2 (³1860) 237. – **82** Sulzer [59] 539, Art. ‹Instrumentalmusik› [Autor: J.P. Kirnberger]. – **83** C. Czerny: Vollständige theoretisch-practische Pianoforte-Schule …, op. 500, 3 (Wien 1842) passim. – **84** Mattheson [31] 127. – **85** G. Muffat: Vorwort zu ‹Florilegium› II (1698). – **86** J.N. Forkel: Ueber J.S. Bachs Leben, Kunst und Kunstwerke (1802) 24, 17 und 40f. – **87** Schindler [81] 237. – **88** Koch [20] 351. – **89** Schindler [81] 219ff. – **90** L. van Beethoven: Briefwechsel, Bd. 3, hg. von S. Brandenburg (1996) 134. – **91** Schindler [81] 212. – **92** A.Chr. Dies: Biograph. Nachrichten von J. Haydn (1810, Neuausg. 1959) 131. – **93** G.A. Griesinger: Biograph. Notizen über J. Haydn (1810; Neuausg. Wien 1954) 62. – **94** G. Carpani: Le Haydine … (Mailand 1812) 69. – **95** Forkel [27] 59. – **96** J.G. Walther: Praecepta der Musicalischen Composition (1708), hg. von P. Benary (1955) 158. – **97** Sulzer [59] Bd. 4 (²1787) 603, Art. ‹Vortrag› [Autor: J.A.P. Schulz]. – **98** C.Ph.E. Bach: Versuch über die wahre Art, das Clavier zu spielen, Bd. 1 (1753) 117. – **99** Mattheson [31] 181. – **100** Ruhnke [37] 132. – **101** J. Mainwaring: Memoirs of the life of the late G.F. Handel (London 1760). – **102** W. Coxe: Anecdotes of G.F. Handel, and J.Chr. Smith (London 1799) 6. – **103** J. Mattheson: Das Neu-Eröffnete Orchestre (1713) 104. – **104** ders.: Das Beschützte Orchestre, oder desselben Zweyte Eröffnung (1717) 115–118. – **105** ebd. 130f. – **106** Mattheson [31] 68f. – **107** J.A. Scheibe: Criticher Musikus (²1745) 389ff. – **108** Mattheson [31] 91. – **109** zur Frühgesch. dieser rhet. Kategorien in der M. s. Krones [35] Sp. 73f. – **110** Koch [20] 146f., Art. ‹Anlage›, sowie 182, Art. ‹Ausarbeitung›. – **111** Mattheson [31] 123. – **112** H.L. Glareanus: ΔΟΔΕΚΑΧΟΡΔΟΝ (Basel 1547; ND Hildesheim 1969) 174. – **113** G. Dressler [53] cap. ‹De inventione fugarum›. – **114** J.A. Herbst: Musica poetica, sive compendium melopoeticum (1643) 115ff. – **115** F.E. Niedt: Handleitung zur Variation (1706) passim. – **116** A. Kircher: Musurgia Universalis (Rom 1650) Bd. 2, 143. – **117** J. Kuhnau: Texte zur Leipziger Kirchen-Music … Anno 1710 (1709), zit. B.F. Richter: Eine Abh. Johann Kuhnau's, in: Monatsh. für M.-Gesch. 34 (1902) 149ff. – **118** O. Wessely: Zur ars inveniendi im Zeitalter des Barock, in: Orbis musicae 1 (1971/72) 113–140. – **119** J. Kuhnau: Der Musicalische Quack-Salber (1700) 144f. – **120** J. Mattheson [103] 104. – **121** s. W. Arlt: Zur Handhabung der "inventio" in der dt. Musiklehre des frühen 18.Jh., in: G.J. Buelow, H.J. Marx (Hg.): New Mattheson Studies (Cambridge u.a. 1983) 371–391. – **122** Mattheson [31] 123. – **123** ebd. 123–132. – **124** s. J. Schmidt: Die Gesch. des Genie-Gedankens in der dt. Lit., Philos. und Politik 1750–1945 (1985). – **125** J.D. Heinichen [23] 30f. – **126** zit. J. Mainwaring: G.F. Handel (London 1760), nach J. Matthesons dt. Ausg. von 1761, hg. von B. Paumgartner (Zürich 1947) 31. – **127** zit. W. Schmieder: Thematisch-systemat. Verzeichnis der musikal. Werke von J.S. Bach (²1958) 475. – **128** Dressler [53]. – **129** J. Burmeister: Musica αὐτοσχεδιαστικοῦ (1601) L4^{rv}, sowie ders. [38] 73f. – **130** W. Kirkendale: Ciceronians versus Aristotelians on the Ricercar as Exordium, from Bembo to Bach, in: J. of the American Musicological Society 32 (1979) 1–44. – **131** A. Berardi: Miscellanea musicale (Bologna 1689) 179. – **132** Mattheson [22] 267f. – **133** Butler [42] 69ff. – **134** Mattheson [31] 235. – **135** M.C. Weißenborn: Gründliche Einl. zur teutschen und lat. Oratorie und Poesie (²1731). – **136** s. Krones [62] 45f. – **137** Mattheson [31] 237ff. – **138** E. Budde: Musikalische Form und rhet. dispositio. Zum ersten Satz des dritten Brandenburgischen Konzertes, in: H. Krones (Hg.): Alte M. und Musikpädagogik (Wien 1997) 69–83. – **139** U. Kirkendale: The Source for Bach's Musical Offering: The Institutio oratoria of Quintilian, in: J. of the American Musicological Society 33 (1980) 88–141. – **140** s.u.a. Mattheson [31] 213ff.; P.F. Tosi, Übers. J.F. Agricola: Anleitung zur Singkunst (Berlin 1757) 159ff.; J.A. Hiller: Anleitung zum musikalisch=zierlichen Gesange (1780) 25ff. – **141** J.G. Walther: Musicalisches Lexicon (1732) 515. – **142** s. H. Krones: Art. ‹Gesang. V. 1750-Gegenwart. A.›, in: HWRh Bd. 3 (1996) Sp. 829f. – **143** Sulzer [59] Bd. 4 (²1787) 4, Art. ‹Recitativ›. – **144** Brief vom 12. Nov. 1778. Mozart: Briefe und Aufzeichnungen, Bd. 2 (1962) 506. – **145** zit. F. Watson: The English Grammar Schools to 1660 (1908; ND Clifton 1973) 220. – **146** S. Calvisius: Exercitatio musica tertia (1611) 35. – **147** F. Bacon: Sylva Sylvarum; or, A Naturall History (London 1627) 38. – **148** Burmeister [129] I2^r sowie Burmeister [38] 55; zu den einzelnen Figuren u. deren Bedeutungen s. H. Krones: Art. ‹Musikal. Figurenlehre›, in: HWRh Bd. 5, Sp. 1557ff. – **149** A. Kircher [116] Bd. 1, 366. – **150** Burmeister [129] Dd1^v. – **151** G. Zarlino: Le Istitutioni harmoniche (Venedig 1558) 339. – **152** S. Calvisius: Μελοποιία sive Melodiae condendae ratio, quam vulgò musicam poeticam vocant (1592) cap. 18. – **153** J. Lippius: Synopsis Musicae Novae (Straßburg 1612) F 8. – **154** J. Crüger: Synopsis musica continens rationem constituendi & componendi melos harmonicum (1630). – **155** J. Nucius: Musices poeticae sive de compositione cantus praeceptiones absolutissimae (1613). – **156** J. Thuringus: Opusculum bipartitum de primordiis musicis (1624). – **157** W. Schonsleder: Architectonice musices universalis, ex qua melopoeam … proprio marte condiscere possis (1631). – **158** J.A. Herbst [114]. – **159** J.M. Corvinus (H.M. Ravn): Heptachordum danicum seu nova solmisatio (Kopenhagen 1646). – **160** V. Galilei: Dialogo della musica antica et della moderna (1581), zit. W. Braun: Dt. Musiktheorie des 15. bis 17.Jh. (1994) 330f.; Mattheson [22] 313. – **161** Platon, Nomoi II, 669ff.; Quint. I, 10, 9ff. – **162** Plutarch, Περὶ μουσικῆς 4f. – **163** Arist. Rhet. III, 1, 1403b 26. – **164** Cic. De or. III, 44, 173 (an Isocr. Or. XIII, 16 anschließend). – **165** Quint. I, 10, 9–33. – **166** ebd. IX, 4, 9. – **167** s. Krones [35] Sp. 70–79. – **168** J. Tinctoris: Complexus effectuum musices (um 1473/74) passim. – **169** Johannes Affligemensis: De musica (um 1100) cap. 18. – **170** R. Flotzinger: Vorstufen der musikalisch-rhet. Trad. im Notre-Dame-Repertoire?, in: T. Antonicek, R. Flotzinger, O. Wessely (Hg.): De ratione in musica. FS E. Schenk (1975) 1–9. – **171** W. Dömling: Aspekte der Sprachvertonung in den Balladen G. de Machauts, in: Die Musikforschung 25 (1972) 301–307. – **172** F. Gaffurius: Practica Musicae (1496), zit. D. Harrán: Word-tone-relations in musical thought (1986) 366. – **173** Jacobus Faber Stapulensis: Elementa musicalia (Paris 1496) Vorwort. – **174** Johannes Cochlaeus: Tetrachordum musices (1511). – **175** A. von Nettesheim: De vanitate et incertitudine scientiarum (1532), zit. K.G. Fellerer: A. v. Nettesheim und die M., in: Archiv für Musikwiss. 16 (1960) 78ff. – **176** Zarlino [151] 4ff.; s. M. Fend (Hg.): G. Zarlino. Theorie des Tonsystems (1989) 12. – **177** Burmeister [129] L4^{rv} und M3^v, sowie Burmeister [38] 73ff.; s. Krones [148], Sp. 1574f. – **178** Marchetus v. Padua: Pomerium in arte musicae mensuratae (um 1325), hg. von J. Vecchi (= Corpus scriptorum de musica, Bd. 6, Rom 1961) 71. – **179** Heinrich Eger v. Kalkar: Das Cantuagium (um 1380), hg. von H. Hüschen (1952) 57. – **180** Tinctoris [73]. – **181** Cochlaeus [174] cap. 5. –

182 L. Finscher: Die "Entstehung des Komponisten", in: Int. Review of the Aesthetics and Sociology of Music 6 (1975) 29–44. – **183** Calvisius [152]. – **184** ders. [146]. – **185** J. Burmeister: Hypomnematum musicae poeticae (Rostock 1599); ders. [150]; ders. [38]. – **186** Musica Nicolai Listenii: ab authore denuo recognita ... (1537) A4^rv. – **187** N. Vicentino: L'antica musica ridotta alla moderna prattica (Rom 1555). – **188** G.M. Lanfranco: Scintille di Musica (Brescia 1533) 68 sowie Zarlino [151] 212. – **189** Zarlino [151] 339f. – **190** H. Peacham (d. J.): The Compleat Gentleman (London 1622) 96 und 103. – **191** Glarean [112] 363. – **192** E. Deschamps: L'art de dictier (1392), hg. von D.M. Sinnreich-Levi (East Lansing, Michigan 1994). – **193** Pontus de Tyard: Solitaire second, ou prose de la musique (1555), hg. von C.M. Yandell (Genf 1980). – **194** L. Finscher, S. Leopold: Volkssprachige Gattungen und Instrumentalmusik, in: L. Finscher (Hg.): Die M. des 15. und 16. Jh., Bd. 2 (1990) 441. – **195** M. Luther: Tischreden Nr. 1096; s. W. Blankenburg: Die Nachwirkung der artes liberales in den reformatorischen Gebieten und deren Auflösungsprozeß, in: Bericht über den int. musikwiss. Kongreß Hamburg 1956 (1957) 61. – **196** Burmeister [185]. – **197** Kanne [62]. – **198** A. Forchert: M. und Rhet. im Barock, in: Schütz-Jb. 7/8 (1986) 10. – **199** Chr. Bernhard: Tractatus compositionis augmentatus (1648/49), in: J. Müller-Blattau (Hg.): Die Kompositionslehre H. Schützens in der Fassung seines Schülers C. Bernhard (²1963) 42f. – **200** Th. Mace: Musick's Monument (London 1676) 234. – **201** Le nuove musiche di Giulio Caccini detto Romano (Florenz 1601) Vorwort. – **202** Bernhard [199] 78. – **203** Th. Campion: The First Book of Ayres (um 1613), hg. von E.H. Fellowes (London 1925) Vorwort. – **204** Scheibe [107] 654. – **205** J. Kuhnau: Frische Clavier-Früchte: oder Sieben Suonaten von guter Invention und Manier, auf dem Clavier zu spielen (1696; ND Florenz 1995) Vorwort. – **206** zit. G.Ph. Telemann: Singen ist das Fundament zur Music in allen Dingen. Eine Dokumentenslg., hg. von W. Rackwitz (1985) 171. – **207** Brief vom 15.12. 1751, ebd. 244–247. – **208** Scheibe [107] 997. – **209** Mattheson [31] 105. – **210** C.Ph.E. Bach [98] 121f. – **211** J.J. Quantz: Versuch einer Anweisung, die Flöte traversière zu spielen (1752; ND 1992) 100ff. – **212** L. Mozart [44] 107. – **213** D.G. Türk: Klavierschule (1789) 343ff., 340, 332. – **214** C.G. Krause: Von der musikalischen Poesie (1752) 334–359: ‹Vom Gebrauch der Figuren in der musikalischen Poesie›. – **215** J.C. Winter: De eo quod sibi invicem debent musica, poetica et rhetorica, artes iucundissimae (1764). – **216** J.F. Daube: Der musikalische Dillettant (Wien 1771) 11. – **217** Sulzer [59]. – **218** J.N. Forkel: Ueber die Theorie der M. (1777) 26f. – **219** Koch [70], 3 Bde. (Rudolstadt 1782–1793); bereits hier wird der «Anlage», die Gesamtheit aller Hauptgedanken, über das Prinzip des Themas gestellt. – **220** ebd. Bd. 3 (1793) 39ff. sowie passim. – **221** Schubart [47] 335 und 375. – **222** Allg. Musikalische Zeitung (Leipzig) 2 (1800), Intelligenz-Blatt No. X. – **223** L.A. Sabbatini: Trattato sopra le Fughe Musicali (Venedig 1802) passim. – **224** J.J. Rousseau: Essai sur l'origine des langues où il est parlé de la mélodie et de l'imitation musicale, in: Œuvres complettes, Bd. 16 (Deux-Ponts 1782) 265. – **225** M.P.G. de Chabanon: Observations sur la musique et principalement sur la métaphysique de l'art (1779), übers. und mit Anm. versehen von J.A. Hiller als: Über die M. und deren Wirkungen (1781). – **226** s. E.F. Schmid: C.Ph.E. Bach und seine Kammermusik (1931). – **227** G. Ueding: Einf. in die Rhetorik (1976) 5; A. Liebert [45]. – **228** Cic. De or. III, 216. – **229** F. Schlegel: Philos. Lehrjahre. Philos. Fragmente VIII, 226. – **230** F. Schlegel: Athenäum-Frg. Nr. 444. – **231** K.F. Zelter / J.W. Goethe: Briefwechsel, ausgew. und hg. von W. Pfister (Zürich / München 1987) 369. – **232** s. H. Krones: Rhetorik und rhet. Symbolik in der M. um 1800. Vom Weiterleben eines Prinzips, in: Musiktheorie 3 (1988) 130ff. – **233** J.J. Ryba: Anfängliche und allgemeine Grundsätze zur gesamten Musikkunst (tschech., 1817) 82f. – **234** J.J. Engel: Ueber die musikalische Malerey (1780). – **235** F.A. Kanne: Ueber die musikalische Mahlerey, in: AmZöK [46] 2 (1818) 385. – **236** Kanne [62] passim. – **237** F.A. Kanne: Der Zauber der Tonkunst, in: AmZöK [46] 5 (1821) 282. – **238** Dies [92] 78. – **239** J.B. Rupprecht: J. Haydns Geburtsstätte zu Rohrau, in: Allg. Theaterzeitung (1836) 253. – **240** s. G. Gruber: Musikal. Rhet. und barocke Bildlichkeit in Kompositionen des jungen Haydn, in: V. Schwarz (Hg.): Der junge Haydn (Graz 1972) 168–191, sowie H. Krones: "Meine Sprache verstehet man durch die ganze Welt". Das "redende Prinzip" in J. Haydns Instrumentalmusik, in: H. Krones (Hg.): Wort und Ton im europäischen Raum (Wien u.a. 1989) 79–108. – **241** Brief vom 8.11. 1777. Mozart [144] 110f. – **242** s. G. Born: Mozarts Musiksprache. Schlüssel zu Leben und Werk (1985); ferner H. Krones: Mozart gibt uns selbst die Antworten. Zur Musiksprache der "Zauberflöte", in: Österr. Musikzs. 46 (1991) 24–33, sowie ders.: "Südliche Popularité und nordische Gelehrsamkeit". Mozarts Musiksprache am Beispiel des Don Giovanni, in: Musikkulturgeschichte. FS C. Floros, hg. von P. Petersen (1990) 341–368. – **243** E. Schenk: Barock bei Beethoven, in: Beethoven und die Gegenwart. FS L. Schiedermair, hg. von A. Schmitz (1937) 177–219; E. Schenk: Über Tonsymbolik in Beethovens "Fidelio", in: Beethoven-Studien (1970) 223–252; H. Krones: L. v. Beethoven. Werk und Leben (Wien 1999). – **244** Schindler [81] 237. – **245** Brief vom 8. April 1815. L. van Beethoven: Briefwechsel, Bd. 3: 1814–1816, hg. von S. Brandenburg (1996) 134. – **246** W. Kirkendale: Beethovens Missa solemnis und die rhet. Trad., in: Beethoven-Symposion [60] 121–158. – **247** H. Krones: "Er habe ihm seine Liebesgeschichte in M. setzen wollen". L. v. Beethovens e-Moll-Sonate, op. 90, in: Österr. Musikzs. 43 (1988) 592–601. – **248** G.W.F. Hegel: Ästhetik (²1965) Bd. 2, 272f. – **249** ebd. 292. – **250** A. Schopenhauer: Die Welt als Wille und Vorstellung I (1819) T. 3, § 52. – **251** Czerny [83] 5 und 24. – **252** H.-H. Eggebrecht: Prinzipien des Schubert-Liedes, in: Archiv für Musikwiss. 27 (1970) 89–109; s. auch H. Krones: "Ein Accumulat aller musikalischen Modulationen und Ausweichungen ohne Sinn, Ordnung und Zweck". Zu Schuberts "schauerlichen" Werken der Jahre 1817–1828, in: Österr. Musikzs. 52 (1997) 32–40. – **253** E. Seidel: Ein chromatisches Harmonisierungs-Modell in Schuberts "Winterreise", in: Archiv für Musikwiss. 26 (1969) 285–296; L. Hoffmann-Erbrecht: Vom Weiterleben der Figurenlehre im Liedschaffen Schuberts und Schumanns, in: Augsburger Jb. für Musikwiss. 1989 (1990) 105–126. – **254** E. Hanslick: Vom Musikalisch-Schönen (1854) 35. – **255** H. Krones [232] sowie ders: Das Fortwirken symbolhafter Traditionen im frühen Vokalschaffen F. Liszts, in: Liszt-Studien 4 (1993) 43–57. – **256** F. Liszt: Robert Schumann, in: Neue Zs. für M. 42 (1855) 179. – **257** s.u.a. C. Floros: Brahms und Bruckner (1980); Hoffmann-Erbrecht [253]; H. Krones: "Er hatte sich gleichsam mit seinem ganzen Körper in das Wort des Dichters verwandelt!" H. Wolfs *Penthesilea* als M. gewordene Dichtung, in: Hamburger Jb. für Musikwiss. 13 (1995) 201–221; H.-W. Heister: Enthüllen und Zudecken. Zu Brahms' Semantisierungsverfahren, in: H.-W. Heister (Hg.): J. Brahms oder Die Relativierung der "absoluten" M. (1997) 7–35; H. Krones: Musiksprachliche Elemente aus Renaissance und Barock bei A. Bruckner, in: Bruckner-Symposion Linz 1997 (Wien 1999) 53–72; ders.: Harmonische Symbolik im Vokalschaffen von J. Brahms, in: F. Krummacher, M. Struck (Hg.): Int. Brahms-Kongreß Hamburg 1997 (1999) 415–437. – **258** R. Schumann: Jugendbriefe (1885) 280. – **259** R. Schumann: Tagebücher, hg. von G. Eismann, Bd. 1 (1971) 413. – **260** G. Schilling: Musikalisches Conversations-Handlex. (²1844) Bd. 1, 605, und Bd. 2, 343. – **261** J.C. Lobe: Lehrbuch der musikalischen Komposition, Bd. 1 (⁵1884) 279ff. – **262** Mendel-Reißmann: Musikalisches Conversations-Lex., Bd. 8 (1881) 318. – **263** zit. R. Strauss: Betrachtungen und Erinnerungen (1949) 9. – **264** H. Krones: "Wiener" Symbolik? Zu musiksemantischen Traditionen in den beiden Wiener Schulen, in: Beethoven und die Zweite Wiener Schule, hg. von O. Kolleritsch (Wien 1992) 51–79; ders.: «... beziehen sich alle meine Kompositionen ... auf den Tod meiner Mutter», in: H. Krones, M. Wagner: A. Webern und die M. des 20. Jh. (1997) 12–38. – **265** A. Webern: Der Weg zur Neuen M. (Wien 1960) 17. – **266** P. Stadlen: Das pointillistische Mißverständnis, in: Österr. Musikzs. 27 (1972) 161; A. Webern: Variationen für Klavier. Op. 27. Weberns Interpretationsvorstellungen erstmals erl. v. P. Stadlen an Hand der Faksimiles seines Arbeitsexemplares mit Anweisungen Weberns für die Uraufführung (Wien 1979). – **267** L. Wittgenstein: Philos. Untersuchungen (1953) I, 527. – **268** D. Schnebel: Glossolalie 61, in: ders.: Denkbare Musik. Schriften 1952–1972 (1972) 384f.

H. Krones

→ Affektenlehre → Aleatorik → Ars antiqua/Ars nova → Barock: Musik → Color → Deklamation → Dialog → Harmonie

→ Humanismus: Musik → Instrumentalmusik → Kadenz → Klangrede → Klassizismus: Musik → Klausel → Lied → Manierismus: Musik → Mittelalter: Musik → Moderne: Musik → Monodie → Motiv → Musica poetica → Musikalische Figurenlehre → Rhythmus → Stimme, Stimmkunde → Vokalmusik

Musikalische Figurenlehre
A. Def. – I. Der Begriff der ‹Figur› in der Notation. – II. Der Begriff der ‹Figur› in der Rhet. – III. Funktion und Typologie der musikal. Figuren. – 1. Figurae fundamentales. – 2. Figurae superficiales. – a. Melodische Figuren. – b. Harmonische Figuren. – c. Harmonisch-melodische Figuren. – d. Pausenfiguren. – B. Geschichte der M. – I. 17. bis Anfang 19. Jh. – II. Anwendung und Weiterleben der M.

A.I. *Der Begriff der ‹Figur› in der Notation.* In der Musiktheorie des Mittelalters ist *figura* das (einzelne oder gekoppelte, in diesem Falle mehrere Einzelzeichen verbindende) Notenzeichen (von lat. *figura* = äußere Gestalt, Figur, bildliche Darstellung) mit einer bestimmten klanglichen (speziell klangzeitlichen) Bedeutung, wie dies insbesondere JOHANNES DE GARLANDIA in seiner nach 1250 entstandenen ‹Musica mensurabilis› [1], FRANCO VON KÖLN in seiner wohl 1280 vollendeten ‹Ars cantus mensurabilis› [2] und JOHANNES DE MURIS im 2. Buch seiner ‹Notitia artis musicae› von 1321 [3] deutlich machen; dies entsprechend der mittelalterlichen (sprachlichen) Grammatik, in welcher *figura* das geschriebene Wort mit einer fest umrissenen Bedeutung bezeichnet. PROSDOCIMUS DE BELDEMANDIS behandelt in einem 1412 verfaßten Traktat «figuras sive notas mensuratas» [4], und noch 1537 spricht NICOLAUS LISTENIUS im Rahmen der elementaren Notationslehre von «Figurae notarum simplicium» und definiert die *figura* als «eben die Gestalt oder Anordnung, aus der sich die Noten und alle Pausen zuverlässig ersehen lassen» [5], ehe mit der Überwindung der Mensuralnotation der Begriff *figura* als Bezeichnung für rein notationstechnische Gegebenheiten außer Gebrauch gerät.

II. *Der Begriff der ‹Figur› in der Rhetorik.* Inzwischen hatte man, ausgehend von der seit der Antike vorhandenen Überzeugung, Musik und Sprache seien verwandte Künste und stünden daher auf einer gemeinsamen ästhetischen Basis, in der Vokalmusik sowohl textkonformen ‹rhetorischen› Deklamationen als auch textausdeutenden Kunstgriffen mehr und mehr Beachtung geschenkt. [6] Schon im Notre-Dame-Repertoire werden wichtige Worte musikalisch verdeutlicht, dann greift man insbesondere im Trecento-Madrigal zu allegorischen Darstellungen im Sinne einer *imitatio della natura*, die das Prinzip der μίμησις (*mímēsis*), wie es sich bei PLATON oder ARISTOTELES findet, auch auf die Musik übertragen. [7] Im 15. und 16. Jh. erfährt das Wort-Ton-Verhältnis eine noch höhere Beachtung, wobei spezielle Formen (bis hin zur Oper) die Wort-Deklamation bzw. die *explicatio textus* in den Vordergrund stellen.

Hand in Hand mit der vertieften Textdarstellung steigert sich das Verständnis der Komponisten für rhetorisch-musikalische Kunstmittel weiter. [8] MARCHETTUS VON PADUA sieht um 1325 in seinem ‹Pomerium in arte musicae mensuratae› die «colores ad pulchritudinem consonantiarum» (Ausschmückungen zur Schönheit der Konsonanzen) in der Musik als den «colores rhetorici ad pulchritudinem sententiarum» (rhetorische Ausschmückungen zur Schönheit der Sätze) in der Grammatik analog an; sie sind für ihn Mittel des Textausdrucks, die sich entsprechend dem Wortinhalt sogar «falscher» Wendungen bedienen dürfen. JACOBUS LEODIENSIS spricht in seinem ‹Speculum musicae› (ca. 1335) den textadäquaten Gebrauch der Modi [Kirchentonarten] als «cantuum varietas» an [9], und HEINRICH EGER VON KALKAR postuliert 1380 gar, daß die Musik genauso wie die Rhetorik ihre eigenen Schmuckmittel besitze: «Ornatus habet musica proprios sicut rhetorica.» [10]

Ganz nahe dem rhetorischen Figurbegriff (wie ihn Quintilian definiert) kommt dann, anschließend an M. de Padua, GOBELINUS PERSONA, wenn er 1417 in seinem ‹Tractatus musicae scientiae› einen «cantus irregularis» als «color rhetoricus» gestattet, und schließlich führt JOHANNES TINCTORIS den rhetorischen Begriff der *figura* endgültig in die Musik ein: In seinem ‹Liber de arte contrapuncti› von 1477 (Kap. 31) wendet er ihn in Anlehnung an die ‹Institutionis oratoriae libri XII› des Quintilian (ebd. I, 5, 5) analog zu den «Verstandesfiguren der Sprachkundigen» für «unerhebliche Dissonanzen» an, die trotz ihrer Regelwidrigkeit erlaubt wären; denn sie seien entweder aus Gründen des Ausdrucks oder wegen des durch sie erfolgenden Schmucks notwendig: «Aber wie von den Grammatikern die Verwendung von Verstandesfiguren, ebenso wird von den Musikern auf die oben erläuterte Weise erlaubt, sich zum Schmuck oder aus Notwendigkeit kleiner Dissonanzen zu bedienen. Geschmückt wird nämlich ein musikalischer Satz (*cantus*), wenn der Auf- oder Abstieg von einer Konsonanz zur anderen über passende Zwischenstufen und über Synkopen erfolgt, die sich bisweilen nicht ohne Dissonanzen verwirklichen lassen.» [11] Dementsprechend läßt er auch die Durchgangsdissonanz «gleichsam wie vernünftige Figuren der Grammatiker» [12] zu.

Analog zur Definition des Quintilian erscheint die *figura* dann in den zwischen 1599 und 1606 erscheinenden Schriften des Rostocker Kantors JOACHIM BURMEISTER, speziell in der ‹Musica αὐτοσχεδιαστικοῦ› (Rostock 1601) sowie in der ‹Musica poetica› (Rostock 1606), als satz- bzw. ganz allgemein kompositionstechnische Lizenz. [13] Bei dem lateinischen Autor [14] ist eine Figur eine Abweichung von der allgemeinen, sich zuerst anbietenden Art zu sprechen («eine Gestaltung der Rede, die abweicht von der allgemeinen und sich zunächst anbietenden Art und Weise»; IX, 1, 4) und wird «für die Form» gebraucht, «die im eigentlichen Sinn Schema heißt, als eine wohlüberlegte Veränderung im Sinn oder Ausdruck gegenüber seiner gewöhnlichen, einfachen Erscheinungsform» (IX, 1, 11). In der Musik gilt sie laut Burmeister (der sich in seinen Schriften auf Quintilian beruft) ebenso wie ein Ornament als «musikalische Bauweise innerhalb einer Periode, ebenso in der Melodie wie auch in der Harmonie, […], die sich von der einfachen Art der Komposition unterscheidet und in vorzüglicher Form eine zierlichere (geschmücktere) Gestalt zu Hilfe nimmt und mitteilt». [15]

III. *Funktion und Typologie der musikalischen Figuren.* Die musikalisch-rhetorischen Figuren sind Hilfsmittel für die kompositorische Arbeitsphase der *elaboratio* bzw. *elocutio* und gelten sowohl dem Schmuck (*ornatus*) als auch dem Ausdruck der Werke. Im ersteren Falle kann ihr Abweichen vom üblichen Satz, der ihren Lizenz-Charakter begründet, ausschließlich durch Ausschmückung (Verzierung) stattfinden; die diesbezüglichen, nur im Ausnahmefall Inhalte darstellenden Figuren sind die *figurae principales* bzw. *figurae fundamentales*. Daneben existieren die primär bedeutungstragenden, Affekte, Gefühle, Emotionen, Bilder oder Gestisches transportierenden Figuren, die der Kategorie des *movere* verpflichtet sind: die *figurae minus principales* bzw. *figurae superficiales*.

Der Transport von Bedeutung kann auf verschiedenste Weise erfolgen: durch Art und Grad der Abweichung vom Gesetz, durch partielle (äußere) Ähnlichkeit des Dargestellten mit dem musikalischen Sachverhalt, durch gleichsam etymologische Hinweise (die sich durch den Namen der Figur ergeben, etwa bei der *kyklosis*), durch Analogien zwischen äußeren und inneren, geistigen Gegebenheiten (z.B. ‹Hohes› – ‹Gutes›) oder auch durch eine gleichsam selbstverständliche, von der klanglichen Außenschicht hervorgerufene Affizierung. Daß viele Figuren sowohl das *delectare* als auch zusätzlich das *movere* zur Aufgabe haben, geht bereits aus J. BURMEISTERS Äußerungen unmißverständlich hervor.[16] Dementsprechend begegnen wir bei ihm auch gar keinem inhaltlichen Scheidungsversuch; vielmehr teilt er die Figuren ausschließlich nach ihrer kompositionstechnischen Phänomenologie in harmonische, melodische und (gekoppelt) harmonisch-melodische. Auch etliche andere Autoren unterscheiden die Figuren weder nach stilistisch-satztechnischen Kriterien noch nach ihrer Aufgabenstellung. Dennoch wird hier die folgende Übersicht nach der oben angesprochene Zweiteilung ausgerichtet.

1. *Figurae fundamentales*. Zu den *figurae principales* bzw. *fundamentales*, die laut CHRISTOPH BERNHARD dem polyphonen «alten stylo» angehören, zählen Klauseln verschiedenster Bauweise, besondere Stimmführungen oder auch Satztechniken.[17] J. NUCIUS, der erste Autor, der bei den Figuren auch Ausdruckskomponenten berücksichtigt, nennt hier folgende: *fuga* (Themenwiederholung in verschiedenen Stimmen; die *fuga* wird deshalb bereits 1537 von J. STOMIUS als *mimesis*, Nachahmung, bezeichnet[18]), *commissura* (Durchgang; bei J. BURMEISTER auch *symblema*, bei Bernhard *transitus*) und *repetitio* (Wiederholung; diese Figur gilt aber wegen ihres intensiven Ausdrucks bald als *minus principalis*, *superficialis*).[19] J. THURINGUS und andere Autoren erwähnen noch die *syncopatio* (Synkope, später auch ligatura), weitere Autoren jeweils auch andere Figuren.[20]

Von hohem Interesse erscheint hier, daß Burmeister verschiedene Formen der *fuga* kennt, und zwar die *fuga realis*, die *fuga imaginaria* (Kanon), die *apokope* (unvollständige Fuge mit «amputatio in una aliqua voce»[21]), die *hypallage* (Gegenfuge; eine oder einige Stimmen führen die Umkehrung des Themas ein) und die *metalepsis* (freie Doppelfuge mit Stimmentausch bzw. Fuge mit einem zweiteiligen Thema, dessen beide Abschnitte abwechselnd die Stimmeinsätze anführen); die anderen Autoren ebenfalls als *fuga* geltende *mimesis* (Nachahmung) ist bei Burmeister hingegen die Wiederholung eines *noema*, also eines homophonen Abschnittes.[22] Die *hypallage* wird von H. PEACHAM the Younger im übrigen als *antistrophe* («a revert») apostrophiert, und ein kontrapunktisches «changing the parts» in der Fuge als *antimetabole* (*commutatio*)[23], während C. SIMPSON, T. MACE und R. NORTH – wie später auch J. MATTHESON[24], F.W. MARPURG[25] sowie noch L.A. SABBATINI[26] – die Fuge vollends unter dem Aspekt eines Dialoges bzw. einer Diskussion sehen. Und auch im französischen Raum (MERSENNE 1627, LA VOYE 1656) nehmen Formen der Fuge (*fuga*, *conseguenza*) einen bedeutenden Stellenwert bei der Beschreibung der musikalischen Rhetorik (im Sinne eines Dialoges) bzw. der Figurenlehre ein.

2. *Figurae superficiales*. Die *figurae minus principales* bzw. *figurae superficiales* zu systematisieren ist von den verschiedensten Forschern in anderer Weise versucht worden, doch erfahren dabei zumeist ästhetische (Zweck bzw. Wirkungsabsicht heranziehende) und kompositionstechnische Kriterien eine Vermischung. Üblicherweise erscheinen die Figuren jedenfalls folgendermaßen klassifiziert: a) bildhafte Figuren (*hypotyposis*-Klasse), b) Nachdruck (insbesondere durch Wiederholungen) gebende Figuren (*emphasis*-Klasse), c) spezielle allegorische Symbolik vermittelnde melodische Figuren, d) ähnliche Aufgaben besitzende, insbesondere Dissonanzen einsetzende harmonisch-akkordische Figuren sowie e) Pausen bzw. Stille als Symbol verwendende Figuren.

Die Fragwürdigkeit dieser Systematiken deckt C. Dahlhaus[27] auf, ohne selbst eine befriedigende Lösung anzubieten. Für eine solche erweist sich nämlich die Tatsache, daß auch die Definitionen und Bedeutungen der Figuren bei den verschiedenen Autoren des 16. bis 19. Jh. nicht völlig übereinstimmen, als zusätzliches Problem, wenngleich sowohl die technischen Besonderheiten als auch die semantischen Felder immer eine große Ähnlichkeit aufweisen (und daher wohl weitgehend auf allgemeines Verständnis stießen). Außerdem muß man sicher Burmeisters Meinung teilen, daß über die vielen genannten Figuren hinaus selbstverständlich noch andere *figurae* (im Sinne eines Abweichens von der üblichen Art zu komponieren) existieren, ohne daß irgendein Autor den betreffenden Techniken eigene Namen gegeben hätte. «Wir müssen also von der Norm des jeweiligen Zeit-, Gattungs- und Personalstils ausgehen, wenn wir die Einzelheiten der figürlichen Kompositionsweise erkennen wollen».[28] Der folgende Überblick über die bedeutungstragenden *figurae superficiales* geht daher von Burmeisters trivialer Scheidung in harmonische, melodische und harmonisch-melodische Figuren aus, die jeweilige Untergliederung berücksichtigt neben speziellen Bauprinzipien auch die inhaltliche bzw. affektive Absicht.[29]

a. *Melodische Figuren*. Sie stellen Besonderheiten der Melodieführung dar, die insbesondere äußere Erscheinungen bildhaft nachzeichnen ('malen') und oft unter der (Überbegriffs-)Figur der *hypotyposis* subsumiert werden; daneben können sie aber auch in übertragenem Sinne Charaktereigenschaften symbolisieren. So versinnbildlicht der melodische Aufstieg der *anabasis* (lat. *ascensus*) neben einem äußeren Hinauf auch 'Gutes' bzw. Positives, die *katabasis* (lat. *descensus*) neben einem Abstieg auch 'Schlechtes' oder Unerfreuliches. Die melodische Drehbewegung der *kyklosis* (lat. *circulatio*) steht für etwas «sich Drehendes», Kreisendes, aber auch für «Umarmen», etwas «Rundes», «Vollkommenes» und daher Schönes. Der schnelle Lauf der *tirata* zeichnet «schleudern», Blitze, Schwertstreiche u.ä. nach, die vielen kleinen Notenwerte der *fuga* «alio nempe sensu» weisen im wörtlichen Sinne auf Flucht, Eile, «laufen», aber auch auf «flüchtig» im Sinne von oberflächlich u.ä.

Eine große Anzahl von melodischen Figuren ahmt einen speziellen Sprachtonfall nach wie die *ekphonesis* (lat. *exclamatio*), ein durch ein großes Intervall (meist aufwärts) symbolisierter «Ausruf»: er erscheint oft als Sext, wobei die große Sext eher positive, die kleine Sext eher verhaltene oder elegische Affekte 'malt', während die übermäßige Quart des Tritonus (ein aus drei Ganztönen bestehendes Intervall, das lange Zeit als *diabolus in musica* gegolten hat), die *quinta deficiens* (verminderte Quint), die Septim oder gar die None schmerzhaften Zuschnitt besitzen und neben Schmerz und Leid auch Sünde, tatsächlich den «Teufel», Falschheit etc. darstellen; diese 'dissonanten' Sprünge werden überdies auch als spezielle Figur geführt, als *saltus duriusculus* («etwas harter Sprung»). Von besonderer Bedeutung ist die larmoyante Chromatik des *passus duriusculus*, der mehrere chromatische Schritte hintereinander vereint und insbesondere als besonders schmerzhafter, großes Leid oder gar Tod darstellender chromatischer Quartfall (den selbst Schönberg noch häufig verwendete) bzw. als flehentlich bittender, chromatischer Aufstieg erscheint; er ist einem gleichsam weinenden Sprachtonfall nachempfunden, während die Fragehaltung der *interrogatio* (Schritt oder Sprung aufwärts am Ende einer Phrase) offensichtlich einer musikalisierten Sprechweise entwachsen ist.

Melodische Verdeutlichungen stellen auch eine Reihe von Wiederholungsfiguren dar, die Nachdruck geben und «gleichsam mit Fingern auf die Gemüths-Neigung zeigen» [30]; diese «Emphatic» umfaßt jedoch nicht ausschließlich melodische, sondern auch satztechnische Mittel, zudem ist das Prinzip der Wiederholung in der Musik gleichsam von der Natur vorgegeben, also nicht unbedingt nur rhetorisch aufzufassen. Hierher gehört zunächst die schon 1593 von H. PEACHAM (dem Älteren) musikalisch gedeutete *epizeuxis* [31], eine einfache oder auch doppelte Wiederholung eines Wortes bzw. eines Motivs, vornehmlich zu Beginn einer Phrase. Weiter zählen hierzu die speziell die Themenwiederholung der Fuge bezeichnende *replica* (*reditta*, *replique*, *repetition*: S. DE BROSSARD [32]; *repercussio* bzw. *clausulae synonymae*: Mattheson 1739), die *palillogia* (die unmittelbare Wiederholung der gleichen Melodie) und die *epanalepsis*. Letztere ist eine Wiederholung eines Eröffnungs-Gedankens am Ende der Periode, also eine Art Rahmenbildung, nicht zuletzt im Sinne eines letztmaligen, besonders betonten Hinweises. Im satztechnisch-klanglichen Bereich heißt eine solche Reprise jedoch eher *complexio* bzw. *symploke*. Zu nennen ist darüber hinaus die *anadiplosis*, die Wiederholung eines am Ende einer Phrase gesetzten Tones (bzw. einer Tongruppe) zu Beginn des nächsten Abschnittes. Laut Burmeister (1599, 1606) ist die *anadiplosis* allerdings ausschließlich eine verdoppelte *mimesis*, die ihrerseits ein wiederholtes *noema*, also ein satztechnisch-klangliches Phänomen darstellt. [33]

Als (insbesondere durch Verzierungen) variierte Wiederholung kommt noch die *traductio* [34] (H. Peacham d. Ä.) hinzu, als Wiederholung «mit einem neuen, besondern und nachdrücklichen Zusatz» [35] die *paronomasia* («Beinamengebung»). Ein Abstieg der Melodie unter ihren natürlichen Ambitus (Unterschreitung) heißt *hypobole*, eine Überschreitung *hyperbole*: Mittel, die von Burmeister insbesondere in bezug auf die *ambitus* der Stimmen in einem vierstimmigen modalen Satz «a voce piena» gesehen werden und scharfe, schmerzhafte bzw. elegische Inhalte verdeutlichen. Häufig verwendet wird schließlich auch die *klimax* (*climax*) bzw. *gradatio*, die Wiederholung einer Phrase auf anderer, insbesondere höherer Stufe, z.B. bei Affekten göttlicher Liebe und der Sehnsucht nach dem himmlischen Vaterland [36]; für dieses Phänomen führt J.A. SCHEIBE übrigens den Terminus *hyperbaton* ein. [37] Von Th.B. JANOWKA wird dieser Begriff nur satztechnisch verstanden. [38] Auch bei Nucius, Thuringus und J.G. WALTHER besitzt die *klimax* primär satztechnische Implikationen, und zwar bezeichnet sie eine Parallelbewegung zweier Stimmen, insbesondere «tertzenweise» [39] aufsteigend; bei Nucius ist sie zudem eine gleichsam sehnlichst erwartete Schlußwendung, ein Effekt, für den FR. BACON 1626 den Terminus *praeter expectatum* anwendet. [40]

Burmeister gelten übrigens noch die *parembole* (Einschub) und die *parrhesia* (Redefreiheit) als «figurae melodiae», offensichtlich, weil sie sich aus Melodieführungen heraus konstituieren, wenngleich sie sich eher im Ganzen des Satzes bemerkbar machen. Von ersterer spricht man in der Fuge, wenn eine Füllstimme hinzutritt, die lediglich den Satz ergänzt, von zweiterer bei querständigen Wirkungen durch die (chromatische) Halbtonveränderung eines Intervalls, insbesondere auch im Falle des Phänomens «mi contra fa» (wo dieselbe Stufe je Stimmführung anders erklingt, z.B. einmal als b und einmal als h oder einmal als f und einmal als fis); wichtig ist jedenfalls, daß diese Führung «keinen Ubellaut verursachet» [41], was zur Verwendung dieses Kunstgriffes vornehmlich bei ambivalenten (positiv und negativ zugleich zu sehenden) Ereignissen bzw. Affekten führt: z.B. bei Darstellungen des Todes Christi (der aber für die Christenheit Erlösung bringt) oder bei der Nachzeichnung extremer (positiver, aber zugleich 'schmerzhafter') Leidenschaften.

Die Satzfigur der *pathopoiia*, die durch die Einführung harmonie- oder tonartfremder Töne Leidenschaften (Schmerz, Zorn, Furcht, aber auch übermütiges Gelächter) erregt bzw. darstellt, ist umgekehrt durchaus auch melodisch charakterisiert, wenngleich sie sich logischerweise auf die Gesamtheit des harmonischen Tonvorrates bezieht.

b. *Harmonische Figuren*. Diese Figuren stellen harmonische Gegebenheiten oder kontrapunktische Techniken dar, die vor allem zum Zwecke der Textverdeutlichung eingesetzt werden. Zu den Figuren mit bildlichem bzw. auch demonstrativem Hinweischarakter zählt zunächst das *noema* (Gedanke, Entschluß), eine «Ansammlung von nackten [reinen] Konsonanzen» [42] durch akkordisch-homophonen Satz, insbesondere wenn sich dieser deutlich von seiner polyphonen Umgebung abhebt. Des weiteren zu nennen ist hier die *analepsis* als unmittelbare Wiederholung eines *noema*, die *anaploce* als Wiederholung des von einem Chor vorgetragenen musikalischen Geschehens durch einen zweiten Chor in derselben «clausula harmonica» von doppelchörigen Sätzen sowie die *mimesis* als Verdopplung eines *noema* auf anderer Stufe, speziell durch mehrchörige Imitationen. *Mimesis* ist später aber auch ein Synonym für die *imitatio* schlechthin und solcherart eine Fugenfigur. Zu erwähnen ist hier allerdings, daß die *imitatio* schon bei Quintilian (IX, 2) im Sinne eines spöttischen Nachäffens gebraucht werden kann, ein Kunstgriff, der dann auch von Musikern aller Zeiten angewandt wird.

Das *antitheton*, ein Gegensatz in der Textur, die *synoeciosis* (das *contrapositum*), eine «Musik aus raffinierten Dissonanzen» [43], das *polyptoton* (Vervielfältigung; das Wiederholen eines Themas in verschiedenen Stimmen) und die *auxesis* bzw. das *incrementum* (ein aufsteigendes 'Wachsen' der Harmonie bzw. auch ein mehrmaliges Ansteigen der Melodie) besitzen zunächst ebenfalls lediglich Hinweischarakter, ohne spezielle Affektlagen anzusprechen, während die *multiplicatio*, die «Verkleinerung der Dissonanz durch mehrere Noten» [44], trotz ihrer hervorhebenden Primärfunktion durch die Schärfung des Dissonanzcharakters bereits deutlich auch als affekthaltige Figur anzusehen ist.

Die ‹Dissonanzfiguren› selber werden speziell zur Verdeutlichung von Gefühlslagen oder auch ganz speziellen Inhalten eingesetzt. H. Peacham (d. J.) vergleicht überhaupt «passionate airs» mit der *prosopopoeia* und denkt dabei sicher auch ganz allgemein an den affektiven sängerischen Vortrag. Eine besonders häufig angewandte Figur ist die *katachresis* (Mißbrauch), die bei einigen Autoren als deckungsgleich mit der Figur des *fauxbourdon* angesehen wird, bei anderen jedoch die «ausserordentliche und harte Art» [45] einer Dissonanzauflösung zur Verdeutlichung von negativen Affekten darstellt, also z.B. eine Dissonanzkette. Hier haben eine Reihe von Besonderheiten der Satztechnik (insbesondere bei den Komponisten der Wiener Klassik) in geradezu denotativer Form spezielle semantische Felder vertreten: Der verminderte Septakkord gilt (so noch speziell bei F.A. KANNE) als Darstellung von Zweifel, der Trugschluß (auch *inganno* genannt) als Hinweis auf Betrug (auch im autonom musikalischen Sinne), und der neapolitanische Sextakkord wird vor allem zur Darstellung von Tod oder Todessehnsucht (u.ä.) herangezogen.

Eine weitere Figur mit spezieller Bedeutung ist der *fauxbourdon* in seiner speziellen Form der parallelen Sextakkorde (wodurch die Quart keine Auflösung erfährt); hier gelangt entsprechend dem Wort *faux* in erster Linie «Falsches» und Sündhaftes zum Ausdruck. Oft verwendet werden auch der *pleonasmus*, eine (das Ende 'schmerzhaft' verzögernde) Anreicherung der Kadenz durch Synkope und Durchgang, sowie zwei auch als Satzfiguren auftretende Dissonanzbehandlungen: die in diesem Fall Querstände in verschiedenen Stimmen ansprechende *parrhesia* (von Walther etwa *relatio non harmonica* genannt [46]) mit ihrer ambivalenten Affektlage sowie die *pathopoiia*, das Einführen harmoniefremder Töne in den Satz zur Ausdeutung negativer Gefühle.

Zu den Satzfiguren zählen selbstverständlich auch alle Fugen und Imitationsformen. Sie werden hier bei den *figurae principales* abgehandelt, denen man sie seit der Systematik von J. Nucius zurechnet. Burmeister zählt sie (wie auch *symblema* und *syncopa*) zu den *figurae harmoniae*, mit Ausnahme der *fuga imaginaria* (Kanon), die er wegen der Einstimmigkeit der Grundfaktur bei den *figurae tam harmoniae quam melodiae* anführt. Und schließlich stellen *hypotyposis*, *anadiplosis*, *auxesis* und *pleonasmus* in jenen Fällen Satzfiguren dar, in denen sich ihre speziellen Eigenheiten bzw. Hinweisfunktionen im Verband eines mehrstimmigen Satzes konstituieren; das Gleiche gilt für eine Pausenfigur wie die *aposiopesis*.

c. *Harmonisch-melodische Figuren.* Burmeister zählt zu dieser Kategorie zunächst die *congeries* (*synathroismos*), eine Aneinanderreihung («Häufung») von Terz-Quint- und Terz-Sext-Klängen, die durch eine synkopisch fortschreitende Oberstimme gewonnen wird. Darüber hinaus nennt er den *fauxbourdon* (bzw. *simul procedentia*), Sextakkord-Parallelen mit speziell negativem semantischem Feld, dann die von H. Peacham (d.J.) mit den «reports» der Rede verglichene *anaphora* (*repetitio*), eine Wiederholung (insbesondere in einer ostinatoartigen Baßstimme) «absonderlichen Nachdrucks halber» [47], und zwar vornehmlich zur Darstellung heftiger Leidenschaften («in passionibus vehementioribus» [48]) sowie schließlich die *fuga imaginaria*, die «scheinbare Fuge» (der Kanon).

d. *Pausenfiguren.* Diese Kunstmittel sind durch kürzeres oder längeres, immer aber auffallendes Schweigen bzw. Pausieren charakterisiert. Die häufigste Figur ist die *suspiratio* (*stenasmos*), der «Seufzer», der mit Hilfe von kleinen Pausenwerten «gementis, & suspirantis animae affectus» (Affekte eines stöhnenden und seufzenden Geistes) [49], aber auch Gefühle 'atemloser', gleichsam nach Luft ringender Sehnsucht ausdrückt und dabei selbst Worte zerteilen kann. Diesen Effekt steigert die *tmesis* zusätzlich, die mehrfache «Zerschneidung» eines Satzes durch Pausen. Vollständiges «Verstummen», Tod, «Nichts», aber auch Ewigkeit u.ä. symbolisiert die *aposiopesis* (eine Generalpause); während dagegen die *apocope*, das «Abschneiden» einer Stimme in der Fuge, aber auch das Verkürzen von Schlußnoten «bey solchen Worten, die solches zu erfordern scheinen» [50] sowie die *abruptio*, das «Abreißen» eines Satzes bzw. auch das vorzeitige Enden der Melodiestimme vor der Schluß-Auflösung durch die Kadenz, genau das darstellen bzw. versinnbildlichen, was ihr Name aussagt.

B. *Geschichte der M.* **I.** *17. bis Anfang 19. Jh.* J. BURMEISTERS ‹Musica αὐτοσχεδιαστικοῦ› (1601) sowie seine ‹Musica poetica› (1606) erweisen sich auf Grund der breiten und systematischen Beschäftigung mit den musikalisch-rhetorischen Figuren als früheste M. im eigentlichen Sinne. Der Definition der musikalischen *figura* läßt er in der ‹Musica poetica› eine Aufzählung sowie die Beschreibung von 16 Harmoniefiguren (*fuga realis, metalepsis, hypallage, apocope, noema, analepsis, mimesis, anadiplosis, symblema, syncopa vel syneresis, pleonasmus, auxesis, pathopoeia, hypotyposis, aposiopesis, anaploce*), 6 Melodiefiguren (*parembole, palillogia, climax, parrhesia, hyperbole, hypobole*) sowie 4 Figuren «tam Harmoniae, quam Melodiae» (*congeries*, «Simul Procedentia, sive mota, ὁμοσιχάοντα [homosicháonta] vel ὁμοκινεόμενα [homiokineómena], vel aut gallico nomine vocata Faux Bourdon», *anaphora, fuga imaginaria*) folgen. Wichtigste Aufgabe der Figuren ist es, den Satz zu schmücken sowie abwechslungsreich zu gestalten, dies aber nicht zuletzt aus Gründen des Textausdrucks («ex textus explicandi exigenti»). Sie sind daher zwar primär *ornatus* bzw. «poëticum decorum» [51] zum Zwecke des *delectare*, etliche Figuren besitzen aber auch einen deutlich affektiven Charakter und werden daher mit dem Ziel des *movere* eingesetzt, so z.B. die *pathopoeia*, die als «eine Figur, die geeignet ist, Affekte zu erzeugen» [52] definiert ist. Zusätzlich gilt unserem Autor auch ganz allgemein der Textinhalt bzw. sein Affekt als Entscheidungshilfe, welche Figuren zu dessen Ausdeutung heranzuziehen sind: «Wenn ein sehr besorgter Schüler wissen will, wann und an welchem Ort die Harmonien mit den Zieraten dieser Figuren ausgeschmückt werden sollen und wann sie dort anzuwenden sind, so soll dieser Schüler den Text irgendeiner Harmonie [Komposition] irgendeines Autors und zumal einer solchen, der offensichtlich Kultur [Zierlichkeit] und Schmuck eines beliebigen Ornaments angelegt worden ist, sorgfältig betrachten und für sich erwägen, einen ähnlichen Text mit derselben Figur auszuschmücken, mit welcher jener Text eines anderen Künstlers ausgestaltet worden ist. Wenn er dies getan haben wird, wird ihm der Text selbst wie Vorschriften gelten.» [53]

Burmeister gibt bereits 1599 (‹Hypomnematum musicae poeticae›) eine Schrift heraus, die – wenn auch noch nicht so systematisch und ausführlich – sein Denken über die Parallelen zwischen Musik und Rhetorik sowie seine Überlegungen zur M. dokumentiert. Von den in der ‹Musica poetica› genannten Figuren fehlen hier aber noch *metalepsis, anaploce, climax* und *hypobole*, zudem gibt es keinen Unterschied zwischen harmonischen, melodischen und harmonisch-melodischen Figuren. Die ‹Musica αὐτοσχεδιαστικοῦ› (1601) kennt dann nur die *anaploce* nicht mehr. In der ‹Musica poetica› weist Burmeister zudem an Hand einer Analyse der Motette ‹In me transierunt› von O. di Lasso (1532–1594) nach, daß dieser Meister sowohl bei der Textausdeutung als auch bei der formalen Gestaltung (der *dispositio*) dieses Werkes tatsächlich nach rhetorischen Mustern verfährt. Die Nennung von (u.a.) C. non Papa, I. de Vento, A. Utendal, J. Regnart, L. Lechner oder L. Marenzio als weitere für dieses Gebiet beispielgebende Musiker unterstreicht außerdem, daß man sich im 16. Jh. offensichtlich allenthalben ähnlicher Bausteine bedient, ohne daß deren theoretische Begründung oder gar Systematisierung als musikalisch-rhetorische Figuren stattgefunden hätte. Burmeister übernimmt in vielen Fällen lediglich allgemein übliche Mittel aus dem Bereich des *ornatus* und der *explicatio textus* in sein System und benennt sie mit Termini aus der rhetorischen Figurenlehre.

Gleichwohl finden sich auch schon bei früheren Autoren Namen rhetorischer Figuren in musikalischem Sinne, insbesondere für die Gattung bzw. das Imitationsprinzip der Fuge. So bezeichnet N. Listenius 1537 in seiner in Wittenberg erscheinenden ‹Mvsica Nicolai Listenii› die *pausa* als «Figur, die ein kunstvolles Ablassen vom Gesang anzeigt; sie gibt den Sängern einen Wink, wenn sie mit dem Gesang für kurze Zeit innehalten sollen» [54], wenngleich *figura* hier noch primär notationstechnische Implikationen besitzt. J. Stomius benennt in seiner Schrift ‹Prima ad Musicam instructio› (Augsburg 1537) die *mimesis seu fuga* [55], die dann in dem Traktat ‹De musica› (nach 1559) des Anonymus von Besançon die Namen πλοκή (ploké) bzw. *nexus* [Geflecht], *copulatio* und *fuga* erhält; als *fuga* bzw. *repetitio* wird sie 1563/64 auch von G. Dressler in seinen ‹Praecepta musicae poeticae› als emphatische Wiederholung gesehen und erhält dementsprechend die Bezeichnung *emphasis*. [56] Im anonymen ‹De musica› sind zudem ἀγωγή, agōgē (*ductus*), πεττεία, petteía (*pettia*) und τονή, tonē (*extensio*) als Figuren genannt [57], Dressler versteht die *syncopatio* als *ornamentum*, während Eucharius Hofmann in seiner ‹Doctrina de Tonis seu modis musicis› (Greifswald 1582) die Abweichung einer Stimme vom üblichen Stimmumfang eines Modus als *ellipsis* bezeichnet. [58]

In England finden sich Überlegungen zur Verwandtschaft von Musik und Rhetorik sowie zu musikalischen Figuren vor allem bei Dichtern und in Lehrbüchern zur sprachlichen Rhetorik. So nennt H. Peacham (der Ältere) in seinem Traktat ‹The Garden of Eloquence› (London 1593) *symploce*, *epizeuxis* und *traductio* als musikalische Wiederholungsfiguren sowie *articulus* als spezielle Vortragsanweisung. [59] Schließlich sieht J. Hoskyns in seiner Schrift ‹Direccions for Speech and Style› (ca. 1599) «cunning discords» als *synoeciosis* (*contrapositum*). [60]

Ein interessanter Autor für die rhetorische Sicht der Musik im allgemeinen ist Sethus Calvisius, der in seiner ‹Exercitatio Musica tertia› (Leipzig 1611) die Anwendung von Tropen und Figuren (*schemata*) in der Rede mit dem Gebrauch verschiedener Intervalle, Zusammenklänge, Klauseln und Fugen in der Musik vergleicht [61] und somit erstmals den Begriff der Trope (in der sprachlichen Rhetorik die Veränderung eines Wortsinnes durch eine bildliche Ausdrucksweise, durch Metaphern, die eine spezielle Anschaulichkeit besitzen) in die Musik einbringt. Er nennt aber weder spezielle Figuren noch Tropen.

1613 veröffentlicht J. Nucius, Abt des Klosters Himmelwitz und vormals Kantor am Görlitzer Gymnasium, die Schrift ‹Musices Poeticae Siue de Compositione Cantûs Praeceptiones absolutissimae [...]›, in der erstmals zwischen «figurae principales» und «figurae minus principales» unterschieden wird. Erstere, zu denen *fuga*, *commissura* und *repetitio* zählen, stellen musikalische Gegebenheiten zum Zwecke des Schmuckes (*ornatus*) bzw. der Ausgestaltung des einfachen Satzes dar: Imitation, Durchgang und Wiederholung. Zweitere (*climax*, *complexio*, *hemioteleuton* [sic!] und *syncopatio*) besitzen zusätzlich auch die Aufgabe, Affekte darzustellen, und zwar «ad imitationem poetarum», um die Dichter nachzuahmen. Es geht dabei um die unterschiedlichsten Affekte, die «mit Hilfe des Klanges und durch die Variierung der Noten ausgedrückt und abgebildet werden»: «[...] wie dies zuerst die Affektbezeichnungen: frohlokken, sich freuen, weinen, sich fürchten, weheschreien, klagen, trauern, zürnen, mitleiden sind und diejenigen, die durch den Klang selbst und durch die Mannigfaltigkeit der Noten auszudrücken und abzubilden sind.» Dabei stelle es laut Nucius keine Schwierigkeit dar, «wie die Rhetoren einen riesigen Figurenkatalog aufzuhäufen». [62]

Sowohl an Burmeister als auch an Nucius lehnt sich J. Thuringus in seinem ‹Opusculum bipartitum de primordiis musicis› (Berlin 1624) an [63], in der Anzahl der Figuren sowie bei der Sicht der *clausulae* (der Kadenzen) geht er über seine Vorbilder hinaus: Die Klausel versteht er zunächst wie Nucius als *ornamentum musicae*, dann vergleicht er sie jedoch mit den *loci communes* der Rhetorik: «Denn ebenso wie die Rhetorik ihre Loci, so hat jede Stimme in der Musik ihre besonderen Formeln und natürlichen Abwandlungen oder Loci, in denen sie zur Ruhe kommt und aus denen sie sich erhebt.» [64] Weiterhin listet Thuringus drei «figurae principales» (*commissura*, *fuga*, *syncopatio*) und 12 «figurae minus principales» (*pausa*, «Repetitio, quae et Mimesis dicitur», *climax* bzw. *gradatio*, *complexio*, *anaphora*, *catachresis seu Faux Bordon*, *noema*, *parthopeia* [sic!], *parrhisia* [sic!], *aposiopeses*: *homioteleuton* sowie *homioptoton*, *paragoge*, *apocope*) auf, dabei sicher bewußt 'heilige Zahlen' einbringend. Speziell affekthaltig ist hier die *parthopeia* [sic!], die laut unserem Autor sowohl die Sänger als auch das Publikum «bewegt», also den Zweck des *movere* erfüllt: «Die Parthopeia (sic) ist die [Figur], die den Ausdruck der Affekte: des Schmerzes, der Freude, der Furcht, des Lachens, der Trauer, des Mitleids, des Jubels, und des Schreckens u.ä. so schmückt, daß sie Sänger und Hörer in Rührung versetzt.» [65] Und die Begründung der *paragoge* (eines Abgesanges bzw. Nachtrages) als rhetorische Figur zeigt, in welch hohem Maße traditionelle kompositionstechnische Texturen in das rhetorische Gebäude eingewoben werden; Burmeister führt diese Figur noch als *supplementum*, Nucius als *manubrium*. Eine Überschreitung des vom jeweiligen Modus (der Tonart) vorgegebenen Normalambitus nennt Thuringus schließlich *licentia*, wodurch erneut ein 'Fehler' mit dem rhetorischen Figurbegriff korrespondiert.

Das Vorhandensein von musikalischen Figuren spricht auch H. Peacham (der Jüngere) in seiner Schrift ‹The Compleat Gentleman› (London 1622) an, wo er nicht nur die Musik als «sister to Poetrie» bezeichnet, sondern auch die rhetorische Frage stellt: «hath not Musicke her figures, the same with Rhetorique?» [66] Im speziellen nennt er dann die *antistrophe (hypallage)* und bezeichnet sie als «a revert», des weiteren die *anaphora* («report»), die *antimetabole (commutatio)*, die ihm ein «changing the parts» in der Fuge ist, und die *prosopopoeia* («passionate airs»). Allgemeine Erwähnung finden dann sowohl Figuren als auch Tropen in der Schrift

‹Sylva Sylvarum: or A Naturall Historie› (London 1627) des Philosophen und Politikers FR. BACON, der feststellt, daß es in der Musik «certain Figures, or Tropes» gibt, «beinahe übereinstimmend mit den rhetorischen Figuren und mit den Affektionen des Gemüts und der Sinne». [67] Eine Scheidung zwischen diesen beiden *artes dicendi* bietet Bacon nicht, hingegen vergleicht er unerwartete Kadenzen mit der Figur *praeter expectatum*, die in der literarischen Rhetorik der Zeit nur in TH. WILSONS ‹The Art of Rhetoric› von 1553 als «etwas konträr zur Erwartung des anderen gesprochen» [68] existiert, sowie Wiederholungen und Fugen «mit rhetorischen Figuren der Wiederholung und Übertragung». Auf diesen Rhetoriktraktaten sowie auf den ‹Exercitationes Musicae duae› (Leipzig 1600) von S. CALVISIUS aufbauend spricht dann CH. BUTLER in ‹The Principles of Music, in Singing and Setting› (London 1636) von «ornaments», wozu er die Figuren *consecution, gradation (climax), syncope, fuga* (einschließlich *harmonia gemina* für den doppelten Kontrapunkt) und *formality* zählt. *Formality* stellt allerdings ebenso wie *consecution* nicht wirklich eine rhetorische Figur dar, sondern deutet auf die Formfindung in der *dispositio*, wie die Dreiteilung «entrance, progress and close» sowie die Gleichsetzung von «close» mit dem *epilogus orationis (conclusio, peroratio)* erkennen läßt. [69]

In Frankreich spricht M. MERSENNE in seinem ‹Traité de l'Harmonie Universelle› (Paris 1627) von der Notwendigkeit, die Musiker zu lehren, wie sie durch «divers passages, diminutions, fugues, consequences, &c.» die «figures de Retorique» imitieren können, während MIGNOT LA VOYE (‹Traité de musique›, Paris 1656) vor allem die Formteile *propositio, confirmatio* und *conclusio*, also Elemente der *dispositio*, zur Sprache bringt. [70] Später wird S. DE BROSSARD in seinem ‹Dictionnaire de musique› (Paris 1703) Imitations- und Fugenformen mit den rhetorischen Termini *replica, reditta, replique, repetition* belegen. [71] Auch in Italien (A. BERARDI: ‹Miscellanea musicale›, Bologna 1689, und ‹Arcani musicali›, Bologna 1690; G. BONTEMPI: ‹Historia musica›, Perugia 1695) ergibt sich der Konnex zwischen Musik und Rhetorik vor allem aus der Herleitung von Fugentechniken aus sprachlich-rhetorischen Überlegungen.

Nur ganz am Rande wird die Möglichkeit, mit «Figuren» zu arbeiten, in der ansonsten für das Wissen um die Verwandtschaft von Musik und Rhetorik außerordentlich bedeutsamen Kompositionslehre ‹Musica Poëtica, Sive Compendium Melopoëticum› (Nürnberg 1643) des in Frankfurt und Nürnberg wirkenden Kapellmeisters und Komponisten J.A. HERBST erwähnt, wobei deren Nennung im Zusammenhang mit den «Clausulen» erneut auf die gemeinsame Funktion als *ornatus* bzw. *ornamentum* weist: Laut Herbst müsse man beachten, «daß nemlich der Gesang je zu Zeiten mit fertigen / hurtigen und / frölichen / je bißweilen aber widerumb von engen und eingezogenen Figuren und *Clausulen* bestehe / und gesetzet werde.» [72] Ansonsten verwendet Herbst für musikalische (Bedeutungs-)Einheiten die Termini *colores, phrases* oder *moduli*.

Eine wesentliche Rolle spielen die Figuren in der ‹Musurgia Universalis› (Rom 1650) des gelehrten deutschen Jesuiten A. KIRCHER, der sie in sein Bild von der Musik als mathematisch-physikalische bzw. kosmologische «Universalharmonie» einfügt. Kircher übernimmt zunächst (im 5. Buch) Anordnung und Anzahl der Figuren aus dem ‹Opusculum bipartitum› des J. Thuringus und ersetzt nur dessen (ohnehin fehlerhaft benannte) *parthopeia* durch die *prosopopaeia*; bei den Beschreibungen der Figuren im 8. Buch ändert bzw. erweitert er deren Bedeutungen aber deutlich durch Hinweise auf die dargestellten Affekte. Hier wird die *pausa* bereits zur dann erst später kodifizierten affekthaltigen Figur der *suspiratio*, mit Hilfe welcher wir «Affekte der stöhnenden und seufzenden Seele ausdrücken» [73]; auch die *climax siue gradatio* erhält ein Naheverhältnis zur *suspiratio*, und der imitativen *fuga* tritt die *fuga* als Symbol für Flucht oder Eile zur Seite: «φυγή oder fuga ist eine harmonische Periode, die sich für Ausdrücke der Flucht eignet, wie z.B. jenes "Flieh', mein Geliebter!"; sie dient auch zum Ausdruck von aufeinanderfolgenden Handlungen und wird daher von allen sehr häufig verwendet.» [74] Die ἀναφορά (anaphorá) erscheint zusätzlich als *repetitio* angesprochen, und aus dem allgemeinen Fundus der Kompositionslehre steigen Bausteine wie *complexus, polysyndeton, symploce, omoioptoton, antitheton, anabasis, catabasis*, κύκλωσις [kýklōsis] *siue circulatio*, ὁμοίωσις [homoíōsis] *assimilatio* [sic!] und *repentina abruptio* zu Figuren mit festen Bedeutungsinhalten auf.

Seine Ansicht bezüglich Aufgabe und Möglichkeiten der Figuren faßt Kircher im 1. Buch folgendermaßen zusammen: «Die Figuren in unserer Musik sind und leisten dasselbe wie die Färbungen, Tropen und verschiedenen Redensarten in der Rhetorik. Denn wie der Redner den Zuhörer durch eine kunstvolle Verbindung von Tropen bewegt, bald zum Lachen, bald zum Weinen, gleich darauf zum Mitleid, manchmal zur Entrüstung und zum Zorn, zuweilen zur Liebe, zur Barmherzigkeit und Gerechtigkeit, schließlich zu diesen widersprechenden Affekten, so [tut dies] auch die Musik durch die kunstvolle Verbindung von Klauseln sowie harmonischen Fügungen.» [75]

1664 erscheint in Tübingen die ‹Dissertatio musica› von E. WALTHER, der hier Burmeisters Analyse von O. di Lassos Motette ‹In me transierunt› in nur wenig veränderter Form nachempfindet und dabei die Figuren *fuga, hypallage, hypotyposis, climax, anadiplosis, anaphora, mimesis, pathopoeia, fuga realis, syncope, noema, parembole* und *auxesis* nennt. Walthers Arbeit ist trotz ihrer Unselbständigkeit ein beredtes Zeugnis für die inzwischen weite Verbreitung des Bewußtseins, daß die Musik wie die Rede Figuren und Ornamente aufweist. [76]

Von besonderer Bedeutung für die Figurenlehre wird dann CHR. BERNHARD mit den (zu seinen Lebzeiten ungedruckten) Schriften ‹Tractatus compositionis augmentatus› (ca. 1648) und ‹Ausführlicher Bericht vom Gebrauche der Con- und Dissonantien› (Hamburg ca. 1670). Bernhard ist Kompositionsschüler von Heinrich Schütz und überliefert uns wahrscheinlich weitgehend die Ansichten jenes wichtigsten Meisters des deutschen Frühbarock zur Beziehung zwischen Musik und Rhetorik. Die erste Schrift behandelt die Figuren nach den allgemeinen Stimmführungsregeln, und zwar getrennt nach den Stilen, in denen sie Verwendung finden. Zunächst erfährt die Figur ihre Definition: Sie ist «eine gewiße Art die *Dissonantzen* zu gebrauchen, daß dieselben nicht allein nicht widerlich werden, sondern vielmehr annehmlich werden, und des *Componisten* Kunst an den Tag legen». Dem «Stylo gravi», der auch «Stylus antiquus» genennet, auch wohl *a Capella, Ecclesiasticus*, [...] weil solchen der Pabst allein in seiner Kirchen und Capelle beliebet» [77], zugeordnet erscheinen sodann *transitus, quasi-transitus, syncopatio* und *quasi-syncopatio*, also spezielle Stimmführungen.

Danach handelt ein Kapitel «Vom Stylo luxuriante communi»; sein Name wird gewählt «wegen derer vielerley Arten des Gebrauchs derer *Dissonantzen*, welche andere *Licentias* nennen, weilen sie mit denen vorgemeldeten *Figuris* nicht scheinen entschuldiget zu werden».[78] Der Stil «besteht aus ziemlich geschwinden Noten, seltzamen Sprüngen, so die *Affecten* zu bewegen geschickt sind», aus «mehr *Figuris Melopoeticis* welche andere *Licentias* nennen» sowie «mehr aus guter *Aria* so zum *Texte* sich zum besten reimet». Darüber hinaus kann dieser Stil «wieder in *Communem et Comicum* eingetheilet werden, deren der erste allenthalben, der andere aber meist auff *Theatris* gebraucht wird, wiewohl in Kirchen und Taffel-*Music* auch offt etwas *recitativisches* gebraucht, einen guten *Effect* in Bewegung der Gemüther (welchen Zweck kein *Stylus* so wohl, als *Theatralis* erreichet) zu veruhrsachen pfleget.» Viele würden diesen Stil daher auch «*Stylum modernum*» nennen.[79]

Dem *stylus luxurians communis* gehören laut Bernhard primär Dissonanzfiguren an: *superjectio, anticipatio, subsumtio, variatio, multiplicatio, prolongatio, syncopatio catachrestica, passus duriusculus, saltus duriusculus, mutatio toni, inchoatio imperfecta, longinqua distantia, consonantiae improperiae, quaesitio notae, cadentiae duriusculae*. Dem *stylo theatrali* (der «auch *Stylus recitativus* oder *Oratorius* genannt wird, weil er eine Rede in der *Music* vorzustellen erfunden worden»[80]) vorbehalten sind schließlich vor allem affekthaltige Figuren: *extensio, ellipsis, mora, abruptio, transitus inversus, heterolepsis, tertia deficiens, sexta superflua*. Außerdem werden hier «die Fragen gemeinem Brauche nach am Ende eine *Secunde* höher als die vorhergehende Sylbe gesetzt», womit noch die Figur der *interrogatio* gegeben ist.[81]

In seiner Schrift ‹Ausführlicher Bericht vom Gebrauche der Con- und Dissonantien› übernimmt Bernhard dann die alte Teilung in *figurae principales* und *figurae minus principales*, ändert die Bezeichnungen aber in *figurae fundamentales* sowie *figurae superficiales*. Erstere (*ligatura, transitus*) seien bereits «in der *fundamental Composition* oder im alten *stylo* […] befindlich», zweitere beträfen den musikalischen Oberbau («*superficies*»), seien primär im *stylus modernus* bzw. *luxurians* zu hause und beschrieben demnach insbesondere die Dissonanzbehandlung sowie den Affektausdruck: *superjectio, subsumtio, variatio, multiplicatio, ellipsis, retardatio, heterolepsis, quasitransitus, abruptio*.[82]

Von der aufführungspraktischen Seite sieht der «Dirigent und Cantor zu Sorau» W.C. PRINTZ die Figuren, die laut seiner Schrift ‹Compendium Musicae Signatoriae & Modulatoriae Vocalis› (Dresden 1689) ausschließlich der Verzierung dienen und «einer Melodey eine sonderbahre Anmuth und Lieblichkeit geben».[83] Sieben Jahre später formuliert Printz dann (‹Phrynis Mitilenaeus, Oder Satyrischer Componist›, Dresden-Leipzig 1696), daß die Figuren den Kompositionen «Varietaet und Abwechselung» verleihen.[84] Sie sind *ornatus* bzw. *decorum* der Melodik, sollen «Annehmlichkeit» verursachen und vertreten solcherart primär die rhetorische Ebene des *delectare*. Die konkreten Hinweise, wie die Verzierungen auszuführen sind, gelten vor allem den Sängern und der «Manier» des Vortrags: «Eine Figur ist in *Musicis* ein gewisser *Modulus*, so entstehet aus einer oder auch etlicher Noten *Diminution* und Zertheilung / und mit gewisser ihm anständiger Manier hervor gebracht wird».[85] Sogar die *figura suspirans* ist für Printz lediglich *variatio* durch eine eingefügte Pause. Er scheidet seine Figuren entsprechend dieser Beschränkung auf die variative Außenseite zunächst in «schweigende» (Pausen) und «klingende» («mit Fortsetzung der Stimme»), letztere in «einfache» und «zusammengesetzte». Zu den einfachen («denen bey *pronuncirung* einer Syllbe keine unmittelbahr vorhergehet / oder nachfolget») zählen «ordentlich gehende» (*accentus, tremolo, groppo, circulo mezo, tirata meza*), «bleibende» («*Bombi* oder Schwermer»), «springende» (*salto simplice, salti composti*), «vermengte» (*figura corta, messanza, figura suspirans*) sowie «schwebende» (*trillo, trilletto*); «zusammengesetzte» («welche aus zweyen / oder mehren unmittelbahr sich folgenden Einfachen bestehen») sind «lauffende» (*circulo, tirata, figura bombilans, passagio*), «schwebende» (*tremamenti longi*) und «vermischte» (*mistichanze composte*), «wenn lauffende und schwebende Figuren zusammen gesetzet werden».[86]

Nur im Zusammenhang mit der *elaboratio* des Textes sieht hingegen J.S. Bachs Mühlhausener Amtsvorgänger, der von Kaiser Leopold I. «wegen seiner vortrefflichen Wissenschaft in der edlen teutschen Poesie, wie auch seiner raren und anmuthigen Art in der belobten Musik und deren netten Composition halber»[87] zum *poeta laureatus* gekrönte J.G. AHLE die Figuren. In seiner Schrift ‹Musikalische Sommer=Gespräche› (Mühlhausen 1697) exemplifiziert er vor allem am Beispiel des Psalmverses «Jauchzet dem Herren alle Welt, singet, rühmet und lobet», wie der «Melopoet» Text und Musik gemeinsam durch verschiedenste Wiederholungen und Umstellungen, also durch «Figuras λέξεως [léxeōs] seu dictionis», variieren und damit ausgestalten kann. Hier nennt Ahle *epizeuxis, anaphora, synonymia, asyndeton, polysyndeton, anadiplosis, climax, epistrophe, epanalepsis* und *epanodos*; später treten noch *antithesis* und *emphasis* hinzu. Ahles Erklärungen der Figuren, die sich streng an die antike Rhetorik halten, werden dann in hohem Maße von Walther in sein Lexikon von 1732 übernommen.[88]

Eine Zusammenfassung des damaligen musikalisch-terminologischen Wissensstandes bietet die Schrift ‹Clavis Ad Thesaurum Magnae Artis Musicae› (Prag 1701) des Organisten an der Prager Teinkirche TH.B. JANOWKA, ein Sachlexikon, das sich auf dem Gebiet der Figurenlehre vornehmlich an Kirchers ‹Musurgia› hält. Doch weist es noch stärker auf die Affekthaltigkeit der Figuren hin. An *figurae principales* werden *commissura, syncopatio* und *fuga* genannt, die 12 *figurae minus principales* stimmen weitestgehend mit den im 8. Buch von Kircher genannten überein: *pausa, anaphora, climax* (samt *suspiratio*), *complexus, similiter desinens* (statt *homoioptoton*), *antitheton, anabasis, catabasis, circulatio, fuga alio nempe sensu, assimilatio, abruptio*.[89]

Auch der nächste wichtige Autor ist durch ein Lexikon hervorgetreten: Neben seinen ‹Praecepta der Musicalischen Composition› (1708) verfaßt der Weimarer Organist J.G. WALTHER ein ‹Musicalisches Lexicon› (Leipzig 1732). Vorlage der ‹Praecepta› sind vorwiegend Bernhards ‹Ausführlicher Bericht›, allerdings reiht Walther die *fuga* wie Thuringus und Kircher unter die *figurae principales* ein, denen hier noch *syncopatio* und *transitus* angehören.[90] *Figurae superficiales* sind *superjectio, subsumptio, variatio, multiplicatio, ellipsis, retardatio, heterolepsis, abruptio* und *quasitransitus*. Das ‹Lexicon› hingegen faßt Definitionen verschiedener Autoren, vor allem von Thuringus und Ahle, zusammen und ordnet sie alphabetisch in die übrigen Stichwörter ein. Dabei spricht Walther von (primär literarischen) «Wort-Figuren» (*climax, epanadiplosis, epanodos*), wiederholenden «rhetorischen Figuren» (*epanalepsis, epistrophe, epizeuxis*) sowie «rhetorisch-musikalischen Figuren», welchen Ausdruck er hier erstmals verwendet. Zusammen mit den von Printz übernommenen Verzierungsfiguren ergeben sich insgesamt 52 *figurae*, zu denen in Walthers handschriftlich ergänztem Handexemplar noch die nunmehr latinisiert geschriebene griechische *ecphonesis* [91] tritt.

Zu einer eigenständigen Systematik findet M. J. VOGT, Zisterzienser im Kloster Pless bei Prag, in seiner Schrift ‹Conclave Thesauri magnae artis musicae› (Prag 1719). Er unterscheidet zwischen den verzierenden «figurae simplices aut compositae» (*tremula, trilla, accentus, mezocircolo, curta, groppo, circulus, tirata, messanza, coulé, herbeccio, harpegiaturae*) und den textausdeutenden «figurae ideales ad arsin, aut thesin, et periodum»: «Der größere Teil der Figuren sind "ideale", die meist der Text ermöglicht.» [92] Die Bezeichnung «ideales» leitet sich dabei von ἰδέα [idéa] ab, da hier die Idee bzw. der Inhalt des Textes die Figur auslöst. Dabei betreffen die «figurae ideales ad arsin, aut thesin» Bausteine, die am Anfang, in der Mitte oder am Schluß eines Stückes auftauchen können, während die «figurae ad periodum» (deren allerdings keine erklärt wird) den gesamten Satz umspannen. Insgesamt nennt Vogt 20 «figurae ideales»: *anabasis, catabasis, anadiplosis, epanadiplosis, anaphora, antistaechon, antitheton, aposiopesis, apotomia, climax, ecphonesis, epanalepsis, ethophonia* oder *mimesis, emphasis, polyptoton, polysyndeton, schematoides, metabasis* oder *diabasis sinaeresis* und *tmesis*. [93]

Von den Affekten, der *inventio* sowie von den zu ihr führenden *loci topici* handelt J. D. HEINICHENS Lehrbuch ‹Der General-Baß in der Composition› (Dresden 1728), ohne allerdings auf die Figuren einzugehen. Dies tut hingegen in hohem Maße J. MATTHESON in seiner Hauptschrift ‹Der Vollkommene Capellmeister› (Hamburg 1739), die aber auch die allgemeinen Parallelen von Rhetorik und «Klang=Rede» [94] umfassend behandelt. Daneben bietet sie eine grundlegende Systematik der rhetorischen Arbeitsgänge (*inventio* [«Erfindung»], *dispositio* [«Einrichtung»], *elaboratio* [«Ausarbeitung»] und *decoratio* [«Schmückung»]), benennt 15 *loci topici* für die *inventio*, behandelt die Redeteile der musikalischen *dispositio* (*exordium, narratio, propositio, confirmatio, confutatio, peroratio*) und spricht schließlich von «12 Wörter=Figuren, samt den 17 Spruch=Figuren»; aus Platzmangel könne er, Mattheson, aber nicht untersuchen, «wie viele und welche sich unter ihnen zur Auszierung einer Melodie schicken». Dennoch spezifiziert er sie: «Wörter=Figuren, dabey die Ausdrückungen geschickt und angenehm in die Ohren fallen, bestehen in Wiederholung solcher Wörter, die fast einerley, oder auch einen gantz wiedrigen Laut haben. Ihrer sind 12 und lassen sich leicht auf eintzelne Klänge anwenden. Spruch=Figuren, dabey der gantze Spruch eine gewisse Gemüths=Bewegung enthält, kommen entweder ausser, oder bey der Unterredung vor. Ihrer sind 17, die man in den Rhetoriken nachschlagen und fast alle in der Melodie brauchen kan.» [95]

An Wortfiguren nennt Mattheson *epizeuxis oder subjunctio, anaphora, epanalepsis, epistrophe, anadiplosis, paronomasia, polyptoton, antanaclasis* und *ploce*; sie «haben solche natürliche Stellen in der Melodie, daß es fast scheinet, als hätten die griechischen Redner sothane Figuren aus der Ton=Kunst entlehnet; denn sie sind lauter *repetitiones vocum*, Wiederholungen der Wörter, die auf verschiedene Weise angebracht werden». [96] Und von den Spruchfiguren, bei denen «das Absehen in der Music auf gantze Modulos zielet» [97], werden *exclamatio, parrhesia, paradoxa, epamorthosis, paraleipsis, aposiopesis* und *apostrophe* angeführt. (In anderem Zusammenhang nennt Mattheson später noch *emphasis, interrogatio, parenthesis, transitus, apostrophe* und *repercussio*.) Danach verweist er auch noch auf die vor allem bei Herbst und Printz aufgezählten «blossen Sing=Manieren (die ich *Figuras cantionis*, so wie die vorhergehenden *Figuras cantûs* nenne) [...], welche mit den obangeführten gleichwol keine Gemeinschafft haben, und mit denselben nicht vermischet werden müssen». [98] (Dennoch billigt er anderen Orts der *superjectio*, dem verzierenden «Überschlag», ein hohes Maß an Affekthaltigkeit «in Sätzen, die was klagendes oder demüthiges haben», zu.) Und schließlich erwähnt der Autor noch «die grossen Erweiterungs=Figuren, deren etliche dreißig seyn werden, und die mehr zur Verlängerung, Amplification, zum Schmuck, Zierath oder Gepränge, als zur gründlichen Uiberzeugung der Gemüther dienen»; und hiezu zählt er auch die «Fugen, worin die Mimesis, Expolitio, Distributio samt andern Blümlein, die selten zu reiffen Früchten werden». [99] Sie sind für Mattheson offensichtlich nur *ornatus* und dienen lediglich dem *delectare*, nicht aber dem für die Figuren wichtigeren *movere*.

Eine ähnlich umfassende Übersicht über die Beziehungen zwischen Musik und Rhetorik gibt J. A. SCHEIBE in seinem Periodicum ‹Der critische Musicus› (Hamburg 1737–40, Buchauflage Leipzig 1745). Scheibes Ausführungen basieren zu großen Teilen auf J. Chr. Gottscheds ‹Versuch einer Critischen Dichtkunst› (Leipzig 1730). Er betont, «daß die Figuren der musikalischen Schreibart den größten Nachdruck und eine ungemeine Stärke geben [...]. Es ist damit in der Musik eben so, als in der Redekunst und Dichtkunst, beschaffen. Diese beyden freyen Künste würden weder Feuer, noch rührendes Wesen behalten, wenn man ihnen den Gebrauch der Figuren entziehen wollte. Kann man wohl ohne sie die Gemüthsbewegungen erregen und ausdrücken? Keinesweges. Die Figuren sind ja selbst eine Sprache der Affecten [...].» Der «eigentliche Sitz» der Figuren ist für Scheibe «in der Vocalmusik» gelegen, aus deren Affekthaltigkeit «man nur auf die Instrumentalmusik schließen» müsse, die allerdings keine variativen Wortfiguren kenne und zudem eher allgemeinen Gefühlen und Stimmungen als konkreten Aussagen verpflichtet sei. [100]

Im einzelnen nennt Scheibe folgende Figuren: *exclamatio, dubitatio, ellipsis, hyperbaton, repetitio, paronomasia, distributio, antithesis, suspensio, interrogatio, epistrophe* und *gradatio*. An allgemeinen musikalischen Phänomenen finden dann noch *transitus, ligatura* und *syncopatio* sowie *fuga* Erwähnung, als nicht affekthaltige Figuren (die das *movere* vernachlässigen) sind sie dem Autor aber weniger wichtig. Schließlich ortet Scheibe noch einfache Verzierungsfiguren: «Man hat auch in der Musik tropische, uneigentliche und verblühmte Auszierungen, die sich von der natürlichsten und einfältigsten Folge und Stellung der Töne eines Gesanges unterscheiden. Dieses letztere ist das Platte, oder das Niederträchtige, und kann also von einem jeden so gleich begriffen und nachgesungen werden.» [101] Zudem betreffen sie nur die Melodie und «sind von den Figuren sehr weit unterschieden»; die «verblühmten Auszierungen [...] gehören für die praktischen Musikanten» und tragen «einen musikalischen Satz in einer andern und lebhaftern Gestalt vor», während jene anderen Kunstmittel «bereits in der Composition vorhanden sind». Erstere haben also lediglich wie «die Metaphora der Redner» als variative Ausgestaltung zu gelten, nicht aber als ‹eigentliche› Figuren; «denn diese verändern auch sehr oft die musikalischen Perioden, und müssen folglich auch vornehmlich auf die Harmonie, und auf den ganzen Zusammenhang eines Stückes gehen». [102] Die Verzierungen hingegen «fließen bey aller ihrer Veränderung doch allezeit aus den gewöhnlichen Grundnoten [...], da hingegen die Figuren insgemein von den Grundnoten ganz und gar abweichen». [103]

Indirekt in Verbindung mit einigen der bisher genannten Autoren steht der in Irsee bei Kaufbeuren wirkende Benediktiner M. Spiess, der wie G.Ph. Telemann, G.F. Händel, C.H. Graun und J.S. Bach Mitglied der ‹Correspondierenden Societät der musikalischen Wissenschaften› ist und somit auch mit deren Gründer L.Chr. Mizler in Kontakt steht. (Mizler gibt u.a. 1742 das lateinisch abgefaßte Kontrapunkt-Lehrbuch ‹Gradus ad Parnassum› [Schritte zum Parnaß] des in Wien als Hofkapellmeister des römisch-deutschen Kaisers wirkenden J.J. Fux mit Anmerkungen versehen in deutscher Sprache heraus. In Zusammenhang mit den Bestrebungen der Societät, die der Erschließung der philosophischen, historischen, mathematisch-akustischen und rhetorisch-poetischen Beziehungsfelder der Musik gewidmet war, schreibt J.S. Bach wohl ab 1742 [!] seine unvollendete ‹Kunst der Fuge›, ein Hohelied des *stile antico* und somit Pendant zur allgemeinen Antike-Begeisterung der Zeit.)

Spieß' ‹Tractatus musicus compositorio-practicus› (Augsburg 1745) verweist zunächst auf die alte Bedeutung der *figura* (Zeichen, Note), ehe er deren Funktion als «Zierrat, Geschmuck, Verbrämung, Verblühmung, gestickte Arbeit, Coloratur etc.» anspricht und sich dann in den Einzeldefinitionen in hohem Maße an Vogt orientiert. Dabei unterscheidet auch Spiess zwischen «unterschiedlichen, ja tausendfältigen Coloraturen, oder so genannten Manieren», die er dem «Musicanten zur Execution anheim stellt», und Figuren, «die ein Componist wissen soll». [104] Zu ersteren zählen (unter dem Überbegriff der *variatio*) *accentus, anticipatio, retardatio, diminutio, figura curta, groppo, circulo, tirata, messanza, tenuta, ribattuta, superjectio, trillo, mordent* und *acciaccatura*, zu letzteren *anabasis, catabasis, anaphora, antithesis, antistaechon, aposiopesis, emphasis, ethophonia, metabasis* und *tmesis*, Gebilde, die den *figurae ideales* bei Vogt entsprechen. Fuge, Durchgang und Syncope, im Verständnis anderer Autoren *figurae principales*, gelten Spiess wie Vogt nicht als Figuren, sondern als rein kompositionstechnische Mittel.

Obwohl sich im Schrifttum des mittleren 18. Jh., vor allem in den Instrumentalschulen und ästhetischen Betrachtungen, zahlreiche Abhandlungen über die Verwandtschaft von Musik und Rhetorik finden, bietet nur der Advokat, Komponist und Theoretiker der Berliner Liederschule Chr.G. Krause (‹Von der Musikalischen Poesie›, Berlin 1753) einen Überblick über die Figuren, die er als «die eigentliche Sprache der Empfindungen» bezeichnet. Er geht dabei aber ausschließlich von der Einrichtung zu vertonender Texte durch den Dichter aus und will «bloß zeigen, wie er bey dem Gebrauch der Figuren in Arien, auf die Einrichtung und Beschaffenheit der Melodie Achtung zu geben hat, und wie er den Text in dieser Absicht, der Form nach, desto musikalischer machen könne». [105] Seine Ausführungen beinhalten schließlich folgende Kapitel: «Wo die Elypsis statt habe. Regel über alle Figuren, die aus zwey und mehrern Theilen, Sätzen und Gliedern bestehen. Von der Figur der Wiederholung, des Aufhaltens der Rede, des Eingestehens, des Befragens. Von den mahlerischen Beschreibungen. Vom Gegensatz. Von der Figur der Uebergehung, des Aufsteigens, des Wiederrufs, des Fragens, der Anrede, der Ausrufung, des Schwures und des Wunsches. Von zusammen gehäuften Figuren. Vom Gleichniß. Vom Zweifel. Vom Nachruf.» [106]

Nach Krause bietet erst wieder J.N. Forkel eine Zusammenfassung und systematische Sicht der M.: erstmals in seiner Schrift ‹Ueber die Theorie der Musik› (Göttingen 1777), in welcher sich ein umfangreiches Kapitel «die musikalische Rhetorik» findet: «Die sogenannten rhetorischen Figuren [...] sind hier grade das, was sie in der Dicht= und Redekunst sind, nemlich: der Ausdruck der unterschiedenen Arten, nach welchen sich Empfindungen und Leidenschaften äussern. Die Empfindungen stehen bisweilen still, brechen ab, entstehen wieder, werden verstärkt, aufgehalten, steigen höher, kehren wieder zurück, u.s.w. daraus entsteht der besondere Ausdruck der *ellipsis, hyperbaton, repetition, paronomasia, antithesis, suspension, epistrophe, gradatio,* u.s.w. und alle diese unterschiedenen Arten, nach welchen sich eine Empfindung äussern kan, muß der Compositor zum Vortheil seiner Absichten anzuwenden [...] wissen.» [107] Forkel geht es hier vor allem um die Funktion des *movere*, während ihm das *delectare* (bzw. der *ornatus*) eher unwichtig ist, zumindest im Zusammenhang mit der musikalischen Rhetorik.

Noch deutlicher erscheint diese Gewichtung in Forkels ‹Allgemeine Geschichte der Musik› (Leipzig 1788). Hier stellt der Autor zunächst (eigentlich zum ersten- und letztenmal) das System der musikalischen Rhetorik in seiner Gesamtheit dar und kommt schließlich im 4. Kapitel dieser Abhandlung auf «Die Anordnung musikalischer Gedanken in Rücksicht auf den Umfang der Stücke, die man auch die ästhetische Anordnung nennen kann, nebst der Lehre von den Figuren» zu sprechen. Einleitend bemerkt er hier, daß «die Tonsprache zwar nicht alle Figuren mit der eigentlichen Rede gemein hat, aber doch viele», wobei er sämtliche «Hülfsmittel des Ausdrucks» zu ihnen zählt. Diese «Hülfsmittel» können nun von der «Absicht auf Empfindung» getragen, «für den Verstand» gedacht oder «für die Einbildungskraft» angewendet sein. Jedenfalls sind alle Figuren «eigentlich solche Ausdrücke, welche die bildliche Form eines Eindrucks nach der eigenen Natur einer jeden Kraft enthalten, und von einer auf die andere übertragen». Auch die Empfindungen und Vorstellungen würden von der «Einbildungskraft» bildlich gesehen, wodurch die Figuren, die diese Bilder nachzeichnen, «tief in der menschlichen Natur liegen». [108]

Zu den «Figuren für den Verstand» zählt Forkel dann «eigentlich alle sogenannte contrapunktistische Künste», die [nur] «ein intellectuelles Vergnügen» bereiten und daher mit dem Ausdruck einer Empfindung gekoppelt werden müssen. Die «Figuren für die Einbildungskraft» betreffen schließlich «alle sogenannte musikalische Malereyen, die im Grunde nichts anders, als hörbare Nachahmungen entweder blos sichtbarer Gegenstände, oder solcher sind, mit deren Bewegung ein Schall verbunden ist». Allerdings «hat die Tonsprache aber auch Mittel, selbst innere Empfindungen so zu schildern, daß sie der Einbildungskraft gleichsam sichtbar zu werden scheinen». [109] In der Folge erklärt Forkel die einzelnen Figuren genauer, zum Teil an Hand von Musikbeispielen, wobei neben die von ihm bereits 1777 genannten noch die *dubitatio* sowie «gewisse Arten der Wiederholung» treten. Schließlich warnt er noch vor einem übertriebenen Gebrauch der Figuren, insbesondere, «wenn sie über die Gränzen der bloßen Nachahmung hinausgehen» und «einen Gegenstand nicht blos ähnlich, sondern ganz gleich schildern wollen». Denn dann würden sie «Afterfiguren, die Geschmack und Wahrheit beleidigen [...] In der eigentlichen Rede nennt man solche Uebertreibungen der Aehnlichkeit *Onomatopoien*.» [110]

Für die rhetorische Sicht der Musik besonders bedeutsam ist der Rudolstädter Kammermusiker und Musiktheoretiker H.Chr. Koch, der zunächst in seinem dreibändigen ‹Versuch einer Anleitung zur Composition› (Rudolstadt/Leipzig 1782–1793) das musikalische Formdenken deutlich an rhetorischen Mustern orientiert und schließlich sein ‹Musikalisches Lexikon› (Frankfurt/Main 1802) in weiten Teilen in den Dienst der musikalischen Rhetorik stellt. In penibler Form listet er hier zahlreiche Figuren auf und erklärt großteils auch ihr semantisches Feld: *abruptio, anabasis, anaphora, antithesis* (bzw. *inganno*), *aposiopesis, catabasis, climax* (bzw. *gradation*), *commisura, complexio, falso bordone, relatio non harmonica, sospiren, tirade* und – im Nachtrag – *parrhesia*. [111]

Nicht uninteressant in Bezug auf die M. ist der humanistisch gebildete Dichter E.T.A. Hoffmann, der meist ausschließlich als ein (einem 'unnennbaren' Gefühl verpflichteter) Vertreter der romantischen Gefühlsästhetik gesehen wird. Er zeigt sich aber insbesondere in seinen Beethoven-Rezensionen deutlich von dem Wissen um die musikalische Rhetorik geprägt. In seiner Betrachtung der 5. Symphonie spricht er einmal von einer das Geschehen steigernden *klimax* und findet dabei zu einer aus bedeutungstragenden Bausteinen (hinter denen unschwer die semantischen Felder der musikalisch-rhetorischen Figuren zu entdecken sind) gewonnenen semantischen Deutung des betreffenden Abschnittes. Ähnlich analysiert er die Ouverture zu Beethovens Oratorium ‹Christus am Ölberg›. Zudem weiß sich Hoffmann in seinen eigenen Kompositionen ebenfalls in geradezu verblüffender Weise des Vokabelschatzes der M. zu bedienen.

Auch der Prager Kantor und Lehrer J.J. Ryba zeigt in seiner Schrift ‹Počátečni a všeobecní základové ke všemu umění hudebnímu› (Anfängliche und allgemeine Grundsätze zur gesamten Musikkunst) (Prag 1817), in welch hohem Maße die M. auch noch im 19. Jh. präsent ist. Er zählt hier 31 Figuren auf: traditionelle Figuren aus dem Vorrat der musikalischen Rhetorik, «musikalische Malereien» als Weiterentwicklung der *mimesis*-Ästhetik (die der Schrift J.J. Engels ‹Ueber die musikalische Malerey›, Berlin 1780, nachempfunden scheinen) sowie akustische Nachahmungen. Insgesamt spiegelt sich hier jene Mehrpoligkeit der M. wider, wie sie 1788 von Forkel beschrieben und wie sie in ähnlicher Form noch 1818 von F.A. Kanne als «ob- und subjektive Vermischung» [112] gesehen wird. Dabei bilden alte Nachahmungsästhetik und neue Gefühlsästhetik gemeinsam einen umfangreichen Fundus von text- und inhaltsausdeutenden Mitteln.

Ryba benennt alle Figuren mit tschechischen, deutschen, französischen, «welschen» und lateinischen Namen [113]; deutsch und lateinisch lauten diese: Sprung (*saltus*), Hüpfen (*saltitando*), Franse (*fimbriae*), Wackeln (*titubatio*), Rauschen (*susurrus*), Geräusch (*strepitus*) [Reperkussionen], stufenweise (*gradatim*), Stiege (*scalae*), Einwickelung (*involutio*), Zerstückelung (*fricatio*), Spinnrad (*girgillus, rhombus*), Piramide (*pyramis*), Seeklippen (*scopuli*), Kreuz (*crux*) [Nachzeichnung eines Kreuzes durch die Melodieführung], Rauch (*fumus*), Hügel (*colles*), Stampfen (*pilum*), Betasten (*tangendo*) [Synkopenkette], Reissen (*lacerare*), Wirbel (*turbo*), Comet (*cometa*), Schlag (*ictus*), Blitz (*fulgur*), Sturm (*tempestas*), Tropfen (*stillando*), Einschlagen (*infigendo*), Seufzer (*suspirium*), Stammeln (*balbutiendo*) [durch Pausen getrennte Töne], Kriechen (*serpendo*) [chromatische Linien], Schleicher (*surrepens*) und Trägheit (*pigritia*) [lange Notenwerte]. Schließlich verweist Ryba auf die Möglichkeit, die Figuren zu kombinieren.

Der letzte Autor, der uns, wenn auch nur indirekt, eine M. vermittelt, ist F.A. Kanne. In seiner Artikelserie ‹Versuch einer Analyse der Mozartischen Clavierwerke mit einigen Bemerkungen über den Vortrag derselben› vertritt er zudem die Meinung, daß «der Tonkünstler in seinem Satze wie in der rhetorischen Kunst verfährt, wo der Hauptsatz durch alle Künste der schönen Rede dargestellt, und durch Fragen und Antworten, durch selbst erregte Zweifel und deren natürlichen Auflösung, durch Vergleichung und bildliche Versinnlichung, durch Anhäufung der Gründe, durch Steigerung des Feuers bis zur höchsten Klarheit und zur evidentesten Kraft geführt wird [...]». [114] Spezielle Inhalte sowie melodische, harmonische und formale Besonderheiten beschreibt Kanne mit Hilfe der musikalisch-rhetorischen Figuren, von denen er folgende nennt: *ellipsis, epistrophe, gradatio(n), paronomasie, suspensio(n)* und *syndrom*. Hinzu treten noch Quasi-Übersetzungen folgender rhetorischer Termini: *exclamatio* («Ausruf»), *interrogatio* («Frage»), *antithesis* bzw. *katachresis* («Inganno»; da *inganno* soviel wie «Betrug» heißt, geht es hier vorwiegend um den Trugschluß), *repetitio* («Wiederholung») und *dubitatio* («Zweifel»).

II. *Anwendung und Weiterleben der M.* Mit den musikalisch-rhetorischen Figuren arbeiten in den angesprochenen Zeiträumen wahrscheinlich sämtliche Komponisten, wenn auch in unterschiedlich hohem Maße und mit unterschiedlich tiefem Wissen um die musikalische Rhetorik im allgemeinen und um die Namen der Figuren im besonderen. Zu bedenken ist naturgemäß auch, daß viele Mittel der Textdeutung bereits vorhanden sind, ehe ihnen rhetorische Termini beigegeben werden und daß sich daher z.B. die Grenzen zwischen allgemeiner Symbolik, Allegorik und M. äußerst flexibel gestalten, ja zum Teil gar nicht auszunehmen sind. Dennoch scheint es, daß bereits im Notre-Dame-Repertoire um 1200 die *explicatio textus* «Vorstufen der musikalisch-rhetorischen Tradition» erkennen läßt [115] und daß in einer Gattung wie dem ‹Conductus› geradezu «rhetorisch-dynamische Formvorstellungen» [116] walten. Für die Musik der Renaissance zeigen dann sowohl die Figuren-Nennungen durch zahlreiche Autoren als auch etwa die Analysen und Hinweise J. Burmeisters, in welch breiter Form wohl die meisten Komponisten das Vokabular der Figuren bewußt anwenden. In noch höherem Maße gilt dies für das 17. und 18. Jh. J. Kuhnau etwa rügt im Vorwort seiner Sammlung ‹Frische Clavier-Früchte› (Leipzig 1696) einige ältere Meister wegen ihrer Versuche, «die schlechte und natürliche Vermischung der Consonantien und Dissonantien gleichsam unter denen Oratorischen Figuren vernunfftmäßig zu verstecken». [117] G. Ph. Telemann bemüht sich laut dem Vorwort zu seinem Kantaten-Jahrgang von 1731/32 insbesondere in den Rezitativen, «die Aussprache vernehmlich zu machen, die Unterscheidungs-Puncte möglist in acht zu nehmen, und die Rhetorischen Figuren so anzubringen, dasz die in der Poesie befindlichen Regungen erwecket werden mögen». [118] Und für H. Schütz oder J.S. Bach ist die

Vertrautheit mit der M. in geradezu exorbitanter Weise nachgewiesen.[119]

Auch die Komponisten der Wiener Klassik setzen unzweifelhaft sowohl symbolsprachliche Mittel als auch rhetorische Figuren ganz gezielt ein, wie zahlreiche Untersuchungen beweisen[120] und wie auch verschiedene Äußerungen der Meister unterstreichen. J. HAYDN etwa ist überzeugt, mit Mitteln der Musik «einen Baum, einen Vogel, eine Wolke copiren» zu können[121], W. A. MOZART drückt laut einem Brief vom 8. November 1777 «durch töne gesinnungen und gedancken» aus, und L. v. BEETHOVEN bietet am 8. April 1815 einem Auftraggeber an, in einem Klavierwerk «das Selbstgespräch eines geflüchteten Königs oder den Meineid eines Usurpators [...] oder das Nebeneinanderwohnen zweier Freunde, welche sich nie sehen, zu besingen». Unter Zuhilfenahme von rhetorischen Figuren setzt er dann, wie wir dies von ihm selbst verbürgt haben, in der e-Moll-Sonate, op. 90, dem Grafen M. Lichnowsky «seine Liebesgeschichte in Musik»[122] und schlägt solcherart die Brücke vom alten *mimesis*-Prinzip zur Programm-Musik neueren Zuschnitts.

Im 19. und 20. Jh. geht dann zwar nach und nach das Wissen um die M. verloren, die Figuren selbst leben aber in den Kompositionen weiter und decken nach wie vor die gleichen oder zumindest äußerst ähnliche semantische Felder ab. Insbesondere 'schmerzhafte' chromatische Linien, überraschende oder gar regelsprengende harmonische Wendungen, stereotype dissonante Akkorde sowie Nachahmungen von sprachlichen Intonationen oder Seufzerpausen bleiben im Vokabular speziell ausdrucksvoller Musik präsent. Dies kann für zahlreiche Komponisten nachgewiesen werden, u. a. für F. SCHUBERT, G. ROSSINI, C. M. WEBER[123], R. SCHUMANN[124], F. LISZT[125], A. BRUCKNER[126], J. BRAHMS[127], H. WOLF[128], G. MAHLER[129], A. ZEMLINSKY[130], A. SCHÖNBERG, A. BERG, A. WEBERN[131], H. EISLER[132] oder H. WEILL.[133] Doch auch «gestisch» angelegte Melodielinien in Opern und Liedern[134] von (z. B.) R. WAGNER, G. VERDI, A. DVOŘÁK, R. STRAUSS, G. PUCCINI, M. REGER, P. HINDEMITH und anderen Meistern scheinen von der M. beeinflußt zu sein, von der zumindest Wagner und Verdi sicher noch in ihrer Ausbildung gehört haben.

In den letzten Jahrzehnten des 20. Jh. nehmen dann aber im Zuge der postmodernen Rückkehr zu einer traditionelleren Musiksprache zahlreiche Komponisten auch das semantisch aufgeladene Vokabular der Musik des 17. bis 19. Jh. und somit Elemente der M. auf. Die spezielle Symbolik der Figuren haben sie allerdings zumeist nur aus deren Einsatz in den Werken jener Zeit erschlossen, wenngleich historisch bzw. musikwissenschaftlich Interessierte unter ihnen durchaus deren inhaltliche Felder erkennen. Der auch musikologisch tätige österreichische Komponist R. SCHOLLUM z. B. arbeitet in vielen seiner Spätwerke ganz bewußt mit den musikalisch-rhetorischen Figuren, deren Ausdruckswert er genauestens kennt und ganz im Sinne der rhetorischen Tradition einsetzt.[135]

Anmerkungen:

1 s. J. de Garlandia: De mensurabili musica, hg. von E. Reimer (1972) 44ff. – **2** s. Franconis de Colonia: Ars cantus mensurabilis, hg. von G. Reaney und A. Gilles (1974) 29. – **3** s. Johannes de Muris: Notitia artis musicae, hg. von U. Michels (1972) 91. – **4** P. de Beldemandis: Tractatus practice de musica mensurabili ad modum Ytalicorum, in: E. de Coussemaker (Hg.): Scriptorum de musica medii aevi III (1869) 229. – **5** Mvsica Nicolai Listenii: ab avtore denvo recognita (1537) D2^{rv}, Übers. Red. – **6** s. H. Krones: Art. ‹Humanismus, 2. Musik›, in: HWRh 4, Sp. 71f.; vgl. auch ders.: Art. ‹Musik und Rhet.›, in: MGG² 6 (1997) 814–852. – **7** s. D. Gutknecht: Art. ‹Mimesis: Musik›, in: HWRh 5, Sp. 1316. – **8** zur folgenden hist. Übersicht s. Krones HWRh [6] Sp. 72f. bzw. 78f. (Anm.). – **9** J. Leodiensis (J. von Lüttich): Speculum musicae 6, hg. von R. Bragard (1973) 215. – **10** H. Hüschen: Das Cantuagium des Heinrich Eger von Kalkar 1328–1408 (1952). – **11** J. Tinctoris: Liber de arte contrapuncti, in: ders., Opera theoretica II, hg. von A. Seay (1975) 140, Übers. Red. – **12** zum Begriff der musikalischen Grammatik siehe H. Krones: Art. ‹Musik›, in: HWRh 5, Sp. 1536 ff. – **13** J. Burmeister, Musica αὐτοσχεδιαστικοῦ (1601) I 2^r-L 4^r; s. auch ders.: Musica poetica (1606) 55–69; vgl. auch M. Ruhnke: Joachim Burmeister. Ein Beitr. zur Musiklehre um 1600 (1955). – **14** Quint. II, 250–255. – **15** Burmeister (1601)[13] I 2^r, Übers. Verf.; s. auch Burmeister (1606) [13] 55. – **16** s. Burmeister [13]. – **17** s. Chr. Bernhard: Tractatus compositionis augmentatus (ca. 1648); ders.: Ausführlicher Bericht vom Gebrauche der Con-und Dissonantien (Hamburg ca. 1670), in: Die Kompositionslehre Heinrich Schützens in der Fassung seines Schülers Christoph Bernhard, hg. von J. Müller-Blattau (1963) 63–70 u. 144ff. – **18** J. Stomius: Prima ad Musicam instructio (1537) C 2^v. – **19** J. Nucius: Musices Poeticae ... (1613), zit. D. Bartel: Hb. der M. (1985) 91. – **20** J. Thuringus: Opusculum bipartitum de primordiis musicis (1624); s. F. Feldmann: Das ‹Opusculum bipartitum› des Joachim Thuringus (1625) besonders in seinen Beziehungen zu Joh. Nucius (1613), in: Arch. für Musikwiss. 15 (1958)123–142, 132. – **21** Burmeister (1606) [13] 59. – **22** ebd. 59f. – **23** H. Peacham d. J.: The Compleat Gentleman (1622), hg. von V. B. Heltzel (1962) 116. – **24** J. Mattheson: Der Vollkommene Capellmeister (1739) 367f. – **25** F. W. Marpurg: Abh. von der Fuge (1753) 1, 143. – **26** L. A. Sabbatini: Trattato sopra le fughe musicali (1802) 46. – **27** C. Dahlhaus: Zur Geschichtlichkeit der M., in: FS M. Ruhnke (1986) 83–93. – **28** M. Ruhnke: Musikal.-rhet. Figuren und ihre Qualität, in: D. Altenburg (Hg.): FS H. Hüschen (1980) 386. – **29** s. auch die Tabelle in: H.-H. Unger: Die Beziehungen zw. Musik und Rhet. im 16.–18. Jh. (1941) 151–154. – **30** Mattheson [24] 174f. – **31** H. Peacham d. Ä.: The Garden of Eloquence (London 1593), zit. G. G. Butler: Fugue and Rhetoric, in: J. of Music Theory 21/1 (1977) 49–109, 55. – **32** S. de Brossard: Dictionnaire de musique (Paris 1703; ND Amsterdam 1964). – **33** Burmeister (1606) [13] 60. – **34** Peacham d. Ä. [31]. – **35** J. A. Scheibe: Critischer Musicus (1745) 691. – **36** A. Kircher: Musurgia Universalis (1650) Bd. 2, 145. – **37** s. Scheibe [35] 688. – **38** Th. B. Janowka: Clavis Ad Thesaurum Magnae Artis Musicae (Prag 1701) 31. – **39** J. G. Walther: Musical. Lexicon (1732) 172. – **40** Bacon: Sylva Sylvarum ... (1627) 38. – **41** Walther [39] 463. – **42** Thuringus [20] 126. – **43** J. Hoskyns: Direccions for Speech and Style (1599), zit. L. B. Osborn (Hg.): The Life, Letters, and Writings of J. Hoskyns 1566–1638 (1937) 150. – **44** Bernhard (ca. 1670) [17] 150. – **45** Walther [39] 148. – **46** ebd. 519f. – **47** ebd. 34. – **48** Kircher [36] Bd. 2, 144. – **49** ebd., Übers. Verf. – **50** Walther [39] 41. – **51** Burmeister (1601) [13] Dd1^v. – **52** Burmeister (1606) [13] 61. – **53** ebd. 56, Übers. Verf.; s. Ruhnke [13] 146. – **54** Listenius [5] D3^r, Übers. Red. – **55** Stomius [18] C2^v. – **56** G. Dressler: Praecepta musicae poeticae (1563/64), hg. von B. Engelke, in: Geschichtsblätter für Stadt und Land Magdeburg 49/50 (1914/15) 247; s. auch Butler [31]. – **57** C. Palisca: A Clarification of «Musica Reservata» in Jean Taisnier's «Astrologiae», 1559, in: Acta Musicologica 31 (1959) 156, Anm. 127. – **58** E. Hofmann: Doctrina de tonis seu modis musicis (1582), zit. Ruhnke [13] 137. – **59** Peacham [31]. – **60** Hoskyns [43]. – **61** S. Calvisius: Exercitatio Musica tertia (1611) 35. – **62** Nucius [19] c. 7, Übers. Red.; s. Bartel: [19] 65, Anm. 56. – **63** s. Feldmann [20]. – **64** Thuringus [20] 131, Übers. Red. – **65** ebd. 139, Übers. Red. – **66** Peacham [23] 96 u. 103. – **67** Bacon [40] 38, Übers. Red. – **68** Th. Wilson: The Art of Rhetoric (1553) 82^r, Übers. Red. – **69** Ch. Butler: The Principles of Music, in Singing and Setting (London 1636) 82; s. auch G. G. Butler: Music and Rhetoric in Early Seventeenth-Century English Sources, in: The Musical Quarterly 66 (1980) 53–64. – **70** M. Mersenne: Traité de l'Harmonie Universelle (Paris 1627) 21; Mignot La Voye: Traité de musique (Paris 1656), zit. Butler [31] 67. – **71** Brossard [32]. – **72** J. A. Herbst: Musica poetica ... (Nürnberg 1643) 115; zu Herbst siehe H. H.

Eggebrecht: Zum Wort-Ton-Verhältnis in der ‹Musica poetica› von J.A. Herbst, in: Bericht über den int. musikwiss. Kongreß Hamburg 1956 (1957) 77–80. – **73** Kircher [36] Bd. 2, 144f., und Bd. 1, 366, Übers. Verf. – **74** ebd. Bd. 2, 145, Übers. Red. – **75** ebd. Bd. 1, 366, Übers. Verf. – **76** E. Walther: Dissertatio Musica (1664) 13, Übers. A. Schering (der aber noch Walthers Dissertationsvater Christophorus Caldenbach für den Autor hält): Die Lehre von den musikal. Figuren, in: Kirchenmusikal. Jb. 21 (1908) 109ff.; s. auch H. Brandes: Stud. zur M. im 16. Jh. (1935) 80. – **77** Bernhard (ca. 1648) [17] 42. – **78** ebd. 71. – **79** ebd. 42f. – **80** ebd. 82. – **81** ebd. 83. – **82** Bernhard (ca. 1670) [17] 144. – **83** W.C. Printz: Compendium Musicae Signatoriae & Modulatoriae Vocalis (1689) 55. – **84** ders.: Phrynis Mitilenaeus 2 (1696) 45. – **85** ebd. 47. – **86** Printz [83] 46–54. – **87** E.L. Gerber: Neues hist.-biograph. Lexicon der Tonkünstler, Bd. 1 (1812) 35; zu Ahle siehe H. Krones: Die Figurenlehre bei Bachs Amtsvorgänger Johann Georg Ahle, in: Österreich. Musikzs. 40 (1985) 89–99. – **88** J.G. Ahle: Musikal. Sommer=Gespräche (Mühlhausen 1697) 16f. u. 31; Walther [39] passim. – **89** Janowka [38] 47–56. – **90** J.G. Walther: Praecepta der Musicalischen Composition (1708), hg. v. P. Benary (1955) 150–156. – **91** Walther [39]; s. H. Krones: »Die Fortsetzung des musikal. *Lexici* ist zum Druck fertig«. »des sel. Walthers eigenes durchschossenes Exemplar«, in: Telemanniana et alia musicologica, FS G. Fleischhauer, hg. von D. Gutknecht, H. Krones und F. Zschoch (1995) 184; hs. Handexemplar, Archiv der Ges. der Musikfreunde Wien, Sign. 951/8. – **92** M.J. Vogt: Conclave Thesauri magnae artis musicae (1719) 153, Übers. Verf. – **93** ebd. passim; s. auch Schering [76] 111ff. – **94** Matheson [24] 180ff. («Von den Ab= und Einschnitten der Klang=Rede.») – **95** ebd. 242, Anm. – **96** ebd. 243. – **97** ebd. – **98** ebd. 244. – **99** ebd. – **100** Scheibe [35] 683ff. – **101** ebd. 642. – **102** ebd. 642–646. – **103** ebd. 647. – **104** M. Spieß: Tractatus musicus compositorio-practicus (1745) 155. – **105** Chr.G. Krause: Von der Musikalischen Poesie (1753) 335. – **106** ebd. 334–359. – **107** J.N. Forkel: Ueber die Theorie der Musik (1777) 21, 26f. – **108** J.N. Forkel: Allg. Gesch. der Musik, Bd. 1 (1788) 39 u. 53ff.. – **109** ebd. 54f. – **110** ebd. 56-59; zu Forkel, Koch, Hoffmann und Kanne siehe insbes. H. Krones: Rhet. und rhet. Symbolik in der Musik um 1800. Vom Weiterleben eines Prinzips, in: Musiktheorie 3 (1988) 117–140. – **111** H.Chr. Koch: Versuch e. Anl. zur Composition (1782–1793) passim; ders.: Musikal. Lex. (1802) passim. – **112** F.A. Kanne: Ueber die musikalische Mahlerey, in: Allg. Musikal. Zeitung, mit besonderer Rücksicht auf den österreichen Kaiserstaat 2 (1818) Sp. 385. – **113** J. J. Ryba: ‹Počáteční a všeobecní základové ke všemu umění hudebnímu› (1817) 82f. – **114** F.A. Kanne: Versuch einer Analyse, in: Allg. Musikal. Zeitung [112] 5 (1821) Sp. 282 u. passim. – **115** R. Flotzinger: Vorstufen der musikal.-rhet. Trad. im Notre-Dame-Repertoire?, in: T. Antonicek, R. Flotzinger, O. Wessely (Hg.): De ratione in musica, FS E. Schenk (1975) 1–9. – **116** F. Reckow: processus und structura. Über Gattungstrad. und Formverständnis im MA, in: Musiktheorie 1 (1986) 20. – **117** s. G. Fleischhauer: Mögliche Begegnungen G.F. Händels mit der lit. und musikal. Rhet., in: B. Baselt, W. Siegmund-Schulze (Hg.), Das mittelalt. Musikleben vor Händel / Chr. W. Gluck (1988) 49. – **118** zit. ebd. – **119** für Schütz u.a. durch H.H. Eggebrecht: Schütz. Musicus poeticus (1959), O. Wessely: Wort und Ton bei H. Schütz. Am Bsp. des Canticum Beati Simeonis, in: E. Haselauer (Hg.): Wort-Ton-Verhältnis (1981) 25–45; für Bach u.a. durch A. Schering: Bach und das Symbol 2. Das «Figürliche» und «Metaphorische», in: Bach-Jb. 25 (1928) 119–137, A. Schmitz: Die Bildlichkeit der wortgebundenen Musik J.S. Bachs (1950), W. Kirkendale: Ciceronians versus Aristotelians on the Ricercar as Exordium from Bembo to Bach, in: J. of the American Musicological Society 32 (1979) 1–44, U. Kirkendale: The Source for Bach's «Musical Offering»: The «Institutio oratoria» of Quintilian, in: ebd. 33 (1980) 88–141. – **120** z.B. E. Schenk: Barock bei Beethoven, in: A. Schmitz (Hg.): FS L. Schiedermair (1937) 177–219; E. Schenk: Zur Tonsymbolik in Mozarts ‹Figaro›, in: Neues Mozart-Jb. 1 (1941) 114–134; ders.: Über Tonsymbolik in Beethovens ‹Fidelio›, in: Beethoven-Stud. (1970) 223–252; W. Kirkendale: Beethovens Missa solemnis und die rhet. Trad., in: Beethoven-Symposion Wien 1970 (1971) 121–158; G. Gruber: Musikal. Rhet. und barocke Bildlichkeit in Kompositionen des jungen Haydn, in: V. Schwarz (Hg.): Der junge Haydn (1972) 168–191; H. Krones: Das Wort-Ton-Verhältnis bei den Meistern der Wiener Klassik. Insbesondere am Bsp. des Liedschaffens, in: E. Haselauer (Hg.): Wort-Ton-Verhältnis (1981) 47–66; G. Born: Mozarts Musiksprache. Schlüssel zu Leben und Werk (1985); H. Krones: Mozart gibt uns selbst die Antworten. Zur Musiksprache der ‹Zauberflöte›, in: Österreich. Musikzs. 46 (1991) 24–33. – **121** J.B. Rupprecht: J. Haydns Geburtsstätte zu Rohrau, in: Allg. Theaterzeitung Wien (1836) 253. – **122** H. Krones: «Er habe ihm seine Liebesgesch. in Musik setzen wollen». L. van Beethovens e-Moll-Sonate, op. 90, in: Österreich. Musikz s. 43 (1988) 592–601. – **123** s. E. Seidel: Ein chromat. Harmonisierungs-Modell in Schuberts ‹Winterreise›, in: Arch. für Musikwiss. 26 (1969) 285–296; H. Krones: 1805–1823: Vier Opern – Ein Vokabular. Musiksprachl. Bedeutungskonstanten in ‹Fidelio›, ‹Il Barbiere di Siviglia›, ‹Der Freischütz› und ‹Fierrabras›, in: Österreich. Musikzs. 44 (1989), 338–345. – **124** s. L. Hoffmann-Erbrecht: Vom Weiterleben der Figurenlehre im Liedschaffen Schuberts und Schumanns, in: Augsburger Jb. für Musikwiss. 1989 (1990) 105–126. – **125** s. H. Krones: Das Fortwirken symbolhafter Trad. im frühen Vokalschaffen F. Liszts, in: Liszt-Stud. 4 (1993) 43–57. – **126** s. C. Floros: Brahms und Bruckner. Stud. zur musikal. Exegetik (1980) passim; H. Krones: Musiksprachl. Elemente aus Renaissance und Barock bei A. Bruckner, in: Bruckner-Symposion Linz 1997 (1999) 53–72. – **127** s. H.-W. Heister: Enthüllen und Zudecken. Zu Brahms' Semantisierungsverfahren, in: ders. (Hg.): J. Brahms oder Die Relativierung der «absoluten» Musik (1997) 7–35; H. Krones: Harmonische Symbolik im Vokalschaffen von J. Brahms, in: F. Krummacher, M. Struck (Hg.): Int. Brahms-Kongreß Hamburg 1997 (1999) 415–437. – **128** s. H. Krones: «Er hatte sich gleichsam mit seinem ganzen Körper in das Wort des Dichters verwandelt!» H. Wolfs ‹Penthesilea› als Musik gewordene Dichtung, in: Hamburger Jb. für Musikwiss. 13 (1995) 201–221. – **129** s. C. Floros: Gustav Mahler 1 (1977) 136–156. – **130** s. H. Krones: Tonale und harmonische Semantik im Liedschaffen A. Zemlinskys, in: H. Krones (Hg.): A. Zemlinsky. Ästhetik, Stil und Umfeld (1995) 163–187. – **131** s. H. Krones: «Wiener» Symbolik? Zu musiksemant. Trad. in den beiden Wiener Schulen, in: O. Kolleritsch (Hg.): Beethoven und die Zweite Wiener Schule (1992) S. 65ff.; H. Krones: «(…) beziehen sich alle meine Kompositionen (…) auf den Tod meiner Mutter», in: H. Krones, M. Wagner: A. Webern und die Musik des zwanzigsten Jh. (1997) 12–38. – **132** s. H. Krones: Musikal. Semantik in «finsteren Zeiten». Altes und Neues in H. Eislers Liedschaffen, in: Österreich. Musikzs. 53 (7–8/1998), 33–41. – **133** s. H. Krones: Zu Wort-Ton-Verhältnis und musikalischer Symbolik in den Bühnenwerken von K. Weill, in: H. Loos, G. Stern (Hg.): Kurt Weill (2000) 111–129. – **134** s. H. Krones: Art. ‹Lied›, in: HWRh 5, Sp. 266f. – **135** s. H. Krones: R. Schollum und seine ‹Markus-Passion›, op. 100, in: ders. (Hg.): Wort und Ton im europäischen Raum. Gedenkschr. für R. Schollum (1989) 177–183.

H. Krones

→ Ars antiqua / Ars nova → Color → Elocutio → Figurenlehre → Humanismus: Musik → Musica poetica → Musik

Artikelverzeichnis

Lachen, das Lächerliche
Lakonismus
Lalia, Prolalia
Lambdacismus → Stimm-, Sprechstörungen
Lamentatio → Conquestio; Klagerede, -gesang
Langue/Parole → Sprachwissenschaft
Lapidarstil
L'art pour l'art → Moderne
Lasswell-Formel
Latinismus
Latinitas → Sprachrichtigkeit
Latinität, Goldene und Silberne
Laudatio
Lautlehre → Stimme, Stimmkunde
Lautmalerei
Lectio → Lesung
Lector → Leser
Leerformel
Legende
Lehrbuch
Lehrdichtung
Lehrschreiben, kirchliche
Lehrvortrag → Vortrag
Leichenpredigt
Leichenrede
Leidenschaft
Leitartikel
Leitmotiv → Motiv
Lektüre → Leser; Lesung
Lemma → Lexikographie; Syllogismus
Lenitas → Dreistillehre
Leser
Lesung
Lexikographie
Lexis → Elocutio
Libretto
Licentia
Lied
Ligatio → Zeugma
Linguae sacrae → Heilige Sprachen
Linguistik → Sprachwissenschaft
Literatur
Literaturkritik
Literatursprache
Literaturunterricht
Literaturwissenschaft
Litotes
Liturgie
Lizenz → Licentia
Lobrede
Locus → Topos
Locus communis
Logenrede
Logik
Logograph

Logomachie
Logos
Logos basilikos → Herrscherlob
Lullismus
Lustspiel, Komödie
Lusus ingenii
Luthersprache
Lyrik
Madrigal → Vokalmusik
Magnitudo vocis → Stimme, Stimmkunde
Maieutik
Makrologie
Malerei
Malerei, poetische, rhetorische → Ut-pictura-poesis
Managementrhetorik
Manier, Maniera → Manierismus; Stil
Manierismus
Manifest
Manipulation
Märchen
Marinismus
Marxistische Rhetorik
Massenkommunikation
Materia
Maxime
Medela
Medias-in-res
Mediation
Meditation
Meinung, Meinungsfreiheit
Meiosis → Minutio
Meirakiodes → Stil; Stillehre
Melancholie → Temperamente
Melete → Exercitatio
Melodie → Musik
Membrum → Kolon
Memorandum → Denkschrift
Memoria
Meraviglia → Wunderbare, das
Merismos → Distributio
Merkdichtung
Meson → Mittlerer Stil
Message
Messe → Liturgie
Metabole → Polyptoton
Metalepsis
Metapher
Metaplasmus
Metasprache, Objektsprache
Metastasis
Metonomasie → Metonymie
Metonymie
Metrik
Mimesis
Mimik

Minutio
Mittelalter
Mittlerer Stil
Mnemotechnik → Memoria
Mode
Moderne
Modisten → Bedeutung; Grammatik
Mollitudo vocis → Stimme, Stimmkunde
Monodie
Monolog, monologisch

Montage
Motette → Vokalmusik
Motiv
Motto
Movere
Mündlichkeit
Musica poetica
Musik
Musikalische Figurenlehre

Autorenverzeichnis

Alpers, Klaus; Lüneburg (Lexikographie: Griech. und röm. Antike, Byzanz)
Andraschke, Peter; Freiburg (Moderne: Musik)
Asmuth, Bernhard; Bochum (Lyrik; Monolog, monologisch)
Bees, Robert; Würzburg (Lakonismus)
Beutel, Albrecht; Münster (Lied: Kirchenlied)
Bogner, Ralf Georg; Mannheim (Lautmalerei)
Brassat, Wolfgang; Bochum (Malerei)
Brecht, Christoph; Frankfurt/M. (Moderne: Literatur, Rhetorik)
Burkhardt, Armin; Magdeburg (Metalepsis)
Butzer, Günter; Gießen (Meditation)
Coenen, Hans Georg; Münster (Locus communis; Maxime)
Eggs, Ekkehard; Hannover (Logik; Metapher; Metonymie)
Ehrmann-Herfort, Sabine; Freiburg (Monodie)
Engels, Johannes; Trier (Lehrbuch; Literaturunterricht; Lusus ingenii; Metaplasmus)
Eusterschulte, Anne; Berlin (Mimesis: Literatur, Rhetorik)
Eybl, Franz; Wien (Leichenpredigt; Leichenrede)
Fähnders, Walter; Osnabrück (Manifest)
Föcking, Marc; Berlin (Manierismus: Italien; Marinismus)
Friedlein, Roger; Berlin (Lullismus)
Geißner, Hellmut; Lausanne (Lasswell-Formel: Systematik, Geschichte; Mündlichkeit)
Giannone, Antonella; Köln (Mode)
Gier, Albert; Bamberg (Libretto)
Grethlein, Christian; Everswinkel (Liturgie: Definition, Liturgie ev.)
Grüttemeier, Ralf ; Oldenburg (Motto)
Gutknecht, Dieter; Köln (Mimesis: Musik)
Hagemann, Tim; Tübingen (Maieutik: christliche)
Hartmann, Volker; Heidelberg (Medela)
Haustein, Jörg; Bensheim (Lehrschreiben, kirchliche: Definition, Geschichte, Rhetorik)
Hettiger, Andreas; Tübingen (Lapidarstil)
Hirschmann, Wolfgang; Fürth (Mittelalter: Musik)
Holtorf, Arne; Tübingen (Merkdichtung)
Hoos, Sebastian; Tübingen (Managementrhetorik)
Huber, Christoph; Tübingen (Lehrdichtung: Mittelalter)
Hügli, Anton ; Basel (Lachen, das Lächerliche)
Kahre, Mirko-A.; Konstanz (Massenkommunikation)
Kalivoda, Gregor; Tübingen (Lasswell-Formel: Definition; Lexikographie: Definition, Rhetorik)
Kalverkämper, Hartwig; Berlin (Mimik)
Kelly, Douglas; Madison (Laudatio: Lateinisches MA)
Kemmann, Ansgar; Tübingen (Mediation)
Klein, Josef; Koblenz (Leerformel; Logomachie)
Klein, Jürgen; Greifswald (Manierismus: England)
Knape, Joachim; Tübingen (Managementrhetorik; Mittelalter: Rhetorik)

Konstanciak, Franz-J.; München (Lexikographie: Lateinisches MA)
Krämer, Jörg; Rathsberg (Musica poetica)
Kramer, Olaf; Tübingen (Montage)
Kranemann, Benedikt; Erfurt (Liturgie: kath.)
Kraus, Manfred; Tübingen (Logos)
Krones, Hartmut; Wien (Lied: Volks- und Kunstlied; Musik; Musikalische Figurenlehre)
Kruckis, Hans-Martin; Bielefeld (Literaturwissenschaft)
Lachmann, Renate; Konstanz (Manierismus: Osteuropa)
Liebermann, Wolf-Lüder; Gießen (Lehrdichtung: Definition, Antike)
Lindner, Hermann; München (Mittlerer Stil)
Mahler, Andreas; München (Lustspiel, Komödie)
Mathy, Dietrich; Frankfurt/M. (Motiv)
Matuschek, Stefan; Jena (Lobrede)
Matzat, Wolfgang; Bonn (Leidenschaft)
Mayer, Heike; Waging (Märchen)
McElholm, Dermot; Hannover (Message)
Mohnhaupt, Bernd; Bamberg (Mittelalter: Bildende Kunst)
Neuber, Wolfgang; Berlin (Litotes; Memoria)
Otto, Isabel-Dorothea; Freiburg (Leser)
Pankau, Johannes G.; Oldenburg (Literatur)
Patz, Kristine; Berlin (Manierismus: Bildende Kunst)
Pekar, Thomas; Dortmund (Leitartikel)
Pohl, Rainer; Tübingen (Lalia, Prolalia: Definition)
Puza, Richard; Tübingen (Lehrschreiben, kirchliche: Theologie)
Reck, Carmen; Konstanz (Massenkommunikation)
Reinalter, Helmut; Innsbruck (Logenrede)
Reisigl, Martin; Wien (Lexikographie: Neuzeit)
Renaud, François; Moncton (Maieutik: Begriff, Darstellung, Wirkungsgeschichte)
Richter, Klemens; Münster (Liturgie: kath.)
Rieder, Claus; München (Managementrhetorik)
Rühl, Meike; Tübingen (Medias-in-res)
Sandstede, Jutta; Rastede (Lesung)
Schick, Hagen; Stuttgart (Managementrhetorik)
Schirren, Thomas; Tübingen (Lalia, Prolalia: Geschichte)
Schmalzriedt, Siegfried; Karlsruhe (Manierismus: Musik)
Schmitz, Heinz-Gerd; Köln (Literaturkritik)
Schmude, Michael P.; Boppard (Licentia; Makrologie; Metrik; Minutio)
Schöpsdau, Klaus; Saarbrücken (Latinismus)
Schröder, Bianca-Jeanette; München (Materia)
Stammen, Theo; Augsburg (Marxistische Rhetorik)
Stolt, Birgit; Uppsala (Luthersprache)
Suthor, Nicola ; Berlin (Mimesis: Bildende Kunst)
Todorow, Almut; Tübingen (Massenkommunikation)
Traninger, Anita; Wien (Lullismus)

Vallozza, Maddalena; Rom (Laudatio: Definition, Antike)
van der Poel, Marc; Nijmegen (Laudatio: Renaissance – 18. Jh.)
von Frieling, Stefan; Hannover (Metasprache, Objektsprache)
Walde, Christine; Basel (Latinität, Goldene und Silberne)
Walter, Axel; Osnabrück (Literatursprache)
Walz, Herbert; Gräfelfing (Lehrdichtung: Humanismus – Gegenwart)
Walz-Dietzfelbinger, Dorothea; Heidelberg (Legende)
Wanning, Frank; Hannover (Manierismus: Frankreich, Spanien, Portugal)
Wartusch, Rüdiger; Braunschweig (Metastasis)
Wirkus, Bernd; Köln (Manipulation)
Wöhrle, Georg; Trier (Movere)
Yunis, Harvey; Houston (Logograph)
Zenkert, Georg; Heidelberg (Meinung, Meinungsfreiheit)
Zimmermann, Michael; München (Moderne: Bildende Kunst)
Zymner, Rüdiger; Wuppertal (Manierismus: Definition, Deutschland)

Übersetzerinnen

Gondos, Lisa (L.G., engl.)
Katzenberger, Andrea (A.K., ital.)
Klein, Gudrun (G. K., engl.)

Zur formalen Gestaltung

I. Titel

Angeführt ist das Stichwort – soweit vorhanden – Synonym(e) und fremdsprachige Entsprechungsbegriffe.
In Doppel- und Mehrfachtiteln werden die Stichwörter, wenn sie Gegensätze bezeichnen, durch Schrägstrich, wenn sie einander ergänzen, durch Komma getrennt:

[1] ADVOCATUS DEI/ADVOCATUS DIABOLI
[2] WAHRHEIT, WAHRSCHEINLICHKEIT

Die Anfangsbuchstaben Ä, Ö, Ü (nicht aber Ae, Oe, Ue) der Titelstichwörter werden alphabetisch wie A, O, U behandelt.

II. Text

1. Artikelstruktur

Alle Artikel sind in einen Definitionsteil (**A.**) und einen historischen Teil (**B.**) unterteilt. Innerhalb des historischen Teils kann weiter nach Epochen bzw. Jahrhunderten gegliedert sein (**I./II./III.** usw.).
Bei Stichwörtern, deren historischer Teil kürzer ausfällt, da sie z.B. keine reine chronologische Darstellung erlauben, ist eine Gliederung nach anderen Gesichtspunkten möglich.

Beispiele: **Annonce**
A. Def. – B. Anwendungsbereiche. – C. Historische Entwicklung

Byzantinische Rhetorik
A. Def. – B.I. Antike Vorgeschichte. – II. Theorie und Praxis. – III. Mimesis. – IV. Literarische Gattungen. – V. Zum Verständnis der B. heute.

2. Hervorhebungen, Eigennamen, Begriffe

Fettdruck ist nur für das Stichwort am Anfang des Artikels sowie für die Gliederungsbuchstaben und -ziffern (**A., I.**) am Beginn eines neuen Abschnitts vorgesehen.
Kapitälchen werden nur zur Hervorhebung von Eigennamen verwendet und auch dann nur, wenn diese Eigennamen in einem Gedankengang zum ersten Mal vorkommen.
Nicht in Kapitälchen werden die Verfasser von Untersuchungen zum Gegenstand des Artikels gesetzt.
Kursivierung wird verwendet, um die besondere Bedeutung eines Wortes oder Begriffes im Rahmen der Darstellung hervorzuheben. Kursiv gesetzt sind besonders die lateinischen rhetorischen Begriffe.
Kursive Wörter übernehmen im fortlaufenden Text auch die Funktion von Zwischenüberschriften. Vor allem bei kürzeren Artikeln ohne Inhaltsübersicht (also bei Definitions- und größtenteils Sachartikeln) dient die Kursivierung der Zeit- bzw. Epochenangaben auch zur historisch-chronologischen Gliederung des Artikels.
Bei bekannten Autoren ist nur der Nachname angegeben (GOETHE, HEGEL, GOTTSCHED, NIETZSCHE).
Bei weniger bekannten Autoren und wenn Verwechslungsmöglichkeiten bestehen, wird der Nachname durch die vorangestellten Initialen der Vornamen (T. HEINSIUS, A. MÜLLER, W. SCHLEGEL) ergänzt.
Die Namensschreibung von Autoren der Antike bzw. des Mittelalters richtet sich, sofern keine im allgemeinen Sprachgebrauch eingebürgerte Namensform vorhanden ist (z.B. 'Horaz' für '(Quintus) Horatius (Flacus)'), nach dem Kleinen oder Neuen Pauly bzw. nach dem Lexikon des Mittelalters. Namen von Humanisten werden, sofern sich keine andere Variante eingebürgert hat, in der nationalsprachlichen Form genannt (z.B. 'Poggio', nicht 'Poggius'; aber 'G. I. Vossius' und nicht 'Voß').

Lateinische und griechische Begriffe werden, außer am Satzanfang, klein geschrieben.
Bei der ersten Nennung sind griechische Begriffe in griechischen Buchstaben abgedruckt. Unmittelbar nach dem griechischen Wort steht in Klammern die lateinische Umschrift und eventuell die deutsche Bedeutung.

Beispiel: ὁρισμός (horismós, Definition)

In der Umschrift wird die Betonung stets durch (´) angezeigt.

Beispiel: ῥητορικὴ τέχνη (rhētorikḗ téchnē)

3. Zitierweise, Anmerkungen

Zitate stehen nur in «doppelten» Anführungszeichen. Für Zitate im Zitat werden "**doppelte hochgestellte**" Anführungszeichen verwendet.
‹**Einfache**› Anführungszeichen werden nur für Werktitel sowie Teil- und Kapitelüberschriften von Werken verwendet. Außerdem dienen sie zur Kennzeichnung dafür, daß ein Wort als ‹**Begriff**› gebraucht wird.
Einfügungen [Erläuterungen] des Autors innerhalb eines Zitates werden in **[eckige Klammern]** gesetzt. Auslassungen in Zitaten werden durch drei Punkte in eckigen Klammern [...] markiert.
Anmerkungen und Literaturhinweise befinden sich am Ende des Artikels. Bei größeren Artikeln können sie auch längere Unterkapitel abschließen. Wenn sich eine spätere auf eine frühere, nicht unmittelbar vorausgehende Anmerkung bezieht, wird nur der Autor und die Ziffer der früheren Anmerkung angegeben:

Anmerkungen:
1 O. Grepstad: Retorikk på norsk (Oslo 1988) 83–93. – ...
5 Grepstad [1] 204. – ...

Bei Werken, die nicht in der Bundesrepublik oder der ehemaligen DDR erschienen sind, sowie bei Rara vor 1700, Dissertationen und dergl. ist immer der Erscheinungsort angegeben.

4. Abkürzungen

Im laufenden Text werden nur das Titelstichwort und das Wort *Jahrhundert* abgekürzt (Ausnahmen sind allgemeinübliche Abbreviaturen wie z. B., etc., usw.). Die Flexion ist in den Abkürzungen nicht markiert. Für die Abkürzungen im Literatur- und Anmerkungsapparat gilt das nachfolgende Abkürzungsverzeichnis.

5. Übersetzungen

Jedem fremdsprachigen Zitat ist eine Übersetzung angefügt, wenn der Sinn nicht aus dem Kontext hervorgeht. Sofern nicht anders angegeben, stammt die Übersetzung aus den unter III. 1. genannten Ausgaben.
Fremdsprachige Artikel wurden ins Deutsche übertragen. Die Übersetzerkürzel sind mit Schrägstrich dem Autorennamen angefügt (vgl. Übersetzerverzeichnis).

III. Abkürzungen

1. Werke, Werkausgaben und Textsammlungen

Agricola
　Agricola, R., De inventione dialectica (1539)
　Ausg. und Übers.: L. Mundt (Tübingen 1992)
Alcuin
　Alcuinus, Disputatio de rhetorica et de virtutibus
　Ausg.: The Rhetoric of Alcuin & Charlemagne. A Transl., with an Introduction, the Latin Text and Notes by W. S. Howell (1941; New York 1965)
Anax. Rhet.
　Anaximenes, Ars rhetorica
　Ausg.: Anaximenis Ars rhetorica, quae vulgo fertur Aristotelis ad Alexandrum, ed. M. Fuhrmann (Leipzig 1966)
Arist. EN
　Aristoteles, Ethica Nicomachea
　Übers.: F. Dirlmeier (Darmstadt 1956)
Arist. Poet.
　Aristoteles, De arte poetica
　Ausg. und Übers.: M. Fuhrmann (Stuttgart 1982)
Arist. Pol.
　Aristoteles, Politica
　Übers.: E. Schütrumpf (Darmstadt 1991–96)
Arist. Rhet.
　Aristoteles, Ars rhetorica
　Übers.: F. G. Sieveke (München ⁴1993)
Arist. Soph. el.
　Aristoteles, Sophistici elenchi
Arist. Top.
　Aristoteles, Topica
Auct. ad Her.
　Auctor ad Herennium
　Ausg. und Übers.: Rhetorica ad Herennium, lat.-dt., hg. u. übers. von Th. Nüßlein (Zürich/München/Darmstadt 1994)
Aug. Doctr.
　Augustinus, De doctrina christiana
　Ausg.: CChr. SL XXXII (1962) 1–167
　Übers.: Vier Bücher über die christliche Lehre, aus dem Lat. übers. und m. Einl. vers. von S. Mitterer (= BKV, Bd. 49, München ²1925)
Beda
　Beda Venerabilis, De arte metrica et De schematibus et tropis
　Ausg.: CChr. SL CXXIII A (1975) 59–171
BKV
　Bibliothek der Kirchenväter. Eine Auswahl patristischer Werke in dt. Übers., hg. v. O. Bardenhewer u.a. (Kempten/München 1911–31)
Boileau
　Boileau-Despréaux, N.: Art poétique (1674)
　Ausg.: A. Buck (München 1970)
Cassiod. Inst.
　Magnus Aurelius Cassiodorus, Institutiones divinarum et saecularium litterarum
　Ausg.: R. A. B. Mynors (Oxford ²1961)
CChr.
　Corpus Christianorum (Turnhout)
CChr. CM
　– Continuatio mediaevalis (1971ff.)
CChr. SG
　– Series Graeca (1977ff.)
CChr. SL
　– Series Latina (1954ff.)
Charland
　Charland, T. M. (Hg.): Artes Praedicandi. Contribution à l'histoire de la rhétorique au moyen âge (Paris/Ottawa 1936)
Cic. Brut.
　Cicero, Brutus
　Ausg. und Übers.: B. Kytzler (München ⁴1990)
Cic. De or.
　Cicero, De oratore
　Ausg. und Übers.: H. Merklin (Stuttgart ²1986)
Cic. Inv.
　Cicero, De inventione
　Ausg.: De inventione. De optimo genere oratorum. Hg. und übers. von Th. Nüßlein (Düsseldorf/Zürich 1998)
Cic. Or.
　Cicero, Orator
　Ausg. und Übers.: B. Kytzler (Darmstadt ³1988)
Cic. Part.
　Cicero, Partitiones oratoriae
　Ausg. und Übers.: K. und G. Bayer (München/Zürich 1994)
Cic. Top.
　Cicero, Topica
　Ausg. und Übers.: K. Bayer (München 1993)
CSEL
　Corpus Scriptorum Ecclesiasticorum Latinorum (Wien 1866ff.)

Dion.Hal.Comp.
Dionysios von Halikarnassos, De compositione verborum
Ausg.: Denys d'Halicarnasse: Opuscules rhétoriques, Tome III, ed. G. Aujac, M. Lebel (Paris 1981)
Dion. Hal. Or. vet.
Dionysios von Halikarnassos, De oratoribus veteribus
Ausg.: Denys d'Halicarnasse: Opuscules rhétoriques, Tome I, ed. G. Aujac, M. Lebel (Paris 1978)
Erasmus Ciceron.
Erasmus von Rotterdam, Dialogus cui titulus Ciceronianus sive De optimo dicendi genere
Ausg.: P. Mesnard, in: Opera omnia Desiderii Erasmi Roterodami I-2 (Amsterdam 1971) 581–710
Erasmus Copia
Erasmus von Rotterdam, De duplici copia verborum ac rerum
Ausg.: B. J. Knott, in: Opera omnia Desiderii Erasmi Roterodami I-6 (Amsterdam 1988)
Erasmus Conscr. ep.
Erasmus von Rotterdam, De conscribendis epistolis
Ausg.: J.-C. Margolin, in: Opera omnia Desiderii Erasmi Roterodami I-2 (Amsterdam 1971) 153–579
Erasmus Eccl.
Erasmus von Rotterdam, Ecclesiastes sive de ratione concionandi
Ausg.: J. Chomarat, in: Opera omnia Desiderii Erasmi Roterodami V-4/5 (Amsterdam/London/New York/Tokyo 1991–94)
Fabricius
Fabricius, J. A.: Philosophische Oratorie (Leipzig 1724; ND Kronberg, Ts. 1974)
Faral
Faral, E. (Ed.): Les arts poétiques du XIIe et du XIIIe siècle. Recherches et documents sur la technique littéraire du moyen âge (Paris 1924; ND Genf/Paris 1982)
FDS
Die Fragmente zur Dialektik der Stoiker. Neue Sammlung der Texte mit dt. Übers. und Kommentaren von K. Hülser, 4 Bde. (Stuttgart-Bad Cannstatt 1987/88)
Fortun. Rhet.
Fortunatianus, Ars rhetorica
Ausg.: L. Calboli Montefusco (Bologna 1979)
Galfrid
Galfrid von Vinsauf, Poetria nova
Ausg.: E. Gallo (Den Haag/Paris 1971)
Gorgias
Gorgias von Leontinoi
Ausg. und Übers.: Gorgias von Leontinoi: Reden, Fragmente und Testimonien, hg. von Th. Buchheim (Hamburg 1989)
Gottsched Redek.
Gottsched, J. Chr.: Ausführliche Redekunst (Leipzig 1736; ND Hildesheim/New York 1973)
Gottsched Dichtk.
Gottsched, J. Chr.: Versuch einer Critischen Dichtkunst (Leipzig 1730, ^{4}1751; ND Darmstadt 1962)
Gramm. Graec.
Grammatici Graeci, edd. R. Schneider, G. Uhlig et al., 4 Teile in 11 Bdn. (Leipzig 1878–1910)
Gramm. Lat.
Grammatici Latini, ed. H. Keil, 8 Bde. (Leipzig 1855–80; ND Hildesheim 1961)
Hallbauer Orat.
Hallbauer, F. A.: Anweisung zur Verbesserten Teutschen Oratorie (Jena 1725; ND Kronberg, Ts. 1974)

Hallbauer Polit. Bered.
Hallbauer, F. A.: Anleitung zur Politischen Beredsamkeit (Jena und Leipzig 1736; ND Kronberg, Ts. 1974)
Hermagoras
Hermagoras von Temnos
Ausg.: Testimonia et Fragmenta, hg. v. D. Matthes (Leipzig 1962)
Hermog. Id.
Hermogenes, De ideis
Hermog. Inv.
Hermogenes, De inventione
Hermog. Prog.
Hermogenes, Progymnasmata
Ausg.: Rhet. Graec. Sp. – H., Bd. 6, ed. H. Rabe (Leipzig 1913; ND Stuttgart 1969) 1–27
Hermog. Stat.
Hermogenes, De statibus
Ausg.: Rhet. Graec. Sp. – H., Bd. 6, ed. H. Rabe (Leipzig 1913; ND Stuttgart 1969) 28–92
Hor. Ars
Horaz, Ars Poetica
Ausg. und Übers.: E. Schäfer (Stuttgart ^{3}1989)
Isid. Etym.
Isidor von Sevilla, Etymologiae
Ausg.: W. M. Lindsay (Oxford 1911; ^{9}1991)
Isocr. Or.
Isocrates, Orationes
Übers.: Isokrates. Sämtliche Werke. Übers. v. C. Ley-Hutton. Eingel. und erl. von K. Brodersen (Stuttgart 1993)
Iul. Vict.
C. Iulius Victor, Ars rhetorica
Ausg.: R. Giomini, M. S. Celentano (Leipzig 1980)
Joh. v. Garl.
Johannes von Garlandia, De arte prosayca, metrica et rithmica
Ausg.: T. Lawler: The Parisiana Poetria of John of Garland (New Haven/London 1974)
Joh. v. Sal.
Johannes von Salisbury, Metalogicus
Ausg.: C. C. J. Webb (Oxford 1929)
Kant KU
Kant, I.: Kritik der Urteilskraft (1790, ^{2}1793)
Lamy
Lamy, B.: De l'art de parler. Kunst zu reden (Paris ^{2}1676; dt. 1753)
Ausg.: E. Ruhe (München 1980)
Mart. Cap.
Martianus Capella, De nuptiis Philologiae et Mercurii
Ausg.: J. Willis (Leipzig 1983)
Matth. v. Vend.
Matthaeus von Vendôme, Ars versificatoria
Ausg.: Opera, hg. von F. Munari, Bd. 3 (Rom 1988)
Melanchthon
Melanchthon, Ph., Elementa rhetorices (1531)
Ausg.: Corpus Reformatorum XIII, ed. C. G. Bretschneider (1846) Sp. 417–506 (ND in: J. Knape: Philipp Melanchthons ›Rhetorik‹, Tübingen 1993, 121–165)
Menander
Menander Rhetor
Ausg.: D. A. Russell, N. G. Wilson (Oxford 1981)
Meyfart
Meyfart, J.: Teutsche Rhetorica oder Redekunst (Coburg 1634; ND Tübingen 1977)

MG
  Migne, J.P. (Ed.): Patrologiae cursus completus, Series Graeca 1–167 (mit lat. Übers.) (Paris 1857–1866)
MGH Poet.
  Poetae Latini medii aevi = Die lateinischen Dichter des deutschen Mittelalters / Monumenta Germaniae Historica (Berlin/Weimar/München 1880ff.)
ML
  Migne, J.P. (Ed.): Patrologiae cursus completus, Series Latina 1–217 (218–221 Indices) (Paris 1841–1864) nebst Suppl. 1–5 (Paris 1958–1974)
Opitz
  Opitz, M.: Buch von der deutschen Poeterey (1624)
  Ausg.: G.Schulz-Behrend, in: GW., Bd.2, 1 (Stuttgart 1978)
Peacham
  Peacham, H.: The Garden of Eloquence (London 1577, ²1593); B.-M. Koll: Henry Peachams "The Garden of Eloquence" (1593), Hist.-kritische Einl., Transkription und Kommentar (Frankfurt 1996)
Plat. Gorg.
  Platon, Gorgias
Plat. Phaidr.
  Platon, Phaidros
Plat. Pol.
  Platon, Politeia
Ps.-Aug. Rhet.
  Pseudo-Augustinus, De rhetorica liber
  Ausg.: Rhet. Lat. min., p.135–151
Ps.-Demetr. Eloc.
  Pseudo-Demetrios, De elocutione
  Ausg.: P. Chiron (Paris 1993)
Ps.-Long. Subl.
  Pseudo-Longinos, De sublimitate
  Ausg. und Übers.: R. Brandt (Darmstadt 1966)
Quint.
  Quintilian, Institutio oratoria
  Ausg. und Übers.: H.Rahn, 2 Bde. (Darmstadt ³1995)
Radermacher
  Radermacher, L. (Ed.): Artium scriptores (Reste der voraristotelischen Rhetorik) (Wien 1951)
Ramus
  Petrus Ramus, Scholae in liberales artes (Basel 1569; ND Hildesheim/New York 1970)
Rhet. Graec. Sp.
  Rhetores Graeci, ed. L.Spengel, 3 Bde. (Leipzig 1853–1856; ND Frankfurt/M. 1966)
Rhet. Graec. Sp. – H.
  Rhetores Graeci ex recog. L.Spengel, ed. C.Hammer, vol. I, pars II (Leipzig 1894)
Rhet. Graec. W.
  Rhetores Graeci, ed. C.Walz, 9 Bde. (Stuttgart/Tübingen 1832–1836; ND Osnabrück 1968)
Rhet. Lat. min.
  Rhetores Latini minores, ed. C.Halm (Leipzig 1863; ND Frankfurt/M. 1964)
Rockinger
  Rockinger, L. (Hg.): Briefsteller und Formelbücher des 11. bis 14.Jh. (München 1863–64; ND Aalen 1969)
SC
  Sources chrétiennes (Paris 1942–82)
Scaliger
  Scaliger, J.C.: Poetices libri septem (1561)
  Ausg. und Übers.: L.Deitz und G.Vogt-Spira, unter Mitwirkung von M.Fuhrmann (Stuttgart 1994ff.)

Sen. Contr.
  Seneca d.Ä., Controversiae
  Ausg.: M.Winterbottom, 2 Bde. (Cambridge, Mass./London 1974)
Sen. Suas.
  Seneca d.Ä., Suasoriae
  Ausg.: M.Winterbottom, 2 Bde. (Cambridge, Mass./London 1974)
Soarez
  Soarez, C.: De arte rhetorica libri tres: ex Aristotele, Cicerone et Quinctiliano praecipue deprompti (Köln 1577)
Sulp. Vict.
  Sulpicius Victor, Institutiones oratoriae
  Ausg.: Rhet. Lat. min., p.311–352
Sulzer
  Sulzer, J.G.: Allgemeine Theorie der schönen Künste, 4 Bde. und ein Registerbd. (1792–94 [1771]; ND Hildesheim 1967–1970)
SVF
  Stoicorum veterum fragmenta collegit I. ab Arnim, 4 Bde. (Leipzig ²1921–1923)
Tac. Dial.
  Tacitus, Dialogus de oratoribus
  Übers.: K.Büchner (Stuttgart ³1985)
Verg. Aen.
  Vergil, Aeneis
  Ausg. und Übers.: J. u. M.Götte (Zürich/München ⁶1983)
Vico Inst. or.
  Vico, G.: Institutiones oratoriae (1741)
  Ausg.: G. Crifé (Neapel 1989)
Vico Stud.
  Vico, G.: De nostri temporis studiorum ratione
  Ausg. und Übers.: W.F. Otto (Godesberg 1947; ND Darmstadt 1984)
Vives
  Vives, J.L.: De ratione dicendi
  Ausg. und Übers.: A. Ott (Marburg 1993)
Vossius
  Vossius, G.J.: Commentariorum rhetoricorum, sive Oratoriarum institutionum libri sex (Leiden ³1630; ND Kronberg, Ts. 1974)
VS
  Diels, H.; Kranz, W. (Hg.): Die Fragmente der Vorsokratiker, griech.-dt., 3 Bde. (Berlin ⁶1951f.; ND 1985–1993)
Weise 1
  Weise, Chr.: Politischer Redner (Leipzig 1677, ³1683; ND Kronberg, Ts. 1974)
Weise 2
  Ders.: Neu-Erleuterter Politischer Redner (Leipzig 1684; ND Kronberg, Ts. 1974)
Wilson
  Wilson, T.: Arte of Rhetorique (1553)
  Ausg.: T.J. Derrick: The Renaissance Imagination, Bd.1 (New York/London 1982) [= Krit. Ausg. (Typoskr.) mit Komm. Grundlage: 1553, mit Erweiterungen der Ausg. 1560]

2. Lexika

Alsted
  Alsted, J.H.: Encyclopaedia septem tomis distincta, 4 Bde. (Herborn 1630; ND Stuttgart-Bad Cannstatt 1989–1990)

Diderot Encycl.
: Encyclopédie ou Dictionnaire raisonné des sciences, des arts et des métiers. Mis en ordre et publié par D. Diderot (Paris 1751–80; ND Stuttgart 1966–67)

DNP
: Der Neue Pauly. Enzyklopädie der Antike, hg. von H. Cancik und H. Schneider (Stuttgart 1996ff.)

Dupriez
: Dupriez, B.: Gradus. Les procédés littéraires (Paris 1984)

EPW
: Enzyklopädie Philosophie und Wissenschaftstheorie, hg. von J. Mittelstraß (Mannheim/Wien/Zürich 1980–84; ab Bd. 3 Stuttgart/Weimar 1995–96)

Ernesti Graec.
: Ernesti, I. Chr. Th.: Lexicon Technologiae Graecorum Rhetoricae (1795; ND Hildesheim ²1983)

Ernesti Lat.
: Ernesti, I. Chr. Th.: Lexicon Technologiae Latinorum Rhetoricae (1797; ND Hildesheim ²1983)

Fontanier
: Fontanier, P.: Les Figures du Discours (1821–1830), ed. G. Genette (Paris 1977)

Grimm
: Grimm, J. u. W.: Deutsches Wörterbuch (Leipzig 1854–1971; ND München 1984; Neubearbeitung Leipzig ²1983ff.)

HMT
: Handwörterbuch der musikalischen Terminologie, hg. v. H. H. Eggebrecht, Loseblattausg. (1. Lieferung: Wiesbaden 1972ff.)

HWPh
: Historisches Wörterbuch der Philosophie, hg. von J. Ritter und K. Gründer (Darmstadt 1971ff.)

HWRh
: Historisches Wörterbuch der Rhetorik, hg. von G. Ueding (Tübingen 1992ff.)

KlP
: Der Kleine Pauly. Lexikon der Antike, hg. von K. Ziegler, 5 Bde. (München 1964–75; ND 1979)

Lanham
: Lanham, R. A.: A Handlist of Rhetorical Terms: A Guide for Students of English Literature (Berkeley/Los Angeles/Oxford ²1991)

LAW
: Lexikon der Alten Welt, hg. von C. Andresen u.a. (Zürich/Stuttgart 1965; ND Stuttgart 1990)

LDK
: Lexikon der Kunst: Architektur, Bildende Kunst, Angewandte Kunst, Industrieformgestaltung, Kunsttheorie, hg. von H. Olbrich u.a. (Leipzig 1987–1994; Neubearbeitung München 1996)

LGL²
: Lexikon der germanistischen Linguistik, hg. von H. P. Althaus, H. Henne und H. E. Weigand (Tübingen ²1980)

LMA
: Lexikon des Mittelalters (München/Zürich 1980ff.)

LThK², LThK³
: Lexikon für Theologie und Kirche, hg. von J. Höfer und K. Rahner (Freiburg ²1957–1965). Neubearb. und hg. von W. Kasper u.a. (Freiburg ³1993ff.)

LRL
: Lexikon der romanistischen Linguistik, hg. von G. Holtus, M. Metzeltin und C. Schmitt (Tübingen 1988ff.)

LSJ
: Liddell, H. G.; Scott, R.; Jones, H. S.: A Greek-English Lexicon (Oxford 1843; ⁹1940) mit neuem Supplementbd. (1996)

Morier
: Morier, H.: Dictionnaire de Poétique et de Rhétorique (Paris ⁴1989)

MGG, MGG²
: Die Musik in Geschichte und Gegenwart, hg. von F. Blume (Kassel/Basel 1949–86). Neubearb. und hg. von L. Finscher (Kassel/Stuttgart ²1994ff.)

Preminger
: Preminger, A.; Brogan, T. V. F. et al.: The New Princeton Encyclopedia of Poetry and Poetics (Princeton, N.J. 1993)

RAC
: Reallexikon für Antike und Christentum, hg. von T. Klauser, E. Dassmann u.a. (Stuttgart 1950ff.)

RDK
: Reallexikon zur deutschen Kunstgeschichte, hg. von O. Schmitt, fortgeführt von E. Gall, ab Bd. 6 hg. vom Zentralinstitut für Kunstgeschichte München (Stuttgart 1937–1973; ab Bd. 6: München 1981ff.)

RDL², RDL³
: Reallexikon der deutschen Literaturgeschichte, hg. von W. Kohlschmidt, W. Mohr u.a. (Berlin ²1958–1984). Reallexikon der deutschen Literaturwissenschaft, neubearb. und hg. von K. Weimar, K. Grubmüller, J.-D. Müller u.a. (Berlin ³1997ff.)

RE
: Paulys Realencyclopädie der classischen Altertumswissenschaft. Neubearb. und hg. von G. Wissowa, W. Kroll u.a. Reihe 1.2. [nebst] Suppl. 1–15 (Stuttgart 1893–1980)

RGG³
: Die Religion in Geschichte und Gegenwart. Handwtb. für Theologie und Religionswissenschaft, hg. von K. Galling (Tübingen ³1957–65; ND Tübingen 1986); 4. völlig neu bearb. Aufl., hg. von H. D. Betz et al. (Tübingen 1998ff.)

Schulz
: Schulz, H. u.a.: Deutsches Fremdwörterbuch (Bd. 1: Straßburg 1913, ab Bd. 2: Berlin 1942–88)

TRE
: Theologische Realenzyklopädie, hg. von G. Krause und G. Müller (Berlin/New York 1976ff.)

ThLL
: Thesaurus Linguae Latinae (Leipzig 1900ff.)

VerfLex²
: Die Deutsche Literatur des Mittelalters. Verfasser-Lexikon, begr. von W. Stammler (²1978ff.)

Zedler
: Großes vollständiges Universal-Lexicon aller Wissenschaften und Künste, hg. von J. H. Zedler (Halle 1732–1754; ND Graz 1961)

3. Monographien und Handbücher

ANRW
: Aufstieg und Niedergang der römischen Welt, hg. von H. Temporini und W. Haase, Bd. I, 2ff. (Berlin/New York 1972ff.)

Arbusow
: Arbusow, L.: Colores rhetorici: Eine Auswahl rhetorischer Figuren und Gemeinplätze als Hilfsmittel für

akademische Übungen an mittelalterl. Texten, hg. von H. Peter (Göttingen ²1963)
Baldwin
  Baldwin, C.S.: Medieval Rhetoric and Poetic (to 1400) Interpreted from Representative Works (New York 1928; ND Gloucester, Mass. 1959)
Barner
  Barner, W.: Barockrhetorik. Untersuchungen zu ihren geschichtlichen Grundlagen (Tübingen 1970)
Blass
  Blass, F.: Die Attische Beredsamkeit, 4 Bde., I.–III. Abt. (1868; ND Hildesheim 1962)
Borinski
  Borinski, K.: Die Antike in Poetik und Kunsttheorie vom Ausgang des klassischen Altertums bis auf Goethe und W. v. Humboldt, 2 Bde. Das Erbe der Alten, Hefte IX–X (1914–1924; ND 1965)
Conley
  Conley, Th. M.: Rhetoric in the European Tradition (Chicago/London 1994)
Curtius
  Curtius, E. R.: Europäische Literatur und lateinisches Mittelalter (Bern/München ¹¹1993)
Dockhorn
  Dockhorn, K.: Macht und Wirkung der Rhetorik: Vier Aufsätze zur Ideengeschichte der Vormoderne (Bad Homburg/Berlin/Zürich 1968)
Dubois
  Dubois, J. et al.: Allgemeine Rhetorik (1974; Orig.: Rhétorique générale, Paris 1970)
Dyck
  Dyck, J.: Ticht-Kunst. Deutsche Barockpoetik und rhetorische Tradition (Tübingen ³1991)
Fuhrmann Rhet.
  Fuhrmann, M.: Die antike Rhetorik. Eine Einführung (München/Zürich ⁴1995)
Fuhrmann Dicht.
  Fuhrmann, M.: Dichtungstheorie der Antike. Aristoteles – Horaz – ‹Longin› (2. überarb. u. veränd. Aufl. Darmstadt 1992)
Hunger
  Hunger, H.: Die hochsprachliche profane Literatur der Byzantiner, 2 Bde. (München 1978)
Jäger
  Jäger, W.: Paideia. Die Formung des griechischen Menschen (1933–47; ND Berlin ²1989)
Kennedy Gr.
  Kennedy, G. A.: The Art of Persuasion in Greece (Princeton, N.J. 1963) (= A History of Rhetoric, Bd. 1)
Kennedy Rom.
  Kennedy, G. A.: The Art of Rhetoric in the Roman World: 300 B.C.–A.D. 300 (Princeton, N.J. 1972) (= A History of Rhetoric, Bd. 2)
Kennedy Christ.
  Kennedy, G. A.: Greek Rhetoric under Christian Emperors (Princeton, N.J. 1983) (= A History of Rhetoric, Bd. 3)
Lausberg Hb.
  Lausberg, H.: Handbuch der literarischen Rhetorik. Eine Grundlegung der Literaturwissenschaft (Stuttgart ³1990)
Lausberg El.
  Lausberg, H.: Elemente der literarischen Rhetorik. Eine Einführung für Studierende der klassischen, romanischen, englischen und deutschen Philologie (München ¹⁰1990)

Marrou
  Marrou, H.-I.: Geschichte der Erziehung im klassischen Altertum (Paris 1948; dt.: Freiburg/München 1957)
Martin
  Martin, J.: Antike Rhetorik. Technik und Methode (München 1974) (= Hb. der Altertumswiss. 2,3)
Mortara Garavelli
  Mortara Garavelli, B.: Manuale di retorica (Mailand 1989)
Murphy RM
  Murphy, J.J.: Rhetoric in the Middle Ages (Berkeley/Los Angeles/London 1974)
Murphy ME
  Murphy, J.J. (ed): Medieval Eloquence (Berkeley/Los Angeles/London 1978)
Murphy RE
  Murphy, J.J. (ed): Renaissance Eloquence (Berkeley/Los Angeles/London 1983)
Norden
  Norden, E.: Die antike Kunstprosa vom 6. Jh. v. Chr. bis in die Zeit der Renaissance, 2 Bde. (Leipzig 1898; ND Darmstadt ⁶1961)
Perelman
  Perelman, Ch.; Olbrechts-Tyteca, L.: Traité de l'Argumentation. La nouvelle rhétorique (Brüssel ³1976)
Plett
  Plett, H. F. (Hg.): Renaissance-Rhetorik/Renaissance Rhetoric (Berlin/New York 1993)
Ueding/Steinbrink
  Ueding, G.; Steinbrink, B.: Grundriß der Rhetorik. Geschichte, Technik, Methode (Stuttgart ³1994)
Volkmann
  Volkmann, R.: Die Rhetorik der Griechen und Römer in systemat. Übersicht (Leipzig ²1885; ND Hildesheim/Zürich/New York 1987)

4. Periodika

AAA
  Arbeiten aus Anglistik und Amerikanistik, Tübingen
ABG
  Archiv für Begriffsgeschichte, Bonn
AGPh
  Archiv für Geschichte der Philosophie, Berlin
AJPh
  American Journal of Philology, Baltimore
AL
  American Literature, Duke University Press
ALLG
  Archiv für lateinische Lexikographie und Grammatik, Leipzig
Angl
  Anglia. Zeitschrift für englische Philologie, Tübingen
Antike
  Die Antike. Zeitschrift für Kunst und Kultur des klassischen Altertums, Berlin
Arg
  Argumentation, Dordrecht
AS
  American Speech. A Quarterly of Linguistic Usage, University of Alabama Press
ASNSL
  Archiv für das Studium der neueren Sprachen und Literaturen, Berlin

AuA
: Antike und Abendland, Hamburg
BGDSL
: Beiträge zur Geschichte der deutschen Sprache und Literatur, Tübingen
BRPh
: Beiträge zur romanischen Philologie, Berlin
Cel
: Communication et langages, Paris
CeM
: Classica et Mediaevalia, Copenhagen
ClPh
: Classical Philology, Chicago
CM
: Communication Monographs, Annandale, Virg.
Com.
: Communications, Paris
Commu
: Communications. The European Journal of Communication Research, Berlin
CQ
: Communication Quarterly. A Publication of the Eastern Communication Association Buckhannon, Virg.
Daphnis
: Daphnis. Zeitschrift für Mittlere Deutsche Literatur, Amsterdam
DS
: Deutsche Sprache, Berlin/Bielefeld/München
DU
: Der Deutschunterricht. Beiträge zu seiner Praxis und wissenschaftlichen Grundlegung, Seelze/Stuttgart
DVjs
: Deutsche Vierteljahrsschrift für Literaturwissenschaft und Geistesgeschichte, Stuttgart/Weimar
Euph
: Euphorion. Zeitschrift für Literaturgeschichte, Heidelberg
Fol
: Folia linguistica. Acta Societatis Linguisticae Europaeae, Berlin
GGA
: Göttingische Gelehrte Anzeigen, Göttingen
Glotta
: Glotta. Zeitschrift für griechische und lateinische Sprache, Göttingen
GRM
: Germanisch-Romanische Monatsschrift, Heidelberg
HL
: Historiographia Linguistica. International journal for the history of the language sciences, Amsterdam/Philadelphia
IASL
: Internationales Archiv für Sozialgeschichte der deutschen Literatur, Tübingen
IdS
: Forschungsberichte des Instituts für deutsche Sprache, Mannheim
IJSL
: International Journal of the Sociology of Language, The Hague
JbAC
: Jahrbuch für Antike und Christentum, Münster
JbIG
: Jahrbuch für Internationale Germanistik, Bern, Frankfurt, New York

JPr
: Journal of Pragmatics. An Interdisciplinary Monthly of Language Studies, Amsterdam
LBibl
: Linguistica Biblica. Interdiziplinäre Zeitschrift für Theologie und Linguistik, Bonn
LF
: Langue Francaise, Paris
LPh
: Linguistics and Philosophy, Dordrecht
Ling
: La Linguistique. Revue de la société internationale de linguistique fonctionnelle, Paris
LiS
: Language in Society, Cambridge University Press
LiLi
: Zeitschrift für Literaturwissenschaft und Linguistik, Stuttgart
LS
: Langage et société, Paris
Mind
: Mind. A Quarterly Review of Philosophy, Oxford University Press
MlatJb
: Mittellateinisches Jahrbuch, Stuttgart
MS
: Mediaeval studies. Pontifical Institute of Mediaeval Studies, Toronto
Mu
: Muttersprache. Vierteljahresschrift für deutsche Sprache, Wiesbaden
NPhM
: Neuphilologische Mitteilungen, Helsinki
PhR
: Philosophische Rundschau. Vierteljahresschrift für philosophische Kritik, Tübingen
PaR
: Philosophy and Rhetoric, Pennsylvania State University Press
Poetica
: Poetica. Zeitschrift für Sprach- und Literaturwissenschaft, München
Poetics
: Poetics. Journal of Empirical Research on Literature, The Media and the Arts, Amsterdam
Poétique
: Poétique, Paris
Publ
: Publizistik. Vierteljahresschrift für Kommunikationsforschung, Wiesbaden
RF
: Romanische Forschungen. Vierteljahresschrift für romanische Sprachen und Literaturen, Frankfurt
Rhetorica
: Rhetorica. A Journal of the History of Rhetoric, University of California Press
Rhetorik
: Rhetorik. Ein internationales Jahrbuch, Tübingen
RJb
: Romanistisches Jahrbuch, Berlin/New York
RSQ
: Rhetoric Society Quarterly, Pennsylvania State University Press
SC
: Speech Communication, Amsterdam
SdF
: Studi di filologia italiana, Firenze

Sem
  Semiotica. Journal of the International Association for Semiotic Studies, Berlin/New York
SiPh
  Studies in Philology, Chapel Hill
StL
  Studium Linguistik, Kronberg, Ts.
SuL
  Sprache und Literatur in Wissenschaft und Unterricht, Paderborn/München
SuS
  Sprache und Sprechen, München/Basel
WJS
  Western Journal of Speech Communication, Portland
Word
  Word. Journal of the International Linguistic Association, New York
WW
  Wirkendes Wort. Deutsche Sprache und Literatur in Forschung und Lehre, Düsseldorf
ZDA
  Zeitschrift für deutsches Altertum und deutsche Literatur, Stuttgart

ZDPh
  Zeitschrift für deutsche Philologie, Berlin
ZDS
  Zeitschrift für Deutsche Sprache, Berlin
ZfG
  Zeitschrift für Germanistik, Bern
ZfphF
  Zeitschrift für philosophische Forschung, Frankf./M.
ZGL
  Zeitschrift für germanistische Linguistik, Berlin
ZPSK
  Zeitschrift für Phonetik, Sprachwissenschaft und Kommunikationsforschung, Berlin
ZRPh
  Zeitschrift für romanische Philologie, Tübingen
ZS
  Zeitschrift für Sprachwissenschaft, Göttingen
ZThK
  Zeitschrift für Theologie und Kirche, Tübingen

5. Häufig verwendete Abkürzungen

Abh.	Abhandlung(en)
Abschn.	Abschnitt
Abt.	Abteilung
adv.	adversus
ästhet.	ästhetisch
ahd.	althochdeutsch
Akad., akad.	Akademie, akademisch
allg.	allgemein
alttest.	alttestamentlich
amerik.	amerikanisch
Amer.	American
Anal.	Analyse, Analytica
angels.	angelsächsisch
Anm.	Anmerkung(en)
Anon.	Anonymus
Anthropol., anthropol.	Anthropologie, anthropologisch
Anz.	Anzeiger
Arch.	Archiv
Art.	Artikel
Ass.	Association
AT	Altes Testament
Aufl.	Auflage
Ausg.	Ausgabe
ausg. Schr.	ausgewählte Schriften
B.	Buch
Bd.	Band
Bed.	Bedeutung
Beih.	Beiheft
Ber.	Bericht
bes.	besonders
Bespr.	Besprechung
Bez.	Bezeichnung
Bibl.	Bibliothek
Bibliogr., bibliogr.	Bibliographie, bibliographisch
bild. Kunst	bildende Kunst
Biogr., biogr.	Biographie, biographisch
Bl., Bll.	Blatt, Blätter
Br.	Briefe
byzant.	byzantinisch
c.	caput, capitulum
chin.	chinesisch
conc.	concerning
corp.	corpus
C.R.	Comte(s) rendu(s)
Darst.	Darstellung
Dial., dial.	Dialektik, dialektisch
dicht.	dichterisch
Dict.	Dictionnaire, Dictionary
Diss.	Dissertatio(n)
dt.	deutsch
ebd.	ebenda
Ed., ed.	Editio, Editor, editit
ehem.	ehemalig
Einf.	Einführung
Einl.	Einleitung
eingel.	eingeleitet
engl.	englisch
Enzyklop., enzyklop.	Enzyklopädie, enzyklopädisch
Ep.	Epistula(e)
Erg. Bd.	Ergänzungsband
erl.	erläutert
etym.	etymologisch
ev.	evangelisch
fol.	folio
Frg.	Fragment
frz.	französisch
FS	Festschrift für ...
G.	Giornale
gen.	genannt
gén.	général(e)
german.	germanisch
germanist.	germanistisch
Gesamm. Schr.	Gesammelte Schriften
Ges.	Gesellschaft
Gesch., gesch.	Geschichte, geschichtlich
griech.	griechisch
GW	Gesammelte Werke

H.	Heft	prot.	protestantisch
Hb.	Handbuch	Ps	Psalm
hebr.	hebräisch	Psychol., psychol.	Psychologie, psychologisch
Hg., hg.	herausgeber, herausgegeben	publ.	publiziert
hist.	historisch	quart.	quarterly
Hs., Hss.	Handschrift, Handschriften	quodl.	quodlibetalis, quodlibetum
idg.	indogermanisch	r.	recto (fol. 2r = Blatt 2. Vorderseite
int.	international		
Introd.	Introductio(n)	Rdsch.	Rundschau
interpr.	interpretiert	Red.	Redaktion
ital.	italienisch	red.	redigiert
J.	Journal(e)	Reg.	Register
Jb.	Jahrbuch	Rel.	Religion
Jg.	Jahrgang	Rev.	Revue
Jh.	Jahrhundert	Rez.	Rezension
Kap.	Kapitel	Rhet., rhet.	Rhetorik, rhetorisch
kath.	katholisch	russ.	russisch
Kl.	Klasse	S.	Seite
klass.	klassisch	Sber.	Sitzungsbericht(e)
krit.	kritisch	Schr.	Schrift(en)
lat.	lateinisch	Sci.	Science(s)
Lex.	Lexikon	Slg., Slgg.	Sammlung(en)
lib.	Liber	Soc.	Sociéte, Society
ling.	Lingua	Soziol., soziol.	Soziologie, soziologisch
Lit., lit.	Literatur, literarisch	Sp.	Spalte
Lit.gesch.	Literaturgeschichte	span.	spanisch
MA, ma	Mittelalter	Sprachwiss.	Sprachwissenschaft
Med(it).	Meditationes	Stud.	Studie(n)
Met.	Metaphysik	Suppl.	Supplement (um)
Mh.	Monatshefte	s.v.	sub voce
mhd.	mittelhochdeutsch	systemat.	systematisch
Mitt.	Mitteilungen	T	Teil
mittelalterl.	mittelalterlich	Theo., theol.	Theologie, theologisch
mlat.	mittellateinisch	Trad., trad.	Tradition, traditionell
Ms., Mss.	Manuskript, Manuskripte	u.a.	und andere
Msch., msch	Maschinenschrift, maschinenschriftlich	UB	Universitätsbibliothek
		Übers., übers.	Übersetzung, übersetzt
Mus.	Museum	übertr.	übertragen
nat.	national	Univ.	Universität
ND	Nachdruck	Unters.	Untersuchung(en)
NF	Neue Folge	v.	verso (fol. 2v = Blatt 2. Rückseite)
nhd.	neuhochdeutsch		
nlat.	neulateinisch	Verh.	Verhandlungen
NT	Neues Testament	Vjschr.	Vierteljahresschrift
p.	pagina	Vol.	Volumen
Päd., päd.	Pädagogik, pädagogisch	Vorles.	Vorlesung
Philol., philol.	Philologie, philologisch	WA	Weimarer Ausgabe
Philos., philos.	Philosophie, philosophisch	Wtb.	Wörterbuch
post.	posteriora	Wiss., wiss.	Wissenschaft(en), wissenschaftlich
pr.	priora		
Pr.	Predigt	Wschr.	Wochenschrift
prakt.	praktisch	Z.	Zeile
Proc.	Proceedings	zit.	zitiert nach
Prol.	Prolegomena	Zs.	Zeitschrift(en)
Prooem.	Prooemium	Ztg.	Zeitung(en)

Corrigenda

In den folgenden Spalten muß es richtig heißen:

I. Band 4
1. Artikel:
   378 29. Zeile: ... bzw. $i = \log_2 N$ ...
   1078 Abb. 2 : ... Copyright Photo: R.M.N., Louvre ...
   1397 18. Zeile v. u.: ... De nuptiis Philologiae ...

2. Autorenverzeichnis:
   1557 Hänle, Joachim; Tübingen (Kerygma)
   1559 Sabel, Barbara; Tübingen (Humanismus: Skandinavien)

II. Nachtrag zu Band 1
   109 Verweise: ... → Indignatio → Schwulst ...
   822 Anm. 11: ... vgl. auch M. Alsberg: Das ...

III. Nachtrag zu Band 2
   10 Verweise: ... → Forensische Beredsamkeit → Gründerzeit ...
   30 4. Zeile: ... M. Barasch
   1573 Barasch, Moshe ...

IV. Nachtrag zu Band 3
   798 20. Zeile v. u.: (1531) ...
   803 29. Zeile: (1634) ...
   1374 Anm. 20: ders.: Zur Phänomenologie von Ritual und Sprache, in : GW, Bd. VIII ...
   1585 Exaggeratio → Indignatio